【改訂増補】
博物館学文献目録

全国大学博物館学講座協議会 編

雄山閣

序　文

　昭和34年（1959）に創設された全国大学博物館学講座協議会は、この度60周年記念事業の一つとして、『全国大学博物館学講座協議会60周年記念　改訂増補　博物館学文献目録』の刊行が完遂できましたことは、関係者一同の大いなる喜びであります。

　抑々、文献目録編纂の目的は、博物館学の学としての体系構築の基盤を目的とした事業で、本書は平成19年（2007）に全国大学博物館学講座協議会が50周年を記念して、『全国大学博物館学講座協議会50周年記念　博物館学文献目録』を上梓いたしておりますが、当該書の増補改訂版として編纂したものであります。ただし、この10年間の論著を加えたのみではなく明治・大正・昭和前期の文献も広く博捜し増補したもので、平成19年度版の文献は9,000余点の収録であったのに対し、今回の収録文献数は2万余点で、印刷頁数は約600頁を超えております。したがいまして、平成19年度版は"著者名分類編"と"内容分類編"の2部構成でありましたが、今回は紙幅の点から"著者名分類編"のみとさせていただきました。

　本書の編纂刊行にあたりましては、現在全国大学博物館学講座協議会単独での発刊は予算的に不可能であったところから、全国大学博物館学講座協議会東日本部会と全国大学博物館学講座協議会西日本部会の両部会からの資金援助を受けて、株式会社雄山閣からの上梓が叶った次第であります。

　したがいまして、東西両部会の加盟大学の皆様方と、東日本部会会長駒澤大学湯淺隆教授、西日本部会会長花園大学芳井敬郎教授に対し深謝の意を茲に明記し御礼申し上げます。

　末筆になりましたが、出版を快くお引き受けくださいました株式会社雄山閣の宮田哲男社長、編集を担当下さった桑門智亜紀氏をはじめとする関係各位に厚く御礼申しあげます。

　また、本書の編纂にご尽力戴いた國學院大學文学部助手の中島金太郎氏・同大学院生の張哲氏・伊東俊祐氏・安部真里奈氏に厚く感謝いたします。

平成30年1月
全国大学博物館学講座協議会委員長
博士（歴史学）　青木　豊

序　文

　全国大学博物館学講座協議会60周年記念事業『博物館学文献目録』の作成に、同協議会傘下組織である東日本部会も名ばかりの参加をさせていただけることになった。上梓の時を迎え、同慶の至りと云うことさえも、甚だおこがましい限りであることは承知している。そのうえで、作成の諸実務を長期に亘り担当された方々の御尽力に、心からの敬意と謝意とを示したい。

　この出版企画は、全博協50周年記念事業として平成19年5月付で刊行された、『全国大学博物館学講座協議会50周年記念　博物館学文献目録』の増補改訂版になる。そのときの「序」に、文献目録編纂事業を継続することが記されている。

　この10年間に公刊された文献数の趨勢を見通すとき、その収集から項目建てをし、さらに刊行の実現に至るまでの繁多な諸事の総量を計り知ることはむつかしい。この事情の下にあって、データを丹念に集め積み上げ続けていく作業は、これぞ博物館・博物館学の実践といえるであろう。この地道な作業に基づき作成された文献目録を、諸先学の研鑽・奮闘ぶりを顕現する資産（heritage）として、さらに博物館のこれからを考えていくための収蔵庫として捉えたい。これら諸先学から委ねられた資産の活用、のみならず資産の更なる積み上げが、我々に課せられたミッションとなることをも自覚していきたい。

　これから10年後、全博協は創立70周年を迎えることになる。東日本部会でも、その時を見据えて、大学で学芸員を養成し、かつ博物館を論じる責任を果たしたい。

平成30年1月
全国大学博物館学講座協議会東日本部会
（文責　平成29年度会長校・駒澤大学）

序　文

　学芸員資格取得に関わる者にとって、教育と研究の両面から取り組むのは当然だが、特に社会で認知される良き博物館館員を育成することが肝要であろう。

　しかし、将来まで、大学でその任を全うできるとは言い難い。すなわち昨今の動向から、将来も大学で資格取得が可能かどうか不安なためである。学芸員補に格下げされるかもしれない。単なる風聞で終わればよいが、その際には、協議会が一丸となり、強力に、関係機関に働きかける場合も出て来よう。それに即応し、大学人は教育を通じて、社会的に、学芸員の専門性をより知らしめる必要がある。

　そのため、充実した博物館学研究の独自性と研鑽が一層求められるが、本書はその方向性を充足させる格好のものといえる。

平成30年1月
平成29年度全国大学博物館学講座協議会
西日本部会会長　芳井敬郎

例　言

1）『改訂増補 博物館学文献目録』は、全国大学博物館学講座協議会設立60周年を記念し、博物館学の発展に寄与することを目的に刊行したものである。
2）本書は、全国大学博物館学講座協議会60周年記念事業実行委員会監修の下で編纂したものである。
3）収録の範囲は、わが国で行われた研究、外国人によるわが国の博物館に関する研究、及びそれに準ずるものを対象とし、およそ2017年10月までに刊行された文献を対象としたものである。
　　なお、学術的な内容を重視し、下記の書籍は割愛している。
　　　①書評
　　　②「館報」「年報」などに掲載された記事
　　　③単なる博物館ガイドブック（るるぶ博物館特集など）
　　　④博物館紹介（「ミュージアム紹介：大英博物館」のような記事）
　　　⑤文化財保存に関する事例研究、報告書
　　　⑥考古学の発掘調査報告書や史跡整備報告書
　　　⑦「…博物館所蔵の三角縁神獣鏡について」などの個別資料研究
　　　⑧博物館実習の報告記事
　　　⑨展示図録
4）本書は、著者名を五十音順に収録しており、同じ読みを含む苗字であれば1文字苗字を優先して収録した。なお、文献ごとの内容分類は行っていない。
5）掲載事項は①著者名、②発行年月、③論題、④書誌名、⑤発行元である。
6）著者名不明の文献や、一括した雑誌の特集記事の編者などは、便宜的に編集元・発行元を著者に当てている。
7）共著者は筆頭者から3人までを収録し、それを超える場合は「他」と表記した。
8）共著者での文献検索を可能とするため、共著者3名までの順序を入れ替えてそれぞれ収録している。なお、順序を入れ替えた文献は、本来の筆頭論文執筆者に＊（アスタリスク）を併記している。
9）外国人の名称は、文献に表記された名称を仮名読みしたものを50音順に並べている。なお、中国・韓国人は、漢字名を日本語読みしている。
10）複数の表記法により著者名や発行元が記されている場合（ex.東京都恩賜上野動物園、恩賜上野動物園、上野動物園）は、一つに統一した。
11）連載物は、可能な限り以下のように1行に纏めた。
　　1972-1973「わが国における水族館のあゆみ1-3」『フィッシュマガジン』第8巻11号-第9巻1号まで
12）複数人での執筆書籍の場合は、以下のレベルまでリストに記載した。
　　　①論文集の場合は、各自の論文を掲載。それとは別に、論文集としての書誌データも掲載。
　　　②複数人で一章を執筆している場合は、章ごとに複数執筆者の形を採った。

【改訂増補】博物館学文献目録

あ行
か行
さ行
た行
な行
は行
ま行
や行
ら行
わ行

全国大学博物館学講座協議会加盟大学一覧　683
東日本部会加盟大学一覧　687
西日本部会加盟大学一覧　689

著者1	著者2	著者3	発行年	論文名・書籍名	掲載誌	発行元
アーチバルト・リー			1928.11	「博物館事業夏期講習會」	『博物館研究』第1巻第6號	博物館事業促進會
RD3プロジェクト			2016	『被災写真救済の手引き 津波・洪水などで被災した写真への対応マニュアル』		国書刊行会
R・ラティス			1989	「子ども動物園の新しいアイディア」	『海外動物園情報』第4号	東京動物園協会
相内 進	片山 めぐみ*	向井 猛 他	2014.2	「屋内展示を主とした積雪寒冷地の動物園デザイン:札幌市円山動物園アジアゾーンの新築計画」	『日本建築学会技術報告集』第20巻第44号	日本建築学会
相川郷土博物館			不明	『佐渡・相川町の文化財を探ねて:相川郷土博物館のしおり』		相川郷土博物館
相川 稔			2010.1	「科学通信博物館にもっと力を」	『科学』第80巻第10号	岩波書店
相川 稔	松本 涼子*	松原 始	2016.1	「第8章動物」	『見る目が変わる博物館の楽しみ方:地球・生物・人類を知る』	ヘレ出版
ICOMCIDOC 編	鯨井 秀伸 編訳		2003.6	『文化遺産情報のDataModelとCRM』		勉誠出版
ICOM日本委員会事務局			2013.12	「ICOMリオ大会2013大会決議について」	『博物館研究』第48巻第12号	日本博物館協会
ICOM日本委員会			1972	「世界の博物館員専門教育訓練」	『博物館ニュース』第7巻第12号	日本博物館協会
ICOM日本委員会事務局			2013.1	「第23回ICOM大会(ICOMRio2013)参加報告」	『博物館研究』第48巻第10号	日本博物館協会
ICOM日本委員会事務局			2013.8	「ICOM大会招致検討委員会による報告書について」	『博物館研究』第48巻第8号	日本博物館協会
ICOM日本委員会事務局			2015.8	「ICOMレポート2019年大会の京都開催決定について」	『博物館研究』第50巻第8号	日本博物館協会
ICOM日本委員会事務局			2016.3	「ICOM日本委員会訳 UNESCO「ミュージアムとコレクションの保存活用、その多様性と社会における役割に関する勧告」」	『博物館研究』第51巻第3号	日本博物館協会
相澤 清晴	河村 聡一郎*	大谷 智子	2012.9	「ナビログ:画像認識を用いた博物館ガイドと行動記録」	『日本バーチャルリアリティ学会大会論文集』第17巻	日本バーチャルリアリティ学会
相澤 邦彦			2014.3	「油彩画の「洗浄」をめぐる諸問題」	『兵庫県立美術館研究紀要』第8号	兵庫県立美術館
相沢 韶男	須藤 護		1975	『郷土(民俗)博物館』		日本観光文化研究所
相澤 毅	巌谷 小波*		1910	「商業博物館」	『新洋行土産』下巻	博文館
相澤 毅	山中 敦子	川上 昭吾	2011.8	「「生命の海科学館」の活動を通した社会連携活動の在り方の開発研究Ⅳ:ワークショップの実践結果について」	『日本理科教育学会全国大会要項』第61号	日本理科教育学会
相澤 毅	山中 敦子*	浅井 猛 他	2011.8	「地域の小規模科学館における「教員のための博物館の日」の試み」	『日本科学教育学会年会論文集』第35巻	日本科学教育学会
相澤 毅	岩山 勉	川上 昭吾 他	2012.3	「蒲郡市生命の海科学館と愛知教育大学との連携」	『愛知教育大学教育創造開発機構紀要』第2号	愛知教育大学
会沢 成彦	嘉田 勝*	西村 治道 他	2009.2	「大学祭でのCSアンプラグド博物館型展示企画の実践(コンピュータと教育)」	『情報処理学会研究報告』2009年15号	情報処理学会
愛沢 伸雄	池田 恵美子		2007.6	「戦争遺跡を活用した「地域まるごと博物館」構想」	『月刊社会教育』第51巻6号	国土社
會澤 政宏			2010.12	「社会教育施設紹介(第33回)指定管理者制度をとり入れていたが、[足利]市直営に移行した美術館の運営事例」	『社会教育』第65巻12号	全日本社会教育連合会
相澤 瑞季			2015.3	「学習指導要領から見る博学連携の余地と道徳の時間教科化に向けた博物館活用の検討」	『國學院大學博物館学紀要』第39輯	國學院大學博物館学研究室
相澤 瑞季			2017.12	「博学連携史」	『博物館学史研究事典』	雄山閣
相沢 元子 他	日本図書館協会資料保存委員会 編		1991.4	『容器に入れる:紙資料のための保存技術』		日本図書館協会
相田 優			1999.11	「展示資料の簡易色分布調査--福島県立博物館常設展示室展示資料の場合」	『福島県立博物館紀要』第14号	福島県立博物館
相島 亀三郎			1930	「博物館・美術館・圖書館等に於ける作法」	『現代國民作法精義』	東洋圖書
相蘇 一弘			1998.9	「(仮称)大阪市立新博物館・考古資料センター」建設の現状」	『ヒストリア』第161号	大阪歴史学会
相蘇 一弘			1999.2	「なにわの歴史と文化の発展基地づくり--(仮称)大阪市立新博物館・考古資料センター整備計画」	『経済人』第53巻2号	関西経済連合会

あ

著者1	著者2	著者3	発行年	論文名・書籍名	掲載誌	発行元
相蘇 一弘			2001	「大阪市立博物館の沿革と新博物館」	『大阪市公文書館研究紀要』第13号	大阪市公文書館・大阪市公文書調査研究会
相蘇 一弘			2002	「博物館資料の収集と学芸員の研究」	『博物館研究』第37巻第8号	日本博物館協会
会田 大也			2016.5	「コロガル公園シリーズ」	『触発するミュージアム：文化的公共空間の新たな可能性を求めて』	あいり出版
會田 知美	矢動丸 泰*		2010.4	「科学館・公開天文台の最新の活動状況(8)紀美野町みさと天文台――星ふる里の天文台で本物の体験を」	『天文月報』第103巻第4号	日本天文学会
會田 知美	八藤後 猛	中田 弾	2012.9	「博物館展示室空間の快適性に関する研究:高齢者を対象として」	『学術講演梗概集』2012巻	日本建築学会
相田 一人	今井 渉	澁谷 文敏 他	2008.1	「座談会 ミュージアムのことを現場から、語ろう～博物館法改正と市立美術館～」	『月刊ミュゼ』83号	（株）アム・プロモーション
會田 康範			2008.3	「博物館教育と教育史料の可能性-歴史学と歴史教育を接続する回路-」	『國學院大學博物館学紀要』第32輯	國學院大學博物館学研究室
會田 康範			2008.6	「歴史学習と博物館の連携について」	『歴史と地理』第615号	山川出版社
會田 康範			2008.9	「博物館と連携した日本史の学習-武家諸法度を読み解く」	『歴史と地理』第617号	山川出版社
會田 康範			2008.12	「「総合的な学習の時間」における博物館教育の可能性」	『歴史と地理』第620号	山川出版社
會田 康範			2009.3	「総合的な学習の時間で博物館の「展覧会づくり」を学ぶ」	『歴史と地理』第622号	山川出版社
會田 康範			2009.3	「利用者の立場からみた歴史系博物館等への指定管理者制度導入について」	『歴史学研究』第851号	青木書店
會田 康範			2010.3	「学習院大学史料館との「対話」と新しい学びの創造-「博学連携」による教科と関連付けた総合学習のあり方をめぐって-」	『学習院大学史料館紀要』第16号	学習院大学史料館
會田 康範			2017.11	「博物館史における三宅米吉の位置—「博学連携」史の一側面—」	『國學院雑誌』第118巻第11号	國學院大學
愛知県額田町立大雨川小学校	石川 英志		1999.1	『ふるさと総合学習 小さな学校の大きな冒険』		農山漁村文化協会
愛知県博物館協会20年史編集委員会編			1984	『愛知県博物館協会20年史』		愛知県博物館協会
愛知県博物館協会編			1994.6	『愛知県博物館協会30年史』		愛知県博物館協会
愛知県博物館協会企画・編集			2015.3	『愛知県博物館協会50年史』		愛知県博物館協会
愛知県博物館協会子どもと博物館研究会			2001	「子どもと博物館～新しい関係を目指してあいち子どもミュージアム事業の成果と展望」	『博物館研究』第36巻第7号	日本博物館協会
愛知県博物館協会子どもと博物館研究会			2001	『あいち子ども体験ミュージアム事業報告書』		愛知県博物館協会
アイヌ民族博物館			1996.11	『財団法人設立20周年記念誌 二十年の歩み』		アイヌ民族博物館
饗庭 喜蔵			1935	「大山元帥の日記に見ゆる沼口写真館と勧業博物館」	『埼玉史談』第7巻第1號	埼玉郷土會
相原 一士			2012.3	「山寺芭蕉記念館と文学館の運営について」	『連歌俳諧研究』第122号	俳文学会
相原 熊太郎			1912	「學校博物館」	『余をして小學校長たらしめば』	明治教育社
相原 宗由			1982.3	「博物館と学校教育」	『平塚市博物館年報』第5号	平塚市博物館
相良 啓子 述	広瀬 浩二郎*		2016.8	「全盲者の耳、ろう者の目」	『ひとが優しい博物館：ユニバーサル・ミュージアムの新展開』	青弓社
赤尾 勝己			2002	「社会教育施設における市民企画講座プログラムの形成過程に関する一考察－三つの施設での聴き取り調査を手がかりに－」	『關西大學文學論集』第51巻第3号	關西大學文學會
青木 麻美			2000.3	「来館者と展示空間」	『東京学芸大学教育学部生涯教育研究室研究紀要』第5号	東京学芸大学教育学部生涯教育研究室
青木 栄一			1986	「現代の博物館像を考える」	『鉄道ピクトリアル』第36巻第10号	鉄道図書刊行会
青木 栄一			1999	「現代日本の鉄道博物館:歴史・現状・将来」	『鉄道ピクトリアル』第49巻第11号	鉄道図書刊行会
青木 勝美			2012.3	「博学連携における教育普及活動について」	『埼玉県立川の博物館紀要』第12号	埼玉県立川の博物館

あ

著者1	著者2	著者3	発行年	論文名・書籍名	掲載誌	発行元
青木 國夫			1957.3	『博物館のはなし』		保育社
青木 國夫	橋本 光男*	今泉 吉典 他	1959	「科学博物館の機能についての1つの考え」	『博物館研究』第32巻第4号	日本博物館協会
青木 國夫			1964.8	「科学技術系博物館の機能について」	『博物館研究』第37巻第8号	日本博物館協会
青木 國夫 他			1970.5	「座談会 理工科学博物館の保存の在り方」	『博物館研究』第43巻第1号	日本博物館協会
青木 國夫			1972.4	「世界の科学ディスプレイ」	『自然』第27巻第4号	中央公論社
青木 國夫 他			1975.7	「座談会 映像展示の効果と問題点」	『博物館研究』第10巻第7号	日本博物館協会
青木 國夫 監	K.ハドソン*	片岡 哲史 他訳	1975.12	『ヨーロッパ産業遺跡・博物館ガイド』		日本放送出版協会
青木 國夫			1977.12	「科学博物館のある断面--開館100年を迎えて」	『自然』第32巻第12号	中央公論社
青木 國夫			1978	「照明のうつりかわり」	『自然科学と博物館』第45巻3号	科学博物館後援会
青木 國夫 他			1979	「座談会 友の会について」	『博物館研究』第14巻第10号	日本博物館協会
青木 國夫 他			1980	「座談会 博物館の解説」	『博物館研究』第15巻第10号	日本博物館協会
青木 國夫	餌取 章男	毛利 正夫	1980.7	「鼎談 理工学博物館のあり方」	『博物館研究』第15巻第7号	日本博物館協会
青木 國夫			1981	「人間と科学--"人間の科学"の展示に関連して」	『自然科学と博物館』第48巻2号	科学博物館後援会
青木 國夫	椎名 仙卓*		1981.1	「館種別博物館史 理工学系博物館史」	『博物館学講座 第2巻日本と世界の博物館史』	雄山閣
青木 國夫			1982	「ヨーロッパの科学博物館の印象」	『自然科学と博物館』第49巻1号	科学博物館後援会
青木 國夫			1989.6	「博物館の展示と知的所有権」	『博物館研究』第24巻第6号	日本博物館協会
青木 國夫			1991	「科学博物館に個性を求めて--欧米の科学博物館に学ぶ」	『博物館研究』第26巻第10号	日本博物館協会
青木 國夫	伊藤 寿朗 監		1991.7	『博物館のはなし 博物館基本文献集第18巻』		大空社
青木 國夫			1991.9	「最近のヨーロッパの科学博物館の動向」	『博物館研究』第26巻第9号	日本博物館協会
青木 國夫	佐野 文一郎*	西野 嘉章 他	1995	「第43回全国博物館大会報告シンポジウム(1)今、博物館に求められているもの－博物館マーケティング、利用者サービス、展示技術の変化への対応」	『博物館研究』第30巻第12号	日本博物館協会
青木 國夫	西野 嘉章	中川 志郎 他	1995.12-1996.1	「シンポジウム 今、博物館に求められているもの--博物館マーケティング・利用者サービス・展示技術の変化への対応(1)-(2)」	『博物館研究』第30巻第12号、第31巻第1号	日本博物館協会
青木 國夫	三輪 克	五十嵐 耕一	1996	「博物館におけるコンピュータの活用とマルチメディア」	『平成8年度博物館指導者研究協議会報告書』	日本博物館協会
青木 國夫	佐野 文一郎*	西野 嘉章 他	1996.2	「第43回全国博物館大会報告シンポジウム(2)今、博物館に求められているもの－博物館マーケティング、利用者サービス、展示技術の変化への対応－」	『博物館研究』第31巻第1号	日本博物館協会
青木 國夫	佐野 文一郎*	西野 嘉章 他	1996.2	「第43回全国博物館大会報告フォーラム--今・博物館に求められているもの--博物館マーケティング・利用者サービス・展示技術の変化への対応」	『博物館研究』第31巻第2号	日本博物館協会
青木 國夫			1996.9	「博物館におけるマルチメディアの活用に関する調査結果について」	『博物館研究』第31巻第9号	日本博物館協会
青木 國夫	浅野 彬	高井 順三 他	1997.9-1997.11	「座談会 "マルチメディア－平成7・8年度の調査を振り返って-"1-2」	『博物館研究』第32巻第9号、11号	日本博物館協会
青木 邦雄	葛西 寅彦*	誉田 匠 他	2012.10	「デジタルレールウェイミュージアム～鉄道博物館におけるデジタル展示への取り組み」	『情報処理学会デジタルプラクティス』第3巻第4号	情報処理学会
青木 宏一郎			2006.5	『江戸庶民の楽しみ』		中央公論新社
青木 功介	河尻 寛之*	松田 俊寛 他	2011.5	「動物園向けナビゲーションシステムの事例紹介」	『情報処理学会研究報告』第20巻第19号	情報処理学会
青木 繁夫	「保存と倫理」編集委員会		1999	「保存と倫理」	『保存と倫理:文化財保存とその周辺に関する論説集』	「保存と倫理」編集委員会
青木 繁夫			2000.1	「博物館学各論(2)-博物館の実践学-博物館科学」	『新版博物館学講座 第1巻 博物館学概論』	雄山閣

あ

著者1	著者2	著者3	発行年	論文名・書籍名	掲載誌	発行元
青木 繁夫			2003.3	「考古資料の保存と修復−発掘調査資料の保存を中心として」	『國學院大學博物館學紀要』第27輯	國學院大學博物館学研究室
青木 繁夫			2005.3	「発掘遺構の保存について」	『土と基礎』566号	地盤工学会
青木 茂			1989	「博覧会と博物館」	『日本近代思想体系17美術』解説(1)	岩波書店
青木 繁	栗田 勝実*	佐藤 優樹	2017	「展示文化財を対象とした簡易小型免震装置:装置の評価と振動実験による実証」	『文化財保存修復学会誌』第60巻	文化財保存修復学会
青木 周造			1925	「鐵道博物館の復興」	『鐵道時報』第1330號	鐵道時報社
青木 淳	青野 尚子		2007.5	「ミュージアムと光 青木淳の光の操作術」	『新建築』第82巻6号	新建築社
青木 淳一			2001.11	「分類学と博物館」	『博物館研究』第36巻第11号	日本博物館協会
青木 章二			2013.3	「教育資料館所蔵の「教科書コレクション」について」	『山形県立博物館研究報告』第31号	山形県立博物館
青木 節			1939	「亞細亞諸國に對する文化工作」	『新亞細亞』第1巻第5號	滿鐵東亞徑濟調査局
青木 孝子			2011	「静岡科学館におけるワークショップに関して」	『研究資料集』第19号	東海大学
青木 隆浩			2013.2	「世界自然遺産・白神山地の観光化とその影響」	『世界遺産時代の民俗学 グローバル・スタンダードの受容をめぐる日韓比較』	風響社
青木 達雄	奥野 花代子*	町田 達哉 他	2000	「地域博物館ネットワーク運用の一形態—ミュージアム・リレーの2年間より」	『日本ミュージアム・マネージメント学会研究紀要』第4号	日本ミュージアム・マネージメント学会
青木 保			2009.3	「ミュージアム・イノベーション 今日の日本における美術館の意義」	『ミュージアム新時代』	慶応義塾大学出版会
青木 哲夫			1994.7	「博物館運営および博物館の相互関係について:吉田伸之氏にこたえて」	『歴史評論』第531号	校倉書房
青木 哲夫	伊藤 暢直		2007.2	「地域歴史資料としての軍事郵便−鏑木書簡についての豊島区立郷土資料館の試みから」	『歴史評論』第682号	校倉書房
青木 俊也			1995.3	「「死」の展示とは何か」	『Museumちば:千葉県博物館協会研究紀要』26号	千葉県博物館協会
青木 俊也			1996.11	「現代史展示の実際--2DKの生活再現をめぐる問題」	『日本民俗学』第208号	日本民俗学会
青木 俊也			1997.3	「「展示を論ずる試み」にあたって」	『Museumちば:千葉県博物館協会研究紀要』28号	千葉県博物館協会
青木 俊也			1999.3	「展示をつくる思考−「福神の世界」展の記録−」	『松戸市立博物館紀要』第6号	松戸市立博物館
青木 俊也			2000.3	「展示をつくる思考Ⅱ−「着物と夜具」展ボランティア・プロジェクト−」	『松戸市立博物館紀要』第7号	松戸市立博物館
青木 俊也			2001.5	『団地2DKの暮らし—再現・昭和三十年代—』		河出書房新社
青木 俊也			2002	「団地2DK生活再現展示が表象するもの」	『群馬歴史民俗』第23号	群馬歴史民俗研究会
青木 俊也	村井 良子		2002	「学習資料展「教科書のなかの道具とくらし」利用者調査による展示づくり--企画展研究開発(R&D)計画」	『展示学』第34号	日本展示学会
青木 俊也			2003.9	「生活再現展示をつくる思考−展示利用者調査の試行−」	『松戸市立博物館紀要』第10号	松戸市立博物館
青木 俊也	浜田 弘明*	金子 淳	2003.9	「戦後生活資料へのアプローチ」	『松戸市立博物館紀要』第10号	松戸市立博物館
青木 俊也			2003.11	「昭和30年代生活再現展示とノスタルジアにみるフォークロリズム的状況」	『日本民俗学』第236号	日本民俗学会
青木 俊也			2004.12	「展示における昔を考える」	『非文字資料研究』第6号	神奈川大学21世紀COEプログラム研究推進会議
青木 俊也			2005.5	「松戸市立博物館における2DK生活再現展示」	『住宅』第54巻5号	日本住宅協会
青木 俊也			2006.12	「「昔のくらし」の展示すること」	『非文字資料研究』第14号	神奈川大学21世紀COEプログラム研究推進会議
青木 俊也			2007.3	「生活再現展示の思考」	『年報 人類文化研究のための非文字資料の体系化』第4号	神奈川大学21世紀COEプログラム「人類文化研究のための非文字資料の体系化」研究推進会議
青木 俊也			2009.12	「歴史系博物館による戦後生活へのアプローチ(同時代史の現場 博物館における同時代史展示の試み)」	『同時代史研究』第2号	同時代史学会

著者1	著者2	著者3	発行年	論文名・書籍名	掲載誌	発行元
青木 允夫	前川 久太郎*		1979	『くすり博物館』		彩巧社
青木 文一郎			1925	「鐵道博物館の復興」	『鐵道時報』第1330號	鐵道時報社
青木 文一郎			1939	「自主的日本の樹立と博物館の使命」	『臺灣總督府博物館創立三十年記念論文集』	臺灣總督府博物館
青木 文一郎			1939	「動物分類學の弱点を指摘し、その將來性より博物館の陳列方法に及ぶ」	『臺灣總督府博物館創立三十年記念論文集』	臺灣總督府博物館
青木 文一郎			1941	「科學の興隆と博物館」	『日本學術協會報告』第16巻第1號	日本學術協會
青木 文一郎			1942	「博物館論終結の辭」	『日本學術協會報告』第17巻第2號	日本學術協會
青木 正邦			1995.3	「博物館と学校教育との連携－ジュニアワークシートを利用した小学校の実践を通して1-2」	『富山県立山博物館研究紀要』第2号、3号	富山県立山博物館
青木 正邦			1997.3	「立山博物館における広報活動-立山博物館の現状と課題－」	『富山県立山博物館研究紀要』第4号	富山県立山博物館
青木 正弘	岡部 あおみ*	杉浦 幸子 他	2002	『ミュゼオロジー入門』		武蔵野美術大学出版局
青木 満			1998.8	『プラネタリウムへようこそ-星空を創る人々の知られざる世界』		地人書館
青木 睦	木川 りか	山野 勝次	2003.3	「記録史料保存のための生物被害対策と総合的害虫管理－史料館地下収蔵施設の対策事例を中心に-」	『史料館研究紀要』第34号	国文学研究資料館史料館
青木 睦			2013.11	『被災資料救助から考える資料保存:東日本大震災後の釜石市での文書レスキューを中心に:特定非営利活動法人共同保存図書館・多摩第13回多摩デポ講座〈2012・2・25〉より』		共同保存図書館・けやき出版
青山 木卯			1940	「長尾嶽陽翁の偉業を永遠に記念する美術館建設の聲は翁を知る全國の作家に呼びかけられた」	『駿遠豆』第十五巻五月號	靜岡縣人社
青山 木卯			1940	「嶽陽翁記念美術館建設の聲に呼應して全國作家は白熱して賛成」	『駿遠豆』第十五巻七月號	靜岡縣人社
青木 靖浩			2002	「博物館資料としての写真のもつ価値とその活用方法について：増山たづ子撮影の旧徳山村の写真を事例に」	『岐阜県博物館調査研究報告』第23号	岐阜県博物館
青木 豊			1980.3	「考古学資料復元に関する一試案－とくに土器類の復元について－」	『國學院大學博物館學紀要』第4輯	國學院大學博物館学研究室
青木 豊			1983.3	「考古学資料復元考－土器復元に用いる補填材を中心として－」	『國學院大學博物館學紀要』第7輯	國學院大學博物館学研究室
青木 豊			1984.3	「経塚埋納遺構の型どり法による移築」	『雄物川町郷土史料』第13集	雄物川町郷土史編纂会
青木 豊			1984.3	「遺構の移築と保存」	『國學院大學博物館學紀要』第8輯	國學院大學博物館学研究室
青木 豊			1985.3	「レプリカ製作考」	『國學院大學博物館學紀要』第9輯	國學院大學博物館学研究室
青木 豊			1985.3	『博物館技術学-博物館資料化への考古資料』		雄山閣
青木 豊	高藤 一郎平		1986.3	「長者ヶ平遺跡学術調査成果の活用と資料製作」	『國學院大學博物館學紀要』第10輯	國學院大學博物館学研究室
青木 豊			1987.3	「レプリカ(型取り模造)と計測模造の相互関係－硬玉製勾玉等の計測模造製作を実例として－」	『國學院大學博物館學紀要(樋口清之博士記念論文集)』第11輯	國學院大學博物館学研究室
青木 豊			1989.3	「現代博物館におけるミュージアム・ショップの必要性に関する一考察」	『國學院大學博物館學紀要』第13輯	國學院大學博物館学研究室
青木 豊	内川 隆志		1990.3	「和歌山県博物館史」	『國學院大學博物館學紀要』第14輯	國學院大學博物館学研究室
青木 豊			1992.7	「ⅳ 博物館資料」	『博物館ハンドブック』	雄山閣
青木 豊	加藤 有次*		1993.3	「野外博物館の現状と展望」	『國學院雑誌』第94巻第3号	國學院大學
青木 豊			1994	「集客力のある博物館の基礎要素」	『ミュージアム(テーマ館・展示館)施設化計画と事業運営資料集』	総合ユニコム
青木 豊			1994.12-1995.1	「グッズの基本は良きコレクション」	『月刊ミュゼ』7号	(株)アム・プロモーション
青木 豊			1994.6-1994.11	「ミュージアム・グッズの分類Ⅰ-Ⅱ」	『月刊ミュゼ』2号、6号	(株)アム・プロモーション
青木 豊			1995.3	「現代博物館再考」	『國學院大學博物館學紀要』第19輯	國學院大學博物館学研究室

あ

著者1	著者2	著者3	発行年	論文名・書籍名	掲載誌	発行元
青木 豊			1995.5	「私のミュージアム・グッズ論「品位あるミュージアム・グッズを」」	『月刊ミュゼ』11号	(株)アム・プロモーション
青木 豊			1996.3	「博物館における映像展示の研究」	『國學院大學博物館學紀要』第20輯	國學院大學博物館学研究室
青木 豊			1997.3-1998.3	「博物館展示論研究史(1)-(2)」	『國學院大學博物館學紀要』第21輯、第22輯	國學院大學博物館学研究室
青木 豊			1997.9	『博物館映像展示論-視聴覚メディアをめぐる』		雄山閣
青木 豊			1999.1	「ミュージアム・サービス」	『新版博物館学講座 第12巻博物館経営論』	雄山閣
青木 豊			1999.1	「博物館資料収集法」	『新版博物館学講座 第12巻博物館経営論』	雄山閣
青木 豊			1999.1	「博物館展示学」	『新版博物館学講座 第12巻博物館経営論』	雄山閣
青木 豊			1999.3	「近代博物館以前の展示」	『國學院大學博物館學紀要』第23輯	國學院大學博物館学研究室
青木 豊			1999.6	「博物館資料の概念」	『新版博物館学講座 第5巻博物館資料論』	雄山閣
青木 豊			1999.6	「博物館資料の分類」	『新版博物館学講座 第5巻博物館資料論』	雄山閣
青木 豊			2000.1	「博物館学各論(1)-博物館の論理学-博物館展示学」	『新版博物館学講座 第1巻博物館学概論』	雄山閣
青木 豊			2000.1	「博物館学各論(2)-博物館の実践学-博物館資料収集法」	『新版博物館学講座 第1巻博物館学概論』	雄山閣
青木 豊			2000.1	「博物館学各論(2)-博物館の実践学-博物館資料製作法」	『新版博物館学講座 第1巻博物館学概論』	雄山閣
青木 豊			2000.1	「博物館学各論(2)-博物館の実践学-博物館展示法」	『新版博物館学講座 第1巻博物館学概論』	雄山閣
青木 豊			2000.2	「広義の展示」	『新版博物館学講座 第9巻博物館展示法』	雄山閣
青木 豊			2000.2	「展示の概念」	『新版博物館学講座 第9巻博物館展示法』	雄山閣
青木 豊			2000.2	「展示の分類と形態」	『新版博物館学講座 第9巻博物館展示法』	雄山閣
青木 豊			2000.3	「近世以降の展示」	『國學院大學考古学資料館紀要』第23輯	國學院大學考古学資料館
青木 豊			2001.3	「遺構の博物館資料化と展示」	『全日本博物館学会ニュース』第60号	全日本博物館学会
青木 豊			2002.11	「ジオラマ展示と映像展示の合体」	『月刊視聴覚教育』	日本視聴覚協会
青木 豊			2003.9	『博物館展示の研究』		雄山閣
青木 豊			2004.3	「博物館資料収集論」	『國學院大學博物館學紀要』第28輯	國學院大學博物館学研究室
青木 豊 他編			2004.3	『全日本博物館学会三十年の歩み』		全日本博物館学会
青木 豊			2004.4	「現代博物館の役割と意義」	『考古学入門下』(NHK学園通信講座テキスト)	NHK学園
青木 豊			2004.4	「博物館」	『考古学入門下』(NHK学園通信講座テキスト)	NHK学園
青木 豊			2005.3	「博物館経営から見る照明に関する一考察」	『國學院大學博物館學紀要』第29輯	國學院大學博物館学研究室
青木 豊			2005.5	「地域博物館・野外博物館としての史跡整備」	『史跡整備と博物館』	雄山閣
青木 豊			2005.6	「虫害対策の効用」	『全日本博物館学会ニュース』第72号	全日本博物館学会
青木 豊			2006.3	「学芸員養成科目としての「博物館展示論」の提唱」	『全国大学博物館学講座協議会研究紀要』第9号	全国大学博物館学講座協議会
青木 豊			2006.3	「博物館経営に観る「大学メンバーシップ」について」	『國學院大學博物館學紀要』第30輯	國學院大學博物館学研究室
青木 豊編			2006.5	『史跡整備と博物館』		雄山閣

著者1	著者2	著者3	発行年	論文名・書籍名	掲載誌	発行元
青木 豊			2007.3	「博物館経営から見る展示室の面積と基本展示法」	『國學院大學博物館學紀要』第31輯	國學院大學博物館学研究室
青木 豊 他編			2007.3	『博物館学文献目録内容分類編・著者名分類編』		全国大学博物館学講座協議会
青木 豊 他編			2007.3	『全博協会報五十周年記念復刻』1・2		全国大学博物館学講座協議会
青木 豊			2007.9	「博物館法改正への経緯と望まれる学芸員資格と学芸員養成」	『考古学研究』第54巻第2号	考古学研究会
青木 豊			2007.11	「博物館法改正に伴う資質向上を目的とする学芸員養成に関する考察」	『博物館学雑誌』第33巻第1号	全日本博物館学会
青木 豊			2008.3	「道の駅と博物館-道の駅付属博物館に関する一考察」	『全国大学博物館学講座協議会研究紀要』第10号	全国大学博物館学講座協議会
青木 豊			2008.3	「史跡の活用とは何か」	『國學院大學考古学資料館紀要』第24輯	國學院大學考古学資料館
青木 豊			2008.3	「黒板勝美博士の博物館学思想」	『國學院大學博物館學紀要』第32輯	國學院大學博物館学研究室
青木 豊	鷹野 光行*	浜田 弘明 他	2008.3	「学校博物館の現状と今後の可能性(予察)-学芸教諭の誕生に向けて」	『全国大学博物館学講座協議会研究紀要』第10号	全国大学博物館学講座協議会
青木 豊			2009.3	「学芸員有資格者の採用を求めて」	『全国大学博物館学講座協議会研究紀要』第11号	全国大学博物館学講座協議会
青木 豊			2009.3	「新井重三先生(1920～2004)の博物館学思想」	『Museum study:明治大学学芸員養成課程紀要』第20号	明治大学学芸員養成課程
青木 豊			2009.3	「坪井正五郎博士の博物館学思想」	『國學院大學博物館學紀要』第33輯	國學院大學博物館学研究室
青木 豊			2010.3	「博物館学史序論」	『國學院大學博物館學紀要』第34輯	國學院大學博物館学研究室
青木 豊編			2010.3	『神社博物館事典』		國學院大學博物館教育研究センター
青木 豊編	矢島 國雄		2010.7	『博物館学人物史上』		雄山閣
青木 豊			2010.7	「坪井正五郎」「黒板勝美」「樋口清之」「加藤有次」	『博物館学人物史上』	雄山閣
青木 豊			2010.8	「熊手考」	『日本基層文化論集』	雄山閣
青木 豊			2010.12	「高度博物館学教育の実践」	『博物館研究』第45巻第12号	日本博物館協会
青木 豊			2011.3	「博物館学とは何か」	『新編博物館概論』	同成社
青木 豊			2011.3	「博物館学の目的と方法」	『新編博物館概論』	同成社
青木 豊			2011.3	「平成21年度文部科学省「組織的な大学院教育改革推進プログラム」採択による高度博物館学教育に至る経緯と実践」	『國學院大學博物館學紀要』第35輯	國學院大學博物館学研究室
青木 豊編			2011.3	『平成21年度採択文部科学省「組織的な大学院教育改革推進プログラム」高度博物館学教育プログラム中間報告』		國學院大學博物館教育研究センター
青木 豊編			2012.3	『平成21年度採択文部科学省「組織的な大学院教育改革推進プログラム」高度博物館学教育プログラム最終報告』		國學院大學博物館教育研究センター
青木 豊	栗原 祐司	鷹野 光行 他	2012.3	「フォーラム 我が国の大学博物館の課題」	『全国大学博物館学講座協議会研究紀要』第14号	全国大学博物館学講座協議会
青木 豊			2012.3	「全国大学博物館学講座協議会東日本部会平成22年度研究助成による「公立博物館での有資格者採用の義務化に向けた実態調査」結果について」	『全国大学博物館学講座協議会研究紀要』第14号	全国大学博物館学講座協議会
青木 豊			2012.3	「大学付属博物館とは—我が国の大学付属博物館の歴史と展望—」	『全国大学博物館学講座協議会研究紀要』第14号	全国大学博物館学講座協議会
青木 豊			2012.3	「平成21年度文部科学省「組織的な大学院教育改革推進プログラム」採択による高度博物館学教育に至る経緯と実践」	『平成21年度採択文部科学省「組織的な大学院教育改革推進プログラム」高度博物館学教育プログラム最終報告』	國學院大學博物館教育研究センター
青木 豊編			2012.3	『明治期博物館学基本文献集成』		雄山閣
青木 豊監			2012.3	『日本城郭博物館事典(中間報告)』		國學院大學研究開発推進機構
青木 豊			2012.4	「博物館論」	『博物館学1(博物館概論*博物館資料論)』	学文社
青木 豊			2012.4	「博物館の目的と機能」	『博物館学1(博物館概論*博物館資料論)』	学文社

あ

著者1	著者2	著者3	発行年	論文名・書籍名	掲載誌	発行元
青木 豊			2012.5	「栗本鋤雲」「神谷邦淑」「森金次郎」「新井重三」	『博物館学人物史下』	雄山閣
青木 豊	矢島 國雄 編		2012.5	『博物館学人物史下』		雄山閣
青木 豊			2012.5	『博物館展示の研究―新装版』		雄山閣
青木 豊			2012.8	「博物館資料の概念」	『人文系博物館資料論』	雄山閣
青木 豊 編			2012.8	『人文系博物館資料論』		雄山閣
青木 豊			2012.10	「高度博物館学教育に至る経緯と実践(学芸員を取り巻く環境の変化)」	『博物館危機の時代』	雄山閣
青木 豊			2013.3	「神社博物館の社会的必要性」	『神社博物館事典』	雄山閣
青木 豊 編			2013.3	『人文系博物館展示論』		雄山閣
青木 豊			2013.3	「展示の概念」	『人文系博物館展示論』	雄山閣
青木 豊			2013.3	「資料の伝統的保存方法(博物館資料の保存環境)」	『博物館学4(博物館資料保存論*博物館実習論)』	学文社
青木 豊	水嶋 英治*		2013.3	「博物館資料の保存環境」	『博物館学4(博物館資料保存論*博物館実習論)』	学文社
青木 豊	平澤 佑加子	山本 哲也	2013.5	「資料の劣化・損壊の原因」	『人文系博物館資料保存論』	雄山閣
青木 豊	内川 隆志		2013.5	「資料保存の意義」	『人文系博物館資料保存論』	雄山閣
青木 豊 編			2013.5	『人文系博物館資料保存論』		雄山閣
青木 豊			2013.9	『集客力を高める博物館展示論』		雄山閣
青木 豊 編			2013.12	『神社博物館事典』		雄山閣
青木 豊			2014.3	「遺跡博物館成立への制度と思想―保存史跡に求められる「風土記の丘」理念―」	『國學院大學大学院紀要』第45輯	國學院大學大学院
青木 豊			2014.3	「河仁秀氏(韓国釜山広域市立福泉博物館館長)「釜山の考古博物館」」	『國學院大學大学院紀要』第45輯	國學院大學大学院
青木 豊 監			2014.3	「博物館・博物館学の諸問題」	『國學院雑誌』120周年記念特集号	國學院大學
青木 豊			2014.8	「郷土博物館・地域博物館における野外部展示空間の必要性」	『國學院雑誌』第115巻第8号	國學院大學
青木 豊			2014.8	「日本文化に見る鏡の展示」	『嵐義人先生古稀記念論集文化史考證』	『文化史考證』編集委員会
青木 豊 編			2014.11	『人文系博物館教育論』		雄山閣
青木 豊			2014.11	「博物館教育の概念に関する略史」	『人文系博物館教育論』	雄山閣
青木 豊			2015.2	「博物館における教育としての展示の必要性」	『人間の発達と博物館学の課題:新時代の博物館経営と教育を考える』	同成社
青木 豊	鷹野 光行*	並木 美砂子	2015.2	『人間の発達と博物館学の課題:新時代の博物館経営と教育を考える』		同成社
青木 豊			2015.3	「日本的大学附属博物館的歴史与展望」	『博物館・新科技』	上海大学博物館
青木 豊			2015.9	「遺跡博物館の概念―法制度・保護思想の変遷と風土記の丘―」	『地域を活かす遺跡と博物館遺跡博物館のいま』	同成社
青木 豊 編	鷹野 光行 編		2015.9	『地域を活かす遺跡と博物館―遺跡博物館のいま―』		同成社
青木 豊			2016.3	「歴史的建築物利用博物館に関する一考察」	『近代建築利用博物館事典』	國學院大学博物館学研究室
青木 豊			2016.3	「学芸員養成の歴史と展望」	『観光資源としての博物館』	芙蓉書房出版
青木 豊			2016.3	「明治・大正・昭和前期の博物館学の歴史」	『観光資源としての博物館』	芙蓉書房出版

著者1	著者2	著者3	発行年	論文名・書籍名	掲載誌	発行元
青木 豊	中村 浩*		2016.3	「博物館の歴史」「博物館の種類」	『観光資源としての博物館』	芙蓉書房出版
青木 豊	中村 浩*		2016.3	『観光資源としての博物館』		芙蓉書房出版
青木 豊	山本 哲也		2016.4	『大正・昭和前期博物館学基本文献集成上』		雄山閣
青木 豊	山本 哲也		2016.5	『大正・昭和前期博物館学基本文献集成下』		雄山閣
青木 豊			2016.4	「博物館学の転換期(大正・昭和前期)」	『大正・昭和前期博物館学基本文献集成』上	雄山閣
青木 豊	鷹野 光行	金山 喜昭 他	2016.12	「座談会 博物館学の今を語る」	『國學院雑誌』第117巻第12号	國學院大學
青木 豊 編			2017	『棚橋源太郎博物館学基本文献集成上』		雄山閣
青木 豊 編			2017	『棚橋源太郎博物館学基本文献集成下』		雄山閣
青木 豊			2017.4	「古奇物愛玩に拠る歴史資料の保存」	『考古学・博物館学の風景 中村浩先生古稀記念論文集』	芙蓉書房出版
青木 豊			2017.4	「序章 棚橋源太郎の教育思想」	『棚橋源太郎博物館学基本文献集成』上	雄山閣
青木 豊			2017.5	「遺跡の保存と活用の具現としての博物館」	『山本暉久先生古稀記念論集 二十一世紀の考古学の現在』	六一書房
青木 豊			2017.11	「学芸員の諸問題」	『國學院雑誌』第118巻第11号	國學院大學
青木 豊			2017.12	「大正・昭和(戦前期)時代」	『博物館学史研究事典』	雄山閣
青木 豊			2017.12	「棚橋源太郎」	『博物館学史研究事典』	雄山閣
青木 善治			2016	「美術館と学校教育との連携に関する一考察:子どもの考える力、表現する力、自己肯定感を育むための鑑賞活動の取組」	『新潟県立万代島美術館研究紀要』第15号	新潟県立万代島美術館
青木 利三郎			1929	「博覽會装飾陳列の傾向」	『商業美術月報』第十五號	(株)アルス
青木 わかみ			1995	「平成6年度欧州博物館事情視察報告①魅力ある博物館の活動とサービス」	『博物館研究』第30巻第2号	日本博物館協会
青島 睦治			1998	「栃木県立博物館古生物分野における展示資料の収集について」	『栃木県立博物館研究紀要.自然』第15号	栃木県立博物館
青島 睦治			2002	「栃木県立博物館古生物分野の展示におけるいくつかの試み」	『栃木県立博物館研究紀要.自然』第19号	栃木県立博物館
青島 睦治	奥田 英人		2004	「栃木県立博物館化石貸し出しセットについて」	『栃木県立博物館研究紀要.自然』第21号	栃木県立博物館
青田 昌秋			2008.7	「ふるさとの自然を学ぶガリヤ・ゾーン-北海道立オホーツク流氷科学センター」	『モーリー』第18号	北海道新聞社
青戸 精一			1943	「保存事業と博物館」	『博物館研究』第16巻第3號	日本博物館協會
青野 尚子	青木 淳*		2007.5	「ミュージアムと光 青木淳の光の操作術」	『新建築』第82巻6号	新建築社
青松 利明			1999	「誰でも楽しめるユニバーサルな博物館～視覚障害者の立場から」	『ユニバーサル・ミュージアムをめざして一視覚障害者と博物館一』	神奈川県立生命の星・地球博物館
青森県立三沢航空科学館			2013.8	『青森県立三沢航空科学館開館10周年記念』		青森県立三沢航空科学館
青柳 かつら			2010.3	「地域博物館における他者との連携による地域学習活動の現状と課題--北海道士別市朝日町郷土資料室の事例」	『北海道開拓記念館研究紀要』第38号	北海道開拓記念館
青柳 邦忠	長谷川 吉廣	中川 志郎 他	1996	「博物館をめぐる人材の養成・活用について」	『博物館研究』第31巻第10号	日本博物館協会
青柳 邦忠	小原 巌*		1996.9	「戦術の展開④内製と外注」	『ミュージアムマネージメント』	東京堂出版
青柳 邦忠	椎名 仙卓*		2014.2	『博物館学年表:法令を中心に:1871-2012』		雄山閣
青柳 周一			2010.3	「滋賀県における博物館問題をめぐって:滋賀県立琵琶湖文化館を中心に」	『彦根論叢』第383号	滋賀大学経済学会
青柳 潤一			1996.9	「戦術の展開①広報活動」	『ミュージアムマネージメント』	東京堂出版

あ

著者1	著者2	著者3	発行年	論文名・書籍名	掲載誌	発行元
青柳 隆志			2014.4	「大学と博物館の連携の現状と課題:東京成徳大学の事例から」	『Museumちば:千葉県博物館協会研究紀要』43号	千葉県博物館協会
青柳 正規	石井 進 他		1993	「現代の『復元』建築を考える」	『建築雑誌』第108輯第1346号	日本建築学会
青柳 正規			1994.6	「開かれた大学の象徴として--東京大学総合博物館構想」	『科学朝日』第54巻6号	朝日新聞社
青柳 正規			1998.6	「これからの博物館」	『博物館研究』第33巻第6号	日本博物館協会
青柳 正規			2008.9	『知識ゼロからの美術館入門』		幻冬舎
青柳 正規			2009.3	「日本の場合、そして国立西洋美術館の場合」	『ミュージアム新時代』	慶応義塾大学出版会
青柳 正規			2014.11	「美術と美術館」	『NACTreview:国立新美術館研究紀要』第1号	国立新美術館
青山 剛	遠藤 純夫	小川 義和 他	2003.12	「座談会 科学教育の推進に果たす博物館等の役割」	『広領域教育研究』第53号	広領域教育研究会
青山 光一	津口 雅彦*	頓田 修一郎 他	2015.11	「世界遺産軍艦島のマルチ撮影手法による文化財3次元モデル作成について」	『先端測量技術』第107号	日本測量調査技術協会
青山 貴子			2014.3	「明治期の博覧会を通じた教育概念の普及:教育錦絵の展示の変遷を手がかりに」	『大学改革と生涯学習』第18号	山梨学院生涯学習センター
青山 英幸 編	安藤 正人*(編)		1996.8	『記録史料の管理と文書館』		北海道大学図書刊行会
青山 宏夫	安達 文夫*	田中 紀之 他	2015.1	「時間と場所の情報を有する大量の写真資料の提示法」	『国立歴史民俗博物館研究報告』第189集	国立歴史民俗博物館
青山 宏夫			2017.3	「博物館資料を多角的に読む」	『〈総合資料学〉の挑戦:異分野融合研究の最前線』	吉川弘文館
赤井 克己			2008.8	「ヒューマンドキュメント瀬戸内の経済人(39)大紀産業初代社長岡山学園初代理事長安原真二郎 オリエント美術館にかけた情熱」	『岡山経済』第31巻第367号	岡山経済研究所
赤井 克己			2009.3	「ヒューマンドキュメント瀬戸内の経済人(46)森下製網創業者森下精一 わが国唯一、古代中南米美術館の"灯"を守ろう」	『岡山経済』第32巻第374号	岡山経済研究所
赤井 克己			2010	「〈大原美術館伝説〉の背景と真偽を検証する」	『岡山人じゃが』第2号	吉備人出版
赤尾 恵里	遠藤 守	中 貴俊 他	2012.9	「博学連携による金環日食教室のためのタブレット端末用デジタル教材の設計と開発」	『社会情報学会(SSI)学会大会研究発表論文集』2012	社会情報学会
赤尾 浩治	野田 学*		2008.3	「総合評価方式によるプラネタリウムシステムの製造及び設置工事請負契約」	『名古屋市科学館紀要』第34号	名古屋市科学館
赤坂 憲雄			2013.6	「今、博物館は何ものでありえるのか」	『博物館研究』第48巻第6号	日本博物館協会
赤坂 信			1998	「戦前の日本における郷土保護思想の導入の試み」	『日本造園学会研究発表論文集』第16号	日本造園学会
赤崎 広志	松田 清孝*		2010	「パソコンによるぬり絵ツール「恐竜はどんな色?」の常設展示への導入について」	『宮崎県総合博物館研究紀要』第31輯	宮崎県総合博物館
赤崎 広志	濱田 真理*		2013	「教育普及資料「宮崎県の堆積岩標本セット」の整備」	『宮崎県総合博物館研究紀要』第34輯	宮崎県総合博物館
赤澤 威			1997.11	「情報化時代と博物館」	『教育と情報』第476号	第一法規
赤澤 徳明			1990.3	「福井県博物館史」	『國學院大學博物館學紀要』第14輯	國學院大學博物館学研究室
明石市立天文科学博物館 編			1981	『明石市立天文科学博物館の20年』		明石市立天文科学博物館
赤司 善彦	河野 一隆		2009.4	「九州国立博物館による装飾古墳のデジタルアーカイブ」	『月刊文化財』第547号	第一法規
赤瀬川 原平	熊瀬川 紀		1991	『ルーヴル美術館の楽しみ方』		新潮社
縣 拓充	岡田 猛*		2009	「創造的表現を促進するための美術館展示の開発とその効果の検討」	『マツダ財団研究報告書青少年健全育成関係』第21号	マツダ財団
縣 拓充	岡田 猛		2009.3	「美術創作へのイメージや態度を変える展示方法の提案とその効果の検討」	『美術教育学』第30号	美術科教育学会
縣 拓充	岡田 猛		2010.3	「「創作の過程や方法を知る」美術展示及びワークショップの効果」	『美術教育学』第31号	美術科教育学会
縣 拓充	岡田 猛*		2016.5	「アーティストの作品創作プロセスを見せる美術展とその効果」	『触発するミュージアム:文化的公共空間の新たな可能性を求めて』	あいり出版

あ

著者1	著者2	著者3	発行年	論文名・書籍名	掲載誌	発行元
赤塚 大典	筧 康明		2010	「ウェブを介した鑑賞前・鑑賞中・鑑賞後をつなぐ展示支援システムの提案」	『電子情報通信学会技術研究報告』第109巻第466号	電子情報通信学会
赤塚 大典	久野 崇文*	筧 康明	2010.3	「付箋とウェブを利用した展示感想共有システムの提案(デジタルミュージアム・デジタルミュージアムとエンタテイメントメディア)」	『電子情報通信学会技術研究報告』第109巻第466号	電子情報通信学会
赤塚 大典	筧 康明*	久野 崇文	2010.3	「付箋とウェブを利用した展示感想共有システムの提案(デジタルミュージアム・デジタルミュージアムとエンタテイメントメディア)」	『電子情報通信学会技術研究報告』第109巻第466号	電子情報通信学会
赤津 侃			1981.11	「学芸員の前に立ちはだかる壁」	『美術手帖』488号	美術出版社
あかつ ただし			1982.9	「展覧会図録点検」	『みずゑ』924号	美術出版社
あかつ ただし			1983.3	「展覧会図録点検」	『みずゑ』926号	美術出版社
赤沼 英男			1991.6	「平成2年度欧州博物館事情視察報告⑤欧州博物館における展示環境」	『博物館研究』第26巻第6号	日本博物館協会
赤沼 英男			2011.1	「岩手県立博物館における文化財レスキューの現状と課題」	『日本歴史』第761号	吉川弘文館
赤沼 英男	目時 和哉*	鈴木 まほろ	2012.10	「東日本大震災被災ミュージアム再生への取り組み」	『博物館研究』第47巻第10号	日本博物館協会
赤沼 英男			2013.6	「岩手県立博物館における被災文化財救援活動の経過と今後の展望」	『文化財の虫菌害』第65号	文化財虫害研究所
赤沼 英男			2015.7	「大規模自然災害発災時における地域中核館の役割:東日本大震災における救援活動を通して」	『博物館研究』第50巻第7号	日本博物館協会
赤沼 英男	津波により被災した文化財の保存修復技術の構築と専門機関に関するプロジェクト実行委員会*	鈴木 まほろ	2015.12	「東日本大震災被災文化財関連文献/ウェブ情報」	『安定化処理〜大津波被災文化財保存修復技術連携プロジェクト〜』	津波により被災した文化財の保存修復技術の構築と専門機関に関するプロジェクト実行委員会
赤羽 義洋			1984.3	「地方博物館に於ける現状課題」	『國學院大學博物館学紀要』第8輯	國學院大學博物館学研究室
赤羽 光			2013.2	「『第五回内国勧業博覧会紀念染織鑑』と第五回内国博審査に関する一論考」	『共立女子短期大学生活科学科紀要』第56号	共立女子短期大学生活科学科
赤林 隆仁 他			1993.6	「学芸員業務支援システム」	『NEC技報』第46巻第6号	日本電気/NECメディアプロダクツ株式会社編
赤堀 又二郎 編			1915	『日光山東照宮三百年祭記念誌』		やまと新聞宇都宮支局
赤間 亜生			2012.5	「「東日本大震災」と文学館」	『日本近代文学』第86集	日本近代文学会
赤間 亮			2009.3	「英国V&A博物館とスコットランド国立博物館所蔵浮世絵のデジタルアーカイブ」	『アート・ドキュメンテーション研究』第16号	アート・ドキュメンテーション学会
赤間 亮	齊藤 ちせ		2014.3	「国際型ARCモデルによるヴェネチア東洋美術館浮世絵画コレクションのデジタル・アーカイブとその全容紹介」	『アート・ドキュメンテーション研究』第21号	アート・ドキュメンテーション学会
赤松 友成	中村 清美*	鈴木 健司	2010.3	「海洋生物の音を用いた水族館での展示の実践」	『日本ミュージアム・マネージメント学会研究紀要』第14号	日本ミュージアム・マネージメント学会
赤嶺 裕樹	阿部 和彦*	山下 淳 他	2010.3	「鑑賞者が好意を持って接することができる博物館ガイドロボットの振舞いに関する考察」	『電子情報通信学会技術研究報告』第109巻第466号	電子情報通信学会
秋田縣師範學校	秋田縣女子師範學校 編		1939	『綜合郷土研究』		秋田縣師範學校/秋田縣女子師範學校
秋田縣女子師範學校			1932	『郷土研究要項』		秋田縣女子師範學校
秋田縣女子師範學校 編	秋田縣師範學校*		1939	『綜合郷土研究』		秋田縣師範學校/秋田縣女子師範學校
秋田県文化財保護協会			2009.7	「文化財保護について「美郷町郷土資料館の保存を要望」」	『出羽路』第145号	秋田県文化財保護協会
秋田県立綜合博物館設立構想委員会			1972	『秋田県立綜合博物館設立構想』		秋田県
秋田県立博物館			1984	『秋田県立博物館10年のあゆみ 開館10周年記念』		秋田県立博物館
秋田魁新報社			1911.5	「社會教育と博物館」	『秋田魁新報』1911年5月10日朝刊	秋田魁新報社
秋田魁新報社			1925	「東宮殿下行啓記念たる縣立博物館設立の建議」	『秋田魁新報』1925年12月26日夕刊1面	秋田魁新報社
秋田魁新報社			1927	「博物館建設建議」	『秋田魁新報』1927年11月19日朝刊2面	秋田魁新報社
秋田魁新報社			1932	「青年教科や博物館建設案 社會教育委員初顔合せを行う」	『秋田魁新報』1932年11月26日朝刊2面	秋田魁新報社

あ

著者1	著者2	著者3	発行年	論文名・書籍名	掲載誌	発行元
秋田魁新報社			1934	「開館した郷土博物館」	『秋田魁新報』1934年6月2日夕刊1面	秋田魁新報社
秋田魁新報社			1935	「國宝「曼陀羅」を博物館へ 寄託穢損を修理新装すべく認可手続をなす」	『秋田魁新報』1935年10月23日朝刊3面	秋田魁新報社
秋田魁新報社			1938	「秋田縣にも博物館を作れ 關係者動きだす」	『秋田魁新報』1938年1月27日朝刊3面	秋田魁新報社
秋田魁新報社			1939	「本縣と博物館論説」	『秋田魁新報』1941年3月9日朝刊1面	秋田魁新報社
秋田 博文			2005.3	「科学系博物館の変換と現状」	『月刊ミュゼ』69号	(株)アム・プロモーション
秋田 美緒	楠本 智郎*		2013.3	「座談会 小さな美術館の冒険」	『地域創造:町づくりアートを応援します』第33号	地域創造
秋田 良吉			1998	「私立美術館運営の一視点」	『博物館研究』第33巻第3号	日本博物館協会
秋田 良吉			2001	「景気後退局面での文化施設の対応」	『博物館研究』第36巻第7号	日本博物館協会
秋野 有紀			2015.3	「戦後西ドイツにおける『ミュージアム教育員』制度化の背景と財源確保の手法:フランクフルト・アム・マイン市の〈ミュージアムの河畔〉を例に」	『独協大学ドイツ学研究』第69号	獨協大学外国語学部ドイツ語学科
秋葉 隆			1927	「博物館巡禮」	『民族』第2巻第6号	民族發行所
秋葉 隆			1928	「博物館巡禮(承前)」	『民族』第3巻第1号	民族發行所
秋葉 隆			1928	「博物館巡禮(承前)」	『民族』第3巻第2号	民族發行所
秋葉 隆			1928	「博物館巡禮(承前)」	『民族』第3巻第6号	民族發行所
秋庭 史典			2012.3	「博物館と美術館で歴史を表現すること:「HistoryinArt」展(ポーランド・クラクフ現代美術館(MOCAK)、会期:2011年5月19日から10月16日まで)」	『Juncture:超域的日本文化研究』第3号	名古屋大学大学院文学研究科附属日本近現代文化研究センター
秋保 安治			1934	「歐米科學博物館を巡覽して」	『科學知識』第14巻第2號	科學知識普及會
秋保 安治			1934	「歐米科學博物館を巡覽して(二)」	『科學知識』第14巻第2號	科學知識普及會
秋保 安治			1929	「東京博物館の現在とその將來」	『科學知識』第9巻第3號	科學知識普及會
秋保 安治			1929	「東京博物館と温泉展覽會」	『文部省東京博物館温泉展覽會記録』	日本旅行協會
秋保 安治			1929	『文部省東京博物館ノ更新ニ就テ』		秋保安治
秋保 安治			1931	「科學博物館の教育効果」	『科學知識』第12巻第●號	科學知識普及會
秋保 安治			1931	「科學博物館の使命」	『建築雜誌』第45輯第549号	日本建築學會
秋保 安治			1931.9	「御進講次第」	『博物館研究』第4巻第9号	博物館事業促進會
秋保 安治			1933	「世界の三大科學博物館」	『博物館研究』第6巻第10号	日本博物館協會
秋保 安治			1933	「博物館當事者より見たる博物館建築」	『國際建築』特輯・博物館 第七巻第一号	國際建築協會
秋保 安治			1934	「最近の歐米博物館について」	『建築雜誌』第48輯第580号	日本建築學會
秋保 安治			1934	「見たまゝ聞いたまゝ」	『醫科器械雜誌』第11巻第7号	日本醫科器械學會
秋保 安治			1935	「歐米科學博物館見聞録」	『應用物理』第4巻2号	應用物理學會
秋元 雄史	安藤 忠雄 他		2005	『地中美術館』		地中美術館
秋元 雄史			2012.2	「シンポジウム「地域社会における博物館の役割」―「開かれた博物館像」を考える」	『博物館研究』第47巻第3号	日本博物館協会
秋元 雄史			2013.2	「金沢21世紀美術館とまちづくり」	『都市計画』第62巻第1号	日本都市計画学会
秋元 雄史			2013.2	「美術館の役割の拡大と美術館設計の表現化」	『博物館研究』第48巻第2号	日本博物館協会

著者1	著者2	著者3	発行年	論文名・書籍名	掲載誌	発行元
秋元 良仁	亀山 渉		2007.3	「博物館情報に基づくメタデータスキーマ統合機構の構築」	『情報処理学会研究報告』第34号	情報処理学会
秋元 良仁	亀山 渉		2007.7	「博物館情報を用いたメタデータスキーマ統合機構の実装と評価」	『電子情報通信学会技術研究報告』第107巻第164号	電子情報通信学会
秋元 良仁			2007.11	「文化財メタデータの構築」	『映像情報メディア学会誌』第61巻第11号	映像情報メディア学会
秋元 良仁			2016.2	「デジタルアーカイブとメタデータ」	『日本写真学会誌』第79巻第1号	日本写真学会
秋山 明之			2014.6	「国際理解教育における博物館活用の可能性:第9回国立民族学博物館を活用したワークショップ型教員研修の試み」	『国際理解教育』第20巻	日本国際理解教育学会
秋山 明之			2016.12	「「仮面づくり」ワークショップを振り返って」	『学校と博物館でつくる国際理解教育のワークショップ』	国立民族学博物館
秋山 于四三			1929	「我國博覽會の沿革概觀」	『現代商業美術全集 11出品陳列装飾集』	(株)アルス
秋山 かおり			2010.4	「ビショップ博物館の新しい夜明け--ハワイアンホール改装プロジェクトの必要性」	『博物館学雑誌』第35巻第2号	全日本博物館学会
秋山 かおり			2010.12	「展示「祝!ハワイにおける日本の"お祝い"の発展」にみる歴史観点からの独自文化表現」	『博物館学雑誌』第36巻第1号	全日本博物館学会
秋山 邦雄			2012.5	「遺跡の役割と活用の視点」	『観光考古学』	ニューサイエンス社
秋山 純子	山崎 久美子	本田 光子	2012	「九州国立博物館のIPM活動の取り組み:博物館における文化財害虫の出現とその対応」	『東風西声:九州国立博物館紀要』第8号	九州国立博物館
秋山 純子	山崎 久美子*	今津 節生 他	2012	「九州国立博物館エントランスホールでの「博多祇園山笠」公開に伴うIPM活動」	『東風西声:九州国立博物館紀要』第8号	九州国立博物館
秋山 伸一			1992.3	「地域博物館の特別展を考える」	『生活と文化:豊島区立郷土資料館研究紀要』第9号	豊島区教育委員会
秋山 伸一	横山 恵美*	伊藤 暢直	1995.4	「都市部地域博物館の試み--豊島区立郷土資料館の実践から	『月刊社会教育』第39巻4号	国土社
秋山 伸一			2014.6	「『地方史研究協議会版地域博物館指標(素案)』を読んで」	『地方史研究』第64巻第3号	地方史研究協議会
秋山 忠弥	松浦 淳子		1978.2	『ぼくらの博物館』		国土社
秋山 信彦	杉田 治男 編		2014.3	「多様な飼育方法と水族館の飼育による社会貢献」	『水族館と海の生き物たち』	恒星社厚生閣
秋山 日出雄 編	広吉 寿彦		1994	『元禄年間山陵記録』		奈良大和古代文化研究所
秋山 廣夫			1905.6	「親しむ博物館事業での写真の取り扱いについて」	『文部科学省親しむ博物館づくり委託事業「よみがえれ!写真たち」実施報告』	琵琶湖博物館「親しむ博物館づくり事業」実行委員会
秋山 寛行			2014.12	「十字路展示紹介・にっぽん歴史街道展:三館の展示を観て」	『交通史研究』第84号	交通史学会
秋山 某			1915	「展覽會の流行に就きて」	『歴史地理』第二六巻第一號	日本歴史地理學會
秋山 光夫			1930.2	「美術品の修理保存」	『博物館研究』第3巻第2號	博物館事業促進會
秋山 光夫			1932	「海外の東洋美術館」	『博物館研究』第5巻第1號	日本博物館協會
秋山 光夫			1932	「絵巻陳列箱の考案」	『博物館研究』第5巻第9號	日本博物館協會
秋山 光夫			1934.7	「摹本の意義と価値」	『博物館研究』第7巻第7號	日本博物館協會
秋山 光夫			1934.12	「美術品の修理保存」	『博物館研究』第7巻第12號	日本博物館協會
秋山 光夫			1935.1	「美術品の修理保存(承前):文部省講習會に於ける講演梗概筆記」	『博物館研究』第8巻第1號	日本博物館協會
秋山 光夫			1962.8	「博物館総長時代」	『文芸』第1巻6号	河出書房新社
秋山 幸雄	欅田 尚樹	加藤 貴彦 他	2008.11	「美術館・博物館内の空気汚染調査」	『大気環境学会誌』第43巻第6号	大気環境学会
秋山 幸也	國司 眞	西岡 芳文 他	2015	「第2章手法と機能」	『博物館の未来をさぐる』	東京堂出版
秋山 蓮三			1929	「植物園に於ける動物の研究」	『動物の観察採集と實驗:教科適用』	敞文館

あ

著者1	著者2	著者3	発行年	論文名・書籍名	掲載誌	発行元
秋山 蓮三			1929	「水族館に於ける動物の研究」	『動物の觀察採集と實驗:教科適用』	敬文館
秋山 蓮三			1929	「動物園に於ける動物の研究」	『動物の觀察採集と實驗:教科適用』	敬文館
アキ・ラー			2005.9	『アキラの地雷博物館とこどもたち』		三省堂
阿久井 長則			1982.4	「美術品の取扱いについて」	『実践女子大学Museology』第1号	実践女子大学博物館学講座
芥川 龍男			1974.9	「Ⅳ 資料保存の方法 文書写真の整理と保管」	『地方史マニュアル3文献資料整理の実務』	柏書房
安黒 達裕	菅原 洋一		2010.3	「建築と展示から見た『海の博物館』の地域博物館的評価に関する研究:構想・計画・活動の段階的展開に着目して」	『日本建築学会中国支部研究報告集』第33号	日本建築学会中国支部
明尾 圭造	藤原 学*		2005.6	「博物館の組織」	『博物館学ハンドブック』	関西大学出版部
明尾 圭造			2005.8	「芦屋市立美術博物館問題と指定管理者制度」	『歴史と神戸』第44巻第4号	神戸史学会
明尾 圭造			2005.8	「地域博物館の危機-芦谷市立美術博物館の場合-」	『神戸を中心とした兵庫県郷土研究誌』第44巻第4号	神戸史学会
明尾 圭造			2009.2	「芦屋市立美術博物館の現状-NPO法人による業務受託を通じて」	『歴史と神戸』第48第1号	神戸史学会
明尾 圭造			2012.3	「地域博物館の果たすべき役割～芦屋市立美術博物館での勤務を通じて～」	『日本女子大学博物館学芸員課程年報』No.10	日本女子大学
明尾 圭造			2014.8	「新自由主義時代の博物館と文化財公立ミュージアムの果たすべき役割:芦屋市立美術博物館での体験をもとに」	『日本史研究』第624号	日本史研究会
阿児 雄之			2014.5	「博物館・美術館にデジタル・アーキビストは必要か?」	『これからのアーキビスト—デジタル時代の人材育成入門』	勉誠出版株式会社
阿児 雄之	遠藤 康一*	亀井 宏行 他	2014.7	「やきものづくりから学ぶものづくり—地域と大学博物館の連携による教育機会の創出」	『第9回博物科学会』	博物科学会
阿児 雄之	奥本 素子*	加藤 幸治	2016.12	「被災資料における来場者の語りの分析から見る博物館体験:テキストマイニングを用いた傾向の抽出」	『博物館学雑誌』第42巻第1号	全日本博物館学会
浅井 晃			2003.3	「「字幕付きプラネタリウム」の試み」	『四日市市立博物館研究紀要』第10号	四日市市立博物館
浅井 石南	竹下 隆晴*	北川 亘	2012	「高速鉄道の過去、現在、そして未来が詰まった博物館リニア・鉄道館:夢と想い出のミュージアム」	『電気学会誌』第132巻第10号	電気学会
浅井 勝利			2001.3	「新潟県立歴史博物館情報管理システムの概要」	『新潟県立歴史博物館研究紀要』第2号	新潟県立歴史博物館
浅井 勝利			2008.3	「博物館Webサイト論--アクセシビリティの問題を中心に」	『新潟県立歴史博物館研究紀要』第9号	新潟県立歴史博物館
浅井 紀久夫			2012.8	「月面を探索してみよう:博物館でのマルチメディア利用」	『映像情報メディア学会誌』第66巻第8号	映像情報メディア学会
浅井 京子	大島 幸代		2012.7	「展覧会の記憶から記録へ:展覧会記録の様々な方法」	『博物館研究』第47巻第7号	日本博物館協会
浅井 圭介	三野 正洋*	鴨下 示佳 他	1999.5	『世界の航空博物館&航空ショー』		ワック館
朝井 健史	松木 修二*	船岡 智	2015.11	「姫路市を含む兵庫県中南部地域の絶滅危惧種の現状と植物園における系統保存」	『日本植物園協会誌』第50号	日本植物園協会
浅井 芝樹	小林 さやか*		2007.9	「アメリカ合衆国の自然史博物館を視察して-標本・組織サンプルの管理・貸借(ローン)の視点から」	『山階鳥類学雑誌』第39巻第1号	山階鳥類研究所
浅井 治平			1940.6	「和蘭の殖民博物館」	『博物館研究』第13巻第6號	日本博物館協會
浅井 猛	川上 昭吾*	山中 敦子	2010.7	「「生命の海科学館」の活動を通した社会連携活動の在り方の開発研究Ⅰ:特に発信型科学館改革構想の策定について」	『日本理科教育学会全国大会要項』第60号	日本理科教育学会
浅井 猛	山中 敦子*	川上 昭吾	2010.9	「「生命の海科学館」の活動を通した社会連携活動の在り方の開発研究Ⅱ:特に学校との連携について」	『日本科学教育学会年会論文集』第34巻	日本科学教育学会
浅井 猛	山中 敦子*	川上 昭吾	2010.11	「「生命の海科学館」の活動を通した社会連携活動の在り方の開発研究Ⅲ」	『日本理科教育学会東海支部大会研究発表要旨集』第56号	日本理科教育学会東海支部大会事務局
浅井 猛	山中 敦子*	相澤 毅 他	2011.8	「地域の小規模科学館における「教員のための博物館の日」の試み」	『日本科学教育学会年会論文集』第35巻	日本科学教育学会
浅井 秀子	熊谷 昌彦		2016.3	「鳥取県琴浦町赤碕地区における町並保存に関する居住者の意向調査」	『日本建築学会中国支部研究報告集』第39巻	日本建築学会中国支部
浅井 正美			1999	「岐阜県博物館所蔵品のデータベース管理」	『岐阜県博物館調査研究報告』第20号	岐阜県博物館

あ

著者1	著者2	著者3	発行年	論文名・書籍名	掲載誌	発行元
浅井 充晶			1987.4	「博物館と美術館——公開施設の現状と課題・機構と性格」	『展示学』第4号	日本展示学会
浅井 ミノル			1997.3	「水族館の裏側」	『博物館の創造』第1巻	東京大学大学院教育学部研究科・教育学部社会教育研究室
浅井 ミノル			1999	「第3章自然科学系博物館資料の収集・保存 2飼育・栽培を必要とする資料」	『博物館学シリーズ 2博物館資料論』	樹村房
浅井 ミノル			2000	「上野動物園のボランティア活動」	『博物館研究』第35巻第7号	日本博物館協会
淺石 優			2001.6	「環境体験型博物館建築デザインからの発想(3)地上の生態系と一体化した自然光に満ちた水族館アクアマリンふくしま」	『月刊ミュゼ』47号	(株)アム・プロモーション
浅尾 知子	辻 泰秀*	山本 政幸	2013.3	「地域における「学校美術館」の構想と準備：地域の学校やアーティストとの連携」	『教師教育研究』第9号	岐阜大学
麻生 典子	越田 雅子	舟山 美紀 他	1987.3	「博物館における体験学習について-「石臼をひく」を事例として-」	『北海道開拓記念館研究年報』第15号	北海道開拓記念館
朝生 博	川島 一恵		2013	「資料保存への取り組みについて」	『薬学図書館』58巻4号	日本薬学図書館協議会
朝岡 康二	国立歴史民俗博物館 編		1999	「民俗学的な資料としてのモノとその記憶」	『民俗学の資料論』	吉川弘文館
朝賀 浩			2011.4	「国宝・重要文化財の公開活用について」	『月刊文化財』第571号	第一法規
浅川 保			2007.7	「地域-日本から世界から(146)山梨平和ミュージアム建設の意義」	『歴史地理教育』第716号	歴史教育者協議会
朝川 暢子	森尻 理恵*	澤田 結基	2009.9	「中学・高校の教科書に出てくる石の展示について」	『地質ニュース』第660号	実業公報社
浅川 泰			1983.3	「博物館における体験学習について」	『北海道開拓記念館研究年報』第11号	北海道開拓記念館
浅草 澄雄			2008.5	「「博物館冬の時代」を乗り切る-博物館と科学研究費補助金」	『博物館研究』第43巻第5号	日本博物館協会
浅草 澄雄			2009.12	「登録博物館・相当施設における指定管理者制度導入状況について」	『博物館研究』第44巻第12号	日本博物館協会
朝倉 彰			2002	「アメリカ・スミソニアン自然史博物館研究員に聞く博物館の研究体制」	『タクサ：日本動物分類学会誌』第12号	日本動物分類学会
浅倉 繁春			1974	「日本の動物園と自然保護」	『国際動物園長連盟第28回総会研究報告集』	日本動物園水族館協会
浅倉 繁春			1981.3	「動物園・水族館の将来像」	『博物館研究』第16巻第3号	日本博物館協会
浅倉 繁春 他			1982.9	「座談会 動物園・水族館を語る」	『博物館研究』第27巻第9号	日本博物館協会
浅倉 繁春			1986.2	「博物館人と環境問題--国際動物園長会議と国際ツル財団」	『博物館研究』第21巻第2号	日本博物館協会
浅倉 繁春			1987.11	「動物園の格差と民族文化との関連--日本の動物園の孤立化を憂える」	『博物館研究』第22巻第11号	日本博物館協会
浅倉 繁春			1994.2	『動物園と私』		海游社
朝倉 無聲			1928	『見世物研究』		春陽堂
朝倉 無聲	川添 裕 編		1992.5	『見世物研究姉妹篇』		平凡社
朝倉 吉彦			1970.2	「学芸員の専門養成機関の確立を！」	『博物館ニュース』第5巻第11号	日本博物館協会
あさご芸術の森美術館			2010.3	『あさご芸術の森美術館10年の歩み』		あさご芸術の森美術館
朝治 武	君塚 仁彦*		1995.12	「対談 博物館の展示表現と人権」	『季刊Liberty』第12号	大阪人権歴史資料館
朝治 武			1996.3	「部落問題展示と博物館」	『部落問題研究』第136号	部落問題研究所
朝治 武			1996.9	「歴史系博物館における人権展示の可能性-彦根城博物館の試みから-」	『季刊Liberty』第15号	大阪人権歴史資料館
朝治 武			1997.7	「差別・人権と近現代展示の射程」	『歴史評論』第567号	校倉書房
朝治 武			1997.12	「地域博物館としての大阪人権博物館」	『季刊Liberty』第20号	大阪人権歴史資料館

あ

著者1	著者2	著者3	発行年	論文名・書籍名	掲載誌	発行元
朝治 武			1998	「高札の考察:展示を見るために」	『高札:支配と自治の最前線』	大阪人権博物館
朝治 武			1999	「「登録博物館」としての水平社博物館」	『部落解放』第460号	解放出版社
朝治 武			2006	「新しくなる大阪人権博物館--親しい教員との対話から」	『解放教育』第35巻8号	明治図書出版
麻田 明生			2003.3	「博物館と学校がさらに近づいていくために-「連携授業」への取組・実践を中心として-」	『神戸市立博物館研究紀要』第19号	神戸市立博物館
浅田 空花(彦一)			1902.4	『動物園案内:動物児訓』		永楽堂
浅田 正彦	山口 剛*	大木 淳一	2001.3	「「カエルのきもち」を仕掛ける来館者の心をくすぐる展示開発」	『Museumちば:千葉県博物館協会研究紀要』32号	千葉県博物館協会
浅田 正彦	平田 和弘	森田 利仁	2003.3	「千葉県立中央博物館における子ども向け事業」	『Museumちば:千葉県博物館協会研究紀要』34号	千葉県博物館協会
浅田 正彦	丸山 聡栄		2005.3	「千葉県立中央博物館生態園における来園者の利用状況調査」	『千葉県立中央博物館 自然誌研究報告』第8巻2号	千葉県立中央博物館
浅田 正彦			2005.9	「自然体験プログラム「森の調査隊」のわけ―その1」	『月刊ミュゼ』72号	(株)アム・プロモーション
浅田 正彦			2005.11	「自然体験プログラム「森の調査隊」のわけ―その2子ども向けワークシートの作り方―」	『月刊ミュゼ』73号	(株)アム・プロモーション
浅田 正彦			2006.1	「自然体験プログラム「森の調査隊」のわけ―その3学校連携、ボランティア活動への発展―」	『月刊ミュゼ』74号	(株)アム・プロモーション
浅田 正彦	夏井 琴絵*		2012	「子ども向け対話型ワークシート・プログラムの意義と可能性―千葉県立中央博物館「おきにいり新聞」を事例に―」	『日本ミュージアム・マネージメント学会研究紀要』第16号	日本ミュージアム・マネージメント学会
アサダ ワタル 監	辻並 麻由 編		2014.5	『ボーダレス・アートミュージアムNO-MA10年の軌跡 境界から立ち上がる福祉とアート』		グロー
浅沼 晴男			1983.3	『博物館における展示メディア-その特性把握と今後の発展-』		(株)トータルメディア開発研究所
浅沼 政誌			2010.1	「指定管理者制度「島根方式」による博物館運営」	『博物館研究』第45巻第10号	日本博物館協会
浅沼 諒	蔡 大維		2009.3	「博物館における展示物利用状況及び来館者行動情報管理システム」	『電子情報通信学会総合大会講演論文集.情報・システム』第1号	電子情報通信学会
浅野 彬			1992	「博物館におけるハイビジョンの有効利用について」	『展示資料開発等報告書―映像メディアによる博物館活性化―』	日本博物館協会
浅野 彬	中島 経夫*	戸田 孝	1996	「博物館におけるコンピュータ活用とマルチメディア」	『博物館指導者研究協議会報告書平成8年度』	日本博物館協会
浅野 彬	青木 国夫*	高井 順三他	1997.9-1997.11	「座談会"マルチメディア―平成7・8年度の調査を振り返って―"1-2」	『博物館研究』第32巻第9号、11号	日本博物館協会
浅野 清			1964	「北欧の民家博物館」	『民俗』第28号	日本民家集落博物館
浅野 清			1969	「標本コレクションの意義」	『自然科学と博物館』第36巻1・2号	国立科学博物館
浅野 清			1970	「歴史的建造物の保存と都市の再開発 大阪の場合」	『建築雑誌』第85輯第1029號	日本建築学会
淺野 徹一郎			1997.3	『戦後美術展略史(1945～1990年)』		求龍堂
淺野 敏久	山崎 博史*	林 浩三	2002	「参加型体験活動とエコミュージアム--志和堀手作りミュージアムを例として」	『学校教育実践学研究』第8号	広島大学大学院教育学研究科
淺野 敏久			2005.3	「エコミュージアムというボランティア」	『Musa:博物館学芸員課程年報』第19号	追手門学院大学博物館学研究室
淺野 敏久			2005.12	「地域を学ぶ場としてのエコミュージアム」	『地理』第50巻第12号	古今書院
淺野 敏久			2013.2	「保護・活用対象としての「自然」と「文化的景観」」	『世界遺産時代の民俗学グローバル・スタンダードの受容をめぐる日韓比較』	風響社
淺野 敏久			2014	「大学キャンパスのエコミュージアム的な保全と活用」	『環境と安全:大学等環境安全協議会会誌』第5号	大学等環境安全協議会編集委員会事務局
淺野 敏久	小出 美由紀		2014.12	「大学博物館のイメージに関する調査結果<資料>」	『広島大学総合博物館研究報告』第6号	広島大学総合博物館
浅野 久枝			2000	「博物館が伝えるべきは「情報」か?」	『博物館問題研究』第27号	博物館問題研究会
浅野 宏			1986.3	「博物館学の原点は本草学ではないか」	『國學院大学博物館学紀要』第10輯	國學院大學博物館学研究室

あ

著者1	著者2	著者3	発行年	論文名・書籍名	掲載誌	発行元
浅野 正徳			1967	「科学館入館者に関する考察」	『科学館紀要』第2号	市立名古屋科学館
浅野 祐市	西条 正義*	岩田 満 他	1992.11	「コージェネレーションシステムの運転実績--松島水族館の例」	『空気調和・衛生工学』第66巻11号	空気調和・衛生工学会
朝日新聞記者 編			1910	『欧米遊覧記』		朝日新聞社
朝日新聞京都支局 編			1982.6	『京・まちの博物館』		淡交社
朝日新聞社			1914	「文展と美術院(一)」	『朝日新聞』第5406號	朝日新聞社
朝日新聞社			1915	「劇に關する展覽會」	『朝日新聞』第5532號	朝日新聞社
朝日新聞社			1915	「江戸趣味展覽會」	『朝日新聞』第5636號	朝日新聞社
朝日新聞社			1916	「女の知恵の庫 清水谷女學校の女子博物館」	『大阪朝日新聞』第11687號	朝日新聞社
朝日新聞社			1916	「乃木記念館竣成す」	『大阪朝日新聞』第12231號	朝日新聞社
朝日新聞社 編			1979.3	『日本の植物園・世界の植物園』		朝日新聞社
朝日新聞社			1982.3	『アサヒグラフ臨時増刊 動物園の100年』		朝日新聞社
朝日新聞社			1994.6	「「千葉」への道は遠く--関東3県の県立自然史博物館」	『科学朝日』第54巻6号	朝日新聞社
朝日新聞社			1994.6	「新しい形を求めて--3つの最新博物館」	『科学朝日』第54巻6号	朝日新聞社
朝日新聞社社会部			1977	『東山動物園日記』		ペップ出版
朝日新聞長野支局 編			1983	『信州の博物館 県内130館の美術館・博物館めぐり』		郷土出版社
朝日新聞マリオン編集部			1993	『美の裏方・学芸員からのメッセージ』		ぺりかん社
朝日町エコミュージアム研究会			1992.12	『エコミュージアム:地球にやさしい朝日町から国際エコミュージアムシンポジウム報告書』		国際エコミュージアムシンポジウム実行委員会
朝日 直樹			1928	『休日の動物園』		日本少年少女文庫刊行會
朝比奈 貞一			1931	「博物館に於ける實物實象教育効果測定の一方法」	『日本諸學振興委員會研究報告』第15號	文部省
朝比奈 貞一	菅 抄訳		1940	「yale大學のPeabody自然科學博物館に於ける觀覽者の状態に就ての研究(WilliamE.Kearns)の紹介」	『自然科學と博物館』第11巻第9號	東京博物館
朝比奈 貞一			1940.9	「伊豆大島測候所参考館」	『博物館研究』第13巻第9號	日本博物館協會
朝廣 佳子	大野木 啓人	Moussas.Geoffrey.P 他	2007	「討論 再生デザインと展示-関西の展示学環境を考える」	『展示学』第44号	日本展示学会
浅見 克彦	渡辺 守雄*	西村 清和 他	2000.8	『動物園というメディア』		青弓社
朝山 陽一郎	柳 正彦*		2013	「博物館における教育普及の新たな取り組みについて:九州歴史資料館の移転開館を機に」	『九州歴史資料館研究論集』第38号	九州歴史資料館
アジアに対する日本の戦争責任を問う民衆法廷準備会 編			1994.4	『博物館と「表現の不自由」:「戦没者追悼平和祈念館」構想を考える』		樹花舎
足利 真宏	片山 めぐみ*	木戸 環希 他	2011.2	「ヒグマ飼育展示施設における環境エンリッチメントのデザイン」	『日本建築学会技術報告集』第17巻第35号	日本建築学会
足利 亮太郎			2007.11	「特別の歴史や環境のある「村」まるごと博物館の村」	『「村」が地域ブランドになる時代:個性を生かした10か村の取り組みから』	新評論
芦刈 歩			2014.3	「アサヒビール大山崎山荘美術館の教育普及事業について」	『博物館学年報』第45号	同志社大学博物館学芸員課程
芦田 和正			2007.9	「博物館の相互連携事業活動について-岡山・香川両県立博物館の交流展の取り組み」	『博物館研究』第42巻第9号	日本博物館協会
芦高 賢作			1941.6	「叡山自然博物館」	『博物館研究』第14巻第6號	日本博物館協會
芦原 慎平	香西 武		2012.12	「世界ジオパークの学校教育への活用方策とその課題:山陰海岸ジオパークを例として」	『日本理科教育学会四国支部会報』第31号	日本理科教育学会四国支部

あ

著者1	著者2	著者3	発行年	論文名・書籍名	掲載誌	発行元
芦谷 美奈子	染川 香澄		2000	「ハンズオンとメッセージの伝わり方～琵琶湖博物館の事例から～」	『日本ミュージアム・マネージメント学会研究紀要』第18号	日本ミュージアム・マネージメント学会
芦谷 美奈子	ティム・コールトン*	染川 香澄 他	2000.3	『ハンズオンとこれからの博物館－インタラクティブ系博物館科学館に学ぶ経営と理念』		東海大学出版社
芦谷 美奈子 編著	布谷 知夫*		2000.3	『滋賀県立琵琶湖博物館研究調査報告 博物館を評価する視点』		滋賀県立琵琶湖博物館
芦谷 美奈子	布谷 知夫*		2000.12	「博物館評価の考え方と事例」	『博物館学雑誌』第26巻第1号	全日本博物館学会
芦谷 美奈子			2001.12	「博物館と学校をリンクさせるプログラム」	『月刊ミュゼ』50号	(株)アム・プロモーション
芦谷 美奈子	染川 香澄*		2001.1	「博物館と利用者をもっともっと近づけたいハンズオンとこれからの展示手法」	『Cultivate：文化と環境を考える』第13号	文化環境研究所
芦谷 美奈子	布谷 知夫*	草加 伸吾 他	2003.3	「琵琶湖博物館植物標本整備管理マニュアル」	『琵琶湖博物館資料目録植物標本2建部俊夫・北川良也植物標本目録』	琵琶湖博物館
芦谷 美奈子			2008.1	「ディスカバリー・ルームの10年（Ⅰ）」	『月刊ミュゼ』83号	(株)アム・プロモーション
東 健一	松崎 元*	加藤 和彦 他	2014.3	「美術館の展示体験を目的としたバーチャル・ミュージアム・キットの制作と運用」	『千葉工業大学研究報告』第61号	千葉工業大学
東 俊佑			2009.9	「「ミュージアムメイト」制度について--北海道開拓記念館の試み」	『博物館研究』第44巻第9号	日本博物館協会
東 隆行 編			2010.2	『北大エコキャンパス読本 植物園編』		北海道大学教育GP「博物館を舞台とした体験型全人教育の推進」
東 俊之	児玉 敏一*	佐々木 利廣 他	2013.9	『動物園マネジメント動物園から見えてくる経営学』		学文社
東 昇	八重樫 純樹*	道脇 寿満 他	2007.3	「シンポジウム ミュージアム・ドキュメンテーションの新時代--新しい風は、いつだって、西から吹いて来る パネルディスカッション記録」	『アート・ドキュメンテーション研究』第14号	アート・ドキュメンテーション学会
東 昇 編			2016.3	『舞鶴地域の文化遺産と活用』		京都府立大学文学部歴史学科
東 憲章			2003.8	「史跡等の整備と活用：特別史跡西都原古墳群自然と歴史的景観を活かした古墳の博物館」	『月刊文化財』第479号	第一法規
畦 浩二	内田 祐介		2013	「科学系博物館の学習活動が児童の理科学力と博物館に対する態度に及ぼす影響：異学年集団による大阪市立自然史博物館の利用を実例として」	『教科教育学論集』第12号	大阪教育大学教科教育学研究会
畔地 和也			2009.1	「地方での独自性の発揮 美しい砂浜が美術館」	『Civil engineering consultant』第245号	建設コンサルタンツ協会
麻生 典子	三野 紀雄*	斉藤 智子 他	1999	「北海道開拓記念館における視覚障害者への対応」	『ユニバーサル・ミュージアムをめざして―視覚障害者と博物館―』	神奈川県立生命の星・地球博物館
安曽 潤子	梅田 美由紀		2009.3	「福井市自然史博物館で実施した「地質の日」関連事業」	『地質ニュース』第655号	実業公報社
安達 健二			1969.11	「文化財保護行政の現状と課題」	『月刊文化財』第74号	第一法規
安達 健二			1973.6	「文化庁と文化財保護」	『月刊文化財』第117号	第一法規
安達 健二	岡野 真		1984	「美術館の設計と計画のあり方」	『建築資料』第398号	建築綜合資料社
安達 健二			1984.8	「[東京国立近代美術館]夜間開館」	『博物館研究』第19巻第8号	日本博物館協会
安達 厚三			1996	「名古屋市博物館の運営方針について」	『博物館研究』第31巻第3号	日本博物館協会
安達 匠			2010.3	「人文系資料を対象とした大学図書館・大学博物館連携」	『アート・ドキュメンテーション研究』第17号	アート・ドキュメンテーション学会
足立 拓朗	大津 忠彦*		2009.8	「中央志向型博物館における地域連携の可能性--中近東文化センター企画展「小説に読む考古学--松本清張文学と中近東」の地域連携活動」	『筑紫女学園大学・短期大学部人間文化研究所年報』第21号	筑紫女学園大学・短期大学部人間文化研究所
足立 拓朗	四角 隆二		2012.3	「日本国内の西アジア系博物館における体験展示：体験展示とハンズ・オン展示の分類案から」	『金沢大学考古学紀要』第33号	金沢大学人文学類考古学研究室
足立 龍彦			2009.3	「リニューアル後の展覧会観覧者の動向について-入館者アンケートの分析から」	『塵界』第20号	兵庫県立歴史博物館
足立 龍彦			2010.3	「リニューアル後の展覧会動向について(2)アンケート調査をもとに分析する」	『塵界』第21号	兵庫県立歴史博物館
足立 龍彦			2011.3	「リニューアル後の展覧会動向について(3)アンケート調査をもとに分析する」	『塵界』第22号	兵庫県立歴史博物館
安達 毅	奥野 正幸*	古畑 徹 他	2016.3	「大学博物館等協議会シンポジウム：ヴァーチャル・ミュージアムの現状と目指すもの」	『金沢大学資料館紀要』第11号	金沢大学資料館

著者1	著者2	著者3	発行年	論文名・書籍名	掲載誌	発行元
足立 文	三宅 裕志*	北田 貢 他	2008.6	「新江ノ島水族館における鯨骨生物群集の展示飼育」	『海洋』第40巻第4号	海洋出版
安達 文夫	鈴木 卓治	宮田 公佳	2003.1	「歴史研究に関する情報提供方法の検討」	『国立歴史民俗博物館研究報告』第108集	国立歴史民俗博物館
安達 文夫	宮田 公佳*	竹内 有理	2003.1	「展示改善にむけた観客調査の設計と実施-見学順路と滞在時間から見た観覧行動の解析-」	『国立歴史民俗博物館研究報告』第108集	国立歴史民俗博物館
安達 文夫	新谷 幹夫		2004.2	「画像技術と歴史民俗学研究」	『国立歴史民俗博物館研究報告』第117集	国立歴史民俗博物館
安達 文夫			2010.1	「国立歴史民俗博物館のデータベースと統合検索」	『日本歴史』第740号	吉川弘文館
安達 文夫	松岡 葉月*		2010.4	「歴史展示における利用者主体の学びの検討--「わたしの展示ガイドブック」の分析を通して」	『博物館学雑誌』第35巻第2号	全日本博物館学会
安達 文夫			2012.12	「博物館におけるデジタル資料情報の記述法:転写資料記述のための概念モデル」	『国立歴史民俗博物館研究報告』第176集	国立歴史民俗博物館
安達 文夫	鈴木 卓治	徳永 幸生	2013.3	「超高精細画像自在閲覧方式の利用記録による評価」	『国立歴史民俗博物館研究報告』第178集	国立歴史民俗博物館
安達 文夫	鈴木 卓治	徳永 幸生	2014.1	「合戦図自在閲覧システム:統合モードの適用とその評価」	『国立歴史民俗博物館研究報告』第182集	国立歴史民俗博物館
安達 文夫			2014.2	「超高精細デジタル資料「洛中洛外図屏風」の閲覧特性:利用者の閲覧行動からの分析」	『国立歴史民俗博物館研究報告』第180集	国立歴史民俗博物館
安達 文夫	青山 宏夫	田中 紀之 他	2015.1	「時間と場所の情報を有する大量の写真資料の提示法」	『国立歴史民俗博物館研究報告』第189集	国立歴史民俗博物館
安達 文夫	山田 篤*	小町 祐史	2015.1	「博物館資料情報の検索のための発見的検索手法」	『国立歴史民俗博物館研究報告』第189集	国立歴史民俗博物館
安達 文夫			2016.3	「統合検索のための共通メタデータと歴博データベースのデータ項目のマッピング」	『国立歴史民俗博物館研究報告』第201集	国立歴史民俗博物館
足立 文太郎			1913	「故坪井博士の研究方法」	『人類學雜誌』第28巻第11號	東京人類學會
足立 守			2010	「博物館による地学普及活動--名古屋大学博物館の社会貢献事業を例にして」	『地質と調査2010年』第4号	土木春秋社
足立 康子	齋藤 卓爾		2014	『美術館経営において館長は重要か』		慶應義塾大学大学院経営管理研究科
足立 裕司			2001.7	「震災から文化財登録制を考える」	『文化庁月報』394号	ぎょうせい
アチックミューゼアム			1936	「民具蒐集調査要目」	『日本常民生活資料叢書』第1巻	三一書房
アチックミューゼアム 編			1937	『民具問答集』		アチック・ミューゼアム
阿知良 洋平	栗山 究*	日高 昭子	2012	「社会教育の視点から見た"平和博物館実践"の分析枠組み」	『日本社会教育学会紀要』第48号	日本社会教育学会
阿知波 小三郎			1932	「茨城縣立教育参考館の施設」	『博物館研究』第5巻第1號	日本博物館協會
跡部 浩一	高橋 真理子*		2007.9	「見えない宇宙だからこそ-プラネタリウム番組副音声と解説用星の点図の試み-」	『天文教育』第19巻5号	天文教育普及研究会
アドリエンヌ・L・カプラー 編	ヘンダーソン・エミー*	松本 栄寿 他訳	2003.5	『スミソニアンは何を展示してきたか』		玉川大学出版部
穴沢 咊光			1983.3	「考古学史料の保存と活用のために:博物館・研究施設に望む」	『考古学研究』第30巻第1号	考古学研究会
穴水 守	丹野 実	原 直樹 他	1996	「特集 次世代博覧会の挑戦」	『COMMUNICATIONS』第3号	電通テック
安仁屋 政昭			1987.11	「沖縄県立平和祈念資料館の理念と方法」	『歴史評論』第451号	校倉書房
姉崎 智子	篠原 克実		2016.3	「生物多様性普及のための「体感」「共感」「実感」を基軸にした展示空間づくり」	『群馬県立自然史博物館研究報告』第20号	群馬県立自然史博物館
姉崎 正治 編	高山 林次郎*	斎藤 信策	1925	「一大美術館を建てよ」	『樗牛全集』第1巻(美學及美術史)	博文館
姉崎 正治 編	高山 林次郎*	斎藤 信策	1925	「博物館論」	『樗牛全集』第1巻(美學及美術史)	博文館
姉崎 正治 編	高山 林次郎*	斎藤 信策	1925	「美術参考館の必要」	『樗牛全集』第1巻(美學及美術史)	博文館
アネット・ヴィーヴィオルカ			2015.10	「第2章アウシュヴィッツをおとずれること」	『ミュージアムと負の記憶戦争・公害・疾病・災害:人類の負の記憶をどう展示するか』	東信堂

あ

著者1	著者2	著者3	発行年	論文名・書籍名	掲載誌	発行元
安孫子 昭二	可児 通宏*		2008.3	「多摩ニュータウンNo.57遺跡と遺跡庭園・縄文の村」	『國學院大學考古学資料館紀要』第24輯	國學院大學考古学資料館
阿部 和彦	赤嶺 裕樹	山下 淳 他	2010.3	「鑑賞者が好意を持って接することができる博物館ガイドロボットの振舞いに関する考察」	『電子情報通信学会技術研究報告』第109巻第466号	電子情報通信学会
阿部 きみ子			2003.3	「千葉市立郷土博物館における子ども向け事業」	『Museumちば：千葉県博物館協会研究紀要』34号	千葉県博物館協会
阿部 恭平			1978.7	「十日町市博物館の展示基本計画について」	『博物館研究』第13巻第7号	日本博物館協会
阿部 恭平			1980.3	「越後縮緬と工程展示・その企画から実行まで―十日町市博物館設立まで」	『博物館学雑誌』第5巻第2号	全日本博物館学会
阿部 邦男			1999	「視覚障害者・身体障害者への配慮について―栃木県立博物館の場合―」	『ユニバーサル・ミュージアムをめざして―視覚障害者と博物館―』	神奈川県立生命の星・地球博物館
阿部 浩一			2015.9	「史料と展示 福島県の資料保全の現場から:4年間の経験をもとに」	『歴史学研究』第935号	青木書店
阿部 七五三吉			1906	「教育博物館の特別室」	『教育研究』第32・33號	初等教育研究會
阿部 拓三	太齋 彰浩		2017.3	「博物館と生態学(28)リアスの生き物よろず相談所：震災前後の南三陸における取組み」	『日本生態学会誌』第67巻第1号	日本生態学会誌編集委員会
阿部 巽			1934.10	「手島精一先生小伝」	『教育』第2巻第10號	岩波書店
阿部 朋恒			2016.3	「先住民族からみた「世界遺産」」	『中国地域の文化遺産：人類学の視点から』	国立民族学博物館
阿部 朋恒			2017.5	「生活の中に見出された世界遺産」	『文化遺産と生きる』	臨川書店
阿部 直之	樋口 祐紀	三石 大	2005.3	「複数分野横断型学習システム「ポケット博物館」の開発」	『教育情報学研究』第3巻	東北大学大学院教育情報学研究部
阿部 信雄 他			1981.11	「座談会 美術の器--学芸員の側から見ると」	『美術手帖』488号	美術出版社
阿部 信雄			2000.2	「館種別博物館の展示活動 美術館」	『新版博物館学講座 第9巻 博物館展示法』	雄山閣
阿部 楓子			2015.3	「移動博物館研究の現状と課題」	『國學院大學博物館學紀要』第39輯	國學院大學博物館学研究室
阿部 楓子			2016.3	「移動博物館の歴史的変遷」	『國學院大學博物館學紀要』第40輯	國學院大學博物館学研究室
阿部 楓子			2017.12	「アウトリーチ論史（移動博物館論含む）」	『博物館学史研究事典』	雄山閣
阿部 正勝	川田 啓介*	黒澤 弥悦 他	2003.12	「介護老人福祉施設および介護老人保健施設における移動展示の試み」	『博物館学雑誌』第29巻第1号	全日本博物館学会
阿部 正勝	高野 教導*	細田 亜津子	2005.9	「インドネシアタナ・トラジャ伝統的家屋の修復支援事業―博物館づくりの初期動作としての取り組み」	『博物館研究』第40巻第9号	日本博物館協会
阿部 正喜	和泉 大樹	落合 知子 他	2016.3	「観光資源としての博物館の活用」	『観光資源としての博物館』	芙蓉書房出版
阿部 正喜	徳澤 啓一*	小林 秀司	2016.3	「博物館の資料とは」	『観光資源としての博物館』	芙蓉書房出版
阿部 真弓			2015.3-2016.3	「21世紀の美術館と文化財の創造力:イタリアの3つの美術館の事例をめぐって(1)-(2)」	『国立西洋美術館研究紀要』第19号、20号	国立西洋美術館
安部 真里奈			2017.12	「学芸員制度必要論史」	『博物館学史研究事典』	雄山閣
安部 己図枝			1998.3	「紙に学ぶ」	『博物館学芸員課程年報』第15集	帝塚山学院大学博物館学研究室
阿部 充夫			2000.3	「講演 東京国立博物館-昔と今」	『斯文』108号	斯文会
阿部 靖子			2011.3	「明治大学生田キャンパス内に残る登戸研究所関連遺跡―戦争遺跡の記憶と継承」	『駿台史學』第141号	駿台史学会
阿部 安成	石居 人也	脇林 清	2011.1	「コンクリート塊の牽引--瀬戸内国際芸術祭2010の解剖台展示とハンセン病療養所での死をめぐる生活環境」	『滋賀大学環境総合研究センター研究年報』第8巻第1号	滋賀大学環境総合研究センター
阿部 裕紀子	船木 信一	渡部 均	2005.3	「リニューアルオープンに伴う展示構成Ⅰ.自然展示室」	『秋田県立博物館研究紀要』第30号	秋田県立博物館
安部 義孝			1993.7	「水族館の現状と動向」	『空気調和・衛生工学』第67巻7号	空気調和・衛生工学会
安部 義孝	毛利 匡明	門脇 秀一 他	1998.7	「座談会 水族館と水」	『造水技術』第24巻3号	造水促進センター

著者1	著者2	著者3	発行年	論文名・書籍名	掲載誌	発行元
安部 義孝			1998	「水族館の歴史と展望」	『まちなみ・建築フォーラム』第1巻2号	市谷出版社
安部 義孝			1999.4	「世界動物園保全戦略の周辺」	『博物館研究』第34巻第4号	日本博物館協会
安部 義孝			2005	『アクアマリン発：ふくしま海洋科学館：小さな水惑星からの発信』		歴史春秋出版
安部 義孝			2008.7	『アクアマリン発:ふくしま海洋科学館.続』		歴史春秋出版
安部 義孝			2011.3	『水族館をつくる：うおのぞきから環境展示へ』		成山堂書店
安部 義孝			2012.12	「緑の水族館構想：被災から何を学んだか」	『都市公園』第199号	東京都公園協会
安倍 能成			1947.5	「国立博物館について」	『博物館研究』復興第1巻第3号	日本博物館協会
網干 善教			1966	『博物館学』		仏教大学通信教育部
網干 善教			1977.12	『博物館学』		仏教大学通信教育部
網干 善教			1983	『博物館学』		仏教大学通信教育部
網干 善教			1985.3	『博物館学概説』		佛教大学・全国大学博物館学講座協議会関西部会
網干 善教			1992.3	「遺跡の整備・活用について」	『全国大学博物館学講座協議会研究紀要』第2号	全国大学博物館学講座協議会
網干 善教			1992.3	「野外博物館構想」	『全国大学博物館学講座協議会研究紀要』第2号	全国大学博物館学講座協議会
網干 善教 編			1998	『博物館学概説』		関西大学出版部
網干 善教 編	高橋 隆博 編		2001.3	『博物館学概説改訂版』		関西大学出版部
尼岡 邦夫			2000.6	「日本で最初の標本管理データベースの誕生」	『国立科学博物館ニュース』第374号	国立科学博物館
甘粕 健			1977	『埋蔵文化財のはなし』		三省堂
天谷 信之			1985.6	「美術館への残酷な期待」	『福井アートナウ・ギャラリーM通信』	
天谷 文夫	斉藤 倫明*	奥田 英人 他	2003	「テーマ展「木の良さ再発見」における新しい試み--来館者の五感に訴える展示手法と体験活動」	『栃木県立博物館研究紀要.自然』第20号	栃木県立博物館
天野 克也	大島 秀明*	谷口 汎邦	2000.6	「立ち歩行利用からみた公共美術館における利用前後条件と座り行為に関する研究」	『日本建築学会計画系論文集』第65巻532号	日本建築学会
天野 克也	大島 秀明*	谷口 汎邦	2001.7	「公共美術館における利用特性からみた座りスペースと座り行為に関する研究」	『日本建築学会計画系論文集』第66巻545号	日本建築学会
天野 克也	大島 秀明*	谷口 汎邦	2001.12	「美術館利用者の1日外出行動における座り行為の実態に関する研究」	『日本建築学会計画系論文集』第66巻550号	日本建築学会
天野 克也	大島 秀明*	谷口 汎邦	2003.8	「公園内美術館における複合的利用と座り行為に関する研究」	『日本建築学会計画系論文集』第68巻570号	日本建築学会
天野 淳二	山中 敦子	川上 昭吾	2012.12	「来館者調査による科学館利用者の動向」	『日本理科教育学会東海支部大会研究発表要旨集』第58号	日本理科教育学会東海支部大会事務局
天野 真志	奥村 弘*	内田 俊秀 他	2016.3	『文化財防災体制についての国際比較研究報告書』		科学研究費補助金基盤研究(S)「災害文化形成を担う地域歴史資料学の確立-東日本大震災を踏まえて」研究グループ
天野 鉄夫 編			1900	「ふるさとの植物を訪ねる(34)東南植物楽園・明治山植物園へ」	『天野鉄夫著述原稿』	天野鉄夫
天野 秀昭			2000	「斎宮歴史博物館のリニューアルといつきのみや歴史体験館の開館について－史跡斎宮跡のサイトミュージアムとしての活用をめぐって－」	『博物館研究』第35巻第4号	日本博物館協会
天野 秀昭			2001	「トピックス-北から南から-斎宮歴史博物館「みんなでつくろう展覧会」事業について」	『博物館研究』第36巻第6号	日本博物館協会
天野 秀昭			2011.3	「三重の新県立博物館整備について--ともに考え、活動し、成長する博物館をめざして」	『博物館研究』第46巻第3号	日本博物館協会
天野 真			1997.9	「天然記念物整備活用事業「杉沢の沢スギ」--設計者の立場から」	『月刊文化財』第408号	第一法規
天野 未知	馬島 洋	高松 美香子 他	2011.6	「体験する動物園--特設展示"ワンダーハット"を通して」	『博物館研究』第46巻第6号	日本博物館協会

あ

著者1	著者2	著者3	発行年	論文名・書籍名	掲載誌	発行元
天野 未知			2012.7	「子どもと身近な自然をつなぐ～井の頭自然文化園の取り組み」	『野生との共存：行動する動物園と大学』	地人書館
天野 未知			2015.11	「人と自然をつなぐ:水族館ができる教育活動」	『博物館研究』第50巻第11号	日本博物館協会
天野 満宏	上野 直之		2011.6	「「リニア・鉄道館」の開館」	『JREA：日本鉄道技術協会誌』第54巻第6号	日本鉄道技術協会
雨宮 育作			1930	「世界の臨湖研究所」	『岩波講座生物學』	岩波書店
雨宮 育作			1935	「水族館に就て」	『博物館研究』第8巻第1號	日本博物館協會
雨宮 六途子			2015.3	「展覧会との関わり:古美術の美術館で体験したこと」	『博物館学年報』第46号	同志社大学博物館学芸員課程
綱倉 孝之			1938.10	「全國博物館仙臺大會に於いて 發表戸外掲示板について」	『博物館研究』第11巻第10號	日本博物館協會
網野 加苗	荒井 隆行	佐藤 史明 他	2014.5	「国立科学博物館『夏休みサイエンススクエア』への出展」	『日本音響学会誌』第70巻第5号	日本音響学会
網野 武雄			1933	『少年科學博物館』		三笠書房
網野 桃子			2001	「メキシコ国立保存・修復・博物館学学校とその周辺--留学報告」	『立教大学ラテン・アメリカ研究所報』第30号	立教大学ラテン・アメリカ研究所
網野 桃子			2002	「メキシコの博物館事情－実験場としての試みー」	『Mouseion：立教大学博物館研究』第48号	立教大学学校・社会教育講座
網野 善彦 編	塚本 学 編	宮田 登 編	1992	『列島の文化史8 特集・博物館再考』		日本エディタースクール出版部
安室 知			1997	「地域博物館の『地域』とは 日本学術会議シンポジウム「地域博物館とその未来像」参加記」	『地方史研究』第47巻第1号	地方史研究協議会
安室 知			1997	「民俗研究者としての学芸員の必要性について」	『長野県民俗の会会報』20号	長野県民俗の会
安室 知			1998.12	「民俗研究の場としての博物館ー学芸員と市民との関係から」	『民俗世界と博物館展示・学習・研究のために』	雄山閣出版
雨宮 加代子			2000.3	「考古博物館カルチャークラス「銅鏡づくり教室」での銅鏡の製作について」	『山梨県立考古博物館・山梨県埋蔵文化財センター研究紀要』第16号	山梨県立考古博物館・山梨県埋蔵文化財センター
雨宮 加代子			2003	「動物形土製品の来館者によるアンケートから--これは何に見えますか?」	『山梨県立考古博物館・山梨県埋蔵文化財センター研究紀要』第19号	山梨県立考古博物館・山梨県埋蔵文化財センター
雨宮 加代子	長谷部 久樹	米田 明訓	2011	「博物館における青銅鏡作り体験の実際的方法(2)三珠大塚古墳出土六鈴鏡の復元と青銅器製作体験プログラムの導入について」	『山梨県立考古博物館・山梨県埋蔵文化財センター研究紀要』第27号	山梨県立考古博物館・山梨県埋蔵文化財センター
雨宮 千嘉	碇 京子*	井島 真知	2007.11	「携帯端末導入におけるコンテンツ開発の考え方」	『博物館研究』第42巻第11号	日本博物館協会
雨宮 千嘉			2006.1	「ダイナソアファクトリーとはどんな博物館か」	『月刊ミュゼ』74号	(株)アム・プロモーション
雨宮 千嘉			2006.3	「展示開発研究会「利用者の心を動かす展示づくりを目指して」レポート」	『月刊ミュゼ』75号	(株)アム・プロモーション
雨宮 祐政			1946	「博物館活動と協会」	『博物館研究』復興第1巻第1号	日本博物館協会
アメリカ博物館協会 編	国際博物館会議日本委員会 訳		1967	『博物館列品管理の方法』		国際博物館会議日本委員会
アメリカ博物館協会 編	国際博物館会議日本委員会 訳		1973	『博物館組織:その実際的アドバイス』		イコム日本委員会
アヤラ・ゴードン			1972	「博物館と学童・教師」	『第9回ICOM総会論文集人類に奉仕する今日と明日の博物館』	国際博物館会議日本委員会
阿由葉 司			1984	「地域博物館と郷土学習--房総風土記の丘の教育利用」	『地理』第29巻第10号	古今書院
阿由葉 司	吉村 光敏 インタビュー		1985.11	「学芸員をめざすキミへ」	『地理』第30巻第11号	古今書院
阿由葉 司	小野 美佳子		2002	「視覚障害者と博物館--視覚障害者による博物館利用の可能性(1)」	『千葉県立中央博物館研究報告 人文科学』第7巻2号	千葉県立中央博物館
阿由葉 司	小野 美佳子		2003.3	「驚きと感動--視覚障害者による博物館利用の可能性(2)」	『千葉県立中央博物館研究報告 人文科学』第8巻第1号	千葉県立中央博物館
荒井 一利 監			2010.4	『鴨川シーワールド開園40周年記念～鴨川シーワールドのなかまたち～』		鴨川シーワールド
荒井 一利	内田 詮三*	西田 清徳	2014.8	『日本の水族館』		東京大学出版会

著者1	著者2	著者3	発行年	論文名・書籍名	掲載誌	発行元
新井 一政	神奈川県立歴史博物館		1995-1997	『博物館ボランティア活性化に関する調査研究』		文部省科学研究費補助金研究成果報告書
新井 一政	神奈川県立生命の星・地球博物館		2000-2002	『都道府県立博物館におけるボランティア活動状況実態調査報告書:博物館ボランティア相互連携に関する調査研究』		文部省科学研究費補助金研究成果報告書
新井 和良			1998.3	「体験学習とボランティアの活動-「火おこし」の体験学習を通して-」	『群馬県立歴史博物館紀要』第19号	群馬県立歴史博物館
新井 和良			1999.3	「体験学習の役割と有効利用-学校団体の利用を中心として-」	『群馬県立歴史博物館紀要』第20号	群馬県立歴史博物館
新井 和良			2001	「体験者4万人への挑戦-体験学習とボランティアの活動-」	『博物館研究』第36巻第10号	日本博物館協会
新井 和良			2002.3	「博物館における体験的な学習の一方法」	『群馬県立歴史博物館紀要』第23号	群馬県立歴史博物館
新井 勝紘			1994	「近代民衆史と展示表現の自由」	『歴史学研究』第664号	青木書店
新井 勝紘			1994.2	「近代史研究と博物館展示」	『歴史評論』第526号	校倉書房
新井 勝紘	中西 克宏	松下 師一 他	1997.6	「座談会 私と展示と博物館」	『季刊Liberty』第18号	大阪人権歴史資料館
新井 勝紘			2014	「現代をどう展示するのか 成田空港問題「歴史伝承館」を例に「成田」の歴史をどう伝えるか:成田空港歴史館(仮称)建設までの過程と課題」	『博物館問題研究』第32号	博物館問題研究会
新井 尭爾			1931	『觀光の日本と將來』		觀光事業研究會
荒井 喜代美	渡辺 修一*		2009.11	「千葉県立美術館における博学連携事業--「美術館講座」について」	『博物館研究』第44巻第11号	日本博物館協会
新井 重三			1953	「わたくしの博物館学-総合展示の原理と発展について-」	『日本博物館協会会報』16号	日本博物館協会
新井 重三			1953	「総合展示の原理と発展について」	『日本博物館協会会報』20号	日本博物館協会
新井 重三			1956.7	「各国における博物館の教育活動資料に接して」	『博物館研究』第29巻第4号	日本博物館協会
新井 重三			1957	「野外博物館」	『博物館入門』	理想社
新井 重三			1958.3	「博物館における展示の基本的な7つの問題点とその解決法-再びDouble Arrengementについて」	『博物館研究』第31巻第3号	日本博物館協会
新井 重三			1958.10	「博物館資料の展示法とその形態について」	『博物館研究』第31巻第10号	日本博物館協会
新井 重三			1962.5	「アメリカの博物館-文部省海外派遣研究員として歩いて」	『社会教育』第17巻5号	全日本社会教育連合会
新井 重三			1962.6	「博物館とその背景-イギリスの巻」	『社会教育』第17巻4号	全日本社会教育連合会
新井 重三			1963	「Double Arrangement Systemの採用—鳳来寺山自然科学博物館の完成」	『博物館研究』第36巻第2、3号	日本博物館協会
新井 重三			1964.6	「学校岩石園(地学園)の計画と設置の研究」	『博物館研究』第37巻第6・7号合併号	日本博物館協会
新井 重三			1968.4	「講演録 博物館当面の問題と学芸員の職務」	『昭和42年度学芸員研修会講演集』	日本博物館協会
新井 重三			1970	「博物館の展示」	『博物館研究』第42巻第4号	日本博物館協会
新井 重三			1972	「アメリカの博物館現地報告(4)アメリカ自然史博物館の展示について」	『博物館ニュース』第7巻第5号	日本博物館協会
新井 重三			1973.5	「博物館における「研究」の性格と機能的にみた博物館の分類」	『博物館研究』第45巻第2号	日本博物館協会
新井 重三			1975	「学芸員を目指す人々のために」	『博物館研究』第10巻第6号	日本博物館協会
新井 重三			1976.3	「博物館学講座の開設と問題点-埼玉大学の場合-」	『博物館学雑誌』第1巻第2号	全日本博物館学会
新井 重三			1978.9	「郷土教育と博物館-郷土博物館の心を求めて」	『博物館研究』第13巻第8・9号	日本博物館協会
新井 重三			1979.11	「博物館における教育担当職員」	『博物館学講座 第8巻博物館教育と普及』	雄山閣
新井 重三			1979.6	「博物館とその役割」	『博物館学講座 第1巻博物館学総論』	雄山閣

あ

著者1	著者2	著者3	発行年	論文名・書籍名	掲載誌	発行元
新井 重三			1979.6	「博物館の機能と活動」	『博物館学講座 第1巻博物館学総論』	雄山閣
新井 重三			1979.6	「博物館の性格と分類」	『博物館学講座 第1巻博物館学総論』	雄山閣
新井 重三			1979.6	「博物館学(理論)と博物館実践学」	『博物館学講座 第1巻博物館学総論』	雄山閣
新井 重三 編	徳川 宗敬*(監)他		1979.6	『博物館学講座 第1巻博物館学総論』		雄山閣
新井 重三			1979.11	「館種別博物館と地域(市民)社会 自然史系博物館」	『博物館学講座 第4巻博物館と地域社会』	雄山閣
新井 重三			1979.9	「地域における公立自然史博物館の建設と活動－エメラルドネックレスを例として－」	『博物館学雑誌』第3巻第4巻合併号	全日本博物館学会
新井 重三			1980.3	「館種別博物館における現状と課題 自然史系博物館」	『博物館学講座 第3巻日本の博物館の現状と課題』	雄山閣
新井 重三			1980.3	「未来社会と博物館」	『博物館学講座 第3巻日本の博物館の現状と課題』	雄山閣
新井 重三			1980.6	「性格別博物館の設置と運営」	『博物館学講座 第9巻博物館の設置と運営』	雄山閣
新井 重三			1981.1	「学会・協会・研究会等」	『博物館学講座 第10巻参考資料集』	雄山閣
新井 重三			1981.1	「世界の博物館解説 アメリカ・太平洋地域の主な博物館」	『博物館学講座 第10巻参考資料集』	雄山閣
新井 重三			1981.1	「世界の博物館解説 ヨーロッパの主な博物館」	『博物館学講座 第10巻参考資料集』	雄山閣
新井 重三			1981.1	「館種別博物館史 専門博物館史」	『博物館学講座 第2巻日本と世界の博物館史』	雄山閣
新井 重三			1981.1	「館種別博物館史 総合博物館史」	『博物館学講座 第2巻日本と世界の博物館史』	雄山閣
新井 重三 編	徳川 宗敬*(監)他		1981.1	『博物館学講座 第2巻日本と世界の博物館史』		雄山閣
新井 重三	佐々木 朝登	藤森 宣光	1981.3	「博物館建築と正面入口附近の構造について」	『博物館学雑誌』第6巻第1・2号合併号	全日本博物館学会
新井 重三 編	徳川 宗敬*(監)	加藤 有次 他編	1981.1	『博物館学講座 第10巻参考資料集』		雄山閣
新井 重三			1981.5	「展示の形態と分類」	『博物館学講座 第7巻展示と展示法』	雄山閣
新井 重三			1981.5	「展示概論」	『博物館学講座 第7巻展示と展示法』	雄山閣
新井 重三			1981.5	「展示室の活用と教育活動」	『博物館学講座 第7巻展示と展示法』	雄山閣
新井 重三 編	徳川 宗敬*(監)	佐々木 朝登 他編	1981.5	『博物館学講座 第7巻展示と展示法』		雄山閣
新井 重三	高井 芳昭		1981.12	「博物館における歴史展示のあり方と実態」	『博物館学雑誌』第7巻第1号	全日本博物館学会
新井 重三			1982	『史跡と自然の融合について』		千葉市史跡整備基本構想委員会
新井 重三			1983	「野外博物館と総合博物館について」	『史跡整備の方法』	千葉県教育委員会
新井 重三			1984	「野外博物館の概念と分類」	『コンセルボ』第6号	文化財保存計画協会
新井 重三			1985	「野外博物館と野外展示について」	『千葉市史跡整備基本計画』	千葉市
新井 重三			1986	「加曽利貝塚の総合野外博物館構想」	『加曽利貝塚博物館20周年記念誌』	加曽利貝塚博物館
新井 重三			1986	「博物館における生涯学習の場の設定と構築－二極構造化への試案-」	『関東の博物館』11号	関東地区博物館協会
新井 重三	岩崎 友吉	小野木 三郎 他	1986.3	「博物館と環境教育」	『博物館学雑誌』第11巻第2号	全日本博物館学会
新井 重三			1986	「野外博物館総説(試案)丹青研MDM」	『GAZETTE』第1巻6号	丹青総合研究所
新井 重三			1987	「エコミュージアムとその思想」	『丹青』第6巻10号	丹青総合研究所

著者1	著者2	著者3	発行年	論文名・書籍名	掲載誌	発行元
新井 重三			1987	「ECOMUSEUM（エコミュージアム）丹青研MDM」	『GAZETTE』第2巻3号	丹青総合研究所
新井 重三			1988	「野外博物館に突然変異：エコミュージアム」	『MuseumDate』第5号	丹青総合研究所
新井 重三	安井 亮		1988	「博物館ワーク・シート～そのねらいとつくり方」	『MuseumDate』第7号	丹青総合研究所
新井 重三			1989	「野外博物館総論」	『博物館学雑誌』第14巻第1号	全日本博物館学会
新井 重三			1990.3	「日本の現状から見た博物館の種類と分類」	『博物館学雑誌』第15巻第1・2号合併号	全日本博物館学会
新井 重三			1992.3	「展示と陳列の意味について（展示論、上）」	『博物館学雑誌』第17巻第1・2号合併号	全日本博物館学会
新井 重三			1993	「自然公園型エコミュージアム」	『自然公園』第514号	国立公園協会
新井 重三			1995.3	『「実践」エコ・ミュージアム入門-21世紀のまちおこし-』		牧野出版
新井 重三			2002	「学校の教科単元にもとづく地方博物館の展示単元の編成について」	『博物館研究』第37巻第4号	日本博物館協会
新井 二郎			1980.11	「地域博物館建設への期待」	『平塚市博物館年報』第4号	平塚市博物館
荒井 信一 編			1994.1	『岩波ブックレット No.328戦争博物館』		岩波書店
荒井 信一			1994.1	『戦争博物館を考える』		岩波ブックレット
荒井 隆行	網野 加苗*	佐藤 史明 他	2014.5	「国立科学博物館『夏休みサイエンススクエア』への出展」	『日本音響学会誌』第70巻第5号	日本音響学会
新井 孝喜			1989	「棚橋源太郎における「郷土科」特設の構想」	『日本教育経営学会第29回大会』	日本教育経営学会
新井 英夫			1973.3	「発掘後の古墳保存の現状と将来」	『考古学雑誌』第58巻4号	日本考古学会
新井 英夫	森 八郎*		1974.3	「町田郷土資料館におけるバイケン燻蒸」	『保存科学』第12号	東京国立文化財研究所
新井 英夫			1977.5	「文化財の保存科学と生物-1-」	『化学と生物』第15巻5号	日本農芸化学会
新井 英夫			1977.6	「文化財の保存科学と生物-2-」	『化学と生物』第15巻6号	日本農芸化学会
新井 英夫	森 八郎*		1977.8	「ヨーロッパにおける最近のシロアリ事情」	『しろあり』第29号	社団法人日本しろあり対策協会
新井 英夫			1977.11	「微生物による被害と対策（文化財）」	『日本防菌防黴学会誌』第5巻11号	日本防菌防黴学会
新井 英夫	森 八郎		1980.3	「新設博物館における生物学的問題」	『保存科学』第19号	東京国立文化財研究所
新井 英夫	森 八郎		1981.3	「コンクリート壁体のガス透過性（その1）」	『保存科学』第20号	東京国立文化財研究所
新井 英夫	森 八郎		1981.3	「新設燻蒸庫について」	『保存科学』第20号	東京国立文化財研究所
新井 英夫			1983.8	「生物による被害とその防除法」	『空気調和・衛生工学』第57巻8号	空気調和・衛生工学会
新井 英夫			1984.6	「燻蒸施設の計画-虫菌害対策として博物館・資料館建設ファイル」	『建築知識』第26巻7号	建築知識
新井 英夫			1995.7	「博物館とカビ」	『空気調和・衛生工学』第69巻7号	空気調和・衛生工学会
新井 英夫			1996.11	「燻蒸設備」	『電気設備学会誌』第16巻11号	電気設備学会
新井 英夫	見城 敏子*		1996.12	「古糊の研究」	『文化財の虫菌害』第32号	文化財虫害研究所
新井 英夫			1997.1	「文化財建造物の微生物被害と対策」	『Re：Building maintenance & management』第18巻3号	建築保全センター
新井 英夫			1999	「文化財の燻蒸法の変遷」	『文化財の虫菌害』第38号	文化財虫害研究所
新井 英夫	柴田 仁	山本 和馬 他	2000.12	「文化財の酸化プロピレンによる燻蒸法」	『文化財の虫菌害』第40号	文化財虫害研究所

あ

著者1	著者2	著者3	発行年	論文名・書籍名	掲載誌	発行元
新井 英夫			2003	「文化財の微生物被害と対策」	『日本防菌防黴学会誌』第31巻臨時増刊号	日本防菌防黴学会
新井 英伸			2016.1	「動物園内における彫刻館内照明の実情と報告」	『電気設備学会誌』第36巻第1号	電気設備学会
荒井 宏子	久保 走一*		1970	『カラー・モノクロスライド作成の実際』		写真工業出版社
荒井 宏子			1986.11	「写真の修復」	『映像学』第35号	日本映像学会
荒井 宏子			1987.6	「19世紀写真画像の修復方法」	『日本写真学会誌』第50巻第3号	日本写真学会
荒井 宏子	神山 浩一*	久保 走一	1990.12	「美術館用蛍光灯照明の写真適性」	『日本写真学会誌』第53巻第6号	日本写真学会
荒井 宏子			1997.5	「デジタル時代の写真保存」	『写真工業』第55巻5号	写真工業出版社
荒井 宏子			2003	「写真の保存・修復について〔含質疑応答〕」	『東海大学課程資格教育センター論集』第2号	東海大学出版会
荒井 宏子 他			2003.11	『写真資料の保存』		日本図書館協会
荒井 宏子	山口 孝子	日露野 好章	2004.3	「−保存・修復の今を知るⅠ−」	『東海大学課程資格教育センター論集』第2号	東海大学出版会
アライ・ヒロユキ			2015.12	「盛り上がるアニメ・マンガ関連展とその変化啓蒙と批評は?問われるのは美術館の役割」	『月刊美術』第41巻第12号	サン・アート
荒井 芳廣			2016.12	「ワークショップ「すごろく教材」で異文化理解に参加して」	『学校と博物館でつくる国際理解教育のワークショップ』	国立民族学博物館
新井 竜治			2007.1-2008.3	「ヴィクトリア・アンド・アルバート・ミュージアムの設置・発展過程における芸術文化政策:国立芸術デザイン博物館における英国の装飾芸術文化政策(1)-(2)」	『共栄学園短期大学研究紀要』第23巻、24巻	共栄学園短期大学
新井 竜治			2008.3-2009.3	「ヴィクトリア・アンド・アルバート・ミュージアムの常設展示・企画展覧会・出版物にみる芸術文化政策:国立芸術デザイン博物館における英国の装飾芸術文化政策(3)-(4)」	『共栄大学研究論集』第6号、7号	共栄大学国際経営学部
荒川 哲泰	野田 学*	渡辺 陽子 他	2001.3	「あなたの生まれた日の月の形は?-科学館フェスティバルでの参加体験型調査-」	『名古屋市科学館紀要』第27号	名古屋市科学館
荒川 正明			2010.3	「中国の一級文物が学習院へやってきた-福建展始末記-」	『学習院大学史料館紀要』第16号	学習院大学史料館
荒川 福美			1992.4	「企業の文化事業」	『実践女子大学Museology』第11号	実践女子大学博物館学課程
荒木 貞夫			1940	「國家の興隆と博物館の重要使命」	『科学の臺灣』第八巻第五號	臺灣博物館協會
荒木 貞夫			1940	「國家の興隆と博物館の重要使命」	『博物館研究』第13巻第10號	日本博物館協會
荒木 貞夫			1940.11	「國家の興隆と博物館の重要使命」	『自然科學と博物館』第11巻第11號	東京博物館
荒木 貞夫			1943.1	「大東亞戰爭と博物館の使命」	『博物館研究』第16巻第1號	日本博物館協會
荒木 志織	橋本 雅好		2010	「美術館の展示空間におけるヴォリューム構成に関する研究」	『日本インテリア学会論文報告集』第20号	日本インテリア学会
荒木 伸介			1975.9	「文化財保存施設について-設計上の諸問題」	『Mouseion:立教大学博物館研究』第21号	立教大学学校・社会教育講座
荒木 伸介			1980	「いわゆる美術品の展示上の諸問題について」	『物質文化:考古学民俗学研究』第34号	物質文化研究会
荒木 伸介			1988	「史跡の整備と活用」	『日本歴史』第477号	吉川弘文館
荒木 伸介			2000.3	「欧米の海事史関係博物館と日本の現状」	『全国大学博物館学講座協議会研究紀要』第6号	全国大学博物館学講座協議会
荒木 隆			2012.10	「福島県における文化財レスキュー事業の取り組みと資料館における今後の課題」	『博物館研究』第47巻第10号	日本博物館協会
荒木 敏子	綿引 はつ子*	大久保 悦子 他	1996.3	「博物館資料に関する衣の計測基準について」	『東京家政大学生活資料館紀要』第1集	東京家政大学生活資料館
荒木 文宏	星野 正光		2011.3	「鉄道博物館のシミュレータ」	『鉄道車両と技術』第17巻3号	レールアンドテック出版
荒田 昌典			1995.3	「平成6年度欧州博物館事情視察報告②博物館と学校教育」	『博物館研究』第30巻第2号	日本博物館協会
荒木 美香			2011.12	「歴史展示と来館者の歴史理解 コナ・コーヒー・リビング・ヒストリー・ファームの事例」	『博物館学雑誌』第37巻第1号	全日本博物館学会

著者1	著者2	著者3	発行年	論文名・書籍名	掲載誌	発行元
荒木 和			2009	「鑑賞をたすけるツール(1)「鑑賞ノススメ」と音声ガイド」	『現代の眼：東京国立近代美術館ニュース』578号	国立美術館東京国立近代美術館
荒木 和			2010.6	「鑑賞をたすけるツール(2)『現代の眼』--ニュースレターのポジション」	『現代の眼：東京国立近代美術館ニュース』582号	国立美術館東京国立近代美術館
荒木 泰晴			2008.12	「JRA競馬博物館「360度全周サークルビジョン3D」の制作」	『映画テレビ技術』第676号	日本映画テレビ技術協会
荒俣 宏	梅棹 忠夫*	鷲尾 金彌	1990.4	「植物と展示」	『展示学』第10号	日本展示学会
荒俣 宏			1991	「よみがえる徳川政治 徳川義親と昭南博物館」	『大東亜科学奇譚』	筑摩書房
荒俣 宏			1991	「まぼろしの大東亜博物館」	『大東亜科学奇譚』	筑摩書房
荒俣 宏			1993	「幻の昭南博物館館長」	『奇っ怪紳士録』	平凡社
荒俣 宏			1994–2002	「荒俣宏の水族館夜話1-30」	『TOBA SUPER AQUARIUM』第12〜41号	鳥羽水族館
荒俣 宏			1994	『アクアリストの楽園』		角川書店
荒俣 宏			1997	『衛生博覧会を求めて』		ぶんか社
荒俣 宏	養老 孟司	黒田 日出男 他	1999	『これは凄い東京大学コレクション』		新潮社
荒俣 宏	西野 嘉章		2008.11	「対談 荒俣宏の〈万物に叡智あり〉東京大学総合研究博物館西野嘉章さん 気高く脆弱で愛おしい鳥の剥製や骨に思う美なくして何の科学か!」	『Fole』第74号	みずほ総合研究所
荒俣 宏	近藤 雅樹		2009.1	「対談 荒俣宏の〈万物に叡智あり〉ゲスト国立民族学博物館教授近藤雅樹さん 出島から西欧へ輸出シーボルトも調査した「人魚のミイラ」とは何だ」	『Fole』第76号	みずほ総合研究所
有川 健太郎	広川 祥子*	曽根 良昭 他	2004.8	「環境再現展示における高齢者のストレス測定（予備報告）」	『大阪市立住まいのミュージアム研究紀要』第2号	大阪市立住まいのミュージアム
有坂 道子			2012.1	「木村兼葭堂の交流：四侯和牘にみる」	『大阪商業大学商業史博物館紀要』第13号	大阪商業大学商業史博物館
有澤 誠	柴田 周作*	横江 宗太	2008.12	「横浜・八景島シーパラダイスふれあいラグーンの照明-夜の水族館を魅力的に照らす」	『Iwasaki技報』第19号	岩崎電気
有澤 誠	大橋 裕太郎*	横江 宗太 他	2010.3	「携帯型映像デバイスを利用した水族館での学習環境の提案」	『日本ミュージアム・マネージメント学会研究紀要』第14号	日本ミュージアム・マネージメント学会
有島 生馬			1924	「美術館設立の必要」	『白夜雨稿』	金星堂
在田 一則	松田 義章*		2008.9	「北海道大学総合博物館企画展示「ライマンと北海道の地質-北からの日本地質学の夜明け-」及びその入館者の地学に関する興味・関心の実態と分析」	『日本地質学会学術大会講演要旨』第115号	日本地質学会
有田 大悟			2009.3	「北海道における「陣屋」の保存と展示」	『國學院大學博物館學紀要』第33輯	國學院大學博物館学研究室
有田 寛之	坂本 和弘		2006	「携帯電話を利用した博物館展示ガイドの研究-200MUE探検隊国立科学博物館と上野動物園の連携」	『東京家政学院生活文化博物館年報』第16号	東京家政学院生活文化博物館
有田 寛之	関口 洋美		2006.9	「博物館展示解説における作成者の意図と来館者の印象の違い」	『教育心理学会第48回総会論文集』	教育心理学会
有田 寛之			2007.3	「科学コミュニケーションの場としての博物館の特性」	『科学コミュニケーターに期待される資質・能力とその養成プログラムに関する基礎的研究』	文部省科学研究費補助金研究成果報告書
有田 寛之	関口 洋美		2007.3	「展示解説におけるコミュニケーションギャップの調査」	『科学コミュニケーターに期待される資質・能力とその養成プログラムに関する基礎的研究』	文部省科学研究費補助金研究成果報告書
有田 寛之	清水 麻記*	小川 義和 他	2007.3	「英国におけるサイエンス・コミュニケーション活性化に関する方策の動向—自然科学系博物館及びサイエンス・カフェ活動を中心として—」	『科学コミュニケーターに期待される資質・能力とその養成プログラムに関する基礎的研究』	文部省科学研究費補助金研究成果報告書
有田 寛之	渡辺 政隆*	小川 義和	2007.3	「オーストラリアにおける科学コミュニケーション実践教育活動」	『科学コミュニケーターに期待される資質・能力とその養成プログラムに関する基礎的研究』	文部省科学研究費補助金研究成果報告書
有田 寛之	山田 格	田島 木綿子 他	2010.12	「科学系博物館における資料の周辺情報のデジタル・アーカイブ化に関する実践的研究」	『日本教育情報学会学会誌』第26巻2号	日本教育情報学会
有田 寛之			2011	「「知の循環」モデルとしての展示」	『展示学』第49号	日本展示学会
有田 寛之			2015.8	「博物館資料に関する三次元デジタルデータの活用について」	『年会論文集』第31巻	日本教育情報学会
有富 由紀子			2012.12	「博物館実習としての博物館見学の効果」	『博物館学雑誌』第38巻第1号	全日本博物館学会
有友 至			2007.1	「資料の保存 インドネシア・アチェ州立博物館及びアチェ州立公文書館職員の修復保存技術研修受け入れについて」	『アーカイブズ』第26号	国立公文書館

あ

著者1	著者2	著者3	発行年	論文名・書籍名	掲載誌	発行元
在原 徹	亀井 修*	櫻田 秀樹 他	1999.3	「現代社会に影響を与えた科学技術-大量生産黎明期の人物の展示を中心として-」	『千葉県立現代産業科学館研究報告』第5号	千葉県立現代産業科学館
在原 徹	小仲井 啓	渡邉 博典	2001.3	「現代産業科学館における千葉県産業・交通遺跡調査-千葉県産業・交通遺跡実態調査に続く追加調査および関連資料調査について-」	『千葉県立現代産業科学館研究報告』第6号	千葉県立現代産業科学館
在原 徹	難波 幸男*	小仲井 啓	2001.3	「千葉県立美術館・博物館合同企画展「房総ロマン紀行-写真で見る産業・交通遺跡-」および関連事業について」	『千葉県立現代産業科学館研究報告』第7号	千葉県立現代産業科学館
在原 徹			2003.3	「オーストラリアの科学系博物館の展示・教育活動について-サイエンスワークス・ミュージアムとオーストラリア国立科学情報センター(ケスタコン)-」	『千葉県立現代産業科学館研究報告』第9号	千葉県立現代産業科学館
有馬 朗人			1998	「青少年の理科離れと博物館」	『博物館研究』第33巻第6号	日本博物館協会
有馬 朗人	餌取 章男		2002	「対談 科学技術館のきょうとあす」	『博物館研究』第37巻第2号	日本博物館協会
有馬 香織			2016.3	「日本史のひろば 福井県立若狭歴史博物館の新しい常設展示と学芸員」	『歴史と地理』第692号	山川出版社
有馬 純寿			1996.9	「記録から再構成へ―カタログとしてのCD-ROM」	『美術手帖』731号	美術出版社
有馬 貴之	矢部 直人*	岡村 祐 他	2009.11	「上野動物園におけるGPSを用いた来園者行動の分析」	『日本観光研究学会全国大会学術論文集』第24号	日本観光研究学会
有馬 貴之			2010.7	「動物園来園者の空間利用とその特性――上野動物園と多摩動物公園の比較」	『地理学評論』第83巻第4号	日本地理学会
有馬 廣實			2009.1	「「食と健康の博物館」の社会貢献活動の現状と課題」	『人文・自然・人間科学研究』第22号	拓殖大学人文科学研究所
有光 廣禮			1933	「慶州の博物館」	『ドルメン』第2巻第4號(博物館特輯)	岡書院
有村 誠	藤澤 明*	邊牟木 尚美 他	2012	「アルメニア歴史博物館における考古金属資料の保存修復ワークショップに伴う科学的調査」	『保存科学』第52号	国立文化財機構東京文化財研究所
有村 誠			2015.3	「金沢大学資料館の学芸員養成プログラムにおける取り組み:大学博物館の原風景」	『金沢大学資料館紀要』第10号	金沢大学資料館
有元 修一			1982.1	「開講30周年にあたって」	『Mouseion: 立教大学博物館研究』第26号	立教大学学校・社会教育講座
有元 修一			1998.3	「戦後50年にみる平和博物館の動向」	『八潮市史研究』第19号	八潮市立資料館
有元 修一			1999	「第1章博物館資料とは何か」	『博物館学シリーズ 2博物館資料論』	樹村房
有元 修一			1999	「第2章人文科学系博物館資料の収集・保存 2歴史資料」	『博物館学シリーズ 2博物館資料論』	樹村房
有元 修一			1999	「第2章人文科学系博物館資料の収集・保存 4民俗資料」	『博物館学シリーズ 2博物館資料論』	樹村房
有元 修一			1999	「第4章博物館資料の調査研究 1人文科学系資料の場合 (1)調査の目的と内容」	『博物館学シリーズ 2博物館資料論』	樹村房
有元 修一			1999	「第4章博物館資料の調査研究 1人文科学系資料の場合 (3)博物館資料に基づく調査研究」	『博物館学シリーズ 2博物館資料論』	樹村房
有元 修一			1999	「第4章博物館資料の調査研究 1人文科学系資料の場合 (4)調査研究成果の公表」	『博物館学シリーズ 2博物館資料論』	樹村房
有元 修一			1999	「第5章博物館資料の活用」	『博物館学シリーズ 2博物館資料論』	樹村房
有元 修一			2009.11	「学芸員養成課程の現場から」	『博物館研究』第44巻第11号	日本博物館協会
有元 修一			2014.8	「平和博物館をめぐる近年の動向」	『國學院雑誌』第115巻第8号	國學院大學
有安 丈晶			2001	「児童・生徒対象資料集「坂本龍馬を知っちゅう?-資料で調べる33年」-教育普及活動の一環として-」	『博物館研究』第36巻第7号	日本博物館協会
有吉 多賀子	大儀 俊美	川島 千恵子	2004.3	「川村記念美術館における子ども向け事業インタビュー 美術教育サポートとは何か」	『Museumちば: 千葉県博物館協会研究紀要』35号	千葉県博物館協会
有賀 沙織			2009.6	「展示解説の工夫について―千葉県立現代産業科学館での実践より―」	『国府台: 和洋女子大学文化資料館・博物館学課程報告』第13号	和洋女子大学文化資料館・博物館学課程
有賀 望			2010.7	「札幌市豊平川さけ科学館における水辺の環境教育」	『日本水産学会誌』第76巻第4号	日本水産学会
アレナルス・L・S	桑原 美香	塩津 ゆりか	2009.3	「ガストン・ミジョンとルーヴル美術館の中の日本-知と技の継承、融合、変革」	『お茶の水女子大学比較日本学教育研究センター研究年報』第5号	お茶の水女子大学比較日本学教育研究センター
アルプス中央信用金庫			2011.7	「若手経営者の団結力に火をつけた博物館誘致」	『信用金庫』第65巻第7号	全国信用金庫協会

著者1	著者2	著者3	発行年	論文名・書籍名	掲載誌	発行元
アルフレッド・ゴッドヴァルト			1998	「鉄道遺産と博物館:修復と展示の思想－ベルリン交通・技術博物館の経験－」	『第22回文化財の保存および修復に関する国際シンポジウム 近代文化遺産の保存と活用』	東京国立文化財研究所
アルマ・S・ウイトリン	堀内 三郎 訳	博物館学研究会 編	1972	「博物館再生への十三章」	『博物館と社会』	博物館学研究会
アレクサンダー・ナザリアン			2014.11	「CultureART ニューヨークで必見の邸宅美術館」	『Newsweek』第29巻第45号	CCCメディアハウス
アレクサンダー・F・V・ヒューブナー	市川 慎一 訳	松本 雅弘 訳	1988.7	『オーストリア外交官の明治維新世界周遊記(日本篇)』		(株)新人物往来社
粟津 潔	泉 眞也	栄久庵 憲司 他	1988.4	「パリの空の下≪博物館と展示≫を語る」	『展示学』第6号	日本展示学会
粟津 重光			2015	「企業博物館が企画展を開催する意義」	『展示学』第52号	日本展示学会
粟津 則雄			2014.7	『美との対話:私の空想美術館』		生活の友社
粟屋 謙			1932.8	「本邦博物館施設の不振」	『博物館研究』第5巻第8號	日本博物館協會
安 英美	李 南勲*		2014.1	「韓国のごみ埋立地博物館(ワールドカップ公園展示館)の紹介」	『都市清掃』第67号317輯	全国都市清掃会議
アンガス・ロッキャー	大道寺 慶子 訳	梅川 純代 訳	2014.2	「博覧会の拘束、日本という問題」	『世界の蒐集:アジアをめぐる博物館・博覧会・海外旅行』	山川出版社
安斎 育郎			1994.1	「「戦争」をいかに展示するか-立命館大学国際平和ミュージアム-」	『季刊Liberty』第5号	大阪人権歴史資料館
安斎 育郎			2009	「第6回国際平和博物館会議の特徴と成果について」	『立命館平和研究:立命館大学国際平和ミュージアム紀要』第10号	立命館大学国際平和ミュージアム
安斉 賢三	神保 英*	齋藤 佑樹 他	2014.4	「博物館での学習における拡張現実(AR)技術の可能性」	『東京都市大学横浜キャンパス情報メディアジャーナル』15号	東京都市大学環境情報学部情報メディアジャーナル編集委員会
安斎 聡子	松本 知子	箕輪 麻理子 他	2007	「座談会 展示の今を語る-女性の視点から」	『展示学』第43号	日本展示学会
安斎 聡子			2016.4	「複合的なメディア空間が提供するもの」	『ミュゼオロジーの展開:経営論・資料論』	武蔵野美術大学出版局
アンソニー・ローレンス	Spence.Graham	青山 陽子 訳	2007.10	『戦火のバグダッド動物園を救え:知恵と勇気の復興物語』		早川書房
アン・ソピアップ			2016.3	「アンコールにおける考古遺産保存の近年の実践」	『東南アジアの遺跡保存をめぐる技術的課題と展望』	国立文化財機構東京文化財研究所
アンダーソン 編			1900	『大英博物館』		大英博物館
安藤 円秀			1976	『農学事始め』		雄山閣
安藤 元一	千田 絵里子*	根岸 奈央 他	2013.12	「ふれあい動物園における大型動物の行動」	『東京農業大学農学集報』第58巻3輯	東京農業大学
安藤 元一	根岸 奈央*	千田 絵里子 他	2014.9	「子供動物園のふれあい施設における入場者の行動」	『東京農業大学農学集報』59号	東京農業大学
安藤 孝一			1981.7	「考古資料保存施設の一特質」	『月刊文化財』第214号	第一法規
安藤 孝一			1987	「文化財の保存修理」	『別冊歴史読本 歴史博物館のすべて』	新人物往来社
安藤 更生			1929	『美術史上の奈良博物館』		飛鳥園
安藤 忠雄			2001.3	『安藤忠雄の美術館・博物館』		美術出版社
安藤 忠雄	秋元 雄史* 他		2005	『地中美術館』		地中美術館
安藤 秀俊			2010.3	「科学実験活動の自信に関する構造方程式モデリング--千葉市科学館のスタッフの調査をもとに」	『国士館大学文学部人文学会紀要』第42号	国士館大学文学部人文学会
安藤 広志	牧野 真緒*	奥井 誠人 他	2015.7	「公共の場における超多視点裸眼立体映像ディスプレイの応用:デジタルミュージアムメディアとしての検討」	『映像情報メディア学会技術報告』第39巻第25号	映像情報メディア学会
安藤 正人 編	青山 英幸 編		1996.8	『記録史料の管理と文書館』		北海道大学図書刊行会
安藤 雅之			2012.3	「博物館と学校の連携を推進する人材育成に関する研究 大学生・大学院生のEducator的実践事例を通して」	『常葉学園大学研究紀要.教育学部』第32号	常葉学園大学
安藤 美奈			2015.3	「外国人による日本国内博物館・美術館の訪問に関する調査報告」	『日本ミュージアム・マネジメント学会研究紀要』第19号	日本ミュージアム・マネージメント学会

あ

著者1	著者2	著者3	発行年	論文名・書籍名	掲載誌	発行元
安藤 洋一			1996.3	「利用者との触れ合いの中で」	『Museologist:明治大学学芸員養成課程年報』第12巻	明治大学学芸員養成課程
安藤 竜二			2010.9	「町全体が博物館の朝日町エコミュージアム」	『観光研究』第22巻第1号	日本観光研究学会
アンドリュー ガーストル			2015.3	「文化芸術研究とデジタル・アーカイブ:大英博物館展覧会プロジェクト(大坂歌舞伎展・春画展)を事例にして」	『アート・リサーチ』第15号	立命館大学アート・リサーチセンター
アンドリュー・D・ロバーツ	ライト・リチャード・B	吉村 典夫 他訳	1981.3	「情報管理の進歩－博物館における情報管理－(翻訳)」	『博物館学雑誌』第6巻第1・2号合併号	全日本博物館学会
アンドリュー・D・ロバーツ	増田 元 訳		1992.7	「博物館情報の標準化活動における国際的・国内的進展」	『情報の科学と技術』第42巻第7号	情報科学技術協会
アンドレイ・ソロコフ	荻原 眞子	松居 竜五	2016.3	「帝国の進出と収集されたコレクション」	『博物館という装置:帝国・植民地・アイデンティティ』	勉誠出版
安野 光雅			2014.11	「会いたかった画家(第2回)アルビの美術館にてロートレック」	『中央公論』129号	中央公論新社
安蒜 政雄			1986	「杉原館長と幻の考古学陳列館」	『明治大学考古学博物館館報』第1号	明治大学考古学博物館
安蒜 政雄	矢島 國雄*		1992	「史跡整備を考える」	『Museologist:明治大学学芸員養成課程年報』第7巻	明治大学学芸員養成課程
安蒜 政雄	小林 三郎*	石川 日出志 他	1992.3	「対談:史跡整備を考える」	『Museologist:明治大学学芸員養成課程年報』第7巻	明治大学学芸員養成課程
安福 恵美子 編	石森 秀三*(編)		2003.3	『観光とジェンダー』		国立民族学博物館
安保 雅利			2001.3	「民藝館の基礎的研究－博物館史の一視点－」	『國學院大學博物館學紀要』第25輯	國學院大學博物館学研究室
安保 雅利			2002.3	「博物館の考古展示に関する研究」	『國學院大學博物館學紀要』第26輯	國學院大學博物館学研究室
アンリ・ブレイ	ダニエル・ジロディ*	松岡 智子 訳	1993	『美術館とは何か-ミュージアム&ミュゼオロジー』		鹿島出版会
イ・ボア			2015.3	「博物館の連結完全性が内在する観覧モデルに関する研究:青瓦台館の事例を中心に」	『日本ミュージアム・マネージメント学会研究紀要』第19号	日本ミュージアム・マネージメント学会
イアン・ダンロップ	千葉 成夫 訳		1985	『展覧会スキャンダル物語』		美術公論社
E.M.ニコルソン			1974	「環境」	『第10回ICOM大会講演集 博物館と近代世界』	国際博物館会議日本委員会
飯岡 智恵子	宗久 訓子*		1994.8	「平成5年度体験教室アンケート調査結果報告書」	『岩手県立博物館研究報告』第12号	岩手県立博物館
E.J.H.コーナー	石井 美樹子 訳		1982	『思い出の昭南博物館』		中央公論社
飯島 勇			1973.1	「第二次大戦以前の館における美術品の収集について」	『MUSEUM』第262号	東京国立博物館
飯島 勇			1992.11	「博物館に因む回想と愛惜--「MUSEUM」の500号記念に寄せて」	『MUSEUM』第500号	東京国立博物館
飯島 康夫			1996.11	「博物館における展示の問題--「シンポジウム・博物館の現代的課題と展望」で考えたこと」	『日本民俗学』第208号	日本民俗学会
飯島 康夫			1998.12	「博物館における展示の問題」	『民俗世界と博物館 展示・学習・研究のために』	雄山閣出版
飯田 和郎			1997.4	「中南米諸国の博物館を訪ねて」	『国立科学博物館ニュース』第336号	国立科学博物館
飯田 勝明	久松 正樹*	鈴木 正明 他	1999.3	「ボランティアによる博物館野外施設でのホタル飼育の記録」	『茨城県自然博物館研究報告』第2号	ミュージアムパーク茨城県自然博物館
飯田 花名子	吉冨 友恭	渡辺 友美	2015	「博物館等の展示スペースにおける自然音活用の現状と分類」	『展示学』第52号	日本展示学会
飯田 喜四郎			1966.4	「フランスの文化財保護」	『月刊文化財』第31号	第一法規
飯田 喜四郎			1973.1	「フランスにおける歴史的環境の保存-その沿革・制度・計画」	『近代建築』第27巻第1号	近代建築社
飯田 喜四郎			2001	「随筆 近頃の明治村」	『博物館研究』第36巻第7号	日本博物館協会
飯田 喜四郎			2012.3	「愛知の建築文化に見る遺伝子 博物館明治村」	『建築と社会』第93輯1080号	日本建築協会
飯田 郷介			1999.3	「地域に根差したミュージアムづくり--北海道六花亭ミュージアムの計画に参加して」	『日本ミュージアム・マネージメント学会研究紀要』第3号	日本ミュージアム・マネージメント学会

著者1	著者2	著者3	発行年	論文名・書籍名	掲載誌	発行元
飯田 郷介			2008.6	「ミュージアムづくり20年を通してミュージアムのサービスを考える」	『JMMA日本ミュージアム・マネージメント学会会報』第13巻第1号	日本ミュージアム・マネージメント学会
飯田 郷介			2012	『美味しい美術館:美術館の雑学ノート』		求龍堂
飯田 郷介			2016.1	『美味しい美術館PART2』		求龍堂
飯田 賢一			1977.12	「12 手島精一-工業技術教育の先覚者-」	『技術思想の先駆者たち』	東経選書
飯田 賢一			1977.12	「8 ゴットフリート・ワグナー-博覧会事業と近代窯業の父-」	『技術思想の先駆者たち』	東経選書
飯田市美術博物館			1999	『日本博物館の父田中芳男』		飯田市美術博物館
飯田市立動物園			2010.3	『開園55周年記念誌 飯田市立動物園のあゆみ』		飯田市立動物園
飯田 卓			2015.3	「昭和初期の公共視覚メディア-渋沢民具学における映画と博物館」	『国際常民文化研究叢書10-アチックフィルム・写真にみるモノ・身体・表象-[論文編]』	神奈川大学国際常民文化研究機構
飯田 卓 編著	河合 洋尚*		2016.3	『中国地域の文化遺産:人類学の視点から』		国立民族学博物館
飯田 卓			2017.5	「「人間不在の文化遺産」という逆説を超えて」	『文化遺産と生きる』	臨川書店
飯田 卓			2017.5	「商品化と反商品化」	『文化遺産と生きる』	臨川書店
飯田 卓			2017.5	「人類的課題としての文化遺産」	『文明史のなかの文化遺産』	臨川書店
飯田 卓 編			2017.5	『文化遺産と生きる』		臨川書店
飯田 卓 編			2017.5	『文明史のなかの文化遺産』		臨川書店
飯田 匡	西 智哉*	横田 隆司 他	2012.5	「建築関係者と非建築関係者の印象評価のずれに関する研究:博物館の内部空間を対象として」	『日本建築学会近畿支部研究報告集.計画系』第52号	日本建築学会近畿支部
飯田 匡	矢野 晃一郎*	横田 隆司 他	2012.9	「個人ミュージアムにおける来館者数の変動特性と展示空間に対する運営者の意識に関する研究」	『学術講演梗概集』2012巻	日本建築学会
飯田 晃三	海後 宗臣*	伏見 猛弥	1932	「第二編郷土教育の理論」	『我國に於ける郷土教育と其施設』	目黒書店
飯田 晃三	海後 宗臣*	伏見 猛弥	1932	「我が國に於ける郷土教育の發達」	『教育思潮研究』第六巻第一輯	東京大學教育思潮研究會
飯田 寿一	渡辺 裕輔*	山名 善之	2010.7	「インドにおける「無限成長美術館」構想の現実化と展開に関する研究:アーメダバード美術館からチャンディガール美術館へのプロトタイプの適応の流れを通して」	『学術講演梗概集』2010巻	日本建築学会
飯田 直樹			2015.3	「新たに発見された北丹後地震災害絵葉書と博物館展示」	『京都歴史災害研究』第16号	立命館大学COE推進機構立命館大学歴史都市防災研究センター京都歴史災害研究会
飯田 浩之			2001	「国際比較調査から見た日本の博物館における学習支援」	『博物館研究』第36巻第10号	日本博物館協会
飯田 浩之	濱田 隆士*	河野 哲郎 他	2001.11	座談会「博物館における学習支援に関する国際比較調査」を終えて」	『博物館研究』第36巻第11号	日本博物館協会
飯田 浩之			2004.3	「「望ましいマネジメント」に向けた取組みとその規程因」	『博物館の機能及びその効果的な運営の在り方に関する実証的研究』	国立科学博物館
飯田 浩之			2004.11	「ミュージアム・マネジメント改善に向けた取組みの現状--日本博物館協会「『博物館の望ましい姿』自己点検・評価アンケート」の結果より」	『博物館研究』第39巻第11号	日本博物館協会
飯田 浩之			2007.6	「博物館の経営・運営の指標(ベンチマーク)づくり事業中間報告-「評価システム・導入版」の開発と実際」	『博物館研究』第42巻第6号	日本博物館協会
飯田 浩之			2010.2	「博物館をめぐる最近の動向--「博物館総合調査」過去3回の時系列比較」	『博物館研究』第45巻第2号	日本博物館協会
飯田 真			2010	「静岡県博物館協会における災害対策への取り組み」	『静岡大学生涯学習教育研究』第12号	静岡大学生涯学習教育研究センター
飯田 庸太郎			1995.6	「産業技術博物館への夢」	『国立科学博物館ニュース』第314号	国立科学博物館
飯田 善國	磯崎 新	中原 佑介	1981.11	「討議Ⅱ新しい美術館像を求めて」	『美術手帖』488号	美術出版社
飯塚 啓			1915	「展覽會の流行について」	『歴史地理』第二六巻第一號	日本歴史地理學會
飯塚 啓			1931	「東京科學博物館各部紹介 動物の生態陳列」	『科學知識』第11巻第11號	科學知識普及會

い

著者1	著者2	著者3	発行年	論文名・書籍名	掲載誌	発行元
飯塚 啓			1931.11	「動物學部陳列の概要」	『自然科學と博物館』第23號	東京博物館
飯塚 啓			1936	「博物館における生態陳列について」	『日本學術協會報告』第11巻3號	日本學術協會
飯塚 一雄			1982.7	「全国産業遺跡の現状」	『地理』第27巻第7号	古今書院
飯塚 克身			2015.12	「管理・運営50周年を迎えた日本植物園協会」	『都市公園』第211号	東京都公園協会
飯塚 卓治			2011.11	「青函連絡船の時代--船の科学館羊蹄丸展示終了によせて」	『鉄道ピクトリアル』第61巻第11号	鉄道図書刊行会
飯塚 博和			1996.3	「地域づくり中核施設としての博物館」	『Museologist:明治大学学芸員養成課程年報』第11巻	明治大学学芸員養成課程
飯沼 一雄			2014.12	「世界の海事博物館と艦船模型」	『世界の艦船』第808号	海人社
飯沼 賢司			2012.6	「荘園村落遺跡と文化的景観：田染荘小崎の重要文化財景観選定に至る道程」	『アジア遊学』第153号	勉誠出版
飯淵 康一	西村 公宏*	永井 康雄	2006.4	「東京大学理学部博物場の建築と公開について」	『日本建築学会計画系論文集』第71巻602号	日本建築学会
いいやま博物館友の会			2003.3	「飯山市総合的歴史資料館基本構想策定に向けて」	『奥信濃文化』第3号	いいやま博物館友の会
飯山 尚人			1993	「地域文化財の保全を通じた地域づくり」	『地方自治』第544号	ぎょうせい
井浦 新			2014.8	『井浦新の日曜美術館』		青幻舎
家田 健吾			2002	「事例報告4 豊橋市自然史博物館」	『静岡大学生涯学習教育研究』第5号	静岡大学生涯学習教育研究センター
家永 真幸			2013.3	「中国の「博物館」受容に関する初歩的検討」	『東京医科歯科大学教養部研究紀要』第43号	東京医科歯科大学教養部
家永 真幸			2014.3	「清末中国における皇室コレクションの博物館化」	『東京医科歯科大学教養部研究紀要』第44号	東京医科歯科大学教養部
家の光協会			2009.4	「ようこそ集落丸ごとミュージアム--鹿児島県鹿屋市串良町「柳谷」」	『地上』第63巻第4号	家の光協会
家村 珠代	佐藤 厚子		1992	「美術館と学校の新しい動きセゾン美術館「スクールあそびじゅつ」―他の美術館での応用の可能性」	『MUSEUM』第499号	東京国立博物館
家村 祐香			2015.3	「博物館・美術館の情報化と向き合う」	『博物館学年報』第46号	同志社大学博物館学芸員課程
井尾 健二	長野 裕*		1998.1	『金工着色技法』		理工学社
井形 元彦	福良 冴香*	桂 信太郎 他	2015	「地域資源からコンセプトを創出するNPO砂浜美術館によるサステナビリティーと価値提供」	『地域活性研究』第6巻	地域活性学会
いかにして地方都市を築くかシンポジウム実行委員会 編			1986	『二一世紀の思索地域文化財』		九州大学出版会
五十嵐 麻子	原田 弥千世		2003.3	「小学生を対象とした「ミュージアム・オリエンテーリング」の試み」	『大田区立郷土博物館紀要』第13号	大田区立郷土博物館
五十嵐 健一	松久 謙一*		2011.7	「鉄道博物館における資料保存と展示」	『博物館研究』第46巻第7号	日本博物館協会
五十嵐 耕一	青木 国夫*	三輪 克	1996	「博物館におけるコンピュータの活用とマルチメディア」	『平成8年度博物館指導者研究協議会報告書』	日本博物館協会
五十嵐 耕一	照井 武彦*	鈴木 卓治	1996	「博物館におけるコンピュータの活用とマルチメディア」	『博物館指導者研究協議会報告書平成8年度』	日本博物館協会
五十嵐 耕一	西 源二郎*		1996	「博物館相互の連携協力」	『博物館指導者研究協議会報告書平成8年度』	日本博物館協会
五十嵐 耕一	早瀬 長利*	中川 静郎	1996	「自然史博物館における教育活動」	『博物館指導者研究協議会報告書平成8年度』	日本博物館協会
五十嵐 耕一	前畑 政善*	布谷 知夫	1996	「博物館の文化交流」	『博物館指導者研究協議会報告書平成8年度』	日本博物館協会
五十嵐 耕一	三輪 克*	佐伯 平二	1996	「科学博物館における実験展示」	『博物館指導者研究協議会報告書平成8年度』	日本博物館協会
五十嵐 耕一			1998.4	「五十嵐耕一「やまびこ学園支援活動」」	『博物館研究』第33巻第4号	日本博物館協会
五十嵐 耕一			1999.9	「第6章博物館の団体・学会活動」	『博物館学シリーズ 4博物館経営論』	樹村房

著者1	著者2	著者3	発行年	論文名・書籍名	掲載誌	発行元
五十嵐 耕一			2001.4	「JAM(日本博物館協会)学習支援ホームページの解説」	『博物館研究』第36巻第4号	日本博物館協会
五十嵐 耕一	佐原 真	鈴木 眞理 他	2001.5	「親しむ博物館づくり事業と今後の博物館活動」	『生涯学習空間』第6巻3号	ボイックス株式会社
五十嵐 耕一	濱田 隆士*	佐原 真 他	2001.6	「平成12年度「親しむ博物館づくり事業」シンポジウム・ドキュメント--子どもたちが、自分で博物館に出かける日--パネルディスカッション「親しむ博物館づくり事業と今後の博物館活動」」	『ミュージアム・マガジン・ドーム』第56号	日本文教出版
五十嵐 耕一			2004.5	「21世紀の博物館と評価」	『図書館雑誌』第98巻第5号	日本図書館協会
五十嵐 耕一			2005.8	「指定管理者制度について」	『博物館研究』第40巻第8号	日本博物館協会
五十嵐 耕一			2007.2	「マーク・テイラー英国博物館協会理事長による特別講演について」	『博物館研究』第42巻第2号	日本博物館協会
五十嵐 聡江	谷口 榮*		2011.1	「遺跡と博物館のある風景」	『月刊考古学ジャーナル』第619号	ニューサイエンス社
五十嵐 聡江	谷口 榮*		2012.5	「遺跡と博物館のある風景（観光と博物館）」	『観光考古学』	ニューサイエンス社
五十嵐 史帆	笹川 修一	市川 高子	2017	「地域美術館の実際と課題:上越教育大学と小林古径記念美術館との連携事例からの考察」	『上越教育大学研究紀要』第36巻2号	上越教育大学
五十嵐 卓			1997.3	「メトロポリタン美術館・ニューヨーク近代美術館・ボストン美術館の財務状況の考察」	『博物館学雑誌』第22巻第1・2号合併号	全日本博物館学会
五十嵐 卓			2002	「渋沢敬三と日本実業史博物館-草稿「ひとつの提案」にみる博物館への眼差し」	『民具マンスリー』第35巻7号	神奈川大学
五十嵐 太郎	西沢 立衛*	小池 一子	2008.5	「座談会:街の風景になる建築とアート(十和田市現代美術館-西沢立衛建築設計事務所)」	『新建築』第83巻7号	新建築社
五十嵐 太郎			2010.7	「美術館において建築を展示するということ--「建築はどこにあるの?」展」	『美術手帖』939号	美術出版社
五十嵐 瞳	吉村 典夫*		1979.9	「博物館における近代的な情報処理」	『博物館学雑誌』第3巻・4巻合併号	全日本博物館学会
五十嵐 真子			2001	「台湾社会と博物館——社会変化と博物館活動」	『人文学部紀要』第21号	神戸学院大学人文学部
五十嵐 康洋			2001	「仙台市富沢遺跡保存館と学校教育」	『仙台市富沢遺跡保存館研究報告』第4号	仙台市富沢遺跡保存館
五十嵐 祐介			2016.2	「地域の歴史と地球の歴史を結ぶ:男鹿半島・大潟ジオパークにおける文化財を活用したストーリー試案」	『出羽路』第156号	秋田県文化財保護協会
五十嵐 雪佳			2010.3	「1900年パリ万国博覧会が京都菓子業界に与えた影響」	『日本文化史研究』第41巻	帝塚山大学
五十嵐 米八郎			1931	「世界第一のバイテンゾルグ大植物園」	『南洋に旅して』	賢文館
碇 京子			2006.1	「利用者を見つめる展示開発」	『月刊ミュゼ』74号	(株)アム・プロモーション
碇 京子	雨宮 千嘉	井島 真知	2007.11	「携帯端末導入におけるコンテンツ開発の考え方」	『博物館研究』第42巻第11号	日本博物館協会
Ikari.J	Komai.Taku*		1929	「The Seto Marine Biological Laboratory of the KyotoImperial University. Its equipment and activities・with remarks on the fauna and flora of the environs.」	『Records of Oceanographicworks in Japan.』第1巻3號	Kyoto Imperial University
五十里 美和	山口 悦司	山本 智一 他	2003	「科学系博物館における学習支援としてのワークシート:学校の科学教育カリキュラムと連携したドイツのエネルギー技術に関する事例の検討」	『科学教育研究』第27巻第1号	日本科学教育学会
井川 和道			2000.1	「教育普及の立場から見た博物館の歴史展示について」	『ふびと』第52号	三重大学歴史研究会
井川 和道			2001.3	「博物館における体験」	『四日市市立博物館研究紀要』第8号	四日市市立博物館
伊木 稔			2012.1	「企業博物館の役割:企業にとって・社会にとって」	『大阪商業大学商業史博物館紀要』第13号	大阪商業大学商業史博物館
生井 良一			1999	「生命の星・地球博物館を利用した視覚障害者の感想と要望」	『ユニバーサル・ミュージアムをめざして一視覚障害者と博物館一』	神奈川県立生命の星・地球博物館
生尾 慶太郎			1993.8	「図録の行方・その現在と未来」	『月刊美術』第19巻第8号	サン・アート
いくお～る編集部			1999	「プラネタリウムに情報保障～星空を楽しむ」	『いくおーる』第32号	ペターコミュニケーション研究
イグザミナ			2009.6	「美術家と建築家の接点としての美術館--杉本博司と安藤忠雄の対談から」	『イグザミナ』第261号	イグザミナ
生島 宏之			2015.7	「商業施設の空気調和設備と建築環境設計 見て・ふれて・感じて心動かす体験型ミュージアム:ヤンマーミュージアム」	『建築技術』第786号	建築技術

い

著者1	著者2	著者3	発行年	論文名・書籍名	掲載誌	発行元
生島 美和			2010.3	「博物館活動における学芸員の教育実践の再考:伊藤寿朗「地域博物館論」の実証的検討を通じて」	『教育学論集』第6集	筑波大学大学院人間総合科学研究科教育基礎学専攻
生島 美和			2010.3	「現代日本における地域博物館の理論と展開:棚橋源太郎の博物館構想の解明を手がかりにして」	『教育学論集』第6集	筑波大学大学院人間総合科学研究科教育基礎学専攻
生田 享子			2010.3	「資料公開の可能性−展示協力と出張展示二つの試み−」	『学習院大学史料館紀要』第16号	学習院大学史料館
幾田 擁明	鹿江 宏明*		2014.3	「社会教育施設における継続型科学講座の効果に関する研究:「スーパーサイエンスミュージアム」事業を通して(1)」	『比治山大学現代文化学部紀要』第20号	比治山大学現代文化学部
井口 和起			1994.2	「現代史研究と展示:戦争展示を中心に」	『歴史評論』第526号	校倉書房
井口 欣也			2015.12	「アンデス考古学の軌跡と展望 クントゥル・ワシ博物館の近況」	『Chaski:アンデス文明研究会会報』第52号	原人舎
井口 崇	高石 利佳*		2004.3	「袖ケ浦市郷土博物館における子ども向け事業」	『Museumちば:千葉県博物館協会研究紀要』35号	千葉県博物館協会
井口 壽乃			2007	「デザインのアーカイヴとミュージアム−−その機能と使命」	『デザイン学研究特集号』第14巻第3号	日本デザイン学会
井口 壽乃	菅 靖子*		2009.3	「ミュージアムに行こう デザイン・ミュージアムはどうやって鑑賞するの?」	『芸術の生まれる場(未来を拓く人文・社会科学シリーズ16)』	東信堂
井口 智子			2016.8	「絵画への触覚的アプローチ」	『ひとが優しい博物館:ユニバーサル・ミュージアムの新展開』	青弓社
以倉 新			2010	「静岡市美術館の新規開館について」	『静岡県博物館協会研究紀要』第34号	静岡県博物館協会
井渓 明			1982.5	「堺市博物館の常設展示について」	『阡陵関西大学博物館学課程創設二十周年記念特集』	関西大学博物館学課程
井渓 明			2005.6	「情報の相互利用による問題点と将来」	『博物館学ハンドブック』	関西大学出版部
井渓 明			2005.6	「情報発信の手段」	『博物館学ハンドブック』	関西大学出版部
井渓 明			2005.6	「博物館の現状と課題」	『博物館学ハンドブック』	関西大学出版部
井渓 明			2005.6	「博物館はどんな情報をもっているか」	『博物館学ハンドブック』	関西大学出版部
池内 一誠			2011.3	「体験用資料を活用した視覚障害児童の展示観覧支援について」	『東風西声:九州国立博物館紀要』第7号	九州国立博物館
池内 克史			2007.1	「フェロー記念講演 デジタルミュージアム構想−e-Heritageの構築・展示・利活用」	『電子情報通信学会技術研究報告』第106巻第469号	電子情報通信学会
池内 克史	高松 淳	岡本 泰英 他	2007.11	「大型有形文化財のモデル化とその利活用」	『映像情報メディア学会誌』第61巻第11号	映像情報メディア学会
池内 克史	大石 岳史	小野 晋太郎 他	2016.3	「まちと震災のいま・過去を「仮想化空間」で伝える:震災遺構のデジタル保存と街並みの仮想再現」	『生産研究』第68巻第2号	東京大学生産技術研究所
池上 惇編			1983.5	『地域づくりの教育論』		青木書店
池上 惇編			1991	『文化経済学のすすめ』		丸善
池上 惇編	山田 浩之 編		1993	『文化経済学を学ぶ人のために』		世界思想社
池上 惇編	植木 浩 他編		1998.11	『文化経済学』		有斐閣
池上 惇編	福原 義春 編	堀田 力 編	2001.11	『文化政策入門-文化の風が社会を変える』		丸善
池上 惇編	端 信行 編		2003.3	『文化政策学の展開』		晃洋書房
池上 惇編			2003.7	『文化と固有価値の経済学』		岩波書店
池上 惇編	中谷 武雄 編		2004.9	『知的所有と文化経済学-知的財産権文化が変革する現代経済』		実教出版
池上 俊一			2003.6	「ヴァチカン教皇庁図書館展—書物の誕生:写本から印刷へ」	『展覧会カタログの愉しみ』	東京大学出版会
池上 孝雄			2010.8	「資料館開館10年目によせて」	『海員』第62巻第8号	全日本海員組合
池上 直樹			2015.5	「成長する博物館:御船町恐竜博物館の歴史と活動」	『熊本地学会誌』第168巻	熊本地学会

著者1	著者2	著者3	発行年	論文名・書籍名	掲載誌	発行元
池上 有希子			1992.6	「平成3年度欧州博物館事情視察報告⑦美術館の現状--レジャー施設の観点から」	『博物館研究』第27巻第6号	日本博物館協会
井下 清			1942	「市民生活と動物園」	『市政週報』Vol.54	東京市
池澤 夏樹			1986	『見えない博物館』		小沢書店
池尻 豪介	君塚 仁彦*	渡辺 美知代	2013.2	「博物館学芸員の雇用・労働をめぐる現状とインターンシップに関する一考察」	『東京学芸大学紀要.総合教育科学系』第64巻第1号	東京学芸大学
池田 啓			1997.9	「天然記念物保護の新たな展開--天然記念物エコ・ミュージアム事業」	『月刊文化財』第408号	第一法規
池田 功			2002	「ミュージアム・リレーと相互作用する生徒の意識」	『ミュージアム・エデュテイメント―博物館業修講座"ミュージアム・リレー"第50回走達成記念事業報告』	文化環境研究所
池田 榮史	中村 浩*		2014	『ぶらりあるき沖縄・奄美の博物館』		芙蓉書房
池田 恵理子			2007.3	「女性国際戦犯法廷からアクティブ・ミュージアム「女たちの戦争と平和資料館」へ」	『Image&gender』第7号	彩樹社
池田 恵美子	愛沢 伸雄*		2007.6	「戦争遺跡を活用した「地域まるごと博物館」構想」	『月刊社会教育』第51巻6号	国土社
池田 恵美子			2016.1	「戦跡と文化財を活かしたまちづくり:第一九回戦争遺跡保存全国シンポジウム千葉県館山大会」	『歴史地理教育』第844号	歴史教育者協議会
池田 修			2005.7	「BankART1929の一年--その実績と課題」	『まちづくり』第7号	学芸出版社
池田 修			2005.8	「公設民営の新しい可能性--BankART1929の活動を通して」	『ミュージアム・マガジン・ドーム』第81号	日本文教出版
池田 菊左衛門 編			1924	『圖書館博物館育英奨學事業史蹟名勝天然記念物視察概要』		宮城縣圖書館
池田 菊左衛門 編			1929	『博物館標本案内』第1編		宮城縣圖書館
池田 重夫			1983.12	「害虫駆除--国立博物館の実施例」	『自然科学と博物館』第50巻4号	科学博物館後援会
池田 隼	岸本 健太郎*	國島 丈生 他	2007.7	「パノラマ仮想空間によるディジタルミュージアムの構築」	『電子情報通信学会技術研究報告』第107巻第131号	電子情報通信学会
池田 晶一	水野 暁子*	宇野 伸一郎	2014.10	「インターネット・ウェルフェア・ミュージアムを創る」	『現代と文化:日本福祉大学研究紀要』110号	日本福祉大学情報社会科学部
池田 貴夫			2009.3	「博物館が行なったサハリン朝鮮民族文化の調査−北海道開拓記念館とサハリン州郷土博物館の協力をとおして」	『第23回北方民族文化シンポジウム報告書 北太平洋の文化--北方地域の博物館と民族文化(3)』	北方文化振興協会
池田 貴夫			2012.3	「ロンドン、パリの博物館をめぐって」	『北海学園大学学芸員課程学事報告書』第24号	北海学園大学学芸員課程
池田 千春	野村 東太*	平野 暁臣 他	1983.9	「資料からみた博物館の新たな類型化の試み:博物館に関する建築計画的研究その2」	『学術講演梗概集.計画系』第58巻	日本建築学会
池田 千春	野村 東太*	平野 暁臣 他	1983.9	「博物館の利用状況について:博物館に関する建築計画的研究その3」	『学術講演梗概集.計画系』第58巻	日本建築学会
池田 千春	野村 東太*	平野 暁臣 他	1983.9	「博物館の資料と展示事業について:博物館に関する建築計画的研究その4」	『学術講演梗概集.計画系』第58巻	日本建築学会
池田 千春	野村 東太*	平野 暁臣 他	1983.9	「博物館における教育事業と相互連携について:博物館に関する建築計画的研究その5」	『学術講演梗概集.計画系』第58巻	日本建築学会
池田 千春	野村 東太*	平野 暁臣 他	1984	「博物館における実物資料の質的・量的傾向と収蔵及び常設展示:博物館に関する建築計画的研究その6」	『学術講演梗概集.計画系』第59巻	日本建築学会
池田 千春	野村 東太*	平野 暁臣 他	1984	「博物館の職員構成及び業務内容と分担状況:博物館に関する建築計画的研究その7」	『学術講演梗概集.計画系』第59巻	日本建築学会
池田 千春	野村 東太*	平野 暁臣 他	1984	「博物館利用者の所属生に関するケーススタディ(その1):博物館に関する建築計画的研究その8」	『学術講演梗概集.計画系』第59巻	日本建築学会
池田 千春	野村 東太*	平野 暁臣 他	1985	「博物館における資料等の収蔵・保管状況:博物館に関する建築計画的研究その9」	『学術講演梗概集』1985巻	日本建築学会
池田 千春	野村 東太*	平野 暁臣 他	1985	「博物館における利用者状況と利用変動状況:博物館に関する建築計画的研究その10」	『学術講演梗概集』1985巻	日本建築学会
池田 千春	野村 東太*	平野 暁臣 他	1985	「博物館における利用者サービスと調査研究活動:博物館に関する建築計画的研究その11」	『学術講演梗概集』1985巻	日本建築学会
池田 千春	野村 東太*	柳沼 良一	1985.7	「全国博物館の運営・施設の一般的状況:博物館に関する建築計画的研究-1-」	『日本建築学会計画系論文報告集』第353号	日本建築学会
池田 千春	野村 東太*	柳沼 良一	1985.11	「我が国の博物館の運営・施設の基礎的現状分析−博物館に関する建築計画的研究(Ⅰ)−」	『博物館学雑誌』第11巻第1号	全日本博物館学会

い

著者1	著者2	著者3	発行年	論文名・書籍名	掲載誌	発行元
池田 千春	野村 東太*	柳沼 良一	1986.3	「資料内容による博物館の類型化に関する研究－博物館に関する建築計画的研究（Ⅱ）－」	『博物館学雑誌』第11巻第2号	全日本博物館学会
池田 千春	野村 東太*	柳沼 良一	1986.4	「資料からみた新たな博物館類型化の試み：博物館に関する建築計画的研究-2-」	『日本建築学会計画系論文報告集』第362号	日本建築学会
池田 千尋			2017.4	「中村浩先生と大阪大谷大学博物館」	『考古学・博物館学の風景：中村浩先生古稀記念論文集』	芙蓉書房
池田 輝夫			1991.11	「市民ミュージアムの経験から」	『展示学』第12号	日本展示学会
池田 徳三郎			1996	「博物館教育の視点と今日的課題」	『東京家政学院生活文化博物館年報』第3・4号	東京家政学院生活文化博物館
池田 徳三郎			1996.3	「生涯学習機関として期待される博物館の素描」	『東京家政大学生活資料館紀要』第1集	東京家政大学生活資料館
池田 徳三郎			1997.5	「博物館のための経営論」	『社会教育』第52巻5号	全日本社会教育連合会
池田 朋生	菊川 知美		2012.3	「装飾古墳の博物館資料化に向けた取り組み～装飾古墳保護施設の保存環境について～」	『熊本県立装飾古墳館研究紀要』第9集	熊本県立装飾古墳館
池谷 和信			2015.7	「国立民族学博物館における食文化の展示」	『社会システム研究』2015特集号	立命館大学社会システム研究所
池田 隼人	三町 直志*		2009.3	「緊張力と軸力制御による構造性能・建物機能の更新(碧南市藤井達吉現代美術館 日本設計)」	『建築技術』第710号	建築技術
池田 秀夫			1969.3	「社会教育と博物館」	『國學院大學博物館学紀要』第1輯	國學院大學博物館学研究室
池田 宏	田辺 三郎助*	照井 武彦	1988.3	「国宝重要文化財総合目録（美術工芸品編）のデータファイル作成について」	『国立歴史民俗博物館研究報告』第16集	国立歴史民俗博物館
池田 誠	仙田 満*	矢田 努他	1999.3	「歴史博物館における年間入館者数の経年変化に関する研究」	『日本建築学会計画系論文集』第64巻517号	日本建築学会
池田 政晴			1936	「綜合天文博物館への準備」	『天界』第16巻第180号	東亞天文學會
池田 政晴			1936.11	「植物學博物館の活動範囲」	『博物館研究』第9巻第11號	日本博物館協會
池田 政晴			1937	「植物學博物館の事業」	『日本學術協會報告』第12巻第2號	日本學術協會
池田 政晴			1941	「京都植物園の海岸植物生態圖」	『博物館研究』第14巻第10號	日本博物館協會
池田 真由美			2003.11	「企画展「幕末の市川」での試みと成果」	『市立市川歴史博物館館報』平成14年度	市立市川歴史博物館
池田 稔			1914	「大正博覽會の建築 第二會場設計の一般」	『建築工藝雑誌』第2期第2冊	建築工藝協會
池田 榮史	平田 豊弘		1984.3	「地方における小規模博物館の現状と課題－熊本県本渡市歴史民俗資料館の場合－」	『國學院大學博物館學紀要』第8輯	國學院大學博物館学研究室
池田 榮史			1994.3	「沖縄県博物館史」	『國學院大學博物館學紀要』第18輯	國學院大學博物館学研究室
池田 榮史			2008.3	「沖縄における文化財保護行政の歩み」	『國學院大學考古学資料館紀要』第24輯	國學院大學考古学資料館
池田 林儀			1932.9	「大工拳博物館の建設」	『博物館研究』第5巻第9號	日本博物館協會
池永 二郎			1974.9	「Ⅰ古代・中世文書の整理」	『地方史マニュアル3文献資料整理の実務』	柏書房
池永 二郎			1975.9	「Ⅱ郷土資料の収蔵庫 1文書館・資料館・博物館」	『地方史マニュアル4郷土資料の活用』	柏書房
池永 孟			1940	「美術館開設の本旨」ほか	『南蛮堂要録』	池長美術館
池永 孟			1940.8	「池永美術館」	『博物館研究』第13巻第8號	日本博物館協會
池原 盛浩			2011.3	「民具体験学習プログラム変更の試み」	『沖縄県立博物館・美術館博物館紀要』第4号	沖縄県立博物館・美術館
池辺 義象			1901	「巴里の諸博物館」	『佛國風俗問答』	
池辺 義象			1902	「博物館及び動物園」	『世界讀本』	
池辺 伸一郎			2012.5	「阿蘇火山博物館における火山資料および阿蘇ジオパーク内ジオサイトのDB化の現状と課題」	『月刊地球』第34巻第5号	海洋出版

著者1	著者2	著者3	発行年	論文名・書籍名	掲載誌	発行元
池辺 靖	石川 泰彦	小川 陽子 他	2009.9	「評価しながらすすめる展示開発--日本科学未来館における新規常設展示「地球環境とわたし」の開発事例」	『JMMA日本ミュージアム・マネージメント学会会報』第14巻第2号	日本ミュージアム・マネージメント学会
池谷 定雄			1931	「壁体を透過する音に就いて」	『建築雑誌』第45輯第548號	日本建築學會
伊郷 吉信	市村 孝史	小池 陸子 他	2013.2	「パネルディスカッション インタープリターの将来を考える」	『地域と文化財:ボランティア活動と文化財保護』	勉誠出版
伊郷 吉信			2013.2	「歴史的建造物の活用について」	『地域と文化財:ボランティア活動と文化財保護』	勉誠出版
居郷 翔	原田 泰	小島 道裕	2009.6	「博物館資料の活用のためのデザイン:洛中洛外図屏風を題材にした教材コンテンツの開発」	『デザイン学研究.研究発表大会概要集』第56号	日本デザイン学会
居郷 翔	原田 泰*	前原 知之 他	2010.3	「博物館資料活用のための情報デザイン:洛中洛外図屏風を題材として」	『デザイン学研究作品集』第15号	日本デザイン学会
伊左治 鎮司	高橋 直樹*	岡崎 浩子 他	2009.1	「千葉県立中央博物館における「地質の日」関連行事の実施状況」	『地質ニュース』第653号	実業公報社
伊佐田 甚蔵			1932	「郷土科と文化科」	『郷土科學』第十九號	郷土教育聯盟
伊澤 淳子	野村 東太	大原 一興 他	1995.7	「学校団体の利用による水槽前の観覧行為に関する考察:水族館に関する建築計画的研究 その6」	『学術講演梗概集』1995巻	日本建築学会
伊澤 朋美	奥村 真名美*		2009	「栃木県立博物館体験学習コーナーにおける来館者調査」	『栃木県立博物館研究紀要.自然』第26号	栃木県立博物館
井澤 友美			2016.3	「世界遺産と観光:インドネシア・バリ州の事例から」	『立命館大学人文科学研究所紀要』第110号	立命館大学人文科学研究所
井澤 洋一			2009.3	「文化遺産の保存活用とまちづくり-歴史的町並み活用を中心に」	『都市政策研究』第7号	福岡アジア都市研究所
石井 榮一			2011.8	「世田谷区における民家園ボランティアの取り組み」	『月刊社会教育』第55巻8号	国土社
石井 絵美			2013	「長野県信濃美術館におけるコレクション形成の初期段階について」	『長野県信濃美術館紀要』第8号	長野県信濃美術館
石井 一良	川合 剛	北村 彰 他	2010	「「『展示』という言葉」用例集」	『展示学』第48号	日本展示学会
石井 季子	角南 聡一郎*	橋村 修 他	2016.3	「帝国日本で生まれた博物館の歴史」	『博物館という装置:帝国・植民地・アイデンティティ』	勉誠出版
石井 今日子			2016.4	「ウッドスタートで地域を変える:東京おもちゃ美術館の木育事業(4)木に囲まれ「深呼吸の時間」」	『グリーン・パワー』第448号	森林文化協会
石井 研堂			1901.9	『植物園』		博文館
石井 研堂			1908	『明治事物事始』		橋南堂
石井 研堂			1926	『明治事物起原』		春陽堂
石井 彩恵	澤田 隆一*		2016.1	「東京都庭園美術館新館における間接光主体の展示照明」	『照明学会誌』第100巻1号	照明学会
石井 進	青柳 正規*		1993	「現代の『復元』建築を考える」	『建築雑誌』第108輯第1346号	日本建築学会
石井 進				『歴博ブックレット2歴史家の夢:新しい博物館をめざして:歴博対談』		歴史民俗博物館振興会
石井 進			1997.4	「教育の回廊 子供たちと博物館」	『初等教育資料』第667号	東洋館出版社
石井 善市郎			1916	「京都帝室博物館」	『京都名勝鏡:鮮明写真入』	私家版
石井 善市郎			1916	「京都動物園」	『京都名勝鏡:鮮明写真入』	私家版
石井 民司			1916	「世界第一の私立動物園の實況」	『世界商業百談:最近帰朝者みやげ』	佐藤出版部
石井 輝義			1999.12	「博物館資料論・博物館実習と「情報」について--立教大学学芸員課程における博物館資料論・博物館実習の検討を通じて」	『Mouseion:立教大学博物館研究』第45号	立教大学学校・社会教育講座
石井 輝義			2005	「情報デザインとしての「ポスター作成実習」」	『Mouseion:立教大学博物館研究』第51号	立教大学学校・社会教育講座
石井 輝義			2009.12	「「博物館実習ガイドライン」と「博物館見学実習」について-2009年度博物館実習〈見学〉の実践を通じて-」	『Mouseion:立教大学博物館研究』第55号	立教大学学校・社会教育講座
石井 柏亭			1914	「博物館の設備に就いて」	『太陽』2・3月號	博文館

い

著者1	著者2	著者3	発行年	論文名・書籍名	掲載誌	発行元
石井 柏亭			1921	「漸く成らんとする美術館」	『中央美術』第7巻第7号	中央美術社
石井 柏亭			1932	「博物館の設備に就いて」	『石井柏亭集上』	平凡社
石井 柏亭			1943	「東京市の近代美術館」ほか	『美術の戦』	宝雲舎
石井 八萬次郎			1891	「地名舊稱保存」	『地學雜誌』第3巻第2號	東京地學協會
石井 八萬次郎	久米 邦武*(述)	中野 礼四郎 他	1934	『久米博士九十年回顧録』全2冊		早稲田大学出版部
石井 久隆	高橋 みどり*	亀井 修 他	2009.8	「科学系博物館における科学リテラシー涵養を目指した学習プログラムの可能性と評価の試み(2):評価ツール作成までの方法論構築を目指して」	『日本科学教育学会年会論文集』第33巻	日本科学教育学会
石井 秀雄			1978.1	「美術館における友の会運動」	『千葉県立美術館紀要』第2号	千葉県立美術館
石井 仁志			2013.9	「共有化される映像展示の場所」	『懐かしさは未来とともにやってくる:地域映像アーカイブの理論と実際』	学文社
石井 仁志 編	原田 健一*(編)		2013.9	『懐かしさは未来とともにやってくる:地域映像アーカイブの理論と実際』		学文社
石居 人也	阿部 安成*	脇林 清	2011.1	「コンクリート塊の牽引--瀬戸内国際芸術祭2010の解剖台展示とハンセン病療養所での死をめぐる生活環境」	『滋賀大学環境総合研究センター研究年報』第8巻第1号	滋賀大学環境総合研究センター
石井 正己 編			2016.3	『博物館という装置:帝国・植民地・アイデンティティ』		勉誠出版
石井 美恵	深津 裕子*	須藤 良子 他	2012.3	「女子美術大学美術館における染織コレクションを中心としたユニバーシティ・ミュージアムの実践」	『女子美術大学研究紀要』第42集	女子美術大学
石井 通博			2010	「植物園における展示--主にサインのはたす教育活動へのサポート」	『日本植物園協会誌』第45号	日本植物園協会
石井 優子			1992.12	「学校の美術教育と美術館」	『MUSEUM』第501号	東京国立博物館
石井 龍太	佐野 勝宏*	鶴見 英成	2016.1	「第9章考古学」	『見る目が変わる博物館の楽しみ方:地球・生物・人類を知る』	ベレ出版
石井 鈴一	野田 学		2010.3	「科学への興味・関心を高めるための科学館と学校との連携」	『理科の教育』第59巻第3号	日本理科教育学会
石垣 幸二			2014.7	「「水族館」革命:世界初!深海水族館のつくり方」		宝島社
石垣 幸二			2014.8	『深海生物捕った、育てた、判った!:"世界唯一の深海水族館"館長が初めて明かす』		小学館
石垣 幸二			2015.3	「「水族館」革命、世界初!深海水族館のつくり方」	『技術報告』第20巻	静岡大学技術部
石垣 幸二 監			2016.6	『世界に一つだけの深海水族館』		成山堂書店
石上 阿希			2014.8	「黒いカーテンの向こう側:大英博物館春画展と日本」	『博物館研究』第49巻第8号	日本博物館協会
石神 敏			2011.8	「鉄道施設から『博物館』へ 小樽市総合博物館」	『運転協会誌』第53巻第8号	日本鉄道運転協会
石上 七鞘			2013.3	「博物館教育と手作り万年筆I」	『帝京平成大学紀要』第24巻第1号	帝京平成大学
石川 明範			1997	「展示情報システム開発に関するノート」	『栃木県立博物館研究紀要』第14号	栃木県立博物館
石川 篤子			1973.2	「海洋博物館の現状 全国の海洋博物館」	『博物館問題研究会会報』第11号	博物館問題研究会
石川 温子			2011.3	「博物館における"声かけ"の重要性について:"参観者"から"参加者"への変容」	『切手の博物館研究紀要』第8号	切手の博物館
石川 榮吉			1981.11	「展示法のむつかしさ」	『月刊みんぱく』第5巻第11号	国立民族学博物館
石川 英志	愛知県額田町立大雨川小学校 第一*(編)		1999.1	『ふるさと総合学習 小さな学校の大きな冒険』		農山漁村文化協会
石川 考織			2010.3	「「炭鉱(ヤマ)のくらし・マチの記憶」地域間・地域内連絡の取り組み」	『釧路市立博物館紀要』第33輯	釧路市立博物館
石川 格			2000	「教育改革の流れと博物館」	『博物館研究』第35巻第6号	日本博物館協会
石川県立自然保護センター			1983	『石川県立自然保護センター10年のあゆみ』		石川県立自然保護センター

著者1	著者2	著者3	発行年	論文名・書籍名	掲載誌	発行元
石川県勧業博物館 編			1883	『石川県勧業博物館創立十年略記』		石川県勧業博物館
石川県勧業博物館 編			1894	『〔石川県〕勧業博物館創立二十年略記』		石川県勧業博物館
石川県立郷土資料館			1980	『十年のあゆみ 昭和43～54年』		石川県立郷土資料館
石川 健次			2014.8	「アートな時間 ボストン美術館 華麗なるジャポニスム展:印象派を魅了した日本の美:最初のクールジャパン?流行や異国趣味を超えた普遍へ」	『エコノミスト』第92巻第34号	毎日新聞社
石川 健次			2014.11	「アートな時間 チューリヒ美術館展 スイスが誇る美の殿堂から近現代を彩る圧巻の巨匠たち」	『エコノミスト』第92巻第47号	毎日新聞社
石川 健次			2015.3	「アートな時間 美術 ルーヴル美術館展:日常を描く:風俗画にみるヨーロッパ絵画の真髄:フェルメールの傑作が初来日 日常の装いに込められた教訓」	『エコノミスト』第93巻第13号	毎日新聞出版
石川縣師範學校			1932	「石川縣に於ける郷土教育状況」	『郷土教育』第十八號	郷土教育聯盟
石川縣師範學校			1932	『郷土研究資料目録』		石川縣師範學校
石川県立美術館 編			1972.2	『石川県立美術館12年のあゆみ昭和34年～46年』		石川県立美術館
石川県立美術館			1980.3	『石川県美術館20年史』		石川県立美術館
石川県立美術館			1984.3	「石川県近現代美術年譜」	『石川県立美術館紀要』第1号	石川県立美術館
石川県立美術館			1984.3	「石川県美術館運動史資料編」	『石川県立美術館紀要』第1号	石川県立美術館
石川県立美術館			2002.11	「美術館小史・余話(28)日本名刀展事件」	『石川県立美術館だより』第229号	石川県立美術館
石川 洵			2009.8	「博物館における立体映像の利用--空間映像を考える」	『日本写真学会誌』第72巻第4号	日本写真学会
石川 新太郎	柳澤 宏江*	朽津 信明	2012.2	「博物館明治村学習院長官舎の保存修理工事における復原的考察」	『東海支部研究報告集』第50巻	日本建築学会
石川 千代松			1928	『動物園』		(株)アルス
石川 千代松			1929	『人間不滅』		萬里閣書房
石川 千代松			1934	「博物館の話(1)-(2)」	『博物館研究』第7巻第1號、2號	日本博物館協會
石川 千代松			1936	『外遊日記』	『石川千代松全集』第6巻	興文社
石川 千代松			1936	『石川千代松全集』		興文社
石川 徹也	根本 彰	吉見 俊哉	2011.5	『つながる図書館・博物館・文書館:デジタル化時代の知の基盤づくりへ』		東京大学出版会
いしかわ動物園 編			2009.1	『いしかわ動物園10年のあゆみ』		いしかわ動物園
いしかわ動物園 編			2014.10	『いしかわ動物園ガイドブック:楽しく、遊べ、学べる動物園』		いしかわ動物園
石川 直章			2003.3	「特別展示における教育プログラムの一例」	『小樽市博物館紀要』第16号	小樽市博物館
石川 直章			2012.9	「「今」を記録する地域博物館の役割」	『博物館研究』第47巻第9号	日本博物館協会
石川 昇			1996.9	「ボランティア」	『ミュージアムマネージメント』	東京堂出版
石川 昇			1997	「市民が運営に参加する」	『日本博物館総覧』	東京堂出版
石川 昇			1997.3	「博物館におけるボランティア育成の実践-国立科学博物館の場合」	『日本ミュージアム・マネージメント学会研究紀要』第1号	日本ミュージアム・マネージメント学会
石川 昇			2000.5	「ボランティアにおける博物館活動の活性化-国立科学博物館の教育ボランティア及び全国博物館ボランティア研究協議会を中心に」	『博物館研究』第35巻第5号	日本博物館協会
石川 昇			2001.9	「葛飾区郷土と天文の博物館:考古学ボランティアの導入と活動」	『博物館学シリーズ 7博物館活動事例集』	樹村房
石川 昇			2001.9	「川崎市青少年科学館:かわさき自然調査団の活動」	『博物館学シリーズ 7博物館活動事例集』	樹村房

著者1	著者2	著者3	発行年	論文名・書籍名	掲載誌	発行元
石川 昇			2001.9	「国立科学博物館：教育ボランティアの活動」	『博物館学シリーズ 7博物館活動事例集』	樹村房
石川 昇			2001.9	「つくばエキスポセンター（つくば科学万博記念財団）：全国科学館連携協議会の移動展示」	『博物館学シリーズ 7博物館活動事例集』	樹村房
石川 昇			2001.9	「ふくしま海洋科学館：総合的な海の博物館」	『博物館学シリーズ 7博物館活動事例集』	樹村房
石川 昇			2001.9	「ミュージアムパーク茨城県自然博物館：幼児・児童が喜ぶ施設と配慮」	『博物館学シリーズ 7博物館活動事例集』	樹村房
石川 昇			2001.9	「津山科学教育博物館：科学教育の理想をめざして」	『博物館学シリーズ 7博物館活動事例集』	樹村房
石川 昇			2001.9	「北海道開拓の村：「村」を生き生きとさせるボランティア活動」	『博物館学シリーズ 7博物館活動事例集』	樹村房
石川 昇			2004.2	「国立科学博物館へのいざない」	『青少年問題』第51巻2号	青少年問題研究会
石川 昇			2008.9	「社会の様々なセクターとの連携・協働による博物館活動の拡充と人材育成-国立科学博物館における実践」	『JMMA日本ミュージアム・マネージメント学会会報』第13巻第2号	日本ミュージアム・マネージメント学会
石川 日出志	小林 三郎*	安蒜 政雄 他	1992.3	「対談：史跡整備を考える」	『Museologist:明治大学学芸員養成課程年報』第7巻	明治大学学芸員養成課程
石川 博幸			1983.12	「博物館実務実習生の受入れと今後の課題-府中市立郷土博物館の例-」	『平塚市博物館年報』第7号	平塚市博物館
石川 博幸	伊藤 鴨直		1990.3	「教育資料の分類と検索に関する一考察-パソコンシステムの利用とその方法-」	『府中市郷土の森紀要』第3号	府中市教育委員会
石川 宏之			1997.3	「博物館運営における行政の支援と住民の役割－ブレス・ブルギニオン・エコミュゼの場合－」	『Museum study:明治大学学芸員養成課程紀要』第8号	明治大学学芸員養成課程
石川 宏之	大原 一興		1997.12	「展示順序と観覧者の認知における差異の考察」	『日本建築学会計画系論文集』第62巻502号	日本建築学会
石川 宏之	大原 一興*	山方 桂	1998	「歴史的建造物を利用した博物館における活用手法の実態—歴史的建造物の保全活用に関する研究その1—」	『学術講演梗概集』1998巻	日本建築学会
石川 宏之	大原 一興*	山方 桂	1998	「歴史的建造物を利用した博物館における活用手法の実態—歴史的建造物の保全活用に関する研究その2—」	『学術講演梗概集』1998巻	日本建築学会
石川 宏之			1998.3	「エコミュゼの運営における管理システムと機構形態に関する考察-ル・クルゾー・モンソ・レ・ミーヌ都市共同体・エコミュゼのケーススタディ」	『日本ミュージアム・マネージメント学会研究紀要』第2号	日本ミュージアム・マネージメント学会
石川 宏之			1998.3	「山間部の地域づくりと博物館活動の役割に関する考察－ペイ・ド・ラ・ルドゥール・エコミュゼのケース・スタディー－」	『Museum study:明治大学学芸員養成課程紀要』第9号	明治大学学芸員養成課程
石川 宏之	大原 一興		1999	「地域遺産に対する川崎市民の保全意識の形成に関する考察：地域のエコミュージアム化に関する研究その4」	『学術講演梗概集』1999巻	日本建築学会
石川 宏之	大原 一興		2000	「市民活動の実状からみたミュージアム活動の可能性に関する考察：地域のエコミュージアム化に関する研究その5」	『学術講演梗概集』2000巻	日本建築学会
石川 宏之			2000.3	「エコミュージアムにおける社会的役割と住民参加のあり方に関する考察-フランスにおけるエコミュージアムの現状について」	『日本ミュージアム・マネージメント学会研究紀要』第4号	日本ミュージアム・マネージメント学会
石川 宏之	大原 一興	小滝 一正	2000.6	「地域資源に対する川崎市民の保全意識の形成に関する調査研究」	『日本建築学会技術報告集』第6巻第10号	日本建築学会
石川 宏之	小林 重敬		2001	「ミュージアム活動の視点から見た市民活動展開の条件に関する研究-神奈川県川崎市を事例として」	『都市計画論文集』第36号	日本都市計画学会
石川 宏之	大原 一興		2001	「ミュージアム活動の視点から見た市民活動展開の条件：地域のエコミュージアム化に関する研究その6」	『学術講演梗概集』2001巻	日本建築学会
石川 宏之			2002	「地域遺産に対する住民の認知・訪問・保全意識から見た地域運営に関する考察」	『日本ミュージアム・マネージメント学会研究紀要』第6号	日本ミュージアム・マネージメント学会
石川 宏之			2006.7	「地域博物館における来館者の利用状況と意向に関する研究：八戸市博物館を事例として」	『学術講演梗概集』2006巻	日本建築学会
石川 宏之			2006.12	「英国の科学館による都市再生と地域振興-レスター市のナショナル・スペース・センターを事例として」	『博物館学雑誌』第32巻第1号	全日本博物館学会
石川 宏之	高見沢 実	小林 重敬	2007	「地域振興に地域遺産を活かすためのミュージアム活動によるエリアマネジメントに関する研究-英国におけるアイアンブリッジ渓谷ミュージアム・トラストを事例として」	『都市計画論文集』第42号	日本都市計画学会
石川 宏之			2007.7	「地域博物館における来館者の利用状況と意向に関する研究 その2：八戸市美術館を事例として」	『学術講演梗概集』2007巻	日本建築学会
石川 宏之			2008.6	「地域博物館における来館者の利用状況と意向に関する研究その3：八戸市水産科学館を事例として」	『日本建築学会東北支部研究報告集 計画系』第71号	日本建築学会東北支部
石川 宏之			2010.6	「防災教育に災害遺構を活かすためのミュージアム活動によるエリアマネジメントに関する研究：洞爺湖周辺地域エコミュージアムを事例として」	『日本建築学会東北支部研究報告集 計画系』第73号	日本建築学会東北支部
石川 宏之			2012.6	「地域振興に火山災害遺構を活かすための博物館活動による推進協議会のエリアマネジメントに関する研究:平成新山フィールドミュージアムと島原半島ジオパークを事例として」	『日本建築学会東北支部研究報告集 計画系』第75号	日本建築学会東北支部

著者1	著者2	著者3	発行年	論文名・書籍名	掲載誌	発行元
石川 宏之			2014.3	「火山災害復興におけるジオパークのプランニングとマネジメント:島原半島ジオパークと洞爺湖有珠山ジオパークを事例として」	『静岡大学生涯学習教育研究』第16号	静岡大学イノベーション社会連携推進機構地域連携生涯学習部門
石川 誠			2009	「美術鑑賞における鑑賞者の論理とは ギャラリー・ラボ「〈書く〉ことと〈描く〉ことの間」展の試行から」	『Crosssections:京都国立近代美術館研究論集』第2号	京都国立近代美術館
石川 正行			2008.12	「整備下宅部遺跡はっけんのもりの誕生-市民と地域博物館による遺跡公園づくり」	『都市公園』第183号	東京都公園協会
石川 泰彦	池辺 靖*	小川 陽子 他	2009.9	「評価しながらすすめる展示開発--日本科学未来館における新規常設展示「地球環境とわたし」の開発事例」	『JMMA日本ミュージアム・マネージメント学会会報』第14巻第2号	日本ミュージアム・マネージメント学会
石川 梨絵			2012.5	「子ども向け暗闇体験プログラムの教育的効果」	『さわって楽しむ博物館ユニバーサル・ミュージアムの可能性』	青弓社
石川 陸郎	登石 健三*		1968.3	「博物館における照明光源の特質と蛍光灯の選択」	『保存科学』第4号	東京国立文化財研究所
石川 陸郎	登石 健三*		1969.3	「文化財撮影時の照明に対する安全についての考察」	『保存科学』第5号	東京国立文化財研究所
石川 陸郎	登石 健三*	見城 敏子	1972.3	「陳列室・収蔵庫内温湿度に関して」	『保存科学』第8号	東京国立文化財研究所
石川 陸郎			1977.8	「照明の手引き 展示照明と列品の劣化」	『古文化財の科学』第20・21号	文化財保存修復学会
石川 陸郎			1979.7	「古文化財に対する工学的鑑識」	『MUSEUM』第340号	東京国立博物館
石川 陸郎			1980.6	「博物館・美術館の展示照明光源」	『博物館研究』第15巻第6号	日本博物館協会
石川 陸郎			1988.5	「昭和62年度欧州博物館事情視察レポート①欧州博物館の展示環境の実状」	『博物館研究』第23巻第5号	日本博物館協会
石川 陸郎	三浦 定俊*	佐野 千絵	1993	「新設博物館・美術館等に於ける保存環境調査の実際」	『保存科学』第32号	東京国立文化財研究所
石川 陸郎	三浦 定俊*	佐野 千絵	1993.4	「新設博物館・美術館等における保存環境調査の実際」	『月刊文化財』第355号	第一法規
石川 陸郎			1996.3	「博物館館内の展示照明」	『Museum study:明治大学学芸員養成課程紀要』第7号	明治大学学芸員養成課程
石川 隆三郎			1984	「科学博物館の展示方法の研究」	『展示学』第1号	日本展示学会
石木 秀啓	松尾 尚哉*	山村 信榮	2015.7	「特別史跡大野城跡の保護・整備・活用:次の1400年にむかって」	『季刊邪馬台国』第126号	「季刊邪馬台国」編纂委員会
石倉 孝祐			2015.3	「地域博物館におけるミュージアム・ミッション」	『神奈川大学国際経営論集』第49号	神奈川大学経営学部
石倉 亮治			1992.3	「県立博物館情報システム」	『Museumちば:千葉県博物館協会研究紀要』23号	千葉県博物館協会
石倉 亮治			1992.7	「博物館と情報システム-博物館の収蔵資料管理業務におけるコンピュータシステム」	『情報の科学と技術』第42巻第7号	情報科学技術協会
石倉 亮治	望月 賢二*	小田島 高之	1993	「千葉県立博物館情報システム」	『千葉県立中央博物館 自然誌研究報告』第2巻2号	千葉県立中央博物館
石倉 亮治			1993.6	「千葉県立博物館における資料管理データベース-コンピュータネットワークシステムの機能と運用」	『情報管理』第36巻第3号	科学技術振興機構
石倉 亮治			1998.2	「博物館資料情報の共有化について」	『情報の科学と技術』第48巻第2号	情報科学技術協会
石倉 亮治			1999.8	「館種別博物館の情報化の現状と課題 歴史博物館」	『新版博物館学講座 第11巻博物館情報論』	雄山閣
石黒 敦彦			1999	『体験型おもしろミュージアム』		フレーベル社
石黒 武	呂 俊民*	瀬古 繁喜 他	2008.7	「美術館・博物館における空気環境の最適化に関する研究:その1展示・収蔵環境の空気質の解析」	『学術講演梗概集』2008巻	日本建築学会
石黒 武	宮田 弘樹	斉藤 智 他	2010.2	「ポーラ美術館の展示・収蔵環境最適化の実施例」	『BE建築設備』第61巻第3号	建築設備綜合協会
石黒 英彦			1915.9	「通俗教育の沿革(下)」	『帝國教育』第398號	帝國教育會
石黒 英彦			1916.10	「通俗教育の施設」	『通俗教育施設に関する講演集』	神奈川縣教育會
石黒 桃子	後藤 悦子*	黒沢 なつ美 他	1981.3	「博物館の利用状況及び地域に果たす役割」	『群馬県立歴史博物館紀要』第2号	群馬県立歴史博物館
石毛 直道 編	梅棹 忠夫*	佐々木 高明 編	1990.2	『梅棹忠夫著作集 第15巻民族学と博物館』		中央公論社

い

著者1	著者2	著者3	発行年	論文名・書籍名	掲載誌	発行元
石毛 直道			1995.3	「講演会 食文化と博物館」	『野田市郷土博物館の過去・現在・未来』博物館セミナーシリーズ5	野田市郷土博物館
石毛 直道	宇野 文男	高島 賢 他	2004	「シンポジウム 展示がまちをつくる-食とまちづくり」	『展示学』第38号	日本展示学会
石毛 直道	上野谷 加代子 インタビュアー		2014.11	「小さな動物園や水族館が私の胃袋を通り抜けた 石毛直道さん 国立民族学博物館名誉教授」	『月刊福祉』第97巻第13号	全国社会福祉協議会
石毛 弓 編	柏木 隆雄 編	小林 宣之 編	2014.3	『日仏文学・美術の交流:「トロンコワ・コレクション」とその周辺』		思文閣出版
石坂 雅昭			1980.5	「見て・ふれて・動かして・楽しみながら学ぶ-理工展示(富山市科学文化センター)」	『博物館研究』第15巻第5号	日本博物館協会
石坂 雅昭			1991.3	「雪片の顕微鏡立体写真撮影法とその展示」	『富山市科学文化センター研究報告』第14号	富山市科学文化センター
石坂 雅昭			1994.9-1994.10	「展示というメディアの特徴と博物館の役割(1)-(2)」	『博物館研究』第29巻第9号、10号	日本博物館協会
石﨑 武志			2001	「東京国立文化財研究所新営収蔵庫の環境調査」	『保存科学』第40号	東京国立文化財研究所
石﨑 武志	吉田 直人*	佐野 千絵 他	2007	「25年目を迎える保存担当学芸員研修」	『保存科学』第47号	国立文化財機構東京文化財研究所
石﨑 武志			2012.3	「博物館資料の被災防止と救援活動」	『博物館資料保存論:学芸員の現場で役立つ基礎と実践』	講談社
石﨑 武志			2012.3	『博物館資料保存論:学芸員の現場で役立つ基礎と実践』		講談社
石﨑 武志			2015.12	「被災石造文化財の保存修理」	『東北芸術工科大学文化財保存修復研究センター紀要』第5号	東北芸術工科大学文化財保存修復研究センター
石沢 良昭 編			1995	『講座文明と環境 12文化遺産の保存と環境』		朝倉書店
石島 渉			1960.9	「地学標本の採集と整理・保存」	『Mouseion:立教大学博物館研究』第6号	立教大学学校・社会教育講座
石島 渉	広瀬 栄一*	宮本 馨太郎	1963.3	「座談会 欧米の博物館をめぐって」	『Mouseion:立教大学博物館研究』第9号	立教大学学校・社会教育講座
石田 戢			1997	「動物園の目的・運営・評価—動物園は何をするのか—」	『日本モンキーセンター年報』平成8年度	日本モンキーセンター
石田 戢			1997.3	「動物園の課題」	『動物園研究』第1巻1号	動物園研究会
石田 戢			2000.1	「現代日本動物園の課題」	『畜産の研究』第54巻1号	養賢堂
石田 戢			2000.6	「館種別博物館機能論 動物園」	『新版博物館学講座 第4巻 博物館機能論』	雄山閣
石田 戢			2006.4	「動物園は見世物か」	『動物園研究』第10巻1号	動物園研究会
石田 オサム			2008.9	「日本の動物園からみた多摩動物公園の特筆」	『都市公園』第182号	東京都公園協会
石田 戢			2010.7	『日本の動物園』		東京大学出版会
石田 戢	大林 駿斗*		2013.12	「多摩動物公園の入園者像:10年後の変移」	『動物観研究』第18号	ヒトと動物の関係学会
石田 戢	矢野 明日香*	佐渡友 陽一	2015.12	「新聞記事に見る第二次世界大戦前後の日本人の動物園観の変化」	『動物観研究』第20号	ヒトと動物の関係学会
石田 和晴			2012.11	「ミュージアム・ファンドレイジング(博物館の広報・営業の実際)」	『博物館学3(博物館情報メディア論*博物館経営論)』	学文社
石田 和晴			2012.11	「博物館友の会など支援組織との連携(ミュージアム・ネットワーク)」	『博物館学3(博物館情報メディア論*博物館経営論)』	学文社
石田 克	井上 好章	古田 靖志 他	2005.3	「岐阜県博物館の特別展における参加・体験型展示について」	『岐阜県博物館調査研究報告』第26号	岐阜県博物館
石田 恵子	山田 吉孝		1994.3	「サイエンスショーにおける実験の工夫について」	『名古屋市科学館紀要』第20号	名古屋市科学館
石田 恵子			1997.3	「手軽に撮れる瞬間写真-ミルククラウン他-」	『名古屋市科学館紀要』第23号	名古屋市科学館
石田 恵子	平田 こずえ	成田 美由紀	1999.3	「サイエンスショー「ドライアイスでどっきんコ!?」」	『名古屋市科学館紀要』第25号	名古屋市科学館
石田 恵子	吉原 攝子	鷲野 智世 他	1999.3	「サイエンスショー「粉の不思議」」	『名古屋市科学館紀要』第25号	名古屋市科学館

著者1	著者2	著者3	発行年	論文名・書籍名	掲載誌	発行元
石田 恵子	山田 吉孝		2002.3	「科学系博物館における展示手法等の調査」	『名古屋市科学館紀要』第28号	名古屋市科学館
石田 恵子			2006.3	「紫外線をあてたとき蛍光を発するものを調べる楽しい実験」	『名古屋市科学館紀要』第32号	名古屋市科学館
石田 源次郎			2008.1	「植物園にとっての博物館制度」	『マナビィ』第79号	文部科学省
石田 修大			1995	『幻の美術館 蘇る松方コレクション』		丸善ライブラリー
石田 惣			2005	「博物館における市民参加型生態学研究のこれから」	『日本生態学会誌』第55巻第3号	日本生態学会誌編集委員会
石田 惣			2006.8	「博物館と生態学(2)学校と博物館の連携で展開される生態学教育」	『日本生態学会誌』第56巻第2号	日本生態学会誌編集委員会
石田 惣	佐久間 大輔*	和田 岳 他	2009.6	「生態学をテーマとした展示室の新しい形をめざして―大阪市立自然史博物館―」	『JMMA日本ミュージアム・マネージメント学会会報』第14巻第1号	日本ミュージアム・マネージメント学会
石田 惣	佐久間 大輔	釋 知恵子 他	2010.3	「博物館と生態学(12)生態学をテーマとした新しい展示室:小学生でもわかるベーツ擬態、島の生物地理学、メタ個体群を目指して」	『日本生態学会誌』第60巻第1号	日本生態学会誌編集委員会
石田 惣			2012.3	「陸前高田市海と貝のミュージアム所蔵の貝類標本レスキュー」	『Nature study』第58巻第3号	大阪市立自然史博物館友の会
石田 惣			2016.11	「博物館における学校教育支援のあり方：大阪市立自然史博物館における教材作成・活用の事例から」	『日本生態学会誌』第66巻第3号	日本生態学会誌編集委員会
石田 武久			2000.1	「博物館学各論(2)-博物館の実践学-博物館資料調査研究法」	『新版博物館学講座 第1巻 博物館学概論』	雄山閣
石田 哲朗			2017.2	「全館改修におけるLEDスポットライトの選定と導入」	『日本写真学会誌』第80巻第1号	日本写真学会
石田 尚豊	土田 直鎮*	岡田 章雄 他	1974.6	「歴博の展示法について」	『歴史と博物館』第3号	歴博研究会
石田 浩久	藤岡 達也*	戸田 智	2006.1	「学校・博物館を取り込んだ地域連携による景観の活用について」	『歴史地理学』第48巻第1号	歴史地理学会
石田 正治	岡本 信也	黒田 千香子 他	1996.11	「産業と展示―見えるもの、見えぬもの」	『展示学』第22号	日本展示学会
石田 美紀	原田 健一 編	石井 仁志 編	2013.9	「地域の肖像」	『懐かしさは未来とともにやってくる：地域映像アーカイブの理論と実際』	学文社
石田 美喜蔵			1921	「王城内の美術館」	『歐米を巡りて』	私家版
石田 美喜蔵			1921	「紺育科學博物館」	『歐米を巡りて』	私家版
石田 美喜蔵			1921	「紐育中央公園をホドソン河畔の動物園」	『歐米を巡りて』	私家版
石田 美喜蔵			1921	『歐米を巡りて』		
石田 美喜蔵			1922	「ボストン博物館」	『實業家の見たる現今の歐米』	文甃堂
石田 美喜蔵			1922	「ルーブル國立美術館」	『實業家の見たる現今の歐米』	文甃堂
石田 美喜蔵			1922	「ロダン作品陳列館」	『實業家の見たる現今の歐米』	文甃堂
石田 安明	水野 礼子*		1985	「動物園、水族館における友の会ボランティア組織の設置状況調査報告」	『動物園教育―日本動物園教育研究会10年の歩み―』	日本動物園教育研究会
石田 亮介	千野 亮*		2014.5	「グローバル展開を推進する博物館ソリューション」	『Fujitsu』65号	富士通
伊地知 純正			1919	『倫敦名所圖會』		研究社
石塚 丈晴	高田 浩二	堀田 龍也 他	2007	「児童の水族館での学習における携帯電話の活用の検討」	『日本教育工学会論文誌』第31巻	日本教育工学会
石塚 丈晴	高田 浩二	森谷 和浩 他	2007.7	「児童の携帯電話利用と学習端末としての活用可能性に関する一考察-水族館での実践事例を通して」	『日本教育工学会研究報告集』第7巻第3号	日本教育工学会
石塚 丈晴	高田 浩二	森 徹 他	2007.10	「公民館と水族館との連携による児童と保護者のための子供会向け地域学習プログラムの開発」	『日本教育工学会研究報告集』第7巻第4号	日本教育工学会
石塚 丈晴	高田 浩二	森 徹 他	2008.10	「携帯電話とSNSを活用した子供会行事としての水族館学習」	『教育システム情報学会研究報告』第23巻第3号	教育システム情報学会
石塚 裕子			2016.8	「被災地ツーリズムのユニバーサル化への試み」	『ひとが優しい博物館：ユニバーサル・ミュージアムの新展開』	青弓社

い

著者1	著者2	著者3	発行年	論文名・書籍名	掲載誌	発行元
石月 静恵			2009.3	「博物館と博物館実習-桜花学園大学人文学部のカリキュラム「博物館実習」を中心に」	『桜花学園大学人文学部研究紀要』第11号	桜花学園大学
石附 実			1986.12	『異文化接触と日本の教育 1教育博物館と明治の子ども』		福村出版
石堂 豊 編			1972	『社会教育関係文献目録 第1集』		広島大学教育学部教育経営学石堂研究室
石鍋 由美子			2007.12	「特別展「今に伝えるつむぎの魅力」を開催して」	『博物館の仕事』	岩田書院
石野 弥栄			2003.3	「愛媛県の博物館史」	『國學院大學博物館學紀要』第27輯	國學院大學博物館学研究室
石橋 健太郎			1995	「草戸千軒町遺跡と広島県立歴史博物館」	『日本史学集録』第18号	筑波大学日本史談話会
石橋 五郎			1912	「第二回郷土保存萬國會議状況報告」	『歴史地理』第二十巻第五號	日本歴史地理學會
石橋 星志			2011.3	「大学における戦争遺跡--研究・保存と教育での活用」	『駿台史學』第141号	駿台史学会
石橋 忠信	柴 正博*		1997	「博物館におけるホームページの活用と展開」	『静岡県博物館協会研究紀要』第21号	静岡県博物館協会
石橋 忠信	柴 正博*		1998.12	「博物館のデジタル情報とインターネット利用」	『地学雑誌』第107巻6号	東京地学協会
石橋 忠信	柴 正博*		1999	「博物館にホームページを！－博物館ホームページ推進研究フォーラムの目的と活動―」	『博物館研究』第34巻第6号	日本博物館協会
石橋 忠信	柴 正博		1999.3	「博物館におけるホームページの役割」	『東海大学博物館研究報告』第1号	東海大学社会教育センター
石橋 忠信	柴 正博		1999.7	「ホームページ時代のデータベース」	『博物館研究』第34巻第7号	日本博物館協会
石橋 忠信	柴 正博*	泰井 良	2000	「静岡県博物館協会インターネット活用研究会の活動」	『静岡県博物館協会研究紀要』第24号	静岡県博物館協会
石橋 長三郎			1925	「植物の生態に準據したる植物園設置便覧」ほか	『趣味の涵養に基ける學校園設置便覧』	中島勉強堂
石橋 みゆき	三浦 和信*	川内 希弥子 他	1999	「展示解説員による対話形式の解説―視覚障害者と解説を共に考える―」	『ユニバーサル・ミュージアムをめざして―視覚障害者と博物館―』	神奈川県立生命の星・地球博物館
石浜 佐栄子	大島 光春	広谷 浩子 他	2010.3	「塗り絵をコミュニケーションツールに使った子どものための展示について--[神奈川県立生命の星・地球博物館]2009年度特別展における「ぬりえdeおめん」コーナーの実施報告」	『神奈川県立博物館研究報告.自然科学』第39号	神奈川県立生命の星・地球博物館
石原 あえか			2015.10	「皮膚科ムラージュをめぐって医学と芸術の邂逅(2)北海道大学総合博物館のムラージュと南条議雄 日本におけるムラージュ常設展示の試み」	『西日本皮膚科』第77巻第5号	日本皮膚科学会西部支部
石原 啓司			1986.3	「公立博物館の役割について」	『山口県立山口博物館研究報告』第12号	山口県立山口博物館
石原 啓司			1990.3	「公立博物館の未来像」	『山口県立山口博物館研究報告』第16号	山口県立山口博物館
石原 啓司			1992.3	「21世紀に向けての山口県立博物館試案」	『山口県立山口博物館研究報告』第18号	山口県立山口博物館
石原 憲治			1977	「ヨーロッパの野外ミュージアムの国際組織について」	『民俗建築』第72号	日本民俗建築学会
伊原 慎太郎			2010.3	「山口県立山口博物館所蔵の写本資料について」	『山口県立山口博物館研究報告』第36号	山口県立山口博物館
石原 敏子			2010.3	「国内の絵本美術館・児童文学館を訪ねて-平成20年度国内研究員報告」	『関西大学外国語教育フォーラム』第9号	関西大学外国語教育研究機構
石原 義剛			2004	「海の博物館における海体験の試み」	『沿岸域学会誌』第17巻第2号	日本沿岸域学会
石部 正志			1977.4	「Ⅰ考古学からみた新しい地域史の課題(座談会)報告 1地域開発に抵抗する文化財保存運動の発展」	『地方史マニュアル 9地方史と考古学』	柏書房
石部 正志			2002	「遺跡の整備古墳の整備」	『明日への文化財』第48号	文化財保存全国協議会
石部 正志			2017.6	「住民運動の高揚と池上曽根遺跡」	『文化財保存70年の歴史:明日への文化遺産』	新泉社
井島 真知			1999	「ミュージアムエデュケーターとして考える教育と展示―ニューヨーク・バンクストリート大学院博物館教育プログラムを通じて―」	『展示学』第28号	日本展示学会
井島 真知			2000	「博物館の評価環境を考える―展示開発と展示評価」	『文環研レポート』第14号	文化環境研究所
井島 真知			2000.3	「ワークショップ+シンポジウムに参加して--展示評価の限界と可能性(ワークショップ&シンポジウム 博物館を評価する視点)」	『滋賀県立琵琶湖博物館研究調査報告』第17号	滋賀県立琵琶湖博物館

著者1	著者2	著者3	発行年	論文名・書籍名	掲載誌	発行元
井島 真知			2000.4	「博物館と利用者をつなぐもの―「琵琶湖博物館を評価する」ワークショップに参加して」	『月刊ミュゼ』40号	(株)アム・プロモーション
井島 真知			2001.8	「博物館エデュケーターとして考えること」	『Zenjin(全人)』第75巻8号	玉川大学出版部
井島 真知			2006.3	「ダイナソアファクトリーでのプログラム」	『月刊ミュゼ』75号	(株)アム・プロモーション
井島 真知	碇 京子*	雨宮 千嘉	2007.11	「携帯端末導入におけるコンテンツ開発の考え方」	『博物館研究』第42巻第11号	日本博物館協会
石丸 正運			2000.12	「滋賀県立近代美術館開館までの道程」	『博物館学年報』第32号	同志社大学博物館学芸員課程
石丸 紀興	村上 茂輝*	李 明	2016.3	「広島博物館基本計画案と黒川紀章:比治山芸術公園の形成と建築家黒川紀章に関する研究」	『日本建築学会中国支部研究報告集』第39巻	日本建築学会中国支部
石村 悠			2010.3	「21世紀の北陸の美術館の在り方」	『GEIBUN:富山大学芸術文化学部卒業研究・制作集』第1巻	富山大学芸術文化学部
石本 正明 他			1997	「北海道における歴史的資産を活かしたまちづくりの展開に関する研究―各市町村の取り組みと住民意識の実態―」	『都市学研究:北海道都市地域学会研究論文集』第34号	北海道都市地域学会
石本 正明	越野 武	角 幸博	2000	「北海道における歴史的資産に関わるまちづくり市民活動の現状と課題―活動状況と意識の実態調査―」	『日本建築学会技術報告集』第11号	日本建築学会
石本 正明	越野 武	角 幸博	2000	「北海道における歴史的建物の博物館施設への保存活用の実態」	『日本建築学会技術報告集』第11号	日本建築学会
石森 秀三			1999.3	『放送大学教材 博物館概論-ミュージアムの多様な世界』		放送大学教育振興会
石森 秀三 編			2000.3	『放送大学教材 博物館経営・情報論』		放送大学教育振興会
石森 秀三 編			2000.3	『放送大学教材 博物館資料論』		放送大学教育振興会
石森 秀三 編	西山 徳明 編		2001.3	『ヘリテージ・ツーリズムの総合的研究』		国立民族学博物館
石森 秀三 編	安福 恵美子 編		2003.3	『観光とジェンダー』		国立民族学博物館
石森 秀三			2003.3	『博物館概論改訂版-ミュージアムの多様な世界』		放送大学教育振興会
石森 秀三 編			2004.3	『放送大学教材 博物館経営・情報論改訂版』		放送大学教育振興会
石山 脩平			1933	「第一篇郷土教育論」	『現今八大教育思潮』	モナス
石山 脩平			1936	「第一章最近教育思潮に於ける郷土教育論の地位」	『郷土教育』	藤井書店
石山 脩平			1936	「第六章四郷土室(郷土博物館)」	『郷土教育』	藤井書店
石山 脩平			1938	「第二節郷土教育論」	『新学習指導要論』	目黒書店
石山 脩平			1938	「第三章郷土教育論と國史教育」	『實踐國史教育體系 第3巻 國史教育と解釈學』	晃文社
石山 禎一			1997	『シーボルトの日本研究』		吉川弘文館
石山 禎一			2000.4	『シーボルト-日本の植物に賭けた生涯-』		里山出版
石山 秀和			2009.6	「博物館問題 地域博物館とは?そして「日本」の学芸員とは?」	『地方史研究』第59巻第3号	地方史研究協議会
石山 洋			1992.3	「府県立博物館の地域計画論を検討して」	『全国大学博物館学講座協議会研究紀要』第2号	全国大学博物館学講座協議会
石山 洋			1998.3	「本邦における博物館及び図書館の創設期-町田久成の国立総合博物館設立をめぐって-」	『東海大学紀要.課程資格教育センター』第7号	東海大学課程資格教育センター
石山 洋			2001.1	「源流から辿る近代図書館(1)日本版大英博物館の創設者-町田久成」	『日本古書通信』第66巻1号	日本古書通信社
石山 洋			2001.4	「源流から辿る近代図書館(4)博覧会、博物館そして図書館の時代」	『日本古書通信』第66巻4号	日本古書通信社
居城 勝彦	中山 京子*	今田 晃一 他	2016.6	「国際理解教育における博物館活用の可能性:ワークショップ10年をふりかえる報告書の作成」	『国際理解教育』第22巻	日本国際理解教育学会
石渡 美江 編	倉田 公裕*(監)	松浦 淳子 他編	1996.9	『博物館学事典』		東京堂出版

い

著者1	著者2	著者3	発行年	論文名・書籍名	掲載誌	発行元
石渡 美江			1998.3	「岡倉天心の美術館案内制度に学ぶこと」	『Museum study:明治大学学芸員養成課程紀要』第9号	明治大学学芸員養成課程
石渡 美江	熊野 正也*	松浦 淳子	1999.3	「博物館法・館長・学芸員-生涯教育審議会の答申と文化政策の将来構想を読んで-」	『明治大学博物館研究報告』第4号	明治大学博物館事務室
石渡 美江			2010.7	「蜷川式胤」「大倉喜八郎」「岡倉天心」	『博物館学人物史上』	雄山閣
伊豆原 月絵	吉田 紘三		2013.1	「神戸ファッション美術館との学館協働事業による復元研究:織物」	『大阪樟蔭女子大学研究紀要』第3号	大阪樟蔭女子大学
泉 三郎			1984	『明治四年のアンバッサドル』		日本経済新聞社
泉 三郎			1996.11	『堂々たる日本人-知られざる岩倉使節団 この国のかたちと針路を決めた男たち-』		祥伝社
泉 三郎			2004.7	『岩倉使節団という冒険』		文芸春秋
泉 眞也	粟津 潔*	栄久庵 憲司 他	1988.4	「パリの空の下≪博物館と展示≫を語る」	『展示学』第6号	日本展示学会
泉 眞也 編著	寺澤 勉 編著		1992.8	『Display designs in Japan:1980-1990.vol.3(エクスポ&エキジビション)』		六耀社
泉 誠司	岡本 桂典		2004	「高知県立歴史民俗資料館の教育普及事業について1-学校との連携一つの試み-」	『高知県立歴史民俗資料館研究紀要』第14号	高知県立歴史民俗資料館
和泉 大樹			2015.3	「小規模ミュージアムにおける地域づくり・観光振興への取り組みに関する一考察:大阪府貝塚寺内町「明治・大正・昭和くらしの資料館」を事例として」	『阪南論集.人文・自然科学編』第50巻第2号	阪南大学学会
和泉 大樹			2016.3	「「観光」というコンテクストにおける「記録保存」の措置を取られた「埋蔵文化財(遺跡)」に関するアプローチ──「記録保存」から「記憶保存」へ──」	『阪南論集.人文・自然科学編』第51巻第2号	阪南大学学会
和泉 大樹			2016.3	「観光資源としての「名勝」:『保存管理計画』にみる活用方案からのアプローチ」	『阪南論集.社会科学編』第51巻第3号	阪南大学学会
和泉 大樹	阿部 正喜*	落合 知子 他	2016.3	「観光資源としての博物館の活用」	『観光資源としての博物館』	芙蓉書房出版
和泉 大樹			2017.4	「「蛸壺づくりの村」を活用した観光地域づくりの基礎的プロセス」	『考古学・博物館学の風景:中村浩先生古稀記念論文集』	芙蓉書房出版
和泉 浩			2010.3	「近代の都市と美術館における空間と場所-テオドール・W・アドルノ「ヴァレリープルースト美術館」をもとに-」	『秋田大学教育文化学部研究紀要.人文科学・社会科学』第65巻	秋田大学教育文化学部
泉 芳璟			1928	「ペラデニアの植物園」「植物園」	『印度旅日記』	発藻堂書院
和泉市久保惣記念美術館			2007.3	『美術館25年の足跡:写真グラフ』		和泉市久保惣記念美術館
出雲市無形文化財連絡協議会 編			2016.3	『出雲市無形文化財連絡協議会50年の歩み』		出雲市無形文化財連絡協議会
井堰 絵里佳	伏見 清香		2016	「ピクトグラムを使用した博物館のスマートフォン用解説支援webサイトの研究」	『大会学術講演論文集』2016年度	日本図学会
井堰 絵里佳	伏見 清香		2017.6	「ピクトグラムの「図の細かさ・精細さ」における「視認性」と「理解度」ピクトグラムを使用した博物館のスマートフォン用解説支援Webサイトの研究」	『図学研究』第51巻2号	日本図学会
伊勢 清志	吉川 正憲*		1995.4	「第4回サロン・ド・ミュゼ メトロポリタン美術館VSブリティッシュミュージアム」	『月刊ミュゼ』10号	(株)アム・プロモーション
磯崎 咲美	宮川 大介+	村上 聖一	2011.11	「放送史資料収集・保存・公開をめぐる課題:歴史研究者のアーカイブ専門家は現状をどう見ているか」	『放送研究と調査』第61巻第11号	NHK放送文化研究所
磯崎 新	飯田 善國*	中原 佑介	1981.11	「討議Ⅱ新しい美術館像を求めて」	『美術手帖』488号	美術出版社
礒崎 真英	増田 実*	鈴木 賢 他	2013.6	「植物工場技術の研究・開発および実証・展示・教育拠点(10)三重実証拠点」	『植物環境工学』第25号2輯	日本植物工場学会
磯田 和生	市野 純子*	花井 綾子 他	2013.1	「博物館・美術館におけるディスプレイ角度がユーザーの認知・行動・感情に与える影響」	『電子情報通信学会技術研究報告』第112巻第420号	電子情報通信学会
磯田 和生	市野 順子*	上田 哲也 他	2014.10	「インタラクティブパブリックディスプレイの角度要因はパーソナルスペースに影響を及ぼすか?:ミュージアムでのフィールドスタディから」	『電子情報通信学会技術研究報告』第114巻第273号	電子情報通信学会
磯田 和生	市野 順子*	上田 哲也 他	2015.4	「インタラクティブディスプレイの角度がソーシャルインタラクションに与える影響:ミュージアムにおけるフィールドスタディ」	『情報処理学会論文誌』第56巻第4号	情報処理学会
磯田 正美	小川 義和	江川 静海 他	2006.8	「科学博物館における数学展示・実験教具とその実践手法の開発研究」	『日本科学教育学会年会論文集』第30巻	日本科学教育学会
磯野 直秀			1985.12	「東京大学動物学教室の歴史」	『ミズカマキリはとぶ──動物学者の軌跡』	学会出版センター
磯野 直秀			1987.1	『モースその日その日 ある御雇教師と近代日本』		有林堂

著者1	著者2	著者3	発行年	論文名・書籍名	掲載誌	発行元
磯野 直秀			1988	『三崎臨海実験所を去来した人たち 日本における動物学の誕生』		学会出版センター
磯野 直秀			1992	「東京国立博物館蔵『博物館図譜』について」	『慶応義塾大学日吉紀要.自然科学』第12号	慶応義塾大学
磯野 直秀			1994	「博物書の宝庫—帝室本」	『MUSEUM』第526号	東京国立博物館
磯野 直秀			1995	「田中芳男の貼り交ぜ帳と雑録集」	『慶応義塾大学日吉紀要.自然科学』第18号	慶応義塾大学
磯野 なつ子	布谷 知夫*		2003.2	「博物館におけるコミュニケーションのありかた」	『21世紀型ミュージアム・マネージメントの創造—ミュージアムマネージメント学の確立のために—』	日本ミュージアム・マネージメント学会
五十畑 弘			2016	「供用下にある歴史的土木構造物に関する調査〜世界遺産・重要文化財の事例を対象に〜」	『土木学会論文集D2(土木史)』第72巻1号	土木学会
磯部 一洋			2009.9	「地方博物館を中心とした地質の普及活動の紹介--東京都新島村を例に」	『地質ニュース』第661号	実業公報社
磯部 一洋			2010.10	「地方博物館におけるボランティア活動」	『地理』第55巻第10号	古今書院
磯部 淳一			1987.3	「群馬県博物館史」	『國學院大學博物館學紀要』第12輯	國學院大學博物館学研究室
磯辺 次雄			1999.3	「神戸市立博物館における学校との連携事業」	『神戸市立博物館研究紀要』第15号	神戸市立博物館
伊田 和身			1991.6	「北米科学博物館訪問記」	『国立科学博物館ニュース』第266号	国立科学博物館
井田 静夫			1921	『珍らしい私の植物園』		敬文館
板井 良介			2014	「第2回大分県立美術館開館に思う」	『大分県芸術文化スポーツ振興財団広報誌』第66号	大分県芸術文化スポーツ振興財団
板垣 鷹穂			1926	「美術館の事」	『イタリアの寺:批評と紀行、美術史論』	大鐙閣
板垣 鷹穂			1932	「西歐美術館印象の断片」	『藝術界の基調と時潮』	六文館
板垣 鷹穂			1939	「帝室博物館に寄す」	『科學知識』第19巻第1號	科学知識普及會
板垣 鷹穂			1942	「美術館」	『建築』	育生社弘道閣
井谷 芳明	実川 純一*	鈴木 淳一	1999.3	「千葉県立現代産業科学館における教育普及活動の現状と課題-アンケート調査から-」	『千葉県立現代産業科学館研究報告』第5号	千葉県立現代産業科学館
板橋 春夫			1996.6	「いま博物館はどうなっているのか:シンポジウム「博物館の現代的課題と展望」から」	『地方史研究』第46巻第3号	地方史研究協議会
板谷 敏弘			1996.3	「展示批評 戦争と豊島区をみて」	『生活と文化:豊島区立郷土資料館研究紀要』第10号	豊島区教育委員会
板谷 義三			1930	「植物園見學」	『きっと儲かる薬草の栽培法』	東京薬草園
一氏 義良			1923	「博物館的施設」	『ロンドン印象記』	世界思潮研究會
市岡 浩子	中鉢 令兒		2008.11	「洞爺湖周辺地域におけるエコツーリズム推進の可能性についての考察」	『日本観光研究学会全国大会学術論文集』第23号	日本観光研究学会
市岡 康子			2003	「映像による民族文化の保存」	『民族芸術』第19号	民族芸術学会
市川 恵理	山崎 誠子		2012.9	「動物園におけるランドスケープイマージョンの現状と一考察:よこはま動物園ズーラシアにおけるケーススタディ」	『学術講演梗概集』2012巻	日本建築学会
市川 三喜			1934.12	「小泉八雲記念館」	『博物館研究』第7巻第3號	日本博物館協會
市川 高子	五十嵐 史帆*	笹川 修一	2017	「地域美術館の実際と課題:上越教育大学と小林古径記念美術館との連携事例からの考察」	『上越教育大学研究紀要』第36巻2号	上越教育大学
市川 知都理	小俣 直喜*		2010.3	「参加型教育美術展「新みなび」」	『山梨県立美術館研究紀要』第24号	山梨県立美術館
市川 知都理	小俣 直喜*		2010.11	「中学生のためのアートレクチャー---中高生に親しみのある美術館をめざして」	『博物館研究』第45巻第11号	日本博物館協会
市川 徹			1999.3	「科学館フェスティバルの開催」	『名古屋市科学館紀要』第25号	名古屋市科学館
市川 徹			2000.3	「学校と科学館の連携」	『名古屋市科学館紀要』第26号	名古屋市科学館

い

著者1	著者2	著者3	発行年	論文名・書籍名	掲載誌	発行元
市川 尚	工藤 彰*	窪田 諭 他	2010.3	「フィールドミュージアムにおけるまち歩き支援システムの検討」	『全国大会講演論文集 第72回』	情報処理学会
市川 尚	佐藤 歩*	窪田 諭 他	2010.3	「野外美術館における鑑賞支援システムの開発」	『全国大会講演論文集 第72回』	情報処理学会
市川 長弘	遠藤 英雄*		1989.1	「免震機能保有・展示ケースの開発」	『展示学』第9号	日本展示学会
市川 秀雄	加藤 克*	高谷 文仁	2009.9	「札幌農学校所属博物館における鳥類標本管理史(1)東京仮博物場から札幌農学校所属博物館初期まで」	『北大植物園研究紀要』第9号	北海道大学北方生物圏フィールド科学センター植物園
市川 秀雄	加藤 克*	高谷 文仁	2010.10	「札幌農学校所属博物館における鳥類標本管理史(2)明治期の札幌農学校所属博物館」	『北大植物園研究紀要』第10号	北海道大学北方生物圏フィールド科学センター植物園
市川 秀雄	加藤 克*	高谷 文仁	2011.12	「研究者の遺した写真を用いた標本情報の収集について:ヒグマ頭骨標本を一例に」	『北大植物園研究紀要』第11号	北海道大学北方生物圏フィールド科学センター植物園
市川 秀雄	加藤 克*	高谷 文仁	2012.12	「札幌農学校所属博物館における鳥類標本管理史(3):大正～昭和期の博物館」	『北大植物園研究紀要』第12号	北海道大学北方生物圏フィールド科学センター植物園
市川 秀雄	加藤 克*	高谷 文仁	2014.12	「札幌農学校所属博物館における鳥類標本管理史(4):標本ラベルの変遷からみた管理史」	『北大植物園研究紀要』第14号	北海道大学北方生物圏フィールド科学センター植物園
市川 秀之			2010.3	「滋賀県の考古学(16)最新の成果と課題(第16回)滋賀県下の博物館の現状と課題」	『人間文化:滋賀県立大学人間文化学部研究報告』第27号	滋賀県立大学人間文化学部
市川 秀之			2010.5	「滋賀県下の博物館問題」	『新しい歴史学のために』第276号	京都民科歴史部会
市川 寛明			2003.9	「博物館の現状と歴史認識の課題」	『人民の歴史学』第157号	東京歴史科学研究会
市川 寛明	小島 道裕	水藤 真 他	2005.1	「座談会 博物館の現状と将来」	『日本歴史』第680号	吉川弘文館
市川 寛明			2010.12	「高い専門性と実践力を備えた学芸員の養成課程のあり方について」	『博物館研究』第45巻第12号	日本博物館協会
市川 正夫			2004.3	「千葉県立房総のむらにおける子ども向け事業」	『Museumちば:千葉県博物館協会研究紀要』35号	千葉県博物館協会
市川 美和子	増田 泰重*		2002.3	「東村山ふるさと歴史館におけるこども向け教育普及活動—新しい博物館づくり事業を中心として—」	『Museologist:明治大学学芸員養成課程年報』第17巻	明治大学学芸員養成課程
市川 康夫	羽田 司	松井 圭介	2016.4	「日本人・外国人ツーリストの観光特性とイメージにみる白川郷の世界遺産観光」	『人文地理学研究』第36巻	筑波大学大学院生命環境科学研究科地球環境科学専攻
市川 渡			1862	『尾蠅欧行漫録』		
市川 渡			1930	「尾蠅歐行漫録」	『遣外使節日記纂輯二』	日本史籍協會
一記者			1912	「新設通俗教育館を觀る」	『帝國教育』第365號	帝國教育會
一記者			1913	「香川縣の通俗教育博物館」	『帝國教育』第369號	帝國教育會
一記者			1913	「香川縣教育會香川郡部會主催通俗教育博物館」	『教育界』第12巻第6號	明治教育社
一記者			1928	「國立博物館と帝國議會」	『博物館研究』第1巻第1號	博物館事業促進會
一記者			1928	「博物館の建設維持方法 英米両國の比較」	『博物館研究』第1巻第1號	博物館事業促進會
一記者			1928	「博物館従業員の養成」	『博物館研究』第1巻第1號	博物館事業促進會
一記者			1928	「博物館問題に對する諸家の意見」	『博物館研究』第1巻第1號	博物館事業促進會
一記者			1928	「學校教育と博物館」	『博物館研究』第1巻第2號	博物館事業促進會
一記者			1928	「山口縣立教育博物館の近況」	『博物館研究』第1巻第3號	博物館事業促進會
一記者			1928	「美術工藝の博物館に就て」	『博物館研究』第1巻第3號	博物館事業促進會
一記者			1928	「岡山市の大典記念郷土博物館建設計畫」	『博物館研究』第1巻第4號	博物館事業促進會
一記者			1928	「仙臺市の大典記念郷土博物館建設」	『博物館研究』第1巻第4號	博物館事業促進會
一記者			1928	「帝都の大典記念博物館建設計畫」	『博物館研究』第1巻第4號	博物館事業促進會

著者1	著者2	著者3	発行年	論文名・書籍名	掲載誌	発行元
一記者			1928	「戸外博物館三笠の盛況」	『博物館研究』第1巻第4號	博物館事業促進會
一記者			1928	「鹿兒島縣の郷土博物館」	『博物館研究』第1巻第7號	博物館事業促進會
一記者			1929	「博物館の宣傳」	『博物館研究』第2巻第3號	博物館事業促進會
一記者			1929	「死博物館から活きた博物館へ」	『博物館研究』第2巻第3號	博物館事業促進會
一記者			1929	「桐生の郷土博物館計畫」	『博物館研究』第2巻第4號	博物館事業促進會
一記者			1929	「海外博覽會小史」	『博物館研究』第2巻第4號	博物館事業促進會
一記者			1929	「近く開かれる萬國博覽會」	『博物館研究』第2巻第4號	博物館事業促進會
一記者			1929	「前田博士の博物館論」	『博物館研究』第2巻第5號	博物館事業促進會
一記者			1929	「博物館の組合せ陳列法」	『博物館研究』第2巻第5號	博物館事業促進會
一記者			1929	「博物館説明札に關する諸問題」	『博物館研究』第2巻第5號	博物館事業促進會
一記者			1929	「博物館説明札に就て」	『博物館研究』第2巻第5號	博物館事業促進會
一記者			1929	「博物館の組合せ陳列法」	『博物館研究』第2巻第6號	博物館事業促進會
一記者			1929	「大學教育に於ける博物館の位置」	『博物館研究』第2巻第8號	博物館事業促進會
一記者			1929	「化學産業の博物館問題」	『博物館研究』第2巻第9號	博物館事業促進會
一記者			1929	「壁畫の保存法」	『博物館研究』第2巻第9號	博物館事業促進會
一記者			1929	「博物館施設近時の傾向」	『博物館研究』第2巻第9號	博物館事業促進會
一記者			1929	「博物館施設近時の傾向（承前）」	『博物館研究』第2巻第10號	博物館事業促進會
一記者			1929	「博物館施設近時の傾向（承前）」	『博物館研究』第2巻第11號	博物館事業促進會
一記者			1929	「博物館の種類及び其の定義」	『博物館研究』第2巻第11號	博物館事業促進會
一記者			1929	「博覽會觀」	『朝鮮之光』第88號	張道斌
一記者			1930	「地方博物館の一例：独逸アルトナ博物館」	『博物館研究』第3巻第3號	博物館事業促進會
一記者			1930	「來觀者は數よりも質（内外博物館ニュース）」	『博物館研究』第3巻第5號	博物館事業促進會
一記者			1930	「博物館建築家に望む」	『博物館研究』第3巻第6號	博物館事業促進會
一記者			1931	「發明研究と博物館」	『博物館研究』第3巻第7號	博物館事業促進會
一記者			1931	「丁抹の旧い町博物館」	『博物館研究』第4巻第8號	博物館事業促進會
一記者			1931	「古畫古文書の監査實驗室」	『博物館研究』第4巻第10號	博物館事業促進會
一記者			1931	「地方博物館の模範的經營方針」	『博物館研究』第4巻第12號	日本博物館協會
一記者			1932	「博物館分館制」	『博物館研究』第5巻第3號	日本博物館協會
一記者			1932	「カーネギー財團の博物館事業援助」	『博物館研究』第5巻第5號	日本博物館協會
一記者			1932	「博物館の盗難」	『博物館研究』第5巻第5號	日本博物館協會
一記者			1932	「ラプラタ博物館：大學博物館の一例」	『博物館研究』第5巻第8號	日本博物館協會

い

著者1	著者2	著者3	発行年	論文名・書籍名	掲載誌	発行元
一記者			1932	「新装成れる工業科學博物館」	『博物館研究』第5巻第11號	日本博物館協會
一記者			1935	「帝室博物館復興工事の概況」	『博物館研究』第8巻第5號	日本博物館協會
一記者			1941	「博物館從業員講習會要項」	『博物館研究』第14巻第10號	日本博物館協會
一木 高志	栗田 博之*	軸丸 勇士	2013.7	「野猿公園における環境教育実践:大分市高崎山自然動物園での事例から」	『環境教育』第23号1輯	日本環境教育学会
一澤 圭	田邊 玲奈	佐藤 仁	2006.3	「欧州科学博物館におけるコミュニケーションサービスに関する海外先進施設調査報告」	『鳥取県立博物館研究報告』第43号	鳥取県立博物館
市沢 哲	神戸大学大学院人文学研究科地域連携センター 編		2013.7	「地域歴史遺産と地域連携活動」	『「地域歴史遺産」の可能性』	岩田書院
一條 彰子			2009.9	「美術館におけるミュージアム・リテラシー」	『JMMA日本ミュージアム・マネージメント学会会報』第14巻第2号	日本ミュージアム・マネージメント学会
一條 彰子			2013.5	「日独青少年指導者セミナー「博物館における青少年教育」ドイツ派遣事業に参加して」	『博物館研究』第48巻第5号	日本博物館協会
一條 彰子	大髙 幸	岡田 京子 他	2015	「オーストラリアの美術館における鑑賞教育:所蔵作品を活かしたスクールプログラムの調査結果に基づく一考察」	『日本美術教育研究論集』第48号	日本美術教育連合
一島 啓人			2015.3	「アメリカの自然史博物館における集客活動」	『博物館研究』第50巻第3号	日本博物館協会
市野 順子	磯田 和生	花井 綾子 他	2013.1	「博物館・美術館におけるディスプレイ角度がユーザーの認知・行動・感情に与える影響」	『電子情報通信学会技術研究報告』第112巻第420号	電子情報通信学会
市野 順子	磯田 和生	上田 哲也 他	2014.10	「インタラクティブパブリックディスプレイの角度要因はパーソナルスペースに影響を及ぼすか?:ミュージアムでのフィールドスタディから」	『電子情報通信学会技術研究報告』第114巻第273号	電子情報通信学会
市野 順子	磯田 和生	上田 哲也 他	2015.4	「インタラクティブディスプレイの角度がソーシャルインタラクションに与える影響:ミュージアムにおけるフィールドスタディ」	『情報処理学会論文誌』第56巻第4号	情報処理学会
一瀬 和夫			1982.5	「ギリシアニ、三の博物館」	『阡陵関西大学博物館学課程創設二十周年記念特集』	関西大学博物館学課程
一瀬 和夫			1997	「博物館展示と歴史教育」	『関西大学博物館紀要』第3号	関西大学博物館
一瀬 和夫			1997	「北から南から夏の企画展とインターネットの利用」	『博物館研究』第32巻第8号	日本博物館協会
一瀬 和夫			1997.3	「大阪府立近つ飛鳥博物館--開発と保存と活用と教育と」	『明日への文化財』第39号	文化財保存全国協議会
一瀬 和夫			1998.3	「近つ飛鳥博物館--展示からハンズ・オンに向けての覚書き」	『大阪府立近つ飛鳥博物館館報』第3号	大阪府立近つ飛鳥博物館
一瀬 和夫			1999.3	「近つ飛鳥工房でハンズ・オン」	『大阪府立近つ飛鳥博物館館報』第4号	大阪府立近つ飛鳥博物館
一瀬 和夫	佐々木 亨	村井 良子	2001.6	「東京江戸東京博物館「博物館における評価と改善スキルアップ講座」から」	『月刊ミュゼ』47号	(株)アム・プロモーション
一瀬 和夫			2005.6	「資料・展示開発とハンズ・オン」	『博物館学ハンドブック』	関西大学出版部
一瀬 和夫	小島 卓*		2005.6	「博物館資料の展示」	『博物館学ハンドブック』	関西大学出版部
一瀬 和夫			2008.6	「大阪府の博物館の現状と課題-大阪府財政再建プログラム案の波の中で」	『考古学研究』第55巻第1号	考古学研究会
一瀬 和夫			2008.9	「大阪府の博物館の建設推移-遺跡分類から見る」	『ヒストリア』第211号	大阪歴史学会
一瀬 和夫			2009.9	「新自由主義時代の博物館と文化財 大阪府における博物館群の問題--遺跡教育の中で」	『日本史研究』第565号	日本史研究会
一瀬 和夫			2010.3	「大学における学芸員養成課程の改善に向けての試み-アンケート調査の展開-」	『関西大学博物館紀要』第16号	関西大学博物館
一瀬 和夫			2012.10	「二〇一〇年に起こった日本博物館事情—大阪市立博物館群の存続をめぐって—」	『博物館危機の時代』	雄山閣
一瀬 和夫			2016.3	「博物館展示の利用者行動観察」	『関西大学博物館紀要』第22号	関西大学博物館
一宮市博物館 編			2004	『文化財フォーエバー～文化財の修理～』		一宮市博物館
一場 郁夫			1996.8	「歴史学習における博物館の効果的な活用に関する研究--県立房総風土記の丘・房総のむら・国立歴史民俗博物館での体験的学習を通じて」	『歴史科学と教育』第15号	歴史科学と教育研究会
一場 郁夫			1999	『歴博ブックレット10 歴史発見！歴博活用のアイディア』		歴史民俗博物館振興会

著者1	著者2	著者3	発行年	論文名・書籍名	掲載誌	発行元
一場 郁夫			2000.1	「学校教育における博物館の効果的な活用方法」	『教育と情報』第502号	第一法規
一場 郁夫			2004.3	「歴史学習における博物館の効果的な活用法」	『Museumちば：千葉県博物館協会研究紀要』35号	千葉県博物館協会
一場 郁夫			2013.2	『博学連携による博物館学習の推進に関する研究：博物館と学校との実質的な連携による推進体制の構築について』		一場郁夫
市橋 朋之			2004.12	「戦争の記憶と場所「平和博物館」建設をめぐって～昭和館を中心に～」	『Mouseion：立教大学博物館研究』第50号	立教大学学校・社会教育講座
市橋 芳則			2001.3	「昭和日常博物館の試み」	『知多半島の歴史と現在』第11号	校倉書房
市橋 芳則			2001.8	『昭和路地裏博物館』		河出書房新社
市橋 芳則			2004.5	「師勝町「思い出ふれあい(回想法)事業」の展開-回想法を用いた博物館の高齢者支援プログラム」	『博物館研究』第39巻第7号	日本博物館協会
市橋 芳則	高橋 光世		2009	「体験レッスン--公立文化施設職員・文化政策担当者へのノウハウ伝授「昭和日常博物館」高齢者を元気にする回想法と博物館活用を学ぶ」	『地域創造：町づくりアートを応援します』第26号	地域創造
市橋 芳則	黒沢 浩*	布谷 知夫 他	2015.6	「第1章博物館教育の理論」	『博物館教育論』	講談社
市橋 芳則			2014.3	「分科会3「高齢化する社会と博物館」」	『博物館研究』第49巻第3号	日本博物館協会
市原 慶子			1959.2	「博物館活動とその反省」	『Mouseion：立教大学博物館研究』第3号	立教大学学校・社会教育講座
市原 猛志			2013	「北九州・門司の土地区画整理事業と工場建築の保存活用について:旧帝国麦酒工場群から門司赤煉瓦プレイスへ」	『Ehime Center for Policy Research』第33号	えひめ地域政策研究センター
市原 千明			2014.12	「ボストン子ども博物館から学んだもの:『ハンズオン』という考え方」	『青淵』第789号	渋沢栄一記念財団
市原 富士夫	国立文化財機構奈良文化財研究所編		2014.1	「文化的景観保護行政の現状」	『文化的景観研究集会(第5回)報告書：文化的景観のつかい方』	国立文化財機構奈良文化財研究所
市原 正夫			1978.1	「美術館における二次資料等展示の現状と課題」	『千葉県立美術館紀要』第2号	千葉県立美術館
市原 正夫			1980	『見る、語る、創る-美術館館長覚書』		創樹社
市原 光匡	久井 英輔*	伊藤 真木子 他	2004.7	「ヒアリング調査事例」	『博物館職員の研修に関する調査研究報告書-国立科学博物館「ミュージアムマネージメント研修」受講者の追跡調査-』	社会教育計画研究会
市原 光匡			2004.7	「ヒアリング調査の構成と概要」	『博物館職員の研修に関する調査研究報告書-国立科学博物館「ミュージアムマネージメント研修」受講者の追跡調査-』	社会教育計画研究会
市原 光匡			2004.7	「国立科学博物館「ミュージアムマネージメント研修」の趣旨と実施状況」	『博物館職員の研修に関する調査研究報告書-国立科学博物館「ミュージアムマネージメント研修」受講者の追跡調査-』	社会教育計画研究会
市原 光匡			2004.7	「質問紙調査から見えてくるもの：博物館側と職員」	『博物館職員の研修に関する調査研究報告書-国立科学博物館「ミュージアムマネージメント研修」受講者の追跡調査-』	社会教育計画研究会
一又 民子			1997.4	「矢田部良吉が館長になったころ」	『国立科学博物館ニュース』第336号	国立科学博物館
一丸 忠邦			2011.3	「大韓民国における博学連携の実情」	『大阪大谷大学博物館学芸員課程年報』VOL.11	大阪大谷大学博物館学芸員課程
一丸 忠邦			2013.3	「「博物館リテラシー」を考える」	『大阪大谷大学博物館学芸員課程年報』VOL.13	大阪大谷大学博物館学芸員課程
一丸 忠邦			2014.3	「「学びの力」と博物館」	『大阪大谷大学博物館学芸員課程年報』VOL.14	大阪大谷大学博物館学芸員課程
一丸 忠邦			2015.3	「学びの充実を図る博物館へ—今、構成主義の教育を読んで—」	『大阪大谷大学教職教育センター紀要』第6号	大阪大谷大学教職教育センター
一丸 忠邦			2017.4	「成人の学びと博物館」	『考古学と博物館学の風景—中村浩先生古稀記念論文集—』	芙蓉書房出版
市村 孝史	伊郷 吉信*	小池 陸子 他	2013.2	「パネルディスカッション　インタープリターの将来を考える」	『地域と文化財：ボランティア活動と文化財保護』	勉誠出版
市村 孝史			2013.2	「企画展と社会教育(地域と文化財—インタープリターの養成と文化事業)」	『地域と文化財：ボランティア活動と文化財保護』	勉誠出版
市村 咸人			1937	「郷土の先哲田中芳男翁」	『伊那史叢説』第3編	山村書院
逸翁美術館			1977	『逸翁美術館開館20年のあゆみ』		逸翁美術館
齋 礼	寺重 隆視	松川 文雄	2011.11	「ユビキタスロボットを用いたテーマ博物館システムに関する研究」	『電気学会研究会資料』2011巻75号	電気学会

い

著者1	著者2	著者3	発行年	論文名・書籍名	掲載誌	発行元
揖西 貞雄			1948	「海外万国博覧会に於ける日本庭園」	『造園雑誌』第12巻第1号	日本造園学会
一新 朋秀			1985.12	「博物館の建設と学芸員の役割」	『博物館学年報』第17号	同志社大学博物館学芸員課程
一新 朋秀			1986.12	「町田成久の生涯と博物館(一)－わが国博物館創設期の一側面－」	『博物館学年報』第18号	同志社大学博物館学芸員課程
一新 朋秀			1987.12	「町田成久の生涯と博物館(二)－わが国博物館創設期の一側面－」	『博物館学年報』第19号	同志社大学博物館学芸員課程
一新 朋秀			1990.12	「町田成久の生涯と博物館(三)－わが国博物館創設期の一側面－」	『博物館学年報』第22号	同志社大学博物館学芸員課程
一新 朋秀			1995.12	「町田成久の生涯と博物館(四)－わが国博物館創設期の一側面－」	『博物館学年報』第27号	同志社大学博物館学芸員課程
一新 朋秀			2004.12	「ムーセイオンからバイト・アル・ヒクマへ—二〇〇四年から「思想としてのミュージアム」の探求へ」	『博物館学年報』第36号	同志社大学博物館学芸員課程
一寸木 肇	平田 大二*	田口 公則	2008.9	「学芸員と教師との協働による身近な自然の教材化の試みと教師教育プログラムの開発」	『日本地質学会学術大会講演要旨』第115号	日本地質学会
一町田 工			2002.1	「三内丸山遺跡のもたらしたもの」	『海と考古学とロマン』	市川金丸先生古稀を祝う会
一町田 工			2006	「三内丸山遺跡のこれから」	『青森県考古学』第14号	青森県考古学会
井出 明	深見 聡*	滝澤 公男	2008.11	「温泉地におけるエコミュージアムの考え方-上山田温泉資料館の試み」	『日本観光研究学会全国大会学術論文集』第23号	日本観光研究学会
井出 明	深見 聡*		2010.4	『観光とまちづくり:地域を活かす新しい視点』		古今書院
井出 明	鈴木 晃志郎	深見 聡	2016.12	「近代化産業遺産とダークツーリズム:産業社会の光と影を考える」	『日本観光研究学会全国大会学術論文集』第31巻	日本観光研究学会
井出 和子			1984.7–1984.8	「美術館時代」	『新潟日報』1984年7月25日から8月1日まで連載	新潟日報社
井手 經三			2014.9	「西ヨーロッパの自然史博物館」	『大阪経大論集』第152号	大阪経済大学
井出 昭一			2008.9	「美術館を楽しみ尽すために(その1)」	『青淵』第714号	渋沢栄一記念財団
井出 昭一			2008.11	「美術館を楽しみ尽すために(その2)」	『青淵』第716号	渋沢栄一記念財団
井出 昭一			2014.9	「都内の美術館・建物巡り歩き:世田谷の砧公園・岡本界隈(かいわい)の巻」	『青淵』第786号	渋沢栄一記念財団
井出 昭一			2014.12	「都内の美術館・建物巡り歩き:御茶ノ水駅界隈の巻」	『青淵』第789号	渋沢栄一記念財団
井出 昭一			2015.3	「都内の美術館・建物巡り歩き:両国駅界隈の巻」	『青淵』第792号	渋沢栄一記念財団
井出 文子	柴田 三千雄 編		1984.11	『箕作元八・滞欧「箙梅日記」』		東京大学出版会
井出 文子			1997.1	「箕作秋坪万里の波涛をこえて見た西洋」	『国立科学博物館ニュース』第342号	国立科学博物館
井手 誠之輔	島尾 新	鈴木 廣之	1991.3	「美術史研究における画像処理技術利用の現段階」	『国立歴史民俗博物館研究報告』第30集	国立歴史民俗博物館
井出 洋一郎			1993	『美術館学入門』		明星大学出版部
井出 洋一郎			2002.9	「みんなで評価しよう、日本の美術館--美術館巡りのチェックポイント」	『月刊美術』第28巻第9号	サン・アート
井出 洋一郎			2004	『美術館学入門(新版)』		明星大学出版部
井出 洋一郎 監			2005.4	『世界の博物館謎の収集』		青春出版社
井出 洋一郎	佐久間 豊	佐藤 泰 他	2007	「座談会 開かれたミュージアムを考える」	『コミュニテイ』第140号	地域社会研究所
出光美術館 編			2016.1	『出光美術館50年史』		出光美術館
糸魚川 淳二			1979.3	『博物館だよりヨーロッパに原点を求めて』		共立出版
糸魚川 淳二			1980.3	「自然史博物館に期待するもの-1-」	『博物館研究』第15巻第3号	日本博物館協会

著者1	著者2	著者3	発行年	論文名・書籍名	掲載誌	発行元
糸魚川 淳二			1981.2	「博物館のものと人」	『化石』第30号	日本古生物学会
糸魚川 淳二			1982.9	『博物館を考える-続博物館だより』		共立出版
糸魚川 淳二			1987.2	「日本の博物館と研究-小さい博物館・瑞浪市化石博物館を例として」	『日本の科学者』第22巻2号	日本科学者会議
糸魚川 淳二			1993	「博物館の基本とは何か」	『土木学会誌』第78巻11号	土木学会
糸魚川 淳二			1993	『日本の自然史博物館』		東京大学出版会
糸魚川 淳二 他			1993	「座談会--土木博物館を語る」	『土木学会誌』第78巻11号	土木学会
糸魚川 淳二			1994.6	「ヒトや地震の専門館は?--日本の博物館の過去・現在・未来」	『科学朝日』第54巻6号	朝日新聞社
糸魚川 淳二			1995.1	「今金町立博物館(仮称)の展望」	『今金地域研究』第1号	今金町博物館建設準備室
糸魚川 淳二			1996.2	「日本の博物館-これまでとこれから」	『日本の科学者』第31巻2号	日本科学者会議
糸魚川 淳二			1999	『新しい自然史博物館』		東京大学出版会
糸魚川ふるさと運動実行委員会	佐藤 求*		1977	「民俗資料の収集活動で感じたこと」	『糸魚川街道塩の道』	糸魚川市教育委員会
井堂 彰人			2013.5	「マヤ世界大博物館の概要」	『ラテンアメリカ・カリブ研究』	つくばラテンアメリカ・カリブ研究会編集部
伊藤 敦規			2011.2	「博物館標本資料の情報と知識の協働管理に向けて--米国南西部先住民ズニによる国立民族学博物館所蔵標本資料へのアプローチ」	『国立民族学博物館研究報告』第35巻第3号	国立民族学博物館
伊藤 敦規			2015.1	「国立民族学博物館における研究公演の再定義—「ホピの踊りと音楽」の記録とフォーラムとしてのミュージアムの視点からの考察」	『国立民族学博物館研究報告』第39巻第3号	国立民族学博物館
伊藤 敦規			2015.1	「博物館をめぐる対話」	『展示する人類学:日本と異文化をつなぐ対話』	昭和堂
伊藤 敦規 編著			2016.9	『伝統知、記憶、情報、イメージの再収集と共有:民族誌資料を用いた協働カタログ制作の課題と展望』		国立民族学博物館
伊藤 亜人			2012.11	「民俗文化と文明世界」	『民俗学の可能性を拓く:「野の学問」とアカデミズム』	青弓社
井藤 機句男			2002.3	「博物館と連携する学校-学校サイドから見た博物館とその実践モデル-」	『千葉県立安房博物館研究紀要』第9号	千葉県立安房博物館
伊藤 郁太郎			1985.3	「陶磁美術館における展示ケースのためのエスキース－大阪市立東洋陶磁美術館の場合－」	『博物館学雑誌』第10巻第1・2号合併号	全日本博物館学会
伊藤 郁太郎			2004.3	「陶磁美術館における展示についての一提言」	『博物館研究』第39巻第3号	日本博物館協会
伊藤 収	野村 正弘*	里見 立夫	1998	「群馬県立自然史博物館情報システム」	『群馬県立自然史博物館研究報告』第2号	群馬県立自然史博物館
伊東 尾四郎 編			1932	「明治十四五年頃の縣治史料 博物館ノ事」	『福岡縣史資料』第1輯	福岡縣
伊藤 香織	小泉 直也	苗村 健	2015	「感想共有・鑑賞体験記録に基づくミュージアムツアー支援システム」	『日本バーチャルリアリティ学会論文誌』第20巻第2号	日本バーチャルリアリティ学会
伊藤 和彦			1994.3	「複合施設と博物館-戸田市立郷土博物館の場合-」	『戸田市立郷土博物館研究紀要』第7号	戸田市立郷土博物館
伊東 員義			2006.1	「世界動物園水族館保全戦略(WZACS)」	『畜産の研究』第60巻1号	養賢堂
伊東 啓一	増田 哲男*	大前 芳蔵 他	2008.7	「九州国立博物館における建築環境システム」	『空気調和・衛生工学』第82巻7号	空気調和・衛生工学会
伊藤 圭介	圭介文書研究会編		2012.11	『伊藤圭介日記第18集』		名古屋市東山植物園
伊藤 玄	藤井 伸二		2015.12	「自然史系博物館資料の保存管理者に求められる行動規範」	『地域自然史と保全』第37巻2号	関西自然保護機構
伊藤 健司			2002	「奈良県橿原市における保存処理後遺物の現状と課題」	『元興寺文化財研究』第82号	元興寺文化財研究所
伊藤 健司			2002	「島根県内における保存処理後遺物の経年調査」	『島根考古学会誌』第19集	島根考古学会
伊藤 健司	藤田 浩明		2003	「岡山大学における保存処理後遺物の現状と課題」	『岡山大学埋蔵文化財調査センター紀要2002』	岡山大学埋蔵文化財調査研究センター

い

著者1	著者2	著者3	発行年	論文名・書籍名	掲載誌	発行元
伊藤 健司			2004.3	「関西大学博物館における保存処理後遺物の現状と課題」	『関西大学博物館紀要』第10号	関西大学博物館
伊藤 健司			2004	『保存処理後遺物の経年調査』		文部科学省科学研究費補助金研究成果報告書
伊藤 健司			2005.6	「博物館資料の保存処理」	『博物館学ハンドブック』	関西大学出版部
伊藤 考	堀川 洋子*		2010.3	「理工系大学生からみた"見立て博物館"としての工場見学――ANA機体整備工場見学を事例として」	『全国大学博物館学講座協議会研究紀要』第12号	全国大学博物館学講座協議会
伊藤 紫織	遠藤 友麗*	沼辺 信一	2000.3	「インタビュー 学習指導要領改訂に際して博物館は何を求められているのか」	『Museumちば：千葉県博物館協会研究紀要』31号	千葉県博物館協会
伊藤 順一	西来 邦章	芝原 暁彦	2010.7	「地質ジオラマを用いた3D火山地質情報展示」	『地質ニュース』第671号	実業公報社
伊東 俊祐			2017.3	「中国西安地域の博物館におけるバリアフリー」	『國學院大學博物館學紀要』第41輯	國學院大學博物館学研究室
伊東 俊祐			2017.3	「近代栃木県の博物館史（序）－明治・大正時代の日光山を中心に－」	『國學院大學博物館學紀要』第41輯	國學院大學博物館学研究室
伊東 俊祐			2017.12	「博物館経営論史」	『博物館学史研究事典』	雄山閣
伊藤 純郎			1996	「第四章柳田国男の郷土教育論」	『郷土教育運動の研究』	思文閣出版
伊藤 純郎			1996	「第二章郷土教育運動」	『郷土教育運動の研究』	思文閣出版
伊藤 慎二			2011.3	「神社博物館と考古資料」	『神社博物館事典』	國學院大學
伊藤 慎二			2012.3	「日本国内における城郭博物館の現状」	『平成21年度採択文部科学省「組織的な大学院教育改革推進プログラム」高度博物館学教育プログラム最終報告』	國學院大學博物館学研究室
伊藤 住男			2015.12	「世界文化遺産登録の「顕著な普遍的価値」証明の論点:先例・石見銀山・平泉・鎌倉の登録申請を中心に」	『日本建築学会計画系論文集』第80巻718号	日本建築学会
伊藤 專成	小林 保男*		1980.8	「板橋における文化財保護のあゆみ」	『板橋区立郷土資料館紀要』創刊号	板橋区教育委員会
伊藤 宗太郎			1934	「模型標本の種類と製法」	『博物館研究』第7巻第7號	日本博物館協會
伊藤 大祐			2007.3	「博物館における写真についての一考察」	『國學院大學博物館學紀要』第31輯	國學院大學博物館学研究室
伊藤 大祐			2008.3	「写真の保存についての考察」	『國學院大學博物館學紀要』第32輯	國學院大學博物館学研究室
伊藤 大祐			2009.3	「日英博覧会の評価についての一考察」	『國學院大學博物館學紀要』第33輯	國學院大學博物館学研究室
伊藤 大祐			2009.12	「ブヒクロサン(Buhicrosan)夫妻と日本人村についての考察」	『博物館学雑誌』第35巻第1号	全日本博物館学会
伊藤 大祐			2011.2	「神社博物館における保存」	『神社博物館事典』	國學院大學
伊藤 大祐			2012.3	「大英博物館所蔵の日英博覧会関係アイヌ資料について」	『平成21年度採択文部科学省「組織的な大学院教育改革推進プログラム」高度博物館学教育プログラム最終報告』	國學院大學博物館学研究室
伊東 大介			2015.3	「課題研究をもとにした授業実践事例報告:博物館活用のポイントをおさえた『むかしのくらし』の授業」	『東京学芸大学教職大学院年報』第3号	東京学芸大学教職大学院
伊藤 大介			2007	「ミュージアムにおける広報・広告活動に関する研究動向」	『北海道大学大学院文学研究科研究論集』第7号	北海道大学大学院文学研究科
伊藤 大介			2015.9	「個人文学館の悩みと生き残りのための取り組み」	『博物館研究』第50巻第9号	日本博物館協会
伊東 孝			2000	『日本の近代化遺産―新しい文化財と地域の活性化―』		岩波新書
伊藤 高	伊藤 文吉*	大串 隆吉	2001.7	「いま、地域の水と緑と文化へのこだわり 伊藤文吉さんに聞く」	『月刊社会教育』第45巻7号	国土社
伊藤 孝紀	富田 有一*		2009.2	「鑑賞者の行為や意識からみた展示空間とアート作品の特徴に関する研究:横浜トリエンナーレ2008を事例とする」	『日本建築学会東海支部研究報告集』第47集	日本建築学会東海支部
伊藤 孝幸			2009.9	「大学と博物館学芸員との交流の一事例」	『人間文化：愛知学院大学人間文化研究所紀要』第24号	愛知学院大学人間文化研究所
伊藤 健雄			1963.12	「水族館におけるコ型動物展示の試案」	『動物園水族館雑誌』第5巻2号	日本動物園水族館協会
伊藤 健雄	平井 越郎*		1963.12	「浅虫水族館の現況」	『動物園水族館雑誌』第5巻3号	日本動物園水族館協会

著者1	著者2	著者3	発行年	論文名・書籍名	掲載誌	発行元
伊藤 健雄			1972.9	「水族館における野外展示の構想」	『博物館研究』第45巻第1号	日本博物館協会
伊藤 健雄			2002.1	「博物館実習に思う」	『博物館だより』第103号	斎藤報恩会自然史博物館
伊東 剛史			2009.2	「英国博物館の再編と「信託管理」の確立--一八三〇～七〇年代のイギリスの文化政策」	『史学雑誌』第118巻第2号	山川出版社
伊東 剛史			2012.5	「動物園と近代ヨーロッパの自然科学」	『歴史と地理』第654号	山川出版社
伊東 剛史			2015.1	「ロンドン動物園と科学知の演劇性:1836年のキリン・センセーション」	『科学史研究.[第Ⅲ期]』第272号	日本科学史学会
伊藤 忠太			1915	「明治神宮寶物殿懸賞競技審査批評」	『建築雑誌』第29輯第347號	日本建築學會
伊藤 忠太	佐藤 功一 監修	濱岡 周忠 編	1924	「ダルムシュタットの美術館及成婚記念塔」	『近代建築思潮』建築文化叢書第12編	洪洋社
伊藤 毅	稲垣 栄三*	陣内 秀信 他	2009.7	『稲垣栄三著作集』第7巻		中央公論美術出版
Ito.T	Hirai.Etsuro*		1962	「On the micro-field of invert ebrates in the Asamushi Aquarium」	『Bull.Mar.Biol.Sta.Asamushi』第11巻2号	Central Office IAC
伊藤 哲夫	斉藤 雅也*	片山 めぐみ 他	2009.2	「札幌市円山動物園・類人猿館改修デザイン」	『日本建築学会技術報告集』第15巻第29号	日本建築学会
伊東 哲夫			2011.4	「博物館等における防犯対策について」	『月刊文化財』第571号	第一法規
伊藤 篤太郎			1898.7	『理学博士伊藤圭介翁小伝』		伊藤篤太郎
伊藤 篤太郎			1940	「伊藤圭介翁と小石川植物園」	『東京帝國大學理學部植物學教室沿革』	東京帝國大學理學部植物學教室
伊藤 俊夫			1974.4	「博物館の振興のために-公立博物館の設置及び運営に関する基準」	『月刊文化財』第127号	第一法規
伊藤 俊夫			1975.4	「博物館行政についての報告」	『博物館研究』第10巻第4号	日本博物館協会
伊藤 俊夫			1977.11	「博物館行政の説明(中央展望)」	『社会教育』第32巻11号	全日本社会教育連合会
伊藤 俊夫			1981	「棚橋源太郎-博物館育ての親-」	『社会教育』第36巻6号	全日本社会教育連合会
伊藤 俊治			1996.12	『ジオラマ論』		筑摩書房
伊藤 寿朗			1970	「社会と博物館」	『博物館研究会会報』第16号	法政大学博物館研究会
伊藤 寿朗			1970.11	「戦後日本博物館協会再建方策原案について-昭和26年・日博協"定款改正等に関する委員会報告"の今日的意義-」	『博物館問題研究会会報』第1号	博物館問題研究会
伊藤 寿朗			1970.11	「博物館機能と社会教育-研究集会テキスト"社会教育講義"学習に際して-」	『博物館問題研究会会報』第1号	博物館問題研究会
伊藤 寿朗			1971	「付録博物館法成立史関係資料目録」	『日本の社会教育』第15集	東洋館出版社
伊藤 寿朗			1971.1	「博物館学確立のために」	『博物館問題研究会会報』第2号	博物館問題研究会
伊藤 寿朗			1971.1	「博物館法制定20周年に際して-博物館法批判の問題」	『博物館問題研究会会報』第4号	博物館問題研究会
伊藤 寿朗			1971.8	「社会教育審議会答申と博物館」	『博物館問題研究会会報』第3号	博物館問題研究会
伊藤 寿朗			1971.9	「戦前博物館行政の諸問題-現代博物館行政の基礎作業として」	『月刊社会教育』第15巻9号	国土社
伊藤 寿朗			1971.11	「戦後博物館行政の問題」	『月刊社会教育』第15巻11号	国土社
伊藤 寿朗			1971.12	「法改正資料目録-その1特別研究資料"社会教育審議会答申に伴う文部省の考え方について"」	『博物館問題研究会会報』第5号	博物館問題研究会
伊藤 寿朗			1972.7	「戦後博物館設立記録(1945～51年)」	『博物館問題研究会会報』第8号	博物館問題研究会
伊藤 寿朗			1972.11	「専門職員要求の新しい質について」	『博物館問題研究会会報』第10号	博物館問題研究会
伊藤 寿朗			1972.12	「戦後博物館と全国博物館大会」	『月刊社会教育』第15巻12号	国土社

著者1	著者2	著者3	発行年	論文名・書籍名	掲載誌	発行元
伊藤 寿朗			1973	「第14集解説(博物館法成立過程関係資料集)」	『社会教育法制研究資料』第15集	日本社会教育学会社会教育法制研究会
伊藤 寿朗			1973	「博物館学芸員資格取得国家試験問題博物館学 傾向と対策の要点」	『博物館問題研究会会報』11号	博物館問題研究会
伊藤 寿朗			1973.11	「全日本博物館学会の創設」	『博物館問題研究会会報』第12号	博物館問題研究会
伊藤 寿朗			1974	「市民の学習権を保障する博物館活動」	『現代社会教育実践講座 第3巻現代社会教育実践の創造』	民衆社
伊藤 寿朗	木全 力夫	酒匂 一雄 他	1974	「社会教育職員制度:制度史的検討」	『社会教育職員論』	東洋館出版社
伊藤 寿朗			1974.2	「"博物館の設置および運営に関する基準"案の社会的背景とその法理論上の自己矛盾について」	『博物館問題研究会会報』第13号	博物館問題研究会
伊藤 寿朗			1974.4	「"国民の学習権保障"の概念をめぐって」	『博物館問題研究会会報』第14号	博物館問題研究会
伊藤 寿朗			1975	「1955年博物館法改正に関する研究―法定着過程の問題」	『日本社会教育学会紀要』第11号	日本社会教育学会
伊藤 寿朗			1975.5	「博物館活動の新しい質-その新しさと到達点」	『月刊社会教育』第19巻5号	国土社
伊藤 寿朗			1975.8	「博物館法の成立とその時代―博物館法成立過程の研究―」	『博物館学雑誌』第1巻第1号	全日本博物館学会
伊藤 寿朗			1976.9	「わたくしたちの学習する権利と法律-1-やさしい博物館法-上-」	『月刊社会教育』第20巻9号	国土社
伊藤 寿朗			1976.10	「わたくしたちの学習する権利と法律-2-やさしい博物館法-下-」	『月刊社会教育』第20巻10号	国土社
伊藤 寿朗			1976	「市民の権利と現代博物館の課題―制度と権利の構造」	『住民の学習権と社会教育の自由』	勁草書房
伊藤 寿朗			1977	「戦後日本の博物館活動」	『公民館・図書館・博物館』講座・現代社会教育Ⅳ	亜紀書房
伊藤 寿朗			1978.4	「博物館の実践」	『月刊社会教育』第22巻4号	国土社
伊藤 寿朗 編	森田 恒之 編		1978.5	『博物館概論』		学苑社
伊藤 寿朗			1979.11	「博物館と地域-地域博物館観の成立をめぐって-」	『平塚市博物館年報』第3号	平塚市博物館
伊藤 寿朗	倉内 史郎*	小川 剛 他	1981	『野間教育研究所紀要別冊 日本博物館沿革要覧』		野間教育研究所
伊藤 寿朗	倉内 史郎*	小川 剛 他	1981.9	『日本博物館沿革要覧』		講談社
伊藤 寿朗 他			1982.1	「博物館法30年」	『博物館研究』第17巻第1号	日本博物館協会
伊藤 寿朗			1982.3	「戦後社会教育基本文献を読む-8-博物館論」	『月刊社会教育』第26巻3号	国土社
伊藤 寿朗 編			1983.1	「博物館問題研究会12年間の記録」	『博物館問題研究会会報』第20号	博物館問題研究会
伊藤 寿朗			1983.12	「学芸職員の実務内容と養成問題-実務実習をめぐって-」	『平塚市博物館年報』第7号	平塚市博物館
伊藤 寿朗			1985.4	「博物館」	『月刊社会教育』第29巻4号	国土社
伊藤 寿朗	長浜 功編		1986	「地域博物館論―現代博物館の課題と展望―」	『現代社会教育の課題と展望』	明石書店
伊藤 寿朗			1987	「現代博物館考」	『調査季報』第94号	横浜市企画財政局
伊藤 寿朗			1989	「博物館法とは」	『生涯学習の時代をひらく』	国土社
伊藤 寿朗			1990	「博物館法と戦後の博物館」	『生涯学習計画と社会教育の条件整備』	エイデル研究所
伊藤 寿朗			1990	「日本博物館発達史」	『博物館概論』	学苑社
伊藤 寿朗			1990.2	「博物館に関する基準法制-博物館法の条理-上-」	『季刊教育法』第79号	エイデル研究所
伊藤 寿朗			1990.5	「博物館に関する基準法制-博物館法の条理-下-」	『季刊教育法』第80号	エイデル研究所

著者1	著者2	著者3	発行年	論文名・書籍名	掲載誌	発行元
伊藤 寿朗 監	棚橋 源太郎		1990.11	『眼に訴へる教育機関 博物館基本文献集成第1巻』		大空社
伊藤 寿朗 監	棚橋 源太郎		1990.11	『郷土博物館 博物館基本文献集成第2巻』		大空社
伊藤 寿朗 監	文部省普通学務局*		1990.11	『佛蘭西博物館制度の調査 博物館基本文献集成第3巻』		大空社
伊藤 寿朗 監	藤山 一雄*		1990.11	『新博物館態勢 博物館基本文献集成第4巻』		大空社
伊藤 寿朗 監	濱田 耕作*		1990.11	『博物館 博物館基本文献集成第5巻』		大空社
伊藤 寿朗 監	大日本連合青年団郷土資料陳列所*（編）		1990.11	『年表我国に於ける郷土博物館の発展(稿) 博物館基本文献集第6巻』		大空社
伊藤 寿朗 監	星合 正治*		1990.11	『米国内各博物館の教育事業に就いて 博物館基本文献集第6巻』		大空社
伊藤 寿朗 監	文部省*（編）		1990.11	『博物館講習会要項 博物館基本文献集第6巻』		大空社
伊藤 寿朗 監	商品陳列所連合会*（編）		1990.11	『商品陳列所綜覧 博物館基本文献集第7巻』		大空社
伊藤 寿朗 監	後藤 守一*		1990.11	『欧米博物館の施設 博物館基本文献集第8巻』		大空社
伊藤 寿朗 監	文部省社会教育局*（編）		1990.11	『教育的観覧施設一覧(昭和五年～昭和十七年) 博物館基本文献集第9巻』		大空社
伊藤 寿朗 監	文部省普通学務局*（編）		1990.11	『常置観覧施設一覧(昭和四年) 博物館基本文献集第9巻』		大空社
伊藤 寿朗	新海 英行 編	小川 利夫 編	1991	「博物館」	『新社会教育講義』	大空社
伊藤 寿朗			1991	「地域博物館の思考特集：地域博物館・資料館の今日」	『歴史評論』第483号	校倉書房
伊藤 寿朗			1991.3	『ひらけ、博物館』		岩波書店
伊藤 寿朗 監	文部省*（編）		1991.7	『大正五年一二月常設教育的観覧施設状況 博物館基本文献集第10巻』		大空社
伊藤 寿朗	棚橋 源太郎		1991.7	『世界の博物館 博物館基本文献集成第11巻』		大空社
伊藤 寿朗 監	木場 一夫*		1991.7	『新しい博物館-その機能と教育活動 博物館基本文献集第12巻』		大空社
伊藤 寿朗 監	棚橋 源太郎		1991.7	『博物館学綱要 博物館基本文献集成第13巻』		大空社
伊藤 寿朗 監	木場 一夫* 他		1991.7	『見学・旅行と博物館 博物館基本文献集第14巻』		大空社
伊藤 寿朗 監	棚橋 源太郎		1991.7	『博物館教育 博物館基本文献集成第15巻』		大空社
伊藤 寿朗 監	棚橋 源太郎		1991.7	『博物館・美術館史 博物館基本文献集成第16巻』		大空社
伊藤 寿朗 監	棚橋 源太郎		1991.7	『世界の博物館 博物館基本文献集成第17巻』		大空社
伊藤 寿朗 監	青木 國夫*		1991.7	『博物館のはなし 博物館基本文献集第18巻』		大空社
伊藤 寿朗 監	関 忠夫*		1991.7	『わたしたちの歴史研究博物館 博物館基本文献集第19巻』		大空社
伊藤 寿朗 監	文部省*（編）		1991.7	『博物館調査 博物館基本文献集第20巻』		大空社
伊藤 寿朗 監	文部省社会教育局*（編）		1991.7	『文化観覧施設一覧:昭和二三年三月三一日現在 博物館基本文献集第20巻』		大空社
伊藤 寿朗 監	文部省*（編）		1991.7	『昭和二六年一月二〇日公私立博物館等調査表 博物館基本文献集第20巻』		大空社
伊藤 寿朗 監	文部省社会教育局*（編）		1991.7	『学芸員講習講義要綱(昭和二八年度) 博物館基本文献集第21巻』		大空社
伊藤 寿朗 監	運輸省観光局*（編）		1991.7	『観光資源要覧第四編陳列施設 博物館基本文献集第21巻』		大空社
伊藤 寿朗 監	文部省*（編）		1991.7	『昭和二七年度学芸員講習講義要綱 博物館基本文献集第21巻』		大空社

い

著者1	著者2	著者3	発行年	論文名・書籍名	掲載誌	発行元
伊藤 寿朗 監	志澤 政勝*(編)		1991.7	『博物館関係単行書目録 博物館基本文献集別巻補遺』		大空社
伊藤 寿朗 監	鶴田 総一郎*	君塚 仁彦	1991.7	『解説書 博物館基本文献集別巻』		大空社
伊藤 寿朗			1993.4	『市民のなかの博物館』		吉川弘文館
伊藤 僚幸	駒見 和夫*	藻利 國惠	2007.3	「博物館資料の地域学習教材化に向けた基礎研究-小・中学校の実態調査より」	『日本ミュージアム・マネージメント学会研究紀要』第11号	日本ミュージアム・マネージメント学会
伊藤 僚幸	金子 俊明*	藻利 國惠 他	2016.6	「第3章博物館との連携で広げた躍動的で楽しい地域学習」	『特別支援教育と博物館:博学連携のアクティブラーニング』	同成社
伊東 豊雄	内藤 廣	松隈 洋 他	2013.10	「建築家の視点」	『美術館と建築』	青幻舎
伊東 直一			2011.7	「日本艦船模型史談(第19回)博物館展示模型あれこれ」	『世界の艦船』第743号	海人社
伊藤 信夫			1935	「樺太廳博物館の土俗・考古室」	『ドルメン』第4巻第3號	岡書院
伊藤 延男			1971.2	「大和今井町の町並み保存」	『月刊文化財』第89号	第一法規
伊藤 延男			1971.11	「日本における文化財建造物の保護」	『学術月報』第24巻8号	日本学術振興会
伊藤 延男			1972.1	「文化財保護に関する法律と歴史地区の保存」	『建築雑誌』第87輯第1046号	日本建築学会
伊藤 延男			1972.1	「韓国における文化財の保護」	『仏教芸術』第83号	毎日新聞社
伊藤 延男			1972.2	「文化財建造物保護の現状と問題点」	『日本歴史』第285号	吉川弘文館
伊藤 延男			1977.11	「「歴史の道」の整備について」	『月刊文化財』第170号	第一法規
伊藤 延男			1978.1	「これからの博物館-4-日本における野外博物館と町並み保存地区について」	『博物館研究』第13巻第1号	日本博物館協会
伊藤 延男			1978.3	「文化財保護の新しい方向」	『教育委員会月報』第29巻12号	第一法規
伊藤 延男			1978.12	「文化財保護法と保護行政について」	『地方史研究』第28巻第6号	地方史研究協議会
伊藤 延男			1979	「伝統的建造物群」	『文化財保護の実務』	柏書房
伊藤 延男	木原 啓吉	宮沢 智士	1980.4	「鼎談・歴史的町並みの保存はなぜ必要か」	『日本の美術167』	至文堂
伊藤 延男			1981.11	「保存のための科学と技術」	『仏教芸術』第139号	毎日新聞社
伊藤 延男	見城 敏子		1984	「対談・収蔵庫に求められる条件-1-保存・安全性・温度・湿度・調湿剤」	『博物館研究』第19巻第10号	日本博物館協会
伊藤 延男	見城 敏子		1984.11	「対談・収蔵庫に求められる条件-2完-風・汚染・光」	『博物館研究』第19巻第11号	日本博物館協会
伊藤 延男			1986.5	「博物館資料の保存科学」	『博物館研究』第21巻第5号	日本博物館協会
伊藤 延男			1987.6	「文化の展示・科学の展示」	『国立科学博物館ニュース』第218号	国立科学博物館
伊藤 延男 他			1991.2	『文化財の保存を目的とした歴史的住宅建築の構造力学的研究:接合部の強度について』		住宅総合研究財団
伊藤 延男			1991.6	「世界文化遺産保護とユネスコ」	『文部時報』第1374号	ぎょうせい
伊藤 延男			1998.1	「世界遺産の保護について」	『文化庁月報』352号	ぎょうせい
伊藤 延男	濱島 正士	岡田 英男	1999	『新建築学大系50歴史的建造物の保存』		彰国社
伊藤 延男			2000.2	「世界遺産と木造建築」	『文建協通信』第57号	文化財建造物保存技術協会
伊藤 延男			2000.9	「伝統的建造物群保存地区制度の成立」	『月刊文化財』第444号	第一法規
伊藤 伸子			2010.8	「学校と宇都宮美術館の連携について」	『博物館研究』第45巻第8号	日本博物館協会

著者1	著者2	著者3	発行年	論文名・書籍名	掲載誌	発行元
伊藤 鴨直	石川 博幸*		1990.3	「教育資料の分類と検索に関する一考察-パソコンシステムの利用とその方法-」	『府中市郷土の森紀要』第3号	府中市教育委員会
伊藤 暢直			1992.3	「「都市化」を展示するということ」	『生活と文化：豊島区立郷土資料館研究紀要』第9号	豊島区教育委員会
伊藤 暢直	横山 恵美*	秋山 伸一	1995.4	「都市部地域博物館の試み--豊島区立郷土資料館の実践から」	『月刊社会教育』第39巻第4号	国土社
伊藤 暢直			1996.11	「地方史研究協議会の博物館問題への取り組み」	『日本民俗学』208号	日本民俗学会
伊藤 暢直			1997.3	「地域博物館と戦争展示」	『豊島区立郷土資料館年報』第11号	豊島区教育委員会
伊藤 暢直			2000.3	「地域博物館の共同事業の現状と課題 公立小学校における郷土資料室の設置」	『豊島区立郷土資料館年報』第14号	豊島区教育委員会
伊藤 暢直			2002.1	「博物館経営論再考」	『生活と文化：豊島区立郷土資料館研究紀要』第12号	豊島区教育委員会
伊藤 暢直	青木 哲夫*		2007.2	「地域歴史資料としての軍事郵便-鏑木書簡についての豊島区立郷土資料館の試みから」	『歴史評論』第682号	校倉書房
伊藤 暢直			2007.10	「常設展示室で活きる歴史資料-近現代展示を中心に」	『博物館研究』第42巻第10号	日本博物館協会
伊藤 暢直			2008.4	「博物館の設置者責任と学芸員任用制度について」	『地方史研究』第58巻第2号	地方史研究協議会
伊藤 秀一	小川 杏美	平田 彩夏 他	2012.3	「来園者を対象とした動物園の展示方法に関するアンケート調査」	『東海大学紀要.農学部』第31号	東海大学農学部
伊藤 英之	吉田 信明*	和田 晴太郎 他	2012.10	「京都市動物園での情報通信技術活用への取り組み―動物園に適したインフラと動物コンテンツの活用―」	『情報処理学会デジタルプラクティス』第3巻第4号	情報処理学会
伊藤 仁			2012.12	「三陸の復興と三陸ジオパーク」	『國立公園』第709号	自然公園財団
伊藤 裕厚			2008.3	「博学連携の歩みと今後」	『戸田市立博物館研究紀要』第21号	戸田市立博物館
伊藤 博司			1994.3	「手作り展示資料製作の一例-バックライトフォトボックスについて-」	『國學院大學博物館学紀要』第18輯	國學院大學博物館学研究室
伊藤 弘	山川 志典*	武 正憲	2017.3	「「地域遺産制度」の実態と成果」	『ランドスケープ研究』第80巻第5号	日本造園学会
伊藤 裕満			1988.8	「「海外交流事業」と「アイヌ文化セミナー」の展開—アイヌ民族博物館」	『博物館研究』第23巻第8号	日本博物館協会
伊藤 廣之			2011.3	「パネルディスカッション 地域の活性化と博物館」	『博物館研究』第46巻第3号	日本博物館協会
伊藤 博幸			2012	「岩手沿岸部の展示施設の被害状況について」	『岩手史学研究』第93巻	岩手史学会
伊藤 廣之			2016.3	「まちづくり運動とミュージアム：「平野町ぐるみ博物館」に学ぶ」	『博物館研究』第51巻第3号	日本博物館協会
伊藤 文吉			2000	「心の癒しの場としての博物館を目指して」	『博物館研究』第35巻第1号	日本博物館協会
伊藤 文吉	大串 隆吉	伊藤 高	2001.7	「いま、地域の水と緑と文化へのこだわり 伊藤文吉さんに聞く」	『月刊社会教育』第45巻第7号	国土社
伊藤 文吉			2009.1	「豪農の生活・文化を今に伝える 財団法人北方文化博物館」	『にいがたの現在・未来』第423号	新潟経済社会リサーチセンター
伊藤 真木子			2004.7	「受講経験者調査を読む」	『博物館職員の研修に関する調査研究報告書-国立科学博物館「ミュージアムマネージメント研修」受講者の追跡調査-』	社会教育計画研究会
伊藤 真木子	久井 英輔*	市原 光匡 他	2004.7	「ヒアリング調査事例」	『博物館職員の研修に関する調査研究報告書-国立科学博物館「ミュージアムマネージメント研修」受講者の追跡調査-』	社会教育計画研究会
伊藤 真木子	井上 伸良*		2004.7	「ヒアリング調査事例から見えてくるもの」	『博物館職員の研修に関する調査研究報告書-国立科学博物館「ミュージアムマネージメント研修」受講者の追跡調査-』	社会教育計画研究会
伊藤 誠			1995	『美の扉ひらいて』		編集工房ノア
伊藤 誠			2002	『美術館へもっと光を-神戸・姫路からのアート便り』		神戸新聞総合出版センター
伊藤 誠	栗栖 宣博*		2010.11	「ジュニア学芸員派遣事業を通したニュージーランドとの国際交流の記録」	『茨城県自然博物館研究報告』第13号	ミュージアムパーク茨城県自然博物館
伊藤 真			1991.3	「展覧会用のカタログに関する判決について」	『現代の眼：東京国立近代美術ニュース』436号	東京国立近代美術館
伊藤 真	平井 佑希		2013.2	「それって誰のもの？：情報とメディアの法的な問題」	『博物館情報・メディア論』	ぎょうせい

い

著者1	著者2	著者3	発行年	論文名・書籍名	掲載誌	発行元
伊藤 真			2016.3	「高校日本史の日常的な授業を支援する博物館の在り方について:旧石器・縄文時代の学習を題材として」	『秋田県立博物館研究報告』第41号	秋田県立博物館
伊藤 真			2017.3	「博物館職員と大学生とが「協働」する試み－「秋田大学地域連携プロジェクトゼミ」実施報告－」	『秋田県立博物館研究報告』第42号	秋田県立博物館
伊東 昌市			1989.4	「社会教育の中の天文-5完-学校教育との連携:学校教育のための天文教育施設」	『天文月報』第82巻第4号	日本天文学会
伊東 昌市			1998.8	『地上に星空を-プラネタリウムの歴史と技術-』		裳華房
伊藤 雅司			2008.4	「開かれた下水道への取り組み 目に見える下水道のために-札幌市下水道科学館」	『下水道協会誌』第45巻第546号	日本下水道協会
伊藤 政次			1932	「我が郷土研究施設に就いて」	『郷土教育』第十八號	郷土教育聯盟
伊藤 正敏			1992.12	「博物館と文化財保護」	『和歌山市立博物館研究紀要』第7号	和歌山市立博物館
伊藤 雅乃	植田 真		2006.5	「史跡整備におけるGISの活用」	『史跡整備と博物館』	雄山閣
伊藤 正行			1994.3	「オーストラリアの博物館のさまざま」	『博物館研究』第29巻第3号	日本博物館協会
伊藤 優			1994	「民俗資料収集の現場」	『日本民俗学』第200号	日本民俗学会
伊藤 優			1996.5	「シリーズ私の実践-1-博物館の可能性を求めて」	『月刊社会教育』第40巻5号	国土社
伊藤 優			1996.8	「シリーズ私の実践-2-博物館の可能性を求めて」	『月刊社会教育』第40巻8号	国土社
伊藤 優			1996.9	「シリーズ私の実践-3-博物館の可能性を求めて」	『月刊社会教育』第40巻9号	国土社
伊藤 優			1998.12	「民俗資料収集の現場」	『民俗世界と博物館展示・学習・研究のために』	雄山閣出版
伊藤 優			2015.9	「市民参加による文化財の活用方策:仙台市の観光ガイドボランティアを通して」	『地域活性学会研究大会論文集』第7巻	地域活性学会
伊藤 真奈美	田中 清章*	郭 永保	1993	「伝統集落の保存と展示その1 韓国と台湾の事例について」	『展示学』第15号	日本展示学会
伊藤 真実子			2014.2	「一九三一年パリ国際植民地博覧会」	『世界の蒐集:アジアをめぐる博物館・博覧会・海外旅行』	山川出版社
伊藤 真実子			2014.2	「蒐集する文化」	『世界の蒐集:アジアをめぐる博物館・博覧会・海外旅行』	山川出版社
伊藤 真実子 編	福井 憲彦*(監)	村松 弘一 編	2014.2	『世界の蒐集:アジアをめぐる博物館・博覧会・海外旅行』		山川出版社
伊藤 真実子			2015.3	「ものから見る世界:博物館から考える」	『東洋文化研究』第17号	学習院大学東洋文化研究所
伊藤 麻里	伊能 秀明*	織田 潤	2003.3	「日本のユニバーシティ・ミュージアム」	『明治大学博物館研究報告』第8号	明治大学博物館事務室
伊東 未来			2015.10	「侵華日本軍南京大屠殺遇難同胞記念館(南京大虐殺記念館)」	『ミュージアムと負の記憶戦争・公害・疾病・災害:人類の負の記憶をどう展示するか』	東信堂
伊東 未来			2015.10	「西大門刑務所歴史館」	『ミュージアムと負の記憶戦争・公害・疾病・災害:人類の負の記憶をどう展示するか』	東信堂
伊藤 瑞恵			2013.3	「伊豆地域における博物館施設の現状と展望について」	『國學院大學博物館学紀要』第37輯	國學院大學博物館学研究室
伊藤 道子	内山 順子	藤井 貞子	2002.3	「ボランティアの視点「着もと夜具」展ボランティアの記録-学芸員とボランティア協力による資料整理から展示までの初の試み-」	『松戸市立博物館紀要』第9号	松戸市立博物館
伊藤 康史	坪山 幸王	佐藤 信治 他	1993.7	「水族館に関する建築計画的研究:施設規模-基本部門について」	『学術講演梗概集』1993巻	日本建築学会
伊藤 康晴			2001.3	「鳥取市歴史博物館の展示構成とその試み——江戸時代を中心に」	『Museologist:明治大学学芸員養成課程年報』第16巻	明治大学学芸員養成課程
伊藤 康晴			2004.3	「鳥取市歴史民俗博物館の情報端末の展示活用とその構造——情報集積型村落展示の紹介——」	『Museologist:明治大学学芸員養成課程年報』第19巻	明治大学学芸員養成課程
伊藤 康晴			2007.4	「博物館活動としての「北海道開拓移住」-移住者を送り出した側の取り組み」	『博物館研究』第42巻第4号	日本博物館協会
伊藤 泰宏			2012.6	「放送博物館に見る放送と伝送技術の足跡」	『電子情報通信学会誌』第95巻第6号	電子情報通信学会
伊藤 遊	山中 千恵*	村田 麻里子 他	2011.3	「人はマンガミュージアムで何をしているのか--マンガ文化施設における来館者行動と〈マンガ環境〉をめぐって」	『マンガ研究』第17巻	日本マンガ学会

著者1	著者2	著者3	発行年	論文名・書籍名	掲載誌	発行元
伊藤 遊	村田 麻里子*	山中 千恵 他	2013.1	「宝塚市立手塚治虫記念館における来館者調査—地域活性化のためのマンガ文化関連施設の実態と是非をめぐって—」	『日本のマンガミュージアム—あらたな文化共有と地域社会—』	京都大学地域研究統合情報センター
伊藤 遊 編	谷川 竜一*	山中 千恵	2015.3	「日本のマンガミュージアム(マンガミュージアムを介した地域力の再生/地域力によるマンガ文化の創出)」		京都大学地域研究統合情報センター
伊藤 優子			1996.1	「ビジツってそんなにエライの？シンポジウム『開かれた美術館をめざして』を終えて」	『月刊ミュゼ』15号	(株)アム・プロモーション
伊藤 優子			1996.1	「名古屋市美術館「夏休み子どもの美術館」」	『博物館研究』第31巻第10号	日本博物館協会
伊藤 優子			1999	「「夏休み子どもの美術館」におけるワークショップの記録」	『名古屋市美術館研究紀要』第9号	名古屋市美術館
伊藤 優子			2002	「教師向けプログラムと鑑賞活動学習のための教材開発-学校教師との連携を通じて」	『名古屋市美術館研究紀要』第12号	名古屋市美術館
伊藤 陽子			2013.7	「個人記念館の現状と課題:調布市武者小路実篤記念館を中心に」	『博物館研究』第48巻第7号	日本博物館協会
伊藤 嘉章			2012.8	「学芸研究部の過去・現在・未来」	『月刊文化財』第587号	第一法規
伊藤 義男			2010.3	「日本近代文学館の現状と課題」	『昭和文学研究』第60集	昭和文学会
伊藤 佳之			2002	「近代美術とミュゼオロジー:終戦と美術家福沢一郎の場合」	『芸術学の視座:眞保亨先生古稀記念論文集』	勉誠出版
伊藤 佳之			2006.10	「沼と松林をめぐる-群馬県立館林美術館における「自然のなかのワークショップ」という試み」	『博物館研究』第41巻第10号	日本博物館協会
伊藤 龍一	山尾 敏孝*	田中 尚人	2010.3	「土木遺産を核とした野外博物館化による街づくりに関する研究」	『地域を創る大学の挑戦』	成文堂
伊藤 玲子			2010.11	『「沖縄県平和祈念資料館」その真実:偏向展示、実態はこうだ!』		展転社
糸賀 雅児	鈴木 眞理	土江 博昭 他	2008.9	「座談会 社会教育法、図書館法、博物館法の改正の意義および今後の社会教育行政の課題」	『文部科学時報』第1592号	ぎょうせい
糸川 紘一			2012.12	「プーチン大統領再選下のトルストイ博物館」	『青淵』第765号	渋沢栄一記念財団
糸田 和樹			2003	「学校団体の博物館利用状況と課題について」	『秋田県立博物館研究紀要』第28号	秋田県立博物館
糸田 和樹	庄内 昭男*	高橋 正	2005.3	「リニューアルオープンに伴う展示構成Ⅱ.人文展示室」	『秋田県立博物館研究紀要』第30号	秋田県立博物館
糸長 浩司			2015.1	「中国の貴州・少数民族地域における生態博物館施策・運動の地域計画的意義」	『野生生物の利用管理:フードシステム・エコツーリズム・エコビレッジの観点から』	龍溪書舎
糸乗 前	中野 正俊*	川崎 睦男	2008.9	「博物館のサテライト化による理科・環境学習」	『日本理科教育学会全国大会要項』第58号	日本理科教育学会
稲垣 栄三			1951.12	「民家の保存について」	『建築史研究』第6号	彰国社
稲垣 栄三			1955.2	「文化財としての民家とその保存」	『MUSEUM』第47号	東京国立博物館
稲垣 栄三			1971.5	「イタリアにおける文化財保護の制度と思想」	『建築雑誌』第86輯第1038号	日本建築学会
稲垣 栄三			1973.12	「集落・町並の価値と保存」	『建築雑誌』第88輯第1074号	日本建築学会
稲垣 栄三			1974.1	「道路と文化財・そして文化財としての道路」	『高速道路と自動車』第17巻2号	高速道路調査会
稲垣 栄三			1977.9	「建造物修理用資材の確保」	『文部時報』第1204号	ぎょうせい
稲垣 栄三			1982	「歴史的環境保全の系譜と展望」	『公害研究』第12巻2号	岩波書店
稲垣 栄三			1984.5	『文化遺産をどう受け継ぐか』		三省堂
稲垣 栄三			1995.1	「文化財保護の理念と方法-歴史的遺産をどう受け継ぎ・どう残していくか」	『公明』第397号	公明機関紙局
稲垣 栄三	伊藤 毅	陣内 秀信 他	2009.7	『稲垣栄三著作集 7(歴史的環境保存論)』		中央公論美術出版
稲垣 栄三			2009.7	「歴史的遺産の評価と再構成」	『稲垣栄三著作集 7(歴史的環境保存論)』	中央公論美術出版
稲垣 栄三			2009.7	「開発と文化財」	『稲垣栄三著作集 7(歴史的環境保存論)』	中央公論美術出版

い

著者1	著者2	著者3	発行年	論文名・書籍名	掲載誌	発行元
稲垣 栄三			2009.7	「歴史的環境の保存をどう実現するか」	『稲垣栄三著作集7(歴史的環境保存論)』	中央公論美術出版
稲垣 栄三			2009.7	「歴史的環境の保全」	『稲垣栄三著作集7(歴史的環境保存論)』	中央公論美術出版
稲垣 栄三			2009.7	「日本における伝統的民家・集落の保存」	『稲垣栄三著作集7(歴史的環境保存論)』	中央公論美術出版
稲垣 栄三			2009.7	「「近代化遺産」と煉瓦造建築」	『稲垣栄三著作集7(歴史的環境保存論)』	中央公論美術出版
稲垣 栄三			2009.7	「モダニズム建築の保存」	『稲垣栄三著作集7(歴史的環境保存論)』	中央公論美術出版
稲垣 栄三			2009.7	「保存理念の再検討 イタリアにおける文化財保護の制度と思想」	『稲垣栄三著作集7(歴史的環境保存論)』	中央公論美術出版
稲垣 栄三			2009.7	「ミューズの幽閉」	『稲垣栄三著作集7(歴史的環境保存論)』	中央公論美術出版
稲垣 栄三			2009.7	「修理と復原と活用」	『稲垣栄三著作集7(歴史的環境保存論)』	中央公論美術出版
稲垣 栄三			2009.7	「文化遺産のオーセンティシティをめぐる素描」	『稲垣栄三著作集7(歴史的環境保存論)』	中央公論美術出版
稲垣 栄三			2009.7	「文化遺産の保存と記憶の残像」	『稲垣栄三著作集7(歴史的環境保存論)』	中央公論美術出版
稲垣 栄三			2009.7	「文化遺産の保存と観光」	『稲垣栄三著作集7(歴史的環境保存論)』	中央公論美術出版
稲垣 栄三			2009.7	「歴史的町並みの課題」	『稲垣栄三著作集7(歴史的環境保存論)』	中央公論美術出版
稲垣 栄三			2009.7	「歴史的町並みとくらし」	『稲垣栄三著作集7(歴史的環境保存論)』	中央公論美術出版
稲垣 栄三			2009.7	「脱皮したい博物館主義」	『稲垣栄三著作集7(歴史的環境保存論)』	中央公論美術出版
稲垣 栄三			2009.7	「歴史的保全環境における市民と専門家」	『稲垣栄三著作集7(歴史的環境保存論)』	中央公論美術出版
稲垣 栄三			2009.7	「アジア・太平洋地域文化財建造物保存修復協力事業について」	『稲垣栄三著作集7(歴史的環境保存論)』	中央公論美術出版
稲垣 國三郎			1912	「上野動物園」	『高等國語読本形式及内容の研究』	本文書店
稲垣 淳哉	野村 綾子*	古谷 誠章	2010	「回遊式美術館における視覚体験のシークエンス分析その1：インゼル・ホンブロイヒ美術館とルイジアナ美術館の比較から」	『学術講演梗概集』2010巻	日本建築学会
稲垣 淳哉	野村 綾子	古谷 誠章	2010.7	「回遊式美術館における視覚体験のシークエンス分析その2：インゼル・ホンブロイヒ美術館とルイジアナ美術館の比較から」	『学術講演梗概集』2010巻	日本建築学会
稲垣 立男			2015	「学部企画記録 いいたてミュージアム」	『異文化』第16号	法政大学国際文化学部
稲垣 博			2011	「上海万博・展示と景観のデザイン体験記」	『展示学』第49号	日本展示学会
稲垣 正宏			2007.3	「博物館・美術館の管理委託における現状と問題点」	『文化財情報学研究』第4号	吉備国際大学文化財総合研究センター
稲垣 良典	今道 友信	樺山 紘一	2017.3	『世界遺産への道標:事例研究・芸術都市フィレンツェの経営政策』		創文社
稲垣 龍一			1935	「北米合衆國國立公園に於ける敎化施設及敎化事業」	『國立公園』第6巻第2號	國立公園協會
稲賀 繁美			2003.6	「「岡倉天心とボストン美術館」展」	『展覧会カタログの愉しみ』	東京大学出版会
稲坂 恒宏	小林 奈緒美*	田原 みちる	2006.10	「施設のない"博物館"の生き残り戦術−日常にある文化財をめざして」	『博物館研究』第41巻第10号	日本博物館協会
稲沢市教育委員会編			2003	『文化財修復展』		稲沢市教育委員
稲田 昭	邑田 裕子*	稲冨 由香	2009	「摂南大学薬学部附属薬用植物園の外部への情報発信について」	『日本植物園協会誌』第44号	日本植物園協会
稲月 光			1971	「欧米の理工学展示品について」	『科学館紀要』第6号	市立名古屋科学館
稲冨 由香	邑田 裕子*	稲田 昭	2009	「摂南大学薬学部附属薬用植物園の外部への情報発信について」	『日本植物園協会誌』第44号	日本植物園協会
稲庭 彩和子	佐々木 秀彦	長倉 かすみ 他	2007.1	「座談会 博物館の底力−若手学芸員、大いに語る」	『マナビィ』第67号	文部科学省

著者1	著者2	著者3	発行年	論文名・書籍名	掲載誌	発行元
稲庭 彩和子	横山 勝彦*	半田 滋男 他	2010.7	『美術館を知るキーワード:美術検定:1級・2級穴埋め、記述式問題対策』		美術出版社
稲庭 彩和子			2010.12	「ミュージアム・エデュケーションの今」	『教育と医学』第58巻第12号	慶應義塾大学出版会
稲庭 彩和子			2012.11	「東京都美術館×東京藝術大学「とびらプロジェクト」:美術館と大学の連携が拓く実践的コミュニティの今」	『博物館研究』第47巻第11号	日本博物館協会
稲庭 彩和子	横山 勝彦*	半田 滋男 他	2014.5	『改訂版美術館を知るキーワード』		美術出版社
稲葉 郁子	上山 信一*		2003.12	『ミュージアムが都市を再生する』		日本経済新聞社
稲葉 君山			1939	「校倉にて維がれる日本」	『畫説』第33號	東京美術研究所
稲葉 上道			2008.6	「ハンセン病資料館が持つ意義」	『博物館問題研究』第31号	博物館問題研究会
稲葉 上道			2011.3	「ハンセン病の歴史と学び:資料館常設展示の使い方を伝える試みとして」	『国立ハンセン病資料館研究紀要』第2号	日本科学技術振興財団
稲葉 政満			1992.4	「第2章文化財の素材と技法 第4節紙」	『文化財のための保存科学入門』	株式会社飛鳥企画
稲葉 正吉	木村 健一郎*	松山 正治 他	2014.9	「市長座談会 水族館、動物園でまちを元気に」	『市政』第63巻第9号	全国市長会館
稲松 孝思	宮本 孝一		2016.3	「病院内の施設沿革展示:養育院・渋沢記念コーナー」	『医学図書館』第63巻第1号	日本医学図書館協会
稲見 唯睦			2014.3	「ニセコ町文書管理条例の理念と実務」	『記録と史料』第24号	全国歴史資料保存利用機関連絡協議会
稲村 太郎			1992.3	「「最近の博物館展示のあり方」参加報告」	『板橋区立郷土資料館紀要』第9号	板橋区教育委員会
稲村 太郎			1996.3	「(仮称)歴史民俗資料館収集資料公開コーナーにおける展示について」	『板橋区立郷土資料館紀要』第11号	板橋区教育委員会
稲村 哲也 編著			2016.3	『博物館展示論』		放送大学教育振興会
稲村 憲慶			2000.3	「ミュージアムパーク茨城県自然博物館入館者動向の変化-アンケート結果から開館5周年を振り返る-」	『茨城県自然博物館研究報告』第3号	ミュージアムパーク茨城県自然博物館
稲森 幹大			2013.1	「"第四世代"の博物館づくり―静岡市立登呂博物館開館後の運営から」	『博物館研究』第48巻第1号	日本博物館協会
乾 賢太郎			2014.6	「『地方史研究協議会版地域博物館指標(素案)』作成について」	『地方史研究』第64巻第3号	地方史研究協議会
犬飼 岳史			2014.6	「小児科病棟をミュージアムに」	『病院のアート:医療現場の再生と未来』	アートミーツケア学会
犬塚 孝明			1974.1	「巴里万国博覧会」	『薩摩藩英国留学生』第4章 倫敦生活―その二	中央公論社
犬塚 孝明			1974.1	「博物館の創設者―町田久成」	『薩摩藩英国留学生』第5章 帰朝後の足跡を尋ねて	中央公論社
犬塚 孝明			2001	「第六章留学生たちの明治維新」	『密航留学生たちの明治維新井上馨と幕末藩士』	日本放送出版協会
犬塚 孝明			2001	「第七章新帰朝者たち」	『密航留学生たちの明治維新井上馨と幕末藩士』	日本放送出版協会
犬塚 康博			1991.3	「常設展の活用について」	『名古屋市博物館研究紀要』第14巻	名古屋市博物館
犬塚 康博			1993	「博物館史はどう読まれてはならないか」	『博物館問題研究』第23号	博物館問題研究会
犬塚 康博			1993.3	「満州国国立中央博物館とその教育活動」	『名古屋市博物館研究紀要』第16号	名古屋市博物館
犬塚 康博			1994.3	「藤山一雄と満州国の民俗博物館」	『名古屋市博物館研究紀要』第17号	名古屋市博物館
犬塚 康博			1994.8	「新京の博物館」	『「満州国」教育史研究』第2号	東海教育研究所
犬塚 康博	名古屋市博物館 編		1995	「事務所前の博物館職員」	『新博物館態勢―満州国の博物館が戦後日本に伝えていること』	名古屋市博物館
犬塚 康博	名古屋市博物館 編		1995	「大東亜博物館構想と木場一夫」	『新博物館態勢―満州国の博物館が戦後日本に伝えていること』	名古屋市博物館
犬塚 康博	名古屋市博物館 編		1995	「展覧会の肉声」	『新博物館態勢―満州国の博物館が戦後日本に伝えていること』	名古屋市博物館

い

著者1	著者2	著者3	発行年	論文名・書籍名	掲載誌	発行元
犬塚 康博			1995	「＜新態勢＞の博物館とは、いったい何だったのか？—満洲国国立中央博物館の記録」	『新博物館態勢—満州国の博物館が戦後日本に伝えていること』	名古屋市博物館
犬塚 康博			1995	「そして、＜新態勢＞の博物館はどこへ行ったのか？—大東亜博物館構想と戦後の＜新しい博物館＞」	『新博物館態勢—満州国の博物館が戦後日本に伝えていること』	名古屋市博物館
犬塚 康博			1995	「なぜ、＜新博物館態勢＞という考えが生まれたのか？—副館長藤山一雄の＜生活芸術＞」	『新博物館態勢—満州国の博物館が戦後日本に伝えていること』	名古屋市博物館
犬塚 康博			1995	「満洲国には、どのような博物館があったのか？—南満洲から北満洲へ」	『新博物館態勢』	名古屋市博物館
犬塚 康博			1995	「＜学芸員＞は＜キュレーター＞ではなかった!!」	『名古屋市博物館だより』第106号	名古屋市博物館
犬塚 康博			1995	『新博物館態勢—満州国の博物館が戦後日本に伝えていること』		名古屋市博物館
犬塚 康博			1995.3	「満洲国国立中央博物館の展示活動-新京本館大経路展示場の場合-」	『関西大学博物館紀要』創刊号	関西大学博物館
犬塚 康博			1995.3	「藤山一雄と棚橋源太郎-小型博物館建設論から見た日本人博物館理論の検討-」	『名古屋市博物館研究紀要』第18巻	名古屋市博物館
犬塚 康博			1996.3	「大東亜博物館の機構の特質」	『博物館史研究』第2号	博物館史研究会
犬塚 康博			1996.3	「制度における学芸員概念-形成過程と問題構造-」	『名古屋市博物館研究紀要』第19巻	名古屋市博物館
犬塚 康博			1996.6	「君知るや満洲国の民俗博物館を(1)満洲国国立中央博物館民俗展示場のドキュメント抄」	『歴史民俗学』第4号	批評社
犬塚 康博			1996.9	「君知るや満洲国の民俗博物館を(2)藤山一雄の民俗博物館論」	『歴史民俗学』第5号	批評社
犬塚 康博			1996.11	「満洲国国立中央博物館に赴任した最後の学芸官」	『博物館史研究』第4号	博物館史研究会
犬塚 康博			1997.3	「藤山一雄の学芸員観補論-博物館制度1996年改定批判」	『名古屋市博物館研究紀要』第20巻	名古屋市博物館
犬塚 康博			1997.5	「「博物館国家」小考」	『博物館史研究』第5号	博物館史研究会
犬塚 康博			1997.5	「博物館国家」	『博物館史研究』第5号	博物館史研究会
犬塚 康博			1998	「藤山一雄博物館論ノート」	『名古屋市博物館研究紀要』第21巻	名古屋市博物館
犬塚 康博			2000	「大東亜博物館の地平」	『文学史を読みかえる④戦時下の文学—拡大する戦争空間』	インパクト出版会
犬塚 康博			2000.2	「博物館学の喜劇」	『博物館史研究』第9号	博物館史研究会
犬塚 康博			2002	「屹立する異貌の博物館」	『学芸総合誌環』Vol.10	藤原書店
犬塚 康博			2007	「藤山一雄の初期博物館論-「五十年後の九州」の「整へる火山博物館」」	『地域文化研究』第22号	梅光学院大学地域文化研究所
犬塚 康博			2009.3	「新京動植物園考」	『千葉大学人文社会科学研究』第18号	千葉大学大学院人文社会科学研究科
犬塚 康博			2009.9	「博物館外部システム論」	『千葉大学人文社会科学研究』第19号	千葉大学大学院人文社会科学研究科
犬塚 康博			2010	「商品陳列所改造論」	『千葉大学日本文化論叢』第11号	千葉大学文学部日本文化学会
犬塚 康博			2010	「博物館史からみる橋本府政の博物館論」	『大阪民衆史研究』第64号	大阪民衆史研究会
犬塚 康博			2010.3	「反商品の教育主義--博物館の自意識に関する考察」	『千葉大学人文社会科学研究』第20号	千葉大学大学院人文社会科学研究科
犬塚 康博			2010.9	「『興業意見』の陳列所・博物館論」	『千葉大学人文社会科学研究』第21号	千葉大学大学院人文社会科学研究科
犬塚 康博			2015.2	『反博物館論序説:二〇世紀日本の博物館精神史』		共同文化社
犬塚 康博			2016.4	『藤山一雄の博物館芸術』		株式会社共同文化社
猪野 寿子			1974.12	「"博物館友の会"の現状と問題点」	『博物館問題研究会会報』第15号	博物館問題研究会
猪野 満			2008.5	「館内から館外へ、単独から連携へ-博物館の地域連携活動実践報告」	『博物館研究』第43巻第5号	日本博物館協会

著者1	著者2	著者3	発行年	論文名・書籍名	掲載誌	発行元
井上 淳			1996.3	「愛媛県歴史文化博物館の未来像」	『Museologist:明治大学学芸員養成課程年報』第11巻	明治大学学芸員養成課程
井上 有佐			2013.6	「資料保存セミナー 視聴覚資料の保存(第4回)レコード」	『ネットワーク資料保存』第104号	日本図書館協会・資料保存委員会
井上 市郎			1992	「文化財燻蒸における安全対策」	『文化財の虫菌害』第24号	文化財虫害研究所
井上 絵美子			2014.11	「ジョン・デューイの教育哲学に学ぶ、美術館における教育普及の在り方」	『NACTreview:国立新美術館研究紀要』第1号	国立新美術館
井上 円了			1889	『歐米各國政教日記』第15巻		
井上 かおり	二階堂 実*	西口 由子	2008.3	「常設展示改修および「ゆめ・体験ひろば」設置事業の記録」	『埼玉県立歴史と民俗の博物館紀要』第2号	埼玉県立歴史と民俗の博物館
井上 一稔			2004.12	「大学における学芸員課程の模索-新たな理念を求めて」	『博物館学年報』第36号	同志社大学博物館学芸員課程
井上 和久	友成 真一		2015	「エコミュージアムによる地域概念の形成に関する研究」	『地域活性研究』第6巻	地域活性学会
井上 貫一			1923	「ミュンヘンの博物館巡り」	『歐米學校印象記』	同文館
井上 喜平治			1964.2	「水族館発展論—理想と現実—」	『博物館研究』第37巻第2号	日本博物館協会
井上 喜平治			1970	「黎明期の我が国の水族館」	『フィッシュマガジン』第6巻5号	緑書房
井上 喜平治			1970	「湊川水族館(神戸市)の記録」	『フィッシュマガジン』第6巻9号	緑書房
井上 清			1958	『街路並木』		全国市長会
井上 研一郎			1979.3	「子どもと親の美術館-過去2回の企画から-」	『北海道立近代美術館研究紀要』第2号	北海道立近代美術館
井上 賢治			1983.3	「博物館におけるハーバリウムについての一考察」	『博物館学雑誌』第8巻第1・2号合併号	全日本博物館学会
井上 紘一			2015.11	「ピウスツキの業績:博物館学の実務家及び理論家としてのブロニスワフ・ピウスツキ」	『国立民族学博物館研究報告別冊』005巻	国立民族学博物館
井上 鴻太郎			1936	「博物館の採光方法の實驗的研究」	『建築雑誌』第50輯第618號	日本建築學會
井上 さつき			1993	「19世紀のパリ万国博覧会における音楽—1855年のパリ万国博覧会を中心に」	『愛知県立芸術大学紀要』No.21	愛知県立芸術大学
井上 さつき			1996	「1889年パリ万国博覧会と音楽」	『比較文明』No.12	比較文明学会
井上 さつき			1998	『パリ万博音楽案内』		音楽之友社
井上 さつき			2001	「1900年パリ万博における音楽—公式コンサートを中心に」	『愛知県立芸術大学紀要』No.29	愛知県立芸術大学
井上 さつき			2003	「1867年パリ万博音楽展—音楽部門が芸術展示に加えられるまで」	『愛知県立芸術大学紀要』No.32	愛知県立芸術大学
井上 さつき			2004	「1878年パリ万博音楽展」	『愛知県立芸術大学紀要』No.33	愛知県立芸術大学
井上 さつき			2004	「日本音楽芸能と前衛舞踏の出会い—1900年パリ万博の貞奴とロイ・マフラー」	『日本音楽・芸能をめぐる異文化接触メカニズムの研究—1900年パリ万博前後における東西の視線の相互変容』	文部科学省科学研究費補助金研究成果報告書
井上 さつき			2005	「音楽文化の出会いの場—十九世紀パリ万博」	『比較文明』No.21	比較文明学会
井上 さつき			2006	「音楽の政治家:1889年パリ万博」	『愛知県立芸術大学紀要』No.35	愛知県立芸術大学
井上 さつき			2009.3	『音楽を展示するパリ万博1855-1900』		法政大学出版局
井上 智			1944	「戦時下科學博物館の建設」	『朝鮮』第344號	朝鮮及満洲社
井上 敏			1998.1	「博物館の法的基盤の検討-博物館における「学問の自由」論を中心に-」	『博物館学雑誌』第24巻第1号	全日本博物館学会
井上 敏			1998.3	「博物館の人材養成制度について-日仏の学芸職の比較から」	『日本ミュージアム・マネージメント学会研究紀要』第2号	日本ミュージアム・マネージメント学会
井上 敏	浜田 弘明*(司会)	瀧端 真理子	2008.3	「COE公開研究会「学芸員の専門性をめぐって」第1回 今後の学芸員養成と博物館学の方向性」	『高度専門職学芸員の養成-大学院における養成プログラムの提言-』	神奈川大学COEプログラム「人類文化研究のための非文字資料の体系化」研究推進会議

い

著者1	著者2	著者3	発行年	論文名・書籍名	掲載誌	発行元
井上 敏			2009.03	「新井重三の博物館論と「博物館の自由」の検討」	『桃山学院大学総合研究所紀要』第34巻第3号	桃山学院大学総合研究所
井上 敏			2009.9	「博物館法における大前提の原則の検討--博物館資料へのアクセス権、そして「博物館の自由」論の再考」	『JMMA日本ミュージアム・マネージメント学会会報』第14巻第2号	日本ミュージアム・マネージメント学会
井上 敏	井上 重義	清家 三智 他	2013.12	「座談会 今、博物館団体に求められる底力（1）～大阪会場から」	『博物館研究』第48巻第12号	日本博物館協会
井上 敏			2015.7	「大学教育における和泉市の地域資源の掘り起こし・保存・活用の研究 いずみエコミュージアム（仮称）構想について」	『桃山学院大学総合研究所紀要』第41巻第1号	桃山学院大学総合研究所
井上 敏			2017.12	「博物館・文化財保護関連法制度論史」	『博物館学史研究事典』	雄山閣
井上 茂子			1987.11	「歴史を目で見る事-ドイツ鉱業博物館と4つの強制収容所を訪れて」	『歴史評論』第451号	校倉書房
井上 重義			1985.9	「個人立博物館・日本玩具博物館-11年の歩みから」	『博物館研究』第20巻第9号	日本博物館協会
井上 重義			1996.1	「博物館のあるべき姿をめざす個人立博物館の挑戦」	『Cultivate：文化と環境を考える』第4号	文化環境研究所
井上 重義			1997.5	「個人立・日本玩具博物館－22年の歩み」	『博物館研究』第32巻第5号	日本博物館協会
井上 重義			2007.11	「『モノ』と『ヒト』が大きな力に-開館満33年を迎えた個人立博物館」	『博物館研究』第42巻第11号	日本博物館協会
井上 重義	井上 敏*	清家 三智 他	2013.12	「座談会 今、博物館団体に求められる底力（1）～大阪会場から」	『博物館研究』第48巻第12号	日本博物館協会
井上 潤			2002	「近年の博物館問題への取組みと課題-〔地方史研究協議会〕博物館問題検討委員会の活動を中心に」	『地方史研究』第52巻第6号	地方史研究協議会
井上 潤			2002	「博物館の連携：飛鳥山三つの博物館を中心に」	『歴史学と博物館のありかたを考える会設立十周年記念誌：現場から』	歴史学と博物館のありかたを考える会
井上 潤			2006.3	「渋沢史料館の新展開」	『月刊ミュゼ』75号	（株）アム・プロモーション
井上 翔太	谷川 大輔		2015.12	「公立博物館建築の設計論における地域との関わりをもつ主題とその具体化：公共文化施設の設計論における領域構成による地域性とビルディングタイプ」	『日本建築学会計画系論文集』第80巻718号	日本建築学会
井上 翔太	橋目 悠揮*	檜垣 政宏 他	2016.3	「現代日本の建築家の公立博物館建築の設計論における主題とその具体化：公共文化施設の設計論における地域性とビルディングタイプ(5)」	『日本建築学会中国支部研究報告集』第39巻	日本建築学会中国支部
井上 泰佑	安田 知加*	岸 佳奈恵 他	2010.3	「知的移動体による美術館での鑑賞体験の個人化」	『情報処理学会研究報告』2010巻	情報処理学会
井上 隆夫	小野 禮子*	難波 幸男 他	1999.3	「館・学・産連携による参加型展示の研究開発について-企画展示「人と石油」を通して-」	『千葉県立現代産業科学館研究報告』第5号	千葉県立現代産業科学館
井上 隆夫	大野 英彦*	難波 幸男	2000.3	「リモートセンシングの原理とその展示化について」	『千葉県立現代産業科学館研究報告』第6号	千葉県立現代産業科学館
井上 隆夫	大村 尚*	渡貫 健	2001.3	「展示・講座・イベントの関連を強化した事業展開-平成12年度夏休み科学体験フェスティバル-」	『千葉県立現代産業科学館研究報告』第7号	千葉県立現代産業科学館
井上 隆成			1963	「社会教育をすべての市民に」	『枚方の社会教育』第2号	枚方市教育委員会
井上 卓哉			2010	「博物館園の交流--富士山ネットワーク推進委員会の試み」	『静岡県博物館協会研究紀要』第34号	静岡県博物館協会
井上 卓朗			2013.12	「逓信総合博物館から郵政博物館へ―新博物館開設への道」	『博物館研究』第48巻第12号	日本博物館協会
井上 卓朗			2015.3	「全国街道資料ネットワークの発足」	『郵政博物館研究紀要』第6号	通信文化協会博物館部（郵政博物館資料センター）
井上 毅			2015.5	「「時の記念日」と大正時代の「時」展覧会」	『博物館研究』第50巻第5号	日本博物館協会
井上 毅			2015.9	「科学系博物館の取り組み：博物館資料に見出す観光資源の価値」	『博物館研究』第50巻第9号	日本博物館協会
井上 毅	佐々木 勝浩		2015.12	「1920年に東京教育博物館で開催された「時」展覧会の出品物の調査」	『国立科学博物館研究報告』第38集	国立科学博物館
井上 哲朗			2003.3	「千葉県立房総風土記の丘における子供向け事業」	『Museumちば：千葉県博物館協会研究紀要』34号	千葉県博物館協会
井上 透	杉長 敬治		2010.8	「科学系博物館におけるデジタル・アーカイブの現状と課題」	『年会論文集』第26巻	日本教育情報学会
井上 透	橋本 あゆみ*		2010.8	「日本博物館協会におけるデジタル・アーカイブの取組みと課題」	『年会論文集』第26巻	日本教育情報学会
井上 透	杉長 敬治		2012.8	「博物館とデジタル・アーカイブ活用」	『年会論文集』第28巻	日本教育情報学会

著者1	著者2	著者3	発行年	論文名・書籍名	掲載誌	発行元
井上 透	金城 弥生*		2016	「竹筬復元製作のデジタル記録保存と伝承の可能性を探る」	『デジタルアーカイブ研究誌』第3巻1号	デジタルアーカイブ研究会事務局
井上 友一			1913	「九州の一角より」	『斯民』第8編第6号	中央報徳會
井上 友一			1914	「交戰各國における實力の要請」	『斯民』第9編第7号	中央報徳會
井上 友一			1914	「今後の實力戰」	『神社協會雜誌』第154号	神社協會
井上 友一			1914	「神職は如何に社會を指導するか」	『全國神職會々報』第193号	全國神社協會
井上 友一			1920	「意想外なるサウザンプトン市への贈與」	『井上明府遺稿』	近江匡男
井上 友一			1920	「一村の樂園」	『井上明府遺稿』	近江匡男
井上 友一			1920	「郡市區長會議に於ける訓示」	『井上明府遺稿』	近江匡男
井上 友一			1920	「個人性と團體力」	『井上明府遺稿』	近江匡男
井上 友一			1920	「獅子を養ふ鈴鹿捨子」	『井上明府遺稿』	近江匡男
井上 友一			1920	「小學校の鄉土歷史」	『井上明府遺稿』	近江匡男
井上 友一			1920	「瑞西バーゼル市に於ける福利協會の事業」	『井上明府遺稿』	近江匡男
井上 友一			1920	「西洋に於ける博物館の利用方法」	『井上明府遺稿』	近江匡男
井上 友一			1920	「千葉園藝學校と並木の研究」	『井上明府遺稿』	近江匡男
井上 友一			1920	「東京府下史蹟巡回記」	『井上明府遺稿』	近江匡男
井上 友一			1920	「特色ある社會教育の二大事業」	『井上明府遺稿』	近江匡男
井上 友一			1920	「兵庫縣明石郡垂水の自治奉告祭」	『井上明府遺稿』	近江匡男
井上 友一			1920	「墺地利より」	『井上明府遺稿』	近江匡男
井上 友一			1920	「學用品の共同購入」※教育展覽會	『井上明府遺稿』	近江匡男
井上 友一			1940	『井上博士と地方自治』		全國町村長會
井上 智勝			2010.3	「大阪市明治天皇記念館(大阪市立聖徳館)について-戦中期大阪博物館史の一断面-」	『大阪歴史博物館研究紀要』第8号	大阪歴史博物館
井上 尚明			2010	「史跡整備と考古学(1)埼玉古墳群の整備が目指すもの」	『埼玉県立史跡の博物館紀要』第4号	埼玉県立さきたま史跡の博物館
井上 順孝			2009.9	「デジタル・ミュージアムの構築と展開」	『國學院大學研究開発推進機構日本文化研究所年報』第2号	國學院大學研究開発推進機構
井上 順孝			2012.9	「プロジェクト活動紹介 デジタル・ミュージアムの運営と関連分野への展開」	『國學院大學研究開発推進機構日本文化研究所年報』第5号	國學院大學研究開発推進機構
井上 順孝			2014.9	「プロジェクト活動紹介 デジタル・ミュージアムの運営および教育への展開」	『國學院大學研究開発推進機構日本文化研究所年報』第7号	國學院大學研究開発推進機構
井上 順孝			2015.9	「プロジェクト活動紹介 デジタル・ミュージアムの運営および教育への展開」	『國學院大學研究開発推進機構日本文化研究所年報』第8号	國學院大學研究開発推進機構
井上 順孝			2015.9	「国際研究フォーラム「ミュージアムで学ぶ宗教文化―デジタル時代のチャレンジ―」」	『國學院大學研究開発推進機構日本文化研究所年報』第8号	國學院大學研究開発推進機構
井上 伸良	伊藤 真木子		2004.7	「ヒアリング調査事例から見えてくるもの」	『博物館職員の研修に関する調査研究報告書-国立科学博物館「ミュージアムマネージメント研修」受講者の追跡調査-』	社会教育計画研究会
井上 伸良			2004.7	「館長・施設調査を読む」	『博物館職員の研修に関する調査研究報告書-国立科学博物館「ミュージアムマネージメント研修」受講者の追跡調査-』	社会教育計画研究会
井上 昇			1942	「民藝館に寄す」	『工藝』第110号	日本民藝協會
井上 徳之	長田 純佳 他		2005.11	「「科学教育連携シンポジウム2005」開催―学校が活用するミュージアムをめざして―」	『月刊ミュゼ』73号	(株)アム・プロモーション

い

著者1	著者2	著者3	発行年	論文名・書籍名	掲載誌	発行元
井上 徳之			2008.8	「科学館との連携によるアウトリーチ展開-双方向の科学コミュニケーションを目指して」	『原子力eye』第54巻第8号	日刊工業出版プロダクション
井上 肇			2004	「博物館及び博物館事業へのアクセシビリティについて-3つのアンケート調査結果から-」	『埼玉県立博物館紀要』第29号	埼玉県立博物館
井上 晴貴	菊池 恵子	染川 香澄 他	2001	「展示評価委員報告とアンケート結果」	『大阪市立科学館研究報告』第11号	大阪市立科学館
井上 浩	手塚 映男*		1977	「国立科学博物館のコケ植物の展示」	『自然科学と博物館』第44巻2号	科学博物館後援会
井上 寛			2016.3	「歴史的観光地におけるユニバーサルツーリズム:横手市増田伝統的建造物群保存地区を事例として」	『ノースアジア大学国際観光研究』第9号	ノースアジア大学総合研究センター国際観光研究所
井上 ひろ美			2010.3	「博物館活動における修復事業の支援--地域連携のモデルケースとして」	『滋賀県立琵琶湖文化館研究紀要』第26号	滋賀県立琵琶湖文化館
井上 文人			2015	「現代文化と自我の変容(7)内藤礼と『豊島美術館』」	『名古屋短期大学研究紀要』第53号	名古屋短期大学
井上 正志	仲野 寛*	川島 哲夫	2007.3	「社会教育施設の利用促進のための施設情報の映像化-博物館資料の収集から展示まで」	『島根大学生涯学習教育研究センター研究紀要』第5号	島根大学生涯学習教育研究センター
井上 雅仁			2013.3	「博物館と生態学(21)三瓶フィールドミュージアムにおける自然学習と保全活動」	『日本生態学会誌』第63巻第1号	日本生態学会誌編集委員会
井上 萬壽蔵			1960.3	「観光施設としての博物館」	『Mouseion:立教大学博物館研究』第5号	立教大学学校・社会教育講座
井上 真理子	大石 康彦		2013.11	「多摩森林科学園における教育活動の取り組みの変遷」	『日本植物園協会誌』第48号	日本植物園協会
井上 真理子	大石 康彦*		2014.2	「わが国森林学における森林教育研究:専門教育および教育活動の場に関する研究を中心とした分析」	『日本森林学会誌』第96巻1号	日本森林学会
井上 光夫			1987.3	「名古屋の博物館史」	『國學院大學博物館學紀要』第12輯	國學院大學博物館学研究室
井上 光貞	梅棹 忠夫*		1974.6	「座談会 民族学研究と博物館」	『歴史と博物館』第3号	歴博研究会
井上 光貞			1976.9	「歴史と博物館」	『文部時報』第1192号	ぎょうせい
井上 光貞			1979.2	「国立歴史民俗博物館と歴史学」	『教育委員会月報』第30巻11号	第一法規
井上 光貞	梅棹 忠夫*	金子 勝昭	1980.4	「＜座談会＞博物館の思想-新しい文化開発のかたち」	『諸君！』第12巻4号	文芸春秋
井上 光貞			1981.6	「国立歴史民俗博物館の課題」	『地方史研究』第31巻第3号	地方史研究協議会
井上 光貞	坂本 太郎*	林屋 辰三郎	1981.6	「＜座談会＞国立歴史民俗博物館(歴博)をつくる」	『日本歴史』第397号	吉川弘文館
井上 光貞			1981.12	「共同利用機関としての歴史民俗博物館」	『学術月報』第34巻9号	日本学術振興会
井上 光貞			1984.1	「共同利用機関としての歴史民俗博物館」	『国立歴史民俗博物館研究報告』第3集	国立歴史民俗博物館
井上 光貞			1984.1	「国立歴史民俗博物館と歴史学」	『国立歴史民俗博物館研究報告』第3集	国立歴史民俗博物館
井上 光貞			1984.1	「国立歴史民俗博物館の構想」	『国立歴史民俗博物館研究報告』第3集	国立歴史民俗博物館
井上 光貞			1984.1	「国立歴史民俗博物館開館にあたって」	『国立歴史民俗博物館研究報告』第3集	国立歴史民俗博物館
井上 光貞			1984.1	「歴史民俗博物館をつくる」	『国立歴史民俗博物館研究報告』第3集	国立歴史民俗博物館
井上 美奈子			2011.4	「江戸東京博物館図書室のレファレンスとレファ協活用法」	『アート・ドキュメンテーション通信』第89号	アート・ドキュメンテーション学会
井上 美奈子			2013	「博物館図書室の「レファレンスサービス」とレファレンス協同データベースの活用」	『東京都江戸東京博物館紀要』第3号	東京都江戸東京博物館
井上 優			2009.1	「新自由主義時代の博物館と文化財 滋賀県立琵琶湖文化館問題の経緯・現状と今後の課題について」	『日本史研究』第566号	日本史研究会
井上 裕太			2012.4	「音楽博物館の分類と提唱」	『博物館学雑誌』第37巻第2号	全日本博物館学会
井上 裕太			2013	「民族音楽資料の展示と活用:ガムラン楽器の事例より」	『國學院大學博物館學紀要』第38輯	國學院大學博物館学研究室
井上 裕太			2014.3	「戦前期における音楽博物館建設運動の原点―東京私立高等女学校協会主催・音楽資料展覧会の影響と意義―」	『國學院大學大学院紀要』第45輯	國學院大學大学院

著者1	著者2	著者3	発行年	論文名・書籍名	掲載誌	発行元
井上 裕太			2015	「兼常清佐の洋行記録にみる音楽博物館論」	『人間の発達と博物館学の課題:新時代の博物館経営と教育を考える』	同成社
井上 裕太			2015.3	「太田太郎の欧米における音楽公共施設視察と音楽研究所の設置」	『國學院大學博物館学紀要』第39輯	國學院大學博物館学研究室
井上 裕太			2015.4	「戦前期におけるスポーツ展覧会の分類と特徴」	『博物館学雑誌』第40巻第2号	全日本博物館学会
井上 裕太			2015.5	「音楽家顕彰活動における博物館の関わり:秋田県出身の流行歌手・東海林太郎と上原敏の事例を中心に」	『國學院雑誌』第116巻第5号	國學院大學
井上 裕太			2017.4	「台湾・屏東縣の煙草工場「屏東菸葉廠」の産業遺産としての活用をめぐる考察」	『博物館学雑誌』第42巻第2号	全日本博物館学会
井上 裕太			2017.11	「ポピュラー音楽博物館の過去・現在・未来—美空ひばりと石原裕次郎の展示施設を事例として—」	『國學院雑誌』第118巻第11号	國學院大學
井上 裕太			2017.12	「音楽博物館論史」	『博物館学史研究事典』	雄山閣
井上 由佳			2007.4	「国立歴史民俗博物館のワークショップ「よみとけ!江戸図屏風」-歴史資料を読み解く小学生用プログラム」	『博物館研究』第42巻第4号	日本博物館協会
井上 由佳	久留島 浩		2009.3	「国立歴史民俗博物館第3展示室リニューアルに伴う試行展示とその評価に関する考察」	『国立歴史民俗博物館研究報告』第150集	国立歴史民俗博物館
井上 由佳	宮田 公佳	城石 梨奈	2010.12	「AR技術を用いた古銭資料の展示手法--試行実験とその評価」	『博物館学雑誌』第36巻第1号	全日本博物館学会
井上 由佳	城石 梨奈*	宮田 公佳	2012.4	「歴史資料への理解・興味関心を高める展示手法:江戸期古銭の展示にAR技術を適用した実験から」	『博物館学雑誌』第37巻第2号	全日本博物館学会
井上 由佳			2013.2	「ワークシート作り(演習)」	『博物館情報・メディア論』	ぎょうせい
井上 由佳	山木 朝彦*	塚田 美紀	2014.3	「英国テイト・ギャラリーの美術教育への貢献:バーバル・アイズの事例研究を通して見えてくるもの」	『鳴門教育大学研究紀要』第29号	鳴門教育大学
井上 由佳 訳	五月女 賢司 訳		2014.4	「講演録 英国イングランドの博物館・図書館・文書館(MLA)」	『博物館学雑誌』第39巻第2号	全日本博物館学会
井上 由佳			2015	「博物館と教育そして社会における役割」	『人間の発達と博物館学の課題:新時代の博物館経営と教育を考える』	同成社
井上 由佳	江水 是仁*	浜田 弘明	2015.12	「博物館学芸員養成教育における「学び」に関する研究:受講者のアンケート調査結果の分析から」	『博物館学雑誌』第41巻第1号	全日本博物館学会
井上 夕香 作	葉 祥明 絵		2014.4	『しあわせな動物園』		国土社
井上 洋一			1984.3	「シリア・アラブ共和国に於ける博物館の教育的役割」	『國學院大學博物館学紀要』第9輯	國學院大學博物館学研究室
井上 洋一			2005	「歴史的建造物を再生した博物館施設としての利用事例2—台湾日拠建築における傾向と特性」	『文化財保存修復学会大会研究発表要旨集』第27回	文化財保存修復学会
井上 洋一			2007.2	「国立博物館の現状と課題」	『学術の動向』第12巻第2号	日本学術協力財団
井上 洋一			2010	『博物館教育・普及事業の事例分析と日本の伝統文化に関する先駆的教育・普及理論の構築』		文部科学省科学研究費補助金研究成果報告書
井上 洋一			2010.7	「町田久成」	『博物館学人物史上』	雄山閣
井上 洋一			2012.4	「博物館資料の活用」	『博物館学1(博物館概論*博物館資料論)』	学文社
井上 洋一			2016.3	「国立博物館の展示—東京国立博物館と九州国立博物館—」	『新訂博物館展示論』	放送大学教育振興会
井上 洋一			2017.4	「博物館教育の一側面」	『考古学・博物館学の風景:中村浩先生古稀記念論文集』	芙蓉書房
井上 好章			1999	「学校と博物館との連携で行う野外学習における自然認識の実践事例:小学校4年理科学習の事例より」	『岐阜県博物館調査研究報告』第20号	岐阜県博物館
井上 好章			2004.3	「博物館ボランティアの活動事例〜ボランティアの方と共につくりあげていく植物標本制作と整理活動〜」	『岐阜県博物館調査研究報告』第25号	岐阜県博物館
井上 好章	石田 克*	古田 靖志 他	2005.3	「岐阜県博物館の特別展における参加・体験型展示について」	『岐阜県博物館調査研究報告』第26号	岐阜県博物館
井上 善博			1987	「内国勧業博覧会における稲扱の出品について」	『名古屋市博物館研究紀要』第11巻	名古屋市博物館
井上 善博			1995.4	「博覧会資料の民具研究への活用を考える」	『民具マンスリー』第28巻1号	神奈川大学
稲生 真履			1929	「正倉院勅封庫の記事」	『正倉院の研究』	飛鳥園

い

著者1	著者2	著者3	発行年	論文名・書籍名	掲載誌	発行元
伊能 秀明			1998.3	「明治大学博物館の再興と発展－我が国初の拷問具・刑罰具展示から全国的な地方文書の収集・保管へ(1945年4月～1993年3月)－」	『明治大学博物館研究報告』第3号	明治大学博物館事務室
伊能 秀明			2002	「21世紀の大学を拓く生涯学習振興事業-明治大学刑事博物館の理念と実践について」	『明治大学博物館研究報告』第7号	明治大学博物館事務室
伊能 秀明	織田 潤	伊藤 麻里	2003.3	「日本のユニバーシティ・ミュージアム」	『明治大学博物館研究報告』第8号	明治大学博物館事務室
伊能 秀明	織田 潤		2004.3	「日本のユニバーシティ・ミュージアム」	『明治大学博物館研究報告』第9号	明治大学博物館事務室
伊能 秀明			2005.7	「「知の玄関」への招待」	『大学時報』第54巻303号	日本私立大学連盟
伊能 秀明	織田 潤		2005.3	「海外のユニバーシティ・ミュージアム(北米編)」	『明治大学博物館研究報告』第10号	明治大学博物館事務室
伊能 秀明			2006	「ユニバーシティー・ミュージアムの望ましいあり方-明治大学博物館の生涯教育事業と今後の方策について-」	『明治大学博物館研究報告』第11号	明治大学博物館事務室
伊能 嘉矩			1928	『臺灣文化誌』上		刀江書院
伊能 嘉矩			1928	『臺灣文化誌』中		刀江書院
伊能 嘉矩			1928	『臺灣文化誌』下		刀江書院
猪尾 武達	広谷 浩子*	加藤 ゆき	2012.3	「小学生に人類進化を教える出張授業：博物館の特性をいかした学校向け理科学習プログラムの作成と実践」	『神奈川県立博物館研究報告.自然科学』第41号	神奈川県立生命の星・地球博物館
井ノ口 淳三			2013.3	「ミュンヘンのおもちゃ博物館と人形劇博物館」	『Musa：博物館学芸員課程年報』第27号	追手門学院大学博物館学研究室
猪股 喜彦	平野 邦雄*	森口 隆次 他	1997	「座談会"歴史博物館の過去、現在、未来"1」	『博物館研究』第32巻第7号	日本博物館協会
猪股 喜彦	平野 邦雄*	森口 隆次 他	1997	「座談会"歴史博物館の過去、現在、未来"2」	『博物館研究』第32巻第8号	日本博物館協会
茨城縣師範學校			1932	「茨城縣師範學校鄉土室」	『鄉土教育』第十八號	鄉土教育聯盟
茨城縣女子師範學校鄉土館			1934	『鄉土研究概要』		茨城縣女子師範學校鄉土館
茨城県天心記念五浦美術館 編			2013	『岡倉天心と文化財：まもり、つたえる、日本の美術』		茨城県天心記念五浦美術館
茨城県陶芸美術館 共著	茨城県博物館協会*（共編）		2016	『いばらきの博物館』		茨城県博物館協会
茨城県博物館協会 共編	茨城県陶芸美術館 共著		2016	『いばらきの博物館』		茨城県博物館協会
茨城 彦蔵			1931	「横浜市震災記念館の状況」	『博物館研究』第4巻第10號	博物館事業促進會
茨木 靖	魚島 純一		2013.8	「資料収集・保存復元技術・市民参画を展示する：徳島県立博物館における試み」	『博物館研究』第48巻第8号	日本博物館協会
井原 今朝男			1995	「歴史博物館と新しい地方史研究の課題」	『長野県立歴史館研究紀要』第1号	長野県立歴史館
井原 今朝男			1996	「韓国における史料編纂・保存公開・展示の現状」	『長野県立歴史館研究紀要』第2号	長野県立歴史館
井原 今朝男			1997	「楽しく体感できる歴史展示を～歴史博物館展示の一手法～」	『博物館研究』第32巻第11号	日本博物館協会
伊原 慎太郎	吉本 一雄*		1999.3	「山口博物館80年のあゆみ」	『山口県立山口博物館研究報告』第25号	山口県立山口博物館
伊原 慎太郎			2000.3	「防長教育博物館設立前後の諸事情について」	『山口県立山口博物館研究報告』第26号	山口県立山口博物館
伊原 慎太郎			2001.3	「防長教育博物館と通俗教育の資料について」	『山口県立山口博物館研究報告』第27号	山口県立山口博物館
伊原 慎太郎			2008.3	「山口県立博物館の常設展示について」	『山口県立山口博物館研究報告』第34号	山口県立山口博物館
伊原 慎太郎			2013.3	「山口博物館100年のあゆみ(旧館の解体と新館の建設について)」	『山口県立山口博物館研究報告』第39号	山口県立山口博物館
伊原 慎太郎			2013.8	「「山口博物館100年のあゆみ」の開催について」	『博物館研究』第48巻第8号	日本博物館協会
伊原 慎太郎	漁 剛志*	佐藤 嘉孝	2014.3	「2013年度企画展「発見!産業アドベンチャー」の概要報告」	『山口県立山口博物館研究報告』第40号	山口県立山口博物館

著者1	著者2	著者3	発行年	論文名・書籍名	掲載誌	発行元
井原 豊作			1922	「九鬼男爵の演述」	『斉藤實關係文書目録』	忠勇顕彰會
井原 縁			2005.3	「栗林公園にみる文化遺産の公園化とその変容に関する史的研究」	『ランドスケープ研究』第68巻第5号	日本造園学会
井原 縁			2013.3	「「大阪国際花と緑の博覧会」を中心とした国際園芸博覧会に伴う土地利用変化とその背景」	『ランドスケープ研究』第76巻第5号	日本造園学会
伊深 正文			2011	「東日本大震災の記憶(東日本大震災の植物園への影響)」	『日本植物園協会誌』第46号	日本植物園協会
井福 克也	荻野 哲男*	鳩野 逸生 他	2009.3	「動物園におけるGPS携帯を活用した一般来園者への観察支援」	『情報処理学会研究報告』2009巻第26号	情報処理学会
井福 克也	久保 太二*	鈴木 真理子 他	2010.9	「動物園における観察経路の検討:LEGSシステム使用と展示パネル使用の比較」	『日本科学教育学会年会論文集』第34巻	日本科学教育学会
今井 亜湖	吉冨 友恭*	山田 雅行 他	2004.12	「河川の流量変動を映像化した展示システムが児童に及ぼす影響」	『日本教育工学会論文誌』第28巻第3号	日本教育工学会
今井 亜湖	Zeotsky.Spence		2010.12	「RFIDを用いたインタラクティブ展示の開発と評価」	『日本教育工学会研究報告集』第10巻第5号	日本教育工学会
今井 亜湖	依田 芽生*	仁科 亜季子	2011.3	「IDの手法を用いた博物館展示の開発--「徹底比較!長良川鵜飼vs小瀬鵜飼」を事例に」	『日本教育工学会研究報告集』第11巻第1号	日本教育工学会
今井 亜湖	吉冨 友恭*	岩田 愛加 他	2015	「巡回プロセスに沿った展示の改善と改善効果の検証」	『展示学』第52号	日本展示学会
今井 寛	中村 隆史*	大沼 清仁	2004	『学校教育と連携した科学館等での理科学習が児童生徒へ及ぼす影響について:学校と科学館等との連携強化の重要性』		文部科学省科学技術政策研究所第2調査研究グループ
今井 潔 編			1916	「植物園」	『弥彦神社参拝案内記:國幣中社』	弥彦案内社
今井 清隆			2010.9	「立山カルデラ砂防博物館の活動について」	『河川』第66巻第9号	日本河川協会
今井 兼次			1933	「博物館雑考」	『國際建築』特輯・博物館第七巻第一號	國際建築協會
今井 雅巳			1987.3	「岐阜県の博物館120年の歩み 1明治時代を中心に」	『國學院大學博物館学紀要』第12輯	國學院大學博物館学研究室
今井 美保			1999	「マリンサイエンスラボにおける参加型の生物実験」	『日本動物園水族館教育研究会誌』1999年号	日本動物園水族館教育研究会
今井 安太郎			1936	「動物園」	『世界一周旅日記』	大阪化粧品商報社
今井 渉	相田 一人*	澁谷 文敏 他	2008.1	「座談会 ミュージアムのことを現場から、語ろう～博物館法改正と市立美術館～」	『月刊ミュゼ』83号	(株)アム・プロモーション
今泉 忠明			2008.7	「上野動物園ガイドツアー」	『Rikatan:理科の探検』第2巻第7号	文一総合出版
今泉 吉典	橋本 光男*	青木 國夫 他	1959	「科学博物館の機能についての1つの考え」	『博物館研究』第32巻第4号	日本博物館協会
今川 金郎			1968.6	「効果的実習のための一提言」	『博物館ニュース』第3巻第3号	日本博物館協会
今城 光英			1997.12	「フィンランドの鉄道博物館と市電博物館」	『鉄道ピクトリアル』第47巻第12号	鉄道図書刊行会
今田 ありさ	出川 紫乃	樋口 真貴子	1988.12	「博物館における教育普及活動のあり方をもとめて」	『お茶の水女子大学博物館実習報告』第4号	お茶の水女子大学学芸員課程委員会
今田 敬一			1970.3	「北海道立美術館の建設」	『北海道美術史―地域文化の積みあげ』	北海道立美術館
今田 晃一	森茂 岳雄*	中山 京子 他	2006.6	「国際理解教育における博物館活用の可能性--国立民族学博物館を活用したワークショップ型教師研修会の試み」	『国際理解教育』第12巻	日本国際理解教育学会
今田 晃一			2013.2	「アウトリーチ教材(つながる・つなげる博物館:地域メディアとの連携)」	『博物館情報・メディア論』	ぎょうせい
今田 晃一			2013.2	「新たなメディアへのいざない:博物館メディアリテラシー」	『博物館情報・メディア論』	ぎょうせい
今田 晃一			2013.6	「国際理解教育における博物館活用の可能性:第8回国立民族学博物館を活用したワークショップ型教員研修の試み」	『国際理解教育』第19巻	日本国際理解教育学会
今田 晃一	中山 京子*	居城 勝彦 他	2016.6	「国際理解教育における博物館活用の可能性:ワークショップ10年をふりかえる報告書の作成」	『国際理解教育』第22巻	日本国際理解教育学会
今田 晃一			2016.12	「ものづくりとiPadを用いた現地学習」	『学校と博物館でつくる国際理解教育のワークショップ』	国立民族学博物館
今津 節生			1985	「新設博物館における保存環境」	『島根県立博物館紀要』第1号	島根県立博物館

い

著者1	著者2	著者3	発行年	論文名・書籍名	掲載誌	発行元
今津 節生	輪田 慧	鳥越 俊行	2010.6	「九州国立博物館における新しい文化財展示の試み」	『映像情報メディア学会誌』第64巻第6号	映像情報メディア学会
今津 節生	山崎 久美子*	秋山 純子 他	2012	「九州国立博物館エントランスホールでの「博多祇園山笠」公開に伴うIPM活動」	『東風西声:九州国立博物館紀要』第8号	九州国立博物館
今津 節生	鳥越 俊行	輪田 慧	2014.3	「博物館研究におけるX線CTスキャナ活用の可能性」	『東風西声:九州国立博物館紀要』第9号	九州国立博物館
今津 隼馬			2011.7	「重要文化財明治丸と海事ミュージアム構想」	『Navigation:日本航海学会誌』第177号	日本航海学会
今永 勇	廣石 昭三	新藤 誠一郎	2000.3	「特別展「海から生まれた神奈川」における参加型展示の試み」	『博物館学雑誌』第25巻第2号	全日本博物館学会
今西 錦司 監	沢近 十九一*(編) 他		1985.3	「特集 動物園の発見行動を楽しむ」	『アニマ創刊12周年記念特大号』第146号	平凡社
今西 芳之			1993	『ディスプレイ百年の旅』		乃村工藝社
今野 雅裕			2010.3	「戦後社会教育政策史(第3回)図書館法・博物館法の制定と行政体制の整備」	『社会教育』第65巻3号	全日本社会教育連合会
今橋 映子			1999.8	「[展覧会カタログ評]欄の新設にあたって」	『比較文學研究』第74号	早稲田大学比較文学研究室
今橋 映子 編			2003.6	『展覧会カタログの愉しみ』		東京大学出版会
今橋 雅之			2000.3	「博物館と国際交流」	『博物館研究』第35巻第3号	日本博物館協会
今橋 理子			2002.6	「展覧会をめぐる江戸美術と<越境>」	『美術フォーラム21』第6号	美術フォーラム21刊行会
今原 幸光			1992.12	「和歌山県立自然史博物館における入館者の展示内容に対する評価について」	『和歌山県立自然博物館報』第10号	和歌山県立自然博物館
今原 幸光			1992.12	「和歌山県立自然史博物館における利用者集団の地域分布-2-平成2年度団体入館者と平成3年度個人入館者の一例	『和歌山県立自然博物館報』第10号	和歌山県立自然博物館
今道 友信	稲垣 良典*	樺山 紘一	2017.3	『世界遺産への道標:事例研究・芸術都市フィレンツェの経営政策』		創文社
今宮 則子	藤田 喜久	平井 和也	2009.8	「米国で開発された海の科学教育プログラムMAREの実践事例:博物館・水族館等、海の学習施設との連携による海洋科学リテラシー育成」	『日本理科教育学会全国大会要項』第59号	日本理科教育学会
今宮 則子	藤田 喜久*	平井 和也 他	2009.8	「米国の科学博物館で開発された海洋科学コミュニケーション実践講座の概要:学習者の学び方について理論的に理解し・効果的な教授法を習得する」	『日本科学教育学会年会論文集』第33巻	日本科学教育学会
今村 英男			1998.3	「「炉辺の会」の活動について」	『Museologist:明治大学学芸員養成課程年報』第13巻	明治大学学芸員養成課程
伊丸岡 政彦			2016.3	「博物館活動と学校教育の融合についての研究」	『青森県立郷土館研究紀要』第40号	青森県立郷土館
井村 恵美			2008.7	「通信総合博物館-絵はがきブームの裏側・通信省の戦略と郵便システム」	『アジア遊学』第111号	勉誠出版
井村 博宣			2010.10	「地理学を生かした「企画展」の実践」	『地理教育の現状と将来動向』	日本大学文理学部
伊村 靖子			2014.11	「展覧会と美術資料 Materializing Six Years:Lucy R.Lippardand the Emergence of Conceptual Artを例に」	『NACTreview:国立新美術館研究紀要』第1号	国立新美術館
井村 礼恵	木俣 美樹男*	服部 哲則 他	2011.3	「プロジェクト学習科目「植物と人々の博物館づくり」の方法論と評価」	『環境教育』第20巻第3号	日本環境教育学会
井本 稔	黄 慶雲		1980.1	『接着とはどういうことか』		岩波書店
井本 悠紀			2014.8	「日本刀展示に於けるLED照明の問題点について」	『國學院雑誌』第115巻第8号	國學院大學
井本 悠紀			2017.11	「日本刀の記録の歴史と今後の展望—押印の再評価について—」	『國學院雑誌』第118巻第11号	國學院大學
伊與田 光宏	菅原 研次*	福島 学 他	1991.3	「パーソナルコンピュータを用いた静止画像データベースの歴史資料検索への応用」	『国立歴史民俗博物館研究報告』第30集	国立歴史民俗博物館
入江 保	荻野 素助*		1912	「博物館」「上野動物園」ほか	『高等小学読本教授参考書前篇』	
入沢 宗寿			1936	『全體感の教育』		同文書院
入間市博物館			2012.3	『教師のための博物館利用ガイド』		平成23年度入間市博物館・学校連携事業研究委員会
入間市博物館			2015.3	『教師のための博物館利用ガイド』		平成26年度入間市博物館・学校連携事業研究委員会

著者1	著者2	著者3	発行年	論文名・書籍名	掲載誌	発行元
入間市博物館			2016.3	『教師のための博物館利用ガイド』		平成27年度入間市博物館・学校連携事業研究委員会
入間市博物館			2017.3	『教師のための博物館利用ガイド』		平成28年度入間市博物館・学校連携事業研究委員会
入間田 宣夫			2012.6	「荘園遺跡の文化的景観：骨寺から田染へ」	『アジア遊学』第153号	勉誠出版
いろ			1894.9	「上野動物園」	『動物学雑誌』第6巻第71号	東京動物學會
岩井 宏實	安井 良三*		1978.12	「館種別博物館における調査・研究と収集活動 歴史系博物館」	『博物館学講座 第5巻調査・研究と資料の収集』	雄山閣
岩井 宏實			1986.7	「地方民俗博物館の問題点」	『日本民俗学』第106号	日本民俗学会
岩井 宏實			1988	『民俗展示の構造化に関する総合的研究』		文部省科学研究費補助金研究成果報告書
岩井 宏實 編著			1991.1	『博物館づくりと地域おこし』		ぎょうせい
岩井 宏實	綿抜 剛*	渡 啓起 他	1995.11	「地域に開かれた博物館－地域の活性化と多彩な博物館サービスの展開」	『博物館研究』第30巻第11号	日本博物館協会
岩井 宏實			1996.6	「現代のミュージアムのあり方を考える」	『市政』第45巻第6号	全国市長会館
岩井 正道	坪山 幸王	佐藤 信治	2001.7	「水族館に関する建築計画的研究：その4 葛西臨海水族園の設置室間における飼育員の行動について」	『学術講演梗概集』2001巻	日本建築学会
岩井 正道	坪山 幸王	佐藤 信治	2002.6	「よみうりランド海水水族館における飼育員の作業行動について：水族館に関する建築計画的研究 その5」	『学術講演梗概集』2002巻	日本建築学会
岩井 正道	佐藤 信治*	坪山 幸王	2002.6	「相模川ふれあい科学館における飼育員の作業行動について：水族館に関する建築計画的研究 その6」	『学術講演梗概集』2002巻	日本建築学会
岩岡 貴央			2007.5	「構造改革への取り組み地域再生篇地域再生計画認定第1号-ふるさと元気博物館勝山市エコミュージアム推進計画」	『地方財政』第46巻第5号	地方財務協会
岩壁 義光			1985.3	「明治十一年巴里万国博覧会と日本の参同」	『神奈川県立博物館研究報告.人文科学』第12号	神奈川県立博物館
岩川 洋成			2008.7	「エンタメ&カルチャー 大学博物館という至福、静かに進む東大の試み」	『週刊東洋経済』第6152号	東洋経済新報社
磐城市教育委員会 編			1900	『勿来の文化財』		勿来出張所
いわき市立美術館			2015	『いわき市立美術館みんなで元気になるアート・キャラバン3(2014.4.16-2014.11.13)』		いわき市立美術館
岩城 卓二			1999	「地域博物館・歴史系博物館に求められているもの」	『ヒストリア』第167号	大阪歴史学会
岩城 卓二			2002	「対話する博物館―歴史学と博物館のあり方を考える会創立十周年記念誌『現場から』に接して―」	『ヒストリア』第179号	大阪歴史学会
岩城 卓二			2003	「遠い博物館―教員を目指す学生にとっての博物館―」	『新しい歴史学のために』第250・251号	京都民科歴史部会
岩城 晴貞	渡辺 正樹	高橋 修二	1995.2	「展示技術考」	『近代建築』第49巻第2号	近代建築社
岩城 晴貞			1997	「これからの博物館（展示）のあり方」	『東京都博物館協議会会報』第77号	東京都博物館協議会
岩城 晴貞	端 信行*	高橋 裕	1997.3	「座談会-地域づくりとミュージアム」	『レジャー産業資料』第30巻3号	綜合ユニコム
岩城 晴貞			2016	「展示学会は「展示」をどのようにとらえてきたか」	『展示学』第53号	日本展示学会
岩切 勝彦	山田 真太郎*	佐藤 省吾	2013	「宮崎県総合博物館での害虫モニタリング結果と今後の対策」	『宮崎県総合博物館研究紀要』第34輯	宮崎県総合博物館
岩切 勝彦	福松 東一*		2014	「生物学的視点に立ったアート的な講座の取り組み」	『宮崎県総合博物館研究紀要』第35輯	宮崎県総合博物館
岩切 勝彦	外山 真樹		2016	「展示に関わる映像資料の作成」	『宮崎県総合博物館研究紀要』第37輯	宮崎県総合博物館
岩佐 鉄男			1997	『展示空間の表彰文化論的研究』		文部省科学研究費補助金研究成果報告書
岩佐 彦二			1931.9	「朝鮮恩賜科學館施設状況」	『博物館研究』第4巻第9號	博物館事業促進會
岩崎 久美子			1999.3	「フランスの生涯学習スタッフ養成制度―資格と職務」	『平成10年度科学研究費補助金(国際学術研究)研究成果報告書生涯学習スタッフの養成プログラムの実態に関する国際比較研究』	国立教育研究所生涯学習研究部生涯学習開発・評価研究室

い

著者1	著者2	著者3	発行年	論文名・書籍名	掲載誌	発行元
岩崎 公弥子	毛利 勝廣	安田 孝美	2010.3	「博物館の資料を活用した「教材パッケージ」の開発と実践」	『JMMA日本ミュージアム・マネージメント学会会報』第14巻第4号	日本ミュージアム・マネージメント学会
岩崎 公弥子	山本 あや加	遠藤 守 他	2012.9	「博学連携に基づく金環日食のレクチャーの開発と実践」	『社会情報学会(SSI)学会大会研究発表論文集』2012	社会情報学会
岩崎 公弥子	遠藤 守	水野 慎士 他	2013.8	「科学館と大学・来館者の「つながり」がもたらす可能性とその試み:名古屋市科学館開館50周年記念イベントにおける展示開発と実践」	『情報文化学会誌』第20巻1号	情報文化学会
岩崎 誠司	小川 義和*		1998.3	「科学系博物館の参加体験型展示及び探究型教育施設における教育活動の実践」	『日本ミュージアム・マネージメント学会研究紀要』第2号	日本ミュージアム・マネージメント学会
岩崎 誠司			2002	『科学系博物館と学校教育を結ぶ自然史標本データベースを活用した学習プログラムの開発』		文部省科学研究費補助金研究成果報告書
岩崎 誠司	田邊 玲奈*	小川 義和 他	2004.8	「博物館・大学・地域・学校の連携による新たな学習支援ネットワークの創造—「どこでもミュージアム・エコ事業」による環境教育—」	『日本科学教育学会年会論文集』第28巻	日本科学教育学会
岩崎 誠司			2004.12	「土を見せる 日米の博物館教育現場から」	『ペドロジスト』第48巻2号	日本ペドロジー学会
岩崎 誠司	田邊 玲奈*	亀井 修	2005.9	「異分野の博物館連携によるミュージアム・リテラシーの育成—国立科学博物館の上野の山ミュージアムクラブを事例に—」	『日本科学教育学会年会論文集』第29巻	日本科学教育学会
岩崎 誠司	田邊 玲奈		2007.3	「科学系博物館と学校との連携における人材の役割」	『科学コミュニケーターに期待される資質・能力とその養成プログラムに関する基礎的研究』	文部省科学研究費補助金研究成果報告書
岩崎 誠司			2007.3	「国立科学博物館スクールパートナーシップ」	『科学コミュニケーターに期待される資質・能力とその養成プログラムに関する基礎的研究』	文部省科学研究費補助金研究成果報告書
岩崎 誠司	齋藤 顕子*		2007.3	「学校と科学系博物館との連携の現状と課題—リエゾンの役割について—」	『科学コミュニケーターに期待される資質・能力とその養成プログラムに関する基礎的研究』	文部省科学研究費補助金研究成果報告書
岩崎 誠司	田邊 玲奈*	若林 文高 他	2009.8	「科学系博物館における科学リテラシー涵養のための学習支援活動の取り組み:国立科学博物館幼児向け学習プログラムを事例に」	『日本科学教育学会年会論文集』第33巻	日本科学教育学会
岩崎 誠司	小川 義和*	永山 俊介	2009.8	「学校と自然科学系博物館が連携して行う科学的体験学習プログラムの開発:「授業に役立つ博物館」-子どもたちの心に残る科学的体験学習のために-」	『日本理科教育学会全国大会要項』第59巻	日本理科教育学会
岩崎 誠司	小川 義和*	渡邊 千秋	2009.8	「学校と博物館の連携促進のための科学的体験学習プログラムの開発と体系化」	『日本科学教育学会年会論文集』第33巻	日本科学教育学会
岩崎 誠司	島 絵里子*	永山 俊介 他	2010.7	「科学的体験学習プログラムの開発と実践および学校と博物館の効果的な連携体制の展開:「授業に役立つ博物館」:子どもたちの心に残る科学的体験学習のために」	『日本理科教育学会全国大会要項』第60号	日本理科教育学会
岩崎 誠司	久保 晃一	島 絵里子	2011.8	「「教員のための博物館の日」企画・運営(博学連携の構築-「教育のための博物館の日」の広がり--課題研究・次世代の科学力を育てる:社会とのグラウンディングを実現するために)」	『日本科学教育学会年会論文集』第35巻	日本科学教育学会
岩崎 誠司	永山 俊介*	小川 義和 他	2012.8	「博物館リエゾンの養成プログラムの開発と体系化に関する実践的研究:教員のための博物館事業を例として」	『日本理科教育学会全国大会要項』第62号	日本理科教育学会
岩崎 誠司	土屋 実穂*	渡辺 千秋 他	2014.5	「『教員のための博物館の日』の現状と全国展開について」	『博物館研究』第49巻第5号	日本博物館協会
岩崎 竹彦			2010.1	「民具を活用した地域博物館における回想法・回想ワーク--その意義と可能性」	『民具研究』第142号	日本民具学会
岩崎 友吉			1962	『私は国宝修理屋』		朝日新聞社
岩崎 友吉 他			1962.9	「文化財の科学的鑑定と保存の問題(座談会)-上-」	『日本歴史』第172号	吉川弘文館
岩崎 友吉 他			1962.10	「文化財の科学的鑑定と保存の問題(座談会)-下-」	『日本歴史』第173号	吉川弘文館
岩崎 友吉			1962.8	「文化財の科学的保存について・1日本の文化財の材質と環境」	『MUSEUM』第137号	東京国立博物館
岩崎 友吉			1962.9	「文化財の科学的保存について・2火災に対する科学的対策」	『MUSEUM』第138号	東京国立博物館
岩崎 友吉			1962.12	「文化財の科学的保存について・3絵画の保存処置」	『MUSEUM』第141号	東京国立博物館
岩崎 友吉			1963.1	「文化財の科学的保存について・4遺跡の保存」	『MUSEUM』第142号	東京国立博物館
岩崎 友吉			1963.2	「文化財の科学的保存について・5空気汚染と文化財」	『MUSEUM』第143号	東京国立博物館
岩崎 友吉			1963.3	「文化財の科学的保存について・6金属品(銅鉄など)の保存」	『MUSEUM』第144号	東京国立博物館
岩崎 友吉			1963.4	「文化財の科学的保存について・7木材のやに」	『MUSEUM』第145号	東京国立博物館
岩崎 友吉			1964.1	「文化財の科学的保存について・8文化財の修理と接着剤・上」	『MUSEUM』第154号	東京国立博物館
岩崎 友吉			1964.2	「文化財の科学的保存について・9文化財の修理と接着剤・下」	『MUSEUM』第155号	東京国立博物館

著者1	著者2	著者3	発行年	論文名・書籍名	掲載誌	発行元
岩崎 友吉			1964.3	「文化財の科学的保存について・10文化財の虫害・上」	『MUSEUM』第156号	東京国立博物館
岩崎 友吉	倉田 公裕		1970.5	「＜座談会＞人文系博物館資料の保存の問題点」	『博物館研究』第43巻第1号	日本博物館協会
岩崎 友吉			1974.3	「文化財保存修復に於ける二三の根本的問題」	『保存科学』第13号	東京国立文化財研究所
岩崎 友吉			1977.11	『文化財の保存と修復』		日本放送出版協会
岩崎 友吉			1979.3	「資料の保存 保存修復の概要」	『博物館学講座 第6巻資料の保存と保管』	雄山閣
岩崎 友吉			1979.9	「博物館機能上の一つの課題－身体障害者へのサービス－」	『博物館学雑誌』第3巻第4巻合併号	全日本博物館学会
岩崎 友吉	新井 重三*	小野木 三郎 他	1986.3	「博物館と環境教育」	『博物館学雑誌』第11巻第2号	全日本博物館学会
岩崎 憲子			1980	「科学博物館に期待すること--子を持つ親の立場から」	『自然科学と博物館』第47巻1号	科学博物館後援会
岩崎 均史			2003.3	「剥がすか否か?-貼り込み帖に関する博物館実務的諸問題」	『國學院大學博物館學紀要』第27輯	國學院大學博物館学研究室
岩崎 均史			2012.3	「東日本大震災と文化財レスキュー」	『学習院大学史料館紀要』第18号	学習院大学史料館
岩崎 浩子			1993.3	「展示解説研究史ノート」	『Museologist:明治大学学芸員養成課程年報』第8巻	明治大学学芸員養成課程
岩崎 宏之			1993.9	「歴史資料のデータベース化」	『人文学と情報処理』第2号	勉誠出版
岩崎 まさみ			2017.5	「無形文化遺産を語る人たち」	『文化遺産と生きる』	臨川書店
岩崎 真幸			1994	「博物館における『民俗』の展示をめぐって」	『東北学院大学博物館学芸員課程報』第16号	東北学院大学文学部史学科
岩崎 美紗	大原 一興	藤岡 泰寛	2008	「歴史的建造物活用による博物館施設の地域との関わりに関する研究—歴史的建造物の保全活用に関する研究その3—」	『学術講演梗概集』2008巻	日本建築学会
岩崎 充博			2011.5	「機械遺産の動態展示:トヨタテクノミュージアム産業技術記念館」	『せんい:繊維機械学会誌』第64巻第5号	日本繊維機械学会
岩崎 ゆう子			1989	「新しい美術館・博物館のあり方-川崎市市民ミュージアム」	『社会教育』第44巻10号	全日本社会教育連合会
岩崎 ゆう子			1989.3	「市民ミュージアムにおける広報活動」	『川崎市市民ミュージアム紀要』第1集	川崎市市民ミュージアム
岩崎 洋二			2011.3	「博物館との連携について」	『視覚障害教育ブックレット』第15巻	ジアース教育新社
岩崎 洋二			2012.5	「盲学校での社会科教育」	『さわって楽しむ博物館ユニバーサル・ミュージアムの可能性』	青弓社
岩下 忠輝			2017.12	「森金次郎」	『博物館学史研究事典』	雄山閣
岩下 吉衛			1942	「第六節郷土教育論」	『理数科算数の統一的授業法』	明治圖書
岩科 律子	平野 雅彦*		2015.3	「人文の知で地域とつながる:静岡県立中央図書館と静岡県立美術館との連携」	『静岡大学生涯学習教育研究』第17号	静岡大学イノベーション社会連携推進機構地域連携生涯学習部門
岩宿博物館 編			2013.3	『岩宿博物館20周年のあゆみ』		岩宿博物館
岩瀬 徹			2001.3	「千葉県立中央博物館友の会その由来と活動」	『Museumちば:千葉県博物館協会研究紀要』32号	千葉県博物館協会
岩瀬 智久	佐々木 亨*		2003	「静岡県立美術館における事業評価」	『文化経済学会＜日本＞年次大会予稿集』	
岩田 愛加	吉冨 友恭*	今井 亜湖 他	2015	「巡回プロセスに沿った展示の改善と改善効果の検証」	『展示学』第52号	日本展示学会
岩田 明夫			2008.6	「墨田区「産業・教育資料室きねがわ」に学ぶ」	『博物館問題研究』第31号	博物館問題研究会
岩田 憲二	久松 洋二*	徳永 保固	1996.3	「平成7年度博物館講座の応募者動向について」	『愛媛県総合科学博物館研究報告』第1号	愛媛県総合科学博物館
岩田 憲二	田島 雅子	藤本 光章	1997.3	「平成8年度企画展入館者動向について－アンケート調査の結果より」	『愛媛県総合科学博物館研究報告』第2号	愛媛県総合科学博物館
岩田 憲二			1998.3	「総合科学博物館における教育普及活動について」	『愛媛県総合科学博物館研究報告』第3号	愛媛県総合科学博物館

い

著者1	著者2	著者3	発行年	論文名・書籍名	掲載誌	発行元
岩田 憲二			1999.3	「総合科学博物館における企画展の開催状況について」	『愛媛県総合科学博物館研究報告』第4号	愛媛県総合科学博物館
岩田 憲二			2009.3	「[愛媛県]総合科学博物館における企画普及係の業務について--平成7年度~17年度」	『愛媛県総合科学博物館研究報告』第14号	愛媛県総合科学博物館
岩田 憲二			2010.3	「総合科学博物館における指定管理者制度の導入状況について」	『愛媛県総合科学博物館研究報告』第15号	愛媛県総合科学博物館
岩田 翔太	安田 幸一	川島 範久 他	2015.9	「博物館建築の外観における既存ファサードの保存と古材利用」	『学術講演梗概集』2015巻	日本建築学会
いわた 慎二郎			2012.1	『博物館の一日』		講談社
岩田 恒郎			1996.3	「天文教材としての天体写真の撮影と処理」	『愛媛県総合科学博物館研究報告』第1号	愛媛県総合科学博物館
岩田 知彦			2001	「水族館での特別展における参加型解説装置の導入」	『日本動物園水族館教育研究会誌』2001年号	日本動物園水族館教育研究会
岩田 知彦	高田 浩二*	堀田 龍也 他	2005.1	「水族館教育における学校教育を対象にしたIT機器の活用とデジタル教材の開発」	『博物館学雑誌』第30巻第1号	全日本博物館学会
岩田 正雄			1997	「岐阜県博物館のマルチメディア共同利用実験」	『岐阜県博物館調査研究報告』第18号	岐阜県博物館
岩田 正雄			1998	「岐阜県博物館におけるインターネットの活用」	『岐阜県博物館調査研究報告』第19号	岐阜県博物館
岩田 正崔			2016.8	『愛の言葉:箱根ガラスの森美術館のひみつ』		世界文化クリエイティブ
岩田 学			2007.3	「地域の特性に対する「補完」と「強化」の二つのアプローチ-釧路こども遊学館・北方民族博物館視察レポート」	『子ども博物館楽校』第3号	チルドレンズ・ミュージアム研究会
岩田 満	西条 正義*	浅野 祐市 他	1992.11	「コージェネレーションシステムの運転実績--松島水族館の例」	『空気調和・衛生工学』第66巻11号	空気調和・衛生工学会
岩田 泰幸	奥島 雄一*		2012.10	「博物館だより(7)自然史博物館の教育普及活動における駆除スズメバチ巣の活用」	『昆蟲. ニューシリーズ』第15巻4号	日本昆虫学会
岩田 佑利子			2016.2	「国際動向多様化する社会を取り込む博物館の役割」	『博物館研究』第51巻第2号	日本博物館協会
岩槻 邦男			2004.6	『日本の植物園』		東京大学出版会
岩槻 邦男			2009	「植物園学を育てる」	『日本植物園協会誌』第44号	日本植物園協会
岩槻 邦男			2011	「植物園が果たした成果、果たすべき役割」	『日本植物園協会誌』第46号	日本植物園協会
岩槻 邦男	富塚 朋子*	宮田 昌彦	2012.2	「大学・博物館等に保存された海藻の証拠標本を用いた浅海域の環境変動の推定」	『植物研究雑誌』第87巻第1号	株式会社ツムラ
岩手縣師範學校			1931	『郷土研究資料目録』		岩手縣師範學校
岩手県山田町教育委員会生涯学習課			2011.10	「山田町立鯨と海の博物館の被災状況とこれから」	『海洋と生物』第33巻第5号	生物研究社
岩手県立農業博物館編			1979	『農業博物館10年のあゆみ』		岩手県立農業博物館
岩手県立博物館			1990	『岩手県立博物館10年のあゆみ』		岩手県立博物館
岩手県立博物館編	昭和女子大学光葉博物館		2013	『2011.3.11平成の大津波被害と博物館:被災資料の再生を目指して』		岩手県立博物館
岩永 省三	舟橋 京子*	福原 美恵子	2013.3	「動物骨格標本展示に関する小論」	『九州大学総合研究博物館研究報告』第11号	九州大学総合研究博物館
岩永 省三	三島 美佐子*		2014.4	「九州大学総合研究博物館・第一分館の刷新的利用(1)経緯」	『九州大学総合研究博物館研究報告』第12号	九州大学総合研究博物館
岩波書店編集部編			1955	『東京国立博物館』		岩波書店
岩野 俊郎			2006.1	「動物園とサポーター」	『畜産の研究』第60巻1号	養賢堂
岩野 俊郎	小菅 正夫*	島 泰三	2006	『戦う動物園』		中央公論新社
岩野 俊郎			2014.11	「地域の動物園から「国立動物園」を構想する」	『博物館研究』第49巻第11号	日本博物館協会
岩野 治彦			1991	「画像保存における世界の動向」	『日本写真学会誌』第54巻第5号	日本写真学会

著者1	著者2	著者3	発行年	論文名・書籍名	掲載誌	発行元
岩野 治彦			1991.7	「博物館学芸員のための写真知識」	『博物館研究』第26巻第7号	日本博物館協会
岩橋 恵子			1995.7	「フランスにおけるエコミュージアム運動の歴史的展開とその特質」	『研究紀要 鹿児島女子大学』第17巻2号	志學館大学
岩橋 恵子			1995.9	「フランスのエコミュージアム--協同体としての博物館運動」	『月刊社会教育』第39巻9号	国土社
岩橋 恵子			1997	「フランスにおける博物館運動とボランティア-アソシアシオン・エコミュージアムの意義をめぐって」	『日本の社会教育』第41集	東洋館出版社
岩橋 恵子			1997	『フランス成人教育におけるエコミュージアムの意義と役割-アソシアシオン研究の視点から』		文部省科学研究費補助金研究成果報告書
岩橋 恵子			2004.3	『フランスのアニマトゥール(社会教育職員)の職業化過程とアソシアシオンの役割』		文部科学省科学研究費補助金研究成果報告書
岩橋 恵子			2007	「エコミュージアム-ローカルな知の生成の場」	『日本社会教育学会紀要』第43号	日本社会教育学会
岩渕 潤子			1989	『ニューヨーク午前0時-美術館は眠らない』		朝日新聞社
岩渕 潤子			1990.12	「アメリカ型私立美術館に見る民間非営利活動-欧・米の文化機関の成り立ちから」	『地域開発』第315号	日本地域開発センター
岩渕 潤子			1992.6	『億万長者の贈り物:美術館をつくった6人の物語』		日本経済新聞社
岩渕 潤子	福原 義春		1994.4	「＜対談＞美術館の運営管理(アートマネジメント)を追求するパイオニア」	『潮』第421号	潮出版社
岩渕 潤子			1994.5	「情報化社会とアート」	『地域開発』第356号	日本地域開発センター
岩渕 潤子			1994.9	『美術館は眠らない:過激なニューヨーク』		朝日新聞社
岩渕 潤子			1995	『美術館の誕生』		中央公論社
岩渕 潤子			1995.7	『大富豪たちの美術館:アメリカ・パトロンからの贈り物』		PHP研究所
岩渕 潤子	小林 達雄*		1996.1	「アメリカの"眠らない"美術館運営を日本で—連続対談小林達雄のこの人と語りたいⅢ」	『月刊ミュゼ』15号	(株)アム・プロモーション
岩渕 潤子			1998.4	「21世紀を目前に博物館・美術館にも必要なビッグ・バン」	『地域開発』第403号	日本地域開発センター
岩渕 潤子			1998.5	「日本型美術館の課題と可能性」	『NIRA政策研究』第11巻5号	総合研究開発機構
岩渕 潤子			2002	「美術館、ギャラリーを持つ会社訪問 企業はアートとどうかかわれるか」	『東京人』第17巻3号	都市出版
岩渕 潤子			2006.10	「直面して初めてわかる危機管理対策の重要性-欧米ミュージアムの具体事例からできることを考える」	『博物館研究』第41巻第10号	日本博物館協会
岩渕 潤子			2008.7	「どっちが主役…?-ミュージアムのレストラン、カフェに想うこと」	『博物館研究』第43巻第7号	日本博物館協会
岩淵 英之			1989.3	「地域における現代の博物館」	『川崎市市民ミュージアム紀要』第1集	川崎市市民ミュージアム
岩淵 令治			2012.11	「国立歴史民俗博物館総合展示第三展示室のリニューアルについて」	『千葉史学』第61号	千葉歴史学会
岩宮 武二	梅棹 忠夫		1981.12	館長対談「博物館と写真情報」」	『月刊みんぱく』第5巻第12号	国立民族学博物館
岩村 透			1915	「記念美術館」	『美術と社會』第12編	趣味叢書発行所
岩村 透			1915	「博物館後援協會」	『美術と社會』第12編	趣味叢書発行所
岩村 透			1915	「美術館の必要」	『美術と社會』第12編	趣味叢書発行所
岩本 克昌			1987.3	「資料保存環境(1)-収蔵庫の温湿度について-」	『埼玉県立歴史資料館研究紀要』第9号	埼玉県立歴史資料館
岩本 克昌			1988.3	「資料保存環境(2)-展示室を中心として-」	『埼玉県立歴史資料館研究紀要』第10号	埼玉県立歴史資料館
岩本 克昌			1989.3	「資料保存-鉄を用いた民俗資料を中心として-」	『埼玉県立歴史資料館研究紀要』第11号	埼玉県立歴史資料館
岩本 克昌			2010.3	「埼玉県立川の博物館における指定管理者導入について」	『埼玉県立川の博物館紀要』第10号	埼玉県立川の博物館

い

著者1	著者2	著者3	発行年	論文名・書籍名	掲載誌	発行元
岩本 京子	内藤 智子		1993.3	「解説の教育的役割とその可能性～ミニFM局の活用を中心に～」	『Museologist:明治大学学芸員養成課程年報』第8巻	明治大学学芸員養成課程
岩本 京子			1996.3	「時代と博物館」	『Museologist:明治大学学芸員養成課程年報』第11巻	明治大学学芸員養成課程
岩本 憲児			2002.2	『幻燈の世紀-映画前夜の視覚文化史-』		森話社
岩本 二郎				「博物館と生態学(23)博物館の人材教育：新潟県で62年続く生物標本コンテストの事例から」	『日本生態学会誌』第64巻第1号	日本生態学会誌編集委員会
岩本 哲臣			1997.1	「ミュージアムのリーダーたち」	『月刊ミュゼ』25号	(株)アム・プロモーション
岩本 通弥			2012.11	「民俗学と実践性をめぐる諸問題—「野の学問」とアカデミズム」	『民俗学の可能性を拓く：「野の学問」とアカデミズム』	青弓社
岩本 通弥			2013.2	「世界遺産時代と日韓の民俗学—ユネスコ2条約の受容をめぐって」	『世界遺産時代の民俗学グローバル・スタンダードの受容をめぐる日韓比較』	風響社
岩本 通弥 編			2013.2	『世界遺産時代の民俗学：グローバル・スタンダードの受容をめぐる日韓比較』		風響社
岩本 陽児			1995.9	「博物館における多文化教育-イギリスの事例から」	『日本の社会教育』第39集	東洋館出版社
岩本 陽児			1998.1	「岩倉使節団の米欧博物館見学―イギリスを中心に―(上)」	『博物館学雑誌』第24巻第1号	全日本博物館学会
岩本 陽児	ニック・メリマン*		1998.3	「「ピープリング・オブ・ロンドン；ロンドンに集う人々」ロンドン博物館による企画展の企画」	『博物館学雑誌』第23巻第2号	全日本博物館学会
岩本 陽児			1999.3	「岩倉使節団の米欧博物館見学―イギリスを中心に―(下)」	『博物館学雑誌』第24巻第2号	全日本博物館学会
岩本 陽児			1999.3	「利用者本位の博物館を目指して―博物館協会1998年度報告―」	『博物館学雑誌』第24巻第2号	全日本博物館学会
岩本 陽児			2000.12	「木戸孝允の米欧における博物館理解の形成」	『博物館学雑誌』第26巻第1号	全日本博物館学会
巖谷 國士			2014.4	『幻想植物園:花と木の話』		PHP研究所
巖谷 小波			1903	「ドレスデンの美術館」	『小波洋行土産』上巻	博文館
巖谷 小波			1903	「美術館と動物園」	『小波洋行土産』下巻	博文館
巖谷 小波			1903	『小波洋行土産』上巻		博文館
巖谷 小波	相澤 毅		1910	「商業博物館」	『新洋行土産』下巻	博文館
岩山 勉	相澤 毅*	川上 昭吾 他	2012.3	「蒲郡市生命の海科学館と愛知教育大学との連携」	『愛知教育大学教育創造開発機構紀要』第2号	愛知教育大学
International Aquarium Congress			1996	『Proceedings of the Fourth International Aquarium Congress・Tokyo』		Congress Central Office of IAC '96/Tokyo Sea Life Park
インチ・デニス	キーフ・ローレンス・E*	杉下 竜一郎 他訳	1995.3	『写真の保存の手引き:現像・保管・展示のしかた』		雄山閣出版
インテリア出版			1081	「ミュージアム：その展示と手法」	『ジャパンインテリアデザイン』第269号	インテリア出版
犬童 昭久			2010.6	「熊本県立美術館スクールミュージアム〈美をとどける…〉美術館と学校の連携の取り組み」	『博物館研究』第45巻第6号	日本博物館協会
于 大方			2013.3	「民営博物館発展への道のり—専門人材の必要性—」	『國學院大學博物館学紀要』第37輯	國學院大學博物館学研究室
于 大方			2015.9	「中国西安における遺跡の保存と博物館」	『地域を活かす遺跡と博物館遺跡博物館のいま』	同成社
ウィルソン・デイビッド	中尾 太郎 訳		1994.3	『大英博物館の舞台裏』		平凡社
植木 啓子			2014	「美術館とポスター：私たちは何を、何のために集めているのか」	『大正イマジュリィ』第10号	大正イマジュリィ学会
植木 浩 編	池上 惇*(編)他		1998.11	『文化経済学』		有斐閣
上島 敏昭			1928	「見世物小屋の現状」	『見世物小屋の文化誌』	新宿書房
上島 敏昭	鵜飼 正樹*	北村 皆雄	2000.1	『見世物小屋の文化誌』		新宿書房

う

著者1	著者2	著者3	発行年	論文名・書籍名	掲載誌	発行元
上島 憲子			1976.1	「博物館における場所の問題」	『Mouseion:立教大学博物館研究』第22号	立教大学学校・社会教育講座
上門 清春			1993.3	「博物館における教育普及活動のとりくみ」	『沖縄県立博物館紀要』第19号	沖縄県立博物館
Weschler,Lawrence	大神田 丈二 訳		1998.11	『ウィルソン氏の驚異の陳列室』		みすず書房
上園 四郎			1993	「笠岡市立竹喬美術館の歩み」	『関西大学考古学等資料室紀要』第10号	関西大学考古学等資料室
上田 篤	梅棹 忠夫*	多田 道太郎 他	1974.1	『日本人の生活空間』		朝日新聞社
上田 篤	田中 充子		1987.12	「ミューズランドなるものについて」	『展示学』第5号	日本展示学会
上田 篤	田中 充子		1988.12	「"オープンミュージアム"の提唱」	『展示学』第7号	日本展示学会
上田 篤			1989.3	『博物館からミューズランドへ』		学芸出版社
上田 篤	奥山 文朗		1991.5	「日本における博物館の現況と課題」	『展示学』第11号	日本展示学会
上田 篤			1993	「国土博物館を考える」	『土木学会誌』第78巻11号	土木学会
上田 篤 編			1993	『都市のミューズランド:未来をかんがえる環境言語博物館』		学芸出版社
植田 育男			1993	「江の島水族館において開催された藤沢市教職員理科研修講座について」	『日本動物園水族館教育研究会誌』1993年号	日本動物園水族館教育研究会
植田 育男			2007.12	「学芸員の仕事 江の島に見る身近な自然」	『博物館の仕事』	岩田書院
植田 育男	根本 卓		2009.7	「自然系博物館の未来(第3回)共同研究による挑戦--深海を伝える水族館の新たな試み」	『科学』第79巻第7号	岩波書店
上田 石腸 編	西 滸*	吉田 熹六 記	1887.5	『西洋風俗記』		駸々堂
上田 薫			1997.3	「復元模型の製作－掘立柱建物址の復元－」	『國學院大學博物館學紀要』第21輯	國學院大學博物館学研究室
上田 薫			2005.3	「巴林石を使用した勾玉づくり」	『國學院大學博物館學紀要』第29輯	國學院大學博物館学研究室
上田 一生			2002	「現代の水族館考:長崎ペンギン水族館の事例を通して」	『Cultivate:文化と環境を考える』第16号	文化環境研究所
上田 一樹	桑野 あさひ*	宮田 克成 他	2016.2	「3伝える・見せる」	『もっと博物館が好きっ！みんなと歩く学芸員』	教育出版センター
上田 恭一郎			1994.6	「リンネの体系の実体化の場--欧州の博物館の思想」	『科学朝日』第54巻6号	朝日新聞社
上田 恭一郎			1995.3	「自然史博物館における標本収集の意義」	『遺伝:生物の科学』第49巻第3号	エヌ・ティー・エス
上田 恭一郎			1999	「アリスとオックスフォード大学博物館」	『図書』第606号	岩波書店
上田 恭一郎			2000.2	「オックスフォード大学博物館を訪ねて」	『インセクタリウム』第37巻2号	東京動物園協会
上田 恭輔			1933.11	「陶磁器展覧館設立の必要」	『博物館研究』第6巻第11號	日本博物館協會
上田 啓未	堀井 美里	米田 稔 他	2011.3	「KuKuRIを利用した博物館・図書館における映像展示とデジタルコンテンツ利用連携」	『アート・ドキュメンテーション研究』第18号	アート・ドキュメンテーション学会
上田 健人	高谷 富也		2007.3	「3DCGによる地域活性化を目指した景観作りについて－赤レンガ博物館周辺への適用」	『舞鶴工業高等専門学校情報科学センター年報』第35号	舞鶴工業高等専門学校
上田 耕			2006.8	「知覧フィールドミュージアム事業の展開」	『博物館研究』第41巻第8号	日本博物館協会
上田 耕三	進 悦子	久松 洋二	2002.3	「実物人体標本を中心に展示した企画展示の開催報告～平成13年度企画展「人体」より～」	『愛媛県総合科学博物館研究報告』第7号	愛媛県総合科学博物館
上田 聡			1998	「プラネタリウムにおける映像の作成について〔含資料〕」	『鹿児島県立博物館研究報告』第17号	鹿児島県立博物館
上田 三平			1930	『日本薬園史の研究』		同人刊
上田 三平			1936.9	「城郭は博物館」	『博物館研究』第9巻第9號	日本博物館協會

う

著者1	著者2	著者3	発行年	論文名・書籍名	掲載誌	発行元
上田 三平	三浦 三郎 編		1972.4	『日本薬園史の研究 改訂増補』		渡辺書店
上田 忠憲			1999.3	「大学博物館の意義」	『けやき:大正大学学芸員課程年報』第3号	大正大学学芸員課程
上田 哲也	市野 順子*	磯田 和生 他	2014.10	「インタラクティブパブリックディスプレイの角度要因はパーソナルスペースに影響を及ぼすか?:ミュージアムでのフィールドスタディから」	『電子情報通信学会技術研究報告』第114巻第273号	電子情報通信学会
上田 哲也	市野 順子*	磯田 和生 他	2015.4	「インタラクティブディスプレイの角度がソーシャルインタラクションに与える影響:ミュージアムにおけるフィールドスタディ」	『情報処理学会論文誌』第56巻第4号	情報処理学会
上田 信行			2001.12	「知的可能性を創発するオルタナティブ・ミュージアムの挑戦」	『Cultivate:文化と環境を考える』第15号	文化環境研究所
上田 信行	佐藤 優香*	小林 登	2003.3	「第27回公開シンポジウム チルドレンズ・ミュージアム--博物館からはじまる創造的な学び」	『子ども学』第5号	甲南女子学園
上田 信行			2004.3	「Postscript知的可能性を創発するオルタナティブ・ミュージアムの挑戦」	『子ども学』第6号	甲南女子学園
上田 信行			2007.7	「「意味をつくり出す学び」のデザインと経験のパブリッシング」	『国際理解教育』第13巻	日本国際理解教育学会
上田 信行 他			2016.12	「ワークショップをふりかえる場づくり」	『学校と博物館でつくる国際理解教育のワークショップ』	国立民族学博物館
上田 寛人	宮部 誠人	河原 達也 他	2010.2	「文化と言語の維持保存に貢献するためのデジタル博物館の試み トランスクリプションデータを流用する字幕映像生成システムの提案」	『情報処理学会研究報告』2010巻第1号	情報処理学会
植田 豊橘			1925	「東京博物館創立に付ての報告」	『ドクトル・ゴツトフリード・ワグネル伝』	博覽會出版協會
植田 真	伊藤 雅乃*		2006.5	「史跡整備におけるGISの活用」	『史跡整備と博物館』	雄山閣
上田 萌子	八木 剛*	藤本 真里	2014.8	「コラボレーションは進化する:博物館ボランティアから博物館横断的なプロジェクトまで」	『社会教育』第69巻8号	日本青年館「社会教育」編集部
上田 譲			1977	「大阪舎密局についての二、三の問題点」	『日本洋学史の研究Ⅳ』	創元社
上田 譲			1979	『ルーツ・日本の博物館-物産学から博覧会へ-』		大阪市立博物館
上段 貴浩	脇田 祥尚		2010.12	「アートイベントによって顕在化する歴史的市街地の地域資源--「からほりまちアート」を事例として」	『日本建築学会計画系論文集』第75巻658号	日本建築学会
上野 晶子			2009.3	「博学連携事業における博物館資料の活用「くらしのタイムカプセル-戸畑大森家資料が語る明治~昭和-」展をとおして」	『北九州市立自然史・歴史博物館研究報告B類歴史』第6号	北九州市立自然史・歴史博物館
上野 勝久			2013.2	「文化財建造物の保護と教育の実践」	『地域と文化財:ボランティア活動と文化財保護』	勉誠出版
上野 勝代	高梨 薫		1990	「生活体験学習の社会教育施設としての"アメリカのこども博物館"に関する研究」	『消費者教育』第10冊	日本消費者教育学会
上野 勝代 他			1990	「アメリカにおけるこども博物館の展示内容に関する研究」	『日本建築学会近畿支部研究報告集.計画系』第30号	日本建築学会近畿支部
上野 勝代 他			1990	「アメリカにおけるこども博物館の歴史とその平面計画」	『日本建築学会近畿支部研究報告集.計画系』第30号	日本建築学会近畿支部
上野 勝代 他			1990	「日本におけるこども博物館の試みと参加者像に関する研究—守山市における事例より—」	『日本建築学会近畿支部研究報告集.計画系』第30号	日本建築学会近畿支部
上野 勝代	高梨 薫*		1990	「アメリカのこども博物館における総合的展示の先進事例」	『学術講演梗概集』1990巻	日本建築学会
上野 勝代	高瀬 交子	高梨 薫	1991	「日本におけるこども博物館の試みと参加者像に関する研究Ⅱ—守山市における事例より—」	『日本建築学会近畿支部研究報告集.計画系』第31号	日本建築学会近畿支部
上野 勝代	高梨 薫*	高瀬 交子	1991	「アメリカのこども博物館の体験型展示に関する研究」	『日本建築学会近畿支部研究報告集.計画系』第31号	日本建築学会近畿支部
上野 勝代	高瀬 交子		1992	「日本におけるこどもの施設の現状に関する調査研究」	『日本建築学会近畿支部研究報告集.計画系』第32号	日本建築学会近畿支部
上野 勝代	西尾 幸一郎*		1999.3	「住民による子ども博物館運動に関する研究(1)-「京都子ども博物館」の例より-」	『博物館学雑誌』第24巻第2号	全日本博物館学会
上野 勝代	西尾 幸一郎*	長谷川 紀子	1999.5	「博物館における子ども対象展示室に関する研究:琵琶湖博物館ディスカバリールームの利用状況調査より」	『日本建築学会近畿支部研究報告集.計画系』第39号	日本建築学会近畿支部
上野 勝代	西尾 幸一郎*		1999.7	「京都市における子ども博物館づくりの試み:住民による子ども博物館運動に関する研究(1)」	『学術講演梗概集』1999巻	日本建築学会
上野 邦一			1997.1	「文化財建造物の修理」	『木材保存』第23巻1号	日本木材保存協会
上野 邦一			2005.8	「日本における歴史的都市・村落の周辺環境保全」	『月刊文化財』第503号	第一法規

う

著者1	著者2	著者3	発行年	論文名・書籍名	掲載誌	発行元
上野 敬二			1924	「國立公園と風景問題」	『造園學汎論』	林泉社
上野 敬二			1924	『國立公園』		新光社
植野 浩三			2005	「韓国博物館の現状」	『奈良大学総合研究所所報』第13号	奈良大学総合研究所
植野 浩三			2006.3	「世界遺産と博物館の役割」	『文化財学報』第23・24集	奈良大学文学部文化財学科
上野 輝彌			1982.2	「内側からみた欧米の自然史博物館」	『博物館研究』第17巻第2号	日本博物館協会
上野 輝彌			1985.9	「博物館への期待と憧憬と」	『国立科学博物館ニュース』第197号	国立科学博物館
上野 直之	天野 満宏*		2011.6	「「リニア・鉄道館」の開館」	『JREA:日本鉄道技術協会誌』第54巻第6号	日本鉄道技術協会
上野 博司			2012.5	「観光資源としての埋蔵文化財の活用(観光と遺跡)」	『観光考古学』	ニューサイエンス社
上野 益三			1956	「本草綱目と日本の博物学」	『医譚復刊』第10号	日本医史学会関西支部
上野 益三			1968.6	『お雇い外国人③自然科学』		鹿島研究所出版会
上野 益三			1970	「本草綱目と日本の博物学」	『甲南女子大学研究紀要』第7号	甲南女子大学
上野 益三			1971.7	「野外博物学者畔田翠山(日本史発掘-10-)」	『日本及日本人』第1499号	J&Jコーポレーション
上野 益三	木原 均 編	篠遠 喜人 編	1972	「本草と博物学」	『黎明期日本の生物史』	養賢堂
上野 益三			1973	『日本博物学史』		平凡社
上野 益三			1982.6	『薩摩博物学史』		つかさ書房
上野 益三			1986.2	『日本博物学史増補版』		平凡社
上野 益三			1989.1	『日本博物学史 講談社学術文庫』		講談社
上野 益三			1989.1	『博物学史論集』		講談社
上野 益三			1991	「田中芳男 明治初期博物学界の中心人物」	『博物学者列伝』	八坂書房
上野 八恵			1984.3	「現代日本の博物館の役割－博物館活動に時事性・ニュース性を捕らえて－」	『博物館学雑誌』第9巻第1・2号合併号	全日本博物館学会
上野 八恵			1985.3	「学校教育と博物館－自然科学博物館の学校教育における役割－」	『博物館学雑誌』第10巻第1・2号合併号	全日本博物館学会
上野 八恵			1985.11	「博物館教育－自然史博物館における教育活動のあり方－」	『博物館学雑誌』第11巻第1号	全日本博物館学会
上野 八恵			1986.12	「博物館教育－展示品の解説－」	『博物館学雑誌』第12巻第1号	全日本博物館学会
植野 義明			1999.12	「見せる数学・さわる数学」	『数学セミナー』第38巻第12号	日本評論社
上野 吉一			2008.11	「動物園の新たなレゾンデートルに向けて-名古屋市東山動植物園再生プラン」	『学士会会報』第873号	学士会
上野 吉一			2009.1	『キリンが笑う動物園』		岩波書店
上野 吉一			2011	「動物園における倫理的課題と実践」	『倫理学研究』第41号	関西倫理学会
上野 祥史			2009.7	「歴史研究の展示へのまなざし」	『歴史学研究』第855号	青木書店
上野 佳也			1979.6	「設置者別博物館のあり方 大学附属博物館」	『博物館学講座 第1巻博物館学総論』	雄山閣
上野動物園ラベル調査委員会			1971.12	『上野動物園におけるラベルの現状とその利用状況』		東京都動物園協会
上野谷 加代子 インタビュアー	石毛 直道*		2014.11	「小さな動物園や水族館が私の胃袋を通り抜けた 石毛直道さん 国立民族学博物館名誉教授」	『月刊福祉』第97巻第13号	全国社会福祉協議会

う

著者1	著者2	著者3	発行年	論文名・書籍名	掲載誌	発行元
上羽 陽子	中牧 弘允	中山 京子 他編	2016.12	「学校と博物館でつくる国際理解教育のワークショップ」	『学校と博物館でつくる国際理解教育のワークショップ』	国立民族学博物館
上羽 陽子			2016.12	「座談会「ワークショップ10年をふりかえって」」	『学校と博物館でつくる国際理解教育のワークショップ』	国立民族学博物館
上羽 陽子 他編			2016.12	『学校と博物館でつくる国際理解教育のワークショップ』		国立民族学博物館
上林 一雄			1937.8	「安全博物館と安全運動について」	『博物館研究』第10巻第7・8號	日本博物館協會
上原 敬二			1926	「神苑の設計に就いて」	『造園學雜誌』第2巻第3號	日本造園學會
上原 敬二			1926	「アメリカに於ける史蹟保存の運動と影響」	『造園學雜誌』第2巻第7號	日本造園學會
上原 敬二			1926	「郷土造園の提唱」	『造園學雜誌』第2巻第9號	日本造園學會
上原 敬二			1926	「新時代に於ける動物園」	『造園學雜誌』第2巻第10號	日本造園學會
上原 久志	三田 照芳*		2007.3	「ミュージアム・ナイト・ツアー―エンターテイメント的要素を伴う博物館展示解説の試み―」	『群馬県立自然史博物館研究報告』第11号	群馬県立自然史博物館
上原 之節			1940	「美術品の保存に關する覺え書」	『滿洲帝國國立中央博物館時報』第八號	滿洲帝國國立中央博物館
植松 達也			1995.2	「紙の博物館の移転問題(1)」	『百万塔』第90号	紙の博物館
植松 達也			1995.6	「紙の博物館の移転問題(2)」	『百万塔』第91号	紙の博物館
植松 達也			1995.10	「紙の博物館の移転問題(3)」	『百万塔』第92号	紙の博物館
植松 達也			1996.2	「紙の博物館の移転問題(4)」	『百万塔』第93号	紙の博物館
植松 達也			1998.2	「紙の博物館の移転問題(5)」	『百万塔』第99号	紙の博物館
植松 達也			1998.6	「紙の博物館の移転問題(6)」	『百万塔』第100号	紙の博物館
植松 達也			1998.10	「紙の博物館の移転問題(7)」	『百万塔』第101号	紙の博物館
植松 達也			2004.2	「首都高速道路王子線の開通にあたり--紙の博物館の移転経過を顧みる」	『百万塔』第117号	紙の博物館
植松 千代美			2012.1	「学術標本としての大阪市立大学理学部附属植物園」	『大阪市立大学史紀要』第5号	大阪市立大学
植松 千代美 編			2014.12	『都市・森・人をつなぐ:森の植物園からの提言』		京都大学学術出版会
植松 秀男	宇田津 徹朗*	武田 博	2009.7	「食育および食品科学と協働した科学教育支援の取組:大学博物館の地域連携活動の試み」	『日本水産学会誌』第75巻第4号	日本水産学会
植松 由佳			2013.7	「イギリスのミュージアム事情 コレクションにおけるタイム・ベースド・メディア作品の受入保存修復について」	『博物館研究』第48巻第7号	日本博物館協会
植村 栄治			2007.3	「指定管理者制度と芸術振興」	『文化施設の近未来:アートにおける公共性をめぐって』	慶應義塾大学アート・センター
植村 和彦			1996.11	「植物化石標本の保管とその有効利用にむけて―国立科学博物館での例」	『植生史研究』第4巻第2号	植生史研究会
植村 和彦			2001.5	「科博分館のラボ公開とセミナー「どうわかる・どうかえる－最新の科学動向と科学博物館の使命」」	『博物館研究』第36巻第5号	日本博物館協会
上村 喜久子			1987.11	「博物館労働者「学芸員」の現状と問題」	『歴史評論』第451号	校倉書房
上村 清	守山 義明	丸三製薬株式会社	2004.12	「家屋害虫防除の進め方とIPM」	『家屋害虫』第26巻2号	日本家屋害虫学会
上村 さつき	黒田 乃生	羽生 冬佳	2010	「名勝としての「展望地点」の保護に関する研究」	『ランドスケープ研究』第73巻第5号	日本造園学会
上村 信行	吉田 宗人*	吉田 倫子 他	2012.5	「重要伝統的建造物群保存地区における保存意識の比較:竹原重要伝統的建造物群保存地区を事例として」	『日本建築学会近畿支部研究報告集.計画系』第52号	日本建築学会近畿支部
上村 英夫	山下 成徳*		1938.9	「棚橋先生が主事として就職せられたる前後の教育博物館の状態」	『棚橋源太郎氏と科學教育』	棚橋源太郎氏教育功労記念會
植村 仁美			2013.11	「筑波実験植物園における植物情報の発信:みごろの植物」	『日本植物園協会誌』第48号	日本植物園協会

う

著者1	著者2	著者3	発行年	論文名・書籍名	掲載誌	発行元
上山 和雄			2012.3	「開館三〇周年を迎えて」	『横浜開港資料館紀要』第30号	横浜開港資料館
上山 信一			2001.3	「行政評価の戦略的活用-改革と改善のために-」	『博物館における評価と改善スキルアップ講座』資料集	東京都江戸東京博物館「博物館における評価と改善スキルアップ講座」実行委員会
上山 信一			2002.6	「ミュージアムの経営がはじまる」	『月刊ミュゼ』53号	(株)アム・プロモーション
上山 信一			2003	「「やらされる評価」から「自らやる評価」へ—金沢21世紀美術館と静岡県立美術館—」	『地方行政』第9564号	時事通信社
上山 信一	稲葉 郁子		2003.12	『ミュージアムが都市を再生する』		日本経済新聞社
上山 信一			2004.3	「ミュージアム・マネジメント研究を始める前に-経営と評価の視点から-」	『博物館の機能及びその効果的な運営の在り方に関する実証的研究』	国立科学博物館
上山 信一			2004.5	「コレクションに恵まれない美術館こそ、既成の美術館の固定観を超えられる」	『美術手帖』849号	美術出版社
魚島 純一			2002.3	「博物館施設における生物被害防除の課題と展望・窒素を使った簡易な燻蒸装置の可能性」	『徳島県立博物館研究報告』第12号	徳島県立博物館
魚島 純一			2006.3	「徳島県立鳥居記念館の展示室および収蔵庫における温湿度変化-空調設備のない博物館施設における湿度制御の可能性について-」	『徳島県立博物館研究報告』第16号	徳島県立博物館
魚島 純一			2011.7	「総合博物館における資料保存の取り組み--徳島県立博物館を例として」	『博物館研究』第46巻第7号	日本博物館協会
魚島 純一	茨木 靖*		2013.8	「資料収集・保存復元技術・市民参画を展示する:徳島県立博物館における試み」	『博物館研究』第48巻第8号	日本博物館協会
魚島 純一			2016.3	「簡易な方法で文化財の防虫環境を創出する試み」	『奈良大学紀要』第44号	奈良大学
魚島 純一			2016.3	「被災文化財の救済活動を通した文化財教育」	『文化財学報』第34巻	奈良大学文学部文化財学科
魚成 祥一郎 監			1996.3	『ディスプレイデザイン』		鹿島出版会
ウォンストール・ケン	デヴィット・クサン*	永井 淳	1968	『ヒットラー強盗美術館』		月刊ペン社
宇賀 正一			1900	『資料保存の現状と動向:緊急レポート』		日本マイクロ写真
鵜飼 正樹	北村 皆雄	上島 敏昭	2000.1	『見世物小屋の文化誌』		新宿書房
鳥賀陽 梨沙			2010.3	「思想を伝える視覚メディアとしての現代美術教育的アプローチ:龍谷大学・滋賀県立近代美術館連携事業「福岡道雄プロジェクト」についての一考察」	『美術教育学』第31号	美術科教育学会
浮田 典良	福田 珠己*		1997	「地域文化再生の場エコミュージアム-新しい博物館づくりをめぐって」	『地域文化を生きる』	大明堂
右京 裕子			2014	「世界の薬用植物園の歴史と紹介」	『Aromatopia』第23巻第5号	フレグランスジャーナル社
鵜崎 愛	牧 正興		2007.3	「チルドレンズ・ミュージアムの意義と役割についての日米比較-hands-on展示以降の参加体験型ミュージアムにおける、児童文化財の新たな形」	『福岡女学院大学紀要.人間関係学部編』第8号	福岡女学院大学
宇佐美 昭次			1996.9	「マーケティング」	『ミュージアムマネージメント』	東京堂出版
宇佐美 松鶴堂			1992.4	「第3章伝製品の保存と修復 第4節染織」	『文化財のための保存科学入門』	株式会社飛鳥企画
宇佐美 久尚	野末 雅之*	野末 はつみ 他	2013.6	「植物工場技術の研究・開発および実証・展示・教育拠点(9)信州大学」	『植物環境工学』第25巻2号	日本植物工場学会
宇佐美 英機			2014.12	「ぱっとうざぱすとその35:韓国全州歴史博物館を訪うの記」	『滋賀大学経済学部附属史料館にゅうすSAM』41号	滋賀大学経済学部附属史料館
鵜澤 和良	大山 光晴*	川端 保夫 他	2001.3	「平成14年度特別展「ROBOT-人とロボットの未来」の開催と評価について-」	『千葉県立現代産業科学館研究報告』第9号	千葉県立現代産業科学館
鵜沢 隆	古泉 奈々*		2012.9	「現代日本における図書館・美術館・博物館の中庭に関する研究」	『学術講演梗概集』2012巻	日本建築学会
鵜沢 美穂子	矢野 興一*		2016.1	「第5章植物」	『見る目が変わる博物館の楽しみ方:地球・生物・人類を知る』	ベレ出版
宇治 日出二郎			1979.10	「国立民族学博物館友の会」	『博物館研究』第14巻第10号	日本博物館協会
牛窪 浩			1960.9	「博物館と青少年教育」	『Mouseion:立教大学博物館研究』第6号	立教大学学校・社会教育講座
牛島 薫	西 博孝*	渡邉 博典	1999.3	「科学館における芸術・アートの展示化について--平成11年度特別展「サイエンス&アート」」	『千葉県立現代産業科学館研究報告』第5号	千葉県立現代産業科学館

う

著者1	著者2	著者3	発行年	論文名・書籍名	掲載誌	発行元
牛島 薫			1999.11	「産業と行政科学館から見た効果的なバイオテクノロジーの展示方法」	『バイオサイエンスとインダストリー』第57巻11号	バイオインダストリー協会
牛島 薫	渡邉 博典	小仲井 啓 他	2000.3	「展示事業の評価について-平成11年度特別展「サイエンス&アート」の評価を通して-」	『千葉県立現代産業科学館研究報告』第6号	千葉県立現代産業科学館
牛島 薫			2000.3	「博物館における評価に関する一考察-経営の評価を中心として-」	『千葉県立現代産業科学館研究報告』第6号	千葉県立現代産業科学館
牛島 薫			2001.3	「一般市民の期待や危惧を持つ新しい科学技術に関する展示モデル形成についての考察-バイオテクノロジーに関する特別展の調査を通して-」	『千葉県立現代産業科学館研究報告』第7号	千葉県立現代産業科学館
牛島 薫	川嶋-ベルトラン 敦子		2002	「日本における博物館経営の経緯と現状--戦後から今日まで」	『展示学』第34号	日本展示学会
牛島 薫			2002	「学校と博物館の連携、私見―博物館における総合的な学習の時間―」	『JMMA日本ミュージアム・マネージメント学会会報』第7巻第1号	日本ミュージアム・マネージメント学会
牛島 薫			2002	「博物館の課題と展望」	『ミュージアム・エデュテイメント』	JMMA日本ミュージアム・マネージメント学会、神奈川県西部地域ミュージアムズ連絡会
牛島 薫	小宮 孟	高桑 祐司 他	2003.3	「博物館運営における連携の戦略的利用の一例--博物館同士および学校との連携によるデリバリーキットの開発」	『日本ミュージアム・マネージメント学会研究紀要』第7号	日本ミュージアム・マネージメント学会
牛島 薫	椎 廣行		2004.3	「米国博物館経営調査に基づく日本の博物館経営の重要事項に関する考察」	『日本ミュージアム・マネージメント学会研究紀要』第8号	日本ミュージアム・マネージメント学会
牛島 薫	椎 廣行		2004.3	「米国におけるNPOによる博物館経営に関する一考察-米国博物館聞き取り調査より-」	『博物館の機能及びその効果的な運営の在り方に関する実証的研究』	国立科学博物館
牛島 薫			2005.3	「学芸員の調査研究活動の位置付けと業務管理」	『日本ミュージアム・マネージメント学会研究紀要』第9号	日本ミュージアム・マネージメント学会
牛島 史彦	笹原 亮二		1992	「博物館と民俗学現場からの報告」	『列島の文化史』8	研究社出版
宇次原 雅之			2016.2	「歴史的文化財の景観復元への取り組み:連続繊維補強土工を適用した歴史的文化財での斜面災害復旧事例」	『建設機械施工』第68巻第2号	日本建設機械施工協会
宇治谷 恵			1985.11	「標本資料のコンピュータ・システム-国立民族学博物館を例としてー」	『博物館学雑誌』第11巻第1号	全日本博物館学会
後小路 雅弘			2000	「アジアな街の美術館から」	『国際交流』第23巻1号	国際交流基金
後小路 雅弘			2000.4	「アジア美術の二十一世紀へ向けて--アジア美術館と90年代のアジア美術」	『アジア遊学』第15号	勉誠出版
後小路 雅弘			2001.7	「福岡アジア美術館～「交流型」美術館とボランティア活動」	『博物館研究』第36巻第7号	日本博物館協会
後小路 雅弘			2002	「「アジア美術館」というあり方--その意味・方法・システム」	『立命館言語文化研究』第13巻第4号	立命館大学国際言語文化研究所
後小路 雅弘			2005	「アジア美術展からアジア美術館へ」	『季刊中国総研』第9巻2号	中国地方総合研究センター
右代 啓視			1992.8	「北海道開拓記念館における常設展示改訂」	『Mouseion:立教大学博物館研究』第38号	立教大学学校・社会教育講座
右代 啓視	鈴木 琢也	村上 孝一 他	2011.3	「北方四島の先史文化研究と博物館交流の基礎づくり(1)」	『北海道開拓記念館研究紀要』第39号	北海道開拓記念館
右代 啓視	鈴木 琢也	村上 孝一 他	2012.3	「北方四島の先史文化研究と博物館交流の基礎づくり(2)」	『北海道開拓記念館研究紀要』第40号	北海道開拓記念館
右代 啓視	鈴木 琢也	藪中 剛司 他	2013.3	「北方四島の先史文化研究と博物館交流の基礎づくり(3)」	『北海道開拓記念館研究紀要』第41号	北海道開拓記念館
右代 啓視	鈴木 琢也	藪中 剛司 他	2014.3	「北方四島の先史文化研究と博物館交流の基礎づくり(4)」	『北海道開拓記念館研究紀要』第42号	北海道開拓記念館
右代 啓視	鈴木 琢也	藪中 剛司 他	2015.3	「北方四島の先史文化研究と博物館交流の基礎づくり(5)」	『北海道開拓記念館研究紀要』第43号	北海道開拓記念館
臼井 明子	成田 健*		2013.3	「信州新町化石博物館と信州新町小学校「化石クラブ」の3年間の歩み」	『長野県立博物館紀要』第14号(自然系)	長野県立博物館
碓氷 茂			1932	「郷土教育当面の根本問題」	『郷土科學』第二十一號	郷土教育聯盟
薄井 伯征			2009.1	「学社融合と教材開発」	『社会教育』第64巻1号	全日本社会教育連合会
薄井 伯征			2010	「秋田県大潟村における博物館ボランティアの役割と課題」	『日本生涯教育学会論集』第31巻	日本生涯教育学会
薄井 伯征			2010.3	「博物館ボランティアの養成・活動支援とミュージアム・リテラシー---秋田県大潟村における実践から」	『日本ミュージアム・マネージメント学会研究紀要』第14号	日本ミュージアム・マネージメント学会
薄井 伯征			2011	「地方の公立博物館と地域社会の活性化」	『日本生涯教育学会年報』第32号	日本生涯教育学会

著者1	著者2	著者3	発行年	論文名・書籍名	掲載誌	発行元
薄井 伯征			2011.5	「地方の公立博物館の設立と事業展開に関する一考察-秋田県大潟村における事例から-」	『秋田大学教育文化学部教育実践研究紀要』第33号	秋田大学教育文化学部
薄井 伯征			2013	「公立博物館の政策的位置づけに関する一考察」	『日本生涯教育学会論集』第34巻	日本生涯教育学会
臼井 洋輔			2001.3	「博物館がとらえる時代の境目」	『博物館研究』第36巻第3号	日本博物館協会
臼井 嘉一			1975	「戦後歴史教育における内容編成の理論と実践(5)--「郷土教育論争」をめぐって」	『歴史地理教育』第241号	歴史教育者協議会
臼木 勝			1982.12	「婦人学級と博物館-よこすかうócゼミナールと博物館との協力体制-」	『平塚市博物館年報』第6号	平塚市博物館
薄田 桂			1982.5	「関西大学博物館設立構想について」	『阡陵関西大学博物館学課程創設二十周年記念特集』	関西大学博物館学課程
臼田 隆行	藤田 祐樹*	松田 三奈愛	2011.3	「形態学教育用体験キット「骨スーツ」の開発」	『沖縄県立博物館・美術館博物館紀要』第4号	沖縄県立博物館・美術館
碓田 智子	大坂 真奈美	新谷 昭夫	2004.8	「住教育の視点からみた歴史系博物館における教育普及活動」	『大阪市立住まいのミュージアム研究紀要』第2号	大阪市立住まいのミュージア
碓田 智子	谷 直樹*	新谷 昭夫	2007.5	『歴史系博物館を活用した住教育の現状と少子高齢社会における展開に関する実践的研究』		第一住宅建設協会
碓田 智子	増田 亜樹*	新谷 昭夫 他	2008.5	「歴史系博物館を対象とした情景再現展示の観覧時における学習プログラムの活用に関する研究」	『日本建築学会近畿支部研究報告集.計画系』第48号	日本建築学会近畿支部
碓田 智子	新谷 昭夫*	増田 亜樹 他	2009	「歴史系博物館の実物教材を活用した住まい学習の実践的研究--住文化体験学習プログラムの教材開発と実践・検証」	『住宅総合研究財団研究論文集』第36号	住宅総合研究財団
碓田 智子	増田 亜樹	新谷 昭夫 他	2010.7	「歴史系博物館における小学校団体向け住文化学習プログラムの評価」	『学術講演梗概集』2010巻	日本建築学会
碓田 智子	増田 亜樹*	谷 直樹	2011.3	「来館者構成からみた町並み再現展示の観覧行動の比較:大阪市立住まいのミュージアムを対象として」	『生活科学研究誌』第10号	大阪市立大学
碓田 智子	増田 亜樹*	谷 直樹	2011.5	「公立博物館の黎明期における歴史展示の構成と展示空間:常設展示室の通史展示を中心に」	『日本建築学会近畿支部研究報告集.計画系』第51号	日本建築学会近畿支部
碓田 智子	増田 亜樹*	谷 直樹	2011.9	「公立歴史博物館の常設展示の類型とその変遷に関する研究」	『日本建築学会計画系論文集』第76巻667号	日本建築学会
碓田 智子	増田 亜樹	谷 直樹 他	2012.9	「歴史博物館の情景再現展示を住教育に活用するための学習支援の試みと評価」	『学術講演梗概集』2012巻	日本建築学会
碓田 智子	増田 亜樹*	谷 直樹	2015.2	「公立歴史博物館の常設展示における実物大建築展示からみた展示計画のあり方」	『日本建築学会計画系論文集』第80巻708号	日本建築学会
宇田 秀士	長友 紀子*	狩野 宏明 他	2015.3	「ICT機器が可能にする協働的鑑賞学習の試み:中学校美術科における「美術館の展示をつくる」の実践を通して」	『次世代教員養成センター研究紀要』1号	奈良教育大学次世代教員養成センター
宇田 尚人			2015.2	「教室レポート 美術館から覗く古代エジプト:ミュージアムを活用した教育活動の一事例」	『歴史と地理』第681号	山川出版社
宇田 紀之	工藤 宏晃*	山崎 一洋	2016.3	「3次元計測データによる文化財のデジタル保存技術とその応用:京都祇園祭・船鉾の3次元モデリングとパノラマ表現」	『名古屋産業大学・名古屋経営短期大学環境経営研究所年報』第15号	名古屋産業大学・名古屋経営短期大学環境経営研究所
宇田 英弘			2013.9	「科学館への期待」	『こどもの図書館』第60巻第9号	児童図書館研究会
宇田津 徹朗	武田 博	植松 秀男	2009.7	「食育および食品科学と協働した科学教育支援の取組:大学博物館の地域連携活動の試み」	『日本水産学会誌』第75巻第4号	日本水産学会
内川 隆志			1986.3	「博物館における土器作り-体験学習、博物館資料製作-」	『國學院大學博物館學紀要』第10輯	國學院大學博物館学研究室
内川 隆志			1987.3	「和歌山県南部における博物館」	『國學院大學博物館學紀要(樋口清之博士記念論集)』第11輯	國學院大學博物館学研究室
内川 隆志	青木 豊*		1990.3	「和歌山県博物館史」	『國學院大學博物館學紀要』第14輯	國學院大學博物館学研究室
内川 隆志			1991.3	「郷土教育の変遷Ⅰ-明治～昭和の郷土教育-」	『國學院大學博物館學紀要』第15輯	國學院大學博物館学研究室
内川 隆志			1992.7	「人文系資料の複製」	『博物館ハンドブック』	雄山閣出版
内川 隆志			1993.3	「野外博物館の現状と展望」	『國學院雑誌』第94巻第3号	國學院大學
内川 隆志			1994.1	『ミュージアム施設化計画と事業運営資料』		綜合ユニコム
内川 隆志			1995.3	「郷土教育の変遷Ⅱ-昭和初期の郷土教育と博物館-」	『國學院大學博物館學紀要』第19輯	國學院大學博物館学研究室
内川 隆志			1997.3	「博物館学史の一視点-蒐集・鑑識を中心として-」	『國學院大學博物館學紀要』第21輯	國學院大學博物館学研究室

う

著者1	著者2	著者3	発行年	論文名・書籍名	掲載誌	発行元
内川 隆志			1998.3	「陶磁器の修復について-微細な欠損個所のレジンを用いた修復例-」	『國學院大學博物館學紀要』第22輯	國學院大學博物館学研究室
内川 隆志			1999.3	「博物館資料に関する覚書」	『國學院大學博物館學紀要』第23輯	國學院大學博物館学研究室
内川 隆志			1999.6	「博物館資料の修復」	『新版博物館学講座 第5巻 博物館資料論』	雄山閣
内川 隆志			1999.6	「博物館資料の製作」	『新版博物館学講座 第5巻 博物館資料論』	雄山閣
内川 隆志			2000.1	「博物館学各論(2)-博物館の実践学-人文系博物館資料の取り扱い法」	『新版博物館学講座 第1巻 博物館学概論』	雄山閣
内川 隆志			2000.1	「博物館学各論(2)-博物館の実践学-博物館資料修理法」	『新版博物館学講座 第1巻 博物館学概論』	雄山閣
内川 隆志			2000.3	「近世大坂商人の美術品蒐集-升屋平右衛門「家蔵記」の分析から-」	『國學院大學博物館學紀要』第24輯	國學院大學博物館学研究室
内川 隆志			2002.3	「英国における産業遺産の保存と活用-アイアンブリッジ峡谷博物館を訪ねて」	『國學院大學博物館學紀要』第26輯	國學院大學博物館学研究室
内川 隆志			2004.3	「デイビッド・マレーと田中不二麿-明治初期における教育制度と博物館」	『國學院大學博物館學紀要』第28輯	國學院大學博物館学研究室
内川 隆志			2004.3	「E.P. ヒュース嬢と棚橋源太郎」	『博物館学雑誌』第29巻第2号	全日本博物館学会
内川 隆志			2004.4	『NHK学園考古遺物の蒐集と公開』		NHK学園
内川 隆志			2004.11	『博物館資料の修復と製作』		雄山閣
内川 隆志			2006.3	「博物館の目利きたち-明治初期の文化財保護とそれを支えた人々-」	『國學院大學博物館學紀要』第30輯	國學院大學博物館学研究室
内川 隆志			2006.5	「整備の現状と制度史1.文化財保護法以前の整備と指定」	『史跡整備と博物館』	雄山閣
内川 隆志			2008.3	「拓本-その歴史と技法(通史編)-」	『國學院大學博物館學紀要』第32輯	國學院大學博物館学研究室
内川 隆志			2012.2	「大学博物館が担うもの:國學院大學伝統文化リサーチセンター資料館の場合」	『博物館研究』第47巻第2号	日本博物館協会
内川 隆志			2012.3	「國學院大學伝統文化リサーチセンター資料館における教育/研究」	『全国大学博物館学講座協議会研究紀要』第14号	全国大学博物館学講座協議会
内川 隆志			2012.8	「博物館資料の収集史」	『人文系博物館資料論』	雄山閣
内川 隆志	青木 豊*		2013.5	「資料保存の意義」	『人文系博物館資料保存論』	雄山閣
内川 隆志	落合 広倫*	吉良 芳恵 他	2013.5	「劣化・損壊資料の修理・復元」	『人文系博物館資料保存論』	雄山閣
内川 隆志			2014.12	「近代博物館における人文資料形成史の一視点:静嘉堂所蔵松浦武四郎旧蔵資料の分析から」	『博物館学雑誌』第40巻第1号	全日本博物館学会
打越 綾子			2014.7	「動物園の社会的役割の再構築に向けて:シンポジウム『小諸市動物園を考える』報告」	『成城法学』第83号	成城大学法学会
打越 綾子			2014.11	「小規模動物園をめぐる構造的課題と動物の命」	『博物館研究』第49巻第11号	日本博物館協会
内島 美奈子 編	安高 啓明*		2015.3	『大学博物館連携事業:官学・産官学連携事業実践報告』		西南学院大学博物館
内田 暁友			2013	「知床博物館ニュースレター 被災標本よ語れ」	『タンネウシ:知床博物館ニュース』第256号	斜里町立知床博物館
内田 晃			2016.3	「福岡県内自治体における世界文化遺産に対する市民意識と活性化策」	『地域戦略研究所紀要』第1号	北九州市立大学地域戦略研究所
内田 至			1972	「生物の環境を調節するアクアトロン 水族館の役割と展望」	『バイオテク』第3巻7号	講談社
Uchida.Itaru			1973	「New educational displays in the Himeji Aquarium.」	『Intn.ZooYearBook』第13号	Zoological Society of London
内田 至			1977	「北米大陸の主として教育活動について」	『アメリカの博物館調査報告書水族館』	日本博物館協会
内田 至 他			1977.5	「<座談会>アメリカの博物館--教育・展示」	『博物館研究』第12巻第5号	日本博物館協会
内田 至			1978.12	「館種別博物館における調査・研究と収集活動 水族館」	『博物館学講座 第5巻調査・研究と資料の収集』	雄山閣

う

著者1	著者2	著者3	発行年	論文名・書籍名	掲載誌	発行元
Uchida.Itaru			1982	「The touch tank at the Himeji City Aquarium.」	『Intn.ZooYearBook』第22号	Zoological Society of London
内田 至			1991	「水族館における研究の日米比較と今後の展開」	『遺伝:生物の科学』第45巻第3号	エヌ・ティー・エス
内田 至			1993.8	「変わるか、日本の水族館」	『緑の読本』第27巻	公害対策技術同友会
内田 至			1995.8	「水族館・動物園の展示と運営理念、その社会との関わり」	『博物館研究』第30巻第8号	会編日本博物館協会
内田 至	中嶋 清徳*	佐野 八重	1998.1	「港内にすむ付着生物の生活史を観察するサマースクール」	『動物園水族館雑誌』第39巻2号	日本動物園水族館協会
内田 恵太郎	岸田 久吉*		1928	「上野動物園」	『魚の世界・獣の世界』	興文社
内田 嘉吉			1917	「安全博物館設置の急務」	『安全第一』	丁未出版社
内田 嘉吉			1917	「化學工業博覽會の開催に就いて(一)」	『臺灣日日新報』	臺灣日日新報社
内田 嘉吉			1917	「化學工業博覽會の開催に就いて(二)」	『臺灣日日新報』	臺灣日日新報社
内田 嘉吉			1918	「緒言」	『化學工業博覽會誌』	化學工業博覽會誌編纂所
内田 嘉吉			1918	「化學工業博覽會の開催に就いて」	『化學工業博覽會報告』	化學工業博覽會事務所
内田 和伸			1998.3	「遺構展示手法と遺構復原の問題点」	『資源環境対策』第34巻4号(『緑の読本』シリーズ45)	公害対策技術同友会
内田 和伸			2002	「遺跡の遺構解釈と復元整備における文脈について」	『ランドスケープ研究』第65巻第5号	日本造園学会
内田 和伸			2003.1	「遺跡の環境整備と歴史認識」	『歴史評論』第633号	校倉書房
内田 和伸			2013.8	「平城宮大極殿院の設計思想と同遺跡の整備・展示に関する研究」	『ランドスケープ研究』第77巻第2号	日本造園学会
内田 寛一			1934	「レニングラードの地理學博物館を語る」	『大塚地理學會論文集』第一輯	大塚地理學會
内田 弘慈			1984.4	『石仏拓のすすめ』		日貿出版社
内田 弘慈			1989.8	『拓本技法図典』		創元社
内田 弘慈			1992.9	『拓本のすすめ』		国書刊行会
内田 康平			1938.12	「教材植物園經營の實際」	『博物館研究』第11巻第12號	日本博物館協會
内田 春菊			1996	『水族館行こミーンズ—Iloveyou』		扶桑社
内田 純子			1998.3	「動物園という場所でのボランティア活動」	『Museologist:明治大学学芸員養成課程年報』第13巻	明治大学学芸員養成課程
内田 順子	貝澤 耕一		2008.3	「〈マンロー関係資料デジタル化プロジェクト〉記録を活かすために」	『第22回北方民族文化シンポジウム報告書 北太平洋の文化―北方地域の博物館と民族文化(2)』	北方文化振興協会
内田 順子			2009.3	「平成17年度国立歴史民俗博物館民俗研究映像「AINUPastandPresent-マンローのフィルムから見えてくるもの」-映画フィルムの資料批判的研究に関連する研究ノート」	『国立歴史民俗博物館研究報告』第150集	国立歴史民俗博物館
内田 順子	久留島 浩	小瀬戸 恵美 他	2004.3	「ボランティアに関する実践報告〈企画展「異界万華鏡-あの世・妖怪・占い-」を事例として〉」	『国立歴史民俗博物館研究報告』第109集	国立歴史民俗博物館
内田 順子			2014.3	「歴博における映像資料の収集・製作・活用について:現状と課題・そして展望」	『国立歴史民俗博物館研究報告』第183集(開館三〇周年記念論文集Ⅱ)	国立歴史民俗博物館
内田 順子			2015	「映像の共有と諸権利:国立歴史民俗博物館における民俗研究を目的とした映像制作を事例として」	『社会学評論』第65号	日本社会学会
内田 庄次			1930	「第三章郷土教育論」	『新國史教育論』	文化書房
内田 祥三			1936	「博物館の採光及温湿度調査の經過に就きて」	『建築雑誌』第50輯第618号	日本建築學會
内田 四郎			1904	「繪畫陳列館」	『建築雑誌』第18輯第206、207號	日本建築學會
内田 詮三			1989	「一見に如かず」	『海洋と生物』第11巻第5号	生物研究社

う

著者1	著者2	著者3	発行年	論文名・書籍名	掲載誌	発行元
内田 詮三	村山 司*	祖一 誠	2010.3	『海獣水族館:飼育と展示の生物学』		東海大学出版会
内田 詮三	荒井 一利	西田 清徳	2014.8	『日本の水族館』		東京大学出版会
内田 宗治			2015.7	「江戸東京博物館 国立歴史民俗博物館 現代史の展示の仕方」	『東京人』第30巻8号	都市出版
内田 忠男	内山 常子	宇山 光治 他	2002.3	「板橋区における文化施設の課題」	『國學院大學博物館學紀要』第26輯	國學院大學博物館学研究室
内田 哲夫			1982.3	「歴史学習と博物館-高校生のレポートから-」	『平塚市博物館年報』第5号	平塚市博物館
内田 俊秀			1992.4	「第4章埋蔵文化財の保存 第2節銅」	『文化財のための保存科学入門』	株式会社飛鳥企画
内田 俊秀	奥村 弘*	天野 真志 他	2016.3	『文化財防災体制についての国際比較研究報告書』		科学研究費補助金基盤研究(S)「災害文化形成を担う地域歴史資料学の確立-東日本大震災を踏まえて」研究グループ
内田 文雄	田村 彰浩*		2014.3	「山口県の重要伝統建造物群保存地区の景観維持における建設業者の関わり方」	『日本建築学会中国支部研究報告集』第37号	日本建築学会中国支部
内田 正夫			2012.8	「住吉歴史資料館の事業について」	『Link:神戸大学大学院人文学研究科地域連携センター年報』第4号	神戸大学大学院人文学研究科地域連携センター
内田 真澄			2007.9	「地域の特徴を活かしたソフト事業の展開-史跡保渡田古墳群とかみつけの里博物館」	『明日への文化財』第58号	文化財保存全国協議会
内田 まほろ			2010.9	「メディア技術をミュージアムの展示へ」	『日本バーチャルリアリティ学会誌』第15巻第3号	日本バーチャルリアリティ学会
内田 美月	田中 美佳*		2008.4	「鉄道博物館ICカード入館・予約システムの導入について」	『Cybernetics』第13巻第2号	日本鉄道技術協会日本鉄道サイバネティクス協議会・事務局
内田 安久			1960.3	「社会教育と博物館」	『Mouseion:立教大学博物館研究』第5号	立教大学学校・社会教育講座
内田 康之	鈴木 昭*	広田 洋二 他	1997.8	「科学技術館の現場の声を聞く(座談会)展示を深めて人の身近に」	『電気学会誌』第117巻9号	電気学会
内田 裕市			2007.1	「2005年第2回コンクリートアートミュージアム(名古屋)」	『コンクリート工学』第45巻第1号	日本コンクリート工学協会
内田 祐一			2007.3	「地域住民との架け橋としての博物館の役割-帯広百年記念館アイヌ民族文化情報センター「リウカ」の活動について」	『第21回北方民族文化シンポジウム報告書 北太平洋の文化――北方地域の博物館と民族文化』	北方文化振興協会
内田 祐一			2014.12	「「民族共生の象徴となる空間」における博物館の基本構想について」	『月刊文化財』第615号	第一法規
内田 祐介	畦 浩二*		2013	「科学系博物館の学習活動が児童の理科学力と博物館に対する態度に及ぼす影響:異学年集団による大阪市立自然史博物館の利用を実例として」	『教科教育学論集』第12号	大阪教育大学教科教育学研究会
内田洋行知的生産研究所			2005	『ミュージアムを語る 文化を語る 教育を語る』		内田洋行知的生産研究所
内村 幸人	鈴木 敏之*		2014.3	「博物館教育支援活動における教材・教具の開発の実際と今後の課題-桜島大正噴火100周年行事の取組をとおして-」	『鹿児島県立博物館研究報告』第33号	鹿児島県立博物館
内山 香			2015.7	「管理・運営 チリ国立植物園と都立神代植物公園との技術協力に関する協定の締結について」	『都市公園』第209号	東京都公園協会
内山 淳一			1996.7	『江戸の好奇心 美術と科学の出会い』		講談社
内山 順子	伊藤 道子*	藤井 貞子	2002.3	「ボランティアの視点「着物と夜具」展ボランティアの記録-学芸員とボランティア協力による資料整理から展示までの初の試み-」	『松戸市立博物館紀要』第9号	松戸市立博物館
内山 大介			2007.3	「博物館における「郷土」・「地域」とその展示-「総合」という視角の系譜」	『神奈川大学大学院歴史民俗資料学研究』第12号	神奈川大学大学院歴史民俗資料学研究科
内山 大介			2009.12	「博物館展示と地域像相対化の可能性--足立区立郷土博物館における新常設展示の検討から」	『博物館学雑誌』第35巻第1号	全日本博物館学会
内山 大介			2012.4	「昭和戦前期の師範学校郷土室と博物館活動:地域博物館前史としての基礎的考察」	『博物館学雑誌』第37巻第2号	全日本博物館学会
内山 大介			2012.11	「文化財レスキューと博物館展示:「朝日稲荷神社の絵馬」展の開催から」	『民具マンスリー』第45巻8号	神奈川大学
内山 大介			2014.3	「東神指の彼岸獅子--受託資料の整理と調査から--」	『福島県立博物館紀要』第28号	福島県立博物館
内山 常子	内田 忠男*	宇山 光治 他	2002.3	「板橋区における文化施設の課題」	『國學院大學博物館學紀要』第26輯	國學院大學博物館学研究室
内山 俊朗			2014.5	『ミュージアムでの鑑賞支援ロボットにおける効果的な情報提示方法』		文部科学省科学研究費助成事業研究成果報告書
内山 悠一			2016	「文化財デジタル化とその公開手法について:『Touch the北斎漫画』を題材に」	『文化資源学』第14号	文化資源学会

う

著者1	著者2	著者3	発行年	論文名・書籍名	掲載誌	発行元
宇都宮市小學校聯合研究會 編			1937	「博物館・美術館・展覽會等」	『市民要典』	宇都宮市小學校聯合研究會
内海 量夫			1977.3	「博物館の運営について」	『博物館学雑誌』第2巻第1・2号	全日本博物館学会
内海 弘蔵 編			1912	「動物園日記」	『日記文範』	成美堂
内海 美由紀			2007.3	「博物館教育文献リスト(邦文)」	『子ども博物館楽校』第3号	チルドレンズ・ミュージアム研究会
内海 美由紀			2010.1	「美術館と学校の連携のありかた--ヴィクトル・ダミコの指導実践分析を通じて」	『子ども博物館楽校』第5号	チルドレンズ・ミュージアム研究会
内海 美由紀			2013.12	「相互作用としての来館者の経験:J.Deweyの経験論から」	『博物館学雑誌』第39巻第1号	全日本博物館学会
内海 美由紀			2014.1	「地域文化保存の観点からみた博物館の役割:ハワイ島ヒロ市のHawaiiJapaneseCenterの実践から」	『子ども博物館楽校』第6号	チルドレンズ・ミュージアム研究会
内海 涼子			2013	「今に伝わる『天工開物』の腰機」	『季刊民族学』第37巻第2号	千里文化財団
内海崎 貴子	田中 裕		2001.8	「学芸員におけるジェンダーバランスについての研究」	『日本女性学会ニュース』第87号	日本女性学会
内海崎 貴子	田中 裕		2002.5	「学芸員におけるジェンダーバランスについての研究（2）－学芸員養成課程のジェンダー問題を中心に一ー」	『日本女性学会ニュース』第90号	日本女性学会
内海崎 貴子	福井 菜穂子		2002.12	「幼児教育とハンズ・オンー自然史博物館のハンズ・オン展示にみる幼児の活動観察事例の分析から一」	『博物館学雑誌』第28巻第1号	全日本博物館学会
宇仁 義和			1999.7	「スカンジナビア北極圏の博物館--世界の来観者を意識した構成」	『北方圏』第108号	北方圏センター
宇仁 義和			2001	「地方博物館のホームページ展開戦略」	『博物館研究』第36巻第2号	日本博物館協会
宇仁 義和			2010.3	「地方博物館の評論とその教材化」	『全国大学博物館学講座協議会研究紀要』第13号	全国大学博物館学講座協議会
宇仁 義和			2010.12	「博物館の社会学の再提案」	『博物館学雑誌』第36巻第1号	全日本博物館学会
宇仁 義和			2011.3	「遠隔地域におけるビジターセンターの教育機能」	『日本ミュージアム・マネージメント学会研究紀要』第15号	日本ミュージアム・マネージメント学会
宇仁 義和			2013.3	「イギリスの博物館支援組織」	『全国大学博物館学講座協議会研究紀要』第15号	全国大学博物館学講座協議会
宇仁 義和			2013.3	「全博協の共同利用資産としての写真共有サイト」	『全国大学博物館学講座協議会研究紀要』第15号	全国大学博物館学講座協議会
宇仁 義和			2013.3	「東京農業大学オホーツクキャンパスの実習ノート」	『全国大学博物館学講座協議会研究紀要』第15号	全国大学博物館学講座協議会
宇仁 義和			2013.4	「自然史博物館の展示類型と21世紀型の展示」	『博物館学雑誌』第38巻第2号	全日本博物館学会
宇仁 義和			2015.4	「1930-50年代における日本の水族館での鯨類飼育」	『博物館学雑誌』第40巻第2号	全日本博物館学会
宇野 慶			2008.3	「「国技館すみだ5000人の第九」と石丸寛-平和を祈って-」	『玉川大学教育博物館紀要』第5号	玉川大学教育博物館
宇野 慶			2009.3	「教育博物館を利用した学校教育展開の可能性」	『玉川大学教育博物館紀要』第6号	玉川大学教育博物館
宇野 慶			2010.3	「教育博物館の国際学級支援の試み」	『玉川大学教育博物館紀要』第7号	玉川大学教育博物館
宇野 慶	柿崎 博孝		2011.3	「オーストラリアの博物館における教育事情の調査」	『玉川大学教育博物館紀要』第8号	玉川大学教育博物館
宇野 慶	柿崎 博孝		2011.3	「英国の博物館における教育事情の調査」	『玉川大学教育博物館紀要』第8号	玉川大学教育博物館
宇野 慶	柿崎 博孝		2012.3	「アメリカの博物館における教育事情の調査」	『玉川大学教育博物館紀要』第9号	玉川大学教育博物館
宇野 慶			2012.3	「ジョン・グールドと動物学協会—グールドの動物学協会における活動軌跡—」	『玉川大学教育博物館紀要』第9号	玉川大学教育博物館
宇野 慶	柿崎 博孝*		2016.2	「第1章 博物館教育の意義と理念」	『博物館教育論』	玉川大学出版部
宇野 慶	柿崎 博孝*		2016.2	「第2章 博物館における学びの特性」	『博物館教育論』	玉川大学出版部
宇野 慶	柿崎 博孝*		2016.2	「第3章 博物館教育の歴史的展開(欧米)」	『博物館教育論』	玉川大学出版部

う

著者1	著者2	著者3	発行年	論文名・書籍名	掲載誌	発行元
宇野 慶	柿﨑 博孝*		2016.2	「第4章 日本の博物館教育の歴史」	『博物館教育論』	玉川大学出版部
宇野 慶	柿﨑 博孝*		2016.2	「第5章 博物館教育の環境整備」	『博物館教育論』	玉川大学出版部
宇野 慶	柿﨑 博孝*		2016.2	「第6章 博物館教育活動の企画と実施」	『博物館教育論』	玉川大学出版部
宇野 慶	柿﨑 博孝*		2016.2	「第7章 学校教育と博物館」	『博物館教育論』	玉川大学出版部
宇野 慶	柿﨑 博孝*		2016.2	「第8章 大学と博物館教育」	『博物館教育論』	玉川大学出版部
宇野 慶	柿﨑 博孝*		2016.2	「第9章 博物館の種類別にみた教育活動」	『博物館教育論』	玉川大学出版部
宇野 慶	柿﨑 博孝*		2016.2	「第10章 博物館教育と評価」	『博物館教育論』	玉川大学出版部
宇野 慶	柿﨑 博孝*		2016.2	「第11章 博物館教育と地域社会」	『博物館教育論』	玉川大学出版部
宇野 慶	柿﨑 博孝*		2016.2	「第12章 人材育成の場としての博物館」	『博物館教育論』	玉川大学出版部
宇野 慶	柿﨑 博孝*		2016.2	「第13章 多文化共生社会と博物館教育」	『博物館教育論』	玉川大学出版部
宇野 慶	柿﨑 博孝*		2016.2	『博物館教育論』		玉川大学出版部
宇野 茂樹			1987.3	「木内石亭」	『國學院大學博物館學紀要(樋口清之博士記念論文集)』第11輯	國學院大學博物館学研究室
宇野 茂樹			1989.3	「滋賀県博物館史」	『國學院大學博物館學紀要』第13輯	國學院大學博物館学研究室
宇野 茂樹			2003.11	「ギメ国立東洋美術館」	『大阪商業大学商業史博物館紀要』第4号	大阪商業大学商業史博物館
宇野 茂樹			2004.12	「同志社大学博物館学芸員課程の思い出([同志社大学]博物館学芸員課程開設五十周年記念号)」	『博物館学年報』第36号	同志社大学博物館学芸員課程
宇野 伸一郎	水野 暁子*	池田 晶一	2014.10	「インターネット・ウェルフェア・ミュージアムを創る」	『現代と文化:日本福祉大学研究紀要』110号	日本福祉大学情報社会科学部
宇野 浩三	田島 雅子*		2008.5	「地方小都市における博物館の意義に関する研究:「ギャラリーしろかわ」の利用者・地域住民への配票調査にもとづく」	『日本建築学会四国支部研究報告集』第8号	日本建築学会四国支部
宇野 浩三	田島 雅子*		2008.7	「地方小都市における博物館の意義に関する研究:「ギャラリーしろかわ」の利用者・地域住民への配票調査にもとづく」	『学術講演梗概集』2008巻	日本建築学会
宇野 文男			2000	『みんぱくコレクション』		千里文化財団
宇野 文男			2001.3	「国立民族学博物館と渋沢敬三」	『大正昭和くらしの博物誌 民族学の父・渋沢敬三とアチック・ミューゼアム』	河出書房新社
宇野 文男			2001.3	「アチック・ミューゼアム・コレクションの動き」	『大正昭和くらしの博物誌 民族学の父・渋沢敬三とアチック・ミューゼアム』	河出書房新社
宇野 文男			2002	「アチック・ミューゼアム・コレクション-その変遷 資料整理の舞台裏」	『民具マンスリー』第35巻7号	神奈川大学
宇野 文男	石毛 直道*	高島 賢 他	2004	「シンポジウム 展示がまちをつくる-食とまちづくり」	『展示学』第38号	日本展示学会
宇野 幸			2000.3	「睦沢町立歴史民俗資料館における友の会とその未来」	『国府台』第10号	和洋女子大学文化資料館
馬居 政幸			1992.3	「今、博物館の利用を考える(講演会記録)」	『浜松市博物館館報』第4号	浜松市博物館
海野 珊瑚			1930	「下田武山閣」	『黒船』第七巻五月號	黒船社
海野 鉄太郎			2002	「八千代市立郷土博物館におけるボランティア活動」	『Museumちば:千葉県博物館協会研究紀要』33号	千葉県博物館協会
海ノ中道海洋生態科学館			1994.3	「水族館における教育活動の調査」	『動物園水族館雑誌』第35巻2号	日本動物園水族館協会
梅棹 忠夫 編			1973.3	『EEM日本万国博覧会世界民族資料調査収集団(1968-1969)記録』		日本万国博覧会記念協会
梅棹 忠夫	多田 道太郎	上田 篤 他	1974.1	『日本人の生活空間』		朝日新聞社
梅棹 忠夫			1974.2	「国立民族学博物館の構想-主としてその学術的意義について」	『文部時報』第1161号	ぎょうせい

う

著者1	著者2	著者3	発行年	論文名・書籍名	掲載誌	発行元
梅棹 忠夫	井上 光貞 他		1974.6	「座談会 民族学研究と博物館」	『歴史と博物館』第3号	歴博研究会
梅棹 忠夫			1975	『民族学博物館』		講談社
梅棹 忠夫			1975.1	「国立民族学博物館の誕生」	『文部時報』第1172号	ぎょうせい
梅棹 忠夫			1975.9	「国立民族学博物館の制度と組織」	『季刊人類学』第6巻3号	京都大学人類学研究会
梅棹 忠夫			1976.3	「百科事典と博物館」	『WORLD—TBSブリタニカ・ジャーナル』第18号	ティービーエス・ブリタニカ
梅棹 忠夫			1977.1	「国立民族学博物館における研究のあり方について」	『国立民族学博物館研究報告』第1巻第4号	国立民族学博物館
梅棹 忠夫			1978	『民博誕生』		中央公論社
梅棹 忠夫	大貫 良夫*		1978	「館長対談、野外博物館のビジョン」	『月刊みんぱく』第2巻第10号	国立民族学博物館
梅棹 忠夫	黒川 紀章		1978.1	「＜対談＞格子(ラティス)の思想−回遊式博物館の原理〔月刊「みんぱく」11月号より転載〕」	『建築文化』第375号	彰国社
梅棹 忠夫	立花 隆		1978.1	「＜対談＞異質文化の衝撃−民族学博物館の思想」	『諸君！』第10巻1号	文芸春秋
梅棹 忠夫			1978.2	「国立民族学博物館の社会的意義−−国立民族学博物館の開館にあたって」	『文部時報』第1209号	ぎょうせい
梅棹 忠夫			1979.4	「博物館の思想」	『サントリー・クォータリー』第2号	サントリー株式会社・広報部
梅棹 忠夫	開高 健 監		1979.5	『ウイスキー博物館』		講談社
梅棹 忠夫 編	祖父江 孝男 編		1979.5	『世界の博物館.22国立民族学博物館:諸民族の文化と相互理解』		講談社
梅棹 忠夫			1979.12	「現代の蔵としての博物館」	『蔵—暮しを守る』	東京海上火災保険株式会社
梅棹 忠夫			1980.2	『博物館の世界』		中央公論社
梅棹 忠夫	井上 光貞	金子 勝昭	1980.4	「＜座談会＞博物館の思想−新しい文化開発のかたち」	『諸君！』第12巻4号	文芸春秋
梅棹 忠夫			1980.6	「企業博物館のあり方とサントリーのウイスキー博物館」	『サントリーウイスキー博物館カタログ』	サントリーウイスキー博物館
梅棹 忠夫			1981.9	「ジャパン・ミュージアム構想」	『日本文化』第6巻	日本文化研究所編集部
梅棹 忠夫			1981.9	『博物館と美術館』		中央公論社
梅棹 忠夫	高田 宏*		1981.9	「館長対談 博物館の広報活動」	『月刊みんぱく』第5巻第9号	国立民族学博物館
梅棹 忠夫	岩宮 武二*		1981.12	「館長対談「博物館と写真情報」」	『月刊みんぱく』第5巻第12号	国立民族学博物館
梅棹 忠夫 編	総合研究開発機構 編		1983.5	『博物館と情報館長対談』		中央公論社
梅棹 忠夫 監	総合研究開発機構 編		1983.11	『文化経済学事始め−文化施設の経済効果と自治体の施設づくり』		学陽書房
梅棹 忠夫			1984	「展示学の課題と方法」	『展示学』第1号	日本展示学会
梅棹 忠夫 監	南 博 監		1984.9	『ニューメディア時代の現代映像展示ハンドブック』		講談社
梅棹 忠夫			1985.1	「博物館は未来をめざす」	『月刊みんぱく』第9巻第1号	国立民族学博物館
梅棹 忠夫			1987	「現代の蔵としての博物館」	『メディアとしての博物館』	平凡社
梅棹 忠夫			1987.1	『国立民族学博物館の記録−博物館長の十年』		平凡社
梅棹 忠夫			1987.9	「博物学から博物館へ」第一回	『アニマ』九月号	平凡社
梅棹 忠夫			1987.10	「博物学から博物館へ」第二回	『アニマ』十月号	平凡社

う

著者1	著者2	著者3	発行年	論文名・書籍名	掲載誌	発行元
梅棹 忠夫			1987.10	「博物館の言語ポリシー」	『月刊百科』10月号	平凡社
梅棹 忠夫			1987.11	「博物学から博物館へ」第三回	『アニマ』十一月号	平凡社
梅棹 忠夫			1987.11	『メディアとしての博物館』		平凡社
梅棹 忠夫			1987.12	「博物学から博物館へ」第四回	『アニマ』十二月号	平凡社
梅棹 忠夫			1989.7	『梅棹忠夫対談集 博物館の思想』		平凡社
梅棹 忠夫	石毛 直道 編	佐々木 高明 編	1990.2	『梅棹忠夫著作集 第15巻民族学と博物館』		中央公論社
梅棹 忠夫	荒俣 宏	鷲尾 金彌	1990.4	「植物と展示」	『展示学』第10号	日本展示学会
梅棹 忠夫			1991.3	『梅棹忠夫対談集 知的市民と博物館』		平凡社
梅棹 忠夫			1997.2	「情報産業としての博物館」	『Cultivate：文化と環境を考える』第5号	文化環境研究所
梅棹 忠夫	熊倉 功夫	中牧 弘充	2001	「鼎談 コレクションの思想」	『季刊民族学』第25巻第2号	千里文化財団
梅棹 忠夫	佐藤 吉哉		2007.4	「編集長インタビュー梅棹忠夫氏「国立民族学博物館顧問」発想生む「頭の霧箱」」	『日経ビジネス』第1389号	日経BP社
梅沢 太久夫			1973	「竪穴住居跡等の復原」	『埼玉県立博物館年報』昭和48年	埼玉県立博物館
梅田 正			1993.3	「山口博物館人文系資料のデータベース化」	『山口県立山口博物館研究報告』第19号	山口県立山口博物館
梅田 美由紀			2008.9	「地域博物館における"地質学"普及の活動取り組み例」	『日本地質学会学術大会講演要旨』第115号	日本地質学会
梅田 美由紀	安曽 潤子*		2009.3	「福井市自然史博物館で実施した「地質の日」関連事業」	『地質ニュース』第655号	実業公報社
梅谷 蓼花			1934	「赤十字博物館を訪ふ」	『博物館研究』第7巻第2號	日本博物館協會
梅谷 蓼花			1943	「日本博物館協會過去十五年間の足蹟」	『博物館研究』第16巻第10號	日本博物館協會
梅谷 蓼花			1970	「「棚橋源太郎」についての筋書き」	『博物館研究』第16巻第10号	日本博物館協会
梅津 章子			1999.7	「北米におけるアダプティユースの事例」	『歴史ある建物の活かし方』	学芸出版社
梅津 章子			2003.1	「文化財建造物の活用とまちづくり：各地での取り組み」	『月刊文化財』第472号	第一法規
梅津 一朗			2009.12	「紀州研フィールドミュージアム報告 雑賀惣国プロジェクト紙芝居「雑賀川合戦・孫一勝利の舞い」」	『紀州経済史文化史研究所紀要』第30号	紀州経済史文化史研究所
梅津 一朗	吉村 旭輝		2009.12	「紀州研ミュージアムボランティア報告 現代版・那智山参詣曼荼羅絵解き」	『紀州経済史文化史研究所紀要』第30号	紀州経済史文化史研究所
梅津 一朗	江利川 春雄	吉村 旭輝	2009.12	「紀州研ミュージアムボランティア報告 西岡虎之助、和歌山の日々--研究と教育の葛藤」	『紀州経済史文化史研究所紀要』第30号	紀州経済史文化史研究所
梅津 元			1997.3	「展示批評美術館における展示の可能性-桑山忠明プロジェクト'96から-」	『Museumちば：千葉県博物館協会研究紀要』28号	千葉県博物館協会
梅野 光興			2002.3	「歴史民俗資料と博物館の間で（上）」	『高知県立歴史民俗資料館研究紀要』第11号	高知県立歴史民俗資料館
梅野 光興			2003.3	「歴史民俗資料と博物館の間で（下）」	『高知県立歴史民俗資料館研究紀要』第12号	高知県立歴史民俗資料館
梅野 光興	松原 潔*	釣井 龍秀 他	2016.2	「2守る・遺す」	『もっと博物館が好きっ！みんなと歩む学芸員』	教育出版センター
梅原 豪一			2015.3	「高野山霊宝館の設立過程に関する一考察：「宝物館書類」を中心に」	『印度學佛教學研究』63号	日本印度学仏教学会
梅原 末治			1930	「亞米利加の博物館に於ける支那の古美術（上）」	『仏教美術』16巻	
梅原 末治			1930	「亞米利加の博物館に於ける支那の古美術（下）」	『仏教美術』17巻	
梅原 末治			1931	「アルタイ地方における考古學上の新發見 露西亜博物館員の活動」	『史学』10巻1号	

う

著者1	著者2	著者3	発行年	論文名・書籍名	掲載誌	発行元
梅原 末治			1944	「露西亞の博物館と其の考古學的調査事業」	『支那考古學論攷』	弘文堂書房
梅原 末治			1944	「亞米利加の博物館に於ける支那の古美術」	『支那考古學論攷』	弘文堂書房
梅原 徹	塚越 実*		2012.12	「内部と外部の評価がつながった大阪市立自然史博物館の実践例」	『博物館研究』第47巻第12号	日本博物館協会
梅原 麻梨紗	駒見 和夫*		2011.6	「和洋女子大学文化資料館におけるアウトリーチの実践と検討－小学校に向けた出前講座－」	『国府台:和洋女子大学文化資料館・博物館学課程報告』第15号	和洋女子大学文化資料館・博物館学課程
梅原 麻梨紗			2013.6	「ミュージアム国際フォーラム 学芸員養成教育と国際フォーラム」	『国府台:和洋女子大学文化資料館・博物館学課程報告』第17号	和洋女子大学文化資料館・博物館学課程
梅村 仁			2013.2	「高知県黒潮町・砂浜美術館の展開と進化」	『地域活性化ニューズレター』第4号	
梅室 英夫			1980.1	「東京農業大学図書館標本室における古農機具類の収集と整理」	『博物館学雑誌』第5巻第1号	全日本博物館学会
梅室 英夫			1999.8	「館種別博物館の情報化の現状と課題 植物園」	『新版博物館学講座 第11巻 博物館情報論』	雄山閣
宇山 光治	内田 忠男*	内山 常子 他	2002.3	「板橋区における文化施設の課題」	『國學院大學博物館学紀要』第26輯	國學院大學博物館学研究室
浦川 和也	国立歴史民俗博物館 編		2004.12	「戦争と表象 佐賀県立名護屋城博物館の建設と開館一〇年の歩み」	『歴史展示のメッセージ:歴博国際シンポジウム「歴史展示を考える-民族・戦争・教育」』	(株)アム・プロモーション
浦川 和也			2008.7	「佐賀県立名護屋城博物館--朝鮮半島絵葉書と近代日本人の「まなざし」」	『アジア遊学』第111号	勉誠出版
浦川 和也			2010.3	「ありのままに伝える―佐賀県立名護屋城博物館の活動と役割―」	『日本女子大学博物館学芸員課程年報』No.8	日本女子大学
浦口 醇二			1997.5	「「歴史と文化のまちづくり」と文化財登録制度」	『文化庁月報』344号	ぎょうせい
浦崎 太郎			2011	「文化振興の担い手育成に関する実証的研究(1)アウトリーチ事業の立ちあげ」	『岐阜県博物館調査研究報告』第32号	岐阜県博物館
浦崎 永錫			1974	『日本近代美術発達史 明治篇』		東京美術
浦添八景実行委員会 編			2015.3	「杜の美術館(浦添市美術館)」	『浦添八景:文化的アイデンティティーづくり』	浦添八景実行委員会
浦谷 宗太朗	吉澤 望	藤原 工	2012.9	「美術館展示におけるLED照明の利用に関する研究:絵画の見えの評価」	『学術講演梗概集』2012巻	日本建築学会
浦田 真由	工藤 智祥*	小原 直輝 他	2015.7	「プラネタリウムと連繋した科学系博物館における鑑賞支援システムの開発」	『映像情報メディア学会技術報告』第39巻第23号	映像情報メディア学会
占部 浩一郎			1997	「博物館を運営する民法法人に対する税制上の優遇処置について」	『博物館研究』第32巻第7号	日本博物館協会
占部 浩一郎			1997.11	「解説 今後の博物館行政について」	『教育と情報』第476号	第一法規
占部 浩一郎			1998.2	「文部省における博物館振興施策の概要について」	『博物館研究』第33巻第2号	日本博物館協会
占部 浩一郎			1998.5	「「社会の変化に対応した今後の社会教育行政の在り方について」生涯学習審議会中間まとめ」	『博物館研究』第33巻第5号	日本博物館協会
占部 浩一郎			1999.2	「文部省における博物館振興施策の概要について」	『博物館研究』第34巻第2号	日本博物館協会
占部 浩一郎			1999.9	「第3章博物館を支える仕組み」	『博物館学シリーズ 1博物館概論』	樹村房
卜部 東介			1999.12	「インターネット数学博物館」	『数学セミナー』第38巻12号	日本評論社
瓜生 政和 編			1869－1875	『西洋新書』弐編上		宝集堂
瓜生 政和			1875	『西洋新書』四編上		宝集堂
瓜生 由起			2009.8	「福井県立歴史博物館の展示照明」	『博物館研究』第44巻第8号	日本博物館協会
瓜生 由起			2013.2	「支部情報北信越支部来館者層の拡大・変化への対応―企画展への誘いと教育普及ツール」	『博物館研究』第48巻第2号	日本博物館協会
漆原 勇司			1994.3	「美術館から学ぶ」	『Museologist:明治大学学芸員養成課程年報』第9巻	明治大学学芸員養成課程
運営委員会			1971.12	「戦後博物館の構造的変化と博物館問題研究会-正式発足に際して」	『博物館問題研究会会報』第5号	博物館問題研究会

う

著者1	著者2	著者3	発行年	論文名・書籍名	掲載誌	発行元
海野 勝至 編	松村 京子	草刈 昭子	2005.4	『〈全国自治体〉指定管理者制度の最新情報と事業計画書の作成方法特別市場調査資料』		株式会社ビルネット
海野 隆至			2015.4	「日本平動物園の挑戦」	『麻布大学雑誌』第26巻	麻布大学
運輸省観光局 編			1957.3	『観光資源要覧第四編陳列施設』		運輸省観光局
運輸省観光局 編	伊藤 寿朗 監		1991.7	『観光資源要覧第四編陳列施設 博物館基本文献集第21巻』		大空社
運輸政策研究機構 編			2010.3	「東京国立博物館における「外国人によるひとり歩き点検隊」の実施」	『運輸政策研究』第12巻第4号	運輸政策研究機構
梱出版社			2014.7	『箱根彫刻の森美術館へようこそ:森とアートの45年』		梱出版社
営繕協会			1976.9	「特集 博物館・美術館」	『公共建築』第18巻第2号	営繕協会
「映像と教育」研究集団 編著			1980	『映像と教育:映像の教育的効果とその利用』		日本放送教育協会
H.Auer			1978.3	「博物館学研究の進歩に対するICOMの責任」	『第11回ICOM総会講演集 博物館と文化交流』	国際博物館会議日本委員会
H.J.プレンダーライト	文化財保護委員会事務局 訳		1964	『古文化財と美術品の保存（Ⅰ）』		
H.J.プレンダーライト	国宝装潢師連盟 訳		1966	『古文化財と美術品の保存（Ⅱ）』		
H.デンベック	小西 正泰	渡辺 清	1980	『動物園の誕生』		築地書店
H.Landais			1978.3	「今日の博物館が直面している諸問題」	『第11回ICOM総会講演集 博物館と文化交流』	国際博物館会議日本委員会
エイブル・アート・ジャパン 編			2005	『百聞は一見をしのぐ!?視覚に障害のある人との言葉による美術鑑賞ハンドブック』		エイブル・アート・ジャパン
エウヘーニオ・ドールス	神吉 敬三 訳		1997	『プラド美術館の三時間』		筑摩書房
A.オッディー			1990.2	「博物館と伝統工芸」	『国立科学博物館ニュース』第250号	国立科学博物館
A、B、C			1912	「美術館建設の必要」	『太陽』第18巻第16號	博文館
A.Bose			1978.3	「国際レベルにおける文化遺産と自然遺産の保護」	『第11回ICOM総会講演集 博物館と文化交流』	国際博物館会議日本委員会
江川 主民	北島 宗雄		2016.5	「美術館学習初心者の絵画鑑賞における音声ガイドの有無が視行動/満足度に及ぼす影響」	『電子情報通信学会技術研究報告』第116巻第60号	電子情報通信学会
江川 静海	磯田 正美*	小川 義和 他	2006.8	「科学博物館における数学展示・実験教具とその実践手法の開発研究」	『日本科学教育学会年会論文集』第30巻	日本科学教育学会
栄久庵 憲司	粟津 潔*	泉 眞也 他	1988.4	「パリの空の下≪博物館と展示≫を語る」	『展示学』第6号	日本展示学会
エクサナレッジ			1978.10	「特集 これからの展示建築 美術館・博物館資料館」	『建築知識』第20巻11号	エクサナレッジ
江草 由住	鏑木 あずさ*	山村 真紀 他	2011.9	「「saveMLAK:博物館・美術館・図書館・文書館・公民館の被災・救援情報」における活動の経緯と展望」	『現代の図書館』第49巻第3号	日本図書館協会
江草 遼平	保科 弘明*	山本 哲也 他	2014.11	「科学系博物館における情報アクセシビリティの課題」	『日本科学教育学会研究会研究報告』第29巻第1号	日本科学教育学会
江草 遼平	保科 弘明	生田目 美紀 他	2015.6	「科学系博物館の展示における情報アクセシビリティの全国調査」	『日本科学教育学会研究会研究報告』第29巻第6号	日本科学教育学会
江草 遼平	小林 真*	生田目 美紀 他	2015.9	「シテ科学産業博物館における視覚障害者のためのアクセシビリティ」	『日本科学教育学会年会論文集』第39巻	日本科学教育学会
江草 遼平	保科 弘明	生田目 美紀 他	2015.9	「視覚・聴覚障害者の利用における科学系博物館の情報アクセシビリティに関する全国調査:博物館学習支援の観点から」	『日本科学教育学会年会論文集』第39巻	日本科学教育学会
江口 健治郎			2001	「〔岐阜県〕博物館収蔵品のデータベース化の取り組み」	『岐阜県博物館調査研究報告』第22号	岐阜県博物館
江口 健治郎			2002	「博物館収蔵品のデジタルアーカイブ化の取り組み」	『岐阜県博物館調査研究報告』第23号	岐阜県博物館
江口 健治郎			2003	「岐阜県博物館マルチメディアネットワークシステムの再開発について」	『岐阜県博物館調査研究報告』第24号	岐阜県博物館
江口 正一	全日本社会教育連合会 編		1968.3	「東京国立博物館の婦人学級」	『社会教育』第23巻3号	全日本社会教育連合会

え

著者1	著者2	著者3	発行年	論文名・書籍名	掲載誌	発行元
江口 正一			1973.1	「国立移管後の陳列品収集について」	『MUSEUM』第262号	東京国立博物館
江口 正一			1980.5	「特別史跡平城宮跡保存整備への一道程--ある旧職員の回想」	『月刊文化財』第200号	第一法規
江口 誠一	白井 豊		2014.9	「博物館展示を利用した実地教育:千葉県立中央博物館の実践」	『地理誌叢』55号	日本大学地理学会
江口 誠一			2015.2	「フィールド・ミュージアム活動における地域学習:千葉県小櫃川流域を例として」	『地理誌叢』56号	日本大学地理学会
江口 太郎			2009.6	「大阪の科学技術史と博物館展示」	『化学史研究』第36巻第2号	化学史学会
江口 みなみ			2015.10	「海外日本画展における展示戦略の交錯:一九三一年開催「伯林日本画展覧会」を中心に」	『美術史』第65巻第1号	美術史學會
江口 美和子			2012	「地域の博物館との連携から広がりを求めて:子どもたちの学びを深める視点で」	『視覚障害教育ブックレット』第20巻	ジアース教育新社
江口 勇治	森茂 岳雄		1991	『社会科教育における博物館・資料館の活用―茨城県内の調査を通して―』		筑波大学教育学系社会科教育学研究室
「エコノミスト」編集部			1981.8	『博物館を生んだ町(東日本編)』		(株)恒和出版
「エコノミスト」編集部			1981.8	『博物館を生んだ町(西日本編)』		(株)恒和出版
江坂 輝弥 監			1985.8	『拓本の技法 考古学ライブラリー38』		ニューサイエンス社
江崎 悌三			1926.8	「北歐見聞記」	『動物學雜誌』第454・457號	日本動物學會
江島 穣	布谷 知夫	川那部 浩哉 編	2000.1	「学校に利用される博物館を作る」	『博物館を楽しむ―琵琶湖博物館ものがたり』	岩波書店
江尻 憲泰	山下 秀之*		2013	「長岡造形大学展示館MaRouの杜の設計」	『長岡造形大学研究紀要』第11号	長岡造形大学
エステロウ・ミルトン	木村 忠雄 訳		1968	『消えた名画 世界美術品犯罪史』		朝日新聞社
S.ナーゲル	リンケ・S	越野 武 他訳	1977	『博物館・美術館・図書館・研究所』		集文社
S.Fukuda			1978.3	「博物館と国際観光」	『第11回ICOM総会講演集 博物館と文化交流』	国際博物館会議日本委員会
枝川 明敬	根木 昭*	垣内 恵美子 他	1998.4	『美術館政策論』		晃洋書房
越後谷 卓司			2009	「美術館での映像製作と上映」	『映像文化の創造と倫理』2009年度	立命館大学映像学部
越前 俊也			2010.3	「明治二八年開催「時代品展覧会」について-最初の日本美術史展覧会の内容と開催経緯-」	『博物館学年報』第41号	同志社大学博物館学芸員課程
越前 俊也			2015.3	「『豊臣時代品展覧会』(一八九八)と帝国京都博物館」	『博物館学年報』第46号	同志社大学博物館学芸員課程
越中 勇			1995	「長崎県立美術博物館30周年を迎えて―設立構想から開館まで」	『博物館研究』第30巻第5号	日本博物館協会
越中 哲也			1961	「市立長崎博物館二十年略史」	『長崎市立博物館館報』第2号	長崎市立博物館
江面 嗣人			2005.8	「文化財周辺環境の保全における類型と保全方法」	『月刊文化財』第503号	第一法規
恵藤 一郎			1938	「山口縣に於ける博物館施設一覽」	『博物館研究』第11巻第12號	日本博物館協會
江頭 元樹			1985	「動物園施設の利用について」	『動物園教育―日本動物園教育研究会10年の歩み―』	日本動物園教育研究会
衛藤 駿			1970.12	「70年代における美術館活動の方向」	『博物館ニュース』第5巻第11号	日本博物館協会
江頭 満正			2011.3	「何がプラネタリウムを復活させるのか--来場者、潜在来場者、非来場者、プラネタリウム運営者への調査から」	『余暇学研究』第14号	日本余暇学会
江渡 秋嶺			1930	「百姓の場から見ての郷土教育」	『郷土―研究と教育―』第二號	郷土教育聯盟
江戸東京博物館 編			1993	『博覧都市江戸東京』		江戸東京歴史財団
餌取 章男	青木 國夫*	毛利 正夫	1980.7	「鼎談 理工学博物館のあり方」	『博物館研究』第15巻第7号	日本博物館協会

え

著者1	著者2	著者3	発行年	論文名・書籍名	掲載誌	発行元
餌取 章男			2000.11	「ネットワーク・博物館・未来観」	『博物館研究』第35巻第11号	日本博物館協会
餌取 章男	有馬 朗人*		2002.2	「対談 科学技術館のきょうとあす」	『博物館研究』第37巻第2号	日本博物館協会
餌取 直子	森 いづみ*	染井 千佳	2016	「小さい組織の学内MLA連携から世界のMALUI連携へ－お茶の水女子大学附属図書館と歴史資料館の取組みのご紹介」	『専門図書館』275号	専門図書館協議会
エドワード・シルベスター・モース			1929	『日本その日その日』		科学知識普及會
エドワード・シルベスター・モース	石川 欣一 訳		1970	『日本その日その日.第1』東洋文庫171		平凡社
エドワード・シルベスター・モース	石川 欣一 訳		1970	『日本その日その日.第2』東洋文庫172		平凡社
エドワード・シルベスター・モース	石川 欣一 訳		1971	『日本その日その日.第3』東洋文庫179		平凡社
榎並 重行	三橋 俊明		1989	『近代性の系譜学……空間・知覚編細民窟と博覧会』		JICC出版局
恵庭ロケーション推進の会			2015	『紫雲台宝林寺孝子堂宝物館個人収集の仏像・陶磁器・骨董の宝庫』		恵庭ロケーション推進の会
N27編集室 編			2015.1	「路傍美術館・いのち」	『N27:「時の眼－沖縄」批評誌』No. 4	新星出版社
NHK取材班			1996.2	『アメリカの中の原爆論争・戦後50年スミソニアン展示の波紋』		ダイヤモンド社
NHK世界遺産プロジェクト	須磨 章*		2016.3	『世界遺産知られざる物語』		KADOKAWA
NHK放送博物館			1967	『放送博物館10年 創立より昭和41年3月まで』		NHK放送博物館
NHK放送博物館			1986.3	『放送博物館の30年』		NHK放送博物館
NHK放送博物館			1996.3	『放送博物館の40年』		NHK放送博物館
NHK放送博物館			2016.12	『放送博物館の60年』		NHK放送博物館
N.S生			1915	「話の種(十四):東京自然博物館設立の意見」	『動物學雑誌』第27巻325號	日本動物學會
N.K.Bondzie			1978.3	「ICOMと地域活動」	『第11回ICOM総会講演集 博物館と文化交流』	国際博物館会議日本委員会
NTTデータ通信第三産業システム事業部オフィス情報システム担当			1995	「博物館システムにおける情報技術の課題」	『ビジネスコミュニケーション』第32巻6号	ビジネスコミュニケーション社
NPO知的資源イニシアティブ 編			2011.7	『デジタル文化資源の活用－地域の記憶とアーカイブ』		勉誠出版
N.V.モトロキロワ			1974	「未来」	『第10回ICOM大会講演集 博物館と近代世界』	国際博物館会議日本委員会
榎 英一			1986	「博覧会から博物館へ」	『展示学』第3号	日本展示学会
榎 英一			2009	「博物館資料分類不要論」	『愛知文教大学論叢』第12号	愛知文教大学
榎 英一	兼清 順子		2010.3	「博物館学と平和学の融合の試み--新聞を教材とした授業実践紹介」	『立命館平和研究:立命館大学国際平和ミュージアム紀要』第11号	立命館大学国際平和ミュージアム
榎 美香			2006.9	「展示と体験」	『非文字資料研究』第13号	神奈川大学21世紀COEプログラム研究推進会議
榎 美香			2013.1	「なぜ博物館に民俗展示があるのか、民俗文化財とは何か」	『歴史地理教育』第799号	歴史教育者協議会
榎 陽介			1998.12	「展示としての葬送」	『民俗世界と博物館展示・学習・研究のために』	雄山閣出版
榎 陽介	竹谷 陽二郎*	酒井 耕造 他	2004.3	「福島県立博物館の資料管理システム」	『福島県立博物館紀要』第18号	福島県立博物館
榎 陽介			2014.3	「博物館に集まった資料たち―ある女性から寄贈された資料を巡っての2、3の雑考―」	『福島県立博物館紀要』第28号	福島県立博物館
江ノ島水族館			1977	「日本の水族館の飼育展示施設の現状」	『動物園水族館雑誌』第19巻1・2号	日本動物園水族館協会
江ノ島水族館研究室			1962.4	「江ノ島水族館における博物館活動」	『江ノ島水族館資料』第4号	江ノ島水族館研究室

え

著者1	著者2	著者3	発行年	論文名・書籍名	掲載誌	発行元
江ノ島水族館研究室			1962.4	「資料1.飼育水槽に関する二つの試み」	『江ノ島水族館資料』第4号	江ノ島水族館研究室
江ノ島水族館研究室			1962.4	「博物館と学生」	『江ノ島水族館資料』第4号	江ノ島水族館研究室
榎本 和代			2014.9	「博物館における沖縄戦の語り継ぎに関する研究:ひめゆり平和祈念資料館を中心に」	『教育学研究年報』第33号	東京学芸大学教育学講座学校教育学分野・生涯教育学分野
榎本 千賀子	原田 健一 編	石井 仁志 編	2013.9	「デジタル映像の展示の可能性」	『懐かしさは未来とともにやってくる:地域映像アーカイブの理論と実際』	学文社
榎本 剛治			2008.3	「伊勢堂岱遺跡における史跡整備の現状-住民参加の史跡整備-」	『國學院大學考古学資料館紀要』第24輯	國學院大學考古学資料館
榎本 徹			2007.1	「岐阜県現代陶芸美術館の4年間-複合施設における美術館運営」	『博物館研究』第42巻第1号	日本博物館協会
江幡 亀寿			1921	「4社會教育的觀覽施設の實態」	『社會教育の實際的研究』	日本博物館協會
江原 岳志			2002.3	「鉄道に関する博物館の史的変遷と鉄道資料の展示・保存に関する研究(前編)」	『國學院大學博物館學紀要』第26輯	國學院大學博物館学研究室
江原 岳志			2003.3	「鉄道に関する博物館の史的変遷と鉄道資料の展示・保存に関する研究(後編)」	『國學院大學博物館學紀要』第27輯	國學院大學博物館学研究室
江原 岳志			2004.3	「鉄道車両の保存と修復について」	『國學院大學博物館學紀要』第28輯	國學院大學博物館学研究室
海老澤 有道			1960.3	「西洋博物館旧記」	『Mouseion:立教大学博物館研究』第5号	立教大学学校・社会教育講座
海老沢 衷			2012.6	「序重要文化的景観への道:エコ・サイトミュージアム田染荘」	『アジア遊学』第153号	勉誠出版
海老沢 模奈人			2003.1	「19世紀終盤から20世紀初頭のドイツにおける集積型ミュージアムの展開に関する一考察」	『日本建築学会計画系論文集』第68巻563号	日本建築学会
海老沢 立志			1998	「博物館から見たメセナについて」	『博物館研究』第33巻第9号	日本博物館協会
海老原 治善			1960	「「郷土教育論」をめぐって」	『日本教育運動史第3』	三一書房
愛媛県教育委員会 編			2016	『愛媛人物博物館:人物博物館展示の愛媛の偉人たち』		愛媛県生涯学習センター
愛媛県動物園協会			1900	『TobeZoo:とべ動物園のなかまたち』		愛媛県動物園協会
愛媛県立とべ動物園			2004.3	「動物園が行なう園外活動について」	『動物園水族館雑誌』第45巻2号	日本動物園水族館協会
愛媛大学ミュージアム			2015.3	『愛媛大学ミュージアム5周年史』		愛媛大学ミュージアム
FFGビジネスコンサルティング			2014.10	「特集 九州の美術館博物館 九州国立博物館慈勝庵コレクション 東洋陶磁美術館」	『FFG調査月報』75号	FFGビジネスコンサルティング
江袋 文男			1979.8	「博物館事業のすべて」	『社会教育』第34巻8号	全日本社会教育連合会
エフ・ビー・バージヤー			1928	「博物館の規模を制限する必要なきか」	『博物館研究』第1巻第4號	博物館事業促進會
F.Russoli			1978.3	「ICOMの知的対策—国内及び国際委員会の役割」	『第11回ICOM総会講演集 博物館と文化交流』	国際博物館会議日本委員会
笑 景子			1915	「日光宝物館の建築及装飾」	『建築工藝雑誌』第2期第13冊	建築工藝協會
恵美 千鶴子			2011.4	「江戸時代における古筆鑑賞の普及と展開--『丹鶴図譜』の「岡寺切」を発端として」	『MUSEUM』第631号	東京国立博物館
恵美 裕江	下田 智美絵		2001.4	『博物館・郷土館(くらしをまもる・くらしをささえる校外学習19)』		岩崎書店
エミール・メイエル	田辺 徹訳		1992	『アムステルダム国立美術館』		みすず書房
江水 是仁	大原 一興		2003.9	「ミュージアム来館者が周辺地域に与える影響-長谷川町子美術館の事例」	『学術講演梗概集』2003巻	日本建築学会
江水 是仁	大原 一興		2004.8	「理工系博物館における民家展示に対する来館者の観覧行動」	『学術講演梗概集』2004巻	日本建築学会
江水 是仁	大原 一興		2005.9	「理工系博物館・民家展示の空間把握行動に関する考察」	『学術講演梗概集』2005巻	日本建築学会
江水 是仁	大原 一興		2006.2	「ミュージアムにおける民家の室内展示に対する来館者の観覧行動に関する研究--日本科学未来館・環境共生型住宅の事例」	『日本建築学会計画系論文集』第71巻600号	日本建築学会

え

著者1	著者2	著者3	発行年	論文名・書籍名	掲載誌	発行元
江水 是仁	大原 一興		2006.11	「屋外民家展示施設における来園者の観覧行動に関する研究：江戸東京たてもの園「八王子千人同心組頭の家」の事例より」	『日本建築学会計画系論文集』第71巻609号	日本建築学会
江水 是仁	大原 一興		2006.12	「屋外展示民家における興味が異なる来園者の観覧行動に関する研究-温暖期における江戸東京たてもの園・八王子千人同心組頭の家の事例」	『博物館学雑誌』第32巻第1号	全日本博物館学会
江水 是仁	西 源二郎	大原 一興 他	2008.7	「水族館における展示空間改修前後の観覧行動に関する考察:博物館のビジタースタディとしての観覧行動に関する研究その1」	『学術講演梗概集』2008巻	日本建築学会
江水 是仁	大原 一興	佐藤 裕子	2009.7	「展示情報の受け取り方の違いと来館者の観覧行動に関する考察：博物館のビジタースタディとしての観覧行動に関する研究その4」	『学術講演梗概集』2009巻	日本建築学会
江水 是仁	西 源二郎	大原 一興 他	2009.12	「展示評価をもとに新規に制作した展示観覧体験の考察--日本科学未来館新規展示「地球環境とわたし」の事例から」	『博物館学雑誌』第35巻第1号	全日本博物館学会
江水 是仁			2010	「理工系博物館学芸員養成と科学技術コミュニケーション」	『東海大学課程資格教育センター論集』第9号	東海大学出版会
江水 是仁			2010.3	「博物館におけるコミュニケーション研究の課題」	『電子情報通信学会技術研究報告』第109巻第457号	電子情報通信学会
江水 是仁	大原 一興	西 源二郎	2010.7	「来館回数・来館目的の違いによる博物館の観覧行動に関する考察：博物館のビジタースタディとしての観覧行動に関する研究その5」	『学術講演梗概集』2010巻	日本建築学会
江水 是仁	関根 由実*	大原 一興	2010.7	「美術館における混在度合いによる観覧動態に関する研究」	『学術講演梗概集』2010巻	日本建築学会
江水 是仁	篠原 聰*		2011	「ポスト・ミュージアムの展示空間のあり方をめぐって:テンプルミュージアム(大乗寺)の事例に探る」	『東海大学課程資格教育センター論集』第10号	東海大学出版会
江水 是仁	大原 一興	西 源二郎	2011.7	「展示の配置の違いと観覧集団の違いによる観覧行動の特性：博物館のビジタースタディとしての観覧行動に関する研究その6」	『学術講演梗概集』2011巻	日本建築学会
江水 是仁	山本 広美	竹内 恵 他	2012.4	「博物館勤務経験による職員のキャリア形成に関する考察：日本科学未来館・科学コミュニケーターの事例より」	『博物館学雑誌』第37巻第2号	全日本博物館学会
江水 是仁	大原 一興	西 源二郎 他	2012.9	「博物館体験による観覧者の環境に対する意識の変容に関する考察：博物館のビジタースタディとしての観覧行動に関する研究その7」	『学術講演梗概集』2012巻	日本建築学会
江水 是仁	西 源二郎	大原 一興 他	2013.8	「館種別博物館来館者の生涯学習施設利用頻度・利用形態に関する考察：博物館のビジタースタディとしての観覧行動に関する研究その8」	『学術講演梗概集』2013巻	日本建築学会
江水 是仁			2013.12	「博物館勤務経験による博物館と博物館職員の役割に関する考察:日本科学未来館・科学コミュニケーターの事例より」	『博物館学雑誌』第39巻第1号	全日本博物館学会
江水 是仁	大原 一興	藤谷 哲	2014.9	「属性別博物館来館者の博物館活動に関する興味関心・理解度に関する考察：博物館のビジタースタディとしての観覧行動に関する研究その9」	『学術講演梗概集』2014巻	日本建築学会
江水 是仁	浜田 弘明	井上 由佳	2015.12	「博物館学芸員養成教育における「学び」に関する研究:受講者のアンケート調査結果の分析から」	『博物館学雑誌』第41巻第1号	全日本博物館学会
江水 是仁			2017.12	「自然科学博物館論史」	『博物館学史研究事典』	雄山閣
MID同人	前川 國男*		1979	『前川國男のディーテール』		彰国社
M.ボーラン			2000	「展示評価—まとを得た質問をする」	『滋賀県立琵琶湖博物館研究調査報告』第17号	滋賀県立琵琶湖博物館
江村 和彦			2017.1	「学校美術館の実践報告：生徒とアーティストをつなぐ鑑賞活動」	『日本福祉大学子ども発達学論集』第9号	日本福祉大学子ども発達学部
江本 義理	門倉 武夫		1971.3	「万国博美術館の環境」	『保存科学』第7号	東京国立文化財研究所
江本 義理	門倉 武夫*		1972.3	「奈良国立博物館における正倉院展示環境調査」	『保存科学』第8号	東京国立文化財研究所
江本 義理	門倉 武夫*		1972.3	「万国博覧会美術館の展示環境調査」	『保存科学』第9号	東京国立文化財研究所
江本 義理			1987	「文化財の材質と劣化」	『文化財の虫菌害と保存対策』	文化財虫菌害研究所
江山 正美			1956	「自然景観の文化性」	『造園雑誌』第20巻第1号	日本造園学会
江山 正美			1958	「景観保護について」	『造園雑誌』第22巻第2号	日本造園学会
江利川 春雄	梅津 一朗*	吉村 旭輝	2009.12	「紀州研ミュージアムボランティア報告 西岡虎之助、和歌山の日々--研究と教育の葛藤」	『紀州経済史文化史研究所紀要』第30号	紀州経済史文化史研究所
エリス 俊子			2003.6	「「田中恭吉」展」	『展覧会カタログの愉しみ』	東京大学出版会
江竜 喜之	竹内 誠*	布谷 知夫	2005.2	「鼎談 市民とともに創る博物館(1)」	『博物館研究』第40巻第2号	日本博物館協会
江竜 喜之	竹内 誠*	布谷 知夫	2005.3	「鼎談 市民とともに創る博物館(2)」	『博物館研究』第40巻第3号	日本博物館協会

え

著者1	著者2	著者3	発行年	論文名・書籍名	掲載誌	発行元
エル・アヴァディ・モスタファ			1991	『古代アレクサンドリア図書館』		中央公論社
エルスナー・ジョン	カーディナル・ロジャー		1998	『蒐集』		研究社
エルマー・フインケ			2012	「自然愛にもとづく水族館での学校教育」	『ビオシティ』第51号	ブックエンド
エンゲル・クロード	岡野 真 編		1979.12	「ミュージアムと照明効果-クロード・エンゲル氏の講演記録」	『博物館研究』第14巻第12号	日本博物館協会
遠州 敦子			1995	『住教育に対する「小さな博物館」活動の提供するコミュニティー形成に関わる情報の検討』		文部省科学研究費補助金研究成果報告書
燕昇司 和平			1936	「日滿博の本願寺館と美術館を觀る」	『時代は明朗』	燕昇司出版部
遠藤 克			2007	「博物館法の改正に当たって」	『博物館報』第17号	日本大学生物資源科学部博物館
遠藤 克司	坪田 知広	徳川 義宣	1996	「私立博物館経営の現状とその課題」	『博物館研究』第31巻第9号	日本博物館協会
遠藤 吉三郎			1921	「動物園笑話」	『日本民族の爲めに』	天佑社
遠藤 源一郎			2012	「震災復興と動物園の役割」	『ビオシティ』第51号	ブックエンド
遠藤 悟朗			1958	「子供動物園--園内での年少児童の行動紹介」	『博物館研究』第31巻第10号	日本博物館協会
遠藤 悟朗			1969.3	「上野動物園におけるサマースクール実施状況について」	『動物園水族館雑誌』第10巻4号	日本動物園水族館協会
遠藤 悟朗			1971.12	「子ども動物園の創造」	『月刊社会教育』第15巻12号	国土社
遠藤 悟朗	祖谷 勝紀*	中川 志郎 他	1975.6	「上野動物園における新しい制止ラベルとその効果」	『動物園水族館雑誌』第16巻4号	日本動物園水族館協会
遠藤 悟朗			1978	『子ども動物園』		フレーベル館
遠藤 悟朗			1979.11	「館種別博物館の教育・普及活動と設備・施設 動植物園・水族館」	『博物館学講座 第8巻博物館教育と普及』	雄山閣
遠藤 悟朗			1985.11	「子どもと動物園」	『青少年問題』第32巻11号	青少年問題研究会
遠藤 悟朗			1985	「動物園教育の目標と教育技術について」	『動物園教育』第1号	日本動物園教育研究会
遠藤 敏			1998.3	「前沢が誇る牛の博物館」	『Museologist:明治大学学芸員養成課程年報』第13巻	明治大学学芸員養成課程
遠藤 智史			2016.12	「ウッドスタートで地域を変える:東京おもちゃ美術館の木育事業(12)「木育の専門家」の養成講座」	『グリーン・パワー』第456号	森林文化協会
遠藤 三右衛門			1941	「古書畫の修理について」	『博物館研究』第14巻第2號	日本博物館協會
遠藤 純夫	青山 剛*	小川 義和 他	2003.12	「座談会 科学教育の推進に果たす博物館等の役割」	『広領域教育研究』第53号	広領域教育研究会
遠藤 早泉			1925	「植物園一めぐり」	『趣味の東京物語:地理と歴史』	南海書院
遠藤 隆次			1931	「北米合衆國スミソニアン學會に於ける地質學部の近況」	『岩波講座:地質學』第11巻7號	岩波書店
遠藤 隆次			1939	「滿州國立中央博物館の機構」	『博物館研究』第12巻第2号	日本博物館協會
遠藤 隆次			1940	「滿州國立中央博物館の近況」	『博物館研究』第13巻第11號	日本博物館協會
遠藤 隆次			1942	「東亞共榮圏と博物館事業」	『滿洲帝國國立中央博物館時報』第十六號	滿洲帝國國立中央博物館
遠藤 諦之輔			1974.9	「Ⅳ資料保存の方法 古文書の修補の方法」	『地方史マニュアル3文献資料整理の実務』	柏書房
遠藤 諦之輔			1987.6	『古文書修補六十年-和装本の修補と造本-』		汲古書院
遠藤 友麗	伊藤 紫織	沼辺 信一	2000.3	「インタビュー 学習指導要領改訂に際して博物館は何を求められているのか」	『Museumちば:千葉県博物館協会研究紀要』31号	千葉県博物館協会
遠藤 宣雄			2016	『カンボジアに魅せられて:遺跡エンジニアリングの技術移転』		文芸社

え

著者1	著者2	著者3	発行年	論文名・書籍名	掲載誌	発行元
遠藤 信成			1964	「博物館の展示とスイッチ」	『博物館研究』第38巻第10・11号	日本博物館協会
遠藤 信成			1971.8	「博物館の展示における児童心理の応用」	『博物館研究』第44巻第2号	日本博物館協会
遠藤 啓			2008.8	「国立博物館の設置者と館の「責任」について」	『博物館研究』第43巻第8号	日本博物館協会
遠藤 啓			2015.7	「第4回美術品梱包輸送技能取得士認定試験の実施について」	『博物館研究』第50巻第7号	日本博物館協会
遠藤 英雄	市川 長弘		1989.1	「免震機能保有・展示ケースの開発」	『展示学』第9号	日本展示学会
遠藤 秀紀			1997	「大学博物館はMuseumになり得るか？」	『生物科学』第49巻1号	日本生物科学協会
遠藤 秀紀			2000	「標本収蔵の現状分析と将来への課題」	『哺乳類科学』第40号	日本哺乳類学会
遠藤 秀紀			2009.3	「社会教育機関での研究の可能性」	『日本野生動物医学会誌』第14巻第1号	日本野生動物医学会
遠藤 秀紀			2011.3	「動物園での研究の第一歩」	『日本野生動物医学会誌』第16巻第1号	日本野生動物医学会
遠藤 秀紀			2012.12	「知を担う動物園大学連携」	『都市公園』第199号	東京都公園協会
遠藤 佛眼 編			1897.7	『保呂羽堂保存講』		保呂羽堂
遠藤 正淑			1997.6	「山形県立博物館におけるボランティア活動」	『山形県立博物館研究報告』第19号	山形県立博物館
遠藤 正治			1991	『医学・洋学・本草学者の研究-吉川芳秋著作集-』		八坂書房
遠藤 守	山本 恭大*	久原 政彦 他	2009.11	「デジタルミュージアム利用を考慮した観覧体験レコーダーの提案と試作」	『電子情報通信学会技術研究報告』第109巻第281号	電子情報通信学会
遠藤 守	岩崎 公弥子*	山本 あや加 他	2012.9	「博学連携に基づく金環日食のレクチャーの開発と実践」	『社会情報学会(SSI)学会大会研究発表論文集』2012	社会情報学会
遠藤 守	赤尾 恵里*	中 貴俊 他	2012.9	「博学連携による金環日食教室のためのタブレット端末用デジタル教材の設計と開発」	『社会情報学会(SSI)学会大会研究発表論文集』2012	社会情報学会
遠藤 守	岩崎 公弥子*	水野 慎士 他	2013.8	「科学館と大学・来館者の「つながり」がもたらす可能性とその試み:名古屋市科学館開館50周年記念イベントにおける展示開発と実践」	『情報文化学会誌』第20巻1号	情報文化学会
遠藤 康一	阿児 雄之	亀井 宏行 他	2014.7	「やきものづくりから学ぶものづくり-地域と大学博物館の連携による教育機会の創出」	『第9回博物科学会』	博物科学会
遠藤 喜和			1996.3	「生涯学習と博物館-その可能性-」	『浜松市博物館館報』第8号	浜松市博物館
遠藤 楽子			2010.3	「応挙館で美術体験プロジェクトの試み――障屏画研究の立場から」	『「応挙館で美術体験」の記録』	東京国立博物館
遠藤 楽子			2013.12	「館史研究 グラスゴー博物館との物品交換事業について:資料と寄贈品にみる博物館草創期の国際交流の諸相」	『MUSEUM』第647号	東京国立博物館
遠藤 理一			2014.12	「学生発案型イベント"Hello・Museum!"の企画・実施・評価」	『北海道大学総合博物館ニュース』第30号	北海道大学総合博物館
遠藤 僚	筆野 望*	熊谷 亮平 他	2010.7	「坂倉準三設計の鎌倉近代美術館の保存に関する研究:設計競技時の主題に対する竣工後の改修に着目して」	『学術講演梗概集』2010巻	日本建築学会
円満 隆平	横田 香央里*		2011.7	「北陸3県における公立博物館の施設維持管理実態調査:指定管理者制度導入に伴う変化」	『日本建築学会北陸支部研究報告集』第54号	日本建築学会北陸支部
及川 昭文	ベジナ・レーモン		1982.1	「博物館とコンピュータ」	『国立民族学博物館研究報告』第12巻第4号	国立民族学博物館
及川 昭文	中山 和彦	星野 聰 他	1985.3	「美術史学データベースの構築とその課題」	『国立歴史民俗博物館研究報告』第5集	国立歴史民俗博物館
及川 昭文			2000.3	『博物館・美術館資料の電子化に関する調査研究』		文部省科学研究費補助金研究成果報告書
及川 昭文			2014.8	「博物館における情報化の現状と課題」	『ビジネスコミュニケーション』30号	ビジネスコミュニケーション社
及川 健美	吉村 典夫*		1967.5	「展示品解説用の電気装置について」	『博物館研究』第40巻第5号	日本博物館協会
及川 規			2001.3	「新設博物館の保存環境および米スギの影響について」	『東北歴史博物館研究紀要』第2号	東北歴史博物館
及川 規			2009	「博物館の文化財保存環境と木材揮発成分」	『Aroma research』第10巻第1号	フレグランスジャーナル社

著者1	著者2	著者3	発行年	論文名・書籍名	掲載誌	発行元
及川 規			2010.3	「文化財に影響を与える木材揮発成分の効果的な除去方法開発の試み(2)ベイスギを対象に」	『東北歴史博物館研究紀要』第11号	東北歴史博物館
及川 規	芳賀 文絵*		2016	「被災資料一時保管施設の収蔵環境についての考察」	『東北歴史博物館研究紀要』第17巻	東北歴史博物館
及川 規	芳賀 文絵		2016.3	「津波被災文化財施設・被災資料保管施設の空気環境とその文化財材質への影響:2-エチル-1-ヘキサノールについて」	『東北歴史博物館研究紀要』第17号	東北歴史博物館
及部 克人			1993.3	「地域の子どもを地域で祝う「大道芸術展」--ワークショップの可能性」	『月刊社会教育』第37巻第3号	国土社
王 輝鍇			2016.2	「文化庁「海外日本古美術展」の意義について:昭和二十八年(一九五三)アメリカ巡回日本古美術展覧会を中心に」	『美術史論集』第16号	神戸大学美術史研究会
王 京			2004.12	「中国・国家主導の博物館事業」	『非文字資料研究』第6号	神奈川大学21世紀COEプログラム研究推進会議
王 娟			2015.3	「万国博覧会跡地における博物館の展開」	『國學院大學博物館學紀要』第39輯	國學院大学博物館学研究室
王 娟			2017.12	「中国博物館論史」	『博物館学史研究事典』	雄山閣
王 少芳	外間 みどり 訳		2014.3	「中国第一歴史檔案館所蔵檔案の整理業務及び琉球関係史料の紹介と報告」	『沖縄史料編集紀要』第37号	沖縄県教育委員会
王 嵩山			2010.3	「台湾における博物館事業と博物館学の啓蒙」	『日本ミュージアム・マネージメント学会研究紀要』第14号	日本ミュージアム・マネージメント学会
王 智新 編	君塚 仁彦 編		2000.12	『批判植民地教育史認識』		社会評論社
王 嵐	高津 隆 インタビュアー		2014	「中国における資料保存・管理のこれまでとその成果:計画経済から市場経済へ、時代変化が"档案管理"に与えた影響とは」	『Muse:帝国データバンク史料館だより』別冊	帝国データバンク史料館
扇浦 正義			2012.3	「シーボルト記念館の古写真資料」	『鳴滝紀要』第22号	長崎市
墺國博覽會事務局			1873	『墺國博覽會筆記』巻之二		墺國博覽會事務局
墺國博覽會事務局			不明	『アルチエル氏博物館ノ説』		墺國博覽會事務局
逢坂 恵理子			2014.11	「横浜美術館と横浜トリエンナーレ」	『NACTreview:国立新美術館研究紀要』第1号	国立新美術館
逢坂 裕紀子			2016.3	「博物館資料における地域資料の活用:東京国立博物館館史資料『大震災関係書類』から」	『アート・ドキュメンテーション研究』第23号	アート・ドキュメンテーション学会
奥州市牛の博物館			2015.2	『奥州自然史紀行:牛の博物館郷土の企画展地史編』		奥州市牛の博物館
欧米主要美術館の運営・管理と施設計画にかんする調査団			1986.12	『欧米主要美術館の運営・管理と施設計画に関する調査団報告書』		テクノロジートランスファー研究所
近江 栄			1986	『建築設計競技』		鹿島出版会
近江 昌司			1969.3	「天理参考館の教育活動について」	『國學院大學博物館學紀要』第1輯	國學院大学博物館学研究室
近江 昌司			1987.3	「展示資料の口述解説―例・灰陶猪圏」	『國學院大學博物館學紀要(樋口清之博士記念論文集)』第11輯	國學院大学博物館学研究室
大洗町幕末と明治の博物館			2011	『大洗町幕末と明治の博物館報』		大洗町幕末と明治の博物館
大井 浩二			1993.11	『ホワイト・シティの幻影−シカゴ万国博覧会とアメリカ的想像カ−』		研究者出版(株)
大井 敏恭	林 亨*	末次 弘明	2010	「アートと社会の有機的な関係をつくる要因についての一考察−サンフランシスコの美術館・ギャラリー・美術学校の現状について−」	『北翔大学生涯学習システム学部研究紀要』第10巻	北翔大学
大井 敏恭	末次 弘明*	林 亨	2011.3	「サンフランシスコ近代美術館アーティストギャラリーの草創期と現在」	『北翔大学北方圏学術情報センター年報』第3号	北翔大学
大井 尚行	高田 佳栄*	高橋 浩伸	2009.3	「展示空間におけるキャプションの見やすさに関する研究」	『日本建築学会研究報告九州支部 環境系』第48号	日本建築学会九州支部
大井 尚行	清原 千香子*	高橋 浩伸	2011.3	「写真展示壁の色彩に関する基礎的検討(環境工学)」	『日本建築学会研究報告九州支部 環境系』第50号	日本建築学会九州支部
大石 和江			2014.7	「ガラクタ置き場から唯一無二の博物館へ:東京理科大学近代科学資料館の挑戦」	『博物館研究』第49巻第7号	日本博物館協会
大石 和江			2016.8	「小さな科学技術遺産の保存のとりくみ」	『情報の科学と技術』第66巻第8号	情報科学技術協会
大石ゼミナール	大石 道義*		2015	「『産業技術・教育・福祉・文化・環境』面での包括的価値創造をめざした古農具ミュージアムガーデンの提案」	『総合学術研究論集』第5号	西日本短期大学

お

著者1	著者2	著者3	発行年	論文名・書籍名	掲載誌	発行元
大石 貴之	田林 明*	横山 貴史 他	2011.3	「山形県朝日町におけるエコミュージアム活動による地域振興」	『地理空間』第4巻第2号	地理空間学会
大石 岳史	池内 克史*	小野 晋太郎 他	2016.3	「まちと震災のいま・過去を「仮想化空間」で伝える:震災遺構のデジタル保存と街並みの仮想再現」	『生産研究』第68巻第2号	東京大学生産技術研究所
大石 徹			2016.8	「娯楽・余暇の幅を広げる」	『ひとが優しい博物館:ユニバーサル・ミュージアムの新展開』	青弓社
大石 雅之			2011.6	「地震・津波と博物館」	『岩手県立博物館だより』第129巻	岩手県文化振興事業団
大石 雅之	鈴木 まほろ*		2011.11	「環境保全の現状 津波被災標本を救う:つながる博物館をめざして」	『遺伝:生物の科学』第65巻第6号	エヌ・ティー・エス
大石 雅之			2012.5	「陸前高田市立博物館地質標本救済事業」	『日本地質学会news』第15巻第5号	日本地質学会
大石 正之	吉田 充	永広 昌之	2013.3	「陸前高田市立博物館地質標本救済事業と岩手県における博物館の災害復興とそれに関連する諸事情」	『化石』第93号	日本古生物学会
大石 美紀子			1985	「東京動物園ボランティアーズの活動状況について」	『動物園教育―日本動物園教育研究会10年の歩み―』	日本動物園教育研究会
大石 美紀子			1985.7	「学習の場としての動物園--動物園ボランティアの立場から」	『動物と自然』第15巻8号	ニューサイエンス社
大石 道義	大石ゼミナール		2015	「『産業技術・教育・福祉・文化・環境』面での包括的価値創造をめざした古農具ミュージアムガーデンの提案」	『総合学術研究論集』第5号	西日本短期大学
大石 康彦	井上 真理子*		2013.11	「多摩森林科学園における教育活動の取り組みの変遷」	『日本植物園協会誌』第48号	日本植物園協会
大石 康彦	井上 真理子		2014.2	「わが国森林学における森林教育研究:専門教育および教育活動の場に関する研究を中心とした分析」	『日本森林学会誌』第96巻1号	日本森林学会
大分県 編	大分県芸術文化スポーツ振興財団 編		2014	『OPAM大分県立美術館プレイベントオーパムフェスタ』		大分県
大分県芸術文化スポーツ振興財団 編	大分県*(編)		2014	『OPAM大分県立美術館プレイベントオーパムフェスタ』		大分県
大分縣女子師範學校			1932	『體験主義に拠る郷土教育』		大分縣女子師範學校
大分市歴史資料館			1997.1	『森羅万象に遊ぶ-江戸の科学と好奇心-開館10周年記念特別展』		大分市歴史資料館
大出 尚子			2007.3	「藤山一雄の民俗展示場構想と満洲開拓政策」	『文化資源学』第6号	文化資源学会
大出 尚子			2007.9	「「満洲国」の博物館建設-国立博物館の成立過程と収蔵品」	『史境』第55号	歴史人類学会
大出 尚子			2010.3	「「満洲国」国立博物館の展示における「満洲色」の創出--高句麗・渤海・遼の古蹟調査を背景として」	『内陸アジア史研究』第25号	内陸アジア史学会
大出 尚子			2014.1	『「満洲国」博物館事業の研究』		汲古書院
大内 進			2012.5	「文化的・歴史的探訪の手がかりとしての"手で見る絵画"の可能性—イタリアの取り組みに学ぶ」	『さわって楽しむ博物館ユニバーサル・ミュージアムの可能性』	青弓社
大浦 康史	平松 玲治*	堀江 典子	2010	「博物館的機能から見た国営公園における展示施設の設置状況と管理運営に関する研究」	『ランドスケープ研究』第73巻第5号	日本造園学会
大江 新太郎			1915	「日光山寶物館」	『建築雑誌』第29輯第345號	日本建築學會
大江 新太郎			1920	「古寶物の格納庫に就いて」	『建築と社会』第17輯8號	日本建築協會
大江 新太郎			1935	「寶物の保存と蔵の知識」	『建築雑誌』第48輯第580號	日本建築學會
大江 新太郎			1937.11	「貴重品保存の要諦」	『博物館研究』第10巻第11號	日本博物館協會
大岡 育造			1901	『歐米管見』第24巻		
大釜 敏正	則元 京		2002.3	「文化財収蔵のための空間を構成する材料の調湿効果」	『国立歴史民俗博物館研究報告』第97集	国立歴史民俗博物館
大川 昭典	増田 勝彦*		1983	「製紙に関する古代技術の研究(Ⅱ)－打紙に関する研究－」	『保存科学』第22号	東京国立文化財研究所
大川 勝宏			2016.1	「史跡斎宮跡柳原区画の建物復元:復元と利活用の両立を目指して」	『月刊文化財』第628号	第一法規

著者1	著者2	著者3	発行年	論文名・書籍名	掲載誌	発行元
大河 直躬 編			1997	『歴史的遺産の保存—活用とまちづくり』		学芸出版社
大河 直躬			1999	「多様化する歴史的建物の活用と今後の課題」	『歴史ある建物の活かし方』	学芸出版社
大川 真			2013.7	「記念館だより NPO法人古川学人指定管理吉野作造記念館」	『学士会会報』第901号	学士会
大河 喜彦			2009.11	「CSR経営と企業博物館運営」	『たばこと塩の博物館研究紀要』第9号	たばこと塩の博物館
大木 公彦			2014.3	「大地を活かすジオパークの取り組みと大学の役割」	『鹿児島国際大学考古学ミュージアム調査研究報告』第11集	鹿児島国際大学国際文化学部博物館実習施設・考古学ミュージアム
大木 志門			2012.9	「来るべき「文学館学」のために」	『昭和文学研究』第65集	昭和文学会
大木 志門			2016.3	「〈売買される〉文学:戦前の文学展示と近代文学資料の価値形成についての試論」	『山梨大学国語・国文と国語教育』第21号	山梨大学国語国文学会
大木 志門	小池 智子*	宮瀧 交二	2013.7	「座談会 文学館の昨日・今日・明日」	『博物館研究』第48巻第7号	日本博物館協会
大木 淳一	尾崎 煙雄*（編）		2000	「地域の自然を生かした学習と博物館の役割」	『科学技術教育』第39号	千葉県立総合教育センター
大木 淳一	尾崎 煙雄*	長谷川 雅美	2001	「カエルがつないだ子どもたちと地域と博物館」	『Cultivate:文化と環境を考える』13号	文化環境研究所
大木 淳一	山口 剛*	浅田 正彦	2001.3	「「カエルのきもち」を仕掛ける来館者の心をくすぐる展示開発」	『Museumちば:千葉県博物館協会研究紀要』32号	千葉県博物館協会
大木 淳一	絽谷 珠美	高橋 孝之 他	2003.3	「露頭の保護・活用を目的とした林道管理者と博物館の協力事例」	『千葉県立中央博物館 自然誌研究報告』特別号6（房総半島小糸川上流の自然誌Ⅰ）	千葉県立中央博物館
大儀 俊美	有吉 多賀子*	川島 千恵子	2004.3	「川村記念美術館における子ども向け事業インタビュー 美術教育サポートとは何か」	『Museumちば:千葉県博物館協会研究紀要』35号	千葉県博物館協会
大木 真徳			2008.9	「博物館におけるボランティア活動の現状と課題」	『JMMA日本ミュージアム・マネージメント学会会報』第13巻第2号	日本ミュージアム・マネージメント学会
大木 真徳			2009	「ボランティア事業との関連からみた博物館登録制度の意義と課題」	『日本生涯教育学会論集』第30巻	日本生涯教育学会
大木 真徳			2009.4	「1980年代以降のイギリスにおける博物館研究の動向と課題--「博物館概念の拡大」という観点から」	『博物館学雑誌』第34巻第2号	全日本博物館学会
大木 真徳			2010.12	「イギリス博物館協会成立の背景--19世紀末イギリスにおける博物館改善運動」	『博物館学雑誌』第36巻第1号	全日本博物館学会
大木 真徳			2011.12	「博物館のカートグラフィー:博物館史研究における視座としての可能性」	『博物館学雑誌』第37巻第1号	全日本博物館学会
大木 由以			2016.12	「イギリスにおける博物館教育担当者をめぐる考察:専門職化の過程に注目して」	『博物館学雑誌』第42巻第1号	全日本博物館学会
大串 隆吉	伊藤 文吉*	伊藤 高	2001.7	「いま、地域の水と緑と文化へのこだわり 伊藤文吉さんに聞く」	『月刊社会教育』第45巻7号	国土社
大國 義一			1971.11	「博物館をどう思うか-大学生の意識調査から」	『同志社大学博物館学年報』第3号	同志社大学
大國 義一			1973.3	「社会教育機関としての博物館の在り方」	『同志社大学博物館学年報』第4号	同志社大学
大國 義一			1995.1	「博物館学事始め」	『京都女子大学博物館学年報』創刊号	京都女子大学
大國 義一			1995.12	「同志社大学『博物館学年報』創刊の頃」	『環太平洋文化』第10・11号	日本環太平洋学会
大國 義一			1998.1	「環境博物館を構想する」	『京都女子大学博物館学年報』第4号	京都女子大学
大國 義一			1999.1	「環境博物館の展示構想」	『京都女子大学博物館学年報』第5号	京都女子大学
大國 義一			2000.1	「生涯学習機関としての博物館と博物館体験」	『京都女子大学博物館学年報』第6号	京都女子大学
大國 義一			2001.1	「博物館学の成立について-試論」	『京都女子大学博物館学年報』第7号	京都女子大学
大國 義一			2002.1	「陝西省の博物館-その成立と現状」	『京都女子大学博物館学年報』第8号	京都女子大学
大國 義一			2003.1	「博物館をどう見ているのか-女子大学生の意識調査から-」	『京都女子大学博物館学年報』第9号	京都女子大学
大國 義一			2004.1	「博物館の将来を入館者数の観点で考察する」	『京都女子大学博物館学年報』第10号	京都女子大学

お

著者1	著者2	著者3	発行年	論文名・書籍名	掲載誌	発行元
大國 義一			2005.1	「大学における博物館学芸員課程の再検討」	『京都女子大学博物館学年報』第11号	京都女子大学
大国 正美	神戸大学大学院人文学研究科地域連携センター 編		2013.7	「「在野のアーキビスト」論と地域歴史遺産」	『「地域歴史遺産」の可能性』	岩田書院
大国 正美	奥村 弘*	西村 慎太郎 パネリスト他	2014.3	「シンポジウムの記録 東海大地震からアーカイブズをどう守るべきか:震災への保存と地域連携を考える(2) 討論編」	『名古屋大学大学文書資料室紀要』第22号	名古屋大学大学文書資料室
大久根 茂			1982.9	「民具による時代表現:民俗展示の一方法」	『埼玉県立博物館だより』第40号	埼玉県立博物館
大久根 茂			2011.3	「人生儀礼を展示する」	『埼玉県立歴史と民俗の博物館紀要』第5号	埼玉県立歴史と民俗の博物館
大久保 悦子	綿引 はつ子*	荒木 敏子 他	1996.3	「博物館資料に関する衣の計測基準について」	『東京家政大学生活資料館紀要』第2集	東京家政大学生活資料館
大久保 邦子			2007.7	「博物館ボランティアに新システムを!-九州国立博物館ボランティア受け入れシステムと活動の実際」	『社会教育』第62巻7号	全日本社会教育連合会
大久保 太智			2017.12	「遺跡(考古学)博物館論史」	『博物館学史研究事典』	雄山閣
大久保 武			1999	「入館者対策と現状－茨城県天心記念五浦美術館の試み－」	『博物館研究』第34巻第3号	日本博物館協会
大窪 健之	湯浅 卓*	金 度源 他	2015.7	「文化遺産を火災から守る 消防設備の老朽化と耐震面の課題に関する研究:京都府・滋賀県の重要文化財・国宝建造物を対象として」	『歴史都市防災論文集』第9巻	立命館大学歴史都市防災研究センター
大窪 太郎			1951.3	「疎開から展覧会へ」	『書陵部紀要』第1号	宮内庁書陵部
大久保 徹也			2008.10	『史蹟名勝天然記念物等告示目録〈資料編〉』		徳島文理大学文学部文化財学科
大久保 利謙			1959.9	「わが国博物館事業創設の功労者町田久成のことども」	『Mouseion:立教大学博物館研究』第4号	立教大学学校・社会教育講座
大久保 利謙			1960.3	「日本博物館創業史雑考」	『Mouseion:立教大学博物館研究』第5号	立教大学学校・社会教育講座
大久保 利謙			1966.3	「大久保内務卿の博物館創設の建議」	『Mouseion:立教大学博物館研究』第12号	立教大学学校・社会教育講座
大久保 利謙			1967.3	「大久保内務卿の博物館創設の建議続」	『Mouseion:立教大学博物館研究』第13号	立教大学学校・社会教育講座
大久保 利謙			1968.3	「上野博物館開館式始末」	『Mouseion:立教大学博物館研究』第14号	立教大学学校・社会教育講座
大久保 利謙			1969.5	「創立当時の博物館運営資金に関する史料」	『Mouseion:立教大学博物館研究』第15号	立教大学学校・社会教育講座
大久保 利謙			1971.6	「本邦博物館事業創業史考」	『Mouseion:立教大学博物館研究』第17号	立教大学学校・社会教育講座
大久保 利謙			1976	『岩倉使節団の研究』		宗高書房
大久保 利謙			1988	『大久保利謙著作集6』		吉川弘文館
大久保 利武			1929.2	「歐米の博物館を觀て」	『博物館研究』第2巻第2號	博物館事業促進會
大久保 利通			1875	「博物館の議」	『大久保利通文書』第6巻	
大久保 遼			2015.3	「早大演劇博物館の幻燈・スライド資料保存について」	『ネットワーク資料保存』第110号	日本図書館協会・資料保存委員会
大隈 隆史	興梠 正克	七田 洸一 他	2008.10	「科学ミュージアムの展示サービス改善のためのガイドシステムと地図・解説コンテンツに関するユーザスタディ」	『電子情報通信学会技術研究報告』第108巻第226号	電子情報通信学会
大隈 隆史	興梠 正克	酒田 信親 他	2009.6	「科学ミュージアムガイドと現地での追体験分析のためのモバイルインタフェース」	『日本バーチャルリアリティ学会論文誌』第14巻第3号	日本バーチャルリアリティ学会
大隈 隆史	興梠 正克	七田 洸一 他	2009.6	「科学ミュージアムガイドにおける三次元地図提示のための仮想視点制御と体験誘導コンテンツ提示の効果」	『日本バーチャルリアリティ学会論文誌』第14巻第3号	日本バーチャルリアリティ学会
大熊 敏之			1999	「公募美術団体展とアカデミズムの形成」	『美術のゆくえ、美術史の現在』	平凡社
大熊 喜邦			1914	「東京に開かれたる博覧會の既往」	『建築工藝雑誌』第2期第1冊	建築工藝協會
大熊 喜邦			1914	「東京大正博覽會建物を見ての感想」	『建築工藝雑誌』第2期第3冊	建築工藝協會
大熊 喜邦	岡田 信一郎*	松井 清足 他	1914.9	「東京大正博覽會(五)」	『建築雑誌』第28輯第333號	日本建築學會

お

著者1	著者2	著者3	発行年	論文名・書籍名	掲載誌	発行元
大倉 宏			2003	「保持力のある展示制作について」	『大阪市立科学館研究報告』第13号	大阪市立科学館
大倉 宏			2006	「インターラクティブな展示開発」	『大阪市立科学館研究報告』第16号	大阪市立科学館
大倉 宏			2011.12	「科学館での科学デモンストレーション」	『物理教育』第59巻第4号	日本物理教育学会
大河内 智之			2009.8	「仏教美術に親しむ--博物館・美術館での鑑賞法(1)」	『大法輪』第76巻第8号	大法輪閣
大河内 智之			2009.9	「仏教美術に親しむ--博物館・美術館での鑑賞法(2)」	『大法輪』第76巻第9号	大法輪閣
大河内 智之			2012.5	「ロビー展「仮面の世界へご招待」がもたらしたもの--さわって学ぶ展示の重要性」	『さわって楽しむ博物館ユニバーサル・ミュージアムの可能性』	青弓社
大河内 智之			2014.3	「さわれるレプリカとさわって読む図録:展示のユニバーサルデザイン」	『博物館研究』第49巻第3号	日本博物館協会
大阪朝日新聞			1917	「商品列品機關於大阪實業協會總會山口貴雄氏講演」	『大阪朝日新聞』1917年12月11日付	大阪朝日新聞
大阪国際平和センター 編			1990.3	『平和資料館(仮称)設計競技応募作品集』		大阪国際平和センター
大阪国際平和センター			2015	『ピースおおさか大阪国際平和センター:大阪空襲を語り継ぐ平和ミュージアム:展示のしおり』		大阪国際平和センター
大阪市			2014.5	『新美術館整備方針〈案〉』		大阪市
大阪市教育振興公社企画			1997.8	『キッズプラザ大阪 こどものための博物館』		小学館
大阪市教育振興公社キッズプラ ザ			2002	『フロアーインタープリター一期生のチカラ:キッズプラザ大阪での5年間』		大阪市立自然史博物館
大阪市教育部 編			1921	「市民博物館」	『大阪市社會敎化事業概要』	大阪市
大阪市教育部 編			1921	「美術館」	『大阪市社會敎化事業概要』	大阪市
大阪市産業部觀光課			1940	「美術館と動物園」	『紀元二千六百年の大阪』	大阪市産業部觀光課
大阪市社會部調査課 編			1923	「市民舘、市民博物館、公會堂」	『余暇生活の研究』	弘文堂
大阪市社會部調査課 編			1923	「動物園及植物園」	『余暇生活の研究』	弘文堂
大阪自然史センター	大阪市立自然史博物館*		2009.6	『「自然史博物館」を変えていく』		高陵社書店
大阪市天王寺動物園協会			1965	『五十年の歩み』		大阪市天王寺動物園協会
大阪市天王寺動物園 編			2016.3	『天王寺動物園100年の足あと:100周年記念誌』		大阪市天王寺動物園
大阪市土木部			1933	「公園及動物園」	『土木部所管事業概要昭和7年12月末現在』	大阪市
大阪市博物館協会 編			2014.3	『ミュージアムとコレクション:記録集』		大阪市博物館協会
大阪春秋社			1978	「特集 博物館美術館」	『大阪春秋』第18号	大阪春秋社
大阪商業装飾協会			1941	『日本精神昂揚展覽會記念誌』		大阪商業装飾協会
大阪商工報知社			1914	「美術館」	『発明品博覽會案内』第2回	大阪商工報知社
大阪商工報知社			1914	「農具館」	『発明品博覽會案内』第2回	大阪商工報知社
大阪城天守閣三十周年記念事業実行委員会			1961	『大阪城天守閣復興三十周年史』		大阪城天守閣三十周年記念事業実行委員会
大阪市立自然史博物館			1958	「座談会 博物館の幼年期を語る」	『Nature study』第4巻第2号	大阪市立自然史博物館友の会
大阪市立自然史博物館			1982	「また見にこようしぜんしはくぶつかん 子どものための展示解説」	『大阪市立自然史博物館展示解説第8集』	大阪市立自然史博物館
大阪市立自然史博物館			1991	『中学校における自然史博物館利用の手引き』		大阪市立自然史博物館

お

著者1	著者2	著者3	発行年	論文名・書籍名	掲載誌	発行元
大阪市立自然史博物館			2007.7	『標本の作り方:自然を記録に残そう』		東海大学出版会
大阪市立自然史博物館	大阪自然史センター		2009.6	『「自然史博物館」を変えていく』		高陵社書店
大阪市立大学大学史資料室			2009.1	「大阪市立大学「大学ミュージアム」の施設・展示・運営:大阪市立大学旧図書館の保存活用計画」	『大阪市立大学史紀要』第2号	大阪市立大学
大阪市立大学大学史資料室			2009.1	「大阪市立大学の「大学ミュージアム」構想」	『大阪市立大学史紀要』第2号	大阪市立大学
大阪市立電気科學館 編			1942	『大阪と博物館事業の将來に就て』		大阪市立電気科學館
大阪市立電気科学館 編			1977	『四つばし開館40年記念』第18巻19号		大阪市立電気科学館・大阪市立電気科学館協会
大阪市立美術館			1956	『大阪市立美術館二十年史』		大阪市立美術館
大阪市立美術館			1986	『大阪市立美術館50年史』		大阪市立美術館
大阪人権博物館			2000.4	『博覧会文明化から植民地化へ』		大阪人権博物館
大阪人権博物館			2002.9	『障害者でええやんか!変革のとき−新しい自立観・人間観の創造を』		大阪人権博物館
大阪南方院			1943	『大阪南方院パンフレット第五輯 南方文化を語る』		錦城出版
大阪美術館技術部			1937	「大阪市美術館空気調和装置」	『博物館研究』第10巻第9號	日本博物館協會
大阪府文化財センター			2009.5	「導入・運営実態 大阪府立近つ飛鳥博物館「見る」だけではなく「学び」と「体験」の場を提供する歴史博物館」	『指定管理者制度』第39号	ビルネット
大阪府立岸和田中学校			1922	『計量展覧會記事』		大阪府立岸和田中学校
大阪府立貿易館			1970	『八十年の歩み』		大阪府立貿易館
大阪毎日(無名記事)			1943	「聖戦記念美術館の設立準備」	『博物館研究』第16巻第5號	日本博物館協會
大阪毎日新聞社 編			1927	『京都こども博覽會誌:皇孫御誕生記念』		大阪毎日新聞社
大阪毎日新聞社東京支店			1932	「伊豆半島の竜宮城」	『東京日日新聞靜岡版』1932年6月10日	大阪毎日新聞社東京支店
大阪毎日新聞社東京支店			1940	「宮本翁皇紀の報恩喜壽の贈物"栖鳳館"彩管に結ぶ友情美はし」	『東京日日新聞遠州版』14616	大阪毎日新聞社東京支店
大坂 真奈美	碓田 智子*	新谷 昭夫	2004.8	「住教育の視点からみた歴史系博物館における教育普及活動」	『大阪市立住まいのミュージアム研究紀要』第2号	大阪市立住まいのミュージアム
大阪理科サークル	動物園博物館研究会		1983.9	『楽しく学ぶ動物園・博物館』		たたら書房
大阪歴史科学協議会			2009.9	「博物館施設の「見直し」に関する提言書」	『歴史科学』第198号	大阪歴史科学協議会
大阪歴史学会委員会			2007.3	「大阪市の博物館施設の局移管問題」	『ヒストリア』第204号	大阪歴史学会
大阪歴史学会委員会			2008.6	「大阪府の博物館の存続をめざして」	『ヒストリア』第210号	大阪歴史学会
大阪歴史学会委員会			2008.9	「「大阪府の博物館を支援する会」主催シンポジウム討論」	『ヒストリア』第211号	大阪歴史学会
大阪歴史学会委員会			2008.9	「大阪府の博物館の存続をめざして(続)」	『ヒストリア』第211号	大阪歴史学会
大阪歴史学会企画委員会			2009.6	「大阪府の博物館についての提言書を提出」	『ヒストリア』第215号	大阪歴史学会
大崎 康平	大林 駿斗*	籾山 あずさ 他	2014.12	「二つの動物園における来園者の実態の比較」	『動物観研究:ヒトと動物の関係学会誌』19号	ヒトと動物の関係学会
大里 智之	藤森 照信*		2012.11	「対談 大英博物館・パルテノンの色:保存・復原と歴史の見方」	『新建築』第87巻17号	新建築社
大里 廊南			1914	「東京大正博覽會日本畫と彫塑」	『建築工藝雜誌』第2期第3冊	建築工藝協會
大里 廊南			1914	「東京大正博覽會美術館出品評価」	『建築工藝雜誌』第2期第4冊	建築工藝協會

著者1	著者2	著者3	発行年	論文名・書籍名	掲載誌	発行元
大里 廊南			1914	「東京大正博覽會美術館出品評価」(続)	『建築工藝雜誌』第2期第5冊	建築工藝協會
大澤 研一	鳴海 邦匡*		2009.7	「「城下町大坂」展－大阪大学総合学術博物館と大阪歴史博物館との連携企画展の経験から－」	『歴史学研究』第855号	青木書店
大澤 聡			2015.12	「ブック・ストリートアーカイブ 写真撮影可能な展示」	『出版ニュース』第2400号	出版ニュース社
大澤 忍			1937.6	「紙の研究法に關する新提案」	『博物館研究』第10巻第6號	日本博物館協會
大沢 眞澄			1992	「文化財の化学の発展」	『化学と教育』第40巻	日本化学会・化学教育協議会
大鹿 居依	千賀 しほ*	大鹿 聖公	2015	「動物園のフクロウのペリットの教材化(2)中学校理科『自然と人間』における授業実践とその効果」	『生物教育』第55巻2号	日本生物教育学会
大鹿 聖公	吉岡 ちひろ	古市 博之	2015.3	「理科学習に動物園を活用するための観察シートの開発:小学3年生を対象とした東山動物園での事例」	『愛知教育大学教育創造開発機構紀要』第5号	愛知教育大学
大鹿 聖公	千賀 しほ*		2014	「動物園のフクロウのペリットの教材化(1)フクロウのペリット分析と骨格図作成」	『生物教育』第54巻3・4号	日本生物教育学会
大鹿 聖公	千賀 しほ*	大鹿 居依	2015	「動物園のフクロウのペリットの教材化(2)中学校理科『自然と人間』における授業実践とその効果」	『生物教育』第55巻2号	日本生物教育学会
大路 聡			2012.4	「「台湾の展示機」差分2012編」	『航空ファン』第61巻第4号	文林堂
大下 英治	小菅 正夫*		2008.7	「トップの戦略(21)旭山動物園小菅正夫 動物が幸せなら訪れる人も幸せに。」	『潮』第593号	潮出版社
太下 義之			2007.3	「需要リスク移転のパラドックス」	『文化施設の近未来:アートにおける公共性をめぐって』	慶應義塾大学アート・センター
太下 義之	住友 文彦*	水沢 勉 他	2015	「座談会 個性で輝く美術館」	『三田評論』1192	慶応義塾
大島 暁雄			1975.4	「Ⅰ民具の調査と収集」	『地方史マニュアル8民具資料調査整理の実務』	柏書房
大島 暁雄			1999.3	「民具にみる歴史と民俗－民俗展示を考えるために－」	『千葉経済大学学芸員課程紀要』第3号	千葉経済大学学芸員課程共同研究室
大嶋 彩子	古賀 大*		2009.3	「美術館計画におけるデザイン・クライテリア(碧南市藤井達吉現代美術館日本設計)」	『建築技術』第710号	建築技術
大島 一朗			2011.3	「産業遺産保存・活用のベンチマーク事例--貨物鉄道博物館」	『産業考古学』第139号	産業考古学会
大島 清次			1973.1	「新しい美術館を求めて」	『建築文化』第315号	彰国社
大島 清次			1973.1	「美術館はいまなにをなすべきか」	『新建築』第48巻1号	新建築社
大島 清次			1980.5	「1687年のパリ万国博覧会」	『ジャポニスム印象派と浮世絵の周辺』	美術公論社
大島 清次			1981.8	「外国美術展開催をめぐる諸問題:地方美術館活動の将来」	『博物館研究』第16巻第8号	日本博物館協会
大島 清次			1993?	『内部から見た日本の公立美術館—その問題点と改善私案』		自費出版
大島 清次			1995.7	『美術館とは何か』		青英社
大島 晃一			2004.3	「「学芸員ネットワーク・いわて」の歩み」	『Museologist:明治大学学芸員養成課程年報』第19巻	明治大学学芸員養成課程
大島 幸代	浅井 京子*		2012.7	「展覧会の記憶から記録へ:展覧会記録の様々な方法」	『博物館研究』第47巻第7号	日本博物館協会
大嶋 貴明			2014.8	「「美術館基準(案)」彼方で」	『Zenbi=Zenbiフォーラム:全国美術館会議機関誌』6号	全国美術館会議
大島 徹也			2012.4	「館種別調査研究 美術館(博物館資料と調査研究活動)」	『博物館学1(博物館概論*博物館資料論)』	学文社
大島 徹也			2012.12	「専門分野別展示 美術館(博物館展示の形態と方法)」	『博物館学2(博物館展示論*博物館教育論)』	学文社
大島 登志一	北野 圭介*	渡辺 修司	2013	「ミュージアム鑑賞空間に関するデジタル技術を活用した多層化モデル構築の試み」	『立命館平和研究:立命館大学国際平和ミュージアム紀要』第14巻	立命館大学国際平和ミュージアム
大島 久次			1962.11	「法隆寺宝物館の設計について」	『MUSEUM』第140号	東京国立博物館
大島 秀明	天野 克也	谷口 汎邦	2000.6	「立ち歩行利用からみた公共美術館における利用前後条件と座り行為に関する研究」	『日本建築学会計画系論文集』第65巻532号	日本建築学会

お

著者1	著者2	著者3	発行年	論文名・書籍名	掲載誌	発行元
大島 秀明	天野 克也	谷口 汎邦	2001.12	「美術館利用者の1日自外出行動における座り行為の実態に関する研究」	『日本建築学会計画系論文集』第66巻550号	日本建築学会
大島 秀明	天野 克也	谷口 汎邦	2003.8	「公園内美術館における複合的利用と座り行為に関する研究」	『日本建築学会計画系論文集』第68巻570号	日本建築学会
大島 秀明	天野 克也	谷口 汎邦	2001.7	「公共美術館における利用特性からみた座りスペースと座り行為に関する研究」	『日本建築学会計画系論文集』第66巻545号	日本建築学会
大島 光春	田口 公則*	樽 創 他	1999.9	「博物館と学校の連携による化石資料のインタラクティブ活用」	『博物館学雑誌』第25巻第1号	全日本博物館学会
大島 光春	樽 創*	田口 公則 他	2001.3	「博物館と学校の連携の限界と展望－中間機関設置モデルの提示－」	『博物館学雑誌』第26巻第2号	全日本博物館学会
大島 光春	石浜 佐栄子*	広谷 浩子 他	2010.3	「塗り絵をコミュニケーションツールに使った子どものための展示について--[神奈川県立生命の星・地球博物館]2009年度特別展における「ぬりえdeおめん」コーナーの実施報告」	『神奈川県立博物館研究報告.自然科学』第39号	神奈川県立生命の星・地球博物館
大島 遼	筧 康明		2010.3	「前面投影型方向依存ディスプレイの提案と複合現実展示への応用」	『電子情報通信学会技術研究報告』第109巻第466号	電子情報通信学会
大城 和喜			2011.8	「沖縄・戦争遺跡の展示--南風原文化センターの実践」	『月刊社会教育』第55巻8号	国土社
大城 立裕 編			1900	『博物館關係資料』		大城立裕
大城 範夫			2014.11	「沖縄県の景観形成の取組み:沖縄らしい風景づくり(沖縄まちなみミュージアム)」	『土木施工』55号	オフィス・スペース
大隅 爲三			1921	「ピカルヂー美術館の風景畫」、「里昂美術館の作品」	『泰西名畫家伝』第7	日本美術學院
大關 增次郎			1928	「博物館其の他の教育的觀覽施設」	『教育學概論』	大同館書店
太田 昭夫			2007.5	「再現された縄文環境のなかで体験活動--仙台市縄文の森広場の概要」	『宮城考古学』第9号	宮城県考古学会
太田 晶子			1981.12	「大英博物館の功罪－ドュビーン・ギャラリーを中心に－」	『博物館学年報』第13号	同志社大学博物館学芸員課程
太田 晶子			1984.12	「衣装展示の特殊性と課題－アンダーカバー・ストーリー展から－」	『博物館学年報』第16号	同志社大学博物館学芸員課程
太田 晶子			1989.12	「博覧会の現状と課題」	『博物館学年報』第21号	同志社大学博物館学芸員課程
太田 暁子			2003	「西陝歴史博物館における教育普及活動について」	『福岡市博物館研究紀要』第10号	福岡市博物館
太田 昭彦	菅野 元衛*		2010	「新施設整備計画の経緯と収蔵環境づくり」	『此君』第2号	根津美術館
大田 和夫			1980	「秋田県立博物館の全館燻蒸の報告」	『秋田県立博物館研究紀要』第5号	秋田県立博物館
太田 佳鈴			2012.12	「博物館活動と大学教育との連携」	『博物館研究』第47巻第12号	日本博物館協会
太田 喜美子			1994.3	「博物館実習における試行錯誤－収集実習を一例として－」	『全国大学博物館学講座協議会研究紀要』第3号	全国大学博物館学講座協議会
太田 清			1936.8	「博物館の新展望:山陽記念館」	『博物館研究』第9巻第7・8號	日本博物館協會
太田 邦夫	大貫 良夫	杉本 尚次 他	1993	「座談会 野外博物館の今日的役割」	『リトルワールド』第54号	野外民俗博物館リトルワールド
太田 謙吉			1937	「公園及公園事業の體系と行政的考察」	『造園學雑誌』第4巻第1號	日本造園學會
太田 浩司			1995.3	「「地域おこし」と博物館・学芸員─'国友鉄砲の里まつり'をめぐって─」	『Museologist:明治大学学芸員養成課程年報』第10巻	明治大学学芸員養成課程
太田 順治			1918	『世界動物園』		自學奨励會
太田 喬夫	三木 順子		2007.12	『芸術展示の現象学』		晃洋書房
太田 太郎			1938	「歐米音樂行脚の覺書から(上)」	『東洋音樂研究』第1巻第3號	東洋音樂學會
太田 太郎			1938	「歐米音樂行脚の覺書から(下)」	『東洋音樂研究』第1巻第4號	東洋音樂學會
太田 俊彦			2003.3	「企画展におけるプレイコーナーについて」	『茨城県自然博物館研究報告』第6号	ミュージアムパーク茨城県自然博物館
太田 富康			2014.3	「公文書管理条例と自治体アーカイブズ機関:条例等にみる地域資料へのスタンス」	『記録と史料』第24号	全国歴史資料保存利用機関連絡協議会

著者1	著者2	著者3	発行年	論文名・書籍名	掲載誌	発行元
太田 博太郎			1971.3	「史跡保存の技術的問題点」	『地域開発』第78号	日本地域開発センター
太田 博太郎			1972.9	「民家の研究と保存-私の歩いて来た道-」	『近代建築』第26巻9号	近代建築社
太田 博太郎			1981	『歴史的風土の保存』		彰国社
太田 博太郎			1993	「保存と復元」	『建築雑誌』第108輯第1346号	日本建築学会
太田 久子	藤村 俊*	豊田 真由美 他	2006.3	「博物館実習生からみた美濃加茂市民ミュージアムの現状と今後」	『美濃加茂市民ミュージアム紀要』第5集	美濃加茂市民ミュージアム
太田 宏	野村 東太*	柳沼 良一	1986.7	「博物館における展示・教育普及活動の特性：博物館に関する建築計画的研究その12」	『学術講演梗概集』1986巻	日本建築学会
太田 宏	野村 東太*	柳沼 良一	1986.7	「博物館における調査研究・収集保管活動と利用者の特性：博物館に関する建築計画的研究その13」	『学術講演梗概集』1986巻	日本建築学会
太田 宏	野村 東太*	柳沼 良一	1986.7	「活動・利用の内容に即した博物館類型化の試み：博物館に関する建築計画的研究その14」	『学術講演梗概集』1986巻	日本建築学会
太田 宏	野村 東太*	柳沼 良一	1987.8	「一般人の博物館利用頻度と認識度に関する研究：博物館に関する建築計画的研究その16」	『学術講演梗概集』1987巻	日本建築学会
太田 宏	野村 東太*		1987.8	「博物館の面積構成とその経年変化に関する研究：博物館に関する建築計画的研究その17」	『学術講演梗概集』1987巻	日本建築学会
太田 宏	野村 東太*	塚田 岳彦	1988.9	「来館者調査からみた神奈川県内の博物館利用状況：博物館に関する建築計画的研究その18」	『学術講演梗概集』1988巻	日本建築学会
太田 宏	野村 東太*	塚田 岳彦	1988.9	「住民調査からみた博物館の利用動向：博物館に関する建築計画的研究その19」	『学術講演梗概集』1988巻	日本建築学会
太田 宏	野村 東太*	塚田 岳彦	1988.9	「有識者調査からみた博物館の今後の方向性：博物館に関する建築計画的研究その20」	『学術講演梗概集』1988巻	日本建築学会
太田 将勝			1984.3	「美術館と画廊」	『VOID』第2号	Void社
太田 正道	柴田 敏隆*（編）	日浦 勇	1973	『自然史博物館の収集活動』		日本博物館協会
太田 正道			1980.3	「自然史博物館に期待するもの-2-」	『博物館研究』第15巻第3号	日本博物館協会
太田 真理子			2002.1	「天理参考館における音声ガイドシステムの導入」	『天理参考館報』第15号	天理大学附属天理参考館
太田 満	山本 泰司*	田名瀬 英明	1996	「瀬戸臨海実験所水族館に設置した特集展示用品のウォールケース」	『瀬戸臨海実験所年報』第9号	瀬戸臨海実験所
太田 満	田渕 五十生		2003.1	「「戦争・平和博物館」展示と国際理解:平和の祈りに隠された問題」	『奈良教育大学紀要.人文・社会科学』第52巻1号	奈良教育大学
太田 実			1977.9	「北海道立近代美術館の設計」	『新建築』第52巻10号	新建築社
大田 めぐみ			1986.3	「秋田県立博物館解説員の経験から」	『Museologist:明治大学学芸員養成課程年報』第1巻	明治大学学芸員養成課程
太田 泰人	水沢 勉	渡辺 真理 他	2000.12	『美術館は生まれ変わる 21世紀の現代美術館』		鹿島出版会
太田 泰人	水沢 勉	渡辺 真理 他	2008.9	『美術館は生まれ変わる 新版』		鹿島出版会
太田 泰弘			2009.2	「5月10日(地質の日)にオープンしたぽけっとミュージアム「地球と生命」」	『地質ニュース』第654号	実業公報社
大田 友一	雫 泰裕*	北原 格	2014.3	「複合現実感を用いた発話内容の可視化と3次元インタラクション」	『電子情報通信学会技術研究報告』第113巻第469号	電子情報通信学会
大田 友一	雫 泰裕*	北原 格	2014.10	「複合現実感を用いた展示物に関する関心の共有」	『電子情報通信学会技術研究報告』第114巻第239号	電子情報通信学会
太田 雄三			1988	『E・S・モース―＜古き日本＞を伝えた親日科学者』		リブロポート
太田 好治	髙松 良幸*	金原 宏行 他	2011	「パネルディスカッション 博物館フォーラム 博物館からひろがるネットワーク」	『静岡大学生涯学習教育研究』第13号	静岡大学生涯学習教育研究センター
太田 好治			2011.3	「市町村合併と広域博物館群の構築--浜松市博物館ネットワークの展望」	『静岡大学生涯学習教育研究』第13号	静岡大学生涯学習教育研究センター
太田 好泰			2012.9	「障害のある人をはじめ多様な市民と共にミュージアムを真の公共財に変える」	『博物館研究』第47巻第9号	日本博物館協会
大平 知香	三本 悠		2010.4	「日本大学文理学部資料館「デジタルミュージアム」構築計画の成果と課題」	『年次研究報告書』第11号	日本大学文理学部情報科学研究所

お

著者1	著者2	著者3	発行年	論文名・書籍名	掲載誌	発行元
大髙 幸			2010.3	「家族のためのミュージアム・リテラシーとは：ニューヨーク市内3美術館の家族プログラムと参加家族の日常生活の研究から」	『日本ミュージアム・マネージメント学会研究紀要』第14号	日本ミュージアム・マネージメント学会
大髙 幸 編著	寺島 洋子＊(編)		2012.3	『博物館教育論』		放送大学教育振興会
大髙 幸			2012.5	「ニューヨークのミュージアムでの視覚障害者の学びとエデュケーターの役割」	『さわって楽しむ博物館ユニバーサル・ミュージアムの可能性』	青弓社
大髙 幸			2014	「米国における美術館教育の潮流から学ぶ」	『日本美術教育研究論集』第47号	日本美術教育連合
大髙 幸	一條 彰子＊	岡田 京子 他	2015	「オーストラリアの美術館における鑑賞教育：所蔵作品を活かしたスクールプログラムの調査結果に基づく一考察」	『日本美術教育研究論集』第48号	日本美術教育連合
大髙 幸	端山 聡子		2016.3	『博物館教育論』		放送大学教育振興会
大髙 幸			2016.8	「「犬」が主人公の美術鑑賞にみる「ひとが優しい博物館・社会」の可能性」	『ひとが優しい博物館：ユニバーサル・ミュージアムの新展開』	青弓社
大瀧 正雄			1938	「法隆寺包蔵の湿度調節に就て」	『博物館研究』第11巻第1號	日本博物館協會
大竹 仁			1990.3	「地域博物館と学校教育」	『戸田市立郷土博物館研究紀要』第5号	戸田市立郷土博物館
大竹 弘高			2009.3	「日本刀展示の研究(序論)-現状と課題」	『國學院大學博物館學紀要』第33輯	國學院大學博物館学研究室
大竹 勝			1969	「野外教育板の視覚効果」	『博物館研究』第42巻第2号	日本博物館協会
大竹 幸恵			1999.5	「鷹山遺跡群-保存・活用を支える3本の柱」	『資源環境対策』第35巻7号(『緑の読本』シリーズ50)	公害対策技術同友会
大竹 幸恵			2015.2	「史跡を活かした体験学習活動と黒耀石体験ミュージアムの活動」	『月刊考古学ジャーナル』666号	ニューサイエンス社
大竹 嘉彦			2015.2	『国際動向博物館、文化遺産、様々な"ベスト":The Bestin Heritage2014に参加して』	『博物館研究』第50巻第2号	日本博物館協会
大谷 明史			2015.3	『渋沢敬三と竜門社:「伝記資料編纂所」と「博物館準備室」の日々』		勉誠出版
大谷 歩			2011	「資料の伝統的保存法 曝書・曝涼を中心に」	『國學院大學博物館學紀要』第35輯	國學院大學博物館学研究室
大谷 歩	落合 知子	青木 豊 編	2013.5	「日本文化としての資料保存意識」	『人文系博物館資料保存論』	雄山閣
大谷 徳馬			1940.11	「東京府養正館の概況」	『博物館研究』第13巻第11號	日本博物館協會
大谷 智子	河村 聡一郎＊	相澤 清晴	2012.9	「ナビログ：画像認識を用いた博物館ガイドと行動記録」	『日本バーチャルリアリティ学会大会論文集』第17巻	日本バーチャルリアリティ学会
大谷 洋一	鈴木 邦輝	出利葉 浩司 他	1997.1	「シンポジウム抄録「まちの博物館とアイヌ文化」」	『アイヌ文化』第21号	アイヌ無形文化伝承保存会
大谷 美隆			1934.3	「刑事博物館と其の資料」	『博物館研究』第7巻第3號	日本博物館協會
大田原 潤			2006.5	「整備の現状と制度史 3.縄文時代遺跡の整備」	『史跡整備と博物館』	雄山閣
大津 和子	中山 京子		2009.6	「国際理解教育における博物館活用の可能性(4)第4回国立民族学博物館を活用したワークショップ型教員研修の試み」	『国際理解教育』第15巻	日本国際理解教育学会
大津 忠彦	足立 拓朗		2009.8	「中央志向型博物館における地域連携の可能性--中近東文化センター企画展「小説に読む考古学--松本清張文学と中近東」の地域連携活動」	『筑紫女学園大学・短期大学部人間文化研究所年報』第21号	筑紫女学園大学・短期大学部人間文化研究所
大津 忠彦	奥村 俊久	金 圓景	2017	「「回想法」ボランティア活動～本学学生による試みの成果と課題～」	『筑紫女学園大学・短期大学部人間文化研究所年報』第28号	筑紫女学園大学・短期大学部人間文化研究所
大津 豊憲			1907	『東京勸業博覽會畫報』第1號		東京勸業協會編號部
大津 豊憲			1907	『東京勸業博覽會畫報』第2號		東京勸業協會編號部
大塚 明郎			1964.1	「科学技術館の創設」	『日本の科学と技術』第44号	日本科学技術振興財団事務局
大塚 恵理子			2010.3	「先史・古代の壁画空間から読み解く現代の展示空間への考察」	『國學院大學博物館學紀要』第34輯	國學院大學博物館学研究室
大塚 和義 編			1991.2	『放送大学教材博物館学Ⅰ-博物館の現在』		放送大学教育振興会
大塚 和義 編	矢島 國雄 編著		1991.3	『放送大学教材博物館学Ⅱ-博物館の仕事』		放送大学教育振興会

お

著者1	著者2	著者3	発行年	論文名・書籍名	掲載誌	発行元
大塚 和義			1994.3	『放送大学教材博物館学Ⅰ改訂版-多様化する博物館』		放送大学教育振興会
大塚 和義			1995.9	「ミュージアム・グッズのもつ意味を考える」	『月刊ミュゼ』13号	(株)アム・プロモーション
大塚 和義 編	矢島國雄 編著		1995.9	『放送大学教材博物館学Ⅱ改訂版-現代社会と博物館』		放送大学教育振興会
大塚 和義			1996.11	「展示の理念と評価の方法」	『日本民俗学』第208号	日本民俗学会
大塚 和義			2011.1	「国立民族学博物館におけるアイヌ研究と博物館活動の過去・現在・未来」	『国立民族学博物館研究報告』第36巻第1号	国立民族学博物館
大塚 隆	千葉 敏朗	千葉 雅人	1987.3	「東久留米市の遺跡展ジオラマ製作体験記」	『Museologist:明治大学学芸員養成課程年報』第2巻	明治大学学芸員養成課程
大塚 拓			2001.12	「イギリスの大学院における博物館人類学教室-ロンドン大学ユニヴァーシティーカレッジを中心に-」	『Mouseion:立教大学博物館研究』第47号	立教大学学校・社会教育講座
大塚 達朗			2009	「南山大学人類学博物館資料評価委員会の活動から」	『人類学博物館紀要』第27号	南山大学人類学博物館
大塚 初重			1986	「創立前夜の陳列館」	『明治大学考古学博物館館報』第1号	明治大学考古学博物館
大塚 英明			1999	「第7章博物館を取り巻く諸状況 1文化財と博物館資料」	『博物館学シリーズ 2博物館資料論』	樹村房
大塚 英明	小原 愛		2013.1	「歴史系博物館の企画展にみる異文化交流の動向」	『日本における都市形成と異文化交流』	日本大学文理学部文部科学省私立大学戦略的研究基盤形成支援事業「東アジアにおける都市形成プロセスの統合的把握とそのデジタル化をめぐる研究」日本史研究グループ
大塚 眞弘			1990.3	「地域博物館における「みせる」—横須賀市人文博物館における現状と課題—」	『Museologist:明治大学学芸員養成課程年報』第5巻	明治大学学芸員養成課程
大塚 眞弘			1997.3	「博物館利用者と学芸員—横須賀市人文博物館における過去・現在・未来—」	『Museologist:明治大学学芸員養成課程年報』第12巻	明治大学学芸員養成課程
大塚 眞弘			2001.3	「地域博物館の教育活動」	『Museum study:明治大学学芸員養成課程紀要』第12号	明治大学学芸員養成課程
大塚 昌宏	福田 廣一*	奥田 英人	2000	「栃木県立博物館のスロープ展示における体験学習シート「ちょっくらやってみっぺ」の作成について」	『栃木県立博物館研究紀要.自然』第17号	栃木県立博物館
大塚 美加	木村 勉*	神田 和幸 他	2013.8	「かごしま水族館における情報保障に関する取り組み事例:携帯情報端末による情報保障システム」	『電子情報通信学会技術研究報告』第113巻第195号	電子情報通信学会
大槻 貞一			1938	「兵庫縣師範學校御在職時代の棚橋先生」	『棚橋源太郎氏と科學教育』	棚橋源太郎氏教育功勞記念會
大月 淳	馬込 慶太*		2013.2	「公立美術館における劇場的空間に関する研究」	『東海支部研究報告集2013』第51号	日本建築学会東海支部
大槻 喬 編			1937	『京都博覽會史略』		京都博覽協會
大月 浩子	高橋 直裕	降旗 千賀子	1990	「なぜ、いまワークショップか」	『季刊武蔵野美術』第78号	武蔵野美術大学出版編集室
大月 浩子			1994	『わくわくミュージアム 子どもの創造力を育む世界の86館 アメリカ・日本・イギリスなど』		婦人生活社
大月 ヒロ子			2002.11	「ミュージアム50の愉しみ 博物館は面白い！」	『Zenjin(全人)』第76巻11号	玉川大学出版部
大月 ヒロ子			2009.1	「子どもにとっての博物館の第一印象……まずはそこから考えてみよう!」	『博物館研究』第44巻第1号	日本博物館協会
大月 ヒロ子	山下 治子*	栗原 祐司 他	2010.6	科学技術系ミュージアムにおけるミュージアムグッズに関する調査研究」	『JMMA日本ミュージアム・マネージメント学会会報』第15巻第1号	日本ミュージアム・マネージメント学会
大槻 守	神戸大学大学院人文学研究科地域連携センター 編		2013.7	「住民と協働した自治体史の編纂」	『「地域歴史遺産」の可能性』	岩田書院
大槻 明三			1989	「郷土博物館運営の今後の課題」	『藤枝市郷土博物館年報・紀要』第1号	藤枝市郷土博物館
大即 洋子	坂東 宏和	小野 和	2007.3	「幼児のコンピュータ利用におけるRFIDシステムの活用」	『子ども博物館楽校』第3号	チルドレンズ・ミュージアム研究会
大坪 ふさ			2009.3	「イラストルポ・展示だけじゃない!美術館は大人のためのテーマパーク」	『婦人公論』第94巻第7号	中央公論新社
大照 完			1950	「ワークショップ覚え書」	『教育新潮』第1巻第1号	教育新潮社
大戸 吉古			1984.1	『かながわの博物館』		かもめ文庫
鳳 宏道			2014.5	「平塚市博物館の30年 地域の人と積み上げた知の成果」	『科学におけるコミュニケーション2007』	総合研究大学院大学

お

著者1	著者2	著者3	発行年	論文名・書籍名	掲載誌	発行元
大中 真			2010.3	「歴史をどう伝えるか:ラトヴィアとエストニアの占領博物館を例に」	『桜美林論考.人文研究』第1号	桜美林大学
大西 伍一	峯地 光重*		1930	『新郷土教育の原理と實際』		人文書房
大西 伍一			1936	『年表我國に於ける郷土博物館の發展』		大日本聯合青年團
大西 伍一			1936.4	「博物館の進展望:大日本聯合青年団郷土資料陳列所」	『博物館研究』第9巻第4号	日本博物館協會
大西 伍一			1937.1	「「年表我國に於ける郷土博物館の發展」に就いて」	『博物館研究』第10巻第1號	日本博物館協會
大西 浩二	山名 善之		2008.10	「世界遺産登録を目指して-国立西洋美術館本館」	『Re:Building maintenance & management』第30巻第2号	建築保全センター
大西 達也			2011.8	「地域ぐるみでの元気な農村集落の再生--村丸ごと生活博物館」	『地域開発』第563号	日本地域開発センター
大西 珠枝			1995.3	「都市機能の博物館」	『国立科学博物館ニュース』第311号	国立科学博物館
大西 秀之			2004.3	「博物館資源の可能性-非文字資料による歴史構築をケーススタディとして-」	『旭川市博物館研究報告』第10号	旭川市博物館
大西 宏道			2002.8	「博物館の活動と学校教育」	『大阪府立近つ飛鳥博物館館報』第7号	大阪府立近つ飛鳥博物館
大西 万知子			1994.3	「博物館利用の一実体-千葉市内福祉施設へのアンケートから-」	『Museumちば:千葉県博物館協会研究紀要』25号	千葉県博物館協会
大西 万知子			1999.3	「視覚に障害を持つ人に配慮された触れる展示の発達比較－日本と英国の博物館－」	『博物館学雑誌』第24巻第2号	全日本博物館学会
大西 万知子			2004.3	「博物館におけるモノとヒトとのかかわりについての一考察—広島平和記念資料館の事例から—」	『年報 人類文化研究のための非文字資料の体系化』第1号	神奈川大学21世紀COEプログラム「人類文化研究のための非文字資料の体系化」研究推進会議
大西 万知子			2004.6	「威厳と挑戦—大英博物館の非文字資料から広がる風景—」	『非文字資料研究』第4号	神奈川大学21世紀COEプログラム研究推進会議
大西 万知子			2008.3	「視覚に障害を持つ人に配慮された触れる展示のための展示解説の役割について」	『千葉県立中央博物館研究報告』第10巻2号	千葉県立中央博物館
大西 雄介	坪山 幸王	佐藤 信治	1998.7	「水族館に関する建築計画的研究:観覧空間における高々密度状態の観覧者行動について」	『学術講演梗概集』1998巻	日本建築学会
大西 若人			2014.11	「よく生きられた美術館」	『NACTreview:国立新美術館研究紀要』第1号	国立新美術館
大貫 英明			1981	「コミュニテイ政策と社会教育」	『相社研』第2号	相模原市社会教育研究会
大貫 英明			1983.3	「社会教育施設としての地域博物館の現状と課題—ある地域博物館をとりまく今日的状況－」	『國學院大學博物館學紀要』第7輯	國學院大學博物館学研究室
大貫 英明			1987.3	「中小都市における博物館論」	『國學院大學博物館學紀要(樋口清之博士記念論文集)』第11輯	國學院大學博物館学研究室
大貫 英明			2000.4	「相模原市の博物館づくり、そして運営と課題」	『月刊社会教育』第44巻4号	国土社
大貫 英明			2003.3	「博物館づくり、そして運営と課題」	『國學院大學博物館學紀要』第27輯	國學院大學博物館学研究室
大貫 英明			2006.5	「整備の現状と制度史2.旧石器遺跡の整備」	『史跡整備と博物館』	雄山閣
大貫 英明			2008.3	「勝坂遺跡の保存と整備」	『國學院大學考古学資料館紀要』第24輯	國學院大學考古学資料館
大貫 英明			2008.3	「博物館の運営と博物館法の改正」	『國學院大學博物館學紀要』第32輯	國學院大學博物館学研究室
大貫 英明			2009.3	「博物館法改正と残された制度的課題」	『國學院大學博物館學紀要』第33輯	國學院大學博物館学研究室
大貫 英明			2010.3	「地域博物館を育む教育行政の課題」	『國學院大學博物館學紀要』第34輯	國學院大學博物館学研究室
大貫 英明			2012.5	「鶴田総一郎」「廣瀬鎮」「伊藤寿朗」	『博物館学人物史下』	雄山閣
大貫 英明			2012.10	「地方公立博物館の苦境(変わりゆく博物館)」	『博物館危機の時代』	雄山閣
大貫 英明			2014.8	「博物館と教育事業計画の策定」	『國學院雑誌』第115巻第8号	國學院大學
大貫 英明			2017.11	「公立博物館と指定管理者制度」	『國學院雑誌』第118巻第11号	國學院大學

著者1	著者2	著者3	発行年	論文名・書籍名	掲載誌	発行元
大貫 英明			2017.12	「博物館学論史 昭和時代」	『博物館学史研究事典』	雄山閣
大貫 洋介			2009.3	「日本の博物館における模型活用とその過程」	『國學院大學博物館學紀要』第33輯	國學院大學博物館学研究室
大貫 洋介			2012.8	「博物館資料の製作」	『人文系博物館資料論』	雄山閣
大貫 洋介			2017.12	「資料製作論史(模型・レプリカ含む)」	『博物館学史研究事典』	雄山閣
大貫 良夫	梅棹 忠夫		1978	「館長対談、野外博物館のビジョン」	『月刊みんぱく』第2巻第10号	国立民族学博物館
大貫 良夫	太田 邦夫*	杉本 尚次 他	1993	「座談会 野外博物館の今日的役割」	『リトルワールド』第54号	野外民俗博物館リトルワールド
大貫 良夫			1997	「もののみせ方」	『岩波講座文化人類学』第3号	岩波書店
大貫 涼子			2010.3	「衛生展覧会に関する一考察」	『國學院大學博物館學紀要』第34輯	國學院大學博物館学研究室
大貫 涼子	落合 知子*	河合 奈々瀬 他	2011.3	「平成21年度文部科学省「組織的な大学院教育改革推進プログラム」採択に伴う大学院「博物館学専門・特殊実習」授業の報告:大学院生による手作り博物館の実践」	『國學院大學博物館學紀要』第36輯	國學院大學博物館学研究室
大貫 涼子	水谷 円香		2012.3	「樋口清之博士収集絵葉書資料について」	『國學院大學学術資料館考古学資料館紀要』第28号	國學院大學研究開発推進機構学術資料館考古学資料館部門
大貫 涼子	落合 知子*	河合 奈々瀬 他	2012.3	「平成21年度文部科学省「組織的な大学院教育改革推進プログラム」採択に伴う大学院「博物館学専門・特殊実習」授業の報告—大学院生による手作り博物館の実践—」	『平成21年度採択文部科学省「組織的な大学院教育改革推進プログラム」高度博物館学教育プログラム最終報告』	國學院大學博物館学研究室
大貫 涼子			2013.3	「地方博覧会の変容(序論)—明治前期を中心として—」	『國學院大學博物館學紀要』第37輯	國學院大學博物館学研究室
大貫 涼子			2014.3	「愛知県における博覧会・商品陳列館に関する一考察」	『國學院大學大学院紀要』第45輯	國學院大學大学院
大沼 織江	山本 信次		2014.12	「地域課題解決において博物館が果たす役割:東大和市立狭山緑地の保全を事例として」	『博物館学雑誌』第40巻第1号	全日本博物館学会
大沼 清仁			2003.11	『科学館等における科学技術理解増進活動への参加が参加者に及ぼす影響について:科学技術館サイエンス友の会・日本宇宙少年団を例として』		文部科学省科学技術政策研究所第2調査研究グループ
大沼 清仁	中村 隆史*	今井 寛	2004	『学校教育と連携した科学館等での理科学習が児童生徒へ及ぼす影響について:学校と科学館等との連携強化の重要性』		文部科学省科学技術政策研究所第2調査研究グループ
大沼 学			2014.1	「絶滅危惧種の遺伝資源の保存」	『獣医畜産新報』第67巻1号	文永堂出版
大沼 芳幸	国立文化財機構奈良文化財研究所編		2014.1	「文化的景観の博物館展示「暮らしが生んだ絶景 琵琶湖水辺の文化的景観」について」	『文化的景観研究集会(第5回)報告書:文化的景観のつかい方』	国立文化財機構奈良文化財研究所
大沼 芳幸			2015.8	「博物館機能の社会資源化「琵琶湖八珍」の提案:滋賀県立安土城考古博物館の取り組み事例」	『博物館研究』第50巻第8号	日本博物館協会
大野 一郎	若月 憲夫	日露野 好章	2007	「2006年度学芸員課程主催公開講演録 博物館の世界-博物館経営の諸問題(2)博物館と市民意識」	『東海大学課程資格教育センター論集』第6号	東海大学出版会
大野 敏			1993	『民家村の旅』	『INAXALBUM』第17巻	INAX出版
大路 聡			2016.2	「博物館登録制度の在り方に関する調査研究委員会の論議から(中間報告)」	『博物館研究』第51巻第2号	日本博物館協会
大野 祥子	持田 大*	大森 誠 他	2009.3	「北海道大学植物園自然林区画における長期モニタリングの取り組みについて」	『日本植物園協会誌』第43号	日本植物園協会
大野 振二郎			2011.1	「博物館におけるホームページの展開について」	『博物館研究』第46巻第1号	日本博物館協会
大野 隆徳			1924	「児童の爲めにも各地に地方美術館の建設を提唱す」	『畫家の児童畫觀』	目黒書店
大野 照文			1998	「大学博物館が研究以前に行なわねばならないこと」	『地学雑誌』第107巻6号	TokyoGeographicalSociety
大野 照文	川上 紳一	田口 公則 他	2003	「小学生を対象とした化石教室「三葉虫を調べよう」のねらいとその実践」	『岐阜大学教育学部研究報告.自然科学』第27巻2号	岐阜大学教育学部
大野 照文			2007.4	「博物館で学びが起こるとき」	『だれもが楽しめるユニバーサル・ミュージアム:"つくる"と"ひらく"の現場から』	読書工房
大野 照文			2008	「大学博物館における社会連携:京都大学総合博物館を例に」	『化石』第83号	日本古生物学会
大野 照文	川上 紳一*	東條 文治 他	2013	「日本最古の石博物館標本と最新地球史研究成果の融合による新たな博物館教育の試み」	『岐阜大学教育学部研究報告・自然科学』第37巻	岐阜大学教育学部
大野 照文	蒲生 諒太 監修	渡川 智子 他編著	2015.3	『探究するモグラたち:京大博物館式・教職実践演習』		京都大学総合博物館

お

著者1	著者2	著者3	発行年	論文名・書籍名	掲載誌	発行元
大野 照文 監	蒲生 諒太 編著	寺脇 研 他	2015.3	『学びの海への船出:探究活動の輝きに向けて』		京都大学総合博物館
大野 照文	可児 光生*	中村 千恵 他	2015.6	「第3章連携する博物館」	『博物館教育論』	講談社
大野 利治			1997.3	「博物館ができる学校教育への援助」	『研究紀要』第11号	岐阜市歴史博物館
大野 英彦	難波 幸男	井上 隆夫	2000.3	「リモートセンシングの原理とその展示化について」	『千葉県立現代産業科学館研究報告』第6号	千葉県立現代産業科学館
大野 英彦	高安 礼士*		2000.3	「学校・地域社会とのつながりを重視した博物館活動」	『Museumちば:千葉県博物館協会研究紀要』31号	千葉県博物館協会
大野 英彦	高安 礼士*		2000.3	「実践例 学校・地域社会とのつながりを重視した博物館活動」	『Museumちば:千葉県博物館協会研究紀要』31号	千葉県博物館協会
大野 政治	福井 洸一*		1980.6	「管理者(設置者)別博物館の設置と運営 法人立博物館」	『博物館学講座 第9巻博物館の設置と運営』	雄山閣
大野 真由美	菅原 遼*	畔柳 昭雄	2016	「日本の海事博物館の現状とその特徴に関する基礎的研究」	『沿岸域学会誌』第29巻第1号	日本沿岸域学会
大野 瑞男			1974.12	「Ⅳ資料の調査・利用の方法 史料撮影・複写・筆写の技術」	『地方史マニュアル2文献資料調査の実務』	柏書房
大野 究			2016.2	「地域とつながる博物館」	『博物館研究』第51巻第2号	日本博物館協会
大野木 啓人	朝廣 佳子*	Moussas.Geoffrey.P 他	2007	「討論 再生デザインと展示−関西の展示学環境を考える」	『展示学』第44号	日本展示学会
大庭 柯公			1917	「熱帯植物園」	『世界を家として』	至誠堂書店
大場 佐一			1988.7	「エジプト・オベリスクの展示と地震対策」	『博物館研究』第23巻第7号	日本博物館協会
大庭 茂美			2012.3	「大学開放の研究:大学博物館を中心として」	『九州共立大学・九州女子大学・九州女子短期大学生涯学習研究センター紀要』第17号	九州共立大学
大場 脩			1997.3	「提言 博物館と「生涯学習」」	『大阪府立近つ飛鳥博物館館報』第2号	大阪府立近つ飛鳥博物館
大羽 昇一			1938	「文化政策と博物館事業」	『教育』第6巻第10號	岩波書店
大場 達之			1985.2	「博物館分類試論」	『平塚市博物館年報』第8号	平塚市博物館
大場 信義			1999.3	「市民と博物館」	『Museologist:明治大学学芸員養成課程年報』第14巻	明治大学学芸員養成課程
大場 秀章			1996	『東京大学コレクションⅣ日本植物研究の歴史—小石川植物園三〇〇年の歩み』		東京大学総合研究博物館
大場 秀章			1997	『江戸学植物学』		東京大学出版会
大場 秀章			2001.12	『花の男シーボルト』		文芸春秋
大場 秀章			2006	『植物学史・植物文化史』		八坂書房
大庭 秀幸			2001.3	「美術館教育普及活動におけるインターシップ制実習の可能性について−世田谷美術館「美術鑑賞教育」における東京学芸大学との実践から−」	『東京学芸大学教育学部生涯教育研究室研究紀要』第6号	東京学芸大学教育学部生涯教育研究室
大場 博典			2012.3	「美術館と学校との連携についての一考察:「マイ・ミュージアム」の実践を通して」	『博物館研究』第47巻第3号	日本博物館協会
大庭 勝			1997.3	「考古資料の教材化についての一考察」	『山梨県立考古博物館・山梨県埋蔵文化財センター研究紀要』第13号	山梨県立考古博物館・山梨県埋蔵文化財センター
Aubert.M	ラアニエ・クリスチアン*	Siken.G	1997.4	「NARCISSE:絵画研究のための高精細画像の利用」	『情報管理』第40巻第1号	科学技術振興機構
大橋 乙羽			1901	『欧米小観』第23巻		
大橋 和政	鬼丸 和幸		1997	「美幌博物館と野外教室」	『博物館研究』第32巻第10号	日本博物館協会
大橋 加奈			2016	「公立文化施設における「平成の合併」の影響」	『文化政策研究』第10号	日本文化政策学会
大橋 毅彦	竺 友信	高橋 隆平 他	2007.3	「「水族館」注釈的読みの試み」	『日本文芸研究』第58巻第4号	日本文学会
大橋 正也			2014.11	『特集 公立美術館 10年ぶりの転機:新設・改修ラッシュ 利用者目線を徹底』	『日経グローカル』255号	日本経済新聞社産業地域研究所

著者1	著者2	著者3	発行年	論文名・書籍名	掲載誌	発行元
大橋 又太郎 編			1899	「動物園の話」	『名流談海』	博文館
大橋 桃之輔			1981.8	「視覚障害者コーナー設置の博物館」	『博物館研究』第16巻第7号	日本博物館協会
大橋 裕太郎	小川 秀明	永田 周一	2007.12	「動物園における新しい学び-ITを利用した参加型学習環境の提案」	『情報処理学会研究報告』2007巻123号	情報処理学会
大橋 裕太郎			2008.12	「携帯端末を利用した水族館におけるエデュテイメント環境の提案」	『情報処理学会研究報告』2008巻第129号	情報処理学会
大橋 裕太郎	有澤 誠*	横江 宗太 他	2010.3	「携帯型映像デバイスを利用した水族館での学習環境の提案」	『日本ミュージアム・マネージメント学会研究紀要』第14号	日本ミュージアム・マネージメント学会
大橋 慶一			2007.9	「ビジョン探検隊がゆく(第18回)知の開示方法-博物館、美術館」	『映像情報』第39巻第9号	産業開発機構
大橋 竜太			2000.3	「建築保存と野外建築博物館について」	『東京家政学院生活文化博物館年報』第9号	東京家政学院生活文化博物館
大橋 怜史	佐藤 公信	清水 忠男	2007	「主体的情報収集を触発するインタラクティブな展示装置のあり方に関する基礎的研究-ミュージアムにおける展示に着目して」	『展示学』第43号	日本展示学会
大畑 幸恵	西川 龍也*	渋谷 清	2012	「ジェームズ・タレルの2つの部屋:金沢21世紀美術館にみる公立美術館の新しい試み」	『福山市立女子短期大学研究教育公開センター年報』第9号	福山市立女子短期大学研究教育公開センター
大畑 文七			1942	「北大の植物園」	『督學有情』	第一出版協會
大林 純子			2012.7	「博物館における先住民表象の変容と脱植民地主義」	『総合政策研究』第41号	関西学院大学総合政策学部研究会
大林 純子			2014.12	「ポストコロニアルのハワイ先住民運動と博物館:文化的遺物の所有をめぐる闘争についての一考察」	『大学教育研究紀要』第10号	岡山大学
大林 純子			2014.12	『ビショップ博物館におけるハワイ先住民の表象とその変容:博物館の展示にみるコロニアリズムからポストコロニアリズムへの転換』		関西学院大学
大林 駿斗	濱野 佐代子		2015.12	「日本人の動物園観に関する考察」	『動物観研究』第20号	ヒトと動物の関係学会
大林 駿斗	石田 戩		2013.12	「多摩動物公園の入園者像:10年後の変移」	『動物観研究』第18号	ヒトと動物の関係学会
大林 駿斗	籾山 あずさ	大崎 康平 他	2014.12	「二つの動物園における来園者の実態の比較」	『動物観研究:ヒトと動物の関係学会誌』19号	ヒトと動物の関係学会
大原 一興	奥野 茂*	野村 東太	1992.8	「水族館の施設・活動・利用者・展示手法に関する基礎的考察:水族館に関する建築計画的研究 その1」	『学術講演梗概集』1992巻	日本建築学会
大原 一興	奥野 茂*	野村 東太 他	1993.7	「展示形式別にみた水族館における観客動態に関する考察:水族館に関する建築計画的研究 その2」	『学術講演梗概集』1993巻	日本建築学会
大原 一興	白石 真二郎*	野村 東太 他	1993.7	「水族館展示室における観覧行為特性に関する考察:水族館に関する建築計画的研究 その3」	『学術講演梗概集』1993巻	日本建築学会
大原 一興	野村 東太	小川 英彦 他	1993.7	「美術館における教育・普及活動に関する考察:博物館に関する建築計画的研究 その30」	『学術講演梗概集』1993巻	日本建築学会
大原 一興	西宮 浩司*	野村 東太 他	1993.7	「自然科学系博物館における観覧行為に関する一考察:博物館に関する建築計画的研究 その31」	『学術講演梗概集』1993巻	日本建築学会
大原 一興	伊澤 淳子*	野村 東太 他	1995.7	「学校団体の利用による水槽前の観覧行為に関する考察:水族館に関する建築計画的研究 その6」	『学術講演梗概集』1995巻	日本建築学会
大原 一興	山方 桂*	野村 東太 他	1995.7	「水族館における校外学習プログラムによる観覧行動の特性:水族館に関する建築計画的研究 その7」	『学術講演梗概集』1995巻	日本建築学会
大原 一興	加茂 慎司	月村 岳夫	1996	「軽井沢におけるエコミュージアム実現への課題と地域資産の実情:地域のエコミュージアム化に関する研究 その1」	『学術講演梗概集』1996巻	日本建築学会
大原 一興	加茂 慎司*	月村 岳夫	1996	「地域資産に対する住民の認知と訪問に関する考察:地域のエコミュージアム化に関する研究 その2」	『学術講演梗概集』1996巻	日本建築学会
大原 一興	月村 岳夫*	加茂 慎司	1996	「住民の地域保全意識に関する考察:地域のエコミュージアム化に関する研究 その3」	『学術講演梗概集』1996巻	日本建築学会
Ohara.K	Nishi.Genjiro*	Nomura.T	1997	「Educational activities at aquarium in Japan」	『Proceedings of 4th International Aquarium Congress』	Congress Central Office of IAC '96/Tokyo Sea Life Park
Ohara.Kazuoki	Nishi.G	Nomura.T	1997	「Viewing and learning behavior of aquarium visitors.」	『Proceedings of 4th International Aquarium Congress』	Congress Central Office of IAC '96/Tokyo Sea Life Park
大原 一興	石川 宏之*		1997.12	「展示順序と観覧者の認知における差異の考察」	『日本建築学会計画系論文集』第62巻502号	日本建築学会
大原 一興	石川 宏之	山方 桂	1998	「歴史的建造物を利用した博物館における活用手法の実態—歴史的建造物の保全活用に関する研究 その1—」	『学術講演梗概集』1998巻	日本建築学会
大原 一興	石川 宏之	山方 桂	1998	「歴史的建造物を利用した博物館における活用手法の実態—歴史的建造物の保全活用に関する研究 その2—」	『学術講演梗概集』1998巻	日本建築学会

お

著者1	著者2	著者3	発行年	論文名・書籍名	掲載誌	発行元
大原 一興			1999	『環境学習のための施設の建設計画に関する研究』		文部省科学研究費補助金研究成果報告書
大原 一興	石川 宏之*		1999	「地域遺産に対する川崎市民の保全意識の形成に関する考察：地域のエコミュージアム化に関する研究 その4」	『学術講演梗概集』1999巻	日本建築学会
大原 一興	槙野 光聰*	西 源二郎	1999.7	「水族館における混雑時の観覧者流動に関する分析と考察：水族館に関する建築計画的研究 その8」	『学術講演梗概集』1999巻	日本建築学会
大原 一興			1999.12	『エコミュージアムへの旅』		鹿島出版会
大原 一興	石川 宏之*		2000	「市民活動の実状からみたミュージアム活動の可能性に関する考察：地域のエコミュージアム化に関する研究 その5」	『学術講演梗概集』2000巻	日本建築学会
大原 一興			2000.1	「博物館学各論(1)-博物館の論理学-博物館建築学」	『新版博物館学講座 第1巻 博物館学概論』	雄山閣
大原 一興	石川 宏之*	小滝 一正	2000.6	「地域資源に対する川崎市民の保全意識の形成に関する調査研究」	『日本建築学会技術報告集』第6巻第10号	日本建築学会
大原 一興			2000.8	「ユニバーサル・デザインとミュージアム」	『Cultivate：文化と環境を考える』第12号	文化環境研究所
大原 一興	石川 宏之*		2001	「ミュージアム活動の視点から見た市民活動展開の条件：地域のエコミュージアム化に関する研究 その6」	『学術講演梗概集』2001巻	日本建築学会
大原 一興	柳田 純*		2001	「三浦半島におけるまちづくり市民活動の地域特性：地域のエコミュージアム化に関する研究 その7」	『学術講演梗概集』2001巻	日本建築学会
Ohara.Kazuoki	Nishi.G		2001	「Environmental education in aquariums in Japan.」	『Proceedings of 5th International Aquarium Congress』	Congress Central Office of IAC '96/Tokyo Sea Life Park
大原 一興	江水 是仁*		2003.9	「ミュージアム来館者が周辺地域に与える影響-長谷川町子美術館の事例」	『学術講演梗概集』2003巻	日本建築学会
大原 一興			2004	「エコミュージアムとまちづくり」	『国づくりと研修』第103号	全国建設研修センター
大原 一興			2004.6	「エコミュージアムで地域を学ぶ」	『建築とまちづくり』第323号	新建築家技術者集団
大原 一興	金 守美*	朴 光範	2004.7	「韓国清州市・清原郡における地域遺産の管理・利用現況と住民意識に関する考察：地域のエコミュージアム化に関する研究 その8」	『学術講演梗概集』2004巻	日本建築学会
大原 一興	江水 是仁*		2004.8	「理工系博物館における民家展示に対する来館者の観覧行動」	『学術講演梗概集』2004巻	日本建築学会
大原 一興	江水 是仁*		2005.9	「理工系博物館・民家展示の空間把握行動に関する考察」	『学術講演梗概集』2005巻	日本建築学会
大原 一興	竹内 智美*		2006	「町内小中学校生の目から見た地域資産と軽井沢らしさに関する考察：地域のエコミュージアム化に関する研究 その8」	『学術講演梗概集』2006巻	日本建築学会
大原 一興	金 守美*	郭 喜碩 他	2006.2	「韓国の「伝統民俗村」における歴史的民家の住まい方--済州道城邑村の経年的住まい方の考察」	『日本建築学会計画系論文集』第71巻600号	日本建築学会
大原 一興	江水 是仁*		2006.2	「ミュージアムにおける民家の室内展示に対する来館者の観覧行動に関する研究--日本科学未来館・環境共生型住宅の事例」	『日本建築学会計画系論文集』第71巻600号	日本建築学会
大原 一興			2006.3	「都市におけるエコミュージアムの展望」	『CEL』第76号	大阪ガスエネルギー・文化研究所
大原 一興	江水 是仁*		2006.11	「屋外民家展示施設における来園者の観覧行動に関する研究：江戸東京たてもの園「八王子千人同心組頭の家」の事例より」	『日本建築学会計画系論文集』第71巻609号	日本建築学会
大原 一興	江水 是仁*		2006.12	「屋外展示民家における興味が異なる来園者の観覧行動に関する研究 温暖期における江戸東京たてもの園・八王子千人同心組頭の家の事例」	『博物館学雑誌』第32巻第1号	全日本博物館学会
大原 一興	岩崎 美紗*	藤岡 泰寛	2008	「歴史的建造物活用による博物館施設の地域との関わりに関する研究―歴史的建造物の保全活用に関する研究 その3―」	『学術講演梗概集』2008巻	日本建築学会
大原 一興	江水 是仁*	西 源二郎 他	2008.7	「水族館における展示空間改修前後の観覧行動に関する考察:博物館のビジタースタディとしての観覧行動に関する研究 その1」	『学術講演梗概集』2008巻	日本建築学会
大原 一興	重村 英彦*	西 源二郎 他	2008.7	「水族館における観覧行動特性に関する建築計画的研究:博物館のビジタースタディとしての観覧行動に関する研究 その2」	『学術講演梗概集』2008巻	日本建築学会
大原 一興	佐藤 裕子*	藤岡 泰寛	2009	「来館者の関心・習慣・記憶と観覧行動に関する文脈的考察：博物館のビジタースタディとしての観覧行動に関する研究 その3」	『学術講演梗概集』2009巻	日本建築学会
大原 一興	江水 是仁*	佐藤 裕子	2009	「展示情報の受け取り方の違いと来館者の観覧行動に関する考察：博物館のビジタースタディとしての観覧行動に関する研究 その4」	『学術講演梗概集』2009巻	日本建築学会
大原 一興	大脇 哲平*	藤岡 泰寛	2009.7	「神奈川区における市民活動からみるエコミュージアム構想の可能性に関する考察：地域のエコミュージアム化に関する研究 その10」	『学術講演梗概集』2009巻	日本建築学会
大原 一興	江水 是仁*	西 源二郎 他	2009.12	「展示評価をもとに新規に制作した展示観覧体験の考察--日本科学未来館新規展示「地球環境とわたし」の事例から」	『博物館学雑誌』第35巻第1号	全日本博物館学会
大原 一興	江水 是仁*	西 源二郎	2010	「来館回数・来館目的の違いによる博物館の観覧行動に関する考察：博物館のビジタースタディとしての観覧行動に関する研究 その5」	『学術講演梗概集』2010巻	日本建築学会

著者1	著者2	著者3	発行年	論文名・書籍名	掲載誌	発行元
大原 一興	関根 由実*	江水 是仁	2010.7	「美術館における混在度合いによる観覧動態に関する研究」	『学術講演梗概集』2010巻	日本建築学会
大原 一興	桑木 真嗣*	藤岡 泰寛	2010.7	「地域資産との関わりから見る軽井沢住民のまちの捉え方に関する研究:地域のエコミュージアム化に関する研究 その9」	『学術講演梗概集』2010巻	日本建築学会
大原 一興	斎藤 潤一*	藤岡 泰寛	2010.7	「日本におけるエコミュージアム実践の自己評価に関する研究」	『学術講演梗概集』2010巻	日本建築学会
大原 一興	江水 是仁*	西 源二郎	2011	「展示の配置の違いと観覧集団の違いによる観覧行動の特性：博物館のビジタースタディとしての観覧行動に関する研究 その6」	『学術講演梗概集』2011巻	日本建築学会
大原 一興	江水 是仁*	西 源二郎 他	2012.9	「博物館体験による観覧者の環境に対する意識の変容に関する考察：博物館のビジタースタディとしての観覧行動に関する研究 その7」	『学術講演梗概集』2012巻	日本建築学会
大原 一興			2013.2	「博物館建築とユーザー参加のデザイン」	『博物館研究』第48巻第2号	日本博物館協会
大原 一興	江水 是仁*	西 源二郎 他	2013.8	「館種別博物館来館者の生涯学習施設利用頻度・利用形態に関する考察：博物館のビジタースタディとしての観覧行動に関する研究 その8」	『学術講演梗概集』2013巻	日本建築学会
大原 一興	江水 是仁*	藤谷 哲	2014	「属性別博物館来館者の博物館活動に関する興味関心・理解度に関する考察：博物館のビジタースタディとしての観覧行動に関する研究 その9」	『学術講演梗概集』2014巻	日本建築学会
大原 伸一			1993	「大型映像システムの特性と分類」	『大型映像ビジネス』	ニューメディア
大原 伸一	川田 宏之	吉井 勇	1993.1	『成功する大型映像ビジネス-スーパー・コミュニケーション・メディアへの接近-』		ニューメディア
大原 寛司	木山 亮*	鳴海 拓志 他	2013.9	「展示物の機構理解システムにおける抽象度変化手法の効果検証」	『日本バーチャルリアリティ学会大会論文集』第18巻	日本バーチャルリアリティ学会
大原 昌宏	岡崎 克則	高橋 興世 他	2008.7	「学芸員座談会 博物館のこれから」	『モーリー』第18号	北海道新聞社
大原 紋三郎			1974.4	「新城博物館の構想と反省」	『博物館問題研究会会報』第14号	博物館問題研究会
大平 高司			1991.3	「博物館と学校教育との連携の試み-展示の説明演習を取り入れた教員研修-」	『岐阜県博物館調査研究報告』第12号	岐阜県博物館
大平 茂			1990.3	「兵庫県博物館史」	『國學院大學博物館學紀要』第14輯	國學院大學博物館学研究室
大平 茂			2006.3	「地域博物館の考古展示について-兵庫県内博物館施設を中心に-」	『國學院大學博物館學紀要』第30輯	國學院大學博物館学研究室
大平 晃久			2015.8	「原の辻遺跡の復元展示とテーマパーク」	『浦上地理』第2巻	長崎大学教育学部地理学研究室
大淵 眞龍			1932	「齋藤報恩會博物館に就いて」	『動物學雜誌』第44巻519・520號	日本動物學會
大渕 慶史	坂本 英俊	吉留 徹 他	2010	「伝統技能の保存と継承のためのマルチメディア活用技術の開発」	『工学教育』第58巻第6号	日本工学教育協会
大堀 哲 編著			1987	『博物館学教程』		東京堂
大堀 哲			1992.3	「今、博物館の利用を考える」	『浜松市博物館館報』第4号	浜松市博物館
大堀 哲	斎藤 慶三郎	村田 文生	1994.11	『生涯学習と開かれた施設活動』		学文社
大堀 哲 編			1996	『博物館と教育』		東京堂出版
大堀 哲 監	小林 達雄 編	諸岡 博熊 編	1996.9	『ミュージアム・マネージメント-博物館運営の方法と実践』		東京堂出版
大堀 哲			1996.9	「博物館とは何か」	『ミュージアムマネージメント』	東京堂出版
大堀 哲			1997	『日本博物館総覧』		東京堂出版
大堀 哲			1997.3	「博物館の創造」	『博物館の創造』第1巻	東京大学大学院教育学部研究科・教育学部社会教育研究質
大堀 哲			1997.6	「「ミュージアムマネージメント」の現在」	『Cultivate：文化と環境を考える』第6号	文化環境研究所
大堀 哲			1997.7	『教師のための博物館の効果的利用法』		東京堂出版
大堀 哲 監	ティモシー・アンブローズ*	水嶋 英治 訳	1997.9	『博物館の設計と管理運営』		東京堂出版
大堀 哲 他			1998	「科学系博物館における探求の場の構造と教育機能の開発に関する研究」		国立科学博物館

お

著者1	著者2	著者3	発行年	論文名・書籍名	掲載誌	発行元
大堀 哲			1999	「生涯学習社会と大学博物館」	『Cultivate：文化と環境を考える』第13号	文化環境研究所
大堀 哲			1999	「博物館の教育サービス」	『新版博物館学講座 第10巻生涯学習と博物館』	
大堀 哲 監	水嶋 英治 編		1999	『博物館学を専攻する大学生のためのミュージアムスタディガイド 学習目標と学芸員試験問題集』		アム・ブックス
大堀 哲			1999.9	「第1章博物館とはなにか」	『博物館学シリーズ 1博物館概論』	樹村房
大堀 哲			1999.9	「第1章博物館経営とはなにか」	『博物館学シリーズ 4博物館経営論』	樹村房
大堀 哲			1999.9	「第4章博物館の建築、施設・設備」	『博物館学シリーズ 4博物館経営論』	樹村房
大堀 哲			1999.9	「第7章博物館と危機管理」	『博物館学シリーズ 4博物館経営論』	樹村房
大堀 哲			1999.12	「生涯学習社会と大学博物館」	『Cultivate：文化と環境を考える』第11号	文化環境研究所
大堀 哲			1999.12	「博物館の教育サービス」	『新版博物館学講座 第10巻生涯学習と博物館活動』	雄山閣
大堀 哲			1999.12	「博物館ボランティア」	『新版博物館学講座 第10巻生涯学習と博物館活動』	雄山閣
大堀 哲			1999.12	「博物館教育活動の内容と方法」	『新版博物館学講座 第10巻生涯学習と博物館活動』	雄山閣
大堀 哲			1999.12	「博物館教育活動の目的と意義」	『新版博物館学講座 第10巻生涯学習と博物館活動』	雄山閣
大堀 哲			2000	『科学系博物館における科学教育システムの国際比較研究』		文部科学省科学研究費補助金研究成果報告書
大堀 哲			2000.9	「21世紀型博物館の展望：博物館建築を視座に」	『近代建築』第54巻9号	近代建築社
大堀 哲			2000.9	「第1章展示とはなにか」	『博物館学シリーズ 3博物館展示・教育論』	樹村房
大堀 哲			2000.9	「第1章総論」	『博物館学シリーズ 6博物館実習』	樹村房
大堀 哲			2000.9	「第2章大学における博物館学講座の実態と博物館実習 1博物館学講座の実態」	『博物館学シリーズ 6博物館実習』	樹村房
大堀 哲			2000.9	「第2章大学における博物館学講座の実態と博物館実習 2大学での博物館実習の目的とその必要性」	『博物館学シリーズ 6博物館実習』	樹村房
大堀 哲			2000.9	「第4章博物館における実習 4博物館内で可能な実習指導カリキュラム（1）2単位担当分のカリキュラム例」	『博物館学シリーズ 6博物館実習』	樹村房
大堀 哲			2000.9	「第5章博物館実習の今後の課題」	『博物館学シリーズ 6博物館実習』	樹村房
大堀 哲	坂井 知志	塚原 正彦 他	2001.3	「ミュージアム活動と地に関する基礎的研究」	『コミュニティ振興研究』第1号	常磐大学コミュニティ振興学部
大堀 哲 監	廣瀬 隆人 編		2001.5	『博物館学シリーズ別巻 博物館学基礎資料』		樹村房
大堀 哲			2001.9	「玉川大学教育博物館：大学通信教育課程における学芸員実習」	『博物館学シリーズ 7博物館活動事例集』	樹村房
大堀 哲			2001.9	「野田市郷土博物館：山中直治の童謡を題材にした地域博物館活動」	『博物館学シリーズ 7博物館活動事例集』	樹村房
大堀 哲			2001.9	「平塚市博物館：放課後博物館活動」	『博物館学シリーズ 7博物館活動事例集』	樹村房
大堀 哲			2001.9	「福島県立博物館：資料を身近なものに-学芸員の出前授業から-」	『博物館学シリーズ 7博物館活動事例集』	樹村房
大堀 哲			2001.9	「目黒寄生虫館：100パーセントオリジナルなデザインが人気の寄生虫グッズ」	『博物館学シリーズ 7博物館活動事例集』	樹村房
大堀 哲			2001.9	「滝川市美術自然史館：化石を生かした普及事業-たきかわ・あしょろ化石キャンプ-」	『博物館学シリーズ 7博物館活動事例集』	樹村房
大堀 哲			2001.9	「新潟県立自然科学館：光学顕微鏡の世界・虫めがねの世界」	『博物館学シリーズ 7博物館活動事例集』	樹村房
大堀 哲			2001.9	「浜松市博物館：学校移動博物館「博物館がやってきた！」」	『博物館学シリーズ 7博物館活動事例集』	樹村房
大堀 哲			2001.9	「高知県立坂本龍馬記念館：「龍馬の手紙」は"龍馬への入り口"」	『博物館学シリーズ 7博物館活動事例集』	樹村房

著者1	著者2	著者3	発行年	論文名・書籍名	掲載誌	発行元
大堀 哲			2001.9	「江ノ島水族館：藤沢メダカの学校をつくる会を後援するネットワーク」	『博物館学シリーズ 7博物館活動事例集』	樹村房
大堀 哲			2001.9	「科学技術館：青少年のための科学の祭典」	『博物館学シリーズ 7博物館活動事例集』	樹村房
大堀 哲 編			2002	『司書・学芸員をめざす人への生涯学習概論』		樹村房
大堀 哲			2007.11	「新制度による博物館運営に挑戦-進化する博物館づくりに向けて」	『ながさき経済』第217号	長崎経済研究所
大堀 哲	藤 泉*	米田 耕司	2009	「都市政策との連動がまちに交流とにぎわいを生み出す：長崎県美術館、長崎歴史文化博物館」	『Cultivate：文化と環境を考える』第33号	文化環境研究所
大堀 哲			2009.1	「我が国の博物館が直面する問題・課題と今後の方向性」	『社会教育』第64巻1号	全日本社会教育連合会
大堀 哲			2012.4	「館種別調査研究 総合博物館（博物館資料と調査研究活動）」	『博物館学1（博物館概論*博物館資料論）』	学文社
大堀 哲			2012.4	「現代博物館の課題」	『博物館学1（博物館概論*博物館資料論）』	学文社
大堀 哲			2012.4	「調査研究の方法・内容、カテゴリー（博物館資料と調査研究活動）」	『博物館学1（博物館概論*博物館資料論）』	学文社
大堀 哲			2012.4	「博物館における調査研究の意義（博物館資料と調査研究活動）」	『博物館学1（博物館概論*博物館資料論）』	学文社
大堀 哲	水嶋 英治 編		2012.4	『博物館学1（博物館概論*博物館資料論）』		学文社
大堀 哲			2012.6	「博物館経営の有効運用のために：博物館協議会委員の位置づけの明確化」	『社会教育』第67巻6号	全日本社会教育連合会
大堀 哲			2012.11	「ミュージアム・マネージメントの意義」	『博物館学3（博物館情報メディア論*博物館経営論）』	学文社
大堀 哲			2012.11	「情報発信の意義（博物館における情報発信）」	『博物館学3（博物館情報メディア論*博物館経営論）』	学文社
大堀 哲			2012.11	「博物館の集客と広報・営業（博物館の広報・営業の実際）」	『博物館学3（博物館情報メディア論*博物館経営論）』	学文社
大堀 哲			2012.11	「博物館経営における市民参画の意義（ミュージアム・ネットワーク）」	『博物館学3（博物館情報メディア論*博物館経営論）』	学文社
大堀 哲	水嶋 英治 編		2012.11	『博物館学3（博物館情報メディア論*博物館経営論）』		学文社
大堀 哲			2012.12	「教育とは何か」	『博物館学2（博物館展示論*博物館教育論）』	学文社
大堀 哲			2012.12	「専門分野別展示 総合博物館（博物館展示の形態と方法）」	『博物館学2（博物館展示論*博物館教育論）』	学文社
大堀 哲			2012.12	「博物館の展示解説活動」	『博物館学2（博物館展示論*博物館教育論）』	学文社
大堀 哲	水嶋 英治 編		2012.12	『博物館学2（博物館展示論*博物館教育論）』		学文社
大堀 哲			2013.3	「地域資源・文化財・自然環境の保護と博物館」	『博物館学4（博物館資料保存論*博物館実習論）』	学文社
大堀 哲			2013.3	「博物館実習の意義」	『博物館学4（博物館資料保存論*博物館実習論）』	学文社
大堀 哲	水嶋 英治 編		2013.3	『博物館学4（博物館資料保存論*博物館実習論）』		学文社
大前 芳蔵	増田 哲男*	伊東 啓一 他	2008.7	「九州国立博物館における建築環境システム」	『空気調和・衛生工学』第82巻7号	空気調和・衛生工学会
大町 桂月			1912	「動物園」	『桂月文集』	隆文館
大町山岳博物館	山口 源治郎 編	君塚 仁彦 編	2001.12	『山と博物館-大町山岳博物館創立10周年記念特集号』		日本図書センター
大町 達夫			1997	『美術工芸品用の展開型耐震展示台の開発と性能評価』		文部省科学研究費補助金研究成果報告書
大宮市立博物館			1987	『社会とくらしの絵本15博物館ってたのしいな』		岩崎書店
大宮 知信			2002.12	『お騒がせ贋作事件簿』		草思社
大宮 秀次			1929	「博覽會の施設効果に就いての考察」	『現代商業美術全集 11出品陳列装飾集』	(株)アルス

お

著者1	著者2	著者3	発行年	論文名・書籍名	掲載誌	発行元
大宮 守人			2005.3	「奈良県立民俗博物館のデータベースの構築について」	『奈良県立民俗博物館紀要』第21号	奈良県立民俗博物館
大宮 守人			2007.3	「収蔵民俗資料(民具)のコレクション化事業」	『博物館研究』第42巻第3号	日本博物館協会
大村 智			2014.5	「アートと世界(第5話)海外の美術館巡り(前編)」	『美術の窓』第33巻5号	生活の友社
大村 智			2014.6	「アートと世界(第6話)海外の美術館巡り(後編)」	『美術の窓』第33巻6号	生活の友社
大村 智			2014.8	「アートと世界(第8話)山梨県立美術館の誕生秘話」	『美術の窓』第33巻8号	生活の友社
大村 智			2015.1	「アートと世界(第13話)韮崎大村美術館誕生(前編)」	『美術の窓』第34巻1号	生活の友社
大村 智			2015.2	「アートと世界(第14話)韮崎大村美術館誕生(後編)」	『美術の窓』第34巻2号	生活の友社
大村 敬通	神戸大学大学院人文学研究科地域連携センター 編		2013.7	「地域博物館の地域における活動について」	『「地域歴史遺産」の可能性』	岩田書院
大村 民蔵			1925	「社會事業として結核患者を収容する植物園を設立する件」	『福は内鬼は外:病床の相談相手』―	大村呼吸器病相談所
大村 尚	井上 隆夫	渡貫 健	2001.3	「展示・講座・イベントの関連を強化した事業展開-平成12年度夏休み科学体験フェスティバル-」	『千葉県立現代産業科学館研究報告』第7号	千葉県立現代産業科学館
大村 幸弘			2008.9	「アナトリア考古学研究所からの報告(2)カマン考古学博物館建設開始」	『Anatolianews』第122号	日本・トルコ協会
大村 幸弘			2014.3	「アナトリア考古学研究所からの報告(17)博物館学フィールドコース」	『Anatolianews』第137号	日本・トルコ協会
大村 嘉人	堤 千絵	山本 薫 他	2013.11	「五感で楽しめるユニバーサル植物園を目指して」	『日本植物園協会誌』第48号	日本植物園協会
大本 敬久	徳永 佳世*	村田 昌也 他	2016.2	「4結ぶ・広げる」	『もっと博物館が好きっ!みんなと歩く学芸員』	教育出版センター
大森 啓助			1943	「ミウゼオグラフィー(一)-博物館學-」	『新美術』四月號第廿一號	美術出版社
大森 啓助			1943	「ミウゼオグラフィー(二)-博物館學-」	『新美術』五月號第廿二號	美術出版社
大森 啓助			1943	「ミウゼオグラフィー(三)-博物館學-」	『新美術』六月號第廿三號	美術出版社
大森 千藏			1894.6	「あくちにや保存法に就き」	『動物學雜誌』第6巻第68號	東京動物學會
大森 威宏	野村 正弘*		2002.12	「群馬県立自然史博物館企画展「火の山ーマグマのダイナミックな活動ー」」	『博物館学雑誌』第28巻第1号	全日本博物館学会
大森 威和			2013	「網野善彦から見る山梨県博物館論」	『國學院大學博物館學紀要』第38輯	國學院大學博物館学研究室
大森 威和			2015.3	「近代の山梨県における文化財・史蹟名勝保護運動の背景」	『國學院大學博物館學紀要』第39輯	國學院大學博物館学研究室
大森 威和			2017.12	「博物館広報論史」	『博物館学史研究事典』	雄山閣
大森 誠	持田 大*	大野 祥子 他	2009.3	「北海道大学植物園自然林区画における長期モニタリングの取り組みについて」	『日本植物園協会誌』第43号	日本植物園協会
大森 昌衛			1967.9	『よみがえる化石』		講談社
大森 雄治			2012.3	「津波によって被災した陸前高田市立博物館の植物標本を修復して」	『神奈川県博物館協会会報』第83巻	神奈川県博物館協会
大森 康宏 編			2000.7	『進化する映像』		千里文化財団
大森 伸一			1998.3	「ミュージアムパーク茨城県自然博物館の利用者の意識と動向-来館者アンケートの結果から-」	『茨城県自然博物館研究報告』第1号	ミュージアムパーク茨城県自然博物館
大矢 京右	吉川 和希*	木村 健一 他	2016.3	「バイダルカ・プロジェクションマッピング:文化財へ直接映像投影をした展示の実践」	『映像情報メディア学会技術報告』第40巻第11号	映像情報メディア学会
大矢 京右	吉川 和希*	木村 健一 他	2017	「バイダルカ・プロジェクションマッピング:文化財への直接映像投影による展示効果の向上」	『画像電子学会誌』第46巻1号	画像電子学会
大山 晃司			2010.5	「ヨルダンにおける地域博物館設立に向けた取り組みと課題--サルト歴史博物館とカラク考古博物館を事例に」	『専修大学人文科学研究所月報』第245号	専修大学人文科学研究所
大山崎町商工会			2007.3	「豊かな地域をつくる(38)天下分け目の天王山ー山崎合戦の地京都・大山崎歴史と文化・自然のまるごとミュージアム」	『パワフルかんさい』第450号	経済産業調査会近畿本部

— 120 —

著者1	著者2	著者3	発行年	論文名・書籍名	掲載誌	発行元
大山 松次郎	林田 榮藏		1927	「明治神宮外苑繪畫館の照明」	『照明学会雑誌』第11巻2号	日本照明学会
大山 光晴	松丸 敏和*	難波 幸男	2001.3	「資料解説の一手法としての体験活動の試み-平成13年度特別展「スペース21-宇宙への招待-」」	『千葉県立現代産業科学館研究報告』第7号	千葉県立現代産業科学館
大山 光晴	亀井 修*	佐々木 秀彦	2002.3	「博物館展示評価-展示場でのケーススタディにフォーカスして-」	『千葉県立現代産業科学館研究報告』第8号	千葉県立現代産業科学館
大山 光晴	鵜澤 和良	川端 保夫 他	2003.3	「平成14年度特別展「ROBOT-人とロボットの未来」の開催と評価について-」	『千葉県立現代産業科学館研究報告』第9号	千葉県立現代産業科学館
大山 由美子			2012	「プレゼンテーション エコミュージアムと生活環境の創造」	『デザインの知』第6号	角川学芸出版
大屋 霊城			1930	「植物園」	『計畫・設計・施工公園及運動場』	裳華房
大屋 霊城			1930	「萬葉植物園の設計に就いて」	『造園藝術』第1年第3輯	造園藝術社
オールコック・ラザフォード	山口 光朔 訳		1962	『大君の都:幕末日本滞在記』上		岩波書店
オールコック・ラザフォード	山口 光朔 訳		1962	『大君の都:幕末日本滞在記』中		岩波書店
オールコック・ラザフォード	山口 光朔 訳		1962	『大君の都:幕末日本滞在記』下		岩波書店
オールティック・リチャード・ダニエル	小池 滋 監訳	浜名 恵美 他訳	1989.12	『ロンドンの見世物Ⅰ』		国書刊行会
オールティック・リチャード・ダニエル	小池 滋 監訳	浜名 恵美 他訳	1990.2	『ロンドンの見世物Ⅱ』		国書刊行会
オールティック・リチャード・ダニエル	小池 滋 監訳	浜名 恵美 他訳	1990.6	『ロンドンの見世物Ⅲ』		国書刊行会
大脇 哲平	大原 一興	藤岡 泰寛	2009.7	「神奈川区における市民活動からみるエコミュージアム構想の可能性に関する考察：地域のエコミュージアム化に関する研究 その10」	『学術講演梗概集』2009巻	日本建築学会
大和田 範子			2013.3	「ボストン美術館にみる岡倉覚三(天心)残像:2011年春の「茶道具展」展示をもとに」	『年報人間科学』第34号	大阪大学大学院人間科学研究科
大和田 守			1991.4	「ヨーロッパの博物館を訪ねて」	『国立科学博物館ニュース』第264号	国立科学博物館
大渡 忠太郎			1934	「我が博物館の再検討」	『博物館研究』第7巻第4號	日本博物館協會
大渡 忠太郎			1934	「我が博物館の再検討(2)」	『博物館研究』第7巻第6號	日本博物館協會
大渡 忠太郎			1936	「日本の姿をみる博物館」	『博物館研究』第9巻第1號	日本博物館協會
大渡 忠太郎			1937	「事変と博物館」	『博物館研究』第10巻第10號	日本博物館協會
大湾 ゆかり			2015.3	「民俗資料の保存処置について-資料を保護するための簡易整理と保管方法の改善-」	『沖縄県立博物館・美術館博物館紀要』第8号	沖縄県立博物館・美術館
岡 岩太郎			1992.4	「第3章伝製品の保存と修復 第3節絵画」	『文化財のための保存科学入門』	株式会社飛鳥企画
岡 幸二郎			1982.5	「博物館の課題」	『阡陵関西大学博物館学課程創設二十周年記念特集』	関西大学博物館学課程
岡 将太郎	濱島 裕輝*	菅原 龍	2010.12	「小学校・科学館における立教理科工房の活動」	『科学技術コミュニケーション』第8巻	北海道大学科学技術コミュニケーター養成ユニット
岡 強			1937	「自然公園と其施設」	『造園學雜誌』第4巻第3號	日本造園學會
岡 秀夫			2005	『博物館の誕生—町田久成と東京帝室博物館』		岩波書店
岡 秀行	小西 四郎*		1983.11	『百年前の日本:セイラム・ピーボディ博物館蔵モース・コレクション・写真編』		小学館
岡 秀行	小西 四郎*		1988.5	『百年前の日本:セイラム・ピーボディ博物館蔵モース・コレクション・日本民具編』		小学館
岡 有作	佐々木 彰央*		2010.3	「硬骨魚類の骨格標本作製法」	『東海大学博物館研究報告』第10号	東海大学社会教育センター
岡 義明			1996	「大川美術館が考える美術館志向」	『博物館研究』第31巻第10号	日本博物館協会
岡 佳子	石毛 弓編	柏木 隆雄編	2014.3	「欧米の美術館・博物館が所蔵する京焼について」	『日仏文学・美術の交流:「トロンコワ・コレクション」とその周辺』	思文閣出版

お

著者1	著者2	著者3	発行年	論文名・書籍名	掲載誌	発行元
岡河 貢	岡本 彩奈*		2010.3	「現代の美術館における空間構成に関する研究」	『日本建築学会中国支部研究報告集』第33巻	日本建築学会中国支部
岡倉 古志郎			1999.9	『祖父岡倉天心』		中央公論美術出版
岡倉 天心			1888	「博物館に就て」	『日出新聞』	
岡坂 桜子			2011	「クロード・モネの《睡蓮大装飾画》:その展示形態の特異性に関する一考察」	『Aspects of problems in Western art history』第9巻	東京芸術大学
岡崎 克則	大原 昌宏*	高橋 興世 他	2008.7	「学芸員座談会博物館のこれから」	『モーリー』第18号	北海道新聞社
岡崎 乾二郎 談			1996	「美術、美術館、キュレーション」	『季刊インターコミュニケーション』第5巻1号	NTT出版
岡崎 乾二郎	平芳 幸浩*	谷村 博美 他	2005	「シンポジウム デュシャンと現代美術の保存・修復をめぐって オリジナル/レディ・メイド/レプリカ--デュシャン以後、「作品」はどう変貌したか」	『季刊インターコミュニケーション』第14巻2号	NTT出版
岡崎 乾二郎			2008.6	「美術館における現在メモ」	『述Statement』第2号	近畿大学国際人文科学研究所
岡崎 智鶴子	三田 直樹		2000.12	「植物標本作製の新手法の開発－1・2分間で、生きた時の色や香りを長期に保持した乾燥物を作る新技術－」	『博物館学雑誌』第26巻第1号	全日本博物館学会
岡崎 浩子	松島 義章		2007.12	「フィールドの活用と保全における博物館の役割」	『地質ニュース』第640号	実業公報社
岡崎 浩子	高橋 直樹*	伊左治 鎮司 他	2009.1	「千葉県立中央博物館における「地質の日」関連行事の実施状況」	『地質ニュース』第653号	実業公報社
岡崎 裕也			2014.3	「学校教育との更なる連携をめざして」	『宮崎県立西都原考古博物館研究紀要』第10号	宮崎県立西都原考古博物館
岡崎 裕也			2015.3	「考古博物館における実験考古学講座の実践:体験講座「管玉をつくろう」」	『宮崎県立西都原考古博物館研究紀要』第11号	宮崎県立西都原考古博物館
小笠原 嵩			1997.2	「野外博物館—世界自然遺産白神山地」	『国立科学博物館ニュース』第334号	国立科学博物館
小笠原 岳	倉渕 隆*	細野 和則 他	2012.11	「国立西洋美術館本館における歴史的価値の保存・回復に着目した調査研究(第1報)本館内の環境実態調査」	『空気調和・衛生工学会論文集』第188号	空気調和・衛生工学会
小笠原 岳	倉渕 隆	細野 和則	2016.5	「国立西洋美術館本館における歴史的価値の保存・回復に着目した調査研究(第2報)仕切り壁の撤去によるエントランスホールの環境予測」	『空気調和・衛生工学会論文集』第230号	空気調和・衛生工学会
小笠原 長丕			1940	「植物園」	『蘭印事情』	羽田書店
小笠原 喜康			2001.7	「Hand's on考(1):デューイにおける「経験」の問題」	『子ども博物館楽校』第1号	チルドレンズ・ミュージアム研究会
小笠原 喜康			2004.4	「Hand's on考(2)知識はどこにあるのか--「反表象主義」の知識観と博物館展示」	『子ども博物館楽校』第2号	チルドレンズ・ミュージアム研究会
小笠原 喜康 編著	チルドレンズ・ミュージアム研究会		2006.2	『博物館の学びをつくりだす その実践へのアドバイス』		ぎょうせい
小笠原 喜康			2007.3	「Hand's on考(3)博物館展示理論における構成主義の誤謬」	『子ども博物館楽校』第3号	チルドレンズ・ミュージアム研究会
小笠原 喜康			2007.3	「モノ的展示の観察からコトの展示への参加へ−廣松渉の「モノ・コト論」とレイブ等の「状況化された学習論」を手がかりとして」	『子ども博物館楽校』第3号	チルドレンズ・ミュージアム研究会
小笠原 喜康			2009.3	「博物館教育とキットの役割とその構成原理」	『グローバル教育・多文化共生教育のためのスーツケース 総合学習教材の開発と実践』	文部科学省科学研究費補助金研究成果報告書
小笠原 喜康	日本大学		2008.5	『科学博物館における博学連携教材の開発と授業実践』		文部科学省科学研究費補助金研究成果報告書
小笠原 喜康			2008.9	「私の教育実践:博物館の教育キット作りと中学生卒論への取組」	『国民教育文化総合研究所学力研究委員会報告書』	国民教育文化総合研究所
小笠原 喜康			2009.3	『美術館における教材キットの開発研究』		日本大学文理学部
小笠原 喜康			2009.3	「博物館教育におけるキットの役割とその構成原理」	『子ども博物館楽校』第4号	チルドレンズ・ミュージアム研究会
小笠原 喜康			2009.3	「Hand's on考(4)「モノ」展示再考－「モノ」は語り得るか」	『子ども博物館楽校』第4号	チルドレンズ・ミュージアム研究会
小笠原 喜康			2009.8	「博学連携の課題－相互メリット再考－」	『学校と博物館でつくる国際理解教育－新しい学びをデザインする－』	明石書店
小笠原 喜康			2010.1	「Hand's on考(5)子ども博物館の成立史の意味--社会とつながる文化的実践への参加としての学びのために」	『子ども博物館楽校』第5号	チルドレンズ・ミュージアム研究会
小笠原 喜康			2010.1	「マンハッタンChildren's Museumのコンセプトとその揺らぎの意味」	『子ども博物館楽校』第5号	チルドレンズ・ミュージアム研究会

お

著者1	著者2	著者3	発行年	論文名・書籍名	掲載誌	発行元
小笠原 喜康			2010.3	「日本における子ども博物館のこれから」	『JMMA日本ミュージアム・マネージメント学会会報』第14巻第4号	日本ミュージアム・マネージメント学会
小笠原 喜康			2010.9	「非概念的「体験の海」としての博物館の意味－歴史学習の知識論的読み解きによって－」	『社会科教育研究』第110号	日本社会科教育学会
小笠原 喜康	並木 美砂子	矢島 國雄	2012.3	『博物館教育論:新しい博物館教育を描きだす』		ぎょうせい
小笠原 喜康			2012.3	「1章1-2-2博物館と学校教育」	『博物館教育論―新しい博物館教育を描きだす』	ぎょうせい
小笠原 喜康			2012.3	「2章博物館教育の基礎理論」	『博物館教育論―新しい博物館教育を描きだす』	ぎょうせい
小笠原 喜康			2012.3	「演習1博物館教育実地調査」	『博物館教育論―新しい博物館教育を描きだす』	ぎょうせい
小笠原 喜康			2013.2	「人と人をつなぐメディアとしての博物館:情報とメディアの基礎理論」	『博物館情報・メディア論』	ぎょうせい
小笠原 喜康			2013.2	「第4章人と人をつなぐメディアとしての博物館:情報とメディア」	『博物館情報・メディア論』	ぎょうせい
小笠原 喜康			2014.1	「Hand's on考(6)知識の内・外論から関係論へ：G. Heinの構成主義知識論を超えて」	『子ども博物館楽校』第6号	チルドレンズ・ミュージアム研究会
小笠原 喜康			2014.12	「C.S.パースのカテゴリー論からの展示論:せまる・ゆさぶる・意味づける」	『博物館学雑誌』第40巻第1号	全日本博物館学会
小笠原 喜康			2015	『ハンズ・オン考 博物館教育認識論』		東京堂出版
小笠原 喜康			2016.6	「ミュージアム教育事情①」	『月刊ミュゼ』114号	(株)アム・プロモーション
小笠原 喜康			2017.1	「Hand's on考(7)科学・教育思想からの科学博物館」	『子ども博物館楽校』第7号	チルドレンズ・ミュージアム研究会
小笠原 喜康			2017.1	「ビュフォン『博物誌』とJ.J.ルソー:啓蒙思想の一断面」	『子ども博物館楽校』第7号	チルドレンズ・ミュージアム研究会
小笠原 好彦			1994	「遺跡保存とまちづくり」	『明日への文化財』第35号	文化財保存全国協議会
小笠原 好彦	金田 信子 他		2001	「21世紀へ!史跡保存と活用」	『明日への文化財』第46号	文化財保存全国協議会
小笠原 好彦			2002	「史跡整備のことごと」	『考古学研究』第49巻第3号	考古学研究会
小笠原 好彦	勅使河原 彰		2017.6	「文化財保存の現状と課題」	『文化財保存70年の歴史:明日への文化遺産』	新泉社
岡島 尚志			2010	「文化財としての映画フィルム:デジタル時代におけるアーカイブ・コレクションの保存と利活用」	『学術の動向』第15巻第7号	日本学術協力財団
岡田 章雄	土田 直鎮*	石田 尚豊 他	1974.6	「歴博の展示法について」	『歴史と博物館』第3号	歴博研究会
岡田 温司			1994	「アンチ美術館の論理と倫理」	『もうひとつのルネサンス』	人文書院
岡田 篤	平田 大二*	澤野 誠	2010.3	「博物館の活用で理科授業を改革する:神奈川県立生命の星・地球博物館での取組を通して」	『理科の教育』第59巻第3号	日本理科教育学会
緒方 泉			2002	「生涯学習社会のユニバーシティ・ミュージアム:九州産業大学美術館の実験」	『文明のクロスロード MuseumKyushu』第19巻2号	博物館等建設推進九州会議
緒方 泉			2003.3	「高齢者と子どもたちをつなぐ博物館の実践～福岡県太宰府市文化ふれあい館の事例を通して～」	『日本ミュージアム・マネージメント学会研究紀要』第7号	日本ミュージアム・マネージメント学会
緒方 泉			2010.8	「人々の学習活動を支える博物館の役割」	『社会教育』第65巻8号	全日本社会教育連合会
緒方 泉			2014.7	「九州産業大学美術館は教育の場である」	『博物館研究』第49巻第7号	日本博物館協会
緒方 泉			2015.3	「新学芸員養成課程に対応するユニバーシティ・ミュージアムの実態調査研究(1)」	『日本ミュージアム・マネージメント学会研究紀要』第19号	日本ミュージアム・マネージメント学会
緒方 泉			2015.4	「学芸員の学習ニーズに応えた研修プログラムの開発と効果評価」	『博物館学雑誌』第40巻第2号	全日本博物館学会
緒方 泉			2016.3	「我が国の博物館実習の実態に関する一研究－全国大学博物館学講座協議会東・西日本部会に対する実態調査を基に－」	『全博協研究紀要』第18号	全国大学博物館学講座協議会
緒方 泉			2016.4	「博物館実習における「学内実習」と「館務実習」の連動性に向けた一方策」	『博物館学雑誌』第41巻第2号	全日本博物館学会
緒方 泉			2017.3	「館種を超えた博物館連携教育プログラムによる参加者の行動変容に関する研究」	『日本ミュージアム・マネージメント学会研究紀要』第21号	日本ミュージアム・マネージメント学会

お

著者1	著者2	著者3	発行年	論文名・書籍名	掲載誌	発行元
緒方 泉			2017.4	「道の駅にある博物館に関する基礎的研究」	『博物館学雑誌』第42巻第2号	全日本博物館学会
岡田 一彦			1982.3	「北海道の博物館－函館博物館を中心に－」	『國學院大學博物館學紀要』第6輯	國學院大學博物館学研究室
岡田 要	鶴田 総一郎		1961.3	『地域社会発展のための文化センターとしての博物館の役割に関する博物館学的研究』		発行元不詳
岡田 恭子			2011.5	「企業文化の伝統・還流・発信にむけて--18年目を迎えた資生堂企業資料館の活動と課題」	『企業と史料』第7号	企業史料協議会
岡田 京子	一條 彰子*	大髙 幸 他	2015	「オーストラリアの美術館における鑑賞教育:所蔵作品を活かしたスクールプログラムの調査結果に基づく一考察」	『日本美術教育研究論集』第48号	日本美術教育連合
岡田 健			2011.9	「文化財レスキュー事業について―象徴的に始められた石巻文化センターでのレスキュー活動」	『博物館研究』第46巻第9号	日本博物館協会
岡田 健	山梨 絵美子	森井 順之 他	2015.7	「WEBこれからの文化財防災:災害への備え」	『ネットワーク資料保存』第111号	日本図書館協会・資料保存委員会
岡田 健			2016	「文化財災害対策における地域体制整備に向けた重要な課題:技術連携と緊急連絡システム」	『保存科学』第56号	国立文化財機構東京文化財研究所
岡田 憲三			1994.2	「ミュージアム・トークを開始して―ボランティアによる奈良県立橿原考古学研究所付属博物館常設展示案内」	『博物館研究』第29巻第2号	日本博物館協会
岡田 晃司			1995.3	「館山市立博物館の普及活動」	『Museumちば:千葉県博物館協会研究紀要』26号	千葉県博物館協会
岡田 晃司			1998.3	「学芸員の研究って何だ」	『Museumちば:千葉県博物館協会研究紀要』29号	千葉県博物館協会
岡田 三郎助			1912	「陳列法を変える必要」	『都新聞』第8864號	都新聞社
岡田 茂弘			1968.12	「西都原古墳群の環境整備」	『月刊文化財』第63号	第一法規
岡田 茂弘			1974.6	「宮城県立歴史資料館建設の構想-多賀城跡に今秋開館を目指す-」	『歴史と博物館』第3号	歴博研究会
岡田 茂弘			1984	「レプリカと博物館」	『暦博』第6号	国立歴史民俗博物館
岡田 茂弘			1996	「博物館相互の連携協力について」	『博物館指導者研究協議会報告書平成8年度』	日本博物館協会
岡田 茂弘			1997	「ユニバーシティー・ミュージアムの役割と将来構想」	『博物館研究』第32巻第5号	日本博物館協会
岡田 茂弘			1999.3	「博物館と広報」	『Museumちば:千葉県博物館協会研究紀要』30号	千葉県博物館協会
岡田 楢蔵			1865	『航西小記』		
岡田 楢蔵			1930	「航西日記」	『遣外使節日記纂輯三』	日本史籍協會
岡田 純一			1993.1	「博物館の展示における利用者側・運営側双方の望ましい在り方に関して」	『青山学院大学文学部紀要』34号	青山学院大学
岡田 純一			2014.3	「博物館に対しての評価に関する一考察」	『教育研究:青山学院大学教育学会紀要』第58号	青山学院大学教育学会
岡田 新一			1999.2	『OSDESIGNSERIES3 美術館芸術と空間の至福な関係』		彰国社
岡田 信一郎	大熊 喜邦	松井 清足 他	1914.9	「東京大正博覽會(五)」	『建築雑誌』第28輯第333號	日本建築學會
岡田 泰祥			1930	「バイデンゾルグ植物園」	『絵筆を載せて』	内外出版印刷
岡田 泰祥			1930	「ブリチツシュ、ミュジアム」	『絵筆を載せて』	内外出版印刷
岡田 泰祥			1930	「マニラ水族館」	『絵筆を載せて』	内外出版印刷
緒形 多江子			2013.12	「木の建築探訪細部へのこだわりと技遠山記念館」	『NPO木の建築』第37号	木の建築フォーラム
岡田 毅			1991.3	「展覧会図録の収集と公開」	『現代の眼:東京国立近代美術館ニュース』436号	東京国立近代美術館
岡田 猛	縣 拓充		2009	「創造的表現を促進するための美術館展示の開発とその効果の検討」	『マツダ財団研究報告書青少年健全育成関係』第21号	マツダ財団
岡田 猛	縣 拓充*		2009.3	「美術創作へのイメージや態度を変える展示方法の提案とその効果の検討」	『美術教育学』第30号	美術科教育学会

著者1	著者2	著者3	発行年	論文名・書籍名	掲載誌	発行元
岡田 猛	縣 拓充*		2010.3	「「創作の過程や方法を知る」美術展示及びワークショップの効果」	『美術教育学』第31号	美術科教育学会
岡田 猛	杉本 覚*		2013.3	「美術館におけるワークショップスタッフ初心者の認識の変化:東京都現代美術館ワークショップ"ボディー・アクション"への参加を通して」	『美術教育学』第34号	美術科教育学会
岡田 猛			2016.5	「触発するコミュニケーションとミュージアム」	『触発するミュージアム:文化的公共空間の新たな可能性を求めて』	あいり出版
岡田 猛	新藤 浩伸	堀口 裕美	2016.5	「アメリカのミュージアム・エデュケーションの現状」	『触発するミュージアム:文化的公共空間の新たな可能性を求めて』	あいり出版
岡田 猛	縣 拓充		2016.5	「アーティストの作品創作プロセスを見せる美術展とその効果」	『触発するミュージアム:文化的公共空間の新たな可能性を求めて』	あいり出版
岡田 猛	中野 優子		2016.5	「駒場博物館ダンスワークショップ「博物館で踊ろう!からだで鑑賞?」の実践とその効果」	『触発するミュージアム:文化的公共空間の新たな可能性を求めて』	あいり出版
岡田 猛	川嶋 稔夫	杉本 覚	2016.5	「函館市立博物館におけるワークショップ実践研究」	『触発するミュージアム:文化的公共空間の新たな可能性を求めて』	あいり出版
岡田 猛	宮田 舞	山内 保典	2016.5	「現代美術で哲学対話」	『触発するミュージアム:文化的公共空間の新たな可能性を求めて』	あいり出版
尾形 健	熊谷 秋雄	川島 秀一 他	2011.11	「地域の蔵がなくなる被災地の文化財の現在:尾形家再建プロジェクト、雄勝町まちづくりをとおして」	『建築雑誌』第126輯第1624号	日本建築学会
岡田 唯吉			1931	「鎌田共濟會博物館の施設大要」	『博物館研究』第4巻第1號	博物館事業促進會
岡田 長左衛門			1891.1	『大日本帝國保存會創立主意』		岡田長左衛門
岡田 努			2017.2	「科学系博物館における学習システム「PCALi」の成果と課題について」	『福島大学地域創造』第28巻2号	福島大学地域創造支援センター
岡田 知弘	神戸大学大学院人文学研究科地域連携センター 編		2013.7	「市町村合併の現状と課題」	『「地域歴史遺産」の可能性』	岩田書院
岡谷 典子	小坂 広志*	吉沢 弘美	1989.3	「共通テーマに基づく民俗展示を終えて-水と共同体〈村の水〉-」	『川崎市市民ミュージアム紀要』第1集	川崎市市民ミュージアム
岡田 英男	伊藤 延男*	濱島 正士	1999	『新建築学大系50歴史的建造物の保存』		彰国社
岡田 弘			2008.7	「有珠山ゆかりの自然丸ごと博物館-環境省洞爺湖ビジターセンター・洞爺湖町火山科学館・三松正夫(昭和新山)記念館・そうべつ情報館(アイ)、伊達市消防防災センターなどの自然を学ぶコアセンター」	『モーリー』第18号	北海道新聞社
岡田 弘			2009	「コミュニケーション型デジタルミュージアムの構築法の提案--桜川市真壁地区をモデルとした実践報告」	『北海道立地質研究所報告』第80号	北海道立地質研究所
岡田 文男			1992.4	「第2章文化財の素材と技法 第7節漆」	『文化財のための保存科学入門』	株式会社飛鳥企画
岡田 文男			1992.4	「第4章埋蔵文化財の保存 第3節木材」	『文化財のための保存科学入門』	株式会社飛鳥企画
岡田 文男			1992.4	「第4章埋蔵文化財の保存 第4節その他の遺物と遺構」	『文化財のための保存科学入門』	株式会社飛鳥企画
岡田 真衣	山崎 晶子*		2009.3	「〈コラム〉解説者はどのように観客を解説に引きつけるのか？」	『芸術の生まれる場(未来を拓く人文・社会科学シリーズ16)』	東信堂
岡田 光正			1993.11	『建築人間工学空間デザインの原理』		理工学社
岡田 彌一郎			1935	「紐育博物館の教育事業」	『植物及動物』第3巻1號	養賢堂
岡田 彌一郎			1935	「博物館と教育」	『日本學術協會報告』第10巻第1號	日本學術協會
岡田 彌一郎			1936	「自然博物館の目的と使命」	『博物館研究』第9巻第1號	日本博物館協會
岡田 彌一郎			1937	「動物園の施設に對する希望」	『博物館研究』第10巻第10號	日本博物館協會
岡田 彌一郎			1939	「中支に於ける博物館の現在及將來」	『博物館研究』第12巻第1號	日本博物館協會
岡田 彌一郎			1941	「なぜ博物館を國民教育に一層活用させぬか」	『博物館研究』第14巻第7號	日本博物館協會
岡田 康博			1998.5	「三内丸山遺跡の保存と整備」	『資源環境対策』第34巻7号(『緑の読本』シリーズ46)	公害対策技術同友会
岡田 康博			1999.5	「三内丸山遺跡-利用・活用の実際と到達点」	『資源環境対策』第35巻7号(『緑の読本』シリーズ50)	公害対策技術同友会
岡田 芳幸			2015.3	「皇學館大学佐川記念神道博物館小史」	『皇學館大学研究開発推進センター紀要』第1号	皇學館大学研究開発推進センター

お

著者1	著者2	著者3	発行年	論文名・書籍名	掲載誌	発行元
岡田 麗			1992.3	「平成3年度欧州博物館事情視察報告③プラド美術館の修復室・研究室の現状」	『博物館研究』第27巻第3号	日本博物館協会
岡塚 章子			1996.12	「東京都写真美術館における写真資料の保存と展示の現状」	『Mouseion:立教大学博物館研究』第42号	立教大学学校・社会教育講座
岡庭 一雄			2010.8	「全村博物館構想と地域再生:長野県阿智村」	『Link:神戸大学大学院人文学研究科地域連携センター年報』第2号	神戸大学大学院人文学研究科地域連携センター
岡庭 義行	山崎 幸治*	Davis.Lesia	2010.3	「博物館と観光」	『第24回北方民族文化シンポジウム報告書 現代社会と先住民文化-観光、芸術から考える(1)』	北方文化振興協会
岡庭 義行			2012.3	「博物館法改正と学芸員養成」	『帯広大谷短期大学紀要』第49号	帯広大谷短期大学
岡根 裕之			1997.3	「アンケートからみる香川県自然科学館への期待」	『香川県自然科学館研究報告』第19巻	香川県自然科学館
岡野 健			2014.4	「木材・合板博物館誌上ツアー(1)木を知る:世界に誇る日本の豊かな天然林」	『財界にっぽん』46号	財界にっぽん
岡野 健			2014.5	「木材・合板博物館誌上ツアー(2)気候変動ストップのカギは炭素循環の輪」	『財界にっぽん』46号	財界にっぽん
岡野 健			2014.6	「木材・合板博物館誌上ツアー(最終回)浅野式からアリストレースまで:合板100年の歴史」	『財界にっぽん』46号	財界にっぽん
岡野 徳右衛門			1931	「郷土教育・郷土・郷土調査」	『郷土科學』第十二號	郷土教育聯盟
岡野 英伸			2004.6	『「観光学」論考:都市型観光関連施設の需要構造について』		アートデイズ
岡野 裕行			2007.3	「文学館の「出版者的機能」に関する考察-日本近代文学館の復刻を中心に」	『情報メディア研究』第5巻第1号	情報メディア学会事務局
岡野 裕行			2008.12	「文学館研究の転換期-全国文学館協議会の発足と文献数・文献内容の変化」	『日本図書館情報学会誌』第54巻第4号	日本図書館情報学会
岡野 裕行			2009.3	「文学館の検索システムの現状と課題」	『情報メディア研究』第7巻第1号	情報メディア学会事務局
岡野 裕行			2010	「ガイドブックを用いた<文学館>概念の変遷に関する予備考察-<文庫>の時代から<文学館>の時代へ-」	『情報メディア研究』第9巻第1号	情報メディア学会
岡野 裕行			2011	「内なるMLA連携-日本近代文学館」	『デジタル文化資源の活用-地域の記憶とアーカイブ』	勉誠出版
岡野 裕行			2011.6	「図書館と文学館の連携」	『情報の科学と技術』第61巻第6号	情報科学技術協会
岡野 麻衣子			2009	「学校と研究者をつなぐ科学館の取り組み-科学技術を文化として捉える視点-日本科学未来館」	『BERD』第15号	ベネッセコーポレーションBenesse教育研究開発センター
岡野 真			1974.9	「あるキャンパス--コーネル大学パーク・ミュージアム計画」	『建築』第168号	中外出版
岡野 真 編	エンゲル・クロード*		1979.12	「ミュージアムと照明効果-クロード・エンゲル氏の講演記録」	『博物館研究』第14巻第12号	日本博物館協会
岡野 真			1983.7	「佐世保市博物館島瀬美術センターの建築」	『博物館研究』第18巻第7号	日本博物館協会
岡野 真	安達 健二*		1984	「美術館の設計と計画のあり方」	『建築資料』第398号	建築綜合資料社
岡野 眞			2002	「美術館・博物館のファシリティマネジメント--施設運営費のベンチマーキング試論」	『JFMAcurrent』第04号	日本ファシリティマネジメント推進協会
岡野 眞			2003.1	「拡張型博物館とFMの役割--米国カリフォルニア州のCOPIA」	『JFMAcurrent』第76号	日本ファシリティマネジメント推進協会
岡野 雅則			2011	「史跡公園は今・保存と活用への新たな動き 魅力あふれるフィールドミュージアムを目指して--鳥取県妻木晩田遺跡」	『考古学研究』第57巻第4号	考古学研究会
岡野 素子			2002	「近代美術とミュゼオロジー:博物館と教育の理論」	『芸術学の視座:眞保亨先生古稀記念論文集』	勉誠出版
岡野 慶隆			2009.2	「川西市文化財資料館」	『歴史と神戸』第48巻第1号	神戸史学会
岡橋 明子			2014.2	「"カビ・ムシ・ヒト"から資料を守る:IPM(総合的有害生物管理)を図書館に」	『図書館雑誌』第108巻第2号	日本図書館協会
岡橋 秀典			2010.10	「大学と博物館--広島大学総合博物館の事例から」	『地理』第55巻第10号	古今書院
岡部 あおみ			1993.8	『アート・シード-ポンピドゥ・センター美術映像ネットワーク』		リブロポート
岡部 あおみ			1994.3	「フランス(キュレイターの仕事--展覧会戦国時代を面白くする美の仕掛け人たち<特集>)」	『美術手帖』685号	美術出版社

著者1	著者2	著者3	発行年	論文名・書籍名	掲載誌	発行元
岡部 あおみ	日本美術工芸社 編		1997.1	「トランジションー22-アートとデザインの横断 ミュージアム・ショップの楽しみ」	『日本美術工芸』第700号	日本美術工芸社
岡部 あおみ			1997.11	『ポンピドゥー・センター物語』		紀伊国屋書店
岡部 あおみ			2000	「フランスにおける現代美術展の観衆と嗜好の形成について--リニューアル・オープンしたポンピドゥー・センター」	『武蔵野美術大学研究紀要』第31号	武蔵野美術大学
岡部 あおみ			2001.2	「パブリックとミュージアム--ミュージアムの行方」	『境界を越えて:比較文明学の現在』第1号	立教大学比較文明学研究室
岡部 あおみ	青木 正弘	杉浦 幸子 他	2002	『ミュゼオロジー入門』		武蔵野美術大学出版局
岡部 あおみ 監			2003.4	『ミュゼオロジー―実践篇／ミュージアムの世界へ』		武蔵野美術大学出版局
岡部 あおみ			2004.5	「ミュゼオローグ岡部あおみ 公立美術館にインターンがふえるといい。学生・美術館・大学すべてにメリットが大きいので」	『美術手帖』849号	美術出版社
岡部 兼芳			2014.9	「列島縦断ネットワーキング福島「はじまりの美術館」がはじまりました」	『ノーマライゼーション:障害者の福祉』34号	日本障害者リハビリテーション協会
岡辺 重雄			2016	「重要伝統的建造物群保存地区内の隣地越境屋根建築を保全する際の建築法令における対応策の研究」	『日本建築学会計画系論文集』第81巻719号	日本建築学会
岡部 為吉			1914	「教育参考室に就きて」	『學校教育』第1號	學校教育刊行會
岡部 敏明	坪山 幸王	佐藤 信治	2003.7	「裏方諸室における飼育員の移動距離と移動回数について：水族館に関する建築計画的研究 その10」	『学術講演梗概集』2003巻	日本建築学会
岡部 友子			2007.10	「「また来たい」と思われる美術館になるために−東京都写真美術館の近年の取り組みとコレクション展示の活性化」	『博物館研究』第42巻第10号	日本博物館協会
岡部 友美	柳澤 要		2008.7	「日本とアメリカにおける博学連携の実態に関する研究」	『学術講演梗概集』2008巻	日本建築学会
岡部 幹彦			2015.3	「自然史の中の人間と鉄道の社会史—二つの博物館の事例から展示を考える—」	『日本女子大学博物館学芸員課程年報』No.13	日本女子大学
岡村 勝行			2002	「遺跡の模造と考古学教育：大阪歴史博物館「歴史を掘る」の試み」	『月刊文化財』第468号	第一法規
岡村 金太郎			1932	「白井君と私」	『本草』第2號	春陽堂
岡村 志嘉子			2015.4	「立法情報中国博物館条例の制定」	『外国の立法.月刊版：立法情報・翻訳・解説』第263-1号	国立国会図書館
岡村 志嘉子			2015.6	「中国の博物館条例」	『外国の立法：立法情報・翻訳・解説』第264号	国立国会図書館
岡村 志嘉子			2015.10	「中国の博物館条例:博物館振興と法整備の進展」	『博物館研究』第50巻第10号	日本博物館協会
岡村 弘子			2012.10	「地域住民にむきあう:名古屋市博物館の取り組み」	『地方史研究』第62巻第5号	地方史研究協議会
岡村 祐	矢部 直人*	有馬 貴之 他	2009.11	「上野動物園におけるGPSを用いた来園者行動の分析」	『日本観光研究学会全国大会学術論文集』第24号	日本観光研究学会
岡村 豊			2003	「博物館と著作権」	『玉川大学教育博物館報』第2号	玉川大学教育博物館
岡本 彩奈	岡河 貢		2010.3	「現代の美術館における空間構成に関する研究」	『日本建築学会中国支部研究報告集』第33巻	日本建築学会中国支部
岡本 勇	中川 成夫*		1960.3	「考古資料索引カードの一例」	『Mouseion:立教大学博物館研究』第5号	立教大学学校・社会教育講座
岡本 勇	中川 成夫*		1963.3	「遺跡博物館の現状と課題」	『Mouseion:立教大学博物館研究』第9号	立教大学学校・社会教育講座
岡本 勇	中川 成夫*		1965.3	「本学の博物館資料をめぐって」	『Mouseion:立教大学博物館研究』第11号	立教大学学校・社会教育講座
岡本 勇	中川 成夫*		1967.3	「考古資料の整理」	『Mouseion:立教大学博物館研究』第13号	立教大学学校・社会教育講座
岡本 勇			1968.6	「博物館実習について—委託する側から」	『博物館ニュース』第3巻第3号	日本博物館協会
岡本 一郎			1940	「興亞教育と拓殖博物館」	『博物館研究』第12巻第9號	日本博物館協會
岡本 薫			1996.9	「知的所有権と博物館」	『ミュージアムマネージメント』	東京堂出版
岡本 薫			1996	「マルチメディア時代の著作権と博物館」	『博物館研究』第31巻第10号	日本博物館協会

お

著者1	著者2	著者3	発行年	論文名・書籍名	掲載誌	発行元
岡本 和子			2011.3	「言語というアーカイヴ--ベンヤミンの「蒐集」をめぐって」	『19世紀学研究』第5号	新潟大学コア・ステーション Institute for the Study of the 19th Century Scholarship
岡本 桂典			1987.3	「大井鹿島遺跡と品川区立歴史館」	『立正博物館学講座年報』第1号	立正大学博物館学講座
岡本 桂典	泉　誠司*		2004	「高知県立歴史民俗資料館の教育普及事業について1-学校との連携 一つの試み-」	『高知県立歴史民俗資料館研究紀要』第14号	高知県立歴史民俗資料館
岡本 公平			1964.3	「科学博物館博物館発達史」	『わが国の近代博物館施設発達資料の集成とその研究（明治編）』	日本博物館協会
岡本 茂武			1930	「スペーン植物園」ほか	『歐洲造園史』	造園藝術社
岡本 信也	石田 正治*	黒田 千香子 他	1996.11	「産業と展示—見えるもの、見えぬもの」	『展示学』第22号	日本展示学会
岡本 大二郎			1999	「文化財虫害対策の源流を辿る」	『文化財の虫菌害』第38号	文化財虫害研究所
岡本 健仁			2009.7	『石鎚山系学びのフィールドミュージアム』		愛媛新聞社
岡本 辰夫	小山 嘉紀	松田 敏之 他	2009.3	「美術作品の素材要素検索による興味喚起と鑑賞を支援するパーツミュージアムの開発と評価」	『日本データベース学会論文誌』第7巻第4号	日本データベース学会
岡本 達哉	向井 正幸*		1996.3	「教育普及に関するアンケート（予報）」	『旭川市博物館研究報告』第2号	旭川市博物館
岡本 達哉	向井 正幸*		1997.3	「教育普及に関するアンケート（結果）」	『旭川市博物館研究報告』第3号	旭川市博物館
岡本 直也	小川 カホル*		1999.3	「学校団体による千葉県立中央博物館利用アンケート結果--開かれた博物館をめざして」	『千葉県立中央博物館研究報告 人文科学』第6巻1号	千葉県立中央博物館
岡本 憲明	副島 俊哉		1996	「小中学校の余裕教室の有効活用」	『日経地域情報』第238号	日経産業消費研究所
岡本 包治			1984	「公民館・図書館・博物館の連携：これからの住民の学習支援方策」	『社会教育』第39巻5号	全日本社会教育連合会
岡本 真			2013.9	「MLA、GLAM、MLAKのソーシャルメディア利用」	『博物館研究』第48巻第9号	日本博物館協会
岡本 真	亀山 裕市		2014.12	「SNSによるミュージアムと社会の新たな関わりとは?」	『Cultivate：文化と環境を考える』第43号	文化環境研究所
岡本 真			2015.12	「saveMALKの活動と課題、そして図書館への支援をめぐって」	『情報管理』第54巻第12号	科学技術振興機構
岡本 泰英	池内 克史*	高松　淳 他	2007.11	「大型有形文化財のモデル化とその利活用」	『映像情報メディア学会誌』第61巻第11号	映像情報メディア学会
岡本 弥彦	河尻 清和	清田 英孝	2010.3	「地域教材・地域人材を活用した授業づくり：相模原市立博物館での取組「研修講座の開催」を通して」	『理科の教育』第59巻第3号	日本理科教育学会
岡本 裕子			2016.8	「対話を用いた教育プログラムの立案」	『ひとが優しい博物館：ユニバーサル・ミュージアムの新展開』	青弓社
岡本 祐美	日本建築協会 編		1998.3	「観光文化としての小美術館」	『建築と社会』第79巻3号	日本建築協会
岡本 米蔵			1915	「寺院と動物園」	『牛』	博文館
岡山縣師範學校			1936	「第七類郷土室備付器具之部」	『郷土研究紀要』第1輯	岡山縣師範學校郷土研究室
岡山県津山郷土博物館			1990.3	「津山城復元模型の製作過程」	『津山郷土博物館紀要』第2号	岡山県津山郷土博物館
岡山 健仁			2007.8	『博物館モノ(資料)語り：集める・残す・伝える』		創風社出版
岡山 秀吉	棚橋 源太郎*		1905	「一模造」	『手工科教授法』	寶文館・東洋社
岡山 万里	高橋 敏之		2009	「大原美術館における幼児のための彫刻鑑賞プログラム」	『美術教育』第292号	日本美術教育学会学会誌編集委員会
岡山 万里	高橋 敏之		2009..3	「大原美術館における対話による幼児のための絵画鑑賞プログラム」	『美術教育学』第30号	美術科教育学会
岡山 万里	高橋 敏之		2010.3	「大原美術館における模写による幼児のための絵画鑑賞プログラム」	『美術教育』第293号	日本美術教育学会学会誌編集委員会
岡山 万里	高橋 敏之		2010.3	「大原美術館における「お話作り」による幼児のための絵画鑑賞プログラム」	『美術教育学』第31号	美術科教育学会
岡山 悠子			2012.9	「アジアの科学館ネットワークASPACについて」	『博物館研究』第47巻第9号	日本博物館協会

お

著者1	著者2	著者3	発行年	論文名・書籍名	掲載誌	発行元
小川 晃弘			2016.6	「リサーチ日本社会―メルボルン通信第28回イアン・ポッター博物館」	『月刊ミュゼ』114号	(株)アム・プロモーション
小川 杏美	伊藤 秀一*	平田 彩夏 他	2012.3	「来園者を対象とした動物園の展示方法に関するアンケート調査」	『東海大学紀要.農学部』第31号	東海大学農学部
小川 かほる	岡本 直也		1999.3	「学校団体による千葉県立中央博物館利用アンケート結果--開かれた博物館をめざして」	『千葉県立中央博物館研究報告 人文科学』第6巻1号	千葉県立中央博物館
小川 かほる 編	尾崎 煙雄*(編)		2000	『カエルを題材とした自然学習―教材の開発とその活用例―』		千葉県立中央博物館親しむ博物館づくり事業実行委員会
小川 弘司	竹井 巌		1996.12	「石川県白山自然保護センター中宮展示館の1996 雪崩災害」	『石川県白山自然保護センター研究報告』第23集	石川県白山自然保護センター
小川 光暘			1980.12	「古代の寝具と博物館」	『同志社大学博物館学年報』第12号	同志社大学博物館学芸員課程
小川 光暘			1981.1	「世界の博物館解説 アジアの主な博物館」	『博物館学講座 第10巻参考資料集』	雄山閣
小川 光暘			1981.1	「世界の博物館史 ヨーロッパの博物館史」	『博物館学講座 第2巻日本と世界の博物館史』	雄山閣
小川 光暘			1981.12	「アジアにおける遺跡博物館―現状と課題―」	『博物館学年報』第13号	同志社大学博物館学芸員課程
小川 光暘			1984.12	「博物館教育と学校教育」	『博物館学年報』第16号	同志社大学博物館学芸員課程
小川 光暘			1987.12	「ボストン美術館のギャラリー・ノート」	『博物館学年報』第19号	同志社大学博物館学芸員課程
小川 条之助			1932	「郷土教育の本質的究明」	『郷土科學』第二十四號	郷土教育聯盟
小川 史			2007	「「もの」の教育学-教育原理素描の一試論」	『上田女子短期大学紀要』第30号	上田女子短期大学
小川 剛	倉内 史郎*	伊藤 寿朗 他	1981	『野間教育研究所紀要別冊 日本博物館沿革要覧』		野間教育研究所
小川 剛	倉内 史郎*	伊藤 寿朗 他	1981.9	『日本博物館沿革要覧』		講談社
小川 剛			2014	「熊本マンガミュージアム構想基礎調査:シンポジウム「マンガ文化で熊本を活性化」開催報告を中心に」	『崇城大学芸術学部研究紀要』8号	崇城大学芸術学部
小川 哲男	佐貫 礼奈*		2014.6	「子どもの生命観を育てる学校外教育施設の活用:水族館の効果的な活用を視点として」	『学苑』884号	光葉会
小川 鐵夫			2016	「展示学の眼 植物園での展示」	『展示学』第53号	日本展示学会
小川 留太郎	木下 亀城*		1967	「標本の採集と整理」	『標準原色図鑑全集6岩石鉱物』	保育社
小川 智紀	世田谷美術館*	塚田 美紀	2010.3	『美術館と出会う、それから?:ワークショップ「誰もいない美術館で」の記録』		世田谷美術館
小川 知二			1974.4	「美術館活動に対する一考察:いわゆる美・芸術の問題から」	『博物館問題研究会会報』第14号	博物館問題研究会
小川 知二			1997.4	「学芸員とは何だろう」	『実践女子大学Museology』第16号	実践女子大学博物館学課程
小川 直之			1977.3	「新収資料の展示の目的と課題―平塚市博物館の場合―」	『博物館学雑誌』第2巻第1・2号	全日本博物館学会
小川 直之			1985.2	「地域博物館の連携の一例」	『平塚市博物館年報』第8号	平塚市博物館
小川 直之			1986	「情報センターとしての地域博物館」	『民具マンスリー』第19巻5号	神奈川大学
小川 直之			1996.11	「開催経過と今後の課題」	『日本民俗学』第208号	日本民俗学会
小川 直之			1998.12	「情報センターとしての地域博物館」	『民俗世界と博物館展示・学習・研究のために』	雄山閣出版
小川 直之			2000	「「地域博物館」の行方」	『博物館問題研究』第27号	博物館問題研究会
小川 直之			2005.9	「現代の博物館と民具」	『民具研究』第132号	日本民具学会
小川 伸彦			1999	「保存のかたち--文化財・博物館の社会学のために」	『奈良女子大学社会学論集』第6号	奈良女子大学社会学研究会
小川 秀明	大橋 裕太郎*	永田 周一	2007.12	「動物園における新しい学び-ITを利用した参加型学習環境の提案」	『情報処理学会研究報告』2007巻123号	情報処理学会

お

著者1	著者2	著者3	発行年	論文名・書籍名	掲載誌	発行元
小川 英彦	大原 一興*	野村 東太 他	1993.7	「美術館における教育・普及活動に関する考察:博物館に関する建築計画的研究 その30」	『学術講演梗概集』1993巻	日本建築学会
小川 英世 他			1993.6	「JRA競馬博物館映像展示システム」	『NEC技報』第46巻第6号	日本電気/NECメディアプロダクツ株式会社
小川 弘司			2008.9	「中宮展示館出作り野外展示」	『はくさん』第36巻第2号	石川県白山自然保護センター
小川 裕久	根津 寿夫*		2006.4	「徳島市立徳島城博物館の教育普及活動について」	『博物館研究』第41巻第4号	日本博物館協会
小川 滋子			2007.3	「展示における「複製」活用事例」	『國學院大學博物館學紀要』第31輯	國學院大学博物館学研究室
小川 正隆			1969.7	「地方美術館のあり方」	『朝日新聞』	朝日新聞社
小川 正賢			2000	『「地域」の教育力を生かす総合的学習-河川流域の自然・風土・文化の野外博物館化』		文部省科学研究費補助金研究成果報告書
小川 正賢	風間 智子*		2016	「展示の「科学的体系性」を評価する必要性と有用性に関する探索的考察:生命展示を評価するツールを例にして」	『科学教育研究』第40巻1号	日本科学教育学会
小川 正人	平塚 理子		2014.3	「アーキビストの眼 公文書館機能普及セミナー2013in北海道 自治体アーカイブズのすすめ:仕組み作りのための理論と実例」	『記録と史料』第24号	全国歴史資料保存利用機関連絡協議会
小川 雅弘			1990	「博物館における教育活動」	『静岡県博物館協会研究紀要』第14号	静岡県博物館協会
小川 雅弘			1992.2	「浜松市博物館の体験学習」	『浜松市博物館館報』第3号	浜松市博物館
小川 雅弘			2001	「学校移動博物館からわくわくミュージアムへ」	『静岡大学生涯学習教育研究』第4号	静岡大学生涯学習教育研究センター
小川 正行			1932	「郷土教育論」	『茨城教育』第五七一號	茨城教育協會
小川 眞里子	財部 香枝		1998	「フィラデルフィアの科学者たち:独立間もないアメリカの博物館と医学」	『人文論叢』第15号	三重大学人文学部
小川 勇樹	佐々木 迪香		2012.3	「樋口清之博士収集考古資料について:青年期収集の「石器時代遺物」」	『國學院大學学術資料館考古学資料館紀要』第28号	國學院大學研究開発推進機構学術資料館考古学資料館部門
小川 雄二郎			1990.3	『ロマプリータ地震による博物館・図書館・公文書館の地震被害調査報告書 文化財保存施設の地震被害と対策1』		都市防災研究所
小川 雄二郎			1993.8	『1993年釧路沖地震による図書館・美術館・博物館の地震被害調査報告書 文化財保存施設の地震被害と対策2』		都市防災研究所
小川 雄二郎			2002	『文書館の防災を考える』		岩田書院
小川 裕見子			2007.9	「イギリスの博物館」	『明日への文化財』第58号	文化財保存全国協議会
小川 裕見子			2009.3	「大阪府立博物館の「見直し」の経過について」	『古代学研究』第181号	古代学研究会
小川 裕見子			2010.3	「博物館の社会的役割の推移」	『関西大学博物館紀要』第16号	関西大学博物館
小川 裕見子			2010.6	「大阪府の博物館問題、その後」	『古代学研究』第186号	古代学研究会
小川 陽子	池辺 靖*	石川 泰彦 他	2009.9	「評価しながらすすめる展示開発--日本科学未来館における新規常設展示「地球環境とわたし」の開発事例」	『JMMA日本ミュージアム・マネージメント学会報』第14巻第2号	日本ミュージアム・マネージメント学会
小川 洋子	Yoshiko.Sugiyama	Sergio.Torremocha	2014	『El museo del silencio』		Editorial Funambulista
小川 義和			1997.1	「アジア太平洋地域科学館会議に出席して」	『国立科学博物館ニュース』第342号	国立科学博物館
小川 義和	岩崎 誠司		1998.3	「科学系博物館の参加体験型展示及び探究型教育施設における教育活動の実践」	『日本ミュージアム・マネージメント学会研究紀要』第2号	日本ミュージアム・マネージメント学会
小川 義和			2000.9	「第2章大学における博物館学講座の実態と博物館実習 3大学内における実習の現状」	『博物館学シリーズ 6博物館実習』	樹村房
小川 義和			2000.9	「第2章大学における博物館学講座の実態と博物館実習 4博物館実習のための施設設備」	『博物館学シリーズ 6博物館実習』	樹村房
小川 義和			2000.9	「第2章大学における博物館学講座の実態と博物館実習 6大学内で可能な博物館実習展開例 (1) 利用者アンケート調査票作成」	『博物館学シリーズ 6博物館実習』	樹村房
小川 義和			2000.9	「第2章大学における博物館学講座の実態と博物館実習 6大学内で可能な博物館実習展開例 (4) 化石レプリカ製作実習」	『博物館学シリーズ 6博物館実習』	樹村房
小川 義和			2000.9	「第3章博物館資料の取り扱いとその留意事項 2資料取り扱いとその留意事項 (5) 自然史資料」	『博物館学シリーズ 6博物館実習』	樹村房

著者1	著者2	著者3	発行年	論文名・書籍名	掲載誌	発行元
小川 義和			2000.12	「アメリカ自然史博物館における教育活動」	『国立科学博物館ニュース』第380号	国立科学博物館
小川 義和			2001	「科学系博物館における学校の団体利用とアフター・スクール活動の比較」	『日本科学教育学会年会論文集』第25巻	日本科学教育学会
小川 義和			2001	「アメリカ自然史博物館における教育活動～教育活動を支える体制～」	『博物館研究』第36巻第1号	日本博物館協会
小川 義和			2002	「科学系博物館における継続的な学習活動の特性」	『ミュージアムマネージメント学会制度問題・理論構築研究部会平成13年度第2回研究発表会資料』	日本ミュージアム・マネージメント学会
小川 義和	下條 隆嗣		2003	「科学系博物館の単発的な学習活動の特性−−国立科学博物館の学校団体利用を事例として」	『科学教育研究』第27巻1号	日本科学教育学会
小川 義和			2003	「学校と科学系博物館をつなぐ学習活動の現状と課題」	『科学教育研究』第27巻1号	日本科学教育学会
小川 義和			2003.3	「事例分析から見た科学系博物館における学校に対する教育サービスの類型」	『日本ミュージアム・マネージメント学会研究紀要』第7号	日本ミュージアム・マネージメント学会
小川 義和	青山 剛*	遠藤 純夫 他	2003.12	「座談会 科学教育の推進に果たす博物館等の役割」	『広領域教育研究』第53号	広領域教育研究会
小川 義和	下條 隆嗣		2004	「科学系博物館の学習資源と学習活動における児童の態度変容との関連性」	『科学教育研究』第28巻3号	日本科学教育学会
小川 義和			2004.3	「学校と科学系博物館との連携におけるエデュケーターの役割」	『博物館の機能及びその効果的な運営の在り方に関する実証的研究』	国立科学博物館
小川 義和	田邊 玲奈*	岩崎 誠司 他	2004.8	「博物館・大学・地域・学校の連携による新たな学習支援ネットワークの創造―「どこでもミュージアム・エコ事業」による環境教育―」	『日本科学教育学会年会論文集』第28巻	日本科学教育学会
小川 義和			2004.11	「科学コミュニケーションにおける博物館の役割ワークショップ「21世紀型科学教育の創造―生涯学習施設における科学コミュニケーションのすすめ」」	『「21世紀型科学教育の創造」第2回ワークショップ集録』	
小川 義和			2005	「科学コミュニケーションと科学博物館の役割」	『ミュージアムを語る文化を語る教育を語る』	内田洋行知的生産研究所
小川 義和	森 美樹*	土屋 順子 他	2005	「ミュージアムの潜在的利用者を含めたマーケティング調査の方法論に関する研究」	『日本ミュージアム・マネージメント学会研究紀要』第9号	日本ミュージアム・マネージメント学会
小川 義和			2005.3	「科学系博物館における利用者との関係性の構築について」	『第12回全国科学博物館協議会研究発表大会資料』	全国科学博物館協議会
小川 義和			2005.9	「博物館と大学との連携による科学コミュニケーターの養成」	『日本科学教育学会年会論文集』第29巻	日本科学教育学会
小川 義和			2005.9	「博物館と利用者との関係性について」	『日本科学教育学会年会論文集』第29巻	日本科学教育学会
小川 義和	亀井 修*		2006	「国立科学博物館におけるサイエンスコミュニケータ養成実践講座」	『全科協ニュース』第36巻4号	全国科学博物館協議会
小川 義和			2006.3	「我が国における科学コミュニケーションの可能性」	『月刊ミュゼ』75号	(株)アム・プロモーション
小川 義和			2006.5	「ミュージアム・コミュニケーションその後」	『JMMA日本ミュージアム・マネージメント学会会報』第11巻2号	日本ミュージアム・マネージメント学会
小川 義和			2006.8	「ミュージアム・コミュニケーション−社会と連携・協働する博物館」	『日本科学教育学会年会論文集』第30巻	日本科学教育学会
小川 義和	磯田 正美*	江川 静海 他	2006.8	「科学博物館における数学展示・実験教具とその実践手法の開発研究」	『日本科学教育学会年会論文集』第30巻	日本科学教育学会
小川 義和	三上 戸美*	高田 浩二 他	2006.8	「科学系博物館におけるサイエンスコミュニケーションの現状」	『日本科学教育学会年会論文集』第30巻	日本科学教育学会
小川 義和			2006.9	「対話型科学技術社会における理科教育の新たな展開−−学校と博物館との連携の視点から」	『中等教育資料』第55巻9号	文部科学省教育課程課
小川 義和			2007	「国立科学博物館におけるサイエンスコミュニケータ養成実践講座について」	『科学EYE』第48巻2号	神奈川県立川崎図書館
小川 義和			2007	「科学研究における来館者研究」	『科学教育研究』第31巻1号	日本科学教育学会
小川 義和			2007.3	「科学コミュニケータに期待される資質能力とその養成プログラム」	『科学コミュニケーターに期待される資質・能力とその養成プログラムに関する基礎的研究』	文部省科学研究費補助金研究成果報告書
小川 義和			2007.3	『科学コミュニケーターに期待される資質・能力とその養成プログラムに関する基礎的研究』		文部省科学研究費補助金研究成果報告書
小川 義和	清水 麻記*	有田 寛之 他	2007.3	「英国におけるサイエンス・コミュニケーション活性化に関する方策の動向―自然科学系博物館及びサイエンス・カフェ活動を中心として―」	『科学コミュニケーターに期待される資質・能力とその養成プログラムに関する基礎的研究』	文部省科学研究費補助金研究成果報告書
小川 義和	原田 光一郎*	渡辺 政隆	2007.3	「米国におけるサイエンス・コミュニケータとサイエンス・コミュニケーション実践活動」	『科学コミュニケーターに期待される資質・能力とその養成プログラムに関する基礎的研究』	文部省科学研究費補助金研究成果報告書
小川 義和	三上 戸美*	高田 浩二 他	2007.3	「科学系博物館等におけるコミュニケーション・ポリシーの実態調査」	『科学コミュニケーターに期待される資質・能力とその養成プログラムに関する基礎的研究』	文部省科学研究費補助金研究成果報告書

お

著者1	著者2	著者3	発行年	論文名・書籍名	掲載誌	発行元
小川 義和	三上 戸美*	高田 浩二 他	2007.3	「科学系博物館におけるサイエンスコミュニケーションの現状」	『科学コミュニケーターに期待される資質・能力とその養成プログラムに関する基礎的研究』	文部省科学研究費補助金研究成果報告書
小川 義和	渡辺 政隆*	有田 寛之	2007.3	「オーストラリアにおける科学コミュニケーション実践教育活動」	『科学コミュニケーターに期待される資質・能力とその養成プログラムに関する基礎的研究』	文部省科学研究費補助金研究成果報告書
小川 義和			2007.9	「国立科学博物館におけるサイエンスコミュニケータ養成実践講座」	『博物館研究』第42巻第9号	日本博物館協会
小川 義和	高橋 みどり*	原田 光一郎 他	2008.12	「科学系博物館における科学リテラシーの涵養に資する教育活動評価法開発の試み:幼児向けプログラムを例として」	『科学教育研究』第32巻第4号	日本科学教育学会
小川 義和			2009.3	「科学系博物館と大学の連携による人材養成プログラムの課題と展望－米国の科学系博物館における教員養成・研修プログラムを事例に」	『科学技術コミュニケーション』第5号	北海道大学科学技術コミュニケーター養成ユニット
小川 義和	斎藤 靖二*	加藤 真	2009.4	「座談会博物館の未来――自然系博物館から考える」	『科学』第79巻第4号	岩波書店
小川 義和			2009.5	「科学系博物館における教員免許状更新講習――教員の博物館リテラシー向上への取り組み」	『博物館研究』第44巻第5号	日本博物館協会
小川 義和	岩崎 誠司	渡邊 千秋	2009.8	「学校と博物館の連携促進のための科学的体験学習プログラムの開発と体系化」	『日本科学教育学会年会論文集』第33巻	日本科学教育学会
小川 義和	永山 俊介	岩崎 誠司	2009.8	「学校と自然科学博物館が連携して行う科学的体験学習プログラムの開発:『授業に役立つ博物館』-子どもたちの心に残る科学的体験学習のために-」	『日本理科教育学会全国大会要項』第59巻	日本理科教育学会
小川 義和			2009.9	「ミュージアム・リテラシーを涵養する博物館運営」	『JMMA日本ミュージアム・マネージメント学会会報』第14巻第2号	日本ミュージアム・マネージメント学会
小川 義和			2010.1	「新学習指導要領と博物館の利用」	『博物館研究』第45巻第1号	日本博物館協会
小川 義和			2010.8	「科学系博物館における教員の養成と研修の課題:教員の生涯学習という観点から考える」	『理科の教育』第59巻第8号	日本理科教育学会
小川 義和			2010.11	「「教員のための博物館の日」の取り組み」	『博物館研究』第45巻第11号	日本博物館協会
小川 義和			2011.4	「学校と社会教育施設をめぐる現状と課題:なぜ両者の連携が必要なのか」	『理科の教育』第60巻第4号	日本理科教育学会
小川 義和			2011.6	「博物館活用の手立て:学校と博物館の連携の形態と効果」	『理科の教育』第60巻第6号	日本理科教育学会
小川 義和			2011.8	「科学系博物館における教員研修・養成の現状と課題:教員のミュージアム・リテラシー向上のために」	『理科の教育』第61巻第4号	日本理科教育学会
小川 義和	菅井 薫		2011.8	「科学系博物館における教員研修・養成の現状と課題(2):教員のミュージアム・リテラシー向上のために」	『日本科学教育学会年会論文集』第35巻	日本科学教育学会
小川 義和			2011.8	「博学連携の構築:「教員のための博物館の日」の広がり」	『日本科学教育学会年会論文集』第35巻	日本科学教育学会
小川 義和			2012.1	「サイエンスコミュニケーションと理科教育をつなぐ視点:科学系博物館と大学との連携による人材養成」	『理科の教育』第61巻第10号	日本理科教育学会
小川 義和			2012.8	「科学系博物館における教員研修・養成の現状と課題(3):教員のミュージアム・リテラシー向上のために」	『日本理科教育学会全国大会要項』第62号	日本理科教育学会
小川 義和	永山 俊介*	岩崎 誠司 他	2012.8	「博物館リエゾンの養成プログラムの開発と体系化に関する実践的研究:教員のための博物館事業を例として」	『日本理科教育学会全国大会要項』第62号	日本理科教育学会
小川 義和			2013.8	「学校と博物館の連携の意義と可能性」	『日本理科教育学会全国大会要項』第63号	日本理科教育学会
小川 義和	真家 和生*	熊野 正也 他	2014.4	『大学生のための博物館学芸員入門』		扶桑堂出版
小川 義和			2014.5	「科学コミュニケーションの広がりと博物館活動ミュージアム・コミュニケーションのすすめ」	『科学におけるコミュニケーション2007』	総合研究大学院大学
小川 義和			2015	「新時代の博物館教育を考える」	『人間の発達と博物館学の課題:新時代の博物館経営と教育を考える』	同成社
小川 義和			2017.11	「知の循環型社会における博物館の新たな役割―知産知承を目指して―」	『國學院雜誌』第118巻第11号	國學院大學
小川原湖民俗博物館 編			1989.7	『小川原湖民俗博物館と祭魚洞公園』		ぎょうせい
小木 新造	宮田 登		1990	「モースと江戸・東京」	『モースコレクション』	国立民族学博物館
小木 新造			1994.11	「都市「江戸東京」の展示/江戸東京博物館」	『展示学』第18号	日本展示学会
小木 新造	中川 志郎*	竹澤 雄三 他	1998	「座談会 教育普及活動の新たな展開を求めて－第45回全国博物館大会を振り返って－」	『博物館研究』第33巻第2号	日本博物館協会
小木 哲朗	西岡 貞一*	茅原 拓朗 他	2011	「没入型展示映像における「賑わい感」提示のための群衆表現の研究」	『展示学』第49号	日本展示学会

お

著者1	著者2	著者3	発行年	論文名・書籍名	掲載誌	発行元
荻 昌朗			1985	「博物館における映像展示」	『展示学』第2号	日本展示学会
小城市			2007.3	『屋根のない博物館構想:小城どこでんミュージアム』		小城市
沖津 俊直			1980.1	『接着剤の実際知識』		東洋経済新報社
萩谷 良太			2014.6	「常設展示の更新と地域博物館の使命:展示改装事業から五年を経て」	『地方史研究』第64巻第3号	地方史研究協議会
沖縄縣教育會 編			1936	「郷土博物館落成並開館式開館するまで」ほか	『沖縄教育』第240號	沖縄縣教育會
沖縄縣師範學校 編			1933	「郷土室」	『郷土教育施設概要』	沖縄縣師範學校郷土室
沖縄縣師範學校 編			1933	「郷土農園及郷土植物園」	『郷土教育施設概要』	沖縄縣師範學校郷土室
沖縄県女師・一高女ひめゆり同窓会			1989.12	『ひめゆり平和祈念資料館公式ガイドブック』		沖縄県女師・一高女ひめゆり同窓会立ひめゆり平和祈念資料館
沖縄県女師・一高女ひめゆり同窓会 編			2002.6	『ひめゆり平和記念資料館−開館とその後の歩み−』		沖縄県女師・一高女ひめゆり同窓会
沖縄縣女子師範學校郷土室			1934	「本校郷土教育施設經營の實際」	『郷土教育紀要』第1輯	沖縄縣女子師範學校郷土室
沖縄縣女子師範學校郷土室			1934	「本縣の植物景觀」ほか	『郷土教育紀要』第1輯	沖縄縣女子師範學校郷土室
沖縄県生活福祉部援護課 編			1981.12	『平和への証言—沖縄県立平和祈念資料館ガイドブック』		沖縄県生活福祉部援護課
沖縄県立博物館			1996	『沖縄県立博物館50年史』		沖縄県立博物館
沖縄県立平和記念資料館			1994.3	『移動展・特別展実施報告書』		沖縄県立平和記念資料館
沖縄タイムス社			1954.12	「子らの夢ここに実現—子供博物館盛大な開館式」	『沖縄タイムス』1954年12月11日号	沖縄タイムス社
荻野 健司	中川 雅寛*		2011.4	「インタラクティブな展示体験とコミュニケーションを創発するデザイン」	『情報処理』第52巻第4・5号	情報処理学会
荻野 洸太郎	日本博物館協会 編		1989.8	「博物館としての水族館が一朝一夕には出来ないわけ」	『博物館研究』第24巻第8号	日本博物館協会
荻野 洸太郎			1993	「海藻の育成・展示とその意味」	『資源環境対策・緑の読本』第27号	資源環境対策同友会
荻野 洸太郎			2000.12	『水族館に生きて』		春苑堂出版
沖野 慎二			2009	「明治末期の北海道における博物館展示(上)『札幌博物館案内』をめぐる一試論」	『東海大学国際文化学部紀要』第2号	東海大学国際文化学部
沖野 慎二			2012	「明治末期の北海道における博物館展示(中)『札幌博物館案内』をめぐる一試論」	『東海大学国際文化学部紀要』第5号	東海大学国際文化学部
荻野 素助	入江 保		1912	「博物館」「上野動物園」ほか	『高等小學讀本教授参考書 前篇』	
荻野 哲男	鳩野 逸生	井福 克也 他	2009.3	「動物園におけるGPS携帯を活用した一般来園者への観察支援」	『情報処理学会研究報告』2009巻第26号	情報処理学会
荻野 哲男	鳩野 逸生	鈴木 真理子 他	2009.8	「携帯端末を用いたナビゲーションにおける観察活動を促進することを目的とした情報提示」	『日本科学教育学会年会論文集』第33巻	日本科学教育学会
荻野 仲三郎			1934	「國宝保存の趣旨とその法令」	『博物館研究』第7巻第11號	日本博物館協會
荻野 仲三郎			1934	「國宝保存の趣旨とその法令(2)」	『博物館研究』第7巻第12號	日本博物館協會
荻野 仲三郎			1936	「特殊博物館としての社寺寶物館」	『博物館研究』第9巻第2號	日本博物館協會
荻野 仲三郎			1937.12	「帝室博物館の復興」	『博物館研究』第10巻第12號	日本博物館協會
沖野 誠			2016.3	「宮崎県立西都原考古博物館におけるIPM活動:インセクトトラップの成果とその傾向」	『宮崎県立西都原考古博物館研究紀要』第12号	宮崎県立西都原考古博物館
荻野 昌弘			1997	「DOING SOCIOLOGY 保存する時代--文化財と博物館を考える」	『ソシオロジ』第42巻2号	社会学研究会
荻野 昌弘 編			2002	『文化遺産の社会学 ルーブル美術館から原爆ドームまで』		新曜社

お

著者1	著者2	著者3	発行年	論文名・書籍名	掲載誌	発行元
荻野 昌弘			2015.10	「カンボジアにおける復興と虐殺の記憶―シェムリアップ、アンコール遺跡、キリング・フィールド」	『ミュージアムと負の記憶 戦争・公害・疾病・災害:人類の負の記憶をどう展示するか』	東信堂
荻野 亮吾			2014.11	「地域の学習資源を活かす社会教育施設の連携の形とは」	『社会教育』第69巻11号	日本青年館「社会教育」編集部
大給 近達			1987.11	「博物館の展示(1)」	『博物館研究』第22巻第11号	日本博物館協会
大給 近達			1988.2	「博物館の展示(2)」	『博物館研究』第23巻第2号	日本博物館協会
沖吉 和祐			1996.9	「高度情報社会と博物館」	『ミュージアムマネージメント』	東京堂出版
沖吉 和祐			1997.3	「生涯学習と博物館-国立科学博物館の取り組み-」	『博物館の創造』第1巻	東京大学大学院教育学部研究科・教育学部社会教育研究室
沖吉 和祐			1999.12	「『ユニバーシティー・ミュージアム』から『ミュージアム・ステイツ』へ」	『Cultivate:文化と環境を考える』第11号	文化環境研究所
沖吉 和祐			1999.3	『ソフト社会におけるリレーションシップ～アメリカに見る利用者サービスとミュージアムマネジメント～』		日本ミュージアムマネージメント学会
沖吉 和祐			2008.9	「指定討論生涯学習社会におけるキャリア形成」	『JMMA日本ミュージアム・マネージメント学会会報』第13巻第2号	日本ミュージアム・マネージメント学会
荻原 武			1960.3	「外国博物館見聞記」	『Mouseion:立教大学博物館研究』第5号	立教大学学校・社会教育講座
荻原 延元			2012.3	「子どもの為の美術鑑賞教育について」	『川村学園女子大学研究紀要』第23巻第2号	川村学園女子大学図書委員会
荻原 眞子	アンドレイ・ソロコフ*	松居 竜五	2016.3	「帝国の進出と収集されたコレクション」	『博物館という装置:帝国・植民地・アイデンティティ』	勉誠出版
荻原 守衛			1929	「フロレンスの美術館を訪ふ」	『生命の藝術』	木星社書院
荻原 守衛			1929	「美術展覧會所感」ほか	『生命の藝術』	木星社書院
奥 健夫			2013.2	「文化財の価値とその保存」	『地域と文化財:ボランティア活動と文化財保護』	勉誠出版
奥 敬一	国立文化財機構奈良文化財研究所 編		2014.1	「文化的景観と里山保全」	『文化的景観研究集会(第5回)報告書:文化的景観のつかい方』	国立文化財機構奈良文化財研究所
奥泉 香			2004	「メディア教育を支える「見ること(Viewing)領域の構造と系統性」」	『千葉敬愛短期大学紀要』第26号	千葉敬愛短期大学
奥泉 和也			2009.3	「鶴岡市立加茂水族館:クラゲ水族館(水産研究のフロントから)」	『日本水産学会誌』第75巻第2号	日本水産学会
奥井 哲秀			1997.3	「地域社会における博物館活動の現状と問題点」	『Musa:博物館学芸員課程年報』第11号	追手門学院大学博物館学研究室
奥井 誠人	牧野 真緒*	安藤 広志 他	2015.7	「公共の場における超多視点裸眼立体映像ディスプレイの応用:デジタルミュージアムメディアとしての検討」	『映像情報メディア学会技術報告』第39巻第25号	映像情報メディア学会
奥岡 茂雄			1986.3	「美術館と地域1-北海道立近代美術館の実践例(上)作品収集活動-」	『北海道立近代美術館研究紀要』第8号	北海道立近代美術館
奥島 雄一			2011.4	「博物館だより(3)バーゼル自然史博物館研修報告:収蔵コレクションの管理と活用例」	『昆蟲.ニューシリーズ』第14巻2号	日本昆虫学会
奥島 雄一	岩田 泰幸		2012.10	「博物館だより(7)自然史博物館の教育普及活動における駆除スズメバチ巣の活用」	『昆蟲.ニューシリーズ』第15巻4号	日本昆虫学会
奥住 淳			2014.4	「地域と協働・共生する博物館活動を目指して:第30回はにわ祭合同企画展『はにわと共に生きる町』をとおして」	『Museumちば:千葉県博物館協会研究紀要』43号	千葉県博物館協会
奥平 耕造 編著			1997.2	『美術館建築案内:建築デザインを読む』		彰国社
奥平 英雄			1960.3	「国立博物館の蔵品と展示について」	『Mouseion:立教大学博物館研究』第5号	立教大学学校・社会教育講座
奥田 四郎			2000.6	「紙の博物館五十年の歩み」	『百万塔』五十周年記念特別号	紙の博物館
奥田 次郎坊			1914	「東京大正博覽會工業館内陶磁器一瞥」	『建築工藝雜誌』第2期第3冊	建築工藝協會
奥田 環			1990	「スウェーデンの社会と博物館Ⅰ―ストックホルムの東方博物館について―」	『博物館学雑誌』第15巻第1・2号合併号	全日本博物館学会
奥田 環			1991.3	「スウェーデンの社会と博物館Ⅱ―スウェーデンの博物館活動にみる3つの特徴―」	『博物館学雑誌』第16巻第1・2号合併号	全日本博物館学会
奥田 環			1994.3	「スウェーデン初の全国的博物館大型プロジェクト『スウェーデン史の探求』―その背景と意義―」	『川村学園女子大学研究紀要』第5巻第1号	川村学園女子大学研究紀要編集委員会

著者1	著者2	著者3	発行年	論文名・書籍名	掲載誌	発行元
奥田 環			1995.3	「岩倉使節団がみたスウェーデン-『米欧回覧実記』第六十八・六十九「端典国ノ記上・下」を読む-」	『川村学園女子大学研究紀要』第6巻第1号	川村学園女子大学研究紀要編集委員会
奥田 環			1999.9	「博物館の乳幼児ケア設備」	『博物館学雑誌』第25巻第1号	全日本博物館学会
奥田 環			2002.3	「東京女子高等師範学校の「学校博物館」」	『全国大学博物館学講座協議会研究紀要』第7号	全国大学博物館学講座協議会
奥田 環			2015	「東京女子高等師範学校附属小学校の児童博物館に関する再考察」	『人間の発達と博物館学の課題：新時代の博物館経営と教育を考える』	同成社
奥田 環			2016.3	「バリアフリー、ユニバーサルデザインの考え方と実際」	『観光資源としての博物館』	芙蓉書房出版
奥田 環			2016.3	「大学史におけるモノ資料の価値付けに関する一考察」	『お茶の水女子大学人文科学研究』第12巻	お茶の水女子大学
奥田 環	落合 広倫*		2016.3	「博物館と法律」	『観光資源としての博物館』	芙蓉書房出版
奥田 環			2017.12	「学校附属博物館論史」	『博物館学史研究事典』	雄山閣
奥田 奈々美			2004	「日本のまんが博物館その現状と課題」	『博物館研究』第39巻第10号	日本博物館協会
奥田 英人	福田 廣一*	大塚 昌宏	2000	「栃木県立博物館のスロープ展示における体験学習シート「ちょっくらやってみっぺ」の作成について」	『栃木県立博物館研究紀要.自然』第17号	栃木県立博物館
奥田 英人	斉藤 倫明*	天谷 文夫 他	2003	「テーマ展「木の良さ再発見」における新しい試み--来館者の五感に訴える展示手法と体験活動」	『栃木県立博物館研究紀要.自然』第20号	栃木県立博物館
奥田 英人	青島 睦治*		2004	「栃木県立博物館化石貸し出しセットについて」	『栃木県立博物館研究紀要.自然』第21号	栃木県立博物館
奥田 宗幸	源田 洋祐*	中畑 昌之 他	2010.7	「現代の美術館における視覚的空間特性に関する研究:抽象モデル空間での空間接続方法の分析」	『学術講演梗概集』2010巻	日本建築学会
奥田 芳男			1932	「博物館動物園」	『建築計畫』	吉田工務所出版部
小口 高			2010.10	「東京大学空間情報科学研究センターと国立地図学博物館構想」	『地理』第55巻第10号	古今書院
小口 弘史			2010.1	「今、休館日が注目されている美術館」	『博物館研究』第45巻第1号	日本博物館協会
小口 弘史			2011.3	『月曜美術館:休館日に、そこで何が起こっているのか』		祥伝社
奥富 清			1994.4	「フィールド・ミュージアムとしての自然教育園」	『国立科学博物館ニュース』第300号	国立科学博物館
小国 喜弘			2012.11	「学校教育と伝統芸能の創造」	『民俗学の可能性を拓く：「野の学問」とアカデミズム』	青弓社
奥野 花代子			1998	「目の不自由な人のための優しい博物館のありかたを求めて—「博物館における視覚障害者の対応について」のアンケート及び訪問調査から—」	『月刊ミュゼ』30号	(株)アム・プロモーション
奥野 花代子			1998	「全国の博物館園における視覚障害者の対応に関するアンケート調査結果報告」	『神奈川県立博物館研究報告.自然科学』第27号	神奈川県立生命の星・地球博物館
奥野 花代子			1999	「博物館における視聴覚障害者の対応について—全国の主な博物館園のアンケート調査結果及び当館の事例—」	『ユニバーサル・ミュージアムをめざして—視覚障害者と博物館—』	神奈川県立生命の星・地球博物館
奥野 花代子			1999	「全国の盲学校の博物館利用に関するアンケート調査」	『神奈川県立博物館研究報告.自然科学』第28号	神奈川県立生命の星・地球博物館
奥野 花代子			1999	「多様な要請に応えうる魅力ある展示作りを求めて」	『全国博物館大会シンポジュウム要旨集』	日本博物館協会
奥野 花代子	青木 達雄	町田 達哉 他	2000	「地域博物館ネットワーク運用の一形態—ミュージアム・リレーの2年間より」	『日本ミュージアム・マネージメント学会研究紀要』第4号	日本ミュージアム・マネージメント学会
奥野 花代子			2000	『視覚障害者のための博物館における学習活動の展開と学習教材の開発に関する研究』		文部省科学研究費補助金研究成果報告書
奥野 花代子	濱田 隆士*		2000	「ユニバーサル・ミュージアムをめざして」	『神奈川県立博物館研究報告.自然科学』第29号	神奈川県立生命の星・地球博物館
奥野 花代子			2001.3	「ユニバーサル・ミュージアムをめざして--神奈川県立生命の星・地球博物館のトーキングサイン・ガイドシステムの拡充について」	『神奈川県立博物館研究報告.自然科学』第30号	神奈川県立生命の星・地球博物館
奥野 花代子			2003	「ユニバーサル・デザインによる誘導・案内方法の創出--「縄文時遊館」への導入のための検証を例にして」	『博物館研究』第38巻第10号	日本博物館協会
奥野 花代子			2006.7	「「利用しやすく快適な博物館に向けて」バリアフリー委員会からの報告」	『博物館研究』第41巻第7号	日本博物館協会
奥野 花代子			2007	「「ハンズ・オン展示」「誰にもやさしい博物館」への取り組み-"ユニバーサル・ミュージアム"を目指して-」	『自然科学のとびら』第30号	神奈川県立生命の星・地球博物館

お

著者1	著者2	著者3	発行年	論文名・書籍名	掲載誌	発行元
奥野 花代子			2009.1	「成功施設事例紹介 神奈川県立生命の星・地球博物館」	『福祉介護機器technoプラス』第2巻第1号	日本工業出版
奥野 茂	野村 東太	大原 一興	1992.8	「水族館の施設・活動・利用者・展示手法に関する基礎的考察：水族館に関する建築計画的研究 その1」	『学術講演梗概集』1992巻	日本建築学会
奥野 茂	野村 東太	大原 一興 他	1993.7	「展示形式別にみた水族館における観客動態に関する考察：水族館に関する建築計画的研究 その2」	『学術講演梗概集』1993巻	日本建築学会
奥野 茂	野村 東太	西 源二郎 他	1994.7	「市民意識から見た水族館の生涯学習機能に関する考察：水族館に関する建築計画的研究 その4」	『学術講演梗概集』1994巻	日本建築学会
奥野 淳兒			2015.8	「博物館の学びと甲殻類」	『Cancer』第24号	日本甲殻類学会
奥野 正幸	古畑 徹	安達 毅 他	2016.3	「大学博物館等協議会シンポジウム：ヴァーチャル・ミュージアムの現状と目指すもの」	『金沢大学資料館紀要』第11号	金沢大学資料館
奥野 良之助			1963	「須磨水族館におけるスライドの自主制作」	『須磨水族館報告』第2号	須磨水族館
奥野 良之助			1966	「展示についてのアンケート(1)「海にかえった爬虫類展」(1965年秋)」	『博物館研究』第39巻第3号	日本博物館協会
奥野 良之助			1971	「魚名板解説板の利用率調査」	『動物園水族館雑誌』第13巻2号	日本動物園水族館協会
小熊 博史			2011.4	「長岡市馬高縄文館の整備」	『月刊文化財』第571号	第一法規
奥村 高明			2009.2	「学校と美術館の連携-鑑賞する子どもの発見を通して」	『現代の眼：東京国立近代美術館ニュース』574号	国立美術館東京国立近代美術館
奥村 高明			2010.1	「図画工作・美術科における学校と美術館の連携」	『博物館研究』第45巻第1号	日本博物館協会
奥村 高明	ロンドン・テートギャラリー*編	長田 謙一 監訳	2012.7	『美術館活用術：鑑賞教育の手引き』		美術出版サービスセンター
奥村 俊久	大津 忠彦*	金 圓景	2017	「「回想法」ボランティア活動～本学学生による試みの成果と課題～」	『筑紫女学園大学・短期大学部人間文化研究所年報』第28号	筑紫女学園大学・短期大学部人間文化研究所
奥村 弘	神戸大学		2013	『大規模自然災害時の史料保全論を基礎とした地域歴史資料学の構築』		
奥村 弘	神戸大学大学院人文学研究科地域連携センター 編		2013.7	「地域歴史遺産という可能性」	『「地域歴史遺産」の可能性』	岩田書院
奥村 弘			2013.10	「地域歴史遺産の保存・活用の今日的意味を考える：大規模災害時の歴史資料保全及び災害資料保存活動を中心に」	『博物館研究』第48巻第10号	日本博物館協会
奥村 弘 パネリスト	大国 正美 パネリスト	西村 慎太郎 パネリスト他	2014.3	「シンポジウムの記録 東海大地震からアーカイブズをどう守るべきか：震災への保存と地域連携を考える(2) 討論編」	『名古屋大学大学文書資料室紀要』第22号	名古屋大学大学文書資料室
奥村 弘	内田 俊秀	天野 真志 他	2016.3	『文化財防災体制についての国際比較研究報告書』		科学研究費補助金基盤研究(S)「災害文化形成を担う地域歴史資料学の確立-東日本大震災を踏まえて」研究グループ
奥村 正彦			2002	「学校とのかかわりを重視した岐阜県博物館の取り組み」	『岐阜県博物館調査研究報告』第23号	岐阜県博物館
奥村 真名美	伊澤 朋美		2009	「栃木県立博物館体験学習コーナーにおける来館者調査」	『栃木県立博物館研究紀要.自然』第26号	栃木県立博物館
奥村 泰彦	湯川 雅紀*	笠原 彩 他	2012.9	「美術館と小・中・高・大の連携によるポップアート題材群の開発と実践」	『和歌山大学教育学部教育実践総合センター紀要』第22号	和歌山大学教育学部附属教育実践総合センター
奥本 大三郎			1992	『虫捕御用のパリ万博-博物学者田中芳男小伝-』		新潮社
奥本 大三郎			2005	「「ファーブル昆虫館」の建設」	『国立公園』第637号	国立公園協会
奥本 素子	加藤 浩		2007	「博物館におけるデジタル画像の教育普及活用の実情と課題-ICT機能を活用した博物館学習支援の可能性」	『メディア教育研究』第4巻第1号	メディア教育開発センター
奥本 素子	加藤 浩		2007	「生涯学習としての自立的博物館学習を促進させる学習支援モデルの研究-演繹的博物館学習支援モデルの提案とその効果の検証」	『科学教育研究』第31巻4号	日本科学教育学会
奥本 素子	加藤 浩		2007.1	「博物館・美術館におけるデジタル画像活用と意識に関する実態調査」	『情報処理学会研究報告』2007巻第9号	情報処理学会
奥本 素子	加藤 浩		2007.3	「博物館・美術館におけるデジタル画像作成の実態-デジタルアーカイブ実現に向けての課題」	『日本ミュージアム・マネジメント学会研究紀要』第11号	日本ミュージアム・マネジメント学会
奥本 素子	加藤 浩		2009.7	「美術館学習初心者のための博物館認知オリエンテーションモデルの提案」	『日本教育工学会論文誌』第33巻第1号	日本教育工学会
奥本 素子	山田 政寛	加藤 浩	2009.8	「博物館認知オリエンテーション教材を利用したアウトリーチ活動」	『日本科学教育学会年会論文集』第33巻	日本科学教育学会
奥本 素子	山田 政寛	加藤 浩	2009.12	「博学連携活動における事前学習教材の開発と利用--博物館認知オリエンテーション教材を利用した事前学習」	『博物館学雑誌』第35巻第1号	全日本博物館学会

著者1	著者2	著者3	発行年	論文名・書籍名	掲載誌	発行元
奥本 素子	加藤 浩		2010.2	「博物館展示を理解・解釈するために必要な学習支援についての考察」	『日本教育工学会論文誌』第33巻第4号	日本教育工学会
奥本 素子			2012.3	「つなげる鑑賞法を用いた博学連携の実践と評価：美術鑑賞における事前学習の効果と館内学習の効果の分析」	『美術教育学』第33号	美術科教育学会
奥本 素子	加藤 浩		2012.7	「事前学習と館内鑑賞支援を連動させた博物館における展示鑑賞支援システムの開発」	『日本教育工学会論文誌』第36巻第1号	日本教育工学会
奥本 素子	平井 宏典*		2014	「芸術祭モデルを援用した博物館における競争戦略」	『日本ミュージアム・マネージメント学会研究紀要』第18号	日本ミュージアム・マネージメント学会
奥本 素子	阿児 雄之	加藤 幸治	2016.12	「被災資料における来場者の語りの分析から見る博物館体験：テキストマイニングを用いた傾向の抽出」	『博物館学雑誌』第42巻第1号	全日本博物館学会
奥谷 禎一			1998	「文化財害虫の生態とその被害」	『文化財の虫菌害』第35号	文化財虫害研究所
奥谷 禎一			2005.6	「文化財害虫の調査法」	『文化財の虫菌害』第49号	文化財虫害研究所
奥谷 久彦			1939.2	「京都市立第一工業學校工業普及館について」	『博物館研究』第12巻第2號	日本博物館協會
奥山 武夫	長澤 一雄*	矢野 勝俊	1992.3	「山形県立博物館における蔵王の樹氷原ジオラマとそれに関連する氷雪展示の製作について」	『山形県立博物館研究報告』第13号	山形県立博物館
奥山 信一	吉池 葉子	塩崎 太伸 他	2014.12	「博物館建築における建築家の言説にみる連鎖する空間の密度」	『大会講演梗概集』2013巻	日本建築学会
奥山 英登	坂東 元		2009.8	「動物園はサイエンスコミュニケーションの場となるか?：「Gen'sCAFE」の試み」	『日本科学教育学会年会論文集』第33巻	日本科学教育学会
奥山 英登	栗山 隆広	山崎 哲夫 他	2011.8	「「教員のための博物館の日in旭川」の成果と課題」	『日本科学教育学会年会論文集』第35巻	日本科学教育学会
奥山 英登			2012	「動物園は「野生動物」を学ぶ場」	『ビオシティ』第51号	ブックエンド
奥山 文朗	上田 篤*		1991.5	「日本における博物館の現況と課題」	『展示学』第11号	日本展示学会
奥山 陽			1931	「郷土館設置の實際」	『郷土－研究と教育－』第參號	郷土教育聯盟
小倉 謙			1931	「東京科學博物館各部紹介植物學部の陳列」	『科学知識』第10巻	科學知識普及會
小倉 謙			1931.11	「植物學部陳列の概要」	『自然科学と博物館』第23號	東京博物館
小倉 謙			1940	「植物園」	『東京帝國大學理學部植物學教室沿革』	東京帝國大學理學部植物學教室
小倉 謙			1940	『東京帝國大學理學部植物學教室沿革』		東京帝國大學理學部植物學教室
小倉 謙			1958	「明治前半期の小石川植物園」	『日本植物園協会会報』	
小倉 謙			1975	「博物館法による植物園のありかた」	『日本植物園協会誌』第10号	日本植物園協会
小倉 利丸			1999	「美術館をめぐる表現の自由、知る権利と行政による介入－富山県立美術館事件訴訟一審判決をめぐって－」	『博物館問題研究』第26号	博物館問題研究会
小倉 博			1993.2	「実習生の受け入れについて」	『Museumちば：千葉県博物館協会研究紀要』24号	千葉県博物館協会
小椋 留一			1931	「新郷土教育の本質並其の動向」	『郷土－研究と教育－』第三號	郷土教育聯盟
小栗 幸江			2014.1	「地域の文化を守り伝える使命」	『博物館研究』第49巻第1号	日本博物館協会
小栗栖 健治			1996	「兵庫県立歴史博物館におけるリニューアルの理念と実践」	『博物館研究』第31巻第7号	日本博物館協会
桶谷 虎之助			1924	「美術館見物」	『普通海員生活世界周航記』	海事社
尾坂 知江子	纐纈 はつほ*	小野田 智代 他	1992.3	「生命観展示品『受精から出産まで』について」	『名古屋市科学館紀要』第18号	名古屋市科学館
尾坂 知江子	広瀬 鎮*		1992.3	「生涯学習時代の科学館へ－「科学フェスタ/知覚に知覚－知覚を自覚」の試み」	『名古屋市科学館紀要』第18号	名古屋市科学館
尾坂 知江子	片岡	柴田 他	1994.3	「「健康百科」のクイズショーについて」	『名古屋市科学館紀要』第20号	名古屋市科学館
尾坂 知江子	金原 輝夫	端 正男	1994.3	「常設展示のメンテナンスから見た問題点～特に生命館の映像機器について～」	『名古屋市科学館紀要』第20号	名古屋市科学館

お

著者1	著者2	著者3	発行年	論文名・書籍名	掲載誌	発行元
尾坂 知江子			1994.3	「独自の展示品製作に力を入れる博物館活動〜川崎医科大学現代医学教育博物館についての報告〜」	『名古屋市科学館紀要』第20号	名古屋市科学館
尾坂 知江子	堀内 智子*		1996.3	「小中学生を対象とした「からだ」の学習〜6年目をむかえた「だから・からだゼミナール」〜」	『名古屋市科学館紀要』第22号	名古屋市科学館
尾坂 知江子			1996.3	「"遺伝子"を展示する試み」	『名古屋市科学館紀要』第22号	名古屋市科学館
尾坂 知江子			1996.3	「歯のびっくりサイエンスを継続して」	『名古屋市科学館紀要』第22号	名古屋市科学館
尾坂 知江子			1997.3	「生命を感じる生命館へ」	『名古屋市科学館紀要』第23号	名古屋市科学館
尾坂 知江子			2000.3	「人体標本の展示をめぐるある地方科学館の10年」	『名古屋市科学館紀要』第26号	名古屋市科学館
尾坂 知江子			2001.3	「"遺伝子"を展示する試み〜パート2」	『名古屋市科学館紀要』第27号	名古屋市科学館
尾坂 知江子			2002.3	「特別展「からだ・ふしぎ発見」を開催して」	『名古屋市科学館紀要』第28号	名古屋市科学館
尾坂 知江子	徳田 信子*		2002.3	「生命科学を子どもと共に遊ぶ〜寸劇・ゲーム・歌を使った試み」	『名古屋市科学館紀要』第28号	名古屋市科学館
尾坂 知江子	湯浅 万紀子*		2004.3	「記憶の中の科学館」	『名古屋市科学館紀要』第30号	名古屋市科学館
尾坂 知江子	小林 身哉*	キム・ヨンジャ	2005.3	「大学生は科学館から何を学ぶか〜名古屋市科学館を見学した金城学院大学生のレポートから」	『名古屋市科学館紀要』第31号	名古屋市科学館
尾坂 知江子			2005.3	「"遺伝子"を展示する試み〜パート3」	『名古屋市科学館紀要』第31号	名古屋市科学館
尾坂 知江子			2009	「発光生物に関する科学館の展覧会を企画して」	『海洋』号外第51号	海洋出版
尾崎 晃			2011.3	「文書館展示を魅力あるものに--千葉県文書館の試み」	『記録と史料』第21号	全国歴史資料保存利用機関連絡協議会
尾崎 煙雄 編	大木 淳一		2000	「地域の自然を生かした学習と博物館の役割」	『科学技術教育』第39号	千葉県立総合教育センター
尾崎 煙雄 編	小川 かほる 編		2000	『カエルを題材とした自然学習—教材の開発とその活用例—』		千葉県立中央博物館親しむ博物館づくり事業実行委員会
尾崎 煙雄	大木 淳一	長谷川 雅美	2001	「カエルがつないだ子どもたちと地域と博物館」	『Cultivate：文化と環境を考える』13号	文化環境研究所
尾崎 煙雄			2001.3	「特別展における入場者アンケートによる展示の評価」	『千葉県立中央博物館 自然誌研究報告』第6巻2号	千葉県立中央博物館
尾崎 煙雄			2010.3	「房総の山のフィールド・ミュージアム事業について」	『Museumちば：千葉県博物館協会研究紀要』40・41号	千葉県博物館協会
尾崎 勝彦	嶺重 慎*		2007.11	「天文施設におけるバリアフリー（ユニバーサルデザイン）についてのアンケート報告」	『天文教育』第19巻6号	天文教育普及研究会
小崎 軍司			1975	『夜あけの星 自由大学/自由画/農民美術を築いた人たち』		造形社
尾崎 孝宏	桑原 季雄*	西村 明	2007	「闘牛ネットワークのフロンティア-国内の博物館と海外の事例より」	『鹿大史学』第54号	鹿大史学会
尾崎 秀眞			1939	「総督府博物館の思い出」	『創立30年記念論文集』	臺灣博物館協會
尾崎 元春			1939	「刀剣の保存と手入法」	『博物館研究』第12巻第6號	日本博物館協會
尾崎 元春			1973.1	「帝室博物館時代の陳列品収集（歴史関係）」	『MUSEUM』第262号	東京国立博物館
尾崎 泰弘			1996.3	「公立博物館の学芸員に今求められること」	『Museologist：明治大学学芸員養成課程年報』第11巻	明治大学学芸員養成課程
筬島 大悟			2017.1	「世界遺産の価値における普遍性と代表性:世界遺産委員会の議論とその変遷」	『日本建築学会計画系論文集』第82巻731号	日本建築学会
長田 真奈美	田宮 縁*	片野 佳代子	2012.3	「動物園との連携による動物飼育の教育的意義と課題」	『静岡大学教育実践総合センター紀要』第20号	静岡大学教育学部附属教育実践総合センター
長田 麻里			2003.3	「仙台市富沢遺跡保存館「氷河期の森」の植生復元について」	『仙台市富沢遺跡保存館研究報告』第6号	仙台市富沢遺跡保存館
長田 麻里			2005.3	「「氷河期の森」の植生復元についてその2-侵入植物-」	『仙台市富沢遺跡保存館研究報告』第8号	仙台市富沢遺跡保存館
小山内 直子			1959.9	「いわゆる「展示」という用語について」	『Mouseion：立教大学博物館研究』第4号	立教大学学校・社会教育講座

著者1	著者2	著者3	発行年	論文名・書籍名	掲載誌	発行元
小佐野 重利 選			2014.10	「ウフィツィ美術館で出あう名品の中の名品たち」	『芸術新潮』第65巻第10号	新潮社
小澤 栄一			1932	「郷土研究施設の状況」	『郷土教育』第十八號	郷土教育聯盟
小澤 圭次郎			1913	「庭園源流略志」(18)	『建築工藝雑誌』第20冊	建築工藝協會
小澤 圭次郎			1915	「小石川植物園縦覧の事」	『明治庭園記』	日本圓藝研究會
小澤 淳史	人見 誠 マルセール*	菅野 博貢	2016.3	「高山市重要伝統的建造物群保存地区外縁部における修景と伝統要素の利用に関する研究」	『ランドスケープ研究』第79巻第5号	日本造園学会
小沢 慎治			2001	『ディジタルライブラリに於ける仮想展示のための3次元情報の獲得・蓄積・表示法の開発』		文部省科学研究費補助金研究成果報告書
小澤 清男			1986.3	「市民と博物館-事例「加曽利貝塚土器づくり同好会」-」	『平塚市博物館年報』第9号	平塚市博物館
小沢 善	カール・マイヤー*		1976	『美術泥棒の世界 国際美術市場のからくり』		河出書房
尾澤 卓思	吉冨 友恭*	萱場 祐一	2002	「河川における展示手法に関する研究--自然共生研究センターを事例として」	『土木技術資料』第44巻10号	土木研究センター
小沢 健志 編			1996	『幕末写真の時代』		筑摩書房
小塩 和人			2005.3	「アメリカン・ミュージアム・スタディーズに向けて」	『日本女子大学博物館学芸員課程年報』No.3	日本女子大学
小塩 哲朗			1996.3	「インターネット時代の科学館」	『名古屋市科学館紀要』第22号	名古屋市科学館
小塩 哲朗			1997.3	「名古屋市科学館インターネットの現状と課題」	『名古屋市科学館紀要』第23号	名古屋市科学館
小塩 哲朗	西本 昌司*		1997.3	「科学実験講座「クリスタルレクチャー」の企画から実施まで～名古屋市科学館サイエンスホールの新たな試み(その1)」	『名古屋市科学館紀要』第23号	名古屋市科学館
小塩 哲朗			1999.3	「館内情報提供システム「アサラネット」について」	『名古屋市科学館紀要』第25号	名古屋市科学館
小塩 哲朗	西本 昌司	西嶋 洋一 他	2001.3	「科学演芸2000「インターネットdeコント」～インターネット活用事例～」	『名古屋市科学館紀要』第27号	名古屋市科学館
小塩 哲朗	西本 昌司*		2001.3	「科学演芸の企画と運営」	『名古屋市科学館紀要』第27号	名古屋市科学館
小塩 哲朗	西本 昌司		2002.3	「名古屋市科学館におけるITの活用」	『名古屋市科学館紀要』第28号	名古屋市科学館
小塩 哲朗	西本 昌司		2003.3	「遊びながら科学を学ぶ教材の開発」	『名古屋市科学館紀要』第29号	名古屋市科学館
小塩 哲朗	西本 昌司*		2003.3	「スミソニアン自然史博物館での「科学演芸」の実施について」	『名古屋市科学館紀要』第29号	名古屋市科学館
小塩 哲朗			2008.3	「スミソニアン自然史博物館における常設展示の装飾」	『名古屋市科学館紀要』第34号	名古屋市科学館
小塩 哲朗	栃窪 優二*	松山 智恵子	2012	「大学と科学館との映像制作連携の試み:名古屋市科学館プロジェクト報告」	『椙山女学園大学文化情報学部紀要』第12巻	椙山女学園大学文化情報学部
越志 徳門			2010.9	「宝物殿収蔵史料とその展示について」	『アーキビスト』第74号	全国歴史資料保存利用機関連絡協議会関東部会
鴛淵 一			1926	「英國博物館訪書緑」	『海外視察録』第6巻	大阪外國語學校
尾島 利雄			1987.3	「地域博物館のあり方に思う」	『栃木県立博物館研究紀要』第4号	栃木県立博物館
尾島 利雄			1990.3	「地域博物館と村づくり町おこし」	『栃木県立博物館研究紀要』第7号	栃木県立博物館
尾島 晴子			2015.3	「特殊撮影資料の保存・展示施設の必要性に関する一考察」	『國學院大學博物館学紀要』第39輯	國學院大學博物館学研究室
オスカー・フオン・ミラー			1930	「独逸博物館とミラ博士(棚橋源太郎)科学及び工業博物館に就いて」	『日独文化講演集』第4輯	
オスカー・フオン・ミラー			1930.4	「科学及工業博物館に就て」	『博物館研究』第3巻第4號	博物館事業促進會
尾瀬 敬止			1941	「異境に誇る日本植物園」	『日露文化叢談』	大阪屋號書店
尾関 謙一郎			2010.8	「博物館における広報活動について」	『博物館研究』第45巻第8号	日本博物館協会

お

著者1	著者2	著者3	発行年	論文名・書籍名	掲載誌	発行元
尾関 さやか			2009	「ダイノソアファクトリーでワンダフル・アイディア!--ミュージアムでの学び」	『環境思想・教育研究』第3号	環境思想・教育研究会
織田 一磨			1943	「北齋美術館建設提唱」	『喰へる雑草:自然科學と藝術』	駸々堂
小田 勝美			2009.4	「福岡県須恵町立歴史民俗資料館における新しい資料公開のあり方-ボランティアによるデジタルコンテンツ作成」	『民具マンスリー』第42巻第1号	神奈川大学
小田 久美子	下原 美保*	山本 みどり	2007	「ミュージアムエデュケーションの実践研究について-所蔵作品を取り入れた絵巻作りを中心に」	『鹿児島大学教育学部教育実践研究紀要』第17号	鹿児島大学教育学部
織田 潤	伊能 秀明*	伊藤 麻里	2003.3	「日本のユニバーシティ・ミュージアム」	『明治大学博物館研究報告』第8号	明治大学博物館事務室
織田 潤	伊能 秀明*		2004.3	「日本のユニバーシティ・ミュージアム」	『明治大学博物館研究報告』第9号	明治大学博物館事務室
織田 潤	伊能 秀明*		2005.3	「海外のユニバーシティ・ミュージアム(北米編)」	『明治大学博物館研究報告』第10号	明治大学博物館事務室
小田 善一郎			2012.10	「宮本常一と商家博物館むろやの園」	『民具研究』第146号	日本民具学会
尾田 太良			1978	「試料処理と標本の作成「有孔虫・貝形虫」」	『微化石研究マニュアル』	朝倉書店
織田 直文	鳥羽 都子*		2007.9	「まちづくりに関わる一主体としての文化施設に関する研究--滋賀県長浜市のまちづくりに関わる長浜市長浜城歴史博物館事業の分析から」	『文化経済学』第5巻第4号	文化経済学会
小田 真裕			2013.9	「3.11からの歴史学(その2)史料と展示記憶をつなぐ:津波災害と文化遺産」	『歴史学研究』第909号	青木書店
小田 泰史			2005.8	「教えたいことを伝えよう:日本モンキーセンターを会場にした教員向け研修会」	『日本科学教育学会年会論文集』第29巻	日本科学教育学会
小田 泰史	山中 敦子*	村越 英昭 他	2005.8	「WEB教材を作る・育てる:学校から家庭へ、家庭から地域へ(学校と博物館・動物園等の連携-学校が教えたいこと、博物館が伝えたいこと-)」	『日本科学教育学会年会論文集』第29巻	日本科学教育学会
小田 康徳			2013.6	「博物館・資料館問題 ピースおおさか展示リニューアル問題」	『地方史研究』第63巻第3号	地方史研究協議会
小田 勇造			1963	『パンチカード入門』		恒星社厚生閣
織田 雪江			2012.6	「ことばで「世界」を見てみよう:「博学連携教員研修ワークショップ」のとりくみから」	『国際理解教育』第18巻	日本国際理解教育学会
小田内 通敏			1913	『我が國土』		長風社
小田内 通敏			1915	「御大典記念と郷土博物館」	『斯民』第10編第5號	中央報徳會
小田内 通敏			1915	「秋田郷土博物館の設立を望む」	『秋田魁新報』1915年12月1日朝刊2面	秋田魁新報社
小田内 通敏			1919	「井上知事の思い出」	『斯民』第14編第7號	中央報徳會
小田内 通敏			1929	「郷土思想の涵養と其の方法-郷土地理の研究と郷土博物館の設立-」	『農村教育研究』第二巻第一號	農村教育研究會
小田内 通敏			1930	「郷土的特質と其の教育」	『郷土-研究と教育-』第二號	郷土教育聯盟
小田内 通敏			1932	「文部省主催郷土教育資料の陳列と講話」	『郷土教育』第二十號	郷土教育聯盟
小田内 通敏			1933	「郷土教育の主流と其組織化—最近四十日間の印象」	『郷土教育』第二十七號	郷土教育聯盟
小田内 通敏			1934	「郷土教育の新しき方向」	『郷土教育』第四十三號	郷土教育聯盟
小田内 通敏			1936	「郷土」	『教育學辭典』第1巻	岩波書店
小田内 通敏			1937	「農村に於ける郷土教育の新形態」	『改造』第5巻第10號	改造社
小田内 通敏			1940	『日本郷土學』		日本評論社
尾多賀 晴悟			2002	「広島県歴史民俗資料館等連絡協議会の歩みと今後」	『民具マンスリー』第35巻4号	神奈川大学
尾多賀 晴悟			2003.3	「資料館から博物館へ-しんいち歴史民俗博物館の場合」	『國學院大學博物館學紀要』第27輯	國學院大學博物館学研究室
小高 てる子			1968.4	「天文教材に関する児童の関心度の調査」	『五島プラネタリウム学芸報 開館十周年記念』第4集	五島プラネタリウム

著者1	著者2	著者3	発行年	論文名・書籍名	掲載誌	発行元
小高根 太郎			1941.2	「アーネスト・エフ・フエノロサの美術運動 一」	『美術研究』第110号	美術研究所
小高根 太郎			1941.3	「アーネスト・エフ・フエノロサの美術運動 二」	『美術研究』第111号	美術研究所
小高根 太郎			1941.4	「アーネスト・エフ・フエノロサの美術運動 三」	『美術研究』第112号	美術研究所
尾高 豊作			1932	「郷土資料室と郷土博物館」	『博物館研究』第5巻第8号	日本博物館協會
尾高 豊作			1932	「郷土化教授とレジヨナリズム」	『郷土科學』第十五號	郷土教育聯盟
尾高 豊作			1932	「郷土と學校―その分離から融合へ」	『郷土科學』第二十一號	郷土教育聯盟
尾高 豊作			1932	「今一度、郷土教育運動の動機と目標を正視せよ」	『郷土教育』第二十二號	郷土教育聯盟
尾高 豊作			1933	「郷土教育運動の十字街に立つ」	『郷土教育』第二十八號	郷土教育聯盟
小田木 治太郎			2004	「日本における歴史系博物館の分業の現状と課題:博物館・資料館における歴史展示の比較研究」	『天理参考館報』第17号	天理参考館
小田切 進			1981	『文庫へみち 郷土の文学記念館』		東京新聞出版局
小田切 進			1982	『続文庫へみち郷土の文学記念館』		東京新聞出版局
小田切 松男			1971	「科学館の将来計画について」	『科学館紀要』第6号	市立名古屋科学館
小田島 高之	望月 賢二*	石倉 亮治	1993	「千葉県立博物館情報システム」	『千葉県立中央博物館 自然誌研究報告』第2巻2号	千葉県立中央博物館
尾立 和則			1992.4	「第3章伝製品の保存と修復 第5節文書」	『文化財のための保存科学入門』	株式会社飛鳥企画
尾立 和則			1992.4	「第5章文化財と環境 第6節災害時における緊急措置」	『文化財のための保存科学入門』	株式会社飛鳥企画
小谷 超			2015.4	「博物館が市民と連携して実施する「地域回想法」について」	『民具研究』第151号	日本民具学会
尾谷 雅比古			2006.3	「大師山古墳の発見と顕彰:近代の埋蔵文化財行政の一例」	『桃山学院大学総合研究所紀要』第31巻第3号	桃山学院大学総合研究所
小田部 英勝			2009.3	「日本における「中国文物」の受容変遷について-日本型展覧会の成立とマスメディア」	『佛教大学大学院紀要.文学研究科篇』第37号	佛教大学大学院
小田部 雄次			2004.11	『家宝の行方-美術品が語る明治・大正・昭和-』		小学館
越智 恵			1980.11	「武蔵野音楽大学楽器博物館の独自性と当面する課題」	『Mouseion: 立教大学博物館研究』第26号	立教大学学校・社会教育講座
越智 裕二郎			2007.6	「美術館評価に向けて-兵庫県立美術館の場合」	『博物館研究』第42巻第6号	日本博物館協会
落合 明子			2009.12	「「黒人物語」を語る場を求めて:国立博物館の建設地をめぐる記憶のポリティクス」	『国際文化研究科論集』第17号	東北大学大学院国際文化研究科
落合 明子			2016.3	「国立アメリカ・インディアン博物館設立法成立の背景:国立黒人博物館設立法案との比較から」	『同志社大学グローバル地域文化学会紀要』第6号	同志社大学グローバル地域文化学会
落合 功			2014.12	「首都圏形成史研究会シンポジウム『歴史災害を伝える"災害史"展示の現状と課題』参加記」	『地方史研究』第64巻第6号	地方史研究協議会
落合 一泰			2004.12	「トランス・アトランティック物語──ヨーロッパ・コレクションのなかの古代メキシコ工芸」	『非文字資料研究』第6号	神奈川大学21世紀COEプログラム研究推進会議
落合 啓二			2000.6	「県立博物館における哺乳類標本の収集と保存--千葉県立中央博物館の現状を中心に」	『哺乳類科学』第40巻1号	日本哺乳類学会
落合 啓二	並木 美砂子*	竹内 有理	2005.3	「企画展示「持ち込まれたケモノたち」の展示評価-企画展入場者の展示利用形態と外来種問題に関する認識及び意識の変化-」	『千葉県立中央博物館 自然誌研究報告』第8巻2号	千葉県立中央博物館
落合 研一 編	常本 照樹*		2015.3	『台湾の原住民族政策:民族認定と博物館』		北海道大学アイヌ・先住民研究センター
落合 知子			2000.3	「古都鎌倉の文化財保護の現状と課題―世界遺産登録に向けて―」	『國學院大學博物館學紀要』第24輯	國學院大學博物館学研究室
落合 知子			2001.3	「博物館資料における教育的活用の歴史的研究」	『國學院大學博物館學紀要』第25輯	國學院大學博物館学研究室
落合 知子			2002.3	「重要伝統的建造物群の調査報告(1)港町、島・山村集落の調査報告」	『國學院大學博物館學紀要』第26輯	國學院大學博物館学研究室

お

著者1	著者2	著者3	発行年	論文名・書籍名	掲載誌	発行元
落合 知子			2003.3	「國學院大學における博物館実習の一考察」	『國學院大學博物館學紀要』第27輯	國學院大學博物館学研究室
落合 知子			2004.3	「世界遺産モン・サン・ミッシェルの一考察-フランスの博物館・美術館事情」	『國學院大學博物館學紀要』第28輯	國學院大學博物館学研究室
落合 知子			2005.3	「野外博物館研究-韓国民俗村・安東河ロマウルの事例より-」	『國學院大學博物館學紀要』第29輯	國學院大學博物館学研究室
落合 知子			2006.3	「野外博物館の概念」	『全博協研究紀要』第9号	全国大学博物館学講座協議会
落合 知子			2006.3	「野外博物館研究小史」	『國學院大學博物館學紀要』第30輯	國學院大學博物館学研究室
落合 知子			2006.5	「重要伝統的建造物群に求められる博物館」	『史跡整備と博物館』	雄山閣
落合 知子			2007.3	「野外博物館の歴史-我が国に「野外博物館」を初めて紹介した南方熊楠の野外博物館について-」	『國學院大學博物館學紀要』第31輯	國學院大學博物館学研究室
落合 知子			2008.3	「道の駅博物館の研究-新潟県・秋田県の調査を中心として」	『全博協研究紀要』第10号	全国大学博物館学講座協議会
落合 知子			2008.3	「道の駅野外博物館の研究」	『國學院大學博物館學紀要』第32輯	國學院大學博物館学研究室
落合 知子			2009.3	「福沢諭吉の観た博物館」	『全博協研究紀要』第11号	全国大学博物館学講座協議会
落合 知子			2009.3	「日本人が範とした北欧の野外博物館」	『國學院大學博物館學紀要』第33輯	國學院大學博物館学研究室
落合 知子			2009.9	『野外博物館の研究』		雄山閣
落合 知子	小島 有紀子	野中 優子 他	2010.3	「平成21年度文部科学省「組織的な大学院教育改革推進プログラム」採択に伴う大学院授業としての「博物館学専門・特殊実習」について--情報伝達具の製作」	『全博協研究紀要』第13号	全国大学博物館学講座協議会
落合 知子			2010.3	「宮本馨太郎先生と博物館学」	『國學院大學博物館學紀要』第35輯	國學院大學博物館学研究室
落合 知子			2010.7	「福澤諭吉」「モース、エドワード・S」「南方熊楠」「澁澤敬三」「藤山一雄」	『博物館学人物史上』	雄山閣
落合 知子			2010.11	「野外博物館のあり方」	『月刊考古学ジャーナル』第607号	ニューサイエンス社
落合 知子			2011.3	「神社の野外博物館」	『神社博物館事典』	國學院大學
落合 知子	大貫 涼子	河合 奈々瀬 他	2011.3	「平成21年度文部科学省「組織的な大学院教育改革推進プログラム」採択に伴う大学院「博物館学専門・特殊実習」授業の報告:大学院生による手作り博物館の実践」	『國學院大學博物館學紀要』第36輯	國學院大學博物館学研究室
落合 知子	小島 有紀子	野中 優子 他	2012.3	「平成21年度文部科学省「組織的な大学院教育改革推進プログラム」採択に伴う大学院授業としての「博物館学専門・特殊実習」について—情報伝達具の製作—」	『平成21年度採択文部科学省「組織的な大学院教育改革推進プログラム」高度博物館学教育プログラム最終報告』	國學院大學博物館学研究室
落合 知子	大貫 涼子	河合 奈々瀬 他	2012.3	「平成21年度文部科学省「組織的な大学院教育改革推進プログラム」採択に伴う大学院「博物館学専門・特殊実習」授業の報告—大学院生による手作り博物館の実践—」	『平成21年度採択文部科学省「組織的な大学院教育改革推進プログラム」高度博物館学教育プログラム最終報告』	國學院大學博物館学研究室
落合 知子			2012.3	「全国大学博物館学講座協議会東日本部会平成22年度研究助成による「公立博物館での有資格者採用の義務化に向けた実態調査」結果について」	『全博協研究紀要』第14号	全国大学博物館学講座協議会
落合 知子			2012.3	「日本文化にみる資料保存意識」	『國學院大學博物館學紀要』第36輯	國學院大學博物館学研究室
落合 知子			2012.5	「野外博物館のあり方(観光と博物館)」	『観光考古学』	ニューサイエンス社
落合 知子			2012.5	「宮本馨太郎」「古賀忠道」	『博物館学人物史下』	雄山閣
落合 知子			2012.8	「我が国最初の登録野外博物館:宮崎自然博物館の成立とその社会的背景」	『國學院雜誌』第113巻第8号	國學院大學
落合 知子			2013.3	「野外博物館の展示」	『人文系博物館展示論』	雄山閣
落合 知子			2013.3	「濱田耕作と博物館:明治37年のMuseologieの記述」	『全博協研究紀要』第16号	全国大学博物館学講座協議会
落合 知子	増山 聖子	落合 広倫 他	2013.3	「平成24年度國學院大學大学院「博物館学専門・特殊実習」夏季集中実習報告—我が国初の大学院生による手作り博物館の実践」	『國學院大學博物館學紀要』第37輯	國學院大學博物館学研究室
落合 知子			2013.3	「戦後の動物園における博物館学思想の一考察:古賀忠道と佐々木時雄にみる動物園のあり方」	『國學院大學大学院紀要』第45輯	國學院大學大学院
落合 知子	大谷 歩*	青木 豊 編	2013.5	「日本文化としての資料保存意識」	『人文系博物館資料保存論』	雄山閣
落合 知子			2014	『野外博物館の研究』改定増補版		雄山閣

お

著者1	著者2	著者3	発行年	論文名・書籍名	掲載誌	発行元
落合 知子			2014.8	「中国における野外博物館の現状と課題」	『國學院雑誌』第115巻第8号	國學院大學
落合 知子			2015	「野外博物館における郷土教育」	『人間の発達と博物館学の課題:新時代の博物館経営と教育を考える』	同成社
落合 知子			2015.9	「日本人が見た海外の遺跡博物館:sitemuseum」	『地域を活かす遺跡と博物館遺跡博物館のいま』	同成社
落合 知子			2016	「地域の拠点機能に求められる道の駅のあり方:道の駅博物館の地域に果たす役割と課題」	『長崎国際大学論叢』第16巻	長崎国際大学研究センター
落合 知子			2016.3	「地域創生に直結する博物館ー道の駅博物館ー」	『観光資源としての博物館』	芙蓉書房出版
落合 知子	阿部 正喜*	和泉 大樹 他	2016.3	「観光資源としての博物館の活用」	『観光資源としての博物館』	芙蓉書房出版
落合 知子	下湯 直樹*	川上 直彦 他	2016.6	「平成27年度学長裁量経費採択事業「留学生に対する博物館学の啓発と博物館学教育の質的向上の実践」の成果報告と今後の課題」	『長崎国際大学論叢』第16巻	長崎国際大学
落合 知子			2017	「郷土博物館をつくる」	『考古学・博物館学の風景:中村浩先生古稀記念論文集』	芙蓉書房出版
落合 知子			2017.2	『博物館実習教本中国語版』		長崎国際大学
落合 知子			2017.2	『博物館実習教本』		長崎国際大学
落合 知子			2017.3	「博物館学のグローバル化を目指してー上海大学博物館学研修の実践からー」	『長崎国際大学論叢』第17巻	長崎国際大学
落合 知子			2017.4	「郷土博物館をつくる」	『考古学・博物館学の風景:中村浩先生古稀記念論文集』	芙蓉書房
落合 知子			2017.11	「学芸員養成課程のグローバル化における課題と展望ー上海大学博物館学研修を事例としてー」	『國學院雑誌』第118巻第11号	國學院大學
落合 知子			2017.12	「野外博物館論史」	『博物館学史研究事典』	雄山閣
落合 博晃			2015.9	「美術館と観光:金沢21世紀美術館の挑戦」	『博物館研究』第50巻第9号	日本博物館協会
落合 弘樹			2013.3	「藩政史料と歴史研究～旧藩主家史料の再評価～」	『博物館資料の再生:自明性への問いとコレクションの文化資源化』	岩田書院
落合 広倫			2010.3	「銀行博物館の研究」	『國學院大學博物館學紀要』第34輯	國學院大學博物館学研究室
落合 広倫			2012.3	「資料の修理・復元に関する一考察」	『國學院大學博物館學紀要』第36輯	國學院大學博物館学研究室
落合 広倫			2013.3	「韓国博物館法及び関連法規の一考察」	『國學院大學博物館學紀要』第37輯	國學院大學博物館学研究室
落合 広倫	落合 知子*	増山 聖子 他	2013.3	「平成24年度國學院大學大学院「博物館学専門・特殊実習」夏季集中実習報告―我が国初の大学院生による手作り博物館の実践―」	『國學院大學博物館學紀要』第37輯	國學院大學博物館学研究室
落合 広倫	内川 隆志	吉良 芳恵 他	2013.5	「劣化・損壊資料の修理・復元」	『人文系博物館資料保存論』	雄山閣
落合 広倫			2014.3	「中華人民共和国における「博物館管理規則」」	『國學院大學博物館學紀要』第38輯	國學院大學博物館学研究室
落合 広倫			2015	「「西安市民営博物館評価規則」からみる私立博物館経営の一考察」	『人間の発達と博物館学の課題:新時代の博物館経営と教育を考える』	同成社
落合 広倫	奥田 環		2016.3	「博物館と法律」	『観光資源としての博物館』	芙蓉書房出版
落合 広倫			2017.12	「博物館職員論史」	『博物館学史研究事典』	雄山閣
落亀 利章			2001.12	「文化財建造物の被害例及び対策」	『建築研究協会誌』第2号	建築研究協会
落亀 利章			2003.12	「国宝姫路城の防災施設事業(NSシステムを含む総合防災設備の導入について)」	『建築研究協会誌』第6号	建築研究協会
お茶の水女子大学比較日本学研究センター			2007.3	「ガストン・ミジョン(1861-1930)、ルーブル美術館初の極東美術コレクション学芸員ー日本滞在100周年にあたり、功績を振り返る」	『お茶の水女子大学比較日本学研究センター研究年報』第3号	お茶の水女子大学比較日本学教育研究センター
乙須 翼			2015	「博物館展示から考える『人間の苦痛』の教育的利用:教員に求められる資質と倫理」	『長崎国際大学論叢』第15号	長崎国際大学研究センター
乙幡 康之			2014.8	「博物館における地域調査とその魅力」	『地理』第59巻第8号	古今書院
乙竹 岩造			1934	『現代教育學汎論』		培風館

お

著者1	著者2	著者3	発行年	論文名・書籍名	掲載誌	発行元
乙村 雅人	真木 利江	高橋 智彦	2008.7	「前川國男設計の美術館・博物館に関する研究(1):9作品のロビー空間における空間構成の特徴」	『学術講演梗概集』2008巻	日本建築学会
乙村 雅人	高橋 智彦*	真木 利江	2008.7	「前川國男設計の美術館・博物館に関する研究(2):熊本県立美術館における空間構成とテクスチュア表現」	『学術講演梗概集』2008巻	日本建築学会
與那嶺 一子			2008.3	「体験キットをつくる−沖縄県立芸術大学の学生達との教育普及プログラムの試み−」	『沖縄県立博物館・美術館博物館紀要』第1号	沖縄県立博物館・美術館
鬼丸 和幸	大橋 和政*		1997	「美幌博物館と野外教室」	『博物館研究』第32巻第10号	日本博物館協会
鬼丸 和幸			1998.2	「学校教育と連携した自然教育事業の実践について」	『美幌博物館研究報告』第5号	美幌博物館
鬼丸 和幸	川井 唯史*		2007.3	「ニホンザリガニの博物誌的研究」	『美幌博物館研究報告』第14号	美幌博物館
鬼本 佳代子			2010.1	「第2回フォーラム・連続公開インタビュー 教育的視点から見た関西の美術館・博物館の普及事業―草創期を探る報告」	『月刊ミュゼ』91号	(株)アム・プロモーション
鬼本 佳代子			2013.1	「全国美術館会議学芸員研修での試み:社会教育・生涯学習の歴史と実践を学ぶ:美術館の教育普及活動を考えるために」	『月刊社会教育』第57巻1号	国土社
小野 晃	敷山 哲洋*	河合 博文 他	2007	「インタビュー 水族館の歴史を変えた超巨大パネル」	『宙舞』第60号	自動車技術会中部支部
小野 文子			2006	「地域美術館との連携による鑑賞教育プログラム:「総合演習」におけるワークシート制作を通して」	『信州大学高等教育システムセンター紀要』第2号	
小野 郁子			1993	「博物館における図書室の現状と課題」	『博物館問題研究』第23号	博物館問題研究会
小野 和	大即 洋子*	坂東 宏和	2007.3	「幼児のコンピュータ利用におけるRFIDシステムの活用」	『子ども博物館楽校』第3号	チルドレンズ・ミュージアム研究会
小野 一之			1990.11	「90年代の地域博物館像」	『月刊社会教育』第34巻第11号	国土社
小野 一之			1997	「博物館公社委託の一問題」	『博物館問題研究』第24号	博物館問題研究会
小野 一之			1997.2	「新たな「博物館づくり」を考えるネットワーク――博物館問題研究会の活動から」	『歴史手帖』第25巻2号	名著出版
小野 一之			1997.3	「展示論・展示評価の模索」	『Museumちば:千葉県博物館協会研究紀要』28号	千葉県博物館協会
小野 一之			2008.10	「地域と「祭」と博物館−常設展示室リニューアルをめぐって」	『博物館研究』第43巻第10号	日本博物館協会
小野 勝利			1980.3	「博物館学の初歩認識」	『博物館学雑誌』第5巻第2号	全日本博物館学会
小野 勝利			1982.5	「博物館雑考 とくにその定義と奉仕をめぐって」	『阡陵関西大学博物館学課程創設二十周年記念特集』	関西大学博物館学課程
小野 健吉			2017.3	「東京都所管文化財庭園の観光を含めた活用の展望」	『観光学』第16号	和歌山大学観光学会
小野 聡			2016	「都市開発における埋蔵文化財保護制度:影響評価の視点から」	『日本不動産学会誌』第30巻3号	日本不動産学会
小野 忍			1999.5	「城輪柵跡―伝統工芸と結びついた整備・活用」	『資源環境対策』第35巻7号(『緑の読本』シリーズ50)	公害対策技術同友会
小野 祥			2016.3	『現地における埋蔵文化財に関する観光向け情報提示手法の検討』		奈良先端科学技術大学院大学
小野 晋太郎	池内 克史*	大石 岳史 他	2016.3	「まちと震災のいま・過去を「仮想化空間」で伝える:震災遺構のデジタル保存と街並みの仮想再現」	『生産研究』第68巻第2号	東京大学生産技術研究所
小野 進			1934	「ウミヘビが博物館に納まるまで」	『秋田犬・奥羽北海の動物を語る』	小野進著刊行會
小野 進			1934	「齋藤報恩會博物館」ほか	『秋田犬・奥羽北海の動物を語る』	小野進著刊行會
小野 武雄 編			1977.5	『見世物風俗図誌江戸時代風俗図誌第二巻』		展望社
小野 智子			1997	「日本のプラネタリウム事情」	『博物館問題研究』第24号	博物館問題研究会
小野 裕之	島田 晋子	田中 由美子	2015.10	「埼玉県東部地区の高校図書館ネットワークにおける巡回展示の取り組み」	『図書館雑誌』第109巻第10号	日本図書館協会
小野 昌孝 編			1989.3	『接着と接着剤:その選び方・使い方』		日本規格協会
尾野 正晴			1981.5	「小さな企画でも―三木富雄展」	『美術手帖』481号	美術出版社

お

著者1	著者2	著者3	発行年	論文名・書籍名	掲載誌	発行元
尾野 正晴			1982.11	「現代美術の矮小化と美術館」	『VOID』第1号	Void社
尾野 正晴			1983.3	「虚妄の美術館への感傷的弔辞」	『アトリエ』	アトリエ出版社
尾野 正晴			1985.1	「美術館と観衆」	『美術手帖』537号	美術出版社
尾野 正晴 編			1986	『美術館-この無知なるもの』		アキライケダギャラリー
尾野 正晴			1987.8	「現代美術の収集と美術館」	『読売新聞』1981年8月31日	読売新聞社
尾野 正晴	塩田 純一	黒田 雷児	1990.7	「座談会 学芸員から見た美術館」	『建築文化』第525号	彰国社
小野 昌弘			2001	「他館ボランティア実施状況調査報告」	『大阪市立科学館研究報告』第11号	大阪市立科学館
小野 正文			1990.3	「山梨県博物館史」	『國學院大學博物館学紀要』第14輯	國學院大學博物館学研究室
小野 美佳子	阿由葉 司*		2002	「視覚障害者と博物館--視覚障害者による博物館利用の可能性(1)」	『千葉県立中央博物館研究報告 人文科学』第7巻2号	千葉県立中央博物館
小野 美佳子	阿由葉 司*		2003.3	「驚きと感動--視覚障害者による博物館利用の可能性(2)」	『千葉県立中央博物館研究報告 人文科学』第8巻1号	千葉県立中央博物館
小野 裕子	安田 幸一	村田 涼	2012.9	「現代日本の博物館建築における導入空間まわりの用途の複合形式」	『学術講演梗概集』2012巻	日本建築学会
小野 良平	黒田 乃生*		2003.3	「白川村研究の系譜にみる文化財としての集落景観保全における問題点」	『ランドスケープ研究』第66巻第5号	日本造園学会
小野 禮子			1967.6	「展示解説板について」	『博物館研究』第41巻第2号	日本博物館協会
小野 禮子			1971.3	「統計にみる女性の入館者動向－Y館を中心として－」	『國學院大學博物館学紀要』第3輯	國學院大學博物館学研究室
小野 禮子	博物館学研究会 編		1972	「統計にみる女性の入館者動向」	『博物館と社会』	博物館学研究会
小野 禮子	広瀬 鎮*		1975.3	「モンキーセンター博物館学セミナーのこと」	『愛知の博物館』第21号	愛知県博物館協会
小野 禮子			1978.12	「美術館の教育普及について-千葉県立美術館を中心として-」	『Mouseion:立教大学博物館研究』第24号	立教大学学校・社会教育講座
小野 禮子			1979	「館種別博物館と地域(市民)社会 美術系博物館」	『博物館学講座 第4巻博物館と地域社会』	雄山閣
小野 禮子	難波 幸男	井上 隆夫 他	1999.3	「館・学・産連携による参加型展示の研究開発について-企画展示「人と石油」を通して-」	『千葉県立現代産業科学館研究報告』第5号	千葉県立現代産業科学館
小野 禮子			2010.6	「統計にみる余暇と女性--博物館(美術館)を中心として」	『国府台:和洋女子大学文化資料館・博物館学課程報告』第14号	和洋女子大学文化資料館・博物館学課程
尾上 薫			2007	「房総フィールド・ミュージアムを活用した環境教育」	『千葉工業大学プロジェクト研究年報』第4号	千葉工業大学附属総合研究所
尾上 一明			1999	「展示批評 横浜市歴史博物館企画展「海とともに暮らしていた頃」」	『民具研究』第120号	日本民具学会
尾上 一明			2003	「浦安市の博物館問題を振り返る」	『博物館問題研究』第29号	博物館問題研究会
尾上 一明			2004.3	「浦安市郷土博物館の展示と漁撈習俗調査」	『日本水産学会誌』第70巻第2号	日本水産学会
尾上 亨	神戸 信和*	坂巻 幸雄 他	1984	「地質調査所地質標本館の利用実態:学校:社会教育教材として」	『日本地質学会第71年学術大会講演要旨集』	日本建築学会
尾上 亨	加藤 信夫		1989.3	「栃木県塩原産植物化石(木の葉石)の収蔵・展示方法」	『博物館学雑誌』第14巻第1・2号合併号	全日本博物館学会
小野木 三郎			1980	『ぼくとわたしの動物園』		教育出版文化協会
小野木 三郎			1984.3	「学芸活動発表の場としての「スタデーコーナー」実践論」	『博物館学雑誌』第9巻第1・2号合併号	全日本博物館学会
小野木 三郎			1985.3	「学芸活動実践論資料紹介展「ふるさとと北米の植物」の実践とアンケート調査より」	『岐阜県博物館調査研究報告』第6号	岐阜県博物館
小野木 三郎			1986.2	『ぼくの博物館日記』		小野木三郎
小野木 三郎	新井 重三*	岩崎 友吉 他	1986.3	「博物館と環境教育」	『博物館学雑誌』第11巻第2号	全日本博物館学会

- 145 -

お

著者1	著者2	著者3	発行年	論文名・書籍名	掲載誌	発行元
小野木 三郎			1999.8	「黒部源流は生きている 山岳自然博物館」	『岳人』第626号	東京新聞出版局
小野木 重勝			1979	『日本の建築 明治大正昭和 2様式の礎』		三省堂
斧田 浩一	西村 英俊		2013.9	「新建築・新設備京都水族館」	『BE建築設備』第64巻第9号	建築設備綜合協会
斧田 浩一			2015.7	「京都水族館:人口海水を用いた水族館の省エネルギー技術」	『IBEC』第36巻第2号	建築環境・省エネルギー機構
小野田 伸			2002.4	「岡山市立オリエント美術館の情報化について」	『岡山市立オリエント美術館研究紀要』18号	岡山市立オリエント美術館
小野田 智代	纐纈 はつほ*	尾坂 知江子 他	1992.3	「生命観展示品『受精から出産まで』について」	『名古屋市科学館紀要』第18号	名古屋市科学館
小野田 光彦			1934.7	「武具の複製」	『博物館研究』第7巻第7號	日本博物館協會
小埜寺 直巳	坪井 清足 他		1982	「史跡の整備:その歩みと展望」	『月刊文化財』第224号	第一法規
小野寺 玲子			1999	「トピックス2 大学美術館と『開かれた大学』－東京芸術大学美術館の試み」	『博物館研究』第34巻第11号	日本博物館協会
小野 道風朝臣 筆			1910.7	『靈巌帖:帝室博物館御蔵』		書道振興会
小長谷 正治			2012.8	「博物館と災害資料:伊丹市立博物館の取り組み」	『Link:神戸大学大学院人文学研究科地域連携センター年報』第4号	神戸大学大学院人文学研究科地域連携センター
小畠 郁生			1973	『恐竜博物館』		光文社
小畠 郁生 編			1979.4	『世界の博物館.9 ヨーロッパ自然史博物館:化石と生物の神秘』		講談社
小畠 郁生			1997.2	「小川勇吉さんとアロサウルス」	『国立科学博物館ニュース』第334号	国立科学博物館
小畠 郁夫	牧 靖和		2000.3	「博物館改革の視点」	『全博協研究紀要』第6号	全国大学博物館学講座協議会
小畠 郁夫	牧 靖和		2000.3	「博物館独立行政法人関連の収支問題」	『全博協研究紀要』第6号	全国大学博物館学講座協議会
小畠 郁生	松川 正樹*	小荒井 千人 他	2000.5	「中里効果－科学研究の社会的還元と学校教育・生涯学習の提案－」	『地学教育』第53巻3号	日本地学教育学会
小幡 和男			2005.3	「大きな成果を収めたミュージアムパークでの自己点検支援ワークショップ」	『月刊ミュゼ』69号	(株)アム・プロモーション
小幡 和男	根本 智*	栗栖 宣博 他	2006.3	「茨城県内における薬用植物の利用とくらしとの関わり 第33回企画展「Yakuso-野山は自然のくすりばこ-」アンケート調査より」	『茨城県自然博物館研究報告』第9号	ミュージアムパーク茨城県自然博物館
小幡 和男	小池 渉*	国府田 良樹 他	2006.3	「ミュージアムパーク茨城県自然博物館の開館10周年記念企画展にかかる中国内蒙古自治区の地質および植物調査の概要」	『茨城県自然博物館研究報告』第9号	ミュージアムパーク茨城県自然博物館
小幡 和男	鈴木 肇*		2015.12	「ミュージアムパーク茨城県自然博物館の来館者の意識と動向:アンケート調査からみる20年の軌跡」	『茨城県自然博物館研究報告』第18号	ミュージアムパーク茨城県自然博物館
小畠 忠久	加藤 尚行		2016.11	「最新水族館にみる施工例(2)すみだ水族館」	『空気調和・衛生工学』第90巻11号	空気調和・衛生工学会
小畠 康郎			1957.3	『電気科学館二十年史』		大阪市電気科学館
小畑 勇吉			1909	『小學校に必要なる博物標本製作法』		寶文館
尾花 義幸			2009.11	「人にやさしい博物館を目指して--ミュージアムパーク茨城県自然博物館の取り組み」	『福祉介護機器technoプラス2』第11号	日本工業出版
小浜 昭造			1965	『ディスプレイ技法入門』		ダヴィッド社
小浜 昭造 他			1972	『ディスプレイのデザイン-その考え方とつくり方-デザイン事務シリーズ2』		グラフィック社
小濱通俗博物館 編			1937	『小濱通俗博物館誌』		小濱通俗博物館
小原 愛	大塚 英明*		2013.1	「歴史系博物館の企画展にみる異文化交流の動向」	『日本における都市形成と異文化交流』	日本大学文理学部文部科学省私立大学戦略的研究基盤形成支援事業「東アジアにおける都市形成プロセスの統合的把握とそのデジタル化をめぐる研究」日本史研究グループ
小原 巌			1993.12	「博物館と学校」	『国立科学博物館ニュース』第296号	国立科学博物館
小原 巌	青柳 邦忠		1996.9	「戦術の展開④内製と外注」	『ミュージアムマネージメント』	東京堂出版

著者1	著者2	著者3	発行年	論文名・書籍名	掲載誌	発行元
小原 巌			2000.9	「第3章展示の計画」	『博物館学シリーズ 3博物館展示・教育論』	樹村房
小原 一成	鍋島 隆*	河原 英治 他	1999.3	「科学博物館における教育普及活動について--身近なサイエンス教室の実施を通じて」	『千葉県立現代産業科学館研究報告』第5号	千葉県立現代産業科学館
小原 龜太郎			1943	「専門教育機關と博物館」	『博物館研究』第16巻第9号	日本博物館協會
小原 侃			1942	「吾等が祖先の勇武を物語る武具:斎藤報恩會博物館の陳列室を觀る」	『仙台郷土研究』第12巻第5號	仙台郷土研究會
小原 國芳			1937	「論説郷土教育論」	『教育研究』第463号	初等教育研究會
小原 國芳			1940	「二、郷土教育論」	『國民學校研究叢書』第1巻（國民學校案）	玉川學園出版部
小原 千夏			2015	「博物館教育の目的に関する多層的考察」	『人間の発達と博物館学の課題:新時代の博物館経営と教育を考える』	同成社
小原 直輝	工藤 智祥*	浦田 真由 他	2015.7	「プラネタリウムと連繋した科学系博物館における鑑賞支援システムの開発」	『映像情報メディア学会技術報告』第39巻第23号	映像情報メディア学会
小原 康弘			2013.9	「福岡共同公文書館について」	『ネットワーク資料保存』第105号	日本図書館協会・資料保存委員会
帯金 章郎			1982.11	「多様な表現方法と美術館」	『VOID』第1号	Void社
小尾 範治			1927	「博物館の使命」	『社會教育思潮』	南光社
小俣 直喜	市川 知都理		2010.3	「参加型教育美術展「新みなび」」	『山梨県立美術館研究紀要』第24号	山梨県立美術館
小俣 直喜	市川 知都理*		2010.11	「中学生のためのアートレクチャー---中高生に親しみのある美術館をめざして」	『博物館研究』第45巻第11号	日本博物館協会
小見 秀男			1974.2	「弱小博物館と"基準"」	『博物館問題研究会会報』第13号	博物館問題研究会
小見 秀男	戸根 与八郎		2005.6	「新潟県中越大震災における博物館の被災状況について」	『博物館研究』第40巻第6号	日本博物館協会
五十殿 利治			2001	『美術展覧会と近代観衆の形成について』		文部省科学研究費補助金研究成果報告書
五十殿 利治			2009.3	「ミュージアムというトポスミュージアムと博覧会・展覧会」	『芸術の生まれる場(未来を拓く人文・社会科学シリーズ16)』	東信堂
表 智之	金澤 韻	村田 麻里子	2009.7	『マンガとミュージアムが出会うとき』		臨川書店
小柳津 貴子			2007.4	「「かわさき産業ミュージアム構想」と川崎区における取り組み」	『日本機械学会誌』第110巻第1061号	日本機械学会
小山市立博物館編			1988.3	『学校教育に生きる博物館活動を目指して-市立博物館の試みと成果』		小山市立博物館
尾山 篤二郎			1915	「植物園小景」	『明る妙』	四方堂
折付 桂子			2014.5	「震災後の文化復興:福島の博物館と古書店」	『日本古書通信』第79巻第5号	日本古書通信社
織野 洋			2014.10	「韓国に残った日本民具:子ども会員による博物館展示農具等紹介」	『民具集積』17号	四国民具研究会・事務局
折原 繁			1987	「博物館実習の現状と課題―房総風土記の丘の実例をふまえて―」	『千葉房総風土記の丘年報－昭和60年度－』第10号	房総風土記の丘
オリビエ・ウルバン	クレイグ・ロバートソン	マイケル・ゴールデン 他	2015.5	「民音音楽博物館付属研究所が発足「音楽の力」を「平和構築」に」	『音楽現代』第45巻5号	芸術現代社
音樂之友社			1942	「音楽博物館建設準備會念々本格的活動に入る」	『音樂之友』第2巻4號	音樂之友社
音樂之友社			1943	「南方民族の音楽生活を研究調査南方音築文化研究所解説」	『音樂文化新聞』	音樂之友社
恩河 尚			2009.12	「沖縄県における地域史編集事業と「ヒストリート」(同時代史の現場博物館における同時代史展示の試み」	『同時代史研究』第2号	同時代史学会
恩賜京都博物館			1934	『恩賜京都博物館要誌』		恩賜京都博物館
恩田 重信			1928	「キュー植物園」	『五都遊記』	私家版
賈 蕙萱			2016.2	「北京の宮廷料理と博物館についての一考察」	『社会システム研究』2015特集号	立命館大学社会システム研究所

か

著者1	著者2	著者3	発行年	論文名・書籍名	掲載誌	発行元
賈 士金			1987.3	「中国の博物館と博物館学」	『國學院大學博物館學紀要』第12輯	國學院大學博物館学研究室
賈 鐘壽	久替 成治*		1989.12	「地域住民の歴史意識と地域博物館」	『博物館学年報』第21号	同志社大学博物館学芸員課程
カーディナル・ロジャー	エルスナー・ジョン*		1998	『蒐集』		研究社
カール・E・グーズ	博物館学研究会 訳		1968	『良き博物館にするために:博物館管理学入門』		博物館学研究会
カール・ハーゲンベック	平野 威馬雄 訳		1943	「動物園の設立」ほか	『動物記』	大道書房
カール・ハーゲンベック	平野 威馬雄 訳		1978	『動物会社ハーゲンベック』		白夜書房
カール・マイヤー	小沢 善		1976	『美術泥棒の世界 国際美術市場のからくり』		河出書房
甲斐 明夫	村内 道昌	半田 善三	2013.1	「永田町の風倶楽部新春特別鼎談 調度品から始まった美術館は日本の宝になった」	『セキュリティ研究』第16巻第1号	JSN日本セキュリティ情報サービス
甲斐 昭光	松岡 千寿		2015.2	「古代体験学習の現状:兵庫県立考古博物館の事例と古代体験交流会から」	『月刊考古学ジャーナル』666	ニューサイエンス社
甲斐 麻純	松岡 守		2013.3	「博物館と学校教育の連携の現状と今後の展望」	『三重大学教育学部研究紀要・自然科学・人文科学・社会科学・教育科学』第64巻	三重大学教育学部
開高 健監	梅棹 忠夫*		1979.5	『ウイスキー博物館』		講談社
海後 宗臣	飯田 晁三	伏見 猛弥	1932	「第二編郷土教育の理論」	『我國に於ける郷土教育と其施設』	目黒書店
海後 宗臣	飯田 晁三	伏見 猛弥	1932	「我が國に於ける郷土教育の發達」	『教育思潮研究』第六巻第一輯	東京大學教育思潮研究會
貝澤 耕一	内田 順子*		2008.3	「〈マンロー関係資料デジタル化プロジェクト〉記録を活かすために」	『第22回北方民族文化シンポジウム報告書 北太平洋の文化――北方地域の博物館と民族文化(2)』	北方文化振興協会
貝島 慶太郎			1938	「水族館」	『湘南随筆』	私家版
開城府立博物館 編			1936	『開城府立博物館案内』		開城府立博物館
解説員	益子 清孝*		1982.3	「第二展示室・民俗部門に対する来館者の反応」	『秋田県立博物館研究報告』第7号	秋田県立博物館
海津 一朗			2017.3	「もうひとつの教職大学院:地域文化コミュニケーター教員養成コース顛末」	『和歌山大学教職大学院紀要:学校教育実践研究』第1巻	和歌山大学教職大学院
貝塚 健			1997	「全国美術館会議の『報告』に・書かれていないこと」	『記録と史料』第8号	全国歴史資料保存利用機関連絡協議会
貝塚 健			1997.3	「美術館の現状と課題」	『博物館の創造』第1巻	東京大学大学院教育学部研究科・教育学部社会教育研究室
貝塚 健			1997.3	「美術品の輸送-クーリエの仕事-」	『博物館の創造』第1巻	東京大学大学院教育学部研究科・教育学部社会教育研究室
貝塚 健			1999.9	「第8章社会的存在としての博物館」	『博物館学シリーズ 1博物館概論』	樹村房
貝塚 健			2001.11	「美術館のことを考え始めた日本の美術館」	『月刊社会教育』第45巻11号	国土社
貝塚 健			2016.1	「リニューアルを迎えるブリヂストン美術館」	『Zenbi』第9巻	全国美術館会議
海塚 有理			2016.3	「博物館展示における資料解釈の多様性と展示コンセプト:明治大学博物館における伝統的工芸品資料展示の実践」	『明治大学博物館研究報告』第21号	明治大学博物館事務室
開發社			1889.6	「教育博物館は遂に独立せず」	『教育時論』第150號	開發社
開發社			1895.1	「東京教育博物館の過去現在」	『教育時論』第378號	開發社
開發社			1912	「時事彙報 通俗教育講覽事業着手」	『教育時論』第983號	開發社
開發社			1912	「時事彙報 通俗教育講會」	『教育時論』第983號	開發社
開發社			1912	「時事彙報 通俗教育と巌谷小波氏」	『教育時論』第994號	開發社
開發社			1912	「時事彙報 通俗教育と正木直彦氏」	『教育時論』第994號	開發社

著者1	著者2	著者3	発行年	論文名・書籍名	掲載誌	発行元
海部 陽介	神庭 信幸	栗原 祐司 他	2014.1	「座談会 今、博物館団体に求められる底力(2)～東京会場から」	『博物館研究』第49巻第1号	日本博物館協会
カウヴェンホーフェン・アルレッテ	フォラー・マティ		2000	『シーボルトと日本その生涯と仕事』		ライデンHotei出版
科学技術館			1973	『新しい展示活動を目指して』		科学技術館
科学技術館	日本科学技術振興財団*	丹青総合研究所	1987	「展示評価の調査・研究―よりよき展示の創造のために―」		日本科学技術振興財団
科学技術館展示部編			1965	『科学技術館における博物館活動』		科学技術館
科学技術庁資源調査会			1988	「フィールド・ミュージアム的展開の推進」	『科学技術庁資源調査会報告』第109号	科学技術庁資源調査会
科學博物館後援會			1930	「博物館に対する誤解」	『自然科學と博物館』第7號	東京博物館
科学博物館後援会			1967.11	『自然科学と博物館 国立科学博物館開館90周年記念誌』第34巻11・12号		科学博物館後援会
科学博物館後援会 編			1974.12	「特集 自然史系博物館への招待」	『自然科学と博物館』第41巻4号	科学博物館後援会
科学博物館後援会 編			1975.12	「特集 科学技術系博物館への招待」	『自然科学と博物館』第42巻4号	科学博物館後援会
科学博物館後援会 編			1980.9	「特集 学校教育と科学博物館」	『自然科学と博物館』第47巻9号	科学博物館後援会
科学博物館後援会			1977	「教育博物館の設立とその活動」	『自然科学と博物館』第44巻3号	科学博物館後援会
科学博物館後援会			1977	「昭和の博物館活動--東京科学博物館から国立科学博物館へ」	『自然科学と博物館』第44巻3号	科学博物館後援会
科学博物館後援会			1977	「展示と教育普及活動」	『自然科学と博物館』第44巻3号	科学博物館後援会
嘉数 周子	末松 昭子	田窪 直規 他	1992.3	「展覧会カタログの情報管理」	『アート・ドキュメンテーション研究』第1号	アート・ドキュメンテーション学会
加賀美 雅弘	虎頭 惠美子	出口 雅敏 他	2016.3	「ローカルな博物館とグローバルな博物館」	『博物館という装置:帝国・植民地・アイデンティティ』	勉誠出版
香川県自然科学館			1975.3	「五色台教育における生物領域の野外学習について」	『五色台の自然』第2号	香川県自然科学館
香川県文化財保護協会 編			2014.3	『文化財協会報:協会創立60周年記念誌』		香川県文化財保護協会
香川 哲男	松岡 葉月*	阪本 成一	2012.5	「博物館における学術映像の上映と家族連れ視聴者の動向:研究者によるプラネタリウム番組制作・普及と月光天文台における常時上映から」	『博物館研究』第47巻第5号	日本博物館協会
香川 檀			2010	「ミュージアムとジェンダー：―展示による経験の可視化をめぐって」	『学術の動向』第15巻第5号	日本学術協力財団
香川 洋二			1981.7	「視覚障害者向けの録音テープ製作と動物園教育」	『博物館研究』第16巻第7号	日本博物館協会
香川 洋二			1989	「欧米と日本の動物園教育について」	『どうぶつと動物園』第41巻4号	東京動物園協会
香川 洋二			1993	「栗林公園動物園の大学生向けの授業」	『日本動物園水族館教育研究会誌』1993年号	日本動物園水族館教育研究会
鈎 真一			2001.6	「シリーズ子どもとはくぶつかん7「感動と喜びを子供たちに～学校＋ボランティア融合」」	『月刊ミュゼ』47号	(株)アム・プロモーション
垣内 恵美子			1998	「「美術品の美術館における公開の促進に関する法律」について(概要)」	『博物館研究』第33巻第6号	日本博物館協会
垣内 恵美子	根木 昭*	枝川 明敬 他	1998.4	『美術館政策論』		晃洋書房
垣内 恵美子	藤波 香織*	刀根 薫	2015.2	「DEA分析に基づくミュージアムの有効活用方策の検討-分権時代の人材育成拠点施設として-」	『GRIPS Discussion Papers』10－16号	GRIPS Policy Research Center
鍵岡 正謹			1999	「随筆 水害とボランティア」	『博物館研究』第34巻第4号	日本博物館協会
鍵岡 正謹			2000	「随筆 揉紙と修復」	『博物館研究』第35巻第4号	日本博物館協会
柿崎 純			1934	「我が國教育に於ける國家の原理と郷土の原理」	『郷土教育』第四十三號	郷土教育聯盟
柿崎 純			1934	「郷土偉人問題」	『郷土教育』第四十二號	郷土教育聯盟

著者1	著者2	著者3	発行年	論文名・書籍名	掲載誌	発行元
柿崎 博孝			1999	「第2章人文科学系博物館資料の収集・保存 1美術資料」	『博物館学シリーズ 2博物館資料論』	樹村房
柿崎 博孝			2002	「ニュルンベルグ金工万国博覧会と日本近代金工界の動向」	『玉川大学教育博物館館報』創刊号	玉川大学教育博物館
柿崎 博孝	宇野 慶*		2011.3	「オーストラリアの博物館における教育事情の調査」	『玉川大学教育博物館紀要』第8号	玉川大学教育博物館
柿崎 博孝	宇野 慶*		2011.3	「英国の博物館における教育事情の調査」	『玉川大学教育博物館紀要』第8号	玉川大学教育博物館
柿崎 博孝	宇野 慶*		2012.3	「アメリカの博物館における教育事情の調査」	『玉川大学教育博物館紀要』第9号	玉川大学教育博物館
柿崎 博孝	宇野 慶		2016.2	「第1章 博物館教育の意義と理念」	『博物館教育論』	玉川大学出版部
柿崎 博孝	宇野 慶		2016.2	「第2章 博物館における学びの特性」	『博物館教育論』	玉川大学出版部
柿崎 博孝	宇野 慶		2016.2	「第3章 博物館教育の歴史的展開(欧米)」	『博物館教育論』	玉川大学出版部
柿崎 博孝	宇野 慶		2016.2	「第4章 日本の博物館教育の歴史」	『博物館教育論』	玉川大学出版部
柿崎 博孝	宇野 慶		2016.2	「第5章 博物館教育の環境整備」	『博物館教育論』	玉川大学出版部
柿崎 博孝	宇野 慶		2016.2	「第6章 博物館教育活動の企画と実施」	『博物館教育論』	玉川大学出版部
柿崎 博孝	宇野 慶		2016.2	「第7章 学校教育と博物館」	『博物館教育論』	玉川大学出版部
柿崎 博孝	宇野 慶		2016.2	「第8章 大学と博物館教育」	『博物館教育論』	玉川大学出版部
柿崎 博孝	宇野 慶		2016.2	「第9章 博物館の種類別にみた教育活動」	『博物館教育論』	玉川大学出版部
柿崎 博孝	宇野 慶		2016.2	「第10章 博物館教育と評価」	『博物館教育論』	玉川大学出版部
柿崎 博孝	宇野 慶		2016.2	「第11章 博物館教育と地域社会」	『博物館教育論』	玉川大学出版部
柿崎 博孝	宇野 慶		2016.2	「第12章 人材育成の場としての博物館」	『博物館教育論』	玉川大学出版部
柿崎 博孝	宇野 慶		2016.2	「第13章 多文化共生社会と博物館教育」	『博物館教育論』	玉川大学出版部
柿崎 博孝	宇野 慶		2016.2	『博物館教育論』		玉川大学出版部
柿澤 亮三	菅野 和郎*		2010.3	「韓国における教育事情の調査」	『玉川大学教育博物館紀要』第7号	玉川大学教育博物館
柿山 浩一郎	片山 めぐみ*	張 浦華	2011.11	「動物園における歩行移動時の高揚感に影響を及ぼす経路のデザイン」	『デザイン学研究』第58巻第4号	日本デザイン学会
郭 永保	田中 清章*	伊藤 真奈美	1993	「伝統集落の保存と展示その1韓国と台湾の事例について」	『展示学』第15号	日本展示学会
郭 喜碩	金 守美*	大原 一興 他	2006.2	「韓国の「伝統民俗村」における歴史的民家の住まい方--済州道城邑村の経年的住まい方の考察」	『日本建築学会計画系論文集』第71巻600号	日本建築学会
学芸員懇談会			1967	『学芸員懇談会記録1967』		学芸員懇談会
角田 美奈子			1993	「『見る』ことから『なぜ見るのか』の問にむけて」	『ミュージアム・マガジン・ドーム』第8号	日本文教出版
角田 美奈子			1995.3	「誰のための美術館か--「心で見る美術展」を通して考えること」	『月刊社会教育』第39巻3号	国土社
角田 美奈子			2002	「視覚に障害のある人への作品鑑賞ガイドの概略について」	『名古屋市美術館研究紀要』第12号	名古屋市美術館
筧 真理子			2010.9	「博物館の現状と学芸員の思い」	『歴史の理論と教育』第133・134号	名古屋歴史科学研究会
筧 康明	赤塚 大典*		2010	「ウェブを介した鑑賞前・鑑賞中・鑑賞後をつなぐ展示支援システムの提案」	『電子情報通信学会技術研究報告』第109巻第466号	電子情報通信学会
筧 康明	中島 統太郎*	和田 拓朗 他	2010.3	「多層空中像を用いた複合現実展示システム」	『電子情報通信学会技術研究報告』第109巻第466号	電子情報通信学会
筧 康明	久野 崇文*	赤塚 大典	2010.3	「付箋とウェブを利用した展示感想共有システムの提案(デジタルミュージアム・デジタルミュージアムとエンタテイメントメディア)」	『電子情報通信学会技術研究報告』第109巻第466号	電子情報通信学会

著者1	著者2	著者3	発行年	論文名・書籍名	掲載誌	発行元
筧 康明	大島 遼*		2010.3	「前面投影型方向依存ディスプレイの提案と複合現実展示への応用」	『電子情報通信学会技術研究報告』第109巻第466号	電子情報通信学会
筧 康明	ソン・ヨンア*	橋田 朋子 他	2012.4	「Peaflet:ミュージアムにおける鑑賞体験を反映させた個人別リーフレット」	『情報処理学会論文誌』第53巻第4号	情報処理学会
陰里 鉄郎			2007.12	『陰里鉄郎著作集:日本近代美術史研究と美術館・研究所・大学.1』		一艸堂
陰里 鉄郎			2007.12	『陰里鉄郎著作集:日本近代美術史研究と美術館・研究所・大学.2』		一艸堂
陰里 鉄郎			2007.12	『陰里鉄郎著作集:日本近代美術史研究と美術館・研究所・大学.3』		一艸堂
蔭山 敦雄			2008.7	「奔潮～はやしお大阪ミュージアム構想について」	『自治大阪』第59巻第4号	大阪府市町村振興協会
蔭山 敦雄			2009.6	「奔潮--はやしお大阪ミュージアム構想のセカンドステージに向けて」	『自治大阪』第60巻第3号	大阪府市町村振興協会
景山 咲子			2010.3	「中東博物館はイスラームの人々への恩返し--大野館長に感謝を込めて(大野正雄さんを偲んで)」	『パキスタン』第228号	日本・パキスタン協会
景山 春樹			1969.3	「国立博物館の性格－京都博物館の場合－」	『國學院大學博物館學紀要』第1輯	國學院大学博物館学研究室
蔭山 麻里子	本川 雅治*	疋田 努	1999	「データベースを活用した哺乳類標本管理」	『哺乳類科学』第39号	日本哺乳類学会
栫 弘之	多和田 友美	山崎 弘明 他	2014.6	「新建築・新設備 鶴岡市立加茂水族館」	『BE建築設備』第65巻第6号	建築設備綜合協会
鹿児島県立博物館			1979.8	「植物教室」	『社会教育』第34巻8号	全日本社会教育連合会
鹿兒島市			1935	「鴨池動物園」	『鹿兒島地誌:郷土教育資料』	鹿兒島市
笠井 惠祐			1931	「縣下小中學校出品の郷土教育資料について」	『郷土教育』第二十三號	郷土教育聯盟
笠井 亙	佐藤 理恵*	武 貴寛	2007	「知的障害がい者厚生施設での天文セミナー」	『天文教育』第19巻4号	天文教育普及研究会
葛西 周			2010	「近代日本における楽器展示とその効果--内国勧業博覧会を中心に」	『東京藝術大学音楽学部紀要』第36巻	東京藝術大学音楽学部
笠井 敏光			2017.4	「市民とつくる資料館」	『考古学・博物館学の風景:中村浩先生古稀記念論文集』	芙蓉書房
葛西 寅彦	誉田 匠	青木 邦雄 他	2012.10	「デジタルレールウェイミュージアム～鉄道博物館におけるデジタル展示への取り組み」	『情報処理学会デジタルプラクティス』第3巻第4号	情報処理学会
葛西 宣宏			1999	「子ども動物園における障害児指導について」	『ユニバーサル・ミュージアムをめざして―視覚障害者と博物館―』	神奈川県立生命の星・地球博物館
笠原 彩	湯川 雅紀*	奥村 泰彦 他	2012.9	「美術館と小・中・高・大の連携によるポップアート題材群の開発と実践」	『和歌山大学教育学部教育実践総合センター紀要』第22号	和歌山大学教育学部附属教育実践総合センター
笠松中学校 編			1956.11	『理科教育実践 第2集科学博物館の運営』		笠松中学校
風間 智子	小川 正賢		2016	「展示の「科学的体系性」を評価する必要性と有用性に関する探索的考察:生命展示を評価するツールを例にして」	『科学教育研究』第40巻1号	日本科学教育学会
笠間 友博			2013.2	「2011年新燃岳噴火に関連した博物館教育実践報告」	『神奈川県立博物館研究報告.自然科学』第42号	神奈川県立生命の星・地球博物館
笠羽 晴夫			2010.1	『デジタルアーカイブ基点・手法・課題』		水曜社
梶 芳晴	横山 晋一*	林 秀樹	2013	「国登録有形文化財深谷商業高等学校記念館の復原整備について」	『ものつくり大学紀要』第4号	ものつくり大学
加治 由行			1999.3	「陳列活動を行った勧業施設について－埼玉県の事例－」	『けやき:大正大学学芸員課程年報』第3号	大正大学学芸員課程
加治 由行			2000.3	「農務省商品陳列館について」	『けやき:大正大学学芸員課程年報』第4号	大正大学学芸員課程
加治 由行			2000.3	「物産・商品陳列所についての一考察」	『全博協研究紀要』第6号	全国大学博物館学講座協議会
柏岡 民雄			1935	『動物園論』		林影社
梶尾 光邦			2010.7	「本四高速を活用した地域活性化の活動--せとうち美術館ネットワークの支援」	『交通工学』第45巻第4号	交通工学研究会
梶ヶ谷 博			2016.1	「大学における学芸員教育への信念と不安—いまどきの学生にどう応えるか」	『博物館研究』第51巻第1号	日本博物館協会

か

著者1	著者2	著者3	発行年	論文名・書籍名	掲載誌	発行元
樫野 直広			2015.7	「プトラジャヤ植物園:マレーシアにおけるランドスケープ設計活動」	『ランドスケープ研究』第79巻第2号	日本造園学会
鹿島 茂			1992.12	『絶景パリ万国博覧会 サン=シモンの鉄の夢』		河出書房新社
鹿島 茂			1995	「パリ万博絶景博物館」	『建築の技術施行』	
鹿島 茂			2014.5	『嫉妬で気が狂いそうになる美術館 鹿島茂:カルナヴァレ美術館』	『芸術新潮』第65巻第5号	新潮社
鹿島出版会			1984	「特集1JamesStirling:シュトゥットガルト美術館」	『SD』第241号	鹿島出版会
加島 勝			2007	「表慶館「みどりのライオン みんなで楽しむ教育スペース」の開設について」	『MUSEUM』第611号	東京国立博物館
鹿島 萌子			2009	「「見る」ことから「触る」こと:ミュージアムにおける「触れさせる」展示の試み」	『Core ethics』第5号	立命館大学大学院先端総合学術研究科
鹿島 基広			2002.3	「古賀政男音楽博物館について」	『Museologist:明治大学学芸員養成課程年報』第17巻	明治大学学芸員養成課程
鹿島 諒子	塚原 正彦*	久見木 憲一	2009.9	「デジタル・コミュニケーションを活用した地域資源の物語化の実証実験」	『JMMA日本ミュージアム・マネージメント学会会報』第14巻第2号	日本ミュージアム・マネージメント学会
カシミエル・シグルスキー			1972	「博物館と成人」	『第9回ICOM総会論文集人類に奉仕する今日と明日の博物館』	国際博物館会議日本委員会
樫村 賢二			2007.3	「ユニバーシティ・ミュージアムと学芸員養成課程」	『年報 人類文化研究のための非文字資料の体系化』第4号	神奈川大学21世紀COEプログラム「人類文化研究のための非文字資料の体系化」研究推進会議
樫村 雅章			2012.12	「貴重書の撮影についての思い」	『日本写真学会誌』第75巻第6号	日本写真学会
柏村 祐司			1999	「新たな博物館学芸員連携活動を求めて－民俗資料整理を通して－」	『博物館研究』第34巻第10号	日本博物館協会
柏村 祐司			2005.3	「中長期目標と博物館」	『博物館研究』第40巻第3号	日本博物館協会
樫山 和民 編著	米田 雄介*		1999	『朝日選書623正倉院学ノート』		朝日新聞社
梶山 勝	宋 伯胤*		1987.3	「中国博物館の歴史足跡-八十年の実践と理論-」	『名古屋市博物館研究紀要』第10巻	名古屋市博物館
梶山 勝			2009.3	「戦時下の文化財保護－愛知県史蹟名勝天然紀念物調査会主事、小栗鉄次郎の日誌を中心として－」	『名古屋市博物館研究紀要』第32巻	名古屋市博物館
柏木 一朗			1999.9	「博物館における歴史研究の問題--近現代史資料の保存を中心に」	『法政史学』第52号	法政大学史学会
柏木 隆雄 編	石毛 弓*編	小林 宣之 編	2014.3	『日仏文学・美術の交流:「トロンコワ・コレクション」とその周辺』		思文閣出版
柏木 智雄			2014.9	「美術館だより 横浜美術館」	『学士会会報』第908号	学士会
柏木 博			2007	「デザイン・ミュージアムの役割をめぐるいくつかのことがら」	『デザイン学研究特集号』第14巻第3号	日本デザイン学会
柏倉 勝雄			2009	「財団法人北海道北方博物館交流協会25年の足跡 北の光の輝かしさを求めて」	『北方圏』第147号	北方圏センター
柏書房			1975.9	「附録3拓木のとり方」	『地方史マニュアル7民俗資料調査整理の実務』	柏書房
梶原 健二			2012.10	「教育担当学芸員に求められるベーシック・スキルの現況:ミュージアム・スタディーズ担当教授の意見を手掛かりに」	『アメリカ教育学会紀要』第23号	アメリカ教育学会紀要編集委員会
梶原 健二			2016.6	「博物館教育におけるインタープリテーション(interpretation)とは何か:教育担当学芸員(museumeducator)の役割に焦点をあてて」	『飛梅論集』第16巻	九州大学大学院人間環境学府教育システム専攻教育学コース
梶原 多恵	黒岩 宣仁*	小松 みち 他	2000.4	「特集 高知県立牧野植物園その多様な姿を咲かせたい」	『月刊ミュゼ』40号	(株)アム・プロモーション
梶原 宏之	時里 奉明*		2014.8	「歴史民俗展示の新たな可能性:国立歴史民俗博物館と福岡市博物館のリニューアルを事例に」	『筑紫女学園大学・短期大学部人間文化研究所年報』第25号	筑紫女学園大学・短期大学部人間文化研究所
梶原 保人			1913	「世界一の植物園」	『圖南遊記』	私家版
春日井 恵子			2010.8	「学校が利用したくなる博物館をめざして--岐阜市歴史博物館の博学連携事業」	『社会教育』第65巻8号	全日本社会教育連合会
春日井 隆			1999.12	「のり網を用いた養殖ノリの周年展示」	『動物園水族館雑誌』第41巻1号	日本動物園水族館協会
春日 直樹			2014.11	「美術館と博物館」	『NACTreview:国立新美術館研究紀要』第1号	国立新美術館

著者1	著者2	著者3	発行年	論文名・書籍名	掲載誌	発行元
カステーン・シュバート	松本 栄寿	小浜 清子 訳	2004.11	『進化する美術館 フランス革命から現代まで』		玉川大学出版部
霞会館資料展示委員会 編			1993	『岩倉使節団 内なる開国』		霞会館
数本 芳行	長島 康雄*		2011.1	「科学系博物館が企画する自然観察会の安全管理のあり方に関する検討」	『博物館研究』第46巻第1号	日本博物館協会
数本 芳行	長島 康雄*		2011.9	「東日本大震災被災後の仙台市科学館の復興への取り組み」	『博物館研究』第46巻第9号	日本博物館協会
粕谷 崇			1992.3	「博物館における映像の現状と今後の課題」	『國學院大學博物館學紀要』第16輯	國學院大學博物館学研究室
粕谷 崇			1993.3	「博物館と「インタープリター」」	『國學院大學博物館學紀要』第17輯	國學院大學博物館学研究室
粕谷 崇			1996.3	「地域博物館小考」	『國學院大學博物館學紀要』第20輯	國學院大學博物館学研究室
粕谷 崇			1997.3	「博物館ネットワークシステムPart1－生涯学習時代における博物館活動の在り方－」	『國學院大學博物館學紀要』第21輯	國學院大學博物館学研究室
粕谷 崇			2000.3	「参加・体験型講座の一試案－散策マップガイドの制作－」	『國學院大學博物館學紀要』第24輯	國學院大學博物館学研究室
粕谷 崇			2000.6	「博物館機能の拡大サービス活動」	『新版博物館学講座 第4巻 博物館機能論』	雄山閣
粕谷 崇			2005.3	「参加・体験型講座小考-散策ガイドマップの制作その後の展開-」	『國學院大學博物館學紀要』第29輯	國學院大學博物館学研究室
粕谷 崇			2007.12	「都市部における地域博物館活動の一視点-白根記念渋谷区郷土博物館・文学館を例として」	『博物館学雑誌』第33巻第1号	全日本博物館学会
粕谷 崇			2010.3	「学校教育における地域博物館利用の一事例」	『國學院大學博物館學紀要』第34輯	國學院大學博物館学研究室
化石研究会 編			1971	『化石の研究法－採集から最新の解析法まで－』		共立出版
綛谷 珠美	大木 淳一*	高橋 孝之 他	2003.3	「露頭の保護・活用を目的とした林道管理者と博物館の協力事例」	『千葉県立中央博物館 自然誌研究報告』特別号6（房総半島小糸川上流の自然誌Ⅰ）	千葉県立中央博物館
カセム・ジュリア			1998.12	『光の中へ:視覚障害者の美術館・博物館アクセス』		小学館
河川博物館研究会 編			1997	『河川博物館 構想から運営まで』		河川情報センター
河川博物館研究会 編			1999	『アメリカの河川博物館』		山海堂
河川博物館研究会 編			1999	『新時代の河川博物館欧州にみる河川博物館の可能性』		山海堂
嘉田 勝	会沢 成彦	西村 治道 他	2009.2	「大学祭でのCSアンプラグド博物館型展示企画の実践（コンピュータと教育）」	『情報処理学会研究報告』2009年15号	情報処理学会
嘉田 由紀子			1998	「地域から地球環境を考える拠点としての博物館」	『MuseumDate』第41号	丹青総合研究所
嘉田 由紀子			2000	「昭和39年5月10日:冨江家生活情景再現展示ができるまで」	『滋賀県立琵琶湖博物館研究調査報告』第16号	滋賀県立琵琶湖博物館
嘉田 由紀子	古川 彰 編		2000.7	『生活再現の応用展示学的研究-博物館のエスノグラフィーとして-』		滋賀県立琵琶湖博物館
嘉田 由紀子			2004	「インタビュー地域から地球環境を考える 入り口に琵琶湖博物館からのメッセージ」	『国づくりと研修』第103号	全国建設研修センター
片岡	尾坂 知江子*	柴田 他	1994.3	「「健康百科」のクイズショーについて」	『名古屋市科学館紀要』第20号	名古屋市科学館
片岡 重助			1923	「第十六章學校博物館」	『社會教化を中心としての學校經營方針』	日比書院
片岡 新助			1958	『剥製の手ほどき』		日本博物館協会
片岡 新助			1965	「私の釧路市立郷土博物館沿革史(1)」	『釧路市立郷土博物館々報』第156号	釧路市立郷土博物館
片岡 新助			1965	「私の釧路市立郷土博物館沿革史(2)」	『釧路市立郷土博物館々報』第157号	釧路市立郷土博物館
片岡 新助			1965	「私の釧路市立郷土博物館沿革史(3)」	『釧路市立郷土博物館々報』第159号	釧路市立郷土博物館
片岡 新助			1965	「私の釧路市立郷土博物館沿革史(4)」	『釧路市立郷土博物館々報』第160号	釧路市立郷土博物館

著者1	著者2	著者3	発行年	論文名・書籍名	掲載誌	発行元
片岡 新助			1965	「私の釧路市立郷土博物館沿革史(5)」	『釧路市立郷土博物館々報』第163号	釧路市立郷土博物館
片岡 新助			1965	「私の釧路市立郷土博物館沿革史(6)」	『釧路市立郷土博物館々報』第166号	釧路市立郷土博物館
片岡 新助			1966	「私の釧路市立郷土博物館沿革史(7)」	『釧路市立郷土博物館々報』第168号	釧路市立郷土博物館
片岡 龍峰			2016.3	「オーロラの立体視:南極・北極科学館のVR展示について」	『静電気学会誌』第40巻第2号	静電気学会
片岡 照男			1963	「鳥羽水族館における博物館展示について」	『博物館研究』第36巻第2・3号	日本博物館協会
片岡 登喜子	高安 礼士*	君島 憲治 他	1999.3	「万国博覧会の日本における展開について」	『千葉県立現代産業科学館研究報告』第5号	千葉県立現代産業科学館
片岡 登喜子	金子 俊郎*	渡貫 健	2001.3	「常設展示の一つであるペルチェ素子を使った温度差発電の教材開発」	『千葉県立現代産業科学館研究報告』第6号	千葉県立現代産業科学館
片岡 登喜子	福地 和夫		2002	「連携事業のあり方についての考察」	『千葉県立現代産業科学館研究報告』第8号	千葉県立現代産業科学館
片岡 登喜子			2003.3	「千葉県立現代産業科学館における教員研修の現状と課題」	『千葉県立現代産業科学館研究報告』第9号	千葉県立現代産業科学館
片岡 法子			1997.3	「大阪市における生涯教育時代の博物館のあり方について」	『関西大学博物館紀要』第3号	関西大学博物館
片岡 力	高橋 裕*	助川 達 他	1994.1	「座談会 ミュージアム・ショップは地域文化を育てる担い手か！」	『月刊ミュゼ』5号	(株)アム・プロモーション
片桐 薫			1931	「郷土教育協議會に現はれた主要問題」	『郷土－研究と教育－』第五號	郷土教育聯盟
片桐 宏理			1984.3	「札幌商科大学における学芸員課程の設置と今後の課題」	『博物館学雑誌』第9巻第1・2号合併号	全日本博物館学会
片桐 宏理			1985.11	「北海道の私立大学生の学芸員課程に対する意識調査をめぐって」	『博物館学雑誌』第11巻第1号	全日本博物館学会
片桐 宏理			1986.12	「北海道の博物館の現況についての調査(Ⅰ)」	『博物館学雑誌』第12巻第1号	全日本博物館学会
片桐 宏理			1988.3	「北海道の博物館の現況についての調査(Ⅱ)」	『博物館学雑誌』第13巻第1・2号合併号	全日本博物館学会
片桐 宏理			1998.3	「北海道の博物館の現況について(Ⅲ)」	『博物館学雑誌』第23巻第2号	全日本博物館学会
片桐 宏理			1989.1	「私立大学生の学芸員課程等の資格に対する意識調査について」	『全博協研究紀要』創刊号	全国大学博物館学講座協議会
片桐 宏理			1992.3	「博物館に対する小学生の意識調査について」	『全博協研究紀要』第2号	全国大学博物館学講座協議会
片桐 宏理			1994.3	「私立大学生の学芸員課程等の資格に対する意識調査について(Ⅱ)」	『全博協研究紀要』第3号	全国大学博物館学講座協議会
片桐 頼継			1998.4	「イタリア文化財修復事情」	『実践女子大学Museology』第17号	実践女子大学博物館学課程
片倉 日龍雄			2014.3	「アーキビストの眼 佐賀県公文書館への歩み:1人の地域史研究者の願いが実現するまで」	『記録と史料』第24号	全国歴史資料保存利用機関連絡協議会
片野 佳代子	田宮 縁*	長田 真奈美	2012.3	「動物園との連携による動物飼育の教育的意義と課題」	『静岡大学教育実践総合センター紀要』第20号	静岡大学教育学部附属教育実践総合センター
片山 明久	成美大学経営情報学部		2012.3	「歴史的観光地におけるダイナミズムの協奏:岡山県倉敷市を事例に」	『成美大学紀要』第2巻1号	成美大学成美学会
片山 孤村			1913	「伯林の美術館」	『伯林都會文明乃書圖』	博文館
片山 道信			1993	「視覚障害者と博物館見学について:天理参考館の事例をとおして」	『天理参考館報』第7号	天理参考館
片山 めぐみ	斉藤 雅也*	伊藤 哲夫 他	2009.2	「札幌市円山動物園・類人猿館改修デザイン」	『日本建築学会技術報告集』第15巻第29号	日本建築学会
片山 めぐみ	斉藤 雅也	吉田 淳一	2010.5	「生体と観覧者の行動に基づく動物飼育展示施設のデザイン評価--札幌市円山動物園類人猿館改修デザインを事例として」	『日本建築学会計画系論文集』第75巻651号	日本建築学会
片山 めぐみ	木戸 環希	足利 真宏 他	2011.2	「ヒグマ飼育展示施設における環境エンリッチメントのデザイン」	『日本建築学会技術報告集』第17巻第35号	日本建築学会
片山 めぐみ	柿山 浩一郎	張 浦華	2011.11	「動物園における歩行移動時の高揚感に影響を及ぼす経路のデザイン」	『デザイン学研究』第58巻第4号	日本デザイン学会
片山 めぐみ			2013.7	「高揚感と共感を生み出す動物園デザインの仕掛け」	『人工知能学会誌』第28巻4号	人工知能学会

著者1	著者2	著者3	発行年	論文名・書籍名	掲載誌	発行元
片山 めぐみ	相内 進	向井 猛 他	2014.2	「屋内展示を主とした積雪寒冷地の動物園デザイン:札幌市円山動物園アジアゾーンの新築計画」	『日本建築学会技術報告集』第20巻第44号	日本建築学会
片山 善博			2014.3	「公務員の公文書管理意識を改善するために」	『アーキビスト』第81号	全国歴史資料保存利用機関連絡協議会関東部会
片寄 俊秀			2009.3	「鉄道博物館都市・摂津の構想」	『大阪人間科学大学紀要』第8号	大阪人間科学大学
片寄 俊秀	森山 輝男		2012.3	「中国南部のある小規模農村におけるエコミュージアム構想試案」	『大阪人間科学大学紀要』第11号	大阪人間科学大学
華頂博物館学研究会 編			1994.12	『博物館をどう思うか:博物館学受講生の意識調査から』		華頂博物館学研究会
勝井 陽子	菊地 達夫*	澤田 悦子 他	2016	「学外研修「動物園」における取り組み内容と教育効果」	『北翔大学短期大学部研究紀要』第54号	北翔大学短期大学部
勝尾 彰仁			1999.12	「世界の「数学博物館」仮想ツアー」	『数学セミナー』第38巻12号	日本評論社
勝木 恵莉			2010	「美術館鑑賞ガイドにおける言語的表現について--ステージ分類をふまえた、より豊かな鑑賞体験の導入として」	『美術科研究』第28号	大阪教育大学・美術教育講座・芸術講座
学校教育刊行会			1918	「教育博物館考案及び論文募集」	『學校教育』第60號	學校教育刊行會
勝田 賢則	松尾 勝美*	徳本 正	2005	「山口博物館における博学連携に関する一考察」	『山口県立山口博物館研究報告』第31号	山口県立山口博物館
勝田 長貴	川上 紳一*	東條 文治 他	2012.3	「モロッコ産隕石の収集と科学教育・理科教育における活用」	『岐阜大学教育学部研究報告.自然科学』第36巻	岐阜大学
勝田 裕美子			2014.3	「ウェブサイト・ノート博物館に関するポータルサイト」	『オンライン検索』第35巻1・2号	日本端末研究会
勝野 金政			1937	「動物園」	『ソヴェート滞在記』	千倉書房
勝部 亜矢	小泉 尚嗣*	近藤 久雄 他	2015.7	「2015年つくばエキスポセンターでの地震・火山研究の展示」	『GSJ地質ニュース』第4巻第7号	産業技術総合研究所地質調査総合センター
勝部 定治郎			1925	「世界唯一の白蛇御所動物園へ放養」	『現古之叢』第2回	現叢社
勝部 衛			1988.5	「島根県玉湯町立出雲玉作資料館における普及活動—ミニ企画展と郷土資料室」	『博物館研究』第23巻第5号	日本博物館協会
勝部 明生			1979.11	「館種別博物館の教育・普及活動と設備・施設 歴史系博物館」	『博物館学講座 第8巻博物館教育と普及』	雄山閣
勝部 明生			1982.5	「関西大学博物館構想について」	『阡陵関西大学博物館学課程創設二十周年記念特集』	関西大学博物館学課程
勝部 明生			1993	「奈良県立橿原考古学研究所付属博物館」	『関西大学考古学等資料室紀要』第10号	関西大学考古学等資料室
勝間 眞			2013.2	「大判インクジェットプリンタを用いた文化財の高精度複製」	『日本写真学会誌』第76巻第1号	日本写真学会
勝俣 悦子			2001.3	「鴨川シーワールド「動物友の会」の現状」	『Museumちば:千葉県博物館協会研究紀要』32号	千葉県博物館協会
勝又 美智雄	阪根 博*		2009.1	「人流インタビューこの人に聞く(99)ペルーの首都リマに古代アンデス文明の博物館をつくった故天野芳太郎の孫で、祖父の遺志を継いで遺跡の調査・発掘に取り組んでいる天野博物館事務局長阪根博さん」	『国際人流』第22巻第1号	入管協会
勝見 允行			1993.3	「ジョセフ・バンクス卿の生涯-18世紀の偉大な植物研究家・探検家-」	『国際基督教大学図書館公開講演集』第7集	国際基督教大学図書館
勝山 輝男			1998	「自然史系博物館における情報システム」	『MuseumData』第40号	丹青総合研究所
勝山 輝男	鈴木 智明		1998	「生命の星・地球博物館情報システムについて」	『神奈川県立博物館研究報告.自然科学』第27号	神奈川県立生命の星・地球博物館
勝山 輝男			1999.8	「館種別博物館の情報化の現状と課題 自然史博物館」	『新版博物館学講座 第11巻博物館情報論』	雄山閣
勝山 輝男			2010.3	「自然史博物館が地域に果たす役割--植物誌調査を例に」	『Museumちば:千葉県博物館協会研究紀要』40・41号	千葉県博物館協会
勝山 輝男	佐久間 豊*	田原 直樹 他	2010.3	「パネルディスカッション 博物館が地域に果たす役割」	『Museumちば:千葉県博物館協会研究紀要』40・41号	千葉県博物館協会
勝山 輝男			2011.2	「市民の調査活動拠点としての自然史博物館:神奈川県植物誌調査の活動から」	『日本植物分類学会誌』第11巻1号	日本植物分類学会
桂 信太郎	福良 冴香*	井形 元彦 他	2015	「地域資源からコンセプトを創出するNPO砂浜美術館によるサステナビリティーと価値提供」	『地域活性研究』第6号	地域活性学会
桂 彌一			1936	「博物館の新展望:長門の尊攘堂」	『博物館研究』第9巻第7・8號	日本博物館協會

著者1	著者2	著者3	発行年	論文名・書籍名	掲載誌	発行元
桂川 いずみ	佐藤 由紀男*		2013.3	「災害時における文化財保護について」	『静岡県考古学研究』第44号	静岡県考古学会
桂川 雅信			2014.4	「誌上出前講座専門コース(講座7)下水道博物館の未来を考える」	『水道公論』50号	日本水道新聞社
角 幸博	石本 正明*	越野 武	2000	「北海道における歴史的資産に関わるまちづくり市民活動の現状と課題—活動状況と意識の実態調査—」	『日本建築学会技術報告集』第11号	日本建築学会
角 幸博	石本 正明*	越野 武	2000	「北海道における歴史的建物の博物館施設への保存活用の実態」	『日本建築学会技術報告集』第11号	日本建築学会
門井 美智子			2014.3	「地域文化資源の保存と活用—道の駅を中心に—」	『國學院大學大学院紀要』第45輯	國學院大學大学院
加藤 昭			1978	「Museum of Applied Artsand Sciences・Sydney・Australia(アジア太平洋地域の科学博物館)」	『自然科学と博物館』第45巻4号	科学博物館後援会
加藤 章			2009.3	「財団法人日本モンキーセンター附属博物館 世界サル類動物園が日本の霊長類研究とともに歩んできた半世紀」	『霊長類研究』第24号(特集号)	日本霊長類学会
加藤 功			2015	「武蔵野博物館と武蔵野郷土館」	『東京都江戸東京博物館紀要』第5号	東京都江戸東京博物館
加藤 悦子 編	中村 慎一*	林 卓行 他	2016	『美術教育の現在:学校と美術館の役割とは:玉川大学芸術学部シンポジウム報告』		玉川大学
嘉藤 笑子			2016.4	「ミュージアムの経営と教育」	『ミュゼオロジーの展開:経営論・資料論』	武蔵野美術大学出版局
加藤 和歳	呂 俊民*	佐野 千絵	2010	「内装材料の異なる収蔵庫の空気環境の比較」	『保存科学』第50号	国立文化財機構東京文化財研究所
加藤 和歳			2011	「九州歴史資料館新築工事における保存環境整備に関する研究」	『九州歴史資料館研究論集』第36号	九州歴史資料館
加藤 和歳			2014.3	「博物館におけるX線CTスキャナを利用した研究の課題と展望」	『九州歴史資料館研究論集』第39号	九州歴史資料館
加藤 和彦	松崎 元*	東 健一 他	2014.3	「美術館の展示体験を目的としたバーチャル・ミュージアム・キットの制作と運用」	『千葉工業大学研究報告』第61号	千葉工業大学
加藤 勝治			1918	「博物館及美術館」	『米国大学と日本学生』	
加藤 克俊	藤田 雅也	西村 志磨 他	2010.3	「地域との連携によるものづくり教育活動の考察I」	『美術教育学』第31号	美術科教育学会
加藤 勝丕			1999.7	「教育博物館の標注文字は、廣群鶴刻」	『国立科学博物館ニュース』第363号	国立科学博物館
加藤 公明			1987.11	「歴博の教育的活用を求めて--学校教育と博物館のあるべき連帯への提言」	『歴史評論』第451号	校倉書房
加藤 公明			2000	『歴博ブックレット13 子どもの探究心を育てる博物館学習—歴博の展示を使った歴史学習・総合学習の指導法』		歴史民俗博物館振興会
加藤 仁紀	吉越 笑子		2000.3	「博物館と学校との連携について」	『Museumちば:千葉県博物館協会研究紀要』31号	千葉県博物館協会
加藤 恭子			2004.8	「大阪市営賃貸住宅「バス住宅」と模型の設計」	『大阪市立住まいのミュージアム研究紀要』第2号	大阪市立住まいのミュージアム
加藤 薫			1987	「全国おもしろ博物館めぐり」	『別冊歴史読本 歴史博物館のすべて』	新人物往来社
加藤 健			2013.12	「日本歴史学協会・日本学術会議史学委員会主催史料保存問題シンポジウム「東日本大震災から二年、資料の救済・保全のこれから」に参加して」	『地方史研究』第63巻第6号	地方史研究協議会
加藤 謙一 編			1930	『少年博物館』		大日本雄弁會講談社
加藤 謙一			2007.3	「コミュニケーション・ツールとしての記述式アンケート調査の可能性」	『日本ミュージアム・マネージメント学会研究紀要』第11号	日本ミュージアム・マネージメント学会
加藤 謙一	高橋 徹	高橋 真知	2007.3	「デジタル機器を利用した双方向展示場ガイドシステムの試行」	『JMMA日本ミュージアム・マネージメント学会会報』第11巻第3号	日本ミュージアム・マネージメント学会
加藤 謙一			2012.12	「博物館の教育サービス」	『博物館展示論2(博物館展示論博物館教育論)』	学文社
加藤 謙一			2016	「ユニバーシティ・ミュージアム構想からみた金沢美術工芸大学の美術館機能の現状と将来」	『金沢美術工芸大学紀要』第60号	金沢美術工芸大学
加藤 賢一			1988.10	「社会教育の中の天文-2-プラネタリウム館における活動」	『天文月報』第81巻第10号	日本天文学会
加藤 賢一			2005	「わが国の理系学芸員の現状について」	『大阪市立科学館研究報告』第15号	大阪市立科学館
加藤 賢一	黒田 武彦*		2008.1	「プラネタリウムや公開天文台は博物館か？」	『マナビィ』第79号	文部科学省

著者1	著者2	著者3	発行年	論文名・書籍名	掲載誌	発行元
加藤 賢一			2012.8	「日本のプラネタリウムが歩んだ75年」	『博物館研究』第47巻第8号	日本博物館協会
加藤 健太郎	外山 徹		2003.3	「学校団体の博物館見学受け入れにあたっての諸問題－中学・高校生の団体見学アンケート分析を通して－」	『明治大学博物館研究報告』第8号	明治大学博物館事務室
加藤 浩司			1999	「名古屋港水族館におけるキーパーヤードの見学と解説について」	『日本動物園水族館教育研究会誌』1999年号	日本動物園水族館教育研究会
加藤 幸治	南 博史*	西山 弥生	1999.3	「博物館教育活動と地域−遺跡博物館と移動博物館の新しいかたち−」	『京都文化博物館研究紀要 朱雀』第11集	京都文化博物館
加藤 幸治			2012.4	「コレクションの来訪情報としての文化財レスキューカルテ」	『民具マンスリー』第45巻第1号	神奈川大学
加藤 幸治			2012.11	「市民のなかの民俗博物館」	『民俗学の可能性を拓く:「野の学問」とアカデミズム』	青弓社
加藤 幸治			2013.3	「東日本大震災後の民具の救援・保全活動の展開:宮城県における取組みとコレクションのこれから」	『民具研究』第147巻	日本民具学会
加藤 幸治	張 毅訳		2014.3	「文化財产的现场抢救工作:把握现状面向未来」	『アジア流域文化研究』第10号	東北学院大学アジア流域文化研究所
加藤 幸治			2015.3	「興:人々の心をつなぐ"語り"と文化財の役割」	『京都大学総合博物館ニュースレター』	京都大学総合博物館
加藤 幸治			2015.3	「負の歴史を相対化するキュレーション──飯坂温泉における絵はがきの展覧会の実践から──」	『東北学院大学論集 歴史と文化』第53号	東北学院大学学術研究会
加藤 幸治			2016.9	「大規模災害と被災地の大学博物館:大学生と取り組む文化財レスキュー活動」	『博物館研究』第51巻第9号	日本博物館協会
加藤 幸治	奥本 素子*	阿児 雄之	2016.12	「被災資料における来場者の語りの分析から見る博物館体験:テキストマイニングを用いた傾向の抽出」	『博物館学雑誌』第42巻第1号	全日本博物館学会
加藤 幸治			2017.1	『復興キュレーション:語りのオーナーシップで作り伝える"くじらまち"』		社会評論社
加藤 貞亨			1999.2	「「はくぶつかんだより」は手書きのぬくもり」	『月刊ミュゼ』33号	(株)アム・プロモーション
加藤 貞亨			2005.2	「鳳来寺山自然科学博物館と友の会--市民とともに創る博物館・地方博物館の事例」	『博物館研究』第40巻第2号	日本博物館協会
加藤 貞亨			2011.1	「鳳来寺山自然科学博物館の歩みと地域社会」	『博物館研究』第46巻第10号	日本博物館協会
加藤 里美			2015.3	「未就学児童の博物館見学のための事前学習:アーケカード活用の事例」	『國學院大學学術資料センター研究報告』	國學院大學研究開発推進機構学術資料センター
加藤 紫識			2017.3	「博物館資料にみる都市の人生儀礼」	『国立歴史民俗博物館研究報告』第205集	国立歴史民俗博物館
加藤 しのぶ			2016.3	「町並みに学ぶ 見て、聞いて、触って楽しむ、住まいと暮らしの博物館」	『CEL: Culture・energy and life』第112巻	大阪ガスエネルギー・文化研究所
加藤 修子	文化情報学部機関誌委員会 編		2002	「博物館における「音の展示」と「音による環境づくり」:文化情報施設のサウンドスケープ・デザインの展開」	『文化情報学:駿河台大学文化情報学部紀要』第9巻1号	駿河台大学文化情報学部
加藤 修子	文化情報学部機関誌委員会 編		2003.6	「博物館における「音の展示」と「音による環境づくり」:全体報告と館種別比較分析およびレベル別分析」	『文化情報学:駿河台大学文化情報学部紀要』第10巻1号	駿河台大学文化情報学部
加藤 修子	文化情報学部機関誌委員会 編		2003.12	「博物館の「音をテーマとした展示」における展示方法の分析」	『文化情報学:駿河台大学文化情報学部紀要』第10巻2号	駿河台大学文化情報学部
加藤 修子			2003	「博物館における「音の展示」と「音による環境づくり」」	『文理シナジー』第8巻2号	文理シナジー学会
加藤 修子			2004.7	「博物館の「音の展示」と「音による環境づくり」−全体報告と館種別特徴に基づく考察−」	『サウンドスケープ』第6号	日本サウンドスケープ協会
加藤 修子			2004	『博物館における音の展示と音による環境づくり』		文部省科学研究費補助金研究成果報告書
加藤 修子			2007.3	「図書館と博物館のサウンドスケープ・デザイン」	『明日の図書館情報学を拓く:アーカイブズと図書館経営:高山正也先生退職記念論文集』	樹村房
加藤 修子			2008.6	「博物館のサウンドスケープ・デザイン−ベネッセアートサイト直島−ケーススタディ(1)」	『文化情報学:駿河台大学文化情報学部紀要』第15巻第1号	駿河台大学文化情報学部
加藤 修子			2008.12	「博物館のサウンドスケープ・デザイン−中村キース・ヘリング美術館−ケーススタディ(2)」	『文化情報学:駿河台大学文化情報学部紀要』第15巻第2号	駿河台大学文化情報学部
加藤 修子			2009.6	「博物館のサウンドスケープ・デザイン博物館の立地環境と展示の関係:「十和田市現代美術館」と「青森県立美術館」を中心に」	『文化情報学:駿河台大学文化情報学部紀要』第16巻第1号	駿河台大学文化情報学部
加藤 修子			2009.12	「博物館のサウンドスケープ・デザインにおける「音声ガイド」の考察」	『文化情報学:駿河台大学文化情報学部紀要』第16巻第2号	駿河台大学文化情報学部
加藤 修子			2009.12	「博物館のサウンドスケープ・デザイン:瀧廉太郎記念館:ケーススタディ(3)」	『文化情報学:駿河台大学文化情報学部紀要』第16巻第2号	駿河台大学文化情報学部

著者1	著者2	著者3	発行年	論文名・書籍名	掲載誌	発行元
加藤 修子			2010.1	「博物館のサウンドスケープ・デザイン--博物館の立地環境と展示の音活用の関係」	『駿河台大学文化情報学研究所所報』第8号	駿河台大学文化情報学研究所
加藤 修子			2011.12	「博物館のサウンドスケープ・デザイン:21_21DESIGNSIGHT「bones骨」展:ケーススタディ(4)」	『文化情報学:駿河台大学文化情報学部紀要』第18巻第2号	駿河台大学文化情報学部
加藤 順子	柘植 千夏*		1997.2	「博物館における教育活動の現状と課題」	『お茶の水女子大学博物館実習報告』第12号	お茶の水女子大学学芸員課程委員会
加藤 祥子			2007.2	「博物館活動としての被服製作(第2報)クッションカバー」	『愛知教育大学教育実践総合センター紀要』第10号	愛知教育大学教育実践総合センター
加藤 祥子			2007.3	「博物館活動としての被服製作(第1報)」	『愛知教育大学研究報告.芸術・保健体育・家政・技術科学・創作編』第56輯	愛知教育大学
加藤 詔士			2007.12	「「金城新報」に描かれた愛知教育博物館」	『教育史研究室年報』第13号	名古屋大学大学院教育発達科学研究科教育史研究室
加藤 詔士			2015.3	「宣伝ビラ『愛知教育博物館設立趣意書』をめぐる考察」	『名古屋大学博物館報告』第30号	名古屋大学博物館
加藤 真二			2007.5	「キトラ展と飛鳥資料館の取り組み」	『月刊文化財』第524号	第一法規
加藤 真二			2016	「中国における埋蔵文化財保護と利活用」	『日本不動産学会誌』第30巻3号	日本不動産学会
加藤 晋平			1972.12	「博物館実習における調査について」	『Mouseion:立教大学博物館研究』第18号	立教大学学校・社会教育講座
加藤 太一			2016.12	「ミュージアムパーク茨城県自然博物館において実践されてきた博物館実習生による博物館学的研究の記録」	『茨城県自然博物館研究報告』第19号	ミュージアムパーク茨城県自然博物館
加藤 太一			2016.12	「茨城県自然博物館のインターネットによる広報活動の分析:第62回企画展「マンモスが渡った橋」展でのSNSを使った取り組みの成果」	『茨城県自然博物館研究報告』第19号	ミュージアムパーク茨城県自然博物館
加藤 隆生	田海 雅彦*	北畠 一範	2013.5	「座談会 レジャー施設の集客プロモーション:すみだ水族館(オリックス不動産)×プラネタリウム"満天""天空"(コニカミノルタプラネタリウム)×リアル脱出ゲーム(SCRAP)」	『Toppromotions販促会議』第181号	宣伝会議
加藤 孝			1989.1	「日本金属学会－金属博物館について－」	『全国大学博物館学講座協議会研究紀要』創刊号	全国大学博物館学講座協議会
加藤 隆志			1993.3	「「博物館の意義と課題」について」	『研究報告』第2集	相模原市教育委員会博物館建設事務所
加藤 隆志			1993.3	「博物館を見る視線～民俗資料と博物館～」	『研究報告』第2集	相模原市教育委員会博物館建設事務所
加藤 隆志			2007.10	「相模原市立博物館の「民俗系」常設展示室の構想」	『博物館研究』第42巻第10号	日本博物館協会
加藤 隆志			2007.12	「地域とのかかわり.地域博物館における市民による調査の実際」	『博物館の仕事』	岩田書院
加藤 貴彦	秋山 幸雄*	欅田 尚樹 他	2008.11	「美術館・博物館内の空気汚染調査」	『大気環境学会誌』第43巻第6号	大気環境学会
加藤 隆浩			2013.3	「博物館資料の境界～ペルーに戻ったマチュピチュの遺物」	『博物館資料の再生:自明性への問いとコレクションの文化資源化』	岩田書院
加藤 隆浩			2013.3	「文化の資源化と活用～アンデス民族学画像コレクションの取り組み～」	『博物館資料の再生:自明性への問いとコレクションの文化資源化』	岩田書院
加藤 武夫			1931	「東京科學博物館各部紹介地學部の陳列に就いて」	『科學知識』第10巻	科學知識普及會
加藤 武夫			1931.11	「地學部陳列の概要」	『自然科學と博物館』第23號	東京博物館
加藤 哲弘 編	喜多村 明里	並木 誠士 他	2001.7	『変貌する美術館-現代美術館学Ⅱ-』		昭和堂
加藤 尚行	小畠 忠久*		2016.11	「最新水族館にみる施工例(2)すみだ水族館」	『空気調和・衛生工学』第90巻11号	空気調和・衛生工学会
加藤 信夫	尾上 亨*		1989.3	「栃木県塩原産植物化石(木の葉石)の収蔵・展示方法」	『博物館学雑誌』第14巻第1・2号合併号	全日本博物館学会
加藤 信男			2010.3	「来館者が博物館に期待する潜在因子に関する研究」	『岐阜県博物館調査研究報告』第31号	岐阜県博物館
加藤 信男			2012.03	「子どもの学びを規定する潜在因子の特性についての検討」	『岐阜県博物館調査研究報告』第33号	岐阜県博物館
加藤 延年 編			1914	『平瀬貝類博物館案内』		平瀬介館
加藤 憲子	金成 南海子		1998.3	「東京都における博物館映像展示の現状」	『國學院大學博物館学紀要』第22輯	國學院大學博物館学研究室
加藤 秀俊			1968.1	「博覧会」	『日本歴史シリーズ 18明治維新』	世界文化社

著者1	著者2	著者3	発行年	論文名・書籍名	掲載誌	発行元
加藤 秀俊 編			1978.1	『世界の博物館.1アメリカ歴史技術博物館-フロンティアとアメリカの文明』		講談社
加藤 秀俊 監	川添 登 監	小松 左京 監	1986.3	『復元と構想-歴史から未来-』		東京書籍
加藤 秀俊			1990.3	『都市における博物館のありかた』		東京都教育委員会
加藤 秀弘			2011.10	「これからなにをなすべきか?―山田町鯨と海の科学館の事例から」	『海洋と生物』第33巻第5号	生物研究社
加藤 寛	堀 聖子*	高橋 千恵	2002	「伝統的焼付漆の応用的研究-蒔絵プラークの復元-」	『保存科学』第41号	国立文化財機構東京文化財研究所
加藤 浩	奥本 素子*		2007	「博物館におけるデジタル画像の教育普及活用の実情と課題-ICT機能を活用した博物館学習支援の可能性」	『メディア教育研究』第4巻第1号	メディア教育開発センター
加藤 浩	奥本 素子*		2007	「生涯学習としての自立的博物館学習を促進させる学習支援モデルの研究-演繹的博物館学習支援モデルの提案とその効果の検証」	『科学教育研究』第31巻第4号	日本科学教育学会
加藤 浩	奥本 素子*		2007.1	「博物館・美術館におけるデジタル画像活用と意識に関する実態調査」	『情報処理学会研究報告』2007巻第9号	情報処理学会
加藤 浩	奥本 素子*		2007.3	「博物館・美術館におけるデジタル画像作成の実態-デジタルアーカイブ実現に向けての課題」	『日本ミュージアム・マネジメント学会研究紀要』第11号	日本ミュージアム・マネージメント学会
加藤 浩	奥本 素子*		2009.7	「美術館学習初心者のための博物館認知オリエンテーションモデルの提案」	『日本教育工学会論文誌』第33巻第1号	日本教育工学会
加藤 浩	奥本 素子*	山田 政寛	2009.8	「博物館認知オリエンテーション教材を利用したアウトリーチ活動」	『日本科学教育学会年会論文集』第33巻	日本科学教育学会
加藤 浩	奥本 素子*	山田 政寛	2009.12	「博学連携活動における事前学習教材の開発と利用--博物館認知オリエンテーション教材を利用した事前学習」	『博物館学雑誌』第35巻第1号	全日本博物館学会
加藤 浩	奥本 素子*		2010.2	「博物館展示を理解・解釈するために必要な学習支援についての考察」	『日本教育工学会論文誌』第33巻第4号	日本教育工学会
加藤 浩	奥本 素子*		2012.7	「事前学習と館内鑑賞支援を連動させた博物館における展示鑑賞支援システムの開発」	『日本教育工学会論文誌』第36巻第1号	日本教育工学会
加藤 舞	嘉村 哲郎*	北岡 タマ子	2009.9	「ミュージアム・リテラシーに関するワークショップ実践報告--めざせ!「ミュージアム・マスター」」	『JMMA日本ミュージアム・マネジメント学会会報』第14巻第2号	日本ミュージアム・マネージメント学会
加藤 真	斎藤 靖二*	小川 義和	2009.4	「座談会 博物館の未来--自然系博物館から考える」	『科学』第79巻第4号	岩波書店
加藤 正明			2000.3	「教育普及活動における水の過冷却現象活用の一例(その1)」	『長岡市立科学博物館研究報告』第35号	長岡市立科学博物館
加藤 正人			2014.3	「栃木県立博物館の博学連携実践報告:普及資料課の取組みから」	『栃木県立博物館研究紀要:人文』第31号	栃木県立博物館
加藤 允彦			1990	「史跡の整備と活用 史跡整備活用特別事業について:「ふるさと歴史の広場」事業の紹介」	『月刊文化財』第318号	第一法規
加藤 允彦			1998.9	「文化財の管理・活用」	『建築雑誌』第113輯第1426號	日本建築学会
加藤 昌弘			2013.1	「国民のルーツを現代のミュージアムはどのように展示するのか?:イングランドの博物館における「英国人の起源」に関わる常設展示の調査から」	『ケルティック・フォーラム』第16号	日本ケルト学会
加藤 雅文			1998	「「生物に触れ、生物を飼育する」移動水族館」	『日本動物園水族館教育研究会誌』1998年号	日本動物園水族館教育研究会
加藤 正世			1941	「蝉類博物館」	『博物館研究』第14巻第1號	日本博物館協會
加藤 正世			1941	「國民學校理科教材園の計畫に就いて」	『博物館研究』第14巻第9號	日本博物館協會
加藤 克	長野 順子		2001.3	「北海道大学農学部植物園・博物館の来館者層調査報告と展示評価」	『北海道大学農学部博物館研究紀要』第1号	北海道大学農学部博物館
加藤 克	市川 秀雄	高谷 文仁	2009.9	「札幌農学校所属博物館における鳥類標本管理史(1)東京仮博物場から札幌農学校所属博物館初期まで」	『北大植物園研究紀要』第9号	北海道大学北方生物圏フィールド科学センター植物園
加藤 克	市川 秀雄	高谷 文仁	2010.10	「札幌農学校所属博物館における鳥類標本管理史(2):明治期の札幌農学校所属博物館」	『北大植物園研究紀要』第10号	北海道大学北方生物圏フィールド科学センター植物園
加藤 克	高谷 文仁	市川 秀雄	2011.12	「研究者の遺した写真を用いた標本情報の収集について:ヒグマ頭骨標本を一例に」	『北大植物園研究紀要』第11号	北海道大学北方生物圏フィールド科学センター植物園
加藤 克	市川 秀雄	高谷 文仁	2012.12	「札幌農学校所属博物館における鳥類標本管理史(3):大正~昭和期の博物館」	『北大植物園研究紀要』第12号	北海道大学北方生物圏フィールド科学センター植物園
加藤 克	市川 秀雄	高谷 文仁	2014.12	「札幌農学校所属博物館における鳥類標本管理史(4):標本ラベルの変遷からみた管理史」	『北大植物園研究紀要』第14号	北海道大学北方生物圏フィールド科学センター植物園
加藤 光男			1988.12	「文書館における展示活動」	『Mouseion:立教大学博物館研究』第34号	立教大学学校・社会教育講座

著者1	著者2	著者3	発行年	論文名・書籍名	掲載誌	発行元
加藤 光男	杉山 正司*		2015.3	「連携と比較展示:特別展「にっぽん歴史街道江戸の街道」から」	『埼玉県立歴史と民俗の博物館紀要』第9号	埼玉県立歴史と民俗の博物館
嘉藤 美代子			1973.2	「仙台市博物館における企画展示について」	『博物館問題研究会会報』第11号	博物館問題研究会
加藤 安明			2012.9	「「世界遺産登録運動と地域活性化」について」	『自治体国際化フォーラム』第275号	自治体国際化協会
加藤 康子			1999.1	『産業遺産「地域と市民の歴史」への旅』		日本経済新聞社
加藤 泰通			1935	「バイテンゾルク植物園」	『熱風をあびて』	尚文堂
加藤 由以			2011	「博物館における「教育」の位置づけ:「博物館教育」の担い手に注目して」	『生涯学習・社会教育研究ジャーナル』第5号	生涯学習・社会教育研究促進機構
加藤 由以			2012.3	「日本における博物館教育論の展開と課題:構成主義理論の紹介に注目して」	『教育研究:青山学院大学教育学部紀要』第56号	青山学院大学
加藤 勇樹	寺坂 尚浩*	杉山 岳弘	2010.3	「博物館における学芸員ガイドのシナリオ分析に基づく解説モデルと学習コンテンツのデザイン」	『全国大会講演論文集 第72回』	情報処理学会
加藤 裕子	小嶋 倫子	関野 久美子 他	1979.11	「養護学校と博物館」	『平塚市博物館年報』第3号	平塚市博物館
加藤 有次			1967.1	「私の学芸員観」	『学芸員懇談会記録1967』	発行責任者:金子功・広瀬鎮
加藤 有次			1969.3	「近代博物館変遷史にみる教育的役割－主として社会教育における博物館理念の思想史への試論－」	『國學院大學博物館學紀要』第1輯	國學院大學博物館学研究室
加藤 有次			1970.3	「博物館資料の修理と製作」	『國學院大學博物館學紀要』第2輯	國學院大學博物館学研究室
加藤 有次	西尾 雅敏 他		1971	「野外博物館と文化財保護」	『博物館研究』第45巻第1号	日本博物館協会
加藤 有次			1971.3	「博物館學史序説－博物館に関する概念－」	『國學院大學博物館學紀要』第3輯	國學院大學博物館学研究室
加藤 有次	樋口 清之*	小池 映子	1971.3	「國學院大學考古学資料室の資料貸出状況－集計から見た大学博物館活動－」	『國學院大學博物館學紀要』第3輯	國學院大學博物館学研究室
加藤 有次	博物館学研究会 編		1972	「博物館と地域に関する一試論」	『博物館と社会』	博物館学研究会
加藤 有次 監	樋口 清之*監		1976	『父と子の博物館』		富士書店
加藤 有次			1977.9	『博物館学序論』		雄山閣出版
加藤 有次			1979.6	「館種別博物館のあり方 総合博物館」	『博物館学講座 第1巻博物館学総論』	雄山閣
加藤 有次			1979.6	「設置者別博物館のあり方 学校博物館」	『博物館学講座 第1巻博物館学総論』	雄山閣
加藤 有次			1980.3	「わが国の博物館の概観と設立状況」	『博物館学講座 第3巻日本の博物館の現状と課題』	雄山閣
加藤 有次			1980.3	「館種別博物館における現状と課題 総合博物館」	『博物館学講座 第3巻日本の博物館の現状と課題』	雄山閣
加藤 有次	金山 喜昭		1980.3	「館種別博物館における現状と課題 歴史系博物館」	『博物館学講座 第3巻日本の博物館の現状と課題』	雄山閣
加藤 有次			1980.3	「今日の現状と課題」	『博物館学講座 第3巻日本の博物館の現状と課題』	雄山閣
加藤 有次	前川 公秀		1980.3	「博物館の管理状況」	『博物館学講座 第3巻日本の博物館の現状と課題』	雄山閣
加藤 有次	金山 喜昭		1980.3	「博物館の規模とその構成 博物館の職員」	『博物館学講座 第3巻日本の博物館の現状と課題』	雄山閣
加藤 有次	金山 喜昭		1980.3	「博物館の規模とその構成 博物館の予算規模とその内容」	『博物館学講座 第3巻日本の博物館の現状と課題』	雄山閣
加藤 有次	前川 公秀		1980.3	「博物館の規模とその構成 博物館施設の規模」	『博物館学講座 第3巻日本の博物館の現状と課題』	雄山閣
加藤 有次	前川 公秀		1980.3	「博物館資料とその活用」	『博物館学講座 第3巻日本の博物館の現状と課題』	雄山閣
加藤 有次	森山 哲和	金山 喜昭	1980.3	「先史時代遺跡資料の造形保存法」	『國學院大學博物館學紀要』第4輯	國學院大學博物館学研究室
加藤 有次 編	徳川 宗敬*監他		1980.3	『博物館学講座 第3巻日本の博物館の現状と課題』		雄山閣

著者1	著者2	著者3	発行年	論文名・書籍名	掲載誌	発行元
加藤 有次			1981.1	「学芸員養成制度」	『博物館学講座 第10巻参考資料集』	雄山閣
加藤 有次			1981.1	「世界の博物館解説 日本の主な博物館」	『博物館学講座 第10巻参考資料集』	雄山閣
加藤 有次	金山 喜昭		1981.1	「館種別博物館史 歴史系博物館史」	『博物館学講座 第2巻日本と世界の博物館史』	雄山閣
加藤 有次			1981.3	「地域文化とその展示機構」	『國學院大學博物館学紀要』第5輯	國學院大學博物館学研究室
加藤 有次 編	徳川 宗敬＊監	新井 重三 他編	1981.1	『博物館学講座 第10巻参考資料集』		雄山閣
加藤 有次			1981.5	「館種別博物館における展示と展示法 総合博物館」	『博物館学講座 第7巻展示と展示法』	雄山閣
加藤 有次			1982.5	「博物館の今日的役割を考える」	『月刊社会教育』第37巻第5号	国土社
加藤 有次			1984.5	「市民の学習と博物館--学習の援助と連携のすすめ（公民館・図書館・博物館）」	『社会教育』第39巻第5号	全日本社会教育連合会
加藤 有次			1984.12	「6公開活用」	『考古学調査研究ハンドブックス第2巻室内編』	雄山閣
加藤 有次			1987	「博物館の過去・現在・未来」	『別冊歴史読本 歴史博物館のすべて』	新人物往来社
加藤 有次	樋口 清之＊		1981.2	『こんなに役立つ博物館』		かんき出版
加藤 有次			1988.12	「観光と博物館」	『月刊観光』63年12月号	日本観光協会
加藤 有次			1989.1	「博物館学と学芸員養成」	『全博協研究紀要』創刊号	全国大学博物館学講座協議会
加藤 有次	青木 豊		1993.3	「野外博物館の現状と展望」	『國學院雑誌』第94巻第3号	國學院大學
加藤 有次			1994.12	「ECOMUSEUMと博物館学の問題」	『国府台：紀要・年報』第5号	和洋女子大学文化資料館
加藤 有次	倉田 公裕		1995.3	「博物館今昔物語―昨日は今日の昔―」	『Museologist：明治大学学芸員養成課程年報』第10巻	明治大学学芸員養成課程
加藤 有次			1996.3	『博物館学総論』		雄山閣出版
加藤 有次			1997.3	「地域博物館の目的理念及び設立要件に関する一考察」	『國學院大學博物館学紀要』第21輯	國學院大學博物館学研究室
加藤 有次			1997.11	「日本の博物館の風土とこれからの博物館」	『教育と情報』第476号	第一法規
加藤 有次			1998.9	「生涯学習社会における博物館の役割」	『Cultivate：文化と環境を考える』第9号	文化環境研究所
加藤 有次 編	鷹野 光行 編	西 源二郎 他編	1999.1	『新版博物館学講座 第12巻博物館経営論』		雄山閣
加藤 有次 編	鷹野 光行 編	西 源二郎 他編	1999.6	『新版博物館学講座 第5巻博物館資料論』		雄山閣
加藤 有次 編	鷹野 光行 編	西 源二郎 他編	1999.8	『新版博物館学講座 第11巻博物館情報論』		雄山閣
加藤 有次 編	鷹野 光行 編	西 源二郎 他編	1999.12	『新版博物館学講座 第10巻生涯学習と博物館活動』		雄山閣
加藤 有次			2000.1	「館種別博物館学 総合博物館学」	『新版博物館学講座 第1巻博物館学概論』	雄山閣
加藤 有次			2000.1	「博物館学各論(1)-博物館の論理学-現代博物館論」	『新版博物館学講座 第1巻博物館学概論』	雄山閣
加藤 有次			2000.1	「博物館学各論(1)-博物館の論理学-博物館学総論」	『新版博物館学講座 第1巻博物館学概論』	雄山閣
加藤 有次			2000.1	「博物館学各論(1)-博物館の論理学-博物館機能論」	『新版博物館学講座 第1巻博物館学概論』	雄山閣
加藤 有次			2000.1	「博物館学各論(1)-博物館の論理学-博物館史（発達史）/博物館学史」	『新版博物館学講座 第1巻博物館学概論』	雄山閣
加藤 有次 編	鷹野 光行 編	西 源二郎 他編	2000.1	『新版博物館学講座 第1巻博物館学概論』		雄山閣
加藤 有次			2000.2	「館種別博物館の展示活動 総合博物館」	『新版博物館学講座 第9巻博物館展示法』	雄山閣

か

著者1	著者2	著者3	発行年	論文名・書籍名	掲載誌	発行元
加藤 有次			2000.2	「館種別博物館の展示活動 歴史博物館(民族・民俗)」	『新版博物館学講座 第9巻博物館展示法』	雄山閣
加藤 有次 編	鷹野 光行 編	西 源二郎 他編	2000.2	『新版博物館学講座 第9巻博物館展示法』		雄山閣
加藤 有次			2000.4	「現代博物館総論」	『新版博物館学講座 第3巻現代博物館論-現状と課題-』	雄山閣
加藤 有次			2000.4	「博物館と地域社会」	『新版博物館学講座 第3巻現代博物館論-現状と課題-』	雄山閣
加藤 有次 編	鷹野 光行 編	西 源二郎 他編	2000.4	『新版博物館学講座 第3巻現代博物館論-現状と課題-』		雄山閣
加藤 有次			2000.6	「博物館機能各論」	『新版博物館学講座 第4巻博物館機能論』	雄山閣
加藤 有次			2000.6	「博物館機能論」	『新版博物館学講座 第4巻博物館機能論』	雄山閣
加藤 有次 編	鷹野 光行 編	西 源二郎 他編	2000.6	『新版博物館学講座 第4巻博物館機能論』		雄山閣
加藤 有次 編	鷹野 光行 編	西 源二郎 他編	2001.5	『新版博物館学講座 第6巻博物館調査研究法』		雄山閣
加藤 有次	金山 喜昭*		2001.5	「館種別博物館の調査研究 総合博物館」	『新版博物館学講座 第6巻博物館調査研究法』	雄山閣
加藤 有次			2002	「日本における歴史系博物館の史的変遷と今後の使命」	『伝統と創造の人文科学:國學院大學大学院文学研究科創設五十周年記念論文集』	國學院大學大学院
加藤 有次			2003.3	『和敬博愛 私の博物館学五十年』		加藤有次先生の古希をお祝いする会
加藤 ゆき	広谷 浩子*	猪尾 武達	2012.3	「小学生に人類進化を教える出張授業:博物館の特性をいかした学校向け理科学習プログラムの作成と実践」	『神奈川県立博物館研究報告.自然科学』第41号	神奈川県立生命の星・地球博物館
加藤 ゆき	広谷 浩子		2013.2	「鳥獣標本作製ボランティアの養成:神奈川県立生命の星・地球博物館の事例」	『神奈川県立博物館研究報告.自然科学』第42号	神奈川県立生命の星・地球博物館
加藤 由美子			1993.11	「エコミュージアムと観光」	『展示学』第16号	日本展示学会
加藤 由美子			1994	「エコミュージアムに関する手法論的考察 日本におけるエコミュージアムの方向性」	『日本展示学会第13回研究大会研究発表主旨綴』	日本展示学会第13回研究大会実行委員事務局
加藤 由美子			1997.3	「エコミュージアム」	『博物館の創造』第1巻	東京大学大学院教育学部研究科・教育学部社会教育研究室
角岡 伸彦			1995.12	「映像展示の可能性と限界」	『季刊Liberty』第12号	大阪人権歴史資料館
角岡 伸彦			1997.6	「博物館の時代が来た」	『季刊Liberty』第18号	大阪人権歴史資料館
角岡 伸彦			1997.9	「来館者は-アンケートとインタビューを通して-」	『季刊Liberty』第19号	大阪人権歴史資料館
門上 光夫			1998	「大阪府立図書館所蔵資料に見る"大阪の博覧会"」	『大阪府立図書館紀要』第34号	大阪府立図書館
門上 光夫			2015.2	「図書館における展示について」	『図書館雑誌』第109巻第2号	日本図書館協会
門口 実代			2015.8	「博物館で結婚式をおこなう試み:企画展「ふたりのウェディング事情」と博物館ウェディング」	『博物館研究』第50巻第8号	日本博物館協会
門倉 武夫	江本 義理*		1971.3	「万国博美術館の環境」	『保存科学』第7号	東京国立文化財研究所
門倉 武夫	江本 義理		1972.3	「奈良国立博物館における正倉院展示環境調査」	『保存科学』第8号	東京国立文化財研究所
門倉 武夫	江本 義理		1972.3	「万国博覧会美術館の展示環境調査」	『保存科学』第9号	東京国立文化財研究所
門倉 武夫			1973.3	「公害による文化財の被害調査」	『保存科学』第11号	東京国立文化財研究所
門倉 武夫			1984	「文化財とほこりについて考える博物館・資料館建設ファイル」	『建築知識』第26巻7号	建築知識
門倉 武夫	木川 りか*	佐野 千絵 他	1995.3	「博物館・美術館における燻蒸の実施状況とその問題点-保存担当学芸員研修におけるアンケートから-」	『保存科学』第34号	東京国立文化財研究所
門田研究室(観光学部交流文化学科)			2016.3	「「交流文化」フィールドノート(16)文化遺産の保護と活用を通じたソーシャルインクルージョン:沖縄県南城市における3年間の調査実習」	『交流文化』第16巻	立教大学観光学部
門田 岳久	杉本 浄		2013.3	「運動と開発:1970年代・南佐渡における民俗博物館建設と宮本常一の社会的実践」	『現代民俗学研究』第5号	現代民俗学会

著者1	著者2	著者3	発行年	論文名・書籍名	掲載誌	発行元
門田 岳久			2016.3	「博物館と住民参加:「佐渡國小木民俗博物館」にみる地域とのかかわり方」	『交流文化』第16巻	立教大学観光学部
門田 岳久			2017.5	「聖地を担う」	『文明史のなかの文化遺産』	臨川書店
角田 芳昭			1984	「学芸員資格取得とその後の進路について」	『関西大学考古学等資料室紀要』第1号	関西大学考古学等資料室
角田 芳昭			1984	「関西大学考古学等資料室概要」	『関西大学考古学等資料室紀要』第1号	関西大学考古学等資料室
角田 芳昭			1989.1	「大学附属博物館の現状と課題」	『全国大学博物館学講座協議会研究紀要』創刊号	全国大学博物館学講座協議会
角田 芳昭			1996.3	「大学附属博物館設立について－関西大学博物館を一例として－」	『全国大学博物館学講座協議会研究紀要』第4号	全国大学博物館学講座協議会
角野 幸博			1996.9	「まちづくりと文化施設」	『ミュージアムマネージメント』	東京堂出版
角野 幸博			2005.3	「芦屋市立美術博物館存続問題が投げかけたもの」	『地方自治職員研修』第38巻3号	公職研
門林 理恵子	西本 一志	間瀬 健二 他	1998.5	「対話的集落変遷シミュレーションシステムの作成と博物館展示のためのユーザインタフェースの提案」	『電子情報通信学会論文誌』第81巻第5号	電子情報通信学会情報・システムソサイエティ
門林 理恵子	間瀬 健二		1998.7	「新しい博物館の創造に向けて--Meta-Museumプロジェクトの紹介」	『人文学と情報処理』第17号	勉誠出版
門林 理恵子	西本 一志	角 康之 他	1999.3	「学芸員と見学者を仲介して博物館展示の意味構造を個人化する手法の提案」	『情報処理学会論文誌』第40巻3号	情報処理学会
門林 理恵子	近間 正樹*	福永 香 他	2010.3	「マルチディスプレイと携帯電話を利用した高解像度コンテンツの閲覧システム(デジタルミュージアム・デジタルミュージアムとエンタテイメントメディア)」	『電子情報通信学会技術研究報告』第109巻第466号	電子情報通信学会
Katerina.V.Thompson	Devra.G.Kleiman*	Charlotte.Kirk.Baer 編	2014.3	『動物園動物管理学』		文永堂出版
香取 秀真			1942	「美術館建設に就て」	『日本の鋳金』	三笠書房
門脇 秀一	安部 義孝*	毛利 匡明 他	1998.7	「座談会「水族館と水」」	『造水技術』第24巻3号	造水促進センター
門脇 恒吉			1932	「郷土教育の社會的進出」	『郷土科學』第二十三號	郷土教育聯盟
門脇 豊			2012.3	「進路としての文化財保護修復」	『博物館学年報』第43号	同志社大学博物館学芸員課程
金井 國雄			1933	「郷土科の使命は何か」	『郷土教育』第三十六號	郷土教育聯盟
金井 忠夫			2010.8	「市民と博物館の連携--地域の自然・文化団体と那須野が原博物館の連携」	『博物館研究』第45巻第8号	日本博物館協会
金井 忠男 他			2013	「東日本大震災および原発事故に伴う那須野が原博物館の文化財レスキュー」	『那須野が原博物館紀要』第9号	那須塩原市那須野が原博物館
金井 弘夫			1972.4	「ヒートシールによる標本貼付(雑録)」	『植物研究雑誌』第47巻4号	津村研究所・金沢水族館
金井 弘夫			1976	「海外の標本室をみて(1)」	『日本植物分類学会会報』第3巻5号	日本植物分類学会
金井 弘夫			1991.6	「移動式おしば標本棚の得失」	『植物研究雑誌』第66巻3号	津村研究所
金井 弘夫			2002	「標本は何の役に立つのか?(3)」	『野草』第68巻第505号	野外植物研究会
金井 弘夫			2003.9	「植物の動きを見せる」	『野草』第69巻第515号	野外植物研究会
金井 弘夫			2010.10	「おしば標本棚のアイデア」	『植物研究雑誌』第85巻1号	津村研究所
金井 弘夫			2003.11	「植物の動きを見せる(2)」	『野草』第69巻第516号	野外植物研究会
金井 萬三	小阪 昌裕*		2012.12	「世界ジオパークを活用した地域振興のしくみづくりと推進に関する研究(2)兵庫県新温泉町を対象とした推進と組織について」	『日本観光研究学会全国大会学術論文集』第27号	日本観光研究学会
かない みき 取材・文			2014.9	「潜入!ウィーン・フェイク美術館贋作コレクションの極意とは?」	『美術手帖』1010号	美術出版社
金井 杜男			2014.5	「京都国立博物館の写真について」	『京都国立博物館学叢』36号	京都国立博物館
金尾 滋史			2008.7	「博物館と生態学(7)博物館における長期モニタリング活動-たくさんの眼による地域モニタリング」	『日本生態学会誌』第58巻第2号	日本生態学会誌編集委員会

か

著者1	著者2	著者3	発行年	論文名・書籍名	掲載誌	発行元
金尾 滋史	北村 美香		2009.3	「滋賀県における自然科学系博物館連携の取り組み-「博物館による環境と科学のフェスティバル」の実践とその過程」	『博物館研究』第44巻第3号	日本博物館協会
金尾 滋史			2013.6	「マザーレイクと歩む琵琶湖博物館」		
かながわ学術研究交流財団 編			2004	『かながわ円卓フォーラム「21世紀ミュージアム・サミット」-文化の継承と創造-報告書』		かながわ学術研究交流財団
神奈川県教育委員会 編			1988.3	『県立博物館整備構想調査報告』		神奈川県教育委員会
神奈川県考古学会 編			2014.3	『時空の交差点:遺跡の保存と活用』		神奈川県考古学会
神奈川県博物館協会			1964.12	『神奈川県博物館協会10年史』		神奈川県博物館協会
神奈川県博物館協会			1971	『かながわの博物館』		神奈川県教育委員会
神奈川県博物館協会 編			1978	『神奈川県の博物館』		中央公論美術出版
神奈川県博物館協会			1985.12	「神奈川県博物館協会30年のあゆみ」	『神奈川県博物館協会会報』第54号	神奈川県博物館協会
神奈川県博物館協会			1996.7	「特集 震災と博物館」	『神奈川県博物館協会会報』第68号	神奈川県博物館協会
神奈川県博物館協会 編			2005.4	『学芸員の仕事』		岩田書店
神奈川県博物館協会			2007.1	『神奈川県博物館協会50年誌』		神奈川県博物館協会
神奈川県博物館協会 編			2015.6	『博物館の未来をさぐる』		東京堂出版
神奈川県博物館協会60周年記念誌ワーキンググループ			2015.6	「未来に向けて、わが館は」	『博物館の未来をさぐる』	東京堂出版
神奈川県文化財協会			1900	『かながわ文化財』		神奈川県文化財協会
神奈川県立近代美術館			1982	『神奈川県立近代美術館30年のあゆみ資料・展覧会総目録1951-1981』		神奈川県立近代美術館
神奈川県立近代美術館 編			2016.1	『鎌倉からはじまった。:「神奈川県立近代美術館鎌倉」の65年』		建築資料研究社
神奈川県立青少年センター 編			1972	『神奈川県立青少年センター十年史』		神奈川県立青少年センター
神奈川県立青少年センター 編			1982	『神奈川県立青少年センター20年のあゆみ』		神奈川県立青少年センター
神奈川県立生命の星・地球博物館			1990	「博物館のより良きバリアフリー施策をめざして」	『ユニバーサル・ミュージアムをめざして―視覚障害者と博物館―』	神奈川県立生命の星・地球博物館
神奈川県立生命の星・地球博物館			1996	『これからの自然史(誌)博物館-神奈川県立生命の星・地球博物館1周年記念論文集』		オールプランナー
神奈川県立生命の星・地球博物館			1999.3	『ユニバーサル・ミュージアムをめざして-視覚障害者と博物館-』		神奈川県立生命の星・地球博物館
神奈川県立生命の星・地球博物館	新井 一政*		2000-2002	『都道府県立博物館におけるボランテイア活動状況実態調査報告書:博物館ボランテイア相互連携に関する調査研究』		文部省科学研究費補助金研究成果報告書
神奈川県立生命の星・地球博物館			2002	「博物館での新しい地学教育:インターネットによる新しい教育法のケーススタディ」	『神奈川県立博物館研究報告.自然科学』第11号	神奈川県立生命の星・地球博物館
神奈川県立博物館 編			1976	『展示態様と展示効果に関する調査研究報告(1)』		神奈川県教育委員会
神奈川県立博物館 編			1977	『展示態様と展示効果に関する調査研究報告(2)』		神奈川県教育委員会
神奈川県立博物館 編			1987.3	『神奈川県立博物館20年のあゆみ』		神奈川県立博物館
神奈川県立フラワーセンター大船植物園			1982	『開園20周年』		神奈川県立フラワーセンター大船植物
神奈川県立文化資料館			1993.1	『神奈川県立文化資料館の20年』		神奈川県立文化資料館
神奈川県立歴史博物館	新井 一政*		1995-1997	『博物館ボランティア活性化に関する調査研究』		文部省科学研究費補助金研究成果報告書
神奈川県立歴史博物館			1998.3	『神奈川県立(歴史)博物館30年のあゆみ』		神奈川県立歴史博物館

著者1	著者2	著者3	発行年	論文名・書籍名	掲載誌	発行元
かながわ国際交流財団 編集協力	福原 義春*編		2015.1	『ミュージアムが社会を変える:文化による新しいコミュニティ創り』		現代企画室
神奈川大学日本常民文化研究所 編			1986.8	「特集 地域博物館を考える」	『民具マンスリー』第19巻5号	神奈川大学
神奈川大学日本常民文化研究所	横浜市歴史博物館*		2002.1	『屋根裏の博物館-実業家渋沢敬三が育てた民の学問-』		横浜市歴史博物館・横浜市ふるさと歴史財団
神奈川の文化財の未来を考える会			2009.11	「新自由主義時代の博物館と文化財 神奈川県における埋蔵文化財保護の課題--所謂「埋蔵文化財の神奈川問題」の経緯と今後」	『日本史研究』第567号	日本史研究会
金沢21世紀美術館学芸課 編集統括			2007.3	『美術館-緩慢なる市民革命の場』		金沢21世紀美術館
金沢21世紀美術館学芸課 編集総括			2013	『ミュージアム・エデュケーション21:symposium』		金沢21世紀美術館
金沢 至			2008.5	「日本の自然史博物館の現状と将来(1)」	『昆虫と自然』第43巻第6号	ニューサイエンス社
金沢 至			2008.7	「日本の自然史博物館の現状と将来(2)」	『昆虫と自然』第43巻第8号	ニューサイエンス社
金沢 至			2008.9	「日本の自然史博物館の現状と将来(3)」	『昆虫と自然』第43巻第10号	ニューサイエンス社
金澤 韻	表 智之*	村田 麻里子	2009.7	『マンガとミュージアムが出会うとき』		臨川書店
金澤 信治			2009.3	「招待講演 子育てにおける動物園の役割」	『小児保健研究』第68巻第2号	日本小児保健協会
金沢大学文学部地理学教室内手取川エコミュージアム構想プロジェクトチーム			2004.3	『手取川エコミュージアム構想活動成果報告書』		金沢大学文学部地理学教室内手取川エコミュージアム構想プロジェクトチーム
金澤 朋子	鳥谷 明子	小島 仁志 他	2016	「動物園における来園者の行動と解説板の設置位置との関係性」	『環境情報科学学術研究論文集』第30号	環境情報科学センター
金澤 朋子	小谷 幸司*	森崎 玲大	2017.2	「よこはま動物園のアフリカのサバンナにおける来園者満足度に基づく管理運営方策の検討」	『ランドスケープ研究』第80巻第5号	日本造園学会
金沢 文緒			2012.12	「ドレスデン王立絵画館の成立:近代美術館への歩み(現代社会の中の芸術:複眼的視点から芸術を考える)」	『青山学院女子短期大学総合文化研究所年報』第20号	青山学院女子短期大学総合文化研究所
金澤 芳彦	野村 正弘*	三田 照芳	2002.12	「群馬県立自然史博物館における燻蒸の見直しについて」	『博物館学雑誌』第28巻第1号	全日本博物館学会
金関 恕	山岸 常人 他		1998.9	「建物復元にどのような原理原則が求められているか」	『建築雑誌』第113輯第1426號	日本建築学会
鐵原 恵子	森谷 卓也*	中村 信彦 他	2010.4	「医学教育博物館におけるバーチャルスライド利用の意義--医学博物館におけるバーチャルスライド」	『日本遠隔医療学会雑誌』第6巻第1号	日本遠隔医療学会
金森 修			2003.6	「「日本の博物図譜—19世紀から現代まで」展」	『展覧会カタログの愉しみ』	東京大学出版会
金森 俊行			1997.9	「みさくぼ地域まるごと博物館計画」	『月刊文化財』第408号	第一法規
金盛 典夫	日本博物館協会 編		1986.9	「斜里町立知床博物館の活動」	『博物館研究』第21巻第9号	日本博物館協会
金盛 典夫	日本博物館協会 編		1987.9	「斜里町立知床博物館と環境」	『博物館研究』第22巻第9号	日本博物館協会
金盛 典夫			1995.11	「知床博物館の運営～住民の支持と理解を得られる活動を～」	『月刊ミュゼ』14号	(株)アム・プロモーション
金森 安孝			2012.10	「震災後の博物館活動と市民」	『博物館研究』第47巻第10号	日本博物館協会
金山 正好			1970	「江戸の開帳」	『武蔵野』第49巻3号	武蔵野文化協会
金山 正好			1970	「江戸の開帳(二)」	『武蔵野』第49巻4号	武蔵野文化協会
金山 喜昭			1980.3	「博物館学的発想(仮称)にもとづく考古学調査-小平市鈴木遺跡の場合-」	『國學院大學博物館學紀要』第4輯	國學院大學博物館学研究室
金山 喜昭	加藤 有次*		1980.3	「館種別博物館における現状と課題 歴史系博物館」	『博物館学講座 第3巻日本の博物館の現状と課題』	雄山閣
金山 喜昭	加藤 有次*		1980.3	「博物館の規模とその構成 博物館の職員」	『博物館学講座 第3巻日本の博物館の現状と課題』	雄山閣
金山 喜昭	加藤 有次*		1980.3	「博物館の規模とその構成 博物館の予算規模とその内容」	『博物館学講座 第3巻日本の博物館の現状と課題』	雄山閣
金山 喜昭	加藤 有次*	森山 哲和	1980.3	「先史時代遺跡資料の造形保存法」	『國學院大學博物館學紀要』第4輯	國學院大學博物館学研究室

か

著者1	著者2	著者3	発行年	論文名・書籍名	掲載誌	発行元
金山 喜昭	加藤 有次*		1981.1	「館種別博物館史 歴史系博物館史」	『博物館学講座 第2巻日本と世界の博物館史』	雄山閣
金山 喜昭			1982.3	「博物館展示法の一考察－ジオラマ展示を題材として－」	『博物館学雑誌』第7巻第2号	全日本博物館学会
金山 喜昭			1989.3	「博物館における死者の展示」	『國學院大學博物館學紀要』第13輯	國學院大學博物館学研究室
金山 喜昭			1991.3	「鹿児島県博物館史」	『國學院大學博物館學紀要』第15輯	國學院大學博物館学研究室
金山 喜昭			1996.3	「博物館実習について」	『千葉経済大学学芸員課程紀要』創刊号	千葉経済大学学芸員課程共同研究室
金山 喜昭			1996.3	「地震災害と博物館」	『國學院大學博物館學紀要』第20輯	國學院大學博物館学研究室
金山 喜昭			1996.3	「博物館資料調査研究論（試論）—名匠勝文斎の押絵行燈を題材として—」	『博物館学雑誌』第21巻第2号	全日本博物館学会
金山 喜昭			1996.12	「博物館における小学生を対象にした歴史学習の実践」	『MuseumDate』第35号	丹青総合研究所
金山 喜昭			1997.3	「博物館の特別展とその教育普及成果に関する研究（前編）－ソーシャル・マーケティングに基づく新しい行動戦略－」	『國學院大學博物館學紀要』第21輯	國學院大學博物館学研究室
金山 喜昭			1998	「老人ホーム移動博物館の実践とその意義づけ－高齢社会における博物館の新たな試み－」	『博物館研究』第33巻第6号	日本博物館協会
金山 喜昭			1998.1	「野田市郷土博物館における特別展『写真が語る野田の歴史と文化』と『野田の新しいまちづくりフォーラム』の開催－郷土博物館による「街づくり」活動の一例－」	『博物館学雑誌』第24巻第1号	全日本博物館学会
金山 喜昭			1998.3	「博物館の特別展とその教育普及成果に関する研究（中編）－ソーシャル・マーケティングに基づく新しい行動戦略－」	『國學院大學博物館學紀要』第22輯	國學院大學博物館学研究室
金山 喜昭	佐々木 亨		1999.2	「今だからこそ、「まちづくり」の心を育てていく地域博物館を」	『月刊ミュゼ』33号	（株）アム・プロモーション
金山 喜昭			1999.3	「「まちづくり」と市民意識の形成に関する地域博物館の可能性」	『博物館学雑誌』第24巻第2号	全日本博物館学会
金山 喜昭			1999.3	「博物館の特別展とその教育普及成果に関する研究（後編）－ソーシャル・マーケティングに基づく新しい行動戦略－」	『國學院大學博物館學紀要』第23輯	國學院大學博物館学研究室
金山 喜昭			1999.9	「現代社会の批評機能をもつ博物館活動の試み－野田市郷土博物館における「私のコレクション」展－」	『博物館学雑誌』第25巻第1号	全日本博物館学会
金山 喜昭			1999.9	『地域博物館のソーシャル・マーケティング戦略—童謡作曲家山中直治を復活させた野田市郷土博物館—』		（株）アム・プロモーション
金山 喜昭			1999.10	「館種別博物館の企画運営 郷土博物館」	『新版博物館学講座 第12巻博物館経営論』	雄山閣
金山 喜昭			2000.2	「地方分権社会における地域博物館の現状と課題」	『月刊ミュゼ』39号	（株）アム・プロモーション
金山 喜昭			2000.3	「近代以前の博物館思想と近現代博物館の形成史に関する一考察（前編）」	『國學院大學博物館學紀要』第24輯	國學院大學博物館学研究室
金山 喜昭			2000.4	「館種別博物館の役割と使命 郷土博物館」	『新版博物館学講座 第3巻現代博物館論-現状と課題-』	雄山閣
金山 喜昭			2000.4	「館種別博物館の役割と使命 総合博物館」	『新版博物館学講座 第3巻現代博物館論-現状と課題-』	雄山閣
金山 喜昭			2000.6	「館種別博物館機能論 郷土博物館」	『新版博物館学講座 第4巻博物館機能論』	雄山閣
金山 喜昭			2000.6	「館種別博物館機能論 歴史博物館」	『新版博物館学講座 第4巻博物館機能論』	雄山閣
金山 喜昭			2001.3	「近代以前の博物館思想と近現代博物館の形成史に関する一考察（中編）」	『國學院大學博物館學紀要』第25輯	國學院大學博物館学研究室
金山 喜昭	加藤 有次		2001.5	「館種別博物館の調査研究 総合博物館」	『新版博物館学講座 第6巻博物館調査研究法』	雄山閣
金山 喜昭			2001.5	「館種別博物館の調査研究 歴史博物館」	『新版博物館学講座 第6巻博物館調査研究法』	雄山閣
金山 喜昭			2001.5	「博物館における調査研究活動 他館との共同研究」	『新版博物館学講座 第6巻博物館調査研究法』	雄山閣
金山 喜昭			2001.5	「博物館における調査研究活動 大学等他の研究機関との連携」	『新版博物館学講座 第6巻博物館調査研究法』	雄山閣
金山 喜昭			2001.6	「21世紀社会の新しい博物館像を探る 博物館と情報公開③集めること、触れること」	『月刊ミュゼ』47号	（株）アム・プロモーション
金山 喜昭			2001.7	『日本の博物館史』		慶友社

著者1	著者2	著者3	発行年	論文名・書籍名	掲載誌	発行元
金山 喜昭			2002.2	「日本の博物館史」	『國學院雑誌』第103巻第2号	國學院大學
金山 喜昭			2002.3	「市民と博物館・学校・行政の連携による新しい地域文化づくり—千葉県野田市における童謡作曲家山中直治の復活の軌跡—」	『博物館学雑誌』第27巻第1号	全日本博物館学会
金山 喜昭			2002.3	「野田市郷土博物館の五感にうったえる特別展"親子で楽しむ文化財展"」	『博物館学雑誌』第27巻第2号	全日本博物館学会
金山 喜昭			2002.3	「近代以前の博物館思想と近現代博物館の形成史に関する一考察(後編)」	『國學院大學博物館學紀要』第26輯	國學院大學博物館学研究室
金山 喜昭			2002.6	「博物館と情報公開⑨前期旧石器問題に対する博物館の対応(後編)」	『月刊ミュゼ』53号	(株)アム・プロモーション
金山 喜昭			2003.3	「NPO博物館とその現代的課題」	『國學院大學博物館學紀要』第27輯	國學院大學博物館学研究室
金山 喜昭			2003.4	『博物館学入門 地域博物館学の提唱』		慶友社
金山 喜昭			2004.3	「まちづくりを踏まえた公立博物館の役割」	『法政大学キャリアデザイン学部紀要』第1号	法政大学キャリアデザイン学部
金山 喜昭			2005.3	「キャリアデザインと学校教育」	『月刊ミュゼ』69号	(株)アム・プロモーション
金山 喜昭			2006.3	「まちづくりと市民のキャリアデザイン(1)—NPO法人野田文化広場メンバーの場合—」	『法政大学キャリアデザイン学部紀要』第3号	法政大学キャリアデザイン学部
金山 喜昭			2007	「NPO運営で地域博物館が市民のキャリアデザインの拠点に」	『国づくりと研修』第117号	全国建設研修センター
金山 喜昭			2007.2	「学芸員課程でのキャリア教育と派生する課題—フィールド調査と企画展"樽職人玉ノ井芳雄のキャリアと技"をめぐる大学生の意識調査より—」	『生涯学習とキャリアデザイン:法政大学キャリアデザイン学会紀要』第4号	法政大学キャリアデザイン学会
金山 喜昭			2007.3	「まちづくりと市民のキャリアデザイン(2)—NPO法人野田文化広場が野田市郷土博物館を運営する基本的な考え方」	『法政大学キャリアデザイン学部紀要』第4号	法政大学キャリアデザイン学部
金山 喜昭	布谷 知夫	北村 美香	2007.9	「博物館と市民のキャリア形成-「ボランティア」から「はしかけ」へ」	『キャリアデザイン研究』第3号	日本キャリアデザイン学会
金山 喜昭			2007.10	「新しい『参加』への挑戦!博物館でキャリアデザイン!」	『地方自治職員研修』第40巻10号	公職研
金山 喜昭			2008.1	「博物館・美術館等を拠点とした市民活動への支援~「花王・コミュニティミュージアム・プログラム2007」から~」	『月刊ミュゼ』83号	(株)アム・プロモーション
金山 喜昭			2008.3	「まちづくりと市民のキャリアデザイン(3)—市民コレクション展が市民のキャリア形成に与えた影響—」	『法政大学キャリアデザイン学部紀要』第5号	法政大学キャリアデザイン学部
金山 喜昭			2009.2	「学芸員になるまでのキャリアに関する一考察-学芸員22人のインタビュー調査により-」	『生涯学習とキャリアデザイン:法政大学キャリアデザイン学会紀要』第6号	法政大学キャリアデザイン学会
金山 喜昭			2009.3	「NPO法人が指定管理者制度を活用した新しい地域博物館活動-市民のキャリアデザインと地域コミュニティの拠点づくり」	『地域政策研究』第46号	地方自治研究機構
金山 喜昭			2009.3	「まちづくりと市民のキャリアデザイン(4)-市民の要望による地域博物館とは-」	『法政大学キャリアデザイン学部紀要』第6号	法政大学キャリアデザイン学部
金山 喜昭			2010.1	「野田市郷土博物館の事例」	『社会教育』第65巻10号	全日本社会教育連合会
金山 喜昭			2010.2	「学芸員のライフキャリアに関する考察」	『生涯学習とキャリアデザイン:法政大学キャリアデザイン学会紀要』第7号	法政大学キャリアデザイン学会
金山 喜昭			2011.3	「ミュージアム・コレクション論(1)」	『法政大学キャリアデザイン学部紀要』第8号	法政大学キャリアデザイン学部
金山 喜昭			2011.3	「(博物館の歴史と現状)歴史博物館」	『新編博物館概論』	同成社
金山 喜昭			2011.3	「(博物館の歴史と現状)総合博物館」	『新編博物館概論』	同成社
金山 喜昭			2011.3	「(博物館の歴史と現状)郷土博物館」	『新編博物館概論』	同成社
金山 喜昭			2011.3	「地域博物館と市民のキャリアデザイン」	『野田市郷土博物館・市民会館年報・紀要(2009年度)』第3号	野田市郷土博物館
金山 喜昭			2012.2	「公立博物館の経営効率をみる 直営館とNPO運営館を比較する」	『生涯学習とキャリアデザイン:法政大学キャリアデザイン学会紀要』第9号	法政大学キャリアデザイン学会
金山 喜昭			2012.2	「野田市郷土博物館における「政策連携」の成果と展望」	『野田市郷土博物館・市民会館年報・紀要(2010年度)』第4号	野田市郷土博物館
金山 喜昭			2012.3	「市町村合併にともなう文化施設の再編成のあり方—新潟市西蒲区の事例より—」	『法政大学資格過程年報』第1号	法政大学資格過程
金山 喜昭			2012.3	『公立博物館をNPOに任せたら:市民・自治体・地域の連携』		同成社

著者1	著者2	著者3	発行年	論文名・書籍名	掲載誌	発行元
金山 喜昭			2013.2	「NPOが運営する公立博物館学芸員の給与の実態と問題改善」	『生涯学習とキャリアデザイン:法政大学キャリアデザイン学会紀要』第10号	法政大学キャリアデザイン学会
金山 喜昭			2013.2	「NPOが運営する公立博物館学芸員の待遇の現状と課題」	『生涯学習とキャリアデザイン:法政大学キャリアデザイン学会紀要』第10号	法政大学キャリアデザイン学会
金山 喜昭			2013.11	「日本の博物館学芸員の養成の現状と課題～大学の学芸員養成課程より～」	『日越外交関係樹立40周年記念国際シンポジウム『日本人の人材育成から学ぶ―更なるベトナムの発展のために』』	ベトナム国家大学ホーチミン市人文社会科学大学
金山 喜昭			2014.3	「大学における博物館学芸員の養成の現状と課題」	『法政大学資格課程年報』第3号	法政大学資格課程
金山 喜昭			2014.3	「指定管理者制度を導入した公立博物館はどのように変わったか(試論)～NPOが運営する10館の事例を検証する～」	『法政大学キャリアデザイン学部紀要』第11号	法政大学キャリアデザイン学部
金山 喜昭			2015	「公立博物館をNPOが経営する成果と課題」	『人間の発達と博物館学の課題:新時代の博物館経営と教育を考える』	同成社
金山 喜昭			2015.3	「指定管理者制度によるNPO運営館の収入状況と課題―指定管理料・利用料金・NPO財源の取り扱い」	『法政大学キャリアデザイン学部紀要』第12号	法政大学キャリアデザイン学部
金山 喜昭			2015.3	「大学における学芸員養成課程の新カリキュラム実施の現状と評価～法政大学の旧カリキュラムと新カリキュラム受講生を比較する～」	『法政大学資格課程年報』第4号	法政大学資格課程
金山 喜昭			2016.3	「鉄道資料館と商店街の連携と地域への波及効果～新潟市新津鉄道資料館と新津商店街の事例から～」	『法政大学キャリアデザイン学部紀要』第13号	法政大学キャリアデザイン学部
金山 喜昭			2016.3	「公立博物館はどのように変わったか～「日本の博物館総合調査」の分析結果より～」	『法政大学資格課程年報』第5号	法政大学資格課程
金山 喜昭			2016.6	「指定管理館の基本的な構造と行政上の留意点」	『月刊ミュゼ』114号	(株)アム・プロモーション
金山 喜昭	青木 豊*	鷹野 光行 他	2016.12	「座談会 博物館学の今を語る」	『國學院雜誌』第117巻第12号	國學院大學
金山 喜昭			2017	「県立博物館の現状--(行政改革と直営館の現状)」	『博物館と地方再生』	同成社
金山 喜昭			2017.3	「直営館のリニューアルと再生の取り組み―弘前市立博物館と福井県立恐竜博物館の事例から―」	『法政大学資格課程年報』第6号	法政大学資格課程
金山 喜昭			2017.3	『博物館と地方再生:市民・自治体・企業・地域との連携』		同成社
金山 喜昭			2017.11	「博物館のコレクション管理の動向と展望―イギリスのコレクション管理から学ぶこと―」	『國學院雜誌』第118巻第11号	國學院大學
金山 喜昭			2017.12	「博物館機能論史」	『博物館学史研究事典』	雄山閣
華南銀行			1932	「水族館ノ必要」	『馬來ニ於ケル各種漁業華銀調書』第39號	華南銀行
可児 通宏	安孫子 昭二		2008.3	「多摩ニュータウンNo.57遺跡と遺跡庭園・縄文の村」	『國學院大學考古学資料館紀要』第24輯	國學院大學考古学資料館
可児 光生			2001.12	「枠にとらわれない地域の文化的拠点を目指して美濃加茂市民ミュージアム／みのかも文化の森」	『博物館研究』第36巻第12号	日本博物館協会
可児 光生			2009.2	「美濃加茂ミュージアムの博学連携活動-子どもの学びと地域博物館-」	『瑞浪市化石博物館研究報告』第35集	瑞浪市化石博物館
可児 光生			2010.3	「連鎖と潜在力～美濃加茂市民ミュージアムの10年とこれから～」	『美濃加茂市民ミュージアム紀要』第9集	美濃加茂市民ミュージアム
可児 光生			2011.3	「学校と地域博物館の「連携」から生まれるもの」	『静岡県博物館協会研究紀要』第35号	静岡県博物館協会
可児 光生			2014.3	「分科会1「学校教育と博物館」」	『博物館研究』第49巻第3号	日本博物館協会
可児 光生			2016.5	「子どもの触発体験とミュージアム」	『触発するミュージアム:文化的公共空間の新たな可能性を求めて』	あいり出版
可児 光生			2014.12	「学校からの利用者に起きていること:利用したこどもたちのアンケートを中心に」	『博物館研究』第49巻第12号	日本博物館協会
可児 光生	大野 照文	中村 千恵 他	2015.6	「第3章連携する博物館」	『博物館教育論』	講談社
可児 光生			2016.3	「地域の視点 地域博物館のこれから:美濃加茂市民ミュージアムを例に」	『年報近現代史研究』第8号	近現代史研究会
鐘ヶ江 賢二			2010.3	「大学博物館における博物館実習の教育的効果―平成21年度の活動から―」	『鹿児島国際大学考古学ミュージアム調査研究報告』第7集	鹿児島国際大学国際文化学部
鐘ヶ江 賢二			2011.11	「博物館と一般市民との関係性構築に向けて:欧米の考古学系博物館における議論の整理を通じて」	『九州歴史科学』第39号	九州歴史科学研究会
金川			1936	「東京教育博物館概説」	『教育界』臨時増刊號第3巻第2號	明治教育社

著者1	著者2	著者3	発行年	論文名・書籍名	掲載誌	発行元
金川某			1903	「東京博物館概説」	『東京教育博物館』	金港堂
兼清 順子			2009.7	「平和博物館の役割」	『平和学を学ぶ人のために』	世界思想社
兼清 順子	榎 英一*		2010.3	「博物館学と平和学の融合の試み--新聞を教材とした授業実践紹介」	『立命館平和研究：立命館大学国際平和ミュージアム紀要』第11号	立命館大学国際平和ミュージアム
兼清 順子			2012.3	「立命館大学国際平和ミュージアムにおける資料整理の概要」	『立命館平和研究：立命館大学国際平和ミュージアム紀要』第13号	立命館大学国際平和ミュージアム
金子 淳			1995	「ファシズム期における日本の博物館政策―国史館計画と大東亜博物館構想を中心に」	『新博物館態勢―満州国の博物館が戦後日本に伝えていること』	名古屋市博物館
金子 淳			1995.11	「「大東亜博物館建設案」説明」	『博物館史研究』第1号	博物館史研究会
金子 淳			1995.11	「冨塚清の「科学の社会教育施設論」研究ノート」	『博物館史研究』第1号	博物館史研究会
金子 淳			1996	「学校教育と博物館の『連携』論の系譜とその位相」	『くにたち郷土文化館研究紀要』第1号	くにたち郷土文化館
金子 淳			1996.3	「国史館計画の展開とその政治状況-戦時下博物館政策に関する一考察-」	『東京学芸大学教育学部生涯教育研究室研究紀要』創刊号	東京学芸大学生涯教育研究室
金子 淳			1996.3	「日本博物館協会及び文部省における大東亜博物館構想について―「大東亜博物館建設案」の検討を中心に―」	『博物館史研究』第2号	博物館史研究会
金子 淳			1996.8	「解説―国史館計画の変遷」	『博物館史研究』第3号	博物館史研究会
金子 淳			1998.8	「博物館の「政治性」をめぐって―博物館史研究の方法論について思うこと―」	『博物館史研究』第6号	博物館史研究会
金子 淳			1999	「地方分権・規制緩和と博物館」	『博物館問題研究』第26号	博物館問題研究会
金子 淳			1999.3	「日本における博物館登録制度と諸基準」	『博物館基準に関する基礎研究-イギリスにおける博物館登録制度-』	博物館基準研究会
金子 淳			1999.3	「博物館における「市民参加」をめぐって モードとしての自然環境調査」	『パルテノン多摩博物館部門年報紀要』第1号	多摩市教育振興財団
金子 淳			2000.2	「展示の質的評価に関する一試論-企画展「多摩ニュータウン開発の軌跡」のアンケートを通して-」	『パルテノン多摩博物館部門年報紀要』第2号	多摩市教育振興財団
金子 淳			2000.4	「イギリスの博物館登録制度より"日本的"博物館登録制度の歴史と現状」	『月刊ミュゼ』40号	(株)アム・プロモーション
金子 淳			2001	『博物館の政治学』		青弓社
金子 淳			2001.1	「「視点を展示すること」の課題と可能性」	『パルテノン多摩博物館部門年報紀要』第3号	多摩市教育振興財団
金子 淳			2001.3	「地域文化への視点-展示にあたっての覚書-」	『地域文化の源流多摩に生まれた「学び」の系譜』	パルテノン多摩
金子 淳			2002.6	「博物館史のダイコトミー陥穽としての『官』と『民』」	『博物館史研究』第12号	博物館史研究会
金子 淳	浜田 弘明*	青木 俊也	2003.9	「戦後生活資料へのアプローチ」	『松戸市立博物館紀要』第10号	松戸市立博物館
金子 淳	浜田 弘明*司会	竹内 有里	2008.3	「COE公開研究会「学芸員の専門性をめぐって」第2回 今後の博物館活動と博物館学の方向性」	『高度専門職学芸員の養成-大学院における養成プログラムの提言-』	神奈川大学COEプログラム「人類文化研究のための非文字資料の体系化」研究推進会議
金子 淳			2008.7	「「現場に役立つ」ことの不確かさ」	『桜美林大学博物館学芸員課程年報』第9号	桜美林大学博物館学芸員課程
金子 淳			2010.3	「戦後日本の博物館学の系譜に関する一考察」	『博物館学資料「鶴田文庫」の整理・保存及び公開に関する調査・研究解説編』	文部科学省科学研究費補助金研究成果報告書
金子 淳			2011	「公害展示という沈黙:四日市公害の記憶とその表象をめぐって」	『静岡大学生涯学習教育研究』第13号	静岡大学生涯学習教育研究センター
金子 淳			2012.3	「戦争観の形成と戦争展示―「熱い論争」と「冷ややかな無関心」という落差をめぐって―」	『静岡大学生涯学習教育研究』第14号	静岡大学生涯学習教育研究センター
金子 淳			2013	「博物館活動と学芸員資格：現場の声を聞く(博物館フォーラム)」	『静岡大学生涯学習教育研究』第15号	静岡大学イノベーション社会連携推進機構地域連携生涯学習部門
金子 淳			2013.3	「ノスタルジー研究の現在と博物館における昭和ノスタルジーのゆくえ」	『静岡県民俗学会誌』第28・29号	静岡県民俗学会
金子 淳			2016.3	「歴史系博物館における「未来」の表象」	『桜美林論考人文研究』第7号	桜美林大学
金子 功			出版年不詳	『博物館の地域連絡協議会の活動-その問題点と振興策について』		発行元不詳

か

著者1	著者2	著者3	発行年	論文名・書籍名	掲載誌	発行元
金子 功			1968.4	「私立博物館振興に関する動きと目標」	『博物館ニュース』第3巻第1号	日本博物館協会
金子 功			1971.1	『欧州かけある記』		金子功
金子 功			1971.11	「博物館から新しい社会文化施設へ―豊橋向山天文台の教育実践」	『月刊社会教育』第15巻11号	国土社
金子 功			1979	「館種別博物館と地域（市民）社会 地方中小博物館」	『博物館学講座 第4巻博物館と地域社会』	雄山閣
金子 功			1979	「館種別博物館と地域（市民）社会 非施設型博物館」	『博物館学講座 第4巻博物館と地域社会』	雄山閣
金子 功			1980.6	「館種別博物館における設置と運営 専門博物館」	『博物館学講座 第9巻博物館の設置と運営』	雄山閣
金子 功			1982.2	「山村と都市を結んで-御園高原自然学習村の活動-」	『月刊社会教育』第26巻2号	国土社
金子 一夫			2001	「ボランティアは博物館の応援団」	『博物館研究』第36巻第3号	日本博物館協会
金子 量重 編			1977.6	『司書・学芸員になるには』		ぺりかん社
金子 和宏	山本 哲也*		2008.3	「史跡、博物館と地域の連携-新潟県・信濃川火焔街道の活用と博学連携-」	『國學院大學考古学資料館紀要』第24輯	國學院大學考古学資料館
金子 勝昭	梅棹 忠夫*	井上 光貞	1980.4	「＜座談会＞博物館の思想-新しい文化開発のかたち」	『諸君！』第12巻4号	文芸春秋
金子 久美子			2013.9	「天草アーカイブズの活動紹介」	『ネットワーク資料保存』第105号	日本図書館協会・資料保存委員会
金子 謙一			1995.3	「「親子自然探検隊」の8年」	『Museumちば：千葉県博物館協会研究紀要』26号	千葉県博物館協会
金子 堅太郎			1902	「博覽會の沿革及其効能」	『經濟政策』	大倉書店
金子 伸二	杉浦 幸子		2015.4	「第7章ミュージアム紹介」	『ミュゼオロジーへの招待』	武蔵野美術大学出版局
金子 伸二			2015.4	「第2章ミュージアムがあらわすもの―定義・種類・目的・機能」	『ミュゼオロジーへの招待』	武蔵野美術大学出版局
金子 伸二			2016.4	「調査研究活動の基本」	『ミュゼオロジーの展開:経営論・資料論』	武蔵野美術大学出版局
金子 伸二	杉浦 幸子 編		2016.4	『ミュゼオロジーの展開:経営論・資料論』		武蔵野美術大学出版局
金子 俊明	藻利 國恵	伊藤 僚幸 他	2016.6	「第3章博物館との連携で広げた躍動的で楽しい地域学習」	『特別支援教育と博物館:博学連携のアクティブラーニング』	同成社
金子 俊明	駒見 和夫*		2016.6	「第4章生きる力を育む博学連携のアクティブラーニング」	『特別支援教育と博物館:博学連携のアクティブラーニング』	同成社
金子 俊郎	片岡 登喜子	渡貫 健	2001.3	「常設展示の一つであるペルチェ素子を使った温度差発電の教材開発」	『千葉県立現代産業科学館研究報告』第6号	千葉県立現代産業科学館
金子 俊郎	国立科学博物館		2003-2005	『物理理論を実感できる手づくり体験型展示物の研究・開発』		文部科学省科学研究費補助金研究成果報告書
金子 徳彦			2014.3	「分科会2「観光と博物館」」	『博物館研究』第49巻第3号	日本博物館協会
金子 啓明 述	小林 真理 述	木下 直之 述	2009.3	「鼎談 日本の文化政策とミュージアムの未来」	『芸術の生まれる場(未来を拓く人文・社会科学シリーズ16)』	東信堂
金子 義昭			2000	「「考える」から「学ぶ」への転換」	『学ぶ心を育てる博物館』	(株)アム・プロモーション
金子 隆一	原田 健一 編	石井 仁志 編	2013.9	「美術館において写真のアーカイブは成立するのか?」	『懐かしさは未来とともにやってくる:地域映像アーカイブの理論と実際』	学文社
兼重 努			2016.3	「無形文化遺産登録をめぐるせめぎあい」	『中国地域の文化遺産:人類学の視点から』	国立民族学博物館
兼重 努			2017.5	「遺産登録をめぐるせめぎあい」	『文化遺産と生きる』	臨川書店
金田 和子	堤 千絵*	永田 美保 他	2010	「植物園における養護学校校外学習の実践例」	『日本植物園協会誌』第45号	日本植物園協会
金田 大輔	関本 陽二	熊谷 亮平 他	2010.7	「「黄金分割」に着目した国立西洋美術館初期案の配置計画の分析:ムンダネウムの配置計画との関連を通して」	『学術講演梗概集』2010巻	日本建築学会
金田 信子	小笠原 好彦* 他		2001	「21世紀へ!史跡保存と活用」	『明日への文化財』第46号	文化財保存全国協議会

著者1	著者2	著者3	発行年	論文名・書籍名	掲載誌	発行元
金田 彦太郎			2002.3	「航空科学博物館におけるボランティア活動」	『Museumちば:千葉県博物館協会研究紀要』33号	千葉県博物館協会
金田 平	柴田 敏隆		1977	『野外観察の手びき』		東洋館出版
金田 裕子	松原 雅裕*		2006.7	「ハードのチカラ、ソフトのチカラ」	『月刊ミュゼ』77号	(株)アム・プロモーション
金田 裕子	松原 雅裕*		2010.1	「学びあう場づくりのために」	『月刊ミュゼ』91号	(株)アム・プロモーション
金田 裕子	松原 雅裕*		2016.6	「学びあう場づくりのために 旅とミュージアムの融合」	『月刊ミュゼ』114号	(株)アム・プロモーション
兼田 貴子	馬場 暁子*	茂登山 清文	2010.3	「美術館来館者が作品をたのしむためのデジタル・ツールの開発」	『展示学』第48号	日本展示学会
金谷 美和			1996	「文化の消費:日本民芸運動の展示をめぐって」	『人文学報』第77号	京都大学人文科学研究所
兼常 清佐			1925	「ケルンの樂器博物館」	『音樂巡禮』	岩波書店
兼常 清佐			1927	「ベートーヴェン圖書展覽會」	『東京朝日新聞』1927年3月26日朝刊	東京朝日新聞社
金長 信明			1997.3	「未来への啓示としての博物館-学校博物館における連携を通して-」	『千葉経済大学学芸員課程紀要』第2号	千葉経済大学学芸員課程共同研究室
金長 信明			2000.3	「フランス・ベルギーエコミュージアム見聞録」	『沼南町史研究』第6号	沼南町教育委員会
金長 信明			2000.3	「学校博物館レポート 学校のミュージアム化と博物館活動」	『沼南町史研究』第6号	沼南町教育委員会
金原 輝夫	尾坂 知江子*	端 正男	1994.3	「常設展示のメンテナンスから見た問題点～特に生命館の映像機器について～」	『名古屋市科学館紀要』第20号	名古屋市科学館
金原 功			1999.3	「公立科学館と地域開発-高度経済成長期以降の北海道における事例を通して-」	『東京学芸大学教育学部生涯教育研究室研究紀要』第4号	東京学芸大学生涯教育研究室
金原 功			2004	「どこにいるかな?なにがいるかな? 葛西臨海水族園のハンズ・オン展示のこころみ」	『どうぶつと動物園』第56巻7号	東京動物園協会
金原 功			2008.6	「新テーマ「博物館の存在基盤を検証する」に寄せて」	『博物館問題研究』第31号	博物館問題研究会
金原 功			2014	「社会問題を取り上げる博物館の語られかた:「成田空港空と大地の歴史館」を見る視点」	『博物館問題研究』第32号	博物館問題研究会
鹿野 勝彦	小林 繁樹	高橋 貴	1983	「異郷に建つ民家群-人間博物館リトルワールド野外展示の試み」	『季刊民族学』第7巻第1号	千里文化財団
嘉納 治五郎			1903	「東京教育博物館の組織に就いて」	『東京教育博物館』	金港堂
狩野 朋子			2013.3	「歴史観光都市における伝統的居住空間の維持・保存に関する研究:世界遺産候補「トルコの古都ベルガマ」を事例として」	『帝京平成大学紀要』第24巻第2号	帝京平成大学
狩野 宏明	長友 紀子*	宇田 秀士 他	2015.3	「ICT機器が可能にする協働的鑑賞学習の試み:中学校美術科における「美術館の展示をつくる」の実践を通して」	『次世代教員養成センター研究紀要』1号	奈良教育大学次世代教員養成センター
加納 舞	宮里 孝生*		2010.3	「多文化共生時代における民族資料展示の在り方をめぐる一考察--野外民族博物館リトルワールドの模索」	『共生の文化研究』第4号	愛知県立大学多文化共生研究所
鹿江 宏明	幾田 擁明		2014.3	「社会教育施設における継続型科学講座の効果に関する研究:「スーパーサイエンスミュージアム」事業を通して(1)」	『比治山大学現代文化学部紀要』第20号	比治山大学現代文化学部
樺澤 洋			1982	「シーラカンス(LatimeriachalumnaeSMITH)の冷凍標本展示」	『京急油壺マリンパーク年報』第11号	京急油壺マリンパーク
Kabasawa.H			1995	「Electric devices in aquarium display.」	『京急油壺マリンパーク年報』第18号	京急油壺マリンパーク
樺澤 誠			1999	「視覚障害者による参加体験型展示の利用」	『ユニバーサル・ミュージアムをめざして-視覚障害者と博物館-』	神奈川県立生命の星・地球博物館
樺山 紘一			2007.11	「講演 博物館と文書館のあいだ」	『アーカイブズ学研究』第7号	日本アーカイブズ学会
樺山 紘一			2008.11	「メディア史としてのルネサンス、『ルネサンス美術館』を開きながら」	『本の窓』第31巻第9号	小学館
樺山 紘一			2009.7	「美術館の現在--ヨーロッパとアジアのあいだで」	『学士会会報』第877号	学士会
樺山 紘一	稲垣 良典*	今道 友信	2017.3	『世界遺産への道標:事例研究・芸術都市フィレンツェの経営政策』		創文社
『カビ対策マニュアル』作成協力者会議			2008.10	『カビ対策マニュアル』		『カビ対策マニュアル』作成協力者会議

著者1	著者2	著者3	発行年	論文名・書籍名	掲載誌	発行元
鏑木 あずさ	江草 由佳	山村 真紀 他	2011.9	「「saveMLAK:博物館・美術館・図書館・文書館・公民館の被災・救援情報」における活動の経緯と展望」	『現代の図書館』第49巻第3号	日本図書館協会
鏑木 外岐雄			1935	「國内臨海臨湖實驗所便り」	『岩波講座生物學』第十一輯	岩波文庫
鏑木 誠	小谷 卓也*		2003.3	「科学館において教育活動にあたる学習支援者の支援観の検討—神戸市少年少女発明クラブを事例として—」	『日本ミュージアム・マネージメント学会研究紀要』第7号	日本ミュージアム・マネージメント学会
鏑木 政岐			1968.4	「天文教育におけるプラネタリウムの使命」	『五島プラネタリウム学芸報 開館十周年記念』第4集	五島プラネタリウム
ガブリエル・リッター	鈴木 勝雄*	ドリュン・チョン 他	2014.3	『戦後日本美術の新たな語り口を探る ニューヨークと東京、二つの近代美術館の展覧会を通して見えてくるもの:シンポジウム記録集』		国際交流基金
鎌形 慎太郎			2009.3	「地域博物館における近世地方文書展示の研究」	『國學院大學博物館學紀要』第33輯	國學院大學博物館学研究室
鎌形 慎太郎			2010.4	「地域博物館における近世地方文書講座の一考察」	『博物館学雑誌』第35巻第2号	全日本博物館学会
鎌形 慎太郎			2014.12	「第二回水産博覧会における水族館の実態」	『博物館学雑誌』第40巻第1号	全日本博物館学会
鎌形 慎太郎			2015.4	「明治期における博覧会付属水族館の再検討」	『博物館学雑誌』第40巻第2号	全日本博物館学会
鎌形 慎太郎			2015.12	「昭和初期における水族館実践論の萌芽:堀家父子の業績を中心に」	『博物館学雑誌』第41巻第1号	全日本博物館学会
鎌倉国宝館			1969	『鎌倉国宝館四十年略史』		鎌倉市教育委員会
蒲郡市竹島水族館			2016.12	『竹島水族館の本』		風媒社
鎌田 栄吉			1899	『歐米漫游雜記』		博文館
鎌田 栄吉			1931	「福澤先生と郷土教育」	『郷土科學』第十號	郷土教育聯盟
鎌田 清子			2016.3	「日本における空き家・中古建造物の再生・利活用の研究:街並み・文化遺産・地域活性化の挑戦事例の考察」	『北海道文教大学論集』第17号	北海道文教大学
鎌田 淳司			2008.7	「にんげん模様 増井光子動物園園長 動物園にいる動物たちは野生の世界から来た大使なんです」	『Squet』第223号	三菱UFJリサーチ&コンサルティング会員事業本部Squet事業部
鎌田 聖子			1998.3	「ソロモン諸島国での協力活動から思う—開発途上国における博物館活動の現状と問題点について—」	『Museologist:明治大学学芸員養成課程年報』第13巻	明治大学学芸員養成課程
鎌田 貴志			2014.12	「盲学校におけるミュージアム利用」	『視覚リハビリテーション』80号	日本ライトハウス視覚障害リハビリテーションセンター
鎌田 洋昭			1999.2	「特集 地域博物館の生きる道 指宿市考古博物館時遊館COCCOはしむれ—新しい考古学博物館の姿—」	『月刊ミュゼ』33号	(株)アム・プロモーション
鎌田 実			2003	『科学系博物館における少年クラブ活動のカリキュラム開発に関する研究』		文部省科学研究費補助金研究成果報告書
鎌田 由美子			2014.3	「ブルネイ博物館におけるイスラーム美術展示」	『早稲田大学高等研究所紀要』第6号	早稲田大学高等研究所
上井 良子			2016.3	「教育現場での記録資料活用案 大学生に語った資料保存と整理」	『岡山県立記録資料館紀要』第11号	岡山県立記録資料館
上石 悠樹	小瀬 由樹*	長澤 奏美 他	2015.3	「フィールドミュージアム構築における代替現実ゲーム『Ingress』の活用」	『ITを活用した教育シンポジウム講演論文集』9号	神奈川工科大学
神尾 愛子	林 知左子*		2007	「談話室(第7回)日本初の古書ミュージアム 西尾市岩瀬文庫(愛知県)」	『専門図書館』第227号	専門図書館協議会
上河原 献二	川﨑 詩歩*		2015.9	「動物園による自然保護活動とその制度的課題に関するアンケート調査」	『ヒトと動物の関係学会誌』第41巻	ヒトと動物の関係学会
上河辺 康子	矢口 徹也*	久保内 加菜 他	2001	「大学における視聴覚教育の現代化(その2)博物館学芸員養成・電子書籍化・情報化処理技術者育成の視点から」	『早稲田教育評論』第15巻1号	早稲田大学教育総合研究所
神志那 良雄			2000	『科学・技術教育に対応した地域生涯学習システムの開発-エコミュージアムとマルチメディアを活用して』		『文部省科学研究費補助金研究成果報告書』
上條 學夫			1939	「郷土教育論」	『立正歴史地理學會誌』第2巻	立正歴史地理學會
上高津貝塚ふるさと歴史の広場 編			1997	『上高津貝塚ふるさと歴史の広場「学習のてびき」小・中学校教育における博物館施設活用のために』		土浦市教育委員会
上西 亘			2011.1	「神社博物館の成立について」	『神道宗教』第224号	神道宗教学会
上西 亘			2011.2	「神社博物館史について」	『神社博物館事典』	國學院大學

著者1	著者2	著者3	発行年	論文名・書籍名	掲載誌	発行元
上西 亘			2012.3	「神社博物館史について」	『平成21年度採択文部科学省「組織的な大学院教育改革推進プログラム」高度博物館学教育プログラム最終報告』	國學院大學博物館学研究室
紙の博物館			1975.6	『紙の博物館概要-25年の歩み-』		紙の博物館
紙の博物館			2002.2	「展示室の改設に当って」	『百万塔』第111号	紙の博物館
紙の博物館			2010.3	「紙の博物館六十年の歩み(年表)」	『百万塔』第135号	紙の博物館
紙の博物館学芸部			1997	「紙の博物館の展示計画」	『百万塔』第98号	紙の博物館
紙の博物館学芸部			2002.2	「進化する展示を目指す:「紙の教室」について(展示室の改設に当って)」	『百万塔』第111号	紙の博物館
神野 善治	杉浦 幸子	紫牟田 伸子 他	2008.4	『ミュージアムと生涯学習』		武蔵野美術大学出版局
上甫木 昭春	堀川 真代*	若生 謙二	2004	「ランドスケープ・イマージョン概念に基づく生態的展示に対する意識評価に関する研究--天王寺動物園を事例として」	『環境情報科学論文集』第18号	環境情報科学センター
上甫木 昭春	堀川 真代*		2007.3	「環境教育施設としての動物園における生息地体験型展示のあり方に関する研究」	『ランドスケープ研究』第70巻第5号	日本造園学会
神村 佑	俵 聡子*	本間 由佳	2015.3	「造形活動からはじめる小さな環境教育実践:環境フォーラム2014「こがねい水族館」の活動を通じて」	『環境教育学研究:東京学芸大学環境教育研究センター研究報告』第24号	東京学芸大学環境教育研究センター
神谷 明宏	染谷 彰	廣田 泰輔	2009.9	「電気電子・情報関連の卓越技術データベースと照明の取り組み:Web「電気のデジタル博物館」」	『照明学会誌』第93巻第10号	照明学会
神谷 栄子			1963.1	「染織品の保存と陳列 日本服飾美術展の陳列に当って」	『MUSEUM』第141号	東京国立博物館
神谷 邦淑			1893	「博物舘」	『建築雑誌』第7輯第81、84號・第8輯85號	日本建築學會
神谷 鐘吉			1936	「博物舘の適當なる畫面照度に就きて」	『建築雑誌』第50輯第618号	日本建築學會
神谷 浩			1985.3	「メキシコにおける展覧会での資料保全」	『名古屋市博物館研究紀要』第8巻	名古屋市博物館
神谷 正義			1992.3	「大学通信教育課程における学芸員課程の特質」	『全国大学博物館学講座協議会研究紀要』第2号	全国大学博物館学講座協議会
神谷 ゆう			1961.3	「製紙博物館の資料-蒐集から収納・保存まで-」	『Mouseion:立教大学博物館研究』第7号	立教大学学校・社会教育講座
神谷 幸江	松岡 剛		2009.3	『これからの美術館 美術館の役割とは』		広島市現代美術館
加美山 史子			2015	「美術館案内(vol.16)河鍋暁斎記念美術館:開館以来の経緯と今後の活動について」	『聚美』16号	青月社、聚美社
神山 浩一	荒井 宏子	久保 走一	1990.12	「美術館用蛍光灯照明の写真適性」	『日本写真学会誌』第53巻第6号	日本写真学会
亀井 明徳			1987.12	「九州における国立博物館誘致の歴史と展望」	『展示学』第5号	日本展示学会
亀井 修	高安 礼士		1997.5	「科学技術史を伝える博物館」	『化学史研究』第24巻1号	化学史学会
亀井 修	在原 徹	櫻田 秀樹 他	1999.3	「現代社会に影響を与えた科学技術-大量生産黎明期の人物の展示を中心として-」	『千葉県立現代産業科学館研究報告』第5号	千葉県立現代産業科学館
亀井 修	櫻田 秀樹*	君島 憲治	2000.3	「平成12年度特別展示会「万国博覧会の夢-万博に見る産業技術と日本」に関する調査研究-千葉県立現代産業科学館共同研究(その2)-」	『千葉県立現代産業科学館研究報告』第6号	千葉県立現代産業科学館
亀井 修			2001.3	「ミュージアム・リソースと入館者数の関係」	『千葉県立現代産業科学館研究報告』第7号	千葉県立現代産業科学館
亀井 修	難波 幸男*	西 博孝 他	2001.3	「インフォーマル・エデュケーションとしての科学博物館の役割」	『千葉県立現代産業科学館研究報告』第7号	千葉県立現代産業科学館
亀井 修			2002.3	「東京芸術大学美術学部で使用された写真計測システムの保存修復」	『千葉県立現代産業科学館研究報告』第8号	千葉県立現代産業科学館
亀井 修	大山 光晴	佐々木 秀彦	2002.3	「博物館展示評価-展示場でのケーススタディにフォーカスして-」	『千葉県立現代産業科学館研究報告』第8号	千葉県立現代産業科学館
亀井 修	濱田 隆士*	高橋 信裕 他	2002.3	「シンポジウム(講演録)「ミュージアム・マネージメント21世紀の課題と展望」	『ミュージアム・エデュテイメント―博物館楽修講座"ミュージアム・リレー"第50回走達成記念事業報告』	文化環境研究所
亀井 修	田邊 玲奈*	岩崎 誠司	2005.9	「異分野の博物館連携によるミュージアム・リテラシーの育成—国立科学博物館の上野の山ミュージアムクラブを事例に—」	『日本科学教育学会年会論文集』第29巻	日本科学教育学会
亀井 修	小川 義和		2006	「国立科学博物館におけるサイエンスコミュニケータ養成実践講座」	『全科協ニュース』第36巻4号	全国科学博物館協議会

か

著者1	著者2	著者3	発行年	論文名・書籍名	掲載誌	発行元
亀井 修			2007.3	「大学と連携した博物館におけるサイエンスコミュニケータの養成」	『科学コミュニケーターに期待される資質・能力とその養成プログラムに関する基礎的研究』	文部省科学研究費補助金研究成果報告書
亀井 修			2007.3	「博物館と大学との包括的な連携によるコンソーシアムの形成―国立科学博物館大学パートナーシップによる科学コミュニケーターの養成」	『科学コミュニケーターに期待される資質・能力とその養成プログラムに関する基礎的研究』	文部省科学研究費補助金研究成果報告書
亀井 修	高橋 みどり	永山 俊介	2009.8	「小学校教員養成課程の実態調査:博物館における小学校教員の理科指導力の向上を目指して」	『日本科学教育学会年会論文集』第33巻	日本科学教育学会
亀井 修	高橋 みどり*	石井 久隆 他	2009.8	「科学系博物館における科学リテラシー涵養を目指した学習プログラムの可能性と評価の試み(2):評価ツール作成までの方法論構築を目指して」	『日本科学教育学会年会論文集』第33巻	日本科学教育学会
亀井 修	永山 俊介	渡辺 千秋 他	2010.9	「博物館と大学の連携による人材育成プログラム実施システム:非理系学生の理科指導能力向上を通じた科学リテラシーの涵養」	『日本科学教育学会年会論文集』第34巻	日本科学教育学会
亀井 修	高橋 みどり*	齊藤 昭則	2010.9	「地球立体表示システム"ダジック・アース"を用いた科学系博物館教育におけるプログラムの可能性」	『日本科学教育学会年会論文集』第34巻	日本科学教育学会
亀井 修	若林 文高	前島 正裕	2016.3	『アントロポシーン(人の時代)における博物館:生物圏と技術圏の中の人間史をめざして』		国立科学博物館理工学研究部
亀井 一成			1969	『動物園飼育日記 ふたごのチンパンジー』		読売新聞社
亀井 一成			1973	『チンパン博士の動物記 知られざる檻の中の涙と笑い』		祥伝社
亀井 一成			1980	『ぼくの動物園日記』		PHP研究所
亀井 伸雄	日本都市計画学会 編		1975.5	「歴史風土的景観について」	『都市計画』第83号	日本都市計画学会
亀井 伸雄			1997	「文化財建造物の登録の実務と保護措置について」	『月刊文化財』第402号	第一法規
亀井 伸雄			2001.7	「登録有形文化財の活用:創設五年を迎える文化財登録制度について」	『文化庁月報』394号	ぎょうせい
亀井 英希			2013.5	「愛媛県歴史文化博物館におけるX線透過撮影装置・赤外線撮影装置の導入と活用」	『博物館研究』第48巻第5号	日本博物館協会
亀井 宏行	遠藤 康一*	阿児 雄之 他	2014.7	「やきものづくりから学ぶものづくり―地域と大学博物館の連携による教育機会の創出」	『第9回博物科学会』	博物科学会
亀井 正道			1996.9	「資料の保存」	『ミュージアムマネージメント』	東京堂出版
亀岡 聖朗			2000	「博物館施設に関する環境心理学研究」	『日本大学心理学研究』第21号	日本大学心理学会
龜高 德平			1916	「第一回化學工業博覽會の思ひ出」	『科學知識』第6卷第4號	科學知識普及會
亀田 佳代子	鈴木 まほろ*	佐久間 大輔 他	2010.11	「博物館と生態学(14)地域の博物館が担う自然史研究の意義」	『日本生態学会誌』第60巻第3号	日本生態学会誌編集委員会
亀田 佳代子	中井 克樹		2012.7	「博物館と生態学(19)野生動物の保護管理における博物館の役割」	『日本生態学会誌』第62巻第2号	日本生態学会誌編集委員会
亀田 邦翁			2015.2	「会員企業の展示施設紹介(第5回)過去と未来をつなぐみらいミュージアム」	『電機』75号	日本電機工業会
亀田 訓生			1997.12	「企業博物館の新しい潮流(上)メディアとしての情報交流拠点」	『日経広告研究所報』第31巻6号	日経広告研究所
亀田 訓生			1998.3	「企業博物館の新しい潮流(下)メディアとしての情報交流拠点」	『日経広告研究所報』第32巻1号	日経広告研究所
亀田 訓生			1998	『企業ミュージアム』		ピーエーヌ
亀田 訓生	千葉商科大学経済研究所 編		2002.9	「社会貢献活動における企業ミュージアムの新潮流」	『CUCview&vision』10	千葉商科大学経済研究所
亀田 孜			1939	「伯林日本古美術展について」	『博物館研究』第12巻第8號	日本博物館協會
亀谷 弘明			2010.3	「展示評 鉄道博物館」	『歴史学研究』第864号	青木書店
亀谷 隆	北川 芳男*	笹木 義友	1981.3	「北海道における博物館園の現況(1)-その種類と概要-」	『北海道開拓記念館研究年報』第9号	北海道開拓記念館
亀谷 隆			2006.3	『北海道博物館史料』		北海道開拓記念館
亀谷 隆			2016.3	『北海道博物館史料続』		亀谷隆
亀谷 了			1975.8	「研究博物館としての目黒寄生虫館」	『博物館学雑誌』第1巻第1号	全日本博物館学会

著者1	著者2	著者3	発行年	論文名・書籍名	掲載誌	発行元
亀谷 了	菊池 明		1979.11	「館種別博物館の教育・普及活動と設備・施設 単科博物館(専門博物館)」	『博物館学講座 第8巻博物館教育と普及』	雄山閣
亀谷 了			1994.7	『寄生虫館物語:可愛く奇妙な虫たちの暮らし』		ネスコ
亀山 章			2010.2	「東京農工大学フィールドミュージアム 唐沢山における在来種をもちいた法面緑化試験」	『日本緑化工学会誌』第35巻第3号	東京農工大学
亀山 裕市	高瀬 慎一*	越 真澄	1996	「第四世代の博物館 博物館の将来像(2)」	『Cultivate:文化と環境を考える』第2号	文化環境研究所
亀山 裕市	高橋 信裕		1996.8	「博物館運営の研究—もう一つの地方公共団体"一部事務組合"が設置・運営する博物館」	『文環研レポート』第8号	文化環境研究所
亀山 裕市	渡辺 創*		1996.11	「ミュージアム・データベースの研究」	『展示学』第22号	日本展示学会
亀山 裕市	田中 政彦*		1997.6	「ミュージアムと展示-展示ケース-」	『文環研レポート』第10号	文化環境研究所
亀山 裕市			2011	「散歩的・連鎖的展示への展開」	『展示学』第49号	日本展示学会
亀山 裕市	岡本 真*		2014.12	「SNSによるミュージアムと社会の新たな関わりとは?」	『Cultivate:文化と環境を考える』第43号	文化環境研究所
亀山 裕市	中村 剛士*		2014.12	「SNSがつくるミュージアムと利用者の関係性」	『Cultivate:文化と環境を考える』第43号	文化環境研究所
亀山 渉	秋元 良仁*		2007.3	「博物館情報に基づくメタデータスキーマ統合機構の構築」	『情報処理学会研究報告』第34号	情報処理学会
亀山 渉	秋元 良仁*		2007.7	「博物館情報を用いたメタデータスキーマ統合機構の実装と評価」	『電子情報通信学会技術研究報告』第107巻第164号	電子情報通信学会
加茂 慎司	大原 一興*	月村 岳夫	1996	「軽井沢におけるエコミュージアム実現への課題と地域資産の実情:地域のエコミュージアム化に関する研究その1」	『学術講演梗概集』1996巻	日本建築学会
加茂 慎司	月村 岳夫	大原 一興	1996	「地域資産に対する住民の認知と訪問に関する考察:地域のエコミュージアム化に関する研究その2」	『学術講演梗概集』1996巻	日本建築学会
加茂 慎司	月村 岳夫*	大原 一興	1996	「住民の地域保全意識に関する考察:地域のエコミュージアム化に関する研究その3」	『学術講演梗概集』1996巻	日本建築学会
加茂 千秋			2007.9	「旭川市博物館リニューアルの取り組み」	『博物館研究』第42巻第9号	日本博物館協会
加茂 正雄			1925	「ミュンヘン工業博物館」	『歐米工業界管見』	工政會出版部
鴨 昌和			2001.12	「文化財建造物の構造補強について」	『建築研究協会誌』第2号	建築研究協会
蒲生 重男			1997.11	「読む博物館」	『国立科学博物館ニュース』第343号	国立科学博物館
蒲生 俊文			1937.8	「安全博物館当面の問題」	『博物館研究』第10巻第7・8號	日本博物館協會
蒲生 諒太			2012	「物と体験の場所としてのミュージアム:「まぶさび展」の体験を通して」	『あいだ/生成』第2号	あいだ哲学会
蒲生 諒太 監	大野 照文*	渡川智子 他編著	2015.3	『探究するモグラたち:京大博物館式・教職実践演習』		京都大学総合博物館
蒲生 諒太 編著	大野 照文*監	寺脇 研 他	2015.3	『学びの海への船出:探究活動の輝きに向けて』		京都大学総合博物館
鴨下 示佳	三野 正洋*	浅井 圭介 他	1999.5	『世界の航空博物館&航空ショー』		ワック館
貨物鉄道博物館事務局 編			2016.11	『貨物鉄道博物館official guide book』		貨物鉄道博物館事務局
嘉門 安雄			1968	『ヴィーナスの汗-外国美術展の舞台裏-』		文芸春秋
嘉門 安雄 編			1970	『東京国立近代美術館の親営』		石橋正三郎
萱野 茂			1980	『アイヌの碑』		朝日新聞社
萱野 志朗			2008.3	「萱野茂の功績と資料館の役割」	『第22回北方民族文化シンポジウム報告書 北太平洋の文化―北方地域の博物館と民族文化(2)』	北方文化振興協会
萱場 祐一	吉冨 友恭*	尾澤 卓思	2002	「河川における展示手法に関する研究--自然共生研究センターを事例として」	『土木技術資料』第44巻10号	土木研究センター
萱場 祐一	渡辺 友美*	吉冨 友恭	2013.12	「魚類の生態への気づきを促す映像展示システムの開発と評価」	『日本教育工学会論文誌』第37巻	日本教育工学会

か

著者1	著者2	著者3	発行年	論文名・書籍名	掲載誌	発行元
萱場 祐一	渡辺 友美*	吉冨 友恭	2016	「国内展示施設における生物多様性展示の分析と課題」	『日本教育工学会論文誌』第40巻	日本教育工学会
茅原 拓朗	西岡 貞一*	小木 哲朗 他	2011	「没入型展示映像における「賑わい感」提示のための群衆表現の研究」	『展示学』第49号	日本展示学会
加山 隆	槇村 洋介*		1999.7	「飯田市美術博物館での中学校部活動について」	『飯田市美術博物館研究紀要』第9号	飯田市美術博物館
香山 里絵			2015.3	「明倫博物館から徳川美術館へ」	『金鯱叢書：史学美術史論文集』第44輯	徳川黎明会
唐沢 富太郎			1953	「九社会教育」	『日本教育史』	誠文堂新光社
唐沢 富太郎			1977	『教育博物館』		ぎょうせい
唐澤 良治			2010.2	「自然と人がおりなす「青空博物館」--駒ヶ根高原砂防フィールド・ミュージアム」	『土木施工』第51巻第2号	インデックス出版
樺太廳 編			1912	『樺太要覽』		樺太廳
樺太廳官房調査課 編			1934	『樺太廳法規』		樺太廳
樺太廳博物館 編			1930	『樺太廳博物館案内』		樺太廳博物館
樺太廳博物館 編			1937	『樺太廳博物館要覽』		樺太廳博物館
樺太廳博物館 編			1937-1942	『樺太廳博物館叢書』		樺太廳博物館
樺太廳博物館			1939	『樺太廳博物館要覽』		樺太廳博物館
刈田 均			2003.3	「日本民族博物館の設立に向けた動きとその経過について」	『横浜歴史博物館紀要』第7号	横浜歴史博物館
刈田 均			2009.2	「横浜市歴史博物館の複線型博物館実習-集中型と分散型の試み」	『博物館研究』第44巻第2号	日本博物館協会
狩俣 正雄			1995	『組織のコミュニケーション論』		中央経済社
苅谷 俊介			2008.9	「歴史とロマンと博物館」	『ヒストリア』第211号	大阪歴史学会
狩山 俊悟			1990.3	「パソコンを利用した標本データの登録と分布図の作図」	『倉敷市立自然史博物館研究報告』第5号	倉敷市立自然史博物館
カルロ・カカーチェ			2016.3	「イタリアにおける文化財危険地図システムの構築と運用について」	『文化財防災体制についての国際比較研究報告書』	科学研究費補助金基盤研究(S)「災害文化形成を担う地域歴史資料学の確立-東日本大震災を踏まえて」研究グループ
Karen.Knutson	Kevin.Crowley	堀口 裕美 訳	2016.5	「ミュージアムでの学びを考える」	『触発するミュージアム：文化的公共空間の新たな可能性を求めて』	あいり出版
河合 純枝			1994.3	「ドイツ(キュレイターの仕事--展覧会戦国時代を面白くする美の仕掛け人たち)」	『美術手帖』685号	美術出版社
川井 唯史	鬼丸 和幸		2007.3	「ニホンザリガニの博物誌的研究」	『美幌博物館研究報告』第14号	美幌博物館
川合 剛			2010	「展示」	『展示学』第48号	日本展示学会
川合 剛	石井 一良*	北村 彰 他	2010	「「『展示』という言葉」用例集」	『展示学』第48号	日本展示学会
河合 奈々瀬			2010	「巻子本展示序論」	『國學院大學博物館学紀要』第35輯	國學院大學博物館学研究室
河合 奈々瀬	落合 知子*	大貫 涼子 他	2011.3	「平成21年度文部科学省「組織的な大学院教育改革推進プログラム」採択に伴う大学院「博物館学専門・特殊実習」授業の報告：大学院生による手作り博物館の実践」	『國學院大學博物館学紀要』第36輯	國學院大學博物館学研究室
河合 奈々瀬	落合 知子*	大貫 涼子 他	2012.3	「平成21年度文部科学省「組織的な大学院教育改革推進プログラム」採択に伴う大学院「博物館学専門・特殊実習」授業の報告—大学院生による手作り博物館の実践—」	『平成21年度採択文部科学省「組織的な大学院教育改革推進プログラム」高度博物館学教育プログラム最終報告』	國學院大學博物館学研究室
河合 奈々瀬			2013	「室町文化と掛軸：愛玩と展示意識の出現」	『國學院大學博物館学紀要』第38輯	國學院大學博物館学研究室
河合 奈々瀬			2013.3	「巻子本資料の種類とその展示法についての考察」	『國學院大學博物館学紀要』第37輯	國學院大學博物館学研究室
河合 奈々瀬			2015.3	「掛軸と床の間」	『國學院大學博物館学紀要』第39輯	國學院大學博物館学研究室
河合 晴生	前田 淳子	清家 三智 他	2009	「美術館ワークショップの再確認と再考察--草創期を振り返る」	『bp』第4号	富士ゼロックス

著者1	著者2	著者3	発行年	論文名・書籍名	掲載誌	発行元
河合 洋尚			2016.3	「「世界遺産」と景観再生」	『中国地域の文化遺産:人類学の視点から』	国立民族学博物館
河合 洋尚	飯田 卓 編著		2016.3	『中国地域の文化遺産:人類学の視点から』		国立民族学博物館
河合 洋尚			2017.5	「創造される文化的景観」	『文明史のなかの文化遺産』	臨川書店
河合 博文	敷山 哲洋*	小野 晃 他	2007	「インタビュー 水族館の歴史を変えた超巨大パネル」	『宙舞』第60号	自動車技術会中部支部
河合 雅雄	高橋 晃*	原 克彦 他	2000.12	「パネルディスカッション 学校と博物館がつくる総合的な学習」	『ミュージアム・マガジン・ドーム』第53号	日本文教出版
河合 正一			1965	「博物館・美術館」	『建築設計資料集成』第4巻	丸善
河合 正一	倉田 公裕	針生 一郎 他	1978	「特集 美術館・博物館」	『建築画報』第122号	建築画報社
川合 三男	村井 勇*	松沢 亜生 他	2000	「座談会「小規模博物館を運営して」」	『博物館研究』第35巻第7号	日本博物館協会
川井 遊木			2011.3	「20世紀初頭ウィーンにおける美術と美術教育:フランツ・チゼックの活動と1908年クンストシャウを中心に」	『Crosssections:京都国立近代美術館研究論集』第4号	京都国立近代美術館
川内 淳史			2014	「「震災資料」保存の取り組みの現状と課題:阪神・淡路大震災から東日本大震災へ」	『情報の科学と技術』第64巻第9号	情報科学技術協会
川内 淳史			2015.9	「史料と展示資料保全活動20年の意義:「全国史料ネット研究交流集会」の報告を通じて」	『歴史学研究』第935号	青木書店
川内 希弥子	三浦 和信*	石橋 みゆき 他	1999	「展示解説員による対話形式の解説—視覚障害者と解説を共に考える—」	『ユニバーサル・ミュージアムをめざして―視覚障害者と博物館―』	神奈川県立生命の星・地球博物館
川浦 佐知子			2015.6	「北米先住民の土地保全と記憶の史跡化:国定史跡保存法とノーザン・シャイアンの「記憶の場」」	『アカデミア.人文・自然科学編』第10号	南山大学
川浦 佐知子			2016	「部族主権の記憶と合衆国史へ反駁:ノーザン・シャイアンの史跡化営為」	『アメリカ研究』第50号	アメリカ学会
河岡 武春	坪井 洋文*	杉本 尚次	1974	「ヨーロッパの民俗・民族博物館」	『民具マンスリー』第6巻10・11号	神奈川大学
川上 桂司			1995.3	「姉妹館提携10周年記念「てぬぐい展」講演録 てぬぐいは木綿の染めぎれ」	『大田区立郷土博物館紀要』第5号	大田区立郷土博物館
河上 繁樹			2010.3	「博物館資料から見た小袖--展示・修復・復元に関する諸問題」	『美学論究』第25号	関西学院大学文学部美学研究室
河上 繁樹			2012.3	「関西学院大学における博物館学芸員課程の科目改正について」	『教職教育研究:教職教育研究センター紀要』第17号	関西学院大学
川上 茂久			2013.11	「動物園水族館の危機管理」	『博物館研究』第48巻第11号	日本博物館協会
川上 昭吾	永田 祥子		2003.7	「学校と博物館の連携について イギリスの事例から学ぶこと」	『日本科学教育学会年会論文集』第27巻	日本科学教育学会
川上 昭吾	杉浦 貴史	寺田 安孝 他	2004.11	「学校と博物館との連携研究の実施」	『日本理科教育学会東海支部大会研究発表旨集』第51号	日本理科教育学会東海支部大会事務局
川上 昭吾	杉浦 貴史*		2005.11	「学校と博物館との連携に関する研究:愛知県における学校と博物館の連携の実態」	『日本科学教育学会研究会研究報告』第20巻第4号	日本科学教育学会
川上 昭吾	寺田 安孝*		2006	「博物館連携のためのワークシートの開発—SPPでの実践を通じて—」	『愛知教育大学教育実践総合センター紀要』第9号	愛知教育大学実践総合センター
川上 昭吾	寺田 安孝*	山本 太郎	2007.2	「地域・学校・博物館との連携によるインフォーマル・エデュケーションの実践―理科好きな子どもを地域で育てる理科実験教室の取り組み」	『愛知教育大学教育実践総合センター紀要』第10号	愛知教育大学教育実践総合センター
川上 昭吾	山中 敦子*		2008.2	「学校—科学館連携におけるミュージアム・リテラシー向上の試み」	『愛知教育大学教育実践総合センター紀要』第11号	愛知教育大学教育実践総合センター
川上 昭吾	寺田 安孝*	山中 敦子	2008.2	「科学に関心を持つ市民を育成するための博学連携プログラムの実践」	『愛知教育大学教育実践総合センター紀要』第11号	愛知教育大学教育実践総合センター
川上 昭吾	杉浦 貴史	寺田 安孝	2008.3	「学校と博物館の連携を進める実践的研究」	『愛知教育大学研究報告.教育科学編』第57輯	愛知教育大学
川上 昭吾	寺田 安孝*		2009.3	「リピーター育成を視野に入れた高校生のための博物館活用講座」	『愛知教育大学研究報告.教育科学編』第58輯	愛知教育大学
川上 昭吾	寺田 安孝*		2010.2	「高校生のための博物館学習プログラムの実践」	『愛知教育大学教育実践総合センター紀要』第13号	愛知教育大学実践総合センター
川上 昭吾	山中 敦子	浅井 猛	2010.7	「「生命の海科学館」の活動を通した社会連携活動の在り方の開発研究I:特に発信型科学館改革構想の策定について」	『日本理科教育学会全国大会要項』第60号	日本理科教育学会
川上 昭吾	山中 敦子*	浅井 猛	2010.9	「「生命の海科学館」の活動を通した社会連携活動の在り方の開発研究II:特に学校との連携について」	『日本科学教育学会年会論文集』第34巻	日本科学教育学会

著者1	著者2	著者3	発行年	論文名・書籍名	掲載誌	発行元
川上 昭吾	山中 敦子*	浅井 猛	2010.11	「「生命の海科学館」の活動を通した社会連携活動の在り方の開発研究Ⅲ」	『日本理科教育学会東海支部大会研究発表要旨集』第56号	日本理科教育学会東海支部大会事務局
川上 昭吾	相澤 毅*	山中 敦子	2011.8	「「生命の海科学館」の活動を通した社会連携活動の在り方の開発研究Ⅳ：ワークショップの実践結果について」	『日本理科教育学会全国大会要項』第61号	日本理科教育学会
川上 昭吾	相澤 毅*	岩山 勉 他	2012.3	「蒲郡市生命の海科学館と愛知教育大学との連携」	『愛知教育大学教育創造開発機構紀要』第2号	愛知教育大学
川上 昭吾			2012.7	「学校・地域との連携を進める科学館活動：「蒲郡市生命の海科学館」の試み」	『理科の教育』第61巻第7号	日本理科教育学会
川上 昭吾	天野 淳二*	山中 敦子	2012.12	「来館者調査による科学館利用者の動向」	『日本理科教育学会東海支部大会研究発表要旨集』第58号	日本理科教育学会東海支部大会事務局
川上 昭吾	長沼 健	廣濱 紀子	2013.3	「科学館における地域連携活動の展開：科学絵本の読み聞かせと体験活動を結ぶ新しいスタイルのワークショップの実践」	『愛知教育大学教育創造開発機構紀要』第3号	愛知教育大学
川上 紳一	大野 照文*	田口 公則 他	2003	「小学生を対象とした化石教室「三葉虫を調べよう」のねらいとその実践」	『岐阜大学教育学部研究報告.自然科学』第27巻2号	岐阜大学教育学部
川上 紳一	勝田 長貴	東條 文治 他	2012.3	「モロッコ産隕石の収集と科学教育・理科教育における活用」	『岐阜大学教育学部研究報告.自然科学』第36巻	岐阜大学
川上 紳一	東條 文治	大野 照文 他	2013	「日本最古の石博物館標本と最新地球史研究成果の融合による新たな博物館教育の試み」	『岐阜大学教育学部研究報告自然科学』第37号	岐阜大学
川上 壮太郎	古川 紗織*	山本 藤生	2013.5	「モルモットのふれあいコーナー：命のぬくもりを伝える動物園の教育活動例」	『博物館研究』第48巻第5号	日本博物館協会
川上 武夫			1927	「動物園及植物園」	『系統的實際的社會教育施設の研究』	帝國教育會出版部
川上 武夫			1927	「博物館」	『系統的實際的社會教育施設の研究』	帝國教育會出版部
川上 直彦	下湯 直樹*	落合 知子 他	2016.6	「平成27年度学長裁量経費採択事業「留学生に対する博物館学の啓発と博物館学教育の質的向上の実践」の成果報告と今後の課題」	『長崎国際大学論叢』第16巻	長崎国際大学
川上 博司			1996.7	「神戸が止まった時－阪神・淡路大震災実話－」	『神奈川県博物館協会会報』第68号	神奈川県博物館協会
川上 正信	鳥山 由子*	高山 久美子 他	1998	「座談会 目の不自由な人のための優しい博物館のありかたを求めて」	『博物館研究』第33巻第1号	日本博物館協会
川上 貢			2007.12	『歴史を語る産業遺産・近代建築物 京都の近代化遺産』		淡交社
川上 素子			2016.10	「ウッドスタートで地域を変える：東京おもちゃ美術館の木育事業(10)舎の建築を通した木育」	『グリーン・パワー』第454号	森林文化協会
川上 裕司	杉山 真紀子		2009.8	『博物館・美術館の生物学：カビ・害虫対策のためのIPMの実践』		雄山閣
川上 裕司			2013.1	「文化財の生物被害の現状と対策(10)博物館・美術館のカビとその対策：IPMによるカビ対策の考え方」	『日本防菌防黴学会誌』第41巻第1号	日本防菌防黴学会
川上 幸男			1962	「小石川植物園のフロラカレンダーについて」	『日本植物園協会会報』	日本植物園協会
川上 幸男			1977.3	「植物園とは」	『植物園協会誌』第11号	日本植物園協会
川上 幸男	東京都公園協会*監		1981.4	『東京公園文庫 14小石川植物園』		郷学舎
川上 由美子			1985.3	「視覚障害者と博物館-展示改善事業での試み-」	『埼玉県立博物館紀要』第11号	埼玉県立博物館
川北 典子			1997	「「財団法人仏教児童博物館」の研究—その設立と活動について」	『子ども社会研究』第3号	日本子ども社会学会
川喜田 煉七郎			1931	「帝室博物館のコンペチション」	『國際建築』第七巻第六號	國際建築協會
川口 明代			1998.3	「市民活動と『ボランティア』-建物の保存活用に関する活動を通じて-」	『東京学芸大学教育学部生涯教育研究室研究紀要』第3号	東京学芸大学教育学部生涯教育研究室
川口 和英	田口 想	渡辺 仁史	2003.11	「ハイブリッド水族館内における人間行動分析に関する研究：集客施設内の情報携帯端末利用による行動解析」	『日本建築学会計画系論文集』第68巻573号	日本建築学会
河口 公生	鹿島美術財団*編		1997	「美術館における修復保存部門の役割」	『鹿島美術財団年報』第14号別冊	鹿島美術財団
河口 公生	ボイックス株式会社編		2000.3	「美術館をどうつくるか～美術館員の視点から(1)～美術館建築と使い勝手Ⅰ～設計段階での問題点～」	『生涯学習空間』第5巻2号	ボイックス株式会社
河口 公生	ボイックス株式会社編		2000.5	「美術館をどうつくるか～美術館員の視点から(2)～美術館建築と使い勝手Ⅱ～美術品のための美術館を考える～」	『生涯学習空間』第5巻3号	ボイックス株式会社
河口 公生	ボイックス株式会社編		2000.7	「美術館をどうつくるか～美術館員の視点から(3)美術館・博物館はなぜ暗いのか-」	『生涯学習空間』第5巻4号	ボイックス株式会社

著者1	著者2	著者3	発行年	論文名・書籍名	掲載誌	発行元
河口 公夫	国立西洋美術館編		2003.3	「美術館における修復保存部門の役割と問題」	『国立西洋美術館研究紀要』第7号	国立西洋美術館
河口 公男			2011.3	「屋内彫刻の展示と地震対策:すべり支承の発案と静加力試験」	『国立西洋美術館研究紀要』第15号	国立西洋美術館
川口 彝雄			1929	「史蹟名勝天然紀念物保存と社會教育」	『埼玉史談』第1巻第1号	埼玉郷土會
川口 孫治郎			1920	「天然紀念物保護に關する希望」	『斯民』第15編第3号	中央報德會
川口 孫治郎			1933.10	「草木の標識」	『博物館研究』第6巻第10号	日本博物館協會
川口 孫治郎			1935.5	「博物館研究の一方面」	『博物館研究』第8巻第5号	日本博物館協會
川口 孫治郎			1935.10	「百年を顧る考慮」	『博物館研究』第8巻第10号	日本博物館協會
川口 孫治郎			1935.11	「百年を顧る考慮(2)」	『博物館研究』第8巻第11号	日本博物館協會
川口 雅子			2010.3	「『国立西洋美術館展覧会総覧1960-2009』について--展覧会レファレンス・ツール作成の試み」	『アート・ドキュメンテーション研究』第17号	アート・ドキュメンテーション学会
川口 雅子			2014.3	「美術館の情報活動に関する一考察」	『国立西洋美術館研究紀要』第18号	国立西洋美術館
川口 雅子	水谷 長志*	丸川 雄三	2014.3	「アジアからの美術書誌情報の発信:東京国立近代美術館・国立西洋美術館OPACのartlibraries.netにおける公開の経緯とその意義」	『東京国立近代美術館研究紀要』第18号	東京国立近代美術館
川口 雅子			2016.3	「高度化・グローバル化する美術作品の情報ニーズと国立西洋美術館の取り組み」	『アート・ドキュメンテーション研究』第23号	アート・ドキュメンテーション学会
川口 幸男			1983	『インディラとともに--上野動物園のゾウ係の飼育記録』		大日本図書
川口 幸也			2009.3	「ミュージアムというトポスミュージアムという居場所」	『芸術の生まれる場(未来を拓く人文・社会科学シリーズ16)』	東信堂
川口 幸也			2009.3	「ミュージアムというトポス博物館と美術館」	『芸術の生まれる場(未来を拓く人文・社会科学シリーズ16)』	東信堂
川口 幸也 編			2009.9	『展示の政治学』		水声社
川越 和四	三浦 定俊*	高鳥 浩介	2012	「大エジプト博物館保存修復センター(GEM-CC)におけるIPM研修」	『保存科学』第52号	国立文化財機構東京文化財研究所
川越市立博物館編			1991	『やまぶき学校教育のための博物館活用の手引き第1集』		川越市立博物館
川越市立博物館編			1994	『やまぶき学校教育のための博物館活用の手引き第2集』		川越市立博物館
川越市立博物館編			1997	『やまぶき学校教育のための博物館活用の手引き第3集』		川越市立博物館
川越市立博物館編			1998	『やまぶき学校教育のための博物館活用の手引き第4集』		川越市立博物館
川越市立博物館編			2000	『やまぶき学校教育のための博物館活用の手引き第5集』		川越市立博物館
川越市立博物館編			2000	『やまぶき学校教育のための博物館活用の手引き第6集』		川越市立博物館
川越 大輔	田中 孝国*	高屋 朋彰 他	2012.12	「教育論文博物館で実施した出前実験における物質工学科の取り組み:わくわくグランディ科学ランドにおける5年間の調査」	『電気化学会技術・教育研究論文誌』第19巻第2号	電気化学会技術・教育研究懇親会
川崎 泉			1982.1	『動物園の獣医さん』		岩波書店
川崎 和			1932	「教育即ち生活」	『郷土科学』第十九號	郷土教育聯盟
川崎 キヌ子	劉 廣堂*	駒見 和夫 他	2013.6	「ミュージアム国際フォーラム フロアーディスカッション」	『国府台:和洋女子大学文化資料館・博物館学課程報告』第17号	和洋女子大学文化資料館・博物館学課程
河崎 晃一			1996.9	「危機管理」	『ミュージアムマネージメント』	東京堂出版
河崎 晃一			2007.3	「美術館運営のゆくえ」	『文化施設の近未来:アートにおける公共性をめぐって』	慶應義塾大学アート・センター
川崎 繁	樋口 清之*	下津谷 達男 他	1987.3	「座談会「博物館学講座開講三十周年を迎えて--開講期から未来への展望を求めて--」」	『國學院大學博物館学紀要(樋口清之博士記念論文集)』第11輯	國學院大學博物館学研究室
川崎 繁			2008.12	「講演録 博物館法制定時の事情」	『博物館学雑誌』第34巻第1号	全日本博物館学会

か

著者1	著者2	著者3	発行年	論文名・書籍名	掲載誌	発行元
川崎 詩歩	上河原 献二		2015.9	「動物園による自然保護活動とその制度的課題に関するアンケート調査」	『ヒトと動物の関係学会誌』第41巻	ヒトと動物の関係学会
川崎 昭一郎 監	第五福竜丸平和協会*		2007.3	『フィールドワーク 第五福竜丸展示館:学び・調べ・考えよう』		平和文化
川崎 睦男	中野 正俊*	糸乗 前	2008.9	「博物館のサテライト化による理科・環境学習」	『日本理科教育学会全国大会要項』第58号	日本理科教育学会
川崎 友梨			2013	「赭鞭会にみる博物館の理念」	『國學院大學博物館學紀要』第38号	國學院大學博物館学研究室
川崎 義雄			1993.3	「東京国立博物館建設計画推移」	『國學院大學博物館學紀要』第17輯	國學院大學博物館学研究室
川崎 義雄			1994.7	「アメリカの博物館のミュージアム・ショップ」	『月刊ミュゼ』3号	(株)アム・プロモーション
川崎 義雄			1997.3	「プリマス・プランテーションとメンバーシップ」	『國學院大學博物館學紀要』第21輯	國學院大學博物館学研究室
川崎 義雄			1999.1	「博物館の予算と経営 博物館と税制」	『新版博物館学講座 第12巻博物館経営論』	雄山閣
川崎 義雄			2000.1	「博物館学各論(1)-博物館の論理学-博物館行財政学」	『新版博物館学講座 第1巻博物館学概論』	雄山閣
川崎 義雄			2000.4	「文化財保護と博物館」	『新版博物館学講座 第3巻 現代博物館論-現状と課題-』	雄山閣
川崎 義雄			2005.3	「中国西安市大明宮含元殿遺跡保存環境整備計画」	『國學院大學博物館學紀要』第29輯	國學院大學博物館学研究室
河治 寿都	畑田 晃希*	山崎 俊彦 他	2010.3	「全方位カメラによる位置参照画像群を用いた屋内位置推定--デジタルミュージアムでの鑑賞者の行動記録に向けて」	『電子情報通信学会技術研究報告』第109巻466号	電子情報通信学会
河治 寿都	河村 聡一郎	山崎 俊彦 他	2011.1	「時間変化を考慮した画像に基づく鑑賞者の位置推定--博物館における検討」	『電子情報通信学会技術研究報告』第110巻第382号	電子情報通信学会
川嶋 敦子			1999	「来館者研究の歴史的諸相」	『展示学』第27号	日本展示学会
川嶋-ベルトラン敦子			2000.3	「美術館における鑑賞体験－パーソンズの美的感受性発達論の適用にかんする一考察－」	『博物館学雑誌』第25巻第2号	全日本博物館学会
川嶋-ベルトラン 敦子	牛島 薫*		2002	「日本における博物館経営の経緯と現状--戦後から今日まで」	『展示学』第34号	日本展示学会
川島 一恵	朝生 博*		2013	「資料保存への取り組みについて」	『薬学図書館』58巻4号	日本薬学図書館協議会
河島 一仁			2015.12	「アイルランドにおけるフォークライフ研究:野外博物館と鋤を中心に」	『歴史地理学』第57巻第5号	歴史地理学会
川島 秀一	尾形 健*	熊谷 秋雄 他	2011.11	「地域の蔵がなくなる 被災地の文化財の現在:尾形家再建プロジェクト、雄勝町まちづくりをとおして」	『建築雑誌』第126輯第1624號	日本建築学会
川嶋 昭二	福田 廣一*	横濱 康繼 他	2003	「第69回企画展「海の森からのメッセージ」からの発信--そのコンセプト・構成・展示手法および関連事業」	『栃木県立博物館研究紀要.自然』第20号	栃木県立博物館
川島 千恵子	有吉 多賀子*	大儀 俊美	2004.3	「川村記念美術館における子ども向け事業インタビュー 美術教育サポートとは何か」	『Museumちば:千葉県博物館協会研究紀要』35号	千葉県博物館協会
川島 哲夫	仲野 寛*	井上 正志	2007.3	「社会教育施設の利用促進のための施設情報の映像化-博物館資料の収集から展示まで」	『島根大学生涯学習教育研究センター研究紀要』第5号	島根大学生涯学習教育研究センター
川嶋 稔夫	工藤 康之*		2013.3	「博物館における収蔵物管理作業支援システム(イメージ・メディア・クオリティ)」	『電子情報通信学会技術研究報告』第112巻第472号	電子情報通信学会
川嶋 稔夫	工藤 康之*		2013.3	「博物館における収蔵物管理作業支援システム(マルチメディア・仮想環境基礎)」	『電子情報通信学会技術研究報告』第112巻第472号	電子情報通信学会
川嶋 稔夫	工藤 康之*		2013.3	「博物館における収蔵物管理作業支援システム(画像工学)」	『電子情報通信学会技術研究報告』第112巻第472号	電子情報通信学会
川嶋 稔夫	工藤 康之*		2013.3	「博物館における収蔵物管理作業支援システム(福祉情報工学)」	『電子情報通信学会技術研究報告』第112巻第472号	電子情報通信学会
川嶋 稔夫	中小路 久美代*	山本 恭裕 他	2014	「ミュージアムにおける触発する体験と体験を触発するということ」	『人工知能学会全国大会論文集』28号	人工知能学会
川嶋 稔夫	菊谷 悠太*		2016.3	「陰影に基づく立体展示物に対する照明の最適化」	『電子情報通信学会技術研究報告』第115巻第479号	電子情報通信学会
川嶋 稔夫	古藤 健太*		2016.3	「資料へのスポット照明と高解像度画像表示の連携による鑑賞支援」	『電子情報通信学会技術研究報告』第115巻第479号	電子情報通信学会
川嶋 稔夫			2016.5	「函館圏地域デジタルアーカイブプロジェクト」	『触発するミュージアム:文化的公共空間の新たな可能性を求めて』	あいり出版
川嶋 稔夫	中小路 久美代*	山本 恭裕 他	2016.5	「総合博物館としての市立函館博物館における鑑賞の様式と触発の連鎖」	『触発するミュージアム:文化的公共空間の新たな可能性を求めて』	あいり出版

著者1	著者2	著者3	発行年	論文名・書籍名	掲載誌	発行元
川嶋 稔夫	中小路 久美代*	山本 恭裕 他	2016.5	「市立函館博物館第3展示室情報ブース「未来」プロジェクトにおける共同制作」	『触発するミュージアム：文化的公共空間の新たな可能性を求めて』	あいり出版
川嶋 稔夫	岡田 猛*	杉本 覚	2016.5	「函館市立博物館におけるワークショップ実践研究」	『触発するミュージアム：文化的公共空間の新たな可能性を求めて』	あいり出版
川嶋 稔夫	古藤 健太*		2017.3	「高解像度画像ズーム表示とスポット照明の連動が鑑賞に与える効果」	『電気学会研究会資料』2017巻32号-44号、46号-51号	電気学会
川島 智生			2010.12	「大正期・社寺宝物館の建築意義--大江新太郎設計の高野山霊宝館について」	『華頂博物館学研究』第17号	華頂短期大学博物館学芸員課程
川島 範久	岩田 翔太*	安田 幸一 他	2015.9	「博物館建築の外観における既存ファサードの保存と古材利用」	『学術講演梗概集』2015巻	日本建築学会
川宿田 好見	平川 ひろみ		2012.3	「離島における新しい博物館活動のモデル構築へ向けて 鹿児島県三島村を対象として」	『国際文化学部論集』第12巻第4号	鹿児島国際大学国際文化学部
川宿田 好見	平川 ひろみ		2012.12	「博物館活動の展開と地域住民の意識変化："三島村ミュージアムプロジェクト"を通じて」	『国際文化学部論集』第13巻第3号	鹿児島国際大学国際文化学部
川宿田 好見			2016	「小豆島におけるパブリックアーケオロジーの実践」	『日本情報考古学会講演論文集』第16巻	日本情報考古学会
川宿田 好見			2017	「小豆島におけるパブリックアーケオロジーの実践(2)持続可能な博物館活動の構築に向けて」	『日本情報考古学会講演論文集』第18巻	日本情報考古学会
川宿田 好見			2017	「小豆島における大坂城残石の記録と活用:SfMを用いた文化財の三次元記録とその活用」	『日本情報考古学会講演論文集』第18巻	日本情報考古学会
河尻 清和	岡本 弥彦*	清田 英孝	2010.3	「地域教材・地域人材を活用した授業づくり:相模原市立博物館での取組「研修講座の開催」を通して」	『理科の教育』第59巻第3号	日本理科教育学会
河尻 寛之	青木 功介	松田 俊寛 他	2011.5	「動物園向けナビゲーションシステムの事例紹介」	『情報処理学会研究報告』第20巻第19号	情報処理学会
川瀬 慈			2017.5	「映像がとらえる儀礼と音楽」	『文化遺産と生きる』	臨川書店
川瀬 健秀			2005.3	「史跡整備にともなう建築復元について」	『國學院大學博物館学紀要』第29輯	國學院大學博物館学研究室
川瀬 健秀			2006.3	「近世城郭史跡の整備と活用について」	『國學院大學博物館学紀要』第30輯	國學院大學博物館学研究室
川瀬 健秀			2006.5	「整備の現状と制度史6.中世・近世館跡の整備」	『史跡整備と博物館』	雄山閣
川瀬 健秀			2007.3	「中世城郭史跡の活用について」	『國學院大學博物館学紀要』第31輯	國學院大學博物館学研究室
川瀬 敏雄	肥田 康*		2013	「資料の保存とデジタル化」	『薬学図書館』58巻4号	日本薬学図書館協議会
川瀬 裕司			2008.11	「海洋生物の生態ビデオ映像の資料登録と活用-千葉県立中央博物館分館海の博物館の事例」	『日本生態学会誌』第58巻第3号	日本生態学会誌編集委員会
川瀬 基弘	森際 眞知子		2009.3	「博物館学芸員課程博物館実習-館務実習の紹介」	『瀬木学園紀要』第3号	愛知みずほ大学
川瀬 由高			2016.3	「渦中の無形文化遺産」	『中国地域の文化遺産：人類学の視点から』	国立民族学博物館
川添 敏弘	二宮 穣	田中 芙美子 他	2017	「幼児教育における博物館活用のための試み」	『ヤマザキ学園大学雑誌』第7号	ヤマザキ学園大学
川添 登 監	加藤 秀俊*監	小松 左京 監	1986.3	『復元と構想-歴史から未来-』		東京書籍
川添 登			1988.12	「場の展示学」	『展示学』第7号	日本展示学会
川添 登	林 英夫*	松平 誠 他	1992.3	「新館設立に向けて(豊島区立郷土資料館運営委員会)」	『生活と文化：豊島区立郷土資料館研究紀要』第6号	豊島区教育委員会
川添 登			2001.5	『地域博物館への提言』		ぎょうせい
川添 裕編	朝倉 無聲*		1992.5	『見世物研究 姉妹篇』		平凡社
川添 裕			2000.7	『江戸の見世物』		岩波新書
河田 克博	小松 尚*	本梅 誠 他	2016.3	「座談会 建築の再利用と地域活性:建築文化財の保存とリノベーション・市民活用」	『建築と社会』第97輯1128号	日本建築協会
川田 啓介	黒澤 弥悦	阿部 正勝 他	2003.12	「介護老人福祉施設および介護老人保健施設における移動展示の試み」	『博物館学雑誌』第29巻第1号	全日本博物館学会
川田 啓介	内藤 裕加里	黒澤 弥悦 他	2008.12	「就学前児童を対象とした企画展の開催-奥州市牛の博物館「家族で楽しむ企画展」」	『博物館学雑誌』第34巻第1号	全日本博物館学会

著者1	著者2	著者3	発行年	論文名・書籍名	掲載誌	発行元
河竹 繁俊			1932	「演劇博物館より」	『博物館研究』第5巻第2號	日本博物館協會
河竹 繁俊			1937	「江戸時代の劇場」	『博物館研究』第10巻第2號	日本博物館協會
河竹 繁俊			1938	「棚橋先生と本邦博物館事業促進運動」	『棚橋源太郎氏と科學教育』	棚橋源太郎氏教育功労記念會
河竹 繁俊			1939	「異常の成功を収めた巴里の日本舞踊展」	『博物館研究』第12巻第9號	日本博物館協會
河竹 繁俊			1939	「外國の演劇博物館」	『博物館研究』第12巻第12號	日本博物館協會
河竹 繁俊			1940	「演劇圖表と滅私奉公劇展示」	『博物館研究』第13巻第12號	日本博物館協會
川田 順造			2007.3	「失望と期待と-新博物館が提起するもの」	『芸術新潮』第58巻第3号	新潮社
川田 伸一郎	栗原 望*	安田 雅俊 他	2011.6	「標本とその二次資料・合わせて見るとおもしろい」	『哺乳類科学』第51巻第1号	日本哺乳類学会
川田 隆雄	平澤 泰文*	松川 節 他	2012.12	「iPad博物館ガイドシステムの構築と評価」	『日本教育工学会論文誌』第36巻	日本教育工学会
河田 健			2012.6	「斎藤報恩会博物館の建設経緯について」	『日本建築学会東北支部研究報告集 計画系』第75号	日本建築学会東北支部
河田 健			2012.9	「齋藤報恩会博物館の設計図面について」	『学術講演梗概集』2012巻	日本建築学会
川田 宏之	大原 伸一*	吉井 勇	1993.1	『成功する大型映像ビジネス-スーパー・コミュニケーション・メディアへの接近-』		ニューメディア
川津 尚一郎			2007.3	「ニール・コトラー氏を迎えて」	『JMMA日本ミュージアム・マネージメント学会会報』第11巻第3号	日本ミュージアム・マネージメント学会
川名 俊次			1980.4	「歴史的風土保存の今日の課題--古都保存法から明日香村立法まで」	『新都市』34巻4号	都市計画協会
川那部 浩哉 編			2000.1	『博物館を楽しむ琵琶湖博物館ものがたり』		岩波書店
川那部 浩哉			2007.7	『琵琶湖博物館を語る:対談:1996-2006』		サンライズ出版
川那部 浩哉	松田 清	高橋 義人	2010.3	「鼎談 博物館あれこれ」	『人環フォーラム』第26号	京都大学大学院人間・環境学研究科
川浪 千鶴			2014.1	「石元泰博コレクションと石元泰博フォトセンターのこれから」	『Zenbiフォーラム:全国美術館会議機関誌』第5号	全国美術館会議
川西 敏雄	西条 正義*	山県 昌継	1992.8	「水族館における新しい水処理技術」	『水処理技術』第33巻8号	日本水処理技術研究会
川西 利昌	吉田 健一郎*	坪山 幸王 他	2005.11	「水族館の展示水槽及び観覧室の照明計算に関する基礎的研究」	『日本建築学会計画系論文集』第70巻597号	日本建築学会
川西 芙沙			2015	「日本の絵本美術館研修・見学会(第8回)諏訪湖畔の芸術エリアに『イルフ童画館岡谷市日本童画美術館』と『小さな絵本美術館』を訪ねる」	『国立・国際・こども図書館:国際子ども図書館を考える全国連絡会会報』37	国際子ども図書館を考える全国連絡会
川根 正教			2003.3	「流山市立博物館における子ども向け事業」	『Museumちば:千葉県博物館協会研究紀要』34号	千葉県博物館協会
川野 和昭	佐々木 長生*		2008.4	「福島県立博物館・鹿児島県歴史資料センター黎明館共同企画樹と竹-列島の文化、北から南から」	『博物館研究』第43巻第4号	日本博物館協會
河野 キヨ子			1903	「裁縫及び手芸に関する陳列品」	『東京教育博物館』	金港堂
河野 重男	伊藤 俊夫 編		1979	「IV博物館の社会的位置づけと経営」	『社会教育講座4社会教育の施設』	第一法規
河野 晋			1941	『動物園の創設と治療便覧』		私家版
河野 哲郎			1993	「欧米の博物館と障害者」	『美術館教育研究』第4巻2号	美術館教育研究会
河野 哲郎			1994	「英国における博物館とギャラリーのための障害者に関するガイドライン」	『美術館教育研究』第5巻2号	美術館教育研究会
河野 哲郎	濱田 隆士*	飯田 浩之 他	2001.11	「座談会「博物館における学習支援に関する国際比較調査」を終えて」	『博物館研究』第36巻第11号	日本博物館協会
河野 哲郎	玉蟲 玲子*	鈴木 みどり 他	2002.6	「平成12年度こどもミュージアム「さがしてみよう!古代エジプトのなぞ」実施報告」	『MUSEUM』第578号	東京国立博物館
河野 仁昭			1984.12	「同志社宗教博物館の顛末」	『博物館学年報』第16号	同志社大学博物館学芸員課程

著者1	著者2	著者3	発行年	論文名・書籍名	掲載誌	発行元
川延 安直			2010.1	「福島県立博物館平成21年企画展「岡本太郎の博物館・はじめる視点～博物館から覚醒するアーティストたち～」報告—総括の前に—」	『月刊ミュゼ』91号	(株)アム・プロモーション
川延 安直			2014.7	「言葉が開く博物館、広がる言葉」	『現代詩手帖』57	思潮社
川延 安直	小林 めぐみ 編		2015.3	『豊間ことばの学校/好間土曜学校:アートな自然:はま・なか・あいづ文化連携プロジェクト2014夢のカプロジェクト:平成26年度文化庁地域と共働した美術館・歴史博物館創造活動支援事業』		はま・なか・あいづ文化連携プロジェクト実行委員会
川延 安直	福島県立博物館*編	小林 めぐみ 他	2016.3	『はま・なか・あいづ文化連携プロジェクト2015記録集』		はま・なか・あいづ文化連携プロジェクト実行委員会
川野邊 洋	早瀬 長利*	栗栖 宣博 他	1998.3	「博物館資料を活用した授業研究-水戸市立飯富中学校と県立盲学校との交流活動を中心として-」	『茨城県自然博物館研究報告』第1号	ミュージアムパーク茨城県自然博物館
川野邊 渉	日本学術振興会 編		1998.1	「修復材料の現状」	『学術月報』第51巻第1号	日本学術振興会
河野 通孝			2005.3	「『つくる・みる・ささえる』の創造的調和とは-第60回山口県美術展覧会にむけての現状分析-」	『山口県立美術館研究紀要』第5号	山口県立美術館
河野 靖			1995	『文化遺産の保存と国際協力』		風響社
河野 齢蔵			1917	「各種の高山植物園」	『高山植物の研究』	岩波書店
川端 清司			2012.3	「「東北地方太平洋沖地震及び津波」で被災した陸前高田市立博物館の地質資料レスキュー」	『Nature study』第58巻第3号	大阪市立自然史博物館友の会
川畑 茂男			2012.12	「中規模歴史博物館での新しい活動の展開—竹中大工道具館を事例として」	『商経学叢』第59巻第2号	近畿大学商経学会
川端 英登			2011.8	「交通科学博物館の概要」	『運転協会誌』第53巻第8号	日本鉄道運転協会
川端 保夫	大山 光晴*	鵜澤 和良 他	2001.3	「平成14年度特別展「ROBOT-人とロボットの未来」の開催と評価について-」	『千葉県立現代産業科学館研究報告』第9号	千葉県立現代産業科学館
川端 保夫	佐藤 哲*	難波 幸男 他	2003.3	「平成15年度特別展「スポーツの科学」に関する資料調査-スポーツ用具の科学・環境保全とスポーツに重点を当てて-」	『千葉県立現代産業科学館研究報告』第9号	千葉県立現代産業科学館
川端 保夫	坂本 永*	佐藤 公昭 他	2003.3	「千葉県近代和風建築総合調査の実施について」	『千葉県立現代産業科学館研究報告』第9号	千葉県立現代産業科学館
川端 保夫	佐藤 哲*	成島 善夫 他	2004	「平成15年度特別展「スポーツの科学」の開催と評価について」	『千葉県立現代産業科学館研究報告』第10号	千葉県立現代産業科学館
川端 保夫	坂本 永*	佐藤 公昭 他	2004	「千葉県近代和風建築総合調査の実施について(2)」	『千葉県立現代産業科学館研究報告』第10号	千葉県立現代産業科学館
川端 裕人			1999.3	『動物園にできること-「種の箱舟」のゆくえ』		文藝春秋
河原 清			2012.2	「分科会3「小規模博物館の運営」」	『博物館研究』第47巻第3号	日本博物館協会
河原 啓子			2011.6	『「空想美術館」を超えて』		美術年鑑社
河原 啓子			2014.1	「戦後日本社会における展覧会の史的考察」	『青山史学』第32号	青山学院大学文学部史学研究室
河原 啓子			2016.4	「美術館のコミュニケーションを魅力的にするのは誰か」	『ミュゼオロジーの展開:経営論・資料論』	武蔵野美術大学出版局
河原 大	矢野 桂司*	瀬戸 寿一 他	2010.1	「デジタルミュージアム構築のための通り景観復原--京都の三条通を事例に」	『電子情報通信学会技術研究報告』第110巻第382号	電子情報通信学会
河原 孝	藤森 千裕		2012	「ミュージアムをつなぐ試み:生涯学習センターがハブ機能を発揮する」	『社会教育』第67巻第10号	全日本社会教育連合会
河原 達也	上田 寛人*	宮部 誠人 他	2010.2	「文化と言語の維持保存に貢献するためのデジタル博物館の試み トランスクリプションデータを流用する字幕映像生成システムの提案」	『情報処理学会研究報告』2010巻第1号	情報処理学会
河原 英治	鍋島 隆*	小原 一成 他	1999.3	「科学博物館における教育普及活動について--身近なサイエンス教室の実施を通じて」	『千葉県立現代産業科学館研究報告』第5号	千葉県立現代産業科学館
川原 大			1996	「自然史博物館は存続するか」	『これからの自然史博物館』	神奈川県立生命の星・地球博物館
川原 宗貴	島田 拓*	菊池 亮	2015.3	「科学博物館における地域協働で進める科学技術教育の可能性:釧路市こども遊学館とこども夢計画の事例」	『日本ミュージアム・マネージメント学会研究紀要』第19号	日本ミュージアム・マネージメント学会
川東 大我	三輪 康一	栗山 尚子	2012.5	「美術館の空間構成と芸術普及・交流活動の関係性に関する研究:1990年以降の美術館建築の事例分析を通して」	『日本建築学会近畿支部研究報告集.計画系』第52号	日本建築学会近畿支部
河邊 真次			2007.3	「友枝啓泰アンデス民族学画像コレクション・データベース化の意義と学術的利用の可能性—アンデス民衆芸術「サルワの板絵」のモチーフとの比較研究をてがかりとして—」	『南山大学人類学博物館紀要』第25号	南山大学人類学博物館
川辺 百樹			1987.9	「小規模公立博物館における展示替えを終えて」	『平塚市博物館年報』第11号	平塚市博物館

著者1	著者2	著者3	発行年	論文名・書籍名	掲載誌	発行元
川辺 百樹	矢野 牧夫*	保田 信紀 他	1999.11	「自然史系博物館の展示改善のための資料収集と教育活動への利用」	『博物館研究』第34巻第11号	日本博物館協会
川真田 敏明	山口 孝子*	柴 史之 他	2010	「燻蒸処理による写真画像への影響と長期保存性の検証」	『東京都写真美術館紀要』第9号	東京都写真美術館
河南 一			1973	「教科教育郷土教育論における社会認識教育--郷土教育連盟の場合」	『教育学研究紀要』18	中国四国教育学会
河南 一			1985	「尾高豊作の郷土教育論」	『熊本大学教育学部紀要』	熊本大学教育学部
河村 あゆみ	塩田 幸弘*	八代田 真人	2017.2	「動物園で給餌している樹葉の重量推定と栄養含量の季節変化」	『日本畜産学会報』第88巻1号	日本畜産学会
川村 清志			2015.2	「民俗文化の「保存」と「活用」の動態:祭りと民俗芸能を事例として」	『国立歴史民俗博物館研究報告』第193集	国立歴史民俗博物館
川村 清志			2016.2	「「文化財レスキュー」という桎梏:宮城県気仙沼市の現場から」	『東北学』第7巻	東北芸術工科大学東北文化研究センター
川村 健一郎			2012	「ミュージアムマネジメントから見た「巡回上映」:シネマテーク・プロジェクトの試み」	『立命館映像学』第5号	立命館大学映像学会
川村 恒明			1997.3	「国立科学博物館の課題」	『博物館の創造』第1巻	東京大学大学院教育学部研究科・教育学部社会教育研究室
川村 恒明 監著	根本 昭 編著	和田 勝彦 編著	2002.9	『文化財政策概論』	『文化財政策概論』	東海大学出版会
河村 聡一郎	河治 寿都*	山崎 俊彦 他	2011.1	「時間変化を考慮した画像に基づく鑑賞者の位置推定--博物館における検討」	『電子情報通信学会技術研究報告』第110巻第382号	電子情報通信学会
河村 聡一郎	大谷 智子	相澤 清晴	2012.9	「ナビログ:画像認識を用いた博物館ガイドと行動記録」	『日本バーチャルリアリティ学会大会論文集』第17巻	日本バーチャルリアリティ学会
河村 正			1927	「動物園と博物館」	『あめりか工場めぐり』	私家版
川村 多實二			1919	「巡米雑感」	『動物學雑誌』第377・378・379號	東京動物學會
川村 多實二			1920	「米國博物館の生態陳列」	『動物學雑誌』Vol.32第三百八十號	日本動物學會
川村 多實二			1925	「動物園と水族館」	『自然科學』創刊號	改造社
川村 多實二			1936	「動物園の職能と様式」	『文藝春秋』1936年3月號	文藝春秋
川村 多實二			1938	「動物園の職能と様式」	『研究室から:科学者随想』	矢の倉書店
川村 多實二			1940.1	「動物園の改善策」	『博物館研究』第13巻第1號	日本博物館協會
川村 多實二			1950	「欧米の動物園と水族館」	『宝塚昆虫』第68号	宝塚昆虫館
河村 奈美子	町田 佳世子*		2014.10	「体験前後の連想語から見る子どもの学び 動物園の飼育体験で伝わること」	『札幌市立大学研究論文集』第8号	札幌市立大学
河村 奈美子	町田 佳世子*		2014.12	「動物園飼育体験における参加者の認知的・心理的変容とその要因の解明」	『札幌市立大学研究論文集』第5号	札幌市立大学
河村 奈美子	町田 佳世子*	薦 順一 他	2014.12	「動物園の飼育担当者の語りが導く飼育体験参加者の認識変容のプロセス」	『札幌市立大学研究論文集』第6号	札幌市立大学
川村 みゆき			1999.12	「Cube on Cube・折り紙立方体による造形」	『数学セミナー』第38巻12号	日本評論社
川本 綾	全 泓奎*	中西 雄二	2014.7	「エスニックミュージアムづくりを通じた多文化共生型コミュニティの創生と地域再生に関する研究」	『豊かな高齢社会の探求調査研究報告書』22	ユニベール財団
川本 綾	全 泓奎*	中西 雄二 他	2015.3	「エスニックミュージアムによるコミュニティ再生への挑戦」		大阪公立大学共同出版会
川本 常敬			2011.5	「トヨタ博物館の最近の活動状況」	『企業と史料』第7号	企業史料協議会
川本 英紀			2007.10	「中小自治体の文化財行政と地域博物館-「官のスリム化」「官から民へ」の潮流と「地域」への回帰」	『九州史学』第148号	九州史学研究会
瓦吹 堅			1992.3	「茨城県博物館史」	『國學院大學博物館學紀要』第16輯	國學院大學博物館学研究室
瓦吹 堅			2006.3	「整理遺跡紹介展-茨城県教育財団の埋蔵文化財広報普及活動-」	『國學院大學博物館學紀要』第30輯	國學院大學博物館学研究室
韓 福眞			2016.2	「韓国における「食」博物館の現状と特徴」	『社会システム研究』2015特集号	立命館大学社会システム研究所

著者1	著者2	著者3	発行年	論文名・書籍名	掲載誌	発行元
神吉 紀世子	国立文化財機構奈良文化財研究所 編		2014.1	「地域づくりとcultural landscapeの保全」	『文化的景観研究集会(第5回)報告書:文化的景観のつかい方』	国立文化財機構奈良文化財研究所
神吉 敬三 編			1979.6	『世界の博物館.16スペイン・ポルトガル博物館:地中海文明の精華』		講談社
歓喜 隆司			1957	「シュプランガーの郷土科教育論について」	『宮崎大学学芸学部研究時報』	宮崎大学学芸学部
環境文化研究所			1981	「総展開への提言」	『歴史的町並みの総点検』(『環境文化』50号記念号)	環境文化研究所
環境文化研究所			1981	「町づくりへの試行」	『歴史的町並みの総点検』(『環境文化』50号記念号)	環境文化研究所
環境文化研究所			1981	「歴史的環境保全の思想」	『歴史的町並みの総点検』(『環境文化』50号記念号)	環境文化研究所
観光資源保護財団 編	西山 夘三*監		1981	『歴史的町並み事典』		柏書房
関西経済連合会文化委員会			2001.5	『ミュージアム・メッセ事始め』		関西経済連合会文化委員会
神崎 彰利			1974.9	「Ⅱ近世文書の整理 明治大学刑事博物館の場合」	『地方史マニュアル3文献資料整理の実務』	柏書房
間舎 裕生			2014.4	『シリアにおける文化遺産の被災状況に関する、最新の報告』		国立文化財機構東京文化財研究所文化遺産国際協力センター
環瀬戸内地域中国・四国地方自然史系博物館ネットワーク推進協議会 編著			2002.3	『「地域の自然」の情報拠点『自然史博物館』:科学系博物館活用ネットワーク推進事業報告集』		高陵社書店
環瀬戸内地域中国・四国地方自然史博物館ネットワーク推進協議会 編著			2004.7	『自然史博物館:「地域の自然」の情報拠点:科学系博物館活用ネットワーク推進事業報告集』		高陵社書店
神田 和幸	木村 勉*	大塚 美加 他	2013.8	「かごしま水族館における情報保障に関する取り組み事例:携帯情報端末による情報保障システム」	『電子情報通信学会技術研究報告』第113巻第195号	電子情報通信学会
神田 喜一郎	橋川 子之蔵		1938	「厦門大學文化陳列所支那明器の保管」	『博物館研究』第11巻第10号	日本博物館協會
神田 健三	化学同人 編		1999.7	「中谷宇吉郎雪の科学館-「雪博士」の業績と人間像に触れる-」	『化学』第54巻7号	化学同人
神田 健三			2007.2	「白山の雪形研究-伝承の発掘」	『博物館研究』第42巻第2号	日本博物館協会
神田 孝治			2010.3	「熊野の観光地化の過程とその表象」	『国立歴史民俗博物館研究報告』第156集	国立歴史民俗博物館
神田 純一			1937	「汎太平洋平和博覽會と緑化施設」	『公園緑地』第7号	公園緑地協會
神田 次郎	栗下 喜久治郎		1932	「郷土資料室と郷土産業博物館」	『生産學校と郷土教育』	厚生閣書店
神田 次郎	栗下 喜久治郎		1932	「郷土水族館」	『生産學校と郷土教育』	厚生閣書店
神田 次郎			1943	「薬用植物園の經營記錄」	『實踐吾校の校地經營記錄』―	明治圖書
神田 竜也	土屋 武志		2000.3	「歴史学習におけるインターネット利用の現状と課題—愛知県内の公立博物館・資料館のホームページの現状—」	『愛知教育大学教育実践総合センター紀要』第3号	愛知教育大学教育実践総合センター
神田 正彦			2007.2	「これからの博物館運営」	『学術の動向』第12巻第2号	日本学術協力財団
神田 正彦			2014.12	「利用者に学ぶ科学館の未来:多摩六都科学館の利用者調査」	『博物館研究』第49巻第12号	日本博物館協会
神田 優			2005.3	「島が丸ごと博物館(ミュージアム):持続可能な里海づくりにむけて」	『Musa:博物館学芸員課程年報』第19号	追手門学院大学博物館学研究室
神田 優			2011.7	「島が丸ごと博物館(ミュージアム)--持続可能な里海づくり(地域と生きる海)」	『国立公園』第695号	国立公園協会
菅田 康彦			2014.10	「奥出雲多根自然博物館の活動と学校との連携」	『地学教育と科学運動』73	地学団体研究会
菅野 育子			2007.12	「欧米における図書館、文書館、博物館の連携-Cultural Heritage Sectorとしての図書館」	『カレントアウェアネス:Current awareness』第294号	日本図書館協会
菅野 育子			2008.10	「連邦機関・連邦図書館の概況 IMLS(博物館図書館サービス振興機構)の動向」	『図書館研究シリーズ』第40号	日本図書館協会
管野 和恵			2015.10	「須賀川市における被災状況と文化財への対応」	『博古研究』第50号	博古研究会
菅野 和郎			2004.3	「配慮を要する資料展示に際する来館者との関係の中で」	『玉川大学教育博物館報』創刊号	玉川大学教育博物館

か

著者1	著者2	著者3	発行年	論文名・書籍名	掲載誌	発行元
菅野 和郎			2006.3	「市町村合併と公立博物館」	『玉川大学教育博物館館報』第3号	玉川大学教育博物館
菅野 和郎			2008.3	「植民地期台湾における初等教育用国語教材にみる博物館」	『玉川大学教育博物館紀要』第5号	玉川大学教育博物館
菅野 和郎			2009.3	「小学國芳の博物館構想」	『玉川大学教育博物館紀要』第6号	玉川大学教育博物館
菅野 和郎	柿澤 亮三		2010.3	「韓国における教育事情の調査」	『玉川大学教育博物館紀要』第7号	玉川大学教育博物館
菅野 和郎			2013.3	「博物館協議会について」	『玉川大学教育博物館紀要』第10号	玉川大学教育博物館
菅野 咲	山田 幸生		2012.3	「アウトリーチ教材「みんぱっく」を活用した学校と博物館の連携に関する考察」	『奈良教育大学教職大学院研究紀要「学校教育実践研究」』第4巻	奈良教育大学大学院教育学研究科専門職課程教職開発専攻
菅野 繁			2015.7	「鉄道に関する趣味の世界について(その4)鉄道関係の博物館などの展示施設について」	『フルードパワー』第29巻3号	日本フルードパワー工業会
菅野 史郎			2010.1	「「地域資源のデジタル化」推進事業の取組みについて」	『博物館研究』第45巻第10号	日本博物館協会
菅野 剛宏			2015.6	「大分県立歴史博物館の子ども歴史教室:児童を対象とした体験型歴史講座の実践」	『大分県立歴史博物館研究紀要』第16号	大分県立歴史博物館
菅野 智明			2014.5	「中国碑帖拓本の文献学的研究—図書館と美術館をつなぐ—」	『科学研究費助成事業(科学研究費補助金)研究成果報告書:挑戦的萌芽研究2010-2012』	日本学術振興会
菅野 博貢	人見 誠 マルセール*	小澤 淳史	2016.3	「高山市重要伝統的建造物群保存地区外縁部における修景と伝統要素の利用に関する研究」	『ランドスケープ研究』第79巻第5号	日本造園学会
菅野 将聡			2007.3	「博物館とシネマテーク」	『國學院大學博物館學紀要』第31輯	國學院大學博物館学研究室
菅野 正道			2012	「東日本大震災後における仙台市博物館の活動を通して」	『国史談話会雑誌』第53巻	東北大学国史談話会
菅野 元衛	太田 昭彦		2010	「新施設整備計画の経緯と収蔵環境づくり」	『此君』第2号	根津美術館
菅野 元衛			2014.2	「博物館建築の建替え・増改修プロジェクトのあり方を考える」	『博物館研究』第49巻第2号	日本博物館協会
神庭 伸幸			1987.4	「展示と保存科学—残された課題」	『展示学』第4号	日本展示学会
神庭 伸幸			1991.11	「博物館環境のモニタリング-温湿度測定の基礎-」	『国立歴史民俗博物館研究報告』第35集	国立歴史民俗博物館
神庭 伸幸			1992.4	「第5章文化財と環境 第4節美術品輸送時の環境-梱包ケース内の温湿度-」	『文化財のための保存科学入門』	株式会社飛鳥企画
神庭 伸幸	園田 直子*		1993.2	「博物館における防虫徹法の動向」	『国立歴史民俗博物館研究報告』第50集	国立歴史民俗博物館
神庭 伸幸			1993.2	「電話回線を使った博物館環境のモニタリング-博物館保存環境データ収集解析システム(McDLASのパイロット・プラント)-」	『国立歴史民俗博物館研究報告』第50集	国立歴史民俗博物館
神庭 伸幸			1996.3	「阪神淡路大震災から得られるもの」	『Museumちば:千葉県博物館協会研究紀要』27号	千葉県博物館協会
神庭 伸幸			2001	『博物館資料の保存環境としての木質空間の特性』		文部省科学研究費補助金研究成果報告書
神庭 伸幸	海部 陽介*	粟原 祐司 他	2014.1	「座談会 今、博物館団体に求められる底力(2)～東京会場から」	『博物館研究』第49巻第1号	日本博物館協会
神庭 伸幸			2002.3	「共同研究「博物館資料の保存環境」研究の経緯と概要」	『国立歴史民俗博物館研究報告』第97集	国立歴史民俗博物館
神庭 伸幸			2007.3	「プライマリ・ケアと臨床保存学」	『博物館における保存学の実践と展望:国際シンポジウム報告書:臨床保存学と21世紀の博物館』	東京国立博物館
神庭 伸幸			2011.6	「東京国立博物館の保存環境の管理」	『文化財の虫菌害』第61号	文化財虫害研究所
神庭 伸幸			2011.8	「フランス文化通信省、フランス国立科学研究センター、日本学術振興会主催による日仏ワークショップ『文化遺産保存のための科学』」	『MUSEUM』第633号	東京国立博物館
神庭 伸幸			2011.12	「展示手法の変化に見る保存とデザインの関係性」	『博物館研究』第47巻第1号	日本博物館協会
神庭 伸幸			2012.7	「博物館が文化財レスキュー活動に果たす役割と展望」	『歴史都市防災論文集』第6巻	立命館大学歴史都市防災研究センター
神庭 伸幸			2014.10	「人文系資料のヘルスケア:その方法と効果」	『博物館研究』第49巻第10号	日本博物館協会
神戸 伊三郎			1939	「科學博物館」	『新國語読本の理科教材解説』	中興館

著者1	著者2	著者3	発行年	論文名・書籍名	掲載誌	発行元
神戸 伊三郎			1939	「水族館と潮干狩」	『新國語読本の理科教材解説』	中興館
神戸 伊三郎			1939	「動物園」	『新國語読本の理科教材解説』	中興館
神辺 知加			2007	「「子どものための文化史展」について―東京国立博物館の教育普及事業史研究 敗戦直後―」	『MUSEUM』第611号	東京国立博物館
神辺 知加			2010.12	「博物館で行うイベントについて―「博物館でお花見を」を例に」	『博物館研究』第45巻第12号	日本博物館協会
神辺 知加			2015.4	「特集「熊めぐり」の教育展示に関する一考察」	『MUSEUM』第655号	東京国立博物館
神戸 信和			1984	「地球科学系展示の1例としての地質標本館」	『展示学』第1号	日本展示学会
神戸 信和	坂巻 幸雄	尾上 亨 他	1984	「地質調査所地質標本館の利用実態：学校：社会教育教材として」	『日本地質学会第91年学術大会講演要旨集』	日本建築学会
神戸 信和			1986.12	「博物館における入館者の分析的研究－6周年を迎えた地質標本館の場合－」	『博物館学雑誌』第12巻第1号	全日本博物館学会
神戸 佳文			1995.3	「博物館におけるガス薫蒸について」	『関西大学博物館紀要』創刊号	関西大学博物館
黄 慶雲	井本 稔*		1980.1	『接着とはどういうことか』		岩波書店
キーフ・ローレンス・E	インチ・デニス	杉下 竜一郎 他訳	1995.3	『写真の保存の手引き：現像・保管・展示のしかた』		雄山閣出版
紀伊毎日新聞			1930	「承諾せぬ人を賛助員に列して金を集める行幸記念館」	『紀伊毎日新聞』	紀伊毎日新聞社
木内 半古			1929	「正倉院御物修繕の話」	『正倉院の研究』	飛鳥園
黄川田 翔	吉田 直人	佐野 千絵	2016.2	「美術館・博物館の資料保護に向けた光曝露量の評価方法：染色布を事例に」	『照明学会誌』第100巻第2号	照明学会
木川 りか	佐野 千絵	門倉 武夫 他	1995.3	「博物館・美術館における燻蒸の実施状況とその問題点-保存担当学芸員研修におけるアンケートから-」	『保存科学』第34号	東京国立文化財研究所
木川 りか			1998	「燻蒸処理に代わる文化財害虫の殺虫法」	『文化財の虫菌害』第36号	文化財虫害研究所
木川 りか	三浦 定俊*	山野 勝次	1998	『臭化メチルの使用規制と博物館・美術館における防虫防黴対策の今後』	『月刊文化財』第410号	第一法規
木川 りか	三浦 定俊	山野 勝次	2000.12	「今後の文化財の虫害対策」	『文化財の虫菌害』第40号	文化財虫害研究所
木川 りか	長屋 菜津子	園田 直子 他	2003	「博物館・美術館・図書館等におけるIPM-その基本理念および導入手順について〔含資料〕-」	『文化財保存修復学会誌』第47巻	文化財保存修復学会
木川 りか	青木 睦*	山野 勝次	2003.3	「記録史料保存のための生物被害対策と総合的害虫管理-史料館地下収蔵施設の対策事例を中心に-」	『史料館研究紀要』第34号	国文学研究資料館史料館
木川 りか			2004.12	「IPMワークショップ2004について」	『文化財の虫菌害』第48号	文化財虫害研究所
木川 りか	佐野 千絵*		2004.12	「博物館等におけるカビのコントロール」	『文化財の虫菌害』第48号	文化財虫害研究所
木川 りか	Strang.Tom		2005	「文化財展示収蔵環境におけるIPMプログラム：状況と対策の段階的モデル」	『文化財保存修復学会誌』第49巻	文化財保存修復学会
木川 りか			2010.2	「保存環境とIPM（総合的有害生物管理）」	『情報の科学と技術』第60巻第2号	情報科学技術協会
木川 りか	間渕 創	佐野 千絵	2010.3	『文化財展示収蔵施設におけるカビのコントロールについて』		東京文化財研究所文化遺産国際協力センター
木川 りか	Strang.Tom		2010.12	「文化財の展示収蔵環境の段階的レベルに応じた生物被害対策について」	『文化財の虫菌害』第60号	文化財虫害研究所
木川 りか	三浦 定俊*	佐野 千絵	2016.11	『文化財保存環境学』		朝倉書店
菊浦 重雄			1983	「幕末・明治期の万国博覧会と「技術移転」-経済史との関連で-」	『桜美林エコノミックス』13	桜美林大学経済学部
菊川 知美	池田 朋生*		2012.3	「装飾古墳の博物館資料化に向けた取り組み～装飾古墳保護施設の保存環境について～」	『熊本県立装飾古墳館研究紀要』第9集	熊本県立装飾古墳館
菊川 律子	栗原 祐司*	中川 志郎 他	2008.10	「誌上シンポジウム 社会教育法、図書館法、博物館法改正の視座 社会教育はどう蘇るのか-社会教育3法を読む」	『社会教育』第63巻10号	全日本社会教育連合会
菊竹 清訓 編			1993	『博物館の未来』		鹿島出版会

著者1	著者2	著者3	発行年	論文名・書籍名	掲載誌	発行元
菊田 定郷 編			1933	『東北遺物展覽會記念帖』		東北遺物展覽會
菊田 融			2011.2	「環境教育を広げる場としての動物園」	『サステナnew』第17号	東京大学サステイナビリティ学連携研究機構地球持続戦略研究イニシアティブ
菊池 明	亀谷 了*		1979.11	「館種別博物館の教育・普及活動と設備・施設 単科博物館(専門博物館)」	『博物館学講座 第8巻博物館教育と普及』	雄山閣
菊地 暁			2013.2	「ユネスコ無形文化遺産になるということ—奥能登のアエノコトの二一世紀」	『世界遺産時代の民俗学グローバル・スタンダードの受容をめぐる日韓比較』	風響社
菊地 亜弥子			2009.3	「校内美術館「こだま美術館」の企画・運営を通した「総合的な学習の時間」:表現者として学びを立ち上げ探究していく子どもを育てる単元構成の提案」	『教育実践研究』第19集	上越教育大学学校教育実践研究センター
菊池 勇夫			2001	「仙台城石垣保存と艮櫓復元問題」	『地方史研究』第51巻第9号	地方史研究協議会
菊池 加奈	水内 豊和		2016.2	「博物館における障害者への合理的配慮の現状と博物館学芸員の意識」	『特別支援教育コーディネーター研究』第12号	兵庫教育大学教育・社会調査研究センター
菊池 加奈	水内 豊和		2015.1	「博物館において障害児者の生涯学習の機会を保障するための合理的配慮のあり方:情報保障の観点で特色ある取り組みをおこなう3つの博物館の事例から」	『富山大学人間発達科学部紀要』第10巻第1号	富山大学人間発達科学部
菊池 恵子	井上 晴貴*	染川 香澄 他	2001	「展示評価委員報告とアンケート結果」	『大阪市立科学館研究報告』第11号	大阪市立科学館
菊池 健策			1997	「資料が語ることと資料を読むこと―展示の可能性―」	『博物館研究』第32巻第9号	日本博物館協会
菊池 健策			2011.4	「歴史民俗資料館における文化財の保存と活用--その活動と地域社会に果たす役割」	『月刊文化財』第571号	第一法規
菊池 重郎			1972	「ドカンドルレ氏植物自然分科表と田中芳男」	『蘭学資料研究会研究報告』259号	蘭学資料研究会
菊池 重郎			1974.5	「大阪城西諸施設に関する田中芳男文書について」	『蘭学資料研究会研究報告』282号	蘭学資料研究会
菊池 重郎			1976.9	「野外博物館スカンセン-上-」	『博物館研究』第11巻第9号	日本博物館協会
菊池 重郎			1976.11	「野外博物館スカンセン-下-」	『博物館研究』第11巻第11号	日本博物館協会
菊池 重三郎			1947	『藤村記念館由来抄』		菊池重三郎
菊池 重三郎			1977	『木曽馬籠-藤村記念堂建設記-』		中央公論美術出版
菊池 秀一	中村 正之*		2013.5	「公共天文台等における触覚型展示資料の作成に関する研究」	『天文教育』第25巻3号	天文教育普及研究会
菊地 真	村瀬 健		2013	「創る、美術と展示:「おやこでえほんづくり」展の現場から」	『Mouseion:立教大学博物館研究』第59号	立教大学学校・社会教育講座
菊地 達夫			2012.3	「小学校教員養成課程における文化遺産の教材活用と効果-社会科指導法の博物館授業を通じて-」	『北翔大学北方圏学術情報センター年報』第4号	北翔大学
菊地 達夫			2012.3	「保育者養成課程における遠足計画課題の内容と意義--仮想動物園の作成を題材として--」	『北翔大学短期大学部研究紀要』第50号	北翔大学
菊地 達夫			2013	「地域環境教材を活用した歴史系博物館授業の内容と効果—「こどもと環境」の授業実践を通して—」	『北翔大学短期大学部研究紀要』第51号	北翔大学
菊地 達夫			2013.3	「身近な地域の観察と博物館資料の見学を結びつけた授業開発:小学校社会科指導法の授業実践として」	『地理教育研究』第12号	全国地理教育学会学会事務局
菊地 達夫			2014.12	「中学校社会科・道徳における専門博物館資料を活用した単元開発-アイヌ民族の人権問題学習の視点より-」	『北翔大学北方圏学術情報センター年報』第5号	北翔大学
菊地 達夫			2015.1	「地域博物館利用における環境教育の意義」	『北海道浅井学園大学短期大学部研究紀要』第39号	北翔大学短期大学部
菊地 達夫	澤田 悦子	勝井 陽子 他	2016	「学外研修「動物園」における取り組み内容と教育効果」	『北翔大学短期大学部研究紀要』第54号	北翔大学短期大学部
菊地 達夫			2016.1	「小学校教科専門科目「社会」における博物館授業の実践と効果:アイヌ文化資料の活用を中心として」	『群馬社会科教育研究』第4巻	群馬社会科教育学会
菊池 俊彦			1986.12	「伊達宗城博物館設立に関する建白書」	『愛媛の博物館』第18号	愛媛県博物館協会
菊池 俊彦			2003.6	「江戸時代の科学展覧会」と「江戸大博覧会—モノつくり」	『国立科学博物館ニュース』第410号	国立科学博物館
菊池 英夫			1974.6	「中国の博物館工作-上海における大衆路線を中心に--」	『歴史と博物館』第3号	歴博研究会
菊池 正芳			2016.3	「都立庭園における庭園ガイドツアーに参加した来園者の意識からみた有効性に関する研究」	『ランドスケープ研究』第79巻第5号	日本造園学会

著者1	著者2	著者3	発行年	論文名・書籍名	掲載誌	発行元
菊池 正芳	濱野 周泰		2016.6	「都立庭園の管理経緯と都立庭園ガイドボランティアの誕生」	『東京農業大学農学集報』第61巻1号	東京農業大学
菊池 真純			2011.9	「中国生態博物館制度による極度な保護と開発政策からの脱却」	『国際開発学研究』第11号	拓殖大学国際開発研究所
菊地 実			1996.3	「戦争遺跡の調査・研究、そして保存・活用を考えるために」	『明日への文化財』第38号	文化財保存全国協議会
菊地 実			2017.6	「戦後七〇年と戦争遺跡」	『文化財保存70年の歴史:明日への文化遺産』	新泉社
菊池 弥生			2005.1	「アフリカの大地を走る「シマウマ号」-ボツワナの移動博物館サービス-」	『博物館学雑誌』第30巻第1号	全日本博物館学会
菊地 優	藤原 美津穂*	越川 武晃	2010.7	「札幌市資料館の耐震性能に関する研究」	『日本建築学会北海道支部研究報告集』第83号	日本建築学会北海道支部
菊地 幸裕			2011.1	「文化財の保存活用と博物館施設」	『月刊文化財』第577号	第一法規
菊池 義廣	攝待 尚子*	高橋 真実 他	2013.3	「科学館の人・物を活用した小学校向け館内学習活動の提案」	『仙台市科学館研究報告』第22号	仙台市科学館
菊地 芳朗			2016.1	「文化財救援活動をつうじてみる福島の復興と課題」	『学術の動向』第21巻第1号	日本学術協力財団
菊地 芳朗			2017.6	「大震災後の文化財救援活動と災害遺構の保存」	『文化財保存70年の歴史:明日への文化遺産』	新泉社
菊池 亮	島田 拓*	川原 宗貴	2015.3	「科学博物館における地域協働で進める科学技術教育の可能性:釧路市こども遊学館とこども夢計画の事例」	『日本ミュージアム・マネージメント学会研究紀要』第19号	日本ミュージアム・マネージメント学会
菊池 渡			2006.3	「歴史変遷の象徴—サンパウロ市の2つのミュージアム」	『非文字資料研究』第11号	神奈川大学21世紀COEプログラム研究推進会議
菊畑 茂久馬			1982.11	「臍曲り美術館記」	『VOID』第1号	Void社
菊谷 悠太	川嶋 稔夫		2016.3	「陰影に基づく立体展示物に対する照明の最適化」	『電子情報通信学会技術研究報告』第115巻第479号	電子情報通信学会
紀元二千六百年奉祝會			1940	「紀元二千六百年奉祝美術展覽會開催さる」	『紀元二千六百年』第3巻11號	紀元二千六百年奉祝會
木崎 小百合	五木田 悦郎*	鈴木 絹江 他	1999.3	「茨城県自然博物館野外の花ごよみの作成」	『茨城県自然博物館研究報告』第2号	ミュージアムパーク茨城県自然博物館
木澤 慶和			2010.11	「子どもの科学的表現を高める環境学習プログラムの開発:(その12)科学館での活動を例として」	『日本理科教育学会東海支部大会研究発表旨集』第56号	日本理科教育学会東海支部大会事務局
岸 佳奈恵	安田 知加*	井上 泰佑 他	2010.3	「知的移動体による美術館での鑑賞体験の個人化」	『情報処理学会研究報告』2010巻	情報処理学会
岸 啓補	田中 千晶*	檜山 敦	2009.9	「展示鑑賞における空間利用を考慮した半自律遠隔ギャラリートークシステム」	『日本バーチャルリアリティ学会論文誌』第14巻第3号	日本バーチャルリアリティ学会
岸 積			1966.9	『鳥居龍蔵伝』		徳島県教育会出版部
岸 博実	松尾 達也	久保庭 萌	2010	「『日本最初盲啞院』史料の手ざわり—特別支援教育の時代へ」	『学校・施設アーカイブズ入門』	大空社
岸 磨貴子			2015.10	「越境における学生の葛藤とその調整:ARを活用したフィールドミュージアム構築の事例から」	『日本教育工学会研究報告集』第15巻第4号	日本教育工学会
岸 雅裕			1994.3	「『尾張医学館薬品会物品録』-「雑品」展示に見る博物館の原点-」	『名古屋市博物館研究紀要』第17巻	名古屋市博物館
岸井 隆幸			2005.8	「景観法による環境保全の可能性」	『月刊文化財』第503号	第一法規
岸上 興一郎			1973.6	「民俗資料の収集と博物館」	『Mouseion:立教大学博物館研究』第19号	立教大学学校・社会教育講座
岸上 興一郎			2001.1	「史跡公園活用の試み--大塚・歳勝土遺跡を使っての古代人まるごと体験」	『横浜市歴史博物館紀要』第5号	横浜市歴史博物館
岸上 興一郎			2002.3	「土器づくり教室-ハンズ・オンへ向けて-」	『横浜市歴史博物館紀要』第6号	横浜市歴史博物館
岸上 伸啓			2016	「北アメリカ北方地域の先住民文化に関する文化人類学研究の動向:日本人人類学者および日本の博物館による貢献」	『第30回北方民族文化シンポジウム網走報告 北方民族研究30年 成果・課題・博物館の役割』	北方文化振興協会
木路 毛五郎 編	斎田 道子 編	小林 暁子 編	1988.3	『北海道美術館協会10周年記念誌1977-1988.3』		北海道美術館協会
岸田 恵理			1992.3	「平成3年度欧州博物館事情視察報告④研修旅行に参加して--鑑賞指導を中心に」	『博物館研究』第27巻第3号	日本博物館協会
岸田 和明			2010.12	「図書館・博物館・文書館の連携をめぐる現状と課題」	『日本図書館情報学会誌』第56巻4号	日本図書館情報学会

著者1	著者2	著者3	発行年	論文名・書籍名	掲載誌	発行元
岸田 早苗	瀧川 和也*	間渕 創 編	2016.1	『すばらしい三重の文化財：うけつぐ、まもる、つたえる。：三重県総合博物館×三重県指定文化財等所有者連絡協議会：交流展 1』		三重県総合博物館
岸田 久吉	内田 恵太郎		1928	「上野動物園」	『魚の世界・獣の世界』	興文社
岸田 日出刀			1928	「建築と藝術」	『東洋學藝雜誌』第44巻第545號	東洋學藝社
岸田 日出刀			1933	「博物館建築の計畫」	『國際建築』特輯・博物館 第七巻第一號	國際建築協會
岸田 日出刀			1938	「美術博物館」	『莖』	相模書房
岸田 陽子			2014.5	「サウス・ケンジントン博物館と日本/クリストファー・ドレッサーの運んだ1876年の寄贈品選定基準について」	『アート・リサーチ』第12号	立命館大学アート・リサーチセンター
木島 勉			2008.3	「国・史跡長者ヶ原遺跡の調査と保存」	『國學院大學考古学資料館紀要』第24輯	國學院大学考古学資料館
岸本 章			2012.6	『世界の民家園』		鹿島出版会
岸本 健太郎	池田 隼	國島 丈生 他	2007.7	「パノラマ仮想空間によるディジタルミュージアムの構築」	『電子情報通信学会技術研究報告』第107巻第131号	電子情報通信学会
岸本 俊一	清水 英二*		2000.8	『ここまできた立体映像技術―究極のディスプレイをめざして』		工業調査会
岸本 準二			1936.2	「剥船の保存について」	『博物館研究』第9巻第2號	日本博物館協会
岸本 浩和	冨山 晋一*	野口 文隆	2010.3	「東海大学海洋科学博物館における魚類標本の登録・管理」	『東海大学博物館研究報告』第10号	東海大学社会教育センター
岸本 光樹	平田 和彦*	弘岡 拓人	2014.11	「博物館と生態学(24)生態学への入り口として博物館が果たす役割:中学生、高校生に与える意識と経験」	『日本生態学会誌』第64巻第3号	日本生態学会誌編集委員会
岸本 吉弘	津田 英二*	白杉 直子 他	2015	「学内博物館実習を活用したサービスラーニングの試みと成果:神戸大学発達科学部の実験的な取り組み」	『日本教育大学協会研究年報』33号	日本教育大学協会第二常置委員会
記者			1928	「美術工藝の博物館に就いて」	『博物館研究』第1巻第3號	博物館事業促進會
記者			1928	「教育博物館の意義」	『博物館研究』第1巻第3號	博物館事業促進會
記者			1928	「維納の工業博物館」	『博物館研究』第1巻第4號	博物館事業促進會
記者			1928	「世界の農業博物館」	『博物館研究』第1巻第4號	博物館事業促進會
記者			1928	「陳列ケースに關する諸問題」	『博物館研究』第1巻第4號	博物館事業促進會
記者			1928	「博物館の館外貸出事業」	『博物館研究』第1巻第5號	博物館事業促進會
記者			1928	「博物館説明者制度の由來」	『博物館研究』第1巻第5號	博物館事業促進會
記者			1928	「デービットマーレーの博物館論（承前）」	『博物館研究』第1巻第5號	博物館事業促進会
記者			1920	「美術工藝の博物館に就いて」	『博物館研究』第1巻第6號	博物館事業促進會
記者			1928	「動物園にヂオラマ式の應用」	『博物館研究』第1巻第6號	博物館事業促進會
記者			1928	「博物館のヂオラマ式陳列」	『博物館研究』第1巻第7號	博物館事業促進會
記者			1928	「博物館の樂屋裏」	『博物館研究』第1巻第7號	博物館事業促進會
記者			1929	「世界の水族館」	『博物館研究』第2巻第1號	博物館事業促進會
記者			1929	「本邦の水族館」	『博物館研究』第2巻第1號	博物館事業促進會
記者			1929	「海外の戸外博物館」	『博物館研究』第2巻第2號	博物館事業促進會
記者			1929	「戸外展觀物」	『博物館研究』第2巻第2號	博物館事業促進會
記者			1929	「博物館の宣傳」	『博物館研究』第2巻第3號	博物館事業促進會

著者1	著者2	著者3	発行年	論文名・書籍名	掲載誌	発行元
記者			1929	「博物館宣伝の實例」	『博物館研究』第2巻第3號	博物館事業促進會
記者			1929	「博物館の宣傳と新聞紙其他の刊行物」	『博物館研究』第2巻第3號	博物館事業促進會
記者			1929	「説明札及其作り方」	『博物館研究』第2巻第5號	博物館事業促進會
記者			1929	「美術館の説明札」	『博物館研究』第2巻第5號	博物館事業促進會
記者			1930	「日本圖書館協會の建議に對する吾人の態度」	『博物館研究』第3巻第9號	博物館事業促進會
記者			1930	「本邦最初の全國工藝關係技術官會議」	『博物館研究』第3巻第9號	博物館事業促進會
記者			1931	「瑞典の郷土博物館」	『博物館研究』第4巻第3號	博物館事業促進會
記者			1931	「あつしゆうえる郷土博物館」	『博物館研究』第4巻第6號	博物館事業促進會
記者			1931	「地方博物館の模範的徑營方策(ロチエスター)」	『博物館研究』第4巻第12號	日本博物館協會
記者			1932	「新装成れる工業博物館(神戸高工)」	『博物館研究』第5巻第11號	日本博物館協會
記者			1932	「砿物陳列の新例」	『博物館研究』第5巻第11號	日本博物館協會
記者			1932	「東京に滿蒙資源館創設」	『博物館研究』第5巻第12號	日本博物館協會
記者			1933	「兒童博物館陳列の覗き」	『博物館研究』第6巻第1號	日本博物館協會
記者			1942	「高句麗遺物陳列館近く開く」	『滿州新聞』一九四二年八月一二日	滿州新聞社
技術・研修センター			2015.4	「文化財建造物修理の新たなる展開:近代化遺産の保存修理」	『文建協通信』120号	文化財建造物保存技術協会
木田 歩			2009	「博物館で資料を観察するということ−南山大学人類学博物館所蔵「上智大学西北タイ歴史・文化調査団」コレクション整理作業を通して」	『人類学博物館紀要』第27号	南山大学人類学博物館
喜田 貞吉			1932	「郷土研究資料の蒐集と保存」	『博物館研究』第5巻第10號	日本博物館協會
木田 拓也			2013	「ミュージアム・オブ・アーツ・アンド・デザイン1956−2008:工芸/CRAFTの行方」	『東京国立近代美術館研究紀要』第17号	東京国立近代美術館
木田 拓也			2013.1	「ミュージアム・オブ・アート&デザイン(MAD)—生まれ変わったアメリカン・クラフト・ミュージアム」	『博物館研究』第48巻第10号	日本博物館協会
北 俊夫	埼玉県博学連携推進研究会		2001	『博物館と結ぶ新しい社会科授業づくり(新しい社会科の研究開発;10)』		明治図書出版
北浦 重之			1939	「帝室博物館の陳列室と貯蔵室の空気調和装置に就て」	『博物館研究』第12巻第5号	日本博物館協會
北大阪ミュージアム・ネットワーク実行委員会			2009.3	『北大阪ミュージアム・ネットワーク−地域産業と文化遺産−平成20年度』		北大阪ミュージアム・ネットワーク実行委員会
北岡 タマ子	嘉村 哲郎*	加藤 舞	2009.9	「ミュージアム・リテラシーに関するワークショップ実践報告--めざせ!「ミュージアム・マスター」」	『JMMA日本ミュージアム・マネージメント学会会報』第14巻第2号	日本ミュージアム・マネージメント学会
北尾 春道			1933	『床の間の構成(装飾篇)』		洪洋社
北垣 憲仁			2011.8	「都留・フィールド・ミュージアム--地域づくりと文化の営み」	『月刊社会教育』第55巻8号	国土社
北垣 徹			2001	「万国博覧会と国際会議—サン=シモン主義による知の組織化」	『人文学報』第84号	京都大学人文科学研究所
北川 健			1979	「歴史教育郷土教育の道徳化論とその問題点--山本一成氏の郷土教論について」	『山口県地方史研究』第41号	歴史教育者協議会
北川 フラム			2009.1	「今後の美術館とまちづくりのあり方 美術と地域との関わり」	『Civil engineering consultant』第245号	建設コンサルタンツ協会
北川 芳男			1979.11	「館種別博物館の教育・普及活動と設備・施設 総合博物館」	『博物館学講座 第8巻博物館教育と普及』	雄山閣
北川 芳男	日本博物館協会編		1980.7	「自然史博物館への期待」	『博物館研究』第15巻第7号	日本博物館協会
北川 芳男	亀谷 隆	笹木 義友	1981.3	「北海道における博物館園の現況(1)−その種類と概要−」	『北海道開拓記念館研究年報』第9号	北海道開拓記念館

著者1	著者2	著者3	発行年	論文名・書籍名	掲載誌	発行元
北川 芳男			1986.6	『博物館とともに』		北川芳男氏退職記念誌刊行会
北川 芳男	日本物理教育学会 編		2001	「科学史研究 スミソニアン・インスティチューションと歴代のセクレタリーたち」	『物理教育』第49巻5号	日本物理教育学会
北川 亘	竹下 隆晴*	浅井 石南	2012	「高速鉄道の過去、現在、そして未来が詰まった博物館 リニア・鉄道館:夢と想い出のミュージアム」	『電気学会誌』第132巻第10号	電気学会
北九州市立美術館			2007.3	『北九州市立美術館を活用した学習プログラム:見つめる感じる考える:鑑賞学習指導資料』		北九州市立美術館
北澤 智豊			2016.4	「所蔵品の整理について」	『ミュゼオロジーの展開:経営論・資料論』	武蔵野美術大学出版局
北沢 憲昭			1989.9	『眼の神殿:「美術」受容史ノート』		美術出版社
北島 磯舟			1926	「一大植物園」	『黒髪山めぐり』	佐賀堂
北嶋 哲郎			1995.3	「情報資料室の現状と課題」	『名古屋市科学館紀要』第21号	名古屋市科学館
北島 宗雄	江川 主民*		2016.5	「美術館学習初心者の絵画鑑賞における音声ガイドの有無が視行動/満足度に及ぼす影響」	『電子情報通信学会技術研究報告』第116巻第60号	電子情報通信学会
紀田 順一郎			2010.3	「新しい文学館像に向けて」	『昭和文学研究』第60集	昭和文学会
来代 紀子			2011	「写真美術館図書室の試み--図書館の未来の姿を探る」	『東京都写真美術館紀要』第10号	東京都歴史文化財団東京都写真美術館
北城 博子	寺澤 勉*	森 望	1994	「展示デザインの基礎データに関する研究【9】—八王子市こども科学館の来館者意識調査—」	『日本展示学会第13回研究大会研究発表主旨綴』	日本展示学会第13回研究大会実行委員事務局
北田 耕也	倉田 公裕		1987.3	「博物館を語る」	『Museologist:明治大学学芸員養成課程年報』第2巻	明治大学学芸員養成課程
北田 貢	三宅 裕志*	足立 文他	2008.6	「新江ノ島水族館における鯨骨生物群集の展示飼育」	『海洋』第40巻第4号	海洋出版
北出 正俊			2013.4	「日本消防検定協会の情報館における住宅防火展示について」	『日本火災学会誌』第63巻2号	日本火災学会
北野 圭介			2011	「可視性と展示」	『立命館映像学』第4号	立命館大学映像学会
北野 圭介	大島 登志一	渡辺 修司	2013	「ミュージアム鑑賞空間に関するデジタル技術を活用した多層化モデル構築の試み」	『立命館平和研究:立命館大学国際平和ミュージアム紀要』第14号	立命館大学国際平和ミュージアム
北野 博司			2015.12	「山形県遺跡保存の現状と課題」	『東北芸術工科大学文化財保存修復研究センター紀要』第5号	東北芸術工科大学文化財保存修復研究センター
木田橋 しのぶ			2014.4	「「カイコ(回顧・懐古)の先」にあるもの:博物館が描く昭和30年代前後の近接過去展示」	『境界を越えて:比較文明学の現在』第6号	立教大学比較文明学研究室
北畠 一範	田海 雅彦*	加藤 隆生	2013.5	「座談会 レジャー施設の集客プロモーション:すみだ水族館(オリックス不動産)×プラネタリウム"満天""天空"(コニカミノルタプラネタリウム)×リアル脱出ゲーム(SCRAP)」	『Toppromotions販促会議』第181号	宣伝会議
北林 健二	斉藤 理		2016.3	「地域史学習をめぐる博学連携モデルの可能性と課題について」	『山口県立大学学術情報』第9巻	山口県立大学
北原 照久			2008.11	「直言・日本の教育-私はこう考える(第20回)よこはま教師塾塾長・横浜ブリキのおもちゃ博物館館長北原照久さん 小さな成功体験の積み重ねで、子どもに自信をつけさせよう」	『悠+』第25巻第11号	ぎょうせい
北原 格	雫 泰裕*	大田 友一	2014.3	「複合現実感を用いた発話内容の可視化と3次元インタラクション」	『電子情報通信学会技術研究報告』第113巻第469号	電子情報通信学会
北原 格	雫 泰裕*	大田 友一	2014.10	「複合現実感を用いた展示物に関する関心の共有」	『電子情報通信学会技術研究報告』第114巻第239号	電子情報通信学会
北原 次郎太			2009.3	「学芸員講話の事例から-「アイヌの人々を理解する」とは」	『第23回北方民族文化シンポジウム報告書 北太平洋の文化--北方地域の博物館と民族文化(3)』	北方文化振興協会
北原 俊子			1926	「パリーの動物園」	『子供の見た欧羅巴』	寳文館
北原 政子	毛利 勝廣	鈴木 雅夫	1995.3	「次世代のプラネタリウム」	『名古屋市科学館紀要』第21号	名古屋市科学館
北原 政子	毛利 勝廣	鈴木 雅夫	1996.3	「名古屋市科学館の天文クラブを考える」	『名古屋市科学館紀要』第22号	名古屋市科学館
北原 政子	毛利 勝廣	鈴木 雅夫	1996.3	「インターネット継続ドキュメント」	『名古屋市科学館紀要』第22号	名古屋市科学館
北原 政子			1997.3	「IPSがやってきた!-ポストコンファレンス名古屋-」	『名古屋市科学館紀要』第23号	名古屋市科学館
北原 政子	毛利 勝廣*	鈴木 雅夫	1997.3	「ハイビジョンによる天体映像の活用」	『名古屋市科学館紀要』第23号	名古屋市科学館

著者1	著者2	著者3	発行年	論文名・書籍名	掲載誌	発行元
北原 政子	鈴木 雅夫*	毛利 勝廣 他	2001.3	「光害の調査・普及に関する科学館・環境局・環境庁の連携について」	『名古屋市科学館紀要』第27号	名古屋市科学館
北原 政子	毛利 勝廣*	松井 昭彦 他	2003.11	「ネットワークを活用したプラネタリウム・コンサートの実践」	『情報文化学会誌』第10巻1号	情報文化学会
北原 恵			2014	「アート・アクティヴィズム(72)「森美術館問題」を考える:会田誠の性表現と「反米」の身振り」	『インパクション』194号	インパクト出版会
北原 義雄 編			1929.2	『現代商業美術全集 11出品陳列装飾集』		(株)アルス
北洞 孝雄			1987.6	『エルミタージュへの招待』		北海道新聞社
喜多村 明里	加藤 哲弘*編	並木 誠士 他	2001.7	『変貌する美術館-現代美術館学Ⅱ-』		昭和堂
北村 昭斎			1992.4	「第3章伝製品の保存と修復 第2節漆工」	『文化財のための保存科学入門』	株式会社飛鳥企画
北村 彰	石井 一良*	川合 剛 他	2010	「「『展示』という言葉」用例集」	『展示学』第48号	日本展示学会
北村 行遠			1989	『近世開帳の研究』		名著出版
北村 敏			1992.3	「94年度特別展「町工場の履歴書」をみて」	『生活と文化：豊島区立郷土資料館研究紀要』第9号	豊島区教育委員会
北村 敏			2005.3	「大田区郷土博物館の教育活動―継続のための私的心得―」	『Museologist：明治大学学芸員養成課程年報』第20巻	明治大学学芸員養成課程
喜多村 徹雄	春原 史寛*	茂木 一司 他	2015.3	「Gの杜プロジェクト「かこ・いま・みらい」(1)―美術館と大学との連携において学生は何を学んだのか―」	『群馬大学教育実践研究』第32号	群馬大学教育学部附属学校教育臨床総合センター
喜多村 徹雄	春原 史寛*	茂木 一司 他	2016.3	「Gの杜プロジェクト「かこ・いま・みらい」(2)―美術館と大学との連携はどのような成果を生んだのか―」	『群馬大学教育実践研究』第33号	群馬大学教育学部附属学校教育臨床総合センター
北村 哲郎 編			1980-1981	『日本の博物館』全13巻		講談社
北村 美香			2007.4	「博物館における広報活動の実態とその役割--滋賀県立琵琶湖博物館を事例として」	『博物館学雑誌』第32巻第2号	全日本博物館学会
北村 美香	金山 喜昭*	布谷 知夫	2007.9	「博物館と市民のキャリア形成-「ボランティア」から「はしかけ」へ」	『キャリアデザイン研究』第3号	日本キャリアデザイン学会
北村 美香	中井 大介		2008.4	「みんなで楽しむ「お魚つかみ観察会」実施報告-異なる活動を行う団体の協働イベント」	『博物館研究』第43巻第4号	日本博物館協会
北村 美香	金尾 滋史*		2009.3	「滋賀県における自然科学系博物館連携の取り組み-「博物館による環境と科学のフェスティバル」の実践とその過程」	『博物館研究』第44巻第3号	日本博物館協会
北村 美香	中井 大介		2009.12	「珪藻を用いた博物館環境学習プログラムの開発」	『珪藻学会誌』第25号	日本珪藻学会
北村 美香			2010.1	「生涯学習と博物館の教育普及機能の発展」	『キャリアデザイン研究』第6巻	日本キャリアデザイン学会
北村 皆雄	鵜飼 正樹*	上島 敏昭	2000.1	『見世物小屋の文化誌』		新宿書房
北本 朝展			2014.12	「遷画:展示の数学モデルに基づく参加型アーカイブの分析とミュージアムでの展開」	『オープン化するヒューマニティーズ：その可能性と課題を考える:人文科学とコンピュータシンポジウム論文集』	情報処理学会
北山 太樹			2008.7	「博物館と藻類 歩いてたどる生物系統分類展示「系統広場」-国立科学博物館の場合」	『藻類』第56巻第2号	日本藻類学会
北山 太樹			2008.11	「博物館と藻類 日本産海藻類エキシカータ-国立科学博物館の場合」	『藻類』第56巻第3号	日本藻類学会
北山 太樹			2011.10	「津波に襲われた海藻標本の救出―山田町立鯨と海の科学館での事例」	『海洋と生物』第33巻第5号	生物研究社
北山 晴一			2001	『日本におけるカルチャー・マネジメントの現状と展望』		文部省科学研究費補助金研究成果報告書
北山 晴一	高階 秀爾	清水 嘉弘 他	2001.4	「シンポジウム 独立行政法人化で何が変わるか-博物館・美術館の将来を考える-」	『ミュージアム・マガジン・ドーム』第55号	日本文教出版
吉屋 信子			1930	「動物園」	『異國點景』	民友社
キッド・ダスティン	藤居 由香*		2016.9	「文化財を題材とした本学と地域との連携による実践的な学習活動:歴史的風致維持向上計画重点地区である松江市美保関町・美保関を事例として」	『しまね地域共生センター紀要』第3巻	島根県立大学短期大学部松江キャンパスしまね地域共生センター
木津谷 英三郎			1936	「博物館の新展望:大阪市電気科學館に就て」	『博物館研究』第9巻第9號	日本博物館協會
鬼頭 清明			1990.1	「日本古代の木簡その意味・イメージ・展示」	『東洋大学博物館学年報』第2号	東洋大学教務部教務課

き

著者1	著者2	著者3	発行年	論文名・書籍名	掲載誌	発行元
鬼頭 秀一			2012.11	「民俗学における学問の「制度化」とは何か—自然科学の「制度化」のなかから考える」	『民俗学の可能性を拓く:「野の学問」とアカデミズム』	青弓社
鬼頭 智美			2002.6	「自主企画展の広報活動—平成館開館後の東京国立博物館」	『MUSEUM』第578号	東京国立博物館
鬼頭 智美	東京国立博物館編		2003.6	「ロンドンの大型博物館・美術館における広報活動について-大英博物館の事例を中心に-」	『MUSEUM』第584号	東京国立博物館
鬼頭 智美			2005	「博物館としてのブランドについて」	『MUSEUM』第595号	東京国立博物館
鬼頭 智美			2010.3	「古美術に近づく—応挙館で美術を体験するまで」	『「応挙館で美術体験」の記録』	東京国立博物館
鬼頭 智美			2013.9	「国際展覧会オーガナイザー(IEO)会議について」	『博物館研究』第48巻第9号	日本博物館協会
木戸 環希	片山 めぐみ*	足利 真宏 他	2011.2	「ヒグマ飼育展示施設における環境エンリッチメントのデザイン」	『日本建築学会技術報告集』第17巻第35号	日本建築学会
キ・ドベ			2008.9	「人材育成研修制度確立のためのアジアネットワークの構築-韓国と日本の人材育成を考える」	『JMMA日本ミュージアム・マネージメント学会会報』第13巻第2号	日本ミュージアム・マネージメント学会
杵淵 政明			1975.12	「こどもたちのための科学館」	『自然科学と博物館』第42巻4号	科学博物館後援会
宜野座村立博物館編			1900	『宜野座村立博物館』		宜野座村立博物館
木下 綾			2015.1	「ルイジアナ近代美術館」	『北欧学のフロンティア:その成果と可能性』	ミネルヴァ書房
木下 亀城	小川 留太郎		1967	「標本の採集と整理」	『標準原色図鑑全集6岩石鉱物』	保育社
木下 史青			2000	「公共の博物館展示デザイン-東京国立博物館の新しい考古展示室-」	『デザイン学研究特集号』第7巻第4号	日本デザイン学会
木下 史青			2002.6	「「国宝平等院展」の展示デザインと光ファイバー照明」	『MUSEUM』第578号	東京国立博物館
木下 史青			2004.4	「「インド・マトゥラー彫刻展」「パキスタン・ガンダーラ彫刻展」の展示・照明デザインと輝度分布測定による見え方の考察」	『MUSEUM』第589号	東京国立博物館
木下 史青			2007.7	『博物館へ行こう 岩波ジュニア新書571』		岩波書店
木下 史青			2008.4	「東京国立博物館の展示デザイン-見やすい展示・居心地のよい展示室のために」	『日本写真学会誌』第71巻第2号	日本写真学会
木下 史青			2013.6	「LEDを用いた博物館照明の今後:東京国立博物館東洋館の展示リニューアル」	『照明学会誌』第97号6輯	照明学会
木下 周一			2006	「第6章ワークシートデザイン」	『博物館の学びをつくりだす—その実践へのアドバイス—』	ぎょうせい
木下 周一			2009	「ワークシートをつくる」	『ミュージアムの学びをデザインする』	ぎょうせい
木下 周一			2009.3	『ミュージアムの学びをデザインする』		ぎょうせい
木下 周一	横山 千晶		2012	「ワークシートなどの教材作成法」	『博物館教育論:新しい博物館教育を描きだす』	ぎょうせい
木下 巧			1996.3	「佐賀県博物館小史」	『國學院大學博物館學紀要』第20輯	國學院大學博物館學研究室
木下 竹次			1931	「郷土教育本來の面目」	『教育研究』第367號	初等教育研究會
木下 忠			1981	「歴史民俗資料館の設置・運営」	『月刊文化財』第214号	第一法規
木下 達文	熊谷 孝	重森 恭一	1996.9	「展示物の保全」	『ミュージアムマネージメント』	東京堂出版
木下 達文			2001.7	「展示批評 ビュフェこども美術館・親子で遊ぶ『木とのふれあいワールド』展」	『子ども博物館楽校』第1号	Children's Museum研究会
木下 達文			2002.3	「博物館実習等に関する新たな兆し」	『全国大学博物館学講座協議会研究紀要』第7号	全国大学博物館学講座協議会
木下 達文	千地 万造*		2007.3	『ひろがる日本のミュージアム:みんなで育て楽しむ文化の時代』		晃洋書房
木下 達文	森田 真也	時里 奉明 他	20098	「学内研究会 大学と博物館の連携を求めて」	『筑紫女学園大学・短期大学部人間文化研究所年報』第20号	筑紫女学園大学・短期大学部人間文化研究所
木下 達文			2011	「万国博覧会のあり方について」	『展示学』第49号	日本展示学会

著者1	著者2	著者3	発行年	論文名・書籍名	掲載誌	発行元
木下 達文			2015.3	『文化面から捉えた東日本大震災の教訓:ミュージアム政策からみる生活の転換』		かもがわ出版
木下 達文			2017.12	「集客論史」	『博物館学史研究事典』	雄山閣
木下 千巡	山岸 公基*	丸山 和代	2008.3	「教育資料館の活用―「模」正倉院展の実践より―」	『教育実践総合センター研究紀要』第17巻	奈良教育大学教育学部附属教育実践総合センター
木下 剛	方 芝君*	田代 順孝	2007	「植物園における展示内容の特徴と展示空間構成の分類」	『環境情報科学論文集』第21号	環境情報科学センター
木下 尚子			2007.2	「公開講演会の主張」	『学術の動向』第12巻第2号	日本学術協力財団
木下 直之			1997	「大学南校物産会について」	『学問のアルケオロジー』	東京大学出版会
木下 直之			1999.6	『美術という見世物』		平凡社
木下 直之			2005.8	「遊就館――「靖国」のミュージアム」	『現代思想』33巻9号	青土社
木下 直之			2009.3	「ミュージアムというトポス ミュージアムでなぜしゃべってはいけないの?」	『芸術の生まれる場(未来を拓く人文・社会科学シリーズ16)』	東信堂
木下 直之			2009.3	「ミュージアムというトポス 仏像を拝まなくていいの?」	『芸術の生まれる場(未来を拓く人文・社会科学シリーズ16)』	東信堂
木下 直之 編			2009.3	『芸術の生まれる場(未来を拓く人文・社会科学シリーズ16)』		東信堂
木下 直之 述	金子 啓明*述	小林 真理 述	2009.3	「鼎談 日本の文化政策とミュージアムの未来」	『芸術の生まれる場(未来を拓く人文・社会科学シリーズ16)』	東信堂
木下 直之			2012.12	「動物園はどこから来てどこに向かうのか」	『都市公園』第199号	東京都公園協会
木下 直之			2013.3	「動物園巡礼(第0番・新連載)旅立ちを前に」	『UP』第42巻3号	東京大学出版会
木下 直之			2013.5	「動物園巡礼(第1番)ウメ子の横顔:小田原動物園」	『UP』第42巻5号	東京大学出版会
木下 直之			2013.7	「動物園巡礼(第2番)七難即滅の霊獣:木下大サーカス」	『UP』第42巻7号	東京大学出版会
木下 直之			2013.9	「動物園巡礼(第3番)芸するゾウ、橋から転落す:浅草花屋敷」	『UP』第42巻9号	東京大学出版会
木下 直之			2013.11	「動物園巡礼(第4番)クマを見る:恩賜上野動物園」	『UP』第42巻11号	東京大学出版会
木下 直之			2014.3	「動物園巡礼(第4番の3)出サル山記:恩賜上野動物園」	『UP』第43巻3号	東京大学出版会
木下 直之			2014.5	「動物園巡礼(第4番の4)おサル電車はゆく:恩賜上野動物園」	『UP』第43巻5号	東京大学出版会
木下 直之			2014.7	「動物園巡礼(第5番)サバンナにそびえる通天閣:大阪市天王寺動物公園」	『UP』第43巻7号	東京大学出版会
木下 直之			2014.9	「動物園巡礼(第5番の2)リタ&ロイドという人生:大阪市天王寺動物公園」	『UP』第43巻9号	東京大学出版会
木下 直之			2014.11	「動物園巡礼(第6番)余生をおくるチンパンジー:谷津バラ園」	『UP』第43巻11号	東京大学出版会
木下 直之			2015.1	「動物園巡礼(第7番)森の人の森:旭川市旭山動物園」	『UP』第44巻1号	東京大学出版会
木下 直之			2015.3	「動物園巡礼(第8番)巨獣ノ樹ニヨリ立チ、池洲ニ怪鱗悪虫:Crystal Palace Park」	『UP』第44巻3号	東京大学出版会
木下 直之			2015.5	「動物園巡礼(第9番)公園の中の動物園:名古屋市立鶴舞公園附属動物園」	『UP』第44巻5号	東京大学出版会
木下 直之			2015.7	「動物園巡礼(第10番)アフリカン・ステップの悲劇:名古屋市東山動植物園」	『UP』第44巻7号	東京大学出版会
木下 直之			2015.9	「動物園巡礼(第10番の2)ゴリラ三重奏団に会いにいく:名古屋市東山動植物園」	『UP』第44巻9号	東京大学出版会
木下 直之			2015.11	「動物園巡礼(第11番)イルカショーはいるか?:三津シーパラダイス」	『UP』第44巻11号	東京大学出版会
木下 直之			2016.1	「動物園巡礼(第12番)Scientific Aquarium & Museum of Modern Art:新江ノ島水族館」	『UP』第45巻1号	東京大学出版会
木下 直之			2016.3	「動物園巡礼(第13番)動物園がほしい!:安藤動物園と金沢ヘルスセンター」	『UP』第45巻3号	東京大学出版会

著者1	著者2	著者3	発行年	論文名・書籍名	掲載誌	発行元
木下 直之			2016.5	「動物園巡礼(第14番)河馬流転:いしかわ動物園と別府山地獄」	『UP』第45巻5号	東京大学出版会
木下 直之			2016.7	「動物園巡礼(第15番)はな子が死んだ:井の頭自然文化園」	『UP』第45巻7号	東京大学出版会
木下 直之			2016.9	「動物園巡礼(第16番の1)サルがいる、サルがいた:披露山公園・諏訪山公園・打出公園」	『UP』第45巻9号	東京大学出版会
木下 直之			2016.11	「動物園巡礼(第16番の2)サルものも追う:芦野公園・函館公園・浅草公園」	『UP』第45巻11号	東京大学出版会
木下 直之			2017.1	「動物園巡礼(第17番)ラクダ行列、商店街をゆく:大須観音とピエリ守山」	『UP』第46巻1号	東京大学出版会
木下 直之			2017.3	「動物園巡礼(第18番・最終回)振り出しとさしあたっての上がり:浜松市動物園と富山市ファミリーパーク」	『UP』第46巻3号	東京大学出版会
木下 長宏			1973	『岡倉天心』		紀伊国屋書店
木下 長宏			2005.3	『岡倉天心-物ニ観ズレバ竟ニ吾無シ-』		ミネルヴァ書房
木下 宏揚			2006.3	「民俗学研究のための情報発信」	『年報 人類文化研究のための非文字資料の体系化』第3号	神奈川大学21世紀COEプログラム「人類文化研究のための非文字資料の体系化」研究推進会議
木下 宏揚	佐野 賢治*	Lesigne,Frederic 他	2011.3	「只見町インターネット・エコミュージアムの可能性--「民具」の国際標準化に焦点をあてて」	『年報 非文字資料研究』第7号	神奈川大学日本常民文化研究所非文字資料研究センター
木下 宏揚			2014.8	「インターネット・エコミュージアムのためのデータマイニングとユーザインタフェース等の基盤技術に関する研究」	『非文字資料研究』第32号	神奈川大学日本常民文化研究所非文字資料研究センター
木下 政雄			1987.3	「博物館における常設展示と特別展観」	『博物館学芸員課程年報』第4集	帝塚山学院大学博物館学研究室
木下 政雄			1987.4	「博物館と美術館—公開施設の現状と課題・その構造と展示」	『展示学』第4号	日本展示学会
木下 征彦			2016	「富岡地域における観光まちづくりの現状と展望」	『高崎商科大学コミュニティ・パートナーシップ・センター紀要』第2号	高崎商科大学コミュニティ・パートナーシップ・センター紀要編集委員会
木下まち育て塾			2015	『蔵吉岡まちかど博物館10年史2004-2014小さな市民団体による伝統建築の保存・修復・活用の記録』		木下まち育て塾
木下 祐之介	原田 泰	伊達 元成 他	2016.3	「兜プロジェクションマッピング:全周投影を用いた文化財展示の提案」	『映像情報メディア学会技術報告』第40巻第11号	映像情報メディア学会
木下 裕也	中村 公一	中野 正俊 他	2007	「琵琶湖博物館と連携した体験学習プログラムの開発と評価-小学校社会科「くらしのうつりかわり」を題材に」	『滋賀大学教育学部紀要.教育科学』第57号	滋賀大学教育学部
木下 淑恵			2016	「スウェーデン博物館法をめぐる動き」	『論究ジュリスト』第18号	有斐閣
木場 美玖			2014.3	「世界平和の切り札としての博物館」	『鹿児島国際大学考古学ミュージアム調査研究報告』第11集	鹿児島国際大学国際文化学部博物館実習施設・考古ミュージアム
木原 一郎	千代 章一郎		2011.5	「日本国内の平和博物館の内部空間構成による類型」	『日本建築学会近畿支部研究報告集.計画系』第51号	日本建築学会近畿支部
木原 一郎	千代 章一郎		2012.9	「日本国内の平和博物館の外部動線・内部動線による類型」	『学術講演梗概集』2012巻	日本建築学会
木原 啓吉	伊藤 延男*	宮沢 智士	1980.4	「鼎談・歴史的町並みの保存はなぜ必要か」	『日本の美術』167	至文堂
木原 啓吉			1982	『歴史的環境』		岩波書店
木原 民雄			2015.7	「東京都現代美術館でのデザインプロデュースプロジェクト」	『学苑』第897号	昭和女子大学近代文化研究所
木原 善和			2002.3	「八千代市文化伝承館におけるボランティア活動」	『Museumちば:千葉県博物館協会研究紀要』33号	千葉県博物館協会
岐阜県郡上郡美並村資料委員会			1992.11	『手作りの資料館』		岐阜県郡上郡美並村資料委員会
岐阜県陶磁資料館			2004.1	『博覧会の明治のやきもの』		岐阜県陶磁資料館
岐阜県土木部建築課 編			1992.3	『みの・ひだ歴史的建築物・町並み』		岐阜県土木部建築課
岐阜県博物館			1971	『岐阜県博物館開設準備概要』		岐阜県博物館
『岐阜県博物館協会創立50周年記念誌』編集委員会 編			2016.3	『岐阜県博物館協会創立50周年記念誌』		岐阜県博物館協会
岐阜県瑞浪市化石博物館			1984.3	『開館10年のあゆみ昭和48～58年』		岐阜県瑞浪市化石博物館

著者1	著者2	著者3	発行年	論文名・書籍名	掲載誌	発行元
岐阜県瑞浪市化石博物館			1994.12	『瑞浪市化石博物館20年のあゆみ1974〜1994』		岐阜県瑞浪市化石博物館
岐阜女子大学	岐阜女子大学文化情報研究センター		2011.3	『博物館、図書館、教育、観光などのデジタル・アーカイブ学習用素材3』		岐阜女子大学
岐阜女子大学文化情報研究センター	岐阜女子大学*		2011.3	『博物館、図書館、教育、観光などのデジタル・アーカイブ学習用素材3』		岐阜女子大学
木部 徹			2013	「資料保存のためのアドボカシー・マーケティング」	『薬学図書館』58巻4号	日本薬学図書館協議会
木俣 美樹男	服部 哲則	井村 礼恵 他	2011.3	「プロジェクト学習科目「植物と人々の博物館づくり」の方法論と評価」	『環境教育』第20巻第3号	日本環境教育学会
木全 力夫	伊藤 寿朗*	酒匂 一雄 他	1974	「社会教育職員制度：制度史的検討」	『社会教育職員論』	東洋館出版社
君島 憲治	高安 礼士*	片岡 登喜子 他	1999.3	「万国博覧会の日本における展開について」	『千葉県立現代産業科学館研究報告』第5号	千葉県立現代産業科学館
君島 憲治	櫻田 秀樹*	亀井 修	2000.3	「平成12年度特別展示会「万国博覧会の夢-万博に見る産業技術と日本」に関する調査研究-千葉県立現代産業科学館共同研究(その2)-」	『千葉県立現代産業科学館研究報告』第6号	千葉県立現代産業科学館
君島 健治	櫻田 秀樹*	西 博孝 他	2001.3	「平成12年度特別展「万国博覧会の夢」について-万国博覧会の展示化-」	『千葉県立現代産業科学館研究報告』第7号	千葉県立現代産業科学館
君塚 進 校註	柴田 剛中*		1974	「仏英行」	『日本思想大系66:柴田剛中日載巻七・八』	岩波書店
君塚 仁彦	橋口 定志*		1987	「"地域博物館"学芸員のめざすもの--豊島区立郷土資料館の活動を通して」	『月刊社会教育』第31巻10号	国土社
君塚 仁彦			1991.3	「都心部地域博物館の活動と環境教育」	『生活と文化：豊島区立郷土資料館研究紀要』第5号	豊島区教育委員会
君塚 仁彦	鶴田 総一郎*	伊藤 寿朗 監	1991.7	『解説書 博物館基本文献集別巻』		大空社
君塚 仁彦			1993	「博物館学芸員の養成と専門性：「学芸員問題」の現段階」	『日本社会教育学会紀要』第29号	日本社会教育学会
君塚 仁彦			1993.3	「歴史系博物館における表現の不自由：戦争・平和資料の取り扱いに関する事例を中心として」	『東京学芸大学紀要.第1部門・教育科学』第44集	東京学芸大学
君塚 仁彦			1993.8	「転換期を迎える博物館」	『月刊社会教育』第37巻8号	国土社
君塚 仁彦	朝治 武		1995.12	「対談・博物館の展示表現と人権」	『季刊Liberty』第12号	大阪人権歴史資料館
君塚 仁彦			1996.3	「高度経済成長期における地域変貌と博物館運動-千葉県君津市における事例を中心として-」	『東京学芸大学教育学部生涯教育研究室研究紀要』創刊号	東京学芸大学教育学部生涯教育研究室
君塚 仁彦			1997	「戦後博物館行政の変容と問題点」	『博物館問題研究』第24号	博物館問題研究会
君塚 仁彦			1998.3	「池袋児童の村小学校における「学校博物館」活動-博物館学の視点から見たその意義-」	『東京学芸大学紀要.第1部門・教育科学』第49集	東京学芸大学
君塚 仁彦 編	王 智新*編		2000.12	『批判植民地教育史認識』		社会評論社
君塚 仁彦	東京学芸大学 編		2001.3	「「満洲国」社会教育政策と博物館に関する考察(1)「初期文教部期」を中心として」	『東京学芸大学紀要.第1部門・教育科学』第52集	東京学芸大学
君塚 仁彦 編	日本博物館協会*	山口 源治郎 編	2001.12	『日本現代教育基本文献叢書社会・生涯教育文献集6-56再建日本の博物館対策』		日本図書センター
君塚 仁彦 編	日本博物館協会*	山口 源治郎 編	2001.12	『日本現代教育基本文献叢書社会・生涯教育文献集6-56博物館学入門』		日本図書センター
君塚 仁彦 編	広瀬 鎮*	山口 源治郎 編	2001.12	『日本現代教育基本文献叢書社会・生涯教育文献集6-60博物館は生きている』		日本図書センター
君塚 仁彦 編	大町山岳博物館*	山口 源治郎 編	2001.12	『日本現代教育基本文献叢書社会・生涯教育文献集 山と博物館-大町山岳博物館創立10周年記念特集号』		日本図書センター
君塚 仁彦 編	棚橋 源太郎*	山口 源治郎 編	2001.12	『日本現代教育基本文献叢書社会・生涯教育文献集6-59博物館教育』		日本図書センター
君塚 仁彦 編	東京動物園協会*	山口 源治郎 編	2001.12	『日本現代教育基本文献叢書社会・生涯教育文献集6-60 子ども動物園ハンドブック』		日本図書センター
君塚 仁彦 編	波多野 完治*	山口 源治郎 編	2001.12	『日本現代教育基本文献叢書社会・生涯教育文献集6-58見学・旅行と博物館』		日本図書センター
君塚 仁彦 編	木場 一夫*	山口 源治郎 編	2001.12	『日本現代教育基本文献叢書 社会・生涯教育文献集6-57新しい博物館』		日本図書センター
君塚 仁彦			2002	「市民の博物館づくり運動から学ぶ-茅ヶ崎の博物館を考える会をどう見つめるか」	『博物館問題研究』第28号	博物館問題研究会

著者1	著者2	著者3	発行年	論文名・書籍名	掲載誌	発行元
君塚 仁彦	東京学芸大学 編		2003.3	「「満洲国」社会教育政策と博物館に関する考察(2)奉天省を中心として」	『東京学芸大学紀要.第1部門・教育科学』第54集	東京学芸大学
君塚 仁彦	解放教育研究所 編		2003.7	「二一世紀の博物館と人権教育」	『解放教育』第33巻7号	明治図書出版
君塚 仁彦			2003.9	「資料公立博物館の設置及び運営上の望ましい基準」	『月刊社会教育』第47巻9号	国土社
君塚 仁彦			2003.12	「博物館展示論の視座から「地域博物館論」を読み直す〔含討論2〕」	『大阪人権博物館紀要』第7号	大阪人権博物館
君塚 仁彦			2007	「東京の戦争博物館、「聖徳」「聖蹟」空間検証ガイド戦争記憶・天皇記憶の再編成を問う」	『前夜.第1期』第10号	前夜
君塚 仁彦			2008.12	「博物館法「改正」の問題点と背景(第1回)」	『季刊教育法』第159号	エイデル研究所
君塚 仁彦			2009.3	「博物館法「改正」の問題点と背景(第2回)」	『季刊教育法』第160号	エイデル研究所
君塚 仁彦			2009.9	「博物館法「改正」の問題点と背景(第3回)」	『季刊教育法』第162号	エイデル研究所
君塚 仁彦			2010.12	「博物館法「改正」の問題点と背景(最終回)」	『季刊教育法』第167号	エイデル研究所
君塚 仁彦			2011.8	「地域のなかの公立博物館とその存在意義を再考する」	『月刊社会教育』第55巻8号	国土社
君塚 仁彦			2012.12	「「戦争記憶」と博物館(戦争を「記憶」する場としての博物館)」	『現代に活きる博物館』	有斐閣
君塚 仁彦			2012.12	「地域社会と博物館」	『現代に活きる博物館』	有斐閣
君塚 仁彦			2012.12	「博物館の法と制度」	『現代に活きる博物館』	有斐閣
君塚 仁彦			2012.12	「博物館の歴史を考える」	『現代に活きる博物館』	有斐閣
君塚 仁彦			2012.12	「博物館をどのように考えていこうとするのか」	『現代に活きる博物館』	有斐閣
君塚 仁彦			2012.12	「歴史博物館学芸員の仕事(歴史や民俗を扱う博物館学芸員の仕事)」	『現代に活きる博物館』	有斐閣
君塚 仁彦	名児耶 明 編		2012.12	『現代に活きる博物館』		有斐閣
君塚 仁彦	渡辺 美知代	池尻 豪介	2013.2	「博物館学芸員の雇用・労働をめぐる現状とインターンシップに関する一考察」	『東京学芸大学紀要.総合教育科学系』第64巻第1号	東京学芸大学
君塚 仁彦			2014.2	「ハンセン病回復者の記憶と博物館展示に関する基礎的研究(1)在日朝鮮人回復者の展示をめぐる研究視点」	『東京学芸大学紀要.総合教育科学系』第65巻第1号	東京学芸大学
君塚 仁彦			2014.8	「戦争記憶の伝達・継承と歴史教育の場としての博物館」	『歴史評論』第772号	校倉書房
君塚 仁彦			2016.1	「国立教員養成大学における博物館実習の特色と可能性」	『博物館研究』第51巻第1号	日本博物館協会
君塚 仁彦	崔 錫栄*		2016.3	「文化財返還の根拠と歴史を逆なでする博物館」	『博物館という装置:帝国・植民地・アイデンティティ』	勉誠出版
君塚 仁彦			2017.2	「博物館における「対話」による記憶「継承」活動の意義:ひめゆり平和祈念資料館の取り組みを中心に」	『東京学芸大学紀要.総合教育科学系』第68巻第1号	東京学芸大学
君塚 仁彦			2017.12	「伊藤寿朗」	『博物館学史研究事典』	雄山閣
キム・ヨンジャ	小林 身哉*	尾坂 知江子	2005.3	「大学生は科学館から何を学ぶか～名古屋市科学館を見学した金城学院大学生のレポートから」	『名古屋市科学館紀要』第31号	名古屋市科学館
木村 彩子			1943	「サイゴン植物園見學の折」	『佛印・泰・印象記』	愛讀社
木村 綾子	中越 信和		1999	「身近な自然を利用した環境教育に関する生態学的視点の必要性」	『環境教育』第9巻1号	日本環境教育学会
木村 一郎 編			1899.7	『皇居御旧趾尊重保存資料一班:列聖至尊』		木村一郎
木村 英祐	久世 仁士	杉田 義	2017.6	「文化財保存全国協議会の活動記録」	『文化財保存70年の歴史:明日への文化遺産』	新泉社
木村 絵理子			2016.1	「横浜トリエンナーレの役割と横浜美術館」	『Zenbi』第9巻	全国美術館会議
木村 かおる			2013.4	「北米の科学館から:インタラクティブ・コミュニケーションの形」	『博物館研究』第48巻第4号	日本博物館協会

著者1	著者2	著者3	発行年	論文名・書籍名	掲載誌	発行元
木村 慶太	山田 幸生	手嶋 將博 他	2009	「日本文化紹介を目的とした「博物館アウトリーチ教材」の開発と実践--マレーシアにおける小・中学生の評価を中心として」	『教材学研究』第20巻	日本教材学会
木村 慶太	山田 幸生*	手嶋 將博 他	2010	「日本文化紹介を目的とした「博物館アウトリーチ教材」の改良とその効果--マレーシアの小学生による評価を受けての実践を通じて」	『教材学研究』第21号	日本教材学会
木村 慶太	中山 京子		2015.06	「国際理解教育における博物館活用の可能性:大阪府教員初任者研修と第10回国立民族博物館を活用したワークショップ型教員研修の試み」	『国際理解教育』第28巻	日本国際理解教育学会
木村 健一	吉川 和希*	大矢 京右 他	2016.3	「バイダルカ・プロジェクションマッピング:文化財へ直接映像投影をした展示の実践」	『映像情報メディア学会技術報告』第40巻第11号	映像情報メディア学会
木村 健一	吉川 和希*	大矢 京右 他	2017	「バイダルカ・プロジェクションマッピング:文化財への直接映像投影による展示効果の向上」	『画像電子学会誌』第46巻1号	画像電子学会
木村 健一郎	松山 正治	稲葉 正吉 他	2014.9	「市長座談会 水族館、動物園でまちを元気に」	『市政』第63巻第9号	全国市長会館
木村 小舟			1921	「美術館建設私論」	『日本名畫物語』	東亞堂
木村 三郎			1988.6	「ピエール・ローザンベールの精緻な世界—「美術図書館学の勝利」	『日本18世紀学会会報』3号	日本18世紀学会
木村 三郎			1992	「展覧会カタログの意味」	『改訂版 美術史と美術理論』	放送大学教育振興会
木村 三郎			2010.3	『「デジタルミュージアム研究プロジェクト」報告書』		日本大学総合学術情報センター
木村 修二	神戸大学大学院人文学研究科地域連携センター 編		2013.7	「地域文献資料の活用」	『「地域歴史遺産」の可能性』	岩田書院
木村 純			2010.3	「博物館ボランティア活動の意義とその学び」	『生涯学習研究年報』第12号	北海道大学高等教育機能開発総合センター生涯学習計画研究部
木村 順平			2011.3	「韓国における動物園水族館での研究活動」	『日本野生動物医学会誌』第16巻第1号	日本野生動物医学会
木村 四郎			1936	「井之頭公園の水生物館」	『博物館研究』第9巻第9號	日本博物館協會
木村 孝義			2011.11	「震災と復興を伝え、教訓を全国に発信--地域歴史遺産の活用(奥尻島津波館)」	『都市問題』第102巻第11号	東京市政調査会
木村 勉	Christoph.Henrichsen		1998.8	「ドイツ・マイセンにみる歴史的な建物の修復--まちが生きるため、人びとが豊かに暮らすための保存」	『月刊文化財』第419号	第一法規
木村 勉			2000	『地域文化財の保存修復 考え方と方法—現状・課題・これから—』		奈良国立文化財研究所
木村 勉	日本民俗建築学会 編		2001.5	「講演 歴史ある建物をどう修復するか-ゆたかな暮らしのために」	『民俗建築』第119号	日本民俗建築学会
木村 勉			2003.3	「活用を重視した歴史的な建物の修復—ドイツ・マイセン旧市街にみる保存」	『文化財と歴史学(『文化財論叢』Ⅲ)』	奈良文化財研究所
木村 勉	神田 和幸	大塚 美加 他	2013.8	「かごしま水族館における情報保障に関する取り組み事例:携帯情報端末による情報保障システム」	『電子情報通信学会技術研究報告』第113巻第195号	電子情報通信学会
木村 要雄			1976	『ディスプレイデザイン』		ダヴィッド社
木村 宣彰			1999.3	「新時代の学芸員」	『大谷大学博物館学課程年報』第10号	大谷大学博物館学課程委員会
木村 英明			2006.10	「北欧の野外博物館・大学博物館・船の博物館」	『札幌大学学芸員課程年報』第5号	札幌大学
木村 秀弘			2011.1	「茨城県立歴史館の被災について」	『アーカイブズ』第45号	国立古文書館
木村 衡			2000	「「デジタルミュージアム」と地域博物館」	『博物館問題研究』第27号	博物館問題研究会
木村 仁美			2013	「壁画の移築保存と展示環境について:イタリアポッジャルドサンタ・マリア・デッリ・アンジェリ教会及びアルド・モーロ博物館の調査から」	『金沢大学文化資源学研究』第12号	金沢大学人間社会研究域附属国際文化資源学研究センター
木村 弘樹	神奈川県考古学会 編		2014.3	「2万年前のイエ史跡田名向原遺跡の保存・活用」	『時空の交差点:遺跡の保存と活用』	神奈川県考古学会
木村 広			1999	「二酸化炭素を利用した害虫駆除法について」	『文化財の虫菌害』第38号	文化財虫害研究所
木村 浩			2002	『情報デザイン入門』		筑摩書房
木村 浩			2012	「作品筑波実験植物園の誘導案内サイン」	『展示学』第50号	日本展示学会
木村 誠			2009.3	『歴博ブックレット29教室を博物館につなぐ小学校の授業』		歴史民俗博物館振興会

著者1	著者2	著者3	発行年	論文名・書籍名	掲載誌	発行元
木村 正典			2004.3	「千葉県立中央博物館における子ども向け事業」	『Museumちば：千葉県博物館協会研究紀要』35号	千葉県博物館協会
木村 正義			1931	「郷土教育と公民教育の聯關」	『郷土科學』第七號	郷土教育聯盟
木村 光伸			1985	「ひとつの動物園論―教育をめぐって―」	『動物園教育―日本動物園教育研究会10年の歩み―』	日本動物園教育研究会
木村 安心	森山 昌弘	向坂 幸雄	2014.3	「保育学生は動物園をどう捉えているか」	『中村学園大学発達支援センター研究紀要』第5号	中村学園大学発達支援センター
木村 幸比古			1997	「時代別博物館構想―霊山博物館の場合―」	『博物館研究』第32巻第3号	日本博物館協会
木村 幸比古			2003.3	「京博連活動」	『國學院大學博物館學紀要』第27輯	國學院大學博物館学研究室
木村 陽一郎			2014.1	「美術館の学校利用の課題：海と山に囲まれた多様な展開を模索する横須賀美術館」	『子ども博物館楽校』第6号	チルドレンズ・ミュージアム研究会
木村 陽二郎			1988	「博物学者・田中芳男」	『江戸期のナチュラリスト』	朝日新聞社
木村 理恵子			2009.12	「科研費を活用した調査・研究、企画展の開催についての事例紹介」	『博物館研究』第44巻第12号	日本博物館協会
木村 亘			1975	「熱帯植物園はこれから何を考えるべきか」	『日本植物園協会誌』第10号	日本植物園協会
木谷 美咲 文	森田 高尚*監		2016.3	『世界一うつくしい植物園』		エクスナレッジ
喜谷 美宣			1996.7	「阪神・淡路大震災と神戸市立博物館」	『神奈川県博物館協会会報』第68号	神奈川県博物館協会
喜谷 美宣			1997.3	「被災現場から」	『明日への文化財』第39号	文化財保存全国協議会
木山 亮	鳴海 拓志	谷川 智洋 他	2012.9	「デジタル展示ケースを用いた展示物の機構理解システムの開発」	『日本バーチャルリアリティ学会大会論文集』第17巻	日本バーチャルリアリティ学会
木山 亮	大原 寛司	鳴海 拓志 他	2013.9	「展示物の機構理解システムにおける抽象度変化手法の効果検証」	『日本バーチャルリアリティ学会大会論文集』第18巻	日本バーチャルリアリティ学会
ギャロ・ファウスタ	ピエール・ギャロ	新井 英夫 他監訳	1973	『紙本保存の手引き：書籍の敵、昆虫と微生物』		日本博物館協会
キャロリン・マック・ルーリック	リンダ・ファーガソン*	ルイース・ラバリー	2002.11	『意味とメッセージ：博物館展示の言語ガイドライン』		リーベル出版
喜屋武 盛也			2007.2	「琉球政府立博物館における昭和42年(1967)日本古美術展について-その文化的政治的含意」	『沖縄県立芸術大学紀要』第15号	沖縄県立芸術大学
邱 君妮	黄 貞燕*		2015.12	「台湾の博物館法及び博物館事業について」	『博物館研究』第50巻第12号	日本博物館協会
丘 桓興			2011.11	「外も内も一新中国国家博物館」	『人民中国』第701号	人民中国雑誌社
汲故館南塘文庫編集部			1932	『山梨縣郷土研究資料目録』第1集		汲故館南塘文庫編集部
九州国立博物館			2015.10	「九州国立博物館一〇年の活動」	『月刊文化財』第625号	第一法規
九州国立博物館			2015.10	「九州国立博物館小史」	『月刊文化財』第625号	第一法規
九州国立博物館 編			2016.3	『九州国立博物館史：開館10周年記念』		九州国立博物館
九州文化財保存協議会 編			1975	『九州文化財白書』		九州文化財保存協議会
九州文化財保存協議会 編			1979	『遺跡を民衆の手に』第1集		九州文化財保存協議会
九州文化財保存協議会 編			1982	『遺跡を民衆の手に』第2集		九州文化財保存協議会
九州文化財保存協議会 編			1982	『九文協―その闘いの軌跡』		九州文化財保存協議会
「九州・山口の近代化産業遺産群」世界遺産登録推進協議会 編			2015.2	『明治日本の産業革命遺産 九州・山口と関連地域：2015世界文化遺産をめざして』		「九州・山口の近代化産業遺産群」世界遺産登録推進協議会
「九州・山口の近代化産業遺産群」世界遺産登録推進協議会 編			2016	『明治日本の産業革命遺産：製鉄・製鋼、造船、石炭産業』		日本国政府内閣官房
九州歴史資料館			1981.3	『文化財の保存』1		九州歴史資料館

著者1	著者2	著者3	発行年	論文名・書籍名	掲載誌	発行元
許 心芸	矢部 吉禎*	朱 成之 訳	1900	『植物園』		商务印书馆
姜 炯台			2007.3	「韓国国立中央博物館における保存科学の現在と将来」	『博物館における保存学の実践と展望：国際シンポジウム報告書：臨床保存学と21世紀の博物館』	東京国立博物館
姜 娜			2016.3	「文化遺産をめぐる空間の競合」	『中国地域の文化遺産：人類学の視点から』	国立民族学博物館
教育史研究會 監	耿 熙旭*		1944	「學校と社會教育」	『滿州國敎化行政之現狀學校与社會敎育』社會敎育資料第一集	文教部敎化司社會敎育科
教育史編纂會 編			1939.2	「通俗教育調査委員會官制」勅令第65号	『明治以降教育制度發達史』第6巻	教育資料調査會
教育史調査會			1939.2	「通俗教育ニ關スル件答申理由書」	『明治以降教育制度發達史』第6巻	教育資料調査會
教育審議會			1941	「教育審議會諮問第一號特別委員會第十八回整理委員會（社會教育）會議録（昭和16年1月25日、於文部省第三會議室」		
教育博物館			1877.8	『教育博物館規則』		教育博物館
教育博物館			1879.7	『教育博物館規則』		教育博物館
教育博物館			1881.06	『教育博物館案内』		教育博物館
教育博物館			1881	『教育博物館図書目録』		教育博物館
教育博物館			1900.1	『教育博物館案内』		教育博物館
矯＝生			1905.8	「大英國博物館の圖書閲覧室の圓屋根」	『建築雑誌』第19輯第224號	日本建築學會
ぎょうせい			2007.4	「億万長者のコレクション・ミュージアム」	『フォーブス』第16巻第4号	ぎょうせい
京谷 亀吉			1933	「郷土科の組織及び體系」	『郷土教育』第三十六號	郷土教育聯盟
郷土教育聯盟 編			1930	「宣言」	『郷土－研究と教育－』第一號	郷土教育聯盟
郷土教育聯盟 編			1931	「郷土教育と地方研究」	『郷土－研究と教育－』第四号	郷土教育連盟
郷土教育聯盟 編			1931	「郷土教育聯盟規約」	『郷土－研究と教育－』第六號	郷土教育聯盟
郷土教育聯盟 編			1931	「郷土教育と學制改革」	『郷土科學』第九號	郷土教育聯盟
郷土教育聯盟 編			1931	「郷土教育より青年運動へ」	『郷土科學』第十號	郷土教育聯盟
郷土教育聯盟 編			1931	「何を清算すべきか」	『郷土科學』第十二號	郷土教育聯盟
郷土教育聯盟 編			1931	「郷土と偉人」	『郷土科學』第十四號	郷土教育聯盟
郷土教育聯盟 編			1931	「郷土教育と地方研究」	『郷土－研究と教育－』第三號	郷土教育聯盟
郷土教育聯盟 編			1932	「1郷土室」	『郷土學習指導方案』	刀江書院
郷土教育聯盟 編			1932	「師範學校長に地公教育を聴く」	『郷土教育』第二十五號	郷土教育聯盟
郷土教育聯盟 編			1932	「郷土教育と教員の郷土愛」	『郷土科學』第十七號	郷土教育聯盟
郷土教育聯盟 編			1934	「啓發主義と訓戒主義」	『郷土教育』第四十一號	郷土教育聯盟
郷土教育聯盟 編			1937	「郷土室」	『郷土教育指導案』	刀江書院
京都工芸繊維大学美術工芸資料館 編	京都・大学ミュージアム連携合同展覧会実行委員会*		2014.11	『大学は宝箱!:京都・大学ミュージアム連携の底力出開帳in東北』		京都・大学ミュージアム連携
京都国立博物館 編			1957	『京都国立博物館六十年史』		京都国立博物館
京都国立博物館			1968.3	『京都国立博物館七十年史』		京都国立博物館

著者1	著者2	著者3	発行年	論文名・書籍名	掲載誌	発行元
京都国立博物館			1997.1	『京都国立博物館百年史』		京都国立博物館
京都国立博物館			2011.7	『美を伝える:京都国立博物館文化財保存修理所の現場から』		京都新聞出版センター
京都市動物園			1984	『京都市動物園80年の歩み』		京都市動物園
京都市内博物館施設連絡協議会 編			1998	『生涯学習と博物館-京博連設立5周年を記念して』		京都市内博物館施設連絡協議会
京都市美術館			1974.3	『京都市美術館四十年史』		京都市美術館
京都商業會議所			1900	「米國費府商業博物館」	『歐米商工之視察報告書』	京都商業會議所
京都市立記念動物園			1925	『両陛下銀婚御儀奉祝紀念京都市立記念動物園案内』		京都市立記念動物園
京都新聞社 編	京都文化博物館* 編		2000.3	『異国の風-江戸時代京都が見たヨーロッパ-』		京都新聞社
京都水族館 監			2014.12	『水族館Anaquarium:京都水族館』		NHKエンタープライズ
京都造形芸術大学比較藝術学研究センター			2009.3	「シンポジウム ルーヴル美術館・サマースクールinJapan「京都」報告」	『Aube』第4・5号	京都造形芸術大学比較藝術学研究センター
京都・大学ミュージアム連携合同展覧会実行委員会	京都工芸繊維大学美術工芸資料館 編		2014.11	『大学は宝箱!:京都・大学ミュージアム連携の底力出開帳in東北』		京都・大学ミュージアム連携
京都大学理学部・農学部・教養部合同調査委員会			1987	『京都大学自然史博物館の構想:京都大学に所蔵される膨大な自然史標本資料の意義とその利用についての計画案』		京都大学理学部・農学部・教養部合同調査委員会
京都鉄道博物館 編			2016.4	『京都鉄道博物館公式ガイドブック』		京都鉄道博物館
京都博覽協会 編			1903	『京都博覽會沿革誌』		京都博覽協会
京都府			1917	「本府ノ記念植物園」	『大正大礼京都府記事庶務之部下』	京都府
京都府教育庁指導部文化財保護課 編			1990	『京都府立聾学校所蔵京都盲啞院関係資料目録』		京都府教育庁指導部文化財保護課
京都府教育庁指導部文化財保護課			2016	『歴史に向き合う未来を見据える』		京都府教育委員会
京都府女子師範學校			1933	『郷土教育の概要』		京都府女子師範學校
京都府立総合資料館			1972.3	「九京都博覽會」	『京都府百年の資料二商工編』	京都府
京都府立総合資料館			2003.12	『総合資料館40年のあゆみ』		京都府立総合資料館
京都府立盲学校 編			1981	『京都府立盲学校資料室要覧』		京都府立盲学校
京都府立盲学校 編			2005	『京都府立盲学校所蔵資料室保存資料目録』		京都府立盲学校
京都府立盲学校 編			2005	『京都府立盲学校資料室史資料解説【展示編】』		京都府立盲学校
京都文化博物館 編			1992	『旅順博物館所蔵品展 幻の西域コレクション』		京都文化博物館
京都文化博物館			1999.3	『京都文化博物館10年のあゆみ』		京都文化博物館
京都文化博物館 編	京都新聞社 編		2000.3	『異国の風-江戸時代京都が見たヨーロッパ-』		京都新聞社
京都文化博物館地域共働事業実行委員会			2015.3	『"まち"と"ミュージアム"の文化が結ぶ幸せなかたち:博学社連携フォーラム・博学社連携シンポジウム報告書』		京都府京都文化博物館
京都文化博物館地域共働事業実行委員会			2016.3	『"まち"と"ミュージアム"の文化が結ぶ幸せなかたち:博学社連携フォーラム・博学社連携シンポジウム報告書2』		京都府京都文化博物館
京都文化博物館地域共働事業実行委員会			2017.3	『"まち"と"ミュージアム"の文化が結ぶ幸せなかたち:博学社連携フォーラム・博学社連携シンポジウム報告書3』		京都府京都文化博物館
京都文教大学	橋本 和也*		2007.6	『「人と人を結ぶ地域まるごとミュージアム」構築のための研究』		文部科学省科学研究費補助金研究成果報告書
清川 雪彦			1988	「殖産興業政策としての博覧会・共進会の意義」	『経済研究』第39巻第4号	一橋大学経済研究所

著者1	著者2	著者3	発行年	論文名・書籍名	掲載誌	発行元
清谷 康平			2014.12	「利用者満足度の把握・評価に基づくサービス水準の向上と事業展開に向けて」	『博物館研究』第49巻第12号	日本博物館協会
清田 英孝	岡本 弥彦*	河尻 清和	2010.3	「地域教材・地域人材を活用した授業づくり:相模原市立博物館での取組「研修講座の開催」を通して」	『理科の教育』第59巻第3号	日本理科教育学会
清野 晶宏			2016.2	「保存の観点から見たデジタルアーカイブについて」	『日本写真学会誌』第79巻第1号	日本写真学会
清野 謙次			1928	「函館の郷土博物館建設運動」	『函館毎日新聞』九月二十四日	函館毎日新聞社
清野 謙次			1954	「物産會」	『日本考古學・人類學史』上巻	岩波書店
清野 鐵臣			1936.12	「博物館の新展望:山形縣簡易博物館」	『博物館研究』第9巻第12號	日本博物館協會
清原 千香子	大井 尚行	高橋 浩伸	2011.3	「写真展示壁の色彩に関する基礎的検討(環境工学)」	『日本建築学会研究報告九州支部.環境系』第50号	日本建築学会九州支部
清原 洋一			2011.8	「学校と博物館との連携による理科教育の改善」	『日本科学教育学会年会論文集』第35巻	日本科学教育学会
清原 洋一			2012.7	「学校教育における地域や科学館などとの連携」	『理科の教育』第61巻第7号	日本理科教育学会
清見 陸郎			1934	「ボストン美術館顧問として」	『岡倉天心』	平凡社
吉良 芳恵			2003.3	「資格取得のKNOWHOW」	『日本女子大学博物館学芸員課程年報』No.1	日本女子大学
吉良 芳恵			2004.3	「アーネスト・サトウと博物館」	『日本女子大学博物館学芸員課程年報』No.2	日本女子大学
吉良 芳恵			2004.3	「全国大学博物館学講座協議会東日本部会大会の記念講演から」	『日本女子大学博物館学芸員課程年報』No.2	日本女子大学
吉良 芳恵	落合 広倫*	内川 隆志 他	2013.5	「劣化・損壊資料の修理・復元」	『人文系博物館資料保存論』	雄山閣
桐原 総一			2003.9	『学校博物館百景:風早北部小学校』		嵩書房出版
桐原 千文			2004.4	「名古屋の古代学・本草学」	『名古屋・岐阜と中山道』	吉川弘文館
桐原 直子			2010	「東京帝室博物館における講演会活動開始についての試論--館組織の変遷と総長大島義脩の果たした役割を中心に」	『芸術学研究』第14号	筑波大学大学院人間総合科学研究科
金 圓景	大津 忠彦*	奥村 俊久	2017	「「回想法」ボランティア活動～本学学生による試みの成果と課題～」	『筑紫女学園大学・短期大学部人間文化研究所年報』第28号	筑紫女学園大学・短期大学部人間文化研究所
金 惠蓮	三宅 孝典	寺澤 勉	2003	「展示会開催における廃棄物の現状分析と量の試算--展示会計画のための廃棄物アセスメントに関する基礎研究」	『展示学』第36号	日本展示学会
金 廣植	日下部 龍太*	鈴木 仁 他	2016.3	「帝国日本が営んだ外地の植民地博物館」	『博物館という装置:帝国・植民地・アイデンティティ』	勉誠出版
金 守美	朴 光範	大原 一興	2004.7	「韓国清州市・清原郡における地域遺産の管理・利用現況と住民意識に関する考察:地域のエコミュージアム化に関する研究その8」	『学術講演梗概集』2004巻	日本建築学会
金 守美	大原 一興	郭 喜碩 他	2006.2	「韓国の「伝統民俗村」における歴史的民家の住まい方--済州道城邑村の経年的住まい方の考察」	『日本建築学会計画系論文集』第71巻600号	日本建築学会
金 大雄	星野 浩司*		2012.2	「ミュージアム・コンテンツを基盤とする次世代型展示支援システムの研究」	『情報処理学会論文誌』第53巻第2号	情報処理学会
金 泰蓮			2015.3	「朝鮮総督府博物館の設立と運営について:1910～1921年を中心に」	『佛教大学大学院紀要.文学研究科篇』43	佛教大学大学院
金 貞我			2004.12	「ICOM2004年ソウル世界博物館大会の参加報告」	『非文字資料研究』第6号	神奈川大学21世紀COEプログラム研究推進会議
金 度源	湯浅 卓*	大窪 健之 他	2015.7	「文化遺産を火災から守る消防設備の老朽化と耐震面の課題に関する研究:京都府・滋賀県の重要文化財・国宝建造物を対象として」	『歴史都市防災論文集』第9巻	立命館大学歴史都市防災研究センター
金 花子			2004.9	「韓国における大学博物館の現況と役割」	『非文字資料研究』第5号	神奈川大学21世紀COEプログラム研究推進会議
金 容媛			2008.12	「米国の図書館・博物館政策の動向-関連法規および政策諮問機構の統合を中心に」	『文化情報学:駿河台大学文化情報学部紀要』第15巻第2号	駿河台大学文化情報学部
金 容媛			2010.1	「図書館・博物館・文書館の連携に関する最新の動向」	『駿河台大学文化情報学研究所所報』第8号	駿河台大学文化情報学研究所
金 容媛			2015.3	「図書館・文書館・博物館における連携の動向」	『文化情報学:駿河台大学文化情報学部紀要』第16巻第1号	駿河台大学文化情報学部
近畿工高建築連盟			1972	『建築設計ノート博物館・美術館』		彰国社

著者1	著者2	著者3	発行年	論文名・書籍名	掲載誌	発行元
近畿地区動物園水族館宿題調査実行委員会			1996.5	「情報のネットワーク化Ⅰ．パソコンを使った情報の処理と交換について」	『動物園水族館雑誌』第38巻1号	日本動物園水族館協会
金港堂書籍 編			1903.11	「東京教育博物館」	『教育界臨時増刊』第3巻第2号	金港堂書籍
金城 勇			2005	「学術人類館事件と沖縄—差別と同化の歴史」	『人類館封印された扉』	有限会社アットワークス
金成 南海子	加藤 憲子*		1998.3	「東京都における博物館映像展示の現状」	『國學院大學博物館學紀要』第22輯	國學院大學博物館学研究室
金城 久枝			2015.3	「総合展示部門解説ガイドボランティア養成」	『沖縄県立博物館・美術館博物館紀要』第8号	沖縄県立博物館・美術館
金城 弥生			2014.3	「染織活動のデジタル・アーカイブ化に関する研究:文化財記録保存の観点から」	『はた』第21号	日本織物文化研究会
金城 弥生	井上 透		2016	「竹筬復元製作のデジタル記録保存と伝承の可能性を探る」	『デジタルアーカイブ研究誌』第3巻1号	デジタルアーカイブ研究会事務局
金田 章裕	国立文化財機構奈良文化財研究所 編		2014.1	「文化的景観の意義と役割」	『文化的景観研究集会(第5回)報告書:文化的景観のつかい方』	国立文化財機構奈良文化財研究所
近代建築社			1973	「特集 美術館」	『近代建築』第27巻2号	近代建築社
近代建築社			1995.2	「トータルメディア開発研究所−特集:博物館の展示」	『近代建築』第49巻2号	近代建築社
近代建築社			2000	「特集 博物館・水族館の建築と設計」	『近代建築』第51巻9号	近代建築社
近代文学合同研究会			2007.10	『展示される文学:人・モノ・記憶』		近代文学合同研究会
金野 良一			1994	「子どもたちが遊び、親しむ博物館をめざして−岩手県・大船渡市立博物館の試み」	『博物館研究』第29巻第9号	日本博物館協会
金野 良一			2004.3	「地域の子どもたちが遊び、親しむ博物館を目指して―岩手県大船渡市立博物館の普及事業から―」	『Museologist:明治大学学芸員養成課程年報』第19巻	明治大学学芸員養成課程
金原 宏行	髙松 良幸*	太田 好治 他	2011.3	「パネルディスカッション 博物館フォーラム 博物館からひろがるネットワーク」	『静岡大学生涯学習教育研究』第13号	静岡大学生涯学習教育研究センター
金原 宏行			2011.3	「三・遠・信博物館の広域ネットワーク」	『静岡大学生涯学習教育研究』第13号	静岡大学生涯学習教育研究センター
金曜日 編			2014.3	「有害性には一切触れない展示内容は問題 たばこ博物館に閉鎖を要請」	『金曜日』第22号12輯	金曜日
空間通信			2005.6	『レトロの集客活性力流通・文化施設・町おこし・観光・交通機関等からの検証』		空間通信
空気調和衛生工学会			1983.8	「特集 美術館・博物館・資料館1」	『空気調和衛生工学』第57巻8号	空気調和衛生工学会
空気調和衛生工学会			1983.9	「特集 美術館・博物館・資料館2」	『空気調和衛生工学』第57巻9号	空気調和衛生工学会
久家 直之	中谷 英夫*		1984.3	「大型化石の模型製作法について−穂別町産長頸竜化石の経験から−」	『穂別町立博物館研究報告』第1号	穂別町立博物館
日下 和寿			2016	「白石市における文化財レスキューとその後」	『災害・復興と資料』第7号	新潟大学災害・復興科学研究所危機管理・災害復興分野
草加 伸吾	布谷 知夫*	芦谷 美奈子 他	2003.3	「琵琶湖博物館植物標本整備管理マニュアルⅠ」	『琵琶湖博物館資料目録植物標本2 建部俊夫・北川良也植物標本目録』	琵琶湖博物館
日下 孝	佐藤 淳		1996.6	「マークシートを利用した展示学習システム」	『仙台市科学館研究報告』第6号	仙台市科学館
日下部 龍太	金 廣植	鈴木 仁 他	2016.3	「帝国日本が営んだ外地の植民地博物館」	『博物館という装置:帝国・植民地・アイデンティティ』	勉誠出版
草刈 昭子	海野 勝至*編	松村 京子	2005.4	『〈全国自治体〉指定管理者制度の最新情報と事業計画書の作成方法特別市場調査資料』		株式会社ビルネット
草刈 清人	榛澤 吉輝		2001	「イマージョン展示考—宮崎県スーパージオラマから考える—」	『展示学』第32号	日本展示学会
草薙 奈津子 監			2017.1	『美術館のひみつ:展覧会の準備・開催から学芸員の仕事まで』		PHP研究所
草野 顕之	五島 邦治	南 博史 他	1997.11	「【シンポジウム録】電子化・情報化時代の博物館」	『大谷大学博物館学課程年報』博物館学課程開設10周年記念特別号	大谷大学博物館学課程委員会
草野 慎一	中島 一郎	福本 晃久 他	2010	「中央アルプス駒ヶ根高原での砂防フィールドミュージアムの取り組み」	『第59回平成22年度砂防学会研究発表会概要集』	砂防学会
草野 徳治			1934	「學校植物園の經營」	『小學校に於ける農業的作の施設と経営』	啓文社書店

著者1	著者2	著者3	発行年	論文名・書籍名	掲載誌	発行元
草野 智文			2012.11	「東京都における歴史的な建造物の保存・再生：東京都庭園美術館における事例」	『公共建築』第54巻第2号	公共建築協会
草野 晴美			2006.1	「動物園の動物ガイド--動物解説員として考えたこと」	『畜産の研究』第60巻1号	養賢堂
草野 晴美			2011.11	「多摩動物公園の子ども向けプログラム--動物の観察」	『博物館研究』第46巻第11号	日本博物館協会
草野 晴美			2012.7	「動物観察の楽しみ方～動物解説員からのおすすめ」	『野生との共存：行動する動物園と大学』	地人書館
草野 満代	佐々木 央*		2008.8	「マスメディアの現場から(55)カリスマとノンカリスマ－動物園からメディアを考える」	『みんなの図書館』第376号	教育史料出版会
草村 松雄 編			1918	『世界動物園』		家庭自學文庫
草柳 めぐみ			2010.6	「公立博物館が向かうべき方向性についての一考察--社会問題解決型の利活用を図る観点より」	『JMMA日本ミュージアム・マネージメント学会会報』第15巻第1号	日本ミュージアム・マネージメント学会
草柳 めぐみ	広田 直行		2010.7	「東京都内公立美術館における教育普及活動諸室の構成比率」	『学術講演梗概集』2010巻	日本建築学会
草谷 晴夫	鈴木 敦省*		1963.3	「博物館に関する意見調査（中間報告）」	『Mouseion：立教大学博物館研究』第9号	立教大学学校・社会教育講座
櫛田 務			1992.3	「科学館の教育普及事業について－各種開催教室を中心にして－」	『名古屋市科学館紀要』第18号	名古屋市科学館
久慈 千里			1996.3	「新しい博物館論への期待」	『Museologist：明治大学学芸員養成課程年報』第11巻	明治大学学芸員養成課程
串間 研之	末吉 豊文	中山 迅 他	2003	「[宮崎県総合]博物館における宮崎大学・中学校と連携した理科の学習支援」	『宮崎県総合博物館研究紀要』第25輯	宮崎県総合博物館
串間 研之	松田 清孝	山本 琢也	2004	「博物館の地質部門における小中学校への支援」	『宮崎県総合博物館研究紀要』第26輯	宮崎県総合博物館
串間 研之	黒木 秀一*	末吉 豊文 他	2004	「特別企画展「黒潮と南の島の生きもの」における取り組み--展示内容・展示手法・宮崎大学・宮崎海洋高校との連携・関連行事・展示準備について」	『宮崎県総合博物館研究紀要』第26輯	宮崎県総合博物館
串本海中公園センター	太地町立くじらの博物館*		1982	「本邦水族館所蔵稀種魚類標本の調査」	『動物園水族館雑誌』第24巻1号	日本動物園水族館協会
鯨井 恒太郎			1931.11	「電氣工學關係の陳列に就いて」	『自然科学と博物館』第23號	東京博物館
鯨井 秀伸			1992.7	「美術研究とコレクション・ドキュメンテーション」	『情報の科学と技術』第42巻第7号	情報科学技術協会
鯨井 秀伸 編訳	ICOMCIDOC*		2003.6	『文化遺産情報のDataModelとCRM』		勉誠出版
釧路市動物園 編			1900	『釧路市動物園』		釧路市動物園
釧路市動物園 編			1985	『あゆみ 釧路市動物園開園10周年記念誌』		釧路市動物園
葛 秀			1997.3	「夏目漱石が見た博物館、博覧会、展覧会」	『Museum study：明治大学学芸員養成課程紀要』第8号	明治大学学芸員養成課程
楠井 清文			2014.5	「植民地朝鮮に対する「観光のまなざし」の形成/立命館大学国際平和ミュージアム所蔵絵葉書と文化人の紀行文を中心に」	『アート・リサーチ』第12号	立命館大学アート・リサーチセンター
葛岡 英明	山崎 敬一*	山崎 晶子 他	2009.3	「ミュージアムに行こう みんなで一緒に鑑賞するには」	『芸術の生まれる場(未来を拓く人文・社会科学シリーズ16)』	東信堂
楠 比呂志			2006.1	「冷凍動物園」	『畜産の研究』第60巻1号	養賢堂
楠 房子	山口 尚子*	真鍋 真	2010.6	「博物館・動物園におけるユーザのインタラクションを支援するデザイン」	『科学教育研究』第34号2巻	日本科学教育学会
楠 房子	高橋 B.徹*	高橋 聡 他	2013	「展示物をハンズ・オン・ディスプレイにする拡張現実感」	『ヒューマンインタフェース学会論文誌』第15号(1-4)	ヒューマンインタフェース学会
葛野 浩昭			2016.3	「〈文化収集の思想〉には当てはまらないモノたち:博物館リトルワールドのバックヤードから見えること」	『交流文化』第16巻	立教大学観光学部
葛野 浩昭			2016.3	「【見せたい】と【見たい】をつなぐ:博物館展示は誰のためにあるのか?」	『交流文化』第16巻	立教大学観光学部
葛原 克人			2001	「新博物館構想を練る」	『博物館研究』第36巻第3号	日本博物館協会
楠正 愛	澁木 宏覚*	熊谷 亮平 他	2010.7	「上野恩賜公園における文化施設の集積過程及び軸線の形成に関する研究」	『学術講演梗概集』2010巻	日本建築学会
久住 典夫			1979	『私の見てきたヨーロッパ:欧州博物館事情視察』		久住典夫

著者1	著者2	著者3	発行年	論文名・書籍名	掲載誌	発行元
久住 典夫	三輪 克		1981.8	「視覚障害者と博物館」	『博物館研究』第16巻第8号	日本博物館協会
楠本 智郎	秋田 美緒		2013.3	「座談会 小さな美術館の冒険」	『地域創造:町づくりアートを応援します』第33号	地域創造
楠本 聞太郎	塩野 貴之*	真栄城 亮 他	2014.3	「オンラインツール"Time Tree:the time scale of life"を用いた生物多様性科学の授業開発とその評価」	『理科教育学研究』第54巻第3号	日本理科教育学会
楠元 町子			2013.3	「日英博覧会と明治政府の外交戦略」	『愛知淑徳大学論集文学部・文学研究科篇』第38号	愛知淑徳大学文学部
楠元 町子			2014.3	「日英博覧会における日本の展示」	『愛知淑徳大学論集文学部・文学研究科篇』第39号	愛知淑徳大学文学部
楠元 町子			2016.3	「1876年フィラデルフィア万国博覧会における日本と中国の展示」	『愛知淑徳大学論集文学部・文学研究科篇』第41号	愛知淑徳大学文学部
久世 仁士			2007.9	「泉州ミュージアムネットワーク」	『明日への文化財』第58号	文化財保存全国協議会
久世 仁士	木村 英祐*	杉田 義	2017.6	「文化財保存全国協議会の活動記録」	『文化財保存70年の歴史:明日への文化遺産』	新泉社
朽木 ゆり子			2007.12	「世界の邸宅美術館」	『文芸春秋』第85巻第15号	文芸春秋
朽木 ゆり子			2008.7	「世界の邸宅美術館(Part2)」	『文芸春秋』第86巻第8号	文芸春秋
朽木 ゆり子			2009.4	「世界の邸宅美術館(Part3)」	『文芸春秋』第87巻第4号	文芸春秋
朽木 ゆり子			2009.7	「世界の邸宅美術館(Part4)」	『文芸春秋』第87巻第8号	文芸春秋
朽木 ゆり子			2014.11	「アートファン垂涎の美の空間が一つの案内書に 朽木ゆり子『邸宅美術館の誘惑』」	『青春と読書』49	集英社
朽木 ゆり子			2014.12	「『邸宅美術館の誘惑』を書いた美術ジャーナリスト、ノンフィクション作家朽木ゆり子氏に聞く」	『週刊東洋経済』第6566号	東洋経済新報社
朽津 信明			2002.12	「様々な文化財分析法」	『福井県立博物館紀要』第9号	福井県立博物館
朽津 信明	柳澤 宏江*	石川 新太郎	2012.2	「博物館明治村学習院長官舎の保存修理工事における復原的考察」	『東海支部研究報告集』第50巻	日本建築学会
沓掛 伊左吉			1970	『曝書史稿 書籍保存の歴史』		二宮山房
沓沢 宣賢			2000		『日本の近代化と知識人』	東海大学外語教育センター異文化交流研究会
忽那 敬三	後藤 和雄*		2008.3	「ウイリアム・ガラウンドと上野博物館」	『明治大学博物館研究報告』第13号	明治大学博物館事務室
忽那 敬三			2013.3	「収蔵庫を"発掘"する〜茨城県玉里舟塚古墳の再整理事例から〜」	『博物館資料の再生:自明性への問いとコレクションの文化資源化』	岩田書院
忽那 敬三			2013.3	「歴史資料としての「贋物」〜明治大学博物館所蔵資料から〜」	『博物館資料の再生:自明性への問いとコレクションの文化資源化』	岩田書院
忽那 敬三	外山 徹	黒沢 浩 他	2015.6		『博物館教育論』	講談社
鹽田 克史			2003.3	「市町村合併と公文書の保存--福島県の事例」	『福島県歴史資料館研究紀要』第25号	福島県歴史資料館
鹽田 克史			2005.3	「福島県歴史資料館の温湿度調査」	『福島県歴史資料館研究紀要』第27号	福島県歴史資料館
鹽田 克史			2007.3	「福島県歴史資料館の改修工事について」	『福島県歴史資料館研究紀要』第29号	福島県文化振興事業団
工藤 彰	窪田 諭	市川 尚 他	2010.3	「フィールドミュージアムにおけるまち歩き支援システムの検討」	『全国大会講演論文集 第72回』	情報処理学会
工藤 欣弥			1981	「北海道博物館協会20年の歩みと展望」	『北海道博物館協会会報』第22号	北海道博物館協会
工藤 欣弥			1997	『美術館の小径』		北海道新聞社
工藤 欣弥			1999.12	『夜明けの美術館』		共同文化社
工藤 圭章			1971.4	「古建築模型の製作」	『MUSEUM』第241号	東京国立博物館
工藤 民蔵			1917	「村落小學校に於ける郷土教授方案」	『日本之小學教師』219號	國民教育社

著者1	著者2	著者3	発行年	論文名・書籍名	掲載誌	発行元
工藤 智祥	小原 直輝	浦田 真由 他	2015.7	「プラネタリウムと連繋した科学系博物館における鑑賞支援システムの開発」	『映像情報メディア学会技術報告』第39巻第23号	映像情報メディア学会
工藤 宏晃	山崎 一洋	宇田 紀之	2016.3	「3次元計測データによる文化財のデジタル保存技術とその応用:京都祇園祭・船鉾の3次元モデリングとパノラマ表現」	『名古屋産業大学・名古屋経営短期大学環境経営研究所年報』第15号	名古屋産業大学・名古屋経営短期大学環境経営研究所
工藤 雅樹			2006.5	「博物館と研究」	『博物館研究』第41巻第5号	日本博物館協会
工藤 康之	川嶋 稔夫		2013.3	「博物館における収蔵物管理作業支援システム(イメージ・メディア・クオリティ)」	『電子情報通信学会技術研究報告』第112巻第472号	電子情報通信学会
工藤 康之	川嶋 稔夫		2013.3	「博物館における収蔵物管理作業支援システム(マルチメディア・仮想環境基礎)」	『電子情報通信学会技術研究報告』第112巻第472号	電子情報通信学会
工藤 康之	川嶋 稔夫		2013.3	「博物館における収蔵物管理作業支援システム(画像工学)」	『電子情報通信学会技術研究報告』第112巻第472号	電子情報通信学会
工藤 康之	川嶋 稔夫		2013.3	「博物館における収蔵物管理作業支援システム(福祉情報工学)」	『電子情報通信学会技術研究報告』第112巻第472号	電子情報通信学会
工藤 裕			2013.3	「博物館のリスクマネージメントを見直す」	『博物館研究』第48巻第3号	日本博物館協会
工藤 圭章			2002	「歴史的文化遺産の保全と活用」	『公園緑地』第63巻第2号	日本公園緑地協会
國 雄行			1993	「内国勧業博覧会の基礎的研究—殖産興業・不平等条約・『内国』の意味」	『日本史研究』第375号	日本史研究会
國 雄行			1996	「1910年日英博覧会について」	『神奈川県立博物館研究報告.人文科学』第22号	神奈川県立歴史博物館
國 雄行			2004.2	「Ⅴ博覧会時代の開幕」	『日本の時代史 21明治維新と文明開化』	吉川弘文館
國 雄行			2005.5	『博覧会の時代 明治政府の博覧会政策』		岩田書院
國島 丈生	桑原 理*	鷲見 京子 他	2007.6	「利用者指向ディジタルミュージアムの大規模実証実験と考察」	『日本データベース学会letters』第6巻第1号	日本データベース学会
國島 丈生	岸本 健太郎*	池田 隼 他	2007.7	「パノラマ仮想空間によるディジタルミュージアムの構築」	『電子情報通信学会技術研究報告』第107巻第131号	電子情報通信学会
國島 丈生	桑原 理*	横田 一正	2007.7	「所蔵品検索システムに基づいたディジタルミュージアム(データ光学)」	『電子情報通信学会技術研究報告』第107巻第131号	電子情報通信学会
国立音楽大学	中溝 一恵*		2015.3	「楽器研究における所蔵楽器目録の意義:歴史的ピアノを事例として」	『研究紀要』第50巻	国立音楽大学
国友展示学研究所			1981	『現代博物館の展示活動』		日本エキビジョン
国友展示学研究所			1982	『博物館・歴史民俗資料館の資料展示 そのありかたと方法について』		日本エキビジョン
國見 徹			2007.12	「博物館資料としての考古資料」	『博物館の仕事』	岩田書院
国安 寛			1978.3	「博物館における社会科歴史学習の事例報告-指導例と感想文を中心として-」	『秋田県立博物館研究報告』第3号	秋田県立博物館
國谷 実 編著			2016.9	『イノベーションと科学館:8K科学館構想』		科学技術国際交流センター
椚 国男			1977.4	「Ⅴ地域の遺跡の保存と活用 5八王子郷土資料館の設立運動」	『地方史マニュアル9地方史と考古学』	柏書房
欅田 尚樹	秋山 幸雄*	加藤 貴彦 他	2008.11	「美術館・博物館内の空気汚染調査」	『大気環境学会誌』第43巻第6号	大気環境学会
久野 一郎			2001.3	「地域博物館の「地域」と行政区域 博物館友の会が「地域」を創る」	『Museumちば:千葉県博物館協会研究紀要』32号	千葉県博物館協会
久野 一郎			2002.3	「睦沢町立歴史民俗資料館におけるボランティア活動」	『Museumちば:千葉県博物館協会研究紀要』33号	千葉県博物館協会
久野 一郎			2005.3	「睦沢町立歴史民俗資料館における福祉事業」	『Museumちば:千葉県博物館協会研究紀要』36号	千葉県博物館協会
久野 崇文	筧 康明*	赤塚 大典	2010.3	「付箋とウェブを利用した展示感想共有システムの提案(デジタルミュージアム・デジタルミュージアムとエンタテイメントメディア)」	『電子情報通信学会技術研究報告』第109巻第466号	電子情報通信学会
久野 靖広	坂本 一成	吉田 紗織 他	2008.7	「動線の接続パタンと環境要素:動線と環境要素による博物館建築のランドスケープ(1)」	『学術講演梗概集』2008巻	日本建築学会
久野 靖広	吉田 紗織*	坂本 一成 他	2008.7	「動線と環境要素によるランドスケープの構成類型:動線と環境要素による博物館建築のランドスケープ(2)」	『学術講演梗概集』2008巻	日本建築学会
久野 義徳	星 洋輔*	小林 貴訓	2009.11	「観客を話に引き込むミュージアムガイドロボット:言葉と身体的行動の連携」	『電子情報通信学会論文誌』第11号	電子情報通信学会

著者1	著者2	著者3	発行年	論文名・書籍名	掲載誌	発行元
クノー・J・B 編	村上 博哉 訳	小野寺 玲子 他訳	2008.10	『美術館は誰のものか』		ブリュッケ
久芳 正和			2007.3	「国立国会図書館における保存修復活動の現状と今後の展望」	『博物館における保存学の実践と展望：国際シンポジウム報告書：臨床保存学と21世紀の博物館』	東京国立博物館
久保 いくこ			2003.12	「矢代幸雄とアメリカ巡回日本古美術展覧会」	『近代画説』第12巻	三好企画
久保 勝裕	林 梢子*		2006	「北海道における歴史的建造物の転用実態とまちづくりへの展開に関する研究」	『北海道工業大学研究紀要』第34号	北海道工業大学
窪 佳世			2011.3	「考古資料を取り扱う博物館実習指導について」	『名古屋女子大学紀要・家政・自然編・人文・社会編』第57号	名古屋女子大学
久保 久一郎			1930	「郷土の教育を如何に實施すべきか」	『郷土－研究と教育－』第二號	郷土教育聯盟
久保 健			2015.12	「ドイツ・アルンシュタット鉄道博物館(Das Arnstadt Eisenbahn museum)について」	『博物館学雑誌』第41巻第1号	全日本博物館学会
久保 健			2016.4	「ドイツ・ドレスデン・アルトシュタット機関区鉄道博物館について」	『博物館学雑誌』第41巻第2号	全日本博物館学会
久保 健			2016.12	「ドイツ・ダルムシュタット・クラニッヒシュタイン鉄道博物館(Eisenbahn museum Darmstadt-Kranichstein)について」	『博物館学雑誌』第42巻第1号	全日本博物館学会
久保 健			2017.4	「ドイツ・バイエルン鉄道博物館(Bayerisches Eisenbahn museum)について」	『博物館学雑誌』第42巻第2号	全日本博物館学会
久保 晃一	岩崎 誠司*	島 絵里子	2011.8	「「教員のための博物館の日」の企画・運営(博学連携の構築－「教育のための博物館の日」の広がり－：課題研究：次世代の科学力を育てる:社会とのグラウンディングを実現するために)」	『日本科学教育学会年会論文集』第35巻	日本科学教育学会
久保 偵子			1999.2	「迷える学芸員のある日の暴走－地域博物館での1つの試行錯誤と愛知県博物館協会の活動－」	『月刊ミュゼ』33号	(株)アム・プロモーション
久保 走一	荒井 宏子		1970	『カラー・モノクロスライド作成の実際』		写真工業出版社
久保 走一	神山 浩一*	荒井 宏子	1990.12	「美術館用蛍光灯照明の写真適性」	『日本写真学会誌』第53巻第6号	日本写真学会
久保 太二	鈴木 真理子	井福 克也 他	2010.9	「動物園における観察経路の検討:LEGSシステム使用と展示パネル使用の比較」	『日本科学教育学会年会論文集』第34巻	日本科学教育学会
久保 忠夫			1997.8	「大東館ありきほか」	『東北学院大学東北文化研究所紀要』第29号	東北学院大学東北文化研究所
久保 登士子			2016.4	「日本の植物園における「植物園教育」始動の意義と課題」	『博物館学雑誌』第41巻第2号	全日本博物館学会
久保 裕志			2010.9	「愛知県下水道科学館における下水処理水を用いたビオトープでの環境教育の取り組み」	『下水道協会誌』第47巻第575号	日本下水道協会
久保 正敏			1998	「国立民族学博物館の情報展示」	『博物館研究』第33巻第6号	日本博物館協会
久保 正敏			1998	『博物館におけるマルチメディア情報展示手法の基礎的研究』		文部省科学研究費補助金研究成果報告書
久保 正敏	吉田 憲司		2014.5	「最先端科学と社会を接合する学の構築 博物館という場の活用を通じて」	『科学におけるコミュニケーション2007』	総合研究大学院大学
久保 正敏			2015.11	「写真のある美術館・博物館・資料館:国立民族学博物館」	『日本写真学会誌』第76巻第1号	日本写真学会
久保 美彩子			2014.3	「博物館・博物館学芸員のこれからについて」	『鹿児島国際大学考古学ミュージアム調査研究報告』第11集	鹿児島国際大学国際文化学部博物館実習施設・考古学ミュージアム
久保内 加菜			1995.3	「昭和初期「郷土博物館」の思想」	『社会教育学・図書館学研究』第19号	東京大学大学院教育学研究科
久保内 加菜			1996	「東京教育博物館における特別展覧會」	『生涯学習・社会教育学研究』第20号	東京大学大学院教育学研究科
久保内 加菜			1996	「大正期教育博物館における特別展覧会」	『生涯学習・社会教育学研究』第20号	東京大学大学院教育学研究科
久保内 加菜			1997	「通俗教育施設における「資料」の概念」	『生涯学習・社会教育学研究』第21号	東京大学大学院教育学研究科
久保内 加菜			1997	「「ニューメディア」と博物館」	『日本社会教育学会紀要』第33号	日本社会教育学会
久保内 加菜	柘植 千夏		1997.1	「ミュージアムと、地域と、どうつきあおうか 地域のネットワークを支える博物館」	『月刊ミュゼ』25号	(株)アム・プロモーション
久保内 加菜			1997.10	「イギリスの博物館におけるボランティア活動--国立館・大学附属博物館の事例を中心に」	『日本の社会教育』第41集	東洋館出版社
久保内 加菜	守井 典子*	山本 珠美	1998	『科学系博物館におけるアウトリーチに関する調査研究報告書』		日本科学協会

著者1	著者2	著者3	発行年	論文名・書籍名	掲載誌	発行元
久保内 加菜			1999.3	「イギリス博物館登録制度に関連する諸基準について」	『博物館基準に関する基礎研究-イギリスにおける博物館登録制度-』	博物館基準研究会
久保内 加菜	竹内 有理	日本ミュージアム・マネージメント学会編	1999.3	「美術館の「潜在的利用者」に関する序論的研究-大学生の利用状況及び意識調査より-」	『日本ミュージアム・マネージメント学会研究紀要』第3号	日本ミュージアム・マネージメント学会
久保内 加菜			1999.9	「第2章博物館の生成と発展」	『博物館学シリーズ 1博物館概論』	樹村房
久保内 加菜			1999.12	「イギリス博物館協会の倫理規定―基準づくりが目指すもの―」	『月刊ミュゼ』38号	（株）アム・プロモーション
久保内 加菜	矢口 徹也*	上河辺 康子 他	2001	「大学における視聴覚教育の現代化(その2)博物館学芸員養成・電子書籍化・情報化処理技術者育成の視点から」	『早稲田教育評論』第15巻1号	早稲田大学教育総合研究所
久保内 加菜			2002.6	「浦安市郷土博物館のボランティア「もやいの会」「市民参加」の展望」	『月刊ミュゼ』53号	（株）アム・プロモーション
久保内 加菜			2004.3	「イギリス地域博物館の展望:「地域のルネッサンス」計画」	『博物館学雑誌』第29巻第2号	全日本博物館学会
久保内 加菜			2006.3	「学習、アクセス、地域主義-イギリス博物館教育の研究課題-」	『山脇学園短期大学紀要』第43号	山脇学園短期大学
久保田 郁夫			1998	「来館する小学校に見る地域の特徴」	『さいたま川の博物館紀要』第2号	さいたま川の博物館
久保田 賢一			2013.2	「それは洞窟から始まった:情報とメディアの歴史」	『博物館情報・メディア論』	ぎょうせい
窪田 諭	佐藤 歩*	市川 尚 他	2010.3	「野外美術館における鑑賞支援システムの開発」	『全国大会講演論文集 第72回』	情報処理学会
窪田 諭	工藤 彰*	市川 尚 他	2010.3	「フィールドミュージアムにおけるまち歩き支援システムの検討」	『全国大会講演論文集 第72回』	情報処理学会
久保田 昌兌			2015.2	「三都の国立博物館訪ねある記(慶州・台北・北京)」	『挟間史談』3	挟間史談会
久保田 真矢	柳澤 要		2010.7	「博物館の分野別にみる生涯学習機関としての建築計画に関する研究:千葉県の県立博物館(総合・美術・科学)3館を事例にして」	『学術講演梗概集』2010巻	日本建築学会
久保田 隆之	櫻田 功		2014.11	「十和田市現代美術館とアートのまちづくり」	『公共建築』第56号	公共建築協会
久保田 稔男			2002.2	「博物館の「メイド・イン・ジャパン」」	『国立科学博物館ニュース』第394号	国立科学博物館
久保田 治助	山本 孝司*	元田 充洋	2011.3	「地域博物館の教育的機能に関する考察:玉名市歴史博物館「こころピア」における「親子ふれあい博物館」の実践を手がかりに」	『九州看護福祉大学紀要』第11巻1号	九州看護福祉大学
久保田 裕道			2016.3	「無形文化遺産としての儀礼文化」	『儀礼文化学会紀要:儀礼文化』第3・4号	儀礼文化学会
久保田 正寿			2006.6	「体験学習の課題実験考古学講座-打製石斧の製作-を通して」	『博物館研究』第41巻第6号	日本博物館協会
窪田 雅之			1986.6	「博物館80年の歩み1」	『あなたと博物館』第19号	松本市立博物館
窪田 雅之			1986.12	「博物館80年の歩み2」	『あなたと博物館』第23号	松本市立博物館
窪田 雅之			1987.2	「博物館80年の歩み3」	『あなたと博物館』第24号	松本市立博物館
窪田 雅之			1987.3	「長野県博物館概史－松本市立博物館の歩みを中心として－」	『國學院大學博物館学紀要』第12輯	國學院大學博物館学研究室
窪田 雅之			1987.6	「博物館80年の歩み4」	『あなたと博物館』第26号	松本市立博物館
窪田 雅之			1992.12	「民俗資料の保存と活用について－博物館での活動を中心に－」	『信濃』44巻12号	信濃史学会
窪田 雅之			1993.1	「民俗系博物館の現状と資料の取り扱い」	『長野県民俗の会会報』16号	長野県民俗の会
窪田 雅之			1997.9	「未だ県立民俗博物館は設立されず」	『長野県民俗の会会報』20号	長野県民俗の会
窪田 雅之			2000	「松本まるごと博物館構想を考える－博物館都市松本をめざして－」	『博物館研究』第35巻第11号	日本博物館協会
窪田 雅之			2000.1	「市民の身近にある博物館」を実現するための課題のいくつか」	『学びを創り未来をひらく』	松本市教育委員会
窪田 雅之			2004.1	「博物館が輝くまち・松本にふさわしい基幹博物館創りを目指して－開館100周年をひかえた松本市立博物館の来し方と行く末－」	『博物館研究』第39巻第1号	日本博物館協会
窪田 雅之			2009.2	「松本まるごと博物館の取り組みについて」	『博物館研究』第44巻第2号	日本博物館協会

く

著者1	著者2	著者3	発行年	論文名・書籍名	掲載誌	発行元
窪田 雅之			2009.5	「「松本まるごと博物館」が目指すもの」	『月刊LASDEC』第39巻第5号	地方自治情報センター
窪田 雅之			2011.3	「松本まるごと博物館の歩みと実践活動から」	『静岡県博物館協会研究紀要』第35号	静岡県博物館協会
窪田 雅之			2012	「市町村合併の博物館行政への影響〈松本市〉」	『合併のあと自立のあと 長野県市町村の決断』	柏書房
窪田 雅之			2014	「ふるさとの資産としての文化財-民俗資料の活用を中心に-」	『文化財信濃』第41巻第1号	長野県文化財保護協会
窪田 雅之			2016	「松本まるごと博物館の"まちづくり"」	『地域づくり再考:地方創世の可能性を探る』	松本大学COC戦略会議
窪田 隆次郎			1904	『工業政策』		博文館
久保田 亮			2011	「歌の帰郷--民俗誌的資料の「返還」と「活用」に向けた取り組みについて」	『北海道立北方民族博物館研究紀要』第20号	北海道立北方民族博物館
久保庭 萌	岸 博実*	松尾 達也	2010	「『日本最初盲啞院』史料の手ざわり―特別支援教育の時代へ」	『学校・施設アーカイブス入門』	大空社
隈 研吾			2014.5	「一個人の脳味噌を通過したものだけが展示されている隈研吾:アルベール=カーン庭園美術館」	『芸術新潮』第65巻第5号	新潮社
熊谷 秋雄	尾形 健*	川島 秀一 他	2011.11	「地域の蔵がなくなる 被災地の文化財の現在:尾形家再建プロジェクト、雄勝町まちづくりをとおして」	『建築雑誌』第126輯第1624號	日本建築学会
熊谷 香菜子			2015.9	「展示を自分で楽しもう:展示体験サポートツール「ウェルカム!ナビ」」	『肢体不自由教育』第221号	日本肢体不自由児協会
熊谷 香菜子			2015.12	「展示見学のバリアをはずす:知的障害者向けサポートツール「ウェルカム!ナビ」の開発」	『博物館研究』第50巻第12号	日本博物館協会
熊谷 賢			2000	「地方の小規模博物館40年の取り組み地域に根ざした総合博物館を目指して－陸前高田市立博物館－」	『博物館研究』第35巻第9号	日本博物館協会
熊谷 賢			2009.3	「博物館と生態学(9)大学生が育てたミュージアム−北里大生と地域博物館の連携」	『日本生態学会誌』第59巻第1号	日本生態学会誌編集委員会
熊谷 賢 他			2013	「陸前高田市立博物館における剥製・動物遺存体資料の救出・安定化作業と課題」	『半田山地理考古』第1号	岡山理科大学生物地球学部生物地球学科地理考古学研究室
熊谷 孝	木下 達文*	重森 恭一	1996.9	「展示物の保全」	『ミュージアムマネージメント』	東京堂出版
熊谷 辰治朗			1929	「『郷土館』と地方文化の建設」	『農村教育研究』第二巻第一號	農村教育研究會
熊谷 常正			1982	「岩手県立博物館の教育普及活動--昭和57年度の活動を中心に」	『國學院大學博物館學紀要』第7輯	國學院大學博物館学研究室
熊谷 常正			1985.3	「岩手県の博物館発達史〔その1〕－明治時代前半期を中心に－」	『國學院大學博物館學紀要』第9輯	國學院大學博物館学研究室
熊谷 常正			2015.5	「被災3年を経た岩手県の文化財をめぐる課題について」	『宮城考古学』第17巻	宮城県考古学会
熊谷 智義	向井田 善朗*	広田 純一	1999	「地域づくりの担い手としての博物館・資料館の現状と可能性」	『農村計画論文集』第1集	農村計画学会
熊谷 智義	向井田 善朗*	広田 純一	2000	「行政レベルの地域づくりに対する博物館の役割」	『農村計画論文集』第2集	農村計画学会
熊谷 智義	向井田 善朗*	広田 純一	2001	「住民レベルの地域づくりへの博物館の役割」	『農村計画論文集』第3集	農村計画学会
熊谷 智義	向井田 善朗*	広田 純一 他	2001	「住民レベルの地域づくりへの博物館の関わり:岩手県遠野市立博物館の事例」	『農村計画論文集』第3集	農村計画学会
熊谷 智義	向井田 善朗*	広田 純一	2003.3	「平塚市博物館における地域づくりとの関わり」	『日本ミュージアム・マネージメント学会研究紀要』第7号	日本ミュージアム・マネージメント学会
熊谷 智義			2012.9	「エコミュージアムの地域づくりへの貢献:山形県朝日町」	『農村計画学会誌』第31巻第2号	農村計画学会
熊谷 昌彦	浅井 秀子*		2016.3	「鳥取県琴浦町赤碕地区における町並保存に関する居住者の意向調査」	『日本建築学会中国支部研究報告集』第39巻	日本建築学会中国支部
熊谷 亮平	金田 大輔*	関本 陽二 他	2010.7	「「黄金分割」に着目した国立西洋美術館初期案の配置計画の分析:ムンダネウムの配置計画との関連を通して」	『学術講演梗概集』2010巻	日本建築学会
熊谷 亮平	筆野 望*	遠藤 僚 他	2010.7	「坂倉準三設計の鎌倉近代美術館の保存に関する研究:設計競技時の主題に対する竣工後の改修に着目して」	『学術講演梗概集』2010巻	日本建築学会
熊谷 亮平	福田 京*	島崎 絵里 他	2010.7	「国立西洋美術館における「四角な螺旋型美術館」の現実化に関する研究:アトリエ・ル・コルビュジエと日本人建築家の協同による設計変遷を通して」	『学術講演梗概集』2010巻	日本建築学会
熊谷 亮平	澁木 宏覚*	楠正 愛 他	2010.7	「上野恩賜公園における文化施設の集積過程及び軸線の形成に関する研究」	『学術講演梗概集』2010巻	日本建築学会

著者1	著者2	著者3	発行年	論文名・書籍名	掲載誌	発行元
熊谷 亮平	米山 里史*	日野 賢一 他	2012.9	「ル・コルビュジエによる「無限成長美術館」の変遷に関する研究」	『学術講演梗概集』2012巻	日本建築学会
熊谷 亮平	福田 京*	山名 善之	2012.9	「国立西洋美術館本館の改修履歴に関する研究」	『学術講演梗概集』2012巻	日本建築学会
熊木 俊朗	辻 秀人	小林 青樹 他	2015.9	「遺跡の保存整備と遺跡博物館の歴史」	『地域を活かす遺跡と博物館遺跡博物館のいま』	同成社
熊倉 功夫	梅棹 忠夫*	中牧 弘充	2001	「鼎談 コレクションの思想」	『季刊民族学』第25巻第2号	千里文化財団
熊崎 康文			2000	「岐阜県博物館マイミュージアムギャラリーについて」	『岐阜県博物館調査研究報告』第21号	岐阜県博物館
熊崎 康文			2004.3	「岐阜県博物館マイミュージアムギャラリーについてⅡ」	『岐阜県博物館調査研究報告』第25号	岐阜県博物館
熊崎 康文			2005.6	「遠隔学習の技法と実践(3)教室に博物館がやってきた--小学校と博物館との遠隔学習の実践」	『視聴覚教育』第59巻6号	日本視聴覚教育協会
熊代 荘蓬			1943	「正倉院御物を拝観して」	『美術史學』第73號	東京美術研究所
熊瀬川 紀	赤瀬川 原平*		1991	『ルーヴル美術館の楽しみ方』		新潮社
熊田 隆			1939	「河野先生と松本記念館」	『信濃教育』第635號	信濃教育會
熊野 享			2013.4	「稲むらの火の館(濱口梧陵記念館・津波防災教育センター):梧陵の偉業と精神を語り継ぎ、津波防災に活かそう」	『建築防災』第423号	日本建築防災協会
熊野 正也			1986.3	「地域社会と博物館」	『Museologist:明治大学学芸員養成課程年報』第1巻	明治大学学芸員養成課程
熊野 正也			1987	「開館後の1年間と今後の方針―活動する博物館をめざして―」	『明治大学考古学博物館報』第3号	明治大学考古学博物館
熊野 正也			1991	「歴史系博物館の土器展示に関する一断面:平面から壁面さらに空間への移行」	『Museum study:明治大学学芸員養成課程紀要』第2号	明治大学学芸員養成課程
熊野 正也			1992	「大学博物館のあるべき姿への一試論」	『Museum study:明治大学学芸員養成課程紀要』第3号	明治大学学芸員養成課程
熊野 正也			1995	「大学博物館の社会的な係わりとその接点」	『明治大学博物館研究報告』第1号	明治大学博物館事務室
熊野 正也	中台 尚秀		1998.3	「博物館運営と歴史系博物館展示室内の写真撮影可否の関わりについて」	『明治大学博物館研究報告』第3号	明治大学博物館事務室
熊野 正也	石渡 美江	松浦 淳子	1999.3	「博物館法・館長・学芸員―生涯教育審議会の答申と文化政策の将来構想を読んで―」	『明治大学博物館研究報告』第4号	明治大学博物館事務室
熊野 正也	明治大学博物館事務室 編		2002.3	「博物館人としてのE・S・モース」	『明治大学博物館研究報告』第7号	明治大学博物館事務室
熊野 正也			2008.3	「考古学ボランティアその人たちと博物館教育活動−葛飾区郷土と天文の博物館を例として−」	『Museologist:明治大学学芸員養成課程年報』第23巻	明治大学学芸員養成課程
熊野 正也	真家 和生*	小川 義和 他	2014.4	『大学生のための博物館学芸員入門』		技報堂出版
熊野 路子	柳沢 芙美子*		2009.3	「月替え収蔵資料展示の実践とその課題」	『福井県文書館研究紀要』第6号	福井県文書館
隈元 謙次郎			1976	『お雇い外国人.16美術』		鹿島出版会
隈元 修一	日高 俊一郎*	福松 東一 他	2012.8	「博学連携はなぜ広がらないのか!:博物館関係者と学校関係者の問いの視点の違いからの一考察」	『日本理科教育学会全国大会要項』第62号	日本理科教育学会
熊本 秀子	日本史攷究会 編		2004.11	「歴史教育・社会教育の実践博物館と連携した歴史教育の試み」	『日本史攷究と歴史教育の視座:村田安穂先生古稀記念論集』	日本史攷究会編
熊本市動植物園			1996	「教育普及活動アンケート調査」	『第44回動物園技術者研究会プログラム』	
熊本市動植物園			1998	「教育普及活動について」	『動物園水族館雑誌』第39巻3号	日本動物園水族館協会
熊本日日新聞社 編著			2016.8	『素顔の動物園』		熊日出版
久見木 憲一	塚原 正彦*	鹿島 諒子	2009.9	「デジタル・コミュニケーションを活用した地域資源の物語化の実証実験」	『JMMA日本ミュージアム・マネージメント学会会報』第14巻第2号	日本ミュージアム・マネージメント学会
久米 敦之			1999.3	「美術館における教育活動の一考察−北海道立近代美術館の例をもとに−」	『紀要』1998-99	北海道立近代美術館・他
久米 邦武			1878.10	『(特命全権大使)米欧回覽實記』		

著者1	著者2	著者3	発行年	論文名・書籍名	掲載誌	発行元
久米 邦武 述	中野 礼四郎	石井 八万次郎 他	1934	『久米博士九十年回顧録』全2冊		早稲田大学出版部
久米 邦武	田中 彰 校注		1977-1982	『特命全権大使米欧回覧実記(岩波文庫)』1〜5		岩波書店
久米 邦武 編	水澤 周 訳注		2005.5	『特命全権大使米欧回覧実記:現代語訳』第1〜5巻		慶應義塾大学出版
久米 由美			2008.7	『今、世界中で動物園がおもしろいワケ(講談社+α新書)』		講談社
久米美術館 編			1999-2001	『久米邦武文書』全4冊		吉川弘文館
倉石 あつ子			2013	「展示室と収蔵庫をいかにつなぐか―学芸員のお仕事―」	『にいくら』第18号	跡見学園女子大学花蹊記念資料館・学芸員課程
倉石 信乃			2010.3	「「展示の時代」についての覚書」	『図書の譜』第14号	明治大学図書館
クライナー・J			2007.3	「ヨーロッパの博物館・美術館保管の日本コレクションと日本研究の展開」	『日本学とは何か:ヨーロッパから見た日本研究、日本から見た日本研究』	法政大学国際日本学研究センター
クライナー・ヨーゼフ編			1992.1	『ケンペルのみたトクガワ・ジャパン』		六興出版
クラウス・フォン・ドナニー			1972	「教育の第3次元―博物館の可能性と仕事」	『第9回ICOM総会論文集人類に奉仕する今日と明日の博物館』	国際博物館会議日本委員会
倉内 史郎	伊藤 寿朗	小川 剛 他	1981	『野間教育研究所紀要別冊 日本博物館沿革要覧』		野間教育研究所
倉内 史郎	伊藤 寿朗	小川 剛 他	1981.9	『日本博物館沿革要覧』		講談社
倉内 史郎 編			1991.11	『社会教育計画』		学文社
倉内 史郎 編	鈴木 眞理 編		1998.4	『生涯学習の基礎』		学文社
倉賀野 博子			1996.9	「ソフトサービス③コンパニオン」	『ミュージアムマネージメント』	東京堂出版
倉澤 知久	十代田 朗	津々見 崇	2011.12	「まちかど博物館の実態と観光的活用に関する研究」	『日本観光研究学会全国大会学術論文集』第26号	日本観光研究学会
倉敷考古館			1975.11	「倉敷考古館25年のあゆみ」	『倉敷考古館研究集報』第11号	倉敷考古館
倉敷市立美術館 編			2010.3	『倉敷市立美術館・25年の歩み:1983-2008』		倉敷市立美術館
倉重 祐二			2013.11	「生息域外保全は植物園によって担保されるのか?」	『日本植物園協会誌』第48号	日本植物園協会
倉重 祐二			2016.11	「平成27年度海外事情調査報告「イギリス」」	『日本植物園協会誌』第51号	日本植物園協会
倉田 恵津子			1990.12	「市立博物館誕生-博物館開設準備の実際-」	『Mouseion:立教大学博物館研究』第36号	立教大学学校・社会教育講座
倉田 恵津子			2009.12	「考古資料の取り扱いをめぐる二者-博物館学芸員と埋蔵文化財担当専門職員-」	『Mouseion:立教大学博物館研究』第55号	立教大学学校・社会教育講座
蔵田 蔵			1935.10	「朝鮮総督府博物館扶餘分館」	『博物館研究』第12巻第10號	日本博物館協會
蔵田 蔵			1939.12	「陳列札について」	『博物館研究』第12巻第12號	日本博物館協會
倉田 公裕			1967.1	「学芸員と博物館」	『学芸員懇談会記録1967』	発行責任者:金子功・広瀬鎭
倉田 公裕			1968.4	「講演録「展示の環境と展示計画」」	『昭和42年度学芸員研修会講演集』	日本博物館協会
倉田 公裕	岩崎 友吉*		1970.5	「<座談会>人文系博物館資料の保存の問題点」	『博物館研究』第43巻第1号	日本博物館協会
倉田 公裕			1971	「展示法〜人文系博物館を中心として〜」	『展示法―その理論と方法』	博物館学研究会
倉田 公裕			1971.3	「博物館社会学(序)―その基礎論―」	『國學院大學博物館學紀要』第3輯	國學院大學博物館学研究室
倉田 公裕	博物館学研究会 編		1972	「博物館社会学(序)-その基礎理論」	『博物館と社会』	博物館学研究会
倉田 公裕	博物館学研究会 編		1972	「博物館利用者-行動科学的分析」	『博物館と社会』	博物館学研究会

著者1	著者2	著者3	発行年	論文名・書籍名	掲載誌	発行元
倉田 公裕			1975	「アメリカの博物館教育活動について」	『アメリカの博物館調査報告書』	日本博物館協会
倉田 公裕			1977	「学芸員のタイプとその集団」	『博物館研究』第12巻第3号	日本博物館協会
倉田 公裕 他			1978	「特集 北海道立近代美術館」	『博物館研究』第13巻第2号	日本博物館協会
倉田 公裕	河合 正一*	針生 一郎 他	1978	「特集 美術館・博物館」	『建築画報』第122号	建築画報社
倉田 公裕			1979.3	『博物館学』		東京堂出版
倉田 公裕	武田 厚		1979.11	「博物館における出版活動」	『博物館学講座 第8巻博物館教育と普及』	雄山閣
倉田 公裕			1979.11	「博物館教育論」	『博物館学講座 第8巻博物館教育と普及』	雄山閣
倉田 公裕 編	徳川 宗敬*(監)他		1979.11	『博物館学講座 第8巻博物館教育と普及』		雄山閣
倉田 公裕			1980.6	「館種別博物館における設置と運営 美術系博物館」	『博物館学講座 第9巻博物館の設置と運営』	雄山閣
倉田 公裕			1981.5	「館種別博物館における展示と展示法 美術系博物館」	『博物館学講座 第7巻展示と展示法』	雄山閣
倉田 公裕			1986.3	「学芸員養成の諸問題―その基礎的考察・1―」	『Museologist:明治大学学芸員養成課程年報』第1巻	明治大学学芸員養成課程
倉田 公裕	北田 耕也*		1987.3	「博物館を語る」	『Museologist:明治大学学芸員養成課程年報』第2巻	明治大学学芸員養成課程
倉田 公裕			1988.3	「館長という専門職(序)」	『Museologist:明治大学学芸員養成課程年報』第3巻	明治大学学芸員養成課程
倉田 公裕	千地 万造*		1988.3	「学芸員養成を語る」	『Museologist:明治大学学芸員養成課程年報』第3巻	明治大学学芸員養成課程
倉田 公裕			1988.12	『博物館の風景』		六興出版
倉田 公裕	下出 積與*		1989.3	「歴史教育と歴史博物館」	『Museologist:明治大学学芸員養成課程年報』第4巻	明治大学学芸員養成課程
倉田 公裕			1989.12	「博物館教育原理の基礎的考察-序-」	『Museum study:明治大学学芸員養成課程紀要』第1号	明治大学学芸員養成課程
倉田 公裕	山内 登美雄*		1990.3	「『展示演出』のすすめ」	『Museologist:明治大学学芸員養成課程年報』第5巻	明治大学学芸員養成課程
倉田 公裕			1990.12	「博物館教育原理の基礎的考察」	『明治大学人文科学研究所年報』第31冊	明治大学人文科学研究所
倉田 公裕			1991.3	「美術館の社会史-神殿・教会堂・美術の館-」	『Museum study:明治大学学芸員養成課程紀要』第2号	明治大学学芸員養成課程
倉田 公裕			1992.3	「博物館観衆考―見物衆から観衆へ(その1)」	『Museum study:明治大学学芸員養成課程紀要』第3号	明治大学学芸員養成課程
倉田 公裕			1992.3	「美術作品の商品学-美術館学芸員に必要なもう一つの知見-」	『Museum study:明治大学学芸員養成課程紀要』第3号	明治大学学芸員養成課程
倉田 公裕	矢島 國雄		1993	「博物館展示評価の基礎的研究」	『明治大学人文科学研究所紀要』第33冊	明治大学人文科学研究所
倉田 公裕			1993.3	「戯論・学芸員は知的幇間なり」	『Museologist:明治大学学芸員養成課程年報』第8巻	明治大学学芸員養成課程
倉田 公裕			1994.3	「曖昧からの脱出」	『Museumちば:千葉県博物館協会研究紀要』25号	千葉県博物館協会
倉田 公裕	若菜 三雄*		1994.3	「学芸員話術のすすめ」	『Museologist:明治大学学芸員養成課程年報』第9巻	明治大学学芸員養成課程
倉田 公裕			1995.3	「博物館学へのエロース(愛)とエネルギイア(情熱)」	『Museum study:明治大学学芸員養成課程紀要』第6号	明治大学学芸員養成課程
倉田 公裕	加藤 有次*		1995.3	「博物館今昔物語―昨日は今日の昔―」	『Museologist:明治大学学芸員養成課程年報』第10巻	明治大学学芸員養成課程
倉田 公裕 監	石渡 美江 編	松浦 淳子 他編	1996.9	『博物館学事典』		東京堂出版
倉田 公裕	矢島 國雄		1997.8	『新編博物館学』		東京堂出版
倉田 公裕			2010.3	「博物館学再考のすすめ―老研究者の言い残すこと―」	『Museum study:明治大学学芸員養成課程紀要』第21号	明治大学学芸員養成課程

著者1	著者2	著者3	発行年	論文名・書籍名	掲載誌	発行元
倉田 聡	矢倉 治	明神 優	2013	「ブッカーと資料保存について」	『薬学図書館』58巻4号	日本薬学図書館協議会
倉田 大	中村 秀二*	白川 武敏 他	2011.3	「工学部研究資料館の保守管理および公開について:国指定重要文化財の保守管理と開放業務」	『熊本大学工学部技術部年次報告集』2011	熊本大学工学部技術部
倉田 是			1991.3	「情報の標準化と多様性」	『国立歴史民俗博物館研究報告』第30集	国立歴史民俗博物館
倉田 是	八重樫 純樹*		1991.3	「画像データベースシステムの開発研究(HISPIC)」	『国立歴史民俗博物館研究報告』第30集	国立歴史民俗博物館
倉田 是	八重樫 純樹*		1991.3	「歴史的資料画像の基礎実験と支援システム化に関する基礎的研究」	『国立歴史民俗博物館研究報告』第30集	国立歴史民俗博物館
蔵田 周忠			1934	『日本民家の模型製作に就いて』		大日本総合青年團郷土資料陳列所
蔵田 周忠			1937	「ドイツの博物館所々」	『國際建築』特輯・博物館 第七卷第一號	國際建築協會
蔵田 周忠			1937	「伯林博物館」	『國際建築』特輯・博物館 第七卷第一號	國際建築協會
倉田 菜生子			2015.7	「特集 ミラノ万博「その後」も楽しめる、展示と連携した画期的な日本館アプリ」	『時評』第57巻第7号	時評社
倉田 成人			2017.5	「世界遺産構造物のモニタリングと維持管理:軍艦島とアンコールワット」	『電子情報通信学会技術研究報告』第117巻第57号	電子情報通信学会
倉田 洋			2016.3	「文化財・サービスの性質を踏まえた東北地方への外国人旅行者誘致」	『東北学院大学東北産業経済研究所紀要』第35号	東北学院大学東北産業経済研究所
倉知 稔			1994.3	「「でんきの科学館との連携事業」~「科学館オリエンテーリングスペシャル」を通して~」	『名古屋市科学館紀要』第20号	名古屋市科学館
倉知 稔			1995.3	「子どもたちが楽しみにくる科学館をめざして」	『名古屋市科学館紀要』第21号	名古屋市科学館
倉橋 清方			1971.3	「地方公立美術館の当面する諸問題－広島県立美術館施設の場合－」	『國學院大學博物館學紀要』第3輯	國學院大學博物館学研究室
倉橋 清方			1991.3	「広島県博物館簡史」	『國學院大學博物館學紀要』第15輯	國學院大學博物館学研究室
倉橋 正直			1999.1	「愛知の戦争資料館建設問題」	『歴史の理論と教育』第103号	名古屋歴史科学研究会
倉渕 隆	小笠原 岳	細野 和則 他	2012.11	「国立西洋美術館本館における歴史的価値の保存・回復に着目した調査研究(第1報)本館内の環境実態調査」	『空気調和・衛生工学会論文集』第188号	空気調和・衛生工学会
倉渕 隆	小笠原 岳*	細野 和則	2016.5	「国立西洋美術館本館における歴史的価値の保存・回復に着目した調査研究(第2報)仕切り壁の撤去によるエントランスホールの環境予測」	『空気調和・衛生工学会論文集』第230号	空気調和・衛生工学会
倉本 恵津子			1994.3	「博物館資料を活用した授業実践-小学校4年社会科「むかしの開発」単元-」	『戸田市立郷土博物館研究紀要』第7号	戸田市立郷土博物館
蔵屋 美香	西澤 徹夫*		2012.12	「整理と表面:所蔵品ギャラリーリニューアルで、建築家と美術館が考えたこと」	『現代の眼:東京国立近代美術館ニュース』597号	国立美術館東京国立近代美術館
蔵屋 美香			2016.4	「いま美術館のコレクションにできること」	『ミュゼオロジーの展開:経営論・資料論』	武蔵野美術大学出版局
グリーン情報			2014.5	「売り場づくりのためのプロ向けショールーム横浜ディスプレイミュージアムに行こう!」	『Garden center:ガーデンセンター』35	グリーン情報
栗下 喜久治郎	神田 次郎*		1932	「郷土資料室と郷土産業博物館」	『生産學校と郷土教育』	厚生閣書店
栗下 喜久治郎	神田 次郎*		1932	「郷土水族館」	『生産學校と郷土教育』	厚生閣書店
Christian.Lahanier	高宮 利行	西尾 章治郎	2002.5	「パネルディスカッションイコノテークの未来像--デジタル技術でミュージアムはどこまで変わるか」	『Science of humanity Bensei』第39号	勉誠出版
クリストフ・ヘンリヒセン			1997.1	「ドイツにおける建造物保存と修復見本市--「記念物'96文化財建造物保存と町再生の欧州見本市」の紹介」	『建築雑誌』第112輯第1400號	日本建築学会
クリストフ・ヘンリヒセン			1997.12	「ドイツ・バイエルン州立建材資料館の活動--歴史的建造物の建材の保管収集と修復のノウハウの教育」	『月刊文化財』第411号	第一法規
Christoph.Henrichsen	木村 勉*		1998.8	「ドイツ・マイセンにみる歴史的な建物の修復--まちが生きるため、人びとが豊かに暮らすための保存」	『月刊文化財』第419号	第一法規
クリストフ・ヘンリヒセン			2000.8	「ドイツの産業博物館:ノルトライン・ヴェストファーレン州の場合」	『月刊文化財』第443号	第一法規
クリストフ・ヘンリヒセン			2003	「ドイツにおける建築記念物の保存」	『ヨーロッパ諸国の文化財保護制度と活用事例【ドイツ編】』	独立行政法人文化財研究所
栗栖 宣博	中山 静郎*		1997.3	「学校と連携した教育普及活動の創造—研究協力校を指定しての学習ノートの作成—」	『日本ミュージアム・マネージメント学会研究紀要』第1号	日本ミュージアム・マネージメント学会

著者1	著者2	著者3	発行年	論文名・書籍名	掲載誌	発行元
栗栖 宣博	早瀬 長利*	川野邊 洋 他	1998.3	「博物館資料を活用した授業研究-水戸市立飯富中学校と県立盲学校との交流活動を中心として-」	『茨城県自然博物館研究報告』第1号	ミュージアムパーク茨城県自然博物館
栗栖 宣博	根本 智*	小幡 和男 他	2006.3	「茨城県内における薬用植物の利用とくらしとの関わり 第33回企画展「Yakuso-野山は自然のくすりばこ-」アンケート調査より」	『茨城県自然博物館研究報告』第9号	ミュージアムパーク茨城県自然博物館
栗栖 宣博	伊藤 誠		2010.11	「ジュニア学芸員派遣事業を通したニュージーランドとの国際交流の記録」	『茨城県自然博物館研究報告』第13号	ミュージアムパーク茨城県自然博物館
栗田 一生			2006.5	「整備の現状と制度史4.弥生時代遺跡の整備」	『史跡整備と博物館』	雄山閣
栗田 勝実	佐藤 優樹	青木 繁	2017	「展示文化財を対象とした簡易小型免震装置:装置の評価と振動実験による実証」	『文化財保存修復学会誌』第60巻	文化財保存修復学会
栗田 清之			1997	「情報展示の構想と実現」	『博物館研究』第32巻第8号	日本博物館協会
栗田 茂治			1922	「図書館と博物館と宮城縣仏像の一二」	『明治五年學制頒布五十年、宮城縣圖書館創立四十年記念誌』	宮城縣圖書館
栗田 真司			1990.5	「美術館における教育普及活動」	『美育文化』第40巻第5号	美育文化協会
栗田 真司			1991.8	「地方公立美術館における教育普及活動」	『美術教育』262号	日本美術教育学会
栗田 真司			2013.3	「生涯学習としての「博物館における教育普及活動」」	『大学改革と生涯学習』第17号	山梨学院生涯学習センター
栗田 真司			2015.3	「中心市街地におけるオープン・アトリエ・ワークショップの試み」	『大学改革と生涯学習』第19号	山梨学院生涯学習センター
栗田 壽男	末吉 豊文*		2008	「NPOパートナーシップ創造事業によるクジラ類骨格収集と教育普及活動」	『宮崎県総合博物館研究紀要』第29輯	宮崎県総合博物館
栗田 紘行	土居 義岳		2011.3	「比較彫刻博物館及びフンラス記念碑博物館の展示内容の変遷:建築・遺産都市に関する研究」	『日本建築学会研究報告九州支部.計画系』第50号	日本建築学会九州支部
栗田 博之	一木 高志	軸丸 勇士	2013.7	「野猿公園における環境教育実践:大分市高崎山自然動物園での事例から」	『環境教育』第23巻1号	日本環境教育学会
栗田 美由紀			2013.3	「博物館におけるコミュニケーションツールとしての屏風絵の可能性」	『文化財学報』第31集	奈良大学文学部文化財学科
栗田 靖之	和田 哲也	松田 卓 他	1998.7	「携帯情報端末による新しい展示手法」	『人文学と情報処理』第17号	勉誠出版
栗田 靖之			2000	『海外の博物館・美術館における日本展示の基礎的研究-日本は如何に展示されてきたか-』		文部省科学研究費補助金研究成果報告書
栗原 嘉一郎			1991	『美術館の展示・収蔵部門の建築に関する研究』		文部省科学研究費補助金研究成果報告書
栗原 嘉一郎 他	新建築学体系編集委員会 編		1991	『新建築体系30 図書館・博物館の設計』		彰国社
栗原 嘉名芽	中村 清二*	吉田 貢 他	1929	「建築に関する音響の研究」	『建築雑誌』第43輯第517號	日本建築學會
栗原 憲一	中岡 利泰	森岡 健治 他	2013.9	「ウェブサイトを活用した道内博物館活動の広報と学芸員ネットワーク強化の試み」	『博物館研究』第48巻第9号	日本博物館協会
栗原 憲一			2016.6	「ジオパークにおける博物館活動の役割:三笠ジオパークの三笠市立博物館の事例とともに」	『地学雑誌』第125巻6号	東京地学協会
栗原 伸一郎			2011.11	「仙台市博物館の資料レスキュー活動」	『市史せんだい』第21巻	仙台市博物館
栗原 智久			2012.3	「博物館図書室における展示室等との連携に関する一考察」	『東京都江戸東京博物館紀要』第2号	東京都江戸東京博物館
栗原 望	川田 伸一郎	安田 雅俊 他	2011.6	「標本とその二次資料・合わせて見るとおもしろい」	『哺乳類科学』第51巻第1号	日本哺乳類学会
栗原 治夫			1967.1	「正倉院曝涼と四通の曝涼目録」	『大和文化研究』12-1	大和文化研究会
栗原 均	湯上 二郎*	毛利 正夫	1982.5	「鼎談 効果的な事業のための図書館・博物館の連携」	『月刊社会教育』第37巻第5号	国土社
栗原 弘			1997.12	「皇紀二千六百年記念正倉院御物特別展観について」	『博物館学年報』第29号	同志社大学博物館学芸員課程
栗原 弘			1998.12	「正倉院御物の初公開について」	『博物館学年報』第30号	同志社大学博物館学芸員課程
栗原 文蔵			1984.12	「8遺跡・遺構保存の実例 風土記の丘」	『考古学調査研究ハンドブックス 第2巻室内編』	雄山閣
栗原 祐司			2001	「イギリスにおける博物館政策」	『博物館研究』第36巻第4号	日本博物館協会

著者1	著者2	著者3	発行年	論文名・書籍名	掲載誌	発行元
栗原 祐司			2001	「国立博物館、美術館等の中期目標、中期計画等について」	『博物館研究』第36巻第6号	日本博物館協会
栗原 祐司	海部 陽介*	神庭 信幸 他	2014.1	「座談会 今、博物館団体に求められる底力(2)～東京会場から」	『博物館研究』第49巻第547号	日本博物館協会
栗原 祐司			2005.9	「ミュージアム・フリーク アメリカを行く チケットもいろいろ①」	『月刊ミュゼ』72号	(株)アム・プロモーション
栗原 祐司			2005.11	「ミュージアム・フリーク アメリカを行く 第2回チケットもいろいろ②」	『月刊ミュゼ』73号	(株)アム・プロモーション
栗原 祐司			2006.1	「ミュージアム・フリーク アメリカを行く 第3回トイレもいろいろ」	『月刊ミュゼ』74号	(株)アム・プロモーション
栗原 祐司			2006.3	「ミュージアム・フリーク アメリカを行く 第4回ミュージアムグッズのバッグ」	『月刊ミュゼ』75号	(株)アム・プロモーション
栗原 祐司			2006.5	「ミュージアム・フリーク アメリカを行く 第5回ミュージアムに見る寄附文化」	『月刊ミュゼ』76号	(株)アム・プロモーション
栗原 祐司			2006.7	「ミュージアム・フリーク アメリカを行く 第6回ミュージアムのパンフレット」	『月刊ミュゼ』77号	(株)アム・プロモーション
栗原 祐司			2006.10	「ミュージアムフリーク アメリカを行く 第7回スーベニア・コイン」	『月刊ミュゼ』78号	(株)アム・プロモーション
栗原 祐司			2007.1	「ミュージアムフリーク アメリカを行く 第8回ミュージアムのマグネット」	『月刊ミュゼ』79号	(株)アム・プロモーション
栗原 祐司			2007.4	「ミュージアム・フリーク アメリカを行く 第9回ミュージアム・ガイドブック」	『月刊ミュゼ』80号	(株)アム・プロモーション
栗原 祐司			2007.7	「ミュージアム・フリーク アメリカを行く 第10回ナンバープレート」	『月刊ミュゼ』81号	(株)アム・プロモーション
栗原 祐司			2007.10	「ミュージアム・フリーク アメリカを行く 第11回ドネーション・ボックス」	『月刊ミュゼ』82号	(株)アム・プロモーション
栗原 祐司			2008.1	「ミュージアム・フリーク アメリカを行く 第12回さりげないオリジナル」	『月刊ミュゼ』83号	(株)アム・プロモーション
栗原 祐司 司会	水嶋 英治	西 源二郎 他	2008.1	「座談会「博物館を考える」～新しい博物館像について」	『マナビィ』第79号	文部科学省
栗原 祐司			2008.4	「新しい時代の博物館制度の在り方について」	『地方史研究』第58巻第2号	地方史研究協議会
栗原 祐司			2008.7	「中央官庁のミュージアム」	『博物館研究』第43巻第7号	日本博物館協会
栗原 祐司			2008.7	「ミュージアム・フリーク アメリカを行く！最終回ミュージアムはエンジョイメントだ」	『月刊ミュゼ』85号	(株)アム・プロモーション
栗原 祐司			2008.10	「ミュージアム・フリーク日本を歩く—がんばれ学芸員！—第1回利尻町立博物館学芸員 西谷榮治さん」	『月刊ミュゼ』86号	(株)アム・プロモーション
栗原 祐司			2008.9	「大統領のミュージアム」	『JMMA日本ミュージアム・マネージメント学会会報』第13巻第2号	日本ミュージアム・マネージメント学会
栗原 祐司			2008.10	「教育基本法改正から社会教育 3法成立までの経緯」	『社会教育』第63巻第10号	全日本社会教育連合会
栗原 祐司	菊川 律子	中川 志郎 他	2008.10	「誌上シンポジウム 社会教育法、図書館法、博物館法改正の視座社会教育はどう蘇るのか-社会教育3法を読む」	『社会教育』第63巻第10号	全日本社会教育連合会
栗原 祐司			2009.1	「ミュージアム・フリーク日本を歩く—がんばれ学芸員！—第2回日本センキーセンター 学芸員の皆さん」	『月刊ミュゼ』87号	(株)アム・プロモーション
栗原 祐司			2009.4	「学芸員養成の充実方策について」	『博物館研究』第44巻第4号	日本博物館協会
栗原 祐司			2009.4	「ミュージアム・フリーク日本を歩く—がんばれ学芸員！—第3回伊丹市昆虫館主任学芸員 坂本昇さん」	『月刊ミュゼ』88号	(株)アム・プロモーション
栗原 祐司			2009.7	「ミュージアム・フリーク日本を歩く—がんばれ学芸員！—第4回横山隆一記念まんが館学芸員 奥田奈々美さん」	『月刊ミュゼ』89号	(株)アム・プロモーション
栗原 祐司			2009.10	「ミュージアム・フリーク日本を歩く—がんばれ学芸員！—第5回郡山市ふれあい科学館スペースパーク学芸員 安藤享平さん」	『月刊ミュゼ』90号	(株)アム・プロモーション
栗原 祐司			2009.12	『ミュージアム・フリークinアメリカ:エンジョイ!ミュージアムの魅力』		雄山閣
栗原 祐司			2010.1	「ミュージアム・フリーク日本を歩く—がんばれ学芸員！—第6回世田谷文学館主任学芸員 小池智子さん」	『月刊ミュゼ』91号	(株)アム・プロモーション
栗原 祐司			2010.3	「我が国の博物館政策の諸課題」	『日本ミュージアム・マネージメント学会研究紀要』第14号	日本ミュージアム・マネージメント学会
栗原 祐司			2010.4	「ミュージアム・フリーク日本を歩く—がんばれ学芸員！—第7回海の中道海洋生態科学館 獣医師 大島由子さん」	『月刊ミュゼ』92号	(株)アム・プロモーション

著者1	著者2	著者3	発行年	論文名・書籍名	掲載誌	発行元
栗原 祐司	山下 治子*	大月 ヒロ子 他	2010.6	「科学技術系ミュージアムにおけるミュージアムグッズに関する調査研究」	『JMMA日本ミュージアム・マネージメント学会会報』第15巻第1号	日本ミュージアム・マネージメント学会
栗原 祐司			2010.7	「ミュージアム・フリーク日本を歩く―がんばれ学芸員！―第8回東京大学大学院理学系研究科附属植物園助教 東馬哲雄さん」	『月刊ミュゼ』93号	（株）アム・プロモーション
栗原 祐司	本田 敏秋*	松田 和子	2010.9	「TONO博物館を核に地域文化を掘り起こす永遠の日本のふるさとづくり」	『Cultivate：文化と環境を考える』第36号	文化環境研究所
栗原 祐司			2010.10	「ミュージアム・フリーク日本を歩く―がんばれ学芸員！―第9回愛媛県伊方町・町見郷土館 学芸員 髙嶋賢二さん」	『月刊ミュゼ』94号	（株）アム・プロモーション
栗原 祐司			2011.1	「ミュージアム・フリーク日本を歩く―がんばれ学芸員！―第10回理科ハウス学芸員 山浦安曇さん」	『月刊ミュゼ』95号	（株）アム・プロモーション
栗原 祐司			2011.4	「文化財保護政策および博物館政策の課題と展望」	『月刊文化財』第571号	第一法規
栗原 祐司			2011.4	「ミュージアム・フリーク日本を歩く―がんばれ学芸員！―第11回八千代市立郷土博物館主任学芸員 佐藤 誠さん」	『月刊ミュゼ』96号	（株）アム・プロモーション
栗原 祐司			2011.7	「ミュージアム・フリーク日本を歩く―がんばれ学芸員！―第12回東寺宝物館文化財保護課長 新見康子さん」	『月刊ミュゼ』97号	（株）アム・プロモーション
栗原 祐司			2011.10	「ミュージアム・フリーク日本を歩く―がんばれ学芸員！―第13回東洋文庫ミュージアム学芸員 牧野元紀さん」	『月刊ミュゼ』98号	（株）アム・プロモーション
栗原 祐司			2012.2	「ミュージアム・フリーク日本を歩く―がんばれ学芸員！―第14回浜松市楽器博物館学芸員 梅田徹さん」	『月刊ミュゼ』99号	（株）アム・プロモーション
栗原 祐司			2012.3	「米国・台湾の大学付属博物館」	『全国大学博物館学講座協議会研究紀要』第14号	全国大学博物館学講座協議会
栗原 祐司	青木 豊*	鷹野 光行 他	2012.3	「フォーラム 我が国の大学博物館の課題」	『全国大学博物館学講座協議会研究紀要』第14号	全国大学博物館学講座協議会
栗原 祐司			2012.4	「博物館制度」	『博物館学1（博物館概論博物館資料論）』	学文社
栗原 祐司			2012.5	「ミュージアム・フリーク日本を歩く―がんばれ学芸員！―第15回芦屋市立美術博物館学芸員 國井綾さん」	『月刊ミュゼ』100号	（株）アム・プロモーション
栗原 祐司			2012.8	「ミュージアム・フリーク日本を歩く―がんばれ学芸員！―第16回京都大学総合博物館教授 岩崎奈緒子さん」	『月刊ミュゼ』101号	（株）アム・プロモーション
栗原 祐司			2012.9	「存在感のある博物館」	『社会教育』第67巻9号	全日本社会教育連合会
栗原 祐司			2012.11	「ほかの博物館・機関・団体などとの連携（ミュージアム・ネットワーク）」	『博物館学3（博物館情報メディア論*博物館経営論）』	学文社
栗原 祐司			2012.11	「地域社会との連携（ミュージアム・ネットワーク）」	『博物館学3（博物館情報メディア論*博物館経営論）』	学文社
栗原 祐司			2012.11	「博物館の経営実態」	『博物館学3（博物館情報メディア論*博物館経営論）』	学文社
栗原 祐司			2012.11	「博物館の国際交流（ミュージアム・ネットワーク）」	『博物館学3（博物館情報メディア論*博物館経営論）』	学文社
栗原 祐司			2012.11	「ミュージアム・フリーク日本を歩く―がんばれ学芸員！―第17回茂木本家美術館学芸員 岩崎泉さん」	『月刊ミュゼ』102号	（株）アム・プロモーション
栗原 祐司	白原 由起子*		2012.11	「国際動向アメリカにおけるレジストラーの役割と我が国の美術品補償制度の課題：第106回アメリカ博物館協会（AAM）年次総会に参加して」	『博物館研究』第47巻第11号	日本博物館協会
栗原 祐司			2013.1	「新たな文化財防災・救援体制づくりに向けて」	『博物館研究』第48巻第10号	日本博物館協会
栗原 祐司			2013.2	「ICOM-UMACと我が国の大学博物館」	『博物館研究』第48巻第2号	日本博物館協会
栗原 祐司			2013.4	「ミュージアム・フリーク日本を歩く―がんばれ学芸員！―第18回林原自然科学博物館エデュケーター 碇京子さん、雨宮千嘉さん、井島真知さん」	『月刊ミュゼ』103号	（株）アム・プロモーション
栗原 祐司			2013.6	「ミュージアム・フリーク日本を歩く―がんばれ学芸員！―第19回大西清右衛門美術学芸員 山下絵美さん」	『月刊ミュゼ』104号	（株）アム・プロモーション
栗原 祐司			2013.9	「ミュージアム・フリーク日本を歩く―がんばれ学芸員！―第20回秩父宮スポーツ博物館学芸員 新名佐知子さん」	『月刊ミュゼ』105号	（株）アム・プロモーション
栗原 祐司			2013.11	「ICOMリオ大会と今後の展望」	『博物館研究』第48巻第11号	日本博物館協会
栗原 祐司			2014.1	「ミュージアム・フリーク日本を歩く―がんばれ学芸員！―第21回札幌市博物館活動センター学芸員 山崎真実さん」	『月刊ミュゼ』106号	（株）アム・プロモーション
栗原 祐司			2014.2	「国際動向アジア国立博物館協会（ANMA）とアジアの博物館交流・連携」	『博物館研究』第49巻第2号	日本博物館協会
栗原 祐司			2014.4	「ミュージアム・フリーク日本を歩く―がんばれ学芸員！―第22回舞鶴引揚記念館学芸員 長嶺睦さん」	『月刊ミュゼ』107号	（株）アム・プロモーション

著者1	著者2	著者3	発行年	論文名・書籍名	掲載誌	発行元
栗原 祐司			2014.7	「ミュージアム・フリーク日本を歩く―がんばれ学芸員！―第23回吹田市立博物館学芸員　五月女賢司さん」	『月刊ミュゼ』108号	(株)アム・プロモーション
栗原 祐司			2014.8	「我が国の博物館法制度の現状と課題」	『國學院雑誌』第115巻第8号	國學院大學
栗原 祐司			2014.11	「ミュージアム・フリーク日本を歩く―がんばれ学芸員！―第24回練馬区立石神井公園ふるさと文化館副館長・分室長　山城千恵子さん」	『月刊ミュゼ』109号	(株)アム・プロモーション
栗原 祐司			2015.4	「中国博物館協会会員代表大会と「博物館」」	『博物館研究』第50巻第4号	日本博物館協会
栗原 祐司			2015.6	「第3回国連防災世界会議の枠組みにおける国際専門家会合について」	『博物館研究』第50巻第6号	日本博物館協会
栗原 祐司			2015.7	「文化財防災ネットワーク推進事業について」	『博物館研究』第50巻第7号	日本博物館協会
栗原 佳子			2012.11	「人権と平和をテーマにした2つの博物館が存亡の危機」	『社会民主』第690号	社会民主党全国連合機関紙宣伝局
栗村 知弘			1989	「八戸市の芸術文化の現状とその高揚策」	『秋田県立博物館研究紀要』第15号	秋田県立博物館
栗村 知弘			1989	「八戸市の芸術文化の現状とその高揚策−特に美術館をめぐる問題について−」	『八戸市博物館研究報告』第5号	八戸市博物館
栗本 鋤雲			1868	「パリの各所」	『暁窓追録』	
栗本 鋤雲			1872	「博物館論」	『郵便報知新聞』第790號	
栗本 徳子			1985.12	「ケニア国立博物館－その歴史と運営を中心に－」	『博物館学年報』第17号	同志社大学博物館学芸員課程
栗本 徳子			2004.12	「博物館実習を担当して([同志社大学]博物館学芸員課程開設五十周年記念号)」	『博物館学年報』第36号	同志社大学博物館学芸員課程
栗本 佳弘			1996.3	「千葉県立大利根博物館と学芸員実習」	『千葉経済大学学芸員課程紀要』創刊号	千葉経済大学学芸員課程共同研究室
栗本 佳弘			2010.3	「博物館学実習Ⅱと博物館経営論」	『江戸川大学博物館学芸員資格養成課程年報』第1号	江戸川大学博物館学芸員資格養成課程
栗山 和之			1995.3	「博物館実習を終えて−担当者の立場から−」	『博物館学芸員課程年報』第12集	帝塚山学院大学博物館学研究室
栗山 究			2002.2	「伊藤寿朗『地域博物館論』考―地域志向型博物館の本質と当面する問題によせて」	『2001年度法政大学社会学部荒井ゼミ第4期卒業論文集』	法政大学社会学部荒井容子研究室
栗山 究			2003.3	「第5章伊藤寿朗の見つめる「博物館活動」考」	『社会教育の杜』	成文堂
栗山 究			2007	「日本における「機能主義博物館論」の一展開−伊藤寿朗博物館論の視点から(前編)」	『早稲田大学大学院教育学研究科紀要別冊』第15巻第1号	早稲田大学大学院教育学研究科
栗山 究			2008	「日本における「機能主義博物館論」の一展開(2)伊藤寿朗博物館論の視点から(中編)」	『早稲田大学大学院教育学研究科紀要』第16巻1号別冊	早稲田大学大学院教育学研究科
栗山 究			2009.9	「日本における「機能主義博物館論」の一展開(3)伊藤寿朗博物館論の視点から」	『早稲田大学大学院教育学研究科紀要』第17巻第1号別冊	早稲田大学大学院教育学研究科
栗山 究			2010.9	「日本における「機能主義博物館論」の一展開(4)伊藤寿朗博物館論の視点からみるその理論的問題」	『早稲田大学大学院教育学研究科紀要』第18巻第1号別冊	早稲田大学大学院教育学研究科
栗山 究	阿知良 洋平	日高 昭子	2012	「社会教育の視点から見た"平和博物館実践"の分析枠組み」	『日本社会教育学会紀要』第48号	日本社会教育学会
栗山 究			2012.3	「1970年代初頭の伊藤寿朗と小川知二の博物館議論―「地域志向型博物館」観を理解するための基礎的視座―」	『早稲田教育評論』第26巻第1号	早稲田大学教育総合研究所
栗山 究			2013.3	「日本の社会教育研究における平和博物館研究の前史に関する一考察―藤田秀雄の平和博物館の議論と伊藤寿朗の博物館論に即して―」	『早稲田教育評論』第27巻第1号	早稲田大学教育総合研究所
栗山 究			2015.8	「平和のための博物館の現在:第8回国際平和博物館会議参加報告と関連して」	『月刊社会教育』第59巻8号	国土社
栗山 究	佐治 真由子		2017	「平和のための博物館実践の課題と板橋区民による「平和の拠点づくり」」	『東アジア社会教育研究』第22号	「東アジア社会教育研究」編集委員会
栗山 重			1942	「動物園の見せ方」	『愛兒の爲の科学教育の躾け方』	研究社
栗山 隆広	奥山 英登*	山崎 哲夫 他	2011.8	「「教員のための博物館の日in旭川」の成果と課題」	『日本科学教育学会年会論文集』第35巻	日本科学教育学会
栗山 尚子	川東 大我*	三輪 康一	2012.5	「美術館の空間構成と芸術普及・交流活動の関係性に関する研究：1990年以降の美術館建築の事例分析を通して」	『日本建築学会近畿支部研究報告集.計画系』第52号	日本建築学会近畿支部
栗山 靖弘			1996.12	「博物館での漫画展示の可能性と課題−企画展「漫画にみる日本人の黒人像」をふりかえって−」	『季刊Liberty』第16号	大阪人権歴史資料館

著者1	著者2	著者3	発行年	論文名・書籍名	掲載誌	発行元
栗山 雄揮	西川 武臣	竹嶋 徹夫 他	2015	「第1章理念と実践」	『博物館の未来をさぐる』	東京堂出版
グリヨ・ド・ジヴリ	林 瑞枝 訳		2015.3	『妖術師・秘術師・錬金術師の博物館』		法政大学出版局
グルーム・S			2009.3	「新しいものの伝統」	『ミュージアム新時代』	慶応義塾大学出版会
CULCON（日米教育文化会議）博物館交流小委員会			1987	「海外展の際の美術品の取扱いに関するスタディー・グループ報告書(1)」	『博物館研究』第22巻第6号	日本博物館協会
CULCON（日米教育文化会議）博物館交流小委員会			1987.7	「CULCON博物館交流小委員会「海外展の際の美術品の取扱いに関するスタディー・グループ」報告書(2)」	『博物館研究』第22巻第7号	日本博物館協会
来原 綾子			1994.12	「美術館教育の現在と未来」	『Mouseion:立教大学博物館研究』第40号	立教大学学校・社会教育講座
久留島 浩			1999	「歴史系博物館のあり方をめぐって」	『ヒストリア』第167号	大阪歴史学会
久留島 浩			2001	「これからの歴史系博物館について」	『二一世紀の文化財―地域史料の保存と活用―』	名著出版
久留島 浩			2002.12	「史料と歴史叙述:歴史系博物館における「歴史展示」」	『歴史学における方法的転回』	青木書店
久留島 浩			2002	「歴博を使った教育実践への支援について（お願い）」	『れきはくにいこうよ1998-2000教育プロジェクト活動報告―3年間のあゆみ―』	国立歴史民俗博物館
久留島 浩			2004.3	「国立歴史民俗博物館における子ども向け事業」	『Museumちば:千葉県博物館協会研究紀要』35号	千葉県博物館協会
久留島 浩			2004.12	「国立歴史民俗博物館における博物館教育の試み」	『歴史展示のメッセージ』	(株)アム・プロモーション
久留島 浩	内田 順子*	小瀬戸 恵美 他	2004.3	「ボランティアに関する実践報告〈企画展「異界万華鏡-あの世・妖怪・占い-」を事例として〉」	『国立歴史民俗博物館研究報告』第109集	国立歴史民俗博物館
久留島 浩			2007.11	「歴史系博物館で現在考えていること-国立歴史民俗博物館でのささやかな経験から」	『歴史科学』第190号(修正版)	大阪歴史科学協議会
久留島 浩			2008.4	「地域-日本から世界から(155)国立歴史民俗博物館第三展示室(近世)のリニューアルオープンを迎えて」	『歴史地理教育』第728号	歴史教育者協議会
久留島 浩	井上 由佳*		2009.3	「国立歴史民俗博物館第3展示室リニューアルに伴う試行展示とその評価に関する考察」	『国立歴史民俗博物館研究報告』第150集	国立歴史民俗博物館
久留島 浩			2016.3	「博物館や大学における「歴史資料」の保全と活用を巡る現状と課題」	『文化財防災体制についての国際比較研究報告書』	科学研究費補助金基盤研究(S)「災害文化形成を担う地域歴史資料学の確立-東日本大震災を踏まえて」研究グループ
久留島 浩			2017.3	「総合資料学の創成にむけて」	『〈総合資料学〉の挑戦:異分野融合研究の最前線』	吉川弘文館
来住 憲司			2016.5	『京都鉄道博物館ガイド:保存車両が語る日本の鉄道史』		創元社
クレイグ・ロバートソン	オリビエ・ウルバン*	マイケル・ゴールデン 他	2015.5	「民音音楽博物館付属研究所が発足「音楽の力」を「平和構築」に」	『音楽現代』第45巻5号	芸術現代社
クレイン・S・A 編著	伊藤 博明 監訳		2009.1	『ミュージアムと記憶』		ありな書房
グレーテ・マストニー			1972	「博物館の機能と目的」	『第9回ICOM総会論文集人類に奉仕する今日と明日の博物館』	国際博物館会議日本委員会
暮沢 剛巳			2001.8	「美術館・美術団体・検索システム-美術系サイトの現状」	『美術手帖』311号	美術出版社
暮沢 剛巳			2002	『美術館はどこへ?ミュージアムの過去・現在・未来』		廣済堂出版
暮沢 剛巳			2004.4	「ミュージアムX(1)都市の文化インフラと森美術館」	『美術手帖』847号	美術出版社
暮沢 剛巳			2004.5	「ミュージアムX(2)阿部一直(山口情報芸術センター)」	『美術手帖』849号	美術出版社
暮沢 剛巳			2004.6	「ミュージアムX(3)日本科学未来館 内田まほろ」	『美術手帖』850号	美術出版社
暮沢 剛巳			2004.7	「ミュージアムX(4)日本民藝館学芸員・杉山享司」	『美術手帖』851号	美術出版社
暮沢 剛巳			2004.11	「ミュージアムX(5)「ミュージアムパーク」上野の未来――東京国立博物館の変遷から探る」	『美術手帖』857号	美術出版社
暮沢 剛巳			2004.12	「ミュージアムX(6)三鷹の森ジブリ美術館」	『美術手帖』858号	美術出版社
暮沢 剛巳			2005.1	「ミュージアムX(7)独立行政法人国立美術館」	『美術手帖』859号	美術出版社

著者1	著者2	著者3	発行年	論文名・書籍名	掲載誌	発行元
暮沢 剛巳			2005.2	「ミュージアムX(8)文化財を災害からどう守るか--ミュージアムの地震対策と免震装置のいま」	『美術手帖』861号	美術出版社
暮沢 剛巳			2005.3	「ミュージアムX(9)ナショナリズムとミュージアム--靖國神社遊就館が伝える近代史」	『美術手帖』862号	美術出版社
暮沢 剛巳			2005.4	「ミュージアムX(10)ミュージアムの評価と改革--川崎市市民ミュージアム」	『美術手帖』863号	美術出版社
暮沢 剛巳			2005.5	「ミュージアムX(11)ミュージアム・シンクタンクという存在--企業戦略組織が描くこれからの美術館・博物館像」	『美術手帖』864号	美術出版社
暮沢 剛巳			2005.6	「ミュージアムX(12・最終回)エキスポとミュージアム--21世紀の万博、「愛・地球博」が将来に伝えるもの」	『美術手帖』865号	美術出版社
暮沢 剛巳			2007.4	『美術館の政治学 青弓社ライブラリー48』		青弓社
暮沢 剛巳			2014.5	『世界のデザインミュージアム』		大和書房
クレマンソー	前田 長太 訳		1913	「ブエノス・アイレスの動物園」「ブエノス・アイレスの萬國博覽會」	『今日の南亞米利加』	大日本文明協會事務所
クレメンツ・デビッド	ジャンヌ・マリー・デュロー*	資料保存研究会 訳	1987.8	『IFLA資料保存の原則』		日本図書館協会
黒板 勝美			1906	「古文書館設立の必要」	『歴史地理』第八卷第一號	日本歴史地理學會
黒板 勝美			1911	「米國の博物陳列館と商業博物館」	『西遊弐年欧米文明記』	文會堂書店
黒板 勝美			1911.9	『西遊弐年歐米文明記』		文会堂書店
黒板 勝美			1912	「史蹟遺物保存に關する意見書」	『史學雜誌』第二十三編第五號	史學會
黒板 勝美			1912	「博物館に就いて」(一～八)	『東京朝日新聞』第9363～9372號	朝日新聞社
黒板 勝美			1912	「誤れる古社寺保存法令」(一～十五)	『東京朝日新聞』第9376～9424號	朝日新聞社
黒板 勝美			1912	「史蹟保存と歴史地理學」	『歴史地理』第二十卷第一號	日本歴史地理學會
黒板 勝美			1913	「博物館の建築に就いて」	『建築世界』第七卷八號	建築世界社
黒板 勝美			1913	「郷土保存に就いて」	『歴史地理』第二一卷第一號	日本歴史地理學會
黒板 勝美			1914	「史蹟遺物保存に關する研究の概説」	『史蹟名勝天然紀念物』第1巻第1號	史蹟名勝天然紀念物保存協會
黒板 勝美			1914	「東照宮寶物陳列館に就て」	『神社協會雜誌』第147號	神社協會
黒板 勝美			1914	『日光寶物陳列館に就いて』		日光東照宮三百年祭奉齋會
黒板 勝美			1915	「明治神宮寶物殿懸賞競技審査批評寶物殿の性質より見たる批評」	『建築雜誌』第29輯第347號	日本建築學會
黒板 勝美			1915	「史蹟遺物保存に關する研究の概説」	『史蹟名勝天然記念物』第1巻第3號～第6號	史蹟名勝天然紀年物保存協會
黒板 勝美			1917	「史蹟遺物保存の實行機關と保存思想の養成」(一～五)	『大阪毎日新聞』第12052～12056號	大阪毎日新聞社
黒板 勝美			1918	「國立博物館について」	『新公論』第三十三卷第五號	興風會「新公論」部
黒板 勝美			1925	「大震火災に於ける東京市の史蹟保存に就いて」	『東京の史蹟』	厚生閣
黒板 勝美			1929	「保存事業の根本的意義」	『史蹟名勝天然記念物』第4巻第1號	史蹟名勝天然紀念物保存協會
黒板 勝美 他			1935.3	「法隆寺の修理に當る」	『博物館研究』第8巻第3號	日本博物館協會
黒板 勝美			1936	「史蹟保存と考古學」	『考古學雜誌』第二十六卷第八號	考古學會
黒板 勝美			1939	『虚心文集』4		吉川弘文館
黒板博士記念会 編			1953	『古文化の保存と研究—黒板博士の業績を中心として』		吉川弘文館

著者1	著者2	著者3	発行年	論文名・書籍名	掲載誌	発行元
黒板 昌夫			1976	「歴史的記念物の保存について」	『日本歴史』第318号	吉川弘文館
黒岩 啓子			2006.7	「ミュージアムの過去、現在、そして未来にむけて」	『月刊ミュゼ』77号	(株)アム・プロモーション
黒岩 啓子			2009.12	「ミュージアム・リテラシーとは」	『JMMA日本ミュージアム・マネージメント学会会報』第14巻第3号	日本ミュージアム・マネージメント学会
黒岩 宣仁	小松 みち	梶原 多恵 他	2000.4	「高知県立牧野植物園 その多様な姿を咲かせたい」	『月刊ミュゼ』40号	(株)アム・プロモーション
黒岩 万里子			1996	「文化財保護法の一部を改正する法律について」	『博物館研究』第31巻第11号	日本博物館協会
黒岩 万里子	国立印刷局 編		1996.11	「時代の変化に対応した文化財保護へ文化財登録制度の導入等-文化財保護法の一部を改正する法律-」	『時の法令』第1534号	国立印刷局
黒江 光彦			1968	『よみがえる名画のために 修復見習いの記』		美術出版社
黒江 光彦			1975.9	『美を守る絵直し稼業』		玉川大学出版部
黒江 光彦 監	ニコラウス・クヌート*	黒江 信子 他訳	1985.10	『絵画学入門材料・技法・保存』		美術出版社
黒江 光彦			1988.7	「西洋絵画の修復・保存についてシリーズ1」	『博物館研究』第23巻第7号	日本博物館協会
黒江 光彦			1988.8	「西洋絵画の修復・保存についてシリーズ2」	『博物館研究』第23巻第8号	日本博物館協会
黒江 光彦			1988.9	「西洋絵画の修復・保存についてシリーズ3」	『博物館研究』第23巻第9号	日本博物館協会
黒江 光彦			1988.10	「西洋絵画の修復・保存についてシリーズ4」	『博物館研究』第23巻第10号	日本博物館協会
黒江 光彦			1988.11	「西洋絵画の修復・保存についてシリーズ5」	『博物館研究』第23巻第11号	日本博物館協会
黒江 光彦			1988.12	「西洋絵画の修復・保存についてシリーズ6」	『博物館研究』第23巻第12号	日本博物館協会
黒江 光彦			1989.1	「西洋絵画の修復・保存についてシリーズ7」	『博物館研究』第24巻第1号	日本博物館協会
黒江 光彦			1989.2	「西洋絵画の修復・保存についてシリーズ8」	『博物館研究』第24巻第2号	日本博物館協会
黒江 光彦			1989.3	「西洋絵画の修復・保存についてシリーズ9」	『博物館研究』第24巻第3号	日本博物館協会
黒江 光彦			1989.4	「西洋絵画の修復・保存についてシリーズ10」	『博物館研究』第24巻第4号	日本博物館協会
黒江 光彦			1989.5	「西洋絵画の修復・保存についてシリーズ11」	『博物館研究』第24巻第5号	日本博物館協会
黒江 光彦			1989.6	「西洋絵画の修復・保存についてシリーズ12」	『博物館研究』第24巻第6号	日本博物館協会
黒江 光彦			1989.7	「西洋絵画の修復・保存についてシリーズ13」	『博物館研究』第24巻第7号	日本博物館協会
黒江 光彦			1989.8	「西洋絵画の修復・保存についてシリーズ14」	『博物館研究』第24巻第8号	日本博物館協会
黒江 光彦			1989.9	「西洋絵画の修復・保存についてシリーズ15」	『博物館研究』第24巻第9号	日本博物館協会
黒江 光彦			1989.10	「西洋絵画の修復・保存についてシリーズ16」	『博物館研究』第24巻第10号	日本博物館協会
黒江 光彦			1989.11	「西洋絵画の修復・保存についてシリーズ17」	『博物館研究』第24巻第11号	日本博物館協会
黒江 光彦			1989.12	「西洋絵画の修復・保存についてシリーズ18」	『博物館研究』第24巻第12号	日本博物館協会
黒江 光彦			1990.1	「西洋絵画の修復・保存についてシリーズ19」	『博物館研究』第25巻第1号	日本博物館協会
黒江 光彦			1990.2	「西洋絵画の修復・保存についてシリーズ20」	『博物館研究』第25巻第2号	日本博物館協会
黒江 光彦			1990.3	「西洋絵画の修復・保存についてシリーズ21」	『博物館研究』第25巻第3号	日本博物館協会
黒江 光彦			1990.4	「西洋絵画の修復・保存についてシリーズ22」	『博物館研究』第25巻第4号	日本博物館協会

著者1	著者2	著者3	発行年	論文名・書籍名	掲載誌	発行元
黒江 光彦			1990.5	「西洋絵画の修復・保存についてシリーズ23」	『博物館研究』第25巻第5号	日本博物館協会
黒江 光彦			1990.6	「西洋絵画の修復・保存についてシリーズ24」	『博物館研究』第25巻第6号	日本博物館協会
黒江 光彦			1990.7	「西洋絵画の修復・保存についてシリーズ25」	『博物館研究』第25巻第7号	日本博物館協会
黒江 光彦			1990.8	「西洋絵画の修復・保存についてシリーズ26」	『博物館研究』第25巻第8号	日本博物館協会
黒江 光彦			1990.9	「西洋絵画の修復・保存についてシリーズ27」	『博物館研究』第25巻第9号	日本博物館協会
黒江 光彦			1990.10	「西洋絵画の修復・保存についてシリーズ28」	『博物館研究』第25巻第10号	日本博物館協会
黒江 光彦			1990.11	「西洋絵画の修復・保存についてシリーズ29」	『博物館研究』第25巻第11号	日本博物館協会
黒江 光彦			1990.12	「西洋絵画の修復・保存についてシリーズ30」	『博物館研究』第25巻第12号	日本博物館協会
黒江 光彦			1991.1	「西洋絵画の修復・保存についてシリーズ31」	『博物館研究』第26巻第1号	日本博物館協会
黒江 光彦			1991.2	「西洋絵画の修復・保存についてシリーズ32」	『博物館研究』第26巻第2号	日本博物館協会
黒江 光彦			1991.3	「西洋絵画の修復・保存についてシリーズ33」	『博物館研究』第26巻第3号	日本博物館協会
黒江 光彦			1991.4	「西洋絵画の修復・保存についてシリーズ34」	『博物館研究』第26巻第4号	日本博物館協会
黒尾 和久			1987.11	「アマチュアリズムの形成と博物館の役割」	『月刊社会教育』第31巻11号	国土社
黒尾 和久			2002	「博物館と考古学（Ⅰ）-学史研究における歴史認識の空洞化をめぐって-」	『博物館問題研究』第28号	博物館問題研究会
黒尾 和久			2010.7	「日本考古学協会の倫理綱領制定のきっかけとその後の活用実態から思うこと--博物館倫理規定は何を目指すのか」	『博物館研究』第45巻第7号	日本博物館協会
黒尾 和久			2012.12	「「戦争記憶」を考古学と博物館の動向から考える（戦争を「記憶」する場としての博物館）」	『現代に活きる博物館』	有斐閣
黒川 義太郎			1908-1932	『動物園日誌』		上野動物園所蔵
黒川 義太郎	藤沢 衛彦	宮崎 与平 画	1910.11	『上野動物園戸籍調』		一致堂書店
黒川 義太郎			1934	『動物と暮らして四十年』		改造社
黒川 義太郎			1934	『動物談義』		改造社
黒川 逍			1983	「筑波実験植物園--その役割と特色」	『自然科学と博物館』第50巻3号	科学博物館後援会
黒川 逍			1983	「筑波実験植物園をめぐって」	『自然科学と博物館』第50巻3号	科学博物館後援会
黒川 創 編			2012.11	『福島の美術館で何が起こっていたのか：震災、原発事故、ベン・シャーンのこと』		編集グループSURE
黒川 直樹			2010.7	「セントルイス万国博覧会(1904年)における日本展示館の評釈」	『学術講演梗概集』2010巻	日本建築学会
黒川 紀章	梅棹 忠夫*		1978.1	「＜対談＞格子(ラティス)の思想-回遊式博物館の原理〔月刊「みんぱく」11月号より転載〕」	『建築文化』第375号	彰国社
黒川 廣子			1989.1	「機械処理による目録データの加工ー東京国立博物館収蔵品目録を例にー」	『MUSEUM』第458号	東京国立博物館
黒川 真頼 閲	村山 徳淳*編		1880.11	『博物館書目解題略』		博物館
黒川 みどり			2013.2	「歴史のひろば 大阪人権博物館と橋下市政」	『歴史評論』第754号	校倉書房
黒木 秀一	末吉 豊文	串間 研之 他	2004	「特別企画展「黒潮と南の島の生きもの」における取り組み--展示内容・展示手法・宮崎大学・宮崎海洋高校との連携・関連行事・展示準備について」	『宮崎県総合博物館研究紀要』第26輯	宮崎県総合博物館
黒木 靖夫			1996.1	「「評価」のすすめ」	『Cultivate：文化と環境を考える』第4号	文化環境研究所
黒崎 直			1987	「遺跡の保存と活用」	『考古学研究』第33巻第4号	考古学研究会

著者1	著者2	著者3	発行年	論文名・書籍名	掲載誌	発行元
黒崎 直			2004	「遺跡の整備と活用を考える」	『遺跡学研究』第1号	日本遺跡学会
黒崎 勲	半田 元信		1986.3	「展示品のクリーナップについて」	『栃木県立博物館研究紀要』第3号	栃木県立博物館
黒崎 文夫			1983.1	「動物園サマースクールの実施形態とその指導内容について-学校教育との関連を中心として」	『博物館問題研究会会報』第20号	博物館問題研究会
黒沢 恵美子			1992.3	「学芸員養成カリキュラムの考察－フランスの場合－」	『全国大学博物館学講座協議会研究紀要』第2号	全国大学博物館学講座協議会
黒澤 隆朝			1941	「南遊餘韻」	『文化日本』第2巻第7號	日本文化中央聯盟
黒沢 なつ美	後藤 悦子*	石黒 桃子 他	1981.3	「博物館の利用状況及び地域に果たす役割」	『群馬県立歴史博物館紀要』第2号	群馬県立歴史博物館
黒沢 惟昭			1998.3	「市民社会と社会教育(3)－新しい社会形成とボランティア・ネットワーキングー」	『東京学芸大学教育学部生涯教育研究室研究紀要』第3号	東京学芸大学生涯教育研究室
黒澤 均			2010	「文学館事業の概要と課題」	『風文学紀要』第14巻	群馬県立土屋文明記念文学館
黒沢 浩			1993.3	「博物館実習考」	『Museologist：明治大学芸員養成課程年報』第8巻	明治大学学芸員養成課程
黒沢 浩			1997	「大学博物館における教育活動ー生涯学習と大学教育とのかかわりー」	『明治大学博物館研究報告』第2号	明治大学博物館事務室
黒沢 浩			2008.3	「大学博物館の構想-双方向的な関係の確立をめざして-」	『Museum study：明治大学学芸員養成課程紀要』第19号	明治大学学芸員養成課程
黒沢 浩			2009.6	「歴史展示と歴史表象」	『歴史学研究』第854号	青木書店
黒沢 浩			2011	「大学博物論」	『学術資源の文化資源化』	南山大学人類学教室
黒沢 浩			2011	「検証と再文脈化の確立(特集10のキィワードで語る"博物館展示の未来")」	『展示学』第49号	日本展示学会
黒沢 浩			2011.3	『学術資料の文化資源化』		南山大学人類学博物館
黒沢 浩	西川 由佳里		2012.3	「新しい人類学博物館への提言」	『人類学博物館紀要』第30号	南山大学人類学博物館
黒沢 浩			2012.5	「吉田光邦」「平賀源内」	『博物館学人物史下』	雄山閣
黒沢 浩			2013.3	「＜昭和＞をめぐる記憶の展示～昭和生活資料を展示する意味～」	『博物館資料の再生：自明性への問いとコレクションの文化資源化』	岩田書院
黒沢 浩			2013.3	「ホンモノ/ニセモノの論理～博物館資料の価値とは何か～」	『博物館資料の再生：自明性への問いとコレクションの文化資源化』	岩田書院
黒沢 浩			2013.3	「民族誌展示の功罪」	『博物館資料の再生：自明性への問いとコレクションの文化資源化』	岩田書院
黒沢 浩 編			2014.3	『博物館展示論=MuseumExhibition:学芸員の現場で役立つ基礎と実践』		講談社
黒沢 浩			2014.7	「全ての人の好奇心のための博物館を目指して:南山大学人類学博物館の挑戦」	『博物館研究』第49巻第7号	日本博物館協会
黒沢 浩	布谷 知夫	市橋 芳則 他	2015.6	「第1章博物館教育の理論」	『博物館教育論』	講談社
黒沢 浩 編著			2015.6	『博物館教育論 学芸員の現場で役立つ基礎と実践』		講談社
黒沢 浩	忽那 敬三*	外山 徹 他	2015.6	「第2章博物館教育の方法」	『博物館教育論』	講談社
黒沢 浩			2016.8	「さわる展示の未来」	『ひとが優しい博物館：ユニバーサル・ミュージアムの新展開』	青弓社
黒沢 浩			2017.12	「収集論史」	『博物館学史研究事典』	雄山閣
黒澤 弥悦			2000.6	「建物先行型による博物館創り--標本の収集と展示・そして活動の実践」	『哺乳類科学』第40巻1号	日本哺乳類学会
黒澤 弥悦	川田 啓介*	阿部 正勝 他	2003.12	「介護老人福祉施設および介護老人保健施設における移動展示の試み」	『博物館学雑誌』第29巻第1号	全日本博物館学会
黒澤 弥悦	川田 啓介*	内藤 裕加里 他	2008.12	「就学前児童を対象とした企画展の開催-奥州市牛の博物館「家族で楽しむ企画展」」	『博物館学雑誌』第34巻第1号	全日本博物館学会
黒図 諭志			2013	「親環境燻蒸と書籍保管の環境づくり」	『薬学図書館』58巻4号	日本薬学図書館協議会

著者1	著者2	著者3	発行年	論文名・書籍名	掲載誌	発行元
黒須 友紀	田中 孝国*	田島 綾香 他	2011	「博物館を会場とした体験型化学実験に関するアンケート調査」	『日本高専学会誌』第16巻第1号	日本高専学会
黒瀬 奈緒子			2008.7	「動物園の知られざる活動」	『Rikatan：理科の探検』第2巻第7号	文一総合出版
黒田 一充			2005.6	「ミュージアムサービス」	『博物館学ハンドブック』	関西大学出版部
黒田 一充			2005.6	「博物館における教育普及活動の意義と方法」	『博物館学ハンドブック』	関西大学出版部
黒田 一充			2005.6	「博物館マーケティング」	『博物館学ハンドブック』	関西大学出版部
黒滝 哲哉			1997.7	「情報公開と文書館：官僚機構の諸問題との関連から」	『歴史評論』第567号	校倉書房
黒田 清			1941	「相互的文化の交換」	『新亞細亞』第3巻第9號	滿鐵東亞經濟調査局
黒田 茂次郎	土館 長言 編		1906	『明治学制沿革史』		金港堂
黒田 卓			2013.2	「のぞいてみよう収蔵庫：デジタルアーカイブスの構築と課題」	『博物館情報・メディア論』	ぎょうせい
黒田 卓			2013.2	「進化する博物館：博物館情報・メディア論へのいざない」	『博物館情報・メディア論』	ぎょうせい
黒田 武彦			1988.8	「社会教育の中の天文-1-わが国の現状と課題」	『天文月報』第81巻第8号	日本天文学会
黒田 武彦	加藤 賢一		2008.1	「プラネタリウムや公開天文台は博物館か？」	『マナビィ』第79号	文部科学省
黒田 千香子	石田 正治*	岡本 信也 他	1996.11	「産業と展示—見えるもの、見えぬもの」	『展示学』第22号	日本展示学会
黒田 長禮			1933.5	「歐米における博物館と動物園（一）」	『鳥』第8巻36號	日本鳥學會
黒田 長禮			1933.11	「歐米における博物館と動物園（二）」	『鳥』第8巻37號	日本鳥學會
黒田 長禮			1934.4	「歐米における博物館と動物園（三）」	『鳥』第8巻38號	日本鳥學會
黒田 長禮			1934.11	「歐米における博物館と動物園（四）」	『鳥』第8巻39號	日本鳥學會
黒田 長禮			1935	「歐米における博物館と動物園（五）」	『鳥』第8巻40號	日本鳥學會
黒田 長禮			1935	「歐米における博物館と動物園（六）」	『鳥』第9巻41號	日本鳥學會
黒田 乃生	小野 良平		2003.3	「白川村研究の系譜にみる文化財としての集落景観保全における問題点」	『ランドスケープ研究』第66巻第5号	日本造園学会
黒田 乃生			2006.7	「文化財としての文化的景観の保護と博物館に期待する役割」	『博物館研究』第41巻第8号	日本博物館協会
黒田 乃生	上村 さつき*	羽生 冬佳	2010	「名勝としての「展望地点」の保護に関する研究」	『ランドスケープ研究』第73巻第5号	日本造園学会
黒田 日出男	荒俣 宏*	養老 孟司 他	1999	『これは凄い東京大学コレクション』		新潮社
黒田 鵬心			1914	「東京大正博覽會第一會場正門付近」	『建築工藝雑誌』第2期第3冊	建築工藝協會
黒田 鵬心			1935.11	「大修繕中の法隆寺を觀る」	『博物館研究』第8巻第11號	日本博物館協會
黒田 鵬心			1943	「明治初期の展覽會及美術施設」	『新美術』四月第二十一號	美術出版社
黒田 雷児	尾野 正晴*	塩田 純一	1990.7	「座談会 学芸員から見た美術館」	『建築文化』第525号	彰国社
黒沼 善博			2017.3	「地域創生に向けた野外博物館の複合(1)大仏鉄道・京街道・佐保路を事例とした提唱」	『地域総合研究』第44巻第2号	鹿児島国際大学附置地域総合研究所
畔柳 昭雄	菅原 遼*	大野 真由美	2016	「日本の海事博物館の現状とその特徴に関する基礎的研究」	『沿岸域学会誌』第29巻第1号	日本沿岸域学会
畔柳 和枝			2010	「生涯学習施設としての博物館の役割と可能性について--韓国における新たな博物館教育の動向」	『日本生涯教育学会論集』第31巻	日本生涯教育学会
畔柳 武司			1994.11	「エコミュージアムとまちづくり」	『アーバン・アドバンス』第4号	名古屋都市センター

著者1	著者2	著者3	発行年	論文名・書籍名	掲載誌	発行元
桑木 厳翼			1943	「大東亞藝能文化展覽會に就て」	『博物館研究』第16巻第3號	日本博物館協會
桑木 真嗣			2008.7	「鞆の浦歴史民俗資料館の再編計画」	『建築デザイン発表梗概集』2008	日本建築学会
桑木 真嗣	大原 一興	藤岡 泰寛	2010.7	「地域資産との関わりから見る軽井沢住民のまちの捉え方に関する研究:地域のエコミュージアム化に関する研究その9」	『学術講演梗概集』2010巻	日本建築学会
桑木野 幸司			2011	「甦ったエデン神苑:初期近代イタリアの植物園に関する考察」	『待兼山論叢(文化動態論篇)』第45号	大阪大学大学院文学研究科
桑野 あさひ	上田 一樹	宮田 克成 他	2016.2	「3伝える・見せる」	『もっと博物館が好きっ!みんなと歩む学芸員』	教育出版センター
桑野 昌			1995.3	「博物館資料の活用-小学校社会科の授業実践から-」	『浦和市立郷土博物館研究調査報告書』第22集	浦和市立郷土博物館
桑野 聡			1999	「短大における学芸員課程の意義－郡山女子短期大学部の事例と今後の展望－」	『文化学科資格課程報告集』第1集	郡山女子大学短期大学部文化学科
桑野 聡	仲田 佐和子		2000.3	「短大における学芸員課程の諸問題－郡山女子短期大学部の事例から－」	『全博協研究紀要』第6号	全国大学博物館学講座協議会
桑野 聡			2016.3	「大学・短大の学芸員養成課程に関する一考察:郡山女子大学短期大学部文化学科・学芸員課程「博物館資料論」の事例」	『郡山女子大学紀要』第52巻	郡山女子大学
桑原 理	鷲見 京子	國島 丈生 他	2007.6	「利用者指向ディジタルミュージアムの大規模実証実験と考察」	『日本データベース学会letters』第6巻第1号	日本データベース学会
桑原 理	國島 丈生	横田 一正	2007.7	「所蔵品検索システムに基づいたディジタルミュージアム(データ光学)」	『電子情報通信学会技術研究報告』第107巻第131号	電子情報通信学会
桑原 一司			1998.9	「市民と動物園」	『動物園研究』第2巻2号	動物園研究会
桑原 一司			2006.1	「域外保全活動:オオサンショウウオ」	『畜産の研究』第60巻1号	養賢堂
桑原 功一			2010.6	「地域における基礎的自治体立博物館・資料館の「使命と役割」」	『地方史研究』第60巻第3号	地方史研究協議会
桑原 禎知	矢部 和夫	酒井 正幸	2014.11	「『円山動物園の森』ビオトープにおける生物多様性向上のための研究 水辺の造成と両生類の動向に関する記録および環境教育への活用に向けて」	『札幌市立大学研究論文集』8号	札幌市立大学
桑原 聡			2010.11	「クンストカマーの思想--ノヴァーリスとザムエル・クヴィッヒェベルクのミュージアム論」	『人文科学研究』第127巻	新潟大学人文学部
桑原 淳司	仙田 考		2003.1	「大型複合遊具の安全性と安全委員会の役割:茨城県自然博物館"自然発見器"の事例から」	『ランドスケープ研究』第66巻第3号	日本造園学会
桑原 季雄	西村 明	尾崎 孝宏	2007	「闘牛ネットワークのフロンティア-国内の博物館と海外の事例より」	『鹿大史学』第54号	鹿大史学会
桑原 英明	酒井 恵美子	上代 庸平 他	2016.3	「行政文書の管理及び歴史文書の保存に関する意識調査」	『社会科学研究』第36巻第1・2号	中京大学社会科学研究所
桑原 美香	アレナルス・L・S*	塩津 ゆりか	2009.3	「ガストン・ミジョンとルーヴル美術館の中の日本-知と技の継承、融合、変革」	『お茶の水女子大学比較日本学教育研究センター研究年報』第5号	お茶の水女子大学比較日本学教育研究センター
桑原 美香	春名 亮*	塩津 ゆりか	2010.3	「公立美術館の中長期的な運営効率化に対するNetworkDEAの適用」	『金沢学院大学紀要・経営・経済・情報・自然科学編』第8号	金沢学院大学
桑原 美香	春名 亮*	塩津 ゆりか	2011.3	「公立美術館の施設運営管理における中長期的な効率性評価」	『金沢学院大学紀要・経営・経済・情報科学・自然科学編』第9号	金沢学院大学
桑村 佐和子	西澤 明		2014.3	「中学美術と美術館の連携による鑑賞教育の方向性」	『金沢美術工芸大学紀要』第58号	金沢美術工芸大学
郡司島 宏美			2010.3	「坂の上の雲フィールドミュージアムづくりの成果と課題」	『松山東雲短期大学研究論集』第40巻	松山東雲女子大学・松山東雲短期大学
郡司 晴元			2015	「動物園との連携による大学院授業での骨格標本作製法:地域教育システムの充実を目指して」	『科学教育研究』第39巻3号	日本科学教育学会
群馬 直美 絵・文			2014.10	『群馬直美の木の葉と木の実の美術館』		世界文化社
群馬県立近代美術館 企画・編集			2014.3	『群馬県立近代美術館ボランティア20周年記念誌:美術館を楽しくする・美術館で楽しむ・人たちのこと-群馬県立近代美術館ボランティアの活動について』		群馬県立近代美術館
群馬県立博物館 編			1968	『群馬県立博物館10年のあゆみ』		群馬県立博物館
群馬県立博物館			1979	『群馬県立博物館22年史』		群馬県立博物館
群馬県立歴史博物館			1999	「学校教育と連携した展示活動－群馬県立歴史博物館「子どものための特集展示むかしのくらし」の事例から」	『博物館研究』第34巻第5号	日本博物館協会
群馬県立歴史博物館友の会20年のあゆみ編集委員会 編			1999	『群馬県立歴史博物館友の会・20年のあゆみ』		群馬県立歴史博物館友の会・20年のあゆみ編集委員会

著者1	著者2	著者3	発行年	論文名・書籍名	掲載誌	発行元
軍務局第二課			1932	「軍港境域及要塞地内の模型製作に關する件」	『呉鎮』第17號184-3	
慶応義塾 編			1962	『福沢諭吉全集』第19巻		岩波書店
慶応義塾大学アート・センター	文化庁*		1997	『シンポジウム「美術館の21世紀をひらく」』		文化庁・慶応義塾大学アート・センター
慶應義塾大学出版会			2008.4	『大型美術館はどこへ向かうのか?』		森美術館
慶応義塾大学出版会			2009.3	「第Ⅰ部総括討議」	『ミュージアム新時代』	慶応義塾大学出版会
慶応義塾大学出版会			2009.3	「第Ⅱ部総括討議」	『ミュージアム新時代』	慶応義塾大学出版会
景観デザイン研究会	篠原 修*(編)		1998.11	『景観用語辞典』		彰国社
経済産業省北海道経済産業局			2007.3	『炭鉱資源を観光面とエネルギー面から再評価・活用したエコミュージアム調査:地域資源と人的資源のネットワーク形成』		経済産業省北海道経済産業局
圭介文書研究会 編	伊藤 圭介*		2012.11	『伊藤圭介日記第18集』		名古屋市東山植物園
慶田 真貴子			1997.3	「解説という名の掛け橋」	『国府台』第7号	和洋女子大学文化資料館
KRC	長野市教育委員会文化財課*編		2014.3	『新真田宝物館基本構想提言』		長野市教育委員会文化財課ほか
K.Dabrowski			1978.3	「博物館学芸員、修復技術者、研修員及び出版物の交流」	『第11回ICOM総会講演集博物館と文化交流』	国際博物館会議日本委員会
K.ハドソン	青木 國男 監	片岡 哲史 他訳	1975.12	『ヨーロッパ産業遺跡・博物館ガイド』		日本放送出版協会
月刊アドバタイジング編集部			2000	「第3特集「自然」を見せるテクノロジー」	『月刊アドバタイジング』第45巻2号	電通
「月刊社会教育」編集委員会 編			1971.11	「特集 博物館問題・社会教育全国集会」	『月刊社会教育』第15巻11号	国土社
「月刊社会教育」編集委員会 編			1972.12	「特集 社会教育とマスメディア」	『月刊社会教育』第16巻12号	国土社
「月刊社会教育」編集委員会 編			1979	「特集 地域文化を育む図書館・博物館」	『月刊社会教育』第23巻10号	国土社
「月刊社会教育」編集委員会 編			2009.2	「集会報告 第6回国際平和博物館会議」	『月刊社会教育』第53巻2号	国土社
「月刊社会教育」編集委員会 編			2013.9	「社会教育フロンティア(30)伊藤寿朗(1947-1991)市民主体の地域博物館を構想した在野の博物館学研究者」	『月刊社会教育』第57巻9号	国土社
「月刊社会教育」編集部			1991.8	『市民が創る生涯学習計画』		国土社
月刊ミュゼ編集部			1995.5	「特集 市民活動としてのミュージアム～参加から参画へ～」	『月刊ミュゼ』11号	(株)アム・プロモーション
月刊ミュゼ編集部			1999	「特集 水族館のマネジメント」	『月刊ミュゼ』35号	(株)アム・プロモーション
月刊ミュゼ編集部 監	ミュージアム・ストア協会*編		2005	『ミュージアム・ショップ・ワークブック』		(株)アム・プロモーション
ケネス・J・ポラコウスキー			1996.12	『動物園のデザイン論』		東京動物園協会
Kevin.Crowley	Karen.Knutson*	堀口 裕美 訳	2016.5	「ミュージアムでの学びを考える」	『触発するミュージアム:文化的公共空間の新たな可能性を求めて』	あいり出版
毛谷村 英治			2016.3	「美術館建築と観光:アートへと変貌するイレモノ」	『交流文化』第16巻	立教大学観光学部
阮 雲星 著	星野 麗子	姜 娜 訳	2016.3	「「杭州西湖の文化的景観」をめぐる世界遺産登録と市民保護活動」	『中国地域の文化遺産:人類学の視点から』	国立民族学博物館
元気な博物館づくりプロジェクト実行委員会			2006.3	『元気な博物館づくりプロジェクト-親しまれる博物館を目指す評価手法の開発-』		元気な博物館づくりプロジェクト実行委員会(徳島県立博物館内)
研究部			1932	「「郷土の本質に就て」「統一態『郷土』」の翻訳紹介並にその吟味—アルベルト・フート」	『郷土科學』第二十四・二十五號	郷土教育聯盟
建設省関東地方建築局営繕部 監			1999.9	『皇太子殿下御成婚記念東京国立博物館平成館建築の記録』		公共建築協会
現代教育編輯所			1915	「東京教育品研究會規約」	『現代教育』第19號	現代教育編輯所・敬文館

著者1	著者2	著者3	発行年	論文名・書籍名	掲載誌	発行元
現代教育編輯所			1920	「『時』展覽會と學用品」	『現代教育』第28號	現代教育編輯所・敬文館
源田 洋祐	奥田 宗幸	中畑 昌之 他	2010.7	「現代の美術館における視覚的空間特性に関する研究:抽象モデル空間での空間接続方法の分析」	『学術講演梗概集』2010巻	日本建築学会
建築界編集部			1975	「海浜のビルコン」	『建築界』第24巻11号	理工図書
建築學會 編			1931	「博物館・美術館・陳列場」	『東京横浜復興建築圖集 1923-1930』	丸善
建築画報社			1978.3	「美術館・博物館第1集」	『月刊建築画報』第14巻3号	建築画報社
建築画報社			1980.2	「美術館・博物館第2集-建築と展示空間の統一-」	『月刊建築画報』第16巻2号	建築画報社
建築画報社			1984.2	「美術館・博物館第3集」	『月刊建築画報』第20巻2号	建築画報社
建築技術			2007.7	「島根県立古代出雲歴史博物館-槇総合計画事務所」	『建築技術』第690号	建築技術
建築技術			2008.8	「十和田市現代美術館-西沢立衛建築設計事務所」	『建築技術』第703号	建築技術
建築研究會 編			1930	『大禮記念京都美術館懸賞設計圖集』		建築研究會
建築工藝協會			1915	「明治神宮御造營附寶物殿」	『建築工藝雑誌』第2期第13冊	建築工藝協會
建築史学会			1999.9	「歴史的建造物の復原・その現状と課題:主として史跡内の事例をめぐって」	『建築史学』第33号	建築史学会
建築思潮研究所 編			1984.6	『建築設計資料第5号 地方博物館・資料館』		建築資料研究社
建築思潮研究所 編			1986.6	『建築設計資料第13号 美術館』		建築資料研究社
建築思潮研究所 編			1988	『建築設計資料第20号 地域産業振興のための施設』		建築資料研究社
建築思潮研究所 編			1990.3	『建築設計資料第28号 記念展示館文学館から企業博物館まで』		建築資料研究社
建築思潮研究所 編			1993.6	『建築設計資料第42号 地方博物館・資料館2』		建築資料研究社
建築思潮研究所 編			1993.12	『建築設計資料第44号 植物園・温室・緑化関連施設』		建築資料研究社
建築思潮研究所 編			1994.2	『建築設計資料第45号 保存・再生-まちづくりの核を仕組む創造行為』		建築資料研究社
建築思潮研究所 編			1994.12	『建築設計資料第49号 美術館2-文化の時代にふさわしい活動の場』		建築資料研究社
建築思潮研究所 編			1996.9	『建築設計資料第58号 地域の複合文化施設-市民の多様な文化活動への対応』		建築資料研究社
建築思潮研究所 編			1999.12	『建築設計資料第74号 公園施設内施設-休憩・展示・観察・体験・管理』		建築資料研究社
建築思潮研究所 編			2000.6	『建築設計資料第76号 児童館・児童文化活動施設』		建築資料研究社
建築思潮研究所 編			2002.9	『建築設計資料第88号 拡張型博物館-規模と機能の拡張』		建築資料研究社
建築思潮研究所 編			2014.12	「展示と共鳴する建築空間竹中大工道具館新館兵庫県神戸市設計・施工=竹中工務店」	『住宅建築』第448号	建築資料研究社
建築世界社			1914	「東京大正博覽會建築號前編」	『建築世界』臨時増刊	建築世界社
建築綜合資料社			1983	「特集 産業系科学博物館資料館の設計と建築」	『建築資料』第391号	建築綜合資料社
建築綜合資料社			1984.1	「特集 これからの美術館:その設計と計画」	『建築資料』第398号	建築綜合資料社
建築綜合資料社			1986	「特集 人と作品を展示する文学記念館の計画と設計」	『建築資料』第431号	建築綜合資料社
建築知識エクサナレッジの会			1984.6	「特集 博物館資料館設計ファイルこれからの市町村設計のために」	『建築知識』第26巻7号	建築知識
玄文社			1918	「家事科學展覽會」	『新家庭臨時増刊』	玄文社

け

著者1	著者2	著者3	発行年	論文名・書籍名	掲載誌	発行元
呉 衛国	中川 成夫 補	渡辺 亜子 訳	1989.1	「北京と天津地区の博物館見学者調査報告」	『博物館研究』第24巻第1号	日本博物館協会
呉 桐			2015.4	「動物園は社会の万華鏡:細部からみる中国の動物園」	『ながさき経済』第306号	長崎経済研究所
呉 秀三			1926	「蒐集材料の整頓植物園」	『シーボルト先生:其生涯及功業』	吐鳳堂
呉 人恵			2007.3	「資料収集がつなげる博物館と言語学者－なぜ私たちは共にコリヤーク・コレクションに取り組んだか?」	『第21回北方民族文化シンポジウム報告書 北太平洋の文化─北方地域の博物館と民族文化』	北方文化振興協会
呉 和玉	西田 紘子*		1963.3	「博物館における教育活動」	『Mouseion:立教大学博物館研究』第9号	立教大学学校・社会教育講座
小荒井 千人	松川 正樹*	小畠 郁生 他	2000.5	「中里効果－科学研究の社会的還元と学校教育・生涯学習の提案－」	『地学教育』第53巻3号	日本地学教育学会
小池 映子	樋口 清之*	加藤 有次	1971.3	「國學院大學考古学資料室の資料貸出状況－集計から見た大学博物館活動－」	『國學院大學博物館學紀要』第3輯	國學院大學博物館学研究室
小池 一子	西沢 立衛*	五十嵐 太郎	2008.5	「座談会:街の風景になる建築とアート(十和田市現代美術館-西沢立衛建築設計事務所)」	『新建築』第83巻7号	新建築社
小池 久美子	田村 友紀*	千吉良 玲子 他	1997.3	「観覧者は何を求めているか-展示室における質問記録の分析から-」	『群馬県立歴史博物館紀要』第18号	群馬県立歴史博物館
小池 研二			2012.2	「欧米の美術館における鑑賞教育について:米・英・仏の美術館の調査から」	『横浜国立大学教育人間科学部紀要』第1号・『教育科学』第14号	横浜国立大学教育人間科学部
小池 浩平			2002.3	「博物館の展示手法について－企画展「古代のみちーたんけん!東山道駅路」における試みを中心に」	『群馬県立歴史博物館紀要』第23号	群馬県立歴史博物館
小池 浩平			2013	「危機管理マニュアルの策定と運用への取り組みについて:本館の管理・運営システムの見直し対策」	『群馬県立歴史博物館紀要』第34号	群馬県立歴史博物館
小池 滋			1986	「鉄道文化財保存の在り方」	『鉄道ピクトリアル』第36巻第10号	鉄道図書刊行会
小池 志保子	中川 理		2011.1	「空間構成からみた日本の公設美術館の変化に関する考察」	『日本建築学会計画系論文集』第76巻659号	日本建築学会
小池 秋草			1924	「ルーヴル博物館」「植物園」	『外遊印象』	広文堂書店
小池 淳一 編	国立歴史民俗博物館*	重信 幸彦	2015.3	『民俗表象の現在:博物館型研究統合の視座から』		岩田書院
小池 淳一			2014.3	「東日本大震災と文化資源:宮城県気仙沼市小々汐地区から」	『国立歴史民俗博物館研究報告』第183集(開館三〇周年記念論文集Ⅱ)	国立歴史民俗博物館
古池 晋禄			2006.5	「公有化された歴史的建造物の整備をとりまく課題」	『史跡整備と博物館』	雄山閣
古池 晋禄			2007.3	「歴史的建造物の活用に関わる基本方針の選択傾向」	『國學院大學博物館學紀要』第31輯	國學院大學博物館学研究室
古池 晋禄			2016.3	「地方都市の文化財保護行政と博物館学」	『國學院大學博物館學紀要』第40輯	國學院大學博物館学研究室
古池 晋禄			2017.12	「新井重三」	『博物館学史研究事典』	雄山閣
小池 貴子			2016.2	「県立川崎図書館の展示と広報活動」	『神奈川県立図書館紀要』第12号	神奈川県立図書館
小池 富雄			2001	「徳川美術館におけるボランティア活動について」	『博物館研究』第36巻第1号	日本博物館協会
小池 智子	大木 志門	宮瀧 交二	2013.7	「座談会文学館の昨日・今日・明日」	『博物館研究』第48巻第7号	日本博物館協会
小池 陸子			2013.2	「郷土資料館友の会活動と私」	『地域と文化財:ボランティア活動と文化財保護』	勉誠出版
小池 陸子	伊郷 吉信*	市村 孝史 他	2013.2	「パネルディスカッション インタープリターの将来を考える」	『地域と文化財:ボランティア活動と文化財保護』	勉誠出版
小池 渉	国府田 良樹*	村田 太郎 他	2005.3	「開館10周年記念「恐竜たちの足音が聞こえる-中国そして日本」展の開催の記録」	『茨城県自然博物館研究報告』第8号	ミュージアムパーク茨城県自然博物館
小池 渉	小幡 和男	国府田 良樹 他	2006.3	「ミュージアムパーク茨城県自然博物館の開館10周年記念企画展にかかる中国内蒙古自治区の地質および植物調査の概要」	『茨城県自然博物館研究報告』第9号	ミュージアムパーク茨城県自然博物館
小泉 顯夫			1933	「朝鮮博物館見學旅日記」	『ドルメン』第2巻第4號(博物館特輯)	岡書院
小泉 功			1975.9	「Ⅱ郷土資料の収蔵庫 3河越館跡の保存問題と歴史公園について」	『地方史マニュアル4郷土資料の活用』	柏書房
小泉 和子 文	田村 祥男 写真		2011.9	『昭和のくらし博物館』		河出書房新社

著者1	著者2	著者3	発行年	論文名・書籍名	掲載誌	発行元
小泉 修吉	斎田 英治	野沢 汎雄	1988.12	「先駆的映像展示の一考察」	『展示学』第7号	日本展示学会
小泉 順也			2011.3	「ポール・ゴーガンをめぐるコレクション形成の黎明期-二十世紀前半のフランスにおける個人コレクターと公立美術館の動向-」	『実践女子大学美學美術史學』第25号	実践女子大学
小泉 順也			2011.3	「ブルターニュにおける近代美術と文化的アイデンティティ--ポン=タヴェン美術館の創設とポール・ゴーガン受容の変遷」	『総合社会科学研究』第3巻第3号	総合社会科学会
小泉 成史			2010.1	「自然系博物館の未来(第8回)技術系博物館の未来」	『科学』第80巻第1号	岩波書店
小泉 丹			1930	「動物園」	『岩波講座生物學』	岩波書店
小泉 丹			1930	「亞米利加博物館中亞探検隊の對支交渉事情」	『岩波講座生物學』第1巻6號	岩波書店
小泉 丹			1936	「動物園」	『生物學巡禮チャルダン・デ・プラント』	岩波書店
小泉 丹			1936	『生物学巡礼チャルダン・デ・プラント』		岩波書店
小泉 丹			1942	「明治初期に於ける生物學」	『學術の日本』	中央公論社
小泉 尚嗣	勝部 亜矢	近藤 久雄 他	2015.7	「2015年つくばエキスポセンターでの地震・火山研究の展示」	『GSJ地質ニュース』第4巻第7号	産業技術総合研究所地質調査総合センター
小泉 直也	伊藤 香織*	苗村 健	2015	「感想共有・鑑賞体験記録に基づくミュージアムツアー支援システム」	『日本バーチャルリアリティ学会論文誌』第20巻第2号	日本バーチャルリアリティ学会
古泉 奈々	鵜沢 隆		2012.9	「現代日本における図書館・美術館・博物館の中庭に関する研究」	『学術講演梗概集』2012巻	日本建築学会
小泉 成史			2006.3	「「科学コミュニケーション」って何なの?」	『月刊ミュゼ』75号	(株)アム・プロモーション
小泉 雅弘			2005.8	『下町の学芸員奮闘記～文化行政と生涯学習の最前線』		文芸社
小泉 三男松			1914	『田中芳男氏功績書』		小泉三男松
幸泉 満夫			2014.9	「博物館資科学の新たな可能性:地域に眠る出土文化財の新たな活用システム構築に向けて」	『愛媛大学法文学部論集.人文学科編』37	愛媛大学法文学部
幸泉 満夫			2016.1	「基于博物馆学视角的日本埋藏文化遗产的行政管理及展望－从促进日本国内三千多处"出土文化遗产"的利用来看－」	『復旦大学文物与博物館学系・愛媛大学法文学部学部間学術交流協定事業・記念講演会資料』	復旦大学
幸泉 満夫			2016.6	「地方国立大学における博物館学芸員養成過程の現状と課題」	『平成28年度全国大学博物館学講座協議会全国大会資料』	全国大学博物館学講座協議会
幸泉 満夫			2016.9	「英国ロンドン市立博物館の低年齢児童に対する歴史系教育」	『愛媛大学法文学部論集・人文学編』41	愛媛大学法文学部
小泉 祐紀			2013	「文化財保護行政の現場から(博物館活動と学芸員資格:現場の声を聞く:博物館フォーラム)」	『静岡大学生涯学習教育研究』第15号	静岡大学イノベーション社会連携推進機構地域連携生涯学習部門
小泉 幸道			2011.3	「東京農業大学「食と農」の博物館」	『日本食品保蔵科学会誌』第37巻第2号	日本食品保蔵科学会
小泉 弓子			1991.2	「なぜ江戸東京博物館なのか」	『歴史評論』第490号	校倉書房
小出 正吾			1941	「植物園日記ブイテンゾルグにて」	『椰子の樹かげ:ジヤワの思ひ出』	教養社
小出 美紀	福田 道雄*		1999	「戦前の阪神パークにおけるケープペンギン飼育が及ぼした影響」	『博物館研究』第34巻第6号	日本博物館協会
小出 美由紀	淺野 敏久*		2014.12	「大学博物館のイメージに関する調査結果<資料>」	『広島大学総合博物館研究報告』第6号	広島大学総合博物館
小出 宗治			2000	『歴博ブックレット20屏風絵の中の近世日本と世界ー教室で使う歴博展示』		歴史民俗博物館振興会
小出 良幸	平田 大二	山下 浩之	1994	「ニュー・メディアとニュー・メソッド―地学教育と博物館」	『神奈川地学』第74号	神奈川地学会
小出 良幸 他			1995	「環境学習への取組みと意識―神奈川県での現状分析―」	『神奈川県の環境学習実態調査報告書ー新しい地球環境学習プログラム開発を目指して』	
小出 良幸			1998	「地球科学の新しい普及活動を目指して」	『神奈川県博物館協会会報』第69号	神奈川県博物館協会
小出 良幸	平田 大二	山下 浩之	1998.12	「新しい地球科学の普及をめざして―だれでも使える博物館―」	『地学雑誌』第107巻6号	東京地学協会
小出 良幸	斎藤 靖二*	高橋 啓一	1998.12	「仮想「日本自然史博物館」」	『地学雑誌』第107巻6号	東京地学協会

著者1	著者2	著者3	発行年	論文名・書籍名	掲載誌	発行元
小出 良幸	平田 大二	山下 浩之	1999	「インターネットのリンク・データベース―自然史博物館・理科教育・地球環境・障害者・地球科学に関するリンク集―」	『神奈川県立博物館研究報告.自然科学』第28号	神奈川県立生命の星・地球博物館
小出 良幸 他			1999	「地球科学教育の新しい教育法試案―博物館における地球科学教育の刷新へのケーススタディー」	『神奈川県立博物館研究報告.自然科学』第28号	神奈川県立生命の星・地球博物館
小出 良幸			1999.7	「地球科学と教育を取り巻く現状分析--博物館の新しい地球科学教育を目指して(1)」	『地学教育』第52巻4号	日本地学教育学会
小出 良幸			1999.9	「博物館の現状分析とその目標--博物館の新しい地球科学教育を目指して(2)」	『地学教育』第52巻5号	日本地学教育学会
小出 良幸	山下 浩之*	平田 大二 他	1999.9	「博物館における地球科学の新しい普及活動」	『博物館学雑誌』第25巻第1号	全日本博物館学会
小出 良幸	平田 大二	山下 浩之 他	1999.11	「博物館での新しい取り組み--博物館の新しい地球科学教育を目指して(3)」	『地学教育』第52巻6号	日本地学教育学会
小出 良幸			2000.3	「認知心理学の博物館活動への応用を目指して-自然史教育心理学への序章-」	『神奈川県立博物館研究報告.自然科学』第29号	神奈川県立生命の星・地球博物館
小出 良幸			2001	『万人のための「地球と生命」博物館学習プログラムの開発-障害者も活用できる博物館-』		文部省科学研究費補助金研究成果報告書
小出 良幸			2001.3	「自然史における情報科学とメディア」	『神奈川県立博物館研究報告.自然科学』第30号	神奈川県立生命の星・地球博物館
小出 良幸	山下 浩之*	田口 公則	2001.3	「アンモナイトを利用した化石の触覚実験とその地球科学教育学的意義」	『神奈川県立博物館研究報告.自然科学』第30号	神奈川県立生命の星・地球博物館
小出 良幸	新井田 秀一*	平田 大二	2001.3	「視覚障害者と健常者における聴覚と環境認識との関係」	『神奈川県立博物館研究報告.自然科学』第30号	神奈川県立生命の星・地球博物館
小出 良幸	平田 大二*		2001.3	「視覚障害者と健常者とによる触覚を用いた岩石の観察」	『神奈川県立博物館研究報告.自然科学』第30号	神奈川県立生命の星・地球博物館
小出 良幸			2002.3	「博物館における自然史の再評価」	『神奈川県立博物館研究報告.自然科学』第31号	神奈川県立生命の星・地球博物館
小出 良幸	山下 浩之	平田 大二	2003.5	「自然史リテラシーの重要性-博物館における長期教育の試み-」	『地学教育』第53巻6号	日本地学教育学会
小出 良幸			2003	『博物館と社会的弱者による新しい自然史リテラシーの開発』		文部省科学研究費補助金研究成果報告書
小出 良幸			2007.3	「異種教育機関におけるネットワークによる科学教育の試み-大学と2つの博物館によるケーススタディー」	『札幌学院大学人文学会紀要』第81号	札幌学院大学人文学会
小井土 由光	坪井 のり子*	古田 靖志	2003	「学校教育を支援するための博物館活動のあり方-アウトリーチ型授業の役割と課題-」	『岐阜県博物館調査研究報告』第24号	岐阜県博物館
小岩 信治			2011	「まちと博物館を結ぶ--「静岡文化芸術大学の室内楽演奏会」を例に」	『静岡大学生涯学習教育研究』第13号	静岡大学生涯学習教育研究センター
小岩 哲郎			1980.11	「生涯学習の場としての地域博物館」	『平塚市博物館年報』第4号	平塚市博物館
高 恩美			2011	「野外博物館の存在形態と現状調査-韓国の民俗村を事例として」	『観光学論集』第6号	長崎国際大学
高 暁梅 編	孫 長慶*		1993	「黒竜江省博物館機構沿革」	『黒竜江省博物館七十年』	黒竜江人民出版社
黄 慶雲			1962.6	『接着の化学と実際』		高分子刊行会
黄 慶雲			1965.1	『接着の科学』		岩波書店
耿 煕旭	教育史研究會 監		1944	「學校と社會教育」	『滿洲國敎化行政之現狀學校与社會教育』社會教育資料第一集	文敎部敎化司社會教育科
黄 貞燕	邱 君妮		2015.12	「台湾の博物館法及び博物館事業について」	『博物館研究』第50巻第12号	日本博物館協会
黄 斌	松本 圭太 訳		2016	「世界遺産西湖:景観保護の課題と遺産影響評価」	『岩手大学「平泉文化研究センター年報」』第4巻	岩手大学平泉文化研究センター
黄 斌	水盛 涼一 訳		2017	「浙江省の世界文化遺産に関する資源の研究および世界遺産の登録と管理」	『岩手大学「平泉文化研究センター年報」』第5巻	岩手大学平泉文化研究センター
候 鵬暉			2016.3	『日本における写真展覧会の史的研究―戦後から写真美術館の成立まで(1945-1995)を中心に―』		日本大学
ゴウヤスノリ			2002.6	「小さな学芸員たちの素敵な展覧会ワークショップ「こども学芸隊」」	『月刊ミュゼ』53号	(株)アム・プロモーション
郷 泰典			2016.5	「子どもが、子どもで、いられる場所」	『触発するミュージアム:文化的公共空間の新たな可能性を求めて』	あいり出版
公益社団法人温故学会			2013	『塙保己一の生涯と『群書類従』の編纂 温故学会創立百周年記念出版』		公益社団法人温故学会

著者1	著者2	著者3	発行年	論文名・書籍名	掲載誌	発行元
公園緑地管理財団			2003.3	『国立公園管理の概要』		公園緑地管理財団
公害対策技術同友会			1993	「特集 新・水族館事情」	『緑の読本』第27巻	公害対策技術同友会
興梠 寛			1994	「ボランティアの歴史から考える」	『窓』第20号	窓社
纐纈 茂			2008.6	「見晴台遺跡と市民発掘」	『博物館問題研究』第31号	博物館問題研究会
纐纈 はつほ	尾坂 知江子	小野田 智代 他	1992.3	「生命観展示品『受精から出産まで』について」	『名古屋市科学館紀要』第18号	名古屋市科学館
郷家 雄二			2001.11	「理工系展示における化学実験装置の開発について」	『仙台市科学館研究報告』第11号	仙台市科学館
考古學會			1940.3	「滿洲國に於ける飛鳥奈良文化展覽會」	『考古學雜誌』第30巻3號	考古學會
香西 武	芦原 慎平*		2012.12	「世界ジオパークの学校教育への活用方策とその課題:山陰海岸ジオパークを例として」	『日本理科教育学会四国支部会報』第31号	日本理科教育学会四国支部
向坂 幸雄	木村 安心*	森山 昌弘	2014.3	「保育学生は動物園をどう捉えているか」	『中村学園大学発達支援センター研究紀要』第5号	中村学園大学発達支援センター
幸島 司郎			2010.1	「動物園・水族館とフィールド研究者の連携--多様性研究の視点から」	『科学』第80巻第10号	岩波書店
孝寿 聡			2001.1	「博物館の映像記録、その理論と実践-江戸東京博での映像制作-」	『國學院大學日本文化研究所報』第218号	國學院大學日本文化研究所
孝寿 聡			2004.2	「動画像による記録方法の研究伝承技術、民俗芸能、祭礼の記録作業体験から得られた撮影、編集方法」	『国立歴史民俗博物館研究報告』第117集	国立歴史民俗博物館
工津 尋美	五代 まゆみ*	齋藤 智子 他	1996.3	「体験学習室における学習指導例-体験学習室行事「アイヌ民族の狩猟具」の実践を通して-」	『北海道開拓記念館研究紀要』第24号	北海道開拓記念館
郷田 智成			1991.3	「博物館の設立傾向と展望:モノから心の時代へ」	『愛媛の博物館』第28号	愛媛県博物館協会
幸田 麻里子			2010.2	「動物園におけるテーマ性とアミューズメント性」	『育英短期大学研究紀要』第27号	育英短期大学
国府田 良樹	小池 渉	村田 太郎 他	2005.3	「開館10周年記念「恐竜たちの足音が聞こえる-中国そして日本」展の開催の記録」	『茨城県自然博物館研究報告』第8号	ミュージアムパーク茨城県自然博物館
国府田 良樹	小池 渉*	小幡 和男 他	2006.3	「ミュージアムパーク茨城県自然博物館の開館10周年記念企画展にかかる中国内蒙古自治区の地質および植物調査の概要」	『茨城県自然博物館研究報告』第9号	ミュージアムパーク茨城県自然博物館
国府田 良樹			2012.3	「ミュージアムパーク茨城県自然博物館での被災とその対応」	『全科協news』	全国科学博物館協議会
講談社			1994.3	『ラミューズ第45号ニューデリー博物館』		講談社
講談社 編			2004	『学校では教えない博物館科学館からはじめる「調べ学習」のヒント100』		講談社
高知県立歴史民俗資料館			2002	『高知県立歴史民俗資料館開館10周年記念誌』		高知県立歴史民俗資料館
交通博物館 編			1972	『五十年史』		交通博物館
交通科学館			1982	『交通科学館20年のあゆみ』		交通科学館
交通科学博物館			1900	『交通科学博物館概要』		交通科学博物館
交通新聞社			2014.5	「交通科学博物館閉館:52年の歴史に幕」	『JR gazette』第72巻第5号	交通新聞社
交通博物館			2006	『交通博物館概要』		交通博物館
交通博物館			2007.3	『交通博物館のあゆみ:鉄道博物館開館85年・神田の地で70年・交通の博物館として60年』		交通博物館
合津 正之助			2016	「鑑賞活動における新たなアプローチについての一考察:図画工作科および美術科の鑑賞活動における美術館等の役割」	『常葉大学造形学部紀要』第14号	常葉大学造形学部
高妻 洋成			1992.4	「第2章文化財の素材と技法 第3節木材」	『文化財のための保存科学入門』	株式会社飛鳥企画
高妻 洋成			2015.5	「木質文化財の保存と修復の科学の展望」	『木材学会誌』第61巻第3号	日本木材学会
高妻 洋成			2016.12	「2016年熊本地震により被災した文化財のレスキューと装飾古墳の被害調査」	『奈文研ニュース』第63号	国立文化財機構奈良文化財研究所

著者1	著者2	著者3	発行年	論文名・書籍名	掲載誌	発行元
郷道 哲章			2005.3	「博物館に未来はあるか」	『長野県立歴史館研究紀要』第11号	長野県立歴史館
江南 散史	森本 江南		1893.6	『動物園:少年文学』		吉岡書店
甲野 勇			1946	「古代史と博物館」	『あんとろぽす』創刊号	山岡書店
甲野 勇			1955	「子供たちと博物館」	『武蔵野』第34巻第1号	武蔵野文化協会
河野 英一 編	Serena.Oh*		2014.1	「シンガポールにおける野生動物および動物園動物の感染症制御」	『国際的な動物園ネットワークを用いた野生動物感染症の早期警報システム』	龍渓書舎
河野 一隆	赤司 善彦*		2009.4	「九州国立博物館による装飾古墳のデジタルアーカイブ」	『月刊文化財』第547号	第一法規
河野 健三			1988.12	「社会教育の中の天文-3-科学館における活動-1-天文の展示活動」	『天文月報』第81巻第12号	日本天文学会
河野 至恩			2012.11	「ライプツィヒから〈世界〉を見る(#2)プラハのカフカ・ミュージアムと「世界文学」の時代の文学館」	『ゲンロンエトセトラ:コンテクチュアズ友の会会報』第5号	コンテクチュアズ
甲野 正道			2012.11	「博物館と知的財産」	『博物館学3(博物館情報メディア論*博物館経営論)』	学文社
高分子刊行会			1997.1	『接着便覧第20版』		高分子刊行会
神戸市都市計畫部 編			1924	「動植物園」	『都市計畫上より見たる最近の歐米都市』	神戸市都市計畫部
兄部 次郎	桜井 信子		1988.3	「昭和62年度欧州博物館事情視察レポート 博物館・美術館に併設されているレストランに関しての一考察」	『博物館研究』第23巻第3号	日本博物館協会
神戸大学	奥村 弘*		2013	『大規模自然災害時の史料保全論を基礎とした地域歴史資料学の構築』		文部科学省科学研究費補助金研究成果報告書
神戸大学大学院人文学研究科地域連携センター 編			2013.7	『「地域歴史遺産」の可能性』		岩田書院
神戸大学文学部			2004.3	『歴史文化に基礎をおいた地域社会形成のための自治体等との連携事業(2)』		神戸大学文学部
広報委員会 編			2015.1	「休息一下:coffeebreak北京動物園」	『日中建協news』32号	日中建築住宅産業協議会
幸丸 政人			1992.3	「展示のための館内製作の試み-生態的展示を中心として-」	『秋田県立博物館研究報告』第17号	秋田県立博物館
幸丸 政人			1994.3	「始祖鳥塑像の館内製作-石粉入り粘土の活用について-」	『秋田県立博物館研究報告』第19号	秋田県立博物館
香村 紘一			1984.11	「『特色のない』まちの博物館づくり:相模原市民の博物館建設運動史」	『相模原市文化財研究協議会会報』第5号	相模原市文化財研究協議会
香村 紘一			1996.8	「地域博物館建設と市民活動--相模原市の場合」	『地方史研究』第46巻第4号	地方史研究協議会
神山 典士			1998	「グローバル・デジタル・ミュージアムへの挑戦:国立民族学博物館」	『The』第21号	
小浦 久子	国立文化財機構奈良文化財研究所 編		2014.1	「持続可能な地域の未来のために」	『文化的景観研究集会(第5回)報告書:文化的景観のつかい方』	国立文化財機構奈良文化財研究所
郷力 憲治	森田 恒之*	脇田 健一 他	1997.9	「座談会 展示をつくる論理」	『季刊Liberty』第19号	大阪人権歴史資料館
高力 英夫			1986	『福島県の博物館-その活動史聞き書きノート』		高力英夫
高力 英夫			1987.3	「福島県の博物館活動史」	『國學院大學博物館學紀要』第12輯	國學院大學博物館学研究室
興梠 正克	大隈 隆史*	七田 洸一 他	2008.10	「科学ミュージアムの展示サービス改善のためのガイドシステムと地図・解説コンテンツに関するユーザスタディ(マルチメディア・仮想環境基礎)」	『電子情報通信学会技術研究報告』第108巻第226号	電子情報通信学会
興梠 正克	大隈 隆史*	酒田 信親 他	2009.6	「科学ミュージアムガイドと現地での追体験分析のためのモバイルインタフェース」	『日本バーチャルリアリティ学会論文誌』第14巻第3号	日本バーチャルリアリティ学会
興梠 正克	大隈 隆史*	七田 洸一 他	2009.6	「科学ミュージアムガイドにおける三次元地図提示のための仮想視点制御と体験誘導コンテンツ提示の効果」	『日本バーチャルリアリティ学会論文誌』第14巻第3号	日本バーチャルリアリティ学会
肥塚 隆保			1992.4	「第2章文化財の素材と技法 第2節古代のガラス」	『文化財のための保存科学入門』	株式会社飛鳥企画
故大森男爵事歴編纂會 編			1931	「大典記念京都植物園の創設に就て」	『大森鍾一』	故大森男爵事歴編纂會
ゴーランド・コレクション調査プロジェクト 編			2015.3	『大英博物館ゴーランド・コレクションの調査から』		ゴーランド・コレクション調査プロジェクト

著者1	著者2	著者3	発行年	論文名・書籍名	掲載誌	発行元
小風 秀雅 監			2016.1	『明治日本の産業革命遺産:近代化のなぞがとける』		PHP研究所
古賀 忠道	本庄 伯郎		1933	『動物園』		(株)アルス
古賀 忠道			1933.8	「夏季に於ける動物飼育法」	『博物館研究』第6巻第8號	日本博物館協會
古賀 忠道			1937	「動物園に於ける動物収容設備に就いて」	『公園緑地』第14號	公園緑地協會
古賀 忠道 編			1937	『上野動物園と黒川翁』		黒川翁記念碑建設會
古賀 忠道			1939	「戦争と動物園」	『文芸春秋』第17巻第21号	文芸春秋
古賀 忠道			1939-1940	「『動物飼育講座』(全10回)	『公園緑地』Vol.31～Vol.4、No.6	日本公園緑地協會
古賀 忠道			1940	『私の見た動物の生活』		三省堂
古賀 忠道			1941	『動物園見物』		大日本雄辯會講談社
古賀 忠道			1950	『動物と動物園』		角川書店
古賀 忠道			1951.9-1952.9	『世界の動物園めぐり』	『どうぶつと動物園』にて全12回連載	東京動物園協会
古賀 忠道			1953	『欧米動物園視察記』		東京動物園協会
古賀 忠道 編			1953	『動物園 目でみる社会科63』		毎日新聞社
古賀 忠道 監			1955	『動物園』		河出書房
古賀 忠道			1956.9-1957.9	『世界動物園めぐり』	『どうぶつと動物園』にて全12回連載	東京動物園協会
古賀 忠道	高橋 峯吉		1957	『上野動物園:むかしといま』		三省堂
古賀 忠道			1959.7	「上野の山から」	『月刊うえの』	上野のれん会
古賀 忠道	高橋 峯吉*		1959	『むかしといま-上野動物園-』		三省堂
古賀 忠道			1959.1	「アフリカ生態園の建設について」	『動物園水族館雑誌』第1巻1号	日本動物園水族館協会
古賀 忠道			1962.2	「動物と私」	『月刊うえの』	上野のれん会
古賀 忠道			1966	『動物園夜話科学者随想1』		雪華社
古賀 忠道 他編			1968	『財団法人東京動物園協会創立20周年小史』		東京動物園協会
古賀 忠道			1970	『動物園での観察』		岩崎書店
古賀 忠道			1977	『私の動物誌』		東京書籍
古賀 忠道 他編			1978	『財団法人東京動物園協会創立30周年史』		東京動物園協会
古賀 忠道			1981	『私の動物誌』		埼玉福祉会
古賀忠道先生記念事業会 編			1988	『古賀忠道その人と文』		古賀忠道先生記念事業会
小勝 禮子			2007.3	「日本の美術館におけるジェンダーの視点の導入をめぐって」	『Image&gender』第7号	彩樹社
小金井 良精			1913	「故坪井會長を悼む―追悼會上にての講演」	『人類學雑誌』第28巻第11號	東京人類學會
小金沢 智			2016.4	「博物館の調査研究」	『ミュゼオロジーの展開:経営論・資料論』	武蔵野美術大学出版局
古賀 大	大嶋 彩子		2009.3	「美術館計画におけるデザイン・クライテリア(碧南市藤井達吉現代美術館日本設計)」	『建築技術』第710号	建築技術

著者1	著者2	著者3	発行年	論文名・書籍名	掲載誌	発行元
古河 三樹			1970	『見世物の歴史』		雄山閣
古賀 豊	原田 健一 編	石井 仁志 編	2013.9	「デジタル映像アーカイブをめぐる知的財産としての権利」	『懐かしさは未来とともにやってくる：地域映像アーカイブの理論と実際』	学文社
五木田 悦郎	木崎 小百合	鈴木 絹江 他	1999.3	「茨城県自然博物館野外の花ごよみの作成」	『茨城県自然博物館研究報告』第2号	ミュージアムパーク茨城県自然博物館
故宮博物院修復廠裱画組			1981.3	「出土書画の修復について」	『保存科学』第20号	東京国立文化財研究所
古今書院			1984	「特集 情報化時代の博物館」	『地理』第29巻第10号	古今書院
古今書院			1985.11	「特集 地域博物館への期待」	『地理』第30巻第11号	古今書院
國井 綾			2011.4	「登録美術品制度について」	『月刊文化財』第571号	第一法規
國學院大學研究開発推進機構日本文化研究所総合プロジェクト「デジタル・ミュージアムの構築と展開」編			2008.3	『写真資料デジタル化の手引き—保存と研究活用のために—』		國學院大學研究開発推進機構日本文化研究所
國學院大學神道資料展示室運営委員会			1990.3	「神道資料の分類体系について」	『國學院大學博物館學紀要』第14輯	國學院大學博物館学研究室
國學院大學栃木短期大學			2000.6	『全国大学博物館学講座協議会加盟大学「博物館情報論」シラバス集』		國學院大學栃木短期大學
國學院大學博物館学研究室			2013	「高度博物館学教育の実践：木島平村ふるさと資料館が開館するまで」	『國學院大學博物館學紀要』第38号	國學院大學博物館学研究室
國語敎授研究會 編			1912	「上野動物園」	『受験準備兼用高等小學読本自習書1年の巻』	三友堂
国際協力機構			2008.12	「新たな可能性を切り開く大エジプト博物館-エジプト」	『JICA'sworld』第3号	国際協力機構
国際交流基金日本研究・知的交流部欧州・中東・アフリカチーム 編			2016.1	『国際交流基金中央アジアシンポジウム「ひもとく、つなぐ-中央アジアの文化遺産-」』		国際交流基金日本研究・知的交流部欧州・中東・アフリカチーム
国際子ども図書館を考える全国連絡会			2009.3	『日本の絵本美術館』		国際子ども図書館を考える全国連絡会
國際事情研究會			1940	「戰爭と動物園」	『戰爭の側面研究』	國際事情研究會
國際事情研究會			1941	「戰爭と動物園」	『歐洲戰の舞台轉換』	國際事情研究會
国際博物館会議日本委員会 編			1965	『博物館組織-その実際的アドバイス』		国際博物館会議日本委員会
国際博物館会議日本委員会 訳			1967.3	『博物館列品管理の方法』		国際博物館会議日本委員会
国際博物館会議日本委員会 編			1972	『第9回ICOM総会論文集 人類に奉仕する今日と明日の博物館』		国際博物館会議日本委員会
国際博物館会議日本委員会 訳			1973	『博物館組織-その実際的アドバイス-改訂版』		国際博物館会議日本委員会
国際博物館会議日本委員会 編			1974.9	『第10回ICOM総会論文集 博物館と近代世界』		国際博物館会議日本委員会
国際博物館会議日本委員会			1978.3	『第11回ICOM総会講演集 博物館と文化交流』		国際博物館会議日本委員会
国際文化会館	Roberts.Laurence.P*		1978	『Roberts Guide to Japanese Museume In Collaboration with the International House of Japan』		講談社
國際文化振興會			1935	「日本文化紹介世界各國展覽會參加一覽」	『博物館研究』第12巻第10號	日本博物館協會
國司 眞	秋山 幸也*	西岡 芳文 他	2015	「第2章手法と機能」	『博物館の未来をさぐる』	東京堂出版
小口 八郎			1980.7	『古美術の科学：材料・技法を探る』		日本書籍
木口 裕史			1999.3	「フィジー博物館と考古学部門の新設」	『Museologist：明治大学学芸員養成課程年報』第14巻	明治大学学芸員養成課程
国土社			1983.9	「特集 地域に博物館をつくる」	『月刊社会教育』第27巻9号	国土社
国土社			1986.2	「特集 パフォーマンスIN教育」	『月刊社会教育』第30巻2号	国土社
国土社			2004.11	「特集 地域に生きる博物館の魅力」	『月刊社会教育』第48巻11号	国土社

著者1	著者2	著者3	発行年	論文名・書籍名	掲載誌	発行元
國府 種徳			1920	「航歐途上より(承前)」	『斯民』第15編第3號	中央報徳會
國府 種徳			1921	「航歐途上より(承前)」	『斯民』第15編第4號	中央報徳會
國分 麻里			2008	「植民地朝鮮における1930年前後の郷土教育論--『文教の朝鮮』『朝鮮の教育研究』の記事を手がかりにして」	『埼玉社会科教育研究』	埼玉大学社会科教育研究会
国文学研究資料館 史料館 編			1988.5	『史料の整理と管理』		岩波書店
国宝修理装潢師連盟 編			1996.10	『日本美術品の保存修復と装潢技術その1』		クバプロ
国宝修理装潢師連盟 編			2002	『日本美術品の保存修復と装潢技術その弐』		国宝修理装潢師連盟
国宝修理装潢師連盟 編			2006.2	『日本美術品の保存修復と装潢技術その3(染め織り裂紙)』		クバプロ
国宝修理装潢師連盟 編			2009.12	『日本美術品の保存修復と装潢技術その4(本紙のもつ情報)』		クバプロ
Kokubo.S	Deguchi.Yoshiaki*		1957	「Contribution to the study of aquarium conditions.1.On the physiological balance between fish and plants in the fresh water aquarium.」	『Bull.Res.Coll.Arr.&Vet.Sc.・NihonUniv.』第8号	日本大学農獣医学会
小久保 清治			1926	「東北大學淺蟲臨海實驗所小記Ⅲ」	『動物學雜誌』第38巻450・451號	日本動物學會
小久保 清治			1927.9	「大正十五年度東北大學淺蟲臨海實驗所小記」	『動物學雜誌』第39巻467號	日本動物學會
小久保 徹			2009.3	「平成19年度団体入館者の動向-常設展示改修および「ゆめ・体験ひろば」設置をふまえて」	『埼玉県立歴史と民俗の博物館紀要』第3号	埼玉県立歴史と民俗の博物館
國民新聞 編			1930	「展望臺と天然植物園」	『温泉日本』	啓成社
国立印刷局 編	黒岩 万里子*		1996.11	「時代の変化に対応した文化財保護へ文化財登録制度の導入等-文化財保護法の一部を改正する法律-」	『時の法令』第1534号	国立印刷局
国立科学博物館 編			1962	「国立科学博物館開館85周年記念号」	『自然科学と博物館』第29巻9・10号	国立科学博物館
国立科学博物館 編			1967	「国立科学博物館開館90周年記念誌」	『自然科学と博物館』第34巻11・12号	国立科学博物館
国立科学博物館 編			1977.11	『国立科学博物館百年史』		国立科学博物館
国立科学博物館			1988.7	『創立110周年記念国立科学博物館の教育普及活動』		国立科学博物館長諸澤正道
国立科学博物館			1989	『国立科学博物館物語』		さ・え・ら書房
国立科学博物館			1991	『国立科学博物館棚橋文庫目録(単行本の部)』		国立科学博物館
国立科学博物館 編	諸沢 正道*編		1991.3	『開かれた博物館をめざして』		科学博物館後援会
国立科学博物館			1992.3	『第2回全国博物館ボランティア研究協議会概要』		国立科学博物館
国立科学博物館			1996.1	『教育ボランティア活動10年のあゆみ』		国立科学博物館
国立科学博物館			1998.3	『写真で見た国立科学博物館120年の歩み』		国立科学博物館
国立科学博物館			1999.3	『国立科学博物館における研究活動』		国立科学博物館
国立科学博物館 編			2001	「第1章博物図譜と博物館」	『日本の博物図譜十九世紀から現代まで』	東海大学出版会
国立科学博物館			2001.7	『国立科学博物館の現状と課題－自己点検・評価報告書－2001』		国立科学博物館
国立科学博物館 編			2003	『標本学-自然史標本の収集と管理』		東海大学出版会
国立科学博物館	金子 俊郎*		2003-2005	『物理理論を実感できる手づくり体験型展示物の研究・開発』		文部科学省科学研究費補助金研究成果報告書
国立科学博物館			2004.3	「資料編 ミュージアム・マネジメントに関する文献」	『博物館の機能及びその効果的な運営の在り方に関する実証的研究』	国立科学博物館
国立科学博物館	丹青研究所		2005.5	『共同研究報告書 入館者の満足度調査と傾向分析』		独立義行政法人国立科学博物館。株式会社丹青研究所

こ

著者1	著者2	著者3	発行年	論文名・書籍名	掲載誌	発行元
国立科学博物館			2005.11	『国立科学博物館におけるサイエンスコミュニケータの養成について-「つながる知」の創造をめざして-(中間まとめ)』		国立科学博物館
国立科学博物館			2011.3	『授業で使える!博物館活用ガイド:博物館・動物園・水族館・植物園・科学館で科学的体験を』		少年写真新聞社
国立科学博物館 作	見杉 宗則 絵		2016.2	『くらべてわけてならべてみよう!:はくぶつかんでみつけたもの:科博の絵本』		国立科学博物館
国立科学博物館 編			2016.7	『地球館ガイドブック:地球生命史と人類-自然との共存をめざして』		国立科学博物館
国立科学博物館 監	成毛 眞*		2017.3	『国立科学博物館のひみつ地球館探検編』		ブックマン社
国立科学博物館教育部			1988.11	「国立科学博物館における教育ボランティア制度の現状と課題」	『博物館研究』第23巻第11号	日本博物館協会
国立科学博物館「古生物」グループ教育ボランティア			2010.9	「国立科学博物館における古生物学教育普及活動の紹介」	『化石』第88号	日本古生物学会
国立科学博物館植物研究部			1969.7	『標本の収集・整理及び保管について』		国立科学博物館植物研究部
国立科学博物館筑波実験植物園開園10周年行事計画委員 編			1993	『筑波実験植物園10年の歩み-開園10周年記念』		国立科学博物館筑波実験植物園
国立科学博物館普及課			1980	「国立科学博物館の上手な利用の仕方」	『自然科学と博物館』第47巻1号	科学博物館後援会
国立科学博物館普及部			1997.11	「国立科学博物館今昔」	『国立科学博物館ニュース』第343号	国立科学博物館
国立科学博物館附属自然教育園			1980.12	『創立三十周年記念誌』		国立科学博物館附属自然教育園
国立科学博物館附属自然教育園 編			1999.11	『自然教育園50年の歩み』		国立科学博物館附属自然教育園
国立科学博物館附属自然教育園自然保護教育研究班 編			1980.3	『自然保護教育の現状と問題点-野外観察会と自然研究路を中心として』		自然教育園
国立科学博物館附属自然教育園自然保護教育研究班			1981.3	『自然保護教育のためのカリキュラム作成に関する研究-自然教育園をフィールドとして』		国立科学博物館付属自然教育園・文部省科学研究費一般研究
国立教育研究所 編			1974	「戦後の博物館の概況」	『日本近代教育百年史』第八巻	国立教育研究所
国立公園協会 訳	日本公園緑地協会 訳		1966	『アメリカのレクリエーション』		日本観光協会
国立社会教育研修所 編			1949	『わが国の美術政策』		国立国会図書館調査立法考査局
国立社会教育研修所 編			1969	『博物館の当面する諸問題と学芸員の職務』		国立社会教育研修所
国立社会教育研修所 編			1972	『博物館学博物館職員講習講座資料』		国立社会教育研修所
国立社会教育研修所 編			1973.5	『博物館職員講習講座資料』		国立社会教育研修所
国立社会教育研修所 編			1974.12	『博物館博物館職員講習講座資料』		国立社会教育研修所
国立社会教育研修所 編			1976.12	『博物館(1)博物館職員講習講座資料』		国立社会教育研修所
国立社会教育研修所 編			1978.12	『博物館(Ⅰ)博物館職員講習講座資料』		国立社会教育研修所
国立社会教育研修所 編			1979.12	『博物館(Ⅱ)博物館職員講習講座資料』		国立社会教育研修所
国立社会教育研修所 編			1980.12	『博物館職員講習講座資料(Ⅰ)』		国立社会教育研修所
国立社会教育研修所 編			1981	『博物館博物館職員講習講座資料』		国立社会教育研修所
国立西洋美術館 編			1979	『国立西洋美術館要覧』		国立西洋美術館
国立西洋美術館			1989.6	『国立西洋美術館30年史1959-1989』		国立西洋美術館
国立西洋美術館 編	河口 公夫*		2003.3	「美術館における修復保存部門の役割と問題」	『国立西洋美術館研究紀要』第7号	国立西洋美術館
国立天文台			2015	『国立天文台ミュージアム構想』		国立天文台

著者1	著者2	著者3	発行年	論文名・書籍名	掲載誌	発行元
国立文化財機構九州国立博物館 編			2016.3	『九州国立博物館の取り組み:平成27年度文化財防災ネットワーク推進事業』		九州国立博物館
国立文化財機構東京文化財研究所			2016.3	『東南アジアの遺跡保存をめぐる技術的課題と展望』		国立文化財機構東京文化財研究所
国立文化財機構東京文化財研究所文化遺産国際協力センター			2014.4	『シリア古物博物館総局レポート「シリア国内の考古遺産とその保護対策の状況に関する報告書」』		国立文化財機構東京文化財研究所文化遺産国際協力センター
国立文化財機構東京文化財研究所文化遺産国際協力センター			2014.4	『ユネスコ世界遺産委員会(2013年6月16日-27日、カンボジア、プノンペン)によるシリアの世界遺産の現状報告および「世界危機遺産」登録声明』		国立文化財機構東京文化財研究所文化遺産国際協力センター
国立文化財機構東京文化財研究所文化遺産国際協力センター			2014.4	『資料.シリアの文化遺産が被った損害に関する2014年報告』		国立文化財機構東京文化財研究所文化遺産国際協力センター
国立文化財機構東京文化財研究所文化遺産国際協力センター			2016	『各国の文化財保護法令シリーズ20メキシコ:考古学・芸術・歴史的記念物及び地区に関する連邦法』		国立文化財機構東京文化財研究所文化遺産国際協力センター
国立文化財機構東京文化財研究所文化遺産国際協力センター 編			2016.3	『紛争と文化遺産:紛争下・紛争後の文化遺産保護と復興:東京文化財研究所シンポジウム』		国立文化財機構東京文化財研究所文化遺産国際協力センター
国立文化財機構東京文化財研究所無形文化遺産部			2011.3	『無形の民俗の保護における博物館・資料館の役割』		国立文化財機構東京文化財研究所無形文化遺産部
国立文化財機構東京文化財研究所無形文化遺産部 編			2014.3	『わざを伝える:伝統とその活用』		国立文化財機構東京文化財研究所無形文化遺産部
国立文化財機構東京文化財研究所無形文化遺産部 編			2016.3	『ひらかれる無形文化遺産:魅力の発信と外からの力』		国立文化財機構東京文化財研究所無形文化遺産部
国立文化財機構東京文化財研究所無形文化遺産部 編			2016.3	『震災復興と無形文化遺産をめぐる課題:無形民俗文化財の保存・活用に関する調査研究プロジェクト報告書』		国立文化財機構東京文化財研究所無形文化遺産部
国立文化財機構奈良文化財研究所 編			2014.1	『文化的景観研究集会(第5回)報告書:文化的景観のつかい方』		国立文化財機構奈良文化財研究所
国立文化財機構奈良文化財研究所文化遺産部遺跡整備研究室			2009.12	『埋蔵文化財の保存・活用における遺構露出展示の成果と課題』		国立文化財機構奈良文化財研究所文化遺産部遺跡整備研究室
国立文化財機構奈良文化財研究所埋蔵文化財センター保存修復科学研究室 編			2016.3	『文化財等防災ネットワーク研究集会第1回』		国立文化財機構奈良文化財研究所埋蔵文化財センター保存修復科学研究室
国立民族学研究博物館創設準備室			1974.1	『国立民族学研究博物館創設準備会議部会のまとめ』		国立民族学研究博物館創設準備室
国立民族学博物館			1983	『国立民族学博物館要覧』		国立民族学博物館
国立民族学博物館 編			1984.11	『国立民族学博物館の十年』		国立民族学博物館
国立民族学博物館 編			1984.11	『国立民族学博物館十年史』		国立民族学博物館
国立民族学博物館 編			1984.11	『国立民族学博物館十年史資料集成』		国立民族学博物館
国立民族学博物館			1995.12	『国立民族学博物館における展示の基本構想』		国立民族学博物館
国立民族学博物館 編	吉田 憲司*編	マック・ジョン 他編	1997.9	『異文化へのまなざし:大英博物館と国立民族学博物館のコレクションから』		NHKサービスセンター
国立民族学博物館 編			2006.3	『国立民族学博物館三十年史』		国立民族学博物館
国立民族学博物館 監	広瀬 浩二郎*		2007.4	『だれもが楽しめるユニバーサル・ミュージアム:"つくる"と"ひらく"の現場から』		読書工房
国立民族学博物館			2016.12	「ワークショップから実践へ」	『学校と博物館でつくる国際理解教育のワークショップ』	国立民族学博物館
国立民族学博物館			2016.12	「ワークショップをふりかえる」	『学校と博物館でつくる国際理解教育のワークショップ』	国立民族学博物館
国立民族学博物館			2016.12	「教育研修ワークショップ「博物館を活用した国際理解教育」」	『学校と博物館でつくる国際理解教育のワークショップ』	国立民族学博物館
国立民族学博物館			2016.12	「博学連携への扉」	『学校と博物館でつくる国際理解教育のワークショップ』	国立民族学博物館
国立民俗学博物館三十周年記念事業報告書編集委員会			2008	『みんぱく2007国立民族学博物館30周年記念事業報告』		国立民族学博物館
国立歴史民俗博物館			1991	『国立歴史民俗博物館十年史』		国立歴史民俗博物館
国立歴史民俗博物館			1991.11	「Ⅱ歴史研究と博物館」	『国立歴史民俗博物館研究報告』第35集	国立歴史民俗博物館
国立歴史民俗博物館			1992.3	「共同研究「歴史資料の非破壊分析法の研究」」	『国立歴史民俗博物館研究報告』第38集	国立歴史民俗博物館

著者1	著者2	著者3	発行年	論文名・書籍名	掲載誌	発行元
国立歴史民俗博物館			1997	『国立歴史民俗博物館第三者評価報告書—展示を中心として—』		国立歴史民俗博物館
国立歴史民俗博物館			2003.3	「『国立歴史民俗博物館研究報告(第1集～第100)』総目次」	『国立歴史民俗博物館研究報告』第100集	国立歴史民俗博物館
国立歴史民俗博物館			2003.3	「『国立歴史民俗博物館研究報告(第1集～第100)』著者索引」	『国立歴史民俗博物館研究報告』第100集	国立歴史民俗博物館
国立歴史民俗博物館			2003.11	『歴史展示とは何か—歴博フォーラム歴史系博物館の現在・未来—』		(株)アム・プロモーション
国立歴史民俗博物館	小島 道裕 他		2004.12	『歴史展示のメッセージ:歴博国際シンポジウム「歴史展示を考える-民族・戦争・教育」』		(株)アム・プロモーション
国立歴史民俗博物館			2009.3	「『国立歴史民俗博物館研究報告』(第131集～第150集)総目次」	『国立歴史民俗博物館研究報告』第150集	国立歴史民俗博物館
国立歴史民俗博物館			2010.3	『国立歴史民俗博物館外部評価報告書～歴博の展示について～』		国立歴史民俗博物館
国立歴史民俗博物館			2012.3	『被災地の博物館に聞く:東日本大震災と歴史・文化資料』		吉川弘文館
国立歴史民俗博物館	重信 幸彦	小池 淳一 編	2015.3	『民俗表象の現在:博物館型研究統合の視座から』		岩田書院
国立歴史民俗博物館 編			2015.3	『シーボルトが紹介したかった日本:欧米における日本関連コレクションを使った日本研究・日本展示を進めるために:人間文化研究機構主催ボーフム・ルール大学共催国際シンポジウム報告書』		人間文化研究機構
国立歴史民俗博物館 編			2017.3	『〈総合資料学〉の挑戦:異分野融合研究の最前線』		吉川弘文館
国立歴史民俗博物館 編			2017.3	『デジタルで楽しむ歴史資料:企画展示』		国立歴史民俗博物館
国立歴史民俗博物館三十年史編纂委員会 編			2014.3	『国立歴史民俗博物館三十年史』		人間文化研究機構・国立歴史民俗博物館
後々田 寿徳			2006.3	「荒木貞夫にみる日中戦争期の博物館像(1)」	『東北芸術工科大学紀要』第13号	東北芸術工科大学
後々田 寿徳			2007.3	「荒木貞夫にみる日中戦争期の博物館像(2)」	『東北芸術工科大学紀要』第14号	東北芸術工科大学
後々田 寿徳			2008.3	「清野鉄臣と簡易博物館」	『東北芸術工科大学紀要』第15号	東北芸術工科大学
小阪 晃			1999	「和歌山県立自然博物館における視覚障害者に対する展示と対応」	『ユニバーサル・ミュージアムをめざして―視覚障害者と博物館―』	神奈川県立生命の星・地球博物館
小堺 新一			1998.3	「博物館活動における学校教育との連携」	『東京学芸大学教育学部生涯教育研究室研究紀要』第3号	東京学芸大学教育学部生涯教育研究室
古阪 秀三	西野 佐弥香*	高松 伸 他	2010.8	「東京都美術館の建築プロセスにおける設計内容の確定過程」	『日本建築学会計画系論文集』第75巻654号	日本建築学会
小坂 崇之			2014	「妊婦体験システムMommyTummyの展示における考察」	『ヒューマンインタフェース学会誌』第16号2輯	ヒューマンインタフェース学会
小坂 智子	立平 進*		2006.3	「学芸員の専門とは、何か-新設大学の博物館学芸員課程を例に-」	『全博協研究紀要』第9号	全国大学博物館学講座協議会
小坂 広志			1979.8	「日本民家園内における実演会の企画」	『博物館問題研究会会報』第19号	博物館問題研究会
小坂 広志			1981.12	「民俗文化財の調査と研究」	『産業文化会館博物館紀要』第4号	川崎市立産業文化会館学芸課
小坂 広志	岡谷 典子	吉沢 弘美	1989.3	「共通テーマに基づく民俗展示を終えて-水と共同体〈村の水〉-」	『川崎市市民ミュージアム紀要』第1集	川崎市市民ミュージアム
小阪 昌裕	金井 萬三		2012.12	「世界ジオパークを活用した地域振興のしくみづくりと推進に関する研究(2)兵庫県新温泉町を対象とした推進と組織について」	『日本観光研究学会全国大会学術論文集』第27号	日本観光研究学会
小坂 洋右			2015.7	「負の歴史と向き合えるか:国立アイヌ民族博物館の役割」	『本郷』第118号	吉川弘文館
小坂 立夫			1932	「國立公園の教化施設に就て」	『國立公園』第4巻第5號	國立公園協會
越 真澄	高瀬 慎一*	亀山 裕市	1996	「第四世代の博物館 博物館の将来像(2)」	『Cultivate:文化と環境を考える』第2号	文化環境研究所
越川 さくら			2014.1	「東京都美術館×東京藝術大学"とびらプロジェクト":美術館を舞台に100名超のプレイヤーが行き交うオープンで実践的なコミュニティ生成への挑戦:「ヒト」がつなぐ「モノ」から「コト」」	『子ども博物館楽校』第6号	チルドレンズ・ミュージアム研究会
越川 武晃	藤原 美津穂*	菊地 優	2010.7	「札幌市資料館の耐震性能に関する研究」	『日本建築学会北海道支部研究報告集』第83号	日本建築学会北海道支部
越田 辰次郎			1942	「根津美術館」	『スマトラの義歯』	騒々堂書店

著者1	著者2	著者3	発行年	論文名・書籍名	掲載誌	発行元
越田 雅子	麻生 典子*	舟山 美紀 他	1987.3	「博物館における体験学習について-「石臼をひく」を事例として-」	『北海道開拓記念館研究年報』第15号	北海道開拓記念館
越野 清実			2009	「鑑賞者と美術館が創出する世界--京都国立近代美術館の学習支援活用による実践的研究」	『Crosssections：京都国立近代美術館研究論集』第2号	京都国立近代美術館
高志の国文学館 編			2012	『高志の国文学館』		高志の国文学館
越野 武	石本 正明*	角 幸博	2000	「北海道における歴史的資産に関わるまちづくり市民活動の現状と課題—活動状況と意識の実態調査—」	『日本建築学会技術報告集』第11号	日本建築学会
越野 武	石本 正明*	角 幸博	2000	「北海道における歴史的建物の博物館施設への保存活用の実態」	『日本建築学会技術報告集』第11号	日本建築学会
小島	日浦 勇*	浜口	1976	「研究と展示」	『大阪市立自然科学博物館報』第2号	大阪市立自然科学博物館
小島 あゆみ			2009.2	「JAPAN NEWS FEATURE 大学との連携で変わる動物園像」	『Naturedigest』第6巻第2号	ネイチャーアジア・パシフィック
小島 郁夫			2013.9	「軍事史関係史料館探訪(72)ドイツ連邦軍防衛技術研究資料館:軍事史家の名を冠した展示室を持つ軍事技術博物館」	『軍事史学』第49号2輯	錦正社
児島 学敏			2016.4	「建築と展示空間」	『ミュゼオロジーの展開：経営論・資料論』	武蔵野美術大学出版局
小島 一介			1983.1	『京の動物園誌動物の行動と生活を科学するために』		たたら書房
兒島 喜久雄 編			1935	『西洋美術館めぐり』		座右宝刊行會
兒島 喜久雄			1936	「東北美術館」	『美術批評と美術問題』	小山書店
兒島 喜久雄			1936	「國立美術館の問題」	『美術批評と美術問題』	小山書店
小島 貞三			1925	『奈良帝室博物館を見る人へ』		木原文進堂
小島 主事			1928	「恩賜記念科學館の由來」	『海之朝鮮』第9巻第5號	
小島 卓	一瀬 和夫		2005.6	「博物館資料の展示」	『博物館学ハンドブック』	関西大学出版部
小島 大輔			2007	「山梨県における博物館ネットワーク」	『地域研究年報』第29号	筑波大学人文地理学・地誌学研究会
小島 孝夫			1998.3	「博物館展示の評価をめぐって-民俗展示の課題-」	『Museumちば：千葉県博物館協会研究紀要』29号	千葉県博物館協会
小島 孝夫			1998.12	「博物館と教育」	『民俗世界と博物館展示・学習・研究のために』	雄山閣出版
小島 孝夫			2000.3	「博物館と大学との協業の試み」	『千葉県立安房博物館研究紀要』第7号	千葉県立安房博物館
小島 卓雄			2009.2	「向井千秋記念子ども科学館における学芸員実習」	『博物館研究』第44巻第2号	日本博物館協会
小島 伸豊			1997.12	「博物館における広報活動」	『季刊Liberty』第20号	大阪人権歴史資料館
小島 伸豊			2001.12	「大阪人権博物館の展示と教育事業-地域と人権を一体化すること-」	『紀要』第5号	大阪人権博物館
小島 伸豊			2004.12	「大阪人権博物館の教育事業」	『大阪人権博物館紀要』第8号	大阪人権博物館
小島 伸豊			2005.4	『人権学習プログラムと博物館』		部落開放・人権研究所
小島 伸豊			2010.2	「部落問題を学ぶという視点から見た大阪人権博物館の活用」	『解放教育』第40巻2号	明治図書出版
小島 徳貞			1937.8	「全國博物館大阪大會發表宇土櫓に就て」	『博物館研究』第10巻第7・8號	日本博物館協會
小島 徳貞	佐藤 明道*		1938	「博物館の新展望：熊本城宇土櫓」	『博物館研究』第11巻第7・8號	日本博物館協會
小島 英煕			1994.1	『ルーヴル・美と権力の物語』		丸善ライブラリー
小島 仁志	金澤 朋子*	鳥谷 明子 他	2016	「動物園における来園者の行動と解説板の設置位置との関係性」	『環境情報科学学術研究論文集』第30号	環境情報科学センター
小島 浩之			2016.3	「記録の媒体・材料・方法からみた戦後70年:歴史学・古文書学と資料保存の視点から」	『記録と史料』第26号	全国歴史資料保存利用機関連絡協議会

著者1	著者2	著者3	発行年	論文名・書籍名	掲載誌	発行元
小島 弘義			1976	「北欧の物質文化博物館」	『神奈川県博物館協会会報』第34号	神奈川県博物館協会
小島 弘義			1976	「我国の物質文化博物館:その現状と課題」	『民具マンスリー』第9巻5号	神奈川大学
小島 弘義			1976.3	「地方博物館の建設プランニングーその実際的アドバイスー」	『博物館学雑誌』第1巻第2号	全日本博物館学会
小島 弘義	浜口 哲一*		1977.3	「地域博物館における学芸員と特別展」	『博物館学雑誌』第2巻第1・2号	全日本博物館学会
小島 弘義			1978	「博物館の建築」	『博物館概論』	学苑社
小島 道裕			1992	「博物館とレプリカ資料」	『国立歴史民俗博物館研究報告』第50集	国立歴史民俗博物館
小島 道裕			2000	「歴博の展示リニューアル」	『博物館研究』第35巻第4号	日本博物館協会
小島 道裕			2000	『歴博ブックレット16 イギリスの博物館で—博物館教育の現場から—』		歴史民俗博物館振興会
小島 道裕			2001.3	「イギリスにおける博物館の現状-特に博物館教育について-」	『国立歴史民俗博物館研究報告』第90集	国立歴史民俗博物館
小島 道裕			2002	「3.家族向けのプログラム『れきはく親子クイズ』」	『れきはくにいこうよ1998-2000教育プロジェクト活動報告—3年間のあゆみ—』	国立歴史民俗博物館
小島 道裕			2003	『生涯学習時代における博物館教育・教育員養成および歴史展示に関する総合的研究』		文部科学研究費補助金研究成果報告書
小島 道裕			2003.1	「ワークシートによる家族向け教育プログラム-「歴博親子クイズ」の実施結果から-」	『国立歴史民俗博物館研究報告』第108集	国立歴史民俗博物館
小島 道裕			2004.3	「博物館教育スタッフの実習・研修について」	『博物館の機能及びその効果的な運営の在り方に関する実証的研究』	国立科学博物館
小島 道裕	国立歴史民俗博物館*		2004.12	『歴史展示のメッセージ:歴博国際シンポジウム「歴史展示を考える-民族・戦争・教育」』		(株)アム・プロモーション
小島 道裕	市川 寛明*	水藤 真 他	2005.1	「座談会 博物館の現状と将来」	『日本歴史』第680号	吉川弘文館
小島 道裕	居郷 翔*	原田 泰	2009.6	「博物館資料の活用のためのデザイン:洛中洛外図屏風を題材にした教材コンテンツの開発」	『デザイン学研究.研究発表大会概要集』第56号	日本デザイン学会
小島 道裕			2009.9	「歴史系博物館におけるミュージアム・リテラシー」	『JMMA日本ミュージアム・マネージメント学会会報』第14巻第2号	日本ミュージアム・マネージメント学会
小島 道裕			2010.8	「博物館における教育の意味」	『社会教育』第65巻8号	全日本社会教育連合会
小島 康郎			1943	「大大阪と博物館事業の将来」	『博物館研究』第16巻第7號	日本博物館協會
小島 有紀子			2008.3	「床展示・床下展示についての一考察-博物館建築から見た床展示・床下展示-」	『國學院大學博物館學紀要』第32輯	國學院大學博物館学研究室
小島 有紀子			2009.3	「床面展示・床下展示に関する一考察-床及び床下を見る行為から博物館展示への変遷」	『國學院大學博物館學紀要』第33輯	國學院大學博物館学研究室
小島 有紀子	落合 知子*	野中 優子 他	2010.3	「平成21年度文部科学省「組織的な大学院教育改革推進プログラム」採択に伴う大学院授業としての「博物館学専門・特殊実習」について―情報伝達具の製作」	『全国大学博物館学講座協議会研究紀要』第13号	全国大学博物館学講座協議会
小島 有紀子			2010.3	「博物館における展示評価についての一考察―展示の教育性は展示評価によりどのように実証されてきたか」	『國學院大學博物館學紀要』第34輯	國學院大學博物館学研究室
小島 有紀子			2010.12	「釜山広域市立博物館インターンシップから考察する日本の博物館の問題点」	『博物館研究論集』第16輯	釜山博物館
小島 有紀子			2011.2	「神社博物館の展示に関する一考察」	『神社博物館事典』	國學院大學
小島 有紀子			2012.3	「日本博物館協会における展示理念の変遷」	『平成21年度採択文部科学省「組織的な大学院教育改革推進プログラム」高度博物館学教育プログラム最終報告』	國學院大學博物館学研究室
小島 有紀子			2012.3	「大学付属博物館に関する一考察」	『國學院大學博物館學紀要』第36輯	國學院大學博物館学研究室
小島 有紀子			2012.3	「釜山廣域市立博物館インターンシップから考察する日本の博物館の問題点」	『平成21年度採択文部科学省「組織的な大学院教育改革推進プログラム」高度博物館学教育プログラム最終報告』	國學院大學博物館学研究室
小島 有紀子	落合 知子*	野中 優子 他	2012.3	「平成21年度文部科学省「組織的な大学院教育改革推進プログラム」採択に伴う大学院授業としての「博物館学専門・特殊実習」について―情報伝達具の製作―」	『平成21年度採択文部科学省「組織的な大学院教育改革推進プログラム」高度博物館学教育プログラム最終報告』	國學院大學博物館学研究室
小島 有紀子			2013.3	「展示空間の構成」	『人文系博物館展示論』	雄山閣
小島 有紀子			2013.3	「展示評価」	『人文系博物館展示論』	雄山閣

著者1	著者2	著者3	発行年	論文名・書籍名	掲載誌	発行元
小島 有紀子			2017.12	「体験型・参加型展示論史」	『博物館学史研究事典』	雄山閣
小嶋 竜寿			2008	「事典の中の博物館-『百科全書』を中心とする18世紀事典類におけるMusee概念の生成と変容」	『Mouseion:立教大学博物館研究』第54号	立教大学学校・社会教育講座
小嶋 倫子	加藤 裕子*	関野 久美子 他	1979.11	「養護学校と博物館」	『平塚市博物館年報』第3号	平塚市博物館
小清水 卓二			1943	「奈良萬葉植物園」	『大和の名称と天然記念物』	私家版
小杉 睦裕			2011.1	「紙博ボランティアひとまわり」	『百万塔』第140号	紙の博物館
小杉 泰一			1991	「上越における水族館の歴史」	『上越市立水族博物館報』	上越市立水族博物館
小菅 桂子			1996.3	「フードミュージアム(仮称)展示シナリオ(展示構成ストーリー)」	『國學院大學博物館學紀要』第20輯	國學院大學博物館学研究室
小菅 桂子			1996.3	「フードミュージアムの基本理念」	『國學院大學博物館學紀要』第20輯	國學院大學博物館学研究室
小菅 桂子			1996.3	「食の近代史を屏風・絵巻物・看板・引き札・広告で綴るフードミュージアム構想－西洋料理から洋食、そしてラーメンまで－」	『國學院大學博物館學紀要』第20輯	國學院大學博物館学研究室
小菅 貞男			1968.12	「ニューヨーク自然史博物館の教育活動」	『博物館ニュース』第3巻第9号	日本博物館協会
小菅 正夫			2000.5	「種の保存における動物園の役割--飼育下繁殖動物の野生復帰」	『遺伝:生物の科学』第54巻第5号	エヌ・ティー・エス
小菅 正夫			2001	「自然保護の観点から世界の動物園と協力し、「種の保存」に成果をあげることを期待」	『Relatio』第3巻1号	チクサン出版社
小菅 正夫			2004	「動物園は多様な自然環境の覗き窓」	『国立公園』627号	国立公園協会
小菅 正夫			2005	「旭山動物園の取り組み--マリンランド計画」	『展示学』第39号	日本展示学会
小菅 正夫			2006.1	「「命を伝える」旭山動物園の動物たち--動物園でくらす動物にとってのストレスとは」	『月刊保団連』883号	全国保険医団体連合会
小菅 正夫			2006.1	「元気の良い動物園を作るには」	『畜産の研究』第60巻1号	養賢堂
小菅 正夫	岩野 俊郎	島 泰三	2006	『戦う動物園』		中央公論新社
小菅 正夫			2007.2	「生き抜く力…旭山動物園・動物たちのメッセージ(上)」	『日本教育』第354号	日本教育会
小菅 正夫	近藤 捷嘉		2007.2	「特別講演 新しい動物園のあり方を実践して」	『日本病院会雑誌』第54巻第2号	日本病院会
小菅 正夫			2007.3	「生き抜く力…旭山動物園・動物たちのメッセージ(下)」	『日本教育』第355号	日本教育会
小菅 正夫			2008.1	「動物園・水族館にとっての博物館制度」	『マナビィ』第79号	文部科学省
小菅 正夫	大下 英治		2008.7	「トップの戦略(21)旭山動物園小菅正夫動物が幸せなら訪れる人も幸せに。」	『潮』第593号	潮出版社
小菅 正夫	小路 夏子		2009.2	「ロングインタビュー小菅正夫旭山動物園園長 仕事の意味は仕事から学べ 全員参加の改革で日本一に」	『日経ビジネスassocie』第8巻第3号	日経BP社
小菅 正夫			2009.4	「展示の工夫」	『心理学ワールド』第45号	日本心理学会
小菅 正夫			2009.6	「目的意識がプロを育てる-〈旭山動物園〉革命と出会い」	『月刊自治研』第51巻第597号	自治労システムズ自治労出版センター
小菅 正夫			2009.7	「環境エンリッチメントとは:動物園の果たす役割」	『日本獣医師会雑誌』第62巻第7号	日本獣医師会
小菅 正夫			2010.6	『あさひやま動物記.1』		角川書店
小菅 正夫			2010.7	「廃園寸前からの復活は「お客の声を聞くこと」から始まった旭山動物園の奇跡」	『商業界』第63巻第8号	商業界
小菅 正夫			2010.7	「(社)日本動物園水族館協会の倫理要項について」	『博物館研究』第45巻第7号	日本博物館協会
小菅 将夫			2011.1	「岩宿博物館における石器作りの体験学習」	『第四紀研究=TheQuaternaryresearch』第50巻第5号	日本第四紀学会
小菅 将夫			2015.2	「石器作り体験学習と岩宿博物館」	『月刊考古学ジャーナル』2015年2月号	ニューサイエンス社

著者1	著者2	著者3	発行年	論文名・書籍名	掲載誌	発行元
小関 高明			2010.2	「科学館・公開天文台の最新の活動状況(6)天文台があって泊まれる児童館姫路市宿泊型児童館「星の子館」」	『天文月報』第103巻第2号	日本天文学会
小関 勇次			2010.3	「檜枝岐歌舞伎を教育資源とした高等学校総合的な学習の時間における学校・博物館・フィールドの連携--地理教師のはたす役割」	『地理教育研究』第6号	全国地理教育学会学会事務局
五姓田 芳柳			1908	「初代五姓田芳柳傳」	『光風』第4年第1号	光風発行所
小瀬戸 恵美	内田 順子*	久留島 浩 他	2004.3	「ボランティアに関する実践報告〈企画展「異界万華鏡-あの世・妖怪・占い-」を事例として〉」	『国立歴史民俗博物館研究報告』第109集	国立歴史民俗博物館
小瀬戸 恵美			2002.3	「国立歴史民俗博物館におけるボランティア活動」	『Museumちば:千葉県博物館協会研究紀要』33号	千葉県博物館協会
小瀬 由樹	上石 悠樹	長澤 奏美 他	2015.3	「フィールドミュージアム構築における代替現実ゲーム『Ingress』の活用」	『ITを活用した教育シンポジウム講演論文集』9	神奈川工科大学
五代 まゆみ	齋藤 智子	工津 尋美 他	1996.3	「体験学習室における学習指導例-体験学習室行事「アイヌ民族の狩猟具」の実践を通して-」	『北海道開拓記念館研究紀要』第24号	北海道開拓記念館
古平 栄一	野崎 香樹*	松岡 史郎	2016.11	「京都薬用植物園における植物を利用した体験型プログラム」	『日本植物園協会誌』第51号	日本植物園協会
小平 桂一			1995.8	「博物館雑感」	『国立科学博物館ニュース』第316号	国立科学博物館
小竹 浩			1913	「田中芳男君七六展覽會に就て」	『昆虫世界』194號	名和昆虫研究所
小竹 弘則			2013.11	「さくら市ミュージアム-荒井寛方記念館:開館20周年と今後」	『博物館研究』第48巻第11号	日本博物館協会
小竹 光夫			2017.3	「一碑百想(2)書的文化財の発掘と教材化への試み」	『奈良学園大学紀要』第6巻	奈良学園大学
小竹森 直子			1998.5	「安土城跡の整備と保存」	『資源環境対策』第34巻第7号(『緑の読本』シリーズ46)	公害対策技術同友会
古田嶋 智子	呂 俊民	佐野 千絵	2011	「展示収蔵環境で用いられる内装材料の放散ガス試験法」	『保存科学』第51号	国立文化財機構東京文化財研究所
古田嶋 智子	呂 俊民*	林 良典 他	2012.9	「美術館・博物館における空気環境の最適化に関する研究:その5展示室で用いられる壁材からの放散ガス測定」	『学術講演梗概集』2012巻	日本建築学会
小舘 誓治	八木 剛*		2001	「顧客志向が生きる道:兵庫県立人と自然の博物館改革」	『博物館研究』第36巻第9号	日本博物館協会
小舘 誓治	田原 直樹	藤本 真里 他	2010.3	「博物館における自己点検・評価の取り組みについて」	『博物館研究』第45巻第3号	日本博物館協会
小舘 誓治	八木 剛	小林 美樹 他	2011.11	「兵庫県立人と自然の博物館のKidsプログラム--「キッズひとはく推進室」のスタート」	『博物館研究』第46巻第11号	日本博物館協会
小舘 誓治	高橋 晃		2015.12	「自然系博物館での館園実習のプログラム事例:自然素材を使った展示制作と来館者とのコミュニケーション」	『博物館学雑誌』第41巻第1号	全日本博物館学会
小舘 誓治	高瀬 優子	古谷 裕 他	2016.12	「自然系博物館における幼児向け科学教育プログラム:身近な生きものを題材として」	『博物館学雑誌』第42巻第1号	全日本博物館学会
小舘 誓治	高橋 晃*	八木 剛	2016.12	「自然系博物館における自然素材を用いた展示物開発:市民目線による展示製作の実験的試行」	『博物館学雑誌』第42巻第1号	全日本博物館学会
小滝 一正	石川 宏之*	大原 一興	2000.6	「地域資源に対する川崎市民の保全意識の形成に関する調査研究」	『日本建築学会技術報告集』第6巻第10号	日本建築学会
小谷 幸司	森崎 玲大	金澤 朋子	2017.3	「よこはま動物園のアフリカのサバンナにおける来園者満足度に基づく管理運営方策の検討」	『ランドスケープ研究』第80巻第5号	日本造園学会
小谷 卓也	野上 智行		2000	「科学博物館における発明クラブに期待される学びの特徴—神戸青少年科学館の事例を中心にして—」	『日本科学教育学会年会論文集』第24巻	日本科学教育学会
小谷 卓也	野上 智行		2001	「科学系博物館における学習機能の現状と課題」	『日本科学教育学会年会論文集』第25巻	日本科学教育学会
小谷 卓也	鏑木 誠		2003.3	「科学館において教育活動にあたる学習支援者の支援観の検討—神戸市少年少女発明クラブを事例として—」	『日本ミュージアム・マネージメント学会研究紀要』第7号	日本ミュージアム・マネージメント学会
小谷 利明			2003.12	「博物館展示の社会的位置付けとしての「歴史叙述」・「展示叙述」論について」	『大阪人権博物館紀要』第7号	大阪人権博物館
小谷 利明			2008.6	「地域博物館の現状」	『博物館問題研究』第30号	博物館問題研究会
小谷 匡子			1991	「絵画の保存」	『文化財虫菌害防除概説』	文化財虫害研究所
小谷 竜介			2014	「被災地域博物館の実りある連携を目指して」	『季刊民族学』第38巻2号	千里文化財団
小谷 竜介			2016.3	「動産文化財の防災対策と情報収集:東日本大震災の経験と文化財保護制度の間で」	『文化財防災体制についての国際比較研究報告書』	科学研究費補助金基盤研究(S)「災害文化形成を担う地域歴史資料学の確立-東日本大震災を踏まえて」研究グループ

著者1	著者2	著者3	発行年	論文名・書籍名	掲載誌	発行元
小谷 竜介			2017.5	「文化財の多様なまもり方」	『文明史のなかの文化遺産』	臨川書店
兒玉 九一			1928	「史蹟名勝天然紀念物の保存と公園行政」	『史蹟名勝天然紀念物』第3巻1號	史蹟名勝天然紀念物保存協會
小玉 敬治			1931	「郷土教育の前途を憂ふ」	『郷土科學』第十二號	郷土教育聯盟
児玉 幸多 編	仲野 浩 編		1979.8	『文化財保護の実務』		柏書房
兒玉 州平			2012.12	「新自由主義時代の博物館と文化財災害展示の方法を考える:災害展示の現状をふまえて」	『日本史研究』第604号	日本史研究会
児玉 敏一			2009.8	「低成長・少子高齢化時代における公的組織の経営管理:須坂市営動物園の環境適応戦略から」	『札幌学院大学経営論集』第1号	札幌学院大学総合研究所
児玉 敏一	佐々木 利廣	東 俊之 他	2013.9	『動物園マネジメント 動物園から見えてくる経営学』		学文社
児玉 利武 編			2014.7	『児玉美術館自然観察ハンドブック:山里の草本・木本・虫こぶ・昆虫・鳥類・ほ乳類』		児玉美術館
小玉 秀成			1996.3	「名ばかりの史料館から」	『Museologist:明治大学学芸員養成課程年報』第11巻	明治大学学芸員養成課程
小玉 秀成			2001.3	「玉里村立史料館の場合―続・名ばかりの史料館」	『Museologist:明治大学学芸員養成課程年報』第16巻	明治大学学芸員養成課程
小玉 道明			2006.3	「物産会と博覧会の古器物」	『考古の社会史伊賀・伊勢・志摩・東紀州考古記録』第4章	光出版
國華社			1906	「博覽會の美術館」	『國華』第196號	國華社
國華社			1909	「寺社の寶物館」	『國華』第227號	國華社
國華社			1913	「大正博覽會附屬の美術館」	『國華』第287號	國華社
國華社			1915	「美術館問題」	『國華』第303號	國華社
國華社			1917	「博物館と今日の美術館問題」	『國華』第335號	國華社
國華社			1917	「海外博物館の参考」	『國華』第335號	國華社
國華社			1918	「美術館問題」	『國華』第344號	國華社
國華社			1920	「美術館内容の問題如何」	『國華』第362號	國華社
國華社			1922	「大正十一年平和博覽會の美術館」	『國華』第383號	國華社
國華社			1940	「昭和十五年正倉院御物の博物館御陳列」	『國華』第601號	國華社
國華社			1942	「昭和十七年根津美術館第二回展觀」	『國華』第620號	國華社
國華社			1942	「昭和十七年滿州建國十周年慶祝滿州國國寶展覽會」	『國華』第623號	國華社
國華社			1943	「昭和十八年明治美術名作大展示會」	『國華』第629號	國華社
國華社			1943	「傳統美術工藝の保存」	『國華』第640號	國華社
國華社			1944	「昭和十九年陸軍美術展覽會」	『國華』第641號	國華社
國華社			1944	「國寶及重要美術品等建造物戰災被害一覽表」	『國華』第653號	國華社
國華社			1944	「國寶及重要美術品等建造物戰災被害一覽表」	『國華』第654號	國華社
國華社			1946	「昭和二一年室町時代美術工藝展」	『國華』第656號	國華社
國華社			1946	「昭和二一年上野文化史展覽會」	『國華』第656號	國華社
國華社			1946	「古文化財保護に就いて」	『國華』第752號	國華社

著者1	著者2	著者3	発行年	論文名・書籍名	掲載誌	発行元
小塚 新一郎			1941	「空襲と美術品保護：独逸より帰りて」	『博物館研究』第14巻第10號	日本博物館協會
小寺 瑛広			2010	「山高信離とその仕事--博物館長になった旗本」	『國學院大學博物館學紀要』第35輯	國學院大學博物館学研究室
小寺 瑛広			2015.3	「草創期美術館人の美術館思想―富永惣一を中心に―」	『國學院大學博物館學紀要』第39輯	國學院大學博物館学研究室
小寺 駿吉			1934	「「郷土風景」批判」	『造園學雑誌』第1巻第1號	日本造園學會
小寺 駿吉			1940	「現行史蹟名勝天然紀念物保存制度批判」	『造園學雑誌』第7巻第3號	日本造園學會
小寺 駿吉			1952	「明治後期の社会思想に現れたる公園問題」	『造園雑誌』第15巻第3・4号	日本造園学会
後藤			1915	「國民美術協會第三回美術展覽會」	『建築雑誌』第29輯第341號	日本建築學會
五島			1921	「歐米旅行談」	『動物學雑誌』第33號	日本動物學會
後藤 彰信			2006.3	「博物館における職場体験学習と歴史意識の形成についての覚書」	『東北歴史博物館研究紀要』第7号	東北歴史博物館
後藤 悦子	石黒 桃子	黒沢 なつ美 他	1981.3	「博物館の利用状況及び地域に果たす役割」	『群馬県立歴史博物館紀要』第2号	群馬県立歴史博物館
虎頭 惠美子	加賀美 雅弘*	出口 雅敏 他	2016.3	「ローカルな博物館とグローバルな博物館」	『博物館という装置：帝国・植民地・アイデンティティ』	勉誠出版
後藤 和雄	忽那 敬三		2008.3	「ウイリアム・ガラウンドと上野博物館」	『明治大学博物館研究報告』第13号	明治大学博物館事務室
後藤 和子	柳 与志夫*	佐々木 亨	2010.3	「地域・国際レポート MLA連携の可能性と課題--ミュージアム、図書館、文書館の連携をめぐる専門家ラウンドテーブルの開催」	『文化経済学』第7巻第1号	文化経済学会
後藤 和民			1975.2	「地方史研究と博物館」	『地方史研究』第25巻第1号	地方史研究協議会
後藤 和民			1977.4	「Ⅴ地域の遺跡の保存と活用3千葉市加曾利貝塚の場合」	『地方史マニュアル9地方史と考古学』	柏書房
後藤 和民			1979	「館種別博物館と地域（市民）社会 郷土博物館」	『博物館学講座 第4巻博物館と地域社会』	雄山閣
後藤 和民			1979	「館種別博物館と地域（市民）社会 歴史系博物館」	『博物館学講座 第4巻博物館と地域社会』	雄山閣
後藤 和民			1979	「文化財と博物館 文化財保護と博物館」	『博物館学講座 第4巻博物館と地域社会』	雄山閣
後藤 和民			1979.3	「館種別博物館における資料整理と保存法 歴史系博物館」	『博物館学講座 第6巻資料の保存と保管』	雄山閣
後藤 和民			1979.6	「館種別博物館のあり方 歴史系博物館」	『博物館学講座 第1巻博物館学総論』	雄山閣
後藤 和民			1980	『土器をつくる』		中央公論社
後藤 和民			1981.5	「館種別博物館における展示と展示法 歴史系博物館」	『博物館学講座 第7巻展示と展示法』	雄山閣
後藤 和民			1984.12	「8遺跡・遺構保存の実例 貝塚」	『考古学調査研究ハンドブックス 第2巻室内編』	雄山閣
後藤 和民			1988.3	「学芸員養成課程への提言―現場から母校へ・愛をこめて―」	『Museologist：明治大学学芸員養成課程年報』第3巻	明治大学学芸員養成課程
後藤 和民			1992.3	「史跡整備と野外博物館―千葉市加曽利貝塚の保存・整備を中心にして―」	『Museologist：明治大学学芸員養成課程年報』第7巻	明治大学学芸員養成課程
後藤 和民			2008	「私の学芸員論(2) - 地域博物館の学芸員の任務 - 」	『CURATOR』第4号	創価大学学芸員課程
後藤 和民			2008.3	「地域博物館と今後の夢について-社会的役割と機能について-」	『Museologist：明治大学芸員養成課程年報』第23巻	明治大学学芸員養成課程
後藤和民教授頌寿記念論文集編集委員会 編			2002.3	『フィールドの学-考古地域史と博物館-』		白鳥舎
五島 邦治			1993.9	「パソコンによる歴史史料データベースについて」	『人文学と情報処理』第2号	勉誠出版
五島 邦治	草野 顕之*	南 博史 他	1997.11	「【シンポジウム録】電子化・情報化時代の博物館」	『大谷大学博物館学課程年報』博物館学課程開設10周年記念特別号	大谷大学博物館学課程委員会
古藤 健太	川嶋 稔夫		2016.3	「資料へのスポット照明と高解像度画像表示の連携による鑑賞支援」	『電子情報通信学会技術研究報告』第115巻第479号	電子情報通信学会

著者1	著者2	著者3	発行年	論文名・書籍名	掲載誌	発行元
古藤 健太	川嶋 稔夫		2017.3	「高解像度画像ズーム表示とスポット照明の連動が鑑賞に与える効果」	『電気学会研究会資料』2017巻32号-44号、46号-51号	電気学会
後藤 重巳			1978.3	「学芸員の経験重視論：民俗資料展示の前提として」	『別府大学博物館研究報告』第2号	別府大学博物館学課程
後藤 重巳			1980.2	「民俗資料と製作実習」	『別府大学博物館研究報告』第4号	別府大学博物館学課程
後藤 重巳			1981.2	「社会科学博物館学芸員と古文書資料」	『別府大学博物館研究報告』第5号	別府大学博物館学課程
後藤 重巳			1981.3	「大分県における社会教育思想の展開」	『國學院大學博物館学紀要』第5輯	國學院大學博物館学研究室
後藤 重巳			1982.2	「民俗資料の製作実習をめぐって」	『別府大学博物館研究報告』第6号	別府大学博物館学課程
後藤 重巳			1990.2	「博物館と民俗資料」	『別府大学博物館研究報告』第10号	別府大学博物館学課程
後藤 忍			2017.2	「福島県環境創造センター交流棟の展示説明文の内容分析」	『福島大学地域創造』第28巻2号	福島大学地域創造支援センター
後藤 守一			1931	「歐米博物館の動き」	『博物館研究』第4巻第4號	博物館事業促進會
後藤 守一			1931	「歐米博物館の動き（承前）」	『博物館研究』第4巻第5號	博物館事業促進會
後藤 守一			1931	「歐米博物館の動き（承前）」	『博物館研究』第4巻第6號	博物館事業促進會
後藤 守一			1931.8	『歐米博物館の施設』		帝室博物館
後藤 守一			1932	「郷土室の經營」	『博物館研究』第5巻第11號	日本博物館協會
後藤 守一			1932	「郷土博物館の施設」	『博物館研究』第5巻第6號	日本博物館協會
後藤 守一			1932.6	「博物館員講習會」	『博物館研究』第5巻第6號	日本博物館協會
後藤 守一			1933	「帝室博物館歴史部の陳列」	『博物館研究』第6巻第7號	日本博物館協會
後藤 守一			1934	「歴史博物館に於ける模造」	『博物館研究』第7巻第7號	日本博物館協會
後藤 守一			1935	「歴史博物館に於ける列品の保存と修理」	『博物館研究』第8巻第8號	日本博物館協會
後藤 守一	伊藤 寿朗 監		1990.11	『欧米博物館の施設 博物館基本文献集第8巻』		大空社
後藤 真造			1930	「兒童植物園」	『教育者としてのフレーベル研究』	目黒書店
五藤 齋三			1981	『天文夜話—五藤齋三自伝』		読売新聞社
後藤 千晴			2013.12	「社会教育施設としての動物園と市民的運営」	『和歌山大学地域連携・生涯学習センター紀要・年報』第12号	和歌山大学地域連携・生涯学習センター
五島 敏芳	戸田 健太郎		2017.3	「京都大学研究資源アーカイブにおける研究資料情報の共有」	『〈総合資料学〉の挑戦：異分野融合研究の最前線』	吉川弘文館
五島美術館			1980	『五島美術館の20年』		五島美術館
後藤 宏樹			1997.3	「博物館における文化財情報システムについて」	『國學院大學博物館学紀要』第21輯	國學院大學博物館学研究室
後藤 浩子			2015.3	「近代博物館の形成とその思想(1)グレートブリテンの場合」	『経済志林』第82巻第1・2号	法政大学経済学部学会
後藤 浩子			2016.3	「近代博物館の形成とその思想(2):フランスの場合①アンシャン・レジーム期から革命初期まで」	『経済志林』第83巻第4号	法政大学経済学部学会
後藤 文子			1999	「ドイツの博物館における学習支援活動について－国際比較調査報告－」	『博物館研究』第34巻第8号	日本博物館協会
後藤 真			2013.1	「博物館資料情報のLinkedOpenData化へ向けたモデル試作—花園大学歴史博物館資料を題材に—」	『情報処理学会研究報告』第97巻第5号	情報処理学会
後藤 真			2017.3	「総合資料学の射程と情報基盤」	『〈総合資料学〉の挑戦：異分野融合研究の最前線』	吉川弘文館
五島 政一			2004	「学習のネットワークを利用して生徒が意欲的に学ぶ科学教育システムに関する研究」	『国立教育政策研究所：文部科学省科学研究費補助金研究成果報告書22』	

著者1	著者2	著者3	発行年	論文名・書籍名	掲載誌	発行元
五島 昌也			1998.3	「名護屋城跡ならびに陣屋跡の保存と整備―手法と問題点」	『資源環境対策』第34巻4号（『緑の読本』シリーズ45）	公害対策技術同友会
後藤 眞禎			1996	「地震と動物園」	『博物館指導者研究協議会報告書平成8年度』	日本博物館協会
後藤 道治			2015.7	「福井県立恐竜博物館の展示照明」	『照明学会誌』第99巻第7号	照明学会
後藤 宗俊			2012.6	「広域村落遺跡の保護と文化的景観」	『アジア遊学』第153号	勉誠出版
後藤 康行			2013.3	「戦時下における通信博物館の軍事郵便展示」	『通信総合博物館研究紀要』第4号	通信文化協会郵政資料部
後藤 康行			2015.3	「戦時下における通信博物館の軍事郵便展示（補論）―1939・40年の『興亜通信展覧会』―」	『郵政博物館研究紀要』第6号	通信文化協会博物館部（郵政博物館資料センター）
後藤 祥夫			1996.3	「東大和市戦災建造物―軍需工場の変電所が残った！―」	『明日への文化財』第38号	文化財保存全国協議会
後藤 祥夫			2013.1	「「浦島太郎」の見た多摩地域の社会教育施設・文化施設：一六年ぶりに戻った博物館を中心に」	『月刊社会教育』第57巻1号	国土社
こどもひかりプロジェクト			2014	『ミュージアムキッズ!』		こどもひかりプロジェクト
小仲井 啓	牛島 薫*	渡邉 博典 他	2000.3	「展示事業の評価について-平成11年度特別展「サイエンス&アート」の評価を通して-」	『千葉県立現代産業科学館研究報告』第6号	千葉県立現代産業科学館
小仲井 啓	在原 徹*	渡邉 博典	2001.3	「現代産業科学館における千葉県産業・交通遺跡調査-千葉県産業・交通遺跡実態調査に続く追加調査および関連資料調査について-」	『千葉県立現代産業科学館研究報告』第6号	千葉県立現代産業科学館
小仲井 啓	難波 幸男*	在原 徹	2001.3	「千葉県立美術館・博物館合同企画展「房総ロマン紀行-写真で見る産業・交通遺跡-」および関連事業について」	『千葉県立現代産業科学館研究報告』第7号	千葉県立現代産業科学館
粉川 哲夫			1981.11	「文化装置の現在」	『美術手帖』488号	美術出版社
小西 愛之助			1982.5	「関西大学古文書室について」	『阡陵関西大学博物館学課程創設二十周年記念特集』	関西大学博物館学課程
小西 四郎	岡 秀行		1983.11	『百年前の日本：セイラム・ピーボディ博物館蔵モース・コレクション・写真編』		小学館
小西 四郎	岡 秀行		1988.5	『百年前の日本：セイラム・ピーボディ博物館蔵モース・コレクション・日本民具編』		小学館
小西 達夫			2012.4	「館種別調査研究 植物園（博物館資料と調査研究活動）」	『博物館学1（博物館概論*博物館資料論）』	学文社
小西 達夫			2012.12	「専門分野別展示 植物園（博物館展示の形態と方法）」	『博物館学2（博物館展示論*博物館教育論）』	学文社
小西 秀典			1998.5	「払田柵跡の整備と活用」	『資源環境対策』第34巻7号（『緑の読本』シリーズ46）	公害対策技術同友会
小西 雅徳			1984.3	「釧路地方における博物館の様相」	『國學院大學博物館學紀要』第8輯	國學院大學博物館学研究室
小西 雅徳			1986.3	「東京都板橋区における博物館のあり方」	『國學院大學博物館學紀要』第10輯	國學院大學博物館学研究室
小西 雅徳			1987.3	「志村坂上のミニ博物館」	『板橋区立郷土資料館紀要』第6号	板橋区教育委員会
小西 雅徳			1987.3	「感覚展示論―観ることから見ることへ、そしてみることへの試み―」	『國學院大學博物館學紀要（樋口清之博士記念論文集）』第11輯	國學院大學博物館学研究室
小西 雅徳			1996.3	「石田収蔵と板橋の遺跡」	『板橋区立郷土資料館紀要』第11号	板橋区教育委員会
小西 雅徳			1997.3	「博物館行財政論（試論）」	『國學院大學博物館學紀要』第21輯	國學院大學博物館学研究室
小西 雅徳			1999.3	「郷土史と博物館―板橋区郷土資料館の活動とその軌跡―」	『國學院大學博物館學紀要』第23輯	國學院大學博物館学研究室
小西 雅徳			2005.3	「拓殖博覧会における人種展示と東京人類学会の役割について」	『國學院大學博物館學紀要』第29輯	國學院大學博物館学研究室
小西 雅徳			2012.8	「資料収集」	『人文系博物館資料論』	雄山閣
小西 雅徳			2013.3	「博物館展示の構成」	『人文系博物館展示論』	雄山閣
小西 雅徳			2017.11	「近代化遺産の保存と課題―国指定史跡陸軍板橋火薬製造所跡をめぐって―」	『國學院雑誌』第118巻第11号	國學院大學
小西 正泰	H.デンベック*	渡辺 清	1980	『動物園の誕生』		築地書店

著者1	著者2	著者3	発行年	論文名・書籍名	掲載誌	発行元
小西 正泰			1982	『千蟲譜』		恒和出版
小西 正泰			1991	「殖産興業を支えた『博覧会男爵』-田中芳男-」	『殿様生物学の系譜』	朝日新聞社
小西 正泰			1993	「江戸時代の昆虫採集」	『虫の博物誌』	朝日新聞社
許斐 修輔	高橋 信裕*		2008.9	「指定管理者制度下の人材育成協力ネットワークの結成について」	『JMMA日本ミュージアム・マネージメント学会会報』第13巻第2号	日本ミュージアム・マネージメント学会
木場 一夫 編			1939	『滿洲帝國國立中央博物館論叢』第1號		滿州帝國國立中央博物館
木場 一夫			1943.11-1946.1頃	『世界の自然科學博物館(1)フィールド自然史博物館』	【手稿】	
木場 一夫			1943.11-1946.1頃	『世界の自然科學博物館(2)ニューヨーク自然史博物館』	【手稿】	
木場 一夫			1943.11-1946.1頃	『世界の自然科學博物館(3)アメリカ合衆國國立博物館』	【手稿】	
木場 一夫			1943.11-1946.1頃	『世界の自然科學博物館(4)フランス國立博物館植物園』	【手稿】	
木場 一夫			1943.11-1946.1頃	『世界の自然科學博物館(5)ミシガン大學博物館』	【手稿】	
木場 一夫			1944	『各國主要博物館の概況』		文部省科學局総務課
木場 一夫			1947	「教育上から見た科学博物館について」	『教育人』第1巻2号	新教育協会
木場 一夫			1948	「自然研究と路傍博物館」	『新科学教育の課題』	明治図書出版
木場 一夫			1949	「第七章兒童博物館」	『新しい博物館―その機能と教教育活動』	日本教育出版社
木場 一夫			1949.4	『新しい博物館-その機能と教育活動』		日本教育出版社
木場 一夫			1952	「博物館教育」	『見学・旅行と博物館』	金子書房
木場 一夫 他			1952.11	『見学・旅行と博物館 聴視覚教育新書6』		金子書房
木場 一夫 他	伊藤 寿朗 監		1991.7	『見学・旅行と博物館 博物館基本文献集第14巻』		大空社
木場 一夫 他	伊藤 寿朗 監		1991.7	『新しい博物館-その機能と教育活動 博物館基本文献集第12巻』		大空社
木場 一夫	山口 源治郎 編	君塚 仁彦 編	2001.12	『日本現代教育基本文献叢書 社会・生涯教育文献集6-57新しい博物館』		日本図書センター
木場 貞長			1902	『教育行政』		金港堂
小橋 孝子			2015.8	「「カーライル博物館」考:漱石とカーライル」	『国語と国文学』第92巻第8号	明治書院
小畠 康郎 編			1957	『電気科学館二十年史』		大阪市立電気科学館
小波津 美香	戸田 傑	後岡 喜信	2011.12	「産学官連携プロジェクトにおける研究と教育成果:横浜美術館連携プロジェクト報告」	『城西国際大学紀要』第19巻第5号	城西国際大学
木場 弘一 編			1987	『七回忌によせて木場一夫を偲ぶ』		私家版
小浜 清子	松本 栄寿*		2003.12	「フランス国立工芸院(CNAM)の歴史―技術工芸博物館(MAM)を中心として―」	『博物館学雑誌』第29巻第1号	全日本博物館学会
小浜 清子 訳	ヘザー・ユーイング	松本 栄寿 訳	2010.12	『スミソニアン博物館の誕生:ジェームズ・スミソンと18世紀啓蒙思想』		雄松堂書店
小早川 真衣子	須永 剛司*	永井 由美子 他	2009.6	「ミュージアム学習活動で利用する視覚的構成作品制作ツールのデザイン」	『デザイン学研究.研究発表大会概要集』第56号	日本デザイン学会
小早川 真衣子	須永 剛司*		2010.9	「未知なる活動をかたちづくるデザインの創造過程:ミュージアムにおける表現の場のデザインを事例に」	『認知科学』第17巻第3号	日本認知科学会
小林 暁子 編	木路 毛五郎*(編)	斎田 道子 編	1988.3	『北海道美術館協会10周年記念誌1977-1988.3』		北海道美術館協会
小林 明			2016	「植物園・公園の樹木管理 東京都の公園緑地における樹木管理の課題への取組」	『樹木医学研究』第20巻第1号	樹木医学会

著者1	著者2	著者3	発行年	論文名・書籍名	掲載誌	発行元
小林 和夫			2010.7	「多様性の保全--動物園の取り組み」	『都市公園』第189号	東京都公園協会
小林 克			1999.3	「海外の事例から見た考古学・学芸員・博物館－企画展示作成時の出会いから－」	『千葉経済大学学芸員課程紀要』第3号	千葉経済大学学芸員課程共同研究室
小林 克	高橋 英久		2014.3	「ヨーロッパ野外博物館会議参加および視察報告」	『東京都江戸東京博物館紀要』第4号	東京都江戸東京博物館
小林 佳南子			2014.12	「博物館の新たな活用—再開後の試み—」	『市民と博物館』第113号	日立市郷土博物館
小林 清実			2008.12	「美術館活用におけるソーシャル・イノベーションの実践的研究-鑑賞者の主体的活動を考察する」	『同志社政策科学研究』第10巻第2号	同志社大学大学院総合政策科学研究科総合政策学会
小林 渓太	佐伯 凌汰	塩田 真吾 他	2013.12	「環境学習施設の展示手法の比較及び考察:小型カメラによる見学者の視線解析を用いて」	『エネルギー環境教育研究』第14号	日本エネルギー環境教育学会
小林 幸太郎			1959	「小石川植物園渡来植物譜」	『日本植物園協会会報』	日本植物園協会
小林 貞一			1946	「合衆国国立博物館の研究室」	『科学圏』第1巻1号	青山書院
小林 貞一			1947	「博物館の学究生活」	『科学圏』第2巻2号	青山書院
小林 貞一			1947	「地に着いた科学博物館の建設を望む」	『博物館研究』復興第1巻第4号	日本博物館協会
小林 三郎			1986	「陳列館の活動と激動」	『明治大学考古学博物館館報』第1号	明治大学考古学博物館
小林 三郎	安蒜 政雄	石川 日出志 他	1992.3	「対談:史跡整備を考える」	『Museologist:明治大学学芸員養成課程年報』第7巻	明治大学学芸員養成課程
小林 さやか	浅井 芝樹		2007.9	「アメリカ合衆国の自然史博物館を視察して-標本・組織サンプルの管理・貸借(ローン)の視点から」	『山階鳥類学雑誌』第39巻第1号	山階鳥類研究所
小林 繁樹	鹿野 勝彦*	高橋 貴	1983	「異郷に建つ民家群-人間博物館リトルワールド野外展示の試み」	『季刊民族学』第7巻第1号	千里文化財団
小林 繁樹			2011	「次世代展示はモノコミだ!(特集10のキィワードで語る"博物館展示の未来")」	『展示学』第49号	日本展示学会
小林 繁樹			2015	「災害を展示することの意義と課題」	『展示学』第52号	日本展示学会
小林 重敬	石川 宏之*		2001	「ミュージアム活動の視点から見た市民活動展開の条件に関する研究-神奈川県川崎市を事例として」	『都市計画論文集』第36号	日本都市計画学会
小林 重敬	石川 宏之*	高見沢 実	2007	「地域振興に地域遺産を活かすためのミュージアム活動によるエリアマネジメントに関する研究-英国におけるアイアンブリッジ渓谷ミュージアム・トラストを事例として」	『都市計画論文集』第42号	日本都市計画学会
小林 修二	毛利 勝廣*	野田 学 他	2005.3	「光害の市民参加による実態調査」	『名古屋市科学館紀要』第31号	名古屋市科学館
小林 秀司	德澤 啓一*	阿部 正喜	2016.3	「博物館の資料とは」	『観光資源としての博物館』	芙蓉書房出版
小林 淳一			1998	『黄昏のトクガワ・ジャパン』		日本放送出版協会
小林 淳一	松村 規子*		1999.12	「時代とともにありたい、東京都江戸東京博物館の変貌」	『月刊ミュゼ』38号	(株)アム・プロモーション
小林 純子			1993	「東京における博覧会の変容とその影響」	『博覧都市江戸東京』	東京都江戸東京博物館
小林 正一			1933	「美術館」	『高等建築學』第二一巻第四六編	常盤書房
小林 真吾			2010	「自然史標本の輸送と虫害に関する考察」	『愛媛県総合科学博物館研究報告』第15号	愛媛県総合科学博物館
小林 身哉	尾坂 知江子	キム・ヨンジャ	2005.3	「大学生は科学館から何を学ぶか～名古屋市科学館を見学した金城学院大学生のレポートから」	『名古屋市科学館紀要』第31号	名古屋市科学館
小林 澄兄			1940	「郷土教育論」	『國民學校研究叢書』第7巻(生活教育論・郷土教育論)』	玉川學園出版部
小林 すみ江			2008	「仏教児童博物館」の活動とその後について」	『日本人形玩具学会誌』	日本人形玩具学会
小林 青樹			1995.3	「タイの博物館」	『國學院大學博物館學紀要』第19輯	國學院大學博物館学研究室
小林 青樹	熊木 俊朗*	辻 秀人 他	2015.9	「遺跡の保存整備と遺跡博物館の歴史」	『地域を活かす遺跡と博物館遺跡博物館のいま』	同成社
小林 晴次郎			1910	「米國博物館の生態陳列」	『肝臟ヂストマの研究(『動物學雜誌』第264号抜刷)』	不明

著者1	著者2	著者3	発行年	論文名・書籍名	掲載誌	発行元
小林 善八			1927	「植物園」	『鶯里随筆』	文藝社
小林 隆幸			1996	「遺跡の整備と活用」	『考古学と遺跡の保護』	甘粕健先生退官記念論集刊行会
小林 隆幸			2007.9	「新潟市歴史博物館の特色と課題」	『明日への文化財』第58号	文化財保存全国協議会
小林 丈広			2010.1	「新自由主義時代の博物館と文化財 京都の町研究の現状について--町共有文書をめぐって」	『日本史研究』第578号	日本史研究会
小林 丈広			2015.7	「新自由主義時代の博物館と文化財 地方文書の日常的な収集・保存体制の構築に向けて:京都の歴史資料保存活用の現状と課題」	『日本史研究』第635号	日本史研究会
小林 達雄			1971	「歴史系博物館の展示:アメリカと日本」	『東京都博物館協議会会報』第9号	東京都博物館協議会
小林 達雄	八重樫 純樹*		1992.3	「土偶資料を例とした資料情報化研究(1)-コンセプトと研究経緯、その課題-」	『国立歴史民俗博物館研究報告』第37集	国立歴史民俗博物館
小林 達雄	諸岡 博熊*		1995.9	「ミュージアム・マネージメント入門 ヒトからはじまる博物館—もう少し、深く話しましょうか。」	『月刊ミュゼ』13号	(株)アム・プロモーション
小林 達雄	高橋 義夫		1995.11	「地域おこしとミュージアムを考える 連続対談小林達雄のこの人と語りたいⅡ」	『月刊ミュゼ』14号	(株)アム・プロモーション
小林 達雄	岩渕 潤子		1996.1	「アメリカの"眠らない"美術館運営を日本で—連続対談小林達雄のこの人と語りたいⅢ」	『月刊ミュゼ』15号	(株)アム・プロモーション
小林 達雄			1996.9	「記念物としての公立博物館」	『ミュージアムマネージメント』	東京堂出版
小林 達雄 編	大堀 哲*(監)	諸岡 博熊 編	1996.9	『ミュージアム・マネージメント-博物館運営の方法と実践』		東京堂出版
小林 達雄			1999	『ミュージアムの思想 小林達雄対談集』		(株)アム・プロモーション
小林 達雄			2000.4	「永遠の未完こそ、完成。展示評価をめぐって」	『月刊ミュゼ』40号	(株)アム・プロモーション
小林 達雄			2001	「史跡整備の主体性確立」	『公園緑地』第62巻第4号	日本公園緑地協会
小林 達雄			2005.7	「自己評価の必要性」	『月刊ミュゼ』71号	(株)アム・プロモーション
小林 徹			2013	「博物館における体験学習の成果と可能性:「わくわく体験」17年の歩みとこれから」	『群馬県立歴史博物館紀要』第34号	群馬県立歴史博物館
小林 徳太郎			1979.2	『拓本技法-精拓の採り方』		木耳社
小林 憲雄			1935	「國風藝術館の必要」	『盆栽』昭和10年6月號	叢會
小林 俊樹			1977.11	「テラテリウムの展示」	『多摩動物園飼育研究会研究報告集』第6号	東京都多摩動物公園飼育課
小林 奈緒美	稲坂 恒宏	田原 みちる	2006.10	「施設のない"博物館"の生き残り戦術-日常にある文化財をめざして」	『博物館研究』第41巻第10号	日本博物館協会
小林 直子			2014.3	「「文化財と災害リスク削減のための国際会議」inバンコク」	『ネットワーク資料保存』第107号	日本図書館協会・資料保存委員会
小林 成稔	中村 隆*	鈴木 まどか 他	2010.3	「科学館における教育プログラムの効果測定手法に関する調査研究」	『日本ミュージアム・マネージメント学会研究紀要』第14号	日本ミュージアム・マネージメント学会
小林 伸雄	山岸 主門*	巣山 弘介 他	2007.9	「ミニ学術植物園「みのりの小道」を活用した「学生とともに育つ大学」と「地域とともに歩む大学」づくり」	『島根大学生物資源科学部研究報告』第12号	島根大学生物資源科学部
小林 伸雄	山岸 主門*	巣山 弘介 他	2008.9	「ミニ学術植物園「みのりの小道」を活用した「学生とともに育つ大学」と「地域とともに歩む大学」づくり」	『島根大学生物資源科学部研究報告』第13号	島根大学生物資源科学部
小林 宣之 編	石毛 弓*編	柏木 隆雄 編	2014.3	『日仏文学・美術の交流:「トロンコワ・コレクション」とその周辺』		思文閣出版
小林 登	佐藤 優香*	上田 信行	2003.3	「第27回公開シンポジウム チルドレンズ・ミュージアム--博物館からはじまる創造的な学び」	『子ども学』第5号	甲南女子学園
小林 憲雄			1927	「盆栽倶樂部の設立」	『盆栽』昭和2年1月號	叢會
小林 憲雄			1934	「國風盆栽展に就て」	『盆栽』昭和9年4月號	叢會
小林 憲雄			1934	「盆栽の社會的進出と先人への感謝」	『盆栽』昭和9年4月號	叢會
小林 憲雄			1935	「國風藝術館の必要」	『盆栽』昭和10年6月號	叢會

著者1	著者2	著者3	発行年	論文名・書籍名	掲載誌	発行元
小林 紀子			2005.3	「平成16年度「地域子ども教室推進事業」実施の記録-体験学習室・図書閲覧室利用活性化の試み-」	『横浜市歴史博物館紀要』第9巻	横浜市歴史博物館
小林 央			2004.3	「郷土資料館と学校教育との連携-総合学習に関するアンケート調査報告-」	『八王子市郷土資料館研究紀要八王子の歴史と文化』第16号	八王子市教育委員会
小林 央			2009.11	「非常勤学芸員の業務実態と課題」	『博物館研究』第44巻第11号	日本博物館協会
小林 秀樹			2015.3	「観光・まちづくりと博物館」	『博物館研究』第50巻第3号	日本博物館協会
小林 弘志			2010	「パネルディスカッション 動物園での生物多様性保全への取り組みと種の保存」	『椙山人間学研究』第6巻	椙山人間学研究センター
小林 弘美	二階堂 太郎*		2013.11	「野菜を植物として栽培展示する」	『日本植物園協会誌』第48号	日本植物園協会
小林 福太郎			1935	「大江先生と日光廟修理工事」	『建築雑誌』第49輯第603號	日本建築學會
小林 文人 編			1974	『社会教育職員論』		東洋館出版
小林 文人 編			1977	『講座・現代社会教育Ⅵ公民館・図書館・博物館』		亜紀書房
小林 牧			2007	「みどりのライオン 教育普及活動について」	『MUSEUM』第611号	東京国立博物館
小林 牧			2014.1	「東京国立博物館のSNS」	『Zenbiフォーラム:全国美術館会議機関誌』第5号	全国美術館会議
小林 理			2005.8	「指定管理者制度の概要と今後の展望」	『ミュージアム・マガジン・ドーム』第81号	日本文教出版
小林 真	生田目 美紀	江草 遼平 他	2015.9	「シテ科学産業博物館における視覚障害者のためのアクセシビリティ」	『日本科学教育学会年会論文集』第39巻	日本科学教育学会
小林 真幸	迎山 和司*		2015.3	「文化財プロジェクションマッピング:その展示と評価」	『映像情報メディア学会技術報告』第39巻第14号	映像情報メディア学会
小林 克			2009.1	『新博物館学:これからの博物館経営』		同成社
小林 真理 編著			2006.7	『指定管理者制度—文化的公共性を支えるのは誰か』		時事通信社
小林 真理			2007.3	「博物館法改正に関する一考察-誰のための博物館法か」	『文化資源学』第6号	文化資源学会
小林 真理			2009.3	「〈コラム〉文化的権利とは?」	『芸術の生まれる場(未来を拓く人文・社会科学シリーズ16)』	東信堂
小林 真理			2009.3	「文化ホール、劇場、コミュニティ・カフェのある社会 文化ホールにいってみよう」	『芸術の生まれる場(未来を拓く人文・社会科学シリーズ16)』	東信堂
小林 真理			2009.3	「文化ホール、劇場、コミュニティ・カフェのある社会 文化政策とは何か?」	『芸術の生まれる場(未来を拓く人文・社会科学シリーズ16)』	東信堂
小林 真理 述	金子 啓明*(述)	木下 直之 述	2009.3	「鼎談 日本の文化政策とミュージアムの未来」	『芸術の生まれる場(未来を拓く人文・社会科学シリーズ16)』	東信堂
小林 真理			2011.11	「自治体博物館の全体像--その法制度と直面する課題」	『都市問題』第102巻第11号	東京市政調査会
小林 万蔵 閲	矢野 守太郎*		1907.9	『度量衡使用保存法』		風山軒
小林 美樹	小舘 誓治*	八木 剛 他	2011.11	「兵庫県立人と自然の博物館のKidsプログラム--「キッズひとはく推進室」のスタート」	『博物館研究』第46巻第11号	日本博物館協会
小林 めぐみ 編	川延 安直*		2015.3	『豊島ことばの学校/好間土曜学校:アートな自然:はま・なか・あいづ文化連携プロジェクト2014夢のカプロジェクト:平成26年度文化庁地域と共働した美術館・歴史博物館創造活動支援事業』		はま・なか・あいづ文化連携プロジェクト実行委員会
小林 めぐみ	福島県立博物館*(編)	川延 安直 他	2016.3	『はま・なか・あいづ文化連携プロジェクト2015記録集』		はま・なか・あいづ文化連携プロジェクト実行委員会
小林 めぐみ	柳沢 秀行		2016.6	「〈インタビュー〉東日本大震災から5年。福島県立博物館のアートプロジェクト」	『月刊ミュゼ』114号	(株)アム・プロモーション
小林 保男	伊藤 専成		1980.8	「板橋における文化財保護のあゆみ」	『板橋区立郷土資料館紀要』創刊号	板橋区教育委員会
小林 安茂	東京都公園協会*(監)		1980.11	『東京公園文庫 5上野公園』		郷学舎
小林 康幸	神奈川県考古学会 編		2014.3	「鎌倉市・国指定史跡永福寺跡の整備」	『時空の交差点:遺跡の保存と活用』	神奈川県考古学会
小林 幸雄	三野 紀雄*		1975.3	「北海道開拓記念館における博物館資料を喰害する害虫類の発生とその防除」	『北海道開拓記念館調査報告』第9号	北海道開拓記念館

著者1	著者2	著者3	発行年	論文名・書籍名	掲載誌	発行元
小林 由利子	森茂 岳雄	山本 直樹	2016.12	「みんぱくシアター:ハンズオンからマインズオンへ」	『学校と博物館でつくる国際理解教育のワークショップ』	国立民族学博物館
小林 義雄			1941	「植物の枝・芽の自然形及び天然色を其儘乾燥標本に製作するに就ての二三の試み」	『滿洲帝國國立中央博物館時報』第十三號	滿洲帝國國立中央博物館
小林 義雄			1949	「きのこの採集と研究の手引:標本のつくり方と乾燥機」	『自然科学と博物館』第16巻9号	国立科学博物館
小林 美夫	坪山 幸王*	佐藤 信治	1997.7	「観覧室における滞留密度と展示水槽の規模が観覧者行動に与える影響--水族館の個水槽前面における観覧領域に関する研究(1)」	『日本建築学会計画系論文集』第62巻497号	日本建築学会
小林 由子			2014.12	「多文化交流科目「北海道再発見:博物館で北海道を知る」」	『北海道大学留学生センター紀要』第18号	北海道大学国際本部留学生センター
小林 義孝			2009.12	「弥生文化博物館を守れ!--大阪府の博物館と文化財の現状、そして」	『明日への文化財』第62号	文化財保存全国協議会
小林 貴訓	星 洋輔*	久野 義徳	2009.11	「観客を話に引き込むミュージアムガイドロボット:言葉と身体的行動の連携」	『電子情報通信学会論文誌』第11号	電子情報通信学会
小林 亮太	丹治 明*	長坂 保美 他	2011.9	「大正・昭和期に描かれた工作機械図面の博物館としての活用」	『日本工業大学研究報告』第41巻第2号	日本工業大学
木羽 康真			2014	「私の学芸員体験記:大阪市立美術館・国立国際美術館・東京大学総合研究博物館のインターンを通して見たことと感じたこと」	『Art sand media』4号	大阪大学大学院文学研究科文化動態論専攻アート・メディア論研究室
小原 二郎			1993.11	『動物園の博物誌』		中国新聞社
小原 典子			2000.3	「「産物帳」における昆虫絵図とインスタレーション」	『女子美術大学研究紀要』第30号	女子美術大学
小原 由美子			2014.6	「NARA及びジョン・F・ケネディ大統領図書館・博物館を訪ねて」	『アーカイブズ』第53号	国立公文書館
小藤田 一幸			2002.3	「千葉県立安房博物館におけるボランティア活動」	『Museumちば:千葉県博物館協会研究紀要』33号	千葉県博物館協会
古文化財編集委員会 編			1980	『考古学・美術史の自然科学的研究』		日本学術振興会
古文化財編集委員会 編			1984	『古文化財の自然科学的研究』		同朋社
駒井 卓			1924	「米國雜信」	『動物學雜誌』第36巻430號	日本動物學會
駒井 卓			1924	「米國雜信(2)」	『動物學雜誌』第36巻434號	日本動物學會
駒井 卓			1925	「東米一巡(1)」	『動物學雜誌』第37巻434號	日本動物學會
駒井 卓			1925	「東米一巡(續)」	『動物學雜誌』第37巻435號	日本動物學會
駒井 卓			1925	「東米一巡(續)」	『動物學雜誌』第37巻436號	日本動物學會
駒井 卓			1926	「京都大學瀬戸臨海實驗所小記」	『動物學雜誌』第35巻	日本動物學會
駒井 卓			1926	「京都大學瀬戸臨海實驗所」	『動物學雜誌』第38巻	日本動物學會
Komai.Taku	Ikari.J		1929	「The Seto Marine Biological Laboratory of the Kyoto Imperial University. Its equipment and activities・with remarks on the fauna and flora of the environs.」	『Records of Oceanographicworks in Japan.』第1巻3号	Kyoto Imperial University
駒井 卓			1930	『生物學叢話』		改造社
駒井 卓			1968	「「自然史博物館」というよび方について」	『自然科学と博物館』第35巻1・2号	国立科学博物館
駒込 幸典			2008	「郷土教育と国家統制 寺子屋「御手本」にみる郷土教育」	『長野県近代民衆史の諸問題』	龍鳳書房
小町 祐史	山田 篤*	安達 文夫	2015.1	「博物館資料情報の検索のための発見的検索手法」	『国立歴史民俗博物館研究報告』第189集	国立歴史民俗博物館
小松 清 編			1935	『文化の擁護—國際作家會議』		第一書房
小松 光一 編			1999.11	『エコミュージアム 21世紀の地域おこし』		家の光協会
小松 徹三			1941	『大三越の歴史』		日本百貨店調査
小松 伸之	宝剱 純一郎	下田 正行	2012.3	「博物館見学による社会科系教職課程履修者の教材開発能力の向上:教職課程における社会科系教科教育法と教員採用試験対策講座の連携をめざして」	『清和研究論集』第18号	清和大学法学会

著者1	著者2	著者3	発行年	論文名・書籍名	掲載誌	発行元
小松 尚	河田 克博	本梅 誠 他	2016.3	「座談会 建築の再利用と地域活性:建築文化財の保存とリノベーション・市民活用」	『建築と社会』第97輯1128号	日本建築協会
小松 雅文			2006.5	「整備の現状と制度史7.近代化遺産の整備」	『史跡整備と博物館』	雄山閣
小松 雅文			2008.6	「産炭地における近代化遺産保存の現状と課題」	『常磐炭田史研究』第5号	常磐炭田史研究会
小松 守			2001.2	「「なくてはならない」動物園をめざして」	『動物園研究』第5巻1号	動物園研究会
小松 守			2006.1	「動物園での種保存とその展望」	『畜産の研究』第60巻1号	養賢堂
小松 弥生			2014.11	「国立美術館政策の行政改革への対応過程の検証と今後のあり方に関する一考察—「他法人との統合、業務の民営化」議論と美術館の本質を踏まえた方向性を中心に」	『NACTreview:国立新美術館研究紀要』第1号	国立新美術館
小松 弥生			2016.4	「ミュージアムに関する国の施策」	『ミュゼオロジーの展開:経営論・資料論』	武蔵野美術大学出版局
小松崎 拓男			2002.5	「ミュージアムの近未来—メディア・アートは夢を見るか—」	『Science of humanity Bensei:人文学と情報処理』第39号	勉誠出版
小松崎 拓男			2005.8	「変わる美術館制度」	『ミュージアム・マガジン・ドーム』第81号	日本文教出版
小松 左京 監	加藤 秀俊*監	川添 登 監	1986.3	『復元と構想-歴史から未来-』		東京書籍
小松 孝彰	高橋 みどり*		2010.9	「科学系博物館における企画展評価の手法開発」	『日本科学教育学会年会論文集』第34巻	日本科学教育学会
小松田 儀貞			2017.3	「秋田の円空仏:地域資源としての文化財:地域における文化資本の可能性」	『秋田県立大学ウェブジャーナル.A・地域貢献部門』第4巻	秋田県立大学
小松 尚哉	佐藤 正道*		2001.11	「地域素材の教材化-竜の口峡谷周辺の地層の観察-」	『仙台市科学館研究報告』第11号	仙台市科学館
小松原 秀信			2004.12	「博物館の「異文化表象」に関する諸問題について-民族学博物館の可能性を模索するための試論-」	『Mouseion:立教大学博物館研究』第50号	立教大学学校・社会教育講座
小松 みち	黒岩 宣仁*	梶原 多恵 他	2000.4	「特集 高知県立牧野植物園 その多様な姿を咲かせたい」	『月刊ミュゼ』40号	(株)アム・プロモーション
駒見 和夫			1991.3	「博物館と文学系学芸員」	『国府台:博物館学課程年報』第2号	和洋女子大学博物館学研究室
駒見 和夫			1992.3	「博物館と家政系学芸員」	『国府台:博物館学課程年報』第3号	和洋女子大学博物館学研究室
駒見 和夫			1993.3	「埋蔵文化財センターにおける展示活動の課題」	『和洋女子大学紀要』第33集.文系編	和洋女子大学
駒見 和夫			1993.4	「生涯学習と博物館教育」	『国府台:年報・紀要』第4号	和洋女子大学文化資料館
駒見 和夫			1994.12	「博物館と障害者」	『国府台:年報・紀要』第5号	和洋女子大学文化資料館
駒見 和夫			1996.2	「博物館の開放-発達障害をもつ人たちに対する視点-」	『国府台:年報・紀要』第6号	和洋女子大学文化資料館
駒見 和夫	渡辺 良次郎*		1996.7	「大学博物館の役割と設備一和洋子大学文化資料館の実践から一」	『東京家政学院生活文化博物館年報』第3・4号	東京家政学院生活文化博物館
駒見 和夫			1997.3	「バリアフリー博物館への指向」	『博物館学雑誌』第22巻第1・2号合併号	全日本博物館学会
駒見 和夫			1998.3	「博物館観覧者における心理的負担の一検討」	『国府台:年報・紀要』第8号	和洋女子大学文化資料館
駒見 和夫			1999.3	「知るために触る—博物館資料の再考—」	『ユニバーサルミュージアムをめざして』	神奈川県立生命の星・地球博物館
駒見 和夫			1999.3	「視覚型展示から知覚型展示へ」	『国府台:年報・紀要』第9号	和洋女子大学文化資料館
駒見 和夫			2000.3	「大学付属博物館からの経験」	『睦沢町立歴史民俗資料館研究紀要別冊』	睦沢町立歴史民俗資料館
駒見 和夫			2001.3	「博物館における教育の意義」	『国府台:和洋女子大学文化資料館紀要』第11号	和洋女子大学文化資料館
駒見 和夫			2003.3	「博物館における娯楽の役割」	『和洋女子大学紀要』第43集.文系編	和洋女子大学
駒見 和夫			2005.3	「すべての人がいる博物館に向けて」	『Museumちば:千葉県博物館協会研究紀要』36号	千葉県博物館協会
駒見 和夫			2005.3	「文学系博物館小考」	『和洋国文研究』第40号	和洋女子大学

著者1	著者2	著者3	発行年	論文名・書籍名	掲載誌	発行元
駒見 和夫	大堀 哲 編		2005.4	「博物館概論」	『博物館概論』	学文社
駒見 和夫	伊藤 僚幸	藻利 國惠	2007.3	「博物館資料の地域学習教材化に向けた基礎研究－小・中学校の実態調査より」	『日本ミュージアム・マネージメント学会研究紀要』第11号	日本ミュージアム・マネージメント学会
駒見 和夫			2008.2	『だれもが学べる博物館へ－公教育の博物館学－』		学文社
駒見 和夫			2008.6	「博物館理念としてのユニバーサルサービス」	『和洋女子大学文化資料館・博物館学課程年報』2007年度	和洋女子大学文化資料館・博物館学課程
駒見 和夫			2009.3	「博学連携に至る史的経緯と思考の道筋」	『全博協研究紀要』第11号	全国大学博物館学講座協議会
駒見 和夫			2009.6	「大学博物館におけるアウトリーチ－和洋女子大学文化資料館の出前講座－」	『国府台：和洋女子大学文化資料館・博物館学課程報告』第13号	和洋女子大学文化資料館・博物館学課程
駒見 和夫			2010.6	「学芸員課程履修に対する学生の意識調査とその分析－学芸員養成における専門性と実践力について－」	『国府台：和洋女子大学文化資料館・博物館学課程報告』第14号	和洋女子大学文化資料館・博物館学課程
駒見 和夫	梅原 麻梨紗		2011.6	「和洋女子大学文化資料館におけるアウトリーチの実践と検討－小学校に向けた出前講座－」	『国府台：和洋女子大学文化資料館・博物館学課程報告』第15号	和洋女子大学文化資料館・博物館学課程
駒見 和夫			2012.5	「関野貞」	『博物館学人物史下』	雄山閣
駒見 和夫			2012.6	「関東州の博物館変遷をめぐって」	『国府台：和洋女子大学文化資料館・博物館学課程報告』第16号	和洋女子大学文化資料館・博物館学課程
駒見 和夫			2012.12	「博物館教育担当者」	『博物館学2（博物館展示論＊博物館教育論）』	学文社
駒見 和夫			2013.6	「博物館からみた日本と中国、そして平和と文化」	『国府台：和洋女子大学文化資料館・博物館学課程報告』第17号	和洋女子大学文化資料館・博物館学課程
駒見 和夫			2013.6	「ミュージアム国際フォーラム趣旨説明 博物館からみた日本と中国、そして平和と文化」	『国府台：和洋女子大学文化資料館・博物館学課程報告』第17号	和洋女子大学文化資料館・博物館学課程
駒見 和夫	劉 廣堂*	川崎 キヌ子 他	2013.6	「ミュージアム国際フォーラム フロアーディスカッション」	『国府台：和洋女子大学文化資料館・博物館学課程報告』第17号	和洋女子大学文化資料館・博物館学課程
駒見 和夫			2013.12	「出前講座による博物館リテラシーの育成支援－児童生徒と歴史系地域博物館に関する検討－」	『博物館学雑誌』第39巻第1号	全日本博物館学会
駒見 和夫			2014.3	「大学博物館活動と地域連携－和洋女子大学の活動から」	『全博協研究紀要』第16号	全国大学博物館学講座協議会
駒見 和夫			2014.4	「大学博物館活動と地域連携：和洋女子大学の活動から」	『Museumちば：千葉県博物館協会研究紀要』43号	千葉県博物館協会
駒見 和夫			2014.4	「学芸員養成教育と大学博物館のアウトリーチ活動の検討」	『全博協研究紀要』第16号	全国大学博物館学講座協議会
駒見 和夫			2014.4	『博物館教育の原理と活動－すべての人の学びのために』		学文社
駒見 和夫			2014.7	「博物館学課程－理論から実践までを統合して共に学ぶ」	『心理学ワールド』第66号	日本心理学会
駒見 和夫			2014.8	「歴史系博物館と地域文化遺産の相関」	『國學院雑誌』第115巻第8号	國學院大學
駒見 和夫			2015.2	「特別支援学校と連携した博物館教育の検討」	『人間の発達と博物館学の課題：新時代の博物館経営と教育を考える』	同成社
駒見 和夫			2015.6	「ミュージアムに疎遠な人たちの様相と展示観覧の検討」	『国府台：和洋女子大学文化資料館・博物館学課程報告』第19号	和洋女子大学文化資料館・博物館学課程
駒見 和夫			2016.1	「学芸員としての実践力の育成をめざして」	『博物館研究』第51巻第1号	日本博物館協会
駒見 和夫			2016.3	「教育、生涯学習への博物館の活用」	『観光資源としての博物館』	芙蓉書房出版
駒見 和夫			2016.6	「特別支援学校への博物館出前講座の実践」	『国府台：和洋女子大学文化資料館・博物館学課程報告』第20号	和洋女子大学文化資料館・博物館学課程
駒見 和夫			2016.6	「第1章博物館学習と特別支援教育を結びつけよう」	『特別支援教育と博物館：博学連携のアクティブラーニング』	同成社
駒見 和夫			2016.6	「第2章特別支援学校への出前講座で広げた博物館の学び:和洋女子大学文化資料館の取り組み」	『特別支援教育と博物館：博学連携のアクティブラーニング』	同成社
駒見 和夫	金子 俊明		2016.6	「第4章生きる力を育む博学連携のアクティブラーニング」	『特別支援教育と博物館：博学連携のアクティブラーニング』	同成社
駒見 和夫	筑波大学附属聴覚特別支援学校中学部 編		2016.6	『特別支援教育と博物館：博学連携のアクティブラーニング』		同成社
駒見 和夫			2017.11	「博物館の理念的認識の推移について」	『國學院雑誌』第118巻第11号	國學院大學

こ

著者1	著者2	著者3	発行年	論文名・書籍名	掲載誌	発行元
駒見 和夫			2017.12	「博物館教育論史」	『博物館学史研究事典』	雄山閣
小峰 幸夫	山野 勝次*		2008.12	「平塚市美術館における生物被害対策」	『文化財の虫菌害』第56号	文化財虫害研究所
五味 文彦			2009.4	「地域の力を歴史に探る(1)博物館を訪ねて大阪の力を考える」	『UP』第38巻4号	東京大学出版会
五味 圓			1937.9	「大禮記念京都美術館の空気調和法に關する研究」	『博物館研究』第10巻第9號	日本博物館協會
五味 充子			2000.9	「第2章大学における博物館学講座の実態と博物館実習 5大学内における博物館実習カリキュラム編成のねらいと学習上の留意点」	『博物館学シリーズ 6博物館実習』	樹村房
五味 充子			2000.9	「第2章大学における博物館学講座の実態と博物館実習 6大学内で可能な博物館実習展開例（2）展示企画案作成実習」	『博物館学シリーズ 6博物館実習』	樹村房
五味 充子			2000.9	「第2章大学における博物館学講座の実態と博物館実習 6大学内で可能な博物館実習展開例（3）文化財（資料）調査と調書作り」	『博物館学シリーズ 6博物館実習』	樹村房
五味 充子			2000.9	「第3章博物館資料の取り扱いとその留意事項 2資料取り扱いとその留意事項（4）古文書」	『博物館学シリーズ 6博物館実習』	樹村房
小宮 孟	牛島 薫*	高桑 祐司 他	2003.3	「博物館運営における連携の戦略的利用の一例--博物館同士および学校との連携によるデリバリーキットの開発」	『日本ミュージアム・マネージメント学会研究紀要』第7号	日本ミュージアム・マネージメント学会
小宮 輝之			2006.1	「日本動物園水族館協会の活動」	『畜産の研究』第60巻1号	養賢堂
小宮 輝之			2008.9	「クローズアップ・インタビュー恩賜上野動物園園長小宮輝之氏に聞く」	『大学時報』第57巻322号	日本私立大学連盟
小宮 輝之			2010.6	『物語上野動物園の歴史:園長が語る動物たちの140年』		中央公論新社
小宮 輝之			2010.7	「小森厚」	『博物館学人物史上』	雄山閣
小宮 輝之			2011.1	「NEWENERGY講演 環境動物園」	『Newenergy』第174号	都市エネルギー協会
小宮 輝之			2011.11	「東日本大震災と動物園」	『PRECstudyreport』第15号	プレック研究所
小宮 輝之	持丸 依子	中川 成生	2012.3	『動物たちの130年:上野動物園のあゆみ』		東京動物園協会
小宮 輝之			2012.5	「石川千代松」	『博物館学人物史下』	雄山閣
小宮 輝之			2014.12	「日本の歴史を創ってきた馬たち(12)新しい活用と動物園の役割」	『グリーン・パワー』第432号	森林文化協会
小宮 豊隆 編			1980.2	『明治文化史（開国百年記念文化事業会編）第10巻趣味娯楽』		原書房
小宮 浩			2013.1	「東日本大震災被災文化財救援・復旧支援事業を通じて感じたこと」	『博物館研究』第48巻第10号	日本博物館協会
御巫 由紀	須之部 友基*	斉藤 明子 他	1996.3	「収蔵資料の最適な燻蒸の実施:アンケート調査による検討」	『千葉県立中央博物館 自然誌研究報告』第4巻1号	千葉県立中央博物館
小室 隆寿			1980	「文化財の広域保存について」	『季刊文化財』第38号	島根県文化財愛護協会
米谷 修			1975	「難波のパノラマ館と水族館」	『大阪春秋』第5号	大阪春秋社
米谷 博			2009.1	「博物館の歴史展示と歴史学」	『歴史科学と教育』第27号	歴史科学と教育研究会
米谷 博			2007.3	「古文書をやさしく展示する-歴史資料の展示方法をめぐって」	『Museumちば:千葉県博物館協会研究紀要』38号	千葉県博物館協会
小森 明里			2016.2	「被災時の選択と文化財の今後」	『信濃[第3次]』第68巻第2号	信濃史学会
小森 厚			1964.3	「水族館動物園博物館発達史」	『わが国の近代博物館施設発達資料の集成とその研究（明治編）』	日本博物館協会
小森 厚			1964.5	「博物館施設と盲人指導」	『博物館研究』第37巻第5号	日本博物館協会
小森 厚			1968.1	「東京都の博物館条例をめぐって」	『博物館ニュース』第2巻第4号	日本博物館協会
小森 厚			1968.11	「第16回全国博物館大会について」	『博物館ニュース』第3巻第8号	日本博物館協会
小森 厚			1977.11	「明日の動物園が当面する問題点」	『多摩動物園飼育研究会研究報告集』第6号	東京都多摩動物公園飼育課

著者1	著者2	著者3	発行年	論文名・書籍名	掲載誌	発行元
小森 厚			1971.12	『アフリカゾウの現地購入と輸送ならびにそれに附随した動物園などの見学についての報告』		東京動物園協会
小森 厚	室俊 司*	渡辺 妙子	1973.11	「生涯教育と博物館」	『博物館研究』第45巻第3号	日本博物館協会
小森 厚			1978.12	「館種別博物館における調査・研究と収集活動 動物園」	『博物館学講座 第5巻調査・研究と資料の収集』	雄山閣
小森 厚			1979	「館種別博物館と地域（市民）社会 動物園」	『博物館学講座 第4巻博物館と地域社会』	雄山閣
小森 厚			1979.3	「館種別博物館における資料整理と保存法 動植物園・水族館」	『博物館学講座 第6巻資料の保存と保管』	雄山閣
小森 厚			1979.6	「館種別博物館のあり方 動植物園・水族館」	『博物館学講座 第1巻博物館学総論』	雄山閣
小森 厚			1980.3	「館種別博物館における現状と課題 動植物園・水族館」	『博物館学講座 第3巻日本の博物館の現状と課題』	雄山閣
小森 厚			1981.1	「館種別博物館史 動植物園・水族館史」	『博物館学講座 第2巻日本と世界の博物館史』	雄山閣
小森 厚			1981.5	「館種別博物館における展示と展示法 動植物園・水族館」	『博物館学講座 第7巻展示と展示法』	雄山閣
小森 厚 著	東京都公園協会*（監）		1981.5	『東京公園文庫16上野動物園』		郷学舎
小森 厚			1987.12	『社会とくらしの絵本13 動物園ってたのしいな』		岩崎書店
小森 厚			1997	『もう一つの上野動物園史』		丸善ライブラリー
小森 厚			2000.3	「動物園の現状と課題」	『Museum study:明治大学学芸員養成課程紀要』第11号	明治大学学芸員養成課程
小森 厚			2000.9	「日本の動物園の歴史」	『動物園水族館雑誌』第42巻1号	日本動物園水族館協会
小森 悦司			1997.2	「平成9年度の博物館・文化施設に関する政府予算案について」	『文環研レポート』第9号	文化環境研究所
古森 絵美	隅田 登紀子*	桝渕 規彰	2010	「衣裳博物館における収蔵資料を使った博物館実習の試みについて」	『杉野服飾大学・杉野服飾大学短期大学部紀要』第9巻	杉野服飾大学
小森 真樹			2011.12	「「劇場」としてのデパート美術館：西武美術館の文化戦略における現代美術の消費とアメリカナイゼーション」	『博物館学雑誌』第37巻第1号	全日本博物館学会
小森 真樹			2013.4	「アメリカ合衆国における創造博物館の科学・娯楽・政治学：ケンタッキー州ピータースパーグのCreation Museum」	『博物館学雑誌』第38巻第2号	全日本博物館学会
呉屋 淳子			2016.12	「博物館資料を活用した教育実践の報告：「みんぱっく」で教室と世界をつなごう!を事例に」	『学校と博物館でつくる国際理解教育のワークショップ』	国立民族学博物館
古谷田 明良			2000.9	「第3章博物館資料の取り扱いとその留意事項 2資料取り扱いとその留意事項（6）理工関係資料」	『博物館学シリーズ 6博物館実習』	樹村房
古谷田 明良			2000.9	「第3章博物館資料の取り扱いとその留意事項 3基本的な実習作業（1）拓本の技法」	『博物館学シリーズ 6博物館実習』	樹村房
古谷田 明良			2000.9	「第4章博物館における実習 1博物館での実習の目的とその必要性」	『博物館学シリーズ 6博物館実習』	樹村房
古谷田 明良			2000.9	「第4章博物館における実習 3実習指導における大学との連携の重要性（3）博物館における実習施設設備の整備」	『博物館学シリーズ 6博物館実習』	樹村房
古谷田 明良			2000.9	「第4章博物館における実習 4博物館内で可能な実習指導カリキュラム（2）具体的な展開例 c自然史系」	『博物館学シリーズ 6博物館実習』	樹村房
小山 治	田代 英俊*	中村 隆	2009.9	「科学的リテラシー育成に関する科学館・博物館の影響について--科学技術館来館者調査結果より」	『JMMA日本ミュージアム・マネージメント学会会報』第14巻第2号	日本ミュージアム・マネージメント学会
小山 治	田代 英俊*	中村 隆	2010.3	「ミュージアムリテラシー育成のための基礎的研究--博物館利用者の属性・意識と博物館活用効果とのクロス表分析の結果」	『日本ミュージアム・マネージメント学会研究紀要』第14号	日本ミュージアム・マネージメント学会
小山 嘉寿栄			1944	「ボイテンゾルグの熱帯植物園」ほか	『南方見學』	(株)アルス
小山 嘉寿栄			1944	「博物館と物産館」	『南方見學』	(株)アルス
小山 茂喜			2012.6	「博物館を活用した研修プログラムの開発：長野県立歴史館での実践を例に」	『教職研究』第5号	信州大学全学教育機構教職教育部
小山 周子			2016	「常設展示リニューアルに伴う銀座煉瓦街模型変更に係る調査報告」	『東京都江戸東京博物館紀要』第6号	東京都江戸東京博物館
小山 修三	D.B.ハーディン*		1970.3	「イギリスにおける博物館の現況とロンドン国立博物館」	『國學院大學博物館學紀要』第2輯	國學院大學博物館学研究室

著者1	著者2	著者3	発行年	論文名・書籍名	掲載誌	発行元
小山 修三			1981.1	「世界の博物館史 アメリカの博物館史」	『博物館学講座 第2巻日本と世界の博物館史』	雄山閣
小山 修三			2012.5	「壁を壊せ—縄文人、アボリジニ、そして視覚障害者」	『さわって楽しむ博物館ユニバーサル・ミュージアムの可能性』	青弓社
小山 修三			2016.8	「みんなが楽しめる博物館を作ろう」	『ひとが優しい博物館:ユニバーサル・ミュージアムの新展開』	青弓社
小山 鐵夫			1997	『植物園の話』		アボック社出版局
小山 鐵夫	横山 千花		1999	「視覚障害者の植物園」	『ユニバーサル・ミュージアムをめざして―視覚障害者と博物館―』	神奈川県立生命の星・地球博物館
小山 徹			2007.12	「地下鉄博物館シンポジウム「東京の地下鉄80年を語る」から世界の地下鉄の「産業遺産」的な技術と施設について」	『産業考古学』第126号	産業考古学会
小山 騰	松居 竜五*	牧田 健史	1996.7	『達人たちの大英博物館』		講談社
小山 宏			2009.12	『群馬博物館史:北群馬渋川郷土館の活動』		北群馬渋川郷土館
小山 嘉紀	岡本 辰夫*	松田 敏之 他	2009.3	「美術作品の素材要素検索による興味喚起と鑑賞を支援するパーツミュージアムの開発と評価」	『日本データベース学会論文誌』第7巻第4号	日本データベース学会
これからの博物館の在り方に関する検討協力者会議			2007.6	『新しい時代の博物館制度の在り方について:「これからの博物館の在り方に関する検討協力者会議」報告書』		これからの博物館の在り方に関する検討協力者会議
これからの博物館の在り方に関する検討協力者会議			2009.2	『学芸員養成の充実方策について:第2次報告書』		これからの博物館の在り方に関する検討協力者会議
今 日出海 他			1971	「国立歴史民俗博物館(仮称)の基本構想をめぐって」	『月刊文化財』第94号	第一法規
昆 政明			1988.9	「展示におけるパソコンの利用—青森県立郷土館」	『博物館研究』第23巻第9号	日本博物館協会
今 雅人			2013.11	「青森県における音楽資料保存事業の紹介」	『ネットワーク資料保存』第106号	日本図書館協会・資料保存委員会
今 雄一	佐藤 公信*	原 寛道 他	2010.3	「チルドレンズ・ミュージアムにおける展示装置の利用者評価に関する研究--モニター被験者による発話データに基づいて」	『JMMA日本ミュージアム・マネージメント学会会報』第14巻第4号	日本ミュージアム・マネージメント学会
今關 六也			1939.12	「音楽博物館建設運動に關聯して希望を述べる」	『博物館研究』第12巻第12號	日本博物館協會
今關 六也			1942	「國民文化向上へ聖戰完遂と博物館の建設」	『朝日新聞』1942年3月13日付朝刊	朝日新聞社
今關 六也			1942	「聖戰完遂と博物館の建設」	『博物館研究』第15巻第5號	日本博物館協會
誉田 匠	葛西 寅彦*	青木 邦雄 他	2012.10	「デジタルレールウェイミュージアム～鉄道博物館におけるデジタル展示への取り組み」	『情報処理学会デジタルプラクティス』第3巻第4号	情報処理学会
権田 保之助			1922	『民衆娯樂論』		巖松堂書店
近藤 捷嘉	小菅 正夫*		2007.2	「特別講演 新しい動物園のあり方を実践して」	『日本病院会雑誌』第54巻第2号	日本病院会
近藤 公夫			1967	「史跡の環境整備に関する基礎的研究Ⅰ-大阪府百済寺跡の公園計画と住民意識-」	『造園雑誌』第31巻第2号	日本造園学会
近藤 公夫			1968	「史跡の環境整備に関する基礎的研究Ⅱ-大阪府百済寺跡の公園整備と住民意識-」	『造園雑誌』第31巻第3号	日本造園学会
近藤 公夫			1971	「史跡の環境整備に関する事例的研究Ⅲ-多賀城廃寺跡の利用者および周辺居住者の利用実態と意識の調査-」	『造園雑誌』第34巻第4号	日本造園学会
近藤 公夫	中村 昌子	宮崎 暎子 他	1972	「史跡環境の整備に関する計画的研究Ⅳ-平城宮跡の周辺居住者と利用者の利用実態・利用意識に関する調査研究-」	『造園雑誌』第35巻第3号	日本造園学会
近藤 公夫			1973.3	「史跡環境の整備に関する事例的研究Ⅴ-上古大和民族の道路造成における造形意識について-」	『造園雑誌』第36巻第4号	日本造園学会
近藤 公夫			1976.3	「史跡環境の整備に関する事例的研究Ⅵ-上古大和民族の古墳築造における造形意識について-」	『造園雑誌』第39巻第4号	日本造園学会
近藤 公夫			1980.8	「歴史文化財遺構の修景計画:平城京左京三条二坊発掘庭園の修景等に関する事例的検討」	『造園雑誌』第44巻第1号	日本造園学会
近藤 公夫			1981.8	「歴史的文化財遺構の修景計画:計画とその背景について」	『造園雑誌』第45巻第1号	日本造園学会
近藤 公夫			1982.7	「歴史的景観と修景計画」	『造園雑誌』第46巻第1号	日本造園学会
近藤 公夫			1983.8	「歴史的景観と修景計画」	『造園雑誌』第47巻第1号	日本造園学会

著者1	著者2	著者3	発行年	論文名・書籍名	掲載誌	発行元
近藤 浩二			2008.12	「ユニークな文書館-尼崎市立地域研究史料館」	『歴史と神戸』第47巻第6号	神戸史学会
近藤 茂夫	若月 憲夫	齊藤 恵理	1997.3	「科学系ミュージアムにおける「情報展示」のあり方」	『日本ミュージアム・マネージメント学会研究紀要』第1号	日本ミュージアム・マネージメント学会
近藤 茂夫	若月 憲夫	齊藤 恵理	1999.3	「ミュージアム事業戦略のための現状分析/その一考察」	『日本ミュージアム・マネージメント学会研究紀要』第3号	日本ミュージアム・マネージメント学会
近藤 茂夫	若月 憲夫	齊藤 恵理	2000.3	「夢とロマンを育む科学技術--新しい時代の科学館のあり方--理科離れが危惧されるなかでの科学館のあり方を展望して」	『日本ミュージアム・マネージメント学会研究紀要』第4号	日本ミュージアム・マネージメント学会
近藤 信司			2013.3	「「博学連携」で心に残る科学的体験を」	『週刊教育資料』第1244号	教育公論社
近藤 智嗣			2009.9	「博物館におけるミクストリアリティと学校教育への応用」	『学習情報研究』第210号	学習ソフトウェア情報研究センター
近藤 智嗣			2011	「解説機器の未来(特集10のキィワードで語る"博物館展示の未来")」	『展示学』第49号	日本展示学会
近藤 智嗣			2012	「骨格復元の新旧学説を対比する複合現実感展示解説とその評価」	『展示学』第50号	日本展示学会
近藤 智嗣			2012	「没入型複合現実感展示におけるガイド機能の評価」	『日本バーチャルリアリティ学会論文誌』第17巻第4号	日本バーチャルリアリティ学会
近藤 智嗣			2013.2	「映像製作技法:企画から編集までのコツ(演習)」	『博物館情報・メディア論』	ぎょうせい
近藤 都代子			2015.7	「重要無形文化財(手漉和紙技術)の保存と活用」	『月刊文化財』第622号	第一法規
近藤 春雄			1940	『文化政策論』		三笠書房
近藤 久雄	小泉 尚嗣*	勝部 亜矢 他	2015.7	「2015年つくばエキスポセンターでの地震・火山研究の展示」	『GSJ地質ニュース』第4巻第7号	産業技術総合研究所地質調査総合センター
近藤 英夫			2005	「遺跡保存の理念の構築にむけて－現状の整理－」	『埋蔵文化財白書(第三次)』	ケイ・アイ・メディア
近藤 英夫			2005	「埋蔵文化財保護の現状と課題」	『埋蔵文化財白書(第三次)』	ケイ・アイ・メディア
近藤 雅樹 編			2001.3	『大正昭和くらしの博物誌 民族学の父・渋沢敬三とアチック・ミューゼアム』		河出書房新社
近藤 雅樹			2001.3	「アチック・ミューゼアムの仲間たち」	『大正昭和くらしの博物誌民族学の父・渋沢敬三とアチック・ミューゼアム』	河出書房新社
近藤 雅樹			2003	「ミニチュア博物館の構想—シーボルトがくれたアイデアー」	『新・シーボルト研究Ⅱ』	八坂書房
近藤 雅樹	荒俣 宏*		2009.1	「対談 荒俣宏の〈万物に叡智あり〉ゲスト国立民族学博物館教授近藤雅樹さん 出島から西欧へ輸出シーボルトも調査した「人魚のミイラ」とは何だ」	『Fole』第76号	みずほ総合研究所
近藤 光男	玉有 朋子*	渡辺 公次郎	2010.4	「勝瑞遺跡デジタル博物館の開発」	『日本建築学会四国支部研究報告集』第10号	日本建築学会四国支部
近藤 光男	玉有 朋子*	渡辺 公次郎	2012.6	「歴史観光まちづくり支援のためのデジタル博物館の開発:勝瑞遺跡におけるケーススタディ」	『日本建築学会技術報告集』第18巻39号	日本建築学会
近藤 豊			1999.8	「鹿児島の洋風建築例3.鹿児島県立博物館」	『明治初期の擬洋風建築の研究』第5章第3項	理工学社
權藤 要吉			1938	「奈良帝室博物館列品収蔵庫建築に就て」	『博物館研究』第11巻第3號	日本博物館協會
紺野 浩幸			2002.3	「佐原の町並みにおけるボランティア活動」	『Museumちば:千葉県博物館協会研究紀要』33号	千葉県博物館協会
今野 農			2005.3	「庭園植栽の復元・整備に関する研究」	『國學院大學博物館學紀要』第29輯	國學院大學博物館学研究室
今野 農			2006.3	「庭園植栽の復元・整備に関する研究(その2):毛越寺庭園および観自在王院庭園の事例を中心に」	『國學院大學博物館學紀要』第30輯	國學院大學博物館学研究室
今野 農			2006.5	「史跡整備と環境」	『史跡整備と博物館』	雄山閣
今野 農			2007.3	「野外博物館と国立公園における一考察-国立公園制度が成立する過程を通じて-」	『國學院大學博物館學紀要』第31輯	國學院大學博物館学研究室
今野 農			2008.3	「野外博物館と文化財保護に関する研究(1)-アメリカにおける国立公園制度の成立過程を中心に-」	『國學院大學大学院紀要-文学研究科-』第39輯	國學院大學大学院
今野 農			2008.3	「野外博物館と文化財保護に関する研究(2)-アメリカの国立公園における博物館協会参画以前の博物館活動-」	『國學院大學博物館學紀要』第32輯	國學院大學博物館学研究室
今野 農			2009.3	「明治末・大正初期における博物館構想-通俗教育調査委員会の活動を中心に」	『國學院大學博物館學紀要』第33輯	國學院大學博物館学研究室

著者1	著者2	著者3	発行年	論文名・書籍名	掲載誌	発行元
今野 農			2010.3	「戦後初期における日本博物館協会の「戸外文化財」構想」	『國學院大學博物館學紀要』第34輯	國學院大學博物館学研究室
権瓶 匠	松村 耕平	角 康之	2013.12	「展示空間における写真上の会話を利用したロボットガイド」	『電子情報通信学会技術研究報告』第113巻第372号	電子情報通信学会
崔 錫栄	君塚 仁彦		2016.3	「文化財返還の根拠と歴史を逆なでする博物館」	『博物館という装置：帝国・植民地・アイデンティティ』	勉誠出版
崔 種浩			2011.3	「韓国における博物館専門職養成課程――人材養成の課題」	『日本ミュージアム・マネージメント学会研究紀要』第15号	日本ミュージアム・マネージメント学会
蔡 大維			2009.3	「ユビキタス携帯端末向けの展示案内コンテンツオーサリングツールの開発」	『電子情報通信学会総合大会講演論文集.通信』第1号	電子情報通信学会
蔡 大維	浅沼 諒*		2009.3	「博物館における展示物利用状況及び来館者行動情報管理システム」	『電子情報通信学会総合大会講演論文集.情報・システム』第1号	電子情報通信学会
斎尾 直子	寺尾 慈明*		2012.9	「歴史的町並みを活用したまちづくり実施地区における地域居住の維持に関する研究：重要伝統的建造物群保存地区と未選定地区との比較分析から」	『学術講演梗概集』2012巻	日本建築学会
ザイガー・M	松岡 智子 訳		2007.4	『ニュー・ミュージアム：現代美術・博物館建築の旅』		鹿島出版会
財界九州社			2014.11	「決める力：その時トップは…九州国立博物館館長三輪嘉六氏『市民と共生』しながら歩み、年間100万人を超す来館者を癒す」	『財界九州』55	財界九州社
斉川 昭二			1996.3	「「まちは博物館」ということは？」	『板橋区立郷土資料館紀要』第11号	板橋区教育委員会
斉川 尚樹	脇坂 圭一		2015.4	「自由鑑賞経路をもつ現代の美術館における経路選択と空間認知に関する研究」	『日本建築学会計画系論文集』第80巻710巻	日本建築学会
斎木 健一			2016.2	「自然史系博物館の専門職員養成と学芸員資格」	『博物館研究』第51巻第2号	日本博物館協会
斉木 伸生			2010.11	「北欧ミュージアム紀行 コトカ沿岸警備隊博物館」	『丸』第63巻第11号	潮書房
斎宮歴史博物館 編			1991	『斎宮歴史博物館総合案内』		斎宮歴史博物館
斎宮歴史博物館 編			2000	『斎宮歴史博物館総合案内』		斎宮歴史博物館
彩湖自然学習センター	戸田市立郷土博物館*		2010.3	『博物館・自然学習センターを活用した事例集』4		戸田市立郷土博物館
彩湖自然学習センター 編	戸田市立郷土博物館*		2015.3	『博物館・自然学習センターを活用した事例集』5		戸田市立郷土博物館
西条 正義	山県 昌継	川西 敏雄	1992.8	「水族館における新しい水処理技術」	『水処理技術』第33巻8号	日本水処理技術研究会
西条 正義	浅野 祐市	岩田 満他	1992.11	「コージェネレーションシステムの運転実績――松島水族館の例」	『空気調和・衛生工学』第66巻11号	空気調和・衛生工学会
西城 光洋			2012.3	「仙台市科学館の震災対応」	『全科協news』第42巻第2号	全国科学博物館協議会
西城 光洋	長島 康雄		2012.3	「小学校におけるはぎ取り標本を用いた地層の観察」	『仙台市科学館研究報告』第21号	仙台市科学館
税田 昭徳			2001.3	「時代布資料分類私試考-堀切コレクションの整理から-」	『研究紀要』第9号	北九州市立歴史博物館
斎田 英治	小泉 修吉*	野沢 汎雄	1988.12	「先駆的映像展示の一考察」	『展示学』第7号	日本展示学会
斎田 道子 編	木路 毛五郎*編	小林 暁子 編	1988.3	『北海道美術館協会10周年記念誌1977-1988.3』		北海道美術館協会
埼玉縣師範學校			1933	『郷土館施設概要』		埼玉縣師範學校
埼玉県博学連携推進研究会	北 俊夫*		2001	『博物館と結ぶ新しい社会科授業づくり（新しい社会科の研究開発;10）』		明治図書出版
埼玉県文化財保護協会 編			1900	『埼玉の文化財』		埼玉県文化財保護協会
埼玉県立さきたま資料館			1981.12	「稲荷山古墳墳丘等の整備について」	『埼玉県立さきたま資料館館報』第12号	埼玉県立さきたま資料館
埼玉県立さきたま資料館			1983.12	「埼玉古墳群保存修理事業について-稲荷山古墳の保存修理-」	『埼玉県立さきたま資料館館報』第14号	埼玉県立さきたま資料館
埼玉県立自然史博物館 編			1984	『視覚障害者のための触察展示』		埼玉県立自然史博物館
埼玉県立博物館教育普及課			1989.3	「埼玉県立博物館の普及活動――郷土学習室―」	『Museologist:明治大学学芸員養成課程年報』第4巻	明治大学学芸員養成課程

著者1	著者2	著者3	発行年	論文名・書籍名	掲載誌	発行元
埼玉県立文化会館			1900	『万葉植物園のしおり』		埼玉県立文化会館
埼玉県立文書館			2007.3	「埼玉県立文書館における展示事業のあゆみ」	『文書館紀要』第20号	埼玉県立文書館
財團法人鎌田共濟會			1925	「博物館記事」	『鎌田共濟會雜誌』第4號	財團法人鎌田共濟會
財津 哲夫			1992	「学校教育の利用に応える博物館活動」	『研究紀要』第1号	中野区立歴史民俗資料館
才津 祐美子			2010.3	「近代日本における人文景観を中心とした「空間」の保存と活用の歴史的展開--文化財保護制度を中心として」	『国立歴史民俗博物館研究報告』第156集	国立歴史民俗博物館
才津 祐美子			2013.2	「日本における文化的景観保護制度の展開と課題」	『世界遺産時代の民俗学グローバル・スタンダードの受容をめぐる日韓比較』	風響社
才津 祐美子			2013.3	「世界遺産と日本の文化遺産」	『21世紀東アジア社会学』第5号	日中社会学会
才津 祐美子			2017.5	「世界遺産のまもり方」	『文化遺産と生きる』	臨川書店
斉藤 明子			1994.3	「資料管理担当者の果たす役割-自然誌資料の場合-」	『Museumちば：千葉県博物館協会研究紀要』25号	千葉県博物館協会
斉藤 明子	須之部 友基*	御巫 由紀 他	1996.3	「収蔵資料の最適な燻蒸の実施:アンケート調査による検討」	『千葉県立中央博物館 自然誌研究報告』第4巻1号	千葉県立中央博物館
斉藤 明子			2012.2	「昆虫標本の救済、学芸員ネットワークの果たした役割」	『災害と生物多様性：災害から学ぶ、私たちの社会と未来』	生物多様性JAPAN
斉藤 明子			2014.10	「博物館だより(10)千葉県立中央博物館における陸前高田市立博物館の被災した甲虫類と鱗翅類標本の救済」	『昆蟲.ニューシリーズ』第17巻4号	日本昆虫学会
斉藤 明子			2016.10	「昆虫研究者のための博物館資料論・資料保存論(1)昆虫標本の生物被害とIPM」	『昆蟲.ニューシリーズ』第19巻4号	日本昆虫学会
齋藤 顕子	岩崎 誠司		2007.3	「学校と科学系博物館との連携の現状と課題—リエゾンの役割について—」	『科学コミュニケーターに期待される資質・能力とその養成プログラムに関する基礎的研究』	文部省科学研究費補助金研究成果報告書
齋藤 昭則	高橋 みどり*	亀井 修	2010.9	「地球立体表示システム"ダジック・アース"を用いた科学系博物館教育におけるプログラムの可能性」	『日本科学教育学会年会論文集』第34巻	日本科学教育学会
齊藤 恵理	若月 憲夫*	村山 にな	1995	「博物館の行方・科学館—時代の変節点にたつ科学館—現在の課題と今後の展望を探る」	『Cultivate：文化と環境を考える』創刊号	文化環境研究所
齊藤 恵理			1996.2	「展示のあり方から見たこれからの「戦争・平和資料」」	『文環研レポート』第7号	文化環境研究所
齊藤 恵理	近藤 茂夫*	若月 憲夫	1997.3	「科学系ミュージアムにおける「情報展示」のあり方」	『日本ミュージアム・マネージメント学会研究紀要』第1号	日本ミュージアム・マネージメント学会
齊藤 恵理			1998.11	「テーマミュージアムとその可能性」	『Aromatopia』第7巻第6号	フレグランスジャーナル社
齊藤 恵理	近藤 茂夫*	若月 憲夫	1999.3	「ミュージアム事業戦略のための現状分析/その一考察」	『日本ミュージアム・マネージメント学会研究紀要』第3号	日本ミュージアム・マネージメント学会
齊藤 恵理	竹内 有理		1999.5	「博物館の評価環境を考える」	『文環研レポート』第13号	文化環境研究所
齊藤 恵理	近藤 茂夫*	若月 憲夫	2000.3	「夢とロマンを育む科学技術--新しい時代の科学館のあり方--理科離れが危惧されるなかでの科学館のあり方を展望して」	『日本ミュージアム・マネージメント学会研究紀要』第4号	日本ミュージアム・マネージメント学会
齊藤 恵理			2012.12	「中国博物館事業の中長期発展計画について」	『博物館研究』第47巻第12号	日本博物館協会
齊藤 恵理	本間 浩一*	高橋 信裕	2014.12	「特別インタビュー ミュージアム×SNS:分解と再構築から生まれる新たな空間」	『Cultivate：文化と環境を考える』第43号	文化環境研究所
斉藤 理			2014.3	「文化遺産の活用とコモンズの形成に関する実態調査:SLを活かした文化観光の事例から」	『山口県立大学学術情報』第7号	山口県立大学学術情報センター
斉藤 理	北林 健二*		2016.3	「地域史学習をめぐる博学連携モデルの可能性と課題について」	『山口県立大学学術情報』第9号	山口県立大学学術情報センター
斎藤 温次郎			1996.9	「博物館と収支」	『ミュージアムマネージメント』	東京堂出版
齋藤 一晴			2011.3	「博物館展示と歴史教育--明治大学平和教育登戸研究所資料館を活用した実践を中心に」	『駿台史學』第141号	明治大学
斎藤 克己			2011	「ジオラマの普遍性(特集10のキィワードで語る"博物館展示の未来")」	『展示学』第49号	日本展示学会
齊藤 佳代	山口 百合*		2008.9	「教育普及リポート KIDS★MOMAT2008東京国立近代美術館のなつやすみ」	『現代の眼：東京国立近代美術館ニュース』573号	国立美術館東京国立近代美術館
齊藤 佳代			2012	『教育普及リポート 鑑賞行為の媒介—セルフガイドの考察」	『現代の眼：東京国立近代美術館ニュース』597号	国立美術館東京国立近代美術館

著者1	著者2	著者3	発行年	論文名・書籍名	掲載誌	発行元
西藤 清秀			2014.4	『シリア古物博物館総局声明「シリアの考古遺産の防衛・保護のための世界への呼びかけ」.パルミラ遺跡、およびシリア古物博物館総局の現状』		国立文化財機構東京文化財研究所文化遺産国際協力センター
西藤 清秀			2016	「考古学から保存科学研究への提言」	『考古学と自然科学』第71巻	日本文化財科学会
西藤 清秀			2016.3	「シリア考古学文化遺産国際会議と文化財梱包資材の提供に関する報告」	『西アジア考古学』第17号	日本西アジア考古学会
斉藤 謹吾			1994.11	「「産業技術記念館」について」	『アーバン・アドバンス』第4号	名古屋都市センター
斎藤 慶三郎	大堀 哲*	村田 文生	1994.11	『生涯学習と開かれた施設活動』		学文社
齋藤 賢道			1913	「滿州博物館の設立に就いて」	『朝鮮及び滿州』第67號	朝鮮及滿洲社
斉藤 智	石黒 武*	宮田 弘樹 他	2010.2	「ポーラ美術館の展示・収蔵環境最適化の実施例」	『BE建築設備』第61巻第3号	建築設備綜合協会
齋藤 智志			2015	『近代日本の史跡保存事業とアカデミズム』		法政大学出版局
斎藤 秀平			1939.7	「郷土博物館經營の實際」	『博物館研究』第12巻第7號	日本博物館協會
斎藤 潤一	大原 一興	藤岡 泰寛	2010.7	「日本におけるエコミュージアム実践の自己評価に関する研究」	『学術講演梗概集』2010巻	日本建築学会
斎藤 松濤			1921	「水族館から動物園へ」	『世界を煙で捲いて』	日本書院
斎藤 松濤			1921	「動物園へ」	『世界を煙で捲いて』	日本書院
齋藤 慎一			1996.3	「公立博物館の自立性」	『Museologist:明治大学学芸員養成課程年報』第11巻	明治大学学芸員養成課程
齋藤 慎一			1996.3	「複製資料制作覚書－平面資料の場合－」	『Museum study:明治大学学芸員養成課程紀要』第7号	明治大学学芸員養成課程
齋藤 慎一			1997	「財団法人設立と博物館法」	『博物館問題研究』第24号	博物館問題研究会
斎藤 壮次郎			1930	『信念に基づく郷土教育施設』		研文社
斎藤 孝	村岡 篤*	矢島 國雄 他	1999.3	「《座談会》博物館教育を考える―学校教育と博物館教育―」	『Museologist:明治大学学芸員養成課程年報』第14巻	明治大学学芸員養成課程
斎藤 卓志			1994.11	「地域博物館の役割とその可能性」	『日本民俗学』第200号	日本民俗学会
齋藤 卓爾	足立 康子*		2014	『美術館経営において館長は重要か』		慶應義塾大学大学院経営管理研究科
齋藤 武雄			1937	「六甲山系の風致保存」	『公園緑地』第12號	公園緑地協會
斎藤 忠			1974.2	「世界の博物館の印象(1)」	『茨城県歴史館報』第1号	茨城県歴史館
斎藤 忠			1975.2	「世界の博物館の印象(2)」	『茨城県歴史館報』第2号	茨城県歴史館
斎藤 忠			1976.2	「世界の博物館の印象(3)」	『茨城県歴史館報』第3号	茨城県歴史館
斎藤 忠			1977	「遺跡保存の歴史」	『考古学研究』第23巻第3・4号	考古学研究会
斎藤 忠			1977.2	「世界の博物館の印象(4)」	『茨城県歴史館報』第4号	茨城県歴史館
斎藤 忠			1984	「世界の博物館印象記」	『歴訪世界の博物館』	六興出版
斎藤 忠			1984	『歴訪世界の博物館』		六興出版
斎藤 忠			1984	「村落博物館と遺跡博物館」	『歴訪世界の博物館』	六興出版
齊藤 千秋			2010	「野外博物館再考――「遺跡・史跡野外博物館」と「民家野外博物館」の峻別」	『國學院大學博物館學紀要』第35輯	國學院大學博物館学研究室
斉藤 千映美	田中 ちひろ	松本 浩明	2014.3	「動物園における校外学習の実態と課題:仙台市八木山動物公園の事例から」	『宮城教育大学環境教育研究紀要』第16巻	宮城教育大学附属環境教育実践研究センター
斉藤 千映美			2017.3	「体験型教材の開発を目的としたPBL(プロジェクト・ベースト・ラーニング)の実践」	『宮城教育大学環境教育研究紀要』第19巻	宮城教育大学附属環境教育実践研究センター

著者1	著者2	著者3	発行年	論文名・書籍名	掲載誌	発行元
齊藤 ちせ	赤間 亮*		2014.3	「国際型ARCモデルによるヴェネチア東洋美術館浮世絵画コレクションのデジタル・アーカイブとその全容紹介」	『アート・ドキュメンテーション研究』第21号	アート・ドキュメンテーション学会
斎藤 長三 編			1897	「順徳院天皇御遺跡捜索之記」	『佐渡史林』	史林雑誌社
斉藤 司			1996.11	「「シンポジウム・博物館の現代的課題と展望」に参加して--地方史研究者ないしは学芸員としての感想」	『日本民俗学』第208号	日本民俗学会
斉藤 司			2005.3	「横浜市歴史博物館における各種教育講座—事例の紹介と若干の感想—」	『Museologist:明治大学学芸員養成課程年報』第20巻	明治大学学芸員養成課程
齋藤 剛	寺澤 勉*	森 望	1995.5	「展示デザインの基礎データに関する研究【10】—二つのこども科学館における来館者意識調査—」	『展示学』第20号	日本展示学会
齋藤 剛	寺澤 勉*		1996	「展示会における小間デザインの印象評価(1)グッドリビングショー・ビジネスショウの場合」	『拓殖大学理工学研究報告』第5巻4号	拓殖大学理工学総合研究所
齋藤 剛	寺澤 勉*	森 望	1996.5	「こども科学館における来館者特性—横浜と八王子の比較分析—」	『展示学』第21号	日本展示学会
齊藤 哲也			2017.3	「ミラノ市における産業遺産の住居再利用に関する調査研究」	『日本インテリア学会論文報告集』第7号	日本インテリア学会
齋藤 利成	佐藤 勝*	渡部 正 他	2011.11	「「喜多方市カイギュウランドたかさと」開館の経緯と展示内容」	『地学教育と科学運動』第66号	地学団体研究会
齋藤 智子	五代 まゆみ*	工津 尋美 他	1996.3	「体験学習室における学習指導例-体験学習室行事「アイヌ民族の狩猟具」の実践を通して-」	『北海道開拓記念館研究紀要』第24号	北海道開拓記念館
齋藤 智子	三野 紀雄*	麻生 典子 他	1999	「北海道開拓記念館における視覚障害者への対応」	『ユニバーサル・ミュージアムをめざして一視覚障害者と博物館―』	神奈川県立生命の星・地球博物館
斎藤 信策	高山 林次郎*	姉崎 正治 編	1925	「一大美術館を建てよ」	『樗牛全集』第1巻(美學及美術史)	博文館
斎藤 信策	高山 林次郎*	姉崎 正治 編	1925	「博物館論」	『樗牛全集』第1巻(美學及美術史)	博文館
斎藤 信策	高山 林次郎*	姉崎 正治 編	1925	「美術参考館の必要」	『樗牛全集』第1巻(美學及美術史)	博文館
斎藤 修啓			1995.11	「博物館史研究会で扱う課題－特別展「新博物館態勢」の図録を読んで－」	『博物館史研究』第1号	博物館史研究会
斎藤 修啓			2010.3	「棚橋源太郎の手工科教育論の変容--東京教育博物館での学校教育への支援活動に注目して」	『愛知江南短期大学:紀要』第39号	愛知江南短期大学
斎藤 斐章			1902	『歴史教授法』		金港堂
斎藤 英俊			2003	「近代の産業遺産の保存と活用」	『ヨーロッパ諸国の文化財保護制度と活用事例【ドイツ編】』	独立行政法人文化財研究所
齊藤 仁志	平賀 伸夫*	三ツ川 章	2007	「教師支援を目的とした学校と博物館との連携に関する研究」	『科学教育研究』第31巻2号	日本科学教育学会
斉藤 平茂			1991	「文化財保存と建築」	『文化財虫菌害防除概説』	文化財虫害研究所
齋藤 寛	長谷川 和範		2003.10	『標本学自然史標本の収集と管理』		国立科学博物館
齋藤報恩會			1935	「伊達家蔵品展覧會概況」	『財團法人齋藤報恩會博物館時報』第28號	財團法人齋藤報恩會
齋藤報恩会			2009.1	『財団法人齋藤報恩会のあゆみ:財団85年・博物館75年』		齋藤報恩会
齋藤 正人			2011.12	「子どもを主役にするためのワークショップの提案:金沢21世紀美術館での実践報告より」	『文教大学教育学部紀要』第45号	文教大学
斉藤 雅也	細谷 多聞*	酒井 正幸 他	2008.6	「ITを活用した動物園の顧客満足度向上研究(第2報):弟路郎ファミリーシステムのハードウェア・ソフトウェア構築」	『デザイン学研究.研究発表大会概要集』第55号	日本デザイン学会
斉藤 雅也	細谷 多聞	酒井 正幸 他	2008.6	「ITを活用した動物園の顧客満足度向上研究(第3報):弟路郎ファミリーシステムの実証実験」	『デザイン学研究.研究発表大会概要集』第55号	日本デザイン学会
斉藤 雅也	片山 めぐみ	伊藤 哲夫 他	2009.2	「札幌市円山動物園・類人猿館改修デザイン」	『日本建築学会技術報告集』第15巻29号	日本建築学会
斉藤 雅也	片山 めぐみ*	吉田 淳一	2010.5	「生体と観覧者の行動に基づく動物飼育展示施設のデザイン評価--札幌市円山動物園類人猿館改修デザインを事例として」	『日本建築学会計画系論文集』第75巻651号	日本建築学会
斉藤 雅也	町田 佳世子	本田 直也 他	2012.6	「動物園の爬虫類・両生類の生体展示に対する来園者の印象・評価に関する調査研究」	『日本建築学会北海道支部研究報告集』第85号	日本建築学会北海道支部
斉藤 雅也			2016.11	「動物園のクリマデザイン 札幌市円山動物園を事例として」	『空気調和・衛生工学』第90巻11号	空気調和・衛生工学会
齋藤 勝	鷲塚 泰光*	真鍋 俊照 他	1996	「フォーラム「今、博物館に求められているもの」―博物館相互の連携・特に相互信頼の醸成について―」	『博物館の防災方策に関する調査研究報告書平成8年度』	日本博物館協会

著者1	著者2	著者3	発行年	論文名・書籍名	掲載誌	発行元
齋藤 勝	鷲塚 泰光*	真鍋 俊照 他	1997	「今博物館に求められているもの—博物館相互の連携・特に相互信頼の熟成について(前半)」	『博物館研究』第32巻第2号	日本博物館協会
齋藤 勝	鷲塚 泰光*	真鍋 俊照 他	1997.3	「今博物館に求められているもの—博物館相互の連携・特に相互信頼の醸成について(後半)」	『博物館研究』第32巻第3号	日本博物館協会
斎藤 傑			1997.3	「現代社会における博物館施設の意義」	『旭川市博物館研究報告』第3号	旭川市博物館
斎藤 傑			2003.3	「北海道における美術館の歩み(その1)北海道立美術館」	『北海道生涯学習研究』第3号	北海道教育大学生涯学習教育研究センター
斎藤 傑			2004.3	「北海道における美術館の歩み(その2)網走市立美術館」	『北海道生涯学習研究』第4号	北海道教育大学生涯学習教育研究センター
斎藤 傑			2005.3	「北海道における美術館の歩み(その3)北海道立三岸好太郎美術館」	『北海道生涯学習研究』第5号	北海道教育大学生涯学習教育研究センター
斉藤 倫明	天谷 文夫	奥田 英人 他	2003	「テーマ展「木の良さ再発見」における新しい試み--来館者の五感に訴える展示手法と体験活動」	『栃木県立博物館研究紀要.自然』第20号	栃木県立博物館
斎藤 みち子			1982.3	「実生活に呼応する博物館」	『國學院大學博物館學紀要』第6輯	國學院大學博物館学研究室
斉藤 実			1981.12	「博物館におけるガスくん蒸消毒のあり方」	『博物館学雑誌』第7巻第1号	全日本博物館学会
斎藤 靖二	真鍋 真*	森田 利仁	1998	「これからの博物館の役割と機能—欧米の自然史博物館の最近の事例に学ぶ—」	『地質ニュース』第532号	実業公報社
斎藤 靖二			1998.2	「自然史系博物館の標本資料データベースについて-地質科学資料を例に」	『情報の科学と技術』第48巻第2号	情報科学技術協会
斎藤 靖二	小出 良幸	高橋 啓一	1998.12	仮想「日本自然史博物館」」	『地学雑誌』第107巻6号	東京地学協会
斎藤 靖二			2004.3	「自然史および科学技術史のコレクション・マネジメントを考える」	『博物館の機能及びその効果的な運営の在り方に関する実証的研究』	国立科学博物館
斎藤 靖二 他			2004.3	「博物館の機能及びその効果的な運営の在り方に関する実証的研究」	『平成14年度~15年度科学研究費補助金(特別研究促進費)研究成果報告書』	国立科学博物館
斎藤 靖二	平田 大二*		2009.2	「小田原・箱根ジオパーク構想と生命の星・地球博物館」	『月刊地球』第31巻第2号	海洋出版
斎藤 靖二	平田 大二*	田口 公則	2009.2	「神奈川県立生命の星・地球博物館「地質の日」記念事業」	『地質ニュース』第654号	実業公報社
斎藤 靖二	加藤 真	小川 義和	2009.4	「座談会 博物館の未来--自然系博物館から考える」	『科学』第79巻第4号	岩波書店
斎藤 靖二 他			2011.12	「公開シンポジウム「緊急集会:被災した自然史標本と博物館の復旧・復興にむけて—学術コミュニティは何をすべきか?」を開催して」	『学術の動向』第16巻第12号	日本学術協力財団
斎藤 靖二			2013.3	「自然史標本の意義について」	『化石』第93号	日本古生物学会
斎藤 靖二	馬渡 峻輔*	松浦 啓一 他	2015.1	「公開座談会 異なる館種の立場から見た、博物館法制度の課題」	『博物館研究』第50巻第1号	日本博物館協会
斎藤 靖二 監			2016.6	『博物館のひみつ:保管・展示方法から学芸員の仕事まで』		PHP研究所
斉藤 泰嘉			1980.3	「子どもと親の美術館'80」	『北海道立近代美術館研究紀要』第3号	北海道立近代美術館
齋藤 佑樹	神保 英*	安斉 賢三 他	2014.4	「博物館での学習における拡張現実(AR)技術の可能性」	『東京都市大学横浜キャンパス情報メディアジャーナル』15号	東京都市大学環境情報学部情報メディアジャーナル編集委員会
齊藤 祐子			2002.6	「近代美術とミュゼオロジー:「構造社」研究」	『芸術学の視座:眞保亨先生古稀記念論文集』	勉誠出版
斉藤 雪彦	鳥井 幸恵*	中村 攻	2007.12	「地域資源を用いた市民の博物館活動に関する考察-東京都墨田区「小さな博物館」運動を事例として」	『博物館学雑誌』第33巻第1号	全日本博物館学会
齊藤 有里加			2009.1	「展示における対話活動の充実-国立科学博物館教育ボランティアによる「森の標本箱」の運営を事例にして」	『博物館研究』第44巻第1号	日本博物館協会
齊藤 義仰	中野 裕貴	松本 利隆 他	2013.3	「津波被害の記憶を忘れないためのオンライン津波資料館の構築」	『情報処理学会研究報告』第32号	情報処理学会
斎藤 吉彦			2003	「大阪市立科学館における展示の利用実態評価」	『大阪市立科学館研究報告』第13号	大阪市立科学館
斉藤 嘉博			1996.9	「映像の展示」	『ミュージアムマネージメント』	東京堂出版
齋藤 義朗			2013.4	「帝国海軍の博物館「海軍館」:建設計画・展示・運営から終焉まで」	『政治経済史学』第556号	日本政治経済史学研究所
斎藤 隆三			1944	「東京府美術館の新建新會館落成當時の院展」	『日本美術院史』	創元社

著者1	著者2	著者3	発行年	論文名・書籍名	掲載誌	発行元
斎藤 隆三			1960	『岡倉天心』		吉川弘文館
齋藤 玲子			2009.3	「特別展「トーテムの物語-北西海岸インディアンのくらしと美」における協力」	『第23回北方民族文化シンポジウム報告書 北太平洋の文化--北方地域の博物館と民族文化(3)』	北方文化振興協会
齋藤 玲子			2017.5	「民族文化の振興と工芸」	『文明史のなかの文化遺産』	臨川書店
サイモン・ジョン			2005.12	「多文化展示への模索」	『非文字資料研究』第10号	神奈川大学21世紀COEプログラム「人類文化研究のための非文字資料の体系化」研究推進会議
Sawin.Martica 編	フィッチ・J・M*	金出 ミチル 訳	2008.7	『ジェームズ・マーストン・フィッチ論評選集：建築・保存・環境』		鹿島出版会
佐伯 平二			1992.3	「理工系博物館における常設展示企画製作手順について」	『名古屋市科学館紀要』第18号	名古屋市科学館
佐伯 平二			1995.3	「理工系博物館における特別展示の運営方法について」	『名古屋市科学館紀要』第21号	名古屋市科学館
佐伯 平二	三輪 克*	五十嵐 耕一	1996	「科学博物館における実験展示」	『博物館指導者研究協議会報告書平成8年度』	日本博物館協会
佐伯 平二			1996.3	「名古屋市科学館における産・学・官等との連携事業の現状と課題」	『名古屋市科学館紀要』第22号	名古屋市科学館
佐伯 安子			1996.4	「民具より学ぶ-くにたちの暮らしを記録する会の活動をふりかえって」	『くにたち郷土文化館研究紀要』第1号	くにたち郷土文化館
佐伯 陽一			1996.3	「山口県立山口博物館で開催した展覧会Ⅰ」	『山口県立山口博物館研究報告』第22号	山口県立山口博物館
佐伯 陽一			1997.3	「山口県立山口博物館で開催した展覧会Ⅱ」	『山口県立山口博物館研究報告』第23号	山口県立山口博物館
佐伯 陽一			1998.3	「山口県立山口博物館で開催した展覧会Ⅲ」	『山口県立山口博物館研究報告』第24号	山口県立山口博物館
佐伯 凌汰	小林 渓太*	塩田 真吾 他	2013.12	「環境学習施設の展示手法の比較及び考察:小型カメラによる見学者の視線解析を用いて」	『エネルギー環境教育研究』第8巻1号	日本エネルギー環境教育学会
三枝 浩之			2003.2	「八王子市郷土資料館のガイドボランティア活動について」	『八王子市郷土資料館研究紀要八王子の歴史と文化』第15号	八王子市教育委員会
三枝 芳美			1999.2	「伊丹市立博物館における学社融合事業の歴史と展望」	『博物館研究』第34巻第2号	日本博物館協会
五月女 賢司			2010.3	「博物館側から見たミュージアム・リテラシー」	『JMMA日本ミュージアム・マネージメント学会会報』第14巻第4号	日本ミュージアム・マネージメント学会
五月女 賢司			2011.3	『「学校と博物館が学びあえる場の構築をめざして」報告書:博学連携ワークショップ』		国立民族学博物館
五月女 賢司			2011.3	「博物館事務職員のミュージアム・リテラシー向上のための取り組み--国立民族学博物館における展示活動研修会の事例から」	『日本ミュージアム・マネージメント学会研究紀要』第15号	日本ミュージアム・マネージメント学会
五月女 賢司			2011.6	「国際理解教育における博物館活用の可能性(6)第6回国立民族学博物館を活用したワークショップ型教員研修の試み」	『国際理解教育』第17巻	日本国際理解教育学会
五月女 賢司			2012.5	「「さわる展示」の回顧と展望」	『さわって楽しむ博物館ユニバーサル・ミュージアムの可能性』	青弓社
酒井 英二			2014	「薬用植物園の役割とこれからの展望」	『Aromatopia』第23巻第5号	フレグランスジャーナル社
酒井 恵美子	桑原 英明*	上代 庸平 他	2016.3	「行政文書の管理及び歴史文書の保存に関する意識調査」	『社会科学研究』第36巻第1・2号	中京大学社会科学研究所
酒井 一博			2000.1	「博物館学各論(1)-博物館の論理学-博物館生理学」	『新版博物館学講座 第1巻博物館学概論』	雄山閣
酒井 一博			2000.1	「博物館学各論(2)-博物館の実践学-博物館利用者の生理学的調査法」	『新版博物館学講座 第1巻博物館学概論』	雄山閣
酒井 一光			1996.9	「博物館と建築」	『ミュージアムマネージメント』	東京堂出版
酒井 一光			2000.9	「第2章展示の形態と分類」	『博物館学シリーズ 3博物館展示・教育論』	樹村房
酒井 一光			2012.12	「博物館建築の歴史と展示・諸機能」	『博物館学2(博物館展示論博物館教育論)』	学文社
酒井 一光			2013.4	「再読 関西近代建築:モダンエイジの建築遺産(49)泉布観・明治天皇記念館」	『建築と社会』第94輯1093号	日本建築協会
酒井 耕造			1999.9	「学芸員活動と文化財」	『法政史学』第52号	法政大学史学会
酒井 耕造	竹谷 陽二郎*	榎 陽介 他	2004.3	「福島県立博物館の資料管理システム」	『福島県立博物館紀要』第18号	福島県立博物館

さ

著者1	著者2	著者3	発行年	論文名・書籍名	掲載誌	発行元
堺史談会			1903.8	『堺水族館記』		堺史談會編輯局
坂井 隆			2017.5	「文化遺産は誰のものか:東南・東アジアの4世界文化遺産の帰属問題」	『日本考古学』第43号	日本考古学協会
酒井 正			2011.3	「展示模型を制作して作品の魅せ方を知る:博物館実習1の報告」	『実践女子大学Museology』第30号	実践女子大学博物館学課程
酒井 忠康	蓑 豊	原田 マハ	2013.10	「学芸員の視点」	『美術館と建築』	青幻舎
酒井 忠康 監			2013.10	『美術館と建築』		青幻舎
酒井 忠康 監	横尾 忠則*		2013.10	「アートを生かして初めて美術館建築の成功がある」	『美術館と建築』	青幻舎
酒井 忠康 監	舟越 桂*述		2013.10	「展示空間に望むことは壁の白さと床の確かさある程度の天井高だけ」	『美術館と建築』	青幻舎
酒井 忠康 監	束 芋*述		2013.10	「ややつこしい空間がくれる「お題」とややつこしいことを言う私」	『美術館と建築』	青幻舎
酒井 哲朗			2012.8	「博物館法検討委員会中間報告「美術館基準(案)」の顛末」	『Zenbi:全国美術館会議機関誌』第2巻	全国美術館会議
坂井 俊樹			1985	「戦前における「社会の学習・研究」を課題とする教育実践の検討--志垣寛、赤井米吉の郷土教育論を中心に(その1)」	『社会科教育研究』第53号	日本社会科教育学会
坂井 俊樹			1986	「戦前における「社会の学習・研究」を課題とする教育実践の検討 志垣寛・赤井米吉の郷土教育論を中心に(その2)」	『社会科教育研究』第54号	日本社会科教育学会
坂井 知志			1996.9	「生涯学習社会と博物館」	『ミュージアムマネージメント』	東京堂出版
坂井 知志			1999.2	「情報化社会と博物館」	『博物館研究』第34巻第2号	日本博物館協会
坂井 知志			1999.9	「第1章博物館と情報」	『博物館学シリーズ 5博物館情報論』	樹村房
坂井 知志			1999.9	「第3章情報機器とネットワーク1総論」	『博物館学シリーズ 5博物館情報論』	樹村房
坂井 知志			1999.9	「第5章今後の課題 4社会教育施設情報化・活性化推進事業」	『博物館学シリーズ 5博物館情報論』	樹村房
坂井 知志	大堀 哲*	塚原 正彦 他	2001.3	「ミュージアム活動と地に関する基礎的研究」	『コミュニティ振興研究』第1号	常磐大学コミュニティ振興学部
坂井 知志			2002.9	「学社融合編 学校と博物館を結ぶ」	『月刊公民館』第544号	全国公民館連合会
坂井 知志	町 英朋*	塩 雅之 他	2010.8	「プロジェクターを活かした博物館・美術館の電子教科書の取り組み」	『年会論文集』第26巻	日本教育情報学会
酒井 秀嗣	佐藤 恵	若林 修一	2012	「ふれあい動物園における展示動物のストレスに関する一考察」	『日本大学歯学部紀要』第40号	日本大学歯学部
さかいひろこ			2016.8	「遺跡を感じる」	『ひとが優しい博物館:ユニバーサル・ミュージアムの新展開』	青弓社
酒井 正幸	細谷 多聞*	斉藤 雅也 他	2008.6	「ITを活用した動物園の顧客満足度向上研究(第2報):弟路郎ファミリーシステムのハードウェア・ソフトウェア構築」	『デザイン学研究.研究発表大会概要集』第55号	日本デザイン学会
酒井 正幸	斉藤 雅也*	細谷 多聞 他	2008.6	「ITを活用した動物園の顧客満足度向上研究(第3報):弟路郎ファミリーシステムの実証実験」	『デザイン学研究 研究発表大会概要集』第55号	日本デザイン学会
酒井 正幸	桑原 禎知*	矢部 和夫	2014.11	「『円山動物園の森』ビオトープにおける生物多様性向上のための研究 水辺の造成と両生類の動向に関する記録および環境教育への活用に向けて」	『札幌市立大学研究論文集』第8巻第1号	札幌市立大学
坂井 美香			2009.3	「覗きからくりとは何だろう-日本、西欧、中国」	『神奈川大学大学院歴史民俗資料学研究』第14号	神奈川大学大学院歴史民俗資料学研究科
酒井 みな			1996.11-1999.3	「行ってみよう平和・戦争博物館」	『毎日新聞』1996年11月から1999年3月連載	毎日新聞社
坂井 実			1990.3	「香川県香南町の三豊層群に産出する大型植物化石とその教材化」	『香川県自然科学館研究報告』第12巻	香川県自然科学館
坂入 尚文			2006.6	『間道見世物とテキヤの領域』		新宿書房
阪上 健人			2014.4	『バイオフィリア環境としての動物園の役割と人の心身への影響に関する研究』		阪上健人
坂江 渉	神戸大学大学院人文学研究科地域連携センター 編		2013.7	「災害と地域歴史資料」	『「地域歴史遺産」の可能性』	岩田書院
坂江 渉	神戸大学大学院人文学研究科地域連携センター 編		2013.7	「地域の歴史文化と大学の役割」	『「地域歴史遺産」の可能性』	岩田書院

著者1	著者2	著者3	発行年	論文名・書籍名	掲載誌	発行元
坂江 渉	村井 良介	神戸大学大学院人文学研究科地域連携センター 編	2013.7	「地域歴史文化を保全・継承できる人材の育成」	『「地域歴史遺産」の可能性』	岩田書院
日下 和寿			2016	「白石市における文化財レスキューとその後」	『災害・復興と資料』第7号	新潟大学災害・復興科学研究所危機管理・災害復興分野
榊 眞			2007.3	「美術館学芸員の専門性と職制に関する考察-文化専門職論の構想にむけて」	『白山社会学研究』第14号	白山社会学会
榊田 みどり			2011.5	「「地元学」の先進地水俣市の「村丸ごと生活博物館」」	『地上』第65巻第5号	家の光協会
榊原 すずみ			2015.9	「博物館ガイドに犬のカウンセラーボランティアで幸せを得た女性たち」	『婦人公論』第100巻第18号	中央公論新社
榊原 聖文			1969.3	「展示品の形態の新しい提案」	『横須賀市博物館雑報』第14号	横須賀市博物館
榊原 聖文			1980.1	「展示形態論及び展示品の概念について」	『博物館学雑誌』第5巻第1号	全日本博物館学会
榊原 聖文			1981.3	「展示品の形態の構造」	『博物館学雑誌』第6巻第1・2号合併号	全日本博物館学会
榊原 聖文			1982.3	「展示品の形態の新しい提案」	『博物館学雑誌』第7巻第2号	全日本博物館学会
榊原 聖文			1984.3	「展示(品)評価の視点について」	『博物館学雑誌』第9巻第1・2号合併号	全日本博物館学会
榊原 聖文			1986.12	「展示における観覧時間分布のガンマ関数による解析」	『国立科学博物館研究報告』第9集	国立科学博物館
榊原 聖文			1992.3	「もう一つの博物館学を求めて」	『博物館学雑誌』第17巻第1・2号合併号	全日本博物館学会
榊原 聖文			1995.5	「科学系展示と科学の接点について」	『博物館学雑誌』第20巻第1・2号合併号	全日本博物館学会
榊原 聖文			2005	「博物館情報論の講義をふりかえって」	『東京家政学院生活文化博物館年報』第15号	東京家政学院生活文化博物館
榊原 聖文			2008.3	「博物館における展示とその要素、及び評価と還元のシステム的関係について(1)(2)」	『博物館学雑誌』第33巻第2号	全日本博物館学会
榊原 聖文			2008.12	「博物館における展示とその要素、及び評価と還元のシステム的関係について(3)(4)」	『博物館学雑誌』第34巻第1号	全日本博物館学会
坂口 二郎			1922	「ルーブル博物館」「博物舘垂涎記」	『歐米三十五都』	下出書房
坂口 大洋	菅 貴哉*		2014.6	「東日本大震災における被災ミュージアムの再開プロセス:ネットワークを視点として」	『日本建築学会東北支部研究報告集 計画系』第77号	日本建築学会東北支部
坂倉 永悟			2012.8	「歴史資料と博物館資料(博物館資料の具体)」	『人文系博物館資料論』	雄山閣
坂倉 真衣			2014.4	「インフォーマルな学習環境としての博物館に重要なこととは?:アメリカ合衆国西海岸の博物館3館からの考察」	『九州大学総合研究博物館研究報告』12	九州大学総合研究博物館
坂倉 真衣			2015.12	「来館者の「博物館体験」をどのように理解し、関わることができるか:「学習の文脈モデル(Falk&Dierking・2000)」の再解釈と展示物との「出会い」という捉え方から」	『博物館学雑誌』第41巻第1号	全日本博物館学会
佐賀県立名護屋城博物館			2016.1	『小川敬吉資料展:朝鮮総督府の文化財調査官が遺したもの』		佐賀県立名護屋城博物館
坂崎 信之			1975	「植物園の使命と将来に1つの問題が提起された」	『日本植物園協会誌』第10号	日本植物園協会
坂崎 信之			1977.3	「植物園の展示について、社会教育の場として」	『日本植物園協会誌』第11号	日本植物園協会
嵯峨 創平			1997	「市民提案型の博物館ワークショップの可能性について」	『日本ミュージアム・マネージメント学会研究紀要』第1号	日本ミュージアム・マネージメント学会
嵯峨 創平			1997.1	「フィリピンの子どもたちの状況と「子ども博物館」にできること」	『月刊ミュゼ』25号	(株)アム・プロモーション
嵯峨 創平	塩田 るみ		2009.9	「ミュージアム・シアターによる博物館の新しい学びの場づくり--所沢航空発祥記念館における実践から」	『JMMA日本ミュージアム・マネージメント学会会報』第14巻第2号	日本ミュージアム・マネージメント学会
坂田 和則			2013.8	「下水道科学館の環境教育への取り組みについて」	『下水道協会誌』第50巻第610号	日本下水道協会
坂田 さとこ			2016.3	「三井寺勧学院客殿障壁画の保存修理:文化財保存修理の倫理と共に」	『Lotus』第36号	日本フェノロサ学会
坂田 聡			2012.1	「新自由主義時代の博物館と文化財 丹波国山国荘地域の調査をめぐって:古文書の整理・保存と研究のはざまで」	『日本史研究』第593号	日本史研究会
阪谷 芳郎			1911	「史蹟は國民の活ける教訓也」	『斯民』第5編第11號	中央報德會

著者1	著者2	著者3	発行年	論文名・書籍名	掲載誌	発行元
阪谷 芳郎			1912	「經濟上より見たる史蹟名勝保存の價値」	『斯民』第6編第10號	中央報德會
阪谷 芳郎			1914	「歐米に於ける史蹟名勝の保存實況」	『史蹟名勝天然記念物』第二回報告書	史蹟名勝天然記念物保存協會
阪谷 芳郎			1915	「歐米に於ける史蹟名勝の保存實況《名所舊蹟の不活用は國家の大計を誤る》」	『史蹟名勝天然記念物』第1巻3號	史蹟名勝天然記念物保存協會
阪谷 芳郎			1940	「産業博物館の提唱」	『帝國工藝』一月號	帝國工藝會
酒田 信親	大隈 隆史*	興梠 正克 他	2009.6	「科学ミュージアムガイドと現地での追体験分析のためのモバイルインタフェース」	『日本バーチャルリアリティ学会論文誌』第14巻第3号	日本バーチャルリアリティ学会
阪田 正一			2012.3	「博物館に併設される資料としての建造物」	『立正博物館課程年報』第14号	立正大学博物館学芸員課程
阪田 正一			2008.3	「「新しい時代の博物館の在り方」について考える」	『立正博物館課程年報』第10号	立正大学博物館学芸員課程
坂詰 秀一 監			2012.5	『観光考古学』		ニューサイエンス社
阪根 博	勝又 美智雄		2009.1	「人流インタビュー――この人に聞く(99)ペルーの首都リマに古代アンデス文明の博物館をつくった故天野芳太郎の孫で、祖父の遺志を継いで遺跡の調査・発掘に取り組んでいる天野博物館事務局長阪根博さん」	『国際人流』第22巻第1号	入管協会
坂野井 包祐			1931	「新機軸を拓いた海底水族館の話」	『金儲け要訣:體驗と新方策』	大日本雄弁會講談社
佐賀 啓男			2002.1	「IV.博物館と視聴覚メディア」	『視聴覚メディアと教育』	樹村房
坂部 政登			1969	「モンキーセンターにおける展示資料の解説法とその背景」	『博物館研究』第42巻第2号	日本博物館協会
酒巻 貞夫			2008.7	「講演 いま話題の北海道旭川市旭山動物園のマーケティング戦略」	『販売士』第186号	日本販売士協会
酒巻 貞夫			2008.12	「旭山動物園のマーケティング戦略」	『浜松大学研究論集』第21巻第2号	浜松大学
坂巻 幸雄	神戸 信和*	尾上 亨 他	1984	「地質調査所地質標本館の利用実態:学校:社会教育教材として」	『日本地質学会第71年学術大会講演要旨集』	日本建築学会
佐上 信一			1920	「史蹟名勝保存事業に對する社會教育上の要求」	『斯民』第5編第4號	中央報德會
坂村 圭	中井 検裕	中西 正彦	2011.1	「美術館運営に対する指定管理者制度導入の効果と課題に関する研究」	『都市計画論文集』第46巻第3号	日本都市計画学会
坂村 健 編			1997	『デジタルミュージアム電脳博物館―博物館の未来』		東京大学総合研究博物館
坂村 健			1997.8	「デジタル・ミュージアム―博物館の未来をめざして―」	『文化庁月報』347号	ぎょうせい
坂村 健			1998.2	「電脳博物館とこれからの文化環境」	『Cultivate:文化と環境を考える』第8号	文化環境研究所
坂村 健			1998.5	「デジタル・ミュージアム―コンピュータを駆使した新しい博物館の構築―」	『情報処理』第39号	社会処理学会
坂村 健			1998.7	「デジタルミュージアム」	『人文学と情報処理』第17号	勉誠出版
坂村 健 編			2000	『デジタル・ミュージアム2000』		東京大学総合研究博物館
坂村 健			2000.6	「博物館機能の拡大 デジタル・ミュージアム構想」	『新版博物館学講座 第4巻 博物館機能論』	雄山閣
坂本 顕子			2014.9	「行政・市民・街なかがアートでつながる:熊本市現代美術館の取り組みから」	『月刊社会教育』第58巻第9号	国土社
坂本 勇			1997.7	「災害と人文・歴史系専門家の役割」	『歴史評論』第567号	校倉書房
坂本 勇			2011.6	「被災した紙媒体--東日本大震災の被災現場を巡って」	『百万塔』第139号	紙の博物館
坂本 勇			2016.3	「育て!!デジタルの保存・修復を担う人々」	『千葉県の文書館』第21号	千葉県文書館
坂本 一成	久野 靖広*	吉田 紗織 他	2008.7	「動線の接続パターンと環境要素:動線と環境要素による博物館建築のランドスケープ(1)」	『学術講演梗概集』2008巻	日本建築学会
坂本 一成	吉田 紗織*	久野 靖広 他	2008.7	「動線と環境要素によるランドスケープの構成類型:動線と環境要素による博物館建築のランドスケープ(2)」	『学術講演梗概集』2008巻	日本建築学会
坂本 和弘	有田 寛之*		2006	「携帯電話を利用した博物館展示ガイドの研究-200MUE探検隊国立科学博物館と上野動物園の連携」	『東京家政学院生活文化博物館年報』第16号	東京家政学院生活文化博物館

著者1	著者2	著者3	発行年	論文名・書籍名	掲載誌	発行元
坂本 勝比古			1981.5	「地域文化財としての公共建築」	『建築雑誌』第96輯第1179號	日本建築学会
坂本 喜一			1931	「鳥類の剝製法」	『科学知識』第11巻11號	科學知識普及會
坂本 喜一			1931	『坂本式動物剥製及標本製作法』		平凡社
阪本 廣太郎			1931	「農業館將来の施設」	『博物館研究』第4巻第10號	日本博物館協會
坂元 昭一	島田 和高*		2016.3	「復興支援と博物館:大船渡市立博物館支援事業」	『明治大学図書館紀要』第20号	明治大学図書館紀要編集部会
坂本 太郎	林屋 辰三郎	井上 光貞	1981.6	「＜座談会＞国立歴史民俗博物館(歴博)をつくる」	『日本歴史』第397号	吉川弘文館
坂本 輝美			2003.6	「燻蒸業務とリスクマネジメントの一考察」	『文化財の虫菌害』第45号	文化財虫害研究所
坂本 昇			2001	「ハンズ・オン展示の特別展「ワクワクくぬぎ林！」を実施して」	『博物館研究』第36巻第2号	日本博物館協会
坂本 昇			2008.6	「【報告2】坂本昇氏(伊丹市昆虫館学芸員)「博物館チェックシート活動から見えてくるもの」」	『博物館問題研究』第30号	博物館問題研究会
坂本 昇			2010.8	「虫と人がつくる伊丹市昆虫館の学校との連携」	『社会教育』第65巻8号	全日本社会教育連合会
坂本 昇	野中 健一	柳原 望 他	2012.12	「研究成果の現地還元としての展示制作:ラオス、ドンクワーイ、ヴィエンチャン平野の暮らし博物館の事例」	『博物館学雑誌』第38巻第1号	全日本博物館学会
坂本 昇			2016	「作品人々に嫌悪される対象を展示する試み:伊丹市昆虫館企画展「ごきぶり」」	『展示学』第56号	日本展示学会
坂本 登			2008.10	「社会教育法等の一部を改正する-法律案に対する『附帯決議』の意味を考える」	『社会教育』第63巻10号	全日本社会教育連合会
坂本 永	川端 保夫	佐藤 公昭 他	2003.3	「千葉県近代和風建築総合調査の実施について」	『千葉県立現代産業科学館研究報告』第9号	千葉県立現代産業科学館
坂本 永	川端 保夫	佐藤 公昭 他	2004	「千葉県近代和風建築総合調査の実施について(2)」	『千葉県立現代産業科学館研究報告』第10号	千葉県立現代産業科学館
坂本 英俊	大渕 慶史*	吉留 徹 他	2010	「伝統技能の保存と継承のためのマルチメディア活用技術の開発」	『工学教育』第58巻第6号	日本工学教育協会
坂本 英房			2012	「地域とつながる動物園」	『ビオシティ』第51号	ブックエンド
坂元 正典	山本 正男		1978	「"自然教育園"そのむかし」	『自然科学と博物館』第45巻1号	科学博物館後援会
坂元 正典	鶴田 総一郎*		1978.2	「自然教育園沿革史」	『自然教育園報告』第11号	国立科学博物館附属自然教育園
阪本 真由美	矢守 克也		2010	「災害ミュージアムを通した記憶の継承に関する一考察−−地震災害のミュージアムを中心に」	『自然災害科学』第29巻第2号	日本自然災害学会
坂本 美幸	多田 智美*		2013.1	「子どもと美術(Vol.92)中学校編行きたくなる美術館をつくろう！(後編)」	『美術手帖』977号	美術出版社
坂本 喜樹	三輪 嘉六	水谷 栄太郎 他	2011.3	「シンポジウム 市博物館と市立大学と地域連携で魅力あるまちづくりをめざして」	『人間文化研究所年報:人間地域共生』第6号	名古屋市立大学人間文化研究所
坂本 佳子			2001	「土浦市立博物館はたおり教室の活動と成果−10周年記念特別展を開催して−」	『博物館研究』第36巻第9号	日本博物館協会
佐川 朋子	初澤 敏生*	鈴木 英里	2017.2	「北海道・東北地方における地域博物館と学校との連携活動に関する調査報告」	『福島大学地域創造』第28巻2号	福島大学地域創造支援センター
先山 徹	高橋 晃	藤本 真理 他	2008.9	「兵庫県丹波市での恐竜発掘における生涯学習と"まちづくり"への支援」	『日本地質学会学術大会講演要旨』第115号	日本地質学会
先山 徹			2009.2	「ひとはくが実施した「地質の日」イベント」	『地質ニュース』第654号	実業公報社
先山 徹	松原 典孝*		2013	「山陰海岸ジオパークにおける地域活性化の取り組み事例」	『沿岸域学会誌』第26巻第2号	日本沿岸域学会
作田 龍昭			2010.10	「地域博物館への注文と期待−−好奇心ある博物館ビジターとして」	『地理』第55巻第10号	古今書院
佐久間 章			2012.10	「社会教育施設(公民館・図書館・博物館)間連携の今日的意義と課題」	『社会教育』第67巻10号	全日本社会教育連合会
佐久間 大輔			2005.9	「友の会をつなぐ博物館と社会をつなぐ」	『月刊ミュゼ』72号	(株)アム・プロモーション
佐久間 大輔			2006.12	「博物館と生態学(3)生態学分野における博物館ボランティア研究者の参加が開く可能性」	『日本生態学会誌』第56巻第3号	日本生態学会誌編集委員会

著者1	著者2	著者3	発行年	論文名・書籍名	掲載誌	発行元
佐久間 大輔	和田 岳	石田 惣 他	2009.6	「生態学をテーマとした展示室の新しい形をめざして－大阪市立自然史博物館－」	『JMMA日本ミュージアム・マネージメント学会会報』第14巻第1号	日本ミュージアム・マネージメント学会
佐久間 大輔	石田 惣*	釋 知恵子 他	2010.3	「博物館と生態学(12)生態学をテーマとした新しい展示室:小学生でもわかるベーツ擬態、島の生物地理学、メタ個体群を目指して」	『日本生態学会誌』第60巻第1号	日本生態学会誌編集委員会
佐久間 大輔			2010.4	「自然系博物館の未来(第11回)市民とともに良質なコレクションを築くために」	『科学』第80巻第4号	岩波書店
佐久間 大輔	鈴木 まほろ*	亀田 佳代子 他	2010.11	「博物館と生態学(14)地域の博物館が担う自然史研究の意義」	『日本生態学会誌』第60巻第3号	日本生態学会誌編集委員会
佐久間 大輔			2011.1	「博物館とインターネット－学術情報発信の現状を中心に」	『博物館研究』第46巻第1号	日本博物館協会
佐久間 大輔			2011.11	「博物館と生態学(17)自然史系資料の文化財的価値：標本を維持し保全する理由」	『日本生態学会誌』第61巻第3号	日本生態学会誌編集委員会
佐久間 大輔			2012.9	「広域連携組織は博物館発展のパートナーとなり得るか:西日本自然史系博物館ネットワークを例に」	『博物館研究』第47巻第9号	日本博物館協会
佐久間 大輔			2014.6	「東日本大震災における大阪市立自然史博物館の活動記録と残された課題」	『大阪市立自然史博物館館報』39	大阪市立自然史博物館
佐久間 大輔			2014.6	「『多様化する博物館の理念と制度「対話と連携の博物館の総括」(1)』について」	『博物館研究』第49巻第6号	日本博物館協会
佐久間 大輔			2014.9	「博物館の基礎的ビハインド・ザ・シーンである研究活動を公開する:SNSの利用を中心に」	『博物館研究』第49巻第9号	日本博物館協会
佐久間 彊			1996.3	「学芸員課程設置にあたって」	『千葉経済大学学芸員課程紀要』創刊号	千葉経済大学学芸員課程共同研究室
佐久間 文孝			1983.3	「千葉県立総南博物館の現状と課題-普及活動を中心に-」	『総南博物館報-特集-』	千葉県立総南博物館
佐久間 雅彦	濱田 隆士*	森 司 他	2001	「座談会"開かれた"博物館への道を探る」	『博物館研究』第36巻第2号	日本博物館協会
佐久間 豊	井出 洋一郎*	佐藤 泰 他	2007	「座談会 開かれたミュージアムを考える」	『コミュニテイ』第140号	地域社会研究所
佐久間 豊			2009.3	「パネルディスカッション「指定管理者制度」部会報告」	『博物館研究』第44巻第3号	日本博物館協会
佐久間 豊	勝山 輝男	田原 直樹 他	2010.3	「パネルディスカッション 博物館が地域に果たす役割」	『Museumちば:千葉県博物館協会研究紀要』40・41号	千葉県博物館協会
作本 憩彦			2013.3	「特別展「よみがえれ！恐竜たち」における関連企画の自己評価～子どもが楽しめる展示を目指して～」	『長野県立博物館紀要』第14号（自然系）	長野県立博物館
桜井 鴎村			1909	『欧洲見物』		丁未出版社
櫻井 和彦			2000.3	「小規模博物館学芸員の業務内容の実際-穂別町立博物館における1998-1999年度の実例」	『穂別町立博物館研究報告』第16号	穂別町立博物館
櫻井 和彦			2000.3	「穂別町立博物館の来館者の傾向-1999年度調査結果より-」	『穂別町立博物館研究報告』第16号	穂別町立博物館
櫻井 和彦	地徳 力		2000.6	「北海道の博物館ネットワーク」	『地学教育と科学運動』第34号	地学団体研究会
櫻井 和彦			2003.3	「穂別町立博物館における地域素材の活用例」	『穂別町立博物館研究報告』第19号	穂別町立博物館
櫻井 和彦	村上 隆		2004.7	「穂別町立博物館の20年-クビナガリュウ'ホッピー'と歩んだ博物館の歴史-」	『穂別町立博物館研究報告』第20号	穂別町立博物館
櫻井 賢三			1932	「本校の施設概況」	『郷土教育』第十八號	郷土教育聯盟
桜井 武			2008.2	『ロンドンの美術館:王室コレクションから現代アートまで』		平凡社
櫻井 千絵			2015.3	「ラルフ・イーザウ『盗まれた記憶の博物館』について」	『文化情報学:駿河台大学文化情報学部紀要』第10巻1号	駿河台大学文化情報学部
櫻井 友子	内藤 美佐子*		1992.3	「サイエンスショーについて」	『名古屋市科学館紀要』第18号	名古屋市科学館
櫻井 成昭			2010.8	「ムラの調査と景観保全:大分県豊後高田市田染小崎地区について」	『Link:神戸大学大学院人文学研究科地域連携センター年報』第2号	神戸大学大学院人文学研究科地域連携センター
桜井 信子	兄部 次郎*		1988.3	「昭和62年度欧州博物館事情視察レポート 博物館・美術館に併設されているレストランに関しての一考察」	『博物館研究』第23巻第3号	日本博物館協会
櫻井 博			2011.8	「魚類(特集 生きている動植物の輸送)」	『博物館研究』第46巻第8号	日本博物館協会
櫻井 文子			2010.6	「問われる美術館の公共性:シュテーデル美術インスティトゥート訴訟(1816-1829)に見る19世紀ドイツ語圏における文化事業の位置付け」	『比較都市史研究』第29巻第1号	比較都市史研究会

著者1	著者2	著者3	発行年	論文名・書籍名	掲載誌	発行元
櫻井 文子			2014.5	「都市型コレクションの有用性:19世紀フランクフルトのゼンケンベルク自然誌博物館を例に」	『人文科学年報』第44号	専修大学人文科学研究所
櫻井 文子			2015.3	「インドの博物館に見る歴史的展示空間の残存:コルカタとパトナを例に」	『専修大学人文科学研究所月報』第275号	専修大学人文科学研究所
桜井 能監			1879	『大隈参議ノ延暦寺保存ノ議ニ付考案並附議:[書写資料]』		桜井能監
櫻田 功	久保田 隆之*		2014.11	「十和田市現代美術館とアートのまちづくり」	『公共建築』第56号	公共建築協会
櫻田 秀樹	亀井 修*	在原 徹 他	1999.3	「現代社会に影響を与えた科学技術-大量生産黎明期の人物の展示を中心として-」	『千葉県立現代産業科学館研究報告』第5号	千葉県立現代産業科学館
櫻田 秀樹	君島 憲治	亀井 修	2000.3	「平成12年度特別展示会「万国博覧会の夢-万博に見る産業技術と日本」に関する調査研究-千葉県立現代産業科学館共同研究(その2)-」	『千葉県立現代産業科学館研究報告』第6号	千葉県立現代産業科学館
櫻田 秀樹	君島 健治	西 博孝 他	2001.3	「平成12年度特別展「万国博覧会の夢」について-万国博覧会の展示化-」	『千葉県立現代産業科学館研究報告』第7号	千葉県立現代産業科学館
櫻田 秀樹	佐藤 哲	松丸 敏和 他	2002.3	「展示・運営協力会サイエンスショーについて」	『千葉県立現代産業科学館研究報告』第8号	千葉県立現代産業科学館
櫻田 真人			2014.6	「『山の水族館』を核とした『温泉街の再生』」	『新都市』68	都市計画協会
桜庭 俊美			1993.11	「十和田科学博物館と小川原湖民俗博物館」	『展示学』第16号	日本展示学会
櫻間 裕子			2014.3	「日本の美術館建築における劇的空間是非論:谷口吉郎の東京国立近代美術館設計を中心に」	『フィロカリア』第31号	大阪大学大学院文学研究科芸術学・芸術史講座
桜水社同人 編			1914	『博覽會と東京:經濟的見物』		桜水社
酒向 智子			1999.12	「シリーズ子どもとはくぶつかん ケース・スタディ」	『月刊ミュゼ』38号	(株)アム・プロモーション
酒匂 一雄	伊藤 寿朗*	木全 力夫 他	1974	「社会教育職員制度:制度史的検討」	『社会教育職員論』	東洋館出版社
佐古 和枝			2005	「2市民団体との関わり」	『埋蔵文化財白書(第三次)』	ケイ・アイ・メディア
笹井 宏益	山本 慶裕 編		2000.6	『メディアと生涯学習』		玉川大学出版部
笹岡 昭平	半田 和彦	渡辺 晟	1981.3	「博物館教室「"象潟"をさぐる」について-望ましい博物館教室のあり方をもとめて-」	『秋田県立博物館研究報告』第6号	秋田県立博物館
笹岡 昭平			1982.3	「小・中学生のアンケートにみる博物館利用の実態と反応」	『秋田県立博物館研究報告』第7号	秋田県立博物館
笹尾 雅美			1982.12	「博物館と公民館」	『平塚市博物館年報』第6号	平塚市博物館
笹川 潔			1912	「動物園の象」	『眼前小景』	敬文館
佐々木 詔雄			2008.9	「秋田まるごと地球博物館ネットワーク」	『日本地質学会学術大会講演要旨』第115号	日本地質学会
佐々木 詔雄			2009.6	「秋田まるごと地球博物館ネットワーク--子供達が地球科学と地下資源の恵みを学ぶ野外体験学習の場を!」	『地質ニュース』第658号	実業公報社
佐々木 彰央	岡 有作*		2010.3	「硬骨魚類の骨格標本作製法」	『東海大学博物館研究報告』第10号	東海大学社会教育センター
佐々木 晃彦 監			1994.9	『芸術経営学講座1美術編』		東海大学出版会
佐々木 朝登			1975	「博物館ディスプレイについて-その体験から-」	『Mouseion:立教大学博物館研究』第21号	立教大学学校・社会教育講座
佐々木 朝登			1976	「展示・その計画を中心として」	『博物館研究』第11巻第5号	程本博物館日協会
佐々木 朝登			1980	「いわゆる考古・民俗の展示における問題点」	『物質文化:考古学民俗学研究』第34号	物質文化研究会
佐々木 朝登	横山 正*	毛利 正夫	1980	「特集:美術館・博物館=建築と展示空間の統一」	『建築画報』第145号	建築画報社
佐々木 朝登	新井 重三*	藤森 宣光	1981.3	「博物館建築と正面入口附近の構造について」	『博物館学雑誌』第6巻第1・2号合併号	全日本博物館学会
佐々木 朝登			1981.5	「展示の構成と実施」	『博物館学講座 第7巻展示と展示法』	雄山閣
佐々木 朝登			1981.5	「展示の実際と展示替え」	『博物館学講座 第7巻展示と展示法』	雄山閣

著者1	著者2	著者3	発行年	論文名・書籍名	掲載誌	発行元
佐々木 朝登			1981.5	「展示室の条件・展示と保存」	『博物館学講座 第7巻展示と展示法』	雄山閣
佐々木 朝登 編	徳川 宗敬*監	新井 重三 他編	1981.5	『博物館学講座 第7巻展示と展示法』		雄山閣
佐々木 朝登			1984	「博物館の構造展示―海外博物館の例から」	『展示学』第1号	日本展示学会
佐々木 朝登			1987.3	「海外博物館にみる性の展示」	『Museologist:明治大学学芸員養成課程年報』第2巻	明治大学学芸員養成課程
佐々木 朝登			1987.12	「北米の博物館運営にかかわる2～3の問題」	『Mouseion:立教大学博物館研究』第33号	立教大学学校・社会教育講座
佐々木 朝登			1990	「展示」	『博物館ハンドブック』	雄山閣
佐々木 朝登			1990.7	『博物館展示事始め―博物館の解らせ屋の視点―』		丹青総合研究所文化空間研究部
佐々木 朝登			1993	「博物館の企画から運営まで」	『土木学会誌』第78巻11号	土木学会
佐々木 朝登			1994.3	「博物館における映像について」	『明治大学MUSEOLOGIST』第9巻	明治大学学芸員養成課程
佐々木 朝登			1994.12	「イルクーツク周辺の遺跡博物館建設に関わる調査と助言（Ⅰ）」	『Mouseion:立教大学博物館研究』第40号	立教大学学校・社会教育講座
佐々木 朝登			1995.12	「イルクーツク周辺の遺跡博物館建設に関わる調査と助言（Ⅱ）」	『Mouseion:立教大学博物館研究』第41号	立教大学学校・社会教育講座
佐々木 朝登			1997.5	「最近の韓国の博物館事情」	『展示学』第23号	日本展示学会
佐々木 朝登			1999	「視覚障害者と展示」	『ユニバーサル・ミュージアムをめざして―視覚障害者と博物館―』	神奈川県立生命の星・地球博物館
佐々木 市之亟			1921	『平和博覽會:各館陳列品對話式案内』		小林銀蔵
佐々木 理 他			2013.3	「宮城県自然史標本レスキュー活動報告：被災地のミュージアム活動復興に向けて」	『化石』第93号	日本古生物学会
佐々木 和博			1989.3	「博物館の普及活動―仙台市博物館を例に―」	『明治大学MUSEOLOGIST』第4巻	明治大学学芸員養成課程
佐々木 和博			1990.3	「宮城県博物館史」	『國學院大學博物館學紀要』第14輯	國學院大學博物館学研究室
佐々木 和博			1991.3	「宮城県における博物館の嚆矢―明治12年設置の博物館をめぐって―」	『博物館学雑誌』第16巻第1・2号合併号	全日本博物館学会
佐々木 和博			1991.3	「宮城県における大正期の博物館―宮城県図書館博物標本陳列室をめぐって―」	『國學院大學博物館學紀要』第15輯	國學院大學博物館学研究室
佐々木 和博			2017.3	「明治九年開催の宮城博覧会の基礎的検討」	『國學院大學博物館學紀要』第41輯	國學院大學博物館学研究室
佐々木 一正			1984	「札幌市青少年科学館来館者の来館時刻と滞在時間」	『札幌市青少年科学館紀要』第1号	札幌市青少年科学館
佐々木 和也	星屋 泰二*	西川 雅弘	2008.4	「きっづ光科学館ふぉとんにおけるふぉとん虹色エネルギー実験教室の実践」	『レーザー研究』第36巻第4号	レーザー学会
佐々木 和也	星屋 泰二*	西村 昭彦 他	2000.5	「きっづ光科学館ふぉとんにおける科学技術理解増進活動の実践」	『日本教育工学会研究報告集』第8巻第2号	日本教育工学会
佐々木 勝浩			1997.6	「時展覧会と時の記念日」	『国立科学博物館ニュース』第338号	国立科学博物館
佐々木 勝浩			2001	『産業技術博物館の内容と社会的な役割についての日米の比較研究』		文部省科学研究費補助金研究成果報告書
佐々木 勝浩			2001.5	「館種別博物館の調査研究 理工系博物館」	『新版博物館学講座 第6巻博物館調査研究法』	雄山閣
佐々木 勝浩			2001.5	「研究成果の市民への還元 研究者への学術情報の提供」	『新版博物館学講座 第6巻博物館調査研究法』	雄山閣
佐々木 勝浩	井上 毅*		2015.12	「1920年に東京教育博物館で開催された「時」展覧会の出品物の調査」	『国立科学博物館研究報告』第38集	国立科学博物館
佐々木 吉三郎			1903	「東洋唯一の教育博物館」	『東京教育博物館』	金港堂
佐々木 邦彦			2011.4	「韓国の博物館・美術館の最近の動向--国立博物館・美術館の状況を中心に」	『博物館研究』第46巻第4号	日本博物館協会
佐々木 月樵 編			1910.7	「大谷派遺蹟録」	『親鸞伝叢書』	無我山房

著者1	著者2	著者3	発行年	論文名・書籍名	掲載誌	発行元
佐々木 浩一			1996.7	「博物館と地震」	『神奈川県博物館協会会報』第68号	神奈川県博物館協会
佐々木 香輔			2012.10	「文化財を撮る:奈良国立博物館の撮影現場から」	『日本写真学会誌』第75巻第5号	日本写真学会
佐々木 成人			1996.9	「ソフトサービス①ゲストリレーションズ」	『ミュージアムマネージメント』	東京堂出版
佐々木 秀二			1928	「圖書館、美術館、學會其他」	『北米三都案内』	海外旅行案内社
佐々木 順子	富田 晃彦		2004	「プラネタリウムを用いた理科教育の可能性(天文教育プロジェクト)」	『和歌山大学教育学部教育実践総合センター紀要』第14号	和歌山大学教育学部附属教育実践総合センター
佐々木 丞平			2013.4	「人に優しい博物館」	『博物館研究』第48巻第4号	日本博物館協会
佐々木 丞平			2015.3	「京都国立博物館新館『平成知新館』開館を迎えて」	『博物館研究』第50巻第3号	日本博物館協会
佐々木 進			1980.3	「展示と資料解説」	『同志社大学博物館学年報』第11号	同志社大学博物館学芸員課程
佐々木 進			1981.1	「世界の博物館史 アジアの博物館史」	『博物館学講座 第2巻日本と世界の博物館史』	雄山閣
佐々木 進			1998.1	「博物館実習の現場から－受け入れ側からみた実習生たちの横顔－」	『博物館学年報1997』第4号	京都女子大学博物館学芸員課程
佐々木 進			2000.12	「栗東歴史民俗博物館開設準備のころ-地域博物館を立ちあげるまで-」	『博物館学年報』第32号	同志社大学博物館学芸員課程
佐々木 高明 編	梅棹 忠夫*	石毛 直道 編	1990.2	『梅棹忠夫著作集 第15巻民族学と博物館』		中央公論社
佐々木 尚友			1941	『植物園での研究(少國民理科の研究叢書)』		研究社
佐々木 尚友			1948	「植物園を利用しませう」	『植物園での研究』	研究社
佐々木 孝文			2000.12	「博物館をつくるには-そのために必要なもの-」	『博物館学年報』第32号	同志社大学博物館学芸員課程
佐々木 拓二 編	佐々木 時雄*		1977.1	『続動物園の歴史(世界編)』		西田書店
佐々木 長生			1997.2	「東日本民俗担当学芸員研究会について」	『歴史手帖』第25巻2号	名著出版
佐々木 長生			2004.3	「会津地方における博物館活動と民具研究」	『Museologist:明治大学学芸員養成課程年報』第19号	明治大学学芸員養成課程
佐々木 長生			2006.12	「博物館と体験学習」	『非文字資料研究』第14号	神奈川大学21世紀COEプログラム研究推進会議
佐々木 長生	川野 和昭		2008.4	「福島県立博物館・鹿児島県歴史資料センター黎明館共同企画樹と竹-列島の文化、北から南から」	『博物館研究』第43巻第4号	日本博物館協会
佐々木 辰夫			2011	「名古屋港ワイルドフラワーガーデン"ブルーボネット"における園芸福祉活動」	『日本植物園協会誌』第46号	日本植物園協会
佐々木 宰	滝田 彩		2009.8	「美術館施設との連携による造形教材の開発:北海道立釧路芸術館における版画ワークショップの事例」	『北海道教育大学紀要.教育科学編』第60巻第1号	北海道教育大学
佐々木 宰	藤下 昌世		2010	「美術館施設との連携による造形ワークショッププログラムの開発--北海道立釧路芸術館の平成21年度ジュニアアートスクールの事例」	『釧路論集:北海道教育大学釧路校研究紀要』第42号	北海道教育大学釧路校
佐々木 宰			2010	「イギリスの美術館における教育普及活動(1)ロンドンの美術館及び博物館・アートギャラリーの事例」	『北海道教育大学紀要.教育科学編』第60巻第2号	北海道教育大学
佐々木 宰			2010.2	「イギリスの美術館における教育普及活動(2):リバプール・オックスフォード・ケンブリッジの美術館及び博物館・アートギャラリーの事例」	『北海道教育大学紀要.教育科学編』第61巻第1号	北海道教育大学
佐々木 宰	更科 結希*		2011	「地域の美術館施設と連携した鑑賞教育の実践研究:釧路町立遠矢中学校と釧路市立美術館の連携事例」	『釧路論集:北海道教育大学釧路校研究紀要』第43号	北海道教育大学釧路校
佐々木 剛			1960.3	「視聴覚教育と博物館」	『Mouseion:立教大学博物館研究』第5号	立教大学学校・社会教育講座
佐々木 剛			2008.9	「カリフォルニア大学(UC)バークレー校ローレンス科学館「CommunicatingOceanScienceWorkshopforInstructors」に参加して(水産研究のフロントから)」	『日本水産学会誌』第74巻第5号	日本水産学会
佐々木 亨			1993.3	「Museums&Marketing1"ミュージアム・マーケティング"は博物館運営の救世主となるか。」	『北海道立北方民族博物館研究紀要』第2号	北海道立北方民族博物館
佐々木 亨			1995.3	「Museums&Marketing2ミュージアムのマーケティング・プロセスモデル構築に向けて(1)－北方民族博物館の事例から－」	『北海道立北方民族博物館研究紀要』第4号	北海道立北方民族博物館
佐々木 亨			1995.9	「まず、利用者を知ろう。対面方式のアンケートでマーケティング手法の試み」	『月刊ミュゼ』13号	(株)アム・プロモーション

著者1	著者2	著者3	発行年	論文名・書籍名	掲載誌	発行元
佐々木 亨			1996.9	「友の会活動」	『ミュージアムマネージメント』	東京堂出版
佐々木 亨			1997.1	「ミュージアム・マネージメント入門講座⑭博物館の「社会性」」	『月刊ミュゼ』25号	(株)アム・プロモーション
佐々木 亨			1997.3	「Museums&Marketing3ミュージアム・ユーザーに関する研究－北方民族博物館における調査から－」	『北海道立北方民族博物館研究紀要』第6号	北海道立北方民族博物館
佐々木 亨			1999	「公立博物館における行政評価評価 手法構築にむけて」	『日本ミュージアム・マネージメント学会研究紀要』第3号	日本ミュージアム・マネージメント学会
佐々木 亨			1999	「公立博物館における事業評価の現状 協議会・内部評価・利用者評価」	『文化経済学』第1巻3号	文化経済学会
佐々木 亨			1999.1	「ミュージアム・マーケティング」	『新版博物館学講座 第12巻博物館経営論』	雄山閣
佐々木 亨	金山 喜昭*		1999.2	「今だからこそ、「まちづくり」の心を育てていく地域博物館を」	『月刊ミュゼ』33号	(株)アム・プロモーション
佐々木 亨			2000	『東北アジア先住民文化に関するミュージアムの民族展示における評価研究』		文部省科学研究費補助金研究成果報告書
佐々木 亨			2000.1	「博物館学各論(2)-博物館の実践学-博物館と社会に関わる調査法」	『新版博物館学講座 第1巻博物館学概論』	雄山閣
佐々木 亨			2000.3	「博物館民族学とアイヌ民族文化展示の評価に関する考え方」	『東北アジア研究』第4巻	東北大学東北アジア研究センター
佐々木 亨			2000.9	「第4章最近の展示の動向と課題」	『博物館学シリーズ 3博物館展示・教育論』	樹村房
佐々木 亨	一瀬 和夫*	村井 良子	2001.6	「東京江戸東京博物館「博物館における評価と改善スキルアップ講座」から」	『月刊ミュゼ』47号	(株)アム・プロモーション
佐々木 亨			2002	「満州国における観光資源、展示対象としてのオロチョン」	『東北アジア諸民族の文化動態』	北海道大学図書刊行会
佐々木 亨			2002.6	「「静岡県立美術館の評価プロジェクト」に参加して」	『月刊ミュゼ』53号	(株)アム・プロモーション
佐々木 亨	岩瀬 智久		2003	「静岡県立美術館における事業評価」	『文化経済学会＜日本＞年次大会予稿集』	文化経済学会
佐々木 亨			2003	『ミュージアムのアイヌ文化展示における事前・形成的評価の実験的導入に関する研究』		文部省科学研究費補助金研究成果報告書
佐々木 亨			2004.3	「美術館ミッションの再構築に向けて-静岡県立美術館におけるSWOT分析などの試みから-」	『博物館の機能及びその効果的な運営の在り方に関する実証的研究』	国立科学博物館
佐々木 亨			2007.3	「アイヌ展示における「対話・共同作業」の現状に関する予備的考察」	『「北方的-北方研究の構築と展開」：北大文学研究科公開シンポジウム：報告書』	北海道大学大学院文学研究科
佐々木 亨			2007.6	「ミュージアムの評価システム作りの現場」	『博物館研究』第42巻第6号	日本博物館協会
佐々木 亨			2008.6	「公立美術館における使命と評価システムの構築」	『月刊公民館』第613号	全国公民館連合会
佐々木 亨			2008.7	「ミュージアム経営で一番大切なもの」	『モーリー』第18号	北海道新聞社
佐々木 亨	柳 与志夫*	後藤 和子	2010.3	「地域・国際レポート MLA連携の可能性と課題--ミュージアム、図書館、文書館の連携をめぐる専門家ラウンドテーブルの開催」	『文化経済学』第7巻第1号	文化経済学会
佐々木 亨			2011.11	「自治体博物館の運営--運営環境の変化と指定管理者制度の導入」	『都市問題』第102巻第11号	東京市政調査会
佐々木 亨			2012.9	「学会誌の20年を振り返る ミュージアム関連の論考に関するこれまでの研究動向と今後の展望」	『文化経済学』第9巻第2号	文化経済学会
佐々木 亨			2012.11	「博物館経営の基盤」	『博物館学3（博物館情報メディア論*博物館経営論）』	学文社
佐々木 亨			2012.12	「博物館評価を評価する：現状・課題と今後の展望」	『博物館研究』第47巻第12号	日本博物館協会
佐々木 時雄			1963	『欧米の博物館を見て』		京都市記念動物園
佐々木 時雄			1975.6	『動物園の歴史-日本における動物園の成立』		西田書店
佐々木 時雄	佐々木 拓二 編		1977.1	『続動物園の歴史（世界編）』		西田書店
佐々木 時雄			1987.2	『動物園の歴史 講談社学術文庫』		講談社
佐々木 利和			1986.3	「博物館書目誌稿―帝室本之部博物書篇―」	『東京国立博物館紀要』第21号	東京国立博物館

著者1	著者2	著者3	発行年	論文名・書籍名	掲載誌	発行元
佐々木 利和 編著	湯山 賢一 編著		2012.3	『博物館資料論--改訂新版』		放送大学教育振興会
佐々木 利和 編著	松原 茂 編著	原田 一敏 編著	2012.3	『博物館展示論』		放送大学教育振興会
佐々木 利和			2016.1	「歴史と記録・記憶を後世に伝える:古い博物館員のくりごと」	『情報の科学と技術』第66巻第4号	情報科学技術協会
佐々木 利廣	児玉 敏一*	東 俊之 他	2013.9	『動物園マネジメント 動物園から見えてくる経営学』		学文社
佐々木 直比彦			1979.6	「設置者別博物館のあり方 私立博物館」	『博物館学講座 第1巻博物館学総論』	雄山閣
佐々木 奈美子	吉住 磨子		2014.8	「博物館相当施設という選択と大学博物館」	『佐賀大学文化教育学部研究論文集』19集1号	佐賀大学文化教育学部
佐々木 信次			1923	『採集製作博物標本実験室』		中文館
佐佐木 信綱			1927	「萬葉博物館建設私見」	『早稲田文學』第253號	早稲田文學社
佐佐木 信綱			1927	「萬葉植物園」	『萬葉漫筆』	改造社
佐佐木 信綱			1944	「萬葉植物園由來」	『萬葉五十年』	八雲書店
佐々木 央			2008.6	「マスメディアの現場から(54)動物園は何のためにあるのか-メディアとの相似性を考える(1)」	『みんなの図書館』第374号	教育史料出版会
佐々木 央	草野 満代		2008.8	「マスメディアの現場から(55)カリスマとノンカリスマ-動物園からメディアを考える」	『みんなの図書館』第376号	教育史料出版会
佐々木 英夫			2010.11	「二十一世紀の博物館・前史--歴史博物館学の視点から」	『上智史学』第55号	上智大学史学会
佐々木 秀彦			1999.1	「博物館評価・基準のあり方—イギリスとアメリカの取り組みから—」	『月刊ミュゼ』37号	(株)アム・プロモーション
佐々木 秀彦			1999.3	「なぜ基準研究か—博物館運営の拠り所を求めて—」	『博物館基準に関する基礎研究-イギリスにおける博物館登録制度-』	博物館基準研究会
佐々木 秀彦			2001	「江戸東京博物館の常設展示における展示評価と改善」	『博物館研究』第36巻第8号	日本博物館協会
佐々木 秀彦			2001.3	「博物館評価をめぐる状況」	『博物館における評価と改善スキルアップ講座』資料集	東京都江戸東京博物館「博物館における評価と改善スキルアップ講座」実行委員会
佐々木 秀彦			2001.7	「三酔人博物館問答—20世紀末日本博物館界スケッチーその二」	『博物館史研究』第11号	博物館史研究会
佐々木 秀彦	亀井 修*	大山 光晴	2002.3	「博物館展示評価-展示場でのケーススタディにフォーカスして-」	『千葉県立現代産業科学館研究報告』第8号	千葉県立現代産業科学館
佐々木 秀彦			2002.3	「公共財としての博物館資料―アクセスを保証する資料整備・公開体制の構築:人文系博物館を中心に―(上)」	『博物館学雑誌』第27巻第1号	全日本博物館学会
佐々木 秀彦			2002.6	「第2回展示制作その1―デザイン・開発チーム・展示検証―連載学芸員の模索と挑戦」	『月刊ミュゼ』53号	(株)アム・プロモーション
佐々木 秀彦			2004.3	「公共財としての博物館資料―アクセスを保証する資料整備・公開体制の構築:人文系博物館を中心に―(下)」	『博物館学雑誌』第29巻第2号	全日本博物館学会
佐々木 秀彦			2006.7	「博物館活動の担い手としての高齢者 誰にもやさしい博物館づくり「高齢者プログラム委員会」の取組みから」	『博物館研究』第41巻第7号	日本博物館協会
佐々木 秀彦	稲庭 彩和子*	長倉 かすみ 他	2007.1	「座談会 博物館の底力-若手学芸員、大いに語る」	『マナビィ』第67号	文部科学省
佐々木 秀彦			2008.12	「博物館施策の再構築-多元化・連携の時代に向けて(創立80周年記念号)」	『博物館研究』第43巻第12号	日本博物館協会
佐々木 秀彦			2010.2	「各種調査からみる博物館の現状」	『博物館研究』第45巻第2号	日本博物館協会
佐々木 秀彦			2010.7	「「博物館関係者の行動規範」の原則案--日本博物館協会による調査研究の成果から」	『博物館研究』第45巻第7号	日本博物館協会
佐々木 秀彦			2012.9	「学校・地域・家庭との連携に果たす学芸員の役割:連携を進めるための拠りどころ」	『社会教育』第67巻9号	全日本社会教育連合会
佐々木 博司			2008.3	「学社協同による学習教材・カリキュラム等の開発と活用」	『第22回北方民族文化シンポジウム報告書 北太平洋の文化--北方地域の博物館と民族文化(2)』	北方文化振興協会
佐々木 迪香	小川 勇樹*		2012.3	「樋口清之博士収集考古資料について:青年期収集の「石器時代遺物」」	『國學院大學学術資料館考古学資料館紀要』第28号	國學院大學研究開発推進機構学術資料館考古資料館部門
佐々木 正峰			2004.1	「新館グランドオープンにあたり」	『国立科学博物館ニュース』第426号	国立科学博物館

著者1	著者2	著者3	発行年	論文名・書籍名	掲載誌	発行元
佐々木 正峰			2008.10	「館長インタビュー 国立科学博物館佐々木正峰館長 「想像力の入り口」として博物館の新たな可能性に挑戦する」	『文部科学教育通信』第206号	ジアース教育新社
佐々木 正峰			2009.3	『博物館これから』		雄山閣
佐々木 正峰			2010.3	「博物館のこれから 地域と文化の創造」	『博物館研究』第45巻第3号	日本博物館協会
佐々木 正峰			2010.3	「学校と博物館の連携」	『理科の教育』第59巻第3号	日本理科教育学会
佐々木 正峰			2011.5	「博物館における教育研究--科学系博物館を中心に」	『博物館研究』第46巻第5号	日本博物館協会
佐々木 基樹			2000.6	「博物館・その利用から考える」	『哺乳類科学』第40巻1号	日本哺乳類学会
佐々木 優			2014.5	「佐野常民と大久保利通の博物館・博覧会構想」	『駒沢大学史学論集』44号	駒澤大学大学院史学会
笹木 義友	北川 芳男*	亀谷 隆	1981.3	「北海道における博物館園の現況(1)-その種類と概要-」	『北海道開拓記念館研究年報』第9号	北海道開拓記念館
佐々木 麗			2013.6	「ミュージアム国際フォーラム 対話によるコミュニケーションの必要性:展示解説員の業務を通して」	『国府台:和洋女子大学文化資料館・博物館学課程報告』第17号	和洋女子大学文化資料館・博物館学課程
佐々木 麗			2015.06	「大学博物館における出前講座の展望:活動補助学生の"学び"について」	『国府台:和洋女子大学文化資料館・博物館学課程報告』第19号	和洋女子大学文化資料館・博物館学課程
笹倉 いる美			2000.3	「北海道立北方民族博物館の所蔵資料とその整理について」	『北海道立北方民族博物館研究紀要』第9号	北海道立北方民族博物館
笹倉 いる美			2001.3	「樺太の博物館(1)」	『北海道立北方民族博物館研究紀要』第10号	北海道立北方民族博物館
佐々田 享三			2005.3	「リニューアルオープンに際して」	『秋田県立博物館研究紀要』第30号	秋田県立博物館
笹田 昌弘			1999.11	「イギリスの保存鉄道に学ぶこと『生きた鉄道博物館』としての完成形」	『鉄道ピクトリアル』第49巻第11号	鉄道図書刊行会
笹原 一人			2003	「日本インターナショナル建築会における伊藤正文の活動と建築理念について」	『日本建築学会計画系論文集』第68巻566号	日本建築学会
笹原 亮二	牛島 史彦*		1992	「博物館と民俗学現場からの報告」	『列島の文化史』8	研究社出版
笹原 亮二			1992.3	「「地域研究の課題」について」	『研究報告』第1集	相模原市教育委員会博物館建設事務所
笹原 亮二			1992.3	「地域の誕生-博物館における地域あるいは郷土-」	『研究報告』第1集	相模原市教育委員会博物館建設事務所
笹原 亮二			1999.12	「アメリカ合衆国の美術館・博物館における日本関係展示について」	『民具マンスリー』第32巻9号	神奈川大学
笹原 亮二			2017.5	「文化財の演じ方」	『文化遺産と生きる』	臨川書店
笹本 正治			2001.5	「小菅の歴史と文化-博物館の必要性との関連で」	『奥信濃文化』創刊号	いいやま博物館友の会
笹本 正治			2003.3	「飯山市にふさわしい博物館とは」	『奥信濃文化』第3号	いいやま博物館友の会
笹川 修一	五十嵐 史帆*	市川 高子	2017	「地域美術館の実際と課題:上越教育大学と小林古径記念美術館との連携事例からの考察」	『上越教育大学研究紀要』第36巻2号	上越教育大学
笹山 晴生	平野 邦雄*	佐藤 信	2000.6	「学問・史跡・博物館(上)」	『日本歴史』第625号	吉川弘文館
笹山 晴生	平野 邦雄*	佐藤 信	2000.7	「学問・史跡・博物館(下)」	『日本歴史』第626号	吉川弘文館
佐々 義子			2003.3	「バイオコミュニケーション-市民の視点から情報提供のあり方を考える-」	『千葉県立現代産業科学館研究報告』第9号	千葉県立現代産業科学館
佐々 義子			2004.3	「バイオリテラシーの育成-生物教育と科学館の可能性-」	『千葉県立現代産業科学館研究報告』第10号	千葉県立現代産業科学館
佐治 真由子	栗山 究*		2017	「平和のための博物館実践の課題と板橋区民による「平和の拠点づくり」」	『東アジア社会教育研究』第22号	「東アジア社会教育研究」編集委員会
佐瀬 直衛			1938	「博物館週間に於ける特別展観と内鮮一體の史實に就いて」	『朝鮮』第283號	朝鮮及滿洲社
笹生 衛			2003.3	「千葉県立安房博物館における子ども向け事業」	『Museumちば:千葉県博物館協会研究紀要』34号	千葉県博物館協会
佐滝 剛弘			2016	「着地型観光(DMO)におけるインバウンド対応の取り組み:世界遺産「紀伊山地の霊場と参詣道」の事例を中心として」	『高崎商科大学紀要』第31号	高崎商科大学メディアセンター

著者1	著者2	著者3	発行年	論文名・書籍名	掲載誌	発行元
佐竹 桂一			2003.3	「考古遺物を活用した学校教育への協力－出前授業を中心に－」	『財団法人山形県埋蔵文化財センター研究紀要』創刊号	山形県埋蔵文化財センター
佐竹 真			2007.3	「旭山動物園の博物館教育学的意義の検討」	『子ども博物館楽校』第3号	チルドレンズ・ミュージアム研究会
佐田 信太朗	村上 忠幸	広木 正紀	2008.9	「"もの"への関わりのはじまりとしての"集める"という活動の意義を探る:身近なものを対象としたミニ博物館づくりの過程を通して」	『日本理科教育学会全国大会要項』第58号	日本理科教育学会
佐谷 和彦			1996	『アート・マネージメント 画廊経営実感論』		平凡社
貞松 修藏			1938	「我國將來の學校教育と圖書館博物館の社會教育につきて」	『葵文庫ト其事業』1月號	靜岡縣立葵文庫
札幌学院大学人文学部	坪井 主税*		2000.3	「ルツェルン国際戦争と平和博物館:視覚資料による建物・展示会場および一部展示品の再現」	『札幌学院大学人文学会紀要』第67号	札幌学院大学人文学会
札幌觀光協會			1937	「北大植物園と創成川」	『觀光の札幌』	札幌觀光協會
札幌芸術の森美術館 編			2013.3	『子どもの美術体験事業ハロー！ミュージアムガイドブック』		札幌市芸術文化財団
札幌市青少年科学館建設調査委員会			1977.11	『札幌市青少年科学博物館の基本的な在り方について-「科学の箱船」をイメージとして-』		札幌市青少年科学館建設調査委員会
札幌市円山動物園			1970	『20年のあゆみ』		札幌市
佐藤 昭夫			1969.5	「東洋館について」	『Mouseion:立教大学博物館研究』第15号	立教大学学校・社会教育講座
佐藤 昭夫			1972.12	「彫刻の取扱い」	『Mouseion:立教大学博物館研究』第18号	立教大学学校・社会教育講座
佐藤 昭夫			1974.4	「明治中期における博物館の彫刻模造事業について」	『MUSEUM』第277号	東京国立博物館
佐藤 昌			1968	『欧米公園緑地発達史』		都市計画研究所
佐藤 厚子	家村 珠代*		1992	「美術館と学校の新しい動き セゾン美術館「スクールあそびじゅつ」－他の美術館での応用の可能性」	『MUSEUM』第499号	東京国立博物館
佐藤 厚子			1993	「大英博物館とルーヴル美術館における視覚障害者のためのツアー」	『美術館教育研究』第4巻2号	美術館教育研究会
佐藤 厚子			1996	「増大するエデュケーターの役割」	『美術館教育研究』第7巻1号	美術館教育研究会
佐藤 淳	日下 孝*		1996.6	「マークシートを利用した展示学習システム」	『仙台市科学館研究報告』第6号	仙台市科学館
佐藤 歩	市川 尚	窪田 諭 他	2010.3	「野外美術館における鑑賞支援システムの開発」	『全国大会講演論文集 第72回』	情報処理学会
佐藤 香里			2013.3	「GHQ/SCAPの文化政策と美術:CIE美術記念物課の人事と文化財保護」	『Intelligence』第13号	早稲田大学20世紀メディア研究所インテリジェンス編集委員会
佐藤 可士和			2014.11	「美術と美術館」	『NACTreview:国立新美術館研究紀要』第1号	国立新美術館
佐藤 一夫			1996.3	「一地方の博物館の学芸員実習」	『Museologist:明治大学学芸員養成課程年報』第11巻	明治大学学芸員養成課程
佐藤 一子 編			2015.2	『地域学習の創造:地域再生への学びを拓く』		東京大学出版会
佐藤 克也			1999.1	「内容と希少性で決まる図録の古書価」	『月刊美術』第25巻第1号	サン・アート
佐藤 公昭	坂本 永*	川端 保夫 他	2003.3	「千葉県近代和風建築総合調査の実施について」	『千葉県立現代産業科学館研究報告』第9号	千葉県立現代産業科学館
佐藤 公昭	坂本 永*	川端 保夫 他	2004	「千葉県近代和風建築総合調査の実施について(2)」	『千葉県立現代産業科学館研究報告』第10号	千葉県立現代産業科学館
佐藤 公信	大橋 怜史*	清水 忠男	2007	「主体的情報収集を触発するインタラクティブな展示装置のあり方に関する基礎的研究-ミュージアムにおける展示に着目して」	『展示学』第43号	日本展示学会
佐藤 公信	原 寛道	今 雄一 他	2010.3	「チルドレンズ・ミュージアムにおける展示装置の利用者評価に関する研究--モニター被験者による発話データに基づいて」	『JMMA日本ミュージアム・マネージメント学会会報』第14巻第4号	日本ミュージアム・マネージメント学会
佐藤 公信	宗 迅*	清水 忠男	2010.3	「現状調査に基づいた美術館に人を引き付ける要素の可能性に関する研究」	『展示学』第48号	日本展示学会
佐藤 求	糸魚川ふるさと運動実行委員会		1977	「民俗資料の収集活動で感じたこと」	『糸魚川街道塩の道』	糸魚川市教育委員会
佐藤 求(聞き取り)	松野 功*		1980	『すすの香を求めて七年:根知青年団の民俗資料館建設のあゆみ』		糸魚川市教育委員会

著者1	著者2	著者3	発行年	論文名・書籍名	掲載誌	発行元
佐藤 敬一			2009.1	「BMMリポート 都市における美術館の増築・改修事例(2)」	『Re:Building maintenance & management』第31巻第2号	建築保全センター
佐藤 惠重			2000.3	「博学連携を考える」	『Museumちば:千葉県博物館協会研究紀要』31号	千葉県博物館協会
佐藤慶太郎翁伝記編纂會 編			1942	「美術館」	『佐藤慶太郎』	大日本生活協會
佐藤 健二			1994.2	『風景の生産・風景の解放 メディアのアルケオロジー』		講談社
佐藤 功一			1914	「東京大正博覽會各館と其陳列」	『建築工藝雑誌』第2期第3冊	建築工藝協會
佐藤 功一 監	伊藤 忠太*	濱岡 周忠 編	1924	「ダルムシュタットの美術館及成婚記念塔」	『近代建築思潮』建築文化叢書第12編	洪洋社
佐藤 晃一			1995	「史跡蛭子山・作山古墳の整備:整備事業から古墳築造法を考える」	『展望考古学:考古学研究会40周年記念論集』	考古学研究会
佐藤 晃一			1998.3	「蛭子山・作山古墳の保存と整備」	『資源環境対策』第34巻4号(『緑の読本』シリーズ45)	公害対策技術同友会
佐藤 晃一			1999.5	「蛭子山・作山古墳―有限会社による運営」	『資源環境対策』第35巻7号(『緑の読本』シリーズ50)	公害対策技術同友会
佐藤 七郎 編			1984	『本間美術館の37年』		本間美術館
佐藤 至文	佐藤 信治*	坪山 幸王	2004.7	「裏諸所室における飼育員の非日常作業の作業頻度と作業行動との関係:水族館に関する建築計画的研究 その12」	『学術講演梗概集』2004巻	日本建築学会
佐藤 準			1998	「欧米の動物園の新しい流れ―①動物園での社会教育―」	『どうぶつと動物園』第50巻3号	東京動物園協会
佐藤 俊一			2014.7	「平成知新館の建築と設備」	『月刊文化財』第610号	第一法規
佐藤 省吾	山田 真太郎*	岩切 勝彦	2013	「宮崎県総合博物館での害虫モニタリング結果と今後の対策」	『宮崎県総合博物館研究紀要』第34輯	宮崎県総合博物館
佐藤 正三郎			2010.2	「志賀一朗氏のキャリアから考える地域博物館の役割～「楽しむ」「つながる」から社会へ「働きかける」へ～」	『野田市郷土博物館市民会館年報・紀要』第2号	野田市郷土博物館
佐藤 彰三			1937	「人物傳と植物園」	『現下に於ける特高概觀と随感随想』	新光閣
佐藤 晋			1999.3	「十―ジャポニズムと万国博覧会」	『外交日本史小百科―近代―』	東京堂出版
佐藤 晋			1999.3	「九岩倉使節団」	『外交日本史小百科―近代―』	東京堂出版
佐藤 晋			1999.3	「十福沢諭吉(一)」	『外交日本史小百科―近代―』	東京堂出版
佐藤 信	平野 邦雄*	笹山 晴生	2000.6	「学問・史跡・博物館(上)」	『日本歴史』第625号	吉川弘文館
佐藤 信	平野 邦雄*	笹山 晴生	2000.7	「学問・史跡・博物館(下)」	『日本歴史』第626号	吉川弘文館
佐藤 信一			1976.3	「地域公共博物館の性格と機能」	『山形県立博物館研究報告』第4号	山形県立博物館
佐藤 信治	伊藤 康中*	坪山 幸王 他	1993.7	「水族館に関する建築計画的研究:施設規模–基本部門について」	『学術講演梗概集』1993巻	日本建築学会
佐藤 信治	坪山 幸王*		1995.5	「展示水槽に対する来館者の観覧行動―水族館の観覧空間に関する建築計画的研究(1)―」	『博物館学雑誌』第20巻第1・2号合併号	全日本博物館学会
佐藤 信治	坪山 幸王*	小林 美夫	1997.7	「観覧室における滞留密度と展示水槽の規模が観覧者行動に与える影響--水族館の個水槽前面における観覧領域に関する研究(1)」	『日本建築学会計画系論文集』第62巻497号	日本建築学会
佐藤 信治	下平 将也*	坪山 幸王	1998.7	「水族館に関する建築計画的研究:展示水槽内展示物の見え方について」	『学術講演梗概集』1998巻	日本建築学会
佐藤 信治	大西 雄介*	坪山 幸王	1998.7	「水族館に関する建築計画的研究:観覧空間における高々密度状態の観覧者行動について」	『学術講演梗概集』1998巻	日本建築学会
佐藤 信治	坪山 幸王*		1998.9	「水族館の観覧空間における展示水槽・展示物に対する入館者の観覧行動に関する研究」	『日本建築学会計画系論文集』第63巻511号	日本建築学会
佐藤 信治	坪山 幸王	吉田 孝司	2001.7	「水族館に関する建築計画的研究:その2 葛西臨海水族園における飼育員の作業行動について」	『学術講演梗概集』2001巻	日本建築学会
佐藤 信治	新田 光信*	坪山 幸王	2001.7	「水族館に関する建築計画的研究:その3 しながわ水族館の設置室間における飼育員の行動について」	『学術講演梗概集』2001巻	日本建築学会
佐藤 信治	岩井 正道*	坪山 幸王	2001.7	「水族館に関する建築計画的研究:その4 葛西臨海水族園の設置室間における飼育員の行動について」	『学術講演梗概集』2001巻	日本建築学会

著者1	著者2	著者3	発行年	論文名・書籍名	掲載誌	発行元
佐藤 信治	岩井 正道*	坪山 幸王	2002.6	「よみうりランド海水水族館における飼育員の作業行動について：水族館に関する建築計画的研究 その5」	『学術講演梗概集』2002巻	日本建築学会
佐藤 信治	坪山 幸王	岩井 正道	2002.6	「相模川ふれあい科学館における飼育員の作業行動について：水族館に関する建築計画的研究 その6」	『学術講演梗概集』2002巻	日本建築学会
佐藤 信治	杉山 英知*	坪山 幸王 他	2002.6	「作業内容と期間別の作用頻度について：水族館に関する建築計画的研究 その7」	『学術講演梗概集』2002巻	日本建築学会
佐藤 信治	丸山 貴広*	坪山 幸王	2003.7	「裏方諸室の部門間における施設員の移動距離について：水族館に関する建築計画的研究 その8」	『学術講演梗概集』2003巻	日本建築学会
佐藤 信治	塚本 哲也*	坪山 幸王	2003.7	「裏方諸室間における飼育員の移動距離について：水族館に関する建築計画的研究 その9」	『学術講演梗概集』2003巻	日本建築学会
佐藤 信治	岡部 敏明*	坪山 幸王	2003.7	「裏方諸室における飼育員の移動距離と移動回数について：水族館に関する建築計画的研究 その10」	『学術講演梗概集』2003巻	日本建築学会
佐藤 信治	坪山 幸王	佐藤 至文	2004.7	「裏諸所室における飼育員の非日常作業の作業頻度と作業行動との関係：水族館に関する建築計画的研究 その12」	『学術講演梗概集』2004巻	日本建築学会
佐藤 信治	渡邊 秀哉*	坪山 幸王	2006.7	「水族館における飼育関連諸室に関する研究：その1 調餌室における飼育員の作業行動時間について」	『学術講演梗概集』2006巻	日本建築学会
佐藤 信治	鈴木 啓史*	坪山 幸王	2006.7	「水族館における飼育関連諸室に関する研究：その2 調餌室における飼育員の作業行動内容について」	『学術講演梗概集』2006巻	日本建築学会
佐藤 信治	坪山 幸王	三村 舞	2006.7	「水族館における飼育関連諸室に関する研究：その3 調餌室における飼育員の作業位置について」	『学術講演梗概集』2006巻	日本建築学会
佐藤 信治	坪山 幸王		2007.2	「水族館飼育員の作業行動からみた飼育関連諸室の特徴に関する基礎的研究」	『日本大学理工学研究所所報』第114号	日本大学理工学部理工学研究所
佐藤 信治	坪山 幸王		2007.7	「水族館における飼育関連諸室に関する研究：その4 観覧空間とキーパースペースとの関連性について」	『学術講演梗概集』2007巻	日本建築学会
佐藤 信治	坪山 幸王		2008.7	「水族館における飼育関連諸室に関する研究：その5 展示形態からみた水槽規模と飼育用通路との関係」	『学術講演梗概集』2008巻	日本建築学会
佐藤 信治	坪山 幸王		2009.7	「水族館に関する建築計画的研究：その13 観覧順路による展示形態の類型化について」	『学術講演梗概集』2009巻	日本建築学会
佐藤 惣三郎	渡辺 全*		1928	「新嘉坡植物園及び瓜哇ボイテンゾルヒ植物園」	『最近世界護謨事情』―	帝國森林會
佐藤 大介			2016.3	「「災害『前』の所在確認調査」は史料を救うのか:日本・宮城県での活動から:報告3」	『文化財防災体制についての国際比較研究報告書』	科学研究費補助金基盤研究(S)「災害文化形成を担う地域歴史資料学の確立・東日本大震災を踏まえて」研究グループ
佐藤 隆士			2007	「鳥取県立博物館の収蔵庫内での害虫モニタリング結果と今後の対策」	『鳥取県立博物館研究報告』第44号	鳥取県立博物館
佐藤 琢			2010.3	「青森県立郷土館の小・中学校を対象とした移動博物館について(2)」	『青森県立郷土館研究紀要』第34号	青森県立郷土館
佐藤 琢			2011.3	「移動博物館『古い道具と昔のくらし』について」	『青森県立郷土館研究紀要』第35号	青森県立郷土館
佐藤 琢			2012.3	「青森県立郷土館の小・中学校を対象とした移動博物館について(3)」	『青森県立郷土館研究紀要』第36号	青森県立郷土館
佐藤 武雄	下津谷 達男*		1980.6	「館種別博物館における設置と運営 歴史系博物館」	『博物館学講座 第9巻博物館の設置と運営』	雄山閣
佐藤 武雄	下津谷 達男*		1980.6	「博物館の予算と経営」	『博物館学講座 第9巻博物館の設置と運営』	雄山閣
佐藤 武雄			1993.2	「博物館実務実習について(船橋市郷土資料館の場合)」	『Museumちば：千葉県博物館協会研究紀要』24号	千葉県博物館協会
佐藤 剛大			2007.3	「[明治大学博物館]入門講座のこれから-入門講座アンケートをとおして」	『明治大学博物館研究報告』第12号	明治大学博物館事務室
佐藤 猛	西 源二郎*	柴田 勝重	1992	「博物館におけるHDTVを利用した立体映像」	『3D映像』第6巻2号	三次元映像フォーラム
佐藤 正			1938	「赤十字博物館時代の棚橋氏と衛生教育」	『棚橋源太郎氏と科学教育』	棚橋源太郎氏教育功労記念會
佐藤 忠彦	布山 タルト*		2009	「スペインの美術館におけるアニメーション・ワークショップの実践研究」	『文星紀要』第21号	文星芸術大学
佐藤 達策			1977.2	「日本における博物学近代化(その1)伊藤圭介を中心として」	『日本大学松戸歯学部一般教育紀要』3号	日本大学松戸歯学部
佐藤 達策			1978	「日本における博物学の近代化(その2)-田中芳男の役割-」	『日本大学松戸歯学部一般教育紀要』4号	日本大学松戸歯学部
佐藤 達策			1979	「日本における博物学の近代化(その3)-一資料から見た田中芳男の貢献補遺-」	『日本大学松戸歯学部一般教育紀要』5号	日本大学松戸歯学部
佐藤 達策			1980.2	「日本における博物学の近代化(その4)『花史雑記』に示された学者について」	『日本大学松戸歯学部一般教育紀要』6号	日本大学松戸歯学部

著者1	著者2	著者3	発行年	論文名・書籍名	掲載誌	発行元
佐藤 達策			1988.2	「日本における博物学の近代化(その5)明治初期の動向」	『日本大学松戸歯学部一般教育紀要』14号	日本大学松戸歯学部
佐藤 哲	櫻田 秀樹*	松丸 敏和 他	2002.3	「展示・運営協力会サイエンスショーについて」	『千葉県立現代産業科学館研究報告』第8号	千葉県立現代産業科学館
佐藤 哲	難波 幸男	川端 保夫 他	2003.3	「平成15年度特別展「スポーツの科学」に関する資料調査-スポーツ用具の科学・環境保全とスポーツに重点を当てて-」	『千葉県立現代産業科学館研究報告』第9号	千葉県立現代産業科学館
佐藤 哲	難波 幸男*		2003.3	「博物館における環境学習について-エコキットの試行と活用を中心に-」	『千葉県立現代産業科学館研究報告』第9号	千葉県立現代産業科学館
佐藤 哲	長坂 喜郎		2004	「小学生のための見学ワークシートの作成とその活用」	『千葉県立現代産業科学館研究報告』第10号	千葉県立現代産業科学館
佐藤 哲	成島 善夫	川端 保夫 他	2004	「平成15年度特別展「スポーツの科学」の開催と評価について」	『千葉県立現代産業科学館研究報告』第10号	千葉県立現代産業科学館
佐藤 哲也	布施 淑久		2015.1	「黒字決算の財務戦略システム事例 統合型会計情報システム(FX4クラウド)ユーザーどうぶつ王国 緻密かつタイムリーな業績管理で魅力的な動物園を作る」	『戦略経営者』2015年1月号	TKC
佐藤 道信			1997.12	「フェノロサの古社寺調査と古美術保護」	『月刊文化財』第411号	第一法規
佐藤 道信			1999	『明治国家と近代美術 美の政治学』		吉川弘文館
佐藤 理夫			2000.3	「新博物館構想に関わる見学施設について」	『市立函館博物館研究紀要』第10号	市立函館博物館
佐藤 寿子			1998.9	「展覧会カタログを探す—東京都現代美術館美術図書室」	『みんなの図書館』第257号	教育史料出版会
佐藤 敏隆			1999.3	「「出前化学実験ショー」を実施して」	『名古屋市科学館紀要』第25号	名古屋市科学館
佐藤 敏隆			2000.3	「「出前化学実験ショー」を実施して～平成11年度の取り組み～」	『名古屋市科学館紀要』第26号	名古屋市科学館
佐藤 豊彦			2010	「上質なぬいぐるみに触れて、自然や家族への愛を育む体験型ミュージアムシュタイフネーチャーワールド」	『人形玩具研究』第21巻	日本人形玩具学会事務局
佐藤 尚勝			1948.11	「江の島こども海洋博物館」	『博物館研究』復興第2巻第3号	日本博物館協会
佐藤 直子			2013	「GHQ/SCAPと工芸技術:<無形文化財>という概念の誕生をめぐる考察」	『Crosssections:京都国立近代美術館研究論集』第6号	京都国立近代美術館
佐藤 伸雄			1977	『文化財と歴史科学』		白石書店
佐藤 秀夫 編	中村 紀久 編		1986	『文部省掛図総覧一～十』		東京書籍
佐藤 仁	渡貫 健	山口 剛	2004.3	「友の会活動の充実を図る方策に関する研究--他館の友の会やNPO法人の活動を参考にして」	『千葉県立現代産業科学館研究報告』第10号	千葉県立現代産業科学館
佐藤 仁	一澤 圭*	田邊 玲奈	2006.3	「欧州科学系博物館におけるコミュニケーションサービスに関する海外先進施設調査報告」	『鳥取県立博物館研究報告』第43号	鳥取県立博物館
佐藤 広			1985.2	「多摩地域での博物館連携組織とその経過」	『平塚市博物館年報』第8号	平塚市博物館
佐藤 拓伸			1998.3	「学校教育における博物館利用-学校移動博物館の実践とアンケート結果からの考察-」	『浜松市博物館館報』第10号	浜松市博物館
佐藤 史明	網野 加苗*	荒井 隆行 他	2014.5	「国立科学博物館『夏休みサイエンススクエア』への出展」	『日本音響学会誌』第70巻第5号	日本音響学会
佐藤 誠			2010.3	「連携から生まれる博物館事業」	『Museumちば:千葉県博物館協会研究紀要』40・41号	千葉県博物館協会
佐藤 昌			1988	「古賀忠道君を偲ぶ」	『古賀忠道その人と文』	古賀忠道先生記念事業会
佐藤 正昭			2011.8	「8周年目を迎える九州鉄道記念館」	『運転協会誌』第53巻第8号	日本鉄道運転協会
佐藤 正夫			1953	「第二節郷土教育論の發展」	『現代教育課程論』	柳原書店
佐藤 昌憲			1992.4	「第2章文化財の素材と技法 第5節繊維」	『文化財のための保存科学入門』	株式会社飛鳥企画
佐藤 正道	小松 尚哉		2001.11	「地域素材の教材化-竜の口峡谷周辺の地層の観察-」	『仙台市科学館研究報告』第11号	仙台市科学館
佐藤 雅也			2005.3	「戦争の民俗(3):日本の博物館・資料館における戦争展示について」	『仙台市歴史民俗資料館調査報告集』第23集足元からみる民俗(13)	仙台市教育委員会
佐藤 雅也			2015.5	「フォーラム 学芸員にとって民俗とは、博物館(資料館)とは、展示図録とは何だろう!」	『日本民俗学』第282号	日本民俗学会

著者1	著者2	著者3	発行年	論文名・書籍名	掲載誌	発行元
佐藤 勝	渡部 正	齋藤 利成 他	2011.11	「「喜多方市カイギュウランドたかさと」開館の経緯と展示内容」	『地学教育と科学運動』第66号	地学団体研究会
佐藤 真奈美	吉岡 宏高		2009.11	「地域内外の双方向的な交流による観光まちづくり--夕張市清水沢地区での「炭鉱住宅オープンハウス」を事例に」	『日本観光研究学会全国大会学術論文集』第24号	日本観光研究学会
佐藤 麻里			2013.12	「日本歴史学協会・日本学術会議史学委員会史料保存利用問題シンポジウム「東日本大震災から二年、資料の救済・保全のこれから」に参加して」	『地方史研究』第63巻第6号	地方史研究協議会
佐藤 美知男			1998	「交通博物館と鉄道文化財の保存」	『第22回文化財の保存および修復に関する国際シンポジウム:近代文化遺産の保存と活用』	東京国立文化財研究所
佐藤 美知男			1999	「交通博物館と鉄道文化財の保存」	『産業遺産』	大河出版
佐藤 美知男			1999.6	「館種別博物館資料論 理工系博物館」	『新版博物館学講座 第5巻 博物館資料論』	雄山閣
佐藤 美知男			2009.2	「博物館における資料の受入と保存体制-地方鉄道資料を中心に」	『鉄道史学』第26号	鉄道史学会
佐藤 明道	小島 徳貞		1938	「博物館の新展望:熊本城宇土櫓」	『博物館研究』第11巻第7・8號	日本博物館協會
佐藤 明道			1938	「李王朝美術館成る」	『博物館研究』第11巻第7・8號	日本博物館協會
佐藤 恵	酒井 秀嗣*	若林 修一	2012	「ふれあい動物園における展示動物のストレスに関する一考察」	『日本大学歯学部紀要』第40号	日本大学歯学部
佐藤 守弘	原田 健一 編	石井 仁志 編	2013.9	「写真とアーカイブ」	『懐かしさは未来とともにやってくる:地域映像アーカイブの理論と実際』	学文社
佐藤 康雄			1982	『宮城県美術館建築をかえりみて』		東北設計サービス
佐藤 泰	井出 洋一郎*	佐久間 豊他	2007	「座談会 開かれたミュージアムを考える」	『コミュニテイ』第140号	地域社会研究所
佐藤 泰 監	仙台・宮城ミュージアムアライアンス事務局 編		2015.3	『東日本大震災とミュージアム』		仙台・宮城ミュージアムアライアンス
佐藤 泰志			2011.4	『移動動物園』		小学館
佐藤 優香			1998.3	「手島精一の教育博物館経営—文部省の博物館政策との関係を中心にして—」	『日本教育政策学会年報』第5号	日本教育政策学会
佐藤 優香			1998.3	「教育博物館における教育機能の拡張－手島精一と棚橋源太郎による西洋教育情報の受容－」	『博物館学雑誌』第23巻第2号	全日本博物館学会
佐藤 優香			1999.3	「広島高等師範学校の教育博物館」	『博物館学雑誌』第24巻第2号	全日本博物館学会
佐藤 優香			2003.2	「ミュージアム・リテラシーを育む--学校教育におけるあらたな博物館利用をめざして」	『博物館研究』第38巻第2号	日本博物館協会
佐藤 優香	上田 信行	小林 登	2003.3	「第27回公開シンポジウム チルドレンズ・ミュージアム--博物館からはじまる創造的な学び」	『子ども学』第5号	甲南女子学園
佐藤 優香			2005	「モノがメディエイトするもの--ミュージアムにおける鑑賞と表現のための学習デザイン」	『美術フォーラム21』第11号	美術フォーラム21刊行会
佐藤 優香			2007.11	「コミュニケーションとしてのミュージアムリテラシー」	『韓国の民俗学・日本の民俗学:2006年度国立歴史民俗博物館国際研究集会.3』	国立歴史民俗博物館
佐藤 優香			2009.4	「棚橋源太郎の教育思想と博物館経営」	『博物館学雑誌』第34巻第2号	全日本博物館学会
佐藤 優香			2010.12	「日本における子ども博物館のはじまり--チルドレンズ・ミュージアムを媒介にした国際交流」	『博物館学雑誌』第36巻第1号	全日本博物館学会
佐藤 優香			2013	「日本における子ども博物館のはじまり」	『歴博』第179巻	国立歴史民俗博物館
佐藤 優香			2013.2	「アウトリーチ教材をつくってみよう(演習)」	『博物館情報・メディア論』	ぎょうせい
佐藤 優香			2015.06	「ミュージアムにおける教員研修ワークショップの可能性:国際理解教育における博物館の活用」	『国際理解教育』第21巻	日本国際理解教育学会
佐藤 友香			2007.12	「学校巡回展「福井発生きものたちのSOS～消えゆくふるさとの動植物～」と出前授業による生徒の理解について」	『福井市自然史博物館研究報告』第54号	福井市自然史博物館
佐藤 友香	持田 誠*		2007.12	「福井農林学校の桑標本が北海道大学総合博物館に収蔵されている」	『福井市自然史博物館研究報告』第54号	福井市自然史博物館
佐藤 優樹	栗田 勝実*	青木 繁	2017	「展示文化財を対象とした簡易小型免震装置:装置の評価と振動実験による実証」	『文化財保存修復学会誌』第60巻	文化財保存修復学会
佐藤 裕子			2003.3	「米沢市上杉博物館の解説員として-利用者にとっての博物館とは-」	『栃木史学』第17号	國學院大學栃木短期大學史学会

著者1	著者2	著者3	発行年	論文名・書籍名	掲載誌	発行元
佐藤 裕子	大原 一興	藤岡 泰寛	2009	「来館者の関心・習慣・記憶と観覧行動に関する文脈的考察：博物館のビジタースタディとしての観覧行動に関する研究その3」	『学術講演梗概集』2009巻	日本建築学会
佐藤 裕子	江水 是仁*	大原 一興	2009.7	「展示情報の受け取り方の違いと来館者の観覧行動に関する考察：博物館のビジタースタディとしての観覧行動に関する研究その4」	『学術講演梗概集』2009巻	日本建築学会
佐藤 由紀男	桂川 いずみ		2013.3	「災害時における文化財保護について」	『静岡県考古学研究』第44号	静岡県考古学会
佐藤 幸弘			2001.3	「大正期の札幌におけるヨーロッパ近代美術の紹介について-独逸現代美術展と第19回黒百合会美術展-」	『紀要2000-01』	北海道立近代美術館・他
佐藤 百合子	昼間 行雄	牧野 昇 他	2016.1	「着物へのプロジェクションマッピング・インスタレーション：IFFTI2015[イタリア・フィレンツェサンタクローチェ聖堂]での展示」	『文化学園大学紀要』第47号	文化学園大学
佐藤 義明	友永 雅己		2010	「世界動物園水族館協会(WAZA)による「動物園・水族館による動物研究の実施に関する倫理指針」について(翻訳)」	『動物心理学研究』60巻2号	日本動物心理学会
佐藤 嘉孝	漁 剛志*	伊原 慎太郎	2014.3	「2013年度企画展「発見!産業アドベンチャー」の概要報告」	『山口県立山口博物館研究報告』第40号	山口県立山口博物館
佐藤 良人			2001.3	「サイエンスボランティア教室について」	『名古屋市科学館紀要』第27号	名古屋市科学館
佐藤 嘉則	間渕 創*		2016	「博物館施設におけるゾーニングへのバイオエアロゾル測定の活用」	『保存科学』第56号	国立文化財機構東京文化財研究所
佐藤 吉哉	梅棹 忠夫*		2007.4	「編集長インタビュー梅棹忠夫氏「国立民族学博物館顧問」発想生む「頭の霧箱」」	『日経ビジネス』第1389号	日経BP社
佐藤 理恵	笠井 亙	武 貴寛	2007	「知的障がい者厚生施設での天文セミナー」	『天文教育』第19巻4号	天文教育普及研究会
佐藤 涼子			2008.3	「観光考古学から考える遺跡の活用」	『國學院大學考古学資料館紀要』第24輯	國學院大學考古学資料館
佐藤 玲子			1970.3	「信州松本旧開智学校」	『國學院大學博物館學紀要』第2輯	國學院大學博物館学研究室
里口 保文 編著	八尋 克郎*	布谷 知夫	2011.1	『博物館でまなぶ:利用と保存の資料論』		東海大学出版会
佐渡友 陽一			2000.5	「入園者数を解析せよ～不快指数がお客を決める!?～」	『動物園研究』第4巻1号	動物園研究会
佐渡友 陽一			2014.12	「公立動物園の経営方針の転換点を探る:独立採算から公的資金を必要とするまでの経緯」	『動物観研究』第19号	ヒトと動物の関係学会
佐渡友 陽一			2014.12	「動物園の公益性と利用実態に関する考察:特に『子どものため』と『レクリエーション』について」	『動物観研究』第19号	ヒトと動物の関係学会
佐渡友 陽一			2015.3	「日本の公立動物園経営のパラダイム転換にかかる要因分析」	『日本ミュージアム・マネージメント学会研究紀要』第19号	日本ミュージアム・マネージメント学会
佐渡友 陽一	矢野 明日香*	石田 戭	2015.12	「新聞記事に見る第二次世界大戦前後の日本人の動物園観の変化」	『動物観研究』第20号	ヒトと動物の関係学会
佐渡友 陽一			2016.3	「日本の動物園水族館の経営方針と成長に関する分析」	『日本ミュージアム・マネージメント学会研究紀要』第20号	日本ミュージアム・マネージメント学会
佐渡友 陽一			2016.4	「日本の動物園水族館における教育部門の成立と発展」	『博物館学雑誌』第41巻第2号	全日本博物館学会
佐渡博物館			1962.9	『佐渡博物館々報開館五周年記念号』第10号		佐渡博物館
里見 悦郎			1991.3	「ソビエトの博物館経営について」	『博物館学雑誌』第16巻第1・2号合併号	全日本博物館学会
里見 立夫	野村 正弘*	伊藤 収	1998	「群馬県立自然史博物館情報システム」	『群馬県立自然史博物館研究報告』第2号	群馬県立自然史博物館
里見 親幸			1980.3	「保存科学と展示ケース」	『博物館学雑誌』第5巻第2号	全日本博物館学会
里見 親幸			1988	「サイエンス・ノース調査レポート」	『MuseumDate』第6号	丹青総合研究所
里見 親幸			1997	「博物館の集客を考える」	『地方自治職員研修』第30巻9号	公職研
里見 親幸			2000.4	「わが国の博物館の現状と課題」	『新版博物館学講座 第3巻 現代博物館論-現状と課題-』	雄山閣
里見 親幸			2001	「まなぶ(博物館)体験型ミュージアムへの転換」	『公共建築』第43巻170号	公共建築協会
里見 親幸	髙橋 信裕	山下 治子 他	2007.1	「座談会 博物館専門誌の今後」	『博物館研究』第42巻第1号	日本博物館協会
里見 親幸			2007.12	「ミュージアム・ナウ 差別問う啓発施設に-国立ハンセン病資料館」	『週刊教育資料』第1008号	教育公論社

著者1	著者2	著者3	発行年	論文名・書籍名	掲載誌	発行元
里見 親幸			2010	「丹青社の展示は、いつ始まり、どのように発展したか」	『展示学』第48号	日本展示学会
里見 親幸			2011.3	「地域を活かすエコミュージアム」	『静岡県博物館協会研究紀要』第35号	静岡県博物館協会
里見 親幸			2012.12	「博物館における展示の評価」	『博物館学2（博物館展示論博物館教育論）』	学文社
里見 親幸			2014.3	『博物館展示の理論と実践』		同成社
佐柳 理奈			2014.4	「高校生プロジェクトと猪熊弦一郎現代美術館」	『美術の窓』2014年04月	生活の友社
真田 誠至			2011	「環境教育における展示・模型の活用--河川に見られる現象の視覚化」	『水循環』第82号	雨水貯留浸透技術協会
眞田 芳彰			2009.3	「収集と伝習-二つの事例から」	『國學院大學博物館学紀要』第33輯	國學院大學博物館学研究室
眞田 芳彰			2012.8	「文化資源の種類（地域文化資源の種類）」	『人文系博物館資料論』	雄山閣
佐貫 亦男			1982.1	『科学博物館からの発想-学ぶ楽しさと見る喜び』		講談社
佐貫 礼奈	小川 哲男		2014.6	「子どもの生命観を育てる学校外教育施設の活用:水族館の効果的な活用を視点として」	『学苑』第884号	光葉会
実松 幸男			2002.6	「動向博物館活動「合同葛西用水展」について：博物館相互の連携の一事例」	『地方史研究』第52巻第3号	地方史研究協議会
実松 幸男			2012.10	「博物館問題全国歴史民俗系博物館協議会設立集会・第一回研究集会に参加して」	『地方史研究』第62巻第5号	地方史研究協議会
実松 幸男			2013.3	「利用者ニーズと地域博物館～春日部市立郷土博物館の事例から～」	『Museologist：明治大学学芸員養成課程年報』第28号	明治大学学芸員養成課程
實吉 玄貴	椎野 勇太*	藤原 慎一	2016.1	「第3章恐竜・古生物」	『見る目が変わる博物館の楽しみ方：地球・生物・人類を知る』	ベレ出版
佐野 和規			1996.3	「山梨県内考古資料の教材化」	『山梨県立考古博物館・山梨県埋蔵文化財センター研究紀要』第12号	山梨県立考古博物館・山梨県埋蔵文化財センター
佐野 勝宏	鶴見 英成	石井 龍太	2016.1	「第9章考古学」	『見る目が変わる博物館の楽しみ方：地球・生物・人類を知る』	ベレ出版
佐野 賢治			1998.12	「博物館は現代の「クラ」かー民俗資料・民俗博物館のあり方をめぐって」	『民俗世界と博物館展示・学習・研究のために』	雄山閣出版
佐野 賢治			2006.3	「文化情報発信システムとしてのインターネット博物館-大学・地域博物館の連携を中心にして-」	『年報 人類文化研究のための非文字資料の体系化』第3号	神奈川大学21世紀COEプログラム「人類文化研究のための非文字資料の体系化」研究推進会議
佐野 賢治	木下 宏揚	Lesigne,Frederic 他	2011.3	「只見町インターネット・エコミュージアムの可能性--「民具」の国際標準化に焦点をあてて」	『年報 非文字資料研究』第7号	神奈川大学日本常民文化研究所非文字資料研究センター
佐野 賢治			2016.3	「民具研究ワークショップ いまなぜ民具か？－実測・整理実務から地域博物館活動まで－」	『神奈川大学日本常民文化研究所年報』2014	神奈川大学日本常民文化研究所
佐野 晋一	萩谷 宏		2002	「ハンディサイズの偏光板を利用した鉱物観察実習の展開例」	『福井県立恐竜博物館紀要』第1号	福井県立恐竜博物館
佐野 武仁			2008.7	「ガラスと建築意匠と機能の知識」	『学苑』第843号	昭和女子大学近代文化研究所
佐野 千絵	三浦 定俊*	石川 陸郎	1993	「新設博物館・美術館等に於ける保存環境調査の実際」	『保存科学』第32号	東京国立文化財研究所
佐野 千絵	三浦 定俊*	石川 陸郎	1993.4	「新設博物館・美術館等における保存環境調査の実際」	『月刊文化財』第355号	第一法規
佐野 千絵	木川 りか*	門倉 武夫 他	1995.3	「博物館・美術館における燻蒸の実施状況とその問題点-保存担当学芸員研修におけるアンケートから-」	『保存科学』第34号	東京国立文化財研究所
佐野 千絵			1999	『文化財収蔵庫の庫内空気環境調査法の公定化のための基礎的研究』		文部省科学研究費補助金研究成果報告書
佐野 千絵	木川 りか		2004.12	「博物館等におけるカビのコントロール」	『文化財の虫菌害』第48号	文化財虫害研究所
佐野 千絵	吉田 直人*	石崎 武志 他	2007	「25年目を迎える保存担当学芸員研修」	『保存科学』第47号	国立文化財機構東京文化財研究所
佐野 千絵	呂 俊民*	瀬古 繁喜	2009.7	「美術館・博物館における空気環境の最適化に関する研究：その2 展示ケースの酸性雰囲気について」	『学術講演梗概集』2009巻	日本建築学会
佐野 千絵			2010	「文化財の展示と保存環境--街と人と自然と美術の出会いを支えるゾーニング計画」	『此君』第2号	根津美術館
佐野 千絵	呂 俊民*	加藤 和歳	2010	「内装材料の異なる収蔵庫の空気環境の比較」	『保存科学』第50号	国立文化財機構東京文化財研究所

著者1	著者2	著者3	発行年	論文名・書籍名	掲載誌	発行元
佐野 千絵			2010.2	「美術館・博物館に求められる設備機能」	『BE建築設備』第61巻第3号	建築設備綜合協会
佐野 千絵	木川 りか*	間渕 創	2010.3	『文化財展示収蔵施設におけるカビのコントロールについて』		東京文化財研究所文化遺産国際協力センター
佐野 千絵	呂 俊民	吉田 直人 他	2010.6	『博物館資料保存論:文化財と空気汚染』		みみずく舎
佐野 千絵	呂 俊民*		2010.7	「美術館・博物館における空気環境の最適化に関する研究:その3資料保管庫の空気質調査」	『学術講演梗概集』2010巻	日本建築学会
佐野 千絵	古田嶋 智子*	呂 俊民	2011	「展示収蔵環境で用いられる内装材料の放散ガス試験法」	『保存科学』第51号	国立文化財機構東京文化財研究所
佐野 千絵			2011.3	「ライブラリー、アーカイブ、ミュージアムをつなぐ役割:資料の保存」	『東京大学経済学部資料室年報』第1号	東京大学経済学部資料室・東京文化財研究所保存修復科学センター
佐野 千絵			2011.4	「博物館における環境整備について」	『月刊文化財』第571号	第一法規
佐野 千絵	呂 俊民*		2011.7	「美術館・博物館における空気環境の最適化に関する研究:その4 収蔵庫の内装材の違いによる空気質比較」	『学術講演梗概集』2011巻	日本建築学会
佐野 千絵			2012	「文化財の生物被害の現状と対策(9)博物館・美術館の室内汚染と微生物」	『日本防菌防黴学会誌』第40巻第11号	日本防菌防黴学会
佐野 千絵	黄川田 翔*	吉田 直人	2016.2	「美術館・博物館の資料保護に向けた光曝露量の評価方法:染色布を事例に」	『照明学会誌』第100巻第2号	照明学会
佐野 千絵	三浦 定俊*	木川 りか	2016.11	『文化財保存環境学』		朝倉書店
佐野 ちひろ			2010.1	「文化財保存によるまちづくり--市立枚方宿鍵屋資料館を事例として」	『資本と地域』第6・7号	地域経済研究会
佐野 常民			1875	『澳國博覧会報告書博物館部』		
佐野 常民			1875	「弁理公使兼澳国博覧会事務局佐野常民の澳国博覧会報告」	『澳国博覧会報告書』(『東京国立博物館百年史』資料編)	
佐野 友三郎			1920	「米國博物館」	『米國圖書館事情』	金港堂
佐野 文一郎	青木 國夫	西野 嘉章 他	1995	「第43回全国博物館大会報告シンポジウム(1)今、博物館に求められているもの－博物館マーケティング、利用者サービス、展示技術の変化への対応」	『博物館研究』第30巻第12号	日本博物館協会
佐野 文一郎	青木 國夫	西野 嘉章 他	1996.2	「第43回全国博物館大会報告シンポジウム(2)今、博物館に求められているもの－博物館マーケティング、利用者サービス、展示技術の変化への対応－」	『博物館研究』第31巻第1号	日本博物館協会
佐野 文一郎	青木 國夫	西野 嘉章 他	1996.2	「第43回全国博物館大会報告フォーラム--今・博物館に求められているもの--博物館マーケティング・利用者サービス・展示技術の変化への対応」	『博物館研究』第31巻第2号	日本博物館協会
佐野 真規			2014.3	「無形文化遺産部収蔵映像フィルムとそのデジタル化」	『無形文化遺産研究報告』第8号	国立文化財機構東京文化財研究所
佐野 真由子			2003.8	『オールコックの江戸 初代英国公使が見た幕末日本』		中央公論新社
佐野 八重	中嶋 清徳*	内田 至	1998.1	「港内にすむ付着生物の生活史を観察するサマースクール」	『動物園水族館雑誌』第39巻2号	日本動物園水族館協会
佐野 吉彦	森 司		2014.12	「記念対談 人をつないで都市が変わる:アート、建築、コミュニティ」	『建築と社会』第95輯1113号	日本建築協会
佐原 眞			1997	「これからの博物館」	『博物館研究』第32巻第3号	日本博物館協会
佐原 真	濱田 隆士*	五十嵐 耕一 他	2001.6	「平成12年度「親しむ博物館づくり事業」シンポジウム・ドキュメント--子どもたちが、自分で博物館に出かける日--パネルディスカッション「親しむ博物館づくり事業と今後の博物館活動」」	『ミュージアム・マガジン・ドーム』第56号	日本文教出版
佐原 真	五十嵐 耕一*	鈴木 眞理 他	2001.5	「親しむ博物館づくり事業と今後の博物館活動」	『生涯学習空間』第6巻3号	ボイックス株式会社
鮫島 和夫	劉 芳*	徐 瑨	2007	「地元主体による歴史的建造物の保全活用及び街並整備―島原市上の町地区の事例的研究―」	『日本建築学会九州支部研究報告.計画系』第46号	日本建築学会九州支部
鮫島 由佳	西島 亜木子*	山下 久美子	2014.3	「特別展における教育普及解説ツールに関する実践的考察:読まれるパネル、読まれないパネル」	『東風西声:九州国立博物館紀要』第9号	九州国立博物館
佐山 慎英			2007.4	「ユジーンヌ・イグレック 佐山慎英&慎都市建築研究所」	『DetailJapan』第3巻第2号	リード・ビジネス・インフォメーション
皿井 舞	田中 淳*		2016.3	「文化財情報における専門的アーカイブの構築:東京文化財研究所の取り組み」	『アート・ドキュメンテーション研究』第23号	アート・ドキュメンテーション学会
更科 結希	佐々木 宰		2011	「地域の美術館施設と連携した鑑賞教育の実践研究:釧路町立遠矢中学校と釧路市立美術館の連携事例」	『釧路論集:北海道教育大学釧路校研究紀要』第43号	北海道教育大学釧路校
更谷 富造			2003	『漆芸―日本が捨てた宝物』		光文社

著者1	著者2	著者3	発行年	論文名・書籍名	掲載誌	発行元
サラ・デュルト			2011	「イタリアを展示する:幻のローマ万博(1942)跡地エウルのミュージアム施設」	『鹿島美術財団年報』第29号別冊	鹿島美術財団
猿田 真嗣			2012.3	「歴史系博物館資料の高齢者福祉への活用:北名古屋市の事例をもとに」	『常葉学園大学研究紀要.教育学部』第32号	常葉学園大学
沢 耿一			1925	『東京府立美術館建設之事蹟』		
澤 四郎 他			1984	「北方自然史博物館の試み」	『北匠』第21号	釧路市職員福利厚生会
澤 四郎			1986.3	「釧路市立博物館50年の歩みと新館建設」	『國學院大學博物館學紀要』第10輯	國學院大學博物館学研究室
澤 四郎			1988.11	「欧州博物館事情視察に参加して」	『博物館研究』第23巻第11号	日本博物館協会
沢 博勝			1997.2	「博物館学芸員のネットワークに期待するもの--2年間の経験から」	『歴史手帖』第25巻2号	名著出版
澤井 智実	内藤 幸江*	深津 裕子 他	2010	「女子美術大学が所蔵する旧カネボウコレクションの学術研究、保存、教育的活用に関する美術館の取り組み」	『女子美術大学研究紀要』第40号	女子美術大学
澤田 悦子	菊地 達夫*	勝井 陽子 他	2016	「学外研修「動物園」における取り組み内容と教育効果」	『北翔大学短期大学部研究紀要』第54号	北翔大学短期大学部
沢田 謙			1940	「世界一の植物園」	『大南洋』	豊文書院
沢田 謙			1940	「千代田と動物園」	『大南洋』	豊文書院
澤田 隆一	石井 彩恵		2016.1	「東京都庭園美術館新館における間接光主体の展示照明」	『照明学会誌』第100巻1号	照明学会
澤田 隆一			2017.1	「東京国立博物館正門プラザ」	『照明学会誌』第101巻1号	照明学会
澤田 瞳子			2017.3	「伊藤若冲没後三百年に見る文化財と文化のあり方について」	『博物館学年報』第48号	同志社大学博物館学芸員課程
澤田 茉伊			2016.3	『地盤工学に基づく歴史的地盤構造物の修復と保存に関する研究』		京都大学フィールド科学教育研究センター瀬戸臨海実験所
澤田 正昭			1991.3	「6博物館資料の保存と補修Ⅱ」	『放送大学教材博物館学Ⅱ-博物館の仕事』	放送大学教育振興会
澤田 正昭			1992.1	「文化財の化学」	『化学と教育』第40巻1号	日本化学会
澤田 正昭			1992.4	「第1章保存科学の歴史」	『文化財のための保存科学入門』	株式会社飛鳥企画
澤田 正昭			1993.3	「考古資料の保存科学」	『化学と教育』第46巻3号	日本化学会
澤田 正昭			1997.1	『文化財保存科学ノート』		近未来社
澤田 正昭	奈良文化財研究所		1998-2003	『考古科学の総合的研究』		文部科学省科学研究費補助金研究成果報告書
澤田 正昭			1998.9	「古代を保存する科学技術」	『日本機械学会誌』第101巻第958号	日本機械学会
澤田 正昭			2003.3	「古代壁画の保存科学的研究(VII考古科学と文化財)」	『文化財と歴史学(『文化財論叢』Ⅲ)』	奈良文化財研究所
澤田 正昭			2015.12	「遺跡保存と修復科学」	『東北芸術工科大学文化財保存修復研究センター紀要』第5号	東北芸術工科大学文化財保存修復研究センター
澤田 結基	森尻 理恵*	朝川 暢子	2009.9	「中学・高校の教科書に出てくる石の展示について」	『地質ニュース』第660号	実業公報社
猿渡 紀代子			1997.3	「企画展の進め方-「コーニング・ガラス美術館を例に」-」	『博物館の創造』第1巻	東京大学大学院教育学部研究科・教育学部社会教育研究室
猿渡 紀代子			2010.12	「新たな学芸員像へ向かって」	『博物館研究』第45巻第12号	日本博物館協会
猿渡 敏郎	西 源二郎		2005	『水生生物研究機関としての水族館 その研究資源活用への可能性』		東海大学海洋研究所共同シンポジウム
猿渡 敏郎	西 源二郎*		2007.10	『水族館の仕事』		東海大学出版会
猿渡 敏郎	西 源二郎		2009.3	『研究する水族館』		東海大学出版会
沢近 十九一 他編	今西 錦司 監		1985.3	「特集 動物園の発見行動を楽しむ」	『アニマ創刊12周年記念特大号』第146号	平凡社

著者1	著者2	著者3	発行年	論文名・書籍名	掲載誌	発行元
澤登 正仁			1996.3	「歴史教育実践と考古学の関連についての一考察－考古学の成果を取り入れた授業から考えたこと－」	『山梨県立考古博物館・山梨県埋蔵文化財センター研究紀要』第12号	山梨県立考古博物館・山梨県埋蔵文化財センター
澤野 誠	平田 大二*	岡田 篤	2010.3	「博物館の活用で理科授業を改革する:神奈川県立生命の星・地球博物館での取組を通して」	『理科の教育』第59巻第3号	日本理科教育学会
澤畠 拓夫	永野 昌博*	三上 光一	2010.3	「博学連携によるセンサーカメラを使った哺乳類調査の実践」	『森林野生動物研究会誌』第35号	森林野生動物研究会
澤村 明			2006.9	「縄文遺跡保存と活用のあり方－三内丸山遺跡・御所野遺跡を事例とした経済効果の測定を手がかりに」	『文化経済学』第5巻第2号	文化経済学会
澤村 明			2016.3	「世界遺産登録と観光動向(修正加筆稿):日本の10事例から」	『新潟大学経済論集』第10号	新潟大学経済学会
澤村 泰彦			2007.12	「特別展「里に降りた星たち」と「星まつりを調べる会」」	『博物館の仕事』	岩田書院
澤柳 大五郎 編			1968	『世界の美術館』		講談社
椹木 野衣			2005.5	『戦争と万博』		美術出版社
サン・アート			2007.11	「おぶせミュージアム・中島千波館15周年を迎えて」	『月刊美術』第33巻第11号	サン・アート
サン・アート			2008.5	「全美術館詳細ガイド(特集これだけは見たい、見せたい!全国マイタウン・ミュージアム自慢の1点(東日本編))」	『月刊美術』第34巻第5号	サン・アート
サン・アート			2008.6	「全美術館詳細ガイド(特集これだけは見たい、見せたい!全国マイタウン・ミュージアム自慢の1点(西日本編))」	『月刊美術』第34巻第6号	サン・アート
サン・アート			2014.4	「中特集 春の美術館へ行こう!」	『月刊美術』第40巻第4号	サン・アート
サン・アート			2014.11	「現代性と国際性求めつつ歴史と近隣のアートも網羅する総合展」	『月刊美術』第40巻第11号	サン・アート
サン・アート			2014.12	「社会とアート」	『月刊美術』第40巻第12号	サン・アート
サン・アート			2014.12	「最上級の美を一堂に 東美アートフェア2014」	『月刊美術』第40巻第12号	サン・アート
山陰中央新報社			1980.9	『足立美術館日本庭園と近代美術』		山陰中央新報社
産業記念物調査委員会 編			1982	『大阪の産業記念物ならびに博物館構想』		大阪商工会議所
産業記念物調査研究会			1990.11	『近畿の産業博物館』		産業記念物調査研究会
産業調査会	島崎 信 監		1986.11	『ライティングデザイン事典』		産業調査会
産業福利協會 編			1929	『財團法人産業福利協會附属安全博物館』		産業福利協會
三条 西公正			1943	「戦時下の東京帝室博物館」	『博物館研究』第16巻第8號	日本博物館協會
山西省陸軍特務機關			1935	『太原博物館案内』		山西省陸軍特務機關
Sanchez.John.Anton	山本 誠 訳		2009	「博物館、記憶、そしてアフロ系エクアドル人のアイデンティティ」	『四天王寺大学紀要』第49号	四天王寺大学
サントリー美術館 編			1981	『サントリー美術館20年のあゆみ1961～1981』		サントリー美術館
サントリー美術館 編			1987	『日本博物学事始め』		サントリー美術館
サントリー不易流行研究所			1993.1	『変貌するミュージアム』		サントリー不易流行研究所
山陽新聞社 編			1977	『岡山の博物館美術館・博物館・考古館・民俗館』		山陽新聞社
山領絵画修復工房 編			2014.3	「作品の調査」	『絵画修復報告』第8号	山領絵画修復工房
山領絵画修復工房 編			2014.3	「修復処置」	『絵画修復報告』第8号	山領絵画修復工房
史 紅帥	湯川 真樹江 訳	魏 郁欣 訳	2014.2	「近代西洋人が見た西安城の景観」	『世界の蒐集:アジアをめぐる博物館・博覧会・海外旅行』	山川出版社
椎 廣行	牛島 薫*		2004.3	「米国博物館経営調査に基づく日本の博物館経営の重要事項に関する考察」	『日本ミュージアム・マネジメント学会研究紀要』第8号	日本ミュージアム・マネジメント学会

著者1	著者2	著者3	発行年	論文名・書籍名	掲載誌	発行元
椎 廣行	牛島 薫*		2004.3	「米国におけるNPOによる博物館経営に関する一考察-米国博物館聞き取り調査より-」	『博物館の機能及びその効果的な運営の在り方に関する実証的研究』	国立科学博物館
CRM協議会			2009	「札幌市円山動物園顧客参加型イベント・モデル」	『CRMベストプラクティス白書』2009	CRM協議会事務局
ジィー・ディー・アイ			1979	『全国美術施設の現況と動向調査報告書 資料編』		ジィー・ディー・アイ
ジィー・ディー・アイ編			1979	『全国美術館施設の現況と動向調査報告』		ジィー・ディー・アイ
飼育下繁殖専門家集団	世界動物園機構・IUCN/SSC/*		1996.7	『世界動物園保全戦略-世界の動物園と水族館が地球環境保全に果たす役割-』		日本動物園水族館協会
CCCメディアハウス			2014.5	「NewsGallery 博物館に刻む9.11の記憶:May15・2014 ニューヨーク」	『Newsweek』第29巻第20号	CCCメディアハウス
G.J.ファン・デル・ホーク			1972	「書かれた言葉に耳を傾けよ」	『第9回ICOM総会論文集人類に奉仕する今日と明日の博物館』	国際博物館会議日本委員会
CDI責任編集			1982	『文化施設等の調査研究 都道府県別文化機能の実態調査報告書』		CDI
椎名 修	竹箭平 昭信*		1994	「とべ動物園における保護運動を使用しての啓蒙活動について」	『日本動物園水族館教育研究会誌』1994年号	日本動物園水族館教育研究会
椎名 勤治			1999	「下町のタッチャブルミュージアム」	『ユニバーサル・ミュージアムをめざして一視覚障害者と博物館一』	神奈川県立生命の星・地球博物館
椎名 慎太郎			1977.8	『精説文化財保護法』		新日本法規出版
椎名 慎太郎			1983	『歴史を保存する』		講談社
椎名 慎太郎	稗抜 俊文		1986.3	『現代行政法学全集25文化・学術法』		ぎょうせい
椎名 慎太郎			1996.3	「保存運動の全国情勢-行政手続法の施行と文化財保護」	『明日への文化財』第38号	文化財保存全国協議会
椎名 慎太郎			2001.7	「遺跡保存運動の現在と未来」	『歴史評論』第615号	校倉書房
椎名 慎太郎			2017.6	「文化財訴訟と伊場遺跡」	『文化財保存70年の歴史:明日への文化遺産』	新泉社
ジーナ・トーマス			2014	「文化大英博物館で大ドイツ展開催」	『Magazin-Deutschland.de:フォーラム政治/文化/経済』2014第4号	Societats-Verlag
椎名 仙卓			1969.3	「国立科学博物館の教育活動」	『國學院大學博物館学紀要』第1輯	國學院大學博物館学研究室
椎名 仙卓			1972.2	「黎明期における"教育博物館"の実態」	『博物館研究』第44巻第4号	日本博物館協会
椎名 仙卓			1975.8	「大正期における博物館設置運動の特質―議会の建議案を中心として―」	『博物館学雑誌』第1巻第1号	全日本博物館学会
椎名 仙卓			1975.12	「交通・運輸を中心とする博物館」	『自然科学と博物館』第42巻4号	科学博物館後援会
椎名 仙卓			1976.3	「博物館発達史上における「通俗教育館」の位置」	『博物館学雑誌』第1巻第2号	全日本博物館学会
椎名 仙卓			1977.3	「教育博物館の成立」	『博物館学雑誌』第2巻第1・2号	全日本博物館学会
椎名 仙卓			1977.12	「E・S・モースと博物館」	『考古学研究』第24巻第3・4号	考古学研究会
椎名 仙卓			1978	「明治後半期に於ける博物館設置・運営論-田中芳男・箕作佳吉・棚橋源太郎の構想-」	『博物館研究』第13巻第8・9号	日本博物館協会
椎名 仙卓			1980.6	「管理者(設置者)別博物館の設置と運営 国立博物館」	『博物館学講座 第9巻博物館の設置と運営』	雄山閣
椎名 仙卓			1981	「大正時代の特別展覧会」	『博物館研究』第16巻第2号	日本博物館協会
椎名 仙卓			1981.1	「博物館に関する基礎的文献 博物館に関する国内の出版物」	『博物館学講座 第10巻参考資料集』	雄山閣
椎名 仙卓	青木 國夫		1981.1	「館種別博物館史 理工学系博物館史」	『博物館学講座 第2巻日本と世界の博物館史』	雄山閣
椎名 仙卓			1981.1	「館種別博物館史 自然史系博物館史」	『博物館学講座 第2巻日本と世界の博物館史』	雄山閣
椎名 仙卓	樋口 秀雄*		1981.1	「日本の博物館史」	『博物館学講座 第2巻日本と世界の博物館史』	雄山閣

し

著者1	著者2	著者3	発行年	論文名・書籍名	掲載誌	発行元
椎名 仙卓			1986.7	「竹内使節団の見た「博覧場」と「博物館」」	『博物館研究』第21巻第7号	日本博物館協会
椎名 仙卓			1986.8	「福沢諭吉の啓蒙した博物館」	『博物館研究』第21巻第8号	日本博物館協会
椎名 仙卓			1987.3	「東京大正博覧会の教育学芸館と天産資料」	『國學院大學博物館學紀要（樋口清之博士記念論文集）』第11輯	國學院大學博物館学研究室
椎名 仙卓			1988.1	「博物館が主催した官設美術展の創始"観古美術会"」	『博物館研究』第23巻第10号	日本博物館協会
椎名 仙卓			1988.1	「「学術博物館」が「教育博物館」に化ける」	『博物館研究』第23巻第1号	日本博物館協会
椎名 仙卓			1988.2	「博物館のお雇い外国人プライヤーとモース」	『博物館研究』第23巻第2号	日本博物館協会
椎名 仙卓			1988.3	「「美術館」という名前の建物第1号」	『博物館研究』第23巻第3号	日本博物館協会
椎名 仙卓			1988.4	「大森貝塚の出土品・教育博物館で初公開」	『博物館研究』第23巻第4号	日本博物館協会
椎名 仙卓			1988.5	「腐った鯨の骨・博物館に拾われる」	『博物館研究』第23巻第5号	日本博物館協会
椎名 仙卓			1988.6	「大学付属博物館第1号・東京大学理学部博物場」	『博物館研究』第23巻第6号	日本博物館協会
椎名 仙卓			1988.7	「大正時代の特別展覧会」	『日本博物館発達史』	雄山閣出版
椎名 仙卓			1988.7	「大正期における博物館設置運動の特質」	『日本博物館発達史』	雄山閣出版
椎名 仙卓			1988.7	「俗に"剥製展"といわれる臨時の展覧会」	『博物館研究』第23巻第7号	日本博物館協会
椎名 仙卓			1988.7	『日本博物館発達史』		雄山閣出版
椎名 仙卓			1988.8	「「物産陳列場」と「博物館」どこが違う」	『博物館研究』第23巻第8号	日本博物館協会
椎名 仙卓			1988.9	「埋蔵物は政府が買い上げ博物館で陳列」	『博物館研究』第23巻第9号	日本博物館協会
椎名 仙卓			1988.11	「鹿鳴館建設のため博物館を追い出す」	『博物館研究』第23巻第11号	日本博物館協会
椎名 仙卓			1988.12	「文部省の御用工場東京教育博物館標本製作間に合わず」	『博物館研究』第23巻第12号	日本博物館協会
椎名 仙卓			1989	『明治博物館事始め』		思文閣出版
椎名 仙卓			1989.1	「手島精一の持ち帰った幻燈博物館の貸出しで普及」	『博物館研究』第24巻第1号	日本博物館協会
椎名 仙卓			1990.4	「法隆寺献納宝物、博物館で初めて公開」	『博物館研究』第25巻第4号	日本博物館協会
椎名 仙卓			1993.3	『図解博物館史』		雄山閣出版
椎名 仙卓			1993.12	「棚橋源太郎と展覧会時代」	『江戸・東京を造った人々文化のクリエーター』	都市出版
椎名 仙卓			1996.3	「大東亜博物館設立準備委員の奏請に関して」	『博物館史研究』第2号	博物館史研究会
椎名 仙卓			1996.8	「博物館施設の観覧は無料か有料か」	『博物館史研究』第3号	博物館史研究会
椎名 仙卓	松浦 啓一		1997.1	「我が国における博物館の始まり」	『国立科学博物館ニュース』第333号	国立科学博物館
椎名 仙卓			1997	「東京教育博物館を背負った棚橋源太郎」	『国立科学博物館ニュース』第344号	国立科学博物館
椎名 仙卓			1998	「南方熊楠がよく利用した東京教育博物館の図書閲覧室」	『国立科学博物館ニュース』第354号	国立科学博物館
椎名 仙卓			2000.3	『図解博物館史 改訂増補』		雄山閣出版
椎名 仙卓			2001.3	「生態展示ことはじめ」	『大正博物館秘話』	論創社
椎名 仙卓			2002.3	『大正博物館秘話』		論創社

著者1	著者2	著者3	発行年	論文名・書籍名	掲載誌	発行元
椎名 仙卓			2003.12	「博物館の子どもに関わる教育活動の展開－東京教育博物館を中心として－」	『子どもと教育－川並弘昭先生古稀記念論集』	聖徳大学出版会
椎名 仙卓			2005	『日本博物館成立史』		雄山閣
椎名 仙卓			2007.1	「「博物館研究」誌を読み解く」	『博物館研究』第42巻第1号	日本博物館協会
椎名 仙卓			2010	『博物館の災害・事件史』		雄山閣
椎名 仙卓			2010.12	『近代日本と博物館:戦争と文化財保護』		雄山閣
椎名 仙卓			2011.4	「棚橋源太郎没後50周年記念 棚橋源太郎の目指した「学校園」を考える」	『博物館研究』第46巻第4号	日本博物館協会
椎名 仙卓			2011.11	「博物館法の制定を回顧する」	『博物館研究』第46巻第12号	日本博物館協会
椎名 仙卓	青柳 邦忠		2014.2	『博物館学年表:法令を中心に:1871-2012』		雄山閣
椎野 勇太	實吉 玄貴	藤原 慎一	2016.1	「第3章恐竜・古生物」	『見る目が変わる博物館の楽しみ方:地球・生物・人類を知る』	ベレ出版
椎原 晶子			1997	「生きている博物館・谷中歴史的建物の活用からまちづくりへ」	『観光文化』vol.124	日本交通公社
椎原 裕美			1982.3	「生徒の興味・関心をひき出す授業の実現と地域博物館の利用について」	『平塚市博物館年報』第5号	平塚市博物館
G.ヴェヴァーズ	羽田 節子 訳		1979	『ロンドン動物園150年』		築地書店
シーボルト記念館			2000	『シーボルトの江戸参府展』		シーボルト記念館
Sheila.Pankhurst	Geoff.Hosey*	Vicky.Melfi	2011.8	『動物園学』		文永堂出版
J.E.ハードイ			1974	「進歩か成長か？」	『第10回ICOM大会講演集 博物館と近代世界』	国際博物館会議日本委員会
JMMA特別事業実行委員会			2003.2	「2002年JMMA特別事業実行委員会開催に当たって」	『ミュージアム・コミュニケーション―21世紀の博物館を創造する原理を探求する―』	日本ミュージアム・マネージメント学会
J.G.フィゲス			1963.6	「博物館を国民にビクトリア・アンド・アルバート博物館の場合」	『MUSEUM』第147号	東京国立博物館
JTBパブリッシング			2014.8	『見て触って乗って遊ぶ鉄道体験ミュージアム』		JTBパブリッシング
J.V.Noble			1978.3	「文化の相互充実の手段としての博物館の国際交流」	『第11回ICOM総会講演集 博物館と文化交流』	国際博物館会議日本委員会
J.ファヴィエール			1972	「文化活動のセンターとしての博物館」	『第9回ICOM総会論文集人類に奉仕する今日と明日の博物館』	国際博物館会議日本委員会
ジェームズ・マーストン・フィッチ			2008.7	「近代美術館での殺人〈的〉事件」	『ジェームズ・マーストン・フィッチ論評選集：建築・保存・環境』	鹿島出版会
ジェームズ・マーストン・フィッチ			2008.7	「保存」	『ジェームズ・マーストン・フィッチ論評選集：建築・保存・環境』	鹿島出版会
ジェームズ・マーストン・フィッチ			2008.7	「修復の哲学」	『ジェームズ・マーストン・フィッチ論評選集：建築・保存・環境』	鹿島出版会
ジェームズ・マーストン・フィッチ			2008.7	「過去をめぐる保存と歴史性の闘い」	『ジェームズ・マーストン・フィッチ論評選集：建築・保存・環境』	鹿島出版会
ジェームズ・マーストン・フィッチ			2008.7	「歴史的建造物修復における視覚的な基準」	『ジェームズ・マーストン・フィッチ論評選集：建築・保存・環境』	鹿島出版会
ジェシー・ハートランド	志多田 静 訳		2016.4	『ミュージアムにスフィンクスがやってきた』		六耀社
ジェシー・ハートランド	志多田 静 訳		2016.7	『スミソニアンに恐竜がやってきた!』		六耀社
ジェシー・ハートランド	志多田 静 訳		2016.9	『どうして博物館に隕石が展示されたの!?』		六耀社
Geoff.Hosey	Sheila.Pankhurst	Vicky.Melfi	2011.8	『動物園学』		文永堂出版
Geoffrey.Lewis			1978.3	「国際的遺産の保護への援助としての文献目録の作成」	『第11回ICOM総会講演集 博物館と文化交流』	国際博物館会議日本委員会
ジェレミイ・ロビンソン	マーティン・フィラーン 編		1982.2	『現代建築集成Ⅰ芸術・文化施設図書館美術館博物館ホール』		啓学出版

著者1	著者2	著者3	発行年	論文名・書籍名	掲載誌	発行元
SHEN.LUOLAN			2015.3	『Layout Design Study for the Medium-sized Historic Museum in China:Exhibition Space Layout Research of Museum Design』		九州大学
塩 雅之	町 英朋*	坂井 知志 他	2010.8	「プロジェクターを活かした博物館・美術館の電子教科書の取り組み」	『年会論文集』第26巻	日本教育情報学会
塩川 友弥子			2009.12	「博物館における写真撮影の対応について」	『博物館学雑誌』第35巻第1号	全日本博物館学会
塩川 友弥子			2010.4	「雛人形の展示--観る側の視点からの調査と考察」	『博物館学雑誌』第35巻第2号	全日本博物館学会
塩川 友弥子			1990.3	「学校教育と博物館」	『博物館学雑誌』第15巻第1・2号合併号	全日本博物館学会
塩川 友弥子			1993.3	「学校教育と博物館Ⅱ」	『博物館学雑誌』第18巻第1・2号合併号	全日本博物館学会
塩川 友弥子			1998.3	「望ましい学校博物館－小学校の場合－」	『博物館学雑誌』第23巻第2号	全日本博物館学会
塩川 友弥子			2000.6	「館種別博物館機能論 学校博物館 小学校の学校博物館」	『新版博物館学講座 第4巻 博物館機能論』	雄山閣
塩川 友弥子			2000.2	「館種別博物館の展示活動 学校博物館 小学校の博物館」	『新版博物館学講座 第9巻 博物館展示法』	雄山閣
塩川 友弥子			2001.3	「博物館における女性学芸員数に関して」	『博物館学雑誌』第26巻第2号	全日本博物館学会
塩崎 太伸	奥山 信一*	吉池 葉子 他	2014.12	「博物館建築における建築家の言説にみる連鎖する空間の密度」	『大会講演梗概集』2013巻	日本建築学会
塩路 有子			2017.5	「遺産に暮らす新旧住民」	『文明史のなかの文化遺産』	臨川書店
塩瀬 隆之			2011	「博物館でワクワク学ぶ(第1回)じっくりモノを見るチカラを育むワークショップ」	『発達』第32巻第127号	ミネルヴァ書房
塩田 いづみ			2004.3	「我孫子市鳥の博物館における子ども向け事業」	『Museumちば：千葉県博物館協会研究紀要』35号	千葉県博物館協会
塩田 純一	尾野 正晴*	黒田 雷児	1990.7	「座談会 学芸員から見た美術館」	『建築文化』第525号	彰国社
塩田 真吾	小林 渓太*	佐伯 凌汰 他	2013.12	「環境学習施設の展示手法の比較及び考察:小型カメラによる見学者の視線解析を用いて」	『エネルギー環境教育研究』第8巻1号	日本エネルギー環境教育学会
塩谷 宗六	白井 晟一*		1981	『石水館建築を謳う』		かなえ書房
塩田 昌弘			2011.3	「村山龍平記念館についての一考察」	『大手前大学論集』第12号	大手前大学・大手前短期大学
塩田 昌弘			2013	「小林一三記念館についての一考察」	『大手前大学論集』第14号	大手前大学
塩田 幸弘	八代田 真人	河村 あゆみ	2017.2	「動物園で給餌している樹葉の重量推定と栄養含量の季節変化」	『日本畜産学会報』第88巻1号	日本畜産学会
潮田 陽子			2011	「「場」としての展示空間(特集10のキィワードで語る"博物館展示の未来")」	『展示学』第49号	日本展示学会
鹽田 力藏			1900	「春季美術展覽會管見」	『大日本窯業協會雑誌』第8巻第94号	大日本窯業協會
塩田 るみ	嵯峨 創平*		2009.9	「ミュージアム・シアターによる博物館の新しい学びの場づくり―所沢航空発祥記念館における実践から」	『JMMA日本ミュージアム・マネージメント学会会報』第14巻第2号	日本ミュージアム・マネージメント学会
塩津 ゆりか	アレナルス・L・S*	桑原 美香	2009.3	「ガストン・ミジョンとルーヴル美術館の中の日本-知と技の継承、融合、変革」	『お茶の水女子大学比較日本学教育研究センター研究年報』第5号	お茶の水女子大学比較日本学教育研究センター
塩津 ゆりか	春名 亮*	桑原 美香	2010.3	「公立美術館の中長期的な運営効率化に対するNetworkDEAの適用」	『金沢学院大学紀要・経営・経済・情報科学・自然科学編』第8号	金沢学院大学
塩津 ゆりか	春名 亮*	桑原 美香	2011.3	「公立美術館の施設運営管理における中長期的な効率性評価」	『金沢学院大学紀要・経営・経済・情報科学・自然科学編』第9号	金沢学院大学
塩野 貴之	真栄城 亮	楠本 聞太郎 他	2014.3	「オンラインツール"Time Tree:the time scale of life"を用いた生物多様性科学の授業開発とその評価」	『理科教育学研究』第54巻第3号	日本理科教育学会
塩野 博			1997	「ビデオ教材「博物館学芸員の仕事考古学編(全3巻)」の紹介と活用」	『博物館研究』第32巻第3号	日本博物館協会
塩原 正雄			1929	「全國教育大會記事」	『信濃教育』第508號	信濃教育會
塩原 佳典			2012.5	「明治初年代における地方博覧会の歴史的意義:筑摩県下博覧会を事例として」	『日本歴史』第768号	吉川弘文館
塩見 友治			1943	「植物園」	『親と子の自然觀察』	立命館出版部

著者1	著者2	著者3	発行年	論文名・書籍名	掲載誌	発行元
塩谷 修			1996.3	「博物館における展示事業の企画とその効果-企画展「青い目の人形」を通して-」	『土浦市立博物館紀要』第7号	土浦市立博物館
塩谷 順耳			1979	「資料保存上の問題点」	『秋田県立博物館研究紀要』第4号	秋田県立博物館
塩谷 順耳			1989	「「久保田城下」の展示まで」	『秋田県立博物館研究紀要』第14号	秋田県立博物館
鹿海 信也			1966	『欧米の美術館 国立近代美術館移転準備資料2』		文部省社会教育局芸術課
志垣 寛			1934	「農村工業化と郷土教育」	『郷土教育』第四十三號	郷土教育聯盟
志學館大学生涯学習センター 編	隼人町教育委員会 編		2004.9	『隼人学:地域遺産を未来につなぐ』		南方新社
四角 隆二	足立 拓朗*		2012.3	「日本国内の西アジア系博物館における体験展示:体験展示とハンズ・オン展示の分類案から」	『金沢大学考古学紀要』第33号	金沢大学人文学類考古学研究室
滋賀県			2014	『湖をめぐる博物館の「森」構想:博物館の「木」から地域の「森」へ:新琵琶湖博物館創造基本計画』		滋賀県
滋賀県観光文化建設後援会			1961	『琵琶湖文化館創建記念誌』		滋賀県観光文化建設後援会
滋賀県教育委員会			1969	『博物館その現状と展望』		滋賀県教育委員会
滋賀県湖北地域振興局地域振興課 編			2003.3	『湖北エコミュージアム地域資源データファイル』		滋賀県湖北地域振興局地域振興課
滋賀縣島小學校			1933	「水族館」	『自力更生教育理想郷の新建設』	明治圖書
滋賀縣島小學校			1933	「郷土教育論」	『自力更生教育理想郷の新建設』	明治圖書
滋賀縣島小學校			1936	「郷土室」	『革新農村小學校の經營』	明治圖書
滋賀縣島小學校			1936	「郷土水族館」	『革新農村小學校の經營』	明治圖書
滋賀縣女子師範學校			1936	『郷土研究の概要』		滋賀縣女子師範學校
志賀 健二郎			2009.1	「「市民のミュージアム」構築に向けて」	『大阪市立大学史紀要』第2号	大阪市立大学
滋賀県政策調整部企画調整課 編			2004.3	『湖国まるごとエコ・ミュージアムづくり』		滋賀県政策調整部企画調整課
滋賀県博物館協議会 編			1999	『淡海の博物館―滋賀県の博物館・美術館・資料館ガイド』		滋賀県博物館協議会
滋賀県博物館協議会 編			2014.12	『滋賀ミュージアムガイド:10のカテゴリー別に滋賀の博物館&美術館70施設を紹介』		サンライズ出版
滋賀県立琵琶湖文化館			1961	『琵琶湖文化館創建報告書』		滋賀県立琵琶湖文化館
滋賀県立琵琶湖文化館			1968	『琵琶湖文化館-25年の歩み-』		滋賀県立琵琶湖文化館
滋賀県立琵琶湖博物館 編			1997	『琵琶湖博物館開館までのあゆみ』		滋賀県立琵琶湖博物館
滋賀県立琵琶湖博物館			1997.3	『博物館ができるまで』		滋賀県立琵琶湖博物館
滋賀県立琵琶湖博物館 編			1999	『琵琶湖博物館学習プログラム集』		滋賀県立琵琶湖博物館
滋賀県立琵琶湖博物館			2000	「ワークショップ＆シンポジウム 博物館を評価する視点」	『滋賀県立琵琶湖博物館研究調査報告』第17号	滋賀県立琵琶湖博物館
滋賀県立琵琶湖博物館	篠原 徹*		2015.1	『日本の博物館総合調査研究』		文部科学省科学研究費補助金研究成果報告書
四方 由美			2014.4	「宮崎における女性史資料保存に関する研究(1)」	『宮崎公立大学人文学部紀要』17巻1号	宮崎公立大学人文学部
四方 由美			2014.4	「宮崎における女性史資料保存に関する研究(2)」	『宮崎公立大学人文学部紀要』19巻1号	宮崎公立大学人文学部
師勝町歴史民俗資料館			2000.3	『研究紀要』X※博物館と回想法		師勝町歴史民俗資料館
師勝町歴史民俗資料館			2004.3	『研究紀要-博物館と回想法-』XIV		師勝町歴史民俗資料館

著者1	著者2	著者3	発行年	論文名・書籍名	掲載誌	発行元
師勝町歴史民俗資料館			2005.3	『研究紀要-博物館と回想法-』ⅩⅤ		師勝町歴史民俗資料館
敷山 哲洋	小野 晃	河合 博文 他	2007	「インタビュー 水族館の歴史を変えた超巨大パネル」	『宙舞』第60号	自動車技術会中部支部
竺 友信	大橋 毅彦*	高橋 隆平 他	2007.3	「「水族館」注釈的読みの試み」	『日本文芸研究』第58巻第4号	日本文学会
軸丸 勇士	栗田 博之*	一木 高志	2013.7	「野猿公園における環境教育実践:大分市高崎山自然動物園での事例から」	『環境教育』第23巻1号	日本環境教育学会
重富 公生			2012.11	「1851年ロンドン万国博覧会と労働者」	『國民經濟雜誌』第206巻第5号	神戸大学
重信 幸彦	国立歴史民俗博物館*	小池 淳一 編	2015.3	『民俗表象の現在:博物館型研究統合の視座から』		岩田書院
重久 篤太郎			1968	『お雇い外国人.5自然科学』		鹿島出版会
重久 篤太郎			1968.1	「パリ万国博覧会」	『お雇い外国人⑤教育・宗教』	鹿島研究所出版会
重村 義一			1931	「朝鮮の科学館」	『科学知識』第10巻	科学知識普及會
重村 英彦	大原 一興	西 源二郎 他	2008.7	「水族館における観覧行動特性に関する建築計画的研究:博物館のビジタースタディとしての観覧行動に関する研究その2」	『学術講演梗概集』2008巻	日本建築学会
重盛 恭一	木下 達文*	熊谷 孝	1996.9	「展示物の保全」	『ミュージアムマネージメント』	東京堂出版
重盛 恭一			1999	「ミュージアムの連携とミュージアムシティ」	『JMMA年報』98年度	日本ミュージアム・マネージメント学会
重盛 恭一			2000	「第8章日本における来館者研究、博物館評価文献リスト付:文献リスト概観」	『琵琶湖博物館研究調査～ワークショップ&シンポジウム博物館を評価する視点～』	滋賀県立琵琶湖博物館
重盛 恭一			2000	「日本における来館者研究・博物館評価文献リスト1957-1999」	『滋賀県立琵琶湖博物館研究調査報告』第17号	滋賀県立琵琶湖博物館
重盛 恭一			2000.4	「ぼくたちは、同世代の"博物館文化"にいる。2月27日のシンポジウムに思う」	『月刊ミュゼ』40号	(株)アム・プロモーション
Siken.G	ラアニエ・クリスチアン*	Aubert.M	1997.4	「NARCISSE:絵画研究のための高精細画像の利用」	『情報管理』第40巻第1号	科学技術振興機構
四国ミュージアム研究会			2007.2	『博物館が好きっ!:学芸員が伝えたいこと』		教育出版センター
四国ミュージアム研究会 編			2016.2	『もっと博物館が好きっ！みんなと歩む学芸員』		教育出版センター
志澤 政勝 編			1983.1	「戦後・博物館関係単行書目録」	『博物館問題研究』第20号	博物館問題研究会
志澤 政勝 編			1984.12	「戦後・博物館関係単行書目録2」	『博物館問題研究』第21号	博物館問題研究会
志澤 政勝 編			1988.12	「戦後・博物館関係単行書目録3」	『博物館問題研究』第22号	博物館問題研究会
志澤 政勝 編	伊藤 寿朗 監		1991.7	『博物館関係単行書目録 博物館基本文献集別巻補遺』		大空社
宍倉 正展	芝原 暁彦*		2014.8	「海岸段丘レーザースキャン計測データの3Dプリンタによる立体造形と国立歴史民俗博物館でのプロジェクションマッピング展示について」	『GSJ地質ニュース』第3巻8号	産業技術総合研究所地質調査総合センター
宍戸 栄治	白井 次郎	冨永 實 他	2011.8	「座談会 博物館の紹介と担当者の苦労話」	『運転協会誌』第53巻第8号	日本鉄道運転協会
紫城後援會			1936	「兒童博物館」ほか	『社團法人紫城建設趣旨・城則』	紫城後援會
靜岡縣師範學校附属小學校			1931	「郷土調査と郷土教育の諸施設」	『郷土教育の研究』	谷島屋書店
静岡県博物館協会15周年記念事業実行委員会 編			1984	「創立15周年記念特集」	『静岡の博物館』第13号	静岡県博物館協会
靜岡縣美術協會			1939	「美術館建設事業と經過報告」	『靜岡縣美術協會會報』第6號	靜岡縣美術協會
靜岡師範學校同窓會・有信會			1935	「二、教育施設」	『靜岡縣靜岡師範學校創立六十周年記念誌』	靜岡師範學校同窓會・有信會
靜岡市役所			1929	「共進會と博覽會」	『靜岡市史編纂資料』第六巻	靜岡市役所
靜岡市役所			1929	「物産陳列館及勸勧工場」	『靜岡市史編纂資料』第六巻	靜岡市役所

著者1	著者2	著者3	発行年	論文名・書籍名	掲載誌	発行元
靜岡縣女子師範學校			1933	「郷土室」	『郷土教育概要』	靜岡縣女子師範學校
静岡市立登呂博物館 編			1972	『静岡市立登呂博物館』		静岡市立登呂博物館
静岡市立登呂博物館			1992.11	『開館20周年記念誌静岡市立登呂博物館20年のあゆみ－21世紀への展開をめざして－』		静岡市立登呂博物館
靜岡新聞社			1943	「大東亞博日延べ」	『靜岡新聞』15827	靜岡新聞社
静岡新聞社 編			1993	『静岡県とその周辺の子どもと行くおもしろ博物館』		静岡新聞社
静岡新聞社			2015.3	『しずおか大人もはまる動物園・水族館ガイドブック:保存版』		静岡新聞社
靜岡新報社			1940	「師弟愛を織込んだ美術館建設 韮中で學級増加と共に」	『靜岡新報』14925	靜岡新報社
静岡大学生涯学習教育研究センター 編			2004	「大学と博物館を結ぶ(6)博物館と大学、博物館と学生を結ぶ」	『静岡大学生涯学習教育研究』第6・7号	静岡大学イノベーション社会連携推進機構地域連携生涯学習部門
静岡大学生涯学習教育研究センター			2013	「ディスカッション(博物館活動と学芸員資格：現場の声を聞く：博物館フォーラム)」	『静岡大学生涯学習教育研究』第15号	静岡大学イノベーション社会連携推進機構地域連携生涯学習部門
靜岡南方振興會			1943	『大東亞戰博覽會開催趣旨』		靜岡南方振興會
靜岡民友新聞社			1913	「須走村に高山植物園計畫」	『靜岡民友新聞』4989	靜岡民友新聞社
靜岡民友新聞社			1914	「靜岡展覽會開會」	『靜岡民友新聞』5307	靜岡民友新聞社
靜岡民友新聞社			1916	「全國特産品博覽會盛装されたる沼津町」	『靜岡民友新聞』6060	靜岡民友新聞社
靜岡民友新聞社			1916	「三島盛典本日より開會」	『靜岡民友新聞』6062	靜岡民友新聞社
靜岡民友新聞社			1916	「沼博開會式」	『靜岡民友新聞』6063	靜岡民友新聞社
靜岡民友新聞社			1919	「靜岡博覽會案内」	『靜岡民友新聞』7153	靜岡民友新聞社
靜岡民友新聞社			1919	「靜岡博覽會開會」	『靜岡民友新聞』7157	靜岡民友新聞社
靜岡民友新聞社			1926	「白隠禅師の遺物展覽館」	『靜岡民友新聞』9537	靜岡民友新聞社
靜岡民友新聞社			1930	「行幸記念として本縣が郷土博物館を建設」	『靜岡民友新聞』11273	靜岡民友新聞社
靜岡民友新聞社			1931	「中等學校を中心とする郷土研究網の完成」	『靜岡民友新聞』11436	靜岡民友新聞社
靜岡民友新聞社			1931	「博覽會呼物の水族館工事」	『靜岡民友新聞』11372	靜岡民友新聞社
雫 泰裕	北原 格	大田 友一	2014.3	「複合現実感を用いた発話内容の可視化と3次元インタラクション」	『電子情報通信学会技術研究報告』第113巻第469号	電子情報通信学会
雫 泰裕	北原 格	大田 友一	2014.10	「複合現実感を用いた展示物に関する関心の共有」	『電子情報通信学会技術研究報告』第114巻第239号	電子情報通信学会
鎮目良文			2009.6	「博物館問題全日本博物館学会二〇〇八年度第三回研究会「あらためて考える博物館の存在価値とコレクション」参加記」	『地方史研究』第59巻第3号	地方史研究協議会
自然保護協会 編			1978	『自然観察指導員ハンドブック』		自然保護協会
設楽 舞			2014.4	「資料保存における修補の位置付け：東京大学経済学部資料室の活動から」	『東京大学経済学部資料室年報』第3号	東京大学経済学部資料室
七田 洸一	大隈 隆史*	興梠 正克 他	2008.10	「科学ミュージアムの展示サービス改善のためのガイドシステムと地図・解説コンテンツに関するユーザスタディ」	『電子情報通信学会技術研究報告』第108巻第226号	電子情報通信学会
七田 洸一	大隈 隆史*	興梠 正克 他	2009.6	「科学ミュージアムガイドにおける三次元地図提示のための仮想視点制御と体験誘導コンテンツ提示の効果」	『日本バーチャルリアリティ学会論文誌』第14巻第3号	日本バーチャルリアリティ学会
七田 忠昭			2006.5	「国営公園としての史跡整備-佐賀県吉野ヶ里遺跡の例-」	『史跡整備と博物館』	雄山閣
七田 忠昭			2008.3	「佐賀県吉野ヶ里遺跡の整備・活用」	『國學院大學考古学資料館紀要』第24輯	國學院大學考古学資料館
自治労船橋市役所職員組合			1981	「人事の民主化と学芸員の専門性をめぐって」	『人事の民主化と学芸員の専門性をめぐって』	自治労船橋市役所職員組合

著者1	著者2	著者3	発行年	論文名・書籍名	掲載誌	発行元
実方 葉子			2014	「美術館案内(vol.10)泉屋博古館:古都で東洋の美と出合う」	『聚美』10号	青月社、聚美社
實川 純一	井谷 芳明	鈴木 淳一	1999.3	「千葉県立現代産業科学館における教育普及活動の現状と課題-アンケート調査から-」	『千葉県立現代産業科学館研究報告』第5号	千葉県立現代産業科学館
實川 純一 編	針谷 亜希子*	松尾 知 他	2017.3	『地域の博物館をつないで学ぶちば生きもの科学クラブ報告書:千葉市科学館・千葉県立中央博物館・千葉市動物公園・千葉市中央図書館連携企画』		千葉市科学館ちば生きもの科学クラブ
志津田 嘉康			1997.6	「電子博物館構想の紹介」	『国立科学博物館ニュース』第338号	国立科学博物館
幣原 坦			1912	「獨逸皇室の記念館」	『斯民』第7編第7号	中央報徳會
幣原 坦			1916	「廣島教育博物館」	『斯民』第11編第3號	中央報徳會
幣原 坦			1926	「博物館」「圖書館・博物館における東洋物」	『世界の変遷を見る』	富山房
志藤 浩仁			2013.3	「中学校美術科と美術館の連携についての研究:人的ネットワーク活用による新しい美術の授業の創出」	『美術教育学』第34号	美術科教育学会
品川区立品川歴史館			1985.5	『モース博士と大森貝塚』		品川区立品川歴史館
品川区立品川歴史館			1993.3	『モース博士と大森貝塚 大森貝塚ハンドブック』		品川区立品川歴史館
品川区立品川歴史館			1996.3	「品川歴史館の改装について」	『品川歴史館紀要』第11号	品川区立品川歴史館
支那研究会 編			1917	『支那研究資料』		大陸社
品田 早苗			2008	「博物館等施設における学習の視点:旭山動物園のワークシートを事例として」	『北海道大学大学院国際広報メディア・観光学院院生論集』第4巻	北海道大学大学院国際広報メディア・観光学院院生論集制作委員会
品田 早苗			2009.3	「学校教育における動物園・水族館の利用について、教員と動物園・水族館関係者が考える問題点と要望」	『北海道大学大学院国際広報メディア・観光学院院生論集』第5巻	北海道大学大学院国際広報メディア・観光学院院生論集制作委員会
品田 早苗			2009	「地方行政に観光化される動物園--旭川市旭山動物園を事例として」	『日本都市学会年報』第43号	日本都市学会
品田 穰			1960.5	「博物館展示:"もの"と"人"との結びつきについて(その1)」	『博物館研究』第33巻第5号	日本博物館協会
品田 穰			1961.5	「博物館展示:"もの"と"人"との結びつきについて(その2)」	『博物館研究』第34巻第5号	日本博物館協会
品田 穰			1961.11	「博物館展示:"もの"と"人"との結びつきについて(その3)」	『博物館研究』第34巻第11号	日本博物館協会
品田 穰			1970	「地域開発と文化財」	『月刊文化財』第85号	第一法規
地主 智彦			2011.4	「重要文化財等保存活用整備事業について」	『月刊文化財』第571号	第一法規
篠 直人	仙田 満*	矢田 努 他	1999.3	「美術館展示室の建築計画的研究--展示壁面の配置方法と利用者の評価について」	『日本建築学会計画系論文集』第64巻517号	日本建築学会
篠木 由喜			2013.12	「日本における来館者調査の諸相」	『博物館学雑誌』第39巻第1号	全日本博物館学会
篠崎 茂雄			2008.11	「国指定重要有形民俗文化財「野州麻の生産用具」-資料の収集と整理、そして展示まで」	『博物館研究』第43巻第11号	日本博物館協会
篠崎 四郎			1920	『拓本と金石文の話石摺の作り方』		書報社
篠崎 四郎			1942	『拓本と魚拓』		芦牙書房
篠崎 四郎 編			1979.3	『図録拓本の基礎知識』		柏書房
篠崎 四郎			1991.1	『図録・拓本入門事典』		柏書房
篠崎 隆			1999.11	「「加悦SL広場」運営のために…:開設のいきさつ、維持・管理の苦労etc.」	『鉄道ピクトリアル』第49巻第11号	鉄道図書刊行会
篠田 皎			1977	「2大阪の博覧会」	『気球の歴史』第6章	講談社
篠田 時化雄 述	半井 真澄*	飛弾 藤吉 記	1891.11	『神社保存・神官奉務規則演説筆記』		京都府神官取締局
篠田 裕見			1978	「置賜民俗資料館と町づくり」	『農村文化』第15号特集:町づくり・村づくり	農村文化研究所

著者1	著者2	著者3	発行年	論文名・書籍名	掲載誌	発行元
篠田 裕介			2016	「立命館大学国際平和ミュージアムにおける資料整理と収蔵資料データベースシステムの開発について」	『立命館平和研究:立命館大学国際平和ミュージアム紀要』第17号	立命館大学国際平和ミュージアム
篠塚 清治			2011.3	「郷土入間を愛する児童生徒の育成―市内小中学校との連携を通して―」	『入間市博物館紀要』第9号	入間市博物館
篠塚 富士男			2007.8	「大学図書館における展示会活動--図書館展示の分析および筑波大学附属図書館の事例報告」	『大学図書館研究』第80号	学術文献普及会
篠塚 真理子			2008.11	「英国博物館ドキュメンテーション協会からコレクション・トラストへ」	『博物館研究』第43巻第11号	日本博物館協会
篠原 英太郎			1930	「郷土教育の重要性と實施案」	『郷土―研究と教育―』第一号	郷土教育聯盟
篠原 修編	景観デザイン研究会		1998.11	『景観用語辞典』		彰国社
篠原 克実	姉崎 智子*		2016.3	「生物多様性普及のための「体感」「共感」「実感」を基軸にした展示空間づくり」	『群馬県立自然史博物館研究報告』第20号	群馬県立自然史博物館
篠原 現人	松浦 啓一*	仲谷 一宏	2000.6	「日本の魚類データベース」	『国立科学博物館ニュース』第374号	国立科学博物館
篠原 現人			2001.11	「旅行紀 ロシアとデンマークの動物学博物館」	『国立科学博物館ニュース』第391号	国立科学博物館
篠原 功治			2000.3	「画像処理技術の学術資料への応用」	『愛媛県総合科学博物館研究報告』第5号	愛媛県総合科学博物館
篠原 功治			2003.3	「科学博物館での人体標本の展示について」	『愛媛県総合科学博物館研究報告』第8号	愛媛県総合科学博物館
篠原 功治			2003.3	「画像処理技術の植物プレパラート標本への応用」	『愛媛県総合科学博物館研究報告』第8号	愛媛県総合科学博物館
篠原 功治			2009	「愛媛県総合科学博物館における常設展示メンテナンス」	『愛媛県総合科学博物館研究報告』第14号	愛媛県総合科学博物館
篠原 功治			2011.3	「サイエンスショー「磁石で遊ぼう！」におけるガウス加速器の演示方法にいて」	『愛媛県総合科学博物館研究報告』第16号	愛媛県総合科学博物館
篠原 聰	江水 是仁		2011	「ポスト・ミュージアムの展示空間のあり方をめぐって:テンプルミュージアム(大乗寺)の事例に探る」	『東海大学課程資格教育センター論集』第10号	東海大学出版会
篠原 聰			2016.8	「ユニバーサル・ミュージアム論を取り入れた博物館実習」	『ひとが優しい博物館:ユニバーサル・ミュージアムの新展開』	青弓社
篠原 清一			1964	『路線の犠牲にされた国立自然教育園』		国立自然教育園を守る会
篠原 徹	滋賀県立琵琶湖博物館		2015.1	『日本の博物館総合調査研究』		文部科学省科学研究費補助金研究成果報告書
篠原 稔和 監訳	ロバート・E・ヤコブソン*	食野 雅子 訳	2004.1	『情報デザイン原論:ものごとを形にするテンプレート』		東京電機大学出版局
篠原 廣丸			1932	「郷土教育は斯くありたい」	『郷土科學』第二十三號	郷土教育聯盟
信夫 淳平			1919	「漢堡の動物園と築港」	『東歐の夢』	外交時報社出版部
柴 一実	山崎 敬人	中田 晋介 他	2009.3	「小学校理科における学び文化の創造(9):デジタル教材が子どもの昆虫理解に及ぼす影響に関する研究」	『学部・附属学校共同研究紀要』第37号	広島大学学部・附属学校共同研究機構
斯波 淳六郎			1911	「理想に近きボストン美術館」	『斯民』第5編第1號	中央報徳會
芝 哲夫			1992.9	「若者の夢を育てる博物館へ」	『国立科学博物館ニュース』第281号	国立科学博物館
芝 奈穂			2011.1	「19世紀イギリスにおける初期公園形態の起源--DerbyArboretum(1840)の成立過程を通して見る「植物園」から「公園」への変遷(中部英文学)」	『英文学研究・支部統合号』第3巻	日本英文学会
柴 史之	山口 孝子*	川真田 敏明 他	2010	「燻蒸処理による写真画像への影響と長期保存性の検証」	『東京都写真美術館紀要』第9号	東京都写真美術館
柴 正博	石橋 忠信		1997	「博物館におけるホームページの活用と展開」	『静岡県博物館協会研究紀要』第21号	静岡県博物館協会
柴 正博	石橋 忠信		1998.12	「博物館のデジタル情報とインターネット利用」	『地学雑誌』第107巻6号	東京地学協会
柴 正博	石橋 忠信		1999	「博物館にホームページを！－博物館ホームページ推進研究フォーラムの目的と活動―」	『博物館研究』第34巻第6号	日本博物館協会
柴 正博	石橋 忠信*		1999.3	「博物館におけるホームページの役割」	『東海大学博物館研究報告』第1号	東海大学社会教育センター
柴 正博	石橋 忠信*		1999.7	「ホームページ時代のデータベース」	『博物館研究』第34巻第7号	日本博物館協会

著者1	著者2	著者3	発行年	論文名・書籍名	掲載誌	発行元
柴 正博	石橋 忠信	泰井 良	2000	「静岡県博物館協会インターネット活用研究会の活動」	『静岡県博物館協会研究紀要』第24号	静岡県博物館協会
柴 正博	平塚 明*		2000	「植物園のウェブサイト」	『博物館研究』第35巻第1号	日本博物館協会
柴 正博			2001.5	「館種別博物館の調査研究 自然史博物館」	『新版博物館学講座 第6巻 博物館調査研究法』	雄山閣
柴 正博			2007.2	「自然史博物館の使命」	『タクサ:日本動物分類学会誌』第22号	日本動物分類学会
柴 正博			2013.3	「静岡県に県立自然史博物館を!」	『静岡県博物館協会研究紀要』第36号	静岡県博物館協会
芝井 敬司			1995.3	「博物館の語義とその周辺」	『関西大学博物館紀要』創刊号	関西大学博物館
柴垣 勇夫			2002	「博物館施設の利用と生涯学習-博物館概論履修学生の動向から」	『静岡大学生涯学習教育研究』第5号	静岡大学生涯学習教育研究センター
柴川 敏之 編著			2005.3	『「2000年後の冒険ミュージアム」記録集』		広島県立歴史博物館
芝崎 順司	高桑 康雄*		1993	「美術博物館における来館者の観賞行動について—弥生美術館特別展示「高畠華宵美人画」におけるワークシートの導入—」	『視聴覚教育研究』23号	日本教育メディア学会
芝崎 順司	高桑 康雄		1995	「美術館における来館者の観賞行動とワークシートの役割について」	『放送教育開発センター研究紀要』第12号	文部省大学共同利用機関放送教育開発センター
柴田	尾坂 知江子*	片岡 他	1994.3	「「健康百科」のクイズショーについて」	『名古屋市科学館紀要』第20号	名古屋市科学館
柴田 勝重	西 源二郎*	佐藤 猛	1992	「博物館におけるHDTVを利用した立体映像」	『3D映像』第6巻2号	
柴田 勝重			1997	「科学技術と環境教育の融合の場を目指して」	『望星』第28巻6号	東海教育研究所
柴田 勝重			1999.8	「館種別博物館の情報化の現状と課題 水族館」	『新版博物館学講座 第11巻博物館情報論』	雄山閣
柴田 周作	横江 宗太	有澤 誠	2008.12	「横浜・八景島シーパラダイスふれあいラグーンの照明-夜の水族館を魅力的に照らす」	『Iwasaki技報』第19号	岩崎電気
柴田 仁	新井 英夫*	山本 和馬 他	2000.12	「文化財の酸化プロピレンによる燻蒸法」	『文化財の虫菌害』第40号	文化財虫害研究所
柴田 高			2010	「観光事業の顧客価値創造における物語性の効果--旭山動物園と黒川温泉の事業再活性化を例として」	『東京経大学会誌・経営学』第268号	東京経済大学経営学会
柴田 剛中	君塚 進 校註		1974	「仏英行」	『日本思想大系66;柴田剛中日載巻七・八』	岩波書店
柴田 敏隆			1968.4	「講演録 博物館の機能とその内部組織」	『昭和42年度学芸員研修会講演集』	日本博物館協会
柴田 敏隆			1968.8	「イチゴ箱のインスタント・アクアリウム」	『博物館ニュース』第3巻第5号	日本博物館協会
柴田 敏隆			1972.4	「博物館における自然保護」	『博物館問題研究』第7号	博物館問題研究会
柴田 敏隆 編	太田 正道	日浦 勇	1973	『自然史博物館の収集活動』		日本博物館協会
柴田 敏隆			1976.1	「アメリカの博物館をみて」	『Mouseion:立教大学博物館研究』第22号	立教大学学校・社会教育講座
柴田 敏隆	金田 平*		1977	『野外観察の手びき』		東洋館出版
柴田 敏隆			1977.1	「自然保護と社会教育:自然史博物館を中心として」	『社会教育』第32巻1号	全日本社会教育連合会
柴田 敏隆			1979	「文化財と博物館 自然保護と博物館」	『博物館学講座 第4巻博物館と地域社会』	雄山閣
柴田 敏隆			1979.3	「資料の保存施設・設備の条件」	『博物館学講座 第6巻資料の保存と保管』	雄山閣
柴田 敏隆			1979.3	「資料整理とその過程(手続き)資料の受入から収納まで」	『博物館学講座 第6巻資料の保存と保管』	雄山閣
柴田 敏隆			1979.3	「資料整理とその過程(手続き)資料の受入の種類」	『博物館学講座 第6巻資料の保存と保管』	雄山閣
柴田 敏隆			1979.3	「資料整理とその過程(手続き)資料登録の基準」	『博物館学講座 第6巻資料の保存と保管』	雄山閣
柴田 敏隆			1979.3	「収集目的と保存目的」	『博物館学講座 第6巻資料の保存と保管』	雄山閣

著者1	著者2	著者3	発行年	論文名・書籍名	掲載誌	発行元
柴田 敏隆 編	徳川 宗敬*監他		1979.3	『博物館学講座 第6巻資料の整理と保管』		雄山閣
柴田 敏隆			1979.11	「教育器具と施設・設備 自然史系博物館」	『博物館学講座 第8巻博物館教育と普及』	雄山閣
柴田 敏隆			1980.6	「館種別博物館における設置と運営 自然史系博物館」	『博物館学講座 第9巻博物館の設置と運営』	雄山閣
柴田 知彰			2009.6	「公文書館の展示力学に関する一試論―アーカイブズ展示評に期待するもの―」	『歴史学研究』第854号	青木書店
柴田 尚子 編	タカザワ ケンジ*		2016.3	『東京都写真美術館総合開館20周年史―次施設開館から25年のあゆみ』		東京都歴史文化財団東京都写真美術館
柴田 元			2010.6	「国際理解教育における博物館活用の可能性(5)第5回国立民族学博物館を活用したワークショップ型教員研修の試み」	『国際理解教育』第16巻	日本国際理解教育学会
柴田 久	国立文化財機構奈良文化財研究所 編		2014.1	「文化的景観と土木デザイン」	『文化的景観研究集会(第5回)報告書:文化的景観のつかい方』	国立文化財機構奈良文化財研究所
芝田 文男			1997	「文化財、美術品情報のデジタル化と情報ネットワークの形成」	『博物館研究』第32巻第3号	日本博物館協会
柴田 政子			2012.3	「博物館における第二次世界大戦の展示と歴史教育:ヨーロッパの事例」	『国際日本研究』第4号	筑波大学人文社会科学研究科国際日本研究専攻
柴田 政子			2014.5	『第二次世界大戦関連の博物館・資料館における教育プログラムの国際比較調査』		科学研究費助成事業(科学研究費補助金)研究成果報告書
柴田 三千雄 編	井出 文子*		1984.11	『箕作元八・滞欧「艱梅日記」』		東京大学出版会
柴田 保彦			1979.3	「館種別博物館における資料整理と保存法 自然史系博物館」	『博物館学講座 第6巻資料の保存と保管』	雄山閣
柴田 康彦			2011.3	「神戸大学海事博物館の紹介」	『Navigation:日本航海学会誌』第176号	日本航海学会
芝原 明治	山内 登貴夫*	高田 公理 他	1995.5	「シンポジウム―地域を展示する」	『展示学』第20号	日本展示学会
芝原 暁彦	伊藤 順一*	西来 邦章	2010.7	「地質ジオラマを用いた3D火山地質情報展示」	『地質ニュース』第671号	実業公報社
芝原 暁彦	宍倉 正展		2014.8	「海岸段丘レーザースキャン計測データの3Dプリンタによる立体造形と国立歴史民俗博物館でのプロジェクションマッピング展示について」	『GSJ地質ニュース』第3巻8号	産業技術総合研究所地質調査総合センター
地引 尚之			1995.3	「移動博物館」	『Museumちば:千葉県博物館協会研究紀要』26号	千葉県博物館協会
渋川 環樹			1941	「ボイテンゾルク熱帯植物園」	『カメラとペン蘭印踏破行』	有光社
澁木 宏覚	楠正 愛	熊谷 亮平 他	2010.7	「上野恩賜公園における文化施設の集積過程及び軸線の形成に関する研究」	『学術講演梗概集』2010巻	日本建築学会
澁澤 榮一			1903	「商業博物館」「大英」	『歐米紀行』第26巻	文学社
澁澤 榮一			1913	「教育品製造業者に望む」	『現代教育』第1号	現代教育編輯所・敬文館
渋澤 敬三			1930	『蒐集物目安』		アチック・ミューゼアム
渋澤 敬三			1933	「倫敦の動物園を見るの記」	『際魚洞雑録』	郷土研究社
渋澤 敬三			1935	「アチック根元記(3)」	『アチックマンスリー』第3號	アチック・ミューゼアム
渋沢資料館 編			1988	『屋根裏の博物館-渋沢敬三と民俗学-』		渋沢資料館
渋沢 華子			1995.5	『渋沢栄一、パリ万博へ』		国書刊行会
渋沢 秀雄			1967.11	「万国博覧会」	『明治を耕した話』第一部	青蛙房
渋沢 雅英			1966	『父・渋沢敬三』		実業之日本社
渋谷 綾子			2017.3	「資料の自然科学分析」	『〈総合資料学〉の挑戦:異分野融合研究の最前線』	吉川弘文館
渋谷区立松涛美術館 編			1986	『渋谷区立松涛美術館5年の歩み昭和56年-昭和61年』		渋谷区立松涛美術館
渋谷 啓一			2012.5	「「まちづくり観光」を媒介とした、香川県内の博物館・資料館と地域との連携事例について」	『博物館研究』第47巻第5号	日本博物館協会

著者1	著者2	著者3	発行年	論文名・書籍名	掲載誌	発行元
渋谷 清	西川 龍也*	大畑 幸恵	2012	「ジェームズ・タレルの2つの部屋:金沢21世紀美術館にみる公立美術館の新しい試み」	『福山市立女子短期大学研究教育公開センター年報』第9号	福山市立女子短期大学研究教育公開センター
渋谷 信吉			1972	『動物園戦後始末記象の涙』		日芸出版
澁谷 文敏	相田 一人*	今井 渉 他	2008.1	「座談会 ミュージアムのことを現場から、語ろう～博物館法改正と市立美術館～」	『月刊ミュゼ』83号	(株)アム・プロモーション
渋谷 恵			2012.3	「学校と博物館をつなぐ試み:「まちと博物館」シンポジウムでの討議より」	『常葉学園大学研究紀要.教育学部』第32号	常葉学園大学
島 絵里子			2009.9	「展示解説員から体験交流員へ--知識の伝達から双方向交流への転換」	『JMMA日本ミュージアム・マネージメント学会会報』第14巻第2号	日本ミュージアム・マネージメント学会
島 絵里子			2009.12	「利用者側から見たミュージアム・リテラシー学校と博物館」	『JMMA日本ミュージアム・マネージメント学会会報』第14巻第3号	日本ミュージアム・マネージメント学会
島 絵里子	岩崎 誠司	永山 俊介 他	2010.7	「科学的体験学習プログラムの開発と実践および学校と博物館の効果的な連携体制の展開:「授業に役立つ博物館」:子どもたちの心に残る科学的体験学習のために」	『日本理科教育学会全国大会要項』第60号	日本理科教育学会
島 絵里子	岩崎 誠司*	久保 晃一	2011.8	「教員のための博物館の日」の企画・運営(博学連携の構築--「教育のための博物館の日」の広がり--課題研究・次世代の科学力を育てる:社会とのグラウンディングを実現するために)」	『日本科学教育学会年会論文集』第35巻	日本科学教育学会
嶋 和彦			2013.12	「浜松楽器博物館の18年—楽器と博物館に命を与える試み」	『博物館研究』第48巻第12号	日本博物館協会
島 泰三	小菅 正夫*	岩野 俊郎	2006	『戦う動物園』		中央公論新社
島 之夫			1942	「有名なバイテンゾルグ植物園」	『東印度諸島』	博多成象堂
島尾 新	井手 誠之輔*	鈴木 廣之	1991.3	「美術史研究における画像処理技術利用の現段階」	『国立歴史民俗博物館研究報告』第30集	国立歴史民俗博物館
島尾 新			2011.4	「室町時代の美術システム--東山御物の世界」	『尾陽:徳川美術館論集/徳川黎明会徳川美術館編』第7号	徳川黎明会
島國民學校 編			1942	「水族館經營」	『吾校の動物飼育・植物栽培實踐記録』	教育實際社
島崎 絵里	福田 京*	熊谷 亮平 他	2010.7	「国立西洋美術館における「四角な螺旋型美術館」の現実化に関する研究:アトリエ・ル・コルビュジエと日本人建築家の協同による設計変遷を通して」	『学術講演梗概集』2010巻	日本建築学会
嶋崎 丞			2008.1	「施策提言 新しい時代に求められる博物館の役割」	『マナビィ』第79号	文部科学省
島崎 信 監	産業調査会*		1986.11	『ライティングデザイン事典』		産業調査会
島崎 新太郎			1931	「世界一を誇る植物園(總督官舍の所在地ボイテンゾルグ)」	『南洋へ!:蛮島を踏破して』	新時代社
嶋田 暁			1967	「史跡公園と博物館」	『考古学研究』第14巻第3号	考古学研究会
嶋田 暁			1981.6	「明日香保存立法について」	『文化財を守るために』21号	文化財保存全国協議会
嶋田 暁			1983	「史跡と考古学」	『帝塚山考古学』No.3	帝塚山考古学研究所
島田 勇雄			1971	「本草学付名物学・博物学・物産学」	『講座国語史3』	大修館書店
島田 牛稚	白井 規一*		1918	「ハーゲンベックの動物園」	『趣味の地理』第4編(世界の名勝くらべ)	博文館
島田 和高			2003.3	「明治大学考古学博物館の50年とこれから・素描」	『Museologist:明治大学学芸員養成課程年報』第18巻	明治大学学芸員養成課程
島田 和高	坂元 昭一		2016.3	「復興支援と博物館:大船渡市立博物館支援事業」	『明治大学図書館紀要』第20号	明治大学図書館紀要編集部会
島田 謹二			1976.3	「第十五章世界博覧会ロシヤ出品部の報告」	『ロシヤにおける広瀬武夫 下巻』	朝日新聞社
嶋田 晃司			2014.3	「[教育実践の報告]サウンドワークショップの実施と今後の展開」	『横浜美術大学教育・研究紀要第4号論文篇』	横浜美術大学
島田 貞彦			1933	「關東廳博物館」	『ドルメン』第2巻第4號(博物館特輯)	岡書院
島田 七夫			2003.3	「下総町立歴史民俗資料館における子ども向け事業」	『Museumちば:千葉県博物館協会研究紀要』34号	千葉県博物館協会
島田 徇			1977.3	「博物館実習への提言」	『博物館学雑誌』第2巻第1・2号	全日本博物館学会
島田 徇			1979.8	「実験と体験学習を主とした博物館の科学教育事業について」	『博物館問題研究』第19号	博物館問題研究会

著者1	著者2	著者3	発行年	論文名・書籍名	掲載誌	発行元
島田 晋子	小野 裕之*	田中 由美子	2015.10	「埼玉県東部地区の高校図書館ネットワークにおける巡回展示の取り組み」	『図書館雑誌』第109巻第10号	日本図書館協会
島田 拓	菊池 亮	川原 宗貴	2015.3	「科学博物館における地域協働で進める科学技術教育の可能性:釧路市こども遊学館とこども夢計画の事例」	『日本ミュージアム・マネージメント学会研究紀要』第19号	日本ミュージアム・マネージメント学会
嶋田 忠一			1978	「ラベル等の自主制作例」	『秋田県立博物館研究報告』第3号	秋田県立博物館
嶋田 忠一			1985.3	「わかりやすい展示を考える-反応調査とシナリオから-」	『秋田県立博物館研究報告』第10号	秋田県立博物館
島立 理子			2009.3	『「おばあちゃんの畑」プロジェクト平成20年度芸術拠点形成事業(ミュージアムタウン構想の推進)実施報告書』		「おばあちゃんの畑」実行委員会
島田 紀夫			1982.4	「海外美術館の現状―フランス編(1)―」	『実践女子大学Museology』第1号	実践女子大学博物館学講座
島田 紀夫			1988.4	「海外美術館の現状」	『実践女子大学Museology』第7号	実践女子大学博物館学課程
嶋田 典人			2016.3	「公文書と地域資料の保存・利活用:香川県旧本島村製錬所設置計画の「意思決定過程」に着目して」	『レコード・マネジメント』第70号	記録管理学会
島田 秀男			1986	「成長する地域博物館」	『羽村町郷土博物館紀要』創刊号	羽村町郷土博物館
島田 真杉			1998	『帝国形成期におけるイギリスの植民地植物園と植物政策の研究』		文部省科学研究費補助金研究成果報告書
島田 康寛	服部 正*	竹中 悠美 他	2013.3	「巻頭座談会 オルタナティブな教育の場としての美術館」	『生存学』第6号	生活書院
島田 裕輝	出口 直輝*	中西 俊裕 他	2010.4	「資料館デジタルミュージアムシステムの構築」	『年次研究報告書』第11号	日本大学文理学部情報科学研究所
島津 晴久			1996.9	「人の養成と活用」	『ミュージアムマネージメント』	東京堂出版
嶋津 文雄			1991.1	「平成2年度欧州博物館事情視察報告①欧州の博物館事情から見た我が国の博物館の課題について」	『博物館研究』第26巻第1号	日本博物館協会
島貫 咲子			2006.11	「日本カメラ博物館小・中学生向けワークショップの開催について」	『博物館研究』第41巻第11・12号	日本博物館協会
島根県立博物館			1979	『創立三十周年記念誌』		島根県立博物館
島根県立文化財愛護協会			1963	「風土記の丘設置構想まとまる」	『季刊文化財』第7号	島根県立文化財愛護協会
島袋 源一郎			1938	「博物館の新展望:沖縄縣郷土博物館」	『博物館研究』第11巻第6號	日本博物館協會
島村 ウィルコックス 有香			2003.3	「博物館におけるソーシャル・インクルージョン(社会的包括)活動とその定義―イギリス博物館界におけるソーシャル・インクルージョンの実践とその背景を中心に―」	『博物館学雑誌』第28巻第2号	全日本博物館学会
島村 孝三郎			1933	「老鐵山麓の石斧から關東廳博物館の創立まで」	『ドルメン』第2巻第4號(博物館特輯)	岡書院
島村 恭則			2003.3	「人文系大学教育における博物館展示の活用をめぐって:秋田大学「朝鮮文化基礎論」の現場から」	『秋田大学教育文化学部教育実践研究紀要』第25巻	秋田大学教育文化学部
嶋村 拓実			2009.3	「博物館における展示の近代化(1)低予算での展示物製作」	『山口県立山口博物館研究報告』第35号	山口県立山口博物館
嶋村 拓実			2011.3	「博物館における展示の近代化(2)静から動へ 平成21年度企画展「タネたねワールド探検隊」より」	『山口県立山口博物館研究報告』第37号	山口県立山口博物館
嶋村 拓実			2013.3	「博物館における展示の近代化(3)植物レプリカの製作法」	『山口県立山口博物館研究報告』第39号	山口県立山口博物館
島村 嘉一			2012.9	「地域と連携した博物館の提案」	『社会教育』第67巻9号	全日本社会教育連合会
島本 浣			1987.3	「ポンピドゥー・センター」	『博物館学芸員課程年報』第4集	帝塚山学院大学博物館学研究室
島元 浣			1992.9	「ジェルサンとそのカタログ」	『藝術論究』第19編	帝塚山学院大学芸術学研究室
島元 浣			1992.12	「18世紀のパリにおける競売会・画商・カタログ」	『帝塚山学院大学研究論集』第27集	帝塚山学院大学
島本 浣			2005.7	『美術カタログ論-記録・記憶・言説-』		三元社
嶋本 隆一			1999.3	「学芸員の窓広い視野を持った学芸員をめざして」	『大谷大学博物館学課程年報』第10号	大谷大学博物館学課程委員会
島本 静夫			1936	「第三章郷土教育論」	『数學教育概説』	文明堂

著者1	著者2	著者3	発行年	論文名・書籍名	掲載誌	発行元
島森 進			1937	「紐育市に於ける色々な博物館」ほか	『紐育案内』	日本時論社
清水 有			2015.3	「複合文化施設の可能性:東日本大震災以降のアーカイブ、市民協働、ミュージアムネットワークのプラットフォームとして」	『東北芸術工科大学紀要』第22号	東北芸術工科大学
清水 英二	岸本 俊一		2000.8	『ここまできた立体映像技術--究極のディスプレイをめざして』		工業調査会
清水 恵美子			2007.3	「岡倉覚三のボストン美術館中国日本美術部経営-美術館教育を中心に」	『文化資源学』第6号	文化資源学会
清水 一明			2016	「農民美術運動の史的検証—大正農村ユートピズムの行方」	『放送大学日本史学論叢』第3号	放送大学大学院歴史研究会
清水 慶一			1992.12	「近代化遺産」	『国立科学博物館ニュース』第284号	国立科学博物館
清水 慶一			1998	「近代化遺産をめぐる動き」	『建築雑誌』第113輯第1427號	日本建築学会
清水 慶一			1999	『近代の産業遺産(建造物)の保存と活用に関する基礎的研究』		文部省科学研究費補助金研究成果報告書
清水 慶一			2000	「アメリカにおける産業遺産の保存と活用について」	『文建協通信』第58号	文化財建造物保存技術協会
清水 慶一	濱島 正士*監	三浦 彩子 編著	2006.9	『建築[見どころ]博物館ガイドブック課外学習へようこそ』		彰国社
清水 慶一	清水 襄		2007.3	『近代化遺産探訪』		株式会社エクスナレッジ
清水 慶一			2007.4	「国立科学博物館産業技術史資料情報センターの活動について」	『日本機械学会誌』第110巻第1061号	日本機械学会
清水 慶一	湯本 桂*		2009.11	「旧東京科学博物館の建築計画について--秋保安治の動的博物館」	『日本建築学会計画系論文集』第74巻645号	日本建築学会
清水 圭輔			1999	「新しい構想の「九州国立博物館(仮称)の基本計画」について」	『博物館研究』第34巻第9号	日本博物館協会
清水 謙吾			1996.11	「生き延びた象－戦前戦中の東山動物園－」	『博物館史研究』第4号	博物館史研究会
清水 聡	野村 東太	塚田 岳彦 他	1989.9	「来館者からみた博物館の施設特性別利用圏(神奈川県の場合):博物館に関する建築計画的研究その21」	『学術講演梗概集』1989巻	日本建築学会
清水 聡	朴 光範	野村 東太 他	1990.9	「博物館のエントランスホールと来館者サービス空間に関するデザイン・サーベイ:博物館に関する建築計画的研究その24」	『学術講演梗概集』1990巻	日本建築学会
清水市保勝會			1935	「狐ヶ崎遊園」	『遊覧の清水日本平観光道路開通記念』	清水市保勝會
清水 周			1998.8	「解説－甲野勇「古代史と博物館」」	『博物館史研究』第6号	博物館史研究会
清水 周			2000.1	「甲野勇の博物館活動-武蔵野博物館を中心に-」	『くにたち郷土文化館研究紀要』第2号	くにたち郷土文化館
清水 周			2002.3	「展示活動を活性化させるための試み-企画展「府中用水」の記録と考察-」	『くにたち郷土文化館研究紀要』第4号	くにたち郷土文化館
志水 俊介			2014	「ミュージアムデザインの仕事:もの・こと・ひと」	『静岡大学生涯学習教育研究』第16号	静岡大学イノベーション社会連携推進機構地域連携生涯学習部門
清水 襄	清水 慶一*		2007.3	『近代化遺産探訪』		株式会社エクスナレッジ
清水 翔	新藤 浩伸*	清水 大地	2016.5	「日本のミュージアム・エデュケーション」	『触発するミュージアム:文化的公共空間の新たな可能性を求めて』	あいり出版
清水 真一			1999.7	「文化財建造物の活用の考え方」	『歴史ある建物の活かし方』	学芸出版社
清水 真一			1999.8	「文化財建造物の防災100年」	『建築防災』第259号	日本建築防災協会
清水 甚吾			1936	「第一學期に於ける模式的合科學習の實際動物園の校外學習」	『尋一の學級經營:體験研究』	賢文館
清水 真悟	松永 竹寛		2014.6	「新潟市水族館『マリンピア日本海』:水槽の演出照明」	『Iwasaki技報』第30号	岩崎電気
清水 大地	新藤 浩伸*	清水 翔	2016.5	「日本のミュージアム・エデュケーション」	『触発するミュージアム:文化的公共空間の新たな可能性を求めて』	あいり出版
清水 拓野			2015.3	「博物館建設と学校設立にみる伝統演劇界の再編過程」	『中国社会における文化変容の諸相:グローバル化の視点から』	風響社
清水 拓野			2016.3	「文化遺産保護劇団化する百年劇団・西安易俗社の光と陰」	『中国地域の文化遺産:人類学の視点から』	国立民族学博物館

著者1	著者2	著者3	発行年	論文名・書籍名	掲載誌	発行元
清水 拓野			2017.5	「変化のただ中の継承者育成」	『文化遺産と生きる』	臨川書店
清水 武明			2010.3	「「高崎水回廊、烏川まるごと博物館」プロジェクト--退職の挨拶に代えて」	『地域政策研究』第12巻第4号	高崎経済大学地域政策学会
清水 健			2015.2	「美術館ワークショップにおける視覚支援ツールの活用:参加者へのアンケート調査から視覚支援ツールの利便性を検討する」	『帝京学園短期大学紀要』第19	帝京学園短期大学
清水 忠男	大橋 怜史*	佐藤 公信	2007	「主体的情報収集を触発するインタラクティブな展示装置のあり方に関する基礎的研究-ミュージアムにおける展示に着目して」	『展示学』第43号	日本展示学会
清水 忠男	宗 迅*	佐藤 公信	2010.3	「現状調査に基づいた美術館に人を引き付ける要素の可能性に関する研究」	『展示学』第48号	日本展示学会
清水 弟			2006.1	「マスコミが好きな動物園」	『畜産の研究』第60巻1号	養賢堂
清水 敏男			2003.6	「カタログ制作の現場から—フランスとの比較に見る日本の展覧会カタログ」	『展覧会カタログの愉しみ』	東京大学出版会
清水 宣義			2002.3	「史跡整備と活用」	『全博協研究紀要』第7号	全国大学博物館学講座協議会
清水 紀芳	常磐 拓司*	棟方 渚 他	2008.7	「博物館における研究成果紹介展示」	『情報処理学会研究報告』2008巻第62号	情報処理学会
清水 久夫			1998.1	「博物館と大学の協力による学芸員の養成」	『博物館研究』第33巻第1号	日本博物館協会
清水 久夫			1998.8	「美術館のパフォーマンス」	『博物館研究』第33巻第8号	日本博物館協会
清水 久夫			2000.3	「世田谷美術館の博物館実習について」	『博物館研究』第35巻第3号	日本博物館協会
清水 久夫			2005	『博物館学Q&A 博物館・美術館のウラ・オモテ』		慶友社
清水 久夫			2006.5	「展覧会の混雑緩和対策について」	『博物館研究』第41巻第5号	日本博物館協会
清水 久夫			2007.4	『博物館学Q&A 続博物館・美術館のウラ・オモテ2』		慶友社
眞水 英夫			1898.2	「帝國京都博物館」	『建築雑誌』第12輯第134號	日本建築學會
清水 英樹	辻 泰秀*	新實 広記 他	2013	「地域における「学校美術館」の実践(1):「学校美術館」の意義と実践事例」	『岐阜大学教育学部研究報告. 教育実践研究』第15巻	岐阜大学教育学部
清水 博			1960.3	「アメリカのナショナルアーカイブスについて」	『Mouseion:立教大学博物館研究』第5号	立教大学学校・社会教育講座
清水 寛之	湯浅 万紀子*		2010.9	「科学体験の長期記憶に関する調査研究の報告」	『日本科学教育学会年会論文集』第34巻	日本科学教育学会
清水 寛之	湯浅 万紀子		2012.12	「記憶特性質問紙(MCQ)を用いた科学館体験の長期記憶に関する検討:科学館職員・大学生・および高齢者の比較」	『科学技術コミュニケーション』第12号	北海道大学科学技術コミュニケーター養成ユニット
清水 麻記	小川 義和	有田 寛之 他	2007.3	「英国におけるサイエンス・コミュニケーション活性化に関する方策の動向—自然科学系博物館及びサイエンス・カフェ活動を中心として—」	『科学コミュニケーターに期待される資質・能力とその養成プログラムに関する基礎的研究』	文部省科学研究費補助金研究成果報告書
清水 実			2003.3	「博物館における茶道具の整理と調査研究に関する実践的方法論-三井文庫別館における事例をもとに」	『國學院大學博物館學紀要』第27輯	國學院大學博物館学研究室
清水 恵枝			2007.12	「公文書館の概念変化について-歴史資料の保存庫から情報公開の窓口へ」	『レコード・マネジメント』第54号	記録管理学会
清水 嘉弘	北山 晴一*	高階 秀爾 他	2001.4	「シンポジウム独立行政法人化で何が変わるか-博物館・美術館の将来を考える-」	『ミュージアム・マガジン・ドーム』第55号	日本文教出版
清水 柳太			1939	「人格崇高の徳を讃へて嶽陽記念館と翁三年忌展覽會」	『駿遠豆』第十四卷七月號	靜岡縣人社
清水 礼子			1980	「科学博物館の利用例--科学博物館を利用した分類の授業」	『自然科学と博物館』第47巻1号	科学博物館後援会
清水 玲子			2012	「日本赤十字社参考館と棚橋源太郎」	『Museum study:明治大学学芸員養成課程紀要』24号	明治大学学芸員養成課程
清水 玲子			2013.12	「早稲田大学図書館主催企画展「能楽源流表彰会」に就いて」	『博物館学雑誌』第39巻第1号	全日本博物館学会
清水 玲子	三浦 留美		2016.12	「ミュージアム・アーカイブスの可能性と課題:AAAの事例を通して」	『博物館学雑誌』第42巻第1号	全日本博物館学会
紫牟田 伸子	神野 善治*	杉浦 幸子 他	2008.4	『ミュージアムと生涯学習』		武蔵野美術大学出版局
志村 博			2017.6	『トレーニングという仕事:水族館トレーナーの知恵と技』		東海大学出版部

著者1	著者2	著者3	発行年	論文名・書籍名	掲載誌	発行元
下泉 重吉			1931	『動物園の研究』		課外理科文庫刊行會
下出 積與	倉田 公裕		1989.3	「歴史教育と歴史博物館」	『Museologist：明治大学学芸員養成課程年報』第4巻	明治大学学芸員養成課程
下川 達彌			1971.3	「長崎県立美術館の活動－展覧会事業と定期観覧券の発行－」	『國學院大學博物館學紀要』第3輯	國學院大學博物館学研究室
下川 達彌	立平 進		1987.3	「長崎県の博物館－沿革と実態－」	『國學院大學博物館學紀要』第12輯	國學院大學博物館学研究室
下川 達彌			1991	「ヨーロッパに眠る日本資料調査：「旅」博覧会へ向けて」	『ながさきの空』第3集	
下川 達彌			2003.3	「ヨーロッパで博物館を見る」	『國學院大學博物館學紀要』第27輯	國學院大學博物館学研究室
下郡山 誠一			1943	「産業科学の觀覽施設擴充」	『博物館研究』第16巻第10號	日本博物館協會
下島 綾美			2015.8	「「土器片形クッキー・Dokkie(ドッキー)」が作る新しい博物館ワークショップの形」	『博物館研究』第50巻第8号	日本博物館協会
下條 隆嗣	小川 義和*		2003	「科学系博物館の単発的な学習活動の特性－－国立科学博物館の学校団体利用を事例として」	『科学教育研究』第27巻1号	日本科学教育学会
下條 隆嗣	小川 義和*		2004	「科学系博物館の学習資源と学習活動における児童の態度変容との関連性」	『科学教育研究』第28巻3号	日本科学教育学会
下諏訪町立博物館			1982	『博物館30年のあゆみ』		下諏訪町立博物館
下平 将也	坪山 幸王	佐藤 信治	1998.7	「水族館に関する建築計画的研究：展示水槽内展示物の見え方について」	『学術講演梗概集』1998巻	日本建築学会
下高 瑞哉			2011.4	「米子市埋蔵文化財センターの整備と今後の活用」	『月刊文化財』第571号	第一法規
下田 夏鈴			2017.3	「明治期の博物館学思想」	『國學院大學博物館學紀要』第41輯	國學院大學博物館学研究室
下田 夏鈴			2017.12	「明治時代」	『博物館学史研究事典』	雄山閣
下田 夏鈴			2017.12	「坪井正五郎」	『博物館学史研究事典』	雄山閣
下田 次郎			1906	「教育博物館に就いて」	『西洋教育事情』	金港堂
下田 次郎			1906	『西洋教育事情』		金港堂
下田 智美絵	恵美 裕江*		2001.4	『博物館・郷土館(くらしをまもる・くらしをささえる校外学習19)』		岩崎書店
霜田 英子			2006.3	「博物館評価－長野県立歴史館の事故点検報告－」	『長野県立歴史館研究紀要』第12号	長野県立歴史館
下田 正行	小松 伸之*	宝劔 純一郎	2012.3	「博物館見学による社会科系教職課程履修者の教材開発能力の向上：教職課程における社会科系教科教育法と教員採用試験対策講座の連携をめざして」	『清和研究論集』第18号	清和大学法学会
下津谷 達男			1969	「博物館資料展示の原則とその展開」	『博物館研究』第42巻第1号	日本博物館協会
下津谷 達男			1969.3	「博物館教育論－序説－」	『國學院大學博物館學紀要』第1輯	國學院大學博物館学研究室
下津谷 達男			1970.3	「博物館資料に関する覚え書」	『國學院大學博物館學紀要』第2輯	國學院大學博物館学研究室
下津谷 達男			1979.6	「設置者別博物館のあり方 公立博物館」	『博物館学講座 第1巻博物館学総論』	雄山閣
下津谷 達男			1979.11	「館種別博物館の教育・普及活動と設備・施設 郷土博物館」	『博物館学講座 第8巻博物館教育と普及』	雄山閣
下津谷 達男			1980.3	「館種別博物館における現状と課題 専門博物館」	『博物館学講座 第3巻日本の博物館の現状と課題』	雄山閣
下津谷 達男			1980.6	「管理者(設置者)別博物館の設置と運営 公立博物館」	『博物館学講座 第9巻博物館の設置と運営』	雄山閣
下津谷 達男	佐藤 武雄		1980.6	「館種別博物館における設置と運営 歴史系博物館」	『博物館学講座 第9巻博物館の設置と運営』	雄山閣
下津谷 達男	米田 耕司		1980.6	「土地・建物と施設・設備とその管理」	『博物館学講座 第9巻博物館の設置と運営』	雄山閣
下津谷 達男	佐藤 武雄		1980.6	「博物館の予算と経営」	『博物館学講座 第9巻博物館の設置と運営』	雄山閣

著者1	著者2	著者3	発行年	論文名・書籍名	掲載誌	発行元
下津谷 達男			1980.6	「博物館職員と組織」	『博物館学講座 第9巻博物館の設置と運営』	雄山閣
下津谷 達男			1980.6	「博物館設置の条件」	『博物館学講座 第9巻博物館の設置と運営』	雄山閣
下津谷 達男 編	徳川 宗敬*監他		1980.6	『博物館学講座 第9巻博物館の設置と運営』		雄山閣
下津谷 達男	樋口 清之*	川崎 繁他	1987.3	「座談会「博物館学講座開講三十周年を迎えて－開講期から未来への展望を求めて－」	『國學院大學博物館學紀要（樋口清之博士記念論文集）』第11輯	國學院大學博物館学研究室
下津谷 達男			1992.3	「情報発信基地の博物館」	『国府台：博物館学課程年報』第3号	和洋女子大学博物館学研究室
下津谷 達男			1994.12	「博物館におけるボランティア活動」	『国府台：紀要・年報』第5号	和洋女子大学文化資料館
下津谷 達男			1995.3	「講演会 博物館と町づくり」	『野田市郷土博物館の過去・現在・未来』博物館セミナーシリーズ5	野田市郷土博物館
下津谷 達男			1997.3	「考古学と遺跡保存」	『栃木史学』第11号	國學院大學栃木短期大学史学会
下津谷 達男			1997.3	「博物館と遺跡展示」	『國學院大學博物館學紀要』第21輯	國學院大學博物館学研究室
下中 弘			1994	『江戸博学集成』		平凡社
下関市立美術館友の会 編			2016	『下関市立美術館友の会30年のあゆみ』		下関市立美術館友の会
下野 洋	松本 香奈	西谷 徹	2012.3	「大学博物館学校との連携学習-岐阜県博物館と連携した野外学習-」	『初等教育学研究報告』第1号	岐阜女子大学
下原 美保	山本 みどり	小田 久美子	2007	「ミュージアムエデュケーションの実践研究について-所蔵作品を取り入れた絵巻作りを中心に」	『鹿児島大学教育学部教育実践研究紀要』第17号	鹿児島大学教育学部
下開 千春			2008.11	「人と美術館とのかかわり」	『Lifedesignreport』第188号	第一生命経済研究所ライフデザイン研究本
下向井 祐子			2009	「広島県立文書館における古文書の保存管理-その歩みと課題」	『広島県立文書館記要』第10号	広島県立文書館
下村 海南			1927	「美術館と朝日會館」	『四番茶』	博文館
下元 連			1931	「歐米の博物館に就て」	『建築雑誌』第45輯第541號	日本建築學會
下元 連			1933	「博物館商品陳列館」	『高等建築學』第21巻	常磐書房
下元 連			1933	「博物館建築に就いての一考案」	『博物館研究』第6巻第2號	日本博物館協會
下山田 隆			2003.7	「学校と博物館をつなぐボランティアのあり方：日米におけるボランティア活動の実態調査を通じて」	『日本科学教育学会年会論文集』第27巻	日本科学教育学会
下山 直紀			2011	「美術作品の展示の効果(室内と野外)」	『多摩美術大学研究紀要』第26号	多摩美術大学
下野 満理子			2002.3	「横浜市歴史博物館図書閲覧室の利用状況」	『横浜市歴史博物館紀要』第6巻	横浜市歴史博物館
下湯 直樹			2007.3	「ジオラマ展示考-ジオラマの舶載とその展開史-」	『國學院大學博物館學紀要』第31輯	國學院大學博物館学研究室
下湯 直樹			2007.12	「組合せ展示の研究-歴史的変遷からみた課題と展望」	『博物館学雑誌』第33巻第1号	全日本博物館学会
下湯 直樹			2008.3	「時代室の研究-歴史的変遷からみた課題と展望-」	『國學院大學博物館學紀要』第32輯	國學院大學博物館学研究室
下湯 直樹			2009.3	「明治期の植物学者の博物館学意識」	『國學院大學博物館學紀要』第33輯	國學院大學博物館学研究室
下湯 直樹			2009.4	「師授伝統からなる博物館学意識--動物学者の思想を中心に」	『博物館学雑誌』第34巻第2号通巻50号	全日本博物館学会
下湯 直樹			2010.7	「三好学」「川村多實二」「谷津直秀」「白井光太郎」「箕作佳吉」	『博物館学人物史上』	雄山閣
下湯 直樹			2011.3	「神社博物館とその黎明期の人々」	『神社博物館事典』	國學院大學
下湯 直樹			2011.4	「時代別展示からみる東京国立博物館の課題」	『博物館学雑誌』第36巻第2号	全日本博物館学会
下湯 直樹			2012.5	「下元連」「高山林次郎」「秋保安治」「大江新太郎」「鳥居龍蔵」	『博物館学人物史下』	雄山閣

し

- 301 -

著者1	著者2	著者3	発行年	論文名・書籍名	掲載誌	発行元
下湯 直樹			2013.3	「ジオラマ展示・生態展示・時代室展示」	『人文系博物館展示論』	雄山閣
下湯 直樹			2014.8	「社会教育施設における連携の取り組み:MLA連携からMULTI連携へ」	『國學院雜誌』第115巻第8号	國學院大學
下湯 直樹			2015	「明治大正期の公共図書館の展覧会活動」	『人間の発達と博物館学の課題:新時代の博物館経営と教育を考える』	同成社
下湯 直樹			2015.9	「連携強化が進む博物館の動向」	『学校図書館』	全国学校図書館協議会
下湯 直樹	落合 知子	川上 直彦 他	2016.6	「平成27年度学長裁量経費採択事業「留学生に対する博物館学の啓発と博物館学教育の質的向上の実践」の成果報告と今後の課題」	『長崎国際大学論叢』第16巻	長崎国際大学
下湯 直樹			2017.11	「展示学の課題—展示行為の初源的形態とその用語の研究—」	『國學院雜誌』第118巻第11号	國學院大學
下湯 直樹			2017.12	「博物館連携論史（博物館 対 博物館）」	『博物館学史研究事典』	雄山閣
謝 黎			2009.3	「中国の博物館における少数民族展示」	『第23回北方民族文化シンポジウム報告書 北太平洋の文化--北方地域の博物館と民族文化(3)』	北方文化振興協会
社會教育協會			1935	「圖書館・美術館・博物館」	『社會教育パンフレット』第232輯各國の成人教育概況	社會教育協會
社会教育局文化課			1946	「全国博物館最近状況調査表」		社会教育局文化課
社会教育施設課			1953	『第一回全国博物館大会報告書』		
社会教育施設課			1972	「博物館法附則第六項の規定による学芸員の暫定資格者の調査について」	『社会教育法制研究資料』第14集	日本社会教育学会
社会教育施設ボランティア研究会			1998.10	『社会教育施設ボランティアの自己形成:郵送による49名の事例研究1』		社会教育施設ボランティア研究
社会教育施設ボランティア研究会			1999.5	『社会教育施設ボランティアの自己形成:面接による22名の事例研究Ⅱ』		社会教育施設ボランティア研究
社会教育推進全国協議会			1984.6	「特集 市民のための博物館」	『住民の学習と資料』第13号	社会教育推進全国協議会
社会教育推進全国協議会			1986	「くらしに生きる博物館」	『日本の社会教育実践1986』	社会教育推進全国協議会
釋 知恵子	石田 惣*	佐久間 大輔 他	2010.3	「博物館と生態学(12)生態学をテーマとした新しい展示室:小学生でもわかるベーツ擬態、島の生物地理学、メタ個体群を目指して」	『日本生態学会誌』第60巻第1号	日本生態学会誌編集委員会
初宿 成彦			2011.7	「増加し続ける標本/減り続ける収蔵スペース--大阪市立自然史博物館における昆虫標本保管」	『博物館研究』第46巻第7号	日本博物館協会
Jackie.Anderson	Michel.Grabon*	Peter.Bushnell 他	2016.3	「システィナ礼拝堂文化財保存のための新しい空調システム」	『空気調和・衛生工学』第90巻3号	空気調和・衛生工学会
ジャック・オグデン			1998	『宝石の考古学古代を解き明かす⑤大英博物館双書』		學藝書林
ジャック・サロワ	波多野 宏之 訳	永尾 信之 訳	2003	『フランスの美術館・博物館』		白水社
ジャック・ブリュネ	三浦 定俊		1984	「日本における古墳保存の問題についての考察」	『保存科学』第23号	東京国立文化財研究所
斜里町立知床博物館			1988	『斜里町立知床博物館10年の歩み』		斜里町立知床博物館
Charlotte.Kirk.Baer 編	Devra.G.Kleiman*	Katerina.V.Thompson	2014.3	『動物園動物管理学』		文永堂出版
ジャワ新聞社			1942	「思出の勤勢奉仕—上陸當時の勇士たちジャワ作戦記念館へ」	『ジャワ新聞』42677	ジャワ新聞社
ジャワ新聞社			1943	「全ジャワ美術展覽會蓋明け」	『ジャワ新聞』42677	ジャワ新聞社
ジャワ新聞社			1943	「ジャワ美術展—晴の受賞式—スパント君最高指揮官賞」	『ジャワ新聞』42696	ジャワ新聞社
ジャワ新聞社			1943	「全ジャワ美術展ジョクジャで」	『ジャワ新聞』42726	ジャワ新聞社
ジャワ新聞社			1944	「小野氏個展」	『ジャワ新聞』42445	ジャワ新聞社
ジャワ新聞社			1944	「みんなみに描く—指導員作品展」	『ジャワ新聞』42461	ジャワ新聞社
ジャワ新聞社			1944	「小野佐世男展」	『ジャワ新聞』42470	ジャワ新聞社

著者1	著者2	著者3	発行年	論文名・書籍名	掲載誌	発行元
ジャワ新聞社			1944	「天長節奉祝特別展示會」	『ジャワ新聞』42486	ジャワ新聞社
ジャワ新聞社			1944	「奉祝絵畫展」	『ジャワ新聞』42489	ジャワ新聞社
ジャワ新聞社			1944	「原住民畫家の作品展」	『ジャワ新聞』42494	ジャワ新聞社
Jan.Jelinek			1978.3	「博物館相互の国際交流の発展とICOM」	『第11回ICOM総会議演集 博物館と文化交流』	国際博物館会議日本委員会
ジャンヌ・マリー・デュロー	クレメンツ・デビッド	資料保存研究会 訳	1987.8	『IFLA資料保存の原則』		日本図書館協会
ジャン＝リュック・ナンシー	庄田 常勝 訳		1984.3	「カタログ」	『現代思想』12巻3号	青土社
朱 成之 译	矢部 吉禎*	許 心芸	1900	『植物園』		商務印書館
周 永河			2016.2	「食品模型は博物館の所蔵品になりうるか？」	『社会システム研究』2015特集号	立命館大学社会システム研究所
周 延	豊原 国周 画		1891	『歌舞伎座浄瑠璃狂言 上野公園博物館の場』		福田熊治郎
週刊SPA編集部 編			2005.4	『旭山動物園の奇跡』		扶桑社
衆議院			1919	「第41回帝國議會衆議院帝國博物館完成ニ關スル建議案委員會議録（速記）第1回」		帝国議会衆議院
衆議院			1919	「第41回帝國議會衆議院帝國博物館完成ニ關スル建議案委員會議録（速記）第2回」		帝国議会衆議院
衆議院			1919	「第41回帝國議會衆議院帝國博物館完成ニ關スル建議案委員會議録（速記）第3回」		帝国議会衆議院
衆議院			1921	「科學知識普及ニ關スル建議案 官報號外」	『衆議院議事速記録』第30號	衆議院
衆議院			1922	「理科博物館建設ニ關スル建議案 官報號外」	『衆議院議事速記録』第26號	衆議院
衆議院憲政記念館			1982.1	『憲政記念館の十年』		衆議院憲政記念館
衆議院憲政記念館			1992.5	『憲政記念館の二十年』		衆議院憲政記念館
衆議院調査局文部科学調査室			2007.2	『独立行政法人国立博物館法の一部を改正する法律案(内閣提出第21号)に関する資料』		衆議院調査局文部科学調査室
自由国民社			2014.6	『仕事帰りの寄り道美術館』		自由国民社
収集ワーキング・グループ			1991.1	「展覧会カタログ収集に関するアンケートの結果報告」	『アート・ドキュメンテーション通信』11号	アート・ドキュメンテーション研究会
自由通信社 編			1929	「植物園」	『自由通信』第2巻臺灣號	自由通信社
周南市徳山動物園 編			2010.3	『周南市徳山動物園50周年記念誌』		周南市徳山動物園
周南市徳山動物園 編			2015	『徳山動物園を100倍楽しむ本:365日毎日休まずに動物たちと接している飼育員たちが書いた』		周南市徳山動物園
十菱 駿武			1977.4	「V 地域の遺跡の保存と活用 6文化財保護法・条例と埋蔵文化財」	『地方史マニュアル9 地方史と考古学』	柏書房
十菱 駿武			1993	「遺跡・史跡の保存と活用」	『明日への文化財』第33号	文化財保存全国協議会
十菱 駿武			1994.2	「考古学研究と展示」	『歴史評論』第526号	校倉書房
十菱 駿武			1996.2	「地域活動と博物館」	『日本の科学者』第31巻2号	日本科学者会議
十菱 駿武			2017.6	「文化財保存全国協議会の結成」	『文化財保存70年の歴史:明日への文化遺産』	新泉社
自由民主党 編			2014.6	「特集 水族館へ行こう」	『りぶる』33	自由民主党
宿根木を愛する会 編			2014.3	『千石船の里・宿根木:町並み保存のあゆみ:ふりかえり・明日につなぐ:重要伝統的建造物群保存地区選定20周年記念誌』		宿根木を愛する会
ジュゼップ・マリア・モンタネル			1991.10	『新しい美術博物館 芸術と文化の空間』		現代企画室

著者1	著者2	著者3	発行年	論文名・書籍名	掲載誌	発行元
朱通 祥男			1979.8	「私の考える体験学習-さまよえる埼玉方式」	『博物館問題研究』第19号	博物館問題研究会
朱通 祥男	吉川 國男*		1980.3	「博物館における体験学習の位置づけ-埼玉県立博物館の実践例をもとにして-」	『埼玉県立博物館紀要』第6号	埼玉県立博物館
朱通 祥男			1988.12	「「ザ・さつまいも」展奮戦記(1)-無い無い尽くしの弱小博物館が生き抜くための一事例-」	『博物館問題研究』第22号	博物館問題研究会
朱通 祥男			1993	「「ザ・さつまいも」展奮戦記(2)-無い無い尽くしの弱小博物館が生き抜くための一事例-」	『博物館問題研究』第23号	博物館問題研究会
Jussi.PARKKINEN	Hauta.kasari.Markku*	宮田 公佳	2014.3	「デジタル技術を活用した色彩研究成果の博物館展示への応用」	『国立歴史民俗博物館研究報告』第184集	国立歴史民俗博物館
Jussi.PARKKINEN	Markku.HAUTA.KASARI*	宮田 公佳	2014.3	「博物館情報資源の機能的活用手法の検討とその応用に関する研究」	『国立歴史民俗博物館研究報告』第184集	国立歴史民俗博物館
ジュヌヴィエーヴ・ブレスク	高階 秀爾 監	遠藤 ゆかり 訳	2004	『ルーヴル美術館の歴史』		創元社
主婦の友社 編			1986	『ハンディ・ガイドヨーロッパの美術館・モニュメント』		主婦の友社
シュロック・J・R 編	リンダ・A・ザイコルマン*編	杉山 真紀子 他訳	1991	『博物館の防虫対策手引き』		淡交社
シュワーツ・アレクサンダー			2007.4	「ランタンとしての博物館-設計コンセプト」	『DetailJapan』第3巻第2号	リード・ビジネス・インフォメーション
順徳天皇御遺跡保存会 編			1909	『順徳天皇御遺跡保存会主意書』		順徳天皇御遺跡保存会
徐 華	西出 和彦		2003.6	「経路選択の類型-展示空間における経路選択並びに空間認知に関する研究(その1)」	『日本建築学会計画系論文集』第68巻568号	日本建築学会
徐 華	西出 和彦		2005	「「認知空間」の構造-展示空間における経路選択並びに空間認知に関する研究(その2)」	『日本建築学会計画系論文集』第70巻596号	日本建築学会
徐 杰	野村 直美 訳		2014.2	「歴史檔案のデジタル化における注意事項」	『沖縄史料編集紀要』第37号	沖縄県教育委員会
徐 瑱	劉 芳*	鮫島 和夫	2007	「地元主体による歴史的建造物の保全活用及び街並整備—島原市上の町地区の事例的研究—」	『日本建築学会九州支部研究報告.計画系』第46号	日本建築学会九州支部
徐 素娟			2016.3	「無形文化遺産「野草」から無形文化遺産へ」	『中国地域の文化遺産:人類学の視点から』	国立民族学博物館
焦 暁静			2015.3	「企業博物館が顧客の消費・使用段階に与える影響に関する研究」	『広島大学マネジメント研究』	広島大学マネジメント学会
鐘 禮葬			1910.8	「博物館並文書館の創設に付」	『秋田魁新報社』1910年8月7日朝刊	秋田魁新報社
上越市創造行政研究所			2002	『歴史的建造物の保存と活用に関する調査報告書—歴史的な建物と景観を活かしたまちづくりへ向けて—』		上越市創造行政研究所
上越線全通記念博覽會 編			1932	『長岡市主催上越線全通記念博覽會誌昭和6年』		長岡市
小學教育研究會			1917	「第十七章兒童博物館の設備」	『小學校の模範的設備』	小學教育研究會
小学館			2002	『小学館GREENMOOK 世界美術館の旅:地球紀行』		小学館
小学校現場の理科教育編集委員会 編			1959	『講座 小学校現場の理科教育第3巻 学習指導』		春秋社
彰国社			1961	『コミュニティーセンター・図書館・博物館・美術館』		彰国社
彰国社			1978.1	「美術館・博物館特集」	『建築文化』第35巻399号	彰国社
彰国社			1987.3	「特集 磯崎新美術館建築論・作品」	『建築文化』第42巻483号	彰国社
彰国社 編			1997.7	『ミュージアム図鑑-博物館・美術館・資料館の魅力と吸引力』		彰国社
庄子 晃子			2007	「仙台におけるデザイン・ミュージアム開設に向けての三つの動き」	『デザイン学研究特集号』第14巻第3号	日本デザイン学会
庄司 明由			2013.6	「開館2年を迎えたふるさと府中歴史館:公文書史料室の開設、そして現在」	『アーカイブズ』第50号	国立公文書館
東海林 菊夫			1979.3	「資料整理とその過程(手続き)資料の処理(ドキュメンテーション)」	『博物館学講座 第6巻資料の保存と保管』	雄山閣
東海林 菊夫			1980.1	「産業安全技術館における「安全技術情報サービス・システム」について」	『博物館学雑誌』第5巻第1号	全日本博物館学会

著者1	著者2	著者3	発行年	論文名・書籍名	掲載誌	発行元
小路 夏子	小菅 正夫*		2009.2	「ロングインタビュー 小菅正夫旭山動物園園長仕事の意味は仕事から学べ 全員参加の改革で日本一に」	『日経ビジネスassocie』第8巻第3号	日経BP社
庄司 博史			2007.3	「新たな多民族社会展示のこころみ−国立博物館における移民展示の意味」	『第21回北方民族文化シンポジウム報告書 北太平洋の文化--北方地域の博物館と民族文化』	北方文化振興協会
上代 庸平	桑原 英明*	酒井 恵美子 他	2016.3	「行政文書の管理及び歴史文書の保存に関する意識調査」	『社会科学研究』第36巻第1.2号	中京大学社会科学研究所
庄武 憲子	竹内 利夫*		2015.12	「「誰にも」の一人一人を思いながら:徳島のユニバーサルミュージアムの取り組み」	『博物館研究』第50巻第12号	全日本博物館学会
正田 陽一			1997.12	「講演記録 近代都市動物園の効用」	『博物館学雑誌』第23巻第1号	全日本博物館学会
正田 陽一			2006.1	「動物園とボランティア」	『畜産の研究』第60巻1号	養賢堂
正田 陽一			2015.12	「上野動物園いまむかし 東京動物園ボランティアーズの40年」	『婦人之友』第109巻第12号	婦人之友社
商店建築社			1979.8	「市民文化を蒐集し伝承する資料館の全容」	『商店建築』第24巻11号	商店建築社
庄内 昭男	高橋 正	糸田 和樹	2005.3	「リニューアルオープンに伴う展示構成Ⅱ.人文展示室」	『秋田県立博物館研究紀要』第30号	秋田県立博物館
庄中 雅子	本間 浩一*	松尾 美佳 他	2015.3	「ミュージアム横断の学習プログラムデータベースへのアクセス数向上策:実践と検証」	『日本ミュージアム・マネージメント学会研究紀要』第19号	日本ミュージアム・マネージメント学会
少年少女文化財教室	地域歴史民俗考古研究所*	石仏考古学会	1987	「少年少女文化財教室」	『資料論集』	石仏を記録する部会、石仏考古学会
商品陳列所聯合會 編			1933	『商品陳列所綜覽』		商品陳列所聯合會
商品陳列所聯合會 編			1933	『商品陳列所綜覽』第2回版		商品陳列所聯合會
商品陳列所連合会 編	伊藤 寿朗 監		1990.11	『商品陳列所綜覽博物館基本文献集第7巻』		大空社
昭和女子大学光葉博物館	岩手県立博物館* 編		2013	『2011.3.11平成の大津波被害と博物館:被災資料の再生を目指して』		岩手県立博物館
ジョージ・E・ハイン	鷹野 光行 監訳		2010.9	『博物館で学ぶ』		同成社
女子美術大学大学院	中島 由貴*	渕田 隆義	2014.5	「異なる照明条件下における日本画の色の見え:色相と面積の影響」	『日本色彩学会誌』第38巻3号	日本色彩学会
女子美術大学大学院	中島 由貴*	渕田 隆義	2014.5	「低照度下の絵画鑑賞に適したLED照明の分光分布設計」	『日本色彩学会誌』第38巻3号	日本色彩学会
ジョシュア・ハマー	梶山 あゆみ 訳		2017.6	『アルカイダから古文書を守った図書館員』		紀伊國屋書店
書籍情報社 編			1990	『ヨーロッパ美術館ガイド』		書籍情報社
ジョン・キナード			1972	「博物館と地域の媒体」	『第9回ICOM総会論文集 人類に奉仕する今日と明日の博物館』	国際博物館会議日本委員会
ジョン・フォーク	ディアーキング・リン・D	高橋 順一 訳	1996.9	『博物館体験-学芸員のための視点』		雄山閣
ジョン・プレスト	加藤 暁子 訳		1999.7	『エデンの園-楽園の再現と植物園』		八坂書房
白井 克己			1990	『生涯学習と通信教育』		玉川大学出版部
白石 彰			1992.5	「平成3年度欧州博物館事情視察報告⑥ 欧州博物館視察旅行のメモより」	『博物館研究』第27巻第5号	日本博物館協会
白石 真二郎	野村 東太	大原 一興 他	1993.7	「水族館展示室における観覧行為特性に関する考察:水族館に関する建築計画的研究 その3」	『学術講演梗概集』1993巻	日本建築学会
白石 博則			2013	「特集にあたり湯浅城跡の保存と活用をめぐって」	『和歌山城郭研究』第12号	和歌山城郭調査研究会
白石 弘幸			2016.2	『脱コモディティへのブランディング:企業ミュージアム・情報倫理と「彫り込まれた」消費』		創成社
白井 次郎	宍戸 栄治*	冨永 實 他	2011.8	「座談会 博物館の紹介と担当者の苦労話」	『運転協会誌』第53巻第8号	日本鉄道運転協会
白井 晟一	塩谷 宗六		1981	『石水館建築を謳う』		かなえ書房
白井 孝昌			1980.3	「武州歴史民俗資料館の活動」	『國學院大學博物館學紀要』第4輯	國學院大學博物館学研究室

著者1	著者2	著者3	発行年	論文名・書籍名	掲載誌	発行元
白井 哲哉			1990.3	「古文書資料をいかに展示するか—文書資料の展示技術小考—」	『Museologist:明治大学学芸員養成課程年報』第5巻	明治大学学芸員養成課程
白井 哲哉			1992	「古文書の公開・閲覧と博物館」	『月刊歴史手帳』第20巻3号	名著出版
白井 哲哉			1997.2	「自治体における学芸員と「学芸員」——博物館等専門職員ネットワーク論のために」	『歴史手帖』第25巻2号	名著出版
白井 哲哉			1997.3	「転換期における博物館学」	『Museum study:明治大学学芸員養成課程紀要』第8号	明治大学学芸員養成課程
白井 哲哉			2003.3	「博物館歴史資料の現状と課題-文化財の視点から-」	『大阪人権博物館紀要』第6号	大阪人権博物館
白井 哲哉			2009.7	「歴史展示のポストモダニズム」	『歴史学研究』第855号	青木書店
白井 哲哉			2013	「現代日本の資料保存をめぐる動向:2011年の画期性の検討から」	『薬学図書館』58巻4号	日本薬学図書館協議会
白井 規一	島田 牛稚		1918	「ハーゲンベックの動物園」	『趣味の地理』第4編(世界の名勝くらべ)	博文館
白井 比佐雄			2016.3	「分科会 博物館と地域振興」	『博物館研究』第51巻第3号	日本博物館協会
白井 光太郎			1891	『日本博物學年表』		丸善書店
白井 光太郎 編			1903.4	『植物博物館及植物園の話』		丸善
白井 光太郎			1908	『増訂版 日本博物學年表』		丸善
白井 光太郎			1911	「維新前の植物園」	『植物学雑誌』第25巻291号	東京植物學會
白井 光太郎			1913	「坪井會長を悼む」	『人類學雑誌』第28巻第11號	東京人類學會
白井 光太郎			1914	「維新前に於ける物産展覽會」	『理學界』第12巻2號	理學會社
白井 光太郎			1915	「史蹟名勝天然紀念物の保存について」	『史蹟名勝天然紀念物』第1巻第7號	史蹟名勝天然紀念物保存協會
白井 光太郎			1918	「本草博物館設立と古記録の保存」	『薬草輸出農産』第2巻第2號	
白井 光太郎			1918	「本草學の沿革」	『藥學雑誌』第434號	日本藥學會
白井 光太郎			1930	「江戸時代の種藝と本草學」	『武蔵野』第16巻4・5號	武蔵野文化協會
白井 光太郎			1932	「博物學者トシテノ貝原益軒」	『考註大和本草』	春陽堂出版
白井 光太郎			1934	「維新前の植物園」「植物博物館及び植物園の話」ほか	『本草學論攷』第1冊	春陽堂
白井 光太郎			1934	『改訂増補 日本博物學年表』		大岡山書店
白井 光太郎			1934	『本草學論攷』		春陽堂
白井 豊	江口 誠一*		2014.9	「博物館展示を利用した実地教育:千葉県立中央博物館の実践」	『地理誌叢』56	日本大学地理学会
しらかばの会記念誌編集委員会 編			2012.3	『北海道立帯広美術館ボランティア20年のあゆみ:しらかばの会1991→2011』		北海道立帯広美術館ボランティアしらかばの会
白川 勝信			2007.7	「博物館と生態学(4)地域の自然が博物館-フィールドミュージアムの活動」	『日本生態学会誌』第57巻第2号	日本生態学会誌編集委員会
白川 勝信			2011.3	「博物館と生態学(15)地域博物館から地域生物多様性センターへ」	『日本生態学会誌』第61巻第1号	日本生態学会誌編集委員会
白川 武敏	中村 秀二*	倉田 大他	2011.3	「工学部研究資料館の保守管理および公開について:国指定重要文化財の保守管理と開放業務」	『熊本大学工学部技術部年次報告集2011』	熊本大学工学部技術部
白川 哲郎			2006.3	『大阪樟蔭女子大学学芸員課程シンポジウム「博物館の現状と女性学芸員」』		大阪樟蔭女子大学
白川 哲郎	竹内 さおり	住友 元美	2012.1	「「大正末~昭和戦前期の女子高等教育に関する資料のデータベース」作成に関わる研究」	『大阪樟蔭女子大学研究紀要』第2号	大阪樟蔭女子大学
白川 博一			2010.3	「いよいよ開館壱岐市立一支国博物館--地域資源による壱岐島活性化の方向性」	『ながさき経済』第245・605号	長崎経済研究所

著者1	著者2	著者3	発行年	論文名・書籍名	掲載誌	発行元
白川 博樹			2013.3	「天体望遠鏡博物館の活動」	『天界』第94巻第1054号	東亜天文学会
白木 賢信			2009.4	「博物館での学び」	『心理学ワールド』第45号	日本心理学会
白木 賢信			2007.2	「青少年の科学系博物館利用と体験活動の関係」	『東京家政大学博物館紀要』第12集	東京家政大学博物館
白佐 俊憲	野崎 嘉男*	藤原 等	2015.1	「中国・北京市の幼児園・中国美術館訪問報告:北京市西城区内公営『北海幼児園』及び『第1回中国油画学会展』視察報告」	『北海道女子大学短期大学部研究紀要』第33号	北海道女子大学短期大学部
白澤 恵一			2011.9	『博物館経営論』		青山社
白土 千秋			1934	「祖國愛の精神喚起に資すべき幾多の博物館美術館」	『内外の實状に基ける愛國教育』	宝文館
白鳥 正夫			2005.12	『アートへの招待状～展覧会の舞台裏からみた鑑賞のための手引き』		梧桐書院
白鳥 良一			1998.5	「仙台市富沢遺跡の整備」	『資源環境対策』第34巻7号（『緑の読本』シリーズ46）	公害対策技術同友会
白根 敏昭	堀舘 秀一	平谷 美華子	2016.12	「大学と美術館の連携:創価大学と東京富士美術館の連携事業「美術館を活用した授業」報告」	『創大教育研究』第26号	創価大学教育学会
白波瀬 克則			2011.2	「京都国際マンガミュージアム開館4年を迎えて」	『文化庁月報』509号	ぎょうせい
白濱 恵里子			2013.3	「美術館に人を惹きつけ、物語体験を生み出すために」	『専門図書館』第258号	専門図書館協議会
白原 由起子	栗原 祐司		2012.11	「アメリカにおけるレジストラーの役割と我が国の美術品補償制度の課題:第106回アメリカ博物館協会（AAM）年次総会に参加して」	『博物館研究』第47巻第11号	日本博物館協会
白原 由起子			2014.8	「アメリカの博物館では、今、何が話し合われているのか?:第108回アメリカ博物館協会(AAM)年次総会に参加して」	『博物館研究』第49巻第8号	日本博物館協会
白原 由起子			2015	「日本の美術館・博物館がめざす将来:欧米のミュージアムから学ぶこと」	『三田評論』2015年8・9月合併号	慶応義塾
白藤 博行			2007.2	「博物館と学術・文化行政の公共性」	『学術の動向』第12巻第2号	日本学術協力財団
白水 正			1997.3	「博物館利用者の多様化とその対応について」	『Museologist:明治大学学芸員養成課程年報』第12巻	明治大学学芸員養成課程
白水 正			2002.1	「ハンズオン展示について」	『岐阜の博物館』第139号	岐阜県博物館協会
白柳 弘幸			2008.3	「第3回台湾教育史現地調査」	『玉川大学教育博物館紀要』第5号	玉川大学教育博物館
白柳 弘幸			2011.3	「台湾の博物館における教育事情の調査」	『玉川大学教育博物館紀要』第8号	玉川大学教育博物館
白山 眞理			2008.7	「日本カメラ博物館-名取洋之助コレクションほか」	『アジア遊学』第111号	勉誠出版
シリー・S・K・ゴーズ			1972	「博物館と科学知識」	『第9回ICOM総会論文集 人類に奉仕する今日と明日の博物館』	国際博物館会議日本委員会
市立大町山岳博物館			1991.11	『市立大町山岳博物館40年の歩み』		市立大町山岳博物館
私立大学図書館協会			2009.3	「第69回(2008年度)私立大学図書館協会・研究大会メインテーマ:大学図書館と博物館・文書館との連携」	『私立大学図書館協会会報』第131号	私立大学図書館協会
市立名古屋科学館			1983	『開館20年のあゆみ昭和37年～57年』		市立名古屋科学館
市立名古屋科学館			1967	『開館5年の歩み』		市立名古屋科学館
市立名古屋科学館			1972	「科学技術博物館の展示について」	『科学館紀要』第7号	市立名古屋科学館
市立名古屋科学館			1972	「科学展示品制御回路の設計」	『科学館紀要』第7号	市立名古屋科学館
市立名古屋科学館			1972	「幼児向けのプラネタリウム投影について」	『科学館紀要』第7号	市立名古屋科学館
市立名古屋科学館			1972	「理工学展示品設置上の留意点について」	『科学館紀要』第7号	市立名古屋科学館
市立名古屋科学館			1972	「理工館における今後の展示について」	『科学館紀要』第7号	市立名古屋科学館
市立名古屋科学館			1972.11	『開館10年のあゆみ』		市立名古屋科学館

著者1	著者2	著者3	発行年	論文名・書籍名	掲載誌	発行元
市立名古屋科学館			1973	「科学館における夫人向教育活動について」	『科学館紀要』第8号	市立名古屋科学館
市立名古屋科学館			1973	「展示品制御回路のハイブリッド化について」	『科学館紀要』第8号	市立名古屋科学館
市立名古屋科学館			1973	「展示品制御回路の改良について」	『科学館紀要』第8号	市立名古屋科学館
市立名古屋科学館			1974	「アメリカの博物館事情」	『科学館紀要』第9号	市立名古屋科学館
市立名古屋科学館			1974	「プラネタリウムの運営」	『科学館紀要』第9号	市立名古屋科学館
市立名古屋科学館			1974	「統計から見た入館者の推移と予測」	『科学館紀要』第9号	市立名古屋科学館
市立名古屋科学館			1975	「プラネタリウムの使用電球について」	『科学館紀要』第10号	市立名古屋科学館
市立名古屋科学館			1975	「科学館団体入館者の考察」	『科学館紀要』第10号	市立名古屋科学館
市立名古屋科学館			1975	「高齢者対象の科学館ツアーの試み」	『科学館紀要』第10号	市立名古屋科学館
市立名古屋科学館			1975	「理工学展示品の企画と工業所有権について」	『科学館紀要』第10号	市立名古屋科学館
市立名古屋科学館			1976	「プラネタリウムの題名について」	『科学館紀要』第11号	市立名古屋科学館
市立名古屋科学館			1976	「展示品の撮影技術」	『科学館紀要』第11号	市立名古屋科学館
市立名古屋科学館			1976	「博物館の国際組織について」	『科学館紀要』第11号	市立名古屋科学館
市立名古屋科学館			1977	「パリの2つの科学技術博物館について」	『科学館紀要』第12号	市立名古屋科学館
市立名古屋科学館			1977	「展示企画のテクニック」	『科学館紀要』第12号	市立名古屋科学館
市立函館博物館			1900	『市立函館博物館』		市立函館博物館
市立函館博物館			1979.5	『函館博物館100年のあゆみ』		市立函館博物館
市立函館博物館五稜郭分館			1900	『市立函館博物館五稜郭分館』		市立函館博物館五稜郭分館
資料館問題検討委員会	地方史研究協議会博物館資料館問題検討委員会*		2014.6	「『基礎的自治体の博物館・資料館の使命と役割(2)「地方史研究協議会版地域博物館指標」を考える』開催にあたって」	『地方史研究』第64巻第3号	地方史研究協議会
城石 梨奈	井上 由佳*	宮田 公佳	2010.12	「AR技術を用いた古銭資料の展示手法--試行実験とその評価」	『博物館学雑誌』第36巻第1号	全日本博物館学会
城石 梨奈			2012.3	「明治から昭和初期の北海道における博物館とアイヌ民族:その設立経緯と資料収集をめぐって」	『人間文化創成科学論叢』第14巻	お茶の水女子大学大学院人間文化創成科学研究科
城石 梨奈	宮田 公佳	井上 由佳	2012.4	「歴史資料への理解・興味関心を高める展示手法:江戸期古銭の展示にAR技術を適用した実験から」	『博物館学雑誌』第37巻第2号	全日本博物館学会
城石 梨奈			2013.4	「昭和初期から中期の北海道における郷土博物館の展開とアイヌ民族資料をめぐって.北見郷土館と「郷土」の概念」	『博物館学雑誌』第38巻第2号	全日本博物館学会
城石 梨奈			2014.4	「北海道・釧路における郷土博物館の設立:アイヌ民族研究と『郷土』の創出をめぐって」	『博物館学雑誌』第39巻第2号	全日本博物館学会
城石 梨奈			2015	「北海道の地域博物館における「郷土」の創造・伝達と受容」	『人間の発達と博物館学の課題:新時代の博物館経営と教育を考える』	同成社
城崎 陽子			2008.6	「資料の保存と修補の実践」	『現代の図書館』第46巻第2号	日本図書館協会
白杉 直子	津田 英二*	岸本 吉弘 他	2015	「学内博物館実習を活用したサービスラーニングの試みと成果:神戸大学発達科学部の実験的な取り組み」	『日本教育大学協会研究年報』33	日本教育大学協会第二常置委員会
城戸 杏里	杉山 亜里紗*	山本 直彦 他	2011.6	「動物園の展示空間から観覧者が受け取る環境情報の比較考察:天王寺動物園での子どもの写生画を通して」	『日本建築学会近畿支部研究報告集.計画系』第51号	日本建築学会近畿支部
城野 誠治			2013.3	「金色の色彩特性:視覚的要因の検証と結果」	『鳳翔学叢』第9輯	平等院
塩飽 悦子	菅原 真弓*		2009.3	「Webを用いた双方向型通信教育システムによる博物館学芸員課程の構築と実践」	『全博協研究紀要』第11号	全国大学博物館学講座協議会
志波 文彦	玉田 圭吾*	竹下 輝和	2014.3	「小学校における学習・生活活動の展開からみた掲示・展示スペースの配置について」	『日本建築学会研究報告九州支部.計画系』第53号	日本建築学会九州支部

著者1	著者2	著者3	発行年	論文名・書籍名	掲載誌	発行元
進 悦子	上田 耕三*	久松 洋二	2002.3	「実物人体標本を中心に展示した企画展示の開催報告～平成13年度企画展「人体」より～」	『愛媛県総合科学博物館研究報告』第7号	愛媛県総合科学博物館
神 英雄			2009.1	「地域文化を創造する地域密着型-浜田市立石正美術館」	『社会教育』第64巻1号	全日本社会教育連合会
神 英雄			2010.2	「美術館を核とした青少年のための「ふるさと教育」」	『社会教育』第65巻2号	全日本社会教育連合会
神 英雄			2010.9	「浜田市立石正美術館の活動」	『博物館研究』第45巻第9号	日本博物館協会
新石垣市立八重山総合博物館仮称基本構想編集委員会			1995	『新石垣市立八重山総合博物館(仮称)基本構想』		新石垣市立八重山総合博物館(仮称)基本構想編集委員会
神苑會 編			1909	『徴古館・農業館案内』		神苑會
神宮徴古館・農業館			1940.5	「皇室及國民の神宮宗教資料の一端」	『博物館研究』第13巻第5號	日本博物館協會
神宮徴古館・農業館			1960	『神宮徴古館農業館五十年史』		神宮徴古館・農業館
神宮徴古館・農業館			1980	『神宮徴古館90年農業館110年記念神宮の博物館のあゆみ』		神宮徴古館・農業館
神宮 善彦			1998.3	「博物館実習生の行方-実務実習の現状と課題-」	『群馬県立歴史博物館紀要』第19号	群馬県立歴史博物館
新建築学体系編集委員会 編			1983	『図書館・博物館の設計』(新建築学大系30)		彰国社
新建築学体系編集委員会 編			1999.4	『歴史的建造物の保存』(新建築学大系50)		彰国社
新建築社			1983.4	「国立歴史民俗博物館」	『別冊新建築 日本現代建築家シリーズ⑥芦原義信』	新建築社
新建築社			2007.11	「国立科学博物館本館改修-国立科学博物館(統括)香山壽夫建築研究所(設計)[含解説:保存再生設計の理念と方法-その面白さ・難しさ・そして悲しさ]」	『新建築』第82巻13号	新建築社
新建築社			2008.5	「十和田市現代美術館-西沢立衛建築設計事務所」	『新建築』第83巻7号	新建築社
新建築社			2009.1	「中央美術学院美術館-磯崎新アトリエ」	『新建築』第84巻1号	新建築社
新建築社			2010.2	「根津美術館--隈研吾建築都市設計事務所」	『近代建築』第64巻2号	近代建築社
新建築社			2014.9	「はじまりの美術館:設計竹原義二/無有建築工房」	『新建築』第89巻1号	新建築社
新建築社			2014.11	「3次元曲面で構成された木造スペースフレームアスペン美術館:設計坂茂建築設計」	『新建築』第89巻11号	新建築社
新建築社編集部 編			1979	『新建築詳細図集 美術館・博物館編』		新建築社
人口食糧問題調査會 編			1928	『諸國ニ於ケル植民研究所及び拓殖博物館ニ關スル調査』		人口食糧問題調査會
進士 五十八	森 清和	原 昭夫 他	1999.2	『風景デザイン 感性とボランティアのまちづくり』		学芸出版社
進士 五十八			2000.3	『川崎・多摩川エコミュージアム構想をモデルとした市民・企業・行政・専門家におけるパートナーシップ型地域づくりに関する調査研究』		とうきゅう環境浄化財団
新人物往来社 編			1997	『日本全国ユニーク博物館・記念館』		新人物往来社
新人物往来社			2009.1	「復元遺跡誌上《歴史空間》博物館(1)大塚・歳勝土遺跡」	『歴史読本』第54巻第1号	新人物往来社
新人物往来社			2009.2	「復元遺跡誌上《歴史空間》博物館(2)上野原遺跡」	『歴史読本』第54巻第2号	新人物往来社
新人物往来社			2009.3	「復元遺跡誌上《歴史空間》博物館(3)池上曽根遺跡」	『歴史読本』第54巻第3号	新人物往来社
秦泉寺 道			2014.8	「石の博物館を訪ねて 奇石博物館(静岡県富士見市)ある意味、奇跡の展示、夏の特別企画もあります……」	『ミネラ:地球の不思議発見!鉱物・化石・ジェムストーンのミネラル情報誌』第30号	エスプレス・メディア出版
秦泉寺 友紀			2016.3	「今なぜ国立移民博物館なのか—イタリアのナショナル・アイデンティティの現在」	『和洋女子大学紀要』第56集	和洋女子大学
新宅 広二			2009.8	「動物園・水族館における種の保存と環境教育:情報発信者と利用者の関係性の課題」	『日本理科教育学会全国大会要項』第59号	日本理科教育学会
新谷 昭夫	碓田 智子*	大坂 真奈美	2004.8	「住教育の視点からみた歴史系博物館における教育普及活動」	『大阪市立住まいのミュージアム研究紀要』第2号	大阪市立住まいのミュージアム

著者1	著者2	著者3	発行年	論文名・書籍名	掲載誌	発行元
新谷 昭夫	谷 直樹*	碓田 智子	2007.5	『歴史系博物館を活用した住教育の現状と少子高齢社会における展開に関する実践的研究』		第一住宅建設協会
新谷 昭夫			2007.6	「歴史系博物館における住教育の取り組み--大阪市立住まいのミュージアムを例として」	『住宅会議』第70号	日本住宅会議
新谷 昭夫	増田 亜樹*	碓田 智子 他	2008.5	「歴史系博物館を対象とした情景再現展示の観覧時における学習プログラムの活用に関する研究」	『日本建築学会近畿支部研究報告集.計画系』第48号	日本建築学会近畿支部
新谷 昭夫	碓田 智子	増田 亜樹 他	2009	「歴史系博物館の実物教材を活用した住まい学習の実践的研究--住文化体験学習プログラムの教材開発と実践・検証」	『住宅総合研究財団研究論文集』第36号	住宅総合研究財団
新谷 昭夫	碓田 智子*	増田 亜樹 他	2010.7	「歴史系博物館における小学校団体向け住文化学習プログラムの評価」	『学術講演梗概集』2010巻	日本建築学会
新谷 武衛			1931.5	「斎藤報恩會博物館」	『博物館研究』第4巻第5號	博物館事業促進會
新谷 武衛			1932.12	「斎藤報恩會博物館準備の概況」	『博物館研究』第5巻第12號	日本博物館協會
新谷 武衛			1933.12	「新装成れる斎藤報恩會博物館」	『博物館研究』第6巻第12號	日本博物館協會
新谷 武衛			1935	「本邦科學博物館の現状と理科教育」	『日本學術協會報告』第10巻第1號	日本學術協會
新谷 幹夫	安達 文夫*		2004.2	「画像技術と歴史民俗学研究」	『国立歴史民俗博物館研究報告』第117集	国立歴史民俗博物館
新谷 美和			2010.1	「ワークショップの開発におけるアーティストの館の関係」	『月刊ミュゼ』91号	(株)アム・プロモーション
新潮社			2007.2	「川端ミュージアム6つの蒐集ものがたり」	『芸術新潮』第58巻第2号	新潮社
新潮社			2009.2	「ル・コルビュジエの美術館誕生!」	『芸術新潮』第60巻第2号	新潮社
新潮社			2009.2	「企画する人 幸福輝シニア・キュレイター」	『芸術新潮』第60巻第2号	新潮社
新潮社			2009.2	「皇后美智子様 絵画のひととき」	『芸術新潮』第60巻第2号	新潮社
新潮社			2009.2	「西美ではたらく人々」	『芸術新潮』第60巻第2号	新潮社
新潮社			2009.2	「西美のふしぎQ&A」	『芸術新潮』第60巻第2号	新潮社
新潮社			2009.2	「名画に笑い、迷画に泣いた50年」	『芸術新潮』第60巻第2号	新潮社
新潮社			2014.5	「なんちゃってフランス建築周遊の旅:建築文化財博物館」	『芸術新潮』第65巻第5号	新潮社
新潮社			2014.5	「マニエリスムの森をさまよう:フォンテーヌブロー城美術館」	『芸術新潮』第65巻第5号	新潮社
新潮社			2014.5	「印象派の日出(ひいづ)るところ:マルモッタン・モネ美術館」	『芸術新潮』第65巻第5号	新潮社
新潮社			2014.5	「古城に封じられた門外不出の王家の遺品:シャンティイ城コンデ美術館」	『芸術新潮』第65巻第5号	新潮社
新潮社			2014.5	「邸宅で親しむ極私的コレクション:ジャックマール=アンドレ美術館」	『芸術新潮』第65巻第5号	新潮社
新潮社			2014.5	「描きかけもあるけど、我が家へようこそ:ギュスターヴ・モロー美術館」	『芸術新潮』第65巻第5号	新潮社
新潮社			2014.9	「小特集 ネーデルラント美術紀行:新装マウリッツハイスから世紀末美術館"OPEN"までボスもあるよ!」	『芸術新潮』第65巻第9号	新潮社
新潮社			2014.10	「フィレンツェ美術を歩く厳選!寄り道アート・スポット」	『芸術新潮』第65巻第10号	新潮社
新潮社			2014.10	「名作がざっくざく! ウフィツィ美術館を歩こう」	『芸術新潮』第65巻第10号	新潮社
新潮社			2014.11	「いざ、至宝たちの館へ」	『芸術新潮』第65巻第11号	新潮社
新潮社			2015.1	「Renewal Openピカソ美術館 17世紀の邸宅で20世紀の巨匠と対話する」	『芸術新潮』第66巻第1号	新潮社
新潮社			2015.3	「芸術新潮特別企画アートフェア東京2015 10回目を迎えるアートフェア東京が教えてくれたコレクションの愉しみ」	『芸術新潮』第66巻第3号	新潮社
新潮社			2015.11	「さよなら、カマキン!:65年の活動の幕を閉じる 日本初の公立"近代"美術館」	『芸術新潮』第66巻第11号	新潮社

著者1	著者2	著者3	発行年	論文名・書籍名	掲載誌	発行元
新潮社			2015.11	「美術館のあり方を考える」	『芸術新潮』第66巻第11号	新潮社
新潮社			2015.11	「ストーン・スカルプチュア美術館(フランクフルト郊外)あるアーティスト夫妻の18年」	『芸術新潮』第66巻第11号	新潮社
新東 晃一			2007.9	「上野原遺跡と体験学習」	『明日への文化財』第58号	文化財保存全国協議会
新藤 誠一郎	今永 勇*	廣石 昭三	2000.3	「特別展「海から生まれた神奈川」における参加型展示の試み」	『博物館学雑誌』第25巻第2号	全日本博物館学会
真銅 博司	朴 光範	野村 東太 他	1992.8	「博物館の調査研究・教育普及空間に関するデザイン・サーベイ:博物館に関する建築計画的研究 その29」	『学術講演梗概集』1992巻	日本建築学会
新藤 浩伸			2011	「博物館批判の論点に関する一考察:文化学習基盤としての博物館に向けて」	『生涯学習基盤経営研究』第36号	東京大学・大学院
新藤 浩伸			2015.2	「博物館構想の展開と地域学習」	『地域学習の創造:地域再生への学びを拓く』	
新藤 浩伸	清水 大地	清水 翔	2016.5	「日本のミュージアム・エデュケーション」	『触発するミュージアム:文化的公共空間の新たな可能性を求めて』	あいり出版
新藤 浩伸			2016.5	「文化的公共空間としてのミュージアム」	『触発するミュージアム:文化的公共空間の新たな可能性を求めて』	あいり出版
新藤 浩伸	岡田 猛*	堀口 裕美	2016.5	「アメリカのミュージアム・エデュケーションの現状」	『触発するミュージアム:文化的公共空間の新たな可能性を求めて』	あいり出版
新藤 浩伸	中小路 久美代*	山本 恭裕 他	2016.5	『触発するミュージアム:文化的公共空間の新たな可能性を求めて』		あいり出版
陣内 秀信	稲垣 栄三*	伊藤 毅 他	2009.7	『稲垣栄三著作集』第7巻		中央公論美術出版
神野 淺治郎			1911	『理科教授の準備と其實際:兒童中心』		弘道館
神野 淺治郎			1911	「第五節學校博物館及び教室博物館」	『兒童中心理科教授の準備と其實際』	弘道館
神保 英	安斉 賢三	齋藤 佑樹 他	2014.4	「博物館での学習における拡張現実(AR)技術の可能性」	『東京都市大学横浜キャンパス情報メディアジャーナル』第15号	東京都市大学環境情報学部情報メディアジャーナル編集委員会
新保 育夫			2000.3	「提言 博物館と学校教育」	『Museumちば:千葉県博物館協会研究紀要』31号	千葉県博物館協会
神保 宇嗣			2017.4	「昆虫研究者のための博物館資料論・資料保存論(2) 昆虫標本の活用:データベース構築の実際」	『昆蟲.ニューシリーズ』第20巻2号	日本昆虫学会
神保 小虎			1894	「上野帝國博物館地質鑛物室見物案内」	『地學雑誌』第6巻第11號	東京地學協會
神保 小虎			1908	「カラフトに在りし博物館」	『東京人類學會雑誌』第23巻第264號	東京人類學會
神保 小虎			1911	「上野の博物館に於ける石の見物案内」	『地質學雑誌』第18巻第214號	日本地質學會
神保 小虎			1912	「洋行艱難録」	『太陽』第19巻第11号	博文館
神保 小虎			1913	「ブリチシュ、ミュジアム(ロンドン)の陳列術」	『地質學雑誌』二十巻234號	日本地質學會
神保 小虎			1913	「博物館に於ける化石象牙の取扱ひ方」	『地質學雑誌』二十巻237號	日本地質學會
神保 小虎			1913	「鑛物博物館の陳列術」	『地質學雑誌』二十巻239號	日本地質學會
シンポジウム「日本の技術史をみる眼」第33回実行委員会			2015.2	『シンポジウム「日本の技術史をみる眼」講演報告資料集第33回博物館における動態保存のあり方』		中部産業遺産研究会
新保 千代子			1992.4	「平成3年度欧州博物館事情視察報告⑤海外の博物館見て歩き」	『博物館研究』第27巻第4号	日本博物館協会
新保 晴彦			1984	「札幌市青少年科学館における展示解説システム」	『札幌市青少年科学館紀要』第1号	札幌市青少年科学館
人民中国雑誌社	東京美術*		1989	『中国博物館めぐり上巻』		東京美術
人民中国雑誌社	東京美術*		1989	『中国博物館めぐり下巻』		東京美術
進村 真之	橋詰 清孝	土屋 和美	2014.3	「国宝桜ヶ丘銅鐸を中心とした共同研究および活用への取り組み」	『東風西声:九州国立博物館紀要』第9号	九州国立博物館
「人類文化研究のための非文字資料の体系化」第5班			2008.3	『高度専門職学芸員の養成-大学院における養成プログラムの提言-』		神奈川大学COEプログラム「人類文化研究のための非文字資料の体系化」研究推進会議

著者1	著者2	著者3	発行年	論文名・書籍名	掲載誌	発行元
翠 溪			1910	「佛教美術の保存を論ず」	『六条學報』第100巻	龍谷大學
瑞慶山 昇			2001	「「移動博物館」～島々を巡る博物館活動～」	『博物館研究』第36巻第6号	日本博物館協会
吹田 浩			2016	「エジプト文明の壁画を保存する」	『文化財保存修復学会誌』第59巻	文化財保存修復学会
水藤 真			1998	『博物館を考える-新しい博物館学の模索』		山川出版社
水藤 真			2001	『博物館を考えるⅡ-博物館実習とこれからの博物館』		山川出版社
水藤 真			2003	『博物館を考えるⅢ』		山川出版社
水藤 真	市川 寛明*	小島 道裕 他	2005.1	「座談会 博物館の現状と将来」	『日本歴史』第680号	吉川弘文館
水藤 真			2007.11	『博物館学を学ぶ:入門からプロフェッショナルへ』		山川出版社
瑞鳳殿再建期成会			1979	『瑞鳳殿再建の経過』		瑞鳳殿再建期成会
鄒 海寧			2017.12	「ジオラマ展示論史(組み合わせ展示)」	『博物館学史研究事典』	雄山閣
鄒 海寧			2012.3	「香港における「古物及び古跡条例」」	『國學院大學博物館學紀要』第36輯	國學院大學博物館学研究室
鄒 海寧			2015.9	「香港における遺跡博物館」	『地域を活かす遺跡と博物館遺跡博物館のいま』	同成社
鄒 波			2016.3	「動物園をめぐる視覚性と歴史的記憶:村上春樹『象の消滅』を中心に」	『東アジア日本語教育・日本文化研究』第19巻	東アジア日本語教育・日本文化研究学会
Suzan.M.Stocklmayer			2007.3	「科学コミュニケーションとは何か―大学と博物館の連携を通じた科学コミュニケータの養成―」	『科学コミュニケーターに期待される資質・能力とその養成プログラムに関する基礎的研究』	文部省科学研究費補助金研究成果報告書
末成 道男			2014.6	「台湾原住民研究概覧――順益台湾原住民博物館20周年を記念し2013年七夕に21世紀初頭の台湾原住民研究を振り返る」	『台湾原住民研究の射程:順益台湾原住民博物館開20周年記念論文集』	順益台湾原住民博物館
末木 健			1996.3	「博物館活動の未来」	『Museologist:明治大学学芸員養成課程年報』第11巻	明治大学学芸員養成課程
末吉 哲郎			2011.5	「企業史料協議会の発足と企業博物館活動への取組み」	『企業と史料』第7号	企業史料協議会
末武 さとみ			2015	「佐野市立吉澤記念美術館:関東南画を支えた豪農に始まるコレクション」	『聚美』14号	青月社、聚美社
末次 弘明	林 亨*	大井 敏恭	2010	「アートと社会の有機的な関係をつくる要因についての一考察-サンフランシスコの美術館・ギャラリー・美術学校の現状について-」	『北翔大学生涯学習システム学部研究紀要』第10巻	北翔大学
末次 弘明	林 亨	大井 敏恭	2011.3	「サンフランシスコ近代美術館アーティストギャラリーの草創期と現在」	『北翔大学北方圏学術情報センター年報』第3号	北翔大学
須永 和博			2015.11	「先住民観光における博物館と地域コミュニティの協働の可能性:二風谷アイヌの事例から」	『日本観光研究学会全国大会学術論文集』第30巻	日本観光研究学会
末永 熊彦			1913	「朝鮮の古美術保護と昌徳宮博物館」	『朝鮮及び満州』第69號	朝鮮及滿洲社
末永 航			2007.3	「博物館の包括利用制度と大学教育」	『日本ミュージアム・マネージメント学会研究紀要』第11号	日本ミュージアム・マネージメント学会
末永 照和			1995.4	「公立美術館あれこれ」	『実践女子大学Museology』第14号	実践女子大学博物館学課程
末広 恭雄			1956	『サーカス水族館』		河出書房
末松 昭子	嘉数 周子*	田窪 直規 他	1992.3	「展覧会カタログの情報管理」	『アート・ドキュメンテーション研究』第1号	アート・ドキュメンテーション学会
末森 薫			2016	「大エジプト博物館保存修復センターへの技術支援プロジェクト」	『文化財保存修復学会誌』第59巻	文化財保存修復学会
末森 薫	園田 直子*	日高 真吾 他	2016	「博物館におけるLED照明の現状:2015年夏国立民族学博物館展示場での実験データから」	『国立民族学博物館研究報告』第40巻第4号	国立民族学博物館
末吉 豊文	串間 研之*	中山 迅	2004.3	「博物館における宮崎大学、中学校と連携した理科の学習支援」	『宮崎県総合博物館研究報告』第25輯	宮崎県総合博物館
末吉 豊文	黒木 秀一*	串間 研之 他	2004	「特別企画展「黒潮と南の島の生きもの」における取り組み--展示内容・展示手法・宮崎大学・宮崎海洋高校との連携・関連行事・展示準備について」	『宮崎県総合博物館研究紀要』第26集	宮崎県総合博物館
末吉 豊文	栗田 壽男		2008	「NPOパートナーシップ創造事業によるクジラ類骨格収集と教育普及活動」	『宮崎県総合博物館研究紀要』第29輯	宮崎県総合博物館

著者1	著者2	著者3	発行年	論文名・書籍名	掲載誌	発行元
菅 修一			2009.3	「お産のミニ博物館を訪ねて-市民運動から博物館活動へ-女性の立場からお産を考え続けた場所」	『医学図書館』第56巻第1号	日本医学図書館協会
菅 貴哉	坂口 大洋		2014.6	「東日本大震災における被災ミュージアムの再開プロセス:ネットワークを視点として」	『日本建築学会東北支部研究報告集 計画系』第77号	日本建築学会東北支部
菅 建彦			2011.3	「科学技術と博物館の役割」	『技術史教育学会誌』第12号2巻	日本技術史教育学会
須賀 千絵			2009.12	「英国の公共図書館・博物館法と中央政府の役割の変容」	『情報の科学と技術』第59巻第12号	情報科学技術協会
菅 靖子	井口 壽乃		2009.3	「ミュージアムに行こう デザイン・ミュージアムはどうやって鑑賞するの?」	『芸術の生まれる場(未来を拓く人文・社会科学シリーズ16)』	東信堂
菅 豊			2017.5	「幻影化する無形文化遺産」	『文化遺産と生きる』	臨川書店
菅井 薫			2003	「公立博物館における市民連携活動の転換に向けて--首都圏の公立博物館におけるボランティア活動の実態」	『21世紀社会デザイン研究』第2号	立教大学大学院21世紀社会デザイン研究科
菅井 薫			2006.4	「博物館活動における市民の専門性と役割―市民との連携活動のモデル化と分析―」	『博物館学雑誌』第31巻第2号	全日本博物館学会
菅井 薫	須藤 友章	諏訪 紗弥子	2007.3	「友の会とボランティアの倫理規程―WFFMによる倫理規程の策定と活動―」	『JMMA日本ミュージアム・マネージメント学会会報』第11巻第3号	日本ミュージアム・マネージメント学会
菅井 薫			2008.12	「博物館における「市民調査」論の諸相と新たな射程」	『博物館学雑誌』第34巻第1号	全日本博物館学会
菅井 薫			2009.3	「美術館活動における『市民の知』のあり方と根拠--調査活動を通じた『関わり』と『価値』の再構築--」	『日本ミュージアム・マネージメント学会研究紀要』第13号	日本ミュージアム・マネージメント学会
菅井 薫			2009.9	「「ミュージアム・リテラシー」概念の批判的検討--博物館と学校の「リテラシー」観の調停と課題」	『JMMA日本ミュージアム・マネージメント学会会報』第14巻第2号	日本ミュージアム・マネージメント学会
菅井 薫			2010.3	「博物館における多元的「リテラシー」論の適用性と課題」	『人間文化創成科学論叢』第12巻	お茶の水女子大学大学院人間文化創成科学研究科
菅井 薫			2011.2	『博物館活動における「市民の知」のあり方:「関わり」と「価値」の再構築』		学文社
菅井 薫			2011.3	「アメリカの博物館」	『新編博物館概論―博物館史からみた博物館の在り方―』	同成社
菅井 薫	小川 義和*		2011.8	「科学系博物館における教員研修・養成の現状と課題(2):教員のミュージアム・リテラシー向上のために」	『日本科学教育学会年会論文集』第35巻	日本科学教育学会
菅井 薫			2014.3	「『市民の知』のあり方-『関わり』と『価値』の再構築-」	『砂防学会誌』第66巻第6号	砂防学会
菅井 薫			2014.3	「市民活動の成果を博物館の資産にしていくためには?」	『ミュージアム多摩』No.35	東京都三多摩公立博物館協議会
菅井 薫			2015	「博物館と災害展示」	『人間の発達と博物館学の課題:新時代の博物館経営と教育を考える』	同成社
菅井 薫			2015.9	「『市民の知』のあり方―博物館での位置づけ／意味づけを巡る視点―」	『想定外を生まない防災科学―すべてを背負う「知の野生化」』	古今書院
菅井 勝雄	吉田 健*		2000.3	「博物館の展示法をめぐる研究--科学・技術館を中心として」	『大阪大学大学院人間科学研究科紀要』通号26	大阪大学大学院人間科学研究科
菅井 研二	菅原 徹*	鈴木 直行	2011.3	「仙台市科学館小学校理科実験観察アンケート調査における一考察 -1. 小学校教員の理科に対する年代別実態を基にした支援策の在り方を探る-」	『仙台市科学館研究報告』第20号	仙台市科学館
菅井 正史			1990.4	「美術館史の視聴覚メディア」	『奈良県立美術館紀要』第6号	奈良県立美術館
菅居 正史			1992.3	「奈良県の文化財保護の道程と博物館」	『國學院大學博物館學紀要』第16輯	國學院大學博物館学研究室
菅井 陽子	千代 章一郎		2008.5	「ル・コルビュジエの「知の博物館」の景観構成」	『日本建築学会近畿支部研究報告集.計画系』第48号	日本建築学会近畿支部
菅井 陽子	千代 章一郎		2008.7	「ル・コルビュジエの「知の博物館」の制作過程と総督官邸との比較」	『学術講演梗概集』2008巻	日本建築学会
菅瀬 晶子			2016.2	「民博の食文化展示の今後を考える」	『社会システム研究』2015特集号	立命館大学社会システム研究所
菅沼 彰宏			2016.12	「ミュージアム資源の活用から地域資源の活用へ」	『学校と博物館でつくる国際理解教育のワークショップ』	国立民族学博物館
菅根 幸裕			1996.3	「地域タイムカプセルの再建」	『Museologist:明治大学学芸員養成課程年報』第11号	明治大学学芸員養成課程
菅根 幸裕			1998.3	「学芸員の専門性についての一考察-地域博物館論の再考-」	『Museumちば:千葉県博物館協会研究紀要』29号	千葉県博物館協会
菅根 幸裕			1998.12	「民俗資料再考」	『民俗世界と博物館展示・学習・研究のために』	雄山閣出版

著者1	著者2	著者3	発行年	論文名・書籍名	掲載誌	発行元
菅根 幸裕			2007	「転換期の博物館と学芸員養成過程」	『千葉経済大学学芸員課程紀要』第13号	千葉経済大学学芸員課程共同研究室
菅根 幸裕			2009.3	「博物館学芸員養成課程の今後を考える」	『千葉経済大学学芸員課程紀要』第14号	千葉経済大学学芸員課程
菅根 幸裕			2017.11	「「観光」と博物館—地域博物館の再生のために—」	『國學院雑誌』第118巻第11号	國學院大學
菅野 宏一	菅原 徹*	鈴木 直行	2012.3	「仙台市科学館小学校理科実験観察アンケート調査における一考察-2.各単元に関する意識調査を基にした小学校教員への効果的な支援策のあり方-」	『仙台市科学館研究報告』第21号	仙台市科学館
菅間 荘			1980.11	「私にとっての回顧と展望」	『平塚市博物館年報』第4号	平塚市博物館
菅谷 博			2013.11	「危機管理と博物館」	『博物館研究』第48巻第11号	日本博物館協会
菅谷 文則			2011.3	「シンポジウム 文化遺産と自然遺産の保存と活用」	『博物館研究』第46巻第3号	日本博物館協会
菅谷 平六			1935	「博物館の利用」	『新地理教授の動向と經營』	友生書院
須川 靖子	森 傑	野村 理恵	2014.7	「水族館の運営と施設活用における社会教育性に関する考察:文化施設としての水族館の公共性とサスティナビリティに関する研究」	『日本建築学会計画系論文集』第79巻701号	日本建築学会
菅原 昭彦			1982	「戦前における郷土教育の思想とその歴史的意義」	『兵庫教育大学修士論文』	兵庫教育大学
菅原 敦夫			1982	「隠れたベストセラー—美術展カタログ」	『読売新聞』1982年11月29日付朝刊	読売新聞社
菅原 教夫			1984	『美術館いま』		求龍堂
菅原 敎造			1916	「美術展覽會の發達(上)」	『心理研究』第10巻第58號	日本心理學會
菅原 敎造			1917	「美術展覽會の發達(下)」	『心理研究』第11巻第63號	日本心理學會
菅原 研次	福島 学	伊與田 光宏 他	1991.3	「パーソナルコンピュータを用いた静止画像データベースの歴史資料検索への応用」	『国立歴史民俗博物館研究報告』第30集	国立歴史民俗博物館
菅原 十一			1999.11	「自然教育園のおいたちとそれを取りまく環境の変化」	『国立科学博物館ニュース』第367号	国立科学博物館
菅原 徹	菅井 研二	鈴木 直行	2011.3	「仙台市科学館小学校理科実験観察アンケート調査における一考察 -1. 小学校教員の理科に対する年代別実態を基にした支援策の在り方を探る-」	『仙台市科学館研究報告』第20号	仙台市科学館
菅原 徹	菅野 宏一	鈴木 直行	2012.3	「仙台市科学館小学校理科実験観察アンケート調査における一考察-2.各単元に関する意識調査を基にした小学校教員への効果的な支援策のあり方-」	『仙台市科学館研究報告』第21号	仙台市科学館
菅原 壽雄			1996.8	「名画複製資料作成と利用方法について」	『博物館研究』第31巻第8号	日本博物館協会
菅原 教夫			2014.11	「美術と美術館」	『NACTreview:国立新美術館研究紀要』第1号	国立新美術館
菅原 真弓	塩飽 悦子		2009.3	「Webを用いた双方向型通信教育システムによる博物館学芸員課程の構築と実践」	『全博協研究紀要』第11号	全国大学博物館学講座協議会
菅原 道雄			1972.9	「図書館と美術館の設計に当って」	『新建築』第47巻9号	新建築社
菅原 光雄			1993.3	「郷土博物館における入館者の動向について」	『大田区立郷土博物館紀要』第3号	大田区立郷土博物館
菅原 光雄	原田 義明*	平澤 勘蔵	1995.3	「ピーボディ・エセックス博物館所蔵「てぬぐい展」仮説展示の設計から完成まで」	『大田区立郷土博物館紀要』第5号	大田区立郷土博物館
菅原 光雄			1998.3	「郷土博物館における入館者の動向-その2-(平成4年度から平成8年度まで)」	『大田区立郷土博物館紀要』第8号	大田区立郷土博物館
菅原 洋一	安黒 達裕*		2010.3	「建築と展示から見た『海の博物館』の地域博物館的評価に関する研究:構想・計画・活動の段階的展開に着目して」	『日本建築学会中国支部研究報告集』第33号	日本建築学会中国支部
菅原 龍	濱島 裕輝*	岡 将太郎	2010.12	「小学校・科学館における立教理科工房の活動」	『科学技術コミュニケーション』第8巻	北海道大学科学技術コミュニケーター養成ユニット
菅原 遼	大野 真由美	畔柳 昭雄	2016	「日本の海事博物館の現状とその特徴に関する基礎的研究」	『沿岸域学会誌』第29巻第1号	日本沿岸域学会
杉 榮三郎			1935.1	「博物館の本務」	『博物館研究』第8巻第1號	日本博物館協會
杉浦 栄三			1961.2	『図説広告変遷史』		中部日本新聞社東京中日新聞社
杉浦 幸子	岡部 あおみ*	青木 正弘 他	2002	『ミュゼオロジー入門』		武蔵野美術大学出版局

著者1	著者2	著者3	発行年	論文名・書籍名	掲載誌	発行元
杉浦 幸子			2005.7	「ギャラリーリタラシーを育む1 オーストラリアの美術館におけるパブリックプログラム」	『月刊ミュゼ』71号	(株)アム・プロモーション
杉浦 幸子			2005.11	「ギャラリーリタラシーを育む3 オーストラリアの美術館におけるパブリックプログラム」	『月刊ミュゼ』73号	(株)アム・プロモーション
杉浦 幸子	神野 善治*	柴牟田 伸子 他	2008.4	『ミュージアムと生涯学習』		武蔵野美術大学出版局
杉浦 幸子			2015.4	「第3章ミュージアムとミューゼオロジー」	『ミュゼオロジーへの招待』	武蔵野美術大学出版局
杉浦 幸子	金子 伸二*		2015.4	「第7章ミュージアム紹介」	『ミュゼオロジーへの招待』	武蔵野美術大学出版局
杉浦 幸子			2016.4	「経営の視点から見た博物館の教育活動」	『ミュゼオロジーの展開:経営論・資料論』	武蔵野美術大学出版局
杉浦 幸子			2016.4	「資料の活用」	『ミュゼオロジーの展開:経営論・資料論』	武蔵野美術大学出版局
杉浦 幸子 編	金子 伸二*		2016.4	『ミュゼオロジーの展開:経営論・資料論』		武蔵野美術大学出版局
杉浦 貴史	川上 昭吾*	寺田 安孝 他	2004.11	「学校と博物館との連携研究の実施」	『日本理科教育学会東海支部大会研究発表要旨集』第51号	日本理科教育学会東海支部大会事務局
杉浦 貴史	川上 昭吾		2005.11	「学校と博物館との連携に関する研究：愛知県における学校と博物館の連携の実態」	『日本科学教育学会研究会研究報告』第20巻第4号	日本科学教育学会
杉浦 貴史	川上 昭吾*	寺田 安孝	2008.3	「学校と博物館の連携を進める実践的研究」	『愛知教育大学研究報告.教育科学編』第57輯	愛知教育大学
杉浦 孝彦	中村 由以		2007.11	「小規模図書館奮戦記(その133)トヨタ博物館図書閲覧室閉架書庫の資料活用への一歩-スタートしたバックヤード活動」	『図書館雑誌』第101巻第11号	日本図書館協会
杉浦 勉			2013.3	「洋画修復業」	『博物館学年報』第44号	同志社大学博物館学芸員課程
杉浦 宏			1972.6	『水族館こんにちは-海と魚に魅せられて-レモン新書21』		文化出版局
杉浦 宏 編著			1989.9	『水族館は海への扉』		岩波書店
杉浦 博			1991.3	「美術展カタログのあゆみ」	『現代の眼:東京国立近代美術ニュース』436号	東京国立近代美術館
杉浦 博			1992.3	「展覧会カタログとデザインについて」	『日仏美術学会会報』11号	日仏美術学会
杉江 清			1967.11	「国立科学博物館の拡充整備について」	『自然科学と博物館』第34巻11・12号	国立科学博物館
杉江 敬			1993.2	「博物館実習の問題点をひとつまみ整理する-地域博物館がみた学芸員養成制度の矛盾-」	『Museumちば:千葉県博物館協会研究紀要』24号	千葉県博物館協会
杉澤 禎子			1999.2	「米沢家文書の整理・保存・利用について」	『金沢学院大学博物館実習報告』第4号	金沢学院大学博物館学芸員課程
杉田 明宏			2013.3	「平和博物館の発展と展望:平和資源としての活用のための覚え書き」	『教育学研究紀要』第4号	大東文化大学大学院文学研究科教育学専攻
杉田 馨	中洲 俊信	山内 康晋	2010.3	「展示物の関連性によりミュージアム空間を拡張する展示ガイドシステム」	『電子情報通信学会技術研究報告』第109巻第466号	電子情報通信学会
杉田 繁治			1982.3	「研究博物館と情報処理-国立民族学博物館での経験」	『情報処理』第23巻3号	情報処理学会
杉田 繁治			1989.8	「博物館資料の保存と活用のための情報システム」	『計測と制御』第28巻8号	計測自動制御学会
杉田 繁治			1993.9	「人文学におけるデータベースの意義」	『人文学と情報処理』第2号	勉誠出版
杉田 繁治	Estrela 編集委員会 編		1996.9	「博物館資料からのアプローチ」	『現代の図書館』第34巻3号	日本図書館協会
杉田 繁治			1996.12	「デジタル・ミュージアムを目指して」	『Estrela』33号	統計情報研究開発センター
杉田 繁治			1997.5	「民族学データベース―デジタル・ミュージアムを目指して―」	『情報処理』第38号	情報処理学会
杉田 繁治			1998.7	「電子博物館のゆくえと民博におけるとりくみ」	『人文学と情報処理』第17号	勉誠出版
杉田 繁治			2002	『情報技術の博物館展示への応用』		文部省科学研究費補助金研究成果報告書
杉田 義	木村 英祐*	久世 仁士	2017.6	「文化財保存全国協議会の活動記録」	『文化財保存70年の歴史:明日への文化遺産』	新泉社

著者1	著者2	著者3	発行年	論文名・書籍名	掲載誌	発行元
杉田 治男	杉田 治男 編		2014.3	「水族館の衛生管理」	『水族館と海の生き物たち』	恒星社厚生閣
杉田 治男 編			2014.3	『水族館と海の生き物たち』		恒星社厚生閣
杉田 義			1987.11	「文化財保存と「なら・シルクロード博」」	『歴史評論』第451号	校倉書房
杉田 義			2017.6	「高度経済成長と平城宮跡」	『文化財保存70年の歴史:明日への文化遺産』	新泉社
杉藤 重信			2002	「大学博物館のイメージ」	『BSM(Bulletin ofSugiyamaMuseology)』第7号	椙山女学園大学学芸員課程
杉長 敬治			2010.2	「博物館総合調査における「展示公開」の概要と社会教育調査等に見る博物館」	『博物館研究』第45巻第2号	日本博物館協会
杉長 敬治	井上 透*		2010.8	「科学系博物館におけるデジタル・アーカイブの現状と課題」	『年会論文集』第26巻	日本教育情報学会
杉長 敬治			2012.8	「入館者統計から見た博物館の現状」	『博物館研究』第47巻第8号	日本博物館協会
杉長 敬治	井上 透*		2012.8	「博物館とデジタル・アーカイブ活用」	『年会論文集』第28巻	日本教育情報学会
杉並区教育委員会事務局生涯学習推進課文化財係 編			2016.3	『埋蔵文化財保護の手引き』		杉並区教育委員会事務局生涯学習推進課文化財係
杉並区教育委員会社会教育スポーツ課			2007.3	『「今後の杉並区立郷土博物館の運営について」報告書』		杉並区教育委員会
杉並区立郷土博物館			2000.1	『霊宝開帳と妙法寺の文化財展』		杉並区立郷土博物館
杉光 一成	高橋 和子*		2009	「博物館におけるコンテンツライセンスマネジメントの研究」	『展示学』第47号	日本展示学会
杉村 棟 編	増田 精一* 編		1979.3	『世界の博物館.18 シリア国立博物館:オリエント文明の源流』		講談社
杉村 誠			1998	「生物を飼育するという観点から「ふれあい水槽」を考える」	『日本動物園水族館教育研究会誌』1998年号	日本動物園水族館教育研究会
杉村 勇造			1972	「博物館と私」	『博物館ノ思出』	東京国立博物館
杉本 勲			1960	『伊藤圭介』		吉川弘文館
杉本 漢三			2008.5	「中部の博物館南極観測船「ふじ」(砕氷艦)」	『産業遺産研究』第15号	中部産業遺産研究会事務局
杉本 漢三			2015	「世界の博物館めぐり(2)POWERHOUSE博物館(オーストラリア)」	『LEMA』第520号	日本陸用内燃機関協会
杉本 憲司			2014	「中国の博物館・美術館訪問記(上)」	『佛教大学宗教文化ミュージアム研究紀要』第11号	佛教大学宗教文化ミュージアム
杉本 憲司			2016	「中国の博物館・美術館訪問記(下)」	『佛教大学宗教文化ミュージアム研究紀要』第13号	佛教大学宗教文化ミュージアム
杉本 覚	岡田 猛		2013.3	「美術館におけるワークショップスタッフ初心者の認識の変化:東京都現代美術館ワークショップ"ボディー・アクション"への参加を通して」	『美術教育学』第34号	美術科教育学会
杉本 覚	岡田 猛*	川嶋 稔夫	2016.5	「函館市立博物館におけるワークショップ実践研究」	『触発するミュージアム:文化的公共空間の新たな可能性を求めて』	あいり出版
杉本 浄	門田 岳久*		2013.3	「運動と開発:1970年代・南佐渡における民俗博物館建設と宮本常一の社会的実践」	『現代民俗学研究』第5号	現代民俗学会
杉本 伸一			2013.5	「雲仙岳災害記念館:雲仙普賢岳噴火災害の体験と教訓を語り継ぎ、未来へ」	『建築防災』第424号	日本建築防災協会
杉本 つとむ			1985.2	『江戸の博物学者たち』		青木社
杉本 尚次			1972	「ヨーロッパの野外民家博物館訪問記」	『季刊人類学』第3巻1号	講談社
杉本 尚次			1973.3	「ヨーロッパの野外民家博物館」	『民族學研究』第37巻4号	日本民族学会
杉本 尚次			1973.12	「デンマークの民家--野外民家博物館を中心として」	『民俗建築』第67号	日本民俗建築学会
杉本 尚次	河岡 武春*	坪井 洋文	1974	「座談会-ヨーロッパの民族・民俗学博物館」	『民具マンスリー』第6巻10号	神奈川大学
杉本 尚次	坪井 洋文*	河岡 武春	1974	「ヨーロッパの民俗・民族博物館」	『民具マンスリー』第6巻10・11号	神奈川大学

著者1	著者2	著者3	発行年	論文名・書籍名	掲載誌	発行元
杉本 尚次			1977	「市民のふるさとスカンセン」	『季刊民族学』第1巻第1号	千里文化財団
杉本 尚次			1977.12	「オセアニアの野外民家博物館」	『民俗建築』第74号	日本民俗建築学会
杉本 尚次			1978	「野外歴史博物館」	『世界博物館シリーズ』No.14	講談社
杉本 尚次			1978.5	「国立民族学博物館--その特色と見学の手引き」	『地理』第23巻5号	古今書院
杉本 尚次			1978.8	「フィールドに息づく民家と村落の伝説」	『世界の博物館シリーズ』No.14	講談社
杉本 尚次			1979.6	「北欧の野外博物館～1978年の調査から」	『民俗建築』第77号	日本民俗建築学会
杉本 尚次			1979.9	「ヨーロッパの民俗学・民族学博物館-1978年夏の訪問記録から-」	『国立民族学博物館研究報告』第4巻第3号	国立民族学博物館
杉本 尚次			1980	「ヨーロッパ民家の民族学的、地理学的研究―野外博物館の民家を中心として―」	『国立民族学博物館研究報告』第5巻第2号	国立民族学博物館
杉本 尚次 編	中村 たかお 編		1981	『民家と民具、ふるさとの博物館』		講談社
杉本 尚次			1983	「ふるさと兼レクリエーションセンター～韓国民俗村」	『月刊みんぱく』第7巻	千里文化財団
杉本 尚次			1984	「韓国民家の旅」	『民博通信』第23号	国立民族学博物館
杉本 尚次			1985	「野外博物館の展示-ヨーロッパの事例を中心に」	『展示学』第2号	日本展示学会
杉本 尚次			1986	「野外博物館の展示」	『展示学』第3号	日本展示学会
杉本 尚次			1986	「ドイツの民家-野外博物館を中心に」	『人文地理学の視圏』	大明堂
杉本 尚次			1986.8	「ヨーロッパの野外博物館-その民族学的・地理学的研究-」	『国立民族学博物館研究報告』第11巻第1号	国立民族学博物館
杉本 尚次			1988	「野外博物館のたのしみ」	『アスティオン』第7号	TBSブリタニカ
杉本 尚次			1988	「アメリカ合衆国の野外博物館」	『アメリカ合衆国における伝統的建築物の保存・再生・活用に関する研究:調査概報』	文部省科学研究費補助金海外学術調査
杉本 尚次	守屋 毅*	土屋 敦夫	1988	『アメリカ合衆国における伝統的建築物-その保存・再生・活用に関する調査(一)』		国立歴史民俗博物館
杉本 尚次	守屋 毅*	土屋 敦夫	1989	『アメリカ合衆国における伝統的建築物-その保存・再生・活用に関する調査(二)』		国立歴史民俗博物館
杉本 尚次	土屋 敦夫	守屋 毅	1989	「野外博物館における展示の動向-アメリカ編」	『展示学』第8号	日本展示学会
杉本 尚次			1991	「アメリカン・ドリームの遺跡」	『月刊みんぱく』第15巻第1号	千里文化財団
杉本 尚次			1991	「北欧系移民村落の野外博物館、アメリカ・ウイスコンシン州のオールドワールド・ウイスコンシン」	『月刊みんぱく』第15巻第4号	国立民族学博物館
杉本 尚次			1991	「産業遺跡の野外博物館」	『月刊みんぱく』第15巻5号	国立民族学博物館
杉本 尚次			1992	『アメリカの伝統文化-野外博物館ガイド』		三省堂
杉本 尚次			1993	「韓国の伝統文化-民俗村を訪ねて」	『まちなみ』第17巻1号	大阪建築士事務所協会
杉本 尚次	太田 邦夫*	大貫 良夫 他	1993	「座談会 野外博物館の今日的役割」	『リトルワールド』第54号	野外民俗博物館リトルワールド
杉本 尚次			1994	「リトルワールドのサモア民家に想う」	『リトルワールド』第52号	野外民俗博物館リトルワールド
杉本 尚次			1998	「チャイコフスキー博士との出会い-ポーランド・サノク訪問記ヨーロッパ民家の旅Ⅱ(1)」	『千里眼』第64号	千里文化財団
杉本 尚次			1998.5	「民家の保存・再生・活用-民家野外博物館を中心として-」	『民俗建築』第113号	日本民俗建築学会
杉本 尚次			1999	「野外博物館のパイオニア～ヨーロッパ民家の旅Ⅱ(3)」	『千里眼』第66号	千里文化財団
杉本 尚次			1999	「スウェーデン南部紀行-ヨーロッパ民家の旅Ⅱ(4)」	『千里眼』第67号	千里文化財団

著者1	著者2	著者3	発行年	論文名・書籍名	掲載誌	発行元
杉本 尚次			2000	「ヨーロッパの野外博物館～その民俗学的・地理学的研究(第三報)」	『関西学院史学』第27号	関西学院大学
杉本 尚次			2000.3	『世界の野外博物館環境との共生をめざして』		学芸出版社
杉本 尚次			2004.3	「北米における野外博物館の発展とその特色」	『大阪人間科学大学紀要』第3号	大阪人間科学大学
杉本 尚次			2008.5	「開館50周年を迎えた日本民家集落博物館」	『民俗建築』第133号	日本民俗建築学会
杉本 尚次			2011.5	「国立民族学博物館の日本民家模型」	『民俗建築』第139号	日本民俗建築学会
杉本 尚次			2013.5	「北米における野外博物館の発展とその特色(1)」	『民俗建築』第143号	日本民俗建築学会
杉本 尚次			2013.11	「北米における野外博物館の発展とその特色(2)」	『民俗建築』第144号	日本民俗建築学会
杉本 舞			2015.10	「米国のポピュラー音楽ミュージアムとアーカイブに関する事例調査」	『関西大学社会学部紀要』第47巻第1号	関西大学社会学部
杉本 正美			1998.5	「史跡整備をめぐる造園家の役割」	『資源環境対策』第34巻第7号(『緑の読本』シリーズ46)	公害対策技術同友会
杉本 勝			2010.3	「「資料館」ができるまで(1)」	『海員』第62巻第3号	全日本海員組合
杉本 勝			2010.4	「「資料館」ができるまで(2)」	『海員』第62巻第4号	全日本海員組合
杉本 勝			2010.5	「「資料館」ができるまで(3)」	『海員』第62巻第5号	全日本海員組合
杉本 勝			2010.6	「「資料館」ができるまで(4)」	『海員』第62巻第6号	全日本海員組合
杉本 勝			2010.7	「「資料館」ができるまで(最終回)」	『海員』第62巻第7号	全日本海員組合
杉本 まゆ子			2015	「宮内庁書陵部における古典籍資料:保存と公開」	『情報の科学と技術』第65巻第4号	情報科学技術協会
杉本 幹			1999	「鳥羽水族館少年海洋教室プログラム「つくってみよう私たちの水族館」-9年間の活動記録」	『鳥羽水族館年報』第10号	鳥羽水族館
杉本 竜			2007.10	「「博物館の現在と未来-指定管理者制度をめぐって」参加記」	『九州史学』第148号	九州史学研究会
杉本 僚太	中山 裕介*	寺前 駿 他	2016	「博物館展示を活用した社会教育について:紀州経済史文化史研究所2015年度特別展を題材として」	『学芸』第62巻	和歌山大学学芸学会
杉山 享司			2014.8	「柳宗悦の蒐集:眼の遍歴と美術館への夢」	『紫明』35号	紫明の会
杉山 享司			2016.4	「日本民藝館のコレクション」	『ミュゼオロジーの展開:経営論・資料論』	武蔵野美術大学出版局
杉山 亜里紗	山本 直彦	城戸 杏里 他	2011.6	「動物園の展示空間から観覧者が受け取る環境情報の比較考察:天王寺動物園での子どもの写生画を通して」	『日本建築学会近畿支部研究報告集.計画系』第51号	日本建築学会近畿支部
杉山 英知	坪山 幸王	佐藤 信治 他	2002.6	「作業内容と期間別の作用頻度について：水族館に関する建築計画的研究 その7」	『学術講演梗概集』2002巻	日本建築学会
杉山 壽榮男			1935.9	「アイヌ小屋から」	『博物館研究』第12巻第9號	日本博物館協會
杉山 哲司			2017.11	「博物館における興行—歴史展の現在—」	『國學院雑誌』第118巻第11号	國學院大學
杉山 二郎 編	三上 次男*編		1977.11	『世界の博物館.6大英博物館:秘宝と人類文化の遺産』		講談社
杉山 岳弘			2014.6	『博物館におけるインタプリテーション支援のためのマルチモーダル・データベースの構築』		静岡大学
杉山 岳弘	寺坂 尚浩*	加藤 勇樹	2010.3	「博物館における学芸員ガイドのシナリオ分析に基づく解説モデルと学習コンテンツのデザイン」	『全国大会講演論文集 第72回』	情報処理学会
杉山 岳弘	渡邊 育美*		2013.3	「動物園ガイド支援のためのLinkedDataによるテーマ展開型Q&Aシステムの開発」	『全国大会講演論文集』2003巻第1号	情報処理学会
杉山 経子			2010.3	「学習院の登録有形文化財について」	『学習院大学史料館紀要』第16号	学習院大学史料館
杉山 智昭			2011.7	「北海道開拓記念館における資料管理の現場」	『博物館研究』第46巻第7号	日本博物館協会
杉山 智昭			2015.3	「ボストン美術館におけるコレクションの保存修復活動について」	『北方地域の人と環境の関係史:研究報告』	北海道開拓記念館

著者1	著者2	著者3	発行年	論文名・書籍名	掲載誌	発行元
杉山 弘			1997.1	「美術館は憂鬱・・・市民と美術館、しびこんの活動より」	『月刊ミュゼ』25号	(株)アム・プロモーション
杉山 真紀子			2001	『博物館の害虫防除ハンドブック』		雄山閣
杉山 真紀子	川上 裕司*		2009.8	『博物館・美術館の生物学:カビ・害虫対策のためのIPMの実践』		雄山閣
杉山 正司			1999.12	「博物館活動プログラムの編成 諸活動の企画立案と年間計画立案作成まで」	『新版博物館学講座 第10巻生涯学習と博物館活動』	雄山閣
杉山 正司			2000	「交通史展示の一試論--特別展「さいたまの鉄道」から」	『埼玉県立博物館紀要』第25号	埼玉県立博物館
杉山 正司			2002	「博物館における史料展示の限界と可能性」	『埼玉県立博物館紀要』第27号	埼玉県立博物館
杉山 正司			2004	「展示資料論」	『埼玉県立歴史資料館研究紀要』第26号	埼玉県立歴史資料館
杉山 正司			2007.3	「地域博物館の視点～県立館における"地域"と取組～」	『國學院大學博物館學紀要』第31輯	國學院大學博物館学研究室
杉山 正司			2008.3	「共催展における地域展示--特別展「お伊勢さんと武蔵」展示拾遺」	『埼玉県立歴史と民俗の博物館紀要』第2号	埼玉県立歴史と民俗の博物館
杉山 正司			2008.3	「展示記録保存-展示評価の視点から-」	『國學院大學博物館學紀要』第32輯	國學院大學博物館学研究室
杉山 正司			2009.3	「博学官民による連携・協働-企画展「埼玉サッカー100年」から」	『埼玉県立歴史と民俗の博物館紀要』第3号	埼玉県立歴史と民俗の博物館
杉山 正司			2009.3	「博物館と学芸員への意識醸成～國學院大学学芸員課程受講生から～」	『全博協研究紀要』第11号	全国大学博物館学講座協議会
杉山 正司			2010.7	「佐野常民」「田中芳男」「手島精一」	『博物館学人物史』上	雄山閣
杉山 正司			2011.3	「「個」展示と「群」展示--特別展「雑兵物語の世界」から」	『埼玉県立歴史と民俗の博物館紀要』第5号	埼玉県立歴史と民俗の博物館
杉山 正司			2012.5	「久米邦武」「岩崎友吉」「中川成夫」「諸岡博熊」「青木國夫」	『博物館学人物史』下	雄山閣
杉山 正司			2012.8	「博物館資料化への過程」	『人文系博物館資料論』	雄山閣
杉山 正司			2012.10	「逼迫する博物館財政(変わりゆく博物館)」	『博物館危機の時代』	雄山閣
杉山 正司			2014.3	「常設展示の活性化と調査研究」	『埼玉県立歴史と民俗の博物館紀要』第8号	埼玉県立歴史と民俗の博物館
杉山 正司			2014.8	「博物館と学芸員に関する認識と意識:國學院大学学芸員課程受講生にみる」	『國學院雑誌』第115巻第8号	國學院大學
杉山 正司	加藤 光男		2015.3	「連携と比較展示:特別展「にっぽん歴史街道江戸の街道」から」	『埼玉県立歴史と民俗の博物館紀要』第9号	埼玉県立歴史と民俗の博物館
杉山 正司			2017.11	「MLA連携へのアプローチ―Aの視点から―」	『國學院雑誌』第118巻第11号	國學院大學
杉山 正司			2017.12	「展示技術論史」	『博物館学史研究事典』	雄山閣
杉山 行浩			1987.3	「幼児のプラネタリウム利用に伴う自然観の変化」	『自然と文化:平塚市博物館研究報告』第10号	平塚市博物館
Yoshiko.Sugiyama	小川 洋子*	Sergio.Torremocha	2014	『Elmuseodelsilencio』		EditorialFunambulista
助川 達	高橋 裕*	片岡 力 他	1994.1	「座談会 ミュージアム・ショップは地域文化を育てる担い手か！」	『月刊ミュゼ』5号	(株)アム・プロモーション
助三郎			1895	「教育博物館を観るの記」	『少年世界』第10号	博文館
スコット・C			2009.3	「Raising standards in Alaskan museums and cultural centers:The Alaska State Museum's work in museum services」	『第23回北方民族文化シンポジウム報告書 北太平洋の文化--北方地域の博物館と民族文化(3)』	北方文化振興協会
須子 義久			2011.11	「萩まちじゅう博物館構想を支援するボランティア活動--萩博物館とNPO萩まちじゅう博物館の協働活動」	『社会教育』第66巻11号	全日本社会教育連合会
須坂市職員労働組合須坂市動物園			2010.1	「須坂市動物園の挑戦」	『信州自治研』第215号	長野県地方自治研究センター
鈴木 昭			1989	「初期工作機械の保存と復元」	『日本の産業遺産』	玉川大学出版部
鈴木 昭	内田 康之	広田 洋二 他	1997.8	「科学技術館の現場の声を聞く(座談会)展示を深めて人の身近に」	『電気学会誌』第117巻9号	電気学会

著者1	著者2	著者3	発行年	論文名・書籍名	掲載誌	発行元
鈴木 明			2015.6	「実物を展示する建築展、都市と社会にコミットする建築展とは」	『建築雑誌』第130輯第1672號	日本建築学会
鈴木 あゆみ			2013.6	「オルゴール美術館那須野が原博物館なかがわ水遊園 もうひとつの美術館いわむらかずお絵本の丘美術館」	『国府台:和洋女子大学文化資料館・博物館学課程報告』第17号	和洋女子大学文化資料館・博物館学課程
鈴木 功	長島 雄一*		1999.11	「近づいていく博物館と学校--「出前授業」(アウトリーチ・プログラム)の実践を中心に」	『福島県立博物館紀要』第14号	福島県立博物館
鈴木 泉			2007	「博物館実習小考-学内実習に関して」	『横浜美術短期大学教育・研究紀要』第3号	トキワ松学園横浜美術短期大学
鈴木 泉			2016.3	「板絵着色大蔵氷川神社奉納絵図の修復・保存について:東京都世田谷区における文化財保護事業の一例紹介と若干の考察」	『奈良美術研究』第17号	早稲田大学奈良美術研究所
鈴木 榮一			2006.5	「ミュージアム活動で発掘する地域の文化資源-岡山における児童文学作家・坪田譲治の事例から-」	『博物館研究』第41巻第5号	日本博物館協会
鈴木 英治			1993.7	『紙の劣化と資料保存』		日本図書館協会
鈴木 英里	初澤 敏生*	佐川 朋子	2017.2	「北海道・東北地方における地域博物館と学校との連携活動に関する調査報告」	『福島大学地域創造』第28巻2号	福島大学地域創造支援センター
鈴木 映理子			1999.3	「ホームページ開設について-大原幽学記念館の場合-」	『Museumちば:千葉県博物館協会研究紀要』30号	千葉県博物館協会
鈴木 一彦			2011.3	『美術館・博物館で働く人たち:しごとの現場としくみがわかる!』		ぺりかん社
鈴木 和博			2009.9	「文化・観光施設におけるサービス生産性向上プロジェクト」	『JMMA日本ミュージアム・マネージメント学会会報』第14巻第2号	日本ミュージアム・マネージメント学会
鈴木 一史			2013.3	「戦争の記憶継承と博物館:明治大学平和教育登戸研究所資料館をめぐる研究動向から」	『人民の歴史学』第195号	東京歴史科学研究会
鈴木 一史			2014.9	「小田原市立図書館における資料保存・活用と学芸員活動:『ひとりMLA』のススメ?」	『アーキビスト:全国歴史資料保存利用機関連絡協議会関東部会会報』No.82	全国歴史資料保存利用機関連絡協議会関東部会
鈴木 勝雄	ドリュン・チョン	ガブリエル・リッター 他	2014.3	『戦後日本美術の新たな語り口を探る ニューヨークと東京、二つの近代美術館の展覧会を通して見えてくるもの:シンポジウム記録集』		国際交流基金
鈴木 克彦			1980	「入館者数及び入管状況の動態と分析」	『青森県立郷土館郷土館研究年報』第5号	青森県立郷土館
鈴木 克彦			1981	「地方歴史民俗資料館の役割と現状」	『青森県立郷土館郷土館研究年報』第6号	青森県立郷土館
鈴木 克美	西 源二郎		1972	「東海大学海洋科学博物館における鑑賞者調査(予報)」	『東海大学海洋科学博物館年報』第1号	東海大学海洋科学博物館
鈴木 克美			1978	「機械水族館(メクアリウム)の開館	『博物館研究』第13巻第7号	日本博物館協会
鈴木 克美			1979	「博物館的水族館の資料収集・保管と研究」	『静岡県博物館協会学芸職員研究紀要』第3号	静岡県博物館協会
鈴木 克美			1988.2	「東海大学海洋科学博物館の学芸活動」	『博物館研究』第23巻第2号	日本博物館協会
鈴木 克美			1989	「博物館の機能と教育活動」	『望星』第20巻4号	東海教育研究所
鈴木 克美			1989.11	「水族館の新たな潮流--葛西臨海水族園ガラス窓の向こうから、海の神秘が見えてくる--アクアリウムの行方」	『FRONT』第2巻第2号	リバーフロント整備センター
鈴木 克美			1991	「水族館の研究」	『遺伝:生物の科学』第44巻第1号	エヌ・ティー・エス
鈴木 克美			1991	「水の世界への憧れ アクアビジネスの時代」	『コインエイジ』61	
鈴木 克美			1992	「水族館の歴史と課題」	『京浜文化』第34巻1号	神奈川県立川崎図書館
鈴木 克美			1992	「水族館ブームの意味を探る」	『本』第17巻4号	講談社
鈴木 克美			1992	「「小さな世界の大きな不思議」ズームアップ水族館の企画と展示-参加性のある新しい水族館へ向けて-」	『博物館研究』第27巻第10号	日本博物館協会
鈴木 克美			1994	「水族館はワンダーランド 海洋科学博物館への招待」	『望星』第25巻4号	東海大学出版部
鈴木 克美			1994.1	『水族館への招待-魚と人と海』		丸善
鈴木 克美			1995	「水族館の歴史と意義」	『電気工業』第41巻第7号	
鈴木 克美	鈴木 健二		1995	「ちょっと知的に-博物館で見る、学ぶ-」	『望星』第26巻8号	博文館

著者1	著者2	著者3	発行年	論文名・書籍名	掲載誌	発行元
Suzuki.Katsumi			1996	「The past present and future of public aquariums in Japan.」	『Proceedings of 4th International Aquarium Congress』	Congress Central Office of IAC '96/Tokyo Sea Life Park
鈴木 克美			1999	「魚鑑賞の文化史観る楽しみの発見」	『別冊歴史読本』特別号	新人物往来社
鈴木 克美			1999.12	「二十一世紀に水族館は」	『博物館研究』第34巻第12号	日本博物館協会
鈴木 克美			2000.4	「現代社会と博物館 障害者と博物館」	『新版博物館学講座 第3巻 現代博物館論-現状と課題-』	雄山閣
鈴木 克美			2001	「わが国の黎明期水族館史再検討」	『海・人・自然：東海大学博物館研究報告』第3号	東海大学博物館
鈴木 克美			2001	「わが国における水族館創始より第二次大戦前まで58年間の水族館史概説」	『動物園水族館雑誌』第42巻4号	日本動物園水族館協会
鈴木 克美			2002	「神奈川県の水族館史―首都近郊における明治23年（1890）以降の水族館の発展―」	『海・人・自然：東海大学博物館研究報告』第4号	東海大学博物館
鈴木 克美			2003	「静岡県における水族館の歴史と将来展望」	『海・人・自然：東海大学博物館研究報告』第5号	東海大学博物館
鈴木 克美			2003	「浅草公園水族館覚え書」	『海・人・自然：東海大学博物館研究報告』第5号	東海大学博物館
鈴木 克美			2003.7	『ものと人間の文化史113 水族館』		法政大学出版局
鈴木 克美			2003.7	『水族館』		法政大学出版局
鈴木 克美	西 源二郎		2005.2	『水族館学：水族館の望ましい発展のために』		東海大学出版会
鈴木 克美	西 源二郎		2006.8	「水族館学関連主要文献リスト」	『海・人・自然：東海大学博物館研究報告』第8号	東海大学博物館
鈴木 克美			2009.2	「動物園水族館雑誌50巻の原点を振り返る」	『動物園水族館雑誌』第50巻1号	日本動物園水族館協会
鈴木 克美	西 源二郎		2010.12	「水族館学—水族館の発展に期待をこめて」		東海大学出版会
鈴木 克美			2013.6	「日本の水族館とともに」	『水の文化』第44号	ミツカン水の文化センター
鈴木 克美			2014.12	『水族館日記:いつでも明日に夢があった』		東海大学出版部
鈴木 絹江	五木田 悦郎*	木崎 小百合 他	1999.3	「茨城県自然博物館野外の花ごよみの作成」	『茨城県自然博物館研究報告』第2号	ミュージアムパーク茨城県自然博物館
鈴木 邦輝	大谷 洋一*	出利葉 浩司 他	1997.1	「シンポジウム抄録「まちの博物館とアイヌ文化」」	『アイヌ文化』21号	アイヌ無形文化伝承保存会
鈴木 啓史	坪山 幸王	佐藤 信治	2006.7	「水族館における飼育関連諸室に関する研究：その2 調餌室における飼育員の作業行動内容について」	『学術講演梗概集』2006巻	日本建築学会
鈴木 敬信			1931.11	「天文氣象室に就いて」	『自然科學と博物館』第23號	東京博物館
鈴木 賢	増田 実*	礒崎 真英 他	2013.6	「植物工場技術の研究・開発および実証・展示・教育拠点(10)三重実証拠点」	『植物環境工学』第25号2輯	日本植物工場学会
鈴木 健一			2014.3	「佐倉市の文化財を活用した学習指導(1)芝千秋の絵画を用いて」	『千葉敬愛短期大学紀要』第36号	千葉敬愛短期大学
鈴木 健二	鈴木 克美*		1995	「ちょっと知的に-博物館で見る、学ぶ-」	『望星』第26巻8号	博文館
鈴木 健司	中村 清美*	赤松 友成	2010.3	「海洋生物の音を用いた水族館での展示の実践」	『日本ミュージアム・マネージメント学会研究紀要』第14号	日本ミュージアム・マネージメント学会
鈴木 康二			2012.5	「レプリカ展示の意義と限界—「さわる」ことで何がわかるのか」	『さわって楽しむ博物館ユニバーサル・ミュージアムの可能性』	青弓社
鈴木 康二			2016.8	「「想い」をつむぐワークショップ」	『ひとが優しい博物館：ユニバーサル・ミュージアムの新展開』	青弓社
鈴木 晃志郎	井出 明*	深見 聡	2016.12	「近代化産業遺産とダークツーリズム:産業社会の光と影を考える」	『日本観光研究学会全国大会学術論文集』第31巻	日本観光研究学会
鈴木 定明			2002.3	「上総博物館におけるボランティア活動」	『Museumちば：千葉県博物館協会研究紀要』33号	千葉県博物館協会
鈴木 定次			1933	「ルーブル美術館」「ルクサンブル美術館」ほか	『欧洲快遊記』	賢文館
鈴木 聡士	盛 亜也子*		2002	「相対位置評価法の提案と歴史的建築物の評価に関する研究——一般住民・専門家の評価意識特性について—」	『北海道都市地域学会研究論文集』	北海道都市地域学会

著者1	著者2	著者3	発行年	論文名・書籍名	掲載誌	発行元
鈴木 重男			1924	『遠野郷土館一覽』		遠野郷土館
鈴木 重治			1981.12	「マレーシア・インドネシアの博物館とその調査研究活動」	『博物館学年報』第13号	同志社大学博物館学芸員課程
鈴木 重治			2004.12	「学史からみた酒詰仲男博士の博物館學:博物館学講座開設五十周年に寄せて」	『博物館学年報』第36号	同志社大学博物館学芸員課程
鈴木 重治			2017.6	「文化財保護法の成立と月の輪古墳」	『文化財保存70年の歴史:明日への文化遺産』	新泉社
鈴木 茂			2002.6	「お客さまの声を聞くことから始めよう「ミュージアムCS研究会」発足」	『月刊ミュゼ』53号	(株)アム・プロモーション
鈴木 秀一	船木 信一*		2005.3	「リニューアルオープンに伴う展示構成Ⅳ.わくわく探検室」	『秋田県立博物館研究紀要』第30号	秋田県立博物館
鈴木 秀一			2014.8	「「ふるさと秋田」を学ぶ博物館」	『社会教育』第69巻8号	日本青年館「社会教育」編集部
鈴木 修二			1998.11	「広がる香り文化とその施設」	『Aromatopia』第7巻第6号	フレグランスジャーナル社
鈴木 純一			1937	「スンプの應用」	『博物館研究』第10巻第7・8號	日本博物館協會
鈴木 淳一	実川 純一*	井谷 芳明	1999.3	「千葉県立現代産業科学館における教育普及活動の現状と課題-アンケート調査から-」	『千葉県立現代産業科学館研究報告』第5号	千葉県立現代産業科学館
鈴木 庄一			1996.3	「千葉県東方沖地震の場合」	『Museumちば:千葉県博物館協会研究紀要』27号	千葉県博物館協会
鈴木 章生			2010.3	「博物館法改正と博物館学芸員養成教育の課程」	『目白大学高等教育研究』第16号	目白大学教育研究所
鈴木 章生			2012.10	「指定管理者制度と変質する博物館(変わりゆく博物館)」	『博物館危機の時代』	雄山閣
鈴木 章生			2017.11	「歴史博物館における教育普及活動の主体的な歴史学習について」	『國學院雑誌』第118巻第11号	國學院大學
鈴木 伸介			2016.2	「日野春アルプ美術館の概要と提言」	『日本山岳文化学会論集』第13巻	日本山岳文化学会
鈴木 純夏			2016.7	「ウッドスタートで地域を変える:東京おもちゃ美術館の木育事業(7)企業と連携川上～川下つなぐ」	『グリーン・パワー』第451号	森林文化協会
鈴木 純夏			2016.8	「ウッドスタートで地域を変える:東京おもちゃ美術館の木育事業(8)企業も続々と「木育ひろば」」	『グリーン・パワー』第452号	森林文化協会
鈴木 隆雄			2005.9	「博物館における高齢者への対応」	『博物館研究』第40巻第9号	日本博物館協会
鈴木 孝仁	中島 明日香	徳山 直宜	2015.3	「奈良女子大学ミュージアムの文化財保存環境におけるカビ汚染の制御」	『古代学』第7号	奈良女子大学古代学学術研究センター
鈴木 貴之	宮岸 幸正		2010.7	「京都市動物園における観覧者の視覚行動特性に関する研究」	『学術講演梗概集』2010巻	日本建築学会
鈴木 卓治	照井 武彦*	五十嵐 耕一	1996	「博物館におけるコンピュータの活用とマルチメディア」	『博物館指導者研究協議会報告書平成8年度』	日本博物館協会
鈴木 卓治	安達 文夫*	宮田 公佳	2003.1	「歴史研究に関する情報提供方法の検討」	『国立歴史民俗博物館研究報告』第108集	国立歴史民俗博物館
鈴木 卓治	安達 文夫*	徳永 幸生	2013.3	「超高精細画像自在閲覧方式の利用記録による評価」	『国立歴史民俗博物館研究報告』第178集	国立歴史民俗博物館
鈴木 卓治	安達 文夫*	徳永 幸生	2014.1	「合戦図自在閲覧システム:統合モードの適用とその評価」	『国立歴史民俗博物館研究報告』第182集	国立歴史民俗博物館
鈴木 卓治			2015.1	「企画展示「楽器は語る」におけるマルチメディアコンテンツについて」	『国立歴史民俗博物館研究報告』第189巻	国立歴史民俗博物館
鈴木 琢也	右代 啓視*	村上 孝一 他	2011.3	「北方四島の先史文化研究と博物館交流の基礎づくり(1)」	『北海道開拓記念館研究紀要』第39号	北海道開拓記念館
鈴木 琢也	右代 啓視*	村上 孝一 他	2012.3	「北方四島の先史文化研究と博物館交流の基礎づくり(2)」	『北海道開拓記念館研究紀要』第40号	北海道開拓記念館
鈴木 琢也	右代 啓視*	藪中 剛司 他	2013.3	「北方四島の先史文化研究と博物館交流の基礎づくり(3)」	『北海道開拓記念館研究紀要』第41号	北海道開拓記念館
鈴木 琢也	右代 啓視*	藪中 剛司 他	2014.3	「北方四島の先史文化研究と博物館交流の基礎づくり(4)」	『北海道開拓記念館研究紀要』第42号	北海道開拓記念館
鈴木 琢也	右代 啓視*	藪中 剛司 他	2015.3	「北方四島の先史文化研究と博物館交流の基礎づくり(5)」	『北海道開拓記念館研究紀要』第43号	北海道開拓記念館
鈴木 威			1998	『回転座部付介護用車椅子について―美術館・博物館用車椅子の試作と導入―』	『博物館研究』第33巻第8号	日本博物館協会

著者1	著者2	著者3	発行年	論文名・書籍名	掲載誌	発行元
鈴木 武	田原 直樹*	八木 剛 他	2003.5	「「博物館の望ましい姿--市民とともに創る新時代博物館」の今後の活用「博物館の自己点検」を試行して」	『博物館研究』第38巻第5号	日本博物館協会
鈴木 千晶			2013	「大学で学んだこと・博物館で学んだこと」	『静岡大学生涯学習教育研究』第15号	静岡大学イノベーション社会連携推進機構地域連携生涯学習部門
鈴木 恒雄			1969	『自然史博物館の目的と機能』		大日本農会
鈴木 恒雄			1969.11	『博物館発展の趨勢と諸問題』		大日本農会
鈴木 恒雄			1970.3	「博物館機能の診断—ニューアプローチのこころみ—」	『博物館ニュース』第5巻第2号	日本博物館協会
鈴木 定次			1933	『欧洲快遊記』		賢文館
鈴木 哲太郎			1939	「動物園雑記」	『動物を語る』	宮越太陽堂
鈴木 哲太郎			1941	「動物園の寄宿者其の他」	『動物夜話』	高山書店
鈴木 照子			1988.5	「昭和62年度欧州博物館事情視察レポート(2)欧州博物館の展示について」	『博物館研究』第23巻第5号	日本博物館協会
鈴木 敏章			1992.3	「最近10年間の科学館入館者の推移と動向及び誘致宣伝対策について」	『名古屋市科学館紀要』第18号	名古屋市科学館
鈴木 利秋			2008.12	「博物館を第二の教室に-山梨県立博物館と山梨県立考古博物館の博学連携事業」	『歴史と地理』第620号	山川出版社
鈴木 敏治			1982.12	「生活体験を伝えるということ」	『平塚市博物館年報』第6号	平塚市博物館
鈴木 敏之			2010.3	「小・中学校理科教員の博物館利用に関する意識調査について」	『鹿児島県立博物館研究報告』第29号	鹿児島県立博物館
鈴木 敏之			2011	「学校、関係機関と連携したフィールドワーク活動の成果と課題--博物館講座「身近な世界遺産屋久島の自然から学ぼう」の実践を通して」	『鹿児島県立博物館研究報告』第30号	鹿児島県立博物館
鈴木 敏之			2013	「学校と博物館の連携による授業支援の実際と今後の課題について:地質分野の取組をとおして」	『鹿児島県立博物館研究報告』第32号	鹿児島県立博物館
鈴木 敏之			2013.3	「桜島大正噴火遺産の保存および標本化について」	『鹿児島県立博物館研究報告』第32号	鹿児島県立博物館
鈴木 敏之	内村 幸人		2014.3	「博物館教育支援活動における教材・教具の開発の実際と今後の課題-桜島大正噴火100周年行事の取組をとおして-」	『鹿児島県立博物館研究報告』第33号	鹿児島県立博物館
鈴木 智明	勝山 輝男*		1998	「生命の星・地球博物館情報システムについて」	『神奈川県立博物館研究報告.自然科学』第27号	神奈川県立生命の星・地球博物館
鈴木 友也			1987	「文化財保存修理論(試論)」	『保存科学』第26号	東京国立文化財研究所
鈴木 友也			1987	『彩色文化財の劣化と保存に関する実証的研究』		文部省科学研究費補助金研究成果報告書
鈴木 敦省			1960.3	「博物館教師について」	『Mouseion:立教大学博物館研究』第5号	立教大学学校・社会教育講座
鈴木 敦省	草谷 晴夫		1963.3	「博物館に関する意見調査(中間報告)」	『Mouseion:立教大学博物館研究』第9号	立教大学学校・社会教育講座
鈴木 敦省			1964.3	「博物館における観覧行動と調査-概況報告-」	『Mouseion:立教大学博物館研究』第10号	立教大学学校・社会教育講座
鈴木 敦省			1966.3	「観覧行動調査に関する資料」	『Mouseion:立教大学博物館研究』第12号	立教大学学校・社会教育講座
鈴木 直人			2005.3	「地域博物館・研究所における各種教育講座利用者論 北区飛鳥山博物館のこれまでと今後」	『Museologist:明治大学学芸員養成課程年報』第20巻	明治大学学芸員養成課程
鈴木 直行	菅原 徹*	菅井 研二	2011.3	「仙台市科学館小学校理科実験観察アンケート調査における一考察 -1.小学校教員の理科に対する年代別実態を基にした支援策の在り方を探る-」	『仙台市科学館研究報告』第20号	仙台市科学館
鈴木 直行	菅原 徹*	菅野 宏一	2012.3	「仙台市科学館小学校理科実験観察アンケート調査における一考察-2.各単元に関する意識調査を基にした小学校教員への効果的な支援策のあり方-」	『仙台市科学館研究報告』第21号	仙台市科学館
鈴木 肇	小幡 和男		2015.12	「ミュージアムパーク茨城県自然博物館の来館者の意識と動向:アンケート調査からみる20年の軌跡」	『茨城県自然博物館研究報告』第18号	ミュージアムパーク茨城県自然博物館
鈴木 八郎 編			1975	『写真の開祖 上野彦馬』		産業能率短期大学出版部
鈴木 春奈	内藤 誠人*	村田 涼 他	2014.7	「現代の美術館におけるトップライトによる展示室への採光手法の形態的特徴」	『JOURNAL OF ARCHITECTURE AND PLANNING(Transactions of AIJ)』第79号	日本建築学会
鈴木 晴彦 他			2012	「東北地方太平洋沖地震文化財等救援事業における東京国立博物館の活動報告(3)―被災紙資料の脱塩処理―」	『文化財保存修復学会大会研究発表要旨集』第34回	文化財保存修復学会

著者1	著者2	著者3	発行年	論文名・書籍名	掲載誌	発行元
鈴木 仁			2012.12	「都立動物園マスタープランの策定」	『都市公園』第199号	東京都公園協会
鈴木 仁	日下部 龍太*	金 廣植 他	2016.3	「帝国日本が営んだ外地の植民地博物館」	『博物館という装置:帝国・植民地・アイデンティティ』	勉誠出版
鈴木 宏易	杉田 治男 編		2014.3	「水族館での水族の入手から展示まで」	『水族館と海の生き物たち』	恒星社厚生閣
鈴木 廣之	井手 誠之輔*	島尾 新	1991.3	「美術史研究における画像処理技術利用の現段階」	『国立歴史民俗博物館研究報告』第30集	国立歴史民俗博物館
鈴木 廣之			2003.1	『好古家たちの19世紀幕末明治における《物》のアルケオロジー』		吉川弘文館
鈴木 廣之			2005	「文化財保護と博物館」	『美術フォーラム21』第11号	美術フォーラム21刊行会
鈴木 廣之			2013	「古器旧物から美術へ:明治期の公的展示と過去の遺物」	『美術フォーラム21』第28号	美術フォーラム21刊行会
鈴木 誠			1998.5	「文化遺産-保存・整備のパートナーシップ」	『資源環境対策』第34巻第7号(『緑の読本』シリーズ46)	公害対策技術同友会
鈴木 正明	久松 正樹*	飯田 勝明 他	1999.3	「ボランティアによる博物館野外施設でのホタル飼育の記録」	『茨城県自然博物館研究報告』第2号	ミュージアムパーク茨城県自然博物館
鈴木 雅夫	毛利 勝廣		1995.3	「コンピューターを利用したプラネタリウム用スライドの制作について」	『名古屋市科学館紀要』第21号	名古屋市科学館
鈴木 雅夫	北原 政子*	毛利 勝廣	1995.3	「次世代のプラネタリウム」	『名古屋市科学館紀要』第21号	名古屋市科学館
鈴木 雅夫	毛利 勝廣		1996.3	「コンピューターを利用したプラネタリウム用スライドの制作について2」	『名古屋市科学館紀要』第22号	名古屋市科学館
鈴木 雅夫	北原 政子*	毛利 勝廣	1996.3	「名古屋市科学館の天文クラブを考える」	『名古屋市科学館紀要』第22号	名古屋市科学館
鈴木 雅夫	毛利 勝廣*	北原 政子	1996.3	「インターネット継続ドキュメント」	『名古屋市科学館紀要』第22号	名古屋市科学館
鈴木 雅夫	毛利 勝廣*	北原 政子	1997.3	「ハイビジョンによる天体映像の活用」	『名古屋市科学館紀要』第23号	名古屋市科学館
鈴木 雅夫	毛利 勝廣*	野田 学 他	1999.3	「光害の調査と実態」	『名古屋市科学館紀要』第25号	名古屋市科学館
鈴木 雅夫	野田 学*	毛利 勝廣	1999.3	「1998年しし座流星群への取り組み」	『名古屋市科学館紀要』第25号	名古屋市科学館
鈴木 雅夫	毛利 勝廣	北原 政子 他	2001.3	「光害の調査・普及に関する科学館・環境局・環境庁の連携について」	『名古屋市科学館紀要』第27号	名古屋市科学館
鈴木 雅夫	毛利 勝廣*	野田 学	2001.3	「特別展「宇宙展2000」について」	『名古屋市科学館紀要』第27号	名古屋市科学館
鈴木 雅夫	野田 学	毛利 勝廣 他	2006.3	「大望遠鏡を備えた公開天文台の調査」	『名古屋市科学館紀要』第32号	名古屋市科学館
鈴木 雅和			1998	『インターネットによる各種の植物園間のマルチメディアネットワークの構築』		文部省科学研究費補助金研究成果報告書
鈴木 雅道			2011.3	「学校と美術館の連携について:鑑賞教育指導者研修会の実践報告」	『静岡県博物館協会研究紀要』第35号	静岡県博物館協会
鈴木 まどか	中村 隆*	小林 成稔 他	2010.3	「科学館における教育プログラムの効果測定手法に関する調査研究」	『日本ミュージアム・マネージメント学会研究紀要』第14号	日本ミュージアム・マネージメント学会
鈴木 まほろ	畑田 彩*	三橋 弘宗	2008.3	「連載「博物館と生態学」を振り返って」	『日本生態学会誌』第58巻第1号	日本生態学会誌編集委員会
鈴木 まほろ	亀田 佳代子	佐久間 大輔 他	2010.11	「博物館と生態学(14)地域の博物館が担う自然史研究の意義」	『日本生態学会誌』第60巻第3号	日本生態学会誌編集委員会
鈴木 まほろ			2011.10	「岩手県における生物標本のレスキュー-災害に遭った博物館の収蔵標本を救う仕組みとは」	『海洋と生物』第33巻第5号	生物研究社
鈴木 まほろ	大石 雅之		2011.11	「環境保全の現状 津波被災標本を救う:つながる博物館をめざして」	『遺伝:生物の科学』第65巻第6号	エヌ・ティー・エス
鈴木 まほろ	細 将貴*		2012.3	「博物館標本の活用術」	『種生物学研究』第35号	種生物学会
鈴木 まほろ	目時 和哉*	赤沼 英男	2012.10	「東日本大震災被災ミュージアム再生への取り組み」	『博物館研究』第47巻第10号	日本博物館協会
鈴木 まほろ	津波により被災した文化財の保存修復技術の構築と専門機関に関するプロジェクト実行委員会*	赤沼 英男	2015.12	「東日本大震災被災文化財関連文献/ウェブ情報」	『安定化処理～大津波被災文化財保存修復技術連携プロジェクト～』	津波により被災した文化財の保存修復技術の構築と専門機関に関するプロジェクト実行委員会
鈴木 眞理			1996.9	「行政と博物館」	『ミュージアムマネージメント』	東京堂出版

著者1	著者2	著者3	発行年	論文名・書籍名	掲載誌	発行元
鈴木 眞理			1998	「図書紹介教師のための博物館の効果的利用法」	『博物館研究』第33巻第2号	日本博物館協会
鈴木 眞理 編	倉内 史郎*(編)		1998.4	『生涯学習の基礎』		学文社
鈴木 眞理			1999.9	「第5章博物館と生涯学習」	『博物館学シリーズ 1博物館概論』	樹村房
鈴木 眞理			1999	『博物館等の生涯学習施設における専門職員とボランティアの位置に関する研究』		文部省科学研究費補助金研究成果報告書
鈴木 眞理	五十嵐 耕一*	佐原 真 他	2001.5	「親しむ博物館づくり事業と今後の博物館活動」	『生涯学習空間』第6巻3号	ボイックス株式会社
鈴木 眞理			2004.3	「ミュージアム・マネージメント研修（国立科学博物館主催）受講者の追跡調査の概要」	『博物館の機能及びその効果的な運営の在り方に関する実証的研究』	国立科学博物館
鈴木 眞理			2004.7	「国立科学博物館「ミュージアムマネージメント研修」の意義と課題」	『博物館職員の研修に関する調査研究報告書-国立科学博物館「ミュージアムマネージメント研修」受講者の追跡調査-』	社会教育計画研究会
鈴木 眞理			2004.7	「社会教育関係職員と研修」	『博物館職員の研修に関する調査研究報告書-国立科学博物館「ミュージアムマネージメント研修」受講者の追跡調査-』	社会教育計画研究会
鈴木 眞理	糸賀 雅児*	土江 博昭 他	2008.9	「座談会 社会教育法、図書館法、博物館法の改正の意義および今後の社会教育行政の課題」	『文部科学時報』第1592号	ぎょうせい
鈴木 眞理			2008.10	「社会教育三法改正の意味と社会教育の今後の方向」	『社会教育』第63巻10号	全日本社会教育連合会
鈴木 眞理			2014.6	「あらためて博物館におけるボランティアの意味を検討する:『博物館とボランティアの新しい地平』から」	『博物館研究』第49巻第6号	日本博物館協会
鈴木 真理子	都築 章子*		2007	「米国の科学博物館Lawrence Hall of Scienceによる科学数学教育プログラム(GEMS)の概要-サイエンスコミュニケーション活性化のリソースとして」	『滋賀大学教育学部紀要.教育科学』第57号	滋賀大学教育学部
鈴木 真理子	都築 章子*		2007.10	「米国の科学博物館Lawrence Hall of Scienceによる科学数学教育プログラム(GEMS)の概要--サイエンスコミュニケーション活性化のリソースとして」	『日本教育工学会研究報告集』第7巻第4号	日本教育工学会
鈴木 真理子	荻野 哲男*	鳩野 逸生 他	2009.8	「携帯端末を用いたナビゲーションにおける観察活動を促進することを目的とした情報提示」	『日本科学教育学会年会論文集』第33巻	日本科学教育学会
鈴木 真理子	久保 太二*	井福 克也 他	2010.9	「動物園における観察経路の検討:LEGSシステム使用と展示パネル使用の比較」	『日本科学教育学会年会論文集』第34巻	日本科学教育学会
鐸木 道剛			2016.3	「見えない展示、見せない展示」	『岡山大学文学部プロジェクト研究報告書』第23巻	岡山大学文学部
鈴木 みどり	玉蟲 玲子*	河野 哲郎 他	2002.6	「平成12年度こどもミュージアム「さがしてみよう!古代エジプトのなぞ」実施報告」	『MUSEUM』第578号	東京国立博物館
鈴木 みどり			2007.12	「デンバー美術館の教育普及事業-ミュージアム・エデュケーションからビジターズ・エクスペリエンスへ」	『MUSEUM』第611号	東京国立博物館
鈴木 みどり			2011.3	「東京国立博物館盲学校のためのスクールプログラム」から始める博物館のアクセシビリティ:みんなが楽しむ博物館のための第一歩」	『東京国立博物館紀要』第47号	東京国立博物館
鈴木 美和	松澤 誠二*	藤沢 裕美	2003	「さわって、観る-盲学校向け観察支援プログラム-」	『どうぶつと動物園』第55巻9号	東京動物園協会
鈴木 保彦			2007.4	「歌舞伎舞踊衣裳の博物館資料化と情報公開」	『博物館学雑誌』第32巻第2号	全日本博物館学会
鈴木 康之			2009.4	「地域団体との連携による展覧会の開催--「姫谷焼--備後に花開いた初期色絵磁器」展の経緯」	『博物館研究』第44巻第4号	日本博物館協会
鈴木 八司			1974.6	「民衆とともに生きる博物館-東欧諸国・トルコなどを見歩いて-」	『歴史と博物館』第3号	歴博研究会
鈴木 有紀			1996.3	「ビジターへの学習活動の支援について～インタープリテーションの意～」	『愛媛県総合科学博物館研究報告』第1号	愛媛県総合科学博物館
鈴木 有紀			2005	「利用者との「対話」を主とする新しいワークシートの試み 聖徳太子と国宝法隆寺展・家族プログラム『たんけん!はっけん!法隆寺!!』の取り組みから」	『愛媛県美術館年報・研究紀要』第5号	愛媛県美術館
鈴木 有紀			2008	「「対話」に基づくワークシートプログラムの改善と実践について」	『愛媛県美術館年報・研究紀要』第8号	愛媛県美術館
鈴木 有紀	吉崎 文子		2013	「小学1年生を対象とした対話型鑑賞法による連続授業の実践について」	『愛媛県美術館年報・研究紀要』第13号	愛媛県美術館
鈴木 豊			1992.3	「博物館資料と学校教育」	『自然と文化:平塚市博物館研究報告』第15号	平塚市博物館
鈴木 芳生			2007.5	「集客装置としての移動水族館の考察」	『SCJapantoday』第398号	日本ショッピングセンター協会
鈴木 良 編	高木 博志 編		2002.12	『文化財と近代日本』		山川出版社
須田 喜代次			2012.7	「第十回文部省美術展覧会第二部審査主任・森林太郎の激怒:国民美術協会と鷗外(生誕150年記念号)」	『鴎外』第91号	森鴎外記念会

著者1	著者2	著者3	発行年	論文名・書籍名	掲載誌	発行元
スタジオジブリ 編			2015.2	「本屋にない本 館長庵野秀明特撮博物館:ミニチュアで見る昭和平成の技」	『国立国会図書館月報』647	国立国会図書館
須田 将司			2010.3	「オランダ国立教育博物館における教育史・資料の収集・保存・活用」	『東洋大学文学部紀要・教育学科編』第36号	東洋大学
須田 大樹	中村 修美		2011.3	「地域の自然史系博物館が生物多様性保全に果たす役割-埼玉県立自然の博物館の事例を中心に-」	『埼玉県立自然の博物館研究報告』第5号	埼玉県立自然の博物館
隅田 登紀子	桝渕 規彰	古森 絵美	2010	「衣裳博物館における収蔵資料を使った博物館実習の試みについて」	『杉野服飾大学・杉野服飾大学短期大学部紀要』第9巻	杉野服飾大学
スティーブン・バチェルダー	林 正樹*	中嶋 正之 他	2013	「4K超高精細リアルタイムCGによるバーチャル美術館」	『ヒューマンインタフェース学会研究報告集』第15号	ヒューマンインタフェース学会
須都 恵			1998.12	「日本の博物館と学芸員の現状」	『博物館学年報』第30号	同志社大学博物館学芸員課程
須藤 格			2008.8	「文化資料館の地域博物館としての活動-市民との関係性を中心に-」	『文化資料館調査研究報告』第17号	茅ヶ崎市文化資料館
須藤 格			2010.3	「茅ヶ崎市文化資料館と学校教育について-学習利用に関する小中学校教職員アンケート調査の報告-」	『文化資料館調査研究報告』第19号	茅ヶ崎市文化資料館
須藤 治			1992.3	「身近な自然を知ろう～市立市川自然博物館の展示について～」	『Museumちば:千葉県博物館協会研究紀要』23号	千葉県博物館協会
須藤 健一			2010.3	「国立民族学博物館の創設者 梅棹忠夫先生」	『国立民族学博物館研究報告』第35巻第1号	国立民族学博物館
須藤 茂樹			1994.3	「博物館におけるハイビジョンの利用について-徳島県立徳島城博物館を事例として-」	『國學院大學博物館學紀要』第18輯	國學院大學博物館学研究室
須藤 茂樹			1997.1	「四国地区歴史系学芸員・アーキビスト交流集会について」	『史窓』第27号	徳島地方史研究会
須藤 茂樹			2004.3	「さまざまな博物館「連携」の試みをめぐって-模索・小規模地域博物館のこれから」	『國學院大學博物館學紀要』第28輯	國學院大學博物館学研究室
須藤 茂樹			2014.4	「博物館実習Ⅲ履修生による企画展示「名所図会の世界」展について:授業と図書館との連携を模索する」	『凌霄』第19号	四国大学
須藤 茂樹			2015.4	「博物館実習Ⅲ履修生による企画展示「広告宣伝いろいろ」展を振り返って:限られた時間で、集団によって展示することのむずかしさ」	『凌霄』第20号	四国大学
須藤 茂樹			2016	「文化財でまちを元気に:地元学・まるごと博物館という考え方」	『四国大学紀要』第46号	四国大学
須藤 荘一			1913	『動物園:家庭夜話』		實業之日本社
須藤 聡一			2008.10	「楽しいあかりのヒント次世代を担う人が創造をする場-千葉県立現代産業科学館を訪問して」	『照明学会誌』第92巻第10号	照明学会
須藤 友章			2005.3	「博物館に於けるフェミニズム・ジェンダー研究の現状」	『國學院大學博物館學紀要』第29輯	國學院大學博物館学研究室
須藤 友章	菅井 薫*	諏訪 紗弥子	2007.3	「友の会とボランティアの倫理規程—WFFMによる倫理規程の策定と活動—」	『JMMA日本ミュージアム・マネージメント学会会報』第11巻第3号	日本ミュージアム・マネージメント学会
須藤 護	相沢 韶男*		1975	『郷土(民俗)博物館』		日本観光文化研究所
須藤 良子	深津 裕子*	石井 美恵 他	2012.3	「女子美術大学美術館における染織コレクションを中心としたユニバーシティ・ミュージアムの実践」	『女子美術大学研究紀要』第42号	女子美術大学
Strang.Tom	木川 りか*		2005	「文化財展示収蔵環境におけるIPMプログラム:状況と対策の段階的モデル」	『文化財保存修復学会誌』第49巻	文化財保存修復学会
Strang.Tom	木川 りか*		2010.12	「文化財の展示収蔵環境の段階的レベルに応じた生物被害対策について」	『文化財の虫菌害』第60号	文化財虫害研究所
須永 和博			2016.3	「先住民観光と博物館:二風谷アイヌ文化博物館の事例から」	『立教大学観光学部紀要』第18号	立教大学観光学部
須永 哲思			2015	「1950年代社会科における「郷土教育論争」再考:資本を軸とした生活の構造連関把握の可能性」	『教育学研究』第82巻第3号	日本教育学会
須永 剛司	永井 由美子	小早川 真衣子 他	2009.6	「ミュージアム学習活動で利用する視覚的構成作品制作ツールのデザイン」	『デザイン学研究.研究発表大会概要集』第56号	日本デザイン学会
須永 剛司	小早川 真衣子		2010.9	「未知なる活動をかたちづくるデザインの創造過程:ミュージアムにおける表現の場のデザインを事例に」	『認知科学』第17巻第3号	日本認知科学会
砂川 幸雄 編			1981	『美術館・博物館』		南洋堂出版
砂川 幸雄 編			1996	『大倉喜八郎の豪快なる生涯』		南洋堂出版
角南 聡一郎			2016	「日本国内の台湾原住民族資料の概要」	『台湾原住民研究』第20号	風響社

著者1	著者2	著者3	発行年	論文名・書籍名	掲載誌	発行元
角南 聡一郎	石井 季子	橋村 修 他	2016.3	「帝国日本で生まれた博物館の歴史」	『博物館という装置:帝国・植民地・アイデンティティ』	勉誠出版
須之内 元洋			2011.6	「ネットを活用した持続的ミュージアム広報メディアの可能性」	『博物館研究』第46巻第6号	日本博物館協会
春原 史寛	喜多村 徹雄	茂木 一司 他	2015.3	「Gの杜プロジェクト「かこ・いま・みらい」(1)─美術館と大学との連携において学生は何を学んだのか─」	『群馬大学教育実践研究』第32号	群馬大学教育学部附属学校教育臨床総合センター
春原 史寛	喜多村 徹雄	茂木 一司 他	2016.3	「Gの杜プロジェクト「かこ・いま・みらい」(2)─美術館と大学との連携はどのような成果を生んだのか─」	『群馬大学教育実践研究』第33号	群馬大学教育学部附属学校教育臨床総合センター
須之部 友基	斉藤 明子	御巫 由紀 他	1996.3	「収蔵資料の最適な燻蒸の実施:アンケート調査による検討」	『千葉県立中央博物館 自然誌研究報告』第4巻1号	千葉県立中央博物館
Space I 監			2016.7	『全国宇宙科学館ガイド』		恒星社厚生閣
Spence.Graham	アンソニー・ローレンス*	青山 陽子 訳	2007.10	『戦火のバグダッド動物園を救え:知恵と勇気の復興物語』		早川書房
須磨 章	NHK世界遺産プロジェクト		2016.3	『世界遺産 知られざる物語』		KADOKAWA
須磨水族館研究室			1963	「須磨水族館における「科学教室」」	『須磨水族館報告』第2号	須磨水族館
須磨水族館採集班			1962	「須磨水族館における海水水族自家採集」	『動物園水族館雑誌』第4巻2・3号	日本動物園水族館協会
須磨水族館資料展示グループ			1964	「アンケートによる入館者分析1.1956年度春の展示アンケート結果」	『須磨水族館報告』第3号	須磨水族館資料展示
角 和博	中村 隆敏*	吉永 秀明	2009	「科学館との連携によるAR3DCGを用いた学習コンテンツの開発」	『佐賀大学教育実践研究』第26号	佐賀大学文化教育学部附属教育実践総合センター
角 達之助			2000.12	「北海道立北方民族博物館の友の会活動・教育普及活動について」	『Mouseion:立教大学博物館研究』第46号	立教大学学校・社会教育講座
角 康之	門林 理恵子*	西本 一志 他	1999.3	「学芸員と見学者を仲介して博物館展示の意味構造を個人化する手法の提案」	『情報処理学会論文誌』第40巻3号	情報処理学会
角 康之	森元 俊成*	古谷 翔 他	2011.3	「写真上の会話シーンを再利用することによって博物館体験を強化する話題提供エージェント」	『電子情報通信学会技術研究報告』第110巻第454号	電子情報通信学会
角 康之	権瓶 匠*	松村 耕平	2013.12	「展示空間における写真上の会話を利用したロボットガイド」	『電子情報通信学会技術研究報告』第113巻第372号	電子情報通信学会
須見 裕			1984.12	『徳川昭武 中公新書750』		中央公論社
隅 敦			2010.3	「「鑑賞の能力」の評価に関する考察:知識・理解の育成の観点から・鑑賞を表現につなぐ実践の可能性をさぐる」	『美術教育学』第31号	美術科教育学会
スミス・S			2007.3	「ヴィクトリア&アルバート博物館における臨床保存と保存科学の実践に関する方法論と運営」	『博物館における保存学の実践と展望:国際シンポジウム報告書:臨床保存学と21世紀の博物館』	東京国立博物館
住田 高市			1970.11	「展示について」	『博物館問題研究』第1号	博物館問題研究会
住田 高市			2001	「鳥取市歴史博物館のマルチメディア系展示について」	『博物館研究』第36巻第2号	日本博物館協会
住友 陽文			1991	「近代日本の国民教化と文化財保存問題」	『箕面市地域史料集』	箕面市
住友 文彦	水沢 勉	太下 義之 他	2015	「座談会 個性で輝く美術館」	『三田評論』2015年8・9月合併号	慶応義塾
住友 文彦			2015.8	「学芸員の仕事から考える美術館のあり方」	『Zenbi=Zenbiフォーラム:全国美術館会議機関誌』第8巻	全国美術館会議
住友 文彦			2016.4	「相互的な学びの場としての美術館」	『ミュゼオロジーの展開:経営論・資料論』	武蔵野美術大学出版局
住友 元美	白川 哲郎*	竹内 さおり	2012.1	「「大正末～昭和戦前期の女子高等教育に関する資料のデータベース」作成に関わる研究」	『大阪樟蔭女子大学研究紀要』第2号	大阪樟蔭女子大学
角南 勇二			1998.3	「史跡等の文化財を活用した公園整備・まちづくり」	『資源環境対策』第34巻4号(『緑の読本』シリーズ45)	公害対策技術同友会
住本 剛史			1998.1	「運輸証票の収集・保存について」	『博物館学雑誌』第24巻第1号	全日本博物館学会
巣山 弘介	山岸 主門*	小林 伸雄 他	2007	「ミニ学術植物園「みのりの小道」を活用した「学生とともに育つ大学」と「地域とともに歩む大学」づくり」	『島根大学生物資源科学部研究報告』第12号	島根大学生物資源科学部
巣山 弘介	山岸 主門*	小林 伸雄 他	2008.9	「ミニ学術植物園「みのりの小道」を活用した「学生とともに育つ大学」と「地域とともに歩む大学」づくり」	『島根大学生物資源科学部研究報告』第13号	島根大学生物資源科学部
須山 義幸			1974	「ヨーロッパの野外民家博物館」	『都市住宅』第83号	鹿島出版会

著者1	著者2	著者3	発行年	論文名・書籍名	掲載誌	発行元
駿河 一郎			1940	「嶽陽翁記念館設立と在京縣人美術家の會合 全國の洋畫家にこの美擧を知らしめよ」	『駿遠豆』第十五巻新年號	靜岡縣人社
諏訪 紗弥子	菅井 薫*	須藤 友章	2007.3	「友の会とボランティアの倫理規程―WFFMによる倫理規程の策定と活動―」	『JMMA日本ミュージアム・マネージメント学会会報』第11巻第3号	日本ミュージアム・マネージメント学会
諏訪市博物館			1992	『諏訪市博物館のコンピュータ・システム』		諏訪市博物館
駿東教育會			1916	『駿東郡教育會體育衛生展覽會規則』		駿東郡教育會
清 計太郎			1936	「博物館の新展望:鐵道博物館」	『博物館研究』第9巻第5號	日本博物館協會
西 潜	吉田 熏六 記	上田 石腸 編	1887.5	『西洋風俗記』		駿々堂
生活学習審議会			2000	『答申 新しい情報技術を活用した生涯学習の推進方針について』		生活学習審議会
生活構造研究所 編			1984	『世界の博物館は、いま―21世紀の科学館をめざして』		新紀元社
清家 三智	河合 晴生*	前田 淳子 他	2009	「美術館ワークショップの再確認と再考察--草創期を振り返る」	『bp』第4号	富士ゼロックス
清家 三智	井上 敏*	井上 重義 他	2013.12	「座談会 今、博物館団体に求められる底力（1）～大阪会場から」	『博物館研究』第48巻第12号	日本博物館協会
清家 三智			2015.9	「美術館における図書館との連携」	『学校図書館』第779号	全国学校図書館協議会
政治経済研究所付属東京大空襲・戦災資料センター戦争災害研究室 編			2009.3	『国際シンポジウム「世界の被災都市は空襲をどう伝えてきたのか-ゲルニカ・重慶・東京の博物館における展示/記憶継承活動の現在」報告書』		政治経済研究所付属東京大空襲・戦災資料センター戦争災害研究室
清藤 一順			1996.3	「学芸員の今日的課題－小考－」	『千葉経済大学学芸員課程紀要』創刊号	千葉経済大学学芸員課程共同研究室
清藤 一順			2006.3	「我が国における博物館の変遷と課題（その1）」	『千葉県立中央博物館研究報告 人文科学』第9巻2号	千葉県立中央博物館
青土社			1985.2	「特集 博物館学のすすめ 蒐められた物の世界像」	『現代思想』第13巻2号	青土社
成美大学経営情報学部	片山 明久*		2012.3	「歴史的観光地におけるダイナミズムの協奏:岡山県倉敷市を事例に」	『成美大学紀要』第2巻1号	成美大学成美学会
西部瀬戸内古代土器流通検討会			2015.2	『土師器が語る古代の海上交易:文理融合研究にもとづいた博物館展示の制作』		北九州市立自然史・歴史博物館
生物研究社			1997	「特集 水族館探訪」	『海洋と生物』第19巻第1号	生物研究社
西部美術館 編			1985	『西部美術館の10年 ENTRANCE TOART』		リブロポート
西洋絵画修復保存研究会 編			1983	『学芸員のための美術品保存の基礎知識』		西洋絵画修復保存研究
整理保存班			2016.3	「外交史料館における保存活動:保護・代替化を中心に」	『外交史料館報』第29号	外務省外交史料館
聖生 清重			2015.2	「富弘美術館で豊かな心育成」	『振興ぐんま』110号	群馬県教育振興会
Zeotskv.Spence	今井 亜湖*		2010.12	「RFIDを用いた・インタラクティブ展示の開発と評価」	『日本教育工学会研究報告集』第10巻第5号	日本教育工学会
世界動物園機構・IUCN/SSC/	飼育下繁殖専門家集団		1996.7	『世界動物園保全戦略-世界の動物園と水族館が地球環境保全に果たす役割-』		日本動物園水族館協会
瀬川 修	吉岡 裕	戸田 忠祐	2001.2	「茅葺民家の保存利用とその方策についての試み」	『岩手県立博物館研究報告』第18号	岩手県立博物館
瀬川 健			2016.5	「産業世界遺産と保護措置を巡って」	『近畿の産業遺産:近畿産業考古学会誌』第10号	近畿産業考古学会
瀬川 真平			1995	「国民国家を見せる-『うつくしいインドネシア・ミニ公園』における図案・立地・読みの専有」	『人文地理』第47巻3号	人文地理学会
瀬川 智恵			2012	「地域社会における美術館の役割について:山本県の業績と記念館の活動を通して」	『豊饒の日本美術小林忠先生古稀記念論集』	藝華書院
瀬川 三枝子			1999	「五感で楽しめる博物館を」	『ユニバーサル・ミュージアムをめざして―視覚障害者と博物館―』	神奈川県立生命の星・地球博物館
瀬川 ゆき			2009.5	「地域における文学館の可能性--「文学を体験する空間」をつくる」	『博物館研究』第44巻第5号	日本博物館協会
關 重廣			1930.1	「美術館の照明に就いて」	『博物館研究』第3巻第1号	博物館事業促進會

著者1	著者2	著者3	発行年	論文名・書籍名	掲載誌	発行元
關 重廣			1931.11	「陳列物を損傷せぬ陳列函の照明法」	『博物館研究』第4巻第11號	博物館事業促進會
關 重廣			1936.3	「博物館の照明」	『博物館研究』第9巻第3號	日本博物館協會
瀬木 慎一			1969.3	「東京都美術館は美術館か」	『朝日ジャーナル』	朝日新聞社
瀬木 慎一			1979.5	『ビッグ・コレクター』	『ビッグ・コレクター』	新潮選書
瀬木 慎一			1985.6	『日本美術の流出』		駸々堂
関 たか子 著監			2016.7	『夢から生まれた美術館の物語:諏訪湖畔のハーモ美術館に癒やしを求めて』		日経BPコンサルティング
関 隆志			1998.3	『都市と文化財-アテネと大阪』		大阪市立大学国際学術シンポジウム
関 忠夫			1955.4	「博物館の児童教育」	『MUSEUM』第49号	東京国立博物館
関 忠夫			1957.12	『わたしたちの歴史研究博物館 日本児童文庫53』		日本児童文庫刊行会
関 忠夫	伊藤 寿朗 監		1991.7	『わたしたちの歴史研究博物館 博物館基本文献集第19巻』		大空社
関 千代			1990	『わたしの美術館』		大日本絵画
関 俊明	山口 邦弘		2002.8	「高床式建物の組立式構造模型の製作と教材化－縄文人木材建築技術から接合方法を学ぶ－」	『財団法人群馬県埋蔵文化財調査事業団研究紀要』第20号	群馬県埋蔵文化財調査事業団
関 俊明			2013.3	「我が国の火山系列の博物館について」	『國學院大學博物館學紀要』第37輯	國學院大學博物館学研究室
関 俊明			2014.3	「「風土記の丘」構想の再検討から学ぶ」	『國學院大學博物館學紀要』第38輯	國學院大學博物館学研究室
関 俊彦			1985	「ハインリヒ・シーボルトと日本考古学」	『考古学の先覚者たち』	中央公論社
関 直子			2009.3	「ミュージアムというトポスミュージアム」	『芸術の生まれる場(未来を拓く人文・社会科学シリーズ16)』	東信堂
関 直彦			2000	『永遠の友:ピーボディ・エセックス博物館と日本』		リンガシスト
関 紀子			2010.6	「小川一眞の北京城撮影と帝室技芸員任命について」	『MUSEUM』第627号	東京国立博物館
関 秀夫			1993.3	『日本博物館学入門』		雄山閣出版
関 秀夫			2005.6	『博物館の誕生』		岩波書店
関 秀志			1975.3	「明治初期～中期における北海道の博物館-札幌を中心に-」	『北海道開拓記念館研究年報』第4号	北海道開拓記念館
関 秀志			1989	『明治における北海道の博物館-札幌博物場と函館博物場を中心に』		文部省科学研究費補助金研究成果報告書
関 秀志			1991	「明治における北海道の博物館(2)」	『北海道開拓記念館調査報告』第30号	北海道開拓記念館
関 眞規子			2000.3	「ある博物館の試み(新潟県立文書館の場合)」	『けやき:大正大学学芸員課程年報』第4号	大正大学学芸員課程
關 靖			1932	「金沢文庫の現状に就て」	『博物館研究』第5巻第10號	日本博物館協會
関 雄二			1999	『ラテン・アメリカにおける博物館と国家の関係』		文部省科学研究費補助金研究成果報告書
関 雄二			2017.5	「遺跡をめぐるコミュニティの生成」	『文明史のなかの文化遺産』	臨川書店
関 義則			1999	「博物館資料の取り扱い--考古資料梱包の考え方と実技」	『埼玉県立博物館紀要』第24号	埼玉県立博物館
関 義則			2000	「展覧会の運営実務について」	『埼玉県立博物館紀要』第25号	埼玉県立博物館
關口 鍈太郎			1926	「都市緑地問題」	『造園學雜誌』第2巻第12號	日本造園學會
關口 鍈太郎			1926	「理想の都市計畫」	『造園學雜誌』第2巻第9號	日本造園學會

著者1	著者2	著者3	発行年	論文名・書籍名	掲載誌	発行元
關口 鍈太郎			1930	「野外博物館に就いて」	『造園藝術』第1年第11輯	日本造園學會・造園藝術社
関口 孝明			2006.3	「さきたま資料館の教育普及活動-体験的な活動を中心として-」	『埼玉県立さきたま資料館調査研究報告』第19号	埼玉県立さきたま資料館
関口 哲矢			2007.3	「私の望む歴史系博物館像」	『歴史評論』第683号	校倉書房
関口 広次			2014.4	「大阪市立東洋陶磁美術館『定窯・優雅なる白の世界-窯址発掘成果展』を観て 定窯の陶片資料」	『陶説』第733号	日本陶磁協会
関口 洋美	有田 寛之*		2006.9	「博物館展示解説における作成者の意図と来館者の印象の違い」	『教育心理学会第48回総会論文集』	教育心理学会
関口 洋美	有田 寛之*		2007.3	「展示解説におけるコミュニケーションギャップの調査」	『科学コミュニケーターに期待される資質・能力とその養成プログラムに関する基礎的研究』	文部省科学研究費補助金研究成果報告書
関口 洋美	吉村 浩一*		2012.3	「UXデザインから捉えた美術館の展示解説(1)—問題提起と研究計画の設定—」	『法政大学文学部紀要』第66号	法政大学文学部
関口 洋美	吉村 浩一*		2013.3	「UXデザインから捉えた美術館の展示解説(2)実証実験と理論的考察」	『法政大学文学部紀要』第67号	法政大学文学部
関口 洋美	吉村 浩一*		2015.09	「美術館と博物館の展示解説が相互に学ぶこと:展示専門家へのインタビューに基づく展望」	『法政大学文学部紀要』第71号	法政大学文学部
関次 和子			2008.5	「小規模図書館奮戦記(その139)東京都写真美術館図書室存在感ある図書室運営-写真・映像文化発信の場として」	『図書館雑誌』第102巻第5号	日本図書館協会
関田 国吉	深澤 敦子*		2013.11	「神代植物公園植物多様性センターの開設と今後の方向性」	『日本植物園協会誌』第48号	日本植物園協会
関谷 泰弘			2014.9	「若者はなぜミュージアムに来ないのか?:我が国ミュージアムと東京国立博物館を事例とした非来館動機に関する研究」	『文化経済学』第11巻第2号	文化経済学会〈日本〉
関西 剛康			2010.4	「英国王立キュー植物園における「日本の伝統的庭園技術を用いた今日的庭園展示」の経緯とその意義」	『南九州大学研究報告・自然科学編』第40号	南九州大学
関根 俊一			1905.6	「博物館の資料(作品)に付帯する情報・記録とその管理」	『レコード・マネジメント』第33号	記録管理学会
関根 俊一			2003.2	「博物館法におけるいくつかの問題点」	『帝塚山大学短期大学部紀要』第40号	帝塚山大学短期大学部
関根 俊一			2010.3	「文化財の保護・活用と専門的人材の養成」	『日本文化史研究』第41号	日本文化史研究会
関根 則幸			2014.1	「ミネソタ科学博物館の学習支援活動について」	『博物館研究』第49巻第547号	日本博物館協会
関根 仁			2001.3	「1876年フィラデルフィア万国博覧会と日本」	『中央史学』24号	中央大学
関根 由実	大原 一興	江水 是仁	2010.7	「美術館における混在度合いによる観覧動態に関する研究」	『学術講演梗概集』2010巻	日本建築学会
関野 久美子	加藤 裕子*	小嶋 倫子 他	1979.11	「養護学校と博物館」	『平塚市博物館年報』第3号	平塚市博物館
關野 貞			1916	「名勝舊蹟の破壊」	『建築雑誌』第30輯第356號	日本建築學會
關野 貞			1934	「保存上重要美術品の複製をつくれ」	『博物館研究』第7巻第7號	日本博物館協會
関野 樹			2017.3	「コンピューターによる時間情報の記述と活用」	『〈総合資料学〉の挑戦-異分野融合研究の最前線』	吉川弘文館
関野 克			1964.3	「文化財保存科学研究概説」	『保存科学』第1号	東京国立文化財研究所
関野 克			1966.9	「新領域が開かれた文化財の保存と活用」	『フォト』第13巻第17号	時事画報社
石仏考古学会	地域歴史民俗考古研究所*	少年少女文化財教室	1983	「少年少女文化財教室」	『資料論集』	石仏を記録する部会、石仏考古学会
関本 陽二	金田 大輔*	熊谷 亮平 他	2010.7	「「黄金分割」に着目した国立西洋美術館初期案の配置計画の分析:ムンダネウムの配置計画との関連を通して」	『学術講演梗概集』2010巻	日本建築学会
関屋 竜夫			1990.4	「田中芳男のこと」	『国立科学博物館ニュース』第252号	国立科学博物館
關谷 貞三郎			1914	「列強國民の愛國心と體育」	『斯民』第9編第7号	中央報徳會
関山 邦宏			1993.4	「文部省「学事奨励品付与例」(明治15年)と東京教育博物館の活動-千葉県下諸学校への理化学器械等の交付を事例として—」	『国府台:博物館学課程年報』第4号	和洋女子大学文化資料館
関山 英夫			1966	『野口英世記念館の歩み』		野口英世記念館

著者1	著者2	著者3	発行年	論文名・書籍名	掲載誌	発行元
関谷 泰弘			2012.9	「ミュージアムにおける企業スポンサーシップと持続可能性の関係性の研究:社会とミュージアムを結びつけるキーファクターとして」	『文化経済学』第9巻第2号	文化経済学会
関谷 泰弘			2015.9	「東京国立博物館における若者向けミュージアム・イベント「博物館で野外シネマ」を事例とした鑑賞者開発の研究」	『文化経済学』第12巻第2号	文化経済学会
関屋 龍吉			1975.11	『社会教育事始め』		顕彰会出版局
世古 一穂			1993	「子どもミュージアムと環境教育環境学習とまちづくりの視点から」	『子どもと環境教育』	東海大学出版会
瀬古 繁喜	呂 俊民*	石黒 武 他	2008.7	「美術館・博物館における空気環境の最適化に関する研究:その1 展示・収蔵環境の空気質の解析」	『学術講演梗概集』2008巻	日本建築学会
瀬古 繁喜	呂 俊民*	佐野 千絵	2009.7	「美術館・博物館における空気環境の最適化に関する研究:その2 展示ケースの酸性雰囲気について」	『学術講演梗概集』2009巻	日本建築学会
瀬崎 啓次郎 他編			1979	『たのしい水族館 江の島水族館25年のあゆみ』		江ノ島水族館
世田谷区郷土資料館 編			1984	『館報20年の歩み』		世田谷区郷土資料館
世田谷美術館 編			1987	『日本の美術館建築展』		世田谷美術館
世田谷美術館	塚田 美紀	小川 智紀	2010.3	『美術館と出会う、それから?:ワークショップ「誰もいない美術館で」の記録』		世田谷美術館
攝待 尚子	高橋 真実	菊池 義廣 他	2013.3	「科学館の人・物を活用した小学校向け館内学習活動の提案」	『仙台市科学館研究報告』第22号	仙台市科学館
説田 建一	時田 賢一		2005	「明治から大正にかけて活躍した標本商、長與について」	『岐阜県博物館調査研究報告』第26号	岐阜県博物館
瀬戸 要			2006.5	「佐賀城本丸歴史館における〔佐賀〕県民協働活動」	『博物館研究』第41巻第5号	日本博物館協会
瀬戸 寿一	矢野 桂司*	河原 大 他	2010.1	「デジタルミュージアム構築のための通り景観復原--京都の三条通を事例に」	『電子情報通信学会技術研究報告』第110巻第382号	電子情報通信学会
瀬戸 久夫			2005.3	「千葉県立関宿城博物館における福祉事業福祉に向けた博物館」	『Museumちば:千葉県博物館協会研究紀要』36号	千葉県博物館協会
銭谷 武平			1998.8	『畔田翠山伝-もう一人の熊楠-』		東方出版
瀬能 宏			1999	『写真を媒介とした博物館を中心とするネットワーク形成と魚類研究への応用』		文部省科学研究費補助金研究成果報告書
瀬能 宏			2015.5	「自然史標本と博物館」	『学術の動向』第20巻第5号	日本学術協力財団
妹尾 裕介			2014.7	「国際シンポジウムAPRU Research Symposium on UNIVERSITY MUSEUM 2014」	『京都大学総合博物館ニュースレター』No.31	京都大学総合博物館
セブン&アイ出版 編			2017.6	『国立新美術館を遊びつくす』		セブン&アイ出版
セラ・アン・マントン			2010.3	「日本の博物館における外国人向けのサービス--現状・問題・理想」	『Museum study:明治大学学芸員養成課程紀要』第21号	明治大学学芸員養成課程
芹沢 俊介			1976.3	「自然史系中小博物館における教育活動の構成	『博物館学雑誌』第1巻第2号	全日本博物館学会
Sergio.Torremocha	小川 洋子*	Yoshiko.Sugiyama	2014	『Elmuseodelsilencio』		EditorialFunambulista
Serena.Oh	河野 英一 編集責任		2014.1	「シンガポールにおける野生動物および動物園動物の感染症制御」	『国際的な動物園ネットワークを用いた野生動物感染症の早期警報システム』	龍溪書舎
全 泓奎	川本 綾	中西 雄二	2014.7	「エスニックミュージアムづくりを通じた多文化共生型コミュニティの創生と地域再生に関する研究」	『豊かな高齢社会の探求調査研究報告書』vol.22	ユニベール財団
全 泓奎	川本 綾	中西 雄二 他	2015.3	『エスニックミュージアムによるコミュニティ再生への挑戦』		大阪公立大学共同出版会
全 京秀	大野 左千夫 訳		1998.2	「博物館の世界化と地域研究」	『和歌山市立博物館研究紀要』第12号	和歌山市立博物館
全 京秀			1999.12	「韓国博物館史における表象の政治人類学−植民地主義、民族主義、そして展望としてのグローバリズム−」	『国立民族学博物館研究報告』第24巻第2号	国立民族学博物館
全 京秀	中見 立夫*		2016.3	「帝国主義の欲望を担った博物館」	『博物館という装置:帝国・植民地・アイデンティティ』	勉誠出版
千 宗屋	山下 裕二*		2014.11	「プロローグ 僕らが京博ユーザーになったワケ」	『芸術新潮』第65巻第11号	新潮社
千賀 しほ	大鹿 聖公		2014	「動物園のフクロウのペリットの教材化(1)フクロウのペリット分析と骨格図作成」	『生物教育』第54巻3・4号	日本生物教育学会

著者1	著者2	著者3	発行年	論文名・書籍名	掲載誌	発行元
千賀 しほ			2014.4	『理科における動物園を活用した教育連携に関する研究』		愛知教育大学
千賀 しほ	大鹿 居依	大鹿 聖公	2015	「動物園のフクロウのペリットの教材化(2)中学校理科『自然と人間』における授業実践とその効果」	『生物教育』第55巻2号	日本生物教育学会
千家 和比古			1982.3	「歴史系博物展示雑考－島根県における遺跡の相当施設化について－」	『國學院大學博物館學紀要』第6輯	國學院大學博物館学研究室
千家 和比古			1983.3	「学校博物館の実相と諸問題－国学院高等学校を媒体として－」	『博物館学雑誌』第8巻第1・2号合併号	全日本博物館学会
全国科学博物館協議会			1974	「Ecomuseum(環境博物館)」	『全科協ニュース』第4巻8号	全国科学博物館協議会
全国科学博物館協議会 編			1980.6	『科学博物館への招待』		東海大学出版会
全国科学博物館協議会			1992	「全科協会員館(園)学校教育と連携した教育活動」	『博物館と学校教育との連携』	全国科学博物館協議会
全国科学博物館協議会			2002	『科学系博物館に対する教育普及活動の調査結果』		全国科学博物館協議会
全國產業博覽會協贊會			1931	「博覽會趣意書」	『濱松市主催全國產業博覽會協贊會誌』	全國產業博覽會協贊會
全国自然保護連合 編			1974	『自然保護の手引き』		全国自然保護連合
全国市長会館			2008.9	「市政ルポ地域の優れた遺産を市民協働で未来への糧に-まちづくりの核は「エコミュージアム」勝山市」	『市政』第57巻第9号	全国市長会館
全国社会福祉協議会			2008.3	「実践充実のサブキャスト(第35回)"行動と知の宝庫"博物館を探る(その1)」	『月刊福祉』第91巻第3号	全国社会福祉協議会
全国社会福祉協議会			2008.4	「実践充実のサブキャスト(第36回)"行動と知の宝庫"博物館を探る(その2)」	『月刊福祉』第91巻第5号	全国社会福祉協議会
全国社会福祉協議会 編			2015.1	「障害者のアートで、地域を活性化する:栃木県認定特定非営利活動法人もうひとつの美術館」	『月刊福祉』第98巻第1号	全国社会福祉協議会
全国船舶無線協会	全国船舶無線工事協会		2014.7	「団体紹介 横浜みなと博物館」	『むせんこうじ:船舶』552	全国船舶無線協会
全国船舶無線工事協会	全国船舶無線協会 *		2014.7	「団体紹介 横浜みなと博物館」	『むせんこうじ:船舶』552	全国船舶無線協会
全国大学博物館学講座協議会			1964	『全国大学博物館学講座開講実態調査報告書(第1回)』		全国大学博物館学講座協議会
全国大学博物館学講座協議会			1966	『全国大学博物館学講座開講実態調査報告書(第2回)』		全国大学博物館学講座協議会
全国大学博物館学講座協議会			1971	『全国大学博物館学講座開講実態調査報告書(第3回)』		全国大学博物館学講座協議会
全国大学博物館学講座協議会			1977.3	『全国大学博物館学講座開講実態調査報告書(第4回)』		全国大学博物館学講座協議会
全国大学博物館学講座協議会			1981.9	『全国大学博物館学講座開講実態調査報告書(第5回)』		全国大学博物館学講座協議会
全国大学博物館学講座協議会			1986.11	『全国大学博物館学講座開講実態調査報告書(第6回)』		全国大学博物館学講座協議会
全国大学博物館学講座協議会			1991.11	『全国大学博物館学講座開講実態調査報告書(第7回)』		全国大学博物館学講座協議会
全国大学博物館学講座協議会			1997.3	『全国大学博物館学講座開講実態調査報告書(第8回)』		全国大学博物館学講座協議会
全国大学博物館学講座協議会			2002.3	『全国大学博物館学講座開講実態調査報告書(第9回)』		全国大学博物館学講座協議会
全国大学博物館学講座協議会			2006.3	『全国大学博物館学講座開講実態調査報告書(第10回)』		全国大学博物館学講座協議会
全国大学博物館学講座協議会			2011.3	『全国大学博物館学講座開講実態調査報告書(第11回)』		全国大学博物館学講座協議会
全国大学博物館学講座協議会関西部会			1985	『博物館学概説』		佛教大学
全国大学博物館学講座協議会実態調査編集委員会			1998.3	「博物館学講座の実態分析」	『全博協研究紀要』第5号	全国大学博物館学講座協議会
全国大学博物館学講座協議会西日本部会			2002	『博物館実習マニュアル』		芙蓉書房出版
全国大学博物館学講座議会西日本部会 編			2002.2	『概説博物館学』		芙蓉書房出版

著者1	著者2	著者3	発行年	論文名・書籍名	掲載誌	発行元
全国大学博物館学講座協議会西日本部会			2008.3	『新しい博物館学』		芙蓉書房出版
全国大学博物館学講座協議会西日本部会 編			2012.3	『新時代の博物館学』		芙蓉書房出版
全国土地改良事業団体連合会・農村環境整備センター			2000.3	『むらの小さな博物館-農業農村整備資料館事例集』		全国土地改良事業団体連合会・農村環境整備センター
全国農村青少年教育振興会			1964	『展示教育施設に関する参考資料』		全国農村青少年教育振興会
全國博物館協議會			1943	「全國博物館協議會議事概要」	『博物館研究』第16巻第1號	日本博物館協會
全国博物館における地域子ども教室推進事業運営協議会			2006.3	『地域子供教室推進事業報告書』		全国博物館における地域子ども教室推進事業運営協議会
全国美術館会議 編			1981.1	『全国美術館ガイド』		美術出版社
全国美術館会議 編			1989.4	『全国美術館ガイド 美術手帖1989年4月号増刊』		美術出版社
全国美術館会議事務局			1995.9	『阪神大震災美術館・博物館総合調査報告Ⅰ』		全国美術館会議
全国美術館会議事務局			1996.5	『阪神大震災美術館・博物館総合調査報告Ⅱ』		全国美術館会議
全国美術館会議博物館法検討委員会			2000	『博物館法検討委員会中間報告美術館基準(案)』		全国美術館会議
全国美術館会議事務局	全国美術館会議東日本大震災美術館・博物館総合調査分科会＊編		2014.5	『東日本大震災美術館・博物館総合調査報告：全国美術館会議』		全国美術館会議
全国美術館会議東日本大震災美術館・博物館総合調査分科会 編	全国美術館会議事務局		2014.5	『東日本大震災美術館・博物館総合調査報告：全国美術館会議』		全国美術館会議
全国ビルメンテナンス協会			2007.9	「時を継ぐメンテナンスが息づく建物(134)京都国立博物館(前)」	『ビルメンテナンス』第42巻第9号	全国ビルメンテナンス協会
全国ビルメンテナンス協会			2007.10	「時を継ぐメンテナンスが息づく建物(135)京都国立博物館(後)」	『ビルメンテナンス』第42巻第10号	全国ビルメンテナンス協会
全国ビルメンテナンス協会			2008.4	「21C・BMを求めて沖縄美(ちゅ)ら海水族館」	『ビルメンテナンス』第43巻第4号	全国ビルメンテナンス協会
全国歴史資料保存利用機関連絡協議会 編			2014.3	「アーカイブズ・ネットワーク：南から北から京都府立総合資料館創立50周年記念事業」	『記録と史料』第24号	全国歴史資料保存利用機関連絡協議会
全国歴史資料保存利用機関連絡協議会 編			2014.3	「アーカイブズ・ネットワーク：南から北から秋田県公文書館20周年記念事業について」	『記録と史料』第24号	全国歴史資料保存利用機関連絡協議会
全国歴史資料保存利用機関連絡協議会 編			2014.3	「アーカイブズ・ネットワーク：南から北から神戸アーカイブ写真館について」	『記録と史料』第24号	全国歴史資料保存利用機関連絡協議会
全国歴史資料保存利用機関連絡協議会 編			2015.3	「アーカイブズ・ネットワーク南から北から三重県総合博物館の公文書館機能について」	『記録と史料』第25号	全国歴史資料保存利用機関連絡協議会
全国歴史資料保存利用機関連絡協議会 編			2015.3	「アーカイブズ・ネットワーク南から北から歴史資料保存事業と資料修復ワークショップ」	『記録と史料』第25号	全国歴史資料保存利用機関連絡協議会
全国歴史資料保存利用機関連絡協議会防災委員会 編			1998.2	『文書館の防災に向けて』		全国歴史資料保存利用機関連絡協議会防災委員会
泉州ミュージアムネットワーク 監	南海電気鉄道 編		1999.11	『泉州ミュージアムネットワーク-南海沿線』		東方出版
千足 信行			2002	「1900年パリ万博とジャポニズム」	『パリー1900ベル・エポックの輝き』展覧会図録	RKB毎日放送
千足 伸行			2014.11	「美術館の思い出」	『NACTreview：国立新美術館研究紀要』第1号	国立新美術館
仙台郷土研究會			1935	「斎藤報恩會博物館の仙台古地圖展覽會」	『仙台郷土研究』第5巻11號	仙台郷土研究會
仙台市市民文化事業団仙台市富沢遺跡保存館	仙台市縄文の森広場 編		2017.2	『まもりつたえる富沢遺跡・山田上ノ台遺跡:これまで/これからの20年・10年:地底の森ミュージアム開館20周年・縄文の森広場開館10周年記念シンポジウム予稿集』		仙台市教育委員会
仙台市縄文の森広場 編	仙台市市民文化事業団仙台市富沢遺跡保存館＊		2017.2	『まもりつたえる富沢遺跡・山田上ノ台遺跡:これまで/これからの20年・10年:地底の森ミュージアム開館20周年・縄文の森広場開館10周年記念シンポジウム予稿集』		仙台市教育委員会
仙台市博物館			2001.3	『仙台市博物館三十年史』		仙台市博物館
仙台市博物館 編			2014.3	『仙台市博物館の資料レスキュー活動:東日本大震災後の取り組み』		仙台市博物館
千代 章一郎	菅井 陽子＊		2008.5	「ル・コルビュジエの「知の博物館」の景観構成」	『日本建築学会近畿支部研究報告集.計画系』第48号	日本建築学会近畿支部

せ

著者1	著者2	著者3	発行年	論文名・書籍名	掲載誌	発行元
千代 章一郎	菅井 陽子*		2008.7	「ル・コルビュジエの「知の博物館」の制作過程と総督官邸との比較」	『学術講演梗概集』2008巻	日本建築学会
千代 章一郎	木原 一郎*		2011.5	「日本国内の平和博物館の内部空間構成による類型」	『日本建築学会近畿支部研究報告集.計画系』第51号	日本建築学会近畿支部
千代 章一郎	木原 一郎*		2012.9	「日本国内の平和博物館の外部動線・内部動線による類型」	『学術講演梗概集』2012巻	日本建築学会
仙台市歴史民俗資料館			1990.2	『仙台市制100周年・歴民開館10周年記念年報-10年のあゆみ-』		仙台市歴史民俗資料館
仙台・宮城ミュージアムアライアンス事務局 編	佐藤 泰*監		2015.3	『東日本大震災とミュージアム』		仙台・宮城ミュージアムアライアンス
千田 絵里子	根岸 奈央*	安藤 元一 他	2014.9	「子供動物園のふれあい施設における入場者の行動」	『東京農業大学農学集報』59	東京農業大学
仙田 考	桑原 淳司*		2003.1	「大型複合遊具の安全性と安全委員会の役割：茨城県自然博物館"自然発見器"の事例から」	『ランドスケープ研究』第66巻第3号	日本造園学会
仙田 満	前野 望		1980.7	『児童会館・こども博物館の計画(秋田県生涯教育センター+児童会館・こども博物館)』	『新建築』第55巻7号	新建築社
仙田 満			1996.11	「ミュージアム・パーク茨城県自然博物館の設計」	『ランドスケープ研究』第60巻第2号	日本造園学会
仙田 満	篠 直人	矢田 努 他	1999.3	「美術館展示室の建築計画的研究--展示壁面の配置方法と利用者の評価について」	『日本建築学会計画系論文集』第64巻517号	日本建築学会
仙田 満	矢田 努	池田 誠 他	1999.3	「歴史博物館における年間入館者数の経年変化に関する研究」	『日本建築学会計画系論文集』第64巻517号	日本建築学会
仙田 満	矢田 努*		2004	「満足評価よりみた建築・都市計画に関する研究--科学博物館、美術館展示室、子ども病院病棟、室内広場型アトリウムにおける分析より」	『愛知産業大学紀要』第12号	愛知産業大学
仙田 満	中山 豊*		2004.3	「博物館における子どもの利用特性に関する研究--茨城県自然博物館における利用実態調査より」	『日本ミュージアム・マネージメント学会研究紀要』第8号	日本ミュージアム・マネージメント学会
仙田 満			2009.1	「こどもと博物館」	『博物館研究』第44巻第1号	日本博物館協会
全日本社会教育連合会			1979.8	「特集 博物館の利用」	『社会教育』第34巻8号	全日本社会教育連合会
全日本社会教育連合会			1982.5	「特集 学習社会における図書館・博物館」	『社会教育』第37巻5号	全日本社会教育連合会
全日本社会教育連合会			1984.5	「特集 公民館・図書館・博物館」	『社会教育』第39巻5号	全日本社会教育連合会
全日本社会教育連合会 編			2002.5	「フォーラム「総合的な学習の時間がはじまる」--学校と博物館の対話と連携」	『社会教育』第57巻5号	全日本社会教育連合会
全日本社会教育連合会			2008.4	「地域に立脚し、たえず生々発展する博物館-東京都・江戸東京博物館の取り組み」	『社会教育』第63巻4号	全日本社会教育連合会
全日本社会教育連合会			2008.10	「提案現場からの声(総力大特集社会教育法、図書館法、博物館法改正の視座-新しい時代を創る社会教育に蘇生できるか)」	『社会教育』第63巻10号	全日本社会教育連合会
全日本博物館学会			2011.8	『博物館学事典』		雄山閣
千羽 晋示 他			1977	『四季の森林自然観察の手引』		他人館書館
千里文化財団 編			2008	『友の会みんぱく大集合：会員発表報告集・国立民族学博物館友の会発足30周年記念』		千里文化財団
祖一 誠			1999.1	「館種別博物館の企画運営 水族館」	『新版博物館学講座 第12巻博物館経営論』	雄山閣
祖一 誠	村山 司*	内田 詮三	2010.3	『海獣水族館:飼育と展示の生物学』		東海大学出版会
宗 迅	佐藤 公信	清水 忠男	2010.3	「現状調査に基づいた美術館に人を引き付ける要素の可能性に関する研究」	『展示学』第48号	日本展示学会
宋 伯胤	梶山 勝訳		1987.3	「中国博物館の歴史足跡-八十年の実践と理論-」	『名古屋市博物館研究紀要』第10巻	名古屋市博物館
総合研究開発機構			1981.8	「文化施設の経済効果—国立民族学博物館をモデルとして—」	『NIRAOUTPUT』(NRC第79巻第12号)	総合研究開発機構
総合研究開発機構 編	梅棹 忠夫*編		1983.5	『博物館と情報館長対談』		中央公論社
総合研究開発機構 編	梅棹 忠夫*監		1983.11	『文化経済学事始め-文化施設の経済効果と自治体の施設づくり』		学陽書房
総合研究開発機構			1998.3	『アートマネジメントと文化政策-我が国の文化政策の将来構想に関する研究-』		総合研究開発機構

著者1	著者2	著者3	発行年	論文名・書籍名	掲載誌	発行元
綜合マネジメント株式会社	綜合ユニコム株式会社	日本エコノミストセンター	2012	「サンシャイン水族館:"大人も満足できる"水族館として全面リニューアル開業1年目に224万人を集客」	『月刊レジャー産業資料』第45巻第10号	綜合ユニコム株式会社
綜合マネジメント株式会社	綜合ユニコム株式会社	日本エコノミストセンター	2013.8	「鶴岡市立加茂水族館:クラゲ展示で世界一を極め、閉鎖寸前から入館者数は3倍に来年6月には新水族館オープン」	『月刊レジャー産業資料』第46巻8号	綜合ユニコム株式会社
綜合マネジメント株式会社	綜合ユニコム株式会社	日本エコノミストセンター	2013.11	「観光・宿泊産業遊園地・テーマパーク/水族館:積極的な投資とイベントによる効果で震災前の水準を上回り好調に推移」	『月刊レジャー産業資料』第46巻11号	綜合ユニコム株式会社
綜合ユニコム株式会社			2009.6	『テーマパーク&ミュージアムの「参加体験型」ソフト戦略実務集』		綜合ユニコム株式会社
綜合ユニコム株式会社			1978.8	「動物公園・サファリパークの展望」	『月刊レジャー産業資料』第124号	綜合ユニコム株式会社
綜合ユニコム株式会社			1994.1	『ミュージアム(テーマ館・展示館)施設化計画と事業運営資料集博物館/美術館/各種記念館の集客戦略実務マニュアル』		綜合ユニコム株式会社
綜合ユニコム株式会社			1995.8	『ミュージアムショップの経営戦略・グッズ開発資料集博物館・美術館・テーマ館における運用ソフト総研究』		綜合ユニコム株式会社
綜合ユニコム株式会社			1995.9	『ミュージアムデザイニング』		綜合ユニコム株式会社
綜合ユニコム株式会社			1996.4	『映像・展示施設のマルチメディア活用実態資料集－最新技術を用いたメディアデザイン(映像・展示手法)の実態』		綜合ユニコム株式会社
綜合ユニコム株式会社			1997.2	『ミュージアム&公共・文化会館の飲食施設活性化戦略資料集』		綜合ユニコム株式会社
綜合ユニコム株式会社			1998.4	「特集 これからのミュージアムのあり方を考える」	『AMBuisiness』第23号	綜合ユニコム株式会社
綜合ユニコム株式会社			1999.4	『ミュージアム(テーマ館・展示館)施設化計画と事業運営資料集』		綜合ユニコム
綜合ユニコム株式会社			2000.7	『「公設民営」による地域活性化戦略資料』		綜合ユニコム株式会社
綜合ユニコム株式会社	綜合マネジメント株式会社*	日本エコノミストセンター	2012	「サンシャイン水族館:"大人も満足できる"水族館として全面リニューアル開業1年目に224万人を集客」	『月刊レジャー産業資料』第45巻第10号	綜合ユニコム株式会社
綜合ユニコム株式会社	綜合マネジメント株式会社*	日本エコノミストセンター	2013.8	「鶴岡市立加茂水族館:クラゲ展示で世界一を極め、閉鎖寸前から入館者数は3倍に来年6月には新水族館オープン」	『月刊レジャー産業資料』第46巻8号	綜合ユニコム株式会社
綜合ユニコム株式会社	綜合マネジメント株式会社*	日本エコノミストセンター	2013.11	「観光・宿泊産業遊園地・テーマパーク/水族館:積極的な投資とイベントによる効果で震災前の水準を上回り好調に推移」	『月刊レジャー産業資料』第46巻11号	綜合ユニコム株式会社
綜合ユニコム株式会社			2014.8	『水族館開発&リニューアル計画と集客戦略資料集』		綜合ユニコム株式会社
綜合ユニコム株式会社			2014.11	「水族館:新設、再投資が続き、業界全体で大幅な入館者数増により活性化」	『月刊レジャー産業資料』第47巻11号	綜合ユニコム株式会社
綜合ユニコム企画編集部 編			1989	『最新・水族館、マリンランドの開発・運営実務資料集』		綜合ユニコム株式会社
造船資料保存グループ			2010.3	「造船資料保存活動の報告」	『海事博物館研究年報』第38号	神戸大学
相馬 孝昭			2000	「博物館ボランティア活動について〈神奈川県立歴史博物館の現状〉」	『博物館研究』第35巻第11号	日本博物館協会
相馬 保夫			2009.6	「歴史展示のポリティクス－ドイツ歴史博物館をめぐる論争－」	『歴史学研究』第854号	青木書店
総務省			2016.1	『世界文化遺産の保存・管理等に関する実態調査結果に基づく勧告』		総務省
総務省			2016.1	『世界文化遺産の保存・管理等に関する実態調査〈調査結果に基づく勧告〉:報道資料』		総務省
総務省行政評価局			2016.1	『世界文化遺産の保存・管理等に関する実態調査結果報告書』		総務省行政評価局
副島 邦弘			1989.3	「福岡県博物館史」	『國學院大學博物館學紀要』第13輯	國學院大學博物館学研究室
副島 邦弘			2006.3	「近代博覧会の一様相-太宰府博覧会について-」	『國學院大學博物館學紀要』第30輯	國學院大學博物館学研究室
副島 俊哉	岡本 憲明*		1996	「小中学校の余裕教室の有効活用」	『日経地域情報』第238号	日経産業消費研究所
添田 仁	神戸大学大学院人文学研究科地域連携センター 編		2013.7	「戦後郷土史のなかの地域歴史遺産」	『「地域歴史遺産」の可能性』	岩田書院
ソーニャ・ハートネット	野沢 佳織 編		2012.7	『真夜中の動物園』		主婦の友社
十代田 朗	倉澤 知久*	津々見 崇	2011.12	「まちかど博物館の実態と観光的活用に関する研究」	『日本観光研究学会全国大会学術論文集』第26号	日本観光研究学会

著者1	著者2	著者3	発行年	論文名・書籍名	掲載誌	発行元
外垣 宮三郎			1934	「模型製作の苦心」	『博物館研究』第7巻第7號	日本博物館協會
曾根 廣			1934.6	「埋木の模型」	『博物館研究』第7巻第6號	日本博物館協會
曽根 勇二			1995.7	「いささかユニークな博物館ではありますが―庶民の視点を地域博物館に」	『月刊ミュゼ』12号	(株)アム・プロモーション
曽根 良昭	広川 祥子*	有川 健太郎 他	2004.8	「環境再現展示における高齢者のストレス測定(予備報告)」	『大阪市立住まいのミュージアム研究紀要』第2号	大阪市立住まいのミュージアム
園田 直子			1992.4	「第2章文化財の素材と技法 第8節絵画の素材」	『文化財のための保存科学入門』	株式会社飛鳥企画
園田 直子	神庭 信幸		1993.2	「博物館における防虫徴法の動向」	『国立歴史民俗博物館研究報告』第50集	国立歴史民俗博物館
園田 直子			2001.1	「映画フィルムの保存に関する研究の動向」	『国立民族学博物館研究報告』第26巻第4号	国立民族学博物館
園田 直子			2003.2	『合成素材と博物館資料』		国立民族学博物館
園田 直子	木川 りか*	長屋 菜津子 他	2003	「博物館・美術館・図書館等におけるIPM-その基本理念および導入手順について[含資料]-」	『文化財保存修復学会誌』第47巻	文化財保存修復学会
園田 直子			2004	『図書資料の保存-脆弱化した紙の大量強化処理法の開発-』		文部省科学研究費補助金研究成果報告書
園田 直子			2007.3	「国立民族学博物館における有形文化資源の保存管理体制、そして今後の展望」	『博物館における保存学の実践と展望:国際シンポジウム報告書:臨床保存学と21世紀の博物館』	東京国立博物館
園田 直子	日高 真吾*編		2008.11	『博物館への挑戦:何がどこまでできたのか』		美術の図書三好企画
園田 直子			2010.1	『紙と本の保存科学第2版』		岩田書院
園田 直子	日高 真吾	末森 薫 他	2016	「博物館におけるLED照明の現状:2015年夏国立民族学博物館展示場での実験データから」	『国立民族学博物館研究報告』第40巻第4号	国立民族学博物館
園田 英弘			1986	「博覧会時代の背景」	『万国博覧会の研究』	思文閣
薗田 稔			1999.7	「町ぐるみ回遊型の祭礼博物館作りを！―マチおこしの提言―」	『柞乃杜秩父神社社報』第19号	秩父神社
其田 良雄			1994.6	「旭川博物館の普及活動」	『博物館研究』第29巻第6号	日本博物館協会
園原 謙			1990.11	「"平和博物館"の現状と課題」	『月刊社会教育』第34巻11号	国土社
園原 謙			2008.3	「博物館づくり-沖縄県立博物館新館常設展示の場合-」	『沖縄県立博物館・美術館博物館紀要』第1号	沖縄県立博物館・美術館
園部 力雄			1998	「展示に関する調査研究--樹液に集まる昆虫について」	『栃木県立博物館研究紀要』第15号	栃木県立博物館
ソフィー・リチャード			2016	「美術館を巡るという旅」	『Kotoba:多様性を考える言論誌』第24号	集英社
祖父江 孝男 編	梅棹 忠夫*編		1979.5	『世界の博物館.22 国立民族学博物館:諸民族の文化と相互理解』		講談社
ソ・ミギョン	苗村 健		2012.6	「ミュージアムにおける名札を用いた鑑賞者の鑑賞方向センシングの基礎検討」	『映像情報メディア学会技術報告』第36巻第25号	映像情報メディア学会
ソ・ミギョン	苗村 健		2012.6	「ミュージアムにおける名札を用いた鑑賞者の鑑賞方向センシングの基礎検討」	『電子情報通信学会技術研究報告』第112巻第106号	電子情報通信学会
ソ・ミギョン	苗村 健		2013.3	「名札を用いた来館者の鑑賞方向センシングにおける展示物の配置間隔の影響(イメージ・メディア・クオリティ)」	『電子情報通信学会技術研究報告』第112巻第472号	電子情報通信学会
ソ・ミギョン	苗村 健		2013.3	「名札を用いた来館者の鑑賞方向センシングにおける展示物の配置間隔の影響(画像工学)」	『電子情報通信学会技術研究報告』第112巻第473号	電子情報通信学会
ソ・ミギョン	苗村 健		2013.3	「名札を用いた来館者の鑑賞方向センシングにおける展示物の配置間隔の影響(マルチメディア・仮想環境基礎)」	『電子情報通信学会技術研究報告』第112巻第474号	電子情報通信学会
ソ・ミギョン	苗村 健		2013.3	「名札を用いた来館者の鑑賞方向センシングにおける展示物の配置間隔の影響(福祉情報工学)」	『電子情報通信学会技術研究報告』第112巻第475号	電子情報通信学会
染井 千佳	森 いづみ*	餌取 直子	2016	「小さい組織の学内MLA連携から世界のMALUI連携へ-お茶の水女子大学附属図書館と歴史資料館の取組みのご紹介」	『専門図書館』275号	専門図書館協議会
染川 香澄	西川 豊子	増山 均	1993	『子ども博物館から広がる世界』		たかの書房
染川 香澄			1994	『こどものための博物館-世界の実例を見る』		岩波書店

著者1	著者2	著者3	発行年	論文名・書籍名	掲載誌	発行元
染川 香澄			1995.5	「インフォーマル教育の場所としての「こどもの博物館」」	『月刊ミュゼ』11号	(株)アム・プロモーション
染川 香澄	吹田 恭子		1996	『ハンズ・オンは楽しい見て、さわって、遊べるこどもの博物館』		工作舎
染川 香澄			1999.1	「館種別博物館の企画運営 子どもの博物館」	『新版博物館学講座 第12巻博物館経営論』	雄山閣
染川 香澄	芦谷 美奈子*		2000	「ハンズオンとメッセージの伝わり方～琵琶湖博物館の事例から～」	『日本ミュージアム・マネージメント学会研究紀要』第18号	日本ミュージアム・マネージメント学会
染川 香澄			2000.2	「館種別博物館の展示活動 子どもの博物館」	『新版博物館学講座 第9巻博物館展示法』	雄山閣
染川 香澄	ティム・コールトン*	芦谷 美奈子 他	2000.3	『ハンズオンとこれからの博物館－インタラクティブ系博物館科学館に学ぶ経営と理念』		東海大学出版社
染川 香澄			2000.4	「館種別博物館の役割と使命 子どもの博物館」	『新版博物館学講座 第3巻現代博物館論-現状と課題-』	雄山閣
染川 香澄	井上 晴貴*	菊池 恵子 他	2001	「展示評価委員報告とアンケート結果」	『大阪市立科学館研究報告』第11号	大阪市立科学館
染川 香澄	芦谷 美奈子		2001.1	「博物館と利用者をもっともっと近づけたいハンズオンとこれからの展示手法」	『Cultivate:文化と環境を考える』第13号	文化環境研究所
染川 香澄			2007.4	「博物館でハンズ・オン」	『だれもが楽しめるユニバーサル・ミュージアム:"つくる"と"ひらく"の現場から』	読書工房
染川 香澄	布谷 知夫*		2010.1	「「友だちができる博物館」づくり--三重県立新博物館ティーンズ・プロジェクト」	『博物館研究』第45巻第10号	日本博物館協会
染谷 恵久子			1963	「展示品の説明にオーディオガイドの利用について」	『神奈川県博物館協会会報』第11号	神奈川県博物館協会
染谷 省三			2014.12	「新宿に新たな文化拠点、中村屋サロン美術館がオープン 伝統の継承と新たな芸術活動を支援:インタビュー染谷省三(中村屋サロン美術館長)」	『月刊美術』第40巻第12号	サン・アート
染谷 彰	神谷 明宏*	廣田 泰輔	2009.9	「電気電子・情報関連の卓越技術データベースと照明の取り組み:Web「電気のデジタル博物館」」	『照明学会誌』第93巻第10号	社団法人照明学会
祖谷 勝紀			1972	「上野動物園に於けるラベルの利用状況調査について」	『第19回全国博物館大会報告書』	日本博物館協会
祖谷 勝紀	中川 志郎	遠藤 悟朗 他	1975.6	「上野動物園における新しい制止ラベルとその効果」	『動物園水族館雑誌』第16巻4号	日本動物園水族館協会
白井 忠雄			1999.3	「ガイダンス博物館実習の創意と工夫—滋賀県高島町歴史民俗資料館の場合—」	『大谷大学博物館学課程年報』第10号	大谷大学博物館学課程委員会
孫 長慶	高 暁梅 編		1993	「黒竜江省博物館機構沿革」	『黒竜江省博物館七十年』	黒竜江人民出版社
尊田 是			1940	「新京本館動態/第五回博物館の夕(通俗學術講演會)」	『滿洲帝國國立中央博物館時報』第四號	滿洲帝國國立中央博物館
尊田 是			1941	「民俗博物館に関する座談会記録」	『滿洲帝國國立中央博物館時報』第十〇號	滿洲帝國國立中央博物館
尊田 是			1941	「博物館雑考(II)博物館の解説」	『滿洲帝國國立中央博物館時報』第十五號	滿洲帝國國立中央博物館
ソン・ヨンア	成谷 峻*	橋田 朋子 他	2011.3	「ミュージアムにおける通過人数とCO2濃度の関係の検討」	『電子情報通信学会技術研究報告』第110巻第456号	電子情報通信学会
ソン・ヨンア	橋田 朋子	筧 康明 他	2012.4	「Peaflet:ミュージアムにおける鑑賞体験を反映させた個人別リーフレット」	『情報処理学会論文誌』第53巻第4号	情報処理学会
ダークツーリズム・ジャパン編集部 編			2016.1	『ダークツーリズム・ジャパン:産業遺産の光と影:旅に出て、感じ、考える-世界の見方はひとつではない。』		東邦出版
田井 基文			2016.3	『どうぶつのくに』		講談社
臺 由子			2008.3	「ユベール・ロベールとルーブル宮の美術館計画」	『Museum study:明治大学学芸員養成課程紀要』第19号	明治大学学芸員養成課程
臺 由子			2011	「フランスの博物館史素描」	『Museum study:明治大学学芸員養成課程紀要』第23号	明治大学学芸員養成課程
第1回生涯学習フェスティバル実行委員会			1990.4	『第1回生涯学習フェスティバルのすべて』		第一法規
第2回生涯学習フェスティバル実行委員会			1991.6	『第2回生涯学習フェスティバルのすべて』		第一法規
第3回生涯学習フェスティバル実行委員会			1992.8	『第3回生涯学習フェスティバルのすべて』		第一法規
第3回世界平和博物館会議組織委員会編			1999	『平和をどう展示するか-第3回世界平和博物館会議報告書-』		第3回世界平和博物館会議報告書

た

著者1	著者2	著者3	発行年	論文名・書籍名	掲載誌	発行元
第5回内国勧業博覧会堺水族館事務局			1903	『堺水族館図解』		金港堂書店
泰井 良			2008.12	「これからの美術館のあり方・あるべき姿について」	『博物館研究』第43巻第12号	日本博物館協会
大銀経済経営研究所			2014.10	「株式会社マリーンパレス(大分県大分市):世界でオンリーワンの水族館」	『おおいたの経済と経営』289	大銀経済経営研究所
大銀経済経営研究所			2015.4	「「大分県立美術館OPAM」開館に関する県民意識調査」	『おおいたの経済と経営』第296号	大銀経済経営研究所
大銀経済経営研究所			2015.5	「変貌する大分市中心部に関するアンケート調査」	『おおいたの経済と経営』第296号	大銀経済経営研究所
第五福竜丸平和協会			1977	『都立第五福竜丸展示館管理レポート』		第五福竜丸平和協会
第五福竜丸平和協会	川崎 昭一郎 監		2007.3	『フィールドワーク第五福竜丸展示館:学び・調べ・考えよう』		平和文化
第三銀行経済研究所			2009.3	「訪問シリーズ神宮徴古館・・・創立100周年を迎える伊勢神宮の「歴史と文化の総合博物館」」	『Sanginreport三銀レポート』第27号	第三銀行経済研究所
太地町立くじらの博物館	串本海中公園センター		1982	「本邦水族館所蔵稀種魚類標本の調査」	『動物園水族館雑誌』第24巻1号	日本動物園水族館協会
大臣官房総務課広報室			2015.1	「文部科学省における大学・研究機関等との共同企画広報の実施:文部科学省ミュージアム「情報ひろば」企画展示等【山形大学・北陸先端科学技術大学院大学・京都工芸繊維大学】	『教育委員会月報』第66巻10号	第一法規
大東亞文化協會 編			1942	『大東亞文化の建設—文化の世界性』		白揚社
田井東 浩平			2016	「こうちミュージアムネットワークの活動」	『文化財等防災ネットワーク研究集会第1回』	国立文化財機構奈良文化財研究所埋蔵文化財センター保存修復科学研究室
大頭 肇			1985	「京都動物園とボランティア」	『動物園教育—日本動物園教育研究会10年の歩み—』	日本動物園教育研究会
大日本山林會 編			1913	『田中芳男君七六展覽會記念誌』	『田中芳男君七六展覽會記念誌』	大日本山林會
大日本絵畫講習會			1928	「博物館、美術館」	『懐中書畫便覽』続編	大日本絵畫講習會代理部
大日本教育會			1887.1	「東京教育博物館學術講義」	『大日本教育雜誌』第47號	大日本教育會
大日本山林會 編			1913	『田中芳男君七六展覽會記念誌』		大日本山林會
大日本山林會			1913	「田中芳男君の經歷談」	『田中芳男君七六展覽會記念誌』	大日本山林會
大日本青年團			1942	「郷土資料陳列所の開所と青年團發達資料展覽會」ほか	『大日本青年團史』	大日本青年團
大日本帝國			1889.7	「東京教育博物館移轉」	『官報』第1802號	
大日本農会・農業博物館研究会 編			1970	『ハンガリー農業博物館-その60年のあゆみ-』		大日本農会
大日本聯合青年團 編			1934	「郷土資料陳列所設立の趣意」	『郷土を如何に研究すべきか』	大日本聯合青年團
大日本聯合青年團郷土資料陳列所 編			1936	『年表我國に於ける郷土博物館の發展(稿)』		大日本聯合青年團
大日本連合青年団郷土資料陳列所 編	伊藤 寿朗 監		1990.11	『年表我国に於ける郷土博物館の発展(稿) 博物館基本文献集第6巻』		大空社
大丸 秀士			1998	「動物園における禁止・制止・注意」	『動物園研究』第2巻1号	動物園研究会
大丸 秀士			2000.8	「遠隔授業の可能性」	『動物園研究』第4巻2号	動物園研究会
大丸 秀士			2001	「教育教育的施設としての役割--動物園発、五感で楽しむ体験型教育」	『Relatio』第3巻1号	チクサン出版社
大明 敦			1995	「博物館情報序説-生涯学習時代における博物館情報システム-」	『埼玉県立博物館紀要』第19号	埼玉県立博物館
大明 敦			2006.3	「さきたま資料館所蔵民俗資料の整理と移動」	『埼玉県立さきたま資料館調査研究報告』第19号	埼玉県立さきたま資料館
大明 敦			2007.3	「博物館資料情報データベースの構築に向けて-博物館におけるドキュメンテーションの意義と必要性」	『埼玉県立歴史と民俗の博物館紀要』第1号	埼玉県立歴史と民俗の博物館
大明 敦			2015.3	「特別展「屋根裏部屋の博物館」覚え書き:その開催までを振り返って」	『埼玉県立歴史と民俗の博物館紀要』第9号	埼玉県立歴史と民俗の博物館

著者1	著者2	著者3	発行年	論文名・書籍名	掲載誌	発行元
タイモン・スクリーチ	田中 優子 訳	高山 宏 訳	1998.2	『大江戸視覚革命-十八世紀日本の西洋科学と民衆文化』		作品社
大門 哲			2009	「寄せ物・飾り物・模型—十九世紀金沢における造り物装飾の変容—」	『石川県立歴史博物館紀要』第二十一号	石川県立歴史博物館
ダイヤモンド社 編			2013.4	「再生に学ぶ旭山動物園」	『週刊ダイヤモンド』第101号16輯	ダイヤモンド社
ダイヤモンド社 編			2013.4	「再生に学ぶ加茂水族館」	『週刊ダイヤモンド』第101号16輯	ダイヤモンド社
ダイヤモンド社 編			2013.4	「再生に学ぶ到津(いとうづ)の森公園」	『週刊ダイヤモンド』第101号16輯	ダイヤモンド社
ダイヤモンド社 編			2013.4	「動物園法制定へ」	『週刊ダイヤモンド』第101号16輯	ダイヤモンド社
ダイヤモンド社 編			2013.4	「特集 存在意義を問い続けた130年揺れる動物園挑む水族館問われる意義」	『週刊ダイヤモンド』第101号16輯	ダイヤモンド社
ダイヤモンド社 編			2013.4	「派手さを追求せず入園者獲得に成功オリックス不動産運営の水族館」	『週刊ダイヤモンド』第101号16輯	ダイヤモンド社
ダイヤモンド社 編			2014.9	「JR東・東海に対抗心を燃やす西「京都鉄道博物館」の本気」	『週刊ダイヤモンド』第102号36輯	ダイヤモンド社
平良 哲夫			2000.1	「授業を創る 博物館学習で広がる歴史認識」	『内外教育』第5153号	時事通信社
平 侑子			2015.9	「動物園における見世物性の再考:近代動物園と動物見世物の関係」	『国際広報メディア・観光学ジャーナル』第21号	北海道大学大学院国際広報メディア・観光学院
タイルの本編集室			2014.8	「特集 多治見市モザイクタイルミュージアム建設へ」	『タイルの本』第80号	タイルの本編集室
タイルの本編集室			2014.10	「タイルのある風景(42)リニューアルでグレードアップした"トビカン":東京都美術館の新生と活況。」	『タイルの本』第82号	タイルの本編集室
タイルの本編集室 株式会社			2012.6	「特集 INAXライブミュージアムINAXライブミュージアムに新たな展示館「建築陶器のはじまり館」オープン:大正末期~昭和初期に日本の建築を彩ったテラコッタを屋外展示でも紹介」	『タイルの本』第54号	タイルの本編集室
大禮記念美術館			1933	『大禮記念京都美術館年報』		大禮記念美術館
大禮奉祝會			1931	「大禮記念美術館の建設」	『大禮奉祝會記要』	大禮奉祝會
臺灣山林會			1938	「植物園の經營」	『臺灣の林業』	臺灣山林會
臺灣総督府 編			1926	「植物園の一部(臺北)」	『臺灣事情大正11年』	臺灣総督府
臺灣総督府殖産局商工課 編			1920	「馬尼剌水族館」	『南支那及南洋調査』第43輯	臺灣総督府殖産局商工課
臺灣総督府博物館			1926	『臺灣博物館の手引き』		臺灣総督府博物館
臺灣南方協會 編			1941	「ブイテンゾルグ植物園附屬腊葉館」ほか	『蘭印植物紀行』	三省堂
田海 雅彦	北畠 一範	加藤 隆生	2013.5	「座談会 レジャー施設の集客プロモーション:すみだ水族館(オリックス不動産)×プラネタリウム"満天""天空"(コニカミノルタプラネタリウム)×リアル脱出ゲーム(SCRAP)」	『Toppromotions販促会議』第181号	宣伝会議
田尾 誠敏			1996.3	「ブルガリア共和国の博物館事情」	『全博協研究紀要』第4号	全国大学博物館学講座協議会
田尾 誠敏			2015.9	「観光資源としての史跡と博物館」	『博物館研究』第50巻第9号	日本博物館協会
高井 健司			1998	『考古資料センター・博物館における情報化の基本構想』		出版不明
高井 健司			2007.9	「博物館制度の見直しと公立博物館」	『考古学研究』第54巻第2号	考古学研究会
高井 健司			2010.1	「大阪市における指定管理者制度の導入と運用」	『博物館研究』第45巻第10号	日本博物館協会
高井 健司			2012.12	「評価をめぐる取組みの経過と現状の課題」	『博物館研究』第47巻第12号	日本博物館協会
高井 順三	青木 國夫*	浅井 彬 他	1997.9-1997.11	「座談会 "マルチメディアー平成7・8年度の調査を振り返ってー"1-2」	『博物館研究』第32巻第9号、11号	日本博物館協会
高井 正三			2014	「総合情報基盤センター・デジタル・ミュージアムの試み」	『富山大学総合情報基盤センター広報』第11巻	富山大学総合情報基盤センター
高井 宏子			2013.3	「万国博覧会とデパート:産業社会の博物学から消費社会の記号へ」	『環境創造』第17号	大東文化大学環境創造学会

た

著者1	著者2	著者3	発行年	論文形名・書籍名	掲載誌	発行元
高井 寛			1993.12	「網走支庁管内における博物館の現状と課題」	『道都大学紀要(教養部)』第12号	道都大学紀要編集委員会
高井 寛			1994.12	「宗谷支庁管内における博物館の現状と課題」	『道都大学紀要(社会福祉学部)』第17号	道都大学紀要編集委員会
高井 寛			1995.12	「上川支庁管内における博物館の現状と課題」	『道都大学紀要(社会福祉学部)』第18号	道都大学紀要編集委員会
高井 寛			1996.12	「留萌支庁管内における博物館の現状と課題」	『道都大学紀要(社会福祉学部)』第19号	道都大学紀要編集委員会
高井 寛			1997.12	「根室支庁管内における博物館の現状と課題」	『道都大学紀要(社会福祉学部)』第20号	道都大学紀要編集委員会
高井 寛			1999.2	「釧路支庁管内における博物館の現状と課題」	『道都大学紀要(社会福祉学部)』第22号	道都大学紀要編集委員会
高井 寛			2000.2	「十勝支庁管内における博物館の現状と課題」	『道都大学紀要(社会福祉学部)』第24号	道都大学紀要編集委員会
高井 寛			2000.3	「社会教育施設配置・整備状況の評価について-博物館を中心として-」	『教育学雑誌』第34号	日本大学教育学会
高井 寛			2000.7	「博物館機能変遷-古代ギリシア時代からマルチメディア時代へ-」	『道都大学紀要(社会福祉学部)』第25号	道都大学紀要編集委員会
高井 寛			2001.2	「日高支庁管内における博物館の現状と課題」	『道都大学紀要(社会福祉学部)』第26号	道都大学紀要編集委員会
高井 寛			2001.12	「空知支庁管内における博物館の現状と課題」	『道都大学紀要(社会福祉学部)』第27号	道都大学紀要編集委員会
高井 寛			2002.12	「胆振支庁管内における博物館の現状と課題」	『道都大学紀要(社会福祉学部)』第28号	道都大学紀要編集委員会
高井 寛			2003.3	「そらち・炭鉱の記憶コミュニティ・ミュージアム:構想の意義と課題」	『博物館学雑誌』第28巻第2号	全日本博物館学会
高井 寛			2003.12	「石狩支庁管内における博物館の現状と課題」	『道都大学紀要(社会福祉学部)』第29号	道都大学紀要編集委員会
高井 寛			2004.12	「後志支庁管内における博物館の現状と課題」	『道都大学紀要(社会福祉学部)』第30号	道都大学紀要編集委員会
高井 寛			2006.3	「檜山支庁管内における博物館の現状と課題」	『道都大学紀要(社会福祉学部)』第31号	道都大学紀要編集委員会
高井 寛			2009.3	「北海道における「田園空間博物館」の可能性」	『道都大学紀要.共通教育部』第3号	道都大学
高井 芳昭	新井 重三*		1981.12	「博物館における歴史展示のあり方と実態」	『博物館学雑誌』第7巻第1号	全日本博物館学会
高井 芳昭			1984.3	「コンピュータ利用展示の現状とCAI」	『博物館学雑誌』第9巻第1・2号合併号	全日本博物館学会
高井 芳昭			1985.3	「映像展示に関するコンピュータの影響」	『博物館学雑誌』第10巻第1・2号合併号	全日本博物館学会
高井 芳昭			1985.11	「パーソナルコンピュータとビデオディスクを用いた映像検索システムについて」	『博物館学雑誌』第11巻第1号	全日本博物館学会
高井 芳昭			1986.3	「博物館におけるビデオディスクシステムについて」	『博物館学雑誌』第11巻第2号	全日本博物館学会
高井 芳昭			1986.12	「展示をわかりやすくするための2つの提案」	『博物館学雑誌』第12巻第1号	全日本博物館学会
高井 芳昭			1988.3	「博物館における体験学習について-歴史系博物館の体験学習室を中心に-」	『博物館学雑誌』第13巻第1・2号合併号	全日本博物館学会
田賀井 篤平			2002	『博物館データベースの共用化のための基礎的開発研究』		文部省科学研究費補助金研究成果報告書
田賀井 篤平	橘 由里香		2004.9	「「石の記憶--ヒロシマ・ナガサキ」展とディスプレイデザイン賞」	『UP』第33巻9号	東京大学出版会
高石 邦男			1988.4	「生涯学習の時代における博物館」	『博物館研究』第23巻第4号	日本博物館協会
高石 利佳	井口 崇		2004.3	「袖ケ浦市郷土博物館における子ども向け事業」	『Museumちば:千葉県博物館協会研究紀要』35号	千葉県博物館協会
高井 宏之	坪内 達彦*		2010.7	「動物園の特性と展示形式の変遷に関する考察」	『学術講演梗概集』2010巻	日本建築学会
高井 宏之	坪内 達彦*		2011.2	「動物園の特性と展示形式の変遷に関する考察:世界と日本の動物園との発展過程の比較を通して」	『日本建築学会東海支部研究報告集』第49号	日本建築学会
高岡市美術館友の会			2010.3	『高岡市美術館友の会15周年記念誌』		高岡市美術館友の会

著者1	著者2	著者3	発行年	論文名・書籍名	掲載誌	発行元
高岡 朋三			1931	「医学上より見たる郷土教育」	『郷土科學』第十二號	郷土教育聯盟
高岡 昌江			2017.1	『動物園飼育員・水族館飼育員になるには』		ぺりかん社
高尾 英男			2015.3	「農業開拓史料展示施設の生い立ちと現状、その課題」	『北海道地域文化研究』第7号	北海道地域文化学会
高垣 美菜子			2007.3	「歴史の窓 学生教育と連携した博物館特別展示の方法-國學院大學栃木短期大学日本史学科二十周年記念企画展の開催」	『栃木史学』第21号	國學院大學栃木短期大学史学会
高木 愛子			2009	「歴史的建造物の博物館への活用傾向に関する一考察」	『國學院大學大学院紀要・文学研究科』第41号	國學院大學大学院
高木 厚史			2004.3	「博物館の展示額装における現状と課題」	『國學院大學博物館學紀要』第28輯	國學院大學博物館学研究室
高岸 輝			2009.1	「ミュージアムは生きている」	『日本歴史』第728号	吉川弘文館
高木 崇雄			2008.3	「地方ミュージアムにおける市民協働ワークショップに関する一考察-山口情報芸術センター、市民コーディネータ育成プログラム"meets the Artist"を軸として」	『文化経済学』第6巻第1号	文化経済学会
高木 任之			2007.6	「図書館・博物館」	『用途別消防・建築法規のドッキング講座(下)』	近代消防社
高木 徳郎			2012.6	「文化的景観と世界遺産」	『アジア遊学』第153号	勉誠出版
高木 敏夫			1913	「郷土研究の本領」	『郷土研究』第1巻第1號	郷土研究社
高木 朋美			2015.10	「地域ミュージアムの連携による中山間地観光への取り組み」	『しまね地域共生センター紀要』第2巻	島根県立大学短期大学部松江キャンパスしまね地域共生センター
高木 叙子			2004.12	「博物館におけるIPM実践の一事例-滋賀県安土城考古博物館の場合-」	『文化財の虫菌害』第48号	文化財虫害研究所
高木 叙子			2009.6	「博物館はどこへ行くのか--滋賀県の博物館が抱える諸問題」	『新しい歴史学のために』第274号	京都民科歴史部会
高木 秀雄			2013.3	「ジオパークを活用した地学教育の実践」	『早稲田教育評論』第27巻第1号	早稲田大学教育総合研究所
高木 博志 編	鈴木 良*編		2002.12	『文化財と近代日本』		山川出版社
高木 博志			2012.10	「新自由主義時代の博物館と文化財現地保存の歴史と課題:地域の文化財は地域のもの」	『日本史研究』第602号	日本史研究会
高木 博志			2013.2	「日本美術史/朝鮮美術史の成立」	『世界遺産時代の民俗学グローバル・スタンダードの受容をめぐる日韓比較』	風響社
高木 博彦			1998	「博物館展示の地震対策-柔構造展示へのアプローチ-」	『博物館研究』第33巻第6号	日本博物館協会
高木 博彦			2004	「非接触ICタグ(RFID)を用いた博物館資料の管理-予察-」	『千葉県立現代産業科学館研究報告』第10号	千葉県立現代産業科学館
高木 正煕			2008.12	「まちじゅう博物館を創るという町づくり-山口県萩市」	『新都市』第62巻第12号	都市計画協会
高木 豊	寺澤 勉*		1997.3	「東京モーターショーの小間の印象調査・分析--展示会における小間デザインの印象評価(2)」	『拓殖大学理工学研究報告』第6巻1号	拓殖大学理工学総合研究所
高久 彩			2010	「EU文化政策における博物館収蔵品の流動性--長期貸借の動向から」	『文化政策研究』第4号	日本文化政策学会
高久 彩			2012	「産業政策としての博物館:サウス・ケンジントン博物館の制度についての基礎的考察」	『文化政策研究』第6号	日本文化政策学会
高倉 健一			2016.3	「有形文化遺産.生きている文化遺産の保護・活用と住民の役割」	『中国地域の文化遺産:人類学の視点から』	国立民族学博物館
高倉 健一			2017.5	「住民不在の世界遺産」	『文化遺産と生きる』	臨川書店
高倉 洋彰	安高 啓明		2014	『日中韓の博物館運営—地域博物館と大学博物館—』		雄山閣
高倉 洋彰	安高 啓明*		2014	「Ⅱ大学博物館論-日本の大学博物館」	『日中韓博物館事情—地域博物館と大学博物館—』	雄山閣
高倉 浩樹 編			2015.1	『展示する人類学:日本と異文化をつなぐ対話』		昭和堂
高桑 康雄	芝崎 順司		1993	「美術博物館における来館者の観賞行動について—弥生美術館特別展示「高畠華宵美人画」におけるワークシートの導入—」	『視聴覚教育研究』23号	日本教育メディア学会
高桑 康雄	芝崎 順司*		1995	「美術館における来館者の観賞行動とワークシートの役割について」	『放送教育開発センター研究紀要』第12号	文部省大学共同利用機関放送教育開発センター

著者1	著者2	著者3	発行年	論文名・書籍名	掲載誌	発行元
高桑 祐司	牛島 薫*	小宮 孟 他	2003.3	「博物館運営における連携の戦略的利用の一例--博物館同士および学校との連携によるデリバリーキットの開発」	『日本ミュージアム・マネージメント学会研究紀要』第7号	日本ミュージアム・マネージメント学会
タカザワ ケンジ	柴田 尚子 編		2016.3	『東京都写真美術館総合開館20周年史 一次施設開館から25年のあゆみ』		東京都歴史文化財団 東京都写真美術館
多賀 茂治			2008.9	「新しい博物館像をめざして-兵庫県立考古博物館の挑戦」	『ヒストリア』第211号	大阪歴史学会
多賀 茂治			2009	「博物館等における埋蔵文化財活用の新たな試み」	『考古学研究』第56巻第1号	考古学研究会
高階 秀爾			1990	「せめて図書館にはカタログを」	『読売新聞』1990年7月2日付夕刊	読売新聞社
高階 秀爾			1990.3	「美術図書資料館の在り方」	『Library&InformationScienceNews(LISN)』62号	キハラ株式会社マーケティング室
高階 秀爾			1997.3	『芸術のパトロンたち』		岩波書店
高階 秀爾	北山 晴一*	清水 嘉弘 他	2001.4	「シンポジウム 独立行政法人化で何が変わるか-博物館・美術館の将来を考える-」	『ミュージアム・マガジン・ドーム』第55号	日本文教出版
高階 秀爾 監	ジュヌヴィエーヴ・ブレスク*	遠藤 ゆかり 訳	2004	『ルーヴル美術館の歴史』		創元社
高階 秀爾			2009.3	「はじめに」	『ミュージアム新時代』	慶応義塾大学出版会
高階 秀爾			2009.3	「まとめ-第Ⅱ部を終えて」	『ミュージアム新時代』	慶応義塾大学出版会
高階 秀爾			2009.3	「大原美術館」	『ミュージアム新時代』	慶応義塾大学出版会
高階 秀爾			2014.11	「文化の十字路—美術館の役割」	『NACTreview:国立新美術館研究紀要』第1号	国立新美術館
高島 慶子			1984.1	「百貨店内の美術館における展示の問題」	『Mouseion:立教大学博物館研究』第30号	立教大学学校・社会教育講座
高島 賢	石毛 直道*	宇野 文男 他	2004	「シンポジウム 展示がまちをつくる-食とまちづくり」	『展示学』第38号	日本展示学会
高嶋 賢二	三浦 夏樹*	野村 美紀 他	2016.2	「1調べる・みつける」	『もっと博物館が好きっ！みんなと歩く学芸員』	教育出版センター
高島 大円			1917	「美術館を有せざる美術國」	『熱罵冷評』	丙午出版社
高島 高文			1928	「ブラジル獨立百年祭記念博覽會の日本館」、「ダーバン動物園の排々」	『蛮人の奇習』	京文館
高島 忠平			2002	「吉野ヶ里遺跡の調査、保存、そして整備」	『明日への文化財』第48号	文化財保存全国協議会
高島 剛 編			1914	「國民生活と美術館」	『華冑談叢』	日本の貴族社
高島 剛 編			1914	「國立博物館設立に就て」	『華冑談叢』	日本の貴族社
高島 春雄			1940	「上野動物園見物」	『動物・脊椎動物』	研究社
高島 春雄			1941	『動物園での研究 少國民理科の研究叢書』第四		研究社
高島 春雄			1951	『動物園や博物館での研究 少年の観察と実験文庫:23』		岩崎書店
高島 春雄			1954	『生物学実験法講座 第2巻動物標本製作法』		中山書店
高島 春雄			1955	『動物渡来物語』		学風書院
高島 博			1996.12	「ミュージアム・マネージメントの新しい意義と"伊賀地域"の文化産業振興策」	『神戸学院経済学論集』第28巻3号	神戸学院大学経済学会
高島 博			1999.1	『地域づくりの文化創造力:日本型フィランソロピーの活用』		JDC
高島 博			2009.12	「伊賀地域における新しい文化産業振興政策—エコミュージアム・新芭蕉博物館構想(一つ試論)—」	『JMMA日本ミュージアム・マネージメント学会会報』第14巻第3号	日本ミュージアム・マネージメント学会
高島 平三郎			1920	「兒童衛生博覽會」	『兒童研究』第24巻第4號	日本教育研究會
高島 平三郎			1928.12	「アメリカの博物館」	『博物館研究』第1巻第7號	博物館事業促進會

著者1	著者2	著者3	発行年	論文名・書籍名	掲載誌	発行元
高島 平三郎			1939.4	「博物館と學校教育」	『博物館研究』第12巻第4号	日本博物館協會
高嶋 米峰			1918.2	「新任博物館総長森林太郎博士に與えて博物館の革新を促す」	『中央公論』大正7年2月號	中央公論社
高嶋 米峰			1932	『物の力心の力』		實業之日本社
高嶋 米峰			1949.5	「聖徳太子と青淵〔渋沢栄一〕翁-1-」	『青淵』第2号	渋沢栄一記念財団
高嶋 米峰			1949.5	「聖徳太子と青淵翁-2-」	『青淵』第2号	渋沢栄一記念財団
高杉 京子			2005.3	「ミュージアムと銭湯絵師のコラボレーション～交通博物館・模型鉄道パノラマの背景を書き替える～」	『Museologist:明治大学学芸員養成課程年報』第20巻	明治大学学芸員養成課程
高杉 京子			2008.3	「走りはじめた鉄道博物館--展示の概要と新しい教育活動」	『Museologist:明治大学学芸員養成課程年報』第23巻	明治大学学芸員養成課程
高杉 巴彦			2011.8	「平和のための博物館と平和学習--立命館・平和ミュージアムの取り組みと展望」	『人権と部落問題』第63巻第9号	部落問題研究所
鷹巣 豊治			1952	「博物館の摸本」	『MUSEUM』第19号	東京国立博物館
高瀬 一嘉			2009.4	「兵庫県立考古博物館の目指すもの--博物館と市民の新しい関係」	『歴史と神戸』第48巻第2号	神戸史学会
高瀬 交子	高梨 薫*	上野 勝代	1991	「アメリカのこども博物館の体験型展示に関する研究」	『日本建築学会近畿支部研究報告集.計画系』第31号	日本建築学会近畿支部
高瀬 交子	上野 勝代*	高梨 薫	1991	「日本におけるこども博物館の試みと参加者像に関する研究Ⅱ―守山市における事例より―」	『日本建築学会近畿支部研究報告集.計画系』第31号	日本建築学会近畿支部
高瀬 交子	上野 勝代*		1992	「日本におけるこどもの施設の現状に関する調査研究」	『日本建築学会近畿支部研究報告集.計画系』第32号	日本建築学会近畿支部
高瀬 慎一	亀山 裕市	越 真澄	1996	「第四世代の博物館 博物館の将来像(2)」	『Cultivate:文化と環境を考える』第2号	文化環境研究所
高瀬 慎一			1998	「博物館が日本に根付かない理由(1)」	『文環研レポート』第12号	文化環境研究所
高瀬 慎一			1999	「博物館が日本に根付かない理由(2)」	『文環研レポート』第13号	文化環境研究所
高瀬 知章	原田 仁*	藤野 健治	2012.7	「丸の内パークビルディング・三菱一号館の設備構築:省エネルギーかつ高品質な執務環境の実現と復元建物の美術館としての再生」	『空気調和・衛生工学』第86巻7号	空気調和・衛生工学会
高瀬 優子	小舘 誓治*	古谷 裕他	2016.12	「自然系博物館における幼児向け科学教育プログラム:身近な生きものを題材として」	『博物館学雑誌』第42巻第1号	全日本博物館学会
高瀬 要一			1995	「遺跡復原論」	『文化財論叢』Ⅱ	奈良国立文化財研究所
高瀬 要一			2003.3	「近世城郭における天守閣復元」	『文化財と歴史学(『文化財論叢』Ⅲ)』	奈良文化財研究所
髙田 麻美			2010	「田中不二麿による教育博物館情報の摂取」	『教育論叢』第53号	名古屋大学大学院教育発達科学研究科
髙田 麻美			2011.12	「米国百年期博覧会においてデイヴィッド・マレーが収集した海外の教育資料」	『博物館学雑誌』第37巻第1号	全日本博物館学会
髙田 麻美			2012.12	「1880年前後における大阪府教育博物館の教育事業」	『博物館学雑誌』第38巻第1号	全日本博物館学会
髙田 麻美			2013	「福岡博物館の開設と廃止」	『地方教育史研究』第34号	全国地方教育史学会
髙田 麻美			2016.3	「東京教育博物館における学術講義:「算術教授法」に注目して」	『教育学研究』第83巻1号	日本教育学会
髙田 麻美	帝京科学大学		2016.3	『日本における近代博物館の成立・展開過程に関する歴史的研究:北米との関わりを中心に』		文部科学省科学研究費補助金研究成果報告書
高田 佳栄	大井 尚行	高橋 浩伸	2009.3	「展示空間におけるキャプションの見やすさに関する研究」	『日本建築学会研究報告九州支部.環境系』第48号	日本建築学会九州支部
高田 義一郎			1928	「犯罪博物館」	『世相表裏の醫學的研究』	實業之日本社
田方郡三島西尋常小學校			1938	「第三節學習指導より見たる我が校の時局的施設」	『時局に處する我が校經營の實際』	田方郡三島西尋常小學校
高田 啓介	松浦 啓一		1995.1	「無現のデータベース―博物館標本」	『国立科学博物館ニュース』第318号	国立科学博物館
高田 健一			2008.9	「歴史的環境としての遺跡」	『ヒストリア』第211号	大阪歴史学会

著者1	著者2	著者3	発行年	論文名・書籍名	掲載誌	発行元
田形 孝一			2002.3	「千葉県立房総風土記の丘における博物館ボランティア」	『Museumちば:千葉県博物館協会研究紀要』33号	千葉県博物館協会
高田 浩二			1994.3	「水族館における教育活動の調査」	『動物園水族館雑誌』第35巻2号	日本動物園水族館協会
高田 浩二			1997	「社会教育施設としての水族館」	『海洋と生物』第19巻第1号	生物研究社
高田 浩二			1997	「自然史博物館と水族館の連携について」	『博物館研究』第32巻第4号	日本博物館協会
高田 浩二			1999.1	「ヒトが動物を飼うということ」	『動物園研究』第3巻1号	動物園研究会
高田 浩二			1999.12	「館種別博物館の教育活動の特色 水族館」	『新版博物館学講座 第10巻生涯学習と博物館活動』	雄山閣
高田 浩二			2001	「水族館からのハンズ・オンへのチャレンジ」	『月刊ミュゼ』48号	(株)アム・プロモーション
高田 浩二			2002	「ネットワーク化された多様なプログラムづくりが新しい教育のフィールドワークを拓く」	『Cultivate:文化と環境を考える』第17号	文化環境研究所
高田 浩二 編	堀田 龍也*編		2002.3	『博物館をみんなの教室にするために:学校と博物館がいっしょに創る「総合的な学習の時間」』		高陵社書店
高田 浩二	森 奈美		2004.3	「環境保護における水族館の役割を学ぶ教材開発と授業実践」	『博物館学雑誌』第29巻第2号	全日本博物館学会
高田 浩二	岩田 知彦	堀田 龍也 他	2005.1	「水族館教育における学校教育を対象にしたIT機器の活用とデジタル教材の開発」	『博物館学雑誌』第30巻第1号	全日本博物館学会
高田 浩二	三上 戸美*	小川 義和 他	2006.8	「科学系博物館におけるサイエンスコミュニケーションの現状」	『日本科学教育学会年会論文集』第30巻	日本科学教育学会
高田 浩二	石塚 丈晴*	堀田 龍也 他	2007	「児童の水族館での学習における携帯電話の活用の検討」	『日本教育工学会論文誌』第31巻	日本教育工学会
高田 浩二	三上 戸美*	小川 義和 他	2007.3	「科学系博物館等におけるコミュニケーション・ポリシーの実態調査」	『科学コミュニケーターに期待される資質・能力とその養成プログラムに関する基礎的研究』	文部省科学研究費補助金研究成果報告書
高田 浩二	三上 戸美*	小川 義和 他	2007.3	「科学系博物館におけるサイエンスコミュニケーションの現状」	『科学コミュニケーターに期待される資質・能力とその養成プログラムに関する基礎的研究』	文部省科学研究費補助金研究成果報告書
高田 浩二	石塚 丈晴*	森谷 和浩 他	2007.7	「児童の携帯電話利用と学習端末としての活用可能性に関する一考察-水族館での実践事例を通して」	『日本教育工学会研究報告集』第7巻第3号	日本教育工学会
高田 浩二	石塚 丈晴*	森 徹 他	2007.10	「公民館と水族館との連携による児童と保護者のための子供会向け地域学習プログラムの開発」	『日本教育工学会研究報告集』第7巻第4号	日本教育工学会
高田 浩二	石塚 丈晴*	森 徹 他	2008.10	「携帯電話とSNSを活用した子供会行事としての水族館学習」	『教育システム情報学会研究報告』第23巻第3号	教育システム情報学会
高田 浩二			2010.12	「新しい学芸員養成課程の運用への期待と課題--動物園、水族館において求められる学芸員像」	『博物館研究』第45巻第12号	日本博物館協会
高田 浩二			2012.9	「博物館が地域の社会教育・生涯学習のニーズに応える事業を展開するには」	『社会教育』第67巻9号	全日本社会教育連合会
高田 浩二			2012.12	「専門分野別展示 水族館(博物館展示の形態と方法)」	『博物館学2(博物館展示論＊博物館教育論)』	学文社
高田 浩二			2013.2	「学校との連携でのメディアの役割(つながる・つなげる博物館:地域メディアとの連携)」	『博物館情報・メディア論』	ぎょうせい
高田 浩二			2013.2	「地域メディアとのコラボ(つながる・つなげる博物館:地域メディアとの連携)」	『博物館情報・メディア論』	ぎょうせい
高田 浩二			2013.8	「特集 博物館の機能を展示する視点 学芸員の仕事を展示する」	『博物館研究』第48巻第8号	日本博物館協会
高田 浩二			2014.2	「水族館建築のあるべき姿」	『博物館研究』第49巻第2号	日本博物館協会
高田 浩二			2014.11	「人文系と自然系博物館の連携の成果」	『社会教育』第69巻11号	日本青年館「社会教育」編集部
高田 順	高橋 雅弥		1979	「環境復元ジオラマからオープンジオラマへ」	『秋田県立博物館研究紀要』第4号	秋田県立博物館
高田 誠二編	田中 彰*		1993	『「米欧回覧実記」の学際的研究』		北海道大学図書刊行会
高田 忠典			2014	「カンボジアの薬草園と地域社会への役割」	『Aromatopia』第23巻第5号	フレグランスジャーナル社
高田 徳佐			1940.6	「科學博物館の利用」	『博物館研究』第13巻第6號	日本博物館協會
高谷 文仁	加藤 克*	市川 秀雄	2009.9	「札幌農学校所属博物館における鳥類標本管理史(1)東京仮博物場から札幌農学校所属博物館初期まで」	『北大植物園研究紀要』第9号	北海道大学北方生物圏フィールド科学センター植物園

た

著者1	著者2	著者3	発行年	論文名・書籍名	掲載誌	発行元
高谷 文仁	加藤 克*	市川 秀雄	2010.10	「札幌農学校所属博物館における鳥類標本管理史(2)明治期の札幌農学校所属博物館」	『北大植物園研究紀要』第10号	北海道大学北方生物圏フィールド科学センター植物園
高谷 文仁	加藤 克*	市川 秀雄	2011.12	「研究者の遺した写真を用いた標本情報の収集について:ヒグマ頭骨標本を一例に」	『北大植物園研究紀要』第11号	北海道大学北方生物圏フィールド科学センター植物園
高谷 文仁	加藤 克*	市川 秀雄	2012.12	「札幌農学校所属博物館における鳥類標本管理史(3)大正～昭和期の博物館」	『北大植物園研究紀要』第12号	北海道大学北方生物圏フィールド科学センター植物園
高谷 文仁	加藤 克*	市川 秀雄	2014.12	「札幌農学校所属博物館における鳥類標本管理史(4)標本ラベルの変遷からみた管理史」	『北大植物園研究紀要』第14号	北海道大学北方生物圏フィールド科学センター植物園
高田 秀樹			1999.5	「真脇遺跡一村おこし整備計画における位置づけと活用」	『資源環境対策』第35巻7号(『緑の読本』シリーズ50)	公害対策技術同友会
高田 宏	梅棹 忠夫		1981.9	「館長対談 博物館の広報活動」	『月刊みんぱく』第5巻第9号	国立民族学博物館
高田 宏			2007.9	「ミュージアムあれこれ」	『学士会会報』第866号	学士会
高田 公理	山内 登貴夫*	芝原 明治 他	1995.5	「シンポジウム―地域を展示する」	『展示学』第20号	日本展示学会
高田 公理			1996.9	「生活とエンタテイメント」	『ミュージアムマネージメント』	東京堂出版
高田 みちよ			2016.3	「NPOへの博物館指定管理者移行に伴う課題と成果:高槻市立自然博物館(あくあぴあ芥川)の場合」	『日本ミュージアム・マネージメント学会研究紀要』第20号	日本ミュージアム・マネージメント学会
高田 休廣			1937	「公園緑地と史蹟名勝天然紀念物」	『公園緑地』第6號	公園緑地協會
高田 義男			1934.7	「正倉院御物天平裂の復原模造」	『博物館研究』第7巻第7號	日本博物館協會
鷹司 信輔			1931	「世界の二大自然科學博物館」	『科學知識』第10巻	科學知識普及會
鷹司 信輔			1957	『水族館』		保育社
高槻 成紀			2012	「大学博物館設立についてのビジョン」	『麻布大学雑誌』第24巻	麻布大学
高槻 成紀			2016.3	「麻布大学いのちの博物館を語る」	『日本農学図書館協議会誌』第181号	日本農学図書館協議会
高槻 成紀			2015.11	「麻布大学いのちの博物館のスタート」	『畜産の研究』第69巻11号	養賢堂
高津 隆			2011.5	「帝国データバンク111年間の歴史と史料館の運営」	『企業と史料』第7号	企業史料協議会
高津 隆 インタビュアー	王 嵐*		2014	「中国における資料保存・管理のこれまでとその成果:計画経済から市場経済へ、時代変化が"档案管理"に与えた影響とは」	『Muse:帝国データバンク史料館だより』別冊	帝国データバンク史料館
高藤 一郎平	青木 豊*		1986.3	「長者ヶ平遺跡学術調査成果の活用と資料製作」	『國學院大學博物館學紀要』第10輯	國學院大學博物館学研究室
高鳥 浩介	三浦 定俊*	川越 和四	2012	「大エジプト博物館保存修復センター(GEM-CC)におけるIPM研修」	『保存科学』第52号	国立文化財機構東京文化財研究所
高梨 陽弘			1983.3	「総南博物館利用の実践例」	『総南博物館報-特集-』	千葉県立総南博物館
高梨 薫	上野 勝代		1990	「アメリカのこども博物館における総合的展示の先進事例」	『学術講演梗概集』1990巻	日本建築学会
高梨 薫	上野 勝代*		1990	「生活体験学習の社会教育施設としての"アメリカのこども博物館"に関する研究」	『消費者教育』第10冊	日本消費者教育学会
高梨 薫	上野 勝代*	高瀬 交子	1991	「アメリカのこども博物館の体験型展示に関する研究」	『日本建築学会近畿支部研究報告集.計画系』第31号	日本建築学会近畿支部
高梨 薫	上野 勝代*	高瀬 交子	1991	「日本におけるこども博物館の試みと参加者像に関する研究Ⅱ―守山市における事例より―」	『日本建築学会近畿支部研究報告集.計画系』第31号	日本建築学会近畿支部
高梨 克也	平本 毅*		2015.12	「環境を作り出す身振り:科学館新規展示物制作チームの活動の事例から」	『認知科学』第22巻第4号	日本認知科学会
高梨 純次			2010.3	「博物館と数字」	『博物館学年報』第41号	同志社大学博物館学芸員課程
高野 昭人	山田 陽子	中野 美央 他	2009	「薬用植物園およびキャンパス内自然林を活用した社会貢献」	『日本植物園協会誌』第44号	日本植物園協会
高野 温子			2014.10	「自然史資料のヘルスケア(保存と修理)」	『博物館研究』第49巻第1号	日本博物館協会
高野 智			2005.8	「博物館再発見:裏側の人が気づかない裏側の魅力」	『日本科学教育学会年会論文集』第29巻	日本科学教育学会

著者1	著者2	著者3	発行年	論文名・書籍名	掲載誌	発行元
Takano.Nobuya	Takimoto.Hideo	Takahashi.Jun 他	2002.3	「Introduction of a Simpler Evaluation System of Museum Exhibits to Ibaraki Nature Museum」	『茨城県自然博物館研究報告』第5号	ミュージアムパーク茨城県自然博物館
高野 教導	細田 亜津子	阿部 正勝	2005.9	「インドネシアタナ・トラジャ伝統的家屋の修復支援事業―博物館づくりの初期動作としての取り組み」	『博物館研究』第40巻第9号	日本博物館協会
高野 宏康			2010.3	「「震災の記憶」の変遷と展示――復興記念館および東京都慰霊堂収蔵・関東大震災関係資料を中心に」	『年報 非文字資料研究』第6号	神奈川大学日本常民文化研究所非文字資料研究センター
鷹野 光行			1983.12	「お茶の水女子大学の実習の現状」	『平塚市博物館年報』第7号	平塚市博物館
鷹野 光行			1984	「博物館の現状をめぐって」	『地理』第29巻第10号	古今書院
鷹野 光行			1985.12	「展示の意義について」	『お茶の水女子大学博物館実習報告』第1号	お茶の水女子大学学芸員課程委員会
鷹野 光行			1986	「野外博物館の効用:遺跡を活用する視点から」	『お茶の水女子大学人文科学紀要』第37巻	お茶の水女子大学
鷹野 光行			1988.6	「研究ノート・博物館資料としての考古学資料」	『人間発達研究』第13号	お茶の水女子大学心理・教育研究会
鷹野 光行			1989.12	「学芸員養成における博物館実習について」	『Mouseion:立教大学博物館研究』第35号	立教大学学校・社会教育講座
鷹野 光行			1992	「遺跡の整備・活用について―タイにおける事例を中心に―」	『お茶の水女子大学人文科学紀要』第45巻	お茶の水女子大学
鷹野 光行			1993.2	「博物館実習について」	『Museumちば:千葉県博物館協会研究紀要』24号	千葉県博物館協会
鷹野 光行			1993.2	「博物館をつくろう」	『お茶の水女子大学博物館実習報告』第8号	お茶の水女子大学学芸員課程委員会
鷹野 光行			1993.3	「博物館実習を考える」	『美術教育研究』Vol.4No.1	美術教育研究会
鷹野 光行			1996.2	「学芸員をめぐる課題－解決への方策を探りながら－」	『お茶の水女子大学博物館実習報告』第11号	お茶の水女子大学学芸員課程委員会
鷹野 光行			1997.2	「博物館法施行規則の改正について」	『全日本博物館学会ニュース』第42号	全日本博物館学会
鷹野 光行			1997.3	「制度から見た博物館」	『博物館学雑誌』第22巻第1・2号合併号	全日本博物館学会
鷹野 光行			1998.2	「「博物館情報論」と「博物館経営論」」	『お茶の水女子大学博物館実習報告』第13号	お茶の水女子大学学芸員課程委員会
鷹野 光行			1999	「博物館の機能再考」	『人間の発達と社会教育学の課題』	学文社
鷹野 光行 編	加藤 有次*編	西 源二郎 他編	1999.1	『新版博物館学講座 第12巻博物館経営論』		雄山閣
鷹野 光行 編	加藤 有次*編	西 源二郎 他編	1999.6	『新版博物館学講座 第5巻博物館資料論』		雄山閣
鷹野 光行 編	加藤 有次*編	西 源二郎 他編	1999.8	『新版博物館学講座 第11巻博物館情報論』		雄山閣
鷹野 光行			1999.10	「博物館の機構及び組織」	『新版博物館学講座 第12巻博物館経営論』	雄山閣
鷹野 光行			1999.10	「博物館の職員論」	『新版博物館学講座 第12巻博物館経営論』	雄山閣
鷹野 光行			1999.10	「博物館の予算と経営 博物館の行財政制度」	『新版博物館学講座 第12巻博物館経営論』	雄山閣
鷹野 光行			1999.10	「博物館経営の目的・理念と方法 博物館経営の目的と理念」	『新版博物館学講座 第12巻博物館経営論』	雄山閣
鷹野 光行 編	加藤 有次*編	西 源二郎 他編	1999.12	『新版博物館学講座 第10巻生涯学習と博物館活動』		雄山閣
鷹野 光行 編	加藤 有次*編	西 源二郎 他編	2000.1	『新版博物館学講座 第1巻博物館学概論』		雄山閣
鷹野 光行			2000.2	「館種別博物館の展示活動 学校博物館 大学博物館」	『新版博物館学講座 第9巻博物館展示法』	雄山閣
鷹野 光行			2000.2	「館種別博物館の展示活動 歴史博物館(考古)」	『新版博物館学講座 第9巻博物館展示法』	雄山閣
鷹野 光行 編	加藤 有次*編	西 源二郎 他編	2000.2	『新版博物館学講座 第9巻博物館展示法』		雄山閣
鷹野 光行			2000.4	「館種別博物館の役割と使命 学校博物館」	『新版博物館学講座 第3巻現代博物館論-現状と課題-』	雄山閣

著者1	著者2	著者3	発行年	論文名・書籍名	掲載誌	発行元
鷹野 光行			2000.4	「館種別博物館の役割と使命 野外博物館」	『新版博物館学講座 第3巻 現代博物館論-現状と課題-』	雄山閣
鷹野 光行			2000.4	「館種別博物館の役割と使命 歴史博物館」	『新版博物館学講座 第3巻 現代博物館論-現状と課題-』	雄山閣
鷹野 光行			2000.4	「現代社会と博物館 国際交流と博物館」	『新版博物館学講座 第3巻 現代博物館論-現状と課題-』	雄山閣
鷹野 光行 編	加藤 有次*編	西 源二郎 他編	2000.4	『新版博物館学講座 第3巻現代博物館論-現状と課題-』		雄山閣
鷹野 光行			2000.6	「館種別博物館機能論 学校博物館 大学博物館」	『新版博物館学講座 第4巻 博物館機能論』	雄山閣
鷹野 光行			2000.6	「博物館相互の協力」	『新版博物館学講座 第4巻 博物館機能論』	雄山閣
鷹野 光行 編	加藤 有次*編	西 源二郎 他編	2000.6	『新版博物館学講座 第4巻博物館機能論』		雄山閣
鷹野 光行			2000.8	「館種別博物館学 歴史博物館学」	『新版博物館学講座 第1巻 博物館学概論』	雄山閣
鷹野 光行			2000.8	「博物館の分類」	『新版博物館学講座 第1巻 博物館学概論』	雄山閣
鷹野 光行			2000.8	「博物館学各論(1)-博物館の論理学-博物館教育学」	『新版博物館学講座 第1巻 博物館学概論』	雄山閣
鷹野 光行			2000.8	「博物館学各論(2)-博物館の実践学-博物館教育活動法」	『新版博物館学講座 第1巻 博物館学概論』	雄山閣
鷹野 光行			2001.5	「博物館における調査研究活動 学芸員による調査研究の役割と研究課題の確立」	『新版博物館学講座 第6巻 博物館調査研究法』	雄山閣
鷹野 光行			2001.5	「博物館における調査研究活動 調査研究の内容(Ⅱ)-博物館の研究」	『新版博物館学講座 第6巻 博物館調査研究法』	雄山閣
鷹野 光行			2001.5	「博物館における調査研究活動 調査研究活動の目的と意義」	『新版博物館学講座 第6巻 博物館調査研究法』	雄山閣
鷹野 光行 編	加藤 有次*編	西 源二郎 他編	2001.5	『新版博物館学講座 第6巻博物館調査研究法』		雄山閣
鷹野 光行			2003.2	「エコミュゼと生涯学習」	『お茶の水女子大学博物館実習報告』第18号	お茶の水女子大学学芸員課程委員会
鷹野 光行			2003.12	「望ましい基準の改定」	『博物館学雑誌』第29巻第1号	全日本博物館学会
鷹野 光行			2004.3	「日本学術会議の二つの報告を読んで」	『全国大学博物館講座協議会研究紀要』第8号	全国大学博物館講座協議会
鷹野 光行			2004.6	「アジアの博物館の歴史」	『お茶の水女子大学附属高等学校研究紀要』第49号	お茶の水女子大学附属高等学校
鷹野 光行			2005.3	「加藤有次先生との22年間」	『國學院大學博物館學紀要』第29輯	國學院大學博物館学研究室
鷹野 光行			2015.3	「懇話会を終えるにあたって」	『次の10年を考える懇話会』	九州国立博物館
鷹野 光行			2006.5	「教育基本法改正案について」	『全日本博物館学会ニュース』第76号	全日本博物館学会
鷹野 光行			2007.2	「博物館ボランティアを考える」	『お茶の水女子大学博物館実習報告』第22号	お茶の水女子大学学芸員課程委員会
鷹野 光行			2007.9	「「これからの博物館の在り方に関する検討協力者会議」報告書をめぐって」	『考古学研究』第54巻第2号	考古学研究会
鷹野 光行			2008.1	「博物館法の改正に思う」	『全日本博物館学会ニュース』第83号	全日本博物館学会
鷹野 光行			2012.2	「新しい「望ましい基準」について」	『全日本博物館学会ニュース』第99号	全日本博物館学会
鷹野 光行	青木 豊	浜田 弘明 他	2008.3	「学校博物館の現状と今後の可能性(予察)-学芸教諭の誕生に向けて」	『全国大学博物館学講座協議会研究紀要』第10号	全国大学博物館学講座協議会
鷹野 光行			2008.6	「特別シンポジウム「社会教育・生涯学習関連職員をめぐる現代的課題(2)—社会教育施設職員の専門性をめぐって—」」	『日本社会教育学会紀要』第44号	日本社会教育学会
鷹野 光行			2008.9	「学芸員養成に関する大学の課題」	『JMMA日本ミュージアム・マネージメント学会会報』第13巻第2号	日本ミュージアム・マネージメント学会
鷹野 光行			2009.2	「学芸員養成科目-なぜこのような構成なのか-」	『お茶の水女子大学博物館実習報告』第24号	お茶の水女子大学学芸員課程委員会
鷹野 光行			2011.1	「平成24年度からの学芸員養成に関する科目の授業計画案」	『お茶の水女子大学博物館実習報告』第26号	お茶の水女子大学学芸員課程委員会

た

著者1	著者2	著者3	発行年	論文名・書籍名	掲載誌	発行元
鷹野 光行			2009.3	「学校連携」	『日本の博物館総合調査研究報告書』	日本博物館協会
鷹野 光行			2009.5	「学芸員養成の新たな科目構成」	『文部科学時報』第1600号	ぎょうせい
鷹野 光行			2010.5	『博物館学特論:博物館と考古学の接点を求めて』		慶友社
鷹野 光行			2010.12	「学芸員養成の充実方策について」	『博物館研究』第45巻第12号	日本博物館協会
鷹野 光行			2010.12	「博物館学と藤本さん」	『博物館学雑誌』第36巻第1号	全日本博物館学会
鷹野 光行 編著	西 源二郎	山田 英徳 他	2011.3	『新編博物館概論』		同成社
鷹野 光行			2011.3	「第2章 博物館の定義と機能 第1節 博物館の定義」	『新編博物館概論』	同成社
鷹野 光行			2011.3	「第2章 博物館の定義と機能 第2節 博物館の種類」	『新編博物館概論』	同成社
鷹野 光行			2011.3	「第2章 博物館の定義と機能 第3節 博物館の目的と機能」	『新編博物館概論』	同成社
鷹野 光行			2012.3	「博物館教育に果たす大学博物館の役割」	『全博協研究紀要』第14号	全国大学博物館学講座協議会
鷹野 光行	青木 豊*	栗原 祐司 他	2012.3	「フォーラム 我が国の大学博物館の課題」	『全博協研究紀要』第14号	全国大学博物館学講座協議会
鷹野 光行			2012.4	「館種別調査研究 考古学博物館(博物館資料と調査研究活動)」	『博物館学1(博物館概論*博物館資料論)』	学文社
鷹野 光行			2012.12	「専門分野別展示 考古学博物館(博物館展示の形態と方法)」	『博物館学2(博物館展示論*博物館教育論)』	学文社
鷹野 光行			2012.12	「博物館の利用実態と利用者の博物館体験」	『博物館学2(博物館展示論*博物館教育論)』	学文社
鷹野 光行			2013.3	「博物館学のこれまで、そして今」	『全博協研究紀要』第15号	全国大学博物館学講座協議会
鷹野 光行			2014.8	「博物館専門職の養成」	『國學院雑誌』第115巻第8号	國學院大學
鷹野 光行			2015	「学芸員課程の運営」	『人間の発達と博物館学の課題:新時代の博物館経営と教育を考える』	同成社
鷹野 光行	青木 豊	並木 美砂子	2015.2	『人間の発達と博物館学の課題:新時代の博物館経営と教育を考える』		同成社
鷹野 光行			2015.9	「遺跡博物館の出現の背景」	『地域を活かす遺跡と博物館遺跡博物館のいま』	同成社
鷹野 光行			2015.9	「遺跡博物館のこれから」	『地域を活かす遺跡と博物館―遺跡博物館の今』	同成社
鷹野 光行	青木 豊*		2015.9	『地域を活かす遺跡と博物館―遺跡博物館のいま―』		同成社
鷹野 光行			2016.3	「教科書の書名となった「文化遺産」の語をめぐって」	『東北歴史博物館研究紀要』17号	東北歴史博物館
鷹野 光行	青木 豊*	金山 喜昭 他	2016.12	「座談会 博物館学の今を語る」	『國學院雑誌』第117巻第12号	國學院大學
鷹野 光行			2017.3	「遺跡博物館の役割―博物館の伝える力―」	『地底の森ミュージアム・縄文の森広場研究報告』2016	仙台市教育委員会
鷹野 光行			2017.3	「博物館・博物館相当施設と博物館類似施設」	『東北歴史博物館研究紀要』18号	東北歴史博物館
鷹野 光行			2017.11	「全博協の役割考―大会テーマと紀要から見た全国大学博物館学講座協議会の活動―」	『國學院雑誌』第118巻第11号	國學院大學
鷹野 光行			2017.12	「学芸員制度史」	『博物館学史研究事典』	雄山閣
鷹野 光行			2017.12	「学芸員課程「博物館経営論」史」	『博物館学史研究事典』	雄山閣
高野 典礼			2011.1	「市民展示」	『廃棄物資源循環学会誌』第22巻第1号	廃棄物資源循環学会
高野 弥和子			1997.3	「学芸員の窓 基礎としての博物館学課程」	『大谷大学博物館学課程年報』第8号	大谷大学博物館学課程委員会
高野 六郎			1938	「衛生教育博物館」	『棚橋源太郎氏と科學教育』	棚橋源太郎氏教育功勞記念會

著者1	著者2	著者3	発行年	論文名・書籍名	掲載誌	発行元
高橋 B.徹	高橋 聡	楠 房子 他	2013	「展示物をハンズ・オン・ディスプレイにする拡張現実感」	『ヒューマンインタフェース学会論文誌』第15号(1-4)	ヒューマンインタフェース学会
高橋 明弘			2011	「博物館でのボランティア活動で学んだこと」	『博物館報』第21号	日本大学生物資源科学部博物館
高橋 明也 監	ちひろ美術館 編		2014	『まるごとちひろ美術館:世界で最初の絵本美術館:コレクション・ガイド』		東京美術
高橋 明也			2017.1	『新生オルセー美術館』		新潮社
高橋 晃	河合 雅雄	原 克彦 他	2000.12	「パネルディスカッション 学校と博物館がつくる総合的な学習」	『ミュージアム・マガジン・ドーム』第53号	日本文教出版
高橋 晃	先山 徹*	藤本 真理 他	2008.9	「兵庫県丹波市での恐竜発掘における生涯学習と"まちづくり"への支援」	『日本地質学会学術大会講演要旨』第115号	日本地質学会
高橋 晃			2010	「兵庫県立人と自然の博物館における子ども向け環境学習プログラム」	『日本植物園協会誌』第45号	日本植物園協会
高橋 晃	小舘 誓治*		2015.12	「自然系博物館での館園実習のプログラム事例:自然素材を使った展示制作と来館者とのコミュニケーション」	『博物館学雑誌』第41巻第1号	全日本博物館学会
高橋 晃	八木 剛	小舘 誓治	2016.12	「自然系博物館における自然素材を用いた展示物開発:市民目線による展示製作の実験的試行」	『博物館学雑誌』第42巻第1号	全日本博物館学会
高橋 英次			1992.11	「幼児体験としての博物館」	『展示学』第14号	日本展示学会
高橋 英次			1994	「展示を展示する＜EXPOSIUM＞の提案」	『日本展示学会第13回研究大会研究発表主旨綴』	日本展示学会第13回研究大会実行委員事務局
高橋 英次			1995.5	「バリアフリーの展示をめざして」	『展示学』第20号	日本展示学会
高橋 理			2001	「水族館における学習会-魚と人との関わりを学ぶ」	『日本動物園水族館教育研究会誌』2001年号	日本動物園水族館教育研究会
高橋 修			2009.9	「博物館年報の史料学的分析から見た博物館運営の課題--歴史系博物館を中心に」	『JMMA日本ミュージアム・マネージメント学会会報』第14巻第2号	日本ミュージアム・マネージメント学会
高橋 修			2010.1	「「博物館の達人」創出と博物館評価の未来型」	『博物館研究』第45巻第1号	日本博物館協会
高橋 修			2010.3	「博物館年報の資料学的研究」	『日本ミュージアム・マネージメント学会研究紀要』第14号	日本ミュージアム・マネージメント学会
高橋 修			2012.4	「ほかの博物館・大学などとの共同調査研究(博物館資料と調査研究活動)」	『博物館学1(博物館概論*博物館資料論)』	学文社
高橋 修			2012.4	「調査研究の成果公表と還元(博物館資料と調査研究活動)」	『博物館学1(博物館概論*博物館資料論)』	学文社
高橋 修			2012.12	「山梨県立博物館における評価・改善の実践とその意義」	『博物館研究』第47巻第12号	日本博物館協会
高橋 修			2014.12	「『小学生だから読める古文書講座』事業の実践:新しい博物館教育論と資料論の構築を目指して」	『Link:神戸大学大学院人文学研究科地域連携センター年報』第6号	神戸大学大学院人文学研究科地域連携センター
高橋 修			2015.3	「博物館研究紀要の資料論:歴史系博物館を中心に」	『日本ミュージアム・マネージメント学会研究紀要』第19号	日本ミュージアム・マネージメント学会
高橋 修			2016.3	「博物館学の研究動向総覧システムの構築:『史学雑誌』『回顧と展望』の分析を中心に」	『日本ミュージアム・マネージメント学会研究紀要』第20号	日本ミュージアム・マネージメント学会
高橋 一夫			1999.12	「館種別博物館の教育活動の特色 歴史博物館」	『新版博物館学講座 第10巻生涯学習と博物館活動』	雄山閣
高橋 一夫			2012.5	「史跡の保存と活用を考える(遺跡の保存と活用)」	『観光考古学』	ニューサイエンス社
高橋 和子	杉光 一成		2009	「博物館におけるコンテンツライセンスマネジメントの研究」	『展示学』第47号	日本展示学会
高橋 和世			1942	「バイテンゾルフ(植物園)」	『インドネシア點描』第1ジャバ篇	愛國新聞社出版部
高橋 加津美			2003	「大学博物館は『ノア』になれるのか」	『北の文庫』第36号	北の文庫の会
高橋 加津美	丸山 俊朗*	森谷 菜穂子	2009.3	「キャンパス共通科目としての博物館実習」	『山形大学高等教育研究年報:山形大学高等教育研究企画センター紀要』第3号	山形大学
高橋 加津美	森谷 菜穂子*	丸山 俊明	2010.3	「山形大学附属博物館、地域貢献のために:特別展・公開講座報告」	『山形大学高等教育研究年報:山形大学高等教育研究企画センター紀要』第4号	山形大学
高橋 啓一	斎藤 靖二*	小出 良幸	1998.12	仮想「日本自然史博物館」	『地学雑誌』第107巻6号	東京地学協会
高橋 敬三			1940	『動物の採集と研究』		研究社学生文庫

著者1	著者2	著者3	発行年	論文名・書籍名	掲載誌	発行元
高橋 昴輝	矢ケ﨑 典隆*		2016.9	「バージェス時代の多民族都市シカゴを記憶する移民博物館」	『歴史地理学』第58巻第4号	歴史地理学会
高橋 興世	大原 昌宏*	岡崎 克則 他	2008.7	「学芸員座談会 博物館のこれから」	『モーリー』第18号	北海道新聞社
高橋 聡	高橋 B.徹*	楠 房子 他	2013	「展示物をハンズ・オン・ディスプレイにする拡張現実感」	『ヒューマンインタフェース学会論文誌』第15号(1-4)	ヒューマンインタフェース学会
高橋 志緒			2016.1	「美術館建築の変遷にみる展示空間システムと自然光の作用に関する研究」	『教育デザイン研究』第7巻	横浜国立大学大学院教育学研究科
高橋 修二	岩城 晴貞*	渡辺 正樹	1995.2	「展示技術考」	『近代建築』第49巻2号	近代建築社
高橋 淳			2001.3	「ミュージアムパーク茨城県自然博物館における視覚障害者対応型音声ガイダンスシステムの構築」	『茨城県自然博物館研究報告』第4号	ミュージアムパーク茨城県自然博物館
Takahashi.Jun	Takano.Nobuya*	Takimoto.Hideo 他	2002.3	「Introduction of a Simpler Evaluation System of Museum Exhibits to Ibaraki Nature Museum」	『茨城県自然博物館研究報告』第5号	ミュージアムパーク茨城県自然博物館
高橋 淳			2007	「ユニバーサルデザイン天文教育」	『天文教育』第19巻4号	天文教育普及研究会
高橋 祥祐			1996.9	「博物館とワークショップ」	『ミュージアムマネージメント』	東京堂出版
高橋 誠一			1981.11	「風土記の丘」	『地理』第26巻第11号	古今書院
高橋 清次郎	山本 活水		1916	「學校植物園」	『巡視五年』	國民學校自由講座機關雑誌社
高橋 大輔	林 美沙		2010.7	「美術館のホワイエ空間における座席選択に関する研究」	『学術講演梗概集』2010巻	日本建築学会
高橋 貴	鹿野 勝彦*	小林 繁樹	1983	「異郷に建つ民家群−人間博物館リトルワールド野外展示の試み」	『季刊民族学』第7巻第1号	千里文化財団
高橋 貴			2010	「ミュージアムにおける分類・展示・交流」	『展示学』第48号	日本展示学会
高橋 貴			2011	「展示にポストモダン戦略を(特集10のキィワードで語る"博物館展示の未来")」	『展示学』第49号	日本展示学会
高橋 貴			2015	「ミュージアムと写真撮影_博物館が柔軟な場であるために」	『展示学』第52号	日本展示学会
高橋 隆博			1981	「奈良博覧会について明治初期の文化財の動向と関連して」	『月刊文化財』第217号	第一法規
高橋 隆博			1981.11	「明治八・九年の『奈良博覧会』陳列目録について(上)」	『史泉』第56号	関西大学史学・地理学会
高橋 隆博			1982.12	「明治八・九年の『奈良博覧会』陳列目録について(下)」	『史泉』第57号	関西大学史学・地理学会
高橋 隆博 編	網干 善教*編		2001.3	『博物館学概説改訂版』		関西大学出版部
高橋 隆博			2005.6	「博物館の目的・種類と機能」	『博物館学ハンドブック』	関西大学出版部
高橋 隆博 他編			2005.6	『博物館学ハンドブック』		関西大学出版部
高橋 隆博 編			2011.4	『阡陵関西大学博物館学課程創設50周年記念特集』		関西大学博物館
高橋 孝之	大木 淳一*	綛谷 珠美 他	2003.3	「露頭の保護・活用を目的とした林道管理者と博物館の協力事例」	『千葉県立中央博物館 自然誌研究報告』特別号6(房総半島小糸川上流の自然誌Ⅰ)	千葉県立中央博物館
高橋 正			2002	「「旧余良家住宅」のセカンドスクール的利用について」	『秋田県立博物館研究紀要』第27号	秋田県立博物館
高橋 正	庄内 昭男*	糸田 和樹	2005.3	「リニューアルオープンに伴う展示構成Ⅱ.人文展示室」	『秋田県立博物館研究紀要』第30号	秋田県立博物館
高橋 規			2009.3	「今日的「アイヌ文化」の記録とその活用」	『第23回北方民族文化シンポジウム報告書 北太平洋の文化−−北方地域の博物館と民族文化(3)』	北方文化振興協会
高橋 千恵	堀 聖子*	加藤 寛	2002	「伝統的焼付漆の応用的研究−蒔絵ブラークの復元−」	『保存科学』第41号	国立文化財機構東京文化財研究所
高橋 庸哉			1987	「アンケートによる来館者動向調査」	『札幌市青少年科学館紀要』第2号	札幌市青少年科学館
高橋 庸哉			2000.3	「科学博物館と最先端科学技術展示−−米国'The Tech Museum of Innovation'調査」	『北海道教育大学教育実践総合センター紀要』第1号	北海道教育大学教育学部附属教育実践総合センター
高橋 徹	加藤 謙一*	高橋 真知	2007.3	「論考・提言・実践報告 デジタル機器を利用した双方向展示場ガイドシステムの試行」	『JMMA日本ミュージアム・マネージメント学会会報』第11巻第3号	日本ミュージアム・マネージメント学会

著者1	著者2	著者3	発行年	論文名・書籍名	掲載誌	発行元
高橋 徹			2010.3	「テーマパークにおける外国人観光客情報支援システムの実証実験結果の報告(デジタルミュージアム・デジタルミュージアムとエンタテイメントメディア)」	『電子情報通信学会技術研究報告』第109巻第466号	電子情報通信学会
高橋 徹			2011.1	「伊勢まちかど博物館--個人の宝物から地域の宝物へ」	『博物館研究』第46巻第10号	日本博物館協会
高橋 徹	渡辺 創		2014.12	「ミュージアムにおけるSNS活用の現在とこれから」	『Cultivate：文化と環境を考える』第43号	文化環境研究所
高橋 俊雄	濱田 隆士*	松島 義章	2000	「博物館と社会的機能」	『神奈川県立博物館研究報告.自然科学』第29号	神奈川県立生命の星・地球博物館
高橋 敏美			1997.3	「横浜美術館を創る」	『博物館の創造』第1巻	東京大学大学院教育学部研究科・教育学部社会教育研究室
高橋 敏之	岡山 万里*		2009	「大原美術館における幼児のための彫刻鑑賞プログラム」	『美術教育』第292号	日本美術教育学会学会誌編集委員会
高橋 敏之	岡山 万里*		2009..3	「大原美術館における対話による幼児のための絵画鑑賞プログラム」	『美術教育学』第30号	美術科教育学会
高橋 敏之	岡山 万里*		2010.3	「大原美術館における模写による幼児のための絵画鑑賞プログラム」	『美術教育』第293号	日本美術教育学会学会誌編集委員会
高橋 敏之	岡山 万里*		2010.3	「大原美術館における「お話作り」による幼児のための絵画鑑賞プログラム」	『美術教育学』第31号	美術科教育学会
高橋 智彦	乙村 雅人*	真木 利江	2008.7	「前川國男設計の美術館・博物館に関する研究(1):9作品のロビー空間における空間構成の特徴」	『学術講演梗概集』2008巻	日本建築学会
高橋 智彦	真木 利江	乙村 雅人	2008.7	「前川國男設計の美術館・博物館に関する研究(2):熊本県立美術館における空間構成とテクスチュア表現」	『学術講演梗概集』2008巻	日本建築学会
高橋 直樹	岡崎 浩子	伊左治 鎭司 他	2009.1	「千葉県立中央博物館における「地質の日」関連行事の実施状況」	『地質ニュース』第653号	実業公報社
高橋 直裕			1988	『社会とくらしの絵本14 美術館ってたのしいな』		岩崎書店
高橋 直裕	大月 浩子*	降旗 千賀子	1990	「なぜ、いまワークショップか」	『季刊武蔵野美術』第78号	武蔵野美術大学出版編集室
高橋 直裕			1990.11	「美術館ワークショップの可能性」	『月刊社会教育』第34巻第11号	国土社
高橋 直裕	はた よしこ	服部 正 他	1999.8	「エイブル・アートが社会を変える」	『ミュージアム・マガジン・ドーム』第45号	日本文教出版
高橋 直裕			1999.12	「娯楽建築を求めて(その2)」	『月刊ミュゼ』38号	(株)アム・プロモーション
高橋 直裕			2000.2	「娯楽建築を求めて(その3)」	『月刊ミュゼ』39号	(株)アム・プロモーション
高橋 直裕			2000.9	「第3章博物館資料の取り扱いとその留意事項 2資料取り扱いとその留意事項 (2)美術・工芸資料」	『博物館学シリーズ 6博物館実習』	樹村房
高橋 直裕			2000.9	「第4章博物館における実習 3実習指導における大学との連携の重要性 (1)実習生受け入れに関する準備」	『博物館学シリーズ 6博物館実習』	樹村房
高橋 直裕			2000.9	「第4章博物館における実習 4博物館内で可能な実習指導カリキュラム (2)具体的な展開例 b美術系」	『博物館学シリーズ 6博物館実習』	樹村房
高橋 直裕			2000.9	「第4章博物館における実習 7博物館内での実習受講上の留意事項」	『博物館学シリーズ 6博物館実習』	樹村房
高橋 直裕			2002.4	「教育の樹林 子どもと美術のワークショップ」	『初等教育資料』第754号	東洋館出版社
高橋 信裕			1985	「歴史系博物館展示の新たな試み 仙台市博物館の総合展示を中心に」	『展示学』第2号	日本展示学会
高橋 信裕			1986	「博物館展示の歩み」	『展示学』第3号	日本展示学会
高橋 信裕			1991.11	「1980年代のミュージアムディスプレイの流れ」	『展示学』第12号	日本展示学会
高橋 信裕			1992.1	「博物館・美術館の舞台裏－その財政状況と課題－」	『文環研レポート』第1号	文化環境研究所
高橋 信裕			1992.5	「皇紀2600年記念日本民族博物館設立建議案」	『展示学』第13号	日本展示学会
高橋 信裕			1993.2	「科学館の展示」	『文環研レポート』第2号	文化環境研究所
高橋 信裕	渡辺 創		1993.11	「ミュージアム運営の研究－博物館の公設民営を考える－」	『文環研レポート』第4号	文化環境研究所
高橋 信裕			1994.5	「東京都江戸東京博物館の展示」	『展示学』第17号	日本展示学会

著者1	著者2	著者3	発行年	論文名・書籍名	掲載誌	発行元
高橋 信裕			1995.8	「震災と美術館・博物館の展示」	『文環研レポート』第6号	文化環境研究所
高橋 信裕	亀山 裕市		1996.8	「博物館運営の研究－もう一つの地方公共団体"一部事務組合"が設置・運営する博物館」	『文環研レポート』第8号	文化環境研究所
高橋 信裕			1996.9	「常設展示の企画」	『ミュージアムマネージメント』	東京堂出版
高橋 信裕			1997.2	「博物館にとって、いま何が問題であり、何が必要とされているか－公設民営の博物館を中心に－」	『文環研レポート』第9号	文化環境研究所
高橋 信裕			1998.11	「テーマミュージアムのプランニングと経営マネージメント」	『Aromatopia』第7巻第6号	フレグランスジャーナル社
高橋 信裕	渡辺 創		1998.2	「博物館における展示の課題」	『文環研レポート』第11号	文化環境研究所
高橋 信裕			1998.3	『成熟社会のミュージアム像と利用者サービスの基本方向』		日本ミュージアムマネージメント学会
高橋 信裕			1998.3	『成熟社会の利用者サービス実践のための方法』		日本ミュージアムマネージメント学会
高橋 信裕			1998.7	「博物館のデジタル化と展示の課題：現実空間と情報世界との融合」	『人文学と情報処理』第17号	勉誠出版
高橋 信裕			1998.9	「博物館が日本に根づかない理由（1）公立博物館を中心に」	『文環研レポート』第12号	文化環境研究所
高橋 信裕			1999.5	「博物館が日本に根づかない理由（2）公立博物館を中心に」	『文環研レポート』第13号	文化環境研究所
高橋 信裕			1999.9	「第2章博物館活動の情報化 3博物館資料管理と情報化」	『博物館学シリーズ 5博物館情報論』	樹村房
高橋 信裕			1999.9	「第5章今後の課題 1総論」	『博物館学シリーズ 5博物館情報論』	樹村房
高橋 信裕			1999.9	「第5章今後の課題 2知的財産権」	『博物館学シリーズ 5博物館情報論』	樹村房
高橋 信裕			2000.2	「新しい時代の展示」	『新版博物館学講座 第9巻 博物館展示法』	雄山閣
高橋 信裕			2000.2	「展示施設（展示装置／展示備品など）」	『新版博物館学講座 第9巻 博物館展示法』	雄山閣
高橋 信裕			2001.12	「地域博物館における地域学の課題と展望」	『文環研レポート』第17号	文化環境研究所
高橋 信裕	濱田 隆士*	亀井 修 他	2002.3	「シンポジウム（講演録）「ミュージアム・マネージメント21世紀の課題と展望」」	『ミュージアム・エデュテイメント—博物館楽修講座"ミュージアム・リレー"第50回走達成記念事業報告』	文化環境研究所
高橋 信裕	里見 親幸*	山下 治子 他	2007.1	「座談会 博物館専門誌の今後」	『博物館研究』第42巻第1号	日本博物館協会
高橋 信裕			2007.3	「これからの博物館の在り方に関する提言について（予告）」	『JMMA日本ミュージアム・マネージメント学会会報』第11巻第3号	日本ミュージアム・マネージメント学会
高橋 信裕			2007.3	「わが国の文化環境とこれからのミュージアム」	『文化施設の近未来：アートにおける公共性をめぐって』	慶應義塾大学アート・センター
高橋 信裕	許斐 修輔		2008.9	「指定管理者制度下の人材育成協力ネットワークの結成について」	『JMMA日本ミュージアム・マネージメント学会会報』第13巻第2号	日本ミュージアム・マネージメント学会
高橋 信裕			2009.12	「日本の博物館評価制度について～第三者的な立場から博物館を評価し、格付けする試み～」	『JMMA日本ミュージアム・マネージメント学会会報』第14巻第3号	日本ミュージアム・マネージメント学会
高橋 信裕			2010	「「現代的展示」の生成と発展」	『展示学』第48号	日本展示学会
高橋 信裕	若月 憲夫		2010.9	「歴史と文化を今に活かす城下町フィールドミュージアム構想」	『Cultivate：文化と環境を考える』第36号	文化環境研究所
高橋 信裕			2012.12	「博物館展示の計画と制作」	『博物館学2（博物館展示論 博物館教育論）』	学文社
高橋 信裕			2013.2	「さまざまな障がい(害)をこえて（メディアは身体：メディアによるユニバーサルの手法）」	『博物館情報・メディア論』	ぎょうせい
高橋 信裕			2013.2	「モノが語る・メディアが語る：メディアを活用したさまざまな展示手法」	『博物館情報・メディア論』	ぎょうせい
高橋 信裕	本間 浩一*	齊藤 恵理	2014.12	「特別インタビュー ミュージアム×SNS：分解と再構築から生まれる新たな空間」	『Cultivate：文化と環境を考える』第43号	文化環境研究所
高橋 信裕			2016	「現在の展示、これからの展示」	『展示学』第53号	日本展示学会
高橋 信裕	楊 鋭*		2016.3	「博物館資料の保存と活用」	『観光資源としての博物館』	芙蓉書房出版

著者1	著者2	著者3	発行年	論文名・書籍名	掲載誌	発行元
高橋 信裕			2017.11	「情報化時代における「博物館」と「展示学」」	『國學院雑誌』第118巻第11号	國學院大學
高橋 信裕			2017.12	「博物館照明論史」	『博物館学史研究事典』	雄山閣
高橋 憲明			2010.12	「科学館における研究所の併設」	『物理教育』第58号4巻	日本物理教育学会
高橋 範子			1993.3	「1992年の世界の美術展」	『博物館学芸員課程年報』第10集	帝塚山学院大学博物館学研究室
高橋 範子			1994.3	「開館25周年の秋」	『博物館学芸員課程年報』第11集	帝塚山学院大学博物館学研究室
高橋 範子			2000	「仏日庵公物目録の世界-宋代禅文化の風、満ちる」	『日本の国宝』別冊7	朝日新聞社
高橋 秀男 編			1985.12	『神奈川県博物館協会三十年のあゆみ』		神奈川県博物館協会
高橋 英久	小林 克*		2014.3	「ヨーロッパ野外博物館会議参加および視察報告」	『東京都江戸東京博物館紀要』第4号	東京都江戸東京博物館
高橋 英久	早川 典子*		2016	「日本における木造住宅の移築事例に関する研究:保存活用を目的とした展示施設への用途変更事例を中心として」	『住総研研究論文集』第43号	住宅総合研究財団
髙橋 秀之			2012.10	「「学園都市開発と幻の鉄道」展から考える地域博物館の課題」	『鉄道史学』第30号	鉄道史学会
高橋 浩明			1989.3	「遺跡博物館雑考」	『國學院大學博物館学紀要』第13輯	國學院大學博物館学研究室
高橋 浩明			1990.3	「宮崎県博物館史」	『國學院大學博物館学紀要』第14輯	國學院大學博物館学研究室
高橋 広昭			2007.9	「岐阜県世界淡水魚園水族館における指定管理者の取り組み(岐阜県)」	『月刊自治フォーラム』第576号	第一法規
高橋 浩子			2014.3	「台湾新北市立十三行博物館を訪ねて」	『宮崎県立西都原考古博物館研究紀要』第10号	宮崎県立西都原考古博物館
高橋 浩子			2015.3	「西都原考古博物館のIPM」	『宮崎県立西都原考古博物館研究紀要』第11号	宮崎県立西都原考古博物館
高橋 洋			2007	「スペインにおける視覚障害者のための理学療法 大学・大学病院・博物館視察報告」	『筑波技術大学テクノレポート』第14号	筑波技術大学学術・社会貢献推進委員会
高橋 浩伸	高田 佳栄*	大井 尚行	2009.3	「展示空間におけるキャプションの見やすさに関する研究」	『日本建築学会研究報告九州支部.環境系』第48号	日本建築学会九州支部
高橋 浩伸	清原 千香子*	大井 尚行	2011.3	「写真展示壁の色彩に関する基礎的検討(環境工学)」	『日本建築学会研究報告九州支部.環境系』第50号	日本建築学会九州支部
高橋 宏之			1997.9	「動物園にとってなぜ保全生物学が重要か-動物園と保全生物学-」	『動物園研究』第1巻2号	動物園研究会
高橋 宏之			1999	「生涯学習社会における動物園の環境教育の研究--日本と諸外国の動物園教育の現状と課題」	『東洋大学大学院紀要』第36号	東洋大学大学院
高橋 宏之			1999.9	「生涯学習社会における動物園教育の取り組みについて」	『博物館学雑誌』第25巻第1号	全日本博物館学会
高橋 宏之			2000	「動物園における環境教育の研究-千葉市動物公園の教育活動事例から」	『東洋大学大学院紀要』第37号	東洋大学大学院
高橋 宏之			2001	「環境教育の視点から見た動物園展示の意義-生態的展示と動物行動学的展示を中心に-」	『環境教育』第11巻1号	日本環境教育学会
高橋 宏之			2001	「動物園における基礎・基本の検討-その機能と使命を中心に」	『東洋大学大学院紀要』第38号	東洋大学大学院
高橋 宏之			2014.4	「国際的な動物園教育に携わる組織と日本で開催されたアジア動物園教育者会議(AZEC)について」	『博物館研究』第49巻第4号	日本博物館協会
高橋 文太郎			1935	『武蔵野保谷村郷土資料館』		アチック・ミューゼアム
高橋 雅雄			1990.1	『かながわの植物園』		神奈川新聞社
高橋 正彦			1936.8	「南洋群島學術探検より帰りて」	『博物館研究』第9巻第7・8號	日本博物館協會
高橋 昌博			1968	『拓本古文書裏打のしかた』		綜芸舎
高橋 雅弥	高田 順*		1979	「環境復元ジオラマからオープンジオラマへ」	『秋田県立博物館研究紀要』第4号	秋田県立博物館
髙橋 克			2011.3	「千葉県内の公立博物館の事業における「学び」の取り組みの現状と課題--博物館教室と出前授業を中心として」	『情報と社会』第21号	日本情報経済社会推進協会

著者1	著者2	著者3	発行年	論文名・書籍名	掲載誌	発行元
髙橋 克			2014.9	『千葉県内の公立博物館の事業における「学び」の取り組みの現状と課題―博物館教室と出前授業を中心として―』		千葉県
髙橋 克			2016.3	「博物館実習の現状と課題－江戸川大学の博物館実習からの考察－」	『全博協研究紀要』第18号	全国大学博物館学講座協議会
髙橋 克			2017.11	「学芸員養成課程における博物館教育論の現状と課題―教育者としての博物館学芸員育成の視点から―」	『國學院雑誌』第118巻第11号	國學院大學
髙橋 真知	加藤 謙一*	髙橋 徹	2007.3	「論考・提言・実践報告 デジタル機器を利用した双方向展示場ガイドシステムの試行」	『JMMA日本ミュージアム・マネージメント学会会報』第11巻第3号	日本ミュージアム・マネージメント学会
髙橋 学			1997.3	「環境考古学からみた阪神・淡路大震災」	『明日への文化財』第39号	文化財保存全国協議会
髙橋 真実	攝待 尚子*	菊池 義廣 他	2013.3	「科学館の人・物を活用した小学校向け館内学習活動の提案」	『仙台市科学館研究報告』第22号	仙台市科学館
髙橋 麻耶			2008.7	「動物園こんな楽しみ方をご提案!」	『Rikatan:理科の探検』第2巻第7号	文一総合出版
髙橋 真理子	跡部 浩一		2007.9	「見えない宇宙だからこそ-プラネタリウム番組副音声と解説用星の点図の試み-」	『天文教育』第19巻5号	天文教育普及研究会
髙橋 真理子			2007.11	「見えない宇宙だからこそ-視覚しょうがいの人たちと楽しむ星の世界-」	『天文教育』第19巻6号	天文教育普及研究会
髙橋 真理子			2012.8	「人々が関わり続けるプラネタリウム:オリジナル番組制作を軸に」	『博物館研究』第47巻第8号	日本博物館協会
髙橋 光世	市橋 芳則*		2009	「体験レッスン--公立文化施設職員・文化政策担当者へのノウハウ伝授「昭和日常博物館」高齢者を元気にする回想法と博物館活用を学ぶ」	『地域創造:町づくりアートを応援します』第26号	地域創造
髙橋 満			2015.10	「ガレキを歴史に変換する—ふくしま震災遺産保全プロジェクトを考える」	『博物館研究』第50巻第10号	日本博物館協会
髙橋 みどり	小川 義和	原田 光一郎 他	2008.12	「科学系博物館における科学リテラシーの涵養に資する教育活動評価法開発の試み:幼児向けプログラムを例として」	『科学教育研究』第32巻4号	日本科学教育学会
髙橋 みどり	亀井 修	石井 久隆 他	2009.8	「科学系博物館における科学リテラシー涵養を目指した学習プログラムの可能性と評価の試み(2):評価ツール作成までの方法論構築を目指して」	『日本科学教育学会年会論文集』第33巻	日本科学教育学会
髙橋 みどり	亀井 修*	永山 俊介	2009.8	「小学校教員養成課程の実態調査:博物館における小学校教員の理科指導力の向上を目指して」	『日本科学教育学会年会論文集』第33巻	日本科学教育学会
髙橋 みどり	小松 孝彰		2010.9	「科学系博物館における企画展評価の手法開発」	『日本科学教育学会年会論文集』第34巻	日本科学教育学会
髙橋 みどり	齊藤 昭則	亀井 修	2010.9	「地球立体表示システム"ダジック・アース"を用いた科学系博物館教育におけるプログラムの可能性」	『日本科学教育学会年会論文集』第34巻	日本科学教育学会
髙橋 みどり	長澤 友香		2011.8	「静岡の持つ資源を踏まえた「教員のための博物館の日」の可能性」	『日本科学教育学会年会論文集』第35巻	日本科学教育学会
髙橋 美奈子			2014.5	「ドイツの博物館教育普及活動:日独青少年指導者セミナー『博物館における青少年教育』ドイツ派遣事業に参加して」	『博物館研究』第49巻第5号	日本博物館協会
髙橋 峯吉			1957	『動物たちと五十年』		実業之日本社
髙橋 峯吉	古賀 忠道*		1957	『上野動物園:むかしといま』		三省堂
髙橋 峯吉	古賀 忠道		1959	『むかしといま-上野動物園-』		三省堂
髙橋 美代子			1992.3	「友の会の活動と展示」	『Museumちば:千葉県博物館協会研究紀要』23号	千葉県博物館協会
髙橋 雄造			1978	「Bridge between research and exhibits-The Smithsonian Naturarist Center」	『Curator』第21巻2号	American Museum of Natural
髙橋 雄造 編			1978	『世界の博物館.11ミュンヘン科学博物館:自動車とドイツ科学技術の粋』		History講談社
髙橋 雄造			1990.3	「科学技術博物館の歴史」	『博物館学雑誌』第15巻第1・2号合併号	全日本博物館学会
髙橋 雄造			1991	「科学技術博物館とは何か:科学技術博物館批判」	『技術と文明』第6巻2号	日本産業技術史学会
髙橋 雄造			1991.3	「最近の科学技術博物館-エクスプロラトリウム、シカゴ・工業博物館、ドイツ博物館、スミソニアン国立アメリカ歴史博物館-」	『博物館学雑誌』第16巻第1・2号合併号	全日本博物館学会
髙橋 雄造			1996.7	「モトローラ社とエレクトロニクス博物館」	『電気通信』第59巻	電気通信協会
髙橋 雄造			1996.8	「ヨーロッパの電気通信・エレクトロニクス博物館の現状－ストックホルム・オスロ・ロンドン視察報告－」	『博物館学雑誌』第21巻第2号	全日本博物館学会
髙橋 雄造			2004.12	「ノートパリ工芸院(Conservatorire des Artset Metiers)の歴史-工芸院の技術学校と」	『科学技術史』第7号	日本科学技術史学会

著者1	著者2	著者3	発行年	論文名・書籍名	掲載誌	発行元
高橋 雄造			2005.11	「博物館史序説―科学技術博物館を中心として」	『博物館学雑誌』第31巻第1号	全日本博物館学会
高橋 雄造			2006.12	「シカゴ科学・産業博物館の歴史(第2部)ローアと大衆教育、および、米国社会におけるシカゴ科学・産業博物館」	『博物館学雑誌』第32巻第1号	全日本博物館学会
高橋 雄造			2008.5	『博物館の歴史』		法政大学出版会
高橋 雄造			2012.10	「博物館とはなにか:正当性・正統性の主張、規範、矯正、企業博物館、大学博物館」	『科学技術史』第12号	日本科学技術史学会
高橋 優実			2006.7	「練馬区立美術館 学校との連携による試み」	『月刊ミュゼ』77号	(株)アム・プロモーション
高橋 裕	中矢 清司	溝口 進	1983.12	「国立歴史民俗博物館の展示照明」	『照明学会誌』第67巻12号	照明学会
高橋 裕 他			1987.7	「国立歴史民俗博物館・第4展示室の展示照明」	『照明学会誌』第71巻7号	照明学会
高橋 裕			1993	「土木博物館に期待する」	『土木学会誌』第78巻11号	土木学会
高橋 裕	助川 達	片岡 力 他	1994.1	「座談会 ミュージアム・ショップは地域文化を育てる担い手か!」	『月刊ミュゼ』5号	(株)アム・プロモーション
高橋 裕			1996.3	「「新しいミュージアムの時代」のリニューアル」	『月刊ミュゼ』16号	(株)アム・プロモーション
高橋 裕			1997.3	「石川県における戦後博物館の動向」	『國學院大學博物館学紀要』第21輯	國學院大學博物館学研究室
高橋 裕	端 信行*	岩城 晴貞	1997.3	「座談会-地域づくりとミュージアム」	『レジャー産業資料』第30巻3号	綜合ユニコム
高橋 裕			2001	「博物館は人づくり」	『地域博物館への提言』	ぎょうせい
高橋 有美			2001	「大学博物館に関する序論的検討-大学との関連性を中心に」	『生涯学習・社会教育学研究』第26号	東京大学
髙橋 由美子			2009.3	「市民ボランティアによる被災資料の整理保存活動の意義と課題-新潟県中越地震における事例」	『民具研究』第139号	日本民具学会
髙橋 由美子	原田 健一 編	石井 仁志 編	2013.9	「地域の映像をどのように整理し使うか」	『懐かしさは未来とともにやってくる:地域映像アーカイブの理論と実際』	学文社
高橋 陽一			2011.3	『造形ワークショップの広がり』		武蔵野美術大学出版局
高橋 義夫	小林 達雄*		1995.11	「地域おこしとミュージアムを考える 連続対談小林達雄のこの人と語りたいⅡ」	『月刊ミュゼ』14号	(株)アム・プロモーション
高橋 良孝			1998.11	「21世紀のテーマミュージアムとして"香り文化とハーブ"の博物館について」	『Aromatopia』第7巻第6号	フレグランスジャーナル社
高橋 義人	川那部 浩哉*	松田 清	2010.3	「鼎談 博物館あれこれ」	『人環フォーラム』第26号	京都大学大学院人間・環境学研究科
高橋 理喜夫			1966	「公園の開発に及ぼした博覧会の影響」	『造園雑誌』第30巻第1号	日本造園学会
高橋 里奈	若林 鶴丸		2009	「体験型展示コンテンツにおけるインターフェイスの検討」	『デザイン学研究.研究発表大会概要集』第56号	日本デザイン学会
高橋 隆平	大橋 毅彦*	竺 友信 他	2007.3	「「水族館」注釈的読みの試み」	『日本文芸研究』第58巻第4号	日本文学会
高橋 亮一			2016.3	「正倉院の近代-明治時代における保存政策とその過程-」	『國學院大學博物館學紀要』第40輯	國學院大學博物館学研究室
高橋 亮一			2017.3	「正倉院建築外構の保存活動-明治時代を中心に」	『國學院大學博物館學紀要』第41輯	國學院大學博物館学研究室
高畑 幸平	田中 公教*	三嶋 渉 他	2016.3	「天文シミュレーターMitakaを用いたプログラム公演と大学博物館展示との連携:化石展示の連携を事例として」	『地学教育』第68巻第3号	
高畑 由起夫 編	山極 寿一 編		2000.1	『ニホンザルの自然社会:エコミュージアムとしての屋久島』		京都大学学術出版会
高畑 裕美			2014.3	「磐田市旧見付学校「昔の授業体験」」	『静岡県博物館協会研究紀要』第37号	静岡県博物館協会
高浜 虚子			1936	「國立美術館を見る」	『渡仏日記』	改造社
高浜 雅昭			1999	「「開かれた博物館をめざして～博物館におけるバリアフリー」—大阪府営箕面公園昆虫館の障害者対応について—」	『ユニバーサル・ミュージアムをめざして―視覚障害者と博物館―』	神奈川県立生命の星・地球博物館
高林 成年	鳥居 恒夫*		1993.11	『植物園へ行きたくなる本』		リバティ書房

著者1	著者2	著者3	発行年	論文名・書籍名	掲載誌	発行元
高林 成年			2011	「京都府立植物園が果たしてきた役割とその基本理念」	『日本植物園協会誌』第46号	日本植物園協会
高松 淳	池内 克史*	岡本 泰英 他	2007.11	「大型有形文化財のモデル化とその利活用」	『映像情報メディア学会誌』第61巻第11号	映像情報メディア学会
高松 史朗			1968.9	「水族館における娯楽と教育」	『博物館研究』第41巻第3号	日本博物館協会
高松 伸	西野 佐弥香*	古阪 秀三 他	2010.8	「東京都美術館の建築プロセスにおける設計内容の確定過程」	『日本建築学会計画系論文集』第75巻第654号	日本建築学会
高松 美香子	天野 未知*	馬島 洋 他	2011.6	「体験する動物園--特設展示"ワンダーハット"を通して」	『博物館研究』第46巻第6号	日本博物館協会
高松 良幸			2003.3	「インターネットを活用したミュージアム収蔵資料の情報提供のあり方について」	『日本ミュージアム・マネージメント学会研究紀要』第7号	日本ミュージアム・マネージメント学会
高松 良幸			2010	「文化財の危機と大学における文化財防災への取り組み」	『静岡大学生涯学習教育研究』第12号	静岡大学生涯学習教育研究センター
高松 良幸	金原 宏行	太田 好治 他	2011	「パネルディスカッション 博物館フォーラム博物館からひろがるネットワーク」	『静岡大学生涯学習教育研究』第13号	静岡大学生涯学習教育研究センター
高松 良幸			2011.3	「問題提起 博物館厳冬の時代」	『静岡大学生涯学習教育研究』第13号	静岡大学生涯学習教育研究センター
高見 一利			2015.11	「動物園・水族館の組織的な種の保存への取り組み:国や地域、さらにはグローバルな連携による挑戦」	『遺伝:生物の科学』第69巻第6号	エヌ・ティー・エス
高見沢 明雄			1989.1	「「機械処理による目録データの加工」への前書き」	『MUSEUM』第454号	東京国立博物館
高見沢 明雄			1991	『博物館・美術館資料に関する情報交換のためのプロトコルの研究』		文部省科学研究費補助金研究成果報告書
高見沢 明雄			1991.3	「パーソナルコンピュータとビデオディスクによる画像データベース」	『国立歴史民俗博物館研究報告』第30集	国立歴史民俗博物館
高見沢 明雄			1997.8	「東京国立博物館の文化財情報システム」	『文化庁月報』347号	ぎょうせい
高見沢 明雄			1998.7	「文化庁で推進する博物館・美術館収蔵品の『共通索引』」	『人文学と情報処理』第17号	勉誠出版
高見沢 明雄			1999.6	「東京国立博物館--文化財画像データ作成状況」	『文化庁月報』369号	ぎょうせい
高見沢 明雄			2000.4	「東京国立博物館の文化財情報システム」	『人文学と情報処理』第27号	勉誠出版
高見沢 明雄			2001.3	「東京国立博物館における情報の蓄積と活用--特にネットワークへの期待を込めて」	『人文学と情報処理』第30号	勉誠出版
高見澤 清隆			1995.9	「"音楽を展示する博物館"の機能としてのトーク」	『月刊ミュゼ』13号	(株)アム・プロモーション
高見沢 実	石川 宏之*	小林 重敬	2007	「地域振興に地域遺産を活かすためのミュージアム活動によるエリアマネジメントに関する研究-英国におけるアイアンブリッジ渓谷ミュージアム・トラストを事例として」	『都市計画論文集』第42号	日本都市計画学会
田上 繁			2008.3	「大学院における学芸員養育の現状」	『高度専門職学芸員の養成-大学院における養成プログラムの提言-』	神奈川大学COEプログラム「人類文化研究のための非文字資料の体系化」研究推進会議
高見 順			1955	『浅草』		英宝堂
高嶺 智徳	吉田 安規良*	松田 伸也	2007.1	「沖縄県における動物園を活用した理科学習の課題-小学生と教員の意識調査結果」	『琉球大学教育学部紀要』第70号	琉球大学教育学部
高宮 眞介	山本 想太郎		2007.4	「ディスカッション さりげない気遣いの集積 高宮眞介インタビュー(特集ミュージアム)」	『DetailJapan』第3巻第2号	リード・ビジネス・インフォメーション
高宮 利行			2002.5	「テクストと画像―HUMIプロジェクトの聖書デジタル化とその研究利用―」	『人文学と情報処理』第39号	勉誠出版
高宮 利行	Christian.Lahanier*	西尾 章治郎	2002.5	「パネルディスカッション イコノテークの未来像--デジタル技術でミュージアムはどこまで変わるか」	『人文学と情報処理』第39号	勉誠出版
高村 功一			2000.2	「文化財建造物における調査・検査技術:文化財建造物の修理現場から」	『検査技術』第5巻2号	日本工業出版
高村 光雲			1929	「初めて博覽會の開かれた當時のことなど」「帝室技藝員の事」	『光雲懐古談』	萬里閣書房
高村 光太郎			1943	「美術館の事その他」	『某月某日』	竜星閣
高村 弘平			1935	「小動物園」「植物見本園」	『兒童園の施設と遊戯器具』	文書堂
高村 直助			2007.3	「[横浜開港資料館]開館二五周年を迎えて」	『横浜開港資料館紀要』第25号	横浜開港資料館

著者1	著者2	著者3	発行年	論文名・書籍名	掲載誌	発行元
高室 有子			2012.3	「山梨県立文学館の状況について(山梨県立文学館)」	『連歌俳諧研究』第122号	俳文学会
高安 礼士			1996.3	「今、学芸員に求められるもの」	『千葉経済大学学芸員課程紀要』創刊号	千葉経済大学学芸員課程共同研究室
高安 礼士			1996.9	「運営計画の手法」	『ミュージアムマネージメント』	東京堂出版
高安 礼士	亀井 修*		1997.5	「科学技術史を伝える博物館」	『化学史研究』第24巻1号	化学史学会
高安 礼士	松本 栄寿*		1997.9	「米国・英国における文書史料施設(アーカイブス)の現状」	『HEE-97-』第13号	電気学会・電気技術史研究会
高安 礼士			1999.1	「博物館の予算と経営 民間企業等との協力の推進」	『新版博物館学講座 第12巻博物館経営論』	雄山閣
高安 礼士	難波 幸男	西 博孝 他	1999.3	「21世紀の産業技術と科学博物館における展示の展開について--新たなる視点を求めて 千葉県立現代産業科学館総合研究(1)」	『千葉県立現代産業科学館研究報告』第5号	千葉県立現代産業科学館
高安 礼士			1999.3	「公立博物館と民間企業等との協力についての一考察-新しい博物館の活動の形を探る」	『千葉県立現代産業科学館研究報告』第5号	千葉県立現代産業科学館
高安 礼士	君島 憲治	片岡 登喜子 他	1999.3	「万国博覧会の日本における展開について」	『千葉県立現代産業科学館研究報告』第5号	千葉県立現代産業科学館
高安 礼士			1999.9	「第2章博物館活動の情報化 5教育普及活動の情報化」	『博物館学シリーズ 5博物館情報論』	樹村房
高安 礼士			1999.9	「第4章博物館における情報提供の実際 3提供方法の多様化-内容と案内情報」	『博物館学シリーズ 5博物館情報論』	樹村房
高安 礼士			1999.9	「第4章博物館における情報提供の実際 4提供方法とその運用-多様なメディアとその運用比較」	『博物館学シリーズ 5博物館情報論』	樹村房
高安 礼士			1999.9	「第4章博物館における情報提供の実際 5新しい情報戦略とその運営」	『博物館学シリーズ 5博物館情報論』	樹村房
高安 礼士			1999.12	「館種別博物館の教育活動の特色 理工系博物館」	『新版博物館学講座 第10巻生涯学習と博物館活動』	雄山閣
高安 礼士			2000.1	「館種別博物館学 理工学系博物館学」	『新版博物館学講座 第1巻博物館学概論』	雄山閣
高安 礼士	大野 英彦		2000.3	「学校・地域社会とのつながりを重視した博物館活動」	『Museumちば:千葉県博物館協会研究紀要』31号	千葉県博物館協会
高安 礼士	難波 幸男	西 博孝 他	2000.3	「21世紀の科学技術博物館における展示と教育の展開について--新たなる視点を求めて 千葉県立現代産業科学館総合研究(その2)」	『千葉県立現代産業科学館研究報告』第6号	千葉県立現代産業科学館
高安 礼士			2000.4	「館種別博物館の役割と使命 理工系博物館」	『新版博物館学講座 第3巻現代博物館論-現状と課題-』	雄山閣
高安 礼士			2000.6	「館種別博物館機能論 理工系博物館」	『新版博物館学講座 第4巻博物館機能論』	雄山閣
高安 礼士			2001.3	「博物館運営改善のアクション・プラン」	『日本ミュージアム・マネージメント学会研究紀要』第5号	日本ミュージアム・マネージメント学会
高安 礼士			2012.11	「博物館における情報・メディアの意義」	『博物館学3(博物館情報メディア論*博物館経営論)』	学文社
高安 礼士			2012.12	「展示の課題」	『博物館学2(博物館展示論*博物館教育論)』	学文社
高安 礼士			2015.3	「特集(下)JMMAの成立と経緯20年を振り返る:ミュージアムの変容と新たなマネージメントの可能性」	『日本ミュージアム・マネージメント学会研究紀要』第19号	日本ミュージアム・マネージメント学会
高谷 富也	上田 健人*		2007.3	「3DCGによる地域活性化を目指した景観作りについて-赤レンガ博物館周辺への適用」	『舞鶴工業高等専門学校情報科学センター年報』第35号	舞鶴工業高等専門学校
高屋 朋彰	田中 孝国*	川越 大輔 他	2012.12	「博物館で実施した出前実験における物質工学科の取り組み:わくわくグランディ科学ランドにおける5年間の調査」	『電気化学会技術・教育研究論文誌』第19巻第2号	電気化学会技術・教育研究懇親会
高柳 直弥			2012	『イメージ構築装置としての企業博物館』		高柳直弥
高柳 直弥			2015.3	「企業のコミュニティ・リレーションズにおける企業博物館の活用に関する考察」	『広報研究』19	日本広報学会
高柳 直弥			2015.6	「企業広報研究 企業博物館とコミュニティ・リレーションズ」	『経済広報』第37巻6号	経済広報センター国内広報部
高山 敦司			1993.2	「展示の改善に向けて－その効果測定のあり方－」	『文環研レポート』第2号	文化環境研究所
高山 久美子	鳥山 由子*	川上 正信 他	1998	「座談会 目の不自由な人のための優しい博物館のありかたを求めて」	『博物館研究』第33巻第1号	日本博物館協会
高山 久美子			1999	「バリアフリーな音声ガイドをめざして」	『ユニバーサル・ミュージアムをめざして一視覚障害者と博物館一』	神奈川県立生命の星・地球博物館

著者1	著者2	著者3	発行年	論文名・書籍名	掲載誌	発行元
高山 樗牛			1899	「博物館論」	『太陽』第5巻第9號	博文館
高山 龍三			1981.12	「唯一の文化・教育センター—ブルネイ博物館」	『月刊みんぱく』第5巻第12号	国立民族学博物館
高山 林次郎	斎藤 信策	姉崎 正治 編	1925	「一大美術館を建てよ」	『樗牛全集』第1巻(美學及美術史)	博文館
高山 林次郎	斎藤 信策	姉崎 正治 編	1925	「博物館論」	『樗牛全集』第1巻(美學及美術史)	博文館
高山 林次郎	斎藤 信策	姉崎 正治 編	1925	「美術参考館の必要」	『樗牛全集』第1巻(美學及美術史)	博文館
宝塚市都市産業活力部産業国際室			2007.7	「平成プロジェクト 手塚治虫記念館を核とした宝塚の活性化」	『人と国土21』第33巻第2号	国土計画協会
寶 久			2009.1	「人と自然がおりなす青空博物館「駒ヶ根高原砂防フィールドミュージアム」が開館!」	『砂防と治水』第42巻第4号	全国治水砂防協会
財部 香枝			1998	「幕末における西洋博物館の受容:万延元年(1860年)遣米使節団が実見した博物館」	『情報文化研究』第8号	名古屋大学情報文化学部
財部 香枝	小川 眞里子*		1998	「フィラデルフィアの科学者たち:独立間もないアメリカの博物館と医学」	『人文論叢』第15号	三重大学人文学部
財部 香枝			1999.3	「幕末における西洋自然史博物館の受容—万延元年(1860年)遣米使節団とスミソニアン・インスティテューション—」	『博物館学雑誌』第24巻第2号	全日本博物館学会
財部 香枝			2002.12	「1872年の岩倉使節団によるスミソニアン・インスティテューション視察—明治初年における西洋の自然史博物館受容過程—」	『博物館学雑誌』第28巻第1号	全日本博物館学会
財部 香枝			2003.3	「明治初年における森有礼とスミソニアン・インスティテューションとの交流:西洋の博物館受容過程」	『博物館学雑誌』第28巻第2号	全日本博物館学会
財部 香枝			2005.1	「デヴィット・マレーとスミソニアン・インスティテューションとの交流—明治初年の博物館創設過程—」	『博物館学雑誌』第30巻第1号	全日本博物館学会
財部 香枝			2006.3	「W.S.クラーク博士と伊藤圭介–日米文化交流史の一断面–」	『貿易風』1号	中部大学国際関係学部
財部 香枝			2012.5	「ダヴィッド・モルレー」「フィリップ・フランツ・フォン・シーボルト」「伊藤圭介」「田中不二麿」	『博物館学人物史下』	雄山閣
多木 浩二			1984	『「もの」の詩学 ルイ14世からヒトラーまで』		岩波書店
瀧 精一			1907	「明治四〇年第一回文展及び美術協會展」上	『國華』211號	國華社
瀧 精一			1907	「明治四〇年第一回文展及び美術協會展」下	『國華』212號	國華社
滝 悌三			1993	『日本近代美術事件史』		東方出版
滝 導博			1996.7	「阪神・淡路大震災と須磨海浜水族園」	『神奈川県博物館協会会報』第68号	神奈川県博物館協会
瀧 栄六郎			1937	「水族館増設の急務とわが體驗談」	『博物館研究』第10巻第5號	日本博物館協會
滝川 薫			2012	「チューリヒ動物園地域社会に根差した自然保護センターとして」	『ビオシティ』第51号	ブックエンド
瀧川 和也	岸田 早苗	間渕 創編	2016.1	『すばらしい三重の文化財:うけつぐ、まもる、つたえる。:三重県総合博物館×三重県指定文化財等所有者連絡協議会:交流展1』		三重県総合博物館
瀧口 範子			2008.4	「ニューミュージアム–美術館/米国ニューヨーク/設計:妹島和世+西沢立衛/SANAA.GENSLER 各階展示室をずらして積み多彩な鑑賞体験を与える」	『日経アーキテクチュア』第872号	日経BP社
滝口 正哉			2012.10	「地域博物館における循環型活動をめざして:千代田区の事例から」	『地方史研究』第62巻第5号	地方史研究協議会
滝澤 公男	深見 聡*	井出 明	2008.11	「温泉地におけるエコミュージアムの考え方–上山田温泉資料館の試み」	『日本観光研究学会全国大会学術論文集』第23号	日本観光研究学会
滝沢 七郎			1925	「博物館」「美術館」「動物園其の他」	『倫敦』	明文堂
滝澤 忠義			1997.1	「田中芳男の原点パリ」	『国立科学博物館ニュース』第333号	国立科学博物館
滝田 彩	佐々木 宰*		2009.8	「美術館施設との連携による造形教材の開発:北海道立釧路芸術館における版画ワークショップの事例」	『北海道教育大学紀要.教育科学編』第60巻第1号	北海道教育大学
瀧端 真理子			2001.3	「研究ノート 現地保存型博物館の可能性と課題」	『Musa:博物館学芸員課程年報』第15号	追手門学院大学博物館学研究室
瀧端 真理子			2001.3	「参加・体験型博物館における学習者の主体性に関する一考察」	『追手門学院大学人間学部紀要』第11巻	追手門学院大学人間学部

著者1	著者2	著者3	発行年	論文名・書籍名	掲載誌	発行元
瀧端 真理子			2002	「『「対話と連携」の博物館』を読む」	『博物館問題研究』第28号	博物館問題研究会
瀧端 真理子			2002.3	「大阪市立自然史博物館における市民参加の歴史的検討(1)」	『博物館学雑誌』第27巻第2号	全日本博物館学会
瀧端 真理子			2003	『博物館における市民参加に関する歴史的研究』		文部省科学研究費補助金研究成果報告書
瀧端 真理子			2003.3	「大阪市立自然史博物館における市民参加の歴史的検討(2)－長居公園移転以降－」	『博物館学雑誌』第28巻第2号	全日本博物館学会
瀧端 真理子			2004.3	「横須賀市自然・人文博物館の研究と教育(1)－羽根田弥太と柴田敏隆の時代－」	『博物館学雑誌』第29巻第2号	全日本博物館学会
瀧端 真理子			2005.3	「指定管理者制度から考える 公立博物館の存続問題」	『日本史研究』第511号	日本史研究会
瀧端 真理子			2007.4	「横須賀美術館建設反対運動の主張と波及効果-自治体財政と市民参加の観点から」	『博物館学雑誌』第32巻第2号	全日本博物館学会
瀧端 真理子	浜田 弘明*司会	井上 敏	2008.3	「COE公開研究会「学芸員の専門性をめぐって」第1回 今後の学芸員養成と博物館学の方向性」	『高度専門職学芸員の養成－大学院における養成プログラムの提言-』	神奈川大学COEプログラム「人類文化研究のための非文字資料の体系化」研究推進会議
瀧端 真理子			2008.9	「博物館法改正の経緯と残された課題」	『文化経済学』第6巻第号第2号	文化経済学会
瀧端 真理子	宮野 典夫		2009.3	「私立大町山岳博物館所蔵行政文書目録」	『追手門学院大学心理学部紀要』第3号	追手門学院大学心理学部
瀧端 真理子			2009.3	「パネルディスカッション「新公益法人制度への移行と博物館」に参加して」	『博物館研究』第44巻第3号	日本博物館協会
瀧端 真理子			2010.3	「公益法人制度改革が公立博物館にもたらす影響」	『追手門学院大学心理学部紀要』第4巻	追手門学院大学心理学部
瀧端 真理子	田中 孝男		2011.3	「指定管理者制度と情報公開」	『博物館学芸員課程年報』第25号	追手門学院大学
瀧端 真理子			2011.11	「新自由主義時代の博物館と文化財指定管理者制度と情報公開:指定管理者応募書類の情報公開請求を手掛かりとして」	『日本史研究』第591号	日本史研究会
瀧端 真理子			2016.3	「日本の博物館はなぜ無料でないのか?:博物館法制定時までの議論を中心に」	『追手門学院大学心理学部紀要』第10巻	追手門学院大学心理学部
滝本 正二			1971	「博物館の火災(MuseumFire)について」	『科学館紀要』第6号	市立名古屋科学館
滝本 正二			1979.3	「館種別博物館における資料整理と保存法 理工学系博物館」	『博物館学講座 第6巻資料の保存と保管』	雄山閣
滝本 正二			1979.6	「館種別博物館のあり方 理工系博物館」	『博物館学講座 第1巻博物館学総論』	雄山閣
瀧本 正二	水野 信太郎	早川 恭子	2002.5	「インタビュー20世紀の産業技術--私の歩んだ道 博物館の科学教育に力をそそぐ--瀧本正二」	『産業遺産研究』第9号	中部産業遺産研究会事務局
瀧本 二郎			1934	『歐米漫遊留學案内米國篇』昭和10年版		歐米旅行案内社
滝本 二郎			1934	「音樂學校と音樂博物館」	『歐米漫遊留學案内歐洲篇昭和10年版』	歐米旅行案内社
滝本 二郎			1934	「美術學校と美術館」ほか	『歐米漫遊留學案内歐洲篇昭和10年版』	歐米旅行案内社
瀧本 二郎			1938	『歐米漫遊留學案内米國篇』昭和13年版		歐米旅行案内社
瀧本 達也	宮澤 優梨*	西川 雄輝 他	2010.8	「旧制第四高等学校由来の物理実験機器の調査と復元及び、それらを効果的に展示する方法について」	『学長研究奨励費研究成果論文集』第6巻第21号	金沢大学
滝本 秀夫			2001.3	「アメリカ合衆国の博物館におけるアウトリーチ事業の現状と日本の博物館の課題」	『茨城県自然博物館研究報告』第4号	ミュージアムパーク茨城県自然博物館
Takimoto.Hideo	Takano.Nobuya*	Takahashi.Jun 他	2002.3	「Introduction of a Simpler Evaluation System of Museum Exhibits to Ibaraki Nature Museum」	『茨城県自然博物館研究報告』第5号	ミュージアムパーク茨城県自然博物館
滝本 秀夫			2007.3	「ロンドン自然史博物館の新しい教育施設に関する視察報告-ダーウィンセンタークローレ教育センター・アースラボ」	『茨城県自然博物館研究報告』第10号	ミュージアムパーク茨城県自然博物館
卓 彦伶			2017.11	「1970年代以降の博物館における連携活動に関する施策の変遷」	『北海道大学大学院文学研究科研究論集』第17号	北海道大学大学院文学研究科
拓殖局 編			1911	『拓殖局報』		拓殖局
拓殖博覽會残務取扱所			1913	「拓殖博覽會報告」	『明治記念拓殖博覽會報告』	拓殖博覽會残務取扱所
田口 かおり			2013	「誰が破壊、修復、展示を恐れるのか?:バーネット・ニューマン論争とヴァンダリズム」	『表象』第7号	表象文化論学会

著者1	著者2	著者3	発行年	論文名・書籍名	掲載誌	発行元
田口 公則			1999	「博物館と学校の連携による化石資料のインタラクティブ活用」	『日本モンキーセンター年報』平成10年度	日本モンキーセンター
田口 公則	大島 光春	樽 創 他	1999.9	「博物館と学校の連携による化石資料のインタラクティブ活用」	『博物館学雑誌』第25巻第1号	全日本博物館学会
田口 公則	山下 浩之*	小出 良幸	2001.3	「アンモナイトを利用した化石の触覚実験とその地球科学教育学的意義」	『神奈川県立博物館研究報告.自然科学』第30号	神奈川県立生命の星・地球博物館
田口 公則	樽 創*	大島 光春 他	2001.3	「博物館と学校の連携の限界と展望ー中間機関設置モデルの提示ー」	『博物館学雑誌』第26巻第2号	全日本博物館学会
田口 公則	大野 照文*	川上 紳一 他	2003	「小学生を対象とした化石教室「三葉虫を調べよう」のねらいとその実践」	『岐阜大学教育学部研究報告.自然科学』第27巻2号	岐阜大学教育学部
田口 公則			2007.3	「博物館活動を伝えるアウトリーチ活動の新しい試み」	『日本女子大学博物館学芸員課程年報』No.5	日本女子大学
田口 公則	平田 大二*	一寸木 肇	2008.9	「学芸員と教師との協働による身近な自然の教材化の試みと教師教育プログラムの開発」	『日本地質学会学術大会講演要旨』第115号	日本地質学会
田口 公則	平田 大二*	斎藤 靖二	2009.2	「神奈川県立生命の星・地球博物館「地質の日」記念事業」	『地質ニュース』第654号	実業公報社
田口 公則			2010.3	『博学連携による小中学校における地域地学資料展示の取組と子どもの変容』		神奈川県立生命の星・地球博物館
田口 節子			1997.3	「観光地の美術館活動」	『博物館の創造』第1巻	東京大学大学院教育学部研究科・教育学部社会教育研究室
田口 想	川口 和英*	渡辺 仁史	2003.11	「ハイブリッド水族館内における人間行動分析に関する研究:集客施設内の情報携帯端末利用による行動解析」	『日本建築学会計画系論文集』第68巻573号	日本建築学会
田口 尚			2015.12	「北海道における遺跡保存の現状と課題」	『東北芸術工科大学文化財保存修復研究センター紀要』第5号	東北芸術工科大学文化財保存修復研究センター
田口 洋美			2008.3	「絵はがき・古写真、ビジュアル資料の映像民俗学的利用と展開」	『第22回北方民族文化シンポジウム報告書 北太平洋の文化--北方地域の博物館と民族文化(2)』	北方文化振興協会
田窪 直規			1990.12	「美術作品の情報管理--図書館の場合と美術館の場合」	『現代の図書館』第28巻4号	日本図書館協会
田窪 直規	嘉数 周子*	末松 昭子 他	1992.3	「展覧会カタログの情報管理」	『アート・ドキュメンテーション研究』第1号	アート・ドキュメンテーション学会
田窪 直規			1994	「社会教育機関における新しい情報活動:縁辺機関相互の協力を探る:博物館の立場から」	『図書館学』第64号	西日本図書館学会
田窪 直規			1994.5	「メディア概念から図書館情報システムと博物館情報システムを解読する」	『人文学と情報処理』第4号	勉誠出版
田窪 直規			1994.5	「図書館・博物館・美術館の情報システム」	『人文学と情報処理』第4号	勉誠出版
田窪 直規			1998.7	「電子博物館研究のキーワード--電子博物館シンポジウムより」	『人文学と情報処理』第17号	勉誠出版
田窪 直規			1999.8	「博物館情報概説」	『新版博物館学講座 第11巻博物館情報論』	雄山閣
田窪 直規			2000.1	「博物館学各論(2)-博物館の実践学-博物館情報提供」	『新版博物館学講座 第1巻博物館学概論』	雄山閣
田窪 直規			2003.3	「国際博物館会議国際ドキュメンテーション委員会の概念参照モデルCRMについて:その概要と評価」	『アート・ドキュメンテーション研究』第10号	アート・ドキュメンテーション学会
田窪 直規			2003.3	「「博物館資料情報のための国際指針」について:図書館資料と文書館資料の国際記述標準との関係で」	『アート・ドキュメンテーション研究』第10号	アート・ドキュメンテーション学会
田窪 直規			2009.3	「大学図書館と文書館・博物館との連携−主に博物館に注目して」	『私立大学図書館協会会報』第131号	私立大学図書館協会
田窪 直規 編	水嶋 英治*		2017.1	『ミュージアムの情報資源と目録・カタログ』		樹村房
田鍬 美紀			2012.4	「地域の遺産と博物館活動—鳥取市歴史博物館の教育普及活動」	『博物館研究』第47巻第4号	日本博物館協会
武 貴寛	佐藤 理恵*	笠井 亙	2007	「知的障がい者厚生施設での天文セミナー」	『天文教育』第19巻4号	天文教育普及研究会
武 正憲	山川 志典*	伊藤 弘	2017.3	「「地域遺産制度」の実態と成果」	『ランドスケープ研究』第80巻第5号	日本造園学会
竹居 明男			1981	「明治二十一年近畿地方古美術調査の記録−京都『日出新聞』の記事より1」	『博物館学年報』第13号	同志社大学博物館学芸員課程
竹居 明男			1982	「明治二十一年近畿地方古美術調査の記録−京都『日出新聞』の記事より2」	『博物館学年報』第14号	同志社大学博物館学芸員課程
竹居 明男			1983	「明治二十一年近畿地方古美術調査の記録−京都『日出新聞』の記事より3」	『博物館学年報』第15号	同志社大学博物館学芸員課程

著者1	著者2	著者3	発行年	論文名・書籍名	掲載誌	発行元
竹居 明男			1984	「明治二十一年近畿地方古美術調査の記録-京都『日出新聞』の記事より4」	『博物館学年報』第16号	同志社大学博物館学芸員課程
竹居 明男			1985	「明治二十一年近畿地方古美術調査の記録-京都『日出新聞』の記事より5」	『博物館学年報』第17号	同志社大学博物館学芸員課程
竹井 巌	小川 弘司*		1996.12	「石川県白山自然保護センター中宮展示館の1996年雪崩災害」	『石川県白山自然保護センター研究報告』第23集	石川県白山自然保護センター
武井 順一	藻利 国恵*		2005.3	「博物館との連携による総合的な学習の実践」	『Museumちば:千葉県博物館協会研究紀要』36号	千葉県博物館協会
武市 修一			2015.8	「「橋の博物館とくしま」の取組み」	『橋梁と基礎』第49巻第8号	建設図書
武居 利史			2015.10	「博物館、美術館の状況と課題」	『経済』第241号	新日本出版社
武井 則道			1985	「歴史博物館と地域史研究」	『Mouseion:立教大学博物館研究』第31号	立教大学学校・社会教育講座
武井 洋子	鳥山 由子		2003.6	「博物館の専門家を迎えての生物の授業」	『弱視教育』第41巻1号	日本弱視教育研究会
武内 厚子			2015	「東京都写真美術館のスクールプログラムの利用状況について」	『東京都写真美術館紀要』14号	東京都写真美術館
竹内 さおり	白川 哲郎*	住友 元美	2012.1	「「大正末〜昭和戦前期の女子高等教育に関する資料のデータベース」作成に関わる研究」	『大阪樟蔭女子大学研究紀要』第2号	大阪樟蔭女子大学
武内 茂			1999	「皇太子殿下御成婚記念東京国立博物館平成館の建設計画と建物概要(報告)」	『博物館研究』第34巻第11号	日本博物館協会
竹内 順一			1985	「第三世代の博物館」	『冬晴春華論叢』第3号	瀧崎安之助記念館
竹内 順一			1994	「美術館の運営—特別展の立案から実施まで」(第4節:図録作成とパブリシティ)	『芸術経営学講座—美術編』	東海大学出版会
竹内 純一			1999	「これでいいのか?『学芸員問題』第3回緊急シンポジウム記録 学芸員のありかた-「日本型学芸員」と「本来の学芸員」を考える」	『博物館問題研究』第25号	博物館問題研究会
竹内 善作			1931	「博物館的施設」	『圖書館學講座』第2巻	圖書館事業研究會
竹内 竜巳			2013	「博覧会研究史の整理と動向」	『國學院大學博物館學紀要』第38輯	國學院大學博物館学研究室
竹内 辰巳			2015.3	「博士吉田光邦の博覧会意識とその評価」	『國學院大學博物館學紀要』第39輯	國學院大學博物館学研究室
竹内 利夫	濱口 由美*	森芳 功	2011.3	『教師力を活かす子どもの力を活かす鑑賞シートと美術館の「活用本」:たのしい美術鑑賞の授業をつくろう』		徳島県立近代美術館
竹内 利夫	庄武 憲子		2015.12	「「誰にも」の一人一人を思いながら:徳島のユニバーサルミュージアムの取り組み」	『博物館研究』第50巻第12号	全日本博物館学会
竹内 俊貴	中島 統太郎	西村 邦裕 他	2013	「展示空間の3次元記録を用いた博物館展示の時間軸拡張」	『日本バーチャルリアリティ学会論文誌』第18巻第3号	日本バーチャルリアリティ学会
竹内 利美			1973.1	「北欧民俗博物館管見(一)」	『民具マンスリー』第5巻10号	神奈川大学
竹内 俊道			2005.8	「新潟県中越大地震における十日町市博物館の対応」	『博物館研究』第40巻第8号	日本博物館協会
竹内 俊道			2007.4	「地域博物館の新しい試み-大地の芸術祭アーティストと十日町市博物館による「越後の布プロジェクト」の展開」	『博物館研究』第42巻第4号	日本博物館協会
竹内 友二郎			1911	「美術館と国際法規」	『東眼西視録』	金港堂
竹内 智美	大原 一興		2006	「町内小中学校生の目から見た地域資産と軽井沢らしさに関する考察:地域のエコミュージアム化に関する研究その8」	『学術講演梗概集』2006巻	日本建築学会
竹内 弘明			2002.1	「展示ノート「守旧派」学芸員の繰り言」	『名古屋市博物館だより』第148号	名古屋市博物館
竹中 宏子			2017.5	「遺産を担う変わり者」	『文明史のなかの文化遺産』	臨川書店
竹内 誠			2000	「江戸東京博物館におけるボランティア活動」	『博物館研究』第35巻第1号	日本博物館協会
竹内 誠			2003.3	「品川歴史館特別展『鎌倉武士西に走り、トランジスタ海を渡る-品川から巣立ったひと・もの・情報展』を見て」	『品川歴史館紀要』第18号	品川区立歴史館
竹内 誠	江竜 喜之	布谷 知夫	2005.2	「鼎談 市民とともに創る博物館(1)」	『博物館研究』第40巻第2号	日本博物館協会
竹内 誠	江竜 喜之	布谷 知夫	2005.3	「鼎談 市民とともに創る博物館(2)」	『博物館研究』第40巻第3号	日本博物館協会

著者1	著者2	著者3	発行年	論文名・書籍名	掲載誌	発行元
竹内 誠			2010.4	『知識ゼロからの博物館入門』		幻冬舎
竹内 恵	江水 是仁*	山本 広美 他	2012.4	「博物館勤務経験による職員のキャリア形成に関する考察：日本科学未来館・科学コミュニケーターの事例より」	『博物館学雑誌』第37巻第2号	全日本博物館学会
竹内 裕一			2009	「郷土教育論争と公害教育実践に学ぶ地域学習の視点」	『学芸地理』第64号	東京学芸大学地理学会
竹内 有理			1995.9	「英国博物館事情—博物館の商業化とプロフェッショナリズム—」	『月刊ミュゼ』13号	(株)アム・プロモーション
竹内 有理			1996	「ミュージアムの制度と理念の構築にむけて—イギリス式ミュージアムシステムから学ぶこと—」	『Cultivate：文化と環境を考える』第4号	文化環境研究所
竹内 有理	安井 亮		1996.9	「イギリスにおけるミュージアム・マネージメントの動向」	『ミュージアムマネージメント』	東京堂出版
竹内 有理			1999	「博物館の環境評価を考える」	『文環研レポート』第13号	文化環境研究所
竹内 有理			1999.3	「イギリス博物館登録制度をめぐって—導入の背景と現状—」	『博物館基準に関する基礎研究-イギリスにおける博物館登録制度-』	博物館基準研究会
竹内 有理	久保内 加菜*	日本ミュージアム・マネージメント学会編	1999.3	「美術館の「潜在的利用者」に関する序論的研究-大学生の利用状況及び意識調査より-」	『日本ミュージアム・マネージメント学会研究紀要』第3号	日本ミュージアム・マネージメント学会
竹内 有理	齊藤 恵理*		1999.5	「博物館の評価環境を考える」	『文環研レポート』第13号	文化環境研究所
竹内 有理			1999.12	「コレクションを活かした子ども向け展示」	『月刊ミュゼ』38号	(株)アム・プロモーション
竹内 有理			2000.2	「博物館の不易とは？イギリスの博物館登録制度がめざすもの」	『月刊ミュゼ』39号	(株)アム・プロモーション
竹内 有理			2001.1	「博物館利用者の開拓—社会との関わりのなかで—」	『文環研レポート』第15号	文化環境研究所
竹内 有理			2003.3	「教育事業の経営戦略化に関する一考察—国立歴史民俗博物館の事例—」	『日本ミュージアム・マネージメント学会研究紀要』第7号	日本ミュージアム・マネージメント学会
竹内 有理	宮田 公佳*	安達 文夫	2003.1	「展示改善にむけた観客調査の設計と実施-見学順路と滞在時間から見た観覧行動の解析-」	『国立歴史民俗博物館研究報告』第108集	国立歴史民俗博物館
竹内 有理			2004.3	「展示室における観客の観覧行動と記憶および理解に関する研究—近世展示の展示評価結果から」	『国立歴史民俗博物館研究報告』第109集	国立歴史民俗博物館
竹内 有理			2004.12	「国立歴史民俗博物館における教育活動-学校利用を中心に-」	『大阪人権博物館紀要』第8号	大阪人権博物館
竹内 有理			2005.2	「イギリスにおける文化遺産のデジタル化と利活用：専門知から共有知へ」	『Cultivate：文化と環境を考える』第24号	文化環境研究所
竹内 有理	並木 美砂子*	落合 啓二	2005.3	「企画展示「持ち込まれたケモノたち」の展示評価-企画展入場者の展示利用形態と外来種問題に関する認識及び意識の変化-」	『千葉県立中央博物館 自然誌研究報告』第8巻2号	千葉県立中央博物館
竹内 有理			2008.3	「社会的責任と利益追求のはざまで-長崎歴史文化博物館の事例から」	『文化経済学』第6巻第1号	文化経済学会
竹内 有里	浜田 弘明*司会	金子 淳	2008.3	「COE公開研究会「学芸員の専門性をめぐって」第2回 今後の博物館活動と博物館学の方向性」	『高度専門職学芸員の養成-大学院における養成プログラムの提言-』	神奈川大学COEプログラム「人類文化研究のための非文字資料の体系化」研究推進会議
竹内 有理			2011.3	「地域連携型企画展の試み--長崎歴史文化博物館の事例」	『日本ミュージアム・マネージメント学会研究紀要』第15号	日本ミュージアム・マネージメント学会
竹内 有理			2012.5	「シンガポールの博物館政策と教育活動」	『博物館研究』第47巻第5号	日本博物館協会
竹内 有理			2012.12	「博物館教育の内容と方法」	『博物館学2(博物館展示論*博物館教育論)』	学文社
竹尾 美里	西川 由佳里		2013	「「気づき」を与えられる博物館ワークショップを目指して」	『人類学博物館紀要』第31号	南山大学人類学博物館
武笠 朗			1999.4	「展示ケースの中の仏像」	『実践女子大学Museology』第18号	実践女子大学博物館学課程
竹箇平 昭信	椎名 修		1994	「とべ動物園における保護運動を使用しての啓蒙活動について」	『日本動物園水族館教育研究会誌』1994年号	日本動物園水族館教育研究会
武川 夏樹			2008.6	「足尾の現在-エコミュージアムから世界遺産に-」	『博物館問題研究』第31号	博物館問題研究会
岳川 有紀子			2003	「化学系展示フロアおよび展示物の調査と考察」	『大阪市立科学館研究報告』第13号	大阪市立科学館
竹迫 祐子			2009.3	「ちひろ美術館とわたし」	『NFU』第59号	日本福祉大学
竹沢 尚一郎			2015.10	「トラウマを超えて—東日本大震災の展示と震災遺構の保存をめぐって」	『ミュージアムと負の記憶戦争・公害・疾病・災害：人類の負の記憶をどう展示するか』	東信堂

著者1	著者2	著者3	発行年	論文名・書籍名	掲載誌	発行元
竹沢 尚一郎			2015.10	「阪神・淡路大震災記念人と防災未来センター」	『ミュージアムと負の記憶戦争・公害・疾病・災害:人類の負の記憶をどう展示するか』	東信堂
竹沢 尚一郎			2015.10	「ベトナム戦争戦没者慰霊碑」	『ミュージアムと負の記憶戦争・公害・疾病・災害:人類の負の記憶をどう展示するか』	東信堂
竹沢 尚一郎			2015.10	「ホロコースト記念館博物館(ワシントン)」	『ミュージアムと負の記憶戦争・公害・疾病・災害:人類の負の記憶をどう展示するか』	東信堂
竹沢 尚一郎 編著			2015.10	『ミュージアムと負の記憶戦争・公害・疾病・災害:人類の負の記憶をどう展示するか』		東信堂
竹澤 雄三	中川 志郎*	小木 新造 他	1998	「座談会 教育普及活動の新たな展開を求めて-第45回全国博物館大会を振り返って-」	『博物館研究』第33巻第2号	日本博物館協会
竹下 隆晴	北川 亘	浅井 石南	2012	「高速鉄道の過去、現在、そして未来が詰まった博物館リニア・鉄道館:夢と想い出のミュージアム」	『電気学会誌』第132巻第10号	電気学会
竹下 多美			2012.3	「博物館とボランティアによる教育普及プログラムの共同開発レポート」	『長野県立博物館紀要』第13号(人文系)	長野県立博物館
竹下 輝和	玉田 圭吾*	志波 文彦	2014.3	「小学校における学習・生活活動の展開からみた掲示・展示スペースの配置について」	『日本建築学会研究報告九州支部.計画系』第53号	日本建築学会九州支部
竹嶋 徹夫	栗山 雄揮*	西川 武臣 他	1999.07	「第1章理念と実践」	『博物館の未来をさぐる』	東京堂出版
武田 厚			1976	「美術館における映像利用はどこまで可能か-その実施のための試論」	『博物館研究』第11巻第10号	日本博物館協会
武田 厚			1979.11	「館種別博物館の教育・普及活動と設備・施設 美術系博物館」	『博物館学講座 第8巻博物館教育と普及』	雄山閣
武田 厚			1979.11	「教育器具と施設・設備 人文系博物館」	『博物館学講座 第8巻博物館教育と普及』	雄山閣
武田 厚	倉田 公裕*		1979.11	「博物館における出版活動」	『博物館学講座 第8巻博物館教育と普及』	雄山閣
武田 厚			1981	「美術館における教育活動再考-1-実技講座」	『博物館研究』第16巻第10号	日本博物館協会
武田 厚			1981.1	「館種別博物館史 美術系博物館史」	『博物館学講座 第2巻日本と世界の博物館史』	雄山閣
武田 厚			1981.11	「美術館における教育活動再考-2-子どものためのプログラム」	『博物館研究』第16巻第11号	日本博物館協会
武田 厚			1982.1	「美術館における教育活動再考-3-ボランティア」	『博物館研究』第17巻第1号	日本博物館協会
武田 厚			1982.5	「美術館における教育活動再考-4-館外活動と巡回展」	『博物館研究』第17巻第5号	日本博物館協会
武田 厚			1982.11	「美術館における教育活動再考-5-手段と目的」	『博物館研究』第17巻第11号	日本博物館協会
武田 厚			1983.6	「子どもと美術館」	『美術手帖』511号	美術出版社
武田 厚			2008.5	「地域美術館が魅力的であるためには」	『月刊美術』第34巻第5号	サン・アート
武田 丑之助	宮島 幹之助 閲		1902.7	『動物採集保存法』		成美堂ほか
武田 丑之助			1911	『最新動物剝製法』		積文社
武田 修			1998.5	「「常呂遺跡」の整備とまちづくり」	『資源環境対策』第34巻第7号(『緑の読本』シリーズ46)	公害対策技術同友会
武田 楠雄			1972	『維新と科学』		岩波書店
武田 国夫			1999.9	「第3章情報機器とネットワーク 2情報機器の変遷」	『博物館学シリーズ 5博物館情報論』	樹村房
武田 国夫			1999.9	「第3章情報機器とネットワーク 3情報機器の利用方法とその役割」	『博物館学シリーズ 5博物館情報論』	樹村房
竹田 幸司			2014.5	「仙台市博物館展示室の紹介:リニューアルオープン後の展示について」	『宮城考古学』16号	宮城県考古学会
武田 庄平	PAUL.A.REES*	鈴木 馨 他訳	2016.8	『動物園のつくり方:入門動物園学』		農林統計出版
武田 臣玄			1979.9	「博物館の建築と展示-1979年海外調査から-」	『博物館学雑誌』第3・4巻合併号	全日本博物館学会
武田 臣玄			1982.3	「岩手県立博物館ジオラマ「イヌワシの山」設計と製作の記録」	『博物館学雑誌』第7巻第2号	全日本博物館学会

著者1	著者2	著者3	発行年	論文名・書籍名	掲載誌	発行元
武田 臣玄			1987.9	「展示におけるジオラマの意義と問題点」	『平塚市博物館年報』第11号	平塚市博物館
武田 竜弥			2009.3	「日本の産業博物館の現状と課題--産業観光による地域活性化の視点から」	『感性工学』第8巻第4号	日本感性工学会
竹谷 俊夫			2006.11	「天理参考館の沿革と活動」	『山辺の歴史と文化』	奈良新聞社
竹谷 俊夫			2009.12	「網走で考えたこと」	『志学』第40号	大阪大谷大学
竹谷 俊夫			2010.12	「ソウルの博物館を見学して—刑務所歴史博物館と戦争記念館—」	『志学』第41号	大阪大谷大学
竹谷 俊夫			2011.3	「オンギ事始め—オンギ民俗博物館を訪ねて—」	『大阪大谷大学博物館学芸員課程年報』VOL.11	大阪大谷大学博物館学芸員課程
竹谷 俊夫			2011.12	「オンギマウル(甕器村)見学記」	『志学』第42号	大阪大谷大学
竹谷 俊夫			2012.3	「博物館における調査・研究〔人文系〕」	『新時代の博物館学』	芙蓉書房出版
竹谷 俊夫			2012.3	「資料自体の調査・研究〔人文系〕」	『新時代の博物館学』	芙蓉書房出版
竹谷 俊夫			2012.3	「考古・民族系資料」	『新時代の博物館学』	芙蓉書房出版
竹谷 俊夫			2012.3	「展示の環境と設備」	『新時代の博物館学』	芙蓉書房出版
竹谷 俊夫			2012.3	「展示作業」	『新時代の博物館学』	芙蓉書房出版
竹谷 俊夫			2012.3	「韓国のこども博物館①—国立民俗博物館—」	『大阪大谷大学博物館学芸員課程年報』VOL.12	大阪大谷大学博物館学芸員課程
竹谷 俊夫			2012.12	「ひめゆりの塔にて—平和祈念資料館—」	『志学』第43号	大阪大谷大学
竹谷 俊夫			2013.3	「韓国のこども博物館②—国立中央博物館—」	『大阪大谷大学博物館学芸員課程年報』VOL.13	大阪大谷大学博物館学芸員課程
竹谷 俊夫			2014.2	「開かれた大学博物館に向けて」	『「交流する大学ミュージアムを目指して—人材育成の手法と実践」—実施報告書大学の扉を開く』	かんさい・大学ミュージアム連携実行委員会
竹谷 俊夫			2014.12	「小桜之塔と対馬丸記念館を訪ねて」	『志学』第45号	大阪大谷大学
竹谷 俊夫			2015.3	「高野口「水野館」の民俗資料—特に戦時下の資料を中心に—」	『大阪大谷大学博物館学芸員課程年報』VOL.15	大阪大谷大学博物館学芸員課程
竹谷 俊夫			2015.12	「沖縄県営平和祈念公園—戦争を肌で感じる—」	『志学』第46号	大阪大谷大学
竹谷 俊夫			2016.3	「大学博物館」	『観光資源としての博物館』	芙蓉書房出版
竹谷 俊夫			2017.4	「韓国の国立こども博物館について」	『考古学・博物館学の風景：中村浩先生古稀記念論文集』	芙蓉書房出版
武田 博	宇田津 徹朗*	植松 秀男	2009.7	「食育および食品科学と協働した科学教育支援の取組:大学博物館の地域連携活動の試み」	『日本水産学会誌』第75巻第4号	日本水産学会
竹田 正人			2011.7	「動物のいきざま— 動物園から自然環境を考える」	『教育医学』第56巻第4号	日本教育医学会
武田 正哉			1991.3	「博物館における郷土学習について」	『研究報告』第1号	苫小牧市博物館
武田 正哉			1993.3	「大英博物館を見たふたつの東洋」	『『米欧回覧実記』の学際的研究』	北海道大学図書刊行会
武田 雪夫			1945	「水族館で」	『南の島南の國』	輝文堂書房
竹田 理恵子			2002.2	「〈小規模図書館奮戦記・69〉(財)紙の博物館図書室 紙の博物館図書室の現在」	『図書館雑誌』第96巻第2号	日本図書館協会
竹田 理恵子			2009.2	「紙の博物館飛鳥山移転後の図書室の十年-IT環境変化を中心に」	『百万塔』第132号	紙の博物館
武智 昭洋			1993	「平櫛田中と井原市立美術館」	『関西大学考古学等資料室紀要』第10号	関西大学考古学等資料室
竹中大工道具館			1995.5	『竹中大工道具館10年史』		財団法人竹中大工道具館
竹中 宏子			2010.3	「「フィステーラ=ムシーアの道」(サンティアゴ巡礼路)と「死の海岸」の遺産化に関わる人びと--地域文化コーディネーターの活動と役割」	『国立歴史民俗博物館研究報告』第156集	国立歴史民俗博物館

著者1	著者2	著者3	発行年	論文名・書籍名	掲載誌	発行元
竹中 康彦			1996.3	「南方熊楠筆「神社合祀反対演説草稿」」	『和歌山県立博物館研究紀要』第1号	和歌山県立博物館
竹中 康彦			2010.3	「和歌山県立博物館の音声ガイドシステムについて」	『和歌山県立博物館研究紀要』第16号	和歌山県立博物館
竹中 悠美	服部 正*	島田 康寛 他	2013.3	「巻頭座談会 オルタナティブな教育の場としての美術館」	『生存学』第6号	生活書院
竹中 理恵			2011.3	「奔潮--はやしお大阪ミュージアム構想について」	『自治大阪』第61巻第6号	大阪府市町村振興協会
竹之内 耕			2016.6	「ジオパークの視点を導入した学校教育と社会教育の進展:糸魚川ユネスコ世界ジオパークを例に」	『地学雑誌』第125巻6号	東京地学協会
竹ノ下 祐二			2005.8	「フィールドへの第一歩としての博物館」	『日本科学教育学会年会論文集』第29巻	日本科学教育学会
竹林 熊彦			1935	「明治初年ノ圖書館ト博覽館トノ關涉」	『圖書館研究』第8巻第3號	青年圖書館員聯盟
竹林 熊彦			1936	「博物館書籍室ソノ他」	『圖書館研究』第10巻第2號	青年圖書館員聯盟
竹林 熊彦			1940	「手島精一と教育博物館」	『教育』第8巻第7號	岩波書店
竹原 明理			2010.3	「展示装置としての生人形--衛生博覧会での展示をめぐって」	『大阪大学日本学報』第29号	大阪大学大学院文学研究科日本学研究室
竹原 万雄			2008.3	「博物館研究災害対策をめぐる資料保全活動と博物館-「資料ネット」の活動を事例として」	『明治大学博物館研究報告』第13号	明治大学博物館事務室
竹原 直道			2012.9	「衛生博覧会の歯科展示」	『日本歯科医史学会会誌』第29巻第4号	日本歯科医史学会
竹久 夢二			1900	「コドモノスケッチ帖:動物園にて」	『初版本複刻竹久夢二全集』	ほるぷ出版
武部 欽一			1913	「通俗教育調査委員會の施設状況」	『帝國教育』第372號	帝國教育會
武部 欽一			1929	「博物館制度に就いて」	『博物館研究』第2巻第7號	博物館事業促進會
武部 欽一			1932	「郷土教育の本義」	『郷土科學』第二十號	郷土教育聯盟
武部 欽一			1932	「郷土教育の本義」	『郷土教育講演集』	刀江書院
武部 直子			1997.6	「学芸員そのイメージと実態」	『季刊Liberty』第18号	大阪人権歴史資料館
竹村 到			2012.6	「日本歴史学協会地域博物館は誰のものか?:「博物館法制定60周年記念シンポジウム地域博物館の現状と今後の課題」に参加して」	『地方史研究』第62巻第3号	地方史研究協議会
竹村 勘悟			1931.11	「機械工學關係品の陳列に就いて」	『自然科学と博物館』第23號	東京博物館
竹村 勘吾			1938	「最近の海外科學博物館を見て」	『自然科学と博物館』第9巻第4號	東京博物館
武村 政春			2012.11	『レプリカ:文化と進化の複製博物館』		工作舎
竹本 廣文			1999.1	「登録美術品制度について―「美術品の美術館における公開の促進に関する法律」の施行にあたって」	『博物館研究』第34巻第1号	日本博物館協会
竹本 真希子			2016.3	「日本の平和博物館とヒバク情報」	『広島平和研究』第3巻	広島平和研究所編集委員会
竹森 文吾			2002	「バリアフリーに関する一考察」	『人間文化:愛知学院大学人間文化研究所紀要』第17号	愛知学院大学人間文化研究所
竹谷 陽二郎	榎 陽介	酒井 耕造 他	2004.3	「福島県立博物館の資料管理システム」	『福島県立博物館紀要』第18号	福島県立博物館
田子 文菜			2017.12	「ミュージアム・グッズ、ショップ論史」	『博物館学史研究事典』	雄山閣
太齋 彰浩	阿部 拓三*		2017.3	「博物館と生態学(28)リアスの生き物よろず相談所:震災前後の南三陸における取組み」	『日本生態学会誌』第67巻第1号	日本生態学会誌編集委員会
太宰 久夫			1989	「チルドレンズ・ミュージアム—アメリカ合衆国南カリフォルニアを例に—」	『世界の児童と母性海外福祉情報』第27号	資生堂社会福祉事業財団
田沢 裕賀			2007.8	「東京国立博物館と上野動物園による連携の試み--いっしょに見よう!博物館と動物園」	『博物館研究』第42巻第8号	日本博物館協会
田島 綾香	田中 孝国*	黒須 友紀 他	2011	「博物館を会場とした体験型化学実験に関するアンケート調査」	『日本高専学会誌』第16号1巻	日本高専学会

著者1	著者2	著者3	発行年	論文名・書籍名	掲載誌	発行元
田島 木綿子	有田 寛之*	山田 格 他	2010.12	「科学系博物館における資料の周辺情報のデジタル・アーカイブ化に関する実践的研究」	『日本教育情報学会学会誌』第26巻2号	日本教育情報学会
田島 隆			2009	「児童センターの子ども達と絵本をつくる--地域の文化・環境・平和運動のたまり場をめざす「ひとミュージアム上野誠版画館」の活動」	『民主教育研究所年報』第10号	民主教育研究所
田島 太良			2012.3	「学びの場としての本町田遺跡公園」	『2010年度年報／紀要』	町田市立博物館
田嶋 俊彦			2010.1	「学校教育における地域博物館の活用--戸田市立郷土博物館の事例から」	『博物館研究』第45巻第1号	日本博物館協会
田嶋 一			1975	「1930年代前半における郷土教育論の諸相—文部省・師範学校系・郷土教育連盟系の郷土教育運動と柳田国男による批判—」	『研究室紀要』2号	東京大学教育学部教育史・教育哲学研究室
田島 雅子	岩田 憲二*	藤本 光章	1997.3	「平成8年度企画展入館者動向について-アンケート調査の結果より」	『愛媛県総合科学博物館研究報告』第2号	愛媛県総合科学博物館
田島 雅子	宇野 浩三		2008.5	「地方小都市における博物館の意義に関する研究:「ギャラリーしろかわ」の利用者・地域住民への配票調査にもとづく」	『日本建築学会四国支部研究報告集』第8号	日本建築学会四国支部
田島 雅子	宇野 浩三		2008.7	「地方小都市における博物館の意義に関する研究:「ギャラリーしろかわ」の利用者・地域住民への配票調査にもとづく」	『学術講演梗概集』2008巻	日本建築学会
田嶋 悠佑			2015	「新潟市歴史博物館「新潟地震:体験・記録・復興」展を担当して」	『災害・復興と資料』5号	新潟大学災害・復興科学研究所危機管理・災害復興分野
田島 悠史			2015.3	『小規模地域アートイベントの有用性と持続性に関する研究:みなとメディアミュージアムを事例として』		慶應義塾大学大学院政策・メディア研究科
田島 夕美子			2003	「ブルガリアの博物館事情-県立博物館を中心に-」	『続文化財論集』	文化財論集刊行会
田島 夕美子			2008.8	「東京国立博物館生涯学習ボランティアによる桜と作品ガイド「博物館でお花見」の報告について」	『文化財学としての考古学:泉拓良先生還暦記念論文集』	泉拓良先生還暦記念事業会
太政官			1873.3	「文部省所轄博物館書籍館博物局小石川薬園ヲ博覽會事務局ニ併ス」	『法令全書』	太政官
太政官			1875.3	「博覽會事務局ヲ博物館ト改稱シ内務省ニ屬ス」	『法令全書』第43号	太政官
太政官			1875.4	「圖書寮ヘラルド等三種ノ新聞紙保存」	『太政類典』2編6巻【36】	太政官
太政官			1875.8	「孛國政府答謝物品博物館ヘ下付」	『太政類典』2編169巻【24】	太政官
太政官			1876.2	「博物館収入金員切手代等内務省ヘ委任」	『太政類典』2編169巻【19】	太政官
太政官			1876.2	「博物館名称區別」	『法令全書』第20号	太政官
太政官			1876.6	「千葉縣下長柄郡本納村橘媛御墓井金谷神社内古鏡保存」	『太政類典』2編265巻【21】	太政官
太政官			1876.8	「滋賀縣下大津陸軍営中亀丘古墳保存」	『太政類典』2編264巻【41】	太政官
太政官			1876.9	「府下上野山内ニ學術博物館ヲ建設ス」	『太政類典』2編245巻【90】	太政官
太政官			1876.12	「正倉院家庫中古製ノ錦繍保存」	『太政類典』2編169巻【37】	太政官
太政官			1877.1	「英國博物局長ヨリ我博物館ヘ物品寄贈ニ付附託人接遇」	『太政類典』2編169巻【25】	太政官
太政官			1877.1	「西班牙國博物館ヘ我國物産見本陳列」	『太政類典』2編174巻【63】	太政官
太政官			1877.9	「發掘ノ古器物博物館ニ於テ保存」	『太政類典』2編169巻【27】	太政官
太政官			1879.12	「府縣各町村公有記録繪圖面等保存方法ヲ定ム」	『太政類典』3編11巻【49】	太政官
太政官			1880.7	「堺縣下大和國畝火山外二山保存」	『太政類典』4編38巻【42】	太政官
太政官			1881.5	「博物館組織方」	『太政類典』5編2巻【61】	太政官
太政官			1883.9	「米國華盛頓府スミソニヤン博物館交換品購求費ヲ別途ニ下付ス」	『公文類聚』7編43巻【30】	太政官
田尻 信壹			2011.1	「博物館と小学校社会科の連携に関する研究:富山県小学校への質問紙調査を通して」	『教育実践研究:富山大学人間発達科学研究実践総合センター紀要』第5号	富山大学人間発達科学部附属人間発達科学研究実践総合センター
田尻 信壹			2012.6	「国際理解教育における博物館活用の可能性:第7回国立民族学博物館を活用したワークショップ型教員研修の試み」	『国際理解教育』第18巻	日本国際理解教育学会

著者1	著者2	著者3	発行年	論文名・書籍名	掲載誌	発行元
田尻 信壹			2016.1	「イギリスにおける博物館教育:ロンドン帝国戦争博物館を事例として」	『教育実践研究:富山大学人間発達科学研究実践総合センター紀要』第4号	富山大学人間発達科学部附属人間発達科学研究実践総合センター
田尻 信壹			2016.12	「博物館と学校カリキュラム」	『学校と博物館でつくる国際理解教育のワークショップ』	国立民族学博物館
田尻 美和子			2010.2	「子どもの博物館利用を考える～キャリアデザインの視点から～」	『野田市郷土博物館市民会館年報・紀要』第2号	野田市郷土博物館
田代 開市 編			1906.12	『植物動物採集實驗保存法』		田代開市
田代 英俊			1992.2	「博物館におけるLAN利用の可能性」	『情報の科学と技術』第42巻第2号	情報科学技術協会
田代 英俊			1999.8	「博物館における情報の提供と活用方法 6.情報機器選定の要点」	『新版博物館学講座 第11巻博物館情報論』	雄山閣
田代 英俊	中村 隆	谷本 嗣英 他	2001.3	「既設展示の評価とフィードバックについて」	『日本ミュージアム・マネージメント学会研究紀要』第5号	日本ミュージアム・マネージメント学会
田代 英俊	中村 隆	小山 治	2009.9	「科学的リテラシー育成に関する科学館・博物館の影響について--科学技術館来館者調査結果より」	『JMMA日本ミュージアム・マネージメント学会会報』第14巻第2号	日本ミュージアム・マネージメント学会
田代 英俊	中村 隆	小山 治	2010.3	「ミュージアムリテラシー育成のための基礎的研究--博物館利用者の属性・意識と博物館活用効果とのクロス表分析の結果」	『日本ミュージアム・マネージメント学会研究紀要』第14号	日本ミュージアム・マネージメント学会
田代 英俊			2010.12	「科学館を含む科学系博物館から見た新しい学芸員養成課程に対する大学への要望」	『博物館研究』第45巻第12号	日本博物館協会
田代 英俊			2012.11	「情報機器・情報技術の進歩とインターネットの活用（博物館における情報発信）」	『博物館学3（博物館情報メディア論*博物館経営論）』	学文社
田代 英俊			2012.12	「専門分野別展示 理工系博物館（博物館展示の形態と方法）」	『博物館学2（博物館展示論*博物館教育論）』	学文社
田代 英俊			2012.12	「展示の方法（博物館展示の形態と方法）」	『博物館学2（博物館展示論*博物館教育論）』	学文社
田代 博之			1980	「伊場訴訟の現段階と今後の展望」	『ジュリスト』1980年2月15日号	有斐閣
田代 資二	森澤 雅夫	渡邉 博典	2001.3	「千葉県立現代産業科学館における広報活動の現状と課題-アンケート調査から-」	『千葉県立現代産業科学館研究報告』第7号	千葉県立現代産業科学館
田代 資二	渡邉 博典	山口 剛	2003.3	「千葉県立現代産業科学館と大韓民国国立中央科学館の友好協定の締結と「日韓市民交流フェスティバル2002」における展示会について」	『千葉県立現代産業科学館研究報告』第7号	千葉県立現代産業科学館
田代 順孝	方 芝君*	木下 剛	2007	「植物園における展示内容の特徴と展示空間構成の分類」	『環境情報科学論文集』第21号	環境情報科学センター
田添 好男			2007.10	「岐阜県歴史資料館における学校支援活動」	『アーカイブズ』第30号	国立公文書館
多田 好問 編			1968	『岩倉公実記』		原書房
多田 孝志	中牧 弘允*	森茂 岳雄	2009.8	『学校と博物館でつくる国際理解教育:新しい学びをデザインする』		明石書店
多田 千尋			2009.7	「東京おもちゃ美術館と文化ボランティア」	『文化庁月報』490号	ぎょうせい
多田 千尋			2015.3	「地域の廃校が世代間交流・文化交流の場としてよみがえる:東京おもちゃ美術館の持続可能なNPOの取り組みから」	『月刊福祉』第98巻第3号	全国社会福祉協議会
多田 千尋			2015.11	「ウッドスタートが地域を変える:東京おもちゃ美術館の木育の試みと木材利用」	『山林』第1578号	大日本山林会
多田 千尋			2016	「ウッドスタートで地域を変える:東京おもちゃ美術館の木育事業(1)「木育」体感赤ちゃんひろば」	『グリーン・パワー』第455号	森林文化協会
田立 善人			2013.5	「地域未来研究センター地域シンクタンク北から南から(第50回)地域と共に成長する水族館:島根県西部の中核施設しまね海洋館アクアス」	『日経研月報』第419号	日本経済研究所
多田 智美			2012.7	「子どもと美術(Vol.86)中学校編 行きたくなる美術館をつくろう!」	『美術手帖』969号	美術出版社
多田 智美	坂本 美幸		2013.1	「子どもと美術(Vol.92)中学校編 行きたくなる美術館をつくろう！(後編)」	『美術手帖』977号	美術出版社
多田 信子			2002.3	「袖ケ浦市郷土博物館におけるボランティア活動」	『Museumちば:千葉県博物館協会研究紀要』33号	千葉県博物館協会
多田 文夫			2012.10	「住民と区立博物館の関係から:足立区の事例」	『地方史研究』第62巻第5号	地方史研究協議会
多田 真澄			2016.3	「はまぎんこども宇宙科学館における放電に関する展示」	『静電気学会誌』第40巻第2号	静電気学会
多田 道太郎	梅棹 忠夫*	上田 篤 他	1974.1	『日本人の生活空間』		朝日新聞社

た

著者1	著者2	著者3	発行年	論文名・書籍名	掲載誌	発行元
多々良 穰			2014.3	「日本における文化資源の社会的還元について:博物館と遺跡公園の現状を踏まえて」	『人間社会環境研究』第27号	金沢大学大学院人間社会環境研究科
立花 晃	福島 徹		2015.8	「我が国の創造都市における市立美術館の実践およびその機能と役割についての考察」	『計画行政』第38巻第3号	日本計画行政学会
橘 協			1885.10	「木材保存法」	『東洋學術種本』	秋山堂
橘 セツ			2013	「英国農業革命期の文化遺産としてのモデル農場の展示と教育的ツーリズム:東イングランドのウィンポール・ホールとナショナル・トラストの展示・管理をめぐって」	『神戸山手大学紀要』第15号	神戸山手大学
立花 隆	梅棹 忠夫*		1978.1	「＜対談＞異質文化の衝撃-民族学博物館の思想」	『諸君!』第10巻1号	文芸春秋
橘 昌信			1978.3	「博物館学講座(課程)の現状と問題」	『別府大学博物館研究報告』第2号	別府大学博物館学課程
橘 昌信			1979.2	「大学における博物館学講座(課程)の位置」	『別府大学博物館研究報告』第3号	別府大学博物館学課程
橘 昌信			1980.2	「大学付属博物館の一つのあり方」	『別府大学博物館研究報告』第4号	別府大学博物館学課程
橘 昌信			1981.2	「短期大学での学芸員補の養成について:全博協55年度大会から」	『別府大学博物館研究報告』第5号	別府大学博物館学課程
橘 昌信			1982.2	「博物館学講座の現状と問題(その2)」	『別府大学博物館研究報告』第6号	別府大学博物館学課程
橘 昌信			1988.2	「博物館における展示計画とその実施-企画展『農耕の起源と自然科学』によせて-」	『別府大学博物館研究報告』第10号	別府大学博物館学課程
橘 昌信			1988.3	「博物館学講座(課程)における『学芸員となる資格』」	『Museologist:明治大学学芸員養成課程年報』第3巻	明治大学学芸員養成課程
橘 昌信			1991.2	「博物館と生涯学習について」	『別府大学博物館研究報告』第12号	別府大学博物館学課程
橘 昌信			1995.2	「エコミュージアムと地域の活性化」	『別府大学博物館研究報告』第16号	別府大学博物館学課程
橘 由里香	田賀井 篤平*		2004.9	「「石の記憶--ヒロシマ・ナガサキ」展とディスプレイデザイン賞」	『UP』第33巻9号	東京大学出版会
立花 吉茂			1978.12	「館種別博物館における調査・研究と収集活動 植物園」	『博物館学講座 第5巻調査・研究と資料の収集』	雄山閣
辰喜 洸			1985.3	「博物館としての水族館が占める位置について-二ツの博物館施設に関して-」	『博物館学雑誌』第10巻第1・2号合併号	全日本博物館学会
ダッジ・コリン			1992.1	「動物園のラベリングについての新しい考え方」	『海外動物園水族館情報』1992-1	東京動物園協会
ダッジ・コリン	大平 裕司 訳		1996.10	『動物たちの箱舟-動物園と種の保存』		朝日新聞社
立田 慶裕 編			2004.9	『参加して学ぶボランティア』		玉川大学出版部
伊達 仁美			2004.12	「博物館担当者による二酸化炭素殺虫処理」	『文化財の虫菌害』第48号	文化財虫害研究所
伊達 仁美			2011.3	「10.20奄美豪雨で被災した(財)奄美文化財団原野農芸博物館の調査報告」	『民具研究』第143号	日本民具学会
伊達 仁美			2013.3	「展示紹介・展示批評 国立民俗博物館企画展「記憶をつなぐ:津波災害と文化遺産」」	『民具研究』第147号	日本民具学会
伊達 宗泰			1969.9	「博物館設置基準に望む」	『博物館ニュース』第4巻第8号	日本博物館協会
伊達 元成	木下 祐之介*	原田 泰 他	2016.3	「兜プロジェクションマッピング:全周投影を用いた文化財展示の提案」	『映像情報メディア学会技術報告』第40巻第11号	映像情報メディア学会
立石 欣也	吉越 恆*	森 博隆 他	2016.2	「世界遺産「紀伊山地の霊場と参詣道」における観光客の動態」	『風水害と観光客の増大による世界遺産の劣化と保全:紀伊山地の霊場と参詣道を事例として』	農林統計出版
立石 新吉			1936	「博物館をゑがく(その1)」	『科學の臺灣』第四巻第一號	臺灣博物館協會
立石 新吉			1937	「博物館をゑがく(その2)」	『科學の臺灣』第四巻第一號	臺灣博物館協會
建石 徹			2012.12	「博物館における保存科学」	『現代に活きる博物館』	有斐閣
建石 徹	青木 豊編		2013.5	「博物館における保存科学の役割」	『人文系博物館資料保存論』	雄山閣
建石 徹			2016	「文化財等防災救出体制の構築における文化庁の役割と国立文化財機構への期待」	『文化財等防災ネットワーク研究集会第1回』	国立文化財機構奈良文化財研究所埋蔵文化財センター保存修復科学研究室

著者1	著者2	著者3	発行年	論文名・書籍名	掲載誌	発行元
建石 治弘			2000.9	「自治体立博物館論の試み 自治体立博物館の設置者の期待と、教育行政・市民との距離感(1)歴史系博物館の設立趣旨文にみる博物館文化史のためのテキストクリティーク」	『博物館史研究』第10号	博物館史研究会
建石 治弘			2002	「最先端の研究を展示として組み立てる(制作報告:日本科学未来館)」	『展示学』第33号	日本展示学会
舘野 聡子 他			1990	「伊豆大島火山博物館におけるCG作品の制作と展示」	『NICOGRAPH論文コンテスト論文集』	日本コンピュータ・グラフィックス
舘野 帆乃花			2016	「コーディネーターという架け橋:市民と美大生をつなぐ展覧会企画を通じて」	『インターカルチュラル』第14巻	日本国際文化学会
建畠 晢			1982.11	「現代美術館は可能か」	『VOID』第1号	void社
建畠 晢			1994.3	「インタビュー 美術手帖編集部「国際展と美術館」」	『美術手帖』685号	美術出版社
建畠 晢			2007.3	「アンチ・ミュゼオロジー?」	『Image&gender』第7号	彩樹社
建畠 晢			2009.3	「はじめに」	『ミュージアム新時代』	慶応義塾大学出版会
建畠 晢			2009.3	「あとがき」	『ミュージアム新時代』	慶応義塾大学出版会
建畠 晢			2009.3	「まとめ-第Ⅰ部を終えて」	『ミュージアム新時代』	慶応義塾大学出版会
建畠 晢 編			2009.3	『ミュージアム新時代』		慶応義塾大学出版会
立平 進	下川 達彌*		1987.3	「長崎県の博物館-沿革と実態-」	『國學院大學博物館學紀要』第12輯	國學院大學博物館学研究室
立平 進	小坂 智子		2006.3	「学芸員の専門とは、何か-新設大学の博物館学芸員課程を例に-」	『全博協研究紀要』第9号	全国大学博物館学講座協議会
立松 彰			1985.3	「郷土資料館における学芸職員の役割-東海市立郷土資料館の現状-」	『國學院大學博物館學紀要』第9輯	國學院大學博物館学研究室
立松 彰			1987.3	「郷土資料館の「展示学」」	『國學院大學博物館學紀要(樋口清之博士記念論文集)』第11輯	國學院大學博物館学研究室
田所 陽子			1993.3	「府中市郷土の森博物館展示解説について」	『Museologist:明治大学芸員養成課程年報』第9巻	明治大学学芸員養成課程
田所 美治			1911.7	「通俗教育に就て」	『教育界』第10巻10号	明治教育社
田所 美治			1911.9	「通俗教育の必要」	『帝國教育』第348号(再興29)	帝國教育會
田中 章博			2016.3	「歴史的建築物利用博物館に関する一考察」	『近代建築利用博物館事典』	國學院大学博物館学研究室
田中 章博			2017.12	「歴史的建築物利用論史」	『博物館学史研究事典』	雄山閣
田中 彰			1977	『講談社現代選書 岩倉使節団』		講談社
田中 彰 校注	久米 邦武*		1977.9-1982	『特命全権大使米欧回覧実記(岩波文庫)』1～5		岩波書店
田中 彰	高田 誠二 編		1993	『「米欧回覧実記」の学際的研究』		北海道大学図書刊行会
田中 彰			2002	『岩倉使節団『米欧回覧実記』』		岩波現代文庫
田中 彰			2002.6	『岩倉使節団の歴史的研究』		岩波書店
田中 敦子			2008.10	「川越まつりと博物館をめぐる20年の動き」	『博物館研究』第43巻第10号	日本博物館協会
田中 淳			2016.1	「歴史をつくる学芸員の眼」	『美術研究』第417号	国立文化財機構東京文化財研究所
田中 淳	皿井 舞		2016.3	「文化財情報における専門的アーカイブの構築:東京文化財研究所の取り組み」	『アート・ドキュメンテーション研究』第23号	アート・ドキュメンテーション学会
田中 彩			2017.12	「展示命題論史」	『博物館学史研究事典』	雄山閣
田中 榮一			1995	「平成6年度・欧州博物館事情視察報告③ヨーロッパの博物館における学校教育活動」	『博物館研究』第30巻第4号	日本博物館協会
田中 公教	三嶋 渉	高畑 幸平 他	2016.3	「天文シミュレーターMitakaを用いたプログラム公演と大学博物館展示との連携:化石展示との連携を事例として」	『地学教育』第68巻第3号	日本地学教育学会

著者1	著者2	著者3	発行年	論文名・書籍名	掲載誌	発行元
田中 清章	郭 永保	伊藤 真奈美	1993	「伝統集落の保存と展示その1韓国と台湾の事例について」	『展示学』第15号	日本展示学会
田中 清美			2002.3	「浦安市郷土博物館におけるボランティア活動」	『Museumちば：千葉県博物館協会研究紀要』33号	千葉県博物館協会
田中 功起			2015	「美術館に「作品」を展示する前に」	『現代の眼：東京国立近代美術館ニュース』612号	国立美術館東京国立近代美術館
田中 禎彦			2003.1	「住民のボランティア活動による文化財建造物の活用」	『月刊文化財』第472号	第一法規
田中 聡			1999.4	『ニッポン秘境館の謎』		晶文社
田中 覚	仲田 晋	満福 講次 他	2013.1	「デジタルミュージアムための京都町並みコンテンツの作成」	『電子情報通信学会技術研究報告』第112巻第385号	電子情報通信学会
田中 覚	八村 広三郎*	西浦 敬信	2016.4	「文化遺産の記録と再現：「コト」のディジタルアーカイブの実現に向けて」	『電子情報通信学会誌』第99巻第4号	電子情報通信学会
田中 佐代子			2009.3	「ミュージアムに行こうミュージアムの展示と解説」	『芸術の生まれる場(未来を拓く人文・社会科学シリーズ16)』	東信堂
田中 茂穂			1909.8	「動物園の数」	『動物學雜誌』第21巻第250號	東京動物學會
田中 茂穂			1913	「水族館の魚類」	『魚學雜誌』第1巻7號	東京堂
田中 茂穂			1913	『魚類の採集保存及び運送法』		―
田中 茂穂			1930	「米國博物館今春講演豫定」	『東洋學藝雜誌』第46巻第4號	東洋學藝社
田中 茂穂			1939	「水族館」	『魚と暮して』	思潮社
田中 史郎			1978	「昭和初期の郷土教育—郷土教育連盟の郷土教育論」	『社会認識教育の探求』	第一学習社
田中 晋作			1982.5	「池田市立歴史民俗資料館の現状と課題」	『阡陵関西大学博物館学課程創設二十周年記念特集』	関西大学博物館学課程
田中 慎二			2013.1	「萩まちじゅう博物館」	『月刊建設』第57巻第1号	全日本建設技術学会
田中 孝男	瀧端 真理子*		2011.3	「指定管理者制度と情報公開」	『博物館学芸員課程年報』第25号	追手門学院大学
田中 孝国	田島 綾香	黒須 友紀 他	2011	「博物館を会場とした体験型化学実験に関するアンケート調査」	『日本高専学会誌』第16号1巻	日本高専学会
田中 孝国	高屋 朋彰	川越 大輔 他	2012.12	「博物館で実施した出前実験における物質工学科の取り組み：わくわくグランディ科学ランドにおける5年間の調査」	『電気化学会技術・教育研究論文誌』第19巻第2号	電気化学会技術・教育研究懇親会
田中 孝則			2015.9	「福井発日本から世界に：福井県立恐竜博物館はお客様のために」	『博物館研究』第50巻第9号	日本博物館協会
田中 隆文			2012	「森林についての典型例と個別事例の表現と博物館展示」	『展示学』第50号	日本展示学会
田中 卓也	松尾 美香		2012.3	「小学校社会科授業における「歴史資料」の活用とその意義—実習志望の私立大学教職課程履修学生の取り組みと課題を中心に—」	『吉備国際大学研究紀要.人文・社会科学系』第22号	吉備国際大学
田中 千晶	檜山 敦	岸 啓補	2009.9	「展示鑑賞における空間利用を考慮した半自律遠隔ギャラリートークシステム」	『日本バーチャルリアリティ学会論文誌』第14巻第3号	日本バーチャルリアリティ学会
田中 ちひろ	斉藤 千映美*	松本 浩明	2014.3	「動物園における校外学習の実態と課題：仙台市八木山動物公園の事例から」	『宮城教育大学環境教育研究紀要』第16号	宮城教育大学環境教育附属実践研究センター
田中 忠三郎			1998.12	「切り取られた衣服からの提言」	『民俗世界と博物館展示・学習・研究のために』	雄山閣出版
田中 長三郎			1917	『博物館に就て』		白井文庫
田中 哲雄			1981.11	「史跡・名勝の保存修復と整備」	『仏教芸術』第139号	毎日新聞社
田中 哲雄			1983	「遺跡の整備手法の分類と評価」	『文化財論叢』	奈良国立文化財研究所
田中 哲雄			1998.3	「日本の文化遺産の内容と特色」	『資源環境対策』第34巻4号(『緑の読本』シリーズ45)	公害対策技術同友会
田中 照久	坪川 健一*		1988.3	「福井陶芸館における越前焼展示方法の改善と推進」	『博物館研究』第23巻第3号	日本博物館協会
田中 敏			2000.10	「小学校の博物館活用をめぐって 福島県立博物館での実践例」	『福島県立博物館紀要』第15号	福島県立博物館

著者1	著者2	著者3	発行年	論文名・書籍名	掲載誌	発行元
田中 俊行	藤原 俊樹		1993.5	「スペースメディアとなる笠懸野岩宿文化資料館」	『展示学』第15号	日本展示学会
田中 豊蔵			1943	「牧谿閑話」	『美術研究』第130號	美術研究所
田中 豊太郎			1931	「(三)兒童博物館」	『綴方教育の分野と使命』	郁文書院
田中 豊太郎			1942	「陳列に就いて」	『工藝』第110號	日本民藝協會
田中 尚人	山尾 敏孝*	伊藤 龍一	2010.3	「土木遺産を核とした野外博物館化による街づくりに関する研究」	『地域を創る大学の挑戦』	成文堂
田中 伸尚			1999	「今問われるもの、国立「昭和館」と市民がつくる平和ミュージアム」	『博物館問題研究』第26号	博物館問題研究会
田中 晴美	藤原 工*		2011.3	「山種美術館の照明デザイン」	『照明学会誌』第95巻第3号	照明学会
田中 法生			2014.11	「植物園におけるDNA分類体系の導入」	『日本植物園協会誌』第49号	日本植物園協会
田中 徳久			2016.11	「博物館と生態学(27)神奈川県植物誌のために収集された標本とそのデータベース」	『日本生態学会誌』第66巻第3号	日本生態学会誌編集委員会
田中 法博	望月 宏祐	宮下 朋也 他	2015.1	「分光情報に基づいた文化財展示システムの開発」	『国立歴史民俗博物館研究報告』第189集	国立歴史民俗博物館
田中 紀之	安達 文夫*	青山 宏夫 他	2015.1	「時間と場所の情報を有する大量の写真資料の提示法」	『国立歴史民俗博物館研究報告』第189集	国立歴史民俗博物館
田中 徳喜			1962	「須磨水族館における特集展示その1概要 その2展示」	『博物館研究』第35巻第5・6号	日本博物館協会
田中 治彦			1998	「地球的課題と生涯学習」	『生涯学習の基礎』	芸文社
田中 日佐夫			1981	『美術品移動史-近代日本のコレクターたち-』		日本経済新聞社
田中 日佐夫			1995	『美術館を造った人々』		日本経済新聞社
田中 英資			2017.3	『文化遺産はだれのものか:トルコ・アナトリア諸文明の遺物をめぐる所有と保護』		春風社
田中 裕	内海崎 貴子*		2001.8	「学芸員におけるジェンダーバランスについての研究」	『日本女性学会ニュース』第87号	日本女性学会
田中 裕	内海崎 貴子*		2002.5	「学芸員におけるジェンダーバランスについての研究(2)－学芸員養成課程のジェンダー問題を中心に－」	『日本女性学会ニュース』第90号	日本女性学会
田中 広樹			2006.7	「特別企画展「海遊館いきものデザイン博」の挑戦」	『月刊ミュゼ』77号	(株)アム・プロモーション
田中 ひとみ			2009.5	「交流の広場 大学史資料室の大学ミュージアム構想」	『市大日本史』第12号	大阪市立大学日本史学会
田中 弘美	脇田 航*		2013.1	「デジタルミュージアム実現のための間接的展示技術」	『電子情報通信学会技術研究報告』第112巻第386号	電子情報通信学会
田中 不二麿			1877.1	『米國百年期博覽會教育報告』		文部省
田中 芙美子	川添 敏弘*	二宮 穣 他	2017	「幼児教育における博物館活用のための試み」	『ヤマザキ学園大学雑誌』第7号	ヤマザキ学園大学
田中 政彦			1996.8	「人・文化・地域を連携する新コミュニティ-ミュージアムづくりと「道の駅」-」	『文環研レポート』第8号	文化環境研究所
田中 政彦	亀山 裕市		1997.6	「ミュージアムと展示－展示ケース－」	『文環研レポート』第10号	文化環境研究所
田中 雅宏			2012	「学生の作る博物館展示」	『博物館報』第22号	日本大学生物自然科学部博物館
田中 雅文 編			2000.12	『社会を創る市民大学 生涯学習の新たなフロンティア』		玉川大学出版部
田中 正之			2013.4	『生まれ変わる動物園:その新しい役割と楽しみ方』		化学同人
田中 正流			2015	「美術館案内(vol.15)平等院ミュージアム鳳翔館:極楽浄土を体験するミュージアム」	『聚美』15号	青月社、聚美社
田中 麻里			2010.3	「公共建築の建設プロセスを地域学習の機会と捉えた実践活動—富弘美術館を事例として—」	『群馬大学教育実践研究』第27号	群馬大学教育学部附属学校教育臨床総合センター
田中 美佳	内田 美月		2008.4	「鉄道博物館ICカード入館・予約システムの導入について」	『Cybernetics』第13巻第2号	日本鉄道技術協会日本鉄道サイバネティクス協議会・事務局

た

著者1	著者2	著者3	発行年	論文名・書籍名	掲載誌	発行元
田中 充子	上田 篤*		1987.12	「ミューズランドなるものについて」	『展示学』第5号	日本展示学会
田中 充子	上田 篤*		1988.12	「"オープンミュージアム"の提唱」	『展示学』第7号	日本展示学会
田中 宗博			2001.3	「発掘調査と平行した資料普及活動に関する一考察」	『山梨県立考古博物館・山梨県埋蔵文化財センター研究紀要』第17号	山梨県立考古博物館・山梨県埋蔵文化財センター
田中 康顕			1997.3	「「サイン」を考える」	『季刊Liberty』第17号	大阪人権歴史資料館
田中 保士			2011.7	「アカタン砂防エコミュージアム」	『河川』第67巻第7号	日本河川協会
田中 康義			1955	「小石川植物園植栽樹木一覧表」	『日本植物園協会会報』	日本植物園協会
田中 康義	古澤 潔夫*		1977.3	「小石川植物園で発見された種子目録」	『植物園協会誌』第11号	日本植物園協会
田中 裕二	早川 典子*		2009	「歴史系博物館と建築資料に関する研究--東京都内の建築関係資料収集・管理・展示・活用を中心に」	『住宅総合研究財団研究論文集』第36号	住宅総合研究財団
田中 祐二			2011	「明治後期の三越呉服店における日比翁助の企業経営と藝術支援」	『東京都江戸東京博物館紀要』第1号	東京都江戸東京博物館
田中 裕二			2012.7	「米国スミソニアン協会国立自然史博物館における外部資金調達」	『博物館研究』第47巻第7号	日本博物館協会
田中 裕二	米山 勇		2016	「平成26年度英国野外博物館への現地調査報告 野外博物館の持続的発展を目指して」	『東京都江戸東京博物館紀要』第6号	東京都江戸東京博物館
田中 幸人			1984	「"美術館問題"の問題」	『アトリエ』第683号	アトリエ出版社
田中 幸人			1984.1	「購入予算に群がる美術市場:新設美術館をめぐる問題」	『美術手帖』521号	美術出版社
田中 幸人			2001.4	「美術館は金喰い虫か?－同時代美術の活性化へむけて－」	『博物館研究』第36巻第4号	日本博物館協会
田中 由美子	小野 裕之*	島田 晋子	2015.10	「埼玉県東部地区の高校図書館ネットワークにおける巡回展示の取り組み」	『図書館雑誌』第109巻第10号	日本図書館協会
田中 善明			2003.6	「＜子ども美術館シリーズ＞とカタログ」	『展覧会カタログの愉しみ』	東京大学出版会
田中 善明			2015.3	「分科会 博物館資料をめぐる課題」	『博物館研究』第50巻第3号	日本博物館協会
田中 義昭			2017.6	「新しい市民運動と田和山遺跡」	『文化財保存70年の歴史:明日への文化遺産』	新泉社
田中 芳男	平山 成信		1897.8	『澳國博覽會參同記要』		森山春雍
田中 芳男 述	田中 義信*校注		1998	『田中芳男経歴談』		旧制飯田中四七会
田中 芳男 述	田中 義信*		2000.4	『田中芳男十話・田中芳男経歴談』		田中芳男を知る会
田中 義恭			1990.5	「博物館美術館の展示とその原点:博物館の諸問題」	『MUSEUM』第470号	東京国立博物館
田中 義恭			1991	「博物館美術館と特別展:博物館美術館の諸問題(二)」	『MUSEUM』第487号	東京国立博物館
田中 義恭			1999.3	「今後の展望「人文学科博物館学芸員資格の実情と課題」	『博物館学開講20周年の回顧と展望』	茨城大学人文学部博物館学運営委員会
田中 義信 校注	田中 芳男 述		1998	『田中芳男経歴談』		旧制飯田中四七会
田中 義信	田中 芳男 述		2000.4	『田中芳男十話・田中芳男経歴談』		田中芳男を知る会
田中 佳			2009.11	「ルーヴル美術館構想の萌芽:リュクサンブール宮ギャラリーの開設とその機能(一七四七-一七五〇年)」	『一橋社会科学』第1号	一橋大学
田中 佳			2010.3	「フランス革命前夜のルーヴル美術館計画(一七五一～一七八九年)」	『聖学院大学総合研究所紀要』第47号	聖学院大学
田中 佳			2012.12	「公共美術館の起源をめぐる文化史的考察」	『青山学院女子短期大学総合文化研究所年報』第20号	青山学院女子短期大学総合文化研究所
田中 鑛一郎			1929	「江の島水族館設計」	『博物館研究』第2巻第5號	博物館事業促進會
田中館 秀三			1942	「昭南島の植物園と博物館及び保存された圖書」	『博物館研究』第15巻第5號	日本博物館協會

著者1	著者2	著者3	発行年	論文名・書籍名	掲載誌	発行元
田中館 秀三			1944	「後編南方の博物館」	『博物館研究』第17巻第3號	日本博物館協會
田中館 秀三			1944	『南方文化施設の接收』		時代社
田名瀬 英明	山本 泰司*	太田 満	1996	「瀬戸臨海實驗所水族館に設置した特集展示用品のウォールケース」	『瀬戸臨海實驗所年報』第9號	瀬戸臨海實驗所
棚橋 源太郎			1901	「教授の基礎としての郷土」	『教育實驗界』第7巻12號	育成会
棚橋 源太郎			1902	「郷土科教授」	『國民教育』第3號	東洋社
棚橋 源太郎			1902	「郷土科教授」	『國民教育』第4號	東洋社
棚橋 源太郎	本田 増次郎		1902	『ヒユース嬢教授法講義』		山海堂書店
棚橋 源太郎			1903	「動植物及び生理教授用品」	『教育界』第3巻第2號	明治教育社
棚橋 源太郎			1905	「校外觀察に關する研究」	『教育研究』第13號	初等教育研究會
棚橋 源太郎			1905	『小學校ニ於ケル學校園』		文部省普通學務局
棚橋 源太郎			1905	「學校園を觀る」	『教育研究』第19號	初等教育研究會
棚橋 源太郎	岡山 秀吉		1905	『手工科教授法』		寶文館・東洋社
棚橋 源太郎			1906.7	「教育博物館」	『教育研究』第28號	初等教育研究會
棚橋 源太郎			1912	「子供の絵本読物の改良運動」	『小學校』第13巻第14號	同文館
棚橋 源太郎			1912	「教授法近時の傾向」	『中等教育』第15號	中等教育研究會
棚橋 源太郎			1912	「歐米教育の近時の研究」	『婦人と子供』第12號第3號	フレーベル會
棚橋 源太郎			1912	「獨國教員の養成並に學力の補充」	『教育の實際』第6巻第5號	
棚橋 源太郎			1912	「博物學教授近時の傾向」	『教育界』第11巻第5號	明治教育社
棚橋 源太郎			1912	「歐米の教育界と機關雜誌」	『教育研究』第100號	初等教育研究會
棚橋 源太郎			1912	「独逸初等教育の三大發達」	『教育時論』第967號	開發社
棚橋 源太郎			1912	「通俗博物館」	『教育時論』第994號	開發社
棚橋 源太郎			1912	「博物館と教育」	『教育時論』第1421號	開發社
棚橋 源太郎			1912	「英米教育近時の傾向」	『教育學術界』第25巻1號	教育學術研究會
棚橋 源太郎			1913	「歐米の教育と教育品の研究」	『現代教育』第1號	現代教育編輯所・敬文館
棚橋 源太郎			1913	「展覽會の施設に就いて」	『現代教育』第3號	現代教育編輯所・敬文館
棚橋 源太郎			1913	「教授法近時の傾向」	『最近思潮教育夏期講習録』	同文館
棚橋 源太郎			1913	「通俗教育上の展覽事業」	『通俗教育施設方法講演集』	國定教科書共同販売所
棚橋 源太郎			1913	「通俗教育館施設の現況及び將来の計畫」	『帝國教育』第371號	帝國教育會
棚橋 源太郎			1914	「先づ自然科學博物館を建設すべし」	『現代教育』第8號	現代教育編輯所・敬文館
棚橋 源太郎			1914	「學用品供給問題」	『現代教育』第13號	現代教育編輯所・敬文館
棚橋 源太郎			1915	「實行上の工夫と熱心とにふそくなきか」	『小學校』第20巻第3號	同文館

著者1	著者2	著者3	発行年	論文名・書籍名	掲載誌	発行元
棚橋 源太郎			1915	「生徒圖書室及學校博物館」「學校設備用品の研究改善」	『學校設備用品』	教育新潮研究會
棚橋 源太郎			1915	「産業の發達より見たる理科教授」	『教育實驗界』第36號第1巻第1號	教育實驗社
棚橋 源太郎			1916	「教具のセンター」	『現代教育』第33號	現代教育編輯所・敬文館
棚橋 源太郎			1916	「教育展覽事業」	『通俗教育施設に關する講演集』	神奈川縣教育會
棚橋 源太郎			1916	「兒童と博物館」	『兒童研究』第20巻第2號	日本教育研究會
棚橋 源太郎			1916	「展覽會經營に對する私見」	『教育界』第16巻第1號	明治教育社
棚橋 源太郎			1916	「教育品研究會の講習會」	『教育研究』第152號	初等教育研究會
棚橋 源太郎			1916	「國民教育と博物館」	『教育時論』第1121號	開發社
棚橋 源太郎			1917	「社會教育施設としての講演及講習會」	『帝國教育』第420號	帝國教育會
棚橋 源太郎			1918	『改訂新理科教授法』	『改訂新理科教授法』	寶文館
棚橋 源太郎			1918	「圖書館並に博物館」	『小學校』夏季増刊・最近思潮教育夏季講演録	同文館
棚橋 源太郎			1918	「學校圖書館と學校博物館」	『教育時論』第1190號	開發社
棚橋 源太郎			1918	「廢物利用觀念の普及」	『教育時論』第1196號	開發社
棚橋 源太郎			1918	「家事科學展覽會の開催に就きて」	『教育時論』第1205號	開發社
棚橋 源太郎			1918	「女子と衣食住」	『教育時論』第1211號	開發社
棚橋 源太郎			1919	「本邦社會教育の不振」	『教育時論』第1214號	開發社
棚橋 源太郎			1919	「社會教育上の諸問題」	『教育論叢』第1巻第3號	文教書院
棚橋 源太郎			1920	「建築思想趣味の民衆化」	『建築世界』第14巻7號	建築世界社
棚橋 源太郎			1920	「理科教授と博物館」	『現代教育』第69號	現代教育編輯所・敬文館
棚橋 源太郎			1920	「教具中央機關」	『現代教育』第76號	現代教育編輯所・敬文館
棚橋 源太郎			1920	「社會教育的觀覽施設」	『帝國教育』第461號	帝國教育會
棚橋 源太郎			1920	「科學博物館建設の急務(一)」	『東京朝日新聞』1919年10月3日付	朝日新聞社
棚橋 源太郎			1920	「科學博物館建設の急務(二)」	『東京朝日新聞』1919年10月4日付	朝日新聞社
棚橋 源太郎			1920	「我が國民生活法改善の方策」	『教育時論』第1257號	開發社
棚橋 源太郎			1920	「時間尊重の美風を養成すべし」	『教育時論』第1262號	開發社
棚橋 源太郎			1920	「社會教化から學校教育へ」	『教育論叢』第3巻第5號	文教書院
棚橋 源太郎			1921	「生活改善とは何か」	『社會と教化』第1巻第2號	社會教育研究會
棚橋 源太郎			1921	「教育的博物館展覽事業」	『社會教育講演集』	文部省普通學務局
棚橋 源太郎			1922	「本邦將來の博物館施設」	『教育時論』第1345號	開發社
棚橋 源太郎			1924	「博物館と教育」	『教育時論』第1421號	開發社
棚橋 源太郎			1926	「佛國の教育状況」	『教育研究』第301・302號	初等教育研究會

著者1	著者2	著者3	発行年	論文名・書籍名	掲載誌	発行元
棚橋 源太郎			1928	「地方博物館問題」	『斯民』第23編第11號	中央報德會
棚橋 源太郎			1929	「農村と博物館問題」	『農村教育研究』第二巻第一號	農村教育研究會
棚橋 源太郎			1929	「博物館増設近時の傾向」	『博物館研究』第2巻第9號	博物館事業促進會
棚橋 源太郎			1929	「博物館増設近時の傾向（承前）」	『博物館研究』第2巻第10號	博物館事業促進會
棚橋 源太郎			1929	「博物館増設近時の傾向（承前）」	『博物館研究』第2巻第11號	博物館事業促進會
棚橋 源太郎			1929	「博物館施設の近時の傾向」	『博物館講習會要項』	文部省
棚橋 源太郎			1929	「博物館動植物園と兒童の教育」	『教育研究』第346號	初等教育研究會
棚橋 源太郎			1930	「獨逸博物館とミラ博士」	『日獨文化講演集』第四輯	日獨文化協會
棚橋 源太郎			1930	「郷土博物館問題」	『博物館研究』第3巻第1號	博物館事業促進會
棚橋 源太郎			1930	「ボストン兒童博物館」	『博物館研究』第3巻第1號	博物館事業促進會
棚橋 源太郎			1930	「學校博物館問題」	『博物館研究』第3巻第2號	博物館事業促進會
棚橋 源太郎			1930	「學校博物館問題（承前）」	『博物館研究』第3巻第3號	博物館事業促進會
棚橋 源太郎			1930	「兒童博物館問題」	『博物館研究』第3巻第4號	博物館事業促進會
棚橋 源太郎			1930	「米國に於ける路傍博物館について」	『博物館研究』第3巻第5號	博物館事業促進會
棚橋 源太郎			1930	「世界の動物園」	『博物館研究』第3巻第7號	博物館事業促進會
棚橋 源太郎			1930	「博物館事業促進會規則」	『博物館研究』第3巻第8號	博物館事業促進會
棚橋 源太郎			1930	「米國に於ける路傍博物館について」	『教育研究』第354號	初等教育研究會
棚橋 源太郎			1930	「社會教育機關としての博物館動植物園水族館」	『教育論叢』第23巻第6號	文教書院
棚橋 源太郎			1930	『眼に訴へる教育機關』		實文館
棚橋 源太郎			1931	「衛生博物館の設備」	『科學知識』第10巻	科學知識普及會
棚橋 源太郎			1931	「組合せ生態陳列近時の發達」	『博物館研究』第4巻第1號	博物館事業促進會
棚橋 源太郎			1931	「郷土教育の一考察」	『教育研究』第367號	初等教育研究會
棚橋 源太郎			1931	「瑞典の郷土博物館に就て」	『教育研究』第370號	初等教育研究會
棚橋 源太郎			1931	「學校と博物館」	『教育時論』第1646號	開發社
棚橋 源太郎			1931	「郷土博物館問題」	『郷土－研究と教育－』第六號	刀江書院
棚橋 源太郎			1932	「博物館教育」	『岩波講座教育科學』十冊	岩波書店
棚橋 源太郎			1932	「郷土博物館と社會教育」	『博物館研究』第5巻第3號	日本博物館協會
棚橋 源太郎			1932	「郷土博物館の本質と職能」	『博物館研究』第5巻第4號	日本博物館協會
棚橋 源太郎			1932	「郷土博物館に關する諸問題」	『博物館研究』第5巻第8號	日本博物館協會
棚橋 源太郎			1932	「本邦博物館施設の概觀」	『郷土教育』第十八號	郷土教育聯盟
棚橋 源太郎			1932	『郷土博物館』		刀江書院

た

著者1	著者2	著者3	発行年	論文名・書籍名	掲載誌	発行元
棚橋 源太郎			1932	「高松博士と科學博物館」	『工學博士高松豊吉傳』	化學工業時報社
棚橋 源太郎			1933	「本邦將來の博物館施設」	『博物館研究』第6巻第3號	日本博物館協會
棚橋 源太郎			1933	「博物館の歴史:その一」	『博物館研究』第6巻第5・6號	日本博物館協會
棚橋 源太郎			1933	「博物館の歴史:その二」	『博物館研究』第6巻第7號	日本博物館協會
棚橋 源太郎			1933	「公民教育と郷土博物館」	『公民教育』第3巻第8號	帝國公民教育會
棚橋 源太郎			1933	「博物館の歴史:その三」	『博物館研究』第6巻第8號	日本博物館協會
棚橋 源太郎			1933	「博物館の歴史:その四」	『博物館研究』第6巻第10號	日本博物館協會
棚橋 源太郎			1933	「博物館の歴史:その五」	『博物館研究』第6巻第11號	日本博物館協會
棚橋 源太郎			1937	「何の因縁、動機で私の境遇は作られたか」	『教育週報』第652號	教育週報社
棚橋 源太郎			1938	「附屬小學校時代の思出」	『教育研究』第486號	初等教育研究會
棚橋 源太郎			1940	「新東亞建設と博物館教育」	『博物館研究』第13巻第8號	日本博物館協會
棚橋 源太郎			1941	「郷土博物館の諸問題」	『博物館研究』第14巻第12號	日本博物館協會
棚橋 源太郎			1941	「本邦自然科學教育の回顧」	『文部時報』第730號	文部省
棚橋 源太郎			1942	「博物館學藝員の重要性」	『博物館研究』第15巻第12號	日本博物館協會
棚橋 源太郎			1943	「科學工業博物館の先駆－巴里のコンセルバトアール」	『博物館研究』第16巻第2號	日本博物館協會
棚橋 源太郎			1943	「大東亞博物館の性格」	『博物館研究』第16巻第8號	日本博物館協會
棚橋 源太郎			1943.6	『大學專門學校に於ける現存する設備の博物館的公開利用の提唱』		日本博物館協會
棚橋 源太郎			1944	「博物館従業者の問題」	『博物館研究』第17巻第6・7合併號	日本博物館協會
棚橋 源太郎			1944	「博物館蒐集品の加工製作」	『博物館研究』第17巻第10・11・12號	日本博物館協會
棚橋 源太郎			1944	『本邦博物館發達の歴史』		日本博物館協會
棚橋 源太郎			1946	「新幹部を迎ふ」	『博物館研究』復興第1巻第1号	日本博物館協会
棚橋 源太郎			1947	「郷土博物館の将来」	『教育と社会』第4巻第7号	社会教育連合会
棚橋 源太郎			1947	『世界の博物館』		大日本雄辯會講談社
棚橋 源太郎			1948	「国立公園の戸外教育施設」	『博物館研究』復興第2巻第1号	日本博物館協会
棚橋 源太郎			1948	「中央人類博物館の構想」	『博物館研究』復興第2巻第2号	日本博物館協会
棚橋 源太郎			1950	『博物館學綱要』		理想社
棚橋 源太郎			1950	「博物館動植物園法の制定」	『日本博物館協会会報』8号	日本博物館協会
棚橋 源太郎			1950	「博物館と動植物園とはなぜ同一法で律するを可とするのか」	『日本博物館協会会報』9号	日本博物館協会
棚橋 源太郎			1950.4	『博物館』		三省堂
棚橋 源太郎			1950-1951	『棚橋家小史』(手記)		
棚橋 源太郎			1952	「博物館新建設の好機運を迎えて」	『日本博物館協会会報』16号	日本博物館協会

著者1	著者2	著者3	発行年	論文名・書籍名	掲載誌	発行元
棚橋 源太郎			1953	『博物館教育』		創元社
棚橋 源太郎			1953	「岡山に欲しい中央博物館」	『日本博物館協会会報』21号	日本博物館協会
棚橋 源太郎			1953	「学校と博物館-理科中心学習教授の回顧-」	『日本博物館協会会報』22号	日本博物館協会
棚橋 源太郎			1955	「英国博物館協会学芸員免許試験問題」	『博物館研究』第28巻第10号	日本博物館協会
棚橋 源太郎			1955.12	「学校博物館問題につき金子氏に答える-第3回博物館大会より-」	『博物館研究』第28巻第12号	日本博物館協会
棚橋 源太郎			1957.6	『博物館・美術館史』		長谷川書房
棚橋 源太郎			1957.11	「学校と博物館」	『教育学研究』第24巻5号	日本教育学会
棚橋 源太郎			1958	「博物館学講座に期待するもの」	『Mouseion:立教大学博物館研究』第2号	立教大学学校・社会教育講座
棚橋 源太郎			1958.12	「日本博物館協会創立30周年を迎えて」	『博物館研究』第31巻第11号	日本博物館協会
棚橋 源太郎			1959.4	「自然園の教育利用について」	『博物館研究』第32巻第4号	日本博物館協会
棚橋 源太郎			1959.8	「博物館陳列現場の説明問題」	『博物館研究』第32巻第8号	日本博物館協会
棚橋 源太郎			1960.3	「国立科学博物館の拡充に曙光」	『Mouseion:立教大学博物館研究』第5号	立教大学学校・社会教育講座
棚橋 源太郎			1962.3	「博物館事業に捧げた五十年」	『Mouseion:立教大学博物館研究』第8号	立教大学学校・社会教育講座
棚橋 源太郎			1962	「博物館事業に捧げた五十年」	『棚橋先生の生涯と博物館』	六人社
棚橋 源太郎	宮本 馨太郎		1962.3	『棚橋先生の生涯と博物館』		六人社
棚橋 源太郎	伊藤 寿朗		1990.11	『眼に訴へる教育機関 博物館基本文献集成第1巻』		大空社
棚橋 源太郎	伊藤 寿朗		1990.11	『郷土博物館 博物館基本文献集成第2巻』		大空社
棚橋 源太郎	伊藤 寿朗		1991.7	『世界の博物館 博物館基本文献集成第11巻』		大空社
棚橋 源太郎	伊藤 寿朗		1991.7	『博物館学綱要 博物館基本文献集成第13巻』		大空社
棚橋 源太郎	伊藤 寿朗		1991.7	『博物館教育 博物館基本文献集成第15巻』		大空社
棚橋 源太郎	伊藤 寿朗		1991.7	『博物館・美術館史 博物館基本文献集成第16巻』		大空社
棚橋 源太郎	伊藤 寿朗		1991.7	『世界の博物館 博物館基本文献集成第17巻』		大空社
棚橋 源太郎	山口 源治郎 編	君塚 仁彦 編	2001.12	『日本現代教育基本文献叢書社会・生涯教育文献集6-59博物館教育』		日本図書センター
棚橋源太郎氏教育功勞記念會 編			1924	「棚橋源太郎氏教育業績概要」	『棚橋源太郎氏と科學教育』	棚橋源太郎氏教育功勞記念會
棚橋源太郎氏教育功勞記念會			1938	『棚橋源太郎氏と科學教育』		棚橋源太郎氏教育功勞記念會
棚橋源太郎先生関係資料目録編集委員会 編			1991	『岐阜県博物館所蔵棚橋源太郎先生関係資料目録（1）』		棚橋源太郎先生関係資料目録編集委員会
棚橋源太郎先生関係資料目録編集委員会 編			1991	『岐阜県博物館所蔵棚橋源太郎先生関係資料目録（2）』		棚橋源太郎先生関係資料目録編集委員会
棚橋源太郎先生顕彰・研究会 編			1991	『国立科学博物館所蔵「棚橋文庫」目録（単行本の部）』	『棚橋源太郎研究』第5号	棚橋源太郎先生顕彰・研究会
田辺 勝美	マージョリー・ケイギル*	篠崎 千恵子 監訳	1994	『大英博物館の至宝』		大英博物館出版局、ほるぷ教育開発研究所共同出版
田辺 勝美			2000.3	「館長はつらいよ・一つの傍観的博物館館長論」	『Museum study:明治大学学芸員養成課程紀要』第11号	明治大学学芸員養成課程
田辺 圭子			1996.9	「ソフトサービス②ガイドツアー」	『ミュージアムマネージメント』	東京堂出版

著者1	著者2	著者3	発行年	論文名・書籍名	掲載誌	発行元
田辺 悟			1975.4	「Ⅱ民具の分類・整理・保存と展示」	『地方史マニュアル8 民具資料調査整理の実務』	柏書房
田辺 悟			1977.3	「収蔵庫内における温湿度変化について」	『横須賀市博物館館報』第23号	横須賀市博物館
田辺 悟			1977.3	「重要有形民俗文化財収蔵庫建設の経過」	『横須賀市博物館館報』第23号	横須賀市博物館
田辺 悟			1980	「その後のペリーコレクションとアメリカの博物館」	『横須賀市博物館館報』第26号	横須賀市博物館
田辺 悟			1985.9	『現代博物館論-地域博物館の理論と実務』		暁印書館
田辺 悟			1988	「モースと博物館」	『共同研究モースと日本』第3章第3項	小学館
田辺 悟			1988	「モースの日本民具コレクションの意義」	『共同研究モースと日本』第4章第3項	小学館
田辺 悟			1997.3	「漁村・漁業と博物館資料」	『千葉経済大学学芸員課程紀要』第2号	千葉経済大学学芸員課程共同研究室
田辺 三郎助	登石 健三 監		1998	『美術工芸品の保存と保管』		フジ・テクノシステム
田辺 三郎助	照井 武彦	池田 宏	1988.3	「国宝重要文化財総合目録(美術工芸品編)のデータファイル作成について」	『国立歴史民俗博物館研究報告』第16集	国立歴史民俗博物館
田邊 孝次			1937.12	「新設の巴里近代美術館」	『博物館研究』第10巻第12號	日本博物館協會
田辺 千代			2004.1	「国立科学博物館のステンドグラス」	『国立科学博物館ニュース』第426号	国立科学博物館
田辺 徹	向田 直幹		1985.9	『ヨーロッパ美術館めぐり美術手帖1985年9月号増刊』		美術出版社
田辺 徹			1991.11	『ヨーロッパの美術館』		美術出版社
田辺 智隆			2009	「博物館整備事業と地域新聞のコラボレーション－長野市民新聞における連載記事「戸隠化石物語」－」	『長野市立博物館紀要』第10号	長野市立博物館
田辺 智隆			2013.7	「博物館だより(8)小学校校舎を再利用した自然史博物館 戸隠地質化石博物館」	『昆蟲.ニューシリーズ』第16巻3号	日本昆虫学会
田邊 尚雄			1928	「天平時代の雅樂について」	『天平の文化』	朝日新聞社
田邊 尚雄			1929	「東京博物館と手島精一翁(一)」	『明治文化研究』第5巻2號	明治文化協會
田邊 尚雄			1929	「東京博物館と手島精一翁(二)」	『明治文化研究』第5巻3號	明治文化協會
田邊 尚雄			1929	「東京博物館と手島精一翁(完)」	『明治文化研究』第5巻4號	明治文化協會
田邊 尚雄			1939	「音樂博物館建設の趣旨」	『自然科學と博物館』第10巻第9號	東京博物館
田邊 尚雄			1939	「音樂博物館建設運動と東亞音樂文化展覽會」	『博物館研究』第12巻第7號	日本博物館協會
田邊 秀雄			1932.11	「關東廳博物館の近況」	『博物館研究』第5巻第11號	日本博物館協會
田邊 平學			1941.12	「都市の空襲と記念物の保護:歐州に見る防空施設」	『博物館研究』第14巻第12號	日本博物館協會
田邊 平學			1942	「科學博物館」	『ドイツ防空・科學・國民生活』	相模書房
田辺 征夫			2000.12	「平城京の復元と文化観光」	『上智アジア学』第18号	上智大学アジア文化研究所
田辺 昌子			1998.3	「美術館と来館者の不安定な関係」	『Museologist:明治大学学芸員養成課程年報』第13巻	明治大学学芸員養成課程
田邊 幹			2002.3	「メディアとしての絵葉書」	『新潟県立歴史博物館研究紀要』第3号	新潟県立歴史博物館
田邊 幹			2008.3	「新潟県立歴史博物館におけるIPM(総合的有害生物管理)について--文化財害虫モニタリング調査を中心に」	『新潟県立歴史博物館研究紀要』第9号	新潟県立歴史博物館
田邊 幹	前嶋 敏		2010	「新潟県立歴史博物館の5年間の取り組み」	『災害と資料』第4号	新潟大学災害復興科学センターアーカイブズ分野
田邊 幹			2016.3	「新潟県立歴史博物館におけるIPM(総合的有害生物管理)について(2)」	『新潟県立歴史博物館研究紀要』第17号	新潟県立歴史博物館

著者1	著者2	著者3	発行年	論文名・書籍名	掲載誌	発行元
田辺 龍太			2010.6	『おうちで日本美術館』		日本郵趣出版
田邊 玲奈	岩崎 誠司	小川 義和 他	2004.8	「博物館・大学・地域・学校の連携による新たな学習支援ネットワークの創造―「どこでもミュージアム・エコ事業」による環境教育―」	『日本科学教育学会年会論文集』第28巻	日本科学教育学会
田邊 玲奈	岩崎 誠司	亀井 修	2005.9	「異分野の博物館連携によるミュージアム・リテラシーの育成―国立科学博物館の上野の山ミュージアムクラブを事例に―」	『日本科学教育学会年会論文集』第29巻	日本科学教育学会
田邊 玲奈	一澤 圭*	佐藤 仁	2006.3	「欧州科学系博物館におけるコミュニケーションサービスに関する海外先進施設調査報告」	『鳥取県立博物館研究報告』第43号	鳥取県立博物館
田邊 玲奈			2007.3	「科学コミュニケーションの広がり―学びの連鎖を目指して」	『科学コミュニケーターに期待される資質・能力とその養成プログラムに関する基礎的研究』	文部省科学研究費補助金研究成果報告書
田邊 玲奈	岩崎 誠司*		2007.3	「科学系博物館と学校との連携における人材の役割」	『科学コミュニケーターに期待される資質・能力とその養成プログラムに関する基礎的研究』	文部省科学研究費補助金研究成果報告書
田邊 玲奈	若林 文高	岩崎 誠司 他	2009.8	「科学系博物館における科学リテラシー涵養のための学習支援活動の取り組み:国立科学博物館幼児向け学習プログラムを事例に」	『日本科学教育学会年会論文集』第33巻	日本科学教育学会
谷 綺音			2016	『水族館の教育ボランティア経験がもたらす参加者の意識変化:神戸市立須磨海浜水族園を事例に』	『広島大学総合博物館研究報告』第8号	広島大学総合博物館
谷 和明			2009.3	「〈コラム〉文化的多様性を認めながら生き残るとは?」	『芸術の生まれる場(未来を拓く人文・社会科学シリーズ16)』	東信堂
谷 和明			2009.3	「文化ホール、劇場、コミュニティ・カフェのある社会芸術はこんなところからも生み出されている!」	『芸術の生まれる場(未来を拓く人文・社会科学シリーズ16)』	東信堂
谷 邦夫			1984.6	「収蔵庫の空調計画 博物館・資料館建設ファイル」	『建築知識』第26巻7号	建築知識
谷 拓馬			2016.3	「郷土教育と郷土博物館」	『國學院大學博物館学紀要』第40輯	國學院大學博物館学研究室
谷 拓馬			2017.12	「郷土教育論史」	『博物館学史研究事典』	雄山閣
谷 摂山 編			1918	「商品陳列所」	『最近商工史:報知新聞第壹萬五千號記念』	報知社
谿 季江			2007.3	「イギリスにおけるミュージアム・サービスの動向-「学び」と「遊び」の場としてのミュージアム」	『日本ミュージアム・マネージメント学会研究紀要』第11号	日本ミュージアム・マネージメント学会
谷 直樹			2006.12	「大阪くらしの今昔館「生涯学習プログラム」の開発」	『大阪市立住まいのミュージアム研究紀要』第3号	大阪市立住まいのミュージアム
谷 直樹	新谷 昭夫	碓田 智子	2007.5	『歴史系博物館を活用した住教育の現状と少子高齢社会における展開に関する実践的研究』		第一住宅建設協会
谷 直樹			2009.9	「ミュージアムの暮らし十二か月(10)歴史博物館は役に立つのか?」	『月刊百科』第563号	平凡社
谷 直樹	増田 亜樹*	碓田 智子	2011.3	「来館者構成からみた町並み再現展示の観覧行動の比較:大阪市立住まいのミュージアムを対象として」	『生活科学研究誌』第10号	大阪市立大学
谷 直樹	増田 亜樹*	碓田 智子	2011.5	「公立博物館の黎明期における歴史展示の構成と展示空間:常設展示室の通史展示を中心に」	『日本建築学会近畿支部研究報告集.計画系』第51号	日本建築学会近畿支部
谷 直樹	増田 亜樹*	碓田 智子	2011.9	「公立歴史博物館の常設展示の類型とその変遷に関する研究」	『日本建築学会計画系論文集』第76巻667号	日本建築学会
谷 直樹	碓田 智子*	増田 亜樹 他	2012.9	「歴史博物館の情景再現展示を住教育に活用するための学習支援の試みと評価」	『学術講演梗概集』2012巻	日本建築学会
谷 直樹			2013.2	「公立博物館の建築設計・展示設計と学芸員」	『博物館研究』第48巻第2号	日本博物館協会
谷 直樹	増田 亜樹*	碓田 智子	2015.2	「公立歴史博物館の常設展示における実物大建築展示からみた展示計画のあり方」	『日本建築学会計画系論文集』第80巻708号	日本建築学会
谷 里佐			2015.8	「デジタルアーカイブ学修を取り入れた博物館実習カリキュラムの検討」	『年会論文集』第31巻	日本教育情報学会
谷合 侑			1964.5	「盲学校教育と博物館」	『博物館研究』第37巻第5号	日本博物館協会
ダニエル・ジロディ	アンリ・ブレイ	松岡 智子 訳	1993	『美術館とは何か-ミュージアム&ミューゼオロジー』		鹿島出版会
谷岡 重則			1993	「「美術館」財団化の可能性--世田谷美術館・川崎市市民ミュージアムを訪ねて」	『月刊社会教育』第37巻10号	国土社
谷岡 重則			2012.5	「社会教育施設の指定管理者制度を問い直す」	『月刊社会教育』第56巻5号	国土社
谷川 渥			1990	「比較芸術学と美術館的知」	『講座20世紀の芸術9/芸術の理論』	岩波書店
谷川 大輔	井上 翔太*		2015.12	「公立博物館建築の設計論における地域との関わりをもつ主題とその具体化:公共文化施設の設計論における領域構成による地域性とビルディングタイプ」	『日本建築学会計画系論文集』第80巻718号	日本建築学会

著者1	著者2	著者3	発行年	論文名・書籍名	掲載誌	発行元
谷川 智洋			2010.6	「デジタル展示ケースを利用した背景情報を伝達する博物館展示」	『電子情報通信学会技術研究報告』第110巻第108号	電子情報通信学会
谷川 智洋	木山 亮*	鳴海 拓志 他	2012.9	「デジタル展示ケースを用いた展示物の機構理解システムの開発」	『日本バーチャルリアリティ学会大会論文集』第17巻	日本バーチャルリアリティ学会
谷川 直也			2008.9	「博物館と学校の連携の実態と課題」	『日本理科教育学会全国大会要項』第58号	日本理科教育学会
谷川 肇			1999.1	「国立博物館がなくなる日」	『月刊ミュゼ』37号	(株)アム・プロモーション
谷川 真実子			2011.3	「公立現代美術館の交流・創造機能--地方都市における設立経緯・活動の考察から」	『日本ミュージアム・マネージメント学会研究紀要』第15号	日本ミュージアム・マネージメント学会
谷川 竜一	村田 麻里子	山中 千恵 他	2010	「京都国際マンガミュージアムにおける来館者調査--ポピュラー文化ミュージアムに関する基礎研究」	『京都精華大学紀要』第37号	京都精華大学
谷川 竜一			2013.1	「日本のマンガミュージアムの教育的課題」	『日本のマンガミュージアム―あらたな文化共有と地域社会―』	京都大学地域研究統合情報センター
谷川 竜一 編			2013.1	『MANGA COMICS MUSEUMS IN JAPAN:日本のマンガミュージアム―あらたな文化共有と地域社会―』		京都大学地域研究統合情報センター
谷川 竜一	村田 麻里子*	山中 千恵 他	2013.1	「京都国際マンガミュージアムにおける来館者調査:ポピュラー文化ミュージアムに関する基礎研究」	『日本のマンガミュージアム―あらたな文化共有と地域社会―』	京都大学地域研究統合情報センター
谷川 竜一	山中 千恵	伊藤 遊編	2015.3	『日本のマンガミュージアム(マンガミュージアムを介した地域力の再生/地域力によるマンガ文化の創出)』		京都大学地域研究統合情報センター
谷口 出			1987.3	「輪島移動美術展をふりかえって」	『石川県立美術館紀要』第4号	石川県立美術館
谷口 出			1997.1	「石川県立美術館と移動美術展」	『博物館研究』第32巻第1号	日本博物館協会
谷口 榮			2000.8	「葛飾区郷土と天文の博物館ボランティア「葛飾考古学クラブ」の現状と課題」	『博物館研究』第35巻第8号	日本博物館協会
谷口 榮			2010.3	「考古系博物館の戦後から現在までの流れ-文化財保護法と博物館制定60年に向けて-」	『Museologist:明治大学学芸員養成課程年報』第25号	明治大学学芸員養成課程
谷口 榮	五十嵐 聡江		2011.1	「遺跡と博物館のある風景」	『月刊考古学ジャーナル』第619号	ニューサイエンス社
谷口 榮	五十嵐 聡江		2012.5	「遺跡と博物館のある風景(観光と博物館)」	『観光考古学』	ニューサイエンス社
谷口 榮			2012.7	「展示会関連のシンポジウムやフォーラムを記録する:展示を記録するひとつの方法」	『博物館研究』第47巻第7号	日本博物館協会
谷口 榮			2015.06	「博物館ボランティアと学校教育:博物館と博物館ボランティアによる歴史教育の実践例」	『国府台:和洋女子大学文化資料館・博物館学課程報告』第19号	和洋女子大学文化資料館・博物館学課程
谷口 榮			2015.10	「埋蔵文化財と地域博物館」	『月刊考古学ジャーナル』第676号	ニューサイエンス社
谷口 徹			1995.3	「彦根城博物館―よみがえった彦根城の表御殿―」	『Museologist:明治大学芸員養成課程年報』第10巻	明治大学学芸員養成課程
谷口 尚之	田渕 五十生*	祐岡 武志	2008.3	「世界遺産教育の教材化の視点と実践報告―「古都奈良の文化財」と「法隆寺地域の仏像建造物」を中心にして―」	『教育実践総合センター研究紀要』第17巻	奈良教育大学教育学部附属教育実践総合センター
谷口 汎邦	大島 秀明*	天野 克也	2000.6	「立ち歩行利用からみた公共美術館における利用前後条件と座り行為に関する研究」	『日本建築学会計画系論文集』第65巻532号	日本建築学会
谷口 汎邦	大島 秀明*	天野 克也	2001.7	「公共美術館における利用特性からみた座りスペースと座り行為に関する研究」	『日本建築学会計画系論文集』第66巻545号	日本建築学会
谷口 汎邦	大島 秀明*	天野 克也	2001.12	「美術館利用者の1日外出行動における座り行為の実態に関する研究」	『日本建築学会計画系論文集』第66巻550号	日本建築学会
谷口 汎邦	大島 秀明*	天野 克也	2003.8	「公園内美術館における複合的利用と座り行為に関する研究」	『日本建築学会計画系論文集』第68巻570号	日本建築学会
谷口 雅人	橋爪 和也*	吉谷 武敏 他	1997.3	「業者が語った博物館展示」	『季刊Liberty』第17号	大阪人権歴史資料館
谷重 豊季			2002.3	「広島県府中市歴史民俗史料館再開の記録」	『Museologist:明治大学学芸員養成課程年報』第17巻	明治大学学芸員養成課程
谷水 良江			1999.9	「ギリシアにおける博物館教育普及活動の現状―「学校」と「博物館」―(1)考古学博物館の場合」	『博物館学雑誌』第25巻第1号	全日本博物館学会
谷村 俊介	杉田 治男 編		2014.3	「水族館の設備と水質管理」	『水族館と海の生き物たち』	恒星社厚生閣
谷村 博美	平芳 幸浩*	岡崎 乾二郎 他	2005	「シンポジウム デュシャンと現代美術の保存・修復をめぐってオリジナル/レディ・メイド/レプリカ--デュシャン以後、「作品」はどう変貌したか」	『インターコミュニケーション』第14巻2号	NTT出版
谷村 好洋			1998.12	「「微化石標本のリファレンスセンター」としての自然史博物館」	『地学雑誌』第107巻6号	東京地学協会

著者1	著者2	著者3	発行年	論文名・書籍名	掲載誌	発行元
谷本 憲二			1988.12	「開かれた凧博物館を目指して」	『博物館問題研究会会報』第22号	博物館問題研究会
谷本 嗣英	松浦 隆*		1988.9	「北海道を舞台とした体験学習「第2回ちびっこ理科道場」--博物館連携の新しい試み」	『博物館研究』第23巻第9号	日本博物館協会
谷本 嗣英			1999.12	「科学館・博物館にもっと数学展示を」	『数学セミナー』第38巻12号	日本評論社
谷本 嗣英	田代 英俊*	中村 隆 他	2001.3	「既設展示の評価とフィードバックについて」	『日本ミュージアム・マネージメント学会研究紀要』第5号	日本ミュージアム・マネージメント学会
種井 丈			2013.3	「文学館機能の整理と検討」	『國學院大學博物館學紀要』第37輯	國學院大學博物館学研究室
種井 丈			2014.3	「指定管理者制度導入から十年—博物館における課題と可能性—」	『國學院大學大學院紀要』第45輯	國學院大學大学院
種井 丈			2016.3	「明治・大正期における三越の文化催事をめぐって」	『國學院大學博物館學紀要』第40輯	國學院大學博物館学研究室
種井 丈			2017.2	「大倉喜八郎・喜七郎による芸術文化支援の一考察—大倉集古館と羅馬開催日本美術展覧会を中心に—」	『國學院大學大學院紀要』第48輯	國學院大學大学院
種井 丈			2017.12	「文学館論史」	『博物館学史研究事典』	雄山閣
種市 正晴			1992.3	「美術分野における灰色文献」	『アート・ドキュメンテーション研究』第1号	アート・ドキュメンテーション学会
種市 正晴 編			1996.11	「展覧会カタログに関する主要日本語文献一覧」	『アート・カタログ・ライブラリー・ニュース』1号	国際文化交流推進協会
種市 正晴			1996.12	「(財)国際文化交流推進協会アートカタログ・ライブラリーの概要」	『Library&InformationScienceNews(LISN)』89号	キハラ株式会社マーケティング部
種市 正晴			1997.4	「展示カタログ・収蔵品カタログの有効な活用のためにアート・カタログ・ライブラリーの開設」	『博物館研究』第32巻第4号	日本博物館協会
種市 正晴 編			1998.6	「展覧会カタログに関する主要日本語文献一覧」	『山崎書店美術書庫リスト』33号	山崎書店
種田 明			1979	「博物館教育論-西ドイツの最近の動向」	『科学史研究.[第2期]』第131号	日本科学史学会
種田 明			1982	「文化遺産と博物館」	『現代のドイツ』⑩	三修社
種田 明			1982.3	「博物館教育の社会史的一考察—ドイツを例として—」	『博物館学雑誌』第7巻第2号	全日本博物館学会
種田 明			1983.3	「歴史の転換期と人間:人間博物館」	『博物館学雑誌』第8巻第1・2号合併号	全日本博物館学会
種田 明			1989.3	「博物館における知的生産の技術」	『博物館学雑誌』第14巻第1・2号合併号	全日本博物館学会
種田 明			2011.3	「ミュージアムの成立と展開--19世紀、近代における学の成立とミュージアム」	『19世紀学研究』第5号	新潟大学コア・ステーション Institute for the Study of the 19th Century Scholarship
種田 虎雄			1926	「博物館」「美術館」「演劇博物館」	『新露西亞印象記』	博文館
種村 将			2009.3	「わたしの仕事(3)ある動物園職員の一日」	『月刊自治研』第51号	自治労システムズ自治労出版センター
田能 満寿夫			1991	「平成2年度欧州博物館事情視察報告②親しまれる美術館の運営について--わかりやすい展示をめざして」	『博物館研究』第26巻第2号	日本博物館協会
田野倉 宏和			2007.3	「校外での教育活動-博物館、科学館における学習活動」	『日本私学教育研究所紀要』第42巻第1号	日本私学教育研究所
束 芋述	酒井 忠康 監		2013.10	「ややつこしい空間がくれる「お題」とややつこしいことを言う私」	『美術館と建築』	青幻舎
たばこ総合研究センター 編			2014.5	「たばこと塩の博物館ミニチュア」	『TASCmonthly』第461号	たばこ総合研究センター 編
たばこ総合研究センター 編			2014.8	「たばこと塩の博物館 明治時代を彩ったたばこポスター」	『TASCmonthly』第464号	たばこ総合研究センター
たばこと塩の博物館 編			2003.11	『大見世物』		たばこと塩の博物館
たばこと塩の博物館			2008.8	『広告の親玉赤天狗参上!』		岩田書院
たばこと塩の博物館			2015.1	「たばこと塩の博物館蒐録(前編)」	『TASCmonthly』第469号	たばこ総合研究センター
たばこと塩の博物館			2015.2	「たばこと塩の博物館蒐録(後編)」	『TASCmonthly』第470号	たばこ総合研究センター

著者1	著者2	著者3	発行年	論文名・書籍名	掲載誌	発行元
田畑 和彦			2010	「「まちかど博物館」--その存在意義と新たな活性化施策としての可能性」	『静岡産業大学情報学部研究紀要』第12号	静岡産業大学情報学部
束田 和弘			2002.12	「簡易タッチパネル展示システムの構築について-名古屋大学博物館"姉妹校博物館展示"での例-」	『名古屋大学博物館報告』第18号	名古屋大学博物館
束田 和弘			2002.12	「約60年前の新聞記事資料レプリカの作成に関して」	『名古屋大学博物館報告』第18号	名古屋大学博物館
束田 和弘			2003	「名古屋大学博物館来館者アンケートデータベース閲覧システムの構築」	『名古屋大学博物館報告』第19号	名古屋大学博物館
田畑 貞寿			1998.5	「世界文化遺産の保全とランドスケープーモヘンジョダロ保全整備事業の場合」	『資源環境対策』第34巻第7号（『緑の読本』シリーズ46）	公害対策技術同友会
田畑 直樹			2000.5	「昆虫類、両生・爬虫類展示と動物園」	『動物園研究』第4巻1号	動物園研究会
田畑 直樹			2008.9	「野生生物保全と動物園」	『都市公園』第182号	東京都公園協会
田端 幸朋			2017.9	「地域における博物館について—文化の有する経済的効果をめぐって」	『九州経済調査月報』第71巻第869号	九州経済調査協会
田林 明	横山 貴史	大石 貴之 他	2011.3	「山形県朝日町におけるエコミュージアム活動による地域振興」	『地理空間』第4巻第2号	地理空間学会
田原 榮			1893	「博物館の陳列法」	『讀賣新聞』7月25、26日連載	讀賣新聞社
田原 直樹	鈴木 武	八木 剛 他	2003.5	「「博物館の望ましい姿--市民とともに創る新時代博物館」の今後の活用「博物館の自己点検」を試行して」	『博物館研究』第38巻第5号	日本博物館協会
田原 直樹			2004.7	「「使命・計画作成の手引き」利用の仕方について」	『博物館研究』第39巻第7号	日本博物館協会
田原 直樹			2010.3	「地域を支える博物館をめざして」	『Museumちば：千葉県博物館協会研究紀要』40・41号	千葉県博物館協会
田原 直樹	佐久間 豊*	勝山 輝男 他	2010.3	「パネルディスカッション 博物館が地域に果たす役割」	『Museumちば：千葉県博物館協会研究紀要』40・41号	千葉県博物館協会
田原 直樹	小舘 誓治*	藤本 真里 他	2010.3	「博物館における自己点検・評価の取り組みについて」	『博物館研究』第45巻第3号	日本博物館協会
田原 直樹			2010.12	「日本の自然史博物館ができること--ひとはく（兵庫県立人と自然の博物館）の20年から見えてきたもの」	『博物館研究』第45巻第12号	日本博物館協会
田原 久			1954	「民俗資料の保管と展示」	『民俗資料とはどんなものか』	長野県印刷所
田原 久			1966	「有形民俗資料の保護について」	『日本民俗学会報』第44号	日本民俗学会
田原 美栄			1929	「動物園」	『直觀と作業の尋一の教育』	東洋圖書
田原 みちる	小林 奈緒美*	稲坂 恒宏	2006.10	「施設のない"博物館"の生き残り戦術-日常にある文化財をめざして」	『博物館研究』第41巻第10号	日本博物館協会
ダフィー・テランス	門倉 俊雄 訳	広島平和文化センター	1996.9	『日本の平和博物館と平和文化の実現』		広島平和文化センター
田渕 五十生	太田 満*		2003.1	「「戦争・平和博物館」展示と国際理解:平和の祈りに隠された問題」	『奈良教育大学紀要.人文・社会科学』第52巻1号	奈良教育大学
田渕 五十生	谷口 尚之	祐岡 武志	2008.3	「世界遺産教育の教材化の視点と実践報告—「古都奈良の文化財」と「法隆寺地域の仏像建造物」を中心にして—」	『教育実践総合センター研究紀要』第17巻	奈良教育大学教育学部附属教育実践総合センター
田渕 桂子			2010	「大学と美術館との連携—県立広島大学と財団法人ひろしま美術館の連携を中心に」	『県立広島大学人間文化学部紀要』第5号	県立広島大学
玉有 朋子	渡辺 公次郎	近藤 光男	2010.4	「勝瑞遺跡デジタル博物館の開発」	『日本建築学会四国支部研究報告集』第10号	日本建築学会四国支部
玉有 朋子	渡辺 公次郎	近藤 光男	2012.6	「歴史観光まちづくり支援のためのデジタル博物館の開発:勝瑞遺跡におけるケーススタディ」	『日本建築学会技術報告集』第18巻39号	日本建築学会
玉井 幹司			2010.11	「食と農の資料館めぐり(1)物流博物館」	『日本食品保蔵科学会誌』第36巻6巻	日本食品保蔵科学会
玉井 昭次			2012.3	「旧筑豊鉱山学校所蔵文化財の保管・展示と教材写真について」	『エネルギー史研究』第27号	九州大学附属図書館付設記録資料館産業経済資料部門
玉川 一郎			2015.5	「被災3年を経た福島県の文化財をめぐる現状と課題」	『宮城考古学』第17巻	宮城県考古学会
玉川 薫			2013.7	「小樽文学館の35年と、これから」	『博物館研究』第48巻第7号	日本博物館協会
玉川大学「学芸員の持つ専門的知識等の活用に関する調査研究事業」実行委員会			1999.3	『文部省委託事業本学で学芸員資格を取得した有資格者の実社会における活用に関する調査研究』		玉川大学「学芸員の持つ専門的知識等の活用に関する調査研究事業」実行委員会

著者1	著者2	著者3	発行年	論文名・書籍名	掲載誌	発行元
玉川大学教育博物館			2008.7	『博物館実習』		玉川大学教育博物館
玉木 存			1998.1	『動物学者箕作佳吉とその時代 明治人は何を考えたか』		三一書房
玉城 玲子			2002.12	「市民による町並み模型の制作と地域資料館」	『博物館学年報』第33号	同志社大学博物館学芸員課程
玉田 圭吾	志波 文彦	竹下 輝和	2014.3	「小学校における学習・生活活動の展開からみた掲示・展示スペースの配置について」	『日本建築学会研究報告九州支部.計画系』第53号	日本建築学会九州支部
玉田 弘			1997.3	「実験工作教室の充実にむけて」	『名古屋市科学館紀要』第23号	名古屋市科学館
多摩動物公園 編			1968	『多摩動物公園10年の歩み』		東京都
玉水 洋匡			2007.3	「博物館に於ける「学校展示」-問題点と展望-」	『國學院大學博物館學紀要』第31輯	國學院大學博物館学研究室
玉水 洋匡			2008.3	「「学校展示」と博物館-「学校展示」は中核となりえるか-」	『國學院大學博物館學紀要』第32輯	國學院大學博物館学研究室
玉虫 左太夫			1860	『航米日録』巻三		
玉蟲 玲子			1994	「今日の『博物館実習』の問題を考える」	『静岡県博物館協会研究紀要』第18号	静岡県博物館協会
玉蟲 玲子	鈴木 みどり	河野 哲郎 他	2002.6	「平成12年度こどもミュージアム「さがしてみよう!古代エジプトのなぞ」実施報告」	『MUSEUM』第578号	東京国立博物館
田宮 縁	長田 真奈美	片野 佳代子	2012.3	「動物園との連携による動物飼育の教育的意義と課題」	『静岡大学教育実践総合センター紀要』第20号	静岡大学教育学部附属教育実践総合センター
田村 彰浩	内田 文雄		2014.3	「山口県の重要伝統建造物群保存地区の景観維持における建設業者の関わり方」	『日本建築学会中国支部研究報告集』第37号	日本建築学会中国支部
田村 鎮			1905.9	「水族館」	『建築雑誌』第19輯第225號	日本建築學會
田村 祥子			2006.3	「「展示室内体験を生かした新たな学校教育連携」についての報告」	『群馬県立歴史博物館紀要』第27号	群馬県立歴史博物館
田村 武			2000.8	「ヨーロッパの動物園における展示思想のありようについて」	『動物園研究』第4巻2号	動物園研究会
田村 剛			1921	「國立公園論」(一~六)	『東京日日新聞』9月7日~11日、13日	東京日日新聞社
田村 剛			1927	『國立公園論』		内務省衛生局
田村 剛			1969	「海中公園のあり方」	『海中公園情報』第2巻5・6号	海中公園センター
田村 剛			1969	「海中公園の保護と利用に関する問題点」	『海中公園情報』第2巻7号	海中公園センター
田村 朋久			2011.3	「ハンセン病問題を展示する:長島愛生園歴史館の課題と展望」	『国立ハンセン病資料館研究紀要』第2号	日本科学技術振興財団
田村 朋久			2015.10	「第6章ハンセン病療養所の保存—手段としての世界遺産」	『ミュージアムと負の記憶戦争・公害・疾病・災害:人類の負の記憶をどう展示するか』	東信堂
田村 奈保子	田村 弘行		2017.2	「美術館でフランス語:大学語学授業と地域文化施設との連携の一例」	『福島大学地域創造』第28巻2号	福島大学地域創造支援センター
田村 奈保子	辻 みどり*	真歩仁 しょうん	2012.1	『文化資産としての美術館利用:地域の教育・文化的生活に資する方法研究と実践』		公人の友社
田村 弘行	田村 奈保子*		2017.2	「美術館でフランス語:大学語学授業と地域文化施設との連携の一例」	『福島大学地域創造』第28巻2号	福島大学地域創造支援センター
田村 正人			2003.6	「文化財のIPMに役立つ昆虫行動学」	『文化財の虫菌害』第45号	文化財虫害研究所
田村 正人			2004.6	「文化財の虫害対策に役立つ昆虫の基礎知識」	『文化財の虫菌害』第47号	文化財虫害研究所
田村 将人			2009	「サハリンとウラジオストクにある博物館、文書館の刊行物あれこれ」	『北海道・東北史研究』第5号	北海道出版企画センター
田村 真広			1989	「尾高豊作の郷土教育論:都市児童問題把握のための「児童社会学」の提唱をめぐって」	『日本教育学会大會研究発表要項』	日本教育学会
田村 友紀	小池 久美子	千吉良 玲子 他	1997.3	「観覧者は何を求めているか-展示室における質問記録の分析から-」	『群馬県立歴史博物館紀要』第18号	群馬県立歴史博物館
田良島 哲			2007.11	「東京国立博物館の文化財情報管理とデジタルアーカイブ」	『映像情報メディア学会誌』第61巻第11号	映像情報メディア学会

著者1	著者2	著者3	発行年	論文名・書籍名	掲載誌	発行元
田良島 哲			2009.5	「博物館における業務情報の共有とIML(Inter-MuseumLoan)システムの可能性」	『情報知識学会誌』第19巻第2号	情報知識学会
田良島 哲	半田 昌之*	林 健志 他	2014.4	「座談会 郵政博物館の開館に当たって」	『通信文化』第25号	通信文化協会
田良島 哲			2015.3	「明治後期における通信省から帝室博物館への切手類の寄贈」	『郵政博物館研究紀要』第6号	通信文化協会博物館部(郵政博物館資料センター)
田良島 哲			2017.2	「大正期の正倉院拝観資格の拡大と帝室博物館総長森鷗外」	『MUSEUM』第666号	東京国立博物館
多良間 利絵子	萩尾 俊章*		1997.3	「沖縄県立博物館草創期に関するノート」	『沖縄県立博物館紀要』第23号	沖縄県立博物館
樽 創	田口 公則*	大島 光春 他	1999.9	「博物館と学校の連携による化石資料のインタラクティブ活用」	『博物館学雑誌』第25巻第1号	全日本博物館学会
樽 創			2000.12	「博物館における「さわれる展示」--壊される標本たちの現状」	『哺乳類科学』第40巻2号	日本哺乳類学会
樽 創	田口 公則	大島 光春 他	2001.3	「博物館と学校の連携の限界と展望－中間機関設置モデルの提示－」	『博物館学雑誌』第26巻第2号	全日本博物館学会
樽 創			2004.3	「化石サメ類の鋸歯の有無と切れ味--特別展「ザ・シャーク」関連普及事業の結果から」	『神奈川県立博物館研究報告.自然科学』第33号	神奈川県立生命の星・地球博物館
樽 創			2011.3	「生態展示から形を観る:動物園・水族館で観る形と動き」	『日本野生動物医学会誌』第16巻第1号	日本野生動物医学会
垂木 祐三 編			1989	『国立西洋美術館設置の状況』		国立西洋美術館協力会
樽野 博幸			1974	「化石の採集クリーニングと模型の作り方」	『Nature study』第20巻第9号	大阪市立自然史博物館友の会
垂見 直美			2002.3	「〈小規模図書館奮戦記・70〉通信総合博物館 図書室 通信の歴史がわかる図書室」	『図書館雑誌』第96巻第3号	日本図書館協会
ダレル・ジェラルド	鈴木 主税 訳		1968	『動物の館』		至誠堂
ダレル・ジェラルド	小野 章 訳		1977	『私の動物園』		東京評論社
多和田 友美	栫 弘之*	山崎 弘明 他	2014.6	「新建築・新設備鶴岡市立加茂水族館」	『BE建築設備』第65巻第6号	建築設備綜合協会
多和田 雅保			2015.9	「史料と展示地域と人びとをささえる資料:神奈川資料ネットから」	『歴史学研究』第935号	青木書店
俵 聡子	本間 由佳	神村 佑	2015.3	「造形活動からはじめる小さな環境教育実践:環境フォーラム2014「こがねい水族館」の活動を通じて」	『環境教育学研究:東京学芸大学環境教育研究センター研究報告』第24号	東京学芸大学環境教育研究センター
俵木 悟			2013.2	「あのとき君は＜無形文化財＞だった—文化財としての民俗芸能の昭和三〇～四〇年代」	『世界遺産時代の民俗学グローバル・スタンダードの受容をめぐる日韓比較』	風響社
俵木 悟			2017.5	「伝承の「舞台裏」」	『文化遺産と生きる』	臨川書店
團 伊能			1921	「歐米美術館調査報告書」	『帝室博物館學報』第三冊	帝室博物館
團 伊能			1921	『歐米美術館施設調査報告』		帝室博物館
團 伊能			1922	「美術館の組織」	『歐米美術館調査報告書(帝室博物館學報)』	帝室博物館
團 伊能			1928.8	「本邦博物館に關する諸問題」	『博物館研究』第1巻第3號	博物館事業促進會
團 伊能			1933	「Historical Reconstruction」	『國際建築』特輯・博物館 第七巻第一號	國際建築協會
団 えみ			1969.5	「博物館の建築をめぐって」	『Mouseion:立教大学博物館研究』第15号	立教大学学校・社会教育講座
團 眞琴			1934	「教育名称としての「郷土教育」」	『郷土教育』第四十三號	郷土教育聯盟
ダン・モンロー			1995.3	「姉妹館提携10周年記念「てぬぐい展」講演要旨 博物館と人類社会の将来」	『大田区立郷土博物館紀要』第5号	大田区立郷土博物館
ダンカン・F・キャメロン			1972	「博物館における説明のことばの問題」	『第9回ICOM総会論文集 人類に奉仕する今日と明日の博物館』	国際博物館会議日本委員会
段木 一行			1997.3	「文化遺産の現状と保存-日本とヨーロッパの比較-」	『文化財の保護』第29号	東京都教育委員会
段木 一行			1997.9	『学芸員の理論と実践』		雄山閣出版

著者1	著者2	著者3	発行年	論文名・書籍名	掲載誌	発行元
段木 一行			1998	『博物館資料論と調査』		雄山閣出版
探見の会 編			2015.1	『行ってみよう!見てみよう!東京23区文化施設探見データブック:博物館・美術館・資料館・史料館・科学館・史跡公園…2015年版』		探見の会
淡交社美術企画部			1999.12	『私も美術館でボランティア』		淡交社
淡交ムック 編			1994.8	『となりのミュージアム』		淡交社
丹沢 節史			1989	「甲府における展覧会の歩み」	『甲府市史研究』第7号	甲府市役所市長室
丹治 明			2008.11	「工作機械など300点以上を動態保存・展示している日本工業大学工業技術博物館」	『博物館研究』第43巻第11号	日本博物館協会
丹治 明	小林 亮太	長坂 保美 他	2011.9	「大正・昭和期に描かれた工作機械図面の博物館としての活用」	『日本工業大学研究報告』第41巻第2号	日本工業大学
丹青研究所			1993.3	『Ecomuseum:エコミュージアムの理念と海外事例報告』		丹青研究所
丹青研究所			1996.3	『Museum:講演録・明日の博物館を考える』		丹青研究所
丹青研究所			1997.12	『Museum exhibition:講演録・博物館の展示を考える』		丹青研究所
丹青研究所			1999.12	『Hands-on museum:博物館における参加・体験型展示を考える』		丹青研究所
丹青研究所			2001.2	『Environmental museum:21世紀の環境・文化施設を考える』		丹青研究所
丹青研究所	国立科学博物館*		2005.5	『共同研究報告書 入館者の満足度調査と傾向分析』		独立行政法人国立科学博物館・株式会社丹青研究所
丹青研究所			2011.3	『博物館の教育機能に関する調査研究報告書』		丹青研究所
丹青社 編	丹青総合研究所*編		1990	『文化財・保存科学の原理-文化財の劣化・損傷要因とその保存対策』		丹青社
丹青総合研究所企編			1985	『ディスプレイ＆インテリアビジネス情報源ハンドブック』		丹青社
丹青総合研究所編			1986.8	『博物館・情報検索事典』		丹青社
丹青総合研究所			1987	「特集「社業関連の企業博物館」」	『MuseumDate』第2号	丹青総合研究所
丹青総合研究所	日本科学技術振興財団*	科学技術館	1987	「展示評価の調査・研究―よりよき展示の創造のために―」		日本科学技術振興財団
丹青総合研究所編			1988.9	『イベント・展示映像事典』		丹青社
丹青総合研究所編	丹青社 編		1990	『文化財・保存科学の原理-文化財の劣化・損傷要因とその保存対策』		丹青社
丹青総合研究所編			1991.5	『テート・トレイルズ英国立テート・ギャラリーのワーク・シート集』		丹青総合研究所
丹青総合研究所			1992	「フランスのエコミュージアム」	『MuseumDate』第8号	丹青総合研究所
丹青総合研究所			1998.12	「「博物館における出版活動」アンケート調査結果報告」	『MuseumDate』第43号	丹青総合研究所
丹青総合研究所文化空間研究部			1988.1	『ミュージアム・ワークシート-博物館・美術館の教育プログラム-』		丹青総合研究所
丹野 節子			1899	『おかしものがたり:お話博物館一年生』		実業之日本社
丹野 実	穴水 守*	原 直樹 他	1996	「特集 次世代博覧会の挑戦」	『COMMUNICATIONS』第3号	電通テック
丹羽 真一	渡辺 修	渡辺 展之	2000.3	「自然教育展示に対する利用者の評価と要望Ⅱ～美幌博物館・農業館の事例～」	『美幌博物館研究報告』第7号	美幌博物館
丹羽 朋子			2016.3	「中国・黄土高原の暮らしと切り紙の無形文化遺産化」	『中国地域の文化遺産:人類学の視点から』	国立民族学博物館
丹保 憲仁			2008.12	「これからの博物館 新米館長の自習ノート」	『博物館研究』第43巻第12号	日本博物館協会
地域協同型マネジメント研究会			2004	『指定管理者制度ハンドブック』		ぎょうせい

著者1	著者2	著者3	発行年	論文名・書籍名	掲載誌	発行元
地域社会研究所			2007	「企業のミュージアム--ルーヴル-DNPミュージアムラボの試み」	『コミュニテイ』第140号	地域社会研究所
地域社会研究所			2007	「地域に根ざしたホールを目指して」	『コミュニテイ』第140号	地域社会研究所
地域創造			2011.3	『「公立美術館の公共性に関する指針」についての調査研究報告書』		地域創造
地域歴史民俗考古研究所	石仏考古学会	少年少女文化財教室	1900	「少年少女文化財教室」	『資料論集』	石仏を記録する部会、石仏考古学会
Thiemeyer.Thomas	マーツ・H・G*		2007.4	「企業を演出する-ミュージアムコンセプトと展示デザイン」	『Detail Japan』第3巻第2号	リード・ビジネス・インフォメーション
千枝 大志			2010.6	「地方史研究協議会主催シンポジウム「基礎的自治体の博物館・資料館の「使命と役割」--地方史研究協議会版評価基準作成へ向けて」参加記」	『地方史研究』第60巻第3号	地方史研究協議会
茅ヶ崎市博物館準備委員会			1990.3	『茅ヶ崎市にふさわしい博物館を求めて-茅ヶ崎市博物館準備委員会提言-』		茅ヶ崎市博物館準備委員会
茅ヶ崎市美術館 編			2014	『明治を歩く:湘南と武蔵野:府中市美術館コレクションを中心に』		茅ヶ崎市文化・スポーツ振興財団茅ヶ崎市美術館
近田 玲子	中島 龍興*	面出 薫	1995.8	『照明デザイン入門』		彰国社
近末 實義			1934.5	「恐るべき虫害の予防法:主として毛織物類」	『博物館研究』第7巻第5號	日本博物館協會
近間 正樹	門林 理恵子	福永 香 他	2010.3	「マルチディスプレイと携帯電話を利用した高解像度コンテンツの閲覧システム(デジタルミュージアム・デジタルミュージアムとエンタテイメントメディア)」	『電子情報通信学会技術研究報告』第109巻第466号	電子情報通信学会
千幹			1910.12	「東京教育博物館教育品貸出の状況」	『教育研究』第81号	初等教育研究會
千木良 芳範			2009.8	「中国北京故宮博物院との連携をとおして」	『博物館研究』第44巻第8号	日本博物館協会
千吉良 玲子	田村 友紀*	小池 久美子 他	1997.3	「観覧者は何を求めているか-展示室における質問記録の分析から-」	『群馬県立歴史博物館紀要』第18号	群馬県立歴史博物館
千地 万造			1964	「新しい地方博物館—特に自然科学博物館の立場」	『大阪市立自然科学博物館報』第1号	大阪市立自然科学博物館
千地 万造			1968.11	「第2回全国博物館長会議に出席して」	『博物館ニュース』第3巻第8号	日本博物館協会
千地 万造			1970.12	「1970年をふりかえって=自然史博物館に関連した2・3の問題=」	『博物館ニュース』第5巻第11号	日本博物館協会
千地 万造			1975.3	「博物館づくり—歴史的経過と基本的な考察—」	『博物館研究』第10巻第2・3号	日本博物館協会
千地 万造			1977.8	「学校教育の中に博物館を」	『大阪市立自然史博物館館報』第7号	大阪市立自然史博物館
千地 万造			1978.12	「館種別博物館における調査・研究と収集活動 自然史系博物館」	『博物館学講座 第5巻調査・研究と資料の収集』	雄山閣
千地 万造			1978.12	「博物館における調査・研究」	『博物館学講座 第5巻調査・研究と資料の収集』	雄山閣
千地 万造			1978.12	「博物館資料とその収集」	『博物館学講座 第5巻調査・研究と資料の収集』	雄山閣
千地 万造			1978.12	「博物館相互の協力」	『博物館学講座 第5巻調査・研究と資料の収集』	雄山閣
千地 万造 編	徳川 宗敬*監他		1978.12	『博物館学講座 第5巻調査・研究と資料の収集』		雄山閣
千地 万造			1979.6	「館種別博物館のあり方 自然系博物館」	『博物館学講座 第1巻博物館学総論』	雄山閣
千地 万造			1979.8	「自然史博物館と自然教室--大阪市立自然史博物館の場合」	『社会教育』第34巻8号	全日本社会教育連合会
千地 万造			1980.6	「設置運営に関する基準」	『博物館学講座 第9巻博物館の設置と運営』	雄山閣
千地 万造			1981.5	「館種別博物館における展示と展示法 自然史系博物館」	『博物館学講座 第7巻展示と展示法』	雄山閣
千地 万造	倉田 公裕		1988.3	「学芸員養成を語る」	『Museologist:明治大学学芸員養成課程年報』第3巻	明治大学学芸員養成課程
千地 万造			1994.6	『博物館の楽しみ方』		講談社
千地 万造			1997.11	「特集 博物館へ行こう 博物館の楽しみ方」	『教育と情報』第476号	第一法規

著者1	著者2	著者3	発行年	論文名・書籍名	掲載誌	発行元
千地 万造 編			1998.9	『自然史博物館-人と自然の共生を目指して』		八坂書房
千地 万造	木下 達文		2007.3	『ひろがる日本のミュージアム:みんなで育て楽しむ文化の時代』		晃洋書房
千田 絵里子	根岸 奈央	安藤 元一 他	2013.12	「ふれあい動物園における大型動物の行動」	『東京農業大学農学集報』第58巻3号	東京農業大学
千田 敬一			2003	「私立美術館の現状と課題」	『博物館問題研究』第29号	博物館問題研究会
千田 剛造			1995.12	「朝鮮植民地の博物館-慶州古蹟保存会と博物館」	『帝塚山大学教養学部紀要』第44集	帝塚山大学教養学部
千田 剛造			1997	「朝鮮植民地の博物館-慶州古蹟保存会陳列館を中心に」	『朝鮮史研究会論文集』第35巻	朝鮮史研究会
千田 智子			2002.12	『森と建築の空間史-南方熊楠と近代日本-』		東信堂
秩父市立民俗博物館			出版年不明	『秩父市立民俗博物館』		秩父市立民俗博物館
遅塚 冨彦			1942	「首里市博物館」	『詩の國沖縄』	遅塚安三
致道博物館 編			出版年不明	『致道博物館』		致道博物館
地徳 力			1989.3	「穂別町立博物館の資料登録について－博物館資料の整理におけるパソコンの導入－」	『穂別町立博物館研究報告』第5号	穂別町立博物館
地徳 力			1995.3	「博物館活動と小規模館の"学芸員"の業務についての考察」	『穂別町立博物館研究報告』第11号	穂別町立博物館
地徳 力			1995.3	「博物館活動における情報リレーション」	『穂別町立博物館研究報告』第11号	穂別町立博物館
地徳 力	櫻井 和彦*		2000.6	「北海道の博物館ネットワーク」	『地学教育と科学運動』第34号	地学団体研究会
知念 理			2009.12	「地方公立館における自主企画展の危機と調査研究」	『博物館研究』第44巻第12号	日本博物館協会
知念 浩生	森屋 雅幸*		2015.2	「資料館紹介 都留市博物館ミュージアム都留」	『甲斐』135号	山梨郷土研究会
千野 香織			1999.3	「美術館・美術史学の領域に見るジェンダー論争1997-1998」	『女?日本?美?:新たなジェンダー批評に向けて』	慶應義塾大学出版会
千野 香織			2000	「戦争と植民地の展示―ミュージアムの中の『日本』」	『越境する知1身体:よみがえる』	東京大学出版会
千野 亮	石田 亮介		2014.5	「グローバル展開を推進する博物館ソリューション」	『Fujitsu』65号	富士通
千野 裕道			1996.11	「埋蔵文化財における植生史研究資料の保存と公開」	『植生史研究』第4巻第2号	植生史研究会
茅野市総合博物館研究調査委員会			1983.3	『茅野市総合博物館基本構想』		茅野市総合博物館研究調査委員会
茅野市美術館			2017.3	『ここにある音ここからはじまる:茅野市美術館の音風景』		茅野市美術館
千葉 昭彦			2014	「世界遺産と地域経済:平泉の観光・まちづくりを対象として」	『経済地理学年報』第60巻2号	経済地理学会
千葉 一彦			1994.11	「日本郷土玩具博物館」	『展示学』第18号	日本展示学会
千葉 淳子			1985	「復元民家にみる屋根葺技術について」	『北上市立博物館紀要』第5号	北上市立博物館
千葉 隆司			2012	「市町村博物館の時代:真の日本人と地域コミュニティ再生への重要拠点」	『筑波学院大学紀要』第7巻	筑波学院大学
千葉 隆司			2016	「市町村博物館と高齢者」	『筑波学院大学紀要』第11巻	筑波学院大学
千葉 隆司			2017	「市町村博物館と地域史研究」	『筑波学院大学紀要』第12巻	筑波学院大学
千葉 胤孝			1993	『獣医病理学者より見た動物園の記録』		近代文芸社
千葉 敏朗	神奈川県考古学会 編		2014.3	「東村山市における遺跡の保存と活用」	『時空の交差点:遺跡の保存と活用』	神奈川県考古学会
千葉県教育委員会文化課			1958.3	『社会教育十年のあゆみ』		千葉県教育委員会文化課

著者1	著者2	著者3	発行年	論文名・書籍名	掲載誌	発行元
千葉県教育委員会文化課			1973	『千葉県の博物館設置構想』		千葉県教育委員会文化課
千葉県教育庁文化課 編			1978	『千葉県立博物館・美術館利用の手引』		千葉県教育庁文化課
千葉県教育庁文化課			1980.3	『小・中学校における博物館利用事例集』		千葉県教育庁文化課
千葉県教育庁文化課			1981.3	『小・中学校における博物館利用事例集Ⅱ』		千葉県教育庁文化課
千葉県教育庁文化課			1982.3	『小・中学校における博物館利用事例集Ⅲ』		千葉県教育庁文化課
千葉県教育庁文化課			1996	「「館種の異なる県立博物館の特長を生かした特別事業プログラム研究・開発事業」について」	『博物館研究』第31巻第6号	日本博物館協会
千葉県博物館協会 編			1978.7	『千葉県の博物館』		中央公論美術出版
千葉県博物館協会			1992.3	「特集 展示」	『Museumちば:千葉県博物館協会研究紀要』23号	千葉県博物館協会
千葉県博物館協会			1993.2	「特集 博物館実習」	『Museumちば:千葉県博物館協会研究紀要』24号	千葉県博物館協会
千葉県博物館協会 編			1994.3	『ちばの博物館』		千葉県博物館協会
千葉県博物館協会			1994.3	「特集 よりよい学芸員を目指して」	『Museumちば:千葉県博物館協会研究紀要』25号	千葉県博物館協会
千葉県博物館協会			1995.3	「特集 より良い普及活動のために」	『Museumちば:千葉県博物館協会研究紀要』26号	千葉県博物館協会
千葉県博物館協会			1996.3	「パネルディスカッション 千葉県の博物館における地震対策に関する現状と課題」	『Museumちば:千葉県博物館協会研究紀要』27号	千葉県博物館協会
千葉県博物館協会			1996.3	「特集 博物館・美術館と災害対策—千葉県の場合—」	『Museumちば:千葉県博物館協会研究紀要』27号	千葉県博物館協会
千葉県博物館協会			1997.3	「特集 展示を論ずる試みにあたって	『Museumちば:千葉県博物館協会研究紀要』28号	千葉県博物館協会
千葉県博物館協会			1998.3	「特集 学芸員の研究を考える」	『Museumちば:千葉県博物館協会研究紀要』29号	千葉県博物館協会
千葉県博物館協会			1999.3	「特集 博物館の広報活動を考える」	『Museumちば:千葉県博物館協会研究紀要』30号	千葉県博物館協会
千葉県博物館協会			2000.3	「特集 博物館と学校教育」	『Museumちば:千葉県博物館協会研究紀要』31号	千葉県博物館協会
千葉県博物館協会			2001.3	「アンケート調査結果 千葉県内博物館の友の会活動アンケートによる調査結果から」	『Museumちば:千葉県博物館協会研究紀要』32号	千葉県博物館協会
千葉県博物館協会			2001.3	「特集 地域社会と博物館 博物館友の会」	『Museumちば:千葉県博物館協会研究紀要』32号	千葉県博物館協会
千葉県博物館協会			2002.3	「特集 地域社会と博物館(2) 博物館ボランティア」	『Museumちば:千葉県博物館協会研究紀要』33号	千葉県博物館協会
千葉県博物館協会			2003.3	「千葉県内博物館の子ども向け事業アンケートによる調査結果から」	『Museumちば:千葉県博物館協会研究紀要』34号	千葉県博物館協会
千葉県博物館協会			2003.3	「特集 地域社会と博物館(3) 博物館における子ども向け事業(1)」	『Museumちば:千葉県博物館協会研究紀要』34号	千葉県博物館協会
千葉県博物館協会			2005.3	「特集 地域社会と博物館(4) 博物館における子ども向け事業(2)」	『Museumちば:千葉県博物館協会研究紀要』35号	千葉県博物館協会
千葉県博物館協会			2005.3	「アンケート結果 高齢者・身障者・介助者・乳幼児とその家族の博物館利用について」	『Museumちば:千葉県博物館協会研究紀要』36号	千葉県博物館協会
千葉県博物館協会			2005.3	「特集 福祉社会と博物館」	『Museumちば:千葉県博物館協会研究紀要』36号	千葉県博物館協会
千葉県立安房博物館			1983	『十年のあゆみ 開館十周年記念』		千葉県立安房博物館
千葉県立大利根博物館			1989.11	『10年の歩み』		千葉県立大利根博物館
千葉県立現代産業科学館教育機能活用推進事業〜科学館へ行こう〜実行委員会 制作			2003.3	『千葉県立現代産業科学館教育機能活用推進事業科学館へ行こう:科学系博物館教育機能活用推進事業報告書』		千葉県立現代産業科学館教育機能活用推進事業科学館へ行こう〜実行委員会
千葉県立総南博物館			1985.9	『総南博物館館報特集号 千葉県立総南博物館10年のあゆみ』		千葉県立総南博物館
千葉県立中央博物館			1999.3	『千葉県立中央博物館10年のあゆみ』		千葉県立中央博物館

著者1	著者2	著者3	発行年	論文名・書籍名	掲載誌	発行元
千葉県立中央博物館 編	千葉県立中央博物館友の会		2009.3	『博物館は知のワンダーランド:はたちを迎えた中央博と友の会の活動』		千葉県立中央博物館
千葉県立中央博物館 編			2014	「仏教美術で地域文化を再発見」	『中央博物館だより』no.71	千葉県立中央博物館
千葉県立中央博物館 編			2014	「図鑑と標本」	『中央博物館だより』no.71	千葉県立中央博物館
千葉県立中央博物館友の会	千葉県立中央博物館*編		2009.3	『博物館は知のワンダーランド:はたちを迎えた中央博と友の会の活動』		千葉県立中央博物館
千葉県立房総風土記の丘			1977	「千葉県立房総風土記の丘建設経過」	『千葉県立房総風土記の丘年報』第1号	千葉県立房総風土記の丘
千葉県立房総風土記の丘			1984.3	『千葉県立房総風土記の丘の教育利用－房総風土記の丘教育利用研究活動報告書－』		千葉県立房総風土記の丘
千葉市立加曽利貝塚博物館			1982.3	『加曽利貝塚博物館20年の歩み』		千葉市立加曽利貝塚博物館
千葉市史跡整備基本計画策定委員会			1981.3	『史跡整備の現状と問題点(中間報告)』		千葉市教育委員会文化課
千葉市史跡整備基本計画策定委員会			1983.3	『史跡整備の方法-縄文貝塚の整備-』		千葉市教育委員会文化課
千葉 敏朗	大塚 隆*	千葉 雅人	1987.3	「東久留米市の遺跡展ジオラマ製作体験記」	『Museologist:明治大学学芸員養成課程年報』第2巻	明治大学学芸員養成課程
千葉 正史	松重 充浩*	林 幸司	2008.12	「日本大学文理学部情報科学研究所所蔵「ハルビン絵葉書(黒崎コレクション)デジタルアーカイブ」構築の試みについて」	『近現代東北アジア地域史研究会NEWSLETTER』第20号	近現代東北アジア地域史研究会
千葉 雅人	大塚 隆*	千葉 敏朗	1987.3	「東久留米市の遺跡展ジオラマ製作体験記」	『Museologist:明治大学学芸員養成課程年報』第2巻	明治大学学芸員養成課程
千速 敏男			1992.3	「展覧会カタログを考える—自由討議の概要報告」	『日仏美術学会会報』11号	日仏美術学会
ちひろ美術館			2007.9	『ちひろ美術館の30年』		ちひろ美術館
ちひろ美術館 編集	高橋 明也*(監)		2014	『まるごとちひろ美術館:世界で最初の絵本美術館:コレクション・ガイド』		東京美術
地方史研究協議会			1979	『歴史資料保存機関総覧(西日本編)』		山川出版社
地方史研究協議会			1979	『歴史資料保存機関総覧(東日本編)』		山川出版社
地方史研究協議会			1981.4	「特集 地方史研究と博物館」	『地方史研究』第31巻第2号	地方史研究協議会
地方史研究協議会			2001	『21世紀の文化行政:地域史料の保存と活用』		名著出版
地方史研究協議会			2001.12	「各種委員会報告:史跡・文化保存運動:仙台城史跡保存運動」	『地方史研究』第51巻第6号	地方史研究協議会
地方史研究協議会			2007.10	『全国地域博物館図録総覧』		岩田書院
地方史研究協議会 編			2014.6	「地方史研究協議会版地域博物館指標(素案)」	『地方史研究』第64巻第3号	地方史研究協議会
地方史研究協議会博物館・資料館問題検討委員会			2008.4	「シンポジウム「博物館法改正と学芸員制度」-開催の経緯とシンポジウムの討論」	『地方史研究』第58巻第2号	地方史研究協議会
地方史研究協議会博物館・資料館問題検討委員会			2010.6	「「基礎的自治体の博物館・資料館の「使命と役割」--地方史研究協議会版評価基準作成へ向けて」開催にあたって」	『地方史研究』第60巻第3号	地方史研究協議会
地方史研究協議会博物館・資料館問題検討委員会	資料館問題検討委員会		2014.6	「『基礎的自治体の博物館・資料館の使命と役割(2)「地方史研究協議会版地域博物館指標」を考える』開催にあたって」	『地方史研究』第64巻第3号	地方史研究協議会
地方史研究協議会博物館・資料館問題検討委員会			2015.4	「「基礎的自治体の地域博物館のあり方に関する指標」の作成について」	『地方史研究』第65巻第2号	地方史研究協議会
地方自治制度研究会 編			2009.7	「地方自治相談室 博物館の開館時間及び休館日の定め方について」	『地方自治』第740号	ぎょうせい
地村 邦夫	林 義久	畑田 耕一	2016.2	「登録文化財制度と大阪府の登録有形文化財」	『むかしの家に学ぶ:登録文化財からの発信』	大阪大学出版会
チャン・インキュン			2008.8	「アジアの博物館の現状と課題-ASPACの立場から」	『博物館研究』第43巻第8号	日本博物館協会
中央大学	森茂 岳雄*		2003	『学校と博物館の連携による国際理解総合学習教材の開発と実践に関する研究』		文部科学省科学研究費補助金研究成果報告書
中央報徳會			1912	「文部省通俗教育調査委員の陳列場巡視」	『斯民』第7編第9号	中央報徳會

著者1	著者2	著者3	発行年	論文名・書籍名	掲載誌	発行元
中央報徳會			1916	「御大典記念の圖書館と物産陳列館」	『斯民』第11編第3號	中央報徳會
中央労働災害防止協会			2008.4	「地球46億年の歴史を訪ねて-神奈川県立生命の星・地球博物館」	『安全と健康』第59巻第4号	中央労働災害防止協会
中央労働災害防止協会			2009.1	「音楽の宝石箱-オルゴール-オルゴールの小さな博物館」	『安全と健康』第60巻第1号	中央労働災害防止協会
中央労働災害防止協会			2014.7	「夢を力に2014 日本サッカーミュージアム」	『安全と健康』第65巻第7号	中央労働災害防止協会
中国国家文物局	中国博物馆协会 編		2013.12	『中国博物馆志. 第6册・重庆卷·西藏卷·安徽卷』		文物出版社
中国博物馆协会 編	中国国家文物局*		2013.12	『中国博物馆志. 第6册・重庆卷·西藏卷·安徽卷』		文物出版社
中国博物館総覧編集委員会 編			1988	『中国博物館総覧』上		中国博物館総覧刊行会
中国博物館総覧編集委員会 編			1988	『中国博物館総覧』下		中国博物館総覧刊行会
中条 幸			1956	『科学館における教育活動の2・3について』		レジャーセンター・サイエンスルーム
中日新聞社開発局 編			1978.6	『東海の博物館郷土資料のすべて』		中日新聞本社
中部経済連合会			2009.2	「明日への結節点リンクポイント中部博物館/博物館明治村(愛知県)-日本近代の価値をよみがえらせた野外博物館」	『中経連』第212号	中部経済連合会
中部財界社			2008.6	「「再生」が始まる東山動植物園-課題は来園者満足と動物生態の研究の両立」	『中部財界』第51巻第6号	中部財界社
中部日本新聞社			1961	『図説広告変遷史』		中部日本・東京中日新聞社
千代 肇			1979.11	「明治の函館博物館 文化財レポート121」	『日本歴史』第378号	吉川弘文館
張 海燕			2016	「旅順における歴史的遺産の観光活用に関する研究」	『アジア経営研究』第22号	アジア経営学会
Chiu.Chunni			2011.3	「台湾における歴史的建造物の保存と公開--博物館化のプロセスをめぐって」	『常磐大学大学院常磐研究紀要』第5巻	常磐大学大学院人間科学研究科
張 哲			2016.3	「古代中国における厚葬風潮及び帝王陵の博物館学的性格について」	『國學院大學博物館學紀要』第40輯	國學院大學博物館学研究室
張 宝芸			2008.7	「日本新聞博物館-紙資料を中心とした所蔵資料」	『アジア遊学』第111号	勉誠出版
張 浦華	片山 めぐみ*	柿山 浩一郎	2011.11	「動物園における歩行移動時の高揚感に影響を及ぼす経路のデザイン」	『デザイン学研究』第58巻第4号	日本デザイン学会
調査・研究委員会			2014.3	「公文書館専門職員実態アンケート調査集計結果〈最終版〉」	『記録と史料』第24号	全国歴史資料保存利用機関連絡協議会
朝鮮革命博物館写真帳編集委員会編訳			1974	『朝鮮革命博物館』上		未来社
朝鮮革命博物館写真帳編集委員会編訳			1974	『朝鮮革命博物館』下		未来社
朝鮮総督府			1926	『博物館時報』		朝鮮総督府
長野 宇平次			1931	「帝室博物館の懸賞競技に就いて」	『建築世界』6月號	建築世界社
チョウ・フィスン			2015.1	「朝鮮-フランス共同調査発掘展示会を見て」	『統一評論』590号	統一評論新社
調布市教育委員会	調布市郷土博物館		1984.11	『調布市郷土博物館十年の歩み』		調布市教育委員会・調布市郷土博物館
調布市郷土博物館	調布市教育委員会*		1984.11	『調布市郷土博物館十年の歩み』		調布市教育委員会・調布市郷土博物館
長府博物館友の会			1983	『城下町 長府の文化 長府博物館50年のあゆみ』		長府博物館
朝報社			1915	「三越の劇展」	『萬朝報』1915年2月21日	朝報社
千代 肇	中田 幹雄*		1990.3	「明治期における北海道の博物館(1)」	『北海道開拓記念館調査報告』第29号	北海道開拓記念館
チョル・テンジャブ			2016.3	「レブコン芸術の無形文化遺産登録とその後の動態」	『中国地域の文化遺産:人類学の視点から』	国立民族学博物館

ち

著者1	著者2	著者3	発行年	論文名・書籍名	掲載誌	発行元
チルドレンズ・ミュージアム研究会	小笠原 喜康*編		2006.2	『博物館の学びをつくりだす その実践へのアドバイス』		ぎょうせい
陳 維新			2017.12	「黒板勝美」	『博物館学史研究事典』	雄山閣
陈 端志 編			1937	『博物館』		商务印书馆
鎮西 清高			2004	「大學博物館について」	『化石』第76号	日本古生物学会
チンダル・J	河野 於菟麿 訳		1886.2	『勢力保存論・科学的唯物論』		長瀬寛二
通俗教育研究會編			1911	『通俗教育に関する事業と其施設方法』		明誠館
都賀 和男	舟橋 正隆*	中川 志郎 他	1996	「博物館におけるコンピュータの活用とマルチメディア」	『博物館指導者研究協議会報告書平成8年度』	日本博物館協会
塚越 正明			1983.3	「濱田先生の特別展について」	『産業文化会館博物館紀要』第5号	川崎市立産業文化会館学芸課
塚越 正明			1993.3	「展示品の解説」	『Museologist:明治大学学芸員養成課程年報』第8巻	明治大学学芸員養成課程
塚越 実	梅原 徹		2012.12	「内部と外部の評価がつながった大阪市立自然史博物館の実践例」	『博物館研究』第47巻第12号	日本博物館協会
塚越 義行			1994.6	「全科協欧州科学系博物館視察研修」	『国立科学博物館ニュース』第302号	国立科学博物館
塚田 健			2012.6	「市民と歩む地域博物館」	『天文月報』第105巻第7号	日本天文学会
xxx	野村 東太*	太田 宏	1988.9	「来館者調査からみた神奈川県内の博物館利用状況：博物館に関する建築計画的研究その18」	『学術講演梗概集』1988巻	日本建築学会
塚田 岳彦	野村 東太*	太田 宏	1988.9	「住民調査からみた博物館の利用動向：博物館に関する建築計画的研究その19」	『学術講演梗概集』1988巻	日本建築学会
塚田 岳彦	野村 東太*	太田 宏	1988.9	「有識者調査からみた博物館の今後の方向性：博物館に関する建築計画的研究その20」	『学術講演梗概集』1988巻	日本建築学会
塚田 岳彦	清水 聡*	野村 東太 他	1989.9	「来館者からみた博物館の施設特性別利用圏(神奈川県の場合)：博物館に関する建築計画的研究その21」	『学術講演梗概集』1989巻	日本建築学会
塚田 岳彦	畑 伸明*	野村 東太 他	1989.9	「来館者からみた博物館の施設特性別利用圏(神奈川県の場合)：博物館に関する建築計画的研究 その22」	『学術講演梗概集』1989巻	日本建築学会
塚田 全彦			2000.3	「美術作品輸送用クレートの構造と輸送中の温度・相対湿度の変化について(その1)」	『国立西洋美術館研究紀要』第4号	国立西洋美術館
塚田 全彦			2002.3	「国立西洋美術館における室内空気汚染調査・対策の事例」	『国立西洋美術館研究紀要』第6号	国立西洋美術館
塚田 全彦			2004.11	「保存科学者の役割とイタリアにおける科学者たちの文化財保存への寄与」	『博物館研究』第39巻第11号	日本博物館協会
塚田 美紀			2006.1	「世田谷美術館と学校をむすぶもの」	『月刊ミュゼ』74号	(株)アム・プロモーション
塚田 美紀			2009.3	「ミュージアムはいかに創造的に生き残れるか？」	『芸術の生まれる場(未来を拓く人文・社会科学シリーズ16)』	東信堂
塚田 美紀	世田谷美術館*	小川 智紀	2010.3	『美術館と出会う、それから?:ワークショップ「誰もいない美術館で」の記録』		世田谷美術館
塚田 美紀			2012.12	「生涯学習社会と美術館教育活動」	『現代に活きる博物館』	有斐閣
塚田 美紀	山木 朝彦*	井上 由佳	2014.3	「英国テイト・ギャラリーの美術教育への貢献:バーバル・アイズの事例研究を通して見えてくるもの」	『鳴門教育大学研究紀要』第29号	鳴門教育大学
塚原 晃			1997.8	「DTPを応用した展覧会図録制作について」	『アート・ドキュメンテーション研究』第6号	アート・ドキュメンテーション学会
塚原 正彦			1996.9	「ミュージアム組織マネージメント」	『ミュージアムマネージメント』	東京堂出版
塚原 正彦			1998.3	「パラダイムの転換に伴うミュージアムのコンセプト--知識創造型ミュージアムへの課題」	『日本ミュージアム・マネージメント学会研究紀要』第2号	日本ミュージアム・マネージメント学会
塚原 正彦	松永 久		1999.3	『ミュージアムのリレーションシップ戦略～変わる利用者サービスのコンセプト～』		日本ミュージアムマネージメント学会
塚原 正彦			1999.9	「第3章博物館の組織と人材」	『博物館学シリーズ 4博物館経営論』	樹村房
塚原 正彦			1999.9	「第9章利用者サービスとミュージアム・マネージメント」	『博物館学シリーズ 4博物館経営論』	樹村房

著者1	著者2	著者3	発行年	論文名・書籍名	掲載誌	発行元
塚原 正彦			1999.9	『ミュージアム集客・経営戦略-人を呼ぶ知的ふれあい見世物館づくりのノウハウ』		日本地域社会研究所
塚原 正彦	デヴィッド・アンダーソン*	土井 利彦 訳	2000.4	『ミュージアム国富論-英国に学ぶ「知」の産業革命』		日本地域社会研究所
塚原 正彦			2000.9	「第7章最近の博物館の教育普及活動」	『博物館学シリーズ 3博物館展示・教育論』	樹村房
塚原 正彦	大堀 哲*	坂井 知志 他	2001.3	「ミュージアム活動と地に関する基礎的研究」	『コミュニティ振興研究』第1号	常磐大学コミュニティ振興学部
塚原 正彦			2001.5	「寄稿 次世代型都市戦略--「ミュージアム産業都市」を構想しよう!」	『市政』第50巻第5号	全国市長会館
塚原 正彦			2004	「ミュージアムが国を豊かにする--次世代産業や都市を創造する映像アーカイブの可能性」	『Aura(アウラ)』第167号	フジテレビ編成制作局調査部
塚原 正彦			2004.1	『ミュージアム集客・経営戦略-人を呼ぶ知的ふれあい見世物館づくりのノウハウ増補改訂版』		日本地域社会研究所
塚原 正彦	久見木 憲一	鹿島 諒子	2009.9	「デジタル・コミュニケーションを活用した地域資源の物語化の実証実験」	『JMMA日本ミュージアム・マネージメント学会会報』第14巻第2号	日本ミュージアム・マネージメント学会
塚原 正彦			2012.12	「博物館教育」	『博物館学2(博物館展示論*博物館教育論)』	学文社
塚原 正彦			2016	『みんなのミュージアム-博物館・図書館未来学』		日本地域社会研究所
塚本 順平			2017.3	「ミュージアム・ワークシートの嚆矢と我が国に於ける実践論の展開に関する一考察」	『國學院大學博物館學紀要』第41輯	國學院大學博物館学研究室
塚本 順平			2017.12	「ミュージアム・ワークシート論史」	『博物館学史研究事典』	雄山閣
塚本 貴弘	山田 善光*	松本 貴子	2006.4	「学校動物園の開設について」	『動物園研究』第10巻1号	動物園研究会
塚本 哲也	坪山 幸王	佐藤 信治	2003.7	「裏方諸室間における飼育員の移動距離について:水族館に関する建築計画的研究 その9」	『学術講演梗概集』2003巻	日本建築学会
塚本 学			1990.7	「歴史学研究と歴史系博物館・資料館」	『歴史評論』第483号	校倉書房
塚本 学			1991.11	「文化財概念の変遷と史料」	『国立歴史民俗博物館研究報告』第35巻	国立歴史民俗博物館
塚本 学 編	網野 善彦*編	宮田 登 編	1992	『列島の文化史8 特集・博物館再考』		日本エディタースクール出版部
塚本 麿充			2015.1	「故宮文物を如何に展示するか:北京と台北、二つの故宮展」	『Zenbi=Zenbiフォーラム : 全国美術館会議機関誌』6号	全国美術館会議
塚本 靖			1928	「博物館建築に対する希望」	『博物館研究』第1巻第5號	博物館事業促進會
塚本 百合子			2011.3	「登戸研究所資料館に求められているもの--来館者アンケートの感想・要望から」	『駿台史學』第141号	駿台史学会
月岡 淳子			2009	「薬用植物園でできること」	『日本植物園協会誌』第44号	日本植物園協会
築地 慶太			2015.5	「出会いの旅、スペイン・エスプルゲスのタイルミュージアム:バルセロナ・エスプルゲスとチュニジア・チュニスのタイル美術館との交流を」	『タイルの本』第89号	タイルの本編集室
築地 貴久	吉田 優*	中谷 仁美	2015.4	「博物館実物資料を想定した博物館学芸員養成教育プログラムの開発に関する基礎的考察.近世村方文書を中心として」	『博物館学雑誌』第40巻第2号	全日本博物館学会
槻谷 敦文			2010.1	「島根県立美術館における指定管理者制度の運営事例」	『社会教育』第65巻10号	全日本社会教育連合会
槻木 瑞生			2009.3	「戦前『外地』における郷土教育」	『玉川大学教育博物館紀要』第6号	玉川大学教育博物館
月村 岳夫	大原 一興*	加茂 慎司	1996	「軽井沢におけるエコミュージアム実現への課題と地域資産の実情:地域のエコミュージアム化に関する研究 その1」	『学術講演梗概集』1996巻	日本建築学会
月村 岳夫	加茂 慎司*	大原 一興	1996	「地域資産に対する住民の認知と訪問に関する考察:地域のエコミュージアム化に関する研究 その2」	『学術講演梗概集』1996巻	日本建築学会
月村 岳夫	大原 一興	加茂 慎司	1996	「住民の地域保全意識に関する考察:地域のエコミュージアム化に関する研究 その3」	『学術講演梗概集』1996巻	日本建築学会
月森 まりえ			2008.7	「今井美術館-始まりから今・夢の行方」	『石見美術』第6号	浜田市立石正美術館
津久井 竜雄			1941	「動物園」	『文化と政治』	桃蹊書房
佃 博行			1998.3	「ミュージアムグッズの試み」	『大阪府立近つ飛鳥博物館報』第3号	大阪府立近つ飛鳥博物館

著者1	著者2	著者3	発行年	論文名・書籍名	掲載誌	発行元
津口 雅彦	青山 光一	頓田 修一郎 他	2015.11	「世界遺産軍艦島のマルチ撮影手法による文化財3次元モデル作成について」	『先端測量技術』第107号	日本測量調査技術協会
筑波大学大学院人間総合科学研究科美術史研究室	寺門 臨太郎*		2009.3	『ミュージアムの活用と未来鑑賞行動の脱領域的研究.2008』		日本学術振興会人文・社会科学振興プロジェクト研究事業「日本の文化政策とミュージアムの未来」「ミュージアムの活用と未来・鑑賞行動の脱領域的研究」グループ
筑波大学附属聴覚特別支援学校中学部 編	駒見 和夫*		2016.6	『特別支援教育と博物館:博学連携のアクティブラーニング』		同成社
筑波 匡介			2011	「震災資料の活用事例 震災資料展示についての取り組み」	『長岡造形大学研究紀要』第9号	長岡造形大学
柘植 清			1939	「駿府薬園と久能薬園」	『靜岡縣郷土研究』第十三輯	靜岡縣郷土研究協會
柘植 千夏			1995.5	「博物館と視覚障害者」	『博物館学雑誌』第20巻第1・2号合併号	全日本博物館学会
柘植 千夏	久保内 加菜*		1997.1	「ミュージアムと、地域と、どうつきあおうか 地域のネットワークを支える博物館」	『月刊ミュゼ』25号	(株)アム・プロモーション
柘植 千夏	加藤 順子		1997.2	「博物館における教育活動の現状と課題」	『お茶の水女子大学博物館実習報告』第12号	お茶の水女子大学学芸員課程委員会
柘植 千夏			1997.5	「「子ども博物館」の萌芽－児童博覧会の開催から児童博物館の解説まで－」	『博物館史研究』第5号	博物館史研究会
柘植 千夏			1998.3	「子ども博物館の機能的特徴に関する一考察－メッセージ伝達機能を中心に－」	『博物館学雑誌』第23巻第2号	全日本博物館学会
柘植 千夏			2000.6	「館種別博物館機能論 子どもの博物館」	『新版博物館学講座 第4巻 博物館機能論』	雄山閣
柘植 信行			1989.3	「品川で開催された博覧会」	『品川歴史紀要』第4号	品川区立歴史館
柘植 信行			1997.3	「品川歴史館の現在-地域博物館の現状と課題-」	『博物館の創造』第1巻	東京大学大学院教育学研究科・教育学部社会教育研究室
柘植 信行			1999.6	「館種別博物館資料論 歴史博物館」	『新版博物館学講座 第5巻 博物館資料論』	雄山閣
柘植 信行			1999.9	「第7章地域施設としての博物館」	『博物館学シリーズ 1博物館概論』	樹村房
柘植 信行			2012.4	「地域社会と博物館」	『博物館学1(博物館概論*博物館資料論)』	学文社
柘植 喜治	朴 知賢*		2010.3	「都市河川空間における地域文化活動の展示に関する研究」	『展示学』第48号	日本展示学会
辻 彰洋			2004.5	「見えないものの展示をつくる」	『国立科学博物館ニュース』第421号	国立科学博物館
辻 夏奈子			2010.3	「日本における博物館教育研究史--博物館教育概念の確立期における研究傾向の変遷と日本教育史」	『國學院大學博物館學紀要』第34輯	國學院大學博物館学研究室
辻 謙治	利根川 章彦*		2015.11	「史跡埼玉古墳群と出土品の価値を世界に向けて発信—Googleアートプロジェクトへの参加」	『博物館研究』第50巻第11号	日本博物館協会
辻 荘一			1960.9	「音楽博物館雑考」	『Mouseion:立教大学博物館研究』第6号	立教大学学校・社会教育講座
辻 誠一郎			1996.11	「標本の保存と公開」	『植生史研究』第4巻第2号	植生史研究会
辻 隆美			2010.3	「石川県立美術館の照明」	『照明学会誌』第94巻第1号	照明学会
辻 信吉			1950	「ワークショップの基本性格」	『教育新潮』第1巻第1号	教育新潮社
辻 秀人			2008.3	「博物館法改正の現状と問題点」	『東北学院大学博物館学芸員課程報』第30号	東北学院大学文学部史学科
辻 秀人 編			2012	『博物館危機の時代』		雄山閣
辻 秀人			2012.8	「博物館資料の総合的研究」	『人文系博物館資料論』	雄山閣
辻 秀人			2012.10	「博物館の危機は何を招くか」	『博物館危機の時代』	雄山閣
辻 秀人	熊木 俊朗*	小林 青樹 他	2015.9	「遺跡の保存整備と遺跡博物館の歴史」	『地域を活かす遺跡と博物館遺跡博物館のいま』	同成社
辻 秀人			2017.12	「史跡整備と遺跡博物館史」	『博物館学史研究事典』	雄山閣
辻 正信			2013.11	「大阪府浜寺公園『ばら庭園』における総合的病害虫管理(I.P.M.)の取組」	『日本植物園協会誌』第48号	日本植物園協会

著者1	著者2	著者3	発行年	論文名・書籍名	掲載誌	発行元
辻 瑞生			2015.3	「博物館案内 アーツ前橋」	『服飾美学』60号	服飾美学会
辻 みどり	田村 奈保子	真歩仁 しょうん	2012.1	『文化資産としての美術館利用:地域の教育・文化的生活に資する方法研究と実践』		公人の友社
辻 泰秀			2006.3	「「みのかも文化の森」における子どもワークショップ-平成17年度における実践例-」	『美濃加茂市民ミュージアム紀要』第5集	美濃加茂市民ミュージアム
辻 泰秀	清水 英樹	新實 広記 他	2013	「地域における「学校美術館」の実践(1):「学校美術館」の意義と実践事例」	『岐阜大学教育学部研究報告. 教育実践研究』第15巻	岐阜大学
辻 泰秀	山本 政幸	浅尾 知子	2013.3	「地域における「学校美術館」の構想と準備:地域の学校やアーティストとの連携」	『教師教育研究』第9号	岐阜大学
辻川 敦			1996.6	「歴史資料保全情報ネットワークから歴史資料ネットワークへ:震災対応から継続的活動へ」	『地方史研究』第46巻第3号	地方史研究協議会
辻川 敦			1996.12	「阪神・淡路大震災による被災史料・文化財をめぐって--史料ネットの活動を中心に」	『歴史と地理』第496号	山川出版社
辻川 敦			2008.12	「文書館・史料館事業、および自治体史編さんの昨今-あるシンポジウムでかわされた議論から」	『歴史と神戸』第47巻第6号	神戸史学会
辻川 敦	神戸大学大学院人文学研究科地域連携センター 編		2013.7	「地域文書館論」	『「地域歴史遺産」の可能性』	岩田書院
辻並 麻由 編	アサダ ワタル*監		2014.5	『ボーダレス・アートミュージアムNO-MA10年の軌跡 境界から立ち上がる福祉とアート』		グロー
辻野 泰之	中尾 賢一*		2009.2	「徳島県立博物館で実施した「地質の日」関連事業」	『地質ニュース』第654号	実業公報社
對馬 由美			2007.3	「英国における博物館専門職員分業化の歴史的展開-マイヤーズ・レポートを中心に」	『総合政策学会総合政策研究』第9巻第2号	愛知学院大学総合政策学会
對馬 由美			2007.12	「イギリスにおける博物館業務専門職化の歴史的展開-1919年イギリス再建省成人教育委員会『第三次中間報告書図書館と博物館』を中心に」	『総合政策学会総合政策研究』第10巻第1号	愛知学院大学総合政策学会
對馬 由美			2009.9	「英国における博物館職員の史的分析--1919年英国再建省成人教育委員会報告書「第三次中間報告『図書館と博物館』」と1920年大英協会報告書「教育にかかわる博物館」を中心に」	『総合政策学会総合政策研究』第12巻第1号	愛知学院大学総合政策学会
對馬 由美			2011	「英国における博物館職員の専門性の史的分析--1930年代キュレーター短期訓練課程を中心に」	『造形学研究所所報』第7号	愛知産業大学造形学研究所
辻本 絵美子			1998.3	「明治大学考古学博物館公開講座受講者像をさぐる-第20～22回公開講座アンケート集計結果から-」	『明治大学博物館研究報告』第3号	明治大学博物館事務室
辻本 恒徳			2001.2	「動物園と地域の野生動物保護管理」	『動物園研究』第5巻1号	動物園研究会
辻本 直彦			2010.6	「紙の保存と湿度」	『百万塔』第136号	紙の博物館
津田 英二	岸本 吉弘	白杉 直子 他	2015	「学内博物館実習を活用したサービスラーニングの試みと成果:神戸大学発達科学部の実験的な取り組み」	『日本教育大学協会研究年報』33号	日本教育大学協会第二常置委員会
津田 萬夫			1932	「郷土教育論の基調」	『教育問題研究』68號	教育問題研究社
津田 加須子	成行 泰裕*	細川 光洋 他	2012.3	「博学連携による文理融合型理科教育の実践:寺田寅彦を題材として」	『高知工業高等専門学校学術紀要』第57号	高知工業高等専門学校
津田 雅人			1999	「新たな「知」の創造装置—大学博物館」	『Cultivate:文化と環境を考える』第11号	文化環境研究所
津田 雅人			2005	「博物館と「物」の関係性」	『國立公園』第637号	国立公園協会
津田 光弘			2015.1	「タッチ操作向け画像資料の電子付箋基盤のデザインとその実装」	『国立歴史民俗博物館研究報告』第189集	国立歴史民俗博物館
土出 忠治			1939	「マニラ大學植物園」	『太平洋を南北に貫く』	趣味発行所
土江 博昭	糸賀 雅児*	鈴木 眞理 他	2008.9	「座談会 社会教育法、図書館法、博物館法の改正の意義および今後の社会教育行政の課題」	『文部科学時報』第1592号	ぎょうせい
土田 可奈			2011.3	「第7回むかしのくらし展「お店やさん—昭和のお買いものとくらし—」」	『新潟市歴史博物館研究紀要』第7号	新潟市歴史博物館
土館 長言 編	黒田 茂次郎*		1906	『明治學制沿革史』		金港堂
土田 直鎮	石田 尚豊	岡田 章雄 他	1974.6	「歴博の展示法について」	『歴史と博物館』第3号	歴博研究会
土田 眞紀			2017.3	「ある近代美術展をめぐって」	『博物館学年報』第48号	同志社大学博物館学芸員課程
土野 茂	渡貫 健*	渡邉 博典 他	2002	「展示・イベントへの参加体験を重視した事業展開-平成13年度夏休み科学体験フェスティバル-」	『千葉県立現代産業科学館研究報告』第8号	千葉県立現代産業科学館

著者1	著者2	著者3	発行年	論文名・書籍名	掲載誌	発行元
土野 茂	渡貫 健	森澤 雅夫 他	2003.3	「教育普及活動における実験教材の体系化と教育実践-工作クラブ・サイエンス教室・出前実験・科学の祭典の中から-」	『千葉県立現代産業科学館研究報告』第9号	千葉県立現代産業科学館
土野 茂			2004.3	「現代産業科学館における子ども向け事業」	『Museumちば:千葉県博物館協会研究紀要』35号	千葉県博物館協会
土野 茂	星野 正信*		2004.3	「教育普及活動における連携事業について」	『千葉県立現代産業科学館研究報告』第10号	千葉県立現代産業科学館
土屋 敦夫	守屋 毅*	杉本 尚次	1988	『アメリカ合衆国における伝統的建築物-その保存・再生・活用に関する調査(一)』		国立歴史民俗博物館
土屋 敦夫	守屋 毅*	杉本 尚次	1989	『アメリカ合衆国における伝統的建築物-その保存・再生・活用に関する調査(二)』		国立歴史民俗博物館
土屋 敦夫	杉本 尚次*	守屋 毅	1989	「野外博物館における展示の動向-アメリカ編」	『展示学』第8号	日本展示学会
土屋 敦夫			1991	「博物館都市、アメリカ、バージニア州のウイリアムズバーグ博物館」	『月刊みんぱく』第5巻第3号	国立民族学博物館
土屋 敦夫			1992.1	「歴史的まちなみの保存と都市景観」	『都市問題研究』第44巻1号	都市問題研究会
土屋 和男			2017	「吉野屋の文化財建造物群について」	『常葉大学造形学部紀要』第15号	常葉大学造形学部
土屋 和美	進村 真之*	橋詰 清孝	2014.3	「国宝桜ヶ丘銅鐸を中心とした共同研究および活用への取り組み」	『東風西声:九州国立博物館紀要』第9号	九州国立博物館
土屋 慶丞			2012.7	「博物館だより(6)なぜ保存するのか伝える:博物館は研究用標本を保存すべきか?」	『昆蟲.ニューシリーズ』第15巻3号	日本昆虫学会
土屋 元作			1943	「圖書館、美術館、博物館」	『濠洲』	博文館
土屋 周三			2007	「地方博物館のあらたなスタイル-小樽市総合博物館のリニューアル」	『展示学』第44号	日本展示学会
土屋 順子	森 美樹*	小川 義和 他	2005	「ミュージアムの潜在的利用者を含めたマーケティング調査の方法論に関する研究」	『日本ミュージアム・マネージメント学会研究紀要』第9号	日本ミュージアム・マネージメント学会
土屋 喬雄			1935	「明治前期産業史上における博覽會の意義」	『政經論叢』第10巻4號	明大學會
土屋 喬雄 編			1944	「東京博物館創立報告書ヘノ序」ほか	『G・ワグネル維新産業建設論策集成』	北隆館
土屋 喬雄			1989.5	「五フランス行きと幕府の倒壊」	『人物叢書渋沢栄一』	吉川弘文館
土屋 武志	神田 竜也*		2000.3	「歴史学習におけるインターネット利用の現状と課題—愛知県内の公立博物館・資料館のホームページの現状—」	『愛知教育大学教育実践総合センター紀要』第3号	愛知教育大学教育実践総合センター
土屋 哲旺			1998.3	「博物館に望みたいこと」	『Museologist:明治大学学芸員養成課程年報』第13巻	明治大学学芸員養成課程
土屋 宏美			2011.3	「学校と美術館の継続的連携をはかる取り組み」	『長野県信濃美術館紀要』第6号	長野県信濃美術館
土山 敬之	森永 良丙	二階 幸恵	2008.7	「地域における美術館の実態と傾向:小規模自治体における公立美術館に関する研究その1」	『学術講演梗概集』2008巻	日本建築学会
土山 敬之	二階 幸恵*	森永 良丙	2008.7	「先進事例にみる地域と美術館の関係の特質:小規模自治体の公立美術館に関する研究その2」	『学術講演梗概集』2008巻	日本建築学会
土屋 実穂	岩崎 誠司	渡辺 千秋 他	2014.5	「『教員のための博物館の日』の現状と全国展開について」	『博物館研究』第49巻第5号	日本博物館協会
土屋 礼子	吉見 俊哉*監		2001	『明治のメディア師たち-綿絵新聞-』		ニュースパーク日本新聞博物館
筒井 亜希子	長田 浩幸*		2008.5	「開かれた下水道への取り組み 下水道科学館-楽しみながら学べる施設」	『下水道協会誌』第45巻第547号	日本下水道協会
筒井 隆志			2012.1	「文化・芸術関連施設の地域活性化効果:美術館を例として」	『経済のプリズム』第104号	参議院事務局企画調整室
筒井 通子			2011	「芸術と教育:美術館の活用と鑑賞教育のすすめ」	『奈良文化女子短期大学紀要/奈良文化女子短期大学編』第42号	奈良文化女子短期大学
筒井 弥生			2011.3	「ミュージアムにおけるアーカイブズ管理という考え方と実態」	『アート・ドキュメンテーション研究』第18号	アート・ドキュメンテーション学会
筒井 嘉隆			1935	「動物園事業の打開策」	『市務改善に關する論文集』	大阪市
筒井 嘉隆			1935	「我國動物園の改善」	『動物及植物』第3巻9号	養賢堂
筒井 嘉隆			1935	「動物飼育と生態學」	『動物學雑誌』第47巻55号	東京動物學會

著者1	著者2	著者3	発行年	論文名・書籍名	掲載誌	発行元
筒井 嘉隆			1935	「海外動物園の趨勢」	『博物館研究』第8巻第10號	日本博物館協會
筒井 嘉隆			1939	「動物園から」	『植物及動物』第7巻6号	養賢堂
筒井 嘉隆			1939	「動物園から2」	『植物及動物』第7巻7号	養賢堂
筒井 嘉隆			1956	「Nature studyと博物館」	『Nature study』第2巻第10号	大阪市立自然史博物館友の会
筒井 嘉隆			1964	「博物館15年の思い出」	『Nature study』第10巻第9号	大阪市立自然史博物館友の会
筒井 嘉隆			1970	「Nature study創刊の頃」	『Nature study』第16巻第12号	大阪市立自然史博物館友の会
筒井 嘉隆			1987.1	『町人学者の博物誌』		河出書房新社
都築 章子	鈴木 真理子		2007	「米国の科学博物館Lawrence Hall of Scienceによる科学数学教育プログラム(GEMS)の概要-サイエンスコミュニケーション活性化のリソースとして」	『滋賀大学教育学部紀要.教育科学』第57号	滋賀大学教育学部
都築 章子	鈴木 真理子		2007.10	「米国の科学博物館Lawrence Hall of Scienceによる科学数学教育プログラム(GEMS)の概要--サイエンスコミュニケーション活性化のリソースとして」	『日本教育工学会研究報告集』第7巻第4号	日本教育工学会
都築 泉			2002.3	「博物館学の学術文献情報の調査・収集に関する基礎的研究－データ・ベースの活用を中心として－」	『博物館学雑誌』第27巻第2号	全日本博物館学会
都築 邦春			1974	「民間工芸運動論の研究（Ⅰ）—山本鼎の「農民美術」について—」	『秋田大学教育学部研究紀要.教育科学』第24号	秋田大学教育学部
続木 茂弘			1988.3	「カニを題材にした野外学習シートの作成」	『香川県自然科学館研究報告』第10巻	香川県自然科学館
都筑 正敏			2011.6	「対話による美術鑑賞の実践から--作品ガイドボランティアの挑戦」	『博物館研究』第46巻第6号	日本博物館協会
堤 一郎			2008.7	「東洋経済新報社海外事情 イギリスの鉄道博物館で見た技能後継者の育成」	『技能と技術』第251号	雇用問題研究会
津々見 崇	倉澤 知久*	十代田 朗	2011.12	「まちかど博物館の実態と観光的活用に関する研究」	『日本観光研究学会全国大会学術論文集』第26号	日本観光研究学会
津々見 崇	矢島 侑真*	十代田 朗	2016.9	「世界遺産登録運動を契機とした地域の文化財保全・活用の発展に関する研究」	『都市計画論文集』第51巻3号	日本都市計画学会
堤 千絵	金田 和子	永田 美保 他	2010	「植物園における養護学校校外学習の実践例」	『日本植物園協会誌』第45号	日本植物園協会
堤 千絵			2010	「筑波実験植物園における学習支援活動--子供たちの学習の場としての活用」	『日本植物園協会誌』第45号	日本植物園協会
堤 千絵	大村 嘉人*	山本 薫 他	2013.11	「五感で楽しめるユニバーサル植物園を目指して」	『日本植物園協会誌』第48号	日本植物園協会
堤 千絵			2015.3	「五感で楽しむ植物を活用した展示と学習支援」	『グリーン・エージ』42号	日本緑化センター
津波により被災した文化財の保存修復技術の構築と専門機関に関するプロジェクト実行委員会	赤沼 英男	鈴木 まほろ	2015.12	「東日本大震災被災文化財関連文献/ウェブ情報」	『安定化処理～大津波被災文化財保存修復技術連携プロジェクト～』	津波により被災した文化財の保存修復技術の構築と専門機関に関するプロジェクト実行委員会
常田 純孝			2015.5	「浦安郷土博物館の集客に向けた市内モニュメントのスケッチ」	『Bulletin of Asian Design Culture Society』第9巻	アジアデザイン文化学会
常光 徹			2013.7	「河童を展示する」	『本郷』第106号	古川弘文館
常本 照樹	落合 研一 編		2015.3	『台湾の原住民族政策:民族認定と博物館』		北海道大学アイヌ・先住民研究センター
角田 新			2001.3	「広島県立美術館の情報機器について」	『広島県立美術館研究紀要』第5号	広島県立美術館
角田 他十郎			1905	『浦潮案内』		日露経済會
角山 幸洋			2000	『ウィーン万国博の研究』		関西大学出版部
椿阪 信弥			1997.3	「国立歴史民俗博物館における来館者の変化と対応」	『Museologist:明治大学学芸員養成課程年報』第12巻	明治大学学芸員養成課程
坪井 清足			1968.8	「ヨーロッパの遺跡と遺跡博物館」	『月刊文化財』第59号	第一法規
坪井 清足			1968.9	「ヨーロッパの歴史博物館」	『月刊文化財』第60号	第一法規
坪井 清足	小埜寺 直巳*		1982	「史跡の整備:その歩みと展望」	『月刊文化財』第224号	第一法規

著者1	著者2	著者3	発行年	論文名・書籍名	掲載誌	発行元
坪井 清足			1994	「これからの史跡等の保存と活用」	『文化庁月報』314号	ぎょうせい
坪井 清足			1997.6	「遺跡博物館」	『博物館研究』第32巻第6号	日本博物館協会
坪井 正五郎			1890	「ロンドン通信」	『東京人類學會雜誌』第5巻第50號	東京人類學會
坪井 正五郎			1889-1890	「パリー通信」	『東京人類學會雜誌』第4巻第43號・第5巻44・45・46・47・48號	東京人類學會
坪井 正五郎			1899	「土俗的標本の蒐集と陳列とに關する意見」	『東洋學藝雜誌』第16巻217號	東洋學藝社
坪井 正五郎			1903	「人類館と人種地圖」	『東洋學藝雜誌』第20巻第259號	東洋學藝社
坪井 正五郎			1904	「人類學教室標本展覽會開催趣旨・設計及び効果」	『東京人類學會雜誌』第19巻第219號	東京人類學會
坪井 正五郎			1904	「人類學教室標本展覽會陳列品目錄」	『東京人類學會雜誌』第19巻第219號	東京人類學會
坪井 正五郎			1904	「人類學教室標本展覽會來館者數」	『東京人類學會雜誌』第19巻第219號	東京人類學會
坪井 正五郎			1904	「人類學教室標本展覽會に關する諸評」	『東京人類學會雜誌』第19巻第219號	東京人類學會
坪井 正五郎			1905	「戰後事業の一としての人類學的博物館設立」	『戰後經營』	早稲田大学出版部
坪井 正五郎			1905	「人類學研究」		
坪井 正五郎			1911	「博物館いろいろ」		明治教育社
坪井 正五郎			1912	「明治時代と日本版圖内の諸人種」	『人類學雜誌』第29巻第1號	東京人類學會
坪井 正五郎			1912	「明治博物館と日本版圖内の諸人種」	『中央公論』か	
坪井 正五郎			1912	「人類學と博物館」	『通俗科學』	
坪井 正五郎			1912	「歐米諸國旅行雜話」	『農商務省商品陳列館報告』第一號	農商務省
坪井 誠太郎			1933	「學術博物館」	『科學』第3巻第10号	岩波書店
坪井 主税	札幌学院大学人文学部		2000.3	「ルサーン国際戦争と平和博物館:視覚資料による建物・展示会場および一部展示品の再現」	『札幌学院大学人文学会紀要』第67号	札幌学院大学人文学会
坪井 恒彦			2012.5	「遺跡の文化的景観保存と観光考古学(観光考古学の周辺)」	『観光考古学』	ニューサイエンス社
坪井 のり子	古田 靖志	小井土 由光	2003	「学校教育を支援するための博物館活動のあり方-アウトリーチ型授業の役割と課題-」	『岐阜県博物館調査研究報告』第24号	岐阜県博物館
坪井 洋文	杉本 尚次	河岡 武春	1974	「ヨーロッパの民俗・民族博物館」	『民具マンスリー』第6巻10・11号	神奈川大学
坪井 勇人			2016.11	「「おもてなし」の心で来園者を迎え、植物園で楽しんでいただくためには:白馬五竜高山植物園の取組み」	『日本植物園協会誌』第51号	日本植物園協会
坪井 龍太	水谷 悟		2013.3	「新学習指導要領に対応した中学生のための博学連携へのアプローチ―郷土への理解を深める試み―」	『人文・社会科学論集』第30号	東洋英和女学院大学
坪内 達彦	高井 宏之		2010.7	「動物園の特性と展示形式の変遷に関する考察」	『学術講演梗概集』2010巻	日本建築学会
坪内 達彦	高井 宏之		2011.2	「動物園の特性と展示形式の変遷に関する考察:世界と日本の動物園との発展過程の比較を通して」	『日本建築学会東海支部研究報告集』第49号	日本建築学会東海支部
坪内博士記念演劇博物館後援會 編			1929	『早稲田大學坪内博士記念演劇博物館署史』		早稲田大學坪内博士記念演劇博物館
坪川 健一	田中 照久		1988.3	「福井陶芸館における越前焼展示方法の改善と推進」	『博物館研究』第23巻第3号	日本博物館協会
坪川 辰雄			1982	「土木門水族館」	『風俗画報』204号	東陽堂
坪郷 英彦			1992.5	「中小博物館向けのインフォメーションシステム」	『展示学』第13号	日本展示学会
窪田 亜矢	鄭 一止*		2012.9	「千葉県館山におけるエコミュージアムの実践手法に関して:学習活動を起点とした「場所の記憶」のグルーピング」	『学術講演梗概集』2012巻	日本建築学会

つ

著者1	著者2	著者3	発行年	論文名・書籍名	掲載誌	発行元
坪田 知広	遠藤 克司*	徳川 義宣	1996	「私立博物館経営の現状とその課題」	『博物館研究』第31巻第9号	日本博物館協会
局 富貴子			1995.2	「博物館館務実習に思うこと―流山市立博物館を例にして―」	『国府台：博物館学課程年報』第6号	和洋女子大学文化資料館
坪谷 善四郎			1911	「世界第一の大動物園」「世界唯一の印刷博物館」	『海外行脚』	博文館
坪山 幸王			1976	「水族館に関する建築計画的研究：その3観客動態について」	『学術講演梗概集』1976巻	日本建築学会
坪山 幸王 他			1976	「水族館に関する建築計画的研究：その4展示環境に働く観客の心理的傾向について」	『学術講演梗概集』1976巻	日本建築学会
坪山 幸王 他			1979	「水族館に関する建築計画的研究：その6平面形式について」	『学術講演梗概集』1979巻	日本建築学会
坪山 幸王 他			1983	「水族館の観覧領域に関する研究：その1展示水槽の観覧実態について」	『学術講演梗概集』1983巻	日本建築学会
坪山 幸王 他			1987	「水族館に関する建築計画的研究：展示水槽の規模について(1)」	『学術講演梗概集』1987巻	日本建築学会
坪山 幸王 他			1988	「水族館に関する建築計画的研究：展示水槽の規模について(2)」	『学術講演梗概集』1988巻	日本建築学会
坪山 幸王 他			1993	「水族館に関する建築計画的研究、来館者の観覧行動：その1観覧時間について」	『学術講演梗概集』1993巻	日本建築学会
坪山 幸王	伊藤 康史*	佐藤 信治 他	1993.7	「水族館に関する建築計画的研究：施設規模-基本部門について」	『学術講演梗概集』1993巻	日本建築学会
坪山 幸王 他			1994	「水族館に関する建築計画的研究、来館者の観覧行動：その2立止まり観覧時間について」	『学術講演梗概集』1994巻	日本建築学会
坪山 幸王 他			1994	「水族館に関する建築計画的研究、来館者の観覧行動：その3観覧動線について」	『学術講演梗概集』1994巻	日本建築学会
坪山 幸王 他			1994	「水族館の観覧領域に関する研究：その2低・高密度別の観覧行為について」	『学術講演梗概集』1994巻	日本建築学会
坪山 幸王 他			1994	「水族館の観覧領域に関する研究：その3低密度時における水槽規模別の観覧行為について」	『学術講演梗概集』1994巻	日本建築学会
坪山 幸王 他			1994	「水族館の観覧領域に関する研究：その4高密度時における水槽規模別の観覧行為について」	『学術講演梗概集』1994巻	日本建築学会
坪山 幸王	佐藤 信治		1995.5	「展示水槽に対する来館者の観覧行動―水族館の観覧空間に関する建築計画的研究（1）―」	『博物館学雑誌』第20巻第1・2号合併号	全日本博物館学会
坪山 幸王			1995.5	「低・高密度下の個水槽に対する来館者の観覧行動―水族館の観覧空間に関する建築計画的研究（2）―」	『博物館学雑誌』第20巻第1・2号合併号	全日本博物館学会
坪山 幸王	佐藤 信治	小林 美夫	1997.7	「観覧室における滞留密度と展示水槽の規模が観覧者行動に与える影響--水族館の個水槽前面における観覧領域に関する研究(1)」	『日本建築学会計画系論文集』第62巻497号	日本建築学会
坪山 幸王	下平 将也*	佐藤 信治	1998.7	「水族館に関する建築計画的研究：展示水槽内展示物の見え方について」	『学術講演梗概集』1998巻	日本建築学会
坪山 幸王	大西 雄介*	佐藤 信治	1998.7	「水族館に関する建築計画的研究：観覧空間における高々密度状態の観覧者行動について」	『学術講演梗概集』1998巻	日本建築学会
坪山 幸王	佐藤 信治		1998.9	「水族館の観覧空間における展示水槽・展示物に対する入館者の観覧行動に関する研究」	『日本建築学会計画系論文集』第63巻511号	日本建築学会
坪山 幸王	佐藤 信治*	吉田 孝司	2001.7	「水族館に関する建築計画的研究：その2 葛西臨海水族園における飼育員の作業行動について」	『学術講演梗概集』2001巻	日本建築学会
坪山 幸王	新田 光信*	佐藤 信治	2001.7	「水族館に関する建築計画的研究：その3 しながわ水族館の設置室間における飼育員の行動について」	『学術講演梗概集』2001巻	日本建築学会
坪山 幸王	岩井 正道*	佐藤 信治	2001.7	「水族館に関する建築計画的研究：その4 葛西臨海水族園の設置室間における飼育員の行動について」	『学術講演梗概集』2001巻	日本建築学会
坪山 幸王	岩井 正道*	佐藤 信治	2002.6	「よみうりランド海水水族館における飼育員の作業行動について：水族館に関する建築計画的研究 その5」	『学術講演梗概集』2002巻	日本建築学会
坪山 幸王	佐藤 信治*	岩井 正道	2002.6	「相模川ふれあい科学館における飼育員の作業行動について：水族館に関する建築計画的研究 その6」	『学術講演梗概集』2002巻	日本建築学会
坪山 幸王	杉山 英知*	佐藤 信治 他	2002.6	「作業内容と期間別の作用頻度について：水族館に関する建築計画的研究 その7」	『学術講演梗概集』2002巻	日本建築学会
坪山 幸王	丸山 貴広*	佐藤 信治	2003.7	「裏方諸室の部門間における施設員の移動距離について：水族館に関する建築計画的研究 その8」	『学術講演梗概集』2003巻	日本建築学会
坪山 幸王	塚本 哲也*	佐藤 信治	2003.7	「裏方諸室間における飼育員の移動距離について：水族館に関する建築計画的研究 その9」	『学術講演梗概集』2003巻	日本建築学会
坪山 幸王	岡部 敏明*	佐藤 信治	2003.7	「裏方諸室における飼育員の移動距離と移動回数について：水族館に関する建築計画的研究 その10」	『学術講演梗概集』2003巻	日本建築学会

著者1	著者2	著者3	発行年	論文名・書籍名	掲載誌	発行元
坪山 幸王	佐藤 信治*	佐藤 至文	2004.7	「裏諸所室における飼育員の非日常作業の作業頻度と作業行動との関係:水族館に関する建築計画的研究 その12」	『学術講演梗概集』2004巻	日本建築学会
坪山 幸王	吉田 健一郎*	川西 利昌 他	2005.11	「水族館の展示水槽及び観覧室の照明計算に関する基礎的研究」	『日本建築学会計画系論文集』第70巻597号	日本建築学会
坪山 幸王	渡邊 秀哉*	佐藤 信治	2006.7	「水族館における飼育関連諸室に関する研究:その1 調餌室における飼育員の作業行動時間について」	『学術講演梗概集』2006巻	日本建築学会
坪山 幸王	鈴木 啓史*	佐藤 信治	2006.7	「水族館における飼育関連諸室に関する研究:その2 調餌室における飼育員の作業行動内容について」	『学術講演梗概集』2006巻	日本建築学会
坪山 幸王	佐藤 信治*	三村 舞	2006.7	「水族館における飼育関連諸室に関する研究:その3 調餌室における飼育員の作業位置について」	『学術講演梗概集』2006巻	日本建築学会
坪山 幸王	佐藤 信治*		2007.2	「水族館飼育員の作業行動からみた飼育関連諸室の特徴に関する基礎的研究」	『日本大学理工学研究所所報』第114号	日本大学理工学部理工学研究所
坪山 幸王	佐藤 信治*		2007.7	「水族館における飼育関連諸室に関する研究:その4 観覧空間とキーパースペースとの関連性について」	『学術講演梗概集』2007巻	日本建築学会
坪山 幸王	佐藤 信治*		2008.7	「水族館における飼育関連諸室に関する研究:その5 展示形態からみた水槽規模と飼育用通路との関係」	『学術講演梗概集』2008巻	日本建築学会
坪山 幸王	佐藤 信治*		2009.7	「水族館に関する建築計画的研究:その13 観覧順路による展示形態の類型化について」	『学術講演梗概集』2009巻	日本建築学会
津村 徳道			2014.3	「博物館情報資源の機能的活用手法の検討とその応用に関する研究質感工学の博物館応用」	『国立歴史民俗博物館研究報告』第184集	国立歴史民俗博物館
津山 直樹			2016.12	「「再帰性」という視点からとらえる博学連携のこれから」	『学校と博物館でつくる国際理解教育のワークショップ』	国立民族学博物館
津屋 有李			2009.3	「滋賀県におけるNPOがつなぐ美術館・芸術家と学校の連携」	『美術教育学』第30号	美術科教育学会
津屋 裕子	平田 健生	畑中 章良 他	2001.6	「シリーズ・子どもとはくぶつかん 学校と美術館を地域ボランティアがつなぐ」	『月刊ミュゼ』47号	(株)アム・プロモーション
釣井 龍秀	松原 潔*	梅野 光興 他	2016.2	「2守る・遺す」	『もっと博物館が好きっ！みんなと歩く学芸員』	教育出版センター
敦賀短期大学地域交流センター 編			2005.1	『博物館・文書館・大学の資料修復』		同成社
敦賀短期大学地域交流センター			2006.11	『史料の被災と救済・保存:福井史料ネットワーク活動記録:敦賀短期大学地域交流センター公開シンポジウム』		同成社
靍田 茜			2015.12	「鈴峯女子短期大学地域連携公開講座について(その2)泉美術館「手で触れる鑑賞」の取り組みとして」	『鈴峯女子短期大学人文社会科学研究集報』第62巻	鈴峯女子短期大学
鶴田 孝三			2011.8	「御所浦白亜紀資料館の活用」	『熊本地学会誌』第157号	熊本大学
鶴田 総一郎			1949.8	「国立自然教育園について」	『文部時報』第863号	ぎょうせい
鶴田 総一郎			1952	「博物館に関する二、三の私見」	『日本博物館協会会報』18号	日本博物館協会
鶴田 総一郎			1954	「博物館の資格等に関する行政上の諸問題について」	『博物館研究』第27巻第4・5号	日本博物館協会
鶴田 総一郎			1954.11	「国立自然教育園の生態学実験講座について」	『博物館研究』第27巻第9・10号	日本博物館協会
鶴田 総一郎			1955.4	「博物館法の改正に想う」	『博物館研究』第28巻第5号	日本博物館協会
鶴田 総一郎			1956.1	「博物館学総論」	『博物館学入門』	日本博物館協会
鶴田 総一郎			1957.4	「第二回学芸員資格試験認定について」	『博物館研究』第30巻第2号	日本博物館協会
鶴田 総一郎			1957.12	「地域社会と博物館との結び付きに関する実態調査-1-」	『博物館研究』第30巻第12号	日本博物館協会
鶴田 総一郎			1958.10	「日本の博物館の教育活動の現状とその問題点について」	『博物館研究』第31巻第10号	日本博物館協会
鶴田 総一郎 他			1958.10	「地域社会と博物館との結び付きに関する実態調査について-2-」	『博物館研究』第31巻第10号	日本博物館協会
鶴田 総一郎			1959.9	「博物館の最低基準に関する一考察-遊園地と博物館との境目について-」	『博物館研究』第32巻第9号	日本博物館協会
鶴田 総一郎			1959.10	「欧米の博物館の教育活動について(その1)」	『博物館研究』第32巻第10号	日本博物館協会
鶴田 総一郎			1959.12	「欧米の博物館の教育活動について(その2)」	『博物館研究』第32巻第12号	日本博物館協会

著者1	著者2	著者3	発行年	論文名・書籍名	掲載誌	発行元
鶴田 総一郎			1960	「Museum Administration in Japan General Description」	『MUSEUM IN JAPAN』	JAPANESE NATIONAL COMMISION FOR UNESCO
鶴田 総一郎			1960	『欧米の博物館事情-教育活動の基盤としての博物館行政-』		日本ユネスコ国内委員会
鶴田 総一郎			1960.4	「欧米の博物館の教育活動について(その3)」	『博物館研究』第33巻第4号	日本博物館協会
鶴田 総一郎			1960.12	「日本の博物館の状況について」	『博物館研究』第33巻第12号	日本博物館協会
鶴田 総一郎			1960.12	「博物館の運営について」	『博物館研究』第33巻第12号	日本博物館協会
鶴田 総一郎			1961	「アジアおよび太平洋地域博物館セミナー」	『ユネスコ資料』第6号	日本ユネスコ国内委員会
鶴田 総一郎	岡田 要*		1961.3	『地域社会発展のための文化センターとしての博物館の役割に関する博物館学的研究』		発行元不詳
鶴田 総一郎			1961.11	「博物館における研究について」	『博物館研究』第34巻第11号	日本博物館協会
鶴田 総一郎			1961.12	「10周年を迎えた博物館法の今後のあり方について」	『博物館研究』第34巻第12号	日本博物館協会
鶴田 総一郎			1962	「The role of museum in adult and youth education」	『International journal of museum in adult and youth education』第14巻2号	不明
鶴田 総一郎			1962.8	「博物館職業人からみた答申」	『社会教育』第17巻8号	全日本社会教育連合会
鶴田 総一郎			1963.2	「博物館専門家会議」	『ユネスコ資料』第10号	日本ユネスコ国内委員会
鶴田 総一郎			1965	『高尾自然科学館の組織と事業(案)』		東京都教育庁社会教育部
鶴田 総一郎			1966	『東京都における博物館のあり方 社会教育シリーズ48』		東京都教育委員会
鶴田 総一郎			1969.4	「脱皮する国立科学博物館--ヂオラマのことなど」	『社会教育』第24巻4号	全日本社会教育連合会
鶴田 総一郎			1971.11	「博物館学芸員の専門性について」	『月刊社会教育』第15巻11号	国土社
鶴田 総一郎			1972	「博物館学の目的と方法」	『講義資料47-1博物館学--博物館職員講習講義資料』	国立社会教育研修所
鶴田 総一郎			1972.1	「社会教育における施設」	『ひびや』第15巻第2号	東京都立日比谷図書館
鶴田 総一郎			1972.6	「新しい展示「日本の動植物」昭和46年度1号館3階北翼の特別展示更新について」	『自然科学と博物館』第39巻5・6号	国立科学博物館
鶴田 総一郎			1974	「博物館も進化する」	『全科協ニュース』第4巻6号	全国科学博物館協議会
鶴田 総一郎			1974	「専門的職務は何か--博物館学芸員」	『日本の社会教育』第18集	東洋館出版社
鶴田 総一郎			1974.12	「自然史博物館への招待」	『自然科学と博物館』第41巻4号	科学博物館後援会
鶴田 総一郎			1975	『博物館定義の変遷』		東京国立博物館
鶴田 総一郎			1975.5	「博物館定義の変遷--博物館概念の国際的展開」	『博物館研究』第10巻第5号	日本博物館協会
鶴田 総一郎			1975.6	「学芸員を目指す人々のにめに」	『博物館研究』第10巻第6号	日本博物館協会
鶴田 総一郎			1975.12	「科学技術系博物館への招待」	『自然科学と博物館』第42巻4号	科学博物館後援会
鶴田 総一郎			1977	「特論外国の博物館-その特質-」	『公民館・図書館・博物館講座 現代社会教育Ⅳ』	亜紀書房
鶴田 総一郎			1977	「博物館理論の到達点-学芸員論も含めて-」	『公民館・図書館・博物館講座 現代社会教育Ⅳ』	亜紀書房
鶴田 総一郎	坂元 正典		1978.2	「自然教育園沿革史」	『自然教育園報告』第11号	国立科学博物館附属自然教育園
鶴田 総一郎			1979	「館種別博物館と地域(市民)社会 中央大型博物館」	『博物館学講座 第4巻博物館と地域社会』	雄山閣
鶴田 総一郎			1979.6	「設置者別博物館のあり方 国立博物館」	『博物館学講座 第1巻博物館学総論』	雄山閣

著者1	著者2	著者3	発行年	論文名・書籍名	掲載誌	発行元
鶴田 総一郎			1979.8	「日本における体験学習の歴史と今後の問題点について」	『博物館問題研究』第19号	博物館問題研究会
鶴田 総一郎			1979.11	『世界の博物館.別巻世界の博物館事典』		講談社
鶴田 総一郎			1980	「学芸員養成上の問題点について」	『法政大学文学部紀要』第26号	法政大学文学部
鶴田 総一郎			1980.3	「世界の博物館の現状と課題」	『博物館学講座 第3巻日本の博物館の現状と課題』	雄山閣
鶴田 総一郎			1980.6	「博物館相互の協力と運営」	『博物館学講座 第9巻博物館の設置と運営』	雄山閣
鶴田 総一郎			1980.11	「地域博物館としてのこれからの平塚市博物館」	『平塚市博物館年報』第4号	平塚市博物館
鶴田 総一郎			1981	「学芸員養成上の問題点について」	『法政大学文学部紀要』第26号	法政大学文学部
鶴田 総一郎			1984.5	「郷土資料館の今日的意義と役割」	『社会教育』第39巻5号	全日本社会教育連合会
鶴田 総一郎			1985	「Proposal for the Museum Material-Environment System」	『法政大学文学部紀要』第31号	法政大学文学部
鶴田 総一郎			1985.5	「イギリスの博物館情報--その中部地方を中心に」	『博物館研究』第20巻第5号	日本博物館協会
鶴田 総一郎			1985.6	「博物館における学・社連携の主要局面とメリット」	『学・社連携の主要局面とメリット-主として社会教育の立場から-』第1集	国立社会教育研究所
鶴田 総一郎			1986.3	「レスター大学大学院博物館学部の実態について」	『大学助成による研究経過報告集』第6号	法政大学
鶴田 総一郎			1986.4	『東京百年記念博物館建設調査委託報告書記念博物館の建設について』		東京都教育委員会
鶴田 総一郎	伊藤 寿朗 監	君塚 仁彦	1991.7	『解説書 博物館基本文献集別巻』		大空社
鶴見 香織	三輪 健仁		2011.12	「「修復・表現」について」	『現代の眼：東京国立近代美術館ニュース』591号	国立美術館東京国立近代美術館
鶴見 左吉雄			1912	「伊太利の發達せる主因」	『斯民』第7編第5號	中央報徳會
鶴見 英成	佐野 勝宏*	石井 龍太	2016.1	「第9章考古学」	『見る目が変わる博物館の楽しみ方：地球・生物・人類を知る』	ベレ出版
蔦村 和雄			2015.12	「呉市立美術館における文化財IPM移行への取り組みと予算措置について」	『文化財の虫菌害』第70号	文化財虫菌害研究所
鄭 一止	窪田 亜矢		2012.9	「千葉県館山におけるエコミュージアムの実践手法に関して：学習活動を起点とした「場所の記憶」のグルーピング」	『学術講演梗概集』2012巻	日本建築学会
鄭 一止			2014	「エコミュージアムの取り組みにおける『場所の記憶』の複合と市民ネットワークの展開に関する研究:館山まるごと博物館に着目して」	『都市計画論文集』第49巻第3号	日本都市計画学会
丁 建華	水盛 涼一 訳		2013.3	「重慶師範大学博物館の運営に関する初歩的考察」	『アジア文化史研究』第13号	東北学院大学大学院文学研究科アジア文化史専攻
鄭 賢美			2007.11	「国立民族博物館における疎外者層対象の教育」	『韓国の民俗学・日本の民俗学：2006年度国立歴史民俗博物館国際研究集会.3』	国立歴史民俗博物館
丁 秀珍	室井 康成 訳		2013.2	「韓国における文化財保護法の展開」	『世界遺産時代の民俗学グローバル・スタンダードの受容をめぐる日韓比較』	風響社
鄭 夙恩			2003	「日本の文化財保護制度の歴史」	『民族芸術』第19号	民族芸術学会
鄭 昭民			2012.9	「第五回内国勧業博覧会台湾館内の住居展示と伊能嘉矩の漢人家屋研究」	『学術講演梗概集』2012巻	日本建築学会
ディアーキング・リン・D	ジョン・フォーク*	高橋 順一 訳	1996.9	『博物館体験-学芸員のための視点』		雄山閣
TN			1897.1	「水族館の事」	『動物學雑誌』第9巻第108號	東京動物學會
T・K生			1919	「ホノルル水族館」	『動物學雑誌』第367號	日本動物學會
T.Jaaskelainen.Timo	宮田 公佳*	H.Laamanen.Hannu 他	2008.8	「文化財解析のための分光情報の活用-メタマ領域の検索手法」	『日本写真学会誌』第71巻第4号	日本写真学会
D.B.ハーディン	小山 修三		1970.3	「イギリスにおける博物館の現況とロンドン国立博物館」	『國學院大學博物館學紀要』第2輯	國學院大學博物館学研究室
T.Moulefera			1978.3	「国際倫理綱領のための基礎」	『第11回ICOM総会講演集 博物館と文化交流』	国際博物館会議日本委員会

つ

著者1	著者2	著者3	発行年	論文名・書籍名	掲載誌	発行元
帝京科学大学	高田 麻美*		2016.3	『日本における近代博物館の成立・展開過程に関する歴史的研究:北米との関わりを中心に』		文部科学省科学研究費補助金研究成果報告書
帝國教育會			1912	「新設通俗教育博物館を觀る」	『帝國教育』第365號	帝國教育會
帝國教育會			1912	「通俗教育施設ニ關スル講習會」	『帝國教育』第365號	帝國教育會
帝國教育會			1913	「彙報教育會に於いて行うべき通俗教育の適切なる施設方法如何」	『帝國教育』第375號	帝國教育會
帝國大學			1887	『帝國大學植物園植物目録』		帝國大學
帝室博物館			1924	『帝室博物館略史』		帝室博物館
帝室博物館			1938	『帝室博物館略史』		帝室博物館
帝室博物館			1938	『東京帝室博物館復興開館陳列案内』		帝室博物館
帝室博物館 編			1942	『南方文化展覽會目録』		帝室博物館
帝室博物館			1943	『全館陳列目録・昭和十八年六月～八月』		帝室博物館
帝室博物館復興翼賛會			1937	『東京帝室博物館復興事業の概要』		帝室博物館復興翼賛會
通信博物館 編			1977	『通信博物館七十五年史』		通信博物館
ディスプレイの世界編集委員会 編			1997	『ディスプレイの世界』		六燿社
テイチク			1900	『切腹/恐怖博物館』		テイチク
ティム・コールトン	染川 香澄	芦谷 美奈子 他	2000.3	『ハンズオンとこれからの博物館－インタラクティブ系博物館科学館に学ぶ経営と理念』		東海大学出版社
ティモシー・アンブローズ	PAINE.C	日本博物館協会 訳	1995	『博物館の基本』		日本博物館協会
ティモシー・アンブローズ	大堀 哲 監	水嶋 英治 訳	1997.9	『博物館の設計と管理運営』		東京堂出版
テイン・ルイン			2016.3	「バガン概観:保存と管理をめぐる当面の課題」	『東南アジアの遺跡保存をめぐる技術的課題と展望』	国立文化財機構東京文化財研究所
Davis.Lesia	山崎 幸治*	岡庭 義行	2010	「博物館と観光」	『第24回北方民族文化シンポジウム報告書 現代社会と先住民文化－観光、芸術から考える(1)』	北方文化振興協会
デービッド・アトキンソン			2016.3	『国宝消滅:イギリス人アナリストが警告する「文化」と「経済」の危機』		東洋経済新報社
David.G.Stead 編	臺灣總督官房調査課 訳		1926	「漁業調査上に於ける博物館の使命」「公共水族館と生物研究所」	『英領馬來の漁業』	臺灣總督官房調査課
David.Chittenden			2007.3	「科学博物館と科学研究理解増進—科学について我々は何を語り合えるか—」	『科学コミュニケーターに期待される資質・能力とその養成プログラムに関する基礎的研究』	文部省科学研究費補助金研究成果報告書
デービッド・ミラー			2014.2	「東京国立博物館の題箋の英語情報に関する分類と考察:作品名称の英訳方法について」	『MUSEUM』第648号	東京国立博物館
テオドール・W・アドルノ			1996	「ヴァレリープルースト美術館」	『プリズメン・文化批判と社会』	筑摩学芸文庫
出川 紫乃	今田 ありさ*	樋口 真貴子	1988.12	「博物館における教育普及活動のあり方をもとめて」	『お茶の水女子大学博物館実習報告』第4号	お茶の水女子大学学芸員課程委員会
出口 直輝	島田 裕輝	中西 俊裕 他	2010.4	「資料館デジタルミュージアムシステムの構築」	『年次研究報告書』第11号	日本大学文理学部情報科学研究所
出口 雅敏	加賀美 雅弘*	虎頭 恵美子 他	2016.3	「ローカルな博物館とグローバルな博物館」	『博物館という装置:帝国・植民地・アイデンティティ』	勉誠出版
出口 保夫			2005.6	『物語大英博物館:二五〇年の軌跡』		中央公論社
出口 保夫			2017.2	『大英博物館の話』		中央公論新社
Deguchi.Yoshiaki	Kokubo.S		1957	「Contribution to the study of aquarium conditions.1.On the physiological balance between fish and plants in the fresh water aquarium.」	『Bull.Res.Coll.Arr.&Vet.Sc.・NihonUniv.』第8号	日本大学農獣医学会
Deguchi.Yoshiaki			1964	「Some studies on the quality of water fish rearing aquarium.」	『海洋科学』第6号	日本大学文理学部海洋科学研究会

著者1	著者2	著者3	発行年	論文名・書籍名	掲載誌	発行元
出口 吉昭			1967-1968	「世界の水族館飛び歩記1-5」	『フィッシュマガジン』第3巻3号から第4巻1号	緑書房
デサイ・V・N 述			2009.3	「仮想現実と文化の多様性の時代における美術館」	『ミュージアム新時代』	慶応義塾大学出版会
寺崎 康史			2008.3	「史跡ピリカ遺跡における体験学習について」	『國學院大學考古学資料館紀要』第24輯	國學院大學考古学資料館
勅使河原 彰			1995	「文化財保存運動の新動向」	『展望考古学:考古学研究会40周年記念論集』	考古学研究会
勅使河原 彰	小笠原 好彦*		2017.6	「文化財保存の現状と課題」	『文化財保存70年の歴史:明日への文化遺産』	新泉社
手島工業資金團 編			1929	『手島精一先生伝』		手島工業資金團
手島 仁			2013.3	「地域博物館と地域学・地元学」	『日本女子大学博物館学芸員課程年報』No.11	日本女子大学
手島 精一			1888	「東京教育博物館は文部省の直轄たるべし」	『教育時論』第141號	開發社
手島 精一			1929	「回顧五十年」	『手島精一先生伝』	手島工業資金團
手嶋 將博	木村 慶太*	山田 幸生 他	2009	「日本文化紹介を目的とした「博物館アウトリーチ教材」の開発と実践-マレーシアにおける小・中学生の評価を中心として」	『教材学研究』第20号	日本教材学会
手嶋 將博	山田 幸生*	木村 慶太 他	2010	「日本文化紹介を目的とした「博物館アウトリーチ教材」の改良とその効果--マレーシアの小学生による評価を受けての実践を通じて」	『教材学研究』第21号	日本教材学会
手島 益雄			1914	「博物館」「美術館」「動物園」「水族館」「植物園」ほか	『名古屋市論』	日本電報通信社名古屋支局
手代木 美穂			2010.1	「文化財保存関連分野から」	『繊維学会誌』第66巻第1号	繊維学会
手代木 美穂	長坂 一郎*	藤原 徹 他	2010.3	『「地域文化遺産の循環型保存・活用システムに関する総合的研究」研究成果報告書』		東北芸術工科大学文化財保存修復研究センター
手塚 薫			1999.3	「フォーラムとしてのミュージアム」	『北海道開拓記念館研究紀要』第27号	北海道開拓記念館
手塚 薫			2011.3	「地域への調和--博物館の再生に向けて」	『学園論集』第147号	北海学園大学
手塚 薫			2013.3	「フィンランド北部の文化施設における民族表象の現況」	『北海学園大学学芸員課程学事報告書』第24号	北海学園大学学芸員課程
手塚 薫			2014.3	「ミュージアムの可能性―歴史認識の共有にむけて―」	『北海学園大学学芸員課程学事報告書』第26号	北海学園大学学芸員課程
手塚 隆義			1960.3	「上林苑の博物館」	『Mouseion:立教大学博物館研究』第5号	立教大学学校・社会教育講座
手塚 映男			1975.12	「現代の科学技術の総合的な博物館」	『自然科学と博物館』第42巻4号	科学博物館後援会
手塚 映男	井上 浩		1977	「国立科学博物館のコケ植物の展示」	『自然科学と博物館』第44巻2号	科学博物館後援会
手塚 映男			1977	「国立科学博物館の教育活動の変遷」	『博物館研究』第12巻第10号	日本博物館協会
手塚 映男			1977.6	「国立科学博物館の教育普及事業」	『学術月報』第30巻3号	日本学術振興会
手塚 映男			1977.7	「開館一〇〇年を迎える--国立科学博物館(中央展望)」	『社会教育』第32巻7号	全日本社会教育連合会
手塚 映男			1979.8	「現代博物館論--実物教育による社会教育の新展開を求めて」	『社会教育』第34巻8号	全日本社会教育連合会
手塚 映男			1988	『科学博物館における体験学習カリキュラムの発展的開発のための基礎研究』		文部省科学研究費補助金研究成果報告書
手塚 映男			1988.4	「新しい博物教育を目指して-序-新しい博物教育と科学博物館」	『遺伝:生物の科学』第42巻第4号	エヌ・ティー・エス
手塚 映男			1991.1	「子どもたちと科学博物館」	『国立科学博物館ニュース』第270号	国立科学博物館
手塚 映男			1999	『科学博物館における自然史展示の実態とその科学教育的意義に関する基礎的研究』		文部省科学研究費補助金研究成果報告書
手塚 映男			1999.1	「館種別博物館の企画運営 植物園」	『新版博物館学講座 第12巻博物館経営論』	雄山閣
手塚 映男			2001.11	「博物館実習の実情と課題」	『図書館雑誌』第95巻第11号	日本図書館協会

著者1	著者2	著者3	発行年	論文名・書籍名	掲載誌	発行元
手塚 映男			2002.12	「自然史博物館と科学教育--博物館に魅せられて50年」	『文化情報学:駿河台大学文化情報学部紀要』第9巻2号	駿河台大学文化情報学部
手塚 朋子			2011	「もし博物館学芸員がコトラーの『マーケティング・マネジメント』を読んだら」	『人類学博物館紀要』第29号	南山大学人類学博物館
手塚 朋子			2012.3	「2030年、私たちのミュージアムのつくりかた」	『人類学博物館紀要』第30号	南山大学人類学博物館
手塚 朋子			2013	「博物館とは…ゆるぎなきものの、視える場所？」	『人類学博物館紀要』第31号	南山大学人類学博物館
手塚 均			2008.10	「博物館の活用法を探る試みの一例-年間を通しての博学連携事業」	『博物館研究』第43巻第10号	日本博物館協会
手塚 みゆき			2013	「文書管理に関する各種検定の概要について」	『薬学図書館』58巻4号	日本薬学図書館協議会
鐵道時報社 編			1935	「鐵道博物館の重要性」	『鐵道時報』第1876號	鐵道時報社
鉄道ジャーナル社			2014.5	「交通科学博物館惜しまれつつも52年の歴史に幕」	『鉄道ジャーナル:鉄道の将来を考える専門情報誌』48号	鉄道ジャーナル社
鉄道ジャーナル編集部 編			2016.5	『京都鉄道博物館を攻略:展示車両搬入大作戦の記録』		鉄道ジャーナル社
鐵道省 編			1940	「萬葉植物園」	『聖地大和』	博文館
鐵道博物館 編			1929	『鐵道博物館!!鐵道知識の泉』		鐵道博物館
鐵道博物館 編			1936	『鐵道博物館要覽』		鐵道博物館
鉄道博物館			2007.10	『鉄道博物館 The Railway Museum』		鉄道博物館
デヴィッド・アンダーソン	塚原 正彦	土井 利彦 訳	2000.4	『ミュージアム国富論-英国に学ぶ「知」の産業革命』		日本地域社会研究所
デヴィット・クサン	ウォンストール・ケン	永井 淳	1968	『ヒットラー強盗美術館』		月刊ペン社
デビッド・ディーン	北里 桂一 監訳	山地 秀俊 他訳	2004.3	『美術館・博物館の展示:理論から実践まで』		丸善
Devra.G.Kleiman	Katerina.V.Thompson	Charlotte.Kirk.Baer 編	2014.3	『動物園動物管理学』		文永堂出版
出村 文理	野村 崇*		2007	「旧樺太庁博物館刊行の出版物とシリーズ『樺太叢書』・『樺太庁博物館叢書』」	『北方博物館交流』第19号	北海道北方博物館交流協会
寺内 健太郎			2017	「博物館ボランティアの役割と効果」	『野田市郷土博物館市民会館年報・紀要』第9号	野田市郷土博物館
寺岡 茂樹			2016.8	「触察による疱瘡絵の理解」	『ひとが優しい博物館:ユニバーサル・ミュージアムの新展開』	青弓社
寺岡 寛			2013.3	「美術館と地域社会:予備的考察を中心に」	『同志社商学』第64巻第6号	同志社大学商学会
寺岡 寛			2013.12	「美術館と地域社会・経済の連関性を考える」	『中京企業研究』第35号	中京大学企業研究所
寺岡 寛			2014.9	『地域文化経済論:ミュージアム化される地域』		中京大学企業研究所
寺岡 寛			2017.3	「文化社会資本と地域経済の活性化:公立美術館とミュージアム化される地域」	『中京経営研究』第26巻	中京大学経営学会
寺尾 公佑			1986	「博物館の建築について」	『展示学』第3号	日本展示学会
寺尾 健一			1984.3	「石川県美術館運動史概論」	『石川県立美術館紀要』第1号	石川県立美術館
寺尾 健一			1986.3	「美術館普及活動における視聴覚機器利用の一例」	『石川県立美術館紀要』第3号	石川県立美術館
寺尾 慈明	斎尾 直子		2012.9	「歴史的町並みを活用したまちづくり実施地区における地域居住の維持に関する研究:重要伝統的建造物群保存地区と未選定地区との比較分析から」	『学術講演梗概集』2012巻	日本建築学会
寺門 臨太郎	筑波大学大学院人間総合科学研究科美術史研究室		2009.3	『ミュージアムの活用と未来鑑賞行動の脱領域的研究.2008』		日本学術振興会人文・社会科学振興プロジェクト研究事業「日本の文化政策とミュージアムの未来」「ミュージアムの活用と未来-鑑賞行動の脱領域的研究」グループ
寺門 臨太郎			2009.3	「ミュージアムに行こう 大学とミュージアム」	『芸術の生まれる場(未来を拓く人文・社会科学シリーズ16)』	東信堂
寺木 伸明			2012.6	「大阪人権博物館への補助金存続を:大阪府知事・大阪市長の補助金打ち切り方針の表明に際して」	『ヒューマンライツ』第291号	部落解放・人権研究所

著者1	著者2	著者3	発行年	論文名・書籍名	掲載誌	発行元
寺坂 尚浩	加藤 勇樹	杉山 岳弘	2010.3	「博物館における学芸員ガイドのシナリオ分析に基づく解説モデルと学習コンテンツのデザイン」	『全国大会講演論文集 第72回』	情報処理学会
寺嵜 弘康			1998.12	「合同例会「博物館資料を考える」参加記」	『地方史研究』第48巻第6号	地方史研究協議会
寺嵜 弘康			2002	「関東大震災と「社寺文化財」の復旧--神奈川県域を中心に」	『神奈川県立博物館研究報告.人文科学』第28号	神奈川県立歴史博物館
寺嵜 弘康			2008.6	「資料保存利用機関の中の文書館の特質について-神奈川県における図書館・博物館・公文書館の関係を通して」	『地方史研究』第58巻第3号	地方史研究協議会
寺澤 勉			1974.3	「エキジビションの研究-1-」	『千葉大学工業短期大学部研究報告』第13巻13号	千葉大学工業短期大学部
寺澤 勉			1975.3	「エキジビションの研究-2-」	『千葉大学工業短期大学部研究報告』第14巻14号	千葉大学工業短期大学部
寺澤 勉	森 崇*		1981	『ディスプレイ小事典』		ダヴィッド社
寺澤 勉 編著	泉 眞也*編		1992.8	『Display designs in Japan:1980-1990.vol.3(エクスポ&エキジビション)』		六耀社
寺澤 勉	森 望	北城 博子	1994	「展示デザインの基礎データに関する研究【9】—八王子市こども科学館の来館者意識調査—」	『日本展示学会第13回研究大会研究発表主旨綴』	日本展示学会第13回研究大会実行委員事務局
寺澤 勉	森 望	齋藤 剛	1995.5	「展示デザインの基礎データに関する研究【10】—二つのこども科学館における来館者意識調査—」	『展示学』第20号	日本展示学会
寺澤 勉			1995.9	「五感と展示--感性」	『Fiber(繊維学会誌)』第51巻9号	繊維学会
寺澤 勉	齋藤 剛		1996	「展示会における小間デザインの印象評価(1)グッドリビングショー・ビジネスショウの場合」	『拓殖大学理工学研究報告』第5巻4号	拓殖大学理工学総合研究所
寺澤 勉	森 望	齋藤 剛	1996.5	「こども科学館における来館者特性—横浜と八王子の比較分析—」	『展示学』第21号	日本展示学会
寺澤 勉	高木 豊		1997.3	「東京モーターショーの小間の印象調査・分析--展示会における小間デザインの印象評価(2)」	『拓殖大学理工学研究報告』第6巻1号	拓殖大学理工学総合研究所
寺澤 勉			1999	「展示デザインと街並みの活性化(1)ディスプレイデザインの機能」	『拓殖大学理工学研究報告』第7巻2号	拓殖大学理工学総合研究所
寺澤 勉	南風原 豊	横川 武信	2001	「展示空間の「音と光」の演出実態(1)」	『拓殖大学理工学研究報告』第8巻2号	拓殖大学理工学総合研究所
寺澤 勉	金 惠蓮*	三宅 孝典	2003	「展示会開催における廃棄物の現状分析と量の試算--展示会計画のための廃棄物アセスメントに関する基礎研究」	『展示学』第36号	日本展示学会
寺沢 秀文			2013.12	「「満蒙開拓平和記念館」の現状と来館者の声」	『信州自治研』第262号	長野県地方自治研究センター
寺沢 安正			1993.11	「でんきの科学館「ふしぎのくに」展示計画の概要—科学する心を育む広場」	『展示学』第16号	日本展示学会
寺重 隆視	齋 礼*	松川 文雄	2011.11	「ユビキタスロボットを用いたテーマ博物館システムに関する研究」	『電気学会研究会資料』2011巻75号	電気学会
寺下 勍			1987.6	『博覧会強記』		エキスプラン
寺嶋 浩介			2013.2	「世界とつなぐ博物館:情報収集から情報発信へ」	『博物館情報・メディア論』	ぎょうせい
寺島 洋子			1996.10	「事例2.国立西洋美術館・東京国立博物館共催「どうして像はつくられたの?」-子どものための美術展」	『博物館研究』第31巻第10号	日本博物館協会
寺島 洋子			2001.3	「翻訳:個人学習のための施設としての博物館--美術館における教育的役割を考える上での資料として」	『国立西洋美術館研究紀要』第5号	国立西洋美術館
寺島 洋子			2001.5	「学校とミュージアムの連携による教育プログラム」	『博物館研究』第36巻第5号	日本博物館協会
寺島 洋子			2004.3	「アメリカのミュージアムにおけるインターンシップ-プログラム・マネジメントについて-」	『博物館の機能及びその効果的な運営の在り方に関する実証的研究』	国立科学博物館
寺島 洋子			2007.3	「美術館の教育普及事業からみた知財」	『こどものためのワークショップ:その知財はだれのもの?』	(株)アム・プロモーション
寺島 洋子			2012	「学校と博物館」	『博物館教育論』	放送大学教育振興会
寺島 洋子			2012	「展示と来館者をつなぐ補助教材」	『博物館教育論』	放送大学教育振興会
寺島 洋子 編著	大髙 幸 編著		2012.3	『博物館教育論』		放送大学教育振興会
寺島 洋子			2013.6	「美術館における学校利用—平成24年度研究協議会テーマ1「学校の博物館利用の現状と課題」から」	『博物館研究』第48巻第6号	日本博物館協会

著者1	著者2	著者3	発行年	論文名・書籍名	掲載誌	発行元
寺島 洋子	横山 佐紀		2016.3	「オーストラリアの美術館における教育活動」	『国立西洋美術館研究紀要』第20号	国立西洋美術館
寺田 鮎美			2010.3	「収蔵品の流動化による次世代型博物館モデルの検証--東京大学総合研究博物館モバイルミュージアム・プロジェクト評価に関する中間報告」	『文化経済学』第7巻第1号	文化経済学会
寺田 鮎美			2014.7	「英国の大学ミュージアムと博物館学教育:イースト・アングリア大学の事例」	『博物館研究』第49巻第7号	日本博物館協会
寺田 鮎美			2015.2	『収蔵品の高度利活用に向けた博物館運営と博物館政策−モバイルミュージアムを事例とした次世代博物館におけるオルタナティヴ・モデルの提案−』		公共政策プログラム
寺田 鮎美			2016.3	「英国における博物館学修士課程コース内容の比較分析:ミュージアム・マネージメント科目を中心に」	『日本ミュージアム・マネージメント学会研究紀要』第20号	日本ミュージアム・マネージメント学会
寺田 貞治			1998.8	「赤れんが倉庫に平和博物館を」	『月刊社会教育』第42巻8号	国土社
寺田 貞治			1999	「「ピース・ミュージアムよこはま」--建設を求める運動をめぐって」	『戦争と平和』第8号	大阪国際平和センター
寺田 貞治			1999	「近代の戦争遺跡保存運動と平和博物館建設運動について」	『博物館問題研究』第26号	博物館問題研究会
寺田 史郎			2002.3	「文学展示と文学理解への一試論」	『杉並区立郷土博物館研究紀要』第10号	杉並区立郷土博物館
寺田 仁志			2008.6	「あの島この町 この学校に「博物館がやってきた」-14年目を迎える移動博物館」	『博物館研究』第43巻第6号	日本博物館協会
寺田 仁志			2009.9	「「国際博物館の日」に博物館まつりはいかが」	『博物館研究』第44巻第9号	日本博物館協会
寺田 匡宏			2005.3	「立ちこめる記憶の重さ--ドイツ・ポーランド・イギリスのミュージアムにおける戦争」	『国立歴史民俗博物館研究報告』第121集	国立歴史民俗博物館
寺田 匡宏			2005.3	「時間と歴史表象 ミュージアムにおけるその表現の試み／阪神大震災を中心として」	『国立歴史民俗博物館研究報告』第121集	国立歴史民俗博物館
寺田 匡宏			2007.3	「現代のメモリアルとミュージアムの場における過去想起に伴う感情操作の特徴−ポーランド・ベウジェッツ・メモリアルとベルリン・ホロコースト・メモリアルの空間構成と展示による過去表現に関する比較研究」	『国立歴史民俗博物館研究報告』第138集	国立歴史民俗博物館
寺田 匡宏			2008.1	「ミュージアム展示における自然災害の表現について」	『災害と共に生きる文化と教育:〈大震災〉からの伝言』	昭和堂
寺田 匡宏			2013.9	「3.11からの歴史学(その2)史料と展示 見えにくい災厄にどう向き合うか:フクシマ−東京／アウシュヴィッツ−ベルリン」	『歴史学研究』第909号	青木書店
寺田 光宏			2006.1	「動物収集に関わる法令手続きおよび動物の輸送」	『畜産の研究』第60巻1号	養賢堂
寺田 安孝	川上 昭吾*	杉浦 貴史 他	2004.11	「学校と博物館との連携研究の実施」	『日本理科教育学会東海支部大会研究発表要旨集』第51号	日本理科教育学会東海支部大会事務局
寺田 安孝			2005.8	「SPPにおける博物館連携の授業実践」	『日本科学教育学会年会論文集』第29巻	日本科学教育学会
寺田 安孝	川上 昭吾		2006	「博物館連携のためのワークシートの開発—SPPでの実践を通じて—」	『愛知教育大学教育実践総合センター紀要』第9号	愛知教育大学実践総合センター
寺田 安孝	山中 敦子		2006.11	「学校と博物館との連携による実践的研究：蒲郡・生命の海科学館でのSPPの実践」	『日本理科教育学会東海支部大会研究発表要旨集』第53号	日本理科教育学会東海支部大会事務局
寺田 安孝	山本 太郎	川上 昭吾	2007.2	「地域・学校・博物館との連携によるインフォーマル・エデュケーションの実践−理科好きな子どもを地域で育てる理科実験教室の取り組み」	『愛知教育大学教育実践総合センター紀要』第10号	愛知教育大学教育実践総合センター
寺田 安孝	山中 敦子	川上 昭吾	2008.2	「科学に関心を持つ市民を育成するための博学連携プログラムの実践」	『愛知教育大学教育実践総合センター紀要』第11号	愛知教育大学教育実践総合センター
寺田 安孝	川上 昭吾*	杉浦 貴史	2008.3	「学校と博物館の連携を進める実践的研究」	『愛知教育大学研究報告.教育科学編』第57輯	愛知教育大学
寺田 安孝	川上 昭吾		2009.3	「リピーター育成を視野に入れた高校生のための博物館活用講座」	『愛知教育大学研究報告.教育科学編』第58輯	愛知教育大学
寺田 安孝	川上 昭吾		2010.2	「高校生のための博物館学習プログラムの実践」	『愛知教育大学教育実践総合センター紀要』第13号	愛知教育大学実践総合センター
寺田 勇吉			1903	「教育博物館」	『東京教育博物館』	金港堂
寺西 貞弘			2005.8	「指定管理者制度と公立博物館」	『博物館研究』第40巻第8号	日本博物館協会
寺西 良夫 編	吉田 平七郎*編		1956	『動物園』		保育社
寺林 伸明			2003	「十五年戦争の前史と画期について--「外地」概念と諸民族との関わりから」	『大阪人権博物館紀要』第6号	大阪人権博物館
寺林 伸明			2004	『日本の博物館における近代の戦争関係史展示の現況と国際関係認識の課題について』		文部省科学研究費補助金研究成果報告書

著者1	著者2	著者3	発行年	論文名・書籍名	掲載誌	発行元
寺前 公基			2013.3	「博物館「観峰館」の挑戦」	『博物館学年報』第44号	同志社大学博物館学芸員課程
寺前 駿	中山 裕介*	杉本 僚太 他	2016	「博物館展示を活用した社会教育について:紀州経済史文化史研究所2015年度特別展を題材として」	『学芸』第62巻	和歌山大学学芸学会
寺村 秀昭			1993.2	「博物館実習に求められるもの」	『Museumちば:千葉県博物館協会研究紀要』24号	千葉県博物館協会
寺本 潔			2016.12	「沖縄県石垣島の資源を活かした地域観光学習の試み:小学校4年生を対象にして」	『地理学報告』第118号	愛知教育大学地理学会
寺本 宏治			1996.9	「コミュニケーションと意思決定」	『ミュージアムマネージメント』	東京堂出版
寺本 美奈子			2008.7	「印刷博物館-所蔵ポスター-」	『アジア遊学』第111号	勉誠出版
寺山 修司			1981.11	「美術館＝忘却の機会 知の劇場としての考察」	『美術手帖』488号	美術出版社
寺脇 研	大野 照文*監	蒲生 諒太 他編著	2015.3	『学びの海への船出:探究活動の輝きに向けて』		京都大学総合博物館
出利葉 浩司			1997	「博物館民族資料はいかに収集されたか--明治年間に残された外国人の記録から」	『北海道開拓記念館研究紀要』第25号	北海道開拓記念館
出利葉 浩司			1999	「民族学的情報伝達装置としての博物館--その研究の方向への視座」	『北海道開拓記念館研究紀要』第27号	北海道開拓記念館
出利葉 浩司			2000	『民族学的情報伝達装置としての博物館の意義に関する基礎的研究(アイヌ文化展示を中心に)』		文部省科学研究費補助金研究成果報告書
出利葉 浩司			2000	「博物館展示はなにを伝達するのだろうか?--学芸員はなにを語ろうとしたのか?開拓記念館アイヌ文化展示のコンセプト」	『北海道開拓記念館研究紀要』第28号	北海道開拓記念館
出利葉 浩司			2007	「セントルイス万国博覧会で『展示』されたアイヌ衣服について」	『北海道開拓記念館研究紀要』第35号	北海道開拓記念館
出利葉 浩司			2008.3	「民族資料を体験学習に活かす-その現状と課題-」	『第22回北方民族文化シンポジウム報告書 北太平洋の文化--北方地域の博物館と民族文化(2)』	北方文化振興協会
出利葉 浩司			2009.3	「現代の民族資料を収集すること 北海道開拓記念館のアイヌ民族資料の収集を例に」	『第23回北方民族文化シンポジウム報告書 北太平洋の文化--北方地域の博物館と民族文化(3)』	北方文化振興協会
出利葉 浩司	大谷 洋一*	鈴木 邦輝 他	1997.1	シンポジウム抄録「まちの博物館とアイヌ文化」」	『アイヌ文化』第21号	アイヌ無形文化伝承保存会
出利葉 浩司	中西 さやか		2015.3	「幼児の学びにおける博物館プログラムの活用:異文化環境体験プログラムに着目して」	『名寄市立大学紀要』第9号	名寄市立大学
出利葉 浩司			2015.3	「北米の博物館展示からみた自然史展示の方向性」	『北方地域の人と環境の関係史:研究報告』	北海道開拓記念館
照井 猪一郎			1932	「教育博物館の構成と利用」	『郷土教育』第十八號	郷土教育聯盟
照井 武彦	田辺 三郎助*	池田 宏	1988.3	「国宝重要文化財総合目録(美術工芸品編)のデータファイル作成について」	『国立歴史民俗博物館研究報告』第16集	国立歴史民俗博物館
照井 武彦			1993.9	「国立歴史民俗博物館のデータベース」	『人文学と情報処理』第2号	勉誠出版
照井 武彦	鈴木 卓治	五十嵐 耕一	1996	「博物館におけるコンピュータの活用とマルチメディア」	『博物館指導者研究協議会報告書平成8年度』	日本博物館協会
テレサ・シェイナー			2016.3	「研究分野としての博物館学の再定義?:学際的対話としての博物館学に関する小論」	『日本ミュージアム・マネージメント学会研究紀要』第20号	日本ミュージアム・マネージメント学会
電気学会			2012.12	「情報技術を活用した魅せる展示 国立歴史民俗博物館」	『電気学会誌』第132巻第12号	電気学会
電気協會關西支部 編			1927	『電気大博覽會報告』		電気協會關西支部
展示学研究所 編			1997.9	『ミュージアム・ディレクトリーvol.1ユニバーシティ・ミュージアム』		トータルメディア開発研究所
展示学研究所 編			1998.8	『ミュージアム・ディレクトリーvol.2チルドレンズ・ミュージアム』		トータルメディア開発研究所
展示学研究所 編			2000.5	『ミュージアム・ディレクトリーvol.3コーポレート・ミュージアム』		トータルメディア開発研究所
展示学研究所 編			2000.5	『日本の企業博物館』		トータルメディア開発研究所
展示学研究所 編			2001.3	『日本の大学博物館』		トータルメディア開発研究所
傳田 伊史			2001.3	「歴史系複合施設における資料の保存と活用－長野県立歴史館の現状と課題」	『長野県立歴史館研究紀要』第7号	長野県立歴史館

著者1	著者2	著者3	発行年	論文名・書籍名	掲載誌	発行元
電通出版事業部 編			1984.7	『日本の企業博物館』		電通
天文博物館五島プラネタリウム			1977	『20年のあゆみ』		天文博物館五島プラネタリウム
天理大学付属参考館 編			1973	『天理参考館四十年史』		天理大学出版部
天理大学付属参考館 編			1980	『天理参考館50周年を迎えて』		天理大学出版部
土井 卓治			2000.12	「野外博物館の成立」	『岡山民俗』第214号	岡山民俗学会
土居 利光	羽山 伸一*	成島 悦雄 編著	2012.7	『野生との共存:行動する動物園と大学』		地人書館
土居 利光			2012.7	「生物多様性と動物園・水族館の役割」	『野生との共存:行動する動物園と大学』	地人書館
土居 利光			2012.12	「動物園に求められる今後の役割」	『都市公園』第199号	東京都公園協会
土居 利光			2013.3	「都市環境における動物園及び水族館の意義と役割」	『観光科学研究』第6号	首都大学東京大学院都市環境科学研究科観光科学学域
土井 浩			1979.8	「古文書講読会--近世文書の解読を通して地域の歴史を市民とともに学ぶ」	『社会教育』第34巻8号	全日本社会教育連合会
土井 浩			1981	「平塚市博物館における地域研究と地域住民の関わり方—展示と普及活動を通して—」	『地方史研究』第31巻第2号	地方史研究協議会
土居 安子			2010	「大阪国際児童文学館における物語体験の可能性(13)「漁師とおかみさんの話」の実践」	『国際児童文学館紀要』第22号	大阪国際児童文学館
土井 康弘			1997	「蕃書調所の物産研究と伊藤圭介との関係」	『法政大学大学院紀要』第36号	法政大学大学院
土井 康弘			2005.11	『伊藤圭介の研究:日本初の理学博士』		皓星社
土井 義行			2015.8	「文化財を活用したロケ誘致:まちは映像作品の記憶を留めた博物館」	『博物館研究』第50巻第8号	日本博物館協会
土居 義岳	栗田 紘行*		2011.3	「比較彫刻博物館及びフンラス記念碑博物館の展示内容の変遷:建築・遺産都市に関する研究」	『日本建築学会研究報告九州支部.計画系』第50号	日本建築学会九州支部
ドイツ-日本研究所			1990	『ドイツ人の見た元禄時代ケンペル展』		サントリー美術館・他
東海社会教育研究会			1977	「東海戦後社会教育施設のあゆみ」	『東海社会教育研究会会誌』第20号	東海社会教育研究会
東海大学			1980	『海洋科学博物館十年のあゆみ』		東海大学
東海大学社会教育センター			1996.1	『海洋科学博物館二十年のあゆみ』		東海大学社会教育センター
東海大学社会教育センター			2001.12	『海洋科学博物館三十年のあゆみ』		東海大学社会教育センター
東海大学社会教育センター			2011.3	『海洋科学博物館四十年のあゆみ』		東海大学社会教育センター
東京朝日新聞社 編			1940	『日本文化史展覽會目録』		東京朝日新聞社
東京科學博物館			1931	『東京科學博物館要覽』		東京科學博物館
東京科學博物館			1931	「大正6年陳列館の新築と特別展覽會の開催」	『東京科學博物館要覽』	東京科學博物館
東京科學博物館			1931.11	『東京科學博物館要覽』		東京科學博物館
東京科學博物館 編			1932	『江戸時代の科學出品目録復興一周年記念臨時陳列』		東京科學博物館
東京科學博物館			1934	『東京科學博物館觀覽の手引 植物』		東京科學博物館
東京科學博物館			1935	『東京科學博物館事業概要－自昭和十年一月—同十一年十一月』		東京科學博物館
東京科學博物館			1936	「皇紀二千六百年記念事業」	『自然科学と博物館』第7巻第10號	東京博物館
東京科學博物館 編			1936	『東京博物館擴張計畫案』		東京科學博物館

著者1	著者2	著者3	発行年	論文名・書籍名	掲載誌	発行元
東京科學博物館			1937.3	「皇紀二千六百年記念東京科學博物館拡張計畫」	『自然科学と博物館』第8巻第3號	東京博物館
東京ガス環境エネルギー館 編			2008.12	『ワンダーシップ航海記～都市型環境教育への挑戦～』		東京ガス環境エネルギー館
東京教育博物館			1913	『東京教育博物館一覧』		東京教育博物館
東京教育博物館			1920	「大正八年度に於ける本館の概況・災害防止展覽會」	『東京教育博物館一覧』	東京教育博物館
東京教育博物館			1921	「大正九年度に於ける本館の概況・時展覽會」	『東京教育博物館一覧』	東京教育博物館
東京教育博物館			1921	「兒童衛生展覽會」	『東京教育博物館一覧』	東京教育博物館
東京教育博物館			1923	「大正九年度に於ける本館の概況・鉱物文明展覽會」	『東京教育博物館一覧』	東京教育博物館
東京教育博物館			1924	「大正一〇年度に於ける本館の事業の概説・印刷文化展覽會・活動写真展覽會」	『東京教育博物館一覧』	東京教育博物館
東京教育博物館			1924	「大正一〇年度に於ける本館の事業の概説・計量展覽會」	『東京教育博物館一覧』	東京教育博物館
東京教育品研究會			1914	「我が邦教育品界近時の發展」	『現代教育』第6號	現代教育編輯所・敬文館
東京教育品研究會 編			1915	「東京教育品研究會規約」	『現代教育』第19號	現代教育編輯所・敬文館
東京教育品研究會 編			1920	「『時』展覽會と學用品」	『現代教育』第28號	現代教育編輯所・敬文館
東京芸術大学大学院美術研究科			2010.2	『上野タウンアートミュージアム』		上野タウンアートミュージアム
東京芸術大学大学院文化財保存学日本画研究室			2002.3	『図解日本画の伝統と継承：素材・模写・修復』		東京美術
東京国立近代美術館 編			1982	『東京国立近代美術館30年の歩み1952-1982』		東京国立近代美術館
東京国立近代美術館			1991.1	「特集 美術館の普及活動Ⅰ、Ⅱ」	『現代の眼：東京国立近代美術ニュース』434号	東京国立近代美術館
東京国立近代美術館 編			2012.12	『東京国立近代美術館60年史』		東京国立近代美術館
東京国立近代美術館フィルムセンター 編			2016.1	『全国映画資料館録』		東京国立近代美術館
東京国立博物館 編			1952	『東京国立博物館略史』		東京国立博物館
東京国立博物館			1970	『東博100年史略年表（稿）Ⅰ（明治1年から昭和13年まで）』		東京国立博物館
東京国立博物館			1970	『東博100年史略年表（稿）Ⅱ（昭和14年から昭和44年まで）』		東京国立博物館
東京国立博物館 編			1972	『博物館ノ思出』		東京国立博物館
東京国立博物館 編			1973	『東京国立博物館百年史（資料編）』		東京国立博物館
東京国立博物館 編			1973	『東京国立博物館百年史』		東京国立博物館
東京国立博物館 編			1992	『東京国立博物館・目でみる120年』		東京国立博物館
東京国立博物館			1996.1	『特別展法隆寺献納宝物』		東京国立博物館
東京国立博物館			1997.4	『海を渡った明治の美術』		東京国立博物館
東京国立博物館 編			1999	『生まれかわった法隆寺宝物館』		東京国立博物館
東京国立博物館 編			2002	『ミュージアムサイエンス2002 東京国立博物館コレクションの保存と修理』		東京国立博物館
東京国立博物館教育講座室 編	東京国立博物館国際交流室 編		2006.3	『世界の現場から今、博物館教育を問う：家族・学校・地域に向けての取り組み：国際シンポジウム報告書』		国立博物館
東京国立博物館			2009.1	『皇室と東京帝室博物館』		東京国立博物館

著者1	著者2	著者3	発行年	論文名・書籍名	掲載誌	発行元
東京国立博物館			2011.4	『東博(トーハク)の臨床保存:使命は公開と保存を支えること』		東京国立博物館
東京国立博物館国際交流室 編	東京国立博物館教育講座室*編		2006.3	『世界の現場から今、博物館教育を問う:家族・学校・地域に向けての取り組み:国際シンポジウム報告書』		国立博物館
東京国立博物館出版企画室 編			2010.3	『「応挙館で美術体験」の記録』		東京国立博物館
東京国立博物館文化財部保存修復課			2007.3	『博物館における保存学の実践と展望:国際シンポジウム報告書:臨床保存学と21世紀の博物館』		東京国立博物館
東京国立博物館保存修復課・企画課出版企画室 編			2015.3	『文化財の"臨床保存"−東京国立博物館の挑戦』		東京国立博物館
東京國立文化財研究所			1933	「仏日庵公物目録」	『美術研究』通24號	東京國立文化財研究所
東京国立文化財研究所			1973	『東京国立文化財研究所20年のあゆみ 昭和27年度〜昭和46年度』		東京国立文化財研究所
東京国立文化財研究所美術部 編			1996	『内国勧業博覧会美術品出品目録』		東京国立文化財研究所
東京市			1925	『東京の史跡』		厚生閣
東京市 編			1931	『上野動物園小史動物園五十年小史』		東京市
東京市政調査會 編			1925	「博物館、展覽會、美術館等」	『小市民は東京市に何を希望してゐるか』	東京市政調査會
東京市設案内所			1935	『東京の博物館:附動・植物園』		東京市
東京市役所			1942	『六十周年記念上野恩賜公園動物園』		東京市
東京消防庁 監			2013.7	『火気安全管理マニュアル:百貨店・劇場・展示場などの喫煙・裸火・危険物品の管理』		東京防災救急協会
東京新聞出版局			1981	『首都圏の博物館』		東京新聞出版局
東京大學			1877	『東京大學法理文三学部第五年報』		東京大學
東京大學			1886	『東京大學小石川植物園草木圖説』		丸善
東京大学			1997.1	『東京大学創立120周年記念東京大学展−学問の過去・現在・未来 第1部 学問のアルケオロジー』		東京大学
東京大学			1997.1	『東京大学創立120周年記念東京大学展−学問の過去・現在・未来 第2部 精神のエクスペディオン』		東京大学
東京大学			2012.5	『「デジタル・ミュージアムの展開に向けた実証実験システムの研究開発(複合現実型デジタル・ミュージアム)」委託業務成果報告書』		東京大学
東京大学総合研究所			2001	『東京大学コレクションⅩⅡ真贋のはざま−デュシャンから遺伝子まで』		東京大学出版会
東京大学総合研究資料館			1976−1996	『東京大学総合研究資料館業績集』		東京大学総合研究資料館
東京大学総合研究資料館運営委員会			1981.9	『総合研究資料館の将来像:大学博物館の構想』		東京大学総合研究資料館運営委員会
東京大学理学部			1880	『小石川植物園草木目録』		東京大学理学部
東京大正博覽會案内編輯局 編			1914	『東京大正博覽會觀覽案内』		文洋社
東京地學協會			1894	「氣仙郡の天隕石博物館に入る」	『地學雜誌』第6巻第11號	東京地學協會
東京地學協會			1900	「モナコ公國に於ける海洋學的博物館の創設」	『地學雜誌』第12巻第9號	東京地學協會
東京地學協會			1906	「モナコ海洋學研究所及博物館」	『地學雜誌』第18巻第9號	東京地學協會
東京地學協會			1926	「紐育自然科學博物館の亞細亞探險」	『地學雜誌』第38巻第9號	東京地學協會
東京帝國大學 編			1923	『東京帝國大學理學部附屬植物園案内』		東京帝國大學
東京帝國大學			1932	「附屬植物園」	『東京帝國大學五十年史』下冊	東京帝國大學

著者1	著者2	著者3	発行年	論文名・書籍名	掲載誌	発行元
東京帝室博物館 編			1906	『帝室博物館鑑賞録:古銅器解説』		東京帝室博物館
東京帝室博物館 編			1906.5	『帝室博物館鑑賞録:古銅器』		吉川半七
東京帝室博物館			1919	『上野動物園案内』		東京帝室博物館
東京帝室博物館復興翼賛會 編			1931	『東京帝室博物館建築懸賞設計圖集』		東京帝室博物館復興翼賛會
東京都・社会福祉法人愛成会			2014.4	「ぽれぽれNAKANO街中まるごと美術館」	『さぽーと:知的障害福祉研究』61号	日本知的障害者福祉協会
東京都板橋区教育委員会			1900	『板橋区文化財』		東京都板橋区教育委員会
東京都板橋区立郷土資料館			2012.2	『明治・大正期の人類学・考古学者伝:板橋区立郷土資料館所蔵石田収藏氏旧蔵はがき資料集』		板橋区立郷土資料館
東京動物園協会			1998	「特集動物園学入門Ⅰ」	『どうぶつと動物園』第50巻1号	東京動物園協会
東京動物園協会			1998	「特集動物園学入門Ⅱ」	『どうぶつと動物園』第50巻2号	東京動物園協会
東京動物園協会	山口 源治郎 編	君塚 仁彦 編	2001.12	『日本現代教育基本文献叢書社会・生涯教育文献集6-60 子ども動物園ハンドブック』		日本図書センター
東京動物園協会 編			2012	『井の頭自然文化園の70年』		東京動物園協会
東京動物學會編集部			1890.1	「愛知教育博物館」	『動物學雜誌』第2巻第15號	東京動物學會
東京動物學會編集部			1890.4	「上野ノ動物園」	『動物學雜誌』第2巻第18號	東京動物學會
東京動物學會編集部			1890.5	「動物園」	『動物學雜誌』第2巻第19號	東京動物學會
東京動物學會編集部			1891.9	「實驗所室内ノ水族館」	『動物學雜誌』第3巻第35號	東京動物學會
東京動物學會編集部			1893.3	「動物園ノ訃音」	『動物學雜誌』第5巻第53號	東京動物學會
東京動物學會編集部			1894.7	「帝國博物館ノ参考室」	『動物學雜誌』第6巻第69號	東京動物學會
東京動物學會編集部			1894.12	「上野の博物館及び動物園」	『動物學雜誌』第6巻第74號	東京動物學會
東京動物學會編集部			1896.9	「上野動物園に於ける動物の取扱方」	『動物學雜誌』第8巻第95號	東京動物學會
東京動物學會編集部			1899.6	「上野動物園の近況」	『動物學雜誌』第11巻第128號	東京動物學會
東京動物學會編集部			1903.5	「第五回内國勸業博覽會堺水族館に就いて」	『動物學雜誌』第15巻第175號	東京動物學會
東京動物學會編集部			1908.4	「新式の動物園」	『動物學雜誌』第20巻第234號	東京動物學會
東京都江戸東京博物館			1985	『資料分類表作成報告書』		電通
東京都恩賜上野動物園			1952	『恩賜上野動物園創立七十周年記念小史』		東京都
東京都恩賜上野動物園 編			1962	『上野動物園のあゆみ 最近の20年を主として(開園八十周年記念)』		東京都恩賜上野動物園
東京都恩賜上野動物園			1969.1	「国内動物園水族館のサマースクールならびに類似行事調査」	『動物園水族館雑誌』第10巻3号	日本動物園水族館協会
東京都恩賜上野動物園 編			1972	『上野動物園の現状と将来 人間と自然との調和へ(開園90周年記念)1882-1972』		東京都恩賜上野動物園
東京都恩賜上野動物園 編			1982.3	『上野動物園百年史』		東京都恩賜上野動物園
東京都恩賜上野動物園			1984	『上野動物園の入園者像』		東京都恩賜上野動物園
東京都恩賜上野動物園飼育課 編			1998	『こども動物園50年誌』		東京都恩賜上野動物園
東京都教育委員会			1965.2	『高尾自然科学館調査報告書-東京都における博物館のあり方-』		東京都教育庁社会教育部

著者1	著者2	著者3	発行年	論文名・書籍名	掲載誌	発行元
東京都教育委員会			1968	『東京の博物館における集会活動』		東京都教育委員会
東京都教育庁地域教育支援部管理課 編			1900	『文化財の保護』		東京都教育庁地域教育支援部
東京都公園協会 監	小林 安茂		1980.11	『東京公園文庫 5上野公園』		郷学舎
東京都公園協会 監	中川 志郎		1981.2	『東京公園文庫 6多摩動物公園』		郷学舎
東京都公園協会 監	川上 幸男		1981.4	『東京公園文庫 14小石川植物園』		郷学舎
東京都公園協会 監	小森 厚		1981.5	『東京公園文庫 16上野動物園』		郷学舎
東京都写真美術館			1995	『イマジネーションの表現』		東京都歴史文化財団東京都写真美術館
東京都写真美術館			1996	『映像工夫館テーマⅢ「ステレオを越えて」』		東京都歴史文化財団東京都写真美術館
東京都写真美術館 編			2016.3	『撮って見て楽しもう:東京都写真美術館教育普及プログラム記録集』		東京都歴史文化財団東京都写真美術館
東京都人文博物館協議会 編			1966	『東京都内博物館出版物総目録』		東京都人文博物館協議会
東京都生活文化局コミュニティ文化部江戸東京博物館建設準備室			1983	『江戸東京博準備'83-東京都江戸東京博物館建設準備概要-』		東京都生活文化局コミュニティ文化部江戸東京博物館建設準備室
東京都多摩動物公園			1973.5	『多摩動物公園業績集』Ⅰ、Ⅱ		東京都多摩動物公園
東京都博物館協議会			1969.6	『東京の博物館』		東京都博物館協議会
東京都博物館協議会			1971.6	『東京の博物館』		東京都博物館協議会
東京都八丈支庁 編			1995.12	『エイト・ブルー構想 島まるごとエコ・ミュージアム』		東京都八丈支庁
東京都美術館 編			1955	『開館三十周年記念 東京都美術館概要』		東京都教育委員会
東京都美術館 編			1965	『東京都美術館のあゆみ 開館40周年記念』		東京都教育委員会
東京都美術館 編			1979	『東京都美術館要覧』		東京都美術館
東京都美術館 編			1985	『東京都美術館新館10年の歩み 旧美術館50年・展覧会記録』		東京都教育委員会
東京都文化振興会			1990	『東京・ニューヨーク姉妹都市提携30周年記念美術交流シンポジウム事業報告書』		東京都文化振興会
東京都歴史文化財団東京都庭園美術館 編			2014.11	『東京都庭園美術館30+1』		東京都歴史文化財団東京都庭園美術館
東京日々新聞社			1912	「商品陳列館の陳列換」	『東京朝日新聞』第9402號	東京日々新聞社
東京日々新聞社			1016	「山と水展覽會」	『東京日日新聞』第6033號	東京日々新聞社
東京日々新聞社			1940	「古典日本の枠 飛鳥奈良文化展開く」	『東京日日新聞』1940年4月26日朝刊	東京日々新聞社
東京博物學研究會 編	牧野 富太郎 校訂		1907	『實用學校園:付・園用植物園』		参文舎
東京博物館 編			1929	『温泉展覽會記録』		日本旅行協會
東京博物館			1930	「博物館に對する誤解」	『自然科學と博物館』第7號	東京博物館
東京美術	人民中国雑誌社		1989.6	『中国博物館めぐり上巻』		東京美術
東京美術	人民中国雑誌社		1989	『中国博物館めぐり下巻』		東京美術
東京府學務部			1934	『東京科學博物館の利用について』		東京府學務部學務課
東京府下中等學校博物教員會 編			1933	『東京科學博物館利用ニ關スル調査報告』		東京府下中等學校博物教員會 編

著者1	著者2	著者3	発行年	論文名・書籍名	掲載誌	発行元
東京富士美術館編			2014.11	『東京富士美術館30年史:美術は人類の最極の平和への魂の昇華なり』		東京富士美術館
東京府美術館			1942	『大東亞戰爭美術展覽會目録』		朝日新聞社・陸軍省
東京文化財研究所編			2001	『文化財害虫事典』		クバプロ
東京文化財研究所編			2004.3	『うごくモノ:美術品の価値形成とは何か』		平凡社
東京文化財研究所編			2004.3	『うごくモノ-時間・空間・コンテクスト:第26回文化財の保存に関する国際研究集会』		国立文化財機構東京文化財研究所
東京文化財研究所			2011.3	『日本絵画の修復:先端と伝統:第33回文化財の保存及び修復に関する国際研究集会』		国立文化財機構東京文化財研究所
東京文化財研究所			2014.3	『敦煌芸術の科学的復原研究:壁画材料の劣化メカニズムの解明によるアプローチ』		国立文化財機構東京文化財研究所
東京文化財研究所			2015.3	『在外日本古美術品保存修復協力事業』		国立文化財機構東京文化財研究所
東京文化財研究所			2016.3	『メキシコ:考古学・芸術・歴史的記念物及び地区に関する連邦法』		国立文化財機構東京文化財研究所文化遺産国際協力センター
東京文化財研究所			2017.5	『ネパールの被災文化遺産保護に関する技術的支援事業:報告書』		国立文化財機構東京文化財研究所文化遺産国際協力センター
東京毎日新聞社			1913	「富岳豊展覽會」	『東京毎日新聞』1913年11月2日	東京毎日新聞社
東京理科大学			2014.3	「ミュージアムへ行こう!SUWAガラスの里の美術館 諏訪湖畔にたたずむ日本最大級のガラスミュージアム」	『理大科学フォーラム』第31号3輯	東京理科大学
東京理科大学			2014.4	「ミュージアムへ行こう!緑と花と彫刻の博物館ときわミュージアム 地域の人が集うミュージアムを目指して」	『理大科学フォーラム』第31号4輯	東京理科大学
東京理科大学			2014.5	「ミュージアムへ行こう!山梨県立科学館 楽しさと知識がおみやげ」	『理大科学フォーラム』第31号5輯	東京理科大学
東京理科大学			2014.6	「ミュージアムへ行こう!山梨県立美術館 芸術と出会い・自然を感じる美術館」	『理大科学フォーラム』第31号6輯	東京理科大学
東京理科大学			2014.7	「ミュージアムへ行こう!韮崎大村美術館 女流画家に出会える美術館」	『理大科学フォーラム』第31号7輯	東京理科大学
東京理科大学			2014.8	「ミュージアムへ行こう!青森県立三沢航空科学館 遊んで学べるエアー・ミュージアム」	『理大科学フォーラム』第31号8輯	東京理科大学
東京理科大学			2014.9	「ミュージアムへ行こう!熊本県立装飾古墳館 装飾古墳と古代を体験する」	『理大科学フォーラム』第31号9輯	東京理科大学
東京理科大学			2014.10	「ミュージアムへ行こう!女子美術大学美術館」	『理大科学フォーラム』第31号10輯	東京理科大学
東京理科大学			2014.11	「ミュージアムへ行こう!京都国立近代美術館 文化ゾーンに位置する京都の近代美術館」	『理大科学フォーラム』第31号11輯	東京理科大学
東京理科大学			2014.12	「ミュージアムへ行こう!千葉市美術館 個性的なコレクション・建築・そして企画展」	『理大科学フォーラム』第31号12輯	東京理科大学
東京理科大学			2015.1	「ミュージアムへ行こう!MOA美術館」	『理大科学フォーラム』第32号1輯	東京理科大学
東京理科大学			2015.3	「ミュージアムへ行こう!ハーモ美術館」	『理大科学フォーラム』第32号3輯	東京理科大学
徳田 光太郎 述	国立文化財機構東京文化財研究所無形文化遺産部 編		2014.3	「越中福岡の菅笠保全に妙薬はあるのか」	『わざを伝える:伝統とその活用』	国立文化財機構東京文化財研究所無形文化遺産部
東江 学人			1873	『文明開化内外事情初編中』		東生亀次郎
東江 学人			1873	『文明開化内外事情巻ノ二』		
東郷 昌武			1938	「棚橋君の熱誠」	『棚橋源太郎氏と科學教育』	棚橋源太郎氏教育功労記念會
東芝商事株式会社			年号不詳	『博物館美術館の照明マニュアル』		東芝商事株式会社
東條 文治	川上 紳一*	勝田 長貴 他	2012.3	「モロッコ産隕石の収集と科学教育・理科教育における活用」	『岐阜大学教育学部研究報告.自然科学』第36巻	岐阜大学
東條 文治	川上 紳一*	大野 照文 他	2013	「日本最古の石博物館標本と最新地球史研究成果の融合による新たな博物館教育の試み」	『岐阜大学教育学部研究報告.自然科学』第37号	岐阜大学
動物園・水族館シンポジウム'91実行委員会 編			1991	『こんな動物園・水族館がほしい報告書』		動物園・水族館シンポジウム'91実行委員会

著者1	著者2	著者3	発行年	論文名・書籍名	掲載誌	発行元
動物園環境教育会議			2000	『動物園と環境教育の橋渡し-日本環境教育学会第11回大会(長野)での記録』		動物園環境教育会議
動物園環境教育会議			2002	『動物園・水族館が野生動物保全のためにできること 動物園・水族館と環境教育2』		動物園環境教育会議
動物園博物館研究会	大阪理科サークル*		1983.9	『楽しく学ぶ動物園・博物館』		たたら書房
とうほう地域総合研究所			2014.5	「福島県の歴史シリーズ 福島県立博物館催し物コーナー写真展東北:風土・人・くらし」	『福島の進路』381号	とうほう地域総合研究所
とうほう地域総合研究所			2014.9	「福島県の歴史シリーズ 福島県立博物館催し物コーナーテーマ展「【富岡町】遺跡探訪」と「現代『漆・歴史』考2014」」	『福島の進路』385号	とうほう地域総合研究所
東北芸術工科大学文化財保存修復研究センター			2010.3	『「地域文化遺産の循環型保存・活用システムに関する総合的研究」研究成果報告書』		東北芸術工科大学文化財保存修復研究センター
東北大学植物園			2011	「東北地方太平洋沖地震による東北大学植物園の被災状況」	『日本植物園協会誌』第46号	日本植物園協会
東北大学臨海実験所			1970.9	「「水族館の解説法」に関する調査」	『動物園水族館雑誌』第12巻1号	日本動物園水族館協会
東洋音樂學會			1939	「音樂博物館建設運動起る」	『東洋音樂研究』第2巻第1號	東洋音樂學會
東洋音樂學會			1939	「東亞音樂文化展覽會」	『東洋音樂研究』第2巻第1號	東洋音樂學會
東洋経済新報社			2008.4	「100万人突破の鉄道博物館」	『週刊東洋経済』第6138号	東洋経済新報社
東洋経済新報社			2008.8	「名古屋港水族館水槽の裏側を公開 家族連れを引き込む」	『週刊東洋経済』第6160号	東洋経済新報社
東洋社 編			1913	「郵便博物館を觀る」「京都の動物園」	『新撰才媛文集』巻2(雜之部)	東洋社
東洋大学教務部			2013	「東洋大学井上円了記念博物館2013年度企画展・特別展の概要」	『東洋大学博物館学年報』第26号	東洋大学教務部
東陽堂			1892	「土木門水族館」	『風俗畫報』第204號	東陽堂
東陽堂			1903	「水族館」	『風俗畫報』第五回内國勸業博覽會増刊號	東陽堂
東陽堂編輯部			1915	「大正博覽會特集」	『風俗畫報』第437號	東陽堂
東洋美術研究會 編			1929	『正倉院の研究:東洋美術特輯』		飛鳥園
戸尾 任宏			1984	「地方博物館・資料館の計画-その理論と方法-」	『建築設計資料』第5号	建築資料研究社
戸尾 任宏			1984	「二重壁二重屋根構造の効果--蒲郡市郷土博物館の場合」	『博物館研究』第19巻第10号	日本博物館協会
戸尾 任宏			1993	「地方博物館の新たな展開とその可能性」	『建築設計資料』第42号	建築資料研究社
トータルメディア開発研究所			2000.5	『日本の企業博物館』		トータルメディア開発研究所
遠山 光嗣			2013.8	「「ごん狐」の舞台に立って:新美南吉記念館一〇年のあゆみ」	『別冊太陽:日本のこころ』第210号	平凡社
遠山 仁惠			2000.3	「実践例「学校教育との連携」と博物館の課題 先生方からの要望を中心として」	『Museumちば:千葉県博物館協会研究紀要』31号	千葉県博物館協会
遠山 椿吉			1916	「結核展覽會」	『強肺健胃法』	広文堂書店
遠山 御幸	山本 哲也*		2012.8	「移動式プラネタリウムの可能性:歴史系博物館での実践とともに」	『博物館研究』第47巻第8号	日本博物館協会
栂 典雅	平松 新一		2015.6	「評判のビジターセンター"人気の秘密"白山国立公園中宮温泉ビジターセンター/石川県白山自然保護センター中宮展示館」	『國立公園』第734号	自然公園財団
冨樫 泰時			1972.7	「秋田県の博物館史(その1)」	『出羽路』第48号	秋田県文化財保護協会
冨樫 泰時			1972.11	「秋田県の博物館史(その2)」	『出羽路』第52号	秋田県文化財保護協会
冨樫 泰時			1974.2	「秋田県の博物館史(その3)」	『出羽路』第60号	秋田県文化財保護協会
冨樫 泰時			1976.5	「岩井堂洞穴のジオラマ」	『博物館研究』第11巻第5号	日本博物館協会

著者1	著者2	著者3	発行年	論文名・書籍名	掲載誌	発行元
冨樫 泰時			1976.5	「博物館建設の経過(秋田県立博物館特集)」	『博物館研究』第11巻第5号	日本博物館協会
冨樫 泰時			1977.2	「秋田県の博物館史(その4)」	『出羽路』第60号	秋田県文化財保護協会
冨樫 泰時			1980.6	「館種別博物館における設置と運営 総合博物館」	『博物館学講座 第9巻博物館の設置と運営』	雄山閣
冨樫 泰時			1981.3	「秋田県の博物館史」	『國學院大學博物館學紀要』第5輯	國學院大學博物館学研究室
冨樫 泰時			2003	『秋田の博物館-その歴史と背景』		秋田文化出版
冨樫 泰時			2008.3	「特別史跡大湯環状列石の環境整備と博物館活動」	『國學院大學考古学資料館紀要』第24輯	國學院大學考古学資料館
戸川 残花			1912	「小石川植物園」	『江戸史蹟』	内外出版協會
戸川 安宅			1913	「晃山の保勝」	『斯民』第8編第6號	中央報徳會
戸川 律子			2014.12	「ユネスコ無形文化遺産登録が果たす役割についての日仏比較:両国における食生活の〈型〉の形成を通じて」	『フードシステム研究』第21号	日本フードシステム学会
Tokioka.T			1962	「Problems in maintaining aquarium.」	『Bull.Mar.Biol.Sta.Asamushi』第11巻2号	Central Office IAC
時里 奉明	木下 達文*	森田 真也 他	20098	「大学と博物館の連携を求めて」	『筑紫女学園大学・短期大学部人間文化研究所年報』第20号	筑紫女学園大学・短期大学部人間文化研究所
時里 奉明	梶原 宏之		2014.8	「歴史民俗展示の新たな可能性:国立歴史民俗博物館と福岡市博物館のリニューアルを事例に」	『筑紫女学園大学・短期大学部人間文化研究所年報』第25号	筑紫女学園大学・短期大学部人間文化研究所
時田 賢一	説田 建一*		2005	「明治から大正にかけて活躍した標本商、長與について」	『岐阜県博物館調査研究報告』第26号	岐阜県博物館
研谷 紀夫			2012.11	「デジタル化とドキュメンテーション(博物館の情報環境をめぐる課題)」	『博物館学3(博物館情報メディア論*博物館経営論)』	学文社
研谷 紀夫			2012.11	「資料化と情報化・デジタル化(博物館の情報環境をめぐる課題)」	『博物館学3(博物館情報メディア論*博物館経営論)』	学文社
常磐 拓司	清水 紀芳	棟方 渚 他	2008.7	「博物館における研究成果紹介展示」	『情報処理学会研究報告』2008巻第62号	情報処理学会
徳川 恒孝 述			2009.3	「ビジネス界から非営利の世界へ」	『ミュージアム新時代』	慶応義塾大学出版会
徳川 斉正			2001.4	「財団法人水府明徳会「彰考館徳川博物館」の増築事業について」	『博物館研究』第36巻第4号	日本博物館協会
徳川 宗敬			1960.3	「日本の博物館と棚橋先生」	『Mouseion:立教大学博物館研究』第5号	立教大学学校・社会教育講座
徳川 宗敬			1969.1	「人と機能の相互協力を」	『博物館ニュース』第4巻第1号	日本博物館協会
徳川 宗敬			1970.9	「発展社会の中の博物館～博物館大会の在りかたを求めて～」	『博物館ニュース』第5巻第8号	日本博物館協会
徳川 宗敬 他監	千地 万造 編		1978.12	『博物館学講座 第5巻調査・研究と資料の収集』		雄山閣
徳川 宗敬 他監	柴田 敏隆 編		1979.3	『博物館学講座 第6巻資料の整理と保管』		雄山閣
徳川 宗敬 他監	新井 重三 編		1979.6	『博物館学講座 第1巻博物館学総論』		雄山閣
徳川 宗敬 他監	廣瀬 鎮 編		1979.9	『博物館学講座 第4巻博物館と地域社会』		雄山閣
徳川 宗敬 他監	倉田 公裕 編		1979.11	『博物館学講座 第8巻博物館教育と普及』		雄山閣
徳川 宗敬 他監	加藤 有次 編		1980.3	『博物館学講座 第3巻日本の博物館の現状と課題』		雄山閣
徳川 宗敬 他監	下津谷 達男 編		1980.6	『博物館学講座 第9巻博物館の設置と運営』		雄山閣
徳川 宗敬 他監	新井 重三 編		1981.1	『博物館学講座 第2巻日本と世界の博物館史』		雄山閣
徳川 宗敬 他監	新井 重三 編	加藤 有次 編	1981.1	『博物館学講座 第10巻参考資料集』		雄山閣
徳川 宗敬 他監	新井 重三 編	佐々木 朝登 編	1981.5	『博物館学講座 第7巻展示と展示法』		雄山閣

著者1	著者2	著者3	発行年	論文名・書籍名	掲載誌	発行元
徳川 義崇			2008.8	「徳川美術館の運営から考察する私立美術館の運営」	『博物館研究』第43巻第8号	日本博物館協会
徳川 義親			1926	「植物園」	『馬來の野に狩して』	坂本書店出版部
徳川 義親			1931	「チボダスの高山植物園」	『じゃがたら紀行』	郷土研究社
徳川 義親			1931	「人種の展覽會」	『じゃがたら紀行』	郷土研究社
徳川 義宣			1984	「〔徳川美術館〕収蔵庫の設備と管理」	『博物館研究』第19巻第10号	日本博物館協会
徳川 義宣	遠藤 克司*	坪田 知広	1996	「私立博物館経営の現状とその課題」	『博物館研究』第31巻第9号	日本博物館協会
徳川 賴倫			1914	「大禮記念の文華事業」	『斯民』第8編第10號	中央報徳會
徳川 賴倫			1914	「學術應用力の修養を盛にせん」	『斯民』第9編第2號	中央報徳會
徳川 賴倫			1918	「國土美の保全事業」	『史蹟名勝天然紀念物』第2巻第5号	史蹟名勝天然紀念物協會
徳澤 啓一	阿部 正喜	小林 秀司	2016.3	「博物館の資料とは」	『観光資源としての博物館』	芙蓉書房出版
徳重 隆志			2014.7	「ルーヴル・ランス美術館:フランスの未来型美術館と日本の接点」	『未来』第574号	未来社
徳島博物館研究会 編			2002.3	『地域に生きる博物館』		教育出版センター
徳島県立鳥居記念博物館 編			1970	『鳥居龍蔵博士の思い出』		徳島県立鳥居記念博物館
徳島県立博物館			1976	『教育活動を反映させた展示効果』		徳島県立博物館
徳島県立博物館			1977	『地方博物館の展示のあり方』		徳島県立博物館
徳島県立博物館			1993.1	『鳥居龍三の見たアジア』		徳島県立博物館
徳島県立博物館			1994.3	『徳島県博物館三十年史』		徳島県立博物館
徳島地方史研究会			2004.3	「没後50年、今、鳥居龍蔵を考える」	『史窓』第34号	徳島地方史研究会
徳島文理大学文学部文化財学科			2006.3	『大学教育と地域社会との連携』		徳島文理大学文学部
徳田 信子	尾坂 知江子		2002.3	「生命科学を子どもと共に遊ぶ〜寸劇・ゲーム・歌を使った試み」	『名古屋市科学館紀要』第28号	名古屋市科学館
徳田 悠希	和田 年史*	山口 暁美	2012.3	「「総合的な学習の時間」におけるジオパークと博物館の活用事例」	『鳥取県立博物館研究報告』第49号	鳥取県立博物館
徳永 佳世	大本 敬久	村田 昌也 他	2016.2	「4結ぶ・広げる」	『もっと博物館が好きっ!みんなと歩む学芸員』	教育出版センター
徳永 保固	久松 洋二*	岩田 憲一	1996.3	「平成7年度博物館講座の応募者動向について」	『愛媛県総合科学博物館研究報告』第1号	愛媛県総合科学博物館
徳永 幸生	安達 文夫*	鈴木 卓治	2014.1	「合戦図自在閲覧システム:統合モードの適用とその評価」	『国立歴史民俗博物館研究報告』第182集	国立歴史民俗博物館
徳増 有治			1997.1	「博物館振興施策の新たな展開について」	『博物館研究』第32巻第1号	日本博物館協会
徳増 有治			1999	「これでいいのか?『学芸員問題』第3回緊急シンポジウム記録 博物館活動の振興と学芸員制度」	『博物館問題研究』第25号	博物館問題研究会
徳増 有治			1999	「博物館活動の振興と学芸員制度」	『博物館問題研究』第25号	博物館問題研究会
匿名			1904	「セントルイス萬國博覽會で人類學」	『東洋學藝雜誌』第270號	東洋學藝社
匿名			1938	「支那博物館一覧表」	『博物館研究』第11巻第9号	日本博物館協會
匿名			1939	「沿革」	『創立30年記念論文集』	臺灣博物館協會
匿名			1942	「大東亞博と『朝鮮館』」	『通報』第125號	ブリル

著者1	著者2	著者3	発行年	論文名・書籍名	掲載誌	発行元
匿名			1943	「北鮮科學博物館」	『通報』第141號	ブリル
徳本 正	松尾 勝美*	勝田 賢則	2005	「山口博物館における博学連携に関する一考察」	『山口県立山口博物館研究報告』第31号	山口県立山口博物館
徳本 宏子			2014	「東京都写真美術館のワークショップ:暗室での現像体験の意義」	『東京都写真美術館紀要』13号	東京都歴史文化財団東京都写真美術館
徳本 理香			1997.1	「九州国立博物館(仮称)を支援する市民の輪を広げて」	『月刊ミュゼ』25号	(株)アム・プロモーション
徳山 直宜	鈴木 孝仁*	中島 明日香	2015.3	「奈良女子大学ミュージアムの文化財保存環境におけるカビ汚染の制御」	『古代学』7号	奈良女子大学古代学学術研究センター
所 広秋			1997.3	「「みて、ふれて、やって」体験を通して楽しく学べる展覧会をもとめて」	『研究紀要』第11号	岐阜市歴史博物館
戸坂 恵美子			2016.3	「水族館にて(工芸・染色)」	『北海道女子短期大学研究紀要』第9巻	北海道女子短期大学
冨坂 賢			1994.1	「近現代史展示の問題をめぐって」	『歴史手帳』243号	名著出版
冨坂 賢			1997.3	「関西の博物館・資料館における現代展示のあり方とその課題について」	『関西大学博物館紀要』第3号	関西大学博物館
戸崎 勝洋			1999.5	「上野原遺跡—復元遺構で展開する新活用法」	『資源環境対策』第35巻7号(『緑の読本』シリーズ50)	公害対策技術同友会
豊島区立郷土資料館			1993.3	「座談会 豊島区立郷土資料館新館設立に向けて」	『生活と文化:豊島区立郷土資料館研究紀要』第7号	豊島区教育委員会
豊島 松治			1933	「第二篇郷土教育論」	『小學校に於ける郷土地理教育の指導體系上』	三宝閣
豊島 松治			1933	「第四節學校博物館の經營と郷土博物館の建設」	『小學校に於ける郷土地理教育の指導體系下』	三宝閣
としま未来文化財団 編			2016.3	『としま未来へ:公益財団法人としま未来文化財団設立30周年記念誌:としまの文化とともに30年』		としま未来文化財団
利光 功			1991	『「博物館学」学習指導書』		玉川大学通信教育部
利光 功			1998	『「博物館学Ⅰ・Ⅲ」学習指導書』		玉川大学通信教育部
利光 功			1998	『美術館と公衆-美的趣味の社会的傾向』		文部省科学研究費補助金研究成果報告書
利光 功			1998.3	『美と芸術のプロムナード』		玉川大学出版部
利光 正文			1979.2	「ジャカルタの国立博物館見聞記」	『別府大学博物館研究報告』第3号	別府大学博物館学課程
利光 正文			1980.2	「東ジャワのトロウラン古代博物館訪問記」	『別府大学博物館研究報告』第4号	別府大学博物館学課程
都城 秋穂			1996	「自然科学史の史料保存のために」	『科学』第36巻第12号	岩波書店
十代田 朗	矢島 侑真*	津々見 崇	2016.9	「世界遺産登録運動を契機とした地域の文化財保全・活用の発展に関する研究」	『都市計画論文集』第51巻3号	日本都市計画学会
戸田 恭司	西 幸隆*		1996.7	「釧路沖・北海道東方沖地震による被害とその後の対応」	『神奈川県博物館協会会報』第68号	神奈川県博物館協会
戸田 清子			2010	「芦屋市における文化行政の充実と芸術・文化活動の展開--芦屋市立美術博物館を中心に」	『地域創造学研究』第21巻第2号	奈良県立大学研究会
戸田 清子			2011	「明治期における教育博物館の意義と工業教育の展開--手島精一の工業教育論をめぐる考察」	『地域創造学研究』第21巻第4号	奈良県立大学研究会
戸田 健太郎	五島 敏芳*		2017.3	「京都大学研究資源アーカイブにおける研究資料情報の共有」	『〈総合資料学〉の挑戦:異分野融合研究の最前線』	吉川弘文館
戸田 智	藤岡 達也*	石田 浩久	2006.1	「学校・博物館を取り込んだ地域連携による景観の活用について」	『歴史地理学』第48巻第1号	歴史地理学会
戸田 傑	小波津 美香*	後岡 喜信	2011.12	「産学官連携プロジェクトにおける研究と教育成果:横浜美術館連携プロジェクト報告」	『城西国際大学紀要』第19巻第5号	城西国際大学
戸田 孝	中島 経夫*	浅野 彬	1996	「博物館におけるコンピュータ活用とマルチメディア」	『博物館指導者研究協議会報告書平成8年度』	日本博物館協会
戸田 孝			1999	「情報提供システムアクセス記録の分析」	『博物館研究』第34巻第9号	日本博物館協会
戸田 孝			2001	「富山県博物館協会フェア博物館のインターネット発信における「情報格差」—滋賀県内を例として—」	『博物館研究』第36巻第3号	日本博物館協会

と

著者1	著者2	著者3	発行年	論文名・書籍名	掲載誌	発行元
戸田 孝			2002.11	「インターネット上の博物館情報の安定性」	『博物館研究』第37巻第11号	日本博物館協会
戸田 孝			2003.7	「学校と博物館のカリキュラム連携のありかた」	『日本科学教育学会年会論文集』第29巻	日本科学教育学会
戸田 孝			2004.3	「「外来生物展」とインターネット連携」	『博物館研究』第39巻第3号	日本博物館協会
戸田 孝			2009.2	「地域の博物館連携組織を主体とする「展示活動」-滋賀県博物館協議会25周年記念事業を例として」	『博物館研究』第44巻第2号	日本博物館協会
戸田 孝			2012.4	「公益法人制度改革の「大手私立」以外の博物館への活用」	『博物館学雑誌』第37巻第2号	全日本博物館学会
戸田 孝			2014	「博物館教員に関する全国調査」	『科学教育研究』第38巻4号	日本科学教育学会
戸田 孝			2015.10	「「研究博物館」の組織論と活動論:琵琶湖博物館開設時の主張とその後」	『博物館研究』第50巻第10号	日本博物館協会
戸田 忠祐	瀬川 修*	吉岡 裕	2001.2	「茅葺民家の保存利用とその方策についての試み」	『岩手県立博物館研究報告』第18号	岩手県立博物館
戸田 正勝			1994.3	「地域博物館における生涯学習活動の展開-栃木県の人文系博物館を中心にして-」	『全博協研究紀要』第3号	全国大学博物館学講座協議会
戸田 正勝			2004.3	「参考館の今昔」	『栃木史学』第18号	國學院大學栃木短期大學史学会
戸髙 一成			2008.9	「展示三年で四百万人を集めた大和ミュージアム」	『議会政治研究』第87号	議会政治研究会
戸髙 一成	古市 憲寿*		2014.9	「戦争を知らない若者が見た戦争博物館」	『文芸春秋』第92巻第11号	文芸春秋
戸髙 一成			2016.3	「シンポジウム「未来を考える装置としての博物館」」	『博物館研究』第51巻第3号	日本博物館協会
戸田市立郷土博物館			1994	『郷土博物館を学校教育にいかそう』		戸田市立郷土博物館
戸田市立郷土博物館	彩湖自然学習センター		2010.3	『博物館・自然学習センターを活用した事例集』4		戸田市立郷土博物館
戸田市立郷土博物館	彩湖自然学習センター 編		2015.3	『博物館・自然学習センターを活用した事例集』5		戸田市立郷土博物館
土地 満			2016	「チャレンジ富山の文化芸術とまちなかの新たな魅力創出の拠点富山市ガラス美術館」	『北陸経済研究』第441号	北陸経済研究所
とちぎ あきら			2014.10	「映像資料のヘルスケア:映画フィルムの物性と複製可能性から考える」	『博物館研究』第49巻第1号	日本博物館協会
栃木県立資料館 編			1982	『栃木県立郷土資料館のあゆみ』		栃木県立郷土資料館
栃木県立博物館管理部 編			1983	『博物館建設の記録・準備室の業務中心』		栃木県立博物館
栃木県立博物館			2014.3	『県内文化財の三次元計測』		栃木県立博物館
栃窪 優二	小塩 哲朗	松山 智恵子	2012	「大学と科学館との映像制作連携の試み:名古屋市科学館プロジェクト報告」	『椙山女学園大学文化情報学部紀要』第12巻	椙山女学園大学文化情報学部
栃窪 優二	松山 智恵子*	脇田 泰子 他	2014.3	「地域連携によるインターネット情報発信の試み:「バーナャルひがしやま動物園&植物園」サイトの構築」	『椙山女学園大学研究論集社会科学篇』第45号	椙山女学園大学
栃内 吉彦			1943	「札幌の植物園」	『山談花語』	青山出版社
戸塚 佳代子			2006.3	「ミュージアムパーク茨城県自然博物館の来館者の意識と動向-来館者アンケートからみる10年の軌跡-」	『茨城県自然博物館研究報告』第9号	ミュージアムパーク茨城県自然博物館
戸塚 廉			1936	「私の科学博物館-高學年を中心に-」	『生活学校』第12巻12月號	兒童の村生活教育研究會
鳥取縣師範學校			1936	『郷土研究施設要覽』		鳥取縣師範學校
鳥取県立博物館			1972	『鳥取県立博物館案内』		鳥取県立博物館
鳥取県立博物館			1983	『鳥取県立博物館10年のあゆみ』		鳥取県立博物館
鳥取県立博物館			2003.3	『鳥取県立博物館この10年(平成5年度～平成14年度)』		鳥取県立博物館
鳥取理學會 編			1942	「伊吹植物園」	『鳥取地方校外指導便覽』	鳥取市教育會

著者1	著者2	著者3	発行年	論文名・書籍名	掲載誌	発行元
富成 哲也			1998.3	「ハニワ工場公園の整備・活用」	『資源環境対策』第34巻4号（『緑の読本』シリーズ45）	公害対策技術同友会
富成 哲也			1999.5	「今城塚古墳附新池埴輪製作遺跡ー維持管理のノウハウ」	『資源環境対策』第35巻7号（『緑の読本』シリーズ50）	公害対策技術同友会
刀根 薫	藤波 香織*	垣内 恵美子	2015.2	「DEA分析に基づくミュージアムの有効活用方策の検討-分権時代の人材育成拠点施設として-」	『GRIPS Discussion Papers』10－16	GRIPS Policy Research Center
戸根 与八郎	小見 秀男*		2005.6	「新潟県中越大震災における博物館の被災状況について」	『博物館研究』第40巻第6号	日本博物館協会
利根川 章彦	辻 謙治		2015.11	「史跡埼玉古墳群と出土品の価値を世界に向けて発信—Googleアートプロジェクトへの参加」	『博物館研究』第50巻第11号	日本博物館協会
外池 智			1997	「小田内通敏の郷土教育論の実践的展開--山梨県師範学校における「郷土科」カリキュラムを事例として」	『社会科教育研究』第78号	日本社会科教育学会
戸野 周次郎			1911	「通俗教育調査會について」	『教育界』第10巻第10號	明治教育社
鳥羽 都子	織田 直文		2007.9	「まちづくりに関わる一主体としての文化施設に関する研究--滋賀県長浜市のまちづくりに関わる長浜市長浜城歴史博物館事業の分析から」	『文化経済学』第5巻第4号	文化経済学会
鳥羽水族館 編			1965	『鳥羽水族館10年のあゆみ開館10周年記念』		鳥羽水族館
鳥羽水族館			1980	『鳥羽水族館開館25周年記念誌-海、さかな、人-海はともだち』		鳥羽水族館
戸花 亜利州			2010.3	「大学博物館における展示実習の意義と課題--帝塚山大学博物館実習生による企画展示を通して」	『全博協研究紀要』第12号	全国大学博物館学講座協議会
鳥羽山 照夫 編			1992.1	『水族館へ行きたくなる本』		リバティ書房
鳥羽山 照夫			1998	「命を感じさせる水族館を」	『まちなみ・建築フォーラム』第1巻2号	市ヶ谷出版社
戸原 純一			1964	「幕末の修陵について」	『書陵部紀要』第16号	宮内庁書陵部
戸張 孤雁	藤田 東嶼 編		1930	「美術館二三の疑ひ」	『孤雁遺集』	戸張和枝
登張 竹風			1903	『新教育論 藝術編』		有朋堂
飛松 正			1931	「兒童博物館經營の要點」	『兒童教育』第25巻第4號	兒童教育研究會
苫小牧青少年センター			1980	『博物館施設に於ける学習活動調査報告』		苫小牧青少年センター
トマス・ホービング	東野 雅子 訳		1994.11	『ミイラにダンスを踊らせてメトロポリタン美術館の内幕』		白水社
トマス・ホービング	東野 雅子 訳		2000.6	『ミイラにダンスを踊らせてメトロポリタン美術館の内幕』		白水社
戸潤 幸夫			2011	「美術館や児童館施設等の創造活動の役割:先行事例や現場調査などにより考察」	『人間生活学研究』第2号	新潟人間生活学会
泊 俊一郎			2014.3	「実験考古学の視点を取り入れた講座等の実践」	『宮崎県立西都原考古博物館研究紀要』第10号	宮崎県立西都原考古博物館
泊 俊一郎			2015.3	「「西都原考古博物館を活かした題材例」の作成とその活用」	『宮崎県立西都原考古博物館研究紀要』第19号	宮崎県立西都原考古博物館
富岡 丘藏			1926	「郷土造園の一省察」	『造園學雑誌』第2巻第12號	日本造園學會
富岡市世界文化遺産活性化事業実行委員会 編			2016.3	『富岡製糸場世界遺産登録1周年記念「世界遺産講演会」報告書』		富岡市世界文化遺産活性化事業実行委員会
富岡 義人			1994.8	「ルイス・カーンのキンベル美術館の設計分析--建築設計における形式とボキャブラリー」	『日本建築学会計画系論文集』第59巻462号	日本建築学会
富澤 達三			2003.12	「東京都写真美術館を訪れて・・・」	『非文字資料研究』第2号	神奈川大学日本常民文化研究所非文字資料研究センター
富澤 達三			2005.3	「博物館・美術館・大学図書館・暴力のあと」	『非文字資料研究』第7号	神奈川大学日本常民文化研究所非文字資料研究センター
富澤 達三			2008.3	「非文字資料のデジタル化と歴史研究 近世画像資料を例として」	『非文字資料研究の可能性—若手研究者研究成果論文集—』	神奈川大学21世紀COEプログラム研究推進会議
富澤 まり			2009	「広島市植物公園における企画展について」	『日本植物園協会誌』第44号	日本植物園協会
富田 晃彦	佐々木 順子*		2004	「プラネタリウムを用いた理科教育の可能性(天文教育プロジェクト)」	『和歌山大学教育学部教育実践総合センター紀要』第14号	和歌山大学教育学部附属教育実践総合センター

著者1	著者2	著者3	発行年	論文名・書籍名	掲載誌	発行元
富田 健司			2011.11	「基礎的自治体公文書館の動向--平成の大合併から公文書管理法制定にかけて」	『都市問題』第102巻第11号	東京市政調査会
富田 健司			2014.4	「芳賀町総合情報館:図書館、博物館、文書館機能との複合をめぐって」	『みんなの図書館』第444号	教育史料出版会
富田 紘一			1971.3	「熊本市立博物館の活動－人文科学－」	『國學院大學博物館學紀要』第3輯	國學院大學博物館学研究室
富田 紘一			1985.3	「本博物館における考古学展示見学レポートの集計」	『國學院大學博物館學紀要』第9輯	國學院大學博物館学研究室
富田 紘一			1987.3	「熊本県博物館史」	『國學院大學博物館學紀要』第12輯	國學院大學博物館学研究室
富田 紘次			2011.3	「佐賀城下絵図と地域博物館における活用」	『博物館学年報』第42号	同志社大学
富田 純雄			1936	「博物館と美術館」	『來し方遠し』	世相軒
冨田 竹三郎			1969.3	「視聴覚教育と民俗館の展示」	『國學院大學博物館學紀要』第1輯	國學院大學博物館学研究室
冨田 千夏			2014.8	「資料保存セミナー文化資産としてのマイクロフィルム保存を考える」	『ネットワーク資料保存』第108号	日本図書館協会・資料保存委員会
富田 任			2014.3	「歴史館における行政文書の選別と整理」	『茨城県立歴史館報』第41号	茨城県立歴史館
富田 仁			1997.7	『岩倉使節団のパリ』		翰林書房
富田 元久			2014	「どの子も取り組める!自由研究のワークシート」	『社会科教育』第51巻7号	社会科教育研究社
富田 有一	伊藤 孝紀		2009.2	「鑑賞者の行為や意識からみた展示空間とアート作品の特徴に関する研究:横浜トリエンナーレ2008を事例とする」	『日本建築学会東海支部研究報告集』第47号	日本建築学会東海支部
富田 好久			1982.5	「歴史民俗資料館の設置と運営−池田市立資料館の場合−」	『阡陵関西大学博物館学課程創設二十周年記念特集』	関西大学博物館学課程
冨永 實	宍戸 栄治*	白井 次郎 他	2011.8	「座談会 博物館の紹介と担当者の苦労話」	『運転協会誌』第53巻第8号	日本鉄道運転協会
富屋 均			2013.11	「東山植物園の成立過程と温室の構想・設計について」	『日本植物園協会誌』第48号	日本植物園協会
豊見山 和美			2016.3	「公文書館の展示業務を考える」	『沖縄県公文書館研究紀要』第18号	沖縄県公文書館
トムソン・ギャリー	東京芸術大学美術学部保存科学教室訳		1988.5	『博物館の環境管理』		雄山閣出版
友岡 信彦			2014.6	「風土記と丘と博物館:大分県立歴史博物館の展示と研究・普及活動」	『博物館研究』第49巻第6号	日本博物館協会
富岡 守			2011.11	「津波被害を受けた自治体の公文書とその復旧」	『都市問題』第102巻第11号	東京市政調査会
友金 洋			1971.12	「何のための誰のための展覧会か」	『博物館問題研究』第5号	博物館問題研究会
友金 洋			1972.2	「学芸員予備軍の学芸員」	『博物館問題研究』第6号	博物館問題研究会
友國 暹			1913	「學校を中心としたる社會教育の施設」	『帝國教育』	帝國教育會
友国 雅章			1991.9	「北米の科学博物館の展示を見て」	『国立科学博物館ニュース』第269号	国立科学博物館
友田 靖雄			1988.3	「学校利用に対する博物館の在り方」	『岐阜市歴史博物館研究紀要』第2号	岐阜市歴史博物館
富塚 朋子	岩槻 邦男	宮田 昌彦	2012.2	「大学・博物館等に保存された海藻の証拠標本を用いた浅海域の環境変動の推定」	『植物研究雑誌』第87巻第1号	株式会社ツムラ
友永 雅己	佐藤 義明*		2010	「世界動物園水族館協会(WAZA)による「動物園・水族館による動物研究の実施に関する倫理指針」について(翻訳)」	『動物心理学研究』60巻2号	日本動物心理学会
友成 真一	井上 和久*		2015	「エコミュージアムによる地域概念の形成に関する研究」	『地域活性研究』第6巻	地域活性学会
友野 千鶴子			1995	「博物館-学芸員と映像資料」	『月刊歴史手帖』第23巻1号	名著出版
冨山 晋一	岸本 浩和	野口 文隆	2010.3	「東海大学海洋科学博物館における魚類標本の登録・管理」	『東海大学博物館研究報告』第10号	東海大学社会教育センター
外山 和夫			1994.3	「解説員養成について—群馬県立歴史博物館の場合—」	『Museologist:明治大学学芸員養成課程年報』第9巻	明治大学学芸員養成課程

著者1	著者2	著者3	発行年	論文名・書籍名	掲載誌	発行元
外山 和夫			1995	「受け入れる側の博物館実習」	『群馬県立歴史博物館紀要』第16号	群馬県立歴史博物館
外山 和夫			1996.3	「地方の博物館、そして学芸員に思うこと」	『Museologist:明治大学学芸員養成課程年報』第11巻	明治大学学芸員養成課程
富山県博物館協会編			1977	『富山県美術館・博物館ガイド』		富山県博物館協会
富山県博物館協会編			1985.3	『富山県博物館協会二十年史』		富山県博物館協会
富山県氷見高等学校書道部			1990	『拓本の技法』		富山県氷見高等学校書道部
外山 徹			1998.3	「伝統産業に関する展示のプランニング－伝統工芸品から何をうったえるのか－」	『明治大学博物館研究報告』第3号	明治大学博物館事務室
外山 徹			2001.3	「英国の博物館研究における"思考方法"についての一考察--ロンドン市立博物館「ギャラリー・バック」を素材として」	『明治大学博物館研究報告』第6号	明治大学博物館事務室
外山 徹			2002.3	「インタラクティブ系博物館建設にあたっての諸課題--ティム・コールトン著染川香澄・他(訳)『ハンズ・オンとこれからの博物館』を受けて」	『明治大学博物館研究報告』第7号	明治大学博物館事務室
外山 徹	加藤 健太郎*		2003.3	「学校団体の博物館見学受け入れにあたっての諸問題－中学・高校生の団体見学アンケート分析を通して－」	『明治大学博物館研究報告』第8号	明治大学博物館事務室
外山 徹			2005.3	「博物館教育法についての問題提起--実物資料の観察を不可欠とする教育論への展望」	『明治大学博物館研究報告』第10号	明治大学博物館事務室
外山 徹			2006	「英国の地域博物館における教育手法に関する一考察―ワークシートの設問分析を通して―」	『明治大学博物館研究報告』第11号	明治大学博物館事務室
外山 徹			2013.3	「伝統的工芸品は古美術の模造か？～旧明治大学商品陳列館における伝統的工芸品収集～」	『博物館資料の再生：自明性への問いとコレクションの文化資源化』	岩田書院
外山 徹	忽那 敬三*	黒沢 浩 他	2015.6	「第2章博物館教育の方法」	『博物館教育論』	講談社
外山 真樹	岩切 勝彦*		2016	「展示に関わる映像資料の作成」	『宮崎県総合博物館研究紀要』第37輯	宮崎県総合博物館
豊川 理恵奈			2015.3	「博物館中核機能としての展示史」	『國學院大學博物館學紀要』第39輯	國學院大學博物館学研究室
豊口 真衣子			2003.3	「ミュージアムにおけるデザイン展示に関する諸問題について-ヴィクトリア・アンド・アルバートミュージアムとホワイトチャペル・アート・ギャラリーを中心に-」	『日本建築学会計画系論文集』第68巻564号	日本建築学会
豊澤 武			1938	「文化秋田縣と郷土博物館(上)」	『秋田魁新報』1938年1月4日朝刊1面	秋田魁新報社
豊澤 武			1938	「文化秋田縣と郷土博物館(下)」	『秋田魁新報』1938年1月5日朝刊1面	秋田魁新報社
豊澤 武			1941	「秋田圖書館郷土博物室」	『博物館研究』第14巻第9號	日本博物館協會
豊島 修			1989.1	「博物館実習Ⅰの現状と課題」	『全博協研究紀要』創刊号	全国大学博物館学講座協議会
豊島 寛彰			1962	「竹の台から動物園(上野公園南部三)」	『上野公園とその付近(上巻)』	芳洲書院
豊城 浩行			2000	「文化財建造物の保護と修理：多くの人の賛同を得るために」	『文建協通信』第60号	文化財建造物保存技術協会
豊田 雅幸			2016.3	「「池袋=自由文化都市プロジェクト」における立教学院展示館の展示について」	『大衆文化』第14号	立教大学江戸川乱歩記念大衆文化研究センター
豊田 真由美	藤村 俊*	太田 久子 他	2006.3	「博物館実習生からみた美濃加茂市民ミュージアムの現状と今後」	『美濃加茂市民ミュージアム紀要』第5集	美濃加茂市民ミュージアム
豊橋市向山天文台			1967	『全国天文施設一覧』		豊橋向山天文台
豊橋市向山天文台			1971	「展示解説カード」	『博物館研究』第6巻第5号	日本博物館協会
豊橋市向山天文台			1971	「展示台と展示品の説明板について」	『博物館研究』第6巻第5号	日本博物館協会
豊橋市向山天文台			1971	「オートスライドの一方式」	『博物館ニュース』第6巻第12号	日本博物館協会
豊橋市向山天文台			1971	『新版全国天文施設一覧』		豊橋向山天文台
豊橋市向山天文台			1971.4	『全国天文教育施設要覧(プラネタリウム編)』		豊橋向山天文台
豊橋市向山天文台			1972	「テープレコーダーによる案内の一案」	『博物館ニュース』第7巻第2・3号	日本博物館協会

著者1	著者2	著者3	発行年	論文名・書籍名	掲載誌	発行元
豊久 将三			2005.5	「美術館の光を創る」	『日本色彩学会誌』第29巻	日本色彩学会
豊久 将三			2010	「展示作品の光と波長」	『此君』第2号	根津美術館
Traverse編集委員会編			2013.10	「スタジオコースの作品から2013 たゆたう建築:ミュンヘン現代美術館計画案」	『Kyoto University architectural journal』第14号	Traverse編集委員会
Traverse編集委員会編			2013.10	「アートと空間ある現代美術作家のための個人美術館の構想」	『Kyoto University architectural journal』第14号	Traverse編集委員会
虎間 麻実			2008.6	「池上曽根弥生学習館の来し方7年-大阪府池上曽根遺跡と弥生文化博物館との関係を通して」	『考古学研究』第55巻第1号	考古学研究会
鳥居 和郎			2009.3	「博物館は市民にどのように認識されているのだろうか―指定管理者制度をめぐる問題から考えて―」	『日本女子大学博物館学芸員課程年報』No.7	日本女子大学
鳥居 敬			2013.3	「BtoB製造業のコーポレート・コミュニケーションにおける企業博物館の有効性」	『BtoB communications』第45巻第3号	日本BtoB広告協会
鳥居 恒夫	高林 成年		1993.11	『植物園へ行きたくなる本』		リバティ書房
鳥居 恒夫			1999.6	「館種別博物館資料論 植物園」	『新版博物館学講座 第5巻 博物館資料論』	雄山閣
鳥居 恒夫			1999.12	「館種別博物館の教育活動の特色 植物園」	『新版博物館学講座 第10巻生涯学習と博物館活動』	雄山閣
鳥居 恒夫			2000.1	「館種別博物館学 植物園学」	『新版博物館学講座 第1巻 博物館学概論』	雄山閣
鳥居 恒夫			2000.2	「館種別博物館の展示活動 植物園」	『新版博物館学講座 第9巻 博物館展示法』	雄山閣
鳥居 恒夫			2000.4	「館種別博物館の役割と使命 植物園」	『新版博物館学講座 第3巻 現代博物館論-現状と課題-』	雄山閣
鳥居 恒夫			2000.6	「館種別博物館機能論 植物園」	『新版博物館学講座 第4巻 博物館機能論』	雄山閣
鳥居 恒夫			2001.5	「館種別博物館の調査研究 植物園」	『新版博物館学講座 第6巻 博物館調査研究法』	雄山閣
鳥居博士顕彰会			1965.9	『図説 鳥居龍蔵伝』		鳥居博士顕彰会
鳥井 幸恵	中村 攻	斉藤 雪彦	2007.12	「地域資源を用いた市民の博物館活動に関する考察-東京都墨田区「小さな博物館」運動を事例として」	『博物館学雑誌』第33巻第1号	全日本博物館学会
鳥居 龍蔵			1893	「帝國博物館風俗古物歴史物品陳列方法に就て」	『教育報知』第355、357、360號	東京教育社
鳥居 龍蔵			1936.4	「人種學博物館」	『博物館研究』第9巻第4號	日本博物館協會
鳥養 圭美			2016.3	「自治会文書にみる銃後の記録:戦後70年を機にした展示と翻刻」	『記録と史料』第26号	全国歴史資料保存利用機関連絡協議会
烏賀陽 梨沙			2014.3	「アメリカの美術館教育の発展に関する要因についての一考察:1990年代以降を中心に」	『美術教育学』第35号	美術科教育学会
鳥越 憲三郎			1974.4	「日本民家集落博物館開設への経緯」	『民具マンスリー』第7巻1号	神奈川大学
鳥越 兼治	広島大学		2008.5	『里海環境の地域エコミュージアム構想への適用に関わる実践的研究』		文部省科学研究費補助金研究成果報告書
鳥越 俊行	輪田 慧	今津 節生	2010.6	「九州国立博物館における新しい文化財展示の試み」	『映像情報メディア学会誌』第64号第6巻	映像情報メディア学会
鳥越 俊行	今津 節生*	輪田 慧	2014.3	「博物館研究におけるX線CTスキャナ活用の可能性」	『東風西声:九州国立博物館紀要』第9号	九州国立博物館
鳥越 皓之			1991.3	「南方熊楠と明治末期の森林保護運動」	『関西学院大学社会学部紀要』第63号	関西学院大学社会学部
鳥谷 明子	金澤 朋子*	小島 仁志 他	2016	「動物園における来園者の行動と解説板の設置位置との関係性」	『環境情報科学学術研究論文集』第30号	環境情報科学センター
鳥山 香織			2014.2	「長野県の文化施設におけるアート・マネジメント人材の教育カリキュラム開発:茅野市民館・美術館との協働事業「往来と創発」による実践型教育」	『地域ブランド研究』第9号	地域ブランド研究会
鳥山 由子	高山 久美子	川上 正信 他	1998	「座談会 目の不自由な人のための優しい博物館のありかたを求めて」	『博物館研究』第33巻第1号	日本博物館協会
鳥山 由子			1999	「触ることの意義と触るための教育」	『ユニバーサル・ミュージアムをめざして―視覚障害者と博物館―』	神奈川県立生命の星・地球博物館
鳥山 由子	武井 洋子*		2003.6	「博物館の専門家を迎えての生物の授業」	『弱視教育』第41巻1号	日本弱視教育研究会

著者1	著者2	著者3	発行年	論文名・書籍名	掲載誌	発行元
鳥山 由子			2006.4	「誰にもやさしい博物館づくりがめざすもの」	『博物館研究』第41巻第4号	日本博物館協会
ドリュン・チョン	鈴木 勝雄*	ガブリエル・リッター 他	2014.3	『戦後日本美術の新たな語り口を探る ニューヨークと東京、二つの近代美術館の展覧会を通して見えてくるもの:シンポジウム記録集』		国際交流基金
頓田 修一郎	津口 雅彦*	青山 光一 他	2015.11	「世界遺産軍艦島のマルチ撮影手法による文化財3次元モデル作成について」	『先端測量技術』第107号	日本測量調査技術協会
内國勸業博覽會事務局			1877	『明治十年内國勸業博覽會場案内』		内國勸業博覽會事務局
内國勸業博覽會事務局			1878	『明治十年内國勸業博覽會出品解説』		内國勸業博覽會事務局
内國勸業博覽會事務局			1878	『明治十年内國勸業博覽會報告書』		内國勸業博覽會事務局
内藤 秀因			1941	「鮮滿博物館陳列施設の一端」	『博物館研究』第14巻第2號	日本博物館協會
内藤 高			2003.6	「「近代京都画壇と『西洋』—日本画革新の旗手たち」展」	『展覧会カタログの愉しみ』	東京大学出版会
内藤 民治			1915	「伯林動物園」「國立絵畫館」	『世界實觀』第1巻(独逸)	日本風俗圖繪刊行會
内藤 民治			1916	「ウフィチ美術館」	『世界實觀』第4巻(伊太利)	日本風俗圖繪刊行會
内藤 民治			1916	「ルミヤンツォフ帝室博物館」	『世界實觀』第5巻(露西亞)	日本風俗圖繪刊行會
内藤 民治			1916	「アントワープ動物園」「ライクス博物館」	『世界實觀』第6巻(白耳義・和蘭)	日本風俗圖繪刊行會
内藤 民治			1916	「國立博物館」	『世界實觀』第8巻(亞米利加合衆國)	日本風俗圖繪刊行會
内藤 民治			1916	「アイピランガ独立記念館」	『世界實觀』第9巻(加奈陀・羅甸亞米利加)	日本風俗圖繪刊行會
内藤 民治			1916	『世界實觀(白耳義・和蘭)』第6巻		日本風俗圖繪刊行會
内藤 民治			1916	『世界實觀(亜米利加合衆国)』第8巻		日本風俗圖繪刊行會
内藤 千紗			2012.4	「地域社会における博物館活動の意義:板橋区立郷土博物館の実践事例から」	『博物館学雑誌』第37巻第2号	全日本博物館学会
内藤 智子	岩本 京子*		1993.3	「解説の教育的役割とその可能性〜ミニFM局の活用を中心に〜」	『Museologist:明治大学学芸員養成課程年報』第8巻	明治大学学芸員養成課程
内藤 智子			1997.3	「個人記念館の利用者像を探る」	『Museologist:明治大学学芸員養成課程年報』第12巻	明治大学学芸員養成課程
内藤 智子			2000.3	「自分で作る「美しい」キャプション」	『Museologist:明治大学学芸員養成課程年報』第15巻	明治大学学芸員養成課程
内藤 智子			2013.3	「「冒険家・植村直己の足跡」展展示作業の顛末」	『Museologist:明治大学学芸員養成課程年報』第28号	明治大学学芸員養成課程
内藤 廣	伊東 豊雄*	松隈 洋 他	2013.10	「建築家の視点」	『美術館と建築』	青幻舎
内藤 誠人	鈴木 春奈	村田 涼 他	2014.7	「現代の美術館におけるトップライトによる展示室への採光手法の形態的特徴」	『JOURNAL OF ARCHITECTURE AND PLANNING(Transactions of AIJ)』第79号	日本建築学会
内藤 美佐子	櫻井 友子		1992.3	「サイエンスショーについて」	『名古屋市科学館紀要』第18号	名古屋市科学館
内藤 裕加里	川田 啓介*	黒澤 弥悦 他	2008.12	「就学前児童を対象とした企画展の開催-奥州市牛の博物館「家族で楽しむ企画展」」	『博物館学雑誌』第34巻第1号	全日本博物館学会
内藤 幸江	澤井 智実	深津 裕子 他	2010	「女子美術大学が所蔵する旧カネボウコレクションの学術研究、保存、教育的活用に関する美術館の取り組み」	『女子美術大学研究紀要』第40号	女子美術大学
内務権大書記官兼太政官少書記官桜井能 監			1879	『社寺保存ノ方法:[書写資料]』		内務権大書記官兼太政官少書記官桜井能 監
内務省			1875.12	「東京府下東叡山ニ博物館建築地ヲ定ム」	『太政類典』2編169巻【9】	内務省
内務省			1876.1	「博物館物品拝借人心得方条例」	『法令全書』乙第8號	内務省
内務省			1877.1	「博物館ヘ献品及ヒ出品順序」	『法令全書』甲第11號	内務省
内務省			1880.1	「各町村公有記録繪圖面等保存方」	『法令全書』乙第3號	内務省

と

著者1	著者2	著者3	発行年	論文名・書籍名	掲載誌	発行元
内務省			1880.1	「博物館列品触手縦覧望ノ者ハ内國人ニ限リ特別差許」	『法令全書』甲第1號	内務省
内務省社寺局 編			1898	『古社寺保存法規』		内務省社寺局
内務省博物局 編			1879.1	『博物館書目』		内務省博物局
内務省衛生局			1927	『國立公園』		内務省
苗村 健	ソ・ミギョン*		2012.6	「ミュージアムにおける名札を用いた鑑賞者の鑑賞方向センシングの基礎検討」	『映像情報メディア学会技術報告』第36巻第25号	映像情報メディア学会
苗村 健	ソ・ミギョン*		2012.6	「ミュージアムにおける名札を用いた鑑賞者の鑑賞方向センシングの基礎検討」	『電子情報通信学会技術研究報告』第112巻第106号	電子情報通信学会
苗村 健	和田 拓朗*		2010	「複合現実展示のための多方向から鑑賞可能な空間立像ディスプレイ」	『電子情報通信学会技術研究報告』第109巻第466号	電子情報通信学会
苗村 健	ソ・ミギョン*		2013.3	「名札を用いた来館者の鑑賞方向センシングにおける展示物の配置間隔の影響(イメージ・メディア・クオリティ)」	『電子情報通信学会技術研究報告』第112巻第472号	電子情報通信学会
苗村 健	ソ・ミギョン*		2013.3	「名札を用いた来館者の鑑賞方向センシングにおける展示物の配置間隔の影響(画像工学)」	『電子情報通信学会技術研究報告』第112巻第473号	電子情報通信学会
苗村 健	ソ・ミギョン*		2013.3	「名札を用いた来館者の鑑賞方向センシングにおける展示物の配置間隔の影響(マルチメディア・仮想環境基礎)」	『電子情報通信学会技術研究報告』第112巻第474号	電子情報通信学会
苗村 健	ソ・ミギョン*		2013.3	「名札を用いた来館者の鑑賞方向センシングにおける展示物の配置間隔の影響(福祉情報工学)」	『電子情報通信学会技術研究報告』第112巻第475号	電子情報通信学会
苗村 健	伊藤 香織*	小泉 直也	2015	「感想共有・鑑賞体験記録に基づくミュージアムツアー支援システム」	『日本バーチャルリアリティ学会論文誌』第20巻第2号	日本バーチャルリアリティ学会
直井 孝一			1999.12	「小規模地域博物館に何が可能か」	『博物館研究』第34巻第12号	日本博物館協会
中 貴俊	赤尾 恵里*	遠藤 守他	2012.9	「博学連携による金環日食教室のためのタブレット端末用デジタル教材の設計と開発」	『社会情報学会(SSI)学会大会研究発表論文集』2012	社会情報学会
仲 隆裕			1993	「遺跡庭園の植栽復元手法に関する一考察」	『平成5年度日本庭園学会研究大会発表要旨集』	日本庭園学会
中井 敦子	フィリップ・アモン*		2014.10	「フィリップ・アモン『イマジュリー:19世紀における文学と形象』第2章展示される形象:ミュージアム(後編)」	『GR:同志社大学グローバル地域文化学会紀要』第3号	同志社大学グローバル地域文化学会
永井 淳	デヴィット・クサン*	ウォンストール・ケン	1968	『ヒットラー強盗美術館』		月刊ペン社
永井 治			1938	「博物館の使命」	『科學の臺灣』第六巻第六號	臺灣博物館協會
中井 和子			2008.7	「エコミュージアムと地域づくり」	『モーリー』第18号	北海道新聞社
中井 克樹	亀田 佳代子*		2012.7	「博物館と生態学(19)野生動物の保護管理における博物館の役割」	『日本生態学会誌』第62巻第2号	日本生態学会誌編集委員会
永井 久美子			2003.6	「「江戸の異国趣味—南蘋風大流行」展」	『展覧会カタログの愉しみ』	東京大学出版会
中池 敏之			1997.1	「博物館としてのインドネシア国立ボゴール植物園の今と将来」	『博物館研究』第32巻第1号	日本博物館協会
中池 敏之			1997.8	「博物館を10倍楽しむ法」	『国立科学博物館ニュース』第340号	国立科学博物館
中井 玄道			1932	「兒童博物館の施設状況」	『博物館研究』第5巻第8號	日本博物館協會
中井 玄道			1938	「博物館の新展望:京都仏教兒童博物館の概況」	『博物館研究』第11巻第10號	日本博物館協會
中井 玄道			1941	「兒童博物館の使命と經營」	『博物館研究』第14巻第4號	日本博物館協會
中井 玄道			1943	「兒童博物館の施設概況」	『博物館研究』第15巻第8號	日本博物館協會
永石 文明			2016	「多様なコモンズを活かしたフィールドミュージアムの持続可能性」	『応用社会学研究』第58号	立教大学社会学部
中井 大介	北村 美香*		2008.4	「みんなで楽しむ「お魚つかみ観察会」実施報告-異なる活動を行う団体の協働イベント」	『博物館研究』第43巻第4号	日本博物館協会
中井 大介	北村 美香*		2009.12	「珪藻を用いた博物館環境学習プログラムの開発」	『珪藻学会誌』第25号	日本珪藻学会
中井 孝幸	安田 純一*		2010.2	「図書館から美術館への既存建築物の用途転用に関する研究:岡崎市美術館をケーススタディとして」	『日本建築学会東海支部研究報告集』第48号	日本建築学会東海支部

著者1	著者2	著者3	発行年	論文名・書籍名	掲載誌	発行元
中井 孝幸	平岩 忠士*	松井 洸併	2010.2	「出展参加型の美術館における利用実態と利用者意識に関する研究」	『日本建築学会東海支部研究報告集』第48号	日本建築学会東海支部
中井 孝幸	桃原 勇二*		2016.2	「文化財としての古民家の利活用を考える体験型デザインワークショップ手法の開発」	『日本建築学会技術報告集』第22巻第50号	日本建築学会
長井 卓也			2004	「生徒の創造的発想力を高めるためのワークシート開発に関する一考察」	『日本美術教育研究論集』第37号	日本美術教育連合
長井 健生			2000.2	「館種別博物館の展示活動 水族館」	『新版博物館学講座 第9巻 博物館展示法』	雄山閣
長井 健生	前畑 政善*		2002.11	「水族館・博物館における希少淡水魚の系統保存」	『遺伝:生物の科学』第56巻第6号	エヌ・ティー・エス
中井 貞			2012.8	「樹木医・研究と実践の現場から(41)京都府立植物園の樹林地管理:植物展示を目的とした栽培育成管理の課題と取り組み」	『グリーン・エージ』第39巻第8号	日本緑化センター
長井 勉			2015.6	「公文書管理シリーズ(第5弾)県史編纂から文書館へ 重要文化財公文書をアーカイブする:群馬県立文書館」	『月刊IM』第2015巻第6号	日本文書情報マネジメント協会
中井 検裕	坂村 圭*	中西 正彦	2011.1	「美術館運営に対する指定管理者制度導入の効果と課題に関する研究」	『都市計画論文集』第46巻第3号	日本都市計画学会
永井 秀樹			2000	「「総合的な学習の時間」の取り組みについて」	『宮崎県総合博物館研究紀要』第22輯	宮崎県総合博物館
永井 秀樹			2002	「学習に役立つ博物館資料(小学校編)新学習指導要領との関連から」	『宮崎県総合博物館研究紀要』第24輯	宮崎県総合博物館
永井 博			2015.8	「茨城県史編さん事業と歴史館:全国初の博物館・文書館併用施設誕生の背景」	『関東近世史研究』第77号	関東近世史研究会
中井 正弘			1999.7	「博物館はどう利用され、今何が求められているか「堺市博物館」についての市政モニターアンケートから」	『博物館研究』第34巻第7号	日本博物館協会
中井 学			2005.8	「マイ・ミュージアムに見る博物館の町民利用について」	『穂別町立博物館研究報告』第21号	穂別町立博物館
中井 睦美			2003.3	「地域文化としての自然科学と、その継承者としての自然(史)博物館の役割」	『文化と学習:地域に埋め込まれた学習に関する研究』	大東文化大学人文科学研究所
永井 康雄	西村 公宏*	飯淵 康一	2006.4	「東京大学理学部博物場の建築と公開について」	『日本建築学会計画系論文集』第71巻602号	日本建築学会
永井 康雄			2016.3	「東日本大震災における『歴史的建築データベース』の活用とその後の状況について:報告2」	『文化財防災体制についての国際比較研究報告書』	科学研究費補助金基盤研究(S)「災害文化形成を担う地域歴史資料学の確立・東日本大震災を踏まえて」研究グループ
永井 由美子	須永 剛司*	小早川 真衣子 他	2009.6	「ミュージアム学習活動で利用する視覚的構成作品制作ツールのデザイン」	『デザイン学研究.研究発表大会概要集』第56号	日本デザイン学会
中江 圭			2010.3	「新しいミュージアム構想に関する一提言」	『常民文化』第33号	成城大学大学院
中江 拓司			1991.3	「美幌農業館におけるパソコン通信を使った普及事業について」	『美幌博物館研究報告』第1号	美幌博物館
中江 環			2012.9	「地域に開かれた博物館にするために:地域の文化を主題にした、環境学習プログラムの開発と実践」	『社会教育』第67巻9号	全日本社会教育連合会
中江 環			2012.11	「博物館と生態学(20)小さな町の博物館だからできること:地域に開かれた博物館の実現に向けて」	『日本生態学会誌』第62巻第3号	日本生態学会誌編集委員会
中尾 賢一	辻野 泰之		2009.2	「徳島県立博物館で実施した「地質の日」関連事業」	『地質ニュース』第654号	実業公報社
長岡市教育委員会 編			2014.3	『長岡の文化財』		長岡市教育委員会
中岡 貴裕			2012	「地域博物館と「公共」を担う人々について:市民・NPOとの関係を中心に」	『Museum study:明治大学学芸員養成課程紀要』第24号	明治大学学芸員養成課程
中岡 貴裕			2015.3	「博物館のウェブサイトによる情報提供の現状と展望:埼玉県内市町村立博物館を中心に」	『Think-ing:彩の国さいたま人づくり広域連合政策情報誌』第16号	彩の国さいたま人づくり広域連合事務局政策管理部
中岡 哲郎			1988	「内国勧業博覧会」	『週刊朝日百科 日本の歴史』106号	朝日新聞社
中岡 哲郎 編			1988	「博覧会近代化と技術移転」	『週間朝日百科 日本の歴史』106号	朝日新聞社
中岡 哲郎			1990	『産業技術資料の保存と活用に関する基礎的研究』		文部省科学研究費補助金研究成果報告書
中岡 利泰	栗原 憲一*	森岡 健治 他	2013.9	「ウェブサイトを活用した道内博物館活動の広報と学芸員ネットワーク強化の試み」	『博物館研究』第48巻第9号	日本博物館協会
長岡 由美子			2001	「堀田正敦の獣譜—＜博物館図譜＞と解体された幻の図譜—」	『MUSEUM』第571号	東京国立博物館
長尾 槇四郎			1890	「明治二三年に於ける第三回博覽會」	『國華』7号	國華社

著者1	著者2	著者3	発行年	論文名・書籍名	掲載誌	発行元
長尾 正剛			2004.3	「公立博物館の建設事情と学芸員の配置」	『北九州市立自然史・歴史博物館研究報告B類歴史』第1号	北九州市立自然史・歴史博物館
永尾 正剛			2007.10	「公立博物館運営の理念と指定管理者制度」	『九州史学』第148号	九州史学研究会
長尾 正義	古川 実	山田 巖子 他	2016.3	「民具の保存管理の現状と課題:小川原湖民俗博物館旧蔵資料をめぐる活動」	『民具マンスリー』第48巻12号	神奈川大学
仲尾 有加			2001	「ホノルル動物園の教育プログラムを見学して」	『動物園研究』第5巻2号	動物園研究会
中尾 芳治			1993.3	「韓国・中国・共和国の博物館」	『博物館学芸員課程年報』第10集	帝塚山学院大学博物館学研究室
中垣 理子			2014.8	「物語が生まれる空間を目指して」	『博物館研究』第49巻第8号	日本博物館協会
中上川 蝶子			1935	「バタヴィアの博物館見物」「世界一のボイテンゾルフ植物園」	『樂土南洋』	南光社
中上 哲也			2006.3	「博物館とデータベース」	『奈良県立民俗博物館研究紀要』第22号	奈良県立民俗博物館
中川 敦之			2011.1	「地域博物館の活動報告」	『博物館研究』第46巻第10号	日本博物館協会
中川 敦之			2012.3	「博物館教室「昔のくらし」と市民学芸員の参画」	『博物館学年報』第43号	同志社大学博物館学芸員課程
中川 修			2002	「課題および今後の参考になること 2)学校と連携する上での問題点・配慮すること」	『文部科学省親しむ博物館づくり委託事業「よみがえれ!写真たち」実施報告』	琵琶湖博物館「親しむ博物館づくり事業」実行委員会
中川 理	並木 誠士*		2006.8	『美術館の可能性』		学芸出版
中川 理			2009.1	「大阪市立大学「大学ミュージアム構想」へのコメント」	『大阪市立大学史紀要』第2号	大阪市立大学
中川 理	小池 志保子*		2011.1	「空間構成からみた日本の公設美術館の変化に関する考察」	『日本建築学会計画系論文集』第76巻659号	日本建築学会
中川 一政			1942	「美術館と展覧會」	『一月櫻:中川一政随筆』	錦城出版社
中川 木牧	山下 太誉*	真境名 達哉	2010.7	「北海道の地方都市における美術館の研究:その1市民開放の視点からみた市町村立美術館の実態」	『学術講演梗概集』2010巻	日本建築学会
中川 三善			2001.1	「美術館におけるハンズオン 浜田市世界こども美術館の活動より」	『Cultivate:文化と環境を考える』第13号	文化環境研究所
中川 成夫	岡本 勇		1960.3	「考古資料索引カードの一例」	『Mouseion:立教大学博物館研究』第5号	立教大学学校・社会教育講座
中川 成夫	岡本 勇		1963.3	「遺跡博物館の現状と課題」	『Mouseion:立教大学博物館研究』第9号	立教大学学校・社会教育講座
中川 成夫	岡本 勇		1965.3	「本学の博物館資料をめぐって」	『Mouseion:立教大学博物館研究』第11号	立教大学学校・社会教育講座
中川 成夫	岡本 勇		1967.3	「考古資料の整理」	『Mouseion:立教大学博物館研究』第13号	立教大学学校・社会教育講座
中川 成夫			1971.1	「物質文化研究と博物館--文化財学の提唱」	『季刊人類学』第2巻1号	京都大学人類学研究会
中川 成夫			1972.12	「私の博物館学--学説史的展望-1-」	『Mouseion:立教大学博物館研究』第18号	立教大学学校・社会教育講座
中川 成夫			1973.6	「学芸員課程20年の歩み」	『Mouseion:立教大学博物館研究』第19号	立教大学学校・社会教育講座
中川 成夫			1974.12	「学芸員課程20年の歩み-資料編-」	『Mouseion:立教大学博物館研究』第20号	立教大学学校・社会教育講座
中川 成夫			1979	「私の博物館学-2-棚橋源太郎先生の業績について」	『Mouseion:立教大学博物館研究』第25号	立教大学学校・社会教育講座
中川 成夫			1979.6	「先生の博物館学(宮本馨太郎先生を偲んで)」	『博物館研究』第14巻第6号	日本博物館協会
中川 成夫			1982.1	「大学における学芸員養成の諸問題-昭和56年度実態調査報告書を通じてみた-」	『Mouseion:立教大学博物館研究』第28号	立教大学学校・社会教育講座
中川 成夫			1985	「新潟県における博物館の諸問題-宮栄二先輩の古稀に捧げる」	『Mouseion:立教大学博物館研究』第31号	立教大学学校・社会教育講座
中川 成夫			1985.8	「ある皇族と博物館--雍仁親王実紀より」	『博物館研究』第20巻第8号	日本博物館協会
中川 成夫			1986	「博物館学からみた民具学-宮本常一博士に捧げる」	『季刊人類学』第17巻4号	京都大学人類学研究会

著者1	著者2	著者3	発行年	論文名・書籍名	掲載誌	発行元
中川 成夫			1986.9	「明治時代の博物館収蔵品目録の一例-教育博物館列品目録」	『博物館研究』第21巻第9号	日本博物館協会
中川 成夫			1988.2	「博物館法と学芸員養成について」	『博物館研究』第23巻第2号	日本博物館協会
中川 成夫			1988	『博物館学論考』		雄山閣
中川 成夫			1989.1	「博物館法と学芸員養成について」	『全博協研究紀要』創刊号	全国大学博物館学講座協議会
中川 成夫 補	呉 衛国*	渡辺 亜子 訳	1989.1	「北京と天津地区の博物館見学者調査報告」	『博物館研究』第24巻第1号	日本博物館協会
中川 成生			2006.1	「動物園の情報発信--(財)東京動物園協会の活動と役割」	『畜産の研究』第60巻1号	養賢堂
中川 成生	小宮 輝之*	持丸 依子	2012.3	『動物たちの130年:上野動物園のあゆみ』		東京動物園協会
中川 静郎	早瀬 長利*	五十嵐 耕一	1996	「自然史博物館における教育活動」	『博物館指導者研究協議会報告書平成8年度』	日本博物館協会
中川路 里香			1998.3	「「保存する民具」と「活用する民具」-小学三年生社会科学習と民具の活用について-」	『栗東歴史民俗博物館紀要』第4号	栗東歴史民俗博物館
中川 志郎	祖谷 勝紀*	遠藤 悟朗 他	1975.6	「上野動物園における新しい制止ラベルとその効果」	『動物園水族館雑誌』第16巻4号	日本動物園水族館協会
中川 志郎			1975.8	『動物園学ことはじめ』		玉川大学出版部
中川 志郎			1977	『動物園の季節』		築地書館
中川 志郎			1979.8	「動物園サマースクール--夏休みを動物と共に」	『社会教育』第34巻8号	全日本社会教育連合会
中川 志郎	東京都公園協会* 監		1981.2	『東京公園文庫 6多摩動物公園』		郷学舎
中川 志郎	青木 國夫*	西野 嘉章 他	1995.12-1996.1	「シンポジウム 今、博物館に求められているもの--博物館マーケティング・利用者サービス・展示技術の変化への対応(1)-(2)」	『博物館研究』第30巻第12号、第31巻第1号	日本博物館協会
中川 志郎	舟橋 正隆*	都賀 和男 他	1996	「博物館におけるコンピュータの活用とマルチメディア」	『博物館指導者研究協議会報告書平成8年度』	日本博物館協会
中川 志郎	青柳 邦忠*	長谷川 吉廣 他	1996	「博物館をめぐる人材の養成・活用について」	『博物館研究』第31巻第10号	日本博物館協会
中川 志郎			1996.9	「博物館の理念と目的」	『ミュージアムマネージメント』	東京堂出版
中川 志郎			1996.11	『動物と私の交響曲:魅せられて六〇年』		東京新聞出版局
中川 志郎			1997.7	「学芸員に求められるもの」	『博物館研究』第32巻第7号	日本博物館協会
中川 志郎	小木 新造	竹澤 雄三 他	1998	「座談会 教育普及活動の新たな展開を求めて-第45回全国博物館大会を振り返ってー」	『博物館研究』第33巻第2号	日本博物館協会
中川 志郎	西野 嘉章	吉武 弘喜 他	1998.11	「座談会 アメリカにおける学芸員の養成と研修1」	『博物館研究』第33巻第11号	日本博物館協会
中川 志郎	西野 嘉章	吉武 弘喜 他	1998.12	「座談会 アメリカにおける学芸員の養成と研修2」	『博物館研究』第33巻第12号	日本博物館協会
中川 志郎			1999.1	「館種別博物館の企画運営 自然史博物館」	『新版博物館学講座 第12巻博物館経営論』	雄山閣
中川 志郎			1999.1	「館種別博物館の企画運営 動物園」	『新版博物館学講座 第12巻博物館経営論』	雄山閣
中川 志郎			1999.12	「館種別博物館の教育活動の特色 自然史博物館」	『新版博物館学講座 第10巻生涯学習と博物館活動』	雄山閣
中川 志郎			2000.1	「館種別博物館学 自然史博物館学」	『新版博物館学講座 第1巻博物館学概論』	雄山閣
中川 志郎			2000.1	「博物館学各論(1)-博物館の論理学-博物館経営学」	『新版博物館学講座 第1巻博物館学概論』	雄山閣
中川 志郎			2000.4	「館種別博物館の役割と使命 自然史博物館」	『新版博物館学講座 第3巻現代博物館論-現状と課題-』	雄山閣
中川 志郎	那須 孝悌	渡辺 妙子 他	2001	「座談会「対話と連携」の博物館の調査研究を終えて」	『博物館研究』第36巻第6号	日本博物館協会
中川 志郎			2001.1	「『博物館ビッグバン』の認識が21世紀型博物館の命運を決める」	『Cultivate:文化と環境を考える』第13号	文化環境研究所

な

著者1	著者2	著者3	発行年	論文名・書籍名	掲載誌	発行元
中川 志郎			2003.3	「博物館活動の新しい波―「日博協・博物館の望ましい姿」の目指すもの―」	『日本ミュージアム・マネージメント学会研究紀要』第7号	日本ミュージアム・マネージメント学会
中川 志郎			2005	「動物園と博物館、そして自然」	『国立公園』通号637	国立公園協会
中川 志郎	栗原 祐司*	菊川 律子 他	2008.10	「誌上シンポジウム 社会教育法、図書館法、博物館法改正の視座社会教育はどう蘇るのか-社会教育3法を読む」	『社会教育』第63巻10号	全日本社会教育連合会
中川 志郎			2008.12	「博物館法の改正に思う」	『博物館研究』第43巻第12号	日本博物館協会
中川 志郎			2009.4	「動物園から社会が見える(新連載・1)旭山動物園人気の陰に「現場力」」	『ひろばユニオン』第566号	労働者学習センター
中川 泉三			1919	「薬草植物園」	『伊吹山案内』	文盛堂書店
中川 千種			2014.7	「国際シンポジウムSPIRITS大学博物館・東アジアシンポジウム」	『京都大学総合博物館ニュースレター』No.31	京都大学総合博物館
中川 哲男			1997.9	「天王寺動物園における生態的展示をとりいれた動物舎整備計画について(仮称ZOO21計画)」	『動物園研究』第1巻2号	動物園研究会
中川 徹	渡辺 正雄*	三宅 宏司	1988	「産業技術史研究における各国博物館の機能に関する国際比較調査研究」	『技術と文明』第4巻第2号	日本産業技術史学会
中川 徳治			1938.9	「博物館の新展望:東京市郷土博物館」	『博物館研究』第11巻第9號	日本博物館協會
中川 成美			1983.1	「アジアの文学博物館とその課題-インドの場合-」	『Mouseion:立教大学博物館研究』第29号	立教大学学校・社会教育講座
中川 望			1911	「米國ピッツバーグより」	『斯民』第5編第13號	中央報徳會
中川 望			1911	「獨逸ドレスデン市に於ける兒童遊園と美術講演會」	『斯民』第6編第1號	中央報徳會
中川 望			1912	「如何に明治天皇を記念し奉るべきか」	『斯民』第7編第7號	中央報徳會
中川 望			2009	「教育博物館による幻燈の普及」	『映画学』第23号	映画学研究会
中川 元			2005.8	「世界自然遺産と博物館」	『博物館研究』第40巻第8号	日本博物館協会
中川 浩一			1982	『保存蒸気機関車と鉄道博物館』		クオリ
中川 雅寛	荻野 健司		2011.4	「インタラクティブな展示体験とコミュニケーションを創発するデザイン」	『情報処理』第52巻第4・5号	情報処理学会
中川 寧			2016.6	「「東日本大震災から5年―被災地域博物館の現状と今後」に参加して:平成27年度研究協議会テーマ」	『博物館研究』第51巻第6号	日本博物館協会
中口 俊哉			2014.3	「博物館情報資源の機能的活用手法の検討とその応用に関する研究ジオラマ展示バーチャル散策システムに関する検討」	『国立歴史民俗博物館研究報告』第184集	国立歴史民俗博物館
長倉 かすみ	稲庭 彩和子*	佐々木 秀彦 他	2007.1	「座談会 博物館の底力-若手学芸員、大いに語る」	『マナビィ』第67号	文部科学省
長倉 三郎			1974.4	「飛騨民俗村」	『民具マンスリー』第7巻1号	神奈川大学
名賀郡(三重縣)			1912	『名賀郡郷土資料』		名賀郡
中越 信和	木村 綾子*		1999	「身近な自然を利用した環境教育に関する生態学的視点の必要性」	『環境教育』第9巻1号	日本環境教育学会
中込 千尋	嶽山 洋志	美濃 伸之	2014.12	「閉廃校におけるチルドレンズ・ミュージアムの制作:洲本市立旧中川原中学校を事例として」	『景観園芸研究』第16号	兵庫県立淡路景観園芸学校
長坂 一郎	手代木 美穂	藤原 徹 他	2010.3	「『地域文化遺産の循環型保存・活用システムに関する総合的研究」研究成果報告書』		東北芸術工科大学文化財保存修復研究センター
長坂 保美	丹治 明*	小林 亮太 他	2011.9	「大正・昭和期に描かれた工作機械図面の博物館としての活用」	『日本工業大学研究報告』第41巻第2号	日本工業大学
長坂 喜郎	佐藤 哲*		2004	「小学生のための見学ワークシートの作成とその活用」	『千葉県立現代産業科学館研究報告』第10号	千葉県立現代産業科学館
長崎県壱岐市教育委員会文化財課			2014.9	「交流促進 長崎県壱岐島歴史文化の魅力を伝える「デリバリーミュージアム」」	『しま』第60号	日本離島センター
長崎 栄三	松島 充		2012.2	「算数・数学に関する科学博物館・科学館における事業等」	『日本数学教育学会誌』第94巻第2号	社団法人日本数学教育学会
長崎県立美術博物館			1900	『長崎県立美術博物館』		長崎県立美術博物館

著者1	著者2	著者3	発行年	論文名・書籍名	掲載誌	発行元
長崎県立美術博物館			1986	『20年のあゆみ（1965～85年）』		長崎県立美術博物館
長崎 潤一			2015.10	「埋蔵文化財と大学の教育体制」	『月刊考古学ジャーナル』第676号	ニューサイエンス社
長崎歴史文化博物館 編			2013.3	『出会いが生み出す学びのレシピ：学校×博物館＝∞：長崎歴史文化博物館教育実践報告書』		長崎歴史文化博物館
長佐古 美奈子			2010.3	「学習院目白キャンパス建造物の文化財登録化について」	『学習院大学史料館紀要』第16号	学習院大学史料館
中里 一郎 編			1921	『博覽會協會史』		日本産業協會
長沢 勇			1979.8	「学校教育との連携について」	『社会教育』第34巻8号	全日本社会教育連合会
長澤 一雄	奥山 武夫	矢野 勝俊	1992.3	「山形県立博物館における蔵王の樹氷原ジオラマとそれに関連する氷雪展示の製作について」	『山形県立博物館研究報告』第13号	山形県立博物館
長澤 奏美	小瀬 由樹*	上石 悠樹 他	2015.3	「フィールドミュージアム構築における代替現実ゲーム『Ingress』の活用」	『ITを活用した教育シンポジウム講演論文集』9巻	神奈川工科大学
中澤 堅一郎			2001.11	「「植物もおなかがすくの？-植物と光の不思議な関係-」の教材化」	『仙台市科学館研究報告』第11号	仙台市科学館
長沢 末次郎			1927	「第二節兒童博物館の設置」	『自發的學習態度養成を基調としたる學習指導の實際』	目黒書店
中澤 達也			2007.9	「「歴史の舞台・土浦」散策マップで歴史的景観を訪ねてみよう」	『地図中心』第420号	日本地図センター
中沢 忠太郎 編			1909	『教育者を中心としたる市町村の教化事業』		良明堂
長澤 友香	高橋 みどり*		2011.8	「静岡の持つ資源を踏まえた「教員のための博物館の日」の可能性」	『日本科学教育学会年会論文集』第35巻	日本科学教育学会
長澤 信夫			1997.5	「インターネットは博物館を変える」	『展示学』第23号	日本展示学会
中澤 博文			1990	「「エキボン」開発の思い出」	『文化財の虫菌害』第19号	文化財虫害研究所
中沢 徑夫			1937	「博覽會物語」	『明治大正史談』第3輯	明治大正史談會
永澤 六郎			1912	「世界の動物園所在地」	『動物學雜誌』第24巻第283號	東京動物學會
永澤 六郎			1912.4	「紐育動物園（第廿四卷口繪第四附）」	『動物學雜誌』第24巻第282號	東京動物學會
永澤 六郎			1916	「大英博物館博物部」	『動物學雜誌』第335號	東京動物學會
永澤 六郎			1916	「英國皇立醫學校附属博物館」	『動物學雜誌』第337號	東京動物學會
永澤 六郎			1917	「ジェームス・スミソン及『スミソン』學藝團」	『動物學雜誌』第340號	東京動物學會
中島 明日香	鈴木 孝仁*	徳山 直宜	2015.3	「奈良女子大学ミュージアムの文化財保存環境におけるカビ汚染の制御」	『古代学』第7号	奈良女子大学古代学学術研究センター
中島 一郎	草野 愼一*	福本 晃久 他	2010	「中央アルプス駒ヶ根高原での砂防フィールドミュージアムの取り組み」	『第59回平成22年度砂防学会研究発表会概要集』	砂防学会
永島 絹代			2010.1	「大多喜町立老川小学校における博物館との連携とその活用から」	『博物館研究』第45巻第1号	日本博物館協会
永島 絹代			2011.9	「活用の実践例小学校編Ⅱ：養老川に関する実践と博物館プログラムの活用」	『理科の教育』第60巻第9号	日本理科教育学会
中嶋 清徳	佐野 八重	内田 至	1998.1	「港内にすむ付着生物の生活史を観察するサマースクール」	『動物園水族館雑誌』第39巻2号	日本動物園水族館協会
中嶋 清徳			1999	「水族館における体験学習の可能性」	『日本環境教育学会第10回大会研究発表要旨集』	日本環境教育学会
中嶋 清徳			2001	「教育プログラムへの参加者の活動意欲を高める工夫について」	『日本動物園水族館教育研究会誌』2001年号	日本動物園水族館教育研究会事務局
中島 金太郎			2012.8	「考古資料と博物館資料（博物館資料の具体）」	『人文系博物館資料論』	雄山閣
中島 金太郎			2013.3	「(序論)遺跡博物館における覆屋展示」	『全博協研究紀要』第16号	全国大学博物館学講座協議会
中島 金太郎			2013.12	「神社博物館におけるデジタル公開技術活用の可能性」	『神社博物館事典』	雄山閣

著者1	著者2	著者3	発行年	論文名・書籍名	掲載誌	発行元
中島 金太郎			2014.3	「近世における遺跡保存思想」	『國學院大學博物館學紀要』第38輯	國學院大學博物館学研究室
中島 金太郎			2014.8	「遺跡博物館での学習に関する諸問題」	『國學院雜誌』第115巻第8号	國學院大學
中島 金太郎			2015.1	「静岡県における博物館の発生」	『國學院大學紀要』第53巻	國學院大學
中島 金太郎			2015.1	「東海大学に所在した航空宇宙科学博物館」	『全日本博物館学会ニュース』第111号	全日本博物館学会
中島 金太郎			2015.2	「博物館実習に関する課題と展望」	『人間の発達と博物館学の課題：新時代の博物館経営と教育を考える』	同成社
中島 金太郎			2015.3	「戦後期の静岡県内に於ける公立博物館の展開」	『國學院大學博物館學紀要』第39輯	國學院大學博物館学研究室
中島 金太郎			2015.9	「遺跡博物館における覆屋展示」	『地域を活かす遺跡と博物館遺跡博物館のいま』	同成社
中島 金太郎			2015.12	「戦前期の児童博物館思想」	『國學院雜誌』第116巻第12号	國學院大學
中島 金太郎			2016.3	「静岡県下に於ける戦前期学校博物館の動向」	『國學院大學博物館學紀要』第40輯	國學院大學博物館学研究室
中島 金太郎			2016.3	「博物館展示のさまざま」	『観光資源としての博物館』	芙蓉書房出版
中島 金太郎			2016.3	「歴史的建築物利用博物館に関する一考察」	『近代建築利用博物館事典』	國學院大学博物館学研究室
中島 金太郎			2017.1	「熱海鰐園に関する一考察:静岡県動物園史上の意義」	『國學院大學紀要』第55巻	國學院大學
中島 金太郎			2017.3	「静岡県における昭和30～40年代の観光資源開発に関する一考察－真珠養殖と三津真珠館を中心として－」	『國學院大學博物館學紀要』第41輯	國學院大學博物館学研究室
中島 金太郎			2017.4	「静岡県下の戦前期神社博物館に関する一考察」	『考古学・博物館学の風景：中村浩先生古稀記念論文集』	芙蓉書房出版
中島 金太郎			2017.5	「棚橋源太郎の生涯と博物館学」	『棚橋源太郎博物館学基本文献集成下』	雄山閣
中島 金太郎			2017.10	『地域博物館史の研究』		雄山閣
中島 金太郎			2017.11	「博物館に関する歴史研究の必要性―各県博物館史の編纂に向けて―」	『國學院雜誌』第118巻第11号	國學院大學
中島 金太郎			2017.12	「児童・こども博物館論史」	『博物館学史研究事典』	雄山閣
中島 宏一			2005.11	「住民とともに考えるミュージアム・マネージメント博物館と大学、ボランティアとのコラボレーション「博物館ボランティアの集い」」	『月刊ミュゼ』73号	(株)アム・プロモーション
中島 宏一			2009	「指定管理者制度下における博物館運営(1)野外博物館北海道開拓の村にみるボランティア活動の取り組み」	『北海道開拓の村研究紀要』第2号	北海道開拓の村
中島 宏一			2010	「指定管理者制度下における博物館運営(2)野外博物館北海道開拓の村における村民(むらびと)登録制度」	『北海道開拓の村研究紀要』第3号	北海道開拓の村
永島 純一			2002.8	「博物館からみた新課程と学社融合-小学生の質問の手紙をもとに-」	『大阪府立近つ飛鳥博物館報』第7号	大阪府立近つ飛鳥博物館
長嶋 俊介			2011.3	「口永良部島の地域経営と郷土資料保存のあり方－学校施設利用と火山被災地事例－」	『南太平洋海域調査研究報告』第51号	鹿児島大学
中島 祥子			2014.10	「『家庭で、動物園で』再考」	『成城大学社会イノベーション研究』第8号	成城大学社会イノベーション学会
中島 誠一			2011.3	「博物館と町づくり--滋賀県長浜市にある二つの博物館事例から」	『博物館研究』第46巻第3号	日本博物館協会
中島 統太郎	竹内 俊貴*	西村 邦裕 他	2013	「展示空間の3次元記録を用いた博物館展示の時間軸拡張」	『日本バーチャルリアリティ学会論文誌』第18巻第3号	日本バーチャルリアリティ学会
長島 孝一	三井所 清典	藤井 恵介	1993.1	「古河歴史博物館と周辺の修景:受賞者:吉田桂二(1992年受賞)」	『建築雑誌』第108輯第1346號	日本建築学会
中島 龍興	近田 玲子	面手 薫	1995.8	『照明デザイン入門』		彰国社
中島 龍興			2000.9	『照明(あかり)の設計住空間のLighting Design』		建築資料研究社
中島 千恵美			2010.11	「特色ある学校を訪ねて 群馬県美術館と小学校の連携授業/高崎市立南小学校」	『初等教育資料』第866号	東洋館出版社
中島 経夫	戸田 孝	浅野 彬	1996	「博物館におけるコンピュータ活用とマルチメディア」	『博物館指導者研究協議会報告書平成8年度』	日本博物館協会

著者1	著者2	著者3	発行年	論文名・書籍名	掲載誌	発行元
中島 統太郎	和田 拓朗	筧 康明 他	2010.3	「多層空中像を用いた複合現実展示システム」	『電子情報通信学会技術研究報告』第109巻第466号	電子情報通信学会
中島 東夫			2004.2	「館種別博物館の役割と使命 水族館」	『新版博物館学講座 第3巻 現代博物館論-現状と課題-』	雄山閣
中島 俊教			1970	「美術館の基準」	『美術館ニュース』第230号	東京都美術館
中島 俊教			1981.1	「博物館法」	『博物館学講座 第10巻参考資料集』	雄山閣
中島 利治			1991.3	「史跡の整備—国指定「埼玉古墳群」を例に—」	『Museologist:明治大学学芸員養成課程年報』第6巻	明治大学学芸員養成課程
中島 愛美			2017.12	「映像展示論史(仮、幻灯・鏡・VTR)」	『博物館学史研究事典』	雄山閣
中島 徳博			1996	「近畿支部阪神大震災と美術館」	『博物館研究』第31巻第2号	日本博物館協会
中島 東夫			1982.1	「博物館における視覚障害者への対応」	『博物館研究』第17巻第1号	日本博物館協会
中島 東夫			1986.3	「特別展「メダカの学校」を見ている観客の会話」	『和歌山県立自然博物館報』第4号	和歌山県立自然博物館
中島 久恵			2015.12	「四日市公害と環境未来館のオープン:「当事者」の発見」	『博物館学雑誌』第41巻第1号	全日本博物館学会
中島 宏一	守屋 亜紀子		2000	「野外博物館のボランティア活動北海道開拓村のボランティアの現状と課題」	『博物館研究』第35巻第6号	日本博物館協会
中島 宏一			2010.3	「博物館事業評価—自己点検支援ワークショップと博物館運営—野外博物館北海道開拓の村の現状と課題」	『生涯学習研究年報』第12号	北海道大学高等教育機能開発総合センター生涯学習計画研究部
中島 宏一			2010.3	「研修会報告研究フォーラム「観光と博物館」が投げかけた北海道の博物館運営」	『JMMA日本ミュージアム・マネージメント学会会報』第14巻第4号	日本ミュージアム・マネージメント学会
中島 宏一			2012	「博物館等施設における評価の取組みと事業展開」	『日本の社会教育』第56集	東洋館出版社
中島 宏一			2015.4	「ボランティアと協働する野外博物館北海道開拓の村:施設はだれのため、何のためにあるのか」	『月刊社会教育』第59巻4号	国土社
永島 広紀			2013.12	「旧宮内省図書寮の朝鮮本蒐集と日韓の文化財問題」	『年報朝鮮學』第16号	九州大學朝鮮學研究會
中島 宏			1998.5	「都立文化庭園の復活計画と修復・復元」	『資源環境対策』第34巻7号(『緑の読本』シリーズ46)	公害対策技術同友会
長嶋 文雄	野澤 亮太*		2010.7	「展示文化財の地震時転倒防止策に関する検討(歴史都市の防災計画と防災システム)」	『歴史都市防災論文集』第4巻	立命館大学歴史都市防災研究センター
中島 理壽			1985.1	「見逃せぬ美術資料散逸」	『美術手帖』538号	美術出版社
中島 理壽			1990.12	「日本の展覧会カタログについての一考察」	『現代の図書館』28巻4号	
中島 理壽			1994.8	「実験的なメディア・カタログ制作の現在」	『美術手帖』692号	美術出版社
中島 理壽			1996.5	「日本の美術館と美術ライブラリー——その過去・現在・未来」	『美術手帖』724号	美術出版社
中嶋 正之	林 正樹*	スティーブン・バチェルダー 他	2013	「4K超高精細リアルタイムCGによるバーチャル美術館」	『ヒューマンインタフェース学会研究報告集』第15号	ヒューマンインタフェース学会
中道 正之	畑瀬 淳*	早川 大輔 他	2014.6	「『動物園』と研究する:動物園で研究試料を手に入れる方法」	『哺乳類科学』第54号	日本哺乳類学会
中島 恵			2010	「金沢21世紀美術館のマネジメント——地域住民へのホスピタリティの視点から」	『観光研究論集』第9号	大阪観光大学観光学研究所
中島 恵			2011.2	「石川県立いしかわ動物園のマネジメント——新概念エデュテイメントを中心に」	『星稜論苑』第39号	星稜女子短期大学経営学会
中島 基貴			1998.11	「香り文化をテーマとしたテーマミュージアムの役割と使命」	『Aromatopia』第7巻第6号	フレグランスジャーナル社
長島 康雄	数本 芳行*		2011.1	「科学系博物館が企画する自然観察会の安全管理のあり方に関する検討」	『博物館研究』第46巻第1号	日本博物館協会
長島 康雄	数本 芳行		2011.9	「東日本大震災被災後の仙台市科学館の復興への取り組み」	『博物館研究』第46巻第9号	日本博物館協会
長島 康雄	西城 光洋*		2012.3	「小学校におけるはぎ取り標本を用いた地層の観察」	『仙台市科学館研究報告』第21号	仙台市科学館
長島 康雄	数本 芳行*		2012.3	「東日本大震災からの復興支援としての「るねっ・サイエンス事業」」	『仙台市科学館研究報告』第21号	仙台市科学館

著者1	著者2	著者3	発行年	論文名・書籍名	掲載誌	発行元
中島 康比古			2007.4	「電子公文書等の長期保存-国立公文書館の取組みを中心として」	『レコード・マネジメント』第53号	記録管理学会
長島 雄一			1998.12	「考古資料をもっと身近なものに--博物館学芸員による「出前授業」の試み」	『考古学研究』第45巻第3号	考古学研究会
長島 雄一			1999	「盲学校での『博学融合』授業(アウトリーチ・プログラム)―博物館のバリア・フリーへの試み―」	『社会教育』第54巻5号	全日本社会教育連合会
長島 雄一			1999	「学芸員による(アウトリサーチ・プログラム)―福島県立博物館の場合―」	『日本ミュージアム・マネージメント学会研究紀要』第3号	日本ミュージアム・マネージメント学会
長島 雄一	鈴木 功		1999.11	「近づいていく博物館と学校--「出前授業」(アウトリーチ・プログラム)の実践を中心に」	『福島県立博物館紀要』第14号	福島県立博物館
長島 雄一			2001.1	「博物館のアウトリーチ活動」	『Cultivate : 文化と環境を考える』第13号	文化環境研究所
長島 雄一			2003.3	「福島県における史跡整備の原状と課題」	『福島県立博物館紀要』第17号	福島県立博物館
中島 由貴	渕田 隆義		2014	「美術館・博物館の最適視環境に対する照明の影響に関する色彩科学的考察」	『女子美術大学研究紀要』第44号	女子美術大学
中島 由貴	渕田 隆義		2014.2	「美術館・博物館における最適な照明・色彩環境の研究:忠実色再現に基づく演色性評価方法と照度との関係」	『照明学会誌次世代を担う若手研究者からの発信』第98号2輯	照明学会
中島 由貴	渕田 隆義	女子美術大学大学院	2014.5	「異なる照明条件下における日本画の色の見え:色相と面積の影響」	『日本色彩学会誌』第38巻3号	日本色彩学会
中島 由貴	渕田 隆義	女子美術大学大学院	2014.5	「低照度下の絵画鑑賞に適したLED照明の分光分布設計」	『日本色彩学会誌』第38巻3号	日本色彩学会
中島 由貴	渕田 隆義		2015.2	「美術館・博物館における最適な照明・色彩環境の研究(2)低照度下における色彩印象に対する赤色の影響」	『照明学会誌』第99巻第2号	照明学会
中島 由貴	渕田 隆義		2015.5	「美術館・博物館における最適な照明・色彩環境の研究(3)美術館・博物館展示照明における色質評価数の開発」	『照明学会誌』第99巻第5号	照明学会
中島 由貴	渕田 隆義*		2017.1	「LED照明の美術品鑑賞への影響:美術館展示照明における色質評価数の開発」	『映像情報メディア学会誌』第71巻第1号	映像情報メディア学会
中島 義晴			2003.3	「高齢者や障害者等に配慮した史跡整備」	『文化財と歴史学(『文化財論叢』Ⅲ)』	奈良文化財研究所
仲小路 廉			1900	『欧米巡遊雑記米國之部』第23巻		長谷川友次郎
中条 武司			2009.2	「学会・博物館の連携と「地質の日」」	『地質ニュース』第654号	実業公報社
中条 武司			2015.10	「市民による自然環境調査と特別展の企画・実施」	『博物館研究』第50巻第10号	日本博物館協会
中洲 俊信	杉田 馨*	山内 康晋	2010.3	「展示物の関連性によりミュージアム空間を拡張する展示ガイドシステム」	『電子情報通信学会技術研究報告』第109巻第466号	電子情報通信学会
中住 健二郎			2008.5	「中部の博物館ブラザーコミュニケーションスペース」	『産業遺産研究』第15号	中部産業遺産研究会事務局
中世古 貴彦			2015	「現代美術展来館者のセグメント別特徴:東京国立近代美術館における来館者調査から」	『東京国立近代美術館研究紀要』第19号	東京国立近代美術館
仲底 善章			1999	「沖縄県立博物館における教育普及活動」	『博物館研究』第34巻第4号	日本博物館協会
中田 篤			2007.3	「特別展をとおして伝えた遊牧文化」	『第21回北方民族文化シンポジウム報告書 北太平洋の文化--北方地域の博物館と民族文化』	北方文化振興協会
長田 新			1931	「郷土の教育的意義に就いて」	『郷土－研究と教育―』第五號	郷土教育聯盟
永田 生慈			2000	「トピックス－北から南から－太田記念美術館20周年回顧と展望」	『博物館研究』第35巻第5号	日本博物館協会
中台 尚秀	熊野 正也*		1998.3	「博物館運営と歴史系博物館展示室内の写真撮影可否の関わりについて」	『明治大学博物館研究報告』第3号	明治大学博物館事務室
長田 謙一			2000	『〈美術〉展示空間の成立・変容-画廊・美術館・美術展』		文部省科学研究費補助金研究成果報告書
長田 謙一			2009.1	「今後の美術館とまちづくりのあり方大学からまちへ、まちから人のつながりへ」	『Civil engineering consultant』第245号	建設コンサルタンツ協会
長田 謙一			2009.2	「それぞれの「生きる力」と〈美術〉-美術館と学校の連携とその可能性」	『現代の眼:東京国立近代美術館ニュース』574号	国立美術館東京国立近代美術館
長田 謙一 監訳	ロンドン・テートギャラリー*編	奥村 高明	2012.7	『美術館活用術:鑑賞教育の手引き』		美術出版サービスセンター
中田 兼介			2010.7	「博物館と生態学(13)「視覚化」と「わかりやすさ」の裏表」	『日本生態学会誌』第60巻第2号	日本生態学会誌編集委員会

著者1	著者2	著者3	発行年	論文名・書籍名	掲載誌	発行元
仲田 佐和子	桑野 聡*		2000.3	「短大における学芸員課程の諸問題－郡山女子短期大学部の事例から－」	『全博協研究紀要』第6号	全国大学博物館学講座協議会
仲田 茂司			1999.5	「三春村西方館－文化的価値としての遺跡整備」	『資源環境対策』第35巻第7号（『緑の読本』シリーズ50）	公害対策技術同友会
永田 周一	大橋 裕太郎*	小川 秀明	2007.12	「動物園における新しい学び－ITを利用した参加型学習環境の提案」	『情報処理学会研究報告』2007巻123号	情報処理学会
長田 順子			2014	「ブラジルの薬草園」	『Aromatopia』第23巻第5号	フレグランスジャーナル社
中田 俊造			1933.4	「米國に於ける巡回博物館」	『博物館研究』第6巻第4號	日本博物館協會
中田 俊造			1935.3	「博物館の機能とその聯絡」	『博物館研究』第8巻第3號	日本博物館協會
永田 祥子	川上 昭吾*		2003.7	「学校と博物館の連携についてイギリスの事例から学ぶこと」	『日本科学教育学会年会論文集』第27巻	日本科学教育学会
仲田 晋	田中 覚*	満福 講次 他	2013.1	「デジタルミュージアムための京都町並みコンテンツの作成」	『電子情報通信学会技術研究報告』第112巻第385号	電子情報通信学会
中田 晋介	柴 一実*	山崎 敬人 他	2009.3	「小学校理科における学び文化の創造(9):デジタル教材が子どもの昆虫理解に及ぼす影響に関する研究」	『学部・附属学校共同研究紀要』第37号	広島大学学部・附属学校共同研究機構
長田 純佳	井上 徳之*		2005.11	「「科学教育連携シンポジウム2005」開催—学校が活用するミュージアムをめざして—」	『月刊ミュゼ』73号	(株)アム・プロモーション
中田 平			1993	「ハイパー科学館のCD-ROMの製作過程」	『CAI学会研究報告』第93巻	CAI学会
中田 たか子			1994.3	「アメリカにおけるマルチメディアの現況～シーグラフ視察団に参加して～」	『名古屋市科学館紀要』第20号	名古屋市科学館
中田 弾	會田 知美*	八藤後 猛	2012.9	「博物館展示室空間の快適性に関する研究:高齢者を対象として」	『学術講演梗概集』2012巻	日本建築学会
永田 稠			1943	「農學校と植物園」「ブランタン峠・考古館」ほか	『南方拓殖第一報』	日本力行會
長田 敏行			2007.10	「科学と社会植物園は生物多様性保全を模索している!!」	『学術の動向』第12巻第10号	日本学術協力財団
仲谷 一宏	松浦 啓一*	篠原 現人	2000.6	「日本の魚類データベース」	『国立科学博物館ニュース』第374号	国立科学博物館
中谷 作次	橋爪 紳也*		1990.6	『博覧会見物』		学芸出版社
中谷 武雄 編	池上 惇* 編		2004.9	『知的所有と文化経済学-知的財産権文化が変革する現代経済』		実教出版
中谷 剛			2007.10	『ホロコーストを次世代に伝える:アウシュヴィッツ・ミュージアムのガイドとして』		岩波書店
中谷 哲二			2002.1	「天理にあった合掌造り民家－ある野外博物館的施設の軌跡－」	『天理参考館報』第15号	天理大学附属天理参考館
中谷 英夫	久家 直之		1984.3	「大型化石の模型製作法について-穂別町産長頚竜化石の経験から-」	『穂別町立博物館研究報告』第1号	穂別町立博物館
中谷 仁美	吉田 優*	築地 貴久	2015.4	「博物館実物資料の活用を想定した博物館学芸員養成教育プログラムの開発に関する基礎的考察:近世村方文書を中心として」	『博物館学雑誌』第40巻第2号	全日本博物館学会
永田 英明 他			2011.1	「東日本大震災における東北大学史料館の被災状況と対応」	『アーカイブズ』第45号	国立古文書館
長田 浩幸	筒井 亜希子		2008.5	「開かれた下水道への取り組み下水道科学館-楽しみながら学べる施設」	『下水道協会誌』第45巻第547号	日本下水道協会
中田 正彦			1980.11	「『害虫駆除予防法』成立の秘話-田中芳男氏の事績の一コマ-」	『農薬春秋』41号	北興化学工業株式会社
中田 幹雄	千代 肇		1990.3	「明治期における北海道の博物館(1)」	『北海道開拓記念館調査報告』第29号	北海道開拓記念館
永田 道恵			1996.4	「地域の資料を残すために-図書館と博物館の役割を考える」	『くにたち郷土文化館研究紀要』第1号	くにたち郷土文化館
永田 美保	堤 千絵*	金田 和子 他	2010	「植物園における養護学校校外学習の実践例」	『日本植物園協会誌』第45号	日本植物園協会
中多 泰子			2014	「日本の絵本美術館研修・見学会(第7回)秋の軽井沢に『軽井沢絵本の森美術館』『ペイネ美術館』を訪ねる」	『国立・国際・子ども図書館:国際子ども図書館を考える全国連絡会会報』第35号	国際子ども図書館を考える全国連絡会
永田 裕次郎			1987.3	「博物館と学校教育に関する一考察」	『尚古集成館紀要』第1号	尚古集成館
中塚 宏行			1978.3	「美術館の映像(序)」	『北海道立近代美術館研究紀要』創刊号	北海道立近代美術館

著者1	著者2	著者3	発行年	論文名・書籍名	掲載誌	発行元
中塚 宏行			1979.3	「美術館と映像（Ⅰ）」	『北海道立近代美術館研究紀要』第2号	北海道立近代美術館
中塚 宏行			1980.3	「美術館の映像（Ⅱ）-映像の著作権上のあつかいをめぐって-」	『北海道立近代美術館研究紀要』第3号	北海道立近代美術館
中塚 宏行			1984.3	「美術館と映像（Ⅲ）-美術館写真部門における理念と実際-」	『北海道立近代美術館研究紀要』第4号	北海道立近代美術館
中辻 正信			1942	「カルカツタ博物館」「動物園」「植物園」	『印度旅行記』	藤谷崇文館
中戸川 君子			1982.12	「私にとっての博物館・公民館」	『平塚市博物館年報』第6号	平塚市博物館
中冨 信夫			1995	『ミュージアムに見るアメリカ』		世界文化社
長友 紀子			2014.3	「鑑賞授業の形を探る:美術館新聞の実践から」	『教育実践開発研究センター研究紀要』第23号	奈良教育大学教育実践開発研究センター
長友 紀子	狩野 宏明	宇田 秀士 他	2015.3	「ICT機器が可能にする協働的鑑賞学習の試み:中学校美術科における「美術館の展示をつくる」の実践を通して」	『次世代教員養成センター研究紀要』1	奈良教育大学次世代教員養成センター
永友 宗年			1890.6	『都農神社保存會主旨書:付・都農神社保存會規則』		都農神社保存會
中西 克宏	新井 勝紘*	松下 師一 他	1997.6	「座談会 私と展示と博物館」	『季刊Liberty』第18号	大阪人権歴史資料館
中西 さやか	出利葉 浩司*		2015.3	「幼児の学びにおける博物館プログラムの活用:異文化環境体験プログラムに着目して」	『名寄市立大学紀要』第9号	名寄市立大学
中西 茂行			1992.3	「博物館の社会学的研究について」	『全博協研究紀要』第2号	全国大学博物館学講座協議会
中西 俊裕	出口 直輝*	島田 裕輝 他	2010.4	「資料館デジタルミュージアムシステムの構築」	『年次研究報告書』第11号	日本大学文理学部情報科学研究所
中西 啓			2008.9	「博物館展示においてデザイン学領野が曖昧である原因を析出する試み:国立民族学博物館特別展「2002年ソウルスタイル」を事例として」	『デザイン学研究』第55巻第3号	日本デザイン学会
中西 正彦	坂村 圭*	中井 検裕	2011.1	「美術館運営に対する指定管理者制度導入の効果と課題に関する研究」	『都市計画論文集』第46巻第3号	日本都市計画学会
中西 美和	安間 裕起		2012	「内発的動機づけの誘発をねらいとしたサービスデザイン手法に対する提案とその実験的検証:ミュージアムにおける情報提供サービスを対象事例とした試み」	『人間工学』第48巻第5号	日本人間工学会
中西 安男			2000.8	「弱小動物園の動物園保全戦略」	『動物園研究』第4巻2号	動物園研究会
中西 保仁			2002.5	「印刷とデジタル文化—印刷博物館でのデジタル化への取り組み—」	『Science of humanity Bensei: 人文学と情報処理』第39号	勉誠出版
中西 雄二	全 泓奎*	川本 綾	2014.7	「エスニックミュージアムづくりを通じた多文化共生型コミュニティの創生と地域再生に関する研究」	『豊かな高齢社会の探求調査研究報告書』vol.22	ユニベール財団
中西 雄二	全 泓奎*	川本 綾 他	2015.3	「エスニックミュージアムによるコミュニティ再生への挑戦」		大阪公立大学共同出版会
中西 裕			2011.12	「博物館における収蔵品データベースの公開に関する考察」	『就実表現文化』第6号	就実大学
長沼 健	川上 昭吾*	廣濱 紀子	2013.3	「科学館における地域連携活動の展開:科学絵本の読み聞かせと体験活動を結ぶ新しいスタイルのワークショップの実践」	『愛知教育大学教育創造開発機構紀要』第3号	愛知教育大学
長沼 孝則	能登 健*		2002.8	「アーネスト・サトウが大室古墳に来たわけ—国際理解・郷土理解の教材開発—」	『財団法人群馬県埋蔵文化財調査事業団研究紀要』第20号	群馬県埋蔵文化財調査事業団
長沼 雅子			1997	「田中芳男『博覧会日記全』一・二」	『伊那』826・828号	伊那文化研究所
永沼 律朗			2007.3	「日本文化を外国人に(特集みんなの展示-来館者にやさしい博物館をめざして)」	『Museumちば:千葉県博物館協会研究紀要』38号	千葉県博物館協会
中根 環堂			1936	「平壌博物館」	『鮮満見聞記』	中央佛教社
中根 孝司			1999.9	「第2章博物館の行財政」	『博物館学シリーズ 4博物館経営論』	樹村房
中根 孝司			2000	「国立博物館に係る独立行政法人制度の解説（1）」	『博物館研究』第35巻第8号	日本博物館協会
中根 孝司			2000	「国立博物館に係る独立行政法人制度の解説（2）」	『博物館研究』第35巻第9号	日本博物館協会
中根 康夫	毛利 喆夫*		1996.9	「博物館の設備」	『ミュージアムマネージメント』	東京堂出版
中野 明			2015.3	『幻の五大美術館と明治の実業家たち』		祥伝社

著者1	著者2	著者3	発行年	論文名・書籍名	掲載誌	発行元
中垤 栄三 編	溝口 元 編著		1999.7	『ナポリ臨海実験所:去来した日本の科学者たち』		東海大学出版会
中野 千幸			2003.3	「教育普及活動のなかの博物館実習」	『四日市市立博物館研究紀要』第10号	四日市市立博物館
中野 京子			2016.1	『はじめてのルーヴル』		集英社
長野県信濃美術館			2007.3	『「宅配・美術館」(アウトリーチプログラム)報告書』		長野県信濃美術館
長野県信濃美術館 編			2016.1	『長野県信濃美術館50年の歩み:1966-2016』		長野県信濃美術館
長野県信濃美術館 学芸課			1989.1	「長野県内の美術館・博物館による合同企画展の試み」	『博物館研究』第24巻第1号	日本博物館協会
長野縣師範學校			1932	「本校の郷土研究室」	『郷土教育』第十八號	郷土教育聯盟
長野県博物館協議会事務局 編			2017.3	『長野県ミュージアムガイド[2017]』		長野県博物館協議会
長野県立歴史館 編			1997	『殖産興業と万国博覧会-明治期における長野県と世界との交流-』		長野県立歴史館
長野県立歴史館			1999.1	『蘭学万華鏡-江戸時代信濃の科学技術-』		長野県立歴史館
永野 光一	水野 信太郎		2015.1	「日本・イギリス・中国における煉瓦博物館整備の実情」	『北海道女子大学短期大学部研究紀要』第35号	北翔大学
永野 光一	水野 信太郎		2015.1	「わが国における旧帝国博物館の成立過程」	『北海道女子大学短期大学部研究紀要』第36号	北翔大学
中小路 久美代	山本 恭裕	川嶋 稔夫 他	2014	「ミュージアムにおける触発する体験と体験を触発するということ」	『人工知能学会全国大会論文集』28回	人工知能学会
中小路 久美代			2016.5	「問題意識と触発する体験を支える機構」	『触発するミュージアム:文化的公共空間の新たな可能性を求めて』	あいり出版
中小路 久美代	山本 恭裕		2016.5	「海外のミュージアムにおける展示の様態と触発する体験」	『触発するミュージアム:文化的公共空間の新たな可能性を求めて』	あいり出版
中小路 久美代	山本 恭裕	川嶋 稔夫 他	2016.5	「総合博物館としての市立函館博物館における鑑賞の様式と触発の連鎖」	『触発するミュージアム:文化的公共空間の新たな可能性を求めて』	あいり出版
中小路 久美代	山本 恭裕	川嶋 稔夫 他	2016.5	「市立函館博物館第3展示室情報ブース「未来」プロジェクトにおける共同制作」	『触発するミュージアム:文化的公共空間の新たな可能性を求めて』	あいり出版
中小路 久美代	新藤 浩伸	山本 恭裕 他	2016.5	『触発するミュージアム:文化的公共空間の新たな可能性を求めて』		あいり出版
長野市教育委員会文化財課 編	KRC		2014.3	『新真田宝物館基本構想提言』		長野市教育委員会文化財課
長野 順子	加藤 克*		2001.3	「北海道大学農学部植物園・博物館の来館者調層査報告と展示評価」	『北海道大学農学部博物館研究紀要』第1号	北海道大学農学部博物館
中野 雪山			1925	「世界公園館」「水族館」	『十和田湖探勝案内:附・八甲田山及十和田附近案内』	文明堂書房
長野大学 編			2006	『上田自由大学とその周辺』		郷土出版社
中野 孝明			2014.10	「徳山動物園(徳山公園)リニューアル事業について」	『新都市』第68号	都市計画協会
中野 照男			1997	『美術工芸品等の防災に関する調査研究』		文部省科学研究費補助金研究成果報告書
中野 渡一耕			1996	「翼賛文化運動と「青森県郷土博物館」」	『青森県立郷土館郷土館研究年報』第20号	青森県立郷土館
中野 知幸			2004.3	「地域博物館論の考察」	『國學院大學博物館學紀要』第28輯	國學院大學博物館学研究室
中野 知幸			2012.8	「郷土資料文化の概念(地域文化資源の種類)」	『人文系博物館資料論』	雄山閣
中野 治房			1925	「欧米の模範的博物館と其感想」	『東洋學藝雜誌』第41巻第506號	與學會
永野 晴康			2010.3	「日本とフランスにおける文化財の輸出規制:国宝に指定されていない文化財の輸出規制を中心に」	『千葉商大論叢』第47巻第2号	千葉商科大学
永野 晴康			2016.1	「文化財の違法取引に関する法制度:フランス法制との比較から」	『千葉商大論叢』第49巻第2号	千葉商科大学
中野 光			1968	『大正自由教育の研究』		黎明書房

な

著者1	著者2	著者3	発行年	論文名・書籍名	掲載誌	発行元
仲野 浩 編	児玉 幸多*編		1979.8	『文化財保護の実務』		柏書房
仲野 寛	井上 正志	川島 哲夫	2007.3	「社会教育施設の利用促進のための施設情報の映像化-博物館資料の収集から展示まで」	『島根大学生涯学習教育研究センター研究紀要』第5号	島根大学生涯学習教育研究センター
中野 正俊	木下 裕也*	中村 公一 他	2007	「琵琶湖博物館と連携した体験学習プログラムの開発と評価-小学校社会科「くらしのうつりかわり」を題材に」	『滋賀大学教育学部紀要.教育科学』第57号	滋賀大学教育学部
中野 正俊	糸乘 前	川崎 睦男	2008.9	「博物館のサテライト化による理科・環境学習」	『日本理科教育学会全国大会要項』第58号	日本理科教育学会
中野 正俊			2009.8	「小学校第4学年「人の体のつくりと運動」学習の実際:児童の理科離れに対応する博学連携」	『日本理科教育学会全国大会要項』第59号	日本理科教育学会
永野 昌博	三上 光一*		2008.1	「農村における博学連携地域学習の教育的効果と可能性」	『農業および園芸』第83巻第1号	養賢堂
永野 昌博	澤畠 拓夫	三上 光一	2010.3	「博学連携によるセンサーカメラを使った哺乳類調査の実践」	『森林野生動物研究会誌』第35号	森林野生動物研究会
永野 昌博			2010.9	「小規模博物館を核とした市民協働による地域づくり」	『博物館研究』第45巻第9号	日本博物館協会
中野 雅之			2003	「夏休み子ども向け行事「ミュージアム・クイズ・ラリーYOKOHAMA」について」	『博物館研究』第38巻第11号	日本博物館協会
中野 美央	高野 昭人*	山田 陽子 他	2009	「薬用植物園およびキャンパス内自然林を活用した社会貢献」	『日本植物園協会誌』第44号	日本植物園協会
中野 三敏			1985	『江戸名物評判記案内』		岩波書店
中野 實			1941	「動物園」	『仏印縦走記』	講談社
中野 守久			2001.3	「北区飛鳥山博物館の建設準備をふりかえって」	『Museologist:明治大学学芸員養成課程年報』第16巻	明治大学学芸員養成課程
仲野 泰裕			2012.2	「分科会1「博物館と地域の活性化」」	『博物館研究』第47巻第3号	日本博物館協会
中野 宥			2001	「史跡整備の原状と課題」	『月刊考古学ジャーナル』第458号	ニューサイエンス社
中野 宥			2002	「〔事例報告1静岡市立登呂博物館〕(公開シンポジウム「大学と博物館を結ぶ4」『博物館学芸員と語る』)」	『静岡大学生涯学習教育研究』第5号	静岡大学生涯学習教育研究センター
中野 裕貴	齊藤 義仰*	松本 利隆 他	2013.3	「津波被害の記憶を忘れないためのオンライン津波資料館の構築」	『情報処理学会研究報告』第32号	情報処理学会
中野 優子	岡田 猛*		2016.5	「駒場博物館ダンスワークショップ「博物館で踊ろう!からだで鑑賞?」の実践とその効果」	『触発するミュージアム:文化的公共空間の新たな可能性を求めて』	あいり出版
長野 裕	井尾 健二		1998.1	『金工着色技法』		理工社
中野 良寿			2009.9	「環境をテーマにしたワークショップによる教材研究:ときわミュージアム・植物現代アート展(Plan-tree-location)から」	『教育実践総合センター研究紀要』第28号	山口大学教育学部附属教育実践総合センター
中野 良寿	福田 隆眞*		2010.3	「美術活動の連携について:北海道立釧路芸術館、釧路市立美術館の事例を基にした考察」	『教育実践総合センター研究紀要』第29号	山口大学教育学部附属教育実践総合センター
中野 良寿	福田 隆眞*		2011.3	「カナダ・ケロウナ・アート・ギャラリーにおける美術教育プログラムの一例」	『教育実践総合センター研究紀要』第31号	山口大学教育学部附属教育実践総合センター
中野 良一			1999.8	「博物館における情報の提供と活用方法 1.博物館とマルチメディア」	『新版博物館学講座 第11巻博物館情報論』	雄山閣
中野 了随			1890	『東京名所圖繪』		小川尚榮堂
中野 礼四郎	久米 邦武*述	石井 八万次郎 他	1934	『久米博士九十年回顧録』全2冊		早稲田大學出版部
中橋 文夫			2013.3	「山陰海岸ジオパークマネジメントプランの基礎調査と課題の整理」	『鳥取環境大学紀要』第11号	鳥取環境大学紀要編集委員会
中畑 敏之			1996.3	「期待される学芸員と博物館実習」	『千葉経済大学学芸員課程紀要』創刊号	千葉経済大学学芸員課程共同研究室
中畑 昌之	源田 洋祐*	奥田 宗幸 他	2010.7	「現代の美術館における視覚的空間特性に関する研究:抽象モデル空間での空間接続方法の分析」	『学術講演梗概集』2010巻	日本建築学会
中畑 充弘			2007.12	「1つの'モノ'を通じての総合的・学際的学習に関する一試論-出張授業:「鉄」を題材とした「学習指導案」(仮案)」	『博物館学雑誌』第33巻第1号	全日本博物館学会
長畑 実			1994.3	「博物館学習の教育的効果に関する一考察」	『博物館学雑誌』第19巻第1・2号合併号	全日本博物館学会
長畑 実			1996.8	「博物館を利用した環境教育」	『博物館学雑誌』第21巻第2号	全日本博物館学会

著者1	著者2	著者3	発行年	論文名・書籍名	掲載誌	発行元
長畑 実			1999.3	「来館者志向の博物館マネジメントに関する考察--学芸員及び来館者調査の分析から」	『日本ミュージアム・マネージメント学会研究紀要』第3号	日本ミュージアム・マネージメント学会
長畑 実			2009	「韓国における博物館の発展と新たな挑戦」	『大学教育』第6号	山口大学大学教育機構
長畑 実			2011.3	「博物館の国際動向に関する考察:ICOM第22回上海大会の議論を中心として」	『大学教育』第8巻	山口大学大学教育機構
長畑 実			2013.3	「ミュージアム・リテラシー教育に関する研究」	『大学教育』第10号	山口大学大学教育機構
永幡 嘉之			2014.5	「アマチュア界:博物館と虫屋の標本の行方」	『月刊むし』519号	むし社
永幡 嘉之			2016.3	「自然史資料としての昆虫標本の活用」	『宮城教育大学環境教育研究紀要』第18巻	宮城教育大学附属環境教育実践研究センター
中鉢 令兒	市岡 浩子*		2008.11	「洞爺湖周辺地域におけるエコツーリズム推進の可能性についての考察」	『日本観光研究学会全国大会学術論文集』第23号	日本観光研究学会
長浜 功			1986	『現代社会教育の課題と展望』		明石書房
長濱 元			2001	『学校と社会が連携した科学教育システムに関する国際学術調査』		文部省科学研究費補助金研究成果報告書
中林 明			2008.8	「挑む(80)―広(株)高級タオルの自社ブランドを美術館で発信し育てる」	『商工ジャーナル』第34巻第8号	日本商工経済研究所
中林 啓治			1987	「博物館の展示―裏方奮戦記」	『別冊歴史読本 歴史博物館のすべて』	新人物往来社
中原 斉			1991.3	「鳥取県博物館史」	『國學院大學博物館學紀要』第15輯	國學院大學博物館学研究室
仲原 善忠			1930	「博物館その他公共施設の利用」	『最近歐米地理教育の實際』	明治圖書
栄原 永遠男			2014.12	「正倉院文書研究の現状と課題」	『国立歴史民俗博物館研究報告』第192集	国立歴史民俗博物館
中原 史生			2012.4	「館種別調査研究 水族館(博物館資料と調査研究活動)」	『博物館学1(博物館概論*博物館資料論)』	学文社
中原 道子			2011	「春夏秋冬韓国女性人権博物館--闘いは続く」	『社会評論』第164号	スペース伽耶
中原 佑介	飯田 善國*	磯崎 新	1981.11	「討議Ⅱ 新しい美術館像を求めて」	『美術手帖』488号	美術出版社
永原 陽子			2000.5	「博物館のなかの先住民」	『歴史評論』第601号	校倉書房
永広 昌之	大石 正之*	吉田 充	2013.3	「陸前高田市立博物館地質標本救済事業と岩手県における博物館の災害復興とそれに関連する諸事情」	『化石』第93号	日本古生物学会
中牧 弘充	梅棹 忠夫*	熊倉 功夫	2001	「鼎談 コレクションの思想」	『季刊民族学』第25巻第2号	千里文化財団
中牧 弘允			2002.2	『日米共催の展示における学習プログラムとボランティア活動』		国立民族学博物館
中牧 弘允			2003	『経営文化の日英比較-宗教と博物館を中心に』		文部省科学研究費補助金研究成果報告書
中牧 弘允 編	日置 弘一郎 編		2003.3	『企業博物館の経営人類学』		東方出版
中牧 弘允	森茂 岳雄	多田 孝志	2009.8	『学校と博物館でつくる国際理解教育:新しい学びをデザインする』		明石書店
中牧 弘允			2012.5	「梅棹忠夫の博物館経営論を継承・発展させるために―国立民族学博物館とJICA横浜海外移住資料館」	『さわって楽しむ博物館ユニバーサル・ミュージアムの可能性』	青弓社
中牧 弘允			2016.2	「企業博物館の視点から」	『社会システム研究』2015特集号	立命館大学社会システム研究所
中牧 弘允			2016.12	「博学連携教員研修ワークショップ10年のマネジメント」	『学校と博物館でつくる国際理解教育のワークショップ』	国立民族学博物館
中牧 弘允	上羽 陽子*	中山 京子 他編	2016.12	「学校と博物館でつくる国際理解教育のワークショップ」	『学校と博物館でつくる国際理解教育のワークショップ』	国立民族学博物館
仲間 恵子			2003.12	「差別問題と博物館展示」	『大阪人権博物館紀要』第7号	大阪人権博物館
永益 英俊			1998	「京都大学創立百周年記念展覧会「知的生産の伝統と未来」」	『博物館研究』第33巻第2号	日本博物館協会
永益 英俊			2009.5	「自然系博物館の未来(第1回)大学博物館からの提案--標本収集と分類・分類学者養成」	『科学』第79巻第5号	岩波書店

著者1	著者2	著者3	発行年	論文名・書籍名	掲載誌	発行元
中俣 充志			1940	「新京動植物園の建設計畫」	『博物館研究』第13巻第2號	日本博物館協會
永松 敦			2000.3	「民俗系博物館のデータベース化」	『研究紀要』創刊号	椎葉民俗芸能博物館
中丸 明			1995.1	『プラド美術館絵画が語るヨーロッパ盛衰史』		新潮社
永見 健一			1926	「公開森林に於ける自然科學の研究施設青語抄十二」	『造園學雑誌』第2巻第12号	日本造園學會
中溝 一恵	国立音楽大学		2015.3	「楽器研究における所蔵楽器目録の意義:歴史的ピアノを事例として」	『研究紀要』第50巻	国立音楽大学
中見 立夫	全 京秀		2016.3	「帝国主義の欲望を担った博物館」	『博物館という装置:帝国・植民地・アイデンティティ』	勉誠出版
長嶺 家光			1998.3	「日本における新しいタイプの博物館をめざして-ミュージアムパーク茨城県自然博物館の建設の経緯と現状-」	『茨城県自然博物館研究報告』第1号	ミュージアムパーク茨城県自然博物館
中村 愛子			2016.3	「国立公文書館の資料保存、これから」	『ネットワーク資料保存』第113号	日本図書館協会・資料保存委員会
長村 祥知			2015.12	「博物館における古文書・古記録の展示と教育」	『人間教育学研究』第3巻	奈良学園大学人間教育学部
中村 功			1997	「人間と楽器の絆〜浜松市楽器博物館の試み〜」	『博物館研究』第32巻第9号	日本博物館協会
中村 泉			1997	「水族館の世界」	『海洋と生物』第19巻第12号	生物研究社
中村 興麿			1934.6	「博物館と防蟲」	『博物館研究』第7巻第6號	日本博物館協會
中村 修美	須田 大樹*		2011.3	「地域の自然史系博物館が生物多様性保全に果たす役割-埼玉県立自然の博物館の事例を中心に-」	『埼玉県立自然の博物館研究報告』第5号	埼玉県立自然の博物館
中村 攻	鳥井 幸恵*	斉藤 雪彦	2007.12	「地域資源を用いた市民の博物館活動に関する考察-東京都墨田区「小さな博物館」運動を事例として」	『博物館学雑誌』第33巻第1号	全日本博物館学会
中村 音羽 編			1936	「新美術館の建築」	『中村鎮遺稿』	中村鎮遺稿刊行會
中村 和恵			2003.6	「「アジア系アメリカ人芸術家1945-1970:伝統と抽象」展」	『展覧会カタログの愉しみ』	東京大学出版会
中村 和夫	松田 真平		2008.6	「Fentonの日本訪問と大英博物館」	『蝶と蛾』第59巻第3号	日本鱗翅学会
中村 吉蔵			1910	『歐米印象記』		春秋社
中村 清美	赤松 友成	鈴木 健司	2010.3	「海洋生物の音を用いた水族館での展示の実践」	『日本ミュージアム・マネージメント学会研究紀要』第14号	日本ミュージアム・マネージメント学会
中村 精			1936	「三、民藝美術館の開館」ほか	『民藝と濱松』	開明堂
中村 賢二郎			1998.12	「文化財建造物の景観保護について」	『別府大学紀要』第40号	別府大学会
中村 賢二郎			1999.4	『文化財保護制度概説』		ぎょうせい
中村 賢二郎			2005.8	「ドイツの周辺環境保全」	『月刊文化財』第503号	第一法規
中村 賢二郎			2005.8	「歴史的都市・村落の周辺環境保全について」	『月刊文化財』第503号	第一法規
中村 公一	木下 裕也*	中野 正俊 他	2007	「琵琶湖博物館と連携した体験学習プログラムの開発と評価-小学校社会科「くらしのうつりかわり」を題材に」	『滋賀大学教育学部紀要.教育科学』第57号	滋賀大学教育学部
中村 茂			2011.3	「フィオナ・アンダーソンファッション・メディアとしての博物館」	『生活科学論』42巻	神戸松蔭女子学院大学
中村 鎮			1931	「東京帝室博物館の建築形式に就いて」	『新興藝術研究』第2輯	刀江書院
中村 俊			2003.3	「自然誌博物館の役割とフィールドミュージアム展開」	『千葉県立中央博物館 自然誌研究報告』特別号6(房総半島小糸川上流の自然誌Ⅰ)	千葉県立中央博物館
中村 淳			2012.11	「野の学問とアカデミズム」	『民俗学の可能性を拓く:「野の学問」とアカデミズム』	青弓社
中村 淳			2013.2	「日本における文化財保護法の展開」	『世界遺産時代の民俗学グローバル・スタンダードの受容をめぐる日韓比較』	風響社
中村 慎一	林 卓行	加藤 悦子 他編	2016	『美術教育の現在:学校と美術館の役割とは:玉川大学芸術学部シンポジウム報告』		玉川大学

著者1	著者2	著者3	発行年	論文名・書籍名	掲載誌	発行元
中村 真弥			2001.3	「博物館における入館料の設定について」	『國學院大學博物館學紀要』第25輯	國學院大學博物館学研究室
中村 真弥			2005.1	「翻訳・ハンス・スローンと大英博物館：好事家のコレクションが国家財産に」	『博物館学雑誌』第30巻第1号	全日本博物館学会
中村 真弥			2005.3	「ヘンリー・コールとサウス・ケンジントン（ヴィクトリア・アンド・アルバート）美術館：装飾美術博物館」	『國學院大學博物館學紀要』第29輯	國學院大學博物館学研究室
中村 清二	吉田 貢	栗原 嘉名芽 他	1929	「建築に関する音響の研究」	『建築雑誌』第43輯第517号	日本建築學會
中村 清二			1931	「東京科學博物館各部紹介理工學部」	『科學知識』第10巻	科學知識普及會
中村 清二			1931.11	「理工學部實驗装置及陳列概要」	『自然科学と博物館』第23號	東京博物館
中村 清二			1935	「美術館に於ける陳列品の前に立てる硝子板の問題」	『建築雑誌』第49輯第597号	日本建築學會
中村 清二			1936	「博物館の採光及温湿度調査に就て」	『建築雑誌』第50輯第618号	日本建築學會
中村 塑	渡邉 瑞恵*	日坂 彰 他	2014.3	「東日本大震災による北総地域文化財の被害と町並み保存の取り組み：香取市佐原重要伝統的建造物群保存地区の事例」	『愛国学園大学人間文化研究紀要』第17号	愛国学園大学人間文化学部
中村 大觀			1915	「動物園」「商品陳列所」	『日本大觀』京都巻	日本大觀発行所
中村 泰三			1976	「ソ連・東欧の野外博物館」	『人文研究』28巻2号	大阪市立大学文学部
中村 隆	田代 英俊*	谷本 嗣英 他	2001.3	「既設展示の評価とフィードバックについて」	『日本ミュージアム・マネージメント学会研究紀要』第5号	日本ミュージアム・マネージメント学会
中村 隆	田代 英俊*	小山 治	2009.9	「科学的リテラシー育成に関する科学館・博物館の影響について--科学技術館来館者調査結果より」	『JMMA日本ミュージアム・マネージメント学会会報』第14巻第2号	日本ミュージアム・マネージメント学会
中村 隆	小林 成稔	鈴木 まどか 他	2010.3	「科学館における教育プログラムの効果測定手法に関する調査研究」	『日本ミュージアム・マネージメント学会研究紀要』第14号	日本ミュージアム・マネージメント学会
中村 隆	田代 英俊*	小山 治	2010.3	「ミュージアムリテラシー育成のための基礎的研究--博物館利用者の属性・意識と博物館活用効果とのクロス表分析の結果」	『日本ミュージアム・マネージメント学会研究紀要』第14号	日本ミュージアム・マネージメント学会
中村 隆			2012.4	「館種別調査研究 理工系博物館（博物館資料と調査研究活動）」	『博物館学1（博物館概論*博物館資料論）』	学文社
中村 隆			2012.11	「情報管理と情報公開（博物館における情報発信）」	『博物館学3（博物館情報メディア論*博物館経営論）』	学文社
中村 剛士	亀山 裕市		2014.12	「SNSがつくるミュージアムと利用者の関係性」	『Cultivate：文化と環境を考える』第43号	文化環境研究所
中村 隆史	大沼 清仁	今井 寛	2004	『学校教育と連携した科学館等での理科学習が児童生徒へ及ぼす影響について：学校と科学館等との連携強化の重要性』		文部科学省科学技術政策研究所第2調査研究グループ
中村 隆志	原田 健一 編	石井 仁志 編	2013.9	「映像のインデキシングの実際」	『懐かしさは未来とともにやってくる：地域映像アーカイブの理論と実際』	学文社
中村 隆敏	角 和博	吉永 秀明	2009	「科学館との連携によるAR3DCGを用いた学習コンテンツの開発」	『佐賀大学教育実践研究』第26号	佐賀大学文化教育学部附属教育実践総合センター
中村 尚弘			2013.3	「カナダ・オンタリオ美術館における先住民作品展示の取り組みとその北海道美術史への知見」	『北海道民族学』第9号	北海道民族学会
中村 たかを			1966	「民俗資料の保存と管理」	『日本民俗学会報』第44号	日本民俗学会
中村 たかを 編	杉本 尚次*編		1981	『民家と民具、ふるさとの博物館』		講談社
中村 たかを			1981.2	「Ⅴ民具研究法」	『日本の民具』	弘文堂
中村 俊亀智			1983	「アチック・ミューゼアムの足どり」	『国立民族学博物館研究報告』第8巻第3号	国立民族学博物館
中村 俊亀智			1984.3	「アチック・ミューゼアムのあとに―財団法人日本民族学協会附属民俗学博物館のこと」	『国立民族学博物館研究報告』第9巻第1号	国立民族学博物館
中村 たかを 編			1988	『日本の労働者 アチック・ミューゼアム・コレクション』		源流社
中村 たかを 編			1992.4	『博物館学概論』		源流社
中村 たかを 編			1996.4	『博物館学概論普及版-博物館ってなんだろう』		源流社
中村 武久			1975	「日本の植物園の実態」	『日本植物園協会誌』第10号	日本植物園協会

著者1	著者2	著者3	発行年	論文名・書籍名	掲載誌	発行元
中村 剛之			2010.9	「博物館だより(1)アムステルダム大学動物学博物館研修報告：コレクション管理に関する博物館と外部研究者の協力関係について」	『昆蟲.ニューシリーズ』第13巻3・4号	日本昆虫学会
中村 千恵			2010	「野外博物館のバリアフリーについての一考察」	『國學院大學博物館學紀要』第35輯	國學院大學博物館学研究室
中村 千恵			2012.3	「アメリカ合衆国における博物館教育—東部二都市調査事例からの考察—」	『國學院大學博物館學紀要』第36輯	國學院大學博物館学研究室
中村 千恵	布谷 知夫*		2014.4	「博物館の仕事を知ってもらうことを目的とした事業」	『博物館学雑誌』第39巻第2号	全日本博物館学会
中村 千恵	東垂水 琢哉*	平賀 伸夫 他	2014.9	「貸し出し教材で学校と博物館をつなぐ」	『日本科学教育学会年会論文集』第38巻	日本科学教育学会
中村 千恵			2015	「博物館の社会的役割」	『人間の発達と博物館学の課題：新時代の博物館経営と教育を考える』	同成社
中村 千恵	可児 光生*	大野 照文 他	2015.6	「第3章連携する博物館」	『博物館教育論』	講談社
中村 千恵			2016.8	「みんなでつくる博物館のカタチ」	『ひとが優しい博物館：ユニバーサル・ミュージアムの新展開』	青弓社
中村 恒夫			1934	「市内美術館」	『巴里畫壇の全貌』	崇文堂出版部
中村 哲夫			1994	『明治・大正の消えた建物たち』		現代旅行研究所
中村 哲也			1999.5	「陸平貝塚—整備以前からの地域活用」	『資源環境対策』第35巻7号（『緑の読本』シリーズ50）	公害対策技術同友会
中村 俊彦			1994.3	「生態園の整備経過と管理運営」	『千葉県立中央博物館 自然誌研究報告』特別号1（生態園の自然誌1）	千葉県立中央博物館
中村 俊彦			2000.4	「自然保護と博物館」	『新版博物館学講座 第3巻 現代博物館論-現状と課題-』	雄山閣
中村 友昭	福田 匡朗*		2015.3	「博物館展示と昭和の時代」	『鹿児島国際大学考古学ミュージアム調査研究報告』第12集	鹿児島国際大学国際文化学部博物館実習施設・考古学ミュージ
中村 信彦	森谷 卓也*	鐵原 恵子 他	2010.4	「医学教育博物館におけるバーチャルスライド利用の意義--医学博物館におけるバーチャルスライド」	『日本遠隔医療学会雑誌』第6巻第1号	日本遠隔医療学会
中村 紀久 編	佐藤 秀夫*編		1986	『文部省掛図総覧一～十』		東京書籍
中村 元			1992.7	『水族館のはなし』		技報堂出版
中村 元			1994	『水族館へいこうよ』		講談社
中村 元			2005.5	『水族館の通になる 年間3千万人を魅了する楽園の謎』		祥伝社
中村 元 監			2007.6	『The水族館』		三推社
中村 元			2007.7	『みんなが知りたい水族館の疑問50:イルカは楽しんでショーをしているか?水槽が割れることはないのか?』		ソフトバンククリエイティブ
中村 元			2012	「水族館事業の展望：水族館の"マスカルチャー化"時代における集客」	『レジャー産業資料』第45巻第10号	綜合ユニコム
中村 元			2013.6	「渇きを癒す水族館」	『水の文化』第44号	ミツカン水の文化センター
中村 元	やきそばかおる 編		2013.8	『水族館に奇跡が起きる7つのヒミツ:水族館プロデューサー中村元の集客倍増の仕掛け』		Collar出版、丸善出版
中村 元			2015.10	「二〇一四年新潟県における災害史展示とその成果について:新潟地震五〇年・中越地震一〇年」	『新潟史学』第73号	新潟史学会
中村 元			2017.7	『水族館哲学:人生が変わる30館』		文藝春秋
中村 秀二	倉田 大	白川 武敏 他	2011.3	「工学部研究資料館の保守管理および公開について:国指定重要文化財の保守管理と開放業務」	『熊本大学工学部技術部年次報告集2011』	熊本大学工学部技術部
中村 齋	藤田 昇治		1991.3	「博物館と学校教育」	『北海道開拓記念館調査報告』第30号	北海道開拓記念館
中村 齋			2006.4	『郷土と学校教育』		中村博物館学研究所
中村 齋			2006.4	『母親のための博物館学』	1993年6月から1994年5月まで『月刊せいけい』に連載	私家版
中村 齋			2008.3	『博物館は人ですよね 棚橋賞受賞記念講演会記録』		中村博物館学研究所

著者1	著者2	著者3	発行年	論文名・書籍名	掲載誌	発行元
中村 洋樹			2010	「社会科歴史学習における博物館学習の本質」	『探究』第21号	愛知教育大学社会科教育学会
中村 洋樹			2012.2	「参加型歴史学習に関する研究—AmyLeighの授業実践「歴史博物館を創造する」の場合—」	『探究』第23号	愛知教育大学社会科教育学会
中村 ひろ子			1998.12	「「民俗を展示する」ということ」	『民俗世界と博物館展示・学習・研究のために』	雄山閣出版
中村 ひろ子			1999	「これでいいのか?『学芸員問題』第1回緊急シンポジウム 記録文部省改定案を手がかりに「学芸員問題」を考える」	『博物館問題研究』第25号	博物館問題研究会
中村 ひろ子			2004.12	「博物館資料は誰のもの」	『非文字資料研究』第6号	神奈川大学常民文化研究所非文字資料研究センター
中村 ひろ子			2005.3	「博物館資料の現在」	『神奈川大学大学院歴史民俗資料学研究』第10号	神奈川大学大学院歴史民俗資料学研究科
中村 浩			1989.1	「大学博物館の活動の一例-大谷女子大学資料館の開館から今日まで」	『全博協研究紀要』創刊号	全国大学博物館学講座協議会
中村 浩			1996.3	「大学博物館について-大谷女子大学における資料館の存在と将来計画-」	『全博協研究紀要』第4号	全国大学博物館学講座協議会
中村 浩			1998.3	「博物館実習の現状と課題-『全国大学博物館学講座開講実態調査報告書』(第8回)の分析から-」	『全博協研究紀要』第5号	全国大学博物館学講座協議会
中村 浩			1999	『何がわかるかブックス 2 博物館学で何がわかるか』		芙蓉書房出版
中村 浩			1999.3	「宮城県本吉郡歌津町所在魚竜館におけるリニューアルと企画展の試み」	『博物館学雑誌』第24巻第2号	全日本博物館学会
中村 浩			2000.3	「大学博物館について-その設立理念と課題-」	『全博協研究紀要』第6号	全国大学博物館学講座協議会
中村 浩			2002.3	「博物館施設を用いた地域振興に関する試み--「オープンミュージアムカレッジ・イン・みずさわ」の開催を中心に」	『全博協研究紀要』第7号	全国大学博物館学講座協議会
中村 浩			2005	『ぶらりあるきパリの博物館』		芙蓉書房出版
中村 浩			2006	『ぶらりあるきロンドンの博物館』		芙蓉書房出版
中村 浩			2006	『ぶらりあるきウィーンの博物館』		芙蓉書房出版
中村 浩			2007	『ぶらりあるきミュンヘンの博物館』		芙蓉書房出版
中村 浩			2007.3	「世界の博物館・日本の博物館カナダBC州の二つの海洋博物館」	『大阪大谷大学文化財研究』第7号	大阪大谷大学文化財学科
中村 浩			2008	『ぶらりあるきオランダの博物館』		芙蓉書房出版
中村 浩			2008.12	「大学博物館の現状と展望」	『歴史科学』第195号	大阪歴史科学協議会
中村 浩			2009.1	「大阪市立大学「大学ミュージアム」の展望と課題」	『大阪市立大学史紀要』第2号	大阪市立大学
中村 浩			2012	『ぶらりあるき香港・マカオの博物館』		芙蓉書房出版
中村 浩			2012	『ぶらりあるきバンコクの博物館』		芙蓉書房出版
中村 浩			2012	『ぶらりあるきマレーシアの博物館』		芙蓉書房出版
中村 浩			2012.5	「網干善教」	『博物館学人物史下』	雄山閣
中村 浩			2013	『ぶらりあるき台北の博物館』		芙蓉書房出版
中村 浩			2013	『ぶらりあるきシンガポールの博物館』		芙蓉書房出版
中村 浩	池田 榮史		2014	『ぶらりあるき沖縄・奄美の博物館』		芙蓉書房出版
中村 浩			2014	『ぶらりあるきベトナムの博物館』		芙蓉書房出版
中村 浩			2015	『ぶらりあるきマニラの博物館』		芙蓉書房出版
中村 浩			2015	『ぶらりあるきカンボジアの博物館』		芙蓉書房出版

著者1	著者2	著者3	発行年	論文名・書籍名	掲載誌	発行元
中村 浩			2015	『ぶらりあるきインドネシアの博物館』		芙蓉書房出版
中村 浩			2016	『ぶらりあるきチェンマイ・アユタヤの博物館』		芙蓉書房出版
中村 浩			2016	『ぶらりあるきミャンマー・ラオスの博物館』		芙蓉書房出版
中村 浩	青木 豊 他		2016.3	「博物館の歴史」「博物館の種類」	『観光資源としての博物館』	芙蓉書房出版
中村 浩	青木 豊 編著		2016.3	『観光資源としての博物館』		芙蓉書房出版
中村 浩			2017	『ぶらりあるき北海道の博物館』		芙蓉書房出版
中村 浩			2017.4	「観光と博物館について」	『考古学・博物館学の風景：中村浩先生古稀記念論文集』	芙蓉書房出版
中村 浩			2017.11	「『紀伊風土記の丘基本計画』を巡って」	『國學院雑誌』第118巻第11号	國學院大學
中村 浩			2017.12	「観光と博物館論史」	『博物館学史研究事典』	雄山閣
中村 博志			1996.9	「博物館と学校」	『ミュージアムマネージメント』	東京堂出版
中村 弘	三原 慎吾		2011.3	「考古資料を使った授業の実施例--高校日本史における実物資料の活用」	『兵庫県立考古博物館研究紀要』第4号	兵庫県立考古博物館
中村浩先生古稀記念論文集刊行会編			2017.4	『考古学・博物館学の風景：中村浩先生古稀記念論文集』		芙蓉書房出版
中村 博文			2008.6	「森といきる「木の博物館」構想で山村と村民に輝きを」	『地方自治職員研修』第41巻第6号	公職研
中村 博幸			1989	「博物館と視聴覚」	『MuseumDate』第8号	丹青総合研究所
中村 博幸			1996	「続・ミュージアム・メディア探検(1)理解を助ける「ワークシート」」	『視聴覚教育』第50巻10号	
中村 不折			1936.6	「博物館の新展望：書道博物館」	『博物館研究』第9巻第6號	日本博物館協會
中村 丙午郎			1938.11	「書道博物館成立の趣旨及陳列品に就いて」	『博物館研究』第11巻第11號	日本博物館協會
永村 眞			2013.2	「文の京地域文化インタープリター養成講座の運営」	『地域と文化財：ボランティア活動と文化財保護』	勉誠出版
永村 眞			2016.3	「歴史系博物館学芸員の役割―史料の調査・研究と修理・保存―」	『日本女子大学博物館学芸員課程年報』No.14	日本女子大学
中村 昌子	近藤 公夫*	宮崎 暎子 他	1972	「史跡環境の整備に関する計画的研究Ⅳ-平城宮跡の周辺居住者と利用者の利用実態・利用意識に関する調査研究-」	『造園雑誌』第35巻第3号	日本造園学会
中村 雅治			2000.12	「国宝・重要文化財建造物の防火・防災対策」	『月刊消防』第22巻12号	東京法令出版
中村 正之	菊池 秀一		2013.5	「公共天文台等における触覚型展示資料の作成に関する研究」	『天文教育』第25巻3号	天文教育普及研究会
中村 稔			2011.2	『文学館を考える：文学館学序説のためのエスキス』		青土社
中村 めぐみ	馬場 憲一		2014.3	「美術館におけるソーシャル・インクルージョン活動の実態と課題」	『現代福祉研究』第14号	法政大学現代福祉学部現代福祉研究編集委員会
中村 愛			2010.6	「沖縄県立博物館・美術館における教育普及事業」	『国府台：和洋女子大学文化資料館・博物館学課程報告』第14号	和洋女子大学文化資料館・博物館学課程
中村 弥三次			1932	「美術館、畫廊、博物館」	『美術行政論』	巌松堂書店
中村 庸夫			1997	『水族館に行こう』		平凡社
中村 庸夫			1997.9	『水族館ウォッチング』		平凡社
中村 由以	杉浦 孝彦*		2007.11	「小規模図書館奮戦記(その133)トヨタ博物館図書閲覧室閉架書庫の資料活用への一歩-スタートしたバックヤード活動」	『図書館雑誌』第101巻第11号	日本図書館協会
中村 勇吉			1931	『各科實際の郷土教育』		厚生閣書店
中村 力也	成瀬 正和*		2010.3	「正倉院における空気汚染調査--そのあゆみと最近の調査の結果」	『正倉院紀要』第32号	宮内庁正倉院事務所

著者1	著者2	著者3	発行年	論文名・書籍名	掲載誌	発行元
中村 亮			2017.5	「隠された文化遺産」	『文明史のなかの文化遺産』	臨川書店
中村 亮平			2017.3	「旭山動物園における研究・教育・保全の取り組みについて」	『日本野生動物医学会誌』第22巻1号	日本野生動物医学会
仲本 和彦			2016.3	「沖縄県公文書館における戦争関連記録の保存と継承:開館20年の蓄積」	『記録と史料』第26号	全国歴史資料保存利用機関連絡協議会
中矢 清司	高橋 裕*	溝口 進	1983.12	「国立歴史民俗博物館の展示照明」	『照明学会誌』第67巻12号	照明学会
中矢 清司	洞口 公俊*		1987.12	「美術館・博物館の展示照明と光源」	『展示学』第5号	日本展示学会
中矢 清司	洞口 公俊*	森田 政明	1990.4	「美術館・博物館の展示物に対する光放射環境と照明設計(資料)」	『照明学会誌』第74巻4号	照明学会
中谷治 宇二郎			1985.11	『考古学研究への旅―パリへの手記―』		六興出版
中谷 友樹			2016.3	「文化遺産防災における地理空間情報の活用:報告3」	『文化財防災体制についての国際比較研究報告書』	科学研究費補助金基盤研究(S)「災害文化形成を担う地域歴史資料学の確立・東日本大震災を踏まえて」研究グループ
長屋 菜津子	木川 りか*	園田 直子 他	2003	「博物館・美術館・図書館等におけるIPM-その基本理念および導入手順について[含資料]-」	『文化財保存修復学会誌』第47巻	文化財保存修復学会
中山 茜			2013	「中学校社会科歴史教科書に内在する認識形成の過程と構造:展示的分析を通して」	『教育学研究紀要』第59号1輯	中国四国教育学会
中山 和雄			2015.9	「美術品のカタロギングの周辺―パリの二つの機関の例から」	『博物館研究』第50巻第9号	日本博物館協会
中山 和彦	及川 昭文*	星野 聰 他	1985.3	「美術史学データベースの構築とその課題」	『国立歴史民俗博物館研究報告』第5集	国立歴史民俗博物館
中山 和彦			1999	『環境教育サポートのための博物館での活動と情報センターとしての役割・開発と実践』		文部省科学研究費補助金研究成果報告書
中山 京子	森茂 岳雄*	今田 晃一 他	2006.6	「国際理解教育における博物館活用の可能性--国立民族博物館を活用したワークショップ型教師研修会の試み」	『国際理解教育』第12巻	日本国際理解教育学会
中山 京子			2007.7	「国際理解教育における博物館活用の可能性(2)第2回国立民族学博物館を活用したワークショップ型教員研修の試み」	『国際理解教育』第13巻	日本国際理解教育学会
中山 京子			2008.6	「国際理解教育における博物館活用の可能性(3)第3回国立民族学博物館を活用したワークショップ型教員研修の試み」	『国際理解教育』第14巻	日本国際理解教育学会
中山 京子	大津 和子*		2009.6	「国際理解教育における博物館活用の可能性(4)第4回国立民族学博物館を活用したワークショップ型教員研修の試み」	『国際理解教育』第15巻	日本国際理解教育学会
中山 京子			2013.2	「多文化教育のために(メディアは身体:メディアによるユニバーサルの手法)」	『博物館情報・メディア論』	ぎょうせい
中山 京子	木村 慶太*		2015.06	「国際理解教育における博物館活用の可能性:大阪府教員初任者研修と第10回国立民族博物館を活用したワークショップ型教員研修の試み」	『国際理解教育』第21巻	日本国際理解教育学会
中山 京子	居城 勝彦	今田 晃一 他	2016.6	「国際理解教育における博物館活用の可能性:ワークショップ10年をふりかえる報告書の作成」	『国際理解教育』第22巻	日本国際理解教育学会
中山 京子			2016.12	「博学連携教員研修ワークショップ10年のあゆみ」	『学校と博物館でつくる国際理解教育のワークショップ』	国立民族学博物館
中山 京子 編	上羽 陽子*	中牧 弘允 他	2016.12	「学校と博物館でつくる国際理解教育のワークショップ」	『学校と博物館でつくる国際理解教育のワークショップ』	国立民族学博物館
永山 恵一			2016.4	「公立博物館を支える行財政の仕組みとその経営」	『ミュゼオロジーの展開:経営論・資料論』	武蔵野美術大学出版局
永山 定富 編			1928-1934	『海外博覽會本邦賛同史料』全七號		博覽會倶樂部
永山 定富			1933	『内外博覽會総説竝に我國に於ける萬國博覽會の問題』		水明書院
永山 聡子			2015.7	「展示空間(3)国立市における日本軍「慰安婦」制度の展示実践:社会教育施設で開催することの意義と課題」	『月刊社会教育』第59巻7号	国土社
中山 三善			1991	「セルフガイドってなんだろう?」	『MuseumDate』第15号	丹青総合研究所
中山 静郎	栗栖 宣博		1997.3	「学校と連携した教育普及活動の創造―研究協力校を指定しての学習ノートの作成―」	『日本ミュージアム・マネージメント学会研究紀要』第1号	日本ミュージアム・マネージメント学会
中山 修一			2007	「一九〇九-一〇年のロンドンにおける富本憲吉(1)ヴィクトリア・アンド・アルバート博物館におけるウィリアム・モリス研究」	『表現文化研究』第7巻第1号	神戸大学表現文化研究会
中山 修一			2007	「一九〇九-一〇年のロンドンにおける富本憲吉(2)ヴィクトリア・アンド・アルバート博物館と中央美術・工芸学校での学習、下宿生活、そしてエジプトとインドへの調査旅行」	『表現文化研究』第7巻第1号	神戸大学表現文化研究会
中山 俊			2016.1	「フランスの都市計画と有形文化遺産保存」	『歴史と記憶の形成:第86回公開講演会』	同志社大学人文科学研究所

著者1	著者2	著者3	発行年	論文名・書籍名	掲載誌	発行元
永山 俊介	亀井 修*	高橋 みどり	2009.8	「小学校教員養成課程の実態調査:博物館における小学校教員の理科指導力の向上を目指して」	『日本科学教育学会年会論文集』第33巻	日本科学教育学会
永山 俊介	小川 義和*	岩崎 誠司	2009.8	「学校と自然科学系博物館が連携して行う科学的体験学習プログラムの開発:「授業に役立つ博物館」-子どもたちの心に残る科学的体験学習のために-」	『日本理科教育学会全国大会要項』第59巻	日本理科教育学会
永山 俊介	島 絵里子*	岩崎 誠司 他	2010.7	「科学的体験学習プログラムの開発と実践および学校と博物館の効果的な連携体制の展開:「授業に役立つ博物館」:子どもたちの心に残る科学的体験学習のために」	『日本理科教育学会全国大会要項』第60号	日本理科教育学会
永山 俊介	亀井 修*	渡辺 千秋 他	2010.9	「博物館と大学の連携による人材育成プログラム実施システム:非理系学生の理科指導能力向上を通じた科学リテラシーの涵養」	『日本科学教育学会年会論文集』第34巻	日本科学教育学会
永山 俊介	小川 義和	岩崎 誠司 他	2012.8	「博物館リエゾンの養成プログラムの開発と体系化に関する実践的研究:教員のための博物館事業を例として」	『日本理科教育学会全国大会要項』第62号	日本理科教育学会
中山 志郎			2001	「博物館と学校〜博学融合への取り組み〜」	『MuseumDate』第52号	丹青総合研究所
中山 慎也			2008.9	「アメリカ合衆国の科学博物館におけるコミュニケーションサービスの実情調査」	『科学技術コミュニケーション』第4号	北海道大学科学技術コミュニケーター養成ユニット
中山 慎也			2011.12	「出雲科学館における学校教育と社会教育の戦略的な組み合わせ:子どもたちの意欲と能力に応じた科学オン能教育として」	『科学技術コミュニケーション』第10号	北海道大学科学技術コミュニケーター養成ユニット
中山 誠二			2012.4	「館種別調査研究 歴史民俗系博物館(博物館資料と調査研究活動)」	『博物館学1(博物館概論*博物館資料論)』	学文社
中山 誠二			2012.8	「博物館資料の活用—博物館整備を踏まえて—」	『人文系博物館資料論』	雄山閣
中山 誠二			2012.12	「専門分野別展示 歴史民俗系博物館(博物館展示の形態と方法)」	『博物館学2(博物館展示論*博物館教育論)』	学文社
中山 剛志			2013	「博物館実習の振り返りと今後の在り方について:博物館を取り巻く情勢の変化から」	『群馬県立歴史博物館紀要』第34号	群馬県立歴史博物館
永山 武四郎			1889	『周遊日記』第16巻		
中山 徹 編監	東大阪まちづくり研究会 編		2014.12	『価値あるものがもっと輝く素敵な街へ:東大阪フィールド・ミュージアムへの市民の夢の提案』		東大阪まちづくり研究会
永山 智子			2001	『あつめる・わける・ならべる:ミュージアムのたねあかし』		佐倉市立美術館
永山 智子			2002.3	「佐倉市立美術館におけるボランティア活動」	『Museumちば:千葉県博物館協会研究紀要』33号	千葉県博物館協会
中山 迅	串間 研之*	末吉 豊文	2004.3	「博物館における宮崎大学、中学校と連携した理科の学習支援」	『宮崎県総合博物館研究報告』第25輯	宮崎県総合博物館
中山 迅	福松 東一	日高 俊一郎 他	2012.8	「博物館と学校の連携を促進するワークショップの試み:展示に添える問いの生成を中心にして」	『日本科学教育学会年会論文集』第36巻	日本科学教育学会
中山 迅	山崎 拓登*	福松 東一	2015	「博物館の展示を対象とした発問カードの作成及び改善:宮崎県総合博物館における昆虫展示を例に」	『日本理科教育学会全国大会要項』第65巻	日本理科教育学会
中山 迅	福松 東一*		2015	「テート美術館「アートへの扉」を利用した発問カード作成の試み:教員養成学部学生と連携した取り組み」	『宮崎県総合博物館研究紀要』第36輯	宮崎県総合博物館
中山 迅	福松 東一*		2015	「学習資源の価値を見出す発問カード作成の試み:博物館と教員養成系学部との連携を意識した取組みを通して」	『日本理科教育学会全国大会要項』第65巻	日本理科教育学会
中山 弘樹			2014.4	「日野市郷土資料館の歩みと課題:市民参加を中心に」	『Museumちば:千葉県博物館協会研究紀要』43号	千葉県博物館協会
中山 文人			1996.3	「学芸員の立場から」	『Museologist:明治大学学芸員養成課程年報』第11巻	明治大学学芸員養成課程
中山 文人			1997	「歴史資料の地域的保全について」	『博物館問題研究』第24号	博物館問題研究会
中山 雅茂	桧物 聖		2012.3	「科学館における酸性雨を題材とする教育プログラムの作成と実践」	『北翔大学生涯学習システム学部研究紀要』第12号	北翔大学
中山 道雄			1997.3	「天産部資料で再出発」	『国立科学博物館ニュース』第335号	国立科学博物館
中山 道雄	本田 晋		1997.5	「上野別巻」	『国立科学博物館ニュース』第337号	国立科学博物館
中山 三善			1991	「セルフガイドって、なんだろう?—素直でまじめな学芸員のためのセルフガイドブック入門—」	『MuseumData』第15号	丹青総合研究所
中山 裕介	寺前 駿	杉本 僚太 他	2016	「博物館展示を活用した社会教育について:紀州経済史文化史研究所2015年度特別展を題材として」	『学芸』第62巻	和歌山大学学芸学会
中山 豊	久松 正樹	松原 洋介 他	2002.3	「ミュージアムパーク茨城県自然博物館における展示利用行動調査」	『茨城県自然博物館研究報告』第5号	ミュージアムパーク茨城県自然博物館
中山 豊	仙田 満		2004.3	「博物館における子どもの利用特性に関する研究--茨城県自然博物館における利用実態調査より」	『日本ミュージアム・マネジメント学会研究紀要』第8号	日本ミュージアム・マネジメント学会

著者1	著者2	著者3	発行年	論文名・書籍名	掲載誌	発行元
中山 淑廣			1993.5	「全科協米国科学系博物館視察研修」	『国立科学博物館ニュース』第289号	国立科学博物館
中山 龍次			1913	「明治天皇紀念新博物館設立私議」	『太陽』第19巻第10號	博文館
半井 真澄	篠田 時化雄 述	飛弾 藤吉 記	1891.11	『神社保存・神官奉務規則演説筆記』		京都府神官取締局
名久井 文明			1991.8	「平成2年度教育普及事業「もの学講座」の成果」	『岩手県立博物館研究報告』第9号	岩手県立博物館
南雲 修			2000.10	「「総合的な学習の時間」の創設と博物館」	『福島県立博物館紀要』第15号	福島県立博物館
南雲 清二			2013.11	「旧薬園を訪ねる(3)駒場御薬園について」	『日本植物園協会誌』第48号	日本植物園協会
名倉 香子			1997.3	「「情報公開」と「情報化」の相違-システム開発の傾向に見る研究支援・学習支援のあり方-」	『にいくら』第2号	跡見学園女子大学
奈倉 京子			2011.9	「華南僑郷における家族史の観光資源化」	『中国研究月報』第65巻第9号	社団法人中国研究所
名児耶 明			1999	「これでいいのか?『学芸員問題』第2回緊急シンポジウム記録美術館の学芸員について」	『博物館問題研究』第25号	博物館問題研究会
名児耶 明			2008.6	「日本博物館協会・博物館評価検討委員会に参加して」	『博物館問題研究』第30号	博物館問題研究会
名児耶 明			2012.12	「美術館学芸員の仕事」	『現代に活きる博物館』	有斐閣
名児耶 明 編	君塚 仁彦*		2012.12	『現代に活きる博物館』		有斐閣
名児耶 明			2013.2	「建築家の設計と美術館の改修:五島美術館を例として」	『博物館研究』第48巻第2号	日本博物館協会
名児耶 明			2014.7	「美術館だより 公益財団法人五島美術館」	『学士会会報』第907号	学士会
名古屋市			2007.6	『東山動植物園再生プラン基本計画』		名古屋市
名古屋市科学館			1982.11	『開館30年のあゆみ』		名古屋市科学館
名古屋市教育委員会			2014.3	『「歴史の里」基本計画.本編』		名古屋市教育委員会生涯学習部文化財保護室
名古屋市教育委員会			2017.1	『私たちのまちの文化財「知る」「伝える」「活かす」:名古屋市歴史文化基本構想:案』		名古屋市教育委員会
名古屋市教育委員会事務局生涯学習部文化財保護室			2014.3	『「歴史の里」基本計画(案)に対する市民意見の内容及び市の考え方』		名古屋市教育委員会事務局生涯学習部文化財保護室
名古屋市博物館 編			1982	『名古屋の博覧会』		名古屋市博物館
名古屋市博物館			1986	『名古屋市博物館常設展示改装計画』		名古屋市博物館
名古屋市博物館			1995	『新博物館態勢―満州国の博物館が戦後日本に伝えていること』		名古屋市博物館
名古屋市博物館 編			2000	『おもしろやきもの展ハンドブック夏休み子ども博物館』		名古屋市博物館
名古屋市博物館			2002.1	『猿猴庵の本』初編		名古屋市博物館
名古屋市博物館			2002.9	『猿猴庵の本』二編		名古屋市博物館
名古屋市博物館			2003.6	『猿猴庵の本』三編		名古屋市博物館
名古屋市東山植物園			2003	『伊藤圭介の生涯とその業績:名古屋市東山植物園伊藤圭介記念室の蔵書・蔵品:生誕二百年記念』		名古屋市東山植物園
名古屋市東山動植物園 監	東山動物園くらぶ* 編		2017.3	『ZOOっといっしょ:東山動植物園公認ガイドブック2』		中日新聞社
名古屋市立大学人文社会学部現代社会学科2年2011年度社会調査実習版井班 編			2012.3	『博物館に大学生を呼び込む方法:名古屋市博物館への実践的アプローチ』		名古屋市立大学人文社会学部現代社会学科
名古屋市緑政土木局東山総合公園建設整備課企画・編集			2010.1	『東山動植物園再生プラン新基本計画(素案):人と自然をつなぐ懸け橋へ:概要版:平成21年12月』		名古屋市
名古屋市緑政土木局東山総合公園再生推進室			2007.6	『『東山動植物園再生プラン基本計画(案)』に対する市民意見の内容及び市の考え方』		名古屋市

著者1	著者2	著者3	発行年	論文名・書籍名	掲載誌	発行元
名古屋汎太平洋平和博覧會事務局			1937	『名古屋汎太平洋平和博覧會ニ就テ』		名古屋汎太平洋平和博覧會事務局
梨木 香歩			2012.6	『植物園の巣穴』		朝日新聞出版
梨本 加菜			2013.2	「あらゆる人がアクセスできる博物館を目指して」	『博物館情報・メディア論』	ぎょうせい
梨本 加菜			2013.2	「博物館はメディア：博物館とメディアの発達史」	『博物館情報・メディア論』	ぎょうせい
那須 孝悌	中川 志郎*	渡辺 妙子 他	2001	「座談会「対話と連携」の博物館の調査研究を終えて」	『博物館研究』第36巻第6号	日本博物館協会
名達 英詔			2013.2	「地域の美術館、学校、大学の連携による表現・鑑賞プログラムの共同開発：旭川地域連携アートプロジェクトに見る、連携システムを動かす要件の抽出」	『北海道教育大学紀要：教育科学編』第63巻第2号	北海道教育大学
夏秋 啓子			2010.7	「「食と農」の博物館--大学の博物館としての使命と実践」	『農業協同組合経営実務』第65巻第7号	全国共同出版
夏井 琴絵	浅田 正彦		2012	「子ども向け対話型ワークシート・プログラムの意義と可能性—千葉県立中央博物館「おきにいり新聞」を事例に—」	『日本ミュージアム・マネージメント学会研究紀要』第16号	日本ミュージアム・マネージメント学会
夏目 漱石			1906	『漾虚集』		大倉書店
夏目 漱石			1906.5	「カーライル博物館」	『漾虚集』	大倉書店
夏目 漱石			1915	「カーライル博物館」	『色鳥』	新潮社
夏目 琢史			2015.4	「大正・昭和初期における「博学連携」について」	『博物館学雑誌』第40巻第2号	全日本博物館学会
夏目 武			2000	「コンピュータシステムの博物館学的研究手法について」	『筑波技術短期大学テクノレポート』第7号	筑波技術短期大学学術・社会貢献推進委員会
夏目 欣昇	保坂 輝*		2016.2	「名古屋市内の博物館施設における地域活動・地域連携」	『日本建築学会東海支部研究報告集』第54号	日本建築学会東海支部
夏目 欣昇	保坂 輝*		2017.6	「名古屋市内の博物館施設における地域活動・連携活動」	『日本建築学会技術報告集』第23巻第54号	日本建築学会
難波宮跡訴訟記録保存会 編			1980	『難波宮跡の保存と裁判』		第一法規
菜花 智			2012.3	「いわき市石炭・化石館 3.11東日本大震災と現状」	『全科協news』vol.42	全国科学博物館協議会
那波 光雄			1925.4	「鐵道博物館の開設に就いて」	『鐵道時報』第1330號	鐵道時報社
鍋島 隆	河原 英治	小原 一成 他	1999.3	「科学博物館における教育普及活動について--身近なサイエンス教室の実施を通じて」	『千葉県立現代産業科学館研究報告』第5号	千葉県立現代産業科学館
鍋島 隆	星野 正信	村松 伸弘 他	2001.3	「映像ホールの利用拡大を図る」	『千葉県立現代産業科学館研究報告』第6号	千葉県立現代産業科学館
鍋島 直映			1917	『徴古館記』		徴古館
鍋島 与市			1934	「教材植物園」	『各科の國定教科書に現われたる植物の解説』	私家版
鍋本 由徳			2013.2	「展示批評 八代市立博物館未来の森ミュージアム特別展覧会入城四〇〇年記念「八代城主・加藤正方の遺産」を観て」	『地方史研究』第63巻第1号	地方史研究協議会
鍋谷 良和			1997.9	「黒部川扇状地エコ・ミュージアムをめざして」	『月刊文化財』第408号	第一法規
鍋谷 良和			1998.3	「「杉沢の沢スギ」整備とまちづくり」	『資源環境対策』第34巻4号（『緑の読本』シリーズ45）	公害対策技術同友会
生田目 美紀	江草 遼平*	保科 弘明 他	2015.6	「科学系博物館の展示における情報アクセシビリティの全国調査」	『日本科学教育学会研究会研究報告』第29巻第6号	日本科学教育学会
生田目 美紀	江草 遼平*	保科 弘明 他	2015.9	「視覚・聴覚障害者の利用における科学系博物館の情報アクセシビリティに関する全国調査：博物館学習支援の観点から」	『日本科学教育学会年会論文集』第39巻	日本科学教育学会
生田目 美紀	小林 真*	江草 遼平 他	2015.9	「シテ科学産業博物館における視覚障害者のためのアクセシビリティ」	『日本科学教育学会年会論文集』第39巻	日本科学教育学会
生田目 美紀			2015.12	「感覚しょうがい者に対する全国の科学博物館・動物園・植物園・水族館の取組み状況」	『博物館研究』第50巻第12号	日本博物館協会
浪川 幹夫			2016.3	「近代鎌倉の文化財保護と鎌倉国宝館」	『國學院大學博物館学紀要』第40輯	國學院大學博物館学研究室
並河 みつえ			1996.9	「ミュージアム・ライブラリー」	『ミュージアムマネージメント』	東京堂出版

著者1	著者2	著者3	発行年	論文名・書籍名	掲載誌	発行元
並木 誠士	米屋 優	吉中 充代 他編	1998.6	『現代美術館学』		昭和堂
並木 誠士 他編			2001	『変貌する美術館-現代美術館学Ⅱ』		昭和堂
並木 誠士	加藤 哲弘*編	喜多村 明里 他	2001.7	『変貌する美術館-現代美術館学Ⅱ-』		昭和堂
並木 誠士	中川 理		2006.8	『美術館の可能性』		学芸出版
並木 誠士			2009.1	「美術館がまちづくりの核になるために」	『Civil engineering consultant』第245号	建設コンサルタンツ協会
並木 晴香			2012.3	「教育の場としての博物館」	『博物館学年報』第43号	同志社大学博物館学芸員課程
並木 美砂子			1983	「博物館教育研究をめぐる一考察」	『社会教育学会紀要』第20号	社会教育学
並木 美砂子			1984.12	「アメリカにおける動物園教育の理念およびプログラム AAZPAの資料をもとに」	『博物館問題研究』第21号	博物館問題研究会
並木 美砂子			1993	「動物園と自然保護」	『博物館問題研究』第23号	博物館問題研究会
並木 美砂子			1995.5	「第1回国際子ども動物園シンポジウムの概要」	『博物館学雑誌』第20巻第1・2号合併号	全日本博物館学会
並木 美砂子			1996	「知的好奇心と幼児教育(上)」	『月刊保育とカリキュラム』第45巻10号	全日本保育連盟
並木 美砂子			1997.12	「動物園における「生きている動物」の教材化－子ども動物園を中心として その1 教材化の視点－」	『博物館学雑誌』第23巻第1号	全日本博物館学会
並木 美砂子			1998	「動物園における子どもを含む来園者の行動分析—会話内容を中心として—」	『日本保育学会第51回大会研究論文集』	日本保育学会
並木 美砂子			1998.3	「動物園における「生きている動物」の教材化－子ども動物園を中心として その2 実践：プログラミングおよび展示プログラム例－」	『博物館学雑誌』第23巻第2号	全日本博物館学会
並木 美砂子			1998.10	「動物園における「生きている動物」の教材化－子ども動物園を中心として その3 子どもの認識に依拠した教育的機能とその配置デザイン－」	『博物館学雑誌』第24巻第1号	全日本博物館学会
並木 美砂子			1999	「子どもはどのように動物の行動を解釈するか—映像による動物園のゴリラの行動理解の発達—」	『人間文化論叢』第2巻	お茶の水女子大学大学院人間文化研究科
並木 美砂子			1999.9	「動物園における「生きている動物」の教材化－子ども動物園を中心として その4 来館者研究の発達過程および「動物との触れ合い」の活動評価試論－」	『博物館学雑誌』第25巻第1号	全日本博物館学会
並木 美砂子			2000.12	「来館者研究における「コミュニケーション論」の検討」	『博物館学雑誌』第26巻第1号	全日本博物館学会
並木 美砂子			2001.3	「来園者相互の「交わり」を重視したコミュニケーションモデルと来園者調査における当モデルの適用」	『博物館学雑誌』第26巻第2号	全日本博物館学会
並木 美砂子			2005	『動物園における親子コミュニケーション』		風間書房
並木 美砂子	竹内 有理	落合 啓二	2005.3	「企画展示「持ち込まれたケモノたち」の展示評価-企画展入場者の展示利用形態と外来種問題に関する認識及び意識の変化-」	『千葉県立中央博物館 自然誌研究報告』第8巻2号	千葉県立中央博物館
並木 美砂子			2008	『子どもが動物に出会うとき』		風間書房
並木 美砂子			2008.3	「博物館の利用者主体の教育論構築にむけて-異文化理解を促す学習論の紹介と提案-」	『国立歴史民俗博物館研究報告』第140集	国立歴史民俗博物館
並木 美砂子			2009	「博物館等施設におけるインタープリター・コミュニケーターの役割」	『環境思想・教育研究』第3号	環境思想・教育研究会
並木 美砂子			2009.9	「千葉市動物公園における来園者調査計画と実施状況」	『JMMA日本ミュージアム・マネージメント学会会報』第14巻第2号	日本ミュージアム・マネージメント学会
並木 美砂子			2010.8	「連携の目的を考える(特集 博物館と学校・地域との関係をいかに深めるか)」	『社会教育』第65巻8号	全日本社会教育連合会
並木 美砂子			2011	「博物館等施設におけるインタープリター・コミュニケーターの自己意識」	『環境思想・教育研究』第5号	環境思想・教育研究会
並木 美砂子	小笠原 喜康*	矢島 國雄	2012.3	『博物館教育論:新しい博物館教育を描きだす』		ぎょうせい
並木 美砂子			2013.12	「「対話」および「交流・協議」としての動物ガイド:バフチンおよびブルーナーを手がかりに」	『博物館学雑誌』第39巻第1号	全日本博物館学会
並木 美砂子			2014	「第8章 動物園の教育学」	『動物園学入門』	朝倉書店
並木 美砂子			2015	「博物館教育におけるナラティブ概念の導入」	『人間の発達と博物館学の課題:新時代の博物館経営と教育を考える』	同成社

著者1	著者2	著者3	発行年	論文名・書籍名	掲載誌	発行元
並木 美砂子			2015	「生きものへの知的な好奇心は、どこへ向かうべきか：サスティナビリティの観点から動物園について考える」	『環境思想・教育研究』第8号	環境思想教育研究会
並木 美砂子	鷹野 光行*	青木 豊	2015.2	『人間の発達と博物館学の課題:新時代の博物館経営と教育を考える』		同成社
並木 美砂子			2017	『どうぶつたちの給食時間』		旅するミシン店
並木 美砂子			2017.12	「動物園論史」	『博物館学史研究事典』	雄山閣
並松 信久			2016.3	「近代日本における博物館政策の展開」	『京都産業大学日本文化研究所紀要』第21巻	京都産業大学日本文化研究所
名村 五八郎元度			1860	『亜行日記』		
滑川 道夫			1967	「ボストンのユニークな児童博物館(その2) 海外展望=アメリカの児童文化・視たまま」	『教育心理』第15巻12号	日本文化科学社
納屋 嘉治			1992	『掛物』		淡交社
奈良 章代			2000.2	「アメリカでのファミリープログラム」	『月刊ミュゼ』39号	(株)アム・プロモーション
奈良 章代			2000.4	「子どもとはくぶつかん アメリカの教育現場とミュージアム」	『月刊ミュゼ』40号	(株)アム・プロモーション
奈良 環之助			1930	「郷土的特質と其の教育」	『郷土ー研究と教育ー』第二號	郷土教育聯盟
奈良縣師範學校			1932	『第一期収集郷土研究資料目録』		奈良縣師範學校
奈良県立橿原考古学研究所付属博物館			1989	『出土品とハイビジョン映像による藤ノ木古墳とその時代展』		奈良県立橿原考古学研究所付属博物館
奈良公園史編集委員会 編			1982	『奈良公園史』		第一法規
奈良国立博物館			1961.6	『奈良国立博物館小史』		奈良国立博物館
奈良国立博物館			1995	『奈良国立博物館百年の歩み』	『奈良国立博物館百年の歩み』	奈良国立博物館
奈良国立博物館 編			2008.10	『正倉院宝物に学ぶ』		思文閣出版
奈良国立文化財研究所			1972	『奈良国立文化財研究所二十年史』		奈良国立文化財研究所
奈良国立文化財研究所			1982	『奈良国立文化財研究所三十年史』		奈良国立文化財研究所
楢崎 浅太郎			1941.5	「世界観と科學と博物館」	『博物館研究』第14巻第5號	日本博物館協會
奈良市杉岡華邨書道美術館			2014	『奈良市杉岡華邨書道美術館友の会だより』		奈良市杉岡華邨書道美術館
奈良女子大学	宮路 淳子*		2016.3	『古代東アジアにおける膠生産の研究』		文部科学省科学研究費補助金研究成果報告書
奈良大学文学部世界遺産を考える会			2000	『世界遺産学を学ぶ人のために』		世界思想社
奈良文化財研究所			2016	「飛鳥資料館のアンケート結果による展示評価の試み」	『奈良文化財研究所紀要』	奈良文化財研究所
奈良文化財研究所	沢田 正昭*		1998-2003	『考古科学の総合的研究』		文部科学省科学研究費補助金研究成果報告書
奈良文化財研究所	平澤 毅*		2015.3	『東アジアを中心とした名勝地の保護に関する研究』		文部科学省科学研究費補助金研究成果報告書
奈良本 真紀			2014.11	「越前和紙の里:パピルス館・卯立の工芸館・紙の文化博物館」	『和紙文化研究』第22号	和紙文化研究会
成相 肇			2016	「展示室の言葉をゆらす--(成相肇のやっかいもっかいてんらんかい;1)」	『芸術新潮』第67巻第5号	新潮社
成田 健			2004.3	「化石博物館と学校の連携」	『信州新町化石博物館研究報告』第7号	信州新町化石博物館
成田 健	臼井 明子		2013.3	「信州新町化石博物館と信州新町小学校「化石クラブ」の3年間の歩み」	『長野県立博物館紀要』第14号(自然系)	長野県立博物館
成田 暢			2016.4	「石巻文化センター被災資料の現状」	『博物館研究』第51巻第4号	日本博物館協会

著者1	著者2	著者3	発行年	論文名・書籍名	掲載誌	発行元
成田 不二生			1942	「北鮮科學博物館を訪ねて」	『綠旗』第82號	綠旗聯盟
成田 稔			2008.6	「あなたは、やさしいか？-成田稔先生の講演ノート-」	『博物館問題研究』第31号	博物館問題研究会
成田 美由紀	石田 恵子*	平田 こずえ	1999.3	「サイエンスショー「ドライアイスでどっきんコ！？」」	『名古屋市科学館紀要』第25号	名古屋市科学館
成谷 峻	ソン・ヨンア	橋田 朋子 他	2011.3	「ミュージアムにおける通過人数とCO2濃度の関係の検討」	『電子情報通信学会技術研究報告』第110巻第456号	電子情報通信学会
成行 泰裕	細川 光洋	津田 加須子 他	2012.3	「博学連携による文理融合型理科教育の実践:寺田寅彦を題材として」	『高知工業高等専門学校学術紀要』第57号	高知工業高等専門学校
成毛 眞	国立科学博物館 監		2017.3	『国立科学博物館のひみつ地球館探検編』		ブックマン社
成島 悦雄			1997.3	「"動物園"造語130年」	『動物園研究』第1巻1号	動物園研究会
成島 悦雄			1999.4	『ナルシマおじさんの動物園のはなし』		誠文堂新光社
成島 悦雄			1999.6	「館種別博物館資料論 動物園」	『新版博物館学講座 第5巻 博物館資料論』	雄山閣
成島 悦雄			2000.2	「館種別博物館の展示活動 動物園」	『新版博物館学講座 第9巻 博物館展示法』	雄山閣
成島 悦雄			2011.8	「動物園動物(特集 生きている動植物の輸送)」	『博物館研究』第46巻第8号	日本博物館協会
成島 悦雄			2012.7	「生息地と協動した保全活動～イモリやトキを例として」	『野生との共存:行動する動物園と大学』	地人書館
成島 悦雄 編著	羽山 伸一*	土居 利光	2012.7	『野生との共存:行動する動物園と大学』		地人書館
成島 悦雄			2012.11	「動物園水族館連携による野生動物の保全活動」	『博物館研究』第47巻第11号	日本博物館協会
成島 悦雄	村田 浩一*	原 久美子 編	2014.7	『動物園学入門』		朝倉書店
成島 悦雄			2014.11	「どこに行くのか動物園:日本の動物園が抱える課題」	『博物館研究』第49巻第11号	日本博物館協会
成島 善夫	佐藤 哲*	川端 保夫 他	2004	「平成15年度特別展「スポーツの科学」の開催と評価について」	『千葉県立現代産業科学館研究報告』第10号	千葉県立現代産業科学館
成島 柳北			1881-1884	「航西日乗」	『花月新誌』118號～153號（149、152除く）	
成瀬 涓			1927	「二教鞭物と兒童博物館」	『優良小學校の經營方針』	創生社
成瀬 修一郎 編			1925	「水族館使用料條例」	『市町村立法資料』	帝國地方行政學會
成瀬 正和			1992.4	「第2章 文化財の素材と技法 第9節顔料」	『文化財のための保存科学入門』	株式会社飛鳥企画
成瀬 正和			1992.4	「第5章 文化財と環境 第5節正倉院の保存学」	『文化財のための保存科学入門』	株式会社飛鳥企画
成瀬 正和			1999.11	「正倉院宝物の保存修復」	『文化財の保存と修復何をどう残すのか？』	文化財保存修復学会
成瀬 正和	中村 力也		2010.3	「正倉院における空気汚染調査--そのあゆみと最近の調査の結果」	『正倉院紀要』第32号	宮内庁正倉院事務所
鳴門教育大学	山木 朝彦*		2007	『美術館と学校が連携して進める美術鑑賞教育の実践的方法論の開発』		文部科学省科学研究費補助金研究成果報告書
鳴海 邦匡	大澤 研一		2009.7	「「城下町大坂」展－大阪大学総合学術博物館と大阪歴史博物館との連携企画展の経験から－」	『歴史学研究』第855号	青木書店
鳴海 拓志			2010.6	「デジタル展示ケースを利用した背景情報を伝達する博物館展示」	『電子情報通信学会技術研究報告』第110巻第108号	電子情報通信学会
鳴海 拓志	木山 亮*	谷川 智洋 他	2012.9	「デジタル展示ケースを用いた展示物の機構理解システムの開発」	『日本バーチャルリアリティ学会大会論文集』第17巻	日本バーチャルリアリティ学会
鳴海 拓志	木山 亮*	大原 寛司 他	2013.9	「展示物の機構理解システムにおける抽象度変化手法の効果検証」	『日本バーチャルリアリティ学会大会論文集』第18巻	日本バーチャルリアリティ学会
鳴海 雅人			1998.2	「紙の博物館新館の設計・監理レビュー」	『百万塔』第99号	紙の博物館
鳴海 茉莉			2013.3	「我が国の指定遺跡と遺跡博物館の現状分析報告」	『國學院大學博物館学紀要』第37輯	國學院大學博物館学研究室

著者1	著者2	著者3	発行年	論文名・書籍名	掲載誌	発行元
鳴海 茉莉			2014.3	「国指定史跡と世界遺産」	『國學院大學博物館學紀要』第38輯	國學院大學博物館学研究室
名和 靖			1924	「桂樹翁の自然界(小動植物園)」	『昆虫翁白話』	名和昆虫工藝部
南海鐵道株式會社			1941	「堺水族館」	『南海沿線厚生施設篇』	南海鐵道株式會社
南海電気鉄道 編	泉州ミュージアムネットワーク*監		1999.11	『泉州ミュージアムネットワーク-南海沿線』		東方出版
南木 陸彦			1996.11	「大型植物遺体の保存と公開」	『植生史研究』第4巻第2号	植生史研究会
南山大学人類学博物館 編	明治大学博物館*		2013.3	『博物館資料の再生:自明性への問いとコレクションの文化資源化』		岩田書院
南條 信義			2001.3	「市川博物館友の会とその活動」	『Museumちば:千葉県博物館協会研究紀要』32号	千葉県博物館協会
南條 史生			2009.1	「都市での新たな文化の醸成六本木アート・トライアングル--美術館の相乗効果」	『Civil engineering consultant』第245号	建設コンサルタンツ協会
南條 史生	前田 尚武	山口 俊浩	2010.11	「企画展への取組みによって映し出される建築アーカイブにおける課題と展望」	『建築雑誌』第125輯第1610号	日本建築学会
難波 祐子			2008.4	「美術館×国際展×パブリックアート」	『美術手帖』906号	美術出版社
難波 祐子			2012.1	『現代美術キュレーターという仕事』		青弓社
難波 幸男	高安 礼士*	西 博孝 他	1999.3	「21世紀の産業技術と科学博物館における展示の展開について--新たなる視点を求めて 千葉県立現代産業科学館総合研究(1)」	『千葉県立現代産業科学館研究報告』第5号	千葉県立現代産業科学館
難波 幸男	小野 禮子*	井上 隆夫 他	1999.3	「館・学・産連携による参加型展示の研究開発について-企画展示「人と石油」を通して-」	『千葉県立現代産業科学館研究報告』第5号	千葉県立現代産業科学館
難波 幸男	高安 礼士*	西 博孝 他	2000.3	「21世紀の科学技術博物館における展示と教育の展開について--新たなる視点を求めて 千葉県立現代産業科学館総合研究(その2)」	『千葉県立現代産業科学館研究報告』第6号	千葉県立現代産業科学館
難波 幸男	大野 英彦*	井上 隆夫	2000.3	「リモートセンシングの原理とその展示化について」	『千葉県立現代産業科学館研究報告』第6号	千葉県立現代産業科学館
難波 幸男	西 博孝	亀井 修 他	2001.3	「インフォーマル・エデュケーションとしての科学博物館の役割」	『千葉県立現代産業科学館研究報告』第7号	千葉県立現代産業科学館
難波 幸男	小仲井 啓	在原 徹	2001.3	「千葉県立美術館・博物館合同企画展「房総ロマン紀行-写真で見る産業・交通遺跡-」および関連事業について」	『千葉県立現代産業科学館研究報告』第7号	千葉県立現代産業科学館
難波 幸男	松丸 敏和*	大山 光晴	2001.3	「資料解説の一手法としての体験活動の試み-平成13年度特別展「スペース21・宇宙への招待-」」	『千葉県立現代産業科学館研究報告』第7号	千葉県立現代産業科学館
難波 幸男	林 勉*	西 博孝 他	2002.3	「博物館における環境問題の展示について-地球環境問題を中心に-」	『千葉県立現代産業科学館研究報告』第8号	千葉県立現代産業科学館
難波 幸男	佐藤 哲		2003.3	「博物館における環境学習について-エコキットの試行と活用を中心に-」	『千葉県立現代産業科学館研究報告』第9号	千葉県立現代産業科学館
難波 幸男	佐藤 哲*	川端 保夫 他	2003.3	「平成15年度特別展「スポーツの科学」に関する資料調査-スポーツ用具の科学・環境保全とスポーツに重点を当てて-」	『千葉県立現代産業科学館研究報告』第9号	千葉県立現代産業科学館
新井田 秀一	平田 大二*	山下 浩之 他	2004.3	「特別展「人と大地と--WonderfulEarth」の開催記録と自己検証の試み--博物館における新しい地学教育を目指して展開した展示活動」	『神奈川県立博物館研究報告.自然科学』第33号	神奈川県立生命の星・地球博物館
新井田 秀一	小出 良幸	平田 大二	2001.3	「視覚障害者と健常者における聴覚と環境認識との関係」	『神奈川県立博物館研究報告.自然科学』第30号	神奈川県立生命の星・地球博物館
新潟郷土博物館			1935	『陳列品解説書』		新潟郷土博物館
新潟県立歴史博物館			2006.10	「博物館としての文化財救済活動」	『新潟県立歴史博物館研究紀要』第8号	新潟県立歴史博物館
新潟県立歴史博物館			2006.10	「常設展示の被災と復旧」	『新潟県立歴史博物館研究紀要』第8号	新潟県立歴史博物館
新潟県立歴史博物館			2011.3	『博物館における縄文食プログラム策定の基礎資料収集及び新分析手法の開発』		新潟県立歴史博物館
新潟市営繕課			2003	「『郷土歴史博物館(仮称)』の建設と『歴史的建造物』の復原」	『建設界』7月号	建設界通信社
新潟市教育會 編			1918	『通俗教育施設概要』		新潟市教育會
新潟市郷土資料館			2003.3	『新潟市郷土資料館30年の歩み』		新潟市郷土資料館
新潟市豊栄博物館			2009.3	『新潟市豊栄博物館:40周年記念誌』		新潟市豊栄博物館

著者1	著者2	著者3	発行年	論文名・書籍名	掲載誌	発行元
新潟市美術館を大いに語る会実行委員会			2011	『「新潟市美術館を大いに語る会」報告書:新潟市美術館開館25周年/新潟市美術館協力会結成15年』		新潟市美術館を大いに語る会実行委員会
新形 尚子			1997.6	「伝える」	『季刊Liberty』第18号	大阪人権歴史資料館
新関 謙一郎			2007.4	「Jプロセス「WEP下北沢」のデザインプロセス新関謙一郎/NIIZEKISTUDIO」	『DetailJapan』第3巻第2号	リード・ビジネス・インフォメーション
新名 阿津子	松原 典孝		2016.6	「ジオパークにおける大学・博物館の役割:山陰海岸ジオパークとレスボスジオパークを事例に」	『地学雑誌』第125巻6号	東京地学協会
新野 大			2016.7	『水族館のひみつ図鑑:おどろきのしくみから飼育係の仕事まで』		PHP研究所
新帯 國太郎			1941.3	「滿州資源館の使命」	『博物館研究』第14巻第3號	日本博物館協會
新家 孝正			1921	「日本美術協會會館改築概要」	『建築雑誌』第35輯第421號	日本建築學會
新部 公亮			2012.4	「博物館だより(5)マロニエ昆虫館の人文学的展示法と「どくとるマンボウ昆虫展」」	『昆蟲.ニューシリーズ』第15巻2号	日本昆虫学会
新保 七重			1995.11	「地域おこしとオリジナル商品開発」	『月刊ミュゼ』14号	(株)アム・プロモーション
新見 隆			2015.4	「第1章 二一世紀のミュージアム像を求めて」	『ミュゼオロジーへの招待』	武蔵野美術大学出版局
新見 隆			2015.4	「第4章 稀代のミュゼオロジスト=美術館構想者、柳宗悦」	『ミュゼオロジーへの招待』	武蔵野美術大学出版局
新見 隆			2015.4	「第5章 MoMAに喧嘩を売った男―ミュゼオロジストとしてのイサム・ノグチ」	『ミュゼオロジーへの招待』	武蔵野美術大学出版局
新見 隆			2015.4	「第6章 現代のミュージアム事情を見る―観光、リテラシー、触覚的空間」	『ミュゼオロジーへの招待』	武蔵野美術大学出版局
新見 隆 編			2015.4	『ミュゼオロジーへの招待』		武蔵野美術大学出版局
新見 隆			2016.4	「ある船〈戦〉団の物語」	『ミュゼオロジーの展開:経営論・資料論』	武蔵野美術大学出版局
新見 隆			2016.4	「「モノ」が語る「出来事」」	『ミュゼオロジーの展開:経営論・資料論』	武蔵野美術大学出版局
新實 広記	辻 泰秀*	清水 英樹 他	2013	「地域における「学校美術館」の実践(1):「学校美術館」の意義と実践事例」	『岐阜大学教育学部研究報告.教育実践研究』第15巻	岐阜大学
新納 忠之介			1942	「奈良の美術院」	『奈良叢記』	駸々堂
新和 宏			2003.3	「千葉県立房総のむらにおける子ども向け事業」	『Museumちば:千葉県博物館協会研究紀要』34号	千葉県博物館協会
二階 源市	鷲山 重雄		1933	『新理科教室の設備と經營』博物館篇		明治圖書
二階 幸恵	土山 敬之*	森永 良丙	2008.7	「地域における美術館の実態と傾向:小規模自治体における公立美術館に関する研究その1」	『学術講演梗概集』2008巻	日本建築学会
二階堂 崇	松岡 篤		2009.11	「新潟大学サイエンスミュージアムの出前サービス」	『形の科学会誌』第24巻第2号	形の科学会
二階堂 太郎	小林 弘美		2013.11	「野菜を植物として栽培展示する」	『日本植物園協会誌』第48号	日本植物園協会
二階堂 太郎			2015.11	「筑波実験植物園で発生する植物廃材の有効利用の取組み」	『日本植物園協会誌』第50号	日本植物園協会
二階堂 実	西口 由子	井上 かおり	2008.3	「常設展示改修および「ゆめ・体験ひろば」設置事業の記録」	『埼玉県立歴史と民俗の博物館紀要』第2号	埼玉県立歴史と民俗の博物館
ニコラウス・クヌート	黒江 光彦 監	黒江 信子 他訳	1985.10	『絵画学入門材料・技法・保存』		美術出版社
ニコラス・デ・ローリック			1934.8	「滅びゆく精神文明を救へ」	『博物館研究』第7巻第8號	日本博物館協會
ニコリ			2015.2	『美術館』		ニコリ
西 和夫			1999	「史跡整備に期待するもの:建造物復元問題を中心に」	『月刊文化財』第434号	第一法規
西 和夫			2003	『長崎出島ルネサンス復原オランダ商館』		戒光堂出版
西 記代子			2014.3	「イギリス博物館界におけるインターンシップ及びキャリア・ボランティア活動の現状について」	『徳島県立博物館研究報告』第24号	徳島県立博物館

に

著者1	著者2	著者3	発行年	論文名・書籍名	掲載誌	発行元
西 記代子			2016.3	「イギリス国立海事博物館によるeボランティアの試みについて」	『徳島県立博物館研究報告』第26号	徳島県立博物館
西 邦和			2008.5	「学習要求に応える博物館の「地域学芸員」」	『社会教育』第63巻5号	全日本社会教育連合会
西 源二郎	鈴木 克美*		1972	「東海大学海洋科学博物館における鑑賞者調査(予報)」	『東海大学海洋科学博物館年報』第1号	東海大学海洋科学博物館
西 源二郎			1985	「泳ぐ機械生物「キカマンボウ」の誕生」	『博物館研究』第20巻第9号	日本博物館協会
西 源二郎			1985	「東海大学海洋科学博物館のサマースクール」	『博物館研究』第20巻第10号	日本博物館協会
西 源二郎			1991	「水族館—海の生き物との出会いの場」	『らん』第13巻	関西造船協会
西 源二郎	柴田 勝重	佐藤 猛	1992	「博物館におけるHDTVを利用した立体映像」	『3D映像』第6巻2号	三次元映像のフォーラム
西 源二郎			1994	「海洋科学博物館のアンケートによる観覧者分析(1994年夏)」	『東海大学海洋科学館年報』第22号	東海大学海洋科学館
西 源二郎	奥野 茂*	野村 東太 他	1994.7	「市民意識から見た水族館の生涯学習機能に関する考察:水族館に関する建築計画的研究 その4」	『学術講演梗概集』1994巻	日本建築学会
西 源二郎	西宮 浩司*	野村 東太	1994.7	「博物館と学校教育との連携に関する考察:博物館に関する建築計画的研究 その32」	『学術講演梗概集』1994巻	日本建築学会
西 源二郎			1996	「日本の水族館・求められる姿明日の水族館」	『望星』第27巻10号	東海教育研究所
西 源二郎	五十嵐 耕一		1996	「博物館相互の連携協力」	『博物館指導者研究協議会報告書平成8年度』	日本博物館協会
Nishi.Genjiro	Ohara.K	Nomura.T	1997	「Educational activities at aquarium in Japan」	『Proceedings of 4th International Aquarium Congress』	Congress Central Office of IAC '96/Tokyo Sea Life Park
Nishi.G	Ohara.Kazuoki*	Nomura.T	1997	「Viewing and learning behavior of aquarium visitors.」	『Proceedings of 4th International Aquarium Congress』	Congress Central Office of IAC '96/Tokyo Sea Life Park
西 源二郎			1998.7	「海の向こうの水族館を見て思う」	『博物館研究』第33巻第7号	日本博物館協会
西 源二郎 編	加藤 有次*編	鷹野 光行 他編	1999.6	『新版博物館学講座 第5巻博物館資料論』		雄山閣
西 源二郎	槙野 光聰*	大原 一興	1999.7	「水族館における混雑時の観覧者流動に関する分析と考察:水族館に関する建築計画的研究 その8」	『学術講演梗概集』1999巻	日本建築学会
西 源二郎 編	加藤 有次*編	鷹野 光行 他編	1999.8	『新版博物館学講座 第11巻博物館情報論』		雄山閣
西 源二郎 編	加藤 有次*編	鷹野 光行 他編	1999.1	『新版博物館学講座 第12巻博物館経営論』		雄山閣
西 源二郎			1999.12	「教育活動(学習支援活動)の企画と実施」	『新版博物館学講座 第10巻生涯学習と博物館活動』	雄山閣
西 源二郎			1999.12	「博物館活動プログラムの編成 企画検討事項」	『新版博物館学講座 第10巻生涯学習と博物館活動』	雄山閣
西 源二郎 編	加藤 有次*編	鷹野 光行 他編	1999.12	『新版博物館学講座 第10巻生涯学習と博物館活動』		雄山閣
西 源二郎			2000.1	「館種別博物館学 水族館学」	『新版博物館学講座 第1巻博物館学概論』	雄山閣
西 源二郎 編	加藤 有次*編	鷹野 光行 他編	2000.2	『新版博物館学講座 第9巻博物館展示法』		雄山閣
西 源二郎 編	加藤 有次*編	鷹野 光行 他編	2000.4	『新版博物館学講座 第3巻現代博物館論-現状と課題-』		雄山閣
西 源二郎			2000.6	「館種別博物館機能論 水族館」	『新版博物館学講座 第4巻博物館機能論』	雄山閣
西 源二郎 編	加藤 有次*編	鷹野 光行 他編	2000.6	『新版博物館学講座 第4巻博物館機能論』		雄山閣
西 源二郎 編	加藤 有次*編	鷹野 光行 他編	2000.1	『新版博物館学講座 第1巻博物館学概論』		雄山閣
Nishi.G	Ohara.Kazuoki*		2001	「Environmental education in aquariums in Japan.」	『Proceedings of 5th International Aquarium Congess』	Congress Central Office of IAC '96/Tokyo Sea Life Park
西 源二郎			2001.5	「館種別博物館の調査研究 水族館」	『新版博物館学講座 第6巻博物館調査研究法』	雄山閣
西 源二郎			2001.5	「博物館における調査研究活動 調査研究の内容(Ⅰ)-博物館資料の研究 自然系博物館」	『新版博物館学講座 第6巻博物館調査研究法』	雄山閣

著者1	著者2	著者3	発行年	論文名・書籍名	掲載誌	発行元
西 源二郎 編	加藤 有次*編	鷹野 光行 他編	2001.5	『新版博物館学講座 第6巻博物館調査研究法』		雄山閣
西 源二郎			2002	「水族館の展示機能に関する考察」	『動物園研究』第6巻1号	動物園研究会
西 源二郎			2003	「博物館と海洋学部が連携し海洋教育のセンター的な機能を目指す」	『Cultivate：文化と環境を考える』第20号	文化環境研究所
西 源二郎	猿渡 敏郎*		2005	『水生生物研究機関としての水族館 その研究資源活用への可能性』		東海大学海洋研究所共同シンポジウム
西 源二郎	鈴木 克美*		2005.2	『水族館学：水族館の望ましい発展のために』		東海大学出版会
西 源二郎	鈴木 克美*		2006.8	「水族館学関連主要文献リスト」	『海・人・自然：東海大学博物館研究報告』第8号	東海大学博物館
西 源二郎			2007.8	「水族との距離を縮める」	『博物館研究』第42巻第8号	日本博物館協会
西 源二郎	猿渡 敏郎		2007.10	『水族館の仕事』		東海大学出版会
西 源二郎	江水 是仁*	大原 一興 他	2008.7	「水族館における展示空間改修前後の観覧行動に関する考察：博物館のビジタースタディとしての観覧行動に関する研究 その1」	『学術講演梗概集』2008巻	日本建築学会
西 源二郎	重村 英彦*	大原 一興 他	2008.7	「水族館における観覧行動特性に関する建築計画的研究：博物館のビジタースタディとしての観覧行動に関する研究 その2」	『学術講演梗概集』2008巻	日本建築学会
西 源二郎			2008.9	「日本動物園水族館協会の活動」	『日本水産学会誌』第74巻第5号	日本水産学会
西 源二郎	栗原 祐司*司会	水嶋 英治 他	2008.1	「座談会「博物館を考える」～新しい博物館像について」	『マナビィ』第79号	文部科学省
西 源二郎	猿渡 敏郎*		2009.3	『研究する水族館』		東海大学出版会
西 源二郎	江水 是仁*	大原 一興 他	2009.12	「展示評価をもとに新規に制作した展示観覧体験の考察--日本科学未来館新規展示「地球環境とわたし」の事例から」	『博物館学雑誌』第35巻第1号	全日本博物館学会
西 源二郎	江水 是仁*	大原 一興	2010	「来館回数・来館目的の違いによる博物館の観覧行動に関する考察：博物館のビジタースタディとしての観覧行動に関する研究 その5」	『学術講演梗概集』2010巻	日本建築学会
西 源二郎	鈴木 克美		2010.12	『水族館学：水族館の発展に期待をこめて』		東海大学出版会
西 源二郎	江水 是仁*	大原 一興	2011	「展示の配置の違いと観覧集団の違いによる観覧行動の特性：博物館のビジタースタディとしての観覧行動に関する研究 その6」	『学術講演梗概集』2011巻	日本建築学会
西 源二郎	鷹野 光行*編	山田 英徳 他	2011.3	『新編博物館概論』		同成社
西 源二郎	江水 是仁*	大原 一興 他	2012.9	「博物館体験による観覧者の環境に対する意識の変容に関する考察：博物館のビジタースタディとしての観覧行動に関する研究 その7」	『学術講演梗概集』2012巻	日本建築学会
西 源二郎			2013.8	「水族館の機能を展示する視点」	『博物館研究』第48巻第8号	日本博物館協会
西 源二郎	江水 是仁*	大原 一興 他	2013.8	「館種別博物館来館者の生涯学習施設利用頻度・利用形態に関する考察：博物館のビジタースタディとしての観覧行動に関する研究 その8」	『学術講演梗概集』2013巻	日本建築学会
西 孝			2009	「観光集客型ミュージアムの効果と成立条件」	『三重中京大学研究フォーラム』第5号	三重中京大学学術研究会
西 孝			2009.3	「カルチュラル・ツーリズムの可能性-ミュージアムの集客効果と地域経済への影響」	『文化経済学』第6巻第3号	文化経済学会
西 孝			2011.3	「観光集客型ミュージアムとローカル・コミュニティ--直島の事例からみたその可能性と課題」	『文化経済学』第8巻第1号	文化経済学会
西 智哉	横田 隆司	飯田 匡 他	2012.5	「建築関係者と非建築関係者の印象評価のずれに関する研究：博物館の内部空間を対象として」	『日本建築学会近畿支部研究報告集.計画系』第52号	日本建築学会近畿支部
西 博孝	渡邉 博典	牛島 薫	1999.3	「科学館における芸術・アートの展示化について--平成11年度特別展「サイエンス&アート」」	『千葉県立現代産業科学館研究報告』第5号	千葉県立現代産業科学館
西 博孝	高安 礼士*	難波 幸男 他	1999.3	「21世紀の産業技術と科学博物館における展示の展開について--新たなる視点を求めて 千葉県立現代産業科学館総合研究(1)」	『千葉県立現代産業科学館研究報告』第5号	千葉県立現代産業科学館
西 博孝	高安 礼士*	難波 幸男 他	2000.3	「21世紀の科学技術博物館における展示と教育の展開について--新たなる視点を求めて 千葉県立現代産業科学館総合研究(その2)」	『千葉県立現代産業科学館研究報告』第6号	千葉県立現代産業科学館
西 博孝	櫻田 秀樹*	君島 健治 他	2001.3	「平成12年度特別展「万国博覧会の夢」について-万国博覧会の展示化-」	『千葉県立現代産業科学館研究報告』第7号	千葉県立現代産業科学館
西 博孝	難波 幸男*	亀井 修 他	2001.3	「インフォーマル・エデュケーションとしての科学博物館の役割」	『千葉県立現代産業科学館研究報告』第7号	千葉県立現代産業科学館
西 博孝	林 勉*	難波 幸男 他	2002.3	「博物館における環境問題の展示について-地球環境問題を中心に-」	『千葉県立現代産業科学館研究報告』第8号	千葉県立現代産業科学館

著者1	著者2	著者3	発行年	論文名・書籍名	掲載誌	発行元
西 幸隆 編			1991.3	『釧路市立博物館50年史』	『釧路市立博物館50年史』	釧路市立博物館
西 幸隆	戸田 恭司		1996.7	「釧路沖・北海道東方沖地震による被害とその後の対応」	『神奈川県博物館協会会報』第68号	神奈川県博物館協会
西 洋子			1998	「明治中期の正倉院文書の整理-正倉院御物整理掛と続々修の成巻」	『古代中世史料学研究』上	吉川弘文館
西 洋子			2002.1	『正倉院文書整理過程の研究』		吉川弘文館
西秋 良宏			2014.4	『シリアの歴史と文化遺産.シリアの歴史と日本人研究者による遺跡調査』		国立文化財機構東京文化財研究所文化遺産国際協力センター
西出 和彦	徐 華*		2003.6	「経路選択の類型-展示空間における経路選択並びに空間認知に関する研究(その1)」	『日本建築学会計画系論文集』第68巻568号	日本建築学会
西出 和彦	徐 華*		2005	「「認知空間」の構造-展示空間における経路選択並びに空間認知に関する研究(その2)」	『日本建築学会計画系論文集』第70巻596号	日本建築学会
西井 正和			1995	「兵庫県立人と自然の博物館の情報システム」	『標本資料のネットワーク化に関する調査研究報告書』	全国科学博物館協議会
西海 賢二			2009.5	「博物館展示常陸木食上人考--木食観海によせて」	『日本民俗学』第258号	日本民俗学会
西浦 敬信	八村 広三郎*	田中 覚	2016.4	「文化遺産の記録と再現:「コト」のデジタルアーカイブの実現に向けて」	『電子情報通信学会誌』第99巻第4号	電子情報通信学会
西浦 忠輝	二神 葉子*		2001	「我が国による文化遺産保存国際協力事業の現状と問題点(Ⅱ)-国際文化財保存修復研究会からの知見(2)」	『保存科学』第40号	東京国立文化財研究所
西浦 直子			2007.5	「人権博物館で学ぶということ-高松宮記念ハンセン病資料館における子ども達を例に」	『史海』第54号	東京学芸大学史学会
西浦 直子			2008.6	「当事者の人生を非当事者が展示するということ-ハンセン病資料館リニューアルを通じて-」	『博物館問題研究』第31号	博物館問題研究会
西岡 圭司			2011	「被災文化財を救済する」	『季刊民族学』第35巻第4号	千里文化財団
西岡 貞一	小木 哲朗	茅原 拓朗 他	2011	「没入型展示映像における「賑わい感」提示のための群衆表現の研究」	『展示学』第49号	日本展示学会
西岡 直樹			2000.12	「純化された「開館」の回想-ある文化芸術会館の「立ち上げ」まで-」	『博物館学年報』第32号	同志社大学博物館学芸員課程
西岡 秀雄			2000.3	「開館20周年記念講演会・講演録 あすを考えるミュージアム」	『大田区立郷土博物館紀要』第10号	大田区立郷土博物館
西岡 芳文	秋山 幸也*	國司 眞 他	2015	「第2章 手法と機能」	『博物館の未来をさぐる』	東京堂出版
西尾 幸一郎	上野 勝代		1999.3	「住民による子ども博物館運動に関する研究(1)-「京都子ども博物館」の例より-」	『博物館学雑誌』第24巻第2号	全日本博物館学会
西尾 幸一郎	上野 勝代	長谷川 紀子	1999.5	「博物館における子ども対象展示室に関する研究:琵琶湖博物館ディスカバリールームの利用状況調査より」	『日本建築学会近畿支部研究報告集.計画系』第39号	日本建築学会近畿支部
西尾 幸一郎	上野 勝代		1999.7	「京都市における子ども博物館づくりの試み:住民による子ども博物館運動に関する研究(1)」	『学術講演梗概集』1999巻	日本建築学会
西尾 章治郎	Christian.Lahanier*	髙宮 利行	2002.5	「パネルディスカッション イコノテークの未来像--デジタル技術でミュージアムはどこまで変わるか」	『Science of humanity Bensei』第39号	勉誠出版
西尾 豊作			1934	『子爵田中不二麿傳』		咬菜塾
西尾 雅敏	加藤 有次*		1971	「野外博物館と文化財保護」	『博物館研究』第45巻第1号	日本博物館協会
西尾 円			2002.12	「博物館と学校の連携-ミュージアム「みのかも文化の森」での実践を通じて-」	『博物館学雑誌』第28巻第1号	全日本博物館学会
西尾 円			2005	「「博学連携」、ここから始まる—2004年度「博学連携フォーラム」報告」	『美濃加茂市民ミュージアム紀要』第4集	美濃加茂市民ミュージアム
西尾 円			2007.11	「つながる文化の森のネットワーク」	『月刊社会教育』第51巻11号	国土社
西尾 円	藤村 俊		2008.3	「夏休みの科学作品・社会科作品における博物館の利用について」	『美濃加茂市民ミュージアム紀要』第7集	美濃加茂市民ミュージアム
西尾 円			2010.3	「みのかも文化の森における学校活用の内容の変化について」	『美濃加茂市民ミュージアム紀要』第9集	美濃加茂市民ミュージアム
西垣 晴次 編			1975.9	『地方史マニュアル7民俗資料調査整理の実務』		柏書房
西川 綾子			2011	「水戸市植物公園における東日本大震災の被害と対応について」	『日本植物園協会誌』第46号	日本植物園協会

著者1	著者2	著者3	発行年	論文名・書籍名	掲載誌	発行元
西川 綾子			2015.9	「植物園と人との係わり:花のカルチャーを楽しんで」	『都市公園』第210号	東京都公園協会
西川 英佑			2017.3	「東アジアにおける木造建造物の保存修理」	『文化財建造物の保存修理を考える:第6回シンポジウム「木造建造物保存修理技術の特色」の記録』	文化財建造物保存技術協会
西川 治			2015.2	「地図楽地図と私国立地図学博物館創立運動の今昔」	『地図情報』34号	地図情報センター
西川 杏太郎			1990.5	「文化保護法と奈良国立博物館の歩み」	『月刊文化財』第320号	第一法規
西川 杏太郎			1995	『科学技術を利用した文化財研究法の開発』		文部省科学研究費補助金研究成果報告書
西川 杏太郎			2003	『文化財五十年をあゆむ』		竹林舎
西川 幸治			1971.3	「地域計画における史跡保存の現代的意義」	『地域開発』第78号	日本地域開発センター
西川 卓志			1995.3	「児童・生徒の博物館利用について」	『関西大学博物館紀要』創刊号	関西大学博物館
西川 卓志			2005.6	「博物館における調査研究活動」	『博物館学ハンドブック』	関西大学出版部
西川 武臣			1997.3	「横浜開港資料館所蔵資料の利用状況について」	『Museologist:明治大学学芸員養成課程年報』第12巻	明治大学学芸員養成課程
西川 武臣			2007.12	「指定管理者制度の導入と横浜開港資料館」	『博物館の仕事』	岩田書院
西川 武臣	栗山 雄揮*	竹嶋 徹夫 他	2015.6	「第1章 理念と実践」	『博物館の未来をさぐる』	東京堂出版
西川 龍也	渋谷 清	大畑 幸恵	2012	「ジェームズ・タレルの2つの部屋:金沢21世紀美術館にみる公立美術館の新しい試み」	『福山市立女子短期大学研究教育公開センター年報』第9号	福山市立女子短期大学研究教育公開センター
西川 登志美			2000.3	「和歌山県立博物館の常設展示に見られる和歌山の文化・歴史を英語で解説」	『和歌山県立博物館研究紀要』第5号	和歌山県立博物館
西川 豊子	染川 香澄*	増山 均	1993	『子ども博物館から広がる世界』		たかの書房
西川 長夫	松宮 秀治 編		1995	『『米欧回覧実記』を読む―1870年代の日本と世界』		法律文化社
西川 雅弘	星屋 泰二*	佐々木 和也	2008.4	「きっづ光科学館ふぉとんにおけるふぉとん虹色エネルギー実験教室の実践」	『レーザー研究』第36巻第4号	レーザー学会
西川 稔			2010.3	「ミュージアム・リテラシー学校と博物館の連携」	『BSM(Bulletin of Sugiyama Museology)』第15号	椙山女学園大学学芸員課程
西川 康男			2012	「資生堂企業資料館における企業アーカイブズの戦略的取り組み」	『情報の科学と技術』第62巻第10号	情報科学技術協会
西川 雄輝	宮澤 優梨*	瀧本 達也 他	2010.8	「旧制第四高等学校由来の物理実験機器の調査と復元及び、それらを効果的に展示する方法について」	『学長研究奨励費研究成果論文集』第6巻第21号	金沢大学
西川 由佳里	黒沢 浩*		2012.3	「新しい人類学博物館への提言」	『人類学博物館紀要』第30号	南山大学人類学博物館
西川 由佳里	竹尾 美里*		2013	「「気づき」を与えられる博物館ワークショップを目指して」	『人類学博物館紀要』第31号	南山大学人類学博物館
錦織 一臣			2012.12	「恩賜上野動物園開園130周年:これまでの歩みとこれから歩む道」	『都市公園』第199号	東京都公園協会
錦 俊哉			1985	「大阪動物園ボランティアーズ活動内容」	『動物園教育―日本動物園教育研究会10年の歩み―』	日本動物園教育研究会
西来 邦章	伊藤 順一*	芝原 暁彦	2010.7	「地質ジオラマを用いた3D火山地質情報展示」	『地質ニュース』第671号	実業公報社
西口 真也			2014.7	「集客施設のマーケティング活動と地域活性化に及ぼす影響について:我が国の代表的美術館を研究対象として」	『KGPSreview』No.20	関西学院大学
西口 由子	二階堂 実*	井上 かおり	2008.3	「常設展示改修および「ゆめ・体験ひろば」設置事業の記録」	『埼玉県立歴史と民俗の博物館紀要』第2号	埼玉県立歴史と民俗の博物館
西澤 明	桑村 佐和子*		2014.3	「中学美術と美術館の連携による鑑賞教育の方向性」	『金沢美術工芸大学紀要』第58号	金沢美術工芸大学
西澤 孝一			2013.7	「文学館建設の想いと現実:坂村真民記念館の場合」	『博物館研究』第48巻第7号	日本博物館協会
西沢 保編	山本 武利*編		1999.12	『百貨店の文化史-日本の消費革命』		世界思想社
西澤 徹夫	蔵屋 美香		2012.12	「整理と表面:所蔵品ギャラリーリニューアルで、建築家と美術館が考えたこと」	『現代の眼:東京国立近代美術館ニュース』597号	国立美術館東京国立近代美術館

著者1	著者2	著者3	発行年	論文名・書籍名	掲載誌	発行元
西澤 直子	全国歴史資料保存利用機関連絡協議会 編		2014.3	「アーキビストの眼 慶應義塾史資料集第1巻『塾員塾生資料集成』を刊行して」	『記録と史料』第24号	全国歴史資料保存利用機関連絡協議会
西澤 真樹子			2010.3	「ホネからはじまるネットワーク--自然史博物館は地域の「理科室」」	『Rikatan：理科の探検』第4巻第3号	文一総合出版
西沢 立衛	小池 一子	五十嵐 太郎	2008.5	「座談会:街の風景になる建築とアート(十和田市現代美術館-西沢立衛建築設計事務所)」	『新建築』第83巻第7号	新建築社
西沢 立衛			2008.8	「十和田市現代美術館の設計思想」	『建築技術』第703号	建築技術
西沢 立衛			2010.1	『美術館をめぐる対話』		集英社
西島 亜木子	山下 久美子	鮫島 由佳	2014.3	「特別展における教育普及解説ツールに関する実践的考察:読まれるパネル、読まれないパネル」	『東風西声：九州国立博物館紀要』第9号	九州国立博物館
西島 照男	メリット・スター*		1986.11	『ホーレス・ケプロン将軍–北海道開拓の父と人間像』		北海道出版企画センター
西嶋 洋一	小塩 哲朗*	西本 昌司 他	2001.3	「科学演芸2000「インターネットdeコント」～インターネット活用事例～」	『名古屋市科学館紀要』第27号	名古屋市科学館
西田勝平和研究室			1995	『世界の平和博物館』		日本図書センター
西田 清徳	内田 詮三*	荒井 一利	2014.8	『日本の水族館』		東京大学出版会
西田 清徳			2015.11	「水族館の現状と課題」	『博物館研究』第50巻第11号	日本博物館協会
西田 秀穂			1990.4	「海外美術館の現況西ドイツ編—市立ギャラリーレンバッハハウス、ミュンヘン」	『実践女子大学Museology』第9号	実践女子大学博物館学課程
西田 省三	船木 義勝*		1992	「中山遺跡出土品の複製・復原製作」	『秋田県立博物館研究紀要』第17号	秋田県立博物館
西田 武雄			1933	「美術館の經濟」	『畫工志願』	日本エツチング研究所出版部
西田 富三郎			1926	「植物園に就て」	『造園學雜誌』第2巻第1號	日本造園學會
西田 富三郎			1935	「植物園の展望」	『標準造園植物と配植』	明文堂
西谷 忠師			2012.2	「秋田大学大学院工学資源学研究科附属鉱業博物館」	『博物館研究』第47巻第2号	日本博物館協会
西谷 徹			2010.11	「子どもの科学的表現を高める環境学習プログラムの開発:(その13)博物館での活動を例として」	『日本理科教育学会東海支部大会研究発表要旨集』第56号	日本理科教育学会東海支部大会事務局
西谷 徹	下野 洋*	松本 香奈	2012.3	「大学博物館学校との連携学習-岐阜県博物館と連携した野外学習-」	『初等教育学研究報告』第1号	岐阜女子大学
西谷 大			2004	「挑戦する博物館」	『国づくりと研修』第103号	全国建設研修センター
西谷 大			2005.3	「「ドキュメント災害史1703-2003地震・噴火・津波、そして復興」の記録展示の過程と構成」	『国立歴史民俗博物館研究報告』第121集	国立歴史民俗博物館
西谷 大			2017.3	「総合資料学の未来を考える」	『〈総合資料学〉の挑戦：異分野融合研究の最前線』	吉川弘文館
西田 範行	原 秀夫*		2011.8	「熊本博物館の新しいプラネタリウムと天文学習」	『熊本地学会誌』第157号	熊本大学
西田 治文			2013.1	「共生と持続性の時代における自然史系博物館の新たな役割」	『博物館研究』第48巻第1号	日本博物館協会
西田 治文	馬渡 駿介*	松浦 啓一 他	2015.2	「公開座談会『異なる博物館種の立場から見た、博物館法制度の課題』(その2)振り返り」	『博物館研究』第50巻第2号	日本博物館協会
西田 紘子	呉 和玉		1963.3	「博物館における教育活動」	『Mouseion：立教大学博物館研究』第9号	立教大学学校・社会教育講座
西田 宏子			2014.2	「美術館を作り上げる力:収蔵庫を例として」	『博物館研究』第49巻第2号	日本博物館協会
西田 宏子			2014.5	「美術館だより 根津美術館」	『学士会会報』第906号	学士会
西田 正徳			2008.7	「海外の緑化事情 今、植物園が面白い–イギリス、スペインの植物園」	『グリーン・エージ』第35巻第7号	日本緑化センター
西田 正徳			2013.5	「海外の緑化事情(55)シンガポールの新植物園」	『グリーン・エージ』第40号5輯	日本緑化センター
西田 由紀子			2011.1	「市民と協働・協創する博物館」	『博物館研究』第46巻第10号	日本博物館協会

著者1	著者2	著者3	発行年	論文名・書籍名	掲載誌	発行元
西塚 義治			1993.11	「みちのく風土記の丘総合計画―体験を通して観光を楽しむ時代―」	『展示学』第16号	日本展示学会
西鉄エージェンシー 企編			1982	『到津遊園50年の歩み』		西日本鉄道
西東京市・高橋文太郎の軌跡を学ぶ会			2010.2	『渋沢敬三・高橋文太郎と民族学博物館:保谷にあった日本初の野外展示物をもつ民族学博物館』		西東京市・高橋文太郎の軌跡を学ぶ会
仁科 亜季子	依田 芽生*	今井 亜湖	2011.3	「IDの手法を用いた博物館展示の開発―「徹底比較!長良川鵜飼vs小瀬鵜飼」を事例に」	『日本教育工学会研究報告集』第11巻第1号	日本教育工学会
西中川 京			2001	「オランダの美術館における美術館教育について」	『日本美術教育研究紀要』第34号	日本美術教育連合
西中川 京			2001.3	「オランダの美術館教育について―ユトレヒト中央美術館におけるインターンシップを終えて―」	『東京学芸大学教育学部生涯教育研究室研究紀要』第6号	東京学芸大学生涯教育研究室
仁科 秀昭			2007	「ドキュ・ドラマ『斎王群行』の創造--斎宮歴史博物館・映像展示リニューアル」	『展示学』第43号	日本展示学会
西野 光一			2002.3	「マイクロ資料の作成方法に関する基礎知識」	『けやき:大正大学学芸員課程年報』第6号	大正大学学芸員課程
西野 佐弥香	高松 伸	古阪 秀三 他	2010.8	「東京都美術館の建築プロセスにおける設計内容の確定過程」	『日本建築学会計画系論文集』第75巻654号	日本建築学会
西野 範子			2016.2	「伝統文化と文化財への思い」	『地理』第61巻第2号	古今書院
西野 華子			2014.11	「アメリカの美術館経営について思うこと」	『NACTreview:国立新美術館研究紀要』第1号	国立新美術館
西野 嘉章			1995.11	『博物館学-フランスの文化と戦略』		東京大学出版会
西野 嘉章	青木 国夫*	中川 志郎 他	1995.12-1996.1	「シンポジウム 今、博物館に求められているもの--博物館マーケティング・利用者サービス・展示技術の変化への対応(1)-(2)」	『博物館研究』第30巻第12号、第31巻第1号	日本博物館協会
西野 嘉章	佐野 文一郎*	青木 國夫 他	1996.2	「第43回全国博物館大会報告フォーラム--今、博物館に求められているもの--博物館マーケティング・利用者サービス・展示技術の変化への対応」	『博物館研究』第31巻第2号	日本博物館協会
西野 嘉章			1996.11	『大学博物館-理念と実践と将来と』		東京大学出版会
西野 嘉章			1997	「大学に博物館ができる」	『科学』第66巻5号	岩波書店
西野 嘉章	根本 亮子		1997	「田中文庫博覧会関連資料目録」	『学問のアルケオロジー』	東京大学出版会
西野 嘉章			1997	「大学博物館の実験展示ー「デジタル・ミュージアム」をめぐって」	『博物館研究』第32巻第5号	日本博物館協会
西野 嘉章			1997	「「美術館」と「博物館」」(学芸員・専門家からのアンケート回答より)」	『美術手帖』第724号	美術出版社
西野 嘉章			1997.3	「大学博物館:新研究の開拓に向けて」	『學鐙』第94巻3号	丸善學鐙編集室編
西野 嘉章	中川 志郎*	吉武 弘喜 他	1998.11	「座談会 アメリカにおける学芸員の養成と研修1」	『博物館研究』第33巻第11号	日本博物館協会
西野 嘉章	中川 志郎*	吉武 弘喜 他	1998.12	「座談会 アメリカにおける学芸員の養成と研修2」	『博物館研究』第33巻第12号	日本博物館協会
西野 嘉章			1999.12	「大学博物館の使命」	『Cultivate:文化と環境を考える』第11号	文化環境研究所
西野 嘉章			2000.11	『二十一世紀博物館-博物資源立国へ地平を拓く』		東京大学出版会
西野 嘉章 編			2001.11	『真贋のはざま-デュシャンから遺伝子まで』		東京大学出版会
西野 嘉章			2002.6	「複製(コピー)のすすめ:レプリカの意義と役割について」	『學鐙』第99巻6号	丸善
西野 嘉章	荒俣 宏*		2008.11	「対談 荒俣宏の〈万物に叡智あり〉東京大学総合研究博物館西野嘉章さん 気高く脆弱で愛おしい鳥の剥製や骨に思う 美なくして何の科学か!」	『Fole』第74号	みずほ総合研究所
西野 嘉章			2012.7	「大学の前衛として:東京大学総合研究博物館の「現在」」	『学士会会報』第895号	学士会
西野 嘉章			2012.12	『モバイルミュージアム 行動する博物館:21世紀の文化経済論』		平凡社
西野 嘉章			2014	「モバイルミュージアムの現在」	『博物館研究』第49巻第8号	日本博物館協会
西野 嘉章			2016.5	「「実験場」としてのミュージアム」	『触発するミュージアム:文化的公共空間の新たな可能性を求めて』	あいり出版

著者1	著者2	著者3	発行年	論文名・書籍名	掲載誌	発行元
西野 瑠美子			2007.7	「「慰安婦」問題を記録するアクティブ・ミュージアムの取り組み」	『法と民主主義』第420号	日本民主法律家協会
西野 瑠美子			2007.8	「女たちの戦争と平和資料館-「慰安婦」問題の記憶の拠点」	『婦人之友』第101号第8号	婦人之友社
西宮 浩司	野村 東太	大原 一興 他	1993.7	「自然科学系博物館における観覧行為に関する一考察:博物館に関する建築計画的研究 その31」	『学術講演梗概集』1993巻	日本建築学会
西宮 浩司	野村 東太	西 源二郎	1994.7	「博物館と学校教育との連携に関する考察:博物館に関する建築計画的研究 その32」	『学術講演梗概集』1994巻	日本建築学会
西牟田 真希			2013.4	「映像と語りによる展示:「こえの博物館」のプロジェクトを事例に」	『博物館学雑誌』第38巻第2号	全日本博物館学会
西村 昭彦	星屋 泰二*	佐々木 和也 他	2008.5	「きっづ光科学館ふぉとんにおける科学技術理解増進活動の実践」	『日本教育工学会研究報告集』第8巻第2号	日本教育工学会
西村 明	桑原 季雄*	尾崎 孝宏	2007	「闘牛ネットワークのフロンティア-国内の博物館と海外の事例より」	『鹿大史学』第54号	鹿大史学会
西村 逸郎			1996	「博物館におけるマルチメディアの利用課題について」	『博物館研究』第31巻第9号	日本博物館協会
西村 義風 編			1914	『東京大正博覽會要覽』		産業評論社
西村 公朝			1969	「美術院七十年の沿革」	『美術院紀要』第1号	飛鳥園
西村 公宏	飯淵 康一	永井 康雄	2006.4	「東京大学理学部博物場の建築と公開について」	『日本建築学会計画系論文集』第71巻602号	日本建築学会
西村 公宏			2008.10	『大学附属臨海実験所水族館:近代日本大学附属博物館の一潮流』		東北大学出版会
西村 公宏			2016.3	「拡充期の東京帝国大学理学部附属日光植物分園におけるロックガーデンの整備について」	『ランドスケープ研究』第79巻第5号	日本造園学会
西村 公宏			2017.3	「東京帝国大学理科大学附属植物園におけるロックガーデンの整備について」	『ランドスケープ研究』第80巻第5号	日本造園学会
西村 清和	渡辺 守雄*	浅見 克彦 他	2000.8	『動物園というメディア』		青弓社
西村 清定			1960	「ポリエステル樹脂による封入標本の作り方」	『理科の教育』第9巻	日本理科教育学会
西村 邦裕			2010.9	「公共空間におけるメディア芸術の展示:「空気の港」展の事例より」	『日本バーチャルリアリティ学会誌』第15巻第3号	日本バーチャルリアリティ学会
西村 邦裕	竹内 俊貴*	中島 統太郎 他	2013	「展示空間の3次元記録を用いた博物館展示の時間軸拡張」	『日本バーチャルリアリティ学会論文誌』第18巻第3号	日本バーチャルリアリティ学会
西村 健吉			1942	「戦時下の博物館経営特に共榮圏資源の展示に就て」	『博物館研究』第15巻第5號	日本博物館協會
西村 健二			1937	「地形模型の製作法」	『科學知識』第17巻第5號	科學知識普及會
西村 志磨	加藤 克俊*	藤田 雅也 他	2010.3	「地域との連携によるものづくり教育活動の考察I」	『美術教育学』第31号	美術科教育学会
西村 正三			2017.1	「マルチコプタを活用したインフラ・文化財構造物点検調査における適用事例」	『計測と制御』第56巻1号	計測自動制御学会
西村 慎太郎			2011.1	「新自由主義時代の博物館と文化財「地域に遺された歴史資料」を保存するということ」	『日本史研究』第590号	日本史研究会
西村 慎太郎 パネリスト	奥村 弘*	大国 正美 パネリスト 他	2014.3	「シンポジウムの記録 東海大地震からアーカイブズをどう守るべきか:震災への保存と地域連携を考える(2)討論編」	『名古屋大学大学文書資料室紀要』第22号	名古屋大学大学文書資料室
西村 寿美雄			2012.12	「文化財の撮影:便利堂の写真100年」	『日本写真学会誌』第75巻第6号	日本写真学会
西村 寿美雄			2016.2	「法隆寺金堂壁画写真原板撮影と保存の経緯」	『日本写真学会誌』第79巻第1号	日本写真学会
西村 丹三			1926	「中央教材園の必要」	『造園學雜誌』第2巻第11號	日本造園學會
西村 千尋			2013.12	「人々は水族館に何を求めて訪れるのか?:水族館の新たな社会的役割のために」	『長崎県立大学経済学部論集』第47巻3号	長崎県立大学経済学部学術研究会
西村 直城			2014.8	「特別展『手塚治虫×石ノ森章太郎マンガのちから』を開催して」	『博物館研究』第49巻第8号	日本博物館協会
西村 德行			2009.2	「「みる」を楽しむ子どもたち-連携によって生まれる、充実した学び」	『現代の眼:東京国立近代美術館ニュース』574号	国立美術館東京国立近代美術館
西村 治道	嘉田 勝*	会沢 成彦 他	2009.2	「大学祭でのCSアンプラグド博物館型展示企画の実践」	『情報処理学会研究報告』2009年15号	情報処理学会

著者1	著者2	著者3	発行年	論文名・書籍名	掲載誌	発行元
西村 秀和	本間 浩一*		2010.12	「博物館ブロガーの出現と記述対象となる博物館の種類の分析」	『博物館学雑誌』第36巻第1号	全日本博物館学会
西村 秀和	本間 浩一*		2011.3	「博物館に関心を持つ市民に関する調査手法の提案--ブログの解析」	『日本ミュージアム・マネージメント学会研究紀要』第15号	日本ミュージアム・マネージメント学会
西村 英俊	斧田 浩一*		2013.9	「新建築・新設備京都水族館」	『BE建築設備』第64巻第9号	建築設備綜合協会
西村 雅典			2009.7	「公益財団法人移行の道半ば」	『博物館研究』第44巻第7号	日本博物館協会
西村 美香			2007	「大学コレクションとミュージアム」	『デザイン学研究特集号』第14巻第3号	日本デザイン学会
西村 充司			1999.3	「学区教育における博物館活用法を探る」	『和歌山県立博物館研究紀要』第4号	和歌山県立博物館
西村 幸夫			1998.3	「都市計画の目から見た遺跡と遺跡整備」	『資源環境対策』第34巻4号（『緑の読本』シリーズ45）	公害対策技術同友会
西本 一志	門林 理恵子*	間瀬 健二 他	1998.5	「対話的集落変遷シミュレーションシステムの作成と博物館展示のためのユーザインタフェースの提案」	『電子情報通信学会論文誌』第81巻第5号	電子情報通信学会情報・システムソサイエティ
西本 一志	門林 理恵子*	角 康之 他	1999.3	「学芸員と見学者を仲介して博物館展示の意味構造を個人化する手法の提案」	『情報処理学会論文誌』第40巻3号	情報処理学会
西本 昌司			1994.3	「サイエンスホールでの新しい試み～サイエンストピックス～」	『名古屋市科学館紀要』第20号	名古屋市科学館
西本 昌司			1995.3	「名古屋市科学館サイエンスホールにおける新しい科学情報番組の企画と制作」	『名古屋市科学館紀要』第21号	名古屋市科学館
西本 昌司			1995.3	「名古屋市科学館における地球科学分野の教育普及啓発活動」	『名古屋市科学館紀要』第21号	名古屋市科学館
西本 昌司			1996.3	「科学情報番組「サイエンストピックス」の現状と課題」	『名古屋市科学館紀要』第22号	名古屋市科学館
西本 昌司	小塩 哲朗		1997.3	「科学実験講座「クリスタルレクチャー」の企画から実施まで～名古屋市科学館サイエンスホールの新たな試み（その1）」	『名古屋市科学館紀要』第23号	名古屋市科学館
西本 昌司	森本 章夫		1997.3	「「科学で読む宮沢賢治スペシャル」～名古屋市科学館サイエンスホールの新たな試み（その2）」	『名古屋市科学館紀要』第23号	名古屋市科学館
西本 昌司			1997.3	「新展示「過去の地球を探る」について」	『名古屋市科学館紀要』第23号	名古屋市科学館
西本 昌司			1999.3	「科学演芸」	『名古屋市科学館紀要』第25号	名古屋市科学館
西本 昌司	小塩 哲朗		2001.3	「科学演芸の企画と運営」	『名古屋市科学館紀要』第27号	名古屋市科学館
西本 昌司	小塩 哲朗*	西嶋 洋一 他	2001.3	「科学演芸2000「インターネットdeコント」～インターネット活用事例～」	『名古屋市科学館紀要』第27号	名古屋市科学館
西本 昌司			2002.3	「スミソニアン自然史博物館の教育普及活動」	『名古屋市科学館紀要』第28号	名古屋市科学館
西本 昌司	小塩 哲朗*		2002.3	「名古屋市科学館におけるITの活用」	『名古屋市科学館紀要』第28号	名古屋市科学館
西本 昌司			2003.3	「アメリカ東部の科学系博物館」	『名古屋市科学館紀要』第29号	名古屋市科学館
西本 昌司	小塩 哲朗		2003.3	「スミソニアン自然史博物館での「科学演芸」の実施について」	『名古屋市科学館紀要』第29号	名古屋市科学館
西本 昌司	三村 弘子		2003.3	「展示室内での有料ワークショップ「地球工房」の企画と運営」	『名古屋市科学館紀要』第29号	名古屋市科学館
西本 昌司	小塩 哲朗*		2003.3	「遊びながら科学を学ぶ教材の開発」	『名古屋市科学館紀要』第29号	名古屋市科学館
西本 昌司			2006.3	「「地球工房」の現状について」	『名古屋市科学館紀要』第32号	名古屋市科学館
西森 茂夫			1987.11	「地域における平和創造の中核となる歴史・平和資料館建設運動--高知からの報告」	『歴史評論』第451号	校倉書房
西谷 榮治			2006.7	「博物館は未来へ 因幡の麒麟獅子発見調査と獅子舞の復活から」	『博物館研究』第41巻第8号	日本博物館協会
西山 暁義			2014.2	「ヨーロッパ国境地域における歴史意識と博物館:アルザス・モーゼル記念館の事例」	『共立女子大学・共立女子短期大学総合文化研究所紀要』第20号	共立女子大学・共立女子短期大学総合文化研究所
西山 卯三			1973.1	「保存論」	『近代建築』第27巻1号	近代建築社
西山 卯三 監	観光資源保護財団 編		1981	『歴史的町並み事典』		柏書房

著者1	著者2	著者3	発行年	論文名・書籍名	掲載誌	発行元
西山 伸			2008.12	「大学史資料の保存と利用-大学アーカイヴズの観点から」	『歴史科学』第195号	大阪歴史科学協議会
西山 伸			2011.12	「新自由主義時代の博物館と文化財公文書管理法の問題点 国立大学法人の立場から」	『日本史研究』第592号	日本史研究会
西山 伸			2015.3	「大学史資料を展示する:京大での実践から」	『名古屋大学大学文書資料室紀要』第23号	名古屋大学大学文書資料室
西山 徳			1950.8	「学術資料の保存と活用」	『日本歴史』第27号	吉川弘文館
西山 登志雄			1981	『ぼくの動物園日記』		草土文化社
西山 登志雄			1981	『MyZoo わたしの動物園』		KABA書房
西山 徳明 編	石森 秀三*編		2001.3	『ヘリテージ・ツーリズムの総合的研究』		国立民族学博物館
西山 徳明			2004.3	『文化遺産マネジメントとツーリズムの現状と課題』		国立民族学博物館
西山 徳明	村上 佳代*		2010.11	「萩市における文化資源の発掘と都市遺産概念について--歴史文化まちづくりにおける文化資源マネジメントに関する研究(その1)」	『日本建築学会計画系論文集』第75巻657号	日本建築学会
西山 徳明	橋口 敏一*	村上 佳代	2011.3	「「萩まちじゅう博物館」における文化遺産マネジメントに関する研究 その8:主客交流に主眼を置いたサテライトの設計条件の抽出」	『日本建築学会研究報告九州支部.計画系』第50号	日本建築学会九州支部
西山 徳明	村上 佳代*		2015	「国際協力を通じたエコミュージアム観光開発技術による文化資源マネジメントの試みに関する研究:山口県萩市とヨルダン・ハシミテ王国サルト市を事例として」	『都市計画論文集』第50巻第3号	日本都市計画学会
西山 弥生	南 博史*		1997	「博物館における教育活動とマーケティング活動」	『京都文化博物館研究紀要 朱雀』第7集	京都文化博物館
西山 弥生	南 博史*	加藤 幸治	1999.3	「博物館教育活動と地域-遺跡博物館と移動博物館の新しいかたち-」	『京都文化博物館研究紀要 朱雀』第11集	京都文化博物館
西山 有子			2013.9	「森美術館におけるSNSの有効活用」	『博物館研究』第48巻第9号	日本博物館協会
西山 要一			1992.4	「第5章文化財と環境 第1節館外の文化財環境-屋外文化財の大気汚染被害と保存-」	『文化財のための保存科学入門』	株式会社飛鳥企画
西脇 智子			2009.3	「「バリアフリー化する教具」考-京都市学校歴史博物館企画展から」	『実践女子短期大学紀要』第30号	実践女子短期大学
似内 啓邦			1999.5	「志波城跡−管理と運営の仕組み」	『資源環境対策』第35巻第7号(『緑の読本』シリーズ50)	公害対策技術同友会
日外アソシエーツ編集部 編			1996.1	『人物記念館辞典』		日外アソシエーツ
日外アソシエーツ編集部 編			1997.11	『企業博物館事典』		日外アソシエーツ
日外アソシエーツ編集部 編			1998	『個人コレクション美術館・博物館辞典』		日外アソシエーツ
日外アソシエーツ編集部 編			1999.1	『歴史博物館事典』		日外アソシエーツ
日外アソシエーツ編集部 編			2002.11	『新訂人物記念館事典1 文学・歴史編』		日外アソシエーツ
日外アソシエーツ編集部 編			2002.11	『新訂人物記念館事典2 美術・芸能編』		日外アソシエーツ
日外アソシエーツ編集部 編			2003	『科学・自然史博物館辞典』		日外アソシエーツ
日外アソシエーツ編集部 編			2003.1	『新訂企業博物館事典』		日外アソシエーツ
日外アソシエーツ編集部 編			2008.2	『個人コレクション美術館博物館事典』		日外アソシエーツ
日外アソシエーツ編集部 編			2010.1	『考古博物館事典』		日外アソシエーツ
日外アソシエーツ編集部 編			2012.12	『郷土博物館事典』		日外アソシエーツ
日外アソシエーツ編集部 編			2016.7	『子ども博物館美術館事典』		日外アソシエーツ
ニック・メリマン	岩本 陽児		1998.3	「「ピープリング・オブ・ロンドン:ロンドンに集う人々」ロンドン博物館による企画展の企画」	『博物館学雑誌』第23巻第2号	全日本博物館学会
日経BP社			2008.10	「伊東豊雄建築設計事務所UCバークレー美術館/パシフィック・フィルム・アーカイブパズルを解くように設計曲壁で空間をつなぐ」	『日経アーキテクチュア』第886号	日経BP社

著者1	著者2	著者3	発行年	論文名・書籍名	掲載誌	発行元
日経アーキテクチュア			2010.2	「青森県立美術館--全面白い空間が一部の高齢者の不満に(反射「光害」を防げ)」	『日経アーキテクチュア』第919号	日経BP社
日経BP社			2010.3	「ホキ美術館30mの片持ち展示室で集客--日本初となる写実絵画の専門美術館、建物でも来館を誘う」	『日経アーキテクチュア』第940号	日経BP社
日経BP社			2014.5	「建築巡礼プレモダン編 明治期向かい合う設計と施工の神:京都国立博物館(1895年)」	『日経アーキテクチュア』第1024号	日経BP社
日経BP社			2014.10	「フォーカス[建築]京都国立博物館平成知新館(京都市)京都の歴史を重ねる新たな平成の軸線」	『日経アーキテクチュア』第1034号	日経BP社
日経BP社			2015.1	「フォーカス[建築]東京都庭園美術館(東京都港区)新館を加え発信力増す『アールデコの館』」	『日経アーキテクチュア』第1039号	日経BP社
日光賓物館			1917	『日光賓物館陳列目録』		日光賓物館
ニッシュ・イアン			2002	『欧米から見た岩倉使節団』		ミネルヴァ書房
新田 栄治			2016.1	「奄美大島における歴史的文化財を活用した観光開発の可能性」	『南太平洋海域調査研究報告』第38巻	鹿児島大学
新田 建史			2011.3	「静岡県立美術館の地震防災体制について」	『静岡県立美術館紀要』第27号	静岡県立美術館
新田 建史			2011.7	「静岡県立美術館の保存業務」	『博物館研究』第46巻第7号	日本博物館協会
新田 秀樹			1986	「アメリカ博物館協会(AAM)による「博物館専門職訓練プログラムの最低基準」と『博物館職の推奨資格要件』」	『宮城県美術館研究紀要』第1号	宮城県美術館
新田 秀樹			1986	「メトロポリタン美術館の教育活動」	『宮城県美術館研究紀要』第1号	宮城県美術館
新田 秀樹			1986.12	「アメリカの美術館における教育活動の現状」	『博物館学雑誌』第12巻第1号	全日本博物館学会
新田 秀樹			1988.3	「ワークショップ「風景の発見」ー美術館による環境学習プログラムの初歩的事例ー」	『博物館学雑誌』第13巻第1・2号合併号	全日本博物館学会
新田 秀樹			2006.7	「街に広がる現代アートのネットワークせんだい視覚芸術振興くみあい(SCAN)の実践的プロジェクト」	『月刊ミュゼ』77号	(株)アム・プロモーション
新田 秀樹			2010.3	「アメリカの彫刻公園・彫刻庭園:創設年表とタイポロジー」	『宮城教育大学紀要』第45巻	宮城教育大学
新田 秀樹			2012.12	「建築・ミッション・運営の現代的変容」	『現代に活きる博物館』	有斐閣
新田 光信	坪山 幸王	佐藤 信治	2001.7	「水族館に関する建築計画的研究 : その3 しながわ水族館の設置室間における飼育員の行動について」	『学術講演梗概集』2001巻	日本建築学会
入戸野 修	山口 克彦*		2010	「理工系学生の科学コミュニケーション能力育成を目的とした科学館との連携事業」	『工学教育』第58巻第5号	日本工学教育協会
日橋 一昭			2012.12	「動物園の仕事」	『現代に活きる博物館』	有斐閣
新渡戸 稲造			1931	「形式教育から郷土教育へ」	『郷土ー研究と教育ー』第三號	郷土教育聯盟
蜷川 親正			1988	「モースの陶器収集と蜷川式胤」	『共同研究モースと日本』第4章第2項	小学館
二宮 穣	川添 敏弘*	田中 芙美子 他	2017	「幼児教育における博物館活用のための試み」	『ヤマザキ学園大学雑誌』第7号	ヤマザキ学園大学
二瓶 伸弥			1996.9	「戦術の展開③アウトリーチ活動」	『ミュージアムマネージメント』	東京堂出版
二瓶 貴之			2016.2	「震災と文化:震災資料の保存と記憶・伝承、及び被災歴史資料のレスキュー」	『知財ぷりずむ』第14巻第161号	経済産業調査会知的財産情報センター
日本アイ・ビー・エム株式会社			1991.4	「特集 ケンペルの見たトクガワ・ジャパン」	『無限大』第87号	日本アイ・ビー・エム株式会社
日本アロマ環境協会 編			2014	「薬草園探訪(1)多摩丘陵の豊かな自然の中で学べる東京薬科大学「薬用植物園」」	『AEAJ:公益社団法人日本アロマ環境協会【機関紙】』第72号	日本アロマ環境協会
日本アロマ環境協会 編			2014	「薬草園探訪(2)海と山に囲まれた段々畑の植物園神戸薬科大学『薬用植物園』」	『AEAJ:公益社団法人日本アロマ環境協会【機関紙】』第73号	日本アロマ環境協会
日本アロマ環境協会			2014	「薬草園探訪(3)懐かしい里山の風景が広がる重井薬用植物園」	『AEAJ:公益社団法人日本アロマ環境協会【機関紙】』第74号	日本アロマ環境協会
日本遺産プロジェクト 編			2016.6	『日本遺産時をつなぐ歴史旅:文化庁初認定18ストーリー』		東京法令出版
日本映画教育協会 編			1949	『視覚教育精鋭』		金子書房

著者1	著者2	著者3	発行年	論文名・書籍名	掲載誌	発行元
日本エコノミストセンター	綜合マネジメント株式会社*	綜合ユニコム株式会社	2012	「サンシャイン水族館:"大人も満足できる"水族館として全面リニューアル開業1年目に224万人を集客」	『レジャー産業資料』第45巻第10号	綜合ユニコム株式会社
日本エコノミストセンター	綜合マネジメント株式会社*	綜合ユニコム株式会社	2013.8	「鶴岡市立加茂水族館:クラゲ展示で世界一を極め、閉鎖寸前から入館者数は3倍に 来年6月には新水族館オープン」	『レジャー産業資料』第46号8輯	綜合ユニコム株式会社
日本エコノミストセンター	綜合マネジメント株式会社*	綜合ユニコム株式会社	2013.11	「観光・宿泊産業遊園地・テーマパーク/水族館:積極的な投資とイベントによる効果で震災前の水準を上回り好調に推移」	『レジャー産業資料』第46号11輯	綜合ユニコム株式会社
日本エコミュージアム研究会 編			1997.7	『エコミュージアム・理念と活動-世界と日本の最新事例集-』		牧野出版
日本科学技術振興財団			1969.6	『科学技術館への招待』		日本科学技術振興財団
日本科学技術振興財団			1977.3	『鉱業技術の普及啓発方法に関する調査研究』		日本科学技術振興財団
日本科学技術振興財団	科学技術館	丹青総合研究所	1987	「展示評価の調査・研究―よりよき展示の創造のために―」		日本科学技術振興財団
日本科学者会議 編			1987.2	「特集 博物館」	『日本の科学者』第22巻2号	水曜社
日本学術会議			2007.5	『博物館の危機をのりこえるために:声明』		日本学術会議
日本學術振興會			1934	「ドイツ衛生博物館」	『外國研究所要覧ドイツノ部』第2篇	日本學術振興會
日本學術振興會			1939	「ワイマール先史學博物館」	『外國研究所要覧ドイツノ部』第3篇	日本學術振興會
日本學術振興會			1939	「地質調査所及び實際地質學博物館」	『外國研究所要覧ドイツノ部』第7篇	日本學術振興會
日本加除出版			2009.8	「富山県黒部市「山・川・海」フィールドミュージアム」	『住民行政の窓』第338号	日本加除出版
日本玩具博物館			2004	『個人立日本玩具博物館開館30周年記念誌』		日本玩具博物館
日本教育新聞社 編			2013.8	「全国の科学館などの施設で体験できる展示・イベント情報」	『週刊教育資料夏休み特別企画体験してみよう!!体験型施設一覧』1262号	教育公論社
日本教育年鑑刊行委員会 編			1969.1	「社会教育」	『日本教育年鑑』1969	ぎょうせい
日本教育メディア協会 編			2013.2	『博物館情報・メディア論』		ぎょうせい
日本魚類学会			1994	「日本における水族館の役割と将来展望―魚類学との関わり」	『1994年度日本魚類学会シンポジウム講演要旨集』	日本魚類学会
日本経済新聞社			1995.5	「街に出た美術カタログ」	『日本経済新聞』1995年5月2日付夕刊	日本経済新聞社
日本経済新聞社 編			2007.1	『日経五つ星の美術館』		日本経済新聞社
日本経済新聞社産業地域研究所			2008.8	「指定管理者制度導入調査から(事例編上)模索続く公立ミュージアムの民間運営」	『日経グローカル』第106号	日本経済新聞社産業地域研究所
日本建築家協会 編			1982	『美術館Ⅰ 広域公共の美術館』		彰国社
日本建築家協会 編			1982	『美術館Ⅱ 地域の小美術館』		彰国社
日本建築學會			1897.6	「法律第四十九號古社寺保存法」	『建築雑誌』第11輯第126號	日本建築學會
日本建築學會			1914	「國民美術協會第二回美術展覽會」	『建築雑誌』第28輯第335號	日本建築學會
日本建築學會			1914.6	「東京大正博覽會(二)」	『建築雑誌』第28輯第330號	日本建築學會
日本建築學會			1914.6	「東京大正博覽會(四)」	『建築雑誌』第28輯第332號	日本建築學會
日本建築學會			1914.10	「東京大正博覽會 補遺」	『建築雑誌』第28輯第334號	日本建築學會
日本建築學會			1916	「國民美術協會第四回展覽會」	『建築雑誌』第30輯第351號	日本建築學會
日本建築學會			1920	「大阪市美術館新築設計圖案懸賞募集」	『建築雑誌』第34輯第408號	日本建築學會
日本建築學會	綜合マネジメント株式会社		1921	「國民美術協會第十回展覽會」	『建築雑誌』第35輯第415號	日本建築學會

著者1	著者2	著者3	発行年	論文名・書籍名	掲載誌	発行元
日本建築學會			1921	「聖徳記念繪畫館定礎式」	『建築雑誌』第35輯第421號	日本建築學會
日本建築學會			1930	「東京帝室博物館建築設計圖案懸賞募集規定」	『建築雑誌』第44輯第540號	日本建築學會
日本建築學會			1931	「時報尾張徳川美術館建築設計圖案懸賞募集」	『建築雑誌』第45輯第550號	日本建築學會
日本建築學會			1932	「財團法人尾張徳川美術館建設設計圖案懸賞當選者決定」	『建築雑誌』第46輯第553號	日本建築學會
日本建築學會			1932	「尾張徳川美術館建築設計懸賞競技一等當選圖案説明書」	『建築雑誌』第46輯第554號	日本建築學會
日本建築學會			1935	「時報朝鮮総督府始政25周年記念博物館建築設計競技圖案懸賞募集規程」	『建築雑誌』第50輯第604號	日本建築學會
日本建築學會			1936	「時報朝鮮総督府始政25年記念博物館懸賞競技當選者」	『建築雑誌』第50輯第608號	日本建築學會
日本建築學會			1936	「朝鮮総督府始政25周年記念博物館建築設計懸賞競技當選及佳作圖案」	『建築雑誌』第50輯第612號	日本建築學會
日本建築学会 編			1965	『博物館・美術館』		丸善
日本建築学会			1976.5	「野外博物館」	『建築雑誌』第91輯第1107號	日本建築学会
日本建築学会			2002	「建築会館高度利用と建築博物館の設置について」	『建築雑誌』第117輯第1494號	日本建築学会
日本建築協會 編			1931	「京都美術館」「東京帝室博物舘」	『日本趣味を基調とせる最近建築懸賞圖集』	日本建築協會
日本工業大学工業技術博物館			出版年不明	『日本工業大学工業技術博物館』		日本工業大学工業技術博物館
日本考古学協会 編			1971	『埋蔵文化財白書(第一次)』		ケイ・アイ・メディア
日本考古学協会 編			1981	『埋蔵文化財白書(第二次)』		ケイ・アイ・メディア
日本考古学協会 編			2005	『埋蔵文化財白書(第三次)』		ケイ・アイ・メディア
日本考古学協会研究環境検討委員会			2008.11	「日本考古学が置かれている研究環境の現状」	『日本考古学』第26号	日本考古学協会
日本考古学協会国立考古学博物館設立推進委員会			1993.7	『「国立考古学博物館」(仮称)基本構想』		日本考古学協会
日本交通公社 編			1962	「交通博物館と交通科学館」	『日本交通公社50年史』	交通公社
日本交通公社			1980	「美術館・博物館のある町へ」	『旅』55巻10号	日本交通公社
日本互尊社			1940	「如是蔵」	『博物館研究』第13巻第1號	日本博物館協會
日本材料科学会			1996.12	『接着と材料(先端材料シリーズ)』		中央印刷
日本史研究会			2008.4	「大阪府の博物館施設「見直し」に対する要望書」	『日本史研究』第548号	日本史研究会
日本史籍協會 編			1929	『大久保利通文書』		日本史籍協會
日本史籍協会 編			1968	『岩倉具視関係文書』		東京大学出版会
日本自然保護協会 監編			1984	『自然観察ハンドブック』		思索社
日本写真学会			2004	『写真と文化財の関わり』(日本写真学会誌特別号)		日本写真学会
日本写真学会			2012.8	「デジタル画像保存の実情と課題」	『日本写真学会誌』第75巻第4号	日本写真学会
日本写真学会画像保存研究会 編			1996.5	「写真の保存・展示・修復」	『武蔵野クリエイト』	武蔵野クリエイト研究会
日本修学旅行協会			2014	「リアス・アーク美術館--(ワクワク博物館めぐり;131)」	『教育旅行』第698号	日本修学旅行協会
日本障害者芸術文化協会			1998	『アクセシブル・ミュージアム 文化施設におけるバリアフリー化に関する調査研究報告書』		日本障害者芸術文化協会

に

- 463 -

著者1	著者2	著者3	発行年	論文名・書籍名	掲載誌	発行元
日本商工会議所			2007.7	「博物館ネットワークで個々もさらにレベルアップする-トヨタテクノミュージアム産業技術記念館/ノリタケの森」	『石垣』第27巻第4号	日本商工会議所
日本少年少女文庫刊行會 編			1928	「博物館」「羨ましいアルプス博物館」ほか	『漫遊寫眞だより』上	日本少年少女文庫刊行會
日本少年少女文庫刊行會 編			1928	「植物園」、「世界一の熱帯植物園」「世界一の熱帯植物園」	『漫遊寫眞だより』下	日本少年少女文庫刊行會
日本照明學會			1941	「繪畫陳列室の照明」	『照明學會雜誌』第25巻第3號	日本照明學會
日本植物園協会			1966	『植物園施設一覧』		日本植物園協会
日本植物園協会			1975	『日本植物園要覧』		日本植物園協会
日本植物園協会 編			2015	『日本の植物園』		八坂書房
日本植物園協会			2007.3	『日本の植物園における生物多様性保全』		日本植物園協会
日本赤十字社 編			1926	『米國費府商業博物館の教育事業』		日本赤十字社
日本赤十字社			1929	「精神衛生展覧會號」	『日本赤十字社参考館報』第4號	日本赤十字社
日本赤十字社			1930	「榮養改善展覧會號」	『日本赤十字社参考館報』第5號	日本赤十字社
日本赤十字社			1931	「早老防止展覧會號」	『日本赤十字社参考館報』第6號	日本赤十字社
日本赤十字社			1932	「婦人衛生展覧會號」	『日本赤十字社参考館報』第8號	日本赤十字社
日本赤十字社			1932	「兒童を中心としたる歯の衛生展覧會號」	『日本赤十字社参考館報』第9號	日本赤十字社
日本赤十字社			1933	「中毒防止展覧會號」	『日本赤十字社赤十字博物館報』第10號	日本赤十字社
日本赤十字社			1934	「夏の衛生展覧會號」	『日本赤十字社赤十字博物館報』第11號	日本赤十字社
日本赤十字社			1934	「結婚衛生展覧會號」	『日本赤十字社赤十字博物館報』第12號	日本赤十字社
日本赤十字社			1934	「救療史料展覧會號」	『日本赤十字社赤十字博物館報』第13號	日本赤十字社
日本赤十字社			1935	「結核知識展覧會號」	『日本赤十字社赤十字博物館報』第14號	日本赤十字社
日本赤十字社			1936	「都市衛生展覧會號」	『日本赤十字社赤十字博物館報』第15號	日本赤十字社
日本赤十字社			1936	「お産の展覧會號」	『日本赤十字社赤十字博物館報』第16號	日本赤十字社
日本赤十字社			1937	「ホルモン・ビタミン展覧會號」	『日本赤十字社赤十字博物館報』第17號	日本赤十字社
日本赤十字社			1937	「觀光日本公衆衛生展號」	『日本赤十字社赤十字博物館報』第18號	日本赤十字社
日本赤十字社			1938	「防空法徹底強化防護展號」	『日本赤十字社赤十字博物館報』第19號	日本赤十字社
日本赤十字社			1938	「國民體力向上展覧會號」	『日本赤十字社赤十字博物館報』第20號	日本赤十字社
日本赤十字社			1939	「學童榮養資料展號」	『日本赤十字社赤十字博物館報』第21號	日本赤十字社
日本赤十字社			1939	「大陸開發衛生展號」	『日本赤十字社赤十字博物館報』第22號	日本赤十字社
日本赤十字社			1940	「日本民族優生展號」	『日本赤十字社赤十字博物館報』第23號	日本赤十字社
日本赤十字社			1940	「近視豫防眼の科學展覧會號」	『日本赤十字社赤十字博物館報』第24號	日本赤十字社
日本赤十字社			1941	「戰時國民食展覧會號」	『日本赤十字社赤十字博物館報』第25號	日本赤十字社
日本赤十字社			1942	「戰時被服展覧會號」	『日本赤十字社赤十字博物館報』第26號	日本赤十字社

著者1	著者2	著者3	発行年	論文名・書籍名	掲載誌	発行元
日本赤十字社			1943	「救急・看護展覽會號」	『日本赤十字社赤十字博物館報』第27號	日本赤十字社
日本赤十字社			1944	「必勝不敗新防空戰展覽會號」	『日本赤十字社赤十字博物館報』第28號	日本赤十字社
日本船舶振興会			1965	『海事博物館建設準備に関する海外調査報告書』		日本船舶振興会
日本造園学会			1994	「京都における「遺跡庭園学」のあり方」	『造園雑誌』第56巻第3号	日本造園学会
日本造園学会			1995	「遺跡庭園整備の理念と最近の事例」	『ランドスケープ研究』第58巻第4号	日本造園学会
日本造園学会			1999	「文化遺産／史跡の保存・整備とランドスケープその1：文化遺産／史跡への造園家のかかわり」	『ランドスケープ研究』第62巻第4号	日本造園学会
日本造園学会			2000	「文化遺産／史跡の保存・整備とランドスケープその2：文化遺産／史跡の保存・整備計画の現状と課題」	『ランドスケープ研究』第63巻第4号	日本造園学会
日本造園学会			2001	「文化遺産／史跡の保存・整備とランドスケープその3：庭園：風景とまちづくり」	『ランドスケープ研究』第64巻第3号	日本造園学会
日本造園学会学術委員会	日本造園学会全国大会運営委員会		1994.12	「ランドスケープの視点から環境教育を考える：新しい博物館をめざして」	『ランドスケープ研究』第58巻第2号	日本造園学会
日本造園学会シンポジウム			1963	「史蹟名勝地の保存と観光的利用」	『造園雑誌』第26巻第23号	日本造園学会
日本造園学会全国大会運営委員会	日本造園学会学術委員会*		1994.12	「ランドスケープの視点から環境教育を考える：新しい博物館をめざして」	『ランドスケープ研究』第58巻第2号	日本造園学会
日本大学	小笠原 喜康*		2008.5	『科学博物館における博学連携教材の開発と授業実践』		文部科学省科学研究費補助金研究成果報告書
日本拓殖協會			1942	『南方文献目録』		大同書院
日本鳥類保護連盟 編	松田 道生*		1980	『バードカービング「木彫りの鳥を作ろう」』		東京印書館
日本庭園学会			1996	「都市における古庭園のあり方」	『日本庭園学会誌』第9号	日本庭園学会
日本庭園学会			1999	「庭園遺構の発掘・調査、復元・整備」	『日本庭園学会平成11年度研究大会発表要旨集』	日本庭園学会
日本庭園協會 編			1928	「植物園」	『造園叢書』第22巻	雄山閣
日本ディスプレイ学会 編			1976	『みせ・みせもの・つくりもの・かざりもの百科-図説ディスプレイ用語事典』		グラフィック社
日本デザイン学会			2007	「デザイン史研究とミュージアム」	『デザイン学研究特集号』第14巻第3号	日本デザイン学会
日本テレビ放送網株式会社			1985	『全国植物園ガイド』		日本テレビ放送網株式会社
日本展示学会「展示学事典」編集委員会 編			1996.1	『展示学事典』		ぎょうせい
日本展示学会 編			1992	「第11回研究大会特集 ミュージアムがひろがる」	『展示学』第14号	日本展示学会
日本展示学会			2005	「展示学の眼「行動展示」で動物の魅力を引き出す--旭山動物園の展示」	『展示学』第39号	日本展示学会
日本展示学会			2016	「展示の多様性多面性：当日の意見から」	『展示学』第53号	日本展示学会
日本展示学会出版事業委員会 企画・編集			2010.7	『展示論：博物館の展示をつくる』		雄山閣
日本展示学会展示学講座実行委員会 編	川添 登 監		2001	『地域博物館への提言：討論・地域文化と博物館』		ぎょうせい
「日本・ドイツ美術館教育シンポジウムと行動一九九二」報告書編集委員会 編			1994.2	『街から美術館へ美術館から街へ「日本・ドイツ美術館教育シンポジウムと行動一九九二」報告書』		日本文教出版
日本陶磁協会 編			2012.9	「美術館・博物館の被災状況」	『陶説』第714号	日本陶磁協会
日本動物園水族館教育研究会			1988	『第28回日本動物園水族館教育研究会報告「動物園、水族館の教育を考える」ZOO教報だより』		日本動物園水族館教育研究会
日本動物園水族館教育研究会 編			1993	「学校教育と動物園・水族館」	『日本動物園水族館教育研究会誌』1993年号	日本動物園水族館教育研究会
日本動物園水族館教育研究会			1993	「学校と動物園・水族館」	『日本動物園水族館教育研究会誌』1993年号	日本動物園水族館教育研究会

著者1	著者2	著者3	発行年	論文名・書籍名	掲載誌	発行元
日本動物園水族館協会			1960.12	『各園館の誇りになる収容動物調査』		日本動物園水族館協会
日本動物園水族館協会			1960.12	『各園館の風致上の特徴調査』		日本動物園水族館協会
日本動物園水族館編			1962	『日本動物園水族館要覧動物園協会80・水族館協会65周年記念』		日本動物園水族館日本博物館協会
日本動物園水族館協会			1979	『ワシントン条約についての解説』		日本動物園水族館協会
日本動物園水族館協会			1980	『明日の動物園と水族館(レクリエーションの場としての動物園水族館)討論記録』		日本動物園水族館協会
日本動物園水族館協会			1982	『日本の動物園と水族館-動物園開園100周年記念』		第一法規
日本動物園水族館協会運営委員会総務部会 編			1984	『明日の動物園・水族館-動物園基礎理論討論誌』創刊号		日本動物園水族館協会
日本動物園水族館協会 編			1989.12	『日本動物園水族館要覧』		日本動物園水族館協会
日本動物園水族館協会			1990	『動物園・水族館の在り方に関する調査研究・協議会報告書』		日本動物園水族館協会
日本動物園水族館協会			2008.10	「動物園水族館雑誌編集委員日置勝三博士追悼-日置勝三さんの早すぎた逝去を惜しむ」	『動物園水族館雑誌』第49巻3号	日本動物園水族館協会
日本動物園水族館協会			2016.1	『絶滅から救え!日本の動物園&水族館:滅びゆく動物図鑑1(棲む場所を追われる動物たち)』		河出書房新社
日本動物園水族館協会			2016.1	『絶滅から救え!日本の動物園&水族館:滅びゆく動物図鑑2(乱獲でいなくなる動物たち)』		河出書房新社
日本動物園水族館協会			2016.2	『絶滅から救え!日本の動物園&水族館:滅びゆく動物図鑑3(外来種・環境汚染のためにいなくなる動物たち)』		河出書房新社
日本動物園水族館協会			2016.3	『日本動物園水族館協会75年史:1939年-2014年』		日本動物園水族館協会
日本動物園水族館協会教育事業推進委員会			2003	『動物園・水族館での教育を考える教育シンポジウム・ワークショップ報告書』		日本動物園水族館協会
日本動物園水族館協会教育事業推進委員会			2003	『動物園・水族館での教育を考える教育方法論研究報告書』		日本動物園水族館協会
日本動物園水族館協会教育指導部 編			1974	『飼育ハンドブック水族館編 1繁殖・飼料・病気』		日本動物園水族館協会
日本動物園水族館協会教育指導部 編			1974	『飼育ハンドブック動物園編 1繁殖・飼料・病気』		日本動物園水族館協会
日本動物園水族館協会教育指導部 編			1976	『飼育ハンドブック水族館編 2収拾・運搬・展示』		日本動物園水族館協会
日本動物園水族館協会教育指導部 編			1976	『飼育ハンドブック動物園編 2展示・生理・人工哺育』		日本動物園水族館協会
日本動物園水族館協会教育指導部 編			1977	『飼育ハンドブック動物園編 3捕獲・輸送・補定・事故防止・脱出防止・馴致調教』		日本動物園水族館協会
日本動物園水族館協会教育指導部 編			1978	『飼育ハンドブック水族館編 3飼育水管理・施設運用・水族による事故・馴致調教』		日本動物園水族館協会
日本動物園水族館協会教育指導部 編			1979	『飼育ハンドブック水族館編 4教育普及活動・飼育管理上の問題・昆虫類飼育展示』		日本動物園水族館協会
日本動物園水族館協会教育指導部 編			1979	『飼育ハンドブック動物園編 4教育普及・動物舎・汚水処理』		日本動物園水族館協会
日本動物園水族館協会教育指導部 編			1980	『飼育ハンドブック資料編』		日本動物園水族館協会
日本動物園水族館協会教育指導部 編			1982	『飼育ハンドブック水族館編 5分類・生態・総論』		日本動物園水族館協会
日本動物園水族館協会教育指導部 編			1982	『飼育ハンドブック動物園編 5分類・生態・総論』		日本動物園水族館協会
日本動物園水族館協会教育指導部 編			1995.3	『新・飼育ハンドブック動物園編 1繁殖・飼料・病気』		日本動物園水族館協会
日本動物園水族館協会教育指導部 編			1995.3	『新・飼育ハンドブック水族館編 1繁殖・餌料・病気』		日本動物園水族館協会
日本動物園水族館協会教育指導部 編			1997.3	『新・飼育ハンドブック動物園編 2収集・輸送・保存』		日本動物園水族館協会
日本動物園水族館協会教育指導部 編			1997.3	『新・飼育ハンドブック水族館編 2収集・輸送・保存』		日本動物園水族館協会

著者1	著者2	著者3	発行年	論文名・書籍名	掲載誌	発行元
日本動物園水族館協会教育指導部 編			1999.1	『新・飼育ハンドブック動物園編 3概論・分類・生理・生態』		日本動物園水族館協会
日本動物園水族館協会教育指導部 編			1999.1	『新・飼育ハンドブック水族館編 3概論・分類・生理・生態』		日本動物園水族館協会
日本動物園水族館協会教育指導部 編			2005.11	『新・飼育ハンドブック 動物園編 4展示・教育・研究・広報』		日本動物園水族館協会
日本動物園水族館協会教育指導部 編			2005.11	『新・飼育ハンドブック 資料編 繁殖関係資料』		日本動物園水族館協会
日本動物園水族館協会教育指導部 編			2006.5	『新・飼育ハンドブック 水族館編 4展示・教育・研究・広報』		日本動物園水族館協会
日本動物園水族館協会教育指導部 編			2010.3	『新・飼育ハンドブック 水族館編 5施設管理と運用・飼育施設における危機管理・トレーニング』		日本動物園水族館協会
日本動物園水族館協会教育指導部 編			2011.11	『新・飼育ハンドブック 動物園編 5危機管理・感染対策・トレーニング・環境エンリッチメント』		日本動物園水族館協会
日本図書館協会資料保存委員会 編	相沢 元子*他		1991.4	『容器に入れる:紙資料のための保存技術』		日本図書館協会
日本図書館協会資料保存委員会 編			1998.4	『目で見る「利用のための資料保存」』		日本図書館協会
日本図書館協会資料保存委員会 編			2013.6	「図書館におけるIPM対策」	『ネットワーク資料保存』第104号	日本図書館協会・資料保存委員会
日本図書館協会資料保存委員会 編			2014.3	「JLA東日本大震災対策委員会に聞く」	『ネットワーク資料保存』第107号	日本図書館協会・資料保存委員会
日本図書館協会図書館雑誌編集委員会 編			2013.10	「資料保存"カビ・ムシ・ヒト"から資料を守る:IPM(総合的有害生物管理)を図書館に」	『図書館雑誌』第107巻第10号	日本図書館協会
日本の「近代美術館」-戦後草創期の思想を聞く研究会 編			2014.9	『日本の「近代美術館」-戦後草創期の思想を聞く:インタビュー記録集』		日本の「近代美術館」-戦後草創期の思想を聞く研究会
日本之小学教師編集部 編			1901	「高等師範學校教諭兼訓導棚橋源太郎君小傳」	『日本之小學教師』第36號	國民教育學會
日本博物館協會			1932	「帝室博物館復興工事の概況」	『博物館研究』第5巻第5號	日本博物館協會
日本博物館協會			1932	「本會提出題に對する答申」	『博物館研究』第5巻第6號	日本博物館協會
日本博物館協會			1932	「官庁所蔵資料分譲に關する建議」	『博物館研究』第5巻第6號	日本博物館協會
日本博物館協會			1932	「第四回全國博物館大會」	『博物館研究』第5巻第6號	日本博物館協會
日本博物館協會			1932	「日本博物館協會總會」	『博物館研究』第5巻第6號	日本博物館協會
日本博物館協會			1932	「博物館より小學校に對し教授材料標品配給に關する調査報告」	『博物館研究』第5巻第6號	日本博物館協會
日本博物館協會			1932	「文部省諮問に對する答申」	『博物館研究』第5巻第6號	日本博物館協會
日本博物館協會			1932	「第四回全國博物館大會議事録」	『博物館研究』第5巻第7號	日本博物館協會
日本博物館協會			1932	「萬世橋駅に鐵道博物館」	『博物館研究』第5巻第7號	日本博物館協會
日本博物館協會			1932	「國立ゲーテ博物館」	『博物館研究』第6巻第3號	日本博物館協會
日本博物館協會			1932	「ラヂオ放送と博物館との聯絡」	『博物館研究』第6巻第4號	日本博物館協會
日本博物館協會			1932	『全國博物館案内』		日本博物館協會
日本博物館協會			1933	「第五回全國博物館大會」	『博物館研究』第6巻第5・6號	日本博物館協會
日本博物館協會			1933	「財團法人富民協會農業博物館」	『博物館研究』第6巻第11號	日本博物館協會
日本博物館協會			1933	「博物館週間(十一月一日より十一月七日マデ)催事表」	『博物館研究』第6巻第11號	日本博物館協會
日本博物館協會			1933.11	「明治節を中心としての我國最初の全國博物館週間」	『博物館研究』第6巻第11號	日本博物館協會
日本博物館協會			1933.12	「大成功の全國博物館週間」	『博物館研究』第6巻第12號	日本博物館協會

著者1	著者2	著者3	発行年	論文名・書籍名	掲載誌	発行元
日本博物館協會			1934	「鐵道博物館」	『博物館研究』第7巻第9號	日本博物館協會
日本博物館協會			1934	「富士高山植物博物館を建設計畫」	『博物館研究』第7巻第9號	日本博物館協會
日本博物館協會			1934	「遞信博物館と樋口雪湖翁」	『博物館研究』第7巻第10號	日本博物館協會
日本博物館協會			1934	「第六回全國博物館大會」	『博物館研究』第7巻第11號	日本博物館協會
日本博物館協會			1935.4	「開城府立博物館」	『博物館研究』第8巻第4號	日本博物館協會
日本博物館協會			1935.4	「朝鮮総督府博物館慶州分館」	『博物館研究』第8巻第4號	日本博物館協會
日本博物館協會			1935.4	「朝鮮総督府博物館」	『博物館研究』第8巻第4號	日本博物館協會
日本博物館協會			1935.4	「恩賜科學館」	『博物館研究』第8巻第4號	日本博物館協會
日本博物館協會			1935.4	「平城府立博物館」	『博物館研究』第8巻第4號	日本博物館協會
日本博物館協會			1935.5	「帝室博物館復興工事の概況」	『博物館研究』第8巻第5號	日本博物館協會
日本博物館協會			1935.5	「全國公立動物園一覽表」	『博物館研究』第8巻第5號	日本博物館協會
日本博物館協會			1935.8	「山の博物館計畫」	『博物館研究』第8巻第8號	日本博物館協會
日本博物館協會			1935.9	「松本記念館」	『博物館研究』第8巻第9號	日本博物館協會
日本博物館協會			1935.9	「アメリカ博物館協會一九三四年度（自前年五月一日至本年四月三十日）年次報告用譯」	『博物館研究』第8巻第9號	日本博物館協會
日本博物館協會			1935.12	「第三回全國博物館週間」	『博物館研究』第8巻第12號	日本博物館協會
日本博物館協會			1935.12	「博物館の會員組織」	『博物館研究』第8巻第12號	日本博物館協會
日本博物館協會			1936	「博物館の會員組織」	『博物館研究』第9巻第1號	日本博物館協會
日本博物館協會			1936	「博物館の會員組織」（他山の石）	『博物館研究』第9巻第2號	日本博物館協會
日本博物館協會			1936	「博物館の會員組織」（他山の石）	『博物館研究』第9巻第3號	日本博物館協會
日本博物館協會			1936	「博物館の新展望：聖徳記念絵畫館」	『博物館研究』第9巻第6號	日本博物館協會
日本博物館協會			1936	「雲仙に天然植物園」	『博物館研究』第9巻第9號	日本博物館協會
日本博物館協會			1936	「日本博物館協會総會並に第七回全國博物館大會」	『博物館研究』第9巻第11號	日本博物館協會
日本博物館協會			1936	「第四回全國博物館週間」	『博物館研究』第9巻第12號	日本博物館協會
日本博物館協會			1936.12	「第七回全國博物館大會（つづき）」	『博物館研究』第9巻第12號	日本博物館協會
日本博物館協會			1937	「博物館の特別説明」	『博物館研究』第10巻第1號	日本博物館協會
日本博物館協會			1937	「大雪山の高山植物園」	『博物館研究』第10巻第6號	日本博物館協會
日本博物館協會			1937	「博物館の新展望：多摩聖蹟記念館・常陽明治記念館」	『博物館研究』第10巻第11號	日本博物館協會
日本博物館協會			1937.11	「博物館の新展望：野木記念館・旧野木邸」	『博物館研究』第10巻第12號	日本博物館協會
日本博物館協會			1938.1	「博物館の新展望：新潟郷土博物館」	『博物館研究』第11巻第1號	日本博物館協會
日本博物館協會			1938.1	「博物館の新展望：台南市歴史館」	『博物館研究』第11巻第1號	日本博物館協會
日本博物館協會			1938.2	「吉野山に歴史博物館と高山植物園」	『博物館研究』第11巻第2號	日本博物館協會

著者1	著者2	著者3	発行年	論文名・書籍名	掲載誌	発行元
日本博物館協會			1938.2	「全國主要動物園一覽表」	『博物館研究』第11巻第2號	日本博物館協會
日本博物館協會			1938.2	「博物館の新展望：新舞子水族館」	『博物館研究』第11巻第2號	日本博物館協會
日本博物館協會			1938.7	「史蹟案内新型」	『博物館研究』第11巻第7・8號	日本博物館協會
日本博物館協會			1938.9	「支那博物館一覽表」	『博物館研究』第11巻第9號	日本博物館協會
日本博物館協會			1938.10	「支那博物館の保護處理に關する建議」	『博物館研究』第11巻第10號	日本博物館協會
日本博物館協會			1938.10	「第八回全國博物館仙台大會」	『博物館研究』第11巻第10號	日本博物館協會
日本博物館協會			1938.12	「博物館及動植物園水族館の府縣別調」	『博物館研究』第11巻第12號	日本博物館協會
日本博物館協會			1939	「主要動植物園入場者數（昭和十二年度）」	『博物館研究』第12巻第1號	日本博物館協會
日本博物館協會			1939	「昭和十二年度博物館入場者調」	『博物館研究』第12巻第1號	日本博物館協會
日本博物館協會			1939	「博物館に案内係」	『博物館研究』第12巻第2號	日本博物館協會
日本博物館協會			1939	「戰車の野外展覽會」	『博物館研究』第12巻第2號	日本博物館協會
日本博物館協會			1939	「反射光による窓下陳列法二例（ミュジアム・ジャーナル三十八巻第八號所載）」	『博物館研究』第12巻第3號	日本博物館協會
日本博物館協會			1939	「映畫博物館設立計畫」	『博物館研究』第12巻第5號	日本博物館協會
日本博物館協會			1939	「博物館の映畫施設一覽」	『博物館研究』第12巻第5號	日本博物館協會
日本博物館協會			1939	「博物館の映畫施設調査に就て」	『博物館研究』第12巻第5號	日本博物館協會
日本博物館協會			1939	「最近に於ける本邦博物館の概況」	『博物館研究』第12巻第9號	日本博物館協會
日本博物館協會			1939.10	「博物館貸出事業の現況」	『博物館研究』第12巻第10號	日本博物館協會
日本博物館協會			1939.11	「日本文化史上に於ける正倉院の価値」	『博物館研究』第12巻第11號	日本博物館協會
日本博物館協會			1939.11	「第九回全國博物館大會」	『博物館研究』第12巻第11號	日本博物館協會
日本博物館協會			1939	「第九回全國博物館大會に於て發表せられたる研究報告」	『博物館研究』第12巻第12號	日本博物館協會
日本博物館協會			1939	「戰時大英博物館の資料搬出保護」	『博物館研究』第12巻第12號	日本博物館協會
日本博物館協會			1940	「安政二年和蘭から我が國へ寄贈された觀光丸模型」	『博物館研究』第13巻第2號	日本博物館協會
日本博物館協會			1940	「日本博物館協會事業拡張計畫」	『博物館研究』第13巻第3號	日本博物館協會
日本博物館協會			1940	「最近に於ける私設博物館の勃興」	『博物館研究』第13巻第4號	日本博物館協會
日本博物館協會			1940	「新設された慶應義塾大學文學部考古室」	『博物館研究』第13巻第4號	日本博物館協會
日本博物館協會			1940	「英國博物館の近情」	『博物館研究』第13巻第6號	日本博物館協會
日本博物館協會			1940	「博物館の盜難予防に關する施設」	『博物館研究』第13巻第6號	日本博物館協會
日本博物館協會			1940	「ノルデイスカ博物館の農村服装の陳列」	『博物館研究』第13巻第6號	日本博物館協會
日本博物館協會			1940	「史蹟小泉八雲旧居」	『博物館研究』第13巻第10號	日本博物館協會
日本博物館協會			1940	「正倉院御物の特別展觀に就いて」	『博物館研究』第13巻第11號	日本博物館協會
日本博物館協會			1941	「アメリカ自然科學博物館で四千萬円の募金増募」	『博物館研究』第14巻第1號	日本博物館協會

に

著者1	著者2	著者3	発行年	論文名・書籍名	掲載誌	発行元
日本博物館協會			1941	「博物館問題懇談會席上にての談片」	『博物館研究』第14巻第1號	日本博物館協會
日本博物館協會			1941	「神護寺釈迦如来像修理の前後」	『博物館研究』第14巻第2號	日本博物館協會
日本博物館協會			1941	「根津美術館の開館」	『博物館研究』第14巻第3號	日本博物館協會
日本博物館協會			1941	「倫敦市内博物館の空爆」	『博物館研究』第14巻第3號	日本博物館協會
日本博物館協會			1941	「戰時下博物館事業に就て」	『博物館研究』第14巻第3號	日本博物館協會
日本博物館協會			1941	「乾腊標本の分類整理に就て」	『博物館研究』第14巻第4號	日本博物館協會
日本博物館協會			1941	「法隆寺大寶蔵殿の開館」	『博物館研究』第14巻第5號	日本博物館協會
日本博物館協會			1941	「國學院大學考古學資料室」	『博物館研究』第14巻第6號	日本博物館協會
日本博物館協會			1941	「大學專門學校と博物館」	『博物館研究』第14巻第7號	日本博物館協會
日本博物館協會			1941	「東京付近博物館關係者懇談會(第一回)」	『博物館研究』第14巻第7號	日本博物館協會
日本博物館協會			1941	「野口博士記念館」	『博物館研究』第14巻第9號	日本博物館協會
日本博物館協會			1941	「博物館問題の輿論」	『博物館研究』第14巻第9號	日本博物館協會
日本博物館協會			1941	「赤色文化の異彩豪奢な美術館民族統一に利用」	『博物館研究』第14巻第10號	日本博物館協會
日本博物館協會			1941	「英國博物館の空襲被害」	『博物館研究』第14巻第10號	日本博物館協會
日本博物館協會			1941	「社團法人日本博物館協會定款」	『博物館研究』第14巻第11號	日本博物館協會
日本博物館協會			1941	「常陽明治記念館」	『博物館研究』第14巻第11號	日本博物館協會
日本博物館協會			1942	「博物館從業員講習會概要」	『博物館研究』第15巻第1號	日本博物館協會
日本博物館協會			1942	「昭南市における文化施設の保護」	『博物館研究』第15巻第3號	日本博物館協會
日本博物館協會			1942	「時局對應博物館事業促進計畫」	『博物館研究』第15巻第4號	日本博物館協會
日本博物館協會			1942	『郷土博物館に關する調査』		日本博物館協會
日本博物館協會			1943	「大東亞藝能文化協會の設立」	『博物館研究』第16巻第3號	日本博物館協會
日本博物館協會			1943	『大學專門學校等に於ける現存設備の博物館的公開利用の提唱』		日本博物館協會
日本博物館協會			1945	『再建日本の博物館對策』		日本博物館協會
日本博物館協会			1946	「風変わりなソヴィエツトの博物館」	『博物館研究』復興第1巻第2号	日本博物館協会
日本博物館協会			1946	「本協会の使命愈重大」	『博物館研究』復興第1巻第2号	日本博物館協会
日本博物館協会			1946.1	「全国博物館最近の状況」	『博物館研究』第18巻第1号	日本博物館協会
日本博物館協会			1947	『観光外客と博物館並に同種施設の整備充実』		日本博物館協会
日本博物館協会			1947	『地方博物館建設の指針』		日本博物館協会
日本博物館協会			1947.5	「博物館界最近の動き」	『博物館研究』復興第1巻第3号	日本博物館協会
日本博物館協会			1947.8	「博物館活動領域の拡大」	『博物館研究』復興第1巻第4号	日本博物館協会
日本博物館協会			1948	『戸外文化財の教育的利用』		日本博物館協会

著者1	著者2	著者3	発行年	論文名・書籍名	掲載誌	発行元
日本博物館協会			1948.11	「観光と文化観覧施設」	『博物館研究』復興第2巻第3号	日本博物館協会
日本博物館協会			1949.2	「館園の声」	『博物館研究』復興第3巻第1号	日本博物館協会
日本博物館協会			1951	『定款改正等に関する委員会報告書』		日本博物館協会
日本博物館協会			1951.1	『全国博物館・動植物園・水族館』		日本博物館協会
日本博物館協会			1953	『第1回学芸員研修会講演集』		日本博物館協会
日本博物館協会			1954	「博物館法等に関する専門部会報告」	『博物館研究』第27巻第7号	日本博物館協会
日本博物館協会			1954	『第2回学芸員研修会講演集』		日本博物館協会
日本博物館協会			1955	「博物館法改正のためのその後の陳情経過」	『博物館研究』第28巻第8号	日本博物館協会
日本博物館協会編			1956	「展示資料を中心とする博物館案内」	『博物館入門』	理想社
日本博物館協会			1956	『各国における博物館の教育活動 博物館の教育的役割に関する第2回ユネスコ国際セミナーの報告』		日本博物館協会
日本博物館協会			1956.1	『博物館学入門』		日本博物館協会
日本博物館協会			1960	『博物館資料分類の調査研究』		日本博物館協会
日本博物館協会			1964.3	『わが国の近代博物館施設発達資料の集成とその研究（明治編）』		日本博物館協会
日本博物館協会			1965.3	『わが国の近代博物館施設発達資料の集成とその研究（大正・昭和編）』		日本博物館協会
日本博物館協会			1965.3	『わが国の近代博物館施設発達資料の集成とその研究（明治編.2補遺）』		日本博物館協会
日本博物館協会			1968	『昭和42年度学芸員研修会講演集』		日本博物館協会
日本博物館協会			1968.1	「文部省主催の第1回全国登録博物館長会議開かる」	『博物館ニュース』第2巻第4号	日本博物館協会
日本博物館協会			1968.6	「昭和42年度学芸員国家試験問題」	『博物館ニュース』第3巻第3号	日本博物館協会
日本博物館協会			1969	『第3回学芸職員研究集会報告書 博物館資料の保存』		日本博物館協会
日本博物館協会			1969	『博物館関係法令規則集』		日本博物館協会
日本博物館協会			1969.5	「博物館における庶務」	『博物館ニュース』第4巻第5号	日本博物館協会
日本博物館協会			1969.9	「博物館に関する課題と方法～建設的な意見を尋ねたい～」	『博物館ニュース』第4巻第8号	日本博物館協会
日本博物館協会			1969.10	「受け継ぐべきものは何か～第17回全国博物館大会（1）～」	『博物館ニュース』第4巻第9号	日本博物館協会
日本博物館協会			1969.11	「受け継ぐべきものは何か～第17回全国博物館大会（2）～」	『博物館ニュース』第4巻第10号	日本博物館協会
日本博物館協会			1969.11	『第2回学芸職員研究集会報告書 博物館資料の整理』		日本博物館協会
日本博物館協会			1969.12	「受け継ぐべきものは何か～第17回全国博物館大会（3）～」	『博物館ニュース』第4巻第11号	日本博物館協会
日本博物館協会			1970	『学芸員国家試験問題集』		日本博物館協会
日本博物館協会			1970	『調査報告 名古屋市博物館基本構想』		日本博物館協会
日本博物館協会			1970	『日本の博物館総覧1970年』		日本博物館協会
日本博物館協会			1970.2	「基準案示さる～博物館の設置ならびに運営に関する基準（案）～」	『博物館ニュース』第5巻第1号	日本博物館協会
日本博物館協会			1970.5	「学芸職員研究集会へ参加を望む～研究テーマ・博物館資料保存の理論および実際～」	『博物館ニュース』第5巻第4号	日本博物館協会

に

著者1	著者2	著者3	発行年	論文名・書籍名	掲載誌	発行元
日本博物館協会			1970.7	「第3回学芸職員研究集会終わる」	『博物館ニュース』第5巻第6号	日本博物館協会
日本博物館協会			1970.11	「第18回全国博物館大会をふりかえって」	『博物館ニュース』第5巻第9・10号	日本博物館協会
日本博物館協会			1971	『博物館の教育活動 第1集1970年の事例』		日本博物館協会
日本博物館協会			1972	『博物館の教育活動 第2集1971年の事例』		日本博物館協会
日本博物館協会			1972.3	『第4回学芸職員研究集会報告書 博物館における教育活動』		日本博物館協会
日本博物館協会			1973.3	『第5回学芸職員研究集会報告書』		日本博物館協会
日本博物館協会			1973.3	「生涯教育と博物館」	『博物館研究』第45巻第3号	日本博物館協会
日本博物館協会			1974	『博物館関係法令規則集(改訂)』		日本博物館協会
日本博物館協会			1975.3	『わが国の博物館その現状と課題 昭和49年版』		日本博物館協会
日本博物館協会			1977	「解説手段と解説のあり方」	『第24回全国博物館大会報告書』	日本博物館協会
日本博物館協会			1977	『アメリカの博物館調査報告書』		日本博物館協会
日本博物館協会			1977.3	『博物館に関する基礎研究-学芸員の実態調査--博物館園の展示に関する調査-昭和52年3月』		日本博物館協会
日本博物館協会			1977.5	『博物館関係法令規則集(増補改訂)』		日本博物館協会
日本博物館協会			1978.1	『全国博物館総覧(上)』		ぎょうせい
日本博物館協会			1978.1	『全国博物館総覧(下)』		ぎょうせい
日本博物館協会			1978.1	『全国博物館総覧(索引)』		ぎょうせい
日本博物館協会編			1978	『野外博物館総覧1978』		日本博物館協会
日本博物館協会			1978.3	『博物館の運営・実態調査報告書』		日本博物館協会
日本博物館協会編			1980	『DIRECTORY OF MUSEUMS IN JAPAN』		日本博物館協会
日本博物館協会編			1980	『博物館研究集大成』		日本博物館協会
日本博物館協会編			1980.12	『大阪周辺博物館ガイド』		ぎょうせい
日本博物館協会			1981	『海外事情調査報告書 昭和55年度』		日本博物館協会
日本博物館協会			1981	『博物館関係法令集』		日本博物館協会
日本博物館協会			1982	『わが国の博物館 1981年版』		日本博物館協会
日本博物館協会			1982.3	『博物館利用に関する調査研究報告書』		日本博物館協会
日本博物館協会			1982.4	『博物館利用者動向調査』		日本博物館協会
日本博物館協会			1982.5	「資料統計にみるわが国の博物館数と入館者」	『社会教育』第37巻5号	全日本社会教育連合会
日本博物館協会			1983	『博物館指導者研究協議会報告書 昭和57年』		日本博物館協会
日本博物館協会			1983.3	『ジオラマ展示実態調査報告書 昭和58年3月』		日本博物館協会
日本博物館協会			1983.3	『博物館の展示技術に関する調査報告書』		日本博物館協会
日本博物館協会			1984	『博物館指導者研究協議会報告書 昭和58年』		日本博物館協会

著者1	著者2	著者3	発行年	論文名・書籍名	掲載誌	発行元
日本博物館協会			1984.3	『博物館の運営に関する調査研究報告書 博物館と学校教育との連携 昭和59年3月』		日本博物館協会
日本博物館協会			1985.3	『博物館の管理運営に関する調査研究報告書 昭和60年3月』		日本博物館協会
日本博物館協会編			1986.3	『全国博物館総覧』		ぎょうせい
日本博物館協会			1987.3	『博物館問題意識調査報告書』		日本博物館協会
日本博物館協会			1988	『博物館のボランティア実態調査に関する報告書 昭和62年度』		日本博物館協会
日本博物館協会			1988.7	「第24回観光道徳の高揚と観光資源の保護週間(観光週間)実施について」	『博物館研究』第23巻第7号	日本博物館協会
日本博物館協会			1988.8	「博物館学芸員の実態――調査結果から」	『博物館研究』第23巻第8号	日本博物館協会
日本博物館協会			1988.10	「博物館のボランティア実態調査報告-1-」	『博物館研究』第23巻第10号	日本博物館協会
日本博物館協会			1990.6	「博物館のボランティア実態調査報告-2-」	『博物館研究』第25巻第6巻	日本博物館協会
日本博物館協会			1990.8	「博物館のボランティア実態調査報告-3-」	『博物館研究』第25巻第8号	日本博物館協会
日本博物館協会			1990.9	「博物館のボランティア実態調査報告-4-」	『博物館研究』第25巻第9号	日本博物館協会
日本博物館協会			1990.10	「博物館のボランティア実態調査報告-5-」	『博物館研究』第25巻第10号	日本博物館協会
日本博物館協会			1992	『卓抜と均衡教育と博物館がもつ公共性の様相 1992年米国博物館協会報告書』		日本博物館協会
日本博物館協会			1992.3	『博物館の効果的な展示方法の開発に関する調査研究報告書(ジオラマ展示の現状と効果的な展示例)平成3年』		日本博物館協会
日本博物館協会			1992.6	「フォーラム1「生涯学習の時代における動水植館園に市民が何を求めるであろうか」」	『博物館研究』第27巻第6号	日本博物館協会
日本博物館協会			1992.7	「学校週5日制への対応についてのアンケート調査報告」	『博物館研究』第27巻第8号	日本博物館協会
日本博物館協会			1993	『MUSEUM BASICS 博物館の基本』		尚友会館
日本博物館協会			1993.5	「博物館実態調査報告1博物館のボランティア活動について(1)」	『博物館研究』第28巻第5号	日本博物館協会
日本博物館協会			1993.6	「博物館実態調査報告1博物館のボランティア活動について(2)」	『博物館研究』第28巻第6号	日本博物館協会
日本博物館協会			1993.7	「博物館実態調査報告2博物館の職員数について」	『博物館研究』第28巻第7号	日本博物館協会
日本博物館協会			1993.9	「博物館実態調査報告3博物館における教育普及活動」	『博物館研究』第28巻第9号	日本博物館協会
日本博物館協会			1993.11	「博物館実態調査報告4博物館における交流や他機関との連携について」	『博物館研究』第28巻第11号	日本博物館協会
日本博物館協会			1993.12	「博物館実態調査報告5博物館における研修生の受け入れと海外の博物館との交流について」	『博物館研究』第28巻第12号	日本博物館協会
日本博物館協会			1994.2	「美術館における展示解説について(Ⅰ)」	『博物館研究』第29巻第2号	日本博物館協会
日本博物館協会			1994.3	「美術館における展示解説について(Ⅱ)」	『博物館研究』第29巻第3号	日本博物館協会
日本博物館協会			1994.5	「博物館実態調査報告6博物館の開館日数・時間・入館料について」	『博物館研究』第29巻第5号	日本博物館協会
日本博物館協会			1994.5	「理工系博物館における展示について考える」	『博物館研究』第29巻第5号	日本博物館協会
日本博物館協会			1994.6	「博物館実態調査報告7博物館の入館者数について」	『博物館研究』第29巻第6号	日本博物館協会
日本博物館協会			1994.6	「理工系博物館における展示について考える」	『博物館研究』第29巻第6号	日本博物館協会
日本博物館協会			1994.8	「博物館実態調査報告8博物館の施設について」	『博物館研究』第29巻第8号	日本博物館協会
日本博物館協会			1994.8	「平成5年度博物館に関する知識の啓蒙普及補助事業(名画複製事業)の実施報告について」	『博物館研究』第29巻第8号	日本博物館協会

に

著者1	著者2	著者3	発行年	論文名・書籍名	掲載誌	発行元
日本博物館協会			1994.8	「平成6年度全国博物館館長会議資料 博物館、美術館関係施策の概要」	『博物館研究』第29巻第8号	日本博物館協会
日本博物館協会			1994.9	「博物館実態調査報告9博物館の付属施設について」	『博物館研究』第29巻第9号	日本博物館協会
日本博物館協会			1994.11	「博物館実態調査報告10友の会・後援会・協力会」	『博物館研究』第29巻第11号	日本博物館協会
日本博物館協会			1995.2	「阪神大震災における博物館の状況について」	『博物館研究』第30巻第2号	日本博物館協会
日本博物館協会			1995.6	「学芸員等実態調査報告1」	『博物館研究』第30巻第6号	日本博物館協会
日本博物館協会			1995.7	「学芸員等に関する実態調査報告2」	『博物館研究』第30巻第7号	日本博物館協会
日本博物館協会			1995.8	「学芸員等に関する実態調査報告3」	『博物館研究』第30巻第8号	日本博物館協会
日本博物館協会			1996.6	「平成7年度文部省委託事業博物館・少年自然の家等における科学教室等特別事業の研究開発」	『博物館研究』第31巻第6号	日本博物館協会
日本博物館協会			1996.10	「夏休み特別企画実態調査の報告」	『博物館研究』第31巻第10号	日本博物館協会
日本博物館協会			1996.11	「「博物館相互の連携」についての実態調査報告」	『博物館研究』第31巻第11号	日本博物館協会
日本博物館協会			1996.12	「平成7年度博物館に関する知識の啓蒙普及補助事業(名画複製事業)の実施報告について」	『博物館研究』第31巻第12号	日本博物館協会
日本博物館協会			1997	「博物館の教育普及活動に関するアンケート調査結果の概要(速報)」	『博物館研究』第32巻第10号	日本博物館協会
日本博物館協会 編			1997	『学芸系職員の研修に関する調査報告書』		日本博物館協会
日本博物館協会 編			1997.3	『第44回全国博物館大会報告書—平成8年度今、博物館に求められているもの—博物館相互の連携特に相互信頼の醸成について—』		日本博物館協会
日本博物館協会			1997.12	「平成8年度博物館に関する知識の啓蒙普及補助事業(名画複製事業)の実施報告について」	『博物館研究第』32巻12号	日本博物館協会
日本博物館協会			1998	「「学芸員」と「友の会・ボランティア」活動—最近の調査結果から—」	『博物館研究』第33巻第10号	日本博物館協会
日本博物館協会			1998	「博物館・園における入館者の利用状況について—「運営改善調査」の結果から—」	『博物館研究』第33巻第11号	日本博物館協会
日本博物館協会			1998-1999	『全国博物館総覧(CD-ROM)』		ぎょうせい
日本博物館協会			1998.12	「平成9年度博物館に関する知識の啓蒙普及補助事業(名画複製事業)の実施報告について」	『博物館研究』第33巻第12号	日本博物館協会
日本博物館協会			1999.1	「こども未来財団の授乳コーナー整備助成事業について」	『博物館研究』第34巻第1号	日本博物館協会
日本博物館協会			1999.10	「わが国の博物館における展示設備と関連する活動の概況—アンケート調査の結果から—」	『博物館研究』第34巻第10号	日本博物館協会
日本博物館協会			2000.12	『文部省委嘱事業「博物館の望ましいあり方」調査研究委員会報告「対話と連携」の博物館 -理解への対話・行動への連携-[市民とともに創る新時代博物館]』		日本博物館協会
日本博物館協会	山口 源治郎 編	君塚 仁彦 編	2001.12	『日本現代教育基本文献叢書社会・生涯教育文献集6-56冉建日本の博物館対策』		日本図書センター
日本博物館協会	山口 源治郎 編	君塚 仁彦 編	2001.12	『日本現代教育基本文献叢書社会・生涯教育文献集6-56博物館学入門』		日本図書センター
日本博物館協会			2001.6	『文部省委嘱事業「博物館の望ましいあり方」調査研究委員会報告(要旨)「対話と連携」の博物館-理解への対話・行動への連携-[市民とともに創る新時代博物館]』平成13年6月一部修正		日本博物館協会
日本博物館協会 編			2001.3	『博物館における学習支援に関する国際比較調査最終報告書 平成12年度』		日本博物館協会
日本博物館協会			2002.3	『シンポジウム「今後の博物館の評価のあり方」報告書平成13年度』		日本博物館協会
日本博物館協会			2003	『学芸員による学習支援プログラムの開発-博物館による学習支援調査結果から-』		日本博物館協会
日本博物館協会			2003.3	『博物館の望ましい姿-市民とともに創る新時代博物館-』		日本博物館協会
日本博物館協会 編			2003.3	『アメリカ・イギリスにおける博物館評価の状況に関する報告書』		日本博物館協会
日本博物館協会			2004.3	『(博物館の望ましい姿シリーズ1)使命・計画作成の手引き』		日本博物館協会

著者1	著者2	著者3	発行年	論文名・書籍名	掲載誌	発行元
日本博物館協会			2004.3	『(博物館の望ましい姿シリーズ2)資料取り扱いの手引き』		日本博物館協会
日本博物館協会			2005.3	『(博物館の望ましい姿シリーズ3)誰にもやさしい博物館づくり事業 外国人対応」』		日本博物館協会
日本博物館協会			2005.3	『博物館の倫理規程2000年 アメリカ博物館協会』		日本博物館協会
日本博物館協会			2005.3	『博物館の倫理規程2002年 イギリス博物館協会』		日本博物館協会
日本博物館協会			2005.3	『倫理指針1999年 カナダ博物館協会』		日本博物館協会
日本博物館協会編			2005.3	『(博物館の望ましい姿シリーズ4)誰にもやさしい博物館づくり事業 バリアフリーのために」』		日本博物館協会
日本博物館協会編			2005.3	『中学生・高校生の博物館の効果的利用プログラム開発.平成16年度』		日本博物館協会
日本博物館協会			2005.8	「新潟県中越大震災における長岡市立科学博物館の被災状況について」	『博物館研究』第40巻第8号	日本博物館協会
日本博物館協会			2006.3	『(博物館の望ましい姿シリーズ5)誰にもやさしい博物館づくり事業 高齢者プログラム』		日本博物館協会
日本博物館協会			2006.3	『(博物館の望ましい姿シリーズ6)誰にもやさしい博物館づくり事業 外国人対応』		日本博物館協会
日本博物館協会			2006.3	『(博物館の望ましい姿シリーズ7)誰にもやさしい博物館づくり事業 バリアフリーのために』		日本博物館協会
日本博物館協会			2006.3	『(博物館の望ましい姿シリーズ8)誰にもやさしい博物館づくり事業 高齢者対応』		日本博物館協会
日本博物館協会			2006.3	『博物館の経営・運営指標(ベンチマーク)づくり報告書』		日本博物館協会
日本博物館協会			2007	『(博物館の望ましい姿シリーズ9)誰にもやさしい博物館づくり事業 外国人対応』		日本博物館協会
日本博物館協会			2007	『(博物館の望ましい姿シリーズ10)誰にもやさしい博物館づくり事業 バリアフリーのために』		日本博物館協会
日本博物館協会			2007	『(博物館の望ましい姿シリーズ11)誰にもやさしい博物館づくり事業 高齢者プログラム』		日本博物館協会
日本博物館協会			2007	『(博物館の望ましい姿シリーズ12)欧米における博物館のアクセシビリティに関する報告書』		日本博物館協会
日本博物館協会			2007.3	「平成19年度文部科学省・文化庁における博物館振興施策の概要について」	『博物館研究』第42巻第3号	日本博物館協会
日本博物館協会			2007.3	『イギリス博物館の現状と課題.平成18年度』		日本博物館協会
日本博物館協会			2007.4	『改定博物館関係法令集』		日本博物館協会
日本博物館協会			2007.7	「平成18年度指導者研究協議会報告」	『博物館研究』第42巻第7号	日本博物館協会
日本博物館協会			2008.3	『博物館の評価機関等に関するモデル調査研究報告書 地域と共に歩む博物館育成事業』		日本博物館協会
日本博物館協会			2008.7	「博物館の憩いと食」	『博物館研究』第43巻第7号	日本博物館協会
日本博物館協会			2008.8	「ガバナンスとマネージメント設置者責任」	『博物館研究』第43巻第8号	日本博物館協会
日本博物館協会			2008.9	「デジタル文化財」	『博物館研究』第43巻第9号	日本博物館協会
日本博物館協会			2008.10	「無形文化財としての祭と博物館」	『博物館研究』第43巻第10号	日本博物館協会
日本博物館協会			2008.12	「創立80周年記念号」	『博物館研究』第43巻第12号	日本博物館協会
日本博物館協会			2008.12	「日本博物館協会の歴史年表(昭和54年～平成19年)(創立80周年記念号)」	『博物館研究』第43巻第12号	日本博物館協会
日本博物館協会			2009.3	『地域と共に歩む博物館育成事業 日本の博物館総合調査研究報告書』		日本博物館協会
日本博物館協会			2009.3	『地域と共に歩む博物館育成事業 博物館評価制度等の構築に関する調査研究報告書』		日本博物館協会
日本博物館協会			2009.3	「第56回全国博物館大会報告」	『博物館研究』第44巻第3号	日本博物館協会

著者1	著者2	著者3	発行年	論文名・書籍名	掲載誌	発行元
日本博物館協会			2013.8	「「学校団体による博物館利用」に関するアンケート調査の結果について」	『博物館研究』第48巻第8号	日本博物館協会
日本博物館協会 編			2015.3	「中高生と博物館」	『博物館研究』第50巻第3号	日本博物館協会
日本博物館協会 編			2016.9	『博物館資料取扱いガイドブック:文化財、美術品等梱包・輸送の手引き』		日本博物館協会
日本博物館協会アメリカの博物館調査団			1976	『アメリカの博物館調査報告書-人文科学系博物館-』		日本博物館協会
日本博物館協会アメリカの博物館調査団			1977	『アメリカの博物館調査報告書-自然科学系博物館-』		日本博物館協会
日本博物館協會調査部			1940	「陳列品の現場説明に就て」	『博物館研究』第13巻第5號	日本博物館協會
日本博物館協会特別委員会			1972	「博物館法に伴う学芸員の講習、博物館の基準等に関する意見」	『社会教育法制研究資料』第14集	日本博物館協会
日本博物館協会博物館法改正専門部会			1963	「博物館法改正案内容」		
日本万国博覧会協会 編			1970.2	『日本万国博覧会公式ガイド』		日本万国博覧会協会
日本美術教育学会学会誌編集委員会			2016	「体験プログラム」	『美術教育』第300号	日本美術教育学会学会誌編集委員会
日本美術年鑑編纂部 編			1913	「美術館」	『日本美術年鑑』第2巻	畫報社
日本福祉大学社会福祉学部福岡ゼミナール			1985.3	「半田市立博物館利用者意識調査報告」	『半田市立博物館研究紀要』第9号	半田市立博物館
日本文化財科学会 編			1993	『文化財科学文献目録(前編)』		双六社
日本文化財科学会 編			1994	『文化財科学文献目録(後編)』		双六社
日本文化財科学会 編			2000	『文化財科学文献目録(補遺1)』		共同精出版
日本文化財科学会 編			2001	『考古科学の最前線-飛鳥に迫る文化財科学 2001年度日本文化財科学会公開講演会』		日本博物館協会
日本文教出版			2000.8	「特集:ミュージアム・カタログから-展覧会や時代の気配を読みとるのだ」	『ミュージアム・マガジン・ドーム』第51号	日本文教出版
日本放送協会 編	吉田 光邦*		1985.1	『万国博覧会:その歴史と役割(NHK市民大学)1985年1月〜3月期』		日本放送出版協会
日本放送協会 編	芳賀 徹*述		1990	『岩倉使節団の西洋見聞:『米欧回覧実記』を読む』		日本放送出版協会
日本ミュージアム・マネージメント学会 編			2003.2	『ミュージアム・コミュニケーション—21世紀の博物館を創造する原理を探求する—』		日本ミュージアム・マネージメント学会
日本ミュージアム・マネージメント学会			2006.2	『徹底討論!博物館評価と指定管理者制度』		日本ミュージアムマネージメント学会
日本ミュージアム・マネージメント学会 編	久保内 加菜*	竹内 有理	1999.3	「美術館の「潜在的利用者」に関する序論的研究-大学生の利用状況及び意識調査より-」	『日本ミュージアム・マネージメント学会研究紀要』第3号	日本ミュージアム・マネージメント学会
日本民家集落博物館 編			1999	『日本民家集落博物館活性化のための試案』		日本民家集落博物館
日本民藝協會 編			1939	「郷土博物館」	『月刊民藝:琉球特輯』第1巻8號	日本民藝協會
日本民藝美術館 編			1927	「日本民藝美術館設立趣意書」	『民藝叢書』第1篇	工政會出版部
日本民藝美術館 編			1929	「日本民藝美術館消息」	『民藝叢書』第2篇	工政會出版部
日本民俗学会 編			1986.7	「民俗学博物館特集号」	『日本民俗学』第106号	日本民俗学会
日本民俗学会 編			1996	「博物館の現代的課題と展望」	『日本民俗学』第208号	日本民俗学会
日本民俗学会 編			1998	『民俗世界と博物館-展示・管理・研究のために』		雄山閣出版
日本民俗建築学会 編	木村 勉*		2001.5	「歴史ある建物をどう修復するか-ゆたかな暮らしのために」	『民俗建築』第119号	日本民俗建築学会
日本民族資料館 編			1973	『日本民族資料館 昭和41年度-47年度』		日本民族資料館

著者1	著者2	著者3	発行年	論文名・書籍名	掲載誌	発行元
日本ユネスコ国内委員会 編			1960	『欧米の博物館事情 教育活動の基盤としての博物館行政』		日本ユネスコ国内委員会
日本余暇文化振興会 編			1977	『子供の遊び博物館に関する調査研究』		日本余暇文化振興会
日本余暇文化振興会 編			1978	『子どもの知的・創造的遊び拠点に関する調査研究 子どもの遊び博物館構想』		日本余暇文化振興会
日本余暇文化振興会			1978	『子どもの知的・創造的遊び拠点に関する調査研究 子どもの遊び博物館構想(No.2)』		日本余暇文化振興会
日本陸用内燃機関協会			2014	「企業ミュージアム訪問(第1回)ヤンマーミュージアム」	『LEMA』516号	日本陸用内燃機関協会
日本陸用内燃機関協会			2014	「企業ミュージアム訪問(第2回)ホンダコレクションホール」	『LEMA』517号	日本陸用内燃機関協会
日本陸用内燃機関協会			2015	「企業ミュージアム訪問(第3回)カワサキワールド」	『LEMA』520号	日本陸用内燃機関協会
日本陸用内燃機関協会			2015	「企業ミュージアム訪問(第4回)トヨタ産業技術記念館」	『LEMA』521号	日本陸用内燃機関協会
日本理工学社			1992	「写真の保存」	『研究者のための資料写真の撮り方』	日本理工学社
日本歴史地理學會			1912	「史蹟名勝天然記(ママ)念物保存協會の發會式」	『歴史地理』第一九巻第一號	日本歴史地理學會
ニュー・サイエンス社編集部 編			1986	『グリーンブックス59 博物館ガイド博物館・動植物園・水族館』		ニューサイエンス社
ニューマン・R			2007.3	「ボストン美術館における保存と保全」	『博物館における保存学の実践と展望：国際シンポジウム報告書：臨床保存学と21世紀の博物館』	東京国立博物館
紐育新報社 編			1927	「動植物園」	『大紐育1926年版』	紐育新報社
紐育新報社 編			1927	「博物館」	『大紐育1926年版』	紐育新報社
二六新報社			1912	「人類學の標本」	『二六新報』第5062號	二六新報社
二六新報社			1912	「拓博御買上品」	『二六新報』第5062號	二六新報社
二六新報社			1912	「都人士の見る可き野菜物」	『二六新報』第5062號	二六新報社
丹羽 縣三			1936	「風致的に觀たる日本桜」(一)・(二)	『造園學雑誌』第3巻第1・2號	日本造園學會
丹羽 縣三			1943	「日本文化としての庭園」	『造園學雑誌』第10巻第1號	日本造園學會
丹羽 真一	渡辺 修*	渡辺 展之	1999	「自然教育展示に対する利用者の評価と要望～ひがし大雪博物館の事例～」	『ひがし大雪博物館研究報告』第21号	ひがし大雪博物館
丹羽 真一	渡辺 修*	渡辺 展之	1999.3	「博物館来館者によるエゾシカの価値評価と被害対策への意向」	『美幌博物館研究報告』第6号	美幌博物館
人間生活工学研究センター			2014.9	「訪問家具の博物館」	『人間生活工学』第15号	人間生活工学研究センター
新日本建築家協会 編			1995.3	『博物館・資料館Ⅰ：伝統に根づいた公共博物館・資料館』		彰国社
新日本建築家協会 編			1995.6	『博物館・資料館Ⅱ：テーマをしぼった博物館・資料館』		彰国社
額田 雅裕			2013.2	「博物館における史跡・名勝等を活用した野外活動：和歌山市立博物館を事例として」	『月刊地球』第35巻第2号	海洋出版
布谷 知夫			1979.11	「館種別博物館の教育・普及活動と設備・施設 自然史系博物館」	『博物館学講座 第8巻博物館教育と普及』	雄山閣
布谷 知夫			1979.11	「自然史系学芸員から見た平塚市博物館」	『平塚市博物館年報』第3号	平塚市博物館
布谷 知夫	前畑 政善*	五十嵐 耕一	1996	「博物館の文化交流」	『博物館指導者研究協議会報告書平成8年度』	日本博物館協会
布谷 知夫			1998.3	「参加型博物館に関する考察 琵琶湖博物館を材料として」	『博物館学雑誌』第23巻第2号	全日本博物館学会
布谷 知夫			1999.3	「琵琶湖博物館におけるハンディキャップ対策とその評価」	『ユニバーサルミュージアムをめざして―視覚障害者と博物館』	神奈川県立生命の星・地球博物館
布谷 知夫			1999.3	「博物館を活動の場とするボランティアの位置づけ」	『博物館学雑誌』第24巻第2号	全日本博物館学会

著者1	著者2	著者3	発行年	論文名・書籍名	掲載誌	発行元
布谷 知夫			1999.3	「利用者による情報発信の場としての博物館」	『Museologist:明治大学学芸員養成課程年報』第14巻	明治大学学芸員養成課程
布谷 和夫			1999.8	「博物館内の図書館の役割」	『博物館研究』第36巻第8号	日本博物館協会
布谷 知夫			1999.12	「博物館活動担当者」	『新版博物館学講座 第10巻生涯学習と博物館活動』	雄山閣
布谷 知夫	川那部 浩哉 編		2000.1	「昔の博物館・今の博物館」	『博物館を楽しむー琵琶湖博物館ものがたり』	岩波書店
布谷 知夫	江島 穣*	川那部 浩哉 編	2000.1	「学校に利用される博物館を作る」	『博物館を楽しむー琵琶湖博物館ものがたり』	岩波書店
布谷 知夫			2000.2	「館種別博物館の展示活動 自然史博物館」	『新版博物館学講座 第9巻博物館展示法』	雄山閣
布谷 知夫			2000.3	「地域から利用される博物館を目指して」	『第7回全国科学博物館協議会研究発表大会(国際シンポジウム)要約集』	全国科学博物館協議会
布谷 知夫	芦谷 美奈子 編		2000.3	『滋賀県立琵琶湖博物館研究調査報告 博物館を評価する視点』		滋賀県立琵琶湖博物館
布谷 知夫	芦谷 美奈子		2000.12	「博物館評価の考え方と事例」	『博物館学雑誌』第26巻第1号	全日本博物館学会
布谷 知夫			2001	「博物館内の図書室の役割」	『博物館研究』第36巻第8号	日本博物館協会
布谷 知夫			2001.3	「博物館資料とその研究およびその利用」	『博物館学雑誌』第26巻第2号	全日本博物館学会
布谷 知夫	村山 皓 編		2001.12	「博物館への評価からの展望」	『施策としての博物館の実践的評価[琵琶湖博物館による経済的、文化的、社会的効果の研究]』	滋賀県立琵琶湖博物館
布谷 知夫	村山 皓 編		2001.12	「琵琶湖博物館の現状と評価の課題」	『施策としての博物館の実践的評価[琵琶湖博物館による経済的、文化的、社会的効果の研究]』	滋賀県立琵琶湖博物館
布谷 知夫			2002.1	「博物館と学校とのいい関係をつくるために」	『更正保護』33巻1号	日本更正保護協会
布谷 知夫			2002.2	「日本の総合博物館の場合 博物館経営の実際」	『概説博物館学』	芙蓉書房出版
布谷 知夫			2002.3	「学びの場としての博物館」	『自由な学びを支援するにはー英米の博物館事例に探るー』	滋賀県立琵琶湖博物館
布谷 知夫			2002.3	「博物館と地域と」	『よみがえれ!写真たち』実施報告書』	琵琶湖博物館「親しむ博物館づくり事業」実行委員会
布谷 知夫			2002.3	「博物館資料としての情報」	『博物館学雑誌』第27巻第1号	全日本博物館学会
布谷 知夫	磯野 なつ子		2003.2	「博物館におけるコミュニケーションのありかた」	『21世紀型ミュージアム・マネージメントの創造ーミュージアムマネージメント学の確立のためにー』	日本ミュージアム・マネジメント学会
布谷 知夫			2003.3	「伯母川博物館づくりと学校・地域・博物館」	『伯母川博物館ものがたり』	滋賀県立琵琶湖博物館
布谷 知夫			2003.3	「日本における地域博物館という概念」	『博物館学雑誌』第28巻第2号	全日本博物館学会
布谷 知夫	草加 伸吾	芦谷 美奈子 他	2003.3	「琵琶湖博物館植物標本整備管理マニュアル」	『琵琶湖博物館資料目録植物標本2建部俊夫・北川良也植物標本目録』	琵琶湖博物館
布谷 知夫			2004.1	「日本における博物館評価の現状と課題」	『台湾興日本博物館的対話興交流学術会議論文集』	
布谷 知夫			2004.3	「社会問題を扱った企画展示の開催 琵琶湖博物館「外来生物ーつれてこられた生き物たちー」」	『博物館学雑誌』第29巻第2号	全日本博物館学会
布谷 知夫	竹内 誠*	江竜 喜之	2005.2	「市民とともに創る博物館(1)」	『博物館研究』第40巻第2号	日本博物館協会
布谷 知夫			2005.3	「展示室におけるコミュニケーション;展示と人・人と人」	『月刊ミュゼ』69号	(株)アム・プロモーション
布谷 知夫			2005.3	「高校生の博物館学習に1単位を」	『中学生・高校生に対する効果的プログラム開発』	日本博物館協会
布谷 知夫	竹内 誠*	江竜 喜之	2005.3	「市民とともに創る博物館(2)」	『博物館研究』第40巻第3号	日本博物館協会
布谷 知夫			2005.6	「多様化する博物館」	『MuseumDate』第69号	丹青総合研究所
布谷 知夫			2005.7	「博物館学って何だろう?」	『うみんど(湖人)』第10巻1号	滋賀県立琵琶湖博物館
布谷 知夫			2005.7	「実験的な試みの場としての企画展示」	『歴博』第131号	国立歴史民俗博物館

著者1	著者2	著者3	発行年	論文名・書籍名	掲載誌	発行元
布谷 知夫			2005.8	『博物館の理念と運営 利用者主体の博物館学』		雄山閣
布谷 知夫 編			2006.3	『展示室におけるコミュニケーション-展示と人・人と人-』	『滋賀県立琵琶湖博物館研究報告』第24号	滋賀県立琵琶湖博物館
布谷 知夫	金山 喜昭*	北村 美香	2007.9	「博物館と市民のキャリア形成-「ボランティア」から「はしかけ」へ」	『キャリアデザイン研究』第3号	日本キャリアデザイン学会
布谷 知夫			2009.3	「シンポジウム 地域に活きる魅力ある博物館」	『博物館研究』第44巻第3号	日本博物館協会
布谷 知夫	染川 香澄		2010.1	「「友だちができる博物館」づくり--三重県立新博物館ティーンズ・プロジェクト」	『博物館研究』第45巻第10号	日本博物館協会
布谷 知夫			2010.3	「自然系博物館の未来(第10回)地域住民とともに行う地域研究」	『科学』第80巻第3号	岩波書店
布谷 知夫	八尋 克郎*	里口 保文 編	2011.1	『博物館でまなぶ:利用と保存の資料論』		東海大学出版会
布谷 知夫			2012.5	「梅棹忠夫」	『博物館学人物史下』	雄山閣
布谷 知夫			2013.1	「博物館の社会的役割を意識的に考えよう」	『博物館研究』第48巻第1号	日本博物館協会
布谷 知夫			2013.12	「文化庁ミュージアム・エデュケーター研修の背景とプログラム」	『博物館学雑誌』第39巻第1号	全日本博物館学会
布谷 知夫	中村 千恵		2014.4	「博物館の仕事を知ってもらうことを目的とした事業」	『博物館学雑誌』第39巻第2号	全日本博物館学会
布谷 知夫	黒沢 浩*	市橋 芳則 他	2015.6	「第1章 博物館教育の理論」	『博物館教育論』	講談社
布村 克志	渡辺 誠		1994.3	「パソコンを使用した展示用ソフト」	『富山市科学文化センター研究報告』第17号	富山市科学文化センター
布村 昇			1980.3	「博物館のマスコミュニケーションとカスタムコミュニケーション」	『博物館学雑誌』第5巻第2号	全日本博物館学会
布村 昇			1985.3	「自然科学系博物館の学芸員－特にその研究活動について－」	『博物館学雑誌』第10巻第1・2号合併号	全日本博物館学会
布村 昇			1966.3	「博物館活動とサークル活動」	『平塚市博物館年報』第9号	平塚市博物館
沼口 菜摘	藤岡 達也		2012.12	「理科教材としての地域の自然景観活用の意義と課題:糸魚川世界ジオパークを例として」	『日本理科教育学会北陸支部大会発表要旨集』2012	日本理科教育学会北陸支部
沼崎 麻子	湯浅 万紀子	藤田 良治 他	2014.6	「成人ASD(自閉症スペクトラム障害)当事者の博物館利用の現状と課題:「科学コミュニケーション」の場としての博物館の役割に着目して」	『科学技術コミュニケーション』第15号	北海道大学科学技術コミュニケーター養成ユニット
沼下 桂子			2009	「美術館と現代美術作家--日本における草間彌生の評価を通して考察する」	『女子美術大学研究紀要』第39号	女子美術大学
沼田 文子			2011.11	「博物館で、子どもに感動体験を!」	『博物館研究』第46巻第11号	日本博物館協会
沼田 真 編			1976	『自然保護ハンドブック』		東京大学出版会
沼田 眞			1994.3	「自然誌博物館と生態園」	『千葉県立中央博物館 自然誌研究報告』特別号1(生態園の自然誌1)	千葉県立中央博物館
沼辺 信一			1999.3	「「質」が問われる広報印刷物」	『Museumちば:千葉県博物館協会研究紀要』30号	千葉県博物館協会
沼辺 信一			1999.12	「博物館の出版活動」	『新版博物館学講座 第10巻生涯学習と博物館活動』	雄山閣
沼辺 信一	遠藤 友麗*	伊藤 紫織	2000.3	「インタビュー 学習指導要領改訂に際して博物館は何を求められているのか」	『Museumちば:千葉県博物館協会研究紀要』31号	千葉県博物館協会
沼辺 信一			2002.3	「川村記念美術館におけるボランティア活動」	『Museumちば:千葉県博物館協会研究紀要』33号	千葉県博物館協会
沼本 秀昭			2015.12	「鈴峯女子短期大学地域連携公開講座について(その1)「触れる」彫刻鑑賞についての一考察」	『鈴峯女子短期大学人文社会科学研究集報』第62号	鈴峯女子短期大学
根木 昭	枝川 明敬	垣内 恵美子 他	1998.4	『美術館政策論』		晃洋書房
根岸 奈央	千田 絵里子*	安藤 元一 他	2013.12	「ふれあい動物園における大型動物の行動」	『東京農業大学農学集報』第58巻3号	東京農業大学
根岸 奈央	千田 絵里子	安藤 元一 他	2014.9	「子供動物園のふれあい施設における入場者の行動」	『東京農業大学農学集報』第59巻	東京農業大学
根鈴 輝雄			1995	「倉吉博物館歴史部門の常設展示と展示活動－装飾須恵器の展示をめぐって－」	『博物館研究』第30巻第3号	日本博物館協会

著者1	著者2	著者3	発行年	論文名・書籍名	掲載誌	発行元
根津 恭			1942	「美術の享受とその創造の為に」	『工藝』第110號	日本民藝協會
根津 寿夫			1996.3	「教育普及事業と博物館」	『Museologist:明治大学学芸員養成課程年報』第11巻	明治大学学芸員養成課程
根津 寿夫	小川 裕久		2006.4	「徳島市立徳島城博物館の教育普及活動について」	『博物館研究』第41巻第4号	日本博物館協会
根本 昭 編	川村 恒明*監	和田 勝彦 編	2002.9	『文化財政策概論』	『文化財政策概論』	東海大学出版会
根本 彰			2011	「図書館、博物館、文書館-その共通基盤と差異」	『つながる図書館・博物館・文書館:デジタル化時代の知の基盤づくりへ』	東京大学出版会
根本 彰	石川 徹也*	吉見 俊哉	2011.5	『つながる図書館・博物館・文書館:デジタル化時代の知の基盤づくりへ』		東京大学出版会
根本 佐智子			2014.8	「博物館・資料館問題 平成二十五年度神奈川県博物館協会主催講演会参加記」	『地方史研究』第64巻第4号	地方史研究協議会
根本 智	小幡 和男	栗栖 宣博 他	2006.3	「茨城県内における薬用植物の利用とくらしとの関わり 第33回企画展「Yakuso-野山は自然のくすりばこ-」アンケート調査より」	『茨城県自然博物館研究報告』第9号	ミュージアムパーク茨城県自然博物館
根本 潤 他			2013.3	「東日本大震災における宮城県内の博物館の被害状況」	『化石』第93号	日本古生物学会
根本 卓	植田 育男*		2009.7	「自然系博物館の未来(第3回)共同研究による挑戦--深海を伝える水族館の新たな試み」	『科学』第79巻第7号	岩波書店
根本 敏行			2014.4	「チェコ・ポーランドの産業遺産・ミュージアムとツーリズム」	『静岡文化芸術大学研究紀要』第14号	静岡文化芸術大学
根本 直樹			1992.3	「時代に生きる博物館像-市民本位の文化施設をめざして-」	『市立函館博物館研究紀要』第2号	市立函館博物館
根本 弘			1988.1	「ボランティアについて—千葉県立房総風土記の丘」	『博物館研究』第23巻第10号	日本博物館協会
根本 亮子	西野 嘉章*		1997	「田中文庫博覧会関連資料目録」	『学問のアルケオロジー』	東京大学出版会
農山漁村文化協会 編			2014.7	「廃校になった小学校が地質化石博物館になった:長野県戸隠」	『現代農業』第93号	農山漁村文化協会
農商務省			1888	「白耳義國領事ノ配置及商業博物館」	『歐米巡回取調書五』	農商務省
農商務省			1888	『歐米巡回取調書一』		農商務省
農商務省 編			1899	『第二回水産博覽會附屬水族館報告』		農商務省
農商務省			1902	『千九百年巴里萬國博覧會臨時博覧會事務局報告(上)』		農商務省
農商務省			1902	『千九百年巴里萬國博覧會臨時博覧會事務局報告(下)』		農商務省
農商務省			1912	『日英博覽會事務局事務報告上』		農商務省
農商務省			1912	『日英博覽會事務局事務報告下』		農商務省
農商務省山林局			1912	『天然記念物保存ニ關スル各國法制』		農商務省山林局
農商務省商工局			1905.7	『韓國事情調査資料』		農商務省商工局
納富 忠一			1902	『米國教育制度』		納富忠一
納富 敏雄			1999.5	「吉野ヶ里遺跡:活用・運営の可能性、到達点、課題」	『資源環境対策』第35巻第7号(『緑の読本』シリーズ50)	公害対策技術同友会
能美 栄子			1999	「グルノーブル美術館の改造」	『博物館研究』第34巻第3号	日本博物館協会
野方 喬一			1932	「郷土教育の邪道—古物漁りを清算すべし」	『郷土科學』第二十一號	郷土教育聯盟
野上 智行	小谷 卓也*		2000	「科学系博物館における発明クラブに期待される学びの特徴—神戸青少年科学館の事例を中心にして—」	『日本科学教育学会年会論文集』第24巻	日本科学教育学会
野上 智行	小谷 卓也*		2001	「科学系博物館における学習機能の現状と課題」	『日本科学教育学会年会論文集』第25巻	日本科学教育学会
野上 智行			2004	『科学系博物館・野外学習センターと学校が連携した動的プログラムの開発』		文部省科学研究費補助金研究成果報告書

著者1	著者2	著者3	発行年	論文名・書籍名	掲載誌	発行元
野上 智行	溝邊 和成*	藤井 浩樹	2007	「スイスの科学系博物館における教師支援-テクノラマ科学センターを事例として」	『科学教育研究』第31巻4号	日本科学教育学会
野上 智行			2007.3	「交感的科学技術対話の成立に求められる教師の体験と科学技術系博物館」	『科学コミュニケーターに期待される資質・能力とその養成プログラムに関する基礎的研究』	文部省科学研究費補助金研究成果報告書
野上 智行	三宅 志穂*		2009.3	「アウトリーチ活動を担う科学者が備えるサイエンスコミュニケーション素養の事例研究:博物館業務を兼任する大学所属の昆虫行動学者を事例とした検討」	『科学教育研究』第33巻第1号	日本科学教育学会
野上 智行	三宅 志穂*	山田 智尋	2011.7	「植物園活用による理科学習プログラム開発と実践を通したベテラン小学校教師の力量に関する事例研究」	『理科教育学研究』第52巻第1号	日本理科教育学会
野口英世記念会			1966.1	『野口英世記念会のあゆみ』		野口英世記念会
野口 均			2005.7	「プロジェクトを追う(52)旭川市立旭山動物園 動物の「行動展示」で観客を魅了する」	『Forbes』第14巻7号	ぎょうせい
野口 文隆	冨山 晋一*	岸本 浩和	2010.3	「東海大学海洋科学博物館における魚類標本の登録・管理」	『東海大学博物館研究報告』第10号	東海大学社会教育センター
野口 安嗣			2003.3	「岩峅寺衆徒の出開帳」	『富山県立山博物館研究紀要』第10号	富山県立山博物館
野崎 香樹			2014	「薬用植物園における環境教育支援活動の取り組み:植物を利用した体験型プログラム『わくわく自然ふれあい隊』の活動を通して」	『Aromatopia』第23巻第5号	フレグランスジャーナル社
野崎 香樹	古平 栄一	松岡 史郎	2016.11	「京都薬用植物園における植物を利用した体験型プログラム」	『日本植物園協会誌』第51号	日本植物園協会
野崎 嘉男	藤原 等	白佐 俊憲	2015.1	「中国・北京市の幼児園・中国美術館訪問報告:北京市西城区内公営『北海幼児園』及び『第1回中国油画学会展』視察報告」	『北海道女子大学短期大学部研究紀要』第33号	北海道女子大学短期大学部
野沢 郁太			1930	「航海日録」	『遣外使節日記纂輯二』	日本史籍協會
野沢 佳織 編	ソーニャ・ハートネット*		2012.7	『真夜中の動物園』		主婦の友社
野沢 潤 編			1912	「某水族舘を觀るの記」	『記事紀行文:千景萬色』	岡本偉業館
野沢 潤 編			1912	「某動物園を觀るの記」	『記事紀行文:千景萬色』	岡本偉業館
野沢 豊明	溝上 昭男*		1968	「宮島水族館における単独循環ろ過飼育装置について」	『動物園水族館雑誌』第10巻2号	日本動物園水族館協会
野沢 豊明	溝上 昭男*		1968	「循環ろ過飼育装置の相違による海水水族の飼育成績について」	『動物園水族館雑誌』第10巻2号	日本動物園水族館協会
野沢 汎雄	小泉 修吉*	斎田 英治	1988.12	「先駆的映像展示の一考察」	『展示学』第7号	日本展示学会
野澤 亮太	長嶋 文雄		2010.7	「展示文化財の地震時転倒防止策に関する検討(歴史都市の防災計画と防炎システム)」	『歴史都市防災論文集』第4巻	立命館大学歴史都市防災研究センター
野尻 かおる 述	国立文化財機構東京文化財研究所無形文化遺産部 編		2014.3	「荒川区の無形文化財保護の取り組み」	『わざを伝える:伝統とその活用』	国立文化財機構東京文化財研究所無形文化遺産部
野末 はつみ	野末 雅之*	宇佐美 久尚 他	2013.6	「植物工場技術の研究・開発および実証・展示・教育拠点(9)信州大学」	『植物環境工学』第25巻2号	日本植物工場学会
野末 雅之	野末 はつみ	宇佐美 久尚 他	2013.6	「植物工場技術の研究・開発および実証・展示・教育拠点(9)信州大学」	『植物環境工学』第25巻2号	日本植物工場学会
能勢 修治	早野 雄治	吉永 健治 他	2008.7	「沖縄県立博物館美術館の設計・施工」	『プレストレスト・コンクリート』第50巻第4号	プレストレストコンクリート技術協会
能勢 陽子			2015.8	「美術品における「表現の自由」とはなにか:愛知県美術館「これからの写真」展における検閲問題をめぐって」	『Zenbi=Zenbiフォーラム:全国美術館会議機関誌』第8巻	全国美術館会議
野田 亜矢子			2009.3	「動物園的廃棄物の活用法」	『Japanese Journal of Zoo and Wildlife Medicine』第14巻第1号	日本野生動物医学会
野田 邦弘 編			2000.9	『生涯学習の文化経済学』		芙蓉書房出版
野田 俊彦			1939	「建築非藝術論」	『建築雑誌』第29輯第346號	日本建築學會
野田 学	毛利 勝廣	鈴木 雅夫	1999.3	「1998年しし座流星群への取り組み」	『名古屋市科学館紀要』第25号	名古屋市科学館
野田 学	毛利 勝廣*	鈴木 雅夫 他	1999.3	「光害の調査と実態」	『名古屋市科学館紀要』第25号	名古屋市科学館
野田 学			2000.3	「トルコ皆既日食の観測と映像の活用」	『名古屋市科学館紀要』第26号	名古屋市科学館
野田 学	荒川 哲泰	渡辺 陽子 他	2001.3	「あなたの生まれた日の月の形は?-科学館フェスティバルでの参加体験型調査-」	『名古屋市科学館紀要』第27号	名古屋市科学館

著者1	著者2	著者3	発行年	論文名・書籍名	掲載誌	発行元
野田 学	毛利 勝廣*	鈴木 雅夫	2001.3	「特別展「宇宙展2000」について」	『名古屋市科学館紀要』第27号	名古屋市科学館
野田 学	毛利 勝廣*	山田 吉孝 他	2004.3	「光害の展示制作と市民参加による実態調査」	『名古屋市科学館紀要』第30号	名古屋市科学館
野田 学	毛利 勝廣*	小林 修二 他	2005.3	「光害の市民参加による実態調査」	『名古屋市科学館紀要』第31号	名古屋市科学館
野田 学	服部 完治	毛利 勝廣 他	2006.3	「字幕付きで見るプラネタリウム」	『名古屋市科学館紀要』第32号	名古屋市科学館
野田 学	毛利 勝廣*	山田 吉孝	2006.3	「「市外光と星空」展示制作」	『名古屋市科学館紀要』第32号	名古屋市科学館
野田 学	鈴木 雅夫*	毛利 勝廣 他	2006.3	「大望遠鏡を備えた公開天文台の調査」	『名古屋市科学館紀要』第32号	名古屋市科学館
野田 学	赤尾 浩治		2008.3	「総合評価方式によるプラネタリウムシステムの製造及び設置工事請負契約」	『名古屋市科学館紀要』第34号	名古屋市科学館
野田 学	石井 鈴一*		2010.3	「科学への興味・関心を高めるための科学館と学校との連携」	『理科の教育』第59巻第3号	日本理科教育学会
野田 泰通			1995	「第4章 展覧会カタログの発行」	『ザ・展覧会』	東方出版
野田 泰通			1995.5	『ザ・展覧会』		東方出版
野田 泰通			1996.9	「ソフトサービス⑤博物館のサービス」	『ミュージアムマネージメント』	東京堂出版
野田 芳和			2004.3	「日本列島の古地理復元と恐竜博物館における展示」	『福井県立恐竜博物館紀要』第03号	福井県立恐竜博物館
野田 龍一			2011.3	「シュテーデル美術館設立史料試訳」	『福岡大学法学論叢』第55巻第3・4号	福岡大学研究推進部
野田 龍一			2014.12	「シュテーデル美術館事件における実務と理論:四自由都市上級控訴裁判所史料をてがかりに」	『福岡大学法学論叢』第59巻第3号	福岡大学研究推進部
野田 龍一			2015.8	「遺言による財団設立と胎児:シュテーデル美術館事件における類推」	『福岡大学法学論叢』第60巻第1号	福岡大学研究推進部
野田市郷土博物館			1994.1	『野田市郷土博物館35年の歩み』		野田市郷土博物館
後岡 喜信	小波津 美香*	戸田 傑	2011.12	「産学官連携プロジェクトにおける研究と教育成果:横浜美術館連携プロジェクト報告」	『城西国際大学紀要』第19巻第5号	城西国際大学
能登 健	長沼 孝則		2002.8	「アーネスト・サトウが大室古墳に来たわけ－国際理解・郷土理解の教材開発－」	『財団法人群馬県埋蔵文化財調査事業団研究紀要』第20号	財団法人群馬県埋蔵文化財調査事業団
野中 明			1999	「米子市美術館の建設経緯－－地方美術館に関するケース・ワークとしてー」	『博物館研究』第34巻第4号	日本博物館協会
野中 健一	坂本 昇*	柳原 望 他	2012.12	「研究成果の現地還元としての展示制作:ラオス、ドンクワーイ、ヴィエンチャン平野の暮らし博物館の事例」	『博物館学雑誌』第38巻第1号	全日本博物館学会
野中 耕介			2012.6	「佐賀県立博物館・佐賀県立美術館の教育普及活動:夏休みこどもミュージアム「探検!!美術館」シリーズの4年間」	『博物館研究』第47巻第6号	日本博物館協会
野中 太氣彦			1933	「小學校の組織並に教科課程」	『郷土教育』第三十六號	郷土教育聯盟
野中 優子			2009.3	「トルコにおける近代博物館の萌芽−オスマン・ハムディ・ベイの業績」	『國學院大學博物館學紀要』第33輯	國學院大學博物館学研究室
野中 優子	落合 知子*	小島 有紀子 他	2010	「平成21年度文部科学省「組織的な大学院教育改革推進プログラム」採択に伴う大学院授業としての「博物館学専門・特殊実習」について--情報伝達具の製作」	『全博協研究紀要』第13号	全国大学博物館学講座協議会
野中 優子			2010.12	「トルコの博物館の成立と発展」	『博物館学雑誌』第36巻第1号	全日本博物館学会
野中 優子	落合 知子*	小島 有紀子 他	2012.3	「平成21年度文部科学省「組織的な大学院教育改革推進プログラム」採択に伴う大学院授業としての「博物館学専門・特殊実習」について―情報伝達具の製作―」	『平成21年度採択文部科学省「組織的な大学院教育改革推進プログラム」高度博物館学教育プログラム最終報告』	國學院大學博物館学研究室
野中 優子	青木 豊編		2013.5	「防除対策」	『人文系博物館資料保存論』	雄山閣
野々上 律子			2009.12	「大阪国際児童文学館存続問題は…−その果たした役割と経緯を追う」	『子どもの文化』第41巻第12号	文民教育協会子どもの文化研究所
野林 厚志			2010.3	「植民地国家から国民国家へ継承された博物館」	『国民国家の比較史』	有志舎
野林 厚志			2010.3	「文化資源としての博物館資料:日本統治時代に収集された台湾原住民族の資料が有する現地社会での意義」	『国立民族学博物館研究報告』第34巻第4号	国立民族学博物館
野林 厚志	平井 康之*	藤 智亮 他	2014.3	『知覚を刺激するミュージアム:見て、触って、感じる博物館のつくりかた』		学芸出版社

著者1	著者2	著者3	発行年	論文名・書籍名	掲載誌	発行元
野林 厚志			2017.5	「伝統と創作のはざま」	『文明史のなかの文化遺産』	臨川書店
ノビーレ・フィリップ	バーンスティン・バートン・J	三国 隆志 他訳	1995.9	『スミソニアンの抵抗と挫折 葬られた原爆展』		五月書房
信江 啓子			2013.4	「民俗資料の活きる道―博福連携事業「いきいき講座」の実践」	『博物館研究』第48巻第4号	日本博物館協会
信岡 朝子			2003.6	「「トミ・ウンゲラーの仕事―ストラスブール市コレクションによる絵本・ポスター・彫刻」展」	『展覧会カタログの愉しみ』	東京大学出版会
野辺 一寛			2008.11	「隠岐まるごとミュージアム-エコツーリズムによる島づくりをめざして」	『新都市』第62巻第11号	都市計画協会
登石 健三			1962.7	「文化財の記録にこの写真法を」	『MUSEUM』第136号	東京国立博物館
登石 健三			1964.2	「軸装と額装」	『MUSEUM』第155号	東京国立博物館
登石 健三	石川 陸郎		1968.3	「博物館における照明光源の特質と蛍光灯の選択」	『保存科学』第4号	東京国立文化財研究所
登石 健三	石川 陸郎		1969.3	「文化財撮影時の照明に対する安全についての考察」	『保存科学』第5号	東京国立文化財研究所
登石 建三 編			1970	『古美術品保存の知識』		第一法規
登石 健三	見城 敏子	石川 陸郎	1972.3	「陳列室・収蔵庫内温湿度に関して」	『保存科学』第8号	東京国立文化財研究所
登石 健三			1972.3	特別研究「陳列室・収蔵庫の温湿度及び汚染空気が文化財に及ぼす影響とその防除」について」	『保存科学』第8号	東京国立文化財研究所
登石 健三	見城 敏子*		1972.3	「つくりたてコンクリート室内雰囲気が油絵に及ぼす影響」	『保存科学』第9号	東京国立文化財研究所
登石 健三	見城 敏子		1975.8	「環境保存の手引き」	『博物館学雑誌』第1巻第1号	全日本博物館学会
登石 健三			1977.2	『遺構の発掘と保存』		雄山閣
登石 健三			1977.3	「保存に関する軸装絵画の特性」	『博物館学雑誌』第2巻第1・2号	全日本博物館学会
登石 健三			1979	『古美術品材料の科学』		第一法規
登石 健三			1979.3	「資料の保存保管の技術」	『博物館学講座 第6巻資料の保存と保管』	雄山閣
登石 健三			1979.3	「保存科学の研究」	『博物館学講座 第6巻資料の保存と保管』	雄山閣
登石 健三	見城 敏子		1990	「文化財の保存施設・設備」	『文化財・保存科学の原理』	丹青社
登石 健三	見城 敏子		1991	「文化財の保存対策」	『文化財虫菌害防除概説』	文化財虫害研究所
登石 健三			1992	「燻蒸と対人被害」	『文化財の虫菌害』第23号	文化財虫害研究所
登石 健三			1998	「非科学的殺虫法では済まぬ地域もある」	『文化財の虫菌害』第36号	文化財虫害研究所
登石 健三 監	田邊 三郎助*		1998	『美術工芸品の保存と保管』		フジ・テクノシステム
野間 清六			1939	「東京帝室博物館の設備二三に就て」	『博物館研究』第12巻第2號	日本博物館協會
野間 清六			1939	「陳列品の質と量とに就て」	『博物館研究』第12巻第6號	日本博物館協會
野間 清六			1940	「日本博物館史の一資料」	『博物館研究』第13巻第3號	日本博物館協會
野間 清六			1940	「収蔵品に對する番號の記載について」	『博物館研究』第13巻第4號	日本博物館協會
野間 清六			1940	「正倉院御物特別展觀に於ける拝觀者」	『博物館研究』第13巻第12號	日本博物館協會
野間 清六			1942	「南方展覽會に就て」	『博物館研究』第15巻第6號	日本博物館協會
野間 清六			1962.5	「博物館の守衛」	『MUSEUM』第134号	東京国立博物館

著者1	著者2	著者3	発行年	論文名・書籍名	掲載誌	発行元
野間 清六			1962.11	「東京国立博物館この十年の歩み」	『MUSEUM』第140号	東京国立博物館
野間 晴雄			2009.3	「東洋の植物を求めて-植物園・プラントハンター・園芸家の文化交渉学」	『東アジア文化交渉研究』別冊第4号	関西大学文化交渉学教育研究拠点ICIS
野間 晴雄			2014.4	「王立キュー植物園の設立と拡大(前編)大英帝国ネットワークの一翼」	『関西大学東西学術研究所紀要』第47号	関西大学東西学術研究所
野馬追の里原町市立博物館 編			2001	『小学校における博物館学習指導の手引き』		野馬追の里原町市立博物館
野村 綾子	稲垣 淳哉	古谷 誠章	2010.7	「回遊式美術館における視覚体験のシークエンス分析その1：インゼル・ホンブロイヒ美術館とルイジアナ美術館の比較から」	『学術講演梗概集』2010巻	日本建築学会
野村 綾子	稲垣 淳哉*	古谷 誠章	2010.7	「回遊式美術館における視覚体験のシークエンス分析その2:インゼル・ホンブロイヒ美術館とルイジアナ美術館の比較から」	『学術講演梗概集』2010巻	日本建築学会
野村 圭祐			2002	『江戸の自然誌『武江産物誌』を読む』		どうぶつ社
野村 兼太郎	矢島 祐利*編		1979.11	『明治文化史(開国百年記念文化事業会編)第5巻 学術』		原書房
乃村工藝社 編			1993	『ディスプレイ100年の旅』		乃村工藝社
乃村工藝社 編			1997.5	『ノムラ基礎知識・技術集』		乃村工藝社
乃村工藝社			2003.2	『集客 Attraction』		乃村工藝社
野村 三郎 文・写真			2014.9	「ウィーン日々のうつろい(第6回)ウィーンの美術館(1)」	『音楽の友』第72巻9号	音楽之友社
野村 三郎 文・写真			2014.12	「ウィーン日々のうつろい(第9回)ウィーンの美術館(2)」	『音楽の友』第72巻12号	音楽之友社
野村 俊一			2012.3	『建築遺産保存と再生の思考:災害・空間・歴史』		東北大学出版会
野村 大輔			2016.1	「〈文化財〉取材日記花を咲かせた「100年の夢」:九州国立博物館開館10周年」	『本郷』第121号	吉川弘文館
野村 崇			1985	「考古学と博物館」	『北海道の民族と文化』	札幌学院大学人文学部
野村 崇			1996.3	「博物館と戦争—戦後50年展を考える—」	『Museologist:明治大学学芸員養成課程年報』第11巻	明治大学学芸員養成課程
野村 崇			2000.6	「館種別博物館機能論 野外博物館」	『新版博物館学講座 第4巻 博物館機能論』	雄山閣
野村 崇	出村 文理		2007	「旧樺太庁博物館刊行の出版物とシリーズ『樺太叢書』・『樺太庁博物館叢書』」	『北方博物館交流』第19号	北海道北方博物館交流協会
野村 崇			2015.3	「アメリカ西海岸の自然遺産・遺跡・博物館を巡る旅」	『北方博物館交流』第27号	北海道北方博物館交流協会
野村 東太	平野 暁臣		1982.8	「博物館の運営状況について(I):博物館に関する建築計画的研究その1：建築計画」	『学術講演梗概集.計画系』第57巻	日本建築学会
野村 東太	平野 暁臣	池田 千春 他	1983.9	「資料からみた博物館の新たな類型化の試み:博物館に関する建築計画的研究その2」	『学術講演梗概集.計画系』第58巻	日本建築学会
野村 東太	平野 暁臣	池田 千春 他	1983.9	「博物館の利用状況について:博物館に関する建築計画的研究その3」	『学術講演梗概集.計画系』第58巻	日本建築学会
野村 東太	平野 暁臣	池田 千春 他	1983.9	「博物館の資料と展示事業について:博物館に関する建築計画的研究その4」	『学術講演梗概集.計画系』第58巻	日本建築学会
野村 東太	平野 暁臣	池田 千春 他	1983.9	「博物館における教育事業と相互連携について:博物館に関する建築計画的研究その5」	『学術講演梗概集.計画系』第58巻	日本建築学会
野村 東太	平野 暁臣	池田 千春 他	1984	「博物館における実物資料の質的・量的傾向と収蔵及び常設展示:博物館に関する建築計画的研究その6」	『学術講演梗概集.計画系』第59巻	日本建築学会
野村 東太	平野 暁臣	池田 千春 他	1984	「博物館の職員構成及び業務内容と分担状況:博物館に関する建築計画的研究その7」	『学術講演梗概集.計画系』第59巻	日本建築学会
野村 東太	平野 暁臣	池田 千春 他	1984	「博物館利用者の所属生に関するケーススタディ(その1):博物館に関する建築計画的研究その8」	『学術講演梗概集.計画系』第59巻	日本建築学会
野村 東太	平野 暁臣	池田 千春 他	1985	「博物館における資料等の収蔵・保管状況:博物館に関する建築計画的研究その9」	『学術講演梗概集』1985巻	日本建築学会
野村 東太	平野 暁臣	池田 千春 他	1985	「博物館における利用者状況と利用変動状況:博物館に関する建築計画的研究その10」	『学術講演梗概集』1985巻	日本建築学会
野村 東太	平野 暁臣	池田 千春 他	1985	「博物館における利用者サービスと調査研究活動:博物館に関する建築計画的研究その11」	『学術講演梗概集』1985巻	日本建築学会

著者1	著者2	著者3	発行年	論文名・書籍名	掲載誌	発行元
野村 東太	池田 千春	柳沼 良一	1985.7	「全国博物館の運営・施設の一般的状況：博物館に関する建築計画的研究-1-」	『日本建築学会計画系論文報告集』第353号	日本建築学会
野村 東太	池田 千春	柳沼 良一	1985.11	「我が国の博物館の運営・施設の基礎的現状分析－博物館に関する建築計画的研究（Ⅰ）－」	『博物館学雑誌』第11巻第1号	全日本博物館学会
野村 東太	池田 千春	柳沼 良一	1986.3	「資料内容による博物館の類型化に関する研究－博物館に関する建築計画的研究（Ⅱ）－」	『博物館学雑誌』第11巻第2号	全日本博物館学会
野村 東太	池田 千春	柳沼 良一	1986.4	「資料からみた新たな博物館類型化の試み：博物館に関する建築計画的研究-2-」	『日本建築学会計画系論文報告集』第362号	日本建築学会
野村 東太	柳沼 良一	太田 宏	1986.7	「博物館における展示・教育普及活動の特性：博物館に関する建築計画的研究その12」	『学術講演梗集』1986巻	日本建築学会
野村 東太	柳沼 良一	太田 宏	1986.7	「博物館における調査研究・収集保管活動と利用者の特性：博物館に関する建築計画的研究その13」	『学術講演梗集』1986巻	日本建築学会
野村 東太	柳沼 良一	太田 宏	1986.7	「活動・利用の内容に即した博物館類型化の試み：博物館に関する建築計画的研究その14」	『学術講演梗集』1986巻	日本建築学会
野村 東太	柳沼 良一		1986.11	「博物館における諸活動・利用の特性とこれに即した総合的な類型化の試み：博物館に関する建築計画的研究-3-」	『日本建築学会計画系論文報告集』第369号	日本建築学会
野村 東太	柳沼 良一		1986.12	「博物館における諸活動と利用の特性、および資料・活動・利用に即した博物館類型化の研究－博物館に関する建築計画的研究（Ⅲ）－」	『博物館学雑誌』第12巻第1号	全日本博物館学会
野村 東太	柳沼 良一	太田 宏	1987.8	「一般人の博物館利用頻度と認識度に関する研究：博物館に関する建築計画的研究その16」	『学術講演梗集』1987巻	日本建築学会
野村 東太	太田 宏		1987.8	「博物館の面積構成とその経年変化に関する研究：博物館に関する建築計画的研究その17」	『学術講演梗集』1987巻	日本建築学会
野村 東太	太田 宏	塚田 岳彦	1988.9	「来館者調査からみた神奈川県内の博物館利用状況：博物館に関する建築計画的研究その18」	『学術講演梗集』1988巻	日本建築学会
野村 東太	太田 宏	塚田 岳彦	1988.9	「住民調査からみた博物館の利用動向：博物館に関する建築計画的研究その19」	『学術講演梗集』1988巻	日本建築学会
野村 東太	太田 宏	塚田 岳彦	1988.9	「有識者調査からみた博物館の今後の方向性：博物館に関する建築計画的研究その20」	『学術講演梗集』1988巻	日本建築学会
野村 東太	清水 聡*	塚田 岳彦 他	1989.9	「来館者からみた博物館の施設特性別利用圏(神奈川県の場合)：博物館に関する建築計画的研究その21」	『学術講演梗集』1989巻	日本建築学会
野村 東太	畑 伸明*	塚田 岳彦 他	1989.9	「来館者からみた博物館の施設特性別利用圏(神奈川県の場合)：博物館に関する建築計画的研究 その22」	『学術講演梗集』1989巻	日本建築学会
野村 東太			1990	『運営・資料・利用からみた博物館の新たな類型化とこれに対応する新しい建築計画の研究』		文部省科学研究費補助金研究成果報告書
野村 東太	朴 光範	萩田 秋雄 他	1990.9	「博物館の一般来館者出入口回りに関するデザイン・サーベイ：博物館に関する建築計画的研究その23」	『学術講演梗集』1990巻	日本建築学会
野村 東太	清水 聡*	朴 光範 他	1990.9	「博物館のエントランスホールと来館者サービス空間に関するデザイン・サーベイ：博物館に関する建築計画的研究その24」	『学術講演梗集』1990巻	日本建築学会
野村 東太			1990.12	「博物館建築の計画と設計（Ⅰ）」	『ベース設計資料』	建築工業調査会
野村 東太			1991.6	「博物館建築の計画と設計（Ⅱ）」	『ベース設計資料』	建築工業調査会
野村 東太	平野 暁臣	朴 光範 他	1991.8	「博物館の収蔵庫・燻蒸室に関するデザイン・サーベイ：博物館に関する建築計画的研究その26」	『学術講演梗集』1991巻	日本建築学会
野村 東太	藤田 祐三*	平野 暁臣 他	1991.8	「博物館の展示部門に関するデザイン・サーベイ(Ⅱ)：博物館に関する建築計画的研究その28」	『学術講演梗集』1991巻	日本建築学会
野村 東太 他			1991.11	「博物館職員からみた各部空間の建築的問題点の考察：博物館に関する建築計画的研究-4-」	『日本建築学会計画系論文報告集』第429号	日本建築学会
野村 東太			1991.12	「博物館建築の計画と設計（Ⅲ）」	『ベース設計資料』	建築工業調査会
野村 東太			1992.3	「博物館各部門の建築的問題と現状(1)(共用部門・サービス部門・収蔵保管部門について)－博物館に関する建築計画的研究（Ⅳ）－」	『博物館学雑誌』第17巻第1・2号合併号	全日本博物館学会
野村 東太			1992.6	「博物館建築の計画と設計（Ⅳ）」	『ベース設計資料』	建築工業調査会
野村 東太	真銅 博司*	朴 光範 他	1992.8	「博物館の調査研究・教育普及空間に関するデザイン・サーベイ：博物館に関する建築計画的研究その29」	『学術講演梗集』1992巻	日本建築学会
野村 東太	奥野 茂*	大原 一興	1992.8	「水族館の施設・活動・利用者・展示手法に関する基礎的考察：水族館に関する建築計画的研究 その1」	『学術講演梗集』1992巻	日本建築学会
野村 東太1			1992.12	「博物館建築の計画と設計（Ⅴ）」	『ベース設計資料』	建築工業調査会
野村 東太			1993.3	「博物館各部門の建築的問題と現状(2)－博物館に関する建築計画的研究（Ⅴ）－」	『博物館学雑誌』第18巻第1・2号合併号	全日本博物館学会

著者1	著者2	著者3	発行年	論文名・書籍名	掲載誌	発行元
野村 東太 他			1993.3	「博物館の展示・解説が来館者行為に与える影響:博物館に関する建築計画的研究-5-」	『日本建築学会計画系論文報告集』第445号	日本建築学会
野村 東太			1993.6	「博物館建築の計画と設計(Ⅵ)」	『ベース設計資料』	建築工業調査会
野村 東太	奥野 茂*	大原 一興 他	1993.7	「展示形式別にみた水族館における観客動態に関する考察:水族館に関する建築計画的研究 その2」	『学術講演梗概集』1993巻	日本建築学会
野村 東太	大原 一興*	小川 英彦 他	1993.7	「美術館における教育・普及活動に関する考察:博物館に関する建築計画的研究その30」	『学術講演梗概集』1993巻	日本建築学会
野村 東太	西宮 浩司*	大原 一興 他	1993.7	「自然科学系博物館における観覧行為に関する一考察:博物館に関する建築計画的研究その31」	『学術講演梗概集』1993巻	日本建築学会
野村 東太	白石 真二郎*	大原 一興 他	1993.7	「水族館展示室における観覧行為特性に関する考察:水族館に関する建築計画的研究 その3」	『学術講演梗概集』1993巻	日本建築学会
野村 東太			1993.12	「博物館建築の計画と設計(Ⅶ)」	『ベース設計資料』	建築工業調査会
野村 東太			1994.6	「博物館建築の計画と設計(Ⅷ)」	『ベース設計資料』	建築工業調査会
野村 東太	奥野 茂*	西 源二郎 他	1994.7	「市民意識から見た水族館の生涯学習機能に関する考察:水族館に関する建築計画的研究 その4」	『学術講演梗概集』1994巻	日本建築学会
野村 東太	西宮 浩司*	西 源二郎	1994.7	「博物館と学校教育との連携に関する考察:博物館に関する建築計画的研究その32」	『学術講演梗概集』1994巻	日本建築学会
野村 東太	伊澤 淳子*	大原 一興 他	1995.7	「学校団体の利用による水槽前の観覧行為に関する考察:水族館に関する建築計画的研究 その6」	『学術講演梗概集』1995巻	日本建築学会
野村 東太	山方 桂*	大原 一興 他	1995.7	「水族館における校外学習プログラムによる観覧行動の特性:水族館に関する建築計画的研究 その7」	『学術講演梗概集』1995巻	日本建築学会
野村 東太			1996	『生涯学習のための水族館の教育的機能に関する建築計画的研究』		文部省科学研究費補助金研究成果報告書
Nomura.T	Nishi.Genjiro*	Ohara.K	1997	「Educational activities at aquarium in Japan」	『Proceedings of 4th International Aquarium Congress』	Congress Central Office of IAC '96/Tokyo Sea Life Park
Nomura.T	Ohara.Kazuoki*	Nishi.G	1997	「Viewing and learning behavior of aquarium visitors」	『Proceedings of 4th International Aquarium Congress』	Congress Central Office of IAC '96/Tokyo Sea Life Park
野村 正晴			2014	「日本における近現代建築資料保存の現状」	『理工学と技術:関西大学理工学会誌』第21号	関西大学理工学会
野村 正弘	里見 立夫	伊藤 収	1998	「群馬県立自然史博物館情報システム」	『群馬県立自然史博物館研究報告』第2号	群馬県立自然史博物館
野村 正弘			2000	「群馬県立自然史博物館における博物館実習」	『群馬県立自然史博物館研究報告』第4号	群馬県立自然史博物館
野村 正弘	金澤 芳彦	三田 照芳	2002.12	「群馬県立自然史博物館における燻蒸の見直しについて」	『博物館学雑誌』第28巻第1号	全日本博物館学会
野村 正弘	大森 威宏		2002.12	「群馬県立自然史博物館企画展「火の山―マグマのダイナミックな活動―」」	『博物館学雑誌』第28巻第1号	全日本博物館学会
野村 美紀	三浦 夏樹*	高嶋 賢二 他	2016.2	「調べる・みつける」	『もっと博物館が好きっ!みんなと歩く学芸員』	教育出版センター
野村 祐一			2011.1	「復元整備における伝統技術の継承と展示公開――特別史跡五稜郭跡内箱館奉行所の復元」	『月刊文化財』第568号	第一法規
野村 祐一			2016.1	「特別史跡五稜郭跡における箱館奉行所の復元過程とその効果」	『月刊文化財』第628号	第一法規
野村 理恵	須川 靖子*	森 傑	2014.7	「水族館の運営と施設活用における社会教育性に関する考察:文化施設としての水族館の公共性とサスティナビリティに関する研究」	『日本建築学会計画系論文集』第79巻第701号	日本建築学会
野本 亮			1999	「地方博物館と教育普及―高知県立歴史民俗資料館の実践―」	『博物館研究』第34巻第6号	日本博物館協会
野本 正博			2007.3	「海外におけるアイヌ文化の展示と交流」	『第21回北方民族文化シンポジウム報告書 北太平洋の文化--北方地域の博物館と民族文化』	北方文化振興協会
乗杉 嘉壽			1923	「趣味の教育と娯樂の教養」	『社會と教化』第3巻第6號	社會教育研究會
則近 静			1947.5	「地方博物館の性格とその運営」	『博物館研究』復興第1巻第3号	日本博物館協会
則元 京	大釜 敏正*		2002.3	「文化財収蔵のための空間を構成する材料の調湿効果」	『国立歴史民俗博物館研究報告』第97集	国立歴史民俗博物館
野呂田 純一			2009.6	「文化人類学と国際理解教育をつなぐ博物館--博物館情報論からの提言」	『国際理解教育』第15巻	日本国際理解教育学会
Park	Rcceaton		1941.3	「教育的動物園の話」	『公園緑地』第52號	公園緑地協會

著者1	著者2	著者3	発行年	論文名・書籍名	掲載誌	発行元
バージャー・F・B			1928	「博物館の規模を制限する必要なきか」	『博物館研究』第1巻第4號	博物館事業促進會
パートナウ・P・H			2008.3	「コミュニティへの架け橋-博物館プログラムにおけるアラスカ先住民との協同-」	『第22回北方民族文化シンポジウム報告書 北太平洋の文化—北方地域の博物館と民族文化(2)』	北方文化振興協会
バーンスティン・バートン・J	ノビーレ・フィリップ*	三国 隆志 他訳	1995.9	『スミソニアンの抵抗と挫折 葬られた原爆展』		五月書房
梅渓 昇			1968.4	『お雇い外国人①概説』		鹿島研究所出版会
南風原 豊	寺澤 勉*	横川 武信	2001	「展示空間の「音と光」の演出実態(1)」	『拓殖大学理工学研究報告』第8巻2号	拓殖大学理工学総合研究所
ハイビジョン・ミュージアム推進協議会 編			1997	「マルチメディアとミュージアム デジタルによる美術鑑賞から手づくりの情報発信へ」	『NEWMEDIA』7月増刊号	ニューメディア
PAINE.C	ティモシー・アンブローズ*	日本博物館協会 訳	1995	『博物館の基本』		日本博物館協会
芳賀 淳子	村本 邦子*		2014	「歴史・平和教育における『二次受傷』をどう考えるか:立命館大学国際平和ミュージアムにおける平和教育の現状と可能性」	『立命館平和研究:立命館大学国際平和ミュージアム紀要』第15号	立命館大学国際平和ミュージアム
芳賀 祥二			1998	『史蹟論-19世紀日本地域社会と歴史意識-』		名古屋大学出版会
博多湾岸《金印ロード》資源活用プロジェクト実行委員会 編			2017.3	『機械遺産・アロー号からみた近代文化遺産の保存/活用:「博多湾岸の近代化に関わる多様な文化遺産の保存活用検討事業」報告書』		博多湾岸《金印ロード》資源活用プロジェクト実行委員会
芳賀 徹			1968.6	『大君の使節 幕末日本人の西欧体験』		中央公論社
芳賀 徹			1981.7	『平賀源内』		朝日新聞社
芳賀 徹			1984	「江戸の博物学と博物図譜」	『アニマ』第143号	平凡社
芳賀 徹 述	日本放送協会 編		1990	『岩倉使節団の西洋見聞:『米欧回覧実記』を読む』		日本放送出版協会
芳賀 徹 編			2003	『岩倉使節団の比較文化史的研究』		思文閣出版
芳賀 徹 監			2003	『平賀源内展』		東京新聞
芳賀 登			1975.9	「Ⅰ郷土資料とは何か 2郷土資料の活用」	『地方史マニュアル 4郷土資料の活用』	柏書房
芳賀 登			1975.9	「Ⅱ郷土資料の収蔵庫 2考古陳列館・郷土館・郷土博物館・民俗館・民芸館など」	『地方史マニュアル 4郷土資料の活用』	柏書房
芳賀 日向	山内 民興		1992.7	「静止画像検索とハイビジョンへの収録」	『情報の科学と技術』第42巻第7号	情報科学技術協会
芳賀 文絵	及川 規		2016	「被災資料一時保管施設の収蔵環境についての考察」	『東北歴史博物館研究紀要』第17巻	東北歴史博物館
芳賀 文絵	及川 規*		2016.3	「津波被災文化財施設・被災資料保管施設の空気環境とその文化財材質への影響:2-エチル-1-ヘキシノールについて」	『東北歴史博物館研究紀要』第17巻	東北歴史博物館
袴田 豊			2014.9	「豊島美術館を訪ねて:三次元自由曲面コンクリートシェルでのひととき」	『コンクリートテクノ』第33号	セメント新聞社
芳賀 矢一			1918	「異郷の植物園より(書簡文)」	『帝國読本』巻3	富山房
萩尾 俊章	多良間 利絵子		1997.3	「沖縄県立博物館草創期に関するノート」	『沖縄県立博物館紀要』第23号	沖縄県立博物館
萩市歴史まちづくり部まちじゅう博物館推進課			2009.7	「まちじゅう博物館 萩を見る、遊ぶ、学ぶGIS」	『月刊LASDEC』第39巻第7号	地方自治情報センター
萩田 秋雄	野村 東太*	朴 光範 他	1990.9	「博物館の一般来館者出入口回りに関するデザイン・サーベイ:博物館に関する建築計画的研究その23」	『学術講演梗概集』1990巻	日本建築学会
萩博物館			2016.3	『5年間の歩み:萩博物館開館10周年記念誌2』		萩博物館
萩原 延壽			2000	『岩倉使節団 遠い崖—アーネスト・サトウ日記抄』		朝日新聞社
萩谷 宏	佐野 晋一*		2002	「ハンディサイズの偏光板を利用した鉱物観察実習の展開例」	『福井県立恐竜博物館紀要』第1号	福井県立恐竜博物館
萩谷 良太			2009.3	「「名所絵葉書」と郷土へのまなざし-地域博物館所蔵絵葉書の整理に向けて-」	『土浦市立博物館紀要』第19号	土浦市立博物館
萩原 吾郎	星屋 泰二*		2013.5	「関西光科学研究所及びきっづ光科学館ふぉとんにおける教員研修の実践」	『日本教育工学会研究報告集』第13巻第2号	日本教育工学会

著者1	著者2	著者3	発行年	論文名・書籍名	掲載誌	発行元
萩原 信介			1998.3	「特別展「南の森の不思議な生き物-照葉樹林の生態学-」を見て」	『Museumちば:千葉県博物館協会研究紀要』29号	千葉県博物館協会
萩原 龍夫			1984.3	「文化財保護行政に望むこと」	『板橋区立郷土資料館紀要』第3号	板橋区教育委員会
萩原 恒昭			2002.5	「デジタル環境における知的財産権」	『Science of humanity Bensei:人文学と情報処理』第39号	勉誠出版
萩原 信介	久居 宣夫	武藤 幹生	1999.11	「自然教育園の自然の移り変わり」	『国立科学博物館ニュース』第367号	国立科学博物館
萩原 法子			2002.3	「市川市立小学校の郷土学習室-国府台小学校を中心として-」	『市立市川歴史博物館館報』平成12年度	市立市川歴史博物館
萩原 弘子			2015.3	「主流美術館によるブラック・アーティスト総覧展:興隆と抵抗のあいだ—英国『ブラック・アート』の軌跡(2の2)」	『人文学論集』33号	大阪府立大学人文学会
萩原 弘子			2016.3	「1980年代末、抵抗としてのブラック・アート展:興隆と抵抗のあいだ:英国「ブラック・アート」の軌跡(2の3)」	『人間科学:大阪府立大学紀要』第11巻	大阪府立大学人間社会学部人間科学科
萩原 昌弘			2000	『制度としての文化財と博物館-欧米、特にフランスとの比較社会学的研究に向けて』		文部省科学研究費補助金研究成果報告書
朴 光範	野村 東太*	萩田 秋雄 他	1990.9	「博物館の一般来館者出入口回りに関するデザイン・サーベイ:博物館に関する建築計画的研究その23」	『学術講演梗概集』1990巻	日本建築学会
朴 光範	清水 聡*	野村 東太 他	1990.9	「博物館のエントランスホールと来館者サービス空間に関するデザイン・サーベイ:博物館に関する建築計画的研究その24」	『学術講演梗概集』1990巻	日本建築学会
朴 光範	野村 東太*	平野 暁臣 他	1991.8	「博物館の収蔵庫・燻蒸室に関するデザイン・サーベイ:博物館に関する建築計画的研究その26」	『学術講演梗概集』1991巻	日本建築学会
朴 光範	真銅 博司*	野村 東太 他	1992.8	「博物館の調査研究・教育普及空間に関するデザイン・サーベイ:博物館に関する建築計画的研究その29」	『学術講演梗概集』1992巻	日本建築学会
朴 光範	金 守美*	大原 一興	2004.7	「韓国清州市・清原郡における地域遺産の管理・利用現況と住民意識に関する考察:地域のエコミュージアム化に関する研究その8」	『学術講演梗概集』2004巻	日本建築学会
朴 在徳	原 辰彦		2008.11	「独立成分分析による水族館情報の日米比較分析-ホスピタリティ情報としてのWebコンテンツを中心として」	『日本観光研究学会全国大会学術論文集』第23号	日本観光研究学会
朴 鍾来	花里 俊廣		2005.7	「科学系博物館における展示手法と利用者の行動特徴からみた展示の分析」	『日本建築学会計画系論文集』第70巻593号	日本建築学会
朴 知賢	柘植 喜治		2010.3	「都市河川空間における地域文化活動の展示に関する研究」	『展示学』第48号	日本展示学会
朴 昭			2007.3	「ニューヨーク近代美術館の「文化的冷戦」」	『Image&gender』第7号	彩樹社
朴 鈴子			2011.3	「ニューヨーク近代美術館による美術鑑賞法:Visual Thinking Strategyの発祥とその背景」	『Crosssections:京都国立近代美術館研究論集』第4号	京都国立近代美術館
朴 鈴子			2013	「エデュケーショナル・スタディズ 京都国立近代美術館で行われた二つの教育研修」	『Crosssections:京都国立近代美術館研究論集』第6号	京都国立近代美術館
白佐 立			2012.7	「1955年、1961年示範国民住宅展覧会について:戦後台湾の国民住宅推進に関する歴史的研究」	『日本建築学会計画系論文集』第77巻677号	日本建築学会
白田 雪絵			2014	「教科指導法研修会『美術館のとびらをひらこう』に参加して」	『都歴研紀要』第51号	東京都歴史教育研究会事務局
博物館・資料館問題検討委員会			2015.4	「基礎的自治体の地域博物館のあり方に関する指標」	『地方史研究』第65巻第2号	地方史研究協議会
博物館基準研究会			1999	「博物館の基準を巡る考察-イギリス、アメリカの取り組みから-」	『博物館研究』第34巻第9号	日本博物館協会
博物館基準研究会			1999.3	『博物館基準に関する基礎研究-イギリスにおける博物館登録制度-』		博物館基準研究会
博物館教育担当			1999.3	「博物館教育の実践」	『足立区立郷土博物館紀要』第21号	足立区立郷土博物館
博物館学研究会編			1971	『展示:その理論と方法』		博物館学研究会
博物館学研究会編			1972	『博物館と社会』		博物館学研究会
博物館学研究会編			1974	『学芸員:その役割と訓練』		博物館学研究会
博物館建築研究会			2007.4	『昭和初期の博物館建築:東京博物館と帝室博物館』		東海大学出版会
博物館事業促進會			1928.6	「博物館の建設維持方法英米兩國の比較(ミュジアムスジャーナル所載)」	『博物館研究』第1巻第1號	博物館事業促進會
博物館事業促進會			1928.6	「博物館及美術館に於ける美術教育」	『博物館研究』第1巻第1號	博物館事業促進會

著者1	著者2	著者3	発行年	論文名・書籍名	掲載誌	発行元
博物館事業促進會			1928.6	「博物館事業促進會設立の趣旨」	『博物館研究』第1巻第1號	博物館事業促進會
博物館事業促進會			1928.6	「博物館從業員の養成」	『博物館研究』第1巻第1號	博物館事業促進會
博物館事業促進會			1928.6	「博物館發達の歴史」	『博物館研究』第1巻第1號	博物館事業促進會
博物館事業促進會			1928.6	「米國地方的小博物館の設計」	『博物館研究』第1巻第1號	博物館事業促進會
博物館事業促進會			1928.6	「國立博物館と帝國議會」	『博物館研究』第1巻第1號	博物館事業促進會
博物館事業促進會			1928.7	「デービット、マーレー氏の博物館論」	『博物館研究』第1巻第2號	博物館事業促進會
博物館事業促進會			1928.7	「佐野常民伯の雄大な博物館計畫」	『博物館研究』第1巻第2號	博物館事業促進會
博物館事業促進會			1928.7	「博物館問題に關する諸家の意見」	『博物館研究』第1巻第2號	博物館事業促進會
博物館事業促進會			1928.7	「博物館發達の歴史」	『博物館研究』第1巻第2號	博物館事業促進會
博物館事業促進會			1928.7	「學校教育と博物館」	『博物館研究』第1巻第2號	博物館事業促進會
博物館事業促進會			1928.7	「鐵道博物館の活動」	『博物館研究』第1巻第2號	博物館事業促進會
博物館事業促進會			1928.8	「大阪府立商品陳列所の活動」	『博物館研究』第1巻第3號	博物館事業促進會
博物館事業促進會			1928.8	「デービット、マーレー氏の博物館論（承前）」	『博物館研究』第1巻第3號	博物館事業促進會
博物館事業促進會			1928.8	「植物園の敎育的價値」	『博物館研究』第1巻第3號	博物館事業促進會
博物館事業促進會			1928.8	「博物館問題に關する諸家の意見」	『博物館研究』第1巻第3號	博物館事業促進會
博物館事業促進會			1928.9	「仙臺市の大典記念鄕土博物館の建設」	『博物館研究』第1巻第4號	博物館事業促進會
博物館事業促進會			1928.9	「博物館施設に關する建議」	『博物館研究』第1巻第4號	博物館事業促進會
博物館事業促進會			1928.9	「博物館に關する建議」	『博物館研究』第1巻第4號	博物館事業促進會
博物館事業促進會			1928.9	「本邦ニ建設スヘキ博物館ノ種類及配置案」	『博物館研究』第1巻第4號	博物館事業促進會
博物館事業促進會			1928.10	「デービット、マーレーの博物館論（承前）」	『博物館研究』第1巻第5號	博物館事業促進會
博物館事業促進會			1928.10	「東京博物館の必要」	『博物館研究』第1巻第5號	博物館事業促進會
博物館事業促進會			1928.10	「博物館の樂屋裏」	『博物館研究』第1巻第5號	博物館事業促進會
博物館事業促進會			1928.10	「博物館建築に對する希望」	『博物館研究』第1巻第5號	博物館事業促進會
博物館事業促進會			1928.10	「圖案家は博物館に對して何を要求するか」	『博物館研究』第1巻第5號	博物館事業促進會
博物館事業促進會			1928.10	「敎育博物館の意義」	『博物館研究』第1巻第5號	博物館事業促進會
博物館事業促進會			1928.11	「博物館事業夏期講習會」	『博物館研究』第1巻第6號	博物館事業促進會
博物館事業促進會			1929.2	「大阪貿易奬勵館計畫」	『博物館研究』第2巻第2號	博物館事業促進會
博物館事業促進會			1929.2	「商業博物館問題」	『博物館研究』第2巻第2號	博物館事業促進會
博物館事業促進會			1929.2	「鐵道博物館建築計畫の中止」	『博物館研究』第2巻第2號	博物館事業促進會
博物館事業促進會			1929.2	「鐵道博物館の起工」	『博物館研究』第2巻第2號	博物館事業促進會
博物館事業促進會			1929.4	「箱根關所考古館の擴張」	『博物館研究』第2巻第4號	博物館事業促進會

は

著者1	著者2	著者3	発行年	論文名・書籍名	掲載誌	発行元
博物館事業促進會			1929.4	「墺國博物館の回顧」	『博物館研究』第2巻第4號	博物館事業促進會
博物館事業促進會			1929.5	「江の島水族館設計」	『博物館研究』第2巻第5號	博物館事業促進會
博物館事業促進會			1929.6	「本會主催博物館並類似施設主任者協議會」(雑録)	『博物館研究』第2巻第6號	博物館事業促進會
博物館事業促進會			1929.7	「私設博物館並類似施設陳列品關税免除ニ關スル建議」	『博物館研究』第2巻第7號	博物館事業促進會
博物館事業促進會			1929.7	「博物館並類似施設審査機關設置ニ關スル建議」	『博物館研究』第2巻第7號	博物館事業促進會
博物館事業促進會			1929.7	「本會主催博物館並類似施設主任者協議會議事録(第一日)」	『博物館研究』第2巻第7號	博物館事業促進會
博物館事業促進會			1929.7	「雑録博物館の標品作成教育」	『博物館研究』第2巻第7號	博物館事業促進會
博物館事業促進會			1929.8	「富士山麓に天然博物館建設計畫」	『博物館研究』第2巻第8號	博物館事業促進會
博物館事業促進會			1929.8	「本會主催博物館並類似施設主任者協議會議事録(第二日)」	『博物館研究』第2巻第8號	博物館事業促進會
博物館事業促進會			1929.9	「説明札の保護」	『博物館研究』第2巻第9號	博物館事業促進會
博物館事業促進會			1929.10	「陳列品の説明札に就いて」	『博物館研究』第2巻第10號	博物館事業促進會
博物館事業促進會			1930.1	「ラヂオ教育と博物館事業との關係」	『博物館研究』第3巻第1號	博物館事業促進會
博物館事業促進會			1930.2	「新式の地方博物館の一例」	『博物館研究』第3巻第2號	博物館事業促進會
博物館事業促進會			1930.5	「博物館の充實完成に關する建議」	『博物館研究』第3巻第5號	博物館事業促進會
博物館事業促進會			1930.6	「國宝機關車の改修」	『博物館研究』第3巻第6號	博物館事業促進會
博物館事業促進會			1930.8	「公開實物教育機關一覽」	『博物館研究』第3巻第8號	博物館事業促進會
博物館事業促進會			1930.9	「公開實物教育機關一覽(承前)」	『博物館研究』第3巻第9號	博物館事業促進會
博物館事業促進會			1930.11	「説明札に關する調査」	『博物館研究』第3巻第11號	博物館事業促進會
博物館事業促進會			1930.11	「第二回全國公開實物教育機關主任者協議會議事録」	『博物館研究』第3巻第11號	博物館事業促進會
博物館事業促進會			1930.12	「第二回全國公開實物教育機關主任者協議會議事録(承前)」	『博物館研究』第3巻第12號	博物館事業促進會
博物館事業促進會			1931.3	「説明札の問題」	『博物館研究』第4巻第3號	博物館事業促進會
博物館事業促進會			1931.4	「博物館案内説明の新樣式」	『博物館研究』第4巻第4號	博物館事業促進會
博物館事業促進會			1931.4	「紐育市博物館の公開」	『博物館研究』第4巻第4號	博物館事業促進會
博物館事業促進會			1931.4	「觀光客と博物館説明札」	『博物館研究』第4巻第4號	博物館事業促進會
博物館事業促進會			1931.5	「靜岡縣の鄉土博物館」	『博物館研究』第4巻第5號	博物館事業促進會
博物館事業促進會			1931.7	「第三回全國博物館大會」	『博物館研究』第4巻第7號	博物館事業促進會
博物館事業促進會			1931.7	「第三回全國博物館大會議事録」	『博物館研究』第4巻第7號	博物館事業促進會
博物館事業促進會			1931.7	「文部省諮問に対する答申」	『博物館研究』第4巻第7號	博物館事業促進會
博物館事業促進會			1931.7	「本會提出題に対する答申」	『博物館研究』第4巻第7號	博物館事業促進會
博物館事業促進會			1931.7	「學校博物館施設奬勵建議」	『博物館研究』第4巻第7號	博物館事業促進會
博物館事業促進會			1931.8	「箱根考古館の新築計畫」	『博物館研究』第4巻第8號	博物館事業促進會

著者1	著者2	著者3	発行年	論文名・書籍名	掲載誌	発行元
博物館事業促進會			1931.8	「第三回全國博物館大會議事錄」	『博物館研究』第4巻第8號	博物館事業促進會
博物館事業促進會			1931.12	「日本博物館協會の新使命」	『博物館研究』第4巻第12號	博物館事業促進會
博物館事業促進會			1931.12	「本會業績の概要」	『博物館研究』第4巻第12號	博物館事業促進會
博物館事業促進會			1931.12	「本會組織の変更規制改正」	『博物館研究』第4巻第12號	博物館事業促進會
博物館史研究会			1995.11	「大東亜博物館建設案」	『博物館史研究』第1号	博物館史研究会
博物館史研究会			1996.3	「大東亜博物館機構図」	『博物館史研究』第2号	博物館史研究会
博物館史研究会			1996.8	「国史館関係資料」	『博物館史研究』第3号	博物館史研究会
博物館史研究会			1996.11	「新京動植物園関係資料」	『博物館史研究』第4号	博物館史研究会
博物館資料活用研究会			1998.6	「学校教育における博物館資料の有効な活用について」	『浜松市博物館館報』第11号	浜松市博物館
博物館等建設推進九州会議			1986.7	『『九州国立博物館』の基本構想案:九州に国立博物館を』		博物館等建設推進九州会議
博物館と学校をむすぶ研究会			2000.3	『学ぶ心を育てる博物館「総合的な学習の時間」への最新実践例』		ミュゼ
博物館の子育て支援機能に関する研究ワーキンググループ			2011.2	『0〜2歳児といっしょに楽しめるミュージアムをめざして:伊丹市昆虫館でのとりくみ:博物館の子育て支援機能に関する研究-乳幼児連れ来館者のための展示、教育普及事業の企画手法の開発-調査研究レポート』		伊丹市昆虫館
博物館明治村			出版年不明	『明治村:博物館』		明治村
博物館明治村 編			1990	『明治村建造物移築工事報告書第六集旧三重県庁舎』		博物館明治村
博物局			1879.4	『博物館分類一覧表』		博物局
博文館			1896	「パノラマ叢話其一大倉喜八郎の談」	『太陽』第2巻第8號	博文館
羽毛田 智幸			2011.3	「未経験者との短期間における民具整理方法--町田市立博物館所蔵資料の整理から」	『民具研究』第143号	日本民具学会
羽毛田 智幸			2005.3	「ふたつの「距離」と民俗展示-さわれる展示を通して」	『民俗と歴史』第21号	平凡社神奈川大学常民文化研究所
羽毛田 智幸			2006.3	「たいけんミュージアムにおける体験学習の現状と課題」	『川崎市市民ミュージアム紀要』第18集	川崎市市民ミュージアム
はこだて未来大学	山崎 晶子*		2007.3	『博物館における相互行為的鑑賞行為のエスノメソドロジー的研究』		文部科学省科学研究費補助金研究成果報告書
箱根町立大涌谷自然科学博物館			1983	「10年のあゆみ」	『箱根町立大涌谷自然科学博物館館報』第2号	箱根町立大涌谷自然科学博物館
箱根美術館	MOA美術館		1992.11	『年史箱根美術館40周年・MOA美術館10周年記念』		箱根美術館・MOA美術館
箱根美術館	MOA美術館 編		2012.7	『20年のあゆみ』		エム・オー・エー美術・文化財団
羽佐田 真一			1998.12	「触れること・使うことの意味－体験学習断想」	『Mouseion:立教大学博物館研究』第44号	立教大学学校・社会教育講座
羽佐田 真一			1999.3	「博物館の広報活動を考える-松戸市立博物館の事例-」	『Museumちば:千葉県博物館協会研究紀要』30号	千葉県博物館協会
狭間 恵三子			2011.1	「ミュージアムの公共性についての一考察」	『大阪商業大学商業史博物館紀要』第12号	大阪商業大学
挾間 文一			1943	「薬用植物園」	『南と北:自然科学』	力書房
橋川 央			2014.12	『名古屋市東山動植物園の再生プランにおけるアンケート調査』	『博物館研究』第49巻第12号	日本博物館協会
橋川 子之蔵	神田 喜一郎*		1938	「厦門大學文化陳列所支那明器の保管」	『博物館研究』第11巻第10號	日本博物館協會
橋川 正			1931	「印度の博物館」	『史林』第十六巻第四號	史學研究會
橋口 静思			2016	「野外美術館の分類について」	『展示学』第53号	日本展示学会

は

著者1	著者2	著者3	発行年	論文名・書籍名	掲載誌	発行元
橋口 定志			1983.1	「博物館実習「見学」における学生の意識-「博物館学見学調査記録」表から-」	『Mouseion:立教大学博物館研究』第29号	立教大学学校・社会教育講座
橋口 定志			1986.11	「地域博物館の役割を考える」	『Mouseion:立教大学博物館研究』第32号	立教大学学校・社会教育講座
橋口 定志	君塚 仁彦		1987	「"地域博物館"学芸員のめざすもの--豊島区立郷土資料館の活動を通して」	『月刊社会教育』第31巻10号	国土社
橋口 定志			1988.3	「博物館来館者の動向と展示の課題」	『生活と文化:豊島区立郷土資料館研究紀要』第3号	豊島区教育委員会
橋口 敏一	村上 佳代	西山 徳明	2011.3	「「萩まちじゅう博物館」における文化遺産マネジメントに関する研究その8:主客交流に主眼を置いたサテライトの設計条件の抽出」	『日本建築学会研究報告九州支部.計画系』第50号	日本建築学会九州支部
橋口 豊	神奈川県考古学会編		2014.3	「横浜市三殿台考古館における遺跡の保存と活用」	『時空の交差点:遺跡の保存と活用』	神奈川県考古学会
橋田 朋子	成谷 峻*	ソン・ヨンア 他	2011.3	「ミュージアムにおける通過人数とCO2濃度の関係の検討」	『電子情報通信学会技術研究報告』第110巻第456号	電子情報通信学会
橋田 朋子	ソン・ヨンア*	筧 康明 他	2012.4	「Peaflet:ミュージアムにおける鑑賞体験を反映させた個人別リーフレット」	『情報処理学会論文誌』第53巻第4号	情報処理学会
橋爪 和也	谷口 雅人	吉谷 武敏 他	1997.3	「業者が語った博物館展示」	『季刊Liberty』第17号	大阪人権歴史資料館
橋詰 清孝	進村 真之*	土屋 和美	2014.3	「国宝桜ヶ丘銅鐸を中心とした共同研究および活用への取り組み」	『東風西声:九州国立博物館紀要』第9号	九州国立博物館
橋爪 紳也	中谷 作次		1990.6	『博覧会見物』		学芸出版社
橋爪 紳也			1990.5	「都市と見世物小屋の近代」	『明治の迷宮都市』	平凡社
橋爪 紳也			1990.5	「パノラマ館考」	『明治の迷宮都市』	平凡社
橋爪 紳也			1990.5	「博覧会という体験」	『明治の迷宮都市』	平凡社
橋爪 紳也			1992	『海遊都市アーバンリゾートの近代』		白地社
橋爪 紳也			1995	「博覧会を唱えた男-田中芳男-」	『にぎわいを創る近代日本の空間プランナーたち』	長谷工総合研究所
橋爪 紳也			2001.5	『人生は博覧会 日本ランカイヤ列伝』		(株)晶文社
橋爪 紳也 監			2005.2	『日本の博覧会 寺下勍コレクション(別冊太陽)』		平凡社
橋爪 紳也 監			2005	『別冊太陽日本の博覧会』		平凡社
橋詰 文彦			1997	「田中芳男と万国博覧会-明治期における実務官僚の役割-」	『長野県立歴史館研究紀要』第3号	長野県立歴史館
橋詰 文彦			1998.9	「ウィーン万国博覧会の展示品収集-明治五年筑摩県飯田出張所管内における収拾過程」	『信濃』第50巻9号	信濃史学会
橋詰 文彦			1998	「万国博覧会の展示品収集と信濃国産物大略」	『長野県立歴史館研究紀要』第4号	長野県立歴史館
橋詰 文彦			1999.3	「長野県立歴史館における行政文書の収集・整理・保存」	『長野県立歴史館研究紀要』第5号	長野県立歴史館
橋場 万里子			2001.1	「「視点を展示すること」の課題と可能性～ミニ企画展「発掘された"二〇〇〇年"を終えて」～」	『パルテノン多摩博物館部門年報・紀要』第3号	多摩市文化振興財団
橋場 万里子			2015	「複合施設と博物館」	『人間の発達と博物館学の課題:新時代の博物館経営と教育を考える』	同成社
橋間 友則			2007.3	「エコミュージアムと「詩的な場所」」	『東アジアのなかの日本文化に関する総合的研究・平成14年度～平成18年度私立大学学術研究高度化推進事業「オープン・リサーチ・センター整備事業」研究成果報告書2』	東北芸術工科大学東北文化研究センター
橋村 愛子			2009	「美術鑑賞プログラム「たんけん!!はっけん!?カミサマの森」-特別展「ふるさとの神々-祝祭の空間と美の伝統」関連事業として」	『塵界』第20号	兵庫県立歴史博物館
橋村 愛子			2011	「日本の博物館・美術館における教育の実現と今後の展望」	『塵界』第22号	兵庫県立歴史博物館
橋村 修	角南 聡一郎*	石井 季子 他	2016.3	「帝国日本で生まれた博物館の歴史」	『博物館という装置:帝国・植民地・アイデンティティ』	勉誠出版
橋目 悠揮	井上 翔太	檜垣 政宏 他	2016.3	「現代日本の建築家の公立博物館建築の設計論における主題とその具体化:公共文化施設の設計論における地域性とビルディングタイプ(5)」	『日本建築学会中国支部研究報告集』第39巻	日本建築学会中国支部
橋本 明			2013	「精神医学とミュージアム 西欧における精神医学ミュージアムとその役割(1)」	『精神医学史研究』第17巻2号	日本精神医学史学会

著者1	著者2	著者3	発行年	論文名・書籍名	掲載誌	発行元
橋本 明			2014	「精神医学とミュージアム 西欧における精神医学博物館とその役割(2)」	『精神医学史研究』第18巻第2号	日本精神医学史学会
橋本 梓			2015.11	「アジア太平洋地域をめぐる現代美術の状況」	『博物館研究』第50巻第11号	日本博物館協会
橋本 あゆみ	井上 透		2010.8	「日本博物館協会におけるデジタル・アーカイブの取組みと課題」	『年会論文集』第26巻	日本教育情報学会
橋本 和也	京都文教大学		2007.6	『「人と人を結ぶ地域まるごとミュージアム」構築のための研究』		文部科学省科学研究費補助金研究成果報告書
橋本 邦助			1912	「動植物園」	『巴里絵日記』	博文館
橋本 佐保			2013.3	「学習院と明倫中学校付属博物館:旧制学習院歴史地理標本室移管資料を中心に」	『学習院大学史料館紀要』第19号	学習院大学史料館
橋本 純			2010.3	「思考モデルとしての博物館と専門メディアの比較」	『MODELS:建築模型の博物都市』	東京大学出版会
橋本 澄夫			1996.3	「埋蔵文化財センターと学芸員」	『Museologist:明治大学学芸員養成課程年報』第11巻	明治大学学芸員養成課程
橋本 保			1993.1	「日本の植物園・世界の植物園」	『国立科学博物館ニュース』第294号	国立科学博物館
橋本 保			1995.7	「ジュネーブ市立植物園と仙台産石灰質ノジュール」	『国立科学博物館ニュース』第315号	国立科学博物館
橋本 知佳			2011	「第4回企画展『里山のめぐみ:生物多様性を育む世界』における来館者アンケートの結果について」	『広島大学総合博物館研究報告』第3号	広島大学総合博物館
橋本 知佳			2012.12	「教養的教育科目『教養ゼミ』における大学博物館利用と学生による評価:広島大学の事例から」	『広島大学総合博物館研究報告』第4号	広島大学総合博物館
橋本 知子			1997.5	「視察報告 アメリカ・チルドレンズ・ミュージアム」	『展示学』第23号	日本展示学会
橋本 知子			1999	「「Hands-on」を考える」	『生涯学習空間』第4巻5号	ボイックス株式会社
橋本 直子			2013.2	「東日本大震災掲示板防災教育における公共博物館の役割:「東京低地災害史:地震、雷、火事?…教訓!」特別展からのメッセージ」	『地理』第58巻第2号	古今書院
橋本 直子			2014.4	「展示批評 東日本大震災後の博物館における災害史展示を考える」	『地方史研究』第64巻第2号	地方史研究協議会
橋本 伸夫			2016.3	「デジタル彫刻美術館の創設について」	『北海道芸術論評』第8号	北海道芸術学会
橋本 一			2008.9	「楽しいあかりのヒント光をテーマにした科学館-きっづ光科学館ふぉとん」	『照明学会誌』第92巻第9号	照明学会
橋本 博文			1997.11	「韓国におけるユニバーシティ・ミュージアムの現状」	『環日本海地域比較史研究』第6号	新潟大学環日本海地域比較史研究会
橋本 博文			2007.3	「考古学からみた佐渡の魅力とエコミュージアム構想」	『佐渡を世界遺産に:新潟大学社会連携・地域貢献フォーラム:佐渡の魅力-地域活性化に向けての世界遺産運動』	新潟日報事業社
橋本 博文			2017.6	「高速交通網の整備と裏山遺跡」	『文化財保存70年の歴史:明日への文化遺産』	新泉社
橋本 裕之			1998	「物質文化の劇場―博物館におけるインターラクティブ・ミスコミュニケーション」	『民族学研究』第62巻4号	日本民族学会
橋本 裕之			1999.8	「「複数の日本を展示する―国立歴史民俗博物館のイデオロギーとプラクティスー」の複数性に関する覚書」	『博物館史研究』第8号	博物館史研究会
橋本 裕之			2014.2	『舞台の上の文化:まつり・民俗芸能・博物館』		追手門学院大学出版会
橋本 雅好	荒木 志織*		2010	「美術館の展示空間におけるヴォリューム構成に関する研究」	『日本インテリア学会論文報告集』第20号	日本インテリア学会
橋本 光男	青木 國夫	今泉 吉典 他	1959	「科学博物館の機能についての1つの考え」	『博物館研究』第32巻第4号	日本博物館協会
橋本 雄			2009.6	「歴史展示、「伝えること」の難しさ」	『歴史学研究』第854号	青木書店
橋本 佳延			2011.7	「博物館と生態学(16)生物多様性の保全と持続可能な利用のシンクタンクを目指して」	『日本生態学会誌』第61巻第2号	日本生態学会誌編集委員会
パスキエ・オレリアン	村田 麻里子*	山中 千恵 他	2014.10	「アングレーム国際BDフェスティバル韓国漫画展「枯れない花」にみる場と展示の〈政治性〉」	『関西大学社会学部紀要』第46巻第1号	関西大学社会学部
數本 芳行	長島 康雄		2012.3	「東日本大震災からの復興支援としての「るねっ・サイエンス事業」」	『仙台市科学館研究報告』第21号	仙台市科学館
長谷川 明子			2010.11	「中学生の学校活用--市民を育てる博物館への入り口」	『博物館研究』第45巻第11号	日本博物館協会

著者1	著者2	著者3	発行年	論文名・書籍名	掲載誌	発行元
長谷川 明洋			2013.12	「日本史のひろば 上淀白鳳の丘展示館」	『歴史と地理』第670号	山川出版社
長谷川 Sockeel 正子			2015.3	「ギメ東洋美術館とフランス東洋友の会」	『両大戦間の日仏文化交流：REVUE FRANCO-NIPPONNE』別巻	ゆまに書房
長谷川 潮			2010.5	「大阪国際児童文学館の消滅--二〇〇九年の児童文学・児童文化」	『日本児童文学』第56巻第3号	日本児童文学者協会
長谷川 香			2012.5	「日本大博覧会と明治神宮：明治四十四年日本大博覧会設計競技の分析を通して」	『神園』第7号	明治神宮国際神道文化研究所
長谷川 和範	齋藤 寛*		2003.10	『標本学自然史標本の収集と管理』		国立科学博物館
長谷川 清			2017.5	「遺産観光の光と影」	『文化遺産と生きる』	臨川書店
長谷川 賢二			1997.2	「四国における学芸員交流の試み」	『月刊歴史手帳』第25巻2号	名著出版
長谷川 賢二			2001.7	「戦前期徳島における博物館事情」	『博物館史研究』第11号	博物館史研究会
長谷川 賢二			2016.2	「四国ミュージアム研究会の歩み」	『もっと博物館が好きっ！みんなと歩む学芸員』	教育出版センター
長谷川 賢二			2017.12	「総合博物館論史」	『博物館学史研究事典』	雄山閣
長谷川 栄			1970.2	「ルーヴル友の会の活動」	『博物館ニュース』第5巻第1号	日本博物館協会
長谷川 栄			1970.4	「フランスの美術館大学と美術館」	『博物館ニュース』第5巻第3号	日本博物館協会
長谷川 栄			1977	『美術館-新しいミューゼオロジーの視点から-』		グラフィック社
長谷川 栄			1979.8	「諸外国にみる博物館ボランティア活動--フランス博物館を中心として」	『社会教育』第34巻8号	全日本社会教育連合会
長谷川 栄			1981	『美術館・美術館学』		至文堂
長谷川 栄			1982	『これからの美術館』		鹿島出版会
長谷川 栄			1988.9	「ECO-MUSEE主流のヨーロッパ—最近のロンドン・パリの展示活動を見て」	『博物館研究』第23巻第9号	日本博物館協会
長谷川 栄			1994	『新しい美術館学-エコ・ミューゼの実際』		三交社
長谷川 栄			1995.1	『美術館都市への旅：新ミューゼオロジー求めて』		グラフ社
長谷川 栄			1997.5	『新しいソフト・ミュージアム：美術館運営の実際』		三交社
長谷川 栄			2000.1	「館種別博物館学 美術館学」	『新版博物館学講座 第1巻 博物館学概論』	雄山閣
長谷川 栄			2003	『「総合的な学習の時間」のための新評価モデルの提案と実証-探究者としての子どもの形成』		文部省科学研究費補助金研究成果報告書
長谷川 修一			2013	「骨董市場と博物館」	『Mouseion：立教大学博物館研究』第59号	立教大学学校・社会教育講座
長谷川 銹治			1996.2	『博物館学論考』		(株)戸谷印刷
長谷川 銹治			1998.4	『改訂博物館学論考』		(株)戸谷印刷
長谷川 銹治			2001.4	『博物館学概説』		(株)戸谷印刷
長谷川 銹治			2005.4	『新訂博物館学概説』		(株)戸谷印刷
長谷川 祥子			2015	「美術館案内(vol.17)静嘉堂文庫美術館：緑に囲まれた美術館リニューアルオープン」	『聚美』第17号	青月社、聚美社
長谷川 伸			1999.9	「「地域文化財」の思想と博物館の創造(特集歴史研究と文化財)」	『法政史学』第52号	法政大学史学会
長谷川 伸			2009.12	「地域の歴史博物館における「調査・研究」の現状と課題」	『博物館研究』第44巻第12号	日本博物館協会
長谷川 進			1990.3	「『観光と博物館』に関する序論」	『常滑市民俗資料館研究紀要』第4号	常滑市民俗資料館

著者1	著者2	著者3	発行年	論文名・書籍名	掲載誌	発行元
長谷川 総一郎	開 仁志*		2004.12	「幼児における美術館見学:ワークシート作成の試み」	『富山大学教育実践総合センター紀要』第5巻	富山大学教育学部附属教育実践総合センター
長谷川 曾乃江			2012.3	「戦争遺跡とエコミュージアム:千葉県館山市の事例から」	『大月短大論集』第43号	大月短期大学
長谷川 孝徳			1994.3	「博物館実習と学芸員養成について」	『石川県立歴史博物館紀要』第7号	石川県立歴史博物館
長谷川 孝徳			1998.3	「博物館実習の課題-学生のアンケート調査に基づいて-」	『石川県立歴史博物館紀要』第11号	石川県立歴史博物館
長谷川 孝徳			1999.3	「風土に応じた虫菌害対策について」	『石川県立歴史博物館紀要』第12号	石川県立歴史博物館
長谷川 髙人			1998.3	「自然への興味関心を高める自然体験学習の在り方」	『香川県自然科学館研究報告』第20巻	香川県自然科学館
長谷川 太郎			2012.3	「総合的な学習の時間 コミュニケーション能力が高まる美術館との連携:子ども学芸員の実践を通して」	『教育実践研究』第22集	上越教育大学学校教育実践研究センター
長谷川 智恵子			1988.8	『続 世界美術館めぐりの旅』		求龍堂
長谷川 智恵子			1993.7	『美術館へ行こう』		求龍堂
長谷川 藤太郎			1932	「濱松師範學校に於ける郷土研究の現在」	『郷土教育』第二十三號	郷土教育聯盟
長谷川 藤太郎			1933	「師範學校の郷土研究施設」	『郷土教育講演集』	文部省普通學務局
長谷川 寿彦			1972	『情報検索システム入門』		オーム社
長谷川 直司			2016.1	「文化財建造物の価値の保存に求められる技術」	『Re:Building maintenance & management』第37巻第3号	建築保全センター
長谷川 直哉	矢崎 陽子*		2011.3	「ミュージアムの社会的役割の変化と経営的課題に関する一考察」	『日本経営倫理学会誌』第18号	日本経営倫理学会
長谷川 紀子	西尾 幸一郎*	上野 勝代	1999.5	「博物館における子ども対象展示室に関する研究:琵琶湖博物館ディスカバリールームの利用状況調査より」	『日本建築学会近畿支部研究報告集.計画系』第39号	日本建築学会近畿支部
長谷川 裕恭			1996	「社会教育主事、学芸員及び司書の養成・研修の改善措置等について」	『社会教育』第51巻10号	全日本社会教育連合会
長谷川 裕恭			1997	「情報G7における「電子博物館プロジェクト」について」	『博物館研究』第32巻第1号	日本博物館協会
長谷川 正夫			1982.8	『美術展の黒子』		日経事業出版社
長谷川 正夫			1993.3	「長谷川正夫氏に聞く—美術品梱包事始」	『Museologist:明治大学学芸員養成課程年報』第8巻	明治大学学芸員養成課程
長谷川 雅美			1998.3	「博物館職員の研究する人生」	『Museumちば:千葉県博物館協会研究紀要』29号	千葉県博物館協会
長谷川 雅美	尾崎 煙雄*	大木 淳一	2001	「カエルがつないだ子どもたちと地域と博物館」	『Cultivate:文化と環境を考える』13号	文化環境研究所
長谷川 公之			2000.2	『贋作 汚れた美の記録』		(株)アートダイジェスト
長谷川 祐子			2009.1	「なぜ二一世紀に美術館が必要なのか?」	『学士会会報』第874号	学士会
長谷川 祐子			2011.9	「キュレーター---この罪深き職業(新連載・第1回)はじめに--キュレーターとは何か」	『青春と読書』第46巻第9号	集英社
長谷川 祐子			2011.10	「キュレーター---この罪深き職業(第2回)新たな感覚のめざめ--アートを通した知覚の実験」	『青春と読書』第46巻第10号	集英社
長谷川 祐子			2011.11	「キュレーター---この罪深き職業(第3回)「回転」から鯨まで--物質(object)と物語と体験の生産」	『青春と読書』第46巻第11号	集英社
長谷川 祐子			2011.12	「キュレーター:この罪深き職業(第4回)異文化への介入」	『青春と読書』第46巻第12号	集英社
長谷川 祐子			2012.1	「キュレーター:この罪深き職業(第5回)美術館建築とキュレーター」	『青春と読書』第47巻第1号	集英社
長谷川 祐子			2012.2	「キュレーター:この罪深き職業(第6回)アートと社会をつなぐ」	『青春と読書』第47巻第2号	集英社
長谷川 祐子			2012.3	「キュレーター:この罪深き職業(第7回)エロス、ジェンダー、セクシャリティとキュレーション」	『青春と読書』第47巻第3号	集英社
長谷川 祐子			2012.4	「キュレーター:この罪深き職業(第8回)物議をかもした展覧会」	『青春と読書』第47巻第4号	集英社

著者1	著者2	著者3	発行年	論文名・書籍名	掲載誌	発行元
長谷川 祐子			2012.5	「キュレーター：この罪深き職業(第9回)変容する観客」	『青春と読書』第47巻第5号	集英社
長谷川 祐子			2012.6	「キュレーター：この罪深き職業(第10回)震える境界：アウトサイダー・アートとキュレーション」	『青春と読書』第47巻第6号	集英社
長谷川 祐子			2012.7	「キュレーター：この罪深き職業(第11回)グローバル時代のキュレーション」	『青春と読書』第47巻第7号	集英社
長谷川 祐子			2012.8	「キュレーター：この罪深き職業(第12回・最終回)EXPERIENCE / EXPERIMENT / EXPERT / TESTIMONY」	『青春と読書』第47巻第8号	集英社
長谷川 祐子	保坂 健二朗		2015.7	「コンテンツとしての建築展、メディアとしての美術館」	『建築雑誌』第130輯第1673号	日本建築学会
長谷川 洋一			2017.3	「来館者の「思い出」を博物館事業の中でとらえる試み―博物館における民俗資料の性質についての考察―」	『名古屋市博物館研究紀要』第40巻	名古屋市博物館
長谷川 吉廣	青柳 邦忠*	中川 志郎 他	1996	「博物館をめぐる人材の養成・活用について」	『博物館研究』第31巻第10号	日本博物館協会
長谷部 一弘			2007.3	「地方博物館の先駆け「市立函館博物館」-収蔵資料の来歴と今後の活用」	『第21回北方民族文化シンポジウム報告書 北太平洋の文化―北方地域の博物館と民族文化』	北方文化振興協会
長谷部 言人			1943	「大學專門學校と博物館」	『博物館研究』第16巻第9號	日本博物館協會
長谷部 哲郎			1935	「第一回秋田歓業博覽會」	『庁苑』第8號	秋田縣総務部
長谷部 久樹	雨宮 加代子*	米田 明訓	2011	「博物館における青銅鏡作り体験の実際的方法(2)三珠大塚古墳出土六鈴鏡の復元と青銅器製作体験プログラムの導入について」	『山梨県立考古博物館・山梨県埋蔵文化財センター研究紀要』第27号	山梨県立考古博物館・山梨県埋蔵文化財センター
畑 正一			2009.1	「クロースアップカメラアップ 豊富なアイデアとユーモアセンスで日本を明るくする鳥羽水族館名誉館長中村幸昭」	『中部経済界』第46巻第1号	中部経済界
畑 智子			2013	「明治四年京都博覧会について」	『朱雀：京都文化博物館研究紀要』第25集	京都府京都文化博物館
畑 伸明	野村 東太	塚田 岳彦 他	1989.9	「来館者からみた博物館の施設特性別利用圏(神奈川県の場合)：博物館に関する建築計画的研究 その22」	『学術講演梗概集』1989巻	日本建築学会
端 信行			1996.9	「市民生活の変化と博物館」	『ミュージアムマネージメント』	東京堂出版
端 信行	高橋 裕	岩城 晴貞	1997.3	「座談会-地域づくりとミュージアム」	『レジャー産業資料』第30巻3号	綜合ユニコム
端 信行			1998.3	『アートマネジメントと文化政策 我が国の文化政策の将来構想に関する研究(NIRA研究報告書)』		総合研究開発機構
端 信行			1999.9	「美術館・博物館の今日的課題--国立美術館・博物館の独立行政法人化をめぐって」	『文化経済学』第7号	文化経済学会
端 信行 編			2000	『新しい展示技法の開発と子どもと博物館のコミュニケーションに関する研究』		国立民族学博物館
端 信行 編	池上 惇*編		2003.3	『文化政策学の展開』		晃洋書房
端 信行			2008.9	「博物館法の改正をめぐって」	『文化経済学』第6巻第2号	日本地域開発センター
端 信行			2011	「趣旨(特集10のキィワードで語る"博物館展示の未来")」	『展示学』第49号	日本展示学会
端 信行			2011	「追悼梅棹忠夫名誉会長の展示学的業績を顧みて」	『展示学』第49号	日本展示学会
端 信行			2012.12	「博物館展示の意義」	『博物館学2(博物館展示論 博物館教育論)』	学文社
畑 尚子			2003.3	「博物館の運営」	『國學院大學博物館學紀要』第27輯	國學院大學博物館学研究室
端 正男	尾坂 知江子*	金原 輝夫	1994.3	「常設展示のメンテナンスから見た問題点～特に生命館の映像機器について～」	『名古屋市科学館紀要』第20号	名古屋市科学館
はた よしこ	高橋 直裕*	服部 正 他	1999.8	「エイブル・アートが社会を変える」	『ミュージアム・マガジン・ドーム』第45号	日本文教出版
畑井 新喜司			1931	「博物館の運営方針に就いて」	『財團法人斎藤報恩會博物館時報』創刊號	斎藤報恩會自然史博物館
畑井 新喜司			1938	「パラオ熱帯生物研究所」	『博物館研究』第11巻第9號	日本博物館協會
畑 潤			2011.8	「街中のミュージアムと地域文化の創造--私たちが暮らす地域の自然と暮らしを観察し表現する」	『月刊社会教育』第55巻8号	国土社
畠山 一清			1931	「独逸博物館」	『科學知識』第10巻	科學知識普及會

著者1	著者2	著者3	発行年	論文名・書籍名	掲載誌	発行元
畠山 けんじ			1998.2	『鹿鳴館を創った男-お雇い建築家ジョサイア・コンドルの生涯』		河出書房新社
畠山 篤雄			2010.3	「水損文書資料の緊急保存処置の一例」	『一関市博物館研究報告』第13号	一関市博物館
畑瀬 淳	早川 大輔	中道 正之 他	2014.6	「『動物園』と研究する:動物園で研究試料を手に入れる方法」	『哺乳類科学』第54号	日本哺乳類学会
畑田 彩			2007.11	「博物館と生態学(6)博物館学芸員と地域住民による自然環境保全活動」	『日本生態学会誌』第57巻第3号	日本生態学会誌編集委員会
畑田 彩	鈴木 まほろ	三橋 弘宗	2008.3	連載「博物館と生態学」を振り返って」	『日本生態学会誌』第58巻第1号	日本生態学会誌編集委員会
羽田 武朗			2013	「博物館におけるウォーキングイベントの企画・実施方法について:埼玉県立川の博物館での実施例より」	『埼玉県立川の博物館紀要』第13号	埼玉県立川の博物館
畑田 耕一	地村 邦夫*	林 義久	2016.2	「登録文化財制度と大阪府の登録有形文化財」	『むかしの家に学ぶ:登録文化財からの発信』	大阪大学出版会
畑田 耕一 編著			2016.2	『むかしの家に学ぶ:登録文化財からの発信』		大阪大学出版会
畑田 晃希	河治 寿都	山崎 俊彦 他	2010.3	「全方位カメラによる位置参照画像群を用いた屋内位置推定―デジタルミュージアムでの鑑賞者の行動記録に向けて」	『電子情報通信学会技術研究報告』第109巻466号	電子情報通信学会
羽田 司	市川 康夫*	松井 圭介	2016.4	「日本人・外国人ツーリストの観光特性とイメージにみる白川郷の世界遺産観光」	『人文地理学研究』第36巻	筑波大学大学院生命環境科学研究科地球環境科学専攻
畑中 章良			2001.6	「シリーズ子どもとはくぶつかん7「非常に大切な分野と直感」」	『月刊ミュゼ』47号	(株)アム・プロモーション
畑中 章良	津屋 裕子*	平田 健生 他	2001.6	「シリーズ・子どもとはくぶつかん 学校と美術館を地域ボランティアがつなぐ」	『月刊ミュゼ』47号	(株)アム・プロモーション
畑中 彩子	福井 憲彦 監	伊藤 真実子 編	2014.2	「集める、収める、愛でる」	『世界の蒐集:アジアをめぐる博物館・博覧会・海外旅行』	山川出版社
畠中 克士			2010.3	「宜野座村とエコツーリズムの可能性」	『宜野座村立博物館紀要ガラマン』第16号	宜野座村立博物館
畑中 三応子			2008.7	「利用者の立場から望むミュージアムの憩い-各館の性格を共有した飲食やグッズを」	『博物館研究』第43巻第7号	日本博物館協会
畑中 康博			2015.3	「守屋家資料の整理:秋田県立博物館友の会古文書整理ボランティアの発足と共に」	『秋田県立博物館研究報告』第40号	秋田県立博物館
波多野 完治	山口 源治郎 編	君塚 仁彦 編	2001.12	『日本現代教育基本文献叢書社会・生涯教育文献集6-58見学・旅行と博物館』		日本図書センター
幡野 寛治			2016.5	「文化財建造物でつなぐまちの記憶」	『月刊文化財』第632巻	第一法規
波多野 賢一			1934	「明治初年に於ける官立圖書館・博物館の發生とその變遷」	『書籠研幾編:太田先生記念』	藝艸會
波多野 賢一			1934	「明治初年に於ける官立圖書館・博物館の發生とその變遷」	『圖書館研究』第10巻	藝艸社
波多野純建築設計室			2000.9	「長崎出島の復元と展示」	『近代建築』第54巻9号	近代建築社
幡野 豊次郎			1984	「国立民族学博物館の展示」	『展示学』第1号	日本展示学会
波多野 宏之			1992.7	「美術館ドキュメンテーション-欧米の到達点と日本の課題」	『情報の科学と技術』第42巻第7号	情報科学技術協会
波多野 宏之			1993.11	『画像ドキュメンテーションの世界』		勁草書房
波多野 宏之			1997	「国立西洋美術館における西洋美術研究支援アプリケーションツールの評価―画像分類・作家名ユニオンリストを応用した科研リストを中心に―」	『情報処理学会研究報告』第48号	情報処理学会
波多野 宏之			1998.3	「フランスにおける美術情報の普及と専門教育」	『報告書シンポジウム:フランスにおける美術情報の普及と専門教育』	アート・ドキュメンテーション研究会
波多野 宏之			1998.6	『図書館資料利用論1印刷物からマルチメディアへ』		放送大学教育振興会
波多野 宏之			1999.8	「館種別博物館の情報化の現状と課題 美術館」	『新版博物館学講座 第11巻博物館情報論』	雄山閣
波多野 宏之			1999.8	「博物館における情報の提供と活用方法 2.博物館資料のデータベース化と活用」	『新版博物館学講座 第11巻博物館情報論』	雄山閣
波多野 宏之			2000	「デジタルギャラリー:超高精細画像検索表示システム」	『国立西洋美術館年報』第33号	国立西洋美術館
波多野 宏之 編			2001.11	『デジタル技術とミュージアム:情報・機器展示、セミナーによる公開プログラム:展示解説』		国立西洋美術館

著者1	著者2	著者3	発行年	論文名・書籍名	掲載誌	発行元
波多野 宏之			2002.5	「ミュージアムとイコノテーク」	『Science of humanity Bensei：人文学と情報処理』第39号	勉誠出版
波多野 宏之			2002.5	「国立西洋美術館における画像利用—マイクロ資料と超高精細画像—」	『Science of humanity Bensei：人文学と情報処理』第39号	勉誠出版
端山 貢明			1981	「北米大陸の科学博物館に見る博物館の流れ」	『全科協ニュース』第11巻2号	全国科学博物館協議会
八王子市郷土資料館			1983	『八王子市郷土資料館15年史』		八王子市郷土資料館
ハッカンソン・S			2007.3	「アルティーク博物館がコディアックの伝統啓発と伝承に果たしている役割-ハンズ・オン・プログラムをとおした実践」	『第21回北方民族文化シンポジウム報告書 北太平洋の文化--北方地域の博物館と民族文化』	北方文化振興協会
初澤 敏生	佐川 朋子	鈴木 英里	2017.2	「北海道・東北地方における地域博物館と学校との連携活動に関する調査報告」	『福島大学地域創造』第28巻2号	福島大学地域創造支援センター
八田 三郎			1925	「第18回アイヌの生活と博物館のアイヌ品陳列棚」	『財団法人啓明會講演集』第16～20回	啓明會事務所
初田 亨			1993	『百貨店の誕生 明治大正昭和の都市文化を演出した百貨店と勧工場の近代化』		三省堂
服部 完治	野田 学*	毛利 勝廣 他	2006.3	「字幕付きで見るプラネタリウム」	『名古屋市科学館紀要』第32号	名古屋市科学館
服部 敬史			2012.5	「文化資本としての遺跡を考える（観光と遺跡）」	『観光考古学』	ニューサイエンス社
服部 敬史			2002.3	「博物館・美術館の集客を図るために」	『東京家政学院生活文化博物館年報』第11・12号	東京家政学院生活文化博物館
服部 正	高橋 直裕*	はた よしこ 他	1999.8	「エイブル・アートが社会を変える」	『ミュージアム・マガジン・ドーム』第45号	日本文教出版
服部 正	島田 康寛	竹中 悠美 他	2013.3	「巻頭座談会 オルタナティブな教育の場としての美術館」	『生存学』第6号	生活書院
服部 哲則	木俣 美樹男*	井村 礼恵 他	2011.3	「プロジェクト学習科目「植物と人々の博物館づくり」の方法論と評価」	『環境教育』第20巻第3号	日本環境教育学会
服部 教一			1911	「社会教育に就きて我國の教育者に警告す」	『帝國教育』第339號（再興20）	帝國教育會
服部 治男			1997	「紙博旧館撤去作業の経緯」	『百万塔』第98号	紙の博物館
服部 英雄			2016.7	「震災と文化財:熊本県立くまもと文学・歴史館に着任して」	『西日本文化』第479巻	西日本文化協会
服部 比呂美			2010.3	「図書館での効果的な展示--その理論と実際」	『ぷらたなす』第59巻	東京都立多摩図書館
服部 比呂美			2015.10	「人の力・資料の力を生み出す「展示」」	『図書館雑誌』第109巻第10号	日本図書館協会
服部 岑生			1988.3	「博物館情報システムとしての展示支援施設の基礎研究-展示空間の数理モデル-」	『国立歴史民俗博物館研究報告』第16集	国立歴史民俗博物館
発明協会兵庫県支部 編			1996	『神戸市少年少女発明クラブ十周年記念誌』		発明協会兵庫県支部
鳩貝 太郎			2001.3	「博物館と学校教育との連携」	『千葉県立現代産業科学館研究報告』第7号	千葉県立現代産業科学館
ハドソン・M			2007.4	「プリーズ・タッチ」	『だれもが楽しめるユニバーサル・ミュージアム："つくる"と"ひらく"の現場から』	読書工房
鳩野 逸生	荻野 哲男*	井福 克也 他	2009.3	「動物園におけるGPS携帯を活用した一般来園者への観察支援」	『情報処理学会研究報告』2009巻第26号	情報処理学会
鳩野 逸生	荻野 哲男*	鈴木 真理子 他	2009.8	「携帯端末を用いたナビゲーションにおける観察活動を促進することを目的とした情報提示」	『日本科学教育学会年会論文集』第33巻	日本科学教育学会
花井 綾子	市野 純子*	磯田 和生 他	2013.1	「博物館・美術館におけるディスプレイ角度がユーザーの認知・行動・感情に与える影響」	『電子情報通信学会技術研究報告』第112巻第420号	電子情報通信学会
花井 正光			1999.3	「文化財としての天然記念物」	『国立科学博物館ニュース』第359号	国立科学博物館
花上 嘉成			1999.11	「大手民鉄博物館運営:東武博物館奮闘記」	『鉄道ピクトリアル』第49巻第11号	鉄道図書刊行会
花岡 弘			1996.3	「一地方小都市における学芸員のありかた」	『Museologist：明治大学学芸員養成課程年報』第11巻	明治大学学芸員養成課程
花里 俊廣	朴 鍾来*		2005.7	「科学系博物館における展示手法と利用者の行動特徴からみた展示の分析」	『日本建築学会計画系論文集』第70巻593号	日本建築学会
パナソニック汐留ミュージアム	北海道立近代美術館*	松坂屋美術館 他編	2015	『アール・ヌーヴォーのガラス:デュッセルドルフ美術館ゲルダ・ケプフ・コレクション』		中日新聞社

著者1	著者2	著者3	発行年	論文名・書籍名	掲載誌	発行元
英 太郎			2012.5	「遺跡の保存と観光の側面—東京都府中市の試み—」	『観光考古学』	ニューサイエンス社
八並 勝正			1997.11	「特集博物館へ行こう アメリカの子ども博物館」	『教育と情報』第476号	第一法規
塙 萌衣			2015.12	「グローバルな情報発信源としてのソーシャルメディアの活用とコレクションの公開」	『博物館研究』第50巻第12号	日本博物館協会
羽生 冬佳	上村 さつき*	黒田 乃生	2010	「名勝としての「展望地点」の保護に関する研究」	『ランドスケープ研究』第73巻第5号	日本造園学会
羽田 聡			2014.7	「京都国立博物館の歴史と収蔵品」	『月刊文化財』第610号	第一法規
羽根田 弥太			1968.4	「講演録「地域社会と博物館の機能」」	『昭和42年度学芸員研修会講演集』	日本博物館協会
羽塚 隆成 訳			1928	『ナポリの秘密博物館』		文藝市場社
馬場 暁子	兼田 貴子	茂登山 清文	2010.3	「美術館来館者が作品をたのしむためのデジタル・ツールの開発」	『展示学』第48号	日本展示学会
馬場 敦義	松本 朱実*	森本 信也	2015.7	「動物園における小学校の理科教育との連携の試み:対話的な学習を通した指導の試み」	『理科教育学研究』第56巻第1号	日本理科教育学会
馬場 清			2012	「循環型社会の構築を目指す東京おもちゃ美術館の木育事業」	『廃棄物資源循環学会誌』第23巻第3号	廃棄物資源循環学会
馬場 清			2016.2	「ウッドスタートで地域を変える:東京おもちゃ美術館の木育事業(2)先進事例を語り合うサミット」	『グリーン・パワー』第446号	森林文化協会
馬場 清			2016.5	「ウッドスタートで地域を変える:東京おもちゃ美術館の木育事業(5)地産地消の木製玩具を贈る」	『グリーン・パワー』第449号	森林文化協会
馬場 清			2016.6	「ウッドスタートで地域を変える:東京おもちゃ美術館の木育事業(6)木のおもちゃで地域を元気に」	『グリーン・パワー』第450号	森林文化協会
馬場 清			2016.9	「ウッドスタートで地域を変える:東京おもちゃ美術館の木育事業(9)保育園・幼稚園に木育広がる」	『グリーン・パワー』第453号	森林文化協会
馬場 清			2016.11	「ウッドスタートで地域を変える:東京おもちゃ美術館の木育事業(11)全国展開する木育キャラバン」	『グリーン・パワー』第455号	森林文化協会
馬場 恵二	矢島 國雄 聞き手		1991.3	《博物館史研究ノート4—馬場恵二先生に聞く—》ギリシャ世界に博物館の原点を探る」	『Museologist:明治大学学芸員養成課程年報』第6巻	明治大学学芸員養成課程
馬場 憲一			1987.8	「多摩地域の博物館について-設置状況と課題を中心に-」	『多摩のあゆみ』第48号	多摩中央信用金庫
馬場 憲一			1997.3	「地域社会における文化遺産の保存と活用-ブレス・ブルゴーニュ・エコミュゼの視察を通して-」	『東京都教育委員会学芸研究紀要』第13集	東京都教育委員会
馬場 憲一			1998.3	「文化政策取り組みに向けての基礎的研究-文化遺産にみる東京の地域文化-」	『東京都教育委員会学芸研究紀要』第14号	東京都教育委員会
馬場 憲一			1998.9	『地域文化政策の新視点』		雄山閣
馬場 憲一	中村 めぐみ*		2014.3	「美術館におけるソーシャル・インクルージョン活動の実態と課題」	『現代福祉研究』第14号	法政大学現代福祉学部現代福祉研究編集委員会
馬場 憲一			2017.3	「「伝説地」の文化財保護をめぐる動向と新たな取り組みについて:「記憶の場」の保存による地域アイデンティティ形成の視点から」	『現代福祉研究』第17号	法政大学現代福祉学部現代福祉研究編集委員会
馬場 浩平			2010.3	「「視」の展示思想に関する研究スケッチ--19世紀の公共博物館についての試論のために」	『人文学報』第435号	首都大学東京都市教養学部人文・社会系
馬場 省吾			1983.2	「インドネシアの遺跡と博物館」	『別府大学博物館研究報告』第7号	別府大学博物館学課程
馬場 輝代			2001.6	「シリーズ子どもとはくぶつかん7「協働という言葉の重みをかみしめている」」	『月刊ミュゼ』47号	(株)アム・プロモーション
馬場 直也			1981.3	「秩父宮記念三峰山博物館活動報告」	『國學院大學博物館學紀要』第5輯	國學院大學博物館学研究室
馬場 悠男			1994.7	「アメリカ科学系博物館への疾風訪問」	『国立科学博物館ニュース』第303号	国立科学博物館
幅 大			2001.3	「学芸員の現職研修をめぐる近年の動向-文化庁キュレーター上級研修を中心に-」	『東京学芸大学教育学部生涯教育研究室研究紀要』第6号	東京学芸大学教育学部生涯教育研究室
馬場 稔			2000.6	「闘ふ博物館--市町村立博物館の現場から」	『哺乳類科学』第40巻1号	日本哺乳類学会
土生田 純之			2012.5	「遺跡保存と考古学(観光と考古学)」	『観光考古学』	ニューサイエンス社
土生田 純之			2002	「博物館への幻想と現実(マレーシア・シンガポール総合研究特集号)」	『専修大学人文科学研究所月報』第201号	専修大学人文科学研究所

著者1	著者2	著者3	発行年	論文名・書籍名	掲載誌	発行元
波部 忠重			1997.11	「山村八重子女史を偲ぶ」	『国立科学博物館ニュース』第343号	国立科学博物館
濱 興治			2010.2	「美術館・博物館に求められる空調設備」	『BE建築設備』第61巻第3号	建築設備綜合協会
濱 日出夫 編			1997	『戦争と博物館-スミソニアンと土浦-』		筑波大学社会学類
濱 日出夫			1997	『地方博物館に現れた地域文化アイデンティティに関する文化社会学的考察-メディアとしての博物館』		文部省科学研究費補助金研究成果報告書
濱 日出夫			2000	『観光のまなざしと博物館の変容に関する文化社会学的研究』		文部省科学研究費補助金研究成果報告書
濱 日出夫			2004	『博物館の戦争展示と戦争の記憶の形成に関する実証的研究』		文部省科学研究費補助金研究成果報告書
濱岡 伸也			2010.3	「北前船再考－研究と展示一」	『石川県立歴史博物館紀要』第22号	石川県立歴史博物館
濱岡 周忠 編	伊藤 忠太*	佐藤 功一 監	1924	「ダルムシュタットの美術館及成婚記念塔」	『近代建築思潮』建築文化叢書第12編	洪洋社
濱岸 貴子			2008	「現代と過去の対話-パリにおける現代アートの展示動向」	『Mouseion：立教大学博物館研究』第54号	立教大学学校・社会教育講座
浜口	日浦 勇*	小島	1976	「研究と展示」	『大阪市立自然科学博物館報』第2号	大阪市立自然科学博物館
濱口 亜紀			1999.5	「博物館における女性問題及び女性史の取り組み：アンケート調査より」	『大阪人権博物館紀要』第3号	大阪人権博物館
浜口 哲一	小島 弘義		1977.3	「地域博物館における学芸員と特別展」	『博物館学雑誌』第2巻第1・2号	全日本博物館学会
浜口 哲一			1983.12	「平塚市博物館の博物館実習」	『平塚市博物館年報』第7号	平塚市博物館
浜口 哲一			1986.3	「博物館の調査活動における市民参加」	『平塚市博物館年報』第9号	平塚市博物館
浜口 哲一			1996.9	「行事の企画と運営」	『ミュージアムマネージメント』	東京堂出版
浜口 哲一			1997.3	「放課後博物館」	『博物館の創造』第1巻	東京大学大学院教育学研究科・教育学部社会教育研究室
浜口 哲一			2000	『放課後博物館へようこそ—地域と市民を結ぶ博物館』		地人書館
浜口 哲一			2001.3	「伊藤寿朗さんと平塚市博物館」	『東京学芸大学教育学部生涯教育研究室研究紀要』第6号	東京学芸大学教育学部生涯教育研究室
浜口 哲一			2001.7	「放課後博物館と市民--平塚市博物館の特別展示室から」	『學鐙』第98巻7号	丸善出版
浜口 哲一			2008.12	「私の社会教育実践史 放課後博物館での30年」	『月刊社会教育』第52巻12号	国土社
浜口 哲一			2009.12	「自然系博物館の未来(第7回)博物館が担う地域社会の"一翼"」	『科学』第79巻第12号	岩波書店
浜口 哲一			2010.10	「科学の目 放課後博物館が育む新しい学び」	『科学』第70巻第10号	岩波書店
浜口 哲一			2012.12	「地域自然を扱う博物館学芸員の仕事」	『現代に活きる博物館』	有斐閣
濱口 寿夫			2011.3	「博物館常設展示における展示項目は入場者に見られているか?」	『沖縄県立博物館・美術館博物館紀要』第4号	沖縄県立博物館・美術館
濱口 由美			2011.1	「鑑賞学習を推進するための授業研究会への提案-徳島県立近代美術館鑑賞シート活用授業研究会の取り組みを通して-」	『福井大学教育地域科学部紀要』第1号	福井大学
濱口 由美	森 芳功	竹内 利夫	2011.3	『教師力を活かす子どもの力を活かす鑑賞シートと美術館の「活用本」：たのしい美術鑑賞の授業をつくろう』		徳島県立近代美術館
濱崎 一志	国立文化財機構奈良文化財研究所 編		2014.1	「滋賀県の文化的景観」	『文化的景観研究集会(第5回)報告書：文化的景観のつかい方』	国立文化財機構奈良文化財研究所
濱崎 好治			1989.3	「ビデオライブラリーの考え方とその役割 ビデオ(VIDEO)とライブラリー(LIBRARY)とアーカイブス(ARCHIVES)の関係」	『川崎市市民ミュージアム紀要』第1集	川崎市市民ミュージアム
濱崎 好治			2010.11	「デジタルアーカイブのベストプラクティス「川崎市市民ミュージアム」の事例」	『情報の科学と技術』第60巻第11号	情報科学技術協会
濱崎 好治			2012.12	「映像アーカイブの保存・活用と博物館」	『現代に活きる博物館』	有斐閣
濱島 正士	八重樫 純樹*		1985.3	「歴史的建造物に関する工匠名データ構造の論理的分析といくつかの課題-データベース構築に向けて-」	『国立歴史民俗博物館研究報告』第6集	国立歴史民俗博物館

著者1	著者2	著者3	発行年	論文名・書籍名	掲載誌	発行元
濱島 正士	伊藤 延男*	岡田 英男	1999	『新建築学大系50歴史的建造物の保存』		彰国社
濱島 正士 監	清水 慶一	三浦 彩子 編	2006.9	『建築[見どころ]博物館ガイドブック課外学習へようこそ』		彰国社
濱島 正士			2017.3	「シンポジウムの記録 日本古来の建造物保存」	『文化財建造物の保存修理を考える:第3回シンポジウム「木造建造物保存修理技術の特色」の記録』	文化財建造物保存技術協会
濱島 裕輝	岡 将太郎	菅原 龍	2010.12	「小学校・科学館における立教理科工房の活動」	『科学技術コミュニケーション』第8巻	北海道大学科学技術コミュニケーター養成ユニット
濱田 浄人			1998.11	「博物館専門職の養成・研修の現状について－スミソニアン機構博物館研究センターの事例を加えて－」	『博物館研究』第33巻第11号	日本博物館協会
濱田 浄人			2001.9	「大阪人権博物館：人権の博物館」	『博物館学シリーズ 7博物館活動事例集』	樹村房
濱田 浄人			2001.9	「サイエンスワールド(岐阜県先端科学技術体験センター)：生きた科学体験に特化した施設」	『博物館学シリーズ 7博物館活動事例集』	樹村房
濱田 浄人			2001.9	「ツラッティ千本(京都市楽只隣保館資料室)：人権資料・展示全国ネットワークと地域博物館」	『博物館学シリーズ 7博物館活動事例集』	樹村房
濱田 浄人			2001.9	「鉄の歴史村(島根県吉田村)：地域住民による価値の創出と伝承」	『博物館学シリーズ 7博物館活動事例集』	樹村房
濱田 浄人			2010.2	「博物館にとっての対外連携・協力について--博物館総合調査より」	『博物館研究』第45巻第2号	日本博物館協会
濱田 浄人			2013.3	「館園実習」	『博物館学4(博物館資料保存論*博物館実習論)』	学文社
濱田 耕作			1908	「明治四一年文部省と玉成會の兩展覽會」上	『國華』223号	國華社
濱田 耕作			1908	「明治四一年文部省と玉成會の兩展覽會」下	『國華』224号	國華社
濱田 耕作			1910	「建築の模型」	『大阪朝日新聞』1910年2月25日付	大阪朝日新聞社
濱田 耕作			1910	「日英博覽會に於ける建物模型」	『建築雑誌』第24輯第277號	日本建築學會
濱田 耕作			1916	「歴史記念物の保護」	『大阪毎日新聞』2月22～27日	大阪毎日新聞社
濱田 耕作			1919	「考古學の栞(第七回)」	『史林』第四巻第三號	史學研究會
濱田 耕作			1919	「ナポリの水族館と博物館」	『南歐游記』	大雅堂
濱田 耕作			1922	「博物館」	『通論考古學』	大鐙閣
濱田 耕作			1929	「國立博物館」「北方博物館とスカンセン」ほか	『考古學遊記』	刀江書院
濱田 耕作			1929.9	『博物館』		(株)アルス
濱田 耕作			1931	「序」	『考古学関係資料模型図録』	岡書店
濱田 耕作			1941	『考古學入門』		創元社
濱田 耕作			1947	「複製の必要」	『通論考古学』	全國書房
濱田 耕作			1948	『希臘紀行』		大雅堂
濱田 耕作			1962	『やさしい考古学』		有紀書房
濱田 耕作	伊藤 寿朗 監		1990.11	『博物館 博物館基本文献集第5巻』		大空社
濱田 隆士			1990	「博物館五感論」	『ユニバーサル・ミュージアムをめざして—視覚障害者と博物館—』	神奈川県立生命の星・地球博物館
濱田 隆士			1996	「近代自然史(誌)博物館の特性と将来像」	『これからの自然史(誌)博物館—生命の星・地球博物館1周年記念論集—』	オールプランナー
濱田 隆士			1997.11	「自然史博物館的「楽修」考」	『Cultivate:文化と環境を考える』第7号	文化環境研究所
濱田 隆士			1997.1	「21世紀博物館の基礎体力」	『国立科学博物館ニュース』第342号	国立科学博物館

は

著者1	著者2	著者3	発行年	論文名・書籍名	掲載誌	発行元
濱田 隆士			1997.3	「情報化時代の自然史博物館」	『神奈川県立博物館研究報告.自然科学』第26号	神奈川県立生命の星・地球博物館
濱田 隆士			1999	「博物館・園とニュー・ツーリズム」	『WESKAMS』第1巻2号	神奈川県西部地域ミュージアムズ連絡会
濱田 隆士			1999	「平坦ではない"開かれた"博物館への未知」	『WESKAMS』第1巻3号	神奈川県西部地域ミュージアムズ連絡会
濱田 隆士			1999	「博物館での自然史学習—ハンズ・オン思想を基本に」	『自然史学会連合・日本学術会議50周年記念・合同シンポジウム「博物館の21世紀—ナチュラルヒストリーの未来」講演要旨集』	日本生物科学者協会
濱田 隆士			1999	「ハンズ・オンツーリズムへの展開—生涯学習時代における記念物活用の一方途」	『文化庁月報』374号	ぎょうせい
濱田 隆士			1999.9	「特論2 21世紀博物館界を読む」	『博物館学シリーズ 1博物館概論』	樹村房
濱田 隆士			2000.8	「21世紀は「ユニバーサル」の概念によって新たな文化革命が起こる世紀」	『Cultivate:文化と環境を考える』第12号	文化環境研究所
濱田 隆士			2000	「ユニバーサル・ミュージアムへの志向と試行」	『神奈川県博物館協会会報』第71号	神奈川県博物館協会
濱田 隆士	高橋 俊雄	松島 義章	2000	「博物館と社会的機能」	『神奈川県立博物館研究報告.自然科学』第29号	神奈川県立生命の星・地球博物館
濱田 隆士	奥野 花代子		2000	「ユニバーサル・ミュージアムをめざして」	『神奈川県立博物館研究報告.自然科学』第29号	神奈川県立生命の星・地球博物館
濱田 隆士			2000	「エデュテインメント性豊かな学習プログラムの構築—南関東地区での事例—」	『第7回全国科学博物館協議会研究発表大会[国際シンポジウム](名古屋市科学館)資料』	全国科学博物館協議会
濱田 隆士	五十嵐 耕一	佐原 真 他	2001.6	「特集平成12年度「親しむ博物館づくり事業」シンポジウム・ドキュメント—子どもたちが、自分で博物館に出かける日—パネルディスカッション「親しむ博物館づくり事業と今後の博物館活動」」	『ミュージアム・マガジン・ドーム』第56号	日本文教出版
濱田 隆士	佐久間 雅彦	森 司 他	2001	「座談会"開かれた"博物館への道を探る」	『博物館研究』第36巻第2号	日本博物館協会
濱田 隆士	飯田 浩之	河野 哲郎 他	2001.11	「座談会「博物館における学習支援に関する国際比較調査」を終えて」	『博物館研究』第36巻第11号	日本博物館協会
濱田 隆士			2002	「わが国における博物館型活動と地球環境科学への展開をめぐって(1)社会構成の一翼を担うものとして」	『福井県立恐竜博物館紀要』第1号	福井県立恐竜博物館
濱田 隆士	亀井 修	高橋 信裕 他	2002.3	シンポジウム(講演録)「ミュージアム・マネージメント21世紀の課題と展望」」	『ミュージアム・エデュテイメント—博物館楽修講座"ミュージアム・リレー"第50回走達成記念事業報告』	文化環境研究所
濱田 隆士			2003	「わが国における博物館型活動と地球環境科学への展開をめぐって(2)造礁性サンゴ・サンゴ礁等の生態・古生態を視座に据えて」	『福井県立恐竜博物館紀要』第2号	福井県立恐竜博物館
濱田 隆士			2004.3	「博物館・園等活動を支えるボランティア・グループスの在り方」	『博物館の機能及びその効果的な運営の在り方に関する実証的研究』	国立科学博物館
濱田 隆士			2004.3	「わが国における博物館型活動と地球環境科学への展開をめぐって(3)地域特性をどのように活かし・専門領域のバリアをどうのり越えるのか?」	『福井県立恐竜博物館紀要』第3号	福井県立恐竜博物館
濱田 隆士			2005	「わが国における博物館型活動と地球環境科学への展開をめぐって(4)」	『福井県立恐竜博物館紀要』第4号	福井県立恐竜博物館
濱田 隆士			2005	「日本での博物館事情と21世紀への展望」	『福井県立恐竜博物館紀要』第4号	福井県立恐竜博物館
浜田 貴英			2013.12	「上海の展示会・商談会事情と活用について」	『北陸経済研究』第418号	北陸経済研究所
浜田 拓志			2012.1	「全美陸前高田市立博物館被災美術作品等救援活動について」	『Zenbi:全国美術館会議機関誌』第1巻	全国美術館会議
浜田 拓志			2012.3	「文化財レスキュー事業における全国美術館会議の活動」	『人間文化研究情報資源共有化研究会報告集』第3巻	人間文化研究機構研究資源共有化事業委員会
浜田 拓志			2015.7	「「和歌山県博物館施設等災害対策連絡会議」設立と経過と課題」	『博物館研究』第50巻第7号	日本博物館協会
浜田 拓志			2016	「和歌山県博物館施設等災害対策連絡会議」	『文化財等防災ネットワーク研究集会第1回』	国立文化財機構奈良文化財研究所埋蔵文化財センター保存修復科学研究室
濱田 琢司			2013.2	「無形文化財制度・工芸技術における「個人」の問題」	『世界遺産時代の民俗学グローバル・スタンダードの受容をめぐる日韓比較』	風響社
濱田 琢司			2013.3	「創造/想像される「伝統」～本質主義的民芸理解と柳宗理「民芸の行方」との相克から～」	『博物館資料の再生:自明性への問いとコレクションの文化資源化』	岩田書院
濱田 武士			2015.10	「第4章平和の聖地と悲惨のありか」	『ミュージアムと負の記憶戦争・公害・疾病・災害:人類の負の記憶をどう展示するか』	東信堂
浜田 哲郎			2015.5	「史跡金沢城跡の整備:歴史的建造物の復元を中心に」	『月刊文化財』第620号	第一法規
濱田 直嗣			2000	「地方博物館の35年」	『博物館研究』第35巻第8号	日本博物館協会

著者1	著者2	著者3	発行年	論文名・書籍名	掲載誌	発行元
浜田 弘明			1985.3	「大都市近郊における博物館の分布と立地〜南関東を事例として〜」	『法政大学地理学集報』第14号	法政大学地理学集報刊行会
浜田 弘明			1985.11	「現代的視点に立った博物館を」	『地理』第30巻第11号	古今書院
浜田 弘明			1987.3	「地域博物館における利用者構造の分析−平塚市博物館の10年−」	『自然と文化:平塚市博物館研究報告』第10号	平塚市博物館
浜田 弘明			1987.7	「近郊都市の博物館づくりにおける二、三の私見」	『民具マンスリー』第20巻4号	神奈川大学
浜田 弘明			1990.5	「新設博物館における利用者圏域の分析〜羽村町郷土博物館の1年〜」	『学際研究』創刊号	学際研究の会
浜田 弘明			1991.5	「都市部の博物館・資料館における現代資料考」	『昔風と当世風』第55号	古々路の会
浜田 弘明			1993.3	「博物館の中の郷土〜「郷土博物館」の成立と展開を巡る覚え書き〜」	『学際研究』第3号	学際研究の会
浜田 弘明			1993.3	「現代の博物館を読み解く〜博物館における「環境」へのアプローチ〜」	『相模原市教育委員会研究報告』第2集	相模原市教育委員会
浜田 弘明			1993.4	「文化としての産業・技術を考える〜博物館と『産業技術資料』をめぐって〜」	『金属』第63巻4号	アグネ
浜田 弘明			1994.3	「分布による地域表現の地理的課題」	『相模原市教育委員会研究報告』第3集	相模原市教育委員会
浜田 弘明			1994.3	「近郊都市の博物館における地理的課題〜現代的視点に立った博物館活動に向けて〜」	『法政地理』第22号	法政大学地理学会
浜田 弘明			1996.3	「博物館における『現代』の地理的表現〜展示『地域の変貌』から〜」	『相模原市立博物館研究報告』第5集	相模原市教育委員会
浜田 弘明			1997	「博物館と『現代資料』」	『地方史・研究と方法の最前線』	雄山閣出版
浜田 弘明			1997.3	「鶴田総一郎と日本博物館学」	『学際研究』第4号	学際研究の会
浜田 弘明			1997.12	「博物館における協業の可能性〜相模原市のある農家調査から〜」	『地方史研究』第47巻第6号	地方史研究協議会
浜田 弘明			1998.3	「地域博物館における地理的課題〜地図の収集・展示を中心に〜」	『日本地理学会1998年春期学術大会報告集』	日本地理学会
浜田 弘明			2000.3	「博物館学芸員という仕事の現場から」	『桜美林大学博物館学芸員課程年報』創刊号	桜美林大学
浜田 弘明			2000.3	「『現代資料』をめぐるいくつかの課題」	『神奈川県博物館協会会報』第71号	神奈川県博物館協会
浜田 弘明			2000.3	「『都市化の中のくらし』を展示する〜生活資料の生活空間論的展開〜」	『相模原市立博物館研究報告』第9集	相模原市教育委員会
浜田 弘明			2000.3	「現代資料の収集とその活用」	『東京都多摩社会教育会館平成11年度文化財セミナー報告書』	東京都多摩社会教育会館
浜田 弘明			2000.12	「現代展示と現代生活資料の課題と展望」	『博物館問題研究』第27号	博物館問題研究会
浜田 弘明			2001.3	「都市景観を展示するということ〜景観模型による現代展示へのアプローチ〜」	『相模原市立博物館研究報告』第10集	相模原市教育委員会
浜田 弘明			2002.7	「地域における博物館と市民のかかわり〜地域博物館の学芸員の役割〜」	『全科協ニュース』第32巻4号	全国科学博物館協議会
浜田 弘明	金子 淳	青木 俊也	2003.9	「戦後生活資料へのアプローチ」	『松戸市立博物館紀要』第10号	松戸市立博物館
浜田 弘明			2003.12	「市民と地域の博物館〜相模原市の博物館建設を通して〜」	『博物館問題研究』第27号	博物館問題研究会
浜田 弘明			2004.3	「桜美林大学における博物館学芸員課程の現在」	『桜美林大学博物館学芸員課程年報』第5号	桜美林大学
浜田 弘明			2004.12	「博物館空間に広がる景観的世界」	『非文字資料研究』第6号	神奈川大学21世紀COEプログラム「人類文化研究のための非文字資料の体系化」研究推進会議
浜田 弘明			2006.9	「観覧料という心的バリア」	『非文字資料研究』第13号	神奈川大学21世紀COEプログラム「人類文化研究のための非文字資料の体系化」研究推進会議
浜田 弘明			2008.3	「大学院における博物館学専攻プログラム」	『高度専門職学芸員の養成−大学院における養成プログラムの提言−』	神奈川大学COEプログラム「人類文化研究のための非文字資料の体系化」研究推進会議
浜田 弘明 司会	井上 敏	瀧端 真理子	2008.3	「COE公開研究会「学芸員の専門性をめぐって」第1回 今後の学芸員養成と博物館学の方向性」	『高度専門職学芸員の養成−大学院における養成プログラムの提言−』	神奈川大学COEプログラム「人類文化研究のための非文字資料の体系化」研究推進会議
浜田 弘明 司会	竹内 有里	金子 淳	2008.3	「COE公開研究会「学芸員の専門性をめぐって」第2回 今後の博物館活動と博物館学の方向性」	『高度専門職学芸員の養成−大学院における養成プログラムの提言−』	神奈川大学COEプログラム「人類文化研究のための非文字資料の体系化」研究推進会議

は

著者1	著者2	著者3	発行年	論文名・書籍名	掲載誌	発行元
浜田 弘明	鷹野 光行*	青木 豊他	2008.3	「学校博物館の現状と今後の可能性(予察)-学芸教諭の誕生に向けて」	『全博協研究紀要』第10号	全国大学博物館学講座協議会
浜田 弘明			2009	「博物館学資料「鶴田文庫」の整理と公開化作業」	『Obirintoday:教育の現場から』第9号	桜美林大学
浜田 弘明			2010.3	『博物館学資料「鶴田文庫」の整理・保存及び公開に関する調査・研究』		リョーイン
浜田 弘明			2011.3	「博物館学資料「鶴田文庫」の整理・分類とその成果」	『桜美林論考.人文研究』第2巻	桜美林大学
浜田 弘明			2011.7	「大学と博物館の連携―町田市立博物館との連携事業から―」	『博物館学芸員課程年報』第12号	桜美林大学教育・研究支援センター教育支援課博物館学芸員課程
浜田 弘明			2012.4	「博物館資料の今後と課題」	『博物館学1(博物館概論*博物館資料論)』	学文社
浜田 弘明			2013.3	「学内実習」	『博物館学4(博物館資料保存論*博物館実習論)』	学文社
浜田 弘明 編			2014.12	『博物館の理論と教育シリーズ 現代博物館学1』		朝倉書店
浜田 弘明	江水 是仁*	井上 由佳	2015.12	「博物館学芸員養成教育における「学び」に関する研究:受講者のアンケート調査結果の分析から」	『博物館学雑誌』第41巻第1号	全日本博物館学会
浜田 弘明			2016.2	「日本的学芸員養成教育のあり方を考える」	『博物館研究』第51巻第2号	日本博物館協会
浜田 弘明			2016.3	「博物館実習の現状と課題－「博物館実習ガイドライン」を中心に」	『全博協紀要』第18号	全国大学博物館学講座協議会
浜田 弘明			2017.12	「鶴田総一郎」	『博物館学史研究事典』	雄山閣
濱田 増治			1929	「出品陳列装飾概念並びに博覧會装飾の要諦」	『現代商業美術全集 11出品陳列装飾集』	(株)アルス
濱田 真理	赤崎 広志		2013	「教育普及資料「宮崎県の堆積岩標本セット」の整備」	『宮崎県総合博物館研究紀要』第34輯	宮崎県総合博物館
濱田 穣			1992.3	「ベルギー王立中央アフリカ博物館とザイールの自然史研究の現状と将来展望」	『全博協研究紀要』第2号	全国大学博物館学講座協議会
濱名 順徳			1999.3	「博物館と学芸員についての提言」	『Museum study:明治大学学芸員養成課程紀要』第10号	明治大学学芸員養成課程
濱中 秀子			1996.4	「民俗資料体験学習活用についての一考察-国立における小学校余裕教室民具展示を通して-」	『くにたち郷土文化館研究紀要』第1号	くにたち郷土文化館
濱根 洋			1978.12	「館種別博物館における調査・研究と収集活動 理工学系博物館」	『博物館学講座 第5巻調査・研究と資料の収集』	雄山閣
濱野 佐代子	大林 駿斗*		2015.12	「日本人の動物園観に関する考察」	『動物観研究』第20号	ヒトと動物の関係学会
濱野 秀			1994.3	「視覚障害者に対する展示と展示解説」	『Museologist:明治大学学芸員養成課程年報』第9巻	明治大学学芸員養成課程
浜野 達也			2003.3	「市民が参加する民俗調査-民俗探訪会の歩みを通して-」	『自然と文化:平塚市博物館研究報告』第26号	平塚市博物館
浜野 達也			2005.9	「展示批評 柏崎市立博物館秋季特別展越後の人形道祖神--異形神の系譜」	『民具研究』第132号	日本民具学会
濱野 周泰	菊池 正芳*		2016.6	「都立庭園の管理経緯と都立庭園ガイドボランティアの誕生」	『東京農業大学農学集報』第61巻1号	東京農業大学
濱松市			1931	「全國産業博覽會の開催」	『濱松市制施行二十周年記念小誌』	濱松市
濱松 繁雄			2003.3	「千葉県立美術館における子ども向け事業こどものための展覧会」	『Museumちば:千葉県博物館協会研究紀要』34号	千葉博物館協会
濱松市役所			1926	「第九節商品標本陳列所」	『濱松市史全』	濱松市役所
濱松市商品陳列所			1936	『濱松市商品陳列所要覽』		濱松市商品陳列所
浜本 奈鼓			2007.3	「鹿児島南北600kmのエコミュージアム」	『地域に見る地球環境問題.2007no.1(2005年・2006年地域セミナー講演・シンポジウム)』	人間文化研究機構総合地球環境学研究所
浜本 麦			2009.11	「博物館と生態学(11)博物館の行う地域に根ざした調査研究活動とエコツアー」	『日本生態学会誌』第59巻第3号	日本生態学会誌編集委員会
早川 篤			2012	「文化で語る動物園」	『ビオシティ』第51号	ブックエンド
早川 恭子	瀧本 正二*	水野 信太郎	2002.5	「インタビュー 20世紀の産業技術--私の歩んだ道博物館の科学教育に力をそそぐ--瀧本正二」	『産業遺産研究』第9号	中部産業遺産研究会事務局

著者1	著者2	著者3	発行年	論文名・書籍名	掲載誌	発行元
早川 大輔	畑瀬 淳*	中道 正之 他	2014.6	「『動物園』と研究する:動物園で研究試料を手に入れる方法」	『哺乳類科学』第54号	日本哺乳類学会
早川 徳次			1916	「動物園」	『大英國の表裏』	富山房
早川 俊章			1997.11	「(報告)モントリオール議定書締約国会議-臭化メチルの規制をめぐって」	『月刊文化財』第410号	第一法規
早川 智明			1999	「第2章人文科学系博物館資料の収集・保存 3考古資料」	『博物館学シリーズ 2博物館資料論』	樹村房
早川 智明			1999	「第4章博物館資料の調査研究 1人文科学系資料の場合(2)整理・分類の実務」	『博物館学シリーズ 2博物館資料論』	樹村房
早川 典子			2008.7	「土浦亀城設計の銀座立田野ビルと立田野渋谷工場:歴史系博物館における建築資料研究 その5」	『学術講演梗概集』2008巻	日本建築学会
早川 典子	田中 裕二		2009	「歴史系博物館と建築資料に関する研究--東京都内の建築関係資料収集・管理・展示・活用を中心に」	『住宅総合研究財団研究論文集』第36号	住宅総合研究財団
早川 典子			2011	「野外博物館スカンセンでの研修報告」	『東京都江戸東京博物館紀要』第1号	東京都江戸東京博物館
早川 典子			2012.9	「スウェーデンの博物館「スカンセン」について:野外博物館研究その1」	『学術講演梗概集』2012巻	日本建築学会
早川 典子	高橋 英久		2016	「日本における木造住宅の移築事例に関する研究:保存活用を目的とした展示施設への用途変更事例を中心として」	『住総研研究論文集』第43号	住宅総合研究財団
早川 聞多	藤田 伸也		1987.11	「大和文華館の美術研究システム」	『MUSEUM』第440号	東京国立博物館
畠山 豊			1987.9	「地域博物館における特別展-民俗系の企画展示を中心に-」	『平塚市博物館年報』第11号	平塚市博物館
林 章			1981.2	「中国の博物館(その1)」	『別府大学博物館研究報告』第5号	別府大学博物館学課程
林 章			1983.2	「中国の博物館(その2)」	『別府大学博物館研究報告』第7号	別府大学博物館学課程
林 織部			2010.6	「デジタル展示ケースを利用した背景情報を伝達する博物館展示」	『電子情報通信学会技術研究報告』第110巻第108号	電子情報通信学会
林 公義			1978	『博物館概論』		学苑社
林 公義			2000.6	「館種別博物館機能論 自然史博物館」	『新版博物館学講座 第4巻 博物館機能論』	雄山閣
林 健志	半田 昌之*	田良島 哲 他	2014.4	「座談会 郵政博物館の開館に当たって」	『通信文化』第25号	通信文化協会
林 謙三			1939	「東亞音樂文化展覽會記」	『自然學と博物館』第10巻第9號	東京科學博物館
林 幸司	松重 充浩*	千葉 正史	2008.12	「日本大学文理学部情報科学研究所所蔵「ハルビン絵葉書(黒崎コレクション)デジタルアーカイブ」構築の試みについて」	『近現代東北アジア地域史研究会NEWSLETTER』第20号	近現代東北アジア地域史研究会
林 耕輔			1984	「札幌市における天文教育システムと科学館のプラネタリウム運用について」	『札幌市青少年科学館紀要』第1号	札幌市青少年科学館
林 耕輔 他			1987	「科学館における展示解説の試み―自由動線とルート・マップについて―」	『札幌市青少年科学館紀要』第2号	札幌市青少年科学館
林 浩三	山崎 博史*	淺野 敏久	2002	「参加型体験活動とエコミュージアム--志和堀手作りミュージアムを例として」	『学校教育実践学研究』第8号	広島大学大学院教育学研究科
林 知左子	神尾 愛子		2007	「談話室(第7回)日本初の古書ミュージアム西尾市岩瀬文庫(愛知県)」	『専門図書館』第227号	専門図書館協議会
林 成子			2012.9	「「多視点撮影を生かしたミュージアム」の制作とその活用:ICT活用の鑑賞教材のコンテンツとして」	『年会論文集』第28巻	日本教育情報学会
林 梢子	久保 勝裕		2006	「北海道における歴史的建造物の転用実態とまちづくりへの展開に関する研究」	『北海道工業大学研究紀要』第34号	北海道工業大学
林 四郎			2010.8	「学校教育を活性化させる博物館の教育的支援を考える」	『社会教育』第65巻8号	全日本社会教育連合会
林 靜治			1914	「新潟市の文明的施設」	『斯民』第8編第10號	中央報德會
林 隆弘	水谷 綾子	槙 謙太 他	2016.3	「公共施設の見学を社会科授業に活かす試み―長崎歴史文化博物館、長崎地方裁判所・家庭裁判所、長崎市立図書館の見学―」	『教育実践総合センター紀要』第15巻	長崎大学教育学部附属教育実践総合センター
林 卓行	中村 慎一*	加藤 悦子 他編	2016	『美術教育の現在:学校と美術館の役割とは:玉川大学芸術学部シンポジウム報告』		玉川大学
林 健生			1997.5	『生涯学習施設をつくる』		青弓社

は

著者1	著者2	著者3	発行年	論文名・書籍名	掲載誌	発行元
林 達夫			1946	「植物園」	『歴史の暮方』	筑摩書房
林 勉	難波 幸男	西 博孝 他	2002.3	「博物館における環境問題の展示について-地球環境問題を中心に-」	『千葉県立現代産業科学館研究報告』第8号	千葉県立現代産業科学館
林 亨	末次 弘明	大井 敏恭	2010	「アートと社会の有機的な関係をつくる要因についての一考察-サンフランシスコの美術館・ギャラリー・美術学校の現状について-」	『北翔大学生涯学習システム学部研究紀要』第10巻	北翔大学
林 亨	末次 弘明*	大井 敏恭	2011.3	「サンフランシスコ近代美術館アーティストギャラリーの草創期と現在」	『北翔大学北方圏学術情報センター年報』第3号	北翔大学
林 寿郎 編			1956	『動物園への招待』		朝日新聞社
林 寿郎			1957	『動物と人間』		読売新聞社
林 寿郎			1958	『動物園夜話』		法政大学出版部
林 寿郎			1963	『動物園日記』		オリオン社出版部
林 菜央			2016.2	「ミュージアムと収蔵品の保存活用、その多様性と社会における役割に関するユネスコの新しい国際勧告の採択」	『博物館研究』第51巻第2号	日本博物館協会
林 奈都子			2007.3	「親子で楽しむ企画展をめざす-浦安市郷土博物館の取り組み」	『Museumちば：千葉県博物館協会研究紀要』38号	千葉県博物館協会
林 信一			1941	「水族館」	『世紀の濤間』	報國社
林 博太郎			1932	「米國博物館施設の近況」	『博物館研究』第5巻第1號	日本博物館協會
林 春雄			1940	「人的資源の将来に備えよ、赤十字」	『博物館報』23號	日本赤十字社
林 久男			1925	「ロダン美術館を觀て」	『藝術國巡禮』	岩波書店
林 日佐子			2001.9	「公開承認施設による企画展の事例4大阪府立弥生文化博物館 学術的かつ楽しめる展示をめざして」	『月刊文化財』第456号	第一法規
林 英夫			1960.3	「近世文書の収集と保存」	『Mouseion：立教大学博物館研究』第5号	立教大学学校・社会教育講座
林 英夫			1961.3	「博覧会事業と地方産業雑考」	『Mouseion：立教大学博物館研究』第7号	立教大学学校・社会教育講座
林 英夫			1974.9	「Ⅱ近世文書の整理史料採訪と整理の実際2」	『地方史マニュアル 3文献資料整理の実務』	柏書房
林 英夫 編			1974.9	『地方史マニュアル 3文献資料整理の実務』		柏書房
林 英夫			1976.4	「国立歴史民俗博物館の問題点」	『地方史研究』第26巻第2号	地方史研究協議会
林 英夫			1976.11	「古文書の保存」	『文化財を守るために』第16号	文化財保存全国協議会
林 英夫			1987.11	「歴史系資料館と歴史学」	『歴史評論』第451号	校倉書房
林 英夫			1991.3	「文化財と資料館」	『生活と文化：豊島区立郷土資料館研究紀要』第5号	豊島区教育委員会
林 英夫	川添 登	松平 誠 他	1992.3	「新館設立に向けて（豊島区立郷土資料館運営委員会）」	『生活と文化：豊島区立郷土資料館研究紀要』第6号	豊島区教育委員会
林 秀樹	横山 晋一*	梶 芳晴	2013	「国登録有形文化財深谷商業高等学校記念館の復原整備について」	『ものつくり大学紀要』第4号	ものつくり大学
林 等			1959	「郷土教育論」	『講座小学校現場の理科教育第4巻（教育論）』	春秋社
林 ふき子			1935	「後樂園(植物園)」「關東廳博物館」	『影壁』	私家版
林 正樹	中嶋 正之	スティーブン・バチェルダー 他	2013	「4K超高精細リアルタイムCGによるバーチャル美術館」	『ヒューマンインタフェース学会研究報告集』第15号	ヒューマンインタフェース学会
林 美沙	高橋 大輔*		2010.7	「美術館のホワイエ空間における座席選択に関する研究」	『学術講演梗概集』2010巻	日本建築学会
林 道明			1978.12	「民俗資料の保存・保護はどうあるべきか」	『地方史研究』第28巻第6号	地方史研究協議会
林 道義			2017.3	「市町村立郷土博物館の現状と課題」	『國學院大學博物館學紀要』第41輯	國學院大學博物館学研究室

著者1	著者2	著者3	発行年	論文名・書籍名	掲載誌	発行元
林 光武	渡部 末緯子*		2012	「「さわれる展示」による哺乳類頭骨標本の破損」	『栃木県立博物館研究紀要.自然』第29号	栃木県立博物館
林 光武			2013.11	「総合博物館における危機管理—栃木県立博物館学芸員の視点から」	『博物館研究』第48巻第11号	日本博物館協会
林 有維			2016.3	「幼児期における鑑賞教育の必要性:日米の美術館教育普及プログラムの比較から」	『お茶の水女子大学人文科学研究』第12巻	お茶の水女子大学
林 勇貴			2016.9	「応用一般均衡モデルを用いた大阪府における芸術・文化政策の効果分析」	『経済学論究』第70巻2号	関西学院大学経済学部研究会
林 容子			2004.5	『進化するアートマネージメント』		レイライン
林 容子			2004.12	「在日朝鮮文化財問題のアートマネージメントの観点よりの考察」	『尚美学園大学芸術情報学部紀要』第5巻	尚美学園大学芸術情報学部
林 良隆			2014.12	「上海におけるMICEの動向:上海の展示会の動向を中心に考察」	『日本観光学会誌』55号	日本観光学会
林 良典	呂 俊民*	古田嶋 智子 他	2012.9	「美術館・博物館における空気環境の最適化に関する研究:その5展示室で用いられる壁材からの放散ガス測定」	『学術講演梗概集』2012巻	日本建築学会
林 義久	地村 邦夫*	畑田 耕一	2016.2	「登録文化財制度と大阪府の登録有形文化財」	『むかしの家に学ぶ:登録文化財からの発信』	大阪大学出版会
林 良博			2007.2	「大学博物館の現状と未来」	『学術の動向』第12巻第2号	日本学術協力財団
林 良博			2010.3	「大学博物館と新たな実験展示・オープンラボ」	『MODELS:建築模型の博物都市』	東京大学出版会
林 良博			2013.12	「これからの国立科学博物館」	『博物館研究』第48巻第12号	日本博物館協会
林 良博			2015.1	「館長インタビュー国立科学博物館林良博(はやしよしひろ)館長 転石苔むさず:奇をてらうような改革は避けよ」	『文部科学教育通信』355号	ジアース教育新社
林田 榮藏	大山 松次郎*		1927	「明治神宮外苑繪畫館の照明」	『照明学会雑誌』第11巻2号	日本照明学会
林田 英樹			2001.2	「米国主要科学系博物館視察報告」	『国立科学博物館ニュース』第382号	国立科学博物館
林田 英樹			2008.11	「文化力競争時代の美術館」	『知と美のハーモニー.6(平成19年度)』	情報・システム研究機構国立情報学研究所
林屋 辰三郎	坂本 太郎*	井上 光貞	1981.6	「<座談会>国立歴史民俗博物館(歴博)をつくる」	『日本歴史』第397号	吉川弘文館
林屋 礼二			2008.10	「司法資料の保存と司法博物館」	『法の支配』第151号	日本法律家協会
早瀬 和宏			2009	「アメリカのハンズ・オンミュージアムを訪ねて」	『女子美術大学研究紀要』第39号	女子美術大学
早瀬 長利	中川 静郎	五十嵐 耕一	1996	「自然史博物館における教育活動」	『博物館指導者研究協議会報告書平成8年度』	日本博物館協会
早瀬 長利	川野邊 洋	栗栖 宣博 他	1998.3	「博物館資料を活用した授業研究-水戸市立飯富中学校と県立盲学校との交流活動を中心として-」	『茨城県自然博物館研究報告』第1号	ミュージアムパーク茨城県自然博物館
早瀬 長利			2002	「博物館による児童・生徒の学習支援活動の現状—学校向け各種ガイドブック・案内パンフレット・ワークシートの整備状況について」	『博物館研究』第37巻第9号	日本博物館協会
早瀬 昇			1994	「変りはじめたボランティア「正しさ志向」から「楽しさ志向」へ」	『窓』第20号	窓社
隼人町教育委員会編	志學館大学生涯学習センター*編		2004.9	『隼人学:地域遺産を未来につなぐ』		南方新社
早野 雄治	能勢 修治*	吉永 健治 他	2008.7	「沖縄県立博物館美術館の設計・施工」	『プレストレスト・コンクリート』第50巻第4号	プレストレストコンクリート技術協会
端山 聡子	大髙 幸*		2016.3	『博物館教育論』		放送大学教育振興会
端山 聡子			2016.5	「創造性が芽吹く場に立ち会うよろこび」	『触発するミュージアム:文化的公共空間の新たな可能性を求めて』	あいり出版
葉山 茂			2012.5	「フォーラム東日本大震災に民俗学はどのように立ち向かうのか:東日本大震災にともなう国立歴史民俗博物館の被災文化財救援活動」	『日本民俗学』第270号	日本民俗学会
葉山 茂			2015.3	「文化財レスキュー活動を展示する/文化財レスキュー活動を通した地域の多元的ネットワークと博物館」	『災害に学ぶ:文化資源の保全と再生』	勉誠出版
葉山 茂			2015.2	「被災地域における生活文化保存活動の意義とその展望」	『国立歴史民俗博物館研究報告』第193集	国立歴史民俗博物館
羽山 伸一	土居 利光	成島 悦雄 編	2012.7	『野生との共存:行動する動物園と大学』		地人書館

著者1	著者2	著者3	発行年	論文名・書籍名	掲載誌	発行元
羽山 伸一			2015.11	「国外事例にみる動物園と野生復帰:野生復帰政策の発展による成果」	『遺伝:生物の科学』第69巻第6号	エヌ・ティー・エス
速水 不染			1930	「植物園での仕事」	『貧死のドン底から家主となるまで』	染山閣
速水 豊			2014.11	「美術館だより 兵庫県立美術館」	『学士会会報』第909号	学士会
バヤン・ジュヌッソヴァ			2014.4	「カルラーグ博物館」	『アジア太平洋研究』2014特別号	成蹊大学アジア太平洋研究センター
原 昭夫	進士 五十八*	森 清和 他	1999.2	『風景デザイン感性とボランティアのまちづくり』		学芸出版社
原 あゆみ			2004.3	「歴史系博物館に於けるレプリカ活用の研究」	『國學院大學博物館学紀要』第28輯	國學院大學博物館学研究室
原 克彦	高橋 晃*	河合 雅雄 他	2000.12	「パネルディスカッション 学校と博物館がつくる総合的な学習」	『ミュージアム・マガジン・ドーム』第53号	日本文教出版
原 久美子 編	村田 浩一*	成島 悦雄	2014.7	『動物園学入門』		朝倉書店
原 豪紀			2015.7	『展示施設における拡張現実ガイダンスサービスシステムの実用化』		慶應義塾大学大学院理工学研究科
原 秀栄			1995.1	「アメリカ・カナダの科学系博物館をたずねて」	『国立科学博物館ニュース』第318号	国立科学博物館
原 辰彦	朴 在徳*		2008.11	「独立成分分析による水族館情報の日米比較分析−ホスピタリティ情報としてのWebコンテンツを中心として−」	『日本観光研究学会全国大会学術論文集』第23号	日本観光研究学会
原 俊夫			2015	「美術館のつくり方」	『Kotoba:多様性を考える言論誌』18号	集英社
原 直樹	穴水 守*	丹野 実 他	1996	「特集 次世代博覧会の挑戦」	『COMMUNICATIONS』第3号	電通テック
原 秀夫	西田 範行		2011.8	「熊本博物館の新しいプラネタリウムと天文学習」	『熊本地学会誌』第157号	熊本大学
原 豪紀			2010.4	『ミュージアムへの展開 AR技術を活用したインタラクティブメディア開発』	『情報処理』第51巻第4号	情報処理学会
原 寛道	佐藤 公信*	今 雄一 他	2010.3	「チルドレンズ・ミュージアムにおける展示装置の利用者評価に関する研究−−モニター被験者による発話データに基づいて」	『JMMA日本ミュージアム・マネージメント学会会報』第14巻第4号	日本ミュージアム・マネージメント学会
原 平三			1943	「蕃書調所の科学及び技術部門について」	『帝國學士院記事』2巻3號	帝國學士院
原 正利			1998.3	「特別展「南の森の不思議な生き物−照葉樹林の生態学−」を開催して」	『Museumちば:千葉県博物館協会研究紀要』29号	千葉県博物館協会
原 幸恵			2007.12	「館林市立資料館の地域連携(特集ミュージアムと地域)」	『博物館研究』第42巻第12号	日本博物館協会
原 喜美			2011.6	「来館者が出会う最初の博物館サービス−−チケットカウンター業務について」	『国府台:和洋女子大学文化資料館・博物館学課程報告』第15号	和洋女子大学文化資料館・博物館学課程
原 礼子			2012.5	「湯浅八郎と民芸品コレクション—さわって味わう展示の魅力」	『さわって楽しむ博物館ユニバーサル・ミュージアムの可能性』	青弓社
原 礼子			2016.8	「学生のアイデアが博物館を変える!?」	『ひとが優しい博物館:ユニバーサル・ミュージアムの新展開』	青弓社
原賀 いずみ	好廣 眞一		2011.5	「かばんから飛び出した布絵シアター、エコミュージアム:生物多様性を伝える環境教育のインタープリテーション」	『社会科学研究年報』第41号	龍谷大学
原口 志津子			2004	「善徳寺虫干法会と所蔵絵画」	『美術フォーラム21』第10号	美術フォーラム21刊行会
原口 光雄			2000.1	「博物館学各論(2)-博物館の実践学-博物館における視聴覚の方法」	『新版博物館学講座 第1巻博物館学概論』	雄山閣
原嶋 千榛			2008.3	「アメリカ社会における美術館の役割の変化−アメリカ博物館協会(AAM)による4つの報告書を中心に」	『文化経済学』第6巻第1号	文化経済学会
原嶋 千榛			2011.3	「「社会的な議論」の様相をめぐる理論的考察−−「制度」としての美術館の公共性」	『文化経済学』第8巻第1号	文化経済学会
原嶋 千榛			2013.4	「博物館基準認定事業の社会的な機能:アメリカ博物館協会による取り組み(1970年〜2012年)から」	『博物館学雑誌』第38巻第2号	全日本博物館学会
原嶋 千榛			2013.12	「アメリカにおける博物館倫理規程の変遷:博物館の公共性の発展に果たした役割」	『博物館学雑誌』第39巻第1号	全日本博物館学会
原嶋 千榛			2015.4	「「フォーラム」としての美術館:アメリカにおける実践(1990年〜2010年)にみる今日的な意義」	『博物館学雑誌』第40巻第2号	全日本博物館学会
羽嶋 千榛			2015.12	「アメリカにおける地方美術館の課題と展望:1913年から2009年までのクリーブランド美術館を素材として」	『博物館学雑誌』第41巻第1号	全日本博物館学会

著者1	著者2	著者3	発行年	論文名・書籍名	掲載誌	発行元
原島 陽一			1974.9	「Ⅳ資料保存の方法 マイクロ写真の整理と保管」	『地方史マニュアル3文献資料整理の実務』	柏書房
原田 一敏 編著	佐々木 利和*編	松原 茂 編	2012.3	『博物館展示論』		放送大学教育振興会
原田 一敏	青木 豊 編		2013.5	「資料の取扱いと収納―末永く保存するために―」	『人文系博物館資料保存論』	雄山閣
原田 敬一			2014.6	「大英帝国の戦争:博物館・墓地・追悼碑」	『佛教大学総合研究所紀要』第8号	佛教大学総合研究所
原田 桂太			2015.12	「京都大学白浜水族館における来館者数の変遷」	『京都大学瀬戸臨海実験所年報』第28巻	京都大学フィールド科学教育研究センター瀬戸臨海実験所
原田 健一	石井 仁志 編		2013.9	「事例としての「にいがた」」	『懐かしさは未来とともにやってくる:地域映像アーカイブの理論と実際』	学文社
原田 健一	石井 仁志 編		2013.9	「地域・映像・アーカイブをつなげるための試論」	『懐かしさは未来とともにやってくる:地域映像アーカイブの理論と実際』	学文社
原田 健一 編	石井 仁志 編		2013.9	『懐かしさは未来とともにやってくる:地域映像アーカイブの理論と実際』		学文社
原田 光一郎	渡辺 政隆	小川 義和	2007.3	「米国におけるサイエンス・コミュニケーターとサイエンス・コミュニケーション実践活動」	『科学コミュニケーターに期待される資質・能力とその養成プログラムに関する基礎的研究』	文部省科学研究費補助金研究成果報告書
原田 光一郎	高橋 みどり*	小川 義和 他	2008.12	「科学系博物館における科学リテラシーの涵養に資する教育活動評価法開発の試み:幼児向けプログラムを例として」	『科学教育研究』第32巻4号	日本科学教育学会
原田 佐和子 報告	山田 正 報告		2014.11	「夏だ!いくぜ!ミュージアムパーク茨城県自然博物館の探検だ!!」	『子どもと科学よみもの』第446号	科学読物研究会会報編集部
原田 忠信			1980	「明治期における勧業博覧会」	『ビジネスレビュー』第28巻3号	一橋大学産業経営研究所
原田 紀子			1999.9	「第8章博物館と広報」	『博物館学シリーズ 4博物館経営論』	樹村房
原田 仁	高瀬 知章	藤野 健治	2012.7	「丸の内パークビルディング・三菱一号館の設備構築:省エネルギーかつ高品質な執務環境の実現と復元建物の美術館としての再生」	『空気調和・衛生工学』第86巻7号	空気調和・衛生工学会
原田 博至			1998	「観峰館における教育活動地域とのつながりを重視して」	『博物館研究』第33巻第5号	日本博物館協会
原田 博二			2005.8	「長崎歴史文化博物館と指定管理者制度」	『博物館研究』第40巻第8号	日本博物館協会
原田 正俊			2005.6	「資料の収集と保管」	『博物館学ハンドブック』	関西大学出版部
原田 昌幸			1983.3	「博物館活動としての発掘調査の試み－房総風土記の丘の事例から－」	『國學院大學博物館學紀要』第7輯	國學院大學博物館学研究室
原田 昌幸			1984.3	「千葉県立房総風土記の丘周辺の歴史的環境とその変貌」	『千葉県立房総風土記の丘年報』第7号	千葉県立房総風土記の丘
原田 昌幸			1990.3	「ICCROMの活動とイタリアにおける遺跡保護警見」	『國學院大學博物館學紀要』第14輯	國學院大學博物館学研究室
原田 マハ	酒井 忠康*	蓑 豊	2013.10	「学芸員の視点」	『美術館と建築』	青幻舎
原田 マハ			2014.5	「あそこは夜に行く美術館でしょう?原田マハ:ルーヴル美術館」	『芸術新潮』第65巻第5号	新潮社
原田 マハ	福原 義春		2014.6	「インタヴュー連載原田マハ、美のパイオニアに会いに行く(第1回)福原義春(ふくはら・よしはる)資生堂名誉会長/東京都写真美術館館長」	『芸術新潮』第65巻第6号	新潮社
原田 泰	居郷 翔*	小島 道裕	2009.6	「博物館資料の活用のためのデザイン:洛中洛外図屏風を題材にした教材コンテンツの開発」	『デザイン学研究.研究発表大会概要集』第56号	日本デザイン学会
原田 泰	居郷 翔	前原 知之 他	2010.3	「博物館資料活用のための情報デザイン:洛中洛外図屏風を題材として」	『デザイン学研究作品集』第15号	日本デザイン学会
原田 泰			2014.3	「博物館の情報資源活用のための情報デザイン」	『国立歴史民俗博物館研究報告』第184集	国立歴史民俗博物館
原田 泰	木下 祐之介*	伊達 元成 他	2016.3	「兜プロジェクションマッピング:全周投影を用いた文化財展示の提案」	『映像情報メディア学会技術報告』第40巻第11号	映像情報メディア学会
原田 弥千世	五十嵐 麻子*		2003.3	「小学生を対象とした「ミュージアム・オリエンテーリング」の試み」	『大田区立郷土博物館紀要』第13号	大田区立郷土博物館
原田 義明	菅原 光雄	平澤 勘蔵	1995.3	「ピーボディ・エセックス博物館所蔵「てぬぐい展」仮説展示の設計から完成まで」	『大田区立郷土博物館紀要』第5号	大田区立郷土博物館
原田 佳子			1973.11	「美術・博物館における研究活動とは何か」	『博物館問題研究会会報』第12号	博物館問題研究会
原田 佳子			1998.3	「ミューゼオロジーの新たな意味」	『全博協研究紀要』第5号	全国大学博物館学講座協議会

著者1	著者2	著者3	発行年	論文名・書籍名	掲載誌	発行元
原田 佳子	平井 直子		2006.3	「美術館における「教育普及活動」の現状と課題-アンケート調査による一考察-」	『全博協研究紀要』第9号	全国大学博物館学講座協議会
原田 るい子			1994.3	「イギリス(キュレイターの仕事--展覧会戦国時代を面白くする美の仕掛け人たち〈特集〉)」	『美術手帖』685号	美術出版社
原田 怜	山内 和也		2017.3	「JICA大エジプト博物館保存修復センタープロジェクト」	『西アジア考古学』第18号	日本西アジア考古学会
原本 知実 述			2014.4	『文化遺産の復興と国の復興.復興における文化遺産の役割と可能性』		国立文化財機構東京文化財研究所文化遺産国際協力センター
原山 煌			1980	「「満洲国」国立中央博物館の諸活動-1-定期刊行物について〔含 満州帝国国立中央博物館時報総目次・同論叢総目次〕」	『四天王寺女子大学紀要』第13号	四天王寺女子大学
原山 煌			1981	「「満洲国」国立中央博物館の諸活動-2-〔含「蒙古研究」総目次 追加〕」	『IBU四天王寺国際仏教大学文学部紀要』第14号	四天王寺国際仏教大学
ハリー・S・パーカー			1972	「博物館教育員の訓練」	『第9回ICOM総会論文集人類に奉仕する今日と明日の博物館』	国際博物館会議日本委員会
針谷 亜希子	松尾 知	實川 純一 他編	2017.3	『地域の博物館をつないで学ぶちば生きもの科学クラブ報告書:千葉市科学館・千葉県立中央博物館・千葉市動物公園・千葉市中央図書館連携企画』		千葉市科学館ちば生きもの科学クラブ
針貝 綾			2010.3	「第3回ドイツ美術工芸展ドレスデン1906年の展示構想と構成、及び出品作に関する考察」	『長崎大学教育学部紀要.人文科学』第76号	長崎大学
針谷 浩一			2007.3	「日米友情人形交流をめぐる現状と課題-保存・修理・修復をめぐって」	『埼玉県立歴史と民俗の博物館紀要』第1号	埼玉県立歴史と民俗の博物館
針本 正行			2009.3	「國學院大學の古典籍」	『私立大学図書館協会会報』第131号	私立大学図書館協会
針生 一郎	河合 正一*	倉田 公裕 他	1978	「特集 美術館・博物館」	『建築画報』第122号	建築画報社
春井 裕			2010.4	「来館者をもてなす室内装飾を施した展示室(津山洋学資料館--象設計集団)」	『建築技術』第723号	建築技術
パルテノン多摩			2002.8	『郊外行楽地の誕生 ハイキング史蹟めぐりの社会史』		パルテノン多摩
春成 秀爾			1977.4	「Ⅴ地域の遺跡の保存と活用 2史跡公園・史料館の役割」	『地方史マニュアル9地方史と考古学』	柏書房
春名 亮			2009.3	「NetworkDEA手法による公共文化施設の経営効率性評価」	『金沢学院大学紀要.経営・経済・情報・自然科学編』第7号	金沢学院大学
春名 亮	桑原 美香	塩津 ゆりか	2010.3	「公立美術館の中長期的な運営効率化に対するNetworkDEAの適用」	『金沢学院大学紀要・経営・経済・情報・自然科学編』第8号	金沢学院大学
春名 亮	桑原 美香	塩津 ゆりか	2011.3	「公立美術館の施設運営管理における中長期的な効率性評価」	『金沢学院大学紀要・経営・経済・情報・自然科学編』第9号	金沢学院大学
春野 修二			2007.8	「美術館教育の基礎」	『美術科教師教育学の研究』	大学教育出版
春山 行夫			1939	「植物園」	『飾窓』	赤塚書房
春山 行夫			1940	「博物館」「哈爾濱の植物園と博物館」	『満洲風物誌』	生活社
春山 行夫			1943	「國立中央博物館」「國立奉天博物館」ほか	『満州の文化』	大阪屋號書店
春山 行夫			1944	「高山植物園」	『季節の手帖』	東京社
バレ・C	松本 栄寿 訳	小浜 清子 訳	2007.11	『ヨーロッパの博物館』		雄松堂出版
Barrett.Clive			2009	「立命館とリーヴォー(北ヨークシャー最大の修道院跡)の平和創造パラダイム--平和のための博物館国際ネットワーク第6回国際〔平和博物館〕会議を顧みて」	『立命館平和研究:立命館大学国際平和ミュージアム紀要』第10号	立命館大学国際平和ミュージアム
樊 子傑			2017.12	「藤山一雄」	『博物館学史研究事典』	雄山閣
范 範安			2009.3	「中国の美術館におけるイノベーション」	『ミュージアム新時代』	慶応義塾大学出版会
潘 夢斐			2015.12	「「ニュー・ミュージオロジ」とはなにか:その新しさと理論的な強み」	『博物館学雑誌』第41巻第1号	全日本博物館学会
半澤 重信			1982	『歴史民俗資料館』		井上書院
半澤 重信			1984.6	「展示空間の設計博物館・資料館建設ファイル」	『建築知識』第26巻7号	建築知識
半澤 重信			1991.7	『博物館建築:美術館資料館の空間計画』		鹿島出版会

著者1	著者2	著者3	発行年	論文名・書籍名	掲載誌	発行元
半澤 重信			2001	「文化財を護る仕掛けと仕掛人」	『BetterStorage』155号	日本ファイリング
半澤 重信			2012.7	『文化財の防災計画:有形文化財・博物館等資料の災害防止対策普及版』		朝倉書店
榛澤 吉輝	草刈 清人*		2001	「イマージョン展示考—宮崎県スーパージオラマから考える—」	『展示学』第32号	日本展示学会
阪神間ミュージアムネットワーク推進実行委員会 編			2000.3	『震災から5年-復する。創る。伝える。阪神間ミュージアムネットワーク「震災復興報告書」』		阪神間ミュージアムネットワーク推進実行委員会
阪神急行電鐵株式會社 編			1932	「箕面動物園」	『阪神急行電鐵二十五年史』	阪神急行電鐵
ハンス・ウルリッヒ・ターマー			2015.10	「第3章ミュージアムにおける暴力の文化史—ドイツ連邦軍軍事史博物館の構想とその実現」	『ミュージアムと負の記憶戦争・公害・疾病・災害:人類の負の記憶をどう展示するか』	東信堂
ハンス・シュウェンケル	木村 英夫 訳		1939	「風致保育に關する一般的問題」	『公園緑地』第34號	公園緑地協會
萬代 勝栗			1924	『萬代博物館創設誌』		私家版
半田 和彦	笹岡 昭平*	渡辺 晟	1981.3	「博物館教室「"象潟"をさぐる」について-望ましい博物館教室のあり方をもとめて-」	『秋田県立博物館研究報告』第6号	秋田県立博物館
半田 こづえ			2009.3	「ミュージアムにおける視覚障害に配慮したプログラム」	『芸術の生まれる場(未来を拓く人文・社会科学シリーズ16)』	東信堂
半田 滋男			1997.3	「美術館における展示の意味-桑山忠明プロジェクト'96を通じて-」	『Museumちば:千葉県博物館協会研究紀要』28号	千葉県博物館協会
半田 滋男	横山 勝彦*	稲庭 彩和子 他	2010.7	『美術館を知るキーワード:美術検定:1級・2級穴埋め、記述式問題対策』		美術出版社
半田 滋男			2012.3	「日本型パブリックアートと美術館の機能に関する考察」	『和光大学表現学部紀要』13号	和光大学
半田 滋男	横山 勝彦*	稲庭 彩和子 他	2014.5	『改訂版美術館を知るキーワード』		美術出版社
半田 昌之			1999.1	「館種別博物館の企画運営 企業博物館」	『新版博物館学講座 第12巻博物館経営論』	雄山閣
半田 昌之			2000.4	「館種別博物館の役割と使命 企業博物館」	『新版博物館学講座 第3巻現代博物館論-現状と課題-』	雄山閣
半田 昌之			2000.6	「館種別博物館機能論 企業博物館」	『新版博物館学講座 第4巻博物館機能論』	雄山閣
半田 昌之			2002	「企業博物館の課題と展望」	『たばこと塩の博物館研究紀要』第7号	たばこと塩の博物館
半田 昌之			2008.11	「企業博物館と産業文化財」	『博物館研究』第43巻第11号	日本博物館協会
半田 昌之			2009.11	「企業博物館の課題と展望(2)新しいタバシオを目指して」	『たばこと塩の博物館研究紀要』第9号	たばこと塩の博物館
半田 昌之			2011.11	「日本博物館協会と古くて新しい課題」	『博物館研究』第46巻第12号	日本博物館協会
半田 昌之			2013.6	「「福島県警戒区域の再興を担う博物館の復興・再生に向けて(提言)」について」	『博物館研究』第48巻第6号	日本博物館協会
半田 昌之			2014.3	「シンポジウム「今求められている新たな博物館」」	『博物館研究』第49巻第3号	日本博物館協会
半田 昌之	田良島 哲	林 健志 他	2014.4	「座談会 郵政博物館の開館に当たって」	『通信文化』第25号	通信文化協会
半田 昌之			2016.3	「全国博物館フォーラム2015-博物館の中長期的課題への取り組み」	『博物館研究』第51巻第3号	日本博物館協会
半田 昌之			2017.12	「企業博物館論史」	『博物館学史研究事典』	雄山閣
半田 元信	黒崎 動*		1986.3	「展示品のクリーナップについて」	『栃木県立博物館研究紀要』第3号	栃木県立博物館
半田 善三	甲斐 明夫*	村内 道昌	2013.1	「永田町の風倶楽部新春特別鼎談調度品から始まった美術館は日本の宝になった」	『セキュリティ研究』第16巻第1号	JSN日本セキュリティ情報サービス
阪田 吉郎 編著			1935	「美術館創設の叫び」	『摩耶畫集』	一書堂出版部
坂東 元			2008.11	『動物と向きあって生きる(角川文庫)』		角川学芸出版
坂東 元			2008.12	『夢の動物園』		角川学芸出版

は

著者1	著者2	著者3	発行年	論文名・書籍名	掲載誌	発行元
坂東 元	奥山 英登*		2009.8	「動物園はサイエンスコミュニケーションの場となるか?:「Gen'sCAFE」の試み」	『日本科学教育学会年会論文集』第33巻	日本科学教育学会
坂東 元			2014.10	『ヒトと生き物ひとつながりのいのち:旭山動物園からのメッセージ』		天理教道友社
坂東 忠司	牧野 茂樹*	広木 正紀 他	2009.3	「京都府立植物園の環境教育プログラム—本の木から学ぶ活動「私の好きな木」」	『日本植物園協会誌』第43号	日本植物園協会
坂東 宏和	大即 洋子*	小野 和	2007.3	「幼児のコンピュータ利用におけるRFIDシステムの活用」	『子ども博物館楽校』第3号	チルドレンズ・ミュージアム研究会
坂東 宏和			2014.1	「ワークショップ「森のなかま作り隊」開発とその課題:東京都水の科学館実践報告」	『子ども博物館楽校』第6号	チルドレンズ・ミュージアム研究会
阪本 成一	松岡 葉月*		2011.4	「科学館・博物館を対象とした文理融合における教育プログラムの開発と評価--研究者によるプラネタリウム番組制作・普及と上映活動から」	『博物館学雑誌』第36巻第2号	全日本博物館学会
阪本 成一	松岡 葉月*	香川 哲男	2012.5	「博物館における学術映像の上映と家族連れ視聴者の動向:研究者によるプラネタリウム番組制作・普及と月光天文台における常時上映から」	『博物館研究』第47巻第5号	日本博物館協会
費 畊雨	費 鴻年 編		1936	『博物館學概論:中國語版』		中華書局
費 鴻年 編	費 畊雨*		1936	『博物館學概論:中國語版』		中華書局
V・ジェルマン			2009.3	「世界のミュージアム制度の発展過程」	『ミュージアム新時代』	慶応義塾大学出版会
樋泉 岳二			1996.11	「動物考古学における標本の管理と公開—その現状と問題点」	『植生史研究』第4巻第2号	植生史研究会
ピーター・コックス			1972	「博物館と青少年」	『第9回ICOM総会論文集人類に奉仕する今日と明日の博物館』	国際博物館会議日本委員会
Peter.Bushnell	Michel.Grabon*	Jackie.Anderson 他	2016.3	「システィナ礼拝堂文化財保存のための新しい空調システム」	『空気調和・衛生工学』第90巻3号	空気調和・衛生工学会
ビーティ・ジョン			1987.12	「人類学博物館における展示の問題」	『Mouseion:立教大学博物館研究』第33号	立教大学学校・社会教育講座
B.ヒューベンディック			1972	「博物館と環境」	『第9回ICOM総会論文集人類に奉仕する今日と明日の博物館』	国際博物館会議日本委員会
B.Piotrovski			1978.3	「展覧会の交換—現代の主要傾向」	『第11回ICOM総会講演集博物館と文化交流』	国際博物館会議日本委員会
日浦 勇	柴田 敏隆*編	太田 正道	1973	『自然史博物館の収集活動』		日本博物館協会
日浦 勇	浜口	小島	1976	「研究と展示」	『大阪市立自然科学博物館報』第2号	大阪市立自然科学博物館
ピエール・ギャロ	ギャロ・ファウスタ*	新井 英夫 他監訳	1973	『紙本保存の手引き:書籍の敵、昆虫と微生物』		日本博物館協会
稗貫 俊文			1981	「図書館法・博物館法」	『文化・学術法』	ぎょうせい
稗抜 俊文	椎名 慎太郎*		1986.3	『現代行政法学全集25文化・学術法』		ぎょうせい
日置 勝三			1999.6	「館種別博物館資料論 水族館」	『新版博物館学講座 第5巻 博物館資料論』	雄山閣
日置 弘一郎 編	中牧 弘允*編		2003.3	『企業博物館の経営人類学』		東方出版
日置 直也			1996.9	「メンテナンス」	『ミュージアムマネージメント』	東京堂出版
檜垣 政宏	橋目 悠揮*	井上 翔太 他	2016.3	「現代日本の建築家の公立博物館建築の設計論における主題とその具体化:公共文化施設の設計論における地域性とビルディングタイプ(5)」	『日本建築学会中国支部研究報告集』第39巻	日本建築学会中国支部
日笠山 正治			1998.3	「郷土研究と郷土博物館」	『Museologist:明治大学学芸員養成課程年報』第13巻	明治大学学芸員養成課程
東 一洋			1999.9	「第5章ミュージアム・ネットワーク」	『博物館学シリーズ 4博物館経営論』	樹村房
東 憲章			2015.6	「西都原の100年考古博の10年そして、次の時代へ」	『博物館研究』第50巻第6号	日本博物館協会
東 自由里			2014.10	「9・11メモリアル・ミュージアムに『普通の国』の怖さをみた」	『世界』第861号	岩波書店
東大阪まちづくり研究会 編	中山 徹*編		2014.12	『価値あるものがもっと輝く素敵な街へ:東大阪フィールド・ミュージアムへの市民の夢の提案』		東大阪まちづくり研究会
東かがわ市歴史民俗資料館友の会			2009.3	『東かがわ市歴史民俗資料館友の会記念誌』		東かがわ市歴史民俗資料館友の会

著者1	著者2	著者3	発行年	論文名・書籍名	掲載誌	発行元
東谷 千恵子	増田 真理子		2012	「体験レッスン世田谷美術館にボランティアと共につくる美術館像を学ぶ」	『地域創造：町づくりアートを応援します』第32号	地域創造
東垂水 琢哉	平賀 伸夫	中村 千恵 他	2014.9	「貸し出し教材で学校と博物館をつなぐ」	『日本科学教育学会年会論文集』第38巻	日本科学教育学会
東野 治之			1989.1	「小杉榲邨旧蔵の正倉院及び法隆寺献納御物―その売却事件と歐外の博物館総長就任」	『古代史論集』(下)	塙書房
東野 治之			1998	「正倉院宝物の明治整理-正倉院御物整理掛の活動を中心に」	『古代中世の社会と国家』	清水堂出版
東三河博物館施設協議会			1976	『地域社会に役立つよい博物館を作るには 座談会記録』		東三河博物館施設協議会
東峰 宏紀			2016.12	「「すごろく教材」で異文化理解」	『学校と博物館でつくる国際理解教育のワークショップ』	国立民族学博物館
東宮 博			1968	『ディスプレイ照明ハンドブック』		ブロンズ社
東村 純子	村上 由美子		2014.9	「博物館資料としての石膏模型：唐古遺跡出土木器の保存と活用」	『史林』97号	史学研究会
東山動物園くらぶ 編	名古屋市東山動植物園 監		2017.3	『ZOOっといっしょ：東山動植物園公認ガイドブック2』		中日新聞社
疋田 努	本川 雅治*	蔭山 麻里子	1999	「データベースを活用した哺乳類標本管理」	『哺乳類科学』第39号	日本哺乳類学会
引野 道生			2011.11	「石見銀山遺跡への入り口--地域歴史遺産の活用」	『都市問題』第102巻第11号	東京市政調査会
樋口 清之			1970.3	「博物館資料の分類例」	『國學院大學博物館學紀要』第2輯	國學院大學博物館学研究室
樋口 清之	加藤 有次	小池 映子	1971.3	「國學院大學考古学資料室の資料貸出状況－集計から見た大学博物館活動－」	『國學院大學博物館學紀要』第3輯	國學院大學博物館学研究室
樋口 清之 監	加藤 有次 監		1976	『父と子の博物館』		富士書店
樋口 清之	加藤 有次		1981.2	『こんなに役立つ博物館』		かんき出版
樋口 清之	川崎 繁	下津谷 達男 他	1987.3	「座談会「博物館学講座開講三十周年を迎えて－開講期から未来への展望を求めて－」」	『國學院大學博物館學紀要（樋口清之博士記念論文集）』第11輯	國學院大學博物館学研究室
樋口 清之			1993.3	「記念講演録 博物館学の将来にむけて」	『博物館学雑誌』第18巻第1・2号合併号	全日本博物館学会
樋口 敬二			1996	「地域における科学技術と科学館」	『博物館指導者研究協議会報告書平成8年度』	日本博物館協会
樋口 敬二			1997	「地域における科学技術と科学館」	『博物館研究』第32巻第5号	日本博物館協会
樋口 雄彦			2014.3	「幕臣博物学者鶴田清次とその資料」	『国立歴史民俗博物館研究報告』第183集（開館三〇周年記念論文集Ⅱ）	国立歴史民俗博物館
樋口 長市			1938	「リヤリズムの教育家棚橋君」	『教育研究』第486號	初等教育研究會
樋口 尚樹			2016	「市民参加の文化財レスキュー」	『文化財等防災ネットワーク研究集会第1回』	国立文化財機構奈良文化財研究所埋蔵文化財センター保存修復科学研究室
樋口 秀雄			1957	「陳列札（ラベル）の形態について」	『第5回全国博物館大会報告書』	日本博物館協会
樋口 秀雄			1964	「増補博物館発達史年表稿」	『わが国の近代博物館施設発達資料の集成とその研究（明治編2・補遺）』	日本博物館協会
樋口 秀雄			1968.1	「帝室技芸員制度－帝室技芸員の設置とその選衡経過－」	『MUSEUM』第202号	東京国立博物館
樋口 秀雄			1970	『博物館資料分類法要説』		国書刊行会
樋口 秀雄			1971.11	「無私の物産学者-田中芳男-」	『日本及日本人』第1503号	J&Jコーポレーション
樋口 秀雄	椎名 仙卓		1981.1	「日本の博物館史」	『博物館学講座 第2巻日本と世界の博物館史』	雄山閣
樋口 弘道	大堀 哲編		1997	「博物館資料の分類・整理」	『博物館学教程』	東京堂
樋口 弘道			1999	「第3章自然科学系博物館資料の収集・保存 1自然史資料」	『博物館学シリーズ 2博物館資料論』	樹村房
樋口 弘道			1999	「第7章博物館を取り巻く諸状況 2環境保護と博物館資料」	『博物館学シリーズ 2博物館資料論』	樹村房

著者1	著者2	著者3	発行年	論文名・書籍名	掲載誌	発行元
樋口 弘道			1999	「自然系博物館と学会との連携について」	『博物館研究』第34巻第8号	日本博物館協会
樋口 弘道			2000.6	「館種別博物館機能論 総合博物館」	『新版博物館学講座 第4巻 博物館機能論』	雄山閣
樋口 浩道			2009.8	「公益財団法人認定を取得して--その取組みの経緯などを振り返る」	『博物館研究』第44巻第7号	日本博物館協会
樋口 真貴子	今田 ありさ*	出川 紫乃	1988.12	「博物館における教育普及活動のあり方をもとめて」	『お茶の水女子大学博物館実習報告』第4号	お茶の水女子大学学芸員課程委員会
樋口 正信			1999	「特別展「墨の彩ー(財)日本博物館協会の複製画による水墨画の世界」を実施して」	『博物館研究』第34巻第8号	日本博物館協会
樋口 政則			1986.4	「郷土研究と文化財保護行政」	『地方史研究』第36巻第2号	地方史研究協議会
樋口 政則			2005.3	「博物館と女性史」	『國學院大學博物館學紀要』第29輯	國學院大學博物館学研究室
樋口 政則			2008.3	「博物館展示と文字-文字展示論への試み-」	『國學院大學博物館學紀要』第32輯	國學院大學博物館学研究室
樋口 穰			1986.12	「博物館その現状と未来ー進化する博物館ー」	『博物館学年報』第18号	同志社大学博物館学芸員課程
樋口 穰			1987.12	「博物館をどう思うか(第二回)-大学生の意識調査から-」	『博物館学年報』第19号	同志社大学博物館学芸員課程
樋口 穰			1989.12	「大学生はこう要求する-博物館学期末試験の解答から-」	『博物館学年報』第21号	同志社大学博物館学芸員課程
樋口 穰			1992.12	「博物館と日本人」	『博物館学年報』第24号	同志社大学博物館学芸員課程
樋口 祐紀	阿部 直之*	三石 大	2005.3	「複数分野横断型学習システム「ポケット博物館」の開発」	『教育情報学研究』第3巻	東北大学大学院教育情報学研究部
樋口 良江	水品 紫乃		1983	「博物館の役割についての一考察」	『長野県民俗の会会報』6号	長野県民俗の会
樋口 龍峡			1922	「大英博物館」	『新世界の印象』	國民書院
樋口 龍峡			1922	「圖書館と博物館」	『歐米うらおもて』	弘道館
ヴィクトール・ヘルマンセン	矢島 國雄		1998.3	「トムセンと民俗誌博物館の創設者達ーデンマークにおける博物館の創設期ー」	『Museum study：明治大学学芸員養成課程紀要』第9号	明治大学学芸員養成課程
樋熊 清治			1969	「アンケートに現れた展示解説に対する観客の反応について」	『博物館研究』第42巻第2号	日本博物館協会
日暮 忠			1934	「水族館」	『収益本位水産養殖大成』	養賢堂
久井 英輔	市原 光匡	伊藤 真木子 他	2004.7	「ヒアリング調査事例」	『博物館職員の研修に関する調査研究報告書ー国立科学博物館「ミュージアムマネージメント研修」受講者の追跡調査ー』	社会教育計画研究会
久井 英輔			2004.7	「質問紙調査から見えてくるもの：クロス集計から」	『博物館職員の研修に関する調査研究報告書ー国立科学博物館「ミュージアムマネージメント研修」受講者の追跡調査ー』	社会教育計画研究会
久井 英輔			2004.7	「質問紙調査の構成と概要」	『博物館職員の研修に関する調査研究報告書ー国立科学博物館「ミュージアムマネージメント研修」受講者の追跡調査ー』	社会教育計画研究会
久居 宣夫	萩原 信介*	武藤 幹生	1999.11	「自然教育園の自然の移り変わり」	『国立科学博物館ニュース』第367号	国立科学博物館
坂入 尚文			2006.6	『間道見世物とテキヤの領域』		新宿書房
日坂 彰	渡邉 瑞恵*	中村 塑 他	2014.3	「東日本大震災による北総地域文化財の被害と町並み保存の取り組み：香取市佐原重要伝統的建造物群保存地区の事例」	『愛国学園大学人間文化研究紀要』第16号	愛国学園大学人間文化学部
久替 宬治			1988.12	「地域史研究と地域博物館」	『博物館学年報』第20号	同志社大学博物館学芸員課程
久替 宬治	賈 鐘壽		1989.12	「地域住民の歴史意識と地域博物館」	『博物館学年報』第21号	同志社大学博物館学芸員課程
久替 宬治	好村 孝則		1994.12	「歴史学習と博物館」	『博物館学年報』第26号	同志社大学博物館学芸員課程
久恒 中陽			1967	「ボストン科学博物館」	『科学館紀要』第2号	市立名古屋科学館
久木 淳子			2008.3	「ティンガニオーーメキシコ山村における博物館作り」	『全博協研究紀要』第10号	全国大学博物館学講座協議会
久木 淳子			2009	「大学博物館についての一考察」	『MUC：京都外大国際文化資料室紀要』第5号	京都外国語大学

著者1	著者2	著者3	発行年	論文名・書籍名	掲載誌	発行元
久木 淳子			2010	「変容する博物館:2009年博物館活動の視点から」	『MUC:京都外大国際文化資料室紀要』第6号	京都外国語大学
久木 幸男			1980	「郷土教育論争」	『日本教育論争史録』第二巻近現代編(下)	第一法規
久田 健一郎	廣川 晴香*		2005	「恐竜を用いた科学教育プログラムの開発」	『福井県立恐竜博物館紀要』第4号	福井県立恐竜博物館
久田 迪夫			1954	「上野動物園水族館の施設と管理」	『魚(魚の会)』第5号	魚の会
久田 迪夫			1962	「水族爬虫館計画の御案内」	『どうぶつと動物園』第14巻5号	東京動物園協会
久田 迪夫			1966-1967	「水族館の歴史」	『フィッシュマガジン』4巻9号から7回連載	緑書房
久田 迪夫			1968-1969	「曲がり角にきた水族館―その未来を予測する1-7」	『フィッシュマガジン』第4巻9号から第5巻3号	緑書房
久原 政彦	山本 恭大*	遠藤 守 他	2009.11	「デジタルミュージアム利用を考慮した観覧体験レコーダーの提案と試作」	『電子情報通信学会技術研究報告』第109巻第281号	電子情報通信学会
久原 甫			1974	「社会教育行政の生成と展開」	『日本近代教育百年史』第7巻	国立教育研究所
久末 進一			1983.4	「視覚障害者向け展示の試み―博物館実習の現場から―」	『博物館実習報告』第3号	札幌商科大学人文学部学芸員課程
久松 正樹	飯田 勝明	鈴木 正明 他	1999.3	「ボランティアによる博物館野外施設でのホタル飼育の記録」	『茨城県自然博物館研究報告』第2号	ミュージアムパーク茨城県自然博物館
久松 正樹	中山 豊*	松原 洋介 他	2002.3	「ミュージアムパーク茨城県自然博物館における展示利用行動調査」	『茨城県自然博物館研究報告』第5号	ミュージアムパーク茨城県自然博物館
久松 正樹			2006.7	「スクールミュージアム」	『環境とカウンセラー』第2巻2号	茨城県環境カウンセラー協会
久松 正樹			2011.7	「博物館だより(4)ミュージアムパーク茨城県自然博物館の昆虫に関する調査研究・普及活動について」	『昆蟲.ニューシリーズ』第14巻3号	日本昆虫学会
久松 洋二	岩田 憲二	徳永 保固	1996.3	「平成7年度博物館講座の応募者動向について」	『愛媛県総合科学博物館研究報告』第1号	愛媛県総合科学博物館
久松 洋二	上田 耕三*	進 悦子	2002.3	「実物人体標本を中心に展示した企画展示の開催報告～平成13年度企画展「人体」より～」	『愛媛県総合科学博物館研究報告』第7号	愛媛県総合科学博物館
久松 洋二			2011.3	「科学体験展示物の館内製作報告(2010年)」	『愛媛県総合科学博物館研究報告』第16号	愛媛県総合科学博物館
菱田(藤村)淳子			2004.3	「行政・博物館・ジェンダー:地方埋蔵文化財行政担当者の視点から」	『平成13年度～15年度科学研究費補助金研究成果報告書』	文部科学省科学研究費補助金研究成果報告書
菱田(藤村)淳子			2004.3	「復元ジオラマの中の人物像をめぐって」	『平成13年度～15年度科学研究費補助金研究成果報告書』	文部科学省科学研究費補助金研究成果報告書
美術館メディア研究会			1997	『美術館革命』		大日本印刷株式会社ICC本部
美術館連絡協議会事務局			2007.10	『美術館連絡協議会25年のあゆみ』		美術館連絡協議会事務局
美術史學會			2007.3	「開催主旨(平成十八年度[美術史學會]シンポジウム・支部大会・支部例会研究発表等要旨)-(美術館博物館委員会東西合同シンポジウム四月二十二日神戸市立博物館検証:国公立ミュージアム～官から民へのうねりの中で)」	『美術史』第56巻2号	美術史學會
美術週報社			1915	「御大典記念事業と美術館」	『美術週報』2巻20號	美術週報社
美術週報社			1915	「御大典と記念美術館」	『美術週報』2巻29號	美術週報社
美術週報社			1915	「美術館建設は此好機を逸す可からず」	『美術週報』2巻31號	美術週報社
美術週報社			1915	「大典記念美術館建設建議書」	『美術週報』2巻37號	美術週報社
美術出版社			1981.11	「私たちの美術館」	『美術手帖』448号	美術出版社
美術出版社			1993.4	「グッズが伝える美術館の魅力」	『美術手帖』866号	美術出版社
美術出版社			2014.6	「コレクターの個性が見える美術館」	『美術手帖』1005号	美術出版社
美術出版社			2014.6	「作品を見るための最高の美術館」	『美術手帖』1005号	美術出版社
美術出版社			2014.10	「ホイットニー美術館での大回顧展リポート!」	『美術手帖』1012号	美術出版社

著者1	著者2	著者3	発行年	論文名・書籍名	掲載誌	発行元
美術手帖編集部			1994.3	「特集 キュレイターの仕事--展覧会戦国時代を面白くする美の仕掛け人たち」	『美術手帖』685号	美術出版社
美術年鑑社			1990	「大阪でカタログコンクール開催—カタログは多くを語る」	『新美術新聞』572号	美術年鑑社
美術品公開促進法研究会			1999.3	『美術品公開促進法Q&A』		ぎょうせい
美術品等の流動性を高める方策に関する調査研究協力者会議			1997.7	『美術品等の流動性を高める方策について』		美術品等の流動性を高める方策に関する調査研究協力者会議
日高 昭子	栗山 究*	阿知良 洋平	2012	「社会教育の視点から見た"平和博物館実践"の分析枠組み」	『日本社会教育学会紀要』第48号	日本社会教育学会
日高 健一郎			2010.5	「新しい国際文化貢献の形を求めて--中近東、北アフリカにおける文化遺産研究、博物館整備、文化遺産保護教育の課題」	『博物館研究』第45巻第5号	日本博物館協会
日高 俊一郎	「平成23年度全国博学連携ワークショップin宮崎」実行委員会		2012.7	「「博学連携ワークショップin宮崎」で何が得られたか」	『理科の教育』第61巻第7号	日本理科教育学会
日高 俊一郎	福松 東一	隈元 修一 他	2012.8	「博学連携はなぜ広がらないのか!:博物館関係者と学校関係者の問いの視点の違いからの一考察」	『日本理科教育学会全国大会要項』第62号	日本理科教育学会
日高 俊一郎	中山 迅*	福松 東一 他	2012.8	「博物館と学校の連携を促進するワークショップの試み:展示に添える問いの生成を中心にして」	『日本科学教育学会年会論文集』第36巻	日本科学教育学会
日髙 真吾 編	園田 直子		2008.11	『博物館への挑戦:何がどこまでできたのか』		美術の図書三好企画
日髙 真吾			2013.3	「展示紹介・展示批評 国立民俗博物館企画展「記憶をつなぐ:津波災害と文化遺産」」	『民具研究』第147号	日本民具学会
日髙 真吾			2015.1	「大規模災害時における文化財レスキュー事業に関する一考察-東日本大震災の活動から振り返る」	『国立民族学博物館研究報告』第40巻第1号	国立民族学博物館
日髙 真吾			2016	「民博の資料管理技術をエジプトで活用する」	『文化財保存修復学会誌』第59巻	文化財保存修復学会
日髙 真吾	園田 直子*	末森 薫 他	2016	「博物館におけるLED照明の現状:2015年夏国立民族学博物館展示場での実験データから」	『国立民族学博物館研究報告』第40巻第4号	国立民族学博物館
日髙 真吾			2016.3	「東日本大震災における文化財レスキューについて」	『文化財の虫菌害』第65号	文化財虫害研究所
日髙 真吾			2017.5	「地域文化遺産の継承」	『文化遺産と生きる』	臨川書店
日高 嘉継			1996.3	「博物館・学芸員の将来像」	『Museologist:明治大学学芸員養成課程年報』第11巻	明治大学学芸員養成課程
日立市かみね動物園			2016.1	『かみね動物園:園内から太平洋が一望』		日立市かみね動物園
飛弾 藤吉記	半井 真澄*	篠田 時化雄	1891.11	『神社保存・神官奉務規則演説筆記』		京都府神官取締局
肥田 康	川瀬 敏雄		2013	「資料の保存とデジタル化」	『薬学図書館』58巻4号	日本薬学図書館協議会
Vicky.Melfi	Geoff.Hosey*	Sheila.Pankhurst	2011.8	『動物園学』		文永堂出版
秀平 文忠			2002.8	「長浜曳山祭の保存・伝承の支援拠点として:曳山博物館の活動と可能性」	『月刊文化財』第467号	第一法規
秀平 文忠			2004.12	「博物館学研究室ティーチング・アシスタントを振り返って([同志社大学]博物館学芸員課程開設五十周年記念号)」	『博物館学年報』第36号	同志社大学博物館学芸員課程
秀平 文忠			2007.3	「調査が教えてくれること-仏像調査を通じて」	『博物館学年報』第38号	同志社大学博物館学芸員課程
尾藤 正英			1957	「江戸時代中期における本草学」	『東京大学人文科学紀要第11集歴史と文化Ⅱ第5集』	東京大学
一柳 廣孝			2012.3	「文学館活用の可能性」	『教育デザイン研究』第3号	教育デザイン研究会
人見 誠 マルセール	菅野 博貢	小澤 淳史	2016.3	「高山市重要伝統的建造物群保存地区外縁部における修景と伝統要素の利用に関する研究」	『ランドスケープ研究』第79巻第5号	日本造園学会
日名子 元雄			1978.7	「文化財建造物の保存修理」	『月刊文化財』第178号	第一法規
日根 之和			1996.9	「企画展の企画」	『ミュージアムマネージメント』	東京堂出版
日野 文都			2009.3	「図書館における博物館型展示の実施について」	『叡智の杜』第6号	宮城県図書館
日野 巌			1939	「宮崎高等農林學校農業博物館」	『博物館研究』第12巻第4號	日本博物館協會

著者1	著者2	著者3	発行年	論文名・書籍名	掲載誌	発行元
日野 巖			1939	「南阿の二博物館の印象」	『博物館研究』第12巻第6號	日本博物館協會
日野 賢一	米山 里史*	熊谷 亮平 他	2012.9	『ル・コルビュジエによる「無限成長美術館」の変遷に関する研究』	『学術講演梗概集』2012巻	日本建築学会
日野 博彦			2001	「随筆公立博物館の経営に携わって」	『博物館研究』第36巻第6号	日本博物館協会
日橋 一昭			1994.3	「子ども動物自然公園の教育活動--模索の中での実践例」	『月刊社会教育』第38巻3号	国土社
日橋 一昭			1998.3	「動物園のコレクションはどこへ向かうのか」	『東京学芸大学教育学部生涯教育研究室研究紀要』第3号	東京学芸大学教育学部生涯教育研究室
日橋 一昭			2000.5	「こども動物園をめぐって」	『動物園研究』第4巻1号	動物園研究会
日橋 一昭			2006.1	「動物園の教育活動」	『畜産の研究』第60巻1号	養賢堂
日比 伸子			2009.7	「博物館と生態学(10)地域の自然を学び、伝える:大台ヶ原自然再生事業と博物館」	『日本生態学会誌』第59巻第2号	日本生態学会誌編集委員会
日比 佳代子			2013.3	「旧刑事博物館初期コレクションの形成過程とその性格」	『博物館資料の再生:自明性への問いとコレクションの文化資源化』	岩田書院
日比野 利信			2007.10	「特集にあたって博物館の現在と未来-指定管理者制度の導入をめぐって」	『九州史学』第148号	九州史学研究会
日比野 利弘			2003	「児童の実態を考慮した体験的な活動の開発」	『岐阜県博物館調査研究報告』第24号	岐阜県博物館
日比野 利弘			2004.3	「自然体験的な活動後の児童の意識分析について」	『岐阜県博物館調査研究報告』第25号	岐阜県博物館
日比野 秀男			1987	「新設美術館における収蔵・展示対策—静岡県立美術館の場合—」	『博物館研究』第22巻第3号	日本博物館協会
日比野 秀男			1988.11	「ボランティアによるギャラリー・トークについて(上)」	『博物館研究』第23巻第11号	日本博物館協会
日比野 秀男 編			1994.2	『美術館学芸員という仕事』		ぺりかん社
日比野 秀男			2006.9	「静岡県下における「災害から文化財を守る」民間活動-災害救済ネットワークの構築をめざして」	『博物館研究』第41巻第9号	日本博物館協会
日比野 秀男			2012.3	「まちと博物館」	『常葉学園大学研究紀要.教育学部』第32号	常葉学園大学
日比野 秀男			2013.3	「「自然災害」と博物館」	『静岡県博物館協会研究紀要』第36号	静岡県博物館協会
日比野 光敏			1993.3	「「情報提供屋」の試み-特別展「日本の味覚すしグルメのれきしがく」-」	『岐阜市歴史博物館研究紀要』第7号	岐阜市歴史博物館
日比野 光敏			1993.3	「「情報提供展」の試み」	『岐阜市歴史博物館研究紀要』第7号	岐阜市歴史博物館
日比野 光敏			1994.11	「博物館・展覧会・学芸員そして民俗学-ある地方公立博物館の事例から」	『日本民俗学』第200号	日本民俗学会
日比野 光敏			1998.12	「博物館・展覧会・学芸員そして民族学一ある公立物館の事例から」	『民俗世界と博物館展示・学習・研究のために』	雄山閣出版
日比野 民蓉			2014.11	「日韓的美術館の領分」	『NACTreview:国立新美術館研究紀要』第1号	国立新美術館
日比野 佑希			2015.3	「博学教連携による地域自然学習推進のための調査研究:教員向け博物館活用ガイドブックの作成(小中学校自然編)」	『教師教育研究』第11号	岐阜大学教育学部
日露野 好章	大野 一郎*	若月 憲夫	2007	「2006年度学芸員過程主催公開講演録博物館の世界-博物館経営の諸問題(2)博物館と市民意識」	『東海大学課程資格教育センター論集』第6号	東海大学出版会
日比谷 登美子			1997.9	「世界を駆け抜けた博物学者蜂須賀正氏」	『国立科学博物館ニュース』第341号	国立科学博物館
姫路市立美術館			2008.11	『コレクションでたどる姫路市立美術館の25年』		姫路市立美術館・姫路市立美術館友の会
ひめゆり平和祈念資料館			2010.3	『ひめゆり平和祈念資料館20周年記念誌未来へつなぐひめゆりの心』		沖縄県女師・一高女ひめゆり同窓会立ひめゆり平和祈念資料館
桧物 聖	中山 雅茂*		2012.3	「科学館における酸性雨を題材とする教育プログラムの作成と実践」	『北翔大学生涯学習システム学部研究紀要』第12号	北翔大学
桧森 隆一			2010.1	「「機関」としての博物館と指定管理者制度の課題」	『博物館研究』第45巻第10号	日本博物館協会
檜山 敦	田中 千晶*	岸 啓補	2009.9	「展示鑑賞における空間利用を考慮した半自律遠隔ギャラリートークシステム」	『日本バーチャルリアリティ学会論文誌』第14巻第3号	日本バーチャルリアリティ学会

ひ

著者1	著者2	著者3	発行年	論文名・書籍名	掲載誌	発行元
日向 央			2013.5	「意外と知らない著作権AtoZ(66)展覧会の開催における、絵画の著作権をめぐる諸問題:「原作品展示権」は、著作者又は所有者のどちらがもつ権利か」	『調査情報.第3期』第512号	TBSテレビ
ヒューズ・キャサリン	安井 亮	松本 栄寿 他訳	2005.9	『ミュージアム・シアター博物館を活性化させる新しい手法』		玉川大学出版部
Hauta.kasari.Markku	宮田 公佳	Parkkinen.Jussi	2014.3	「デジタル技術を活用した色彩研究成果の博物館展示への応用」	『国立歴史民俗博物館研究報告』第184集	国立歴史民俗博物館
ヒュン・P・S			2006	「「近代美術館」への転回−洋画家たちの美術館設立運動」	『文化資源学』第5号	文化資源学会
兵庫県教育委員会事務局文化財課 編			2017.3	『兵庫県文化財パトロール必携』		兵庫県教育委員会事務局文化財課
兵庫県博物館協会 編			1970	『兵庫の博物館』		兵庫県立近代美術館
兵庫県博物館協会 編			1973	『ガイドブック兵庫の博物館』		兵庫県博物館協会
兵庫県阪神南県民局尼崎港管理事務所			2013.6	『尼ロック防災展示室ガイド:災害からくらしを守る』		兵庫県阪神南県民局尼崎港管理事務所
兵庫県立考古博物館			2015.2	「ミュージアムへ行こう!兵庫県立考古博物館」	『理大科学フォーラム』第32号2輯	東京理科大学
兵庫県立人と自然の博物館			2001.7	「実践事例 学校と博物館--学社融合による総合的な学習」	『月刊公民館』第530号	全国公民館連合会
兵庫県立人と自然の博物館			2006.5	「事例クローズアップ 学校と博物館で作る新しい学習展開『教材開発研究会』--自然から学ぶ実践事例集」	『マナビィ』第59号	文部科学省
兵庫県立人と自然の博物館 編			2012.9	『みんなで楽しむ新しい博物館のこころみ』		研成社
兵庫県立人と自然の博物館 編			2015.3	「兵庫県立人と自然の博物館セミナーガイド:ひとはくは生涯学習を応援します2015」		兵庫県立人と自然の博物館
兵庫県歴史文化遺産活用活性化実行委員会 編			2016.3	『広域に所在する文化財群の調査と活用〔4〕』		兵庫県歴史文化遺産活用活性化実行委員会
兵藤 正明			1981.5	「館種別博物館における展示と展示法 専門博物館」	『博物館学講座 第7巻展示と展示法』	雄山閣
Hirai.Etsuro	Ito.T		1962	「On the micro-field of invert ebrates in the Asamushi Aquarium.」	『Bull.Mar.Biol.Sta.Asamushi』第11巻2号	Central Office IAC
平井 越郎	伊藤 健雄		1963.12	「浅虫水族館の現況」	『動物園水族館雑誌』第5巻3号	日本動物園水族館協会
平井 美江			2009.2	「近世初期の絵画に描かれた小袖の衿についての一考察−レプリカ製作を通して」	『東京家政大学博物館紀要』第14集	東京家政大学博物館
平井 一則	邑田 仁*		2007.3	「地図で見る環境保全の現状小笠原の絶滅危惧植物の自生地復元を目指して-小石川植物園での保護増殖」	『遺伝:生物の科学』第61巻第2号	エヌ・ティー・エス
平井 和也	藤田 喜久*	今宮 則子 他	2009.8	「米国の科学博物館で開発された海洋科学コミュニケーション実践講座の概要:学習者の学び方について理論的に理解し・効果的な教授法を習得する」	『日本科学教育学会年会論文集』第33巻	日本科学教育学会
平井 和也	今宮 則子*	藤田 喜久	2009.8	「米国で開発された海の科学教育プログラムMAREの実践事例:博物館・水族館等、海の学習施設との連携による海洋科学リテラシー育成」	『日本理科教育学会全国大会要項』第59巻	日本理科教育学会
平井 京之助			2012.3	「運動する博物館:水俣病歴史考証館の対抗的実践」	『国立民族学博物館研究報告』第36巻第4号	国立民族学博物館
平井 京之介			2013.3	「タイのコミュニティ博物館についての一考察:博物館か・寺院か?」	『国立民族学博物館研究報告』第37巻第3号	国立民族学博物館
平井 京之助			2015.10	「第5章「公害」をどう展示すべきか―水俣の対抗する二つのミュージアム」	『ミュージアムと負の記憶戦争・公害・疾病・災害:人類の負の記憶をどう展示するか』	東信堂
平井 京之助			2015.10	「心で感じるミュージアム―日本軍「慰安婦」歴史館」	『ミュージアムと負の記憶戦争・公害・疾病・災害:人類の負の記憶をどう展示するか』	東信堂
平井 健一			2008.4	「現場リポート三菱一号館美術館 230万個のレンガを職人が一つひとつ手積みする」	『日経アーキテクチュア』第872号	日経BP社
平井 健嗣	山本 広貴*	李 祥準	2012.9	「公共文化施設の運営に関する実態調査:国立美術館の管理体制・維持費用の分析」	『学術講演梗概集』2012巻	日本建築学会
平石 典子			2003.6	「「ナビ派と日本」展」	『展覧会カタログの愉しみ』	東京大学出版会
平井 章一			1993	「触覚による芸術表現の可能性」	『ミュージアム・マガジン・ドーム』第8号	日本文教出版
平井 健文			2017	「日本における産業遺産の観光資源化プロセス:炭鉱・鉱山の遺構に見出される価値の変容に着目して」	『観光学評論』第5巻1号	観光学術学会
平井 健文			2017.3	「産業遺産の価値構築と普及のプロセス:日本における産業遺産保全の通時的考察」	『産業考古学』第154号	産業考古学会

著者1	著者2	著者3	発行年	論文名・書籍名	掲載誌	発行元
平出 隆	松井 貴子		2015.1	「《フィールド・ミュージアム・ネット》の展開と『子規庵』研究(1)《フィールド・ミュージアム・ネット》の構想と着手」	『多摩美術大学研究紀要』第21号	多摩美術大学
平出 隆	宮本 飛鳥	宮田 浩介 他	2015.1	「《フィールド・ミュージアム・ネット》の理論と実践--多摩美術大学共同研究報告」	『多摩美術大学研究紀要』第23号	多摩美術大学
平出 美栄子			2014.10	「世界のお産紀行ロンドンのバースセンター勤務助産師へのインタビューと博物館見学から思うこと」	『助産雑誌』第68号	医学書院
平井 東幸			2015.1	「シルク遺産を訪ねて(19)駒ヶ根シルクミュージアム:地域の交流センター」	『シルクレポート』第40号	大日本蚕糸会蚕糸・絹業提携支援センター
平井 俊行			2017.3	「保存修理技術の継承」	『文化財建造物の保存修理を考える:第5回シンポジウム「木造建造物保存修理技術の特色」の記録』	文化財建造物保存技術協会
平井 直子	原田 佳子*		2006.3	「美術館における「教育普及活動」の現状と課題-アンケート調査による一考察-」	『全博協研究紀要』第9号	全国大学博物館学講座協議会
平井 尚志			1964.3	「イルクーツク州郷土博物館の沿革とその考古学・民族学調査の概要」	『Mouseion:立教大学博物館研究』第10号	立教大学学校・社会教育講座
平井 尚志			1965.3	「サハリン考古学と樺太庁博物館」	『Mouseion:立教大学博物館研究』第11号	立教大学学校・社会教育講座
平井 聖			1998	「遺跡整備の仕事を通して思うこと」	『文化財と探査』第1巻第1号	日本文化財探査学会
平井 宏典			2016.1	「博物館における安全性分析に関する試論:独立行政法人国立美術館をケースとして」	『和光経済』第48巻第2号	和光大学社会経済研究所
平井 宏典			2006	「博物館と地域の戦略的連携:景観法を活用した戦略的連携の構築に関する試論」	『エコミュージアム研究』No.11	日本エコミュージアム研究会
平井 宏典			2006	「日本における博物館の経営形態に関する研究:活用による新たな博物館の経営形態を中心として」	『東洋大学大学院紀要』42号	東京大学
平井 宏典			2006	「ミュージアム・マネジメントにおける価値連鎖に関する研究」	『日本ミュージアム・マネージメント学会研究紀要』第10号	日本ミュージアム・マネージメント学会
平井 宏典			2007	「ミュージアム・マネジメントの外向的段階における要件-金沢21世紀美術館のケースを中心として」	『東洋大学大学院紀要』第44号(法・経営・経済)	東洋大学大学院
平井 宏典			2008.6	「日本におけるミュージアムの提供する価値の再検証:経験価値を中心として」	『日本経営教育学会全国研究大会研究報告集』第57号	日本経営教育学会
平井 宏典			2012.3	「企業ミュージアムにおける基本的性質の分析:事業の関係性と機能の充実度による分類手法」	『共栄大学研究論集』第10号	共栄大学国際経営学部
平井 宏典			2012	「日本における博物館経営論の構築に関する現状分析:経営概念の変遷と研究主題の傾向から」	『日本ミュージアム・マネージメント学会研究紀要』第16号	日本ミュージアム・マネージメント学会
平井 宏典			2013	「博物館における差別化戦略の原泉:経験と組織能力による差別化フレームワーク」	『共栄大学研究論集』第11号	共栄大学国際経営学部
平井 宏典			2013	「共創概念に基づく博物館経営の考察:参加型プラットフォームの構築における主体の差異を中心として」	『日本ミュージアム・マネージメント学会研究紀要』第17号	日本ミュージアム・マネージメント学会
平井 宏典	奥本 素子		2014	「芸術祭モデルを援用した博物館における競争戦略」	『日本ミュージアム・マネージメント学会研究紀要』第18号	日本ミュージアム・マネージメント学会
平井 宏典			2015	「わが国における博物館経営論の変遷と最新動向」	『和光経済』47巻3号	和光大学
平井 宏幸			2009	「博物館施設及び資料の活用から、老人福祉施設との関連性についての実践的研究」	『北海道開拓の村研究紀要』第2号	北海道開拓の村
平井 康之			2009	「熊本県との官学連携–UD移動ミュージアムプロジェクト」	『デザイン学研究特集号』第16巻第4号	日本デザイン学会
平井 康之	三島 美佐子		2010.3	「九州大学総合研究博物館常設展示室におけるインクルーシブデザイン・ワークショップ」	『九州大学総合研究博物館研究報告』第8巻	九州大学総合研究博物館
平井 康之	藤 智亮	野林 厚志 他	2014.3	『知覚を刺激するミュージアム:見て、触って、感じる博物館のつくりかた』		学芸出版社
平井 佑希	伊藤 真*		2013.2	「それって誰のもの?:情報とメディアの法的な問題」	『博物館情報・メディア論』	ぎょうせい
平井 隆太郎			1961.3	「博物館とPR」	『Mouseion:立教大学博物館研究』第7号	立教大学学校・社会教育講座
平岩 忠士	松井 洸併	中井 孝幸	2010.2	「出展参加型の美術館における利用実態と利用者意識に関する研究」	『東海支部研究報告集』第48号	社団法人日本建築学会
平岡 健			1998.11	「川越市立博物館の学校教育との連携について-点から面へ-」	『博物館研究』第33巻第11号	日本博物館協会
平岡 健			2000	「パワーアップした「総合的な学習の時間」」	『学ぶ心を育てる博物館』	(株)アム・プロモーション
平岡 松彦			1978.4	「出雲大社博覧会」	『大社の史話』第22号	大社史談会

著者1	著者2	著者3	発行年	論文名・書籍名	掲載誌	発行元
平岡 隆二			2008.7	「長崎歴史文化博物館-川原慶賀データベース」	『アジア遊学』第111号	勉誠出版
平賀 研也			2015.2	「伊那市立図書館の取り組み:伊那谷の屋根のない博物館の屋根のある広場へ」	『信州大学附属図書館研究』第4号	信州大学附属図書館
平賀 伸夫	三ツ川 章	齊藤 仁志	2007	「教師支援を目的とした学校と博物館との連携に関する研究」	『科学教育研究』第31巻第2号	日本科学教育学会
平賀 伸夫	三ツ川 章		2010.3	「学校・博物館連携を促進するための博物館データベースの開発」	『三重大学教育学部附属教育実践総合センター紀要』第30巻	三重大学教育学部附属教育実践総合センター
平賀 伸夫	東垂水 琢哉*	中村 千恵 他	2014.9	「貸し出し教材で学校と博物館をつなぐ」	『日本科学教育学会年会論文集』第38巻	日本科学教育学会
平川 千宏			2014.4	「市民活動資料:保存と公開の全国的状況」	『大原社会問題研究所雑誌』第666号	法政大学大原社会問題研究所
平川 ひろみ	川宿田 好見*		2012.3	「離島における新しい博物館活動のモデル構築へ向けて鹿児島県三島村を対象として」	『国際文化学部論集』第12巻第4号	鹿児島国際大学
平川 ひろみ	川宿田 好見*		2012.12	「博物館活動の展開と地域住民の意識変化:"三島村ミュージアムプロジェクト"を通じて」	『国際文化学部論集』第13巻第3部	鹿児島国際大学国際文化学部
平川 南			2010.3	「博物館と地域社会」	『Museumちば:千葉県博物館協会研究紀要』40・41号	千葉県博物館協会
平木 収			1989.3	「美術館施設に於ける写真の扱いに関して」	『川崎市市民ミュージアム紀要』第1集	川崎市市民ミュージアム
開 仁志	長谷川 総一郎		2004.12	「幼児における美術館見学:ワークシート作成の試み」	『富山大学教育実践総合センター紀要』第5巻	富山大学教育学部附属教育実践総合センター
平坂 恭介			1933	「訪米雑感」	『動物學雜誌』第542號	日本動物學會
平沢 薫			1968.4	「講演録「社会教育原論講義要目」」	『昭和42年度学芸員研修会講演集』	日本博物館協会
平沢 一男			1913	「上野動物園」	『高等小學読本教材研究第1學年用』	私家版
平澤 勘蔵	原田 義明*	菅原 光雄	1995.3	「ピーボディ・エセックス博物館所蔵「てぬぐい展」仮説展示の設計から完成まで」	『大田区立郷土博物館紀要』第5号	大田区立郷土博物館
平澤 勘蔵			1997.3	「東京郊外の遊園地・多摩川園」	『大田区立郷土博物館紀要』第7号	大田区立郷土博物館
平澤 毅			1999	「史跡等の整備に関わる国庫補助事業の解説」	『月刊文化財』第434号	第一法規
平澤 毅	奈良文化財研究所		2015.3	『東アジアを中心とした名勝地の保護に関する研究』		文部科学省科学研究費補助金研究成果報告書
平沢 康男			1967	「特殊投影装置使用の現況」	『科学館紀要』第2号	市立名古屋科学館
平沢 康男			1980.3	「主として理工学館における上手な案内・要領のよい視察」	『博物館学雑誌』第5巻第1号	全日本博物館学会
平沢 康男			1981.5	「館種別博物館における展示と展示法 理工学系博物館」	『博物館学講座 第7巻展示と展示法』	雄山閣
平澤 泰文	松川 節	川田 隆雄 他	2012.12	「iPad博物館ガイドシステムの構築と評価」	『日本教育工学会論文誌』第36巻	日本教育工学会
平澤 祐加子			2008.3	「伝統的保存施設としての土蔵の考察」	『國學院大學博物館學紀要』第32輯	國學院大學博物館学研究室
平澤 祐加子	青木 豊*	山本 哲也	2013.5	「資料の劣化・損壊の原因」	『人文系博物館資料保存論』	雄山閣
平島 勇夫			1996.11	「大牟田市石炭産業科学館の経営について」	『産業考古学』第80号	産業考古学会
平嶋 孝			1998.5	「まちづくりに向けての造園コンサルタントの役割―歴史的環境の復権をめざして」	『資源環境対策』第34巻7号(『緑の読本』シリーズ46)	公害対策技術同友会
平田 彩夏	伊藤 秀一*	小川 杏美 他	2012.3	「来園者を対象とした動物園の展示方法に関するアンケート調査」	『東海大学紀要.農学部』第31号	東海大学農学部
平田 和彦	岸本 光樹	弘岡 拓人	2014.11	「博物館と生態学(24)生態学への入り口として博物館が果たす役割:中学生、高校生に与える意識と経験」	『日本生態学会誌』第64巻第3号	日本生態学会誌編集委員会
平田 和弘	浅田 正彦*	森田 利仁	2003.3	「千葉県立中央博物館における子ども向け事業」	『Museumちば:千葉県博物館協会研究紀要』34号	千葉県博物館協会
平田 包定			1936.5	「平田式水族館」	『博物館研究』第9巻第5号	日本博物館協會
平田 健	村上 晃子		2004.3	「矢向ミュージアムの展示計画とその実践―Ⅰ――小学校の空き教室を利用した博物館―」	『Museologist:明治大学学芸員養成課程年報』第19号	明治大学学芸員養成課程

著者1	著者2	著者3	発行年	論文名・書籍名	掲載誌	発行元
平田 健			2010.7	「濱田耕作」「後藤守一」「米村喜男衛」「甲野勇」	『博物館学人物史上』	雄山閣
平田 こずえ	石田 恵子*	成田 美由紀	1999.3	「サイエンスショー「ドライアイスでどっきんコ！？」」	『名古屋市科学館紀要』第25号	名古屋市科学館
平田 寿里	安井 秀行*	村井 良子	2009.2	「自治体サイトに共通標準メニュー体系(11)公立美術館サイトを「顧客視点」で評価する(個人利用者編)」	『地方行政』第10041号	時事通信社
平田 寿里	安井 秀行*	村井 良子	2009.2	「自治体サイトに共通標準メニュー体系(12)公立美術館の団体利用を促進するサイトとは-学校編(小学校教諭Yさんの場合)」	『地方行政』第10043号	時事通信社
平田 寿里	安井 秀行*	村井 良子	2009.2	「自治体サイトに共通標準メニュー体系(13)公立美術館WEBサイトのあるべき姿-個人・団体評価結果に基づく提案」	『地方行政』第10045号	時事通信社
平田 大二	小出 良幸*	山下 浩之	1994	「ニュー・メディアとニュー・メソッド—地学教育と博物館」	『神奈川地学』第74号	神奈川地学会
平田 大二 他			1995	「地球環境学習の実態調査—神奈川県における環境学習の実態—」	『神奈川県の環境学習実態調査報告書—新しい地球環境学習プログラム開発を目指して』	不明
平田 大二 他			1996	「地球環境学習ニーズに応える新しい博物館活動—神奈川県の環境学習実態調査報告書(1995)から—」	『神奈川地学』第75号	神奈川県地学会
平田 大二			1997	『地球環境を理解するための博物館学習プログラムの開発』		文部省科学研究費補助金研究成果報告書
平田 大二	小出 良幸*	山下 浩之	1998.12	「新しい地球科学の普及をめざして—だれでも使える博物館—」	『地学雑誌』第107巻6号	東京地学協会
平田 大二	小出 良幸*	山下 浩之	1999	「インターネットのリンク・データベース—自然史博物館・理科教育・地球環境・障害者・地球科学に関するリンク集—」	『神奈川県立博物館研究報告.自然科学』第28号	神奈川県立生命の星・地球博物館
平田 大二	山下 浩之*	小出 良幸 他	1999.9	「博物館における地球科学の新しい普及活動」	『博物館学雑誌』第25巻第1号	全日本博物館学会
平田 大二	小出 良幸*	山下 浩之 他	1999.11	「博物館での新しい取り組み--博物館の新しい地球科学教育を目指して(3)」	『地学教育』第52巻6号	日本地学教育学会
平田 大二	小出 良幸		2001.3	「視覚障害者と健常者とによる触覚を用いた岩石の観察」	『神奈川県立博物館研究報告.自然科学』第30号	神奈川県立生命の星・地球博物館
平田 大二	新井田 秀一*	小出 良幸	2001.3	「視覚障害者と健常者における聴覚と環境認識との関係」	『神奈川県立博物館研究報告.自然科学』第30号	神奈川県立生命の星・地球博物館
平田 大二			2002	『インターネットを活用した博物館地球科学教育システムの構築』		文部省科学研究費補助金研究成果報告書
平田 大二	小出 良幸*	山下 浩之	2003.5	「自然史リテラシーの重要性-博物館における長期教育の試み-」	『地学教育』第53巻6号	日本地学教育学会
平田 大二	新井田 秀一	山下 浩之 他	2004.3	「特別展「人と大地と--WonderfulEarth」の開催記録と自己検証の試み--博物館における新しい地学教育を目指して展開した展示活動」	『神奈川県立博物館研究報告.自然科学』第33号	神奈川県立生命の星・地球博物館
平田 大二	田口 公則	一寸木 肇	2008.9	「学芸員と教師との協働による身近な自然の教材化の試みと教師教育プログラムの開発」	『日本地質学会学術大会講演要旨』第115号	日本地質学会
平田 大二	斎藤 靖二		2009.2	「小田原・箱根ジオパーク構想と生命の星・地球博物館」	『月刊地球』第31巻第2号	海洋出版
平田 大二	田口 公則	斎藤 靖二	2009.2	「神奈川県立生命の星・地球博物館「地質の日」記念事業」	『地質ニュース』第654号	実業公報社
平田 大二			2009.6	「自然系博物館の未来(第2回)小中学校との連携」	『科学』第79巻第6号	岩波書店
平田 大二			2010.3	「科学通信博物館が伝えるべきもの」	『科学』第80巻第3号	岩波書店
平田 大二	岡田 篤	澤野 誠	2010.3	「博物館の活用で理科授業を改革する:神奈川県立生命の星・地球博物館での取組を通して」	『理科の教育』第59巻第3号	日本理科教育学会
平田 大二	山下 浩之		2011.12	「隕石資料の公開と保存—神奈川県立生命と星・地球博物館の事例」	『博物館研究』第47巻第1号	日本博物館協会
平田 大二			2012.3	「陸前高田市立博物館の地質標本レスキュー作業にかかわって」	『神奈川県博物館協会会報』第83巻	神奈川県博物館協会
平田 健生			1995	「鑑賞とことば—当館のセルフガイド制作事例を中心に」	『滋賀県立近代美術館研究紀要』1号	滋賀県立近代美術館
平田 健生			2001.6	「シリーズ子どもとはくぶつかん7「第三の力」」	『月刊ミュゼ』47号	(株)アム・プロモーション
平田 健生	津屋 裕子*	畑中 章良 他	2001.6	「シリーズ・子どもとはくぶつかん学校と美術館を地域ボランティアがつなぐ」	『月刊ミュゼ』47号	(株)アム・プロモーション
平田 健生			2010	「学校貸出用教材《鑑賞授業プログラム・パック》の作成」	『滋賀県立近代美術館研究紀要』第8号	滋賀県立近代美術館
平田 豊弘	池田 榮史*		1984.3	「地方における小規模博物館の現状と課題－熊本県本渡市歴史民俗資料館の場合－」	『國學院大學博物館学紀要』第8輯	國學院大學博物館学研究室

著者1	著者2	著者3	発行年	論文名・書籍名	掲載誌	発行元
平谷 美華子	白根 敏昭*	堀舘 秀一	2016.12	「大学と美術館の連携:創価大学と東京富士美術館の連携事業「美術館を活用した授業」報告」	『創大教育研究』第26号	創価大学教育学会
平田 誠			1991.5	「平成2年度欧州博物館事情視察報告④欧州博物館調査報告」	『博物館研究』第26巻第5号	日本博物館協会
平田 雅巳			2010.3	「平和博物館の社会的機能に関する基礎的研究--「ピースあいち」を実践の場として」	『人間文化研究所年報:人間地域共生』第5号	名古屋市立大学人間文化研究所
平田 政彦			2014.2	「展示施設案内斑鳩町文化財活用センター」	『奈良歴史研究』第81号	奈良歴史研究会
平田 穰			2001.3	「博物館におけるマーケティング・リサーチの導入-海遊館の事例を中心に」	『博物館における評価と改善スキルアップ講座資料集』	東京都江戸東京博物館「博物館における評価と改善スキルアップ講座」実行委員会
平塚 明	柴 正博		2000	「植物園のウェブサイト」	『博物館研究』第35巻第1号	日本博物館協会
平塚市博物館			1977	「博物館の生まれるまでⅠ経過と基本構想 4.地域博物館の構想」	『平塚市博物館年報』第1号	平塚市博物館
平塚市博物館			1982.3	「開館五周年を経て-現状と課題-」	『平塚市博物館年報』第5号	平塚市博物館
平塚市博物館			1982.3	「博物館と学校サービス」	『平塚市博物館年報』第5号	平塚市博物館
平塚市博物館 編			1993	『平塚市博物館展示ガイド』		平塚市博物館
平塚市博物館 編			1996	『平塚市博物館のできるまで—開館20周年記念展—』		平塚市博物館
平塚市博物館			1996.5	『博物館のできるまで開館20周年記念展』		平塚市博物館
平塚市博物館			2006.2	『わた博平塚市博物館30周年記念誌』		平塚市博物館
平塚 幸人			2009.1	「体験活動事業の実践を通して」	『博物館研究』第44巻第10号	日本博物館協会
平塚 理子	小川 正人*		2014.3	「アーキビストの眼 公文書館機能普及セミナー2013in北海道自治体アーカイブズのすすめ:仕組み作りのための理論と実例」	『記録と史料』第24号	全国歴史資料保存利用機関連絡協議会
平野 暁臣	野村 東太*		1982.8	「博物館の運営状況について(I):博物館に関する建築計画的研究その1：建築計画」	『学術講演梗概集. 計画系』第57巻	日本建築学会
平野 暁臣	野村 東太*	池田 千春 他	1983.9	「資料からみた博物館の新たな類型化の試み:博物館に関する建築計画的研究その2」	『学術講演梗概集. 計画系』第58巻	日本建築学会
平野 暁臣	野村 東太*	池田 千春 他	1983.9	「博物館の利用状況について:博物館に関する建築計画的研究その3」	『学術講演梗概集. 計画系』第58巻	日本建築学会
平野 暁臣	野村 東太*	池田 千春 他	1983.9	「博物館の資料と展示事業について:博物館に関する建築計画的研究その4」	『学術講演梗概集. 計画系』第58巻	日本建築学会
平野 暁臣	野村 東太*	池田 千春 他	1983.9	「博物館における教育事業と相互連携について:博物館に関する建築計画的研究その5」	『学術講演梗概集. 計画系』第58巻	日本建築学会
平野 暁臣	野村 東太*	池田 千春 他	1984	「博物館における実物資料の質的・量的傾向と収蔵及び常設展示:博物館に関する建築計画的研究その6」	『学術講演梗概集. 計画系』第59巻	日本建築学会
平野 暁臣	野村 東太*	池田 千春 他	1984	「博物館の職員構成及び業務内容と分担状況:博物館に関する建築計画的研究その7」	『学術講演梗概集. 計画系』第59巻	日本建築学会
平野 暁臣	野村 東太*	池田 千春 他	1984	「博物館利用者の所属生に関するケーススタディ(その1):博物館に関する建築計画的研究その8」	『学術講演梗概集. 計画系』第59巻	日本建築学会
平野 暁臣	野村 東太*	池田 千春 他	1985	「博物館における資料等の収蔵・保管状況:博物館に関する建築計画的研究その9」	『学術講演梗概集』1985巻	日本建築学会
平野 暁臣	野村 東太*	池田 千春 他	1985	「博物館における利用者状況と利用変動状況:博物館に関する」建築計画的研究その10」	『学術講演梗概集』1985巻	日本建築学会
平野 暁臣	野村 東太*	池田 千春 他	1985	「博物館における利用者サービスと調査研究活動:博物館に関する建築計画的研究その11」	『学術講演梗概集』1985巻	日本建築学会
平野 暁臣	野村 東太*	朴 光範 他	1991.8	「博物館の収蔵庫・燻蒸室に関するデザイン・サーベイ:博物館に関する建築計画的研究その26」	『学術講演梗概集』1991巻	日本建築学会
平野 暁臣	藤田 祐三*	野村 東太 他	1991.8	「博物館の展示部門に関するデザイン・サーベイ(Ⅱ):博物館に関する建築計画的研究その28」	『学術講演梗概集』1991巻	日本建築学会
平野 威馬雄			1943	「九、名和昆虫研究所の設立と昆虫博物館の出現」	『名和昆虫翁』	學習社
平野 馨			1996.3	「博物館と生涯学習－近未来へ、1つの展望－」	『千葉経済大学学芸員課程紀要』創刊号	千葉経済大学学芸員課程共同研究室
平野 馨			2000.3	「「大学博物館」を考える」	『千葉経済大学学芸員課程紀要』第5号	千葉経済大学学芸員課程共同研究室

著者1	著者2	著者3	発行年	論文名・書籍名	掲載誌	発行元
平野 和男			1984.12	「8 遺跡・遺構保存の実例寺院址」	『考古学調査研究ハンドブックス第2巻室内編』	雄山閣
平野 邦雄			1970	「開発と文化財：史跡の保存」	『月刊文化財』第77号	第一法規
平野 邦雄	猪股 喜彦	森口 隆次 他	1997	「座談会"歴史博物館の過去、現在、未来"1」	『博物館研究』第32巻第7号	日本博物館協会
平野 邦雄	猪股 喜彦	森口 隆次 他	1997	「座談会"歴史博物館の過去、現在、未来"2」	『博物館研究』第32巻第8号	日本博物館協会
平野 邦雄	笹山 晴生	佐藤 信	2000.6	「学問・史跡・博物館(上)」	『日本歴史』第625号	吉川弘文館
平野 邦雄	笹山 晴生	佐藤 信	2000.7	「学問・史跡・博物館(下)」	『日本歴史』第626号	吉川弘文館
平野 邦雄			2004.11	『史跡保存の軌跡その苦闘の記録』		吉川弘文館
平野 繁臣			1999	『国際博覧会歴史事典』		内山書房
平野 仁也			2009.11	「地方公立館の現状と課題について--蒲郡市博物館の事例をもとに」	『歴史の理論と教育』第131号	名古屋歴史科学研究会
平野 剛			2003.3	「博物館資料を活用した高等学校地理歴史科の指導」	『研究報告書』第27集	佐賀県立博物館・佐賀県立美術館
平野 文明			1986.7	「無形民俗資料の収集・利用の意義と問題点」	『日本民俗学』第106号	日本民俗学会
平野 真			2011.7	「地域活性化に果たすアートの役割：高知県砂浜美術館の事例から」	『地域活性学会研究大会論文集』第3巻	地域活性学会
平野 雅彦			2014.3	「社会教育施設と大学の連携の可能性：静岡県立中央図書館・県立美術館との協働プロジェクトから」	『静岡大学生涯学習教育研究』第16号	静岡大学イノベーション社会連携推進機構地域連携生涯学習部門
平野 雅彦	岩科 律子		2015.3	「人文の知で地域とつながる：静岡県立中央図書館と静岡県立美術館との連携」	『静岡大学生涯学習教育研究』第17号	静岡大学イノベーション社会連携推進機構地域連携生涯学習部門
平野 雅文			2002.1	「オルセー美術館の印象派絵画とその展示について」	『繊維博物館ニュース』第26巻2号	東京農工大学工学部附属繊維博物館
平野 宗明			2013.9	「アジア歴史資料センターの事業と公開資料について」	『アーキビスト』第80号	全国歴史資料保存利用機関連絡協議会関東部会
平野 祐子			2000.3	「体験展示の試み-ミニ展示「ぽかぽかあったか暖房具」展での取り組みより-」	『北区飛鳥山博物館研究報告』第2号	北区飛鳥山博物館
平野 祐子			2002.3	「学校対応事業への取り組み-平成12年度・13年度の活動から-」	『北区飛鳥山博物館研究報告』第4号	北区飛鳥山博物館
平野 葉一			1999.12	「巡回展・数学と遊ぼう--かたちと数のワンダーランド」	『数学セミナー』第38巻12号	日本評論社
平野 陽子			1996.3	「駕籠に乗る人担ぐ人、そのまた草鞋をつくる人」	『博物館学芸員課程年報』第13集	帝塚山学院大学博物館学研究室
平松 和彦			1991.6	「ヨーロッパの氷河地形と博物館」	『士別市立博物館年報』第9号	士別市立博物館
平松 佐枝子			2000.1	「地域博物館における近現代史展示」	『くにたち郷土文化館研究紀要』第2号	くにたち郷土文化館
平松 佐枝子			2003.3	「展示を通して何を伝えるか」	『Museologist：明治大学学芸員養成課程年報』第18号	明治大学学芸員養成課程
平松 新一	栂 典雅*		2015.6	「評判のビジターセンター"人気の秘密"白山国立公園中宮温泉ビジターセンター／石川県白山自然保護センター中宮展示館」	『国立公園』第734号	自然公園財団
平松 玲治	堀江 典子	大浦 康史	2010	「博物館的機能から見た国営公園における展示施設の設置状況と管理運営に関する研究」	『ランドスケープ研究』第73巻第5号	日本造園学会
平松 玲治	堀江 典子*		2010.12	「公園の博物館化に関する一考察」	『博物館学雑誌』第36巻第1号	全日本博物館学会
平本 毅	高梨 克也		2015.12	「環境を作り出す身振り：科学館新規展示物制作チームの活動の事例から」	『認知科学』第22巻第4号	日本認知科学会
平山			1905.7	「護謨製品ノ保存法」	『薬學雑誌』第281号	日本薬學會
平山 陽洋			2014.3	「ベトナムにおける公式的(オフィシャル)な戦争の記憶：記念碑と戦争展示をめぐる考察」	『地域研究』第14号2輯	京都大学地域研究統合情報センター
平山 静男			2009.8	「小・中学校の理科教育における博物館の積極的活用に関する研究」	『日本理科教育学会全国大会要項』第59巻	日本理科教育学会
平山 嵩			1931	「明り天井を有する美術品陳列室の畫光照明」	『照明學會雑誌』第15巻特別第2號	日本照明學會

著者1	著者2	著者3	発行年	論文名・書籍名	掲載誌	発行元
平山 嵩			1932	「博物館の天窓採光に就いて」	『建築雑誌』第46輯第553號	日本建築學會
平山 嵩			1933	「米國美術館の採光面積比に就て」	『照明學會雑誌』第15巻特別第2號	日本照明學會
平山 嵩			1933	「博物館建築の採光」	『國際建築』特輯・博物館 第七巻第一號	國際建築協會
平山 嵩			1937.12	「美術館内彫刻の照明法に關する研究」	『博物館研究』第10巻第12號	日本博物館協會
平山 嵩			1953.9	「正倉院新宝庫の設計について:主として新宝庫内の温湿度の問題」	『建築雑誌』第68輯第802號	日本建築学会
平山 嵩			1953.11	「正倉院新宝物庫の設計に当つて」	『科学朝日』第16巻3号	朝日新聞社
平山 嵩	頼沼 勲	山崎 源司	1954.3	「正倉院新宝庫の夏季温湿度について」	『日本建築學會研究報告』第26号	日本建築学会
平山 嵩			1954.5	「正倉院新宝庫の設計並に温湿度について」	『日本建築學會研究報告』第27号	日本建築学会
平山 嵩			1955.11	「竣功後2年の正倉院新宝庫の温湿度」	『日本建築學會研究報告』第34号	日本建築学会
平山 孝			1937	「美術館」	『鐵路西と東』	春秋社
平山 成信	田中 芳男*		1897.8	『澳國博覽會参同紀要』		森山春雍
平山 成信			1925	「博覽會一班」ほか	『昨夢録』	私家版
平山 成信			1928	「博物館施設に關する建議」	『博物館研究』第1巻第4號	博物館事業促進會
平山 成信 他			1929.4	「美術歴史考古品保存問題研究會」	『博物館研究』第2巻第4號	博物館事業促進會
平山 良治	森 圭子		2013	「土壌モノリスを収集し展示する意義は何か?」	『埼玉県立川の博物館紀要』第13号	埼玉県立川の博物館
平芳 幸浩	谷村 博美	岡崎 乾二郎 他	2005	「シンポジウムデュシャンと現代美術の保存・修復をめぐってオリジナル/レディ・メイド/レプリカ--デュシャン以後、「作品」はどう変貌したか」	『インターコミュニケーション』第14巻2号	NTT出版
ビルネット			2007.9	「自治体・民間企業・JAの三者が一体となって農業テーマパークを運営-堺・緑のミュージアム「ハーベストの丘」」	『指定管理者制度:パブリックビジネス情報』第19号	ビルネット
ビルネット			2008.9	「広島市交通科学館 鉄道事業者という特性を活かし、鉄道と交通科学館とが一体化したユニークな連携を目指す取り組み-広島高速交通株式会社」	『指定管理者制度:パブリックビジネス情報』第31号	ビルネット
ビルネット			2008.12	「大阪府立花の文化園(フルルガーデン) 目指せ旭山-岐路に立つ植物園が存続を賭けて新規事業に取り組む-財団法人大阪府みどり公社」	『指定管理者制度:パブリックビジネス情報』第34号	ビルネット
ビルネット 編			2013.3	「府中市郷土の森博物館 公園や復元古民家等と一体化した総合博物館の多様性を生かした活性化とは:公益財団法人府中文化振興財団」	『指定管理者制度:パブリックビジネス情報』第85号	ビルネット
ビルネット			2014.4	「地域と共働した美術館・博物館の先進的な取組のあり方とは:文化庁の支援事業から見えるもの」	『指定管理者制度:パブリックビジネス情報』第98号	ビルネット
比留間 尚			1980.1	『江戸の開帳』		吉川弘文館
昼間 行雄	佐藤 百合子*	牧野 昇 他	2016.1	「着物へのプロジェクションマッピング・インスタレーション:IFFTI2015[イタリア・フィレンツェサンタクローチェ聖堂]での展示」	『文化学園大学紀要』第47号	文化学園大学
廣石 昭三	今永 勇*	新藤 誠一郎	2000.3	「特別展「海から生まれた神奈川」における参加型展示の試み」	『博物館学雑誌』第25巻第2号	全日本博物館学会
弘岡 拓人	平田 和彦*	岸本 光樹	2014.11	「博物館と生態学(24)生態学への入り口として博物館が果たす役割:中学生、高校生に与える意識と経験」	『日本生態学会誌』第64巻第3号	日本生態学会誌編集委員会
広川 覚子			1994.3	「オランダ(キュレイターの仕事--展覧会戦国時代を面白くする美の仕掛け人たち〈特集〉)」	『美術手帖』685号	美術出版社
広川 祥子	有川 健太郎	曽根 良昭 他	2004.8	「環境再現展示における高齢者のストレス測定(予備報告)」	『大阪市立住まいのミュージアム研究紀要』第2号	大阪市立住まいのミュージア
広川 千枝			1982	「住民が望む博物館:市民と博物館=私たちの博物館ラブコール」	『三多摩の社会教育』第58号	東京都立川社会教育会館
廣川 晴香	久田 健一郎		2005	「恐竜を用いた科学教育プログラムの開発」	『福井県立恐竜博物館紀要』第4号	福井県立恐竜博物館
広木 正紀	佐田 信太朗*	村上 忠幸	2008.9	「"もの"への関わりのはじまりとしての"集める"という活動の意義を探る:身近なものを対象としたミニ博物館づくりの過程を通して」	『日本理科教育学会全国大会要項』第58号	日本理科教育学会
広木 正紀	牧野 茂樹*	坂東 忠司 他	2009.3	「京都府立植物園の環境教育プログラム一本の木から学ぶ活動「私の好きな木」」	『日本植物園協会誌』第43号	日本植物園協会

著者1	著者2	著者3	発行年	論文名・書籍名	掲載誌	発行元
廣崎 芳次			1994	『水中の生物からのメッセージ人と生きものの共存共栄』		太陽書林
広島市現代美術館 編	広島県立美術館* 編	ひろしま美術館 編	2016	『ミュージアムインフォメーション:広島市の3美術館の紹介』		広島県立美術館
広島縣内務部 編			1913	「堺水族館」實物舘ヲ建設スル事」	『厳島公園改良案』	広島縣内務部
広島縣内務部 編			1913	「水族舘ヲ建設スル事」	『厳島公園改良案』	広島縣内務部
広島県立美術館 編	ひろしま美術館 編	広島市現代美術館 編	2016	『ミュージアムインフォメーション:広島市の3美術館の紹介』		広島県立美術館
広島県立みよし風土記の丘・広島県立歴史民俗資料館			1989.4	『10年の歩み』		広島県立みよし風土記の丘・広島県立歴史民俗資料館
広島県立歴史民俗資料館			2010.3	『30年のあゆみ:広島県立みよし風土記の丘歴史民俗資料館』		広島県立歴史民俗資料館
広島県歴史文化博物館			2001.1	『江戸時代芸備の科学と自然』		広島県歴史文化博物館
広島県歴史民俗資料館等連絡協議会編			2003.3	『21世紀のミュージアム活動に向けて-広島県歴史民俗資料館等連絡協議会結成20周年記念誌』		広島県歴史民俗資料館等連絡協議会
広島市			1983.3	『広島市博物館基本構想』		広島市
広島市安佐動物公園			1989.7	「動物園における教育活動の調査(昭和60年度中の実施状況)」	『動物園水族館雑誌』第30巻3号	日本動物園水族館協会
広島大学	鳥越 兼治*		2008.5	『里海環境の地域エコミュージアム構想への適用に関わる実践的研究文部科学省科学研究費補助金研究成果報告書』		文部省科学研究費補助金研究成果報告書
ひろしま美術館			2008.10	『財団法人ひろしま美術館30年史』		ひろしま美術館
ひろしま美術館 編	広島県立美術館* 編	広島市現代美術館 編	2016	『ミュージアムインフォメーション:広島市の3美術館の紹介』		広島県立美術館
広島平和文化センター	ダフィー・テランス*	門倉 俊雄 訳	1996.9	『日本の平和博物館と平和文化の実現』		広島平和文化センター
広瀬 栄一	石島 渉	宮本 馨太郎	1963.3	「座談会 欧米の博物館をめぐって」	『Mouseion:立教大学博物館研究』第9号	立教大学学校・社会教育講座
広瀬 和雄			2008.6	「考古学研究と博物館-〈快適環境づくり〉と自治体・研究者の役割」	『考古学研究』第55巻第1号	考古学研究会
広瀬 浩二郎			2006.6	「博物館が拓くフリーバリア社会-"気づき"と"築き"の触文化展から-」	『考古学研究』第53巻第1号	考古学研究会
広瀬 浩二郎			2006.7	「"気づき"と"築き"の触文化展」	『ノーマライゼーション障害者の福祉』第26巻7号	日本障害者リハビリテーション協会
広瀬 浩二郎			2006.7	「職人は触人なり-「さわる文字、さわる世界」展の趣旨-」	『博物館研究』第41巻第7号	日本博物館協会
広瀬 浩二郎			2007.4	「ひらく企画展「さわる文字、さわる世界」の趣旨をめぐって」	『だれもが楽しめるユニバーサル・ミュージアム:"つくる"と"ひらく"の現場から』	読書工房
広瀬 浩二郎	国立民族学博物館 監		2007.4	『だれもが楽しめるユニバーサル・ミュージアム:"つくる"と"ひらく"の現場から』		読書工房
広瀬 浩二郎			2012.5	「「手学問」理論の創造—触学・触楽・触愕するフィーリングワーク」	『さわって楽しむ博物館ユニバーサル・ミュージアムの可能性』	青弓社
広瀬 浩二郎			2012.5	「世界をさわる手法を求めて:民博の「手学問」展示コーナーが目指すもの」	『視覚障害:その研究と情報』第288号	障害者団体定期刊行物協会
広瀬 浩二郎 編			2013.2	『さわって楽しむ博物館ユニバーサル・ミュージアムの可能性』		青弓社
広瀬 浩二郎	相良 啓子 述		2016.8	「全盲者の耳、ろう者の目」	『ひとが優しい博物館:ユニバーサル・ミュージアムの新展開』	青弓社
広瀬 浩二郎 編			2016.8	『ひとが優しい博物館:ユニバーサル・ミュージアムの新展開』		青弓社
広瀬 鎮			1959	「動物園ガイドおよびそのあり方について」	『第7回全国博物館大会報告書』	日本博物館協会
広瀬 鎮			1959	「動物園出版物に関する考察」	『第7回全国博物館大会報告書』	日本博物館協会
広瀬 鎮			1959	「友の会活動における社会教育」	『第7回全国博物館大会報告書』	日本博物館協会
広瀬 鎮			1967.1	「博物館理念は博物館界を拡大する」	『学芸員懇談会記録1967』	発行責任者:金子功・広瀬鎮

著者1	著者2	著者3	発行年	論文名・書籍名	掲載誌	発行元
広瀬 鎮			1969	「博物館発達史における社会教育の挫折」	『社会教育学会紀要』第5号	社会教育学会
広瀬 鎮			1970	「博物館とアメリカ人②～訴える看板～」	『博物館ニュース』第5巻第6号	日本博物館協会
広瀬 鎮			1971.3	「よい博物館」	『社会教育』第26巻3号	全日本社会教育連合会
広瀬 鎮			1972	『博物館はいきている』		日本放送出版協会
広瀬 鎮			1973	「博物館から学校にのぞむ」	『月刊社会教育』第17巻4号	国土社
広瀬 鎮			1973	「社会教育施設の利用」	『社会教育の方法』	東洋館
広瀬 鎮			1974	「あるべき博物館の機能と役割り」	『歴史評論』第2号	校倉書房
広瀬 鎮			1974.6	「博物館と標本資料-埋もれている剥製や生態模型の技術-」	『歴史と博物館』第3号	歴博研究会
広瀬 鎮	小野 礼子		1975.3	「モンキーセンター博物館学セミナーのこと」	『愛知の博物館』第21号	愛知県博物館協会
広瀬 鎮			1977	「市民運動と博物館構想をめぐる博物館学的考察」	『公民館合理化をめぐる動向』	社会教育推進全国協議会調査研究部
広瀬 鎮			1977.3	「博物館社会教育の展開をめぐる一考察－博物館における教育研究と教材開発－」	『博物館学雑誌』第2巻第1・2号	全日本博物館学会
広瀬 鎮			1979.9	「現代社会と博物館」	『博物館学講座 第4巻博物館と地域社会』	雄山閣
広瀬 鎮			1979.9	「社会的要請と市民要求」	『博物館学講座 第4巻博物館と地域社会』	雄山閣
広瀬 鎮			1979.9	「余暇の利用と博物館」	『博物館学講座 第4巻博物館と地域社会』	雄山閣
広瀬 鎮 編	徳川 宗敬*監他		1979.9	『博物館学講座 第4巻博物館と地域社会』		雄山閣
広瀬 鎮			1984	「生きものの展示論考」	『展示学』第1号	日本展示学会
広瀬 鎮			1985	「動物園教育における教育目標」	『動物園教育—日本動物園教育研究会10年の歩み—』	日本動物園教育研究会
広瀬 鎮			1986.11	「動物園における行動観察と博物館教育の展開」	『Mouseion:立教大学博物館研究』第32号	立教大学学校・社会教育講座
広瀬 鎮			1987.12	「アニマル・ディスプレイ」	『展示学』第5号	日本展示学会
広瀬 鎮			1989	「都市と市民と博物館」	『茅ヶ崎に博物館を』二一号	茅ヶ崎の博物館を考える会
広瀬 鎮			1992	『博物館社会教育論』		学文社
広瀬 鎮	尾坂 知江子		1992.3	「生涯学習時代の科学館へ-「科学フェスタ/知覚に知覚-知覚を自覚」の試み」	『名古屋市科学紀要』第18号	名古屋市科学館
広瀬 鎮	山口 源治郎 編	君塚 仁彦 編	2001.12	『日本現代教育基本文献叢書社会・生涯教育文献集6-60博物館は生きている』		日本図書センター
廣瀬 尋常			1929	「博覽會特設館の設計及び工作上の問題」	『現代商業美術全集 11出品陳列装飾集』	(株)アルス
廣瀬 隆人			1992.3	「生涯学習社会における博物館の役割-教育普及活動の視点から-」	『根室市博物館開設準備室紀要』第6号	根室市博物館開設準備室
廣瀬 隆人			1993.12	「生涯学習時代の博物館と学校教育」	『Mouseion:立教大学博物館研究』第39号	立教大学学校・社会教育講座
廣瀬 隆人			1996.12	「学校教育と『融合』する博物館活動」	『MuseumDate』第35号	丹青総合研究所
廣瀬 隆人			1998.9	「博物館現場をマネージメントする職員(学芸員)養成の現状」	『Cultivate:文化と環境を考える』第9号	文化環境研究所
廣瀬 隆人			2000	「学校教育と「融合」する博物館活動」	『学ぶ心を育てる博物館』	(株)アム・プロモーション
廣瀬 隆人			2000.9	「第5章博物館教育とはなにか」	『博物館学シリーズ 3博物館展示・教育論』	樹村房
廣瀬 隆人 編	大堀 哲*監		2001.5	『博物館学シリーズ 別巻博物館学基礎資料』		樹村房

著者1	著者2	著者3	発行年	論文名・書籍名	掲載誌	発行元
廣瀬 隆人			2001.9	「札幌市豊平川さけ科学館:地域素材(シロザケ)を生かした体験実習-地域テーマ博物館-」	『博物館学シリーズ 7博物館活動事例集』	樹村房
廣瀬 隆人			2001.9	「川越市立博物館:学校教育と連携・融合する博物館」	『博物館学シリーズ 7博物館活動事例集』	樹村房
廣瀬 隆人			2001.9	「仙台市博物館:博物館における学習情報提供と学習相談」	『博物館学シリーズ 7博物館活動事例集』	樹村房
廣瀬 隆人			2001.9	「斜里町立知床博物館:自然教育」	『博物館学シリーズ 7博物館活動事例集』	樹村房
廣瀬 隆人			2001.9	「滋賀県立琵琶湖博物館:参加型博物館の挑戦」	『博物館学シリーズ 7博物館活動事例集』	樹村房
廣瀬 隆人			2001.9	「鳥羽水族館:携帯端末による新たな博物館活動の取り組み」	『博物館学シリーズ 7博物館活動事例集』	樹村房
廣瀬 隆人			2001.9	「いおワールドかごしま水族館:水族館におけるボランティア活動」	『博物館学シリーズ 7博物館活動事例集』	樹村房
廣瀬 隆人			2001.9	「名寄市北国博物館:地域社会とつながる博物館」	『博物館学シリーズ 7博物館活動事例集』	樹村房
廣瀬 隆人			2001.9	「北海道開拓記念館:「触れる・動かす・作る」-体験学習室-」	『博物館学シリーズ 7博物館活動事例集』	樹村房
廣瀬 岳志	国立文化財機構奈良文化財研究所編		2014.1	「庁内連携での文化的景観保護」	『文化的景観研究集会(第5回)報告書:文化的景観のつかい方』	国立文化財機構奈良文化財研究所
廣瀬 聡弥			2013.1	「動物園見学による幼児の興味や関心のある動物の変化と諸要因の関連」	『ヒトと動物の関係学会誌』第33号	ヒトと動物の関係学会
廣瀬 裕之			2007.3	「バス移動教室「国会図書館・東京国立博物館等へ行こう」について」	『武蔵野日本文学』第16号	武蔵野大学国文学会
廣瀬 通孝			2010.1	「自然系博物館の未来(第9回)デジタルと博物館」	『科学』第80巻第1号	岩波書店
廣瀬 通孝			2010.6	「デジタルミュージアムプロジェクト」	『映像情報メディア学会誌』第64巻第6号	映像情報メディア学会
廣瀬 通孝			2010.6	「デジタル展示ケースを利用した背景情報を伝達する博物館展示」	『電子情報通信学会技術研究報告』第110巻第108号	電子情報通信学会
廣瀬 通孝			2010.11	「招待講演「複合現実型デジタル・ミュージアム」プロジェクト」	『電子情報通信学会技術研究報告』第110巻第293号	電子情報通信学会
広田 純一	向井田 善朗*	熊谷 智義	1999	「地域づくりの担い手としての博物館・資料館の現状と可能性」	『農村計画論文集』第1集	農村計画学会
広田 純一	向井田 善朗*	熊谷 智義	2000	「行政レベルの地域づくりに対する博物館の役割」	『農村計画論文集』第2集	農村計画学会
広田 純一	向井田 善朗*	熊谷 智義 他	2001	「住民レベルの地域づくりへの博物館の関わり:岩手県遠野市立博物館の事例」	『農村計画論文集』第3集	農村計画学会
広田 純一	向井田 善朗*	熊谷 智義 他	2001	「住民レベルの地域づくりへの博物館の役割」	『農村計画論文集』第3集	農村計画学会
広田 純一	向井田 善朗*	熊谷 智義	2003.3	「平塚市博物館における地域づくりとの関わり」	『日本ミュージアム・マネージメント学会研究紀要』第7号	日本ミュージアム・マネージメント学会
廣田 史郎			1981.1	「自然保護に関する法律」	『博物館学講座 第10巻参考資料集』	雄山閣
廣田 泰輔	神谷 明宏*	染谷 彰	2009.9	「電気電子・情報関連の卓越技術データベースと照明の取り組み:Web「電気のデジタル博物館」」	『照明学会誌』第93巻第10号	社団法人照明学会
廣田 孝			2002.3	「展覧会の実際と留意点」	『博物館実習マニュアル』	全国大学博物館学講座協議会
広田 直行	草柳 めぐみ*		2010.7	「東京都内公立美術館における教育普及活動諸室の構成比率」	『学術講演梗概集』2010巻	日本建築学会
広谷 浩子			2005.3	「来館者の行動観察をもとにした博物館の利用状況の分析」	『神奈川県立博物館研究報告.自然科学』第34号	神奈川県立生命の星・地球博物館
広谷 浩子			2009.3	「霊長類学と博物館の接点は?-研究者と市民をつなぐかけ橋としての活動」	『霊長類研究』第24巻3号	日本霊長類学会
広谷 浩子			2010.3	「博物館で人類進化を学ぶ--博物館の特性をいかした子ども向け学習プログラムの作成・実践について」	『神奈川県立博物館研究報告.自然科学』第39号	神奈川県立生命の星・地球博物館
広谷 浩子	石浜 佐栄子*	大島 光春 他	2010.3	「塗り絵をコミュニケーションツールに使った子どものための展示について--[神奈川県立生命の星・地球博物館]2009年度特別展における「ぬりえdeおめん」コーナーの実施報告」	『神奈川県立博物館研究報告.自然科学』第39号	神奈川県立生命の星・地球博物館
広谷 浩子	加藤 ゆき	猪尾 武達	2012.3	「小学生に人類進化を教える出張授業:博物館の特性をいかした学校向け理科学習プログラムの作成と実践」	『神奈川県立博物館研究報告.自然科学』第41号	神奈川県立生命の星・地球博物館
広谷 浩子	加藤 ゆき*		2013.2	「鳥獣標本作製ボランティアの養成:神奈川県立生命の星・地球博物館の事例」	『神奈川県立博物館研究報告.自然科学』第42号	神奈川県立生命の星・地球博物館

著者1	著者2	著者3	発行年	論文名・書籍名	掲載誌	発行元
廣田 雅美			2015.1	「企業家たちの情熱と英知を伝える『大阪企業家ミュージアム』」	『専門図書館』269	専門図書館協議会
廣田 幸記			2014.2	「清河八郎記念館のあゆみ」	『山形県地域史研究』第39号	山形県地域史研究協議会
広田 洋二	鈴木 昭*	内田 康之 他	1997.8	「科学技術館の現場の声を聞く(座談会)展示を深めて人の身近に」	『電気学会誌』第117巻9号	電気学会
広津 旭			1975	「協会はじめの頃のこと等」	『日本植物園協会誌』第10号	日本植物園協会
広津 藤吉			1933	「大學教授の珍らしき實驗と植物園」	『北海道印象記』	梅光女學院
弘中 智子			2016.4	「板橋区立美術館における調査研究活動」	『ミュゼオロジーの展開:経営論・資料論』	武蔵野美術大学出版局
日露野 好章			2003	「博物館の現状について〔合討論〕博物館の世界--保存・修復の今を知る」	『東海大学課程資格教育センター論集』第2号	東海大学出版会
日露野 好章	荒井 宏子*	山口 孝子	2004.3	「-保存・修復の今を知るI-」	『東海大学課程資格教育センター論集』第2号	東海大学出版会
廣濱 紀子	川上 昭吾*	長沼 健	2013.3	「科学館における地域連携活動の展開:科学絵本の読み聞かせと体験活動を結ぶ新しいスタイルのワークショップの実践」	『愛知教育大学教育創造開発機構紀要』第3号	愛知教育大学
広山 均			1998.11	「香りのテーマパークから見た香り文化への提言」	『Aromatopia』第7巻第6号	フレグランスジャーナル社
広吉 寿彦	秋山 日出雄*編		1994	『元禄年間山陵記録』		奈良大和古代文化研究所
琵琶湖博物館「親しむ博物館づくり事業」実行委員会 編			2002	『文部科学省親しむ博物館づくり委託事業「よみがえれ!写真たち」実施報告』		滋賀県立琵琶湖博物館
V.I.Popov			1978.3	「各国国民の相互理解を増進する手段としての博物館」	『第11回ICOM総会講演集 博物館と文化交流』	国際博物館会議日本委員会
フィッチ・J・M	Sawin.Martica 編	金出 ミチル 訳	2008.7	『ジェームズ・マーストン・フィッチ論評選集:建築・保存・環境』		鹿島出版会
フィリップ・アモン	中井 敦子		2014.10	「フィリップ・アモン『イマジュリー:19世紀における文学と形象』第2章展示される形象:ミュージアム(後編)」	『GR:同志社大学グローバル地域文化学会紀要』第3号	同志社大学グローバル地域文化学会
フィリップ・ソレルス			1998	『ルーヴルの旗手』		集英社
Fanollosa.Ernest.Francisco	山口 静一*訳		1997	「美術博物館--その一般市民との関係」	『Lotus』通号17	日本フェノロサ学会
フェリス・フィッシャー	副島 弘道 訳		1990.8	「東西の美術館・博物館について—コレクション・教育・出版活動・特別展にみる日米の比較」	『MUSEUM』第473号	東京国立博物館
forum編集部			1998	「陸にあがった海中世界水族館」	『まちなみ・建築フォーラム』第1巻2号	市ヶ谷出版社
フォラー・マティ	カウヴェンホーフェン・アルレッテ*		2000	『シーボルトと日本その生涯と仕事』		ライデンHotei出版
深川 雅文			1989.3	「オリジナル・プリントについて-あるいは複製技術時代における写真美術館の役割-」	『川崎市市民ミュージアム紀要』第1集	川崎市市民ミュージアム
深川 雅文			2002.2	『学芸員になるには』		ぺりかん社
深川 雅文			2006.7	「第8章ミュージアム・サバイバル美術館・博物館の変革に向けて」	『指定管理者制度—文化的公共性を支えるのは誰か』	時事通信社
深澤 敦子	関田 国吉		2013.11	「神代植物公園植物多様性センターの開設と今後の方向性」	『日本植物園協会誌』第48号	日本植物園協会
深沢 多市			1925	「郷土博物館を設くるの議」	『秋田魁新報』1925年1月1日朝刊4面	秋田魁新報社
深澤 靖幸			2009.12	「支部情報東京支部参加・体験型人文系展示の新しい試み--府中市郷土の森博物館リニューアル事業」	『博物館研究』第44巻第12号	日本博物館協会
百瀬 深			1999.3	「博物館と広報普及活動県立博物館としての広報」	『Museumちば:千葉県博物館協会研究紀要』30号	千葉県博物館協会
深田 独			1992.1	「美術館における映像情報の提供の可能性」	『情報の科学と技術』第42巻第1号	情報科学技術協会
深田 独			1992	「美術館における映像メディアの活用について」	『展示資料開発等報告書—映像メディアによる博物館活性化—』	日本博物館協会
深田 富佐夫			2012.8	「問題提起博物館と学校、及び小中高学校間の連携について」	『地方史研究』第62巻第4号	地方史研究協議会
深津 睦夫			1996.3	「千束屋資料の画像データベース化について」	『皇學館大學神道博物館館報』第7号	皇學館大學神道博物館

著者1	著者2	著者3	発行年	論文名・書籍名	掲載誌	発行元
深津 裕子	内藤 幸江*	澤井 智実 他	2010	「女子美術大学が所蔵する旧カネボウコレクションの学術研究、保存、教育的活用に関する美術館の取り組み」	『女子美術大学研究紀要』第40号	女子美術大学
深津 裕子	石井 美恵	須藤 良子 他	2012.3	「女子美術大学美術館における染織コレクションを中心としたユニバーシティ・ミュージアムの実践」	『女子美術大学研究紀要』第42号	女子美術大学
深堀 直人			2010.11	「マレーシアの博物館事情について」	『博物館研究』第45巻第11号	日本博物館協会
深見 聡			2007.2	「旧中心市街地におけるエコミュージアムづくりの試み-鹿児島市谷山地区の事例から」	『地域総合研究』第34巻第2号	鹿児島国際大学附置地域総合研究所
深見 聡	井出 明	滝澤 公男	2008.11	「温泉地におけるエコミュージアムの考え方-上山田温泉資料館の試み」	『日本観光研究学会全国大会学術論文集』第23号	日本観光研究学会
深見 聡	井出 明		2010.4	『観光とまちづくり:地域を活かす新しい視点』		古今書院
深見 聡	井出 明*	鈴木 晃志郎	2016.12	「近代化産業遺産とダークツーリズム:産業社会の光と影を考える」	『日本観光研究学会全国大会学術論文集』第31巻	日本観光研究学会
深光 富士男	松田 博康 監		2007.4	『美術館・科学館新・みぢかなくらしと地方行政:写真でわかる小学生の社会科見学:第5巻』		
深見 美希			2010.3	「宮沢賢治の博物館・博覧会をめぐる志向:『黄いろのトマト』と『紫紺染について』を中心に」	『日本女子大学大学院文学研究科紀要』第16号	日本女子大学
深見 洋一			1994.3	「学校の団体利用時における援助のあり方～その試みと考察～」	『岐阜市歴史博物館研究紀要』第8号	岐阜市歴史博物館
深谷 賢太郎			1941	「第三 郷土教育論」	『松平定信公と敬神尊皇の教育』	北海出版社
深谷市教育委員会教育部文化振興課			2016	『渋沢栄一翁と論語の里と上武の文化財』		深谷市教育委員会教育部文化振興課
深山 直子			2007.6	「東京国立博物館「マーオリ-楽園の神々」展に関する所感」	『MUSEUM』第608号	東京国立博物館
吹田 恭子	染川 香澄*		1996	『ハンズ・オンは楽しい見て、さわって、遊べるこどもの博物館』		工作舎
吹春 俊光			2003.3	「博物館画像資料の簡易なデジタル展示・配布・保存の方法戦前のヒマラヤ初登頂を記録した堀田彌一フィルムコレクションを例として」	『千葉県立中央博物館 自然誌研究報告』第7巻2号	千葉県立中央博物館
福井県立恐竜博物館 監			2017.2	『福井県立恐竜博物館100』		講談社
福井県立美術館学芸課			1995.3	『イメージ日本の映像展示』		福井県立美術館
福井県立美術館ボランティアの会 編			2016.4	『福井県立美術館ボランティアの会20年のあゆみ』		福井県立美術館ボランティアの会
福井 洸一			1960.7	「博物館と学生(2)」	『神奈川県博物館協会会報』第4集	神奈川県博物館協会
福井 洸一			1960.10	「博物館と学生」	『博物館研究』第33巻第10号	日本博物館協会
福井 洸一			1980.6	「館種別博物館における設置と運営 動植物園・水族館」	『博物館学講座 第9巻博物館の設置と運営』	雄山閣
福井 洸一	大野 政治		1980.6	「管理者(設置者)別博物館の設置と運営 法人立博物館」	『博物館学講座 第9巻博物館の設置と運営』	雄山閣
福井市立郷土自然科学博物館			1981	『博物館30年のあゆみ』		福井市立郷土自然科学博物館
福井市立郷土歴史博物館編			1972	『福井市立郷土歴史博物館20年のあゆみ』		福井市立郷土歴史博物館
福井大学教育地域科学部博物館学研究室			2014	『福井大学教育地域科学部博物館学集報』		福井大学教育地域科学部博物館学研究室
福井 千衣			2014.6	「ロンドンオリンピックの文化プログラム-博物館・図書館・文書館の取組み-」	『カレントアウェアネス』No,320	国立国会図書館関西館図書館協力課
福井 直秀			1994	「柳田男の郷土教育論」	『環日本研究』	京都外国語大学
福井 直秀			2007	「柳田国男の郷土教育論」	『柳田国男:社会改革と教育思想』	岩田書院
福井 菜穂子	内海崎 貴子*		2002.12	「幼児教育とハンズ・オン一自然史博物館のハンズ・オン展示にみる幼児の活動観察事例の分析から一」	『博物館学雑誌』第28巻第1号	全日本博物館学会
福井 憲彦 監	伊藤 真実子 編	村松 弘一 編	2014.2	『世界の蒐集:アジアをめぐる博物館・博覧会・海外旅行』		山川出版社
福井 正紀			1978	『マルチスクリーン・スライド』		(株)美術出版社

著者1	著者2	著者3	発行年	論文名・書籍名	掲載誌	発行元
福井 康雄			2011.3	「博物館から学ぶ:大阪市立自然史博物館との出会いを通して」	『短期大学図書館研究』第31号	大阪芸術大学短期大学
福井 庸子			2003.3	「第11章棚橋源太郎の博物館教育観の背景」	『社会教育の杜』	成文堂
福井 庸子			2006	「東京教育博物館「特別展覧会」に関する考察-社会教育体制移行の過程に注目して」	『文化資源学』第5号	文化資源学会
福井 庸子			2007	「大正期における博物館教育活動に関する研究-東京教育博物館の特別展覧会を中心に」	『早稲田教育評論』第21巻第1号	早稲田大学教育総合研究所
福井 庸子	日本社会教育学会年報編集委員会		2007.9	「NPO博物館の活動にみる「学び」の意義-NPO法人高麗博物館の取り組みを中心に」	『日本の社会教育』第51集	東洋館出版社
福岡縣小倉師範學校			1936	『郷土研究施設概要並目録』		福岡縣小倉師範學校
福岡県青年科学館			1996	「移動科学館研究開発事業について」	『博物館研究』第31巻第6号	日本博物館協会
福岡市動植物園			1984	『福岡市動植物園30年の歩み』		福岡市動植物園
福岡市博物館			2000.1	『川上音二郎と1900年パリ万国博覧会展』		福岡市博物館
福岡市博物館			2013.11	『Fukuokaアジアに生きた都市と人びと:福岡市博物館常設展示公式ガイドブック』		福岡市博物館
福岡市美術館			2007	『大濠美術館ものがたり:昭和2年福岡、東亜勧業博覧会開幕。』		福岡市美術館
福岡市美術館			2017.3	『福岡市美術館クロージング/リニューアルプロジェクト2016について語る。:記録集』		福岡市美術館
福岡 澄男			2005.3	「文化財の普及活用事業」	『文化庁月報』438号	ぎょうせい
福岡 猛志			1987.11	「地方都市の小規模博物館--半田市立博物館をめぐって」	『歴史評論』第451号	校倉書房
福岡 直子			2000.3	「公立小学校における郷土資料室の設置」	『豊島区立郷土資料館年報』第14号	豊島区教育委員会
福岡 直子			2001.3	「資料の収集と課題－ふたつの収蔵資料展から-」	『豊島区立郷土資料館年報』第15号	豊島区教育委員会
福岡 直子			2002.3	「フィールドワークと学芸員」	『フォーラム』第20号	跡見学園女子大学文化学会
福沢 昭司			1986	「コトバと物の不在:県立民族資料館の建設を望む」	『長野県民俗の会通信』75号	長野県民俗の会
冨澤 治子			2014.12	「熊本市現代美術館のミュージアムIPM導入とそれからの4年間」	『文化財の虫菌害』第68号	文化財虫菌害研究所
福澤 諭吉			1866.1	『西洋事情 初編』		尚古堂
福澤 諭吉			1866	『西洋事情』巻ノ一		尚古堂
福澤 諭吉			1867.4	『西洋事情 外編』		尚古堂
福澤 諭吉			1872	『西洋事情』		慶応義塾出版局
福士 廣志			1997.3	「北海道留萌市海のふるさと館利用者の実態について―小規模地方博物館の場合―」	『Museologist:明治大学学芸員養成課程年報』第12巻	明治大学学芸員養成課程
福島 在行			2007	「平和博物館との来歴の問い方-立命館大学国際平和ミュージアムが背負い込んだもの」	『立命館平和研究:立命館大学国際平和ミュージアム紀要』第8号	立命館大学国際平和ミュージアム
福島 在行			2009.1	「最近の宗教動向国内の動向「平和博物館」の足もと」	『国際宗教研究所ニュースレター』第61号	国際宗教研究所
福島 在行			2013.3	「平和博物館と歴史:「戦後」日本という文脈から考える」	『日本史研究』第607号	日本史研究会
福嶋 泉			2002.3	「ジュネーヴ美術歴史博物館コレクションヨーロッパのレース芸術」展の監修を終えて」	『品川歴史館紀要』第17号	品川区立歴史館
福島 金治			1996.7	「阪神・淡路大震災」	『神奈川県博物館協会会報』第68号	神奈川県博物館協会
福島県立博物館編			1989	『小学校における博物館学習指導の手引き』		福島県立博物館
福島県立博物館編			1990	『中学校における博物館学習指導の手引き』		福島県立博物館

著者1	著者2	著者3	発行年	論文名・書籍名	掲載誌	発行元
福島県立博物館 編			2015.3	『豊間ことばの学校／好間土曜学校:アートな自然:はま・なか・あいづ文化連携プロジェクト2014夢のカプロジェクト』		はま・なか・あいづ文化連携プロジェクト実行委員会
福島県立博物館 編	川延 安直	小林 めぐみ 他	2016.3	『はま・なか・あいづ文化連携プロジェクト2015記録集』		はま・なか・あいづ文化連携プロジェクト実行委員会
福島県歴史資料館			2001.3	「福島県歴史資料館30年のあゆみ」	『福島県歴史資料館研究紀要』第23号	福島県歴史資料館
福嶋 聡			2015.10	「社会と時代を映し出す、書店と図書館の書棚」	『図書館雑誌』第109巻第10号	日本図書館協会
福士 末之助			1912	「通俗教育の經營第一章緒論」	『教育界』第11巻第9號	明治教育社
福士 末之助			1912	「通俗教育の經營第二章通俗教育の意義」	『教育界』第11巻第10號	明治教育社
福士 末之助			1912	「通俗教育の經營第三章通俗教育の目的」	『教育界』第11巻第11號	明治教育社
福士 末之助			1912	「通俗教育の經營第四章通俗教育の方法」	『教育界』第11巻第12號	明治教育社
福士 末之助			1913	「會報通俗講演會の方法」	『帝國教育』第373號	帝國教育會
福島 徹	立花 晃*		2015.8	「我が国の創造都市における市立美術館の実践およびその機能と役割についての考察」	『計画行政』第38巻第3号	日本計画行政学会
福嶋 紀子			2014.3	「飯田市歴史研究所の取組みと地域史研究」	『アーキビスト』第81号	全国歴史資料保存利用機関連絡協議会関東部会
福島 正樹			2014.2	「開館20周年を迎える長野県立歴史館」	『博物館研究』第49巻第2号	日本博物館協会
福島 要一 編			1985.6	『環境教育の理論と実践』		あゆみ出版
福島 良治 写真			2014.4	「シドニーで見た保存艦船と海軍遺産:オーストラリアの海事・海軍博物館を訪ねて…」	『世界の艦船』第795号	海人社
福田 アジオ			1975.9	「Ⅱ民俗調査の実際 3調査地に入って」	『地方史マニュアル 7民俗資料調査整理の実務』	柏書房
福田 アジオ			1988	「民俗資料と民俗展示」	『民俗展示の構造化に関する総合的研究』	国立歴史民俗博物館
福田 アジオ			2008.3	「高度専門職学芸員養成策検討の意義」	『高度専門職学芸員の養成-大学院における養成プログラムの提言-』	神奈川大学COEプログラム「人類文化研究のための非文字資料の体系化」研究推進会議
福田 アジオ			2008.3	「歴史・民俗系大学院における養成プログラム」	『高度専門職学芸員の養成-大学院における養成プログラムの提言-』	神奈川大学COEプログラム「人類文化研究のための非文字資料の体系化」研究推進会議
福田 亀市 編			1908.2	『毛織物の保存及整理法』		福田亀市
福田 喜三郎			1938	「シンガポールの動物園」「パリーの萬國博覽會」ほか	『和蘭に使して』	私家版
福田 京	島崎 絵里	熊谷 亮平 他	2010.7	「国立西洋美術館における「四角な螺旋型美術館」の現実化に関する研究:アトリエ・ル・コルビュジエと日本人建築家の協同による設計変遷を通して」	『学術講演梗概集』2010巻	日本建築学会
福田 京	山名 善之	熊谷 亮平	2012.9	「国立西洋美術館本館の改修履歴に関する研究」	『学術講演梗概集』2012巻	日本建築学会
福田 琴月			1903.4	『水族館 おとぎばなし大博覽會』		金港堂書籍
福武財団			2016.5	『豊島美術館』		福武財団
福田 三郎			1950	『動物園日記』		中央公論社
福田 三郎			1953	『動物園物語』		駿河台書房
福田 三郎			1957	『動物園物語』		東京ライフ社
福田 三郎			1962	「上野動物園うらばなし」	『どうぶつと動物園』4月号	東京どうぶつえん友の会
福田 三郎			1968	『実録上野動物園』		毎日新聞社
福田 繁			1974	『博物館の話』		日本文化研究会
福田 繁			1975	『続・博物館の話』		日本文化研究会

著者1	著者2	著者3	発行年	論文名・書籍名	掲載誌	発行元
福田 繁			1977	「開館100周年を迎えて」	『自然科学と博物館』第44巻3号	科学博物館後援会
福田 繁			1982.5	「博物館とよろず相談室」	『月刊社会教育』第37巻5号	国土社
福田 隆眞	中野 良寿		2010.3	「美術活動の連携について:北海道立釧路芸術館、釧路市立美術館の事例を基にした考察」	『教育実践総合センター研究紀要』第29号	山口大学教育学部附属教育実践総合センター
福田 隆眞	中野 良寿		2011.3	「カナダ・ケロウナ・アート・ギャラリーにおける美術教育プログラムの一例」	『教育実践総合センター研究紀要』第31号	山口大学教育学部附属教育実践総合センター
福田 隆眞			2012.3	「バンクーバー美術館における美術教員研修の事例:エミリー・カーと4人の芸術家の事例」	『教育実践総合センター研究紀要』第33号	山口大学教育学部附属教育実践総合センター
福田 正			2010.9	「印刷博物館:凸版印刷株式会社」	『画像電子学会誌』第39号5巻	画像電子学会
福田 珠己			1994	「人文系博物館における景観の展示」	『国際景観生態学会日本支部会報』2-1	国際景観生態学会
福田 珠己			1997	「地域を展示する一地理学における地域博物館論の展開」	『人文地理』第49巻5号	人文地理学会
福田 珠己	浮田 典良		1997	「地域文化再生の場エコミュージアム-新しい博物館づくりをめぐって」	『地域文化を生きる』	大明堂
福田 珠己			1998.3	「テクストとしての博物館-地域博物館研究に向けて-」	『歴史研究』第36号	大阪府立大学
福田 珠己			1999	『博物館における地域表象とローカル・アイデンティティ形成に関する研究』		文部省科学研究費補助金研究成果報告書
福田 珠己			2000.9	「空間の表現、時間の表現－エコミュージアム再考のための覚書－」	『博物館史研究』第10号	博物館史研究会
福田 珠己			2010.10	「人文地理学と博物館との接点を求めて」	『地理』第55巻第10号	古今書院
福田 珠己			2011.3	「棚橋源太郎の博物館論と郷土の具体化」	『空間・社会・地理思想』第14号	大阪市立大学
福田 博同			2016.3	「美術工芸のシソーラスデータベース構築の課題:2016年現在」	『コミュニケーション文化』第10巻	跡見学園女子大学文学部コミュニケーション文化学科
福田 廣一	奥田 英人	大塚 昌宏	2000	「栃木県立博物館のスロープ展示における体験学習シート「ちょっくらやってみっぺ」の作成について」	『栃木県立博物館研究紀要.自然』第17号	栃木県立博物館
福田 廣一	川嶋 昭二	横濱 康繼 他	2003	「第69回企画展「海の森からのメッセージ」からの発信--そのコンセプト・構成・展示手法および関連事業」	『栃木県立博物館研究紀要.自然』第20号	栃木県立博物館
福田 ふみ			2008.3	「こども博物館について-棚橋源太郎と木場一夫の論考を参考に-」	『國學院大學博物館學紀要』第32輯	國學院大學博物館学研究室
福田 ふみ			2009.12	「児童博覧会について--明治時代を中心に」	『博物館学雑誌』第35巻第1号	全日本博物館学会
福田 匡朗	中村 友昭		2015.3	「博物館展示と昭和の時代」	『鹿児島国際大学考古学ミュージアム調査研究報告』第12集	鹿児島国際大学国際文化学部博物館実習施設・考古学ミュージ
福田 道雄	小出 美紀		1999	「戦前の阪神パークにおけるケープペンギン飼育が及ぼした影響」	『博物館研究』第34巻第6号	日本博物館協会
福田 睦子			2014.3	「占領期インドネシアにおける博物館経営」	『國學院大學博物館學紀要』第38輯	國學院大學博物館学研究室
福田 睦子			2015.3	「日本国内における南洋展覧会」	『國學院大學博物館學紀要』第39輯	國學院大學博物館学研究室
福田 恵			1994	「動物園・水族館見学を中心とした生物の「進化と適応」の学習」	『日本動物園水族館教育研究会誌』1994年号	日本動物園水族館教育研究会
福田 豊			1926	「美術館照明(圖書館)」	『電灯及照明』下巻	電気之友社
福地 和夫	片岡 登喜子*		2002	「連携事業のあり方についての考察」	『千葉県立現代産業科学館研究報告』第8号	千葉県立現代産業科学館
福留 強			1989	「生涯学習と博物館」	『MuseumDate』第10号	丹青総合研究所
福留 強			2012.3	「エコミュージアムの形成過程と開設の手順」	『生涯学習研究:聖徳大学生涯学習研究所紀要』第10号	聖徳大学
福永 治			2014.11	「美術館の役割分担—準備室の経験から」	『NACTreview:国立新美術館研究紀要』第1号	国立新美術館
福永 香	近間 正樹*	門林 理恵子 他	2010.3	「マルチディスプレイと携帯電話を利用した高解像度コンテンツの閲覧システム(デジタルミュージアム・デジタルミュージアムとエンタテイメントメディア)」	『電子情報通信学会技術研究報告』第109巻第466号	電子情報通信学会
福永 重樹			1973.9-1973.11	「学芸員の現場から」	『朝日ジャーナル』1973年9月21日から11月2日まで連載	朝日新聞社

著者1	著者2	著者3	発行年	論文名・書籍名	掲載誌	発行元
福永 重樹			1974.2	「"基準"に置去りにされた学芸員制度の諸問題」	『博物館問題研究』第13号	博物館問題研究会
福永 伸哉			2008.9	「大きな役割を担ってほしい大阪府の博物館」	『ヒストリア』第211号	大阪歴史学会
福西 加代子			2012.3	「戦争と平和を語り継ぐ:立命館大学国際平和ミュージアムのボランティアガイドの実践を事例に」	『立命館平和研究:立命館大学国際平和ミュージアム紀要』第13号	立命館大学国際平和ミュージアム
福西 大輔			2010.1	「民具を利用した回想法と博物館・資料館運営--高齢化社会における役割について」	『民具研究』第142号	日本民具学会
福野 明子			2005.7	「「物・人・心」の大切さを伝える博物館」	『大学時報』第54巻303号	日本私立大学連盟
福原 美恵子	舟橋 京子*	岩永 省三	2013.3	「動物骨格標本展示に関する小論」	『Bulletin of the Kyushu University Museum』第11号	九州大学総合研究博物館
福原 美恵子			2014.4	「生物学的スケッチの概念を取り入れたペーパークラフトの設計、配布および製作支援の実践報告」	『九州大学総合研究博物館研究報告』第12号	九州大学総合研究博物館
福原 義春			1990	『企業は文化のパトロンとなり得るか』		求龍堂
福原 義春	岩渕 潤子*		1994.4	「＜対談＞美術館の運営管理(アートマネジメント)を追求するパイオニア」	『潮』第421号	潮出版社
福原 義春 編	池上 惇*編	堀田 力 編	2001.11	『文化政策入門-文化の風が社会を変える』		丸善
福原 義春			2009.3	「ミュージアム・サミットの過去・現在・未来」	『ミュージアム新時代』	慶応義塾大学出版会
福原 義春			2011.2	『100人で語る美術館の未来』		慶應義塾大学出版会
福原 義春	原田 マハ*		2014.6	「インタヴュー連載 原田マハ、美のパイオニアに会いに行く(第1回)福原義春(ふくはら・よしはる)資生堂名誉会長/東京都写真美術館長」	『芸術新潮』第65巻第6号	新潮社
福原 義春			2014.11	「美術館—本物の価値に触れる場所」	『NACTreview:国立新美術館研究紀要』第1号	国立新美術館
福原 義春 編	かながわ国際交流財団 編集協力		2015.1	『ミュージアムが社会を変える:文化による新しいコミュニティ創り』		現代企画室
福島 学	菅原 研次*	伊與田 光宏 他	1991.3	「パーソナルコンピュータを用いた静止画像データベースの歴史資料検索への応用」	『国立歴史民俗博物館研究報告』第30集	国立歴史民俗博物館
福松 東一			2010	「博物館と学校との連携について--アンケート調査の結果から」	『宮崎県総合博物館研究紀要』第31輯	宮崎県総合博物館
福松 東一			2012	「博学連携ワークショップin宮崎:博物館と学校のネットワークづくり」	『宮崎県総合博物館研究紀要』第33輯	宮崎県総合博物館
福松 東一	日高 俊一郎*	隈元 修一 他	2012.8	「博学連携はなぜ広がらないのか！:博物館関係者と学校関係者の問いの視点の違いからの一考察」	『日本理科教育学会全国大会要項』第62号	日本理科教育学会
福松 東一	中山 迅*	日高 俊一郎 他	2012.8	「博物館と学校の連携を促進するワークショップの試み:展示に添える問いの生成を中心にして」	『日本科学教育学会年会論文集』第36巻	日本科学教育学会
福松 東一	岩切 勝彦		2014	「生物学的視点に立ったアート的な講座の取り組み」	『宮崎県総合博物館研究紀要』第35輯	宮崎県総合博物館
福松 東一	中山 迅		2015	「テート美術館「アートへの扉」を利用した発問カード作成の試み:教員養成学部学生と連携した取り組み」	『宮崎県総合博物館研究紀要』第36輯	宮崎県総合博物館
福松 東一	中山 迅		2015	「学習資源の価値を見出す発問カード作成の試み:博物館と教員養成系学部との連携を意識した取組みを通して」	『日本理科教育学会全国大会要項』第65巻	日本理科教育学会
福松 東一	山崎 拓登*	中山 迅	2015	「博物館の展示を対象とした発問カードの作成及び改善:宮崎県総合博物館における昆虫展示を例に」	『日本理科教育学会全国大会要項』第65巻	日本理科教育学会
福間 元			2001.3	「事例報告 芝山町立博物館友の会の仲間と10年」	『Museumちば:千葉県博物館協会研究紀要』32号	千葉県博物館協会
福間 元			2007.3	「展示替えのコンセプトメモ」	『Museumちば:千葉県博物館協会研究紀要』38号	千葉県博物館協会
福本 晃久	草野 慎一*	中島 一郎 他	2010	「中央アルプス駒ヶ根高原での砂防フィールドミュージアムの取り組み」	『第59回平成22年度砂防学会研究発表会概要集』	砂防学会
福元 正範	山田島 崇文*		2012.3	「教育普及活動「楽しい実験」に関する報告」	『鹿児島県立博物館研究報告』第31号	鹿児島県立博物館
福山博物館連絡協議会 編			2014	『FUKUYAMA美術館・博物館ミュージアムガイド:見る、知る、楽しむふくやま』		福山博物館連絡協議会
福良 冴香	桂 信太郎	井形 元彦 他	2015	「地域資源からコンセプトを創出するNPO砂浜美術館によるサステナビリティーと価値提供」	『地域活性研究』第6巻	地域活性学会
福良 竹亭			1921	「トロカデロの博物館」「英皇室の植物園」	『洋行赤毛布』	日本評論社出版部

著者1	著者2	著者3	発行年	論文名・書籍名	掲載誌	発行元
藤 泉			2006.1	「新しい美術館・博物館をつくる」	『月刊ミュゼ』74号	(株)アム・プロモーション
藤 泉			2007.10	「長崎歴史文化博物館・長崎県美術館をつくる」	『九州史学』第148号	九州史学研究会
藤 泉			2008.3	「指定管理者制度による官・民協働事業−長崎県美術館・長崎歴史文化博物館の取組」	『文化経済学』第6巻第1号	文化経済学会
藤 泉			2008.8	「長崎県美術館・長崎歴史文化博物館における県(設置者)の果たす役割」	『博物館研究』第43巻第8号	日本博物館協会
藤 泉	大堀 哲	米田 耕司	2009	「都市政策との連動がまちに交流とにぎわいを生み出す:長崎県美術館、長崎歴史文化博物館」	『Cultivate:文化と環境を考える』第33号	文化環境研究所
藤 泉			2010.1	「長崎県美術館・長崎歴史文化博物館の指定管理者制度によるマネージメント」	『博物館研究』第45巻第10号	日本博物館協会
藤 慶二	中村 鎮編		1925	「美術館建設私見」	『後藤慶二氏遺稿』	後藤芳香
藤 智亮	平井 康之*	野林 厚志 他	2014.3	『知覚を刺激するミュージアム:見て、触って、感じる博物館のつくりかた』		学芸出版社
藤 浩志			2013	「環境芸術学会賞受賞記念講演会 十和田市現代美術館を核とした十和田市の環境芸術に関する一連の取り組み」	『環境芸術学会学会誌』第12号	環境芸術学会
藤井 恵介	長島 孝一*	三井所 清典	1993.1	「古河歴史博物館と周辺の修景:受賞者:吉田桂二(1992年受賞)」	『建築雑誌』第108輯第1346号	日本建築学会
藤井 恵介			1997.5	「歴史・意匠の立場から(特集文化財建造物の登録はじまる)」	『文化庁月報』344号	ぎょうせい
藤井 恵介			1998.9	「復元建築と建築史」	『建築雑誌』第113輯第1426号	日本建築学会
藤井 幸之助			2014.12	「文化日本における在日朝鮮人・朝鮮関連ライブラリー・ミュージアム」	『コリアンコミュニティ研究』5	こりあんコミュニティ研究会
藤井 貞子	伊藤 道子*	内山 順子	2002.3	「ボランティアの視点「着物と夜具」展ボランティアの記録−学芸員とボランティア協力による資料整理から展示までの初の試み−」	『松戸市立博物館紀要』第9号	松戸市立博物館
藤井 順子			2006.1	「動物園グッズとは何か?:動物園における物販を考える)」	『畜産の研究』第60巻1号	養賢堂
藤井 純子	山本 博文	三好 雅也	2016.3	「恐竜化石を用いた教育実践」	『福井大学初等教育研究』第1号	福井大学教育地域科学部
藤井 伸二	伊藤 玄*		2015.12	「自然史系博物館資料の保存管理者に求められる行動規範」	『地域自然史と保全』第37巻2号	関西自然保護機構
藤井 甚太郎			1938	「欧州歴史館巡歴の回顧」	『紀元二千六百年』第1巻2号	紀元二千六百年奉祝會
藤井 チズ子			1998.3	「多メディア時代の博物館と学芸員」	『国府台』第8号	和洋女子大学文化資料館
藤井 敏信 也			1981	「風土的建築と地域文化」	『農村文化』第22号特集:民俗館建設	農村文化研究所
藤井 秀夫			1996	「イコムニュース第17回イコム大会報告(5)「世界の文化財保護とイコム」−文化財の違法取り引きに関する国際協定の推進−・「文化財の盗難及び不法取引に関する決議」の支持について「海外へ流出いくイラク考古遺物の救出」	『博物館研究』第31巻第3号	日本博物館協会
藤井 浩樹	溝邊 和成*	野上 智行	2007	「スイスの科学系博物館における教師支援−テクノラマ科学センターを事例として」	『科学教育研究』第31巻4号	日本科学教育学会
藤井 雅乗			2006.3	「近つ飛鳥工房でハンズ・オンでハンズ・オン」	『大阪府立近つ飛鳥博物館報』第10号	大阪府立近つ飛鳥博物館
藤井 学			2008.6	「九州における博物館関連産業の実態と課題」	『九州経済調査月報』第62号	九州経済調査協会
藤居 由香	キッド ダスティン		2016.9	「文化財を題材とした本学と地域との連携による実践的な学習活動:歴史的風致維持向上計画重点地区である松江市美保関町・美保関を事例として」	『しまね地域共生センター紀要』第3巻	島根県立大学短期大学部松江キャンパスしまね地域共生センター
ふじえ みつる			1997.3	「美術教育を軸とした学校と美術館の連携について」	『愛知教育大学研究報告.教育科学』第46号	愛知教育大学
ふじえ みつる			1999.3	「学校と美術館とを結ぶ美術鑑賞教材の事例とその意義について」	『愛知教育大学教育実践総合センター紀要』第2号	愛知教育大学教育実践総合センター
藤尾 隆志			2008.12	「内部から見た指定管理者制度−職員の視点から」	『歴史と神戸』第47巻第6号	神戸史学会
藤岡 薫			1981.1	「博物館に関する基礎的文献 博物館に関する外国の出版物」	『博物館学講座 第10巻参考資料集』	雄山閣
藤岡 薫			1995.7	「魅力的な商品の品揃えと販売戦略の確立を」	『月刊ミュゼ』12号	(株)アム・プロモーション
藤岡 謙二郎			1957	「郷土教育論」	『社会科教育法』	大明堂

著者1	著者2	著者3	発行年	論文名・書籍名	掲載誌	発行元
藤岡 忠明			1997.5	『写真伝来と下岡蓮杖』		かなしん出版
藤岡 達也			2005.8	「今日的な地域及び教育課題を踏まえた教育内容及びシステムの構築:総合学習の観点から捉えた学校と博物館との連携の意義と課題」	『日本科学教育学会年会論文集』第29巻	日本科学教育学会
藤岡 達也			2006	『地域環境教育を題とした「総合学習」の展開』		協同出版
藤岡 達也	戸田 智	石田 浩久	2006.1	「学校・博物館を取り込んだ地域連携による景観の活用について」	『歴史地理学』第48巻第1号	歴史地理学会
藤岡 達也			2012.7	「ESD(持続発展教育)を踏まえた地域の自然環境の教材化:理科学習・科学教育における糸魚川世界ジオパークの活用」	『理科の教育』第61巻第7号	日本理科教育学会
藤岡 達也	沼口 菜摘*		2012.12	「理科教材としての地域の自然景観活用の意義と課題:糸魚川世界ジオパークを例として」	『日本理科教育学会北陸支部大会発表要旨集』2012	日本理科教育学会北陸支部
藤岡 伸子			2003.6	「「万国博覧会と近代陶芸の黎明」展」	『展覧会カタログの愉しみ』	東京大学出版会
藤岡 洋保			1991	「歴史的建造物の保全・活用の事例」	『建築雑誌』第106輯第1321號	日本建築学会
藤岡 洋保			2001.5	「東京国立博物館本館の建築史的重要性」	『月刊文化財』第457号	第一法規
藤岡 麻理子			2016	「文化遺産保護の国際協力体制に関する研究:国際記念物遺跡会議の設立に至る議論の展開」	『文化政策研究』第10号	日本文化政策学会
藤岡 泰寛	岩崎 美紗*	大原 一興	2008	「歴史的建造物活用による博物館施設の地域との関わりに関する研究—歴史的建造物の保全活用に関する研究その3—」	『学術講演梗概集』2008巻	日本建築学会
藤岡 泰寛	佐藤 裕子*	大原 一興	2009	「来館者の関心・習慣・記憶と観covery行動に関する文脈的考察:博物館のビジタースタディとしての観覧行動に関する研究その3」	『学術講演梗概集』2009巻	日本建築学会
藤岡 泰寛	大脇 哲平*	大原 一興	2009.7	「神奈川区における市民活動からみるエコミュージアム構想の可能性に関する考察:地域のエコミュージアム化に関する研究その10」	『学術講演梗概集』2009巻	日本建築学会
藤岡 泰寛	桑木 真嗣*	大原 一興	2010.7	「地域資産との関わりから見る軽井沢住民のまちの捉え方に関する研究:地域のエコミュージアム化に関する研究その9」	『学術講演梗概集』2010巻	日本建築学会
藤岡 泰寛	斎藤 潤一*	大原 一興	2010.7	「日本におけるエコミュージアム実践の自己評価に関する研究」	『学術講演梗概集』2010巻	日本建築学会
藤音 晃			1987.11	「自然教育園のこと」	『国立科学博物館ニュース』第223号	国立科学博物館
藤懸 靜也			1953	「史蹟・寶物の保護」	『古文化の保存と研究黒板博士の業績を中心として』	黒板博士記念会吉川弘文館
藤川 恵梨			2012.3	「目白学園遺跡出土品資料室の活用」	『目白大学総合科学研究』第8号	目白大学
富士川 金二			1968.3	『博物館学』		成文堂
富士川 金二			1971	『増補改訂 博物館学』		成文堂
藤川 隆男			2013	「オーストラリアにおける歴史博物館の発達とポストモダニティ:国立博物館/歴史戦争/地方博物館」	『西洋史学』第249号	日本西洋史学会
藤川 隆男			2013.2	「オーストラリアにおける歴史戦争後の歴史博物館:クィーンズランド州における調査から」	『パブリック・ヒストリー』第10号	大阪大学西洋史学会
伏木 弘照			1930	「兒童教育博物館について」	『學習研究』第9巻2號	奈良女子高等師範學校附屬小學校學習研究會
藤木 竜也 編			2016.6	『旧岩井小学校擬洋風校舎の保存・再生・活用のための検討報告書』		旧岩井小学校保存再生活用プロジェクト
藤木 雄二			2008.4	「特定非営利活動法人大牟田・荒尾炭鉱のまちファンクラブ:三池炭鉱の近代化遺産の保存活用策-「まち」まるごと博物館をめざして-」	『都市計画』第57巻第2号	日本都市計画学会
藤倉 弓子			1964.3	「複製を作る際のSIILICONEGUM及びRIGOLACの使用について」	『Mouseion: 立教大学博物館研究』第10号	立教大学学校・社会教育講座
藤崎 千里			2001.3	「東京消防庁消防防災センター(消防博物館)について」	『東京学芸大学教育学部生涯教育研究室研究紀要』第6号	東京学芸大学教育学部生涯教育研究室
藤崎 温美			2009.3	「文学博物館における教育活動の課題と一試案」	『國學院大學博物館学紀要』第33輯	國學院大學博物館学研究室
藤澤 明	有村 誠	邊牟木 尚美 他	2012	「アルメニア歴史博物館における考古金属資料の保存修復ワークショップに伴う科学的調査」	『保存科学』第52号	国立文化財機構東京文化財研究所
藤沢市博物館基本構想委員会			1987.3	『藤沢にふさわしい博物館の在り方』		(仮称)藤沢市博物館基本構想委員会
藤沢 正則			1933	「動物園」	『瓜哇の印象』	藤沢久三郎

著者1	著者2	著者3	発行年	論文名・書籍名	掲載誌	発行元
藤沢 正則			1933	「世界一の植物園」	『瓜哇の印象』	藤沢久三郎
藤澤 まどか			2007.3	「論考・提言・実践報告 ミュージアム・マネージメントと地域再生」	『JMMA日本ミュージアム・マネージメント学会会報』第11巻第3号	日本ミュージアム・マネージメント学会
藤澤 まどか			2009	「美術館建築の社会的影響--記憶と継承の観点から」	『早稲田大学大学院教育学研究科紀要:別冊』第17巻第2号	早稲田大学大学院教育学研究科
藤澤 まどか			2009.9	「美術館内部の開放性に関する一考察:空間の知覚に着目して」	『早稲田大学大学院教育学研究科紀要:別冊』第17巻第1号	早稲田大学大学院教育学研究科
藤澤 まどか			2010	「美術館内部と外部の相互浸透--周辺環境との連関から」	『早稲田大学大学院教育学研究科紀要:別冊』第18巻第1号	早稲田大学大学院教育学研究科
藤澤 まどか			2010.3	「美術館建築と透明性-開放性の創出との関わりから-」	『早稲田大学大学院教育学研究科紀要:別冊』第18巻第2号	早稲田大学大学院教育学研究科
藤澤 まどか			2011	「美術館とリノベーション--周辺地域への影響を中心に」	『早稲田大学大学院教育学研究科紀要:別冊』第19巻第1号	早稲田大学大学院教育学研究科
藤澤 まどか			2011.3	「美術館の公共性の保障と美術館建築の機能:開放性を基軸とした相互作用に着目して」	『早稲田大学大学院教育学研究科紀要別冊/早稲田大学大学院教育学研究科編』第19-2号	早稲田大学大学院教育学研究科
藤沢 衛彦	黒川 義太郎*	宮崎 与平 画	1910.11	『上野動物園戸籍調』		一致堂書店
藤沢 衛彦			1927	『変態見世物史全』		文藝資料研究會
藤沢 裕美	松澤 誠二*	鈴木 美和	2003	「さわって、観る-盲学校向け観察支援プログラム-」	『どうぶつと動物園』第55巻9号	東京動物園協会
藤重 深雪			2012.6	「豊後高田市の田染荘保存の軌跡:田園空間博物館構想から重要文化的景観へ」	『アジア遊学』第153号	勉誠出版
富士自然動物園協会 編			1900	『富士自然動物園』		富士自然動物園協会
藤下 昌世	佐々木 宰*		2010	「美術館施設との連携による造形ワークショッププログラムの開発--北海道立釧路芸術館の平成21年度ジュニアアートスクールの事例」	『釧路論集』第42号	北海道教育大学釧路校
藤島 玄治郎			1930	「朝鮮の路傍建築」	『造園藝術』第1年第11輯	日本造園學會・造園藝術社
藤島 玄治郎			1978	「野外博物館展示の家」	『野外博物館総覧』	日本博物館協会
藤島 一巳			1996.7	「北海道南西沖地震と博物館」	『神奈川県博物館協会会報』第68号	神奈川県博物館協会
藤島 哲三郎			1941	「建築物と修景」	『公園緑地』第53號	公園緑地協會
藤島 美菜			2016.8	「『さわるアートブック』制作の課題と展望」	『ひとが優しい博物館:ユニバーサル・ミュージアムの新展開』	青弓社
藤島 幸彦	日本史攷究会 編		2004.11	「歴史教育・社会教育の実践歴史的町並みの保存・再生と歴史を活かした町づくり」	『日本史攷究と歴史教育の視座:村田安穂先生古稀記念論集』	早稲田大学メディアミックス
不二出版			2003.6	『復刻版史蹟名勝天然紀念物』第1~3巻		不二出版
藤田 明良			1997.3	「災害と史・資料の保存史料ネットの活動を通じて」	『明日への文化財』第39号	文化財保存全国協議会
藤田 一人			2000.1	「美術書としての自立へ—展覧会カタログの分冊化と小型化」	『月刊美術』第26巻第1号	サン・アート
藤田 一人			2001.1	「ザ・現場美術界のウラオモテ⑳昨今の展覧会カタログ事情」	『月刊美術』第27巻第1号	サン・アート
藤田 一人			2014.3	「戦後日本コレクター列伝 日本を代表する美術館はいかにして成ったのか」	『月刊美術』第40巻第3号	サン・アート
藤田 國馨			1934	「植物園」	『偶感雑話』	上田屋書店
藤田 公仁子			2012	「地域と融合した住民参画型「大学開放」の実践と可能性:地方国立大学博物館の実践例から」	『北海道大学大学院教育学研究院紀要』第116号	北海道大学大学院教育学研究院
藤田 公仁子			2016.2	「「大学開放」と地域生涯学習の展開:博物館との協同を視野に考える」	『富山大学地域連携推進機構生涯学習部門年報』第14巻	富山大学地域連携推進機構生涯学習部門
藤田 繁治			2003.3	「電子レンジを用いて二元合金をつくる実験の教材化」	『愛媛県総合科学博物館研究報告』第8号	愛媛県総合科学博物館
藤田 茂			2007.3	「博物館教育文献リスト(欧文)」	『子ども博物館楽校』第3号	チルドレンズ・ミュージアム研究会
藤田 茂			2008	「教育展示におけるアフォーダンス-「マインズ・オン」展示をめぐって」	『教育学雑誌』第43号	日本大学教育学会

著者1	著者2	著者3	発行年	論文名・書籍名	掲載誌	発行元
藤田 茂			2009	「オートポイエーシス論によるインタープリターの教育的意義-ミュージアム・ワークショップを通じて」	『教育学雑誌』第44号	日本大学教育学会
藤田 茂			2011	「自校史教育における大学史展示の役割と課題:博物館教育の視座から」	『研究紀要』第82号	日本大学文理学部人文科学研究所
藤田 昇治			1981.3	「北海道開拓記念館の来館者動向分析」	『北海道開拓記念館研究年報』第9号	北海道開拓記念館
藤田 昇治			1982.3	「博物館の教育機能に関する一考察」	『北海道開拓記念館研究年報』第10号	北海道開拓記念館
藤田 昇治			1983.3	「学校団体の博物館利用について」	『北海道開拓記念館研究年報』第11号	北海道開拓記念館
藤田 昇治			1984	「博物館と学芸員の専門性」	『北海道開拓記念館研究年報』第12号	北海道開拓記念館
藤田 昇治			1985.3	「博物館資料の社会的利用について-北海道開拓記念館を例として-」	『北海道開拓記念館研究年報』第13号	北海道開拓記念館
藤田 昇治			1988.3	「北海道の博物館の原状に関する一考察」	『北海道開拓記念館研究年報』第16号	北海道開拓記念館
藤田 昇治			1989.3	「博物館実習に関する一考察」	『北海道開拓記念館研究年報』第17号	北海道開拓記念館
藤田 昇治	中村 齋*		1991.3	「博物館と学校教育」	『北海道開拓記念館調査報告』第30号	北海道開拓記念館
藤田 昇治			1992.3	「地域の教育要求と博物館」	『北海道開拓記念館研究年報』第20号	北海道開拓記念館
藤田 昇治			1993	『生涯学習時代の学校教育と博物館-博物館の持つ教育的機能を中心として-』		文部省科学研究費補助金研究成果報告書
藤田 昇治			1993.3	「博物館展示の教育論的考察」	『北海道開拓記念館研究年報』第21号	北海道開拓記念館
藤田 昇治			1994.3	「博物館の教育的機能とSTS教育」	『博物館学雑誌』第19巻第1・2号合併号	全日本博物館学会
藤田 昇治			1995.3	「博物館の社会教育施設論」	『北海道開拓記念館研究紀要』第23号	北海道開拓記念館
藤田 進一郎			1929	「水族館禮讃」	『一記者の頭』	大阪屋號書店
藤田 伸也	早川 聞多*		1987.11	「大和文華館の美術研究システム」	『MUSEUM』第440号	東京国立博物館
武士田 忠			1991.3	「杉並区立郷土館における資料の受け入れと分類・整理-民俗資料を中心として-」	『杉並区立郷土博物館研究紀要・年報』創刊号	杉並区立郷土博物館
武士田 忠			1994.11	「地域博物館の抱える諸問題」	『日本民俗学』第200号	日本民俗学会
武士田 忠			1996.11	「日本民俗学会の博物館に対する取り組み」	『日本民俗学』第208号	日本民俗学会
武士田 忠			1998.12	「地域博物館の抱える諸問題」	『民俗世界と博物館展示・学習・研究のために』	雄山閣出版
武士田 忠			2012.12	「民俗学・民俗資料と博物館」	『現代に活きる博物館』	有斐閣
藤田 千織			2007	「博物館における鑑賞補助ツールの役割―「親と子のギャラリー」を例に」	『MUSEUM』第611号	東京国立博物館
藤田 周忠			1930	「博物館所見」	『東京朝日新聞』1930年10月8日付刊	東京朝日新聞社
藤田 經信			1910	「博物館」	『歐米水産大觀』	裳華房
藤田 經信			1910	『歐米水産大觀』		裳華房
藤田 經信			1922	「飯島先生と水族館」	『動物學雜誌』第34號	日本動物學會
藤田 東嶼 編	戸張 孤雁*		1930	「美術館二三の疑ひ」	『孤雁遺集』	戸張和枝
藤田 俊雄			2003.3	「八戸市博物館・史跡根城の広場縄文学習館における現状と課題―史跡を活かした生涯学習拠点としての役割―」	『Museologist:明治大学学芸員養成課程年報』第18巻	明治大学学芸員養成課程
藤谷 彰			2014.12	「日本史のひろば三重県総合博物館の現状と課題:交流創造エリアと公文書館機能」	『歴史と地理』第680号	山川出版社
藤谷 哲	江水 是仁*	大原 一興	2014	「属性別博物館来館者の博物館活動に関する興味関心・理解度に関する考察:博物館のビジタースタディとしての観覧行動に関する研究その9」	『学術講演梗概集』2014巻	日本建築学会

著者1	著者2	著者3	発行年	論文名・書籍名	掲載誌	発行元
藤田 浩明	伊藤 健司*	(財)元興寺文化財研究所	2003	「岡山大学における保存処理後遺物の現状と課題」	『岡山大学埋蔵文化財調査研究センター紀要2002』	岡山大学埋蔵文化財調査研究センター
藤田 雅也	加藤 克俊*	西村 志磨 他	2010.3	「地域との連携によるものづくり教育活動の考察I」	『美術教育学』第31号	美術科教育学会
藤田 祐樹	臼田 隆行	松田 三奈愛	2011.3	「形態学教育用体験キット「骨スーツ」の開発」	『沖縄県立博物館・美術館博物館紀要』第4号	沖縄県立博物館・美術館
藤田 祐三	野村 東太	平野 暁臣 他	1991.8	「博物館の展示部門に関するデザイン・サーベイ(II):博物館に関する建築計画的研究その28」	『学術講演梗概集』1991巻	日本建築学会
藤田 豊			1996.3	「博物館における普及事業と学校教育」	『大阪府立近つ飛鳥博物館館報』第1号	大阪府立近つ飛鳥博物館
藤田 豊			1997.3	「魅力ある事業の企画-社会教育施設としての博物館の役割-」	『大阪府立近つ飛鳥博物館館報』第2号	大阪府立近つ飛鳥博物館
藤田 良治	沼崎 麻子*	湯浅 万紀子 他	2014.6	「成人ASD(自閉症スペクトラム障害)当事者の博物館利用の現状と課題:「科学コミュニケーション」の場としての博物館の役割に着目して」	『科学技術コミュニケーション』第15号	北海道大学科学技術コミュニケーター養成ユニット
藤田 良治			2014.12	「博物館コミュニケーション特論II 映像制作夏の陣」	『北海道大学総合博物館ニュース』第30号	北海道大学総合博物館
藤田 良治			2015.1	「博物館映像学の観点からみた北極海における撮影の意義」	『フィールド映像術』	古今書院
藤田 良治	湯浅 万紀子*		2015.3	「大学博物館における教育プログラムの意義と課題:北海道大学ミュージアムマイスター認定コースを事例として」	『日本ミュージアム・マネージメント学会研究紀要』第19号	日本ミュージアム・マネージメント学会
藤田 良治	湯浅 万紀子*		2016.3	「大学博物館の企画展示のあり方に関する検討:北海道大学総合博物館における使命と来館者調査等の観点からの考察」	『日本ミュージアム・マネージメント学会研究紀要』第20号	日本ミュージアム・マネージメント学会
藤田 喜久	今宮 則子*	平井 和也 他	2009.8	「米国の科学博物館で開発された海洋科学コミュニケーション実践講座の概要:学習者の学び方について理論的に理解し・効果的な教授法を習得する」	『日本科学教育学会年会論文集』第33巻	日本科学教育学会
藤田 喜久	今宮 則子*	平井 和也	2009.8	「米国で開発された海の科学教育プログラムMAREの実践事例:博物館・水族館等、海の学習施設との連携による海洋科学リテラシー育成」	『日本理科教育学会全国大会要項』第59号	日本理科教育学会
藤田 令伊			2016.8	『企画展がなくても楽しめるすごい美術館』		ベストセラーズ
藤波 香織	垣内 恵美子	刀根 薫	2015.2	「DEA分析に基づくミュージアムの有効活用方策の検討-分権時代の人材育成拠点施設として-」	『GRIPS Discussion Papers』10-16	GRIPS Policy Research Center
藤波 慶太郎			1926	「大英博物館」「國民美術館」	『倫敦随筆』	佐々木出版部
藤野 敦			2010.6	「教育現場からみた博物館・資料館の可能性」	『地方史研究』第60巻第3号	地方史研究協議会
藤野 可織 文・写真			2014.5	「フジノ流パリの美術館見楽(けんがく)記」	『芸術新潮』第65巻第5号	新潮社
藤野 一夫			2009.3	「文化ホール、劇場、コミュニティ・カフェのある社会アートマネジメントという仕事は何を目指しているのでしょうか?」	『芸術の生まれる場(未来を拓く人文・社会科学シリーズ16)』	東信堂
藤野 一夫			2009.3	「文化ホール、劇場、コミュニティ・カフェのある社会劇場、コンサートホールではどんな人が働いているのでしょうか?」	『芸術の生まれる場(未来を拓く人文・社会科学シリーズ16)』	東信堂
藤野 健治	原田 仁*	高瀬 知章	2012.7	「丸の内パークビルディング・三菱一号館の設備構築:省エネルギーかつ高品質な執務環境の実現と復元建物の美術館としての再生」	『空気調和・衛生工学』第86巻7号	空気調和・衛生工学会
藤野 重城			1942	「美術館博物館」	『戦雲下最後の見聞記アメリカの幻想』	前田書房
藤野 富之助			1899	『東京名物浅草公園水族館案内』		瞰海堂
藤野 幸雄			1975	『大英博物館』		岩波書店
富士野 行良			1992.9	「平成3年度欧州博物館事情視察報告⑧博物館の雰囲気について」	『博物館研究』第27巻第9号	日本博物館協会
藤野 陽平			2016.3	「ユネスコ非加盟の台湾からの世界遺産登録に向けた動き」	『中国地域の文化遺産:人類学の視点から』	国立民族学博物館
藤巻 光浩			2009	「先住民族博物館の文化展示・アーカイブへのメディア的視点に関する予備的研究:米国立インディアン博物館(NMAI)の場合」	『ことばと文化』第12号	静岡県立大学英米文化研究室
伏見 清香			2012.12	「美術館、博物館、都市をインターネットで連携させたミュージアムの支援:その事前研究として」	『広島国際学院大学研究報告』第45巻	広島国際学院大学
伏見 清香	井堰 絵里佳*		2016	「ピクトグラムを使用した博物館のスマートフォン用解説支援webサイトの研究」	『大会学術講演論文集』2016年度	日本図学会
伏見 清香	井堰 絵里佳*		2017.6	「ピクトグラムの「図の細かさ・精細さ」における「視認性」と「理解度」ピクトグラムを使用した博物館のスマートフォン用解説支援Webサイトの研究」	『図学研究』第51巻2号	日本図学会
伏見 猛弥	海後 宗臣*	飯田 晃三	1932	「第二編 郷土教育の理論」	『我国に於ける郷土教育と其施設』	目黒書店

著者1	著者2	著者3	発行年	論文名・書籍名	掲載誌	発行元
伏見 猛弥	海後 宗臣*	飯田 晁三	1932	「我が國に於ける郷土教育の發達」	『教育思潮研究』第六巻第一輯	東京大学教育思潮研究會
伏見 猛弥			1933	「郷土教育の理論」	『教育思潮研究 郷土教育に關する調査』第七巻第一輯	東京大学教育思潮研究會
伏見 猛弥			1934	「我國の郷土教育論」	『最近小學教育の諸問題』	東洋圖書
伏見 猛弥			1935	「第二章 郷土教育の理論」	『教授法研究叢書』第1	日独書院
藤見 睦治			1932	「本校の施設・計畫・改善」	『郷土教育』第十九號	郷土教育聯盟
藤村記念郷 編			1979	『藤村記念郷三十年誌』		藤村記念郷
藤村 俊	太田 久子	豊田 真由美 他	2006.3	「博物館実習生からみた美濃加茂市民ミュージアムの現状と今後」	『美濃加茂市民ミュージアム紀要』第5集	美濃加茂市民ミュージアム
藤村 俊	西尾 円*		2008.3	「夏休みの科学作品・社会科作品における博物館の利用について」	『美濃加茂市民ミュージアム紀要』第7集	美濃加茂市民ミュージアム
藤村 俊			2010.3	「地域のミュージアムができること-地域再発見プログラム事業から-」	『美濃加茂市民ミュージアム紀要』第9集	美濃加茂市民ミュージアム
藤村 俊			2012.5	「人が優しい『市民ミュージアム』—年齢・国籍・障害にこだわらない交流の場として」	『さわって楽しむ博物館ユニバーサル・ミュージアムの可能性』	青弓社
藤村 俊			2016.8	「実物をさわる体験」	『ひとが優しい博物館：ユニバーサル・ミュージアムの新展開』	青弓社
藤村 翔			2014.3	「富士山ネットワーク20周年記念事業の成果と展望」	『静岡県博物館協会研究紀要』第37号	静岡県博物館協会
藤村 哲夫			1980-1987	『碍子博物館と碍子の歴史』		NGKレビュー
藤本 このみ	松尾 広*		2013	「三島学園資料室の一般公開について」	『東北生活文化大学・東北生活文化大学短期大学部紀要』第44号	東北生活文化大学
藤本 清二郎			2014.12	「新自由主義時代の博物館と文化財師範学校関係アーカイブスの保存と歴史研究」	『日本史研究』第628号	日本史研究会
藤本 強			2002	「"ものつくり"の原点：フィールド・ミュージアムの役割」	『学際』第5号	統計研究会構造計画研究所
藤本 大士			2013.10	「基調講演および科学史・技術史・医学史をめぐる博物館学・アーカイブス学関係セッションについて」	『生物学史研究』第89号	日本科学史学会生物学史分科会
藤本 正博			1993	「自己実現をめざすボランティア活動」	『MuseumDate』第24号	丹青総合研究所
藤本 雅之			2000.3	「愛媛県に現存する鉱業に関連する博物館資料的産業遺産について」	『愛媛県総合科学博物館研究報告』第5号	愛媛県総合科学博物館
藤本 真理	先山 徹*	高橋 晃 他	2008.9	「兵庫県丹波市での恐竜発掘における生涯学習と"まちづくり"への支援」	『日本地質学会学術大会講演要旨』第115号	日本地質学会
藤本 真里	小舘 誓治*	田原 直樹 他	2010.3	「博物館における自己点検・評価の取り組みについて」	『博物館研究』第45巻第3号	日本博物館協会
藤本 真里	八木 剛*	上田 萌子	2014.8	「コラボレーションは進化する:博物館ボランティアから博物館横断的なプロジェクトまで」	『社会教育』第69巻8号	日本青年館「社会教育」編集部
藤本 真里			2016.3	「行動する博物館:ひとはくのアウトリーチ事業の実態と今後の展開」	『兵庫自治学』第22号	兵庫自治学会事務局
藤本 光章	岩田 憲二*	田島 雅子	1997.3	「平成8年度企画展入館者動向について－アンケート調査の結果より」	『愛媛県総合科学博物館研究報告』第2号	愛媛県総合科学博物館
藤本 光章			1998.3	「学校団体の来館状況について」	『愛媛県総合科学博物館研究報告』第3号	愛媛県総合科学博物館
藤元 由記子			1996.1	「展覧会のカタログを一般書に」	『月刊ミュゼ』15号	(株)アム・プロモーション
藤元 由記子			1996.1	「特集アメリカの"眠らない"美術館運営を日本でミュージアム・マネージメント入門4「展覧会のカタログを一般書に」」	『月刊ミュゼ』15号	(株)アム・プロモーション
藤森 千裕	河原 孝*		2012	「ミュージアムをつなぐ試み：生涯学習センターがハブ機能を発揮する」	『社会教育』第67巻10号	全日本社会教育連合会
藤森 照信			1993	『日本の近代建築(上)—幕末・明治篇—』		岩波書店
藤森 照信			1993	『日本の近代建築(下)—大正・昭和編—』		岩波書店
藤森 照信			2010.7	「七大学の建築(12・最終回)北海道大学植物園・博物館」	『学士会会報』第883号	学士会

著者1	著者2	著者3	発行年	論文名・書籍名	掲載誌	発行元
藤森 照信	大里 智之		2012.11	「対談 大英博物館・パルテノンの色:保存・復原と歴史の見方」	『新建築』第87巻17号	新建築社
藤森 宣光	新井 重三*	佐々木 朝登	1981.3	「博物館建築と正面入口附近の構造について」	『博物館学雑誌』第6巻第1・2号合併号	全日本博物館学会
藤森 治幸			1980.3	「館種別博物館における現状と課題 美術系博物館」	『博物館学講座 第3巻日本の博物館の現状と課題』	雄山閣
藤森 文臣			2000.9	「第4章博物館における実習 3実習指導における大学との連携の重要性 (2)実習生指導カリキュラムの作成と大学の協力」	『博物館学シリーズ 6博物館実習』	樹村房
藤森 文臣			2000.9	「第4章博物館における実習 4博物館内で可能な実習指導カリキュラム (2)具体的な展開例d理工系」	『博物館学シリーズ 6博物館実習』	樹村房
藤森 文臣			2000.9	「第4章博物館における実習 5利用者に対する展示案内、指導助言の方法に関する実習指導」	『博物館学シリーズ 6博物館実習』	樹村房
藤森 愛実			1994.3	「アメリカ(キュレイターの仕事--展覧会戦国時代を面白くする美の仕掛け人たち〈特集〉)」	『美術手帖』685号	美術出版社
藤谷 彰			2014.10	「三重県総合博物館の開館と取組み」	『アーカイブズ』第54号	国立公文書館
藤山 一雄			1937	「博物館小考」	『帰去來抄』	東光書苑
藤山 一雄			1939	「滿洲國立中央博物館の近況」	『博物館研究』第12巻第8號	日本博物館協會
藤山 一雄			1939	「博物館運動の方向」	『北窓』第一巻第二號	滿鐵哈爾浜圖書館
藤山 一雄			1939	「博物館の使命」	『滿洲帝國國立中央博物館時報』第一號	滿洲帝國國立中央博物館
藤山 一雄			1939	「博物館本館行事展望/調査出張の件(康徳六年一月-六月)」	『滿洲帝國國立中央博物館時報』第一號	滿洲帝國國立中央博物館
藤山 一雄			1939	「ある北滿の農家」	『滿洲帝國國立中央博物館時報』第八號	滿洲帝國國立中央博物館
藤山 一雄			1939	『新しくシベリアを觀る』		東方國民文庫
藤山 一雄			1939	『滿洲國立中央博物館時報』		滿洲帝國國立中央博物館
藤山 一雄			1939	『滿洲帝國國立中央博物館論叢』		滿洲帝國國立中央博物館
藤山 一雄			1940	「新博物館の胎動」	『民生』第三巻第一號	民生部
藤山 一雄			1940	「新博物館態勢」	『滿洲帝國國立中央博物館時報』第八號	滿洲帝國國立中央博物館
藤山 一雄			1940	「民俗博物館について」	『滿洲帝國國立中央博物館時報』第四號	滿洲帝國國立中央博物館
藤山 一雄			1940	「再び民俗博物館について」	『滿洲帝國國立中央博物館時報』第八號	滿洲帝國國立中央博物館
藤山 一雄			1940	『新博物館態勢』		滿日文化協會
藤山 一雄			1940	『滿洲民族圖錄』		滿洲帝國國立中央博物館
藤山 一雄			1940.2	「新しき博物館工作」	『博物館研究』第13巻第2號	日本博物館協會
藤山 一雄			1942	「小型郷土博物館の創設提議」	『大陸科學』第一巻第三號	大陸科學社
藤山 一雄			1942	「國立中央博物館を語る」	『聯盟報滿州觀光』第六巻第三號	滿州觀光聯盟
藤山 一雄			1942	「生ける國立中央博物館」	『滿州グラフ』第10巻5號	滿鐵會
藤山 一雄			1942	「"ある北蒙の農家"のこと(三度民俗博物館について)」	『滿洲帝國國立中央博物館時報』第十五號	滿洲帝國國立中央博物館
藤山 一雄			1942	「小型地方博物館の組立て(Ⅰ)」	『滿洲帝國國立中央博物館時報』第十六號	滿洲帝國國立中央博物館
藤山 一雄			1942	「小型地方博物館の組立て(Ⅱ)」	『滿洲帝國國立中央博物館時報』第十七號	滿洲帝國國立中央博物館
藤山 一雄			1944	「滿洲國立中央博物館態勢」	『博物館研究』第17巻第14號	日本博物館協會

著者1	著者2	著者3	発行年	論文名・書籍名	掲載誌	発行元
藤山 一雄	伊藤 寿朗 監		1990.11	『新博物館態勢 博物館基本文献集第4巻』		大空社
藤山 佳人	松本 幸英*		2011.9	「博物館の教育活動に使用する模造砂岩の新しい製作技法」	『化石』第90号	日本古生物学会
藤山 佳人 他			2013.3	「いわき市石炭・化石館における東日本大震災被災標本のレスキュー活動」	『化石』第93号	日本古生物学会
藤吉 圭二			2011.3	「公文書は誰が守るのか--オーストラリア・ヴィクトリア州の公文書管理法とハリー・ナン」	『国文学研究資料館紀要・アーカイブズ研究篇』第7号	人間文化研究機構国文学研究資料館
藤原 喜代蔵 編			1913	「田園の社會教育」	『都市及田園の教育』	金港堂
藤原 茂			1980	「資料の「特別利用」および「館外貸出」の実態について」	『秋田県立博物館研究紀要』第5号	秋田県立博物館
藤原 慎一	椎野 勇太*	實吉 玄貴	2016.1	「第3章恐竜・古生物」	『見る目が変わる博物館の楽しみ方:地球・生物・人類を知る』	ベレ出版
藤原 孝章			2016.12	「ワークショップをアンケートからふりかえる」	『学校と博物館でつくる国際理解教育のワークショップ』	国立民族学博物館
藤原 工	増子 美穂		2007.12	「展示照明の研究活動-学芸員照明研究会の報告」	『博物館研究』第42巻第12号	日本博物館協会
藤原 工			2010.2	「美術館・博物館の照明設備」	『BE建築設備』第61巻第3号	建築設備綜合協会
藤原 工	田中 晴美		2011.3	「山種美術館の照明デザイン」	『照明学会誌』第95巻第3号	照明学会
藤原 工	浦谷 宗太朗*	吉澤 望	2012.9	「美術館展示におけるLED照明の利用に関する研究:絵画の見えの評価」	『学術講演梗概集』2012巻	日本建築学会
藤原 武二			1984	「朝倉氏遺跡の環境整備について」	『日本の美術214 一乗谷遺跡』	至文堂
藤原 藤吉			1933	「關東廳博物館(附屬動物園と植物園)」	『旅順戰蹟と名所』	旅順市
藤原 徹	長坂 一郎*	手代木 美穂 他	2010.3	『「地域文化遺産の循環型保存・活用システムに関する総合的研究」研究成果報告書』		東北芸術工科大学文化財保存修復研究センター
藤原 俊樹	田中 俊行*		1993.5	「スペースメディアとなる笠懸野岩宿文化資料館」	『展示学』第15号	日本展示学会
藤原 尚彦			2010.3	「学校団体の博物館利用に関する調査とまとめ」	『秋田県立博物館研究報告』第35号	秋田県立博物館
藤原 晴美			1999	「国立科学博物館の視覚障害者への対応」	『ユニバーサル・ミュージアムをめざして―視覚障害者と博物館―』	神奈川県立生命の星・地球博物館
藤原 晴美			2007.9	「天文の世界と私-プラネタリウムと再会して-」	『天文教育』第19巻5号	天文教育普及研究会
藤原 妃敏			1998.3	「福島県立博物館開館後10年間の入館者動向」	『福島県立博物館紀要』第12号	福島県立博物館
藤原 妃敏			2013.6	「「福島・警戒区域内の博物館と文化財—現状と課題」について」	『博物館研究』第48巻第6号	日本博物館協会
藤原 等	野崎 嘉男*	白佐 俊憲	2015.1	「中国・北京市の幼児園・中国美術館訪問報告:北京市西城区内公営『北海幼児園』及び『第1回中国油画学会展』視察報告」	『北海道女子大学短期大学部研究紀要』第33号	北海道女子大学短期大学部
藤原 学	明尾 圭造		2005.6	「博物館の組織」	『博物館学ハンドブック』	関西大学出版部
藤原 道郎			1996	「フランスのエコミュージアム-ローゼル山エコミュージアムとグランドランド・エコミュージアムの事例を中心として」	『徳島県立博物館研究報告』第6号	徳島県博物館
藤原 美津穂	菊地 優	越川 武晃	2010.7	「札幌市資料館の耐震性能に関する研究」	『日本建築学会北海道支部研究報告集』第83号	日本建築学会北海道支部
布施 慶子			2015.5	「歴史随想 君津地方公立博物館協議会「災害時の資料保全の相互応援に関する覚書」について」	『千葉史学』第66号	千葉歴史学会
布施 静香 他			2011	「東日本大震災により被災した植物標本のレスキュー―兵庫県立人と自然の博物館が果たした役割―」	『人と自然』第22巻	兵庫県立人と自然の博物館
布施 英利			1996	『美術館には脳がある』		岩波書店
布施 英利			1996.1	「水族館に「現代」を視る」	『Cultivate:文化と環境を考える』第4号	文化環境研究所
布施 美穂			1997.12	「イギリスにおける宝くじ助成金による博物館支援―その限界と問題点をめぐって―」	『博物館学雑誌』第23巻第1号	全日本博物館学会
布川 庸子			1997.12	「立命館大学国際平和ミュージアムのガイド」	『平和教育』53号	日本平和教育研究協議会

ふ

著者1	著者2	著者3	発行年	論文名・書籍名	掲載誌	発行元
布施 淑久	佐藤 哲也*		2015.1	「黒字決算の財務戦略システム事例統合型会計情報システム(FX4クラウド)ユーザー どうぶつ王国 緻密かつタイムリーな業績管理で魅力的な動物園を作る」	『戦略経営者』30	TKC
二上 政夫			1980.9	「化石の採集と標本の作成」	『動物と自然』第10巻10号	ニューサイエンス社
二上 政夫			1990.4	「地方博物館のボランティア活動導入について」	『海洋と生物』第12巻第2号	生物研究社
二上 政夫			1990.6	「自然史系博物館の資料保管に関する問題」	『海洋と生物』第12巻第3号	生物研究社
二上 政夫			1991.3	「北海道白亜紀アンモナイトの古生物学的および博物館学的意義」	『三笠市立博物館年報』10号	『三笠市立博物館
二神 葉子	西浦 忠輝		2001	「我が国による文化遺産保存国際協力事業の現状と問題点(Ⅱ)－国際文化財保存修復研究会からの知見(2)」	『保存科学』第40号	東京国立文化財研究所
二神 葉子			2016.3	「文化財の地震危険度評価とその活用:文化財GISデータベースによる」	『文化財防災体制についての国際比較研究報告書』	科学研究費補助金基盤研究(S)「災害文化形成を担う地域歴史資料学の確立-東日本大震災を踏まえて」研究グループ
二川 幸夫			2008.11	『美術館.2(GA現代建築シリーズ2)』		エーディーエー・エディタ・トーキョー
二木伸一郎			2001	「石川県立美術館のデジタルシステムについて」	『博物館研究』第36巻第2号	日本博物館協会
二橋 元長			2007	「いま、埼玉県平和資料館で何が起きているか」	『戦争責任研究』第58号	季日本の戦争責任資料センター
浮田 典良			1997.6	『地域文化を生きる』		大明堂
二階 幸恵	森永 良丙	土山 敬之	2008.7	「先進事例にみる地域と美術館の関係の特質:小規模自治体の公立美術館に関する研究その2」	『学術講演梗概集』2008巻	日本建築学会
二葉 俊弥			2017.11	「台湾の博物館制度の現状と課題—歴史・法制度の考察を中心に—」	『國學院雑誌』第118巻第11号	國學院大學
二葉 俊弥			2017.12	「郷土博物館、地域博物館論史」	『博物館学史研究事典』	雄山閣
渕田 隆義			2009.8	「博物館・美術館における照明の役割--展示物の保護の視点から」	『博物館研究』第44巻第8号	日本博物館協会
渕田 隆義	中島 由貴*		2014	「美術館・博物館の最適視環境に対する照明の影響に関する色彩科学的考察」	『女子美術大学研究紀要』第44号	女子美術大学
渕田 隆義	中島 由貴*		2014.2	「美術館・博物館における最適な照明・色彩環境の研究:忠実色再現に基づく演色性評価方法と照度との関係」	『照明学会誌』第98号2輯	照明学会
渕田 隆義	中島 由貴*	女子美術大学大学院	2014.5	「異なる照明条件下における日本画の色の見え:色相と面積の影響」	『日本色彩学会誌』第38巻3号	日本色彩学会
渕田 隆義	中島 由貴*	女子美術大学大学院	2014.5	「低照度下の絵画鑑賞に適したLED照明の分光分布設計」	『日本色彩学会誌』第38巻3号	日本色彩学会
渕田 隆義	中島 由貴*		2015.2	「美術館・博物館における最適な照明・色彩環境の研究(2)低照度下における色彩印象に対する赤色の影響」	『照明学会誌』第99巻第2号	照明学会
渕田 隆義	中島 由貴*		2015.5	「美術館・博物館における最適な照明・色彩環境の研究(3)美術館・博物館展示照明における色質評価数の開発」	『照明学会誌』第99巻第5号	照明学会
渕田 隆義	中島 由貴		2017.1	「LED照明の美術品鑑賞への影響:美術館展示照明における色質評価数の開発」	『映像情報メディア学会誌』第71巻第1号	映像情報メディア学会
仏教芸術学会 編			1995.4	「古美術の保存と復元(座談会)」	『仏教藝術』第24号	毎日新聞社
仏教兒童博物館			1929	『仏教兒童博物館第一年報』1928年3月～1929年2月		仏教兒童博物館
仏教兒童博物館			1930	『仏教兒童博物館第二年報』1929年3月～1930年2月		仏教兒童博物館
仏教兒童博物館			1931	『仏教兒童博物館第三年報』1930年3月～1931年2月		仏教兒童博物館
仏教兒童博物館			1932	『仏教兒童博物館第四年報』1931年3月～1932年2月		仏教兒童博物館
佛國博覽會事務局 編			1941	『佛蘭西巴里府萬國大博覽會報告書』		佛國博覽會事務局
福生市教育委員会			1981.7	「1.沿革」	『福生市郷土資料室年報』Ⅰ	福生市教育委員会
筆野 望	遠藤 僚	熊谷 亮平 他	2010.7	「坂倉準三設計の鎌倉近代美術館の保存に関する研究:設計競技時の主題に対する竣工後の改修に着目して」	『学術講演梗概集』2010巻	日本建築学会
不同舍旧友會 編			1934	「美術館物語」	『小山正太郎先生』	不同舍旧友會

著者1	著者2	著者3	発行年	論文名・書籍名	掲載誌	発行元
船岡 智	松本 修二*	朝井 健史	2015.11	「姫路市を含む兵庫県中南部地域の絶滅危惧種の現状と植物園における系統保存」	『日本植物園協会誌』第50号	日本植物園協会
船木 信一			2004	「リニューアル展示における動物標本の展示手法について」	『秋田県立博物館研究紀要』第29号	秋田県立博物館
船木 信一	鈴木 秀一		2005.3	「リニューアルオープンに伴う展示構成Ⅳ.わくわく探検室」	『秋田県立博物館研究紀要』第30号	秋田県立博物館
船木 信一	阿部 裕紀子*	渡部 均	2005.3	「リニューアルオープンに伴う展示構成Ⅰ.自然展示室」	『秋田県立博物館研究紀要』第30号	秋田県立博物館
船木 信一			2013.3	「分科会 新しい博物館の取り組み」	『博物館研究』第48巻第3号	日本博物館協会
船木 義勝	西田 省三		1992	「中山遺跡出土品の複製・復原製作」	『秋田県立博物館研究紀要』第17号	秋田県立博物館
舟越 桂 述	酒井 忠康 監		2013.10	「展示空間に望むことは壁の白さと床の確かさある程度の天井高だけ」	『美術館と建築』	青幻舎
船越 源一			1931	「郷土教育に關する二三の考察」	『郷土科學』第十號	郷土教育聯盟
船越 源一			1932	「地方研究の施設に就て」	『郷土教育』第十八號	郷土教育聯盟
船田 智史	星屋 泰二*		2017.6	「関西光科学研究所及びきっづ光科学館ふぉとんにおける教員研修の実践的効果評価」	『エネルギー環境教育研究』第11巻2号	日本エネルギー環境教育学会
舟橋 京子			2011.3	「古人骨展示に関する小論」	『Bulletin of the Kyushu University Museum』第9巻	九州大学総合研究博物館
舟橋 京子	岩永 省三	福原 美恵子	2013.3	「動物骨格標本展示に関する小論」	『Bulletin of the Kyushu University Museum』第11号	九州大学総合研究博物館
船橋市郷土資料館			1996.3	「郷土資料館の事業」	『千葉経済大学学芸員課程紀要』創刊号	千葉経済大学学芸員課程共同研究室
船橋の社会教育を考え、新井徹君の不当配転撤回闘争を支援する会			1981.8	『人事の民主化と学芸員の専門性をめぐって-新井公平委員会闘争3年の記録-』		自治労船橋市役所職員組合
舟橋 正隆	中川 志郎	都賀 和男 他	1996	「博物館におけるコンピュータの活用とマルチメディア」	『博物館指導者研究協議会報告書平成8年度』	日本博物館協会
船橋 正隆			1997	「21世紀型の博物館をめざして」-ミュージアムパーク茨城県自然博物館の建設経緯及びその展開から-」	『博物館研究』第32巻第3号	日本博物館協会
舟山 廣治			2007	「旧樺太庁博物館に関する調査(続々)」	『北方博物館交流』第19号	北海道北方博物館交流協会
舟山 廣治			2012.3	『樺太庁博物館の歴史』		北海道北方博物館交流協会
舟山 美紀	麻生 典子*	越田 雅子 他	1987.3	「博物館における体験学習について-「石臼をひく」を事例として-」	『北海道開拓記念館研究年報』第15号	北海道開拓記念館
夫馬 基雄			1984	『美術館のある町へ』		創隆社
富民協會			1934	「農業博物館ニュース博物館の地方進出巡回博物館の開始」	『富民協會報』第6巻第2號	富民協會
富民協會 編			1936	『農業博物館案内』		富民協會
富民協會 編			1937	「移動農業博物館」	『財團法人富民協會十年史』―	富民協會
富民協會 編			1937	「農業博物館」	『財團法人富民協會十年史』―	富民協會
富民協會			1940	『農業博物館のしをり』		富民協會
布山 タルト	佐藤 忠彦		2009	「スペインの美術館におけるアニメーション・ワークショップの実践研究」	『文星紀要』第21号	文星芸術大学
部落解放同盟奈良県連合会			2012.11	「連帯してヘイト・クライムと闘う:水平社博物館差別街宣裁判に勝利」	『部落解放』第669号	解放出版社
プラネタリウム・ワーキンググループ 編			1993	『教育のためのプラネタリウム～設置についての基本的な考え方～』		天文教育普及研究会
Flower.W.H.			1898.3	「英國博物館鱗翅類大譜出版せられんとす」	『動物學雑誌』第10卷第113號	東京動物學會
Blanc.Montmayeur.Martine 他	松本 栄寿	小浜 清子 訳	2003.6	『フランスの博物館と図書館』		玉川大学出版部
Friedman.Alan.J	大髙 一雄 訳		2011.8	「科学技術センターのビジネスモデルはいま・変わりつつある科学博物館の進化」	『パリティ』第26巻第8号	丸善

著者1	著者2	著者3	発行年	論文名・書籍名	掲載誌	発行元
ブリヂストン美術館			2002.3	「教育普及」	『ブリヂストン美術館報』49号	ブリヂストン美術館
降籏 孝			2008.3	「〔美術教育〕の現状と課題」	『東北芸術工科大学紀要』第15号	東北芸術工科大学
古市 晃	神戸大学大学院人文学研究科地域連携センター 編		2013.7	「地域社会における歴史系博物館の役割」	『「地域歴史遺産」の可能性』	岩田書院
古市 憲寿			2014	「戦争博物館から戦争を考える」	『季刊政策・経営研究』2014 第4号	三菱UFJリサーチ&コンサルティング株式会社
古市 憲寿	戸高 一成		2014.9	「戦争を知らない若者が見た戦争博物館」	『文芸春秋』第92巻第11号	文芸春秋
古市 博之	大鹿 聖公*	吉岡 ちひろ	2015.3	「理科学習に動物園を活用するための観察シートの開発:小学3年生を対象とした東山動物園での事例」	『愛知教育大学教育創造開発機構紀要』第5号	愛知教育大学
ブルース・ミラー			2014.11	「美術と美術館—開かれた扉」	『NACTreview:国立新美術館研究紀要』第1号	国立新美術館
古江 信			1960.3	「地域総合博物館のあり方」	『Mouseion:立教大学博物館研究』第5号	立教大学学校・社会教育講座
古江 亮仁			1974.4	「日本民家園について」	『民具マンスリー』第7巻1号	神奈川大学
古江 亮仁			1996.3	『日本民家園物語』		多摩川新聞社
古川 彰 編	嘉田 由紀子*		2000.7	『生活再現の応用展示学的研究-博物館のエスノグラフィーとして-』		滋賀県立琵琶湖博物館
古川 薫			1993.6	『歴史紀行新米欧回覧』		毎日新聞社
古川 紗織	川上 壮太郎	山本 藤生	2013.5	「モルモットのふれあいコーナー:命のぬくもりを伝える動物園の教育活動例」	『博物館研究』第48巻第5号	日本博物館協会
布留川 信行			2014	「誌上講演会・仙台水族館(仮称)を通じた地域振興について」	『仙台商工会議所月報飛翔』336=1109	仙台商工会議所
古川 晴男			1931.6	「博物館に關する覚え書」	『博物館研究』第4巻第6号	日本博物館協會
古河 三樹			1982	『図説庶民芸能-江戸の見世物』		雄山閣
古川 実	長尾 正義*	山田 巌子 他	2016.3	「民具の保存管理の現状と課題:小川原湖民俗博物館旧蔵資料をめぐる活動」	『民具マンスリー』第48巻12号	神奈川大学
古川 元也			2002.9	「複製(レプリカ)と模索のあいだ—「伝加藤清正所用長烏帽子形兜」より—」	『神奈川県立歴史博物館だより』第8巻2号	神奈川県立歴史博物館
古川 元也			2014.3	「ものをみせるしごと」	『日本女子大学博物館学芸員課程年報』No.12	日本女子大学
古澤 潔夫			1975	「ストラスブルグ大学博物館のこと」	『日本植物園協会誌』第10号	日本植物園協会
古澤 潔夫	田中 康義		1977.3	「小石川植物園で発見された種子目録」	『植物園協会誌』第11号	日本植物園協会
古庄 浩明			2002.3	「土井ヶ浜遺跡・人類学ミュージアム小学校作品展顛末記」	『國學院大學博物館學紀要』第26輯	國學院大學博物館学研究室
古庄 浩明			2007.12	「学校における博物館活動の提案I」	『博物館学雑誌』第33巻第1号	全日本博物館学会
古田 立次			1929	「陳列戸棚装飾の要訣」	『現代商業美術全集 11出品陳列装飾集』	(株)アルス
古谷 可由			2009.9	「美術よもやま話(第56回)白樺美術館構想」	『カレントひろしま』第287号	ひろぎん経済研究所
古田 靖志	坪井 のり子*	小井土 由光	2003	「学校教育を支援するための博物館活動のあり方-アウトリーチ型授業の役割と課題-」	『岐阜県博物館調査研究報告』第24号	岐阜県博物館
古田 靖志	石田 克*	井上 好章 他	2005.3	「岐阜県博物館の特別展における参加・体験型展示について」	『岐阜県博物館調査研究報告』第26号	岐阜県博物館
古田 靖志			2010.3	「博物館・科学館と連携した理科学習の実践例:中学校」	『理科の教育』第59巻第3号	日本理科教育学会
古田 亮			1996.12	「日本の美術展覧会その起源と発達」	『MUSEUM』第545号	東京国立博物館
古田 亮			1998	「「日本美術院創立100周年記念特別展 近代日本美術の軌跡」始末記」	『博物館研究』第33巻第9号	日本博物館協会
ブルデュー・ピエール	山下 雅之 訳		1994	『美術愛好-ヨーロッパの美術館と観衆』		木鐸社

著者1	著者2	著者3	発行年	論文名・書籍名	掲載誌	発行元
古西 義麿			1975.9	「IV史料なき資料の活用 7民家と町並保存」	『地方史マニュアル4郷土資料の活用』	柏書房
古野 徳久			2007.6	「香川県歴史博物館活性化に向けた新しい普及活動への取り組み」	『博物館研究』第42巻第6号	日本博物館協会
降旗 千賀子	大月 浩子*	高橋 直裕	1990	「なぜ、いまワークショップか」	『季刊武蔵野美術』第78号	武蔵野美術大学出版編集室
降旗 千賀子			1997.3	「目黒区美術館の教育普及活動-ワークショップの可能性-」	『博物館の創造』第1巻	東京大学大学院教育学部研究科・教育学部社会教育研究室
降旗 千賀子			2000.9	「特論 美術館の教育普及活動」	『博物館学シリーズ 3博物館展示・教育論』	樹村房
降旗 千賀子			2008	「ワークショップ—日本の美術館における教育普及活動」	『Pb：Fuji Xerox art bulletin』第3号	
古畑 徹	奥野 正幸*	安達 毅 他	2016.3	「大学博物館等協議会シンポジウム:ヴァーチャル・ミュージアムの現状と目指すもの」	『金沢大学資料館紀要』第11号	金沢大学資料館
古本 泰之			2015.3	「日本の高原型観光地域における美術館の集積とその背景:静岡県伊豆高原地域・山梨県清里地域を事例として」	『日本ミュージアム・マネージメント学会研究紀要』第19号	日本ミュージアム・マネージメント学会
古屋 奎二			1992.11	『故宮博物院物語』		二玄社
古谷 翔	森元 俊成*	角 康之 他	2011.3	「写真上の会話シーンを再利用することによって博物館体験を強化する話題提供エージェント」	『電子情報通信学会技術研究報告』第110巻第454号	電子情報通信学会
古谷 誠章	野村 綾子*	稲垣 淳哉	2010	「回遊式美術館における視覚体験のシークエンス分析その1：インゼル・ホンブロイヒ美術館とルイジアナ美術館の比較から」	『学術講演梗概集』2010巻	日本建築学会
古谷 誠章	稲垣 淳哉*	野村 綾子	2010.7	「回遊式美術館における視覚体験のシークエンス分析その2:インゼル・ホンブロイヒ美術館とルイジアナ美術館の比較から」	『学術講演梗概集』2010巻	日本建築学会
古屋 昌美			2014.9	「大学と県内天文施設の研究交流グループ『わかてん』について」	『博物館研究』第49巻第9号	日本博物館協会
古谷 裕	小舘 誓治*	高瀬 優子 他	2016.12	「自然系博物館における幼児向け科学教育プログラム:身近な生きものを題材として」	『博物館学雑誌』第42巻第1号	全日本博物館学会
古家 良一			2002.6	「熊本県立美術館振興計画の概要」	『月刊ミュゼ』53号	(株)アム・プロモーション
フレーベル會			1910.9	「動物園の彩色」	『婦人と子ども』第10巻第9号	フレーベル會
不破 正人			2005.8	「伝統的環境保存への取り組み」	『月刊文化財』第503号	第一法規
文 公輝			1997.6	「いきなり学芸員」	『季刊Liberty』第18号	大阪人権歴史資料館
文 公輝			2008.3	「大阪人権博物館の総合展示とアイヌ民族」	『第22回北方民族文化シンポジウム報告書 北太平洋の文化―北方地域の博物館と民族文化(2)』	北方文化振興協会
文化遺産国際協力コンソーシアム 編			2016.3	『危機の中の文化遺産:第17回文化遺産国際協力コンソーシアム研究会:報告書』		文化遺産国際協力コンソーシアム
文化映像研究会科研共同研究			1993.3	『生涯学習社会における文化映像の製作・保管・活用に関する調査研究報告書』		文化映像研究会
文化環境研究所			1998.9	「琵琶湖博物館における〈参加型〉の実践」	『Cultivate：文化と環境を考える』第9号	文化環境研究所
文化環境研究所			2005.8	「博覧会の意味」	『Cultivate：文化と環境を考える』第25号	文化環境研究所
文化環境研究所			2007	「展示のリテラシーとユニバーサルデザイン」	『Cultivate：文化と環境を考える』第29号	文化環境研究所
文化財虫害研究所			1980	『書籍・古文書のむし・かび害保存の知識』		文化財虫害研究所
文化財虫害研究所			1980	『文化財虫害菌害防除ダイジェスト』		文化財虫害研究所
文化財学論集刊行会 編			2003.8	『文化財学論集』		文化財学論集刊行会
文化財協会 編	文化財保護委員会*監		1952.3	『学習指導における文化財の手引』		日本教育新聞社
文化財建造物保存技術協会 編			1982	『文化財建造物の日常管理と防火の手引き』		文化財建造物保存技術協会
文化財建造物保存技術協会 編			2014.10	「文化財建造物の保存修理を考える:第1回シンポジウム「保存修理の理念とあり方」の記録」		文化財建造物保存技術協会
文化財建造物保存技術協会 編			2017.3	『文化財建造物の保存修理を考える:第3回シンポジウム「木造建造物保存修理技術の特色」の記録』		文化財建造物保存技術協会

著者1	著者2	著者3	発行年	論文名・書籍名	掲載誌	発行元
文化財虫害研究所			1981	『文化財の燻蒸処理標準仕様書とその補遺：昭和56年10月改訂』		文化財虫害研究所
文化財虫害研究所 編			2013	『見てわかる文化財のIPM』		文化財虫害研究所
文化財保護委員会			1951	『文化財要覧』		文化財保護委員会
文化財保護委員会 監	文化財協会 編		1952.3	『学習指導における文化財の手引』		日本教育新聞社
文化財保護委員会 編			1963	『文化財防火・防犯の手引き』		文化財保護委員会
文化財保護委員会 編			1965	『民俗資料調査収集の手びき』		第一法規
文化財保護委員会			1965.11	『文化財保護の現状』		第一法規
文化財保護委員会 編			1966	『埋蔵文化財発掘調査の手びき』		国土地理協会
文化財保護実務研究会 編			1995.3	『文化財補助金実務必携』		第一法規
文化財保存計画協会編			1984	「野外博物館」	『コンセルボ』第6号	文化財保存計画協会
文化財保存修復学会			1999.6	『文化財はまもれるのか？「阪神・淡路大震災の検証」』		クバプロ
文化財保存修復学会			2008.5	『文化財の保存と修復 10博物館の役割と未来』		文化財保存修復学会
文化財保存修復学会			2016	「パネルディスカッション日本の保存技術が古代エジプト文明の秘宝を救う」	『文化財保存修復学会誌』第59巻	文化財保存修復学会
文化財保存全国協議会			1971	『文化遺産の危機と保存運動』		青木書店
文化財保存全国協議会 編			1990	『遺跡保存の事典』		三省堂
文化財保存全国協議会 編			2017.6	『文化財保存70年の歴史:明日への文化遺産』		新泉社
文化資源学会			2007.3	「国立民族学博物館開館30周年・東京大学創立130周年・パリ日本文化会館開館10周年・文化資源学会創立5周年記念フォーラム「文化資源という思想−21世紀の知、文化、社会」全報告要旨」	『文化資源学』第6号	文化資源学会
文化政策提言ネットワーク 編			2004.11	『指定管理者制度で何が変わるのか』		水曜社
文化総合研究所			2001.5	『ミュージアム・メッセ事始め』		関西紀済連合会
文化庁 編			出版年不明	『重要文化財拾遺』		文化庁
文化庁			1970	『文化財保護の現状と問題』		文化庁
文化庁 監			1970	『文化行政必携』		第一法規
文化庁 監			1970	『文化財保護摘要（加除式）』		第一法規
文化庁 編			1978.6	『文化行政の歩み文化庁創設10周年にあたって』		ぎょうせい
文化庁			1982	『文化・文化財関係施設運営状況調査』		文化庁
文化庁			1988.6	『我が国の文化と文化行政』		ぎょうせい
文化庁			1997	「21世紀にむけた美術館の在り方について(報告)」	『博物館研究』第32巻第7号	日本博物館協会
文化庁			1997	「文化財(美術工芸品等)の防災に関する手引き」	『博物館研究』第32巻第9号	日本博物館協会
文化庁	慶応義塾大学アート・センター		1997	『シンポジウム「美術館の21世紀をひらく」』		文化庁・慶応義塾大学アート・センター
文化庁			1997.5	「報告文化財登録制度と地域づくり」	『文化庁月報』344号	ぎょうせい
文化庁 監			1999.3	『新しい文化立国の創造をめざして文化庁30年史』		ぎょうせい

著者1	著者2	著者3	発行年	論文名・書籍名	掲載誌	発行元
文化庁 監			2001.8	『文化財保護法五十年史』		ぎょうせい
文化庁 編			2005.7	「文化財建造物の環境保全」	『文化庁月報』442号	ぎょうせい
文化庁	埋蔵文化財発掘調査体制等の整備充実に関する調査研究委員会*		2007	『埋蔵文化財の保存と活用(報告)地域づくり・人づくりをめざす埋蔵文化財保護行政』		文化庁
文化庁 編			2017.6	『戦災等による焼失文化財:昭和・平成の文化財過去帳』		戎光祥出版
文化庁建造物課			1997	「登録文化財制度のQ&A」	『月刊文化財』第402号	第一法規
文化庁文化財部 監			2002.1	『文化財保護関係法令集改訂版』		ぎょうせい
文化庁文化財部 監			2014.7	「リニューアル後の新しいコンテンツ」	『月刊文化財』第610号	第一法規
文化庁文化財部			2015.4	「登録文化財をまもり、使う」	『月刊文化財』第619号	第一法規
文化庁文化財部記念物課 監			2005.6	『史跡等整備のてびき:保存と活用のために.1総説編・資料編.2計画編.3技術編.4事例編』		同成社
文化庁文化財保護部建造物課			1997.5	「文化財登録に関する当面の方針と保護措置について」	『文化庁月報』344号	ぎょうせい
文化庁文化財部建造物課			2001.7	「登録文化財建造物の活用と支援策」	『文化庁月報』394号	ぎょうせい
文化庁文化財部建造物課			2004	「文化財建造物の保存における観光活用の可能性」	『文化庁月報』432号	ぎょうせい
文化庁文化財保護部美術学芸課 監			1998.5	『文化財保護行政ハンドブック美術工芸品編』		ぎょうせい
文化庁文化財部美術学芸課			2001	『文化財(美術工芸品)模写・模造の手引』		文化庁
文化庁美術学芸課美術館歴史博物館室			2003.5	「登録美術品制度について」	『月刊文化財』第476号	第一法規
文化庁文化財部美術学芸課美術館歴史博物館室			2007.12	「「美術館・博物館支援方策策定事業-まちに活きるミュージアム」調査結果」	『文化庁月報』471号	ぎょうせい
文化庁文化財保護部			1973	『文化財(美術工芸品)の保存管理』		文化庁文化財保護部
文化庁文化財保護部 編			1999	「近代の文化遺産の保存と活用」	『月刊文化財』第425号	第一法規
文化庁文化財保護部美術学芸課	文部科学省生涯学習政策局社会教育課*		2001	「文部科学省における博物館振興施策の概要について」	『博物館研究』第36巻第2号	日本博物館協会
文化庁文化部地域文化振興課			2000	「優れた美術品に親しむ機会の拡大のための文化庁の取り組みについて」	『博物館研究』第35巻第6号	日本博物館協会
文化庁文化部地域文化振興課	文部省生涯学習局社会教育課*		2000	「省庁再編後の博物館に係る文部省の行政体制について」	『博物館研究』第35巻第10号	日本博物館協会
文京ふるさと歴史館 編			2002.1	『菊人形今昔-団子坂に花開いた秋の風物詩-』		文京区教育委員会
文芸春秋社			1979.6	『世界の動物園』(『文芸春秋デラックス』第6巻第6号)		文芸春秋社
群馬県立歴史博物館友の会	20年のあゆみ編集委員会 編		1999	『群馬県立歴史博物館友の会・20年のあゆみ』		群馬県立歴史博物館友の会・20年のあゆみ編集委員会
ペ・ギドン			2008.9	「国際動向韓国博物館協会の現在と発展の展望」	『博物館研究』第43巻第9号	日本博物館協会
ベアント・ブルンナー	山川 純子 訳		2013.9	『水族館の歴史:海が室内にやってきた』		白水社
ベイアード・J・R			2009.3	「Museums collaborating for change:a case study the UBC Museum of anthropology renewal project」	『第23回北方民族文化シンポジウム報告書 北太平洋の文化--北方地域の博物館と民族文化(3)』	北方文化振興協会
米欧回覧の会 編			2003	『岩倉使節団の再発見』		思文閣出版
「平成23年度全国博学連携ワークショップin宮崎」実行委員会	日高 俊一郎*		2012.7	「「博学連携ワークショップin宮崎」で何が得られたか」	『理科の教育』第61巻第7号	日本理科教育学会
平凡社			1979.3	「動物園野生への扉」	『アニマ』第73号	平凡社
平凡社			1983	「水族館のゆかいな仲間-アクアリウムの行動学」	『アニマ』第125号	平凡社

著者1	著者2	著者3	発行年	論文名・書籍名	掲載誌	発行元
平凡社			2005	『別冊太陽 日本の博覧会』		平凡社
平凡社			2014.9	「夢二に出会うおもな常設美術館」	『別冊太陽:日本のこころ』第221号	平凡社
平和博物館を創る会編			1994	『平和博物館を考える』		平和のアトリエ
平和歴史教育委員会			2010	「地方分権改革推進委員会第3次勧告における博物館法見直し」	『考古学研究』第56巻第4号	考古学研究会
ペーター・パンウァー			1989	『ウィーンの日本』		サイマル出版会
ペギー・グッゲンハイム			1994	『20世紀の芸術と生きる』		みすず書房
ヘザー・ユーイング	松本 栄寿 訳	小浜 清子 訳	2010.12	『スミソニアン博物館の誕生:ジェームズ・スミソンと18世紀啓蒙思想』		雄松堂書店
ベジナ・レーモン	及川 昭文*		1982.1	「博物館とコンピュータ」	『国立民族学博物館研究報告』第12巻第4号	国立民族学博物館
ベストブック 編			2014.4	「社会・文化カジノ候補地「横浜」が急浮上:昆虫館やアニメミュージアムの構想も」	『Verdad』第20号	ベストブック
ペダーセン・ハンス・ペダー	資料保存研究会 訳編		1989.11	『デンマークにおける資料保存:その歴史と教育プログラム』		日本図書館協会
別技 篤彦			1960.9	「地理学と博物館」	『Mouseion:立教大学博物館研究』第6号	立教大学学校・社会教育講座
別所 正博			2010	「ユビキタスIDアーキテクチャの資料展示システムへの応用」	『東京大学大学院情報学環社会情報研究資料センターニュース』第20号	東京大学大学院情報学環
ベッツィ・ニコルス			1999.12	「日加博物館協力:博物館に出来ること」	『国立科学博物館ニュース』第368号	国立科学博物館
PETROU.Angeliki			2016.1	『ギリシャミュージアム政策の利用と維持のバランシング:地域考古学博物館におけるEU地域政策助成の事例』		政策研究大学院大学
邊牟木 尚美			2006.7	「英国の博物館学、修復学教育」	『月刊ミュゼ』77号	(株)アム・プロモーション
邊牟木 尚美	藤澤 明*	有村 誠他	2012	「アルメニア歴史博物館における考古金属資料の保存修復ワークショップに伴う科学的調査」	『保存科学』第52号	国立文化財機構東京文化財研究所
ベルナール・コマン	野村正人 訳		1996	『パノラマの世紀』		筑摩書房
ベルナール・ビュフェ美術館 企画・制作			2015	『わたしのまちの美術館へ行ってみよう!』		ベルナール・ビュフェ美術館
ヘルムート・ホルツハウエル			1972	「教師と訓練される教師」	『第9回ICOM総会論文集人類に奉仕する今日と明日の博物館』	国際博物館会議日本委員会
編集部			2016.1	「巻頭特集最近オープンした公立美術館の人気を考える」	『月刊アートコレクターズ』第9巻第10号	生活の友社
編集部			2016.6	「沖縄・ウチナーから見てみるミュージアム第9回理解と創造は驚きに始まる!ワンダーミュージアム」	『月刊ミュゼ』114号	(株)アム・プロモーション
勉誠社			1997.8	「画像の世界」	『人文学と情報処理』第14号	勉誠出版
ヘンダーソン・エミー	アドリエンヌ・L・カプラー 編	松本 栄寿 他訳	2003.5	『スミソニアンは何を展示してきたか』		玉川大学出版部
ヘンダーソン・ジャスティン	木下 哲夫 訳		1999.2	『世界の美術館建築』		淡交社
ベンチャー・リンク			2007.4	「あの町この村商店や寺にゆかりの文化を展示ひらの町ぐるみ博物館(大阪市平野区)」	『ベンチャー・リンク』第21巻第11号	ベンチャー・リンク
邉見 端			1985	「明治中期の博物館学ー坪井正五郎氏の見解ー」	『東北学院大学博物館学芸員課程報』第2号	東北学院大学文学部史学科
邉見 端			1986.3	「明治期"博物館学"の面目ー坪井正五郎博士の業績ー」	『博物館学雑誌』第11巻第2号	全日本博物館学会
邉見 端			1992.3	「展示と陳列ー博物館・博物館学・展示に於ける用語の適否に関する一考察ー」	『博物館学雑誌』第17巻第1・2号合併号	全日本博物館学会
邉見 端			1993.3	「公立博物館論」	『博物館学雑誌』第18巻第1・2号合併号	全日本博物館学会
ベンヤミン・ヴァルター			1999	「複製技術の時代における芸術作品」	『複製技術時代の芸術』	晶文社
帆足 俊文			2008.8	「文化財の「保存」と「活用」について」	『文化財学としての考古学:泉拓良先生還暦記念論文集』	泉拓良先生還暦記念事業会

著者1	著者2	著者3	発行年	論文名・書籍名	掲載誌	発行元
ボイックス株式会社 編			1996.8	「＜人、そして生涯学習空間＞視覚障害者が美術鑑賞できる場所手で見るTOM」	『生涯学習空間』第1巻2号	ボイックス株式会社
ボイックス株式会社 編			1997.10	「急激に進歩する情報機器を活用した展示システム」	『生涯学習空間』第2巻3号	ボイックス株式会社
ボイックス株式会社 編			1997.10	「変わりゆくミュージアム これからの博物館・美術館に期待するもの」	『生涯学習空間』第2巻3号	ボイックス株式会社
ボイックス株式会社 編			1997.10	「博物館の防犯対策と防犯設備計画」	『生涯学習空間』第2巻3号	ボイックス株式会社
ボイックス株式会社 編			1997.12	「生涯学習時代に適した高齢者向けの床について 設計、選択、開発の基本的留意点」	『生涯学習空間』第2巻4号	ボイックス株式会社
ボイックス株式会社 編			1998.7	「視覚障害者の利用に配慮した博物館」	『生涯学習空間』第3巻3号	ボイックス株式会社
ボイックス株式会社 編			1998.7	「地震から守るシステム」	『生涯学習空間』第3巻3号	ボイックス株式会社
ボイックス株式会社 編			1998.7	「電子博物館の実現に向けて」	『生涯学習空間』第3巻3号	ボイックス株式会社
ボイックス株式会社 編			1998.7	「すべての人が楽しめる博物館へ ユニバーサル・ミュージアムの求められる施策」	『生涯学習空間』第3巻3号	ボイックス株式会社
ボイックス株式会社 編			1998.7	「博物館展示におけるユニバーサルデザインの方向性」	『生涯学習空間』第3巻3号	ボイックス株式会社
ボイックス株式会社 編			1999.1	「多くの人を引き付ける博物館とは 集客を考慮した博物館づくり」	『生涯学習空間』第3巻6号	ボイックス株式会社
ボイックス株式会社 編			1999.3	「子どもと青少年が楽しめる学び空間 日本型チルドレンズ・ミュージアムの意義と可能性」	『生涯学習空間』第4巻1号	ボイックス株式会社
ボイックス株式会社 編			1999.5	「博物館における理想的な施設設備計画 奈良国立博物館「東新館」における施設整備の留意点」	『生涯学習空間』第4巻2号	ボイックス株式会社
ボイックス株式会社 編			1999.7	「生涯学習施設におけるトイレ環境整備トイレは空間の質を高める」	『生涯学習空間』第4巻3号	ボイックス株式会社
ボイックス株式会社 編			1999.11	「参加体験型博物館の可能性「親しむ博物館づくり事業」のねらいと参加型活動」	『生涯学習空間』第4巻5号	ボイックス株式会社
ボイックス株式会社 編			1999.11	「参加体験型博物館の可能性」	『生涯学習空間』第4巻5号	ボイックス株式会社
ボイックス株式会社 編	河口 公生*		2000.3	「美術館をどうつくるか～美術館員の視点から(1)～美術館建築と使い勝手Ⅰ～設計段階での問題点～」	『生涯学習空間』第5巻2号	ボイックス株式会社
ボイックス株式会社 編	河口 公生*		2000.5	「美術館をどうつくるか～美術館員の視点から(2)～美術館建築と使い勝手Ⅱ～美術品のための美術館を考える～」	『生涯学習空間』第5巻3号	ボイックス株式会社
ボイックス株式会社 編	河口 公生*		2000.7	「美術館をどうつくるか～美術館員の視点から(3)美術館・博物館はなぜ暗いのか-」	『生涯学習空間』第5巻4号	ボイックス株式会社
ボイックス株式会社 編			2000.1	「生涯学習の場として重要性を増す大学ハイブリッド時代の「大学博物館」大谷女子大学博物館」	『生涯学習空間』第5巻1号	ボイックス株式会社
ボイックス株式会社 編			2000.3	「高度情報化に対応した博物館地域資源情報を再編集する」	『生涯学習空間』第5巻2号	ボイックス株式会社
ボイックス株式会社 編			2000.3	「参加体験型博物館の可能性(2)事例 少年郷土探検教室柏崎市立博物館」	『生涯学習空間』第5巻2号	ボイックス株式会社
ボイックス株式会社 編			2000.5	「参加体験型博物館の可能性(3)「親しむ博物館づくり事業シンポジウム」概要」	『生涯学習空間』第5巻3号	ボイックス株式会社
ボイックス株式会社 編			2001.1	「水族館の特性と事業運営～学芸員の立場から考える～」	『生涯学習空間』第6巻1号	ボイックス株式会社
ボイックス株式会社 編			2001.1	「ふくしま海洋科学館「アクアマリンふくしま」●設計のポイント●「アクアマリンふくしま」の設計について」	『生涯学習空間』第6巻1号	ボイックス株式会社
ボイックス株式会社 編			2001.1	「市民学芸員による新しい博物館活動」	『生涯学習空間』第6巻1号	ボイックス株式会社
ボイックス株式会社 編			2001.1	「変わる、水族館の施設と事業【INTERVIEW】水族館のこれまで・今・これから」	『生涯学習空間』第6巻1号	ボイックス株式会社
ボイックス株式会社 編			2001.5	「参加体験型博物館の可能性(4)「文部科学省平成12年度親しむ博物館づくりシンポジウム」概要」	『生涯学習空間』第6巻3号	ボイックス株式会社
ボイックス株式会社 編			2001.9	「子ども達を引きつける 博物館連携事業博物館連携事業推進のポイント」	『生涯学習空間』第6巻5号	ボイックス株式会社
ボイックス株式会社 編			2002.3	「魅力ある博物館をつくる 展示博物館の魅力を増大させる展示～計画から運営まで～」	『生涯学習空間』第7巻2号	ボイックス株式会社
ボイックス株式会社 編			2002.3	「水族館の運営を考える 水族館を活性化する多次元的な運営」	『生涯学習空間』第7巻2号	ボイックス株式会社

著者1	著者2	著者3	発行年	論文名・書籍名	掲載誌	発行元
ボイックス株式会社 編			2002.5	「生涯学習空間施設と学校の連携 学校巡回展示や体験学習など、子ども対象の事業を展開行田市郷土博物館」	『生涯学習空間』第7巻3号	ボイックス株式会社
ボイックス株式会社 編			2002.5	「参加体験型博物館の可能性(5)文部科学省平成13年度親しむ博物館づくり事業シンポジウム」	『生涯学習空間』第7巻3号	ボイックス株式会社
ボイックス株式会社 編			2002.7	「博物館の事業運営方法 21世紀型の博物館事業～市民学芸員がかかわる事業企画と実施について～」	『生涯学習空間』第7巻3号	ボイックス株式会社
方 芝君	田代 順孝	木下 剛	2007	「植物園における展示内容の特徴と展示空間構成の分類」	『環境情報科学論文集』第21号	環境情報科学センター
宝玉 正彦			2014.11	「美術と美術館」	『NACTreview:国立新美術館研究紀要』第1号	国立新美術館
宝劔 純一郎	小松 伸之*	下田 正行	2012.3	「博物館見学による社会科系教職課程履修者の教材開発能力の向上:教職課程における社会科系教科教育法と教員採用試験対策講座の連携をめざして」	『清和研究論集』第18号	清和大学法学会
北條 敦子			2014.7	「二〇年間の軌跡」	『月刊文化財』第610号	第一法規
鵬心生			1912.4	「銀座より」	『讀賣新聞』4月13日付	讀賣新聞社
放送番組センター 編			1990.1	『ビデオライブラリーフォーラム'89記録:公共ライブラリーの実現に向けて』		放送番組センター
房総風土記の丘10年史検討委員会			1987.3	「房総風土記の丘10年」	『千葉県立房総風土記の丘年報』第10号	千葉県立房総風土記の丘
報知新聞社			1916	「山と水展覽會」	『報知新聞』6033號	報知新聞社
奉天故宮博物館			1932	『奉天故宮博物館要覽』		奉天故宮博物館
報德會			1920	「南葵文庫に於ける史蹟史樹保存茶話會」	『斯民』第5編第11號	中央報德會
方波見 淳			1998	「大都市圏内博物館における広報活動」	『相模原市立博物館研究報告』第7集	相模原市立博物館
防府市青少年科学館			2009.3	『防府市青少年科学館ソラール10周年記念誌』		防府市青少年科学館
房安 昌志			1996.3	「阪神・淡路大震災と博物館の被害報告神戸市立須磨海浜水族園」	『博物館学雑誌』第21巻第1号	全日本博物館学会
鳳来寺山自然科学博物館			1983	『鳳来寺山自然科学博物館館報20年の歩みNo.13』		鳳来寺山自然科学博物館
ボーネルト			1937	「風致の保育と地方計畫」	『公園緑地』第11號	公園緑地協會
ホーヴィング・トマス	雨沢 泰 訳		1999.4	『にせもの美術史:鑑定家はいかにして贋作を見破ったか』		朝日新聞社
ポーラ美術振興財団ポーラ美術館 編			2012.8	『ポーラ美術館の10年』		ポーラ美術振興財団ポーラ美術館
PAUL.A.REES	武田 庄平	鈴木 馨 他訳	2016.8	『動物園のつくり方:入門動物園学』		農林統計出版
ポール・トンプソン			2014.4	『英国リポートノーフォーク州&サフォーク州航空博物館』	『丸』第67号	潮書房光人社
ポール・ヴァレリー			1967	「博物館の問題」	『ヴァレリー全集10/芸術論集』	筑摩書房
ホーン・ドナルド	遠藤 利国 訳		1990.7	『博物館のレトリック:歴史の〈再現〉』		リブロポート
ホーン・W.A.V.			2007.3	「Alaska Eskimo drawings・late 19th to mid 20th century アラスカ・エスキモーの絵画-19世紀末から20世紀半ばまで」	『第21回北方民族文化シンポジウム報告書 北太平洋の文化--北方地域の博物館と民族文化』	北方文化振興協会
保垣 孝幸			2005.3	「北区における所蔵者宅保管文書の「巡回燻蒸」」	『文化財研究紀要』第18集	東京都北区教育委員会
北斗社			1932	『旅と郷土と』	『旅と郷土と』第1号	北斗社
北米エスニシティ研究会 編			2006.6	『北米の小さな博物館:「知」の世界遺産』		彩流社
北米エスニシティ研究会 編			2009.3	『北米の小さな博物館:「知」の世界遺産.2』		彩流社
北米エスニシティ研究会 編			2014.1	『北米の小さな博物館:「知」の世界遺産.3』		彩流社
保坂 清			1981	『美術館を歩く(西日本編)』		玉川大学出版部

著者1	著者2	著者3	発行年	論文名・書籍名	掲載誌	発行元
保坂 清			1981	『美術館を歩く(東日本編)』		玉川大学出版部
保坂 清			1990.9	『行ってみたい遠くの小さな美術館』		玉川大学出版部
保坂 健二朗			2010.8	「手探りのドローイングたとえば照明を暗くしてみる--美術館での共感覚的体験を目指して」	『現代の眼:東京国立近代美術館ニュース』583号	国立美術館東京国立近代美術館
保坂 健二朗			2014.11	「国立美術館と建築展」	『NACTreview:国立新美術館研究紀要』第1号	国立新美術館
保坂 健二朗	鷲田 めるろ*		2015.7	「自然光の活用:金沢21世紀美術館の照明」	『照明学会誌』第99巻第7号	照明学会
保坂 健二朗	長谷川 祐子*		2015.7	「コンテンツとしての建築展、メディアとしての美術館」	『建築雑誌』第130輯第1673號	日本建築学会
保坂 輝	夏目 欣昇		2016.2	「名古屋市内の博物館施設における地域活動・地域連携」	『日本建築学会東海支部研究報告集』第54号	日本建築学会東海支部
保坂 輝	夏目 欣昇		2017.6	「名古屋市内の博物館施設における地域活動・連携活動」	『日本建築学会技術報告集』第23巻54号	日本建築学会
保坂 裕興			2009.3	「大学図書館とアーカイブス」	『私立大学図書館協会会報』第131号	私立大学図書館協会
星 洋輔	小林 貴訓	久野 義徳	2009.11	「観客を話に引き込むミュージアムガイドロボット:言葉と身体的行動の連携」	『電子情報通信学会論文誌』第11号	電子情報通信学会
星合 重男			1994.1	『企業博物館戦略の研究』		コニカ
星合 正治			1932.6	『米國内各博物館の教育事業に就いて 東京科學博物館報告』第1輯		科學博物館事業後援會
星合 正治	伊藤 寿朗 監		1990.11	『米国内各博物館の教育事業に就いて 博物館基本文献集第6巻』		大空社
保科 孝一			1914	「ルーブル博物館」	『伯林と巴里』	富山房
保科 智治			2012.8	「観光地の中の地域博物館:日常と非日常の狭間で」	『地方史研究』第62巻第4号	地方史研究協議会
保科 弘明	山本 哲也	江草 遼平 他	2014.11	「科学系博物館における情報アクセシビリティの課題」	『日本科学教育学会研究会研究報告』第29巻第1号	日本科学教育学会
保科 弘明	江草 遼平*	生田目 美紀 他	2015.6	「科学系博物館の展示における情報アクセシビリティの全国調査」	『日本科学教育学会研究会研究報告』第29巻第6号	日本科学教育学会
保科 弘明	江草 遼平*	生田目 美紀 他	2015.9	「視覚・聴覚障害者の利用における科学系博物館の情報アクセシビリティに関する全国調査:博物館学習支援の観点から」	『日本科学教育学会年会論文集』第39巻	日本科学教育学会
星野 和博			2009.9	「沖縄県立博物館・美術館の照明(ライティングフォトグラフ)」	『照明学会誌』第93巻第9号	照明学会
星野 聰	及川 昭文*	中山 和彦 他	1985.3	「美術史学データベースの構築とその課題」	『国立歴史民俗博物館研究報告』第5集	国立歴史民俗博物館
星野 靖二			2015.9	「東京・渋谷から日本の文化を発信するミュージアム連携事業「ミュージアム展示とデジタル技術」研究会」	『國學院大學研究開発推進機構日本文化研究所年報』第8号	國學院大學研究開発推進機構
星野 太郎			2016.3	「ウッドスタートで地域を変える:東京おもちゃ美術館の木育事業(3)館を飛び出し発信木の魅力」	『グリーン・パワー』第447号	森林文化協会
星野 敏康			2015.2	「見どころ触りどころ満載触察欲を刺激する桜井博物館」	『視覚障害:その研究と情報』321	障害者団体定期刊行物協会
星野 朋子			1978.3	「開館時における来館者の実態-第一次アンケート調査から-」	『北海道立近代美術館研究紀要』創刊号	北海道立近代美術館
星野 朋子			1979.3	「美術館地域社会の外に住む人々の実態-移動美術館アンケート調査から-」	『北海道立近代美術館研究紀要』第2号	北海道立近代美術館
星野 直隆			1967	「博物館設置基準研究会の経過」	『博物館ニュース』第1巻第4号	日本博物館協会
星野 直隆			1967.7	「第15回全国博物館大会の経過」	『博物館ニュース』第2巻第2号	日本博物館協会
星野 直隆			1967.10	「博物館週間を国民大衆の中へ」	『博物館ニュース』第2巻第3号	日本博物館協会
星野 直隆			1968.5	「博物館行政の強力な推進を期待する—設置基準の作成へ—」	『博物館ニュース』第3巻第2号	日本博物館協会
星野 直隆			1968.7	「博物館の新設計画に対する助言」	『博物館ニュース』第3巻第4号	日本博物館協会
星野 直隆			1968.10	「全国美術館会議余録」	『博物館ニュース』第3巻第7号	日本博物館協会

著者1	著者2	著者3	発行年	論文名・書籍名	掲載誌	発行元
星野 直隆			1969.5	「博物館と生涯教育」	『博物館ニュース』第4巻第5号	日本博物館協会
星野 直隆			1970.4	「1970年代の志向」	『博物館ニュース』第5巻第3号	日本博物館協会
星野 直隆			1970.8	「オホーツクの海に向いて―第9回北海道博物館大会に出席して―」	『博物館ニュース』第5巻第7号	日本博物館協会
星野 尚文			2002.3	「特別展「小石川と本郷の米物語」の舞台裏」	『Museologist: 明治大学学芸員養成課程年報』第17巻	明治大学学芸員養成課程
星野 浩司	金 大雄		2012.2	「ミュージアム・コンテンツを基盤とする次世代型展示支援システムの研究」	『情報処理学会論文誌』第53巻第2号	情報処理学会
星野 正信	鍋島 隆*	村松 伸弘 他	2001.3	「映像ホールの利用拡大を図る」	『千葉県立現代産業科学館研究報告』第6号	千葉県立現代産業科学館
星野 正信	土野 茂		2004.3	「教育普及活動における連携事業について」	『千葉県立現代産業科学館研究報告』第10号	千葉県立現代産業科学館
星野 正光	荒木 文宏*		2011.3	「鉄道博物館のシミュレータ」	『鉄道車両と技術』第17巻3号	レールアンドテック出版
星野 行則			1912	「美術館と其の陳列品・欧米宗教の現状と國勢の消長」「土京雑感・トリノ博覧會に就いて」「産業博物館と工業試験所」	『見學余禄』	警醒社
星野 麗子	阮 雲星*	姜 娜訳	2016.3	「「杭州西湖の文化的景観」をめぐる世界遺産登録と市民保護活動」	『中国地域の文化遺産：人類学の視点から』	国立民族学博物館
星屋 泰二	佐々木 和也	西川 雅弘	2008.4	「きっづ光科学館ふぉとんにおけるふぉとん虹色エネルギー実験教室の実践」	『レーザー研究』第36巻第4号	レーザー学会
星屋 泰二	佐々木 和也	西村 昭彦 他	2008.5	「きっづ光科学館ふぉとんにおける科学技術理解増進活動の実践」	『日本教育工学会研究報告集』第8巻第2号	日本教育工学会
星屋 泰二	萩原 吾郎		2013.5	「関西光科学研究所及びきっづ光科学館ふぉとんにおける教員研修の実践」	『日本教育工学会研究報告集』第13巻第2号	日本教育工学会
星屋 泰二	船田 智史		2017.6	「関西光科学研究所及びきっづ光科学館ふぉとんにおける教員研修の実践的効果評価」	『エネルギー環境教育研究』第11巻2号	日本エネルギー環境教育学会
星山 貫一			2013.9	「札幌市の下水道科学館」	『月刊下水道』第36巻11号	環境新聞社
細 将貴	鈴木 まほろ		2012.3	「博物館標本の活用術」	『種生物学研究』第35号	種生物学会
細井 薫子			2008.3	「燻蒸消毒について（歴史と資料）」	『戸田市立博物館研究紀要』第21号	戸田市立博物館
細井 なかこ			1996.1	「ミュージアムだからこそ、できること―名古屋港水族館での取り組み」	『月刊ミュゼ』15号	（株）アム・プロモーション
細江 英公			2009.2	「「写真保存」をめぐる二つの立場・写真家と写真美術館館長として[含英語文]」	『日本写真学会誌』第72巻第1号	日本写真学会
細山郷土資料館			1990.5	『資料館十年の歩み』		細山郷土資料館
細川 浩二			2002.9	「解体新書博物館11博物館と学校との連携」	『香川県歴史博物館News』第12巻	香川県歴史博物館
細川 太輔			2015	「学習環境デザイン論における学びの姿：「2-2ふれあい動物園を作ろう：友達が動物とふれあいたくなるようなガイドブックを作ろう」の実践」	『教材学研究』第26号	日本教材学会
細川 道久			2009.2	「カナダにおける公的記憶と歴史家－新カナダ戦争博物館展示をめぐる論争を手がかりに－」	『地域政策科学研究』第6号	鹿児島大学大学院人文社会科学研究科博士後期課程地域政策科学専攻
細川 光洋	成行 泰裕*	津田 加須子 他	2012.3	「博学連携による文理融合型理科教育の実践：寺田寅彦を題材として」	『高知工業高等専門学校学術紀要』第57号	高知工業高等専門学校
細田 亜津子	高野 教導*	阿部 正勝	2005.9	「インドネシアタナ・トラジャ伝統的家屋の修復支援事業―博物館づくりの初期動作としての取り組み」	『博物館研究』第40巻第9号	日本博物館協会
細谷 美宇			2014	「教育普及こども美術館：参加者の過ごした時間から学ぶ」	『現代の眼：東京国立近代美術館ニュース』605号	国立美術館東京国立近代美術館
細野 和則			2010.7	「国立西洋美術館本館における改修計画立案を目的とした室内環境調査：その1繁忙期における室内環境調査および絵画近傍風速の測定」	『学術講演梗概集』2010巻	日本建築学会
細野 和則	倉渕 隆*	小笠原 岳 他	2012.11	「国立西洋美術館本館における歴史的価値の保存・回復に着目した調査研究(第1報)本館内の環境実態調査」	『空気調和・衛生工学会論文集』第188号	空気調和・衛生工学会
細野 和則	小笠原 岳*	倉渕 隆	2016.5	「国立西洋美術館本館における歴史的価値の保存・回復に着目した調査研究(第2報)仕切り壁の撤去によるエントランスホールの環境予測」	『空気調和・衛生工学会論文集』第230号	空気調和・衛生工学会
細見 啓三			1997	「遺跡における建物の復元」	『建築と社会』第78輯902号	日本建築協会
細樅 雄貴			2017.12	「植物園論史」	『博物館学史研究事典』	雄山閣

著者1	著者2	著者3	発行年	論文名・書籍名	掲載誌	発行元
細谷 多聞	斉藤 雅也	酒井 正幸 他	2008.6	「F14ITを活用した動物園の顧客満足度向上研究(第2報):弟路郎ファミリーシステムのハードウェア・ソフトウェア構築」	『デザイン学研究.研究発表大会概要集』第55号	日本デザイン学会
細谷 多聞	斉藤 雅也*	酒井 正幸 他	2008.6	「ITを活用した動物園の顧客満足度向上研究(第3報):弟路郎ファミリーシステムの実証実験」	『デザイン学研究.研究発表大会概要集』第55号	日本デザイン学会
細矢 剛			2007	「歴史的菌類標本庫の再整理とデータベース化-国立科学博物館の菌類標本庫の現状と展望」	『温古知新』第44号	秋田今野商店
細矢 剛			2009.8	「自然系博物館の未来(第4回)学芸員にとっての専門性とは何か」	『科学』第79巻第8号	岩波書店
北海道旭川師範學校			1932	『郷土研究資料目録』		北海道旭川師範學校
北海道開拓記念館 編			1981	『北海道開拓記念館10年のあゆみ』		北海道開拓記念館
北海道開拓記念館 編			2015.3	「アムール川下流域住民の交易活動に係る物質文化資料について」	『北海道開拓記念館研究紀要』第43号	北海道開拓記念館
北海道開拓記念館 編			2015.3	「北方四島の先史文化研究と博物館交流の基礎づくり」	『北海道開拓記念館研究紀要』第43号	北海道開拓記念館
北海道開拓記念館三十周年記念誌編集委員会 編			2002.3	『北海道開拓記念館三十周年記念誌』		北海道開拓記念館
北海道開拓記念館第12回特別展実施グループ			1975.3	「北海道における石炭産業資料の収集・保存とその活用」	『北海道開拓記念館研究年報』第4号	北海道開拓記念館
北海道開拓記念館分類表作成委員会			1972.3	「博物館資料の分類について-北海道開拓記念館資料分類表の編成を中心として-」	『北海道開拓記念館研究年報』第1号	北海道開拓記念館
北海道開拓の村			2005.3	『開拓の村20周年記念誌 風雪の路SINCE1983』		北海道開拓の村
北海道開拓の村 編			2016	「野外博物館北海道開拓の村」		北海道開拓の村
北海道自治政策研修センター政策研究室			1999	『地域の魅力づくりの戦略を求めて:エコミュージアムによる展開』		北海道自治政策研修センター政策研究
北海道青少年科学館連絡協議会			1988.1	『25年のあゆみ』		北海道青少年科学館連絡協議会
北海道大学総合博物館ミュージアムマイスター事務局			2015	『北海道大学総合博物館ミュージアムマイスター:認定コースのご案内』		北海道大学総合博物館ミュージアムマイスター事務局
北海道大学教育GP「博物館を舞台とした体験型全人教育の推進」事務局			2009.1	『北海道大学教育GPシンポジウム「大学博物館から拓く学生教育の未来」講演要旨集.2008年度』		北海道大学総合博物館教育GP「博物館を舞台とした体験型全人教育の推進」事務局
北海道大学教育GP「博物館を舞台とした体験型全人教育の推進」事務局			2009.3	『北海道大学教育GPシンポジウム「大学博物館から拓く学生教育の未来」報告書:北海道大学教育GP「博物館を舞台とした体験型全人教育の推進」.2008年度』		北海道大学教育GP「博物館を舞台とした体験型全人教育の推進」事務局
北海道大学教育GP「博物館を舞台とした体験型全人教育の推進」事務局			2010.2	『2009年度北海道大学教育GPシンポジウム「大学博物館から拓く学生教育の未来2」報告書:北海道大学教育GP「博物館を舞台とした体験型全人教育の推進」』		北海道大学教育GP「博物館を舞台とした体験型全人教育の推進」事務局
北海道大学総合博物館			2017.3	『北海道大学総合博物館とタイ国立科学博物館の部局間協定における共同活動』		北海道大学総合博物館
北海道帝國大學			1926	「農學部附屬植物園及博物館」	『北海道帝國大學沿革史:創基五十年記念』	北海道帝國大學
北海道博物館 編			2016.3	『ビジュアル北海道博物館』		北海道博物館
北海道博物館協会			1983.3	『北海道博物館ハンドブック』		北海道博物館ハンドブック
北海道博物館協会			1992	『北海道博物館協会30周年記念誌』		北海道博物館協会
北海道博物館協会			1996	『北海道博物館協会基本問題検討委員会報告書』		北海道博物館協会
北海道美術館協力会ボランティア部 編			1982	『美術館とともに-ボランティア活動5年間のあゆみ-』		北海道美術館協力会
北海道百年記念施設建設事務所			1969.9	『北海道開拓記念施設事業の概要』		北海道
北海道百年記念事務局			奥付無し	『北海道開拓記念館資料収集事務取扱要領』		北海道百年記念事務局
北海道百年記念事務局			奥付無し	『北海道開拓記念館展示構想(委託研究報告の抄録)』		北海道百年記念事務局
北海道百年記念事務局			1967.1	『北海道開拓記念館構想について(検討会における専門家の意見の大要)』		北海道百年記念事務局
北海道メディア研究 編			2009.11	「21世紀北海道の論点:「北の地」から「北の知」を発信する.2(観光編)」	『21世紀北海道の論点:「北の地」から「北の知」を発信する.2(観光編)』	くま文庫

ほ

著者1	著者2	著者3	発行年	論文名・書籍名	掲載誌	発行元
北海道立近代美術館			1992.11	『開館15周年記念ミュージアム・フォーラム 世界の中の美術館・地域の中の美術館』		北海道立近代美術館
北海道立近代美術館			2007.10	『北海道立近代美術館30年のあゆみ』		北海道立近代美術館
北海道立近代美術館	パナソニック汐留ミュージアム	松坂屋美術館 他編	2015	『アール・ヌーヴォーのガラス:デュッセルドルフ美術館ゲルダ・ケプフ・コレクション』		中日新聞社
北海道立近代美術館学芸部 編			1980	『子どもと親の美術館』		北海道立近代美術館学芸部
北海道立水族館			1961	『北海道立水族館8ケ年のあゆみ』		北海道立水族館
北海道立北方民族博物館			1994.2	『鳥居龍三のみた北方民族』		北海道北方民族博物館
北海道立北方民族博物館			2002.3	『北海道北方民族博物館設立10周年記念誌』		北方文化振興協会
堀田 啓一			1974.6	「江戸時代の『山陵』の探索と修補について」	『考古学研究』第21巻第1号	考古学研究会
堀田 慎一郎			2009.3	「大学アーカイブズの展示活動とその諸問題−名古屋大学における「八高展」を事例に」	『名古屋大学大学文書資料室紀要』第17号	名古屋大学大学文書資料室
堀田 進			1971	「動物園で学ぶ地学」	『科学の実験』7月号	共立出版
堀田 進			1978	「地学教育における動物園の利用とその内容」	『地学教育と科学運動』第7号	地学団体研究会
堀田 進 編			1978	『動物園で学ぶ進化』		東海大学出版会
堀田 進 編			1982	『続・動物園で学ぶ進化』		東海大学出版会
堀田 龍也 監			2001.5	『教室に博物館がやってきた:社会教育施設と学校をテレビ会議で結んだ遠隔授業の試み』		高陵社書店
堀田 龍也 編	高田 浩二 編		2002.3	『博物館をみんなの教室にするために:学校と博物館がいっしょに創る「総合的な学習の時間」』		高陵社書店
堀田 龍也	高田 浩二*	岩田 知彦 他	2005.1	「水族館教育における学校教育を対象にしたIT機器の活用とデジタル教材の開発」	『博物館学雑誌』第30巻第1号	全日本博物館学会
堀田 龍也	石塚 丈晴*	高田 浩二 他	2007	「児童の水族館での学習における携帯電話の活用の検討」	『日本教育工学会論文誌』第31巻	日本教育工学会
堀田 信子			1978	「動物園実習の研究—高校版—(その1)」	『地学教育と科学運動』第7号	地学団体研究会
堀田 拓史	杉田 治男 編		2014.3	『水族館と海の生き物たち』		恒星社厚生閣
堀田 弘文			1994.3	「千葉県博物館職員研修会について」	『Museumちば:千葉県博物館協会研究紀要』25号	千葉県博物館協会
堀田 浩之			2009	「高橋秀吉コレクションの姫路古写真−デジタルデータによる記録化の試み」	『塵界』第20号	兵庫県立歴史博物館
Hooper.Greenhill.E			2003.2	「ミュージアム、そのコミュニケーションと学び〜ミュージアムの新しい社会的役割〜」	『ミュージアム・コミュニケーション—21世紀の博物館を創造する原理を探求する—』	日本ミュージアム・マネージメント学会
北方文化振興協会			2007.3	「質疑応答および総合討論について(第21回北方民族文化シンポジウム報告書)」	『第21回北方民族文化シンポジウム報告書 北太平洋の文化−−北方地域の博物館と民族文化』	北方文化振興協会
北方文化振興協会			2009.3	「質疑応答および討論について(第23回北方民族文化シンポジウム報告書)」	『第23回北方民族文化シンポジウム報告書 北太平洋の文化−−北方地域の博物館と民族文化(3)』	北方文化振興協会
穂積 達郎			2001	「本館の生涯学習、主に教育普及活動について」	『博物館研究』第36巻第9号	日本博物館協会
穂別町立博物館20周年実行委員会			2004.3	「穂別町立博物館20周年記念事業の記録」	『穂別町立博物館研究報告』第19号	穂別町立博物館
ポミアン・クシシトフ	吉田 城 訳	吉田 典子 訳	1992.5	『コレクション:趣味と好奇心の歴史人類学』		平凡社
洞口 公俊	中矢 清司		1987.12	「美術館・博物館の展示照明と光源」	『展示学』第5号	日本展示学会
洞口 公俊	森田 政明	中矢 清司	1990.4	「美術館・博物館の展示物に対する光放射環境と照明設計(資料)」	『照明学会誌』第74巻第4号	照明学会
「ボランティア活動5年間のあゆみ6」編集委員会			2007.12	『美術館とともに:ボランティア活動5年間のあゆみ.6(2002-2007)』		北海道美術館協力会
堀 一郎			1960	「欧米の民俗学研究施設と博物館」	『日本民俗学体系』1民俗学の成立と展開	平凡社

著者1	著者2	著者3	発行年	論文名・書籍名	掲載誌	発行元
堀 繁久			2015.10	「北海道博物館の新しい自然展示「生き物たちの北海道」」	『博物館研究』第50巻第10号	日本博物館協会
堀 聖子	加藤 寛	高橋 千恵	2002	「伝統的焼付漆の応用的研究－蒔絵ブラークの復元－」	『保存科学』第41号	国立文化財機構東京文化財研究所
堀 勇良			1999.7	「文化財登録制度の可能性」	『歴史ある建物の活かし方』	学芸出版社
堀 久雄			2002.6	『画仙紙使いこなしハンドブック』		(株)一可成屋
堀 秀正			1999.1	「動物収集の現状と課題」	『動物園研究』第3巻2号	動物園研究会
堀 秀正			2006.4	「「行動展示」をめぐって（前編）」	『動物園研究』第10巻1号	動物園研究会
堀 秀正			2012.1	「動物園における資料の公開と保存」	『博物館研究』第47巻第1号	日本博物館協会
堀 冨士夫			2008.10	『郷土力を活かす市街地再生のまちづくり:地域内再投資による「芭蕉元禄ミュージアム回廊構想』		文理閣
堀 三千雄			1956	「虫干考」	『學苑』第194号	昭和女子大学近代文化研究所
堀 充宏			2014.6	「民具短信葛飾区郷土と天文の博物館常設展『かつしかのくらし』のリニューアル」	『民具マンスリー』第47巻3号	神奈川大学
堀 由紀子			1994.11	「集客、運営から見た江ノ島水族館」	『江ノ島水族館資料』第12号	江ノ島水族館
堀 由紀子			1996.9	「文化施設と資金調達」	『ミュージアムマネージメント』	東京堂出版
堀 由紀子			1998.8	『水族館の話』		岩波書店
堀 由紀子			2002.2	「文化性と経済性の両立と持続可能的な運営体制の確立を」	『Cultivate:文化と環境を考える』第16号	文化環境研究所
堀 由紀子			2008.5	『水族館へようこそ(わが人生8)』		神奈川新聞社
堀家 邦男			1936	「裏から見た水族館」	『博物館研究』第9巻第2號	日本博物館協會
堀家 邦男			1972	「水族館物語1-8」	『フィッシュマガジン』第8巻5号から12号	緑書房
堀家 邦男			1975	『水族館の魚達』		泰流社
堀池 佳世子			2007	「双方向メディアとしてのミュージアム展示とコミュニケーション」	『立教ビジネスデザイン研究』第4号	立教大学大学院ビジネスデザイン研究科
堀井 直次郎			1999	「[動物園・水族館]研究の高揚は可能か「黒船の警告」に応えて幹部は無私に整備環境を.」	『サイアス』1999年3月	朝日新聞社
堀井 雅弘			2012	「大学史史料の保存と公文書管理法への対応:金沢大学資料館を事例に」	『北陸史学』第59号	北陸史学会
堀井 美里	上田 啓未*	米田 稔 他	2011.3	「KuKuRIを利用した博物館・図書館における映像展示とデジタルコンテンツ利用連携」	『アート・ドキュメンテーション研究』第18号	アート・ドキュメンテーション学会
堀内 明			2011.3	「観光施設における顧客満足度のデータ解析:旭川市旭山動物園を事例として」	『北海道地域文化研究』第3号	北海道地域文化学会
堀内 和直			2008.12	「中学校社会科歴史的分野における地域の博物館などを活用した教材の開発-富山売薬に焦点を当てて」	『教育実践研究:富山大学人間発達科学部研究実践総合センター紀要』第3号	富山大学人間発達科学部附属人間発達科学研究実践総合センター
堀内 和直			2011.1	「PISA型読解力の育成を目指す中学校社会科歴史的分野の単元開発:地域の博物館を活用して」	『教育実践研究:富山大学人間発達科学部研究実践総合センター紀要』第5号	富山大学人間発達科学部附属人間発達科学研究実践総合センター
堀内 和直			2012.4	「中学校における歴史系博物館を活用したアウトリーチ教材の開発」	『博物館学雑誌』第37巻第2号	全日本博物館学会
堀内 克一			1994	「閉館と臨時の多額出費を伴うフロン対策工事の課題」	『博物館研究』第29巻第12号	日本博物館協会
堀内 喜一郎			1927	「展覽會や美術館の觀覽」	『新圖畫教育十六講』	章華社
堀内 聡			1988.7	「巡回展運営の現状—大分県立芸術会館の場合」	『博物館研究』第23巻第7号	日本博物館協会
堀内 智子 他			1994.3	「「ウィルス」という面からのエイズ教育の試み～小中学生を対象として～」	『名古屋市科学館紀要』第20号	名古屋市科学館
堀内 智子			1996.3	「科学館における健康・人体に関する活動について」	『名古屋市科学館紀要』第22号	名古屋市科学館

ほ

著者1	著者2	著者3	発行年	論文名・書籍名	掲載誌	発行元
堀内 智子	尾坂 知江子		1996.3	「小中学生を対象とした「からだ」の学習～6年目をむかえた「だから・からだゼミナール」～」	『名古屋市科学館紀要』第22号	名古屋市科学館
堀内 智子			2005.3	「博物館実習「週末コース」を実施して」	『名古屋市科学館紀要』第31号	名古屋市科学館
堀内 智子			2006.3	「大学生に対する科学館の常設展示を使った教育～一般学生と博物館実習生に対する情報提供について」	『名古屋市科学館紀要』第32号	名古屋市科学館
堀内 正昭			1990.7	「世紀末のベルリン動物園における日本趣味-ジャポニズム建築の研究-」	『學苑』第608号	昭和女子大学近代文化研究所
堀内 正昭			2005.7	「ベルリンの博物館島(ムゼウムスインゼル)--ドイツの世界遺産研究(その6)」	『學苑』第777号	昭和女子大学近代文化研究所
堀内 正昭			2015.1	「法務史料展示室開室満20年に当たり:設計監修者としての回想」	『司法法制部季報』第140号	法務省大臣官房司法法制部
堀江 浩司			2014.9	「ミュージアムにおける価値創造に関する考察」	『広島経済大学経済研究論集』第37巻2号	広島経済大学経済学会
堀江 浩司			2015.9	「美術館の競争力とクラスター形成」	『広島経済大学経済研究論集』第38巻第2号	広島経済大学経済学会
堀江 浩司			2015.12	「企業博物館と競争優位」	『広島経済大学経済研究論集』第38巻第3号	広島経済大学経済学会
堀江 武史			2016.8	「縄文人の暮らしと現代アート」	『ひとが優しい博物館:ユニバーサル・ミュージアムの新展開』	青弓社
堀江 長吉 編			1919	『電気博覽會報告』		電気博覽會事務所
堀江 知彦			1964	「模写・模造の効用について」	『第一回学芸員研修会講演集』	日本博物館協会
堀江 典子			2009	「博物館と公園における機能評価に関する一考察」	『地域学研究』第39巻第4号	日本地域学会
堀江 典子	平松 玲治*	大浦 康史	2010	「博物館的機能から見た国営公園における展示施設の設置状況と管理運営に関する研究」	『ランドスケープ研究』第73巻第5号	日本造園学会
堀江 典子	平松 玲治*		2010.12	「公園の博物館化に関する一考察」	『博物館学雑誌』第36巻第1号	全日本博物館学会
堀江 典子			2015.12	「都市施設における博物館的機能の可能性と課題」	『博物館学雑誌』第41巻第1号	全日本博物館学会
堀江 典子			2016.8	「まちをさわる」	『ひとが優しい博物館:ユニバーサル・ミュージアムの新展開』	青弓社
堀江 秀雄			1933.2	「鐵道博物館の近況」	『博物館研究』第6巻第2號	日本博物館協會
堀江 洋文			2014.12	「ネルー記念博物館・図書館訪問記」	『専修大学人文科学研究所月報』第230号	専修大学人文科学研究所
堀尾 實善			1927	「第二節標本室の構成及學校博物館の經營」ほか	『體驗主義新理科教授法』	教育研究會
堀尾 實善			1928	「學校博物館又は鄉土博物館の創設」	『教育の施設とその精神』	文書堂
堀尾 彦作			1932	「小川正行氏「鄉土教育論」を吟味する—主観的鄉土教育の矛盾」	『鄉土科學』第二十一號	鄉土教育聯盟
堀尾 彦作			1932	「「鄉土教育とは何んぞや」とは何んぞや 槇山榮次氏の鄉土教育論について—教育批判」	『鄉土科學』第二十二號	鄉土教育聯盟
堀川 真代	若生 謙二	上甫木 昭春	2004	「ランドスケープ・イマージョン概念に基づく生態的展示に対する意識評価に関する研究--天王寺動物園を事例として」	『環境情報科学論文集』第18号	環境情報科学センター
堀川 真代	上甫木 昭春		2007.3	「環境教育施設としての動物園における生息地体験型展示のあり方に関する研究」	『ランドスケープ研究』第70巻第5号	日本造園学会
堀川 安市			1940	「内地博物館を視察して」	『科學の臺灣』第八巻第四號	臺灣博物館協會
堀川 洋子			2009.4	「近代化遺産における広域的な「システム」に関する一考察--女子畑発電施設と八幡製鉄所の関連性に着目して」	『博物館学雑誌』第34巻第2号	全日本博物館学会
堀川 洋子	伊藤 考		2010.3	「理工系大学生からみた"見立て博物館"としての工場見学--ANA機体整備工場見学を事例として」	『全博協研究紀要』第12号	全国大学博物館学講座協議会
堀切 正人			2017	「展覧会ディスプレイの一例展示作品と鑑賞者の出会いの場を創造するために常葉美術館「小林かいち」展を例に」	『常葉大学造形学部紀要』第15号	常葉大学造形学部
堀口 裕美	岡田 猛*	新藤 浩伸	2016.5	「アメリカのミュージアム・エデュケーションの現状」	『触発するミュージアム:文化的公共空間の新たな可能性を求めて』	あいり出版
堀越 孝一			2002	「学芸員資格取得」の「課題と展望」	『学芸員:学習院大学学芸員資格取得』第6号	学習院大学学芸員資格取得事務室

著者1	著者2	著者3	発行年	論文名・書籍名	掲載誌	発行元
堀越 哲美	馬渕 浩一*		2004.4	「公立産業技術博物館の嚆矢としての市立名古屋科学館の設立」	『日本建築学会計画系論文集』第69巻578号	日本建築学会
堀越 哲美	馬渕 浩一*		2005.2	「1980年代におけるわが国の大規模公立科学館の設置と役割の変化」	『日本建築学会計画系論文集』第70巻588号	日本建築学会
堀越 正行			1994.3	「市川市の研修制度と学芸員の研修」	『Museumちば:千葉県博物館協会研究紀要』25号	千葉県博物館協会
堀越 正行			1996.3	「学芸員は展示室に行け」	『Museologist:明治大学学芸員養成課程年報』第11巻	明治大学学芸員養成課程
堀込 憲二			1988	「エメラルド・ネックレスとトレイルサイド・ミュージアム」	『GAZETTE』第3巻4・5号	丹青総合研究所
堀米 庸三 編	吉川 逸治*編		1978.6	『世界の博物館.10 ルーブル博物館:栄光あるフランス文化の伝統』		講談社
堀田 力 編	池上 惇*編	福原 義春 編	2001.11	『文化政策入門-文化の風が社会を変える』		丸善
堀舘 秀一	白根 敏昭*	平谷 美華子	2016.12	「大学と美術館の連携:創価大学と東京富士美術館の連携事業「美術館を活用した授業」報告」	『創大教育研究』第26号	創価大学教育学会
堀部 昭夫			1996.3	「博物館実習と学芸員」	『千葉経済大学学芸員課程紀要』創刊号	千葉経済大学学芸員課程共同研究室
堀本 一繁			2013.6	「博物館の可能性—福岡市博物館リニューアル事業から」	『博物館研究』第48巻第6号	日本博物館協会
ホルフェ・モンシバイス			1987.12	「メキシコの博物館について」	『Mouseion:立教大学博物館研究』第33号	立教大学学校・社会教育講座
ホルフェ・モンシバイス			1988.12	「日本の博物館について」	『Mouseion:立教大学博物館研究』第34号	立教大学学校・社会教育講座
ホルム・スチュアート・A	田窪 直規 訳		1997.7	『博物館ドキュメンテーション入門』		勁草書房
本庄 伯郎	古賀 忠道*		1933	『動物園』		(株)アルス
本荘 暁子			2009.3	「福羽逸人の軌跡-現代に受け継がれる知られざる新宿御苑の歴史」	『日本植物園協会誌』第43号	日本植物園協会
本庄市教育委員会			2015	『本庄の人物史①盲目の国学者塙保己一の生涯本庄市郷土叢書第4集』		本庄市教育委員会
本庄 十喜			2011.3	「地域に根ざした平和運動と資料館の設置--戦争非体験世代が受け継ぐもの」	『駿台史學』第141号	駿台史学会
本多 和明			2008.7	「大阪府の財政再建を口実とした図書館・博物館の存続の危機に立ち上がる」	『ヒューマンライツ』第244号	部落解放・人権研究所
本田 公夫			2006.1	「日本の動物園の現状と課題」	『畜産の研究』第60巻1号	養賢堂
本多 俊和	黎 謝		2007	「博物館における先住民族表象-外国の博物館展示事例から」	『放送大学研究年報』第25号	放送大学
本多 次郎			1937	「博覽會の變遷と日本萬國博覽會」	『公園緑地』第11號	公園緑地協会
本田 晋	中山 道雄*		1997.5	「上野別巻」	『国立科学博物館ニュース』第337号	国立科学博物館
本多 静六			1914	「廣島市公園の改良」(上)	『建築工藝雑誌』第2期第1冊	建築工藝協會
本多 静六			1914	「廣島市公園の改良」(下)	『建築工藝雑誌』第2期第2冊	建築工藝協會
本多 静六			1931	「天然植物園」、「鹿苑又は野獣園又は天然動物園」	『温泉場の經營法』	日本温泉協會
本田 敏秋	松田 和子	栗原 祐司	2010.9	「TONO博物館を核に地域文化を掘り起こす永遠の日本のふるさとづくり」	『Cultivate:文化と環境を考える』第36号	文化環境研究所
本田 直也	斉藤 雅也*	町田 佳世子 他	2012.6	「動物園の爬虫類・両生類の生体展示に対する来園者の印象・評価に関する調査研究」	『日本建築学会北海道支部研究報告集』第85号	日本建築学会北海道支部
本多 文人			2012.10	「ミュージアム再興にむけて:ふるさとの宝は失われていない」	『博物館研究』第17巻第10号	日本博物館協会
本田 正次			1957	『植物文化財天然記念物・植物』		本田正次教授還暦記念会
本田 光子			2006.10	「博物館資料の危機管理-九州国立博物館のハードとソフト」	『博物館研究』第41巻第10号	日本博物館協会
本田 光子			2011.5	「文化財の収蔵庫」	『マテリアルライフ学会誌』第23巻第2号	マテリアルライフ学会

ほ

著者1	著者2	著者3	発行年	論文名・書籍名	掲載誌	発行元
本田 光子	秋山 純子*	山崎 久美子	2012	「九州国立博物館のIPM活動の取り組み:博物館における文化財害虫の出現とその対応」	『東風西声:九州国立博物館紀要』第8号	九州国立博物館
本田 光子 編	森田 稔 編		2012.3	『博物館資料保存論』		放送大学教育振興会
本田 代志子			2011	「生人形と博物館展示」	『鹿島美術財団年報』第29号別冊	鹿島美術財団
本堂 寿一			1977	「鉄器の保存処理と新知見について」	『北上市立博物館紀要』第2号	北上市立博物館
本堂 寿一			1984.9	「みちのく民俗村構想への道」	『博物館研究』第19巻第9号	日本博物館協会
本名 文任			1927	「醫療器械博物館」	『醫科器械學雜誌』第5巻第4號	日本醫科器械學會
本派本願寺教務局社會部			1933	「四 兒童博物館」	『社會的中心としての寺院』	本願寺
本間 和枝			2011	「宇治市植物公園・15年間の歩みと課題」	『日本植物園協会誌』第46号	日本植物園協会
本間 浩一			2009.12	「公立博物館のウェブサイトの現状と課題--一般市民からの視点による分析と、価値向上のための施策の提案」	『博物館学雑誌』第35巻第1号	全日本博物館学会
本間 浩一			2010.3	「市民が博物館を支援するプログラムの試み--2009年福澤諭吉関連の展覧会の事例」	『日本ミュージアム・マネージメント学会研究紀要』第14号	日本ミュージアム・マネージメント学会
本間 浩一	西村 秀和		2010.12	「博物館ブロガーの出現と記述対象となる博物館の種類の分析」	『博物館学雑誌』第36巻第1号	全日本博物館学会
本間 浩一			2011	『博物館という社会システムの発展に果たす市民の役割:インターネットを使った支援の仕組みの提案』		本間浩一
本間 浩一	西村 秀和		2011.3	「博物館に関心を持つ市民に関する調査手法の提案--ブログの解析」	『日本ミュージアム・マネージメント学会研究紀要』第15号	日本ミュージアム・マネージメント学会
本間 浩一			2012.11	「博物館情報のアクセス評価(博物館の情報環境をめぐる課題)」	『博物館学3(博物館情報メディア論*博物館経営論)』	学文社
本間 浩一			2012.12	「共通チケットによる複数の博物館への関心の喚起について」	『博物館学雑誌』第38巻第1号	全日本博物館学会
本間 浩一			2013.9	「SNSは博物館の実装を変える力になるか」	『博物館研究』第48巻第9号	日本博物館協会
本間 浩一	高橋 信裕	齊藤 恵理	2014.12	「特別インタビュー ミュージアム×SNS:分解と再構築から生まれる新たな空間」	『Cultivate:文化と環境を考える』第43号	文化環境研究所
本間 浩一	庄中 雅子	松尾 美佳 他	2015.3	「ミュージアム横断の学習プログラムデータベースへのアクセス数向上策:実践と検証」	『日本ミュージアム・マネージメント学会研究紀要』第19号	日本ミュージアム・マネージメント学会
本間 岳史			1997	「さいたま川の博物館-アミューズメント性を大胆に取り入れた体験形博物館の誕生」	『博物館研究』第32巻第10号	日本博物館協会
本間 岳史			2010.3	「"日本地質学発祥の地"秩父とジオパーク--ジオサイトとジオツーリズムに関する一試案」	『埼玉県立自然の博物館研究報告』第4号	埼玉県立自然の博物館
本間 岳史			2011.3	「秩父の大地の魅力-「秩父まるごとジオパーク」へ向けたテーマとストーリーの提案-」	『埼玉県立自然の博物館研究報告』第5号	埼玉県立自然の博物館
本間 岳史			2013.3	「埼玉県立自然史博物館の建設と学芸活動」	『埼玉県立自然の博物館研究報告』第7号	埼玉県立自然の博物館
本間 宏			2013.9	「3.11からの歴史学(その2)史料と展示地域崩壊の危機と地域資料展:福島県飯舘村の事例」	『歴史学研究』第909号	青木書店
本間 宏			2014.10	「体験型フィールドミュージアム『まほろん』の今」	『博物館研究』第49巻第10号	日本博物館協会
本間 正義			1979.6	「館種別博物館のあり方 美術系博物館」	『博物館学講座 第1巻博物館学総論』	雄山閣
本間 正義			1988	『私の近代美術論集Ⅱ 現代美術・展覧会美術館』		美術出版社
本間 美枝子			1992.1	「博物館・美術館の舞台裏-その財政状況と課題-ケーススタディ3山梨県立美術館」	『文環研レポート』第1号	文化環境研究所
本間 由佳	俵 聡子*	神村 佑	2015.3	「造形活動からはじめる小さな環境教育実践:環境フォーラム2014「こがねい水族館」の活動を通じて」	『環境教育学研究:東京学芸大学環境教育研究センター研究報告』第24号	東京学芸大学環境教育研究センター
本間 与之			2014	「移転奮闘記・通信総合博物館から郵政博物館へ」	『Muse:帝国データバンク史料館だより』別冊	郵政博物館
本間 楽寛			1943	『佐野常民伝』		時代社
本丸 生野			2010.11	「高校生学芸員による展覧会の実施について」	『博物館研究』第45巻第11号	日本博物館協会

著者1	著者2	著者3	発行年	論文名・書籍名	掲載誌	発行元
馬 暁華			2010.3	「観光・エスニシティ・記憶の文化ポリティックス-アメリカ合衆国におけるマイノリティ集団の博物館を中心に-」	『歴史研究』第47号	大阪教育大学歴史学研究室
馬 暁華			2013.2	「アジア・太平洋地域における知的共同体の構築：記憶の継承をめぐる中国と日本の戦争博物館の比較研究を中心に」	『大阪教育大学紀要1・人文科学』第61巻第2号	大阪教育大学
馬 子雲	藪田 嘉一郎 訳		1988.4	『拓本の作り方伝拓技法 第14版』		綜芸舎
Markku.HAUTA.KASARI	宮田 公佳	Jussi.PARKKINEN	2014.3	「博物館情報資源の機能的活用手法の検討とその応用に関する研究」	『国立歴史民俗博物館研究報告』第184集	国立歴史民俗博物館
マージョリー・ケイギル	田辺 勝美	篠崎 千恵子 監訳	1994	『大英博物館の至宝』		大英博物館出版局、ほるぷ教育開発研究所共同出版
マージョリー・シュバルツァー			2014	「国際シンポジウム 文化庁・平成24年度博物館・美術館相互交流事業 博物館展示と地域活性化基調講演アメリカ、ミュージアムの転換期」	『展示学』第51号	日本展示学会
中筋 房夫			1997.4	『総合的害虫管理学』		養賢堂
マーツ・H・G	Thiemeyer.Thomas		2007.4	「企業を演出する-ミュージアムコンセプトと展示デザイン」	『Detail Japan』第3巻第2号	リード・ビジネス・インフォメーション
マーティン・ハーウィット			1997	『拒絶された原爆展』		みすず書房
マーティン・フィラー 編	ジェレミイ・ロビンソン*		1982.2	『現代建築集成Ⅰ 芸術・文化施設図書館美術館博物館ホール』		啓学出版
マーヴィン・リチャード	副島 弘道 訳		1993.9	「米国の文化財保存修復活動とコンサヴァター」	『MUSEUM』第510号	東京国立博物館
マームード・メサラム			1972	「教育活動—博物館職員の共同責任」	『第9回ICOM総会論文集人類に奉仕する今日と明日の博物館』	国際博物館会議日本委員会
真家 和生	小川 義和	熊野 正也 他	2014.4	『大学生のための博物館学芸員入門』		技報堂出版
マイケル・ゴールデン	オリビエ・ウルバン*	クレイグ・ロバートソン 他	2015.5	「民音音楽博物館付属研究所が発足「音楽の力」を「平和構築」に」	『音楽現代』第45巻5号	芸術現代社
毎日新聞社 編			2013	「世界遺産Quiz王立展示館とカールトン庭園(オーストラリア)」	『エコノミスト』第92巻第1号	毎日新聞社
毎日新聞社			2014.6	「ものづくり日本の歴史が見える「会社の博物館」面白探訪」	『サンデー毎日』93	毎日新聞出版
毎日中学生新聞編集部 編			1950	『動物園奇談-全国動物園長座談会-』		養徳社
前 久夫	村形 明子*		1978.5	「ア-ネスト・F.フェノロサの建築に関する手稿：奈良帝国博物館(陳列館)建築計画の諸条件」	『建築雑誌』第93輯第1135号	日本建築学会
前川 國男			1931	「東京帝室博物館計畫説明」	『新建築』7月號	新建築社
前川 國男			1931	「東京帝室博物館計畫・説明書抜粋」	『國際建築』第7巻6号	國際建築
前川 國男	MID同人		1979	『前川國男のディテール：熊本県立美術館をとおして』		彰国社
前川 さおり 他			2011.11	「博物館学芸員による文化財レスキュー」	『Cultivate：文化と環境を考える』第38号	文化環境研究所
前川 さおり			2012	「博物館は失われていない：被災と保存を伝える展示」	『博物館研究』第47巻第10号	日本博物館協会
前川 さおり			2013.3	「文化財レスキューと遠野：遠野市立博物館と遠野文化研究センターの取り組み」	『山形大学・歴史・地理・人類学論集』第14号	山形大学・歴史・地理・人類学研究会
前川 望	横畑 泰志		2005.2	「動物の差別的和名に関する障害者およびその支援者へのアンケート調査」	『タクサ：日本動物分類学会誌』第18号	日本動物分類学会
前川 久太郎	青木 允夫		1979	『くすり博物館』		彩巧社
前川 公秀	加藤 有次*		1980.3	「博物館の管理状況」	『博物館学講座 第3巻日本の博物館の現状と課題』	雄山閣
前川 公秀	加藤 有次*		1980.3	「博物館の規模とその構成 博物館施設の規模」	『博物館学講座 第3巻日本の博物館の現状と課題』	雄山閣
前川 公秀	加藤 有次*		1980.3	「博物館資料とその活用」	『博物館学講座 第3巻日本の博物館の現状と課題』	雄山閣
前川 公秀			1981.3	「物産陳列館の一事例－千葉県における場合－」	『國學院大學博物館學紀要』第5輯	國學院大學博物館学研究室
前川 公秀			1998.3	「〈学芸員の研究を考える〉についての私考」	『Museumちば：千葉県博物館協会研究紀要』29号	千葉県博物館協会

著者1	著者2	著者3	発行年	論文名・書籍名	掲載誌	発行元
前川 公秀			1999.1	「館種別博物館の企画運営 美術館」	『新版博物館学講座 第12巻博物館経営論』	雄山閣
前川 公秀			1999.6	「館種別博物館資料論 美術館」	『新版博物館学講座 第5巻博物館資料論』	雄山閣
前川 公秀			2011.3	「千葉県の博物館設置構想の推進と現状」	『國學院大學博物館學紀要』第35輯	國學院大學博物館学研究室
前川 公秀			2014.3	「美術館教育における実物教材:佐倉市立美術館での事例」	『國學院大學博物館學紀要』第38輯	國學院大學博物館学研究室
前川 公秀			2014.8	「美術館の課題:美術資料の芸術性と歴史性」	『國學院雜誌』第115巻第8号	國學院大學
前川 公秀			2017.11	「1900年巴里万国博覧会の＜世界一周館＞―芸鼓の展示を見た日本人―」	『國學院雜誌』第118巻第11号	國學院大學
前川 公秀			2017.12	「加藤有次」「各県博物館史論史」	『博物館学史研究事典』	雄山閣
前﨑 信也			2014	「美術展覧会という外交:1935年にロンドン王立芸術院で開催された大中国美術展と日本」	『鹿島美術財団年報』第32号	鹿島美術財団
前迫 孝憲			1994	『科学館における展示手法の分析および効果測定に関する一研究』		文部省科学研究費補助金研究成果報告書
前迫 孝憲			1998	『科学館データベースの構成とネットワーク化に関する一研究』		文部省科学研究費補助金研究成果報告書
前沢 和之			2004.3	「歴史博物館業務の自己点検の試行-自己点検から自己評価への試み-」	『横浜市歴史博物館紀要』第8巻	横浜市歴史博物館
前沢 和之			2007.2	「さまよえる公立博物館-指定管理者導入の現状と問題点」	『学術の動向』第12巻第2号	日本学術協力財団
前沢 和之			2007.3	「岐路に立つ歴史博物館-指定管理者制度導入をめぐって」	『歴史評論』第683号	校倉書房
前沢 和之			2008.3	「博物館の現場で見て、考えたこと」	『日本女子大学博物館学芸員課程年報』No.6	日本女子大学
前沢 和之			2009.12	「歴史博物館と指定管理者制度--横浜市歴史博物館の取り組みをとおして」	『歴史と地理』第630号	山川出版社
前沢 和之			2010.9	「館林市立資料館と学芸員たち」	『博物館研究』第45巻第9号	日本博物館協会
前沢 和之			2015.2	「博物館経営論における『博物館の設置及び運営上の望ましい基準』と『博物館の原則博物館関係者の行動規範』の活用」	『博物館研究』第50巻第2号	日本博物館協会
前嶋 敏	田邊 幹*		2010	「新潟県立歴史博物館の5年間の取り組み」	『災害と資料』第4号	新潟大学災害復興科学センターアーカイブズ分野
前島 正裕			1993.7	「欧米の科学技術博物館を見て」	『国立科学博物館ニュース』第291号	国立科学博物館
前島 正裕			2001.11	「研究室リポート技術史資料の保存と調査」	『国立科学博物館ニュース』第391号	国立科学博物館
前島 正裕	亀井 修*	若林 文高	2016.3	『アントロポシーン(人の時代)における博物館:生物圏と技術圏の中の人間史をめざして』		国立科学博物館理工学研究部
真栄城 亮	塩野 貴之*	楠本 聞太郎 他	2014.3	「オンラインツール"Time Tree:the time scale of life"を用いた生物多様性科学の授業開発とその評価」	『理科教育学研究』第54巻第3号	日本理科教育学会
前田 克彦			2007.8	「大学生の科学リテラシー向上を目指して-国立科学博物館大学パートナーシップ制度の概要」	『博物館研究』第42巻第8号	日本博物館協会
前田 愛			1990.12	『成島柳北』		朝日新聞社
前田 淳子			2005.3	「美術館ボランティア活動報告」	『山口県立美術館研究紀要』第5号	山口県立美術館
前田 淳子	河合 晴生*	清家 三智 他	2009	「美術館ワークショップの再確認と再考察--草創期を振り返る」	『bp』第4号	富士ゼロックス
前田 厚子			2016.3	「多様な価値を生み出す創造環境の構築:歴史都市に所在する金沢21世紀美術館等を事例に」	『経済学論叢』第67巻第4号	同志社大学経済学会
前田 厚子			2016.3	「大学ミュージアムによる多様な創造環境の形成:歴史都市の持続的発展における芸術系大学の社会的役割」	『文化経済学』第13巻第1号	文化経済学会
前田 清志 編			1995	『技術史教育論』		玉川大学出版部
前田 耕一郎			2007.5	「広島平和記念資料館と今」	『観光文化』第31巻第3号	日本交通公社
前田 松韻			1914	「東京大正博覽會外觀と設備」	『建築工藝雜誌』第2期第3冊	建築工藝協會

著者1	著者2	著者3	発行年	論文名・書籍名	掲載誌	発行元
前田 次郎			1973	『拓本の技法』		理工学社
前田 ちま子			1984.12	「美術館における「ワークショップ」ベルギーの「創造のワークショップ」の実践活動から」	『博物館問題研究会会報』第21号	博物館問題研究会
前田 ちま子			2013.3	「ミュージアム・アクセビリティ」へのアプローチ」	『名古屋芸術大学研究紀要』第34巻	名古屋芸術大学
前田 徹			2010.8	「2009年台風9号関連豪雨災害と兵庫県立歴史博物館」	『Link:神戸大学大学院人文学研究科地域連携センター年報』第2号	神戸大学大学院人文学研究科地域連携センター
前田 徹			2015.12	「兵庫県立歴史博物館特別企画展 阪神・淡路大震災二十年災害と歴史遺産:被災文化財等レスキュー活動の二十年」	『Link:神戸大学大学院人文学研究科地域連携センター年報』第7号	神戸大学大学院人文学研究科地域連携センター
前田 利定			1932	「非常時議會に於ける農村教育・郷土教育問答」	『郷土科學』第二十四號	郷土教育聯盟
前田 寿紀			2010.3	「社会教育関連3法の改正と社会教育行政、生涯学習振興行政の積極的展開」	『淑徳大学総合福祉学部研究紀要』第44号	淑徳大学総合福祉学部研究開発委員会
前田 尚武	南條 史生*	山口 俊浩	2010.11	「企画展への取組みによって映し出される建築アーカイブにおける課題と展望」	『建築雑誌』第125輯第1610号	日本建築学会
前田 富士男			2007.2	「文化行政と評価--評価の再構築にむけて」	『学術の動向』第12巻第2号	日本学術協力財団
前田 富士男			2007.3	「近代美術における公共性と私性」	『文化施設の近未来:アートにおける公共性をめぐって』	慶應義塾大学アート・センター
前田 不二三			1904	「學の展覽會か物の展覽會か」	『東京人類學會雜誌』第19巻第219號	東京人類學會
前田 正明 編			1979.2	『世界の博物館.7ビクトリア王室博物館:ヨーロッパ伝統工芸とインテリア』		講談社
前田 正明			2016.3	「和歌山県における津波被害想定地域を対象とした文化遺産所在確認調査について:報告2」	『文化財防災体制についての国際比較研究報告書』	科学研究費補助金基盤研究(S)「災害文化形成を担う地域歴史資料学の確立-東日本大震災を踏まえて」研究グループ
前田 真之			1993.3	「国立アメリカ歴史博物館の活動と特徴」	『沖縄県立博物館紀要』第19号	沖縄県立博物館
前田 真之			1994.3	「インタープリテイションとボランティアガイド」	『沖縄県立博物館紀要』第20号	沖縄県立博物館
前田 真之			1997.3	「発見に向かわせる学習活動:博物館資料からの展開」	『沖縄県立博物館紀要』第23号	沖縄県立博物館
前田 真之			1999	「人にやさしい博物館をめざして―沖縄県立博物館のこれから」	『ユニバーサル・ミュージアムをめざして―視覚障害者と博物館―』	神奈川県立生命の星・地球博物館
前田 真之			2000	「視覚障害者とミュージアムアクセス解説の試みをとおして」	『沖縄県立博物館紀要』第26号	沖縄県立博物館
前田 洋一	向 平和*		2012.3	「社会教育施設を活用できる教員の養成への試み:とべ動物園との連携による教材づくり」	『大学教育実践ジャーナル』第10号	愛媛大学大学教育総合センター
前野 絵里			2014	「美術館案内(vol.13)藤田美術館:藤田傳三郎と美術館」	『聚美』第13号	青月社、聚美社
前野 堯			1982	『日本の建築明治大正昭和8 様式美の挽歌』		三省堂
前野 望	仙田 満*		1980.7	『児童会館・子ども博物館の計画(秋田県生涯教育センター+児童会館・子ども博物館)』	『新建築』第55巻第7号	新建築社
前橋 重二			2009.2	「松方コレクションを知っていますか?」	『芸術新潮』第60巻第2号	新潮社
前畑 政善	布谷 知夫	五十嵐 耕一	1996	「博物館の文化交流」	『博物館指導者研究協議会報告書平成8年度』	日本博物館協会
前畑 政善	長井 健生		2002.11	「水族館・博物館における希少淡水魚の系統保存」	『遺伝:生物の科学』第56巻第6号	エヌ・ティー・エス
前畑 洋平			2016.11	『産業遺産JAPAN』		創元社
前原 知之	原田 泰*	居郷 翔他	2010.3	「博物館資料活用のための情報デザイン:洛中洛外図屏風を題材として」	『デザイン学研究作品集』第15号	日本デザイン学会
前原 奈美			1990.3	「博物館の図書資料の有効活用について」	『川崎市市民ミュージアム紀要』第2集	会編市民川崎市ミュージアム
前原 雅子			2007.12	「ウィーン産業技術博物館の設立過程と今日」	『博物館学雑誌』第33巻第1号	全日本博物館学会
間壁 忠彦			1999.3	「明治初期に中国地方小田県で開催された展覧会」	『博物館学雑誌』第24巻第2号	全日本博物館学会
曲田 清維			1999	『生活博物館活動における子どもと大人の協働型まちづくり学習の実践的研究』		文部省科学研究費補助金研究成果報告書

著者1	著者2	著者3	発行年	論文名・書籍名	掲載誌	発行元
曲田 清維			2001	『近代産業遺産を活用したまちづくり学習の研究』		文部省科学研究費補助金研究成果報告書
槇 謙太	林 隆弘*	水谷 綾子 他	2016.3	「公共施設の見学を社会科授業に活かす試み—長崎歴史文化博物館、長崎地方裁判所・家庭裁判所、長崎市立図書館の見学—」	『教育実践総合センター紀要』第15巻	長崎大学教育学部附属教育実践総合センター
牧 慎一郎			2006.4	「公立動物園の改革への取り組み～横浜市立動物園のあり方検討会の議論より」	『動物園研究』第10巻1号	動物園研究会
牧 慎一郎			2010.1	「動物園をゆく(VII)」	『月刊ミュゼ』91号	(株)アム・プロモーション
牧 慎一郎			2012.4	「館種別調査研究 動物園(博物館資料と調査研究活動)」	『博物館学1(博物館概論*博物館資料論)』	学文社
牧 慎一郎			2012.12	「専門分野別展示 動物園(博物館展示の形態と方法)」	『博物館学2(博物館展示論*博物館教育論)』	学文社
真木 利江	乙村 雅人*	高橋 智彦	2008.7	「前川國男設計の美術館・博物館に関する研究(1):9作品のロビー空間における空間構成の特徴」	『学術講演梗概集』2008巻	日本建築学会
真木 利江	高橋 智彦*	乙村 雅人	2008.7	「前川國男設計の美術館・博物館に関する研究(2):熊本県立美術館における空間構成とテクスチュア表現」	『学術講演梗概集』2008巻	日本建築学会
牧 紀男			2013.1	「博物館での防災—南海トラフの巨大地震と首都直下地震に備える」	『博物館研究』第48巻第10号	日本博物館協会
牧 正興	鵜崎 愛*		2007.3	「チルドレンズ・ミュージアムの意義と役割についての日米比較—hands-on展示以降の参加体験型ミュージアムにおける、児童文化財の新たな形」	『福岡女学院大学紀要.人間関係学部編』第8号	福岡女学院大学
牧 靖和	小畠 郁夫*		2000.3	「博物館改革の視点」	『全博協研究紀要』第6号	全国大学博物館学講座協議会
牧 靖和	小畠 郁夫*		2000.3	「博物館独立行政法人関連の収支問題」	『全博協研究紀要』第6号	全国大学博物館学講座協議会
牧田 喜義 編			1985	『一つの小さな美術館10年の歩み-創立者池田英一の人間像と作品観-』		池田20世紀美術館
牧田 健史	松居 竜五*	小山 騰	1996.7	『達人たちの大英博物館』		講談社
牧野 英一			1927	「バイテンゾルク植物園」	『海をわたりて野をわたりて』	日本評論社
牧野 久実			2010.12	「体験型学芸員資格取得学習の試み」	『博物館学雑誌』第36巻第1号	全日本博物館学会
牧野 茂樹	坂東 忠司	広木 正紀 他	2009.3	「京都府立植物園の環境教育プログラム—本の木から学ぶ活動「私の好きな木」」	『日本植物園協会誌』第43号	日本植物園協会
牧野 富太郎 校訂	東京博物学研究会*編		1907	『実用学校:付・園用植物園』		参文舎
牧野 富太郎			1958	『我が思い出』		北隆館
牧野 伸顕			1977.12	『回顧録(上)』		中公文庫
牧野 伸顕			1978	『回顧録(下)』		中公文庫
牧野 昇	佐藤 百合子*	昼間 行雄 他	2016.1	「着物へのプロジェクションマッピング・インスタレーション:IFFTI2015[イタリア・フィレンツェサンタクローチェ聖堂]での展示」	『文化学園大学紀要』第47	文化学園大学
牧野 真緒	安藤 広志	奥井 誠人 他	2015.7	「公共の場における超多視点裸眼立体映像ディスプレイの応用:デジタルミュージアムメディアとしての検討」	『映像情報メディア学会技術報告』第39巻第25号	映像情報メディア学会
槇野 光聰	大原 一興	西 源二郎	1999.7	「水族館における混雑時の観覧者流動に関する分析と考察:水族館に関する建築計画的研究 その8」	『学術講演梗概集』1999巻	日本建築学会
牧野 祐也			2007	「広域博物館等施設の効率的経営方策に関する考察-「教育活動」と「経済活動」の両立の視座から」	『日本生涯教育学会年報』第28号	日本生涯教育学会
槇村 洋介	加山 隆		1999.7	「飯田市美術博物館での中学校部活動について」	『飯田市美術博物館研究紀要』第9号	飯田市美術博物館
馬込 慶太	大月 淳		2013.2	「公立美術館における劇場的空間に関する研究」	『東海支部研究報告集2013』第51号	一般社団法人日本建築学会
正木 茂樹			2008.4	「岡山県立博物館の教育普及活動-平成19年度の取り組みを中心に」	『博物館研究』第43巻第4号	日本博物館協会
正木 哲夫			1942	「動物園綺談」	『訓導記』	文録社
正木 直彦			1903	「教育博物館の組織に就て」	『東京教育博物館』	金港堂
正木 直彦			1929.2	「國寶登録法と個人所有の寶物」	『博物館研究』第2巻第2號	博物館事業促進會

著者1	著者2	著者3	発行年	論文名・書籍名	掲載誌	発行元
正木 直彦			1935.12	「正倉院の話」	『博物館研究』第8巻第12號	日本博物館協會
正木 直彦			1936.12	「博物館の使命」	『博物館研究』第9巻第12號	日本博物館協會
正木 直彦			1937	「博覽會の初め」「博物館を繞つて爭ふ」ほか	『回顧七十年』	學校美術協會出版部
正木 直彦			1937.2	「美術に及ぼす相続税の影響」	『博物館研究』第10巻第2號	日本博物館協會
正木 久彦			2008.9	「正木美術館四十周年に寄せて」	『本郷』第77号	吉川弘文館
正木 基			1988.11	「目黒区美術館＜美術史探索学＞展の試みとその背景」	『博物館研究』第23巻第11号	日本博物館協会
正田 陽一			2014.2	「上野動物園いまむかし カバ舎の80年」	『婦人之友』第108巻2号	婦人之友社
正田 陽一			2014.4	「上野動物園いまむかし:サル山の80年」	『婦人之友』第108巻4号	婦人之友社
正田 陽一			2014.5	「上野動物園いまむかし:猛獣舎の80年」	『婦人之友』第108巻5号	婦人之友社
正田 陽一			2014.9	「上野動物園いまむかし:ウシウマの思い出と日本在来馬」	『婦人之友』第108巻9号	婦人之友社
正田 陽一			2014.11	「上野動物園いまむかし:日本に初めてキリンが来た日」	『婦人之友』第108巻11号	婦人之友社
正田 陽一			2015.1	「上野動物園いまむかし：羊年の年頭に四本角の羊・マロンを憶う」	『婦人之友』第109巻1号	婦人之友社
正田 陽一			2015.6	「上野動物園いまむかし 首に風鈴をぶらさげた豚「ベル」」	『婦人之友』第109巻6号	婦人之友社
正田 陽一			2015.7	「上野動物園いまむかし：雄ゴリラ・ブルブルからハオコまで」	『婦人之友』第109巻7号	婦人之友社
正田 陽一			2015.12	「上野動物園いまむかし 東京動物園ボランティアーズの40年」	『婦人之友』第109巻12号	婦人之友社
松久 謙一	五十嵐 健一		2011.7	「鉄道博物館における資料保存と展示」	『博物館研究』第46巻第7号	日本博物館協会
松久 謙一			2011.8	「開館4年目を迎える鉄道博物館」	『運転協会誌』第53巻第8号	日本鉄道運転協会
正宗 得三郎			1917	「リュクサンブール美術館とプチ・パレーの開館」	『畫家と巴里』	日本美術學院
正宗 得三郎			1921	「里昂美術館（世界畫堂廻り）其一～其八」	『中央美術』1月號～？	中央美術社
真境名 安興			1928	「奈良帝室博物館の雲板について−琉球国王尚泰久の鋳造−」	『南島研究』創刊号	沖縄県立図書館（私製）
真境名 達哉	三橋 純予		2010.1	「地方都市の美術館設立に関する報告−−室蘭市民美術館の事例」	『日本建築学会技術報告集』第16巻第34号	日本建築学会
真境名 達哉	山下 太誉*	中川 木牧	2010.7	「北海道の地方都市における美術館の研究:その1市民開放の視点からみた市町村立美術館の実態」	『学術講演梗概集』2010巻	日本建築学会
真境名 達哉	三橋 純予*		2011.3	「市民が創設した美術館の可能性−−室蘭市民美術館の事例から」	『日本ミュージアム・マネージメント学会研究紀要』第15号	日本ミュージアム・マネージメント学会
益子 清孝	解説員		1982.3	「第二展示室・民俗部門に対する来館者の反応」	『秋田県立博物館研究報告』第7号	秋田県立博物館
益子 清孝			1984.3	「地域展「平鹿−水とくらし−」の概要と来館者の反応」	『秋田県立博物館研究報告』第9号	秋田県立博物館
益子 享子			1993.3	「ポスター——博物館の掲示板から—」	『Museologist：明治大学学芸員養成課程年報』第8巻	明治大学学芸員養成課程
増子 正			2012.5	「「さわる」力が地域を変える—盲学校・県立美術館・三内丸山遺跡の取り組み」	『さわって楽しむ博物館ユニバーサル・ミュージアムの可能性』	青弓社
益頭 駿次郎			1862	『欧行日記』		不明
馬島 洋	天野 未知*	高松 美香子 他	2011.6	「体験する動物園−−特設展示"ワンダーハット"を通して」	『博物館研究』第46巻第6号	日本博物館協会
間嶋 隆一			2012.3	「日本古生物学会博物館レスキュー活動に参加して」	『化石』第91号	日本古生物学会
真下 弥生			2012.5	「さわる写真展の挑戦」	『さわって楽しむ博物館ユニバーサル・ミュージアムの可能性』	青弓社

著者1	著者2	著者3	発行年	論文名・書籍名	掲載誌	発行元
真下 弥生			2016.8	「モノと人との対話を引き出す触発型ワークショップ」	『ひとが優しい博物館:ユニバーサル・ミュージアムの新展開』	青弓社
増山 かおり			2016.1	『東京のちいさな美術館・博物館・文学館:週末ぶらりとミュージアムさんぽへ』		エクスナレッジ
増山 聖子			2016.3	「地図・図面資料の収集・整理・保存・活用について:文書館・地図センターの活動を通して」	『文書館紀要』第29号	埼玉県立文書館
増井 有真			2012.3	「資料館を活用した史跡周辺の校外学習事業」	『立正博物館課程年報』第14号	立正大学博物館学芸員課程
増井 光子			1982	『動物園歳時記』		岩波書店
増井 光子			1992	「動物園における環境教育」	『日本動物園水族館協会平成4年度理事会・通常総会並びに協議会経過報告』	日本動物園水族館協会
益川 浩一	渡邉 稔*	森田 政裕	2007	「学校教育における埋蔵文化財の活用に関する研究」	『岐阜大学総合情報メディアセンター生涯学習システム開発研究』第6号	岐阜大学総合情報メディアセンター生涯学習システム開発研究部門
増記 隆介			2013.2	「後世に価値を伝えるということ—地域文化財インタープリターの役割—」	『地域と文化財:ボランティア活動と文化財保護』	勉誠出版
マスコミ研究会			2008	「横浜アンパンマンこどもミュージアム-テレビ局らしい番組連動は新規事業モデル」	『放送界』第53巻第185号	マスコミ研究会
増子 美穂	藤原 工*		2007.12	「展示照明の研究活動-学芸員照明研究会の報告」	『博物館研究』第42巻第12号	日本博物館協会
増澤 文武			1992.4	「第3章伝製品の保存と修復 第6節民俗文化財」	『文化財のための保存科学入門』	株式会社飛鳥企画
増澤 文武	渡辺 智恵美		1992.4	「第4章埋蔵文化財の保存 第1節鉄・金属」	『文化財のための保存科学入門』	株式会社飛鳥企画
増田 亜樹	碓田 智子	新谷 昭夫 他	2008.5	「歴史系博物館を対象とした情景再現展示の観覧時における学習プログラムの活用に関する研究」	『日本建築学会近畿支部研究報告集.計画系』第48号	日本建築学会近畿支部
増田 亜樹	新谷 昭夫*	碓田 智子 他	2009	「歴史系博物館の実物教材を活用した住まい学習の実践的研究--住文化体験学習プログラムの教材開発と実践・検証」	『住宅総合研究財団研究論文集』第36号	住宅総合研究財団
増田 亜樹	碓田 智子*	新谷 昭夫 他	2010.7	「歴史系博物館における小学校団体向け住文化学習プログラムの評価」	『学術講演梗概集』2010巻	日本建築学会
増田 亜樹	碓田 智子	谷 直樹	2011.3	「来館者構成からみた町並み再現展示の観覧行動の比較:大阪市立住まいのミュージアムを対象として」	『生活科学研究誌』第10号	大阪市立大学
増田 亜樹	碓田 智子	谷 直樹	2011.5	「公立博物館の黎明期における歴史展示の構成と展示空間:常設展示室の通史展示を中心に」	『日本建築学会近畿支部研究報告集.計画系』第51号	日本建築学会近畿支部
増田 亜樹	碓田 智子	谷 直樹	2011.9	「公立歴史博物館の常設展示の類型とその変遷に関する研究」	『日本建築学会計画系論文集』第76巻667号	日本建築学会
増田 亜樹			2012	『公立歴史博物館の常設展示の展開に関する研究』		大阪市立大学
増田 亜樹	碓田 智子*	谷 直樹 他	2012.9	「歴史博物館の情景再現展示を住教育に活用するための学習支援の試みと評価」	『学術講演梗概集』2012巻	日本建築学会
増田 亜樹	碓田 智子	谷 直樹	2015.2	「公立歴史博物館の常設展示における実物大建築展示からみた展示計画のあり方」	『日本建築学会計画系論文集』第80巻708号	日本建築学会
増田 勝彦			1977.3	「ローマセンターにおける壁画修復研修コースに参加して」	『保存科学』第16号	東京国立文化財研究所
増田 勝彦			1978.3	「文化財保存修復国際センターに留学して—壁画保存修復コース—」	『月刊文化財』第16号	第一法規
増田 勝彦			1978.3	「ベニス東洋美術館の日本絵画調査とローマでの修理技術デモンストレーション」	『保存科学』第17号	東京国立文化財研究所
増田 勝彦			1980.3	「埋納経の保存処置に関する研究」	『保存科学』第19号	東京国立文化財研究所
増田 勝彦	大川 昭典		1983	「製紙に関する古代技術の研究(Ⅱ)—打紙に関する研究—」	『保存科学』第22号	東京国立文化財研究所
増田 勝彦			1999.11	「国宝高松塚古墳壁画の保存修復」	『文化財の保存と修復何をどう残すのか?』	文化財保存修復学会
増田 勝彦			2014.6	「紙の博物館第5回『友の会の集い』紙の漉き方日・中・韓」	『百万塔』第148号	紙の博物館
益田 兼房 監	ユッカ・ヨキレット*	秋枝 ユミ イザベル 訳	2005.4	『建築遺産の保存その歴史と現在』		アルヒーフ
益田 兼房			2005.8	「文化遺産の周辺環境保全の新しい課題」	『月刊文化財』第503号	第一法規
増田 豪	山内 利秋*		2007.3	「宮崎県における文化資源災害救助対策の現状と課題」	『九州保健福祉大学研究紀要』第8号	九州保健福祉大学

著者1	著者2	著者3	発行年	論文名・書籍名	掲載誌	発行元
増田 精一 編	杉村 棟 編		1979.3	『世界の博物館.18 シリア国立博物館:オリエント文明の源流』		講談社
増田 辰良			2009.3	「博物館への入館料金をめぐる論争」	『北星学園大学経済学部北星論集』第48巻第2号	北星学園大学
増田 辰良			2009.9	「博物館の企業化活動について」	『北星学園大学経済学部北星論集』第49巻第1号	北星学園大学
増田 辰良			2010.3	「企業化している博物館」	『北星学園大学経済学部北星論集』第49巻第2号	北星学園大学
増田 千春			2002.3	「地域博物館における教育普及活動の歴史的変遷及びその現状と課題」	『國學院大學博物館学紀要』第26輯	國學院大學博物館学研究室
増田 哲男	大前 芳蔵	伊東 啓一 他	2008.7	「九州国立博物館における建築環境システム」	『空気調和・衛生工学』第82巻7号	空気調和・衛生工学会
益田 信之			1965	「1961年度から1964年度の宮島水族館における海水水族の飼育状況について」	『動物園水族館雑誌』第8巻3号	日本動物園水族館協会
増田 洋	森口 隆次*		1978.12	「館種別博物館における調査・研究と収集活動 美術系博物館」	『博物館学講座 第5巻調査・研究と資料の収集』	雄山閣
増田 洋			1988.4	「「美術館の時代」の美術館」	『博物館研究』第23巻第4号	日本博物館協会
増田 洋			1997	『学芸員のひとりごと・昨今美術館事情』		芸艸堂
増田 真理子	東谷 千恵子*		2012	「体験レッスン世田谷美術館にボランティアと共につくる美術館像を学ぶ」	『地域創造:町づくりアートを応援します』第32号	地域創造
増田 実	礒崎 真英	鈴木 賢 他	2013.6	「植物工場技術の研究・開発および実証・展示・教育拠点(10)三重実証拠点」	『植物環境工学』第25巻2輯	日本植物工場学会
増田 泰重	市川 美和子		2002.3	東村山ふるさと歴史館におけるこども向け教育普及活動―新しい博物館づくり事業を中心として―」	『Museologist:明治大学学芸員養成課程年報』第17巻	明治大学学芸員養成課程
増田 玲			2008.6	「在外研修報告コミュニティとともに歩む写真部門−サンフランシスコ近代美術館での研修を終えて」	『現代の眼:東京国立近代美術館ニュース』570号	国立美術館東京国立近代美術館
桝永 一宏			2012.10	大英自然史博物館での研修とイギリスの博物館事情」	『博物館研究』第47巻第10号	日本博物館協会
桝渕 恵美			2015	「子ども博物館についての一考察」	『人間の発達と博物館学の課題:新時代の博物館経営と教育を考える』	同成社
桝渕 彰太郎			2012.3	「総合展示の研究―総合展示論史からみた形態的分類試案―」	『國學院大學博物館学紀要』第36輯	國學院大學博物館学研究室
桝渕 彰太郎			2013.3	「総合展示(博物館に於ける展示)」	『人文系博物館展示論』	雄山閣
桝渕 彰太郎			2013.3	「高山林次郎の博物館学思想」	『國學院大學博物館学紀要』第37輯	國學院大學博物館学研究室
桝渕 彰太郎			2015	「大正期から昭和初期における博物館学思想について」	『人間の発達と博物館学の課題:新時代の博物館経営と教育を考える』	同成社
増淵 末子			1927	「園路に就いて」	『造園學雑誌』第3巻第4號	日本造園學會
増淵 宗一			2006.3	「リゾート・ミュージアム・軽井沢」	『日本女子大学博物館学芸員課程年報』No.4	日本女子大学
増渕 徹			1998.9	「遺跡の整備と歴史学:建物復元の背景と問題	『建築雑誌』第113輯第1426號	日本建築学会
増渕 徹			2004	「文化財保護と史跡保存」	『歴史と素材日本の時代史30』	吉川弘文館
枡渕 規彰			2006.5	「史跡整備の制度と制度史」	『史跡整備と博物館』	雄山閣
桝渕 規彰	隅田 登紀子*	古森 絵美	2010	「衣裳博物館における収蔵資料を使った博物館実習の試みについて」	『杉野服飾大学・杉野服飾大学短期大学部紀要』第9巻	杉野服飾大学
増山 聖子	落合 知子*	落合 広倫 他	2013.3	「平成24年度國學院大學大学院「博物館学専門・特殊実習」夏季集中実習報告―我が国初の大学院生による手作り博物館の実践―」	『國學院大學博物館学紀要』第37輯	國學院大學博物館学研究室
増山 均	染川 香澄*	西川 豊子	1993	『子ども博物館から広がる世界』		たかの書房
間瀬 健二	門林 理恵子*	西本 一志 他	1998.5	「対話的集落変遷シミュレーションシステムの作成と博物館展示のためのユーザインタフェースの提案」	『電子情報通信学会論文誌』第81巻第5号	電子情報通信学会情報・システムソサイエティ
間瀬 健二	門林 理恵子*		1998.7	「新しい博物館の創造に向けて‒‒Meta-Museumプロジェクトの紹介」	『人文学と情報処理』第17号	勉誠出版
埋蔵文化財発掘調査体制等の整備充実に関する調査研究委員会	文化庁		2007	『埋蔵文化財の保存と活用(報告)地域づくり・人づくりをめざす埋蔵文化財保護行政』		文化庁

著者1	著者2	著者3	発行年	論文名・書籍名	掲載誌	発行元
間多 善行			1983	『新説博物館学』		ジー・ツー
間多 善行			1985.11	「博物館特有の機能」	『博物館学雑誌』第11巻第1号	全日本博物館学会
股張 一男			2010.9	「地域とひとが輝くまち歩き観光「長崎さるく」」	『観光研究』第22巻第1号	日本観光研究学会
又吉 光邦			2012.3	「八重山上布の顕微鏡撮影による考察:南嶋民俗資料館の古布」	『産業情報論集』第8巻第1・2号	沖縄国際大学産業情報学部
町 英朋	塩 雅之	坂井 知志 他	2010.8	「プロジェクターを活かした博物館・美術館の電子教科書の取り組み」	『年会論文集』第26巻	日本教育情報学会
町田 章			1995.3	「平城京跡における遺跡保存と活用」	『奈良国際シンポジウム'93 アジアにおける文化遺産の保存と救済』	シルクロード学研究センター
町田 佳世子	斉藤 雅也*	本田 直也 他	2012.6	「動物園の爬虫類・両生類の生体展示に対する来園者の印象・評価に関する調査研究」	『日本建築学会北海道支部研究報告集』第85号	日本建築学会北海道支部
町田 佳世子	河村 奈美子		2014.10	「体験前後の連想語から見る子どもの学び動物園の飼育体験で伝わること」	『札幌市立大学研究論文集』第8号	札幌市立大学
町田 佳世子	河村 奈美子		2014.12	「動物園飼育体験における参加者の認知的・心理的変容とその要因の解明」	『札幌市立大学研究論文集』5	札幌市立大学
町田 佳世子	河村 奈美子	萬 順一 他	2014.12	「動物園の飼育担当者の語りが導く飼育体験参加者の認識変容のプロセス」	『札幌市立大学研究論文集』6	札幌市立大学
町田 甲一 編			1979.8	『世界の博物館.20 インド国立博物館:染織と多彩な宗教美の世界』		講談社
町田市			2014.6	『(仮称)町田市立国際工芸美術館整備基本計画』		町田市文化スポーツ振興部文化振興課
町田 達哉	奥野 花代子*	青木 達雄 他	2000	「地域博物館ネットワーク運用の一形態—ミュージアム・リレーの2年間より」	『日本ミュージアム・マネージメント学会研究紀要』第4号	日本ミュージアム・マネージメント学会
町田 誠之			2010.3	「紙の博物館と私」	『百万塔』第135号	紙の博物館
町田 祐一			2015.3	「植民地台湾における映画利用について:国立台湾歴史博物館所蔵の教化・文化映画を中心に」	『中国語中国文化』第12号	日本大学大学院文学研究科中国学専攻
松井 明夫			1940	「歐米の博物館を觀て」	『科學の臺灣』第八巻第二號	臺灣博物館協會
松井 昭彦	毛利 勝廣*	北原 政子 他	2003.11	「ネットワークを活用したプラネタリウム・コンサートの実践」	『情報文化学会誌』第10巻1号	情報文化学会
松井 勇			1994	「自然史博物館における展示資料解説について」	『博物館研究』第29巻第10号	日本博物館協会
松井 佳一			1944	「水族館」	『金魚:魚の話』	目黒書店
松井 かおる			1996.3	「展示批評戦争と豊島区をみて」	『生活と文化:豊島区立郷土資料館研究紀要』第10号	豊島区教育委員会
松井 佳代子			1992	「身近な教材を利用した世界史指導について:高等部の生徒を対象とした博物館見学の試み」	『第67回平成4年度全日本盲学校教育研究大会社会科分科会資料』	不明
松井 清足	岡田 信一郎*	大熊 喜邦 他	1914.9	「東京大正博覽會(五)」	『建築雑誌』第28輯第333號	日本建築學會
松井 圭介	市川 康夫*	羽田 司	2016.4	「日本人・外国人ツーリストの観光特性とイメージにみる白川郷の世界遺産観光」	『人文地理学研究』第36巻	筑波大学大学院生命環境科学研究科地球環境科学専攻
松井 洸併	平岩 忠士*	中井 孝幸	2010.2	「出展参加型の美術館における利用実態と利用者意識に関する研究」	『東海支部研究報告集』第48号	社団法人日本建築学会
松井 沙代子			2014.3	「学校と美術館の連携—浜松市中学校美術部夏の写生大会を例に—」	『静岡県博物館協会研究紀要』第37号	静岡県博物館協会
松井 翠次郎			1933	「郷土研究への反省」	『郷土教育』第三十六號	郷土教育聯盟
松井 貴子	平出 隆*		2015.1	「《フィールド・ミュージアム・ネット》の展開と『子規庵』研究(1)《フィールド・ミュージアム・ネット》の構想と着手」	『多摩美術大学研究紀要』第21号	多摩美術大学
松井 孝弥			2003.3	「科学館経営からみた特別展」	『名古屋市科学館紀要』第29号	名古屋市科学館
松井 孝弥			2004.3	「科学館経営に関する一考察」	『名古屋市科学館紀要』第30号	名古屋市科学館
松井 孝弥			2005.3	「科学館経営に関する一考察その2」	『名古屋市科学館紀要』第31号	名古屋市科学館
松井 孝弥			2006.3	「科学館経営に関する一考察その3」	『名古屋市科学館紀要』第32号	名古屋市科学館

著者1	著者2	著者3	発行年	論文名・書籍名	掲載誌	発行元
松井 輝昭			2008	『厳島文書伝来の研究中世文書管理史論』		吉川弘文館
松井 敏也 他			2012	「津波により被災した博物館の空気室調査―石巻文化センターの事例―」	『文化財保存修復学会大会研究発表旨集』第34巻	文化財保存修復学会
松井 敏也 他			2013	「津波により被災した博物館と資料の空気質調査(2)―石巻文化センターとその資料の17か月後」	『文化財保存修復学会大会研究発表旨集』第35回	文化財保存修復学会
松井 敏也 他			2014	「津波により被災した博物館と一時保管施設の空気質調査」	『文化財保存修復学会大会研究発表要旨集』第36回	文化財保存修復学会
松井 則彰			2006.11	「北海道開拓の村広報活動三回の試練」	『博物館研究』第41巻第11・12号	日本博物館協会
松井 則彰			2008.9	「指定管理者制度導入後の博物館集客対策-野外博物館北海道開拓の村の取り組み」	『博物館研究』第43巻第9号	日本博物館協会
松居 竜五	小山 騰	牧田 健史	1996.7	『達人たちの大英博物館』		講談社
松居 竜五	アンドレイ・ソロコフ*	荻原 眞子	2016.3	「帝国の進出と収集されたコレクション」	『博物館という装置：帝国・植民地・アイデンティティ』	勉誠出版
松浦 啓一			1992	「標本作製のこつ」	『魚類学雑誌』第39巻3号	日本魚類学会
松浦 啓一	高田 啓介*		1995.1	「無現のデータベース―博物館標本」	『国立科学博物館ニュース』第318号	国立科学博物館
松浦 啓一	椎名 仙卓*		1997.1	「我が国における博物館の始まり」	『国立科学博物館ニュース』第333号	国立科学博物館
松浦 啓一	仲谷 一宏	篠原 現人	2000.6	「日本の魚類データベース」	『国立科学博物館ニュース』第374号	国立科学博物館
松浦 啓一			2009.1	「自然系博物館の未来(第6回)ナショナルコレクションの構築」	『科学』第79巻第10号	岩波書店
松浦 啓一			2009.9	「自然史系博物館のGBIFへの貢献」	『日本プランクトン学会報』第56巻第2号	日本プランクトン学会
松浦 啓一 編			2014.1	『標本学:自然史標本の収集と管理』		東海大学出版会
松浦 啓一	馬渡 峻輔*	斎藤 靖二 他	2015.1	「公開座談会 異なる館種の立場から見た、博物館法制度の課題」	『博物館研究』第50巻第1号	日本博物館協会
松浦 啓一	馬渡 駿介*	西田 治文 他	2015.2	「公開座談会『異なる館種の立場から見た、博物館法制度の課題』(その2)振り返り」	『博物館研究』第50巻第2号	日本博物館協会
松浦 啓一			2015.5	「自然史標本と国立自然史博物館」	『学術の動向』第20巻第5号	日本学術協力財団
松浦 潤			1998.6	『真贋・考』		双葉社
松浦 淳子	秋山 忠弥*		1978.2	『ぼくらの博物館』		国土社
松浦 淳子 編	倉田 公裕*監	石渡 美江 他編	1996.9	『博物館学事典』		東京堂出版
松浦 淳子	熊野 正也*	石渡 美江	1999.3	「博物館法・館長・学芸員－生涯教育審議会の答申と文化政策の将来構想を読んで－」	『明治大学博物館研究報告』第4号	明治大学博物館事務室
松浦 淳子			2001.3	「博物館運営のための覚え書き―よりよい博物館活動のために博物館評価を―」	『Museum study:明治大学学芸員養成課程紀要』第12号	明治大学学芸員養成課程
松浦 淳子			2010.7	「小林一三」「徳川宗敬」	『博物館学人物史上』	雄山閣
松浦 隆	谷本 嗣英		1988.9	「北海道を舞台とした体験学習「第2回ちびっこ理科道場」--博物館連携の新しい試み」	『博物館研究』第23巻第9号	日本博物館協会
松浦 伸久			2009	「香川県さぬき市兼割より産出したアンモナイト化石とその教材化」	『香川県立五色台少年自然センター自然科学館研究報告』第33号	香川県立五色台少年自然センター自然科学館
松尾 邦蔵			1935.11	「法隆寺壁畫の撮影」	『博物館研究』第8巻第11號	日本博物館協會
松尾 達也	岸 博実*	久保庭 萌	2010	「『日本最初盲啞院』史料の手ざわり―特別支援教育の時代へ」	『学校・施設アーカイブス入門』	大空社
松尾 知	針谷 亜希子*	實川 純一 他編	2017.3	『地域の博物館をつないで学ぶちば生きもの科学クラブ報告書:千葉市科学館・千葉県立中央博物館・千葉市動物公園・千葉市中央図書館連携企画』		千葉市科学館ちば生きもの科学クラブ
松尾 尚哉	石木 秀啓	山村 信榮	2015.7	「特別史跡大野城跡の保護・整備・活用:次の1400年にむかって」	『季刊邪馬台国』第126号	「季刊邪馬台国」編纂委員会
松尾 法博			2011.3	「史跡・景観の保存と活用特別史跡「名護屋城跡並びに陣跡」の保存と活用--地域や博物館との連携」	『日本歴史』第754号	吉川弘文館

著者1	著者2	著者3	発行年	論文名・書籍名	掲載誌	発行元
松尾 広	藤本 このみ		2013	「三島学園資料室の一般公開について」	『東北生活文化大学・東北生活文化大学短期大学部紀要』第44号	東北生活文化大学
松尾 美香	田中 卓也*		2012.3	「小学校社会科授業における「歴史資料」の活用とその意義-実習志望の私立大学教職課程履修学生の取り組みと課題を中心に-」	『吉備国際大学研究紀要.人文・社会科学系』第22号	吉備国際大学
松尾 美佳	本間 浩一*	庄中 雅子 他	2015.3	「ミュージアム横断の学習プログラムデータベースへのアクセス数向上策:実践と検証」	『日本ミュージアム・マネージメント学会研究紀要』第19号	日本ミュージアム・マネージメント学会
松岡 朝子			1933.6	「米國における博物館の組織とその使命」	『博物館研究』第6巻第5・6號	日本博物館協會
松岡 朝子			1933.7	「米國における博物館の組織とその使命(2)」	『博物館研究』第6巻第7號	日本博物館協會
松岡 朝子			1933.8	「米國における博物館の組織とその使命(3)」	『博物館研究』第6巻第8號	日本博物館協會
松岡 朝子			1933.9	「米國における博物館の組織とその使命(4)」	『博物館研究』第6巻第9號	日本博物館協會
松岡 篤	二階堂 崇*		2009.11	「新潟大学サイエンスミュージアムの出前サービス」	『形の科学会誌』第24巻第2号	形の科学会
松岡 敬二			1991.11	「博物館ネットワークの提唱」	『月刊地球』第13巻第11号	海洋出版
松岡 敬二			1999.6	「館種別博物館資料論 自然史博物館」	『新版博物館学講座 第5巻 博物館資料論』	雄山閣
松岡 剛	神谷 幸江*		2009.3	『これからの美術館美術館の役割とは』		広島市現代美術館
松岡寿先生伝記編纂會編			1941	「第三回及第四回内國勧業博覽會美術館」	『松岡寿先生』	松岡寿先生伝記編纂會
松岡 史郎	野崎 香樹*	古平 栄一	2016.11	「京都薬用植物園における植物を利用した体験型プログラム」	『日本植物園協会誌』第51号	日本植物園協会
松岡 資明			2010	『日本の古文書開かれたアーカイブスが社会システムを支える』		ポット出版
松岡 千寿	甲斐 昭光*		2015.2	「古代体験学習の現状:兵庫県立考古博物館の事例と古代体験交流会から」	『月刊考古学ジャーナル』666	ニューサイエンス社
松尾 勝美	勝田 賢則	德本 正	2005	「山口博物館における博学連携に関する一考察」	『山口県立山口博物館研究報告』第31号	山口県立山口博物館
松岡 智子			2010	「ルーヴル美術館と《観衆》についての試論」	『倉敷芸術科学大学紀要』第15号	加計学園倉敷芸術科学大学
松岡 智子			2011.3	「ジャック・シラクの美術館構想に関する一考察」	『倉敷芸術科学大学紀要』第16号	加計学園倉敷芸術科学大学
松岡 智子			2012	「シラク政権下におけるもう1つの美術館構想:国立移民史博物館をめぐって」	『倉敷芸術科学大学紀要』第17号	加計学園倉敷芸術科学大学
松岡 尚敏			1987	「桑原正雄の郷土教育論--「郷土教育論争」をめぐって」	『教育方法学研究』第13号	日本教育方法学会
松岡 葉月			2006.12	「J.デューイと博物館の学びの評価-歴史展示における主体的学びの視点」	『博物館学雑誌』第32巻第1号	全日本博物館学会
松岡 葉月			2009.4	「「連想型ワークシート」を用いた利用者主学びの検討---小学生の歴史展示理解の分析を通して」	『博物館学雑誌』第34巻第2号	全日本博物館学会
松岡 葉月	安達 文夫*		2010.4	「歴史展示における利用者主体の学びの検討--「わたしの展示ガイドブック」の分析を通して」	『博物館学雑誌』第35巻第2号	全日本博物館学会
松岡 葉月	阪本 成一		2011.4	「科学館・博物館を対象とした文理融合における教育プログラムの開発と評価--研究者によるプラネタリウム番組制作・普及と上映活動から」	『博物館学雑誌』第36巻第2号	全日本博物館学会
松岡 葉月	香川 哲男	阪本 成一	2012.5	「博物館における学術映像の上映と家族連れ視聴者の動向:研究者によるプラネタリウム番組制作・普及と月光天文台における常時上映から」	『博物館研究』第47巻第5号	日本博物館協会
松岡 広樹			2017.12	「記念事業と博物館建設論史」	『博物館学史研究事典』	雄山閣
松岡 博文			2000.2	「オーストラリア博物館事情」	『国立科学博物館ニュース』第399号	国立科学博物館
松岡 守	甲斐 麻純*		2013.3	「博物館と学校教育の連携の現状と今後の展望」	『三重大学教育学部研究紀要.自然科学・人文科学・社会科学・教育科学』第64巻	三重大学教育学部
松河 克彦			2008.12	「鉄道博物館開館1周年を迎えて-東日本鉄道文化財団」	『JR gazette』第66巻第12号	交通新聞社
松川 節	平澤 泰文*	川田 隆雄 他	2012.12	「iPad博物館ガイドシステムの構築と評価」	『日本教育工学会論文誌』第36巻	日本教育工学会
松川 博一			2007.4	「五感で楽しむ歴史展示への試み」	『だれもが楽しめるユニバーサル・ミュージアム:"つくる"と"ひらく"の現場から』	読書工房

著者1	著者2	著者3	発行年	論文名・書籍名	掲載誌	発行元
松川 博一			2012.9	「日本史のひろば九州歴史資料館」	『歴史と地理』第657号	山川出版社
松川 文雄	齋 礼*	寺重 隆視	2011.11	「ユビキタスロボットを用いたテーマ博物館システムに関する研究」	『電気学会研究会資料』2011巻75号	電気学会
松川 正樹			1981	『化石の採集と見分け方』		ニューサイエンス社
松川 正樹	小畠 郁生	小荒井 千人 他	2000.5	「中里効果－科学研究の社会的還元と学校教育・生涯学習の提案－」	『地学教育』第53巻3号	日本地学教育学会
マックギニス・R			2006.7	「すべての人のための学習コミュニティーとしての博物館」	『博物館研究』第41巻第7号	日本博物館協会
マックギニス・R			2007.4	「米国のミュージアムにおけるユニバーサル・デザイン」	『だれもが楽しめるユニバーサル・ミュージアム:"つくる"と"ひらく"の現場から』	読書工房
マック・ジョン 編	吉田 憲司*編	国立民族学博物館他編	1997.9	『異文化へのまなざし:大英博物館と国立民族学博物館のコレクションから』		NHKサービスセンター
松隈 洋	伊東 豊雄*	内藤 廣 他	2013.10	「建築家の視点」	『美術館と建築』	青幻舎
松倉 鐵三			1926	『臺灣博物館の手引き』		臺灣総督府博物館
マックリーン・キャスリーン	井島 真知 訳	芦谷 美奈子 訳	2003.5	『博物館を見せる人々のための展示プランニング』		玉川大学出版部
松坂屋美術館 編	北海道立近代美術館*	パナソニック汐留ミュージアム 他	2015	『アール・ヌーヴォーのガラス:デュッセルドルフ美術館ゲルダ・ケプフ・コレクション』		中日新聞社
松崎 憲三			2014.10	「民俗の文化資源化と生涯学習・地域活動:千葉県立中央博物館と房総のむらを事例として」	『日本常民文化紀要』第29巻	成城大学大学院文学研究科
松崎 相			2005.3	「湿拓作成にともなう資料汚損の除去に関する試論」	『國學院大學博物館學紀要』第29輯	國學院大學博物館学研究室
松崎 相			2006.5	「歴史的建物の博物館建築への活用」	『史跡整備と博物館』	雄山閣
松崎 相			2007.12	「野外平和博物館としての戦争遺跡の意義-掩体壕の活用を通して」	『博物館学雑誌』第33巻第1号	全日本博物館学会
松崎 相			2009.12	「水族館におけるマインズオン展示に関する小考--進水型タッチプールを中心に」	『博物館学雑誌』第35巻第1号	全日本博物館学会
松崎 相			2010.4	「博物館用語「レプリカ」の再考」	『博物館学雑誌』第35巻第2号	全日本博物館学会
松崎 相			2011.4	「理工系学芸員の在り方と需要--近代遺産の保存のために」	『博物館学雑誌』第36巻第2号	全日本博物館学会
松崎 相			2015.4	「神道と水族館:初期日本の水族館に関する一例」	『博物館学雑誌』第40巻第2号	全日本博物館学会
松崎 元	加藤 和彦	東 健一 他	2014.3	「美術館の展示体験を目的としたバーチャル・ミュージアム・キットの制作と運用」	『千葉工業大学研究報告』第61号	千葉工業大学
松﨑 裕子			2015.2	「益子陶芸美術館『表現するうつわ:イギリス現代陶芸の精神』展に寄せて」	『陶説』第743號	日本陶磁協会
松澤 正二			1966.1	「鉄道記念物について」	『博物館研究』第39巻第1号	日本博物館協会
松澤 正二			1979.6	「館種別博物館のあり方 特定専門博物館」	『博物館学講座 第1巻博物館学総論』	雄山閣
松澤 正二			1980.3	「館種別博物館における現状と課題 理工学系博物館」	『博物館学講座 第3巻日本の博物館の現状と課題』	雄山閣
松澤 正二			1992.3	「近頃の科学館」	『Museologist:明治大学学芸員養成課程年報』第7巻	明治大学学芸員養成課程
松澤 誠二	藤沢 裕美	鈴木 美和	2003	「さわって、観る-盲学校向け観察支援プログラム-」	『どうぶつと動物園』第55巻9号	東京動物園協会
松沢 亜生	村井 勇*	川合 三男 他	2000	「座談会「小規模博物館を運営して」	『博物館研究』第35巻第7号	日本博物館協会
松重 充浩	千葉 正史	林 幸司	2008.12	「日本大学文理学部情報科学研究所所蔵「ハルビン絵葉書(黒崎コレクション)デジタルアーカイブ」構築の試みについて」	『近現代東北アジア地域史研究会NEWSLETTER』第20号	近現代東北アジア地域史研究会
松下 眞也			2003.3	「展覧会の企画と運営-早稲田大学図書館展示部会の経験から-」	『早稲田大学図書館紀要』第50号	早稲田大学図書館
松下 倶子			1990.8	「「女性と博物館」セミナー報告」	『博物館研究』第25巻第8号	日本博物館協会
松下 久子			2016	「文化財の防災・危機管理に関する長崎県の取り組みについて」	『文化財等防災ネットワーク研究集会第1回』	国立文化財機構奈良文化財研究所埋蔵文化財センター保存修復科学研究室

著者1	著者2	著者3	発行年	論文名・書籍名	掲載誌	発行元
松下 正和			2010.7	「新自由主義時代の博物館と文化財歴史資料ネットワークによる水損史料救出活動について--二〇〇九年台風九号への対応を中心に」	『日本史研究』第575号	日本史研究会
松下 正和	神戸大学大学院人文学研究科地域連携センター 編		2013.7	「市民とともに伝える地域の歴史文化」	『「地域歴史遺産」の可能性』	岩田書院
松下 師一	新井 勝紘*	中西 克宏 他	1997.6	「座談会 私と展示と博物館」	『季刊Liberty』第18号	大阪人権歴史資料館
松下 師一			2004.12	「地域博物館の教育力-実践現場から、学芸員の声-」	『大阪人権博物館紀要』第8号	大阪人権博物館
松下 師一			2010.9	「小さな町にある長い名前の資料館、その魅力とは?」	『博物館研究』第45巻第9号	日本博物館協会
松下 弓子			1979.11	「博物館とのであい」	『平塚市博物館年報』第3号	平塚市博物館
松下 由里			1992.3	「群馬県立近代美術館の建築について」	『群馬県立近代美術館研究紀要』第1号	群馬県立近代美術館
松島 栄一			1951.9	「国宝流出」	『展望』第69号	筑摩書房
松嶋 順正			1985.3	「終戦前後の正倉院-宝物疎開を中心として」	『正倉院年報』第7号	宮内庁正倉院事務所
松島 忠			1977	「『鉄道記念物』制度の概要」	『産業考古学』第1号	産業考古学会
松島 充	長崎 栄三*		2012.2	「算数・数学に関する科学博物館・科学館における事業等」	『日本数学教育学会誌』第94巻第2号	日本数学教育学会
松島 義章	濱田 隆士*	高橋 俊雄	2000	「博物館と社会的機能」	『神奈川県立博物館研究報告.自然科学』第29号	神奈川県立生命の星・地球博物館
松島 義章	岡崎 浩子*		2007.12	「フィールドの活用と保全における博物館の役割」	『地質ニュース』第640号	実業公報社
マッジョーリ・R	國分 俊宏 訳		2007.7	『哲学者たちの動物園』		白水社
松平 誠	林 英夫*	川添 登 他	1992.3	「新館設立に向けて(豊島区立郷土資料館運営委員会)」	『生活と文化:豊島区立郷土資料館研究紀要』第6号	豊島区教育委員会
松田 和子	本田 敏秋*	栗原 祐司	2010.9	「TONO博物館を核に地域文化を掘り起こす永遠の日本のふるさとづくり」	『Cultivate:文化と環境を考える』第36号	文化環境研究所
松田 毅一	ヨリッセン・エンゲルベルト		1983.1	『フロイスの日本覚書』		中央公論社
松田 京子			2013.3	「人間の「展示」と植民地表象～1912年拓殖博覧会を中心に～」	『博物館資料の再生:自明性への問いとコレクションの文化資源化』	岩田書院
松田 清	川那部 浩哉*	高橋 義人	2010.3	「鼎談 博物館あれこれ」	『人環フォーラム』第26号	京都大学大学院人間・環境学研究科
松田 清孝	串間 研之*	山本 琢也	2004	「博物館の地質部門における小中学校への支援」	『宮崎県総合博物館研究紀要』第26輯	宮崎県総合博物館
松田 清孝	赤崎 広志		2010	「パソコンによるぬり絵ツール「恐竜はどんな色?」の常設展示への導入について」	『宮崎県総合博物館研究紀要』第31輯	宮崎県総合博物館
松田 真二			2008.6	「楽しいあかりのヒント理数の魅力・体感ミュージアム-リスーピアを訪問して」	『照明学会誌』第92巻第6号	照明学会
松田 真平	中村 和夫*		2008.6	「Fentonの日本訪問と大英博物館I」	『蝶と蛾』第59巻第3号	日本鱗翅学会
松田 伸也	吉田 安規良*	高嶺 智徳	2007.1	「沖縄県における動物園を活用した理科学習の課題-小学生と教員の意識調査結果」	『琉球大学教育学部紀要』第70号	琉球大学教育学部
松田 卓	栗田 靖之*	和田 哲也 他	1998.7	「携帯情報端末による新しい展示手法」	『人文学と情報処理』第17号	勉誠出版
松田 隆嗣			2000.10	「燻蒸終了後の博物館における燻蒸ガスの濃度変化について」	『福島県立博物館紀要』第15号	福島県立博物館
松田 隆嗣			2011.4	「福島県立博物館における展示・保管環境の変化について--博物館開設から25年間」	『福島県立博物館紀要』第25号	福島県立博物館
松田 千晴			2000	「万国博覧会と作品出品者」	『岐阜県博物館調査研究報告』第21号	岐阜県博物館
松田 千晴			2001	「明治中期の海外博覧会と日本:焼き物(陶磁器および七宝焼)産業を中心に」	『岐阜県博物館調査研究報告』第22号	岐阜県博物館
松田 常太			1932	「遊就館に於ける最近事業の概況」	『博物館研究』第5巻第10號	日本博物館協會
松田 徹			2014.12	「北京の博物館における多民族的視点:中国人民革命軍事博物館と国家博物館の説明版を中心に」	『中国研究』第22号	麗澤大学中国研究会

著者1	著者2	著者3	発行年	論文名・書籍名	掲載誌	発行元
松田 俊寛	河尻 寛之*	青木 功介 他	2011.5	「動物園向けナビゲーションシステムの事例紹介」	『情報処理学会研究報告』第20巻第19号	情報処理学会
松田 敏之	岡本 辰夫*	小山 嘉紀 他	2009.3	「美術作品の素材要素検索による興味喚起と鑑賞を支援するパーツミュージアムの開発と評価」	『日本データベース学会論文誌』第7巻第4号	日本データベース学会
松田 延夫			1986.5	『美術話題史』		読売新聞社
松田 博康 監	深光 富士男*		2007.4	『美術館・科学館新・みぢかなくらしと地方行政:写真でわかる小学生の社会科見学;第5巻』		リブリオ出版
松田 政行	宮田 公佳*		2014.3	「博物館情報資源の機能的活用のための画像技術と著作権法の連携議論」	『国立歴史民俗博物館研究報告』第184集	国立歴史民俗博物館
松田 道生	日本鳥類保護連盟 編		1980	『バードカービング「木彫りの鳥を作ろう」』		東京印書館
松田 三奈愛	藤田 祐樹*	臼田 隆行	2011.3	「形態学教育用体験キット「骨スーツ」の開発」	『沖縄県立博物館・美術館博物館紀要』第4号	沖縄県立博物館・美術館
松田 睦彦			2011.1	「展示批評・展示紹介葛飾区郷土と天文の博物館特別展「現場へようこそ--出稼ぎ・集団就職・雇用と就職の近現代史」」	『民具研究』第144号	日本民具学会
松田 元利			2013.3	「資料の活用を通して「思考力・判断力・表現力」を育てる社会科学習—名古屋市博物館との教育連携を取り入れて—」	『愛知教育大学教育実践研究科(教職大学院)修了報告論集』第4輯	愛知教育大学教育実践研究科(教職大学院)
松田 泰典			1992.4	「第2章文化財の素材と技法 第6節染料」	『文化財のための保存科学入門』	株式会社飛鳥企画
松田 佑斗			2016.3	「北海道物産陳列場について」	『國學院大學博物館學紀要』第40輯	國學院大學博物館学研究室
松田 佑斗			2017.3	「我が国における大学附属博物館論の発達と推移」	『國學院大學博物館學紀要』第41輯	國學院大學博物館学研究室
松田 佑斗			2017.12	「大学附属博物館論史」	『博物館学史研究事典』	雄山閣
松田 義章	在田 一則		2008.9	「北海道大学総合博物館企画展示「ライマンと北海道の地質-北からの日本地質学の夜明け-」及びその入館者の地学に関する興味・関心の実態と分析」	『日本地質学会学術大会講演要旨』第115号	日本地質学会
松戸市戸定歴史館 編			1993	「一八六七年パリ万国博覧会関係画像資料」	『戸定論叢』3号	松戸市戸定歴史館
松戸市戸定歴史館 編			1993	『文明開化のあけぼのを見た男たち-慶応三年遣仏使節団の明治-』		松戸市戸定歴史館
松戸市立博物館学芸課			2002.3	「博物館活動と展示ボランティアについて」	『松戸市立博物館紀要』第9号	松戸市立博物館
松永 竹寛	清水 真悟*		2014.6	「施設報告新潟市水族館『マリンピア日本海』:水槽の演出照明」	『Iwasaki技報』30	岩崎電気
松永 久	塚原 正彦*		1999.3	『ミュージアムのリレーションシップ戦略～変わる利用者サービスのコンセプト～』		日本ミュージアムマネージメント学会
松永 久			2001.6	「ミュージアムは求められている④展示・ワークショップ＜その2＞」	『月刊ミュゼ』47号	(株)アム・プロモーション
松永 真純			2009	「障害者問題をどのように伝える-「学校de博物館事業」の取り組みから」	『大阪人権博物館紀要』第12号	大阪人権博物館
松縄 信太			1931	「我が鐵道博物館」	『科學知識』第10巻	科學知識普及會
松沼 美穂			2010.8	「21世紀フランスの博物館--文化政策にみる「われわれ」の構築と植民地支配の過去」	『歴史学研究』第869号	青木書店
松野 功	佐藤 求(聞き取り)		1980	『すすの香を求めて七年:根知青年団の民俗資料館建設のあゆみ』		糸魚川市教育委員会
松野 建一			2016.3	「工業技術博物館における電気関係機器の展示」	『静電気学会誌』第40巻第2号	静電気学会
松林 俊一			2000	「「90日間知求一周」-広島市のすべての文化施設が取り組んだジョイント事業」	『博物館研究』第35巻第3号	日本博物館協会
松林 芳郎			2001.6	「難しかった教育博物館の展示」	『国立科学博物館ニュース』第386号	国立科学博物館
松林 有紀			2010	「ミュージアム・コンサートに関する一考察」	『國學院大學博物館學紀要』第35輯	國學院大學博物館学研究室
松原 香織			2005.3	「平成16年度美術館巡回展「美術の探検！広島県ゆかりの美術展」実施報告」	『広島県立美術館研究紀要』第8号	広島県立美術館
松原 岳南			1940.5	「埴輪並土器の修理に就いて」	『博物館研究』第13巻第5號	日本博物館協會
松原 潔	釣井 龍秀	梅野 光興 他	2016.2	「2 守る・遺す」	『もっと博物館が好きっ！みんなと歩む学芸員』	教育出版センター

著者1	著者2	著者3	発行年	論文名・書籍名	掲載誌	発行元
松原 聰			1999	「鉱物採集の基礎知識」	『鉱物カラー図鑑』	ナツメ社
松原 三郎			1982.4	「本学の博物館学講座について」	『実践女子大学Museology』第1号	実践女子大学博物館学講座
松原 三郎			1987.4	「本学博物館学講座20周年のあゆみ」	『実践女子大学Museology』第6号	実践女子大学博物館学講座
松原 三郎			1988.4	「博物館学芸員と美術史学」	『実践女子大学Museology』第7号	実践女子大学博物館学課程
松原 茂 編	佐々木 利和*編	原田 一敏 編	2012.3	『博物館展示論』		放送大学教育振興会
松原 遵子			2013	「植物園の展開」	『國學院大學博物館學紀要』第38号	國學院大學博物館学研究室
松原 典孝	先山徹		2013	「山陰海岸ジオパークにおける地域活性化の取り組み事例」	『沿岸域学会誌』第26巻第2号	日本沿岸域学会
松原 典孝	新名 阿津子*		2016.6	「ジオパークにおける大学・博物館の役割:山陰海岸ジオパークとレスボスジオパークを事例に」	『地学雑誌』第125巻6号	東京地学協会
松原 始	松本 涼子*	相川 稔	2016.1	「第8章動物」	『見る目が変わる博物館の楽しみ方:地球・生物・人類を知る』	ベレ出版
松原 雅裕	金田 裕子		2006.7	「ハードのチカラ、ソフトのチカラ」	『月刊ミュゼ』77号	(株)アム・プロモーション
松原 雅裕	金田 裕子		2010.1	「学びあう場づくりのために」	『月刊ミュゼ』91号	(株)アム・プロモーション
松原 雅裕	金田 裕子		2016.6	「学びあう場づくりのために旅とミュージアムの融合」	『月刊ミュゼ』114号	(株)アム・プロモーション
松原 正也	横山 寛和*		2017.2	「深度情報を用いた空間認識による行動分析システムの開発」	『岐阜大学カリキュラム開発研究』第33巻1号	岐阜大学
松原 洋介	中山 豊*	久松 正樹 他	2002.3	「ミュージアムパーク茨城県自然博物館における展示利用行動調査」	『茨城県自然博物館研究報告』第5号	ミュージアムパーク茨城県自然博物館
松平 美和子			2010.2	「シルクロード美術展とカタログの歩み」	『横浜美術短期大学教育・研究紀要』	横浜美術短期大学
松丸 敏和			1998	「博物館からの発信:インターネットを利用した新しい教育普及活動」	『教育と情報』第481号	第一法規
松丸 敏和			1999	「第3章自然科学系博物館資料の収集・保存 3理工系資料」	『博物館学シリーズ 2博物館資料論』	樹村房
松丸 敏和			2001	「トピックス1-北から南から-全国の博物館の「総合的な学習の時間」への取り組みに関するアンケート調査結果報」	『博物館研究』第36巻第5号	日本博物館協会
松丸 敏和	難波 幸男	大山 光晴	2001.3	「資料解説の一手法としての体験活動の試み-平成13年度特別展「スペース21-宇宙への招待-」」	『千葉県立現代産業科学館研究報告』第7号	千葉県立現代産業科学館
松丸 敏和			2001.9	「神奈川県立生命の星・地球博物館:開かれた博物館-視覚障害者への対応-」	『博物館学シリーズ 7博物館活動事例集』	樹村房
松丸 敏和			2001.9	「千葉県立中央博物館:野外観察会-房総の自然を利用する教育普及活動-」	『博物館学シリーズ 7博物館活動事例集』	樹村房
松丸 敏和	櫻田 秀樹*	佐藤 哲 他	2002.3	「展示・運営協力会サイエンスショーについて」	『千葉県立現代産業科学館研究報告』第8号	千葉県立現代産業科学館
松丸 敏和			2004	「理工系博物館における科学教育プログラムの開発-光を題材にした科学と生活との関連を図るためのストーリーづくり-」	『千葉県立現代産業科学館研究報告』第10号	千葉県立現代産業科学館
松宮 秀治			1989	「ロマン主義とミュージアム」	『ロマン主義の比較研究』	有斐閣
松宮 秀治			1995	「明治前期の博物館政策」	『幕末・明治期の国民国家形成と文化変容』	新曜社
松宮 秀治 編	西川 長夫*		1995	『『米欧回覧実記』を読む—1870年代の日本と世界』		法律文化社
松宮 秀治			2003.12	『ミュージアムの思想』		白水社
松宮 秀治			2014	「コレクションの制度化とミュージアムの思想」	『文化資源学』第12号	文化資源学会
松宮 秀治			2015.7	「ミュージアムの思想と制度」	『史學』第85巻第1-3号	三田史学会
松村外次郎記念庄川美術館			2010.3	『庄川美術館の10年:庄川美術館開館20周年記念誌:1999年〜2008年』		松村外次郎記念庄川美術館
松村 薫子			2014.4	「多くの人々に支えられる呉市海事歴史科学館(大和ミュージアム)」	『博物館研究』第49巻第4号	日本博物館協会

著者1	著者2	著者3	発行年	論文名・書籍名	掲載誌	発行元
松村 京子	海野 勝至*編	草刈 昭子	2005.4	『〈全国自治体〉指定管理者制度の最新情報と事業計画書の作成方法特別市場調査資料』		株式会社ビルネット
松村 耕平	権瓶 匠*	角 康之	2013.12	「展示空間における写真上の会話を利用したロボットガイド」	『電子情報通信学会技術研究報告』第113巻第372号	電子情報通信学会
松村 任三			1907	「英國植物園の話」	『東洋學藝雜誌』第24巻第310号	東京社
松村 規子	小林 淳一 他		1999.12	「時代とともにありたい、東京都江戸東京博物館の変貌」	『月刊ミュゼ』38号	(株)アム・プロモーション
松村 松盛			1922	「第三章社會教育の施設」	『民衆之教化』	帝國地方行政學會
松村 松盛			1926	「博物館を數へて」	『世界の鼓動』	帝國地方行政學會
松村 義敏			1947.5	「今後の博物館系諸施設に望む」	『博物館研究』復興第1巻第3号	日本博物館協会
松村 瞭			1914	「大正博覽會に於ける諸人種」	『人類學雜誌』第29巻第6號	東京人類學會
松本 朱実			1993	「多摩動物公園で行った自由研究と学習プログラム計画」	『日本動物園水族館教育研究会誌』1993年号	日本動物園水族館教育研究会
松本 朱実			2012.7	「動物園を活用した理科授業:視点をもって観察し、話し合いで認識を深める」	『理科の教育』第61巻第7号	日本理科教育学会
松本 朱実	馬場 敦義	森本 信也	2015.7	「動物園における小学校の理科教育との連携の試み:対話的な学習を通した指導の試み」	『理科教育学研究』第56巻第1号	日本理科教育学会
松本 朱実	森本 信也		2016	「社会教育施設としての動物園と学校教育との連携」	『横浜国立大学教育学会研究論集』第3号	横浜国立大学教育学会
松本 育子			2009.12	「刈谷市美術館で開催してきた絵本、雑誌に関する展覧会について」	『児童文化』第41号	東海児童文化協会
松本 栄寿			1994	「米国スミソニアン協会、アメリカ歴史博物館に科学技術と社会の活動を見る」	『電気学会誌』第114巻6号	電気学会
松本 栄寿			1995	「米国の技術史教育の体験とスミソニアン協会」	『HEE-95-』第4号	電気学会・電気技術史研究会
松本 栄寿			1995	「エジソン国立記念館—ウエストオレンジ研究所跡」	『電気学会誌』第115巻9号	電気学会
松本 栄寿			1995.5	「スミソニアン協会の科学技術の展示－米国歴史博物館の歴史的背景と現状の活動を中心に－」	『博物館学雑誌』第20巻第1・2号合併号	全日本博物館学会
松本 栄寿			1996.8	「スミソニアン国立宇宙博物館をめぐる論争－歴史的背景と展示の現状－」	『博物館学雑誌』第21巻第2号	全日本博物館学会
松本 栄寿			1997.3	『遥かなるスミソニアン:博物館と大学とアーカイブスと』		玉川大学出版部
松本 栄寿	高安 礼士		1997.9	「米国・英国における文書史料施設(アーカイブス)の現状」	『HEE-97-』第13号	電気学会・電気技術史研究会
松本 栄寿			1998.3	「博物館管理とマルチメディアとアーカイブス」	『博物館学雑誌』第23巻第2号	全日本博物館学会
松本 栄寿			2001	「科学技術博物館の展示思想とその見方」	『電気学会誌』第122巻7号	電気学会
松本 栄寿			2002	「スミソニアンに学ぶ」	『学芸員:学習院大学学芸員資格取得』第6号	学習院大学学芸員資格取得事務室
松本 栄寿	Blanc.Montmayeur. Martine* 他	小浜 清子 訳	2003.6	『フランスの博物館と図書館』		玉川大学出版部
松本 栄寿	小浜 清子		2003.12	「フランス国立工芸院(CNAM)の歴史－技術工芸博物館(MAM)を中心として－」	『博物館学雑誌』第29巻第1号	全日本博物館学会
松本 栄寿	カステーン・シュバート*	小浜 清子 訳	2004.11	『進化する美術館フランス革命から現代まで』		玉川大学出版部
松本 栄寿			2007.3	「論考・提言・実践報告 スミソニアンのジレンマについて-EXHIBITING DILEMMASの著者インタビューを通して」	『JMMA日本ミュージアム・マネージメント学会会報』第11巻第3号	日本ミュージアム・マネージメント学会
松本 栄寿			2012.7	「スミソニアン博物館を生んだ「ジェームズ・スミソンの足跡を探る」:スタッファ島とフィンガルの洞窟」	『計量史研究』第34巻1号	日本計量史学会
松本 一正	渡辺 一史	原田 健一 編	2013.9	「動画・音声のデジタル化の実際」	『懐かしさは未来とともにやってくる:地域映像アーカイブの理論と実際』	学文社
松本 勝太郎			1929	「ミュンヘン博物館とビヤホール」	『海外を巡りて』	日本評論社
松本 香奈	下野 洋*	西谷 徹	2012.3	「大学博物館学校との連携学習-岐阜県博物館と連携した野外学習-」	『初等教育学研究報告』第1号	岐阜女子大学

著者1	著者2	著者3	発行年	論文名・書籍名	掲載誌	発行元
松本 佳也			2012.3	「広島市こども文化科学館:地域とともにあゆんで30年」	『天文月報』第105巻第4号	日本天文学会
松本 喜一			1938.12	「博物館と圖書館の提携」	『博物館研究』第11巻第12號	日本博物館協會
松本記念館			1919	『松本記念館』		松本記念館
松本 剣志郎			2013	「質の高い学芸員有資格者の輩出を目指して」	『東洋大学博物館学年報』第26号	東洋大学教務部
松本 佐保	福井 憲彦 監	伊藤 真実子 編	2014.2	「近代国家と博物館・美術館」	『世界の蒐集:アジアをめぐる博物館・博覧会・海外旅行』	山川出版社
松本 茂章			2015.4	「第4章図書館・博物館・美術館はどう変わるのか」	『日本の文化施設を歩く官民協働のまちづくり』	水曜社
松本市立博物館分館重要文化財旧開智学校校舎 編			2015.3	『教育博物館50年の歩み:重要文化財旧開智学校校舎』		松本市立博物館分館重要文化財旧開智学校校舎
松本 修二	船岡 智	朝井 健史	2015.11	「姫路市を含む兵庫県中南部地域の絶滅危惧種の現状と植物園における系統保存」	『日本植物園協会誌』第50号	日本植物園協会
松本 純子			2010.3	「変化の時代に対応した美術館・博物館活動の充実にむけて--「平成二十一年度美術館・歴史博物館活動基盤整備支援事業」実施状況報告」	『月間文化財』第558号	第一法規
松本女子師範學校			1936	『郷土研究資料目録』		松本女子師範學校
松本市立博物館			1997.2	『地域博物館の目的と使命:博物館がかがやくまち・松本をめざして:1997年講演会記録』		松本市立博物館
松本尋常高等小學校 編			1912	「松本記念館に於ける志士の遺物と其事歴」	『松本郷土訓話集』第1輯	松本尋常高等小學校
松本 真輔			2015.5	「通度寺の仏書刊行と聖宝博物館」	『アジア遊学』第184号	勉誠出版
松本 貴子	山田 善光*	塚本 貴弘	2006.4	「学校動物園の開設について」	『動物園研究』第10巻1号	動物園研究会
松本 猛			2002.5	『ぼくが安曇野ちひろ美術館をつくったわけ』		講談社
松本 武彦			2009.3	「台湾の生涯学習機関にみる日本の表象-台北「歴史博物館」の日本関係展示」	『大学改革と生涯学習』第13号	山梨学院生涯学習センター
松本 武彦			2010.3	「台湾の地域博物館における日本の表象--高雄市立歴史博物館の「日本」」	『大学改革と生涯学習』第14号	山梨学院生涯学習センター
松本 徹			2010.3	「個人文学館からの報告」	『昭和文学研究』第60集	昭和文学会
松本 透			2014.11	「美術館は作品を展示すれば足りるのか?」	『NACTreview:国立新美術館研究紀要』第1号	国立新美術館
松本 利隆	齊藤 義仰*	中野 裕貴 他	2013.3	「津波被害の記憶を忘れないためのオンライン津波資料館の構築」	『情報処理学会研究報告』第32号	情報処理学会
松本 富雄			2005	「1 保存への経過と現状」	『埋蔵文化財白書(第三次)』	ケイ・アイ・メディア
松本 知子	安斎 聡子*	箕輪 麻理子 他	2007	「座談会 展示の今を語る-女性の視点から」	『展示学』第43号	日本展示学会
松本 知子			2010.3	「日本型チルドレンズ・ミュージアムのあり方に関する調査研究」	『日本ミュージアム・マネージメント学会研究紀要』第14号	日本ミュージアム・マネージメント学会
松本 直子			2013.11	「筑波実験植物園におけるインナーコミュニケーション改善による効果」	『日本植物園協会誌』第48号	日本植物園協会
松本 伸之			2012.8	「学芸企画部の過去・現在・未来:新たな博物館像をめざして」	『月刊文化財』第587号	第一法規
松本 登			1988.12	「地域資料館のあり方を模索して」	『博物館問題研究会会報』第22号	博物館問題研究会
松本 英隆			1996.7	「「海外美術館情報」寄贈と遺贈」	『美術館連絡協議会会報』第51号	読売新聞社
松本 英隆			1997.1	「「海外美術館情報」アメリカの博物館学」	『美術館連絡協議会会報』第53号	読売新聞社
松本 浩明	斉藤 千映美*	田中 ちひろ	2014.3	「動物園における校外学習の実態と課題:仙台市八木山動物公園の事例から」	『宮城教育大学環境教育研究紀要』第16号	宮城教育大学環境教育附属実践研究センター
松本 洋幸			2007.10	「指定管理者制度と地域資料館-横浜市の事例」	『九州史学』第148号	九州史学研究会
松本 亦太郎			1915	「近代美術館設置の必要」	『現代の日本畫』	北文館

著者1	著者2	著者3	発行年	論文名・書籍名	掲載誌	発行元
松本 亦太郎			1917	「ドレスデンの諸美術館」	『渡り鳥日記』	實業之日本社
松本まるごと博物館構想策定委員会			2000.6	『松本まるごと博物館構想』		松本市
松本 悠子			2012.3	「パリの移民史「博物館」をめぐって」	『紀要史学』第57号	中央大学
松本 幸英	藤山 佳人		2011.9	「博物館の教育活動に使用する模造砂岩の新しい製作技法」	『化石』第90号	日本古生物学会
松本 由理子	村井 良子*	村上 由美 他	1995.7	「やわらかな母なる表情のミュージアムを～世田谷美術館・いわさきちひろ絵本美術館を語りながら～」	『月刊ミュゼ』12号	(株)アム・プロモーション
松本 吏樹郎			2011.1	「博物館だより(2)ロンドン自然史博物館研修報告：コレクションをめぐる博物館活動について」	『昆蟲.ニューシリーズ』第14巻1号	日本昆虫学会
松本 涼子	相川 稔	松原 始	2016.1	「第8章動物」	『見る目が変わる博物館の楽しみ方：地球・生物・人類を知る』	ベレ出版
松本 亮子			2016.5	「学びを触発するスペースデザイン」	『触発するミュージアム：文化的公共空間の新たな可能性を求めて』	あいり出版
松本 玲子			2013	「文化庁「NPOによる文化財建造物活用モデル事業」におけるコンサート」	『明和学園短期大学紀要』第23号	明和学園短期大学
松本 玲子			2014	「明治時代の東京国立博物館とこどもたち」	『明和学園短期大学紀要』第24号	明和学園短期大学
松本 玲子			2014.12	「東京国立博物館の『音風景』(1)：博物館黎明期を聴く」	『青山総合文化政策学』第6号	東京国立博物館
松本 玲子			2016	「戦時下の東京国立博物館と子ども達：『東京帝室博物館学芸課日誌』による」	『明和学園短期大学紀要』第26号	明和学園短期大学
松本 弥 編著			1997	『カイロ・エジプト博物館ルクソール美術館への招待』		弥呂久
松森 靖夫			1992.7	「教育工学における教授メディア研究-1-米国のプラネタリウム研究の動向について」	『岡山大学教育学部研究集録』第90号	岡山大学教育学部
松森 靖夫			1997	『教授メディアとしてのプラネタリウムの効果的利用を目指したプログラムの開発と試行』		文部省科学研究費補助金研究成果報告書
松山 正治	木村 健一郎*	稲葉 正吉 他	2014.9	「市長座談会 水族館、動物園でまちを元気に」	『市政』第63巻第9号	全国市長会館
松山 智恵子	栃窪 優二*	小塩 哲朗	2012	「大学と科学館との映像制作連携の試み：名古屋市科学館プロジェクト報告」	『椙山女学園大学文化情報学部紀要』第12巻	椙山女学園大学文化情報学部
松山 智恵子	栃窪 優二	脇田 泰子 他	2014.3	「地域連携によるインターネット情報発信の試み：「バーチャルひがしやま動物園&植物園」サイトの構築」	『椙山女学園大学研究論集社会科学篇』第45号	椙山女学園大学
Matisoff.James.A			2011	「動植物命名法の地域性と普遍性」	『国立民族学博物館研究報告』第35巻第4号	国立民族学博物館
的野 克之			1998	「島根県立博物館40年の歩み－博物館から美術館、そして歴博へ」	『博物館研究』第33巻第3号	日本博物館協会
的場 伸一			1999	「参加体験型の博物館における視覚障害者への対応」	『ユニバーサル・ミュージアムをめざして―視覚障害者と博物館―』	神奈川県立生命の星・地球博物館
的場 康子			1998.3	「利用者にとって博物館とは？」	『Museologist：明治大学学芸員養成課程年報』第13巻	明治大学学芸員養成課程
的場 保望			1978	「試料採集「海底の試料」」	『微化石研究マニュアル』	朝倉書店
マドレーヌ・ウール	秋山 光和 訳		1953.2	「ルーヴル研究所における美術品の科学的研究」	『美術研究』第168号	文化財研究所東京文化財研究所
真鍋 俊照			2006.7	「博物館とやさしさの心-茶碗を愛でる「しぐさ」-」	『博物館研究』第41巻第7号	日本博物館協会
真鍋 建男			1998.3	「遺跡整備・保存をめぐるコンサルタントの役割2.都市における歴史学の力点」	『資源環境対策』第34巻4号(『緑の読本』シリーズ45)	公害対策技術同友会
真鍋 徹			2008.11	「博物館と生態学(8)地域博物館での生態学研究」	『日本生態学会誌』第58巻第3号	日本生態学会誌編集委員会
真鍋 俊照	鷲塚 泰光*	齋藤 勝 他	1996	「フォーラム「今、博物館に求められているもの」―博物館相互の連携特に相互信頼の醸成について―」	『博物館の防災方策に関する調査研究報告書平成8年度』	日本博物館協会
真鍋 俊照	鷲塚 泰光*	齋藤 勝 他	1997	「今博物館に求められているもの―博物館相互の連携特に相互信頼の熟成について(前半)」	『博物館研究』第32巻第2号	日本博物館協会
真鍋 俊照	鷲塚 泰光*	齋藤 勝 他	1997.3	「今博物館に求められているもの―博物館相互の連携・特に相互信頼の醸成について(後半)」	『博物館研究』第32巻第3号	日本博物館協会
真鍋 真	森田 利仁	斉藤 靖二	1998	「これからの博物館の役割と機能―欧米の自然史博物館の最近の事例に学ぶ―」	『地質ニュース』第532号	実業公報社

著者1	著者2	著者3	発行年	論文名・書籍名	掲載誌	発行元
真鍋 真			2009.4	「博物館とつながるツール」	『心理学ワールド』第45号	日本心理学会
真鍋 真	山口 尚子*	楠 房子	2010.6	「博物館・動物園におけるユーザのインタラクションを支援するデザイン」	『科学教育研究』第34号2巻	日本科学教育学会
真鍋 真			2011.10	「地域の記憶を継承する場としての博物館」	『海洋と生物』第33巻第5号	生物研究社
眞野 節雄			2013.6	「東京都立中央図書館のカビ対策」	『ネットワーク資料保存』第104号	日本図書館協会・資料保存委員会
真野 常雄			1931	『郷土教育の實際的研究』		東洋圖書
真野 龍三			1969	『埴輪のおじさん:博物館守衛長物語』		朝日新聞社
馬渕 明子			2011.3	「ミュージアム、コレクション、ドネーション(博物館学の周辺)」	『日本女子大学博物館学芸員課程年報』No.9	日本女子大学
馬渕 浩一			1996.3	「外国人向け展示解説に関する調査と考察」	『名古屋市科学館紀要』第22号	名古屋市科学館
馬渕 浩一			1997.12	「科学館巡回展の課題」	『博物館研究』第32巻第12号	日本博物館協会
馬渕 浩一			1999	『21世紀の科学館像-展示・運営に関する提言』		ミュージアム出版
馬渕 浩一			1999.3	「アメリカの科学博物館巡回展」	『名古屋市科学館紀要』第25号	名古屋市科学館
馬渕 浩一			2000.3	「アジア科学館とのテレビ会議の実施」	『名古屋市科学館紀要』第26号	名古屋市科学館
馬渕 浩一			2000.3	「博物館および企業における産業・技術に関する展示の調査」	『名古屋市科学館紀要』第26号	名古屋市科学館
馬渕 浩一			2001.2	『IT時代の産業技術博物館構想技術の保存継承が拓く21世紀のモノづくり』		玉川大学出版部
馬渕 浩一			2003.3	「新展示品「電柱の作業を体験してみよう」が目指すもの」	『名古屋市科学館紀要』第29号	名古屋市科学館
馬渕 浩一			2003.3	「地域の産業資源を活用した博物館活動」	『名古屋市科学館紀要』第29号	名古屋市科学館
馬渕 浩一	堀越 哲美		2004.4	「公立産業技術博物館の嚆矢としての市立名古屋科学館の設立」	『日本建築学会計画系論文集』第69巻578号	日本建築学会
馬渕 浩一	堀越 哲美		2005.2	「1980年代におけるわが国の大規模公立科学館の設置と役割の変化」	『日本建築学会計画系論文集』第70巻588号	日本建築学会
馬渕 浩一			2005.3	「市立名古屋科学館開館以前のわが国の理工系博物館について」	『名古屋市科学館紀要』第31号	名古屋市科学館
馬渕 浩一			2008.3	「既製映像の再編集と展示への利活用」	『名古屋市科学館紀要』第34号	名古屋市科学館
馬渕 浩一			2014.3	「名古屋市科学館における高校生電気自動車プロジェクトの実施と成果:知識から価値へ結びつけるグローバル工学教育」	『生涯学習・キャリア教育研究』第10号	名古屋大学大学院教育発達科学研究科附属生涯学習・キャリア教育研究センター
間渕 創	木川 りか*	佐野 千絵	2010.3	「『文化財展示収蔵施設におけるカビのコントロールについて』」		東京文化財研究所文化遺産国際協力センター
間渕 創	佐藤 嘉則		2016	「博物館施設におけるゾーニングへのバイオエアロゾル測定の活用」	『保存科学』第56号	国立文化財機構東京文化財研究所
間渕 創 編	瀧川 和也*	岸田 早苗	2016.1	『すばらしい三重の文化財:うけつぐ、まもる、つたえる。:三重県総合博物館×三重県指定文化財等所有者連絡協議会:交流展１』		三重県総合博物館
馬淵 久夫 編	三輪 嘉六 編		2003.6	『文化財科学の事典』		朝倉書店
真歩仁 しょうん	辻 みどり*	田村 奈保子	2012.1	『文化資産としての美術館利用:地域の教育・文化的生活に資する方法研究と実践』		公人の友社
間宮 不二雄			1931	「博物館施設ノ要望ト圖書館」	『圖書館研究』第4巻4號(16號)	青年圖書館員聯盟
豆谷 利宏			2010.3	「平和記念資料館展示整備等基本計画の策定経過と今後の展開」	『広島平和記念資料館資料調査研究会研究報告』第6号	広島平和記念資料館資料調査研究会
マリサ・リンネ			2015.6	「オーストリア、グラーツ市の2014年ICDAD国際会議-「個人コレクターとコレクション」	『博物館研究』第50巻第6号	日本博物館協会
マリンピア松島水族館			2015	『松島水族館の歴史』		マリンピア松島水族館
丸尾 敏雄			2010.3	「新館十年の企画展を振り返って」	『百万塔』第135号	紙の博物館

著者1	著者2	著者3	発行年	論文名・書籍名	掲載誌	発行元
丸川 雄三	水谷 長志*	川口 雅子	2014.3	「アジアからの美術書誌情報の発信:東京国立近代美術館・国立西洋美術館OPACのartlibraries.netにおける公開の経緯とその意義」	『東京国立近代美術館研究紀要』第18号	東京国立近代美術館
丸子 亘			1960	『博物館資料の整理目録法・分類法要説』		不明
丸子 亘			1964	「大正昭和期の博物館発達の展望と問題点」	『わが国の近代博物館施設発達資料の集成と研究大正・昭和編』	日本博物館協会
丸三製薬株式会社	上村 清*	守山 義明	2004.12	「家屋害虫防除の進め方とIPM」	『家屋害虫』第26巻2号	日本家屋害虫学会
丸茂 武重			1942	「南京博物館――大陸博物館巡禮一」	『古代文化』第十三巻第十號	日本古代文化學會
丸茂 忠雄			1931	「東京科學博物館の沿革と現状」	『科學知識』第10巻	科學知識普及會
丸茂 忠雄			1935	「萬國博物館會議について」	『博物館研究』第8巻第5號	日本博物館協會
丸茂 忠雄			1935	「萬國博物館會議について(2)」	『博物館研究』第8巻第6號	日本博物館協會
丸茂 忠雄			1935	「萬國博物館會議について(3)」	『博物館研究』第8巻第7號	日本博物館協會
Marta.Arjona			1978.3	「社会的・文化的問題の解決策を示唆する際のICOMの役割」	『第11回ICOM総会講演集 博物館と文化交流』	国際博物館会議日本委員会
マルティネス・アレハンドロ			2015.4	「西洋における木造建築修理の考え方:イコモス「歴史的木造建造物の保存のための原則」の更新」	『文建協通信』第120号	文化財建造物保存技術協会
マルティネス・アレハンドロ			2016.3	「学界展望 国際保護憲章等にみる文化財建築の保存原則」	『建築史学』第66号	建築史学会
マルティネス・アレハンドロ			2017.3	「討議「木造建造物保存修理の方法と課題」ヨーロッパの木造建築修理について」	『文化財建造物の保存修理を考える:第7回シンポジウム「木造建造物保存修理技術の特色」の記録』	文化財建造物保存技術協会
丸山 一男			1955.2	「玉野海洋博物館について」	『博物館研究』第28巻第2号	日本博物館協会
丸山 和代	山岸 公基*	木下 千巡	2008.3	「教育資料館の活用—「模」正倉院展の実践より—」	『教育実践総合センター研究紀要』第17巻	奈良教育大学教育学部附属教育実践総合センター
丸山 幹治			1935	「日本が大美術館」	『黒頭巾を脱ぐ』	言海書房
丸山 清志			2007.12	「ハワイの遺跡保存・活用と埋蔵文化財」	『Mouseion:立教大学博物館研究』第53号	立教大学学校・社会教育講座
丸山 茂樹			1991.5	「博物館作りの新しい試み」	『展示学』第11号	日本展示学会
丸山 二郎			1953	「仮称国史館」	『古文化の保存と研究―黒板博士の業績を中心として』	黒板博士記念会
丸山 聡栄	浅田 正彦*		2005.3	「千葉県立中央博物館生態園における来園者の利用状況調査」	『千葉県立中央博物館 自然誌研究報告』第8巻2号	千葉県立中央博物館
丸山 泰明			2010	「パフォーマンスとしての戦争展示--遊就館から考える」	『口承文藝研究』第33号	日本口承文藝學會
丸山 孝			1949.2	「武蔵野博物館」	『博物館研究』復興第3巻第1号	日本博物館協会
丸山 貴広	坪山 幸王	佐藤 信治	2003.7	「裏方諸室の部門間における施設員の移動距離について:水族館に関する建築計画的研究 その8」	『学術講演梗概集』2003巻	日本建築学会
丸山 哲也			2005.7	「大学の原点を伝える禅文化歴史博物館」	『大学時報』第54巻303号	日本私立大学連盟
丸山 俊朗	森谷 菜穂子	高橋 加津美	2009.3	「キャンパス共通科目としての博物館実習」	『山形大学高等教育研究年報』第3号	山形大学
丸山 俊明	森谷 菜穂子*	高橋 加津美	2010.3	「山形大学附属博物館、地域貢献のために:特別展・公開講座報告」	『山形大学高等教育研究年報』第4号	山形大学
丸山 憲子			2017.12	「展示コミュニケーション論史」	『博物館学史研究事典』	雄山閣
丸山 晴久			1969.3	「財団法人横浜海洋科学博物館の教育活動」	『國學院大學博物館學紀要』第1輯	國學院大學博物館学研究室
丸山 宏			1986	「明治初期の京都博覧会」	『万国博覧会の研究』	思文閣
丸山 宏			1994.12	『近代日本公園史の研究』		思文閣
丸山 宗利			2014.4	「小型甲虫の台紙貼り標本とラベルの基本的な作り方と注意点」	『九州大学総合研究博物館研究報告』第12号	九州大学総合研究博物館

ま

著者1	著者2	著者3	発行年	論文名・書籍名	掲載誌	発行元
丸山 泰明			2005.9	「同時代を見る眼と博物館」	『非文字資料研究』第9号	神奈川大学21世紀COEプログラム「人類文化研究のための非文字資料の体系化」研究推進会議
丸山 泰明			2006.3	「文化政策としての民俗博物館-国民国家日本の形成と「国立民俗博物館」構想-」	『年報 人類文化研究のための非文字資料の体系化』第3号	神奈川大学21世紀COEプログラム「人類文化研究のための非文字資料の体系化」研究推進会議
丸山 泰明			2006.6	「デンマークの野外博物館」	『非文字資料研究』第12号	神奈川大学21世紀COEプログラム「人類文化研究のための非文字資料の体系化」研究推進会議
丸山 泰明			2008.3	「文化遺産化する『景観』—観光旅行、博覧会、博物館の19-20世紀」	『非文字資料研究の可能性—若手研究者研究成果論文集—』	神奈川大学21世紀COEプログラム「人類文化研究のための非文字資料の体系化」研究推進会議
丸山 貴陸			2015.5	「地域の力を信じる・活かす 市民の手による、市民のための美術館:室蘭市民美術館のこころみ」	『地方自治職員研修』第48巻第5号	公職研
丸山 良二			1921	「博物館」など	『日本社會教育の研究』	明誠館
馬渡 峻輔			2007.2	「人間は次世代に「モノ」を残す」	『学術の動向』第12巻第2号	日本学術協力財団
馬渡 峻輔			2009.9	「自然系博物館の未来(第5回)大学博物館の可能性」	『科学』第79巻第9号	岩波書店
馬渡 峻輔	斎藤 靖二	松浦 啓一 他	2015.1	「公開座談会 異なる館種の立場から見た、博物館法制度の課題」	『博物館研究』第50巻第1号	日本博物館協会
馬渡 峻輔			2015.2	「自然史標本の新しい価値:新しい自然史博物館を」	『タクサ:日本動物分類学会誌』第38号	日本動物分類学会
馬渡 駿介	松浦 啓一	西田 治文 他	2015.2	「公開座談会『異なる館種の立場から見た、博物館法制度の課題』(その2)振り返り」	『博物館研究』第50巻第2号	日本博物館協会
滿洲國立中央博物館			1939	「シベリア展覽會」	『滿洲帝國國立中央博物館時報』第一號	滿州帝國國立中央博物館
滿洲國立中央博物館			1939	「シベリア展覽會の趣意」	『滿洲帝國國立中央博物館時報』第一號	滿州帝國國立中央博物館
滿洲國立中央博物館			1940	「スカンセン及び伯林民俗博物館」	『滿洲帝國國立中央博物館時報』第四號	滿州帝國國立中央博物館
滿洲國立中央博物館			1940	「奉天博物館及び其の所藏品の一部」	『滿洲帝國國立中央博物館時報』第四號	滿州帝國國立中央博物館
滿洲國立中央博物館			1940	「日本紀元二千六百年慶祝飛鳥奈良朝文化展覽會」	『滿洲帝國國立中央博物館時報』第五號	滿州帝國國立中央博物館
滿洲國立中央博物館			1940	「國立中央博物館大經路展示場案内」	『滿洲帝國國立中央博物館時報』第七號	滿州帝國國立中央博物館
滿洲國立中央博物館			1940	『國立中央博物館大徑路展示場第1次列品目錄』		滿州帝國國立中央博物館
滿洲國立中央博物館			1941	「民俗博物館に關する座談會記錄」	『滿洲帝國國立中央博物館時報』第十號	滿州帝國國立中央博物館
滿洲國立中央博物館			1942	「大阪美術館の構成に就いて」	『滿洲帝國國立中央博物館時報』第十九號	滿州帝國國立中央博物館
滿洲史學會			1937	「國立博物館一部陳列替」	『滿洲史學』第1巻第2號	滿洲史學會
滿洲新聞社			1940	「飛鳥奈良文化展を見る(一)」	『滿洲新聞』14729	滿洲新聞社
満生 和昭			1976.7	「婦人ボランティア制度の構想と活動の状況--北九州市立美術館における」	『博物館研究』第11巻第7号	日本博物館協会
満生 和昭			1979.8	「北九州市立美術館における婦人ボランティアの活動について」	『社会教育』第34巻8号	全日本社会教育連合会
滿田 清剛			1936	「電気奨励館の施設概要」	『博物館研究』第9巻第9號	日本博物館協會
滿鐵東亞徑濟調査局			1942	『南方亞細亞の文化』		大和書店
満福 講次	田中 覚*	仲田 晋他	2013.1	「デジタルミュージアムための京都町並みコンテンツの作成」	『電子情報通信学会技術研究報告』第112巻第385号	電子情報通信学会
萬文堂出版部			1914	『大正博覽會案内』		萬文堂出版部
三井所 清典	長島 孝一*	藤井 恵介	1993.1	「古河歴史博物館と周辺の修景:受賞者:吉田桂二(1992年受賞)」	『建築雑誌』第108輯第1346號	日本建築学会
三井田 忠明			2009.3	「地震の中の博物館」	『民具研究』第139号	日本民具学会
三井田 忠明			2010	「中越沖地震と柏崎市立博物館の取り組み--被災館としての立場から」	『災害と資料』第4号	新潟大学災害復興科学センターアーカイブズ分野

著者1	著者2	著者3	発行年	論文名・書籍名	掲載誌	発行元
見市 雅俊			1999	「経済史・技術史的にみた第一回万国博覧会」	『千葉県立現代産業科学館研究報告』第5号	千葉県立現代産業科学館
三浦 篤			2003.6	「展覧会カタログの変貌―エドゥアール・マネの場合」	『展覧会カタログの愉しみ』	東京大学出版会
三浦 篤			2014.11	「「美術館」について考えること」	『NACTreview:国立新美術館研究紀要』第1号	国立新美術館
三浦 彩子 編	濱島 正士*監	清水 慶一	2006.9	『建築[見どころ]博物館ガイドブック課外学習へようこそ』		彰国社
三浦 恵美			2010.9	「国立科学博物館における古生物学教育普及活動の紹介」	『化石』第88号	日本古生物学会
三浦 修	米地 文夫		1999.12	「宮沢賢治の作品にみられる植物と植物園-総合的学習を目的とした大学植物園の活用について-」	『岩手大学教育学部研究年報』第59巻2号	岩手大学教育学部
三浦 和信	石橋 みゆき	川内 希弥子 他	1999	「展示解説員による対話形式の解説―視覚障害者と解説を共に考える―」	『ユニバーサル・ミュージアムをめざして―視覚障害者と博物館―』	神奈川県立生命の星・地球博物館
三浦 久美子			2007.11	「国登録有形民俗文化財「狭山茶の生産用具」の誕生-民俗資料再生のための一例」	『博物館研究』第42巻第11号	日本博物館協会
三浦 賢治			2012	「ホスピタリティアート・プロジェクト：ワークショップ・展示：金沢市立病院における実践から(その1)」	『金沢美術工芸大学紀要』第56号	金沢美術工芸大学
三浦 賢治			2013	「ホスピタリティアート・プロジェクト:ワークショップ・展示:金沢市立病院における実践から(その2)」	『金沢美術工芸大学紀要』第57号	金沢美術工芸大学
三浦 定俊			1980.3	「ルーブル博物館研究所におけるものの受け入れと情報の整理」	『保存科学』第19号	東京国立文化財研究所
三浦 定俊			1982	「環境システムとしての展示ケース」	『保存科学』第21号	東京国立文化財研究所
三浦 定俊	ジャック・ブリュネ*		1984	「日本における古墳保存の問題についての考察」	『保存科学』第23号	東京国立文化財研究所
三浦 定俊			1992.4	「第5章文化財と環境 第3節収蔵庫内の保管環境」	『文化財のための保存科学入門』	株式会社飛鳥企画
三浦 定俊	佐野 千絵	石川 陸郎	1993	「新設博物館・美術館等に於ける保存環境調査の実際」	『保存科学』第32号	東京国立文化財研究所
三浦 定俊	佐野 千絵	石川 陸郎	1993.4	「新設博物館・美術館等における保存環境調査の実際」	『月刊文化財』第355号	第一法規
三浦 定俊			1994	「臭化メチルの使用規制について」	『文化財の虫菌害』第38号	文化財虫害研究所
三浦 定俊	木川 りか	山野 勝次	1998	「臭化メチルの使用規制と博物館・美術館における防虫防黴対策の今後」	『月刊文化財』第410号	第一法規
三浦 定俊	木川 りか*	山野 勝次	2000.12	「今後の文化財の虫害対策」	『文化財の虫菌害』第40号	文化財虫害研究所
三浦 定俊			2001.5	「博物館における調査研究活動 調査研究の内容(Ⅲ)-保存科学の研究」	『新版博物館学講座 第6巻 博物館調査研究法』	雄山閣
三浦 定俊			2002	『文化財の新たな総合的虫菌害防除対策(IPM)のシステム構築に関する研究』		文部省科学研究費補助金研究成果報告書
三浦 定俊			2010.7	「文化財保存修復学会の行動規範ができるきっかけとその後の活用」	『博物館研究』第45巻第7号	日本博物館協会
三浦 定俊	川越 和四	高鳥 浩介	2012	「大エジプト博物館保存修復センター(GEM-CC)におけるIPM研修」	『保存科学』第52号	国立文化財機構東京文化財研究所
三浦 定俊			2012.6	「文化財の生物被害の現状と対策(2):文化財保存におけるIPMへの取り組み」	『日本防菌防黴学会誌』第40巻第6号	日本防菌防黴学会
三浦 定俊			2013.6	「博物館・美術館に於ける生物被害防止対策の現状」	『博物館研究』第48巻第6号	日本博物館協会
三浦 定俊	佐野 千絵	木川 りか	2016.11	『文化財保存環境学』		朝倉書店
三浦 三郎 編	上田 三平*		1972.4	『日本薬園史の研究 改訂増補』		渡辺書店
三浦 周行			1913	「江戸時代の名勝保存」	『歴史地理』第二十巻第三號	日本歴史地理學會
三浦 周行			1924	「歐米の古文書館(上)」	『史林』第九巻一號	史學研究會
三浦 周行			1924	「歐米の古文書館(中の一)」	『史林』第九巻二號	史學研究會
三浦 周行			1924	「歐米の古文書館(中の二)」	『史林』第九巻四號	史學研究會

著者1	著者2	著者3	発行年	論文名・書籍名	掲載誌	発行元
三浦 周行			1925	「欧米の古文書館(下)」	『史林』第十巻一號	史學研究會
三浦 周行			1926	「博物館」	『欧米観察過去より現代へ』	寶文館
三浦 しをん			2017.6	『ぐるぐる・博物館』		実業之日本社
三浦 知之			2009.1	「7年で見学者が3万を超えた宮崎ミニ水族館と地域貢献」	『日本水産学会誌』第75巻第1号	日本水産学会
三浦 夏樹	野村 美紀	高嶋 賢二 他	2016.2	「1調べる・みつける」	『もっと博物館が好きっ！みんなと歩む学芸員』	教育出版センター
三浦 広子	宮本 ルリ子		2012.5	「焼き物、アート、コミュニケーション―触って「みる」こと」	『さわって楽しむ博物館ユニバーサル・ミュージアムの可能性』	青弓社
三浦 文夫			2016.3	「アーティストコモンズのアーキテクチャーについて:ポピュラー音楽アーカイブ・ミュージアムとメディアプラットフォームとの関わり」	『関西大学社会学部紀要』第47巻第2号	関西大学社会学部
三浦 泰之			2000.3	「明治初期の地方博覧会と開拓使—開拓使、北海道はどのように「見られて」いたのか」	『北海道開拓記念館研究紀要』第28号	北海道開拓記念館
三浦 留美	清水 玲子*		2016.12	「ミュージアム・アーカイブスの可能性と課題:AAAの事例を通して」	『博物館学雑誌』第42巻第1号	全日本博物館学会
三重県	三重大学		2013.3	『志摩の自然を活かす—地域と大学と博物館の連携から:記録集:平成24年度三重県・三重大学連携新県立博物館シンポジウム』		三重県環境生活部新博物館整備推進プロジェクトチーム
三重県菰野町教育委員会			1989.11	『郷土資料館の10年のあゆみ』		三重県菰野町教育委員会
三重縣女子師範學校			1933	『郷土研究資料目録』		三重縣女子師範學校
三重県生活・文化部新博物館整備推進室			2010.3	『「博物館と大学の連携により進める人づくり」記録集:三重県・三重大学連携「文化力形成と地域活性化」連続フォーラム第2回フォーラム「新博物館シンポジウム」』		三重県生活・文化部新博物館整備推進室
三重県総合博物館			2015.3	「訪問シリーズ 三重県総合博物館(MieMu)」	『Sangin report:経済情報レポート』第39号	第三銀行経済研究所
三重県博物館協会 編			1998	『三重県移動博物館20周年史』		三重県博物館協会
三重県立博物館			2010.3	『モノって何だろう?』		三重県立博物館
三重県立博物館			2010.3	『地域連携と県民参画により進める博物館づくり事業実施報告書』		三重県立博物館
三重大学	三重県*		2013.3	『志摩の自然を活かす—地域と大学と博物館の連携から:記録集:平成24年度三重県・三重大学連携新県立博物館シンポジウム』		三重県環境生活部新博物館整備推進プロジェクトチーム
三重大学博学連携推進室「文化力形成と地域活性化」連続フォーラム担当事務局			2010.2	『「文化力と地域の活性化を拓く博学連携」(博物館と大学との連携)記録集:三重県・三重大学連携「文化力形成と地域活性化」連続フォーラム第3回フォーラム』		三重大学博学連携推進室「文化力形成と地域活性化」連続フォーラム担当事務局
三上 光一	永野 昌博		2008.1	「農村における博学連携地域学習の教育的効果と可能性」	『農業および園芸』第83巻第1号	養賢堂
三上 光一	永野 昌博*	澤畠 拓夫	2010.3	「博学連携によるセンサーカメラを使った哺乳類調査の実践」	『森林野生動物研究会誌』第35号	森林野生動物研究会
三上 慧			2015	「美術教員志望生の専門的成長を促す彫刻作品鑑賞:『大田原市街かど美術館』での実践を通して」	『日本美術教育研究論集』第48号	日本美術教育連合
三上 参次			1919	「文部省より日英博覧會に出陳せらるべき歴史的絵畫等について」	『史學雑誌』第23篇第3號	史學會
三上 参次			1921	「歐洲に於ける史蹟保存の状況」	『史蹟名勝天然紀念物』第4巻第9號	史蹟名勝天然紀念物保存協會
三上 参次			1921	「獨逸兩文豪の遺蹟を訪ひて」	『史蹟名勝天然紀念物』第5巻第1號	史蹟名勝天然紀念物保存協會
三上 次男			1933	「ハルピンの博物館」	『ドルメン』第2巻第4号(博物館特輯)	岡書院
三上 次男 編	杉山 二郎 編		1977.11	『世界の博物館.6大英博物館:秘宝と人類文化の遺産』		講談社
三上 戸美	小川 義和	高田 浩二 他	2006.8	「科学系博物館におけるサイエンスコミュニケーションの現状」	『日本科学教育学会年会論文集』第30巻	日本科学教育学会
三上 戸美	小川 義和	高田 浩二 他	2007.3	「科学系博物館等におけるコミュニケーション・ポリシーの実態調査」	『科学コミュニケーターに期待される資質・能力とその養成プログラムに関する基礎的研究』	文部省科学研究費補助金研究成果報告書
三上 戸美1	小川 義和2	高田 浩二 他	2007.3	「科学系博物館におけるサイエンスコミュニケーションの現状」	『科学コミュニケーターに期待される資質・能力とその養成プログラムに関する基礎的研究』	文部省科学研究費補助金研究成果報告書
三上 正毅			1911	「博物館」	『外遊十二年』	至誠堂

著者1	著者2	著者3	発行年	論文名・書籍名	掲載誌	発行元
三上 豊			1992.3	「カタログをボーッと見る」	『日仏美術学会会報』11号	日仏美術学会
三上 喜孝			2017.3	「「地域の学術文化の復興」と総合資料学」	『〈総合資料学〉の挑戦：異分野融合研究の最前線』	吉川弘文館
美甘 政和	矢吹 正則*		1896.9	『美作総社宮由来並保存方法』		矢吹正則ほか
三河内 彰子			2016.1	「第1章博物館とは?」	『見る目が変わる博物館の楽しみ方：地球・生物・人類を知る』	ベレ出版
三河内 岳			2016.1	「第2章鉱物・隕石」	『見る目が変わる博物館の楽しみ方：地球・生物・人類を知る』	ベレ出版
美川 きよ			1944	「スラバヤの動物園」「バリの博物館」ほか	『南ノ旅カラ』	文松堂書店
三木 佳光			2009.7	「エコミュージアムによる地域活性化」	『月刊経営労働』第44巻第7号	経営労働協会
三木 順子	太田 喬夫*		2007.12	『芸術展示の現象学』		晃洋書房
三木 末武			1944	「熱帯植物園」	『南方農業紀行』	六藝社
三木 多聞			1983	「美術館をめぐって」	『アトリエ』第678号	アトリエ出版社
三木 多聞			1984.1	「美術館活動に新しい動き」	『美術手帖』521号	美術出版社
三木 多聞			1986.1	「相変わらずの美術館開設と新しい運営の方向」	『美術手帖』556号（臨増）	美術出版社
三木 智絵			2011.9	「社団法人日本動物園水族館協会における東日本大震災への対応」	『博物館研究』第49巻第9号	日本博物館協会
三木 亨			2016.8	「ユニバーサルな観光地を目指して」	『ひとが優しい博物館：ユニバーサル・ミュージアムの新展開』	青弓社
三木 文雄			1973.1	「考古列品収集の梗概」	『MUSEUM』第262号	東京国立博物館
三木 美裕			1993	「こどもがこどもらしくしていられるところ ボストンチルドレンズ・ミュージアムのこどもたち」	『ミュージアム・マガジン・ドーム』第9号	日本文教出版
三木 美裕			1997	「今日から、誰にでもできる体験型展示」	『月刊ミュゼ』26号	(株)アム・プロモーション
三木 美裕			1998	「こどもと博物館と、エデュケーター」	『博物館研究』第33巻第5号	日本博物館協会
三木 美裕			1999.3	「アメリカでの展示の検証と評価法の応用～展示の検証とはお客様を知ることである～」	『Museum Date』44号	丹青研究所
三木 美裕			1999.1	「ニーズをさぐる アドバイザリー・グループの形成」	『月刊ミュゼ』37号	(株)アム・プロモーション
三木 美裕			1999.12	「ニーズをさぐる（その2）展示検証と来館者研究の実践」	『月刊ミュゼ』38号	(株)アム・プロモーション
三木 美裕			1999.12	「博物館・美術館の来館者研究 アメリカの事例から」	『国立民族学博物館研究報告』第24巻第3号	国立民族学博物館
三木 美裕			2000.2	「ニーズをさぐる（その3）博物館（たてもの）の有効活用」	『月刊ミュゼ』39号	(株)アム・プロモーション
三木 美裕			2000.4	「外部資本と付き合う」	『月刊ミュゼ』40号	(株)アム・プロモーション
三木 美裕			2001.3	「学芸員による展示開発と評価・改善 その方法と実践例」	『博物館における評価と改善スキルアップ講座』資料集	東京都江戸東京博物館「博物館における評価と改善スキルアップ講座」実行委員会
三木 美裕			2001.6	「エデュケーション・センターの行方」	『月刊ミュゼ』47号	(株)アム・プロモーション
三木 美裕			2001.12	「人の出会いこそが新たな創造性を生む 体験的チルドレンズ・ミュージアム考」	『Cultivate：文化と環境を考える』第15号	文化環境研究所
三木 美裕			2002.6	「同僚と向き合う―グランド・ライター」	『月刊ミュゼ』53号	(株)アム・プロモーション
三木 美裕			2004	『キュレイターからの手紙：アメリカ・ミュージアム事情』		(株)アム・プロモーション
三木 美裕			2005.3	「ニューヨークから」	『月刊ミュゼ』69号	(株)アム・プロモーション
三木 美裕			2005.7	「ロンドンから」	『月刊ミュゼ』71号	(株)アム・プロモーション

著者1	著者2	著者3	発行年	論文名・書籍名	掲載誌	発行元
三木 美裕			2005.11	「福岡から」	『月刊ミュゼ』73号	(株)アム・プロモーション
三木 美裕			2006.1	「大宰府から」	『月刊ミュゼ』74号	(株)アム・プロモーション
三木 美裕			2006.3	「デンバーから」	『月刊ミュゼ』75号	(株)アム・プロモーション
三木 美裕			2006.7	「ボストンから」	『月刊ミュゼ』77号	(株)アム・プロモーション
三木 美裕			2008.1	「来館者の心理を読み解く達人ヘイワード氏の来日 サンフランシスコから」	『月刊ミュゼ』83号	(株)アム・プロモーション
三木 美裕			2010.1	「セントラル収蔵庫」	『月刊ミュゼ』91号	(株)アム・プロモーション
三木 美裕			2016.6	「行動する美術館」	『月刊ミュゼ』114号	(株)アム・プロモーション
Michel.Grabon	Jackie.Anderson	Peter.Bushnell 他	2016.3	「システィナ礼拝堂文化財保存のための新しい空調システム」	『空気調和・衛生工学』第90巻3号	空気調和・衛生工学会
三品 彰英			1938	「米國文化人類學會案内記」	『民族學研究』第4號	日本文化人類學會
三島 憲一			1989	「芸術の制度化 美術館をめぐって」	『講座20世紀の芸術2』	岩波書店
三島 冬嗣			1959	「脊椎動物の標本の作り方」	『初等・中等生物教育講座 第6巻』	中山書店
三島 美佐子	平井 康之*		2010.3	「九州大学総合研究博物館常設展示室におけるインクルーシブデザイン・ワークショップ」	『九州大学総合研究博物館研究報告』第8巻	九州大学総合研究博物館
三島 美佐子	岩永 省三		2014.4	「九州大学総合研究博物館・第一分館の刷新的利活用(1)経緯」	『九州大学総合研究博物館研究報告』第12号	九州大学総合研究博物館
三嶋 渉	田中 公教*	高畑 幸平 他	2016.3	「天文シミュレーターMitakaを用いたプログラム公演と大学博物館展示との連携:化石展示との連携を事例として」	『地学教育』第68巻第3号	日本地学教育学会
三代 綾			2015	「博物館における民俗資料展示についての一考察」	『人間の発達と博物館学の課題：新時代の博物館経営と教育を考える』	同成社
三代 綾			2016.3	「「再現展示」に至る歴史及びその効果:民俗資料展示を中心として」	『國學院雑誌』第117巻第3号	國學院大學
三代 綾			2017.12	「民俗博物館論史」	『博物館学史研究事典』	雄山閣
見城 敏子	登石 健三*	石川 陸郎	1972.3	「陳列室・収蔵庫内温湿度に関して」	『保存科学』第8号	東京国立文化財研究所
見城 敏子	登石 健三		1972.3	「つくりたてコンクリート室内雰囲気が油絵に及ぼす影響」	『保存科学』第9号	東京国立文化財研究所
見城 敏子	登石 健三*		1975.8	「環境保存の手引き」	『博物館学雑誌』第1巻第1号	全日本博物館学会
見城 敏子			1977.8	「文化財の材質に対する防腐剤防虫剤の影響」	『古文化財の科学』第20・21	文化財保存修復学会
見城 敏子	伊藤 延男*		1984.1	「対談・収蔵庫に求められる条件-1-保存・安全性・温度・湿度・調湿剤」	『博物館研究』第19巻第10号	日本博物館協会
見城 敏子	伊藤 延男*		1984.11	「対談・収蔵庫に求められる条件-2完-風・汚染・光」	『博物館研究』第19巻第11号	日本博物館協会
見城 敏子			1988	「文化財の保存①先人たちの知恵に現代の技術を生かして」	『BetterStorage』102号	日本ファイリングKK
見城 敏子			1988	「文化財の保存②文化財保存のための調湿紙の利用」	『BetterStorage』103号	日本ファイリングKK
見城 敏子	登石 健三*		1990	「文化財の保存施設・設備」	『文化財・保存科学の原理』	丹青社
見城 敏子			1991	「伝統に基づいた収蔵庫の試案」	『文化財の虫菌害』第21号	文化財虫害研究所
見城 敏子	登石 健三*		1991	「文化財の保存対策」	『文化財虫菌害防除概説』	文化財虫害研究所
見城 敏子	新井 英夫		1996.12	「古糊の研究」	『文化財の虫菌害』第32号	文化財虫害研究所
見城 敏子			2002	「博物館の展示室収蔵庫における保存環境について」	『MuseumDate』第59号	丹青総合研究所
水出 良造 編			1932	『小樽海港博覽會誌』		小樽商工會議所

著者1	著者2	著者3	発行年	論文名・書籍名	掲載誌	発行元
水内 豊和	菊池 加奈*		2015.1	「博物館において障害児者の生涯学習の機会を保障するための合理的配慮のあり方:情報保障の観点で特色ある取り組みをおこなう3つの博物館の事例から」	『富山大学人間発達科学部紀要』第10巻第1号	富山大学人間発達科学部
水内 豊和	菊池 加奈*		2016.2	「博物館における障害者への合理的配慮の現状と博物館学芸員の意識」	『特別支援教育コーディネーター研究』第12号	兵庫教育大学教育・社会調査研究センター
水上 元			2014	「日本の薬用植物園の歴史」	『Aromatopia』第23巻第5号	フレグランスジャーナル社
三杉 隆敏			1996.6	『真贋ものがたり』		岩波書店
水崎 禎			2012.3	「大学博物館の在り方～博学連携の理想的形態の実例～」	『北海学園大学学芸員課程学事報告書』第24号	北海学園大学学芸員課程
水沢 勉	太田 泰人*	渡辺 真理 他	2000.12	『美術館は生まれ変わる 21世紀の現代美術館』		鹿島出版会
水沢 勉			2007.11	「美術館の条件」	『美術批評と戦後美術』	星雲社
水沢 勉	太田 泰人*	渡辺 真理 他	2008.9	『美術館は生まれ変わる新版』		鹿島出版会
水沢 勉	住友 文彦*	太下 義之 他	2015	「座談会 個性で輝く美術館」	『三田評論』1192	慶応義塾
水品 紫乃	樋口 良江*		1983	「博物館の役割についての一考察」	『長野県民俗の会会報』6号	長野県民俗の会
水嶋 英治			1987.4	「ニューメディア時代の展示システム考 博物館のインテリジェント化に向けて」	『展示学』第4号	日本展示学会
水嶋 英治			1991.3	「オランダの博物館学研究センター―ラインワルトアカデミー―」	『博物館学雑誌』第16巻第1・2号合併号	全日本博物館学会
水嶋 英治			1992.7	「北米における保存情報ネットワーク-ドキュメンテーションと博物館活動の接点」	『情報の科学と技術』第42巻第7号	情報科学技術協会
水嶋 英治			1993	『航空博物館とは何か?』		星林社
水嶋 英治			1993.3	「フランスの展示工学研究所と博物館学研究センター」	『博物館学雑誌』第18巻第1・2号合併号	全日本博物館学会
水嶋 英治			1994.3	「科学博物館のための博物館学」	『博物館学雑誌』第19巻第1・2号合併号	全日本博物館学会
水嶋 英治			1995.5	「フランス科学博物館における教育政策の一側面―ラ・ビレット「科学産業都市」の事例研究」	『博物館学雑誌』第20巻第1・2号合併号	全日本博物館学会
水嶋 英治	ヤニ・ヘルマン*		1997.3	「インターネット時代における博物館と文化財情報ネットワーク(翻訳)」	『博物館学雑誌』第22巻第1・2号合併号	全日本博物館学会
水嶋 英治			1999	「フランスの博物館における学習支援」	『博物館研究』第34巻第7号	日本博物館協会
水嶋 英治 編	大堀 哲*監		1999	『博物館学を専攻する大学生のためのミュージアムスタディガイド 学習目標と学芸員試験問題集』		アム・ブックス
水嶋 英治			1999.8	「海外の博物館における情報化の現状」	『新版博物館学講座 第11巻博物館情報論』	雄山閣
水嶋 英治			1999.8	「館種別博物館の情報化の現状と課題 理工系博物館」	『新版博物館学講座 第11巻博物館情報論』	雄山閣
水嶋 英治			1999.8	「博物館における情報の提供と活用方法 3.展示におけるマルチメディアの活用」	『新版博物館学講座 第11巻博物館情報論』	雄山閣
水嶋 英治			1999.9	「第2章博物館活動の情報化 2展示の情報化」	『博物館学シリーズ 5博物館情報論』	樹村房
水嶋 英治			1999.9	「第4章博物館における情報提供の実際 1総論」	『博物館学シリーズ 5博物館情報論』	樹村房
水嶋 英治			1999.9	「第4章博物館における情報提供の実際 2情報提供の目的と方針-館運営における位置づけと戦略」	『博物館学シリーズ 5博物館情報論』	樹村房
水嶋 英治			1999.9	「第5章今後の課題 5博物館情報の国際化と世界の動向」	『博物館学シリーズ 5博物館情報論』	樹村房
水嶋 英治			2000.4	「博物館学文献目録について」	『月刊ミュゼ』40号	(株)アム・プロモーション
水嶋 英治			2000.6	「博物館機能の拡大 情報化が進む世界の博物館」	『新版博物館学講座 第4巻博物館機能論』	雄山閣
水嶋 英治			2001.6	「博物館の職業倫理について【その2:イギリス編】」	『月刊ミュゼ』47号	(株)アム・プロモーション
水島 英治			2004.11	「「博物館」の定義を再考する」	『博物館研究』第39巻第11号	日本博物館協会

著者1	著者2	著者3	発行年	論文名・書籍名	掲載誌	発行元
水嶋 英治			2005.2	「デジタル文化財の可能性：博物館情報の限界と新たなる挑戦」	『Cultivate：文化と環境を考える』第24号	文化環境研究所
水嶋 英治			2005.7	「世界遺産と物語性について」	『月刊ミュゼ』71号	(株)アム・プロモーション
水嶋 英治			2005.7	「大学博物館は何を目指すのか--博物館学博物館の取り組み」	『大学時報』第54巻303号	日本私立大学連盟
水嶋 英治			2005.9	「博物館の社会的責任について」	『月刊ミュゼ』72号	(株)アム・プロモーション
水嶋 英治			2006.1	「市場化テストの不毛な議論」	『月刊ミュゼ』74号	(株)アム・プロモーション
水嶋 英治			2006.2	『文化財教育学ことはじめ』		勉誠出版
水嶋 英治			2006.7	「アクセシビリティの向上と言語のバリアフリー化～外国人観光客の対応策を考えるために～」	『博物館研究』第41巻第7号	日本博物館協会
水嶋 英治			2006.7	「博物館学の理論と実践について」	『月刊ミュゼ』77号	(株)アム・プロモーション
水嶋 英治			2007.3	「歴史博物館の存在証明-欧米に学ぶ管理運営・保存哲学」	『歴史評論』第683号	校倉書房
水嶋 英治			2007.11	「博物館専門職制度改革の状況-グローバリゼーション時代における学芸員の養成」	『図書館雑誌』第101巻第11号	日本図書館協会
水嶋 英治	栗原 祐司*司会	西 源二郎 他	2008.1	座談会「博物館を考える」～新しい博物館像について」	『マナビィ』第79号	文部科学省
水嶋 英治			2008.9	「博物館における記録遺産と情報化-その歴史と現状・課題」	『博物館研究』第43巻第9号	日本博物館協会
水嶋 英治			2008.12	「グローバリゼーション時代における博物館専門家集団の役割(創立80周年記念号)」	『博物館研究』第43巻第12号	日本博物館協会
水嶋 英治			2009.1	「学芸員養成の政策的課題-博物館人として活躍できる環境整備と制度設計」	『社会教育』第64巻1号	全日本社会教育連合会
水嶋 英治			2009.9	「野外博物館の役割と限界--歴史的発展と現代社会における可能性」	『博物館研究』第44巻第9号	日本博物館協会
水嶋 英治			2010.3	「国際博物館会議ICOMの定めるカリキュラムガイドライン」	『全博協研究紀要』第12号	全国大学博物館学講座協議会
水嶋 英治			2010.5	「博物館倫理規定と専門家集団としての行動規範」	『博物館研究』第45巻第5号	日本博物館協会
水嶋 英治			2010.6	「博物館評価制度の導入は改善か改悪か」	『地方史研究』第60巻第3号	地方史研究協議会
水嶋 英治			2010.12	「欧州博物館調査(第5回)フランスにおける美術館と国の契約関係--ルーヴル美術館・オルセー美術館の業務実績契約を分析する」	『博物館研究』第45巻第12号	日本博物館協会
水嶋 英治			2011.2	「博物館は社会的調和の牽引役となり得るか--ICOM上海大会報告」	『博物館研究』第46巻第2号	日本博物館協会
水嶋 英治			2011.11	「ミュージアム建築を考える旅（Ⅴ）歴史の動かぬ証拠は博物館の中に—韓国の博物館化を検証する—」	『月刊ミュゼ』98号	(株)アム・プロモーション
水嶋 英治			2011.12	「博物館の進化と博物館学の深化」	『文部科学時報』第1632号	ぎょうせい
水嶋 英治			2012.2	「自然史博物館は社会的要求に応えているか」	『月刊ミュゼ』99号	(株)アム・プロモーション
水嶋 英治			2012.4	「館種別調査研究 野外博物館（博物館資料と調査研究活動）」	『博物館学1（博物館概論*博物館資料論）』	学文社
水嶋 英治			2012.4	「博物館学論」	『博物館学1（博物館概論*博物館資料論）』	学文社
水嶋 英治			2012.4	「博物館資料の概念」	『博物館学1（博物館概論*博物館資料論）』	学文社
水嶋 英治 編	大堀 哲*		2012.4	『博物館学1（博物館概論*博物館資料論）』		学文社
水嶋 英治			2012.11	「博物館経営の課題」	『博物館学3（博物館情報メディア論*博物館経営論）』	学文社
水嶋 英治			2012.11	「博物館経営と効果」	『博物館学3（博物館情報メディア論*博物館経営論）』	学文社
水嶋 英治			2012.11	「博物館情報・メディアの理論」	『博物館学3（博物館情報メディア論*博物館経営論）』	学文社
水嶋 英治 編	大堀 哲*		2012.11	『博物館学3（博物館情報メディア論*博物館経営論）』		学文社

著者1	著者2	著者3	発行年	論文名・書籍名	掲載誌	発行元
水嶋 英治			2012.12	「専門分野別展示 野外博物館(博物館展示の形態と方法)」	『博物館学2(博物館展示論*博物館教育論)』	学文社
水嶋 英治			2012.12	「展示論と展示の歴史」	『博物館学2(博物館展示論*博物館教育論)』	学文社
水嶋 英治			2012.12	「博物館教育の課題」	『博物館学2(博物館展示論*博物館教育論)』	学文社
水嶋 英治 編	大堀 哲*		2012.12	『博物館学2(博物館展示論*博物館教育論)』		学文社
水嶋 英治			2013.3	「建築遺産の保存と野外博物館における公開:博物館学の視点から見た建築遺産公開手法の新分類の提案」	『常磐大学大学院常磐研究紀要:常磐大学大学院学術雑誌』第7号	常磐大学大学院人間科学研究科
水嶋 英治			2013.3	「博物館と資料保存」	『博物館学4(博物館資料保存論*博物館実習論)』	学文社
水嶋 英治			2013.3	「博物館資料の保全」	『博物館学4(博物館資料保存論*博物館実習論)』	学文社
水嶋 英治	青木 豊		2013.3	「博物館資料の保存環境」	『博物館学4(博物館資料保存論*博物館実習論)』	学文社
水嶋 英治			2013.3	「博物館資料保存の課題」	『博物館学4(博物館資料保存論*博物館実習論)』	学文社
水嶋 英治			2013.3	「博物館実習の課題」	『博物館学4(博物館資料保存論*博物館実習論)』	学文社
水嶋 英治 編	大堀 哲*		2013.3	『博物館学4(博物館資料保存論*博物館実習論)』		学文社
水嶋 英治			2013.11	「文化財の危機管理と博物館の社会的責務」	『博物館研究』第48巻第11号	日本博物館協会
水嶋 英治			2013.12	「ICOMリオ大会2013大会決議をどう読むか」	『博物館研究』第48巻第12号	日本博物館協会
水嶋 英治			2016.6	「ミュージアム建築を考える旅(ⅩⅠ)礼拝価値から展示価値へ ルーマニアの宗教建築を歩く」	『月刊ミュゼ』114号	(株)アム・プロモーション
水嶋 英治	田窪 直規 編		2017.1	『ミュージアムの情報資源と目録・カタログ』		樹村房
水島 長志			1993.3	「アート・ドキュメンテーションの展開とその文献紹介—1990年代に入って」	『アート・ドキュメンテーション研究』第2号	アート・ドキュメンテーション学会
水島 長志			2012	『MLA連携の現状・課題・未来』		勉誠出版
水島 久光	原田 健一 編	石井 仁志 編	2013.9	「アーカイブとアーカイブをつなげる」	『懐かしさは未来とともにやってくる:地域映像アーカイブの理論と実際』	学文社
水島 久光	原田 健一 編	石井 仁志 編	2013.9	「地域メディアと映像アーカイブをつなげる」	『懐かしさは未来とともにやってくる:地域映像アーカイブの理論と実際』	学文社
水谷 亜希			2013.3	「文化財ソムリエによる「文化財に親しむ授業」について:京都国立博物館の教育普及活動」	『博物館研究』第48巻第3号	日本博物館協会
水谷 綾			1998	「社会教育施設におけるボランティア・マネージメント」	『月刊ボランティア』第335号	大阪ボランティア協会
水谷 綾子	林 隆弘*	槇 謙太 他	2016.3	「公共施設の見学を社会科授業に活かす試み—長崎歴史文化博物館、長崎地方裁判所・家庭裁判所、長崎市立図書館の見学—」	『教育実践総合センター紀要』第15巻	長崎大学教育学部附属教育実践総合センター
水谷 栄太郎			1999	「名古屋市博物館の「触れてみる学習室」について」	『ユニバーサル・ミュージアムをめざして—視覚障害者と博物館—』	神奈川県立生命の星・地球博物館
水谷 栄太郎	坂本 喜樹*	三輪 嘉六 他	2011.3	「シンポジウム 市博物館と市立大学と地域連携で魅力あるまちづくりをめざして」	『人間文化研究所年報:人間地域共生』第6号	名古屋市立大学人間文化研究所
水谷 栄太郎			2011.3	「博物館と大学の連携について」	『人間文化研究所年報:人間地域共生』第6号	名古屋市立大学人間文化研究所
水谷 健介			1996.8	「英国のロイヤル・パビリオンにおける保存・修復・復元をテーマとしたイベント—」	『博物館学雑誌』第21巻第2号	全日本博物館学会
水谷 健介			1999.3	「The Rotation around the Museum's Decision-Making.」	『Museum study:明治大学学芸員養成課程紀要』第10号	明治大学学芸員養成課程
水谷 悟	坪井 龍太*		2013.3	「新学習指導要領に対応した中学生のための博学連携へのアプローチ—郷土への理解を深める試み—」	『人文・社会科学論集』第30号	東洋英和女学院大学
水谷 長志			1998.2	「ネットワーク上にある美術情報と美術および美術館の関係を考える-文化財情報システム「共通索引」に触発されながら」	『情報の科学と技術』第48巻第2号	情報科学技術協会
水谷 長志			2008.8	「アートライブラリから<連携>する美術情報 国立美術館の公開情報資源-所蔵作品と図書情報を中心に」	『現代の眼:東京国立近代美術館ニュース』571号	国立美術館東京国立近代美術館
水谷 長志			2010.1	「全国美術館会議情報・資料研究部会企画セミナー(2)美術情報・資料の活用--展覧会カタログからWebまで」	『アート・ドキュメンテーション通信』第87号	アート・ドキュメンテーション学会

著者1	著者2	著者3	発行年	論文名・書籍名	掲載誌	発行元
水谷 長志			2013.1	「メディア連携を企図する館史としての『東京国立近代美術館60年史』:「美術館の歴史を一冊の参考図書とする」試み再論」	『アート・ドキュメンテーション通信』第96号	アート・ドキュメンテーション学会
水谷 長志	川口 雅子	丸川 雄三	2014.3	「アジアからの美術書誌情報の発信:東京国立近代美術館・国立西洋美術館OPACのartlibraries.netにおける公開の経緯とその意義」	『東京国立近代美術館研究紀要』第18号	東京国立近代美術館
水谷 徳男			1939.5	「映畫法と社會教育」	『博物館研究』第12巻第5号	日本博物館協會
水谷 俊博	水谷 玲子		2016.1	「まちへつながる美術館アーツ前橋」	『BELCAnews』第27巻第154号	ロングライフビル推進協会
水谷 円香			2010.3	「博物館経営の近年の傾向--博物館経営論の現在と、『博物館研究』にみる博物館の経営」	『國學院大學博物館學紀要』第34輯	國學院大學博物館学研究室
水谷 円香	大貫 涼子*		2012.3	「樋口清之博士収集絵葉書資料について」	『國學院大學学術資料館考古学資料館紀要』第28号	國學院大學研究開発推進機構学術資料館考古学資料館部門
水谷 玲子	水谷 俊博*		2016.1	「まちへつながる美術館アーツ前橋」	『BELCAnews』第27巻第154号	ロングライフビル推進協会
瑞浪市化石博物館展示設計グループ			1981.12	「瑞浪市化石博物館の展示替え」	『瑞浪市化石博物館研究報告』第8号	瑞浪市化石博物館
瑞浪市化石博物館			1984	『開館10年のあゆみ昭和48~58年』		瑞浪市化石博物館
瑞浪市化石博物館			1994.12	『瑞浪市化石博物館20年のあゆみ1974-1994』		瑞浪市化石博物館
瑞浪市化石博物館			2005.3	『瑞浪市化石博物館30年の歩み1994-2004』		瑞浪市化石博物館
水野 暁子	池田 晶一	宇野 伸一郎	2014.10	「インターネット・ウェルフェア・ミュージアムを創る」	『現代と文化:日本福祉大学研究紀要』110号	日本福祉大学情報社会科学部
水野 慎士	岩崎 公弥子*	遠藤 守 他	2013.8	「科学館と大学・来館者の「つながり」がもたらす可能性とその試み:名古屋市科学館開館50周年記念イベントにおける展示開発と実践」	『情報文化学会誌』第20巻1号	情報文化学会
水野 信太郎	瀧本 正二*	早川 恭子	2002.5	「インタビュー20世紀の産業技術--私の歩んだ道 博物館の科学教育に力をそそぐ--瀧本正二」	『産業遺産研究』第9号	中部産業遺産研究会事務局
水野 信太郎	永野 光一*		2015.1	「日本・イギリス・中国における煉瓦博物館整備の実情」	『北海道女子大学短期大学部研究紀要』第35号	北翔大学
水野 信太郎	永野 光一*		2015.1	「わが国における旧帝国博物館の成立過程」	『北海道女子大学短期大学部研究紀要』第36号	北翔大学
水野 貴博			2010.7	「ハンガリー建国千年祭博覧会(1896)「民俗学の村」展示について」	『学術講演梗概集』2010巻	日本建築学会
水野 常吉			1938	「時局と科學博物館」	『自然科學と博物館』第9巻第7號	東京博物館
水野 常吉			1938	「棚橋氏と科學思想の普及」	『棚橋源太郎氏と科學教育』	棚橋源太郎氏教育功労記念會
水野 裕之			2004.3	「考古学の参加体験型学習への取り組み方について」	『名古屋市見晴台考古資料館研究紀要』第6号	名古屋市見晴台考古資料館
水野 瑞夫			2014	「薬草の宝庫、伊吹山と薬草園:その歴史と植物について」	『Aromatopia』第23巻第5号	フレグランスジャーナル社
水野 祐			1992.7	「一史跡公園と玉造温泉の近代化」	『改訂増補勾玉』	学生社
水野 豊			1994.9	「行政説明「生涯学習社会と博物館」文部省、文化庁所管の博物館関係事業・関連事項についての説明要旨」	『博物館研究』第29巻第9号	日本博物館協会
水野 礼子	石田 安明		1985	「動物園、水族館における友の会ボランティア組織の設置状況調査報告」	『動物園教育―日本動物園教育研究会10年の歩み―』	日本動物園教育研究会
水野 練太郎			1929	「保存法制定の根本精神と其運用に就て」	『史蹟名勝天然紀念物』(再興)第4集第6號	史蹟名勝天然紀念物保存協会
水間 政憲			2016.1	「「戦争画批判」の真実(5)東京国立近代美術館の「戦争画」に対する悪意を見た」	『Voice』第457号	PHP研究所
溝井 裕一			2012.7	「動物園のルーツを探る:古代から中世までの「動物コレクション」とその役割について」	『關西大學文學論集』第62巻第1号	關西大學文學會
溝井 裕一			2014.4	『動物園の文化史:ひとと動物の5000年』		勉誠出版
溝井 裕一			2016.3	「「魚を横から・下から見ること」の文化史:ローマ式養魚池から博物誌・ヴンダーカンマー・金魚鉢・水族館まで」	『關西大學文學論集』第65巻第3・4号	關西大學文學會
溝上 智恵子			2003	『ミュージアムの政治学:カナダの多文化主義と国民文化』		東海大学出版会
溝上 智恵子			2007	「教育博物館誕生-万博における日加の出会い」	『カナダ研究年報』第27号	日本カナダ学会

著者1	著者2	著者3	発行年	論文名・書籍名	掲載誌	発行元
溝上 智恵子			2007.3	「19世紀半ばのトロント教育博物館(芸術・文化と公共性をめぐる歴史的・理論的研究)」	『文化経済学』第5巻第3号	文化経済学会
溝上 昭男	野沢 豊明		1968	「宮島水族館における単独循環ろ過飼育装置について」	『動物園水族館雑誌』第10巻2号	日本動物園水族館協会
溝上 昭男	野沢 豊明		1968	「循環ろ過飼育装置の相違による海水水族の飼育成績について」	『動物園水族館雑誌』第10巻2号	日本動物園水族館協会
溝口 史子			2014.4	「ドイツの動物園の昔と今」	『公営企業』第46号	地方財務協会
溝口 久美子			2010.3	「紙の博物館が飛鳥山の麓にあったころ」	『百万塔』第135号	紙の博物館
溝口 三郎			1941.4	「蒔絵の模造」	『博物館研究』第14巻第4號	日本博物館協會
溝口 三郎			1952	「博物館工芸品の模造」	『MUSEUM』第19号	東京国立博物館
溝口 三郎			1956.1	「昔の東京国立博物館ー風俗画報に拾うー」	『MUSEUM』第58号	東京国立博物館
溝口 鹿次郎			1938	「棚橋君に對する在學時代の思ひ出」	『棚橋源太郎氏と科學教育』	棚橋源太郎氏教育功勞記念會
溝口 進	高橋 裕*	中矢 清司	1983.12	「国立歴史民俗博物館の展示照明」	『照明学会誌』第67巻12号	照明学会
溝口 禎二郎			1935.11	「正倉院整理時代の回顧」	『博物館研究』第12巻第11號	日本博物館協會
溝口 元 編	中埜 栄三*編		1999.7	『ナポリ臨海実験所:去来した日本の科学者たち』		東海大学出版会
溝口 元			2011.3	「アメリカ・ワシントンD.C.における医療・福祉に関連した協会・博物館」	『立正大学社会福祉研究所年報』第13号	立正大学
溝口 元			2011.9	「アメリカ心理学史資料館における映像資料について(西川泰夫先生退官記念特集)」	『心理学史・心理学論』第12・13巻	「心理学史・心理学論」刊行会
溝渕 園子			2010.2	「書物としてのミュージアム」	『漱石文学の水脈』	思文閣出版
溝邊 和成	藤井 浩樹	野上 智行	2007	「スイスの科学系博物館における教師支援ーテクノラマ科学センターを事例として」	『科学教育研究』第31巻4号	日本科学教育学会
三田 照芳	野村 正弘*	金澤 芳彦	2002.12	「群馬県立自然史博物館における燻蒸の見直しについて」	『博物館学雑誌』第28巻第1号	全日本博物館学会
三田 照芳	上原 久志		2007.3	「ミュージアム・ナイト・ツアーーエンターテイメント的要素を伴う博物館展示解説の試みー」	『群馬県立自然史博物館研究報告』第11号	群馬県立自然史博物館
三田 直樹	岡崎 智鶴子*		2000.12	「植物標本作製の新手法の開発ー1・2分間で、生きた時の色や香りを長期に保持した乾燥物を作る新技術ー」	『博物館学雑誌』第26巻第1号	全日本博物館学会
三谷 徹			2009.3	「風土記の庭ー島根県立古代出雲歴史博物館ランドスケープーの設計プロセスにみられる物理的特性と文学的特性に関する省察」	『食と緑の科学』第63号	千葉大学大学院園芸学研究科
三谷 雅純			2007.4	「博物館テキスト『子ども自然教室』のユニバーサル化の課題」	『だれもが楽しめるユニバーサル・ミュージアム:"つくる"と"ひらく"の現場から』	読書工房
三田 良美			2007.12	「"戦争画"のゆくえー「日本近代美術史」の空白部分からの克服ー」	『Mouseion: 立教大学博物館研究』第53号	立教大学学校・社会教育講座
道盛 正樹			2013.3	「NPO法人大阪自然史センターのスタッフキャリアについて」	『Musa:博物館学芸員課程年報』第27号	追手門学院大学博物館学研究室
道脇 寿満	八重樫 純樹*	東 昇 他	2007.3	「シンポジウム ミュージアム・ドキュメンテーションの新時代ーー新しい風は、いつだって、西から吹いて来る パネルディスカッション記録」	『アート・ドキュメンテーション研究』第14号	アート・ドキュメンテーション学会
三井 高陽			1938	「歐州各國の交通博物館に就いて」	『交通文化叢書』第1輯	國際交通文化協會
三石 大	阿部 直之*	樋口 祐紀	2005.3	「複数分野横断型学習システム「ポケット博物館」の開発」	『教育情報学研究』第3巻	東北大学大学院教育情報学研究部
光井 渉			2010.1	「再現念された歴史的建造物の文化的価値」	『建築雑誌』第125輯第1598號	日本建築学会
光岡 寿郎			2009.12	「ミュージアムコミュニケーション概念の批判的再検討ーー二つの歴史的事例を中心に」	『博物館学雑誌』第35巻第1号	全日本博物館学会
光岡 寿郎			2010	「なぜミュージアムでメディア研究か?ーーロジャー・シルバーストーンのミュージアム論とその射程」	『マス・コミュニケーション研究』第76号	日本マス・コミュニケーション学会
光岡 寿郎			2017.6	『変貌するミュージアムコミュニケーション:来館者と展示空間をめぐるメディア論的想像力』		せりか書房
三ツ川 章	平賀 伸夫*	齊藤 仁志	2007	「教師支援を目的とした学校と博物館との連携に関する研究」	『科学教育研究』第31巻2号	日本科学教育学会

著者1	著者2	著者3	発行年	論文名・書籍名	掲載誌	発行元
三ツ川 章	平賀 伸夫*		2010.3	「学校・博物館連携を促進するための博物館データベースの開発」	『三重大学教育学部附属教育実践総合センター紀要』第30巻	三重大学教育学部附属教育実践総合センター
光木 武志			2007.6	「地域情報北から南から 歴史・文化を活かした新たな地域づくりへの挑戦--島根県立古代出雲歴史博物館を拠点とした地域振興」	『日経研月報』第348号	日本経済研究所
箕作 佳吉			1896	「普通學校ニ於ケル博物學標本室」	『東洋學藝雜誌』第13巻179號	東洋學藝社
箕作 佳吉			1899	「博物館ニ就キテ」	『東洋學藝雜誌』16巻第215號	東洋學藝社
三越			1913	「出品陳列の年齢別分類」	『三越』臨時増刊	三越
三越			1913	「第五回兒童博覽會開會趣旨」	『三越』臨時増刊	三越
三越			1915	「劇に關する展覽會」	『三越』第5巻2號	三越
三越			1915	「劇に關する展覽會目録」	『三越』第5巻3號	三越
三越			1915	「江戸趣味展覽會」	『三越』第5巻5號	三越
三越			1915	「旅行に關する展覽會」	『三越』第5巻8號	三越
三越			1916	「山と水の展覽會」	『三越』第6巻8號	三越
ミッソノヴァ・L・I			2009.3	「博物館所蔵写真によるウイルタ・アイデンティフィケーションの探求 サンクト・ペテルブルグの2博物館が収蔵するコレクションの事例研究」	『第23回北方民族文化シンポジウム報告書 北太平洋の文化--北方地域の博物館と民族文化(3)』	北方文化振興協会
満田 清剛			1936.9	「電気奨励館の施設概要」	『博物館研究』第9巻第9号	日本博物館協會
三橋 重昭			2013.3	「活き活き商店街とまちづくり(72)市民とともに「城下町まるごと博物館」を目さす：佐倉城下町(新町)商店街」	『専門店』第739号	協同組合連合会日本専門店会連盟
三橋 純予	真境名 達哉*		2010.1	「地方都市の美術館設立に関する報告--室蘭市民美術館の事例」	『日本建築学会技術報告集』第16巻第34号	日本建築学会
三橋 純予			2010.3	「アートマネージメント手法による「他者」を想定した複合的鑑賞教育の系統的構造と分析：北海道立近代美術館との連携授業プロジェクトからの考察」	『美術教育学』第31号	美術科教育学会
三橋 純予	真境名 達哉		2011.3	「市民が創設した美術館の可能性--室蘭市民美術館の事例から」	『日本ミュージアム・マネージメント学会研究紀要』第15号	日本ミュージアム・マネージメント学会
三橋 俊明	榎並 重行*		1989	『近代性の系譜学・・・・・・空間・知覚編 細民窟と博覧会』		JICC出版局
三橋 俊雄			2004.3	『過疎化高齢化地域の活性化に向けたエコ・ミュージアム概念の構築と実践』		文部科学省科学研究費補助金研究成果報告書
三橋 広夫			2003.6	『歴博ブックレット25歴史の授業を工夫する：中学生の疑問を解決する歴史民俗博物館の展示』		歴史民俗博物館振興会
三橋 弘宗			2006.4	「博物館と生態学(1)生態系の仕組みを展示する」	『日本生態学会誌』第56巻第1号	日本生態学会誌編集委員会
三橋 弘宗	畑田 彩*	鈴木 まほろ	2008.3	「連載「博物館と生態学」を振り返って」	『日本生態学会誌』第58巻第1号	日本生態学会誌編集委員会
光藤 俊夫			1984	「上野動物園」	『明治・大正建築覚え書』	学芸出版社
三又 耕三			2010.3	「待つ博物館から、動く博物館への取組み--おもしろい、楽しい歴史体験学習出前授業」	『地方議会人』第40巻第10号	中央文化社
光本 順			2013.7	「ワシントンの博物館展示とマイノリティ」	『岡山大学文学部紀要』第59号	岡山大学文学部
三ッ山 一志			1994.3	「子どもと美術館—美術館教育・雑感—」	『Museologist：明治大学学芸員養成課程年報』第13巻	明治大学学芸員養成課程
三ッ山 一志			1998	「横浜美術館における子どもの教育活動」	『博物館研究』第33巻第7号	日本博物館協会
三谷 真澄			2014.12	「龍谷大学と中国旅順博物館及びドイツルフアン研究所との学術交流：大谷探検隊とドイツ隊の本国帰還一〇〇周年を機縁として」	『龍谷大学佛教文化研究所所報』第38号	龍谷大学仏教文化研究所
見留 武士			2007.3	「学校教科書の企画展示への反映に向けた一考察」	『日本ミュージアム・マネージメント学会研究紀要』第11号	日本ミュージアム・マネージメント学会
見留 武士			2008.6	「学園所管手工芸作品のデジタル公開に向けたプラン提示」	『和洋女子大学文化資料館・博物館学課程年報』2007年度	和洋女子大学文化資料館・博物館学課程
見留 武士			2011.6	「博物館の企画展示にみるサブカルチャー資料の動向」	『国府台：和洋女子大学文化資料館・博物館学課程報告』第15号	和洋女子大学文化資料館・博物館学課程

著者1	著者2	著者3	発行年	論文名・書籍名	掲載誌	発行元
見留 武士			2012.6	「博物館展示におけるQRコード活用の展開」	『国府台:和洋女子大学文化資料館・博物館学課程報告』第16号	和洋女子大学文化資料館・博物館学課程
見留 武士			2013.6	「ミュージアム国際フォーラム 戦争を扱う展示にみる絵画資料の特性」	『国府台:和洋女子大学文化資料館・博物館学課程報告』第17号	和洋女子大学文化資料館・博物館学課程
見留 武士			2014.6	「大学博物館とアート・フォーラム」	『国府台:和洋女子大学文化資料館・博物館学課程報告』第18号	和洋女子大学文化資料館・博物館学課程
見留 武士			2017.4	「『鑑賞』と『礼仏』－博物館における仏像の展示」	『日本文化と仏教イマージュ』	晃洋書房
見留 武士			2017.11	「ミュージアムの展示における映像と娯楽」	『國學院雑誌』第118巻第11号	國學院大學
三友 晶子			2010.2	「大学博物館における学生作品の展示について-企画展「布、再びみたび」報告-」	『東京家政大学博物館紀要』第15集	東京家政大学博物館
三友 晶子			2012.2	「裁縫雛形を用いた裁縫教育の実態について―大正7年卒業生の製作品比較を通して―」	『東京家政大学博物館紀要』第17集	東京家政大学博物館
三戸 幸久			1971.8	「博物館随想録その1-財団法人博物館について」	『博物館問題研究会会報』第3号	博物館問題研究会
三戸 幸久			1999.12	「館種別博物館の教育活動の特色 動物園」	『新版博物館学講座 第10巻生涯学習と博物館活動』	雄山閣
緑川 祿			1926	「郷土造園としての屋敷林」	『造園學雑誌』第2巻第10號	日本造園學會
皆川 完一			1972	「正倉院文書の整理とその写本―穂井田忠友と正集―」	『続日本古代史論集』中	吉川弘文館
皆川 紗武良			1985.3	「最近の科学館における歴史傾向に関する調査と分析－特にこども科学館の展示内容をふまえて－」	『博物館学雑誌』第10巻第1・2号合併号	全日本博物館学会
皆木 宏明			2016.1	「第6章昆虫」	『見る目が変わる博物館の楽しみ方:地球・生物・人類を知る』	ベレ出版
湊 秋作			2007.12	「ヤマネの研究・保全・教育から地域との連携へ-キープやまねミュージアムの地域連携から」	『博物館研究』第42巻第12号	日本博物館協会
湊 典子			1984.2	「松方幸次郎とその美術館構想について上」	『MUSEUM』第395号	東京国立博物館
湊 典子			1984.3	「松方幸次郎とその美術館構想について下」	『MUSEUM』第396号	東京国立博物館
南 夏樹			2011.4	「博物館の提供する価値とは何か--博物館セクター活性化のための視点」	『博物館学雑誌』第36巻第2号	全日本博物館学会
南 博史			1996.9	「ミュージアム・マーケティング」	『ミュージアムマネージメント』	東京堂出版
南 博史	西山 弥生		1997	「博物館における教育活動とマーケティング活動」	『京都文化博物館研究紀要 朱雀』第7集	京都文化博物館
南 博史	草野 顕之*	五島 邦治 他	1997.11	「【シンポジウム録】電子化・情報化時代の博物館」	『大谷大学博物館学課程年報』博物館学課程開設10周年記念特別号	大谷大学博物館学課程委員会
南 博史	西山 弥生	加藤 幸治	1999.3	「博物館教育活動と地域-遺跡博物館と移動博物館の新しいかたち-」	『京都文化博物館研究紀要 朱雀』第11集	京都文化博物館
南 博史			1999.9	「第4章博物館を支える人々」	『博物館学シリーズ 1博物館概論』	樹村房
南 博史			2000.9	「第3章博物館資料の取り扱いとその留意事項 2資料取り扱いとその留意事項（1）考古資料」	『博物館学シリーズ 6博物館実習』	樹村房
南 博史			2012	「エル・サルバドル共和国チャルチュアパ遺跡における博物館活動の評価と展望:国際文化資料館における学芸員育成のための取り組みとして」	『MUC:京都外大国際文化資料室紀要』第8号	京都外国語大学
南 博 監	梅棹 忠夫*監		1984.9	『ニューメディア時代の現代映像展示ハンドブック』		講談社
南 守夫			2009	「日本における戦争博物館の復活(1)戦争博物館の復活状況の概観」	『戦争責任研究』第65号	日本の戦争責任資料センター
南 守夫			2010	「日本における戦争博物館の復活(2)自衛隊関係戦争博物館問題(上)加害の隠蔽・南京と重慶」	『戦争責任研究』第67号	日本の戦争責任資料センター
南 守夫			2010	「日本における戦争博物館の復活(3)自衛隊関係戦争博物館問題(下)90年代以降の自衛隊の社会進出」	『戦争責任研究』第69号	日本の戦争責任資料センター
南 守夫			2011	「日本における戦争博物館の復活(4)「科学・技術」の名による戦争博物館(上)所沢航空発祥記念館を中心に」	『戦争責任研究』第72号	日本の戦争責任資料センター
南 守夫			2011	「日本における戦争博物館の復活(5)「科学・技術」の名による戦争博物館(下)大和ミュージアムを中心に」	『戦争責任研究』第73号	日本の戦争責任資料センター
南 洋一郎			2001.9	「一乗谷朝倉氏遺跡の整備と活用」	『月刊文化財』第456号	第一法規

著者1	著者2	著者3	発行年	論文名・書籍名	掲載誌	発行元
南あわじ市淡路人形浄瑠璃資料館			2010.9	『20年のあゆみ:淡路人形浄瑠璃資料館開設20周年記念誌:2000-2010』		南あわじ市淡路人形浄瑠璃資料館
南魚沼市立今泉博物館			2011.3	『博物館へ行ってきました:開館20周年記念誌』		南魚沼市文化スポーツ振興公社
南島 金平			2004.4	「教育普及事業 子ども美術学校の実践」	『飯田市美術博物館研究紀要』第14号	飯田市美術博物館
南嶌 宏			2007.10	「各種建物「人間の家」としてのミュージアム・デザイン」	『第2回国際ユニヴァーサルデザイン会議2006in京都:論文集』	国際ユニヴァーサルデザイン協議会
南信州文化財の会			2017.2	『五十年のあゆみ』		南信州文化財の会
南本 有紀			2017.3	「岐阜県博物館協会加盟館の閉館リストと収蔵物の移動について—文化財レスキューのための所在調査に関連して」	『岐阜県博物館調査研究報告』第37号	岐阜県博物館
源 河葉子			2006.3	「沖縄県教育会附設郷土博物館が雑誌や展示を通して県内外に発信したメッセージについて」	『経済論集』第2巻2号	沖縄国際大学経済学部
嶺重 慎			2007.9	「ユニバーサルデザインWGの活動」	『天文教育』第19巻5号	天文教育普及研究会
嶺重 慎	尾崎 勝彦		2007.11	「天文施設におけるバリアフリー(ユニバーサルデザイン)についてのアンケート報告」	『天文教育』第19巻6号	天文教育普及研究会
峯地 光重	大西 伍一		1930	『新郷土教育の原理と實際』		人文書房
峯地 光重			1931	「郷土教育は如何にして實踐するか」	『郷土科學』第十一號	郷土教育聯盟
嶽山 洋志	中込 千尋*	美濃 伸之	2014.12	「閉廃校におけるチルドレンズ・ミュージアムの制作:洲本市立旧中川原中学校を事例として」	『景観園芸研究』第16号	兵庫県立淡路景観園芸学校
蓑 豊			1996.2	「今、求められる美術館の使命」	『Cultivate:文化と環境を考える』第2号	文化環境研究所
蓑 豊			2007.5	『超・美術館革命—金沢21世紀美術館の挑戦』		角川書店
蓑 豊	酒井 忠康*	原田 マハ	2013.10	「学芸員の視点」	『美術館と建築』	青幻舎
蓑 豊			2014.11	「美術と美術館」	『NACTreview:国立新美術館研究紀要』第1号	国立新美術館
美濃加茂市民ミュージアム 編	みのかも文化の森*編		2015.1	『文化遺産と市民:その関わり合いを考える2015:ミュージアムフォーラム』		みのかも文化の森 編・美濃加茂市民ミュージアム
みのかも文化の森 編	美濃加茂市民ミュージアム 編		2015.1	『文化遺産と市民:その関わり合いを考える2015:ミュージアムフォーラム』		みのかも文化の森 編・美濃加茂市民ミュージアム
蓑田 ひろ子			1999.7	「一般建物の活用の考え方」	『歴史ある建物の活かし方』	学芸出版社
美濃 伸之	中込 千尋*	嶽山 洋志	2014.12	「閉廃校におけるチルドレンズ・ミュージアムの制作:洲本市立旧中川原中学校を事例として」	『景観園芸研究』第16号	兵庫県立淡路景観園芸学校
三野 紀雄			1973.3	「北海道開拓記念館常設展示室の展示ケース内部の温湿度環境について」	『北海道開拓記念館研究年報』第2号	北海道開拓記念館
三野 紀雄	小林 幸雄		1975.3	「北海道開拓記念館における博物館資料を喰害する害虫類の発生とその防除」	『北海道開拓記念館調査報告』第9号	北海道開拓記念館
三野 紀雄			1993.3	「北海道開拓記念館における展示解説—特に、小型の携帯機器を用いた常設展示の外国語解説—」	『Museologist:明治大学学芸員養成課程年報』第8巻	明治大学学芸員養成課程
三野 紀雄	麻生 典子	斉藤 智子 他	1999	「北海道開拓記念館における視覚障害者への対応」	『ユニバーサル・ミュージアムをめざして—視覚障害者と博物館—』	神奈川県立生命の星・地球博物館
三野 紀雄			1999	「第4章博物館資料の調査研究 2自然科学系資料の場合」	『博物館学シリーズ 2博物館資料論』	樹村房
三野 紀雄			1999	「第4章博物館資料の調査研究 3博物館資料に関する学際的(総合)研究」	『博物館学シリーズ 2博物館資料論』	樹村房
三野 紀雄			1999	「第6章総合博物館と野外博物館」	『博物館学シリーズ 2博物館資料論』	樹村房
三野 紀雄			2002	「生涯学習社会において博物館が行う学習支援について(その1)小中学校における「総合的な学習の時間」への支援」	『生涯学習研究と実践』第3号	北海道浅井学園大学生涯学習研究所
三野 正洋	鴨下 示佳	浅井 圭介 他	1999.5	『世界の航空博物館&航空ショー』		ワック館
ミノルタカメラ			1973	『全国プラネタリウム施設一覧』		ミノルタカメラ
箕輪町立博物館			1983	『十年のあゆみ昭和49～昭和58年度』		箕輪町立博物館

著者1	著者2	著者3	発行年	論文名・書籍名	掲載誌	発行元
箕輪 麻理子	安斎 聡子*	松本 知子 他	2007	「座談会 展示の今を語る-女性の視点から」	『展示学』第43号	日本展示学会
ミハイル・アルパトフ			1972	「美術館と美術教育」	『第9回ICOM総会論文集人類に奉仕する今日と明日の博物館』	国際博物館会議日本委員会
三原 繁吉			1944	「平野女史とボストン美術館」	『鳥居清長の生涯と藝術』	味灯書屋
三原 慎吾	中村 弘*		2011.3	「考古資料を使った授業の実施例--高校日本史における実物資料の活用」	『兵庫県立考古博物館研究紀要』第4号	兵庫県立考古博物館
ミヒャエル・パーモンティエ	眞壁 宏幹 訳		2012.9	『ミュージアム・エデュケーション＝MUSEUMS PADAGOGIK：感性と知性を拓く想起空間』		慶應義塾大学出版会
三船 康道			1999.7	「歴史ある建物の活用の考え方」	『歴史ある建物の活かし方』	学芸出版社
三枡 正典			2009.12	「幼児期の美術館での鑑賞活動における心理的効果について--「3H美術教育」「創造的鑑賞」に依拠した美術作品鑑賞」	『広島女学院大学論集』第59号	広島女学院
三町 直志	池田 隼人		2009.3	「緊張力と軸力制御による構造性能・建物機能の更新（碧南市藤井達吉現代美術館 日本設計）」	『建築技術』第710号	建築技術
三村 和子			1979.11	「博物館とわたし」	『平塚市博物館年報』第3号	平塚市博物館
三村 昌司	神戸大学大学院人文学研究科地域連携センター 編		2013.7	「地域歴史資料学の構築にむけて」	『「地域歴史遺産」の可能性』	岩田書院
三村 弘子	西本 昌司*		2003.3	「展示室内での有料ワークショップ「地球工房」の企画と運営」	『名古屋市科学館紀要』第29号	名古屋市科学館
三村 舞	佐藤 信治*	坪山 幸王	2006.7	「水族館における飼育関連諸室に関する研究：その3 調餌室における飼育員の作業位置について」	『学術講演梗概集』2006巻	日本建築学会
三本 健二			2011	「高知県立青少年センターの化石展示(平田コレクション等)」	『地学研究』第60巻第1号	益富地学会館
三本 悠	大平 知香*		2010.4	「日本大学文理学部資料館「デジタルミュージアム」構築計画の成果と課題」	『年次研究報告書』第11号	日本大学文理学部情報科学研究所
宮 次男			1990.4	「博物館への序章」	『実践女子大学Museology』第9号	実践女子大学博物館学課程
宮 次男			1992.4	「北京の博物館事情」	『実践女子大学Museology』第11号	実践女子大学博物館学課程
宮 次男			1994.4	「文化財保護制度の歩み」	『実践女子大学Museology』第13号	実践女子大学博物館学課程
宮宇地 修			2006	「価値の内面化をはかる野外体験学習のあり方--四国遍路から学ぶ学習を中心として」	『香川県自然科学館研究報告』第27巻	香川県自然科学館
宮内 恕			1978	「第2回ロンドン国際博覧会と日本の出品物について」	『九州芸術工科大学一般・基礎教育系列研究論集』四	九州芸術工科大学
宮内 元子			2013.12	「管理・運営日本で一番小さい植物園へようこそ」	『都市公園』第203号	東京都公園協会
宮尾 亨			2015.3	「縄文時代の記念物－新潟県魚沼市清水上遺跡の分析－」	『新潟県立歴史博物館研究紀要』第16号	新潟県立歴史博物館
宮岡 謙二			1959.7	「慶応三年のパリ万博」	『旅藝人始末書』	修道社
宮岡 謙二			1959.7	「明治はじめの足跡」	『旅藝人始末書』	修道社
宮川 充史			2014.6	「『地方史研究協議会版地域博物館指標』作成への期待」	『地方史研究』第64巻第3号	地方史研究協議会
宮川 禎一			2014.7	「平成知新館と埋蔵文化財」	『月刊文化財』第610号	第一法規
宮川 昭二			1985	「天王寺動物園におけるボランティア層と活動状況について」	『動物園教育—日本動物園教育研究会10年の歩み—』	日本動物園教育研究会
宮川 徙			2017.6	「戦後復興とイタスケ古墳」	『文化財保存70年の歴史：明日への文化遺産』	新泉社
宮川 大介	村上 聖一	磯崎 咲美	2011.11	「放送史資料収集・保存・公開をめぐる課題：歴史研究者のアーカイブ専門家は現状をどう見ているか」	『放送研究と調査』第61巻第11号	NHK放送文化研究所
宮川 充史			2010.7	「博物館・資料館の諸問題」	『歴史の理論と教育』第132号	名古屋歴史科学研究会
宮城縣女子師範學校			1932	「郷土研究施設状況」	『郷土教育』第十八號	郷土教育聯盟
宮城縣内務部			1915	「植物園の設備」	『松島公園経営報告書』	宮城縣

著者1	著者2	著者3	発行年	論文名・書籍名	掲載誌	発行元
宮岸 幸正	鈴木 貴之*		2010.7	「京都市動物園における観覧者の視覚行動特性に関する研究」	『学術講演梗概集』2010巻	日本建築学会
みやぎん経済研究所 編			2014.10	「世界でオンリーワンの水族館株式会社マリーンパレス(大分県大分市):株式会社大銀経済経営研究所」	『調査月報』第257号	みやぎん経済研究所
三宅 一生			2014.11	「開かれた美術館」	『NACTreview:国立新美術館研究紀要』第1号	国立新美術館
三宅 驥一			1935.12	「これからの水族館」	『博物館研究』第8巻第12号	日本博物館協會
三宅 驥一			1940.3	「國立博物館建設の運動に就て」	『博物館研究』第13巻第2號	日本博物館協會
三宅 宏司	渡辺 正雄*	中川 徹	1988	「産業技術史研究における各国博物館の機能に関する国際比較調査研究」	『技術と文明』第4巻第3号	日本産業技術史学会
三宅 志穂	野上 智行		2009.3	「アウトリーチ活動を担う科学者が備えるサイエンスコミュニケーション素養の事例研究:博物館業務を兼任する大学所属の昆虫行動学者を事例とした検討」	『科学教育研究』第33巻第1号	日本科学教育学会
三宅 志穂	山田 智尋	野上 智行	2011.7	「植物園活用による理科学習プログラム開発と実践を通したベテラン小学校教師の力量に関する事例研究」	『理科教育学研究』第52巻第1号	日本理科教育学会
三宅 志穂			2012.7	「兵庫県立人と自然の博物館の創造する地域市民との連携」	『理科の教育』第61巻第7号	日本理科教育学会
三宅 孝典	金 惠蓮*	寺澤 勉	2003	「展示会開催における廃棄物の現状分析と量の試算--展示会計画のための廃棄物アセスメントに関する基礎研究」	『展示学』第36号	日本展示学会
三宅 拓也			2008.7	「近代日本における「陳列所建築」について」	『学術講演梗概集』2008巻	日本建築学会
三宅 拓也			2011.4	「山口貴雄の商品陳列所運営」	『博物館学雑誌』第36巻第2号	全日本博物館学会
三宅 拓也			2011.4	「明治期の通商博物館設置計画にみる商品陳列所の受容」	『博物館学雑誌』第36巻第2号	全日本博物館学会
三宅 拓也			2015.2	『近代日本〈陳列所〉研究』		思文閣出版
三宅 博士			1997	「和鋼博物館における諸活動4年の歩み」	『博物館研究』第32巻第10号	日本博物館協会
三宅 裕志	北田 貢	足立 文他	2008.6	「新江ノ島水族館における鯨骨生物群集の展示飼育」	『海洋』第40巻第4号	海洋出版
三宅 宗悦			1940	「奉天博物館展望」	『滿洲帝國國立中央博物館時報』第四號	滿洲帝國國立中央博物館
三宅 祥介			1999	「博物館における「伝え方」の工夫」	『ユニバーサル・ミュージアムをめざして一視覚障害者と博物館一』	神奈川県立生命の星・地球博物館
都新聞社			1912	「文部省の展覽會合評」(一)	『都新聞』第8864號	都新聞社
宮崎 惇			1975.8	「岐阜県博物館(仮称)の資料収集」	『博物館学雑誌』第1巻第1号	全日本博物館学会
宮崎 惇			1992	『棚橋源太郎先生(1869～1961)研究資料集』		岐阜県博物館友の会
宮崎 惇			1992	『棚橋源太郎-博物館にかけた生涯-』		棚橋源太郎先生顕彰・研究会
宮崎 暎子	近藤 公夫*	中村 昌子 他	1972	「史跡環境の整備に関する計画的研究Ⅳ-平城宮跡の周辺居住者と利用者の利用実態・利用意識に関する調査研究-」	『造園雑誌』第35巻第3号	日本造園学会
宮崎縣師範學校			1932	『郷土研究資料目録』		宮崎縣師範學校
宮崎縣女子師範學校			1931	『宮崎縣郷土研究資料目録』		宮崎縣女子師範學校
宮崎県立西都原考古博物館			2009.6	「特別史跡西都原古墳群の整備・活用と考古博物館」	『調査月報』第193号	みやぎん経済研究所
宮崎県立西都原考古博物館			2011.3	『東アジア地域の学術文化交流促進事業及び国際交流展関連講演会:平成22年度美術館・歴史博物館活動基盤整備支援事業概要報告』		宮崎県立西都原考古博物館
宮崎県立西都原考古博物館			2015.1	「西都原の100年考古博の10年そして、次の時代へ:都原古墳群発掘100年西都原考古博物館開館10周年記念特別展」展示会4		宮崎県立西都原考古博物館
宮崎県立美術館			1999	「子どものための美術展たんけんミュージアム」	『博物館研究』第34巻第5号	日本博物館協会
宮崎市教育委員会社会教育課			1900	『文化財テキスト』		宮崎市教育委員会社会教育課
宮崎 法子			2005.4	「美術館とコレクションの現在」	『実践女子大学Museology』第24号	実践女子大学博物館学課程

著者1	著者2	著者3	発行年	論文名・書籍名	掲載誌	発行元
宮崎 幹子			2013.3	「博物館収蔵品情報の連携とメタデータ:アメリカの動向と日本における可能性」	『アート・ドキュメンテーション研究』第19号	アート・ドキュメンテーション学会
宮崎 佑介	吉岡 明良	鷲谷 いづみ	2012.11	「博物館標本と聞き取り調査によって朱太川水系の過去の魚類相を再構築する試み」	『保全生態学研究』第17巻第2号	保全生態学研究編集委員会
宮崎 良夫			1980	「『訴えの利益』論―伊場遺跡訴訟判決によせて」	『ジュリスト』第710号	有斐閣
宮里 孝生			2007.3	「世界の民族資料を活かす場としての博物館のミッションと実践」	『第21回北方民族文化シンポジウム報告書 北太平洋の文化--北方地域の博物館と民族文化』	北方文化振興協会
宮里 孝生	加納 舞		2010.3	「多文化共生時代における民族資料展示の在り方をめぐる一考察--野外民族博物館リトルワールドの模索」	『共生の文化研究』第4号	愛知県立大学多文化共生研究所
宮沢 明久			1990.3	「島根県の博物館」	『國學院大學博物館學紀要』第14輯	國學院大學博物館学研究室
宮澤 彰	矢代 寿寛*		2011.7	「展覧会カタログとWebサイトの博物館資料メタデータ比較の試み」	『情報処理学会研究報告』第91巻第4号	情報処理学会
宮沢 孝一			1986	「鉄道文化財の保存:鉄道友の会の考え方」	『鉄道ピクトリアル』第36巻第10号	鉄道図書刊行会
宮沢 智士	伊藤 延男*	木原 啓吉	1980.4	「鼎談・歴史的町並みの保存はなぜ必要か」	『日本の美術167』	至文堂
宮澤 壯佳			1996	「異色な展覧会図録の魅力」	『信濃毎日新聞』1996年12月8日付朝刊	信濃毎日新聞株式会社
宮沢 達三			2004.2	「歴史資料のデジタル化画像資料を中心として」	『国立歴史民俗博物館研究報告』第117集	国立歴史民俗博物館
宮澤 優梨	瀧本 達也	西川 雄輝 他	2010.8	「旧制第四等学校由来の物理実験機器の調査と復元及び、それらを効果的に展示する方法について」	『学長研究奨励費研究成果論文集』第6巻第21号	金沢大学
宮路 淳子	奈良女子大学		2016.3	『古代東アジアにおける膠生産の研究』		文部科学省科学研究費補助金研究成果報告書
宮下 亜洲			1982.8	『やさしく書いた拓本の技法』		新人物往来社
宮下 健司			1997.3	「見て、触れて、体感する展示を考える―長野県立歴史館の常設展示を通して―」	『Museum study:明治大学学芸員養成課程紀要』第8号	明治大学学芸員養成課程
宮下 佐江子			2012.11	「古代オリエント博物館とサンシャイン水族館の連携活動」	『博物館研究』第47巻第11号	日本博物館協会
宮下 孝雄			1926	「美術館の壁」	『色彩の知識』	太陽堂
宮下 孝雄			1944	「大科學博物館の建設」	『博物館研究』第17巻第5號	日本博物館協會
宮下 東子			1996	「子どもの感性を育てる鑑賞教育-「子どものための美術展'95」より」	『新潟県立近代美術館研究紀要』第1号	新潟県立近代美術館
宮下 朋也	田中 法博*	望月 宏祐 他	2015.1	「分光情報に基づいた文化財展示システムの開発」	『国立歴史民俗博物館研究報告』第189集	国立歴史民俗博物館
宮下 知良			1996.11	「雑感--学芸員の作業場について・ひとつの事例集として」	『日本民俗学』第208号	日本民俗学会
宮下 正男			1911.7	『最新果実利用保存法』		大学館
宮下 実			1997.9	「動物園における種保存とは」	『動物園研究』第1巻2号	動物園研究会
宮下 実			2009.1	「動物園の役割は、殺伐とした世の中を変えていくことにある」	『Talktalk』第65号	経心会
宮下 実			2009.3	「イグザミナフォーラム講演録(前編)地球環境を考える場所=動物園」	『イグザミナ』第258号	イグザミナ
宮下 実			2009.4	「イグザミナフォーラム講演録(後編)動物園がチェンジ!--ワクワク、ドキドキ興奮のある生態的展示」	『イグザミナ』第259号	イグザミナ
宮下 実			2010.8	「天王寺動物園再生の活動戦略--展示・広報・連携」	『博物館研究』第45巻第8号	日本博物館協会
宮下 良造			2006.3	「キノコを取り入れた野外体験学習の一実践」	『香川県自然科学館研究報告』第28巻	香川県自然科学館
宮嶋 繁			1983.6	『田中芳男伝なんじゃあもんじゃあ』		田中芳男・芳廉顕彰会
宮島 新一			2014.3	「人文系博物館をめぐる目下の問題と将来の課題」	『東風西声:九州国立博物館紀要』第9号	九州国立博物館
宮嶋 隆行			2015.12	「都市公園・自然公園・植物園・水族館などにおけるユニバーサルな環境教育プログラムの試み「感じる公園ワークショップ」」	『博物館研究』第50巻第12号	日本博物館協会

著者1	著者2	著者3	発行年	論文名・書籍名	掲載誌	発行元
宮島 幹之助 閲	武田 丑之助*		1902.7	『動物採集保存法』		成美堂ほか
宮島 幹之助			1928	「眞の意味に於ける博物館」	『博物館研究』第1巻第6號	博物館事業促進會
宮島 幹之助			1931	「ドレスデンの衛生博物館」	『博物館研究』第4巻第2號	博物館事業促進會
宮島 幹之助			1932	「わが個人蒐集家よかくあれ」	『博物館研究』第5巻第7號	日本博物館協會
宮島 幹之助			1935	『北米巡禮三十三箇所』		科學知識普及會
宮島 幹之助			1944	「構成と展示の基本条件」	『博物館研究』第17巻第1號	日本博物館協會
宮瀬 睦夫			1932	「郷土研究施設に關して」	『郷土教育』第十八號	郷土教育聯盟
宮田 昭男			1996.9	「映像メディアの扱い方」	『ミュージアムマネージメント』	東京堂出版
宮田 一英 監			1999.12	『ザ・ミュージアムグッズ買って贈って楽しめる徹底ガイド600点』		淡交社
宮田 克成	桑野 あさひ*	上田 一樹 他	2016.2	「3伝える・見せる」	『もっと博物館が好きっ！みんなと歩く学芸員』	教育出版センター
宮田 公佳	竹内 有理	安達 文夫	2003.1	「展示改善にむけた観客調査の設計と実施-見学順路と滞在時間から見た観覧行動の解析-」	『国立歴史民俗博物館研究報告』第108集	国立歴史民俗博物館
宮田 公佳	安達 文夫*	鈴木 卓治	2003.1	「歴史研究に関する情報提供方法の検討」	『国立歴史民俗博物館研究報告』第108集	国立歴史民俗博物館
宮田 公佳	H.Laamanen.Hannu	T.Jaaskelainen.Timo 他	2008.8	「文化財解析のための分光情報の活用-メタマ領域の検索手法」	『日本写真学会誌』第71巻第4号	日本写真学会
宮田 公佳	井上 由佳*	城石 梨奈	2010.12	「AR技術を用いた古銭資料の展示手法--試行実験とその評価」	『博物館学雑誌』第36巻第1号	全日本博物館学会
宮田 公佳	城石 梨奈*	井上 由佳	2012.4	「歴史資料への理解・興味関心を高める展示手法:江戸期古銭の展示にAR技術を適用した実験から」	『博物館学雑誌』第37巻第2号	全日本博物館学会
宮田 公佳			2014.2	「画像・文字情報融合手段としての人物データベース構築」	『国立歴史民俗博物館研究報告』第180集	国立歴史民俗博物館
宮田 公佳	松田 政行		2014.3	「博物館情報資源の機能的活用のための画像技術と著作権法の連携議論」	『国立歴史民俗博物館研究報告』第184集	国立歴史民俗博物館
宮田 公佳			2014.3	「博物館情報資源の機能的活用手法の検討とその応用に関する研究共同研究の概要」	『国立歴史民俗博物館研究報告』第184集	国立歴史民俗博物館
宮田 公佳	Hauta.kasari.Markku*	Parkkinen.Jussi	2014.3	「デジタル技術を活用した色彩研究成果の博物館展示への応用」	『国立歴史民俗博物館研究報告』第184集	国立歴史民俗博物館
宮田 公佳	Markku.HAUTA.KASARI*	Jussi.PARKKINEN	2014.3	「博物館情報資源の機能的活用手法の検討とその応用に関する研究」	『国立歴史民俗博物館研究報告』第184集	国立歴史民俗博物館
宮田 浩介	平出 隆*	宮本 飛鳥 他	2015.1	「《フィールド・ミュージアム・ネット》の理論と実践--多摩美術大学共同研究報告」	『多摩美術大学研究紀要』第23号	多摩美術大学
宮田 妙子			2014.3	「栃木県立博物館の教育普及事業:特に民俗部門について」	『栃木県立博物館研究紀要.人文』第31号	栃木県立博物館
宮田 登			1975.9	「Ⅱ民俗調査の実際 8調査資料の整理」	『地方史マニュアル 7民俗資料調査整理の実務』	柏書房
宮田 登			1976.9	「Ⅲ近代における地方史の運動と学問 2郷土会と郷土教育」	『地方史マニュアル 1地方史の思想と視点』	柏書房
宮田 登	小木 新造*		1990	「モースと江戸・東京」	『モースコレクション』	国立民族学博物館
宮田 登 編	網野 善彦*編	塚本 学編	1992	『列島の文化史8 特集・博物館再考』		日本エディタースクール出版部
宮田 弘樹	石黒 武*	斉藤 智 他	2010.2	「ポーラ美術館の展示・収蔵環境最適化の実施例」	『BE建築設備』第61巻第3号	建築設備綜合協会
宮田 弘樹			2012.12	「ポーラ美術館における虫害管理について」	『文化財の虫菌害』第64号	文化財虫害研究所
宮田 弘樹			2013.5	「建築から見た防虫対策」	『空気清浄』第51号1輯	日本空気清浄協会
宮田 舞	岡田 猛*	山内 保典	2016.5	「現代美術で哲学対話」	『触発するミュージアム:文化的公共空間の新たな可能性を求めて』	あいり出版
宮田 昌彦	富塚 朋子*	岩槻 邦男	2012.2	「大学・博物館等に保存された海藻の証拠標本を用いた浅海域の環境変動の推定」	『植物研究雑誌』第87巻第1号	株式会社ツムラ

著者1	著者2	著者3	発行年	論文名・書籍名	掲載誌	発行元
宮田 光男			2002.7	『シロアリ驚異の世界』第1巻		東京農大出版会
宮田 光男			2003.2	『シロアリ驚異の世界』第2巻		東京農大出版会
宮田 光男			2003.11	『シロアリ驚異の世界』第3巻		東京農大出版会
宮瀧 交二			1998.12	「文学館における展示について」	『Mouseion:立教大学博物館研究』第44号	立教大学学校・社会教育講座
宮瀧 交二			2007.3	「資料(文化財)保存機関としての「博物館」」	『歴史評論』第683号	校倉書房
宮瀧 交二			2007.12	「歴史科学協議会創立40周年記念講演 現代と向きあう博物館」	『歴史評論』第692号	校倉書房
宮瀧 交二			2008.4	「学芸員養成現場の現状と課題」	『地方史研究』第58巻第2号	地方史研究協議会
宮瀧 交二			2011	「日本博物館史の中の岡倉天心」	『横浜美術大学教育・研究紀要論文篇』1	横浜美術大学
宮瀧 交二			2012.7	「博物館展示の記録化について」	『博物館研究』第47巻第7号	日本博物館協会
宮瀧 交二			2012.10	「埼玉県博物館ネットワークの現状と課題(学芸員を取り巻く環境の変化)」	『博物館危機の時代』	雄山閣
宮瀧 交二	小池 智子*	大木 志門	2013.7	「座談会 文学館の昨日・今日・明日」	『博物館研究』第48巻第7号	日本博物館協会
宮瀧 交二			2015.9	「観光と博物館」	『博物館研究』第50巻第9号	日本博物館協会
宮瀧 交二			2016.1	「大学・短期大学における学芸員養成の現状と課題」	『博物館研究』第51巻第1号	日本博物館協会
宮武 外骨			1995.2	「日本全国各地に郷土博物館の設立を望む」	『民本主義・幸徳一派大逆事件顛末:他』(宮武外骨此中にあり:雑誌集成.第23巻)	ゆまに書房
宮武 頼夫			1985	「サークル活動と博物館―大阪自然史博物館の歩みから―」	『東北の自然』第1号	東北の自然社
宮武 頼夫			1994.3	「展示解説書の果たす役割―大阪市立自然史博物館の場合―」	『Museologist:明治大学学芸員養成課程年報』第9巻	明治大学学芸員養成課程
宮武 頼夫			1995.3	「博物館の教育と友の会活動」	『遺伝:生物の科学』第49巻第3号	エヌ・ティー・エス
宮武 頼夫			1997.11	「ヨーロッパの自然史博物館・植物園事情」	『大阪市立自然史博物館館報』第22号	大阪市立自然史博物館
宮武 頼夫			2003.8	「博物館はプロとアマチュアの接点」	『昆虫と自然』第38巻9号	ニューサイエンス社
宮田 徹也			2015	「2015夏鎌倉の美術館が無くなる:公共概念の消滅」	『社会評論』第181号	スペース伽耶
宮地 孝宜			2016.2	「博物館における初学者向けワークシート(印刷教材)に関する実践研究」	『東京家政大学博物館紀要』第21集	東京家政大学博物館
宮永 孝			1999	『海を渡った幕末の曲芸団 高野広八の米欧漫遊記』		中央公論新社
宮永 孝			2000.3	「フランスにおける昭武」	『プリンス昭武の欧州紀行 慶応3年パリ万博使節』	山川出版社
宮野 典夫	瀧端 真理子*		2009.3	「私立大町山岳博物館所蔵行政文書目録」	『大手門学院大学心理学部紀要』第3号	大手門学院大学心理学部
宮野 力哉			2002.1	『絵とき百貨店「文化誌」』		日本経済新聞社
宮橋 美弥子			2004.3	「市立市川自然博物館における子ども向け事業」	『Museumちば:千葉県博物館協会研究紀要』35号	千葉県博物館協会
宮林 茂幸			2005.7	「「食と農」の博物館」	『大学時報』第54巻303号	日本私立大学連盟
宮原 彩			2003.3	「教育普及活動における業務改善について」	『研究報告』第6集	西宮市立博物館
宮原 大輔			2012.6	「戦争を見つめて、平和の大切さを学ぶ 市民による戦争と平和の資料館の建設と運営」	『月刊社会教育』第56巻6号	国土社
宮原 武夫			1977.4	「Ⅴ地域の遺跡の保存と活用 1歴史教育と地域の文化財」	『地方史マニュアル9地方史と考古学』	柏書房
宮原 兎一			1967	「郷土教育研究史序説」	『東京教育大学教育学部紀要』第13号	東京教育大学教育学部

著者1	著者2	著者3	発行年	論文名・書籍名	掲載誌	発行元
宮原 浩			2012.8	「問題提起 郷土資料館における「地方史活動」の取組みと課題:北海道江差町の事例」	『地方史研究』第62巻第4号	地方史研究協議会
宮原 みゆき			2011.2	「「資料保存展示パネル」改訂版完成!」	『ネットワーク資料保存』第96号	日本図書館協会・資料保存委員会
宮部 誠人	上田 寛人*	河原 達也 他	2010.2	「文化と言語の維持保存に貢献するためのデジタル博物館の試み トランスクリプションデータを流用する字幕映像生成システムの提案」	『情報処理学会研究報告』2010巻第1号	情報処理学会
美山 良夫			2007.3	「文化施設の今後」	『文化施設の近未来:アートにおける公共性をめぐって』	慶應義塾大学アート・センター
宮前 功			2008.3	「戸田市域の文書群を活用するために」	『戸田市立博物館研究紀要』第21号	戸田市立博物館
宮前 一郎			2015.2	「博学連携と利用促進のために-大阪歴史博物館利用校のアンケート調査から-」	『大阪歴史博物館研究紀要』第13号	大阪歴史博物館
宮本 飛鳥	平出 隆*	宮田 浩介 他	2015.1	「《フィールド・ミュージアム・ネット》の理論と実践--多摩美術大学共同研究報告」	『多摩美術大学研究紀要』第23号	多摩美術大学
宮元 香織			2011.11	「韓国の子ども博物館を訪ねて」	『博物館研究』第46巻第11号	日本博物館協会
宮本 一夫			2000.9	「ハーバード大学ピーボディー考古民族学博物館のヤンセン資料の再調査」	『Museum Kyushu』第67号	博物館等建設推進九州会議
宮本 馨太郎			1954	「民俗資料の保管と展示」	『民俗資料とはどんなものか』	長野県印刷所
宮本 馨太郎			1959	「博物館研究誌通巻30巻の回顧と総目録」	『博物館研究』第32巻第10号	日本博物館協会
宮本 馨太郎			1960.3	「民俗資料の収集と調査について」	『Mouseion:立教大学博物館研究』第5号	立教大学学校・社会教育講座
宮本 馨太郎			1960.9	「民俗資料の収集保存と民俗博物館」	『Mouseion:立教大学博物館研究』第6号	立教大学学校・社会教育講座
宮本 馨太郎			1962.3	「歴史博物館の種類と国立歴史博物館の建設」	『Mouseion:立教大学博物館研究』第8号	立教大学学校・社会教育講座
宮本 馨太郎	棚橋 源太郎*		1962.3	『棚橋先生の生涯と博物館』		六人社
宮本 馨太郎	広瀬 栄一*	石島 渉	1963.3	「座談会 欧米の博物館をめぐって」	『Mouseion:立教大学博物館研究』第9号	立教大学学校・社会教育講座
宮本 馨太郎			1965.3	「民俗資料の分類について(1)」	『Mouseion:立教大学博物館研究』第11号	立教大学学校・社会教育講座
宮本 馨太郎 編			1975.4	『地方史マニュアル8民具資料調査整理の実務』		柏書房
宮本 馨太郎			1976	「民俗博物館の問題点」	『日本民俗学』第106号	日本民俗学会
宮本 馨太郎			1985	『民俗博物館論考』		慶友社
宮本 孝一	稲松 孝思*		2016.3	「病院内の施設沿革展示:養育院・渋沢記念コーナー」	『医学図書館』第63巻第1号	日本医学図書館協会
宮本 真二			2010.10	「博物館と地理学」	『地理』第55巻第10号	古今書院
宮本 長二郎			1993	「建築遺構復元の方法と吉野ヶ里遺跡I」	『建築雑誌』第108輯第1346號	日本建築学会
宮本 長二郎			1998.9	「古建築復元」	『建築雑誌』第113輯第1426號	日本建築学会
宮本 長二郎			1999.8	「建築と考古学のはざまで」	『東アジアの古代文化』第100号	古代学研究所・大和書房
宮本 哲彦			2006.3	「より親しまれる博物館を目指して-浜松市博物館における教育普及活動-」	『浜松市博物館館報』第18号	浜松市博物館
宮本 瑞夫			2012.8	「民俗資料と博物館資料(博物館資料の具体)」	『人文系博物館資料論』	雄山閣
宮本 康男	渡部 均		2005.3	「リニューアルオープンに伴う展示構成III.企画展示室」	『秋田県立博物館研究紀要』第30号	秋田県立博物館
宮本 ルリ子	三浦 広子*		2012.5	「焼き物、アート、コミュニケーション—触って「みる」こと」	『さわって楽しむ博物館ユニバーサル・ミュージアムの可能性』	青弓社
宮本 ルリ子			2016.8	「伝える手、つなげる手」	『ひとが優しい博物館:ユニバーサル・ミュージアムの新展開』	青弓社
宮脇 勝			2005.8	「イタリアの景観保全の50年」	『月刊文化財』第503号	第一法規

著者1	著者2	著者3	発行年	論文名・書籍名	掲載誌	発行元
宮脇 亮介	村橋 正実*		2007	「学校と科学系博物館との連携のあり方」	『福岡教育大学紀要.第4分冊・教職科編』第56号	福岡教育大学
ミュージアム・ストア協会 編著	「月刊ミュゼ」編集部 監		2005	『ミュージアム・ショップ・ワークブック』		(株)アム・プロモーション
ミュージアムパーク茨城県自然博物館環境学習ネットワーク推進協議会			1999.9	『博物館を利用した環境学習に関する日米シンポジウム報告書』		ミュージアムパーク茨城県自然博物館環推進協議会
ミュージアムパーク茨城県自然博物館環境学習ネットワーク推進協議会			2000.3	『文部省委嘱「自然博物館を中心とした環境学習ネットワーク推進事業」海外調査・実習報告書』		ミュージアムパーク茨城県自然博物館環推進協議会
ミュージアムパーク茨城県自然博物館			2004	『博物館10年のあゆみ』		ミュージアムパーク茨城県自然博物館
ミュージアムパーク茨城県自然博物館 編集			2014.11	『茨城県自然博物館20周年記念誌』		ミュージアムパーク茨城県自然博物館
ミュゼ編集部			1994.5	「第1回サロン・ド・ミュゼ報告」	『月刊ミュゼ』1号	(株)アム・プロモーション
ミュゼ編集部			1994.5	「ミュージアム・ショップ最前線 国立科学博物館」	『月刊ミュゼ』1号	(株)アム・プロモーション
ミュゼ編集部			1994.6	「ミュージアム・ショップ最前線 東京国立博物館」	『月刊ミュゼ』2号	(株)アム・プロモーション
ミュゼ編集部			1994.8・9	「ミュージアム・ショップ最前線 榛東村耳飾り館」	『月刊ミュゼ』4号	(株)アム・プロモーション
ミュゼ編集部			1994.8・9	「ヨーロッパのミュージアム・グッズを訪ねて フランス編」	『月刊ミュゼ』4号	(株)アム・プロモーション
ミュゼ編集部			1994.10	「ミュージアム・ショップ最前線 名古屋港水族館」	『月刊ミュゼ』5号	(株)アム・プロモーション
ミュゼ編集部			1994.10	「ヨーロッパのミュージアム・グッズを訪ねて イギリス編」	『月刊ミュゼ』5号	(株)アム・プロモーション
ミュゼ編集部			1994.11	「第3回サロン・ド・ミュゼ マッド・アマノ氏とほめ殺し(？)するミュージアム・グッズ」	『月刊ミュゼ』6号	(株)アム・プロモーション
ミュゼ編集部			1994.11	「ミュージアム・ショップ最前線 日本はきもの博物館 日本郷土玩具博物館」	『月刊ミュゼ』6号	(株)アム・プロモーション
ミュゼ編集部			1994.11	「ヨーロッパのミュージアム・グッズを訪ねて スペイン編」	『月刊ミュゼ』6号	(株)アム・プロモーション
ミュゼ編集部			1994.12-1995.1	「飛び出したミュージアム・ショップ～展示をはなれた、街のミュージアム・グッズたち～」	『月刊ミュゼ』7号	(株)アム・プロモーション
ミュゼ編集部			1995.5	「市民活動としてのミュージアム～参加から参画へ～」	『月刊ミュゼ』11号	(株)アム・プロモーション
ミュゼ編集部			1996.1	「利用者の声をとり込むマネージメントを」	『月刊ミュゼ』15号	(株)アム・プロモーション
ミュゼ編集部			1997.1	「愉しきMUSEUM.JIN 6000人が集った関西ミュージアム・メッセ'97」	『月刊ミュゼ』25号	(株)アム・プロモーション
ミュゼ編集部			1999.1	「東京国立博物館ミュージアム・ショップは10年を迎えた」	『月刊ミュゼ』37号	(株)アム・プロモーション
ミュゼ編集部			2005.7	「自己点検ワークショップを広める、追いかける、深める「ミュージアムマネージメント」セミナー」	『月刊ミュゼ』71号	(株)アム・プロモーション
ミュゼ編集部			2005.7	「友の会コミュニティはミュージアムを変えていくのか」	『月刊ミュゼ』71号	(株)アム・プロモーション
ミュゼ編集部			2006.3	「新企業ミュージアムレポートデータ＆インタビュー」	『月刊ミュゼ』75号	(株)アム・プロモーション
ミュゼ編集部			2006.7	「アメリア・アレナスの鑑賞メソッド。日本の教育現場での試み─「MITE!美術鑑賞教育フォーラム」開催」	『月刊ミュゼ』77号	(株)アム・プロモーション
ミュゼ編集部			2006.7	「臨床保存学とは何か。いま、その確立が求められている─国際シンポジウムの報告から」	『月刊ミュゼ』77号	(株)アム・プロモーション
ミュゼ編集部			2008.1	「会えて、よかった。トラベリング・ミュージアム ジュズダマのようにつなぎ、つながる企画展プロジェクト」	『月刊ミュゼ』83号	(株)アム・プロモーション
ミュゼ編集部			2008.1	「カンボジア支援としてのミュージアム シヌハーク・イオン博物館」	『月刊ミュゼ』83号	(株)アム・プロモーション
ミュゼ編集部			2010.1	「ICOM-ASPAC日本会議国立科学博物館で開催 広がり、深まるアジアの博物館のネットワーク」	『月刊ミュゼ』91号	(株)アム・プロモーション
ミュゼ編集部			2010.1	「遺跡調査はだれのために 研究者と文化財と地域社会 ペルーのパコパンパ遺跡調査から」	『月刊ミュゼ』91号	(株)アム・プロモーション
ミュリス・H・C	由利 淳 訳		1963	『ディスプレー入門』		技報堂

著者1	著者2	著者3	発行年	論文名・書籍名	掲載誌	発行元
明神 優	倉田 聡*	矢倉 治	2013	「ブッカーと資料保存について」	『薬学図書館』58巻4号	日本薬学図書館協議会
三好 昭一郎			1992.11	「「藍」の専門博物館における展示をめぐって」	『展示学』第14号	日本展示学会
三好 唯義			1996.3	「シンポジウム 阪神・淡路大震災と博物館の被害報告 神戸市立博物館」	『博物館学雑誌』第21巻第1号	全日本博物館学会
三好 信浩			1983	「競争の祭典―万国博覧会の余波」	『明治のエンジニア教育日本とイギリスのちがい』第4章	中央公論社
三好 信浩			1993	「手島精一の工業教育論における世界と日本--技術教育国際関係史論稿」	『教育科学』21号	広島大学大学院教育学研究科教育学教室
三好 信浩			1993.3	「渋沢栄一における商業の啓蒙と教育--明治期を中心にして」	『広島大学教育学部紀要.第一部教育学』42号	広島大学教育学部
三好 信浩			1995	「田中芳男」	『近代日本産業啓蒙家の研究』	風間書房
三好 信浩			2004	「明治日本における工芸教育の思想と実践-ワグネルとその人脈-」	『比治山大学現代文化学部紀要』11号	比治山大学現代文化学部
三好 雅也	藤井 純子*	山本 博文	2016.3	「恐竜化石を用いた教育実践」	『福井大学初等教育研究』第1号	福井大学教育地域科学部
三好 學			1912	「天然紀念物の保護に就て」	『京都府地方改良講演集』	京都府
三好 學			1914	「博物館の目的及びその種類」	『歐米植物勸察』	冨山房
三好 學			1914	『歐米植物觀察』		冨山房
三好 學			1915	「通俗講和天然紀念物の保存と美化1～4」	『東京日々新聞(朝刊)』	東京日々新聞社
三好 學			1915	『天然紀念物』		冨山房
三好 學			1917	「天然紀念物保存雑記(續)」	『史蹟名勝天然紀念物』第1巻第15號	史蹟名勝天然紀念物保存協會
三好 學			1924	「保存法發布にいたるまで」	『天然紀念物解説』	冨山房
三好 學			1929	「山地植物園」	『太平洋地方ノ天然保護及蘭領東印度ノ天然紀念物保存』	文部省
三好 學			1931	「天然紀念物保存の現状」	『日本學術協會報告』第6巻	日本學術協會
三好 學			1936	「史蹟名勝天然紀念物保存事業の由來」	『史蹟名勝天然紀念物』(再興)第11巻第12號	史蹟名勝天然紀念物保存協會
三好 學			1938	「ボイテンゾルグ植物園」ほか	『學軒集』	岩波書店
ミラー・オスカー・フォン			1930	「独逸博物館とミラ博士(棚橋源太郎)科學及び工業博物館に就いて」	『日独文化講演集』第4輯	日独文化協會
ミラー・オスカー・フォン			1930	「科學及工業博物館に就いて」	『博物館研究』第3巻第4號	博物館事業促進會
三輪 嘉六			1976	「遺跡保存の実際」	『考古学ゼミナール』	山川出版
三輪 嘉六			1987	「文化財保護の歩み」	『別冊歴史読本 歴史博物館のすべて』	新人物往来社
三輪 嘉六			1991.3	「5 博物館資料の保存と補修Ⅰ」	『放送大学教材博物館学Ⅱ-博物館の仕事』	放送大学教育振興会
三輪 嘉六			1999.11	「文化財とその保存修復」	『文化財の保存と修復何をどう残すのか?』	文化財保存修復学会
三輪 嘉六 編			2003.3	『文化財学の構想』		勉誠出版
三輪 嘉六 編	馬淵 久夫*編		2003.6	『文化財科学の事典』		朝倉書店
三輪 嘉六			2007.3	「博物館における保存科学機能の設定」	『博物館における保存学の実践と展望:国際シンポジウム報告書:臨床保存学と21世紀の博物館』	東京国立博物館
三輪 嘉六			2010.9	「文化観光への視点--博物館の役割」	『観光文化』第34巻第5号	日本交通公社
三輪 嘉六	坂本 喜樹*	水谷 栄太郎 他	2011.3	「シンポジウム 市博物館と市立大学と地域連携で魅力あるまちづくりをめざして」	『人間文化研究所年報:人間地域共生』第6号	名古屋市立大学人間文化研究所

著者1	著者2	著者3	発行年	論文名・書籍名	掲載誌	発行元
三輪 嘉六			2011.7	「博物館資料の保存 人文系博物館での取り組み」	『博物館研究』第46巻第7号	日本博物館協会
三輪 嘉六			2015.10	「埋蔵文化財行政の展開」	『月刊考古学ジャーナル』第676号	ニューサイエンス社
三輪 健仁	鶴見 香織*		2011.12	「「修復・表現」について」	『現代の眼:東京国立近代美術館ニュース』591号	国立美術館東京国立近代美術館
三輪 健仁			2014.3	「フランスのミュージアムにおける作品管理及びコレクション活用の試みについて」	『博物館研究』第49巻第3号	日本博物館協会
三輪 康一	川東 大我*	栗山 尚子	2012.5	「美術館の空間構成と芸術普及・交流活動の関係性に関する研究:1990年以降の美術館建築の事例分析を通して」	『日本建築学会近畿支部研究報告集.計画系』第52号	日本建築学会近畿支部
三輪 修三			1981.3	「神奈川県博物館概史」	『國學院大學博物館學紀要』第5輯	國學院大學博物館学研究室
三輪 修三			1987.3	「ミューゼアムの建築空間をめぐって」	『國學院大學博物館學紀要(樋口清之博士記念論文集)』第11輯	國學院大學博物館学研究室
三輪 修三			1999.1	「館種別博物館の企画運営 野外博物館」	『新版博物館学講座 第12巻博物館経営論』	雄山閣
三輪 修三			2000.2	「館種別博物館の展示活動 野外博物館」	『新版博物館学講座 第9巻博物館展示法』	雄山閣
三輪 修三			2001	『博物館・美術館ノート』		私家版
三輪 修彪			2008.10	「旭山動物園の"奇跡"の軌跡」	『月刊自治研』第50巻	自治労システムズ自治労出版センター
三輪 昭三			1988.12	「愛知県陶磁資料館「友の会」の活動」	『博物館研究』第23巻第12号	日本博物館協会
三輪 忠			1996	「阪神・淡路大震災に見舞われて」	『博物館の防災方策に関する調査研究報告書平成8年度』	日本博物館協会
三輪 克			1967	「理工学博物館における文献資料の収集整理についての二三の考察」	『科学館紀要』第2号	市立名古屋科学館
三輪 克	久住 典夫*		1981.8	「視覚障害者と博物館」	『博物館研究』第16巻第8号	日本博物館協会
三輪 克	佐伯 平二	五十嵐 耕一	1996	「科学博物館における実験展示」	『博物館指導者研究協議会報告書平成8年度』	日本博物館協会
三輪 克	青木 國夫*	五十嵐 耕一	1996	「博物館におけるコンピュータの活用とマルチメディア」	『博物館指導者研究協議会報告書平成8年度』	日本博物館協会
三輪 祐児			1999.1	「きょうと国際子どもミュージアム関連シンポジウム」	『月刊ミュゼ』37号	(株)アム・プロモーション
三輪 祐児			2002.6	「NPO博物館と市民の新しい関係」	『月刊ミュゼ』53号	(株)アム・プロモーション
民族自然誌研究会			1999.11	「これまでになかった新しい博物館エコミュージアム」	『エコソフィア』第4号	(株)昭和堂
Moussas.Geoffrey.P	朝廣 佳子*	大野木 啓人	2007	「討論 再生デザインと展示-関西の展示学環境を考える」	『展示学』第44号	日本展示学会
向井 幸一			1998.3	「近つ飛鳥博物館の広報」	『大阪府立近つ飛鳥博物館報』第3号	大阪府立近つ飛鳥博物館
向井 幸一			2001.3	「博物館を利用すること-ボランティアの事例から-」	『大阪府立近つ飛鳥博物館報』第8号	大阪府立近つ飛鳥博物館
向井 幸一			2008.9	「博物館と学校教育のつながり」	『ヒストリア』第211号	大阪歴史学会
向井 猛	片山 めぐみ*	相内 進 他	2014.2	「屋内展示を主とした積雪寒冷地の動物園デザイン:札幌市円山動物園アジアゾーンの新築計画」	『日本建築学会技術報告集』第20巻第44号	日本建築学会
向井 信之	山邊 建二		2015.6	「文化財防災の研究」	『国土文化研究所年次報告』第13巻	建設技術研究所国土文化研究所
向 平和	前田 洋一		2012.3	「社会教育施設を活用できる教員の養成への試み:とべ動物園との連携による教材づくり」	『大学教育実践ジャーナル』第10号	愛媛大学大学教育総合センター
向 正彰			2013.1	「世界の琥珀の本場を目指して―"久慈琥珀ブランド"確立に向けた久慈琥珀博物館の取り組み」	『博物館研究』第48巻第10号	日本博物館協会
向井 正幸	岡本 達哉		1996.3	「教育普及に関するアンケート(予報)」	『旭川市博物館研究報告』第2号	旭川市博物館
向井 正幸			1996.3	「文献史料のデータベース化」	『旭川市博物館研究報告』第2号	旭川市博物館
向井 正幸	岡本 達哉		1997.3	「教育普及に関するアンケート(結果)」	『旭川市博物館研究報告』第3号	旭川市博物館

著者1	著者2	著者3	発行年	論文名・書籍名	掲載誌	発行元
向井 正幸			1998.3	「博物館における情報化〈事例紹介〉~博物館行事管理支援システム~」	『旭川市博物館研究報告』第4号	旭川市博物館
向井 晃			1981	「幕末期御雇外国人の概観」	『法政史学』第33号	法政大学史学会
ムカイダイス			2005.6	「自由と想像―ロシアの博物館展示が教えるもの―」	『非文字資料研究』第8号	神奈川大学21世紀COEプログラム「人類文化研究のための非文字資料の体系化」研究推進会議
向井田 善朗	熊谷 智義	広田 純一	1999	「地域づくりの担い手としての博物館・資料館の現状と可能性」	『農村計画論文集』第1集	農村計画学会
向井田 善朗	熊谷 智義	広田 純一	2000	「行政レベルの地域づくりに対する博物館の役割」	『農村計画論文集』第2集	農村計画学会
向井田 善朗	熊谷 智義	広田 純一	2001	「住民レベルの地域づくりへの博物館の役割」	『農村計画論文集』第3集	農村計画学会
向井田 善朗	熊谷 智義	広田 純一 他	2001	「住民レベルの地域づくりへの博物館の関わり:岩手県遠野市立博物館の事例」	『農村計画論文集』第3集	農村計画学会
向井田 善朗	熊谷 智義	広田 純一	2003.3	「平塚市博物館における地域づくりとの関わり」	『日本ミュージアム・マネージメント学会研究紀要』第7号	日本ミュージアム・マネージメント学会
迎山 和司	小林 真幸		2015.3	「文化財プロジェクションマッピング:その展示と評価」	『映像情報メディア学会技術報告』第39巻第14号	映像情報メディア学会
迎山 和司			2016.3	「TOWADA:THE WONDER LAND:十和田市現代美術館プロジェクションマッピング」	『映像情報メディア学会技術報告』第40巻第11号	映像情報メディア学会
向江 強			1987.11	「大阪「平和のための戦争資料館」--その設立運動の軌跡」	『歴史評論』第451号	校倉書房
向川 幹雄			2009.11	「大阪国際児童文学館の状況について」	『子どもの図書館』第56巻第11号	児童図書館研究会
向川 幹雄			2010.3	「大阪国際児童文学館の状況」	『昭和文学研究』第60集	昭和文学会
向坂 鋼二			1996.3	「博物館に将来を考えるために」	『Museologist:明治大学学芸員養成課程年報』第11巻	明治大学学芸員養成課程
向田 直幹	田辺 徹*		1985.9	『ヨーロッパ美術館めぐり 美術手帖1985年9月号増刊』		美術出版社
武蔵 昌行			2012	「特別支援学校との博学連携について:埼玉県立特別支援学校塙保己一学園との関わりを通して」	『視覚障害教育ブックレット』第20巻	ジアース教育新社
武蔵野美術大学出版編集室			1997	『武蔵野美術NO.104 特集「展示・場・美術館」』		武蔵野美術大学出版編集室
武者小路 實篤			1936	「特別展覽會」「伯林動物園」「國立美術館」	『歐洲見聞記』	山本書房
武者小路 實篤			1941	「正倉院御物を拝觀して」	『人生と藝術』	河出書房
六浦 勉			2010	「こどもをコンセプトにした国内唯一の植物園「横浜市こども植物園」」	『日本植物園協会誌』第45号	日本植物園協会
睦沢町立歴史民俗資料館編			1997.6	『第1回シンポジウム「博物館と地域連携」の記録(睦沢町立歴史民俗資料館研究紀要別冊)』		睦沢町立歴史民俗資料館
無藤 隆			2000.1	「博物館学各論(1)-博物館の論理学-博物館心理学」	『新版博物館学講座 第1巻 博物館学概論』	雄山閣
無藤 隆			2000.1	「博物館学各論(2)-博物館の実践学-博物館利用者の心理学的調査法」	『新版博物館学講座 第1巻 博物館学概論』	雄山閣
武藤 真			2008.10	「地域のなかの祭りと博物館」	『博物館研究』第43巻第10号	日本博物館協会
武藤 真			2009	「博物館のお鍬祭り--地域の核としての新機能」	『まつり』第71・72号	まつり同好会
武藤 真			2014.3	「特別展における「見る、聞く、体験する」の試み」	『名古屋市博物館研究紀要』第37巻	名古屋市博物館
武藤 幹生	萩原 信介*	久居 宣夫	1999.11	「自然教育園の自然の移り変わり」	『国立科学博物館ニュース』第367号	国立科学博物館
棟方 渚	常磐 拓司*	清水 紀芳 他	2008.7	「博物館における研究成果紹介展示」	『情報処理学会研究報告』2008巻第62号	情報処理学会
宗像 盛久			1996.9	「リニューアル」	『ミュージアムマネージメント』	東京堂出版
宗像 盛久			2000.9	「第3章博物館資料の取り扱いとその留意事項 1資料の梱包、荷解き、分類・整理法、保存法」	『博物館学シリーズ 6博物館実習』	樹村房
宗像 盛久			2000.9	「第3章博物館資料の取り扱いとその留意事項 2資料取り扱いとその留意事項 (3)歴史、民俗資料」	『博物館学シリーズ 6博物館実習』	樹村房

著者1	著者2	著者3	発行年	論文名・書籍名	掲載誌	発行元
宗像 盛久			2000.9	「第3章博物館資料の取り扱いとその留意事項 3基本的な実習作業(2)写真・実測」	『博物館学シリーズ 6博物館実習』	樹村房
宗像 盛久			2000.9	「第4章博物館における実習 2博物館における実習の現状」	『博物館学シリーズ 6博物館実習』	樹村房
宗像 盛久			2000.9	「第4章博物館における実習 3実習指導における大学との連携の重要性(4)実習指導担当学芸員と大学担当者との連携」	『博物館学シリーズ 6博物館実習』	樹村房
宗像 盛久			2000.9	「第4章博物館における実習 4博物館内で可能な実習指導カリキュラム(2)具体的な展開例 a歴史系」	『博物館学シリーズ 6博物館実習』	樹村房
宗像 盛久			2000.9	「第4章博物館における実習 6博物館実習と地域特性・地域環境への適応例」	『博物館学シリーズ 6博物館実習』	樹村房
宗像 衣子			2014.12	「芸術の総合性と文化の相互性に対する博物館の価値:西欧と日本における近代化と公衆性の問題」	『研究紀要.人文科学・自然科学篇』49号	神戸松蔭女子学院大学学術研究会
宗清 禮吉			2003.3	「博物館における情報化の現状と課題」	『山口県立山口博物館研究報告』第29号	山口県立山口博物館
宗近 功			1988.12	「動物園展示の試み」	『展示学』第7号	日本展示学会
宗近 功			2001.5	「館種別博物館の調査研究 動物園」	『新版博物館学講座 第6巻 博物館調査研究法』	雄山閣
宗久 訓子	飯岡 智恵子		1994.8	「平成5年度体験教室アンケート調査結果報告書」	『岩手県立博物館研究報告』第12号	岩手県立博物館
宗村 泉			2008.11	「産業文化財を守るために」	『博物館研究』第43巻第11号	日本博物館協会
村井 勇			1994	「自然史博物館における展示資料解説について」	『博物館研究』第29巻第11号	日本博物館協会
村井 勇			1997	「兵庫県南部地震と博物館」	『博物館研究』第32巻第6号	日本博物館協会
村井 勇	川合 三男	松沢 亜生 他	2000	「座談会「小規模博物館を運営して」」	『博物館研究』第35巻第7号	日本博物館協会
村井 則子			2014	「ボストン美術館と日本美術:ジャポニスムを超えて」	『ジャポニスム研究』34号	ジャポニスム学会
村井 源 他			2014.12	「セッション1-データベース利用.東日本大震災後の文化財レスキュー活動参加者の傾向分析」	『オープン化するヒューマニティーズ:その可能性と課題を考える:人文科学とコンピュータシンポジウム論文集』	情報処理学会
村井正誠記念美術館			2014.3	『村井正誠記念美術館開館十周年記念誌』		村井正誠記念美術館
村井 実			2006.5	「遺跡・遺構の保存と展示法」	『史跡整備と博物館』	雄山閣
村井 良子	松本 由理子	村上 由美 他	1995.7	「やわらかな母なる表情のミュージアムを～世田谷美術館・いわさきちひろ絵本美術館を語りながら～」	『月刊ミュゼ』12号	(株)アム・プロモーション
村井 良子			2001.3	「評価と改善のプロセスを組み込み、参加性の高い展示を開発する方法を学ぼう」	『博物館における評価と改善スキルアップ講座』資料集	東京都江戸東京博物館「博物館における評価と改善スキルアップ講座」実行委員会
村井 良子	一瀬 和夫*	佐々木 亨	2001.6	「東京江戸東京博物館「博物館における評価と改善スキルアップ講座」から」	『月刊ミュゼ』47号	(株)アム・プロモーション
村井 良子			2002	『入門ミュージアムの評価と改善』		ミュゼ
村井 良子	青木 俊也*		2002	「学習資料展「教科書のなかの道具とくらし」利用者調査による展示づくり--企画展研究開発(R&D)計画」	『展示学』第34号	日本展示学会
村井 良子			2006.7	「公立ミュージアムと指定管理者制度」	『指定管理者制度—文化的公共性を支えるのは誰か』	時事通信社
村井 良子	安井 秀行*	平田 寿里	2009.2	「自治体サイトに共通標準メニュー体系(11)公立美術館サイトを「顧客視点」で評価する(個人利用者編)」	『地方行政』第10041号	時事通信社
村井 良子	安井 秀行*	平田 寿里	2009.2	「自治体サイトに共通標準メニュー体系(12)公立美術館の団体利用を促進するサイトとは-学校編(小学校教諭Yさんの場合)」	『地方行政』第10043号	時事通信社
村井 良子	安井 秀行*	平田 寿里	2009.3	「自治体サイトに共通標準メニュー体系(13)公立美術館WEBサイトのあるべき姿-個人・団体評価結果に基づく提案」	『地方行政』第10045号	時事通信社
村井 良子			2016.4	「戦略的博物館経営を可能とするマネジメント体系」	『ミュゼオロジーの展開:経営論・資料論』	武蔵野美術大学出版局
村井 良介	坂江 渉*	神戸大学大学院人文学研究科地域連携センター 編	2013.7	「地域歴史文化を保全・継承できる人材の育成」	『「地域歴史遺産」の可能性』	岩田書院
村内 道昌	甲斐 明夫*	半田 善三	2013.1	「調度品から始まった美術館は日本の宝になった」	『セキュリティ研究』第16巻第1号	JSN日本セキュリティ情報サービス
村岡 篤			1998.3	「学びの場の可能性—私にとっての博物館・・・学校との関連へ向けて—」	『Museologist:明治大学学芸員養成課程年報』第13巻	明治大学学芸員養成課程

著者1	著者2	著者3	発行年	論文名・書籍名	掲載誌	発行元
村岡 篤	斎藤 孝	矢島 國雄 他	1999.3	「《座談会》博物館教育を考える―学校教育と博物館教育―」	『Museologist:明治大学学芸員養成課程年報』第14巻	明治大学学芸員養成課程
村垣 淡路守			1860	『遣米使節日記』		
村垣 範正			1918	『萬延元年第一遣米使節日記』		日米協會
村垣 範正			1928	「遣米使日記」	『遣米使節日記纂輯一』	日本史籍協會
村形 明子	前 久夫		1978.5	「アーネスト・F.フェノロサの建築に関する手稿:奈良帝国博物館(陳列館)建築計画の諸条件」	『建築雑誌』第93輯第1135號	日本建築学会
村形 明子			1980.2	「フェノロサの宝物調査と帝国博物館の構想(上)―ハーヴァード大学ホートン・ライブラリー蔵遺稿を中心に―」	『MUSEUM』第347号	東京国立博物館
村形 明子			1980.3	「フェノロサの宝物調査と帝国博物館の構想(下)―ハーヴァード大学ホートン・ライブラリー蔵遺稿を中心に―」	『MUSEUM』第348号	東京国立博物館
村形 明子			1983.3	「ビゲロウ、フェノロサ、岡倉―ボストン美術館日本部の形成と発展(1)創設まで―」	『MUSEUM』第384号	東京国立博物館
村上 晃子	平田 健*		2004.3	「矢向ミュージアムの展示計画とその実践Ⅰ―小学校の空き教室を利用した博物館―」	『Museologist:明治大学学芸員養成課程年報』第19巻	明治大学学芸員養成課程
村上 佳代	西山 徳明		2010.11	「萩市における文化資源の発掘と都市遺産概念について--歴史文化まちづくりにおける文化資源マネジメントに関する研究(その1)」	『日本建築学会計画系論文集』第75巻657号	日本建築学会
村上 佳代	橋口 敏一*	西山 徳明	2011.3	「「萩まちじゅう博物館」における文化遺産マネジメントに関する研究その8:主客交流に主眼を置いたサテライトの設計条件の抽出」	『日本建築学会研究報告九州支部.計画系』第50号	日本建築学会九州支部
村上 佳代	西山 徳明		2015	「国際協力を通じたエコミュージアム観光開発技術による文化資源マネジメントの試みに関する研究:山口県萩市とヨルダン・ハシミテ王国サルト市を事例として」	『都市計画論文集』第50巻第3号	日本都市計画学会
村上 敬			2009.4	「静岡県立美術館事業評価システムの現状と今後について」	『博物館研究』第44巻第4号	日本博物館協会
村上 健太郎			2011.3	「砂浜美術館」	『海岸』第50号	全国海岸協会
村上 孝一	右代 啓視*	鈴木 琢也 他	2011.3	「北方四島の先史文化研究と博物館交流の基礎づくり(1)」	『北海道開拓記念館研究紀要』第39号	北海道開拓記念館
村上 孝一	右代 啓視*	鈴木 琢也 他	2012.3	「北方四島の先史文化研究と博物館交流の基礎づくり(2)」	『北海道開拓記念館研究紀要』第40号	北海道開拓記念館
村上 茂輝	李 明	石丸 紀興	2016.3	「広島博物館基本計画案と黒川紀章:比治山芸術公園の形成と建築家黒川紀章に関する研究」	『日本建築学会中国支部研究報告集』第39巻	日本建築学会中国支部
村上 聖一	宮川 大介*	磯崎 咲美	2011.11	「放送史資料収集・保存・公開をめぐる課題:歴史研究者のアーカイブ専門家は現状をどう見ているか」	『放送研究と調査』第61巻第11号	NHK放送文化研究所
村上 専精 他編			1926	『明治維新神仏分離史料』		東方書院
村上 隆			1992.4	「第2章文化財の素材と技法 第1節金属」	『文化財のための保存科学入門』	株式会社飛鳥企画
村上 隆			1992.4	「第5章文化財と環境 第2節博物館の展示環境」	『文化財のための保存科学入門』	株式会社飛鳥企画
村上 隆	櫻井 和彦*		2004.7	「穂別町立博物館の20年-クビナガリュウ'ホッピー'と歩んだ博物館の歴史-」	『穂別町立博物館研究報告』第20号	穂別町立博物館
村上 忠幸	佐田 信太朗*	広木 正紀	2008.9	「"もの"への関わりのはじまりとしての"集める"という活動の意義を探る:身近なものを対象としたミニ博物館づくりの過程を通して」	『日本理科教育学会全国大会要項』第58号	日本理科教育学会
村上 登司文			1998	『平和博物館による戦争体験継承とこれからの役割』		京都教育大学教育社会学研究室
村上 登司文			2002	『軍事博物館と平和博物館の比較社会学的研究』		文部省科学研究費補助金研究成果報告書
村上 紀夫			2007.11	「博物館展示と差別問題」	『日本民俗学』第252号	日本民俗学会
村上 裕道			1999.11	「旧神戸居留地十五番館の修復」	『文化財の保存と修復何をどう残すのか?』	文化財保存修復学会
村上 泰樹			2011.3	「兵庫県立考古博物館の土器づくり--ボランティアと学芸員による土器づくりの事例」	『兵庫県立考古博物館研究紀要』第4号	兵庫県立考古博物館
村上 由美	村井 良子*	松本 由理子 他	1995.7	「やわらかな母なる表情のミュージアムを~世田谷美術館・いわさきちひろ絵本美術館を語りながら~」	『月刊ミュゼ』12号	(株)アム・プロモーション
村上 由美子	東村 純子*		2014.9	「博物館資料としての石膏模型:唐古遺跡出土木器の保存と活用」	『史林』97号	史学研究会
村上 陽一郎			1992	『大学における理工系資料館のあるべき姿について』		文部省科学研究費補助金研究成果報告書

著者1	著者2	著者3	発行年	論文名・書籍名	掲載誌	発行元
村上 良知			1998	「博物館における視覚・聴覚障害者に対する配慮に関する全国調査」	『熊本県立大学生活科学部紀要』第4巻	熊本県立大学
村上 良知			1999	「視・聴覚障害者の認識支援について—全国調査における博物館スタッフの意見から—」	『ユニバーサル・ミュージアムをめざして—視覚障害者と博物館—』	神奈川県立生命の星・地球博物館
村上 義彦			1978	「歴史展示の実際と展望」	『埼玉県立博物館紀要』第4号	埼玉県立博物館
村上 義彦			1979	「歴史展示の実際と展望(2)歴史展示の範囲と方法」	『埼玉県立博物館紀要』第5号	埼玉県立博物館
村上 義彦			1980.3	「歴史展示の実際と展望(3)二次資料について」	『埼玉県立博物館紀要』第6号	埼玉県立博物館
村上 義彦			1983.3	「歴史展示の実際と展望(4)具体から抽象への一方法」	『埼玉県立博物館紀要』第8・9号	埼玉県立博物館
村上 義彦			1984.3	「埼玉の文化史展報告-企画、運営、展示目録-」	『埼玉県立博物館紀要』第10号	埼玉県立博物館
村上 義彦			1988	「歴史展示の実際と展望(6)文献展示法の理論化試案」	『埼玉県立博物館紀要』第14号	埼玉県立博物館
村上 義彦			1988.3	「歴史展示の実際と展望-文献展示の一手法-」	『埼玉県立歴史資料館研究紀要』第9号	埼玉県立歴史資料館
村上 義彦			1990.3	「歴史展示における各種問題点」	『戸田市立郷土博物館研究紀要』第5号	戸田市立郷土博物館
村上 義彦			1990.3	「米国における歴史展示の発展とわが国の展望」	『埼玉県立博物館紀要』第16号	埼玉県立博物館
村上 義彦			1991.8	「平成2年度欧州博物館事情視察報告⑥ケルン市における博物館運営と市立博物館」	『博物館研究』第26巻第8号	日本博物館協会
村上 義彦			1992.5	『博物館の歴史展示の実際』		雄山閣出版
村上 義彦			1994.3	「歴史展示企画に関する二三の問題(1)」	『戸田市立郷土博物館研究紀要』第7号	戸田市立郷土博物館
村上 義彦			1994.3	「歴史展示の実際と展望(8)」	『埼玉県立歴史資料館研究紀要』第16号	埼玉県立歴史資料館
村上 義彦			1995	『新しい地域博物館活動』		雄山閣出版
村上 義彦			1995.3	「歴史展示の実際と展望(9)」	『埼玉県立歴史資料館研究紀要』第17号	埼玉県立歴史資料館
村上 義彦			1997	『地域博物館概論』		雄山閣
村上 義彦			1999.5	「歴史博物館の展示(1)」	『博物館研究』第26巻第5号	日本博物館協会
村上 義彦			1999.6	「歴史博物館の展示(2)」	『博物館研究』第26巻第6号	日本博物館協会
村上 義彦			1999.7	「歴史博物館の展示(3)歴史展示の形態」	『博物館研究』第26巻第7号	日本博物館協会
村上 義彦			2000.5	『博物館が学級崩壊を救う:「総合的な学習」のための博物館活用法』		ボイックス株式会社
村上 義久			1912	「堺水族館」	『南海の栞南海鐵道ノ案内記』	成巧社
村川 智彦			1997.3	「明治期の博覧会・共進会と福島県」	『福島県歴史資料館研究紀要』第19号	福島県歴史資料館
村川 智彦			1997.8	「明治期の博覧会と近代日本〜第五回内国勧業博覧会と福島県勧業政策」	『東北学院大学東北文化研究所紀要』第29号	東北学院大学東北文化研究所
村川 智彦			1999.3	「明治後期の地方勧業博覧会・共進会」	『福島県歴史資料館研究紀要』第21号	福島県歴史資料館
村川 智彦			2001.3	「福島県歴史資料館における行政資料の収集・利用とその課題」	『福島県歴史資料館研究紀要』第23号	福島県歴史資料館
村川 雅弘			2004.5	「社会教育施設・団体や地域との今年度の連携は、これでいいのか? 英国の大英博物館訪問の際に垣間見た、学校と博物館とのきめ細かな連携」	『総合教育技術』第59巻2号	小学館
村木 美幸			2010	「博物館活動と観光--アイヌ民族博物館の事例から」	『第24回北方民族文化シンポジウム報告書 現代社会と先住民文化--観光、芸術から考える(1)』	北方文化振興協会
村串 仁三郎			2007.3	「日本鉱山史から見た夕張石炭産業遺産」	『金属鉱山研究』第83号	金属鉱山研究会
村越 英昭	山中 敦子*	小田 泰史 他	2005.8	「WEB教材を作る・育てる:学校から家庭へ、家庭から地域へ(学校と博物館・動物園等の連携-学校が教えたいこと、博物館が伝えたいこと-)」	『日本科学教育学会年会論文集』第29巻	日本科学教育学会

著者1	著者2	著者3	発行年	論文名・書籍名	掲載誌	発行元
村沢 武夫			1978	『近代日本を築いた田中芳男と義廉』		田中芳男義廉顕彰会
村重 寧			1988.11	「水墨の名画とその復元」	『博物館研究』第23巻第11号	日本博物館協会
村瀬 健	菊地 真*		2013	「創る、美術と展示：「おやこでえほんづくり」展の現場から」	『Mouseion：立教大学博物館研究』第59号	立教大学学校・社会教育講座
村田 宇一郎			1918	「大に郷土の歴史を説くべし」	『斯民』第13編第9号	中央報徳會
村田 健一 他			1999.9	「歴史的建造物の復元：その現状と課題」	『建築史学』第33号	建築史学会
村田 健一			2017.3	「保存修理と復原」	『文化財建造物の保存修理を考える：第4回シンポジウム「木造建造物保存修理技術の特色」の記録』	文化財建造物保存技術協会
村田 健二			2005	「埋蔵文化財の保存・活用の実態（埼玉県立埋蔵文化財センターの事例を中心に）」	『埋蔵文化財白書（第三次）』	ケイ・アイ・メディア
村田 浩一			2006.1	「動物園と研究活動--原点としての教育と研究」	『畜産の研究』第60巻1号	養賢堂
村田 浩一	成島 悦雄	原 久美子 編	2014.7	『動物園学入門』		朝倉書店
邑田 仁	平井 一則		2007.3	「地図で見る環境保全の現状 小笠原の絶滅危惧植物の自生地復元を目指して-小石川植物園での保護増殖」	『遺伝：生物の科学』第61巻第2号	エヌ・ティー・エス
邑田 仁			2013.9	「管理・運営 名勝および史跡：小石川植物園」	『都市公園』第202号	東京都公園協会
村田 太郎	国府田 良樹*	小池 渉 他	2005.3	「開館10周年記念「恐竜たちの足音が聞こえる-中国そして日本」展の開催の記録」	『茨城県自然博物館研究報告』第8号	ミュージアムパーク茨城県自然博物館
村田 文夫			1869	『西洋見聞録』第1巻		井筒屋勝次郎
村田 文夫			2008.5	「歴史系博物館の展示に天晴れ！・喝！」	『史峰』第36号	新進考古学同人会
村田 文生	大堀 哲*	斎藤 慶三郎	1994.11	『生涯学習と開かれた施設活動』		学文社
村田 文幸			2016.3	「泉大津市・桃山学院史料室連携事業報告：博物館連携を中心として」	『桃山学院年史紀要』第35号	桃山学院史料室
村田 昌也	徳永 佳世*	大本 敬久 他	2016.2	「4 結ぶ・広げる」	『もっと博物館が好きっ！みんなと歩む学芸員』	教育出版センター
村田 理如			2015.1	「美術館だより 清水（きよみず）三年坂美術館」	『学士会会報』第910号	学士会
村田 真知子	村田 真知子	村田 真知子	2012	「展示物の魅力を伝えるものづくり体験プログラム」	『東風西声：九州国立博物館紀要』第8号	九州国立博物館
村田 麻里子			2003.3	「来館者研究の系譜とその課題—日本における博物館コミュニケーションの展開のための一考察—」	『日本ミュージアム・マネージメント学会研究紀要』第7号	日本ミュージアム・マネージメント学会
村田 麻里子			2007	「ミュージアムにおける「モノ」を巡る論考」	『京都精華大学紀要』第33号	京都精華大学
村田 麻里子			2009	「ミュージアムの受容 近代日本における「博物館」の射程」	『京都精華大学紀要』第35号	京都精華大学
村田 麻里子			2000.1	「ポストモダン時代におけるミュージアム・イメージの拡張」	『関西大学社会学部紀要』第41巻第1号	関西大学社会学部
村田 麻里子	表 智之*	金澤 韻	2009.7	『マンガとミュージアムが出会うとき』		臨川書店
村田 麻里子	谷川 竜一*	山中 千恵 他	2010	「京都国際マンガミュージアムにおける来館者調査--ポピュラー文化ミュージアムに関する基礎研究」	『京都精華大学紀要』第37号	京都精華大学
村田 麻里子			2010.3	『ピクチャレスクの観光化-足立美術館の庭園とコレクションをめぐる一考察-』	『関西大学博物館紀要』第16号	関西大学博物館
村田 麻里子	山中 千恵*	伊藤 遊 他	2011.3	「人はマンガミュージアムで何をしているのか--マンガ文化施設における来館者行動と〈マンガ環境〉をめぐって」	『マンガ研究』第17巻	日本マンガ学会
村田 麻里子	山中 千恵	谷川 竜一 他	2013.1	「京都国際マンガミュージアムにおける来館者調査：ポピュラー文化ミュージアムに関する基礎研究」	『日本のマンガミュージアム—あらたな文化共有と地域社会—』	京都大学地域研究統合情報センター
村田 麻里子	山中 千恵	伊藤 遊 他	2013.1	「宝塚市立手塚治虫記念館における来館者調査—地域活性化のためのマンガ文化関連施設の実態と是非をめぐって—」	『日本のマンガミュージアム—あらたな文化共有と地域社会—』	京都大学地域研究統合情報センター
村田 麻里子	パスキエ・オレリアン	山中 千恵 他	2014.10	「アングレーム国際BDフェスティバル韓国漫画展「枯れない花」にみる場と展示の〈政治性〉」	『関西大学社会学部紀要』第46巻第1号	関西大学社会学部
村田 麻里子			2014.12	『思想としてのミュージアム：ものと空間のメディア論』		人文書院

著者1	著者2	著者3	発行年	論文名・書籍名	掲載誌	発行元
村田 麻里子			2016.3	「ポピュラー文化を展示する:スポーツ・マンガ・ポピュラー音楽を事例に」	『関西大学社会学部紀要』第47巻第2号	関西大学社会学部
邑田 裕子	稲冨 由香	稲田 昭	2009	「摂南大学薬学部附属薬用植物園の外部への情報発信について」	『日本植物園協会誌』第44号	日本植物園協会
邑田 裕子			2011	「摂南大学薬学部附属薬用植物園の現在の活動とこれから」	『日本植物園協会誌』第46号	日本植物園協会
村田 涼	小野 裕子*	安田 幸一	2012.9	「現代日本の博物館建築における導入空間まわりの用途の複合形式」	『学術講演梗概集』2012巻	日本建築学会
村田 涼	内藤 誠人*	鈴木 春奈 他	2014.7	「現代の美術館におけるトップライトによる展示室への採光手法の形態的特徴」	『日本建築学会計画系論文集』第79巻701号	日本建築学会
村田 良二			2008.9	「東京国立博物館における収蔵品管理システムの開発」	『情報処理学会研究報告』2008巻第95号	情報処理学会
村田 良二			2009.3	「東京国立博物館の収蔵品管理システム」	『アート・ドキュメンテーション研究』第16号	アート・ドキュメンテーション学会
村田 良二			2016.12	「博物館におけるコレクション情報の組織化:情報標準と東京国立博物館の事例」	『情報管理』第59巻第9号	科学技術振興機構
村田 良介			1994.5	「知床の野外教育活動」	『月刊社会教育』第38巻5号	国土社
村田 良介			1995.3	「知床博物館の入館者像-アンケート調査の結果から」	『知床博物館研究報告』第16集	斜里町立知床博物館
村田 良介			1996.3	「期待される学芸員像」	『知床博物館研究報告』第17集	斜里町立知床博物館
村田 六郎太			1995.3	「加曽利貝塚博物館と縄文土器づくり」	『Museumちば:千葉県博物館協会研究紀要』26号	千葉県博物館協会
村田 六郎太			1996.3	「学芸員活動について」	『千葉経済大学学芸員課程紀要』創刊号	千葉経済大学学芸員課程共同研究室
村津 弘明			1982.5	「『昭和史資料』の活用について」	『阡陵関西大学博物館学課程創設二十周年記念特集』	関西大学博物館学課程
村野 正景			2012	「学芸員や研究者の立ち位置についての素描:パブリック考古学と関連分野のモデルに注目して」	『京都文化博物館研究紀要』第24集	京都府京都文化博物館
村野 正景			2015.12	「学校所蔵資料の調査と活用について:京都文化博物館の取り組み」	『Link:神戸大学大学院人文学研究科地域連携センター年報』第7号	神戸大学大学院人文学研究科地域連携センター
村野井 均			2013.2	「心は環境のなかに:博物館情報メディアの心理と学習理論」	『博物館情報・メディア論』	ぎょうせい
村橋 正実	宮脇 亮介		2007	「学校と科学系博物館との連携のあり方」	『福岡教育大学紀要.第4分冊・教職科編』第56号	福岡教育大学
村松 弘一 編	福井 憲彦*(監)	伊藤 真実子 編	2014.2	『世界の蒐集:アジアをめぐる博物館・博覧会・海外旅行』		山川出版社
村松 貞次郎			1965	『西洋館を建てた人々 日本近代建築史ノート』		世界書院
村松 武			1999.2	「地域博物館の生きる道「伊那谷自然友の会と歩んできた地域博物館の10年」」	『月刊ミュゼ』33号	(株)アム・プロモーション
村松 伸弘	鍋島 隆*	星野 正信 他	2001.3	「映像ホールの利用拡大を図る」	『千葉県立現代産業科学館研究報告』第6号	千葉県立現代産業科学館
村松 洋介			2004.3	「古墳の保存整備・活用と博物館」	『國學院大學博物館学紀要』第28輯	國學院大學博物館学研究室
村松 洋介			2006.5	「整備の現状と制度史5.古墳の整備」	『史跡整備と博物館』	雄山閣
村松 愉文			2008.3	「「史跡白滝史跡群」の整備と活用」	『國學院大學考古学資料館紀要』第24輯	國學院大學考古学資料館
村本 邦子	芳賀 淳子		2014	「歴史・平和教育における『二次受傷』をどう考えるか:立命館大学国際平和ミュージアムにおける平和教育の現状と可能性」	『立命館平和研究:立命館大学国際平和ミュージアム紀要』第15号	立命館大学国際平和ミュージアム
村本 聡子			2013.6	「文化財の微生物劣化とその対策」	『ネットワーク資料保存』104号	日本図書館協会・資料保存委員会
村元 直人			1994.1	『蝦夷地の外人ナチュラリスト』		幻洋社
村守 恵子			1997	「後世に受け継がれる民間文化財 平成に蘇った江戸の蔵」	『観光文化』vol.124	日本交通公社
村山 皓 編			2000.12	『施策としての博物館の実践的評価[琵琶湖博物館の経済的・文化的・社会的効果の研究]』		雄山閣
村山 健			1985.9	「豊島区立郷土資料館における復元模型の制作」	『生活と文化:豊島区立郷土資料研究紀要』第1号	豊島区教育委員会

著者1	著者2	著者3	発行年	論文名・書籍名	掲載誌	発行元
村山 定男			1968.4	「五島プラネタリウム十周年を迎えて」	『五島プラネタリウム学芸報開館十周年記念』第4集	五島プラネタリウム
村山 貴俊			2014.3	「東北の自動車産業集積への一考察:山形県産業科学館・部品展示からみえてきた強さと課題」	『研究年報経済学(藤井建人教授退職記念号)』第74巻第2号	東北大学経済学会
村山 司	祖一 誠	内田 詮三	2010.3	『海獣水族館:飼育と展示の生物学』		東海大学出版会
村山 徳淳 編	黒川 真頼 閲		1880.11	『博物館書目解題略』		博物館
村山 にな	若月 憲夫*	斉藤 恵理	1995	「博物館の行方・科学館—時代の変節点にたつ科学館—現在の課題と今後の展望を探る」	『Cultivate:文化と環境を考える』創刊号	文化環境研究所
村山 にな			1995.8	「科学館におけるボランティア活動」	『文環研レポート』第6号	文化環境研究所
村山 にな			2012	「ニューヨーク・イサム・ノグチ美術館における芸術教育の理念と実践」	『玉川大学教師教育リサーチセンター年報』第3号	玉川大学教師教育リサーチセンター
室 俊司			1966.3	「博物館人の社会教育観」	『Mouseion:立教大学博物館研究』第12号	立教大学学校・社会教育講座
室 俊司			1969.5	「成人教育と博物館」	『Mouseion:立教大学博物館研究』第15号	立教大学学校・社会教育講座
室井 恭子			2001.3	「感動を伝える仕事-プラネタリウム-」	『東京学芸大学教育学部生涯教育研究室研究紀要』第6号	東京学芸大学教育学部生涯教育研究室
室崎 益輝			1999.9	「文化財建造物の防災を考える」	『かんぽ資金』第256号	簡保資金振興センター
室 俊司	渡辺 妙子	小森 厚	1973.11	「生涯教育と博物館」	『博物館研究』第45巻第3号	日本博物館協会
室田 老樹齋			1930	「小石川植物園史話(その一)」	『科學』第10巻第3號	科學の世界社
室屋 泰三			2014.11	「美術と美術館と美術情報と」	『NACTreview:国立新美術館研究紀要』第1号	国立新美術館
室屋 泰三			2016.1	「異業種での映像情報メディア利用(第10回)美術館におけるデジタルアーカイブの利用」	『映像情報メディア学会誌』第70巻第1号	映像情報メディア学会
ムンシ・ロジェ・ヴァンジラ			2005.9	「コンゴ国立美術館研究所(IMNC)」	『非文字資料研究』第9号	神奈川大学21世紀COEプログラム「人類文化研究のための非文字資料の体系化」研究推進会議
明治教育社			1903	「東京教育博物館概説」	『教育界(臨時増刊)』第3巻第2號	明治教育社
明治教育社			1913	「社説 文部省の行政整理を評す」	『教育界』第12巻第9號	明治教育社
明治史講座刊行會 編			1931	「植物園と臨海實驗所」	『明治科學史』	日本文學社
明治大学商品博物館			2003.2	『明治大学商品博物館50周年記念誌 商品陳列館の半世紀1951～2001』		明治大学商品博物館
明治大学人文科学研究所			2010.3	『マンガ・アニメ・ゲーム・フィギュアの博物館学』		明治大学人文科学研究所
明治大学博物館	南山大学人類学博物館 編		2013.3	『博物館資料の再生:自明性への問いとコレクションの文化資源化』		岩田書院
明治大学博物館事務室 編	熊野 正也*		2002.3	「博物館人としてのE・S・モース」	『明治大学博物館研究報告』第7号	明治大学博物館事務室
明治村			1993	『博物館明治村』		名古屋鉄道
名著出版			1989.8	「博物館と考古学」	『歴史手帖』第17巻8号	名著出版
名著出版			1992.3	「古文書と博物館」	『歴史手帖』第20巻3号	名著出版
名著出版 編			1992.11	「学芸員問題を考える」	『歴史手帖』第20巻11号	名著出版
名著出版			1995.1	「江戸東京博物館」	『歴史手帖』第23巻1号	名著出版
名著出版			2008.8	『目黒区美術館ワークショップ20年の記録1』		目黒区美術館
目黒区美術館			2008.8	『目黒区美術館ワークショップ20年の記録2』		目黒区美術館
目黒区美術館			2008.8	『目黒区美術館ワークショップ20年の記録3』		目黒区美術館

著者1	著者2	著者3	発行年	論文名・書籍名	掲載誌	発行元
目黒区美術館			2008.8	『目黒区美術館ワークショップ20年の記録4』		目黒区美術館
目黒区美術館			1998	「Ⅸ.美術館実習」	『目黒区美術館年報(平成8年度)』	目黒区美術館
目黒 実			1996.1	『チルドレンズ・ミュージアムをつくろう』		ブロンズ新社
目黒 実			2002.1	『学校がチルドレンズ・ミュージアムに生まれ変わる:地域と教育の再生の物語』		ブロンズ新社
目黒 実			2010.12	「子どもの宇宙とチルドレンズミュージアムの可能性」	『教育と医学』第58巻第12号	慶應義塾大学出版会
目時 和哉	鈴木 まほろ	赤沼 英男	2012.10	「東日本大震災被災ミュージアム再生への取り組み」	『博物館研究』第47巻第10号	日本博物館協会
メリット・スター	西島 照男		1986.11	『ホーレス・ケプロン将軍-北海道開拓の父と人間像』		北海道出版企画センター
面出 薫			1985	「博物館の光環境」	『博物館研究』第20巻第2号	日本博物館協会
面出 薫	中島 龍興*	近田 玲子	1995.8	『照明デザイン入門』		彰国社
MOA美術館	箱根美術館*		1992.11	『年史 箱根美術館40周年・MOA美術館10周年記念』		箱根美術館・MOA美術館
MOA美術館 編	箱根美術館*		2012.7	『20年のあゆみ』		MOA美術・文化財団
MOA美術館 監			2017.2	『MOA美術館=MOA MUSEUM OF ART』		東京美術
毛利 和雄			2005.3	「守れるか古墳壁画―法隆寺と高松塚―」	『月刊ミュゼ』69号	(株)アム・プロモーション
毛利 和雄			2005.7	「守れるか古墳壁画―壁画の劣化と解体修理」	『月刊ミュゼ』71号	(株)アム・プロモーション
毛利 和雄			2005.9	「守れるか古墳壁画―「明日香村まるごと博物館」そして「世界遺産」」	『月刊ミュゼ』72号	(株)アム・プロモーション
毛利 和雄			2005.11	「守れるか古墳壁画―イタリアに学ぶ」	『月刊ミュゼ』73号	(株)アム・プロモーション
毛利 和雄			2006.1	「守れるか古墳壁画―装飾古墳と高松塚古墳―」	『月刊ミュゼ』74号	(株)アム・プロモーション
毛利 和雄			2006.3	「守れるか古墳壁画―現地保存の可能性―」	『月刊ミュゼ』75号	(株)アム・プロモーション
毛利 和雄			2006.7	「守れるか古墳壁画―今、何が問われているのか」	『月刊ミュゼ』77号	(株)アム・プロモーション
毛利 和雄			2008.1	「守れるか古墳壁画―原因究明と保存修理」	『月刊ミュゼ』83号	(株)アム・プロモーション
毛利 和雄			2010.1	「守れるか古墳壁画―壁画の材質調査―」	『月刊ミュゼ』91号	(株)アム・プロモーション
毛利 和雄			2012.5	「良好な景観の形成と観光力(観光考古学の周辺)」	『観光考古学』	ニューサイエンス社
毛利 和雄			2017.6	「文化的景観と世界遺産」	『文化財保存70年の歴史:明日への文化遺産』	新泉社
毛利 勝廣 他			1994.3	「市街地における「光害」の調査研究~その3~」	『名古屋市科学館紀要』第20号	名古屋市科学館
毛利 勝廣	北原 政子*	鈴木 雅夫	1995.3	「次世代のプラネタリウム」	『名古屋市科学館紀要』第21号	名古屋市科学館
毛利 勝廣	鈴木 雅夫*		1995.3	「コンピューターを利用したプラネタリウム用スライドの制作について」	『名古屋市科学館紀要』第21号	名古屋市科学館
毛利 勝廣	鈴木 雅夫	北原 政子	1996.3	「インターネット継続ドキュメント」	『名古屋市科学館紀要』第22号	名古屋市科学館
毛利 勝廣	北原 政子*	鈴木 雅夫	1996.3	「名古屋市科学館の天文クラブを考える」	『名古屋市科学館紀要』第22号	名古屋市科学館
毛利 勝廣	鈴木 雅夫*		1996.3	「コンピューターを利用したプラネタリウム用スライドの制作について2」	『名古屋市科学館紀要』第22号	名古屋市科学館
毛利 勝廣	鈴木 雅夫	北原 政子	1997.3	「ハイビジョンによる天体映像の活用」	『名古屋市科学館紀要』第23号	名古屋市科学館
毛利 勝廣	鈴木 雅夫	野田 学 他	1999.3	「光害の調査と実態」	『名古屋市科学館紀要』第25号	名古屋市科学館

著者1	著者2	著者3	発行年	論文名・書籍名	掲載誌	発行元
毛利 勝廣	野田 学*	鈴木 雅夫	1999.3	「1998年しし座流星群への取り組み」	『名古屋市科学館紀要』第25号	名古屋市科学館
毛利 勝廣	鈴木 雅夫	野田 学	2001.3	「特別展「宇宙展2000」について」	『名古屋市科学館紀要』第27号	名古屋市科学館
毛利 勝廣	鈴木 雅夫*	北原 政子 他	2001.3	「光害の調査・普及に関する科学館・環境局・環境庁の連携について」	『名古屋市科学館紀要』第27号	名古屋市科学館
毛利 勝廣	北原 政子	松井 昭彦 他	2003.11	「ネットワークを活用したプラネタリウム・コンサートの実践」	『情報文化学会誌』第10巻1号	情報文化学会
毛利 勝廣	山田 吉孝	野田 学 他	2004.3	「光害の展示制作と市民参加による実態調査」	『名古屋市科学館紀要』第30号	名古屋市科学館
毛利 勝廣	小林 修二	野田 学 他	2005.3	「光害の市民参加による実態調査」	『名古屋市科学館紀要』第31号	名古屋市科学館
毛利 勝廣	山田 吉孝	野田 学	2006.3	「「市外光と星空」展示制作」	『名古屋市科学館紀要』第32号	名古屋市科学館
毛利 勝廣	野田 学*	服部 完治 他	2006.3	「字幕付きで見るプラネタリウム」	『名古屋市科学館紀要』第32号	名古屋市科学館
毛利 勝廣	鈴木 雅夫*	野田 学 他	2006.3	「大望遠鏡を備えた公開天文台の調査」	『名古屋市科学館紀要』第32号	名古屋市科学館
毛利 勝廣			2008.3	「光害調査新手法の開発」	『名古屋市科学館紀要』第34号	名古屋市科学館
毛利 勝廣	岩崎 公弥子*	安田 孝美	2010.3	「博物館の資料を活用した「教材パッケージ」の開発と実践」	『JMMA日本ミュージアム・マネージメント学会会報』第14巻第4号	日本ミュージアム・マネージメント学会
毛利 勝廣			2012.8	「名古屋市科学館改築とプラネタリウムについて」	『博物館研究』第47巻第8号	日本博物館協会
毛利 勝廣			2014.9	「プラネタリウムにおける学芸員の研究について」	『博物館研究』第49巻第9号	日本博物館協会
藻利 國恵	武井 順一		2005.3	「博物館との連携による総合的な学習の実践」	『Museumちば:千葉県博物館協会研究紀要』36号	千葉県博物館協会
藻利 國恵	駒見 和夫*	伊藤 僚幸	2007.3	「博物館資料の地域学習教材化に向けた基礎研究-小・中学校の実態調査より」	『日本ミュージアム・マネージメント学会研究紀要』第11号	日本ミュージアム・マネージメント学会
藻利 國恵	金子 俊明*	伊藤 僚幸 他	2016.6	「第3章博物館との連携で広げた躍動的で楽しい地域学習」	『特別支援教育と博物館:博学連携のアクティブラーニング』	同成社
毛利 喆夫	中根 康夫		1996.9	「博物館の設備」	『ミュージアムマネージメント』	東京堂出版
毛利 敏彦			1979.12	「Ⅰ岩倉使節団」	『明治六年政変』	中央公論社
毛利 匡明 監			1994.7	『水族館を極める-アクリルガラスの向こう側』		徳間オリオン
毛利 匡明	安部 義孝*	門脇 秀一 他	1998.7	「座談会「水族館と水」」	『造水技術』第24巻3号	造水促進センター
毛利 正夫	横山 正*	佐々木 朝登	1980	「特集:美術館・博物館=建築と展示空間の統一」	『建築画報』第145号	建築画報社
毛利 正夫	青木 國男*	餌取 章男	1980.7	「鼎談 理工学博物館のあり方」	『博物館研究』第15巻第7号	日本博物館協会
毛利 正夫	湯上 二郎*	栗原 均	1982.5	「鼎談 効果的な事業のための図書館・博物館の連携」	『月刊社会教育』第37巻5号	国土社
毛利 衛			2009.4	「科学館における科学リテラシーの試み」	『学術の動向』第14巻第4号	日本学術協力財団
毛利 元敬			1991.2	「平成2年度欧州博物館事情視察報告③展示物に外国語の解説をつけることについて」	『博物館研究』第26巻第2号	日本博物館協会
毛利 元敬			1994.2	「平成4年度豪州博物館事情視察報告②博物館・美術館におけるレストランの機能について」	『博物館研究』第29巻第2号	日本博物館協会
盲聾教育開楽百周年記念事業実行委員会 編			1978	『京都府盲聾教育百年史』		京都府教育委員会
茂木 曙			1960.7	「文化財の科学的保存修理の一例」	『MUSEUM』第113号	東京国立博物館
茂木 一司			2004	『イメージ・感性開発のためのメディア活用型総合学習パッケージの開発-美術館等におけるワークショップ及び学習デザインの教材開発に関する調査・研究-』		文部省科学研究費補助金研究成果報告書
茂木 一司	春原 史寛*	喜多村 徹雄 他	2015.3	「Gの杜プロジェクト「かこ・いま・みらい」(1)―美術館と大学との連携において学生は何を学んだのか―」	『群馬大学教育実践研究』第32巻	群馬大学教育学部附属学校教育臨床総合センター
茂木 一司	春原 史寛*	喜多村 徹雄 他	2016.3	「Gの杜プロジェクト「かこ・いま・みらい」(2)―美術館と大学との連携はどのような成果を生んだのか―」	『群馬大学教育実践研究』第33巻	群馬大学教育学部附属学校教育臨床総合センター

著者1	著者2	著者3	発行年	論文名・書籍名	掲載誌	発行元
茂木 和行			2003.3	「「時間濃縮装置」としてのミュージアム―「存在の根拠」とのコミュニケーションを求めて―」	『日本ミュージアム・マネージメント学会研究紀要』第7号	日本ミュージアム・マネージメント学会
茂木 健緒			2010.3	「戦後の博物館をリードした上野動物園の役割」	『Museologist:明治大学学芸員養成課程年報』第25号	明治大学学芸員養成課程
茂木 健緒			2011	「上野動物園の基礎的研究:資料文献目録の作成」	『Museum study:明治大学学芸員養成課程紀要』第23号	明治大学学芸員養成課程
茂木 健緒			2014.4	「博物館・資料館問題第一回日本の地域博物館 シンポジウム『学芸員はどのような地域博物館を望んだのか』に参加して」	『地方史研究』第64巻第2号	地方史研究協議会
茂木 雅博			1979.9	「博物館相当施設の整備－特に古墳の復元を中心として―」	『博物館学雑誌』第3・4巻合併号	全日本博物館学会
茂木 雅博			1984.12	「7遺跡・遺物の保存と現状 埋蔵文化財の保存とその現状」	『考古学調査研究ハンドブックス第2巻室内編』	雄山閣
茂木 雅博			2001.4	「岡倉天心とウォーナー」	『博古研究』第21号	博古研究会
持田 誠	佐藤 友香		2007.12	「福井農林学校の桑標本が北海道大学総合博物館に収蔵されている」	『福井市自然史博物館研究報告』第54号	福井市自然史博物館
持田 誠			2009.1	「北海道大学総合博物館の昨今のとりくみ」	『道央MUSEUMニュース』第30号	石狩・後志・空知地区博物館等連絡協議会
持田 誠			2010.3	「大学博物館の蔵書登録とその活用:北海道大学総合博物館の事例(現場からの提言)」	『図書館界』第61巻第6号	日本図書館研究会
持田 誠			2012.3	「帯広市周辺の鉄道資料の保存状態」	『帯広大谷短期大学紀要』第49号	帯広大谷短期大学
持田 大	大森 誠	大野 祥子 他	2009.3	「北海道大学植物園自然林区画における長期モニタリングの取り組みについて」	『日本植物園協会誌』第43号	日本植物園協会
望月 一樹			1994	「学び合う講演会・学習講座・ワークショップ」	『美術館・博物館は「いま」:現場からの報告24篇』	日外アソシエーツ
望月 一樹			2007.10	「博物館の自己改革と現状-学芸員の立場から」	『九州史学』第148号	九州史学研究会
望月 一樹			2007.12	「地域博物館とは何だろう」	『博物館の仕事』	岩田書院
望月 一樹			2008.4	「博物館における常設展示と収蔵資料の活用-マンスリー展示の実践報告」	『民具マンスリー』第41巻1号	神奈川大学
望月 一樹			2012.10	「学芸員から見た博物館の現状―川崎市市民ミュージアムを事例として―(変わりゆく博物館)」	『博物館危機の時代』	雄山閣
望月 賢二	石倉 亮治	小田島 高之	1993	「千葉県立博物館情報システム」	『千葉県立中央博物館 自然誌研究報告』第2巻2号	千葉県立中央博物館
望月 賢二			2001.5	「研究成果の市民への還元 生涯学習への展開」	『新版博物館学講座 第6巻 博物館調査研究法』	雄山閣
望月 賢二			2001.5	「研究成果の市民への還元 博物館展示活動への展開」	『新版博物館学講座 第6巻 博物館調査研究法』	雄山閣
望月 賢二			2001.5	「研究成果の市民への還元 利用者の対象と還元システム」	『新版博物館学講座 第6巻 博物館調査研究法』	雄山閣
望月 宏祐	田中 法博*	宮下 朋也 他	2015.1	「分光情報に基づいた文化財展示システムの開発」	『国立歴史民俗博物館研究報告』第189集	国立歴史民俗博物館
望月 茂徳			2013	「展示から舞台へ:インタラクティブ・メディアの舞台芸術への応用例から」	『立命館映像学』第6号	立命館大学映像学会
望月 浩			1996.2	「震災をのりこえて街角の博物館再オープン」	『地方史研究』第46巻第1号	地方史研究協議会
望月 有希子			2013	「明治・大正期の図書館における曝書と資料保存の歴史的研究」	『図書館情報メディア研究』第11巻2号	「図書館情報メディア研究」編集委員会
望月 義勝			1997.9	「自然保護と動物園の接点」	『動物園研究』第1巻2号	動物園研究会
持丸 依子	小宮 輝之*	中川 成生	2012.3	『動物たちの130年:上野動物園のあゆみ』		東京動物園協会
茂木 香奈子			2016.9	「ジョージ・ブラウン・グードの博物館経営者としての業績」	『國學院雑誌』第117巻第9号	國學院大學
茂木 香奈子			2017.3	「欧米博物館紹介史―幕末から大正期まで―」	『國學院大學博物館學紀要』第41輯	國學院大學博物館学研究室
茂木 香奈子			2017.12	「欧米博物館紹介史」	『博物館学史研究事典』	雄山閣
本梅 誠	小松 尚*	河田 克博 他	2016.3	「座談会 建築の再利用と地域活性:建築文化財の保存とリノベーション・市民活用」	『建築と社会』第97輯1128号	日本建築協会

も

著者1	著者2	著者3	発行年	論文名・書籍名	掲載誌	発行元
本江 邦夫			1991.3	「学術的カタログの性格について」	『現代の眼：東京国立近代美術ニュース』436号	東京国立近代美術館
本江 邦夫			1992.3	「学術的カタログの性格について」	『日仏美術学会会報』11号	日仏美術学会
本川 雅治	蔭山 麻里子	疋田 努	1999	「データベースを活用した哺乳類標本管理」	『哺乳類科学』第39号	日本哺乳類学会
本川 雅治			2000.6	「大学博物館は分類学者を育成できるか？」	『哺乳類科学』第40巻1号	日本哺乳類学会
本島 雅昭			1999.8	「館種別博物館の情報化の現状と課題 動物園」	『新版博物館学講座 第11巻博物館情報論』	雄山閣
元田 作之進			1916	「水族館」	『比律賓群島』	警醒社書店
元田 充洋	山本 孝司*	久保田 治助	2011.3	「地域博物館の教育的機能に関する考察：玉名市歴史博物館「こころピア」における「親子ふれあい博物館」の実践を手がかりに」	『九州看護福祉大学紀要』第11巻1号	九州看護福祉大学
本中 眞			1998.3	「記念物の保存・整備の現状と課題」	『資源環境対策』第34巻4号（『緑の読本』シリーズ45）	公害対策技術同友会
本中 眞			1999	「史跡等の保存・整備・活用事業の考え方と今後の課題」	『月刊文化財』第434号	第一法規
本中 眞			1999.5	「史跡の活用と運営―展開と課題」	『資源環境対策』第35巻7号（『緑の読本』シリーズ50）	公害対策技術同友会
本野 精吾			1921	「照明と室内美術との関係に就て」	『照明學會雜誌』第2巻第5號	日本照明學會
本浜 秀彦			2008.12	「国家イベントにおける「海」の表象と視覚の政治学―沖縄海洋博をめぐる映像とミュージアムの中の「記憶」と「忘却」」	『沖縄キリスト教学院大学論集』第5号	沖縄キリスト教学院大学
元村 有希子			2013.9	「科学のなりたちを体感できる場所」	『博物館研究』第48巻第9号	日本博物館協会
本康 宏史			2000.2	「近代化遺産と産業・技術展示：石川県立歴史博物館の建築保存と活用」	『月刊文化財』第437号	第一法規
茂登山 清文	馬場 暁子*	兼田 貴子	2010.3	「美術館来館者が作品をたのしむためのデジタル・ツールの開発」	『展示学』第48号	日本展示学会
本山 ちえ			1976	『拓本入門』		保育社
本山 哲也			2003.3	「浦安市郷土博物館における子ども向け事業「未来の浦安」を担う子どもを育む」	『Museumちば：千葉県博物館協会研究紀要』34号	千葉県博物館協会
本吉 正宏			1993.2	「総南博物館における博物館実習について」	『Museumちば：千葉県博物館協会研究紀要』24号	千葉県博物館協会
本吉 正宏			1994.3	「千葉県博物館協会研究会・研修会の現状と課題」	『Museumちば：千葉県博物館協会研究紀要』25号	千葉県博物館協会
茂中 大毅	弥田 俊男		2016.3	「美術館における3次元isovistを用いた可視空間記述手法に関する研究」	『日本建築学会中国支部研究報告集』第39巻	日本建築学会中国支部
籾山 あずさ	大林 駿斗*	大崎 康平 他	2014.12	「二つの動物園における来園者の実態の比較」	『動物観研究：ヒトと動物の関係学会誌』19号	ヒトと動物の関係学会
百々 徹			2011	「衣装の美術館における身体について」	『年報人間科学』第32号	大阪大学大学院人間科学研究科社会学・人間学・人類学研究室
百瀬 響			1997.12	「学芸員養成における諸問題について」	『Mouseion：立教大学博物館研究』第43号	立教大学学校・社会教育講座
百瀬 文雄			1940	「標本消毒庫の竣工と標本消毒法」	『博物館研究』第13巻第2號	日本博物館協會
百瀬 ユカリ			2015.6	「動物園における幼児の動物ふれあい活動に関する考察」	『教育学研究紀要』第6号	大東文化大学大学院文学研究科教育学専攻
桃谷 和則			1996.3	「シンポジウム 阪神・淡路大震災と博物館の被害報告 尼崎市歴史博物館準備室」	『博物館学雑誌』第21巻第1号	全日本博物館学会
桃谷 和則			2012.4	「第一回内国勧業博覧会の展示館に関する研究」	『博物館学雑誌』第37巻第2号	全日本博物館学会
桃谷 和則			2017.12	「博覧会・共進会論史」	『博物館学史研究事典』	雄山閣
桃原 勇二	中井 孝幸		2016.2	「文化財としての古民家の利活用を考える体験型デザインワークショップ手法の開発」	『日本建築学会技術報告集』第22巻第50号	日本建築学会
森 縣			1983	『古典籍、古文書の保存について』		文化財虫害研究所
森 縣			1995.3	「史料の保存と取り扱い」	『茨城県立歴史館報』第22号	茨城県立歴史館

著者1	著者2	著者3	発行年	論文名・書籍名	掲載誌	発行元
盛 亜也子	鈴木 聡士		2002	「相対位置評価法の提案と歴史的建築物の評価に関する研究―一般住民・専門家の評価意識特性について―」	『北海道都市地域学会研究論文集』	北海道都市地域学会
森 いづみ	染井 千佳	餌取 直子	2016	「小さい組織の学内MLA連携から世界のMALUI連携へ－お茶の水女子大学附属図書館と歴史資料館の取組みのご紹介」	『専門図書館』275号	専門図書館協議会
森 悦子			2015.4	「史料保存 東京都三多摩公立博物館協議会・国文学研究資料館3研究グループシンポジウム「多摩地域の博物館・資料館・美術館における防災と地域連携」参加記」	『地方史研究』第65巻第2号	地方史研究協議会
森 薀			1948.11	「博物館活動の館外延長」	『博物館研究』復興第2巻第3号	日本博物館協会
森 修			1986	「旅順博物館の思い出」	『古代文化』第38巻第11号	乃村工藝社
森 可南子			2014.4	『構造転換期の公立博物館に求められる「第三人材」』		静岡文化芸術大学
森 清和	進士 五十八*	原 昭夫 他	1999.2	『風景デザイン感性とボランティアのまちづくり』		学芸出版社
森 金次郎			1930	「歐米博物館の視察談」	『自然科學と博物館』第8號	東京博物館
森 金次郎			1930	「私の見た歐米の博物館」	『博物館研究』第3巻第10號	博物館事業促進會
森 金次郎			1930	「米國の兒童博物館」	『學習研究』第9巻8号	奈良女子高等師範學校附屬小學校學習研究會
森 金次郎			1931	「歐米の科學博物館めぐり（その一）」	『科學知識』第10巻第10號	科學知識普及會
森 金次郎			1931	「歐米の科學博物館めぐり（その二）」	『科學知識』第10巻第11號	科學知識普及會
森 金次郎			1931	「歐米の科學博物館めぐり（その三）」	『科學知識』第10巻第12號	科學知識普及會
森 金次郎			1931	「歐米の科學博物館めぐり（その四）」	『科學知識』第11巻第1號	科學知識普及會
森 金次郎			1931	「科學博物館陳列場の苦心」	『科學知識』（巻号不明）	科學知識普及會
森 金次郎			1931	「學校外に於ける科學教育上の施設に就いて」	『日本學術協會報告』第6巻	日本學術協會
森 金次郎			1931	「郷土博物館の設立と經營」	『郷土－研究と教育－』第六號	郷土教育聯盟
森 金次郎			1931	『歐米の博物館巡り』		科學知識普及會
森 金次郎			1932	「米國で最も新しきバッファロー科學博物館其の一」	『自然科學と博物館』第3巻第2號	東京博物館
森 金次郎			1932	「米國で最も新しきバッファロー科學博物館其の二」	『自然科學と博物館』第3巻第4號	東京博物館
森 金次郎			1932	「伯林大學動物博物館に於ける觀覽者調べ其の一」	『自然科學と博物館』第3巻第5號	東京博物館
森 金次郎			1932	「伯林大學動物博物館に於ける觀覽者調べ其の二」	『自然科學と博物館』第3巻第6號	東京博物館
森 金次郎			1932	「ニユワーク博物館の少年室」	『自然科學と博物館』第3巻第8號	東京博物館
森 金次郎			1932	「郷土博物館」	『郷土史研究講座』第九號	雄山閣
森 金次郎			1932.2	「社會及經濟博物館の國民教化運動」	『博物館研究』第5巻第2號	日本博物館協會
森 金次郎			1932.5	「陸上交通關係の博物館」	『博物館研究』第5巻第5號	日本博物館協會
森 金次郎			1932.9	「歐米科學博物館に於ける陳列品の蒐集及陳列方法」	『博物館研究』第5巻第9號	日本博物館協會
森 金次郎			1933	「統計上より見たる米國の博物館」	『自然科學と博物館』第4巻第6號	東京博物館
森 金次郎			1934	「ミラー博士華生の偉業」	『科學知識』第14巻10号	科學知識普及會
森 金次郎			1934	「新潟郷土博物館の創設及開館」	『自然科學と博物館』第5巻第12號	東京博物館
森 金次郎			1936	「學術振興と博物館」	『日本學術協會報告』第11巻第4號	日本學術協會

著者1	著者2	著者3	発行年	論文名・書籍名	掲載誌	発行元
森 金次郎			1937.1	「博物館の學術的機能と希望」	『博物館研究』第10巻第1號	日本博物館協會
森 金次郎			1938	「博物館の刊行物」	『自然科學と博物館』第9巻第4號	東京博物館
森 金次郎			1938	「科學博物館の基礎を築いた棚橋先生」	『棚橋源太郎氏と科学教育』	棚橋源太郎氏教育功労記念會
森 金次郎			1939.2	「博物館の映畫施設調査について」	『博物館研究』第12巻第2號	日本博物館協會
森 金次郎			1940.4	「米國博物館協會近時の活動」	『博物館研究』第13巻第4號	日本博物館協會
森 金次郎			1941	「本邦博物館施設の統計的考察」	『博物館研究』第14巻第12號	日本博物館協會
森 金次郎			1942	「南方の博物館施設に就いて」	『博物館研究』第15巻第4號	日本博物館協會
森 桂園			1903.4	『美術館』		金港堂書籍
森 圭子	平山 良治*		2013	「土壌モノリスを収集し展示する意義は何か?」	『埼玉県立川の博物館紀要』第13号	埼玉県立川の博物館
森 健太郎			2011.2	「神社博物館の機能と類型」	『神社博物館事典』	國學院大學
森 浩一			1970	「文化行政への疑問:遺跡保護のあり方」	『観光』第33号	日本観光協会
森 醇一朗			2001.1	「スタッフの個性と市民とのコミュニケーションがつくるインタラクティブ・ミュージアム」	『Cultivate:文化と環境を考える』第13号	文化環境研究所
森 醇一朗			2003.3	「佐賀県立名護屋城博物館の常設展--日本列島と朝鮮半島との交流史」	『國學院大學博物館學紀要』第27輯	國學院大學博物館学研究室
森 醇一朗			2007.3	「注目される九州の歴史系博物館-九州国立博物館・佐賀県立名護屋城博物館・長崎歴史文化博物館」	『歴史評論』第683号	校倉書房
森 慎一			1991.3	「平塚市博物館における密閉燻蒸」	『自然と文化:平塚市博物館研究報告』第14号	平塚市博物館
森 傑	須川 靖子*	野村 理恵	2014.7	「水族館の運営と施設活用における社会教育性に関する考察:文化施設としての水族館の公共性とサスティナビリティに関する研究」	『日本建築学会計画系論文集』第79巻第701号	日本建築学会
森 壽美衛			1931	「郷土教育研究の重要性」	『郷土-研究と教育-』第三號	郷土教育聯盟
森 隆男			1982.5	「民俗資料展示に関する一考察」	『阡陵関西大学博物館学課程創設二十周年記念特集』	関西大学博物館学課程
森 隆男			2005.6	「エコミュージアム」	『博物館学ハンドブック』	関西大学出版部
森 隆男			2005.6	「博物館資料とは」	『博物館学ハンドブック』	関西大学出版部
森 隆男	米田 文孝*	山口 卓也 編	2015.4	『新課程博物館学ハンドブック1』		関西大学出版部
森 隆男	米田 文孝*	山口 卓也 編	2015.4	『新課程博物館学ハンドブック2』		関西大学出版部
森 隆男	米田 文孝*	山口 卓也 編	2017.3	『新課程博物館学ハンドブック3』		関西大学出版部
森 崇			1968.4	「講演録「教育展示の企画と実施・評価」」	『昭和42年度学芸員研修会講演集』	日本博物館協会
森 崇	寺澤 勉		1981	『ディスプレイ小事典』		ダヴィッド社
森 崇			1988	『ディスプレイ・デザイン―展示計画入門』		ダヴィッド社
森 武雄			1993	「くん蒸効果に影響する要因」	『文化財の虫菌害』第23号	文化財虫害研究所
森 武雄			1994	「臭化メチルのオゾン層破壊とその対応」	『文化財の虫菌害』第28号	文化財虫害研究所
森 司	濱田 隆士*	佐久間 雅彦 他	2001	「座談会"開かれた"博物館への道を探る」	『博物館研究』第36巻第2号	日本博物館協会
森 司	佐野 吉彦*		2014.12	「記念対談 人をつないで都市が変わる:アート、建築、コミュニティ」	『建築と社会』第95輯1113号	日本建築協会
森 次太郎			1906	『歐米書生旅行』第27巻		博文館

著者1	著者2	著者3	発行年	論文名・書籍名	掲載誌	発行元
森 徹士			2015.12	「『戦時猛獣処分』の真相に迫る:戦争にまつわる70年前の動物園の悲話と実像」	『日本獣医師会雑誌』第68巻第12号	日本獣医師会
森 徹	石塚 丈晴*	高田 浩二 他	2007.10	「公民館と水族館との連携による児童と保護者のための子供会向け地域学習プログラムの開発」	『日本教育工学会研究報告集』第7巻第4号	日本教育工学会
森 徹	石塚 丈晴*	高田 浩二 他	2008.10	「携帯電話とSNSを活用した子供会行事としての水族館学習」	『教育システム情報学会研究報告』第23巻第3号	教育システム情報学会
森 融			2010.1	「科学館・公開天文台の最新の活動状況(5)八王子市こども科学館(サイエンスドーム八王子)--こどもに夢を.大人には新しい発見を」	『天文月報』第103巻第1号	日本天文学会
森 朋久			2010	「博物館情報メディア試論」	『Museum study:明治大学学芸員養成課程紀要』第22号	明治大学学芸員養成課程
森 朋久			2010.3	「歴史民俗資料台帳作成とデータベース構築の試み-シルバー人材センターとの共働による基礎的自治体保管文化財資料整理の実績から-」	『Museologist:明治大学学芸員養成課程年報』第25号	明治大学学芸員養成課程
森 朋久			2012	「博物館資料の分類と情報メディア:XML文書の活用」	『Museum study:明治大学学芸員養成課程紀要』第24号	明治大学学芸員養成課程
森 奈美	高田 浩二*		2004.3	「環境保護における水族館の役割を学ぶ教材開発と授業実践」	『博物館学雑誌』第29巻第2号	全日本博物館学会
森 望	寺澤 勉*	北城 博子	1994	「展示デザインの基礎データに関する研究【9】—八王子市こども科学館の来館者意識調査—」	『日本展示学会第13回研究大会研究発表主旨綴』	日本展示学会第13回研究大会実行委員事務局
森 望	寺澤 勉*	齋藤 剛	1995.5	「展示デザインの基礎データに関する研究【10】—二つのこども科学館における来館者意識調査—」	『展示学』第20号	日本展示学会
森 望	寺澤 勉*	齋藤 剛	1996.5	「こども科学館における来館者特性—横浜と八王子の比較分析—」	『展示学』第21号	日本展示学会
森 八郎	新井 英夫		1974.3	「町田郷土資料館におけるバイケン燻蒸」	『保存科学』12号	東京国立文化財研究所
森 八郎			1975.3	「薬香の防虫効果」	『保存科学』第14号	東京国立文化財研究所
森 八郎			1976	「博物館につく虫」	『自然科学と博物館』第43巻4号	科学博物館後援会
森 八郎			1977.4	「シロアリ被害と防除法」	『建築資料』第30巻4号	建築綜合資料社
森 八郎			1977.5	「ヒラタキクイムシとその防除」	『生活と環境』第5号	日本環境衛生センター
森 八郎	新井 英夫		1977.8	「ヨーロッパにおける最近のシロアリ事情」	『しろあり』第29号	日本しろあり対策協会
森 八郎	新井 英夫*		1980.3	「新設博物館における生物学的問題」	『保存科学』第19号	東京国立文化財研究所
森 八郎	新井 英夫*		1981.3	「コンクリート壁体のガス透過性(その1)」	『保存科学』第20号	東京国立文化財研究所
森 八郎	新井 英夫*		1981.3	「新設燻蒸庫について」	『保存科学』第20号	東京国立文化財研究所
森 八郎			1987	「文化財の虫害対策」	『文化財虫菌害と保存対策』	文化財虫害研究所
森 八郎			1987	「文化財の虫害調査法」	『文化財虫菌害と保存対策』	文化財虫害研究所
森 八郎			1987	「防虫防黴額縁について(予報)」	『保存科学』第26号	東京国立文化財研究所
森 仁史			1992.3	「ヨーロッパの美術館での展示を見て」	『Museumちば:千葉県博物館協会研究紀要』23号	千葉県博物館協会
森 丙午生			1936	「臺北博物館の思ひ出」	『科學の臺灣』第四巻第二號	臺灣博物館協會
森 廣樹			1993.2	「小さな博物館の館務実習-第19期館務実習生の指導から-」	『Museumちば:千葉県博物館協会研究紀要』24号	千葉県博物館協会
森 博隆	吉越 恒*	立石 欣也 他	2016.2	「世界遺産「紀伊山地の霊場と参詣道」における観光客の動態」	『風水害と観光客の増大による世界遺産の劣化と保全:紀伊山地の霊場と参詣道を事例として』	農林統計出版
森 洋久			1999	『ウィーン万国博覧会-西洋と日本の交差』		私家版「たばこと塩の博物館での講演レジュメ」
森 洋久			1999.11	「博物館と技術の関係」	『科学eyes』41巻1号	神奈川県立川崎図書館
護 雅夫 監			1980	『トプカプ宮殿博物館宝物館』		トプカプ宮殿博物館全集刊行会
森 匡蔵 編			1916	『大禮記念大阪博覽會報告』		大禮記念大阪博覽會

- 613 -

著者1	著者2	著者3	発行年	論文名・書籍名	掲載誌	発行元
森 昌俊			2014.6	「地方自治体と博物館:泉佐野市の事例から」	『地方史研究』第64巻第3号	地方史研究協議会
森 真澄			1996.9	「企業と博物館」	『ミュージアムマネージメント』	東京堂出版
森 まゆみ			1999.7	「古賀忠道の上野動物園ひとすじ」	『明治東京畸人傳』	新潮文庫
森 美樹	小川 義和	土屋 順子 他	2005	「ミュージアムの潜在的利用者を含めたマーケティング調査の方法論に関する研究」	『日本ミュージアム・マネージメント学会研究紀要』第9号	日本ミュージアム・マネージメント学会
森 幸彦			1995.3	「福島県立博物館よもやまばなし」	『Museologist:明治大学学芸員養成課程年報』第10巻	明治大学学芸員養成課程
森 行人			2011.3	「新潟市歴史博物館における保存環境作りの取り組み～文化財害虫の調査と対策を中心に～」	『新潟市歴史博物館研究紀要』第7号	新潟市歴史博物館
森 行人 他			2012	「東日本大震災文化財・歴史資料保全と新潟市歴史博物館・新潟県立歴史博物館の物資支援体制」	『災害・復興と資料』第1巻	新潟大学災害・復興科学研究所危機管理・災害復興分野
森 洋子			1994	「美術カタログ—研究者の宝庫」	『新潟日報』1994年5月28日付	新潟日報社
森 佳子			2014.11	「美術館が街に果たす役割」	『NACTreview:国立新美術館研究紀要』第1号	国立新美術館
森 由民			2014.2	『動物園のひみつ:展示の工夫から飼育員の仕事まで』		PHP研究所
森 芳太郎			1936.6	「古畫の洗浄に就て」	『博物館研究』第9巻第6號	日本博物館協會
森 芳太郎			1936.8	「古畫の洗浄(つづき)」	『博物館研究』第9巻第7・8號	日本博物館協會
森 芳太郎			1936.12	「古畫の洗浄」	『博物館研究』第9巻第12號	日本博物館協會
森 芳功			2009.3	「鑑賞支援における分析的要素・表現的要素・コミュニケーション的要素とその連関について-徳島県立近代美術館における鑑賞教育の実践から」	『美術教育学』第30号	美術科教育学会
森 芳功			2010.3	「美術鑑賞における「感動」と鑑賞支援への視点:試論的な整理の試み」	『美術教育学』第31号	美術科教育学会
森 芳功			2010.5	「徳島県立近代美術館における学校との連携活動--共通するフィールドを広げる」	『博物館研究』第45巻第5号	日本博物館協会
森 芳功	濱口 由美*	竹内 利夫	2011.3	『教師力を活かす子どもの力を活かす鑑賞シートと美術館の「活用本」:たのしい美術鑑賞の授業をつくろう』		徳島県立近代美術館
森 理恵			2003	『美術館博物館の展示における性別役割分業観とその社会的影響の研究』		文部省科学研究費補助金研究成果報告書
森 理恵			2004.3	「美術館博物館における性別役割分業」	『科学研究費補助金研究成果報告書』	京都府立大学
森 理恵			2007.3	「美術館博物館は誰のものか?」	『Image&gender』第7号	彩樹社
森 林太郎			1909	「遊就館整理委員長森林太郎意見書」	『靖國神社百年史資料編中』	靖國神社
守井 典子			1996	「博物館学における教育概念の変遷--博物館教育論の構築に向けて」	『日本社会教育学会紀要』第32号	日本社会教育学会
守井 典子			1996.9	「博物館と教育」	『ミュージアムマネージメント』	東京堂出版
守井 典子			1997.3	「博物館における評価に関する基礎研究」	『日本ミュージアム・マネージメント学会研究紀要』第1号	日本ミュージアム・マネージメント学会
守井 典子	久保内 加菜	山本 珠美	1998	『科学系博物館におけるアウトリーチに関する調査研究報告書』		日本科学協会
守井 典子			1999.3	「アメリカ博物館協会による基準認定事業について」	『博物館基準に関する基礎研究-イギリスにおける博物館登録制度-』	博物館基準研究会
守井 典子			2000.9	「第6章博物館教育の方法」	『博物館学シリーズ 3博物館展示・教育論』	樹村房
守井 典子			2001.12	「オーストラリアの科学館事情--クエスタコン(国立科学技術館)を中心に」	『博物館研究』第36巻第12号	日本博物館協会
守井 典子			2003	「博物館の活動・経営をめぐる問題」	『シリーズ生涯学習社会における社会教育第7巻』	学文社
守井 典子			2003	「博物館における評価--Rounds論文の検討」	『日本生涯教育学会年報』第24号	日本生涯教育学会
守井 典子			2003	「アメリカ博物館協会が考える博物館の基準と評価-キム・アイゴー副会長の講演から-」	『博物館研究』第38巻第5号	日本博物館協会

著者1	著者2	著者3	発行年	論文名・書籍名	掲載誌	発行元
守井 典子			2004.3	「米国の博物館におけるパフォーマンス・メジャメントの取組み例」	『博物館の機能及びその効果的な運営の在り方に関する実証的研究』	国立科学博物館
森井 順之 他			2013	「石巻文化センター被災文化財一時保管場所の温湿度環境について」	『文化財保存修復学会大会研究発表要旨集』第35回	文化財保存修復学会
森井 順之	岡田 健*	山梨 絵美子 他	2015.7	「WEBこれからの文化財防災:災害への備え」	『ネットワーク資料保存』第111号	日本図書館協会・資料保存委員会
森井 ユカ			2007.3	『ミュージアムショップトリッパー!』		青山出版社
森石 峰一			1987.3	「ファインダーを通してみた資料観」	『博物館学芸員課程年報』第4集	帝塚山学院大学博物館学研究室
森泉 海			2009.3	「戦時下における東京帝室博物館資料の保護と展示」	『國學院大學博物館學紀要』第33輯	國學院大學博物館学研究室
森泉 海			2010.12	「満州国立中央博物館の展覧会」	『博物館学雑誌』第36巻第1号	全日本博物館学会
森岡 健治	栗原 憲一*	中岡 利泰 他	2013.9	「ウェブサイトを活用した道内博物館活動の広報と学芸員ネットワーク強化の試み」	『博物館研究』第48巻第9号	日本博物館協会
森岡 秀人			2007.9	「阪神間の博物館-その現状と課題」	『明日への文化財』第58号	文化財保存全国協議会
森岡 祥倫 他			1993.3	「美術館と映像」	『映像学』第49号	日本映像学会
森岡 祥倫			1993.3	「美術館批判の系譜とメディア・ミュージアム」	『映像学』第49号	日本映像学会
森川 一郎			1914	「活動写真展覧會のぞ記」	『社會と教化』第2巻第1號	社會教育研究會
森川 嘉一郎 述			2014.11	「マンガ・アニメ・ゲーム文化のすべてを収蔵するミュージアムを」	『アーカイブ立国宣言:日本の文化資源を活かすために必要なこと』	ポット出版
森際 眞知子	川瀬 基弘*		2009.3	「博物館学芸員課程博物館実習-館務実習の紹介」	『瀬木学園紀要』第3号	愛知みずほ大学
森口 隆次	増田 洋		1978.12	「館種別博物館における調査・研究と収集活動 美術系博物館」	『博物館学講座 第5巻調査・研究と資料の収集』	雄山閣
森口 隆次			1981.3	「歴史博物館の機能と運営--市立博物館と大阪城天守閣」	『都市問題研究』第33巻3号	都市問題研究会
森口 隆次	平野 邦雄*	猪股 喜彦 他	1997	「座談会"歴史博物館の過去、現在、未来"1」	『博物館研究』第32巻第7号	日本博物館協会
森口 隆次	平野 邦雄*	猪股 喜彦 他	1997	「座談会"歴史博物館の過去、現在、未来"2」	『博物館研究』第32巻第8号	日本博物館協会
森栗 茂一			2007.4	「語りかける、ふれあう、まちと博物館内外が融通する」	『だれもが楽しめるユニバーサル・ミュージアム:"つくる"と"ひらく"の現場から』	読書工房
森越 博			1998.3	「一利用者から見た氷見市の博物館活動」	『Museologist:明治大学芸員養成課程年報』第13巻	明治大学学芸員養成課程
森坂 実紀人			2010.3	「美術館の鑑賞支援プログラムを参考にした鑑賞活動の開発—小学校図画工作科における鑑賞指導の研究—」	『群馬大学教育実践研究』第27号	群馬大学教育学部附属学校教育臨床総合センター
森崎 玲大	小谷 幸司*	金澤 朋子	2017.3	「よこはま動物園のアフリカのサバンナにおける来園者満足度に基づく管理運営方策の検討」	『ランドスケープ研究』第80巻第5号	日本造園学会
森澤 雅夫	田代 資二*	渡邉 博典	2001.3	「千葉県立現代産業科学館における広報活動の現状と課題-アンケート調査から-」	『千葉県立現代産業科学館研究報告』第7号	千葉県立現代産業科学館
森澤 雅夫	土野 茂*	渡貫 健 他	2003.3	「教育普及活動における実験教材の体系化と教育実践-工作クラブ・サイエンス教室・出前実験・科学の祭典の中から-」	『千葉県立現代産業科学館研究報告』第9号	千葉県立現代産業科学館
守重 信郎			2007	「わが国の大学博物館の問題点とその背景」	『日本大学大学院総合社会情報研究科紀要』第8巻	日本大学大学院総合社会情報研究科
守重 信郎			2010.2	「わが国の大学博物館の閉鎖性--東京大学理学部博物場を事例として」	『日本大学大学院総合社会情報研究科紀要』第10号	日本大学大学院総合社会情報研究科
守重 信郎			2010.2	「楽器収集と展示の先駆者:水野佐平の研究」	『日本大学大学院総合社会情報研究科紀要』第10号	日本大学大学院総合社会情報研究科
守重 信郎			2011.2	「わが国初の本格的大学博物館の誕生について--早稲田大学演劇博物館開館の歴史的意義」	『日本大学大学院総合社会情報研究科紀要』第11号	日本大学大学院総合社会情報研究科
森下 元文			2013.2	「文化財行政とボランティア」	『地域と文化財:ボランティア活動と文化財保護』	勉誠出版
森尻 理恵	澤田 結基	朝川 暢子	2009.9	「中学・高校の教科書に出てくる石の展示について」	『地質ニュース』第660号	実業公報社
森田 歌子			2010	「モノ資料が持つ情報とは?どう処理し、どう利用する 人間の行動をコード化することでモノに文化的要素をつける国立民族学博物館文化資源研究センター山本泰則准教授の研究」	『情報管理』第52巻第10号	科学技術振興機構

著者1	著者2	著者3	発行年	論文名・書籍名	掲載誌	発行元
森田 岡太郎			1860	『亜行日記』		
森田 啓一			1982.12	「社会教育と地域博物館-ある公民館主事より地域博物館への期待-」	『平塚市博物館年報』第6号	平塚市博物館
森田 淳一			1935.1	「博物館研究所は如何にして維持され創設されるか」	『博物館研究』第8巻第1號	日本博物館協會
森田 新太郎			1976.12	『増補改訂浅草細見』		浅草観光連盟
森田 真也	木下 達文*	時里 奉明 他	2009.8	「大学と博物館の連携を求めて」	『筑紫女学園大学・短期大学部人間文化研究所年報』第20号	筑紫女学園大学・短期大学部人間文化研究所
森田 高尚 監	木谷 美咲 文		2016.3	『世界一うつくしい植物園』		エクスナレッジ
森田 貴之			2004.2	「博物館の安全性について考える-資料の虫菌害防除を中心に-」	『安城市歴史博物館研究紀要』第10・11号	安城市歴史博物館
森田 竜雄	神戸大学大学院人文学研究科地域連携センター 編		2013.7	「地域博物館の展示について」	『「地域歴史遺産」の可能性』	岩田書院
森田 恒之			1973	「収蔵庫内装木材の放出する有機ガスについて」	『埼玉県立博物館年報』昭和48年	埼玉県立博物館
森田 恒之			1974	「博物館は何を求めているのか」	『埼玉県立博物館紀要』第1号	埼玉県立博物館
森田 恒之			1975.8	「美術館内の塵埃降下について」	『博物館学雑誌』第1巻第1号	全日本博物館学会
森田 恒之 編	伊藤 寿朗*編		1978.5	『博物館概論』		学苑社
森田 恒之			1981.3	「国立民族学博物館の展示と保存環境に関する検討--異常環境の発見を主として」	『国立民族学博物館研究報告』第6巻第1号	国立民族学博物館
森田 恒之			1986.2	「民族資料の展示におけるクールビームライト照明の影響について-1-」	『国立民族学博物館研究報告』第10巻第3号	国立民族学博物館
森田 恒之			1994.3	「いま博物館は」	『月刊社会教育』第38巻3号	国土社
森田 恒之			1995	「途上国の博物館との新しい国際交流-国際協力事業団の博物館技術研修コース運営に協力して」	『博物館研究』第30巻第6号	日本博物館協会
森田 恒之			1996.3	「シンポジウム 阪神・淡路大震災と博物館の被害報告 阪神・淡路大震災と博物館の被害」	『博物館学雑誌』第21巻第1号	全日本博物館学会
森田 恒之	脇田 健一	郷力 憲治 他	1997.9	「座談会 展示をつくる論理」	『季刊Liberty』第19号	大阪人権歴史資料館
森田 利仁	真鍋 真*	斎藤 靖二	1998	「これからの博物館の役割と機能―欧米の自然史博物館の最近の事例に学ぶ―」	『地質ニュース』第532号	実業公報社
森田 利仁	浅田 正彦*	平田 和弘	2003.3	「千葉県立中央博物館における子ども向け事業」	『Museumちば:千葉県博物館協会研究紀要』34号	千葉県博物館協会
森田 利仁			2009.3	「〈コラム〉何が博物館を生き残らせるのか？」	『芸術の生まれる場(未来を拓く人文・社会科学シリーズ16)』	東信堂
森田 利仁			2013.1	「収蔵資料を有する博物館の究極の使命、生き残るということ」	『博物館研究』第48巻第1号	日本博物館協会
森田 利仁			2016.2	「学芸員資格に専門種別を復活すべきとき」	『博物館研究』第51巻第2号	日本博物館協会
森田 政明	洞口 公俊*	中矢 清司	1990.4	「美術館・博物館の展示物に対する光放射環境と照明設計(資料)」	『照明学会誌』第74巻4号	照明学会
森田 政裕	渡邉 稔*	益川 浩一	2007	「学校教育における埋蔵文化財の活用に関する研究」	『岐阜大学総合情報メディアセンター生涯学習システム開発研究』第7号	岐阜大学総合情報メディアセンター生涯学習システム開発研究部門
森田 稔			2005.1	「博物館の被災と防災」	『帝京大学山梨文化財研究所報』第49号	帝京大学山梨文化財研究所
森田 稔			2005.5	「博物館が継承した「伝統」」	『文化財の保存と修復7』	文化財保存修復学会
森田 稔 編著	本田 光子*編		2012.3	『博物館資料保存論』		放送大学教育振興会
森田 勇造			1995	「野外文化教育の展開-自然と文化と心の発見-」	『楽しい学級経営』第115巻	明治図書出版株式会社
森長 俊六			2015.3	「作家と美術館の連携による教育普及活動:安芸高田市立八千代の丘美術館における教育普及活動」	『美術教育学』第36号	美術科教育学会
森永 正			2000.1	「地域の文化と国際交流-地域の儀礼による展示とブルガリア国際会議との関係-」	『くにたち郷土文化館研究紀要』第2号	くにたち郷土文化館

著者1	著者2	著者3	発行年	論文名・書籍名	掲載誌	発行元
森永 良丙	土山 敬之*	二階 幸恵	2008.7	「地域における美術館の実態と傾向:小規模自治体における公立美術館に関する研究その1」	『学術講演梗概集』2008巻	日本建築学会
森永 良丙	二階 幸恵*	土山 敬之	2008.7	「先進事例にみる地域と美術館の関係の特質:小規模自治体の公立美術館に関する研究その2」	『学術講演梗概集』2008巻	日本建築学会
森茂 岳雄	江口 勇治*		1991	「社会教育における博物館・資料館の活用-茨城県内の調査を通してー」	『筑波大学教育学系社会科教育学研究室』	筑波大学教育学系社会科教育学研究室
森茂 岳雄	中央大学		2003	『学校と博物館の連携による国際理解総合学習教材の開発と実践に関する研究』		文部科学省科学研究費補助金研究成果報告書
森茂 岳雄 編			2005	『国立民族学博物館を活用した異文化理解教育のプログラム開発』		国立民族学博物館
森茂 岳雄	中山 京子	今田 晃一 他	2006.6	「国際理解教育における博物館活用の可能性--国立民族学博物館を活用したワークショップ型教師研修会の試み」	『国際理解教育』第12巻	日本国際理解教育学会
森茂 岳雄			2007.7	「国際理解教育の学びを「ひろげる」「つなげる」--博学連携の意義と可能性」	『国際理解教育』第13巻	日本国際理解教育学会
森茂 岳雄	中牧 弘允*	多田 孝志	2009.8	『学校と博物館でつくる国際理解教育:新しい学びをデザインする』		明石書店
森茂 岳雄			2016.12	「文化人類学と学校をつなぐ:国立民族学博物館の教育活動をふり返って」	『学校と博物館でつくる国際理解教育のワークショップ』	国立民族学博物館
森茂 岳雄	小林 由利子*	山本 直樹	2016.12	「みんぱくシアター:ハンズオンからマインズオンへ」	『学校と博物館でつくる国際理解教育のワークショップ』	国立民族学博物館
森本 章夫	西本 昌司*		1997.3	「「科学で読む宮沢賢治スペシャル」～名古屋市科学館サイエンスホールの新たな試み(その2)」	『名古屋市科学館紀要』第23号	名古屋市科学館
森本 いずみ			1994.3	「地域における民俗博物館の役割-「塩の道資料館」の活動を通してー」	『博物館学雑誌』第19巻第1・2号合併号	全日本博物館学会
森本 いずみ			1996.8	「大日本連合青年団郷土資料陳列所の設立」	『博物館史研究』第3号	博物館史研究会
森本 いずみ			1996.11	「1970年代の民俗博物館の設立-「塩の道資料館」を事例としてー」	『博物館史研究』第4号	博物館史研究会
森本 いずみ			1997.12	「民俗博物館としての「塩の道資料館」の活動」	『博物館学雑誌』第23巻第1号	全日本博物館学会
森本 いずみ			2000	「展覧会評 大田区郷土博物館特別展「空の玄関・羽田空港70年」」	『博物館問題研究』第27号	博物館問題研究会
森本 伊知郎			2002.3	「「普通のまち」の博物館」	『BSM(Bulletin of Sugiyama Museology)』第7号	椙山女学園大学学芸員課程
森本 江南	江南 散史*		1893.6	『動物園:少年文学』		吉岡書店
森本 信也	松本 朱実*	馬場 敦義	2015.7	「動物園における小学校の理科教育との連携の試み:対話的な学習を通した指導の試み」	『理科教育学研究』第56巻第1号	日本理科教育学会
森本 信也	松本 朱実*		2016	「社会教育施設としての動物園と学校教育との連携」	『横浜国立大学教育学会研究論集』第3号	横浜国立大学教育学会
森本 仙介			2006.3	「吉野地域の民俗資料におけるコレクション化の意義—「吉野の山村生産・生活用具」の再編成と地域別コレクションの構築—」	『奈良県立民俗博物館研究紀要』第22号	奈良県立民俗博物館
森本 孝			1993	「視覚障害者と三重県立美術館」	『ミュージアム・マガジン・ドーム』第8号	日本文教出版
森元 俊成	古谷 翔	角 康之 他	2011.3	「写真上の会話シーンを再利用することによって博物館体験を強化する話題提供エージェント」	『電子情報通信学会技術研究報告』第110巻第454号	電子情報通信学会
森本 治吉			1941	「奈良市萬葉植物園の現状を嘆く」	『萬葉に生くる者』	古今書院
森本 理			2013	「学校教育の総合化と博学連携の視点」	『國學院大學博物館學紀要』第38号	國學院大學博物館学研究室
守屋 亜紀子	中島 宏一*		2000	「野外博物館のボランティア活動 北海道開拓村のボランティアの現状と課題」	『博物館研究』第35巻第6号	日本博物館協会
森谷 和浩	石塚 丈晴*	高田 浩二 他	2007.7	「児童の携帯電話利用と学習端末としての活用可能性に関する一考察-水族館での実践事例を通して」	『日本教育工学会研究報告集』第7巻第3号	日本教育工学会
守屋 幸一			2009.3	「展示に於ける『ヒーロースポット』の活用」	『板橋区立郷土資料館紀要』第17号	板橋区立郷土資料館
森谷 卓也	中村 信彦	鐵原 恵子 他	2010.4	「医学教育博物館におけるバーチャルスライド利用の意義--医学博物館におけるバーチャルスライド」	『日本遠隔医療学会雑誌』第6巻第1号	日本遠隔医療学会
守屋 毅			1982.4	「子どもたちの文化理解-ボストンの子ども博物館」	『月刊みんぱく』第6巻第4号	国立民族学博物館
守屋 毅			1983	「ニューイングランドの歴史公園」	『民博通信』第19号	国立民族学博物館

著者1	著者2	著者3	発行年	論文名・書籍名	掲載誌	発行元
守屋 毅			1987.2	「ピーボディー科学アカデミーの成立—モース研究の一環として」	『国立民族学博物館研究報告』第12巻第3号	国立民族学博物館
守屋 毅			1988	「アメリカ合衆国の歴史公園」	『アメリカ合衆国における伝統的建築物の保存・再生・活用に関する研究:調査概報』	文部省科学研究費補助金海外学術調査
守屋 毅	土屋 敦夫	杉本 尚次	1988	『アメリカ合衆国における伝統的建築物-その保存・再生・活用に関する調査(一)』		国立歴史民俗博物館
守屋 毅			1988	「モース・コレクションの形成」	『共同研究モースと日本』第4章第1項	小学館
守屋 毅			1988.7	「ニューイングランドの野外博物館」	『季刊民族学』第12巻第3号	千里文化財団
守屋 毅 編			1989	『共同研究モースと日本』		小学館
守屋 毅	土屋 敦夫	杉本 尚次	1989	『アメリカ合衆国における伝統的建築物-その保存・再生・活用に関する調査(二)』		国立歴史民俗博物館
守屋 毅	杉本 尚次*	土屋 敦夫	1989	「野外博物館における展示の動向-アメリカ編」	『展示学』第8号	日本展示学会
森谷 菜穂子	丸山 俊朗*	高橋 加津美	2009.3	「キャンパス共通科目としての博物館実習」	『山形大学高等教育研究年報』第3号	山形大学
森谷 菜穂子	高橋 加津美	丸山 俊明	2010.3	「山形大学附属博物館、地域貢献のために:特別展・公開講座報告」	『山形大学高等教育研究年報』第4号	山形大学
守屋 博文			1993.3	「環境問題と博物館」	『研究報告』第2集	相模原市教育委員会博物館建設事務所
守屋 正彦 他			1992.2	「フォーラム 利用者の希望と館の考え方の整合性の調整及びその評価の方法について・館及び展示資料の解説手段としてのハイビジョン装置の導入について」	『博物館研究』第27巻第2号	日本博物館協会
守屋 正彦			2000.6	「館種別博物館機能論 美術館」	『新版博物館学講座 第4巻 博物館機能論』	雄山閣
森屋 雅幸	知念 浩生		2015.2	「都留市博物館ミュージアム都留」	『甲斐』135号	山梨郷土研究会
守屋 祐子			1998.2	「民博のデータベースたち-その作成と利用」	『情報の科学と技術』第48巻第2号	情報科学技術協会
森山 明子			1996.6	「文化プログラムとしての美術館」	『Cultivate:文化と環境を考える』第3号	文化環境研究所
森山 明子			2007	「デザイン行政とデザイン・ミュージアム」	『デザイン学研究特集号』第14巻第3号	日本デザイン学会
森山 英一	森山 英一		2009.2	「四人の歴史家が見たイスタンブル(2)博物館に驚嘆」	『Anatolianews.』第123号	日本・トルコ協会
森山 哲和	加藤 有次*	金山 喜昭	1980.3	「先史時代遺跡資料の造形保存法」	『國學院大學博物館学紀要』第4輯	國學院大學博物館学研究室
森山 輝男	片寄 俊秀*		2012.3	「中国南部のある小規模農村におけるエコミュージアム構想試案」	『大阪人間科学大学紀要』第11号	大阪人間科学大学
守山 久子			2008.7	「十和田市現代美術館-青森県十和田市/設計:西沢立衛建築設計事務所 大通りをアートで活性化 まちと融合する美術館」	『日経アーキテクチュア』第878号	日経BP社
森山 昌弘	木村 安心*	向坂 幸雄	2014.3	「保育学生は動物園をどう捉えているか」	『中村学園大学発達支援センター研究紀要』第5号	中村学園大学発達支援センター
守山 義明	上村 清*	丸二製薬株式会社	2004.12	「家屋害虫防除の進め方とIPM」	『家屋害虫』第26巻2号	日本家屋害虫学会
森分 孝治			1971	「郷土教育論における社会認識教育(一)—峯地光重の場合」	『社会認識教育の理論と実践—社会科教育学原理』	葵書房
モルトン・パトリシア 他	長谷川章 訳		2002.9	『パリ植民地博覧会-オリエンタリズムの欲望と表象』		ブリュッケ
諸岡 博熊			1987.1	『博覧会学事始』		エスエル出版会
諸岡 博熊			1990	『企業博物館時代』		創元社
諸岡 博熊			1990.11	『「MI」変革する博物館第三世代』		創元社
諸岡 博熊			1992.2	「平成3年度欧州博物館事情視察報告①ミュージアム・マネージメント」	『博物館研究』第27巻第2号	日本博物館協会
諸岡 博熊			1993	『ミュージアムマネージメント—産業文化施設の運営』		創元社
諸岡 博熊			1995.5	「博物館のマネージメントって何だ?」	『月刊ミュゼ』11号	(株)アム・プロモーション

著者1	著者2	著者3	発行年	論文名・書籍名	掲載誌	発行元
諸岡 博熊			1995.8	『企業博物館-ミュージアム・マネジメント』		東京堂出版
諸岡 博熊	小林 達雄		1995.9	「ミュージアム・マネージメント入門 ヒトからはじまる博物館—もう少し、深く話しましょうか。」	『月刊ミュゼ』13号	(株)アム・プロモーション
諸岡 博熊			1996	「「ミュージアム・マネージメント」解題」	『博物館研究』第31巻第11号	日本博物館協会
諸岡 博熊			1996	「アメリカの博物館運営史」	『博物館研究』第31巻第7号	日本博物館協会
諸岡 博熊			1996.2	「企業博物館の明日」	『Cultivate:文化と環境を考える』第2号	文化環境研究所
諸岡 博熊			1996.3	「シンポジウム 阪神・淡路大震災と博物館の被害報告 UCCコーヒー博物館」	『博物館学雑誌』第21巻第1号	全日本博物館学会
諸岡 博熊			1996.9	「ソフトサービス④ホスピタリティと利用者満足」	『ミュージアムマネージメント』	東京堂出版
諸岡 博熊			1996.9	「博物館と人材養成」	『ミュージアムマネージメント』	東京堂出版
諸岡 博熊 編	大堀 哲*監	小林 達雄 編	1996.9	『ミュージアム・マネージメント-博物館運営の方法と実践』		東京堂出版
諸岡 博熊			1997.3	「企業の文化活動からみた企業博物館」	『日本ミュージアム・マネージメント学会研究紀要』第1号	日本ミュージアム・マネージメント学会
諸岡 博熊			1997.8	『博物館経営論』		信山社
諸岡 博熊			1998.1	「博物館利用者の館内行動の観察」	『博物館学雑誌』第24巻第1号	全日本博物館学会
諸岡 博熊			1998	「博物館運営からみた施設計画の考え方」	『博物館研究』第33巻第2号	日本博物館協会
諸岡 博熊			2003.7	『みんなの博物館-マネジメント・ミュージアムの時代』		日本地域社会研究所
諸澤 正道			1987.1	「国立科学博物館の前半生」	『国立科学博物館ニュース』第222号	国立科学博物館
諸澤 正道 編	国立科学博物館 編		1991.3	『開かれた博物館をめざして』		科学博物館後援会
諸澤 正道			1993.2	「回想のなかのアメリカの博物館」	『博物館研究』第28巻第2号	日本博物館協会
諸澤 正道			1993.3	「教育博物館を振り返って」	『国立科学博物館ニュース』第287号	国立科学博物館
両角 芳郎			1992.11	「徳島県文化の森総合公園と博物館」	『展示学』第14号	日本展示学会
諸藤 見代子			2008.6	「北九州市環境ミュージアムの環境学習について-見て、触れて、楽しく学ぶ-地球のためにできることを考えよう」	『歴史地理教育』第730号	歴史教育者協議会
諸山 正則			2012.6	「海外の展覧会」	『陶説』第711号	日本陶磁協会
文殊 省三			2005.6	「博物館の建設」	『博物館学ハンドブック』	関西大学出版部
文殊 省三			2005.6	「博物館の行財政」	『博物館学ハンドブック』	関西大学出版部
文部省宗教局保存課			1937	「博物館美術館等ニ於ケル出陳物受託規則」	『保存行政關係法規』	文部省宗教局保存課
文書館問題研究会 編	横浜開港資料館 編		2003.8	『歴史資料の保存と公開』		岩田書院
門前 弘多			1926	「歐米に於ける應用昆蟲學界」	『昆蟲』第1巻2號	東京昆蟲學會
文部科学省			1997.11	「博物館へ行こう」	『教育と情報』第476号	第一法規
文部科学省			2007.3	「国立民族学博物館開館三〇周年を迎えて」	『文部科学時報』第1573号	ぎょうせい
文部科学省			2007.8	「新しい時代の博物館制度」	『文部科学時報』第1579号	ぎょうせい
文部科学省			2008.4	「学びのある風景 日本と地球を再発見する「知の館」国立科学博物館」	『文部科学時報』第1587号	ぎょうせい
文部科学省科学技術政策研究所第1調査研究グループ・第2調査研究グループ			2002.12	『科学系博物館・科学館における科学技術理解増進活動について:国立教育政策研究所・科学技術政策研究所共同研究「これからの研究開発と人材養成等の諸政策の連携・統合に関する調査研究」』		文部科学省科学技術政策研究所第1調査研究グループ・第2調査研究グループ

著者1	著者2	著者3	発行年	論文名・書籍名	掲載誌	発行元
文部科学省科学技術政策研究所第2調査研究グループ			2007.7	『科学館・博物館の特色ある取組みに関する調査:大人の興味や地元意識に訴える展示及びプログラム』		文部科学省科学技術政策研究所
文部科学省生涯学習政策局社会教育課	文化庁文化財保護部美術学芸課		2001	「文部科学省における博物館振興施策の概要について」	『博物館研究』第36巻第2号	日本博物館協会
文部科学省生涯学習政策局社会教育課			2008.1	「政策説明 文部科学省の博物館振興政策について」	『マナビィ』第79号	文部科学省
文部科学省生涯学習政策局社会教育課			2008.8	「博物館法の改正と今後の課題について」	『博物館研究』第43巻第8号	日本博物館協会
文部科学省生涯学習政策局社会教育課			2008.10	「法改正の要点(総力大特集社会教育法、図書館法、博物館法改正の視座−新しい時代を創る社会教育に蘇生できるか)」	『社会教育』第63巻10号	全日本社会教育連合会
文部科学省生涯学習政策局			2009.3	『博物館における施設管理・リスク・マネージメントガイドブック』		三菱総合研究所
文部科学省生涯学習政策局社会教育課			2009.9	「平成21年度「図書館・博物館における地域の知の拠点推進事業」」	『図書館雑誌』第103巻第9号	日本図書館協会
文部科学省生涯学習政策局社会教育課			2010.3	『図書館・博物館等への指定管理者制度導入に関する調査研究報告書』		文部科学省生涯学習政策局社会教育課
文部省・文部専門委員			1972	「博物館法の提案理由及びその概要について」	『社会教育法制研究資料』第14集	文部省
文部省			1872.6	「東京湯島博物館中ニ書籍舘ヲ設ケ書籍借覧規則ヲ定ム」	『法令全書』番外	文部省
文部省			1877	『小石川植物園畧記』		文部省
文部省			1877	「教育博物舘開業ノ日文部大輔田中不二麿演述スル所アリ今之ヲ採録ス」	『教育雑誌』第47号	文部省
文部省			1877.1	「教育博物舘規則」	『太政類典』2編245巻【94】	文部省
文部省			1877.1	『東京博物舘ヲ改テ教育博物舘ト称ス』	『太政類典』2編245巻【91】	文部省
文部省			1879	「教育博物舘年報」	『文部省第七年報』	文部省
文部省			1881.8	「教育博物舘ヲ東京教育博物舘ト称ス」	『法令全書』第3號	文部省
文部省 編			1903	「博物舘(甲技術博物舘、乙歴史博物舘、丙動物舘、北部博物舘、及スカンサン)」	『瑞典教育』	
文部省			1912	「第二回郷土保存萬國會議状況報告」	『歴史地理』第二十巻第五號	日本歴史地理學會
文部省 編			1917	『大正五年一二月常置教育的觀覧施設状況』		文部省
文部省 編			1920	「米國博物舘」	『米國圖書館事情』	文部省
文部省 編			1927	『仏蘭西博物館制度の調査』		文部省
文部省 編			1929	『博物館講習會要項』		文部省
文部省 編			1935	「九動物園」	『小學校國語讀本・尋常科用』第5巻	文部省
文部省 編			1935	「二十四東京(遊就館・博物館・動物園)」	『小學校國語讀本・尋常科用』第6巻	文部省
文部省 編			1951	『昭和二六年一月二〇日公私立博物館等調査表』		文部省
文部省 編			1952	『昭和二七年度学芸員講習講義要綱』		文部省
文部省 編			1953	「学芸員講習講義要綱.昭和28年度」		文部省
文部省 編			1953	『博物館調査』		文部省
文部省 編	伊藤 寿朗 監		1990.11	『博物館講習会要項 博物館基本文献集第6巻』		大空社
文部省 編	伊藤 寿朗 監		1990.11	『仏蘭西博物館制度の調査 博物館基本文献集第3巻』		大空社
文部省 編	伊藤 寿朗 監		1991.7	『昭和二七年度学芸員講習講義要綱 博物館基本文献集第21巻』		大空社

著者1	著者2	著者3	発行年	論文名・書籍名	掲載誌	発行元
文部省 編	伊藤 寿朗 監		1991.7	『昭和二六年一月二〇日公私立博物館等調査表 博物館基本文献集第20巻』		大空社
文部省 編	伊藤 寿朗 監		1991.7	『大正五年一二月常設教育的観覧施設状況 博物館基本文献集第10巻』		大空社
文部省 編	伊藤 寿朗 監		1991.7	『博物館調査 博物館基本文献集第20巻』		大空社
文部省			1997	「第3回全国ボランティア活動推進連絡協議会開催のお知らせ」	『博物館研究』第32巻第8号	日本博物館協会
文部省科学局総務課			1944	『昭和十九年八月各國主要博物館の概況』		文部省
文部省科学局総務課			1999	「昭和十九年八月各国主要博物館の概況」	『博物館史研究』第7号	博物館史研究会
文部省社会教育局 編			1934	「圖書館、美術館、博物館及び劇場」	『社會教育叢書』第30輯(各國の成人教育概況其の3)	文部省社會教育局
文部省社会教育局 編			1953	『学芸員講習講義要綱(昭和二八年度)』		文部省社会教育局
文部省社会教育局			1955	『博物館一覧』		文部省社会教育局
文部省社会教育局 編			1956	『公民館・図書館・博物館-現状と課題』		文部省社会教育局
文部省社会教育局			1974	『公立博物館の設置及び運営に関する基準(付博物館関係資料)』		文部省社会教育局
文部省社会教育局			1979	『大学における社会教育主事・司書・学芸員関係科目開設状況』		文部省社会教育局
文部省社会教育局 編	伊藤 寿朗 監		1990.11	『教育的観覧施設一覧(昭和五年～昭和十七年)博物館基本文献集第9巻』		大空社
文部省社会教育局 編	伊藤 寿朗 監		1991.7	『文化観覧施設一覧:昭和23年3月31日現在 博物館基本文献集第20巻』		大空社
文部省社会教育局 編	伊藤 寿朗 監		1991.7	『学芸員講習講義要綱(昭和二八年度)博物館基本文献集第21巻』		大空社
文部省生涯学習局			1998.12	「地域で子どもを育てよう緊急3ヶ年戦略<全国子どもプラン>」	『博物館研究』第33巻第12号	日本博物館協会
文部省生涯学習局社会教育課			1999.1	「全国子どもプラン」における博物館関係事業について」	『博物館研究』第34巻第1号	日本博物館協会
文部省生涯学習局社会教育課			1999.10	「平成12年度予算要求における文部省博物館振興施策の概要について」	『博物館研究』第34巻第10号	日本博物館協会
文部省生涯学習局社会教育課			2000.2	「文部省における博物館振興施策の概要について」	『博物館研究』第35巻第2号	日本博物館協会
文部省生涯学習局社会教育課	文化庁文化部地域文化振興課		2000.10	「省庁再編後の博物館に係る文部省の行政体制について」	『博物館研究』第35巻第10号	日本博物館協会
文部省総務局 編			1970	「蕃書調所起源考略」	『日本教育史資料巻一九洋学』	臨川書店
文部省大臣官房 編			1981	「現代の博物館」	『文部時報』第1253号	ぎょうせい
文部省大臣官房調査統計課			1955	『社会教育調査報告書』		文部省大臣官房調査統計課
文部省大臣官房調査統計課			1972.5	『生涯教育に対する要請調査』		文部省大臣官房調査統計課
文部省東京科學博物館			1934	『東京科學博物館觀覧の手引植物』		文部省東京科學博物館
文部省普通學務局 編			1916	『地方通俗教育施設状況』		文部省普通學務局
文部省普通學務局 編			1927	『常置觀覽施設一覽』		文部省普通學務局
文部省普通學務局			1929	『佛蘭西博物館制度の調査』		文部省普通學務局
文部省普通學務局 編			1930-1942	『教育的觀覽施設一覽(昭和五年～昭和十七年)』		文部省普通學務局
文部省普通学務局 編	伊藤 寿朗 監		1990.11	『常置觀覽施設一覧(昭和四年)博物館基本文献集第9巻』		大空社
文部省普通学務局	伊藤 寿朗 監		1990.11	『佛蘭西博物館制度の調査 博物館基本文献集第3巻』		大空社

著者1	著者2	著者3	発行年	論文名・書籍名	掲載誌	発行元
矢内 琴江			2013	「フェミニズム・アートの「美術館」の展示に関する一考察:ラサントル/ギャルリー・パワーハウス(カナダ・ケベック州)を事例にして」	『ジェンダー研究21』第3号	早稲田大学ジェンダー研究所
矢内 琴江			2013	「棚橋源太郎における美術館認識の批判的検討」	『早稲田教育学研究』第5号	早稲田大学文学学術院教育学会
矢内 純太			2010.3	「博物館における土壌教育の可能性」	『地理』第55巻第3号	古今書院
八重樫 純樹	濵島 正士		1985.3	「歴史的建造物に関する工匠名データ構造の論理的分析といくつかの課題-データベース構築に向けて-」	『国立歴史民俗博物館研究報告』第6集	国立歴史民俗博物館
八重樫 純樹	倉田 是		1991.3	「画像データベースシステムの開発研究(HISPIC)」	『国立歴史民俗博物館研究報告』第30集	国立歴史民俗博物館
八重樫 純樹			1991.3	「歴史系支援情報処理研究の課題」	『国立歴史民俗博物館研究報告』第30集	国立歴史民俗博物館
八重樫 純樹	倉田 是		1991.3	「歴史的資料画像の基礎実験と支援システム化に関する基礎的研究」	『国立歴史民俗博物館研究報告』第30集	国立歴史民俗博物館
八重樫 純樹	小林 達雄		1992.3	「土偶資料を例とした資料情報化研究(1)-コンセプトと研究経緯、その課題-」	『国立歴史民俗博物館研究報告』第37集	国立歴史民俗博物館
八重樫 純樹			1993.2	「歴史系資料・事象情報化に関する研究-その経緯と基礎的課題-」	『国立歴史民俗博物館研究報告』第50集	国立歴史民俗博物館
八重樫 純樹			1993.11	「共同研究「歴史系研究支援情報処理の研究-カタチの情報のデータ形成・索引法-」について」	『国立歴史民俗博物館研究報告』第53集	国立歴史民俗博物館
八重樫 純樹			1998.2	「人文系博物館における資料ドキュメンテーションの諸問題」	『情報の科学と技術』第48巻第2号	情報科学技術協会
八重樫 純樹			1998.7	「電子ミュージアムの基礎課題」	『人文学と情報処理』第17号	勉誠出版
八重樫 純樹			1999	『学際共同研究を通した大学ミュージアムに関する研究』		文部省科学研究費補助金研究成果報告書
八重樫 純樹			1999.9	「第2章博物館活動の情報化 1総論」	『博物館学シリーズ 5博物館情報論』	樹村房
八重樫 純樹			1999.9	「第2章博物館活動の情報化 4調査研究の情報化」	『博物館学シリーズ 5博物館情報論』	樹村房
八重樫 純樹			1999.9	「第2章博物館活動の情報化 6館種別の展開-その基本的諸問題」	『博物館学シリーズ 5博物館情報論』	樹村房
八重樫 純樹			1999.9	「第5章今後の課題 3データベースと電子博物館」	『博物館学シリーズ 5博物館情報論』	樹村房
八重樫 純樹	東 昇	道脇 寿満 他	2007.3	「シンポジウム ミュージアム・ドキュメンテーションの新時代--新しい風は、いつだって、西から吹いて来る パネルディスカッション記録」	『アート・ドキュメンテーション研究』第14号	アート・ドキュメンテーション学会
八重樫 純樹			2009.3	「[情報知識学会創立]20周年記念特別号補遺 国立歴史民俗博物館における20年前の研究-情報モデルとシステムモデルの研究開発」	『情報知識学会誌』第19巻第1号	情報知識学会
八百板 季穂			2016	「チャチャポヤを屋根のない博物館「エコミュージアム」に」	『季刊民族学』第40巻第1号	千里文化財団
野外調査研究所			2008.10	『秩父地域まるごと博物館構想シンポジウム報告集』		野外調査研究所
矢ケ﨑 典隆	髙橋 昂輝		2016.9	「バージェス時代の多民族都市シカゴを記憶する移民博物館」	『歴史地理学』第58巻第4号	歴史地理学会
矢加部 和幸			2015.12	「地方の時代、博物館への期待は大きい」	『Kumamoto』第13号	くまもと文化振興会
矢川 慎一郎			2008.8	「佐賀県立博物館との連携による観察会の実施」	『佐賀自然史研究』第14号	佐賀自然史研究会
八木 絵香	山内 保典*		2016.5	「さんかく△テーブルへの招待」	『触発するミュージアム:文化的公共空間の新たな可能性を求めて』	あいり出版
八木 滋			2007.11	「歴史系博物館の現状と問題点-指定管理者制度導入を中心に」	『歴史科学』第190号(修正版)	大阪歴史科学協議会
八木 聖弥			1989.12	「博物館と無形文化財」	『博物館学年報』第21号	同志社大学博物館学芸員課程
八木 聖弥			1998.3	「博物館実習の現状と課題-同志社大学を一例として-」	『全博協紀要』第5号	全国大学博物館学講座協議会
八木 聖弥			2004.12	「医療文化博物館設立の提唱」	『博物館学年報』第36号	同志社大学博物館学芸員課程
八木 奘三郎			1913	「坪井博士の美点と欠点」	『人類學雜誌』第28巻第11號	東京人類學會
八木 剛	小舘 誓治		2001	「顧客志向が生きる道:兵庫県立人と自然の博物館改革」	『博物館研究』第36巻第9号	日本博物館協会

著者1	著者2	著者3	発行年	論文名・書籍名	掲載誌	発行元
八木 剛	田原 直樹*	鈴木 武 他	2003.5	「「博物館の望ましい姿--市民とともに創る新時代博物館」の今後の活用「博物館の自己点検」を試行して」	『博物館研究』第38巻第5号	日本博物館協会
八木 剛	小舘 誓治*	小林 美樹 他	2011.11	「兵庫県立人と自然の博物館のKidsプログラム--「キッズひとはく推進室」のスタート」	『博物館研究』第46巻第11号	日本博物館協会
八木 剛	藤本 真里	上田 萌子	2014.8	「コラボレーションは進化する:博物館ボランティアから博物館横断的なプロジェクトまで」	『社会教育』第69巻8号	日本青年館「社会教育」編集部
八木 剛	高橋 晃*	小舘 誓治	2016.12	「自然系博物館における自然素材を用いた展示物開発:市民目線による展示製作の実験的試行」	『博物館学雑誌』第42巻第1号	全日本博物館学会
八木 三香			2012.9	「NPO JCPと博物館:「繋ぐ」「護る」「育くむ」」	『博物館研究』第47巻第9号	日本博物館協会
八木 光則			1998.5	「志波城跡の整備と活用」	『資源環境対策』第34巻第7号(『緑の読本』シリーズ46)	公害対策技術同友会
八木 与三郎			1920	「植物園の怪しい男」	『亞米利加見物』	玄文社
八木 令子	吉村 光敏		2003.2	「博物館活動に活かす地図--房総半島の地形や景観変化を主題にした鳥瞰図」	『地図情報』第22巻4号	地図情報センター
やきそばかおる 編	中村 元*		2013.8	『水族館に奇跡が起きる7つのヒミツ:水族館プロデューサー中村元の集客倍増の仕掛け』		Collar出版、丸善出版
柳沼 茂			2010.9	「国立西洋美術館本館の保存に対する取り組み--国立西洋美術館改修整備に関わった営繕技術者からの視点」	『月刊建設』第54巻第9号	全日本建設技術協会
柳沼 良一	野村 東太*	池田 千春	1985.7	「全国博物館の運営・施設の一般的状況:博物館に関する建築計画的研究-1-」	『日本建築学会計画系論文報告集』第353号	日本建築学会
柳沼 良一	野村 東太*	池田 千春	1985.11	「我が国の博物館の運営・施設の基礎的現状分析-博物館に関する建築計画的研究(Ⅰ)-」	『博物館学雑誌』第11巻第1号	全日本博物館学会
柳沼 良一	野村 東太*	池田 千春	1986.3	「資料内容による博物館の類型化に関する研究-博物館に関する建築計画的研究(Ⅱ)-」	『博物館学雑誌』第11巻第2号	全日本博物館学会
柳沼 良一	野村 東太*	池田 千春	1986.4	「資料からみた新たな博物館類型化の試み:博物館に関する建築計画的研究-2-」	『日本建築学会計画系論文報告集』第362号	日本建築学会
柳沼 良一	野村 東太*	太田 宏	1986.7	「博物館における展示・教育普及活動の特性:博物館に関する建築計画的研究その12」	『学術講演梗概集』1986巻	日本建築学会
柳沼 良一	野村 東太*	太田 宏	1986.7	「博物館における調査研究・収集保管活動と利用者の特性:博物館に関する建築計画的研究その13」	『学術講演梗概集』1986巻	日本建築学会
柳沼 良一	野村 東太*	太田 宏	1986.7	「活動・利用の内容に即した博物館類型化の試み:博物館に関する建築計画的研究その14」	『学術講演梗概集』1986巻	日本建築学会
柳沼 良一	野村 東太*		1986.11	「博物館における諸活動・利用の特性とこれに即した総合的な類型化の試み:博物館に関する建築計画的研究-3-」	『日本建築学会計画系論文報告集』第369号	日本建築学会
柳沼 良一	野村 東太*		1986.12	「博物館における諸活動と利用の特性、および資料・活動・利用に即した博物館類型化の研究-博物館に関する建築計画的研究(Ⅲ)-」	『博物館学雑誌』第12巻第1号	全日本博物館学会
柳沼 良一	野村 東太*	太田 宏	1987.8	「一般人の博物館利用頻度と認識度に関する研究:博物館に関する建築計画的研究その16」	『学術講演梗概集』1987巻	日本建築学会
薬師 正人			1994.3	「立山博物館の映像展示システムのハードウェアについて」	『富山県立山博物館研究紀要』第1号	富山県立山博物館
矢口 徹也	久保内 加菜	上河辺 康子 他	2001	「大学における視聴覚教育の現代化(その2)博物館学芸員養成・電子書籍化・情報化処理技術者育成の視点から」	『早稲田教育評論』第15巻1号	早稲田大学教育総合研究所
矢口 祐人			2009.6	「展示評の問題と可能性-アリゾナ記念碑を中心に-」	『歴史学研究』第854号	青木書店
矢口 祐人			2014.6	『奇妙なアメリカ:神と正義のミュージアム』		新潮社
矢倉 治	倉田 聡*	明神 優	2013	「ブッカーと資料保存について」	『薬学図書館』58巻4号	日本薬学図書館協議会
矢倉 英隆			2014.12	「FORUM:AYUMI ESSAY パリから見えるこの世界(Vol.35)国立自然史博物館で「生命を定義する」ということを考える」	『医学のあゆみ』251号	医歯薬出版
矢崎 格			1971.3	「根津美術館における茶道文化十講-聴講者の地域性について-」	『國學院大學博物館學紀要』第3輯	國學院大學博物館学研究室
矢崎 格			1977.3	「根津美術館の展示について」	『博物館学雑誌』第2巻第1・2号	全日本博物館学会
矢崎 千代二			1933	「ダーバン美術館」	『南米絵の旅』	實業之日本社
矢崎 正昭			1933	「東京帝室博物館本館新築に就いての希望」	『國際建築』特輯・博物館第七巻第一號	國際建築協會
矢崎 陽子	長谷川 直哉		2011.3	「ミュージアムの社会的役割の変化と経営的課題に関する一考察」	『日本経営倫理学会誌』第18号	日本経営倫理学会

著者1	著者2	著者3	発行年	論文名・書籍名	掲載誌	発行元
矢崎 陽子			2013.2	「これからの企業ミュージアムの役割」	『日本経営倫理学会誌』第20号	日本経営倫理学会
矢崎 好幸			1931	「山梨師範の郷土教育施設について」	『郷土教育』第二十三號	郷土教育聯盟
矢崎 好幸			1933	「師範學校の郷土教育施設」	『郷土教育講演集』	文部省普通學務局
矢澤 秀成			2010	「植物園を育てる(第2報)」	『日本植物園協会誌』第45号	日本植物園協会
耶止 説夫			1942	「無憂郷植物園」	『南方風物誌』	新興亞社
矢柴 正子			1968.6	「学芸員国家試験を受けて」	『博物館ニュース』第3巻第3号	日本博物館協会
矢島 恭介			1952.7	「博物館の庭園」	『MUSEUM』第16号	東京国立博物館
矢島 恭介			1952	「博物館収蔵品蒐集の歴史--歴史の部」	『Museum』第19号	東京国立博物館
矢島 恭介			1952	「博物館八十年の歩み」	『Museum』第19号	東京国立博物館
矢島 恭介			1959.2	「法隆寺献納宝物類の来歴とその目録1」	『MUSEUM』第95号	東京国立博物館
矢島 恭介			1959.3	「法隆寺献納宝物類の来歴とその目録2」	『MUSEUM』第96号	東京国立博物館
矢島 恭介			1964	「博物館発達の概要」	『わが国の近代博物館施設発達資料の集成とその研究(明治編)』	日本博物館協会
矢島 國雄			1980	「歴史展示論(序)」	『教職・社会教育主事・学芸員課程年報』第2号	明治大学教職課程
矢島 國雄			1986.3	「近代博物館と古代における博物館の前史」	『Museologist:明治大学学芸員養成課程年報』第1巻	明治大学学芸員養成課程
矢島 國雄			1987.3	「近代博物館とその展開(1)」	『Museologist:明治大学学芸員養成課程年報』第2巻	明治大学学芸員養成課程
矢島 國雄			1988.3	「学芸員養成の諸問題について」	『Museologist:明治大学学芸員養成課程年報』第3巻	明治大学学芸員養成課程
矢島 國雄			1989.3	「19世紀の考古学と博物館」	『Museologist:明治大学学芸員養成課程年報』第4巻	明治大学学芸員養成課程
矢島 國雄			1990.3	「《博物館史研究ノート3》近代博物館とその展開(2)」	『Museologist:明治大学学芸員養成課程年報』第5巻	明治大学学芸員養成課程
矢島 國雄			1991.2	「第2部博物館-その理念・機能・役割」	『放送大学教材博物館学Ⅰ-博物館の現在』	放送大学教育振興会
矢島 國雄			1991.3	「3 博物館のあゆみ」	『放送大学教材博物館学Ⅱ-博物館の仕事』	放送大学教育振興会
矢島 國雄			1991.3	「4 博物館の伝統と革新」	『放送大学教材博物館学Ⅱ-博物館の仕事』	放送大学教育振興会
矢島 國雄			1991.3	「9 野外博物館の原点」	『放送大学教材博物館学Ⅱ-博物館の仕事』	放送大学教育振興会
矢島 國雄			1991.3	「12 教育と博物館」	『放送大学教材博物館学Ⅱ-博物館の仕事』	放送大学教育振興会
矢島 國雄			1991.3	「13 博物館と学芸員」	『放送大学教材博物館学Ⅱ-博物館の仕事』	放送大学教育振興会
矢島 國雄			1991.3	「14 子どもと博物館」	『放送大学教材博物館学Ⅱ-博物館の仕事』	放送大学教育振興会
矢島 國雄 編	大塚 和義*編		1991.3	『放送大学教材博物館学Ⅱ-博物館の仕事』		放送大学教育振興会
矢島 國雄			1991.3	「野外博物館における民俗文化の保存と教育《スカンセンとプリマス・プランテーション》」	『Museologist:明治大学学芸員養成課程年報』第6巻	明治大学学芸員養成課程
矢島 國雄 聞き手	馬場 恵二*		1991.3	「《博物館史研究ノート4―馬場恵二先生に聞く―》ギリシャ世界に博物館の原点を探る」	『Museologist:明治大学学芸員養成課程年報』第6巻	明治大学学芸員養成課程
矢島 國雄	安蒜 正雄 他		1992	「史跡整備を考える」	『Museologist:明治大学学芸員養成課程年報』第7巻	明治大学学芸員養成課程
矢島 國雄	倉田 公裕*		1993	「博物館展示評価の基礎的研究」	『明治大学人文科学研究所紀要』第33冊	明治大学人文科学研究所
矢島 國雄			1994.3	「『日本の博物館事情』―博物館白書平成5年度版―を読んで」	『Museologist:明治大学学芸員養成課程年報』第9巻	明治大学学芸員養成課程

著者1	著者2	著者3	発行年	論文名・書籍名	掲載誌	発行元
矢島 國雄			1995.3	「Museums are for people」	『Museologist:明治大学学芸員養成課程年報』第10巻	明治大学学芸員養成課程
矢島 國雄 編著	大塚 和義*編		1995.9	『放送大学教材博物館学Ⅱ改訂版-現代社会と博物館』		放送大学教育振興会
矢島 國雄			1996.3	「歴史博物館のための予察」	『Museum study:明治大学学芸員養成課程紀要』第7号	明治大学学芸員養成課程
矢島 國雄			1996.3	「地域博物館に未来はあるか?」	『Museologist:明治大学学芸員養成課程年報』第11巻	明治大学学芸員養成課程
矢島 國雄			1997.3	「博物館経営論(序)」	『Museum study:明治大学学芸員養成課程紀要』第8号	明治大学学芸員養成課程
矢島 國雄	倉田 公裕*		1997.8	『新編博物館学』		東京堂出版
矢島 國雄	ヴィクトール・ヘルマンセン*		1998.3	「トムセンと民俗誌博物館の創設者達－デンマークにおける博物館の創設期－」	『Museum study:明治大学学芸員養成課程紀要』第9号	明治大学学芸員養成課程
矢島 國雄	村岡 篤*	斎藤 孝他	1999.3	「《座談会》博物館教育を考える―学校教育と博物館教育―」	『Museologist:明治大学学芸員養成課程年報』第14巻	明治大学学芸員養成課程
矢島 國雄	山科 哲		2000.3	「学生の見た博物館展示技術の評価」	『Museologist:明治大学学芸員養成課程年報』第15巻	明治大学学芸員養成課程
矢島 國雄			2000.3	「博物館展示資料論」	『Museologist:明治大学学芸員養成課程年報』第15巻	明治大学学芸員養成課程
矢島 國雄			2001.3	「博物館とメディア」	『Museum study:明治大学学芸員養成課程紀要』第12号	明治大学学芸員養成課程
矢島 國雄	吉田 望		2001.3	「学生の見た博物館展示技術の評価(2)」	『Museologist:明治大学学芸員養成課程年報』第16巻	明治大学学芸員養成課程
矢島 國雄	吉田 望		2002.3	「学生の見た博物館展示技術の評価(3)」	『Museologist:明治大学学芸員養成課程年報』第17巻	明治大学学芸員養成課程
矢島 國雄			2004.3	「植民主義と歴史学:そのまなざしが残したもの」	『植民地主義と歴史学』	刀水書房
矢島 國雄			2005	「文化財保護の理念」	『埋蔵文化財白書(第三次)』	ケイ・アイ・メディア
矢島 國雄			2008.3	「自然史博物館の展示の変遷」	『Museum study:明治大学学芸員養成課程紀要』第19号	明治大学学芸員養成課程
矢島 國雄			2009.1	「諸外国、我が国の博物館の相違について考える」	『社会教育』第64巻1号	全日本社会教育連合会
矢島 國雄			2009.3	「棚橋源太郎とその博物館学(1)」	『Museum study:明治大学学芸員養成課程紀要』第20号	明治大学学芸員養成課程
矢島 國雄			2010	「わが国の博物館創設事情をめぐって」	『Museum study:明治大学学芸員養成課程紀要』第22号	明治大学学芸員養成課程
矢島 國雄	青木 豊*編		2010.7	『博物館学人物史上』		雄山閣
矢島 國雄			2011.11	「博物館法制定60周年に寄せて」	『博物館研究』第46巻第12号	日本博物館協会
矢島 國雄	小笠原 喜康*	並木 美砂子	2012.3	『博物館教育論:新しい博物館教育を描きだす』		ぎょうせい
矢島 國雄			2012.4	「博物館発達の歴史」	『博物館学1(博物館概論博物館資料論)』	学文社
矢島 國雄			2012.5	「田村蘭水」「木村兼霞堂」「棚橋源太郎」	『博物館学人物史下』	雄山閣
矢島 國雄	青木 豊*編		2012.5	『博物館学人物史下』		雄山閣
矢島 國雄			2013.3	「博物館資料の真正性をめぐって」	『博物館資料の再生:自明性への問いとコレクションの文化資源化』	岩田書院
矢島 國雄			2014.3	「棚橋源太郎の描いた夢」	『博物館研究』第49巻第3号	日本博物館協会
矢島 國雄			2014.8	「博物館学の諸問題」	『國學院雑誌』第115巻第8号	國學院大學
矢島 國雄			2016.2	「博物館専門職員養成の諸問題」	『博物館研究』第51巻第2号	日本博物館協会
矢島 國雄			2017.11	「観光と博物館」	『國學院雑誌』第118巻第11号	國學院大學
矢島 國雄			2017.12	「倉田公裕」	『博物館学史研究事典』	雄山閣

著者1	著者2	著者3	発行年	論文名・書籍名	掲載誌	発行元
矢島 宏雄			1999.5	「森将軍塚古墳－森将軍塚まつりを核にしたまちづくり」	『資源環境対策』第35巻第7号（『緑の読本』シリーズ50）	公害対策技術同友会
矢島 稔			1972.2	「昆虫の生態展示と啓蒙」	『博物館研究』第44巻第4号	日本博物館協会
矢島 稔			1983.8	「上野動物園水族館百周年記念展示--あなたは今・どうぶつの木を登りはじめた」	『博物館研究』第18巻第8号	日本博物館協会
矢島 稔 編			1989.4	『動物園へ行きたくなる本』		リバティ書房
矢島 稔			1995	「平成6年度博物館指導者研究協議会報告・動物園・水族館部門＜講演（Ⅱ）＞動物園・水族館の展示」	『博物館研究』第30巻第9号	日本博物館協会
矢島 稔			1999.8	「昆虫館の未来に向けて--何をどう伝えるのか」	『インセクタリゥム』第36巻8号	東京動物園協会
矢島 稔			2000.1	「館種別博物館学 動物園学」	『新版博物館学講座 第1巻 博物館学概論』	雄山閣
矢島 稔			2001.1	「日本に於ける昆虫の生態展示：昆虫館の役割と将来への展望」	『動物園水族館雑誌』第42巻2号	日本動物園水族館協会
矢島 稔			2010.9	「学校利用にむけた「野外学習プログラム」の開発と普及活動」	『博物館研究』第45巻第9号	日本博物館協会
矢島 侑真	十代田 朗	津々見 崇	2016.9	「世界遺産登録運動を契機とした地域の文化財保全・活用の発展に関する研究」	『都市計画論文集』第51巻3号	日本都市計画学会
矢島 祐利 編	野村 兼太郎		1979.11	『明治文化史（開国百年記念文化事業会編）第5巻学術』		原書房
矢島 睿			1996.9	「資料の収集」	『ミュージアムマネージメント』	東京堂出版
八代田 真人	塩田 幸弘*	河村 あゆみ	2017.2	「動物園で給餌している樹葉の重量推定と栄養含量の季節変化」	『日本畜産学会報』第88巻1号	日本畜産学会
矢代 寿寛	宮澤 彰		2011.7	「展覧会カタログとWebサイトの博物館資料メタデータ比較の試み」	『情報処理学会研究報告』第91巻第4号	情報処理学会
矢代 幸雄			1928.9	「ホノルル美術館に就いて」	『博物館研究』第1巻第4號	博物館事業促進會
矢代 幸雄			1930.3	「美術館問題」	『博物館研究』第3巻第3號	博物館事業促進會
矢代 幸雄			1930.6	「美術館問題（承前）」	『博物館研究』第3巻第6號	博物館事業促進會
矢代 幸雄			1931.11	「最近の歐州美術館を視て」	『博物館研究』第4巻第11號	博物館事業促進會
矢代 幸雄			1936.5	「海外彫刻の石膏複製に就いて」	『博物館研究』第9巻第5號	日本博物館協會
矢代 幸雄			1966.5	「美のための美術館の構想--大和文華館ができるまで」	『世界』第246号	岩波書店
安井 収蔵			2008.6	「館長は見た 地域美術館の課題」	『月刊美術』第34巻第6号	サン・アート
安井 秀行	平田 寿里	村井 良子	2009.2	「自治体サイトに共通標準メニュー体系(11)公立美術館サイトを「顧客視点」で評価する(個人利用者編)」	『地方行政』第10041号	時事通信社
安井 秀行	平田 寿里	村井 良了	2000.2	「自治体サイトに共通標準メニュー体系(12)公立美術館の団体利用を促進するサイトとは-学校編（小学校教諭Yさんの場合）」	『地方行政』第10043号	時事通信社
安井 秀行	平田 寿里	村井 良子	2009.3	「自治体サイトに共通標準メニュー体系(13)公立美術館WEBサイトのあるべき姿-個人・団体評価結果に基づく提案」	『地方行政』第10045号	時事通信社
安井 眞奈美			2016.3	「島に博物館を創る:山口県沖家室島・かむろシーサイドミュージアム開設によせて」	『やまぐち地域社会研究』第13巻	山口地域社会学会
安井 良三	岩井 宏實		1978.12	「館種別博物館における調査・研究と収集活動 歴史系博物館」	『博物館学講座 第5巻調査・研究と資料の収集』	雄山閣
安井 亮			1983.3	「ロンドンにおける博物館の教育活動調査報告（一）－学校を対象とした博物館教育の促進状況－」	『博物館学雑誌』第8巻第1・2号合併号	全日本博物館学会
安井 亮	新井 重三*		1988	「博物館ワーク・シート～そのねらいとつくり方」	『MuseumDate』第7号	丹青総合研究所
安井 亮	竹内 有理*		1996.9	「イギリスにおけるミュージアム・マネージメントの動向」	『ミュージアムマネージメント』	東京堂出版
安井 亮			2000.8	「高齢者による博物館利用の可能性—海外での収蔵品を使ったレミニセンス・セラピー（回想法）の試み—」	『Cultivate：文化と環境を考える』第12号	文化環境研究所
安井 亮			2000.4	「世界における博物館の現状と課題-多文化社会と博物館（オランダの場合）-」	『新版博物館学講座 第3巻現代博物館論-現状と課題-』	雄山閣

著者1	著者2	著者3	発行年	論文名・書籍名	掲載誌	発行元
安井 亮			2000.12	「イギリスの博物館でのバリアフリーの現状」	『全科協ニュース』30巻1号	全国科学博物館協議会
安井 亮	ヒューズ・キャサリン*	松本 栄寿 他訳	2005.9	『ミュージアム・シアター博物館を活性化させる新しい手法』		玉川大学出版部
泰井 良	柴 正博*	石橋 忠信	2000	「静岡県博物館協会インターネット活用研究会の活動」	『静岡県博物館協会研究紀要』第24号	静岡県博物館協会
泰井 良			2002.6	「静岡県立美術館における評価の導入について」	『月刊ミュゼ』53号	(株)アム・プロモーション
安岡 真理			2012.3	「大学で学んだことを、美術館でどう生かすか」	『静岡大学生涯学習教育研究』第14号	静岡大学生涯学習教育研究センター
安沢 秀一			1985	『史料館・文書館学への道:記録・文書をどう残すか』		吉川弘文館
安田 篤生			2007.11	「作品としてのメディアと美術館」	『博物館研究』第42巻第11号	日本博物館協会
安田 篤生			2009.8	「美術館における作品・空間・光」	『博物館研究』第44巻第8号	日本博物館協会
安田 篤生			2010.6	「現代美術と美術館の展示--パーマネント・インスタレーション(恒久設置作品)について」	『博物館研究』第45巻第6号	日本博物館協会
安田 篤生			2012.8	「「博物館倫理規程に関する調査研究報告書」についての報告」	『Zenbi:全国美術館会議機関誌』第2巻	全国美術館会議
安田 篤生			2014.8	「ICOM(国際博物館会議)2019年大会の京都招致について」	『Zenbi:全国美術館会議機関誌』第6巻	全国美術館会議
安田 一男			1997	「文化財建造物の修理と構造補強について」	『建築防災』第237号	日本建築防災協会
安高 啓明			2009.11	「非常勤学芸員に関する諸問題」	『博物館研究』第44巻第11号	日本博物館協会
安高 啓明			2012.10	「指定管理者制度と学芸員(学芸員を取り巻く環境の変化)」	『博物館危機の時代』	雄山閣
安高 啓明	高倉 洋彰		2014	「Ⅱ大学博物館論-日本の大学博物館」	『日中韓博物館事情―地域博物館と大学博物館―』	雄山閣
安高 啓明			2014	「第Ⅳ部大学博物館総論―知の拠点と学芸員の養成」	『歴史の中のミュージアム-驚異の部屋から大学博物館まで』	昭和堂
安高 啓明	高倉 洋彰*		2014	『日中韓の博物館運営―地域博物館と大学博物館―』		雄山閣
安高 啓明	内島 美奈子 編		2015.3	『大学博物館連携事業:官学・産官学連携事業実践報告』		西南学院大学博物館
安高 啓明			2015.11	『実践的博物館学の研究』		西南学院大学
安高 啓明			2017.11	「震災時における組織的資料保全対応に関する検証―熊本地震の教訓にみる大学博物館の役割―」	『國學院雑誌』第118巻第11号	國學院大學
安高 啓明			2017.12	「歴史博物館論史」	『博物館学史研究事典』	雄山閣
安田 香			1993	「1889年パリ万国博覧会におけるジャワのガムラン音楽」	『関西楽理研究』10号	関西楽理研究会
安田 香			1999	「1889年パリ万国博覧会におけるジャワの舞踏と音楽について」	『東南アジア研究』第36巻	京都大学東南アジア研究所
安田 清			1931	「東京帝室博物館懸賞設計当選案について」	『新建築』7月號	新建築社
安田 幸一	小野 裕子*	村田 涼	2012.9	「現代日本の博物館建築における導入空間まわりの用途の複合形式」	『学術講演梗概集』2012巻	日本建築学会
安田 幸一			2015.7	「災害の想定規準が上がった時代における日本の博物館建築の立地戦略」	『博物館研究』第50巻第7号	日本博物館協会
安田 幸一	岩田 翔太*	川島 範久 他	2015.9	「博物館建築の外観における既存ファサードの保存と古材利用」	『学術講演梗概集』2015巻	日本建築学会
安田 純一	中井 孝幸		2010.2	「図書館から美術館への既存建築物の用途転用に関する研究:岡崎市美術館をケーススタディとして」	『東海支部研究報告集』第48号	日本建築学会東海支部
安田 孝美	岩崎 公弥子*	毛利 勝廣	2010.3	「博物館の資料を活用した「教材パッケージ」の開発と実践」	『JMMA日本ミュージアム・マネージメント学会会報』第14巻第4号	日本ミュージアム・マネージメント学会
安田 常雄			2010.12	「日本史のひろば 歴博「現代展示」における歴史叙述の試み」	『歴史と地理』第640号	山川出版社
安田 常雄			2011.3	「歴史叙述としての歴博「現代展示」」	『日本史研究』第583号	日本史研究会

著者1	著者2	著者3	発行年	論文名・書籍名	掲載誌	発行元
安田 常雄			2015.10	「第1章歴博「現代展示」と戦争認識」	『ミュージアムと負の記憶戦争・公害・疾病・災害:人類の負の記憶をどう展示するか』	東信堂
安田 知加	井上 泰佑	岸 佳奈恵 他	2010.3	「知的移動体による美術館での鑑賞体験の個人化」	『情報処理学会研究報告』2010巻	情報処理学会
安田 直人			2014.11	「動物園との連携、そして期待すること」	『博物館研究』第49巻第11号	日本博物館協会
保田 信紀	矢野 牧夫*	川辺 百樹 他	1999.11	「自然史系博物館の展示改善のための資料収集と教育活動への利用」	『博物館研究』第34巻第11号	日本博物館協会
安田 治樹			1988.4	「美術館等における仏像の展示について」	『実践女子大学Museology』第7号	実践女子大学博物館学課程
安田 雅俊	栗原 望*	川田 伸一郎 他	2011.6	「標本とその二次資料・合わせて見るとおもしろい」	『哺乳類科学』第51巻第1号	日本哺乳類学会
安田 律子			2016.3	「歴史的建築物利用博物館に関する一考察」	『近代建築利用博物館事典』	國學院大学博物館学研究室
安田 律子			2017.3	「明治期における政府の博物館利用—軍隊を中心として—」	『國學院大學博物館學紀要』第41輯	國學院大學博物館学研究室
安永 幸一			2013.12	「小池新二先生と福岡市美術館および福岡アジア美術館」	『福岡・芸術文化の創造と思考』第10号	花書院
安成 真理			2014.10	「第一高等学校理科教育資料の概要:駒場博物館の10年」	『技術職員等による技術報告集』第10巻	駒場キャンパス技術発表会実行委員会
安成 真理			2015.10	「利用者が発想する博物館標本の検索語彙調査:第一高等学校旧蔵理科教育資料の事例」	『技術職員等による技術報告集』第11巻	駒場キャンパス技術発表会実行委員会
ヤスパー・アンドリセン			2016.3	「個人遺産からデジタル文化遺産へ:RKD〈オランダ国立美術史研究所〉の最新活動報告」	『アート・ドキュメンテーション研究』第23号	アート・ドキュメンテーション学会
安原 啓示			1970	「風土記の丘計画の問題点」	『日本歴史』第226号	吉川弘文館
安原 啓示			1976	「風土記の丘の現状と将来」	『博物館研究』第11巻第8号	日本博物館協会
安原 啓示			1978	「風土記の丘のあゆみ」	『古墳とはにわ』	学習研究社
安原 啓示			1983	「遺跡修景学序説」	『文化財論叢』	奈良国立文化財研究所
安原 健允			2009	「アメリカ東海岸3都市(ボストン・ニューヨーク・ボルチモア)の港湾におけるウオーターフロントの環境―地域の活性化に果たす水族館、海事博物館の現状を中心に」	『港湾経済研究:日本港湾経済学会年報』第48号	日本港湾経済学会
安原 健允			2011.3	「港湾地域の活性化と海洋・海事博物館、水族館の役割:東海三県と和歌山県の水族館を中心に」	『港湾経済研究:日本港湾経済学会年報』第50号	日本港湾経済学会
安原 健允			2014	「港湾区域の活性化と海洋・海事博物館、水族館の役割:戸田村発村おこし事始め、造船郷土資料博物館と深海生物」	『港湾経済研究:日本港湾経済学会年報』第53号	日本港湾経済学会
安増 綾子			1998	「水族館における解説員の小道具」	『日本動物園水族館教育研究会誌』1998年号	日本動物園水族館教育研究会
安間 裕起	中西 美和*		2012	「内発的動機づけの誘発をねらいとしたサービスデザイン手法に対する提案とその実験的検証:ミュージアムにおける情報提供サービスを対象事例とした試み」	『人間工学』第48巻第5号	日本人間工学会
安村 敏信			2004.6	『美術館商売 智慧の海叢書3』		勉誠出版
安村 俊史			2007.11	「博物館から見た大和川付け替え 付け替え三〇〇年と大和川水系ミュージアムネットワークの活動」	『大和川付け替え三〇〇年:その歴史と意義を考える』	雄山閣
安楽 勉			2014.7	「原の辻遺跡史跡整備と一支国博物館の現状と課題」	『明日への文化財』第71号	文化財保存全国協議会
矢田 挿雲			1980	「博物館、動物園、東照宮」	『江戸から東京へ』	中央公論社
矢田 努	仙田 満*	篠 直人 他	1999.3	「美術館展示室の建築計画的研究--展示壁面の配置方法と利用者の評価について」	『日本建築学会計画系論文集』第64巻517号	日本建築学会
矢田 努	仙田 満*	池田 誠 他	1999.3	「歴史博物館における年間入館者数の経年変化に関する研究」	『日本建築学会計画系論文集』第64巻517号	日本建築学会
矢田 努	仙田 満		2004	「満足評価よりみた建築・都市計画に関する研究--科学博物館、美術館展示室、子ども病院病棟、室内広場型アトリウムにおける分析より」	『愛知産業大学紀要』第12号	愛知産業大学
弥田 俊男			2010	「「美術館」づくりに大切なこと」	『此君』第2号	根津美術館
弥田 俊男	茂中 大毅*		2016.3	「美術館における3次元isovistを用いた可視空間記述手法に関する研究」	『日本建築学会中国支部研究報告集』第39巻	日本建築学会中国支部
矢田 俊文 編			2005.6	『新潟県中越地震文化遺産を救え』(高志書院ブックレット)		髙志書院

著者1	著者2	著者3	発行年	論文名・書籍名	掲載誌	発行元
谷津 直秀			1906.4	「ネープルス水族館」	『動物學雜誌』第18巻第210號	東京動物學會
谷津 直秀			1907	「ライプチツヒよりハンブルグ」	『動物學雜誌』第19巻第220號	東京動物學會
谷津 直秀			1908	「博物館内の兒童室」	『動物學雜誌』第20巻第237號	東京動物學會
谷津 直秀			1908	「ジャルダン・デ・プラントの動物館の内容」	『動物學雜誌』第20巻第241號	東京動物學會
谷津 直秀			1908.12	「動物園に關しての一考案」	『動物學雜誌』第20巻第242號	東京動物學會
谷津 直秀			1912	「活気ある博物館を設立すべし」	『新日本』第2巻2號	冨山房
谷津 直秀			1917	「博物館の變遷」	『東洋學藝雜誌』第34巻第434號	東洋學藝社
谷津 直秀			1918	「紐育の大動物園」「容易く出来る水族館」	『趣味の動物』	實業之日本社
谷津 直秀			1928	「東京博物館の必要」	『博物館研究』第1巻第5號	博物館事業促進會
谷津 直秀			1928	「現代の博物館」	『博物館研究』第1巻第7號	博物館事業促進會
谷津 直秀			1928	「ドレスデン衞生博物館」	『博物館研究』第1巻第7號	博物館事業促進會
谷津 直秀			1929	「現代の博物館」	『農村教育研究』第二巻第一號	農村教育研究會
谷津 直秀			1932	「歐米博物館の教育的施設」	『郷土教育』第十八號	郷土教育聯盟
谷津 直秀			1933	「自然科學博物館に就て」	『博物館研究』第6巻第10號	日本博物館協會
谷津 直秀			1934	「自然科學博物館に就て(2)」	『博物館研究』第6巻第12號	日本博物館協會
谷津 直秀			1938	「東京大學理學部動物學教室の歴史」	『科學』第8巻8號	岩波書店
谷津 直秀			1938	「東京大學理學部動物學教室の歴史(2)」	『科學』第8巻9號	岩波書店
谷津 直秀			1938	「東京大學理學部動物學教室の歴史(3)」	『科學』第8巻10號	岩波書店
谷津 直秀			1943	「昭南博物館」「動物園」「植物園」ほか	『生物紀行』前篇	三省堂
八藤後 猛	會田 知美*	中田 弾	2012.9	「博物館展示室空間の快適性に関する研究:高齢者を対象として」	『学術講演梗概集』2012巻	日本建築学会
矢動丸 泰	會田 知美		2010.4	「科学館・公開天文台の最新の活動状況(8)紀美野町みさと天文台--星ふる里の天文台で本物の体験を」	『天文月報』第103巻第4号	日本天文学会
柳井 和彦			2007.2	「構造改革への取り組み-地域再生篇-萩まちじゅう博物館」	『地方財政』第46巻第2号	地方財務協会
柳井 和彦			2010.4	「萩市の歴史まちづくり--萩まちじゅう博物館」	『公共建築』第52巻第1号	公共建築協会
矢内 高太郎			2005.8	「島根県立美術館の指定管理者制度について」	『博物館研究』第40巻第8号	日本博物館協会
柳川 当清			1860	『航海日記』		
柳川 雅史			1984.3	「神奈川県相模原市橋本遺跡における教育普及活動の実践－(仮称)市立博物館の開館にむけて－」	『國學院大學博物館學紀要』第8輯	國學院大學博物館学研究室
楊 鋭			2013.3	「説示—研究成果の情報伝達と展示—(博物館に於ける展示)」	『人文系博物館展示論』	雄山閣
楊 鋭	高橋 信裕		2016.3	「博物館資料の保存と活用」	『観光資源としての博物館』	芙蓉書房出版
柳 宏吉			1969.4	「設置基準をわたしはこう考える」	『博物館ニュース』第4巻第4号	日本博物館協会
柳 宏吉			1969.5	「設置基準をわたしはこう考える」	『博物館ニュース』第4巻第5号	日本博物館協会
梁木 誠			1999.5	「根古谷台遺跡ー手づくり資料館と多彩な催し」	『資源環境対策』第35巻第7号(『緑の読本』シリーズ50)	公害対策技術同友会

著者1	著者2	著者3	発行年	論文名・書籍名	掲載誌	発行元
柳 正彦	朝山 陽一郎		2013	「博物館における教育普及の新たな取り組みについて:九州歴史資料館の移転開館を機に」	『九州歴史資料館研究論集』第38号	九州歴史資料館
柳 宗悦			1921	「朝鮮民族美術館の設立に就て」	『白樺』第12巻第1號	白樺社
柳 宗悦			1928	「民藝館に就て(上)」	『東京日々新聞』41763	東京日々新聞社
柳 宗悦			1928	「民藝館に就て(下)」	『東京日々新聞』41764	東京日々新聞社
柳 宗悦			1932	「蒐集に就て」	『工藝』第23號	聚楽社
柳 宗悦			1935	「民藝と農民美術」	『工藝』第51號	日本民藝協會
柳 宗悦			1936	「民藝館の成立」	『工藝』第60號	日本民藝協會
柳 宗悦			1936	「三國壯小史」	『工藝』第60號	日本民藝協會
柳 宗悦			1936	「民藝館の使命」	『工藝』第70號	日本民藝協會
柳 宗悦			1936	「民藝館・民藝協會消息及び寄附報告」	『工藝』第70號	日本民藝協會
柳 宗悦			1937.6	「日本民藝館の使命」	『博物館研究』第10巻第6號	日本博物館協會
柳 宗悦			1938	「日本民藝館に就て」	『畫説』昭和13年9月號	日本民藝協會
柳 宗悦			1939	「日本民藝館案内」	『月刊民藝』昭和14年9月號	日本民藝協會
柳 宗悦			1939	「民藝館の來館者」	『月刊民藝』昭和14年9月號	日本民藝協會
柳 宗悦			1939.3	「民藝館案内」	『博物館研究』第12巻第3號	日本博物館協會
柳 宗悦			1942	「藝術院における民藝館の推薦事情」	『月刊民藝』昭和17年1月號	日本民藝協會
柳 宗悦			1942	「民藝館の仕事」	『工藝』第110號	日本民藝協會
柳 宗悦			1957	「民藝館と国宝」	『民藝』第60号	日本民芸協会
柳 宗悦			1958	「民藝館の特色」	『民藝』第61号	日本民芸協会
柳 宗悦			1958	「近代美術館と民藝館」	『民藝』第64号	日本民芸協会
柳 雄太郎			1979.6	「献物帳についての基礎的考察—東大寺以下十八か寺への献納経過」	『MUSEUM』第339号	東京国立博物館
柳 与志夫	佐々木 亨	後藤 和子	2010.3	「MLA連携の可能性と課題--ミュージアム、図書館、文書館の連携をめぐる専門家ラウンドテーブルの開催」	『文化経済学』第7巻第1号	文化経済学会
柳 与志夫			2012.2	「社会教育施設への指定管理者制度導入に関わる問題点と今後の課題:図書館および博物館を事例として」	『レファレンス』第62巻第2号	国立国会図書館
柳澤 飛鳥			2012.5	「さわれないものを理解するための技法—「さわる絵画」「さわる展示パネル」制作の立場から」	『さわって楽しむ博物館ユニバーサル・ミュージアムの可能性』	青弓社
柳澤 溢恵			1998	『平成9年度科学館におけるボランティア活動の推進に関する調査とプログラム開発』		日本科学技術振興財団科学技術館カルング事業部
柳澤 要	岡部 友美*		2008.7	「日本とアメリカにおける博学連携の実態に関する研究」	『学術講演梗概集』2008巻	日本建築学会
柳澤 要	久保田 真矢*		2010.7	「博物館の分野別にみる生涯学習機関としての建築計画に関する研究:千葉県の県立博物館(総合・美術・科学)3館を事例にして」	『学術講演梗概集』2010巻	日本建築学会
柳澤 愈			2013.2	「インタープリターの将来構想」	『地域と文化財:ボランティア活動と文化財保護』	勉誠出版
柳澤 剛			2013.3	「人口7万人規模の自治体における地域博物館での仕事を振り返って—歴史？民俗？美術？自然？—」	『Museologist:明治大学学芸員養成課程年報』第28号	明治大学学芸員養成課程
柳沢 秀行			2007.12	「大原美術館-地域との連携活動」	『博物館研究』第42巻第12号	日本博物館協会
柳沢 秀行			2009.3	「ミュージアムに行こう 世の中とつながりたいミュージアム(美術館)の考えていること」	『芸術の生まれる場(未来を拓く人文・社会科学シリーズ16)』	東信堂

著者1	著者2	著者3	発行年	論文名・書籍名	掲載誌	発行元
柳沢 秀行	小林 めぐみ*		2016.6	「＜インタビュー＞東日本大震災から5年。福島県立博物館のアートプロジェクト」	『月刊ミュゼ』114号	(株)アム・プロモーション
柳澤 宏江	石川 新太郎	朽津 信明	2012.2	「博物館明治村学習院長官舎の保存修理工事における復原的考察」	『東海支部研究報告集』第50巻	日本建築学会東海支部
柳沢 廣			1999.1	「美術館・博物館の広域的連携―アルプスの麓安曇野アートライン―」	『博物館研究』第34巻第1号	日本博物館協会
柳沢 芙美子	熊野 路子		2009.3	「月替え収蔵資料展示の実践とその課題」	『福井県文書館研究紀要』第6号	福井県文書館
柳田 國男			1923	『郷土誌論』		郷土研究社
柳田 國男			1925	『郷土教育會記録』		郷土教育會
柳田 國男			1928	「まづ博物館を理解せしめよ」	『東京朝日新聞』	東京朝日新聞
柳田 國男			1929	「郷土館と農民生活の諸問題」	『農村教育研究』第二巻第一號	農村教育研究會
柳田 國男			1930.1	「海外の郷土博物館」	『博物館研究』第3巻第1號	博物館事業促進會
柳田 國男			1933	「郷土研究と郷土教育」	『郷土教育』第二十七號	郷土教育聯盟
柳田 國男			1933	「郷土教育體系」	『教育研究』第1巻第2号	初等教育研究會
柳田 國男			1933.1	「民族博物館建設の必要」	『博物館研究』第6巻第1號	日本博物館協會
柳田 國男			1934	「郷土研究の意義」	『現代史學體系』第7巻	共立社書店
柳田 國男			1934	「今日の郷土研究」	『郷土教育』第四十三號	郷土教育聯盟
柳田 純	大原 一興		2001	「三浦半島におけるまちづくり市民活動の地域特性：地域のエコミュージアム化に関する研究その7」	『学術講演梗概集』2001巻	日本建築学会
柳田 俊雄			1989.1	「短大における学芸員課程―過去7年間の郡山女子短大文化学科の事例から―」	『全博協研究紀要』創刊号	全国大学博物館学講座協議会
柳田 蓉子			2015.10	「評判のビジターセンター"人気の秘密"えびのエコミュージアムセンター」	『國立公園』第737号	自然公園財団
柳原 綾那	渡邉 重義		2011.12	「熊本博物館を活用する科学教育教材の開発」	『熊本大学教育学部紀要.自然科学』第60号	熊本大学
柳原 敏昭			2003.1	「仙台城の艮櫓建設問題と石垣保存運動」	『歴史評論』第633号	校倉書房
柳原 望	坂本 昇*	野中 健一 他	2012.12	「研究成果の現地還元としての展示制作：ラオス、ドンクワーイ、ヴィエンチャン平野の暮らし博物館の事例」	『博物館学雑誌』第38巻第1号	全日本博物館学会
柳原 正樹			2014.11	「美術館的症候群」	『NACTreview：国立新美術館研究紀要』第1号	国立新美術館
柳谷 慶子			2001.7	「仙台城本丸跡の石垣保存と艮櫓復元問題をめぐって」	『歴史評論』第615号	校倉書房
柳谷 慶子			2005.6	「科学運動仙台城跡の石垣保存・艮櫓建設反対運動を振り返る」	『宮城歴史科学研究』第57・58号	宮城歴史科学研究会
簗瀬 大輔			2015	「古文書展示における補助資料の効果的活用：地域連携の中で試みた古文書ハンズオン」	『群馬県立歴史博物館紀要』第36号	群馬県立歴史博物館
八並 勝正			1993	「アメリカ・カナダの子ども博物館」	『児童研究』第72巻	児童学会
八並 勝正			1995.5	「子ども博物館と創造性の育成」	『青少年問題』第42巻5号	青少年問題研究会
八並 勝正			1997.11	「アメリカの子ども博物館」	『教育と情報』第476号	第一法規
ヤニ・ヘルマン	水嶋 英治		1997.3	「インターネット時代における博物館と文化財情報ネットワーク（翻訳）」	『博物館学雑誌』第22巻第1・2号合併号	全日本博物館学会
矢野 明日香	佐渡友 陽一	石田 戢	2015.12	「新聞記事に見る第二次世界大戦前後の日本人の動物園観の変化」	『動物観研究』第20号	ヒトと動物の関係学会
矢野 香織			2009.3	「企画展展示叙述近代おかやまの博覧会」	『岡山県立記録資料館紀要』第4号	岡山県立記録資料館
矢野 和之			1984	「野外博物館のめざすもの」	『コンセルボ』第6号	文化財保存計画協会

著者1	著者2	著者3	発行年	論文名・書籍名	掲載誌	発行元
矢野 勝俊	長澤 一雄*	奥山 武夫	1992.3	「山形県立博物館における蔵王の樹氷原ジオラマとそれに関連する氷雪展示の製作について」	『山形県立博物館研究報告』第13号	山形県立博物館
矢野 桂司	瀬戸 寿一	河原 大他	2010.1	「デジタルミュージアム構築のための通り景観復原--京都の三条通を事例に」	『電子情報通信学会技術研究報告』第110巻第382号	電子情報通信学会
矢野 憲一			1975	「横山大観と徴古館」	『瑞垣』第104号	神宮司庁
矢野 憲一			1980.3	「田中芳男と神宮農業館」	『國學院大學博物館學紀要』第4輯	國學院大學博物館学研究室
矢野 憲一			1981	「神宮農業館と田中芳男」	『瑞垣』第122号	神宮司庁
矢野 憲一			1987.3	「三重県博物館史」	『國學院大學博物館學紀要』第12輯	國學院大學博物館学研究室
矢野 興一	鵜沢 美穂子		2016.1	「第5章 植物」	『見る目が変わる博物館の楽しみ方:地球・生物・人類を知る』	ベレ出版
矢野 興一 編			2016.1	『見る目が変わる博物館の楽しみ方:地球・生物・人類を知る』		ベレ出版
矢野 晃一郎	横田 隆司	飯田 匡他	2012.9	「個人ミュージアムにおける来館者数の変動特性と展示空間に対する運営者の意識に関する研究」	『学術講演梗概集』2012巻	日本建築学会
矢野恒太記念會編			1927	「圖書館、博物館、美術館」	『日本國勢圖會:年刊・國のすがた昭和2年』	國勢社
矢野 清一			1996	「阪神・淡路大震災 美術館からの報告」	『博物館の防災方策に関する調査研究報告書平成8年度』	日本博物館協会
矢野 宗幹			1939	「大阪の薬物會及物産會」	『吉田(貞雄)博士祝賀紀念誌』	大阪博物學會
矢野 環			1999	『君台観左右帳記の総合的研究』		勉誠出版
矢野 牧夫			1979.3	「カナダ、アルバータ州立博物館について」	『北海道開拓記念館研究年報』第7号	北海道開拓記念館
矢野 牧夫			1992.8	「公立博物館の管理運営」	『博物館研究』第27巻第8号	日本博物館協会
矢野 牧夫			1993.2	「「ボランティア活動」と「友の会活動」--生涯学習時代の博物館活動を考える」	『博物館研究』第28巻第2号	日本博物館協会
矢野 牧夫			1997	「博物館の防災方策に関するアンケート調査結果の概要」	『博物館研究』第32巻第9号	日本博物館協会
矢野 牧夫	保田 信紀	川辺 百樹 他	1999.11	「自然史系博物館の展示改善のための資料収集と教育活動への利用」	『博物館研究』第34巻第11号	日本博物館協会
矢野 亮			1972.6	「自然教育園における設問板について」	『自然教育園報告』第4号	国立科学博物館付属自然教育園
矢野 亮			1973	「自然研究路における評価の研究:主として社会教育の立場から」	『自然教育園報告』第7号	国立科学博物館附属自然教育園
矢野 亮			1978	『自然保護教育のためのカリキュラム作成に関する研究』		文部省科学研究費補助金研究成果報告書
矢野 亮			1994	『小学校における野外観察の具体的プログラム作成に関する研究』		文部省科学研究費補助金研究成果報告書
矢野 亮			1999.11	「教育普及活動の展開」	『国立科学博物館ニュース』第367号	国立科学博物館
矢野 亮			2001.5	「自然教育園の自然生態系特別調査」	『国立科学博物館ニュース』第385号	国立科学博物館
矢野 守太郎	小林 万蔵 閲		1907.9	『度量衡使用保存法』		風山軒
矢野 賀一			2012.4	「東京国立博物館本館漆工展示室の改修プロセス:展示ケースの設計・監理を中心に」	『MUSEUM』第637号	東京国立博物館
矢作 修一			2003	「博物館と学校がつくる「総合的な学習」-当館の現状と課題」	『埼玉県立博物館紀要』第28号	埼玉県立博物館
八幡 信行			2000.2	「館種別博物館の展示活動 歴史博物館(歴史)」	『新版博物館学講座 第9巻 博物館展示法』	雄山閣
八幡 政男			1993	『評伝上野彦馬』		武蔵野書房
八幡 義信			1999.1	「館種別博物館の企画運営 歴史博物館」	『新版博物館学講座 第12巻 博物館経営論』	雄山閣
八幡 義信			2001.5	「博物館における調査研究活動 調査研究の内容(Ⅰ)-博物館資料の研究 人文系博物館」	『新版博物館学講座 第6巻 博物館調査研究法』	雄山閣

著者1	著者2	著者3	発行年	論文名・書籍名	掲載誌	発行元
矢原 正治			2014	「阿蘇の希少植物の保護、育種、啓発を行う:熊本大学薬学部薬用植物園の取り組み」	『Aromatopia』第23巻第5号	フレグランスジャーナル社
八尋 克郎	布谷 知夫	里口 保文 編著	2011.1	『博物館でまなぶ:利用と保存の資料論』		東海大学出版会
矢吹 樹			2011.6	『大学動物園』		文芸社
矢吹 正則	美甘 政和		1896.9	『美作総社宮由来並保存方法』		矢吹正則他
矢吹 義夫			1932	「美術館と博物館」	『英米管見』	中文館書店
薮田 夏秋			1982.9	『誰にでもできる裏打ちのすすめ』		日貿出版社
薮田 由梨			2014.3	「地方文学館・徳田秋聲記念館の現在」	『山口国文』第37号	山口大学人文学部国語国文学会
藪中 剛司	右代 啓視*	鈴木 琢也 他	2013	「北方四島の先史文化研究と博物館交流の基礎づくり(3)」	『北海道開拓記念館研究紀要』第41号	北海道開拓記念館
藪中 剛司	右代 啓視*	鈴木 琢也 他	2014	「北方四島の先史文化研究と博物館交流の基礎づくり(4)」	『北海道開拓記念館研究紀要』第42号	北海道開拓記念館
藪中 剛司	右代 啓視*	鈴木 琢也 他	2015.3	「北方四島の先史文化研究と博物館交流の基礎づくり(5)」	『北海道開拓記念館研究紀要』第43号	北海道開拓記念館
藪前 知子			2014	「いま、美術館がなしうること」	『現代の眼:東京国立近代美術館ニュース』606号	国立美術館東京国立近代美術館
藪前 知子			2015.1	「東京都現代美術館「MOTコレクション」の試み」	『Zenbi=Zenbiフォーラム:全国美術館会議機関誌』7巻	全国美術館会議
矢部 和夫	桑原 禎知*	酒井 正幸	2014.11	「『円山動物園の森』ビオトープにおける生物多様性向上のための研究水辺の造成と両生類の動向に関する記録および環境教育への活用に向けて」	『札幌市立大学研究論文集』第8巻1号	札幌市立大学
矢部 淳			2014.11	「ドイツ・ゼンケンベルグ自然史博物館で進められている博物館統合の取り組み」	『博物館研究』第49巻第11号	日本博物館協会
矢部 直人	有馬 貴之	岡村 祐 他	2009.11	「上野動物園におけるGPSを用いた来園者行動の分析」	『日本観光研究学会全国大会学術論文集』第24号	日本観光研究学会
矢部 吉禎	許 心芸	朱 成之 訳	1900	『植物園』		商務印書館
矢部 吉禎			1930	「植物園」	『岩波講座生物學』	岩波書店
矢部 吉禎			1931	「博物館と理科教育」	『日本學術協會報告』第6巻	日本學術協會
山内 佳弘			2010	「展示ケースに求められるもの」	『此君』第2号	根津美術館
山内 和也			2014.4	『文化遺産の復興と国の復興』		国立文化財機構東京文化財研究所文化遺産国際協力センター
山内 和也	原田 怜*		2017.3	「JICA大エジプト博物館保存修復センタープロジェクト」	『西アジア考古学』第18号	日本西アジア考古学会
山内 康晋	杉田 馨*	中洲 俊信	2010.3	「展示物の関連性によりミュージアム空間を拡張する展示ガイドシステム」	『電子情報通信学会技術研究報告』第109巻第466号	電子情報通信学会
山内 智			2006.9	「北東北3県の共同展示会の取り組みについて」	『博物館研究』第41巻第9号	日本博物館協会
山内 智			2010.3	「植物学者郡場寛博士の履歴(2)昭南植物園」	『青森県立郷土館研究紀要』第34号	青森県立郷土館
山内 民興	芳賀 日向*		1992.7	「静止画像検索とハイビジョンへの収録」	『情報の科学と技術』第42巻第7号	情報科学技術協会
山内 登貴夫			1992.11	「地方博物館と地域の未来」	『展示学』第14号	日本展示学会
山内 登貴夫	高田 公理	芝原 明治 他	1995.5	「シンポジウム―地域を展示する」	『展示学』第20号	日本展示学会
山内 利秋			1996.3	「「民族/民俗」文化財の記録保存とは何か―総合的物質文化保存研究としての文化財保存学に向けて―」	『國學院大學博物館學紀要』第20輯	國學院大學博物館学研究室
山内 利秋			2003	「文化財化する画像記録(上)1960年から1985年までの企画展示を軸に」	『吉備国際大学社会学部研究紀要』第13号	高梁学園吉備国際大学
山内 利秋	増田 豪		2007.3	「宮崎県における文化資源災害救助対策の現状と課題」	『九州保健福祉大学研究紀要』第8号	九州保健福祉大学
山内 利秋			2013.7	「地域社会の諸問題に対する博物館の機能」	『地域活性学会研究大会論文集いま、あらためて問う:地域と大学の連携』第5巻	地域活性学会

著者1	著者2	著者3	発行年	論文名・書籍名	掲載誌	発行元
山内 利秋			2016.3	「民主化する文化財:第2次大戦後から高度経済成長期の文化財保護と市民」	『九州保健福祉大学研究紀要』第17号	九州保健福祉大学
山内 利秋			2017.3	「博物館学教育で災害を伝える事:2016年熊本地震を経て、これからの博物館に関わる人材の養成を考える」	『九州保健福祉大学博物館学年報』第6号	九州保健福祉大学学芸員養成課程
山内 登美雄	倉田 公裕		1990.3	「『展示演出』のすすめ」	『Museologist:明治大学芸員養成課程年報』第5巻	明治大学学芸員養成課程
山内 智子			2016.3	「歴史的建築物利用博物館に関する一考察」	『近代建築利用博物館事典』	國學院大學博物館学研究室
山内 智子			2017.3	「岡山県における近代建築を利用した博物館」	『國學院大學博物館學紀要』第41輯	國學院大學博物館学研究室
山内 智子			2017.12	「博物館建造物論史(外観等)」	『博物館学史研究事典』	雄山閣
山内 奈美子			2010.1	「アメリカ合衆国「歴史的遺産のトリートメントに関する内務長官基準」にみられる再現建築の考え方」	『建築雑誌』第125輯第1598號	日本建築学会
山内 宏泰			2014	「被災地ミュージアムの使命:リアス・アーク美術館と東日本大震災」	『季刊民族学』第38巻第2号	千里文化財団
山内 宏泰			2014.3	「史料と展示 未来を守るために:リアス・アーク美術館常設展示「東日本大震災の記録と津波の災害史」での試み」	『歴史学研究』第916号	青木書店
山内 宏泰			2014.3	「記憶再生装置としての常設展示=被災地公立博物館の使命」	『地方自治職員研修』第47巻第3号	公職研
山内 宏泰			2014.5	「被災地が必要とするアートの力とは:記憶再生システムの構築/リアス・アーク美術館の試み」	『地方議会人:議員研修誌』44号	中央文化社
山内 宏泰			2016.1	「博物館が復興に果たす役割--(特集・復興への道と博物館の役割)」	『博物館研究』第51巻第10号	日本博物館協会
山内 幹夫			2011.1	「福島県歴史資料館の震災被害について」	『アーカイブズ』第45号	国立公文書館
山内 睦			2011.1	「あさご芸術の森美術館と地域・友の会との連携について」	『博物館研究』第46巻第10号	日本博物館協会
山内 保典	八木 絵香		2016.5	「さんかく△テーブルへの招待」	『触発するミュージアム:文化的公共空間の新たな可能性を求めて』	あいり出版
山内 保典	岡田 猛*	宮田 舞	2016.5	「現代美術で哲学対話」	『触発するミュージアム:文化的公共空間の新たな可能性を求めて』	あいり出版
山内 義治			1996.3	「科学離れ・理科嫌いをなくすために-社会教育センター・青年の家との連携、ボランティア養成の試み」	『名古屋市科学館紀要』第22号	名古屋市科学館
山浦 清			1996.12	「スミソニアンにおける資料返還問題について」	『Mouseion:立教大学博物館研究』第42号	立教大学学校・社会教育講座
山浦 清			2011	「学芸員課程の60年」	『Mouseion:立教大学博物館研究』第57号	立教大学学校・社会教育講座
山浦 高夫			2011	「山科植物資料館の歴史とその取組み−製薬企業の薬用植物園の一例−」	『薬学雑誌』第131巻第3号	日本薬学会
山尾 敏孝	田中 尚人	伊藤 龍一	2010.3	「土木遺産を核とした野外博物館化による街づくりに関する研究」	『地域を創る大学の挑戦』	成文堂
山岡 通太郎			1997	「大正時代の近代和風建築旧安田楠雄邸保存・公開へのあゆみ」	『観光文化』vol.124	日本交通公社
山折 哲雄			1988	「物からの遠心と物への求心」	『民俗展示の構造化に関する総合的研究』	国立歴史民俗博物館
山方 桂	大原 一興*	石川 宏之	1998	「歴史的建造物を利用した博物館における活用手法の実態—歴史的建造物の保全活用に関する研究その1—」	『学術講演梗概集』1998巻	日本建築学会
山方 桂	大原 一興*	石川 宏之	1998	「歴史的建造物を利用した博物館における活用手法の実態—歴史的建造物の保全活用に関する研究その2—」	『学術講演梗概集』1998巻	日本建築学会
山方 桂	野村 東太	大原 一興 他	1995.7	「水族館における校外学習プログラムによる観覧行動の特性:水族館に関する建築計画的研究 その7」	『学術講演梗概集』1995巻	日本建築学会
山形縣女子師範學校			1934	『郷土研究資料目録並解説』		山形縣女子師範學校
山形県立博物館			1992	『教育資料館観覧のてびき』		山形県立博物館
山形県立博物館業務課			1984.3	「展示改装整備事業報告」	『山形県立博物館研究報告』第5号	山形県立博物館
山形県立博物館史編修委員会 編			1991	『山形県立博物館20年のあゆみ』		山形県立博物館史編修委員会
山形新聞社 編			2014.8	『山形美術館のあゆみ:50周年記念誌』		山形美術館

著者1	著者2	著者3	発行年	論文名・書籍名	掲載誌	発行元
山県 昌継	西条 正義*	川西 敏雄	1992.8	「水族館における新しい水処理技術」	『水処理技術』第33巻8号	日本水処理技術研究会
山形 佳恵			2010.3	「IPM(総合的有害生物管理)の取り組みと課題--滋賀県立琵琶湖博物館の事例から」	『記録と史料』第20号	全国歴史資料保存利用機関連絡協議会
山上 弘			1993	「大阪府立弥生文化博物館」	『関西大学考古学等資料室紀要』第10号	関西大学考古学等資料室
山上 豊			1998.1	「正倉院御物と奈良博覧会-とくに明治10年代の動向を中心に」	『歴史評論』第573号	校倉書房
山上 豊			2005.7	「3.観光都市奈良の成立」	『街道の日本史34奈良と伊勢街道』	吉川弘文館
山川 曉			2014.9	「博物館案内 京都国立博物館平成知新館」	『服飾美学』59号	服飾美学会
山川 法子			2012.3	「ミュージアムにおけるワークショップの知的財産の取り扱いに関する考察」	『愛知文教大学教育研究』第3号	愛知文教大学教職課程研究センター
山川 浩實			1971.3	「徳島県立博物館の活動」	『國學院大學博物館學紀要』第3輯	國學院大學博物館学研究室
山川 浩實			1997.3	「徳島県の博物館史」	『國學院大學博物館學紀要』第21輯	國學院大學博物館学研究室
山川 志典	伊藤 弘	武 正憲	2017.3	「「地域遺産制度」の実態と成果」	『ランドスケープ研究』第80巻第5号	日本造園学会
山木 朝彦	鳴門教育大学		2007	『美術館と学校が連携して進める美術鑑賞教育の実践的方法論の開発』		文部科学省科学研究費補助金研究成果報告書
山木 朝彦	山田 芳明		2009	「観賞用ワークシート制作の教育的意義と方法--鑑賞教材開発に伴う技能獲得の観点から」	『鳴門教育大学実技教育研究』第19巻	鳴門教育大学実技教育研究指導センター
山木 朝彦	山田 芳明*		2010	「観賞用ワークシート制作の教育的意義と方法(2)—教材開発力の育成と求められる技能習得について—」	『鳴門教育大学実技教育研究』第20巻	鳴門教育大学実技教育研究指導センター
山木 朝彦	井上 由佳	塚田 美紀	2014.3	「英国テイト・ギャラリーの美術教育への貢献:バーバル・アイズの事例研究を通して見えてくるもの」	『鳴門教育大学研究紀要』第29号	鳴門教育大学
八巻 香澄			2010.1	「美術館でワークショップ--身体感覚を呼び起こす東京都庭園美術館「ふらりとワーク」の事例」	『家庭科』第59号	全国家庭科教育協会
山岸 主門	巣山 弘介	小林 伸雄 他	2007	「ミニ学術植物園「みのりの小道」を活用した「学生とともに育つ大学」と「地域とともに歩む大学」づくり」	『島根大学生物資源科学部研究報告』第12号	島根大学生物資源科学部
山岸 主門	巣山 弘介	小林 伸雄 他	2008.9	「ミニ学術植物園「みのりの小道」を活用した「学生とともに育つ大学」と「地域とともに歩む大学」づくり」	『島根大学生物資源科学部研究報告』第13号	島根大学生物資源科学部
山岸 公基	木下 千巡	丸山 和代	2008.3	「教育資料館の活用—「模」正倉院展の実践より—」	『教育実践総合センター研究紀要』第17巻	奈良教育大学教育学部附属教育実践総合センター
山岸 常人			1994	「文化財復元無用論:歴史学研究の観点から」	『建築史学』第23号	建築史学会
山岸 常人	金関 恕*		1998.9	「建物復元にどのような原理原則が求められているか」	『建築雑誌』第113輯第1426號	日本建築学会
山岸 正男			2014.3	「小布施町の公文書管理条例と公文書館」	『記録と史料』第24号	全国歴史資料保存利用機関連絡協議会
山岸 正男			2015.3	「新たな公文書管理の確立へ:小布施町の公文書管理と公文書館」	『秋田県公文書館研究紀要』21号	秋田県公文書館
山岸 良二			2012.5	「遺跡の活用からみた観光考古学(観光と考古学)」	『観光考古学』	ニューサイエンス社
山極 寿一 編	高畑 由起夫*編		2000.1	『ニホンザルの自然社会:エコミュージアムとしての屋久島』		京都大学学術出版会
山極 佳子			2017.12	「総合展示論史(二元・二重展示)」	『博物館学史研究事典』	雄山閣
山口 明			1990.3	「見せるための工夫—「もの」と「ひと」と「ば」の有機的関連を求めて—」	『Museologist:明治大学学芸員養成課程年報』第5巻	明治大学学芸員養成課程
山口 曉美	和田 年史*	徳田 悠希	2012.3	「「総合的な学習の時間」におけるジオパークと博物館の活用事例」	『鳥取県立博物館研究報告』第49号	鳥取県立博物館
山口 一郎			1996.3	「博物館と学校教育との連携-学校利用検討委員会を設置して-」	『相模原市立博物館研究報告』代5集	相模原市立博物館
山口 悦司			2002	「学校と博物館の連携のための新しいコンセプト—自然・科学・技術の教材コンサルタント—」	『理科の教育』第51巻第8号	日本理科教育学会
山口 悦司	五十里 美和*	山本 智一 他	2003	「科学系博物館における学習支援としてのワークシート:学校の科学教育カリキュラムと連携したドイツのエネルギー技術に関する事例の検討」	『科学教育研究』第27巻1号	日本科学教育学会
山口 鋭之助			1915	「古墳の保存を急務とす」	『史蹟名勝天然紀念物』第1巻5號	史蹟名勝天然紀念物保存協會

著者1	著者2	著者3	発行年	論文名・書籍名	掲載誌	発行元
山口 一夫			1980	『福澤諭吉の西航巡歴』		福澤諭吉協会
山口 一夫			1992.11	「第九章パリの文久遣欧使節団」	『福澤諭吉の亜欧見聞』	福澤諭吉協会
山口 一夫			1992.11	「六地下鉄と鉄道博物館」	『福澤諭吉の亜欧見聞』第5章	福澤諭吉協会
山口 一夫			1992.11	「七図書館、博物館、美術館を見ざるの記」	『福澤諭吉の亜欧見聞』第8章	福澤諭吉協会
山口 克彦	入戸野 修		2010	「理工系学生の科学コミュニケーション能力育成を目的とした科学館との連携事業」	『工学教育』第58巻第5号	日本工学教育協会
山口 加奈子			2013	「博物館における学習環境の構築」	『國學院大學博物館學紀要』第38号	國學院大學博物館学研究室
山口 加奈子			2014.8	「博物館における教育と"楽しみ"の関係性」	『國學院雜誌』第115巻第8号	國學院大學
山口 華代			2013.12	「対馬宗家文書伝来の朝鮮文化財とその特徴」	『年報朝鮮學』第16号	九州大學朝鮮學研究會
山口 邦弘	関 俊明*		2002.8	「高床式建物の組立式構造模型の製作と教材化－縄文人木材建築技術から接合方法を学ぶ－」	『財団法人群馬県埋蔵文化財調査事業団研究紀要』第20号	群馬県埋蔵文化財調査事業団
山口 研一			2012.7	「民具短信来て・見て・楽しんで：神奈川県愛川町郷土資料館の開館に至るまで」	『民具マンスリー』第45巻4号	神奈川大学
山口縣立教育博物館			1918	『山口縣立教育博物館報告』		山口縣立教育博物館
山口縣女子師範學校			1933	『郷土研究施設概要並ニ目録』		山口縣女子師範學校
山口 源治郎 編	広瀬 鎭*	君塚 仁彦 編	2001.12	『日本現代教育基本文献叢書社会・生涯教育文献集6-60博物館は生きている』		日本図書センター
山口 源治郎 編	大町山岳博物館*	君塚 仁彦 編	2001.12	『山と博物館-大町山岳博物館創立10周年記念特集号』		日本図書センター
山口 源治郎 編	棚橋 源太郎*	君塚 仁彦 編	2001.12	『日本現代教育基本文献叢書社会・生涯教育文献集6-59博物館教育』		日本図書センター
山口 源治郎 編	東京動物園協会*	君塚 仁彦 編	2001.12	『日本現代教育基本文献叢書社会・生涯教育文献集6-60 子ども動物園ハンドブック』		日本図書センター
山口 源治郎 編	日本博物館協会*	君塚 仁彦 編	2001.12	『日本現代教育基本文献叢書社会・生涯教育文献集6-56再建日本の博物館対策』		日本図書センター
山口 源治郎 編	日本博物館協会*	君塚 仁彦 編	2001.12	『日本現代教育基本文献叢書社会・生涯教育文献集6-56博物館学入門』		日本図書センター
山口 源治郎 編	波多野 完治*	君塚 仁彦 編	2001.12	『日本現代教育基本文献叢書社会・生涯教育文献集6-58見学・旅行と博物館』		日本図書センター
山口 源治郎 編	木場 一夫*	君塚 仁彦 編	2001.12	『日本現代教育基本文献叢書 社会・生涯教育文献集6-57新しい博物館』		日本図書センター
山口県博物館協会			1978.9	『山口県の博物館協会創立15周年記念特集』		山口県博物館協会
山口県博物館協会			1983	「山口県の博物館年報-協会創立20周年記念特集-」	『山口県の博物館』第14号	山口県博物館協会
山口県博物館協会			1983	『山口県の博物館その付近のみどころ』		山口県博物館協会
山口県立美術館			1989.8	『山口県立美術館10年の歩み 山口県立美術館年報昭和62～63年』		山口県立美術館
山口 智			2015	「2014森林・林業・環境機械展示実演会への森林利用学会の出展について」	『森林利用学会誌』30号	森林利用学会
山口 静一			1987.12	「フェノロサ美術館論を読む」	『MUSEUM』第441号	東京国立博物館
山口 静一 訳	Fanollosa,Ernest,Francisco		1997	「美術博物館--その一般市民との関係」	『Lotus』17号	日本フェノロサ学会
山口 聰太郎			2010	「文化財の災害ボランティア活動」	『静岡大学生涯学習教育研究』第12号	静岡大学生涯学習教育研究センター
山口 大輔			2017	「焼き物と観光:波佐見焼と博物館構想」	『観光学論集』第12巻	長崎国際大学国際観光学会編集委員会
山口 隆男			1992	「シーボルト収集の動物標本類を調査して」	『学術月報』第45巻4号	日本学術振興会
山口 隆男			1996	「シーボルトと日本の動物学」	『鳴滝紀要』第6号	シーボルト記念館

著者1	著者2	著者3	発行年	論文名・書籍名	掲載誌	発行元
山口 孝子	荒井 宏子*	日露野 好章	2004.3	「-保存・修復の今を知るI-」	『東海大学課程資格教育センター論集』第2号	東海大学出版会
山口 孝子			2005	「収蔵作品の修復および保護処理報告」	『東京都写真美術館紀要』第5号	東京都写真美術館
山口 孝子			2008.4	「東京都写真美術館における作品保存について」	『日本写真学会誌』第71巻第2号	日本写真学会
山口 孝子	川真田 敏明	柴 史之他	2010	「燻蒸処理による写真画像への影響と長期保存性の検証」	『東京都写真美術館紀要』第9号	東京都写真美術館
山口 孝子			2011.6	「展示・修復・保存関係」	『日本写真学会誌』第74巻第3号	日本写真学会
山口 孝子			2012.3	「収蔵作品の修復および保護処理報告(2)」	『東京都写真美術館紀要』第11号	東京都写真美術館
山口 孝子			2017.2	「東京都写真美術館における保存の歩み」	『日本写真学会誌』第80巻第1号	日本写真学会
山口 隆行			2011.3	「戦争遺跡としての登戸研究所資料館--各部の特徴とその歴史的意義」	『駿台史學』第141号	駿台史学会
山口 卓也			2005.6	「インタープリテーションと博物館」	『博物館学ハンドブック』	関西大学出版部
山口 卓也 編著	米田 文孝*	森 隆男	2015.4	『新課程博物館学ハンドブック1』		関西大学出版部
山口 卓也 編著	米田 文孝*	森 隆男	2015.4	『新課程博物館学ハンドブック2』		関西大学出版部
山口 卓也 編著	米田 文孝*	森 隆男	2017.3	『新課程博物館学ハンドブック3』		関西大学出版部
山口 民弥			1984.1	「秩父宮記念三峰博物館の概要と活動-私立（地方）博物館の理論と実際-」	『Mouseion：立教大学博物館研究』第30号	立教大学学校・社会教育講座
山口 剛	大木 淳一	浅田 正彦	2001.3	「「カエルのきもち」を仕掛ける来館者の心をくすぐる展示開発」	『Museumちば：千葉県博物館協会研究紀要』32号	千葉県博物館協会
山口 剛	田代 資二*	渡邉 博典	2003.3	「千葉県立現代産業科学館と大韓民国国立中央科学館の友好協定の締結と「日韓市民交流フェスティバル2002」における展示会について」	『千葉県立現代産業科学館研究報告』第7号	千葉県立現代産業科学館
山口 剛	佐藤 仁*	渡貫 健	2004.3	「友の会活動の充実を図る方策に関する研究--他館の友の会やNPO法人の活動を参考にして」	『千葉県立現代産業科学館研究報告』第10号	千葉県立現代産業科学館
山口 俊浩	南條 史生*	前田 尚武	2010.11	「企画展への取組みによって映し出される建築アーカイブにおける課題と展望」	『建築雑誌』第125輯第1610号	日本建築学会
山口 直樹			1992.3	「房総風土記の丘「鉄づくり」講座について」	『Museumちば：千葉県博物館協会研究紀要』23号	千葉県博物館協会
山口 尚子	楠 房子	真鍋 真	2010.6	「博物館・動物園におけるユーザのインタラクションを支援するデザイン」	『科学教育研究』第34号2巻	日本科学教育学会
山口 不二夫			2014.3	「文化産業の経営分析技法の開発:国立文化財機構と国立美術館の経営分析」	『明治大学社会科学研究所紀要』第52巻2号	明治大学社会科学研究所
山口 昌男			1983.1	「展覧会カタログとのつきあいかた」	『アトリエ』671号	婦人画報社
山口 昌男			1999	「近代日本における経営者と美術コレクションの成立-増田孝と柏木貨一郎」	『比較文化論叢（札幌大学文化学部紀要）』第3号	札幌大学文化学部
山口 美佐子			2016.8	「印刷博物館における収蔵資料の保存と管理」	『情報の科学と技術』第66巻第8号	情報科学技術協会
山口 幸男			2004	「牧口常三郎の郷土教育論に関する考察」	『群馬大学教育実践研究』第21号	群馬大学教育学部附属学校教育臨床総合センター
山口 幸男			2005	「地域・郷土と小学校社会科教育.吉田松陰、内村鑑三、シュプランガーの郷土教育論」	『社会科教育と地域・国際化：群馬、新潟からの発信』	あさを社
山口 由美 撮影・文			2014.5	「南アフリカ・ヨハネスブルク マハトマ・ガンジーの思想が生まれた南アフリカのミュージアムホテルサティヤグラハ・ハウス」	『月刊ホテル旅館』51号	柴田書店
山口 百合	齊藤 佳代		2008.9	「教育普及リポートKIDS★MOMAT2008東京国立近代美術館のなつやすみ」	『現代の眼：東京国立近代美術館ニュース』573号	国立美術館東京国立近代美術館
山口 好和			1998.3	「博物館学芸員のための視聴覚メディア教育に関する課題と方策」	『人文論究』第65号	北海道教育大学函館人文学会
山口 隆太郎			2002.3	「「えっ？！身近にあるよ文化財」展の試みについて」	『北区飛鳥山博物館研究報告』第4号	北区飛鳥山博物館
八鍬 拓司			2009.1	「やまがたアートライン事業と山形県立博物館における取組みについて」	『山形県立博物館研究報告』第27号	山形県立博物館
山﨑 晶子			1997	「公共委託がもたらす博物館の危機」	『博物館問題研究』第24号	博物館問題研究会

著者1	著者2	著者3	発行年	論文名・書籍名	掲載誌	発行元
山崎 晶子			1997	「博物館における図書資料の位置づけおよび閲覧という機能について」	『博物館問題研究』第24号	博物館問題研究会
山崎 晶子	はこだて未来大学		2007.3	『博物館における相互行為的鑑賞行為のエスノメソドロジー的研究』		文部科学省科学研究費補助金研究成果報告書
山崎 晶子	岡田 真衣		2009.3	「〈コラム〉解説者はどのように観客を解説に引きつけるのか?」	『芸術の生まれる場(未来を拓く人文・社会科学シリーズ16)』	東信堂
山崎 晶子	山崎 敬一*	葛岡 英明 他	2009.3	「ミュージアムに行こう みんなで一緒に鑑賞するには」	『芸術の生まれる場(未来を拓く人文・社会科学シリーズ16)』	東信堂
山崎 鋆一郎 編			1932	「植物園と總督府病院」「臺北博物館」	『臺灣之展望』	私家版
山崎 一穎			1994.3	「帝室博物館総長兼図書頭時代の森林太郎・鴎外」	『跡見学園女子大学国文学科報』第22号	跡見学園女子大学国文学科
山崎 一洋	工藤 宏晃*	宇田 紀之	2016.3	「3次元計測データによる文化財のデジタル保存技術とその応用:京都祇園祭・船鉾の3次元モデリングとパノラマ表現」	『名古屋産業大学・名古屋経営短期大学環境経営研究所年報』第15号	名古屋産業大学・名古屋経営短期大学環境経営研究所
山崎 一眞			2009.6	「地方都市中心部におけるエコミュージアム構想の提案と実現課題」	『滋賀大学産業共同研究センター報』第8号	滋賀大学産業共同研究センター
山崎 菊次郎			1935	「動物園」	『新綜合教育の實踐』	文教書院
山崎 暁三郎			1900	『少年教育水族館』		國華堂書店
山崎 久美子	秋山 純子	今津 節生 他	2012	「九州国立博物館エントランスホールでの「博多祇園山笠」公開に伴うIPM活動」	『東風西声:九州国立博物館紀要』第8号	九州国立博物館
山崎 久美子	秋山 純子*	本田 光子	2012	「九州国立博物館のIPM活動の取り組み:博物館における文化財害虫の出現とその対応」	『東風西声:九州国立博物館紀要』第8号	九州国立博物館
山崎 敬一	山崎 晶子	葛岡 英明 他	2009.3	「ミュージアムに行こう みんなで一緒に鑑賞するには」	『芸術の生まれる場(未来を拓く人文・社会科学シリーズ16)』	東信堂
山崎 恵子 監	ロブ・レイドロー*	甲賀 珠紀 訳	2014.8	『とらわれの野生:動物園のあり方を考える』		リベルタ出版
山崎 敬人	柴 一実*	中田 晋介 他	2009.3	「小学校理科における学び文化の創造(9):デジタル教材が子どもの昆虫理解に及ぼす影響に関する研究」	『学部・附属学校共同研究紀要』第37号	広島大学学部・附属学校共同研究機構
山崎 源司	平山 嵩*	頼沼 勲	1954.3	「正倉院新宝庫の夏季温湿度について」	『日本建築学会研究報告』第26号	日本建築学会
山崎 晃司			2000	「IPAM助成によるロサンゼルス郡立自然史博物館と共同でのクマ類に関する学校向け教育キットの開発について」	『博物館研究』第35巻第10号	日本博物館協会
山崎 晃司			2000.6	「地方博物館の標本に幸福を--茨城県自然博物館の事例について」	『哺乳類科学』第40巻1号	日本哺乳類学会
山崎 晃司			2002.3	「ロサンゼルス郡立自然博物館でのボランティアによる学校団体への展示開設案内について」	『茨城県自然博物館研究報告』第5号	ミュージアムパーク茨城県自然博物館
山崎 幸治			2008.3	「博物館と先住民研究-アイヌ・先住民研究センターが模索する可能性-」	『第22回北方民族文化シンポジウム報告書 北太平洋の文化--北方地域の博物館と民族文化(2)』	北方文化振興協会
山崎 幸治			2009.3	「現代における物質文化資料の収集について」	『第23回北方民族文化シンポジウム報告書 北太平洋の文化--北方地域の博物館と民族文化(3)』	北方文化振興協会
山崎 幸治	岡庭 義行*	Davis.Lesia	2010.3	「博物館と観光」	『第24回北方民族文化シンポジウム報告書 現代社会と先住民文化--観光、芸術から考える(1)』	北方文化振興協会
山崎 淳子			1970.12	「1970年の動きの中から」	『博物館ニュース』第5巻第11号	日本博物館協会
山崎 淳子			1971.3	「博物館と地域社会」	『國學院大學博物館學紀要』第3輯	國學院大學博物館学研究室
山崎 淳子	博物館学研究会 編		1972	「博物館と地域社会」	『博物館と社会』	博物館学研究会
山崎 準二			1984	「小田内道敏の人文地理学論と郷土教育論—昭和初期郷土教育実践に関する研究(1)—」	『教育方法史研究』第二集	東京大学教育学部教育方法学研究室
山崎 真治			2015.3	「夏休み博物館学芸員教室「貝器づくりに挑戦」実施報告」	『沖縄県立博物館・美術館博物館紀要』第8号	沖縄県立博物館・美術館
山崎 誠子	市川 恵理*		2012.9	「動物園におけるランドスケープイマージョンの現状と一考察:よこはま動物園ズーラシアにおけるケーススタディ」	『学術講演梗概集』2012巻	日本建築学会
山崎 妙子	山崎 富治*		2008.8	「親子対談2009年秋、東京・恵比寿に新美術館を設立 山種美術館名誉館長山崎富治館長長崎妙子 美を愛し、心が和むような美術館を目指したい」	『財界』第56巻第17号	財界研究所
山崎 妙子			2014.11	「表紙の人インタビュー日本の美を世界に開館48年、東京・広尾に移転して5年、地域密着の美術館を目指して近代日本画の所蔵だけでなく、これからの日本画の発展にも寄与できる美術館でありたい」	『財界』第62巻第22号	財界研究所
山崎 隆之			1985.3	「木彫仏像の損傷と修理」	『保存科学』第24号	東京国立文化財研究所

著者1	著者2	著者3	発行年	論文名・書籍名	掲載誌	発行元
山崎 隆之			1992.4	「第3章伝製品の保存と修復 第1節木彫」	『文化財のための保存科学入門』	株式会社飛鳥企画
山崎 拓登	福松 東一	中山 迅	2015	「博物館の展示を対象とした発問カードの作成及び改善：宮崎県総合博物館における昆虫展示を例に」	『日本理科教育学会全国大会要項』第65巻	日本理科教育学会
山崎 武郎			1943	「郷土文化の省察とその振興-郷土美術館建設問題」	『信濃教育』第675號	信濃教育會
山崎 健			2015.5	「埋蔵文化財における動植物標本の現状と課題」	『学術の動向』第20巻第5号	日本学術協力財団
山崎 剛			2007.3	「人類学のための映像資料、博物館のための映像資料—2006年度ニューギニア資料整理作業の報告と課題—」	『南山大学人類学博物館紀要』第25号	南山大学人類学博物館
山崎 哲夫	奥山 英登*	栗山 隆広 他	2011.8	「教員のための博物館の日in旭川」の成果と課題」	『日本科学教育学会年会論文集』第35巻	日本科学教育学会
山崎 哲夫			2012.11	「旭川市博物館と学校の連携の歩み」	『博物館研究』第47巻第11号	日本博物館協会
山崎 俊彦	畑田 晃希*	河治 寿都 他	2010.3	「全方位カメラによる位置参照画像群を用いた屋内位置推定--デジタルミュージアムでの鑑賞者の行動記録に向けて」	『電子情報通信学会技術研究報告』第109巻466号	電子情報通信学会
山崎 俊彦	河治 寿都*	河村 聡一郎 他	2011.1	「時間変化を考慮した画像に基づく鑑賞者の位置推定--博物館における検討」	『電子情報通信学会技術研究報告』第110巻第382号	電子情報通信学会
山崎 富治	山崎 妙子		2008.8	「親子対談2009年秋、東京・恵比寿に新美術館を設立 山種美術館名誉館長山崎富治館長山崎妙子 美を愛でながら、心が和むような美術館を目指したい」	『財界』第56巻第17号	財界研究所
山崎 直方			1899	「大英博物館所見」	『地質學雜誌』第6巻第74號	日本地質學會
山崎 直方			1899	「ベルリン入類學博物館參觀雜記」	『東京人類學會雜誌』第14巻第158號	東京人類學會
山崎 直方			1899	「ベルリン入類學博物館參觀雜記第二回ドイツにて(第二回)」	『東京人類學會雜誌』第14巻第161號	東京人類學會
山崎 直方			1913	「故坪井會長を悼む」	『東京人類學雜誌』第28巻第11號	東京人類學會
山崎 直方			1913	「ケンブリッジにセチウィック博物館を訪ふの記(日記の一節増補)」	『地質學雜誌』第20巻237號	日本地質學會
山崎 直方			1925	「ニューヨークに自然科學博物館を訪ひて」	『東洋學藝雜誌』第41巻第509號	與學會
山崎 直方			1926	「ニューヨークに自然科學博物館を訪ふ」	『西洋又南洋』	古今書院
山崎 直方			1929.3	「當面の急務は小博物館の増設」	『博物館研究』第2巻第3號	博物館事業促進會
山崎 尚之			1999	「身体障害者対応について若干の報告」	『ユニバーサル・ミュージアムをめざして―視覚障害者と博物館―』	神奈川県立生命の星・地球博物館
山崎 弘明	栫 弘之*	多和田 友美 他	2014.6	「新建築・新設備鶴岡市立加茂水族館」	『BE建築設備』第65巻第6号	建築設備綜合協会
山崎 博			1931	「第四章郷土室の經營」	『新時代の郷土教育』	教育實際社
山崎 博史	林 浩三	淺野 敏久	2002	「参加型体験活動とエコミュージアム--志和堀手作りミュージアムを例として」	『学校教育実践学研究』第8号	広島大学大学院教育学研究科
山崎 正男			1931	「郷土教育に即せる映畫教授」	『郷土科學』第八號	郷土教育聯盟
山崎 渾子			2004.2	「Ⅲ岩倉使節団と信仰の自由」	『日本の時代史21明治維新と文明開化』	吉川弘文館
山崎 やよい			2014.4	『シリア文化財保護協会(Association for the Protection of Syrian Archaeology:APSA)について』		国立文化財機構東京文化財研究所文化遺産国際協力センター
山崎 やよい			2014.4	『シリアの文化遺産侵害とその保護の現状』		国立文化財機構東京文化財研究所文化遺産国際協力センター
山崎 優			2014.11	「絵画にふれる:横浜美術館『子どものアトリエ』の活動を通して」	『子どもの文化』46号	文民教育協会子どもの文化研究所
山崎 裕子			2016.2	「女性アーカイブセンターの展示事業における新たな試み」	『NWEC実践研究』第6号	国立女性教育会館
山路 勇			1956	『水族館のはなし』		保育社
山路 勝彦			2009.1	「日英博覧会と「人間動物園」」	『関西学院大学社会学部紀要』第108号	関西学院大学社会学研究会
山路 興造			2016	「無形文化遺産の記録保存における歴史と課題:無形民俗文化遺産を中心に」	『日本印刷学会誌』第53巻第2号	日本印刷学会

著者1	著者2	著者3	発行年	論文名・書籍名	掲載誌	発行元
山地 純			1999.1	「博物館経営の目的・理念と方法 運営計画の管理」	『新版博物館学講座 第12巻博物館経営論』	雄山閣
山地 純			1999.1	「博物館経営の目的・理念と方法 博物館運営計画の立案」	『新版博物館学講座 第12巻博物館経営論』	雄山閣
山地 純			1999.1	「博物館経営の目的・理念と方法 博物館利用者と運営方針」	『新版博物館学講座 第12巻博物館経営論』	雄山閣
山地 純			1999.1	「博物館広報」	『新版博物館学講座 第12巻博物館経営論』	雄山閣
山地 純			1999.3	『歴史系博物館における子ども学習プログラムの研究報告書』		山地純
山路 直充			1996.3	「「博物館実習」雑感」	『Museumちば：千葉県博物館協会研究紀要』27号	千葉県博物館協会
山下 興家			1924.9	「展覽會に就いて」	『鐵道時報』第1301號	鐵道時報社
山下 久美子	西島 亜木子*	鮫島 由佳	2014.3	「特別展における教育普及解説ツールに関する実践的考察:読まれるパネル、読まれないパネル」	『東風西声：九州国立博物館紀要』第9号	九州国立博物館
山下 成徳	上村 英夫		1938.9	「棚橋先生が主事として就職せられたる前後の教育博物館の状態」	『棚橋源太郎氏と科學教育』	棚橋源太郎氏教育功労記念會
山下 淳	阿部 和彦*	赤嶺 裕樹 他	2010.3	「鑑賞者が好意を持って接することができる博物館ガイドロボットの振舞いに関する考察」	『電子情報通信学会技術研究報告』第109巻第466号	電子情報通信学会
山下 太誉	中川 木牧	真境名 達哉	2010.7	「北海道の地方都市における美術館の研究:その1市民開放の視点からみた市町村立美術館の実態」	『学術講演梗概集』2010巻	日本建築学会
山下 治子			1995.2	「ミュージアム・ストア協会の「倫理規定」」	『月刊ミュゼ』8号	(株)アム・プロモーション
山下 治子			1995.3	「アメリカ国税局からの通達とグッズの分類」	『月刊ミュゼ』9号	(株)アム・プロモーション
山下 治子			1995.4	「ミュージアム・ストア協会の活動と私たちの課題」	『月刊ミュゼ』10号	(株)アム・プロモーション
山下 治子			1996.9	「戦術の展開②ミュージアムショップ」	『ミュージアムマネージメント』	東京堂出版
山下 治子			1997.1	「埼玉県立近代美術館ミュージアムショップ」	『月刊ミュゼ』25号	(株)アム・プロモーション
山下 治子			2000.2	「特集大原美術館70年前「文化の種蒔き」は始まった」	『月刊ミュゼ』39号	(株)アム・プロモーション
山下 治子			2005.3	「自然体の感動をいかに共有できるのか。新館グランドオープンの国立科学博物館」	『月刊ミュゼ』69号	(株)アム・プロモーション
山下 治子			2005.3	「ニューヨーク及びニュージャージー日本人学校で取り組んだミュージアムを利用した授業」	『月刊ミュゼ』69号	(株)アム・プロモーション
山下 治子			2005.3	「未完成だから面白い。サイエンスする魅力を人と人で伝える日本科学未来館」	『月刊ミュゼ』69号	(株)アム・プロモーション
山下 治子			2005.11	「今こそ、文化が汗をかくとき～第三創業期をゆく大原美術館～」	『月刊ミュゼ』73号	(株)アム・プロモーション
山下 治子			2005.11	「ミュージアム・ジャーナリズム以前」	『月刊ミュゼ』73号	(株)アム・プロモーション
山下 治了			2006.7	「六花亭「中札内美術村」は、北の大地での社会資本づくり」	『月刊ミュゼ』77号	(株)アム・プロモーション
山下 治子	里見 親幸*	高橋 信裕 他	2007.1	「座談会 博物館専門誌の今後」	『博物館研究』第42巻第1号	日本博物館協会
山下 治子			2008.3	「遺跡・博物館の、社会」	『國學院大学考古学資料館紀要』第24輯	國學院大學考古學資料館
山下 治子			2010.1	「「ボランティアとして、ぶれない」と津屋さんは語らたく文化庁委託事業＞文化ボランティアフォーラム2009in滋賀次世代の文化力を育む～芸術と教育の連携新たな挑戦！～より」	『月刊ミュゼ』91号	(株)アム・プロモーション
山下 治子	大月 ヒロ子	栗原 祐司 他	2010.6	「科学技術系ミュージアムにおけるミュージアムグッズに関する調査研究」	『JMMA日本ミュージアム・マネージメント学会会報』第15巻第1号	日本ミュージアム・マネージメント学会
山下 治子			2012.11	「ミュージアムショップとレストラン（博物館の広報・営業の実際）」	『博物館学3（博物館情報メディア論*博物館経営論）』	学文社
山下 治子			2012.11	「博物館の情報発信メディア（博物館の広報・営業の実際）」	『博物館学3（博物館情報メディア論*博物館経営論）』	学文社
山下 秀之	江尻 憲泰		2013	「長岡造形大学展示館MaRouの杜の設計」	『長岡造形大学研究紀要』第11号	長岡造形大学
山下 浩之	小出 良幸*	平田 大二	1994	「ニュー・メディアとニュー・メソッド―地学教育と博物館」	『神奈川地学』第74号	神奈川地学会

著者1	著者2	著者3	発行年	論文名・書籍名	掲載誌	発行元
山下 浩之	小出 良幸*	平田 大二	1998.12	「新しい地球科学の普及をめざして―だれでも使える博物館―」	『地学雑誌』第107巻6号	東京地学協会
山下 浩之	小出 良幸*	平田 大二	1999	「インターネットのリンク・データベース―自然史博物館・理科教育・地球環境・障害者・地球科学に関するリンク集―」	『神奈川県立博物館研究報告.自然科学』第28号	神奈川県立生命の星・地球博物館
山下 浩之	小出 良幸	平田 大二 他	1999.9	「博物館における地球科学の新しい普及活動」	『博物館学雑誌』第25巻第1号	全日本博物館学会
山下 浩之	小出 良幸*	平田 大二 他	1999.11	「博物館での新しい取り組み――博物館の新しい地球科学教育を目指して(3)」	『地学教育』第52巻6号	日本地学教育学会
山下 浩之	田口 公則	小出 良幸	2001.3	「アンモナイトを利用した化石の触覚実験とその地球科学教育学的意義」	『神奈川県立博物館研究報告.自然科学』第30号	神奈川県立生命の星・地球博物館
山下 浩之	小出 良幸*	平田 大二	2003.5	「自然史リテラシーの重要性-博物館における長期教育の試み-」	『地学教育』第53巻6号	日本地学教育学会
山下 浩之	平田 大二*	新井田 秀一 他	2004.3	「特別展「人と大地と--WonderfulEarth」の開催記録と自己検証の試み--博物館における新しい地学教育を目指して展開した展示活動」	『神奈川県立博物館研究報告.自然科学』第33号	神奈川県立生命の星・地球博物館
山下 浩之	平田 大二*		2011.12	「隕石資料の公開と保存―神奈川県立生命と星・地球博物館の事例」	『博物館研究』第47巻第1号	日本博物館協会
山下 雅之			1997	「美術館の観衆調査」	『博物館研究』第32巻第2号	日本博物館協会
山下 雅之			2001.2	「美術館と教養(特集ブルデュー文化抵抗の戦略)」	『現代思想』第29巻2号	青土社
山下 宗彦			2011.11	「茨城県陶芸美術館企画展--筑波大学所蔵石井コレクション「東洋磁器の華--明・清・朝鮮・有田を中心に」開催に伴う美術館と大学との連携事業について」	『博物館研究』第46巻第11号	日本博物館協会
山下 諭一 編			1982.5	『動物園.1世界の動物.1アフリカ園/アジア・オセアニア園』		ぎょうせい
山下 諭一 編			1982.6	『動物園.2世界の動物.2北アジア・ヨーロッパ園/南北アメリカ園/海洋動物園』		ぎょうせい
山下 諭一 編			1982.7	『動物園.3サルの世界・家畜』		ぎょうせい
山下 諭一 編			1982.8	『動物園.4鳥類・爬虫類』		ぎょうせい
山下 諭一 編			1982.9	『動物園.5日本の動物園』		ぎょうせい
山下 裕二	千 宗屋		2014.11	「プロローグ僕らが京博ユーザーになったワケ」	『芸術新潮』第65巻第11号	新潮社
山下 里加			2013.3	「日常とつながり、地域の人々を巻き込んで、新たな"生の芸術"が生まれる:広島県福山市鞆の津ミュージアム」	『地域創造:町づくりアートを応援します』第33号	地域創造
山科 哲	矢島 國雄*		2000.3	「学生の見た博物館展示技術の評価」	『Museologist:明治大学学芸員養成課程年報』第15巻	明治大学学芸員養成課程
山城 弥生			2009.6	「美術館と老舗料亭―美術工芸品と料亭文化の相乗効果―」	『JMMA日本ミュージアム・マネージメント学会会報』第14巻第1号	日本ミュージアム・マネージメント学会
山田 朗			2010.3	「大学と戦争遺跡--登戸研究所遺跡の保存と資料館の建設を中心に」	『駿台史學』第139号	駿台史学会
山田 朗			2011.3	「陸軍登戸研究所の概要と登戸研究所資料館の現代的意義」	『駿台史學』第141号	駿台史学会
山田 篤	安達 文夫	小町 祐史	2015.1	「博物館資料情報の検索のための発見的検索手法」	『国立歴史民俗博物館研究報告』第189集	国立歴史民俗博物館
山田 磯夫			2002.3	「博物館実習における展覧会シミュレーションについて」	『全博協研究紀要』第7号	全国大学博物館学講座協議会
山田 磯夫			2003	「仮想展覧会について」	『横浜美術短期大学教育・研究紀要』第1号	横浜美術短期大学
山田 磯夫			2005	「展覧会プレゼンテーション」	『横浜美術短期大学教育・研究紀要』第2号	横浜美術短期大学
山田 磯夫			2006.3	「展示意図を学ぶために-展示学習への提言」	『全博協研究紀要』第9号	全国大学博物館学講座協議会
山田 磯夫			2007	「学芸員養成のための見学実習について」	『横浜美術短期大学教育・研究紀要』第3号	トキワ松学園横浜美術短期大学
山田 磯夫			2007.3	「博物館実習における展示について」	『早稲田大学曾津八一記念博物館研究紀要』第8号	早稲田大学曾津八一記念博物館
山田 磯夫			2009.3	「横浜美術短期大学学芸員基礎課程18年の歩み」	『横浜美術短期大学教育・研究紀要』第4号	トキワ松学園横浜美術短期大学
山田 磯夫			2010.2	「博物館展示計画の演習」	『横浜美術短期大学教育・研究紀要』第5号	トキワ松学園横浜美術短期大学

著者1	著者2	著者3	発行年	論文名・書籍名	掲載誌	発行元
山田 磯夫			2011.3	「博物館における展示形態の再検討:提示型展示・説示型展示・教育型展示について」	『早稲田大学會津八一記念博物館研究紀要』第13号	早稲田大学會津八一記念博物館
山田 磯夫			2011.3	「美術館の展示と意図「ザ・コレクション・ヴィンタートゥール スイス発:知られざるヨーロピアン・モダンの殿堂」展から」	『横浜美術大学教育・研究紀要論文篇』第1号	トキワ松学園横浜美術大学
山田 磯夫			2012.3	「美術館の展示と意図(2)「没後120年ゴッホ展」から」	『横浜美術大学教育・研究紀要論文篇』第2号	トキワ松学園横浜美術大学
山田 磯夫			2013.3	「美術館の展示と意図(3)「レンバッハハウス美術館所蔵カンディンスキーと青騎士」展から」	『横浜美術大学教育・研究紀要論文篇』第3号	トキワ松学園横浜美術大学
山田 磯夫			2013.3	「展示形態と分類」	『人文系博物館展示論』	雄山閣
山田 磯夫			2017.12	「博物館展示形態論史」	『博物館学史研究事典』	雄山閣
山田 格			1994.11	「パリ国立自然史博物館で」	『国立科学博物館ニュース』第307号	国立科学博物館
山田 格			2010.3	「自然史博物館の立場から」	『学術の動向』第15巻第3号	日本学術協力財団
山田 格	有田 寛之*	田島 木綿子 他	2010.12	「科学系博物館における資料の周辺情報のデジタル・アーカイブ化に関する実践的研究」	『日本教育情報学会学会誌』第26巻2号	日本教育情報学会
山田 嚴子	長尾 正義*	古川 実 他	2016.3	「民具の保存管理の現状と課題:小川原湖民俗博物館旧蔵資料をめぐる活動」	『民具マンスリー』第48巻12号	神奈川大学
山田 桂子			1994.12	「博覧会・博物館・研究館」	『国立科学博物館ニュース』第308号	国立科学博物館
山田 恵吾			2000	「宮本常一における「民俗学的郷土教育」論の形成--1930年代小学校教員時代の分析を通じて」	『筑波大学教育学系論集』第25巻第1号	筑波大学教育学系
山田 慶兒			1994.4	『物のイメージ本草と博物学への招待』		朝日新聞社
山田 藝艸堂			1915	『劇に關する展覽會圖録』		山田藝艸堂
山田 幸五郎			1926	「光學を應用せる娯樂物」	『科學知識』第6巻第7號	科學知識普及會
山田 栄			1939	「シュプランゲルの郷土教育論」	『現代教育方法論:直觀・勞作・郷土・合科・生活』	成美堂
山田 諭			2010.6	「「コレクションを展示する」常設展の改革を」	『博物館研究』第45巻第6号	日本博物館協会
山田 奨治			2000.1	『文化資料と画像処理』		勉誠出版
山田 奨治			2002.5	「デジタル技術の光と影」	『Science of humanity Bensei:人文学と情報処理』第39号	勉誠出版
山田 伸一			2000.3	「拓殖館のアイヌ民族資料についての覚書」	『北海道開拓記念館研究紀要』第28号	北海道開拓記念館
山田 真太郎	佐藤 省吾	岩切 勝彦	2013	「宮崎県総合博物館での害虫モニタリング結果と今後の対策」	『宮崎県総合博物館研究紀要』第34輯	宮崎県総合博物館
山田 太造			2017.3	「東京大学史料編纂所の編纂とその事業にともなうデータベース」	『〈総合資料学〉の挑戦:異分野融合研究の最前線』	吉川弘文館
山田 卓			1989.2	「社会教育の中の天文-4-科学館における活動-2-天文の普及・教育活動」	『天文月報』第82巻第2号	日本天文学会
山田 卓司			2016	「日本国内所在の台湾原住民族資料の材質調査」	『台湾原住民研究』第20号	風響社
山田 正 報告	原田 佐和子*報告		2014.11	「夏だ!いくぜ!ミュージアムパーク茨城県自然博物館の探検だ!!」	『子どもと科学よみもの』第446号	科学読物研究会会報編集部
山田 常雄			2010.6	「市民と歩む地域博物館」	『国府台:和洋女子大学文化資料館・博物館学課程報告』第14号	和洋女子大学文化資料館・博物館学課程
山田 智三郎			1937.3	「博物館建築と日本精神」	『博物館研究』第10巻第3號	日本博物館協會
山田 智尋	三宅 志穂*	野上 智行	2011.7	「植物園活用による理科学習プログラム開発と実践を通したベテラン小学校教師の力量に関する事例研究」	『理科教育学研究』第52巻第1号	日本理科教育学会
山田 寅之助			1906	『埃及聖地旅行談』		教文館
山田 尚彦			1998.12	「実践的展示批評への試論」	『民俗世界と博物館展示・学習・研究のために』	雄山閣出版
山谷 幹夫			2011.7	「トイレの変遷と、その情報発信基地「TOTO歴史資料館」について」	『建築設備&昇降機』第92号	日本建築設備・昇降機センター

著者1	著者2	著者3	発行年	論文名・書籍名	掲載誌	発行元
山田 信宏			2003.3	「第14章東京教育博物館における社会教育」	『社会教育の杜』	成文堂
山田 肇			1927	『小石川植物園往来』		私家版
山田 晴通			2011.2	「米国のポピュラー音楽系博物館等展示施設にみるローカルアイデンティティの表出とその正統性」	『東京経済大学人文自然科学論集』第130号	東京経済大学人文自然科学研究会
山田 晴通			2012.2	「規模と立地からみた米国のポピュラー音楽系博物館等展示施設の諸類型」	『東京経済大学人文自然科学論集』第132号	東京経済大学人文自然科学研究会
山田 晴通			2013.2	「立地から見た日本のポピュラー音楽系博物館等展示施設の諸類型」	『東京経済大学人文自然科学論集』第134号	東京経済大学人文自然科学研究会
山田 英明			2004.3	「文書館における展示業務に関する一考察--平成15年度歴史資料展を事例として」	『福島県歴史資料館研究紀要』第26号	福島県歴史資料館
山田 英明			2013	「東日本大震災後の地域博物館における利用者動向について:福島県文化財センター白河館を事例として」	『福島県文化財センター白河館研究紀要』	福島県文化振興財団福島県文化財センター白河館
山田 英徳			1973	「博物館と解説パネル:研究課題への1つの提言」	『サイエンスミュージアム』第1号	全国科学博物館協議会
山田 英徳			1979	「館種別博物館と地域(市民)社会 理工学系博物館」	『博物館学講座 第4巻博物館と地域社会』	雄山閣
山田 英徳			1979.11	「館種別博物館の教育・普及活動と設備・施設 理工系博物館」	『博物館学講座 第8巻博物館教育と普及』	雄山閣
山田 英徳			1980	「VTRの効果的活用法について」	『博物館研究』第15巻第10号	日本博物館協会
山田 英徳			1980.6	「館種別博物館における設置と運営 理工学系博物館」	『博物館学講座 第9巻博物館の設置と運営』	雄山閣
山田 英徳			1999.1	「館種別博物館の企画運営 理工系博物館」	『新版博物館学講座 第12巻博物館経営論』	雄山閣
山田 英徳			1999.3	「科学展示に関するいくつかの試み-科学技術館・フォレストを例に-」	『Museum study:明治大学学芸員養成課程紀要』第12号	明治大学学芸員養成課程
山田 英徳			2000.1	「博物館学各論(1)-博物館の論理学-博物館情報学」	『新版博物館学講座 第1巻博物館学概論』	雄山閣
山田 英徳			2000.2	「館種別博物館の展示活動 理工系博物館」	『新版博物館学講座 第9巻博物館展示法』	雄山閣
山田 英徳			2000.2	「展示計画から完成まで」	『新版博物館学講座 第9巻博物館展示法』	雄山閣
山田 英徳			2000.4	「現代社会と博物館 情報化社会と博物館」	『新版博物館学講座 第3巻現代博物館論-現状と課題-』	雄山閣
山田 英徳			2000.6	「博物館機能の拡大 博物館におけるキャンペーン機能」	『新版博物館学講座 第4巻博物館機能論』	雄山閣
山田 英徳	鷹野 光行*編	西 源二郎 他	2011.3	『新編博物館概論』		同成社
山田 英徳			2012.9	「NPO法人博物館活動支援センターの活動と展望」	『博物館研究』第47巻第9号	日本博物館協会
山田 寛恵			1997.3	「企業美術館における学芸員の現場」	『博物館学芸員課程年報』第14集	帝塚山学院大学博物館学研究室
山田 大隆			2007.3	「危機にある夕張石炭産業遺産をどう保存するか」	『金属鉱山研究』第83号	金属鉱山研究会
山田 浩之 編	池上 惇*編		1993	『文化経済学を学ぶ人のために』		世界思想社
山田 浩之			2014.3	「無形文化遺産・京都祇園祭の持続可能性について」	『文化政策研究』第7号	日本文化政策学会
山田 昌雄			2009.3	『日本の植物病理学の草創の時代と・白井光太郎の生涯』		日本植物防疫協会植物防疫資料館
山田 政寛	奥本 素子*	加藤 浩	2009.8	「博物館認知オリエンテーション教材を利用したアウトリーチ活動」	『日本科学教育学会年会論文集』第33巻	日本科学教育学会
山田 政寛	奥本 素子*	加藤 浩	2009.12	「博学連携活動における事前学習教材の開発と利用--博物館認知オリエンテーション教材を利用した事前学習」	『博物館学雑誌』第35巻第1号	全日本博物館学会
山田 雅実			1999.3	「博物館実習に思うこと」	『けやき:大正大学学芸員課程年報』第3号	大正大学学芸員課程
山田 雅行	吉冨 友恭*	今井 亜湖 他	2004.12	「河川の流量変動を映像化した展示システムが児童に及ぼす影響」	『日本教育工学会論文誌』第28巻第3号	日本教育工学会
山田 貢			2012.5	「中部の博物館 特定非営利活動法人貨物鉄道博物館」	『産業遺産研究』第19号	中部産業遺産研究会事務局

著者1	著者2	著者3	発行年	論文名・書籍名	掲載誌	発行元
山田 恭三			1994.3	「ミュージアムショップ「アサラ」への挑戦」	『名古屋市科学館紀要』第20号	名古屋市科学館
山田 由香			2010.7	『動物園ものがたり』		くもん出版
山田 幸生	木村 慶太*	手嶋 將博 他	2009	「日本文化紹介を目的とした「博物館アウトリーチ教材」の開発と実践-マレーシアにおける小・中学生の評価を中心として」	『教材学研究』第20巻	日本教材学会
山田 幸生	手嶋 將博*	木村 慶太 他	2010	「日本文化紹介を目的とした「博物館アウトリーチ教材」の改良とその効果--マレーシアの小学生による評価を受けての実践を通じて」	『教材学研究』第21巻	日本教材学会
山田 幸生	菅野 咲*		2012.3	「アウトリーチ教材「みんぱっく」を活用した学校と博物館の連携に関する考察」	『奈良教育大学教職大学院研究紀要「学校教育実践研究」』第4巻	奈良教育大学大学院教育学研究科専門職課程教職開発専攻
山田 洋一			1994.3	「『学校教育を援助する』一歩を考える」	『八戸市博物館研究紀要』第9号	八戸市博物館
山田 陽子	高野 昭人*	中野 美央 他	2009	「薬用植物園およびキャンパス内自然林を活用した社会貢献」	『日本植物園協会誌』第44号	日本植物園協会
山田 陽志郎			1999.8	「博物館における情報の提供と活用方法 7.ネットワーク導入の要点」	『新版博物館学講座 第11巻博物館情報論』	雄山閣
山田 芳明	山木 朝彦*		2009	「観賞用ワークシート制作の教育的意義と方法--鑑賞教材開発に伴う技能獲得の観点から」	『鳴門教育大学実技教育研究』第19巻	鳴門教育大学実技教育研究指導センター
山田 芳明	山木 朝彦		2010	「観賞用ワークシート制作の教育的意義と方法(2)—教材開発力の育成と求められる技能習得について—」	『鳴門教育大学実技教育研究』第20巻	鳴門教育大学実技教育研究指導センター
山田 吉孝	石田 恵子*		1994.3	「サイエンスショーにおける実験の工夫について」	『名古屋市科学館紀要』第20号	名古屋市科学館
山田 吉孝			1995.3	「入館者参加型実験・工作のためのワークショップ」	『名古屋市科学館紀要』第21号	名古屋市科学館
山田 吉孝			2001.3	「光の3原色の展示品「いろ色ボックス」の試作」	『名古屋市科学館紀要』第27号	名古屋市科学館
山田 吉孝	石田 恵子*		2002.3	「科学系博物館における展示手法等の調査」	『名古屋市科学館紀要』第28号	名古屋市科学館
山田 吉孝	毛利 勝廣*	野田 学 他	2004.3	「光害の展示制作と市民参加による実態調査」	『名古屋市科学館紀要』第30号	名古屋市科学館
山田 吉孝	毛利 勝廣*	野田 学	2006.3	「「市外光と星空」展示制作」	『名古屋市科学館紀要』第32号	名古屋市科学館
山田 善光	松本 貴子	塚本 貴弘	2006.4	「学校動物園の開設について」	『動物園研究』第10巻1号	動物園研究会
山田 隆造			2009.4	「子ども博物館(チルドレンズミュージアム)の可能性—キッズプラザ大阪の事例—」	『未来を拓く子どもの社会教育』	学文社
山田島 崇文	福元 正範		2012.3	「教育普及活動「楽しい実験」に関する報告」	『鹿児島県立博物館研究報告』第31号	鹿児島県立博物館
山出 半次郎			1939	「駿府・久能薬園栽培薬草解説」	『靜岡縣郷土研究』第十三輯	靜岡縣郷土研究協會
大和 智			1995.5	「兵庫県南部地震による国宝・重要文化財建造物の被害状況と今後の課題」	『建築雑誌』第110輯第1372號	日本建築学会
大和 智			1999.7	「文化財建造物活用のノウハウ」	『歴史ある建物の活かし方』	学芸出版社
やまと新聞社			1913	「三越の小品展覧會」	『やまと新聞』1913年11月14日	やまと新聞社
やまと新聞社			1915	「江戸趣味展覽會を見る」	『やまと新聞』1915年6月6日	やまと新聞社
大和町文化財保護協会			1900	『文化財やまと』		大和町文化財保護協会
大和文華館			1970	『大和文華館10年のあゆみ』		大和文華館
山名 文夫			1944.3	「展示技術の基本的考慮」	『博物館研究』第17巻第3號	日本博物館協會
山名 善之	大西 浩二*		2008.10	「世界遺産登録を目指して-国立西洋美術館本館」	『Re:Building maintenance & management』第30巻第2号	建築保全センター
山名 善之	渡辺 裕輔*	飯田 寿一	2010.7	「インドにおける「無限成長美術館」構想の現実化と展開に関する研究-アーメダバード美術館からチャンディガール美術館へのプロトタイプの適応の流れを通して」	『学術講演梗概集』2010巻	日本建築学会
山名 善之			2011.6	「国立西洋美術館の世界遺産登録をめざして」	『理大科学フォーラム』第28巻第6号	東京理科大学
山名 善之	福田 京*	熊谷 亮平	2012.9	「国立西洋美術館本館の改修履歴に関する研究」	『学術講演梗概集』2012巻	日本建築学会

著者1	著者2	著者3	発行年	論文名・書籍名	掲載誌	発行元
山中 敦子	村越 英昭	小田 泰史 他	2005.8	「WEB教材を作る・育てる：学校から家庭へ、家庭から地域へ(学校と博物館・動物園等の連携-学校が教えたいこと、博物館が伝えたいこと-)」	『日本科学教育学会年会論文集』第29号	日本科学教育学会
山中 敦子	寺田 安孝*		2006.11	「学校と博物館との連携による実践的研究：蒲郡・生命の海科学館でのSPPの実践」	『日本理科教育学会東海支部大会研究発表要旨集』第53号	日本理科教育学会東海支部大会事務局
山中 敦子	川上 昭吾		2008.2	「学校—科学館連携におけるミュージアム・リテラシー向上の試み」	『愛知教育大学教育実践総合センター紀要』第11号	愛知教育大学教育実践総合センター
山中 敦子	寺田 安孝*	川上 昭吾	2008.2	「科学に関心を持つ市民を育成するための博学連携プログラムの実践」	『愛知教育大学教育実践総合センター紀要』第11号	愛知教育大学教育実践総合センター
山中 敦子	川上 昭吾*	浅井 猛	2010.7	「「生命の海科学館」の活動を通した社会連携活動の在り方の開発研究I：特に発信型科学館改革構想の策定について」	『日本理科教育学会全国大会要項』第60号	日本理科教育学会
山中 敦子	浅井 猛	川上 昭吾	2010.9	「「生命の海科学館」の活動を通した社会連携活動の在り方の開発研究II:特に学校との連携について」	『日本科学教育学会年会論文集』第34号	日本科学教育学会
山中 敦子	浅井 猛	川上 昭吾	2010.11	「「生命の海科学館」の活動を通した社会連携活動の在り方の開発研究III」	『日本理科教育学会東海支部大会研究発表要旨集』第56号	日本理科教育学会東海支部大会事務局
山中 敦子	相澤 毅	浅井 猛 他	2011.8	「地域の小規模科学館における「教員のための博物館の日」の試み」	『日本科学教育学会年会論文集』第35巻	日本科学教育学会
山中 敦子	相澤 毅*	川上 昭吾	2011.8	「「生命の海科学館」の活動を通した社会連携活動の在り方の開発研究IV：ワークショップの実践結果について」	『日本理科教育学会全国大会要項』第61号	日本理科教育学会
山中 敦子	天野 淳二*	川上 昭吾	2012.12	「来館者調査による科学館利用者の動向」	『日本理科教育学会東海支部大会研究発表要旨集』第58号	日本理科教育学会東海支部大会事務局
山中 さゆり			2012.5	「真田宝物館の子ども博物館事業：ボランティアとの協働から」	『社会教育』第67巻5号	全日本社会教育連合会
山中 千恵	谷川 竜一*	村田 麻里子 他	2010	「京都国際マンガミュージアムにおける来館者調査--ポピュラー文化ミュージアムに関する基礎研究」	『京都精華大学紀要』第37号	京都精華大学
山中 千恵	伊藤 遊	村田 麻里子 他	2011.3	「人はマンガミュージアムで何をしているのか--マンガ文化施設における来館者行動と〈マンガ環境〉をめぐって」	『マンガ研究』第17巻	日本マンガ学会
山中 千恵			2011.12	「〈マンガ文化〉を資源とするミュージアムの設立と文化政策:韓国漫画映像振興院の事例から」	『仁愛大学研究紀要.人間学部篇』第10巻	仁愛大学
山中 千恵	村田 麻里子*	谷川 竜一 他	2013.1	「京都国際マンガミュージアムにおける来館者調査：ポピュラー文化ミュージアムに関する基礎研究」	『日本のマンガミュージアム—あらたな文化共有と地域社会—』	京都大学地域研究統合情報センター
山中 千恵	村田 麻里子*	伊藤 遊 他	2013.1	「宝塚市立手塚治虫記念館における来館者調査—地域活性化のためのマンガ文化関連施設の実態と是非をめぐって—」	『日本のマンガミュージアム—あらたな文化共有と地域社会—』	京都大学地域研究統合情報センター
山中 千恵	村田 麻里子*	パスキエ・オレリアン 他	2014.10	「アングレーム国際BDフェスティバル韓国漫画展「枯れない花」にみる場と展示の〈政治性〉」	『関西大学社会学部紀要』第46巻第1号	関西大学社会学部
山中 千恵	谷川 竜一*	伊藤 遊編	2015.3	「日本のマンガミュージアム(マンガミュージアムを介した地域力の再生/地域力によるマンガ文化の創出)」		京都大学地域研究統合情報センター
山梨 絵美子	岡田 健*	森井 順之 他	2015.7	「WEBこれからの文化財防災:災害への備え」	『ネットワーク資料保存』第111号	日本図書館協会・資料保存委員会
山梨 俊夫			2013.1	「美術館は社会の中で……」	『博物館研究』第48巻第1号	日本博物館協会
山梨 俊夫			2014.11	「美術と出会う次善の場」	『NACTreview:国立新美術館研究紀要』第1号	国立新美術館
山梨県立考古博物館 編			発行年不明	『遙かなる古代:考古博物館見学のしおり』		山梨県立考古博物館
山梨県立博物館			2008.7	『夏季企画展文化財をまもるしらべるつたえる』		山梨県立博物館
山梨県立博物館			2012.3	『山梨県立博物館総合評価報告書:開館5周年度目までにおける評価結果』		山梨県立博物館
山梨日日新聞社			1923	「一寸活気づいた一昨夜の甲府城保存協議會」	『山梨日日新聞』8568	山梨日日新聞社
山梨日日新聞社			1923	「舞鶴公園西濠佛下問題」	『山梨日日新聞』8597	山梨日日新聞社
山梨日日新聞社			1926	「史蹟名勝委員會の答申」	『山梨日日新聞』9691	山梨日日新聞社
山梨日日新聞社			1926	「問題の外濠市の路末から見て」	『山梨日日新聞』9809	山梨日日新聞社
山梨日日新聞社			1928	「銚子塚の史蹟から一躍斯界の寵兒」	『山梨日日新聞』10414	山梨日日新聞社
山梨日日新聞社			1929	「古墳を發見するも猥りに發掘するな」	『山梨日日新聞』10690	山梨日日新聞社
山西 良平			2007.8	「自然史系博物館と指定管理者制度について-大阪市立自然史博物館の事例を中心に-」	『タクサ:日本動物分類学会誌』第23号	日本動物分類学会

著者1	著者2	著者3	発行年	論文名・書籍名	掲載誌	発行元
山西 良平			2008.12	「公立博物館の在り方をめぐって」	『博物館研究』第43巻第12号	日本博物館協会
山西 良平			2009.12	「市民ネットワーク活動の拠点施設としてのミュージアム」	『関西自然保護機構会報』第31巻第2号	関西自然保護機構
山西 良平			2012.4	「館種別調査研究 自然史系博物館(博物館資料と調査研究活動)」	『博物館学1(博物館概論*博物館資料論)』	学文社
山西 良平			2012.6	「「自然離れ」の克服と自然史博物館の役割—大阪湾再生の連携軸としての事例—」	『関西自然保護機構会報』第34巻第1号	関西自然保護機構
山西 良平			2012.12	「専門分野別展示 自然史系博物館(博物館展示の形態と方法)」	『博物館学2(博物館展示論*博物館教育論)』	学文社
山西 良平			2013.6	「平成24年度研究協議会テーマ2「博物館の災害対策—防災からポスト災害まで」について」	『博物館研究』第48巻第6号	日本博物館協会
山西 良平			2015.06	「自然保護の活動家として・博物館の先輩として」	『地域自然史と保全』第37巻第1号	関西自然保護機構
山西 鈴子			1980.3	「家政学と博物館の関係—家政学の研究発表における博物館関連研究—」	『博物館学雑誌』第5巻第2号	全日本博物館学会
山西 鈴子			1981.12	「家政学部における博物館学講座に関する一考察」	『博物館学雑誌』第7巻第1号	全日本博物館学会
山根 和代	山辺 昌彦		2010.2	『世界における平和のための博物館』		東京大空襲・戦災資料センター
山根 和代			2014.6	「平和博物館における平和教育:広島と長崎への旅」	『立命館国際研究』第27巻第1号	立命館大学国際関係学会
山根 和代			2015	「立命館大学「国際平和ミュージアム」の活動」	『子どもの文化』47号	文民教育協会子どもの文化研究所
山根 秀宣			2016.8	「ともに歩く、ともに楽しむ、ともに作る」	『ひとが優しい博物館:ユニバーサル・ミュージアムの新展開』	青弓社
山野 勝次			1991	「文化財虫害の保存対策」	『文化財の虫菌害防除概説』	文化財虫害研究所
山野 勝次			1993	「文化財の虫菌害防除法研究の動向」	『文化財の虫菌害』第25号	文化財虫害研究所
山野 勝次			1994	「これからの文化財虫害対策」	『文化財の虫菌害』第27号	文化財虫害研究所
山野 勝次			1994.4	「〈講座〉文化財の害虫とその防除(1)」	『しろあり』第96号	日本しろあり対策協会
山野 勝次			1994.7	「〈講座〉文化財の害虫とその防除(2)」	『しろあり』第97号	日本しろあり対策協会
山野 勝次			1994.10	「〈講座〉文化財の害虫とその防除(3)」	『しろあり』第98号	日本しろあり対策協会
山野 勝次			1995.1	「〈講座〉文化財の害虫とその防除(4)」	『しろあり』第99号	日本しろあり対策協会
山野 勝次			1996	「臭化メチルの使用規制と代替防除法研究の現状」	『文化財の虫菌害』第31号	文化財虫害研究所
山野 勝次	三浦 定俊*	木川 りか	1998	「臭化メチルの使用規制と博物館・美術館における防虫防黴対策の今後」	『月刊文化財』第410号	第一法規
山野 勝次			2000.12	「文化財害虫の防除対策-虫害ゼロを目指して独自の総合的害虫管理システムの確立を-」	『文化財の虫菌害』第40号	文化財虫害研究所
山野 勝次	木川 りか*	三浦 定俊	2000.12	「今後の文化財の虫害対策」	『文化財の虫菌害』第40号	文化財虫害研究所
山野 勝次	青木 睦*	木川 りか	2003.3	「記録史料保存のための生物被害対策と総合的害虫管理-史料館地下収蔵施設の対策事例を中心に-」	『史料館研究紀要』第34号	国文学研究資料館史料館
山野 勝次	小峰 幸夫		2008.12	「平塚市美術館における生物被害対策」	『文化財の虫菌害』第56号	文化財虫害研究所
山野 英嗣			1982.5	「美術館における教育普及活動-兵庫県立近代美術館を一例として-」	『阡陵関西大学博物館学課程創設二十周年記念特集』	関西大学博物館学課程
山邊 建二	向井 信之*		2015.6	「文化財防災の研究」	『国土文化研究所年次報告』第13巻	建設技術研究所国土文化研究所
山辺 昌彦			1985.9	「郷土資料館の開館準備過程について」	『生活と文化:豊島区立郷土資料館研究紀要』第1号	豊島区教育委員会
山辺 昌彦			1992.6	「平和博物館のあり方について-大阪国際平和センターの検討を通じて-」	『歴史科学』第129号	大阪歴史科学協議会
山辺 昌彦			1993.8	「柳瀬正夢の展示と今後の課題--立命館大学国際平和ミュージアムにおける」	『歴史評論』第520号	校倉書房

著者1	著者2	著者3	発行年	論文名・書籍名	掲載誌	発行元
山辺 昌彦			1994	「平和博物館の現状と課題」	『歴史学研究』第664号	青木書店
山辺 昌彦			1995.9	「戦争資料の収集・保存・公開と戦争博物館」	『記録と史料』第5号	全国歴史資料保存利用機関連絡協
山辺 昌彦			1996.8	「地域に根ざす平和のための戦争展示--戦争展運動を中心に」	『歴史評論』第556号	校倉書房
山辺 昌彦			1996.12	「地域の歴史博物館における戦後50年関係の特別展・企画展の概観」	『歴史科学』第147号	大阪歴史科学協議会
山辺 昌彦			1998.7	「平和博物館の侵略・加害展示に関する攻撃」	『南京事件をどうみるか』	青木書店
山辺 昌彦			1998.8	「立命館大学国際平和ミュージアムと来館者の反応について」	『月刊社会教育』第42巻8号	国土社
山辺 昌彦			1999	「第3回世界平和博物館会議について」	『博物館問題研究』第26号	博物館問題研究会
山辺 昌彦			1999.8	「平和博物館の課題」	『歴史教育・社会科教育年報1999年版』	三省堂
山辺 昌彦			2000.7	「日本の平和博物館の到達点と課題」	『新版平和博物館・戦争資料館ガイドブック』	青木書店
山辺 昌彦			2002.12	「15年戦争下の博物館の戦争展示」	『文化財と近代日本』	山川出版社
山辺 昌彦			2003	「大阪地域における15年戦争期の戦意高揚展示会」	『戦争と平和』第12号	大阪国際平和センター
山辺 昌彦			2005	「日本の平和博物館はアジア・太平洋戦争をいかに展示しているか」	『立命館平和研究:立命館大学国際平和ミュージアム紀要』第6号	立命館大学国際平和ミュージアム
山辺 昌彦			2005.3	「立命館大学国際平和ミュージアムの現状と課題」	『歴史学と博物館』第1号	歴史学と博物館のあり方を考える
山辺 昌彦			2005.5	「平和博物館における戦争展示について--立命館大学国際平和ミュージアムにおける現代戦争の展示とリニューアルを中心に」	『歴史科学』第179・180号	大阪歴史科学協議会
山辺 昌彦			2005.6	「歴史博物館・平和博物館での一五年戦争関係の取組み」	『史海』第52号	東京学芸大学史学会
山辺 昌彦			2006	「戦後60年の歴史博物館・戦争博物館の戦争展示」	『季刊戦争責任研究』第51号	日本の戦争責任資料センター
山辺 昌彦			2007	「時評靖国神社遊就館の常設展示と特別展「故郷の護国神社」について」	『日本史研究』第533号	日本史研究会
山辺 昌彦			2007.3	「「平和のための博物館」の今」	『歴史評論』第683号	校倉書房
山辺 昌彦			2008.5	「地域歴史博物館の戦争関係特別展と平和博物館の開設」	『政経研究』第90号	政治経済研究所
山辺 昌彦			2009.6	「平和のための博物館と歴史学」	『歴史学研究』第854号	青木書店
山辺 昌彦	山根 和代*		2010.2	『世界における平和のための博物館』		東京大空襲・戦災資料センター
山松 鶴吉			1910	『現今小学校の欠点及改良方法』		同文館
山松 鶴吉			1917	「二兒童實習室」	『小學教育最新の傾向』	教育新思潮研究會
山村 信榮	松尾 尚哉*	石木 秀啓	2015.7	「特別史跡大野城跡の保護・整備・活用:次の1400年にむかって」	『季刊邪馬台国』第126号	「季刊邪馬台国」編纂委員会
山村 真紀			2007.3	「東京都写真美術館意識改革、ボランティア、ウェブ&デザイン-購入予算が復活するまで」	『日本ミュージアム・マネージメント学会研究紀要』第11号	日本ミュージアム・マネージメント学会
山村 真紀			2008.9	「ミュージアムの動画配信実験における課題と人材育成」	『JMMA日本ミュージアム・マネージメント学会会報』第13巻第2号	日本ミュージアム・マネージメント学会
山村 真紀			2010.3	「企業のクリエイティビティを伝えるミュージアム--ハウスオブシセイドウ」	『日本ミュージアム・マネージメント学会研究紀要』第14号	日本ミュージアム・マネージメント学会
山村 真紀	鏑木 あずさ*	江草 由佳 他	2011.9	「「saveMLAK:博物館・美術館・図書館・文書館・公民館の被災・救援情報」における活動の経緯と展望」	『現代の図書館』第49巻第3号	日本図書館協会
山本 明男			1989.3	「より深まりのある砂学習の試み」	『香川県自然科学館研究報告』第11巻	香川県自然科学館
山本 明夫			1999.8	「サイエンスミュージアムの充実へ向けて」	『国立科学博物館ニュース』第364号	国立科学博物館
山本 あや加	岩崎 公弥子*	遠藤 守 他	2012.9	「博学連携に基づく金環日食のレクチャーの開発と実践」	『社会情報学会(SSI)学会大会研究発表論文集』2012	社会情報学会

著者1	著者2	著者3	発行年	論文名・書籍名	掲載誌	発行元
山本 育夫			1988.3	「アメリカのミュージアムで使われているワーク・シート」	『山梨県立美術館研究紀要』8-9号合併号	山梨県立美術館
山本 育夫			1991	「山梨県立美術館ワークシート～ミレーセットを作るまで～」	『MuseumDate』第15号	丹青総合研究所
山本 育夫			1995.4	「日本の美術館に未来はあるか(現代美術は・いま〈特集〉)」	『中央公論』第110巻6号	中央公論新社
山本 育夫			1998	「国立美術館・博物館をおそう"民営化"の波」	『中央公論』第113巻11号	中央公論新社
山本 育夫			1998.7	「現実の博物館を「批評」する・電子博物館の在り方(特集電子博物館構想)」	『人文学と情報処理』第17号	勉誠出版
山本 育夫 編			2005.4	「宮崎県立美術館の10年「たんけんミュージアム」の冒険はつづく！？」	『ミュージアム・マガジン・ドーム』第79号	日本文教出版
山本 育夫 編			2005.4	「静岡県立美術館の「ロダン体操」って知ってる？」	『ミュージアム・マガジン・ドーム』第79号	日本文教出版
山本 育夫 編			2005.4	「宮崎県立美術館/ユニークな鑑賞研究作品も観客も仕掛けも、すべてが等しい教育資源」	『ミュージアム・マガジン・ドーム』第79号	日本文教出版
山本 一清			1931	「星の天をそのまゝに見せる遊星儀の話」	『科学知識』第10巻	科学知識普及會
山本 薫			1987	「札幌市青少年科学館に於ける天文指導員養成制度について」	『札幌市青少年科学館紀要』第2号	札幌市青少年科学館
山本 薫	大村 嘉人*	堤 千絵 他	2013.11	「五感で楽しめるユニバーサル植物園を目指して」	『日本植物園協会誌』第48号	日本植物園協会
山本 和夫			1972.9	「水族館における大水槽と回遊水槽」	『建築界』第21巻9号	理工図書株式会社
山本 和夫			1972.12	「わが国の水族館のあゆみ」	『建築技術』第256号	建築技術
山本 和夫			1972-1973	「わが国における水族館のあゆみ1-3」	『フィッシュマガジン』第8巻11号から第9巻1号	緑書房
山本 和夫			1973.3	「水族館における個水槽」	『建築界』第22巻3号	理工図書株式会社
山本 和夫			1973.8	「水族館における置水槽」	『建築界』第22巻8号	理工図書株式会社
山本 和夫			1974.3	「わが国における水族館の資料」	『近畿大学工学部研究報告』第7号	近畿大学工学部
山本 和夫			1975.3	「水族館の床面積をあらかじめ算定する方法について--既存水族館の実態調査資料をもとにして」	『近畿大学工学部研究報告』第8号	近畿大学工学部
山本 和夫			1975.6	「水族館における天井水槽・その他」	『建築界』第24巻6号	理工図書株式会社
山本 和夫			1975.9	「水族館における水中遊歩道その他」	『建築界』第24巻9号	理工図書株式会社
山本 和夫			1976.3	「水族館の建築計画に関する基礎研究-1-」	『近畿大学工学部研究報告』第9号	近畿大学工学部
山本 和夫			1978	「水族館の展示水槽内における光の屈折透過について」	『福井工業大学研究紀要』第8号	福井工業大学
山本 和夫			1078.6	「わが国の戦後の水族館の展望(その1)」	『日本建築学会北陸支部研究報告集』第21号	日本建築学会北陸支部
山本 和夫			1979	「水族館の裏方(設備)について(水族館覚書-2-)」	『建築界』第28巻11号	理工図書株式会社
山本 和夫			1979	「水族館の展示水槽に関する実験的研究-水槽用板ガラスとアクリル樹脂板との比較について(その1)」	『福井工業大学研究紀要』第9号	福井工業大学
山本 和夫			1979.6	「わが国の戦後の水族館の展望(その2)」	『日本建築学会北陸支部研究報告集』第22号	日本建築学会北陸支部
山本 和夫			1979.9	「展示水槽内の光の屈折・透過および反射--水族館覚書」	『建築界』第28巻9号	理工図書株式会社
山本 和夫			1980	「水族館の展示水槽に関する実験的研究-水槽用板ガラスとアクリル樹脂板との比較について(その2)」	『福井工業大学研究紀要』第10号	福井工業大学
山本 和夫			1980.3	「展示水槽の種類について(水族館覚書-3-)」	『建築界』第29巻4号	理工図書株式会社
山本 和夫			1980.5-1980.7	「わが国の水族館のあゆみ1-3(水族館覚書4-1から4-3)」	『建築界』第29巻5号から7号	理工図書株式会社
山本 和夫			1980.8	「水族館の潮流型水槽の起源を探る(水族館覚書-5-)」	『建築界』第29巻8号	理工図書株式会社

著者1	著者2	著者3	発行年	論文名・書籍名	掲載誌	発行元
山本 和夫			1980.9	「回遊水槽について(水族館覚書-6-)」	『建築界』第29巻9号	理工図書株式会社
山本 和馬	新井 英夫*	柴田 仁他	2000.12	「文化財の酸化プロピレンによる燻蒸法」	『文化財の虫菌害』第40号	文化財虫害研究所
山本 数道			1990.4	「大洲市立博物館における企画展と教育普及活動」	『博物館研究』第25巻第4号	日本博物館協会
山本 勝美			2008.9	『石川県金沢港大野からくり記念館十二年誌』		石川県金沢港大野からくり記念館
山本 活水	高橋 清次郎*		1916	「學校植物園」	『巡視五年』	國民學校自由講座機關雜誌社
山本 鼎			1991	「農民美術と私」	『美術家の欠伸』	郷土出版社
山本 勘次郎			1916	「京都動物園」「帝室博物館」	『京都名勝鏡:鮮明写真入』	私家版
山本 久作			1934	「廃窯の郷土教育論」	『越中製陶史稿』	輝久華荘
山本 熊太郎			1934	『地理模型の複製法』		古今書院
山本 圭吾			1993.3	「B-ISDN時代の映像と美術館と」	『映像学』第49号	日本映像学会
山本 光次 編			1929	『大禮奉祝交通電気博覽會誌』		大禮奉祝交通電気博覽會殘務事務所
山本 茂行			2000.4	「館種別博物館の役割と使命 動物園」	『新版博物館学講座 第3巻 現代博物館論-現状と課題-』	雄山閣
山本 茂行			2001	「日本の動物園の現状と課題--市民に何を伝えるか」	『Relatio』第3巻1号	チクサン出版社
山本 茂行			2013.6	「動物園水族館をいのちの博物館に」	『世界』第844号	岩波書店
山本 茂			1942	「根津美術館」	『木蘭:随筆』	國際日本協會
山本 鎮郎			1959.1	「動物園営上の原則」	『動物園水族館雑誌』第1巻1号	日本動物園水族館協会
山本 鎮郎			1959.12	「動物園長職責論」	『動物園水族館雑誌』第1巻2号	日本動物園水族館協会
山本 鎮郎			1960	『動物園うら話』		中外書房
山本 鎮郎			1963	『動物園博物館論集』		神戸王子動物園協会
山本 鎮郎			1963.12	「アメリカ動物園水族館協会について」	『動物園水族館雑誌』第5巻3号	日本動物園水族館協会
山本 鎮郎			1968	『動物百景』		新樹社
山本 倬一			1980.11	「博物館礼賛の弁」	『平塚市博物館年報』第4号	平塚市博物館
山本 笑月			1936	『明治世相百話』		第一書房
山本 信一			2004.3	「浦安市郷土博物館における子ども向け事業」	『Museumちば:千葉県博物館協会研究紀要』35号	千葉県博物館協会
山本 信次	大沼 織江*		2014.12	「地域課題解決において博物館が果たす役割:東大和市立狭山緑地の保全を事例として」	『博物館学雑誌』第40巻第1号	全日本博物館学会
山本 寿寿雄			1965.12	「公園博物館における野外解説について~自然研究路を中心として~」	『博物館研究』第38巻第12号	日本博物館協会
山本 想太郎	高宮 眞介*		2007.4	「ディスカッション さりげない気遣いの集積 高宮眞介インタビュー(特集ミュージアム)」	『DetailJapan』第3巻第2号	リード・ビジネス・インフォメーション
山本 孝司	久保田 治助	元田 充洋	2011.3	「地域博物館の教育的機能に関する考察:玉名市歴史博物館「こころピア」における「親子ふれあい博物館」の実践を手がかりに」	『九州看護福祉大学紀要』第11号1巻	九州看護福祉大学
山本 琢也	串間 研之*	松田 清孝	2004	「博物館の地質部門における小中学校への支援」	『宮崎県総合博物館研究紀要』第26輯	宮崎県総合博物館
山本 武利編	西沢 保編		1999.12	『百貨店の文化史-日本の消費革命』		世界思想社
山本 珠美			1996	「博物館のディレンマ--スミソニアン航空宇宙博物館の原爆展論争に関する一考察」	『東京大学大学院教育学研究科紀要』第36号	東京大学大学院教育学研究科

著者1	著者2	著者3	発行年	論文名・書籍名	掲載誌	発行元
山本 珠美			1996.3	「コミュニティー・ミュージアム論序説－20世紀前半のアメリカと博物館－」	『博物館史研究』第2号	博物館史研究会
山本 珠美			1997	「コミュニティ・ミュージアム」	『日本社会教育学会紀要』第33号	日本社会教育学会
山本 珠美			1997.3	「現代アメリカ博物館と社会――市民社会の支援と政府との緊張関係の中で」	『日本ミュージアム・マネージメント学会研究紀要』第1号	日本ミュージアム・マネージメント学会
山本 珠美	守井 典子*	久保内 加菜	1998	『科学系博物館におけるアウトリーチに関する調査研究報告書』		日本科学協会
山本 珠美			1999.1	「博物館経営の目的・理念と方法 アメリカにおける博物館経営の現状と課題」	『新版博物館学講座 第12巻博物館経営論』	雄山閣
山本 珠美			1999.9	「第6章博物館の利用者」	『博物館学シリーズ 1博物館概論』	樹村房
山本 珠美			1999.9	「特論1博物館研究へのいざない」	『博物館学シリーズ 1博物館概論』	樹村房
山本 珠美			2000	「公衆の科学理解と科学館展示――論争的な現代科学技術の学習/教育原理に関する序論的考察」	『東京大学大学院教育学研究科紀要』第40号	東京大学大学院教育学研究科
山本 珠美			2011.3	「大学博物館の初期形態に関する考察――昭和初期における長岡工業学校附属工業博物館を例に」	『香川大学生涯教育研究センター研究報告』第16号	香川大学生涯教育研究センター
山本 珠美			2012.3	「学生主体の地域貢献:香川大学博物館におけるミュージアム・レクチャーの取組」	『香川大学生涯学習教育研究センター研究報告』第17号	香川大学生涯学習教育研究センター
山本 太郎	寺田 安孝*	川上 昭吾	2007.2	「地域・学校・博物館との連携によるインフォーマル・エデュケーションの実践-理科好きな子どもを地域で育てる理科実験教室の取り組み」	『愛知教育大学教育実践総合センター紀要』第10号	愛知教育大学教育実践総合センター
山本 勉			1992.11	「東京国立博物館120年の歴史と刊行物」	『MUSEUM』第500号	東京国立博物館
山本 恒夫			2001	『21世紀生涯学習への招待』		協同出版
山本 哲也			1992.3	「レプリカ展示小考」	『國學院大學博物館學紀要』第16輯	國學院大學博物館学研究室
山本 哲也			1993.3	「二次資料－特にレプリカ・模型等の立体的記録－展示法と問題点」	『國學院大學博物館學紀要』第17輯	國學院大學博物館学研究室
山本 哲也			1996.3	「学外館務実習に関する一視点」	『全博協研究紀要』第4号	全国大学博物館学講座協議会
山本 哲也			1996.3	「博物館学的視点からみた「埋蔵文化財センター」」	『國學院大學博物館學紀要』第20輯	國學院大學博物館学研究室
山本 哲也			1997.3	「博物館のバリアフリー計画」	『國學院大學博物館學紀要』第21輯	國學院大學博物館学研究室
山本 哲也			1998	「ユニバーサル・ミュージアムに求められる施策」	『生涯学習空間』第3巻3号	ボイックス株式会社
山本 哲也			1998.3	「博物館建築と環境論史の一断面－昭和前期の動向をめぐって－」	『國學院大學博物館學紀要』第22輯	國學院大學博物館学研究室
山本 哲也			1999	「博物館のより良きバリアフリー施策を目指して」	『ユニバーサル・ミュージアムをめざして―視覚障害者と博物館―』生命の星・地球博物館三周年記念論集	神奈川県立生命の星・地球博物館
山本 哲也			1999.3	「我が国における博物館経営論の推移」	『國學院大學博物館學紀要』第23輯	國學院大學博物館学研究室
山本 哲也			2000.3	「我が国における博物館経営論の推移（2）－『博物館学入門』以降と大学博物館学講座の現状－」	『全博協研究紀要』第6号	全国大学博物館学講座協議会
山本 哲也			2000.3	「視覚しょうがい者と博物館」	『博物館学雑誌』第25巻第2号	全日本博物館学会
山本 哲也			2000.4	「現代社会と博物館 高齢社会と博物館」	『新版博物館学講座 第3巻現代博物館論-現状と課題-』	雄山閣
山本 哲也			2000.8	「理想は高く柔軟な発想で、多様化するニーズに応えるミュージアムづくりを」	『Cultivate:文化と環境を考える』第12号	文化環境研究所
山本 哲也			2000.1	「博物館学各論（1）-博物館の論理学-博物館社会学」	『新版博物館学講座 第1巻博物館学概論』	雄山閣
山本 哲也			2002	「博物館における生涯学習の課題」	『東京家政大学博物館館報』第38号	東京家政大学博物館
山本 哲也			2002.3	「地域博物館のマネージメント展開－新潟県立歴史博物館の展望(1)」	『新潟県立歴史博物館研究紀要』第3号	新潟県立博物館
山本 哲也			2002.3	「ハンズ・オンの解釈をめぐって」	『博物館学雑誌』第27巻第2号	全日本博物館学会
山本 哲也			2003.3	「博物館資料情報論(試論)」	『博物館学雑誌』第28巻第2号	全日本博物館学会

著者1	著者2	著者3	発行年	論文名・書籍名	掲載誌	発行元
山本 哲也			2003.3	「大正期建築界の一動向−美術館に関して」	『國學院大學博物館學紀要』第27輯	國學院大學博物館学研究室
山本 哲也			2005.3	「大正〜昭和初期の博物館建築競技設計資料について」	『國學院大學博物館學紀要』第29輯	國學院大學博物館学研究室
山本 哲也			2005.7	「被災地にあって博物館は被災者の"心の足し"を満たせるか」	『月刊ミュゼ』71号	(株)アム・プロモーション
山本 哲也			2006.3	「『縄文』をキーワードに博学連携プロジェクト−新潟県中越地震をも乗り越え広域の博学連携プロジェクトを推進−」	『地域環境教育を主題とした「総合学習」の展開』	協同出版
山本 哲也			2006.5	「風土記の丘と博物館」	『史跡整備と博物館』	雄山閣
山本 哲也			2007.3	「みんなの展示(特集みんなの展示−来館者にやさしい博物館をめざして)」	『Museumちば:千葉県博物館協会研究紀要』38号	千葉県博物館協会
山本 哲也			2007.4	「バリアフリーであること、バリアフリーを伝えること」	『だれもが楽しめるユニバーサル・ミュージアム:"つくる"と"ひらく"の現場から』	読書工房
山本 哲也			2007.12	「「博物館学」を遡る」	『博物館学雑誌』第33巻第1号	全日本博物館学会
山本 哲也			2008	「博物館学におけるバリアフリー−研究の現状について−」	『新潟県立博物館研究紀要』第9号	新潟県立博物館
山本 哲也	金子 和宏		2008.3	「史跡、博物館と地域の連携−新潟県・信濃川火焔街道の活用と博学連携−」	『國學院大學考古学資料館紀要』第24輯	國學院大學考古学資料館
山本 哲也			2008.3	「50分の5・・・國學院博物館学の思い出から」	『國學院大學博物館學紀要』第32輯	國學院大學博物館学研究室
山本 哲也			2008.9	「生涯学習の場としての博物館」	『歴史評論』第701号	校倉書房
山本 哲也			2009.12	「日本に於けるしょうがい者教育の黎明と手島精一」	『博物館学雑誌』第35巻第1号	全日本博物館学会
山本 哲也			2010	「「博物館」の成立前後に海外の「展示」を見てきた日本人」	『展示学』第48号	日本展示学会
山本 哲也			2010.7	「ケプロン、ホーレス」「九鬼隆一」「木場一夫」	『博物館人物史上』	雄山閣
山本 哲也			2011.3	「日本海—雪国—と博物館」	『新潟県立歴史博物館研究紀要』第12号	新潟県立歴史博物館
山本 哲也			2011.4	「昭和6年の博物館学−−博物館の特集号から」	『博物館学雑誌』第36巻第2号	全日本博物館学会
山本 哲也			2011.12	「博物館学史の編成について」	『博物館学雑誌』第37巻第1号	全日本博物館学会
山本 哲也			2012.3	「久米邦武と岩倉使節団報告『米欧回覧実記』」	『新潟県立歴史博物館研究紀要』第13号	新潟県立歴史博物館
山本 哲也			2012.3	「新潟県立歴史博物館の体験コーナーにおけるオリジナルプログラム開発と実践」	『新潟県立歴史博物館研究紀要』第13号	新潟県立歴史博物館
山本 哲也			2012.3	「大正〜昭和初期の博物館建築競技設計資料について(その2)」	『國學院大學博物館學紀要』第36輯	國學院大學博物館学研究室
山本 哲也			2012.4	「博物館資料の収集・整理、保管」	『博物館学Ⅰ(博物館概論*博物館資料論)』	学文社
山本 哲也			2012.5	「名村五八郎元度」「ゴットフリード・ワグネル」「大森啓助」「高島春雄」	『博物館学人物史下』	雄山閣
山本 哲也	遠山 御幸		2012.8	「移動式プラネタリウムの可能性:歴史系博物館での実践とともに」	『博物館研究』第47巻第8号	日本博物館協会
山本 哲也			2012.10	「新潟市美術館の展示環境問題(博物館の危機)」	『博物館危機の時代』	雄山閣
山本 哲也			2013.3	「博物館展示論史」	『人文系博物館展示論』	雄山閣
山本 哲也			2013.3	「新潟県立歴史博物館の体験コーナーにおけるオリジナルプログラム開発と実践(その2)江戸時代のお金を作ろう」	『新潟県立歴史博物館研究紀要』第14号	新潟県立歴史博物館
山本 哲也	青木 豊*	平澤 祐加子	2013.5	「資料の劣化・損壊の原因」	『人文系博物館資料保存論』	雄山閣
山本 哲也			2013.8	「博物館の機能を展示する視点:"博物館学の展示"の提唱」	『博物館研究』第48巻第8号	日本博物館協会
山本 哲也			2013.8	「博物館の機能を展示する視点 博物館の機能を展示する視点:"博物館学の展示"の提唱」	『博物館研究』第48巻第8号	日本博物館協会
山本 哲也			2013.12	「聚珍宝庫の博物館学的意義」	『博物館学雑誌』第39巻第1号	全日本博物館学会

著者1	著者2	著者3	発行年	論文名・書籍名	掲載誌	発行元
山本 哲也			2014.2	「博物館建築の競技設計の歴史―戦前の様相について」	『博物館研究』第49巻第2号	日本博物館協会
山本 哲也			2014.3	「新潟県立歴史博物館の体験コーナーにおけるオリジナルプログラム開発と実践(その3)小判・ミニ銅鐸・ミニ石仏」	『新潟県立歴史博物館研究紀要』第15号	新潟県立歴史博物館
山本 哲也			2014.3	「震災の被災文化財修復について:長岡市蒼柴神社の備前焼狛犬の例から」	『新潟県立歴史博物館研究紀要』第15号	新潟県立歴史博物館
山本 哲也			2014.6	「軍事史関係史料館探訪(76)館山市立博物館」	『軍事史学』第50号	錦正社
山本 哲也			2014.8	「サブカルチャーと博物館」	『博物館研究』第49巻第8号	日本博物館協会
山本 哲也	保科 弘明*	江草 遼平 他	2014.11	「科学系博物館における情報アクセシビリティの課題」	『日本科学教育学会研究会研究報告』第29巻第1号	日本科学教育学会
山本 哲也			2015.3	「「雪まつり発祥の地」と博物館:「日本海−雪国−と博物館」補遺」	『新潟県立歴史博物館研究紀要』第16号	新潟県立歴史博物館
山本 哲也			2015.8	「博物館のイベント事情」	『博物館研究』第50巻第8号	日本博物館協会
山本 哲也			2017.3	「入館者数の分析・傾向把握とその活用方策について」	『新潟県立歴史博物館研究紀要』第18号	新潟県立歴史博物館
山本 哲也			2017.12	「博物館学論史 平成時代」	『博物館学史研究事典』	雄山閣
山本 哲也			2017.12	「博物館建設必要論史」	『博物館学史研究事典』	雄山閣
山本 利雄			1934.8	「農業博物館の陳列方法」	『博物館研究』第7巻第8號	日本博物館協會
山本 利雄			1935.3	「移動博物館の經營に就いて」	『博物館研究』第8巻第3號	日本博物館協會
山本 利雄			1940	「樺太廳博物館の整備」	『樺太時報』第37號	樺太廳
山本 利雄			1942.2	「北方文化の殿堂樺太廳博物館」	『博物館研究』第15巻第2號	日本博物館協會
山本 智一	五十里 美和*	山口 悦司 他	2003	「科学系博物館における学習支援としてのワークシート:学校の科学教育カリキュラムと連携したドイツのエネルギー技術に関する事例の検討」	『科学教育研究』第27巻第1号	日本科学教育学会
山本 直樹	小林 由利子*	森茂 岳雄	2016.12	「みんぱくシアター:ハンズオンからマインズオンへ」	『学校と博物館でつくる国際理解教育のワークショップ』	国立民族学博物館
山本 直彦	杉山 亜里紗*	城戸 杏里 他	2011.6	「動物園の展示空間から観覧者が受け取る環境情報の比較考察:天王寺動物園での子どもの写生画を通して」	『日本建築学会近畿支部研究報告集.計画系』第51号	日本建築学会近畿支部
山本 元			1993.5	『表具のしおり−表装の歴史と技術』		芸艸堂
山本 晴樹			1979.2	「ローマ国立博物館を訪れて」	『別府大学博物館研究報告』第3号	別府大学博物館学課程
山本 晴彦			2016.2	「世界遺産「紀伊山地の霊場と参詣道」」	『風水害と観光客の増大による世界遺産の劣化と保全:紀伊山地の霊場と参詣道を事例として』	農林統計出版
山本 晴彦			2016.2	「世界遺産の保全と観光の両立を目指して」	『風水害と観光客の増大による世界遺産の劣化と保全:紀伊山地の霊場と参詣道を事例として』	農林統計出版
山本 晴彦			2016.2	「世界遺産とその現状」	『風水害と観光客の増大による世界遺産の劣化と保全:紀伊山地の霊場と参詣道を事例として』	農林統計出版
山本 晴彦 編			2016.2	『風水害と観光客の増大による世界遺産の劣化と保全:紀伊山地の霊場と参詣道を事例として』		農林統計出版
山本 秀麿			1996.8	「美術館に心の安らぎをみる」	『創る』	上田女子短期大学
山本 広貴	李 祥準	平井 健嗣	2012.9	「公共文化施設の運営に関する実態調査:国立美術館の管理体制・維持費用の分析」	『学術講演梗概集』2012巻	日本建築学会
山本 博文	藤井 純子*	三好 雅也	2016.3	「恐竜化石を用いた教育実践」	『福井大学初等教育研究』第1号	福井大学教育地域科学部
山本 広美	江水 是仁*	竹内 恵 他	2012.4	「博物館勤務経験による職員のキャリア形成に関する考察:日本科学未来館・科学コミュニケーターの事例より」	『博物館学雑誌』第37巻第2号	全日本博物館学会
山本 藤生	古川 紗織*	川上 壮太郎	2013.5	「モルモットのふれあいコーナー:命のぬくもりを伝える動物園の教育活動例」	『博物館研究』第48巻第5号	日本博物館協会
山本 正男	坂元 正典*		1978	「"自然教育園"そのむかし」	『自然科学と博物館』第45巻1号	科学博物館後援会
山本 真土			2014.3	「文化財レスキューと博物館ネットワークの重要性」	『神奈川県博物館協会会報』第85号	神奈川県博物館協会

著者1	著者2	著者3	発行年	論文名・書籍名	掲載誌	発行元
山本 政俊			2009.3	「北海道を学ぶ歴史資料館・博物館」	『歴史地理教育』第742号(増刊)	歴史教育者協議会
山本 政幸	辻 泰秀*	浅尾 知子	2013.3	「地域における「学校美術館」の構想と準備:地域の学校やアーティストとの連携」	『教師教育研究』第9号	岐阜大学
山本 通信			2003	「リニューアルでハンズオン型の展示とワークシートを導入 科学技術館ガス展示室「ガスクエスト」」	『クリーンエネルギー』第12巻12号	日本工業出版
山本 光雄			1969	『ランカイ屋一代わが博覧会100年史』		講談社
山本 光雄			1970	『日本博覧会史』		理想社
山本 みどり	下原 美保*	小田 久美子	2007	「ミュージアムエデュケーションの実践研究について-所蔵作品を取り入れた絵巻作りを中心に」	『鹿児島大学教育学部教育実践研究紀要』第17号	鹿児島大学教育学部
山本 泰一			2009.1	「新装開館後の徳川美術館のあゆみ」	『博物館研究』第44巻第1号	日本博物館協会
山本 泰司	太田 満	田名瀬 英明	1996	「瀬戸臨海実験所水族館に設置した特集展示用品のウォールケース」	『瀬戸臨海実験所年報』第9号	瀬戸臨海実験所
山本 恭大	久原 政彦	遠藤 守 他	2009.11	「デジタルミュージアム利用を考慮した観覧体験レコーダーの提案と試作」	『電子情報通信学会技術研究報告』第109巻第281号	電子情報通信学会
山本 恭裕	中小路 久美代*	川嶋 稔夫 他	2014	「ミュージアムにおける触発する体験と体験を触発するということ」	『人工知能学会全国大会論文集』第28号	人工知能学会
山本 恭裕	中小路 久美代*	新藤 浩伸 他	2016.5	『触発するミュージアム:文化的公共空間の新たな可能性を求めて』		あいり出版
山本 恭裕	中小路 久美代*		2016.5	「海外のミュージアムにおける展示の様態と触発する体験」	『触発するミュージアム:文化的公共空間の新たな可能性を求めて』	あいり出版
山本 恭裕	中小路 久美代*	川嶋 稔夫 他	2016.5	「総合博物館としての市立函館博物館における鑑賞の様式と触発の連鎖」	『触発するミュージアム:文化的公共空間の新たな可能性を求めて』	あいり出版
山本 恭裕	中小路 久美代*	川嶋 稔夫 他	2016.5	「市立函館博物館第3展示室情報ブース「未来」プロジェクトにおける共同制作」	『触発するミュージアム:文化的公共空間の新たな可能性を求めて』	あいり出版
山本 悠三			1998.3	「歴史学と博物館」	『東京家政大学博物館紀要』第3集	東京家政大学博物館
山本 與吉			1940	「逓信博物館の改造と特別展」	『博物館研究』第13巻第9號	日本博物館協會
山本 義彦			2010.3	「博物館フォーラム 文化財保護の現在と未来--静岡県内の取り組みから」	『静岡大学生涯学習教育研究』第12号	静岡大学生涯学習教育研究センター
山元 芳彦			2014.3	「桜丘養護学校(特別支援学校)移動博物館での成果と課題」	『鹿児島県立博物館研究報告』第33号	鹿児島県立博物館
山本 慶裕 編	笹井 宏益*		2000.6	『メディアと生涯学習』		玉川大学出版部
山本 由松			1936	「歐米諸國の自然科學博物館を觀て」	『科學の臺灣』第四巻第四號	臺灣博物館協會
山本 理佳			2010.3	「佐世保市における軍港景観の文化資源化」	『国立歴史民俗博物館研究報告』第156集	国立歴史民俗博物館
山本 理佳			2015.2	「大和ミュージアム設立を契機とする呉市周辺の観光変化」	『国立歴史民俗博物館研究報告』第193集	国立歴史民俗博物館
八村 広三郎			1998.7	「電子博物館はいかにあるべきか」	『人文学と情報処理』第17号	勉誠出版
八村 広三郎	田中 覚	西浦 敬信	2016.4	「文化遺産の記録と再現:「コト」のディジタルアーカイブの実現に向けて」	『電子情報通信学会誌』第99巻第4号	電子情報通信学会
矢守 克也	阪本 真由美*		2010	「災害ミュージアムを通した記憶の継承に関する一考察--地震災害のミュージアムを中心に」	『自然災害科学』第29巻第2号	日本自然災害学会
湯浅 卓	大窪 健之	金 度源 他	2015.7	「文化遺産を火災から守る消防設備の老朽化と耐震面の課題に関する研究:京都府・滋賀県の重要文化財・国宝建造物を対象として」	『歴史都市防災論文集』第9巻	立命館大学歴史都市防災研究センター
湯浅 隆			1975.1	「近世的開帳の成立と幕府のその政策意図について」	『史観』90号	早稲田大学史学会
湯浅 隆			1978.10	「江戸における近世的開帳の展開」	『史観』99号	早稲田大学史学会
湯浅 隆			1990.1	「歴史系博物館の研究と展示ー既存の文献史学との関連でー」	『MUSEUM』第446号	東京国立博物館
湯浅 隆			1991	「江戸の開帳における十八世紀後半の変化」	『国立歴史民俗博物館研究報告』第33集	国立歴史民俗博物館
湯浅 隆			1991.7	「歴史系博物館における史料研究」	『歴史評論』第495号	校倉書房

著者1	著者2	著者3	発行年	論文名・書籍名	掲載誌	発行元
湯浅 治久			1991.6	「学芸員の「研究」とは?―月例研究会「博物館問題によせて」」	『地方史研究』第41巻第3号	地方史研究協議会
湯浅 治久			1992.3	「展示はだれのもの?―史料をいかによみ展示するか(実践編)―」	『Museumちば:千葉県博物館協会研究紀要』23号	千葉県博物館協会
湯浅 治久			1994.5	「消えた松丸村を捜して―地域博物館と中世村落史研究の一課題―」	『中世内乱史研究』第15号	中世内乱史研究会
湯浅 治久			1994.12	「地域博物館の現在と未来―"市川博物館"の歩みと課題と―」	『岩波講座日本通史月報』第15号	岩波書店
湯浅 治久			1995.3	「地域博物館のあり方をめぐる雑感―現場から発信する一提言―」	『Museologist:明治大学学芸員養成課程年報』第5巻	明治大学学芸員養成課程
湯浅 治久			1997.3	「展示批評「展示批評」は可能なのか?―「小金城主高城氏」に寄せて-」	『Museumちば:千葉県博物館協会研究紀要』28号	千葉県博物館協会
湯浅 浩			2007.12	「現代社会と博物館.天守閣という名の資料館」	『博物館の仕事』	岩田書院
湯浅 万紀子			2002	『日本における理工系博物館の使命と課題―科学技術館を事例として、活動評価に長期的視点を入れる提案―』		科学技術館運営部
湯浅 万紀子			2003.3	「博物館体験を評価する視点―博物館活動の長期的影響力を調査する―」	『日本ミュージアム・マネージメント学会研究紀要』第7号	日本ミュージアム・マネージメント学会
湯浅 万紀子	尾坂 知江子		2004.3	「記憶の中の科学館」	『名古屋市科学館紀要』第30号	名古屋市科学館
湯浅 万紀子			2005.11	「過去と未来をつなぐ科学館体験―調査「記憶の中の科学館」より(2)」	『月刊ミュゼ』73号	(株)アム・プロモーション
湯浅 万紀子			2007	「博物館体験の長期記憶研究の意義--サイエンス・コミュニケーションのインパクトを探る」	『科学教育研究』第31巻4号	日本科学教育学会
湯浅 万紀子			2009.2	「大学博物館における学生教育の意義と課題-北海道大学総合博物館を事例として」	『博物館研究』第44巻第2号	日本博物館協会
湯浅 万紀子			2010.5	「北海道大学教育GP「博物館を舞台とした体験型全人教育の推進」--プログラム2年目の報告」	『博物館研究』第45巻第5号	日本博物館協会
湯浅 万紀子	清水 寛之		2010.9	「科学館体験の長期記憶に関する調査研究の報告」	『日本科学教育学会年会論文集』第34巻	日本科学教育学会
湯浅 万紀子	清水 寛之*		2012.12	「記憶特性質問紙(MCQ)を用いた科学館体験の長期記憶に関する検討:科学館職員・大学生・および高齢者の比較」	『科学技術コミュニケーション』第12号	北海道大学科学技術コミュニケーター養成ユニット
湯浅 万紀子	沼崎 麻子*	藤田 良治 他	2014.6	「成人ASD(自閉症スペクトラム障害)当事者の博物館利用の現状と課題:「科学コミュニケーション」の場としての博物館の役割に着目して」	『科学技術コミュニケーション』第15号	北海道大学科学技術コミュニケーター養成ユニット
湯浅 万紀子			2014.12	「大学院生によるミュージアムグッズの企画と評価」	『北海道大学総合博物館ニュース』第30号	北海道大学総合博物館
湯浅 万紀子	藤田 良治		2015.3	「大学博物館における教育プログラムの意義と課題:北海道大学ミュージアムマイスター認定コースを事例として」	『日本ミュージアム・マネージメント学会研究紀要』第19号	日本ミュージアム・マネージメント学会
湯浅 万紀子	藤田 良治		2016.3	「大学博物館の企画展示のあり方に関する検討:北海道大学総合博物館における使命と来館者調査等の観点からの考察」	『日本ミュージアム・マネージメント学会研究紀要』第20号	日本ミュージアム・マネージメント学会
油井 隆			1986.6	『展示論広告選書』		(株)電通
UNStudio			2007.4	「ファサードのディテール(特集ミュージアム)」	『DetailJapan』第3条第2号	リード・ビジネス・インフォメーション
祐岡 武志	田渕 五十生*	谷口 尚之	2008.3	「世界遺産教育の教材化の視点と実践報告―「古都奈良の文化財」と「法隆寺地域の仏像建造物」を中心にして―」	『教育実践総合センター研究紀要』第17巻	奈良教育大学教育学部附属教育実践総合センター
結城 秀治			1982.3	「博物館と学校教育」	『平塚市博物館年報』第5号	平塚市博物館
ユースタス・ギトンガ			2007.9	「Colloquium:Community musium of Kenya ケニアにおける地域まるごとミュージアムの現状と課題-コミュニティ・ミュージアム・オブ・ケニアを事例として」	『立命館産業社会論集』第43巻第2号	立命館大学産業社会学会
郵政省通信博物館			1952	『通信博物館五十年史』		郵政省通信博物館
ユーセフ・カンジョ			2014.4	『シリア内戦による文化遺産の被災状況.シリアの考古遺産の現状と未来』		国立文化財機構東京文化財研究所文化遺産国際協力センター
湯上 二郎	栗原 均	毛利 正夫	1982.5	「鼎談 効果的な事業のための図書館・博物館の連携」	『月刊社会教育』第37巻第5号	国土社
湯川 修一			2001.3	「埋蔵文化財センターが行う学校教室への教育活動に関する一考察―「総合的な学習の時間」にどのように対応したらよいのか―」	『山梨県立考古博物館・山梨県埋蔵文化センター研究紀要』第17号	山梨県立考古博物館・山梨県埋蔵文化財センター
湯川 雅紀	奥村 泰彦	笠原 彩 他	2012.9	「美術館と小・中・高・大の連携によるポップアート題材群の開発と実践」	『和歌山大学教育学部教育実践総合センター紀要』第22号	和歌山大学教育学部附属教育実践総合センター
雪野 潔			2005	「国立博物館と父を憶う」	『建築画報』VOL.41312	建築画報社

著者1	著者2	著者3	発行年	論文名・書籍名	掲載誌	発行元
雪村 まゆみ			2016.11	「世界遺産登録運動と文化資産の認定制度の創設:"認定の連鎖"をめぐって」	『関西大学社会学部紀要』第48巻第1号	関西大学社会学部
湧口 清隆			2015.3	「カワウソから考える動物園・水族館の経済学試論」	『人間社会研究』12	相模女子大学
湯沢 威			2010.3	「博物館で何をみるか(続)」	『学習院大学史料館紀要』第16号	学習院大学史料館
湯田 環			1986.12	「観光地の博物館から―"日本最北の博物館"利尻町立博物館を素材に―」	『お茶の水女子大学博物館実習報告』第2号	お茶の水女子大学学芸員課程委員会
ユッカ・ヨキレット	益田 兼房 監	秋枝 ユミ イザベル 訳	2005.4	『建築遺産の保存 その歴史と現在』		アルヒーフ
湯前町	湯前町教育委員会 編		2014.3	『国指定重要文化財城泉寺シンポジウム記録集.2014』		湯前町教育委員会
湯前町教育委員会 編	湯前町*		2014.3	『国指定重要文化財城泉寺シンポジウム記録集.2014』		湯前町教育委員会
湯原 元一			1913	「通俗圖書館及び博物館の案内」	『歐米通俗教育の實際』	金港堂
ユベルトゥス・サディリン			2016.3	「インドネシアにおける保存事業の技術的課題と将来への展望」	『東南アジアの遺跡保存をめぐる技術的課題と展望』	国立文化財機構東京文化財研究所
湯本 勝洋			2006.3	「市民参加による茨城県産陸生等脚類の生息調査」	『茨城県自然博物館研究報告』第9号	ミュージアムパーク茨城県自然博物館
湯本 桂	清水 慶一		2009.11	「旧東京科学博物館の建築計画について--秋保安治の動的博物館」	『日本建築学会計画系論文集』第74巻645号	日本建築学会
湯本 桂			2014.10	「旧東京科学博物館の耐震補強工事に見る文化財的価値の保存について」	『日本建築学会技術報告集』第20巻第46号	日本建築学会
湯本 豪一 編			1994.11	『美術館・博物館は「いま」:現場からの報告24篇日外教養選書』		日外アソシエーツ(紀伊国屋書店)
湯本 豪一 編			1996.1	『美術館・博物館は「いま」.続(機構・運営の理想と現実)日外教養選書』		日外アソシエーツ(紀伊国屋書店)
湯山 賢一			2011.4	「紙の修復と保存」	『化学と工業』第64巻第4号	日本化学会
湯山 賢一 編	佐々木 利和*編		2012.3	『博物館資料論--改訂新版』		放送大学教育振興会
由良 君美			1983.8	「ボストン美術館と日本美術の逸品」	『UP』第12巻8号	東京大学出版会
萬木 康博			1983.9	「美術季評--意欲的な各地の企画と公立美術館のあり方」	『季刊みづゑ』第928号	美術出版社
萬木 康博			1983.12	「曲り角の美術館と博覧会の賑わい ウラハラな"いま"が触覚を刺激する(美術季評)」	『季刊みづゑ』第929号	美術出版社
葉 祥明			2009	「『日本の絵本美術館』--絵本ミュージアムの状況に関する調査報告--刊行記念講演会葉祥明さんが語る『絵本と私』」	『国立・国際・子ども図書館』第25号	国際子ども図書館を考える全国連絡会
洋泉社編集部 編			2016.9	『鉄道博物館読本』		洋泉社
用田 政晴			1999.3	「丸子船の映像--琵琶湖博物館所蔵資料を中心に」	『滋賀県立琵琶湖博物館研究調査報告』第13号	滋賀県立琵琶湖博物館
用田 政晴			1999.3	「丸子船交流デスクでの活動」	『滋賀県立琵琶湖博物館研究調査報告』第13号	滋賀県立琵琶湖博物館
用田 政晴			2000.3	「アジア考古学研究機構調査報告 1ベトナムの博物館」	『人間文化:滋賀県立大学人間文化学部研究報告』第8号	滋賀県立大学人間文化学部
用田 政晴			2000.8	「ひろば企画展示と博物館の活動--琵琶湖博物館企画展『湖の船』の場合」	『民具研究』第122号	日本民具学会
用田 政晴			2003.3	「企画展『湖の船』開催史と博物館活動の中での位置」	『滋賀県立琵琶湖博物館研究調査報告』第19号	滋賀県立琵琶湖博物館
用田 政晴			2004.3	「イスラエル事情と博物館」	『滋賀県立琵琶湖博物館研究調査報告』第22号	滋賀県立琵琶湖博物館
用美社 編			1986	『彫刻に触れるとき』		用美社
養老 孟司	荒俣 宏*	黒田 日出男 他	1999	『これは凄い東京大学コレクション』		新潮社
ヨーゼフ・クライナー			2011.1	『小シーボルトと日本の考古・民族学の黎明』		同成社
与儀 睦美			2015.6	「展示空間(2)不屈館:瀬長亀次郎と民衆資料」	『月刊社会教育』第59巻6号	国土社

著者1	著者2	著者3	発行年	論文名・書籍名	掲載誌	発行元
横井 時敬			1926	「植物園の効用」	『比較農業:農學研究』	成美堂書店
横井 理夫			2010.3	「北京博物館事情」	『博物館研究』第45巻第3号	日本博物館協会
横江 宗太	柴田 周作*	有澤 誠	2008.12	「横浜・八景島シーパラダイスふれあいラグーンの照明-夜の水族館を魅力的に照らす」	『Iwasaki技報』第19号	岩崎電気
横江 宗太	有澤 誠*	大橋 裕太郎 他	2010.3	「携帯型映像デバイスを利用した水族館での学習環境の提案」	『日本ミュージアム・マネージメント学会研究紀要』第14号	日本ミュージアム・マネージメント学会
横尾 忠則	酒井 忠康 監		2013.10	「アートを生かして初めて美術館建築の成功がある」	『美術館と建築』	青幻舎
横尾 友一			1982	「新しい博物館像を探る:博物館活動と地域社会」	『三多摩の社会教育』第58号	東京都立川社会教育会館
横川 武信	寺澤 勉*	南風原 豊	2001	「展示空間の「音と光」の演出実態(1)」	『拓殖大学理工学研究報告』第8巻2号	拓殖大学理工学総合研究所
横川 好富			1997	「随筆 地域博物館の新しい動き」	『博物館研究』第32巻第10号	日本博物館協会
横須賀市博物館			発行年不明	『横須賀市博物館』		横須賀市博物館
横須賀市博物館 編			1972	『馬堀自然教育園』	『横須賀市博物館教育資料シリーズ17』	横須賀市博物館
横須賀 倫達			2015.10	「震災後の文化財保護行政:ある県職員の日常業務から」	『博古研究』第50号	博古研究会
横田 香央里	円満 隆平		2011.7	「北陸3県における公立博物館の施設維持管理実態調査:指定管理者制度導入に伴う変化」	『日本建築学会北陸支部研究報告集』第54号	日本建築学会北陸支部
横田 一正	桑原 理*	國島 丈生	2007.7	「所蔵品検索システムに基づいたディジタルミュージアム(データ光学)」	『電子情報通信学会技術研究報告』第107巻第131号	電子情報通信学会
横田 香世			2008.12	「子どもの主体的な美術鑑賞に関する実践的研究-あそびの要素を取り入れた美術館での鑑賞の社会実験から」	『同志社政策科学研究』第10巻第2号	同志社大学大学院総合政策科学研究科総合政策学会
横田 香世			2012.2	「非日常空間での「体験」を日常生活の「経験知」につなげける美術鑑賞プログラムに関する研究:子どもの「学ぶ力」の涵養を目指して」	『同志社政策科学院生論集』第1号	同志社大学政策学部・総合政策科学研究科政策学会
横田 恭三 編			2015.1	「書の旅55:中国の碑刻・名跡・博物館」		天来書院
横田 順弥			1998.3	『明治おもしろ博覧会』		西日本新聞社
横田 隆司	西 智哉*	飯田 匡 他	2012.5	「建築関係者と非建築関係者の印象評価のずれに関する研究:博物館の内部空間を対象として」	『日本建築学会近畿支部研究報告集.計画系』第52号	日本建築学会近畿支部
横田 隆司	矢野 晃一郎*	飯田 匡 他	2012.9	「個人ミュージアムにおける来館者数の変動特性と展示空間に対する運営者の意識に関する研究」	『学術講演梗概集』2012巻	日本建築学会
横田 直子			2014.3	「美術館における紙作品の保存修復:兵庫県立美術館の取組み」	『絵画修復報告』第8号	山領絵画修復工房
横田 尚美			1995.5	「衣裳展の展示—「モードのジャポニズム」展を例として」	『展示学』第20号	日本展示学会
横田 正臣			2003.1	『生きがい:たった一人で創った博物館:遥かなる過去を求めて…』		モデラート
横田 正弘			2000.3	『博物館はマーケット:個人経営ミュージアムの集客と黒字経営のしくみ』		春日出版
横手文化財保護協会			2016.11	『半世紀のあゆみ:創立50周年記念誌』		横手文化財保護協会
横畑 泰志	前川 望*		2005.2	「動物の差別的和名に関する障害者およびその支援者へのアンケート調査」	『タクサ:日本動物分類学会誌』第18号	日本動物分類学会
横浜開港資料館 編			1998.3	『図説横浜外国人居留地』		有隣堂
横浜開港資料館 編	文書館問題研究会*編		2003.8	『歴史資料の保存と公開』		岩田書院
横浜開港資料館			2007.3	「特集横浜開港資料館の25年の歩み」	『横浜開港資料館紀要』第25号	横浜開港資料館
横浜開港資料館 編	横浜都市発展記念館*		2013.7	『関東大震災と横浜:廃墟から復興まで』		横浜市ふるさと歴史財団
横浜海洋科学博物館			1984	『横浜海洋科学博物館』		横浜海洋科学博物館
横浜海洋科学博物館			1984.3	『横浜海洋科学博物館20年の歩み』		横浜海洋科学博物館

著者1	著者2	著者3	発行年	論文名・書籍名	掲載誌	発行元
横浜海洋科学博物館			1988.9	『横浜海洋科学博物館の歩み:昭和58年度から63年度・閉館まで』		横浜海洋科学博物館
横浜市衛生組合主催衛生展覽會			1914	『横浜市衛生組合主催衛生展覽會報告』		横浜市衛生組合
横浜市企画財政局都市科学研究室			1987.6	「特集 博物館を考える」	『調査季報』第94号	横浜市企画財政局
横浜市企画調整局都市科学研究室編			1978.6	「特集 都市における資料館」	『調査季報』第58号	横浜市企画調整局都市科学研究室
横浜市商工課 編			1925	「米國の博物館」	『横浜商工彙報』第1號	横浜市商工課
横浜市商工課 編			1925	「米國の博物館續」	『横浜商工彙報』第2號	横浜市商工課
横浜市野毛山動物園編			1982	『野毛山動物園のあゆみ』		横浜市野毛山動物園
横浜商工會議所			1942	『洛北随筆』	『南方發展大展覽會概況』	横浜商工會議所
横浜市立下永谷小学校			2009.1	「優良賞手作り自然博物館で環境教育--横浜市立下永谷小学校」	『内外教育』第5941号	時事通信社
横浜市歴史博物館	神奈川大学日本常民文化研究所		2002.1	『屋根裏の博物館-実業家渋沢敬三が育てた民の学問-』		横浜市歴史博物館・横浜市ふるさと歴史財団
横浜市歴史博物館編			2016.7	『よみがえる学校の文化財:地域の"かがみ"学校内歴史資料室』		横浜市ふるさと歴史財団
横浜都市発展記念館	横浜開港資料館編		2013.7	『関東大震災と横浜:廃墟から復興まで』		横浜市ふるさと歴史財団
横浜美術館			2011.3	『「様々な人に開かれた美術館を目指して」報告書:視覚に障がいのある人と一緒につくる新しい鑑賞プラン:みんなの"みたい"を考える』		横浜美術館
横濱 康繼	福田 廣一*	川嶋 昭二 他	2003	「第69回企画展「海の森からのメッセージ」からの発信--そのコンセプト・構成・展示手法および関連事業」	『栃木県立博物館研究紀要.自然』第20号	栃木県立博物館
横溝 廣子			2011	「柴田是真の下絵・写生帖、そして帝室技芸員関係書類が示すもの」	『三井美術文化史論集』第4号	三井文庫三井記念美術館
横溝 真子			1991	「(1)東京ステーションギャラリー—セルフガイドを導入して—」	『実践女子大学Museology』第10号	実践女子大学博物館学課程
横溝 真子			1991	「教育普及の視座—セルフガイド—」	『MuseumData』第15号	丹青総合研究所
横山 伊徳 編			2005.2	『オランダ商館長の見た日本』		吉川弘文館
横山 恵美			1995	「内国勧業博覧会出品状況にみる豊島区地域の産動向」	『生活と文化:豊島区立郷土資料館研究紀要』第9号	豊島区教育委員会
横山 恵美	伊藤 暢直	秋山 伸一	1995.4	「都市部地域博物館の試み--豊島区立郷土資料館の実践から」	『月刊社会教育』第39巻4号	国土社
横山 恵美			1997.3	「地域博物館における資料整理活動について」	『豊島区立郷土資料館年報』第11号	豊島区教育委員会
横山 恵美			1997.6	「都心部における地域博物館の役割--豊島区の活動を中心に」	『人民の歴史学』第132号	東京歴史科学研究会
横山 恵美			1999	「明治初年の物産界会と竹本要斎」	『豊島区立郷土資料館年報』第13号	豊島区教育委員会
横山 恵美			2008.7	「博物館研究の第一人者・鶴田総一郎先生の業績を掘り起こす-博物館学資料の「整理と保存」・「調査と研究」-」	『桜美林大学博物館学芸員課程年報』第9号	桜美林大学博物館学芸員課程
横山 勝樹	劉 佳頭*		2011	「博物館展示における個別体験型デザイン」	『女子美術大学研究紀要』第41号	女子美術大学
横山 勝彦	半田 滋男	稲庭 彩和子 他	2010.7	『美術館を知るキーワード:美術検定:1級・2級穴埋め、記述式問題対策』		美術出版社
横山 勝彦	半田 滋男	稲庭 彩和子 他	2014.5	『改訂版美術館を知るキーワード』		美術出版社
横山 佐紀			2005.11	「歴史ミュージアムとしてのナショナル・ポートレート・ギャラリー——設立の目的と経緯をめぐって—」	『博物館学雑誌』第31巻第1号	全日本博物館学会
横山 佐紀	寺島 洋子*		2016.3	「オーストラリアの美術館における教育活動」	『国立西洋美術館研究紀要』第20号	国立西洋美術館
横山 晋一	林 秀樹	梶 芳晴	2013	「国登録有形文化財深谷商業高等学校記念館の復原整備について」	『ものつくり大学紀要』第4号	ものつくり大学
横山 真吾			2002.4	「ドレスデンの市電と交通博物館」	『鉄道ピクトリアル』第52巻第4号	鉄道図書刊行会

よ

著者1	著者2	著者3	発行年	論文名・書籍名	掲載誌	発行元
横山 進			2001	「伊藤圭介没後100年記念イベントの取組について(特集植物園の存在意義を高める取り組みや方策)」	『日本植物園協会誌』第36号	日本植物園協会
横山 進			2002.11	「伊藤圭介の博物学的好奇心」	『国立科学博物館ニュース』第403号	国立科学博物館
横山 孝志 他			2005.3	「インタビュー 静岡科学館「る・く・る」驚きと発見のまえの平等とコミュニケーション」	『月刊ミュゼ』69号	(株)アム・プロモーション
横山 貴史	田林 明*	大石 貴之 他	2011.3	「山形県朝日町におけるエコミュージアム活動による地域振興」	『地理空間』第4巻第2号	地理空間学会
横山 正	毛利 正夫	佐々木 朝登	1980	「特集:美術館・博物館=建築と展示空間の統一」	『建築画報』第145号	(株)建築画報社
横山 千晶			2007.3	「「鉄道文化むらものがたり」ができるまで−地域素材の教材研究と博物館利用」	『子ども博物館楽校』第3号	チルドレンズ・ミュージアム研究会
横山 千晶			2010.1	「「はにわのお面」の教育プログラム作り−−歴史系プログラムの教育効果について」	『子ども博物館楽校』第5号	チルドレンズ・ミュージアム研究会
横山 千晶	木下 周一*		2012	「ワークシートなどの教材作成法」	『博物館教育論:新しい博物館教育を描きだす』	ぎょうせい
横山 千花	小山 鐡夫*		1999	「視覚障害者の植物園」	『ユニバーサル・ミュージアムをめざして―視覚障害者と博物館―』	神奈川県立生命の星・地球博物館
横山 秀樹			1981.3	「新潟県における明治時代の博覧会・博物館史」	『國學院大學博物館學紀要』第5輯	國學院大學博物館学研究室
横山 秀樹			2015.2	「北信越支部博物館における第四世代論」	『博物館研究』第50巻第2号	日本博物館協会
横山 寛和	松原 正也		2017.2	「深度情報を用いた空間認識による行動分析システムの開発」	『岐阜大学カリキュラム開発研究』第33巻1号	岐阜大学
横山 宏			1971	「社会教育法成立過程の一考察」	『社会教育法の成立と展開』	東洋出版
横山 雅之			2011.8	「貝原歴史資料館:見て・感じて・考える「糸一筋」の資料館」	『せんい:繊維機械学会誌』第64巻第8号	日本繊維機械学会
横山 泰史			1905.6	「課題および今後の参考になること(1)学校の視点から」	『文部科学省親しむ博物館づくり委託事業「よみがえれ!写真たち」実施報告』	琵琶湖博物館「親しむ博物館づくり事業」実行委員会
横山 陽子			2014.5	「国立歴史民俗博物館第四展示室リニューアル展示見学記」	『千葉史学』第64号	千葉歴史学会
横山 亮次			1997.8	「手島精一先生を偲ぶ」	『国立科学博物館ニュース』第340号	国立科学博物館
吉荒 夕記			2014.11	『美術館とナショナル・アイデンティティー』		玉川大学出版部
吉井 勇			1940	「植物園」		甲鳥書林
吉井 勇	大原 伸一*	川田 宏之	1993.1	『成功する大型映像ビジネス−スーパー・コミュニケーション・メディアへの接近−』		ニューメディア
芳井 敬郎			1977.3	「博物館展示の教育的効果」	『博物館学雑誌』第2巻第1・2号合併号	全日本博物館学会
芳井 敬郎			1979.8	「民族博物館の体験学習」	『社会教育』第34巻8号	全日本社会教育連合会
芳井 敬郎			1982.3	「第5回内国勧業博覧会における「陳列」の諸問題―博覧会事務局に対する奈良県の動向を中心として―」	『國學院大學博物館學紀要』第6輯	國學院大學博物館学研究室
芳井 敬郎			1998.12	「民俗世界の博物館」	『民俗世界と博物館展示・学習・研究のために』	雄山閣出版
吉井 隆雄			2001	「美術品の保存上の諸問題―光記念館収蔵庫システムの事例から―」	『博物館研究』第36巻第9号	日本博物館協会
吉井 隆雄			2006.9	「博物館における高齢者対象プログラム(回想法)とアウト・リーチ活動−高齢者福祉施設への出張美術館(3ヶ年)を事例として」	『博物館研究』第41巻第9号	日本博物館協会
喜井 智子			2009.5	「大塚国際美術館における教育普及−−市・大学・美術館の三者連携による取組み」	『博物館研究』第44巻第5号	日本博物館協会
吉井 良秀			1929.4	「正倉院の御物を拝観して(上)」	『歴史と地理』第23巻第4號	星野書店
吉井 良秀			1929.5	「正倉院の御物を拝観して(下)」	『歴史と地理』第23巻第5號	星野書店
吉池 葉子	奥山 信一*	塩崎 太伸 他	2014.12	「博物館建築における建築家の言説にみる連鎖する空間の密度」	『大会講演梗概集』2013巻	日本建築学会
吉岡 明良	宮崎 佑介*	鷲谷 いづみ	2012.11	「博物館標本と聞き取り調査によって朱太川水系の過去の魚類相を再構築する試み」	『保全生態学研究』第17巻第2号	保全生態学研究編集委員会

著者1	著者2	著者3	発行年	論文名・書籍名	掲載誌	発行元
吉岡 圭子			2001	「古代生活体験プログラムを作る」	『宮崎県総合博物館研究紀要』第23輯	宮崎県総合博物館
吉岡 伸			1992.1	「博物館・美術館の舞台裏-その財政状況と課題-ケーススタディ2青森県立郷土館」	『文環研レポート』第1号	文化環境研究所
吉岡 伸			1992.1	「博物館・美術館の舞台裏-その財政状況と課題-ケーススタディ4札幌市青少年科学館」	『文環研レポート』第1号	文化環境研究所
吉岡 伸			1992.1	「博物館・美術館の舞台裏-その財政状況と課題-ケーススタディ5葛飾区郷土と天文の博物館」	『文環研レポート』第1号	文化環境研究所
吉岡 伸			1993.2	「展示の新しい波-インタラクティブ・メディア-」	『文環研レポート』第2号	文化環境研究所
吉岡 伸			1993.5	「文教施設のインテリジェント化と学習環境-ネットワーク化が進む学校と博物館-」	『文環研レポート』第3号	文化環境研究所
吉岡 伸			1993.11	「アメリカ美術館教育協会の情報データとその活用」	『文環研レポート』第4号	文化環境研究所
吉岡 伸			1994.1	「企業とミュージアムの交流-企業および民間助成団体-」	『文環研レポート』第5号	文化環境研究所
吉岡 伸			1994.3	「インタラクティブ・メディアによる新しい展示の波」	『博物館学雑誌』第19巻第1・2号合併号	全日本博物館学会
吉岡 伸			2000.9	「環境教育活動を支えるパートナーシップ--ヨセミテ・インスティチュートを事例に」	『國立公園』586号	国立公園協会
吉岡 伸			2001.1	「学校教育の中での博物館利用」	『文環研レポート』第15号	文化環境研究所
吉岡 伸	吉冨 友恭*		2002.2	「評価と検証をとり入れた展示開発-自然共生研究センターにおけるケース・スタディー-」	『文環研レポート』第18号	文化環境研究所
吉岡 ちひろ			2014.4	『小学校における動物園を活用するための観察シートの開発及び授業実践』		愛知教育大学
吉岡 ちひろ	大鹿 聖公*	古市 博之	2015.3	「理科学習に動物園を活用するための観察シートの開発:小学3年生を対象とした東山動物園での事例」	『愛知教育大学教育創造開発機構紀要』第5号	愛知教育大学
吉岡 宏高			2007.3	「石炭博物館の再開に向けて-これまでの経緯と運営計画」	『金属鉱山研究』第83号	金属鉱山研究会
吉岡 宏高	佐藤 真奈美*		2009.11	「地域内外の双方向的な交流による観光まちづくり--夕張市清水沢地区での「炭鉱住宅オープンハウス」を事例に」	『日本観光研究学会全国大会学術論文集』第24号	日本観光研究学会
吉岡 康暢			2002.3	「企画展とフォーラムの経過・記録」	『国立歴史民俗博物館研究報告』第94集	国立歴史民俗博物館
吉岡 泰英			1998.3	「一乗谷朝倉氏遺跡の保存と整備」	『資源環境対策』第34巻第4号(『緑の読本』シリーズ45)	公害対策技術同友会
吉岡 泰英			2004	「福井豪雨にともなう一乗谷朝倉氏遺跡の被災状況と復旧活動」	『2004年度日本遺跡学会全国大会発表資料集』	日本遺跡学界
吉岡 裕	瀬川 修*	戸田 忠祐	2001.2	「茅葺民家の保存利用とその方策についての試み」	『岩手県立博物館研究報告』第18号	岩手県立博物館
吉岡 ゆうこ			2014.10	「2014年ドイツ薬学視察旅行初夏:ドイツ薬事博物館と聖女ヒルデガルト関連施設」	『財形福祉』40	財形福祉協会
吉兼 秀夫			2009.4	「エコミュージアムによる地域づくり--フランスと日本の比較」	『まちづくり』第22号	学芸出版社
吉兼 秀夫			2010.9	「観光における「図と地」論」	『観光研究』第22巻第1号	日本観光研究学会
吉兼 秀夫			2016.3	「エコミュージアムの変化:BOIS-DU-LUCエコミュージアムを事例に」	『阪南論集.社会科学編』第51巻第3号	阪南大学学会
吉川 逸治 編	堀米 庸三 編		1978.6	『世界の博物館.10ルーブル博物館:栄光あるフランス文化の伝統』		講談社
吉川 英史			1981.7	「国際障害者年と宮城道雄記念館」	『博物館研究』第16巻第7号	日本博物館協会
吉川 和希	大矢 京右	木村 健一 他	2016.3	「バイダルカ・プロジェクションマッピング:文化財へ直接映像投影をした展示の実践」	『映像情報メディア学会技術報告』第40巻第11号	映像情報メディア学会
吉川 和希	大矢 京右	木村 健一 他	2017	「バイダルカ・プロジェクションマッピング:文化財への直接映像投影による展示効果の向上」	『画像電子学会誌』第46巻第1号	画像電子学会
吉川 觀方			1941	『二千六百年風俗圖史:奉祝紀元二千六百年風俗博物館仮陳列場開設五周年記念』		故實研究會出版部
吉川 國男	朱通 祥男		1980.3	「博物館における体験学習の位置づけ-埼玉県立博物館の実践例をもとにして-」	『埼玉県立博物館紀要』第6号	埼玉県立博物館
吉川 國男			2012.5	「遺跡保存のネットワーク—知知夫国を例として—(遺跡の保存と活用)」	『観光考古学』	ニューサイエンス社

著者1	著者2	著者3	発行年	論文名・書籍名	掲載誌	発行元
吉川 耕太郎			2016.3	「企画展を通した常設展示資料の再評価の試み:「石斧のある世界」展の開催とその意義」	『秋田県立博物館研究報告』第41号	秋田県立博物館
吉川 是久			2000.12	「生涯学習施設としての博物館-博物館サービスについて考える-」	『大阪人権博物館紀要』第4号	大阪人権博物館
吉川 左紀子			1982.12	「画像の意味の認知と記憶」	『追手門学院大学文学部紀要』第16巻	追手門学院大学文学部
吉川 浩			2009.11	「「尾道傾斜地域」における古民家利用による観光地形成のメカニズム--観光地形成における「ミュージアム化」の複合店舗戦略」	『日本観光研究学会全国大会学術論文集』第24号	日本観光研究学会
吉川 浩			2011.3	「観光地の立地店舗における「ミュージアム化現象」の要因--「尾道傾斜地域」における古民家利用による複合店舗形成のメカニズム」	『観光研究』第22巻第2号	日本観光研究学会
吉川 正憲	伊勢 清志		1995.4	「第4回サロン・ド・ミュゼ メトロポリタン美術館VSブリティッシュミュージアム」	『月刊ミュゼ』10号	(株)アム・プロモーション
吉川 美紀			2012.7	「伝えたいいのち～レクリエーション同好会創部34年の歩みと未来へ」	『野生との共存:行動する動物園と大学』	地人書館
吉越 笑子	加藤 仁紀*		2000.3	「博物館と学校との連携について」	『Museumちば:千葉県博物館協会研究紀要』31号	千葉県博物館協会
吉越 恒	森 博隆	立石 欣也 他	2016.2	「世界遺産「紀伊山地の霊場と参詣道」における観光客の動態」	『風水害と観光客の増大による世界遺産の劣化と保全:紀伊山地の霊場と参詣道を事例として』	農林統計出版
吉﨑 文子	鈴木 有紀*		2013	「小学1年生を対象とした対話型鑑賞法による連続授業の実践について」	『愛媛県美術館年報・研究紀要』第13号	愛媛県美術館
吉澤 庄作			1894	「帝國博物館の参考室」	『動物學雜誌』第6巻第69號	東京動物學會
吉澤 庄作			1894	「上野博物館及び動物園」	『動物學雜誌』第6巻第74號	東京動物學會
吉澤 望			2011.6	「美術館と光環境(特集世界遺産と建築工学)」	『理大科学フォーラム』第28巻第6号	東京理科大学
吉澤 望	浦谷 宗太朗*	藤原 工	2012.9	「美術館展示におけるLED照明の利用に関する研究:絵画の見えの評価」	『学術講演梗概集』2012巻	日本建築学会
吉沢 弘美	小坂 広志*	岡谷 典子	1989.3	「共通テーマに基づく民俗展示を終えて-水と共同体〈村の水〉-」	『川崎市市民ミュージアム紀要』第1集	川崎市市民ミュージアム
吉澤 富士夫			2012.12	「博物館倫理規定:博物館関係者の行動規範」	『文化財の虫菌害』第64号	文化財虫害研究所
吉澤 康暢			2006.6	「新たな発見や感動続きのそば展準備-第60回特別展「越前おろしそばの自然史」」	『博物館研究』第41巻第6号	日本博物館協会
吉住 磨子	佐々木 奈美子*		2014.8	「博物館相当施設という選択と大学博物館」	『佐賀大学文化教育学部研究論集』19	佐賀大学文化教育学部
吉田 昭子			2002.5	「日加仮想展覧会の試み」	『Science of humanity Bensei:人文学と情報処理』第39号	勉誠出版
吉田 安規良	高嶺 智徳	松田 伸也	2007.1	「沖縄県における動物園を活用した理科学習の課題-小学生と教員の意識調査結果」	『琉球大学教育学部紀要』第70号	琉球大学教育学部
吉田 彰			2012.3	「地域文化をはぐくむ自然環境とその継承」	『マダガスカル地域文化の動態』	国立民族学博物館
吉田 功			1998.5	「『15年戦争のレポート』と歴史認識」	『歴史科学』153号	大阪歴史科学協議会
吉田 勲			2011.8	「炭鉱の遺産を保存する市民会議--北海道・赤平から」	『月刊社会教育』第55巻8号	国土社
吉田 泉			2009.3	「富山県立文学館創立への展望」	『高岡法科大学紀要』第20号	高岡法科大学
吉田 一郎			1992	「中国民俗文化村」	『香港通信』第5号	パソナプレス
吉田 英一			2002.12	「名古屋大学博物館・サテライトフォーラム開催記録「姉妹校博物館連携による知の創造と共有」」	『名古屋大学博物館報告』第18号	名古屋大学博物館
吉田 一彦			2011.3	「韓国の寺院・神仏習合・博物館--二〇〇九年度、二〇一〇年度の調査から」	『人間文化研究所年報:人間地域共生』第6号	名古屋市立大学人間文化研究所
吉田 熹六 記	西 潛*	上田 石腸 編	1887.5	『西洋風俗記』		駿々堂
吉田 国吉			1996	「地域社会と博物館」	『博物館研究』第31巻第8号	日本博物館協会
吉田 熊次			1913	「第5章第11節博物館・動物園・植物園」	『社會教育』	敬文館
吉田 熊次			1918	「教育博物館」	『教育の米國』	冨山房

著者1	著者2	著者3	発行年	論文名・書籍名	掲載誌	発行元
吉田 熊次			1932	「郷土教育論」	『教育思潮研究』第六巻第一輯	東京大學教育思潮研究會
吉田 熊次			1933	「教育學上より觀たる郷土教育」	『郷土教育講演集』	文部省普通學務局
吉田 熊次			1934	「英獨に於ける博物館」、「我が國に於ける博物館」ほか	『社會教育原論』	同文書院
吉田 熊次			1934	『社會教育原論』		同文書院
吉田 桂二			1988.12	『日本の町並み探求:伝統・保存とまちづくり』		彰国社
吉田 健	菅井 勝雄		2000.3	「博物館の展示法をめぐる研究--科学・技術館を中心として」	『大阪大学大学院人間科学研究科紀要』26号	大阪大学大学院人間科学研究科
吉田 健			2008.3	「科学博物館における科学コミュニケーションについての一考察」	『研究紀要:常磐会学園大学』第8号	常磐会学園大学
吉田 健一郎	川西 利昌	坪山 幸王 他	2005.11	「水族館の展示水槽及び観覧室の照明計算に関する基礎的研究」	『日本建築学会計画系論文集』第70巻597号	日本建築学会
吉田 賢司			1998	「民俗誌展示の現在」	『民族学研究』第62巻4号	日本民族学会
吉田 賢司			1999.5	『文化の「発見」-驚異の部屋からヴァーチャル・ミュージアムまで-』		岩波書店
吉田 賢司			2003.12	「民族誌展示の現在2003」	『大阪人権博物館紀要』第7号	大阪人権博物館
吉田 賢司			2003	「ルーヴルのなかのアフリカ--文化遺産の保存と展示をめぐるポリティックス」	『民族芸術』第19号	民族芸術学会
吉田 賢治			2006.3	「ボランティア展示解説員の役割と意義:明治大学博物館友の会展示解説員の活動から考える」	『明治大学博物館研究報告』第11巻	明治大学博物館事務室
吉田 賢司			2011.3	『博物館概論』		放送大学教育振興会
吉田 賢司			2013.4	『文化の「肖像」:ネットワーク型ミュージオロジーの試み』		岩波書店
吉田 賢司			2014.1	『文化の「発見」:驚異の部屋からヴァーチャル・ミュージアムまで』		岩波書店
吉田 賢司			2014.5	「フォーラムとしての博物館学術情報を社会の中で鍛える」	『科学におけるコミュニケーション2007』	総合研究大学院大学
吉田 憲司 編	マック・ジョン 編	国立民族学博物館 他編	1997.9	『異文化へのまなざし:大英博物館と国立民族学博物館のコレクションから』		NHKサービスセンター
吉田 憲司	久保 正敏*		2014.5	「最先端科学と社会を接合する学の構築 博物館という場の活用を通じて」	『科学におけるコミュニケーション2007』	総合研究大学院大学
吉田 憲司			2017.5	「伝統の創成と開かれたアイデンティティ」	『文明史のなかの文化遺産』	臨川書店
吉田 孝司	佐藤 信治*	坪山 幸王	2001.7	「水族館に関する建築計画的研究:その2 葛西臨海水族園における飼育員の作業行動について」	『学術講演梗概集』2001巻	日本建築学会
吉田 紘三	伊豆原 月絵*		2013.1	「神戸ファッション美術館との学館協働事業による復元研究:織物」	『大阪樟蔭女子大学研究紀要』第3号	大阪樟蔭女子大学
吉田 耕太郎			2010	「文化空間としてのシレジア--シレジア博物館(ゲアリッツ)のプロジェクトの紹介と問題点」	『独文学報』第26号	大阪大学ドイツ文学会
吉田 紗織	久野 靖広*	坂本 一成 他	2008.7	「動線の接続パタンと環境要素:動線と環境要素による博物館建築のランドスケープ(1)」	『学術講演梗概集』2008巻	日本建築学会
吉田 紗織	坂本 一成	久野 靖広 他	2008.7	「動線と環境要素によるランドスケープの構成類型:動線と環境要素による博物館建築のランドスケープ(2)」	『学術講演梗概集』2008巻	日本建築学会
吉田 貞雄			1909.4	「上野動物園にて得たる條蟲」	『動物學雜誌』第21巻第246號	東京動物學會
吉田 俊			2007	「戦争の記憶とナショナリズム-日・中・台・韓の博物館展示を中心に」	『年報・日本現代史』第12号	現代史料出版
吉田 淳一	片山 めぐみ*	斉藤 雅也	2010.5	「生体と観覧者の行動に基づく動物飼育展示施設のデザイン評価--札幌市円山動物園類人猿館改修デザインを事例として」	『日本建築学会計画系論文集』第75巻651号	日本建築学会
吉田 俊造			1919	「代用品展覽會の狀況」	不明	不明
吉田 晶子			2007.10	「博物館・資料館における有形民俗文化財の位置」	『民俗文化財保護行政の現場から』	岩田書院
吉田 昭作			1969	『展示の科学 ショウウインドから万国博まで』		学習研究社

著者1	著者2	著者3	発行年	論文名・書籍名	掲載誌	発行元
吉田 成			2002.5	「写真の保存と復元―デジタル技術の応用―」	『Science of humanity Bensei:人文学と情報処理』第39号	勉誠出版
吉田 忠			1968.12	「箕作佳吉のモース宛書簡」	『生物学史研究』第15号	日本科学史学会生物学史分科会
吉田 知加			2002.6	「展示における「意識導線」をとりいれた情報伝達媒体の試み」	『MUSEUM』第578号	東京国立博物館
吉田 知加			2003	「東京国立博物館のサイン計画について(考察1)」	『MUSEUM』第586号	東京国立博物館
吉田 知加			2005.8	「博物館を知的遊園地にするために:東京国立博物館」	『学校図書館』658号	全国学校図書館協議会
吉田 千鶴子			2013.9	「文化財保護史上の天心」	『博物館研究』第48巻第9号	日本博物館協会
吉田 哲郎			2001	「「和船」、「船大工」等に関する調査―失われつつある日本の伝統と博物館による文化の継承」	『博物館研究』第36巻第8号	日本博物館協会
吉田 尚			2004.3	「博物館評価についての考察」	『神戸市立博物館研究紀要』第20号	神戸市立博物館
吉田 直人	佐野 千絵	石崎 武志 他	2007	「25年目を迎える保存担当学芸員研修」	『保存科学』第47号	国立文化財機構東京文化財研究所
吉田 直人	佐野 千絵*	呂 俊民 他	2010.6	『博物館資料保存論:文化財と空気汚染』		みみずく舎
吉田 直人	黄川田 翔*	佐野 千絵	2016.2	「美術館・博物館の資料保護に向けた光曝露量の評価方法:染色布を事例に」	『照明学会誌』第100巻第2号	照明学会
吉田 直人			2017.10	「「博物館・美術館等保存担当学芸員研修」の意味と効果」	『博物館研究』第52巻第10号	日本博物館協会
吉田 望	矢島 國雄*		2001.3	「学生の見た博物館展示技術の評価(2)」	『Museologist:明治大学学芸員養成課程年報』第16巻	明治大学学芸員養成課程
吉田 望	矢島 國雄*		2002.3	「学生の見た博物館展示技術の評価(3)」	『Museologist:明治大学学芸員養成課程年報』第17巻	明治大学学芸員養成課程
吉田 信明	和田 晴太郎	伊藤 英之 他	2012.10	「京都市動物園での情報通信技術活用への取り組み―動物園に適したインフラと動物コンテンツの活用―」	『情報処理学会デジタルプラクティス』第3巻第4号	情報処理学会
吉田 伸之			1994.2	「展示叙述について」	『歴史評論』第562号	校倉書房
吉田 哉			2013.3	「山形県立博物館の動物標本」	『山形県立博物館研究報告』第31号	山形県立博物館
吉田 弘			1926	「兒童博物館の施設と教育的利用」	『兒童教育』第20巻第7號	兒童教育研究會
吉田 弘			1929	「兒童博物館の經營」	『兒童教育』第23巻第3號	兒童教育研究會
吉田 博			1930	「米國クリヴランド美術館」	『世界美術巡禮』	アトリヱ社
吉田 裕彦			2007.10	「天理参考館蔵「北京の看板」蒐集の地-崇文門大街-」	『天理参考館報』第21号	天理参考館
吉田 裕彦			2012.2	「知的資源の宝庫:社会に開かれた大学博物館」	『博物館研究』第47巻第2号	日本博物館協会
吉田 啓正			1960	「昭和34年度の須磨水族館における飼育について」	『動物園水族館雑誌』第2巻1号	日本動物園水族館協会
吉田 啓正			1980.4	「動物園水族館は博物館といえるだろうか」	『博物館研究』第15巻第4号	日本博物館協会
吉田 啓正			1998.12	「生きている多様性との出会い-かごしま水族館における自然の演出」	『博物館研究』第33巻第12号	日本博物館協会
吉田 啓正			1999.3	「博物館と藻類水族館における海藻の展示～鹿児島市立かごしま水族館の場合～」	『藻類』第47巻1号	日本藻類学会
吉田 啓正			1999.7	『ジンベエザメの命メダカの命～水族館・限りなく生きることに迫る～』		信山社サイテック
吉田 啓正			2000.1	「日本の動物園・水族館21世紀への変革-優秀な研究や議論もある-人事を改め「慰楽」脱皮を」	『サイアスScias』第5巻1号	朝日新聞社
吉田 啓正			2000.9	「21世紀へ、変わる水族館」	『近代建築』第54巻9号	近代建築社
吉田 平七郎			1938	『趣味の科學動物園から』		人文書院
吉田 平七郎			1938	『動物園から』		人文書院

著者1	著者2	著者3	発行年	論文名・書籍名	掲載誌	発行元
吉田 平七郎			1941	『科學する動物園』		人文書院
吉田 平七郎			1956	『動物園の話』		保育社
吉田 平七郎 編	寺西 良夫 編		1956	『動物園』		保育社
吉田 正高			2016	「我が国におけるコンテンツ文化「資料」の保存と展示：現状と今後の課題」	『情報の科学と技術』第66巻第8号	情報科学技術協会
吉田 政博			1999.12	「みどりと文化の交流展「栗山村」を開催して」	『博物館研究』第34巻第12号	日本博物館協会
吉田 雅巳			1999.3	「タイ王国の国立博物館の発達」	『千葉経済大学学芸員課程紀要』第3号	千葉経済大学学芸員課程共同研究室
吉田 優			1989.3	「小規模博物館の日本史講座—125回24名のそろそろ回数が楽しみになり始めた7年目—」	『Museologist：明治大学学芸員養成課程年報』第4巻	明治大学学芸員養成課程
吉田 優			1990.7	「市立規模博物館の地域的役割--市立市川歴史博物館の活動から」	『歴史評論』第483号	校倉書房
吉田 優			1994.3	「博物館実習について考える-前号の特集を読んで-」	『Museumちば：千葉県博物館協会研究紀要』25号	千葉県博物館協会
吉田 優			1996.3	「歴史系地方博物館学芸員の歴史研究法」	『Museum study：明治大学学芸員養成課程紀要』第7号	明治大学学芸員養成課程
吉田 優			1997.3	「「博物館歴史学」の道」	『Museum study：明治大学学芸員養成課程紀要』第8号	明治大学学芸員養成課程
吉田 優			1998.3	「戦後の歴史資料保存運動小史その(2)」	『Museum study：明治大学学芸員養成課程紀要』第9号	明治大学学芸員養成課程
吉田 優			1998.3	「歴史系博物館の社会教育実践法—『市川市史』を音読する会の事例—」	『Museum study：明治大学学芸員養成課程紀要』第9号	明治大学学芸員養成課程
吉田 優			1999.3	「博物館法の戦後直後史」	『Museum study：明治大学学芸員養成課程紀要』第10号	明治大学学芸員養成課程
吉田 優			2000	「明治大学博物館の役割」	『中央評論』第231号	中央大学
吉田 優			2000.3	「地方博物館における「郷土」の概念」	『Museum study：明治大学学芸員養成課程紀要』第11号	明治大学学芸員養成課程
吉田 優			2001.3	「英国における歴史系博物館」	『Museologist：明治大学学芸員養成課程年報』第16巻	明治大学学芸員養成課程
吉田 優			2001.3	「地域博物館の理念研究--川崎市と横浜市の場合」	『Museum study：明治大学学芸員養成課程紀要』第13号	明治大学学芸員養成課程
吉田 優			2002.3	「民藝型博物館と民俗型博物館の接木論」	『Museum study：明治大学学芸員養成課程紀要』第14号	明治大学学芸員養成課程
吉田 優			2004.3	「博物館人と地域—日本の地域博物館シンポジウムについて—」	『Museologist：明治大学学芸員養成課程年報』第19巻	明治大学学芸員養成課程
吉田 優			2005.3	「博物館人と地域その(2)—第2回日本の地域博物館シンポジウムについて—」	『Museologist：明治大学学芸員養成課程年報』第20巻	明治大学学芸員養成課程
吉田 優			2006.6	「指定管理者制度と学芸員養成課程」	『地方史研究』第56巻第3号	地方史研究協議会
吉田 優			2008.3	「歴史系地方博物館の自立について」	『全博協研究紀要』第10号	全国大学博物館学講座協議会
吉田 優			2008.3	「日本における地方・地域博物館の戦後パラダイム」	『Museologist：明治大学学芸員養成課程年報』第23巻	明治大学学芸員養成課程
吉田 優			2009.3	「地域博物館の展示調査研究」	『Museum study：明治大学学芸員養成課程紀要』第20号	明治大学学芸員養成課程
吉田 優			2010.3	「歴史系博物館の戦後から現在までの流れ」	『Museologist：明治大学学芸員養成課程年報』第25巻	明治大学学芸員養成課程
吉田 優			2011	「展示計画教材のこころみ：長塚節『土』を素材に(序)」	『Museum study：明治大学学芸員養成課程紀要』第23号	明治大学学芸員養成課程
吉田 優			2012.5	「森鷗外」「柳宗悦」	『博物館学人物史下』	雄山閣
吉田 優			2015.3	「入館者の興味・関心をひきおこす古文書展示のこころみ：明治大学博物館『オーソドックスな古文書展示』の事例から」	『日本ミュージアム・マネージメント学会研究紀要』第19号	日本ミュージアム・マネージメント学会
吉田 優	築地 貴久	中谷 仁美	2015.4	「博物館実物資料の活用を想定した博物館学芸員養成教育プログラムの開発に関する基礎的考察：近世村方文書を中心として」	『博物館学雑誌』第40巻第2号	全日本博物館学会
吉田 貢	中村 清二*	栗原 嘉名芽 他	1929	「建築に関する音響の研究」	『建築雑誌』第43輯第517號	日本建築學會

著者1	著者2	著者3	発行年	論文名・書籍名	掲載誌	発行元
吉田 光邦			1968.3	「3博覧会」	『お雇い外国人②産業』	鹿島研究所出版会
吉田 光邦			1970	『万国博覧会-技術文明史的に(NHKブックス)』		日本放送出版協会
吉田 光邦			1975	「京都の博覧会」	『京都の歴史』第8号	京都市
吉田 光邦			1979	「水産博覧会前後」	『新編龗海魚譜』	島津出版会
吉田 光邦			1981.5	『産業の発達史〔企業博物館〕日本の博物館第13巻』		講談社
吉田 光邦			1984.5	「第五回内国博」	『三省堂ぶっくれっと』第50号	三省堂
吉田 光邦			1985.3	『改訂版万国博覧会-技術文明史的に』		日本放送協会
吉田 光邦	日本放送協会 編		1985.1	『万国博覧会-その歴史と役割』		日本放送協会
吉田 光邦 編			1985.3	『図説万国博覧会史1851-1942』		思文閣出版
吉田 光邦 編			1986.2	『万国博覧会の研究』		思文閣出版
吉田 光邦			1989.12	「博覧会--万博から花博までの20年」	『建築と社会』第70輯12号	日本建築協会
吉田 充	大石 正之*	永広 昌之	2013.3	「陸前高田市立博物館地質標本救済事業と岩手県における博物館の災害復興とそれに関連する諸事情」	『化石』第93号	日本古生物学会
吉田 宗人	上村 信行	吉田 倫子 他	2012.5	「重要伝統的建造物群保存地区における保存意識の比較:竹原重要伝統的建造物群保存地区を事例として」	『日本建築学会近畿支部研究報告集.計画系』第52号	日本建築学会近畿支部
吉田 泰幸			2009	「南山大学人類学博物館所蔵の「考古学研究の研究」に関係する資料のアーカイブ化に向けて-附・第一展示室展示アルバム作成メモ追記」	『人類学博物館紀要』第27号	南山大学人類学博物館
吉田 ゆか子			2017.5	「テーマ・パークにおける芸能伝承」	『文明史のなかの文化遺産』	臨川書店
吉田 倫子	吉田 宗人*	上村 信行 他	2012.5	「重要伝統的建造物群保存地区における保存意識の比較:竹原重要伝統的建造物群保存地区を事例として」	『日本建築学会近畿支部研究報告集.計画系』第52号	日本建築学会近畿支部
吉武 弘喜			1988.9	「博物館におけるボランティア活動について」	『博物館研究』第23巻第9号	日本博物館協会
吉武 弘喜			1998	「アメリカにおける博物館専門職員の養成と研修」	『博物館研究』第33巻第10号	日本博物館協会
吉武 弘喜	中川 志郎*	西野 嘉章 他	1998.11	「座談会 アメリカにおける学芸員の養成と研修1」	『博物館研究』第33巻第11号	日本博物館協会
吉武 弘喜	中川 志郎*	西野 嘉章 他	1998.12	「座談会 アメリカにおける学芸員の養成と研修2」	『博物館研究』第33巻第12号	日本博物館協会
吉武 弘喜			1999.2	「教育課程の基準の改訂と博物館」	『博物館研究』第34巻第2号	日本博物館協会
吉武 弘喜			1999.5	「高等学校の教育課程の基準の改訂と博物館」	『博物館研究』第34巻第5号	日本博物館協会
吉武 弘喜			2000.3	「青少年の教育と博物館の役割」	『千葉県立現代産業科学館研究報告』第6号	千葉県立現代産業科学館
吉武 弘喜			2000	『科学系博物館と学校との融合をはかる科学教育システムの開発に関する研究』		文部省科学研究費補助金研究成果報告書
吉武 弘喜			2004	「大学美術館の運営について」	『博物館の機能及びその効果的な運営の在り方に関する研究』	国立科学博物館
吉武 弘喜			2006.9	「来館者のための安全対策-地震の体験から」	『博物館研究』第41巻第9号	日本博物館協会
吉谷 武敏	橋爪 和也*	谷口 雅人 他	1997.3	「業者が語った博物館展示」	『季刊Liberty』第17号	大阪人権歴史資料館
吉谷 武敏			2008.9	「日米文化比較からみた外資系企業のデザイン展開(トイザらスのVMD戦略)」	『JMMA日本ミュージアム・マネージメント学会会報』第13巻第2号	日本ミュージアム・マネージメント学会
吉富 友恭			2001	「河川生態系に関する展示の考え方と今後の課題」	『展示学』第31号	日本展示学会
吉富 友恭			2002.2	「水族館における生態的展示の動きとこれからの展示解説」	『Cultivate:文化と環境を考える』第16号	文化環境研究所
吉冨 友恭			2002	「研究成果をインタラクティブに紹介する展示システム--非接触ICチップをインターフェイスに活かした試み」	『展示学』第34号	日本展示学会

著者1	著者2	著者3	発行年	論文名・書籍名	掲載誌	発行元
吉冨 友恭	萱場 祐一	尾澤 卓思	2002	「河川における展示手法に関する研究--自然共生研究センターを事例として」	『土木技術資料』第44巻10号	土木研究センター
吉冨 友恭	吉岡 伸		2002.2	「評価と検証をとり入れた展示開発－自然共生研究センターにおけるケース・スタディー」	『文環研レポート』第18号	文化環境研究所
吉冨 友恭			2003	「河川の現象を再現する映像展示システム--出水を様々な角度から捉えた映像を活用」	『展示学』第35号	日本展示学会
吉冨 友恭	今井 亜湖	山田 雅行 他	2004.12	「河川の流量変動を映像化した展示システムが児童に及ぼす影響」	『日本教育工学会論文誌』第28巻第3号	日本教育工学会
吉冨 友恭			2011	「牟田辺遊水地の役割や仕組みを伝える--住民意見を反映した展示パネルの制作」	『水循環』第82号	雨水貯留浸透技術協会
吉冨 友恭	渡辺 友美*	萱場 祐一	2013.12	「魚類の生態への気づきを促す映像展示システムの開発と評価」	『日本教育工学会論文誌』第37巻Suppl.号	日本教育工学会
吉冨 友恭	岩田 愛加	今井 亜湖 他	2015	「巡回プロセスに沿った展示の改善と改善効果の検証」	『展示学』第52号	日本展示学会
吉冨 友恭	飯田 花名子*	渡辺 友美	2015	「博物館等の展示スペースにおける自然音活用の現状と分類」	『展示学』第52号	日本展示学会
吉冨 友恭	渡辺 友美*	萱場 祐一	2016	「国内展示施設における生物多様性展示の分析と課題」	『日本教育工学会論文誌』第39巻Suppl.号	日本教育工学会
吉留 徹			2002.5	「イコノテク・プロジェクト地方からのデジタル情報発信―3D映像を使った民俗資料データベースの構築とその応用―」	『Science of humanity Bensei: 人文学と情報処理』第39号	勉誠出版
吉留 徹			2003.11	「民俗資料の映像化とデジタル・アーカイブの課題--豊北町歴史民俗資料館民俗資料映像データ・ベースの事例を通して」	『民具マンスリー』第36巻8号	神奈川大学
吉留 徹	大渕 慶史*	坂本 英俊 他	2010	「伝統技能の保存と継承のためのマルチメディア活用技術の開発」	『工学教育』第58巻第6号	日本工学教育協会
吉留 正樹			2013	「人類学博物館所蔵資料データベースの運用にむけて」	『人類学博物館紀要』第31号	南山大学人類学博物館
吉永 健治	能勢 修治*	早野 雄治 他	2008.7	「沖縄県立博物館美術館の設計・施工」	『プレストレスト・コンクリート』第50巻第4号	プレストレストコンクリート技術協会
吉永 秀明	中村 隆敏*	角 和博	2009	「科学館との連携によるAR3DCGを用いた学習コンテンツの開発」	『佐賀大学教育実践研究』第26号	佐賀大学文化教育学部附属教育実践総合センター
吉永 秀明			2010.11	「サイエンス・パートナーシップ・プロジェクトを活用した中学校、高等学校との連携事業」	『博物館研究』第45巻第11号	日本博物館協会
吉中 充代 編	並木 誠士*	米屋 優 他	1998.6	『現代美術館学』		昭和堂
吉永 美也子			1995.3	「米国におけるミュージアム・キャリアの開拓」	『Museologist: 明治大学学芸員養成課程年報』第10巻	明治大学学芸員養成課程
吉野 敏武			2011.12	「史料の装幀形態から観る料紙:講演会展示史料の装幀と料紙」	『和紙文化研究』第19号	和紙文化研究会
吉野 俊哉			2001.3	「幕末期の「物産会」に見る物と人との交流」	『富山県立山博物館研究紀要』第8号	富山県立山博物館
吉野 俊哉			2013.3	「明治初期の博覧会等に出展されていた越中・立山の天産物について:近世本草学から近代博物学、物産学への過渡期の実態を中心に」	『富山県立山博物館研究紀要』第20号	富山県立山博物館
吉野 俊哉			2014.3	「明治期の全国的な宝物調査と旧越中国内の宝物について:東京国立博物館蔵資料の調査を中心に」	『富山県立山博物館研究紀要』第21号	富山県立山博物館
吉野 奈津子			2011.3	「名古屋大学博物館野外観察園展示室の展示記録 2011年4月から11月まで」	『名古屋大学博物館報告』第27号	名古屋大学博物館
吉野 奈津子			2013	「名古屋大学博物館野外観察園展示室の展示記録 2012年10月から2013年10月まで」	『名古屋大学博物館報告』第29号	名古屋大学博物館
吉野 楷三			1935	「青年の地方開發指導機關としての郷土博物館網建設(上)」	『帝國教育』第671號	大日本教育會
吉野 楷三			1935	「青年の地方開發指導機關としての郷土博物館網建設(下)」	『帝國教育』第672號	大日本教育會
吉野 楷三			1935	「兒童博物館建設の急務」	『帝國教育』第674號	大日本教育會
吉野 稔			2010.12	「整備郷土博物館分館のある公園--天沼弁天池公園」	『都市公園』第191号	東京都公園協会
吉野 陽子			2009.11	「三鷹市立アニメーション美術館(通称:三鷹の森ジブリ美術館)について」	『自治体国際化フォーラム』第241号	自治体国際化協会
吉羽 和夫			1976	『科学の散歩道―博物館みて歩き』		共立出版社
吉羽 和夫			1979	『続科学の散歩道』		共立出版社

著者1	著者2	著者3	発行年	論文名・書籍名	掲載誌	発行元
吉羽 和夫			1980.9	『博物館の博物誌』		刊々堂
吉羽 和夫			1980.9	「第一章科学・技術と博物館」	『博物館の博物誌』	刊々堂
吉羽 和夫			1987	「企業の博物館 物と人間をどう結ぶか」	『別冊歴史読本 歴史博物館のすべて』	新人物往来社
吉羽 和夫			2002.9	『物づくりと博物館と:消えた手仕事の世界』		人間の科学新社
好廣 眞一	原賀 いずみ*		2011.5	「かばんから飛び出した布絵シアター、エコミュージアム:生物多様性を伝える環境教育のインタープリテーション」	『社会科学研究年報』第41号	龍谷大学
吉見 俊哉			1992.9	『博覧会の政治学 まなざしの近代』		中央公論社
吉見 俊哉			1995.11	「博覧会とまなざしの近代」	『江戸東京学への招待①』	日本放送出版協会
吉見 俊哉			2000.9	『カルチュラル・スタディーズ 思考のフロンティア』		岩波書店
吉見 俊哉 監	土屋 礼子		2001	『明治のメディア師たち-錦絵新聞-』		ニュースパーク日本新聞博物館
吉見 俊哉 編			2001.4	『カルチュラル・スタディーズ 講談社選書メチエ207.知の教科書』		講談社
吉見 俊哉			2003.5	『カルチュラル・ターン、文化の政治学へ』		人文書院
吉見 俊哉			2005.3	『万博幻想:戦後政治の呪縛』		筑摩書房
吉見 俊哉	石川 徹也*	根本 彰	2011.5	『つながる図書館・博物館・文書館:デジタル化時代の知の基盤づくりへ』		東京大学出版会
吉見 真理子			2016.3	「展示施設案内 十津川村歴史民俗資料館」	『奈良歴史研究』第84号	奈良歴史研究会
由水 常雄			1971	「明治五年の正倉院開封記録」	『美術史』第80号	美術史學會
由水 常雄			1977.6	『正倉院の謎』		徳間書店
由水 常雄			1994	「ウィーン万国博一八七三年」	『ジャポニズムからアール・ヌーボーへ』	中央公論社
吉嶺 昭			2016.3	「資料保存の取り組み:一筆地調査図の代替化を中心に」	『沖縄県公文書館研究紀要』第18号	沖縄県公文書館
吉村 巌			1926	「萬延元年日本人の見たるニュウーヨークの公園」	『造園學雑誌』第2巻第7號	日本造園學會
吉村 絵美留			2004.1	『修復家だけが知る名画の真実』		(株)プライム涌光
吉村 國子			1931	「キューガーデンの植物園」「リーシェッパークの動物園」	『夫に伴して』	吉村喜作
吉村 浩一			2012	「絵画に顕在するものを展示解説文に生かす意義」	『展示学』第50号	日本展示学会
吉村 浩一	関口 洋美		2012.3	「UXデザインから捉えた美術館の展示解説(1)—問題提起と研究計画の設定—」	『法政大学文学部紀要』第66号	法政大学文学部
吉村 浩一	関口 洋美		2013.3	「UXデザインから捉えた美術館の展示解説(2)実証実験と理論的考察」	『法政大学文学部紀要』第67号	法政大学文学部
吉村 浩一	関口 洋美		2015.09	「美術館と博物館の展示解説が相互に学ぶこと:展示専門家へのインタビューに基づく展望」	『法政大学文学部紀要』第71号	法政大学文学部
吉村 作治 監			1985	『カイロ博物館秘蔵黄金のファラオ展 古代エジプトの神秘』		ファラオコミッティ
吉村 茂			2015.6	「史跡等文化財活用へのPPP導入のあり方:鶴丸城御楼門復元プロジェクトからの考察」	『九州経済調査月報』第69巻	九州経済調査協会
好村 孝則	久替 宬治*		1994.12	「歴史学習と博物館」	『博物館学年報』第26号	同志社大学博物館学芸員課程
吉村 健			2008.6	「博学連携の現状と課題-弥生文化博物館のアンケートから」	『考古学研究』第55巻第1号	考古学研究会
嘉村 哲郎	加藤 舞	北岡 タマ子	2009.9	「ミュージアム・リテラシーに関するワークショップ実践報告--めざせ!「ミュージアム・マスター」」	『JMMA日本ミュージアム・マネージメント学会会報』第14巻第2号	日本ミュージアム・マネージメント学会
吉村 旭輝	梅津 一朗*		2009.12	「紀州研ミュージアムボランティア報告 現代版・那智山参詣曼荼羅絵解き」	『紀州経済史文化史研究所紀要』第30号	紀州経済史文化史研究所

著者1	著者2	著者3	発行年	論文名・書籍名	掲載誌	発行元
吉村 旭輝	梅津 一朗*	江利川 春雄	2009.12	「紀州研ミュージアムボランティア報告 西岡虎之助、和歌山の日々--研究と教育の葛藤」	『紀州経済史文化史研究所紀要』第30号	紀州経済史文化史研究所
吉村 智博			1997.9	「「身分」という"ものさし"を問い直す」	『季刊Liberty』第19号	大阪人権歴史資料館
吉村 智博			2003.12	「博物館展示論を議論する意味」	『大阪人権博物館紀要』第7号	大阪人権博物館
吉村 智博			2011	「博物館における表象行為と社会的差別--差異の表象をめぐって」	『人文学報』第100号	京都大学人文科学研究所
吉村 智博			2011.1	「岩宿博物館における石器作りの体験学習」	『第四紀研究』第50巻第5号	日本第四紀学会
吉村 智博			2016	「大阪人権博物館の歴史的意義と現代的役割:"記憶遺産"としての栄小学校旧校地」	『市政研究』第190号	大阪市政調査会
吉村 典夫	及川 健美		1967.5	「展示品解説用の電気装置について」	『博物館研究』第40巻第5号	日本博物館協会
吉村 典夫			1968.4	「「理工学博物館における資料の収集(試論)」」	『昭和42年度学芸員研修会講演集』	日本博物館協会
吉村 典夫			1970	「理工学館における展示企画」	『博物館研究』第43巻第2・3号	日本博物館協会
吉村 典夫			1971.3	「よい理工学博物館」	『社会教育』第26巻3号	全日本社会教育連合会
吉村 典夫			1976.3	「展示解説と文献抄録～情報処理の視点から～」	『博物館学雑誌』第1巻第2号	全日本博物館学会
吉村 典夫			1979.2	「博物館と図書館--共通点と相違点」	『博物館研究』第14巻第2号	日本博物館協会
吉村 典夫	五十嵐 瞳		1979.9	「博物館における近代的な情報処理」	『博物館学雑誌』第3巻・4巻合併号	全日本博物館学会
吉村 典夫			1979.11	「情報処理」	『博物館学講座 第8巻博物館教育と普及』	雄山閣
吉村 典夫			1983.3	「博物館で用いる分類」	『博物館学雑誌』第8巻第1・2号合併号	全日本博物館学会
吉村 雅仁			2016.12	「ことばのワークショップを評価の観点からふりかえる」	『学校と博物館でつくる国際理解教育のワークショップ』	国立民族学博物館
吉村 光敏	阿由葉 司*		1985.11	「学芸員をめざすキミへ」	『地理』第30巻第11号	古今書院
吉村 光敏			1995	「展示の評価－導線調査の事例報告」	『博物館研究』第30巻第7号	日本博物館協会
吉村 光敏	八木 令子*		2003.2	「博物館活動に活かす地図--房総半島の地形や景観変化を主題にした鳥瞰図」	『地図情報』第22巻4号	地図情報センター
吉村 良夫			1987	「美術カタログと著作権—藤田嗣治未亡人の訴え」	『朝日新聞』1987年3月4日付夕刊	朝日新聞社
吉村 良夫			2014	「展覧会評 美術展の常識を吹っ飛ばした文明批判:ヨコハマトリエンナーレ2014」	『美術フォーラム21』第30号	美術フォーラム21刊行会
吉村 玲子			2008.9	「美術館から画像を入手するための手順-米国の場合」	『博物館研究』第43巻第9号	日本博物館協会
吉本 一雄	井原 慎太郎		1999.3	「山口博物館80年のあゆみ」	『山口県立山口博物館研究報告』第25号	山口県立山口博物館
吉本 哲郎			2010.5	「むらに小さな収入と大きな笑顔をもたらす「村丸ごと博物館」」	『季刊地域』第1号	農山漁村文化協会
吉本 裕子			2011.12	「博物館における協同作業の再検討:アイヌ文化を展示する大阪人権博物館の展示制作変容プロセスより」	『博物館学雑誌』第37巻第1号	全日本博物館学会
吉本 裕子			2014.3	『アイヌ展示の詩学:展示制作過程における協同(共同)を中心として』		横浜市立大学
吉行 淳之介			1978	「植物園小品」	『紅い花・青い花』	北宋社
吉原 攝子	石田 恵子*	鷲野 智世 他	1999.3	「サイエンスショー「粉の不思議」」	『名古屋市科学館紀要』第25号	名古屋市科学館
吉原 忠雄			2001.3	「私と博物館」	『大谷女子大学博物館学芸員課程年報』第1号	大谷女子大学博物館学芸員課程
ヨセフ・コジェンスキー			1985.1	『明治のジャポンスコ』		サイマル出版
依田 芽生	仁科 亜季子	今井 亜湖	2011.3	「IDの手法を用いた博物館展示の開発--「徹底比較!長良川鵜飼vs小瀬鵜飼」を事例に」	『日本教育工学会研究報告集』第11巻第1号	日本教育工学会

よ

著者1	著者2	著者3	発行年	論文名・書籍名	掲載誌	発行元
依田 亮一			2008.6	「埋蔵文化財保護行政と公立博物館-かながわ考古学財団の廃止問題を中心に考える-」	『博物館問題研究』第31号	博物館問題研究会
四柳 嘉章			1981.3	「金沢博物館の展開－初期地域博物館の動向－」	『國學院大學博物館学紀要』第5輯	國學院大學博物館学研究室
四柳 嘉章			2003.3	「考古資料の修復と文化財科学-福井県家久遺跡・礫榔墓出土漆器の事例から」	『國學院大學博物館学紀要』第27輯	國學院大學博物館学研究室
米倉 守			1983.10	「地方美術館はどこへ向かう?」	『朝日ジャーナル』1983年10月14日	朝日新聞出版
米倉 立子			2005	「機能している教会堂の「野外文化遺産」としての位置づけと維持・保存のあり方に関する一考察」	『Mouseion:立教大学博物館研究』第51号	立教大学学校・社会教育講座
米倉 立子 編			2011	「特集創設60年記念立教大学学芸員課程の歩み」	『Mouseion:立教大学博物館研究』第57号	立教大学学校・社会教育講座
米崎 清美			2005.2	『蜷川式胤「奈良の筋道」』		中央公論美術出版社
米沢 秀夫			1942	「上海の植物園」	『上海史話:附上海史文献解題』一	畝傍書房
米田 耕司	下津谷 達男*		1980.6	「土地・建物と施設・設備とその管理」	『博物館学講座 第9巻博物館の設置と運営』	雄山閣
米田 耕司			1981.12	「博物館の教育利用」	『博物館学雑誌』第7巻第1号	全日本博物館学会
米田 耕司			1994.3	「美術館学芸員職における研修」	『Museumちば:千葉県博物館協会研究紀要』25号	千葉県博物館協会
米田 耕司			1996.3	「学芸員であること」	『千葉経済大学学芸員課程紀要』創刊号	千葉経済大学学芸員課程共同研究室
米田 耕司			1997.3	「展示に想う」	『Museumちば:千葉県博物館協会研究紀要』28号	千葉県博物館協会
米田 耕司			1999.1	「博物館の予算と経営 予算と経営の特色」	『新版博物館学講座 第12巻博物館経営論』	雄山閣
米田 耕司			1999.1	「博物館経営の目的・理念と方法 経営の基本構成」	『新版博物館学講座 第12巻博物館経営論』	雄山閣
米田 耕司			1999.1	「博物館経営の目的・理念と方法 日本における博物館経営の現状と課題」	『新版博物館学講座 第12巻博物館経営論』	雄山閣
米田 耕司			1999.1	「博物館設置の条件」	『新版博物館学講座 第12巻博物館経営論』	雄山閣
米田 耕司			1999.3	「博物館のネットワークの実践事例」	『Museologist:明治大学学芸員養成課程年報』第14巻	明治大学学芸員養成課程
米田 耕司			1999.12	「館種別博物館の教育活動の特色 美術館」	『新版博物館学講座 第10巻生涯学習と博物館活動』	雄山閣
米田 耕司			2000.4	「館種別博物館の役割と使命 美術館」	『新版博物館学講座 第3巻現代博物館論-現状と課題-』	雄山閣
米田 耕司			2000.6	「博物館機能の拡大 レクリエーション機能」	『新版博物館学講座 第4巻博物館機能論』	雄山閣
米田 耕司			2001.5	「館種別博物館の調査研究 美術館」	『新版博物館学講座 第6巻博物館調査研究法』	雄山閣
米田 耕司			2001.5	「博物館における調査研究活動 調査・研究への市民参加」	『新版博物館学講座 第6巻博物館調査研究法』	雄山閣
米田 耕司			2002.3	「総合的な学習の時間と博物館活動」	『Museologist:明治大学学芸員養成課程年報』第17巻	明治大学学芸員養成課程
米田 耕司			2005.3	「新しい時代を支える博物館体制のあり方について」	『國學院大學博物館学紀要』第29輯	國學院大學博物館学研究室
米田 耕司			2005.7	「からだに染み込んでいく体験で、子どもたちの感性を育てたい」	『ユニバーサルデザイン』第16号	ユーディ・シー
米田 耕司			2007.4	「ユニバーサルな社会における美術館・博物館のあり方」	『だれもが楽しめるユニバーサル・ミュージアム:"つくる"と"ひらく"の現場から』	読書工房
米田 耕司	藤 泉*	大堀 哲	2009	「都市政策との連動がまちに交流とにぎわいを生み出す:長崎県美術館、長崎歴史文化博物館」	『Cultivate:文化と環境を考える』第33号	文化環境研究所
米田 耕司 編	鷹野 光行	西 源二郎 他	2011.3	『新編博物館概論』		同成社
米田 文孝			2005.6	「博物館の歴史」	『博物館学ハンドブック』	関西大学出版部
米田 文孝	森 隆男	山口 卓也 編著	2015.4	『新課程博物館学ハンドブック1』		関西大学出版部

著者1	著者2	著者3	発行年	論文名・書籍名	掲載誌	発行元
米田 文孝	森 隆男	山口 卓也 編著	2015.4	『新課程博物館学ハンドブック2』		関西大学出版部
米田 文孝	森 隆男	山口 卓也 編著	2017.3	『新課程博物館学ハンドブック3』		関西大学出版部
米田 稔	上田 啓未*	堀井 美里 他	2011.3	「KuKuRIを利用した博物館・図書館における映像展示とデジタルコンテンツ利用連携」	『アート・ドキュメンテーション研究』第18号	アート・ドキュメンテーション学会
米田 明訓			2010	「博物館における青銅鏡作り体験の実際的方法」	『山梨県立考古博物館・山梨県埋蔵文化財センター研究紀要』第26号	山梨県立考古博物館・山梨県埋蔵文化財センター
米田 明訓	雨宮 加代子*	長谷部 久樹	2011	「博物館における青銅鏡作り体験の実際的方法(2)三珠大塚古墳出土六鈴鏡の復元と青銅器製作体験プログラムの導入について」	『山梨県立考古博物館・山梨県埋蔵文化財センター研究紀要』第27号	山梨県立考古博物館・山梨県埋蔵文化財センター
米田 明訓			2012.3	「県立考古博物館における「博学連携」の現状と課題」	『山梨県立考古博物館・山梨県埋蔵文化財センター研究紀要』第28号	山梨県立考古博物館・山梨県埋蔵文化財センター
米田 雄介	樫山 和民 編著		1999	『朝日選書623正倉院学ノート』		朝日新聞社
米田 雄介			1999	『正倉院宝物の歴史と保存』		吉川弘文館
米田 雄介			1999.8	「蜷川式胤の事跡-正倉院宝物の調査に関連して」	『古代文化』第51巻8号	古代学協会
米田 賴司			2009.12	「紀州研ミュージアムボランティア報告和歌祭(2009年5月3日)映像記録演習」	『紀州経済史文化史研究所紀要』第30号	紀州経済史文化史研究所
米地 文夫	三浦 修*		1999.12	「宮沢賢治の作品にみられる植物と植物園-総合的学習を目的とした大学植物園の活用について-」	『岩手大学教育学部研究年報』第59巻2号	岩手大学教育学部
米村 祥央			2009	「致道博物館の環境調査(平成21年度)」	『文化財保存修復研究センター研究成果報告書』2009年度	東北芸術工科大学文化財保存修復研究センター
米山 勇監			2010.5	『日本近代建築大全＜西日本篇＞』		講談社
米山 勇監			2010.7	『日本近代建築大全＜東日本篇＞』		講談社
米山 勇	田中 裕二*		2016	「平成26年度英国野外博物館への現地調査報告 野外博物館の持続的発展を目指して」	『東京都江戸東京博物館紀要』第6号	東京都江戸東京博物館
米山 里史	日野 賢一	熊谷 亮平 他	2012.9	「ル・コルビュジエによる「無限成長美術館」の変遷に関する研究」	『学術講演梗概集』2012巻	日本建築学会
米屋 優	並木 誠士*	吉中 充代 他編	1998.6	『現代美術館学』		昭和堂
米山 淳一			1986	「鉄道文化財の保存:日本ナショナルトラストの活動」	『鉄道ピクトリアル』第36巻第10号	鉄道図書刊行会
米山 淳一			1997.7	「名勝旧大乗院庭園の保護・管理と(財)日本ナショナルトラストの活動」	『都市公園』第137号	東京都公園協会
米山 妙子			2010.12	「日本の伝統文化「まちかど博物館事業親子職人講座」」	『学校運営』第52巻9号	学校運営研究会
讀賣新聞社			1912	「通俗教育委員の巡覧」	『讀賣新聞』12736	讀賣新聞社
讀賣新聞社			1915	「劇に開する展覧會を觀る」	『讀賣新聞』5531	讀賣新聞社
四方田 希実			2010	「NPO法人の運営するミュージアム・東京おもちゃ美術館とそれを支える力」	『早稲田大学教育研究フォーラム』第2号	早稲田大学文学学術院教育学研究室
四方田 雅史			2016.3	「上海・青島の紡織工場遺産の保全と利活用:在華紡の事例を中心に」	『産業考古学』第153号	産業考古学会
余裕教室活用研究会			1994	『余裕教室の活用』		社団法人文教施設協会
ヨリッセン・エンゲルベルト	松田 毅一*		1983.1	『フロイスの日本覚書』		中央公論社
頼沼 勲	平山 嵩*	山崎 源司	1954.3	「正倉院新宝庫の夏季温湿度について」	『日本建築学会研究報告』第26号	日本建築学会
依光 方成			1891	『世界周游實記』第18巻		博文館
萬 順一	町田 佳世子*	河村 奈美子 他	2014.12	「動物園の飼育担当者の語りが導く飼育体験参加者の認識変容のプロセス」	『札幌市立大学研究論文集』6	札幌市立大学
羅 鑫			2014.8	「中国客家博物館に関する人類学的研究」	『客家與多元文化』9	亞州文化總合研究所出版會
ラアニエ・クリスチアン	Siken.G	Aubert.M	1997.4	「NARCISSE:絵画研究のための高精細画像の利用」	『情報管理』第40巻第1号	科学技術振興機構

著者1	著者2	著者3	発行年	論文名・書籍名	掲載誌	発行元
ラアニエ・クリスチアン			2002.5	「保存修復に利用される情報技術」	『Science of humanity Bensei:人文学と情報処理』第39号	勉誠出版
H.Laamanen.Hannu	宮田 公佳*	T.Jaaskelainen.Timo 他	2008.8	「文化財解析のための分光情報の活用-メタマ領域の検索手法」	『日本写真学会誌』第71巻第4号	日本写真学会
ライト・リチャード・B	アンドリュー・D・ロバーツ*	吉村 典夫 他訳	1981.3	「情報管理の進歩－博物館における情報管理－(翻訳)」	『博物館学雑誌』第6巻第1・2号合併号	全日本博物館学会
ライフデザイン研究所 編			1993	『ミュージアムとのここちよい関係づくり』		ライフデザイン研究所
ライブラリアン・クラブ			1983	「特集 図書館と博物館」	『図書館と本の周辺』第5号	日本古書通信社
ラフォレ・A・L			2008.3	「『私たちは生きている』カナダ文明博物館先住民ホールの制作における協議と共同」	『第22回北方民族文化シンポジウム報告書 北太平洋の文化―北方地域の博物館と民族文化(2)』	北方文化振興協会
ラワンチャイクン 寿子			2011.11	「福岡アジア美術館における子ども向け事業の試み」	『博物館研究』第46巻第11号	日本博物館協会
ランドマークとしての博物館商店街と博物館の連携事業実行委員会			2007.11	『ランドマークとしての博物館:商店街と博物館の連携事業:地域との連携』		ランドマークとしての博物館(商店街と博物館の連携事業)実行委員会
李 尚			2014.6	「博物館における宗族の表象に関する研究:徽州文化博物館を事例に」	『立教観光学研究紀要』第16号	立教大学観光学部
李 祥準	山本 広貴*	平井 健嗣	2012.9	「公共文化施設の運営に関する実態調査:国立美術館の管理体制・維持費用の分析」	『学術講演梗概集』2012巻	日本建築学会
李 尚珍			2015.4	「柳宗悦と浅川伯教の「朝鮮美術観」に関する一考察:「朝鮮民族美術館」の設立過程を中心に」	『比較文化研究』第116号	日本比較文化学会
李 尚珍			2015.10	「植民統治期の朝鮮社会における朝鮮美術展覧会の受容に関する一考察」	『比較文化研究』第118号	日本比較文化学会
李 仁淑	大野 左千夫 訳		1999.1	「韓国新博物館運動事始」	『和歌山県立博物館研究紀要』第14号	和歌山県立博物館
李 徳雨			2014.5	「韓国・国立民俗博物館における地域民俗調査」	『比較民俗研究』第27号	筑波大学比較民俗研究会
李 南勲	安 英美		2014.1	「韓国のごみ埋立地博物館(ワールドカップ公園展示館)の紹介」	『都市清掃』第67号317輯	全国都市清掃会議
李 文子			2010	「韓国の博物館関連法律」	『國學院大學博物館学紀要』第35輯	國學院大學博物館学研究室
李 炳男			1993.12	「韓国の民俗博物館について-主に信仰儀礼を中心として-」	『博物館学年報』第25号	同志社大学博物館学芸員課程
李 美那			2001	「静岡県立美術館開館15周年記念「ザ・ベスト展2001－あなたのリクエストが展覧会になった」開催経緯と成果」	『博物館研究』第36巻第8号	日本博物館協会
李 明	村上 茂輝*	石丸 紀興	2016.3	「広島博物館基本計画案と黒川紀章:比治山芸術公園の形成と建築家黒川紀章に関する研究」	『日本建築学会中国支部研究報告集』第39巻	日本建築学会中国支部
季 蘭瑛			1982.1	「大学における学芸員養成」	『Mouseion:立教大学博物館研究』第26号	立教大学学校・社会教育講座
季 蘭瑛			1986.11	「韓国古代の博物館」	『Mouseion:立教大学博物館研究』第32号	立教大学学校・社会教育講座
リード・ビジネス・インフォ			2007.4	「プロセスシュトゥットガルトのメルセデス・ベンツ・ミュージアムUNスタジオ・hgメルツ」	『DetailJapan』第3巻第2号	リード・ビジネス・インフォメーション
リード・ビジネス・インフォ			2007.4	「プロダクト・フィーチャー特集:ギャラリー空間を演出するアイテム」	『DctailJapan』第3巻第2号	リード・ビジネス・インフォメーション
リード・ビジネス・インフォメーション			2007.4	「OPENEND大阪市立大学高原記念館 KAJIMA DESIGN KANSAI」	『DetailJapan』第3巻第2号	リード・ビジネス・インフォメーション
リード・ビジネス・インフォメーション			2007.4	「タイポロジーマデイラ島のカリェタ文化センターパウロ・ダヴィト(特集ミュージアム)」	『DetailJapan』第3巻第2号	リード・ビジネス・インフォメーション
リード・ビジネス・インフォメーション			2007.4	「プロセスマールバッハの文学博物館デイヴィッド・チッパーフィールド・アーキテクツ」	『DetailJapan』第3巻第2号	リード・ビジネス・インフォメーション
陸軍省			1878	『彦根城郭保存ニ関スル達書:[書写資料]』		陸軍省
陸前高田市立博物館			2010.3	『陸前高田市立博物館50周年記念誌』		陸前高田市立博物館
りそな総合研究所			2008.4	「地域創生Watching(25)鳴門市「大塚国際美術館」」	『りそなーれ』第6巻第4号	りそな総合研究所
リチャード・フォーティ	野中 香方子 訳		2011.4	『乾燥標本収蔵1号室:大英自然史博物館迷宮への招待』		NHK出版
立教大学日本学研究所			2007.4	「ハーバード大学、ピーボディ・エセックス博物館調査報告(2005年12月5日〜19日)」	『立教大学日本学研究所年報』第6号	立教大学日本学研究所

著者1	著者2	著者3	発行年	論文名・書籍名	掲載誌	発行元
立命館大学国際平和ミュージアム 編			2012.5	『立命館大学国際平和ミュージアム20年の歩み：過去、現在、そして未来』		立命館大学国際平和ミュージアム
リバーフロント整備センター			2007.9	『水辺のミュージアム』		リバーフロント整備センター
リバーフロント整備センター			2009.1	『水辺のミュージアム』第2巻		リバーフロント整備センター
Libuse.Boháčková			1969.3	「Nápresteka museum」	『博物館ニュース』第4巻第2号・3号	日本博物館協会
劉 佳頴	横山 勝樹		2011	「博物館展示における個別体験型デザイン」	『女子美術大学研究紀要』第41号	女子美術大学
劉 廣堂	海谷 李影 訳		2013.6	「ミュージアム国際フォーラム 講演 博物館の視点からみた中日文化交流」	『国府台：和洋女子大学文化資料館・博物館学課程報告』第17号	和洋女子大学文化資料館・博物館学課程
劉 廣堂	川崎 キヌ子	駒見 和夫 他	2013.6	「ミュージアム国際フォーラム フロアーディスカッション」	『国府台：和洋女子大学文化資料館・博物館学課程報告』第17号	和洋女子大学文化資料館・博物館学課程
劉 正愛			2016.3	「フィールドワークで出会う「非物質文化遺産」」	『中国地域の文化遺産：人類学の視点から』	国立民族学博物館
劉 征宇			2016.2	「現代中国食文化博物館に関する考察:杭州料理博物館(Chinese Hangzhou Cuisine Museum)を事例として」	『社会システム研究』2015特集号	立命館大学社会システム研究所
笠 耐			2002.3	「科学教育の国際的動向」	『千葉県立現代産業科学館研究報告』第8号	千葉県立現代産業科学館
劉 芳	鮫島 和夫	徐 瑧	2007	「地元主体による歴史的建造物の保全活用及び街並整備—島原市上の町地区の事例的研究—」	『日本建築学会九州支部研究報告.計画系』第46号	日本建築学会九州支部
リュック・ブノワ	水嶋 英治 訳		2002	『博物館学への招待』		白水社
漁 剛志			2011.3	「山口博物館ホームページのアクセス解析の結果について」	『山口県立山口博物館研究報告』第37号	山口県立山口博物館
漁 剛志	佐藤 嘉孝	伊原 慎太郎	2014.3	「2013年度企画展「発見!産業アドベンチャー」の概要報告」	『山口県立山口博物館研究報告』第40号	山口県立山口博物館
寮 美千子	若宮 崇令*		2003.7	「作家のみたプラネタリウム」	『天文教育』第15巻4号	天文教育普及研究会
領塚 正浩			1992.3	「考古資料の展示を考える～姥山貝塚B地点9号住居跡の復元模型を中心として～」	『Museumちば：千葉県博物館協会研究紀要』23号	千葉県博物館協会
領塚 正浩			1998.3	「学芸員の調査・研究–歴史系博物館の事例を中心として–」	『Museumちば：千葉県博物館協会研究紀要』29号	千葉県博物館協会
領塚 正浩			2002.3	「市立市川考古博物館におけるボランティア活動」	『Museumちば：千葉県博物館協会研究紀要』33号	千葉県博物館協会
領塚 正浩			2004.3	「市立市川考古博物館における子ども向け事業」	『Museumちば：千葉県博物館協会研究紀要』35号	千葉県博物館協会
領塚 正浩			2009.4	「学校と博物館をつなぐ「縄文体験学習」」	『歴史地理教育』第743号	歴史教育者協議会
領塚 正浩			2013.3	「コレクションの文化資源化と大学・地域博物館の連携～ジェラード・グロート神父と日本考古学研究所のコレクションを中心として～」	『博物館資料の再生：自明性への問いとコレクションの文化資源化』	岩田書院
林 詠能			2009.12	「台湾の博物館評価制度について」	『JMMA日本ミュージアム・マネージメント学会会報』第14巻第3号	日本ミュージアム・マネージメント学会
林 佳慧			2010	「台湾原住民に対するフィールドワークと文物展示にまつわる諸問題」	『台湾原住民研究』第14号	風響社
林 初梅			2012	「1930年代植民地台湾の郷土教育論の一側面:在台「内地」人児童の郷土化と台湾人児童の日本化をめぐる葛藤」	『植民地教育史研究年報』第15号	皓星社
リン・ウェイ			2017	「英国博物館職員の多様性を促進する取り組み」	『言語・地域文化研究』第23号	東京外国語大学大学院総合国際学研究科
リンケ・S	S・ナーゲル*	越野 武 訳	1977	『博物館・美術館・図書館・研究所』		集文社
リンダ・A・ザイコルマン 編	シュロック・J・R 編	杉山 真紀子 他訳	1991	『博物館の防虫対策手引き』		淡交社
リンダ・デニス			2016.3	「国際展覧会企画プロジェクト研究テーマ「タッチ」を組み込む試み」	『女子美術大学研究紀要』第46号	女子美術大学
リンダ・ファーガソン	キャロリン・マック・ルーリック	ルイース・ラバ・リー	2002.11	『意味とメッセージ：博物館展示の言語ガイドライン』		リーベル出版
リン・H・ニコラス	高橋 早苗 訳		2002	『ヨーロッパの略奪』		白水社
ルイース・ラバ・リー	リンダ・ファーガソン*	キャロリン・マック・ルーリック	2002.11	『意味とメッセージ：博物館展示の言語ガイドライン』		リーベル出版

著者1	著者2	著者3	発行年	論文名・書籍名	掲載誌	発行元
ルーミスマニエール・R・C			2007.3	「美術=アートではなく、クラフト=工芸ではない-美術館における陶磁器の展示についての考察」	『文化資源学』第6号	文化資源学会
ルーミス・ロス・J			2000.3	「アメリカの博物館評価と来館者研究」	『滋賀県立琵琶湖博物館研究調査報告』第17号	滋賀県立琵琶湖博物館
ルシーニュ・フレデリック			2006.3	「フランス博物館の情報戦略」	『非文字資料研究』第3号	神奈川大学21世紀COEプログラム「人類文化研究のための非文字資料の体系化」研究推進会議
ルシーニュ・フレデリック			2007.3	「野外民族博物館リトルワールドにおける『民族』概念についての初歩的レポート」	『非文字資料研究』第15号	神奈川大学21世紀COEプログラム「人類文化研究のための非文字資料の体系化」研究推進会議
黎 謝	本多 俊和*		2007	「博物館における先住民族表象-外国の博物館展示事例から」	『放送大学研究年報』第25号	放送大学
麗人社			2014	「宮城県慶長使節船ミュージアムサン・ファン館:日本で初めて大西洋を渡った男たちの夢-」	『美術屋・百兵衛』第29号	麗人社
麗人社			2014	「感覚ミュージアム」	『美術屋・百兵衛』第29号	麗人社
歴史科学協議会			2002.1	「特集:博物館と歴史認識」	『歴史評論』第621号	校倉書房
歴史学研究会			1994.2	「東京都における歴史系文化行政の発展と江戸東京博物館の充実のために——歴史関係学会からの要望書」	『歴史学研究月報』410号	歴史学研究会
歴史学と博物館のありかたを考える会			1993.11	「歴史系博物館・資料館の現状と問題点」	『歴史科学』134号	大阪歴史科学協議会
歴史学と博物館のありかたを考える会 編			2001	『現場から歴史学と博物館のありかたを考える会創立十周年記念誌』		歴史学と博物館のありかたを考える会
歴史教育者協議会 編			1995.4	『平和博物館・戦争資料館ガイドブック』		青木書店
歴史教育者協議会 編			2000.7	『新版平和博物館・戦争資料館ガイドブック』		青木書店
歴史教育者協議会編集委員会			2012.12	「「戦争と女性の人権博物館」の開館をめぐって」	『歴史地理教育』第798号	歴史教育者協議会
「歴史探訪韓国の文化遺産」編集委員会 編			2016.3	『歴史探訪韓国の文化遺産上』		山川出版社
「歴史探訪韓国の文化遺産」編集委員会 編			2016.3	『歴史探訪韓国の文化遺産下』		山川出版社
Rcceaton	Park*		1941.3	「教育的動物園の話」	『公園緑地』第52號	公園緑地協會
Lesigne.Frederic	佐野 賢治*	木下 宏揚 他	2011.3	「只見町インターネット・エコミュージアムの可能性--「民具」の国際標準化に焦点をあてて」	『年報 非文字資料研究』第7号	神奈川大学日本常民文化研究所非文字資料研究センター
Rezende.Aline.Lara			2010	「ブラジル美術と観客参加--体験型作品の展示における美術館学芸員の挑戦」	『芸術学研究』第14号	筑波大学大学院人間総合科学研究科
レ・ティ・リエン			2016.3	「ベトナムの典型的遺跡及び博物館における考古遺物保存の課題」	『東南アジアの遺跡保存をめぐる技術的課題と展望』	国立文化財機構東京文化財研究所
レナート・ホルム			1974	「社会」	『第10回ICOM大会講演集博物館と近代世界』	国際博物館会議日本委員会
レニエ・キャサリーン	食野 雅子 訳	ホーニング 睦美 訳	1994.6	『インタープリテーション入門:自然解説技術ハンドブック』		小学館
呂 怡屏			2017.3	「台湾における災害展示と民族アイデンティティとの関係」	『総研大文化科学研究』第13号	総合研究大学院大学文化科学研究科
呂 俊民*	佐野 千絵*	吉田 直人 他	2010.6	『博物館資料保存論:文化財と空気汚染』		みみずく舎
呂 俊民*	古田嶋 智子*	佐野 千絵	2011	「展示収蔵環境で用いられる内装材料の放散ガス試験法」	『保存科学』第51号	国立文化財機構東京文化財研究所
呂 俊民			2015.12	「建築物衛生法からみた博物館・美術館の管理」	『文化財の虫菌害』第70号	文化財虫菌害研究所
呂 俊民			2016	「文化財のための美術館・博物館における空気清浄の役割」	『空気清浄:コンタミネーションコントロール』第53巻6号	日本空気清浄協会
蘆 生			1950	「博物館・美術館・文化財の問題--小林氏の「文化財保護法をめぐつて」を読む」	『日本美術工芸』第146号	日本美術工芸社
ロイド・イヌイ	国立歴史民俗博物館 編		2004.12	「民族と歴史 全米日系人博物館とアメリカにおける日系人の展示」	『歴史展示のメッセージ:歴博国際シンポジウム「歴史展示を考える-民族・戦争・教育」	(株)アム・プロモーション
労働者学習センター			2008.8	「労働者学習センター「水族館でイルカとふれあう-下田海中水族館」」	『ひろばユニオン』第558号	労働者学習センター

著者1	著者2	著者3	発行年	論文名・書籍名	掲載誌	発行元
Roger.S.マイルズ 編	中山 邦紀 訳	丹青総合研究所 編	1986.8	『展示デザインの原理』		丹青社
碌山美術館 編			1978	『碌山美術館誌開館二十周年記念』		碌山美術館
Roberts.Laurence.P	国際文化会館		1978	『Roberts Guide to Japanese Museuem In Collaboration with the International House of Japan』		講談社
ロベルト・バーネ	飯田 喜四郎 訳		1953.2	「歴史建造物の修理方法」	『建築史研究』第11号	彰国社
ロワレット・アンリ			2009.3	「普遍的な美術館へ」	『ミュージアム新時代』	慶應義塾大学出版会
ワイルダー・チャールズ・G	萩原 訳		1964.3	「アジアのための博物館」	『Mouseion:立教大学博物館研究』第10号	立教大学学校・社会教育講座
若尾 泰明			2005.3	「岐阜県博物館所蔵映像の配信について」	『岐阜県博物館調査研究報告』第26号	岐阜県博物館
若尾 泰明			2006.3	「ボランティア講座(情報技術コース)の取組みと今後について」	『岐阜県博物館調査研究報告』第27号	岐阜県博物館
若狭 真澄			2011	「史跡公園は今・保存と活用への新たな動き 地域に愛される史跡と博物館を目指して--群馬県保渡田古墳群とかみつけの里博物館」	『考古学研究』第58巻第2号	考古学研究会
若杉 温			2016.10	『歴博ブックレット28 歴博で高校生が見つけた歴史の授業のヒント:高校の授業で歴史と民俗を結ぶ生活史を教えよう』		歴史民俗博物館振興会
若園 雄志郎			2014.9	「博物館におけるアイヌ文化の伝承者育成」	『日本の社会教育』第58集	東洋館出版社
若槻 真治			2012.9	「石見銀山遺跡・世界遺産登録の取り組みと地域の活性化」	『自治体国際化フォーラム』第275号	自治体国際化協会
若月 憲夫			1994.1	「体験学習施設としての科学館の発展経緯と今後の展望」	『文環研レポート』第5号	文化環境研究所
若月 憲夫			1995.7	「モノがないミュージアム。発想を換えれば展示とグッズの同時開発が可能」	『月刊ミュゼ』12号	(株)アム・プロモーション
若月 憲夫			1997.2	「映像博物館MOMI」	『Cultivate:文化と環境を考える』第5号	文化環境研究所
若月 憲夫			1997.2	「環境教育の視座から見た博物館の可能性」	『文環研レポート』第9号	文化環境研究所
若月 憲夫	近藤 茂夫*	齊藤 恵理	1997.3	「科学系ミュージアムにおける「情報展示」のあり方」	『日本ミュージアム・マネージメント学会研究紀要』第1号	日本ミュージアム・マネージメント学会
若月 憲夫			1998.9	「博物館における情報発信と情報メディア」	『文環研レポート』第12号	文化環境研究所
若月 憲夫	近藤 茂夫*	齊藤 恵理	1999.3	「ミュージアム事業戦略のための現状分析/その一考察」	『日本ミュージアム・マネージメント学会研究紀要』第3号	日本ミュージアム・マネージメント学会
若月 憲夫	近藤 茂夫*	齊藤 恵理	2000.3	「夢とロマンを育む科学技術--新しい時代の科学館のあり方--理科離れが危惧されるなかでの科学館のあり方を展望して」	『日本ミュージアム・マネージメント学会研究紀要』第4号	日本ミュージアム・マネージメント学会
若月 憲夫			2001.3	「地域ミュージアムの活性化をめざして--子どもや家族対応を軸とした活動や展示のあり方」	『日本ミュージアム・マネージメント学会研究紀要』第5号	日本ミュージアム・マネージメント学会
若月 憲夫	大野 一郎*	日露野 好章	2007	「2006年度学芸員課程主催公開講演録博物館の世界-博物館経営の諸問題(2)博物館と市民意識」	『東海大学課程資格教育センター論集』第6号	東海大学出版会
若月 憲夫	高橋 信裕*		2010.9	「歴史と文化を今に活かす城下町フィールドミュージアム構想」	『Cultivate:文化と環境を考える』第36号	文化環境研究所
若月 憲夫			2016	「展示学の眼 展示の原点はEXPOにあり!:ミラノ万博の「展示」を訪ねて」	『展示学』第53号	日本展示学会
若林 修一	酒井 秀嗣*	佐藤 恵	2012	「ふれあい動物園における展示動物のストレスに関する一考察」	『日本大学歯学部紀要』第40号	日本大学歯学部
若林 鶴丸	高橋 里奈*		2009	「体験型展示コンテンツにおけるインターフェイスの検討」	『デザイン学研究.研究発表大会概要集』第56号	日本デザイン学会
若林 文高			1991.5	「英国王立研究所に滞在して」	『国立科学博物館ニュース』第265号	国立科学博物館
若林 文高			2007	「探究活動・課題研究に博物館・科学館を活かす-その利用と教材開発」	『化学と教育』第55巻第7号	日本化学会
若林 文高	田邊 玲奈*	岩崎 誠司 他	2009.8	「科学系博物館における科学リテラシー涵養のための学習活動の取り組み:国立科学博物館幼児向け学習プログラムを事例に」	『日本科学教育学会年会論文集』第33巻	日本科学教育学会
若林 文高	亀井 修*	前島 正裕	2016.3	『アントロポシーン(人の時代)における博物館:生物圏と技術圏の中の人間史をめざして』		国立科学博物館理工学研究部

著者1	著者2	著者3	発行年	論文名・書籍名	掲載誌	発行元
若松 謙一			2003	「21世紀に期待されるプラネタリウム・科学館」	『岐阜大学工学部研究報告』第53号	岐阜大学工学部
若松 久男 監			2002	『MinMProject1991-2001博物館動物園駅の進化と再生』		(株)アム・プロモーション
若宮 崇令			1985.2	「地域博物館の連携」	『平塚市博物館年報』第8号	平塚市博物館
若宮 崇令			1985.11	「ハレー彗星のテレホンサービスについて」	『博物館研究』第20巻第11号	日本博物館協会
若宮 崇令			1990.11	「川崎市域の自然調査について：川崎市青少年科学館の実践」	『月刊社会教育』第34巻第11号	国土社
若宮 崇令			2001	「川崎青少年科学館のボランティア「川崎自然調査団」について」	『博物館研究』第36巻第8号	日本博物館協会
若宮 崇令			2003.7	「日本におけるプラネタリウム」	『天文教育』第15巻4号	天文教育普及研究会
若宮 広和			1980.11	「博物館における教育活動」	『Mouseion：立教大学博物館研究』第26号	立教大学学校・社会教育講座
若宮 広和			1999.8	「博物館における情報の提供と活用方法 4.情報ネットワークとその活用」	『新版博物館学講座 第11巻博物館情報論』	雄山閣
和歌山県 編			1909.12	『文書編纂保存取扱細則』		和歌山県
和歌山県立博物館			1996.3	『博物館活動の推進と機能向上に関する研究 平成7年度文部省委嘱社会教育指導充実強化事業』		和歌山県立博物館
和歌山県立博物館 編			2016.1	『先人たちが残してくれた「災害の記憶」を未来に伝える1』		和歌山県立博物館施設活性化事業実行委員会
和歌山県立博物館 編			2016.1	『先人たちが残してくれた「災害の記憶」を未来に伝える2』		和歌山県立博物館施設活性化事業実行委員会
和歌山県立博物館 編			2017.1	『先人たちが残してくれた「災害の記憶」を未来に伝える3』		和歌山県立博物館施設活性化事業実行委員会
和歌山県立美術館			1971	『和歌山県立美術館のあゆみ昭和38年4月〜昭和46年3月』		和歌山県立美術館
和歌山大学紀州経済史文化史研究所			2002.3	「企画展示会「国史の風景—日本近代の歴史教科書展—」の記録」	『紀州経済史文化史研究所紀要』第22号	和歌山大学紀州経済史文化史研究所
和歌山大学紀州経済史文化史研究所			2007.12	「和歌山大学博物館(紀州研HUB)オープニング記念企画公開シンポジウム 太田城水攻めと出水堤防−フィールドミュージアム雑賀惣国」	『紀州経済史文化史研究所紀要』第28号	和歌山大学紀州経済史文化史研究所
若山 尚之			2015.7	「アクアマリンふくしま：東日本大震災を乗り越えた環境水族館」	『IBEC』第36巻第2号	建築環境・省エネルギー機構
脇川 寿泉			1921	「中央農事試験場と動物園」	『北京名所案内』	寿泉堂
脇坂 圭一	斉川 尚樹*		2015.4	「自由鑑賞経路をもつ現代の美術館における経路選択と空間認知に関する研究」	『日本建築学会計画系論文集』第80巻710巻	日本建築学会
脇田 健一	森田 恒之*	郷力 憲治 他	1997.9	「座談会 展示をつくる論理」	『季刊Liberty』第19号	大阪人権歴史資料館
脇田 泰子	松山 智恵子*	栃窪 優二 他	2014.3	「地域連携によるインターネット情報発信の試み：「バーチャルひがしやま動物園&植物園」サイトの構築」	『椙山女学園大学研究論集 社会科学篇』第45号	椙山女学園大学
脇田 康弘			2012.10	「明日香村「まるごと博物館」に向けて」	『新都市』第66巻第10号	都市計画協会
脇田 祥尚	上段 貴浩*		2010.12	「アートイベントによって顕在化する歴史的市街地の地域資源−−「からほりまちアート」を事例として」	『日本建築学会計画系論文集』第75巻658号	日本建築学会
脇谷 草一郎			2016.3	『平城宮跡遺構展示館における露出展示遺構の保存環境に関する研究』		京都大学フィールド科学教育研究センター瀬戸臨海実験所
和久田 優子			2012.3	「樹脂製複製品の抱える課題と将来の課題について」	『博物館学年報』第43号	同志社大学博物館学芸員課程
和久田 優子			2015	「造形物を取り囲む意識と偶然—複製製作の視点から—」	『博物館学年報』第46号	同志社大学博物館学芸員課程
和気 律次郎	和田 英作*		1919	「古代近代美術館にて」	『畫僧フラ・アンチエリコ』	玄文社
若生 謙二			1982.7	「近代日本における動物園の発展過程に関する研究」	『造園雑誌』第46巻第1号	日本造園学会
若生 謙二			1987.12	「動物園における生態的展示」	『展示学』第5号	日本展示学会

著者1	著者2	著者3	発行年	論文名・書籍名	掲載誌	発行元
若生 謙二			1988.2	「動物園史研究の現状」	『造園雑誌』第51巻第3号	日本造園学会
若生 謙二			1989.1	「アメリカにおける生態的展示の系譜」	『展示学』第9号	日本展示学会
若生 謙二			1991.3	「セントラルパーク動物園の歴史にみる動物園の変容とオルムステッドの公園観」	『造園雑誌』第54巻第5号	日本造園学会
若生 謙二			1992.3	「アメリカにおける動物園の発展過程に関する研究」	『造園雑誌』第55巻第5号	日本造園学会
若生 謙二			1994.5	「展示論からみたアメリカにおける動物園の発展過程」	『展示学』第17号	日本展示学会
若生 謙二			1994.11	「展示論からみたアメリカにおける動物園の発展過程Ⅱ」	『展示学』第18号	日本展示学会
若生 謙二			1997.9	「動物園研究の課題と方法」	『動物園研究』第1巻2号	動物園研究会
若生 謙二			1999.1	「ランドスケープ・イマージョンの概念について」	『動物園研究』第3巻2号	動物園研究会
若生 謙二			1999.3	「アメリカの動物園におけるランドスケープ・イマージョンの概念と動物観の変化」	『ランドスケープ研究』第62巻第5号	日本造園学会
若生 謙二			2002.2	「アメリカの水族館水槽からランドスケープへ」	『Cultivate：文化と環境を考える』第16号	文化環境研究所
若生 謙二	堀川 真代*	上甫木 昭春	2004	「ランドスケープ・イマージョン概念に基づく生態的展示に対する意識評価に関する研究--天王寺動物園を事例として」	『環境情報科学論文集』第18号	環境情報科学センター
若生 謙二			2004.12	「天王寺動物園アジアの森--環境デザインとしての動物園づくり」	『芸術』第27号	大阪芸術大学
若生 謙二			2006.1	「環境デザインとしての動物園--動物園で何を見せるか」	『畜産の研究』第60巻1号	養賢堂
若生 謙二			2008.12	「天王寺動物園アフリカサバンナ肉食動物ゾーンとアニマル・エコアート」	『芸術』第31号	大阪芸術大学
若生 謙二			2009.9	「ランドスケープとしての動物園デザインの課題」	『PRECstudyreport』第14号	プレック研究所
若生 謙二			2010.12	『動物園革命』		岩波書店
若生 謙二			2011	「生態的展示と構造的展示」	『展示学』第49号	日本展示学会
若生 謙二			2012.12	「生息環境展示に向けた取組み」	『都市公園』第199号	東京都公園協会
若生 謙二			2013.2	「動物園革命：生息環境展示をつくる」	『ランドスケープ研究』第76巻第4号	日本造園学会
若生 謙二			2013.12	「熊本市動植物園、飯田市動物園に新たな展示をつくる」	『芸術』第36号	大阪芸術大学
若生 謙二			2014.12	「長野県飯田市に動物園展示「けものの里山」と市立病院リハビリの庭をつくる」	『芸術』第37号	大阪芸術大学
和崎 春日			2007.4	「生きている博物館「祭り」からユニバーサル・ミュージアムを考える」	『だれもが楽しめるユニバーサル・ミュージアム："つくる"と"ひらく"の現場から』	読書工房
鷲尾 金彌	梅棹 忠夫*	荒俣 宏	1990.4	「植物と展示」	『展示学』第10号	日本展示学会
鷲尾 正昭			1972.3	「国立科学博物館分館の発足」	『自然科学と博物館』第39巻3・4号	国立科学博物館
和食 萌			2014.9	「自然史博物館にみるコレクションの活用とその可能性」	『博物館研究』第49巻第9号	日本博物館協会
鷲谷 いづみ	宮崎 佑介*	吉岡 明良	2012.11	「博物館標本と聞き取り調査によって朱太川水系の過去の魚類相を再構築する試み」	『保全生態学研究』第17巻第2号	保全生態学研究編集委員会
鷲塚 泰光			1975.2	「博物館美術館施設調査報告」	『月刊文化財』第137号	第一法規
鷲塚 泰光			1980.1	「美術工芸品の保存と公開-1-保存の要件と施設・設備」	『博物館研究』第15巻第1号	日本博物館協会
鷲塚 泰光			1980.2	「美術工芸品の保存と公開-2-絵画・書跡」	『博物館研究』第15巻第2号	日本博物館協会
鷲塚 泰光			1980.4	「美術工芸品の保存と公開-3-彫刻」	『博物館研究』第15巻第4号	日本博物館協会

わ

著者1	著者2	著者3	発行年	論文名・書籍名	掲載誌	発行元
鷲塚 泰光			1980.7	「美術工芸品の保存と公開-4-工芸品・考古資料」	『博物館研究』第15巻第7号	日本博物館協会
鷲塚 泰光			1980.8	「美術工芸品の保存と公開-5-照明・梱包と輸送」	『博物館研究』第15巻第8号	日本博物館協会
鷲塚 泰光			1987.4	「日本に於るケース・陳列に対する地震対策」	『実践女子大学Museology』第6号	実践女子大学博物館学講座
鷲塚 泰光			1991.6	「日本美術系博物館への一考察」	『博物館研究』第26巻第6号	日本博物館協会
鷲塚 泰光			1997	「『博物館』は生涯学習社会に本当に役立っているのか」	『博物館研究』第32巻第7号	日本博物館協会
鷲塚 泰光			1998	「国立博物館、美術館、文化財研究所などの独立行政法人化問題について」	『ミュージアム・マガジン・ドーム』第41号	日本文教出版
鷲塚 泰光			2000.9	「歴史の焦点 東京国立博物館『平成館』」	『歴史と地理』第537号	山川出版社
鷲野 智世	石田 恵子*	吉原 攝子 他	1999.3	「サイエンスショー「粉の不思議」」	『名古屋市科学館紀要』第25号	名古屋市科学館
和島 恭仁雄 他			1973.11	「学芸員よりみた1年目の伊丹市立博物館」	『博物館研究』第45巻第3号	日本博物館協会
和島 恭仁雄			1996.7	「阪神・淡路大震災と伊丹市市立博物館」	『神奈川県博物館協会会報』第68号	神奈川県博物館協会
鷲見 京子	桑原 理*	國島 丈生 他	2007.6	「利用者指向ディジタルミュージアムの大規模実証実験と考察」	『日本データベース学会letters』第6巻第1号	日本データベース学会
鷲山 重雄	二階 源市*		1933	『新理科教室の設備と經營』博物館篇		明治圖書
早稲田大學坪内博士紀念演劇博物館			1938	『東洋南洋劇藝術特別展覽會目録』		早稲田大學坪内博士紀念演劇博物館
早稲田大學坪内博士紀念演劇博物館			1940	『演劇博物館の栞』		早稲田大學坪内博士紀念演劇博物館
早稲田大学坪内博士記念演劇博物館			1978	『演劇博物館五十年(昭和の演劇とともに)』		早稲田大学坪内博士記念演劇博物館
和田 英一			2009.5	「情報処理技術遺産および分散コンピュータ博物館認定式」	『情報処理』第50巻第5号	情報処理学会
和田 英作			1915	「日光東照宮宝物館壁畫」	『建築工藝雑誌』第2期第13冊	建築工藝協會
和田 岳	佐久間 大輔*	石田 惣 他	2009.6	「生態学をテーマとした展示室の新しい形をめざして―大阪市立自然史博物館―」	『JMMA日本ミュージアム・マネージメント学会会報』第14巻第1号	日本ミュージアム・マネージメント学会
和田 勝彦			1979	「文化財保護制度概説」	『文化財保護の実務』	柏書房
和田 勝彦 編	川村 恒明*監	根本 昭 編	2002.9	『文化財政策概論』	『文化財政策概論』	東海大学出版会
和田 勝彦			2007.2	「学術・芸術資料の保全における文化財保護制度と博物館・資料館」	『学術の動向』第12巻第2号	日本学術協力財団
和田 千藏			1933	「郷土博物館と青森縣の博物館資料」	『生物學論文集』	青森縣
和田 千藏			1941	「郷土博物館と青森縣の博物館資料」	『青森縣文化』第3巻4號	青森縣中央圖書館
和田 清馬			1971	「仙台市博物館十年の歩み」	『「仙台・歴史と美術展」図録』	仙台市博物館
輪田 慧	今津 節生*	鳥越 俊行	2014.3	「博物館研究におけるX線CTスキャナ活用の可能性」	『東風西声:九州国立博物館紀要』第9号	九州国立博物館
和田 幸子			2014.7	「博物館と授業を結ぶ学校図書館」	『学校図書館』765	全国学校図書館協議会
和田 晴太郎	吉田 信明*	伊藤 英之 他	2012.10	「京都市動物園での情報通信技術活用への取り組み―動物園に適したインフラと動物コンテンツの活用―」	『情報処理学会デジタルプラクティス』第3巻第4号	情報処理学会
和田 千吉			1925	「本邦最初の博覽會」1	『新旧時代』第1年5月	明治文化研究會
和田 千吉			1925	「本邦最初の博覽會」2	『新旧時代』第1年6月	明治文化研究會
和田 拓朗	中島 統太郎*	筧 康明 他	2010.3	「多層空中像を用いた複合現実展示システム」	『電子情報通信学会技術研究報告』第109巻第466号	電子情報通信学会

著者1	著者2	著者3	発行年	論文名・書籍名	掲載誌	発行元
和田 辰巳			1965.11	『大阪市天王寺動物園50年の歩み』		大阪市天王寺動物園協力会
和田 達也			2015.5	「文化財の保存活用と「天空の白鷺」」	『月刊文化財』第620号	第一法規
和田 哲也	栗田 靖之*	松田 卓 他	1998.7	「携帯情報端末による新しい展示手法」	『人文学と情報処理』第17号	勉誠出版
和田 菜穂子			2008.5	「建築博物館と建築アーカイブの現状」	『建築雑誌』第123輯第1576号	日本建築学会
和田 浩			2012.3	「博物館展示環境におけるLED照明と排熱設計」	『女子美術大学研究紀要』第42号	女子美術大学
和田 浩 他			2013	「陸前高田市立博物館における一時保管環境の改善過程」	『文化財保存修復学会大会研究発表要旨集』第35回	文化財保存修復学会
和田 浩			2016	「遺物の保存環境」	『考古学と自然科学』第71巻	日本文化財科学会
和田 正州			1966.3	「民俗資料と博物館」	『日本民俗学会報』第44号	日本民俗学会
和田 正州			1976.7	「民俗学博物館論」	『日本民俗学』第106号	日本民俗学会
和田 正洲			1988	『公立博物館と地方条例』		國學院大學栃木短期大學
和田 正州			2000.2	「博物館法の問題点」	『博物館史研究』第9号	博物館史研究会
和田 光生			1998.3	「博物館実習Ⅱオリエンテーション(1997年度)民俗資料と展覧会—大津祭展の経験から—」	『大谷大学博物館学課程年報』第9号	大谷大学博物館学課程委員会
和田 光義			1994.3	「新設された蝶館の施設及び飼育管理について」	『Museumちば:千葉県博物館協会研究紀要』25号	千葉県博物館協会
和田 幸信			2005.8	「フランスの周辺環境保全」	『月刊文化財』第503号	第一法規
綿江 彰禅			2012.1	「博物館における指定管理者制度の活用方法:業務分割方式とBSCを活用したモニタリング」	『NRIパブリックマネジメントレビュー』第102号	野村総合研究所
綿江 彰禅			2015.8	「公立施設再編時代における博物館サービス維持・向上の在り方」	『NRIパブリックマネジメントレビュー』第145号	野村総合研究所
渡瀬 庄三郎			1908.4	「進化論の原理を説明する博物館の新設」	『動物學雑誌』第20巻第234號	東京動物學會
渡邊 明義			2013.2	「社会事業としての文化財保護」	『地域と文化財:ボランティア活動と文化財保護』	勉誠出版
渡邊 明義 編			2013.2	『地域と文化財:ボランティア活動と文化財保護』		勉誠出版
渡辺 亜子			1976.1	「生きている博物館」	『Mouseion:立教大学博物館研究』第22号	立教大学学校・社会教育講座
渡邉 朝子			2009.12	「ミュージアムで・マンガを読む・描く・楽しむそして研究する--京都国際マンガミュージアムの紹介」	『現代の図書館』第47巻第4号	日本図書館協会
渡邊 淳子			2008.8	「指定管理者制度、その実態について」	『文化財学としての考古学:泉拓良先生還暦記念論文集』	泉拓良先生還暦記念事業会
渡邊 亜祐香			2010.3	「仏教美術品の展示(序論)--仏教美術の展示史を主題として」	『國學院大學博物館學紀要』第34輯	國學院大學博物館学研究室
渡邊 榮吉			1938	「陳列用具の設計に就て」	『自然科學と博物館』第9巻第9號	東京博物館
渡辺 修	丹羽 真一	渡辺 展之	1999	「自然教育展示に対する利用者の評価と要望~ひがし大雪博物館の事例~」	『ひがし大雪博物館研究報告』第21号	ひがし大雪博物館
渡辺 修	丹羽 真一	渡辺 展之	1999.3	「博物館来館者によるエゾシカの価値評価と被害対策への意向」	『美幌博物館研究報告』第7号	美幌博物館
渡辺 修	丹羽 真一*	渡辺 展之	2000.3	「自然教育展示に対する利用者の評価と要望Ⅱ~美幌博物館・農業館の事例~」	『美幌博物館研究報告』第7号	美幌博物館
渡辺 修			2012.3	「小規模博物館の連携・ネットワークの試みと可能性:北海道における現状と取り組み」	『日本生態学会誌』第62巻第1号	日本生態学会誌編集委員会
渡辺 修			2012.3	「博物館と生態学(18)小規模博物館の連携・ネットワークの試みと可能性:北海道における現状と取り組み」	『日本生態学会誌』第62巻第1号	日本生態学会誌編集委員会
渡辺 一史	松本 一正*	原田 健一 編	2013.9	「動画・音声のデジタル化の実際」	『懐かしさは未来とともにやってくる:地域映像アーカイブの理論と実際』	学文社

著者1	著者2	著者3	発行年	論文名・書籍名	掲載誌	発行元
渡邊 凞一			1931	『農村問題と郷土教育』		人文書房
渡辺 義象			1901	『仏国風俗問答』		明治書院
渡辺 清	H.デンベック*	小西 正泰	1980	『動物園の誕生』		築地書店
渡部 清美			1997.9	「大館市におけるエコ・ミュージアム事業について」	『月刊文化財』第408号	第一法規
渡邊 熊四郎			1894	『欧米旅行日記』		渡邊 熊四郎
渡辺 公次郎	玉有 朋子*	近藤 光男	2010.4	「勝瑞遺跡デジタル博物館の開発」	『日本建築学会四国支部研究報告集』第10号	日本建築学会四国支部
渡辺 公次郎	玉有 朋子*	近藤 光男	2012.6	「歴史観光まちづくり支援のためのデジタル博物館の開発:勝瑞遺跡におけるケーススタディ」	『日本建築学会技術報告集』第18巻第39号	日本建築学会
渡部 祥代			2000.2	「ミュージアムのリーダーたち」	『月刊ミュゼ』39号	(株)アム・プロモーション
渡邊 重義	柳原 綾那*		2011.12	「熊本博物館を活用する科学教育教材の開発」	『熊本大学教育学部紀要.自然科学』第60号	熊本大学
渡辺 修司	北野 圭介*	大島 登志一	2013	「ミュージアム鑑賞空間に関するデジタル技術を活用した多層化モデル構築の試み」	『立命館平和研究:立命館大学国際平和ミュージアム紀要』第14号	立命館大学国際平和ミュージアム
渡辺 晟	笹岡 昭平*	半田 和彦	1981.3	「博物館教室「"象潟"をさぐる」について-望ましい博物館教室のあり方をもとめて-」	『秋田県立博物館研究報告』第6号	秋田県立博物館
渡部 昌二			2005.3	「体験学習メニューへの取り組み--考古分野担当「原始・古代のワザに挑戦」を中心に」	『福島県立博物館紀要』第19号	福島県立博物館
渡辺 勝二郎			1995.10	「紙よもやま話(11)紙の保存環境ノート(1)」	『百万塔』第92号	紙の博物館
渡辺 勝二郎			1996.2	「紙よもやま話(12)紙の保存環境ノート(2)の上」	『百万塔』第93号	紙の博物館
渡辺 勝二郎			1996.6	「紙よもやま話(12)紙の保存環境ノート(2)の下」	『百万塔』第94号	紙の博物館
渡辺 勝二郎			1997.2	「紙よもやま話(14)紙の保存環境ノート(3)」	『百万塔』第96号	紙の博物館
渡辺 勝二郎			1997.7	「紙よもやま話(15)紙の保存環境ノート(4)和紙をめぐって」	『百万塔』第97号	紙の博物館
渡辺 勝二郎			1997.10	「紙よもやま話(16)紙の保存環境ノート(5)絵画をめぐって」	『百万塔』第98号	紙の博物館
渡辺 勝二郎			1998.2	「紙よもやま話(17)紙の保存環境ノート(6)軸装をめぐって」	『百万塔』第99号	紙の博物館
渡辺 勝二郎			1998.6	「紙よもやま話(18)紙の保存環境ノート(7)襖・屏風をめぐって」	『百万塔』第100号	紙の博物館
渡辺 勝二郎			1998.10	「紙よもやま話(19)紙の保存環境ノート(8)紙と漆・革・染織」	『百万塔』第101号	紙の博物館
渡辺 勝二郎			1999.2	「紙よもやま話(20)紙の保存と宝庫」	『百万塔』第102号	紙の博物館
渡辺 創	髙橋 信裕*		1993.11	「ミュージアム運営の研究-博物館の公設民営を考える-」	『文環研レポート』第4号	文化環境研究所
渡辺 創			1997.2	「地方分権と博物館」	『文環研レポート』第9号	文化環境研究所
渡辺 創	髙橋 信裕*		1998.2	「博物館における展示の課題」	『文環研レポート』第11号	文化環境研究所
渡辺 創			2002	「科学者と一般の人との対話を生み出す展示(制作報告:日本科学未来館)」	『展示学』第33号	日本展示学会
渡辺 創	髙橋 徹*		2014.12	「ミュージアムにおけるSNS活用の現在とこれから」	『Cultivate:文化と環境を考える』第43号	文化環境研究所
渡邊 創			2014.12	「ソーシャルメディアの進化が、ミュージアムを真にソーシャル化する」	『Cultivate:文化と環境を考える』第43号	文化環境研究所
渡邊 妙子	室俊 司*	小森 厚	1973.11	「生涯教育と博物館」	『博物館研究』第45巻第3号	日本博物館協会
渡邊 妙子			1979.3	「館種別博物館における資料整理と保存法 美術系博物館」	『博物館学講座 第6巻資料の保存と保管』	雄山閣

著者1	著者2	著者3	発行年	論文名・書籍名	掲載誌	発行元
渡邉 妙子			1980.2	「佐野美術館改造について」	『博物館研究』第15巻第2号	日本博物館協会
渡邉 妙子			1983.11	「展示室の改装--佐野美術館の実例」	『博物館研究』第18巻第11号	日本博物館協会
渡邉 妙子			1995.3	「ある美術館の選択」	『静岡県博物館協会研究紀要』第18号	静岡県博物館協会
渡邉 妙子			1998	「提言「博物館と生涯学習」」	『静岡大学生涯学習教育研究』第1号	静岡大学生涯学習教育研究センター
渡邉 妙子	中川 志郎*	那須 孝悌 他	2001	「座談会「対話と連携」の博物館の調査研究を終えて」	『博物館研究』第36巻第6号	日本博物館協会
渡邉 妙子			2008.12	「私立美術館と公益性(創立80周年記念号)」	『博物館研究』第43巻第12号	日本博物館協会
渡邉 卓			2012.3	「国学者の業績展示と社会的意義―昭和初期における荷田春満遺墨展を中心に―」	『國學院大學博物館學紀要』第36輯	國學院大學博物館学研究室
渡辺 毅			1999.1	「ミュージアム・ショップ経営を考える①買うという行為」	『月刊ミュゼ』37号	(株)アム・プロモーション
渡辺 毅			1999.12	「ミュージアムショップ経営を考える②空間からみるショップのタイプ」	『月刊ミュゼ』38号	(株)アム・プロモーション
渡辺 毅			2000.2	「ミュージアムショップ経営を考える③コンセプトショップと比較して考える「経営」の本来」	『月刊ミュゼ』39号	(株)アム・プロモーション
渡辺 毅			2000.4	「ミュージアムショップ経営を考える④＜経営の状況を考えるR.O.I.＞」	『月刊ミュゼ』40号	(株)アム・プロモーション
渡辺 唯雄			1934	「兒童博物館」	『低學年全體學習の新研究』	大同館書店
渡部 正	佐藤 勝*	齋藤 利成 他	2011.11	「「喜多方市カイギュウランドたかさと」開館の経緯と展示内容」	『地学教育と科学運動』第66号	地学団体研究会
渡邊 千秋	小川 義和*	岩崎 誠司 他	2009.8	「学校と博物館の連携促進のための科学的体験学習プログラムの開発と体系化」	『日本科学教育学会年会論文集』第33巻	日本科学教育学会
渡邊 千秋	亀井 修*	永山 俊介 他	2010.9	「博物館と大学の連携による人材育成プログラム実施システム:非理系学生の理科指導能力向上を通じた科学リテラシーの涵養」	『日本科学教育学会年会論文集』第34巻	日本科学教育学会
渡邊 千秋			2011.3	「地域社会の課題に対応した博物館学習プログラムの評価--イギリスの学習成果フレームワーク(GLO)を用いて」	『日本ミュージアム・マネージメント学会研究紀要』第15号	日本ミュージアム・マネージメント学会
渡邊 千秋	土屋 実穂*	岩崎 誠司 他	2014.5	「『教員のための博物館の日』の現状と全国展開について」	『博物館研究』第49巻第5号	日本博物館協会
渡辺 智恵美	増澤 文武*		1992.4	「第4章埋蔵文化財の保存 第1節鉄・金属」	『文化財のための保存科学入門』	株式会社飛鳥企画
渡辺 忠吾			1915	「動物園の大将」※ハーゲンベックについて叙述	『林檎の落つる音』	大成堂
渡辺 俊典			1979.8	「瑞浪市化石博物館における青少年向け自然科学活動」	『社会教育』第34巻8号	全日本社会教育連合会
渡邊 朋和			2008.3	「史跡古津八幡山遺跡の調査と史跡整備・活用-日本海側最北の北陸系高地性環濠集落-」	『國學院大學考古学資料館紀要』第24輯	國學院大學考古学資料館
渡邊 智大			2016.3	「ハンズ・オン展示の成立と定義の研究動向」	『國學院大學博物館學紀要』第40輯	國學院大學博物館学研究室
渡辺 友美	飯田 花名子*	吉冨 友恭	2015	「博物館等の展示スペースにおける自然音活用の現状と分類」	『展示学』第52号	日本展示学会
渡辺 央			2001.12	『長岡市立博物館50年のあゆみ』		長岡市立科学博物館
渡辺 展之	渡辺 修*	丹羽 真一	1999	「自然教育展示に対する利用者の評価と要望～ひがし大雪博物館の事例～」	『ひがし大雪博物館研究報告』第21号	ひがし大雪博物館
渡辺 展之	渡辺 修*	丹羽 真一	1999.3	「博物館来館者によるエゾシカの価値評価と被害対策への意向」	『美幌博物館研究報告』第7号	美幌博物館
渡辺 展之	丹羽 真一*	渡辺 修	2000.3	「自然教育展示に対する利用者の評価と要望Ⅱ～美幌博物館・農業館の事例～」	『美幌博物館研究報告』第7号	美幌博物館
渡辺 伸行			2014.3	「東日本大震災の復興事業に伴う埋蔵文化財保護の取り組み」	『考古学研究』第60巻第4号	考古学研究会
渡邊 昇			2007.3	「実験指導者はどうやったら増えるか」	『子ども博物館楽校』第3号	チルドレンズ・ミュージアム研究会
渡邉 晴美			2005	『移動体通信を用いた新しい博物館展示解説の研究』		文部省科学研究費補助金研究成果報告書

著者1	著者2	著者3	発行年	論文名・書籍名	掲載誌	発行元
渡邊 久雄			1930	「美術館の採光法の研究」	『建築雑誌』第44輯第540號	日本建築學會
渡邊 久雄			1936	「大阪市美術館の採光法その他に就て」	『建築雑誌』第50輯第618號	日本建築學會
渡辺 仁史	川口 和英*	田口 想	2003.11	「ハイブリッド水族館内における人間行動分析に関する研究:集客施設内の情報携帯端末利用による行動解析」	『日本建築学会計画系論文集』第68巻573号	日本建築学会
渡部 均	宮本 康男*		2005.3	「リニューアルオープンに伴う展示構成Ⅲ.企画展示室」	『秋田県立博物館研究紀要』第30号	秋田県立博物館
渡邊 博典	西 博孝*	牛島 薫	1999.3	「科学館における芸術・アートの展示化について--平成11年度特別展「サイエンス&アート」」	『千葉県立現代産業科学館研究報告』第5号	千葉県立現代産業科学館
渡邊 博典	牛島 薫*	小仲井 啓 他	2000.3	「展示事業の評価について-平成11年度特別展「サイエンス&アート」の評価を通して-」	『千葉県立現代産業科学館研究報告』第6号	千葉県立現代産業科学館
渡邊 博典	在原 徹*	小仲井 啓	2000.3	「現代産業科学館における千葉県産業・交通遺跡調査-千葉県産業・交通遺跡実態調査に続く追加調査および関連資料調査について-」	『千葉県立現代産業科学館研究報告』第6号	千葉県立現代産業科学館
渡邊 博典	田代 資二*	森澤 雅夫	2001.3	「千葉県立現代産業科学館における広報活動の現状と課題-アンケート調査から-」	『千葉県立現代産業科学館研究報告』第7号	千葉県立現代産業科学館
渡邊 博典	渡貫 健*	土野 茂 他	2002.3	「展示・イベントへの参加体験を重視した事業展開-平成13年度夏休み科学体験フェスティバル-」	『千葉県立現代産業科学館研究報告』第8号	千葉県立現代産業科学館
渡邊 博典	田代 資二*	山口 剛	2003.3	「千葉県立現代産業科学館と大韓民国国立中央科学館の友好協定の締結と「日韓市民交流フェスティバル2002」における展示会について」	『千葉県立現代産業科学館研究報告』第9号	千葉県立現代産業科学館
渡辺 裕之			2002.3	「新潟県立歴史博物館建設に立ち会って」	『Museologist:明治大学学芸員養成課程年報』第17巻	明治大学学芸員養成課程
渡辺 文子			2002.3	「函館市北方民族資料館13年の歩み-現状と今後の課題-」	『市立函館博物館研究紀要』第12号	市立函館博物館
渡邊 真衣			2006.3	「博物館展示における図書資料」	『國學院大學博物館學紀要』第30輯	國學院大學博物館学研究室
渡邊 真衣			2007.3	「博物館における文献の保存:その意味と手段について」	『國學院大學博物館學紀要』第31輯	國學院大學博物館学研究室
渡邊 真衣			2008.3	「文学系博物館の目的と機能」	『國學院大學博物館學紀要』第32輯	國學院大學博物館学研究室
渡邊 真衣			2009.3	「公共図書館と文学展示」	『國學院大學博物館學紀要』第33輯	國學院大學博物館学研究室
渡邊 真衣			2009.4	「文学館として見る万葉植物園」	『博物館学雑誌』第34巻第2号	全日本博物館学会
渡邊 真衣			2010	「地域振興と文学館」	『國學院大學博物館學紀要』第35輯	國學院大學博物館学研究室
渡邊 真衣			2010.4	「文学館と「地域のゆかり」大津の石山寺を事例として」	『博物館学雑誌』第35巻第2号	全日本博物館学会
渡辺 真衣			2017.12	「美術館論史」	『博物館学史研究事典』	雄山閣
渡辺 誠			1987	「大学博物館について」	『日本の科学者』第22巻2号	日本科学者会議
渡辺 誠	布村 克志*		1994.3	「パソコンを使用した展示用ソフト」	『富山市科学文化センター研究報告』第17号	富山市科学文化センター
渡辺 信			1999.12	「日本にも数学博物館を作ろう!」	『数学セミナー』第38巻12号	日本評論社
渡辺 正雄			1968	「エドワード・シルベスター・モース」	『自然科学と博物館』第35巻7・8号	国立科学博物館
渡辺 正雄			1976	『お雇い米国人科学教師』		講談社
渡辺 正樹	岩城 晴貞*	高橋 修二	1995.2	「展示技術考」	『近代建築』第49巻2号	近代建築社
渡邊 雅志			2012.2	「GEIBUNオープンエアミュージアムin環水公園2010年度と2011年度の取り組み」	『GEIBUN:富山大学芸術文化学部紀要』第6巻	富山大学芸術文化学部
渡辺 政隆			2005.3	「シームレスな文化を目指して」	『月刊ミュゼ』69号	(株)アム・プロモーション
渡辺 政隆	原田 光一郎*	小川 義和	2007.3	「米国におけるサイエンス・コミュニケータとサイエンス・コミュニケーション実践活動」	『科学コミュニケーターに期待される資質・能力とその養成プログラムに関する基礎的研究』	文部省科学研究費補助金研究成果報告書
渡辺 真道			2007	「青森県立郷土館の小・中学校を対象とした移動博物館について」	『青森県立郷土館郷土研究年報』第32号	青森県立郷土館

著者1	著者2	著者3	発行年	論文名・書籍名	掲載誌	発行元
渡邊 正行			1995.3	「親子教室の実践例について」	『Museumちば:千葉県博物館協会研究紀要』26号	千葉県博物館協会
渡辺 真理	太田 泰人*	水沢 勉 他	2000.12	『美術館は生まれ変わる 21世紀の現代美術館』		鹿島出版会
渡辺 真理	太田 泰人*	水沢 勉 他	2008.9	『美術館は生まれ変わる 新版』		鹿島出版会
渡部 幹雄			1984.12	「地域にねざした博物館の創造 緒方町立歴史民俗資料館建設の経過」	『博物館問題研究会会報』第21号	博物館問題研究会
渡辺 道斉			1991	「ワークシートの可能性」	『Mouseion:立教大学博物館研究』第37号	立教大学学校・社会教育講座
渡辺 美知代	君塚 仁彦*	池尻 豪介	2013.2	「博物館学芸員の雇用・労働をめぐる現状とインターンシップに関する一考察」	『東京学芸大学紀要.総合教育科学系』第64巻第1号	東京学芸大学
渡辺 三四一			1994.11	「「博物館の解放」と民俗学--市民との共同調査を例に」	『日本民俗学』第200号	日本民俗学会
渡邊 三四一			1998.12	「「博物館の解放」と民俗学」	『民俗世界と博物館展示・学習・研究のために』	雄山閣出版
渡辺 泰邦			1993	「動物園を生かした生物教育」	『日本動物園水族館教育研究会誌』1993年号	日本動物園水族館教育研究会
渡辺 保子			1986.3	「私の博物館遍歴」	『平塚市博物館年報』第9号	平塚市博物館
渡辺 保子			1990.11	「住民の求める博物館像」	『月刊社会教育』第34巻第11号	国土社
渡辺 保子			1996.3	「市民のための博物館を」	『東京学芸大学教育学部生涯教育研究室研究紀要』創刊号	東京学芸大学教育学部生涯教育研究室
渡辺 康史			2003.3	「特別史跡平城宮跡の整備(VI文化財の保存と活用)」	『文化財と歴史学(『文化財論叢』Ⅲ)』	奈良文化財研究所
渡邊 祐子			2014.3	「美術館および美術館スタッフの役割と専門性に関する研究」	『東北大学大学院教育学研究科教育ネットワークセンター年報』第14号	東北大学大学院教育学研究科教育ネットワークセンター
渡邊 祐子			2014.3	「教育的視座から見る美術館教育の役割と専門性」	『東北大学大学院教育学研究科教育ネットワークセンター年報』第14号	東北大学大学院教育学研究科教育ネットワークセンター
渡邊 祐子			2014.12	「来館者を考慮した美術館教育実践の地域的展開に関する考察:北東北地方を事例として」	『東北大学大学院教育学研究科研究年報』第63号	東北大学大学院教育学研究科
渡邊 祐子 研究代表			2015.3	「日本の美術館教育実践における教育意図とその効果に関する研究:美術館の専門性と来館者理解を通じて」	『東北大学大学院教育学研究科教育ネットワークセンター年報』第15号	東北大学大学院教育学研究科教育ネットワークセンター
渡邊 ゆきの			2017	「戊辰戦争戦没者の墓石の劣化状態」	『奈良大学大学院研究年報』第22号	奈良大学大学院
渡部 裕			2007.3	「原ひろ子コレクション展-その資料収集の意義」	『第21回北方民族文化シンポジウム報告書 北太平洋の文化--北方地域の博物館と民族文化』	北方文化振興協会
渡辺 陽子	野田 学*	荒川 哲泰 他	2001.3	「あなたの生まれた日の月の形は?-科学館フェスティバルでの参加体験型調査-」	『名古屋市科学館紀要』第27号	名古屋市科学館
渡部 葉子			2007.3	「「公」の物差し、「個」の物差し」	『文化施設の近未来:アートにおける公共性をめぐって』	慶應義塾大学アート・センター
渡部 義顕			1919	「松島海岸と福浦島の架橋及水族館」	『松島』	東北書院
渡部 義弥			2014.9	「研究活動をひろめるとはどういうことか」	『博物館研究』第49巻第9号	日本博物館協会
渡部 義弥			2015.10	「全米に議論を巻き起こした、アメリカ自然史博物館の冥王星展示」	『博物館研究』第50巻第10号	日本博物館協会
渡邊 六郎			1931	「我が校の記念郷土館の施設經營概要」	『郷土教育』第二十三號	郷土教育聯盟
渡貫 健	金子 俊郎*	片岡 登喜子	2000.3	「常設展示の一つであるペルチェ素子を使った温度差発電の教材開発」	『千葉県立現代産業科学館研究報告』第6号	千葉県立現代産業科学館
渡貫 健	大村 尚*	井上 隆夫	2001.3	「展示・講座・イベントの関連を強化した事業展開-平成12年度夏休み科学体験フェスティバル-」	『千葉県立現代産業科学館研究報告』第7号	千葉県立現代産業科学館
渡貫 健	土野 茂*	森澤 雅夫 他	2003.3	「教育普及活動における実験教材の体系化と教育実践-工作クラブ・サイエンス教室・出前実験・科学の祭典の中から-」	『千葉県立現代産業科学館研究報告』第9号	千葉県立現代産業科学館
渡貫 健	佐藤 仁*	山口 剛	2004.3	「友の会活動の充実を図る方策に関する研究--他館の友の会やNPO法人の活動を参考にして」	『千葉県立現代産業科学館研究報告』第10号	千葉県立現代産業科学館
綿貫 俊一			1981.2	「フランスの先史時代の遺跡と博物館をたずねて:レ・ゼジー地方」	『別府大学博物館研究報告』第5号	別府大学博物館学課程

著者1	著者2	著者3	発行年	論文名・書籍名	掲載誌	発行元
綿引 典子			2013.1	「龍谷ミュージアム 可変的な展示を実現する照明」	『照明学会誌』第97巻第1号	照明学会
渡部 高明			2013.3	「観光まちづくりの拠点:八戸ポータルミュージアム「はっち」を例に」	『ノースアジア大学国際観光研究』第6号	ノースアジア大学総合研究センター国際観光研究所
渡井 良昌			1996.11	「MUSEUMにおけるサイバー・ワークショップ」	『展示学』第22号	日本展示学会
渡 啓起	綿抜 剛*	岩井 宏實 他	1995	「地域に開かれた博物館－地域の活性化と多彩な博物館サービスの展開」	『博物館研究』第30巻第10号	日本博物館協会
亘理 俊次			1991.11	『芝棟-屋根の花園を訪ねて-』		八坂書房
渡川 智子			2013.3	「美術館のミッション・ステートメント」	『京都大学生涯教育フィールド研究』第1号	京都大学大学院教育学研究科生涯教育講座生涯教育フィールド研究編集委員会
渡川 智子			2015.3	「美術館における教育活動の一考察:Halsey Institute of Contemporary Artの取り組み」	『京都大学生涯教育フィールド研究』第3号	京都大学大学院教育学研究科生涯教育講座生涯教育フィールド研究編集委員会
渡川 智子 編	大野 照文*	蒲生 諒太 他	2015.3	『探究するモグラたち:京大博物館式・教職実践演習』		京都大学総合博物館
和辻 哲郎			1919	『古寺巡禮』		岩波書店
藁谷 祐子			2009	「子どもとミュージアム-アメリカで学んだ美術館・博物館教育」	『こどもとしょかん』第121号	東京子ども図書館
Wunderground 制作			2015.3	『マナビバ。:文化・芸術・アートの視点で被災地のこれからを考える』		福島県

わ

全国大学博物館学講座協議会加盟大学一覧

	大学名	郵便番号	住所
1	札幌大学	062-8520	北海道札幌市豊平区西岡3条7-3-1
2	北海学園大学	062-8605	北海道札幌市豊平区旭町4-1-40
3	札幌学院大学	069-8555	北海道江別市文京台11
4	帯広大谷短期大学	080-0335	北海道河東郡音更町希望が丘3
5	東京農業大学生物産業学部	099-2493	北海道網走市八坂196
6	弘前学院大学	036-8577	青森県弘前市稔町13-1
7	東北学院大学	980-8551	宮城県仙台市青葉区土樋1-3-1
8	東北福祉大学	981-8522	宮城県仙台市青葉区国見1-8-1
9	宮城学院女子大学	981-8557	宮城県仙台市青葉区桜ヶ丘9-1-1
10	東北生活文化大学	981-8585	宮城県仙台市泉区虹の丘1-18-2
11	山形大学	990-8560	山形県山形市小白川町1-4-12
12	東北芸術工科大学	990-9530	山形県山形市上桜田200
13	山形県立米沢女子短期大学	992-0025	山形県米沢市通町6-15-1
14	郡山女子大学短期大学部	963-8503	福島県郡山市開成3-25-2
15	筑波学院大学	305-0031	茨城県つくば市吾妻3-1
16	常磐大学	310-0911	茨城県水戸市見和1-430-1
17	茨城キリスト教大学	319-1295	茨城県日立市大みか町6-11-1
18	國學院大學栃木短期大学	328-8588	栃木県栃木市平井町608
19	跡見学園女子大学	352-8501	埼玉県新座市中野1-9-6
20	駿河台大学	357-8555	埼玉県飯能市阿須一の木698
21	武蔵野音楽大学	358-8521	埼玉県入間市中神728
22	十文字学園女子大学	352-8510	埼玉県新座市菅沢2-1-28
23	千葉経済大学	263-0021	千葉県千葉市稲毛区轟町3-59-5
24	東京情報大学	265-8501	千葉市若葉区御成台4-1
25	江戸川大学	270-0198	千葉県流山市駒木474
26	川村学園女子大学	270-1138	千葉県我孫子市下ケ戸1133
27	聖徳大学	271-8555	千葉県松戸市岩瀬向山550
28	和洋女子大学	272-8533	千葉県市川市国府台2-3-1
29	放送大学	261-8586	千葉県千葉市美浜区若葉2-11
30	明治大学	101-8301	東京都千代田区神田駿河台1-1
31	日本大学理工学部	101-8308	東京都千代田区神田駿河台1-8-14
32	日本大学通信教育部	102-8005	東京都千代田区九段南4-8-28
33	共立女子大学	101-8433	東京都千代田区一ツ橋2-2-1
34	法政大学	102-8160	東京都千代田区富士見2-17-1
35	上智大学	102-8554	東京都千代田区紀尾井町7-1
36	東洋大学	112-8606	東京都文京区白山5-28-20
37	お茶の水女子大学	112-8610	東京都文京区大塚2-1-1
38	日本女子大学	112-8681	東京都文京区目白台2-8-1
39	東京大学	113-0033	東京都文京区本郷7-3-1
40	立正大学	141-8602	東京都品川区大崎4-2-16
41	杉野服飾大学	141-8652	東京都品川区上大崎4-6-19
42	青山学院大学	150-8366	東京都渋谷区渋谷4-4-25
43	國學院大學	150-8440	東京都渋谷区東4-10-28
44	文化学園大学	151-8523	東京都渋谷区代々木3-22-1
45	国士舘大学	154-0017	東京都世田谷区世田谷4-28-1
46	駒澤大学	154-8525	東京都世田谷区駒沢1-23-1
47	昭和女子大学	154-8533	東京都世田谷区太子堂1-7
48	東京農業大学	156-8502	東京都世田谷区桜ヶ丘1-1-1

	大学名	郵便番号	住所
49	日本大学文理学部	156-8550	東京都世田谷区桜上水 3-25-40
50	成城大学	157-8511	東京都世田谷区成城 6-1-20
51	目白大学	161-8539	東京都新宿区中落合 4-31-1
52	東京女子大学	167-8585	東京都杉並区善福寺 2-6-1
53	早稲田大学	169-8050	東京都新宿区西早稲田 1-6-1
54	大正大学	170-8470	東京都豊島区西巣鴨 3-20-1
55	立教大学	171-8501	東京都豊島区西池袋 3-34-1
56	学習院大学	171-8588	東京都豊島区目白 1-5-1
57	東京家政大学	173-8602	東京都板橋区加賀 1-18-1
58	大東文化大学	175-8571	東京都板橋区高島平 1-9-1
59	日本大学芸術学部	176-8525	東京都練馬区旭丘 2-42
60	武蔵大学	176-8534	東京都練馬区豊玉上 1-26-1
61	国際基督教大学	181-8585	東京都三鷹市大沢 3-10-2
62	東京学芸大学	184-8501	東京都小金井市貫井北町 4-1-1
63	武蔵野美術大学	187-8505	東京都小平市小川町 1-736
64	白梅学園大学	187-8570	東京都小平市小川町 1-830
65	国立音楽大学	190-8520	東京都立川市柏町 5-5-1
66	実践女子大学	191-8510	東京都日野市大坂上 4-1-1
67	中央大学	192-0393	東京都八王子市東中野 742-1
68	多摩美術大学	192-0394	東京都八王子市鑓水 2-1723
69	帝京大学	192-0395	東京都八王子市大塚 359
70	首都大学東京	192-0397	東京都八王子市南大沢 1-1
71	東京造形大学	192-8588	東京都八王子市宇津貫町 1556
72	東京家政学院大学	194-0292	東京都町田市相原町 2600
73	桜美林大学	194-0294	東京都町田市常盤町 3758
74	玉川大学	194-8610	東京都町田市玉川学園 6-1-1
75	和光大学	195-8585	東京都町田市金井町 2160
76	専修大学	214-8580	神奈川県川崎市多摩区東三田 2-1-1
77	昭和音楽大学	215-8521	神奈川県川崎市麻生区上麻生 1-11-1
78	神奈川大学	221-8686	神奈川県横浜市神奈川区六角橋 3-27-1
79	女子美術大学	228-8538	神奈川県相模原市麻溝台 1900
80	鶴見大学	230-8501	神奈川県横浜市鶴見区鶴見 2-1-3
81	北里大学	252-0373	神奈川県相模原市南区北里 1-15-1
82	日本大学生物資源科学部	252-8510	神奈川県藤沢市亀井野 1866
83	文教大学	253-8550	神奈川県茅ケ崎市行谷 1100
84	東海大学	259-1292	神奈川県平塚市北金目 4-1-1
85	新潟大学	950-2181	新潟県新潟市五十嵐二の町 8050
86	金沢学院大学	920-1392	石川県金沢市末町 10
87	金沢美術工芸大学	920-8656	石川県金沢市小立野 5-11-1
88	山梨大学	400-8510	山梨県甲府市武田 4-4-37
89	身延山大学	409-2597	山梨県南巨摩郡身延町身延 3567
90	帝京科学大学	409-0193	山梨県上野原市八ツ沢 2525
91	岐阜女子大学	501-2592	岐阜県岐阜市太郎丸 80
92	静岡文化芸術大学	430-8533	静岡県浜松市中区中央 2-1-1
93	中京大学	470-0393	愛知県豊田市貝津町床立 101
94	愛知大学	441-8522	愛知県豊橋市町畑町 1-1
95	同朋大学	453-0057	愛知県名古屋市中村区稲葉地町 7-1
96	金城学院大学	463-8521	愛知県名古屋市守山区大森 2-1723

	大 学 名	郵便番号	住 所
97	南山大学	466-8673	愛知県名古屋市昭和区山里町18
98	東海学園大学	468-0041	愛知県名古屋市天白区中平2-901
99	名城大学	468-8502	愛知県名古屋市天白区塩釜口1-501
100	椙山女学園大学	470-0131	愛知県日進市岩崎町竹之山37-234
101	愛知学院大学	470-0195	愛知県日進市岩崎町阿良池12
102	愛知淑徳大学	480-1197	愛知県長久手市片平2丁目9
103	愛知県立大学	480-1198	愛知県長久手市茨ヶ廻間1522-3
104	名古屋造形大学	485-8563	愛知県小牧市大草年上坂6004
105	皇學館大学	516-8555	三重県伊勢市神田久志本町1704
106	成安造形大学	520-0248	滋賀県大津市仰木の里東4-3-1
107	滋賀県立大学	522-8533	滋賀県彦根市八坂町2500
108	龍谷大学	600-8268	京都府京都市下京区七条通大宮東入大工町125-1
109	同志社女子大学	602-0893	京都府京都市上京区今出川通寺町西入
110	同志社大学	602-8580	京都府京都市上京区今出川通烏丸東入玄武町601
111	大谷大学	603-8143	京都府京都市北区小山上総町
112	佛教大学	603-8301	京都府京都市北区紫野北花ノ坊町96
113	京都産業大学	603-8555	京都府京都市北区上賀茂本山
114	立命館大学	603-8577	京都府京都市北区等持院北町56-1
115	花園大学	604-8456	京都府京都市中京区西ノ京壺ノ内町8-1
116	華頂短期大学	605-0062	京都府京都市東山区林下町3-456
117	京都女子大学	605-8501	京都府京都市東山区今熊野北日吉町35
118	京都造形芸術大学	606-8271	京都府京都市左京区北白川瓜生山2-116
119	京都精華大学	606-8588	京都府京都市左京区岩倉木野町137
120	京都橘大学	607-8175	京都府京都市山科区大宅山田町34
121	京都文教大学	611-0041	京都府宇治市槙島町千足80
122	京都外国語大学	615-8558	京都府京都市右京区西院笠目町6
123	大阪成蹊大学	533-0007	大阪府大阪市東淀川区相川3-10-62
124	大阪市立大学	558-8585	大阪府大阪市住吉区杉本3-3-138
125	大阪学院大学	564-8511	大阪府吹田市岸部南2-36-1
126	関西大学	564-8680	大阪府吹田市山手町3-3-35
127	追手門学院大学	567-8502	大阪府茨木市西安威2-1-15
128	大阪国際大学	570-8555	大阪府守口市藤田町6-21
129	近畿大学	577-8502	大阪府東大阪市小若江3-4-1
130	大阪樟蔭女子大学	577-8550	大阪府東大阪市菱屋西4-2-26
131	阪南大学	580-8502	大阪府松原市天美東5-4-33
132	大阪大谷大学	584-8540	大阪府富田林市錦織北3-11-1
133	大阪芸術大学	585-8555	大阪府南河内郡河南町東山469
134	帝塚山学院大学	589-8585	大阪府大阪狭山市今熊2-1823
135	羽衣国際大学	592-8344	大阪府堺市西区浜寺南町1-89-1
136	桃山学院大学	594-1198	大阪府和泉市まなび野1-1
137	神戸学院大学	651-2180	兵庫県神戸市西区伊川谷町有瀬518
138	神戸女子大学	654-8585	兵庫県神戸市須磨区東須磨青山2-1
139	神戸松蔭女子学院大学	657-0015	兵庫県神戸市灘区篠原伯母野山町1-2-1
140	甲南女子大学	658-0001	兵庫県神戸市東灘区森北町6-2-23
141	関西学院大学	662-8501	兵庫県西宮市上ケ原一番町1-155
142	大手前大学	662-8552	兵庫県西宮市御茶家所町6-42
143	姫路獨協大学	670-8524	兵庫県姫路市上大野7-2-1
144	奈良教育大学	630-8528	奈良県奈良市高畑町

	大学名	郵便番号	住所
145	帝塚山大学	631-8501	奈良県奈良市帝塚山 7-1-1
146	奈良大学	631-8502	奈良県奈良市山陵町 1500
147	天理大学	632-8510	奈良県天理市杣之内町 1050
148	岡山理科大学	700-0005	岡山県岡山市北区理大町 1-1
149	ノートルダム清心女子大学	700-8516	岡山県岡山市北区伊福町 2-16-9
150	岡山商科大学	700-8601	岡山県岡山市北区津島京町 2-10-1
151	岡山大学	700-8530	岡山県岡山市北区津島中 3-1-1
152	山陽学園大学	703-8501	岡山県岡山市中区平井 1-14-1
153	就実大学	703-8516	岡山県岡山市中区西川原 1-6-1
154	くらしき作陽大学	710-0292	岡山県倉敷市玉島長尾 3515
155	安田女子大学	731-0153	広島県広島市安佐南区安東 6-13-1
156	広島女学院大学	732-0063	広島県広島市東区牛田東 4-13-1
157	比治山大学	732-8509	広島県広島市東区牛田新町 4-1-1
158	県立広島大学	734-8558	広島県広島市南区宇品東 1-1-71
159	梅光学院大学	750-8511	山口県下関市向洋町 1-1-1
160	四国大学	771-1192	徳島県徳島市応神町古川戒子野 123-1
161	四国学院大学	765-0013	香川県善通寺市文京町 3-2-1
162	徳島文理大学	769-2193	香川県さぬき市志度 1314-1
163	愛媛大学	790-0826	愛媛県松山市文京町 3
164	北九州市立大学	802-8577	福岡県北九州市小倉南区北方 4-2-1
165	九州産業大学	813-8503	福岡県福岡市東区松香台 2-3-1
166	福岡大学	814-0180	福岡県福岡市城南区七隈 8-19-1
167	西南学院大学	814-8511	福岡県福岡市早良区西新 6-2-92
168	筑紫女学園大学	818-0192	福岡県太宰府市石坂 2-12-1
169	久留米大学	839-0862	福岡県久留米市御井町 1635
170	長崎純心大学	852-8558	長崎県長崎市三ツ山町 235
171	長崎国際大学	859-3298	長崎県佐世保市ハウステンボス町 2825-7
172	熊本大学	860-8555	熊本県熊本市中央区黒髪 2-40-1
173	別府大学	874-0915	大分県別府市北石垣 82
174	九州保健福祉大学	882-8508	宮崎県延岡市吉野町 1714-1
175	鹿児島国際大学	891-0144	鹿児島県鹿児島市下福元町 8850
176	鹿児島純心女子大学	895-0011	鹿児島県川内市天辰町 2365
177	琉球大学	903-0129	沖縄県中頭郡西原町千原 1
178	沖縄県立芸術大学	903-8602	沖縄県那覇市首里当蔵町 1-4

東日本部会加盟大学一覧

	大　学　名	郵便番号	住　所
1	帯広大谷短期大学	080-0335	北海道河東郡音更町希望が丘3-3
2	札幌大学	062-8520	北海道札幌市豊平区西岡3条7-3-1
3	札幌学院大学	069-8555	北海道江別市文京台11
4	東京農業大学生物産業学部	099-2493	北海道網走市八坂196
5	郡山女子大学短期大学部	963-8503	福島県郡山市開成3-25-2
6	東北学院大学	980-8511	宮城県仙台市青葉区土樋1-3-1
7	東北芸術工科大学	990-9530	山形県山形市上桜田3-4-5
8	東北生活文化大学	981-8585	宮城県仙台市泉区虹の丘1-18-2
9	東北福祉大学	981-8522	宮城県仙台市青葉区国見1-8-1
10	宮城学院女子大学	981-8557	宮城県仙台市青葉区桜ヶ丘9-1-1
11	山形県立米沢女子短期大学	992-0025	山形県米沢市通町6-15-1
12	青山学院大学	150-8366	東京都渋谷区渋谷4-4-25
13	跡見学園女子大学	112-8687	東京都文京区大塚1-5-2
14	桜美林大学	194-0294	東京都町田市常盤町3758
15	お茶の水女子大学	112-8610	東京都文京区大塚2-1-1
16	学習院大学	171-8588	東京都豊島区目白1-5-1
17	共立女子大学	101-8437	東京都千代田区一ツ橋2-2-1
18	國學院大學	150-8440	東京都渋谷区東4-10-28
19	国際基督教大学	181-8585	東京都三鷹市大沢3-10-2
20	国士舘大学	154-8515	東京都世田谷区世田谷4-28-1
21	駒澤大学	154-8525	東京都世田谷区駒沢1-23-1
22	実践女子大学	150-8538	東京都渋谷区東1-1-49
23	首都大学東京	192-0397	東京都八王子市南大沢1-1
24	昭和女子大学	154-8533	東京都世田谷区太子堂1-7-57
25	杉野服飾大学	141-8652	東京都品川区上大崎4-6-19
26	成城大学	157-8511	東京都世田谷区成城6-1-20
27	大正大学	170-8470	東京都豊島区西巣鴨3-20-1
28	大東文化大学	175-8571	東京都板橋区高島平1-9-1
29	玉川大学	194-8610	東京都町田市玉川学園6-1-1
30	多摩美術大学	192-0394	東京都八王子市鑓水2-1723
31	中央大学	192-0393	東京都八王子市東中野742-1
32	帝京大学	192-0395	東京都八王子市大塚359
33	東京大学	113-0033	東京都文京区本郷7-3-1
34	東京家政大学	173-8602	東京都板橋区加賀1-18-1
35	東京女子大学	167-8585	東京都杉並区善福寺2-6-1
36	東京造形大学	192-0992	東京都八王子市宇津貫町1556
37	東京農業大学	156-8502	東京都世田谷区桜丘1-1-1
38	東洋大学	112-8606	東京都文京区白山5-28-20
39	日本大学芸術学部	176-8525	東京都練馬区旭丘2-42-1
40	日本大学通信教育部	102-8005	東京都千代田区九段南4-8-28
41	日本大学文理学部	156-8550	東京都世田谷区桜上水3-25-40
42	日本大学理工学部	101-8308	東京都千代田区神田駿河台1-8-14
43	日本女子大学	112-8681	東京都文京区目白台2-8-1
44	文化学園大学	151-8523	東京都渋谷区代々木3-22-1
45	法政大学	102-0071	東京都千代田区富士見2-17-1
46	武蔵野美術大学	187-8505	東京都小平市小川町1-736
47	明治大学	101-8301	東京都千代田区神田駿河台1-1
48	目白大学	161-8539	東京都新宿区中落合4-31-1

	大学名	郵便番号	住所
49	立教大学	171-8501	東京都豊島区西池袋 3-34-1
50	立正大学（品川校舎） 　　　　（熊谷校舎）	141-8602 360-0194	東京都品川区大崎 4-2-16 埼玉県熊谷市万吉 1700
51	早稲田大学	169-8050	東京都新宿区西早稲田 1-6-1
52	茨城キリスト教大学	319-1295	茨城県日立市大みか町 6-11-1
53	江戸川大学	270-0198	千葉県流山市駒木 474
54	神奈川大学	221-8686	神奈川県横浜市神奈川区六角橋 3-27-1
55	川村学園女子大学	270-1138	千葉県我孫子市下ケ戸 1133
56	國學院大學栃木短期大学	328-8588	栃木県栃木市平井町 608
57	昭和音楽大学	215-8558	神奈川県川崎市麻生区上麻生 1-11-1
58	女子美術大学	252-8538	神奈川県相模原市南区麻溝台 1900
59	専修大学	214-8580	神奈川県川崎市多摩区東三田 2-1-1
60	千葉経済大学	263-0021	千葉県千葉市稲毛区轟町 3-59-5
61	鶴見大学	230-8501	神奈川県横浜市鶴見区鶴見 2-1-3
62	帝京科学大学	409-0133	山梨県上野原市八ツ沢 2525
63	東海大学	259-1292	神奈川県平塚市北金目 4-1-1
64	東京情報大学	265-8501	千葉県千葉市若葉区御成台 4-1
65	文教大学	253-8550	神奈川県茅ヶ崎市行谷 1100
66	身延山大学	409-2597	山梨県南巨摩郡身延町身延 3567
67	山梨大学	400-8510	山梨県甲府市武田 4-4-37
68	和洋女子大学	272-8533	千葉県市川市国府台 2-3-1

西日本部会加盟大学一覧

	大 学 名	郵便番号	住 所
1	岐阜女子大学	501-2592	岐阜県岐阜市太郎丸80
2	中京大学	470-0393	愛知県豊田市貝津町床立101
3	愛知大学	441-8522	愛知県豊橋市町畑町1-1
4	同朋大学	453-0057	愛知県名古屋市中村区稲葉地町7-1
5	金城学院大学	463-8521	愛知県名古屋市守山区大森2-1723
6	南山大学	466-8673	愛知県名古屋市昭和区山里町18
7	東海学園大学	468-0041	愛知県名古屋市天白区中平2-901
8	名城大学	468-8502	愛知県名古屋市天白区塩釜口1-501
9	椙山女学園大学	470-0131	愛知県日進市岩崎町竹之山37-234
10	愛知学院大学	470-0195	愛知県日進市岩崎町阿良池12
11	愛知淑徳大学	480-1197	愛知県長久手市片平2丁目9
12	愛知県立大学	480-1198	愛知県長久手市茨ヶ廻間1522-3
13	名古屋造形大学	485-8563	愛知県小牧市大草年上坂6004
14	中部大学	487-0027	愛知県春日井市松本町1200
15	皇學館大学	516-8555	三重県伊勢市神田久志本町1704
16	成安造形大学	520-0248	滋賀県大津市仰木の里東4-3-1
17	滋賀県立大学	522-8533	滋賀県彦根市八坂町2500
18	龍谷大学	600-8268	京都府京都市下京区七条通大宮東入大工町125-1
19	同志社女子大学	602-0893	京都府京都市上京区今出川通寺町西入
20	同志社大学	602-8580	京都府京都市上京区今出川通烏丸東入玄武町601
21	大谷大学	603-8143	京都府京都市北区小山上総町
22	佛教大学	603-8301	京都府京都市北区紫野北花ノ坊町96
23	京都産業大学	603-8555	京都府京都市北区上賀茂本山
24	立命館大学	603-8577	京都府京都市北区等持院北町56-1
25	花園大学	604-8456	京都府京都市中京区西ノ京壺ノ内町8-1
26	華頂短期大学	605-0062	京都府京都市東山区林下町3-456
27	京都女子大学	605-8501	京都府京都市東山区今熊野北日吉町35
28	京都造形芸術大学	606-8271	京都府京都市左京区北白川瓜生山2-116
29	京都精華大学	606-8588	京都府京都市左京区岩倉木野町137
30	京都橘大学	607-8175	京都府京都市山科区大宅山田町34
31	京都文教大学	611-0041	京都府宇治市槙島町千足80
32	京都外国語大学	615-8558	京都府京都市右京区西院笠目町6
33	大阪成蹊大学	533-0007	大阪府大阪市東淀川区相川3-10-62
34	大阪学院大学	564-8511	大阪府吹田市岸部南2-36-1
35	関西大学	564-8680	大阪府吹田市山手町3-3-35
36	追手門学院大学	567-8502	大阪府茨木市西安威2-1-15
37	大阪国際大学	570-8555	大阪府守口市藤田町6-21
38	近畿大学	577-8502	大阪府東大阪市小若江3-4-1
39	大阪樟蔭女子大学	577-8550	大阪府東大阪市菱屋西4-2-26
40	大阪商業大学	577-0036	大阪府東大阪市御厨栄町4-1-10
41	阪南大学	580-8502	大阪府松原市天美東5-4-33
42	大阪大谷大学	584-8540	大阪府富田林市錦織北3-11-1
43	大阪芸術大学	585-8555	大阪府南河内郡河南町東山469
44	帝塚山学院大学	589-8585	大阪府大阪狭山市今熊2-1823
45	羽衣国際大学	592-8344	大阪府堺市西区浜寺南町1-89-1
46	桃山学院大学	594-1198	大阪府和泉市まなび野1-1
47	神戸学院大学	651-2180	兵庫県神戸市西区伊川谷町有瀬518
48	神戸女子大学	654-8585	兵庫県神戸市須磨区東須磨青山2-1

	大学名	郵便番号	住所
49	神戸松蔭女子学院大学	657-0015	兵庫県神戸市灘区篠原伯母野山町1-2-1
50	甲南女子大学	658-0001	兵庫県神戸市東灘区森北町6-2-23
51	関西学院大学	662-8501	兵庫県西宮市上ケ原一番町1-155
52	大手前大学	662-8552	兵庫県西宮御茶家所町6-42
53	姫路獨協大学	670-8524	兵庫県姫路市上大野7-2-1
54	奈良教育大学	630-8528	奈良県奈良市高畑町
55	帝塚山大学	631-8501	奈良県奈良市帝塚山7-1-1
56	奈良大学	631-8502	奈良県奈良市山陵町1500
57	天理大学	632-8510	奈良県天理市杣之内町1050
58	岡山理科大学	700-0005	岡山県岡山市北区理大町1-1
59	ノートルダム清心女子大学	700-8516	岡山県岡山市北区伊福町2-16-9
60	岡山商科大学	700-8601	岡山県岡山市北区津島京町2-10-1
61	山陽学園大学	703-8501	岡山県岡山市中区平井1-14-1
62	就実大学	703-8516	岡山県岡山市中区西川原1-6-1
63	くらしき作陽大学	710-0292	岡山県倉敷市玉島長尾3515
64	吉備国際大学	716-0018	岡山県高梁市伊賀町8
65	安田女子大学	731-0153	広島県広島市安佐南区安東6-13-1
66	広島女学院大学	732-0063	広島県広島市東区牛田東4-13-1
67	比治山大学	732-8509	広島県広島市東区牛田新町4-1-1
68	県立広島大学	734-8558	広島県広島市南区宇品東1-1-71
69	梅光学院大学	750-8511	山口県下関市向洋町1-1-1
70	四国学院大学	765-0013	香川県善通寺市文京町3-2-1
71	徳島文理大学	769-2193	香川県さぬき市志度1314-1
72	愛媛大学	790-0826	愛媛県松山市文京町3
73	九州産業大学	813-8503	福岡県福岡市東区松香台2-3-1
74	福岡大学	814-0180	福岡県福岡市城南区七隈8-19-1
75	西南学院大学	814-8511	福岡県福岡市早良区西新6-2-92
76	筑紫女学園大学	818-0192	福岡県太宰府市石坂2-12-1
77	久留米大学	839-0862	福岡県久留米市御井町1635
78	長崎純心大学	852-8558	長崎県長崎市三ツ山町235
79	長崎国際大学	859-3298	長崎県佐世保市ハウステンボス町2825-7
80	熊本大学	860-8555	熊本県熊本市中央区黒髪2-40-1
81	別府大学	874-0915	大分県別府市北石垣82
82	鹿児島国際大学	891-0144	鹿児島県鹿児島市下福元町8850
83	琉球大学	903-0129	沖縄県中頭郡西原町千原1

1. 全博協60周年記念事業実行委員会（敬称略、五十音順）

　委員長：青木　豊（國學院大學文学部 教授）
　委　員：有元修一（目白大学社会学部 教授）
　　　　　緒方　泉（九州産業大学美術館 教授）
　　　　　辻　秀人（東北学院大学文学部 教授）
　　　　　矢島國雄（明治大学文学部 教授）
　　　　　芳井敬郎（花園大学文学部 特任教授）
　事務局：中島金太郎（國學院大學文学部 助手）

2. 渉猟・刊行協力者（敬称略、五十音順）

　　　　　青木咲子（日本大学文理学部学芸員課程研究室）
　　　　　落合知子（長崎国際大学人間社会学部 教授）
　　　　　金山喜昭（法政大学キャリアデザイン学部 教授）
　　　　　栗田真司（山梨大学大学院総合研究部・教育学域 教授）
　　　　　幸泉満夫（愛媛大学法文学部人文学講座 准教授）
　　　　　駒見和夫（和洋女子大学人文社会科学系 教授）
　　　　　笹渕美幸（筑紫女学園大学実習支援課）
　　　　　鷹野光行（東北歴史博物館 館長）
　　　　　竹谷俊夫（大阪大谷大学文学部 教授）
　　　　　半田滋男（和光大学表現学部 教授）
　　　　　堀内裕香（お茶の水女子大学学務課）
　　　　　前川公秀（國學院大學大学院 兼任講師）
　　　　　山口卓也（関西大学博物館）

3. 文献渉猟作業補助（敬称略、担当年度順）

　　　　　今野　農（平成20年度、平成21年度）
　　　　　野中優子（平成22年度）
　　　　　落合広倫（平成23年度、平成24年度）
　　　　　大森威和（平成25年度）
　　　　　豊川理恵奈（平成26年度）
　　　　　張　哲（平成27年度、平成28年度）
　　　　　大久保太智（平成28年度）
　　　　　安部真里奈（平成29年度）

2018年3月31日　初版発行　　　　　　　　　　　　　　　　　　　　　　　　《検印省略》

全国大学博物館学講座協議会60周年記念

改訂増補 博物館学文献目録
（はくぶつかんがくぶんけんもくろく）

編　者　全国大学博物館学講座協議会、東日本部会、西日本部会
発行者　宮田哲男
発行所　株式会社 雄山閣
　　　　東京都千代田区富士見 2-6-9
　　　　ＴＥＬ　03-3262-3231 ／ ＦＡＸ　03-3262-6938
　　　　ＵＲＬ　http://www.yuzankaku.co.jp
　　　　e-mail　info@yuzankaku.co.jp
　　　　振　替：00130-5-1685
印刷・製本　株式会社ティーケー出版印刷

Ⓒ 全国大学博物館学講座協議会 2018　　　　ISBN978-4-639-02563-4 C3030
Printed in Japan　　　　　　　　　　　　　　N.D.C.069　704p　31cm